SÆCULUM XII

PETRI VENERABILIS

ABBATIS CLUNIACENSIS NONI

OPERA OMNIA

ACCEDUNT

WIBALDI ABBATIS STABULENSIS

NECNON

ERNALDI ABBATIS BONEVALLIS

EPISTOLÆ ET OPUSCULA

ACCURANTE J.-P. MIGNE
BIBLIOTHECÆ CLERI UNIVERSÆ
SIVE
CURSUUM COMPLETORUM IN SINGULOS SCIENTIÆ ECCLESIASTICÆ RAMOS EDITORE

TOMUS UNICUS

VENIT 8 FRANCIS GALLICIS

EXCUDEBATUR ET VENIT APUD J.-P. MIGNE EDITOREM
IN VIA DICTA *D'AMBOISE*, PROPE PORTAM LUTETIÆ PARISIORUM VULGO *D'ENFER* NOMINATAM
SEU PETIT-MONTROUGE

1854

ELENCHUS

AUCTORUM ET OPERUM QUI IN HOC TOMO CLXXXIX CONTINENTUR

PETRUS VENERABILIS ABBAS CLUNIACENSIS NONUS.

Epistolarum libri sex.	Col. 61
Supplementum.	471
Diplomata Petri Venerabilis.	485
Epistola ad Petrum de Joanne.	488
Tractatus adversus Judæos.	507
— adversus sectam Saracenorum.	659
— adversus Petrobrusianos.	719
De miraculis.	851
Sermones.	953
Carmina.	1005
Statuta Cluniacensia	1023
Dispositio rei familiaris Cluniacensis.	1047

ROBERTUS RETENENSIS.

Præfatio in translationem legis Saracenorum, quam Alcoran vocant, ad Petrum Venerabilem.	1075

WIBALDUS ABBAS STABULENSIS ET CORBEIENSIS.

Epistolæ.	1121

ERNALDUS ABBAS BONÆVALLIS.

De operibus sex dierum.	1507
Commentarius in psalmum cxxxii.	1569
De donis Spiritus sancti.	1589
De cardinalibus operibus Christi.	1609
De septem verbis Domini in cruce.	1677
De laudibus B. Mariæ.	1725
Meditationes.	1733

Ex typis MIGNE, au Petit-Montrouge.

PATROLOGIÆ
CURSUS COMPLETUS
SIVE
BIBLIOTHECA UNIVERSALIS, INTEGRA, UNIFORMIS, COMMODA, OECONOMICA,
OMNIUM SS. PATRUM, DOCTORUM SCRIPTORUMQUE ECCLESIASTICORUM
QUI
AB ÆVO APOSTOLICO AD INNOCENTII III TEMPORA
FLORUERUNT;
RECUSIO CHRONOLOGICA
OMNIUM QUÆ EXSTITERE MONUMENTORUM CATHOLICÆ TRADITIONIS PER DUODECIM PRIORA
ECCLESIÆ SÆCULA,
JUXTA EDITIONES ACCURATISSIMAS, INTER SE CUMQUE NONNULLIS CODICIBUS MANUSCRIPTIS COLLATAS,
PERQUAM DILIGENTER CASTIGATA;
DISSERTATIONIBUS, COMMENTARIIS LECTIONIBUSQUE VARIANTIBUS CONTINENTER ILLUSTRATA;
OMNIBUS OPERIBUS POST AMPLISSIMAS EDITIONES QUÆ TRIBUS NOVISSIMIS SÆCULIS DEBENTUR ABSOLUTAS
DETECTIS, AUCTA;
INDICIBUS PARTICULARIBUS ANALYTICIS, SINGULOS SIVE TOMOS, SIVE AUCTORES ALICUJUS MOMENTI
SUBSEQUENTIBUS, DONATA;
CAPITULIS INTRA IPSUM TEXTUM RITE DISPOSITIS, NECNON ET TITULIS SINGULARUM PAGINARUM MARGINEM SUPERIOREM
DISTINGUENTIBUS SUBJECTAMQUE MATERIAM SIGNIFICANTIBUS, ADORNATA;
OPERIBUS CUM DUBIIS TUM APOCRYPHIS, ALIQUA VERO AUCTORITATE IN ORDINE AD TRADITIONEM
ECCLESIASTICAM POLLENTIBUS, AMPLIFICATA;
DUOBUS INDICIBUS GENERALIBUS LOCUPLETATA : ALTERO SCILICET RERUM, QUO CONSULTO, QUIDQUID
UNUSQUISQUE PATRUM IN QUODLIBET THEMA SCRIPSERIT UNO INTUITU CONSPICIATUR; ALTERO
SCRIPTURÆ SACRÆ, EX QUO LECTORI COMPERIRE SIT OBVIUM QUINAM PATRES
ET IN QUIBUS OPERUM SUORUM LOCIS SINGULOS SINGULORUM LIBRORUM
SCRIPTURÆ TEXTUS COMMENTATI SINT.
EDITIO ACCURATISSIMA, CÆTERISQUE OMNIBUS FACILE ANTEPONENDA, SI PERPENDANTUR : CHARACTERUM NITIDITAS,
CHARTÆ QUALITAS, INTEGRITAS TEXTUS, PERFECTIO CORRECTIONIS, OPERUM RECUSORUM TUM VARIETAS
TUM NUMERUS, FORMA VOLUMINUM PERQUAM COMMODA SIBIQUE IN TOTO OPERIS DECURSU CONSTANTER
SIMILIS, PRETII EXIGUITAS, PRÆSERTIMQUE ISTA COLLECTIO, UNA, METHODICA ET CHRONOLOGICA,
SEXCENTORUM FRAGMENTORUM OPUSCULORUMQUE HACTENUS HIC ILLIC SPARSORUM,
PRIMUM AUTEM IN NOSTRA BIBLIOTHECA, EX OPERIBUS AD OMNES ÆTATES,
LOCOS, LINGUAS FORMASQUE PERTINENTIBUS, COADUNATORUM.

SERIES SECUNDA,
IN QUA PRODEUNT PATRES, DOCTORES SCRIPTORESQUE ECCLESIÆ LATINÆ
A GREGORIO MAGNO AD INNOCENTIUM III.

ACCURANTE J.-P. MIGNE,
BIBLIOTHECÆ CLERI UNIVERSÆ,
SIVE
CURSUUM COMPLETORUM IN SINGULOS SCIENTIÆ ECCLESIASTICÆ RAMOS EDITORE.

PATROLOGIA BINA EDITIONE TYPIS MANDATA EST, ALIA NEMPE LATINA, ALIA GRÆCO-LATINA. —
VENEUNT MILLE FRANCIS DUCENTA VOLUMINA EDITIONIS LATINÆ; OCTINGENTIS ET
MILLE TRECENTA GRÆCO-LATINÆ. — MERE LATINA UNIVERSOS AUCTORES TUM OCCIDENTALES, TUM
ORIENTALES EQUIDEM AMPLECTITUR; HI AUTEM, IN EA, SOLA VERSIONE LATINA DONANTUR.

PATROLOGIÆ TOMUS CLXXXIX.

PETRUS VENERABILIS, ABBAS CLUNIACENSIS NONUS. WIBALDUS ABBAS STABULENSIS.
ERNALDUS ABBAS BONÆVALLIS.

EXCUDEBATUR ET VENIT APUD J.-P. MIGNE EDITOREM,
IN VIA DICTA *D'AMBOISE*, PROPE PORTAM LUTETIÆ PARISIORUM VULGO *D'ENFER* NOMINATAM,
SEU PETIT-MONTROUGE.

1854

ANNO DOMINI MCLVIII

PETRUS VENERABILIS

CLUNIACENSIS ABBAS NONUS

NOTITIA HISTORICA

(*Gallia Christiana* nova, t. IV, col. 1137)

Petrus I Mauricii de Montboissier, cognomento Venerabilis ob eximiam divinarum et humanarum scientiarum cognitionem cum insigni vitæ probitate conjunctam, inter cœnobiarchas Cluniacenses summo præconio celebrandus venit, qui vetusta æque ac nobili de Monte Buxerio prosapia in Arvernis editus erat, septimus filius Mauricii domini de Montboissier et Raingardis, postea Marcigniaci sanctimonialis, cujus mortem an. 1154 cum ipse rediret a consilio Pisano, sibi nuntiatam docet epist. 17 lib. II. Pii conjuges pie ac religiose filios instituerunt, quorum alter Heraclius fuit archiepiscopus Lugdunensis, Pontius Vezeliacensis et Jordanus Casæ-Dei abbates, Armannus prior Cluniaci, indeque abbas Magnilocensis, et hic Petrus, qui sub B. Hugone religionis magna laude tirocinium posuit, tum prior Vezeliacensis, ac tandem Hugone II defuncto 9 Julii 1122, assumitur in abbatem ætatis anno ferme 30, in octavis Assumptionis B. M. Virginis, die 22 Augusti et a Bisonticensi præsule benedicitur, uti probant ipsius electionis acta ex codice Celsiniacensi, tom. IV ms. Fragmentorum historic., fol. 51, a nostro D. Claud. Estiennot inserta.

Exinde vero Petrus nunquam non se ministrum dignissimum præbuit. An. 1125, IV Nonas Aprilis, Honorius II papa sui pontificatus anno primo, indict. III, insigne privilegium ei concessit, editum tom. X Concil. pag. 910. Ac vicissim hujus sancti abbatis fides ac studium erga sanctam sedem enituit anno 1130, quando Innocentio papæ II in Galliam adventanti misit obviam sexaginta equos aut mulos stratos, quibus papa, cardinales, et qui erant in ejus comitatu libere uterentur, quamvis hujus pontificis æmulus Anacletus fuisset Cluniacensis monachus, et alias electionem suam ad S. Petri cathedram non usquequaque spernendis rationibus tutaretur. Tunc papa per dies undecim Cluniaci mansit, ubi basilicam, quæ adhuc exstat, sub titulo S. Petri consecravit die 25 Octobr., eo ipso quo jam pridem Urbanus II majus altare consecraverat. Anno 1152 habuit capitulum generale, in quo numerati sunt ducenti priores, cum quibus decreta quædam promulgavit ad regularem disciplinam jam collabentem muniendam. Insequenti sui regiminis anno XII, ratam habuit permutationem ecclesiæ Montis Martyrum cum ecclesia S. Dionysii in carcere : quo etiam anno, VI Nonas Martii, Innocentius papa II, sui pontificatus tertio, indict. XI, ei diploma protectionis indulsit. Sub eodem pontifice interfuit concilio Romano seu Lateranensi secundo an. 1138, ab ipso subinde pluribus epistolis cohonestatus, 28, 29, 31, 33, etc. Carus etiam fuit successoribus ejus, Cœlestino II, qui de sua ipsum electione certum fecit, Lucio II, Eugenio III et Adriano IV, qui ad eumdem scripsere. An. 1144, Idibus Maii, Romæ astitit Lucio II bullam danti pro subjectione Dolensis Ecclesiæ erga Turonensem. Idem post biennium omnia statuta numero 76 a se facta per annos 24 in unum corpus collegit, et observari præcepit. Nec dubium est quin ipse sit abbas Cluniacensis, designatus per litteram P. qui cum Brocardo priore Silviniacensi quingentas marchas argenti Aymonis filio Jerosolymam cum Ludovico Francorum rege ituro commodavit, quas Archimbaldus et uxor ejus Agnes comitissa juraverunt super altare S. Maioli, multis præsentibus, se reddituros, an. 1147, ex tabul. Silviniacensi. Petrus quoque non mediocrem a discipulis mutuatur laudem, *gloria patris filius est sapiens*. Duos ex multis appellabo. Algerum canonicum Leodiensem, multis scriptis celeberrimum, ac inprimis tractatu eximio *De sacramento corporis et sanguinis Domini adversus Berengarium*, qui eo ferme tempore, quo Petrus electus est abbas, in eodem cœnobio monasticam vitam amplexus est, ac post decem annos in magna vitæ innocentia et humilitate transactos, obiit an. 1130 vel 1131. Alter est Petrus Abælardus tandiu jactatus, quem tandem Cluniaci monachum a Petro abbate susceptum, salutis portum ac tranquillitatis reperisse palam est; quo tempore, inquiunt Sammarthani, in cœnobio degebant 460 monachi, cum tamen ipse Petrus asserat trecentos tantum exstitisse, eum ad regimen accessit, adeoque floruit sub ejus regimine ordo Cluniacensis toto orbe Christiano propagatus, ut etiam in valle Josaphat et in monte Thabor monasteria possideret. An 1153, ind. 1, tertio Idus Junii eidem abbati ad ipsius preces Fridericus, Romanorum, rex diploma concessit, quo tum donatio Balmensis coenobii, tum aliarum possessionum Cluniacensi Ecclesiæ facta roboratur. Ipse vero Petrus abbas anno seq. ecclesiis Cluniacensibus in Italia constitutis indulgentiam præbuit, teste subscripto Arnaldo Aureliacensi abbate.

Porro non solum moribus et doctrina clarissimus fuit, sed et suis aliorumque scriptis notissimus, uti manifeste declaratur tot elogiis eruditorum, inter quæ illud Petri Pictaviensis ejus notarii retulisse consentaneum est, ait enim ad ipsum scribens : « Quis unquam Plato subtilius, quis Aristoteles argumentosius, quis Cicero pulchrius aut copiosius aliquando quidquam disseruit ! Quis grammaticus instructior, quis rhetoricus ornatior, quis dialecticus fortior, quis arithmeticus numerosior, quis geometricus regularior, quis musicus cantilenosior, quis astronomus perspicacior exstitit ! sed et si de sanctis patribus aliquid dicere audeamus, vos ab unoquoque quatuor fluminum paradisi, quæ post sanctos evangelistas totum orbem irrigant, aliquid simile reportastis : quia cum Hieronymo velox, cum Augustino profusus, cum Ambrosio profundus, cum Gregorio clarus incediris. » Vitam Petri abbatis, elogia scriptaque habes collecta, tom. XXII biblioth. Patrum Lugd., pag. 812 et seqq. Quod autem inter præcipuos sæculi sui doctores emicuerit, testes sunt ejus libri contra Judæos, Mahumetanos, Petrobusianos, pro asserenda Christi divinitate, sex libri epistolarum, quibus præter vulgatas adde tres alias magni momenti, quarum meminit vir clarissimus D. Fleury in Hist. ecclesiast. tom. XV. At forte nonnullis mirum videbitur inter illa opera inveniri Alcorani versionem, quam fieri a pluribus doctis viris procuravit, cum in Hispania lustrandis et visitandis ordinis sui monasteriis moraretur. Verum non alio consilio illam publicavit, quam ut pseudoprophetæ Mahumedis deliramenta et somnia refutaret, quod et præstitit. Vide Chronicon Alberici ad an. 1143, pag. 301.

Denique functus abbatis præfectura annis 35, mensibus quatuor et quatuor diebus, Cluniaci 1158 beato fine ad superos transfertur Kalendis Januarii ex Roberto de Monte, seu potius prima die anni ex chronico Cluniacensi, apud Miræum in Origin.bus ordin. S. Bened. pag. 93. Sed annum incœpisse a die Natali Domini illinc patet, quod ibidem, pag. 96 obiisse dicitur ipso die Natalis Domini, sive VIII Kal. Januarii, quo die inter sanctos reponitur in Martyrologio monastico Benedictino. Conditur ibidem ab Henrico Vintoniensi episcopo, fratre Stephani regis Anglorum, juxta altare SS. Jacobi et Philippi, sive, inquit Miræus loco citato, in capite majoris et novæ basilicæ; qui quidem Petrus, ut ibidem notatur pag. 94, ecclesiam Cluniacensem gravi æris alieni pondere oppressam, prudentia et expensis suis, omni fere debitorum allevavit onere ; ita ut tam in persolutione debiti, quam etiam in reparandis possessionibus, necessariis etiam rei familiaris comparandis, sicut ex ore ejus audivimus, plus quam septem millia marcharum argenti expenderit. Tale ipsius epitaphium legitur in *Bibliotheca Cluniacensi.*

Patet in hac urna quod non sit vita diurna,
   Qualescunque sumus, morte cœquat humus.
Dum Petrus moritur pius abbas, jus sepelitur,
   Pax cadit, ordo jacet, flere morique placet.
Ille salus patriæ, mundi decus, arca Sophiæ,
   Nescius invidiæ, vana fuit veniæ.
In Natale Dei solemnis mane diei,
   Mortuus obtinuit plurima quæ meruit.

Præter monachum Pictaviensem, Petri abbatis meminere etiam S. Bernardus Claravallensis, Sugerius S. Dionysii et Petrus Cellensis abbates, quorum ad eum et hujus vicissim ad ipsos epistolæ plurimæ exstant, Robertus de Monte, Matthæus Paris, Baronius in Annalibus, cæterique virorum illustrium scriptores ecclesiastici, qui fusissime proferuntur in notis ad *Bibliqth. Cluniacensem* ab Andrea Duchesne editis.

NOTITIA LITTERARIA.

Petrus Mauricius Monbóiserius, cognomento *Venerabilis*, ord. Bened., abbas nonus Cluniacensis ab A. 1122 ad 1156. Ejus Vita scripta a Radulfo monacho, ejus discipulo, ad Stephanum abbatem Cluniacensem, prodiit in Edmundi Martene tomo sexto Monumentorum, pag. 1187-1201. In Andreæ autem du Chesne Bibl. Cluniacensi, Paris. 1614, fol. occurrit pag. 589 ejusdem Vita ex veteri Chronico.

Vita Petri abbatis, ex Chronico Cluniacensi, et pag. 602 Veterum de eo testimonia, S. Bernardi epist. 277 et 283 Roberti de Monte, Matthæi Parisii, Henrici de Gandavo, cap. 29; Nicolai de Clamengis, Joannis Trithemii, cap. 418 de S. E., et II, 123, illustrium Benedictin. et aliorum, inde pag. 607 Petri Pictaviensis monachi Epistola ad Mauritium, Panegyricus versibus elegis dictus in primo adventu Petri abbatis in Aquitaniam secundam, et Invectiva in calumniatorem pag. 616 et tom. XXII Bibl. Patrum Lugd., pag. 820. Epistola altera ad eumdem Petrum, pag. 618 (Lugd. pag. 825), qua eum ad ingenii sui monumenta publicanda hortatur.

Operum Mauritii editionem pleniorem emendatioremque et notis etiam illustratam ejusdem Bibliothecæ Cluniacensis curatoribus debemus, repertam in Biblioth. Patrum Lugd. tom. XXII, in quibus familiam ducunt pag. 621 (Lugd. pag. 826). *Epistolarum libri VI* (vulgati pridem a Petro de Monte Martyrum Paris. 1522, fol.), subjunctis pag. 959 (Lugd. pag. 967) epistolis octo Petri sive ad Petrum, quæ in veteri editione desiderabantur. Epistolas historicas VI ex vulgatis excerpsit, atque in Scriptoribus rerum Francorum recensuit Franciscus du Chesne, tom. IV, pag. 458-491.

Epistola ad Petrum de sancto Joanne contra eos qui dicunt : Christum nunquam se in Evangelio aperte Deum dixisse, pag. 966 (Lugd. pag. 970).

Tractatus adversus Judæorum inveteratam duritiem, pag. 985 (Lugd. p. 977), ex edit. Ingolstad. 1546.

Epistola ad S. Bernardum, abbatem Claravallensem, de translatione sua, qua fecit transferri ex Arabico in Latinum (1) sectam sive hæresim Saracenorum anno 1143, cum summula brevi contra hæreses et sectam diabolicæ fraudis Saracenorum, sive Ismaelitarum, etc., pag. 1109 (Lugd. pag. 1030), cum *Roberti Retinensis* præfatione in librum Alcorani a se translatum pag. 1116 (Lugd. 1033). Addesis quæ notavi in delectu argumentorum pro veritate fidei pag. 264. seq. atque infra in *Roberto.*

Epistola sive Tractatus adversus Petrobrusianos hæreticos, pag. 1128 (Lugd. pag. 1033), ex editione Ingolstad. 1546, 4, quam cum S. Bernardi quibusdam sermonibus et epistolis curaverat Jo. Hofmeisterus.

De transfiguratione D. N. J. C. sermo, pag. 1251 (Lugd. pag. 1080), et in Bibl. Concionatoria Combefisii. Incip. *Hodie, dilectissimi, solito serenior nobis dies illuxit.*

De miraculis sui temporis libri duo, p. 1247 (Lugd. pag. 1087), sæpius etiam seorsum excusi, ut Duaci 1595, 12.

Rhythmi, Prosa, Versus et Hymni, p. 1558 (Lugd. pag. 1125). In his primo loco occurrit carmen elegiacum *contra calumniatores carminum Petri Pictaviensis,* in quo plures laudat in Ecclesia Latina scriptis et poematibus inclytos. *In laudem Salvatoris* rhythmus incipit : *A Patre mittitur.* Habes hic etiam hymnum utrumque *de S. Benedicto* et *de trans-*

A *latione S. Benedicti* quem exhibent etiam Arnoldus Wion tom. II Ligni Vitæ, pag. 102, et Joannes a Bosco in Biblioth. Floriacensi, pag. 376, nec non *Petri Abælardi epitaphium* quod incipit : *Gallorum Socrates.* Nam alterum, cujus initium : *Petrus in hac petra latitat,* in Biblioth. Cluniacensi et Biblioth. Patrum Lugd. non reperio; habet vero Ludovicus Jacobus de scriptoribus Cabilonensibus, pag. 142.

Statuta congregationis Cluniacensis cum diplomatibus et chartis LXXVI et præfatione satisfactionali sive apologetica, etc., p. 1354 (Lugd. p. 1132).

Totam ipsam Alcorani translationem (2), inquit Andreas du Chesne pag. 1118, *hic attexere, super* B *fluum.* Confutavit eam et ipse Petrus Venerabilis libris quinque, quos quia necdum, licet diligenter quæsiti, reperiri potuerunt, lector hic etiam desiderabit. Ex his quos *quatuor,* non quinque Mauricius scripserat, libros duos primores *adversus nefandam sectam Saracenorum* ex manuscr. codice Aquicinctensi, auctoris ævo exarato, edidit Edmundus Martene tom. IX Monumentor., 1121, præmissa epistola *Petri Pictaviensis,* et argumentis capitulorum libri non modo primi et secundi, sed tertii quoque et quarti, quos nemo adhuc in lucem protulit. Profitetur Pictaviensis se in transferendo Alcorano socium fuisse Petri Toletani et Roberti archidiaconi postea Pampilonensis.

Sermones III de laude sepulcri Domini, de S. C Marcello papa et martyre, et de veneratione reliquiarum, eidem Edmundo Martene in acceptis referimus tom. V Thesauri Anecdotorum pag. 1419. Et *epistolas quinque* tom. I Anecdotor., p. 406 seq., 416, sicut alias *duas* Mabillonio tom. III Analect. pag. 481 (edit. novæ pag. 159), *Carmen de virtute,* quod incipit :

Destituit terras decus orbis, gloria rerum,
Virtus.

Manuscr. in Biblioth. Paulina Lipsiensi, teste Joach. Fellero pag. 299. Carmen *de ritibus missæ* quod sub nomine Mauricii subjunxi primæ editioni Bibliographiæ antiquariæ Hamb. 1713. 4, postea D satis comperi auctorem habere Hildebertum Cenomanensem, ut in præf. ad tomum sextum Bibl. Græcæ sum professus. Petri Cluniacensis *Nucleus de sacrificio missæ* post Hildebertum et Rupertum Tuitiensem editus est in editione Romana librorum de Catholicæ Ecclesiæ officiis ac ministeriis, 1591, fol. et in tomo decimo Biblioth. Patrum Paris. 1644 (3).

---

(1) Confer Alberici Chron. pag. 501.
(2) De hac infra in *Roberto Retinensi.*
(3) « Nec certe minus verum eumdem composuisse tractatum *De sacrificio Missæ,* qui sub Nuclei nomine postremæ Bibliothecæ Patrum editioni additus est. At cum attente considerassemus quæ de missa scripsit adversus Petrobrusianos hæreticos, hujus epistolæ seu libri particulam esse confestim animadvertimus, » inquit Andreas Quercetanus, in admonitione notis *Bibliothecæ Cluniacensis* præfixa.

VITA PETRI VENERABILIS

ABBATIS CLUNIACENSIS IX

AUCTORE

RODULPHO MONACHO EJUS DISCIPULO.

(DOM MARTÈNE, *Ampliss. Collect.*, t. VI, col. 1187, ex ms. Silviniacensis monasterii.)

OBSERVATIO PRÆVIA.

Cum ea sit monasterii Cluniacensis prærogativa, ut omnes fere primos abbates sanctos habuerit, eorumque acta a viris gravioribus scriptis consignata passim circumferantur; doluerunt hactenus eruditi omnes, Petri Venerabilis, qui nonus celeberrimum illud cœnobium administravit abbas, quique et generis splendore et vitæ sanctimonia, aut doctrinæ ubertate, vix aliis fuit secundus, res præclare gestas ad hunc usque diem desiderari. Verum hanc jacturam resarcivit tandem antiquus codex Silviniacensis monasterii, in quo Rodulfi monachi hac de re opus mihi reperisse feliciter contigit.

Fuit autem Rodulphus sancti abbatis quondam discipulus, ipsius etiam in peregrinatione ac cellarum visitatione aliquando socius, ut constat ex cap. 7, ac proinde eorum quæ refert testis oculatus; idque disertis asserit verbis in procemio ubi hæc habet : Non tam præsumptione quam amore, de illius vita scribere aggrediar, quod virorum religiosorum relatione didici, aut ipse vidi. Si mea etiam me non fallit opinio, Rodulfum vitæ Petri abbatis scriptorem eumdem esse conjicio cum illo Rodulfo qui anno 1173 Cluniacensis abbas creatus, triennio post dignitati cessit sponte, ac decessit anno 1176.

De Petro vero Venerabili longe plura, ac tanto abbate digna dicturus esset Mabillonius, si sæculum VII Benedictinum, in quo sanctorum qui sæculo XII floruerunt in ordine nostro continentur Acta, absolvere potuisset : at quoniam morte præventus incœptum opus reliquit imperfectum, Rodulfi de Petro abbate Cluniacensi lucubrationem interim offerimus.

PROLOGUS.

Sancto Patri et domino suo STEPHANO, Dei gratia Cluniacensi abbati, frater RADULFUS bonis omnibus frui, nunc et in ævum.

Diu quidem, Pater, silueram, et præ verecundia quod optabam dicere non audebam. Sed conturbatur spiritus meus in me, quod Patris nostri beatæ memoriæ Petri abbatis vita, omnibus sæculis recolenda, ita negligentiæ tradita est, quod omnes qui dileximus virum et illius virtutes cognovimus, inde merito condemnari debeamus. Quis enim tanti Patris vitam moresque sciens, sine sui ipsius condemnatione tacere potest? Quapropter ego minimus omnium hominum, non tam præsumptione quam amore, de illius vita scribere aggrediar, quod virorum religiosorum relatione didici, aut ipse vidi : majoribus majora relinquens, ut et inde Deus honoretur, et illius exemplo nostra infirmitas roboretur, et Ecclesia de filiorum gratia sublimetur; denique Deus in sanctis suis semper glorificetur, maxime in Cluniacensi Ecclesia. Hæc enim propagine filiorum suorum orbem replevit, et religionis gratia Occidentis filios adornavit, ita ut non esset in orbe terrarum regio, quæ non quæreret sibi patrem vel patronum de Cluniaco. Est autem locus sanctus, et

A patres semper beati, quia, sicut in multitudine religiosorum præcellit, ita virtutum gratia in Domino gloriatur. Unde angelis et hominibus admirabilis divinæ gratiæ munus ministrat universis. Hoc in quatuor climatibus orbis prædicatur, hoc cœlum et terra testatur, hoc omnis sexus et ætas admiratur. Hæc beatos Patres enutrivit, Odonem videlicet, Majolum, et Odilonem, sanctumque Hugonem, qui, quasi luminaria in firmamento cœli, sic in mundo emicuerunt claritatis suæ lumine, hominum tenebras depellentes. Isti suo ductu et exemplo actus reprobos hominum sic destruxerunt, ut angelorum formam in terris repræsentarunt, nec solum virtutibus, sed etiam miraculis coruscaverunt. Isti, quia sese spreverunt, spernere mundum docuerunt, et humilitatis suæ disciplinam filiis adoptionis jure paterno reliquerunt. Hos sequitur electio sancta præfati Patris, cujus memoria in benedictione est. Sed priusquam de vita ejus disseramus, de ortu disputandum est, et unde, quis, quantus, qualisve fuerit disquirendum. Sed quia supra vires meas esse video, de Dei gratia mihi præsumendum est, qui docet omnem hominem scientiam.

bat. Habebat autem proprios pauperes, quibus alimenta et vestes semper donabat. Sed et domos leprosorum furtim quasi ab alio fierent, ne sibi ascriberetur, faciebat. Fratribus vero ita communis erat, quod sua petentibus ex toto communicabat. Quadam enim die, cum monachus quidam frigore algeret, et hoc ei insinuatum fuisset, contristari cœpit, quia quod daret non inveniebat. Nocte autem eadem cum esset in choro, de fratre nudo cogitabat, quomodo eum vestiret. Tunc signis extra chorum eum vocavit, et clam exuens pelliciam, illum vestivit. Hoc non solum fratribus sed etiam peregrinis et pauperibus impendebat : ita seipsum denudans, ut aliquando et ipse vestibus egeret. Et quia corporalis exercitatio ad modicum utilis est, pietas autem ad omnia, circa cultum divinum ita invigilabat, quod nullus ei similis inveniebatur in officio pietatis. Ita enim in divinis solemnis erat, et solemniter solemnizabat officiis, ut gratus inde fieret angelis et hominibus, et omnium affectus in se provocaret, secumque traheret circa divina. Hoc enim super omnia in hoc exsilio bonum ei videbatur, ut Deus in sanctis suis solemnizando glorificaretur.

3. *Sacræ lectioni fuit deditus. Circa exteriora etiam sollicitus.*—De charitate fraternitatis quam affectu et effectu prædicabat, et prædicando magis actu docebat, non est meum dicere per singula. Diligebat namque fratres intimo cordis fervore, et unumquemque quasi se ipsum sic nutriebat et incitabat ad amorem divinum. Nullum spernebat vel pellebat, sed ex toto omnes verbis et actibus amore divino invitabat ad veniam. Quia quicunque vere diligit, propriæ conscientiæ gratia sublimatur. Fervebat desiderio, ardebat amore, et mundum animi constantia despiciebat. Præsentia nihil esse dicebat, de futuris omnes glorificandos asserebat bonis. Docebat etiam illum qui cœlestibus vellet inhiare deliciis, nunquam posse ista infima animo appetere. Hic autem in populo Dei mitissimus apparuit, et divinæ legis sagacissimus investigator exstitit, adeo ut studio lectionis sanctæ suis sibique extraneus redderetur, et sacris libris totum se dedicans, hauriebat de fontibus Salvatoris, quod postea gratis effunderet. Habebat circa se doctores, a quibus discere quærendo semper cupiebat, cum ipse mirabilis in scientia ab omnibus haberetur. Non elevabatur, nec se magnum faciebat : sed quasi puer parvulus divina scrutando, votis omnibus assidue discere præoptabat. Docebat suos Pater benignus humilitatem, patientiam, bonitatem, mansuetudinem, et ut cum timore et cum tremore suam conscientiam in puritate custodirent, pietatis gratiam per omnia præferentes, sicut boni filii multiformis gratiæ Dei. Quantam etiam circa exteriora sollicitudinem adhibuerit, ex his quæ suo labore monasterio provenerunt perspicuum est. Vehementi enim diligentia ecclesiam non solum ædificavit, sed etiam mire pretiosis ornamentis adornavit, terras ampliavit, et ea quæ necessaria fratribus diversis temporibus erant, ita prudenter ordinavit, ut singulis mensibus, unusquisque de domo sibi credita Patribus ministraret, quatenus hac ordinatione conventus semper in pace maneret. Hoc autem faciebat fratrum quieti providens, ne aliquando penuriam paterentur. In his vero cum esset animus intentus, nec minus interiora curabat, sed ferventi mente fervorem ordinis requirebat. Hinc est quod multa superflua de claustro abstulit, ei ea quæ religioni congruebant inseruit ; prohibuit minus utilia, honestatem et utilitatem Ecclesiæ in omnibus et per omnia semper inquirens.

4. *Innocentio II occurrit eumque Cluniacum adducit.* — Hunc imperatores, reges et principes orbis pio affectu amabant, venerabantur et colebant, et quasi patri et domino adhærebant. Hunc Romana Ecclesia speciali prærogativa honorabat, amplectebatur et diligebat. Hic enim contra omnes hæreses et scissuras Ecclesiæ se murum opponebat, et fidei hostes viriliter oppugnabat. Quod mirabiliter claruit tempore schismatis, quod fuit inter Innocentium et Petrum Leonis. Cum enim tota Ecclesia tali modo deperiret, et diversi diversa sentirent, Petrusque monachus (8) suus Romæ sederet, contra spem omnium Innocentio per mare venienti festive occurrit, et sine consilio Gallicanæ Ecclesiæ, datis sufficienter equitaturis, Cluniacum secum adduxit. Quod reges terræ audientes, mirati sunt quomodo monachum suum in sede posituin relinqueret, et extraneum exaltaret : quem tam solemniter suscepit ut orbi universo nota fieret ejus susceptio. Nam ad consecrationem ecclesiæ, quam ipse ædificaverat, eum humiliter invitavit, et ut benedictionem compleret obtinuit. Quod cum Gallicana Ecclesia cognovisset, statim in occursum papæ ruunt, et eum sicut patrem venerantur et colunt. Congregat rex concilium, prædicat factum Petri abbatis, dicit impossibile esse tantis initiis contraire. Ducit eum Pater ad curiam regis, et convocatis cum principibus Ecclesiæ prælatis, suscipit rex pastorem suum solemni gloria, et ut omnes suscipiant, abbatemque Cluniacensem sequantur præcipit. Auditum est hoc verbum in toto terrarum orbe, et quod abbas Petrus fecerat universi mirantur. Hoc rex Anglorum Henricus, hoc reges Hispaniarum, hoc Henricus (9) imperator Alemannorum sequentes ducem fecerunt, et ad unitatem hac occasione redierunt. Pater autem, elevato Ecclesiæ pastori devote adhærebat, et illum quocunque ibat prosequebatur, ne quis aliqua

---

(8) Hinc patet Petrum Leonis monachum fuisse Cluniacensem. Hunc Paschalis papa II diaconum sanctorum Cosmæ et Damiani cardinalem creavit. Anno 1124 legati sedis apostolicæ munere fungebatur in Gallia una cum Gregorio ; cum quo tunc de papatu decertabat, ut supra vidimus in Vita S. Stephani Grandimontensis.

(9) Imo Lotharius qui Henrico successerat ab anno 1125.

INCIPIT VITA DOMNI PETRI ABBATIS.

1. *Ejus parentes. Qualis fuerit in claustro. Eligitur abbas Cluniacensis.* — Nunc itaque ad historiam stylum vertamus, et sacram sacri viri narrationem incipiamus. Sacra igitur proles Arvernorum nobilioribus progenita, patre scilicet Mauricio, matre Raingarde, honestissimis secundum sæculum parentibus processit ad ortum. Mater autem ejus, cum quodam tempore beato Hugoni abbati devote occurrisset, ipso ipsius germinis onerata fœtu, homo Dei intuens illam, ait : *Fructum ventris tui Deo dicatum et B. Petro donatum, domina, cognoscas.* Cui illa respondit : *Domine, si masculus est, fiat voluntas tua. Masculum,* inquit, *eum pro certo noveris esse.* Natus autem puer, sicut prædixerat homo Dei, insignitus est nomine Petri. Deinde, procedente tempore, litteris infans a parentibus traditur, et in monasterio Celsiniensi (4), sancto jubente, nutriendus recipitur. Cujus qualis fuerit infantia, quantaque assiduitas legendi seu discendi postea rei probavit eventus. Nam ad tantam scientiæ plenitudinem, Dei gratia, in brevi evectus est, quod in ipsa juventutis adolescentia in Viziliacensi (5) monasterio seniorum doctor et custos ordinis constitutus est. Quod cum strenue et religiose tenuisset, et novellam plantationem, secundum formam religionis, sacri eloquii imbre ad plenum irrigasset, promotus est in priorem de Domina (6), in quo non est oblitus scientiam et disciplinam, sed magis et magis in Deum proficiens, in annis juvenilibus assidue meditabatur, quod postea in senectute devotus impleret. Lectioni et orationi vacabat, et ita sapientiæ splendore fulgebat, ut amabilis omnibus videretur. Suavis eloquio, decorus aspectu, sermone admirabilis, facundia insuperabilis, benignitate singularis, misericordiæ visceribus affluens, universis compatiebatur. Charitate ineffabilis, gratia inestimabilis, propria bonitate communis omnibus efficiebatur. Quid ergo? Transit Pater Hugo ex hoc mundo ad Patrem, et electus est Pontius in abbatem, qui quatuordecim fere annis Cluniacensibus prælatus, postea quibusdam simultatibus exortis, Romam se contulit, et ibi sua voluntate, summo pontifice renitente, abbatiam dimisit. Post quem electus est Hugo prior de Marciniaco, sed infra breve tempus mortuus est. Tunc Cluniacenses congregati in unum preces Domino fundebant, ut eis Deus talem pastorem concederet, qui exemplo et doctrina prodesse posset. Peracto itaque jejunio, et gratia sancti Spiritus invocata, de electione tractabant; sed quem Deus præviderat non inveniebant. Convenientibus autem episcopis, abbatibus, prioribus ad electionem Patris, venit et ipse Petrus ex more cum aliis, et qui prius pia contentione pro electione contendebant, illo viso, uno sensu, pari voto, pio desiderio, omnes unanimiter in eum conveniunt. Fit una vox omnium pariter clamantium Petrum esse dignum tanto honore, utpote cui nihil desit in ulla gratia. Hic, inquiunt, nobilis genere, adornatus moribus, fide devotus, religione purus, humilis et quietus, sapientia splendidus, disciplinæ subditus, et per omnia ab ineunte ætate regulariter instructus. Quid moror? Surgunt, irruunt, rapiunt illum, et secundum mandatum Regulæ omnia faciunt. Consuetis laudibus virum prosequuntur, ducunt ad sedem, et sic ab omnibus domnus et abbas (7), cum gaudio vocatur.

2. *Qualis erga fratres suos abbas exstiterit.* — Quomodo vero in abbatiæ regimine se habuerit, et illi noverunt qui ei religionis gratia adhærebant, et nos aliquatenus aperiemus. Nec enim ad omnia illius facta potuimus attingere, sed quædam breviter quæ relatione digna sunt, ædificationis gratia, volumus enarrare. Igitur abbas Petrus cæteris prælatus, humilitati studebat et compunctioni, se magis judicans, quam alios reprehendere quærens : erat vultu placidus, circa fratres benigne providus, erga infirmos pie sollicitus, ne quis esset in domo Domini qui negligenter tractaretur. Admonebat subditos, ut puritati studerent, et per confessionem semetipsos purificarent. In hac arte Pater singularis erat, et universos pietatis dulcedine superabat. Dicebat enim secundum donum hoc in Ecclesia Dei, esse confessionis bonum, quo quasi baptismate sacro omnis anima sanctificaretur. Denique hanc habebat gratiam, ut quicunque ei confessus fuisset illum singulari prærogativa diligeret, et consiliarius amplecteretur et foveret. Unde fiebat contra aliorum prælatorum consuetudinem, ut omnes summo desiderio et amore illi confiteri semper optarent, qui noverat et sua et aliorum exhortationis et consolationis medicamine curare et sanare, non detegere aut publicare. Misericordiæ operibus sic inhiabat, ut nullus unquam ab illius ope repulsus sit. Subveniebat oppressis, vestiebat nudos, famelicos reficiebat frater.

---

(4) Gallice *Soucilanges*, quod Petrus lib. I Mirac. cap. 6 vocat nobile monasterium. Exstat in diœcesi Claromontana, estque unus ex quatuor primariis Cluniacensis monasterii prioratibus.

(5) Vizeliacum insigne est in diœcesi Æduensi monasterium cui postea præfuit Pontius Petri Vene-

(6) Gallice *domaine*, haud ignobilis cella Cluniaci in diœcesi Gratianopolitana.

(7) Id contigit anno 1122 et quidem in festo Assumptionis, ut ipse refert in libro II Miracul. cap. 12.

occasione ab unitate deficeret. Nam usque ad Urbem cum ipso perrexit, et eum in pace, mortuo antipapa, in sede collocavit.

5. *Ejus scripta.* — Tempore isto diversorum hæreses in Ecclesia pullularunt, et sua perversitate totum Ecclesiæ statum maculaverunt. Quod videns Pater beatus, totis nisibus assurgens, contra omnes verbis et scriptis agere cœpit, et omnes auctoritate Scripturarum superavit. Cujus libri (10), contra eos facti qui tali vitio laborabant, et illos convincunt, et nobis doctrinæ scientiam ministrant. Fecit etiam librum contra sectam Mahumet, et omnes ejus adinventiones mirabili disputatione destruxit. Sed et epistolæ ejus ad diversas Ecclesiæ personas legentibus plurimum conferunt. Librum quem de diversis revelationibus sive visionibus edidit, quantæ puritatis fuerit vel utilitatis, qui legit intelligat. Sed et alia diversa opuscula ex ipsius scriptis apud nos sunt, ex quibus omnibus quantæ subtilitatis et sapientiæ Pater exstiterit, lector colligere potest.

6. *Virginum monasterium constituit.* — Inter cætera etiam mira et mirabilia quæ fecit homo Dei, hoc exstat pretiosum, monasterium scilicet virginum, quod ipse constituit, et Lavenna (11) dicitur, quod hodie tantæ religionis et honestatis est, quod omnibus in Arvernia sanctitatis gratia præferunt. Nam nihil commune habent Deo dicatæ sanctimoniales illæ cum mundo, nisi quod vivunt. Servant enim paternam institutionem; et ab omni aspectu hominum remotæ, castum Deo templum conservant.

7. *Ejus miracula.* — Nunc itaque redeamus ad illa describenda quæ mortales desiderant, signa et miracula quæ per eum Deus operatus est. Non enim Deus Cluniacum reliquit; sed adhuc magnificat eos qui ei adhærent in veritate. Nam quodam tempore, cum cellas suas vir Dei visitaret, Ruolium (12) venimus, et ibi solemniter humili devotione a filiis suis susceptus est. Eadem nocte prior ejusdem domus usque ad mortem infirmatus est, et cum graviter vexaretur, Patrem vocavit, ei mentis et corporis vulnera denudare cœpit. Sed, ut est mos animi infirmi, quoddam peccatum pro verecundia reticuit. Pater tamen ab his quæ audierat et ab omnibus aliis sancti Spiritus auctoritate eum absolvit. Sed cum languor graviter ingravesceret, media nocte cœpit nimium debilitari, et sic ad extrema deduci. Signum morientium pulsatur, currunt omnes, et Pater cum aliis; et cum signis eum mortuum pronuntiassent, Pater tempora tangens adesse vitam designavit. Raptus enim fuerat ad judicium, et ei insistebat turba dæmonum eum fortiter accusantium, et dicentium : *Quia hæc et hæc fecit, et merito debet nobiscum reputari.* Cumque angelus ejus responderet pro illo, et diceret non esse ita ; abbati enim suo confessus est. Illi magis ac magis invalescebant, illud crimen quod tacuerat crudeliter inferentes. Tunc mater Salvatoris domina nostra virgo Maria cum multitudine angelorum superveniens : *Quid,* ait, *spiritus maligni, servum meum fatigare nitimini? Nondum venit hora ejus. Redeat et Patri suo confiteatur, et sic veniat ad nos.* Tunc malignorum turma diffugiente, infirmus nobis videntibus ad se rediit ; et qui ante mortuus putabatur, Patrem quærere cœpit. Apertis enim oculis cunctis mirantibus fortiter clamabat : *Ubi domnus abbas?* Illo vero cathedra surgente, infirmus assurrexit, et nobis recedentibus hanc visionem ei enarravit. Post modicum Pater ad nos rediens, tantis fletibus afficiebatur, quod nullus nostrum ad eum accedere audebat. Resumpto autem aliquantulum spiritu : *Filioli,* inquit, *quanta est misericordia Dei circa nos, et nemo nostrum cognoscit? Frater noster non solum nobis, sed etiam Deo redditus est.* Sequenti die, quia ecclesia illa in qua hoc factum fuerat, in honore B. Virginis Mariæ consecrata tenebatur, jussit Pater sibi altare parari, ut gratias referret matri et Filio ejus super his quæ contulerat illi. Paravit se illo suo more singulari, et celebravit divina nimis solemniter, ita ut universi mirarentur. Post infirmum visitat, absolvit, benedicit, osculatur; et sic eum Christo Jesu et ejus matri commendat. Recessimus, et ecce tertia die mortuus nuntiatur. Tunc Pater graviter ferens quod defuerat, totus in lacrymis resolutus, et projiciens se ante altare, amare flebat. Deinde signa pulsantur, et omnia quæ ad officium pertinent pro illo complentur. Quibus peractis, senior ait : *Oremus, fratres, et hoc attente et sollicite, pro fratre nostro, quia licet inter prædestinatos reputetur, tamen indiget auxilio vestro.* Venimus Cluniacum, et ibi Frater in capitulo iterum de fratre mortuo incipit sermonem plenum compunctione, plenum lacrymis, plenum devotione. In primis dicit quam devote eum susceperit, quomodo infirmatus, quomodo confessus sit, quomodo id quod sibi verecundiam inferebat reticuit, quomodo raptus, quomodo accusatus, quomodo excusatus, quomodo superveniens mater misericordiæ eum de manibus malignorum eripuit, vitæ reddidit; et ut peccatum quod tacuerat confiteretur admonuit. Iterum luctus, iterum lacrymæ a paternis oculis fluunt, et audientes ad consimilia invitant. *Videtote,* ait, *fratres, quanta sit gratia Dei, quanta virtus confessionis, quæ dæmones fugat, Virginem invitat ad succurrendum? Frater occasione confessionis salvatus est, et nobis exemplum dedit confitendi, et ut pure confiteamur hoc facto nos admonet. Oremus itaque pro illo attentius, et charitatis visceribus ei compatiamur, pietatis beneficia ei impendendo.* His dictis, post modicum frater præfatus patri apparuit, et quod ab omni pœna fratrum orationibus absolutus esset revelavit.

---

(10) Præter libros quos adversus Judæos et eos qui dicunt Christum in Evangelio nunquam se Deum dixisse, scripsit adversus Petrobrusianos.

(11) Situm est in diœcesi Claromontana.

(12) Ruolium seu Ruelium, Gallice *Rueil*, cella prioratui Charitatis immediate subjecta, exstat in Bria haud procul a Jotrensi abbatia in diœcesi Meldensi.

8. De quodam novitio tentato. — Aliud factum est in Cluniaco, quod relatione mihi dignum videtur. Frater quidam erat in monasterio, qui diversis cogitationibus agitabatur, et omnis ejus cogitatio in hoc erat, ut de monasterio exiret. Hic quadam die cum secum loqueretur, et usquequaque turbaretur, apparuerunt ei tres monachi in cella novitiorum, quorum unus ita allocutus est eum : *Frater, quid habes ? quid cogitas ? quid ita turbaris ?* Qui ait : *Domine, in hoc monasterio nimis affligor, et tormenta ordinis pati non possum, et ideo exire desidero.* Tunc ille ait : *Ego sum abbas de Crypta ferrata, et, si vis, deferam te mecum.* — *Volo, domine, opto, desidero.* Tunc ille qui putabatur monachus et erat diabolus, assumpsit eum, et supra muros et domos deferens, cum supra curiam cujusdam burgensis transiret, multis clamantibus, illum dimisit. Tunc adductus est ad virum Dei, et rem ex ordine confessus est. Quem servus Dei leniter demulcens, et spirituali consolatione eum deliniens, secum detinuit ita dicens : *Gratias Deo, fili, quia non potuit pars adversa perficere quod voluit, et a cogitationibus tuis deceptus, redditus es sanitati.* Qui ita ex toto postea sanatus est, non solum a tentatione, sed ab inimici impulsione. Multis vixit annis, gratias Deo referens de visitatione cœlesti quam sibi contulerat divina bonitas. Iste Stephanus nomine in Podio civis ditissimus fuit, ita ut etiam super nummos lectum faceret. Sed contemptis omnibus, Cluniacum se contulit, et habitum religionis assumpsit. Sed ille qui tentat, humani generis deceptor, eorum quæ dimiserat phantasiam ante oculos ponens, in tantam induxit tentationem, ut propria invasione illum secum ad mortem ferre conaretur.

9. De fratre apud quem in morte inventi sunt tres oboli. — Nunc itaque, quia Cluniaci sumus, quod factum est in Cluniaco iterum dicamus. Erat quidam frater phthysicus, qui eadem infirmitate ductus est ad mortem. Qui dum lavaretur, invenerunt tres obolos circa ipsum qui eum lavabant, et stupefacti causam retulerunt priori. Qui, convocatis omnibus, quæsivit si cui de hoc confessus fuisset, quod cum ab omnibus comperisset non esse factum, doluit, et, accepto consilio, post beatum abbatem qui Virziliaci erat miserunt, consulentes de monacho quid faciendum foret. Qui præcepit ut extra omnem hominum habitationem projiceretur, et absque benedictione et religionis officio sepeliretur. At illi ponentes eum in dolio, extra castra projecerunt. Post multum vero temporis priori claustrali, nomine Hugoni in visione apparens precabatur ut sui misereretur, et domino abbati insinuaret quatenus ei servorum Dei sepulturam concederet, quia sic veniam a Domino consequi posset. Quod cum ille diu dissimularet, aliis duobus apparuit; hoc ipsum quod dictum est assidue repetens. Illi vero tres cum assidua ejus infestatione diu fatigarentur, Patri revelaverunt, et ut fratri mortuo veniam concederet precabantur. At ille timens ne illusio esset, factum distulit. Mortuus autem magis ac magis insistens, nocte ac die eis visibiliter apparens, lamentabiliter querimoniam faciebat quod ei non misererentur. Denique cum Pater nullo modo a sua intentione propter severitatem ordinis flecteretur, tandem Domini Jesu litteras defunctus priori detulit, ut patri et conventui eas ostenderet. Erat autem scriptum monachum veniam debere consequi, qui nullo alio delicto reus tenebatur. Tunc gaudium factum est et lætitia in tabernaculis justorum, et jubente patre, illi tres cum aliis festinanter currunt ad locum ubi jacebat, et cum ut erat ad ecclesiam detulerunt, fractoque dolio, eum ut prima die posuerant integrum invenerunt. Mirantibus autem cunctis de miraculo quod acciderat, in ecclesia posuerunt, et consuetis laudibus illum prosequentes, ut mos est Cluniacensibus sepelire, honoraverunt.

10. De quodam monacho Celsinensi qui peccatum in confessione celaverat. — Tempore quodam cum Pater esset apud Celsinias, ubi nutritus fuerat, contulit ei Deus quod minime prætereundum est. Frater quidam in infirmaria circa mortem laborabat, et ut insanus fortiter clamabat : *Morior, morior, morior.* Tunc fratres ad eum concurrentes, quærebant ab eo qua de causa sic clamaret. At ille miserabiliter dixit eis quod cujusdam equi nigri calcibus conculcabatur, ita quod nullo modo faciem suam ab eo posset abscondere. Qui statim ad Patrem currentes, nuntiaverunt verbum. At ille infirmum visitans, quærit ab eo quid haberet, quod sic fatigaretur : *Domine*, inquit, *sub pedibus teneor equi nigri qui me devorare conatur.* At Pater signum crucis faciens, et aqua benedicta eum aspergens, consolabatur infirmum; sed ille non minus oppressione diabolica carebat. Tunc Pater toto spiritu concepto, ab illo inquirebat si veram fecisset confessionem : quam ille fecisse se affirmavit. *Nequaquam*, Pater ait : *Si enim vere confessus fuisses, nullo modo maligno subjectus esses.* Tunc pius pastor, ovi sub lupo vaganti pie subsistens, diligenter quærebat ut quæ commiserat vere confiteretur. Et cum ille silentium teneret, et quod quærebatur non aperiret, Pater de singulis criminibus ei faciens quæstionem, venit ad illud quod occultaverat. Quod infirmus audiens in lacrymas est resolutus, et Patri investiganti totum quod fecerat confessus est. Facta autem confessione, statim equus ille niger latrinas cursu velocissimo petiit, et infirmum reliquit, Patris præsentiam ferre non sustinens. Quod infirmus videns, gaudio repletus clamare cœpit : *Pater recedit equus, recedit diabolus, petit latrinas, et jam non video illum.* Pater autem statim sacrosanctis mysteriis eum jussit muniri, et sic accepta benedictione recessit in pace.

11. Lampas juxta illum cadens non frangitur. — Eo tempore, cum Pater ibi moraretur, accidit ei quod non est silentio tegendum. Nam cum quadam die sua illa felici consuetudine divina celebrasset, et post celebrationem ante sanctum altare prostratus ad orationem jacuisset, subito lampas quæ super ad orationem jacuisset, subito lampas quæ super ad orationem pendebat, juxta illum cecidit, et ipso nesciente, nec fracturam incurrit nec olei effusionem. Quod videns magister Thomas ejus capellanus, et Petrus de S. Joanne, qui cum eo remanserant, ad alios cucurrerunt, et eis quod factum fuerat miraculum ostenderunt. Pater vero nec quando cecidit, nec quando sublatum est vas agnovit : ita erat intentus orationi.

12. *De muliere pauperrima.* — Cum autem de eadem domo egrederetur, obviam habuit in porta mulierem pauperrimam, quæ eleemosynam sibi dari petebat. Quam ut vir Dei conspexit, paulatim substitit, et Bernardum famulum suum, qui in talibus specialiter ei familiarius adhærebat, ad se vocari jussit, et, ut pelliciam suam peroptimam pauperi daret, secretius imperavit. Quod cunctis charitatem viri mirantibus, licet occulte fieri voluerit, celebre factum apparuit. Nec miram alicui videatur quod inter miracula opus misericordiæ interseruimus, cum ei dictum sit et desuperius revelatum : *Misericordia salvabit te.*

13. *Henricum Anglorum regem a tormentis liberat.* — De rege Anglorum Henrico seniore multis notum est quanta bona Cluniaco contulerit. Hic ad ultimam hominum conditionem deductus, viam universæ carnis ingressus est, et quia potentes potenter tormenta patiuntur, tormentis severioribus addictus est. Contigit autem quadam die ut cuidam militi suo quoniam idem rex quasi vivus super equum nigrum cum magna multitudine secum equitantium obviaret. Quem ut miles vidit, obstupuit, et magna voce clamare cœpit : Nonne tu es dominus meus rex ? — *Ego*, inquit, *sum ?* — *Nonne mortuus es ? Vere*, inquit, *mortuus, et morti æternæ deputatus fuissem, nisi dominus Petrus abbas Cluniacensis cum suis subvenisset; sed quia adhuc ejus auxilio indigeo, per fidem quam dum in sæculo viverem mihi debebas, te conjuro, ut quantocius ad fratres, qui in monasterio Sancti Pancratii* (13) *habitant, curras, et quid vidisti a me ex parte mea eis dicas, quatenus animo meo patri suo Cluniacensi abbati ista per litteras designent, et ut mei memor sit, et a beneficio non cesset, donec me audiat sibi gratias referentem, deprecentur.* Quod ita factum est. Pater vero hæc audiens, et totis viribus ut subveniret assurgens, eleemosynas, missas, tricenaria, et cætera bona, quibus peccatores solent juvari, jussit per totum orbem in suis domibus pro rege augmentari, quoad usque diceret : *Sufficit.* Factum est hoc quoadusque idem rex Patri et aliis multis apparuit, gratias referens de liberatione sua.

14. *Discipulum quartana febre liberat.* — Tempore alio cum Pater Romæ esset, et pro diversis causis ibidem moraretur, unaque præcipue peracta de Vizeliacensi ecclesia, dixit ad suos : *Quis ex nobis Cluniacum deferet quod in curia domini papæ ex

(13) Cella olim insignis in diœcesi Cicestrensi a Cluniaco dependens.

(14) Cella est in territorio Matisconensi a Ro-

jure obtinuimus ? Tunc omnes acclamaverunt Ademarum sacristam dignum esse qui hac legatione fungeretur. Quod ille audiens, respondit : *Nequaquam hoc negotium implere valeo, quia quartanam assidue patior.* Tunc abbas : *Auctoritate*, inquit, *sanctæ Trinitatis, et virtute obedientiæ tibi præcipio ut Cluniacum absque omni dolore vel tractu febrium pergas.* Sacrista autem patris obedientiam libenter amplectens, Cluniacum pervenit, et quod Viziliaco pater obtinuisset auctoritate Romanæ Ecclesiæ demonstravit. Tunc cunctis gaudentibus cœpit haberi consilium, quis litteras domini papæ Viziliacum deferet ferre. Cum vero omnes asserent illum qui ab Urbe sanus et incolumis virtute obedientiæ rediisset, et omnia vidisset et audisset, ire debere, ille consensit, et pro voluntate seniorum pergere cœpit. Tunc mirum in modum febris, quæ per tot intervalla locorum eum reliquerat, ut portam egressus est, cum invasit, et domum redire coegit, et sic virtus obedientiæ comprobata est in infirmitate naturæ. Qui audit, intelligat.

15. *Monachum Cariloci ex revelatione cognoscit veneno mortuum.* — Præterea cum esset in Urbe Pater, accidit ei miraculum relatione dignissimum. Erat quidam monachus, genere nobilis, religione præcipuus, officio prior Cariloci (14), nomine Wilelmus de Roenna, contra quem invidia diaboli quidam exarserant, ita ut eorum malitia ei per quemdam venenum pararet, et hac factione vitam finiret. Eadem vero nocte et hora qua occisus est, apparuit Patri sedenti in lecto suo post completorium, et sicut solebat religiose et devote Patrem salutavit, et quid accidisset in toto indicavit. Quod homo Dei audiens, mirabiliter contristatus est. Causam tamen diligenter investigabat, et quomodo et a quo tantum scelus perpetratum fuisset inquirebat. Explorabat etiam si confessus fuisset, si esset absque pœna, si communionem suscepisset. Cui ille respondit : *Quia injuste occisus sum, sine pœna sum. Ut autem absolutionem et communionem suscipiam ad vos missus sum.* Hæc omnia cum Pater audisset, eum sicut mortuum absolvit, et ille accepta absolutione recessit. Tunc Pater excitatis fratribus, indicavit eis quod viderat et audierat, et statim cursorem mittens ad locum Cariloci, jussit inquirere de die, de hora, qua mortuus ei apparuit, et si vere mortuus esset. Quod et ita omnia evenisse, ut patri revelatum fuerat, nuntius invenit, et ad eum veraci relatione detulit. Illum autem qui hujus maleficii auctor fuerat Pater excommunicavit, et a corpore Cluniacensis Ecclesiæ in perpetuum separavit.

16. *Ejus meritis rusticus serpentem evomit.* — Tempore quo vir beatus ab Hispaniis remeabat, cum in Podio solemniter curiam celebraret, et inter personas ecclesiasticas maximum præ cæteris locum obtineret, venit ad eum quidam monachus, nomine

berto Valentinensi episcopo et Eduardo ejus germano fundata.

Jordanus, de monasterio S. Fidis de Conchis, qui in Aniciensi episcopatu prioratum tenebat in oppido Ebais, consilium quærens super morbo quod acciderat cuidam rustico suo. Dicebat enim rusticus serpentem corpus suum intrasse, et hac occasione se assidue torqueri, et per singula momenta proximum morti fieri. Quod vir Dei audiens, multum condoluit, et tota mente Spiritum sanctum concipiens, intimo cordis affectu suspirare cœpit. *Frater, inquit, hæc nostra non sunt, sed sanctorum Dei. Tamen quia omnia possibilia sunt credenti, si fidem habeat homo, potens est divina bonitas conferre consilium periclitanti. Quapropter summo diluculo venias tu solus cum solo, et ubi nos videbis ad divina celebranda intrare, illic et tu fideliter sequaris.* At ille hoc audiens, cum magna lætitia ad hospitium recessit, et summo mane ante lucem rediens, ante ostium Patris cum misero excubabat, donec egrederetur. Pater autem piæ promissionis non immemor, cum duobus monachis, Petro de S. Joanne et magistro Thoma, ante lucem surrexit, et ad oratorium Sancti Majoli, ut ibi divina celebraret, perrexit. Celebravit autem missam de Ascensione, et illum qui torquebatur fecit adesse. Cum vero Evangelium legeretur, et ad illum locum veniretur, ubi dicitur : *Serpentes tollent*, miser os aperuit, et serpens caput emisit, quem Pater manu accipiens, et a corpore hominis extrahens, cunctis qui aderant stupentibus, in medium projecit. Homo vero corruens, fere spiritum præ angustia exhalavit; quem Pater, dum divina celebraret, cooperiri jussit. Missæ completa solemnitate, ad infirmum accessit, et propria manu illum a terra elevans, ut peccata sua confiteretur imperavit. Facta confessione, lavit homo aqua et vino os suum, et sic sacrosanctis mysteriis communicans, incolumis remeavit ad propria. Tunc Pater omnes qui aderant super sacrosancta Evangelia jurare coegit, ne alicui hoc factum dicerent, dum viveret. Ipse audita autem morte ipsius, Jordanus monachus miraculum, ut factum fuerat, in capitulo Sanctæ Fidis publice revelavit, et multis aliis hoc factum fuisse pro certo affirmavit.

17. *De ipsius parentibus.* — Hæc breviter dicta sunt de miraculis Patris nostri, non quod multa non essent dicenda, sed nolumus onerare audientes, quia ad alia properamus. Nam iste vir de nobili schemate et honesto ortus, antiquitate parentum declaratum est quantus et qualis fuerit in populo Dei. Denique proavus ejus revelatione divina ecclesiam S. Michaelis de Clusa ædificavit; mater vero numeroso filiorum germine gaudens, Marciniacum se contulit, et ibi in sanctimonia vitam finivit. Pater vero ejus in monasterio Celsiniensi sepultus est. Fratres ejus quatuor ecclesiastici et duo laici fuere, Jordanus abbas Casæ-Dei, Poncius abbas Viziliaci, Armannus abbas Magniloci, Heracleus præpositus ecclesiæ Brivatensis, duo milites Dissutus et Eustachius, quorum nobilitas et honestas toti Arverniæ nota fuit. Quid ad nos de genere ? Redeamus ad Patrem. Hic enim per xxx annos, ut mihi, et aliis multis revelaverat, die Nativitatis Domini finem sibi evenire exorabat. Unde ad sanctos Carthusiæ quos nimio affectu diligebat, semel in anno pergebat, et obnixe precabatur, quatenus pro suo desiderio Altissimum exorarent, ut compleretur tempore certo. Cum autem illi dicerent : *Pater, indica nobis quæ sit petitio tua, ut certius inde valeamus ipsum quem petis orare*, ipse nolebat aperire; sed tantummodo dicebat : *Si servi estis Altissimi, pro confratre vestro orate, ut desiderium meum Deus perficiat*. Cum autem homo Dei ex hoc mundo transisset ad Patrem, Carthusienses Cluniacensibus pro desiderio viri Dei epistolam direxerunt, et quia consummatum fuerat quod tandiu desideraverat, evidentibus indiciis declaraverunt. Hic pacis amator in die pacis pacem obtinuit in gloria Dei. Hæc breviter de beato Patre nostro dicta sunt, quia audientibus fastidium inferre nolumus, et ideo plurima prudentioribus scribenda relinquimus.

VITA ALTERA.

(Dom Marrier, *Bibliotheca Cluniacensis*, Paris. 1614, fol., p. 589, ex chronico Cluniacensi.)

Petrus primus, abbas nonus Cluniacensis, fuit electus in octavis Assumptionis beatæ Dei genitricis Mariæ, et incœpit regere anno Domini 1122. Hic Petrus cognomento Maturiti [*al.* Mauricii, *vel ut quidam volunt*, Mauriaceni], ex nobilissimis Arverniæ magnatibus originem ducens, ab ipsis infantiæ cunis a parentibus Deo sub monastica observatione militaturus oblatus est, et a sancto Patre Hugone in extremum vitæ suæ monachali benedictione insignitus. Postea tempore domni Pontii abbatis Cluniacensis prior Viziliacensis factus ordinem strenue rexit. Inde prior de Domina factus, defuncto venerabili viro domno Hugone II hujus loci abbate, a magnis famosisque, qui tunc florebant, hujus loci monachis ac personis religiosis in universo acclamantibus conventu, in abbatem eligitur, et a Chrysopolitano archiepiscopo eodem die benedicitur, cum esset annorum circiter xxx [*al.* xxviii].

Suscepto abbatiæ regimine, humilitatis præcipuæ cultor, et sanctimoniæ magnificus et singularis custos exstitit. Incessus ejus gravis, sermo maturitatis et gratiæ plenus, mores bene compositi, totus jocunda gravitate graviquc jocunditate redimitus, omnibus exemplar honestatis et monasticæ gravitatis præferebat. In suscipiendis confessionibus singularem suo tempore gratiam obtinens, in curandis occultis confitentium reatibus speciali callebat solertia, ita ut ipsum solum crederes qui sciret curare sua, et aliena vulnera non detegere et publicare. In corripiendis apertis vitiis plus patris exercuit quam judicis, plus clementiæ quam rigoris, plus misericordiæ quam censuræ. Statura corporis conspicuus adeo, ut inter omnes sui temporis personas vultus venustate, membrorum positione, morum compositione præclarior exstiterit.

Cum vir idem Petrus Venerabilis abbas Cluniacensis ex Hispaniis rediens in Aniciensi civitate devenisset rusticus quidam adfuit, qui et serpentem corpus suum intrasse lacrymabili lamentatione deplorabat, et per singula momenta morti proximum fieri. Quod vir Dei audiens, multum condoluit; cui et dixit : *O frater*, inquit, *hæc nostra non sunt, sed sanctorum Dei tantum, quia omnia possibilia sunt credenti. Ego pro te Dominum exorabo*; mane autem facto, idem vir sanctus piæ promissionis non immemor, oratorium Sancti Majoli missam celebraturus intravit. Cum vero de Ascensione Domini missam celebraret, illum qui torquebatur adesse constituit. Cum vero evangelium legeretur, et ad illum locum devenisset, ubi dicitur, *Serpentes tollent*, miser tunc os aperuit, et serpens caput emisit. Quem Pater, cunctis qui aderant stupentibus, in medium projecit. Homo vero corruens fere spiritum præ angustia exhalavit. Missæ vero solemnitate completa ad infirmum accessit, qui ab eo confessionem suscipiens, et eum sacrosanctis mysteriis communicans, incolumem remisit ad propria.

Scientia singulari vir vitæ Venerabilis Petrus, abbas Cluniacensis suis temporibus floruit, nullusque sibi major fuit. Quod usque in hodiernum diem multiplicia ejus scripta ostendunt, quæ in processu ipsius inseremus sigillatim, licet in his ordo servetur minime.

Durante tempore suæ administrationis multa scripta edidit vir vitæ venerabilis Petrus noster abbas Cluniacensis. Nam scripsit diversas epistolas cum tanta gravitate et stylo tam excelso, quod alter Augustinus videatur esse insanorum [*f.* sanctorum] descriptione librorum.

In primis epistolarum liber ejus in sex libros dividitur.

Primus liber continet xxxvi. epistolas.
Secundus liber continet li.
Tertius liber continet vii.
Quartus liber continet xliii.
Quintus liber continet ix.
Sextus liber continet l : inter quas inseruit tractatum quinque capitulorum distinctione divisum, et omnium quæ dicta sunt, vel dici possunt, argumentorum rationibus adversus Judæorum inveteratam duritiam.

Primum capitulum ostendit quod Christus Filius Dei sit.

Secundum capitulum ostendit quod Christus specialiter Deus esse probatur.

Tertium capitulum ostendit quod Christus non, sicut Judæi putant, temporalis rex, sed æternus sit et cœlestis.

Quartum capitulum ostendit quod Christus non, sicut Judæi decipiunt, adhuc venturus sit, sed jam certo et præordinato tempore, ad mundi salutem venerit.

Quintum capitulum ostendit et determinat de ridiculis atque stultissimis fabulis Judæorum.

Inseruit etiam idem Petrus Venerabilis abbas Cluniacensis librum quem edidit et scripsit contra Petrobrusianos hæreticos, qui dicebant primo pueros baptizari inutiliter, quia credere non possunt.

Secundus error erat, quia dicebant basilicas vel altaria fieri non debere, quoniam Ecclesia Dei, prout affirmabant, unitate fidelium congregatorum constaret.

Tertius error erat, quia dicebant crucem Domini nec adorandam nec venerandam, sed magis confringendam et conculcandam esse.

Quartus error erat, quia dicebant missam nihil esse, nec celebrari debere.

Quintus error erat, quia asserebant vivorum beneficia nihil prodesse defunctis.

Sextus error erat, quoniam dicebat Deo non esse cantandum.

Idem iste Petrus noster Cluniacensis abbas ipso existentes in Hispaniis cum imperatore, transtulit de Arabico in Latinum Alchoranum de lege Mahometi hæretici. Et tamen in Cluniaco scripsit fortissime adversus prædictam sectam. Opus suum dividens in quinque libros, qui libri dividuntur per capitula.

Iste idem Petrus Cluniacensis abbas scripsit de miraculis quæ suis temporibus advenerunt, sive facta sunt. Et de his duo exstant libri.

In primo siquidem libro de xxviii miraculis determinat cum magna et Ciceroniana elegantia, non solum in his operibus suis, verum in omnibus.

In secundo narrat xxx.

Item scripsit idem Petrus sermones quatuor valde utiles et elegantissimos, quorum

Primus de transfiguratione Domini est.
Secundus sermo de laude sepulcri Domini est.
Tertius sermo de sancto Marcello papa et martyre est.

Quartus est inscriptus, In veneratione quarumlibet reliquiarum.

Insuper egregius ille Pater Petrus Venerabilis Cluniacensis abbas scripsit epistolam ad Petrum de sancto Joanne societatis suæ veteranum, contra eos qui dicunt Christum nunquam se in Evangeliis aperte Deum dixisse. Hæc epistola utilis et necessaria, plena instructionibus quamplurimis.

Scripsit idem rhythmum in laudem Salvatoris.
Rhythmum de sancto Hugone.
Rhythmum de S. Benedicto.
Item rhythmum de resurrectione Domini.
Fecit hymnum in honore sanctæ Mariæ Magdalenæ.
Item alium hymnum in honore matris Domini.
Fecit et prosam de eadem Virgine Maria gloriosa.

Nunc est videndum de gloriosi Patris nostri Petri Venerabilis abbatis Cluniacensis prudentia erga suorum religiosorum provisionem. Nam in libro quodam statutorum hujus monasterii Cluniacensis ab ipso edito asserit quod, tempore suæ assumptionis in abbatem, in ipso Cluniacensi monasterio erant religiosi plus quam tres centum, sicut ipse testatur. Ipse namque ait : *Notum facio igitur ego, frater Petrus, humilis Cluniacensis abbas omnibus istud legentibus, quod quando ad hoc officium ante* XXVIII *annos assumptus sum, magnam quidem Ecclesiam, religiosam et famosam inveni, sed pauperrimam, magnarum expensarum, et, comparatis redititibus cum expensis, nullorum pene redituum. Trecenti erant vel eo amplius fratres, nec centum de propriis sumptibus domus illa procurare valebat. Turba hospitum, semper pauperum infinitus numerus. Congregata de omnibus decanis annona vix quatuor mensibus, aliquando nec tribus, vinum undecunque collectum, nunquam duobus aliquando mensibus, nec uno sufficiebat. Panis pervus, puger et furfureus. Vinum maxime aquatum, insipidum, et vere villum, præter alias et multo cum fœnore acceptas expensas. In emendo solummodo annonam et vinum, plusquam viginti millia solidorum Cluniacensis camerarius expendebat. Has angustias ego videns, habito cum sapientibus fratribus, qui tunc vivebant consilio, prout mihi et ipsis rationabile visum est, mesatica per decanias constitui. Et ut conventum Cluniacensem de pane et de fabis, et earum sagimine quidam ex decanis uno mense, quidam tribus hebdomadis, quidam quindecim, quidam octo diebus, hoc est integro anno procurarent, ordinavi. Et ut super annuatim hæc constitutio servaretur, universorum fratrum assensu et voluntate et in capitulo præcepti et scripto firmavi.* Hoc ita ut decretum est, multis postmodum annis servatum est.

Tempore hujus beati Patris Petri Venerabilis Cluniacensis abbatis, anno videlicet 1131 dedicatio magnæ basilicæ Cluniacensis a domno papa Innocentio secundo facta fuit.

Anno Domini 1153, propter nimiam et effrenatam longe plus solito pessimorum raptorum malitiam, qui præcipue in res Cluniacenses furiose desæviebant, rogatu domni Petri abbatis Cluniacensis, et amicorum Cluniacensium, domnus Oddo, sanctæ Romanæ Ecclesiæ cardinalis, et apostolicæ sedis legatus, domnus Eraclius, Lugdunensis archiepiscopus electus, cum suffraganeis Lugdunensis Ecclesiæ, hoc est Eduensi, Matiscensi, Cabilonensi episcopis, cum comite etiam Burgundionum Willermo, comite Cabilonensi altero Guillelmo, Humberto de Bellojoco, Joceranno Grosso, Hugone de Berziaco, Hugone de Scalciaco, et aliis Burgundiæ nobilibus non paucis, convenerunt apud Matisconem in Ecclesia Sancti Vincentii. Qui tractarunt ibi circiter spatium trium dierum de negotiis, et præcipue de pace Ecclesiæ Cluniacensis reformanda, ita quod coram universo clero et populo civitatis prædictæ, decretum est ab eis jam prælibatis dominis ut monachi dicti et laici, et omnes res ad Cluniacum pertinentes, quæ infra terminos Araris, Ligeris et a Rhodano fluminum continentur, additis partibus illarum terrarum, quæ infra Eduensem civitatem et castrum Camonis, quod est ultra Cabilonem, constitutæ sunt, plena et secura pace maneant. Et quicunque per dictum Cluniacum transeuntes cum ipsis et rebus ipsorum securi et pacifici permaneant et conserventur. Ita quod prædicti domini de omnibus suis promiserunt prædictos Cluniacenses servare indemnes, tam in rebus quam personis, etiam usque procedere contra taliter malefacientes dictis monachis Cluniacensibus vel rebus ipsorum ad arma et obsidenda castra vel loca, in quibus tales malefactores, se retraxerunt. Et habitatores civitatis Cluniacensis promiserunt ibidem, dum hæc peragerentur, quod quoties essent requisiti de procedendo ad arma, cum dictis nobilibus et dominis, quod irent, etc. Et etiam prælati ex parte eorum contra tales promiserunt similiter procedere, etc.

Tempore insuper hujus præfati Petri Venerabilis abbatis Cluniacensis, anno salutis humanæ 1155, vir illustris Henricus Wintoniensis episcopus, rogatu dicti domni Petri abbatis, et ab Adriano papa IV, litteris invitatus, simul etiam a rege Franciæ Ludovico Juniore, etomnibus fere Burgundiæ personis et baronibus evocatus, Cluniacum venit, eamdemque Ecclesiam gravis alieni ponderis [æris alieni pondere] oppressam, prudentia et expensis suis, omni fere debitorum alienavit onere, ita ut tam ex persolutione debiti, quam etiam in comparandis possessionibus, necessariis etiam rei familiaris comparandis, sicut ex ore ejus auditum fuit, prolatumque ab ipso, quod plusquam septem millia marcarum argenti expenderit. Pavit enim per annum 460 monachos tunc existentes in dicto monasterio Cluniacensi, ut habetur in libro capituli dicti cœnobii Cluniacensis. Iste Henricus Wintoniensis episcopus fuerat olim hujus monasterii Cluniacensis alumnus et monachus, ac nostrum nostrique cœnobii benefactor singularissimus suis temporibus et maximus.

Anno Domini 1171 præfatus domnus Henricus Wintoniensis v Idus Augusti obiit.

De religiosis et monachis illustribus tempore venerabilis Patris nostri, Petri abbatis Cluniacensis.

Suscepit vero Cluniacensis Ecclesia, et sæpe, ut dixi, suscepit multorum et diversorum, non in terra, sed in cœlo thesaurizantium gazas. Auro igitur et topazio longe chariora Cluniacus a Leodiensi Ecclesia munera suscepit, quando magnificos viros, et summa cum laude ac dulcedine recolendos ad nos venientes, humili collegio Cluniacensi copulavit. Nam a temporibus beati Patris nostri Hugonis usque ad ipsius Petri Venerabilis abbatis Cluniacensis dies Leodiensis Ecclesiæ Cluniacum tres canonici, Zelon scilicet, Tezelinus et Algerus, magni suis temporibus magistri humilitatisque discipuli venere.

Quorum primus, videlicet Zelon, multo tempore pro Ecclesia, ad quam venerat laborans, singulari scientia et prædicabili lingua, non solum audientium mores instruxit, sed et corporalem novæ Ecclesiæ fabricam plus cunctis mortalibus post reges Hispanos et Anglos construxit.

Sequens spiritualibus tantum studiis totum suum hominem occupans, in sancto proposito longævus consenuit. Et prius Cluniaci sub sancto Patre Hugone, dehinc Vizeliaci cum domno Rainaldo abbate ejus nepote, et demum Lugdunensi archiepiscopo degens, laudabilem vitam sancto fine conclusit.

Tertius, Algerus nomine, humilitate, puritate, vitæ totius sinceritate longe præcedentes exsuperans. Unde de isto Petrus Venerabilis abbas Cluniacensis libro I Miraculorum narrat quod, ut de beato Job dicitur (Job 1), ipse Algerus vere simplex et rectus, timens Deum, et recedens a malo erat. Sæpe multumque sibi instituisse dæmones Venerabili Petro abbati suo conquestus est.

Iste Algerus erat subtilis ingenio, facundus eloquio. Ipse namque pro ecclesiasticis negotiis ad diversas personas, et ad Ecclesias multas insignes epistolas conscripsit. Et item inter cætera ingenii sui monumenta duos tractatus edidit ecclesiasticis valde utiles negotiis et Catholicæ fidei.

Quorum primum intitulavit De misericordia et justitia, quem tribus divisit particulis : quarum prima temperando justitiam misericordia, sufficienter agit de malorum tolerantia; secunda, de ecclesiasticis peccatoribus, et eorum canonica correctione; tertia de his qui extra Ecclesiam sunt, et eorum sacrilega communione.

Alium vero tractatum edidit tanto nobiliorem quanto sublimiorem, utpote de re mirifica et necessaria, De sacramento scilicet corporis et sanguinis Domini.

Hoc opus in tres partes dividitur : prima expedite agit de veritate et virtute corporis Christi continens XXII capitula; secunda, de ipsius sacramenti variis quæstionibus, distincta decem capitulis; tertia sub XIV capitulis agit de ministris ecclesiasticis, et extra peccatoribus hæreticis.

Petri Venerabilis jam sæpe nominati abbatis Cluniacensis temporibus Petrus Pictaviensis floruit, vir illustrissimus et doctissimus, qui plures ad Petrum Cluniacensem epistolas scripsit, et multa alia quæ apud nos sunt omnia.

Eodem tempore floruit Richardus, monachus Cluniacensis, origine Pictaviensis, qui magnus historiographus sacræ Scripturæ fuit. Scripsit enim ab Adam chronica usque ad tempora Frederici.

Hugo Catula nobilis miles se promittens monachum facturum, in signum cujus sibi a Petro abbate Cluniacensi comam abscidi fecit, et in hujus testimonium custodiri. Quo facto præfatus Hugo mutato proposito Hierosolymam ire proponens, Petrus Venerabilis abbas Cluniacensis ipsum ab itinere revocat, et insinuans et demonstrans majus bonum minori præferendum. Nam majus bonum est Deo perpetuo in humilitate et paupertate servire, quam cum superbia et luxu Hierosolymam iter conficere. Quibus a præfato Hugone consideratis, monachus jam sæpe nominati Petri Venerabilis abbatis Cluniacensis factus est.

Albericus suo tempore Cluniacensis monachus, deinde Hostiensis episcopus, factus est legatus sedis apostolicæ in partibus Hierosolymitanis. Quare scribit Petro Cluniacensi et religiosis ejusdem, ut eum in eorum orationibus pro sua peregrinatione commendatum habeant.

Domnus Natalis, prius Tresbacensis abbas, fit deinde monachus Cluniacensis, dimissa tamen abbatia Tresbacensi. A cujus rei proposito multi ipsum perturbare volentes, præfatus Petrus Venerabilis abbas Cluniacensis Innocentio papæ humiliter supplicat pro eo domno Natali in quadam epistola ad dictum Innocentium transmissa, sic in fine ejusdem : *Quia*, inquit, *ergo non alibi quam in sinu vestro, hoc est in Cluniaco, requiescere maluit, provideat ei, ut dixi, pietas paterna quietem, quam justo ordine post Marthæ mereatur habere laborem.*

Hugo Turonensis archiepiscopus, cum in infirmitate esset monachus Cluniacensis effectus a clero postulatus est, ut reverteretur unde exierat. Nun siquidem requirebatur ut mercenarius, qui videns lupum dimisit oves et fugit; verum pastor, qui pro domo Israel sibi commissa, muris se opponere, et stare in prælio in die Domini consuevit. Qui Hugo de communi schemate cleri, ad Martini sui nigrum habitum conversus est.

Abælardus, Petrus nomine, ab erroribus fidei per Petrum Venerabilem abbatem nostrum, et sanctum Bernardum abbatem Clarevallensem revocatus, quæ antea de fide dogmatizaverat perfide, monachus Cluniacensis factus est. Et deinde mens ejus, lingua ejus, opus ejus semper divina fuere; semper philosophica, semper eruditoria meditabatur, docebat, fatebatur. Et, sicut de magno Gregorio legitur, momentum aliquod præterire solebat minime, quin semper aut oraret, aut legeret, aut scriberet, aut dictaret. Lectio ei continua erat, oratio frequens, silentium juge, nisi cum aut fratrum familiaris collatio, aut ad ipsos in conventu de divinis publicus sermo eum loqui urgebat. Quare ipsum Petrus Venerabilis sollicite commendans, tale de ipso scripsit epitaphium :

Gallorum Socrates, Plato maximus Hesperiarum, etc.

Reluxit illis diebus Matthæus vir non obscuri secundum carnem generis, ortus ex Remensi provincia, utroque parente et nobilitate insignito, et mundanis opibus locuplete. Huic in pueritia litteris traditus est. Qui postquam adolevit, in Laudunensi Ecclesia clericale officium adeptus est. Et statim a primis annis, quæ multorum clericorum depravatum morem cum ætate cœpit et honestate invalescere, et levitatem vel lasciviam consodalium fugiens et exsecrans, quod per rarum et in hujusmodi, hominum genere, famosis honestate et religione clericis adhærebat. Inter quos quemdam probatioris vitæ clericum, Remensis Ecclesiæ tunc thesaurarium eligens, qui Radulphus nomine, Viridis cognomine dicebatur, ei se specialius religiosa familiaritate devovit. Dehinc eodem Radulpho rapto, et in Remensem archiepiscopum assumpto, non deseruit quem elegerat Matthæum ; sed aliquandiu sub ipso Remensis jam Ecclesiæ canonicus perseveravit. Qui postmodum Matthæus monasticam aspirans vitam, ecclesiasticos honores dimisit. Et propter celebrem relationis famam, Cluniacum eligens, apud S. Martinum de Campis monachi habitum suscepit, et congrue. Erat enim idem S. Martini monasterium sub Cluniacensi monasterio, in ordinis, religionis, ac fervoris proposito, pio mundo suo ita consimile, et in tantum conforme, ut velut simulacrum ceræ impressum, multis aliis ad Cluniacum pertinentibus monasteriis, originalis sigilli imaginem familiarius repræsentet ; et exceptis locorum distantiis, quæ simul esse non possunt, non diversa, sed prorsus unum sint. Cum itaque ibidem domnus Matthæus in monasterio Sancti Martini per annos septem claustri ordinem ferventissime tenuisset, jussione abbatis successit in prioratum, priore suo jam defuncto. Qualiter vero, quantumque se jam dictus Matthæus factus prior, imo etiam semper Deo subditis, et quibusque proximis ac remotis exhibuerit, vix explicari posset, tamen quam brevissime exsequamur.

In primis vir Dei exhibebat se Deo, ac substernebat vera cordis et corporis contritione præteritorum actuum, vel negligentiarum pœnitudine, mundi contemptu plenissimo, ac pene singulari inter multa millia monachorum in Deum devotionis affectu. Morabatur assidue in claustro cum fratribus, et post plurimos mundi discursus, pene velut ea, cui adhærebat claustri columna, sacræ lectionis intentus studio inviolabiliter perdurabat. Vix poterat eum commissi prioratus cura saltem ad horam a fratrum collegio segregare, vel ab intentione semel in Deum defixa quolibet mundus occupationis suæ vino retrahere. Cumque sub ducatu ejus fere trecenti fratres, tam intra quam extra monasterium Domino militarent, eisque corporalia subsidia providere vel per se, vel per alios ex officii debito cogeretur, Marthæ quidem importunas exactiones ex toto effugere non valebat, sed tamen toto animæ desiderio Mariæ otio inhiabat.

Talem insuper domnus Matthæus subditis, eisque ad vitæ suæ terminum exhibuit et conservavit ; ut non solum quantum ad Deum, sed etiam quantum ad se misericordiam et judicium eidem Deo securæ cantaret. Misericors in subditos erat, necessaria eis pro viribus præparando, et unicuique secundum apostolicani et benedicti regulam, prout opus erat, multo labore quæsita largiendo. Mos ei erat infirmorum, pauperum, hospitum, in quantum prioratus officium patiebatur, per seipsum potiorem curam gerere.

Exhibebat Matthæus omnibus communem tam corde quam verbis dilectionis affectum. Et inquantum, salva propositi gravitate, poterat, jocundum se et hilarem quibuscumque alloquentibus offerebat. Ad omnes quidem, juxta Patris Augustini verba, congruum charitatis habebat affectum ; ad eos vero quos poterat ejusdem charitatis effectum. Fecerat ea charitatis virtute monasterium suum præ cunctis totius Franciæ monasteriis commune universorum hospitum, et velut generale absque alicujus exceptione cunctorum asylum episcoporum, abbatum, nobilium etiam laicorum quotidianus concursus, monachorum et clericorum agmina, pauperumque nunquam deesse poterat turba ; domos universas, hospitia cuncta assidue pene replebat. Suscipiebantur alacriter omnes, nec in suscipiente boni vultus hilaritatem tanta advenientium importunitas turbare poterat. Hinc erat quod inter cæteros principes, qui eum harum et similium virtutum fama exciti diligebant, quique illi de suis multa largiebantur, Ludovicus rex Francorum, rexque Anglorum Henricus singulari ipsum amore amplectebantur, adeuntem se gaudenter suscipiebant, multo susceptum honore colebant, ad discedentem nunquam fere vacuum remittebant.

Postmodum Petrus Venerabilis abbas Cluniacensis domnum Matthæum, habita de ipso tanta fama, ad ordinis adjutorium, suæ vocationis anno primo Cluniacum evocavit, eique statim ordinis et claustri curam imposuit. Ad cujus rei adjutorium magnum hunc, et vere Christi non segnem operarium, verum insignem, cum ad introitum vir Venerabilis Petrus abbas Cluniacensis expertus est.

Cum itaque jam sæpe nominatus domnus Matthæus tractus ad urbem fuisset, causa schismatis Pontiani erga Ecclesiam Cluniacensem incitati, pacificandi, eo schismate diffinito et penitus absorpto domnus Matthæus redire cum sociis ad propria festinabat. Sed qui nescientem vocaverat

Deus, reditum impedivit, et quia super pauca fidelis fuerat, eum super multa ut expertum dispensatorem promovit. Injungit ei cum honore papa Honorius secundus, majoris honoris et oneris pastoralem curam, et eum labori suo socium adhibens in episcopum Albanum consecrat. Provectus ergo domnus Matthæus ad sublimem pontificalis ordinis gradum, et super Ecclesiæ candelabrum ad lucendum omnibus qui in domo Dei erant, magnifice exaltatus, nihil de monacho quorumdam more dimisit. Sed sicut de magno Martino legitur, eadem in corde ejus humilitas, eadem in vestitu ejus vilitas mansit. Nihil de officio, nihil de cantibus, nihil de prolixa Cluniacensi psalmodia quarumlibet curarum prætextu reliquit. Servabat in palatio instituta claustri, et mundo expositus firmo et longo usu, velut innato religionis proposito, a sæcularium vanitatibus se quasi septo firmo secernebat.

Possent quidem adhuc plura de ipso digna memoria litteris tradi. Verum illud tacendum non est, quod suis diebus parem non habuit sibi. Tandem prima Adventus Domini hebdomada, vir beatus domnus Matthæus Albanensis episcopus, omnimodum jam naturæ defectum post multos labores et certamina ferre non valens, lecto decubuit. Qui ante decessum ejus ab hoc sæculo, gloriam, quam sibi Deus præparaverat, videre meruit. Et finaliter die Nativitatis Domini diem in Christo Jesu clausit extremum. Qui in ecclesia Sancti Fridiani sepultus est.

Gregorium insuper tempore Petri Venerabilis abbatis Cluniacensis, monachum ejusdem fuisse legimus. Iste Gregorius vir illustris et doctissimus fuit, qui, juxta Hieronymum, studuit semper sacræ Scripturæ. Ex quo vitia carnis non amavit. Ipsum mirum in modum Petrus noster Venerabilis abbas Cluniacensis commendat ac laudat. Quod qui voluerit videre, legat in epistola 20, lib. IV Epistolarum ipsius Petri Venerabilis abbatis Cluniacensis.

Ejusdem Petri Venerabilis Cluniacensis abbatis temporibus fuit monachus Cluniacensis, Raynaldus, archiepiscopus Lugdunensis, qui primo monachus Cluniacensis, deinde abbas Viziliacensis, postremo archiepiscopus Lugdunensis, cujus epitaphium Petrus ipse Venerabilis fecit (15).

De Geraldo, sanctæ Cluniacensis Ecclesiæ monacho, scribit Petrus Cluniacensis abbas in libro primo Miraculorum, cap. 8, ejus vitam et mores sanctos. Iste in habitu clericali serviebat sancto Hugoni abbati Cluniacensis, a quo tandem factus est monachus in Cluniaco. Cui a beato Patre Hugone propter ejus vitam laudabilem, regimen et administratio Ecclesiæ Sancti Salvatoris Nivernensis commissa fuit. Tandem a Petro Venerabili abbate Cluniacensi evocatus factus est prior in monasterio de Altojugo, in quo loco finem vitæ peregit. In quo siquidem prioratu de Altojugo, dum vigilias observaret, et ne intempestive fratres surgerent sollicitus provideret, frequenter in eadem ecclesia voces cujusdam melodiæ audiebat, et merito, quoniam illorum est audire cœlestia, quorum aures dedignantur audire terrena. Iste requiescit in dicto loco de Altojugo.

Vir vitæ Venerabilis Petrus abbas Cluniacensis et alium discipulum habuit, nomine Armanum. Hic itaque dum esset nobilis, et miles dives in sæculo, tractus divino spiritu, ac mundo renuntiare disponens, prius equos et vestes multi pretii, magnumque pondus argenti, et omnia pene sua Cluniacum direxit, et sic pauper et peregrinus Hierosolymam petiit. Ibi Domini adorato sepulcro, et sanctissimorum locorum visione aliquanto tempore recreatus, cum vitæ terminum, quem sibi summopere adipisci desiderabat, differri videret, rediit, atque Cluniaco habitum religionis induit. Cum quo et animum ita ab omni mundano affectu mutavit, ut nec omnia bona, nec privata diversarum exercitationum lucra, spirituali cordis ejus ardori satisfacere possent. Non ei dies ad orationem, non nox sufficere poterat. Vix cibo aut somno eo studio indulgebat.

Eidem Armanno novitio contigit post Domini Natalem, nocte quæ diem præcedit beati Joannis evangelistæ, ut in cella novitiorum cum aliis novitiis ipse adhuc novitius jaceret, ipse solitis orationibus fatigatus cum se in lectum collocasset, et levi somno solutus, ursum tam terribilem vidit, ut omnem humanum terrorem ejus incomparabiliter tremendæ visionis horror excederet. Quare et ecce clamare terribiliter cœpit, sicque perseveranter, ut omnes fratres de lectis suis surgere, et ad se undique concurrere cogeret. Qui etiam domnum Petrum Venerabilem advocare coacti sunt. Ex ejus visione, terrore, ac formidine, idem Armannus excitatus somnium quod viderat incipiens contemnere rursus quem dormiens viderat, integre vigilans supra ipsum eumdem ursum conspexit, tantum in aere sublevatum, quo cum si vellet manu contingere potuisset. Cujus stupendus erat rictus nefandi oris ultra omnem modum horrendi, ut de eo scriptum est : *Per gyrum dentium ejus formido* (Job XLI), ungues longissime recurvi, et se ad rapiendum avidissime exerentes, tota hirsuti corporis habitudo quasi in prædam jam jamque rapiendam dirissime infremebat. Et sic eum diabolus diu terrore fatigatum a mente sua excedere coegit, sed Dei misericordia liberatus. Tamen ex terrore illo tantam contraxit debilitatem, ut conventui per triduum interesse non potuerit. Hæc Petrus Venerabilis abbas Cluniacensis narrat (16).

Fuit et alius, ut de magno Benedicto legitur,

(15) Habes infra cum aliquot aliis epitaphiis, inter ejus Scripta.

(16) Libr. I Mirac., c. 18.

gratia Benedictus et nomine. Qui priusquam ad monasticalem ordinem venisset, religiosus valde presbyter exstitit, qui apud Cluniacum mutato habitu, verus est factus monachus. Corpus quippe attenuatum, facies macilenta, capilli incompti, ipsaque canitie venerandi, vultus demissus, oculi vix nunquam patentes, os sine requie sacra verba ruminans, non in terra, sed in cœlo positum; hominem indicabant. Silebat perpetuo, nisi cum eum certa et gravis causa loqui cogebat. Verba ejus brevissima, a nugis, jocis, atque omni prorsus otiositate aliena. Si quando vero de spiritualibus sermo erat, nunquam sine suspiriis, nunquam sine lacrymis fiebat, psalmodia indeficiens, Scripturarum sanctarum nocte dieque meditatio. Propter quod et Psalterium glossatum semper circumferebat quoniam psalmos non perfunctorie, ut quibusdam moris est, sed summa cum attentione atque devotione cantabat. Ubi si quid quod non intelligeret, offendisset, ad glossas statim oculum convertebat. Diem totam psallendo, meditando, noctem vigilando et orando peragebat. Habebat idem Benedictus pro cella domum orationis in turri altissima, atque remotissima, in honore sancti Michaelis archangeli consecratam. Jam si ejus per singula vitam describere vellem, non transeuntur ab illo commemorandum, sed diutius esset immorandum.

(17) Cum idem beatus vir domnus Benedictus infirmitate gravatus in lecto jaceret, respiciens domum infirmorum in ipsa vidit infinitam multitudinem albatorum advenire, et paulatim omne domus illius spatium complere. Cumque domum præclarissimis illis spiritibus repletam vidisset, fratrum conventum esse suspicatus, custodem infirmorum bonæ religionis virum, Otgerum nomine, vocavit, eique dixit: *Frater Otgeri, hiccine ordo noster est, ut conventus albis indutus in infirmariam veniat? Crede mihi, hodie video quod nunquam retro contigisse audivi.* Sed cum frater ille nullum albatorum in infirmaria illa esse affirmaret, adhuc in eadem opinione persistens adjecit: *Miror valde quomodo hæc dicere potes, cum non pars domus, sed tota ejusdem albatis viris plena sit, et te ipsum, ubi nunc loqueris, ex omni parte iidem circumdent.* Tunc tandem intellexit cui hoc dicebat, non hominum illum conventum, sed beatorum esse angelorum. Et parvo intervallo suscepit ut servus Domini Benedictus ab illis quos viderat albatis et gloriosis spiritibus ascitus obiret, beatamque animam eis tradens, ad regna cœlestia, ut dignum est credere, cum ipsis. . . . .

Gaufredus vir nobilis fuit dominus castri, quod Sinemurum vocatur. Postquam multum tempus magnifice in sæculo conversatus est, tractus divino spiritu mundo renuntiavit, atque cum filio et tribus filiabus apud Cluniacum habitum religionis induit: ubi sancte ac sine querela diu conversatus, merito religionis atque prudentiæ Marcigniacensium sororum prior effectus est. Quarum curam dum per aliquot annos humiliter et benigne administrasset, more mortalium molestia corporis tractus, defunctus est.

Ipsius Petri Venerabilis tempore fuit Bernardus monachus prior Cluniacensis, totus religiosus, totus erga conventum laboriosus, et Ecclesiam Cluniacensem semper summa cum charitate amplectens. Quem ipse Petrus Venerabilis abbas Cluniacensis commendans epitaphium de ipso Bernardo tale quod sequitur descripsit.

Egregius senior cui nil juvenile cohæsit,
  Bernardus prior hac pausat humatus humo
Hic post militiam cœlestia castra subintrans,
  Consenuit, certans hoc in agone diu.
Iste sibi pro te nunquam, Cluniace, pepercit,
  Huic sibi nulla dies absque labore fuit.
Sic bene totius pondus tolerando diei,
  Nummum promeritum sero reportat ovans.
Hujus, vos fratres, memores estote sepulti,
  Nec cadat ex animo quod tegat ossa solum.

Hujus Petri Venerabilis abbatis Cluniacensis monachus et religiosus fuit domnus Radulphus, qui tandem scripsit mores et gesta, ac vitam mortemque ipsius Petri abbatis Cluniacensis.

Verum enimvero omittendum est minime qualiter angelus Domini locum, ubi fratres moriuntur, cruce Christi signaverit. Quod miraculum Petrus ipso Cluniacensis abbas descripsit in hunc qui sequitur modum: « Quoniam antiqui hostis aperta contra Christi milites prælia, » etc. *Integra narratio exstat lib.* 1 *Mirac. c.* 19, *quam hic repetere superfluum fuisset.*

Tempore hujus Petri Venerabilis abbatis Cluniacensis numerus fere quatuor centum monachorum in Cluniaco redolebat. Quorum quidam habitabant in silvis illi loco proximis, inter quos ipse aliquando Petrus abbas conversabatur cum ipsis fratribus. Eorum enim habitacula sanctorum Patrum monachorum in præfatis silvis erant capellæ devotæ, sicut in capella Sanctæ Radegundis, Sancti Romani super Boutavanum, capella S. Vitalis prope Cluniacum, capella Sancti Joannis de Bosco, et ecclesia de Costa, in quibus locis cum magna devotione Christo militabant.

Ex quibus omnibus supradictis, et ratione quorum ordo Cluniacensis, et ipsius monastica religio extensa, et propagabatur usque ad vallem Josaphat, sepulcrum matris Domini nostri Jesu Christi, ubi Gelduinus monachus Cluniacensis illius vallis monasterii abbas exstitit.

Et item ipsi monasterii Cluniacensis monachi cum monachis, et fratribus habitantibus in sancto monte Thabor, ubi Deus transfiguratus est, sortiti sunt confraternitatem.

Consequenter ipsi Cluniacenses obtinuerunt mo-

---

(17) Petrus ipse Vener. lib. 1 Mirac., cap. 20.

nasterium, quod Cuntot dicitur, quod est in suburbio Constantinopolis civitatis

Tandem et per successum temporis isti Patres Cluniacenses traxerunt in suam confraternitatem et societatem, ecclesias, collegia, et monasteria usque ad numerum feré cccxiv. Et sub ipsius abbatiæ Cluniacensis subjectione fuerunt tam abbatiæ, prioratus, decanatus, præposituræ, officiaque tam mediate quam immediate eidem subjecta, circa duo millia vel amplius.

Nunc de triumpho Patris domni Petri Venerabilis abbatis Cluniacensis, quem in schismate Pontii abbatis septimi obtinuit, de versibus Petri Pictaviensis inserendo, pauca dicenda sunt : quèm ille stylo nimium prolixo prosequitur (18).

Jam tibi, Petre, novi celebrantur ubique triumphi,
Jam tibi sub pedibus pars inimica jacet, etc.

Nunc etiam de glorioso fine Petri Venerabilis abbatis Cluniacensis dicendum est ex dictis Radulphi ipsius B. Patris monachi, qui vitam et mores tanti Patris descripsit, et ejus mortem.

Anno vero Dominicæ Incarnationis 1157, prima ipsius anni die, reverendus et cum multo amore recolendus domnus Petrus abbas viam universæ carnis ingressus est, et illa hora sanctá anima ejus discessit, qua credimus Verbum Dei natum de Virgine matre. Et bene hanc horam ut ascenderet elegit, qui Nato descendenti humiliter semper servivit. Nascente ergo Christo Jesu de Virgine matre in terris, Petrus virgo assumitur in cœlis, ut qui gaudium singularis nativitatis devote celebraverit, cum peregrinis quandiu vixerat, modo in hora ejus nativitatis reciperet fructum devotionis in sede æternitatis. Factum est autem magnum miraculum in hac gloriosi Patris venerabilis abbatis Cluniacensis corporis et animæ separatione. Quia cum ipse sanctus migravit a corpore, ut nullum fieret impedimentum divinis officiis sanctæ matris Ecclesiæ, præcipue illius diei, dicta litania ab episcopo, et finitis orationibus, defertur sancti Patris corpus ad locum, ubi corpora mortuorum lavabantur ; et ibi vestimentis nudatum glorificati hominis gratia cunctis videntibus et stupentibus apparebat. Erat enim corpus ipsius mortuum vitro purius, nive candidius, et mirabili quadam pulchritudine cœleste corpus in terrenis adhuc existens. Quis crederet illam sanctam carnem cilicio aliquando fuisse tectam, jejuniis afflictam, meditationibus et contemplationibus sanctis attenuatam, vigiliis maceratam ? Erat profecto jam quasi in quadam futuræ gloriæ transformatione splendidissimum sine macula et ruga dotium cœlestium præsagium ferens. Osculabantur discipuli caput magistri, suggebant aquam qua lavabatur, et unusquisque quod poterat rapiebat.

Sepultus est itaque beatus Petrus Venerabilis abbas Cluniacensis in capite majoris et novæ basilicæ, cum magno honore et grandi dolore suorum filiorum, ab illustri et reverentissimo viro Wintoniensi episcopo.

Rexit itaque gloriosus vir Petrus Venerabilis hoc Cluniacense monasterium 34 annis, et quatuor mensibus, cum tribus diebus. Alibi tamen reperi quod rexit 35 annis, et jacet juxta altare S. Jacobi, et retro armaria reliquiarum capsæ omnium sanctorum, juxta portam per quam itur retro chorum a manu dextra, cujus epitaphium sequitur :

Paret in hac urna quod non sit vita diurna,
Qualescunque sumus morte coæquat humus.
Dum Petrus moritur pius abbas, jus sepelitur,
Pax cadit, ordo jacet, flere morique placet.
Ille salus patriæ, mundi decus, arca sophiæ,
Nescius invidiæ, vena fuit veniæ.
In natale Dei solemnis mane diei
Mortuus, obtinuit plurima quæ meruit.

ALIUD EPITAPHIUM.

Tempore Bernardi Clarevalis floruit olim
Alvernus patria Petrus Venerabilis abbas,
Hic Cluniacensis, instructor catholicorum,
Contraque schismaticos, Judæos et Mahumetos
Tractatus scribens, nec non volumina multa,
Sermones varios, dictamina prosa metroque.
Nobilis ille fuit, sed moribus altior omni.
Regnans perpetuo, nunc sedibus Omnipotentis
Supplicet assidue pro cunctis religiosis,
Præcipue nobis Cluniacensibus impetret alta
Gaudia cœlorum, decurso tempore nostro
Hic Petrus vixit, qui cœlo lumina fixit.

(18) Habentur infra cum cæteris ejusdem Petri Pictav. scriptis.

VETERUM TESTIMONIA
DE PETRO VENERABILI.

(Bibl. Clun., p. 601.)

I.

S. Bernardus epistola 277, ad papam Eugenium pro abbate Cluniacensi.

Stultum videtur scribere ad vos pro domino Cluniacensi (19), et ei quasi velle patrocinium ferre, D quem omnes sibi patronum habere desiderant. Sed scribo, etsi non necessarie illi, satisfaciens tamen affectui dico meo, non alterius; ipso enim quia corpore non possum, prosequor amicum peregrinantem. Quis nos separabit? Nec altitudo Alpium, nec

(19) Petro *scil.*

nivium frigora, nec longitudo itineris. Et nunc præsens sum, in litteris his assistens illi. Sine me poterit esse nusquam. Debitor sum dignationi ejus, per quam dignus habitus sum assumi in id gratiæ. Sed debito ipsa absolvit gratia, quia necessitas in voluntatem transiit. Honorate virum, ut vere honorabile membrum in Christi corpore. Vas est in honorem, ni fallor, plenum gratiæ et veritatis, refertum plurimis bonis. Remittite eum cum lætitia, quam plurimos de suo reditu lætificaturum. Dignemini eum ampliori, ut dignum est, gratia, et ita ut de plenitudine ejus omnes, cum redierit, accipiamus. Sane si quid petierit, in nomine Domini Jesu, non debet apud vos pati difficultatem. Nam si nescitis, iste est qui manus suas extendit ad pauperes ordinis nostri; iste est, qui possessionibus Ecclesiæ suæ, quantum cum pace potest suorum, libenter frequenterque largitur ad victum. In nomine Jesu cur dixerim audite. Si enim petierit (quod suspicor vereorque) dimitti a regimine monasterii, quis illum noscens in nomine Jesu petere putet? Fallor, si non solito timoratior, si non seipso melior factus sit, ex quo vidistis eum, quanquam pene ab introitu suo in multis ordinem illum meliorasse cognoscitur verbi gratia, in observantia jejuniorum, silentii, indumentorum pretiosorum et curiosorum.

II.

Idem epist. 285 ad eumdem pro Gigniacensibus.

Apud Cluniacum occurrimus Gigniacensibus spe præcis, pro qua laboratum multum, elaboratum nihil. Nam totum quatriduanum laborem nostrum sola demum secuta est ruina spei, etc. Si quidem abbatia una, ne per singula evagemur, tota destructa est. Cæterum de tantis amissis multa dimittere parati fuimus, cum illi tam minimum obtulerunt, ut venerabilis abbas Cluniacensis, qui affectuosius quam efficacius pro reformanda pace laborabat, nec dignum relatu judicaret. Itaque non provenit compositio, quia reparatio tam ridicula offerebatur. Dicebant autem : Quidam maligni de nostris totum malum fecerunt. Quid ad nos? Ipsi viderint, etc. Denique ipse dominus abbas istiusmodi tergiversationes palam refellebat et convincebat, affirmans juste ab Ecclesia repeti, quod per Ecclesiam amissum esse constabat.

III.

Innocentius papa II in diplomate quodam ms.

Innocentius episcopus, servus servorum Dei, dilecto in Christo filio Theobaldo, priori monasterii Sancti Martini de Campis, ejusque successoribus, etc. Eapropter, dilecte in Domino fili Theobalde prior, tuis petitionibus annuentes, Beati Martini monasterium, cui auctore Domino, ex venerabilis fratris nostri Petri abbatis Cluniacensis institutione, præsides præsentis decreti auctoritate munimus, etc. Datum Laterani per manum Gerardi S. R. E. presbyteri cardinalis ac bibliothecarii, x Kal. Aprilis, Incarn. Dominicæ an. 1142, indict. vi, pontificatus vero domni Innocentii II, papæ an. xiv.

IV.

Eugenius papa III in alio diplomate.

Eapropter, dilecte in Domino fili Odo prior, tuis justis petitionibus annuentes, beati Martini monasterium, cui auctore Domino, ex venerabilis fratris nostri Petri Cluniacensis abbatis institutione præsides, quemadmodum cætera Cluniacensis cœnobii membra, sub beati Petri et nostra protectione suscipimus, et præsentis scripti privilegio communimus, etc. Datum Parisius per manum Hugonis presbyteri cardinalis, tenentis vicem domni Guidonis S. R. E. cardinalis et cancellarii, vi Non. Julii, indict. x, Incarn. Dominicæ an. 1147, pontificatus vero domni Eugenii papæ III, anno iii.

V.

Petrus ipse Venerabilis lib. II Miracul. c. 12.

Fratres et isto (Hugone II) ita subtracto, novæ electioni diem statuunt, proximis quibusque et remotis, ut ad diem statutum conveniant, indicunt. Congregatur cum quibusdam episcopis et abbatibus, multus monachorum populus, et in octavis Assumptionis beatæ Virginis, utinam sibi melius consulentes, in præsentium scriptorem conveniunt. Mandant jam dicto papæ hujus suæ electionis assensum et ab eo rescriptum hoc quod fecerant confirmans suscipiunt.

VI.

Monachus Clun. anonymus in tractatu De reliquiis S. Stephani protomartyris.

Has vero beati Stephani reliquias, nec non et dentem sancti Baptistæ Joannis domnus ac venerabilis Petrus abbas studio et diligentia, quam erga sacra et divina omnia gerit singulis crystallinis phylacteriis, gemmis et auro pulcherrime decoratis includi honestissime fecit, et unum ad dextram, aliud ad sinistram super altare majus, in catenis argenteis, sicut modo cernitur, appendi mandavit.

VII.

Robertus de Monte in Supplemento ad Chronicon Sigeberti an. Domini 1138.

Calendis Januarii Venerabilis Petrus Cluniacensis abbas ingressus est viam universæ carnis.

VIII.

Matthæus Paris Histor. Angl. In Henrico II, sub annum 1155.

Per idem tempus Henricus Wintoniensis antistes præmisso thesauro suo per abbatem Cluniacensem (*scil.* Petrum); absque licentia regis ab Anglia clam recessit. Quapropter rex tria ejus complanari fecit castella.

IX.

Henricus de Gandavo lib. De illustrib. Eccl. scriptoribus.

Petrus abbas Cluniacensis scripsit ad diversos diversas epistolas, sententiis utiles et verborum venustate placentes. Scripsit etiam visiones et revelationes quibusdam suo tempore ostensas.

X.

Nicolaus de Clamengiis cantor Bajocensis, epist. ad Galiotum de Petramala.

Ex recentioribus autem primo Bernardus occurrit, deinde Ildebertus Cenomanensis, Ivo Carnotensis, Odilo, Hugo et Petrus Venerabilis abbates Cluniacenses, Hugo denique et Richardus canonici sancti Augustini Regulæ sectatores.

XI.

Joan. Trithemius, lib. II Virorum illustrium ord. S. Bened. cap. 123.

Petrus abbas Cluniacensis, in Scripturis sanctis eruditus, et sæcularis doctrinæ non ignarus, ingenio et eloquio clarus, non minus religione et morum integritate, quam scientia venerabilis, scripsit sermones ad fratres utiles et elegantes lib. I De vita solitaria, lib. I, epistolarum ad diversos, lib. I. Scripsit etiam quædam mirabilia, et revelationes varias suo tempore factas, quæ a multis habentur. Alia quoque nonnulla edidit, quæ necdum vidi.

XII.

Idem Thrithenius libro De scriptoribus ecclesiasticis.

Petrus abbas Cluniacensis, ordinis S. Benedicti, vir in divinis Scripturis jugi exercitatione doctus, ingenio placidus, sermone dulcis atque compositus, et ad persuadendum satis idoneus, conversatione devotus et laudabilis, ac regularis observantiæ zelator insignis, nomen suum scribendo posteris notificans, ad utilitatem legentium quædam devota composuit opuscula, de quibus ista feruntur :

Relationes multorum lib. I.
De conversatione eremitica lib. I. *Suscepi litteras tuas.*
Epistolarum ad diversos lib. I.

Alia quoque nonnulla edidit, quæ ad notitiam meam non venerunt.

XIII.

G. Paradinus, lib. II Histor. Lugdun. cap. 35.

Anno Domino 1157, erat Eraclius archiepiscopus Lugdunensis, frater Petri Venerab. abbatis Cluniacensis, ambo viri excellentes vitæ sanctitate, et litterarum scientia.

XIV.

Chronicum Rerum Burgundionum ad an. 1122.

Post Pontium Hugo fit trium mensium Cluniacensis abbas : et eo mortuo Petrus, cognomento Mauricianus, sive Venerabilis, cujus nonnulla scripta exstant, eidem cœnobio præficitur

XV.

Chonradus Gesnerus in Bibliotheca sua.

Petrus abbas Cluniacensis, ordinis S. Benedicti, scripsit Revelationes multorum lib. I, De conversatione eremitica lib. I, Epistolarum ad diversos lib. I. Ejus epistola ad D. Bernardum Clarævallis abbatem de translatione Alcorani, sive Sarracenorum legis ex Arabico in Latinum, impressa Basileæ apud Joan. Oporinum cum Alcorano.

XVI.

Antonius Possevinus in Apparatu sacro, tomo III.

Sanctus Petrus, cognomento Venerabilis, nobilis Arvernus, abbas Clun. IX, et generalis octavus, die octava Assumptionis beatissimæ Virginis renuntiatus an. 1123; postea functus officio generalatus annos 35, menses 4, et dies 4, obiit Cluniaci plenus virtutum, scientiæ ac dierum an. 1157, octavo Kal. Januar. ibidem sepultus inter altare SS. Jacobi et Philippi, et altare S. Dionysii. Scripsit autem

Revelationes multorum, lib. I.
De conversatione eremitica lib. I, *Suscepi litteras dilectionis.*
Epistolarum ad diversos, lib. VI.

In quibus inseruit librum contra Judæos, et alterum contra Petrobrusianos hæreticos. Cum vero degeret in Hispania ex Arabico vertit in Latinum Alcoranum Mahometi, quem Cluniacum reversus confutavit, quinque doctissimis libris, qui et impressi sunt (20). Scripsit etiam

De miraculis sui temporis lib. II,
De transfiguratione Domini,
De laude sepulcri,
De S. Marcello papa et martyre,
De veneratione reliquiarum quarumlibet ser. 1.
Adversus negantes Christum nunquam se in Evangeliis aperte Deum dixisse, epistolam uberem atque perutilem ad Petrum de S. Joanne.
De Vita S. Matthæi cardinalis Alban. lib. I.
De diversis monachis epitaphia.
Rhythmos de laude Salvatoris.
— De resurrectione.
— D. S. Hugone abbate.
Hymnos de B. virgine Maria.
— De S. Benedicto.
— De S. Maria Magdalena.
Prosam de ead. beatissima Virgine Maria.

Ejus autem quædam opera Parisiis excusa an. 1522 apud Damianum Hincman : et Ingolstadii apud Alexandrum Vissenborn anno 1546.

XVII.

Martyrologium monasticum Benedictinum. ad VIII Kal. Januar.

Cluniaci natalis sancti Petri Mauritii abbatis, doctrina et sanctitate clarissimi.

XVIII.

Kalendarium S. Leonorii Bellimontis.

Octavo Kal. Januar. depositio domni Petri Cluniacensis abbatis.

---

(20) Hos nec vidi, nec reperire potui, quamvis diligentissime quæsierim.

PETRI PICTAVIENSIS MONACHI
PANEGYRICUS

Petro Venerabili dictus, in primo adventu ejus ad Aquitaniam secundam.

(Biblioth. Clun., 607.)

EPISTOLA PETRI PICTAVIENSIS
AD DOMNUM PETRUM ABBATEM CLUNIACENSEM.

Domno venerabili et Patri dulcissimo, Petro sanctæ Clun. Ecclesiæ abbati, Petrus Pictaviensis peccator et infirmus monachus, filialis in Christo dilectionis affectum.

Sicut præcipere dignatus estis, Pater amantissime, versiculos illos quos olim juvenis, eo tempore quo me de luto fæcis, et de lacu miseriæ eduxistis, in omnipotentis Creatoris, a quo omne bonum habetis, et vestra laude composui, nunc tandem emendatos edidi, et in capite Epistolarum vestrarum ordinate descripsi. Illos autem vestros, quibus æmulorum nostrorum brutam barbariem potentissime confutastis, ibidem apposui (21). Qui licet aureo suo fulgore argenti nostri pauperculum candorem reverberent, multum tamen animo meo placent, quia contra hostes nostros quasi evaginatum gladium tenent. Si quis autem adversum me indignatur quod nomine meo aliquid intitulare et libris vestris apponere ausus fuerim, sciat hoc non mea præsumptione, sed vestra, cui nefas duco contradicere, jussione factum esse. Ego vero cum in omnibus, tum etiam in hoc vobis obtemperare non dubito, non arrogantiæ studio (quam semper a me longe faciat Dominus!), sed obedientiæ devotione, præsertim cum sciam multos probatæ religionis et humilitatis viros, hoc idem de quibuslibet scriptis suis olim studiose fecisse. Quos certe magis in hoc quantulocunque opusculo nostro imitari affecto, quam quosdam nostri temporis scriptores, qui nescio qua vel cautela, vel imperitia ubique nomina sua supprimunt, incurrentes apocryphorum scriptorum vecordiam, qui sive de falsitate, sive de hæresi, quibus ut fertur, sua omnia fermentabant, redargui fugientes, nusquam propria vocabula prætulerunt. Non ergo me hinc aliquis ante tempus judicare festinet, sed Deo et conscientiæ meæ me dimittat, et ipse, si voluerit, Ovidium sine titulo scribat. Vos autem, Pater charissime, filioli vestri, quem Christo Domino in secundo baptismate genuistis, indesinenter memorem Deus omnipotens hic et in æternum custodiat. Valete semper in Domino.

INCIPIT PANEGYRICUS.

Plaudite, felices, hilarescite, Cluniacenses,
    Redditus est vobis moribus alter Hugo.
Nobilis ille fuit, magnisque parentibus ortus :
    Hunc quoque præclarum reddit origo patrum.
Ille super cunctos, quos excolit ac veneratur
    Gallia Lugduni, nobilitate nitet.
Hunc Latiæ gentes regum de stirpe potentes,
    Arverni populi progenuere duces.
Vatibus antiquis æquatur acumine mentis :
    Par illi nostro tempore nullus erit.
In prosa Cicero novus est, in carmine Maro :
    Sicut Aristoteles disputat aut Socrates.
Æquiparat primos, superat cum laude secundos,
    Qui nos eloquiis edocuere sacris.
Vix Augustinus subtilius abdita cernit :
    Vix hunc Hieronymus ulla docere potest.
Nil huic Grégorius clare blandeque loquendo :
    Nil huic Ambrosius rhetoricando tulit.
De tanto sensu breviter quid sentio dicam,
    Ne tibi sim, lector, rusticus, aut nimius.
Musicus, astrilogus, arithmeticus, et geometra,
    Grammaticus, rhetor, et dialecticus est.
Sed jam pertimeo succumbere materiei,
    Mores egregios dum recitare volo.
Obsecro quid primum referam? succurrite, musæ,
    Dicite de tanto carmina digna viro.
Ingenio facili gravitas accedere morum
    Raro solet, nec sunt hæc duo sæpe simul.
Inde magis stupeo, quod et in juvenilibus annis
    Splendida lux juvenum Petrus utrumque tenet.
Cui merito laudem recitat studiosa juventus,
    Laus etenim proprie nostra fit ejus honor.
A patre perpetuo datus est lux unica mundo,
    Qua duce terrigenæ cœlica regna petant.
Simplicitas in eo simul, et prudentia regnant,
    Jugis sobrietas, atque pudicitia.
Maxima virtutum comes illi semper adhæret,
    Intus et exterius semper eam retinet.
Lingua referre nequit, quam sit discretus ubique,
    Quamque sit ad cuncta congruus officia.
Non opus est multis implere volumina verbis :
    Qui brevis et bonus est, ille poeta placet.
Cum bene, Petre, tuos aliquis laudaverit actus,
    Alter Virgilius, alter Homerus erit.
Mitis, pacifice, clemens, affabilis apte,
    Quam bonus existas dicere nemo valet.

---

(21) Nos rejecimus inter cæteros ipsius Petri Vener. versus.

Præbeat ergo locum nobis annosa senectus,
  Nec regimen sacrum sola tenere velit.
Robusti juvenes animi virtute, venite.
  Vos populi sancti, publica cura decet.
Hic est ad summos qui vos invitat honores,
  Quos sibi primævo sobria vita dedit.
Hunc, Cluniace, tibi tellus Arvernica misit,
  Qua nihil uberius Gallia nostra tenet.
Felix quæ tantum meruit producere fructum :
  Pluribus Ecclesiis edidit ipsa Patres.
Semper clarorum genitrix solet esse virorum :
  Inde tibi datus est Odilo magnificus.
Prodiit hinc etiam Juliani dulcis alumnus :
  Qui bene Turonicæ præfuit Ecclesiæ.
Arva tuis scriptis veruant Arverna Sidoni,
  Et veteris linguæ tu reparator eras.

Quando iterum pro reformanda monasteriorum pace advenit.

Dic mihi, Musa, quid est, quod sic Aquitania plau-
  [dit,
  Nec sua gaudia jam dissimulare potest?
Cur etiam tu, quæ nuper mœrere solebas,
  Nunc hilari facie, carmina læta canis?
Tempore transacto solummodo flere juvabat,
  Et lacrymis lacrymas addere continuas.
Has etenim solas nobis pius ille reliquit,
  Qui sub Patre Deo spes mea tota fuit.
Hunc fortasse tibi venturum fama susurrat?
  Felix lætitiæ causa sit ista tuæ.
Ast ego fallaci non possum credere monstro,
  Quod vix aut nunquam dicere vera solet.
Quod tamen audivit. Jam fertur proximus esse :
  Portat eum pietas, ponite vincla, rei.
Pictavis, exsulta, quia jam tua mœnia lucent,
  Tuque suburbani nobilis aula loci.
Quamvis schismaticos habeas, et seditiosos :
  Si pacem quæris, pax tua Petrus adest.
Angeriacenses frustra producitis enses :
  Omnis conatus vester inanis erit.
Nescitis, miseri, cui bellica tela paratis ;
  Hic est quem bello vincere nemo potest.
Vultis scire quibus dux noster vincitur armis?
  Reddite vos illi, mox superatus erit.
Credite, quæso, mihi, mihi credite, quæso, sodales,
  Vestraque dura pio subdite colla Patri.
Pacificus venit, nolite repellere pacem.
  Vult iterum vestros conciliare reos.
Sic memores estis dulcedinis, ac pietatis,
  Quam profugis etiam fratribus exhibuit?
Sic memores estis doctrinæ spiritualis,
  Quam vobis toties lingua diserta dedit?
Tunc geminata sacri fulgebant gaudia festi,
  Cum tantus nobis angelus hospes erat.
Non fuit inter nos sub eodem tempore quisquam,
  In quo non ejus gratia larga foret.
Certabat pietas fervens in pectore sancto,
  Aut bona dando bonis, aut miseranda reis.
Quas tibi, summe Deus, laudes, quæ vota rependam,
  Tristitiam placuit cui relevare meam?

A Jam fugiant lacrymæ, suspiria longa quiescant.
  Petrus adest, rediit maxima nostra salus.
Mittis eum populis iterum, bone Rex, Aquitanis,
  Dum cupis Ecclesiam pacificare tuam.
Auxiliare tuo, Rex invictissime, servo,
  Ut duplicata tibi lucra reportet ovans.
Hic tibi de multis placuit, qui signifer esset,
  Militibusque tuis civica jura daret.
Qui nos instrueret, qui nos in agone doceret,
  Artibus Æthiopes vincere posse sacris.
Hunc igitur nobis longævo tempore serva,
  Qui multos populos ad tua regna trahat.
Lucifer in terris cœlesti luce coruscans,
  Porrige, quæso, pias ad mea verba manus.
Suscipe dicta tui solita pietate poetæ,
B Et minimi Petri carmina parva lege.
Ille tuus minimus ego sum, Petre maxime, Petrus,
  Qui pro laude tibi parvula scripta dedi.
Tempus erat primum, cum gens Aquitana trium-
  [phum
  Fecit in adventu, dux generose, tuo.
Vix mihi notus eras, nisi quantum partibus istis
  Fama tui radios luminis intulerat.
Nec poterat certe tam clara lucerna latere,
  Fixit in excelso quam Deus ipse loco.
Totus ubique tuo fulgebat lumine mundus,
  Et toto celebris ibat in orbe sonus.
De probitate tua, jam mens tibi nostra vacabat,
  Teque videre mihi maximus ardor erat,
C Cum subito lætus circumsonat undique rumor,
  Jamque prius præsens fertur adesse Pater.
Currimus extemplo, læti procedimus omnes,
  Plaudit in occursum sexus uterque tuum.
Laudibus ergo novis sacra protinus aula resultat
  Nec laicus quisquam tunc sine voce fuit.
Certatim ruimus sacratos cernere vultus,
  Teque prior nostrum quisque videre cupit.
O facies hilaris, nec honore severior ullo,
  Quam pia, pulchra, nitens, imperialis eras !
Clamabant oculi germen regale venusti,
  Quique verecundus pinxerat ora rubor :
Vestis, et incessus humili de pectore, testes,
  Dicebant mundum te reputare nihil.
Quid moror? ingrederis novus intra mœnia pastor
D Ingrediens offers oscula sancta gregi.
Longa mihi fuit illa dies, audire volenti :
  Esset in eloquio gratia quanta pio !
Nam laudata nimis fuerat facundia nobis,
  Sed quis eam digna laude referre potest?
Audivi, fateor, sed inenarrabile quiddam.
  Audivi linguam principis egregiam.
Sermo potens, de te non audeo scribere quidquam,
  Ne tenuem calamum tam grave frangat opus.
Te coram linguæ Cicero rex ille Latinæ,
  Si quid forte velit dicere, mutus erit.
Tu Socratem vincis, reddis sine voce Platonem,
  Rhetoricos omnes tu trepidare facis.
Obstupui, fateor, tanta dulcedine verbi,
  Incipiens mecum taliter ipse loqui.

Fama nihil dignum tanto pastore ferebas,
　Plus aliquid video vox tua quam cecinit,
O miranda nimis virtus, et gratia regis,
　Qui tanto servos ditat honore suos!
Quidquid enim sanctum, vel quidquid habetur ho-
　　　　　　　　　　　　　　　　[nestum,
　Et quæcunque boni principis esse decet,
Nobilitas, virtus, sapientia, sermo disertus,
　Illic sunt, huic homini gratia nulla deest.
Tunc magis atque magis tua me dilectio traxit,
　Et totus rapior mox in amore tuo.
Sessio, vox, vultus, incessus, et actio tota,
　In te lux hominum, plena decoris erant.
Si residere tibi claustrali more placeret,
　Terrebat species relligiosa leves.
Si jucundari privata locutio vellet,
　Sermo repellebat tristia cuncta tuus.
Si jucunda forent semoto verba rigore
　Semper erant sancto seria mista joco.
Nec dulcedo Patris monachi gravitate carebat,
　Nec monachi gravitas absque decore fuit.
Quanta sit in culpis discretio percutiendis,
　Quis bene, quis digne commemorare potest?
Cum tu discernis, pietas sic temperat iram,
　A te puniri quærat ut ipse reus.
Soli plectuntur virga graviore rebelles,
　Audeat esse tuo si quis in imperio.
Verum quid facio? si linguis mille sonarem,
　Non posset calamus cuncta referre meus.
Qui neque tunc potuit, licet hoc tentaverit ipse,
　Præsentans magno munera parva viro.
Tantus namque pii fuit in me fervor amoris,
　Ut mihi sæpe loquens, talia verba darem.
Quid facis, infelix, et cur tua musa quiescit,
　Teque pio dubitas insinuare Patri?
Crede mihi, pius est, non dedignabitur ullum,
　Qui se sponte suo voverit obsequio.
Nunquid amor tantus propria mercede carebit?
　Aut labor iste tuus nunquid inanis erit?
Sic ego commonitus præsumpsi de pietate :
　Et plusquam merui, de pietate tuli.
Suscepit parvum pietas amplissima carmen :
　Suscepit servi parvula vota sui.
Quid tibi lux orbis pro tanto munere reddam,
　Quod fuit in manibus pagina nostra tuis?
Legerunt oculi paupercula dicta tuis !
　O quam læta dies exstitit illa mihi !
Illa dies totis a me celebrabitur annis :
　Qua Pater et Dominus factus es ipse meus.
Sed cito, proh dolor ! hæc habuerunt gaudia finem :
　Tempora lætitiæ parva fuere meæ.
Discessit sine me, sine quo mihi vivere mors est,
　Discessit Pastor, me remanente, pius.
O mea magna salus, cur me sic deseruisti?
　Et cur tam subito perdere te merui?
Cur non illud iter, saltem gradiendo, peregi?
　Cur non vel famulus sive pedester eram?
Quælibet et nostro penderet sarcina collo,
　Ut possem servis servulus esse tuis?

A Certe nulla meum tardassent aspera cursum
　Vicisset miseros hæc via longa pedes.
At nimis infelix, nec tanto dignus honore,
　Factus sum vacuus spe fugiente mea.
At tamen abscedens hæc ultima verba dedisti,
　Quæ quasi Patris adhuc pignora certa gero :
Petre, recepturus te desero, desine flere :
　Transacto modico tempore noster eris.
En ego jam multos transegi flebilis annos,
　Et promissa Patris dulcia non video.
Hactenus in lacrymis ex illo tempore vixi,
　Nec mea mens ex tunc absque dolore fuit.
Quamvis exstiterint revelantes pectora quidam,
　Te memorem nostri qui retulere mihi.
Sis memor ergo mei, precor, o dulcissime rerum,
B Respiciat lacrymas cura paterna meas.
Evigilet pietas, qua semper totus abundas,
　Et cujus sentit naufragus omnis opem.
Quid sic ardentem cupiam, si forte requiras :
　Nil aliud prorsus quam tuus esse volo.
Me tibi perpetuum devovi tradere servum :
　Te volo post Christum semper habere Patrem.
Redde Petrum Petro, minimum , Petre maxime,
　　　　　　　　　　　　　　　　[summo :
　Sic tibi sit Petrus claviger ille pius.
Sic in te magni sapientia crescat Odonis :
　Ordinis ipse viam sic reparare queas.
Lucida Majoli sic in te vita resurgat :
　Plurima sic Domino de grege lucra feras.
C In te sic Odilo, magnusque refloreat Hugo,
　Spiritus amborum sit tibi, Petre, duplex.

*In laude triumphi ejus Romæ habiti contra Pontium
et Pontianos, qui memoratum Petrum ab abbatiali
dignitate extrudere moliebantur.*

Jam tibi, Petre, novi celebrantur ubique triumphi :
　Jam tibi sub pedibus gens inimica jacet.
Jam, Pater egregie, quia victor ab Urbe redisti,
　Pontionitarum perfida lingua silet.
Ora proterva canum rabidos posuere latratus ;
　Sensibus amissis corda maligna stupent.
Non ita sacrilegi contingere posse putabant,
　Cum vomerent rigidas ore tumente minas.
Cum sibi plaudentes similem revocasse magistrum,
　Criminibus variis libera frena darent.
D Vere nulla potest hominum versutia summi
　Judicis æternum vertere consilium.
Salve, magnorum fortissime victor agonum,
　Salve, cui Christus ensis et hasta fuit,
Vicisti, dilecte Deo, frustraque profanus
　Exeruit vires in tua damna furor.
Ecce, velit nolit, gens impia, turba rebellis,
　Cluniacus totus ad tua jussa tremit.
Ecce, velit nolit, regalia sceptra tenebis,
　Atque triumphator imperiosus eris.
Quid facis, impietas? quid bruto pectore versas?
　Quid loqueris? certe nil prohibere potes.
Certe Petrus adest, Petrus abbas Cluniacensis,
　Petrus mors vitiis, exitiumque tuis.
Cujus dura satis tua sentiet arma libido,

Cujus non fugies plebs scelerata manus.
Quo regnante nihil poterat regnare superbum,
Quo duce criminibus jam via nulla patet.
Iste, licet doleas, licet hoc nullatenus optes,
Victor magnificus jam sua jura tenet.
Gens inimica Deo, voluisti, nec potuisti :
Sed Deus ut voluit, mox etiam potuit.
Tu reprobare probum reprobata mente volebas,
Noluit hoc Christus, et tibi posse tulit.
Cui merito soli grates et munera laudis
Solvimus ob nostri mira trophæa ducis.
Qui de tam validis ereptum cladibus illum,
Alta super populos sceptra tenere facit.
Plaudimus ergo tuis, pastor venerande, triumphis,
Reddimus et summo debita vota Deo.
Sic probat ipse suos per multa pericula servos :
Sic inimicus eo præcipitante furit.
Sic dedit esse malis bonus auctor in ordine rerum,
Ut pereat reprobus proficit unde pius.
Vivit enim justo vir iniquus, justus iniquo,
Ut veterum Patrum pagina sacra docet.
Læsa quidem modicum respublica nostra videtur :
Multa sed hæc nobis læsio lucra refert.
Miro namque modo res contigit, unde nocere
Se putat impietas, hinc bona multa facit
Nulla tibi deerat juvenis perfectio, sancte,
Jam poteras Patres æquiparare tuos.
Solum restabat, ne lux sub nube lateret,
Sed toto radios spargeret orbe suos.
Hactenus Oceanus te noverat, atque tuarum
Conscia virtutum Gallia sola fuit.
Dumque sibi soli tantum genuisse patronum,
Plauderet egregio germine facta potens,
Est nova causa novi divinitus orta triumphi.
Quo tibi Romanum jam favet imperium.
Ipsaque sacra tuas admirans curia vires,
Totius ad mundi frena regenda vocat.
Quid Latias urbes, qui Rheni littora, quidve
Pannonicam gentem proxima regna loquar ?
Jam tua barbaricos penetravit gloria fines,
Laudat et indomitus bella peracta Gethes.
Quemque prius modico certaminis igne probatum,
Pars sibi terrarum fecerat una ducem :
Nunc ope cœlesti divinitus hoste fugato,
Tota triumphantem terra videre cupit.
Grande lucrum facimus, quia causa schismatis hu-
[jus,
Corruit ex toto perfidus ille draco.
Cumque caput lubricum sustollere nititur anguis,
Rumpitur, et moriens atra venena vomit.
Interiere nigri præstigia sæva colubri,
Nec patitur monstrum vivere Roma diu :
Sed mox ancipiti gladio fera colla trucidans
Defendit Petrum Petrus ab hoste suum.
Non poterunt ultra sub ovini velleris umbra
Horrida magnanimi membra latere lupi.
Omnia quæ fuerant habitu pietatis aperta,
Sacrilegæ mentis impia furta patent
Tutius Eridani coluisset fertile littus,

A Et nocet Italicum deseruisse solum.
Hic illum sacri sententia prima senatus,
Heu ! male vicino truserat exsilio.
Tentavit proprias eremita relinquere silvas,
Et semel abjecto rursus honore frui.
O quantos populos rabies vastasset iniqua,
Ni celerem nobis Roma tulisset opem !
Quanta diabolico cecidissent agmina telo,
Plebis et indoctæ quanta ruina foret !
Unum de magnis subito advenisse prophetis,
Rumor in occiduis partibus ortus erat.
Jamque novam sectam vulgaris fecerat error,
Dum putat hunc aliquem rustica turba Deum.
Iste novum Moysen, hic Daniel, ille Joannem :
Alter Eliseum, vel Salomona vocat.
B Alter eum tenui circumdare brachia ferro,
Martyriique novum fert tolerare genus ;
Alter ab humanis epulis omnino sequestrem,
Non nisi cœlestem sumere posse cibum.
Quilibet altari nudis assistere plantis,
Laudat, et innumeras continuare preces.
At qui majori fuerat phantasmate lusus,
Clamitat in medio talia verba foro
Currite languentes, hominemque requirite san-
[ctum,
Currite, Martinus ecce secundus adest.
Cui placuit spretis Cluniensibus, ut per arenas,
Trans mare Tyrrhenum quæreret ipse Deum
Nunc igitur rediens, ut pristina jura reposca
Angelico monitu plurima signa facit.
C Forsitan ille prior Martinus in orbe revixit,
Qui solo nutu dissipat omne malum.
Sed quis tot vana furiosi somnia vulgi,
Vel ridere satis, vel memorare potest ?
O quoties, electe Deo, trepidavimus omnes ;
Utpote quos verus sollicitabat amor ?
Ne levibus nugis gravitas Romana faveret,
Verteret et lubricus sobria corda magus.
Neu doctos etiam Brutos, rigidosque Catones
Tentaret variis illaqueare dolis.
Triste quidem dictu, sed maximus ille Girardus,
Proh dolor ! hac potuit calliditate capi.
Quæ foret ulterius spes, si sacer ipse senatus,
Urbsque Quirinalis tota faveret ei ?
D Sed procul egregia Deus hoc avertat ab urbe,
Quæ sub se populos totius orbis habet !
Nil ibi sacra fides damnosum pertulit unquam,
Quo fidei magnus sceptriger ille sedet.
Cujus purpureo fundati sanguine muri,
Nec sævas hiemes, nec fera bella timent.
Non impar Paulus eadem quoque mœnia servat,
Et simul ambo tenent imperiale decus.
Tantis principibus commissam cœlitus urbem,
Nullius erroris secta nocere potest.
Vobis ergo Patres, summique Tonantis amici
Carminis ac laudis vota referre libet.
Vos etenim spectat specialiter iste triumphus,
Quorum pro vestro milite pugna fuit.
Hic est ille bonus miles quem vos voluistis,

Primum castrensis ordinis esse ducem.
Sub vestris aquilis juveniles egerat annos,
Et virtute suos vicerat ipse dies.
Sæpe ferum sacris hostem contriverat armis,
Sæpe graves ruerant ipsius ense Gothi.
Sæpius Æthiopes gelida sub nocte vagantes,
Sæpe Moabitas depopulatus erat.
Multoties etiam de regibus Assyriorum
Retulerat forti clara trophæa manu.
Denique nullus eum bellorum frangere terror,
Nulla sibi poterat flectere barbaries.
Senserat hoc certe vestra experientia, Patres :
Nil vos in rerum conditione latet.
Certe vos aliquid juveni vidistis inesse,
Unde suis posset patribus esse Pater.
Nescio quid vobis ætate reluxit in illa,
Cui merito summus conveniebat honor.
Nec frustra rapitur de tot legionibus unus,
Qui cum Cæsaribus publica jura regat.
Archisenatores, quibus orbis Conditor ipse
Romani imperii frena regenda dedit :
Non sine consilio cœlesti credo fuisse
Quod prope civili jam titubante statu,
Dum veneranda cohors de principe constituendo,
Arcanum vestri consulit arbitrii.
Sit quasi præcipue regali dignus honore,
Solus de multis millibus iste placet.
O quibus æthereas aperire et claudere portas,
Et secreta Dei cernere cuncta licet !
Vobis nosse datum est, quænam fuit illa suarum
Virtus, quæ meriti gratia tanta sui.
Unde oculis vestris, quos nulla abscondita fallunt,
Sic placuit Petrus, duxque Paterque pius.
Nam vere felix, omnique colendus honore,
Judicio vestro qui bonus esse potest.
Felix, a vobis qui fortior esse putatur
Omnibus, et summo dignior imperio.
Inde procul dubio mihi pridem claruit, istum
Nulla virtutis dote carere virum.
Nec veluti quosdam crebro affectare videmus,
Sanguinis exigui, quod sibi vena negat.
Sic habet iste aliquid, perpes cui jure paterno,
Relligionis inest, ac probitatis amor.
Has habuisse sui veteres, ataviqve probantur :
Has habuit, coluit semper uterque parens.
Nonne Arvernorum clarissima gloria quondam
Exstitit, et patriæ lumen, honorque suæ
Divus Mauritius, quem nostra Aquitania raptum
Deflet adhuc, cum quo decus atque potentia gentis
Tota sepulta foret, nisi quod generosa remansit
Progenies, in qua veluti transfusa relucet
Nullo dissimilis, patriæ virtutis imago ?
Terge igitur lacrymas, Aquitania : quidquid in illo
Mortali pro lege viro periisse dolebas,
Sacra tibi soboles multo cum fœnore reddit.
Nec facile advertas pulchra de conjuge natos,
Tam sunt egregii, morumne, an divitiarum
Fecerit hæredes senior Mauritius. atqui
Vivere totus adhuc in fratribus Otto videtur.

Cumque eadem pietas, virtusque simillima Patri
In septem reliquis miro splendore nitescat :
Tu tamen inter eos, dux noster et inclyte pastor,
Splendidius rutilans, ut cætera lucifer astra,
Clara tui generis radiando sidera vincis.
Felix mater, ave, cui tales edere partus,
Virgo Maria dedit : tu nostri temporis ævo
Profers occiduis ingentia lumina terris.
Cumque alias superes felici germine matres,
Tu quoque in egregio meruisti vincere Petro,
Quem pius ille parens hominum rectorque serenus
Propterea ad summos conscendere jussit honores,
Ut bene pro patriis pugnando legibus, omnes
Antiochi vires bellorum turbine frangat,
Et renovet nostro Machabæi tempora seclo.
Vos autem summi qui regna tenetis Olympi,
Vos, inquam, Patres, ad quos mea musa recurrit,
Carmine finito, quid vestra in laude peregi,
Auxiliatores votorum posco meorum.
Nunc igitur primum te, cœli janitor alme,
Qui, tuus ut miles Cluniensia sceptra gubernet,
Præcipitas reprobum sacra de sede tyrannum,
Per tua in æquoreis vestigia fluctibus olim,
Per fidei titulos, et per tibi tradita jura,
Per Latium Romamque tuam, clavesque per illas,
Quæ possunt reserare polos, et claudere cui vis,
Perque sacrum quo sic a te est dilectus amorem,
Ut solus populis ex omnibus ipse placeret,
Qui dux castrorum fieret princepsque tuorum :
Obsecro, supplico, postulo, flagito, deprecor, oro.
Fac meminisse sui Petrum, Petre maxime, Petri.
Te quoque, Paule sacer, cujus doctrina salubris
Ecclesiam Christi toto fundavit in orbe,
Te, vas electum, tuba cœlica, maxime præco,
Poscimus, exaudi nostri suspiria voti.
Ambo simul, domini et Patres, succurrite, quæso,
Ut pius, egregius, mitissimus, atque benignus,
Cum peragrando sui longe lateque profusi
Imperii terras, urbes, castra, oppida, villas,
Nobilium procerum sese comitante senatu,
Dignatus fuerit nostras invisere partes,
Totaque quam gemino terrarum limite gentem
Ultimus Oceanus Ligerinaque littora claudunt,
Ingentes dederit pro tanto principe plausus,
Ac populorum concurrentibus undique turbis,
Quisque videre prior vultus properaverit illos,
Qui desperatas faciunt hilarescere mentes,
Qui tristes homini possunt dissolvere curas :
Tunc mihi magnorum longe post terga virorum,
Ignoti vulgi numerosa in plebe latenti,
More suo sacram dignatus tendere dextram,
Serve meus, dicat, accede, et alacrior esto.
Non ultra factis promissa implere moralbor.

Quando ad Aiam insulam transfretavit.

Dum placet Aienses, pie pastor, visere fratres,
Obsequium præstant ipsa elementa tibi.
Totus opertus erat pluviis australibus æther,
Ut tua vela videt territus imber abit.

Ne tumidæ fierent sævis aquilonibus undæ,
Mox ut eas intras, ventus et aura fugit.
Multa polum nubes caligine texerat atra :
Te ascendente ratem cuncta serena patent.
O sacer et felix, cui tam gratanter obedit,
Summa Dei virtus quidquid in orbe creat!
Jam memor esse tui dignare vir inclyte servi,
Obsecro ad effectum jam mea vota trahe.
Fac me posse tuos Clunienses cernere tecum!
Sit honor et virtus, vitaque longa tibi!

EJUSDEM PETRI AD CALUMNIATOREM.

Scio invidiam, quandiu hoc sæculum steterit, nunquam penitus morituram. Quamvis ergo unde mihi invideatur ego non habeam, quis enim pauperi invidet? providenda tamen responsio est his qui sanctissimos se arbitrantes, nos quasi de vanitate forsitan et adulatione notabunt. Quibus nos apertissime respondemus hanc nostram paginulam non adulationi, sed communi utilitati servire. Audiat igitur noster iste sanctissimus quæ sit hujus rei utilitas. Naturale quodammodo et proprium est nobilium et ingenuorum animorum, quanto majoribus laudibus attolluntur, tanto amplius ad probitatem eniti. Et quidem mihi, quod viro reverentissimo, cujus laudes parumper attentare præsumpsi, nulla desit perfectio, luce clarius constat. Sed quia omne datum optimum, et omne donum perfectum desursum est descendens a Patre luminum (*Jac.* I), quoties in aliquo Dei gratiam prædicamus, ad ipsum sine dubio largitorem tota laus ipsa refertur. Scriptum est : *Laudate Dominum in sanctis ejus* (*Psal.* CL). Quod si opponatur, sanctos post hanc solummodo vitam debere laudari, nos e contra referimus ipsum Dominum Christum Joannem Baptistam adhuc in carne viventem laude præcipua commendasse (*Matth.* XI), Nathanael quoque ad se venientem verum sine dolo Israelitam vocasse (*Joan.* I). Item legimus Paulum apostolum discipulos vel coapostolos suos multoties summis laudibus extulisse. Ipse etiam dixit : *Honore invicem prævenientes* (*Rom.* XII) ; et, *cui honorem, honorem* (*Rom.* XIII). Sulpitius Severus, beatissimo adhuc vivente Martino, multa de virtutibus ejus scripsit. Celeberrimi Patres Ecclesiæ, Augustinus, Hieronymus, Ambrosius, Paulinus multis sese alterutrum laudibus honorant. Ex quibus etiam beatus Paulinus jam apud Nolam Campaniæ relicta sæculi dignitate presbyter et monachus, in laude magni imperatoris Theodosii librum elegantissimum legitur conscripsisse. Sidonius vir eruditissimus, et ardentissimi ingenii, ex præfecto et consule antiquus Arvernorum episcopus, quantis præconiis omnes pene sui temporis illustres viros efferat, epistolæ ipsius tam in metro quam in prosa elegantissimæ, intelligentibus testes existunt. Sed et inclytus martyr Cyprianus, quibus laudibus vel papam Cornelium, vel Celorinum lectorem, aliosque sanctos adhuc cum diabolo et mundo pugnantes in suis epistolis prosequatur, clarum est. Fortunatus etiam noster Pictaviensis sive presbyter sive episcopus, qui satis in poetica claruit, Gregorium Turonicum, plurimosque alios episcoporum sui temporis, regem quoque Sigibertum, quam plausibili panegyrico extulerit, non ignoramus. Tempus mihi priusquam sermo deficiet, si singillatim dicere cœpero, quot vel quanti Patres nostri et viri religiosissimi mutuis sese laudibus honorare, commendare, exhortari, non adulationis causa (ut quidam nostrorum temporum imperitissimi, et antiquitatis omnino nescii, somniant) sed quadam humanitatis ac pietatis honestissima consuetudine, studuerunt. Jam vero si ad gentiles philosophos veniamus, quis eo tempore vel historiam vel liquid ad liberalium artium disciplinam pertinens, nisi in laudibus regum aut imperatorum scribebat? De quorum numerosa multitudine illud mihi occurrit, quod inter gravissimus Tullius in libris De republica scripsit, scilicet principem civitatis gloria esse alendum, et tandiu stare rempublicam, quandiu ab omnibus honor principi exhiberetur. Sufficiant ista invidiæ, jamque noster iste sanctissimus erubescens, dominos et Patres nostros debitis laudum præconiis reverenter a nobis excoli atque honorari permittat. Nam qui bene laudabilis est, nunquam de virorum laudabilium laudibus irascetur.

Adversus Barbarum.
Barbare crudelis, homo bestia, livida pestis,
Carpere qui laudes Petri Venerabilis audes,
Non habeo mirum, te nobis frendere dirum.
Nam quod sic sævis, proprium solet esse Suevis
More tuæ gentis de nostro carmine sentis.
Quid laus, quid carmen, quid vitæ dulce levamen,
Quid pax, quid pietas, quid virtus, quid sit honestas,
Barbare, tu nescis, ideo livore tumescis.
Ergo tace, Cymber, ne te meus obruat imber.
Si non desistis, non solum versibus istis,
Sed multis libris indicam prælia Cymbris :
Et genus omne tuum luet impia crimina tecum.

Epitaphium Gelasii papæ secundi.
Vir gravis et sapiens actu, verboque Joannes,
Cum prius ex monacho pro multa strenuitate
Archilevita foret, et cancellarius urbis,
Præsule Paschali meritis ad sidera rapto,
Præmeruit tandem sacram conscendere sedem,
Dignus post primum Gelasius esse secundus.
Sed quia rege fuit non præcipiente levatus,

Horrendum fremunt princeps, et filia dulcis
More suo profugum suscepit Gallia Patrem.
Si licuisset ei (pro certo crede,) sub ipso
Virtus, et pietas, et honestas cresceret omnis;
Et pax Ecclesiæ toto floreret in orbe.
Nam rapuit mors atra virum, cum pontificatus
Vix ageret primum pastor venerabilis annum.
Bina dies jam restabat, cum Cluniacensi
Dormiit in proprio Romani juris asylo.
Hic igitur positus dilectos inter alumnos,
Cum Patribus sanctis requiescit; et optat ut orbis
Conditor, et judex veniat quandoque potenter,
Et cineres lapsos in pristina membra reformet.
Felix inde nimis semper Cluniace manebis,
Quod Pater orbis apostolicusque, summusque sa-
[cerdos
A Ecclesiæ, matrisque tuæ specialis, apud te
Transiit ad superos, in te requiescit humatus.
Nec minus hic etiam felicem credimus illum,
Cui dedit ipse pius magno pro munere Christus,
Ut monachi monachum, Patrem quoque pignora
[chara
Jugiter aspicerent, lacrymisque rigando sepul-
[crum,
Sacris in precibus specialem semper haberent.

Epitaphium Adefonsi episcopi.

Urbs est Hispanæ regionis, quam Salamancam
Indigenæ dicunt, hanc ordine pontificali
Rexit Adefonsus, tumulo præsente sepultus
Qui de concilio Remensi dum remearet,
Hic finem fecit pariter vitæque viæque.

EJUSDEM PETRI EPISTOLA

AD DOMNUM PETRUM ABBATEM CLUNIACENSEM.

Reverentissimo domino ac dulcissimo Patri suo Petro sanctæ Cluniacensis Ecclesiæ abbati, PETRUS Pictaviensis peccator et infirmus monachus, quidquid optimo Patri devotissimus filius.

Vidi, Pater charissime, inspexique libellum studiosius, qui vix aliquo temporis intervallo de manu mea recedens, quanto frequentius legitur, tanto amplius legentis animum trahit: quanto subtilius discutitur, tanto dulcius sapit. Et, o scriptura, omnifaria laude dignissima! quæ, ut Flaccus ille ait:

Judicis argutum nusquam formidat acumen
(HORAT. *De art poet.*, vers. 364),

fons sapientiæ, fons eloquentiæ, fons eruditionis, omnes ingeniorum nostrorum lucernulas subito coruscantis eloquii fulgore reverberasti. Ego certe me hactenus aliquid scire putabam. Jam vero, vir disertissime, non solum mei similes, verum etiam omnes nostri temporis, qui vel valent, vel se aliquid valere putant in litteris, in vestri comparatione quid sumus? Vere ego cum vestra lucidissima, sapientissima, et argutissima dicta respicio, ac deinde ad mea inepta, puerilia et insulsa recurro valde quod me aliquid unquam scire putaverim, erubesco. Et quidem noveram jam diu est, universis Galliæ nostræ philosophis, his maxime temporibus, quibus ad occasum cuncta ruunt, sed et ipsa studia, vestri acumen ingenii præminere. Verum ex quo præfatum codicem vidi, non modo istis, quia parum est, vestram excellentiam præfero, sed et quibusque anteriorum temporum perfectissimis eam comparare non dubito. Ita quippe omnium liberalium disciplinarum scientiam vos assecutum videmus, ut nisi ab illo, per quem dona scientiæ unicuique distribuuntur, cor vestrum occulta inspiratione jugiter illustrari sciremus, hominem pene adhuc primævum, et (quod mirabilius est) nostri sæculi ætate quo funditus intermissa et emortua cernimus studia litterarum, tanta comprehendere potuisse, ultra quam credi valeat, miraremur. Nam, ut de divinis litteris taceam, quas utrumque Testamentum memoriter retinendo, in promptu semper habetis, quis unquam Plato subtilius, quis Aristoteles argumentosius, quis Cicero pulchrius aut copiosius aliquando quidquam disseruit? Quis grammaticus instructior, quis rhetoricus ornatior, quis dialecticus fortior, quis arithmeticus numerosior, quis geometricus regularior, quis musicus cantilenosior, quis astronomicus perspicacior exstitit? Sed et si de sanctis Patribus aliquid dicere audeamus, vos ab unoquoque quatuor fluminum paradisi, quæ post sanctos evangelistas totum orbem irrigant, aliquid simile reportatis, quia cum Hieronymo velox, cum Augustino profusus, cum Ambrosio profundus, cum Gregorio clarus incedis. Expergiscimini ergo, vir eloquentissime, et fidelibus conservis doctrinæ cibaria, quibus certe cunctis decessoribus vestris plenius abundatis, non solum loquendo, sed etiam scribendo, erogare studete. Ita quippe non nobis solummodo, verum quibusque remotissimis nec præsentibus tantum, sed et futuri temporis Christianis multum prodesse valebitis, si more Patrum vestrorum, prout vobis Spiritus divinus suggesserit, in sermonibus in epistolis, diversisque tractatibus, tam præclari monumenta ingenii posterorum memoriæ relinquatis. Ad hoc enim sublimi Ecclesiæ suæ specula sanctitatem vestram providentia superna constituit, quatenus per viam Sion ad æternæ Jerusalem gaudia festinantes, ab infestantium Babyloniorum incursionibus defendatis, omnesque viatores erraticos, ad viæ regiæ semitam, tota die et nocte non tacendo, reducere valeatis. Date igitur operam, o magnum nostri sæculi decus, o clarum sidus mundo divinitus ortum, ne creditus vobis thesaurus inutiliter lateat, sed magis magisque nummulariis erogatus, perque vestram industriam centuplicatus, nobis et vobis sublimem immortalitatis gradum acquirat. Scio me valde temerarium esse, quia taliter exhortari vos audeo, sed ignoscat mihi serenissima pietas, de qua multum præsumo. Nam quia Pater amantissime, jactantiam omni studio declinatis, non mediocriter timeo, ne forte quasi sub hac intentione nimium latere velitis. Providendum est, vir discretissime, ne dum laudari ab hominibus nimium fugitis, ea quibus a bono patre familias fidelis ille servus evangelicus plurimum laudari merebitur (*Matth.* xxv). omittatis. Considerate, obsecro, quia sancti Patres nostri hujusmodi occasiones inveniendo nihil olim scripsissent, sed quamlibet bonam vitam inerti silentio transegissent, procul dubio nec tantos Deo populos acquisissent, nec apud nos modo tam celebrem, dulcemque memoriam habuissent. Scribendo autem, et Deo placere meruerunt per duplicem fructum sanctæ prædicationis, et cunctis post se venientibus exemplum præbuerunt piæ imitationis. Inde est quod tantum sui amorem fidelium cordibus impresserunt, dum in eis Deus loquens attenditur, et doctrina sancti Spiritus honoratur. Fit autem divina gratia mirabiliter operante, ut dum charitatem Dei legentium vel audientium mentibus accendunt, ipsi etiam apud fideles Dei causa amoris ejus amabiles et desiderantissimi existant : quodque pia jucunditate admirari possumus, jampridem mortui in suis sermonibus vivant: et cum corporaliter non videantur, spiritualiter quotidie præsentiam suam nobis exhibeant. Verum quid facio ego, majestati vestræ talia persuadendo, et quasi rem difficilem vel alienam a personæ vestræ officio, verborum superfluitatibus extollendo cum scribendi studium speciali prærogativa Cluniacenses abbates a temporibus antiquis obtineant ? Nec certe sola autoritate compelluntur ut scribant ; sed et si non fecerint, sicut degeneres, multumque patriæ formæ dissimiles, necesse est erubescant. De quorum Patribus gloriosissimis solus ille pro exemplo nobis sufficiat, qui et prima civitatis nostræ fundamenta locavit, primusque tantæ reipublicæ princeps, primus tanti cœnobii Pater, primus tantorum in Christo filiorum genitor et nutritor esse promeruit. Odonem dico beatissimum, vitæ sanctitate præcipuum, doctrina et miraculis gloriosum. Qui quoniam non solum apud nos sed et per omnes pene Latinitatis ecclesias, maxime ob istiusmodi studia celeberrimus esse dignoscitur cunctis successoribus suis hujus officii gratiam jure hæreditario transmisisse suoque principio quasi dedicasse videtur. Quod si quosdam eorum nihil penitus scripsisse objicitis, excusatur Heimardus cum utroque Hugone : quibus videlicet illa eruditionis perfectio defuit. Excusatur Maiolus, quia fortasis ad hoc vacuum tempus non habuit. Vos autem quam excusationem affertis, qui, si istis comparemini, solus inter eos linguam habetis ? Orante pro me beatitudinem vestram Deus misericors et omnipotens hic et in æternum custodiat, domine sancte, meritoque venerabilis et dilectissime Pater.

PETRI VENERABILIS [1]
EPISTOLARUM LIBRI SEX [2].

(*Biblioth. Clun.*, 621.)

LIBER PRIMUS.

EPISTOLA PRIMA.

Summo Ecclesiæ Dei Pastori, et nostro speciali Patri domino papæ INNOCENTIO [3], frater PETRUS, humilis Cluniacensium abbas, devotissimæ humilitatis obsequium.

Dominus Burdegalensis archiepiscopus [4] inter

ANDREÆ CHESNII NOTÆ.

[1] *Petri Venerabilis.* Petrus hic Arvernus natione, sed qua de familia creatus non liquet. Monachus enim Pictaviensis, Petrus et ipse nomine, cujus opuscula quædam exstant in hac bibliotheca; patrem

[2] *Epistolarum libri sex.* Harum epistolarum seriem ac dispositionem ordini suo genuino restitui- mus juxta fidem et testimonium Chronici Cluniacensis. Opera omnia Petri Venerabilis in epistolas, sermones

[3] *Domino papæ Innocentio.* Hujus nominis secundo, qui electus est anno 1130 et ad quem sæpius alias scribit libris, I, II, III et IV.

[4] *Dominus Burdegalensis archiepiscopus*, Gaufridus, ad quem ep. 12, lib. IV, ubi plura de eo.

cætera bona sua, quæ et ipse non ignoratis, multo erga vos fervens amore, per partes nostras nuper A transitum fecit, et de prosperis successibus vestris nos non minimum lætificavit. Et quoniam ob refor-

ANDREÆ CHESNII NOTÆ.

patrem ejus *divum Mauricium* cognominat his panegyrici, quem illi dixit, versibus :

*Nonne Arvernorum clarissima gloria quondam
Exstitit, et patriæ lumen, honorque suæ,
Divus Mauritius? quem nostra Aquitania raptum
Deflet adhuc, cum quo decus atque potentia gentis
Tota sepulta foret, nisi quod generosa remansit.
Progenies, in qua veluti transfusa relucet
Nullo dissimilis patriæ virtutis imago.*

Nec ab eo longe recedit auctor Chronologiæ Cluniacensium abbatum, cum ait: *Hugone II post tres menses defuncto, electus est vir vitæ venerabilis dilectus dominus Petrus, cognomento Mauricii, nobilis genere, Arvernia oriundus.* Unde sine dubio corrigendi veniunt, et ille qui *Maturitium*, et Papirius Massonus, qui *Mauriacenum*, velut a Mauriaco Arverniæ oppido, nuncupant : sed utrum hoc ejus Mauricii cognomen, quod illi nunc primum restituimus ad veterum S. Mauricii in Arvernia comitum genus referendum sit, pronuntiare nobis non licet, cum utique vir doctissimus, et de antiquitate Gallica bene meritus Joannes Sauro, Arverniæ et ipse alumnus ac lumen, e nobili Monboisseriorum sanguine satum illum asseverare non reformidet, ac gentilitiis etiam ipsorum stemmatibus ad nos missis confidenter ejus effigiem decorare persuaserit. Quod certe melius adhuc, imo peroptime conveniret ei, si primos illos et antiquos Monboisserii vel dominos, vel ut in Chronico Cluniacensi legitur, domicellos, aut Mauricios olim cognominatos, aut sancti Mauricii comites fuisse palam esset. Ut ut se res habeat, patrem ejus cognomine solo notum, Celsinaniis Arverniæ monasterio post obitum sepultum fuisse; matrem vero, nomine Raingardam, postea Marciniaci sanctimonialis velamen accepisse, laudabiliterque vitæ reliquum ibi peregisse, dicitur ex epistola 27, libri secundi. Ex eorum conjugio remanserunt octo liberi, quorum unum Ottonem vocat Petrus Pictaviensis, cum dicit:

*Nec facile advertas pulchra de conjuge natos,
Tam sunt egregii, morumne an divitiarum
Fecerit hæredes senior Mauricius, atqui
Vivere totus adhuc in fratribus Otto videtur.
Cumque eadem pietas, virtusque simillima patri
In septem reliquis miro splendore nitescat,
Tu tamen inter eos, dux noster et inclyte pastor,
Splendidius rutilans, ut cætera lucifer astra
Clara tui generis radiando sidera vincis.*

Reliqui illi septem fuerunt, primus, Hugo, cujus mentio fit Epistola 59. Libri vi, qui et ipse filias duas habuit Marciniaci cum avia Raingarde Sanctimoniales, nempe Pontiam et Margaretam. Secundus, Pontius, qui memoratur Epistolis 16 libri i, et 17 libri secundi : quique tandem Vizeliacensis abbas effectus est, ut ex epistolis 4 libri tertii, et 58, libri sexti patet. Tertius et quartus, Jordanus et Armannus monachi, de quibus epistola 17 libri secundi agitur: Quintus et sextus Eraclius et Eustachius, qui Pontii Vizeliacensis abbatis germani vocantur epistola 4 libri tertii quorumque primus, scilicet Eraclius, quem et aliqui dicunt Heraclium, primo Lugdunensis canonicus exstitit, ut epistola quinta libri quarti docetur, et ex canonico postea factus est archiepiscopus itidem Lugdunensis, quemadmodum alibi plenius ostendemus; secundus autem, videlicet Eustachius, *unicus quantum ad sæculum pertinet, carnis Petri frater remansit*, ut in epistola 14, libri sexti manifeste declaratur. Septimus demum ipse Petrus, abbas Cluniacensis ix, de quo præter monachum Pictaviensem ejus notarium, D. Bernardum Clarevallensem, Suggerium S. Dionysii et Petrum Cellensem abbates, quorum ad illum, et illius

ad eos epistolæ plures reperiuntur, agunt adhuc Innocentius II, Pontifex Rom. in diplomatibus variis, auctor tractatus De reliquiis S. Stephani protomartyris. Cluniacum delatis, Robertus de Monte in supplemento Sigeberti versus annum 1158. Matthæus Paris in Historia Henrici II, Anglorum Regis, Henricus de Gandavo, lib. De illustribus eccl. scriptoribus, Nicolaus de Clamengiis cantor Baiocensis epistola ad Gallotum de Petra Mala, Joannes Trithemius lib. ii, Virorum illustrium ordinis S. Benedicti, cap. 123, et libro de scriptoribus ecclesiasticis, Guillelmus Paradinus lib. ii Histor. Lugdun., cap. 35, Nicolaus Vignerius in Chronico rerum Burgundionum, Chonradus Gesnerus in Bibliotheca, Antonius Possevinus tomo III Apparatus sacri, Cæsar Baronius in Annalibus ecclesiasticis, Papirius Massonus in Annalibus Francorum, Arnoldus Wionius in Ligno vitæ et ad Martyrologium monasticum Benedictinum, Renatus Chopinus in Monastico, et alii. Verum universalis atque mirabilis elogium doctrinæ, qua cunctis eum decessoribus suis plenius abundasse non solum loquendo, sed etiam scribendo testatur Petrus Pictaviensis, nequaquam hic omitti debet, *Quis unquam. Plato subtilius*, inquit idem Petrus ad ipsum scribens, *quis Aristoteles argumentosius, quis Cicero pulchrius aut copiosius aliquando quidquam disseruit? quis grammaticus instructior, quis rhetoricus ornatior, quis dialecticus fortior, quis arithmeticus numerosior, quis geometricus regularior, quis musicus cantilenosior, quis astronomicus perspicacior exstitit? Sed et si de sanctis Patribus aliquid dicere audeamus, vos ab unoquoque quatuor fluminum paradisi, quæ post sanctos evangelistas totum orbem irrigant, aliquid simile reportastis, quia cum Hieronymo velox, cum Augustino profusus, cum Ambrosio profundus, cum Gregorio clarus incedetis.* Vitam quoque pietatem, sanctitatem, et alias ejus virtutes copiose satis refert Chronicon Cluniacense, sed post Radulphum tantum monachum, ejusdem discipulum, qui et in epistola quadam de illius obitu scribit ad papam Adrianum IV in modum qui sequitur: *Recessit autem sanctus iste illa hora de corpore qua credimus Dei Verbum natum de Virgine matre : et bene hanc, ut ascenderet, horam elegit, qui nato descendenti humiliter semper servivit. Nascente ergo Christo virgine de Virgine matre in terris, Petrus virgo assumitur in cœlis, ut qui gaudium singulis Nativitatis devote celebraverat cum peregrinis, quandiu vixerat, modo, et hora, ejus nativitatis reciperet fructum devotionis in sede æternitatis. Factum est autem magnum miraculum in hac dissolutione, quia sicut sanctus migravit a corpore, ut nullum fieret impedimentum officiis matris Ecclesiæ, dicta litania ab episcopo, et finitis orationibus defertur sancti corpus ad locum ubi mortuorum corpora lavabantur, et ibi vestimentis nudatus, glorificandi hominis gratia cunctis videntibus et stupentibus apparebat. Erat enim vitro purior, nive candidior, mirabili quadam pulchritudine cœleste corpus terreno adhuc præsignans. Quis crederet illam carnem cilicio aliquando fuisse tectam, jejuniis afflictam, meditationibus attenuatam, vigiliis maceratam? Erat jam quasi in quadam futuræ gloriæ transformatione splendidissimum, sine macula et ruga, donorum cœlestium præsagium ferens. Osculabantur discipuli caput magistri, suggebant aquam quæ lavabatur, et unusquisque quod poterat rapiebat, etc.* Quare et Martyrologium monasticum Benedictinum inter sanctos illum reponere non veretur, ac illi festum diem tribuere, ad viii, Kal. Januar. his verbis, *Cluniaci natalis sancti Petri Mauricii abbatis, doctrina et sanctitate clarissimi.*

Venerabilis dicitur et a Frederico imperatore in

mandam pacem Ecclesiæ Dei totam vos operam impendere, omne studium adhibere, nullum laboris periculum renuere retulit, motus sum animo ad vobis scribendum, quia corpore non poteram ad collaborandum. Doleo quidem, et non parum, teste illo quem fallere non possum, contristor, quod sine me labores tantos hoc maxime tempore toleratis, sed fragilitas cerei vasculi mei tanta est, ut, sicut sæpe expertus sum, ad Italiæ soles prius pene cogatur liquescere quam incipiat apparere. Vidistis ipse, qualiter hac de causa nuper apud Pisas et vobis inutilis, et mihi ipsi importabilis eram, ut nisi cito recedere festinassem, vitam simul et negotia terminassem. Ea sola est tota causa est, quæ me tandiu vobis absentem facit. Quæ si aut removeri, aut temperari utcunque posset, nihil me de reliquo a paternitatis vestræ vestigiis avellere, nulli casus filium a paterno latere abrumpere prævalerent. Interim quod possum facio, et his litteris charitativa præsumptione, et filiali devotione admoneo, ut Ecclesiæ Dei onera, quæ nostris diebus non humana, sed divina censura humeris vestris imposuit, viriliter supportetis, neque quantalibet laborum diuturnitate fatigemini, quoniam qui in vobis solo spiritu suo universam Ecclesiam univit, et totum pene orbem pedibus vestris subjecit, paucissimos, qui supersunt, inimicos subjiciet, et nomen catholicum super omne nomen hæresum et schismatum, ut assolet, attollet. Unde constanter, ut hactenus, vos habete, quoniam nunquam effectu frustrari potest ea oratio qua Christus pro Petro oravit, ut non deficeret fides ejus; sed potius ipse lapsos erigeret, trepidos confortaret, dubios confirmaret (*Luc.* XXII). Habetis cum tota Ecclesia vobis' a Deo commissa, et me in membris Christi ultimum, vestramque pariter Cluniacum, qui quandiu fuerit spiritus in naribus nostris, ad obediendum, ad collaborandum, fortassis etiam ad commoriendum parati erimus. Nulla certe mutabilium rerum permutatio nos mutare, nulla varietas variare, nihil nos a pastore, nihil a Petro,

A nihil a Christo, quæ omnia in te uno habemus, separare poterit. Sit ubicunque occurrerit habitatio vestra, manebit ubique vobiscum obedientia, et devotio nostra, quoniam et secundum poetam,

. . . . . *Veiosque habitante Camillo,*
Illic Roma fuit. . . . .

(LUCAN. *Phars.*, lib. v, vers. 28-29),

et Petrus in carcere, Clemens in exsilio, Marcellus in catabulo, non minus quam Laterani Ecclesiæ præfuerunt, et oves Christi eis ut veris pastoribus obedierunt. Recordamini Ecclesiam semper laboribus crevisse, passionibus multiplicatam esse, tolerantia cuncta resistentia evicisse. Adaugeat vobis opem perfectæ victoriæ, ipse jam elapsus numerus annorum, quia qui per septem annos feliciter contra Dei adversarios dimicastis, in octava resurrectionis, velut post devictos inferos, Alleluia cantabitis, et Ecclesia quæ post Christum suum de torrente in via bibit, propterea exaltabit caput (*Psal.* CIX).

EPISTOLA II.

Singulariter venerando et specialiter amplectendo, domino et Patri suo MATTHÆO *Albanensi episcopo* (5), *F.* PETRUS *humilis Cluniacensium abbas, salutem, quam promisit Deus diligentibus se.*

Audiens nuntios vestros, legens litteras vestras, agnoscens indeficientem erga nos amorem vestrum, erubesco quod nihil dignum tanto affectui compensare valeo, nihil tantæ charitati sufficiens retribuere me posse cognosco. Nihil plane, quia, etsi universa nostra vobis impenderem, nec sic digna rependerem. Ut enim Salomon ait in Canticis : *Si dederit homo omnem substantiam domus suæ pro dilectione, quasi nihil despiciet eam* (*Cant.* VIII). Nihil est ergo quantum ad istud omne quod habeo, et ideo nihil in istis meritis vestris condignum invenio. Est tamen aliquid quod non nihil esse videatur. Si charitate non ficta diligens diligatur, hoc certe tam magnum est quam magna et ipsa charitas est. Hanc reverentiæ vestræ, prout valeo, integro corde rependo : unde jam aliquid vobis retribuisse confido. Statum no-

ANDREÆ CHESNII NOTÆ.

diplomate quodam his verbis, *Ob reverentiam et petitionem dilecti nostri Petri Venerabilis Cluniacensis abbatis, statutum donationis quod Cluniacensi Ecclesiæ de Balmensi cænobio collatum est, nos quoque sermones, et tractatus dividit monachus Pictaviensis ejus notarius, cum ait:* Nec præsentibus tantum, *sed et futuri temporis Christianis multum prodesse valebitis, si more Patrum vestrorum, prout vobis Spiritus divinus suggesserit, in sermonibus, in epistolis, diversisque tractatibus, tam præclari monumenta ingenii posterorum memoriæ relinquatis. Ad hoc enim sublimi Ecclesiæ suæ specula sanctitatem vestram providentia superna constituit, quatenus per viam Sion ad æternæ Hierusalem gaudia festinantes, ab infestantium Babyloniorum incursibus defendatis, omnesque viatores erraticos ad viæ regiæ semitam, totam die et nocte non tacendo, reducere valeatis.* Epistolarum autem meminit et ipse Petrus Epist. 55 libri IV, et præfatus ejus amanuensis epistola 7, libri sexti. Sed quot libris distinctæ fuerint ab eo, docet unicus

regia auctoritate corroboramus. Et hoc quidem cognomentum par illi cum Venerabili Beda doctrinæ pietatisque existimatio peperisse videtur.

Chronici Cluniacensis auctor, qui et sex tantum memorat, et quot unusquisque comprehendere debeat epistolas annotat. Unde et nos ipsius fidem ac testimonium probantes, ob codicis manuscripti defectum, illarum omnium seriem ac dispositionem hactenus a Petro de Monte Martyrum et ipso Cluniacensi monacho, qui primus typis excudendas curavit anno 1529, interpolatam, ordini suo vero ac genuino restituere conati sumus. Quod utrum recte, ut ms. possident, optime dijudicare poterunt, et si quid aliter digestum comperient, nos monere, si lubet, non gravabuntur.

(*b*) *Matthæo Albanensi episcopo.* De familia Cluniacensium, ad quem etiam lib. II, epist. 11, S. Bernardus epist 21, et de quo ipse rursus fusissime lib. II, Miraculorum, cap. 4, 5, 6, et seqq.

stram, super quo sollicitam dilectionem vestram agnovi, a benigno Salvatore benigne atque pacifice disponi noverit, præter quod Hispania morte regis Aragonensis novis motibus turbata, quibusdam monasteriis nostris consimilem perturbationem minatur. Reliqua per fratres nostros Petrum et Beroardum domno papæ vobisque nota fecimus. Sed quod eis festinantibus et novis occupatis tunc mandare nequivimus, nunc litteris præsentibus intima mus. Domnus Trecensis episcopus (6), ut nostis charissimus noster, paratus est, ut dicit, dare nob`.; in Ecclesia sua unam præbendam (7), sicut Carnoti vel Aurelianis antiquitus datæ sunt (8), ut redditu illius multa, quam non ignoratis. Cluniacen-

ANDREÆ CHESNII NOTÆ.

(6) *Domnus Trecensis episcopus.* Hato, vel ut alii scribunt Ato, monachus et ipse Cluniacensis, ad quem idem sæpe postea.

(7) *Paratus est dare nobis in Ecclesia sua unam præbendam.* Et certe dedisse constat ex duobus ejusdem Hatonis diplomatibus, quorum unum jam descripsimus pagina 1407 hujus Bibliothecæ: alterum e Chartulario Trecensis ecclesiæ depromptum, et beneficio viri docti Nicolai Camuzatii nobis exhibitum, sic habet: *In nomine sanctæ et individuæ Trinitatis, Hato divina miseratione Trecensis Ecclesiæ minister humilis, omnibus Catholicæ matris Ecclesiæ filiis in perpetuum. Amicis Sponsi, vicariis Jesu Christi hoc potissimum incumbit, hoc præ omnibus est necessarium, ut sponsam Agni immaculati, quam sanguine proprio sibi vindicavit, quibus possunt modis confovendo studeant creditæ dispensationis honorificare ministerium. Eapropter cum Ecclesia Trecensis in diebus sacerdotii nostri, defectu et indigentia servitorum suorum miserabiliter esset attrita, pie compassi fuimus, non sine multo mærore, non sine multa cordis angustia. Antiqua enim famosioris Ecclesiæ nobilitas data erat in contemptum, gloria in confusionem, filiorum frequentia, super quorum assiduitate jucundari consueverat, versa erat in solitudinem forinsecus quidem quos habebat canonicos, non quæ Dei, sed quæ sua erant quærentibus, debiti servitii honorem matri suæ nequaquam reddentibus. Participato itaque cum sapientibus personis consilio, post multas et a compluribus annis protractas canonicorum nostrorum postulationes, statuendo, statuimus assentientes quod fecimus confirmante religioso ac venerabili viro Alberico Hostiensi episcopo, sedis apostolicæ legato: ut qui de cætero in Ecclesia nostra canonicarentur, nisi ad Ecclesiæ servitium stationarios seipsos exhiberent nihil de præbendali beneficio præter 20 solidos annis singulis acciperent, exceptis duntaxat Cluniacensibus, quibus ad præfati legati petitionem in Ecclesia nostra præbendam concessimus. Præterea adjiciendo adjicientes prohibuimus ne unquam ulterius quacunque occasione vel pro qualibet persona de communitate fratrum singularis fieret, vel daretur alicui præbenda. Hoc autem totum ut non solum inter præsentes, sed etiam apud futuram posteritatem ponderis sui tenorem irrefragabiliter obtineret; auctoritate Dei, et domini legati, et nostra, voce propria, fratribus universis corde et ore consentientibus, anathematis sententiam in eos promulgavimus, qui quocunque tempore, quocunque modo, quod pietatis intuitu decrevimus permutarent; aut (quod absit!), in irritum revocarent, salva nimirum apostolicæ Majestatis reverentia. Præsentem itaque paginam ad nostræ constitutionis munimentum sigillo domini legati, et nostro proprio, et communi fratrum sigillo confirmantes roboravimus, subscriptis personarum quæ inter fuerunt, et approbarunt, nominibus.*

Signum Domini Alberici legati
S. Hatonis episcopi
S. Theobaldi abbatis S. Columbæ Senon.
S. Guillermi de S. Martino
S. Errardi de S. Lupo, et
Hugonis de Criciaco abbatum
S. Balduini Noviomensis decani
S. Odonis præpositi.
S. Manassæ, item Manassæ, Odonis, Falconis archidiaconorum, et
Burdini, Guarneri, Stephani presbyterorum.

S. Petri, Droconis diaconorum.
S. Tegerii, Petri, Guerrici, Hilduini subdiaconorum.

Actum Trecis in solemni capitulo, anno ab Incarnatione Domini 1145.

Gibuinus cancellarius scripsit et recognovit.

Verum postea Stephanus abbas Cluniacensis, præbendam illam Henrico Trecensi episcopo, præfatæque Trecensis Ecclesiæ capitulo, consentiente Theobaldo Cluniacensi priore, reddidit; et in recompensationem Henricus comes Trecensis dedit Ecclesiæ Cluniacensi in annuis redditibus XII libras Pruvinenses, ut ex sequentibus etiam archivorum Ecclesiæ Trecensis instrumentis palam est. *In nomine sanctæ et individuæ Trinitatis, ego Stephanus Cluniacensis abbas, -venerabili Henrico episcopo et Trecensi capitulo, eorumque successoribus in perpetuum. Dignum est, et officio æquitatis conveniens, transactiones et pacta............ transigentium voluntatibus constituta, ne processu temporis in oblivionem deveniant, fidei committere litterarum. Eapropter præbendam quam Cluniacensis ecclesia in ecclesia vestra habebat, vobis assentiente capitulo [conventu] nostro concedimus, et donamus, et reddimus absque omni reclamatione libere in perpetuum possidendam, et cui volueritis assignandam. Vir autem nobilis, et Ecclesiæ Dei specialiter devotus Henricus Trecensis comes Palatinus dedit Cluniacensi Ecclesiæ in eleemosynam in annuis redditibus duodecim libras Pruvinensis monetæ, utrique Ecclesiæ liberaliter providens............ dum, et Trecensis ecclesia præbendam suam recepit, et Cluniacensis propter hoc nihil amittit, imo et melius de beneficio communiter consequitur, quod et fructuosius et sibi congruentius esse non dubitet. Retribuat ei qui retribuere potest, et qui in causa, imo et causa est, Dominus Deus. Ne autem nihil mutaretur vel deperiret, sigillo nostro munire curavimus, etc. Actum est hoc anno ab Incarnatione Domini 1164, regnante Ludovico Francorum rege, anno XXXI regni ejus.*

In nomine sanctæ et individuæ Trinitatis, Ego Theobaldus Cluniacensis prior, et totus ejusdem Ecclesiæ conventus, Henrico Dei gratia Trecensi Ecclesiæ venerabili episcopo, et toti ejusdem capitulo in perpetuum. Quoniam quidem .... transigentium pacta et conventiones ne oblivione pussint deleri, litteris et sigillis gaudet insigniri, et sic ratum credit esse quod tenet. Nos id quod dominus abbas Cluniacensis Stephanus precibus pii et gloriosi comitis Henrici de præbenda, quam habebamus in ecclesia vestra, fecit, videlicet quod eam vobis reddidit, cui volueritis assignandam, et laudamus et concedimus, et confirmamus: et licet contra consuetudinem ecclesiæ nostræ, amore tamen comitis dicti, sigilli nostri munimine roboramus. Quia autem providentia suæ discretionis sæpe nominandus comes, ne preces ejus nos in aliquo gravare viderentur, apud Sanctam Margaretam de Campania beneficium duodecim librarum, sicut ejus charta continetur, ecclesiæ nostræ singulis annis statuit reddendum, etc. Actum est hoc anno 1165 regnante piissimo rege Francorum Ludovico.

(8) *Sicut Carnoti et Aurelianis antiquitus datæ sunt.* De Cluniacensium in Ecclesia Carnotensi præbenda reperitur, et hoc Alexandri papæ IV rescriptum in Cluniacensi Chartulario, quod ex celeber-

sium fratrum indigentia relevetur. Hoc si secundum Deum fieri potest, rogo ut per vos fiat. Sin autem, nec totum mundum lucrari, quolibet animæ periculo volo. Constantinus presbyter, Cluniacensis hostis, et antiqui schismatis auctor, cumulo malorum priorum etiam recens perjurium adjecit, et die causandi cum Stephano in præsentia nostra suscepta, me inscio, sicut audivi, Pisas profectus est, ut solitis mendaciis curiæ nostræ judicium subterfugiat. Super quo per vos domno papæ intimari peto, ne presbytero nostro judicium Ecclesiæ nostræ, a qua nil læsus est, subterfugere liceat. Nam si aliter fieret, et a tam vili persona tantam Ecclesiam deformari permitteret, plurquam ad præsens dicere possim, Cluniacenses suos quod tamen salva majestatis ejus reverentia dictum sit, perturbaret. Abbas Bonævallis (9) quæ juxta Carnotum est, cum quampluribus honestis et sapientibus viris, ut asserit, Cluniacum venire disponit, si per consilium sapientiæ vestræ licentiam recedendi a domno papa impetrare potuerit. Nostis enim causas, quibus irretitus diu a suis retineri non possit. Unde et super hoc litteras sibi mitti precatur. De statu domni papæ et vestro, quem prosperari tam pro communi utilitate, quam pro vestra requie, avidissime desidero, mihi quod est remandate, ut cognitis quæ circa vos sunt, aut congaudeam, aut collaborem.

EPISTOLA III.

Venerabili et charissimo nostro domino AIMERICO *sedis apostolicæ cardinali et cancellario* (10), *frater* PETRUS *humilis Cluniacensium abbas, salutem.*

Doleo, et non parum contristor, quod sicut negotiis nostris, et quorumdam aliorum expediret, morari vobiscum aliquandiu in curia, corporis fragilitate et contrarii aeris qualitate prohibente, non possum. Sic natura mea universa Italicæ regionis elementa simul et alimenta sibi nociva quam maxime sentit, ut illuc ire mortem, redire vitam arbitretur. Unde frequentius in causis emergentibus,

vices meas litteris meis committo, ut per eas expleam quod per me non valeo. Rogo igitur sinceram erga me jam ab antiquo amicitiam vestram, ut in negotio præsenti (quod meum non nisi ex charitate est) ipsa magis quam ego charitas audiatur, et probatæ veritati magis quam mihi scribenti credatur. In partibus nostris, quod vos ex parte nosse existimo, sic rerum ordo mutatus, sic pax ecclesiastica inter plurimos perturbata est, ut corporis Christi membra contra se invicem insurgant, et velut si digitus oculum eruere minetur, vel manus pedem abscindre tentet, ita se intestina discordia vastant, et non tam gladiis quam odiis, non tam percussoribus quam cupiditatibus insectantur. Et quod amplius perversum est, minoribus majores, subditis prælati monachis episcopi, sic infesti sunt, ut non sicut pastores gregem pascere, sed sicut vere secundum Evangelium mercenarii (*Joan.* x), ad lanam tondendam, et lac emulgendum toto adnisu intendere videantur. Hæc querela cum multorum monachorum adversus multos episcopos sit, Anianensis tamen monasterii contra Biterrensem episcopum (11) nuper importabilem querelam accepimus, Quam si per singula explicare tentavero, nimius vel forte tædiosus apparebo. Ad quod vitandum, tacendi consilium assumpsi, pro universis, quæ diffusius enumerare potuissem, breviter deprecans, ut fratres illos ad vos venientes benigne audiatis, et exaudiatis, et ut spiritualis monasticæ religionis defensor, Anianense monasterium nobile, et, ut ipse vidi, religiosum, tam pro salute animæ vestræ quam quia sub tutione apostolica ab antiquo constitutum est, a tantis oppressionibus eruatis.

EPISTOLA IV.

Totius reverentiæ et dignitatis viro, vere sacerdoti Dei, HUGONI *Rothomagensium archiepiscopo* (12), *frater* PETRUS *humilis Cluniacensium abbas, sanctorum sacerdotum honorem et gloriam.*

Mandavit nobis reverenda charitas vestra, in fine

ANDREÆ CHESNII NOTÆ.

rimi præsidis Thuani bibliotheca nobis humanissime suppeditatum est.

De præbenda quam habent Cluniacenses in Ecclesia Carnotensi.

Alexander episcopus, servus servorum Dei, dilectis filiis abbati et conventui Clun. salutem et apostolicam benedictionem. Justis petentium desideriis, etc. *Vide in Alexandro III, ad an.* 1181.

(9) *Abbas Bonævallis.* Forsan Hugo, ad quem sanctus Bernardus epist. 551.

(10) *Aimerico sedis apostolicæ cardinali et cancellario.* Ad quem iterum epist. 34 hujus libri, et divus Bernardus epist. 15, 20, 48, 51, 53, 54, 157, 160, 162 et 181.

(11) *Contra Biterrensem episcopum.* Biterræ Septimanorum civitas ad Obrim fluvium. Usuardus ex XI Kal. Aprilis, *Apud Septimaniam civitate Biterris depositio sancti Aphrodisii episcopi et confessoris;* Guillelmus Neubrigensis libro secundo, capite 11 *Bederensem urbem;* Plinius lib. tertio, cap. quarto; et Pomp. Mela libro quarto, cap. quinto, *Blyteras Septumanorum;* Hildebertus in Vita sancti Hugonis *Bliterium,* et Rigordus libro primo *De gestis Philippi Augusti Biterim civitatem opulentissimam* vo-

cant. Subest autem archiepiscopo Narbonensi, diciturque vernacule *Beziers.*

(12) *Hugoni Rothomagensium archiepiscopo.* Infra lib. VI, epist. 32. S. Bernardus epist. 25, et Arnulfus Lexoviensis episcopus fol. 18, qui et ipsi tale posuit Epitaphium:

*Inter pontifices speciali dignus honore
Hic nostræ carnis Hugo resignat opus.
Consignata brevi claduntur membra sepulcro,
Non tamen acta viri claudit uterque polus.
Quidquid dispensat et compartitur in omnes,
Gratia contulerat præstiteratque viro.
Fecundos igitur virtutum copia fructus,
Fecit, et ultra hominem est magnificatus homo.
Tandem post celebris felicia tempora vitæ,
Sustulit emeritum flebelis hora senem.
Par, Martine, tibi consorsque futurus eamdem.
Sortitus tecum est commoriendo diem.*

Scripsit autem et idem Sugerio abbati S. Dionysii epistolam unam, et alia etiam multa reliquit suæ doctrinæ monimenta, quorum unum super hæresibus in Armorico tunc scatentibus necdum impressum Alberico Hostiensi episcopo dedicavit epistola

litterarum suarum, quatenus esse charissimi fratris et filii vestri Guillelmi rescriberemus vobis. Nos autem in ultimo quasi de re contemptibili ejus mentionem facere refugientes, in primis, ut dignum est, eum ponimus, quem nequaquam in superno ordine novissimum locum jam tenere speramus. Delatus sancto desiderio suo, et laudabili studio vestro, ad pauperis Martini diversorium, dici non potest quo gaudio exsultaverit, quantas Deo gratias egerit: quod post tam longos terrarum circuitus, ad patris sinum filius, ad nutritoris gremium alumnus redisset, atque in ejus manibus extremum se fundere spiritum speraret. Hoc gaudio cum venimus, exsultantem invenimus. Adaucta est ei tanta de adventu nostro lætitia, ut jam pene totius incommodi oblitus, seipsum vix caperet, et, nisi lectus, quo decumbere cogebatur, ægrum proderet, vultus et gestuum alacritas sanissimum indicaret. Visitatum se a Deo, datum sibi esse supra quam petiisset aut intelligeret, ad se venientibus, et singulis et omnibus fatebatur. Nihil sibi jam deesse, securum se misericordiam Domini præstolari, vocationem suam non jam timere, sed optare, assidue protestabatur. Quotidiana a nobis visitatione frequentatus, peccata confiteri, Deo gratias agere, fratrum se orationibus commendare non cessabat. In hujusmodi studiis constitutum, cum eum paulatim viribus extenuari, ac magis magisque debilitari cerneremus, a domno Vizeliacensi abbate eum inungi, ac sacri corporis viatico refici fecimus. Deinde Salvatoris adveniente nativitate, post auditam missam sacra rursus communione confortatus, ad diem usque sancti Joannis evangelistæ sensim corpore deficiendo pervenit. Qua die cum post Vesperas more solito ad eum visitationis gratia cum fratribus venissem, valdeque aggravatum vidissem, sumpto ab Ecclesia Dominico corpore, manibus eum propriis cœlesti pane cibavi. Post paululum, loqui cessavit. In quo silentio a media nocte inchoato per totam sequentem diem perdurans, vespertina hora nil jam terrenum sentiens, loqui omnibus nobis admirantibus cum quanto poterat clamore hujusmodi verba cœpit: *Domine, miserere, chare Domine, miserere, Domine, misericordiam*, et, ut nobis videbatur, aliquando: *Martine domine, miserere*. In hac diutina et non interpolata misericordiæ invocatione, die sanctorum Innocentium, innocens anima nobis omnibus astantibus et orantibus miserias mundi excessit, et, ut dignum est credere, ad misericordiam, quam devote toties flagitaverat, pervenit. Cujus corpus in claustro infirmariæ ante capellam beatæ Matris misericordiæ a nobis honorifice, ut decebat, sepultum, gloriam resurrectionis inde per Dei gratiam suscitandum, exspectat: et interim pro requie spiritus, sui repræsentatione ad intercedendum quoslibet transeuntes invitat. Ad ultimum notum vobis facio clericum, quem in obsequium beato huic fratri vestro dedistis, injunctum officium ita fideliter et devote implesse, et, licet alieno servitio, nostram intantum gratiam acquisisse, ut et si omnes ei defuerint, nos deinceps nullatenus possimus deesse. Pro quo sanctitatem vestram rogamus, ut eam fidem experiatur a vivis quam studuit servare defunctis. Scripsit super eo paternitati vestræ beatus ille in extremis agens, cujus ultimis precibus et quasi testamentariis litteris aliquid negare, non dico vestrum, sed nec aliquorum bonorum est.

EPISTOLA V.

Venerabili, et in Christi charitate totis animi visceribus suscipiendo, domino ATONI *Trecensi episcopo, frater* PETRUS *humilis abbas Cluniacensium, salutis et dilectionis plenitudinem.*

Unde incipiam nescio. Unde exordium faciam, prorsus ignoro. Serenam diem tenebrosa nubila contexerunt, nitentes solis radios caliginosi aeris fumositas obduxit, meridianus fulgor teterrimarum repente umbrarum faciem induit. Rerum natura mutata est, oriens in occasum conversus est, ignis prævalidus subito exstinctus est, funis argenteus ruptus est, amicus ab amico disjunctus est. O amicitia, res inter mortales admodum pretiosa, sed quanto charior, tanto rarior, quo abisti? Quo terras perosa secessisti? Ut quid miseros homines, animorum firma conjunctio, reliquisti? Cur absentia tua cuncta deserta fecisti? Fortassis, ut de columba illa antiqua legitur, non inveniens ubi pes tuus requiesceret, ad arcam redisti, et ab architecto Noe suscepta, diluvii pericula effugisti (*Gen.* VIII). Vere, inquam, tu columba æternæ pacis amica, felle carens, nihilque nisi diligere sciens, undas tumultuum, fluctusque discordiarum universam terram obtinentes, horruisti: nullumque in imis requiei locum inveniens, festino reditu ad superos revolasti. Tu Noe mundi fabricatoris manu recepta, cœlorum intima penetrasti, et extima cuncta discessu tuo in invicem commovisti. Inde conspirantia in mutuum interitum terrena omnia cerno, inde regna in se consurrexisse conspicio: inde totam mundani corporis molem compagibus dissolutis labefactari passim ac diffluere video. Inde est quod nec proximus proximo, nec amicus amico, nec frater fratri, nec patri filius fidem servat; inde quod omnium necessitudinum jura violantur, inde quod sanguis universarum superficiem jam tinxit terrarum. Sed quid ego de his, quæ extra sunt, conqueror? Quid remota defleo? Quid aliena deploro? Ubi domestica turbantur, quid externa curantur? Qui mihi ipsi convenire nequeo, cui pacem servabo?

ANDREÆ CHESNII NOTÆ.

brevi, quæ studioso viro domno Martino Marrier accepta referenda sic habet.

« Sanctæ Romanæ Ecclesiæ filio Alberico Hostiensi episcopo quamsæpe sedis apostolicæ legato, peccator Hugo Rothomagensis utcunque sacerdos.

Reverende Pater, etc. *Est epist dedic: ad librum De hæreticis sui temporis. Vide in Hugone ad an.* 1164.

Si mihi nequam, cui bonus ero? (*Eccli.* xiv.) Sed quorsum ista? Te, te, inquam, respiciunt olim, unanimis amice, aliquando charissime, et juxta Flaccum, non quidem nunc, sed quondam..... *animæ dimidium meæ* (Horat. *Od.* lib. i, od. 3, vers. 8). Queror itaque me a te impie dimidiatum, non integrum remansisse; queror, quod indissolubile putabam, charitatis te vinculum dirupisse; queror pactum fœderis, in quod mecum juraveras, temerasse. Forte me tecum austerius justo agere respondebis. At ego longe remissius quam debeam, quamque tua in me peccata meruerint, me loqui profiteor. Quod si quæris quæ illa sint, et jam dixi, et adhuc replico in uno te omnium malorum reum factum esse, Apostolo teste, qui ait : *Qui totam legem observaverit, offendat autem in uno, factus est omnium reus* (*Jac.* ii). Hoc unum charitatem esse, nemo qui dubitat. In hoc uno offendisti, quando nil te lædentem, fidem servantem, sibique a te servari credentem amicum deseruisti. Sed dices forsitan : Nihil horum quæ objicis agnosco, fidem teneo, charitatem conservo. Esto, fidem tenes, charitatem conservas. Probatio dilectionis, exhibitio est operis. Si ignis est, calet. Si calet, non diu flammas continet. Si diu continuerit, mox ignis esse cessabit. Solebant a partibus vestris ad nos frequentes venire legati, nuntii nuntios prævenire, sequentibus epistolis primæ anticipari, a Trecis usque Cluniacum (13) strata publica euntibus ac redeuntibus continuari. At nunc invia facta sunt omnia, impenetrabiles Riphæi montes interpositi, innavigabile Indorum pelagus effusum et quod astringit Scythicum glaciali frigore pontum, accessum prohibent : novum linguæ silentium, manibus otium, et dictandi imperitia et scriptorum inopia indixit. Nusquam in arundinetis calami, nusquam in avibus pennæ, nusquam in quadrupedibus pelles. Hæc quia desunt universa, magnus ille tui erga amicum amoris affectus indicari non potest. Nunc igitur quia exspectavi, et non sunt locuti (*Job* xxxii), auscultavi et non fuit qui responderet, prior in verba prorumpo, quoniam etiam infido fidelis esse cupio. Evigila ergo saltem excitatus, revertere vel revocatus, loquere vel interrogatus. Rescribe, non in corde et corde loquens, sed simplici corde quod est, non quod non est, confitens, si amor ille a superno amore derivatus, quo pariter ad beatam vitam aspirare olim cœpimus, adhuc permanet, ut si eum in suo statu manere cognovero, simul gaudeamus; si imminutum sensero, ad reintegrandum eumdem simul etiam laboremus. Quod si me aliquo insusurrante hanc mutuam, quæ in nobis esse debet, læsisse charitatem suspicaris, paratus sum aut pravum diluere, aut quantacunque a te injecta mihi verbera fuerint, æquo animo tolerare. Si audacius quam debui forte locutus sum, oro des veniam, quoniam non ex superbiæ inflatione, sed ex amoris præsumptione ista protuli. Nec ut abbas episcopo, sed ut verus in Deo amicus vero, ut arbitror, scripsi amico.

EPISTOLA VI.

Venerabili domino et charissimo Patri Altoni *Treccensium pontifici, frater* Petrus *humilis Cluniacensium abbas, sanctorum pontificum gloria et honore coronari.*

Spes mutui colloquii, et exspectatio diu desideratæ vestræ confabulationis, quam in proximo me adepturum confido, animum post litterarum vestrarum lectionem in verba prorumpere volentem compescuit, aggerem rationum jam comportatum dispersit, fontis venam jamjamque profluere nitentem, velut obice indito, obturavit. Nam vane me laborem impendere, tempus insumere reputavi, si, quod pectoris tui sacrario familiari collocutione communicare possem, litterario opere notum facere maluissem. Quod nisi mentis meæ conatibus obviaret, dicerem forsitan myrrhæ et aloes, ut verbis vestris utar, plusquam libras centum non frustra me misisse. Sicut enim talibus remediis amato ne putrescat subvenitur corpori, sic ego languescenti, ne paulatim difflueret, paravi subvenire amori. Sed et si amor incorruptus myrrha mea et aloe non eguit, devoti tamen cordis obsequium contemni non debuit. Licet enim de Domini corpore Psalmus Deo dicat : *Non dabis sanctum tuum videre corruptionem* (*Psal.* xv), et hoc divina virtute, non aromatica factum fuisse nemo sapiens dubitet, tamen Joseph et Nicodemus, qui talibus unguentis Dominum inunxerunt (*Joan.* xix), fructum devotionis suæ apud eum minime perdiderunt. Ita et ego unguentis quidem meis etsi nihil inviolato amori contuli, ea tamen exhibendo affectus mei devotionem ostendi. Nec incongrue, qui mel et favum dulcium sermonum, ut epistola vestra testatur, mittere solebam, nunc austeriorum verborum myrrham et absynthium misi, quia et de Sponsa in Canticis dictum legi : *Favus distillans labia tua, mel et lac sub lingua tua* (*Cant.* iv). Et de Sponso : *Labia ejus distillantia myrrham primam* (*Cant.* v). Labia ergo non semper mel, sed aliquando etiam myrrham distillant, quia loquentes pro rerum qualitatibus quandoque dulcia, quandoque mordentia verba dispensant. Exinde delectabile totius epistolæ vestræ iter jucundo animo ac pede libero incedebam, cum subito in funem argenteum offendi, eoque gressibus implicatis pene corrui, et nisi ab amico, non a doloso quolibet extentum intellexissem, exclamare volui : *Et funes extenderunt in laqueum; juxta iter scandalum posuerunt mihi*

ANDREÆ CHESNII NOTÆ.

(13) *A Trecis usque Cluniacum.* Trecæ Campaniæ urbs ad Sequanam, quæ Ptolomæo *Augustobona*, Marcellino *Tricassæ.* Sidonio *Tricasses*, et *Tricassina civitas* epist. 12 lib. vii dicitur. Sed frequentius Trecæ tam apud Gregorium Turonensem, Frodoardum et alios veteres, quam apud medii sæculi scriptores, Gallice *Troyes.*

(*Psal.* cxxxix). Putastis enim, quando dixi, funis argenteus ruptus est, me pecuniam cogitasse, et, quia a dando manus vestra cessasset, ruptum funem dixisse. Sed quomodo de verbis meis talis vobis innasci potuerit intellectus, quomodo tam sinceri animi mei dicta opinio vestra tam prave potuerit interpretari, non satis mirari sufficio. Pene, pene, ut dignum esset, adversus amicum stomachando dicerem, nisi excedere formidarem : *Ubi est thesaurus tuus, ibi est cor tuum* (*Matth.* vi). Non ego, non ego talis, etsi multum inutilis, non ego, inquam, talis qui deserviam mammonæ ; non ego amicus pecunia redemptus, non ego de illis qui tandiu diligunt quandiu accipiunt, qui avaritiam magis quam justitiam colunt, qui amicitiam propter pecuniam conservant. Non sunt, non sunt tales amicorum nomine honorandi, sed cupidorum ignominia detestandi. Absit, absit a me talium consortium, quos non tantum divina sapientia, sed etiam mundana prudentia exsecratur ! In tales poeta ironice invehitur, dicens :

O cives, cives, quærenda pecunia primum est.
Virtus post nummos.

(Horat. *Epist. lib.* i, *epist.* 1, *vers.* 53, 54.)
Et alibi non jam deridens, sed quod verum est, pronuntians, ait :

Vilius est argentum auro, virtutibus aurum.

(Horat. *ibid.*, *vers.* 52.)
Gratis venerandam paternitatem vestram et semper dilexi, et in æternum Christi charitate donante diligam, quia, secundum Apostolum : *Non quæro quæ vestra sunt, sed vos* (*I Cor,* xii). Vos, inquam, quæro; de vobis non de pecunia peritura in sempiternum gaudere concupisco, gaudio illo quod juxta Domini sententiam, *nemo tollat a nobis* (*Joan.* xvi). Quod dum sumus in corpore, dum vacat nobis, dum est tempus acceptabile, dum sunt dies salutis (*II Cor.* vi), providere satagamus. Antequam, ut Salomon ait, *rumpatur funis argenteus, et recurrat vita aurea, et conteratur hydria super fontem, et spiritus revertatur ad Deum qui fecit illum* (*Eccli.* xlv). Ecce quid in fune argenteo intellexi, non scilicet ligamen aliquod, vel metallum, sed præclarum charitatis vinculum, quo anima Jonathæ alligata est animæ David (*I Reg.* xviii), et de quo Apostolus : *Ante omnia,* inquit, *mutuam in vobismetipsis charitatem continuam habentes : quod est vinculum perfectionis* (*Coloss.* iii). Sed quia jam proposita brevitas, et proximum, ut jam dixi, colloquium finire verba præcipiunt, reprimendus est stylus, ut quod hic minus scribitur, ibi latius disseratur.

EPISTOLA VII.

Venerabili domino et unanimi nostro Atoni *Trecensi episcopo, frater* Petrus *humilis Cluniacensium abbas, quod sibi.*

Gaudeo et immodice gratulor non ita me a mente vestra excidisse, ut suspicabar. Putabam etenim diutino illo ac monstruoso silentio vestro me posthabitum, et facili mobilitate vestri animi statum a pristinæ charitatis stabilitate mutatum. Sed cum nuper missa reverentiæ vestræ amicabilium querelarum epistola rescriptum exspectarem, ut secundum ejus tenorem de cordis vestri dubio judicarem, prævenit illum non omnino sopita dilectio, seque adhuc spirare paucis quidem sermonibus, sed magnis affectibus indicavit. Quod me, ut dixi, valde lætificatum, et velut ex quadam desperatione in spem reductum, ad rescribendum super his quæ scripsistis breviter animavit. Mandastis siquidem ut charissimum filium nostrum Petrum a cura Gaiensis monasterii (14) absolverem, et eum alio ad Deo serviendum dirigerem. Nos vero quoniam magis ex ipsius vos corde quam ex vestro locutum, ipsis etiam litteris indicantibus, cognoscimus, atque ipsius non vestræ voluntati scribendo satisfecisse, vestræ potius voluntati, quam litteris obtemperare decrevimus. Remittimus ergo eum dilectæ paternitati vestræ, quatenus eum non ut annuum, sed, ut perpetuum ; nec ut tantum vivum, sed ut etiam scripsistis, mortuum priorem in æternum possideatis. Sic ergo eum commendatum habete, ut nec eum rediisse, nec nos eum remisisse pœniteat. Quando ad partes Aquitanicas ivimus, per vos iter agere proposuimus ; sed propositum nostrum itineris acceleratione ac temporis brevitate intermittere coacti sumus. Sed, præeunte misericordia Dei, quod tunc non potuimus, in proximo implere curabimus, nec prius parietes domesticos revisemus, quam de mutua in Domino præsentia gaudeamus. Exspectabitis ergo alium adhuc nuntium nostrum, per quem certum ad vos mandemus adventum nostrum.

EPISTOLA VIII.

Petrus *humilis Cluniacensium abbas,* Stephano *presbytero jurisperito, salutem.*

Longam epistolam fecisti, sed non bene in ea, cum jurisperitus appelleris, rhetoricam conservasti. Quod si ignoranter, indulgendum ; si scienter, contumaciæ imputandum. Placandum, non exasperandum judicem in oratione artis regulæ præcipiunt. At contra, litteræ quas misisti improperia sonant, contumelias redolent, minas spirant. Tali suadela nihil unquam nisi ab invitis impetratum est. Precibus, non minis, obsequiis, non contumeliis, solet quod petitur impetrari. Nihil igitur a nobis tali remedio te consecuturum speres. Insipide enim et indocte perorasti, dum eum quem placare etiam commotum debueras, benevolum ante et beneficum irritasti. Accede ergo magis ad contra nos insurgentes et adversum nos te non minimis, sicut scripsisti, promissis invitantes, nec perdas promissum ab aliis lucrum, a nobis non recepturus nisi quod litis ANDREÆ CHESNII NOTÆ.

(14) *A cura* Gaiensis *monasterii.* Quod aliter *Decanatus beatæ Mariæ de Gaya* nuncupatur, estque Cluniacensis ordinis membrum in episcopatu Trecensi.

teræ promeruerunt, et justitia dictaverit responsum.

EPISTOLA IX.

Dilecto filio suo magistro PETRO (15), *frater* PETRUS *humilis abbas Cluniacensium, oculum videntem et aurem obedientem.*

Laboranti tibi, fili dilectissime, in sæcularis litteraturæ scientia, et gravi humanorum studiorum fasce onustato misertus, cum nullam labori mercedem, nullum oneri tuo levamen videam, te tempus inaniter consumere ingemisco. Si enim vere philosophanti hic solus et certus finis est, ubinam vera beatitudo consistat agnoscere et agnitam adipisci, ut ea adepta de misero possit esse beatus, nec beatitudo valeat dici cui boni aliquid deest, summum autem bonum beata æternitas est : quis dicere audeat eum philosophari, qui universis laboribus suis non ad æternam beatitudinem, sed ad æternam miseriam tendit ? Sudaverunt in hujus beatitudinis inquisitione antiquorum ingenia, et quod altissime reconditum latebat, velut de occultis terræ visceribus multo conatu eruere contenderunt. Hinc artium adinventiones, hinc multiplices argumentationum perplexiones, hinc sectarum in invicem compugnantium infinitæ dissensiones, quarum aliæ in corporum voluptatibus, aliæ in animi virtutibus beatitudinem constituebant, aliæ supra hominem quærendam esse censebant, aliæ aliud asserentes omnibus contraibant. Hos errare et quod in supernis celabatur, in imis quærere et mendacii confusione mortales in terris falli, Veritas de cœlis intuens, eorum miseriæ condolens, de terra orta est ; et ut a talibus videri posset, similitudine carnis peccati assumpta, his et similibus malis laborantibus clamavit, dicens : *Venite ad me omnes qui laboratis, et onerati estis; et ego vos reficiam. Tollite jugum meum super vos* (*Matth.* XI). Et quia eos profunda veritatis ignorantia teneri vidit, magisterio voce assumpta, subjunxit : *Discite a me, quia mitis sum et humilis corde, et invenietis requiem animabus vestris* (*ibid.*). Et cum in montem conscendisset, aperte non tantum ubi vera beatitudo invenienda esset, sed etiam qualiter ad eam perveniendum esset edocuit, et omnium beatitudinem investigantium curiositatem compescuit, dicens : *Beati pauperes spiritu, quoniam ipsorum est regnum cœlorum* (*Matth.* v). Ecce sine Platonicis meditationibus, sine academicorum disputationibus, sine Aristotelicis laqueis, sine philosophorum doctrinis, inventus est locus et via beatitudinis. Sileat ergo humana præsumptio, audito divino magisterio. Conticescat falsitas, quia docet Veritas. Deserat docentis cathedram homo, quoniam ad docendum residet Deus homo. *Beati*, ait, *pauperes spiritu, quoniam ipsorum est regnum cœlorum.* Quid igitur, A charissime, scholas oberras ? quid et doceris et docere conaris ? Quid per millia verborum, quid per multos labores inquiris quod simplici sermone, quod parvo labore, si volueris, assequi poteris ? Quid inani studio cum comœdis recitas, cum tragœdis deploras, cum metricis ludis, cum poetis fallis, cum philosophis falleris ? Quid jam non philosophiæ, sed quod pace tua dictum sit, tantam stultitiæ operam impendis ? Stultitiæ, inquam. Nam et hoc veri philosophi dictum est : *Nonne stultam fecit Deus sapientiam mundi ?* (*I Cor.* I.) Curre ergo, fili mi, ad propositam tibi a cœlesti Magistro, totius philosophiæ unicum fructum, regni cœlorum beatitudinem, quam adipisci non poteris, nisi per veram spiritus paupertatem. Verus enim, ut supra dixi, Magister totius mundi scholæ præsidens, et cathedras falsa docentium evertens, pauperem spiritu dixit esse beatum, quoniam ei esset summa beatitudo reposita, hoc est regnum cœlorum. Aggredere viam paupertatis, qua itur ad beatitudinem regni cœlestis. Viam, inquam, aggredere paupertatis, non tantum corporeæ quantum spiritualis, non tantum rerum quantum humilitatis, non tantum carnis quantum mentis. Eris tunc verus philosophus Christi, cum in te stultam fecerit ipse sapientiam mundi. Nam si secundum eumdem Apostolum volueris esse sapiens, stultus esto ut sis sapiens, neque te logicæ garrulitatem, physicæ curiositatem, vel aliud quidlibet scire glorieris, nisi Christum Jesum, et hunc crucifixum. Quia si ipso donante esse merueris, erit de te gaudium angelis Dei, qui gaudent super uno peccatore pœnitentiam agente (*Luc.* xv) ; erit et sanctis hominibus multa lætitia, quia dum gaudet unum membrum, congaudent omnia membra (*I Cor.* XII). Erit et mihi super omnia jucunditas, qui te quasi unicum filium suscipiam [excipiam], lacte pietatis alam, gremio amoris confovebo, inter Christi parvulos educabo, inter tironum multitudinem armis cœlestibus armabo et ad spiritualem militiam quantum licuerit animabo, tecumque pariter contra hostem pugnabo. Aderit supernum auxilium, ut in castris cœlestibus pariter militantes hostem vincamus, vincentes coronemur, et veraciter philosophantes, ad philosophiæ debitum finem, beatam æternitatem scilicet, pertingamus.

EPISTOLA X.

Præcordiali filio, magistro PETRO, *frater* PETRUS *humilis Cluniacensium abbas, amorem veræ sapientiæ.*

Si verborum multitudine, quod de te cupio, assequi me posse sperarem, multis chartulas verbis implere satagerem. Sed quia regnum Dei ad quod te invito, non est in sermone, sed in virtute

---

ANDREÆ CHESNII NOTÆ.

(15) *Dilecto filio magistro Petro.* Pictaviensi monacho, quem et alibi Petrum a S. Joanne vocat, et amanuensem, sive notarium ac scribam suum fuisse docet inferius epist 25 et 26 et libr. IV epist. 17.

(I *Cor.* IV), virtus tibi divina est invocanda, virtus animi exerenda, ut quælibet tibi ad salutem obstantia forti adnisu animi exsuperes, et non per latam et spatiosam viam, quæ ducit ad mortem, sed per angustam, quæ ducit ad vitam (*Matth.* VII), tibi esse gradiendum agnoscas. Quæ arcta incipienti, paulatim proficienti dilatabitur, ut timori amore succedente, quod modo forte desperas fieri posse, te magis animo quam voce cantantem audiam : *Viam mandatorum tuorum cucurri, cum dilatasti cor meum* (*Psal.* CXVIII). Viriliter ergo age et confortetur cor tuum, nec mollescat oblectatione rerum cito periturarum, cui promittitur omnimoda jucunditas æternorum. Hoc interim commonitorium, fili mi, multum in Christo, charissime, tecum habe, et me non frustra hæc monuisse, quam cito veniendo ostende.

EPISTOLA XI.

Summo pontifici, et nostro speciali Patri, domino papæ INNOCENTIO, *frater* PETRUS *humilis Cluniacensium abbas, salutem et obedientiam.*

Superfluum quidem est, Patrem pro filiis, pastorem pro ovibus, Petrum pro Ecclesia deprecari. Sed quoniam sæpe ab aliis libenter animus audit, quæ etiam per se facere concupiscit, atque ad ea quæ jam facere delectatur, quandoque magis aliorum suggestionibus provocatur ; idcirco ego sublimitatis vestræ, etsi humilis, tamen devotus filius, pro Aurelianensi Ecclesia (16) paternam pietatem convenio. Rogo, ut amore crucis Christi, cujus nomine et vexillo eadem Ecclesia singulariter gloriatur, ejus calamitatibus subvenire dignemini, ut quæ passionibus Christi per patientiam, secundum Apostolum, communicans (*I Cor.* I), duris et diutinis tribulationibus fatigatur, vestra pia jam tandem provisione relevetur. Videtur insuper hoc jam superna dispositio velle, quæ corda cleri et populi exitiabiliter, ut nostis, hactenus divisi, ut audivimus, sic insperata commutatione univit, ut nec in tanta multitudine reperiatur qui non integro corde domini Heliæ venerabilis abbatis Sancti Sulpitii, viri equidem religiosi, prudentis et litterati electionem voluerit (17), laudaverit, confirmaverit. Quoniam igitur longus esse refugio, consulo pariter et deprecor, ut tantis tantæ Ecclesiæ infortuniis finem celerem imponatis, et quod a Deo factum videtur, vos Dei vicarius in isto confirmetis. Sentiant, si placet, sibi apud vos prodesse preces humilitatis meæ et locum quem apud gratiam vestram me habere suspicantur, utrum sic se habeat, laudandi operis effectu monstrate.

EPISTOLA XII.

Venerabili et dilecto nostro domno GUILLELMO *Ebredunensi archiepiscopo* (18), *frater* PETRUS *humilis Cluniacensium abbas, salutem.*

Si querela locum inter amicos habere posset, non satis conqueri possem de amico, a quo non dico munus aliquod maximum, sed ipsum mihi colloquium, ipsa est visio denegata. Quia si hæc merces amicitiæ est, ferendum patienter est. Aut si forte monachalis humilitas sublimitati pontificali viluit, non secundum gradus diversos mirum est, sed secundum amicitiæ privilegium magnum miraculum est. Neque enim vetus amor honorum sentit vicissitudinem, qui in omni casuum permutatione integram semper novit amico servare fidem. Igitur si

ANDREÆ CHESNII NOTÆ.

(16) *Pro Aurelianensi Ecclesia.* Aurelia Carnutum civitas ad Ligerim, quam Sidonius *Aurelianensem urbem* primus appellavit epist. 15, lib. VIII. Dicebatur enim antea *Genabus*, et qui negant hoc, habent opposita veri vestigia apud Cæsarem et multa alia argumenta, sicut ait vir in omni scientia doctissimus Josephus Scaliger in Notitia Galliæ. Glaber Rodulphus *Aurelianam* vocat cap. 5 lib. XI, ubi et hanc ejus etymologiam ac descriptionem exhibet : *Fuit namque prædicta civitas antiquitus, ut est impræsentiarum, regum Francorum principalis sedes, regio scilicet pro sui pulchritudine ac populari frequentia, nec non et telluris ubertate, perspicuique irrigatione fluminis. Ex Ligere quippe sibi congruo etiam flumine agnomen habet inditum, diciturque Aureliana, quasi ore Ligeriana, eo videlicet quod in ore ejusdem fluminis ripa sit constituta, non, ut quidam minus cauti existimant, ab Aureliano Augusto, quasi eam ipse ædificaverit, sic vocatam; quin potius ab amne, ut diximus ; quod rectius veriusque illi congruit.*

(17) *Heliæ abbatis S. Sulpitii electionem voluerit.* Henrico I Aurelianensi episcopo defuncto, clerus et populus, antea discordes et divisi, commutatione facta cordium ; unanimiter hunc Heliam abbatem S. Sulpitii elegerunt, qui et ab Innocentio II papa, rogante Petro nostro Clun. abbate, confirmatus est et post confirmationem aliqua etiam jura monachis Cluniacensibus apud Hienvillæ Ecclesiam, prioratus S. Martini de Campis membrum, Deo servientibus concessit, ut in hoc ejus diplomate continetur. *In nomine sanctæ et individuæ Trinitatis. Notum esse volo omnibus sanctæ Dei Ecclesiæ curam gerentibus, tam futuris quam præsentibus, quod ego Helias, Dei gratia Aurelianorum episcopus, precibus Domini nostri nobilissimi regis Francorum Ludovici, et Gaufridi venerabilis Carnotensis episcopi apostolicæ sedis legati, et archidiaconorum nostrorum, Henrici videlicet prædicti regis fratris et Algrini, concedo monachis S. Martini de Campis apud Hienvillam Deo servientibus, in ipsius Hienvillæ ecclesia, quæ eorum est, duas partes oblationum quæ ad altare capellani offeruntur, vel per manus capellani ipsius recipiuntur et omnes candelas et omnes panes sine parte capellani et duas partes omnium lessorum* [gallice, legs] *mobilium rerum. Terra vero, si donata vel dimissa fuerit, monachorum erit. Duas etiam partes sponsalium et injuramentorum. Et in Novævillæ Ecclesia, quæ similiter ipsorum monachorum est, medietatem de cunctis oblationibus et annualibus festis duas partes panum et candelarum, sicut jampridem habuerunt tempore prædecessoris mei bonæ memoriæ Joannis. Quod ut ratum et inconcussum permaneat, sigilli nostri auctoritate confirmo, Actum Aurelianis, anno ab Incarnatione Domini* 1142, *Ludovico Juniore, anno ejus quinto.*

(18) *Guillelmo Ebredunensi archiepiscopo.* Ad quem et epist. adversus Petrobrusianos hæreticos. Est autem Ebredunum Alpium-Cotiarum et Maritimarum provincialis, vel archiepiscopalis civitas, Rejensi concilio celebris, quam geographi veteres *Ebredunum* appellant, vulgo *Embrun*.

huic nostræ querimoniæ, vobis honestum, nobis utilem vultis finem imponere, quod prius neglexistis, nunc saltem implere curate. Venite ergo ad nos cum præsenti nuntio, ut per istum expietis quidquid ante deliquistis, et quem verbis promisistis, re amicum ostendatis.

EPISTOLA XIII.

Charissimo fratri ODONI *(19), frater* PETRUS *humilis Cluniacensium abbas, salutem.*

Deo gratias. *Desiderium pauperum exaudivit Dominus; præparationem cordis eorum audivit auris ejus (Psal.* IX*).* Optaveram diu, et multum optaveram qualibet occasione sumpta, charitati tuæ, mi dilectissime, scribere, ut affectus meus qui se tibi, locorum remotione prohibente, manifestare viva voce non poterat, litterarum saltem mortuis figuris insinuaret. Sed duro Ægyptiorum imperio urgente, qui manus meas magis in cophino servire quam scribendi studio vacare docuerunt, qui luteis operibus eas inquinari, non Dei sacrificiis mundari, hucusque coegerunt, non potui quod volui, eaque de causa hactenus conticui. Unde ei nihil dicere per multum tempus coactus sum, cui si semper loquerer, mutus tamen mihi viderer. Ea est causa, quod non ut scribit eruditio tua, aliis alia accipientibus, tu solus a me reportasti silentium, quia omnibus verbis et schedulis chariorem tibi servavi affectum. Qui quoniam diu tacuit, non incuria, ut dictum est, sed violentia fuit. Sed sufflavit vis spiritus tui emortuos cineres pectoris mei et ignes diu consopitos afflatu suo recalescere fecit, dum desideratam dilecti epistolam desideranti, sed non suspicanti transmisit. Accensus est, ea perlecta, animus meus et subito in invisibiles flammas excusso torpore exarsit, quas quidem utcunque concipere, sed quas nullis indiciis ad plenum valeam explicare. Irruerat forte eo tempore quo litteras illas accepi, grando negotiorum, et exactores mei acrius solito debita reposcebant, itaque variis expostulationibus urgebant, ut totum me sibi suo arbitrio vindicantes, nihil mihi de ipso reliquisse viderentur. Cumque in his constitutus, dilectionis tuæ, ut dixi, litteras suscepissem, dubius, fateor, hæsi et utrum tibi respondere, an exactoribus primo deberem satisfacere, quadam aliquandiu incertitudine fluctuavi. Vicit ad ultimum ratio, et nulli me magis quam tibi charitatis debito debitorem consulta protinus indicavit. Adjuncta est rationi apostolica vox et qualiter debitoribus reddere debita debeamus, ostendit. Quæ licet, *cui tributum tributum, cui vectigal vectigal, cui honorem honorem,* reddi præcipiat *(Rom.* XIII), cum tamen dicit, *Nemini quidquam debeatis, nisi ut invicem diligatis (ibid.),* docet omnibus debitis præponderare debitum charitatis. Quia si præponderat, primo solvendum esse declarat. Primo igitur tibi respondere, primo majus debitum solvere, primo scribenti charitati morem me gerere oportebat. Sed quid dicam? quid loquar? Cupio respondere litteris tuis, et ecce miro modo agitur, quia inde me ad loquendum provocant, inde magis nihil silentium important. Nam quoties, frater charissime, eas lego, toties beatæ animæ tuæ faciem velut in clarissimo speculo intueor et quid animi in transeuntibus, quid studii in æternis geras, omni clarius luce conspicio. Video te, velut de sublimi specula Sion, quid in inferioribus Jericho geratur despicere et mundana omnia fastidientem, de crasso ac fumoso nostro aere in auras ætheris liberas evasisse. Cerno non quidem completum, sed jam jamque complendum esse in te quod Apostolus ait: *Nescitis quoniam angelos judicabimus? quanto magis sæcularia? (I Cor.* VI.) Et item: *Sancti de hoc mundo judicabunt (ibid.).* Quoniam his tantum merito de mundo judicare datum est qui extra mundum sunt, qui pedem de ejus muscipula subduxerunt, qui gratulando cantare possunt cum Propheta: *Laqueus contritus est, et nos liberati sumus (Psal.* CXXIII). De quibus Salvator: *De mundo non sunt,* inquit, *sicut et ego non sum de mundo (Joan.* XVII). Quid plane aliud de te innuunt litteræ illæ? Quid illusores, et illudentes? Quid illitterati pessimi, et litterati pejores? Quid bestia de abysso ascendens? Quid tota series litterarum aliud indicat, quam te ea quæ sursum sunt sapere, non quæ super terram? *(Colos.* III.) At ego adhuc super flumina Babylonis sedens et flens, qui in salicibus infructuosis suspendi organa, quomodo cantabo canticum Domini in terra aliena? *(Psal.* CXXXVI.) Illud in te, charissime, hoc in me dum intueor, perpendo, considero, verba, ut dixi, adimit, silentium indicit. Nec de aliis judicare audeo, quia non cum judicibus solium sustineo, sed cum reis supplicium formido. Nec illam in alios ferre sententiam volo, quam ipse evadere quæro, ne sim de illis de quibus Apostolus: *in quo,* ait, *alium judicas, teipsum condemnas (Rom.* II). Sed tu, mi dilectissime, qui non ut illi de quibus scribis, pravi illusores sibiipsis, sed mundo et ejus principi, velut avi illusisti, qui bestiam de abysso ascendentem evasisti, qui ejus dentes orbem conterentes contrivisti, colla conculcasti, cornua confregisti; tu, inquam, libere de his loqui, tu secure disputare, tu subtiliter investigare, investigata invenire et inventa poteris diffinire. In te igitur, quæ in me transfudisti, refundo, vice mea te fungi præcipio, stylum quem occupato ingerebas, otioso remitto, quoniam rectius latices a largissimis fontibus, quam ab exustis rupibus exspectantur, melius siderum fulgorem incolumes, quam lippientes oculi contemplantur, longe similius intuentium species in aqua pacata, quam turbata formatur. Aperi ergo

ANDREÆ CHESNII NOTÆ.

(19) *Charissimo fratri Odoni.* Qui postea S. Martini de Campis prior factus, Theobaldo in episcopum Parisiensem electo successit, ut ex epist. 40, et 41, libri IV, patet. Unde et addendus venit catalogo priorum Martinianæ Domus, qui cum Martinianis privilegiis excussus est anno 1606.

labia, repleatur os tuum laude, et dic quæ mihi dicenda proponebas, ut, quia amore quietis et silentii spiritualis Liæ fructum ex te ad præsens perdimus, Rachelis in te singulari pulchritudine oblectemur. Debet is labor valde tibi esse jucundus, nec a tam fructuoso opere aliquatenus corpus cessare, ut, dum mens divina meditando, manus scribendo, oculi legendo, lingua loquendo, totus homo interior, atque exterior cooperando laborat, holocaustum medullatum Deo offeras, ut qui te totum sæculo subduxisti, integrum te sacrificium Deo impendas. Memento et amicorum in his beatis laboribus, et maxime in sacris orationibus, quia non debent frustrari oratione pia qui tibi junguntur dilectione sancta.

EPISTOLA XIV.

Dilecto fratri THEOTARDO (20), *frater* PETRUS *humilis Cluniacensium abbas, salutem.*

Quid est, ut voce Judæorum utar, quousque animam nostram tollis? *(Joan.* x.) quandiu renitentem trahis? quousque me tenaci catena circumagis? O quam grave dilectionis vinculum, a quo nec reus solvitur, nec innocens expeditur! Fortius hoc omni ære, gravius omni pondere, quia *fortis est ut mors dilectio, dura sicut infernus æmulatio (Cant.* VIII). Hac compede vinctus teneor, hoc pondere pressus aggravor, hac catena quocunque pergo, vincior. Fert ista animus nunquam tui immemor et cum semper regiones regionibus, provincias provinciis commutet, te solum nunquam mutare, nunquam a se repellere valet. Quare hoc? Nunquid a te ducatus? nunquid regna? nunquid mundi gloriam? nunquid montes, ut dicitur, aureos præstolatur? Non hoc, charissime, non hoc; non hoc certe a te ami-

cus animus exspectat. Quid igitur? Nosti ipse. Quid loquendo fatigarer? tibi te ipsum remitto. Tu esto inventor, judex et cognitor horum. Et ut aliquid dicam, precare illum pro me, quem, pro posse, veneror et diligo in te. Quem licet meditetur mens mea, licet loquatur lingua mea, longe tamen ab eo deviat vita mea. Redde ergo vicem amico, ut qui nec inter servos laboris tui obliviscitur, insuavi, quod multo facile est, requie tua, constanti semper memoria teneatur. Hæc breviter scripto præmisi, dicturus ipse, Deo volente, in proximo quæ prætermisi.

EPISTOLA XV.

Venerabili et charissimæ sorori nostræ, domnæ ADELÆ (21), *frater* PETRUS *humilis abbas Cluniacensium, salutem et omnem a Domino benedictionem.*

Quoniam de obitu semper dilecti nostri domini regis Anglorum (22), nihil adhuc dilectioni vestræ mandavimus, causa hæc fuit, quoniam et multus mœror, quo nondum nos expedire possumus, hoc prohibuit, et tantæ calamitatis nos primos relatores esse, non immerito piguit. Verum, quia si quid scimus, vos scire placuit, noveritis nihil nos aliud adhuc noscere potuisse, quam per octo dies in quadam villa juxta Rothomagum, lecto cum decubuisse, domnum Rothomagensem archiepiscopum ei assidue adhæsisse, munitum ab eo omnibus ecclesiasticis sacramentis, in optima pœnitentia, et fideli confessione quarto Nonas Decembris de sæculo migrasse. Corpus ejus, sicut disposuerat, Rothomagum delatum (23) et inde in Rotberto comite filio (24) suo apud Radingas (25) tumulandum, An-

ANDREÆ CHESNII NOTÆ.

(20) *Fratri Theotardo.* Qui et ipse postea sanctæ Mariæ de Charitate prior : infra epist. 30, et lib. II, epist. 6 et 7.

(21) *Charissimæ sorori domnæ Adelæ.* Filiæ Guillelmi Conquestoris Angliæ regis, quæ post obitum mariti sui Stephani comitis Blesensis et Carnotensis, apud Marciniacum sanctimonialis effecta est. Matthæus Paris in Guillelmo Rufo, de filiabus Guillelmi patris sui loquens : *Tertia,* inquit, *Adela Stephani comitis Blesensis uxor, laudatæ in sæculo potentiæ virago, noviter apud Marciniacum sanctimonialis habitum sumpsit.* Alam vocat Historia dominorum Ambaziensium his verbis : *Interea Goffridus Calvimontis cum rege Northmanniam veniens, filiam regis, Alam nomine, cum Stephano Carnotensi comite in matrimonio copulavit.* Scribitque illi etiam adhuc in sæculo conversanti domnus Ivo Carnotensis Episcopus Epist. 5, 91, 101, 116, 121, 179 et 187. Et Hildebertus Cenomanensis jam conversæ gratulatur epist. 63; quod cum Terræ sanctæ divina loca venerari et inviscere multum hactenus desiderasset, demum Stephano conjuge suo defuncto, monasticam vitam in sanctis et divinis cœnobii Marciniacensis officinis est professa.

(22) *De obitu regis Anglorum.* Henrici primi fratris Adelæ, summique Cluniacensium benefactoris, qui juxta Rothomagum obiit anno Christi 1135 die prima Decembris.

(23) *Corpus ejus Rothomagum delatum,* etc Ex dispositione testamentaria, qua cor et cerebrum suum in Pratensi Northm. cœnobio, corpus autem Radingis in Anglia sepeliri voluit. Guillelmus Neu-

brigensis libro primo, capite tertio De rebus Anglorum : *Corpus,* inquit, *ejus cerebro et intestinis ejectis, salitum, coriisque insutum a Northmannia in Angliam delatum, et apud Radingum in monasterio, cujus ipse devotus fundator largusque ditator exstiterat, sepultum est.* Unde et Arnulphus Lexoviensis ei talis epitaphii concinendi materiam hausit :

Henrici, cujus celebrat vox publica nomen,
Hoc pro parte jacent membra sepulta loco.
Quem neque viventem capiebat terra, nec unus
Defunctum potuit consepelire locus.
In tria partitus sua jura quibusque resignat
Partibus, illustrans sic tria regna tribus.
Spiritui cœlum, cordi cerebroque dicata est
Neustria, quod dederat Anglia corpus habet.
Hinc patres animumque trahens, sed forte apud illos
Editus, hic gladium, sceptra gerebat ibi.
Quem decedentem cum nox extrema Novembris
Solvisset, secuit prima Decembris eum.

(24) *A Roberto comite filio suo.* Naturali scilicet, non legitimo, Henricus enim rex geminam tantum ex Mathilde religiosa regina conjuge sua suscepit sobolem, hoc est filiam materni nominis, quam jam nubilem primum Henrico imperatori Romano, postea Gaufrido comiti Andegavensi despondit, et filium.

(25) *Apud Radingas. Radingæ,* sive *Radingum* in singulari, monasterium ad Tamesim flumen, quod præfatus Henricus rex in honore beatæ Mariæ construxit anno 1130, et Hugoni cuidam e cœnobio Cluniacensi accito regendum sub abbatis nomine commisit.

gliam versus deportatum est. Northmannia tota civilibus et externis jam bellis fremit. De statu regni transmarini, nihil adhuc certi audivimus. Nam qui nobis hæc retulerunt, citissime a Northmannia aufugerunt. Misimus tamen jam cursores duos, unum domno Rothomagensi, alium domno Wintoniensi (26), qui festinanter quidquid de eis et ab eis cognoverint, nobis in proximo renuntient. Pro regis defuncti æterna salute tanta constituimus, quanta nunquam Cluniaci pro alio constituta sunt. Quid vos pro eo agere debeatis, superfluum est, ut nobis videtur, mandare.

EPISTOLA XVI.

Charissimo in Christo fratri et germano PONTIO (27), *frater* PETRUS *humilis Cluniacensium abbas, salutem, quam sibi.*

Conquereris me tui oblitum, germanitatis immemorem, nihil tibi ex multo tempore jam scripsisse, et majestatem meam humilitatem tuam contemptui habuisse. At ego silentii mei ita justissimas causas reputo, ut vix culpam effugiam, si vel nunc loqui tentavero. Ut enim taceam, quæ optime nosti, mundi tumultus, rerum occupationes, causarum implicationes, quibus me catenis sæpe constrictum vidisti et gemuisti, quæ satis a scribendo excusare me possunt; illud modo tantum in lite versetur, quod frater ex Deo, quod germanus ex carne, quod intimus ex affectu, a me ut perfuga recessisti, ut dolosus evasisti, ut fur matutinus, ne dicam nocturnus, me contempto, inviso, insalutato fugisti. Fuerat cohabitatio tua mecum fere decennalis ; quo toto tempore, quanta inter nos de divinis collata, quam fervens de spiritualibus sermo, quam frequens de præsentium contemptu collatio, qualis de æternorum appetitu cohortatio fuerit et ipse nosti et ego non in toto oblitus sum. Efferbuerat inter nos eo ardore fervor charitatis, ut qui te solo impulsu naturæ cœperam diligere, jam non te nossem nisi ex Deo, et in Deo amare. Erat mihi ad te recursus ab humanis et a marinis fluctibus, in te velut in portu tutissimo quiescebam ; et ruinam mundi assidue minitantem, quasi hostis mei interitum prophetantem, lætus audiebam. Miserias tam meas quam aliorum deplorantem, et, *Parce, Deus,* inclamantem, hilaris et aggaudens auscultabam, et non inani vanitate, sed devota charitate eadem inclamabam. Erat turris in qua manebas, mihi turris fortitudinis a facie inimici, de qua in hostium ora frequenter spicula jaculabamur et nos ipsos ab eorum jaculis valli nostri munimine tutabamur. Hæc et multa his similia rerum spiritualium instrumenta, qui

contempsit, qui abjecit, qui calcavit, fidei desertor, amicorum proditor, naturæ contemptor, nunquid litteris meis dignus est ? nunquid epistola mea recreandus est ? nunquid nuntio meo visitandus est ? Est, est, meo judicio gravi pœna dignus et omni venia indignus. Sed admiscenda est judicio misericordia et sic demum danda indulgentia, si is qui a nobis contemptor exiit, satisfacturus redierit. Laudo quidem in te amorem pretiosorum martyrum Christi, ad quorum adoranda sepulcra fugisti, quæ ego etsi corpore absens, tamen spiritu præsens toto mentis affectu, colo, suscipio, adoro. Sed eam charitatem spernere non debuisti, pro qua conservanda magni illi testes Dei, præfulgida sidera cœli corpora tradiderunt, sanguinem effuderunt, vitam ipse Creatori omnium impenderunt. Non debuisti, inquam, vivens perdere, quod illi nec mortui perdiderunt. Ne ergo ultra scribas mihi : *Dilige diligentem te;* sed scribe : *Dilige contemnentem te, et ama deserentem, et sequere fugientem.* Scripsisti etiam mihi de tunica transmittenda. Egone illi tunicam mittam qui me non indiget, qui sibi sufficit, qui, secundum Apostolum, jam dives factus est et sine me regnat ? (*I Cor.* IV.) Cur exigit vestem meam, qui deseruit tectum meum ? An illa injuria merebitur præmium, cui extremum debetur supplicium ? Hic, hic plane exclamandum esset : *Parce, Deus,* ubi maxime læditur justitia ejus. Sed mittam, mittam tunicam, ne imputetur avaritiæ, si lex servetur justitiæ. Eam tamen volo interponi legem, ut ea suscepta, aut domum, ut dixi, redeas, aut nullam ultra tunicam a me, vel pallium quæras. Et ut me in ultimo non ludo, sed serio loquentem audias, hortor plane ut redeas, quia nunquam contraria contrariis, sed semper similia similibus conveniunt. Monachum monachis, clericum clericis, laicum laicis cohabitare, nec ordines proprios confundere decet, ne forte juxta poetam,

Humano capiti cervicem pictor equinam,
(HORAT. *De art. poet.* vers 1.)

jungere videaris, et mulierem formosam superne in atrum piscem desinere cogas. Nec ego sacros Ecclesiæ ordines, quos unum vera fides, et sincera charitas facit, sibi contrarios dico, sed propter vestium, ciborum, consuetudinum varietatem in eadem domo sibi non congruere judico. Audio etiam Apostolum dicentem : *In qua vocatione vocatus es, in ea et permane* (*I Cor.* VII). De orationibus dominis meis tantis, totque sanctis martyribus pro me a tua charitate exhibitis, gratias plurimas ago et ut quandiu ibi

---

ANDREÆ CHESNII NOTÆ.

filium Guillelmum dictum Angliæ et Northmanniæ hæredem, qui dum e Northmannia in Angliam transmitteret anno salutis 1120, luctuoso naufragio submersus est. Verum ex concubinis et pellicibus variis

(26) *Domno Wintoniensi.* Henrico, qui et ipse monachus Cluniacensis fuit, ut alibi pluribus annotabitur.

plures alios in sexu dispari liberos genuit, quorum omnium major Robertus nuncupatus comes Glocestriæ factus est, et ex Sibylla uxore sua multos et ipse natos reliquit.

(27) *Fratri et germano Pontio* qui postmodum ex monacho factus est abbas Vizeliacensis, epist. 17, lib. II, et epist. 4 et 6, libri tertii.

fueris et semper fiat, supplex magis corde quam voce imploro.

EPISTOLA XVII.

Summo pontifici et nostro speciali Patri, domino papæ INNOCENTIO, *frater* PETRUS *humilis Cluniacensium abbas, fidelem obedientiam.*

Exsecrabile facinus, puniendum flagitium, inauditum nostris sæculis scelus, de nece eorum qui pro justitia usque ad sanguinem restiterunt, ad aures pietatis vestræ credimus pervenisse. Dolendum quidem de morte eorum quos sacrilega homicidarum crudelitas innocentes peremit; sed multo magis dolendum quod condignam impietatis suæ pœnam, necdum illa, plusquam belluina, crudelitas invenit. Ecce enim qui a conspectu hominum jam perisse debuerant, cruentis mentibus et adhuc sanguinem distillantibus manibus, de impunitate sibi blandiuntur et quasi de bello triumphum reportaverint, unde confundi debuerant, gloriantur. Quorum impunitas arma cæteris ministrat furoris, ut, sicut post Aurelianensem subdecanum ad domnum Thomam Parisiensem, quia prior inultus remanserat, persecutorum gladius se convertit ; ita etiam post hunc ad alios transeat, et pari sententia clericos, canonicos monachosque involvat. Quoniam igitur regalis gladius in tales nimium obtusus est, rogamus, et omnes legem Dei zelantes nobiscum deprecantur, ut episcopalis, imo spiritualis gladius, *quod est verbum Dei*, secundum Apostolum, non sit alligatum (*II Tim.* II), ut eo percussi moriantur peccato, vivant autem Deo. Hac de causa nuper in partibus nostris, archiepiscoporum, episcoporum, abbatum ac multorum religiosorum et sapientium personæ congregatæ sunt, et consilio habito in hujusmodi sacrilegos severitatis sententiam protulerunt. Confirmet ergo, si placet, apostolica auctoritas, quod ab eis bene actum est; suppleat, si quid minus severe decretum est, ut et impii debita ultione puniantur, et ab eorum imitatione cæteri deterreantur. De cætero quam reverendæ vitæ sit, quamque fidelis apostolatui vestro domnus Rothomagensis archiepiscopus fuerit, quantumque pro pace vestra laboraverit, non est necesse vos instrui, quem plene de his omnibus instructum credimus. Supplicamus igitur paternitati vestræ, ut ita paci ejus et justitiæ provideatis, quatenus et Deo possit reddere quod Dei est et Cæsari quod Cæsaris est, ut, si fieri potest, et divinæ censuræ non displiceat et majestatem regiam non offendat.

EPISTOLA XVIII.

Cum dulcedine recolendo, cum honore nominando, domino et Patri ALTONI *Trecensium episcopo, frater* PETRUS *Cluniacensium humilis abbas, se ipsum totum.*

Ad partes Arvernicas tenaci negotiorum unco, paschalibus adhuc feriis instantibus, tractus, nuntium beatitudinis vestræ, quem Cluniaco direxistis, Silviniaci multis jam diebus me sustinentem inveni.

A quo cum litteras lætus suscepissem et in eis me de adventu vestro, sicut condixeramus, certificari sperarem, subito pro spe desperatio, pro gaudio mœstitia exorta est, cum eum, cui mox occurrere festinabam et quem jam ad fores meas pulsare credebam, necdum suæ domus limina excessisse cognovi. Cumque excusationibus subsequentibus animi mei molestiam utcunque lenire studerem, diu conatus non potui, quia insufficientes, ut salvo amore vestro irasci liceat, ad omnia inveni. Quid enim ? Etsi, ut litteræ sanctitatis vestræ sonant, præcepto domini papæ communis Collecta facta est, si nulli parcere potuit cura exactoris; si propter aridissimam receptorum exiguitatem, in hortum descensum est; si proprii fructus comesti, hoc est, de proprio quod deerat ærario suppletum, nunquid his exactis via exclusa est? aut nusquam postea iter patuit? An quoquam progrediendi nulla deinceps facultas fuit? An omni itinere frequentato, solum Cluniacense iter invisum et velut barbaricis gladiis cruentum, fugiendum visum est? Ita plane, ita hoc iter mihi vitare videmini, ac si venienti latro jugulo immineat, leo insidians secus viam lateat, flammivomo hiatu draco prædam, jam jamque rapturus insistat. Sed estote, estote, inquam, securus; nec latro timendus, nec leo metuendus, nec draco, Deo meque comitante, formidandus est. Sed quid rursum persuadere conor? quid iterum exhortari molior? quid demum meam frustra operam insumere nitor? Spes mea, quæ me sæpenumero fefellit, ne sperare toties negata debeam, vehementer cogit. Sed tamen charitatis, quæ nescit exstingui, ardore denuo suscitata, adhuc clamare non desinit, et quousque optata consequatur, requiescere nescit. Clamoribus igitur continuis ad ostium amici instare deliberat, ut si non eo quod amicus ejus est, propter improbitatem tamen ejus surgat, et det ei [panes] quotquot habet necessarios, (*Luc.* XI). Unde multo vehementius quam ante institerat, instat; et ut certum adventus vestri tempus designetis, summopere precatur. Exspectat enim vos vestra Cluniacus, quæ nullatenus plene lætabitur, quam præsentibus et spiritualibus vestris benedictionibus repleatur. Esse nostrum, super quo amicitiam vestram sollicitari cognovi, prosperum esse sciatis, tuncque nihil cumulo gaudiorum deesse, cum, Dei gratia largiente, vos nobiscum contigerit adesse.

EPISTOLA XIX.

Charissimo, et jam speciali amico nostro DULCIANO, *frater* PETRUS *humilis Cluniacensium abbas, salutem.*

Quantum amoris affectum erga vos et olim et nuper maxime corde conceperim, utinam opere parere possem. Agnosceret profecto vestra prudentia quod ignorat, et meritis suis se qualemcunque amicum emisse, ipso rerum experimento probaret. Quem enim non emerent tanta pretia meritorum, tot charismata gratiarum, toties nobis et nostris impensa congeries beneficiorum? Quem, inquam, non ad dilectionem vestri allicerent, imo compellerent, prudentia humilis, humilitas sublimis, scientia cauta, dulcedo compta, egregii mores, lingua polita, vita limata? Hæc certe, quæ omnes trahere debent, me quoque justitiæ instrumenta traxerunt, ut vestri memoriam in pectoris mei arcano altissime recondam, nec eam quolibet casu ab intimis meis avelli permittam. Ea de causa, et vos ipsum mihi quandoque in Christo uniri opto, ut de illorum numero esse possitis, quos juxta Prophetam, *Deus inhabitare facit unanimes in domo* (*Psal*. LXVII). Quia si istud ad præsens vos forte differre plurima impedimenta coegerint, hoc saltem mihi poscenti animus amicus non neget, ut si non vos, tamen alterum vestrum, hoc est unum de filiis, Deo, a quo eum accepit, non tam donet quam reconsignet. Si hoc donum per manum meam Cluniacensi Ecclesiæ feceritis, erit ille mihi in filium, vosque per eum, ut confido, promerebimini Patrem habere Deum. Super hoc quid sitis acturus, nuntio vel litteris suspensum certificate.

EPISTOLA XX.

Dilectissimo, atque in Christi visceribus specialiter amplectendo, fratri GISLEBERTO (28), *frater* PETRUS *humilis Cluniacensium abbas, pro angustia cellæ, latitudinem cœli.*

Suscepi litteras dilectionis tuæ, charissime frater, Sabbato sancto Dominicæ sepulturæ et eas, quia prius non potui, altari assidens jam officiis inchoatis perlegi. Nec pœnituit tali eas loco et tempore me legisse, cum earum lectionem multum mihi senserim profuisse. Nam inclusionis et solitudinis tuæ recordatus, me mundo expositum medullitus ingemui et te ei morientem, ne dicam mortuum, gratulans intellexi. Gavisus sum, et de salute tua non mediocriter te esse sollicitum et mei non fuisse oblitum. Exsultavi in Domino, novellam plantationem spem fructus sequentis festinatis jam floribus anteferre; cui et si incrementum dare non potui, rigationis tamen, licet exiguum, ex bono cordis affectu beneficium impendi. Cumque totius epistolæ seriem diligenti oculo non semel perlegens, invenissem me ad scribendum fraternitati tuæ sollicite admoneri, teque quantulamcunque exhortationem meam ariditissime esurire, lætatus sum quidem te panis illius, in quo solo vivit spiritualis homo, delectabili esurie cruciari; sed agnoscens a quo hunc peteres, errorem de proposito pietatis nascentem adverti. Si enim verum est quod ait Scriptura, *sapientiam scribe in tempore otii, et qui minoratur actu, ipse percipiet eam* (*Eccl*. XXXVIII), quomodo quidquam ad sapientiam pertinens scribere poterit, cui nullum otium, cui unum et molestissimum tota vita negotium est? Quomodo percipiet eam, qui non solum actu minime minoratur, sed etiam importunissimis rerum sæcularium actionibus magis magisque in dies cumulatur? Quomodo a divinis deliciis jejunus quidquam saporum proximis eructabit, cum juxta vulgare proverbium, amarum os nunquam mel spuere possit? Quomodo dabo quod non accepi, cum dicat Joannes Baptista : *Non potest homo accipere quidquam, nisi ei datum fuerit de cœlo?* (*Joan*. III.) Tu potius, tu qui omni terreno cares negotio, cœlesti abundas otio, lectione continua reficeris, oratione assidua saginaris, cujus sicut adipe et pinguedine repletur anima ; tu, inquam, labiis exsultationis deberes esurientem me reficere, sitientem potare, ex superabundante spiritus tui sagina cordis mei ariditatem impinguare. Quia si forte obstinatiour, ut cœpisti, instans, etiam invitum loqui compellis, et pro auribus quas tibi adhibere debueram, os aperire, nescio quid tibi congruentius proponere possim quam quod a corde tuo nulla unquam delere queat oblivio, nulla temporum varietas abolere, nulla per Dei gratiam animi mobilitas commutare. Nam quantalibet alia dicta fuerint, labilis memoriæ elapsa complexibus facile evanescent. Hoc tanto difficilius animum fugiet, quanto familiarius ipsis corporis sensibus semper occurret.

Cellam itaque, cujus objectu in medio mundi positus a mundo secerneris, cujus ope intimos vastarum solitudinum recessus penetrasse videris, cujus inclusione, nec remotissima Ægyptiorum deserta æmularis : hanc, inquam, cellam tibi propono, ut secundum antiqui cujusdam Patris dictum, ipsa sola eloquentius omnibus magistris tacendo te doceat. Hanc certe non audire non poteris, quando eam quotidianum salutis tuæ monitorem habebis. *Fuge*, ait quidam Patrum, *homines, et tace, et salvus eris.* (HIERONYMUS.) Aut scuto, aut pedibus, mors vitanda est. Et Jeremias : *Sedebit solitarius, et tacebit : quia levabit se super se* (*Thren*. III). Et David : *Dedisti*, ait, *metuentibus te significationem, ut fugiant a facie arcus* (*Psal*. LIX). Hæc te cella, dilectissime, a facie divini judicii fugientem suscepit : hæc te secundum Isaiam, quasi fossa humo *a facie formidinis Domini venientis percutere terram*, abscondit (*Isa*. II); hæc velut parvula Segor, a Sodomæ, hoc est, mundi incendiis illæsum servavit (*Gen*. XIX). Hæc Eliæ, quondam Achab et Jezabel per deserta fugienti latibulum præbuit : ubi ille constitutus, vocem Dei sibi familiariter loquentis audivit, ubi non in spiritu, non in commotione, non in igne, sed in sibilo auræ tenuis, hoc est, in subtili et paucis perceptibili spiritus sui inspiratione hominibus eum adesse cognovit (*III Reg*. XIX). Hæc Paulum illum, hujus quod elegisti propositi caput, sexagenaria occultatione celavit et multo tempore alimentis cœlestibus pastum, novissime, teste Antonio, ad panem vitæ perpetuo edendum transmisit. Hæc te

ANDREÆ CHESNII NOTÆ.

(28) *Fratri Gisleberto.* Eremitæ, sive incluso, cui sollicite admonitus epistolam hanc, vel ut Trithemius appellare videtur, librum *De conversatione eremiticæ laudibus* scripsit.

mortali huic vitæ, non tantum mortuum, sed etiam sepultum, sui conclusione tibi ipsi assidue repræsentat, et quodammodo tibi atque Colossensibus apostolica voce inclamat : *Mortui enim estis, et vita vestra abscondita est cum Christo in Deo (Coloss.* III). Quod licet spiritualiter intellectum, tibi multisque aliis commune sit, si tamen etiam corporaliter cogitetur, tuum pene singulariter hoc tempore fit. Nam etsi plurimi carnalibus actionibus moriuntur, nullus tamen ante carnis mortem, carnis sepulcrum ingreditur. Tu autem, ut vere in mundo ostendas mortuum, ipsum adhuc vivens intrasti sepulcrum.

Sed attendendum tibi est, charissime, et omnimodis satagendum, ut quod de te humana opinio existimat, hoc in te divinus oculus agnoscat. Ingressus es quippe, ut dixi, sepulcrum, ideoque quidquid mundi prius in te vixerat, totum tecum necesse est esse sepultum. Nam nulli sepultura debetur, nisi ei qui jam vita carere probatur. Sicut enim sepulcrum mortuo, sic tantummodo mortuus debetur sepulcro. Alioquin, ut mortuum non sepelire ducitur inhumanum, ita viventem tumulare agnoscitur perniciosum. Oportet ergo ut qui Christo commortuus ei consepeliris, nihil in te mundanum spirare patiaris. Habes quidem septum speluncæ tuæ, quæ a te accessus hominum prohibet; sed adhibe et murum, qui solus malignorum impetus spirituum coercet. De quo Isaias : *Salvator ponetur in ea murus, et antemurale (Isa.* XXVI). Salvator ergo murus sit tibi impenetrabilis, turris sit tibi inexpugnabilis, foramen petræ, caverna maceriæ, quæ in cruce clavis et lancea perforata, tutissimum tibi contra hostes universos receptaculum, sua vulnera præparavit. In quibus constitutus, et eis per patientiam communicans, et ipse ab hostium incursionibus tutus esse poteris, et eos viriliter propellere valebis. Nam sine hoc munimine, nec solitaria reclusio, nec corporalis afflictio, nec ad longinqua transmigratio quidquam prodesse poterit, sed potius ad concertandum acriore adversarios stimulo concitabit. Unde et ipse Dominus, ut non mitigari, sed vehementius instigari solitudine, atque jejuniis inimicum salutis humanæ demonstraret, et suos ad ei resistendum præpararet, non priusquam in desertum a spiritu duceretur, nec antequam XL diebus ac noctibus jejunaret, diabolum ad se tentandum admisit. Testes sunt et Patres antiqui, Antonius, Hilarion, Macarius et cæteri ob solitariam conversationem acrioribus adversarii impugnationibus fatigati. Nam claustralium communiter viventium cohabitatio castrorum ad pugnam ordinatorum multitudini videtur comparari, ubi quisque tanto securius adversus adversarium dimicat, quanto sibi vicinius adjutorium de commilitonis dextera sperat. In illo enim prælio, non solum de sua quilibet præliator virtute præsumit, sed etiam de aliorum dextra lævaque compugnantium viribus, quandoque magis quam de suis confidit. Laborant ibi singuli, et saluti suæ insidiantes perimere, et coadjutores modis omnibus defensare. Nec minus intelligunt in morte sociorum periculum, quam in vita inimicorum sentiunt detrimentum. At solitudinis singulare certamen tanto periculosius agitur, quanto serius alienum auxilium dimicans præstolatur. Quodque periculo accrescit, non ut in acie fieri solet, multi contra multos, nec ut in duello, unus contra unum; sed inusitato præliandi more, solus contra plurimos et numero et virtute præstantes, dubia sub sorte contendit. Idcirco, ut verbis beati illius et magni Patris Benedicti utar, illorum est hanc vitam arripere, qui bene instructi fraterna ex acie, ad singularem pugnam eremi solo manu, vel brachio divinæ tantum virtutis solatio adjuti utuntur.

Et ideo oportet, charissime, ut Scriptura loquitur, sollicitum te ambulare cum Deo tuo, magnoque oneri validos humeros præparare (*Mich.* VI), et illas in partes scutum fidei circumferre, in quas intelligis inimicum tela ignea jaculari. Frustra quippe illud dextro lateri tutando adhibebis, si ipse in lævum spicula intorserit. In cassum pectori anteponens, si se ipse in terga converterit. Hoc quare dicam, sapienter adverte. Habet hostis adversus unumquodque propositum familiaria tela, nec eisdem contra omnes jaculis utitur, sed variis contra diversos armis armatur. Aliis ille laicos, aliis monachos, aliis subditos, aliis prælatos, aliis otiosos, aliis negotiosos insidiis appetit et multiplici astutia, sed eadem nequitia adversus universos desævit. Inde est quod proprio solitarios, et maxime reclusos, bello persequitur, et velut ad singulare certamen provocatus, singulari in eorum interitum sævitia instigatur. Ingerit eis ex singularitate superbiam, ex otio desidiam, ex taciturnitate multiloquium, ex paupertatis timore avaritiam. Nam magnum et singulare esse, quod solitariæ reclusionis professionem elegerit, quod aliorum amplas vias fugiendo, angustissimum iter assumpserit, quod eorum tepiditatem multo spiritus fervore evicerit, quod fere nullum hujus propositi æmulatorem habeat, solitario laudator dolosus insibilat. Item quia, secundum Scripturam, in desideriis est omnis otiosus (*Prov.* XXI), succedente desidia succedunt desideria : totum illud tempus, quod subtractum fuerat occupationibus, vanis noxiisque impendit cogitationibus. Irruit præceps agmen multiplicium tentationum, et velut in vacua et in vacante discurrens domo, turba vitiorum confusis clamoribus universa perturbat. Concluditur intra cellulam mundus universus, et angustum septum vix unius hominis capax, multarum terrarum urbes regnaque complectitur. Fit quietissimum otium, turbulentissimum negotium, et cum nihil corporis sensibus nisi solitudo occurrat, familiari accessu, animæ visibus se mundus cum suis omnibus repræsentat.

Nunc sibi judiciale tribunal magnus eremita usurpat, nunc episcopalibus infulis caput exornat, nunc multis monachorum millibus præsidet, nunc quælibet alia ecclesiasticæ dignitatis officia pererrat, et se, cum pluribus prodesse majore animæ suæ lucro potuerit, otiosum torpere deflens, propositique oblitus, omni labore laborosius ipsa sua quiete laborat. Nec innumera alia longe istis deteriora replico, quæ miserum hominem, postquam semel hostibus terga dederit, exerto in ejus necem gladio persequuntur, nec ante plerumque absistunt, quam de sanguine ejus cruentas manus crudeles homicidæ reportent. Sic furentibus intra mentis arcana variarum rerum affectionibus, cum nihil de cogitatis præter vacuam cellulam anima teneat, præ tædio dormitans, ipsius miserabilis tædii non in Deo, sed in mundo, non in se, sed extra se quærit remedium, pro quo majus incidit detrimentum. Nam quia semel assumptum propositum eremitam deserere pudet, quæritur occasio frequentis alieni colloquii, ut qui multa de se tacens tormenta patitur, aliorum saltem confabulationibus relevetur. Aperitur arcta reclusionis fenestra, et velut ad divinum oraculum confluunt examina populorum. Dat responsa divinus propheta omnibus, et quasi de singulis, si tacuerit, sit Deo redditurus rationem, universorum causas audit, examinat et discernit. Ibi plene de diu meditatis animo satisfacit, et sicut post acerbam famem cibo famelicus reficitur, ita ille avidis morsibus confluentium humoribus satiatur. Obserata quidem est janua, vel forte lapidibus obturata; sed per angustum fenestrellæ aditum recipit, quidquid per ostii latitudinem non admittit. Non intrant certe ad eum concurrentium corpora, sed penetrat et replet omnia, quæ sola animum a recto proposito avocat, corporum cura. Exundat ab ore copia verborum, et longi stillicidio silentii de cisterna dissipata prorumpit. Cumque de multis millibus singuli ejus onustati sermone discedant, solus ille toti, si confluant, orbi, infatigatus leges promulgat. Talibus acedia remediis non curata, sed instigata, fortius ad tempus sopita resurgit, et ut febris acutissima paululum aquæ rigore [frigore] lenita, demum velut ipsa medela sævior ad urendum insurgit. Nec ante quiescere potest, quam ad semel expertum perniciosum remedium redeat, et rursum se sub religionis velamine, tumultuosis verborum occupationibus immisceat. Quia si forte ex sanctitatis reverentia, vel confiteantur homines servo Dei peccata sua, vel consilium ab eo, quia pœnitentiam dare non potest, requirant, sive se orationibus ejus ex devotione commendent, non solum se jam cœlo dignum esse judicat, sed etiam devotorum oblationes suscipere non recusat. In quorum uno, spiritu superbiæ, aliorum se metiens opinione decipitur; in altero, per eamdem superbiam, quæ initium est omnis peccati (*Eccli* x), ad avaritiæ idolatriam dolose inducitur. Nam qui penuriam professus fuerat, paulatim opes congregat; nec prius desistit quam alienis reatibus proprium penum farciat. Simulat ea colligens indigentiæ supplementum, vel si quid suæ necessitati superfuerit, indigentium adjumentum. Vult dispensator fieri alienorum bonorum, qui possessionem abjuraverat propriorum.

Hac occasione Dei servus mammonæ efficitur famulus, ut cum se fingit egenorum utilitati prospicere, cupiditati suæ liberius valeat inservire. Ea de causa omnes ad subveniendum pauperibus exhortatur, ut dum Paulus ministrans sanctus esse creditur, Ananias fraudator nullatenus æstimetur. Hoc astu, tugurium pauperis fit regum gazophylacium, solitarii inopia Salomonis opibus antefertur, et de spelunca egestatis Indorum thesauri largissime profunduntur. Post, de cura pauperum ad culmina transfertur ædificiorum. Inde subjecta omnia curiose perlustrat, fundamenta jacit, perpendiculum extendit, structuræ cum longitudinem, altitudinem et latitudinem studiosus geometer dimetitur; ecclesias ædificat, urbes mœnibus ambit, flumina pontibus obnubit, et se solum destruens, universa construit. Ita solitudinis professor in medio sæculi conversatur, cellula clausus inter frequentias populorum discurrit, nundinas et angiportus sollicitus mercator oberrat, fit ei requies tormentum, sessio labor, silentium pœna, clausura infernus. Sic, sic cæcatus lumine mentis, claususque tenebroso carcere, rursus ad molam inquietudinis redit, utque Samson allophylis fit quondam fortis (*Judic.* xvi), dæmonibus eremita ludibrium. Hæc tibi, charissime, pauca de multis, sed quæ vehementius consimilis propositi homines perturbare solent, breviter ante cordis tui oculos reduxi, ut contra omnia quidem hostis tentamenta brachium fortitudinis exeras, sed adversum ista professionis tuæ magis familiaria mala, magis cautus existas. Præmissa enim munditia carnisque continentia, de qua vel in modico exhortari te superfluum judicavi, licet nihil intentatum relinquere Satanas soleat, hac, inquam, præmissa et velut in fundamento virtutum firmiter collocata, quam Apostolus vocat sanctimoniam (*Hebr.* xii), sine qua nemo videbit Deum, paupertatis et veræ humilitatis tibi est fabrica construenda, et quæ ipsius cœli intima penetrent, altissima fastigia erigenda. Nam, *Beati pauperes spiritu, quoniam ipsorum est regnum cœlorum.* (*Matth.* v).

Hæc in Christo tuo, cujus crucem portas, cujus sepulcrum inhabitas, cujus in te resurrectionem exspectas, specialiter effulserunt. Hæc in terris Deus homo ambulans, itineris sui vestigia hominibus dereliquit; per hæc suis gradiendum esse, cœlestis Magister ostendit. Pauper ille fuit, non habens ubi caput reclinaret (*Luc.* ix); nec is per quem mundus factus est, mundum ingrediens propriam domum, in qua nasceretur, invenit, sed *reclinavit eum mater in præsepio, quia non erat ei locus in diversorio* (*Luc.* ii). Pauper ille fuit, qui de censu regibus reddendo consultus, cum nihil apud hominem unde illum posset reddere invenisset, ad inexhaustos deitatis thesauros se contulit, et quod de domestica arca non potuit, de ore piscis hamo Petri Apostoli persolvit (*Matth.* xvii). Pauper fuit, qui cum panis esset angelorum, pane sæpe reficiebatur publicanorum. Pauper ille fuit, quem nunquam seges propria pavit, nunquam vitis ab eo culta potavit, nunquam gregis sui vellus protexit, nunquam pecunia, quæ vel ex innumeris miraculis congregari potuisset, ditavit: qui nec cœnaculum, ubi ultimum Pascha jam passurus cum discipulis manducaret, habuit, sed a patrefamilias mutuavit dicens. *Ubi est diversorium, ubi Pascha cum discipulis meis manducem? (Luc.* xxii.) Sis et tu hujus Dominicæ paupertatis amator pariter et imitator, neque te propter aliorum necessitates, quantalibet pecunia implices, qui ne pro tuis indigentiis implicareris, omnes a te talium sollicitudinum nodo explicuisti. Faciant sibi qui te consuluerint amicos consilio tuo, imo Domini, de mammona iniquitatis, neque te habeant erogatorem suarum pecuniarum, quem esse existimant contemptorem propriarum. Quia si institerint, dent, si ita volunt, priori tuo, dent fratribus tuis, ut vel ad proprios usus ab ipsis retineantur, aut per manus eorum aliis distribuantur. Sed et si ipsi fratres tui institorem talium te esse præceperint, et de paupertate tua sibi negotiari, non acquiescas, meamque auctoritatem coactioni eorum objice, licet in his nullum sit periculum inobedientiæ, in quibus ratio contradicit justitiæ. Sit cella tua vacua pecunia, repleta justitia, indigens opibus, referta virtutibus, ut quia non est conventio Christi ad Belial, ita exinaniatur rebus terrenis, ut possit in ea cœlestibus locus esse thesauris. Nec ipsius corporis tui te nimium cura sollicitet, ne forte oculum in cœlo defixum, rursum in terras respicere cogat, et semel corvina cupiditate cadaveri inhærens, ad arcam redire contemnat *(Gen.* viii).

Præstolare post Deum a priore tuo sobrium victum, et non superfluum vestitum, quæ, juxta beatum Apostolum, his esto consequens, his esto contentus *(I Tim.* vi). Sic pauper, et pauper spiritu, pauperem Dominum tuum sequere, ut non tantum de egestate rerum, quantum de spiritus paupertate, hoc est humilitate, in ipso Domino glorieris. Noli ambulare in magnis, neque in mirabilibus super te, quia si te mirabilem putaveris, mirabilem in sanctis suis nequaquam admirari poteris. Nam defixa mens in admirationem creaturæ, nullo modo proficere potest ad considerationem rei increatæ. Pondere enim, quo in inferiora demergitur, ad superna respicere prohibetur. Non tibi blandiatur propria solitudo, nec vilescat aliorum multitudo; sed omnibus te inferiorem et viliorem non solum lingua pronuntia, sed etiam intimo cordis crede affectu. Hoc est plane, secundum Domini sententiam, esse mitem et humilem corde *(Matth.* xi). Præpone vitam eorum vitæ tuæ, actus eorum actibus tuis, laborem eorum quieti tuæ, opera eorum otio tuo, ut, dum alienos profectus attendis, de propriis operibus non extollaris. Cogita quanta illis non desint quæ tibi adesse non possunt bonorum operum exercitia, quorum et si affectum habere valeas, effectum tamen ultra assequi nullatenus possis. Es quidem, et tu jumentum Domini, sed clausus stabulo ejus, recubas et ruminas pabula ejus. Sunt illi equi fortes parati in diem belli, in quibus eques cœlestis residens, fortiter expugnat et perimit principem mundi. Aguntur isti freno obedientiæ, concitantur stimulis disciplinæ; anheli et sæpe latera cruentati viam mandatorum Dei discurrunt, nec, nisi cursu consummato bravium comprehendant, quiescunt. Hi pondus diei et æstus non cellulis clausi, sed sub divo constituti tolerant, jugum obedientiæ forti cervice sustentant, jacula iracundiæ fortiter ab hostibus et proximis intorta, patientiæ scuto repellunt. Qui nihil sibi de mundo, nec seipsos reservant, et sicut de simulacris legitur: *Oculos habent et non videbunt, aures habent, et non audient, manus habent et non palpabunt, pedes habent et non ambulabunt, non clamabunt in gutture suo (Psal.* cxi). Egentes, angustiati, afflicti, quibus interdum virtute obedientiæ, nec ipsa bona operari licet, pro quibus plerumque ac si pro malis operibus pœnas luunt. Super hæc omnia te quiescentem et feriatum mundus adorat, hos laborantes et fatigatos magno contemptus et amaritudinis calice potat. Hos tibi et omnem cujuslibet religionis ordinem antepone, ut cum omnibus te postposueris, omnibus ab inspectore cordium præponi merearis. Nam vocatus es ad nuptias, in quibus si ultimum elegeris locum, audies ab invitatore: *Amice, ascende superius (Luc.* xiv). Sic angelo superbiæ calcato, Christi tui paupertate ditatus, humilitate cœlis altior factus, jam contra præmissum acediæ spiritum armare et eum virili dextera, qua jam dictos prostraveris, elide. Facilis erit ejus subjugatio, frequentes de fortioribus hostibus victorias assecuto. Noli eo instante confugere ad perniciosa remedia, nec in hac parte morbo morbum curari æstimes; sed ea tibi adhibe medicamina, quæ et lædere nesciant et festinata salutem efficacia reddant.

Oratione ergo primitus, quasi primo et præcipuo bono tam hoc quam cætera mala propellere consuesce, atque in ea totam mentis intentionem defige. Hac orantis corpore quiescente, vincuntur furentes aeriæ potestates, hac tentationes validissimæ fortissime superantur, hac infestantes cogitationes ut muscæ importunissimæ abiguntur, hac fugantur spissæ Ægyptiorum tenebræ, hac infulget mentibus lumen invisibile, hac cordis oculus carnali adhuc crassitudine obvelatus cœlestia rimatur, hac ipsum increatum et creantem omnia Spiritum, humanus, prout homini licet, spiritus contemplatur. Huic cœlesti theoriæ te amodo victurum devovisti, propter hanc mundi latitudinem fugiens, angustiis te solitariæ speluncæ coarctasti, ne ab hoc intuitu mundanarum rerum te multiplex visio revocaret, corporeis oculis firmos parietes objecisti. Inter quos clausus, nec aspectus hominum reformidans, quanto es ab illis remotior, tanto Deo adesto propinquior. Sejunctus ab aliis illi adjungere, ut qui corpore a corporibus segregaris, spiritu spiritibus conjungaris. Ad hanc singularem orandi gratiam hortatur

Propheta : *Venite*, ait, *adoremus, et procidamus ante Deum; ploremus coram Domino qui ifecit nos (Psal.* xciv). Et Apostolus : *Sine intermissione orate, in omnibus gratias agite (I Thess.* v). Et ipse Dominus : *Vigilate et orate, ut non intretis in tentationem (Matth.* xxvi), et ad cavendas, et ad repellendas tentationes, orationis bonum summum docens esse præsidium, et quia hoc supercœleste donum in terris esse non potest perpetuum. Nam et Joannes apostolus dicit : *Factum est silentium in cœlo quasi media hora (Apoc.* viii), non mense, aut die, vel hora, nec ipsa etiam media, sed quasi media hora, ostendens magnum quidem profectum esse orationis, sed longum esse non posse tempus orantis. Oportet ut orationem meditatio sancta sequatur, in quam velut in pedissequam domina relapsa quiescat, de qua valentior quasi post quietem resurgat. Sed quoniam et ipsa ut tota spiritualis, alio adhuc et inferiore sustentaculo indiget, lectionis divinæ suffragium adhibeatur. Quo recreata, clauso quoque libro quod legerit, retractet et diu retracta orationi velut famula subministret. Sicut enim ignis adipe injecto in majores flammas pabulo pinguedinis suscepto erumpit, sic orationis fervor, meditationis atque lectionis sagina impinguatus, in largissimos divini amoris æstus consurgit. Hæ sunt deliciæ filiorum regis, hæc mensa a matre Sapientia præparata, hæ cœlestes epulæ, ad quas in plateis clamitans, parvulos, non magnos invitat, dicens : *Si quis est parvulus, veniat ad me (Prov.* ix). Et deinde : *Venite, comedite panes meos, et bibite vinum quod miscui vobis (ibid.*). Hunc panem, non nisi ab omnibus escis humanis jejunus comedit; hoc vinum, non nisi omni alio potu abstinens haurit, quia qui carnalibus, secundum beatum Gregorium, voluptatibus pascitur, æternarum deliciarum epulis indignus habetur. Sed novi, charissime, quia et ista sunt ardua, nec est cuilibet facile in istis tantummodo studiis vitam transigere.

Sequatur ergo hæc tria præcedentia opus manuum, ut cum spiritualibus rebus defatigata, carnisque pondere a summis in ima dejecta mens labitur, non ad vaniloquia hominum, sed ad beatum corporis exercitium convertatur. Plantari non possunt arbusculæ, rigari nequeunt sata, neque aliquid ruralis operis exerceri, reclusione perpetua prohibente; sed (quod est utilius) pro aratro convertatur manus ad pennam, pro exarandis agris, divinis litteris paginæ exarentur, seratur in chartula verbi Dei seminarium : quod maturatis segetibus, hoc est libris perfectis, multiplicatis frugibus, esurientes lectores repleat, et sic panis cœlestis lethalem animæ famem depellat. Sic plane, sic verbi divini poteris fieri taciturnus prædicator, et, lingua silente, in multorum populorum auribus manus tua clamosis vocibus personabit. Clausus tenebris spelæo tuo, et in codicibus tuis, terras ac maria peragrabis, in publicis ecclesiæ conventibus lectoris ore verbum Dei de sublimi loco speculator inclamabis, in remotis claustrorum et domorum angulis illud idem servis Dei silentibus insusurrabis. Professio te eremitam, devotio faciet evangelistam, ut quod per teipsum non potueris, tuis laboribus promerearis. Animet te ad hoc agendum non parvum laboris præmium, quod pro omnibus consequeris, quibus hoc laudabili studio subvenire potueris. Nam quotquot tuorum voluminum lectione superbiam prostraverint, luxuriam subegerint, avaritiam contempserint, iram domuerint, a quibuslibet malis vel caruerint vel pœnituerint, ut manipuli sudoribus tuis collecti, æternarum frugum tuarum horrea cumulabunt. Et dum cum vita hominis opera ejus finiri soleant, et cum deficiente deficere, tu nec mortuus morieris, nec a vita deficiens a bono opere cessabis, quando operibus tuis ad vitam mortuos revocabis. Tantoque tempore etiam post mortem tuam apud Deum extendetur lucrum operum tuorum, quanto, ut ita dicam, durare potuerit vita librorum tuorum. Quod si aut oculorum læsione, aut capitis dolore, aut forte tædiosa assiduitate, vel nequiveris, vel nolueris hoc solo opere manuum esse contentus, aliis quoque operum exercitiis vices alterna, ad comenda vel purganda fratrum capita pectines apta, thecas acuum subtili manu et docto pede torna, vascula vinaria (29), quæ justitias vocant, vel similia concavare, et componere tenta. Sed et si palustria prope sunt loca, mattas, antiquum monachorum opus, compone (30), super quas aut semper aut sæpe dormias; quas quotidianis aut frequentibus lacrymis infundas, quas frequenti genuum coram Deo inflexione atteras; vel, ut beatus Hieronymus ait, aut fiscellam texe junco, aut lentis canistrum plecte viminibus. Istis et consimilibus studiorum sanctorum laboribus totum beatæ vitæ tuæ tempus occupans, nec quantumlibet adversariis, quo se immergere valeant, vel in corde tuo, vel in cella tua spatium relinques, ut cum Deus virtutibus suis cuncta repleverit, nullus diabolo, nullus acediæ, nullus reliquis vitiis locus supersit. Jam in nocturnis diurnisque officiis, non parva temporis portio consumetur, quibus tractim et intente, ut soli licuerit, canendis, tanto te majus necesse est stu-

ANDREÆ CHESNII NOTÆ.

(29) *Vascula vinaria, quæ justitias vocant, concavare.* Justitias a scyphis discernit ipse Petrus Venerabilis in libro Statutorum Cluniacensium, cum ait : *Statutum est, ut non vasis illis vinariis, quæ justitiæ vocantur, sicut olim facere cogebantur, sed propriis scyphis unusquisque bibat eo tempore quo post Nonam ad potum fratres pergere solent.* Suntque ipsæ puto justitiæ, quæ et *justæ* vocantur in Char-

tulario Majoris Monasterii quod est rerum Vindocinensium, charta 28, his verbis : *Locum ei et lectum duarum culcitarum ipsi præbebimus, et unius culcitæ uni homini ipsius. Tres quotidie panes, et quatuor vini justas ipsius duobus, ex pane vinoque tali, quali nos utemur.*

(30) *Mattas antiquum monachorum opus compone.* Sic et epist. 50 libri secundi, *mattam Monachicam*

dium adhibere, quanto non velut gratuitum in his obsequium Deo impendis, sed quasi debitum censum ut servus Domino reddis. Hinc ad sacra redemptionis nostræ mysteria, his universis bonis corde mundato et manibus purificatis accede; et tantum salutis humanæ remedium, te ipsum, secundum Apostolum, prius probans (*I Cor.* 11), vel continua, vel frequenta. Invitat te ad hæc ipse decor et opportunitas loci, quem te nuper demonstrante vidi, et, ut dignum erat, laudavi. Ubi tu sacro altari assistens et cui assistas intelligens, mente tunc maxime in cœlestibus conversare, et a mortalibus ipso quoque corpore sejunctus, immortalibus et beatis spiritibus totus conjungere. De jejuniis et vigiliis, sive quibuslibet carnis exasperationibus, nulla a quolibet tibi est, ut mihi videtur, lex præfigenda, quoniam et propria complexio, et usus præteritus, et præcipue talium rerum gratia tibi a Deo data vel danda nescitur. Tu tibi, qui omnia intima et extima tua nosti, in talibus præceptor existe; tu tibi eos terminos, quos transgredi non sit necesse, adhibe, hac ratione sollicite conservata, ut in his et in omnibus actionibus tuis discretionem virtutum omnium matrem sequaris, quæ idcirco omnium mater dicitur, quia nisi eas ipsa ut filias mater nutrierit, statim cuncta virtutum soboles interibit.

Unde oportet te ita æqua lance vitam tuam moderari, ut ea carni subtrahas, quæ ejus possent militare superbiæ, et ea illi tribuas, quæ tantum necessitati satisfacere possint naturæ. Cui si plus justo concesseris, abundantia insolescens super se elevabitur; vel, si justa negaveris, sub seipsam miserrime dejicietur. Linguæ autem quæ alia regula indicetur, nisi ea quam Propheta sibi a Deo poscit, dicens: *Pone, Domine, custodiam ori meo, et ostium circumstantiæ labiis meis?* (*Psal.* cxl.) Qui, ut sancti Ecclesiæ doctores dicunt, idcirco labiis suis ostium postulat, ut sicut ostium necessitate tantum aperitur et clauditur, sic oris tui ostium utilitati aperiatur, nugacitati vel vanitati claudatur. Aperiatur fratribus ad ædificationem, claudatur ad obloquentium vel murmurantium detractionem. Aperiatur ad exhortationem supervenientium religiosorum, claudatur ad verbositatem curiosorum; et, ut breviter dicam, aut audiatur aliquid utile, aut dicatur; vel si ista non fuerint, silentii censura a solitario non rumpatur. Et ut hanc viam mandatorum Dei non angustato, sed dilatato, juxta Psalmistam corde, currere valeas (*Psal.* cxviii) et perfectionis ac perseverantiæ virtutem consequi, charitatis oleo lampadem mentis reple, et divini amoris flammam magis magisque quotidianis incrementis in teipso accende, quam nec aquæ multæ exstinguere valeant (*Cant.* viii), nec flumina obruere queant. Hac dilectionis pinguedine dura cordis cervice lenita, jugum præceptorum Dei, quod asperum prius putaveras, fiet suave; onus quod grave tibi videtur, fiet leve. Hac postquam imbutus fueris, erit tibi cella tua toto mundo latior, jejunium refectio, vigiliæ somnus, opus otium, labor requies. Nec quidquam te gravare poterit, quem spes amorque æternorum velut geminis alis ad cœlestia sublevabit. Hanc charitatis latitudinem a supernis derivatam ad proximos usque extende, teque non soli tibi vivere reputes; qui pro omnibus, et si non ex officio, tamen ex ea quam dixi charitate, Deo assistere debes. Esto ut Moyses pro populo in his quæ ad Deum sunt (*Exod.* xviii). Funde principaliter pro Ecclesia Dei devotas maxime hoc tempore preces, pro his qui ei præsunt, et secundum Apostolum, pro omnibus qui in sublimitate sunt (*I Tim.* 11). Pro religiosis congregationibus, et specialiter pro universis fratribus tuis Cluniacensibus, atque pro singulis, de quibus te unctio Spiritus sancti docuerit, auribus divinæ pietatis importunus adesto, quodque, si præsens essem, facerem, genu flexo deprecor et mei omnium miserrimi memor esto. Sic in cella reclusionis tuæ vivifica clausus sepultura, Jesu Christo, sicut suprascripsi, consepeliaris, atque ut ille Joseph et Nicodemi unguentis delibutus est, tu quoque jam dictis talium virtutum odoribus, ne putrescere sepultus possis, inungeris; quo nectare in cœlum usque spirante, sacrificium in odorem suavitatis oblatum in conspectu Altissimi redolebis. In hoc sepulcro, dum advixeris, erit vita tua abscondita cum Christo in Deo, quatenus post carnis mortem resurrectione carnis et spiritus subsecuta, cum Christus apparuerit vita tua, tunc et tu appareas cum ipso in gloria.

ANDREÆ CHESNII NOTÆ.

dixit, quæ non tantum a monachis componi, sed et in qua monachi et minus honorati quique tam in collationibus, quam disputationibus et congregationibus publicis sedere consueti: *Nec mente excidat*, inquit loco jam citato, *quod episcopo locum abbas, ut dignum erat, in sedo propria tribuit, reluctantem sedere coegit: ipse ei in matta monachica, quæ sedi illi contigua erat, assedit. Collatio non de imis, sed de supernis habita est.* Et ante eum sanctus Ambrosius in Epistolam primam ad Corinthios, cap. xiv: *Sedentes disputent, seniores dignitate in cathedris, sequentes in subselliis, novissimi in pavimento super mattas.* Unde et Urbanus quintus rescripto cavisse dicitur, ut *scholares Universitatis Parisiensis audientes suas lectiones sederent in terra coram magistris, non in scamnis, vel sedibus elevatis a terra, ut occasio superbiæ a juvenibus secluderetur.* Et in eadem Universitate *stramineus vicus* nomen adhuc *a straminibus* hodie retinet, in quibus olim disputaturi scholares, et magisterium in artibus consecuturi sedebant. Quod et Petrarcha libro nono Epistolarum attingere videtur, cum de Gallis loquens, ait: *Et quid oro tot tantarum rerum studiis, quod objiciant habent, nisi forte ut est gens sibi placens et laudatrix sui, unus his omnibus fragosus straminum vicus objicitur?* Et epistola secunda libri decimi: *Nosti ut in illo surgentis vitæ flore, quem grammaticorum in stramine velut in deliciis egimus, cum semel parens meus, patruusque simul tuus ad Carpentoracensem, quam modo dicebam, civitatulam, de more venissent, patruum ipsum quasi advenam voluntas cæpit ex vicinitate credo, et novitate rei orta præclarissimum illum fontem Sorgiæ videndi.*

EPISTOLA XXI.

Summo pontifici et nostro speciali Patri domino papæ INNOCENTIO, *frater* PETRUS *humilis Cluniacensium abbas sinceram dilectionem et fidelem obedientiam.*

Si domnum Lugdunensem archiepiscopum (31) venerabilem filium sublimitatis vestræ, mea vel alicujus commendatione apud vos indigere cognoscerem, filiali de vobis confidentia, multa de ipso vel pro ipso facere verba studerem. Sed quia nota vestræ sapientiæ probitas ejus, experta apostolatui vestro fidelitas ejus, abundanter, ut credo, eum commendabilem faciunt, nolui pro illo superflue deprecari qui et pro aliis dignus est exaudiri. Hoc tantum dicendum esse judicavi, ut pro tuis vestris Cluniacensibus, quos benigne fovet, ei, si placet, gratias agatis. Et quia terra nostra, ut nostis, sine rege et principe existens, quibuslibet exposita raptoribus est, ut de pace stabilienda, pro qua satis sollicitatur, magis ac magis satagat, admoneatis. Cito etiam cum gratia, et benedictione vestra remittendum esse et nos oramus et ipsa multiplex regionis necessitas implorat. Nam quanto universæ regioni illi ejus magis est necessaria præsentia, tantominus tolerabilis esse probatur absentia.

EPISTOLA XXII.

Venerabili et charissimo nobis ATONI *Trecensi episcopo, frater* PETRUS *humilis Cluniacensium abbas, salutis et dilectionis plenitudinem.*

Miror, si in cor tam unanimis amici ascendere potuit, mutuam dilectionem ita a me posthabitam, ut apices vestros viderim et eis nihil responderim. Non est a vestra sublimitate hoc de mea humilitate aliquatenus sentiendum, a quo, ut arbitror, ante poterit vita recedere, quam illa quæ me vobis copulat charitas, in aliquo tepere. Audivi quidem litteras vestras a quodam allatas fuisse, sed sollicite omnia investigans, nec litteras videre, nec earum latorem potui reperire. Causa igitur non respondendi, melius imputari potuit negligenter mittenti. Nam si congruenti cautela missæ fuissent, oculum nostrum minime latuissent. Jam quia stultum est sana curare, integra resarcire, non oportet multa pro dilectione inter nos augenda vel conservanda verba facere; quam et hic crescere, ut æstimo, impossibile est, et quæ a statu suo minui, Dei juvante gratia, nullatenus potest. Aliorum, quæ postmodum scripsistis, responsionem fratri Hugoni camerario nostro (32) injunximus. A quo, quia eum ad partes vestras in præsenti dirigimus, requirite, et audietis.

EPISTOLA XXIII.

Summo pontifici et nostro speciali Patri domino papæ INNOCENTIO, *frater* PETRUS *humilis Cluniacensium abbas, salutem et obedientiam.*

Fratres Luxovienses nuper ad nos venerunt, scripta paternitatis vestræ nobis deferentes; in quibus et destitutio quondam magni Luxoviensis monasterii (33) paterna pietate a vobis defletur, atque ut in eodem loco de fratribus nostris abbatem et officiales necessarios concedamus, nihilominus nobis injungitur. Per quos nimirum secundum litterarum tenorem omnipotenti Domino ibidem laudabiliter serviatur, et tam nobile monasterium in sui status prærogativam et pristinam integritatem, divina cooperante clementia, reparetur. Quod præceptum debita quidem reverentia suscepimus, sed pro sui difficultate non mediocriter formidamus. Nam, sicut novit sapientia vestra, in negotio religionis facilius possunt nova fundari, quam vetera reparari; quia, secundum beatum Gregorium, hominibus aliter institutis durum valde videtur, in mente veteri nova meditari. Qui enim nova tantum ædificat, eum in veterum destructione non oportet laborare. Qui autem vetera reparare nititur, duplici cura constrin-

ANDREÆ CHESNII NOTÆ.

(31) *Domnum Lugdunensem archiepiscopum.* Petrum, cui scribit lib. II, epistola secunda.

(32) *Fratri Hugoni camerario nostro.* Cujus meminit et epist. 38, libri secundi, et ejus obitum deflet lib. IV, epist. 41.

(33) *Destitutio quondam magni Luxoviensis monasterii.* Luxovium Burgundiæ cœnobium, *quod olim*, inquit Chronici Besuensis scriptor, *præ cæteris Galliarum atque Burgundiæ monasteriis religione florebat.* Verum quis ipsum construxerit, aut quo tempore cœperit, non satis huc usque constitisse videtur. Antiquus enim anctor Vitæ sancti Eligii Noviomensis refert libro primo Dudonem, sive Audoenum Rothomagensem archiepiscopum, ejus primum exstitisse fundatorem. Jonas vero sancti Columbani contemporaneus, et qui vitam ejus scriptis consignavit, affirmat ipsum ab illo, regnante Theoderico rege, conditum, his verbis: *Cumque jam multorum monachorum societate densaretur* beatus Columbanus, *cœpit cogitare ut potiorem locum in eadem eremo quæreret, quo monasterium construeret. Invenitque castrum firmissimo olim fuisse munimine cultum, a supradicto loco, Bellugas, distans plus minus octo millibus, quod Luxovium prisca tempora nuncupabant. Ibi aquæ calidæ cultu eximio constructæ habebantur. Ibi imaginum lapidearum densitates vicini saltus densabant, quas cultu miserabili rituque profano vetusta paganorum tempora honorabant, quibusque exsecrabiles cæremonias litabant. Solæ ibi feræ ac bestiæ, ursorum, bubalorum, luporum multitudo frequentabat. Ibi residens vir egregius monasterium construere cœpit. Ad cujus famam plebs undique concurrere, et cultui se religionis dicare curabant, ita ut plurima monachorum multitudo adunata, vix unius cœnobii collegio sistere valeret. Ibi nobilium liberi undique concurrere nitebantur, ut spernentes phaleramenia sæculi, et præsentium pompam facultatibus temnentes, æterna præmia caperent. Beatus ergo Columbanus cernens undique ad pœnitentiæ medicamenta plebes concurrere, et unius cœnobii septa tantam conversantem cohortem absque difficultate non teneri, quamvis mente una et corde uno, tamen conversationi tantæ multitudinis incongruum alium experimento locum quærit, quem aquarum irriguitas adornabat, aliudque monasterium construit, cui Fontanas nomen indidit. Deditque gubernatores præpositos, de quorum religione nihil dubitabatur. His ergo in locis monachorum plebes constitutæ, ipse vicissim omnibus intererat, regulamque quam tenerent Spiritu sancto repletus condidit.* In qua qualis et quantæ disciplinæ vir sanctus fuerit, prudens lector vel auditor agnoscit. Et certe verior hæc et rationi convenientior assertio quam prima.

gitur, quoniam illi et veterum destructio et novorum incumbit ædificatio. Super hæc et vestræ Cluniacensi Ecclesiæ, nos qui rem novimus, valde timemus, ne frequenter, sicut sæpe fit, ad alias Ecclesias translatis fratribus nostris, quod aliis refrigerium, nobis inferat detrimentum. Postposuimus tamen omnia ista, et fratribus supradictis ad nos venientibus abbatem, et officiales necessarios, juxta quod nobis injunctum fuerat, dare parati fuimus. Sed illi nobis valde damnosa, sibi parum utilia postulantes, acquiescere nostro consilio noluerunt ; et sicut dicebant, die constituta pro eodem negotio ad nos reversuri, ad propria redierunt. Hæc idcirco reverentiæ vestræ notificamus, ut si ulterius in his instare voluerint et de Cluniaco abbatem petierint, nequaquam eligant quod ignorant, sed in nobis, qui melius vultum pecoris nostri agnoscimus, causam constituant. Hoc si fecerint, providebimus nos fideliter tales Ecclesiæ ministros, per quos omnipotenti Domino in monasterio Luxoviensi, quantum ipse dederit, laudabiliter serviatur, idemque locus etsi non ad pristinam integritatem, ad meliorem tamen statum, divina cooperante clementia, reparetur. In hanc sententiam, si placet, et nobis et ipsis rescribite.

EPISTOLA XXIV.

Venerabili, et non fictæ charitatis brachiis singulariter amplectendo, domino et Patri GUIGONI, *Carthusiensi priori* (34), *et cœteris fratribus, frater* PETRUS *humilis Cluniacensium abbas, salutem ad quam suspirant æternam.*

Cum exundantem erga vos sincerum cordis mei affectum verborum signis explicare pertento, fateor, in ipso conatu deficio. De aliis quibuslibet assidue tractanti, verborum copia affluit; cum vestri amore et memoria tota repleta sit anima mea, se ipsum quærens explicare animus succumbit. Similis fit vasi usque ad summum quolibet liquore repleto, a quo si subito inditum obicem retraxeris, velut de vacuo nil profluere admirando stupebis. Cumque naturali ordine repletionem exinanitio subsequatur, mirum in modum ipsa repletione exinanitioni exitus denegatur. Sic prorsus mihi vobis sæpe scribere volenti contingit, cum sit nonnulla vel parva dicendi materia; sed, ut dicitur, inopem me copia facit. Additur difficultati studium brevitatis, qua moderni nescio qua innata segnitie delectantur, et conceptus illos brevi cogor compendio terminare verborum, quibus vix sufficeret multitudo librorum. Quando enim explicare potero quomodo a vobis corpore sejunctus, tota vobis mente conjungar, quomodo alibi manens, vobiscum semper maneam, quomodo cum aliis conversans, intra sacri collegii vestri numerum spirituali cohabitatione converser ? Quando referre valebo quam gravis mihi sit, teste eo quem fallere non possum, ipsa vestra corporalis absentia ; qua si carere possem, non solum miserum quantum ad me nomen abbatis, sed etiam totum cum suis omnibus, mundum exuere nullo modo dubitarem? Quando vel disertissimi cujuslibet facultate, etiam si liber sermonibus detur excursus, proferre sufficiam, quanta formidine sub divini judicii dubio infelix merito mens mea vacillet, cum imminens maxime ex officio periculum nec manendo sapienter valeam evitare, nec fugiendo liceat declinare? Nec adeo sum cæcus, ut non videam, nec adeo insipiens ut non intelligam, nec adeo infidelis ut non credam standum mihi in proximo esse ante tribunal Christi, ut referam secundum beatum Apostolum, quæ per corpus gessero, sive bonum, sive malum (*I Cor.* v). Et cum Salomon idem confirmet, dicens : *Cuncta quæ sunt adducet Deus in judicium pro omni errato, sive bonum sive malum sit* (*Eccle.* xii), terreor vitæ meæ incerto et cogitans infinitum aggerem miseriarum mearum, alto cordis dolore actus suspiro. Attendo gravissimam curarum sarcinam, debilibus humeris impositam ; et onus cui vix giganteæ possent vires sufficere, cerno pusilli homulluli colla deprimere. Cogor asellus elephantorum castra dorso portare, et cum armis Saulis pro castris Israel contra Goliath puer et rusticus ad bella procedere. Video draconem de cœlo projectum, tertiam partem rutilantium stellarum de summis ad ima, cauda trahentem et adversum sanctæ mulieris semen acrius solito præliantem (*Apoc.* xii). Cumque ille peritissimus perdendi artifex, multiformibus insidiis cœlestia castra infestet ; me ignaro, me infirmo, me timido duce nesciente, non valente, non audente resistere, spem sibi victoriæ de Christi militibus glorians repromittit. Contra quem

ANDREÆ CHESNII NOTÆ.

(34) *Guigoni priori Carthusiensi.* Infra epist. 12, lib. ii, et S. Bernardus epist. 11 et 12. Quo modo autem et a quibus Carthusiensis ordo suum exordium susceperit, docent ipse Petrus noster libro ii Miraculorum, Petrus Dorlandus in Chronico Carthusiensi, Theodorus Petrus in Bibliotheca Carthusiana, Petrus Sutorius De Vita Carthus. et alii. Cæterum Guigo hic, de Castro, vel, ut Bunderius ait, de Pinu cognominatus; a quibusdam non satis bene Guido dictus, natione Gallus, patria Delphinas, nativitate Valentinensis, Carthusiæ majoris quintus a B. Brunone Prior generalis exstitit, ejusque honorifica fit mentio lib. iii, cap. 1, Vitæ S. Bernardi. Scripsit vero et ipse plura, nempe Vitam S. Hugonis Gratianopolitani episcopi ; quæ Innocentio II papæ dicata reperitur apud Surium, tom. II, die 1 Aprilis ; meditationes varias et graves, quæ cum Meditationibus D. Guillelmi abbatis S. Theoderici, Cluniacensis ordinis in lucem prodierunt ex typographia Plantini anno 1189 ; librum De contemplatione necdum excusum ; tractatum De veritate et pace, De quatuor gradibus spiritualibus, De laude vitæ solitariæ, et epistolas aliquot, quarum nonnullæ reperiuntur in Petro nostro Venerabili. Demum *quinquagesimum ætatis agens annum,* inquit Sutorius lib. ii Vitæ Carthus. cap. 5, *conversionis vero trigesimum, Prioratus sui vigesimum septimum, vel circiter, non sine sanctitatis opinione spiritum Domino reddidit, anno Domini trigesimo septimo supra millesimum centesimum ; ab inchoatione vero ordinis tertio et quinquagesimo.*

nisi cito Michael missus fuerit, accusator fratrum impius prævalebit. Hoc plusquam dicere possim metuens, et horrendum esse incidere in manus Dei viventis sciens (*Hebr.* x), gemino coartor periculo, dum me mihique commissos attendo. Nam, sicut beatus Gregorius ait, in illo tremendi judicii examine, uniuscujusque testimonium vix sibi soli sufficiet, quantominus sibi et proximo? Quomodo ergo tot millibus ubique terrarum diffusis, quos raro vel nunquam videre datur, ante Christum vivorum et mortuorum justum judicem adero, quando vix mihi adesse potero? Qualiter, secundum beatum Patrem Benedictum, de numero commissorum rationem reddere prævalebo, qui de propriæ vitæ studio requisitus, mutus forsitan apparebo? Si astra non sunt munda in conspectu ejus, quanto magis homo putredo, et filius hominis vermis? Quod si hoc ab illo dictum est, qui sic conversabatur, ut divina sententia homo simplex et rectus et timens Deum, ac recedens a malo diceretur, et qui pro suis ita sollicitabatur, ut quotidianas pro eis hostias immolaret, dicens : *ne forte peccaverint filii mei* (*Job* xxv); quid dicet homo dormiens, homo negligens, homo nec sibi nec suis providens? Magnum, magnum pastoralis officii periculum, ad quod velut cæci ad præcipitium, lætantes nostri sæculi homines currunt, et gravius lædendi, de summis dignitatum gradibus, in profundum inferni corruunt, et antiquorum gladiatorum more, parvo temporis spatio voluptatibus et superbia saginam nutriunt, quam in spectaculo perditorum diabolo in æternum devorandam offerunt. Felix et jam beatitudini æternæ participans exoccupatorum otium, quibus libera et absque impedimento in cœlum via paratur : qui et hic Deo, si non negligant, facile per invisibilem charitatem junguntur, et statim post carnis funus eidem per ipsam visionis speciem sociantur. A quorum felici requie et quieta felicitate me sejunctum dedens, inter me et ipsos interpositum chaos doleo, sed ad eos transire non valeo. Sed quid dolori meo satisfacere cupiens, aures vestras audiendis, cum Maria, Domini sermonibus occupatas, verborum importunitate repleo? *Quis dabit mihi pennas sicut columbæ, et volabo et requiescam?* (*Psal.* LIV:) Quantum tamen ad votum animi mei, elongavi fugiens, et mansi vobiscum in solitudine, exspectans eum qui salvum me faciat a pusillanimitate spiritus, quæ me his de causis exanimat, et tempestate mundana, quæ quasi suffocandum undique circumvallat. Miseremini igitur mei, saltem vos amici mei : et sicut ego ista dictando meas vobis lacrymas fudi, ita vos coram piissimo redemptore, vestras pro me dignamini fundere. Misi ad hoc assidue commonendas mentes vestras, secundam cum Salvatoris imagine crucem, ut eum crucifixum pro eo in hoc mundo crucifixi contemplantes, cum illum pro vestra multorumque salute deprecamini, mei quoque in sacris precibus vestris nullo modo obliviscamini. Sit vobis in signum amicorum, qui stat, juxta prophetam, in signum populorum (*Isa.* xi), ut sicut Domini vestri memoria a pectoris vestri sacrario nunquam separatur, ita servi vestri miseria, si fieri potest, a vestris affectibus nullo tempore divellatur. Misi et Vitas sanctorum Nazianzeni et Chrysostomi, sicut mandastis. Misi etiam libellum sive epistolam beati Ambrosii contra relationem Symmachi urbis Romæ præfecti pagani, qui sub nomine senatus idololatriam in urbem reduci ab imperatoribus postulabat. Qui licet in sua relatione orator acutissimus videatur, ei tamen et prosa et metro tam supradictus venerabilis Pater, quam noster insignis poeta Prudentius potentissime responderunt. Tractatum autem beati Hilarii super Psalmos ideo non misi, quia eamdem in nostro codice quam et in vestro corruptionem inveni. Quod si et talem vultis, remandate, et mittam. Prosperum contra Cassianum, sicut nostis, non habemus, sed pro eo ad sanctum Joannem Angeliacensem in Aquitania misimus, et iterum, si necesse fuerit, mittemus. Mittite et vos nobis si placet, majus volumen Epistolarum sancti Patris Augustini : quod in ipso pene initio continet epistolas ejusdem ad sanctum Hieronymum, et sancti Hieronymi ad ipsum. Nam magnam partem nostrarum, in quadam obedientia, casu comedit ursus. Salutat vos totus conventus noster devoto corde, et quidam, quibus loqui licet, corde simul et ore. Inter quos frater Petrus notarius noster, se nominatim scribi rogavit. Omnipotens Deus noster Jesus Christus, qui hic nos univit spirituali cordium affectione, in regno suo nos uniat sempiterna cohabitatione, et non intrans in judicium cum servis suis, suppleat per gratiam quod deest meritis nostris.

EPISTOLA XXV.

Domino et Patri in Christo reverendissimo abbati Cluniacensi PETRO, *dignationis ejus servus et filius, Chartusiensium pauperum inutilis* GUIGO *famulus, perpetua pace gaudere per Christum.*

Crucifixum, crucifixus et ipse, etc. Vide in *Guigone Patrologiæ tom.* CLIII.

EPISTOLA XXVI.

Speciali mihi amore charissimo fratri et filio PETRO, *frater* PETRUS *humilis Cluniacensium abbas, salutem æternam.*

Postquam a nobis, mi charissime, corporali præsentia discessisti, et strepitus mundanos, qui te nobiscum, nosque tecum sæpe ab intimis hebescere cogebant, fugiens, ad otium qualecunque te transtulisti, frequenter tibi scribere, atque jam tuum statum addiscere, quam meum dulcedini tuæ notificare proposui. Sed sæculo quod, ut sic loquar, me sibi totum colligavit, nullatenus vel ad dictandum cor, vel ad scribendum manum relaxare volente, id hucusque implere non potui. Hac de causa tandiu tuum esse rescire, tandiu te de me certificare, non tam distuli quam differre compulsus sum. Nunc tandem durissimi domini jugo vix ad horam me fugitando subducens, hæc paucula furtim scriptitando direxi. Congratulor quidem quieti tuæ, adgaudeo paci tuæ, si tamen talis est, unde et tu interim gaudere debeas. Et licet ego in pelago fluctuem, nimiumque adversis flatibus ac tumidi maris feris æstuationibus navi conquassata, de vita diffidam, te jam portum tenentem, et iras maris aerisque secura mente ridentem, lætus aspicio. Cujus rei certa argumenta sunt, quod cum te mihi semper adhærere debere, tam multus amor, quo te amplectebar, quam multa utilitas, qua te indigebam, instanter commonerent, supposui tamen velle meum voluntati tuæ, præposui salutem tuam necessitati meæ, prætuli otium tuum negotiis meis. Tu autem nullam huic nostræ benevolentiæ vicem reddere curans, quod salvo amicitiæ privilegio dixerim, videris tibi vivere, tua curare, ea quæ sunt aliorum, et (quod est deterius) amicorum vilipendere, inventa ut passer domo, reperto ut turtur nido, columbarum miseriis gementium, et ungues aquilarum, accipitrumque formidantium pericula, securo animo siccisque oculis sustinere. Sed absit ut sic de corde tuo sentiam, de quo non aliud, quam quod de meo sentire consuevi! Non hoc de corde tuo sentio, non hoc illi impono, quod unanime mihi esse non dubito. Sed queror quod perturbationibus et angustiis nostris tametsi compatiaris, compati te tamen nullis indiciis demonstraveris. Potuisti enim, et si non eripere, saltem condolere. Potuisti, et si non subvenire, saltem admonere. Potuisti, et si non sublevare, saltem confortare. Nam si impotentia auxilium subtrahebat, quis verba inhibebat? Si facultas adjuvandi deerat, quis sermonem retinebat? Quis animum a dictando, manum a scribendo prohibebat? An otium tibi defuisse causaberis? An litteras te nescisse probabis? An aliud aliquid obstitisse monstrabis? Nihil certe.

Restabit ergo negligentia. Hanc solam si pœnitendo objeceris, veniam promereri poteris. Sed parcam pudori, continebo manum, retraham habenas, suspendam stylum, moderabor sermonem, ne ultra quam ratio patitur, in amicum invehar. Do veniam. Faciam ipse quod te non fecisse reprehendo. Volo plenius scire, quomodo te habeas. Nam si bene, si quiete, si libere, quod semper optasti, Deo vacare prævales, si locus ad hoc plene famulatur, si dedisti somnum oculis tuis, et palpebris tuis dormitationem, donec invenias locum Domino, tabernaculum Deo Jacob (*Psal.* cxxxi), gaudebo. Sin aliter, quantum ad locum spectat, aptum, ut arbitror, providebo. Non enim possum non esse sollicitus de salute tua, quam ut meam desidero, et propter quam absentiam tuam omni mihi molestia molestiorem tolero. Laudo enim quod optasti, effero quod tractasti, prædico quod inchoasti. Quia si nondum possum quod potuisti, volo tamen quod voluisti. Quid enim? Quis hoc non vellet? Quis tantum bonum non concupisceret? Quis a tanto malo erui nollet, quo vita perditur, quo mors acquiritur,

a quo Deus expellitur, quo hostis admittitur? Rerum enim, quas fugisti mundanarum implicatio, aut mortem aut vicinum morti periculum inferunt, ita ut nullus fere unquam se his implicaverit, qui horum alterum non incurrerit. Nec multum refert hoc maxime tempore, quo quis habitu, qua quis professione, vel simulatio religionis proposito sese curis exterioribus immisceat, cum omnes pene quicunque occasione ecclesiastica rebus sæcularibus occupamur, non in eis quæ Jesu Christi, sed quæ nostra sunt quæramus, gloriam, potentiam, voluptatem, pecuniam, et si qua sunt alia quæ videntur carni commoda, sed multa animæ generant incommoda. Qui non ita saltem terrena tractamus, ut partim terram, partim cœlum cogitemus, aut quod perversum, sed tolerabilius esset, ut minus cœlum, magis terram sapiamus: sed (quod est omnino perversissimum) prorsus cœlum postponentes, terræ prorsus inhærentes, veraciter fateri possumus: *Quoniam humiliata est in pulvere anima nostra conglutinatus est in terra venter noster* (*Psal.* xliii). Super quibus in infinitum progredi loquendo, ipsa cogente materia, imo miseria, possem; sed quia illa me sæpe deflentem audisti, et quid de hujusmodi sentiam plenissime nosti, supersedendum judicavi; ne extra metas currum agere, et præter viam currere videar, neve cuilibet legenti casu aliquo nota fiant, quæ solum te nosse volui. Veni ergo ad me celeriter, ut tutis amici auribus credere possim quæ chartis plerumque infidelibus committere non præsumpsi.

EPISTOLA XXVII.

Summo pontifici et nostro piissimo Patri domno papæ Innocentio, *frater* Petrus *humilis Cluniacensium abbas, salutem et obedientiam.*

Dies tribulationis et angustiæ dies hæc, quia secundum prophetam: *Venerunt filii usque ad partum, et virtus non est pariendi* (*Isa.* xxxvii). Venerunt nuntii Sennacherib, blasphemantes Deum cœli (*IV Reg.* xviii), irruit Nabuchodonosor, et captivavit populum Dei (*IV Reg.* xxiv et xxv); nec defuit Doheg, qui extenderet manum in sacerdotes Domini (*I Reg.* xxii). Lamentabilem historiam cogor retexere, quam præcordiorum dolore interrumpente, lacrymis velim nolim interfluentibus, vix, ut arbitror, potero explicare. Sed quia, proh dolor! hoc a martyrum temporibus tam inauditum scelus me vidisse contingit, silere cum maluissem, loqui invitum oportuit. Regressi ab uberibus vocantis Ecclesiæ, a concilio pietatis vestræ, ut grex dominicus simpliciter ambulans, luporum morsus incurrimus, et nostris sæculis insolita rabie dispersi, captivati, vulnerari, et rebus omnibus pene exspoliati sumus. Aderat in comitatu nostro non ignobilis, neque ultima pars Ecclesiæ Dei, archiepiscorum, episcoporum, abbatum legio, monachorum non parvus numerus, archidiaconorum nobilium, clericorum, et religiosarum personarum populus. Horribile spectaculum, tantas tamque necessarias Ecclesiæ

Dei personas videre distrahi, dissipari, vulnerari, atque gladiis insequentibus ubi per diversa fugari. Episcoporum atque abbatum plurimi ad proxima castra violenter abducti, et quidam eorum post verbera et vulnera barbarica immanitate incarcerati sunt. Inter quos dominus Remensis, cui nec ætas, nec dignitas adesse potuerunt : post multas injurias et vulnera turri conclusus tenetur. Dominus Petragoricensis similia expertus est. Sed quid ego de singulis quasi solis loquor, cum Bituricensis et Senonensis suis pæne omnibus amissis, vix ad Pontem Tremulum tremuli et anheli pervenerint, et ibi cum Ebredunensi, Trecensi ictu hastæ de equo dejecto, et inde graviter infirmato, cum Lemovicensi, Atrebatensi, Belicensi, Redonensi, atque aliis episcopis, abbatibus etiam Lemovicensi (35), Vizeliacensi, Sancti Michaelis de Clusa, Sancti Germani Parisiensis (36), Corbiensi, Noviomensi (37), Burguliensi (38), Sancti Sulpitii, Sancti Remigii, Crassensi, Sancti Joannis de Prato, de monasterio Hender (39),

ANDREÆ CHESNII NOTÆ.

(35) *Abbatibus etiam Lemovicensi*, etc. Id est Sancti Martialis. Monasterium enim Lemovicense (cujus monachi nunc in sæculares canonicos conversi) et monasterium Sancti Martialis, unum atque idem est. Sic et Goffridus Vindocinensis Amblardum Lemovicensem abbatem vocat epist. 22, lib. IV, hoc est Sancti Martialis, vel, ut quidam loquuntur, de Sancto Martiale; Ivo epistola 206, abbatem Carnotensem, id est S. Petri ; et ipse Petrus noster infra, Noviomensem, Meledunensem, et Salmurensem, qui ab aliis S. Bartholomæi, S. Petri, et S. Florentii abbates dicuntur. Videndus vir eruditissimus Jacobus Sirmundus in Notis ad præfatum Goffridi locum. Suspicor autem et hunc abbatem Lemovicensem esse vel ipsum Amblardum, de quo jam dictus Goffridus, vel Albertum potius ejus successorem. Rexerunt enim utrique tempore Petri Venerabilis, Amblardus scilicet usque ad annum 1143 et Albertus ab anno 1143 usque ad 1150.

(36) *S. Germani Parisiensis*. Vel ut vulgo dicitur, de Pratis, quod est monasterium a Childeberto primo Clodovei magni filio constructum, in honore quidem sancti Vincentii primo, sed cujus postea nomen pro sancti Germani Parisiensis antistitis in eo sepulti nomine commutatum fuit. Nec dubito quin abbas iste Sancti Germani sit Hugo primus, *qui prius*, ut inquit Aymoini continuator, *monachus Sancti Dionysii exstiterat, annoque ab Incarnatione Domini nostri Jesu Christi* 1145 *Dominica die ramis Palmarum de præsenti sæculo migravit.*

(37) *Noviomensi*. Id est S. Bartholomæi, quod Balduinus episcopus Noviomi quinquagesimus in summitate montis extra muros civitatis Noviomensis in honore S. Bartholomæi condidit anno 1064, in quo et post obitum sepultus est.

(38) *Burguliensi*. In Andegavensi cespite, ubi et Willelmus Aquitaniæ dux, ut prodit Ademarus, *ædificari jussit ingens cænobium Burguliense in fundo proprio, una cum matre sua Emma, sorore Odonis Campaniensis, cui præfecit abbatem Theodelinum virum doctrina et sapientia clarum.*

(39) *De monasterio Hender*. Forte Dervensi, quod etiam Gallice *Monstierender* appellatur, estque monasterium antiquissimum in Catalaunensi diœcesi, cujus initium S. Berchario abbati, Childericoque Franciæ regi tribuitur, ut ex eorum diplomatibus in Promptuario Trecassinarum antiquitatum una cum aliis pluribus e Chartulario cœnobii Deruensis editis liquet. Verum quia singularis humanitatis vir Nicolaus Camuzatius illius auctor Promptuarii, præceptum adhuc Ludovici imperatoris de Dodiniaca curte, quæ pertinet ad hoc monasterium, et vetustum etiam catalogum abbatum qui rexerunt illud a S. Berchario, post editionem suam absolutam recuperavit, ac nobis gratanter et benigne transmisit, ideo ne perirent hic attexere non inutile fore duximus. Sunt igitur hujusmodi.

Præceptum Ludovici imperatoris, de Dodiniaca curte ad monasterium Dervense pertinente.

In nomine Domini Dei et Salvatoris nostri Jesu Christi, Ludovicus divina ordinante providentia im- *perator Augustus. Si locum*, etc. (*Vide inter epistolas et privilegia Ludovici Pii, Patrologiæ tom. CI V, col.* 1204.)

Catalogus abbatum monasterii Beatæ Mariæ Dervensis.

Sanctus Bercharius abbas Dervensis monasterii, anno Domini sexcentesimo sexagesimo quarto, accepit donum et privilegium a Childerico rege Francorum. Post viginti et unum annos, sancto Bercharito de hoc sæculo translato. Synaulius abbas successit anno Verbi incarnati DC. L. *et* XXX *et* V, *tempore Theoderici fratris Childerici, qui fratres fuerunt filii.*

Anno Verbi incarnati DC. XCIII. *id est...... Data est abbati Synaulio immunitas et privilegium a Berthoendo Catalaunensi episcopo, rogatu Childeberi regis fratris Theoderici jam dicti. Anno* DCC. LXIX. *cœpit regnare Carolus Magnus. Anno* DCCC. XV. *Hauto abba Stabelaus id est......*

Reparato ordine in Dervensi monasterio commisso sibi a Ludovico Pio filio Caroli Magni, impetravit privilegium eidem monasterio ab eodem rege anno DCCCXXXII, *idem Ludovicus dedit abbati Hautoni Dodiniacam Cortam, id est sanctum Christophorum, et Novamvillam.*

Anno DCCCXL, *Pardulus vicedominus erat Remensis, qui postea fuit episcopus Laudunensis. Hic istam restauravit Ecclesiam, et quamplurima bona donavit huic monasterio. Huic successit Algarius, cui Altinarus abbas. Humfredus, Vulfaudus, qui Fulfraudus præerat huic loco anno* DCCCLIX. *Post quem usque nongentesimum sexagesimum quartum annum per annos* CIII *ignoramus qui fuerint successores ejus præter extremos, id est Alardum et Bensonem. Bensone autem expulso substitutus est domnus Albricus ann.* XX ; *Berencerus, Hino, Dudo, Milo, Brimo, Dudo, Nocherus, Rogerus, Guillermus, Theobaldus, Gualterus, Jorannus, Ebalus, Raynaudus, Vuiterus, Eurardus, Nicolaus, Raynaudus, Anselmus, Petrus, Hamricus, Raynaudus, Guillermus qui nunc est. Post Guillermum cecessit* [successit] *Ferricus, qui fecit ædificare magnam partem claustri. Post Ferricum cecessit Jacobus tempore guerrarum Dautirorum, Diegno, Francio dictus de Sancto Martino et regnavit* XII *annis. Post Jacobum cecessit Pontius de Mirevau, qui fecit fieri fortalicium de Sommevecra, et regnavit spatio* XXVIII *annorum. Post quem regnavit frater Symon de Ambonvilla reverendus homo, qui etiam regnavit spatio* XXVIII *annorum. Post ipsum regnavit frater Petrus de Changeyo, et regnavit* XVI *annos. Post quem regnavit frater Odo de Ficocuria, qui duravit per duos annos et dimidio. Post quem regnavit frater Symon Goix, juvenis notabilis homo, qui regnavit per* XIII *menses, mortuus vigente peste epidemiæ. Post quem successit frater Joannes de Betignyyo, qui regnavit tempore processuum dicti monasterii contra homines...... qui regnavit fere* XV *annis. Post cum successit frater Simon d'Yeure, qui tempore suo viriliter laboravit in reparatione ædificiorum ecclesiæ ac augmentatione reddituum, obtinuitque in parlamento sententiam talliæ regis contra homines terræ dictæ ecclesiæ, et regnavit......*

Melundensi (40), Salmurensi (41), et aliis quamplurimis secundo carcere inclusi teneantur? Refertus est burgus ille, et constipatus multitudine sanctorum : quæ velut Hierusalem obsessa a Babyloniis, pedem ultra protendere non audet. Nulli tutus ingressus, omnibus negatur egressus. Nec multa spes in aliquo, nisi in illo qui educit vinctum de domo carceris ; et in vobis, sanctissime Pater, qui ejus vices in terra geritis. Clamat igitur ad vos sicut ad singulare præsidium, nobilis illa Ecclesiæ Dei portio, et sibi citissime subveniri, sicut filiis a patre precatur. Postulo et ego socius periculorum, per quem vobis ista scribi elegerunt, ut quia tanta pro Deo et vobis eos contingit pericula subire, festinet vestra pietas eorum cito periculis subvenire. Postulo, inquam, quia postulandum mihi est, ne sanctos socios, qui itineri nostro quadam charitatis confidentia adhæserant, contempsisse videar. Nam de meis injuriis plura dicere supersedeo, qui dum cum domino Vizeliacensi (42) abbate armatis hostibus pro pace sociorum obvius occurrissem, primo impetu mula nostra ictu lanceæ confossa, in partem cedere coacta est. Fratres nostri fugati, famuli capti, res pene omnes ablatæ. Ego ad proximam villam me conferens, tandiu delitui, donec conductu hospitis nostri ad Pontem Tremulum, quo alii præcesserant, vespertinis horis et ipse perveni. Inde ergo cum sociis vocem querulæ lamentationis emittens, rogo pariter et consulo ne tam tantam parvipendendam putetis : si nomini Christi, si honori vestro, si utilitati Ecclesiæ, aliquando consulendum esse judicatis. Si enim hoc negligitur, quid curabitur? Si rigor justitiæ, si severitas Ecclesiæ in damnis publicis dormit, quando in privatis evigilabit? Precatur nobiscum, et consulit sacer captivitatis conventus, ut non solum in actores nequitiæ hujus, sed et in toto Lunensi episcopatu apostolicæ vindictæ mucro resplendeat, quatenus eo sublimiter renitente non solum prope positi, sed etiam in extremis Christianitatis finibus constituti terreantur. Lunensis episcopus nobis in brevi apparens, lunarem eclipsim nimis immature passus est, quem dum per totam dietam nobis lucere credidimus, vix per integram leugam socium habere potuimus. Longus fui, sed, ut audacter loquar, in tanta re longior esse debui. Jam, si quid minus dictum est, sapientia vestra suppleat, et disponat.

EPISTOLA XXVIII.

Pro meritis venerabili, pro affectu erga nos dilectissimo domno BERNARDO *Clarævallis abbati* (43), *frater* PETRUS *humilis Cluniacensium abbas, salutem præsentem, et salutem æternam.*

Diu est, frater charissime, ex quo bonæ conversationis tuæ aromata spirituali suavitate fragrantia intimo cordis odoratu hauriens, teque ante diligere quam nosse, ante venerari quam comtemplari incipiens, te videre, te amplecti, tecum de animæ profectibus loqui desideravi. Cujus rei effectum hactenus præstolatus, quod de his charitati tuæ scribere decreveram, distuli. Malui quippe vivo sermone secreta cordis mei tibi aperire, quam hæc schedulæ calamo percurrente committere. Sed multa terrarum intercapedo, multa negotiorum et tribulationum nobis ingruentium amaritudo, hoc ne contingeret, hucusque prohibuerunt. Faciam ergo necesse est quod permittitur, et modo quo possum, quia isto tantum modo possum, fraternitati tuæ mihi, ut dixi, ante charæ quam notæ, quod me in quibusdam movet, aperiam. Novi enim te eruditione sæcularium, et, quod est longe utilius, scientia divinarum litterarum instructum pariter et ornatum, et relicta Ægypto, Ægyptiorum spoliis et Hebræorum opibus sic ditatum, ut et aliorum indigentiam ipse dives permanens supplere, et de dubiis certam ferre sententiam valeas.

Objiciunt itaque nostris, quidam vestrorum (44). Non, inquiunt, vos regulam, cujus rectitudinem sequi proposuistis, ut ipsis operibus monstratur,

ANDREÆ CHESNII NOTÆ.

(40) *Melundensi.* Jocelino fortasse, qui in Chartulario Sancti Victoris ad urbem Parisiensem *abbas Sancti Petri Meledunensis dictus,* cum *Theodoricus de Miliaco ecclesiam Sanctæ Mariæ de Floriaco,* Senonensis diœcesis, *quam longo tempore sine contradictione sicut laicus hæreditario jure libere et quiete tenuerat, in manus* Henrici Senonensis archiepiscopi *reddidisset, et eam* Henricus *ecclesiæ Sancti Victoris Paris. et canonicis in ea Deo servientibus donavisset,* ac Gilduinum abbatem *de illa investivisset ; aliquanto post cœpit dicere quod ea ad jus Ecclesiæ suæ pertinebat.* Unde et judices delegari pro decisione controversiæ oportuit, cui etiam cum aliis interfuerunt, ac subscripserunt *Hato episcopus Trecensis, Manasses episcopus Meldensis, Sugerius abbas Sancti Dionysii, et Nitalis abbas Resbacensis:* qui omnes non solum Petro nostro Venerabili cœtanei, sed et ejus ad illos præter Manassem, epistolæ leguntur.

(41) *Salmurensi.* Qui et Sancti Florentii ad Ligerim, ut jam supra notavimus, et forte Guillelmi illius, cui Goffridus Vindocinensis scribit epist. 7, lib. IV successor.

(42) *Cum Domino Vizeliacensi,* Petro, ut suspicor, cujus ad Sugerium Sancti Dionysii abbatem epistola reperitur, et cui Pontius ipse Petri Venerabilis frater successit, ex epistola 4, libri III, colligi potest.

(43) *Domno Bernardo Claravallis abbati.* Infra epist. 29 et 56; lib. II, epist. 39 et 37 ; lib. IV, epist. 17; lib. V, epist. 8 et lib. VI, epist. 4, 18, 29, 25 et 46. Est autem Claravallis, monasterium ordinis Cisterciensis, quod anno Domini 1115 fundatum est, ejusque primus abbas fuit sanctus Bernardus, ut notat Cæsar Heisterbachensis, lib. 1 Miraculorum et historiarum memorabilium, cap. 1.

(44) *Objiciunt itaque nostris quidam vestrorum.* Objectiones hæ Cisterciensium ex charta Charitatis quam fecit Stephanus abbas Cistercii tertius depromptæ, sic breviter a Joanne Parisiensi perstringuntur versus annum 1107. Hoc tempore, inquit, *facta est charta Charitatis a Stephano Cisterc. abbate, et aliis* XX *abbatibus, et auctoritate sigilli apostolici confirmata. Ab illo ergo tempore rejecerunt ab ordine frocos et pelliceas, staminia, capucia, et feminalia, pectina, coopertoria et stramenta lectorum, ac diversa ciborum in refectorio fercula, et sagimen, et omnia quæ puritati regulæ adversabantur abdicarunt, et ecclesias, altaria, oblationes, decimas, et sepulturas, et furnos, et molendina, villas et rusticos, quia nec in Vita sancti Benedicti, nec in ejus Regula*

sequimini: imo distortis gressibus ignotas semitas, et devia quæque sectamini: Proprias namque leges ipsi vobis, prout libuit, componentes, has sacrosanctas dicitis, Patrum præcepta pro vestris traditionibus abjicitis, in eadem re (quod monstruosum videtur) magistri et discipuli existitis. Insuper ad augmentum prævaricationis et divinæ irritationis, coram Deo et sanctis ejus voto vos astringitis: quod transgredientes, reos vos violati voti absque dubio ostenditis. Promittitis siquidem secundum Regulam beati Benedicti, vos in castris cœlestibus militaturos, atque juxta ipsius instituta, indeficientem obedientiam servaturos. Hæc promissio. Videamus utrum sic se habeat conversatio.

Et ut per ordinem cuncta aggrediamur, in suscipiendis novitiis quomodo Regulam servatis, cum non nisi post annum, spiritibus si ex Deo sunt probatis, eos suscipi præcipiat; vos autem ipso quo adveniunt, ut ita loquamur, momento, nulla ratione servata, eos suscipiatis? Unde contingit, ut quia incaute recipiuntur, incautius recepti conversentur, et quia ad quod veniunt venientes non intelligunt, jam cæteris sociati, quid agere debeant nesciunt; dumque in stadio more athletarum ante pugnam non exercentur, ad conflictum venientes, cum pugnare debeant, fugiunt, et cum fortiter dimicantes vincere, utpote talium inexperti, facillime vincuntur.

Usum quoque pelliciarum et diversarum pellium qua auctoritate vobis defenditis, cum in eadem Regula nihil de hujusmodi reperiatur?

Femoralia sane de vestiario hos, qui in via diriguntur, accipere, et revertentes ibidem reponere jubet, utique præter illos nulli ea ferre permittens.

De stramentis autem lectorum utrum magistrum sequamini ipsi videte, cum certe plura et diversa, quam Regula præcipiat vobis et supponatis et superponatis.

Ut duo pulmentaria cocta fratribus omnibus sufficiant, et ut tertium de pomis aut leguminibus, si fuerit, unde addatur, in sæpe dicta Regula legitis, an ita teneatis agnoscitis.

Fratres transgressores et professionis suæ prævaricatores, illos videlicet qui collum jugo Regulæ subducentes et de monasteriis fugientes ad sæculum revertuntur, usque tertio si reverti et pœnitere voluerint, recipi jubet; et si postmodum hoc fecerint, omnem eis reversionis aditum denegari. Sed vos sicut cætera, sic et istud quoque contemnitis; et quotienscunque libet, advenientes contra Regulæ præcepta suscipitis.

De jejuniis vero regularibus quid dicemus, quæ sic abjecistis, sic pro velle mutastis, ut vix parvas ipsorum reliquias magis forte humano pudore quam divino timore retinueritis? Nam cum monachis præcipiatur ut a Pentecoste usque ad Idus Septembris, quarta et sexta feria jejunent usque ad Nonam, nisi labores in agris habuerint, aut æstatis fervor nimius fuerit, cumque ab eisdem Idibus usque ad caput Quadragesimæ, ut ad Nonam semper reficiant injungatur, vos e contrario tota æstate omnes ferias pares facitis, et jejuniorum eamdem formam quotidie bis comedendo servatis. Reliquo autem tempore quando vultis jejunando, quando vultis jejunia solvendo, non vos ipsos Regulæ, sed Regulam vobis subjicitis.

Opus manuum, quo sancti Patres eremitæ et antiqui monachi semper usi sunt, quo ipsi apostoli victum sibi et aliis ministrabant, de quo Deus reatum primi hominis hac quoque pœna plectens, ait : *In sudore vultus tui vesceris pane tuo* (Gen. III). De quo et David : *Labores manuum tuarum quia manducabis : beatus es, et bene tibi erit* (Psal. CXXVII), ita abjecistis, ut nec istæ omnes auctoritates ad operandum vos cogere possint, nec obedientia, quam, juxta Regulam, Deo vos exhibere promisistis, delicatas otio manus de sinu ad opus extrahere valeat.

Nostis etiam inibi præceptum esse ut omnibus advenientibus sive discedentibus hospitibus inclinato capite vel prostrato omni corpore in terra, Christus in eis a fratribus adoretur qui et suscipitur. Non ignoratis et illud jussum : *Aquam in manibus abbas hospitibus det. Pedes hospitibus omnibus tam abbas quam cuncta congregatio lavet*. Sed nec istud tantillum voti vestri contemptores servare curatis.

De ferramentis, et rebus monasterii brevem abbas habere præcipitur ; sed vel negligentia habere non curat, vel superbia habere dedignatur.

Ad hæc, cum his, qui ob debitas laudes Deo decantandas ad ecclesiam occurrere non valent, præcipiatur, in loco ubi sunt cum divino timore genua flectere, more vobis solito legibus propriis utentes, et communes contemnentes, cum nec istud valde grave sit, tamen negligitis, et alia quædam inventitia facientes, parvum hoc præceptum sicut et majora vilipenditis.

Mensam quoque abbatis cum hospitibus et peregrinis esse semper jubet, ut videlicet Christum semper habere mereatur, qui dicturum se esse dicit : *Hospes fui, et suscepisti me* (Matth. XXV). Istud

ANDREÆ CHESNII NOTÆ.

legebant sanctum Benedictum hæc possedisse, nec feminas ejus monasterium intrasse, nec mortuas ibidem sepultas fuisse, excepta sancta Scholastica sorore sua, decimasque dicebant in quatuor partitiones distribui debere, primam episcopo, alteram presbytero et clerico, tertiam hospitibus et peregrinis, quartam in restauratione Ecclesiæ. Et quia in hoc monasterio personam monachi qui terras suas possidet, unde et per se, et per pecora sua laborando vivat, non reperiebant. Videndi Robertus de Monte, in Supplemento Sigeberti; Cæsar Heisterbachensis, et auctor Chronici Cisterciensis hoc anno primum excusi.

quoque tantum et tam leve bonum, quasi pro nihilo ducentes, contemnitis.

Ubicunque sibi obviant fratres, junior a priore benedictionem petere præcipitur, nec apud vos tenetur.

Ad portam monasterii senex sapiens poni jubetur, nec ponitur.

Ut pulsantibus vel clamantibus Deo gratias portarius respondeat, aut benedicat, imperatur, nec observatur.

Illud autem, illud, inquam, omni rationi et auctoritati adversum, quomodo tuemini, quod jam semel stabilitatem et conversionem morum, et obedientiam uno in loco professos rursus alio in loco stabilitatem, rursum conversionem morum, rursum obedientiam vovere, et priorem fidem irritam facere compellitis? Ita quippe, ita inevitabili periculo vobis acquiescentes cingitis, ut ad quamlibet partem se verterint, prævaricatores non esse non possint. Nam si prius votum servaverint, secundi nexi tenebuntur. Si secundum, prioris noxa constringentur. Nec soli hoc patientur, sed par catena vos ipsosque constringet, et fortasse vos durior. Debent enim deceptores, deceptis pœnas habere majores.

Sed et inde si potestis sufficientem excusationem prætendite, quod contra eamdem toties nominatam Regulam vestram, vestram certe, vestram, vel salvantem vel condemnantem; alterius et noti monasterii monachos, sine permissione abbatis proprii, aut litteris commendatitiis, indifferenter suscipitis, et quod vobis nolletis fieri, alteri facitis. Eapropter et respectum fraternæ charitatis amittitis, neque secundum divinum præceptum, quod dicit: *Hoc est præceptum meum ut diligatis invicem* (Joan. xv), proximum sicut vos ipsos diligitis.

Super hæc omnia, quod omnibus injustum et contra ecclesiastica decreta esse perspicue patet, et unde ab universis juste judicamini, nequaquam relinquere vultis, sed contra totius orbis morem, proprium episcopum habere refugitis. Quod quam sit absurdum, etiam imperitis manifestum est. Unde enim vobis chrisma? Unde sacri ordines? Unde ecclesiarum consecrationes et cœmeteriorum benedictiones? Unde ad postremum omnia, quæ sine episcopo aut episcopi jussu canonice fieri non possunt? Certe in his non solum monachorum, sed et omnium regulam exceditis Christianorum.

Ecclesiarum parochialium, primitiarum et decimarum possessiones, quæ ratio vobis contulit, cum hæc omnia non ad monachos, sed ad clericos canonica sanctione pertineant? Illis quippe, quorum officii est baptizare et prædicare, et reliqua quæ ad animarum pertinent salutem genere, hæc concessa sunt, ut non sit eis necesse implicari sæcularibus negotiis, sed quia in Ecclesia laborant, de Ecclesia vivant, ut Dominus dicit: *Dignus est operarius mercede sua* (Luc. x). At vos quare hoc usurpatis, cum nihil horum quæ diximus facere debeatis? Et cum illum non feratis laborem, cur laboris suscipitis mercedem?

Sed et de sæcularibus possessionibus a vobis more sæcularium possessis, quid respondebitis, cum in nullo in hac parte ab ipsis discrepare videamini? Nam castra, villas et rusticos, servos et ancillas, et quod deterius est, telonearia lucra, et fere cuncta hujusmodi emolumenta indifferenter suscipitis, non legitime tenetis, contra infestantes modis omnibus defenditis. Unde contra monastici ordinis instituta, causas sæculares religiosi tractant, monachi causidici efficiuntur, accusant et accusantur, testes fiunt, contra Apostolum, judiciis intersunt (II Tim. II), atque sub prætextu juris proprii tuendi, cordibus in Ægyptum revertuntur, incendium Sodomæ a Sodomis jam egressi respiciunt, manum mittentes in aratrum, retro respiciunt, et idcirco regno cœlorum apti esse non possunt (Luc. IX). In his omnibus professionis et voti vestri transgressores vos esse, apertissime ostendimus. Si enim constat Regulam hæc præcepisse, et vos hanc servare vovisse, cum constet hoc vos hactenus non fecisse, patet, ut diximus, non servatæ promissionis vos prævaricatores existere. Nos vero hæc omnia uti præcipiuntur observamus, et ex integro, quidquid in Regula tenenda Deo promisimus, custodimus.

Ad hæc nostri: O, o Pharisæorum novum genus, rursus mundo redditum! qui se a cæteris dividentes, omnibus præferentes, dicunt quod propheta dicturos eos prædixit: *Noli me tangere, quoniam mundus ego sum.* Sed ut his quæ in ultimis posuistis in primis respondeamus, dicite, veri observatores Regulæ, quomodo vos eam tenere jactatis, qui nec breve illud capitulum ut ipsis vestris verbis ostenditur, servare curatis, quo dicitur, ut monachus omnibus se inferiorem et viliorem non solum sua lingua pronuntiet, sed etiam intimo cordis credat affectu? Hoccine est inferiorem se credere et pronuntiare, aliorum facta deprimere, sua extollere, contemnere alios, sibi magnum videri, cum Scriptura præcipiat: *Cum feceritis omnia quæ vobis præcepta sunt, dicite: Servi inutiles sumus?* (Matth. xvii.) *Non justificabitur*, inquit Propheta, *in conspectu tuo omnis vivens* (Psal. cxlii). Et Isaias: *Velut pannus menstruatæ, omnes justificationes nostræ* (Isa. lxiv). Et vos sancti, vos singulares, vos in universo orbe vere monachi, aliis omnibus falsis et perditis secundum nominis interpretationem, solos vos inter omnes constituitis, unde et habitum insoliti coloris prætenditis, et ad distinctionem cunctorum totius fere mundi monachorum, inter nigros vos candidos ostentatis. Et certe hæc vestium nigredo, antiquitus humilitatis causa a Patribus inventa, cum a vobis rejicitur, meliores vos ipsis candorem inusitatum præferendo judicatis. De magno tamen illo et admirabili, vereque monacho Martino non legitur, quod albo et curto, sed quod nigro et pendulo pallio processerit. Inde quoque et Regulam, cujus defensores magis quam observatores videri vultis, valde transgredimini : qua jubente didicistis, ut de vestium colore aut grossitudine non causentur monachi. Cujus manifestissimi prævaricatores esse convincimini, qui colorem humilitati et abjectioni magis competentem abjicitis, et illum, quo etiam in Scripturis gaudium et solemnitas figuratur (*Act.* I), album scilicet, contra jam dicta Regulæ mandata assumitis. Cumque in valle lacrymarum positos, quibus præcipitur, ut semper luctui, nunquam lætitiæ intendant, deceant vestimenta luctum et pœnitentiam designantia, vos econtra in miseriis felicitatem, in mœrore gaudium, in luctu lætitiam, vestium candore monstratis. Sed ne magis injurias verborum verbis ulcisci, quam objectis ex ratione respondere videamur, his quibus vos juste impetere possemus ad præsens omissis, ad ea quæ objecistis taliter respondemus. Et ut eo ordine quo a vobis posita sunt objecta diluamus, dicimus nos in observatione Regulæ, nequaquam devia quæque sectari, sed per omnia ducentis Regulæ rectitudinem sequi. Privatis legibus Patrum traditiones non supponimus, quoniam et ipsæ a sanctis Patribus inventæ sunt, quos Deo placuisse sancta vita et multa miracula testata sunt et testantur, quibus et licuit talia mandare et nobis licet talia observare. Plane licuit, semperque licebit, ut pastores ovibus suis quæ recta sunt præcipiant, et oves pastoribus ut Deo obediant. Voti nostri nos nitimini ostendere transgressores, cujus nos veros sic ostendimus observatores.

Nam in suscipiendis novitiis Regulam omnium servamus, quoniam illum sequimur qui dixit : *Omne quod dat mihi Pater ad me veniet : et eum qui venit ad me non ejiciam foras* (*Joan.* VI). Quem non sequeremur, si eos, qui ad ipsum ab ipso inspirati veniunt, ejiceremus foras. *Nemo enim,* ait, *potest venire ad me, nisi Pater, qui misit me, traxerit eum* (*Joan.* III). Si igitur quem Pater trahit, et Filius suscipit, ac Spiritus, qui ubi vult spirat, inspirat, expelleremus, quid aliud quam Deo resistere videremur? Certe non tantum venientes suscipere, sed etiam non venientes ad veniendum invitare invenitur, dicens : *Venite ad me omnes qui laboratis et onerati estis, et ego reficiam vos.* (*Matth.* XI). Et de nostri ordinis jugo ferendo subinfert : *Tollite jugum meum super vos, et discite a me, quia mitis sum et humilis corde. Jugum enim meum suave est, et onus meum leve* (*ibid.*). Et ut nihil fingere, sed totum divinis auctoritatibus videamur firmare, dicite qui non nisi annuum monachum vultis, nunquid illi, cui Salvator dicebat : *Si vis perfectus esse, vade, vende omnia quæ habes, et da pauperibus; et veni, sequere me* (*Matth.* XIX), annum remorandæ conversionis indicebat? Nec refragari potestis totam summam ordinis nostri his brevibus verbis Domini contineri. Nam quid est aliud dicere: *Omnia quæ habes da pauperibus,* et, *veni, sequere me,* nisi esto monachus? Sed forte dicetis cum hoc non fecisse. Nunquid dicere potestis Dominum hoc non monuisse? Quod si iste non implevit, implevit ille, qui, cum ei diceret Dominus : *Sequere me,* et respondisset ut ad sepeliendum patrem eum prius ire permitteret, et Dominus addidisset : *Sine mortuos sepelire mortuos suos; tu autem veni, et annuntia regnum Dei,* surgens secutus est eum (*Matth.* VIII; *Luc.* IX). Nunquid non dicam annum, sed vel diem, aut horam, antequam converteretur, ei indixit : ac non potius remorari etiam pietatis causa volentem, ne moraretur coegit? Et certe sapientia Dei per Salomonem dicit : *Fili, ne tardes converti ad Deum, et ne differas de die in diem. Nescis enim quid superventura pariat dies.* (*Eccli.* VI). Et ut majora aggrediamur, quosdam apostolorum de mari, quosdam de telonœo, alios de diversis mundi commerciis vocatos cernimus, et illico apostolos videmus. Sed ne hæc magis veneranda miracula, quam imitanda exempla esse dicatis, ad vitam illam primitivæ Ecclesiæ recurrimus, quam esse eam, quæ apud nos servari debet, quis sanum sapiens negare potest? Quæ namque est vita monachica, nisi quæ tunc dicebatur apostolica? Hanc sane et illam eamdem esse, ipse beatus significat, cum tractans qualiter debeant fratres necessaria accipere, ait, scriptum est : *Dividebatur autem singulis, prout cuique opus erat* (*Act.* IV). De proprietariis quoque idem sancit, quod Petrus apostolus tenendum esse decrevit, cum Ananiam et Saphiram propria habere volentes, terribili morte damnavit (*Act.* V). Ad hanc ergo conversationem, quam sive monachicam seu apostolicam dixerim, nil refert, quicunque veniebat, ab apostolis suscipiebatur, illico cæteris jungebatur, nec per annum, ut apud vos, differebatur. Nunquid his omnibus auctoritatibus non acquiescitis, nec adhuc hominibus aditum venienti ad Deum reserabitis? Sed forte adhuc perstatis; et dicitis : Regulam beati Benedicti tenere voluistis. Nos econtra. Nunquid jam dicta a professione exclusimus? Nunquid Regulam servaturos nos vovimus et Evangelia negavimus? Nunquid dicta et facta Domini et apostolorum ejus imitari beatus Benedictus prohibuit? Nonne Petrus ait : *Christus passus est pro nobis, relinquens vobis exemplum ut sequamini vestigia ejus* (*I Petr.* II). Certe Christus omnibus quos vocabat, ut se sequerentur dicebat. Recolite Evangelia, et fere ubique sic invenietis. Sequi autem pro imitari positum a doctoribus nostris accepimus. Super hæc omnia matris charitatis regulam in his et in reliquis, nos sequi profitemur : quæ hoc sibi proprie vindicat, ut quidquid secundum eam fit, rectum, non distortum, æquum, non iniquum, justum, non injustum esse, manifestissimum sit. Ut enim Dominus ait, in ipsa *universa lex pendet et prophetæ* (*Matth.* XXII). Et beatus Gregorius : *Omne mandatum de sola dilectione est, et omnia unum præceptum sunt, quia quidquid præcipitur, in sola charitate solidatur.* Atque post pauca : *Præcepta Dominica, et multa sunt, et unum : Multa per diversitatem operis, unum in radice dilectionis.* Hinc beatus Augustinus : *Habe,* inquit, *charitatem, et fac quidquid vis.* Hanc charitatis, ut diximus, Regulam sequentes, novitios, mox ut veniunt, suscipimus : imo etiam secundum Dominum ut veniant invitamus, et implemus quod Joannes in Apocalypsi ait : *Et spiritus et sponsa dicunt : Veni; et qui audit dicat : Veni (Apoc.* xxii). Nec contrarii sumus Regulæ, quoniam charitatis oculum erga salutem proximi apertum habemus. Perpendimus quippe quia, si eum ab ordine nostro tam aspere deterreremus, ad sæculum revertens post Satanam converteretur ; et qui ad salutem venerat, in perniciem laberetur. Cujus perniciei reos nos ante subtile examen districti judicis inveniri formidamus, si quem salvare condescendendo possumus, perditum iri nostra austeritate permittimus. Pertractamus et hoc, quia sæpe etiam in vitiis bona præstantur. Hoc dicimus quod apud nos sæpe contingere cernimus. Nonnulli huic jugo colla sua submittentes, post aliquantum temporis diversis seu tentationibus seu tribulationibus oppressi, ad fæces mundi, quas dimiserant, reverterentur, nisi cogitarent quod semel fecerunt non posse se absque damnatione æterna prævaricari. Qui si aliquando hoc præsumunt, postmodum tamen hoc timore compulsi, ad ovile proprium revertuntur, et quia aliter salvari se non posse cognoscunt, velint, nolint, servant quod voverunt. Ipse quoque beatus Benedictus, quem nobis objicitis, pro nobis loquitur : *Sic,* inquit, *abbas omnia temperet atque disponat, ut animæ salventur.* Sed et Dominus in Evangelio : *Si oculus tuus fuerit simplex, totum corpus tuum lucidum erit (Luc.* xi). Hoc est, si intentio bona fuerit, et cuncta opera recta existent. His auctoritatibus, hac ratione confidimus nos juste agere, et beati Benedicti præceptum, qui in nullo Scripturis divinis contrarius esse potest, in suscipiendis novitiis optime conservare. His omnibus adjungimus illud, quod isto fraternæ charitatis intuitu licet plerumque magistris Ecclesiæ Dei Patrum instituta transgredi, et ad utilitatem animarum regularum præcepta moderari. Ad hoc enim omnium divinarum Scripturarum oculus tendit, et hæc ejus finalis causa est, ut sive arguendo, sive obsecrando, sive increpando, sive parcendo, sive corripiendo, sive quocunque modo agendo salus animarum provideatur, et homo, ad cujus doctrinam scripta sunt quæcunque scripta sunt, Deo, a quo disjunctus fuerat, iterum conjungatur. De his multa in canonibus ecclesiasticis invenimus, a sanctis videlicet Patribus bene prius sancita, et a subsequentibus juxta rationem temporum, certis de causis mutata, ut est, verbi gratia, de illis qui in hæresim vel in aliquod damnabile peccatum et publicum corruunt, quos primi canones ad pristinum clericatus vel dignitatis gradum accedere prohibent, sequentes vero, necessariis cogentibus causis, aliquando permittunt. Sic et de presbyterorum filiis, ne presbyteri fiant, et de episcopis ne ad aliam sedem transferantur constitutum est : sed in multis utilitatis gratia non servatum. Papa etiam Gregorius Anglos noviter ad fidem conversos, contra prædecessorum suorum, ac multorum conciliorum statuta, in quinta linea copulari permisit (45). Hæc et multa his similia a quibusdam Patribus statuta, ab aliis certa necessitate vel utilitate immutata, persæpe reperiuntur. Synodus Nicæna secundo capitulo dicit : *Frequenter sive ex necessitate, sive alio quolibet modo, transgredi contigit homines ecclesiasticos canones.* Et sanctus papa Leo : *Ubi,* inquit, *necessitas fuerit, ad utilitatem Ecclesiæ qui potestatem habet, ea dispenset. Ex necessitate enim sit mutatio legis.* Item Felix papa : *Contemplari oportet,* inquit, *quod ubi occurrit necessitas, sæpe constitutiones Patrum transgredimur.* Hæc diximus, istis vos expugnantibus exemplis et testimoniis cinximus, ut nullus jam evadendi vobis supersit locus. Cum enim audiatis necessitatis, sive utilitatis gratia posse Patres mandata moderari, negabitis hominem ad monachatum nisi potest annum posse suscipi? Et quæ major necessitas aut utilitas, animarum salute, potest inveniri? Illa necessitate, illa utilitate, ne dilati pereant, ad nos venientes aliquando sine mora suscipimus. Et quia jam dicto charitatis oculo salutem proximi sic agendo procuramus, nec Regulæ, quæ tantum salutem hominum requirit, nec alicui divinæ Scripturæ contraimus, imo implendo quod volunt, eis in omnibus concordamus.

Post hæc requiritis qua auctoritate usum pelliciarum et diversarum pellium nobis defendimus (46), cum in Regula nihil de hujusmodi reperiatur. Sed

ANDREÆ CHESNII NOTÆ.

(45) *Papa Gregorius Anglos noviter ad fidem conversos in quinta linea copulari permisit.* Beda lib. 1 Ecclesiasticæ historiæ gentis Anglorum, cap. 27. « Interea vir Domini Augustinus venit Arelas, et ab archiepiscopo ejusdem civitatis Etherio, juxta quod jussa sancti Patris Gregorii acceperant, archiepiscopus genti Anglorum ordinatus est. Reversusque Britanniam, misit continuo Romam Laurentium presbyterum, et Petrum monachum, qui beato pontifici Gregorio gentem Anglorum fidem Christi accepisse, ac se episcopum factum esse referrent. Simul et de eis, quæ necessaria videbantur, quæstionibus ejus consulta flagitans. Nec mora congrua quæstionibus responsa suscepit. » Et paulo post: « Interrogatio Augustini : Usque ad quotam generationem debeant fideles cum propinquis sibi conjugio copulari ? Respondit Gregorius : Quædam terrena lex in Romana republica permittit ut sive frater et soror, seu duorum fratrum germanorum, vel duarum sororum filius et filia misceantur. Sed experimento didicimus ex tali conjugio sobolem non posse succrescere. Et sacra lex prohibet cognationis turpitudinem revelare. Unde necesse est ut jam tertia vel quarta generatio fidelium licenter sibi jungi debeat. Nam secunda, quam diximus, a se omni modo debet abstinere. » Sed de quinto gradu nihil.

(46) *Qua auctoritate usum pelliciarum et diversarum pellium nobis defendimus.* Hunc pellium et pelliciarum usum monachis vicissim et laicis communem ab antiquo fuisse jam diximus, et nunc adhuc exemplis aliis ostendemus. Beatus Odo, libro ii

et nos requirimus qua auctoritate ea auferre conamini. Quam cum afferre non potueritis, quod revera non potestis, nos nostras in medium afferemus rationes, et ex his nos nil male agere vestiti pelliciis demonstrabimus. Verba igitur Regulæ in primis discutiamus, et si nobis pelles abstulerit, illico dimittemus. Audite ergo, unde nos impetitis. *Vestimenta*, inquit, *fratribus secundum locorum qualitatem* (47), *aut aerum temperiem dentur, quia in frigidis regionibus amplius indigetur; in calidis vero minus*. Hæc ergo consideratio penes abbatem sit. Hæc dicens, nullam vestimentis certam metam præfixit, nihil necessitati abstulit, in arbitrio Patris spiritualis totum posuit; et tam in his quam in cæteris similibus necessaria conservans, superflua tantum resecavit. Unde et alibi dicit : *Quod superfluum est, amputari debet*. Apostolus quoque idem confirmat : *Carnis*, ait, *curam ne feceritis in desideriis* (Rom. xiii). Inde beatus Gregorius. Cum carnis curam in desideriis facere prohibemur, in necessitatibus concedimur. Igitur secundum hæc Apostoli præcepta, juxta beati Benedicti supra scripta dicta, secundum illa quæ de Actibus apostolorum alio loco inducit, dicens : *Dividebatur singulis prout cuique opus erat* (Act. iv), juxta omnia quoque divinarum litterarum mandata, licet abbati superfluitate recisa, pellicias vel cætera indumenta fratribus largiri, et more boni pastoris ovibus sibi commissis cuncta necessaria providere. Et ne exempla deesse videantur, ipsum Deum primis hominibus post lapsum hujusmodi indumenta dedisse legimus. *Fecit*, inquit, *Deus Adam et uxori ejus tunicas pelliceas, et induit eos* (Gen. ii). Cum ergo hæc indumenta non pro gloria, sed pro ignominia, non pro deliciis, sed pro pœnitentia, non pro honore, sed pro dedecore, Deus eis contulerit, quare vos ac si delicias, et aliquid magnum pelles monachis auferre conamini? Hæc plane hujusmodi indumenta in exsilio positos patriæ recordari commonent, quæ ab ea expulsi, in sustentanda fragilitate se accipisse recolunt. Sanctos quoque prophetas pellibus usos Apostolus in laude martyrum memorat, dicens : *Circumierunt in melotis, in pellibus caprinis* (Hebr. 11). Elias namque propheta zona pellicea accinctus fuisse describitur (*IV Reg.* 1). Et de Joanne Baptista Evangelium loquitur : *Erat Joannes vestitus pilis cameli, et zona pellicea circa lumbos ejus* (Matth. iii; Marc. 1). Beatum Antonium eremitarum Patrem, pellicea usum fuisse legimus. Hinc de ipso beato Benedicto legimus in Dialogo : *Eodem quoque tempore hunc in specu latitantem etiam pastores invenerunt. Quem dum vestitum pellibus inter frutecta cernerent, aliquam bestiam esse crediderunt*. Si utique in usu pellium peccatum esse crederent, nequaquam tanti viri, qui omnibus imitandi proponuntur, his uti voluissent. Sed quia inter superflua et necessaria distinguere noverant, superfluis longe remotis, cum et ab ipsis necessariis majoris virtutis merito in multis abstinerent, ista tamen indumenta, quibus utentes monachi non esse dicuntur, sibi retinuerunt, et prophetæ et martyres sancti ea ferentes permanserunt. Sed et illud, quod de tunica et cuculla subsequitur, quam discrete, quam provide, quam charitative dixerit, quantumque a vestræ indiscretionis inhumanitate discordaverit, si nondum perpendistis, tandem animadvertite. *Mediocribus*, ait, *locis sufficere credimus per singulos cucullam et tunicam : Cucullam in hieme villosam, in æstate puram aut vetustam*. Quod, quæso, hic præceptum? quæ coactio? Quid hic dicitur quod a nobis non servatur? Sufficere credit, non præcipit, nec omnibus in locis, sed mediocribus locis monacho cucullam et tunicam. Nunquid credere est præcipere? Nunquid mediocria loca sunt omnia loca? Hoc mandatum transgredimur, hinc

ANDREÆ CHESNII NOTÆ.

Vitæ sancti Geraldi comitis Aureliacensis, cap. 5 : « Vestimentis autem pelliceis super vestibus lineis utebatur, quia genus istud indumenti solent clerici vicissim, et laici in usum habere. Duas tamen pelliceas nunquam simul habebat. » De monachis docet additio ad capitul. Car. Magni et Ludovici regum, cap. 22 : « Ut si infra positæ mensuræ quantitatem decreverit abbas causa necessitatis quidpiam augeri, in illius maneat potestate. Alioquin hoc omnino provideat, ut camisias duas, et tunicas duas, et cucullas duas, et cappas duas unusquisque monachorum habeat, pellicéas usque ad talos duas, » etc. Et Goffridus abbas Vindocinensis lib. 1, epist. 12, ad Calixtum papam : Hoc intersigno præsentes litteras meas esse pater meus agnoscat, quod Armanno monacho Romæ pro ejus amore bene servivi ; et cum apud Turonum nocte nudatus esset a furibus, non dimidiam vestem ut beatus Martinus, sed grisiam pelliciam atque varias pelles obtuli patri meo, quem nimia charitate semper dilexi et diligo. » De laicis vero testatur etiam Guillelmus Carnotensis in Vita sancti Ludovici, cum dicit eum, « ex quo prima vice viam arripuit transmarinam, nunquam indutum esse squaleto, vel panno viridi, seu bruneto, nec pellibus variis, vel veste nigri coloris, vel camolini, seu persei. » Unde et apud Ulpianum : « Vestis etiam ex pellibus constabit, cum et tunicas pelliceas nonnulli habeant. » Nec profecto viri tantum, verum et mulieres, tam sæculares quam velatæ, pellibus illis ac pelliciis quondam uti consuetæ. Notitia Mollendini de Cappa in Vindocino siti : « Notum flat nostrorum posteritati successorum quod Hildiardis uxor Fulcherii de Vindocino emit unum molendinum, in Ledo fluvio in loco qui dicitur ad Cappam situm, ad opus Sancti Martini Majoris Monasterii, de quodam homine Guismando nomine, annuente uxore sua, nomine Emelina, quæ habuit ob hoc primo pelliciam xL solidorum, postea c solidos. » Et statuta vetera Domus Dei Paris. : « Sorores habebunt singulæ tres camisias, et tres succainas talares, primo pellicem agninum novum, et suum vetus, si opus fuerit. »

(47) *Vestimenta fratribus secundum qualitatem*, etc. Verba sunt capitis 4 Regulæ S. Benedicti. Quæ Cassinenses in suo declaratorio interpretantes, addunt : « Qui vero pellicea propter aliquam infirmitatem, seu necessitatem indiguerit, careat rata vestimentorum illo anno sibi contingenti. Et hæ pelliceæ ad necessitatem, non ad ostentationem aut luxum concedendæ sunt. In ipsis igitur cavendus est omnis ornatus, ne illis uti liceat loco tunicarum, aut sine tunicis, sed superinduantur illis utentes et tunica præsertim accedentes ad chorum aut refectorium. »

rei arguimur, hinc voti prævaricatores dicimur. Sed si nos pelliciis utendo, quoniam de eis Regula reticet, prævaricemur, prævaricamini nobiscum et vos, qui simplici flocco et cuculla contenti esse non vultis, et ultra Regulæ metas, quæ nihil de his loquitur, multiplices, et quotquotlibet tunicas induitis, et eas absque aliqua discretione fertis. Si vero responderitis quod quidam vestrorum nostris aliquando responderunt, videlicet hoc vos causa necessitatis agere, respondebimus et nos similiter, necessitate, hoc est frigoris importabili asperitate pellium munimenta portare. Et si hac ratione immunes vos a Regulæ transgressione videri cupitis, eadem ratione nos Regulæ transgressores non esse, nihilominus declaramus. Cum ergo vestimenta fratribus secundum locorum qualitatem, aut aerum temperiem, dari Regula jubeat, cum hanc considerationem penes abbatem esse decernat, cum, secundum apostolicam sententiam, dividi singulis prout cuique opus est, præcipiat, cum carnis curam in desideriis Apostolus fieri prohibeat, sed in necessitatibus permittat, licet plane abbati, licet his, quos indigere viderit, necessaria subsidia, seu in vestibus, seu in quibuscunque libuerit rebus pro velle ministrare. Nec tantum licet, sed etiam prævaricatæ Regulæ reus existeret, si quod Regula exhiberi egentibus charitative præcipit, non exhiberet.

Femoralia sane eadem ratione necessitatis, munditiæ et honestatis nobis defendimus, recolentes insuper Deum præcepisse ne summus sacerdos sine femoralibus lineis ad altare suum accedere præsumeret, ne si hoc faceret, pœnam mortis incurreret. Et licet cuncta illa sacerdotalia, vel Levitica indumenta, sive ornamenta, Ecclesia Dei moribus magis quam corporibus coaptet, et non litteram mortificantem, sed spiritum vivificantem sequatur, sunt tamen quædam, quæ more illo antiquo adhuc in Ecclesia decoris causa observantur, ut quæ erant futurorum significativa, sint præteritorum repræsentativa : sicut, verbi gratia, quædam in pontificalibus vestimentis morem pristinum imitari cernimus, quæ non ob superstitionis observantiam, sed ob utriusque legis spiritualem, ut diximus, consonantiam fieri intelligimus. Nam licet, secundum Apostolum, omnia illis in figura contingerent (*I Cor.* x), sacramento tamen honestas seu utilitas aliquando conjungebatur. Et quamvis in feminalibus lineis ministris Dei castitas indiceretur, tamen honestas velandorum inhonestorum non excludebatur, imo sollicite præcipiebatur. Unde et Apostolus : *In-*

honesta, inquit, *nostra abundantiori honore circumdamus (I Cor.* xii). Hujus ergo rei honestas quidem intelligitur, necessitas autem apertius exponeretur, si de talibus, sicut de cæteris, libere loqui permitteremur. Honestum tamen est, utile est, necessarium est ; et idcirco contra Regulam, quæ nulla, ut sæpe jam diximus, necessaria interdicit, nec in hoc aliquid agimus.

De stramentis autem lectorum (48) quæ objecistis, miramur quomodo objicere potuistis. An enim obliti estis verba Regulæ, quæ dicit : *Lectisternia pro modo conversationis, secundum dispositionem abbatis sui accipiant?* Unde quod abbate permittente, nobis et supponimus et superponimus, si superflua desunt, juste secundum Regulam sine aliquo inobedientiæ periculo facimus. Eapropter quoniam argui de prævaricatione non possumus, injuste reprehendentes de non recta reprehensione, rectius reprehendere possumus.

Hinc ad duo pulmentaria quæ intulistis veniamus, et tam de ipsis quam de panis et vini mensura (49), quid Regula dicat videamus : *Panis*, inquit, *libra una propensa sufficiat in die, sive una sit refectio, sive prandii et cœnæ. Quod si cœnaturi sunt, tertia pars a cellarario reservetur, reddenda cœnaturis.* Ecce qui de iota uno, aut uno Regulæ apice calumnias machinamini, insurgite, irruite, invenistis quid dicatis, quid objiciatis, hic plane nos damnare, hic prævaricatores arguere, hic voti transgressores vocare, sine contradictione potestis. Si enim propensa libra panis in die monacho non suffecerit, si vel modicum supra libram, vel pro libra aliud sumpserit, nisi integram tertiam partem ad opus cœnæ sibi reddendam cellarario non alteri reddiderit, si plus vel minus de libra in prima refectione comederit, quam ut tertia pars ad servandum residua sit, id est ut nec plus tertia parte, nec minus comedenti supersit, quid aliud quam a Deo condemnamur, a paradiso excludimur, ut perjuri et filii perditionis in inferno retrudimur? Quid tamen de illis dicetis qui extra equitant, et necessitate monasterii per diversa euntes, multo tempore a monasterio absunt? Nunquid semper panem suum trutinare poterunt? Nunquid semper et ubique cellararium monasterii secum habere valebunt, cui quando bis comederint, tertiam partem libræ suæ ad cœnam illam recepturi, nec de alio pane comessuri, commendare valeant? Vere liquantes culicem, et camelum glutientes, decimantes mentham, et anethum et cyminum, et relinquentes quæ sunt graviora legis,

ANDREÆ CHESNII NOTÆ.

(48) *De stramentis autem lectorum.* S. Benedictus, cap. 55, Regulæ, « Stramenta, inquit, lectorum sufficiant, matta, sagum, lena, et capitale. » Qui locus a Cassinensibus sic declaratur : « Prælati prohibeant ornamenta lectorum, et præsertim ne circumcirca sint panno lineo aut laneo septa cujusvis coloris et qualitatis, » etc. Et cum monachis usus lineorum interdicatur, hoc præcipue in stramentis lectorum servari debet. Licet etiam super sagum, aut mattam pannum laneum habere, aut lineum grossiorem, qui possit removeri et ablui.

(49) *De panis et vini mensura.* Hanc nos alibi jam explicabimus, et de ea etiam Additio I ad capitul. regum, cap. 23 : « Ut ea, inquit, quam monachi sui habent mensura, sint abbates contenti in manducando, in bibendo. » Et cap. 77 : « Ut unicuique fratri in cibo et potu sua mensura separatim detur, et de tota mensura cibi alicui nihil tribuat. »

judicium, et justitiam, et veritatem (*Matth.* xxiii). Sic quippe sentientes, quid aliud quam Deum verborum venatorem magis quam cordium scrutatorem esse videri vultis? Cumque ad cor semper respicere dicatur, et simplicitate oculi totum corpus lucidum fieri, ipse confirmet (*Luc.* ii), vos econtra, magis eum linguæ motus, et sonum omnium auribus communem notare, talia dicentes, sentire videmini. Et cum probetur materiam salutis nostræ propter suam immensam pietatem libentissime perquirere, quod ex multis Scripturarum locis conjicere, imo aperte cognoscere quilibet potest, ut verbi gratia, cum ad Abraham loquens, pro decem Sodomitarum justis se cæteris indulgere promisit (*Gen.* xviii), et viduam duo tantum minuta offerentem laudavit (*Matth.* x), et cum danti calicem aquæ frigidæ mercedem reddit (*Luc.* xv), et bonæ voluntatis hominibus pacem annuntiat (*Luc.* ii), vos e converso velut ei insidiantem ipsum nitimini comprobare. Hoc certe facitis, cum hæc et alia Regulæ verba, non ut oportet, intelligitis, non ut decet, exponitis. Hoc facitis, cum profitentium verba, magis quam corda, Deum attendere dicitis. Non ita, non ita sensit sanctus, qui spiritu omnium justorum plenus fuisse dicitur, non ita sensit; sed audite quid senserit. Intellectum ejus verba sequentia demonstrant. *Quia si labor*, inquit, *forte major factus fuerit, in arbitrio et potestate abbatis erit; si expediat aliquid augere, remota præ omnibus crapula, ut nunquam subrepat monacho indigeries, quia nihil sic contrarium est omni Christiano, quomodo crapula, sicut ait Dominus noster:* « *Videte ne graventur corda vestra in crapula* (*Luc.* xxi). » Hæc dicens, quid aliud quam necessitatem retinuit, vitium amputavit, atque in arbitrio abbatis cuncta hujusmodi esse censuit? Sed et omnia verba ejus de mensura potus tractantis, nonne huic nostræ intelligentiæ astipulantur? Quæ brevitatis gratia libenter intermitteremus; sed quia his maxime ejus intentio, atque discretio cognosci potest, oportet ut ea ponamus. *Unusquisque*, ait, *proprium donum habet ex Deo; alius sic, alius vero sic* (*1 Cor.* vii). Et ideo cum aliqua scrupulositate a nobis mensura victus aliorum constituitur. Tamen infirmorum contuentes imbecillitatem, credimus eminam vini per singulos sufficere per diem. Quibus autem donat Deus tolerantiam, abstinentiæ, propriam se habituros mercedem sciant. Quia si loci necessitas aut labor, aut ardor æstatis amplius poposcerit, in arbitrio prioris consistat, considerans in omnibus ne subrepat satietas aut ebrietas, licet legamus vinum omnino monachorum non esse. Sed quia nostris temporibus id monachis persuaderi non potest, saltem vel hoc consentiamus, ut non usque ad satietatem bibamus, sed parcius, quoniam vinum apostatare facit etiam sapientes (*Eccli.* xix).

Dicite ergo syllabarum discussores, nonne hæc omnia indiscretionem vestram condamnant? nonne sententiam nostram omnimodis approbant? Donorum diversitates diversis a Deo donari dicit, et ideo cum scrupulositate mensuram victus aliorum constituit : constituendo tamen nihil præcipit, sed eam mensuram quam ponit, posse sufficere fratribus credit. Si labor, aut ardor, aut quælibet necessitas amplius poposcerit, in arbitrio prioris constituit, superflua et vitiosa tantum more solito resecans, et idcirco satietatem, aut ebrietatem caveri in omnibus admonens. De pulmentariis etiam nihil affirmando, nihil præcipiendo, sed totum sub moderatione ponendo, ita scribit : *Sufficere credimus ad refectionem quotidianam omnibus mensis cocta duo pulmentaria propter diversorum infirmitates, ut forte qui ex uno non potuerit edere, ex alio reficiatur. Si ergo quisquam infirmitatis propriæ causa ex duobus illis non potuerit edere, non oportet eum ex tertio refici?* Quod si nec ex tertio, non debet ei quartum offerri? Sic etiam diversa diversis pro qualitate infirmitatum, hoc est, prout cuique opus est, superfluitate semper et ubique recisa, non debent charitative impertiri? Hoc sanctus ille intellexit, hoc scripsit, hac de causa nihil aliud de talibus diffinire, nil præcipere voluit; sed pro qualitate locorum, temporum, morum, infirmitatum, et diversorum accidentium, cibos, potus, vestes, et ad extremum universa, tam corporibus quam animabus necessaria, subditis a Patribus dari sancivit, animarum saluti tantummodo intentus, et eam, sive dando, sive subtrahendo, sive parcendo, sive corripiendo, procurare sollicitus. Hoc ostendit omnibus fere in locis Regulæ suæ, hoc specialiter dicit in capitulo superius dicto, quo tractat si omnes debent æqualiter necessaria accipere. *Sicut*, inquit, *scriptum est :* « *Dividebatur singulis, prout cuique opus erat* (*Act.* iv). » Ubi non dicimus, ut personarum, quod absit, acceptio sit, sed infirmitatum consideratio. Ubi qui minus indiget, agat Deo gratias, et non contristetur. Qui vero plus indiget, humilietur pro infirmitate, non extollatur pro misericordia : et ita omnia membra erunt in pace. Huic rationi Regula charitatis, quæ ad universa se extendit, et omnia sua rectitudine recta facit, attestatur, ubi beatus Augustinus in libro De moribus Ecclesiæ catholicæ, contra Manichæos scribens, dicit : *Continent se igitur hi qui possunt, qui tamen sunt innumerabiles, et a carnibus, et a vino, duas ob causas, vel propter fratrum imbecillitatem, vel propter libertatem suam. Charitas præcipue custoditur, charitati victus, charitati sermo, charitati habitus, charitati vultus aptatur. Coitur in unam conspiraturque charitatem. Sciunt hanc commendatam esse a Christo, et apostolis, ut si hæc una desit, inania sint omnia; si hæc adsit, plena sint omnia. Hanc violare, tanquam Deum, nefas ducitur. Hanc si quid offendit, unam diem durare non sinitur.* His et similibus satisfecimus, nisi obstinata voluntas maneat vestra tuendi, et magis disponatis quæ vestra sunt litigando defendere quam probatæ rationi et auctoritati acquiescere. Transeamus ad reliqua.

Opponitis deinde nos contra Regulam plusquam

tertio fugitivos suscipere (50). Nos vero ad ista : Miramur, valde miramur unde istud novum Evangelium ortum est, quod contra totius orbis fidem dimicat, et spem veniæ peccatoribus interdicit. Dicant qui post trinam prævaricationem reverti volentibus aditum claudunt, cur Christus Petro, postquam ter negavit, non tantum indulsit, sed et pascendas oves suas tertio commisit, eumque majorum maximum et apostolorum principem constituit. Dicant utrum Scriptura mentiatur, quæ dicit : *Septies cadit justus, et resurgit (Prov.* xxiii) : Dicant quid eis de verbis Domini videatur, quibus Petro interroganti quoties peccanti fratri deberet indulgere, an usque septies, respondit : *Non dico usque septies, sed usque septuagies septies (Matth.* xviii). Ostendant quomodo intelligunt quod alibi ipse Dominus ait : *Si dimiseritis unusquisque fratri suo de cordibus vestris, dimittet et vobis Pater vester cœlestis peccata vestra (Matth.* vi); nec diffinitum numerum remissionis præfecit, sed indiffinite posuit, dans intelligi, quod quoties quis fratri indulserit, toties ei Deus indulgeat. Hinc in oratione quam Ecclesiæ dimisit, addit : *Dimitte nobis debita nostra, sicut et nos dimittimus debitoribus nostris (Matth.* vi ; *Luc.* xi). Unde non dubitatur quod quoties quæ nostris debentur dimittimus, toties, ut diximus, nobis debita, hoc est peccata nostra, a Deo dimittuntur. Sed quare exemplis immoramur, cum nullum sanæ fidei lateat, converti ex corde volentibus januam misericordiæ usque ad ultimum spiritum semper esse reseratam; et fontem domus David in ablutionem peccatoris et menstruatæ (*Zach.* xiii), per omne præsentis vitæ spatium indifferenter patentem, nulli negari? Verba quoque Regulæ, qu prave vel parum intelligentes, ista dicere præsumpsistis, in nihilo vobis suffragantur. Et ut pateat verum esse quod dicimus, ipsa ponamus : *Si frater,* inquit, *proprio vitio de monasterio exierit, aut projectus fuerit, in ultimo gradu usque tertio recipiatur; iam vero postea sciat sibi omnem reversionis aditum denegari.* Non, inquit, denegetur ; sed, *sciat sibi denegari.* In qua sententia cum nihil præcepti inveniatur, non obicem misericordiæ posuisse, sed terrorem temerariis intentasse cognoscitur. Ergo desinite talia loqui, et non Scripturas vestro sensui sed sensum vestrum Scripturis applicate ; et converti veraciter cupientes, absque ulla retractione , etiam millies suscipite. Alioquin Deo contrarii et Regulæ adversarii inveniemini.

In jejuniis vero Regulam nos optime sequi credimus. Quod si non creditis, exponimus. A Pentecoste usque ad Idus Septembris, sicut ipsi opposuistis, quarta quidem et sexta feria usque ad Nonam jejunare præcipimur (51); et aliis diebus ad Sextam prandere. Hanc tamen prandii Sextam continuandam dicit si necessarium fuerit, et in abbatis ponit providentia, ut sic omnia temperet, atque disponat, qualiter et animæ salventur, et quod faciunt fratres, absque murmuratione faciant. Et quia horam illam refectionis sicut cæteris diebus, ita quoque duabus illis feriis continuandam dicit, hoc est, ad Sextam posse fratres ex necessitate comedere, quia hoc in abbatis providentia ponit, quia sic omnia abbatem temperare atque disponere præcipit, ut animæ salventur, quia ut fratres absque ulla murmuratione faciant, quod faciunt, providetur, cum a Pentecoste usque ad Idus Septembris omnem feriam ad Sextam ex præcepto abbatis comedendo continuamus, nil nos offendere credimus, neque a Regulæ statutis deviare existimamus. Ab Idibus autem Septembris usque ad caput Quadragesimæ, secundum Regulam ad Nonam semper reficimus ; diebus Dominicis propter universalis Ecclesiæ decreta, et quibusdam duodecim lectionum solemnitatibus exceptis. Dies autem Dominicos etiam apud vos observari audivimus. Quia si nos in jam dictis festivitatibus bis comedendo peccavimus, quoniam id Regula non permittit, peccatis nihilominus et vos, qui diebus Dominicis bis comeditis, quoniam nec ipsos a serie jejunii in Regula invenimus exceptos. Si vero honore Domini Dominicis diebus jejunia solventes juste agitis, et nos Domini et servorum ejus honore, bis in eorum solemniis comedentes nihilominus juste agimus.

De opere manuum, quod superioribus capitulis adjunxistis, sufficientissimas habemus rationes : quæ et vestra objecta prorsus invalida demonstrantes, ea longe propellant, et quæ apud nos geruntur, approbent et manu teneant. Et ut hoc apertissime pateat, videamus non tantum quid de opere manuum Regula præcipiat, sed etiam quare illud præcipiat. *Otiositas,* ait, *inimica est animæ. Et ideo certis temporibus occupari debent fratres in labore manuum : certis iterum horis in lectione divina.* Ecce audistis quia operari jubet : animadvertite, ut diximus, ob quid jubeat. Otiositatem esse inimicam animæ prædicat et ideo ne animæ, cui inimica cognoscitur, nocere valeat, tam lectione quam manuum labore eam excludere satagit. Dicite ergo : Si aliis bonorum operum exercitiis idem potest fieri, non videtur vobis bene Regula servari? Si, inquam, aliis bonis operibus (nam multa alia bona opera præter opus manuum possunt inveniri) occupare semper totius diei spatium monachi possunt, cum ad hoc tantum ne otiosi sint operari præcipiantur, nonne illa agentes a prævaricatione Regulæ omnino alieni perma-

ANDREÆ CHESNII NOTÆ.

(50) *Opponitis deinde nos contra Regulam plus quam tertio fugitivos suscipere.* De fugitivis recipiendis, præter textum Regulæ, qui legitur cap. 29, exstat et caput integrum in lib. Consuetudinum Cluniacensium.

(51) *Quarta et sexta feria usque ad Nonam jejunare præcipimur.* Additio 1 ad capitul. cap. 18 : *Ut quarta et sexta feria jejunantes ante Nonam, aut post Nonam, si necessitas fuerit, juxta prioris arbitrium levia opera exerceant.*

nent? Plane ita, certe ita, velint nolint adversarii. Quocunque bono exercitio, otiositate fugata, Regula custoditur, nemo hæc agentium juste transgressor dicitur, calumnia illata longe rejicitur. Nisi autem essent opera præter rusticationem Deo acceptabilia, nequaquam Judæis diceret Dominus : *Operamini non cibum qui perit, sed qui permanet in vitam æternam (Joan.* vi). Si sane corporalia opera spiritualibus exercitiis præferrentur, nequaquam Maria ad pedes Domini sedere, et verba ejus indesinenter audire a cæteris operibus otiosa elegisset, nequaquam sororem suam solam ministrare permisisset, nequaquam Dominus eam optimam partem elegisse divisset *(Luc.* x). Ergo si orando, legendo, psallendo, injuncta religiose implendo, vel alia quælibet hujusmodi bona agendo animus occupatur, Regula, ut diximus, perfecte servatur, quoniam hæc operando, monachus non otiosus, sed bene negotiosus in omnibus comprobatur Et ut aliquod supponamus exemplum, discipulum ipsius beati Benedicti sanctum Maurum, ad has Galliarum partes pro construendis secundum ipsius doctrinam cœnobiis ab ipso directum, legimus hunc morem in monasterio quod in Andegavensi episcopatu construxerat (52), tenuisse, ut quia eis sine proprio labore cuncta necessaria suppeditabant, omisso manuum opere spiritualibus, ut diximus, exercitiis exercitati, otiosi non essent, sicque sibi nuper a sancto traditam Regulam, bona semper operando, optime conservarent. Quod si se beatus Maurus contra professionis suæ votum agere intellexisset, cum in intellectu hujusce rei nullo modo falli potuisset, nequaquam sic suos vivere permisisset. Qui etiam si voti prævaricator esse non vereretur, et operari manibus, vel resolutione nollet, vel fastu dedignaretur, nec Deus pro ipso tam mira et multiplicia opera operari, nec ipsis mortuis ejus precibus vitam reddere dignaretur. Hinc ad sequens capitulum, cui non esset respondendum, quia ne esset opponendum, veniamus : et inde nos maxime transgressores, ne Cistercienses offendantur, cognoscamus. Sed dicite, qui hæc opponent? Plane ita, certe ita, velint nolint adversarii. A nitis, utrum ludo, an serio hoc dicatis. Nam si ludo, frater a fratre deludi non debuit. Si serio, insulsa interrogatio deberet magis silentio contemni, nisi putaretur ei non posse respondere.

Objicitur nobis, cur omnibus venientibus, sive discedentibus hospitibus, tam abbas, quam cuncta congregatio in terra non prosternitur, vel cunctorum in conspectu omnium hospitum capita non inclinantur, cur aquam in manibus abbas hospitibus non dat, cur pedes hospitibus omnibus tam abbas quam cuncta congregatio non lavat. Affirmatur ab objectoribus monachos salute fraudatos, nisi hæc ut sonuerunt, servare voluerint. Et, o homines puerorum more papiliones sequentes, pugnantes, sed non nos, sed aerem verberantes, inania opponentes, B discretionis matris virtutum semitam non sequentes et ideo a rectitudine itineris deviantes, dicite, quæsumus : Voti prævaricatrix, et idcirco æterna salute defraudata judicabitur Cluniacensis, seu alia quælibet congregatio, nisi omnibus advenientibus vel discedentibus hospitibus cum abbate suo inclinaverit, aut ante eos prostrata jacuerit? Damnabitur, nisi pedes et manus hospitibus omnibus laverit? Oportebit igitur, aut conventum in domo hospitum assidue morari, aut hospites in claustro, et fratrum officinis hospitari. Neque enim aliter injuncta poterunt implere, nisi simul detur et manere. Assiduitas quippe advenientium assiduitatem expetet ministrantium. Unde fiet ut quos monachos esse vultis, jam C monachi esse non possint, et cum sæcularibus commanentes, nomen monachi et vitam amittant; et dum hoc unum Regulæ mandatum indiscrete servare contenderint, cætera deserant, nec istud etiam obtineant. Sic plane, sic continget, sic eveniet clericis, militibus, rusticis, clientibus, mimis, et diversarum qualitatum hominibus, ipsis quoque, quæ ab hospitali charitate non excluduntur, mulieribus monachi cohabitabunt : et illi singulares, illi mundo mortui, illi, quibus nec ipse communis aeris usus libere hauriri permittebatur, communi hominum conversationi quam reliquerant, iterum commiscebuntur.

ANDREÆ CHESNII NOTÆ.

(52) *In monasterio quod in Andegavensi episcopatu construxerat.* Glannafolium scilicet, ubi sanctus ipse Maurus obiit anno Christi 582 post regiminis annos 40 : Unde et *monasterium Sancti Mauri in Glannafolio* dicitur à scriptore Chronici Cassinensis, cap. 67 libri iv. De eoque refert Odo Fossatensis monachus libro i Miraculorum beati Mauri, cap. 5 : quod « Rorigo venerabilis comes, ne per succedentia tempora, habitationum forte negligentia, a rectitudine regularis tramitis exorbitaret, præceptum imperialis edicti a serenissimo imperatore Ludovico ex sacro promeruit scripto, quatenus rectores Fossatensis monasterii, semper providentiam de eodem loco habentes, instantiam sollicitudinis suæ tam loco quam congregationi vigilanti cura in omnibus adhiberent, tales videlicet suæ congregationis eis magistros et præpositos ordinando fratres, quorum nutu et regimine cuncta illic perficienda, et interius et exterius studiose disponerentur. » Verum et ipsis Fossatensibus in hac administratione non bene se gerentibus, tandem Urbanus II papa, sicut est in præfato Chronico Cassin. cap. 18, lib. ix : « pro D negotiis ecclesiasticis in Gallias ingressus, » in Turonensi concilio, ubi « ipse præsidebat, monasterium Sancti Mauri in Glannafolio a Fossatensium monachorum abstractum tyrannide, pristinæ dignitati libertatique restituit ; sub magisterio tantum Casinensis cœnobii perpetuo mansurum. » Postea Calixtus II, « rogatus a cardinalibus, inquit idem Chronicon, cap. 66 : qui secum advenerant in Gallias, et monachis, et ab abbate Girardo, ejusdem confessoris Christi Mauri ecclesiam suo solemniter dedicavit. In qua etiam corpora sanctorum Antonii et Constantiniani, qui de Casinensi cœnobio ad Gallias cum beato Mauro perrexerant, cum maxima reverentia posuit. » Ac denique « dum possessiones illius monasterii a quibusdam diriperentur, Germaniæ episcopis scripsit, ut direptas restituendas curarent. » Et eo etiam prædictus Girardus Cassinensis abbas « concessit fratrum vestiario ecclesias Sanctæ Mariæ de Casaliplano, Sancti Benedicti in Petinari, Sancti Nicolai in Castro, et Sancti Martini, cum omnibus pertinentiis ipsarum ecclesiarum. »

Tanta certe est advenientium fere semper frequentia, ut si omnibus inclinare, vel ante omnes prosterni oporteat, si omnibus manus et pedes abluere, expediat, cum eis ab ortu solis usque ad occasum, ut diximus, fratres omnes esse necessarium sit, et tam in metanœis quam in ablutione manuum et pedum totam diem expendere (53), cum nec multoties ad id operis per omne diei spatium valeant sufficere. Cessent igitur ab omni divino officio, cessent a servandis reliquis Regulæ decretis, cessent ab ipsa refectione corporea non Primam, non Tertiam, non Sextam, non Nonam, non denique Vesperas, non Completorium, non Missas celebrare curent. Hæc omnia pro manuum et pedum ablutione dimittant, et vel muta sit Ecclesia, vel quærantur qui fratrum in his omnibus suppleant vicem. Nonne hæc ridicula videntur? Nonne talia ipsi insensati detestarentur? Nonne hæc non debere fieri, ipsa bruta animalia vociferarentur? Facimus tamen quod possumus, et per totius anni spatium unaquaque die tribus peregrinis hospitibus manus et pedes abluimus, panem cum vino offerimus, abbate in ordine suo id faciente, nullisque, nisi infirmis, qui hæc implere non valet, exceptis. Sic de Regula quod valemus, implemus, ne reliqua istorum causa dimittimus. Oportet enim, ut Dominus ait, et ista facere, et illa non omittere (*Luc.* xi). Et quoniam ipsa ratio, etiam nobis tacentibus, clamat et objecta vestra longe projicit, oportet ut ad illa quæ superius posuimus, recurramus, et inde a nobis Regulam integre conservari probemus. Sic, inquit beatus Benedictus, *abbas omnia temperet atque disponat, ut animæ salventur.* Omnia dixit, nihil excepit. Si igitur pro salute animarum, licet abbati omnia temperare atque disponere, licuit hæc quæ dicta sunt sic temperare, ut et hospitibus nulla necessaria deessent, atque honorifice, charitative et diligentissime susciperentur, et procurarentur, neque ecclesia Dei propriis officiis defraudaretur, aut regularis observantia, vel ad modicum, intermitteretur.

Quia brevem ferramentorum et rerum monasterii abbas non habet (54), eum vel superbum, vel negligentem dicitis. Et quare alio in loco legitur : *Decani tales eligantur* (55), *in quibus securus abbas partiatur onera sua* ? Non potest, inquam, abbas onera sua aliis imponere, et quod per se multis et diversis implicatus negotiis facere non valet, per vicarios implere? Et quare illud hic ei denegatur quod alibi conceditur? De significanda quippe hora operis Dei loquens, ait : *Significanda hora operis Dei, die noctuque sit cura abbati, aut ipse nuntiare, aut tali sollicito fratri injungat hanc curam, qui aptus sit.* Quod igitur, ut diximus, hic et ubique illi ex necessitate conceditur, cur in jam dicto capitulo negabitur? Novimus certe episcopos sine presbyteris et coadjutoribus esse posse, si soli ad cuncta diœcesis suæ utilia potuissent sufficere. Sic et abbatem, cellararium, et infirmarium, et eleemosynarium, custodem hospitum, et pro cæteris officiorum ministris solum esse oporteret, si sufficere ad omnia tenenda valeret. Sed quia unum ad universa dispartiri negotia, aut impossibile, aut multum difficile est, plures expedit facere quod unus non valet implere. Hinc Jethro culpans Moysen de talibus, ait : *Elige tibi viros, quos nosti ad hoc utiles esse, et esto tu populo in his quæ ad Deum sunt; illisque leviora permittens, graviora, quæ per alios diffiniri non poterunt, tu diffini* (*Exod.* xviii). Credidit Moyses sapienti, et sic fecit. Hoc imitar, et nostros Patres convenit, et ferramenta vel quaslibet res monasterii numerandas, sive conservandas fratribus ad hoc utilibus, quando sibi non vacat, committere. Bene ergo sic intellecta Regula servatur

De genuflexionibus regularium horarum quidquid Regula jubet, omnimodis custodimus, et antequam Horam decantare incipiamus, ubicunque simus cum timore divino genua flectimus. Prohibet hoc aliquando nimius imber, condensa nix, lutulenta tellus : et tunc loco metanœæ, Psalmum, *Miserere mei, Deus* (*Psal.* l), decantamus; et tali commutatione, præceptum quod implere non possumus, recompensamus.

ANDREÆ CHESNII NOTÆ.

(53) *Et tam in metanœis quam in ablutionem manuum et pedum totam diem expendere.* Vir clarissimus Nicolaus Faber Ludovici XIII regis Christianissimus præceptor, sequenti nota locum hunc illustravit. Metanœam, inquit, pro genuflexione ponit hic, et infra pag. seq. « tunc loco metanœæ Psalmum decantamus. » Et in correctione Regulæ Cluniacensium nondum edita, cap. *De genuflexionibus,* cum inquit: « Sed et illa quæ fieri solet » genuflexio, « ab iis qui portanti eucharistiam occurrunt quolibet loco, atque illis metanœis, quæ quotidiano usu in capitulo fiunt, et vulgo veniæ nominantur. » Ita etiam Græcos μετανοίας vocabulum usurpare adnotavit Anastasius Bibliothecarius in synodum vii, a so versam. Et in ea significatione accipitur initio missæ Chrysostomi editæ Romæ.

(54) *Quia brevem ferramentorum et rerum monasterii abbas non habet.* Brevis, vel breve, quod Græci πιττάκιον et βρεβίον dicunt, est album, sive registrum in quo aliquid describitur. Sic capitul. lib. iii, cap. 82. « Ut non solum beneficia episcoporum, vel abbatum, abbatissarum atque comitum, sive vassorum nostrorum, sed etiam fisci nostri, describantur in breve. » Et qui Cisterciensibus objectionis hujus adversus Cluniacenses faciendæ ansam præbuit, S. ipse Benedictus cap. 32 Regulæ, « Substantiæ monasterii in ferramentis vel vestibus, seu quibuslibet rebus, provideat abbas fratres, de quorum vita et moribus securus sit, et eis singula ut utile judicaverit, consignet custodienda atque recolligenda, ex quibus abbas breve teneat. » Quem locum Cassinenses sic explicant : « Quilibet officialis intra mensem, a die publicationis assumptæ faciat inventarium de rebus monasterii quæ pertinent ad suum officium. Et prælatus habeat apud se inventarium universale omnium rerum tam mobilium quam immobilium monasterii ne perdantur. » Inde *brevet* et *bref.*

(55) *Decani tales eligantur.* De quibus et Additio 1 ad capitul, cap. 55 : « Ut senior decanus reliquis decanis præponatur, et abbate vel præposito præsente locum proprium teneat. »

Mensam abbatis nostri, juxta Regulam, cum pauperibus et peregrinis non esse causamini (56); sed juste inde arguimini. Est quippe cum hospitibus semper et peregrinis. Quoscunque enim abbas substantia monasterii reficit, nonne mensæ propriæ participes facit? Et certe per Dei gratiam, omnibus pauperibus, omnibus hospitibus sufficiens apud nos pro posse charitas exhibetur, et unicuique congruus honor defertur. Quod si isto modo impleri a nobis Regula secundum vos minime potest, et hoc esse mandatum, ut cum abbate manducent, affirmatur; fit et istud quandoque de honestis personis. Nam indecens credimus ut, præsente conventu, quarumlibet personarum, non cunctis placitura, incongruentia indiscrete introducatur, et ipsis forte bonis inde scandalum oriatur. Si vero opponitis non in conventu, sed extra conventum mensæ abbatis hospites sociari debere, respondemus hac occasione abbates a fratribus olim se sequestrare solere, et, sub prætextu hospitum, lautioribus sibi et familiaribus epulis indulgere, neque de ovium suarum pastu curare. Et, secundum prophetam (quod salvo mystico intellectu dicimus), quod crassum videbant assumebant, et quod debile erat projiciebant. Et cum limpidissimam aquam biberent, reliquam pedibus suis conturbabant, et gregem Domini turbida et cœnosa aqua potabant (*Ezech.* XXIII), hoc est, sibi optime providentes, de cæteris non curabant. Qui quoniam bono præcepto male abutebantur, novo ulceri novum emplastrum superponendum fuit, et præceptum quod aliquando salubre fuerat, salubriore consilio commutandum. Eapropter ut vitium de virtute ortum rursum virtute exstingueretur, cum de communi mensa ad singularem regula transmisisset, iterum de singulari ad communem regula rationis et charitatis adduxit [reduxit]. Unde et abbates nostri, nisi infirmitas obstiterit, nobiscum semper comedunt, et aliquando cum hospitibus, quando tales adsunt, aliquando sine illis, a communi tamen mensa nunquam vel raro discedunt, hospitibus autem et peregrinis nihil deesse patiuntur. His de causis nos contra beati Benedicti statuta nil agere credimus, qui pro tempore et personis, ut sæpe jam diximus, hujusmodi mandata abbati contemperanda permisit.

Sequentis capituli, quod proposuistis, facilis et congrua patet responsio. Ubicunque enim sibi obviant fratres, junior a priore benedictionem petit, *Benedicite*, dicendo, si extra regularia loca fuerit, et humiliter inclinando; sed nihil ore proferendo, si infra officinas regulares sibi occurrerit. Quod si semper loquendo hanc peti debere dicitis, videant discreti utrum superfluæ locutioni utile silentium imponi, an supponi debeat. Superfluam vero ideirco dicimus, quia ad id quod æque bene silentio potest fieri, linguam non esse necessariam, et ideo superfluum [superfluam] existimamus, maxime cum nullius sermonis propter hanc salutationem proferendi in Regula facta fuerit mentio. Sed et si hoc, prout vultis, indifferenter concederetur, forte ab aliquibus non plene maturitate fundatis, inania pro utilibus, ludicra pro seriis, maledictiones pro benedictionibus proferrentur. Hoc ne contingat, censura silentii prohibemus : unde his servatis rationibus, a Regula non deviamus.

Ad portam monasterii senem sapientem poni dicitis Regulam præcepisse (57), nec nos hoc facere. Nos autem dicimus. Si portarius noster sapiens fuerit, senex autem non fuerit, prævaricatæ Regulæ rei, et ob hoc inferno digni judicabimur? Quid si et senectutem et sapientiam in eadem persona invenire nequiverimus? An hac de causa nisi et senex ætate et sapiens moribus, ad portam monasterii non ponetur? Et quid est quod Scriptura dicit : *Cani sunt sensus hominis, et ætas senectutis vita immaculata?* (*Sap.* III.) Super hæc nisi pulsantibus et clamantibus idem portarius Deo gratias responderit, aut benedictionem vociferatus fuerit, etiam si cuncta alia humanitatis officia advenientibus exhibuerit, tamen secundum vos nihil proderit, nec etiam universa Regula optime in aliis conservata, nisi jam dictus ostiarius Deo gratias celsa voce insonuerit, sufficere poterit ad salutem. Hoc videat ratio, videat veritas, videant veritatis amatores, et nobis tacentibus quod inde sentiunt proferant. Nos autem ad portam portarium cur poneremus, qui nec portam habemus? Portæ quippe nostræ non clauduntur per diem, sed assidue patentes sine personæ discretione introitum advenientibus præbent. Nec necesse est aliquem pulsare, nec necesse est aliquem clamare, quia non tantum murorum aditum, sed etiam hospitii introitum apertum invenit, et illico recumbens universa parata reperit. Ne cogantur vero fratres extra domos proprias manere, sapientem et honestum famulum juxta manere et jacere facimus, qui meridianis horis, sive illis quibus ostia cuncta monasterii ex consuetudine clauduntur, pulsantibus vel clamantibus, non tantum vocis clamore, quantum obsequii exhibitione respondeat. Sic certe, sic agendo, non prævaricatores, sed, pro posse nostro, Regulæ conservatores existimus.

Nunc tandem, nunc ad illa veniamus, quæ cum tanta admiratione protulistis, quæ omni rationi et auctoritati contraria esse dixistis. Illa discutiamus quibus inevitabili periculo nobis acquiescentes dicitis cinctos, ut ad quamcunque patrem se verterint,

ANDREÆ CHESNII NOTÆ.

(56) *Mensam abbatis nostri juxta Regulam cum pauperibus et peregrinis non esse causamini.* S. Benedictus, cap. 56 : « Mensa abbatis cum hospitibus et peregrinis sit semper. Quoties tamen minus sunt hospites, quos vult de fratribus vocare, in ipsius sit potestate. »

(57) *Ad portam monasterii senem sapientem poni dicitis Regulam præcepisse.* Regulæ verba sunt hæc, cap. 66 : « Ad portam monasterii ponatur senex sapiens, qui sciat accipere responsum et reddere, cujus maturitas eum non sinat vagari. Qui portarius cellam debet habere juxta portam, » etc.

prævaricatores non esse non possint. Hoc certe de illis dicitis qui post semel promissam alibi stabilitatem, conversionem morum atque obedientium rursum alio in loco stabilitatem, rursum conversionem morum, rursum obedientiam sub alio abbate promittunt, atque priorem fidem irritam, quantum in ipsis est, faciunt. His nos subjungimus : Cum pro Regula vos agere dicatis, quare contra eam vos esse monstratis? Et quam nos non tenere arguitis, quare nos ab ipsius tramite sequendo repellitis? Sic enim legimus, ubi, de monachis peregrinis, qualiter suscipiantur tractatur : *Si vero postea*, inquit, *voluerit stabilitatem suam firmare, non renuatur talis voluntas.* Ecce quem ante, utpote monachum, certum erat stabilitatem suam alibi firmasse, si rursum firmare alio in loco voluerit, non prohibetur : quin potius, ne talis voluntas renuatur præcipitur. Quem si reatu desertæ primæ professionis teneri cognovisset, certum est quia hoc minime laudasset : certum, quia nullo modo permisisset ; certum, quia omnimodis prohibuisset. Neque vero tantum virum, tanta scientia, spiritu quoque prophetiæ ita repletum, ut vix cum aliquid latere posset, in tali tantaque re culpa latere potuisset. Nam cui occulta manifesta erant, manifesta occulta fieri minime potuerunt? Quod si stabilitatem firmare monacho peregrino conceditur, ut in loco quem elegit stabilem se semper esse oportere intelligat, nec ultra inde sibi licere evagari, nihilominus Patri monasterii obedientiam illum promittere expedit, ut habeat cui loco Christi obedire debeat. Conversionem vero morum rursum polliceri quid oberit, cum non tantum bis in professione, sed etiam millies in confessione, tam Deo quam hominibus, quotidie morum conversionem et vitæ emendationem cum præteritorum malorum pœnitentia promittere debeat? Si vero stabilitatem, conversionem morum et obedientiam ei post primam promittere licet, licet et professionem facere. Nam quid aliud in professione quam stabilitas, conversio morum et obedientia a monacho promittitur? Quod si hoc monacho peregrino non negatur, quare non omni legitime venienti concedetur? Sed neque timendum ne secunda professione prioris prævaricator judicetur quoniam non diversum, sed idem quod prius promittit. Si enim aliquid priori voto contrarium, aut minus continens Deo promitteret, sine dubio reus existeret. At quoniam idem quod prius promittit, ut diximus, in nullo delinquit, videat tantum ut quod se facturum Deo respondet implere omnimodis satagat. Sed forte opponitis : Quomodo secundam professionem omnem monachum posse facere, et conversionem morum atque obedientiam secundo posse promittere affirmatis, cum reliqua, sed solam stabilitatem firmandam, et non ab omnibus monachis, sed a solis peregrinis monachis Regula dicat? Ad quod nos : Quod a peregrinis monachis stabilitas firmari possit, ut ipsi cognoscitis, Regulæ auctoritate probatur. Quod vero ab omnibus aliis monachis, non tantum stabilitas, sed et conversio morum atque obedientia, hoc est integra professio iterum fieri possit, sumpta ex ipsius Regulæ verbis ratione probamus. Nam scilicet, juxta Regulam, secundo stabilitatem firmare licet, juxta rationem, secundo conversionem morum atque obedientiam promittere. Quod si prævaricatur qui conversionem morum et obedientiam secundo promittit, prævaricatur nihilominus qui secundo stabilitatem firmat. Nam si sequens votum priore quassatur, non in parte, sed in toto quassabitur. Si, inquam, conversionem morum, et obedientiam monachus secundo promittere non debet, quoniam idem alteri jam ante promisit, nec stabilitatem secundo firmare potest, quoniam jam ante se stabilem fore alio in loco firmavit. Sed certum est justum esse quod de stabilitate firmanda Regula mandat. Justum est igitur, quando monasteriis ad monasteria legitime venientes, cum stabilitate etiam conversionem morum et obedientiam, coram ipsorum cœnobiorum abbatibus profitentur. Sed et si recte peregrinis monachis hoc agere conceditur, non recte cæteris omnibus cum abbatum propriorum concessione venientibus negabitur.

Cur autem noti monasterii monachos sine proprii abbatis permissione, aut litteris commendatitiis suscipiamus (58), aut quam inde rationem prætendamus quæritis, atque nos in hujusmodi re contra charitatem fraternam agere dicitis. Nos vero sicut defendimus ea quæ recta putamus, sic nunquam excusandas excusationes in peccatis assumere volumus. Scimus namque non debere aliquem alicujus monachum, absque ejus permissione, suscipere, quandiu, ut verus pater filio et ut bonus pastor ovi propriæ, cunctatam animæ quam corpori necessaria, ea scilicet sine quibus nec anima salvari, nec corpus potest sustentari, providerit. Quod si horum aliquod defuerit, licet fratri, etiam invito abbate, locum sibi tam inutilem, imo tam noxium et perniciosum deserere, atque suæ animæ interitum modis omnibus declinare, locumque alium in quo hoc quod prius non poterat implere possit quærere. Si enim oculus eruendus, si manus vel pes abscindendus est (*Matth.* xviii), si pater, mater, uxor, filii fratres et sorores sunt odiendi ne Christus amittatur (*Luc.* xiv), nihil plane relictum est, cui non debeat salus animarum præponi. Neque enim voti, vel professionis transgressor dici monachus potest, si loco qui votum implere non sinebat dimisso, ad

ANDREÆ CHESNII NOTÆ.

(58) *Cur autem noti monasterii monachos sine proprii abbatis permissione suscipiamus.* Hinc et Goffridus abbas Vindocinensis Pontio Cluniacensi abbati scribens, conqueritur illum *quemdam monachum suum Petrum, Goscelini nomine*, ad se venientem retinuisse, *cum hoc sancti Benedicti Regula omnino contradicat.* Epist. 2 lib. iv, quæ et integra Bibliothecæ huic inserta est. Qualis etiam argumenti est epistola prima sancti Bernardi ad Robertum nepotem suum, qui de Cisterciensibus ad Cluniacenses transierat.

eum in quo votum persolvere queat transmigrat, ut cum Propheta dicere valeat : *Reddam tibi vota mea, quæ distinxerunt labia mea (Psal.* LXV)*.* Arguendus potius esset et dignus morte judicandus, si tantæ rei dispendium parvipendens, mortem suam stulta patientia sustineret. Hanc Ecclesiam Cluniacensis ab apostolica sede concessionem retinet, taliter ad se venientes recipere (59) : quod tamen non ut privatum, aut singulare, sed velut omnibus commune et licitum obtinet. Ita quippe venientes non solum illa Ecclesia, sed et universa Christi cœnobia suscipere, retinere atque fovere debent.

His additis et multa invectione extollitis, dicendo quod proprium episcopum habere refugimus. Nos vero respondemus istud veritati contrarium opposita fronte existere, quoniam patet nos proprium episcopum habere. Quis enim rectior, quis verior, quis dignior Romano episcopo episcopus potest inveniri? Nonne ille est quem cæteris præesse non humana, sed divina auctoritas sanxit? Nonne ille est, cui dictum est : *Tu conversus, confirma fratres tuos ? (Luc.* xxii.) Nonne ille est cui dictum est : *Tibi dabo claves regni cœlorum ? Et quodcunque ligaveris super terram, erit ligatum et in cœlis; et quodcunque solveris super terram, erit solutum in cœlis? (Matth.* xvi.) Hunc unum solum et maximum nos habere episcopum gloriamur, huic soli specialiter obedimus : ab hoc solo, si causa (quod absit!) exigeret, interdici, suspendi atque excommunicari possemus. Hoc ipsius sanctæ sedis irrefragabilis sanxit auctoritas : nec unius tantum, sed multorum decreta inde apud nostram matricem Ecclesiam conservantur. Hæc ipsi ita condiderunt, non ut hanc, de qua loquimur, Cluniacensem ecclesiam alteri episcopo prius eam possidenti auferrent, sed a fundatoribus, qui eam in proprio alodio construxerant (60) rogati, in propriam retinuerunt, atque soli Romano pontifici eam in æternum subjacere decernentes, pluribus hoc privilegiis confirmaverunt (61). Præceptuque vero ipsius, quoniam ab ipso utpote

ANDREÆ CHESNII NOTÆ.

(59) *Ecclesia Cluniacensis ab apostolica sede concessionem retinet, taliter ad se venientes recipere.* Alexander II papa in diplomate ad sanctum Hugonem abbatem Clun. : « Decernimus etiam, inquit, et illius, cujus vice, quamvis indigni, fungimur, auctoritate sancimus, ut isdem locus omnibus ad se ob salutem confugientibus sit misericordiæ sinus, sit totius pietatis et salutis portus. Obtineat in eo locum justus, nec repellatur pœnitere volens iniquus. Præbeatur innocentibus charitas mutuæ fraternitatis, nec negetur offensis spes salutis et indulgentia pietatis. Et si aliquis eumdem locum expetierit suæ humilitatis et salutis gratia, minime a venia et optata misericordia excludatur, sed oleo medicamenti salutaris fovendus benigniter colligatur, quia et justum sic est ut in domo pietatis et justo præbeatur dilectio sanctæ fraternitatis, et ad veniam confugienti peccatori non negetur medicamentum indulgentiæ et salutis. Sit autem omnibus ibi advenientibus causa salutis, hic et in perpetuum divinæ miserationis et pietatis refugium, et apostolicæ benedictionis et absolutionis præsidium. » Et Urbanus II : « Hanc etiam vobis prærogativam concedimus, ut quisquis ad vos alieni monasterii monachus pro vitæ melioratione transierit, licenter recipiatur, remotis prioris loci querimoniis, ut largiente Domino, salutis quam quærere videtur, apud vos potiatur effectu. Clericos quoque regulares, quos canonicos vocant, qui vel in locis suis salvari non possunt, vel pro necessitatibus ad loca vestra confugiunt, suscipiendi, et vestrum propositum admittendi licentiam impertimur. »

(60) *A fundatoribus qui eam in proprio alodio construxerunt.* Guillelmus scilicet Aquitanorum dux, et Ingelberga ejus uxor, de quibus ad ipsas fundationis tabulas jam egimus.

(61) *Atque soli Romano pontifici in æternum subjacere decernentes pluribus hoc privilegiis confirmarunt.* Quod et nos etiam alibi fuse docuimus, et hoc adhuc Gregorii VII papæ rescriptum clarius ac manifestius demonstrat.

Exemptio monasterii Cluniacensis, a Gregorio VII papa sancita Romæ anno 1077.

« Domnus ac beatissimus papa Gregorius VII, anno pontificatus sui VII, in basilica Lateranensi, quæ et Constantiniana dicitur in honore Salvatoris et Beati Joannis Baptistæ, concilium generale celebrans, indicto cunctis silentio surrexit, et dixit : *Noveritis, fratres et consacerdotes nostri, imo tota hæc sancta synodus cognoscat et sciat, quia cum ultra montes multa sint monasteria ad honorem Dei omnipotentis et beatorum apostolorum Petri et Pauli nobiliter et religiose fundata, inter omnia quoddam illis in partibus habetur, quod quasi peculiare et proprium beato Petro et huic Ecclesiæ speciali jure adhæret, Cluniacense videlicet, quod ad honorem et tutelam hujus sanctæ et apostolicæ sedis ab ipsis primordiis principaliter assignatum, et favente divina clementia sub religiosis et sanctis abbatibus ad id usque dignitatis et religionis pervenit, ut cæteris monasteriis, quamvis multis antiquioribus, quantum ipse cognosco, in Dei servitio et spirituali fervore præcellat, et nullum in terra illa, quod ego sciam, huic omnino valeat adæquari. Nullus enim abbas unquam ibi fuit qui sanctus non fuisset. Quin abbates et monachi hujus semper Ecclesiæ filii nullomodo degeneres exstiterunt, nec curvaverunt genua sua ante Baal et Baalim ; nec Jeroboam, sed hujus sanctæ Romanæ sedis libertatem dignitatemque imitantes, quam ab origine traxerunt, nobiliter sibi per successionis seriem auctoritatem servaverunt. Non enim alicui unquam alienæ vel terrenæ potestati colla subdiderunt, in sola beati Petri et hujus Ecclesiæ subjectione defensioneque permanentes. Et idcirco volumus, atque apostolica auctoritate firmamus et contradicimus, ut nulla unquam persona, parva vel magna, sive potestas aliqua, non archiepiscopus, non episcopus, nullus regum, ducum, marchionum, principum, comitum, nec etiam aliquis legatus meus supra illum locum et monasterium unquam buccam suam aperiat, aliquamve exerceat potestatem. Verum juxta tenorem privilegii nostri, et antecessorum nostrorum auctoritatem, et libertatis immunitatem sibi ab hac sede concessam integram perpetuamque omnino possideat, et tantummodo sub alis apostolicis ab omni æstu et turbine impugnationis respiret, et in gremio hujus sanctæ matris Ecclesiæ, ad honorem omnipotentis Dei, et beatorum apostolorum Petri et Pauli in perpetuum dulcissime quiescat. Et ita vertens se domnus papa ad dexteram partem synodalis conventus, percunctatus eos dicens : Placet ita vobis ? laudatis ? Responderunt : Placet, laudamus. Vertens se iterum in sinistrum eodem modo interrogavit. Eodem quoque modo responsum est a sancto conventu: Placet, laudamus. Post hæc verba stando in throno pontificali perorata domnus papa sedit.*»

nimium remoto non valemus: a quolibet Catholico episcopo chrisma (62), oleum, sacros ordines (63), ecclesiarum et cœmeteriorum consecrationes (64), et cætera his similia suscipimus, atque apostolicæ sedi, cui non obedire nefas est, in his et in omnibus obedimus: et ideo nec monachorum, nec Christianorum regulam (quod nos facere dixistis) infringimus. Si autem adhuc perstatis et nos male agere jactatis, illum quem obtendimus impetite, et nobis dimissis de his cum ipso agite. Nos enim quia contraire non debemus, obedire volumus, nec de ejus unquam (quod nulli mortalium licitum est) judicio judicare. Hoc non soli Cluniacenses obtinent, sed et quampluribus datum cernimus; et longe ante Cluniacum conditam, multis aliis monasteriis ab eadem apostolica sede concessum videmus. Cujus sedis præsules cum magni sapientia et religione fuerint, et quorumdam ex ipsis merita miraculorum quoque fulgore solemniter in mundo claruerint: incredibile est, aut decipi in talibus potuisse, aut contra conscientiam suam talia agere voluisse. Eo namque animo, ac intentione, qua nostrorum temporum apostolici quieti monachorum providentes, ea quæ diximus quampluribus monasteriis contulerunt, antiquiores quoque Romanæ Ecclesiæ præsules simili de causa in multis a jugo episcoporum libera esse monasteria decreverunt. Unde beatus Gregorius in epistola Castorio Ariminensi episcopo: *Luminoso*, inquit, *abbate referente, plurimis in monasteriis multa a præsulibus præjudicia atque gravamina monachos pertulisse comperimus. Oportet ergo ut tuæ fraternitatis provisio, de futura quiete eorum salubri disponat ordinatione, quatenus conversantes in illis, in Dei servitio gratia illius suffragante, mente libera perseverent. Missas quoque publicas in cœnobio fieri omnimodo prohibemus, ne in Dei servorum recessibus, et eorum receptaculis, ulla popularis præbeatur occasio conventus, quia non expedit animabus eorum. Nec audeat ibi episcopus cathedram collocare, vel quamlibet potestatem exercere imperandi, nec aliquam ordinationem, quamvis levissimam, faciendi, nisi ab abbate fuerit rogatus, quatenus monachi semper maneant in abbatum suorum potestate, ut, remotis vexationibus ac cunctis gravaminibus, divinum opus cum summa animi devotione perficiant. Item ipse alibi: Visitandi exhortandique gratia ad monasterium quoties placuerit, ab antistite civitatis accedatur. Sed sic charitatis officium illic impleat episcopus, ut gravamen aliquod monasterium non incurrat.* Sed et alio in loco: *Quam sit necessarium monasteriorum quieti prospicere et de eorum perpetua securitate tractare, anteactum nos officium, quod in cœnobii regimine exhibuimus, informat. Et quia in plurimis monasteriis multa a præsulibus præjudicia atque gravamina monachos pertulisse cognoscimus, oportet ut nostræ fraternitatis provisio de futura quiete eorum salubri disponat ordinatione, quatenus conversantes in illis, in Dei servitio, gratia illius suffragante, mente libera perseverent. Sed ne ex ea, quæ magis emendanda est, consuetudine, quisque monachis quidquam molestiæ præsumat inferre, necesse est ut hæc, quæ inferius enumeranda curavimus, ita studio fraternitatis episcoporum debeant custodiri, ut ex eis non possit ulterius inferendæ inquietudinis occasio reperiri. Interdicimus igitur in nomine Domini nostri Jesu Christi, et ex auctoritate beati Petri apostolorum principis*

ANDREÆ CHESNII NOTÆ.

(62) *A quolibet Catholico episcopo chrisma.* Paschalis II in litteris Pontio abbati Clun. scriptis, *Chrisma vero*, inquit, *si opportunitas exegerit, in vestro faciatis monasterio consecrari, vel a quibus volueritis episcopis accipietis.*

(63) *Sacros ordines.* Urbanus II ad Hugonem : « Decrevimus ut nullus episcopus, seu quilibet sacerdotes in eodem venerabili cœnobio, neque omnino in aliquo loco huic subdito pro aliqua ordinatione seu consecratione presbyterorum vel diaconorum, missarumve celebratione, nisi ab abbate ejus cœnobii vel prioribus eidem cœnobio subditis invitatus fuerit, venire ad agendum præsumat. Sed liceat monachis tuis ubicunque positis cujuscunque voluerint ordinationis gradum suscipere ubicunque tibi et illis vestrisque successoribus placuerit. » Et Paschalis itidem II : « Illud etiam fraternitatis Cluniacensi cœnobio firmum haberi sancimus, ut vestri monasterii monachi, qui ad sacros sunt ordines promovendi, a quibus malueritis episcopis promoveantur. » Imo, quæ prærogativa major adhuc est, Urbanus et ipse papa, quintus nomine, Simoni abbati Clun. et ejus successoribus primam clericalem tonsuram conferendi privilegium concessit anno pontificatus sui quinto, qui fuit Christi 1366 hoc diplomate. « Urbanus episcopus servus servorum Dei, dilecto filio Simoni abbati monasterii Clun. ad Rom. Ecclesiam nullo medio pertinentis, Matisconensis diœcesis, salutem et apostolicam benedictionem. Expositivæ devotionis sinceritas, et religionis promeretur honestas, ut petitionibus tuis, illis præsertim quæ status tui et monasterii Cluniaci ad Romanam Ecclesiam nullo medio pertinentis Matiscon. diœcesis prærogativam et honores respiciunt, favorabiliter [annuamus]. Hinc est quod nos tuis in hac parte supplicationibus inclinati, ut tu et successores tui abbates dicti monasterii, qui erunt pro tempore, tam in eodem monasterio quam in prioratibus et ecclesiis, sive locis tibi et eidem monasterio immediate subjectis, infra metas tamen exemptionis monasterii ejusdem consistentibus, omnibus et singulis scholaribus volentibus clericali charactere insigniri, qui de locis hujusmodi oriundi fuerint, primam tonsuram clericalem conferre valeatis, constitutionibus apostolicis, et aliis contrariis non obstantibus quibuscunque, tibi et eisdem successoribus auctoritate apostolica tenore præsentium indulgemus. Nulli ergo omnino hominum liceat hanc paginam nostræ concessionis infringere, vel ei ausu temerario contraire. Si quis etiam hoc attentare præsumpserit, indignationem omnipotentis Dei et beatorum Petri et Pauli apostolorum ejus se noverit incursurum. Datum Avinione Kal. Aprilis, pontificatus nostri anno quinto. »

(64) *Ecclesiarum et cœmeteriorum consecrationes.* Calixtus II ad Pontium. « Ecclesiarum vestrarum consecrationes, si diœcesani episcopi gratis noluerint exhibere, a quolibet Catholico suscipietis episcopo. » Et Honorius etiam II ad Petrum ipsum Venerabilem, « Ecclesiarum vero seu altarium consecrationes ab episcopis, in quorum diœcesibus sunt, locorum vestrorum fratres accipiant : si quidem gratis ac sine pravitate voluerint exhibere. Alioquin a Catholico quem malueritis episcopo consecrationum ipsarum sacramenta suscipiant. »

prohibemus, cujus vice huic Romanæ Ecclesiæ præsidemus, ut nullus episcoporum aut sæcularium ultra præsumat de redditibus, vel rebus, vel chartis monasteriorum, vel de cellis, vel villis quæ ad ea pertinent, quocunque modo, vel qualibet occasione minuere, vel dolos, vel immissiones aliquas facere. Si ergo illis hac de causa licuit quod in anterioribus canonibus non inveniebatur sancire, plane et istis licitum fuit eadem ratione ea de quibus nos impetitis decernere et constituere, ut sicut illi ex parte, ita isti ex toto, quia sic expedire videbant, monachos ab episcoporum oppressionibus liberarent. Nam quidquid potestatis vetustissimi et primi obtinuerunt, id totum in recentissimos et novissimos transtuderunt. Quod igitur Ecclesia Dei tantis temporibus sub tot et tantis Patribus ratum habuisse cognoscitur, irritum fieri debere quis judicare audeat, nisi qui se sanctis Patribus meliorem tumente superbiæ spiritu judicat? De his ita.

Deinde subjungitis interrogando : Quæ ratio vel auctoritas possessiones ecclesiarum parochialium, primitiarum, et decimarum nobis contulerit (65), cum hæc non ad monachos, sed ad clericos canonica sanctione pertineant. Nos vero, sicut in supradictis, sic et in istis Catholicæ Ecclesiæ auctoritatem prætendimus atque ipsius sanctionibus nos parochiales Ecclesias, et idcirco ipsarum primitias et decimas legitime possidere confirmamus. Nam si tribui Levi hæreditas inter fratres suos data non est, ut expeditiores ad Dei cultum et circa divina mysteria redderentur, neque ab eis sæcularibus impedimentis revocarentur, atque ideo primitiis, decimis et oblationibus aliorum alerentur, recte eadem monachis conceduntur, qui, sicut illa tribus, rerum temporalium hæreditate privati sunt, ac divinis servitiis die noctuque insistunt. Qui namque justius fidelium oblata suscipiunt, monachi qui assidue pro peccatis offerentium intercedunt, an clerici, qui nunc, ut videmus, summo studio temporalia appetentes, spiritualia, et quæ ad animarum salutem pertinent, omnino postponunt? Et qui de suis non curant, quomodo aliorum animas salvare contendent? Male quippe medebitur alteri, qui suo languori subvenire non prævalet. Et ut Dominus ait : *Cæcus cæco si ducatum præbuerit, ambo in foveam cadent* (Matth. xv). Hoc dicimus, salvo intellectu illo, quo novimus per officium clericorum divinis quidem mysteriis Ecclesiam salvari; sed quorum-

dam talium parum orationibus adjuvari. Quia ergo monachi ex maxima parte fidelium saluti invigilant, licet sacramenta minime ministrent, æstimamus ipsorum primitias, decimas et oblationes, et quæque beneficia eos digne posse suscipere, quoniam et reliqua populo Christiano necessaria a presbyteris et clericis faciunt exhiberi. Ista vero dicendo, nequaquam clericos ab ecclesiarum et ecclesiasticarum rerum possessionibus excludere volumus, sed monachos hæc omnia legitime posse obtinere istis rationibus et auctoritatibus approbamus. Si enim ipsi pro officio baptismatis, pœnitentiæ, prædicationis, ac cæterorum sacramentorum populo exhibitorum de redditibus ecclesiasticis vivere volunt, cur monachi pro orationibus, pro Psalmis, pro lacrymis, pro eleemosynis ac multiplicibus bonis, ob salutem populi Deo oblatis, rebus ecclesiasticis et devotorum oblationibus non utantur?

Et ut hæc non a nobis commentata ratione, sed magis canonum auctoritate roborata videantur, eorumdem canonum verba in medium deducantur : *Si*, inquiunt (can. xii, q. 2, *Si ep.*) *episcopus unam de parochialibus ecclesiis suis monasterium dedicare voluerit, ut in ea monachorum regulariter congregatio vivat, hoc de consensu concilii sui habeat licentiam faciendi.* Item : *Cum præteritis sanctionibus notissimum habeatur, quæ de rebus parochialium ecclesiarum pars episcopo conferatur, opportune tamen duximus decernendum ut, si episcopus tertiam partem, quam de rebus eisdem sanctione sibi debitam novit, aut ipsi ecclesiæ, cujus res esse patebit, aut alteri ecclesiæ, cui elegit, conferre decreverit, et licitum maneat, et irrevocabile robur ejus sententia ferat.* In quo ultimo capitulo, licet suam partem episcopum cuilibet ecclesiæ dare posse dixerit, de tota eum idem posse facere non negavit. Quod plene demonstrat superius scripta auctoritas. Ergo secundum hæc et similia, quæ ob prolixitatem hic ponere recusamus, ecclesias et eorum universa bona ab episcopis absque venalitate nobis collata, libere, juste, canonice possidemus.

Post ista, peregrina quædam et inaudita nobis opponitis, ut ad hæc prius stupere quam respondere cogamur. Culpatis siquidem, et in nullo a sæcularibus differre dicitis, quoniam castra, villas et rusticos, servos et ancillas habemus (66), et (quod deterius est) telonearia lucra et fere cuncta hujusmodi

ANDREÆ CHESNII NOTÆ.

(65) *Quæ ratio vel auctoritas possessiones ecclesiarum parochialium, primitiarum, et decimarum nobis contulerit.* Agapitus II, pontifex Rom. Aymardo Cluniacensi abbati III, scribens, « Decimas, inquit, quæ olim ad vestras capellas pertinuerunt, et per modernam quasi auctoritatem sive licentiam a quolibet episcopo subtractæ sunt, vobis ex integro restituimus. Capellas autem, si aliquæ jam factæ, vel faciendæ inibi sunt, ita manere concedimus, ut vestris ecclesiis nihil ex decimis minuatur. » Idem concesserunt, seu confirmarunt potius Urbanus II, Paschalis, Calixtus, Honorius, Innocentius utique

secundi omnes nomine, Eugenius III et alii, quorum diplomata jam in variis hujus Bibliothecæ locis integra descripsimus. Imo et nonnulli Franciæ reges ut Ludovicus Transmarinus, in cujus præcepto de Salustriaco et aliis ad Cluniacense cœnobium pertinentibus locis hæc leguntur : « Decimas suas indominicatas ad Hospitale habeant. Ecclesias vero suas cum omnibus decimis, sicut per privilegium Romanum et per scripta episcoporum acquisierunt, teneant et possideant. »

(66) *Castra, villas et rusticos, servos et ancillas habemus.* Idem Ludovicus in præfato regali præce-

emolumenta indifferenter suscipimus, non legitime tenemus, contra infestantes modis omnibus defendimus. Additis quod hac de causa proposito, religionis seposito, officium causidicorum assumimus, accusamur et accusamus, testes ex nobis producimus, contra Apostolum, judiciis intersumus : et idcirco regno cœlorum apti esse non possumus. Congruum autem esset ut ipsi qui proposuistis, ea quæ proposuistis vera esse, non tantum nudis verbis, quibus parum movemur, sed, cui cedere cogimur, Scripturarum auctoritate firmaretis. Sic quippe jus postulat ut qui aliquem impetit, quod objicit probet, quoniam actori probatio semper incumbit. Nos tamen contra hunc judiciorum morem hic agemus, et vobis parcentes, quos sua non posse probare novimus, nostra taliter approbabimus. Scimus quidem Domini esse terram et plenitudinem ejus, orbem terrarum et universos qui habitant in eo (*Psal.* XXIII). Sed et alibi in eisdem psalmis legimus : *Cœlum cœli Domino : terram autem dedit filiis hominum* (*Psal.* CXIII). Constat igitur Domini esse cœlum et terram : hominibus autem terram cum dedisse ad tempus, ut si ea bene uterentur, post terram mererentur et cœlum, et quæ sua erant ex potestate, hominum fierent ex ipsius benignitate. Qua misericordissima benignitate et benignissima pietate, licet appendat tribus digitis molem terræ, et libret in pondere montes, et colles in statera (*Isa.* XI), eamdem tamen terram et terrena dona ab eisdem hominibus, quibus ea dederat, suscipit, et, ut ita loquamur, suis sumptibus cœleste regnum emi permittit, nec inde lucrum suum, sed hominum salutem requirit, atque eam, ut proprium quæstum, amplectitur. Hinc est quod cum cibum esurientibus, cum potum dari [sitientibus] præcipiat, prius tamen panem in segetibus, vinum creat in vitibus, fructibus arbores, fetibus animalia onerat. Aquam ipsam, qua replenti calicem atque indigenti danti mercedem repositam esse confirmat (*Matth.* X), ex fontibus oriri, atque per universa defluere flumina facit, et ad extremum omnia, propter quæ bonam voluntatem largientium remunerat, ipsis largitoribus primum ipse largitur. Inde Dei Ecclesia tam ex Veteri Testamento, quam ex Novo sumpta auctoritate, cuncta non sibi, sed Deo oblata, ejus vice suscipit, atque inde quosdam suorum qui talibus egent, quique nil in mundo proprium possident, clericos videlicet et monachos, sive pauperes, vel quoscunque necessitatem harum rerum pati cognoscit, charitative sustentat. Unde monachi (nam de his tantum nunc sermo est) cuncta fidelium oblata, sive in mobilibus, sive in immobilibus suscipiunt, atque orationum, jejuniorum et cæterorum bonorum instantiam benefactoribus recompensant.

Sed quia de rerum immobilium susceptione in præsentiarum arguimur, de his ad præsens respondeamus. Regulam igitur in primis obtendimus. Tractans quippe de novitiis suscipiendis, ait : *Res si quas habet, aut eroget prius pauperibus, aut facta solemniter donatione conferat monasterio.* Dicendo ergo *res si quas habet*, nullam rem excepit. Quod si rem nullam excepit, nec fundum aliquem, nec villam, nec rusticos, nec servos, nec ancillas, nec aliquid hujusmodi excepit. Sed constat nihil exceptum esse. Patet igitur hæc, quæ posuimus, excepta non esse. Huic decreto Regulæ consonant beati Gregorii dicta superius descripta quibus interdicit ut nullus episcoporum, aut sæcularium, præsumat de redditibus vel rebus, vel chartis monasteriorum, vel de cellis, vel villis, quæ ad ea pertinent, quocunque modo, vel qualibet occasione minuere, vel dolos, vel immissiones aliquas facere. Nam interdicendo ne de his quispiam aliquid minuere, vel in his dolos aut immissiones aliquas facere præsumat, apertissime ostendit redditus, res, cellas, vel villas monachos legitime posse possidere. Nam nequaquam molestari eos de talibus interdiceret, si illa eos injuste retinere cognosceret. Et cum terrarum multiplices sint redditus rerumque diversarum diversa varietas comprobetur, cumque villæ sine incolentibus, viris scilicet ac mulieribus, diversarum conditionum esse non possint, nec aliqua in istis beati Gregorii dictis exceptionis determinatio inveniatur, plane sine aliqua exceptione quoslibet redditus, quaslibet res, quaslibet villas pariterque diversarum conditionum, hoc est vel liberæ vel servilis, incolas, monachos recte habere posse ostenditur.

Sed forte opponitis, sine adminiculo harum omnium rerum, ex propriis laboribus et agricultura monachos necessaria sibi providere debere. Hoc vero quam indecens et impossibile sit neminem credimus latere. Et ut primo impossibile demonstremus quomodo fieri potest, ut gens languida, oleribus et leguminibus fere nullas vires corpori dantibus, imo ipsam vitam vix sustentantibus enutrita, et idcirco non parum debilitata, asperrimis ipsis quoque rusticis et bubulcis agriculturæ laborem ferat, et tam duram ruris eversionem et subversionem, aliquando æstus ardore, aliquando imbrium, nivium et frigoris importunitate sociata patiatur? Et qui sibi ipsis ipsum etiam vilem et debilem cibum abstinentiæ causa plerumque subtrahunt, quomodo tanti laboris asperitatem et assiduitatem ferre poterunt? Qui si hæc omnia corporis viribus ferre possent, quando sine aliorum adjumento necessaria victus et vestitus sufficienter sibi parare sufficerent? Post impossibile, indecens quoque ostendamus : Annon videtur indecens, imo in-

ANDREÆ CHESNII NOTÆ.

pto. « Homines eorum liberos ac servos nemo sine ipsorum voluntate distringat. Cortes vero quas per præcepta antecessorum nostrorum sive aliorum regum acquisierunt, inconvulsas teneant ac possideant. » Et Agapitus : « Præterea villas omnes quæ pertinent ad idem cœnobium Cluniacense soliditate apostolica roboramus, » etc.

decentissimum ut fratres, qui assidue in claustro morari, silentio, orationi, lectioni ac meditationi ac cæteris regulæ præceptis et ecclesiasticis ministeriis intentissime operam dare præcipiuntur, his omnibus dimissis, rusticationi et vulgaribus operibus intendant; et qui, ut byssus tabernaculi, interiora sua pretiositate et subtilitate, hoc est cœlestium subtili contemplatione ornare debuerant, ut cilicium extrinsecus positum, ventorum impulsiones, imbrium inundationes et universas aeris perturbationes, hoc est mundanorum operum nimias occupationes, eos ab intimis extra trahentes, sustineant? Quod quoniam et indecens et impossibile, ut diximus, esse probatur, necessario alia, quibus sine multa indigentia ordini suo studere valeant, monachis vos permittere oportebit. Quod si permittere non placuerit, nos, sanctorum auctoritate permittente, ea obtinebimus. Audistis sane superius beatum Gregorium hæc monachis concessisse; audite etiam et dedisse. Sic namque in ejus Vita legitur : *Ubi Gregorius liberam disponendarum rerum suarum nactus est facultatem, sex monasteria in Sicilia fabricans, sufficientibus fratribus cumulavit. Quibus tantum prædiorum contulit, quantum posset ad victum quotidianum Deo illic militantium sine indigentia suffragari.* Sed et de beato Mauro ita legitur : *Beatus vero Maurus altera die ad invisendum recipiendumque fiscum, quem isdem rex ad ipsum contulerat monasterium, est egressus.* Et alibi : *Per idem tempus Clotarius Andegavis veniens, viro Dei ad monasterium se ire velle mandavit. Cui cum a viro Dei ut veniret remandatum fuisset, paucis secum assumptis, ire perrexit. Cumque venisset, tradidit ad ipsum locum fiscum regium, qui blazon nuncupatur. Villam etiam quæ Longuscampanus dicitur, ibidem auctoritate regia delegavit.* Beatum nihilominus Columbanum fere universa, quæ monachos habere improbatis, habuisse invenimus, multosque alios sanctos monachos, quorum merita multis et magnis miraculis divinitas approbavit, quorumque memoriam solemniter Ecclesia recolit.

Et ut his, quæ præmisimus, aliquid adhuc rationis adjungamus, quis non judicet rectius, melius et utilius esse, ut cuncta illa superius sigillatim posita illi possideant, quos assumptus ordo et religionis propositum cogit legitime possidere, quam illi qui et negligentia et minoris propositi securitate sibi a Deo concessa, non tantum salubriter regere contemnunt, sed etiam incongruenti circa ipsas res amore et incauta ordinatione seipsos interimunt? Nam quandiu a sæcularibus obtinentur, uti fere et in omnibus cernimus, sæculariter disponuntur. At postquam ad religiosos eorum [earum] jus transfertur, si non solo nomine, sed et ipso effectu religiosi sunt, profecto a religiosis religiose tractantur. Et ut, verbi gratia, nominatim aliqua subjungamus, si castrum aliquod monachis detur, jam castrum esse desinit, et esse oratorium incipit. Nec ultra quisquam exinde adversus corporeos hostes in corporali acie dimicat, sed spirituales spiritualibus jaculis propellere consuescit. Itaque fit ut quod ante diabolo militabat, jam Christo militare incipiat, et quod ante fuerat spelunca latronum, domus efficiatur orationum. Eamdem rationem de rusticis, servis et ancillis afferre possumus, qua monachos ista similiter legitime posse possidere, optime comprobamus. Patet quippe cunctis, qualiter sæculares domini rusticis servis et ancillis dominentur. Non enim contenti sunt eorum usuali et debita servitute; sed et res cum personis, et personas cum rebus sibi semper immisericorditer vindicant. Inde est quod præter solitos census, ter aut quater in anno, vel quoties volunt, bona ipsorum diripiunt, innumeris servitiis affligunt, onera gravia et importabilia imponunt; unde plerumque eos etiam solum proprium relinquere, et ad peregrina fugere cogunt, et (quod deterius est) ipsas personas, quas tam caro pretio, hoc est suo Christus sanguine redemit, pro tam vili, hoc est pecunia, venundare non metuunt. Monachi vero, tametsi hæc habeant, non tamen similiter, sed multum dissimiliter habent. Rusticorum namque legitimis et debitis solummodo servitiis ad vitæ subsidia utuntur, nullis exactionibus eos vexant, nihil importabile imponunt; si eos egere viderint, etiam de propriis sustentant. Servos et ancillas, non ut servos et ancillas, sed ut fratres et sorores habent, discretaque ab eis pro possibilitate obsequia suscipientes, nihil gravaminis eos incurrere patiuntur; sicque secundum apostolicum præceptum : *Tanquam nihil habentes, et omnia possidentes* existunt (*I Cor.* VI).

Præscriptis ergo auctoritatibus et rationibus, jam ut credimus, ipsis quoque cæcis claret non solum juste, sed etiam laicis justius monachos supradicta habere posse. Teloncaria autem lucra cur prohibemur habere, cum ea sæculi principes legitime inveniantur tenere? An non legitime tenere videntur quæ Apostolus eis a subditis reddi præcipit, dicens : *Cui tributum, tributum; cui vectigal, vectigal?* (*Rom.* XIII.) Legitimum sane nobis videtur quod, cum ubique terrarum fiat, ab Ecclesia Dei, quæ nihil injustum patitur, non reprehenditur. Nemo inde excommunicatur, sed nec aliquis in causam vocatur. Quod cum ipsi absque alicujus contradictione, sicut et cætera sui juris obtineant, quare non similiter ea ecclesiis et monasteriis Dei largiri, quare non et monachi sicut reliqua, sic et ista ab illis recte suscipere valeant? Si vero beatum Matthæum opponitis de teloneo a Domino vocatum, post ad illud, utpote ad injustum officium, non fuisse reversum, cum Petrus et alii apostoli piscari periti, atque inde similiter a Domino vocati, postmodum inveniantur piscati fuisse, atque ob hoc piscationem justam esse probasse, respondemus hoc in nullo partem vestram juvare, neque nostram in aliquo infirmare, quoniam non exactiones violentas, quas Matthæus reliquit, sed justas censuum consuetudines, quas Ecclesia recipit, nobis defendimus. His omnibus additis, et monachos causidicos esse causamini. Tria ergo objecistis, et accusatores, testes ac judices eos fieri prohibuistis. Hæc vero tria sigillatim perscrutemur, et utrum sic constet ut dicitis subtiliter indagemus. Accusatores itaque, sive actores in propriis causis, quæ lex, quæ ratio monachos fieri prohibet? Si enim ea quæ prædicta sunt, monachis concesseritis, necessario oportet ut et istud concedatis. Nam si præcesserit rerum mundanarum possessio, consequens erit ut contra infestantes possidentium sequatur et actio. Alioquin si calumniatoribus et invasoribus sua exponere voluerint, mox possessores esse desistent. Quod si et istud egerint, offensam mox largitoris Dei incurrent, quoniam illa quæ juris ipsius fuerant, alienis relinquentes tacendo, nec invasoribus resistendo, ei auferre non timent. Hoc ne proveniat, ne Ecclesia Dei, quæ juste possidet, impiis diripientibus perdat, ne servi Dei amissis propriis egeant, et idcirco Deo servire nequeant, licet monachis causas proprias honeste, simpliciter, religiose, absque litigio injurias quas patiuntur vindici potestati exponere, et non ut ultionem de adversario, sed ut quæ ab adversario ablata sunt recipiant, ut monachos decet quærere. Si vero ad hæc dicitis debere monachos secundum canonica instituta per advocatos causam suam agere; nec nos huic auctoritati contraimus, si tamen advocati semper adesse potuerint, per quos causæ ipsorum bene, quantum justitia permiserit, defendantur. Quod si aliquibus præpedientibus causis (nam frequenter hæc solent accidere), advocatos habere non valuerint, videtur ante per monachos id debere fieri quam rem ecclesiasticam permittamus amitti. Testes autem veritatis monachos quis esse prohibeat, cum, innumeros sanctos Dei conspiciamus tam constantissime testimonium veritati perhibuisse, ut nulla mors, nullus corporis cruciatus silentium eis imponere quiverit; unde et martyrum, hoc est testium nomen meruerunt; et Joannem Baptistam legamus venisse in testimonium, *Ut testimonium perhiberet de lumine* (Joan. 1), et Dominum ipsum audiamus in Evangelio dicentem : *Si ego testimonium perhibeo de meipso, et testimonium perhibet de me qui misit me Pater* (Joan. v); atque de Spiritu sancto : *Cum venerit Paracletus, ille testimonium perhibebit de me* (Joan. xv); et de apostolis : *Et vos testimonium perhibebitis* (ibid.). Ista posuimus, ut ostendamus monachos non celare, imo, secundum congruentias causarum et temporum, veritati testificari debere, quia, juxta quod quidam sapientium olim dixit, æquum non est mentiri et veritatem abscondere. Cur etiam a judiciis arceantur, cum Apostolus dicat : *Nescitis quoniam angelos judicabimus? quanto magis sæcularia?* (I Cor. vi.) Et sicut ipse alibi ait : *Spiritualis judicat omnia, et ipse a nemine judicatur* (I Cor. ii). His igitur universis auctoritatibus et rationibus, quæ objecistis, cassamus; quod tenemus approbamus;

sed vestra improbare nolumus, quamvis in quibusdam valeamus.

Hoc tamen reducere ad mentem charitas vestra debet quod divina mandata, partim mobilia, partim sunt immobilia. Divina vero mandata diximus, non solum ea quæ per seipsam in carne divinitas apparens hominibus tradidit, aut ea quæ per apostolos teneri constituit, sive illa quæ ante susceptam carnem per patriarchas vel prophetas mandavit, sed etiam illa, quæ post apostolos apostoli viri apostolica vestigia secuti, unanimi multorum Catholicorum consensu servari præceperunt. Idem enim divinus Spiritus, qui priorum Patrum cordibus se infundens, humanæ saluti congruentia per eos dedit præcepta, per hos quoque, qui recentiores videntur, hominum salutem operari, salubria jubendo, non destitit. Per diversos igitur præcones Domini verba edita veneramur, in diversis organis ejusdem spiritus flatum agnoscimus. Horum ergo præceptorum, ut diximus, quædam pro ratione causarum et temporum mutantur, quædam se mutari nulla ratione permittunt. Et ut ea quæ ultima dividendo fecimus, quia digniora sunt, exponendo prima faciamus. De immobilium numero dicimus esse; nam cuncta non vacat colligere, illud maximum et primum dilectionis Dei mandatum, secundum quoque huic simile de proximi dilectione; sed et humilitatis, castitatis, et veritatis præcepta, quibus licet similia multa sint alia, hæc tamen ad elucidandum quod volumus nobis sufficere credimus. Ista namque nulla inveniuntur ratione, nulla unquam dispensatione immutata. Quis enim catholicorum Patrum, ne Deus ex toto corde, ex tota anima et ex tota mente diligeretur præcepit, vel parum quid mandato huic detraxit? Quis proximum non ut seipsum a se diligendum esse negavit? Quis vel in modico superbire indulsit? Quis fornicari, quis mentiri, quis furari, quis rem proximi concupiscere unquam permisit? Patet ergo hæc et multa talia esse prorsus immobilia. Inter illa vero, quæ moveri dispensative possunt, Patrum auctoritatem sequentes, ea esse dicimus quorum pleraque in ecclesiasticis canonibus inveniuntur, quæ sicut pro communi totius vel propria alicujus Ecclesiæ utilitate, cum non existerent, inventa sunt, sic rursum pro communi totius vel propria alicujus aut gentis, aut Ecclesiæ salute, prævia in omnibus charitate mutata sunt. Et quia nec ista omnia facile numerari possunt, sufficiant illa quæ in superiori hujus opusculi parte posuimus. Quæ, quoniam jam scripsimus, iterum scribere recusamus. Nam qui nosse voluerit, ibi scripta reperiet.

Ad hoc autem nos ita ponere legentes noverint, ut ostendamus ea Regulæ decreta, quæ nos prævaricari dicitis, inter ista quæ mobilia vocamus ponenda, atque ideo, cum charitas præcipit (cui in omnibus obediendum est), absque illius prævaricationis timore movenda. Quid enim coegit Regulam de non transferendis episcopis a præcedentibus Patribus datam immutari, nisi melius providens Ecclesiis charitas? Quid hæreticos et criminosos, post condignam de criminibus pœnitentiam, quod primi Patres prohibuerant, Ecclesiis Dei præfecit, nisi multorum saluti consulens charitas? Quid presbyterorum filios episcopari, contra sanctorum apostolicorum antiqua decreta, aliquando jussit, nisi carumdem personarum utilitatem Ecclesiæ utilem esse judicans charitas? Quid Anglis conjugia indulsit, a quibus cæteros inhibuit, nisi novellæ eorum fidei timens charitas? Quid multa in hunc modum vetusta præcepta mutavit, quid nova instituit, quid nunc ista, nunc illa mandavit, nisi pro moribus, temporibus, locis, nunc generaliter, nunc specialiter, semper tamen humanæ saluti sollicite inserviens charitas? Cum igitur sub jure charitatis omnia canonica mandata, imo secundum Domini sententiam universa lex contineatur et prophetæ, quis vestrum dicere audebit beati Benedicti Regulam charitatis dominio non subjacere? Quomodo charitati Regula subdita non est, a qua per sanctum illum condita est? Si enim sine charitate condita est, sine Deo condita est. Deum vero esse charitatem Joannes apostolus dicit : *Deus charitas est* (*I Joan.* iv). Sed et si sine Deo facta est, sequitur quia jam nihil est. Nam Deus Christus ait : *Sine me nihil potestis facere* (*Joan.* xv). Quod si hoc credere errare est, sequitur ut charitati velut doctrici Regula cedat, ac se pro dominantis arbitrio regi permittat. Nam si præter eam quidquam sibi vindicare voluerit, nihil jam se sequentibus proderit. Sed forte adhuc ad priora recurritis, et dicitis : Quoniam beati Benedicti Regulam vos servare vovistis, oportet ut vota reddatis. Ad quod nos : Si millies istud iteraveritis, id millies a nobis responsi accipietis. Regulam vovimus, charitatem a voto non exclusimus. Si charitatem exclusimus, Regula dici non potest quod vovimus. Si enim rectitudo Regulæ desit, Regula jam constare non poterit. Rectitudo autem Regulæ, charitas est. Si ergo charitas excluditur, rectitudo excluditur. Si rectitudo excluditur, restat ut tortitudo sequatur. Si tort tudo sequitur, necesse est ut Regula destruatur. Simul quippe rectum et distortum consistere nequeunt. Jam Regula destructa, quid vos sequi profiteamini judicate. Aut enim Regulam cum rectitudine, aut sine rectitudine tortitudinem vos sequi oportebit, id est aut cum charitate Regulam, aut sine charitate Regulam retinere necesse erit. Sed sicut nebulam impossibile est teneri, sic sine charitate patet Regulam a nemine posse servari. Unde constat quod, quando non ficta charitate quam Apostolus damnat, sed vera quam ipse celebriter collaudat (*I Cor.* xiii), proximo aliquid impendimus, beati Benedicti Regulam absque ullo errore sequimur, quoniam aliter de ea sentire nihil est aliud quam errare. Nec Regulam igitur sine charitate vovemus, nec eam sine charitate, ut hac ratione probatur, tenemus. Tenemus itaque Regulam. Tenemus eam plane hac ratione, etiam in omnibus illis, propter quæ nos eam prævaricati, in tota vestra invectione dixistis.

Cujus invectionis capitulis singulis licet superius sigillatim responderimus, nunc tamen universaliter respondemus, quia in novitiis quos infra annum suscipimus, Regulam optime conservamus, quoniam charitate providemus, ne cum fervore spiritus ad Deum venientes liceat Satanæ ad sæculum, imo ad interitum retrahere. Unde ejus tentationibus longum dare tempus nolumus, nec diu protrahi pugnam permittimus, quoniam periculosa est pugillis infirmi congressio cum robusto, incauti cum doloso, ejus qui tertiam partem stellarum cœli trahere dicitur in terram, cum homine in terra posito; illius qui ipsi invictæ divinitati, et prius in cœlo et postea in terra resistere conatus est, cum vase fictili, concite ab illo, nisi Deus juverit, conterendo. Ex ore itaque ejus cibum rapere quærimus, ac, secundum Job conterere molas iniqui, et de dentibus ipsius auferre prædam contendimus (*Job* xxix). Et quia, ut præfati sumus, charitate hoc facimus, Regulæ per charitatem conditæ, atque animarum tantum salutem, quoquomodo, non uno secundum vos modo quærenti, in nullo contrarii sumus. Nam et nos cum expedire videmus, illo uno vestro modo libenter utimur, hoc est annum ad novitii susceptionem integrum exspectamus. Aliquando post dimidium annum cæteris illum fratribus aggregamus. Multoties non tantum mensem aut hebdomadam, sed nec biduum præstolamur. Semper tamen quod animabus utilius esse perpendimus, facere non differimus. Sic charitatem sequentes, Regulam sequimur, Deo obsequimur. Vestibus vero pelliciis eadem charitatis Regula nos ideo vestit, ut corpus a frigore, anima defendatur a murmure. Quamvis in hoc capitulo ipsius Regulæ datum de vestibus præceptum, ac simpliciter, ut ponitur, susceptum, nobis ad hujusmodi vestes habendas sufficiat. Quod quia nos jam plene supra ostendisse credimus, nunc iterare refugimus. Femoralia quoque, necessitudini et honestati consulendo, quæ nulla necessaria prohibet, cuncta honesta amplectitur, sæpe dicenda charitas nobis concessit. Unde regulariter nos ea habere cognoscimus. In stramentis lectorum, si qua ex necessitate addita supposita vel superposita nobis sunt, certum est quia ex charitate sunt, et idcirco regularia non esse veraciter dici non possunt. Nam nos uti semper in superioribus diximus, superflua modis omnibus detestamur, contra Regulam esse dicimus, amputanda penitus profitemur. Absit enim ut de charitate virtutum omnium fonte purissimo cœnum vitiorum nos velle deducere quisquam suspicetur, quia juxta Apostolum, *Non cogitat malum, non gaudet super iniquitate, congaudet autem veritati!* (*I Cor.* xiii.) Et quia omnia suffert, et omnia sustinet (*ibid.*), videant utrum eam habeant qui non solum malorum malitiam ferre nequeunt, sed nec fratrum indigentiam sustinere, vel necessaria ministrando eam supplere, cum possint, nolunt.

Hoc eodem charitatis scuto ab impugnantium ictibus in cunctis subsequentibus capitulis nos munimus : quod certe tantæ soliditatis ac fortitudinis est, ut nullo quantumlibet valido irruentium impetu penetrari valeat. Hoc et in pulmentariorum objectione obtendimus, eoque nos, si mediocris et necessaria pro infirmitatibus et qualitatibus fuerit adjectio, bene munimus. Hoc in fugitivorum multiplici susceptione utimur, ne scilicet non suscepti, ad porcorum siliquas revertantur, et quam evangelicus ille fugitivus, patre propitio reperto evasit, fame consumpti male pereant. Hoc protecti, ab opere manuum meliora ei opera præponendo quiescimus, quoniam ut de multimodo spiritualium operum exercitio taceamus, nullo, nisi insano, contradicente, melius est orare quam arborem secare; testante Apostolo qui dicit : *Corporalis exercitatio ad modicum utilis est, pietas autem ad omnia (I Tim.* IV). Hinc est quod non omnibus advenientibus hospitibus pedes abluimus, non ante omnes prosternimur, quoniam incongrua pedum ablutione nolumus molestare, quos charitas in omnibus præcipit lætificare. Sed nec frequentiæ hospitum numerus fratrum plerumque sufficeret, ut omnibus pedes ac manus abluere absque reliquorum præceptorum detrimento prævaleret. Quod quia charitate mutatum, aliquando apud nos fit, aliquando non fit, irregulare non est. Sed quid universa, quæ supradicta sunt, percurrentes, lectori forte tædium generamus ? Sic de jejuniis, sic de mensa abbatis cum hospitibus et peregrinis, sic de ferramentis vel rebus monasterii, sic de universis, ut cuncta breviter explicemus quæ in superioribus objecta sunt, quibus et tunc latius respondimus, charitas per Patres nostros, prout temporibus et moribus ac locis congruere vidit, dispensavit, neque in his voluntatibus vel voluptatibus hominum, sed æternæ eorum saluti inservire studuit. Hoc sane uno ea quæ justa esse defendimus injusta monstrare potestis, hoc uno nos victos vobis victoribus cedere compelletis, si quæ lege charitatis nobis defendimus, ad charitatem non pertinere rationibus certis ostenderitis. In his enim omnibus, ut sæpe jam diximus, ea solum protectrice tuti, hostibus cunctis inexpugnabiles permanemus. Nam quia, secundum Dominum, *Hæc est in qua universa lex pendet et prophetæ (Matth.* XXII), et, secundum Apostolum, *Plenitudo legis ac finis præcepti est (Rom.* XIII), omnem legem plenam, omne præceptum finitum, hoc est perfectum ea dispensante existere, quis Catholico sensu audeat negare?

Sed forte vos ad ista : Sic Regulam charitate vos mutasse dicitis, ac si sine illa a sancto illo conditam affirmare velitis. Quod si sentitis, certum est quod erratis. Quomodo enim condendo Regulam charitate carere potuit qui spiritu omnium justorum plenus fuit? Si vero hoc sentire ac dicere refugitis, cur quod charitate a tanto viro institutum fuerat mutare contenditis? An fortasse vestram charitatem ejus charitati præponendam esse judicatis? An illum oculum, qui sub momento temporis totum mundum collectum conspicere potuit, videndi et providendi acumine vos vincere posse putatis? Si igitur, ut diximus, Regulam sanctus condere sine charitate nullomodo potuit, patet quod a nemine mutari debuit. Quapropter aut injuriam sancto, ejus scripta mutando et superordinando, facietis, aut, eum venerando, præceptis ab eo datis in omnibus obedietis. Super hæc ipsum nomen Regulæ quomodo stare queat ignoramus, si non eam ut Regulam et præviam sequimur; sed ad placitum inflectimus ac mutamus, et, ut sic loquamur, regula Regulæ facti, non eam, ut diximus, sequamur, sed ipsam nos sequi cogamus. At nos econtra. Optimos certe beati Benedicti vos defensores ostenditis, cui defendendo majores injurias irrogatis. Injurias vero irrogatis, quando sic eum tentatis laudare, ut laudi aliorum sanctorum videamini detrahere. Neque enim sancti crescere de aliorum imminutione volunt, ut aliorum detrimentum, ipsorum videatur incrementum. Hoc namque apud illos quos charitas unit, contingere solet. Sed ut quod dicimus manifestius fiat, interrogamus. Sanctis illis, quos prædecessorum Patrum statuta mutasse supra diximus, licuit ea mutare an non? Si dixeritis : Non licuit, respondemus : Male igitur egerunt quicunque priora decreta mutaverunt, male egit illicita concedens Anglis matrimonia sanctus Gregorius; male egit mutans Catholicam synodum Catholica synodus; male egerunt quamplures et noti sanctitate Romanæ sedis præsules, aliorum sanctorum pontificum Romanorum præcepta mutantes, male egit ipse Paulus, sibique ipsi exstitit contrarius, quando quod prius Timotheum discipulum circumcidendo fecerat, postmodum ad Galatas scribens, terribiliter prohibuit dicens : *Ego Paulus dico vobis, quoniam, si circumcidamini, Christus vobis nihil proderit (Gal.* V). Hoc concesso, quod justum putabatur injustum deprehenditur; qui sancti hactenus fuerant sancti esse cessabunt ; Ecclesia tanto tempore errorem secuta, errasse judicabitur, et nunc tandem, vobis prædicantibus, ad semitam justitiæ reducta, vera sequi incipiet. Si hoc dicere superbum et blasphemum judicatis, sapienti consilio prima eos mutare potuisse statuta dicetis, aut forte (quod solum superest) tacebitis. Sed si tacueritis, Pharisæorum vos usos consilio monstrabitis, qui nec fateri veritatem volentes, nec eam impugnare valentes, interrogati a Domino de Joannis baptismate, utrum de cœlo esset, an ex hominibus, silentium elegerunt (*Matth.* XXI). Quod si tacere refugientes, hoc quod modo præmisimus responderitis, eis scilicet licuisse, istis vero non licuisse, interrogamus causam. Respondebitis Romanos pontifices, tam pro insigni et nota sanctitate qua præditi erant, quam pro totius Ecclesiæ regimine sibi commisso hoc agere potuisse; concilia quoque Catholica ob collectorum auctoritatem et sanctitatem idem meruisse; nostris autem, quia similis sanctitatis et auctoritatis non sunt, similia non licuisse. Si sanctitas et auctoritas in causa est, et hæc illis sanctis dispensandi priorum statuta licentiam contulerunt, conferent hanc et nostris, quos sanctitas et forte similis sanctos effecit; par quoque pro commissis a Deo officiis auctoritas eis non defuit.

De sanctitate, rectos mores Deumque ipsum testem habemus, qui eos sibi placuisse, et viventibus ipsis, et etiam mortuis, miraculorum multorum ostensione declaravit. Testis est et Ecclesia, eorum inter Patres sanctos memoriam recitando et festa solemniter celebrando. Parem vero auctoritatem pro sibi commissis a Deo officiis eos habuisse diximus, quoniam licet majorem aliis Ecclesiæ Patribus Romani pontifices, hoc est etsi per omnem Ecclesiam Petri auctoritatem habeant, parem tamen in hoc ii, quos defendimus, habent, ut sicut Romani præsules omni, et sicut alii pontifices singulis Ecclesiis præsunt, ita isti monachis suis pari per omnia potestate et auctoritate principantur. Nam licet Romanus præsul aliorum errores corrigere speciali potestate valeat, habent tamen illi suam super suos integram potestatem, et, culpis remotis parem in præcipiendo, ut diximus, auctoritatem. Et si ita est (quod plane ita est), constat, si non est aliud quod objiciatur, quia plenam Patres nostri in mutandis pro salute commissorum Regulæ quibusdam, quæ pro tempore datæ sunt, observantiis, potestatem habuerunt, quamvis eorum sanctitatem ad hoc probandum afferri nulla coegerit necessitas. Quid enim? Et si sancti non fuissent, magistri esse desisterent? Anne modo, nisi sanctus fuerit, Ecclesiæ præesse poterit? An necesse semper erit miracula consulere, ut qui præferri cæteris debeat, possimus agnoscere? Et quid est quod Dominus ait : *Super cathedram Moysi sederunt Scribæ et Pharisæi, Omnia quæcunque dixerint vobis, servate; secundum opera vero eorum nolite facere? (Matth.* xxiii.) Dicendo enim secundum opera vero eorum nolite facere, non sanctos, sed sceleratos eos fuisse ostendit; nam nullo modo eorum opera imitari prohibuisset, si bona esse cognovisset. Quæ quia imitari prohibuit, certum est quia mala esse judicavit. Patet ergo quia etiam malis rectoribus omnis a subditis exhibenda obedientia est.

Ex quibus colligitur quia, etsi sanctitas supradictis Patribus deesset, auctoritas sola prælationis ad exhibendam eis obedientiam sufficeret. Licuit ergo eis etiam, sanctitate remota, subditis suis quæ dicta sunt imperare; licuit et subditis imperata servare. Sed adhuc vestrum responsum poscimus. Dixistis, pro insigni et nota sanctitate et pro commissi a Deo regiminis auctoritate, sanctis sequentibus priorum sanctorum statuta licuisse mutare. Quæ ratio insufficiens nobis videtur. Quomodo enim sanctitas et auctoritas subsequentium sanctitati et auctoritati præjudicare potuit præcedentium? Quomodo sane sanitas [sanctitas] sanctitati, auctoritas auctoritati, absque alterutriusque sanctitatis et auctoritatis detrimento quidquam auferre potuit? Auferre vero dicimus, cum quod priora constituit sequens commutat. Quod autem de præcedentium decretis subsequentium mutavit auctoritas, aut melius prioribus, aut deterius fecit. Si melius, non plene bona fuit priorum institutio. Unde sequitur deteriorem fuisse. Si deterior fuit, deteriores institutores habuit. Si vero subsequentes deterius priorum instituta mutaverunt, constat quia ipsi deteriores fuerunt. Apparet ergo priores vel posteriores Patres, nisi defendantur, laudis incurrere detrimentum. Aut enim priores optima instituerunt, et mutari optima a subsequentibus non debuerunt; aut si mutantes mutando juste egerunt, patet quia illa optima non fuerunt. Jam error institutionum in caput redundat instituentium. Ut enim ait Scriptura : *Ex verbis tuis justificaberis, et ex verbis tuis condemnaberis (Matth.* xii). Si ad ista alioqui charitatis scuto sanctos a culpa defendere volueritis, Dei nos gratia juvante nec vos ipsos defendere prævalebitis. Sed quousque audiamus, respondere quid possumus? Sine hoste quippe pugnare, nihil est aliud quam aerem verberare. Restat igitur charitas. Hac si hunc nodum solvere volueritis, citissime, facillime, rectissime poteritis. Hæc est enim, ut sæpe diximus, in qua universa lex pendet et prophetæ. Hæc est quæ plenitudo legis et finis præcepti est. Hæc est quæ, ut Apostolus ait, *diffusa in cordibus sanctis per Spiritum sanctum qui datus est eis (Rom.* v), diversis temporibus per diversos sanctos diversa loquens, ipsa non varia, non divisa, non multiplex, sed simplex, stabilis, inconcussa, semper eadem perduravit. Ut enim materfamilias, tota domus propriæ utilitati intenta, quosdam famulorum ad terram bobus exercendam, quosdam ad fodiendam vineam, alios in silvam ad ligna cædenda mittit, alios ignem succendere, alios aquam afferre jubet, hunc ad nundinas commercii causa dirigit, illum cur piger sit increpat, istum de strenuitate collaudans ad meliora hortatur : ipsa tamen, quamvis diversa sint quæ præcipit, diversa non efficitur, nec diversitas jussionis diversitatem facit utilitatis, quoniam ad unum quiddam et simplex, hoc est ad domus utilitatem, omnis illa officiorum varietas se colligit, et illud unum innumera ministeria operantur; nec reprehendenda est, si huic istud, et illi aliud præcipiat, quia, ad unum illud quod præmisimus perficiendum, multa illa præcipit, nec sibi adversa, quia est diversa, judicanda : sic charitas, quoniam ad domus Dei tantummodo utilitatem cuncta jubet, sibi adversari non est dicenda, sed per quoscunque, et quodcunque, et quandocunque jusserit, est absque retractatione sequenda. Nam et si diversa mandata per diversos nuntios diversis temporibus ab illa data sunt, adversa tamen non sunt in mandatis, nuntiis et temporibus : quædam quidem videtur diversitas, sed quia divinæ voluntati et humanæ saluti universa famulantur, nulla in his potest esse adversitas, quæ cuncta ad hoc unum dispensat ignorans falli charitas. Et sicut contumax, et damnandus servus judicaretur, si dominæ aquam afferri præcipienti responderet : Quia heri præcepisti ut ligna de silva succidens, domum deferrem, jam ulterius nec aquam deferam, nec aliquid alterius ultra operis agam, sed semper ad silvam vadam, et ibi ligna succidens domum deportabo : et illa dicente : Illud heri fuit necessarium, et idcirco jussi : jam quia necessarium non est, fac istud quod modo necessarium est; illeque præcipientis reverentiam ac domus utilitatem parvipendens, nullo pacto obedire vellet, imo ad augmentum contumaciæ conservos aquam deferre volentes prohiberet. Sic judicandus est qui magistræ charitati, omnia, licet diversa et diverso tempore per diversos, ad Ecclesiæ tamen utilitatem cuncta præcipienti, obedire refugit. Sic plane judicandi sunt qui jubenti charitati, et modis omnibus salutem tantum hominum quærenti, ut novitios infra annum, cum viderint expedire, suscipiant, ut vestes necessarias fratribus largiantur, ut magis spirituali quam corporali exercitio occupentur, ut multa his similia de animarum tantum salute solliciti faciant, respondeant : Quia olim hæc mandata per sanctum Benedictum tradidisti, illa mutari non patiemur, neque tibi aliquando de his obediemus. Qua dicente, tunc temporis ad tolerandos labores fortior erat natura hominum, utpote sæculo valentiore; nunc vero mundo senescente et jam morti proximo, quidquid in mundo est elanguit, et ideo pleraque tunc necessaria modo facta sunt contraria, quod nunc necessarium est facite. Non enim est meum aut hujus temporis sic novitios deterrere, ut dum volo per annum probare, sequatur reprobare. Non est, inquam, meum cibi, et potus, atque vestitus, vel cæterarum rerum indigentiam, pro diversitatibus infirmitatum, regionum ac temporum non supplere, ne, dum non reddo homini quod suum est, non possit ipse reddere Deo quod ejus est. Superba superstitione salutaribus monitis obtemperare dedignantur, nec contenti a jure charitatis se solum subducere, alios ei parere cupientes, qua valent instantia, suæ tentant transgressioni sociare. Sic vos, o Cistercienses, agere: sic charitati resistere; sic nec Regulam, pro qua vos certamini objeceratis, probamini tenere. Sed redeamus ad quæstionis vestræ solutionem. Quam ut lucidius solvere possimus, ipsam rursus quæstionem solutioni, sed brevioribus verbis præponamus.

Dixistis : Aut sine charitate beatus Benedictus Regulam, aut cum charitate condidit. Sed sine charitate eum illam condidisse, nemo vestrum audet affirmare. Cum charitate igitur eam non negatis conditam. Jam quia per charitatem condita constat, mutanda non fuit. Si mutanda non fuit tenenda fuit. Aut ergo mutando injuriam sancto infertis, aut tenendo ei in omnibus obeditis. Et nos ad hæc : Quia per charitatem Regula condita est, constat quia ideo mutanda non fuit, non constat. Imo, quia per charitatem condita est, sequitur quia mutanda fuit. Et ut hoc pateat, charitatis officium requiratur. Et quod est charitatis officium? Unum et solum charitatis officium humanam salutem modis omnibus quærere. Hoc ejus esse officium ipse Dominus, hoc apostoli, hoc omnes sancti ejus clamant. Justum esse quidquid illa præcipit, omnes, ut sæpe jam diximus, divini libri testantur. Et quod majus argumentum? In ipsa universam legem, et prophetas pendere Dominus dicit. Hanc plenitudinem legis et finem esse præcepti Apostolus testificatur (Rom. XIII). De hac beatus Augustinus ait : Si hæc una desit, inania sunt cuncta; si hæc sola adsit, plena sunt omnia. De hac et ipse alibi : Fructus autem totus est charitas, sine qua nihil est homo, quidquid aliud homo habuerit. Atque alio in loco : Habe charitatem, et fac quidquid vis. Igitur ut saluti humanæ consulat, facit quidquid vult. Quod si ei licet quidquid vult facere, licuit Regulam facere, licuit et mutare. Nec injuria sancto facta dicenda est, quia non ab alio mutata est, sed ab ea, quæ diffusa in corde ejus per Spiritum sanctum, qui datus erat ei, ipso in condendo Regulam tanquam organo usa est. Et quia non æmulatur, non inflatur; non est ambitiosa, non quærit quæ sua sunt (I Cor. XIII), ii qui ea pleni sunt nihil horum sciunt. Et quia æmulatione, inflatione, ambitione carent, indignari nesciunt. Injuria ergo sancto facta non est, quia suam charitatis Regulam pro temporis illius congruentia fecit : ac postquam utile fore vidit, quod fecerat immutavit, quodque servari decuit de eadem Regula reservavit. Sicut ergo non esset consequens dicere injuriam notario factam, si quod prius scripserat, vel ab ipso, vel ab alio immutari dictator certa de causa faceret, quam causam forte ipse solus nosset : sic nec sequitur beato Benedicto factam injuriam, si vel cuncta vel aliqua eorum, quæ per eum charitas scripserat, vel per ipsum, si sic voluisset, vel per alium quia sic voluit, ratione præmissa mutavit. Sed nec indignum est sancto charitatis vocari notarium. Joannes enim in Epistola sua Deum charitatem vocat (I Joan. IV). Et Gregorius sanctus in Homeliis ait : Spiritus sanctus amor est. Amor vero charitas est. Ergo Spiritus sanctus charitas est. Non est igitur ei indignum Spiritus sancti esse notarium. Nam et ejus notarii prophetæ omnes fuerunt. Non dedecet autem eum similem esse prophetis. Si igitur sancto illi Regula immutata ab immutantibus injuria facta est, et prioribus quos supra memoravimus sanctis a subsequentibus, et eorum decreta mutantibus injuria facta est. Et ut majora dicamus, legi ab Evangelio, Moysi a Christo injuria facta est. Quod si idcirco nec Moysi, nec legi, nec canonicis statutis, nec alicui divino mandato, nec his per quos ipsa mandata promulgata sunt, aliqua est facta injuria, quoniam per Spiritum sanctum, quem charitatem esse probavimus, quid saluti hominum per diversa tempora congrueret provisum est; et licet quædam in mandatis sint mutata, et ipsa mandata per mutatos sint data, ipse tamen mutatus non est, quia incommutabilis est, patet quia Regula sancti Benedicti in quibusdam suis capitulis, absque ipsius injuria, vobis, quamvis invitis, concedentibus, mutata est. Per charitatem namque mutata est, per quam Verbum caro factum est, ut ait Apostolus : *Propter nimiam charitatem suam, qua dilexit nos Deus, Filium suum misit in similitudinem carnis peccati* (Rom. VIII). Quia igitur mutata sunt quædam in Regula, charitas fecit ; et quia absque injuria sancti mutata sunt, charitas fecit. Nec putet aliquis quod nos justificare volentes, ista dicamus. Non enim nos justos videri volentes hæc dicimus, sed Patrum nostrorum instituta a vero non deviare, et eos, qui illa, ut ab eis præcepta sunt, servaverint, non errare, tam ratione quam divinis auctoritatibus comprobamus. Nobis ergo transgressionis nævo a vobis objecto purgatis, jam pro vobis agite; et ab ipsius Regulæ prævaricatione vos, si potestis, immunes monstrate. Prævaricari quippe vos Regulam dicimus, quando ejus rectitudine non servata, hoc est, charitate, quæ plenitudo legis ab Apostolo dicitur (Rom. XIII), neglecta, vestræ potius voluntati eam in plerisque inservire cogitis. Unde in quibus Regulam sine charitate servatis, ut ex præcedentibus colligitur, non jam Regulam, sed rectitudine remota tortitudinem servatis. Ad ista forte vel verbis, vel cogitatu respondetis. Et ubi nos a præceptis Regulæ charitatem excludere dicitis ? Ubi animarum saluti providere negligitis? Et ubi nos animarum saluti providere negligimus? Ut exempli causa aliqua ponamus. Nonne animarum salutem, atque idcirco charitatem negligitis, quando fratribus necessaria negatis, quando eos frigore usu pellicearum negato affligitis, quando hac violentia (nam multi vestrum hoc inviti sustinent) eos vel ad murmurationem, vel ad fugam compellitis? Sed et si sunt aliqui, qui hoc quoquomodo sustineant, procedente tempore corrupto corpore morbis, sanitatem frigore perdunt, et languidi sæpe perpetuo facti, Deo servire nequeunt. Sic certe discretiva charitate relicta, in murmurantibus, fugientibus et languentibus, animarum saluti providere negligitis. Hoc quoque vestrum propositum nos magis mirari faciunt ipsius verba Regulæ, in quibus monachos pelliciis uti non esse prohibitum, etiam negligenter legentes advertere possunt. Sicut enim superius, quando de hoc capitulo agebamus, diximus, nulla prohibitio, nullum præceptum ibi super hac re legitur, cum potius ut pellicias monachi habeant, ibi præcipiatur. Nonne cum Regula dicit : *Vestimenta fratribus secundum locorum qualitatem, aut aerum temperiem dentur, quia in frigidis regionibus amplius indigetur, in calidis vero minus, et hæc consideratio penes abbatem sit;* pelliceas et cætera indumenta necessaria duntaxat fratribus largitur ? Si hoc secundum Regulam aeris qualitas, hoc est regionis frigiditas poposcerit, præcepto Regulæ eas dari debere dicimus. Nam quod regionis poscit frigiditas, poscit necessitas. Quod necessitas, hoc plane et charitas. Jam si quis dicit charitati non cedendum, Deo utique judicat contradicendum. Dei igitur et Regulæ mandato contradicit, qui monachos pelliciis uti non debere dicit.

Sed adhuc fortasse opponitur : Licet hoc Regula non jubeat, monet tamen ut monachus ad meliora transeat. Bene certe dixisti, monet. Nam plane monet, non præcipit. Quod si tantum monet, non compellit. Qui enim monet ut fiat quod vult suadet. Sed qui præcipit, ad faciendum quod præcipit præcipiendo compellit. Suadet itaque regula meliora, non ad ea violenter compellit. Cur ergo vos compellitis quod compellere Regula non vult ? An forte sanctiores illo, qui cam composuit, estis ? Unde, inquam, tanta vobis auctoritas ? Dicit Apostolus : *Vellem omnes homines esse sicut meipsum* (I Cor. VII). Et Dominus in Evangelio : *Non omnes capiunt verbum istud. Qui potest capere, capiat* (Matth. XIX). Et alibi cuidam : *Si vis perfectus esse, vende omnia quæ habes, et da pauperibus : et veni, sequere me* (ibid). Nihil certe horum præcipiendo, sed commonendo. Et cum hic mos sit omni divinæ Scripturæ, ut quandoque quæ præcipienda sunt præcipiat, quandoque illa, quæ magis ardua videt, moneat, vos hanc ejus Regulam scilicet dedignantes, ad quod tantum monitis provocandi essent, eos cogere non formidatis. Sed et mihi videtur quod ad pelliceas non ferendas non solum non cogendi, sed nec monendi sunt, in his duntaxat regionibus, monachi. Quomodo enim inde aliquem monere debeo , unde illum ad deteriora lapsurum vel novi vel timeo ? Si enim proximum ut meipsum diligo, ejus saluti in omnibus, ut propriæ, consulere debeo. Nam aliter, non eum ut me diligo. Et hæc certissima charitatis regula est, ut quod fratri video esse necessarium, non prohibeam, non eum ad ferendum incongruum, et noxium laborem violenter impellam ; sed si valeo, omnia, quibus indiget, ei studeam impendere; si non valeo, ejus necessitati compatiendo, pietatis studio noverim condescendere. Quid vero prosit sine charitate corpus laboribus conficere, Apostolus docet dicens : *Si tradidero corpus meum, ita ut ardeam, charitatem autem non habeam, nihil mihi prodest* (I Cor. XIII). Et ne prohibere eos, qui non compulsi, sed sponte carnem suam quibuslibet austeritatibus pro Deo domare contendunt, videamur, agnoscant legentes, non hoc nos ista dicendo intendere, nec a bono spontaneo aliquem velle revocare, sed ne inviti ad illa cogantur quæ sui propositi non sunt, vel quæ nociva sunt, præcedentibus auctoritatibus prohibere. Sicut enim eos, qui oblectamenta mundi fugientes, ejus aspera ob majus meritum discrete amplectuntur, omnino scimus esse laudandos, sic illos, qui alios ad id, quod non proposuerunt, et quod non expedit violenter cogere volunt, dicimus non esse prorsus audiendos. Hæc tibi, frater charissime, epistolarum brevitatem rerum necessitate supergressus scripsi, in quibus aliorum verbis meum quoque intellectum expressi. Nam præter austeritatem verborum, quæ ad partium latentem simultatem designandam posui, reliqua omnia ut edita sunt intellexi. Erit amodo tuum, si aliter senseris, et hoc quoque mihi tuo per omnia revelare, ut re diligenter discussa, et per te maxime diffinita, et eorum qui super hac re scandalum patiuntur dubietas auferatur, et charitas, quæ revera in multorum cordibus et linguis quotidie læditur, longe remota omni invidiæ rubigine confirmetur.

EPISTOLA XXIX.

Venerabili et intimo mihi domino BERNARDO *abbati Claravallensi, frater* PETRUS, *humilis Cluniacensium abbas, sinceræ charitatis affectum.*

Revertenti mihi nuper de Pictaviensi pago, Lingonenses canonici (67) occurrerunt, et nil tale suspicanti, unum ex fratribus nostris, cum universo clero et populo Ecclesiæ suæ, se in episcopum concorditer et canonice elegisse, Lugdunensi metropolitano id consulente et confirmante, dixerunt. Institerunt toto nisu, tam precibus suis quam mandatis et litteris domini Lugdunensis, ut, quia monachus noster erat, quod de eo fecerant et ipse confirmarem. Hæsi aliquandiu, nolens carere utilitate personæ, concessi ad ultimum, cedens importunitati rogantium. Sic a me quod petierant impetrantes, præterito beatæ Dei Genitricis festo, apud Anicium regalem curiam, cui ipse necessitate, non voluntate interfui, adierunt; et a domino rege Francorum, electum suum, quantum in ipso erat, confirmari rogaverunt et obtinuerunt. Nam audita rex electione, et visa quæ forte tunc ad me venerat persona, quod de ea Lingonensis Ecclesia fecerat, collaudavit, et de regalibus, sicut solet fieri, manu propria solemniter investivit. Cumque ita cleri, populi, metropolitani, ipsius quoque, ut dixi, principis in hanc unam sententiam, in hunc unum electum vota convenerint, quosdam Lugdunenses voluntatem vestram a communi omnium proposito, nescio quibus rumoribus avertisse, et contra id quod factum fuerat irritasse, ante paucos dies accepi. Quod ut comperi, maluissem super his præsens cum præsente conferre quam litteris cogitata mandare. Hoc quia et remotio vestra, et mea non interpolata negotia impediunt, facio quod possum, quia quod volo non possum. Non sane miror, nec mirandum est, si bono viro mala audita displicuerunt; sed advertendum fuit, quia sicut vera, sic et falsa esse potuerunt. Unde priusquam id coghosceretur, non erant vel tribunalibus judicum, vel cathedris pontificum inferenda. Cogitandum fuit (quod tamen apud unanimis amici aures familiari querela depono) hunc de quo sermo est, vestræ Cluniacensis Ecclesiæ monachum et dilecti vobis abbatis esse filium. Attendendum fuit personas illas, a quibus hoc quod vos movit, dilectio vestra accepit, jurata adversus Cluniacum bella, tanta animositate ex ali-

quanto tempore suscepisse, ut nec linguas ab injuriis, nec manus a sacrilegiis continere potuerint. Videndum fuit si fidem prudentiæ vestræ illorum maledicorum verba facere debuerunt, quorum os locutum est vanitatem (*Psal.* CLIII), impudenter mentiendo, et dextera eorum dextera iniquitatis, irreverenter innocentes monachos verberando.

Quapropter tantis tamque manifestis inimicis credere, tantis tamque manifestis hostibus fidem dare, nec vestrum, nec aliquorum bonorum est. Credite magis domesticis quam extraneis, notis quam ignotis, amicis veridicis quam inimicis maledicis. Credite mihi, qui et domestici, et noti et amici apud vos nomine glorior; qui etsi a communi mendacio, quo omnis homo mendax est, immanis esse non possum, absit tamen ut ibi non caveam mendacium, ubi cavere possum! Conveni ipse hominem, audito quem supradixi rumore, et quæ dicebantur proponens, ne veritatem diffiteretur paterne rogavi, admonui, adjuravi. Dixi me non ut perfidum mysterii rectorem, sed ut fidum commissorum custodem ad conscientiam ejus velle accedere, nolle me patefactis animarum vulneribus illudere, sed mederi. Adjeci quidquid ad eliciendam veritatem utile occurrere potuit, nec dissimulavi intima parietis, acutæ interrogationis fossorio perscrutari. Post quæ omnia id responsi accepi, nunquam se amictu mendacii cor suum mihi velasse, nunquam velare proposuisse; certum se esse quod, si mentiretur mihi, mentiretur et Deo; de fide commissorum nil se dubitare; eorum quæ dicebantur ita se esse immunem, ut, si velim, injecta omnia securissime sacramento expurget. Novi ipse a quibus, et quare et qualiter verba illa, quæ scandalum vobis pepererunt, exortæ, auctæ, disseminata fuerunt. Quæ si vobis per me ipsum libere colloqui licuisset, ad unguem exposuissem; et quam tenebrosa abysso, perspicuam mentis vestræ faciem, caligosa [caliginosa] mendacii nubes offendere conata sit, ad liquidum indicassem. Quod, cum potero, faciam. Interim amplectendam mihi semper dilectionem vestram rogo, et per eam, quæ nos in domo Dei unanimes fecit, obsecro, ne nævo mendacii Cluniacensis congregationis corpus deformare, non dico velitis, sed nec patiamini, quoniam non hoc illi uni ascribere, sed nobis, et singulis, et omnibus imputare, pudor ipse objectæ infamiæ compelleret. Quia *cum dolet unum membrum, condolent omnia membra, et cum patitur unum membrum, compatiuntur omnia membra* (*I Cor.* XII). Nec æstimet sanctitas vestra, me ad defendendum monacho nostro episcopandi gradum hoc dicere, quoniam episcopari monachos nostros, nec novum, nec admirabile nobis est, cum tot, ut ipse nostis, de Ecclesia illa, famosa Ecclesiarum fulserint et ful-

ANDREÆ CHESNII NOTÆ.

(67) *Lingonenses canonici.* Lingonæ, seu Lingones civitas provinciæ Lugdunensis I quam veteres geographi *Andomatunum Lingonum,* chronicon S. Benigni Divionensis, *civitatem lingonicam* et Frodoardus *lingonum urbem* appellant.

geant sidera, sed quia malum nomen diffamari super filia Israel, nec verus Israelita facere, nec verus Israelita potest sufferre. Quod si Lingonensi Ecclesiæ multi sæculares clerici, quorum nec multa religio, nec multa scientia eminebat, episcopali nomine non tantum patiente, sed etiam laudante Ecclesia olim principati sunt, quid indecens, si religiosæ Ecclesiæ religiosus, sapiens, litteratus monachus, inde in pontificem Lingonensem electus est, unde episcopales, archiepiscopales, patriarchales, et ipsa omnium vertex Ecclesiarum apostolica et Romana sedes, Patres sibi assumere consuerunt? Quod si forte, ut totum quod sentio exhauriam, monachi monachos, religiosi religiosos, Cistercienses Cluniacenses verentur, et minus de illis, de quibus magna confidere deberent, confidunt, purgetur ista suspicio, et omne animal consimile sibi diligere, eique magis adhærere, natura ipsa docente, discat. Unde si in animalibus tantum natura prævalet, in hominibus, et hoc monachis, non tantumdem auctor naturæ valebit? Diliget ergo, si monachus fuerit, Lingonensis episcopus Cistercienses et cæteros monachos, quia diligendo majus sibi lucrum, non diligendo majus sentiet detrimentum. Nec noster monachus aliud audebit quam nos facere diligendo videbit.

EPISTOLA XXX.

Honorando et sæpe nominando Theotardo *meo, frater* Petrus, *humilis Cluniacensium abbas, totum quod est.*

Memoria tua semper, ut nosti, mihi suavis et grata dum occurrit (quod pene assidue fit), cor meum spinis curarum dilaniatum, vepribus sollicitudinum exasperatum, ut hausta pigmenta, ut unguenta fragrantia sic leniunt [lenit], sic refovent [refovet], ut me jam me non esse sentiam, et eum qui fueram oblitus, in virum alterum me mutatum gaudeam. Quid fiet ergo? quid fiet, charissime, in re illa quam spe felici sustinemus? in vita dico immortali et beata, quando in hac mortali, et misera, plenaque vomituum sordiumque humanis mentibus innasci hoc adhuc infelicium affectibus inesse potest. Quid fiet, quando anima sanctorum, ignoto illius supernæ dulcedinis pastu, sicut adipe et pinguedine replebitur, quando adhuc jejuna et squalens macredine, imo, juxta Evangelium, fame male periens (*Luc.* xv), tantopere, tantillo gustu lætatur? Quid fiet, quando illi, supra quam felices inebriabuntur ab ubertate domus Dei, et torrente voluptatis ejus potabuntur, quoniam apud eum est fons vitæ (*Psal.* xxxv), si guttula illius abundantiæ huc delapsa hoc operatur? Hæc tamen est, dilectissime, qua te, ut nosti, semper dilexi, semper colui, semper tibi etiam absens adhæsi. Hæc est, quæ magnis spatiis, multis temporibus, a me sejunctum, nunquam ab animo meo avelli passa est, quæ animæ meæ conspectibus te frequenter, imo pene continue, ingerens, nunquam absentem esse permittit. Hæc est, quæ toto hoc anno cor meum assidue stimulans, et diuturnæ absentiæ tuæ impatiens, ad scribendum charitati tuæ quotidie invitat : quæ nisi curarum obice, sæpe repulsa fuisset, antequam plures dies cogitata implesset. Facit ergo, etiam nunc vix permissa, quod potest, et dilectum absentem requirens, dormientem suscitans, venire differentem invitans, monet, hortatur : et quia differentem huc usque sustinuit, etiam ex imperio præcipit, ut vel antequam ad Montem-Pessulanum (68) iter aggrediar, vel postquam reditum cognoverit, statim venire festinet. Et quia novum casum fratrum Luparciaci (69) morientium audivi, volo ut maturius, imo quam citius poteris, iter acceleres, et usque ad proximam Dominicam Septuagesimæ, tuam nobis Cluniaci præsentiam exhibere non omittas. Non autem idcirco quod plus solito nunc tibi timeam, aut mori jam te plusquam soleam formidem, maxime cum nec mortem alicubi fugere, utique mortalis, possis, et longe amplius tibi exspectanda, exoptanda, quam fugienda sit, sed ut videam Aaron meum, stantem inter mortuos et viventes (*Num.* xvii), et istis quidem curæ, illis autem sepulturæ operam impendentem. Veni ergo, veni : et ne te leviter invitari æstimes, iterum dico : Veni.

EPISTOLA XXXI.

Venerabili et dilectissimo domino, Bethlehemitico episcopo, frater Petrus, *humilis Cluniacensium abbas, salutem.*

Frater quidam montis Thabor, ut dicebat, monachus, habitu peregrini nuper ad nos veniens, de beatitudine vestra bona plurima nobis retulit, et inter omnes Orientis ecclesiasticas personas, Cluniacensis monasterii vos singularem amicum referens, animos omnium nostrum, ad diligendam et amplectendam reverentiam vestram magnifice incitavit. Quem enim non incitaret, quem non ex intimis commoveret, non cujuscunque, sed Bethlehemitici episcopi, in humiles et remotos pauperes Christi, ab ejus spiritu excitata dilectio? Bethlehemitici, inquam, episcopi, præsepis Dominici custodis, illius præsepis ad quod custodiendum vix justus Joseph et virgo

ANDREÆ CHESNII NOTÆ.

(68) *Antequam ad Montem-Pessulanum.* Mons Pessulus, vel Pessulanus, quem et aliqui montem Puellarum dicunt, præclara Volcarum urbs, in quam anno 1536, episcopatus a Magalona proxima insula translatus est, assensu Francisci primi Francorum regis.

(69) *Et quia novum casum fratrum Luparciaci.* Luparciacus, vel ut aliqui rectius scribunt, Luperciacus, burgus Nivernensis diœcesis, in quo prioratus ordinis Cluniacensis in honore SS. Gervasii et Protasii constructus, cujus et aliquando domnus Gelduinus, ex nobili stemate Puteacensium procerum editus, post voluntariam in Cluniacense cœnobio paupertatem arreptam, prior factus est, ut ex actis delationis reliquiarum S. Stephani protomartyris in Cluniacum tempore Pontii abbatis patet, vulgo *Leurcy-le-bourg.*

Maria admissi fuerunt, illius quod æterna majestas mortali carne induta, et ad humanos oculos prodiens primum elegit, et in quo præ omnibus terræ locis, cœli Rex primitus requiescere voluit, sicut legitur, *Reclinavit cum mater in præsepio?* (*Luc.* II.) Gratias igitur illi, cui nato in Bethlehem gloria in altissimis Deo ab angelis cantatum est, qui inter homines bonæ voluntatis vos computans, charisma pacis illius, quæ omnem sensum exsuperat (*Philipp.* IV), cordi vestro inspiravit, et ut etiam ad longe positos, charitatis latum mandatum nimis, per immensa terrarum et pelagi spatia extenderetis, animavit. Hoc nos experti sumus, qui in occiduo et pene ultimo orbe, hoc est Cluniaci, positi, Orientalium specierum fragrantiam sensimus, et in odore unguentorum, hoc est, pretiosarum virtutum vestrarum, velut adolescentulæ, hoc est infirmiores, currere cœpimus. Curremus ergo, nec nisi comprehenderimus, currendo deficiemus, donec per affectum, quo currimus, ad domum non transeuntem, sed æternam in cœlis, pertingamus, ubi non tantum de inchoata, sed jam de consummata dilectione et perpetua cohabitatione in Christo lætantes, ei vobiscum semperterne cohæreamus. Sit ergo sublimis mater Bethlehem, Cluniacensi filiæ in sempiternum conjuncta, ut quod corporali nequeunt visione, hoc spirituali et sincera expleant dilectione.

EPISTOLA XXXII.

Summo Ecclesiæ Dei pastori, et nostro speciali Patri, domino papæ INNOCENTIO, *frater* PETRUS *humilis Cluniacensium abbas, filialem in Christo dilectionem.*

Apostolicæ majestati vestræ humilitas mea sæpe scribens, et sæpe rescribens, auribus vestris totius mundi audiendis vocibus occupatis, procax aut nimia esse formidat. Sed solet paterna pietas non solum verbosantem sed aliquando etiam delinquentem filium tolerare. Quem interdum et corrigat, pro excessibus verberans, non potest tamen ipsa inter verbera non amare. Inde, sumpta audacia, pro domno Lugdunensi archidiacono paternam benignitatem filialis præsumptio rogat, licet quantum ad ipsum nulla petitionis præsumptio, sed justa videatur esse precatio. Meretur hoc, ut sæculare loquar, honestas personæ ejus, meretur hoc erga sublimitatem vestram obedientia et famulatus ejus, meretur hoc circa vestros sedulitas et devotio ejus. Honestas personæ ejus, quia inter Lugdunenses constitutus, non quidem ut Job in terra Hus, sed pro modulo suo, si tamen maximis liceat minima comparare, ut Stephanus diaconus inter condiaconos, ita hic ejusdem nominis archidiaconus, inter canonicos prudentiæ et honestatis vexillum sublimius extulit, et eo tempore, quo apud hujusmodi homines omnia pene corrupta sunt, insigne clericalis ordinis inviolatum servavit. Quis enim unquam ejus vitam infami aliquo nomine fœdavit? Quis ejus honestatem inhonesta aliqua suspicione, ne dicam accusatione, tentavit? Quis ejus a puero conversationem, quod perrarum est, aliquo susurro, non dico probro, sollicitavit? Meretur hoc, ut dixi, obedientia et famulatus ejus, quia, ut aliis omissis, de instanti tempore loquar, pene solus, imo solus, injunctam per legatos vestros in Lugdunensi Ecclesia apostolici præcepti servavit obedientiam, et quod jam non accusans dico, solus universorum vitavit contumaciam. Meretur hoc circa vestros sedulitas et devotio ejus, quibus omnes vestros, et specialiter Cluniacenses, quos specialius vestros credit, amplectitur, juvat, defendit. Non tantum vero illos, sed quoscunque nota aliqua religionis religiosos esse præsumit, colligit, sustinet, obsequitur, domumque vel domos suas, non solum hospitium, sed eorum esse asylum, assidua pene eorum receptione vel procuratione, demonstrat. Ista omnia sanctissimo Patri bonum filium, etiam absque commendatione mea, scio quia gratum exhibent; sed utinam testimonio meo, quod videndo et audiendo perhibeo, gratiorem paternæ pietati exhibeant! Est ei causa coram Patre cum quibusdam, quos quia et ipsum nostis, non est necesse inde sapientiam vestram instrui, maxime quia ejus vos vicarium esse cognoscitis, qui reddet unicuique secundum opera ejus.

EPISTOLA XXXIII.

Summo pontifici, et nostro speciali Patri domino papæ INNOCENTIO, *frater* PETRUS *humilis Cluniacensium abbas, salutem et obedientiam.*

Magna materies multa me loqui cogeret, sed auribus majestatis vestræ importunus, aut nimius esse formido. Eapropter, dilectæ et diligendæ paternitati vestræ humiliter suggero, litteras nuper a vobis mihi directas, me filium vestrum, et totum semper vobis subditum et devotum conventum, quoniam insolita et damnosa præferebant, graviter vulnerasse. Insolita, inquam, et damnosa præferebant, quia decimas, quas usque ad hæc tempora, per ducentos et eo amplius annos vestra Cluniacensis Ecclesia indifferenter ab omnibus suscepit, et indifferenter omnibus reddidit, auferebant. Insolita, inquam, et damnosa præferebant, quia quod vere nunquam de quolibet parvo Cluniacensis Ecclesiæ membro factum audivimus, in magno monasterio Gigniaco (70) post quadraginta dies divina offi-

---

ANDREÆ CHESNII NOTÆ.

(70) *In magno monasterio Gigniaco.* Gigniacum monasterii Clun. membrum, de quo et S. Bernardus epist. 283 ad Eugenium papam : « Apud Cluniacum, inquit, occurrimus Gigniacensibus spe pacis, pro qua laboratum multum, elaboratum nihil. Nam totum quatriduanum laborem nostrum sola demum secuta est ruina spei. Si quidem abbatia una, ne per singula vagemur, tota destructa est. » Et ipse Petrus Venerabilis infra, epist. 35 : « Jam de sententia super Gigniacenses absque vocatione, absque audientia prolata, quid dicam, non invenio. Nam nunc primum in monachos Clun. excommunicationis vel interdicti sententia ab apostolica sede promulgata est. »

cia propter repetitas parochiæ suæ decimas interdicebant. Et cum a sanctis prædecessoribus vestris multis privilegiis confirmatum sit, ut fratres Cluniacensis, non solum omnium parochiarum suarum decimas (71) absque alicujus contradictione susciperent, sed etiam quas propriis excolebant sumptibus retinerent : noluerunt tamen uti hac potestate, scientes scriptum esse : *Væ illi per quem scandalum venit* (*Matth.* xviii). Unde humiliter ac modeste decimas tam rusticorum quam mancipiorum suorum, non solum monachis, canonicis, sed etiam quibuslibet clericis, presbyteris, militibus raptoribusque persolvunt. Cumque ipsi universis debitas, atque indebitas decimas, vel quælibet alia pacifice reddant, cur non et ab aliis quiete suscipiant? Dedi ipse Cisterciensibus fratribus, teste domino Clarevallensi abbate, quibusdam in locis decimas, sed tanta jam est, per Dei gratiam, ipsorum et aliorum religiosorum ubique terrarum in circuitu nostro numerositas, ut si omnibus decimas indulserimus, jam decimam fere numeri nostri partem perdamus. Nam si brevitas pateretur, ostenderemus quamplura monasteria nostra ita a diversis religionibus circumsepta, ut ad duas vel unam leucam, unum vetus quinque vel septem novis monasteriis sepiatur. Quæ in parochiis nostris, et cum assensu, et sine assensu nostro contra jus canonicum constructa, majorem partem jam parochiarum nostrarum obtinent. Quibus omnibus si decimæ concedantur, oportebit ut nostri, aut, sicut dixi, numerum suorum minuant; aut forte in quibusdam locis loco pariter et domibus cedant. Rogat igitur, venerabilis Pater, fidelis et semper subjecta majestati apostolicæ congregatio vestra, ut ab amore paterno novi filii veteres non expellant, quoniam et si novi diligendi, non tamen propter novos, nisi promeruerint, sunt veteres abjiciendi. Recordamini quantum ab antiquis in populo Dei primogenitis deferretur, ut nisi Esau primogenita vendidisset, nunquam ei licet sanctior Jacob in primogenitorum dignitate, non dico præferretur, sed nec etiam conferretur. Si ergo primogeniti sumus, dignum est ut quod non vendidimus, pro junioribus non perdamus. Si aliter res processerit, quod salva Patris gratia dico, aut sua mecum Ecclesia retinebit, aut sine me hucusque juste possessis carebit. Nostis ipse cor meum, cujus, utinam! vel hac, vel qualibet occasione non subitum, sed antiquum compleatur desiderium. Unde iteratis precibus precatur universitas filiorum vestrorum, rogo et ipse qualiscunque tamen vester, ut si aliud ad præsens non placet, sententiam saltem interdicti usque ad Pascha Domini differatis, quatenus infra hoc spatium sapientes fratres ad vos mittere, et per eos tam de his quam de aliis vobiscum agere possim.

EPISTOLA XXXIV.

Venerabili fratri et dilectissimo amico, domno Aimerico *apostolicæ sublimitatis cardinali et cancellario, frater* Petrus *humilis Cluniacensis abbas, salutem.*

Cum naufragium imminet, nusquam tutius quam ad portum; cum pericula formidantur, nusquam salubrius quam ad amicum recurritur. Eapropter quoniam ventis e regione propellentibus navis nostra naufragium perpeti reformidat, vos potissimum elegit, cui et pericula nota facere, et per quem contraria universa valeat evitare. Quod si multa materies multiplicare me verba coegerit, rogo vos, patienter ferte, quia nemo potest breviter dicere, quod verborum multitudo vix valet explicare. Possunt quidem quandoque multa breviter dici, sed ubi brevitas sententiarum pondera non extenuat, non ubi intellectui multa necessario intelligenda defraudat. Invaluit et segnitia modernorum, quæ mox superfluum vocat, quidquid cum ejus desidia non concordat. Non sic apud antiquos, quorum si sapientia vestra recordari voluerit, etiam longissima nostra novissima reputabit. Accepi litteras a majestate Patris, humilitati meæ transmissas : quæ si, ut mihi soli missæ sunt, me solum læderent, facilis unius hominis læsioni consolatio subveniret. At nunc in communem monasterii nostri interitum litteræ militant, quæ tanto amariores videntur, quanto præter solitum apparuisse probantur. Nam quæ olim mel et lac a paternis uberibus filiis profundebant, meo nunc tempore, quod humili corde, sed non sine intimo dolore dico, myrrham absynthiumque propinant. Quod si propter peccata mea (quod non discreto), tempestas hæc contra Christi naviculum, quam ipso committente perita manus illius regit, insurrexit, ut voce prophetæ utar : *Tollat me, et mittat in mare, tantum cesset mare a naufragantibus* (*Jon.* i). Quid enim ? Nonne illa est, de qua nunc agitur, Cluniacensis Ecclesia, illius, cui Deo auctore præsidet, dicta et credita præ totius mundi subditis Ecclesiis singularis filia? Nonne illa est, qua etsi quælibet alia gradu ecclesiastico celsior, nulla tamen inventa est in Patris gratia prior ? Nonne illa est, quam summi Ecclesiæ Dei pastores, sancti ejus prædecessores, a primo, ut dicitur, fundationis lapide velut in gremio suo foverunt (72), dilexerunt, auxerunt, provexerunt ? Nonne illa est, quam fovendam, diligendam, augendam, provehendam, ab illis officio suscepit, verbis promisit, in ge-

ANDREÆ CHESNII NOTÆ.

(71) *Ut fratres Clun. parochiarum suarum decimas.* Supra epist. 28.

(72) *Nonne illa est Clun. Ecclesia, quam summi Eccl. pastores a primo fundationis lapide in gremio suo foverunt.* Willelmus Aquitanorum dux in testamento de constructione Cluniaci, Ludovicus Transmarinus Fr. rex in præcepto De Salustriaco et aliis ad Cluniacum pertinentibus locis, Urbanus II in Libertate Cluniacensis cœnobii, et alii Rom. pontifices, quorum diplomata jam alibi descripta sunt.

nerali capitulo confirmavit? Sed hunc novo ordine de luce tenebræ ortæ sunt, dies in noctem mutatus, serena cœli facies in horrendam tempestatem conversa. Et ne forte suspicemini me hæc velle verbis exaggerare, noveritis me amico in veritate loquentem, non solum ad exaggerandum nihil dicere, sed ipsum aggerem perturbatarum cogitationum vix posse explicare. Novi ipse cor meum, novi et sacri conventus plusquam dicere possim mœstificatum animum, quoniam ea isto tempore audierunt, quæ nunquam ante audita nullo pacto sperare potuerunt. Quando enim solo arbitrio, sine judicio, quælibet non dico Clun., non dico Ecclesia, sed saltem vilis muliercula suo jure ab apostolica justitia spoliata est? Quando res aliena aliis absque illorum, cujus est assensu, vel voluntate concessa est? Quando de aliorum bonis violenter extortis, grata Deo oblatio facta est? Hoc præcipiunt nobis litteræ apostolicæ, ut a monachis vel canonicis regularibus decimas non accipiamus, cum nos monachis, clericis, canonicis regularibus, et, si dici posset, sæcularibus, monialibus, militibus, raptoribus etiam persolvamus. Nec de illis decimis loquor, quas de agricultura sua rustici seu agricolæ reddunt; sed de illis quas fratres nostri propriis manibus, vel sumptibus excolunt. Inde habent Cluniacenses plura et vetera : unde Cistercienses singularia et nova se dicunt habere privilegia. Sed scientes sententiam Domini : *Væ illi per quem scandalum venit* (*Matth.* XVIII), nolunt uti potestate concessa, ne existentes origo et causa scandalorum, digni judicentur ut suspendatur mola asinaria in collo eorum, et demergantur in profundum maris.

Sed aiunt quidam de alieno munifici : Hi pauperes sunt, illi divites. Debent ergo divites pauperioribus subvenire. Et recte. Sed attendant quod ait Salomon : *Ubi multæ divitiæ multi et qui comedunt eas* (*Eccle.* V). Et quia *quandoque ditior est pauper in tugurio, quam rex in solio*, quia ille si satur est, jam nullius eget; iste multis millibus dum providere non sufficit, mendicat. Novit mundus, in quos usus Cluniacus redditus agrorum, in quos pecunias, in quos decimas, in quos quæ habet expendat. Requirat prius et conferat diligenter curiosius indagator Cluniacenses, et Cistercienses redditus cum expensis, et demum de divitiis vel paupertate sententiam ferat. Sed esto. Pauperes illi, divites isti. Agatur judicio. *Non accipies*, inquit lex æterna, *personam pauperis, nec honores vultum potentis* (*Levit.* XIX). Item in Exodo : *Pauperis quoque non misereberis in judicio* (*Exod.* XXXIII). Si misericordia impendenda est pauperi, nunquid irroganda est injuria a paupere? Si danda est ei eleemosyna, nunquid exercenda est ab eo rapina? Monstruosum prædæ genus, si laborent divitibus sancti pauperes extorquere, quod pessimi divites pauperibus solebant auferre. Nec blandiantur sibi illi fratres nostri, si hæc propriis manibus non faciunt, quia non ascendit in montem Domini, nec stat in loco sancto ejus tantum innocens manibus, sed mundo corde (*Psal.* XIV). Unde qui verbis de corde prodeuntibus aliorum manus exagitat, alienum se ab eorum opere nulla dissimulatione excusat. Contuli ego, dum ex charitate rogaverunt, quasdam eis decimas; sed aliud est quod sponte Deo offertur, aliud quod violenter aufertur. Fuisset utcunque tolerabile certis hoc et paucis locis concedere; sed tanta est per gratiam Dei multiplicatio novæ segetis, ut si, velut illi exigunt, novis veteres coguntur cedere, antiquos labores oporteat deperire. Dilexi ego, et semper diligere volo fratres illos, sicut mihi nostra et ipsorum congregatio attestatur, sed attendendum est, si servi Deo sunt, ne eorum occasione, vel (quod pejus est) studio, charitas virtutum omnium perfectio et finis lædatur. Nam, ut quod verum sentio dicam, tale inde scandalum præparatur, quod nostro quidem tempore incipere, sed nostra nunquam ætate valeat terminari. Non unde obedientia subtrahatur, sed unde, quod majus est, charitas perimatur. Perimatur dico, non lædatur, quia vere non tantum apud nostros sed apud universos, in quos decretum hoc prolatum est, non solum læditur, sed etiam exstinguitur. Novit prudentia vestra Ecclesiam Dei unguento, non cauterio indigere, baculo sustentandam, non impulsu præcipitandam esse, maxime hoc tempore, quando viribus exhaustis magna pars ipsius membris trementibus nutat, et late jam patente scandalorum campo, dies instare videntur, de quibus Dominus ait in Evangelio, *ut in errorem inducantur, si fieri potest, etiam electi* (*Matth.* XXIV). Jam de sententia super Gigniacenses absque vocatione, absque audientia prolata, quid dicam, non invenio. Nam excepta tempestate, quæ per domnum Pontium excitata est, nunc primum in monachos Cluniacenses excommunicationis, vel interdicti sententia ab apostolica sede promulgata est (75). Sed et

ANDREÆ CHESNII NOTÆ.

(75) *Nunc primum in monachos Clun. excommunicationis vel interdicti sententia promulgata est.* Unum ex præcipuis Cluniacensium privilegiis ab apostolica sede quondam impetratis reperitur, ut nullus episcopus vel sacerdos in eorum loca vel in eos excommunicationis aut interdicti sententiam ferat, Alexander II papa in rescripto ad Hugonem abb. Clun. « Interdicimus autem sub simili anathematis promulgatione ut isdem locus sub nullius cujuscumque episcopi vel sacerdotis deprimatur interdictionis titulo, seu excommunicationis vel anathematis vinculo. Non enim patitur sanctæ sedis apostolicæ auctoritas ut nullius cujuscunque personæ obligatione proscindatur a se cuilibet concessa liberalis libertas, neque ipsius loci fratres ubicunque positi cujuscunque episcopi maledictionis vel excommunicationis vinculo teneantur astricti. Inhonestum enim nobis videtur ut sine nostro judicio a quoquam anathematizetur sanctæ sedis apostolicæ filius, veluti cujuscunque subjectæ Ecclesiæ discipulus. » Et Urbanus etiam II ad eumdem Hugonem scribens : « Porro sicut a beatæ memoriæ papa Gregorio in Romana synodo, et a nobis nuper in Placentina statutum est, præsentis privilegii aucto-

illud, quod in eadem Domini nostri epistola continebatur, quasdam sibi litteras fraudulenter extortas, non parvum mihi et his, qui audierunt, stuporem, ingessit.

Quis enim fraudem hanc fecerit, quis extorserit, quis tanti criminis auctor fuerit, cum diu inter nos quaereremus, invenire non potuimus. Hoc tantum recolo me a sancto Ambrosio cursorem domino papae, et vobis misisse, atque per eum scriptum hujusmodi capitulum, sicut ex eadem, quam misi, membrana postea collegi, in haec verba transmisisse. Ut monachis de Miratorio (74), qui decimas auferunt fratribus nostris Gigniacensibus, et a potentibus faciunt eos deprecari [depraedari], scribatur, ut decimas reddant. Cujus hic, rogo, fraus esse potuit? Si cursoris, mirum est, quod tantillus homullulus, tantos orbis judices fallere potuit; si capituli, neque hoc minus mirum : nam cum fraus dicatur, quando studio fallendi falsitas praetenditur, veritas occultatur, quomodo fraudulenter litterae extortae sunt, quae nihil veritatis, studio fallendi occultaverunt nihil falsitatis praetulerunt? Quod si quilibet hoc Patris nostri auribus insusurravit, tunc ei dignum erat credere, quando eo praesente, qui scripsit, falsi eum aliquid conscripsisse potuerat comprobare. Ante autem de indiscussis sententiam ferre, quid est aliud quam solo arbitrio absentem damnare? Non se putabant nostri tale apud suum dominum meritum reposuisse, pro cujus obedientia et servitio dicuntur se, suaque pene omnia expendisse. Sed ne jactare propria videar, ista interim conscientiae ipsius dimitto, pro universis quae numerare possem deprecans, ut Ecclesia sibi a Deo commissa, et si non augmenta, saltem nulla quae non meruit, sentiat detrimenta. Memor sit propriis se manibus illam Ecclesiam consecrasse, quod ejus praedecessores nonnullos valde certum est praeoptasse. Quam si diminuerit, videbitur destruxisse quod visus fuerat construxisse. Insultabunt, quod jam ex parte coeperunt nobis inimici ejus, quorum multitudo ubique, et si non aperte contradicit, tamen aperte odit, nec cessabunt dicere quod solent dicendo frequentare : Ecce, Cluniacenses, habete papam vestrum, quem vobis spreto monacho vestro elegistis. Talem spem talis digne sequitur merces. Sed quia, charissime, magni, quam semper in vobis habui, amoris fiducia me diffusius forte quam debui loqui compulit, rogo ne miremini, quoniam et magnum Ecclesiae nostrae super hac re murmur, et lingua, quae deerat, mediatoris nuntii, me tanta imprimere chartis verba coegit. Nunc igitur ea spe, qua vobis post dominum papam universa Ecclesia Dei, et specialiter Cluniacensis innititur, laborate obsecro, ut in melius sententia commutetur, quia mirum sapientibus videri non debet, si homini tantis totius mundi curis in diversa distracto, quilibet sua quaerens subripere potuit ; sed valde mirum videbitur, si postquam perniciosum cognoverit, tantus pastor ovibus non providerit. Quod si praesens aliud non placet, sicut eum litteris propriis rogavi, illius novi interdicti asperitatem usque ad proximum pascha differat : quia usque ad tempus illud mittere ad eum, etiam antequam ista audirem, nuntios idoneos proposueram. Sed tempus praefixum tam breve est, ut nisi cito cum indulgentia nuntius remittatur, Gigniacense monasterium in ipsa Domini Nativitate (quod vix sine lacrymis dico), divinis officiis careat, et corda fratrum nostrorum nunquam delendus saevae amaritudinis dolor inurat. Has familiares litteras illi tantum post vos, rogo, videant, qui negotium nostrum non impediae, sed pro viribus studeant adjuvare.

EPISTOLA XXXV.

Charissimis et venerabilibus fratribus nostris, domno abbati Cisterciensi (75), Clarevallensi, Pontiniensi, sedem cum litterarum vestrarum testimonio venerint absolvendi.

ANDREAE CHESNII NOTAE.

ritate decernimus, ut nulli sit archiepiscopo, nulli episcopo, nulli apostolicae sedis legato facultas, sine certo Romani pontificis praecepto, adversum vos, aut vestrum coenobium excommunicationis aut interdictionis proferre sententiam. » Imo et ipsis abbatibus Clun. aliquando concessum malefactores ac depraedatores rerum suarum, si ad satisfactionem compelli non possent, in provincia etiam Lugdunensi, candelis etiam accensis excommunicare. Sic enim Innocentius papa : « Nos, inquit, monasterium vestrum contra molestationes indebitas speciali volentes libertatis privilegio communire, ad exemplar felicis recordationis E. papae praedecessoris nostri praesentium auctoritate statuimus, vobisque benignius indulgemus, ut universos malefactores vestros, et hominum vestrorum, qui de provincia fuerint Lugdunensi, si eorum episcopi et Ecclesiarum praelati a vobis tertio requisiti eos ad satisfactionem vobis congruam exhibendam non duxerint compellendos, licitum vobis sit, vestrisque successoribus illos candelis accensis auctoritate apostolica excommunicationis sententiae atque interdicti subjicere. quos tandiu nuntietis excommunicationis et interdicti vinculo innodatos, donec de perpetratis excessibus satisfecerint competenter ; et si delicti qualitas hoc exegerit, ad apostolicam

(74) *Ut monachis de Miratorio.* Cujus et abbatem consanguineum suum vocat epistola ult. libri VI, his verbis, « De consanguineo meo abbate Miratorii mirando et admirabili, quid dicam, non invenio. »

(75) *Domno abbati Cisterciensi.* De primis ordinis Cisterciensis initiis nemo melius quam Caesarius Heisterbachensis lib. I Miracul. cap. 1 : « In episcopatu, inquit, Lingonensi situm est coenobium, nomine Molismus, fama celeberrimum, religione perspicuum, viris illustribus nobilitatum, possessionibus amplum, virtutibus clarum. Et quia divitiis virtutibusque diuturna non potest esse societas, viri nimirum sapientes, et virtutum amatores, altius intelligentes, licet honeste in praefato coenobio viverent, minus tamen ipsam quam professi fuerant, Regulam qualiter observarent considerantes, habito inter se communi consilio viginti et unus monachi una cum patre suo Roberto, unanimi assensu, eodem spiritu venerunt in locum horroris et vastae solitudinis, nomine Cistercium, ibi vivere cupientes de opere manuum suarum secundum Regulae praeceptum. Anno igitur Dominicae Incarnationis 1099, venerabilis Hugonis Lingonensis Ecclesiae episcopi,

et aliis (76) *in Christi nomine congregatis, frater* PETRUS *humilis Cluniacensium abbas, salutem et veram in Domino dilectionem.*

Quo affectu, dilectissimi, inter omnes religionis professores universitatem vestram semper dilexerim, quo honore veneratus sim, quibus, quod non improperans dico, beneficiis quosdam vestrum, pro posse et tempore, prosecutus sim, novit testis et conscius meus in excelso, novit et integra ubique terrarum posita nostræ Ecclesiæ congregatio, noverunt, et si non omnes, tamen multi vestrorum, quos aut per me ipsum agnoscere, aut quorum notitiam aliis mediantibus quolibet modo accipere prævalui. Causa hujus meæ erga vos dilectionis, non retributio percepti, vel spes percipiendi alicujus temporalis commodi fuit, sed ille totius negotii origo et materies exstitit, quem quia in se non poteram, in vobis talibus officiis excolebam. Venerabar in vobis novæ institutionis fervorem, laboris instantiam, victus parcimoniam, vestitus vilitatem, et alia innumera monastici propositi sonantia humilitatem. Amplectebar totius animi brachiis sanctorum exercitia operum, et bonum nominis vestri odorem inhians hauriebam, nec aliquem sinistra de vobis interpretantem pacatus audire valebam. Non eram contentus ista solus de vobis sentire, sed vester prædicator effectus, nostris et alienis conversationis vestræ præconia prædicabam, et privatim ac publice multis laudibus quæ vestra sunt efferens, etiam aversos ad vestrum amorem multorum animos convertebam. Et quia per gratiam Dei cum invidia tabescente iter non habui, dederat ipse efficaciam sermonibus meis, et fratrum nostrorum corda ille qui facit utraque unum (*Ephes.* II), ita unitate spiritus sui vobis unierat, ut sicut fide, sic et charitate, jam non duæ, sed una congregatio credi posset. Instabam ego augendo et confirmando amori, ut salus, quæ sine charitate servari non potest, illæsa maneret, et signum discipulatus Christi in nostris appareret, quo suos discipulos ab alienis distinguendos docuit dicens, *In hoc cognoscent omnes, quia mei estis discipuli, si dilectionem habueritis adinvicem* (*Joan.* XV). Gaudebat, ut credo, de concordia nostra ordo cœlestis, et evangelistæ pacis, pacis spiritus hominibus bonæ voluntatis collætabantur (*Matth.* XIII). Sed non tulit invidus hostis aliorum se diutius felicitate torqueri, et inimicus homo semini divino nocturnum superseminavit zizania (*Luc.* II); Jecit inter nos pomum discordiæ, ut recedente una et sola charitate, universa virtutum genera minore labore valeat effugare, et præciso bonorum omnium capite, membra simul omnia cogantur interire. Sic plane, sic fecit, quando ne a vestris decimæ Cluniacensibus fratribus, vel aliis redderentur, et hoc privilegio apostolico firmaretur, nescio quibus, quia scio non omnibus, persuasit. Quis enim credat hoc vobis

ANDREÆ CHESNII NOTÆ

et tunc sedis apostolicæ legati, atque religiosi viri Walteri Cabilonensis antistitis, nec non et clarissimi principis Odonis ducis Burgundiæ, consilio et auctoritate roborati, in prædicto loco abbatiam construere cœperunt. Et quia cœnobium, de quo exierunt, constructum fuerat in honore beatæ Dei genitricis Mariæ, tam ipsi quam eorum successores de eodem novo monasterio propagati, omnes suas ecclesias in honore ejusdem gloriosæ Virginis censuerunt esse dedicandas. » Robertus igitur abbas Molismi primi Cisterciensis ordinis innovator exstitit ; et licet non multo post monachis Molismensibus cum instantia suum abbatem requirentibus, jussu secundi Urbani, consensu Walteri Cabilonensis episcopi reductus sit ; attamen quia sanctitatis tantæ fuit, ut etiam post obitum in sanctorum numero collocari meruerit, nec ejus bulla canonizationis, quam Honorius III decrevit in *Chronico Cisterciensi* nuper edito, reperiatur, illam humanitate D. Nicolai Camuzatii Trecensis canonici nobis suppeditatam hic attexere peropportunum judicavimus. Est autem hujusmodi : « Honorius episcopus, servus servorum Dei, dilectis filiis abbatis et conventui Molismensi salutem et apostolicam benedictionem. Cum olim per litteras et nuntios vestros supplicassetis instanter, adjuti testimoniis et intercessionibus plurimorum, ut sanctæ memoriæ beatum Robertum, cujus corpus in vestra requiescens Ecclesia multis et magnis miraculis coruscabat, sanctorum catalogo ascribere deberemus ; Nos, ne in tanto negotio videremur ad aliqua levitate, tamde vita ipsius quam de miraculis per venerabiles fratres nostros Lingonensem et Valentinensem episcopos mandavimus inquiri : cum ad id ut aliquis habeatur sanctus in Ecclesia militanti, necesse sit ut et veræ fidei, quæ per dilectionem operatur, sana merita cum perseverantia finali præcedant, et clara miracula subsequantur, nec alia sine aliis plene sufficiant ad indicium sanctitatis, eo quod nonnulli faciunt opera sua, ut videantur ab hominibus, et nonnunquam angelus Satanæ se in lucis angelum transfigurans hominibus frequenter illudit, sicut de Magis legitur Pharaonis. Cum itaque inquisitores prædicti nobis super his plene rescripsissent veritatem, quia licet nobis quædam miracula quæ post mortem fecerat intimarint, ea illa tamen quæ in vita fecisse dicitur fidem plenariam non fecerunt ; nos ne precibus vestris videremur omnino deesse, concedimus vobis ut cum tanquam sanctum in vestra Ecclesia venerantes, ejus apud Deum suffragia fiducialiter imploretis. Datum Laterani VI Idus Januar. an. VI. »

(76) *Claravallensi, Pontiniensi, et aliis.* « Primæ Cistercii propagines, inquit præfatus Cæsarius, Firmitas, Pontiniacum, Claravallis, Morimundus. Istarum quatuor domorum abbates tantæ auctoritatis sunt, ut abbatem Cisterciensem visitent simul, et singillatim ab eo versa vice visitentur. » De Claravalle jam diximus supra. Nunc de Pontiniaco quædam addere sufficiet ex Roberto Sancti Mariani monacho, qui de ejus fundatione et abbate primo sic in *Chronologia* sua loquitur : « Anno 914, Pontiniacense cœnobium fundatum est in alodio Hildeberti canonici Antissiodorensis matris ecclesiæ, eodem Hildeberto rogante sub Umbaldo venerabili episcopo tunc Antissiodoro præsidente. Hujus cœnobii primus abbas exstitit dominus Hugo vir religionis eximiæ et præcipuæ honestatis. » Nec alienum fortassis a veritate fuerit, hunc Hugonem ipsissimum esse Pontiniensem abbatem suspicari, cui Petrus noster hic, ut et sanctus Bernardus, epist. 33 scribit, cum præsertim idem Bernardus Claravallensis abbas, ad quem etiam hæc Petri epistola dirigitur, una quoque cum dicto Hugone scribat et Honorio papæ epist. 46 et 49, et Odoni Majoris-Monasterii abbati in calce epistolarum Ivonis Carnotensis episcopi.

omnibus persuasum? Quis, inquam, credat semel mundo mortuos, ei iterum vivere velle? Quis credat sanctum collegium vestrum luxus et sæculi delicias pro Christo sprevisse, et nunc pro egestate, sordibus et miseriis litigare? Sed non debent, aiunt quidam ex vestris, laborum nostrorum decimas alieni accipere. Parco longissimis et ex divinis auctoritatibus congestis responsionibus, quæ epistolari brevitate facile comprehendi non possunt [possent]. Hoc tantum infero antiquis modernos patribus filios justitiæ ordine subdi : et quod Ecclesiam constat salva fide et charitate hactenus tenuisse, periculosum, si mutetur, existere. Patrum temporibus decimas, non tantum laici, sed Ecclesiæ Ecclesiis, monasteria monasteriis, et de rusticorum operibus, et de propriis laboribus persolvunt.

Si igitur horum metas excediris, quid nisi maledicis detrahendi occasionem datis? Sed de lucro res agitur. Quod certe, quod lucrum putatur, ubi et fama læditur, et charitas periclitatur? Nam, ut quod verum est, fratribus et amicis fatear, hoc uno verbo velut uno jaculo amicorum pariter et æmulorum pectora terebrastis, et episcopos, clericos, abbates, monachos, ipsos etiam ad quos pervenire potuit, laicos, adversum vos unanimiter concitastis. Nec potuit Satanas nequitiæ suæ utilius invenire consilium, quam ut eos, quos mundus admirabatur, ne admirans imitaretur, nota cupiditatis inureret, et alios læsionis suæ dolore stimulatos, ab eorum amore revocaret. Sed angit nos, inquiunt aliqui vestrorum, paupertas. Et ubi est quod Dominus ait : *Væ illi per quem scandalum venit.* (*Matth.* XVIII) Et iterum : *Expedit ut suspendatur mola asinaria in collo ejus, et demergatur in profundum maris?* (*ibid.*) Ubi est, quod ait Apostolus : *Non manducabo carnem in æternum, ne fratrem meum scandalizem?* (*I Cor.* VIII.) Nonne et hæc vox vestra esse deberet : Non manducabo ex decimis his in æternum, ne fratrem meum scandalizem? Et Apostolus quidem ne idolothyta manducasse putaretur, hæc dicebat. At vos quid dicetis, quos, ut salvo fraterno amore loquar, illicita comedere non fert dubietatis opinio, sed judicii certitudo? Sed forte dicitis hanc scandalorum sententiam nostros magis arguere, qui quod eis superfluit, nolunt pauperioribus erogare. Concedo, quod ditiorum copia aliorum debet inopiam sublevare. Sed quis nostrum, vel vestrum ditior, an pauperior sit, nec tempus est quærendi, nec facultas disserendi. Hoc tantum interrogo. Si ditior non vult pauperiori propria tribuere, pauperior debet ditiori sua auferre? Quis magis videtur injustus, dives parcus, an pauper violentus? Quis majore dignus est supplicio, retentor propriorum, an raptor alienorum? Sed hæc ego, dilectissimi, non amaro animo dico, sed sicut fratres meos charissimos moneo. Nec tantum ad hæc scribenda me coegerunt lucra decimarum, quam damna animarum. Quæ enim vobis vel nostris ultra spes in laboribus, quæ in jejuniis, quæ in vigiliis, quæ in castitate, quæ in eleemosynis, quæ in aliis sacrorum operum exercitiis, remota, ut supra dixi, charitate esse poterit? Quid memorem apostolica verba, quæ semper mente tenetis? Quid replicem, quæ assidue ruminatis? Nostis, quid Apostolus de linguis hominum et angelorum, quid de facultatibus erogatis in pauperes : quid de trahendo corpore ita ut ardeat (*I Cor.* XIII), quid ipse Dominus de munere ad altare oblato dicat (*Matth.* V). Hæc ideo brevissime tango, ut cum ista, quæ digniora sunt, absque charitate nihil esse probantur, reliqua omnia quæ inferiora sunt, nihil penitus sine illa valere monstrentur. Et ne diu longioribus epistolis aures sanctitatis vestræ detineam, legatione functus gregis mei oro pariter et consulo, oro ut supplex, consulo ut amicus, ut in causa ista, quæ nunc agitur, decimarum, vobis pariter et nobis consulatis, vobis ne infamiam, nobis ne violentiam inferatis, et ne nobis simul, ac vobis charitatem Christianarum animarum unicum remedium auferatis. Nihil sacer conventus vester poterit consultius invenire, quam si charitatem, quæ Deus est, inter nos non permittis interire.

EPISTOLA XXXVI.

Charissimis et venerabilibus fratribus in Christi nomine apud Cistercium congregatis, frater PETRUS *humilis Cluniacensium abbas, salutem, ob quam convenerunt, æternam.*

Relatum mihi est a pluribus quod litteræ quas præterito anno charitati vestræ mea humilitas destinavit, quosdam vestrorum læserint, et a stabilitate non jam novitiæ, sed antiquæ dilectionis eorum animos paulum commoverint. Quæ postquam didici, ferre non valui : ut tanta tandiu inter nos habita charitatis dulcedo, quibuslibet occasionibus, vel in modico amarescat. Unde iterato præsentem epistolam mitto, ut, si ita est ut audivi, læsioni, quam prima intulit, sequens medeatur, et glutino sancti Spiritus diversa conjungente, quantalibet nostrarum scissura mentium uniatur. Viderint primæ illius epistolæ lectores, quo eam spiritu legerint, quo sensum ejus interpretati sint. Novi ego me (quod tamen sine fastu aliquo dictum accipite) non superbiæ, sed humilitatis, non discordiæ, sed pacis, in dictando spiritum habuisse, et teste eo quem fallere non possum, charitati quam in cordibus nostrorum, decimarum illarum occasione, periclitari videbam, eo modo providere voluisse. Et quia, *Væ peccatori*, dicitur, *terram ingredienti duabus viis* (*Ezech.* II), nolui, juxta Prophetam, in corde, et corde loqui (*Psal.* XI), nec coram amicis, inter quos omnia nuda esse debent, duplicitatis velamine cor velare, ut dum nodum sine tegmine sapientia vestra videret, communi congregatorum consilio ad dissolvendum efficacius laboraret. Hæc tota fuit causa scribendi, quæ si tunc ignota aliquos scandalizare potuit, nunc saltem me manifestante retecta, opto, et precor, ut fratribus charissimis ad plenum satisfacere possit.

Quiesco enim et quiescam in vobis, delector et derectabor in vobis; etiam læsus non discedam a vobis. Quod tamen tantopere cupio servare vobis, servate nihilominus et nostris et nobis.

LIBER SECUNDUS.

EPISTOLA PRIMA.

PETRUS *humilis Cluniacensium abbas, nec nominandæ fœci hæresum.*

Licet bestialis insipientia, profunda stultitia, et omnimoda ineruditio tua erraticos sensus tuos contemnere, nec saltem vili responsione dignos esse persuadeant, sunt tamen duo, quæ ad tibi respondendum, animum erga te nauseantem instigant. Unum, quo gregis mei infirma curare, confracta solidare, perdita requirere, debilia confortare præcipior; alterum, quo consocias tibi simplices oviculas diutina cohabitatione tabe tua infectas esse formido. Non quod talis sis, cui fidem accommodare aliquis, aut possit, aut debeat, sed quia tuo illo insulso, et ridiculoso eloquio, sicut nullum attrahi potuisse confido, sic forte incautis aliquibus te materiam illicita cogitandi talibus næniis dedisse, non nego. Unde vel te, si legere volueris, et intelligere valueris, scriptura hæc brevis ad salutem, a qua excidisti, revocare poterit, vel ab aliis conceptam forsitan scandalorum materiam amputabit. Vetustissima hæc tua hæresis est, et ab Apollinari quodam erroneo antiquitus adinventa. Quæ mox, ut spirare visa est, Patrum est validis rationibus et innumeris auctoritatibus suffocata. Quas quia nec ad manum habere, nec forte intelligere bruto pectore posses, hunc tibi brevem, satisque, ut æstimo, cuilibet clarum confeci tractatum, ut aut meo, si fieri potest, labore a tam scelesta opinione resipiscas, aut si in reprobum sensum datus es, absque meo discrimine pereas. Et ne ultra rem differam, velut scarabeus de veteri putredine creatus mussitas, et stridore dissono aures fratrum exasperas, dicens Salvatorem nostrum humanam non habuisse animam, cum in eo carnis humanæ non neges naturam. Monstruosum quidem hoc tempore de fide disputare, quando jam princeps mundi de mundo ejectus est, quando jam dominatur Christus a mari usque ad mare, quando jam omnes docibiles Dei facti sunt, postquam secundum Isaiam: *Repleta est terra scientia Domini, sicut aquæ maris operientis* (*Isa.* XI), postquam Satanas diuturno tempore paganis impugnantibus, hæreticis disputantibus fidem Christi persequens, ita pharetram nequitiæ suæ exhausit, ut nulla, qua eam lædere possit, ei jam sagitta supersit. Ita ejus omnibus retecta est fraus, sic maligni spiritus dolus ad lucem sancto Spiritu prodente perductus, ut simplices quique dolosissimo illi quasi avi illudant, et ille fortissimus jam nec dignus a viris superari, juxta beati Job verba, *ancillis Dei ligatus, et subditus ingemiscat* (*Job* XL). Quod si te, aut servum Dei, aut ancillam talia suggerens invenisset, sicut ab aliis, sic a te labore victus, facili recessisset. Sed quia te neutrum, hoc est nec virum, nec feminam reperit, ut jumentum vilissimum incustoditas mentis tuæ fores effringens, a stabulo Samaritani fur nocturnus abegit, et per vallium concava, per montium aspera cursitare violenter coegit. Ea de causa dum te ad gregem, a quo aberrasti, reducere satago, præsumptuosus forsitan fio, dum eam fidem, quæ super Christum Dei vivi Filium fundata, prophetarum vocibus prædicta, apostolorum ministerio tradita, martyrum sanguine consecrata, gentium plenitudine, angelorum congratulatione est celebrata, meis velut rudem firmare rationibus quæro. Sed excusabit, ut credo, temeritatem meam charitas, quam, si de corde puro, et conscientia bona et fide non ficta procedit, nulla poterit temerare iniquitas. Audi ergo jam, et si homo es, humanos saltem indue animos, ut si ea, quæ Dei sunt, non potes, vel ea quæ tua, id est hominis sunt, advertas.

Hominem te esse, ut credo, agnoscis; ex quibus substantiis constes, intelligis. Dei Filium ad terras descendisse de cœlis, et hominem assumpsisse, nec ipse diffiteris. Hominem, inquam, eum ad salvandum hominem factum, ut et nos te credere dicis. Cum hæc ita sint, tua te credulitate convenio: Hominem Dei Filius assumens, totum an dimidium assumpsit? Responde: Dimidium. Rursum interrogo: Hominem Dei Filius salvans, totum an dimidium salvavit? Responde: Totum. Vide jam saltem bovinis oculis, in quod te barathrum nefanda professio projecit. Dicis Filium Dei hominem dimidium, hoc est solam carnem, absque rationali anima induisse; totum vero hominem, hoc est simul animam et carnem, salvasse. Et quæ ratio, ut interim auctoritates Scripturarum taceam, o hominum stolidissime, quæ, inquam, ratio patitur, ut quod non assumpsit, Salvator salvaverit, cum tota ratio salvationis fuerit veritas assumptionis? Nam nihil humanitatis divinitas assumpsit, nisi quod salvare disposuit; nec rursum aliquid salvare disposuit, nisi quod assumpsit. Paria sunt hæc duo, nec ab alterutro sejungi possunt, dum nec natura salvatur, nisi quæ suscipitur, nec econverso suscipitur, nisi quæ salvatur. Unde tuam satis mirari non possum insaniam, et animum altissima stoliditate sepultum, qui cum corpus et animam humanam a Christo salvanda fatearis, solam eum carnem suscepisse contendis. Elige tibi horum alterum quod volueris, quia quidquid elegeris, pari a me laqueo constringeris. Quoniam quidquid hominis a Deo est susceptum, totum necesse est esse salvatum; vel quidquid salvatum, totum necessario oportet fuisse susceptum. Sed scio quia hoc ultimum eligis, ut non omnia quidem hominis suscepta, sed omnia dicas esse salvata. Si ergo secundum te omnia salvata sunt, secundum me omnia suscepta sunt. Nam si nihil salvatum est, nihil susceptum est. Si aliquid salvatum est, aliquid susceptum est. Si totum salvatum est, totum susceptum est. Sed te etiam, ut dixi, concedente, totum salvatum est. Igitur, velis nolis, invincibili ratione cogente, totum susceptum est. Quod si totum susceptum est, anima dignior pars hominis exclusa non est. Dignior, inquam, carne anima est. Sine qua quid aliud caro, quam truncus inutilis est? Et ut melius intelligas quam perverse desipias, scrutare quid carni, quid animæ Creator utriusque indiderit : et tunc forsitan quod volo suggerere apparebit. Distinguens quippe Auctor naturæ rerum visibilium et invisibilium partes, multiplicem rerum creatarum infinitatem sub speciebus tantum quatuor coarctavit, ut quibusdam essentiam, aliis vitam, melioribus sensum, optimis largiretur rationem. Quæ tria sequentia et potiora animæ, primum, solum et vilius carni humanæ concessit. Fecit ut esset anima vitalis, sensibilis, rationalis, cum nihil carni præter luteam originem, et membrorum corporalium congruentem harmoniam tribuerit. Cumque ab humo ejus materiam sumens, hominem in principio sic orsus esset, nihilque humana caro nisi otiosam essentiam retineret, *inspiravit in faciem ejus spiraculum vitæ, et factus est homo in animam viventem.* (Gen., II.) Quo facto, collatum est carni ab aliena, quod ex propria substantia non habebat, ut vivere, sentire, atque uti ratione ad omnia posset, sine qua non solum ista non habere, sed nec etiam illam suam vilem diu integram conservare materiam valuisset. Nam quid carnalis remota spirituali substantia valeat, ipsa humana caro spiritu absente declarat. De quo si non meis rationibus, tuis saltem, ut puto, obtutibus credes. Quomodo ergo fieri potest ut ad salvandum totum hominem Deus hominem assumens, partem, quæ minima est hominis, assumpserit, et eam, quæ excellentissime major est, dereliquerit? Quo certe ordine fieri potuit ut summa contemnerentur, infima susciperentur? Qua ratione fieri potuit ut natura, quæ per se, nec ratione intelligere, nec sensu sentire, nec qualibet vita vivere potest, summæ illius majestatis capax esse valuerit, cum constet quod nulla creatura Creatoris susceptibilis esse possit, nisi eum et intellectu agnoscere, et amore diligere, et spontaneo valeat obsequio venerari? Et cum secundum Scripturam, non corpus, sed *Anima justi sedes sapientiæ* esse dicatur, nec nisi per imaginem suam, quæ non in corpore, sed in anima humana est, Deus in sanctis hominibus sedere, ambulare, inhabitare, gratia mediante scriJatur, quid de homine illo sentiendum est, quem non ut alios sanctos sola gratia replevit, sed in quem, secundum Hieronymum, tota divinitatis unda se contulit, et in quo secundum Apostolum, *Omnis plenitudo divinitatis inhabitat* (Coloss. II), et ipsa personaliter totus Deus totum hominem de massa hominis assumptum replet. Nunquid ita apud rationale animal ratio sopitur, ut gratiam Dei non nisi rationali animæ mediante hominibus credat infundi : ipsum autem Deum remota anima brutæ carni in sempiternum personaliter fateatur, uniri? Sed quid ego ad ea, quæ forte non intelligis, declaranda laboro? Attende ipsum hominem quem confiteris : et ex verbis tuis te condemnari agnosces. Hominem certe Salvatorem esse fateris. Quod si hominem fateris, cur hominem negas? Cur in eodem verbo, tibi te contrarium non advertis? Hominem enim, ut dixi, fateris, et hominem negas. Negas plane hominem, dum animam negas. Quando namque stulte, ut aliquid secundum te dicam, hominem sine anima vidisti? Aut igitur ostende mihi sine anima hominem, aut si Christum dicis hominem, ex carne et anima cum fatere hominem. Nisi enim æquivoce dicatur, quando solum nomen commune est, ut cum dicitur, aut pictus, aut sculptus, aut synecdochice, ut exanimis homo, nulla ratione vocare poteris hominem, quem anima subtracta facis semihominem.

Vide ergo quam apostatico spiritui te hucusque deludendum præbueris, quantisque te nesciens diabolicæ impietatis laqueis implicaveris, ut eam in Christo neges substantiam, qua remota, non pars tantum fidei adimatur, sed tota simul humanæ restaurationis veritas perimatur. Si enim Christus animam humanam non habuit, aut belluinam habuit, aut ipsa divinitas (quod te sentire persensi) vitalis et sensibilis spiritus officia explevit. Quod utrumque ita consimili absurditate horrescit, ut qui alterutrum de Christo senserit, Christianus jam esse non possit. Nam si eum belluinam habuisse animam dixero, belluam quantum ad animam fuisse fatebor. Belluam vero Christum dicere, quis vel infidelium auditus poterit tolerare? Hoc concesso, et bellua Christus erit, et sicut bellua humana ratione carebit. Quod si humana ratione caruerit, quis nostræ fidei veritatem, quis salutis humanæ spem, quis cœlestium litterarum auctoritatem defensabit? Ait enim Evangelium : *Jesus proficiebat sapientia, ætate et gratia apud Deum et homines* (Luc. II). Ait item : *Jesus autem plenus Spiritu sancto, regressus est a Jordane* (Luc. IV). Et propheta : *Requiescet super eum spiritus Domini, spiritus sapientiæ et intellectus, spiritus consilii et fortitudinis, spiritus scientiæ et pietatis, et replebit eum spiritus timoris Domini* (Isa. XI). Et alius : *Unxit te Deus, Deus tuus, oleo lætitiæ præ consortibus tuis* (Psal. XLIV). Item et Petrus apostolus : *Quem unxit,* inquit, *Deus Spiritu sancto et virtute* (Act. X). Et ætatis quidem incrementis, naturæ ordine paulatim corpus animatum et sensibile augeri, anima quoque bruta, quoniam vitalis et sensibilis est, ipsorum mutorum animalium corporibus c nfert. Quæ si et in Christo fuit, idem carni ejus præstare potuit. Sed nunquid sapientia et gratia apud Deum et homines proficere potuit? Nunquid Spiritu sancto plena ab Jordane reversa est? Nunquid spiritum sapientiæ, intellectus, consilii, fortitudinis, scientiæ, et pietatis, et timoris Domini super bestialem animam requievisse; et eam tantis gratiæ donis replevisse fatebimur? Nunquid, juxta Prophetam, unctam oleo lætitiæ, hoc est, secundum apostolum, Spiritu sancto et virtute præ consortibus, id est præ cunctis electis hominibus dicemus? Oportet sane ista quæ dixi, et innumera alia quæ prætermissi, aut carni, aut animæ, aut deitati Salvatoris tribuere. Nam nihil in Christo præter hæc tria fuisse quisquam hæreticorum ausus est, vel potuit commentari. Sed carni soli ista dare quis poterit, quæ non dico sanctum Spiritum, sed nec aerium spiritum, ut supra dictum est, per se suscipere idonea est? Quis vero deitati profectum sapientiæ et gratiæ seu aliarum virtutum augmentum tribuet, quæ nec detrimentis minui, vel quibuslibet incrementis potest augeri, nisi qui in cœlum os suum ponens, impie in Deum blasphemus est? His duabus substantiis exclusis, remanet de qua agebam bestialis anima. Hanc autem quis non videat charismata ista non potuisse percipere, quam certum est omni ratione carere? Nam quæ temporalium causas rerum non potest discernere, multo magis æternarum et divinarum impos et incapax probatur existere. Quod si nec caro sola, nec bestialis anima, nec deitatis substantia dona illa spiritus in se suscipere, natura contradicente potuit, consequens et necessarium est, ut ea rationalis anima, carni conjuncta susceperit. Jam anima belluina a Salvatore explosa, restat ut divisionis supra factæ reliquam partem prosequar. Et ne exciderit, ipsam divisionem, quam sæcularis disciplina disjunctam vocat, replico. Dixi : Si Christus animam humanam non habuit, aut belluinam habuit, aut ipsa divinitas vitalis et sensibilis spiritus officia explevit. Sed quia belluinam non habuit, ut puto probatum est. Jam quod deitas animæ officia non expleverit, probandum est. Nam si deitas animæ officia in Christi corpore explevit, vitale et sensibile corpus effecit, hoc est vivere et sentire caro Christi a deitate percepit. Ut enim vivat et sentiat, confert, ut sæpe dictum est, omnis anima corpori. Dedit igitur vice animæ, ut viveret et sentiret, deitas corpori Christi. Quæ si ita se habent, cum anima per corpus, et corpus ex anima sentiat et patiatur, jam quidquid caro Christi passa est, oportet et deitatem simul passam fuisse. Jam quam late pateat campus blasphemiæ, quilibet, etiam me tacente, advertere potest. Quia enim, ut dictum est, quidquid sentit caro vel patitur, anima per eam sentit vel patitur, necesse est ut deitas, quæ vicem animæ tenere dicitur, per carnem sentiat et patiatur. Patietur igitur deitas mœrores infantiæ, labores pueritiæ, esuriet panis, sitiet fons, fatigabitur virtus, laborabit requies, tristabitur gaudium : et ad ultimum tormentis durissimis impassibilis torquebitur, æternus deficiet, vita morietur. Et hæc omnia quidem Deum, sed per hominem passum, Catholici confitemur. Aliud est enim, ex adjunctione unius personæ Deum in homine humana passum dicere, aliud in natura impassibili aliquid doloris, aut injuriæ pati potuisse. Quod ille astruit, qui Deum pro anima in humano corpore exstitisse dicit. Et quoniam apertis immorandum non est, compendio res terminanda est. Aut enim in carne assumpti hominis Deus pro anima fuit, et idcirco passionibus humanis succubuit; aut si hoc sentire impium et detestabile est, eam Christi caro animam, quæ absque deitatis injuria humana passa sit, habuisse credenda est. Et quia bestialem non habuisse probatum est, non nisi rationalem habuisse confitendum est. His de rationali Salvatoris anima rationibus præmissis, quæ aut mentibus, ut credo, rationabilibus satisfacere, aut bestiales animos cæteris ostentui facere valeant, jam ea quæ in divinis dogmatibus principalem obtinet locum, Scripturarum auctoritas proferatur, ut gemino, rationis scilicet et auctoritatis remedio, vel si infidelis fuerit rationi necessario cedat, vel si fidelis, sacris auctoritatibus acquiescat.

Mirum sane, unde surda hæresis aliquando emergere potuit, cum sicut carnem, sic et animam Salvatoris, prophetica, evangelica, apostolica vox ita pari et pene continuo clamore loquatur, ut vel aures non habere, vel eas more venenatæ aspidis obturasse, eam non exaudiens videatur. Nonne David in ipsius Christi persona loquens, ait : *Non derelinques animam meam inferno ? (Psal. xv.)* Et : *Erue a framea Deus animam meam, et de manu canis unicam meam (Psal. xxi)* : quæ verba sunt de ejus passione ; et : *Anima mea illi vivet (ibid.)* : quod est de resurrectione ; et : *In manus tuas commendo spiritum meum (Psal. xxx)* : qui utique spiritus in homine non nisi anima est ; et Isaias : *Pro eo quod tradidit in mortem animam suam (Isa. xliii)*; et Jeremias : *Foderunt foveam animæ meæ ? (Jer. xviii.)* Nonne in Evangelio Dominus mentionem animæ suæ pene semper assiduat, dicens : *Potestatem habeo ponendi animam meam, et iterum sumendi eam (Joan. x)*; et : *Nemo tollit a me animam meam, sed ego pono eam, et iterum sumo eam (ibid.)*; et : *Nunc anima mea turbata est (Joan. xii)*; et : *Tristis est anima mea usque ad mortem (Matth. xxvi)*; et : *Majorem hac dilectionem nemo habet, quam ut animam suam ponat quis pro amicis suis (Joan. xv)*; et : *Animam meam pono pro ovibus meis ? (Joan. x.)* Et cujus memoria universa enumeret? Sufficiunt hæc, et superabundant, ut et animam Christum habuisse, et eam rationalem fuisse cæcis quoque palpantibus demonstretur. Et ut ea, quæ principalia, hoc est evangelica sunt, magis assumam, quando turbatam et tristatam animam suam Salvator dicit, deitatem, in quam turbationis vel tristitiæ accidentia cadere non possunt, pro anima fuisse negat; quando potestatem se habere ponendi animam suam et sumendi dicit, irrationalem nullo modo existere potuisse declarat. Irrationalem quippe animam moriendo ponere bruta animalia possunt; resumere vero eam, quoniam post corpus nulla ejus substantia est, omnino non possunt. Spiritus enim post carnem deficiens, non habet jam ad carnem reditum, quia communem moriens habuit cum carne defectum. Proprium est igitur irrationalium spirituum nunquam extra proprium corpus subsistere, sicut rationalium nec post corpus unquam deficere. Quædam namque imago vel similitudo deitatis rationali substantiæ a Creatore indita est, quam vel beatam, vel miseram, semper tamen necesse est esse æternam. Quæ quia in bestiali spiritu non est, cum suo corpore pariter eam interire necesse est. Unde anima a bono Pastore pro ovibus in mortem posita resumi non posset, si post mortem non exstitisset; nec post mortem subsistere potuisset, si rationalis ut homini non fuisset. Quid vero aliud et illa vox crucifixi Domini, quam præmissam in Psalmo supra posui, quid plane aliud indicat, cum ait : *Pater, in manus tuas commendo spiritum meum?* (*Luc.* xxiii.) Nunquid non paucis verbis universas talium errorum opiniones uno velut impulsu præcipitat, unoque gladii ictu cervicem erectam in communem perniciem secat? Neque enim in manus Patris commendavit spiritum, qui nihil post mortem existeret, nec deitatem commisit, quæ nil minus, nil majus recipiens, parque per omnia Patri commenndatione non indiget. Qua spirituum, hoc est, bestialis et divini, opinione seposita, restat ut spiritum, videlicet animam rationalem, in manus Patris commendasse, et cum, juxta Evangelium, inclinato capite tradidisse (*Joan.* xix), credatur. Sed et si ad apostolicum symbolum sermo recurrat, omnis Christiana lingua Dominum Jesum Christum mortuum, et sepultum, et ad inferna descendisse fatetur. Qui quoniam in carne non descende-

rit, triduana corporis indicat sepultura. Nec quia in sola divinitatis natura, invicta ratio manifestat. Prudentia quippe, non potentia, percussisse superbum scribitur : quem sola potentia percussisset, si damnatum archangelum percussurus, in sola deitate ad inferos descendisset. Oportebat autem, et hoc æternum consilium exigebat, ut superbus mundi princeps a natura quam vicerat superandus, jactantiam dolosæ suæ victoriæ sæpe victus amitteret; et sicut de eo humana caro per Christum in terris triumphaverat, ita et apud inferos per ipsum humana anima triumpharet.

EPISTOLA II

Venerabili et in Christi corporis membris plurimum præcellenti, domino PETRO *sanctæ Lugdunensis Ecclesiæ archipræsuli* (77), *frater* PETRUS *humilis Cluniacensium abbas, spiritum consilii et fortitudinis.*

Ex quo, venerabilis et dilectissime mihi, excellentiam sublimitatis tuæ mea humilitas agnoscere meruit, tenacissimo dilectionis glutino, ut te non ignorare credo, mea anima tibi adhæsit. Sicut vero ea, quæ neminem fallit, conscientia mihi attestatur, dilexi in te non antistitis dignitatem, non divitis divitias, non potentis potentiam ; non eam, quæ te circumstare poterat, quamlibet rerum temporalium affluentiam; non illa, inquam, omnia dilexi, quæ videbantur esse circa te, sed ea tantum quæ agnoveram, et quæ sola diligenda erant in te. Dilexi certe in te, erga divina animi puritatem, erga humana morum honestatem, amorem veræ sapientiæ, in episcopali fastigio sinceræ mediocritatem vitæ. Istis et consimilibus animi tui multis et magnis virtutibus illectus, etiam cum longe positus esses tecum eram, neque a te saltem minimo temporis spatio divelli poteram. At postquam de Vivariensium colle (78) ad Lugdunensium montem (79) te divina dispositio transtulit, atque

ANDREÆ CHESNII NOTÆ.

(77) *Domino Petro sanctæ Lugdunensis Ecclesiæ archipræsuli.* Cui scribit et infra epist. 18 ubi *Petrum Lugdunensis Ecclesiæ patriarcham* appellat. Fuit autem ex Vivariensium Ecclesia translatus ad Lugdunensem anno 1151 et aliquanto post in ultramarina peregrinatione fato cedens, ut Guillelmus Tyrius et ipse archiepiscopus asserit, Falconem in archiepiscopatu successorem habuit, sancto Bernardo Claravallensi teste, qui papæ Innocentio II rescribens epist. 172 hæc ait : « Dominus de cœlo prospexit super matrem nostram Lugdunensem Ecclesiam, qui decedenti piæ memoriæ Petro archiepiscopo, virum optimum Falconem decanum in omni pace substituit. »

(78) *At postquam de Vivariensium colle.* Vivario Albensium (Vel Elucusium, qui et Helvii dicuntur), civitas ad Rhodanum, *Viviers :* cujus mentio fit in Notitia provinciarum Galliæ sub provincia Viennensi prima, his verbis, *civitas Albensium, nunc Vivario.* Sic enim habent libri manuscripti, non ut in impressis corrupte legitur, *Civitas Albensium, hoc est, Belisio.* Nec prætereundum quod a paucis hactenus annotatum est, episcopi Vivariensis sedem pri.mo fuisse apud *Albam Helviorum,* quæ hodie *Aubenas* vocatur in Vivariensi diœcesi Ptolomæo,

Ἀλέα ὑγουστα Ἐλκωκίων *Albaugusta Helicociorum,* id est *Helviorum,* Sidonio *Albensis urbs* epist. 12, lib. vi. Sed ea tandem a Vandalis destructa, sedes episcopalis Vivarionem, sive Vivarium translata fuit. Unde et utrumque quantum ad episcopatum Paschalis II, papa confundit, cum ad Guidonem archiepiscopum Viennensem scribens, ait : *Alba quæ et vivarium dicitur.* Vivarii porro meminerunt et Gregorius Turonensis lib. x, cap. 24, qui *Vivariensem Avennicamque urbes graviter a lue inquinaria devastatas* refert ; et Usuardus ad Cal. Maias, ubi, *In Galliis territorio Vivariensi* beatum Andeolum subdiaconum recoli testatur, quem ab Oriente sanctus Polycarpus ad prædicandum verbum Dei miserat.

(79) *Ad Lugdunensium montem.* Lugdunum Galliarum urbs in colle sive monte sita, quam Gregorius Turonensis, « nono decimo imperii Augusti anno conditam (a Lucio Planco) posteaque illustratam martyrum sanguine nobilissimam nuncupatam, » manifestissime se reperisse testatur lib. 1 Hist. Franc. cap. 18. Verum Plutarchus et longe ante Lucium Plancum conditam, et ab alia verisimiliore causa Lugdolon primo denominatam fuisse docet lib. de fluviorum et montium nominibus, his verbis :

de sublimi sublimiorem fecit, cœpisti quidem esse propinquior loco, sed utinam nequaquam disjunctior animo! Quod me dixisse minime miretur, quam in te veneror sapientia tua, quoniam non ex affectu conquerentis, sed ex cautela locutus sum præmonentis. Licet enim prudentiam tuam non facile moveri quibuslibet susurrationibus noverim, neque te arundinea mobilitate circumferri sciam, tamen quia scriptum est : *Corrumpunt mores bonos colloquia mala (I Cor.* xv), et versu, qui jam in proverbium versus est, dicitur :

Unda cavat lapidem, non vi, sed sæpe cadendo,

præcavendum tibi arbitror, ne labiis iniquis et linguæ dolosæ insibilationibus, quibus frequenter inquietaris, aurem non dico corporis, quod aliquando non agere non potes, sed aurem cordis, quod semper potes, inconsiderate accommodes. Fraudulento quippe obsequio sæpe tales corda dominorum sollicitando circumveniunt, et consulentis specie deterius inimicis famulando inimicantur. Deterius plane inimicis, quia ut optime novit sapientia tua, multo facilius externus quam internus, multo levius remotus quam admotus, longe promptius atrox quam blandus hostis vitatur. Illius namque tantominus potest nocere crudelitas, quanto minus ei præbetur credulitas. At istius tanto magis nocet tecta sævitia, quanto major sæviendi sub amoris velamine ei datur licentia. Hæc ideo dicere volui, ut charissimi mei erga mutui amoris custodiam fieret solertior diligentia : nec eam a proposito suo revocare posset cujuslibet detractoris invidentia. Si enim verum est quod Apostolus ait : *Charitas nunquam excidit (1 Cor.* xiii), et illud quod in Cantico canticorum legitur : *Aquæ multæ non poterunt exstinguere charitatem, nec flumina obruent illam (Can.* viii): et inter nos hanc hucusque constat charitatem fuisse, certum est quia nec excidendo lapsum incurrere poterit, nec multitudine aquarum, hoc est hominum mala immurmurantium, flamma ejus exstingui, nec instantia quorumlibet velut forti fluminis violentia

obrui. Apertius autem exponere, quid suspicando ista præmittere voluerim, nulla me ratio cogit, quia et tui ingenii subtilitas hoc facile advertere potest, et me eorum, qui inde notati scandalizari possent, pudori vel iræ consulere oportet. Sufficit hoc nosse, me istis omnibus ad hoc unum tendere, ut charitate illa, quæ diversa conjungit, ita quod jam esse cœpimus, uniti permaneamus, ut nec diversitas locorum, nec scissuræ cordium, nec divisiones linguarum, nec varii eventus rerum, unitatem nostram, qua vere in Deo unimur, dividere valeat, aut mundi mobilis et transituri instabilitas a sui eam stabilitate ac firmitate convellere. Ad hoc sane unum et solum, singulariter et præcipue hanc inter nos charitatis unitatem firmari concupisco; ut ejus utilitatem non solum ad salutem nostram, sed etiam ad multorum aliorum referre studeamus. Nam si, ut eam nomino, hoc vere illa virtus est, quæ charitas dicitur, non tam suæ, quam aliorum saluti invigilare, et pro ea omnimodis laborare debet; quia, ut omnibus notum est, de ea ab Apostolo dicitur : *Charitas non quærit quæ sua sunt (I Cor.* xiii). Quod cum omnibus immineat, ut debitores mandati, quo eis præcipitur, *Diliges proximum tuum sicut teipsum (Levit.* xix; *Matth.* xxii), omnibus æque ut sibi consulere debeant maxime hoc eis incumbit, quibus specialiter aliorum cura commissa est, quibus quasi pro ovium, filiorum, civium custodia, pastoris, patris, speculatoris nomen impositum est. Inter quos sancta paternitas tua non minimum, imo magnum et præcipuum Dei dispositione obtinet locum, ita ut in omnibus Christiani populi spiritualibus principibus nullum omnino habeat majorem, nisi sanctæ et summæ sedis apostolicæ præsulem. Magna, inquam, et vere præcelsa, totaque cœlestis est dignitas episcopalis officii; nec minus magna et vere timenda, totaque terribilis formido episcopalis periculi. Tibi enim, ut bene recolit pastoralis sollicitudo tua, per Ezechielem a Domino dicitur : *Fili hominis, speculatorem dedi te domui Israel (Ezech.* iii). Et item

ANDREÆ CHESNII NOTÆ.

« Adjacet Arari mons Lugdulus ideo sic dictus, quod cum Momorus et Atepomarus et Seserone imperio dejecti, ex oraculo urbem super eo condere vellent, fundamentis effossis ex improviso corvi apparentes, expansis alis, quæ circumcirca erant arbores occupaverunt. Unde Momorus augurandi peritus urbem Lugdolon nominavit. Lougon enim patria eorum lingua corvum sonat, doulon vero excellentem teste Clitophone lib. xiii, rerum conditarum.» Ac certe dubito num et adhuc melius a vocibus *Lougon*, corvus, et *dunum*, quod prisco Gallorum sermone montem, sive locum editiorem significat, *Lugdunum* derivari possit. Diodorus enim Siculus, qui et a Lucio Planco restauratam potius quam conditam innuit, *Lougoudunum* olim, et prius, id est veteri lingua Gallica *montem Corvi* vocatam fuisse declarat lib. xvi, cum ait: Ἵνα τε μηδὲν ὑποτυπήσωσι κἀν τούτῳ τ' κακουργήσωσιν, ἐκέλευσαν αὐτοῖς τοὺς ἐκ Οὐϊέννης τῆς Ναρβωνησίας, ὑπὸ τῶν Ἀλλοβρόγων ποτὲ ἐκπεσόντας, καὶ ἐς τὸ μεταξύ τοῦτε Ῥοδανοῦ καὶ τοῦ Ἀραρίδος, ᾗ συμμίγνυνται ἀλλήλοις, ἱδρυθέντας συνοικίσαι, καὶ οὕτως ἐκεῖνοι ὑπομείναντες, τὸ Λουγούδουνον μὲν ὀνομασθέν, νῦν δὲ λούγδουνον καλούμενον, ἔκτισαν. Id est *Ac ne quid sinistri suspicarentur* (nempe Lepidus, et Lucius Plancus) *facinusque aliquod perpetrarent, jussi sunt a Senatariis, qui quondam Vienna, quod est Provinciæ Narbonensis oppidum, ab Allobrogibus expulsi, ad confluentes Rhodani Ararique fluviorum consederant, urbem condere. Itaque illi subsistentes Lugdunum, quod olim Longoudunum [vel Lugdunum] vocatum fuit, ædificaverunt.* Quanquam et Ericus Sancti Germani Antissiodorensis monachus, aliam adhuc hujus nominis etymologiam affert, lib. iv *De Vita* jam præfati sancti Germani, Lucdunumque quasi *lucidum montem* a Gallis dictum fuisse contendit his verbis :

In Lugdunenses æquis processibus arces
Vexit Arar, Rhodano se se sub mœnibus abdens,
Lucduno celebrant Gallorum famine nomen
Impositum quondam, quod sit mons lucidus idem.

Sed utcunque se res habeat, ex notatis palam est, et Lugdunum urbem antiquiorem esse L. Planco, et Petrum nostrum aptissime *Lugdunensium montem* pro ipsa urbe Lugduno posuisse.

Si non annuntiaveris iniquo iniquitatem suam, sanguinem ejus de manu tua requiram (ibid.); et rursum : *Si speculator viderit gladium venientem, et non clamaverit, et venerit gladius, et tulerit aliquem : sanguinem ejus de manu speculatoris requiram* (Ezech. xxxiii); et per Jeremiam : *Ecce constitui te hodie super gentes et regna, ut evellas et destruas, disperdas et dissipes, et ædifices et plantes* (Jer. 1). Possem similibus testimoniis infinitum opus contexere; sed quia sapienti et cuncta hujusmodi cognoscenti loquor, oportuit de multis pauca proponere.

Sed quorsum hæc omnia? Ut excitetur pastoralis sollicitudo tua ad subveniendum Ecclesiæ Dei sub tua cura laboranti, maxime hoc tempore, quando instant tempora periculosa ante ab Apostolo prædicta (*II Tim.* iii); quando *omnes quæ sua sunt quærunt, non quæ Jesu Christi* (Philipp. ii), quando inter multos mercenarios vix aliquis pastor invenitur, quando salute gregis contempta, absque labore pastorali pastoralibus mercedibus inhiant, quibus Deus exprobrat per prophetam · *Lac comedebatis, et lanis operiebamini, gregem autem meum non pascebatis* (Ezech. xxxiv); et item : *Væ pastoribus, qui pascebant semetipsos* (ibid.), et rursum : *Ecce ego super pastores, et liberabo gregem meum, ne sit eis in direptionem, et non pascant ultra pastores semetipsos* (ibid.). Vere mercenarii, non pastores, qui de mercedibus gregis impinguati et ornati incedentes, gloriosi et sublimes apparentes, salutari, honorari, et ab hominibus vocari Rabbi gaudentes, secundum Domini sermonem primos recubitus in cœnis, et primas cathedras in synagogis amantes (*Matth.* xii), vident lupum in ovium interitum venientem, et fugiunt, cernunt pestilentiosi aeris corruptione infectas oves deperire, nec succurrunt; mutua tabe consumi, et tacent, diversis mortium generibus interire, et rident. Sed quia non est propositi operis, aut officii mei contra tales nunc agere, reprimendus est sermo, et tecum potius quod cœperam peragendum. Ad hoc enim te credo tali tempore in sublimi Ecclesiæ specula a Deo constitutum, ut aliis tacentibus, tu pene solus quæ Dei sunt mundo inclames; ad hoc inter duces spiritualis prælii constitutum, ut aliis fugientibus, tu cum paucis hostem devincas; ad hoc non tantum episcopi, sed primatis, vel patriarchæ nomine (80) insignitum, ut non tantum populo te majorem, sed etiam ipsorum principum te principem agnoscas, et universis magis prodesse quam præesse studeas. Accingere igitur gladio super femur tuum, potentissime (Psal. xliv), accendatur velut ignis zelus tuus, recordare Phinees, Eliæ, et Jesu Christi quorum unus luxuriantes gladio peremit (*Num.* xxv): alius superbos cœlesti igne exussit (*III Reg.* xviii); tertius avaros flagello de templo ejecit (*Matth.* xxi). Hæc sunt certe tria illa quæ Joannes apostolus in Epistola sua commemorat. Omne, ait, *quod est in mundo, concupiscentia carnis est, et concupiscentia oculorum, et ambitio sæculi* (*I Joan.* ii). Quæ licet secundum hanc apostolicam vocem, totum mundum communi peste infecerint in patriarchatu tamen tuo, sed maxime in provincia, sive in propria, quod magis tibi timendum est, diœcesi, quasi specialem sibi sedem visa sunt constituisse, atque innumerabiles lethali morbo occupasse. Sed quid ego de militibus, quid de popularibus referam, cum videam clericos, et, quod mihi gravius est, nostri, hoc est, monastici ordinis viros, propositi sui oblitos, etiam laicis inhiantius, quæ reliquisse videbantur rursus appetere, a tabernaculo Dei et a Moyse ductore ad Pharaonem et Ægyptum redisse : ea quæ vomuerant, ut immundissimos canes avidissime resorbuisse; et qui ut aurum in domo Dei fulgere debuerant, ut vile lutum se per omnes plateas omnium pedibus conculcandos prostravisse? Nonne de talibus Jeremias lamentari cogitur, et dicere : *Quomodo obscuratum est aurum, mutatus est color optimus, dispersi sunt lapides sanctuarii, in capite omnium platearum ?* (Thren. iv). Et item : *Filii Sion inclyti et amicti auro primo quomodo reputati sunt in vasa testea, opus manuum figuli ?* (ibid.)

Hoc plane fere de universis provinciæ tibi a Deo commissæ monachis ac monasteriis loquor, qui ut salva gratia bonorum, qui inter eos commorantur, dixerim, se dicunt monachos esse, et non sunt, sed sunt synagoga Satanæ (*Apoc.* ii). Quid enim illi sibi de monacho, præter nomen et habitum, vindicant? Ubi enim in eis vel est, vel apparet monachi humilitas? Ubi charitas? Ubi illa, quæ beatos facit, paupertas? Ideo autem dixi, quæ beatos facit, quia ea paupertate, quæ miseros facit, cum summopere ditescere cupiant, magnopere laborant. Et juste equidem. Sicut enim inquirentes Dominum non deficiunt omni bono (*Psal.* xxxiii), ita relinquentes eum omni necesse est abundare malo. Dicunt hujusmodi homines se monachos, hoc est, singulares et unicos in mundo esse, cum turbis et tumultibus hominum corde et opere misceantur. Affirmant se apostolica, hoc est communi vita degere, cum præter victum atque vestitum cætera omnia eis communia sint. Sed magnum, si ecclesia, si refectorio, si dormitorio communi utantur, ut non corda canentium, sed ecclesia una sit; non cibi comedentium, sed refe-

ANDREÆ CHESNII NOTÆ.

(80) *Non tantum episcopi, sed primatis, vel patriarchæ nomine.* Primatum nomen a primis provinciis ortum habuit, quarum metropolitani primates fuerunt reliquarum ejusdem nominis provinciarum. Et sic Lugdunensis archiepiscopus post varias cum Senonensi contentiones, tandem a Gregorio VII, primas quatuor Lugdunensium provinciarum, hoc est Lugdunensis, Rothomagensis, Turonensis et Senonensis declaratus ac pronuntiatus est, ut ex ejusdem Gregorii epistolis 35 et 56 lib. vi constat. Qua de re jam nos etiam alibi quædam diximus.

ctorium commune sit; non vestes dormitorii, sed dormitorium idem sit. Concedo et ego magnum hoc apud tales esse. Sed utinam vel hoc servetur! Utinam plane vel hoc conservaretur, ut vel in eisdem omnes domibus habitarent, et non sibi ad convivandum, sive ad commanendum, aliorum et a suo ordine alienorum domos eligerent! Taceo quæ sequuntur, non tantum eis parcens quantum pudori meo, qui talia proferre erubesco, et sancto nostri ordinis nemini consulens. Qui quamvis nulla immundorum contagione maculetur, tamen a minus eruditis et talium infamia scandalizatis nomen Domini blasphematur. Unde et de his Scriptura loquitur : *Væ his per quos nomen Domini blasphematur* (*Isa.* XLII). In quo namque non propter istos nomen Domini blasphematur, qui in hypocrisi omnem sanctitatem mentiri volentes, sed jam non valentes, quia occulti esse non possunt, publici apostatæ fiunt, qui secundum figuram mulieris prostitutæ divaricant pedes suos omni transeunti, et perversa obedientia inclinant dorsum malignis spiritibus, præcipientibus incurvare ut transeamus? Fluxi, instabiles, præcipites, superbi, cupidi, avari, quorum professio prævaricatio, quorum stabilitas pervagacitas, morum conversio est a Deo aversio, quorum obedientia contumacia, quorum claustrum totus orbis; quorum Deus venter, quorum abbas propria voluntas, quorum jugum nullum, quorum mortificatio est omnimoda carnis oblectatio. Hi loca Deo sacrata male vivendo temerant, domum orationis speluncam latronum faciunt (*Matth.* XXI); ibi perditis operibus diabolo non vitulos aut arietes, sed animas suas sacrificant, dicentes se nosse Deum, factis autem negant. Isti sunt ligna infructuosa, inutiliter terram occupantia, digna succidi, digna comburi, pessimi coloni vineæ, fructum in tempore suo reddere contemnentes, et hæreditatem filii in injustitia detinentes. Faciendum est eis, quod patremfamilias malis agricolis fecisse Evangelium loquitur : *Malos male perdet, et vineam suam locabit aliis agricolis, qui reddant ei fructum temporibus suis* (*Matth.* XXI). Ita a te, qui hujus patrisfamilias vices obtines, talibus faciendum est, ut si fructus justitiæ de Domini vinea Domino reddere noluerint, nequaquam ejus hæreditatem eos occupare patiaris. Hæc enim mala ad cumulum perditionis eorum in tantum inveterata obducto callo induruerunt, ut jam nec correptionis verba audire nec etiam quælibet durissima disciplinæ verbera sentire possint. Squamæ quippe sunt in corpore leviathan, de quibus dicitur : *Una uni conjungitur, et nec spiraculum quidem incedit per eas* (*Job* LI). Una alteri adhærebit, et tenentes se nequaquam separabuntur.

Sed hanc diabolici corporis pessimam unitatem atque duritiam, durior verbi Dei gladius dividere, acutior spiritualis pharetræ sagitta penetrare poterit. Cujus gladii memorat Apostolus : *Et gladius spiritus, quod est verbum Dei* (*Ephes.* VI). Et de sagitta propheta : *Posuit*, inquit, *me sicut sagittam electam, in pharetra sua abscondit me* (*Isa.* LIX). Hanc sagittam, videlicet te, venerabilis atque amantissime Pater, in pharetra consilii sui Deus ab æterno usque ad hæc tempora abscondit, et nunc de arcu fortitudinis suæ ad conterendos inimicos suos, ut credimus, emisit, et gladium hoc est, verbum suum in ore tuo posuit, quod secundum Apostolum non est alligatum (*II Tim.* II), et de quo dicitur : *Maledictus qui prohibet gladium suum a sanguine* (*Jer.* XLVIII). Hoc gladio, juxta Psalmistam, dividuntur linguæ impiorum et iniquitates et contradictiones in civitate (*Psal.* LIV). Sanctifica ergo rursus manus tuas Domino, quæ semel sanctificatæ sunt in sacerdotio, quia secundum beatum Gregorium, nullum gratius offertur Deo sacrificium, quam zelus contra peccatum. Pudeat generositatem sanctæ animæ tuæ provinciam tibi commissam, ecclesiastica dignitate omnibus Gallicanis Ecclesiis superiorem, et religione esse inferiorem. Ut enim cernere datur, per totam Occidentis plagam, et maxime intra hanc nostram Galliam, religiosa loca, et quæ nunquam fuerant frequentissime oriuntur, et quæ inveteraverant renovantur. In Lugdunensi vero provincia e contrario, et nova fere nulla orta sunt, et vetera jam pene nulla sunt. Fuerit hoc tempori et strenuitati tuæ a Deo reservatum, ut si nova condere non est facultas, saltem ad vetera renovanda adsit totus nisus atque voluntas. Habebis ad hujus rei adjutorium, totum, quale esse potest, posse meum, et illum qui tibi ad omnia sufficit Deum. Sit tuum ejus accepta gratia incipere : erit illius opus suum a te cœptum perficere. Licet igitur hoc opus valde arduum esse non ignorem; de Dei tamen gratia et tua probitate confidens, hortor, supplico, moneo, et per omnipotentis Jesu Christi misericordiam obtestor, ut tam bonum, tam Deo placens, tam salutiferum studium, nullæ a corde tuo curæ pellere valeant; sed maneat in mente tua radix sanctæ intentionis, quousque ad optabilem fructum gloriosæ prodeat actionis. Nam nec mihi desunt innumerabiles rerum temporalium sollicitudines, pro quibus tuam necessario, ut moris est, sollicitare possem beatitudinem. Sed non est nunc mihi super auro et argento quæstio : non est super injuriis, deprædationibus, exustionibus, et variis ac multiplicibus rerum nostrarum damnis, ad aures majestatis tuæ solita interpellatio. Illud unum, illud singulare, illud præcipuum, et sæpe dicendum, sæpe rogandum, oro, rogo, obsecro, ut huic divinæ rei, cui nihil humanum non dico præponi, sed nec componi debet, cuncta supponas; et teipsum etiam, si necesse fuerit, ut bonus pastor pro tanta tantarum ovium salute impendas. Paratus sum et ego, ad quem non ex cura, sed ex charitate hoc pertinet, nec meis nec mihi pro hac Dei causa parcere; nihilque in præsenti remunerationis sperans, non tantum mea, sed et meipsum impendere. Hæc certe tota et sola ad te scribendi causa fuit. Cæterum tibi videndum, ne frustra fuerit. Oro ergo in fine epistylæ mihi dulcissimam et totis visceribus amplectendam dilectionem tuam, ut, semotis aliquantulum occupationibus, amici litteris in hoc quoque pro te solliciti locum tribuas, et eis vel horam ad studiose legendum provideas. Repende, inquam, nunc meo labori vicem, ut quod ego immodicis curarum distensionibus impedientibus vix potui scribere, tu inter tuos quotidianos tumultus studeas legere. Nec deterreat a lectione prolixitas, quam justa, ut ipse agnoscis, peperit necessitas.

EPISTOLA III.

Summo Ecclesiæ Dei pastori, et nostro speciali Patri domino papæ INNOCENTIO, frater PETRUS humilis Cluniacensium abbas, fidelem obedientiam.

Non satis verbis aperire valeo quantum pro lusito mihi vestræ paternitatis amore de resciendo statu vestro sollicter, quantumque a partibus vestris audire, quod cor meum lætificet, exoptem. Quid autem amplius cor meum lætificare poterit, quam si prospere, si pacifice, si triumphaliter vos degere audiero? Ut enim quod apud me sentio dicam, hoc in me desiderium ita omnibus aliis, quæ in corde humano esse possunt, desideriis dominatur, ut excepto illo quo cœlestia desiderantur affectu, hic omnium, ut dictum est, desideriorum affectibus principetur. Nec mirum si sic ardenter finem laborum vestrorum exopto, cum propter hoc unum a principio apostolatus vestri nullum pro modulo meo subire laborem recusaverim, in nullo quod expediret mihi vel his, quæ commissa mihi erant, pepercerim, et (quod forte majus his omnibus est) nunquam fidelior, quod ipse melius novi, ut vere Patri filius esse potuerim. Nam inter studia partium, inter divisiones cordium, inter schismata tam nostrorum quam extraneorum, seu prope seu longe constitutorum, exerto semper gladio, quantum personæ aut officii mei qualitas patiebatur perstiti, nec illum unquam a sanguine etiam charissimorum, cum necesse fuit, prohibui. Quoscunque mihi et Cluniacensi Ecclesiæ qualibet amicitia junctos, reges et principes, nobiles et ignobiles, magnos et pusillos agnovi, hos majestatis vestræ pedibus subdere, per me ipsum sive per alios loquendo, scribendo, mandando, terrendo, mulcendo, pro posse non distuli. Sed quia non ad hoc cœpi, ut opera mea, si qua erga vos recta fuerunt, jactem, compescendus est stylus, et hoc tantummodo dicendum, quoniam hæc idcirco tetigi, ut agnosceret sapientia vestra me jure pacem vestram desiderare, pro qua non parum contigit laborasse. Est et illud, quod non solum me, sed et omnes ad hoc optandum movere debet : quod universorum et totius Ecclesiæ pax de pace vestra pendet, quæ sicut generaliter, paucis schismaticis exceptis, vos in summum pastorem assumpsit, ita sine vestra requie nunquam requiescere poterit. Cujus laboribus, quos pro Christo et pro vobis sustinet, quod salva sublimitatis vestræ reverentia dixerim, non parum gratiæ debetis, quia sicut illa vobis filialem, ita vos ei paternum impendere decet amorem. Et, sicut mihi videtur, omnes quidem præcepto Dominico sunt diligendi, sed, juxta quod vita vel actus eorum exigit, in amoris discretione aliis alii sunt præferendi. Hoc ad quid inferam, attendat paululum vestra nobis super aurum et topazion chara paternitas. Nam inter illos, quibus magis debitrix totius amoris et beneficii est charitas vestra, domnum Albanum episcopum hucusque existimavimus. Quid enim ille pro vobis fecerit, quid pertulerit, quid perdiderit, quam fidelis in regno Ecclesiæ, cui præsidetis, ingrediens, et egrediens, ad imperium vestrum fuerit, supersedeo referre, cum et sapientiæ vestræ hoc bene notum sit, et tam diutina infirmitas, imo ipsa mors, cujus januis vix tandem reductus est, satis indicare possit. Quæ omnia cum propter immensos labores et assiduos per totum pene mundum procursus et excursus pertulisse, ob vestra nisi fallor, servitia omnibus manifestum est.

Cum igitur se totum vobis impenderit, cum nota universis religio ejus, cum scientia ejus, cum virtus corporis ejus ab exordio præsulatus vestri non nisi vobis militaverit et militando pene defecerit, non satis ego vester, ego inquam vester, et qui mecum hoc noverunt mirari sufficimus, quod non dicam maximum pro tam magnis servitiis beneficium, sed nec modicum, quando maxime postulavit, meruerit habere rescriptum. Tunc certe (quod prorsus subdita et humili, et idcirco audaci mente dicimus) tunc plane omnino clausa sunt ei viscera misericordiæ et responsionis vestræ, quando ipse vobis ut Patri aperuit omnia intima conscientiæ suæ. Tunc vere exsiccata est fontis ubertas, quando magis exposcebat rigari terræ ariditas. Debuit, ut mihi videtur, plus amoris mereri nudata conscientia : non debuit propter ablatum cordis velamen pristina imminui gratia. Ut enim quod jam vulgare factum est referam, si inter amicos omnia nuda, inter talem Patrem et talem filium nulla secreta debuerunt esse velata. Quæ si ipse aliis, non vobis soli revelasset, Patris forsitan commotio justa fuisset. At cum non nisi illi, cui nihil talium celare debuit, cor suum denudavit, non iram, sed gratiam, ut videtur, ampliorem promereri debuit. Hæc, Pater charissime, me breviter vobis scribere, filialis, et idcirco fidelis, compulit affectus, ne qui de vobis magis merentur, minus consequi videantur, et ea de causa quam plures a vestro servitio deterreantur. Consulo igitur, si tamen consilium meum inter sapientiorum, non tamen forte fidelium, consilia admittendum censetis, ut episcopum vestrum, collateralem vestrum, fidelissimum vestrum, quem multum exacerbare ex hoc, nisi sapientia indignationem comprimeret, potuistis, lenire quam cito remissis litteris studeatis. Recolite nullum unquam nimium amari potuisse, recolite nullum unquam plus justo amicis abundasse, recolite quod ait Salomon : *Amici sint tibi multi* (*Eccl.* VI). Et ideo nunquam talibus vos satis abundare credatis : maxime hoc tempore, quando, ut ipse quotidie experimini, abundavit iniquitas, et refriguit charitas multorum. Paraverat ipse postquam convaluit, suscepto a vobis mandato redire ad vos; sed postquam de silentio illo vestro accepit, ignoraus quid illud portenderet, et ipse silere proposuit. Rumpatur ergo infructuosum, quod nunquam fuisset, silentium, et aut eum cum illo, quem vos et eum decet, honore ad vos redire facite ; aut apud nos, hoc est intra Gallias, ad destruendos schismaticos, et causam vestram, quæ et Dei est, manutenendum, quod vobis et Romanæ Ecclesiæ plusquam ad præsens propter festinantiam dicere possimus expedit, potestative, quousque vobis illum revocare placeat, remanere facite. Utinam daretur auribus vestris otium, quod quia ad præsens non habent, cogimur ori nostro etiam valde necessariarum rerum imponere silentium ! De hac igitur re et de pace vestra, quam omnimodis desidero et desideranter exspecto, remandate quod est, ut aut si est, gaudeam, aut si nondum plene est, qualiter adimpleatur, quidquid possum et etiam meipsum impendam. Hoc insuper rogo, ut causa nostri Romanum morem de retinendis diu nuntiis infringatis, et quamcito cursorem nostrum cum rei postulatæ certitudine ad nos remittatis.

EPISTOLA IV.

PETRUS *humilis Cluniacensium abbas*, GILONI olim Tusculano episcopo (81).

Multa quidem dilectioni vestræ loqui enormitas materiæ imperat : sed stylum se diffundere volentem, epistolarum, et maxime modernarum, modus, ne etiam in necessariis diffluat, coangustat. Qui si a propositis et necessario conceptis non cohiberetur, non jam epistola, sed liber conficeretur. Quis enim non videat quanta sit loquendi materia, imo lugendi, charissimum fratrem, et, ut sic dicam, uterinum, a visceribus unicæ matris non cum parvo ejus dolore avulsum, sic lapideum permanere, ut nec suæ separationis recordari, nec matris doloribus compati, nec confratrum charitate revocari, nec resipiscendum quibuslibet incantationibus videatur animari ? Tantumne valet peregrinæ mulieris amor, ut meretricia oblectamenta, sponsæ castis amplexibus præponantur ? An tanti pendendi sunt cives Babylonicæ confusionis, ut civibus pacificæ Hierusalem præferantur ? An calix aureus Babylonis, quo potantur reges terræ, dulcior ad sorbendum visus est, quam ille Christi, de quo ipse ait : *Calix meus inebrians quam præclarus est (Psal.* XXII). Ad quid ista ? Ut pace vestra loquar, quoniam tam præclarum membrum Ecclesiæ Dei ad præsens ab ea separatum dolemus, quoniam tam dilectum fratrem a confratribus disjunctum lugemus, quoniam a Romana et Catholica Ecclesia episcopum, quoniam a Cluniacensi ejus monachum descivisse videmus. Sed forte vos ad hæc, nos errare, nos deviare, nos deceptos esse inclamabitis. Nos vero quid ? Ut longa disputatio conquiescat, ut infinitarum argumentationum objectio conticescat, ut ambitio, cupiditas, sacrilegium, simonia, perjurium, vis armata, homicidia, quæ pro parte non vestra, sed papæ vestri militant, ut hæc, inquam, omnia, et adhuc deteriora, si qua esse possunt, seponantur, hoc unum attendite, hoc inspicite, hoc considerate : Ubi Ecclesia esse existimanda sit, quæ in omnibus mundi nationibus esse credenda est, in angulo urbis Romæ, an in toto orbe, in particula Aquitaniæ, an in mari usque ad mare ; in paucissimis et pene nullis hominibus, an in omnibus quæ sub cœlo sunt gentibus ? Aut enim nobiscum est Ecclesia, et ovile, in quo sunt oves veri pastoris, de quibus ipse : *Oves meæ vocem meam audiunt (Joan.* X), vestrumque ovile non oves, sed hædos ad sinistram ponendos continet. Super quibus vobis exprobrat Ecclesia dicens : *Pasce hædos tuos juxta tabernacula pastorum (Cant.* 1); aut si vobiscum est, heu ! multum regnum Christi arctatum est. Si, inquam, vobiscum est Ecclesia, falsa est vox Patris Filio promittentis; *Dabo tibi gentes hæreditatem tuam, et possessionem tuam terminos terræ (Psal.* II). Falsa est vox Prophetæ : *Dominabitur a mari usque ad mare, et a flumine usque ad terminos orbis terræ (Psal.* LXXI). Falsum est et illud quod ait : *Omnes gentes quascunque fecisti, venient, et adorabunt coram te, Domine, et glorificabunt nomen tuum (Psal.* LXXXV). Falsa certe ista omnia, si tam parva ejus hæreditas et possessio facta est, ut non nisi Petri Leonis turres, et comitis Pictaviensis (82) paucas munitiunculas possideat. Si hoc verum est, jam Christus quod

ANDREÆ CHESNII NOTÆ.

(81) *Giloni olim Tusculano episcopo.* Cui scribit et infra epist. 50 hujus libri. Fuit autem primo Cluniacensis monachus, deinde factus episcopus Tusculanus cardinalis, Petri Leonis partes adversus Innocentium II, schismatice fovit, et ab versus Girardum episcopum Engolismensem missus, plurimos etiam in Aquitania motus excitavit, ut docet Guillelmus abbas. lib. II Vitæ S. Bernardi, cap. 6. Unde et Joannes Parisiensis in Memoriali hist. ad annum 1136 : « Laborabat, inquit, eo tempore sub schismaticorum oppressione tota Burdegalensis provincia, et non erat in tota Aquitania qui posset resistere principi, cujus animum induraverat Deus, qui, persuadente Girardo Engolismensi episcopo, et stillante in cor ejus semina dissensionis, factus erat schismatis defensor et auctor. Hic Girardus misit ad Petrum Leonis ut ei legationem conce- deret, et ipse ei jurata fidelitate obediret. Insuper et principem terræ, et quoslibet posset, ad ejus imperium inclinaret. Gavisus est homo perditissimus locum se invenisse in quo dilataret malitiam suam, annuitque cito ac libenter, misitque ad eum Gilonem Tusculanum episcopum cardinalem, qui solus de Romanis cum Petro Portuensi ei adhæserat. Ab his duobus violenter expulsus a sede sua Guillelmus episcopus Pictaviensis vir honestus et Catholicus, et pro eo alius quidam nobilis genere, sed degeneris fide intrusus est. Similiter in Ecclesia Lemovicensi intruserunt Radulfum quemdam Doracensem, qui non multo post cadens resupinus de equo in via plana, uno tantum lapide ultore infixo capiti ejus, et quassato cerebro exspiravit. »

(82) *Et comitis Pictaviensis.* Willelmi, qui et Aquitaniæ dux, Alienoræ pater.

assumpserat deponat, et qui jam possessione quolibet regulo inferior factus est, regium quoque nomen amittat ; nec eum quilibet vocare Regem regum, vel Dominum dominantium audeat. Si hoc verum est, jam Christus gratis mortuus est, qui tam paucissimos morte sua lucratus est. Hoc ideo dicendum putavi, ut agnoscat eruditio vestra, periculosissime vos opinionem vestram totius mundi sententiæ præponere, magisque superbæ obstinationi paucorum, quam devotæ unanimitati multorum acquiescere. Cum enim et canonica decreta hoc habeant, ut majori et saniori parti in omni negotio cedendum sit, qui tantis numero, tantis scientia, tantis sanctitate non cedit, non sapientia, sed insania agi credendus est. Plura hinc dici possent, sed sapienti, quod vos et fuisse scimus et futurum esse confidimus, pauca sufficiunt. Revocat igitur vos communis mater Ecclesia, revocat quodammodo affectuosius, quæ iterum vos Christo peperit, Cluniacensis Ecclesia, parata vos iterum piis ulnis excipere, parata dulcius quam fecerat fovere, parata omne pro vobis onus subire, parata vos rursum Christo, Ecclesiæ, ac domino papæ restituere.

EPISTOLA V.

Dulcissimo ac piissimo Patri nostro domino P. abbati, frater THEOTARDUS *prior de Charitate indignus, totusque conventus, quidquid devotissimi filii.*

Si condignas vestræ paternitati gratias referre possemus, pro immensis beneficiis quæ nobis immeritis servis vestris exhibere dignamini, dignum utique esset, ut hoc omnimodo studeremus. Sed quoniam plene et efficaciter non possumus, saltem tantæ gratiæ debitores nos esse fatemur. Quomodo vero vestris respondere valemus beneficiis, cum pro nobis vestris exiguis servis tantum feceritis, quantum vix aut nullomodo faceretis pro magnis dominis? Ut tamen vestra cognoscat benignitas, beneficiorum nos esse memores, et teneri debitores, ipsa ex parte memoramus, quamvis rependere non possimus. Cellararium nostrum, et nos omnes in illo summo suscepistis cum honore, exhibuistis dilectionem, et optimam dedistis mulam, dilectionis probationem. Misistis nobis dominum Petrum, exemplar cordis vestri ad nos, qui cor vestrum cordibus nostris inferret, et sua præsentia, quantum vobis placet, nos lætificaret. Ad cumulum denique tantæ pietatis dedistis nobis magnæ martyris magnas reliquias, magnum thesaurum, magnas divitias : quæ nobis sunt super aurum, et lapidem pretiosum multum. Pro his omnibus, illi, a quo est omne bonum, et beatæ Mariæ, et vobis, dulcissime Pater, quantum possumus, referimus gratias. Noverit enim vestra paternitas quod et nos et burgenses nostri magnam ex his habemus consolationem, et magnam de vestra sancta dilectione certitudinem. Benedictio Domini et vestra super nos, et super omnes filios vestros. Quod debuissemus ponere in principio, in fine ponimus. Iterum gratias agimus de hoc quod nobis promisistis, festivitatem beatæ Mariæ apud nos vestra præsentia honorare. Unde de his, et de cæteris vestrum nosse vestrumque velle nobis remandate, præsertim si possemus vos invenire Cluniaci usque ad festum sancti Petri, quia, si potuerimus præparare novitios, ad benedicendum mittemus.

EPISTOLA VI.

Venerabili atque intimo nobis Domino Theotardo priori, ac dilectissime nobis conventui de Charitate, frater Petrus humilis Cluniacensium abbas, totius salutis, gratiæ et benedictionis plenitudinem.

Legimus et relegimus intenti litteras vestras, quæ tanto cor nostrum gaudio exhilarabant, quanto vos lætificatos sonabant. Cur enim non lætificaret nos vestra lætitia, quibus illud totum debemus quod possumus ; et cum et de illis, quibus longe minus quam vobis debemus, nobis præcipiatur scilicet gaudere cum gaudentibus, flere cum flentibus ? (*Rom.* XII.) Nam ut verbis apostolicis utar, quod est gaudium meum atque corona, nonne vos ante Dominum ? (*Philipp.* IV.) Quæ licet meis erga vos, ut illius erga illos laboribus non debeatur : spem tamen, quam non dat boni operis effectus, poterit forsitan sperare bonæ voluntatis affectus. Et si enim multa non conferimus, si quid tamen in nobis multum dilectionis esse potest, multum diligimus. Adjuvat, et accendit non mediocriter ignem hujus amoris vestra charitas, quando quod proprie bonorum filiorum est, quod salva ea reverentia, quæ pignoribus sanctorum debetur, dixerim, patris etiam parva munuscula pro magnis ducitis, quando non datum, sed dantis affectum consideratis, quando ex modica scintilla vos multum flammare monstratis. Conservet in vobis, et adaugeat hunc charitatis affectum vera charitas Deus, quo et hic adhæreatis per spem, et in æterna vita conjungamini per speciem charissimum fratrem nostrum Petrum, quem de latere nostro ad vos direximus, ut partem cordis nostri commendatum habere, ut quem ante pro vobis quasi simpliciter dilexistis, jam pro nobis, si potest fieri, dupliciter diligatis. Festum summorum apostolorum Petri et Pauli nos Cluniaci facturos, et beatæ Dei Genitricis assumptionem, quia vos velle cognovimus, apud vos esse celebraturos per Dei misericordiam confidimus

EPISTOLA VI.

Sinceræ charitatis visceribus confovendo, fratri THEOTARDO *priori de Charitate, frater* PETRUS *humilis Cluniacensium abbas, in Spiritu sancto discretionem adipisci spirituum.*

Scribis mihi sæpe, charissime, et frequentes nuntii sibi invicem succedunt, quos ad me cum deprecationibus dirigis, ut te a cura quam tibi imposui absolvam, et secundum quod dicis, Deo absque occupationis onere servire permittam. Objicis naturæ imbecillitatem, ætatis intemperantiam, morborum incommoditatem. Detrimenta multa pati domum tibi commissam, te talia patiente, nec ad negotia sufficiente, denuntias. A me exigis quod a te impossibilia exigo, et quod humeros tuos, ad ea ferenda quæ ferre non valent, compello affirmas. Agnosco ego querelas, non corvino, sed columbino de corde prolatas : ideoque neque illis moveor, neque injuriis, ut a quibusdam, qui non ea quæ Dei sunt sapiunt, solet fieri, ad injuriose respondendum accendor. Te tantum advertere ea quæ dicturus sum rogo. Quod prorsus facere non poteris, nisi obstinatæ voluntatis appetitum fregeris. Non enim capax veri consilii animus esse poterit, nisi velle suum utilitati propriæ ratione subdiderit. Sunt sane sapienti multo magis appetenda amara salutifera, quam dulcia mortifera. Præponenda contristans utilitas, supponenda noxia voluntas. Hoc ad quid dicam attende. Audio quidem te de difficultate pastoralis officii conquerentem, sed video te ipsum tibi causas ipsius difficultatis inferentem. Video te, inquam, contra impositum officium, contra obedientiæ virtutem contra matrem virtutum charitatem, et ideo contra salutem tuam agere. Dum enim ætati non parcis, dum assiduo labore te conficis, dum corpus morbis innumeris conquassatum magis ac magis indiscrete vivendo conteris, universa hæc quæ a me tibi sunt objecta incurris. Sic namque te habendo, contra impositum officium agere comprobaris, quia sicut quotidie cernitur, succumbunt jumenta oneri quibus non datur victus necessarius operi. Fortissima etiam quæque animalia deficiunt, si et labor diutius protendatur et laboris nullum levamen subsequatur. Clamant sancti doctores nostri perimendum hostem, nutriendum civem. At tu ex adverso hostem perimere nequis, dum hostem pariter et civem exstinguere conaris. Nam non erit qui hostem opprimat, si civis succumbat. Non penitus abrumpi, sed retorqueri caput immolatæ avis ad pennulas lex jubet (*Levit.* v). Tu autem lege Dei contempta, ad abrumpendum caput a corpore toto conatu laboras. Sed non suscipit Deus holocaustum, quod contra legis suæ decreta cernit oblatum. Suggessit diabolus Christo, ut se perimeret, dicens : *Si Filius Dei es, mitte te deorsum* (*Matth.* iv). Sed noluit spontaneo præcipitio interire, qui tamen venerat pro mundi salute animam ponere, ut doceret utiliter quidem carnem esse mortificandam, sed non more homicidarum crudeliter perimendam. *Nemo,* ait Apostolus, *carnem suam odio habuit, sed nutrit et fovet eam, sicut et Christus Ecclesiam* (*Ephes.* v). Sicut, inquit, Christus Ecclesiam. Nutrit quippe Christus et fovet Ecclesiam, non malitiam; justitiam, non impietatem; naturam, non iniquitatem. Ostendit Apostolus Christum sequendo, ita se fovere Ecclesiam, dum discipulo, cui inter cætera dixerat ; *Exemplum esto fidelium in verbo, in conversatione, in charitate, in fide, in castitate* (*I Tim.* iv), quia stomachum dolebat, postmodum ait : *Noli adhuc aquam bibere, sed modico vino utere propter stomachum tuum, et frequentes tuas infirmitates* (*I Tim.* v). Sic post Christum summus doctor Ecclesiæ, ut etiam corpori sobrie provideret, discipulum admonebat, non interitum violenter compellebat. Cui et ille obedivit, et laboriosum prædicationis et ecclesiasticæ administrationis officium, non fugitando, nec reclamando, sed manendo et persistendo explevit. Posses et tu, qui de impossibilitate causaris, injunctum officium implere, si, ut discipulus veritatis, acquiesceres obedire. Si, inquam, præcepto patris obedire, si fratrum charitati velles obtemperare, et crimen inobedientiæ effugeres, et impositum regiminis quantumlibet grave onus, ferre prævaleres. Nec mireris me crimen inobedientiæ nominasse, cum multis hoc criminibus propheta præferat dicens : *Quoniam quasi peccatum ariolandi est, repugnare, et quasi scelus idololatriæ, nolle acquiescere* (*I Reg.* xv). Mandavi quippe sæpius, ut propter nimiam, quam ipse fateris, morborum incommoditatem, a conventu, aliorum infirmorum more, paululum secedens requiesceres; nec fecisti. Jussi, ut paulo remissioribus alimentis utereris; nec obedisti. Præcepi, ut dispositioni fratrum, quorum erga te charitatem exuberare gaudebam, quantum ad infirmitatis tuæ levamen pertinebat, obtemperares ; nec audisti. In quo fraternæ charitatis contemptu, non parum te deliquisse, si bene perpendis, recognosces. Remota enim paternæ jussionis auctoritate, quod de cordibus fidelium ac pie viventium subditorum etiam prælatis charitas præcipit, non est aliquo modo contemnendum. Quod si fit, non ille, qui charitatis verba proferre videtur, sed ipsa, quæ verba eadem profert, charitas spernitur. Quam qui spernit, eam nullo modo habere probatur. Jam vero charitatem non habenti quid prosit jejunium, vel quælibet corporis exasperatio ab Apostolo audi. *Si,* inquit, *tradidero corpus meum ita ut ardeam, charitatem autem non habuero nihil mihi prodest* (*I Cor.* xiv). Abstine ergo a carnibus, abstine a piscibus; abstine, et si volueris, ab omnibus, afflige, verbera, contunde jumentum tuum, non dederis somnum oculis tuis, non dormitent palpebræ tuæ, noctes vigiliis, dies laboribus transige, velis nolis, audies Apostolum, etiam si tradideris corpus tuum ut ardeat, nihil tibi prodest (*I Cor.* xiii). Jam hoc non est servum Domino servire non posse, sed nolle : imo ad majorem contumeliam, ante velle mori quam obsequi, ante interire quam servire, prius a facie ejus fugitando delitescere quam servitutis onera tolerare. Sed jam quia finire verba festino, revoca, quæso, dilectissime, ab hac intentione animum tuum, in brevissimo certamine pro sempiterna requie desudando contende, noli ut piger servus in terra talentum abscondere; sit tibi pro tanta, si perstiteris, reposita mercede permodicus vitæ præsentis labor. Et ut laborando durare possis, interdum requie labores alterna, ut non, sicut hucusque fecisti, obstinate laborando, ad laboris defectum, sed discrete operando, ad laboris profectum, quod forsitan non diu differetur, pervenire contendas.

EPISTOLA VII.

Nobilissim regum et nostræ societatis amico SIGIVARDO *Norvegiæ regi, frater* PETRUS *humilis Clu-*

niacensium abbas, in præsenti feliciter, in futuro felicissime cum Christo regnare.

Omnipotenti et æterno regi toto cordis affectu gratias agimus, qui menti vestræ timorem et amorem suum inspirare dignatus, in vobis amorem cœlestium terrenis affectibus prævaluisse ostendit. Cum enim in extremis finibus orbis atque sub gelido axe sæculorum dispositor vos constituerit, meridiano tamen sui spiritus calore in tantum vestrum aquilonale frigus temperavit, ut soluta infidelitatis et corporis glacie, de vobis etiam cantari possit : *Surge, aquilo, et veni, auster, perfla hortum meum, et fluent aromata illius* (Cant. IV). Et illud : *Dicam aquiloni : Da ; et austro : Noli prohibere* (Isai. XLIII). Vere enim omnes et præcipue nos, qui cæteris vos affectuosius diligimus, gratulanter famam vestræ erga Dei obsequium devotionis audimus, qualiter quæ Dei sunt revereamini et diligatis, qualiter regium fastum suavi Christi jugo affectuosissime subjeceritis, qualiter vos protectorem Ecclesiæ Dei constitueritis, qualiter inimicos crucis Christi a fidelium dominatione non tantum in vestris, sed etiam in remotissimis meridiei et orientis finibus vi bellica terra marique et olim repuleritis, et nunc etiam maxima classe repellere festinetis. Super hæc omnia, quod in animo vestro tantus Spiritus sancti fervor exarsit, ut tantam regni excellentiam, et tantam rerum opulentiam contemnendi, ac pro æterno regno viam perfectionis arripiendi vobis affectum inspiraverit, ipsi omnium bonorum largitori grates quas possumus agimus, et ut hoc ad effectum perducere satagatis, votis omnibus exoramus.

EPISTOLA VIII.

Dilectis filiis et fratribus nostris de Norantona (83), frater PETRUS *humilis Cluniacensium abbas, salutem, gratiam et benedictionem.*

Cum omnes ad Cluniacensis congregationis corpus pertinentes communi charitatis debito diligamus, vos inter reliquos speciali quodam affectu complectimur. Et licet locum vestrum corporali aspectu nunquam viderimus, intuitu tamen veræ dilectionis, vos non tantum quotidie, sed et continue intuemur. Facit hoc bonæ conversationis vestræ fama, sed specialiter Thomas ille vester, imo noster, quo si personaliter caretis, pro eo tamen nos et nostra omnia possidetis. Est enim nobis intimus, et tantum in Christo charissimus ; ut cum innumera Cluniaco sæpe vestra Anglia munera miserit, nihil unquam isto gratius aut charius obtulerit. Non igitur gravet vos ejus absentia quia plurimum, cum tempus fuerit, vobis ipsius apud nos poterit conferre præsentia. Quod si sapienter negotiamini, ibi merces vestras debetis exponere, unde majora lucra suo possitis tempore reportare. Patienter igitur tanti ad præsens ferte dispendii jacturam, quia quod, ut diximus, modo sentitis damnosum, juvante Domini gratia, quandoque experiemini lucrosum.

EPISTOLA IX.

Summo Ecclesiæ Dei pastori, et nostro speciali Patri domino papæ INNOCENTIO, *frater* PETRUS *humilis Cluniacensium abbas, humilem obedientiam et devotum obsequium.*

Multa interpositarum terrarum longinquitas, quæ multo spatio nos a vestra paternitate separat, cogit nos prolixiores, quam aures vestræ pati consueverunt, quandoque litteras dirigere. Nam si in proximo vos haberemus, frequens inquietudo negotiorum ad vos se sperans habere posse recursum, compendiosior in verbis existeret. Sed quia ei multarum spatiis terrarum et plurimorum, quod magis veretur interpositionibus gladiorum, se ad vos rursum penetrare posse pene desperat, fit importunior in referendo magis cogitans quid cura illi debeat paterna conferre, quam quid in sua relatione eam tædeat audire. Ideo venia danda est prolixitati si quod suum est, non negatur necessitati. Audivi, et in litteris domino Albanensi episcopo directis legi sublimitatem vestram eidem mandasse, ut ad vos reditum acceleraret et suam vobis præsentiam exhiberet. Pervenit hoc et ad aures multorum, de vestra pace et salute non parum sollicitorum qui omnes eo dilectionis voto, quo vobis astricti sunt, valde mirantur tale a vestra majestate processisse decretum, quod si bene perpenditis, vestris utilitatibus prosit nihil, obsit plurimum. Et, ut taceam, quod nisi per inimicorum manus, in ejus captionem vel necem vestri causa paratas, et ad vos iter non sit, quid etiam si pervenire integer posset, in medio bellorum imbellis, quid in medio armatorum facturus et inermis ? Magis ille quia sacerdos Dei est, manuum ad Deum cum Moyse extensione, quam alieni sanguinis effusione, et iram Domini avertere, et Amalec superare consuevit (*Exod.* 14). Quod si longe melius Moyses in monte orationis secretum dante, quam in campo bellis patente hostes populi Dei superare prævaluit et episcopus vester, vere quidquid hostis insibilet vester, multo magis et vobis Patri suo, et universæ Christi Ecclesiæ orationibus et consiliis nobiscum, quam tumultibus et præliis vobiscum prosicipere valeret. Videtur hoc non solum insipientiæ meæ, sed et plurimorum sapientium, et religiosorum virorum sapientiæ, de quibus et Dominus Claravallensis abbas, qui totum se, ut nostis, negotiis vestris impendit, eidem domino Albanensi coram Vizeliacensi et Pontiniensi abbatibus se valde dolere, quod ad partes illas a vobis accersiretur, dixit. Super quo tam ego quam plures partium nostrarum personæ sapientiæ vestræ scribere proposuimus ; sed ab ipso do-

ANDREÆ CHESNII NOTÆ.

(83) *Fratribus nostris de Norantona.* Noranthona, prioratus ord. Clun. in Anglia, qui et forte *Prioratus de Arenthona* vocatur in Catalogo Beneficiorum a Clun. cœnobio dependentium, estque subditus prioratui Beatæ Mariæ de Charitate.

mino Albanensi prohibiti, propositum dimisimus. Festinat enim jussionem vestram, in quantum licuerit, totis viribus adimplere. Unde et diversos tanti itineris labores, adhuc diutina illa infirmitate satis debilis aggredi, et Italiam magis bellorum tumultibus, quam montium rupibus exasperatam penetrare disposuit. Serenate igitur, obsecro, erga tantum tamque vobis utilem ac fidelem virum, si quod vel leviter fuit animi vestri nubilum : talemque vos ei exhibete, qualem eum erga vos pro certo cognovimus esse. Et sicut aliis litteris fideli ausu admonui, ita et adhuc moneo, ut si quid forte austerius litteræ, quas sæpe mittit, in auribus vestris sonuerint, æquo animo accipiatis, magisque dulcem scribentis affectum, quam scriptorum elementorum verba signetis. Meliora sunt enim, ut me melius nostis, vulnera diligentis quam fraudulenti oscula (*Prov*. xxvii) ; salubriorque mordens pietas quam mulcens iniquitas. Nec magnitudini vestræ indignum est dicere quod de utroque hoc genere hominum maximus ille rex et Propheta dicebat : *Oleum peccatoris non impinguet caput meum* : sed, *Corripiet justus in misericordia, et increpabit me* (*Psal*. cxl). Quod ille quidem non facit, sed morem habens in corde et corde non loqui, pium vobis servat affectum in mente ; sed quod sibi videtur, severiore demonstrat sermone. Hunc eum loquendi morem habere, longe vobis durius non absens litteris, sed præsens verbis sæpe in faciem ipse expertus sum ; sed cor unde illa procedebant cogitans, æquanimiter omnia passus sum. Quis enim non ferat, imo quis non gratias agat non publice arguenti, sed secreto quasi in cubili cordis commonenti, seu corripienti charitati ? Non tamen ille scribens vel loquens quidquam imperat ut dominus, sed quæ dicenda sunt humiliter suggerit ut subjectus. Venientem ergo ad vos vel prope vos episcopum vestrum, eo, quo nostis apud Deum, et apud homines honore dignum, si placet cum honore, et maxime cum illo, quem a vobis promeruit, amore suscipite ut et illi quod justum est retribuatis, et alios hoc exemplo magis magisque ad vestrum obsequium accendatis. Sed ne in partibus Italicis hoc tempore, quo in Christi messe pauci sunt operarii, otiose immoretur, oramus, ut si placet, eum ad nostras Gallias remittatis, ubi quanto notior, tanto nobis vobisque poterit esse utilior. Ibi quantam vestri habuerit auctoritatem, tantam ibi vestram operari poterit utilitatem.

EPISTOLA XI.

Singulariter venerando, et specialiter amplectendo, domino et patri suo Matthæo *Albanensi episcopo, frater* Petrus *humilis Cluniacensium abbas, salutem, quam promisit Deus diligentibus se.*

Christianorum nobilissimus orator Hieronymus, in quadam sua epistola : *Multa*, inquit, *in orbe monstra generata sunt, Centauros et Sirenas, Viulas et Onocritalos in Isaïa legimus, Job Leviathan et Behemot mystico sermone describit, Cerberum et Stymphalidas, aprumque Erimantium narrant fabulæ poetarum, triformem Gerionem Hispaniæ prodiderunt, sola Gallia monstra non habuit, sed viris semper fortissimis et eloquentissimis abundavit.* At cum tanti viri testimonio expers talium prodigiorum nostra semper a sæculis Gallia fuerit, heu ! nostris diebus suprascriptis omnibus longe informius monstrum peperit. Felicia priora sæcula, quæ ne tam pessimo fetu deturparentur, diu sterilia permanserunt ! Sed nostra tempora miseranda, quæ infanda fecunditate detestandam sobolem profuderunt. Habuit ætas illa, licet fabulose, Evandrum Caci peremptorem, Herculem Cerberi alligatorem, Hydræ eumdem multorum capitum detruncatorem. Portentum vero noviter apud nos exortum, sicut non est qui vinciat, ita non est qui exstinguat. Ita omnes qui invisum prodigium, mox ut apparuit, suffocare debuerant, enervati sunt, ut vel nihil mali actum vel nihil novi ortum esse, suo silentio fateri videantur. Sola pene in vestro solito justitiæ zelo, ultima in vestris viribus spes remansit : quas tanto majores huic negotio adhiberi oportet, quanto magis de vestro auxilio omnium nostrum intentio pudet. Et quia hoc quasi proœmio satis, ut credo, intentum [attentum] vos reddidi, ne diu suspensum teneam, queror ego, queruntur fratres nostri omnes, ad quos hoc pervenire potuit, queritur totus monachicus ordo, et communem injuriam pari querela deplorat. Expulsos a sedibus suis Monachos Virdunenses, clericos pro eis intrusos, sua deseruisse, aliena occupasse sola vi, nullo judicio, in messem proximorum falcem misisse, et propriis cultoribus esurientibus eorum avidissime fruges devorasse. Et quod majus ostentum ? Quod detestabilius monstrum ? Quod portentuosius prodigium ? Solebant clerici diversorum ordinum, canonici diversarum professionum, et quid de minoribus agam ? ipsa Ecclesiæ cacumina, episcopi dico, consueverant pontificalem dignitatem pro abjecta monachorum vilitate commutare, et de summis ecclesiasticorum honorum gradibus, ad humilem se hujus propositi ordinem inclinare. Nostis et ipse, in quanto apud antiquos Patres ordo iste honore fuerit, non ignoratis quanto studio eum apostolica sedes præ cæteris Ecclesiæ institutionibus coluerit, non latet quantos Deo fructus feracius aliis Christi segetibus protulerit. At nunc nescio quo judicio præjudicium passus nec sua retinere jam prævalet, cum aliena sua facere in melius commutando soleret, contemnitur, expellitur, conculcatur, et jam nec laicali consortio dignus habetur. Quodque nec de furibus sit, antequam audiatur, condemnatur ; antequam sub judice de culpa agatur, proscribitur, ante reatum cognitum, ut reus addicitur ; sed ut adversarii aiunt, fuerint propter mala sua monachi expulsi, expellendi, arrogaverit sibi fama consentiens judiciale decretum ; quid etiam personis peccantibus sanctus ordo peccavit ? Quid, aliis delinquentibus, justitia promeruit ? Cur cum reis innocentia condemnata est? Cur malis monachis secundum quosdam expulsis, monastica institutio expulsa est? Ut quid saltem malis illi boni monachi non succedebant? An quia nusquam tales inveniri poterant? O quam innumerabilis monachorum turba, per supernam gratiam nostris maxime diebus multiplicata, universa pene Gallica rura operuit! urbes, castella, oppida implevit! quam varius vestibus, institutis, Domini Sabaoth exercitus, sub una fide et charitate, in ejusdem monastici nominis sacramenta juravit! Aut ergo omnes isti pro expulsis introducendi expulsoribus defuerunt, aut tanta multitudine eis in nauseam versa, inopes eos, ut dicitur, copia fecit. Et ne diu ecclesiasticis negotiis occupatas beatitudinis vestræ aures detineam, rogamus instanter, et nobiscum Dominus Catalaunensis episcopus (84), ac multæ aliæ nostri ordinis personæ deprecantur, ut detis operam abstergere ab ordine nostro tantæ dedecus ignominiæ, ne reverentia sempèr huic professioni ab apostolica sede conservata, vobis domino papæ assidentibus depereat, neve tanta, si inulta remanserit, injuria risum inimicis monastici ordinis præbeat. Nec miremini me vehementius de ista quam de propriis sollicitari causis, cum communia bona semper maluerim præferre privatis.

EPISTOLA XII.

Beatissimis, et singulariter honorandis ac nominandis dominis ac Patribus Carthusiensibus, domno Guigoni priori, et cæteris fratribus, frater Petrus humilis Cluniacensium abbas, æternam a piissimo Salvatore Jesu Christo salutem, et a consolatore Spiritu plenissimam recipere consolationem.

Audita, dilectissimi, et vix credita apostolici numeri, et cœlestis collegii vestri tam subita et inopinata imminutione, fateor, quasi in exstasi raptus diu stupui. Occurrebant mihi, et quasi violenter cordi meo se immergebant, hinc rei novitas, illinc abyssus consiliorum Dei; hinc pretiosa in conspectu Domini mors sanctorum ejus, illinc mortis ejusdem ex humano affectu dolor : qui, etsi sanctorum funeribus non debetur, ex diligentium tamen cordibus ipsa vi dilectionis extorquetur. Sed, cum per aliquot dies ista mecum reputans, et quasi cum amicis beati Job in terra sedens ac mœrens conticuissem, statui dilectioni vestræ mihi super aurum et topazion charæ scribere, atque statum animi vestri modo quo poteram rescire. Neque enim permitterem epistolam meam me prævenire, si adeundi sanctitatem vestram mihi aliquatenus facultas data fuisset. Sed, cum universorum consonaret sententia, obstante immenso nimium aggere, neminem ad vos equitem posse ingredi, peditem me posse pergere desperavi. Nam revera, si vel illud fuisset possibile, non recusassem etiam hoc cum magno labore tentare. Unde licet quam citius potero hoc me facturum confidam, hunc tamen nuntium quasi subsecuturi præcursorem vobis interim mitto. Et quamvis, secundum vulgare proverbium, stolidissimum videatur humeris ligna ad silvam deferre, et aqua urceo allata mare infundere, nihil tamen diffusa in cordibus vestris per Spiritum sanctum, qui datus est vobis, charitas potest contemnere, quod ex ejusdem charitatis videatur fonte descendere. Hortor igitur et obsecro, ac mecum quæ Cluniaci Domino Christo servit, et vobis ex corde compatitur, tota fraternitas deprecatur, ne casum hunc cordi apponatis, ne inde plus justo doleatis, ne justorum morte, qua magis gaudere debetis, vos ipsos multis aliis confectos laboribus afficiatis. Nam, si res bene perpenditur, non est quod vobis dolorem importet, sed est plane quod ingentem lætitiam subministret. Quis enim dolor illis debetur qui dolorem evaserunt? quæ lacrymæ, qui lacrymarum omnem materiam exuerunt, qui ad vitam illam pervenerunt de qua in Apocalypsi Joanni vox de cœlo ait : *Absterget Deus omnem lacrymam ab oculis sanctorum; et mors non erit ultra, neque luctus, neque dolor?* (*Apoc.* XXI.) Quid, inquam, illis dolendum est, qui quod diu desideraverunt, nunc tandem consequi meruerunt? Quid sane illi viventes exoptabant, nisi quod Apostolus de se dicit : *Cupio dissolvi, et esse cum Christo?* (*Philipp.* I.) Nam quis viator prolixiter laboriose peragens, et eodem itinere ad desideratam requiem tendens, tam stultus est, ut nunquam ad requiem pervenire, nunquam asperrimum viæ laborem velit finire? Quis agricola tam durus, ut hieme urgente, pluviis ingruentibus, æstu fervente, terram tantum proscindere, semina serere, nunquam fructus exoptet percipere? Quis negotiator terra marique sæpe latrones perpessus, semper pavidus, semper suspectus, multa multoties flagella vel vulnera passus, non toto affectu animi tantis malis carere, et multo cum lucro patriam parentesque revisere concupiscat? Quis hæres a patre constitutus, non omnis mentis adnisu ad concessam hæreditatem pervenire ambiat? Sic plane, dilectissimi, sic vere et absque dubio sic, sic de istis mortuis vestris, imo et nostris mortuis est sentiendum, credendum, dicendum quia et, secundum Evangelium, finita arcta via, quæ ducit ad vitam (*Matth.* VII), perducti sunt ad Vitam quæ dicit : *Ego sum resurrectio et vita* (*Joan.* II); et agriculturæ labore cessante, juxta Psalmistam, *qui seminaverunt in lacrymis, jam in gaudio metunt* (*Psal.* CXXV); et similes negotiatori quærenti bonas margaritas (*Matth.* XIII), multum de negotiatione sua etiam morientes lucrati sunt, qui unam pretiosam margaritam omnia vendentes emerunt, utpote quibus vivere Christus erat, et mori lucrum (*Philipp.* I), et boni filii ad hæreditatem benigni patris moriendo pervenerunt. De qua Propheta : *Cum dederit,* inquit,

ANDREÆ CHESNII NOTÆ.

(84) *Dominus Catalaunensis episcopus.* Gaufridus, ad quem infra epist. 43.

dilectis suis somnum, ecce hæreditas Domini (Psal. cxxi). Unde oportet, ut ait Apostolus, *non contristari vos de dormientibus, sicut contristantur qui spem non habent* (I Thess. iv), nec quasi infelicibus eis condolere; sed quasi, ut vere est, jam sempiterne beatis toto animo congaudere, quia et valde incongruum videtur, sociis vestris in superna lætantibus, vos pro eis deorsum dolere. Si quis tamen dolori locus esse potest, hic tantum videtur, quod eis quiescentibus vos adhuc laborastis, quod eorum cursu jam consummato vos anhelantes curritis, quod eis jam victoriarum palmam tenentibus, vos adhuc in certamine desudatis. Sed huic cogitationi facilis occurrit consolatio, quia quod illis jam contulit gloriam, vobis proficit ad coronam. Hoc enim camino, quo illi omni decocta rubigine splendificati sunt, vos etiam non inferius, quia nec eis mitius, imo fortasse durius, quoniam prolixius purgamini. Nam, etsi cum eis mortui non fuistis, mortis eorum gladio animas vestras pertranseunte, mortem nequaquam morientes tolerastis : quam idcirco duriorem sensistis, quia cum deficientibus ipsi deficere non potuistis. Fecit hoc Dominus ut vos probaret, ut vos vobis etiam in hoc conflictu fortes aut infirmos ostenderet, ut virtutem vestram mundo ostendendo, infirmos roboraret. Nam quos ante mundus noverat in pace fortes, hos Dei gratia largiente agnoscit in bello constantes. Libet æstuanti erga vos affectus mei desiderio se per verba diffundere; sed negotiorum importunitas, ne nimis diffluat, cogit multa breviare. Quapropter, quoniam superno judici ea via tentationis vos ex parte aggredi placuit, qua Job justus tentatus est, et quia tanti vos habuit cœlestis censura, ut ad tanti viri flagella perferenda vos idoneos judicaret, libeat in subversione cellarum et oppressione fratrum, omni cordis tranquillitate clamare, quod ille a vento deserti domo subversa, et filiis ac filiabus ejus ruina exstinctis, adorans dixit : *Dominus dedit, Dominus abstulit; sicut Domino placuit, ita factum est : sit nomen Domini benedictum* (Job i). Aderit Dominus, qui *non permittit aliquem tentari supra id quod potest* (I Cor. x), ut suo tempore aliis in duplum restitutis, sicut ad illum incolumes filii et filiæ, ita ad vos nunc exstincti fratres revertantur, atque a vobis nunquam dissociandi, in æternum conjungantur. Lætificate igitur nos, non parum vobiscum mœstificatos. Quod continuo fiet, si vos mœstitiam deposuisse quam citius nobis innotuerit.

EPISTOLA XIII.

In cathedra seniorum collaudando, venerabili et dilectissimo domino, domno Henrico, *Wintoniensium episcopo* (85), *frater* Petrus, *humilis Cluniacensium abbas, post honorem pontificii stola gloriæ indui.*

Magna multumque amantibus tædiosa terræ marisque interstitia, quæ vestram Britanniam a nostra Celtica Gallia diviserunt (86), sicut a mutua visione, sic a familiari collocutione nos hactenus diviserunt. Unde ego metuens, ne diuturna divisio corporum divisionem quoque pariat animorum animi mei abdita, quæ verbis non potui, litteris vobis communicare decrevi. Nam recordatus pristini amoris, et illo eum tempore perire formidans, quo maxime isdem mutuus vestræ charitatis affectus pluribus proficere posset, quando multorum post Deum salus de utriusque nostrum moderamine pendet, ignem diu sub cinere consopitum ne in toto deficiat, quo possum flabello suscitare contendo. Exspectavi quidem, et diu suspensus sustinui, si forte aliquid jucundum a vestris partibus audire mererer ; sed, ut aliquid vel ludendo dicere liceat, frustra a vestro occidente mihi solem oriri sperabam, incassum marinos turbines nostri diei obscura serenare credebam, superfluo a lateribus aquilonis austrinis flatibus frigora nostra posse tepefieri suspicabar. Sed fortassis, et hunc nostrum ludum dignitas vestra non æquo animo acceptabit. Quid igitur faciam? Si seria dixero, gratus non ero. Si allusero, nec sic placebo. Si questus fuero, asper videbor. Si accessero ut laudator, notabor ut adulator. Quod ergo placendi consilium? Quod, nisi quod ipse dederitis? Date, date, inquam, consilium, et jubentis mandata mea statim sequetur obedientia. Arbitror tamen, et etiam me scire confido, quid super his vestra mihi præceptura sit sapientia. Et hoc unde? Quoniam, sicut impossibile est lucem tenebras generare, sic fas non est sapientem aliquid sapientiæ contrarium jubere. Inde certum mihi est quod nec alludentem, nec querulum, nec adulantem (quæ

ANDREÆ CHESNII NOTÆ.

(85) *Domno Henrico Wintoniensium episcopo.* Henricus hic, ad quem idem sæpius infra, quartus Stephani majoris comitis Blesensis, et Adalæ majoris Guillelmi Conquestoris natæ filius fuit, quem mater, inquit Guillelmus Neubrigensis lib. i, Rerum Anglic. cap. 4, « ne soli sæculo genuisse liberos videretur, apud Cluniacum tonsaruit. » Postea vero cum Henricus I rex Angliæ unicam comitis Bononiensis filiam, ad quam tota spectabat hæreditas, Stephano nepoti suo, qui frater erat Henrici jam dicti, copulasset, et plurima in Anglia collargitus fuisset, « fratri etiam » ejus Heinrico Cluniacensi monacho dedit abbatiam Glastoniensem, ac postmodum episcopatum adjecit Wintoniensem. » Verum annis aliquibus elapsis, Henricus II et ipse rex Anglorum infensus illi, causam dedit, ut *præmisso thesauro suo,* quemadmodum loquitur Matthæus Paris, *per abbatem Cluniacensem* Petrum, *absque licentia regis ab Anglia clam recederet* anno 1155. Quapropter rex tria ejus complanari fecit castella. Porro scribunt ad eum et S. Bernardus epist. 93 et Joannes Sarisberiensis epist. 247, memineruntque etiam ejus Joannes Paris, in memoriali Histor. Necrologium S. Martini de Campis, Paris. et Chronicon Cluniacense.

(86) *Quæ vestram Britanniam a nostra Celtica Gallia diviserunt.* Imo et a reliquo orbe. Unde Virgilius :

- *Et penitus toto divisos orbe Britannos*

Cur autem Britannia dicta sit illa Oceani insula, quæ nunc Anglia et Scotia vocatur, late docet vir doctissimus Guillelmus Cambdenus in descriptione Britanniæ, et nos post eum nuper in Historia Angliæ, Scotiæ et Hiberniæ pluribus adnotavimus.

supra posui me esse) censebitis, sed veri fidem amici a me vobis servari mandabitis. Fateor, jam quasi ab ore vestro prolatum verbum suscipio, et hoc me servaturum, si mihi idem reponsum fuerit, modis omnibus repromitto. Teneor jam sponsione mea, et ipse mihi libens quæ nunquam excutiam, vincula injeci. Fidem veri amici me vobis servare promisi. Quod si ita est, falsi amici perfidiam me expedit detestari. Falsus vero amicus essem, si in corde et corde loquens, aliud mente tegerem, aliud ore proferrem. Unde, quia inter amicos omnia nuda, nihil ultra illi tegere disposui, cui omnia etiam intima revelare proposui. Familiari ergo ausu conqueror excellentiam vestram citius justo dudum adversum me commotam fuisse, et pro re levissima fixam amicitiæ gravitatem mobili facilitate commovisse. Nostis ipse quid hoc fuerit, quod hac de causa reticeo, quia nec memoria dignum esse judico. Hoc non dico vile vel leve, sed nihil prorsus fuisse ostenderem, si litterarum prolixitatem propter legentis fastidium non vitarem. Quod igitur nec gravi causa exstante fieri debuisset, nulla præcedente materia factum est, et cor magni illius et singularis amici in contrarium versum est. Unde qui nil talium merueram, multa pertuli; et quem intimum amicum credebam, ex insperato hostem persensi. Hostem autem voco non mala inferentem, sed bona denegantem, non inimicitias effectu ostendentem, sed affectum amicitiæ subtrahentem. Nec ego replico frequentes querelas, quibus aures legatorum nostrorum in Angliam transfretantium implere consuestis; nec monstruosa illa, quæ apud Charitatem in nos commissa sunt, memoro : quorum ipse altor, non defensor, vel certe mediator esse debuistis. Ista, inquam, et si qua sunt alia, taceo, ne quem mihi laboro placare, videar forsitan provocare. Ad hoc solum tota querela mea concurrit, quod me anno præterito per multum temporis in Anglia morante, vobiscum pene jugiter adhærente, habere vos sinistri aliquid adversum me minime dixistis, et hoc tamen in corde continuistis. Multæ de multis inter nos conferebantur, hoc profundo silentio tegebatur. Nihil aliarum rerum a nobis familiaris sermo vester abscondebat : hoc nescio quid meditans mens vestra summo studio in intimis recondebat. Impendebantur a liberalitate vestra innumera mihi nostrisque beneficia ; sed hoc unum, quod pro munere duceremus, tenax celabat conscientia. Et quid multa ? Oportet ut materiam verborum fertilem brevis sermo coarctet. Sit iste, si placet, mutuarum finis querelarum. Indulgeo ego prior absque aliqua pœna, multa quæ in me non jure commissa sunt. Indulgentiam et mihi, etiamsi non peccavi, postulo.

Pœnam vero peccatorum pro velle sumendam, potestati vestræ concedo. Scio regii sanguinis animum, cum se vicisse cognoverit, tunc multo magis victum. De cætero me et totam Cluniacum melius quoque quam Wintoniam possidete (87); et nostræ amodo pater patriæ, rector, abbas et episcopus estote.

EPISTOLA XIV.

Intimo amico suo, domno STEPHANO (88), *frater* PETRUS, *humilis Cluniacensium abbas, salutem quam sibi.*

Anima mea jam de vestra, ut de se sollicita, pro salute illius meditando, loquendo, scribendo, requiescere nescit. Cœpisti, charissime, cœpisti currere, non desistas. *Omnes currunt, sed unus accipit bravium. Sic curre, ut comprehendas* (I *Cor.* ix). Vide ne latro malignus impediat iter tuum. Non enim tu de Jerusalem in Jericho descendere, sed de Jericho ad Jerusalem cœpisti ascendere. Sed, ut ait quidam :

. . . . . *Facilis descensus Averni,*
Sed revocare gradum, superasque evadere ad auras,
Hic labor, hic gemitus [opus]. . . . .
(VIRG. *Æneid.*, lib. VI, vers. 126 et seq.)

Istud ad quid? Ut sapienter advertas ad vitia demergentia in interitum ponam esse humanam naturam ; ad virtutes sublevantes ad cœlum difficulter se attollere humanam segnitiem. Nam fugiens laborem, appetens requiem, supponit brevem parvumque laborem doloribus perpetuis ; præponit voluptatem horariam delectationibus sempiternis. At non ita amator æternorum, non ita auditor apostoli dicentis : *Et mundus transit, et concupiscentia ejus* (I *Joan.* ii). Sed, quia multa de his tecum contuli, et plura in proximo collaturum me spero, longam epistolam jam facere nolo. Maxime vero, quia jam spiritum Dei tibi locutum sensi, et cor tuum plene tetigisse cognovi. Hoc tantum cave ne gratiam ejus in vacuum accipias, nec eumdem spiritum a Deo tibi datum exstinguas. Veni ergo ad me cito, sicut et tecum condixi, et postmodum remandavi, ut si qua adhuc de his sunt dicenda dicantur, et quæ implenda impleantur. Hac prima hebdomada Quadragesimæ, et sequenti, me Cluniaci dilectio tua inveniet.

EPISTOLA XV.

Charissimo amico nostro domno HUGONI *Catulæ* (89), *frater* PETRUS, *humilis Cluniacensium abbas, salutem et multum amorem.*

Magno dilectionis affectu, quo erga vos teneor, compulsus, non possum de salute vestra non gaudere, et de periculo non dolere. Nostis qua catena non mihi, sed Deo, imo, quod verius est, mihi pro-

---

ANDREÆ CHESNII NOTÆ.

(87) *Cluniacum melius quam Wintoniam possidete.* Wintonia Britannicorum Belgarum civitas. Ptolomæo et Antonino *Venta Belgarum*, Nechamo et quibusdam aliis *Guintonia*, Britannis etiamnum *Caer Gwent*, Saxonibus antiquis *Wintancester*, et Anglis hodie *Winthester.*

(88) *Amico suo domno Stephano.* Clerico Lugdunensi.

(89) *Hugoni Catulæ.* Militi, cujus meminit et Chronicon Cluniacense in Petro I.

inter Deum astrictus teneamini, cum nullo cogente, sed spiritu Dei inspirante, corpus et animam vestram coram testibus in manu mea mysteriis coelestibus consecrata posuistis, vos ipsum in monachum pro arbitrio meo tradidistis, in signum redditionis comam a me præcidi et servari voluistis, habitum religionis die constituta Cluniaci vos susceptorum jurastis. Et nunc, ut audio, contra divinam sententiam, quæ dixit : *Non perjurabis; reddes autem Domino juramenta tua (Matth.* v), et contra Prophetam, qui ait : *Reddam tibi vota mea quæ distinxerunt labia mea (Psal.* LXV), Jerusalem ire disponitis. Sed quis sapientem in tantum posse desipere credat? Credat, credat qui voluerit, ego me penitus credere diffiteor. Indignum est ut de tanto tamque gravi et veraci amico ea a me credantur, quæ de quolibet scurra credere vix quilibet posset. Sed quia, licet sapienti, laico tamen et militi loquor, debeo his quæ versari in corde vestro rationabiliter videntur respondere. Fortassis enim apud vos dicitis : Quæ vita, quod opus, quæ conversio sepulcro Domini potest componi? Ad quod si quis ierit, quid simile facere poterit? Ad quod ego : Minora pro majoribus bonis possunt dimitti, pro minoribus autem majora, vel pro paribus paria nunquam debent immutari. Majus est vero Deo perpetuo in humilitate et paupertate servire quam cum superbia et luxu Jerosolymitanum iter conficere. Unde, si bonum est Jerusalem, ubi steterunt pedes Domini, visitare, longe melius est coelo, ubi ipse facie ad faciem conspicitur, inhiare. Qui ergo quod melius est promittit, quod deterius est, pro meliore compensare non potest. Nam si cuilibet centum promisistis solidos, salva sponsione ducentos potestis reddere; sed solos quinquaginta sine prævaricatione nullo pacto valetis exsolvere. Tractate ista sapienter, et cavete ne unde Deo placere festinatis, inde graviter ei displicere incipiatis. Rogo igitur ut cum præsentium latore vero amico vestro venire acceleretis, ut quod his litteris nolo mandare, vivo vobis sermone valeam intimare.

EPISTOLA XVI.

Charissimis et honorandis fratribus nostris, prioribus obedientiariis, et aliis per diversas terrarum partes diffusis, frater PETRUS, *humilis Cluniacensium abbas, salutem et æternam a Domino benedictionem.*

Si vestræ charitatis affectus, si viscera pietatis, si ubera misericordiæ erga me qualemcunque servum vestrum et ministrum vigent, nunc precor experiar. Unde absens corpore, præsens spiritu, pedibus sanctitatis vestræ toto me cordis affectu prosterno, et, ut a vobis audiri merear, quantis possum precibus imploro. Ancilla Dei carnalis mater mea, spiritualis soror vestra, Marciniacensis monacha Raingarda (90), post diutinam et optimam cum sanctis sororibus conversationem, secundum Domini voluntatem, VII Kal. Julii commune debitum mortis in sancta confessione exsolvit. Quæ, quoniam dimissis omnibus ad vos specialiter de sæculi naufragio confugit, et in vobis totam spem salutis suæ reposuit, non solum meis precibus, sed et ipsius devotioni debetis, ut animæ illius ad æternum translatæ judicium succurratis. Orat ergo et per filium mater, et pro matre filius, ut tricenarius missarum ei per loca ubi possibile fuerit, persolvatur (91); et XII pauperes reficiantur. Reliqui sacerdotes duas pro ejus requie missas decantent, absque officio, et missa generali, quæ juxta morem agitur, et exceptis his quæ charitas Dei diffuderit in cordibus vestris, per Spiritum sanctum, qui datus est vobis.

EPISTOLA XVII.

Charissimis fratribus et filiis, JORDANO, PONTIO, ARMANNO, *frater* PETRUS, *humilis et indignus fratrum Cluniacensium abbas, fraternum ut fratribus, paternum ut filiis dilectionis affectum.*

Investiganti mihi diutissime, et sollicite huc illucque circumductis oculis disquirenti, quibus communicare cordis mei secreta, vel apud quos animi nuper conceptum dolorem exponere, et, si fieri posset, etiam deponere valerem, nemo justius occurrit quam vos, quibus et eadem causa mœrendi, et communis est mecum materies mœrorem solandi. Adhibete animos, et affectus ubi ubi dispersos pariter congregate; nec legendum negligenter putetis, cui non solum vestra studia, sed etiam vos ipsos debetis. Non debet aliqua cordium vestrorum portio rei, de qua nunc agitur, quibuslibet impedimentis deesse, per quam vos divinitatis dispositio perduxit adesse. Regresso mihi nuper a Pisano concilio, post multa quæ in illo itinere incommoda provenerunt, omni mœrore tristior nuntius occurrit, et alternas confabulationes, quæ de evasione periculorum, de incolumitate sociorum, de aliis prosperis eventibus, ut mos est, cum gaudio proferebantur, repentino suo adventu turbavit. Nam inter loquentes taciturnus assistens, inter lætantes nubilum mœroris indicem vultum prætendens ad me propius accessit, et funereas litteras mihi nihil talium suspicanti ingessit. Ego, utpote qui nuntium domesticum agnoscerem, et unde esset scirem, et a par-

ANDREÆ CHESNII NOTÆ.

(90) *Marciniacensis monacha Raingarda.* De qua et ipse fusissime epistola sequenti, et epistola etiam 20, ubi *Raingardis professione Marciniacensis monacha, officio cellaria* nuncupatur.

(91) *Ut tricenarius missarum ei persolvatur.* Sic et præfata epist 20 : « Et ut in abbatiis, et aliis diœcesis vestræ congregationibus, et per vos tricenarius missarum persolvatur, et aliqui pauperes reficiantur. » Et Heloisa epist. 21 lib. VI : « Mihi quoque singulare quoddam velut amoris et sinceritatis privilegium donastis, tricenarium scilicet, quod mihi defunctæ conventus Cluniacensis persolveret. » Item Necrologium Sancti Martini de Campis : « Sciant habitatores hujus loci, præsentes et superventuri, quod domnus Matthæus, hujus Ecclesiæ prior, constituit in communi sedens capitulo, annuente domno abbate Pontio Clun., ut per succedentia tempora omnibus annis celebretur tricenarium missarum pro duobus antecessoribus suis hujus loci prioribus, domno videlicet Theobaldo, et domno Urso. »

tibus illis nihil mihi sinistri nuntiari posse præsumerem, velut securus epistolam a notis missam suscepi, et quasi optima referentem citato eam oculo percurrere cœpi. Cumque præmissa salutatione ad sequentia festinarem, subito quasi trabea mole repulsus hæsi, velut saxo caput percussus obstupui, sicut acri vulnere telo transfixus ingemui, quando beatæ matris meæ celerem, et velut furtivum de mundo recessum, littera silenter loquente cognovi. Tunc nimia doloris vi pectus urgente, et litteris antequam eas perlegerem lacrymarum nimietate humefactis, a loco, quem jam exosum habebam, cito surrexi, et secretiori petens aliquanto liberius gemitu, et flotibus impatienti ad horam animo satisfeci. Inde cum ultra modum mœror procederet, meoque jam contempto imperio, etiam a magnis quæ aderant personis consolari renuerem, nox supervenit, et quod alii non poterant, quiete sua doloris quantulumcunque magnitudinem sedavit. In crastino dilectam animam pio Redemptori commendaturus, ad altare accessi; et sacrificium spiritus contribulati salutari hostiæ adjungens, repropitiari ejus excessibus divinam clementiam imploravi. Aderant in comitatu nostro venerabiles et præcipuæ dignitatis viri archiepiscopi, episcopi, abbates, sapientes clerici, religiosi monachi, Remensis, Rothomagensis, Trecensis, Constantiensis, Sagiensis, et alii quamplurimi de diversis partibus terrarum congregati. Hi supradicti concilii occasione itineri nostro indissolubiles socii adhæserant, et ab eadem synodo mecum pariter redibant: horum benigna consolatione, et maxime illorum reverenda societate compulsus, ne mœstitiæ meæ nubilo tantorum virorum serena jucunditas offuscaretur, violenter tandem me mihimetipsi subegi, et verum comprimens mente dolorem, fallacem sciens sociis [sanctis] hilaritatis repente vultum exhibui. Qua mea permutatione et ipsi mutati, qui prius cum dolente doluerant, me consolatum rati gaudenti pariter adgaudere cœperunt. In hoc simulatitio alacritatis gaudio, postquam quod reliquum erat viæ spatium emensum est, ipsis, ut decebat, Cluniaci solemniter exceptis, ego Marciniacum, vale dicens eis, velociter profectus sum. Nam et hoc mihi stimulos adaugebat, et quasi sævius inflicto vulnere conscientiam cruentabat, quod illud lumen meum me inviso, absente, insalutato, exstinctum fuerat. Unde quod dum adhuc spiraret, saltem in extremis, heu! videre non merueram, jam subtractum ab oculis, clausumque sepulcro, vel lacrymis rigare quærebam. Veni ergo, et magnum illum ac sacrum ancillarum Dei gregem, mœstitia mortis ejus pene cum ea sepultum inveni. Fuerat illa cum cœlesti illo sanctarum sororum collegio per viginti fere annos sic conversata, ut sicut earum singultus, gemitus luctusque fatebantur, pene maluissent ei commori quam ea subtracta vivere. Mugiebat Ecclesia beatæ Virginis matris, ad quam primitus pro more orandi causa diverti. Mugiebat, inquam, et velut exitium omnibus immineret, suspiriis illarum et singultibus respondebat. Putabam me solum filiali tantam matrem affectu diligere; sed, dum eas attenderem, omnes ejus cogebar filias judicare. Augebant ipsæ luctu suo meum mœrorem, et dum eam gratis solo pietatis affectu deflerent, quid ego naturæ, quid Deo deberem, docebant.

Tandem luctuosa oratione finita agendam incœpi, et velut tunc defungeretur, quia prius non potueram, tunc universa de more complevi. At ubi ad commune colloquium ventum est, explicare non possum tantam piarum ingeminationem querelarum. Nam ut innumera taceam, quæ nec referre, nec recolere facultas est, hæc se matrem, illa filiam, ista sororem, ea famulam se amisisse testabantur. Dicebant hanc tristium fuisse solamen, infirmarum robur, debilium baculum, indigentium auxilium, et ad postremum necessitudinum omnium supplementum. Obmutuerant diversa negotia causarum, nec de ipsis quotidianis necessitatibus tractabatur. Una totum monasterium lingua defunctam Dei famulam loquebatur. Nec ista tantum in sacri loci penetralibus agebantur, exteriora quoque et adjacentia omnia consimili querimonia murmurabant. Pauperes, quibus semper pro posse munifica fuerat, vitæ subsidia sibi periisse gemebant. Circumposita sanctimonialium pauperrima loca, quibus sæpe conferre consueverat, quod sibi subtrahere solebat, velut suam matrem familias deflebant. Milites ipsi et laici, quibus pro officio respondere et servire cogebatur, jam se Marciniacum nescire dicebant. Sed quid multa? Induerant universa mœroris vultum, et tota facies monasterii tenebroso quodam pallore horrebat. Non cessabat tamen sacer conventus ab oratione, et Deo singulæ, Deo omnes dilectam animam commendabant. In crastino capitulum ingressus, priusquam pene os ad loquendum aperirem, iterato gemitu cuncta protinus impleverunt, et quidquid a me utcunque dictum est, totum uberrimis lacrymis perfuderunt. Absolvi tandem pro officio matris animam, quam ipse lacrymosum Amen respondendo, ad vitam absque dubio perduxerunt æternam. Inde cum universis ecclesiam ingressus, salutaria rursum pro ea sacramenta obtuli: ac postmodum ad ejus sepulcrum accedens, super venerandum corpus solemnem cum oratione absolutionem dedi. Cumque et animæ requiem, et corpori ad vitam implorassem resurrectionem, beatæ matri infelix filius vale dixi, et sic ab illa non animo, sed corpore tantum recessi.

Exacta itaque Marciniaci triduanæ mœstitiæ sepultura, tertia jam die velut de morte resurgens, animam resumpsi, ac loco egressus, vobis, o charissimi mei, hoc communis matris lamentabile epitaphium scribere decrevi. Elegi vos ex millibus, quibus mecum collacrymandi eadem possit esse affectio; quibus non dissimilis mecum probatur esse conditio. Volo igitur unius matris filios secum pariter ejus funus deflere, ne qui flere noluerit, ejus se iudicet filium non fuisse. Nolo, nolo ut luctui nostro se quilibet importunus consolator immisceat, vel apostolicum testimonium velut pro se faciens prætendat, quo ait : *Nolumus vos ignorare, fratres, de dormientibus, ut non contristemini* (I *Thess*. IV). Quod si dixerit, respondebo Apostolum hunc istis intellectum abstulisse, et quod dixit sub distinctione protulisse. Nam postquam dixit, *non contristemini*, subjecit, *sicut et cæteri qui spem non habent* (*ibid*.). De infidelibus ergo, non de fidelibus sermo erat, qui putabant cum corpore animam interire, qui dicebant nulla post mortem meritis præmia superesse, qui carnis resurrectioni consueverant derogare. Flebant illi mortuos desperantes resurrecturos, flebant charissimos, nunquam se eos existimantes in æternum visuros. Ea de causa fletus spei Christianæ contrarius apostolico mandato desiccandus erat, infidelis tristitia a fidelium cordibus expellenda, fides resurrectionis vehementius commendanda. At non noster talis fletus, quem fundimus, non futurorum desperatione, sed naturæ compassione. Non noster talis dolor, quem generat non fidei defectus, sed nulla lege prohibitus mutuæ germanitatis affectus. Hoc fletu antiqui justi carnis proximos defunctos fleverunt, hoc dolore magni patriarchæ charorum suorum funera prosecuti sunt. Hinc de Isaac dicit Scriptura : *Introduxit Rebeccam in tabernaculum Saræ matris suæ, et intantum dilexit, ut dolorem, qui ex morte matris acciderat, temperaret* (Gen. XXIV). Quis ergo nos, charissimi, prohibeat super pia sanctæ matris morte dolere, cum audiat tantum Patrem de propriæ matris occubitu doluisse? Quid si et pii patris piissimus filius Joseph in medium adducatur, de quo legitur, quod mortuo Jacob ruit super faciem patris, flens et deosculans eum? (Gen. L.) Cujus corpus cum de Ægypto tulisset, in terra Chanaan humasset, adjunctis fratribus et Ægyptiis comitantibus planctu magno atque vehementi septem diebus exsequias celebravit, Chananæis dicentibus : *Planctus magnus est iste Ægyptiis, locoque nomen imponentibus, planctus Ægypti* (*ibid*.). Sed nec ille singularis inter primos Patres rex et propheta David nobis deerit, qui sciens quod naturæ deberet, cum prius admirabili charitate exstinctos inimicos planxisset, fratricidam, et insuper patricidam filium operto capite lugebat, dicens : *Absalon fili mi, fili mi Absalon, quis mihi tribuat ut ego moriar pro te?* (II Reg. XVIII.) Sed quid istos velut solitarios replico, cum omnium veterum mos fuerit ex naturæ benignitate descendens, quoslibet affines vel majores de medio factos [functos] deflere, et publico luctu eorum exsequias celebrare? In quo societatis humanæ quædam reveranda concordia commendabatur, quæ piis mentibus esset quoddam desolationis solatium, et ad æterna disquirenda magnum ex defectu præsentium incitamentum. Hoc affirmat et liber Sapientiæ in quo dicitur : *Fili, super mortuum* *produc lacrymas; et velut dira passus incipe plorare* (Eccli. XXXVIII).

Non est ergo contrarium fidei, non dissonans ab Ecclesiæ moribus, si super piorum funera pii homines pia intentione compunguntur, et quo ipsi demigraturi sint, velut quodam præludio perloquuntur. Nam in eo quod alios mortuos plorant, se quoque mortales factos deplorant : a qua misera mortalitate se per Christi gratiam erui, et ad beatam immortalitatem perduci hujusmodi oratione exorant. Quod si ad Evangelium stylus transferatur, apparebit non frustra dictum beatæ Virgini matri : *Et tuam ipsius animam pertransibit gladius* (Luc. II). Qui ejus animam non pertransisset, nisi ineffabiliter quodam humanitatis affectu, de morte Dei et sui Filii doluisset. Quæ licet non dubitaret mortem Filii sui esse vitam mundi, eum tamen dire doluit morientem, quem mire noverat a morte hominibus eruentem. Maneat ergo inter nos, o dilectissimi mihi, occultus nostræ deplorationis affectus, et his exemplis beatos matris cineres defleamus; sitque jam delectabile quod fuit lamentabile, ut quæ nos vivens peperit cum dolore ad præsentem miseriam, jam carne mortua pariat cum jucunditate ad sempiternam gloriam. Pariet, inquam, animas precibus, quæ, ut dixi, nostram carnem peperit cum doloribus : sitque illi hoc ad singulare refrigerium, cum eos, quos ex se mundo protulit, cœlo quoque secum intulerit. Audeo et de ipsa hoc dicere, ne quis hoc me temere judicet affirmare, quoniam et conversio ejus a mea opinione in nullo dissentit, et conversatio ipsius mecum nihilominus per omnia sentit. Talis enim exstitit, quæ, in quantum homini cognoscibile est, et sibi sufficere, et alios debeat adjuvare. Veniat ergo tantæ feminæ conversatio admiranda in medium, ut ea cognita me vera dicere cognoscatis, et animos mœstitia exasperatos jucunda lectione et mutua collatione leniatis. Erit hoc absentis et defunctæ matris quædam vivax præsentia, et imago verorum æmula a cordis nostri penetralibus non recedet, qua nec post occasum vobis occidere, nec post tumulum valeat interire. Cogit ipsa rei utilitas, de qua agitur, non silere, ne si dicenda tacuero, tantam vobis materiam videar invidere. Non debet alicui nostrum aliquid fieri singulare quibus non solum charitas, sed etiam natura totum voluit esse commune. At ego nec claritudinem possessionis, nec quantamlibet in ea commendandam suscepi gloriam carnis : quarum illa rerum multis superior, paucis inferior erat, sed devotam Deo animum, mundi contemptum, cœlestium appetitum. Ad quæ ut compendiosum transitum faciam, cum in flore feni adhuc recubans, juncta esset viro, alligata mundo, ad ea velut captivus ad libertatem, vinctus ad solutionem, exsul ad patriam suspirabat, et se conjugali vinculo præpeditam, hominibus ignoto, Deo cognito mentis angore deflebat. Ea de causa cum cives civitatis illius cui inhabat, vel ad quam suspirabat, forte occurrissent, adorabat, suscipiebat, colebat, et abjecta omni contemnere, et iram sibi in die iræ malis innumeris domestica et mundana cura, se totam in eorum affectus et obsequia transfundebat. Suscipiebantur monachi, trahebantur eremitæ, et omnes habitu vel fama religionis ornati, passim ad hospitandum, etiam cum resisterent, cogebantur. Non audebat jam quilibet talium per terram ejus juri subditam commeare, quin ad eam diverteret, et uno die vel pluribus apud ipsam manendo, devoto erga divina animo satisfaceret. Flebat remotis arbitris coram notæ sanctitatis viris, et profundos gemitus profundebat, quod a lege viri nondum soluta, servire oeculo cogeretur, aliorum curam gerere, sui negligere, exterius tumultibus implicari, interius occupationibus impediri, præsentia amplecti, futura thesaurizare.

Hæc dicens provolvebatur ad genua sanctorum, et velut cum Maria peccatrice, pedes eorum lacrymis abluebat. Orabat eos, ut pro se ad fores æternæ misericordiæ instanter pulsarent, quatenus quæ per se audiri non merebatur, eorum precibus mediantibus audiretur. Producta est eo usque talis intentio, nec a cœpto cursu potuit fatigari, donec famoso illi Roberto de Brussello (92) ad se venienti, et secum aliquandiu moranti, impulsa violento æstu animi se in monacham ignorante viro redderet, ut eo defuncto, vel concedente, statim ad fontem Ebraudi (93), si supervixerat, demigraret. Fecit hoc, et timori Dei, quem conceperat, velut inferiori mole

ANDREÆ CHESNII NOTÆ.

(92) *Famoso illi Roberto de Brussello.* Variant auctores in hujus Roberti cognomine. Guillelmus enim Neubrigensis Robertum *de Arbusculo*; Tabulæ abbatiæ Sanctæ Mariæ de Bosco, vulgo de Rota, diœcesis Andegavensis, cujus et primus abbas exstitit, *de Arbricel*; Chronicon Sancti Albini, *de Arbrissellis*; codex Cenomanicus Epistolarum Goffridi Vindocinensis, qui et illi scribit epist. 47 lib. IV *De Arbrussello*; Gaufridus denique monachus in Vita sancti Bernardi Pontivensis *de Arbrissello*, et *Arbressellensem* cognominant. Interfuit autem is concilio Pictaviensi, quod anno 1100 celebratum est, et cæteris prælatis ob furorem Guillelmi ducis fugientibus, solus cum præfato Bernardo constans et immobilis perstitit, uti jam ostensum est, et ut Gaufridus apposite docet his verbis: « Per idem tempus duo cardinales Joannes atque Benedictus, apostolicæ sedis legatione fungentes, ad urbem Pictavim concilium convocarunt, in quo CXL Patres adfuerunt, qui Philippum regem Francorum propter Fulconis consulis Andegavensium uxorem, quam in adulterio tenebat, anathematis vindicta percusserunt. Qua excommunicatione comperta, Guillelmus dux Aquitanorum qui aderat, totius pudicitiæ et sanctitatis inimicus, timens ne similem vindictam pro consimilibus culpis pateretur, nimio furore succensus, jussit omnes illos deprædari, flagellari, occidi. Quod ministris suis facere incipientibus, pontifices et abbates omnes huc illucque diffugiunt, et ut temporalem vitam retinerent, tuta latibula quærere contendunt. At vero Bernardus, atque Robertus Arbressellensis, qui concilio interérant, fortissimi justitiæ propugnatores, ac totius iniquitatis et injustitiæ expugnatores, aliis turpiter diffugientibus, ita immobiles constantesque perstiterunt, ut nec ab incœpto excommunicationis desisterent, sed pro Christo mortem vel contumeliam pati gloriosissimum ducerent. Et quamvis eis persecutores mortem non intulerint, isti, quantum in ipsis fuit, martyrium pertulerunt. » Commendat et ejus in prædicationibus facundiam ac virtutem titulus abbatiæ de Rota XV sic: « Noscant posteri et præsentes, qualiter ecclesia de Arbrissel fuit data ecclesiæ Sanctæ Mariæ de Rota cum omnibus appendiciis suis, etc. Roberto de Arbrissel viro magnæ auctoritatis et infinitæ religionis verbum Dei per diversa loca seminante multi ad suscipienda grana tanti seminis convenere, » etc.

(93) *Statim ad fontem Ebraudi.* Monasterium sanctimonialium celeberrimum in Pictaviensi pago, quod Sugerius *Ebraldi*, Hildebertus et sanctus Bernardus *Everardi*, et Joannes Paris. *Evrardi fontem* appellant: fuitque paulo post annum 1100 conditum, ut notat Chronici Turonensis scriptor his verbis: « Anno Domini 1100, Henrici imp. XLIV Philippi regis XL, concilium Pictavis celebratur: nec multo post abbatia Fontis Ebraldi in Pictavensi diœcesi fabricatur. » Primus autem ejus conditor exstitit prædictus Robertus de Arbrissello, qui et monialibus vitæ religiosæ leges in duos hodie distributas libros præscripsit. Unde et Guillelmus Neubrigensis lib. I Rerum Anglic., cap. 15: « Robertus, inquit, de Arbusculo cognominatus, famosissimum illud monasterium de Fonte Ebraudi construxit, et regularibus disciplinis informavit. » Et Guillelmus alter Malmeburg. lib. IV De reb. Angl.: « Petri Pictaviensis episcopi fuerunt contemporanei, et in religione socii Robertus Arbreisel, et Bernardus abbas Tyronensis (a). Quorum primus omnium, hujus temporis sermocinatorum famosissimus et profusissimus, tantum non spumea, sed mellea viguit eloquentia, et hominibus certatim opes congerentibus illud egregium sanctimonialium condidit monasterium apud Fontem Ebraldi, in quo tota sæculi voluptate castrata, feminarum Deo dicatarum, quanta nusquam multitudo in Dei fervet obsequio. Nam præter cæterarum illecebrarum abdicationem, quantulum illud est quod in nullo loco loquuntur nisi in capitulo, proposita a magistro perennis taciturnitatis regula, quia semel laxato silentio, feminæ pronæ sunt ad mussitandum frivola. » Quam institutionem attingit et Chronicum Sancti Albini, cum ait: « Anno 1116 obiit Robertus de Arbrissellis, V Kal. Martii. Iste fuit fundator monasterii Fontis Ebraldi. » Fundatorem enim dixit, quem alii institutorem, præfatus Malmesburiensis *Magistrum*, et Codex Cenomanicus Gaufridi Vindocin. *Procuratorem sanctimonialium de Fonte Ebraldi* nominant. Et hæc quidem institutio sive fundatio facta est tu tu et auctoritate Petri Pictaviensis episcopi, « qui postea, » sicut refert Gaufridus in Vita Sancti Bernardi Pontivensis, « exsilium pro justitia usque ad mortem sustinuit, ejusque vitæ sanctitas mirabilis exstitit, ut post ipsius obitum, miraculorum etiam attestatione patuit. » Cæterum tantæ fuit ab initio religionis is locus, ut et ab ipsomet papa, Calixto scilicet II, consecrari meruerit anno 1119; et etiam Suggerii abbatis Sancti Dionysii tempore, qui pro sanctimonialibus ejus ad Eugenium papam scribit, et cum in partibus illis in scholis esset noviter incœptum fuisse testatur, « pro Dei voluntate feræ usque ad quatuor, aut quinque millia ipsæ jam excrevissent. » Mentionem quoque faciunt ejusdem honorificam Hildebertus epist. 79, sanctus Bernardus epistola 200, Jacobus de Vitriaco cap. 20 Histor. Occident., et Guillelmus Tirius lib. XIV, cap. 1.

(a) Corrupte *Turonensis* in excusis, et apud Guill. Neubrug. corruptius adhuc *tyrocinium* pro *Tyronio*, Gallice *Tyron*.

superiorem adjungens, beata spe Domini misericordiam exspectabat. Et ne conjugem, cui idem quod sibi debebat, tanto charismate fraudare videretur, eum adit, occulta detegit, secreta pandit, horrenda æternæ mortis mala intentat, optanda vitæ æternæ gaudia commendat, prædicat fallacis mundi contemptum, obsecrat celerem ab eo recessum. Tandem tanti dux femina facti, ad hoc maritum impellit, ut, Deo sibi vitam largiente, congruo tempore se cum ea velle renuntiare sponderet. Quod si alterutrum prius obire contingeret, superstes statim votum utriusque compleret. Nam nec ipse in toto expers divini timoris vixerat, fide singulari vigens, orationes frequentans, sepulcra sanctorum annuatim disquirens, eleemosynis insistens, hospitum indiscreta susceptione, ultra quam diei possit, exsultans. Hoc inter conjuges pacto firmato, cum innumeris et maxime præliis utriusque devotioni obviantibus res protraheretur, supervenit mœroris dies, quo conjuge de vita sublato, sicut turtur socio viduata remansit, in quo casu qualiter se habuerit, quam virili tantum infortunium animo tulerit, quam fidelem se viro conjugem (quod perrarum est, etiam post mortem) ostenderit, si narrare incipio, deficio; si aggredior, vincor; si conor, dejicior.

Credite, charissimi, vereor verba mea, et cogitans quæ dicenda, et qualiter sint dicenda, pene acceptum desero. Sed quid agam? Ignorantia prohibet, amor impellit, materia deterret, charitas adhortatur, pondus premit, natura instigat. Sed meo hic judicio magis timenda est inutilis taciturnitas, quam quælibet incompta loquacitas. Dicatur ergo utcunque, quod prope nefas esset silere. Decumbente illo, assidebat lecto, immota, suique oblita, nihil nisi ejus salutem meditabatur. Ad quam procurandam totis mentis facibus ardebat, a qua ne vel in modico infirmantis intentio avocaretur, ab omni cura corporali ejus primo animum absolvit, testamentum eo præsente composuit, lites diremit, hæredes instituit, castra divisit, et ad unguem universa perfecit. His ita ordinatis, ut animæ suæ jam liber a corporalibus consuleret, velut de quadam docentis cathedra me audiente admonebat, ut conscientiam scrutaretur, peccata confiteretur, sua pauperibus et monasteriis largiretur, tremendum esse Dei judicium, multam ejus misericordiam, spiritui absolutionem, corpori provideret, dum adhuc viveret, sepulturam. Intonabant clamoribus omnia, luctu et lacrymis universa miscebantur, confusæ populorum voces cœli altissima quatiebant,

filiorum corona, familiæ multitudo, nobilium caterva mœsta gemebat, sola mulierem excedens siccis oculis virili constantia perdurabat. Judicabat satius esse occupare animum utilitate morientis quam sociari populi fletibus, inutiliter abjecta ratione dolentis. Unde postquam confessione munitum, corpore Christi refectum, monachili cucullo indutum, gaudens pariter et mœrens præmisit, corpus ejus, innumera hominum præcedente et subsequente multitudine, Celsinanias detulit (94), ac eum monachis inter monachos ut monachum tumulandum contradidit. Ita terræ terram commendans, et velut quoddam depositum suo tempore restituendum committens, ad procurandam requiem spiritui totam operam convertit, et amoris stimulis agitata, universa perlustrat, provincias oberrat, ecclesias visitat, monasteria circuit, exhaurit in pauperes ærarium, facit sibi amicos de mammona iniquitatis, nefas putat, si quem nisi munere donatum relinquat. Orat pro defuncto, orat et pro seipsa, ut et illi peccatorum remissio, et sibi detur a peccatis conversio.

Ordinat interea fugam, et mundo novis rursum retibus gressus ejus impedire quærenti, spe remanendi data, beata fraude illudit. Nam magnis amicis monentibus ut demum nuberet, posse se magnarum opum et potentiæ copulam inire, majores rerum successus in promptu adesse, ita respondit: *Et quidem facio quod consulitis, et quam in brevi potero, novos thalamos iterato nupta intrabo.* Tali responso velut alia curantem diabolum deludens, et condigna talione fallaciæ principem fallens, prædam quam ille jam faucibus se continere credebat hæc furari et subripere qua poterat arte curabat. Celat ergo imo in pectore salutis suæ arcanum, et quasi raptoribus thesaurum abscondit, ut ab omnibus posset esse tutum quod omnibus maneret occultum. Sed quia aliquorum agenda egebat auxilio, duobus tantummodo mysterium aperit, quorum nota fides et constantia credenda eis omnia suadebat. Uni, qui laicali licentia vivebat, omnem ut strenuo fugæ apparatum committit; alii probatæ religionis monacho spiritualia secreta prodit. Constituitur dies, quo de Ægypto exeat, quo gravi diu fasce depressa, a jugo Pharaonis colla subducat. Sustinentur spe libertatis jam leviora Ægyptiorum onera, et opera lutosa in brevi commutanda feruntur. Exspectatur novum Pascha, quo abjecto fermento malitiæ et nequitiæ epulari liceat in azymis sinceritatis et veritatis (*I Cor.* v). Et, o quanta interim dissimulationis arte mentem vultu velabat! quanta de se sæculo promittebat! quam hilarem se, etiam plus solito, quibuslibet exhibebat!

ANDREÆ CHESNII NOTÆ.

(94) *Corpus ejus Celsinanias detulit.* Celsinaniæ, quæ et *Celsiniæ,* et *Celsanicæ* dicuntur, vulgo *Saucillanges,* unus e primariis ordinis Clun. prioratus, in Arvernia, quem cui Cluniacenses debeant, ostendit Agapitus papa II, his ad Ademarum Clun. abbatem verbis : « Similiter censemus de Celsanicas alodo quondam Heefredi comitis, quem filius noster Stephanus justa lance causam examinans, pro omnium remedio Christianorum prælibato (Cluniaco) delegavit loco. » Unde et Petrus quoque Venerabilis lib. I Miraculorum, cap. 6, « Celsinanias nobile Cluniacense monasterium » vocat, et pag. 1441 hujus Bibliothecæ, privilegium exstat integrum Wilelmi comitis Arverniæ, « De concordia inter ipsum et præfatum domnum Petrum abbatem Cluniacensem, super Mauziacensi et Celsinacensi monasteriis. »

Videbatur se totam sæculo devovisse, et nunc magis quam ante sæcularibus commodis inhiare. Sed in abscondito Deo canebat : *Domine, ante te| omne desiderium meum : et gemitus meus non est a te absconditus* (*Psal.* xxxvii). Appropinquabat optatus dies, et fervens spiritu animus requiescere nesciebat. Nocte itaque diem mundi ultimam præcedente, Nicodemum æmulans nocturna advenit, et (o inaudita devotio !) sepulcrum conjugis adiit, et clam universis, præsente tantum jam dicto monacho, se contra illud projecit, et, lacrymarum fonte laxato, largis illud imbribus inundavit. Deflebat in conspectu pii conditoris primo defuncti excessus, deplorabat et proprios luxus cum mœrore reatus. Satiato dehinc post multum noctis spatium luctuosis planctibus animo, ad confitendum conversa, ordiri ab initio et narrare universa conjugis, et deinde propria peccata seu crimina cœpit, et confitendo ad mediam usque fere noctem processit. Loquebatur velut ore defuncti, et quasi commutatis personis in conjuge vir pœnitebat.

His ita expletis, et veteri peccatorum fæce penitus exinanita, obsecrat ut se omnium criminum ream, sacerdos et vicarius Christi, cui vulnera animæ suæ patefecerat, duris medicinæ legibus subdat, et apud Marciniacum perpetuo pœnitentiæ carcere claudat. Hunc enim supranominato fontis Ebraudi monasterio prætulerat, quoniam et venerabilis Robertus, cui se devoverat, jam vitam mortalem excesserat, et post primum claustri ingressum more illarum sanctimonialium extra pedem protendere nefas ducebat. Horrebat plane saltem cernere, quod ei jam cœno deformius sordebat ; et non superbo, sed superno animi fastu terrena omnia ut abjectissima contemnere incipiebat. Ideo præ cæteris locis sacris Marciniacum elegit, ubi velut columna cœlesti apta ædificio, immobilis perpetuo permaneret, et proprium præ oculis semper habens sepulcrum, ut mortuam se continua lamentatione defleret. Nec timuit mutatæ sponsionis notam, quando mutati loci occasio ejus exstitit aucta devotio. Nam licuit ei locum eligere, ubi Christo tenacius posset inhærere. Suscepto dehinc a monacho, quod ipsa sibi paraverat gravis pœnitentiæ jugo, a terra mente simul et corpore surgit, et ipsis nocturnis tenebris celans opera sua, ac conjugi sepulto ultimum vale dicens, ab ejus sepulcro ipsa iam jamque sepelienda recessit. Electo deinde sapientium quorumdam et nobilium comitatu, ut consueto more ea quæ mundi sunt sapere videretur, velut Cluniacum itura, et sanctos fratres pro viro rogatura, patrium solum deserit, et alienos fines peregrinando ingressa, Cluniacum, sicut dixerat, contendit. Quo devota perveniens, et quantum sibi ac loco congruere judicabat, de suis largiens, impletis omnibus quæ proposuerat, festina redit, et votis iter prævenientibus, tandem Marciniacum, inde paradisum ingressura, ingreditur. Suscepta est immenso fratrum et sororum gaudio, qui nescientes quid animo gereret, ut novam hospitam multo cum honore colebant. Erat tunc domus illa valde rebus necessariis attenuata, utpote quæ fere centenarium sororum numerum continebat, et quoslibet advenientes indifferenter propriis sumptibus procurabat. Erat et angusta loci possessio, et redditus agrorum vix parvo numero sufficiebant. Tunc et sub domino Gaufredo Semmurensi (95) erat Gerardus loci sollicitus procurator, de cujus devota et sincera conversatione in libro Miraculorum primo plenius memoravi. Is sicut erat totus divinis operibus et sacris cœlestibus celebrandis perpetuo occupatus, quibusdam virtutum viris, quos ipse noverat, sibi associatis, aures misericordis Domini precibus impleverat, ut domum suam visitaret, et sibi servientibus necessaria provideret. Hic quodam die dum altari astans, missam de more celebraret, sicut ipse, Christum verbi sui testem adhibens, affirmabat, vocem ad se delapsam audivit in hunc modum : *Quod petiisti, noveris te consecutum*. Inde, cum nocte more solito cubitum isset, aspexit, ut referebat, in somnis, et ecce columba niveo candore decora ad eum accessit ; et supra atque in circuitu volitans, eum ad se capiendam quodammodo volatu domestico invitabat. Quam ille manu comprehensam, gaudens Hugoni sororum priori (96) offerebat. At ille lætus eam suscipiens, fractis, ne avolare posset, alarum remigiis, lignea cavea includebat. Hæc qui referente Gerardo audierunt, de ipsa interpretati sunt : quæ vera fuisse ipse rerum exitus indicavit. Nam superveniente die sacri loci penetralia introgressa, convocato monasterii priore, accersitis sororibus, adhibitis etiam ad insperatum spectaculum sociis, hæc ad eos orsa est :

Diu, charissimi, communi lege vivendi socios nos mortalis vita habuit, et ab ipsis infantiæ cunis ad

ANDREÆ CHESNII NOTÆ.

(95) *Tunc et sub domno Gaufredo Semmurensi.* Fratre nimirum sancti Hugonis abbatis Clun., de quo et idem Petrus, lib. I Mirac., cap. 26 : « Gaufredus, inquit, vir nobilis, dominus castri quod Sinemurum vocatur, postquam per multum tempus magnifice in sæculo conversatus est, tactus divino spiritu mundo renuntiavit, atque cum filio et tribus filiabus apud Cluniacum habitum religionis induit. Ubi sancte et sine querela diu conversatus, merito religionis atque prudentiæ, Marciniacensium sororum prior effectus est. Quarum curam dum per aliquot annos humiliter et benigne administrasset, more mortalium molestia corporis tactus defunctus est. »

(96) *Hugoni sororum priori.* Qui Gaufredo jam dicto successerat, et post Pontium etiam abbas Cluniacensis electus est, ut refert et præfatus Petrus noster lib. II Miracul., cap. 12, his quæ sanctitatem ejus mire commendant verbis : « Illi (fratres Clun.) post præceptum accepto consilio, totius religionis ac religiosæ opinionis virum Marciniacensium sororum priorem venerabilem Hugonem sibi pari assensu in abbatem eligunt. Suscepit sanctus ille, licet valde renitens, quod imponebatur, sed vix quinque elapsis mensibus ex hac luce migravit, et sicut longa ejus in sancta conversatione vita meruerat, ut merito creditur, ad meliora transivit.

ævum jam fere senile perduxit. Percurrimus omnia, lustravimus oculis universa, probavimus quæcunque gratiora promittere potuit, nec aliquid horum quæ coram cernuntur, curiosa sagacitas intentatum reliquit. Divitiarum copia, parentum turba, amicorum populus, alti sanguinis decus, ampla potestas, carnis voluptas, superbia vitæ, nil in terris extra se quærere suaserunt. Nihil ergo in imis ultra nobis restat quærendum. Invenimus quidquid terra promittere, quidquid reddere potest. Sed videte si ista nobis sufficere possunt. Multum viximus, sed sic est, quasi nec momento temporis vixerimus. Plura habuimus, sed quæ jam habita transierunt, nostra jam dicere nullo pacto valemus. Carnem oblectavimus, sed nec quamlibet parvas reliquias delectationis tenemus. Nunquam igitur ista nos satiant, sed quanto magis his inhianter rescimur, tanto magis nos jejunos sui saturitate dimittunt. Unde quærenda sunt alia alibi remedia, quæ esuriem reficere, sitim exstinguere, egestatem valeant propulsare : instigat ad hæc infida mundi amicitia, quæ illos tantum decipit quos in se spem posuisse cognoscit. Et, ut de proximo exempla sumantur, quid conjugi nostro tanta de vobis merito, qui vobis arma, qui equos, qui pecunias, qui terras largiebatur : vos fidi, vos intimi, vos præcordiales amici, saltem sine corporalibus expensis defuncto retribuistis ? Quem pro ejus æterna requie exorastis ? Quem sanctorum adistis ? Quem monachorum rogastis ? Quam vel modicam eleemosynam erogastis ? Cumque respondissent se vere nihil horum fecisse, adjecit : Doctores, ait, mei effecti estis, et quid agere, vel quid cavere debeam, judicastis. Non potero à vobis amodo exspectare quod tanto vestro domino et amico vos video denegasse. Stultum esset in homine ultra spem ponere, cum nec in amicissimis spem quilibet valeat invenire. Agendum mihi est pro meipsa, nec in alio spes propriæ salutis reponenda, ne forte, dum alienum otiosa præstolor auxilium, per meam culpam amittam divinum. Laboret corpus, dum vivit, et pro seipsa Deum anima exoret, ne si prius defecerit, non sit qui pro mortua interpellet. Et ut brevi fine multa concludam, et vobis quod hucusque celavi, aperiam nunquam ostii limina, quod videtis, excedam, nunquam me mundus sub divo videbit, nunquam ab hac, quam mihi elegi, ulterius exeam sepultura. Ad hæc illis insurgentibus, et quasi in amentiam subito mœrore versi essent, domui ruinam, si retineretur, inclamantibus, indeque ad lacrymas conversis rursum ait : Post tempestatem quies, post pluviam serenitas redit, et post fletus vestros risus more nobis noto succedet. Interim vos redite ad sæculum, ego coram vobis jam vado ad Deum.

Et hæc dicens, comitata sororibus claustrum ingreditur, et crine amputato, veste mutata, corde gaudente, columba jam dealbata a domno Hugone priore secundum visionis tenorem, in caveam includitur, et sanctis mulieribus beata jam mulier associatur. Gaudet erepta de Babylonis fornace, et de igne in refrigerium introducta, atria Domini ingres-

sam se esse lætatur. Discurrit jam lætabunda per gramina paradisi, et in loco pascuæ collocata super aquam refectionis educatur. Carpit ut ovis Dominica avidis morsibus amœnos flores, et pinguia prata oberrans, antiquam famem copioso pastu compensat. Congregat in brevi multarum opes virtutum, nec patitur in via mandatorum Dei aliis segnior inveniri ; sed æquans nova velocitate priores, festinat veteres citatis gressibus antcire. Ac primo se omnibus humilitate subjicit, ancillam fatetur, famulam exhibet, quia secundum Dominum, non venerat ministrari, sed ministrare (Matth. xx). In qua virtute ita omnibus complacebat, ut nihil de affectu defraudantes, toto eam cordis amplecterentur complexu. Quid vero de cordis contritione, et de quotidiana confessione, de continua lamentatione memorare potero, quando nec Ninivitis in contritione, nec David in confessione, nec Maria in lamentatione inferior apparebat ? Nec primo tantum conversionis tempore, ut quibusdam moris est, ista egit, sed toto, quoad vixit, ævo, corpus labori, cor pœnitentiæ, oculos lacrymis dedicavit. Erant illi lacrymæ suæ panes die ac nocte, ita ut sæpe spiritualiter diceret animæ suæ : Quare tristis es, anima mea, et quare conturbas me ? (Psal. XLVI.) Et consolando subjiciebat : Spera in Deo quoniam adhuc confitebor illi salutare vultus mei, et Deus meus (ibid.). Testabantur sorores ita eam plerumque fletibus affici, ut pene videretur exanimari. Prosternebatur in corpore in conspectu piissimi Redemptoris humilis ejus ancilla, et cum aliquando flexis genibus oraret, violento æstu animi in terram, etiam cum nollet, dejiciebatur. Tanta erat in ea vis spiritus, ut animo ad cœlestia rapto, quandoque impos proprii corporis videretur. Occultabat se tamen quantum poterat, sed, dum semper Ecclesiam occupat, sola semper esse non poterat. Vigiliis insuper et jejuniis immanem corpori persecutionem indixit, et in tantum his et aliis laboribus vires et carnes exhausit, ut carnibus exinanita, cute ossibus adhærente, mihi post aliquot annos Marciniacum advenienti, ut filio mater alludens, secreto diceret : Gratias Deo, quia superflua mundi amisi, veteres carnes, quibus sæculo servieram, perdidi. Jam novas induam, quibus nova Deo obsequia impendam. Psalmos quos et in sæculo didicerat, assidue decantabat. Cum igitur omni studio spirituali theoriæ intenderet, et animum omni virtutum provectu, quotidianis incrementis ad cœlestia sublevaret, ad Marthæ eam ministerium transtulerunt, et propter singularem industriam cellerariam esse monasterii præceperunt. Nam non erat illa columba seducta, non habens cor (Ose. VII); sed erat columba super rivulos aquarum (Cant. V), simplicitatis evangelicæ lacte lota, et serpentis non malitia, sed prudentia prædita. Retulerat de Ægypto spolia Ægyptorum, quæ Hebræis fratribus impenderet, et quibus Deo in deserto hujus peregrinationis serviret.

Unde obedientia compellente, invita de claustro

educitur, et curam sororum suscipere cogitur : in quo officio qualiter ministraverit, vix a me explicatur. Agebat eo studio curam universorum, ut amore mater, obsequio ancilla omnium diceretur. Exercebatur ardor dudum conceptae charitatis, et ignis in ejus pectore diu occultatus in flammas prorumpere gestiebat. Oportebat ut quae Deum ex toto corde in silentio diligere didicisset, se quoque secundum Domini mandatum diligere proximos eis obsequendo probaret. Servabat tenaci memoria nomina singularum, et velut de libro quotidie proferebat, cum nominare aliquam quaelibet earum necessitas exigebat. Scripserat in mente sua, quo unaquaeque corporali incommodo laborabat, et morbos earum vel qualitates sollicita adnotaverat, ut posset unicuique absque errore subvenire, cum nihil eam talium contingeret ignorare. Noverat eas ut nobiles et delicatas, ut fragiles et infirmas, pro sexu, pro loco, pro usu multis egere : et ideo mentem, ne quid eis deesset, multo sollicitabat angore. Occupabat omnium servilium cura officiorum, et ancillarum Dei se famulam esse gavisa, vilia quaeque ministeria procurabat. Variabat in corde suo diversos apparatus ciborum, et talium inexperta, coquinae disciplinam addiscere cogebatur. Huic assa, illi elixa; salsa isti, insulsa alteri providere, sollicita circa frequens ministerium satagebat. Praeparabat ipsa, coquebat ipsa, inferebat ipsa ; et ut nil sibi de mercede periret, nihil sibi de labore imminui patiebatur. Collegerat uno suo in corde animos singularum, et quid unaquaeque magis affectaret agnoscens, effecta operis omnium affectibus consonabat. Cumque saepe paupertas charitatis ejus divitiis non responderet, tristabatur, dolebat : et quia satisfacere universis pro voto non poterat, magno tormentorum supplicio torquebatur. Et cum a non habente multa exigerentur, secundum Regulam patientiam servabat in corde, mansuetudinem referebat in sermone ; nec inanis ab ea recedere poterat, quam mentis hilaritate ac verborum jucunditate replebat. In qua virtute ita praecelluit, ut sorores omnes ea defuncta attestarentur, nunquam per viginti fere annos, quibus inter eas conversata est, verbum aliquod durum ab ejus ore vel leviter se audisse. Sic semper hilaris, semper jucunda, non solum nihil nubilum praeferebat, sed, etsi quas tristitiae nebulas in perturbatis mentibus aliquando offendisset, sereno verborum lumine exturbabat. Habent hoc proprium sanctae mentes, ut semper in spirituali gaudio conversentur, et non in saeculo, sed in Deo exsultando, implent quod Apostolus ait : *Gaudete in Domino semper; iterum dico, gaudete* (*Philipp.* IV). Quod non frustra ab Apostolo ingeminatum, si quis attendit, intelligit. Nam, sicut nequam homines pessimi corde tenebras in vultu praetendunt, et quo demigraturi sint furiosorum verborum horrore praeloquuntur, sic sanctae animae gloria felicis conscientiae serenatae, et spe futurorum bonorum adgaudentes, nil nisi laetum sapere, nil nisi jucundum loqui noverunt. Ita famula Dei, discens a Christo mitis esse et humilis corde, et audiens ab eo : *Beati mites* (*Matth.* v), et a Propheta : *Diligit mansuetos Dominus* (*Psal.* CXLVI), cordis humilitati et verborum mansuetudini operam dabat, et ancillis Domini sui, ut de beata Caecilia legitur, sicut ovis argumentosa deserviebat. Et licet ita in verbis suis omnibus complaceret, nihil tamen ludicrum, nihil otiosum ab ea proferebatur ; sed eum linguae loquendi modum imposuerat, qui et regulam non excederet, et omnibus satisfaceret.

Et cum ad quarumlibet rerum collationem aut sponte aut vocata accedebat, tunc vere erat sentire quid intus gereret, vel quid apud se sedula cogitatione versaret. Nam, ut quod sentio fatear, suporabat quoscunque vidisse me recolo gravitate simul et sanctitate verborum, ut, si eam audires, non mulierem, sed episcopum loqui crederes. Totus sermo ejus sacro sale conditus, nihil insipidum exhibebat, totus de coelo pendebat, totus praesentium contemptum, amorem invisibilium praeferebat. Nec poterat diu, quando secretius agebatur, de talibus siccus sermo haberi; sed mox quo spiritu loqueretur, affluentes lacrymae prodeuntes prodebant. Nam recolo quoties, me Marciniacum veniente, super filii velut super patris genua fleverit, ream se clamans, absolutionem postulans, mundi mala deflens, desiderio Christi anhelans. Inde cum se in terram prosterneret, et ego eam debita reverentia elevare conarer, non assentiebat; sed immota permanens, ac si nunquam ante poenituisset, novis rursum lamentationibus poenitebat. Gemebat incolatum suum prolongari, et, ut cito finiretur, votis, precibus, gemitibus implorabat. Inter hujusmodi verba, cum me simul filium et patrem vocaret, a patre pro officio absolvi rogabat, filium materno animo, singulari sapientia instruebat. Cumque jam recedere tempus urgeret, hoc semper vale novissimum erat : *Fili, sancto Spiritui et beatae matri Virgini te commendo.* Hoc quippe etiam in saeculo, semper in usu habuerat, et ita os suum fassuefecerat, ut, prae caeteris sacris verbis, sanctum Spiritum et beatam Virginem nominans frequentaret. Et merito haec duo loquens conjungebat, ut ex quo conjuncta sunt, nunquam divisa fuisse ipsa sua locutione doceret. Jam ut ad priora regrediar, cum quidquid apud se virium, quidquid scientiae, quidquid studii erat, Deo et domesticis sororibus impenderet, nullo modo tamen hospitum et pauperum obliviscebatur, hos honorifice suscipiens, istis sollicite providens, ut nec illis congrua, nec istis deessent necessaria. Cura tamen propensior circa pauperes erat, quorum egestas in corde mulieris sanctae praeponderabat, ut quos major premebat indigentia, major illis adhiberetur prae aliis diligentia. Ea de causa si quid de commissa obedientia superesse poterat, in usus eorum devote expendebat. Erogabantur frequentes eleemosynae, vestes pro posse parabantur, et aut emebantur novae, aut veteres sororibus subreptae dabantur. Omnibus, secundum Evangelium (*Luc.* VI), petentibus absque quæstione, quidquid cibi vel indumenti undecunque corradere poterat tribuebat. Quosdam vero quos et filios ludens vocabat, quotidiano victu et sumptibus reficiebat. Pausabat in eis mens dedita Deo, et velut ab antiquis mundi laboribus requiescebat, nunc tandem reputans invenisse se locum Domino, tabernaculum Deo Jacob (*Psal.* cxxxi). Quidquid enim in pauperes dispergebat, sibi totum congregari gaudebat, sciens proprium esse lucrum quod ab aliis credebatur substantiæ detrimentum. Sed quid his plura? Ita de universis magna materfamilias curam agebat, ut sororibus ministrans Martha, hospitibus serviens Sara, pauperibus pie providens Tabitha crederetur. Sic femina virtutis abnegans semetipsam, tollens crucem suam et sequens Christum, quidquid sibi olim in sæculo vixerat, totum vivens aliis expiabat. Vivebat, inquam, Deo, vivebat proximis, Deo ad obediendum, proximis ad obsequendum, ut pro modulo suo voce Apostolica dicere posset : *Vivo autem jam non ego, vivit vero in me Christus* (*Gal.* ii). Cumque difficile sit mentem fusam per diversa facile se recolligere posse, et contractus terrenis actibus pulvis non leviter a mentis oculis abstergatur, hoc in ea admirandum apparebat, quod ab exterioribus ad interiora rediens, nunquam se ab intimis recessisse judicabat. Succedebat illico profundum verbis silentium, hilaritatis civilitas cœlesti gravitate permutabatur ; post publica negotia fletus uberes exundabant. Mirabantur hæc mihi referentes sorores, animum tam subito ad varia permutari, nec posse tantis occupationibus a suo proposito in aliud derivari. Efferebant in ea Marthæ negotiis nihil otio Mariæ detrahi, nec Mariæ quietem Marthæ laboribus impediri.

His studiis ita sibi omnium animos unierat, sic sui affectum in universorum cordibus collocaverat, ut mero [miro] eam amore diligentes, matrem illam monasterii nominarent. Sed quandiu, o anima, verbis immoraris? Quandiu quod tandem dicendum est differs? Scio quid refugias, novi quid dubites, adverto quid verearis. Times audire mortuam, cujus vitam, si fieri decuisset, etiam hic optasses æternam. Metuis exstingui lucernam tuam, ne inviæ tenebræ luce fugata succedant. Horrescis in absynthium mel converti, diem in noctem mutari formidas, cujus te dulcedo reficere, cujus te claritas solebat illustrare. Quæ si de aliis tanta mereatur, quanta de te eam æstimas promereri ? Quid enim illa in terris adeo coluit? Quid ita dilexit? Quid in humanis affectibus tibi non dico contulit, sed saltem æquavit? Et erant certe illi alii filii, sed in amore materno collati videbantur alieni. Fuerat illa tui non semel tantum mater : quæ multo cordis angore te parturiebat frequenter. Instabant, inquam, ei frequentes partus, et quotidiano ad omnes casus tuos pavore innovatis te rursum doloribus pariebat. Sollicitabatur assidua cura, et tibi totum cogitatum impendens, sui sæpius obliviscebatur. Metuebat omnia tibi, neque aliquid satis tutum esse putabat.

Suspendebat animum ad omnes eventus rerum, et rumores etiam optimos formidabat. Quocunque regressum convertere audiebat, ad regiones quoque exteras clausa sequebatur. Si ad Britannias transfretasti, si Italiam penetrasti, si Romam adisti, tecum maria enavigavit, Alpium horrenda cacumina, Appennini profunda exsuperavit, pericula universa subivit, et ad omnes asperos casus comes in remota permansit. Officii onera tu quidem sentiebas, sed illa sustinebat. Tu portabas, sed illa supportabat. Tu humeros supponebas, sed illa vires precibus ministrabat. Discurrebat, satagebat, orabat singulas, orabat omnes, ut pro te satagerent, pro te misericordis Domini misericordiam implorarent : debere hoc eas charitati, debere tibi, debere sibi ; charitati ex mandato, tibi ex debito, sibi ex obsequio. Hoc sororibus, hoc fratribus, hoc advenientibus indefesse dicebat, et omnes absque discretione longe amplius pro te quam pro se exorabat. Super hoc toto conatu ipsa precibus incumbebat : et omnes coram Deo animi vires exhauriens, viscera sua pro te Domino lacrymans effundebat. Canonem precum ipsa sibi præfixerat, ut si forte alia intermitterentur, illud pro salute tua quotidie Domino solveretur. Suggesserunt sæpe, si bene recolis, sorores, ut eam a lamentationibus compesceres, et a nimia pro te sollicitudine inhiberes. Quod et fecisti, sed nihil prohibendo profecisti. Quomodo ergo hanc morientem videbis? Qualiter hanc defecisse narrabis? Quo spiritu exspirantem cernere, quibus verbis salutare, quibus lacrymis ad deflendum tantum funus sufficere prævalebis?

Veniendum tamen est ad rem, et sors communis patienter excipienda, donec ipsa creatura liberetur a servitute corruptionis in libertatem gloriæ filiorum Dei (*Rom.* viii). Quiescebat nocturnis horis post diurnum laborem ancilla Dei fatigata in lectulo, et ad laborem acrius resumendum artus labore solutos somno fovebat. Et ecce conspicit decori vultus feminam sibi astare, et ut sequeretur, nutu et signo manus vocare. Evigilans illa, et aliquam sororum fuisse, quæ se ad nocturnas laudes suscitasset, existimans, surgit; et velut inertiæ suæ irata, citato apparatu ad ecclesiam festinare disponit. Sed oculis huc illucque conversis, cum omnes in circuitu jacentes videret, errasse se cognoscens, rursum caput ad dormiendum deponit. Quæ mox ut primum sensum sororis attigit, eamdem quam prius personam, eodem quo prius ordine se vocantem videt. Unde rursum experrecta, eadem quæ primitus cogitare incipiebat. Sed tertio in se reversa, tertio sopori reddita, tertio a formosa visitatrice est, ut sequeretur, vocata. Additum etiam, ut sub celeritate veniret, neque ultra in veniendo moras faceret. Inde, cum demum tertio evigilasset, sensit jam in seipsa signum vocationis, et illico morbo correpta, sororibus se defungi mandavit. Fit statim universarum concursus ad eam, et luctuoso gemitu illam ex omni parte circumdant. Concurrunt velut ad matrem illiæ, et quasi cum ea defungi deberent, damnum, ut dicebant, irreparabile lamentantur. Non poterat quisquam consolari afflictas, et mœror infinitus nunquam finiri posse putabatur. Jacet illa immota in medio mœrentium, et, licet moriens, integro sensu animi perdurat. Colloquitur sororibus, confitetur peccata, petit absolvi, absolvitur ab omnibus, exspectat firma spe Dominum suum quando revertatur a nuptiis, nec aliquid sacrorum salutarium intermittit. Vigueral in ea ardens fidei fervor, ut pene secundum Dominum, grano sinapis potuisset æquari (*Matth.* xvii; *Luc.* xvii) : qui nec longo vitæ cursu veterascere, nec gelidæ mortis incursu potuit refrigescere. Inde sua postulatione oleo sacro inuncta, Christi corpore ad æternitatem refecta, humilitate munita, confessione secura, crucem cum Domini imagine sibi deferri rogavit. Qua allata, ad iteratos gemitus concitat monasterium. Adhibet ori suo Dominicam effigiem, et pedes ejus lingua allambens, vultui suo tota virtute corporis imprimit. Adorat Salvatoris passionem, et ejus mortem ac vulnera salutem conferre adjurat. Nullam sibi gloriam, nullam spem superesse salutis, nisi in cruce Domini sui, omnibus audientibus profitetur. Cumque expleta oratione, circumstantes a vultu ejus imaginem Domini amovere tentarent, accensa calore fidei ait : *Quid vultis auferre Dominum meum? Permittite eum mihi, quandiu vivo, ad quem statim sum moriens transitura.* Ita non imaginem, sed ipsum Christum in cruce illa se videre reputans, ab amplexu ejus divelli non poterat. Tandem infirmitate simul et oratione fatigata, corporis viribus sensim deficientibus, tertia jam die, ex quo morbo correpta fuerat, ad extrema pervenit.

Agebatur tunc solemni more Nativitas præcursoris Domini, et, licet in luctibus, attulerat auspicia gaudiorum. Nam, quia ipse summus præco æterni gaudii fuerat, congruum erat hanc ea die de luctibus ad gaudia transmigrare, de qua voce angelica dictum fuerat : *Et multi in nativitate ejus gaudebunt* (*Luc.* 1). De quorum numero, ut crederetur, in Nativitate illius defuncta est, in cujus nativitate gaudium multis ab angelo promissum est. Illa ergo die, quæ vere ei dies fuit, qua ad sempiternam diem transiit, jacebat pene exanimis Christi ancilla et omni corporis virtute emortua, solius spiritus detrimenta non noverat. Vigebat in ea solus defecto corpore animus, et in cœlestibus mente suspensa, horam qua Dominus domus veniret exspectabat. Et jam eo appropinquante, visum est sororibus, ut eam a lecto levatam in cinere et cilicio componerent. Cumque manus ad hoc faciendum aptarent, *Sinite,* ait, *et me paululum sustinete.* Et cum eam dimisissent, conversa ad Dominum : *Novi,* inquit, *piissime Redemptor, quo corpus hoc deferatur, et quo anima sit transferenda ignoro. Habet corpus, Domine, suum ad præsens in terra hospitium; anima autem, o benigne Jesu, o æterne Salvator, ubi hac nocte hospitabitur? Quis eam suscipiet? quis occur-* *ret? quis consolabitur? Quis a morte, doloribus, mœroribus liberabit? Quis locum, vitam, quietem, post tot mundi labores, providebit?* Nullus, ait, *nisi tu, pie Jesu Salvator meus. Longe fient a me omnes proximi mei, nec potero invenire refugium, nisi apud te, Deus meus. Tibi ergo quod creasti committo, tibi me omnium malorum ream confiteor, a te misericordiam, quam diu exspectavi, nunc postulo, et in manus tuas corpus et animam meam commendo. Jam nunc,* inquit sororibus, *me accipite, et quo portare volebatis deferte.* Tunc velut ab initio in novos fletus et lacrymas universis commotis, sublevata est, et in cinere et cilicio, exsul, inops, humilis Christi ancilla reposita est. Inde post modicum, hora, hora illa qua pius Redemptor pro mortuorum vita moriens inclinato capite tradidit spiritum, mitis ejus famula placido fine transivit ad Dominum. Testatique nobis sunt qui adfuerunt, jam exanimi corpore, glorificati hominis vidisse se gloriam. Vultus ejus luce clarior renitebat; et quæ in aliis perimit, in ipsa decorem mors vitalis adauxit. Sed mirabitur forte aliquis, cur ea quæ de magno Martino dicta sunt, mulieri longe impari adaptaverim.

Quæ si quis cogitaverit, advertat quanta in Scripturis canonicis leguntur, quæ de Christo principaliter dicta, ad corpus sanctorum, cui [cujus] ipse capit est, referuntur. Hæc quia innumera sunt, ea singillatim referre nolo, sed eum ad Scripturarum latitudinem remitto. Recolat quanta in martyrum natalitiis, quanta in confessorum festivitatibus de prophetis, de psalmis, de Evangelio recitentur, quæ ita servis congruunt, ut Domino nihil minuant. Noverit non indignari Dominum de indiscreta cum servis communione verborum, quibus ipse universa pene nomina sua imposuit, et quæcunque audivit a Patre nota eis fecit. Et ne peccatores justis æquari scandalizetur, sciat non de meritis, quæ omnibus incerta sunt, sed de miraculis, quæ universis nota sunt, parem me ferre sententiam. Quid enim? Et si mortuos Christus suscitavit, si leprosos curavit, si cæcos illuminavit, si dæmones effugavit. si et alii mortuos suscitasse, leprosos curasse, cæcos illuminasse, dæmones effugasse creduntur, Christo propter similia opera componi dicuntur. Non est injuria, sed laus nominis Dei, cum non in uno, sed in multis mirabilis dicitur Deus in sanctis suis. Et ne in hoc faciei miraculo solus putetur justus esse Martinus, accedat et peccator Theophilus, qui, ut scriptura apud plures jam usitata narrat, post quadraginta dierum pœnitentiam, Christi corpore suscepto facie refulsit ut sol. Unde quid mirum si post multorum annorum pœnitentiam et commendabilem vitam, beatæ feminæ vultus inusitato candore enituit, cum post paucorum dierum contritionem tantis criminibus deturpata facies, ut sol fulgore prævaluit? Potuit hoc in nostri temporis muliere Christus facere, quod in illius temporis peccatore Theophilo et justo Martino voluit demonstrare. Quod si res ipsæ consimiles sunt, quid rerum ipsarum consimilia verba a me reformidanda sunt? Ergo similiter dicatur quod non dissimiliter actum esse probatur. Nec idcirco pares judicari videbuntur, quia parilitatem non facit similitudo miraculorum, sed æqualitas meritorum. Enituit ergo visibili splendore spiritus ipse visibilis emortui corporis vultus, et quod ad regionem lucis filia lucis migraverit, caro facta lucida demonstravit. Exinde circa beatæ mulieris exsequias, sanctæ congregationis obsequia quis explicare sufficiet? Apparebat vere in eis magnum quoddam exemplar amoris æterni, et status supernæ Jerusalem in illo ancillarum Dei officio præmonstrabatur. Fervebat ardor spiritu Dei inspirante conceptus, et ab ubertate domus Dei rivulus charitatis in eas derivatus, pietatis uberibus profluebat. Non valebant satiare animos psallendo, flendo, orando. Et licet hic corpore remansissent, toto eam affectu ad peregrina euntem comitabantur. Implorabant Dominum ne frustraretur ab exspectatione sua, et ut ejus longos gemitus pius Redemptor consolaretur, supplicatione assidua precabantur. His sacris studiis noctem proximam diei continuantes, sequentem quoque lucem præcedentibus adjunxerunt. Qua tandem die frequentatis pro ejus æterna requie sacris oblationibus, cum sanctæ sorores vigiliis, psalmodia, orationibus ac lacrymis fatigatæ vix subsistere prævalerent, delata ad tumulum est, et grata Deo, chara hominibus, vivens Christo, mortua mundo, Christiano pro more sepulta. Recesserunt mœrentes sorores, secum eam a tumulo cordibus referentes. Quam, licet in sepulcro exanimem reliquerint, apud se eam vivere, dum vivunt, perpetuo confitentur.

Jam ego vobis, o sanctissimæ sorores, quid pro tanta mihi impensa gratia reddere, quid pro tanto munere rependere, quid pro tantis beneficiis retribuere digne valebo? Nam servastis animam meam mihi, eripuistis eam a morte, oculos meos a lacrymis, pedes meos a lapsu. Liberastis me de laqueo venantium, et a verbo aspero. Factæ estis domus passeris, petra refugium herinaciis. Hæc, inquam, omnia mihi fuistis, quando illud lumen meum a tenebris fugiens excepistis, quando flamma sacri pectoris vestri tandiu, ne exstingueretur, fovistis, quando magis ac magis æterni amoris fomite id accendendo, nunc tandem æterno lumini jam lumen individuum adjunxistis. Manet vobis in cœlo reposita etiam hujus beati operis vestri merces, nec benignus Salvator erga salvatam peccatricem studiorum salutarium obliviscetur, quia qui ministratum saluti corporeæ calicem aquæ frigidæ perire non posse fatetur (*Matth.* x), multo magis salvandæ in perpetuum animæ tantam a vobis operam impensam, perditum iri nullatenus patietur. Gaudent angeli Dei super uno peccatore pœnitentiam agente (*Luc.* xv), qui tamen nondum a corpore mortis hujus liberatus, adhuc cum carne peccati et nequitia mundi et angelis apostaticis, incertus de belli exitu pugnat. Gaudete et vos, dilectissimæ, quibus de pœnitentia peccatricis vestræ certissima gaudendi

materia datur, cujus ad eos fines pœnitentiam prævia gratia perduxistis, ut jam non sit unde ei timere, sed unde congratulari secura lætitia debeatis. Det augmenta lætitiæ vestræ, quia in vobis speratis quod in ipsa tenetis, quoniam pro certo consimile certamen laborum similitudinem quoque pariet præmiorum. Ecce sepulta jacet in conspectu pietatis vestræ humilis Dei ac vestra ancilla; et, licet exanimis ac silens, vivo tamen ac multo, si advertitis, clamore hortatur. Offert assidue seipsam vobis, ingerit oculis vestris cineres suos, et ut sui recordemini, et vestri non obliviscamini, ut soror sororibus, mortua mortalibus inclamat. Ostendit quid ipsa nunc, quid post paululum vos; ubi corpora vestra humanda, quo spiritus sit migraturus commendat. Cernitis quotidiano intuitu sepulcra vestra, et hospitia mortalis naturæ coram semper intuemini, ubi, quandiu mors dominatur requiescere, et unde morte absorpta speratis resurgere. Sit ergo hic vester contuitus vobis sermo continuus, et ad concupiscenda oto nisu perpetua, ipse vos temporalium, quem cernitis, defectus inflammet. Seruntur interim velut in horto arborum semina, sic in sacro cœmeterio vestra corpora, quæ, secundum Apostolum, vivificari non possunt, nisi prius moriantur, nec resurgere nisi occidantur, nec revirescere nisi putrescant (*I Cor.* xv). Oportet plane illa putrescere, ut possint revirescere; arescere, ut possint florere; occidi, ut possint resurgere; mori, ut possint vivere. Toleranda est hiems præsentis vitæ, et nivium imbriumque magnanimiter asperitas sustinenda, quandiu arborum fructuosa amœnitas latet, quandiu nondum apparuit quid eritis, quandiu vita vestra abscondita est cum Christo in Deo (*Coloss.* III). Veniet tempus, quando, aere serenato, gelidis tempestatibus ver æternum succedet, cum Sol nunquam occasurus exoriens, splendore tenebras, calore frigora universa propellet, et incognito terris lumine mundum, natura stupente, perfundens, veteri nocte deturbata, novam et continuam diem adducet. Tunc tempore mirabili tellus fetata in novos flores ac fructus semina corporum vestrorum erumpere coget, cum corruptibile hoc incorruptionem, et mortale hoc induerit immortalitatem. Tunc affectu et re ipsa cantabitis quod voce ad fide cantatis : *Flores apparuerunt in terra nostra* (*Cant.* II), quando Sponso cum ardentibus lampadibus occurrentes, ad nuptias non quam finiendas intrabitis. Tunc et cum Propheta gratulando dicetis : *Et refloruit caro mea, et ex voluntate mea confitebor ei* (*Psal.* XXVII). Erit enim tunc voluntaria, non coacta confessio, quando, juxta alium psalmum : *Voluntarie sacrificabitis Domino, et confitebimini nomini ejus quoniam bonum est* (*Psal.* LIII). Ubicunque enim fuerit corpus, illuc congregabuntur et aquilæ (*Matth.* XXIV) : quia, cum Christus apparuerit, vita vestra, tunc et vos apparebitis cum ipso in gloria (*Coloss.* III). Et vos, quibus hanc epistolam scripsi, fratres mei, tantæ matris filii, erubescite degeneres videri; sed a qua sumpsistis vitæ hujus originem, ab ipsa in vos derivate cœlestis, cui vos a puero devovit, amorem. Quæ fuit mater corporum, sit rursum genitrix animorum, ne qui ei consimiles estis corporibus, dissimiles (quod absit) inveniamini moribus. Parturiat vos exemplo et precibus, donec formetur Christus in vobis, ut per eam illum habere mereamini Patrem, per quem ipsam meruistis habere et matrem.

EPISTOLA XVIII.

Domino venerabili et Deo digno pontifici, PETRO *Lugdunensis Ecclesiæ patriarchæ, frater* PETRUS, *humilis Cluniacensium abbas, merito pontificii cœlesti cathedra sublimari.*

Quod dulci affectu vestri memoria menti meæ impressa sit, et velut diligenti sculpturæ imaginatione formata, utinam sic intellectualibus animi tui oculis esset apertum, sicut in mentis meæ recessibus latet occultum. Sed, quoniam nemo scit hominum quæ sunt hominis, nisi spiritus hominis qui in ipso est (*I Cor.* II), et incommunicabile manet hominibus humanæ mentis arcanum, nec tu cordis mei abdita liquido cognoscere, nec ego ea ad plenum quolibet nisu valeo explicare. Spiritus tamen ille, qui, secundum Apostolum, scrutatur omnia etiam profunda Dei (*I Cor.* II), novit me eo tibi uniri amore, ut te etiam Lugduni constitutum mecum ubique circumferam; nec possis aliquo terrarum interjecto abesse, quem singularis dilectionis continuata recordatio mihi semper facit adesse. Unde fit ut de longinquo fiam proximus, de remoto contiguus, de diviso conjunctus, de sejuncto inhærens, quatenus nullo jam modo inter nos abinvicem sejungere valeat odiosa regionum longinquitas, quos firmis nexibus jungit inseparabilis animorum propinquitas. Hoc remedio meam de absentia tua mœstitiam longe positus consolari renuo. Diu enim absens factus, et jam consolari soleo; sed jam juxta constitutus eo modo te videre non parum esuriens, diebus jejunii hoc meum jejunium solvere decrevi. Eapropter precor beatitudinem tuam ut, hac instanti Quadragesima, diem mihi locumque colloquii designes, ut et desiderio meo satisfaciam, et de communi utilitate, quantum in me fuerit, tecum aliquid agam. Lætatus sum quippe in his quæ dicta sunt mihi pastoralem sollicitudinem tuam non ex toto consopitam de pace gregis sibi commissi prudenter tractasse, et de repellendis ab ovium incursione lupis, non solum divina, sed etiam humana virtute, in quantum episcopo fuit licitum, cogitasse. Quod quam laudabile sit, quamque Deo gratum, nullus ignorat, et propheta prædicat: *Quam pulchri,* ait, *super montes pedes annuntiantis et prædicantis pacem, annuntiantis bonum, prædicantis sa-*

lutem! (Isai. LII; *Nahum.* I.) Quæ quamlibet de æterna pace dicta sint, nihil tamen refert et de præsenti hoc intelligere, quæ est quoddam vestigium et imago pacis æternæ. Super qua in hac nostra misera regione est singulariter satagendum, quæ intantum bonis principibus destituta, raptoribus exposita, filiis Belial, id est sine jugo, est referta, ut hoc de ea dici possit, quod de Israelitarum terra scriptum legitur: *In illis diebus non erat rex in Israel, sed unusquisque quod sibi rectum videbatur hoc faciebat (Judic.* XVII), quamvis nostrates non quod rectum, sed quod sibi pessimum videtur, hoc tota aviditate faciant. Spondeo igitur huic glorioso tuo inceptui, et beato oneri me, nisi ipse prior defeceris, totos humeros suppositurum, et omnem pro eo, si necesse fuerit, laborem subiturum. Ad hoc cum præsentibus litteris mitto annulum aureum in signum amoris, pretiosi et ignoti generis lapidem continentem, atque in se aliquid quod sit pretiosius ipso habentem. Nam omnem sanguinis fluxum exsiccare dicitur. Habe ergo missa propter mittentem chara, et intellige charitatem tuam mihi desiderabilem super aurum et lapidem pretiosum multum, et dulciorem super mel et favum. Nec a pontificali dextera annulus recedat (97), ut mei memoriam continue cordi tuo inesse assidua sui repræsentatione compellat.

EPISTOLA XIX.

Unanimi dilectione diligendo, singulari honorificentia honorando Domino HENRICO *Wintoniensi episcopo, frater* PETRUS, *humilis fratrum Cluniacensium abbas, præsentis prosperitatem et æternæ salutis beatitudinem.*

Expertus damna diuturni silentii, jam simile refugio; et qui, ne in verbis excederem, tacere elegeram, silentia jam ipsa formido. Eapropter et nuntium vix adhuc a vobis reversum sinceræ dilectioni vestræ iterum cum litteris retransmitto. Et quamvis mutuum colloquium iter prolixum, et maxime mare interpositum, nobis invideat, non poterit tamen Oceanus minaci facie sua, saltem amicabilium litterarum bajulos impedire, nec truci fluctuum suorum terrore pacis prævios retardare. Inde universam rerum naturam superare decrevi, ut nec hiemis aspera, nec æstatis torrida, nec aquarum profunda frequentes litteræ vereantur, et resistentia dilectioni nostræ victa se quoque ipsa elementa loquantur. Ita plane, ita aggere litterarum, et turbine nuntiorum, si qua in vobis adhuc residua est, duritiam obruere deliberavi, ut semel immenso aggestu sepulta ad perturbandam nostræ pacis concordiam nusquam in æternum aspiret. Sed et quod Salomon de amico ait: *Limen ostiorum exterat pes tuus*

ANDREÆ CHESNII NOTÆ.

(97) *Nec a pontificali dextera annulus recedat.* Annulus, unum e præcipuis pontificum insignibus. Chronicon. Clun.: « Gregorius VI Odilonem Lugdun. instituens episcopum ordinari, misit ei pallium et annulum. Sed sanctus Dei humilitati studens, re-nuit hoc penitus; pallium tamen et annulum retinens, pontifici qui dignus esset, reservavit. » Quod idem refert Glaber Rodulphus lib. V Histor. Franc., cap. 4.

(*Eccli.* vi), quia per me non valeo, per meos Deo donante implere curabo. Agnosco in me, si tamen et apud alios ita est, amicitiæ consuetudinem, ut quanto magis me amicus frequentat, tanto magis in corde meo fervor ipsius amicitiæ crescat. Est et quoddam vestigium amoris æterni, ut qui plus eo accensus fuerit, plus satietur; et qui magis satiatus fuerit, multo amplius accendatur. Firmus ergo amoris nexus, indissolubilis catena nos longe ab invicem remotos uniat, nec eam, ut pueriles levitate aranearum telas detrahentium loquacitas ventosa disrumpat. Recordetur, et caveat sapientia vestra Sapientiæ proverbium, quod *princeps, qui libenter audit verba mendacii, omnes ministros habet impios* (*Prov.* xix). Absit vero ut vos verba mendacii libenter audire credam! Non, inquam, hoc credo, sed ad cavenda multiformia adulantium sive obsequentium verba, singularem industriam vestram sollicitam esse desidero. Est enim lingua, ut Scriptura loquitur, inquietum malum, plena veneno mortifero (*Jac.* iii). De quo Propheta: *Venenum aspidum sub labiis eorum* (*Psal.* xiii), omnibus, sed maxime his qui in sublimitate sunt, inimicans. Quod eo magis debet studium sollicitare cavendi, quanto majorem, si talibus acquiescant, habent facultatem nocendi. Quod si veris rumoribus commoveri tutum non est, quantum falsis credendo conturbari periculosum est? Unde de Roberto pacis corruptore, et pessimo inimicitiarum satore, qui seminavit dolores, sed nondum messuit eos, vos consulere volui, a cujus sanguine, reverentia et amore vestri ductus, hucusque gladium continui. Qui non inter quoslibet, sed inter me et vos, ut comperi, zizania seminavit, nec adhuc tamen ut inimicus homo judicari promeruit. Super quo vestram mihi voluntatem remandate. Monachum vobis, non cursorem misissem, nisi sacristam in proximo iterum molestare cavissem. Bis ergo jam suscepto cursore nostro, remittite et vos, saltem semel, nuntium vestrum. Solent enim Marciniacum venire, Lugdunum adire, provinciam penetrare, et ultra citraque universa lustrare, solamque Cluniacum velut Scyllæos canes aut confragosos scopulos declinare. Sed jam non imputo quod a mea vestraque memoria deletum esse confido. Et, ut paucis multa comprehendam, sic de nobis ac nostris præsumite, ut nulla de his diffidentiæ vestigia sentiam remansisse.

EPISTOLA XX.

Dilectissimo domino et intimo amico, donno Henrico *venerabili episcopo, frater* Petrus, *humilis Cluniacensium abbas, præsentem et æternam salutem.*

Sicut languenti corpori medicinæ remedia adhibere necessarium est, ita jam plene curato ingerere superfluum, imo aliquando noxium est. Unde ego dum putavi mutuum, quem adinvicem habueramus, amorem vel in modico læsum, dissimulare non potui quin ad curandum eumdem verborum multorum antidota propinarem. At nunc constanter manente in nobis amoris firmi proposito, et indissolubili charitatis vinculo utrinque firmiter alligato, parcendum verbis videtur, ut quæ per gratiam Dei nihil in corde vestro præteritorum simile possunt curare, nequaquam sinantur mentem multis utilitatibus occupatam sui multitudine onerare. Quid enim ad amorem augendum, vel confirmandum loquerer, cum vestrum erga nos affectum magis opera quam verba testentur? Quid germano nostro nuper ad vos venienti, quid quotidianis nuntiis, quid ipsis cursoribus, honoris, gratiæ, beneficii impenderitis, nec ipsi ad plenum referre, nec ego vobis condignas aliquo modo gratias valeo agere. Quid et illud operum vestrorum sublime cacumen prædicem, quod vasa domus Domini direpta a Babylonis regali largitate ut Cyrus, sacerdotali sollicitudine ut Esdras, ad templum revocastis (*I Esdr.* i, vii et viii); et Christum, quem velut iterum crucifigendum vestri temporis Judæi suis vestibus spoliaverant, eodem rursus tegmine revestitis? Conspicit ipse, ut credo, piis misericordiæ suæ oculis intentionem vestram, et licet necesse non habeat quolibet indumento contegi, delectatur tamen sancti devotione obsequii, quoniam qui sanctarum mulierum, cum necesse non habuerit, moriturus pretiosum suscepit unguentum (*Joan.* xii), jam mortuus et suscitatus in cruce sua, vestrum non recusabit, quod illo unguento pretiosius est, aurum. Sed nos quantum ad vos, nihil tanto amori dignum, nihil tantis beneficiis congruum rependere possumus, nisi hoc quod quidquid sumus vestrum est, quidquid scimus vestrum est, quidquid possumus vestrum est. Ostendit hoc in omnibus Ecclesiæ nostræ conventibus super universos amicos et benefactores nostros, secunda post domnum regem Angliæ mentio vestra, singularis in omnium fratrum orationibus memoria vestra, specialis et pene quotidiana apud Deum et homines commendatio vestra. Et quia mihi, ne prolixus vobis fierem, ad præsens interdixi, breviter dico, ne quidquam sibi longa terræ marisque discrimina de remotione vestra lucrentur, sed amorem, quem nobis laborat subripere terrarum longinquitas, cui non ulla [nulla] corporum spatia præjudicant, in nobis et uniat et consolidet charitas. Post ista noverit amicus et sollicitus de nobis animus, nos et rempublicam nostram bene valere, optime vigere, quamvis non in me, in nostris tamen per Dei misericordiam pristinæ religionis, charitatis, et famæ fulgorem nitere, me Pisas profectum multa perpessum, cito iisse, citius rediisse, ibi infirmatum celerius quam sperassem sanatum, multa tulisse, pauca retulisse, in omnibus tamen, propitiante, Domino abundare. Ea omnia plenius et securius Deo vitam largiente mandabimus. Nam plerumque infidelitas chartarum propriis dominis plusquam proditoria lingua nocuit. Ad finem, ut melius insideat animo, sanctum beatæ matris meæ funus charissimo et sublimi amico commendo, et ut in abbatiis et aliis diœcesis vestræ congregationibus ei per vos tricenarius missarum persolvatur, et aliqui pauperes reficiantur, humiliter postulo. Obiit viii Kalendas Julii, die scilicet sancti Joannis Baptistæ. Nomen ejus Raingardis, professio Marciniacensis monacha, officium cellaria.

EPISTOLA XXI

Venerabili et amantissimo domino nostro, domno HENRICO, *Dei gratia Wintoniensi episcopo, frater* PETRUS *humilis Cluniacensium abbas, salutem et seipsum.*

Materiam scribendi non habeo, sed ad semper scribendum magna mihi estis ipse materia. Unde si plus justo forte frequentibus epistolis vos inquieto, mirum videri non debet, cum et amor verbosus tacere nesciat, et inexhausta loquendi materia deficere prorsus ignoret. Satisfacio, ut possum, hac arte desiderio meo, ut cui quotidie, si facultas daretur, præsens, colloqui vellem, nuntiis vel sponte quæsitis, vel casu inventis, quod implere non valeo, recompensem. Inde est quod per istum fratrem nostrum monachum vestrum aliquid scribere volui, cu*x* nullam, ut dixi, materiam haberem scribendi. Erit vestrum amodo in necessariis non silere, cum videatis me multo vestro amore impulsum, in superfluis non posse tacere.

EPISTOLA XXII

Charissimo filio PETRO, *frater* PETRUS *humilis fratrum Cluniacensium abbas, per boni filii servitutem benigni patris hæreditatem.*

Post colloquium Aquitanici principis (98), quem calice Babylonis inebriatum, Christi calice potare non potuimus, nec schismatico sapore, quo nimium imbutus est, Catholico antidoto exhaurire, regressum magis quam processum pluribus ex causis utilem judicans, retroredire disposui. Non ea tamen via qua veneram regrediens, sed per ultimos Andegavorum, Cenomanorum, atque Northmanorum fines iter faciens, totoque pene occidui Oceani littore peragrato, in Franciam cum sociis meis me recepi, atque Parisius adorandam Salvatoris Nativitatem exegi. Ibi ergo positus, et tui recordatus, imo nunquam vel brevissimo temporis spatio oblitus, quanto tuam, cum adest, jucundius amplector præsentiam, tanto molestius tolero absentiam. Ad hanc molestiam aliquantulum pro ratione temporis leniendam, de locis campestribus tibi in sublimi montis vertice constituto scribere volui, ut tali saltem remedio, et te mihi mente dum hæc legis præsentiore exhibeas, et quantum inter meorum humilitatem camporum, tuorumque altitudinem montium differat, sollicitus advertas. Tu quippe in monte positus libero cœlum oculo contemplaris, ego in imis constitutus, et de illorum jam pene numero existens, qui juxta Prophetam, *introibunt in inferiora terræ* (*Psal.* LXII), non nisi late patentes campos, et largissimis spatiis rara diffusa

intueor. Tu ipso loci situ mundum subjectum pedibus calcare videris; ego pedibus universorum substratus, cum Psalmista defleo, dicens : *Conculcaverunt me inimici mei tota die* (*Psal.* LV). Tu silvarum densitate circumseptus, in alto velut in profundissima valle absconderis; ego flantibus undique ventis expositus quo flatuum violenta impellit diversitas, quasi præceps actus arripior. Tu vix terram gressibus tangens, mentis conatu in superna suspenderis; ego stabili planta terræ inhærens, proh dolor! assiduo vestigia pulvere fœdo. Et, o utinam tenui et cito abstergendo pulvere gressum fœdarem, et non me totum luto sæcularium negotiorum, necessitate aut aliquando etiam voluntate, immergerem! Si quando immergor, utinam vel statim emergerem, ac Deo cum Propheta cantarem : *Eripe me de luto, ut non infigar!* (*Psal.* LXVIII.) Sed non quia miserias meas lugeo, idcirco tuæ felicitati invideo. Non invideo, inquam; sed congaudeo, quoniam bonorum vitam etsi imitari nequeo actu, pio tamen semper institui colere affectu. In montibus igitur tuis nostrarum vallium recordare, quoniam et Moyses in montem Dei conscendens, populi in campestribus constituti oblitus non est, sed pro eo Domini misericordiam instanter deprecatus est (*Exod.* XXXII). Et licet ei semper in montibus familiarior cum Deo fuerit collocutio, tamen pro his qui in inferioribus remanserant, frequentior fundebatur oratio. Interminabatur quidem per legislatorem populo Deus dicens : *Si quis tetigerit montem, morte morietur* (*Exod.* XIX). Sed tamen ne moreretur populus, in monte principaliter agebatur. Quidquid sane Moyses in monte solus agebat, hoc omnium in vallibus constitutorum saluti proficiebat. Ipsis quippe ascendit, ipsis XL diebus jejunavit, ipsis legem digito Dei in tabulis scriptam accepit, ipsis veniam sacrilegii multis vix precibus impetravit: ipsis non solum montis solitudinem, sed etiam propriam vitam, quantum in ipso fuit impendit. Sic et Dominus atque Salvator post salutarem prædicationem, post corporum humanorum curationem, post multiplicium miraculorum operationem, in montes conscendebat, sicut Evangelium loquitur : *Et dimissa turba, ascendit in montem solus orare* (*Matth.* XIV). Et rursum : *Subiit ergo in montem Jesus, et ibi morabatur cum discipulis suis* (*Joan.* VI). Et secundum quod alibi legitur : *Noctibus quidem in monte Oliveti morabatur, diluculo autem in templum veniens docebat* (*Luc.* XXI). Sed et quod hoc assidue faciebat, evangelista Lucas indicat, dicens : *Egressus, ibat secundum consuetudinem suam in montem Olivarum* (*Luc.* XXII). In ipsa etiam montis solitudine, non cum aliis, sed remotum ab aliis orasse, alius evangelista confirmat; qui eum dixisse discipulis memorat, dicens : *Tunc ait discipulis suis : Sedete*

ANDREÆ CHESNII NOTÆ.

(98) *Post colloquium Aquitanici principis.* Guillelmi, qui Petri Leonis partes adversus Innocentium II tuebatur. Qua de re plura sanctus Bernardus epist. 126 ad episcopos Aquitaniæ, et Guillelmus abbas, lib. II Vitæ ipsius sancti Bernardi, cap. 6.

hic donec vadam illuc et orem (Matth. xxvi). Et Lucas sequitur : *Et ipse avulsus est ab eis quantum jactus est lapidis, et factus in agonia prolixius orabat (Luc.* xxii). Licet ergo tantopere secretum orationis peteret, non pro se tamen, sed pro persecutore populo orabat dicens : *Pater, si fieri potest, transeat a me calix iste (ibid.).* Non enim ne pateretur orabat, qui ut pateretur advenerat, sicut ipse paulo ante dixerat : *Propterea veni in horam hanc (Joan.* xii); sed ne passione sua, qua mundus salvabatur, gens Judæorum perfida damnaretur. Semper vero eum non pro sua, sed pro mundi salute orasse, qui eum Salvatorem et Agnum Dei esse qui tollit peccata mundi intelligit, nullatenus ignorat.

Quia ergo, fili charissime, in montis conscensu ac solitaria conversatione, juxta tibi collatam gratiam, Dominum et ejus famulum imitaris, in cæteris quoque prout poteris imitare, ut sicut ego bonæ voluntati tuæ solitudinis quietem providi, ita tu meis laboribus aliquod orando levamen provideas. Affectui enim, quo te in Christi charitate toto animi nisu, ut nosti, complector, non solum orationes tuas, sed ut Paulus Philemoni ait : *Teipsum debes (Phil.* i). Quid enim mihi non debeas, cui vix aliquem amando æquavi? Quid mihi non debeas qui nec mihi ipsi plusquam tibi unquam debere volui? Nec mirandum, si tantum de me potueris promereri, cum moribus et conversationi tuæ condigna vix retributio valeat inveniri. Quo enim aut quanto pretio, ut de cæteris virtutibus tuis taceam, mihi vel moribus meis consimilem vel conformem potero aliquando mercari? Si Scripturarum sanctarum libuit abdita rimari, te semper paratissimum reperi. Si de sæcularis litteraturæ scientia, gratia tamen divina, aliquid conferre complacuit, promptum et perspicacem inveni. Si de mundi contemptu, et cœlestium amore sermo fuit, qui cæteris frequentius et familiarius inter nos versabatur, in tantum verba tua a terrenis sejuncta nil mortale sonabant, ut jam mihi dicere videreris : *Ut non loquatur os meum opera hominum (Psal.* xvi). Quæ me ab humanis occupationibus redeuntem, atque aquilonari frigore congelatum, velut austrini flatus tempore sic resolvebant et ita in divinum amorem spiritus calore liquabant, ut etiam hinc a Psalmista dici posset : *Emitte verbum tuum, et liquefaciet ea. Flavit spiritus ejus, et fluent aquæ (Psal.* cxlvii). Et ego cum sponsa in Canticis cantare : *Anima mea liquefacta est, ut dilectus locutus est (Cant.* v). Erant mihi universa fastidio, onerosa omnia sentiebam, velut sub gravi fasce pœnæ succumbens gemebam. Illis sociatus de quibus in Job legitur : *Ecce gigantes gemunt sub aquis (Job* xxvi). Nulla uspiam requies, nullum a quolibet levamen, donec ad te reditum ipsa mihi necessitas indicebat. At postquam aliquantulum secreti tecum nancisci poteram, ac brevia saltem miscere colloquia, quasi multo pabulo confortatus, viribus . . . . tis ad laborem acrior insurgebam, implebas- *Si videris asinum*

proximi tui succubuisse in via, non pertransibis, sed sublevabis cum eo (Exod. xxiii). Tuo certe studio, secundum beatum Gregorium, quasi anchoræ fune, ne in alta pelagi contrariis flatibus abriperer, retrahebar, et littori proximus, licet etiam ibi multum fluctuans inhærebam. An mente excessit, de mundi multiplicibus miseriis frequens illa et fervens collatio? An menti, ut dicitur, tradita est illa propriorum periculorum lacrymosa deploratio? An memoriæ sublata est, terrena omnia fugiendi, et soli Deo vacandi toties repulsa intentio? O quoties clausis januis, nullo nobiscum admisso mortalium, illo tantum teste qui de se cogitantibus, aut conferentibus nunquam deest, formidolosus sermo habitus est de cordis humani cæcitate atque duritia, de diversis peccatorum laqueis, de variis dæmonum invidiis, de abysso judiciorum Dei, quam terribilis sit in consiliis super filios hominum, quod quibus vult, misereretur, et quos vult, indurat, et quod nescit homo utrum amore, an odio dignus sit, de incerta et formidabili vocatione nostra, de dispensatione salutis humanæ per incarnationem Filii Dei ac passionem facta, de tremendo ultimi judicii die, de incomprehensibili divini examinis severitate qua in perpetuum malos punit, de inenarrabili misericordia qua æterna bonis præmia reddit! Horum, et similium a mundano strepitu semota collatio, mihi quodammodo in medio hominum eremum referebat, et Domini tabernaculum repræsentabat : ad quod a mundi tumultibus, veluti Moyses a Judæorum lapidibus (*Exod.* xvii; *Num.* xx), confugiebam. Fatigatus litibus hominum, et forensium disceptatione causarum, hic quiescebam. Sollicitatus in modica rei familiaris cura, et confectus multiplici dissensione, hic recreabar. Molestatus prædonum irruptione, nostrorum interfectione, varia locorum depopulatione, hic mœroris animum commutabam. Nævos de sæculi sordibus contractos hic diluebam, et fermentum azymis sinceritatis et veritatis contrarium hic expurgabam.

Et quid multa? Vere, secundum Isaiam, hoc tabernaculum mihi erat in umbraculum diei ab æstu, et in securitatem et in absconsionem a turbine et a pluvia (*Isa.* iv). Nec hoc solum domi, sed quocunque gressum converterem, te mea vestigia comitantem habebam. Hoc nobis pariter per diversa terrarum spatia gradientibus, nec solis ardor, nec gelidus Boreas, nec ventorum turbines, nec nimbosa dies, nec lutosa tellus, nec aspera montium, nec devexa vallium abstulerunt. Ubique quiescentibus paululum magni maris fluctibus, hoc nobis mansit secretum. Ita te in omnibus unanimem habebam, ita quod in me advertebam in te cognoscebam, ut in te uno et pene solo illam veræ amicitiæ diffinitionem expertus sim, idem scilicet velle et idem nolle, ut nunquam mihi potuerit placere, quod tibi displicebat, nec displicere quod tibi placebat; et juxta id quod dictum a quodam legitur, non duobus corporibus duæ, sed una utrique corpori videretur inesse anima. Quia si tantus in nescientibus Deum esse potuit amoris affectus, ut non substantias confundendo, sed voluntates uniendo, hoc dicere possent, quid mirum, si charitas Dei, quæ diffunditur in cordibus hominum per Spiritum sanctum, in eo nos univit, qui facit utraque unum (*Ephes.* III), quique Patri de discipulis ait : *Ut sint unum sicut et nos?* (*Joan.* XVII.) Sed jam tempus est querelarum, ut quod diu parturivi, nunc tandem pariam. Nam tu, tu, inquam, in hanc charitatem offendisti, tu divinam unitatem divisisti, tu pactum cœleste rescidisti, quando amicum amicus, intimum intimus, et ut jam pro imperio loquar, prælatum subditus, magistrum discipulus, abbatem monachus, ne dicam dominum servus, reliquisti. Sed et si servum vocarem, in quo excederem? Regula enim præcipit, ut omni obedientia monachus se subdat majori. Si omni, tunc et servili : sed omni, igitur servili. Servus ergo meus es. Conqueror itaque servum meum dominum fugitantem, latibula quærentem, sequi renuentem, servire nolentem. Imitando certe Dominum et Deum tuum, obedientiam usque ad mortem promisisti; sed hanc nec usque ad modicum laborem servasti. Descendit ille obediens de cœlis ad terram, tu refugis ire de terra ad terram. *A summo cœli egressio ejus, et occursus ejus usque ad summum ejus* (*Psal.* XVIII) ; tuus nec de Algido monte Christi causa egressus, nec brevi itinere exacto, ad ipsum potest esse regressus. Non sane tantis te putabam montium nivibus opprimi, ut charitatis ignem in te patereris exstingui. Sed dicit : Obedientiæ ego limitem non excessi, quia patris permissione remansi. Sed tu non eam spontaneam accepisti, sed extortam importunis precibus rapuisti. Hoc plane non fuit obedire. Quid ergo est obedire? Ut monachorum lex loquitur, propriam relinquere, et magistri voluntatem implere. Unde in eadem Regula scriptum est : *Secundus humilitatis gradus est, si quis propriam non amans voluntatem, desideria sua non delectetur implere, sed vocem illam Domini factis imitetur, dicentis : « Non veni facere voluntatem meam, sed ejus qui misit me* (*Joan.* VI). »

Voluntas igitur præcipientis magis quam verbum, affectus magis quam vox, intellectus magis quam sonus vero monacho observanda sunt. Sed dixisti : Ego quidem manebo, sed Deum pro vestra salute exorabo. Sic et Saul, perverse Deo sacrificare magis quam obedire eligens et cupiditatem suam ejus voluntati præponens, audivit a propheta : *Nunquid vult Deus holocausta et victimas, et non potius ut obediatur voluntati ejus?* (*I Reg.* XV.) Constat igitur, quia præpositorum voluntati obediendum est; et tunc demum est vera et salubris obedientia discipuli, cum, sua postposita, non tam vocem quam voluntatem sequitur magistri. Nam quando importunitate, seu pusillanimitate sua contrarium voluntati magistri discipulus extorquet præceptum, non ipse magistro, sed magister ei obedisse dicendus

est. Sic ego tuæ voluntati obediens, quem nolle pergere vidi, ut remaneres concessi. Tu ergo ordinem pervertisti, tu caput in caudam mutasti, tu præpostero gradu me ultimum, te primum constituisti, dum patrem filius, dum magistrum discipulus, dum abbatem monachus sequi contempsisti. Ecce me laborante, tu quiescis; me vigilante, tu dormis; me clamante, tu taces; me pugnante, tu vacas; me orbem lustrante, tu in tuo monte resides. Non sic bona femina Ruth, quæ socrui Noemi, cui diu adhæserat, valde instanti, ut ad suos reverteretur, respondit : *Ne adverseris mihi, ut relinquam te; et abeam. Quocunque perrexeris, pergam; ubi morata fueris, et ego morabor. Quæ te morientem terra susceperit, in ea moriar, ibique locum accipiam sepulturæ. Hæc mihi faciat Deus, et hæc addat, si non sola mors me et te separaverit* (*Ruth.* 1). Sed fortasse mulier tibi videbitur ethnica, nec admittenda in testimonium. Est tamen illa cujus Vetus Scriptura, et Evangelium honorifice meminit, et de cujus germine Dei Filium humanam carnem suscepisse scribit. Veniat tamen et ille alienigena quidem natione, sed vir virtutis laude merito inter viros ponendus, Ethai videlicet Gethæus, qui, relictis patriis erroribus, magno illi regi David adhæserat, ejusque socius individuus erat. Cui regem a facie patricidæ filii fugientem cum multa sociorum manu præcedenti, et ad pugnandum pro ejus salute parato, ipse rex ait : *Revertere, et habita cum rege, quia peregrinus es, et egressus de loco tuo. Heri venisti, et hodie compelleris nobiscum egredi? Revertere, et reduc tecum fratres tuos. Ostendisti gratiam et fidem* (*II Reg.* XV). Et respondit Ethai regi, dicens : *Vivit Dominus, et vivit dominus meus rex, quoniam in quocunque loco fueris, domine mi rex, sive in morte, sive in vita, ibi erit servus tuus* (*ibid.*). Et ait David Ethai : *Veni, et transi* (*ibid.*). Sed quid illam mulierem, hunc autem et illum alienigenam dixi, ac si hoc pro tua causa faciat, et non magis rationi meæ inserviat? Quanto enim in illa sexus infirmior, quanto utriusque a Deo cultus ante remotior, tanto fides, et charitas utriusque laudabilior. Sed illorum laus tuam imminuit laudem, illorum fides tuam notat infidelitatem, illorum fervor tuum condemnat teporem. Hoc namque nurus socrui, hoc miles regi, quod monachus non servat abbati. Cogebantur illi ab ipsis dominis reverti, sed eos relinquere, nec in magnis periculis volebant; tu orantem, ne deseratur, Dominum, desertor pariter et contemptor, non audis. Video Eliam jam jamque rapiendum, et equis curribusque igneis per altissima aeris spatia in cœlum sustollendum cum Eliseo iter agere, eique dicere : *Sede hic quia Dominus misit me usque Bethel* (*Reg.* II) ; et secundo : *Sede hic, quia Dominus misit me in Jericho* (*ibid.*); et tertio : *Sede hic, quia Dominus misit me usque ad Jordanem* (*ibid.*). Cui tertio audio respondentem prophetam : *Vivit Dominus, et vivit anima tua, quia non derelinquam te* (*ibid.*). Quem quia, ut verus magistri amator discipulus deserere noluit, et eum ad cœlestia sustolli conspexit, et ut ejus spiritus in se duplex fieri posset, obtinuit. Ait, inquam, Elisæus Eliæ. *Vivit Dominus, et vivit anima tua, quia non derelinquam te* (*ibid.*). Tu autem mihi quid? Vivit Dominus, et vivit anima tua, quia non sequar te. Sed fortassis ideo sequi contemnis, quia me sicut Eliam in cœlum posse rapi desperas. Quod si hæc causa est, rogo ne desperes. Rogo, inquam, ac moneo ne desperes, quoniam hæc tota et sola simul gradiendi nobis causa est, ut non solus ego sicut Elias, sed tecum pariter in cœlum rapiar. Ecce plus quam Elias Elisæo, plus ego tibi, si volueris, spondere audeo. Raptus est ille solus mirante et clamante discipulo, rapieris tu mecum omni conspiciente populo. Miraris forte quod dico, et me quasi insanum loqui suspicaris. Sed non insanio, quia quod dico apostolico testimonio confirmo. *Rapiemur*, ait, *in nubibus obviam Christo in aera, et sic semper cum Domino erimus* (*I Thess.* IV). Quod Dominus ipse confirmat. *Mittet*, inquit, *Filius hominis angelos suos cum tuba et voce magna, et congregabunt electos ejus a quatuor ventis, a summis cœlorum usque ad terminos eorum* (*Matth.* XXIV).

Si ergo de electorum numero esse studuerimus, ab electis angelis congregabimur, et in nubibus obviam Christo in aera non divisi, sed juxta Apostolum, simul rapiemur; nec reversuri ut Elias, sed semper cum Domino erimus. Ideo, ut supra dixi, hæc tota nobis causa est, domi vel extra, in itinere vel ubique simul manendi, ut hic pariter Domino serviamus, et illuc pariter rapti ei in æternum convivamus. Sed novi quod ad hæc dicturus sis. Patria, ad quam nunquam redire disposui, ne te sequar adversatur. Ad quod ego, Abraham quidem jussu Dei patriam deseruisse (*Gen.* XII), nec ad eam postmodum rediisse concedo. Quod tamen Job in terra Hus, quæ patria ejus erat, vir simplex et rectus, et timens Deum, et recedens a malo fuerit (*Job* I), non ignoro. Lot in Sodoma, cujus tamen non indigena, sed colonus erat, aspectu, et auditu justum fuisse ab apostolo Petro audio (*II Petr.* II), Magos ab Oriente ad pueri Jesu præsepe venientes, et eum cum oblatione munerum, ut regem, Deum, et hominem adorantes, licet per aliam viam, tamen in regionem suam regressos fuisse lego (*Matth.* II). Quod si Abraham, quem supra posui, objicis, dico eum, utpote perfectum virum, in infidelis patriæ desertione sibi nihil timuisse, sed infirmiori posteritati sapienter providisse. Timebat enim ne progenies ejus a Deo electa inter idololatras, et moribus corruptos conversaretur, atque a cultu divino malorum exemplo paulatim revocaretur. Unde suis in se quid sequi deberent, ostendens, nec ipse ad dimissam patriam reverti voluit, nec filium illuc reduci permisit. In quo quid de subsequentibus fieri vellet, ostendit, præcipiens servo suo: *Cave ne unquam filium meum reducas illuc* (*Gen.* XXIV). Constat ergo quia non sibi, sed posteris providebat, qui tantopere illuc reduci filium prohibebat. At tu, quibus provides filiis, qui ita patriæ reditum perhorrescis? Si utique bonis detestanda patria esset, nec Job, ut jam dixi, in sua mansisset, nec Magorum devotio ad eam rediisset, nec ipse Dominus suis miraculis illustrasset. Non patria igitur, sed mores patriæ, si mali sint, a bonis fugiendi sunt. Quod si salvo sanctitatis proposito, licet in patria manere, quanto magis et transire? Sed forte adhuc perfectorum hoc esse causaberis. Qui ergo ad perfectionis propositum vocatus es, de imperfectione tractabis? Qui juxta Apostolum, te in ante extendere debes, retro rediliis (*Philipp.* III)? Qui quotidiano profectu teipso major fieri debes, inferior eris? *Estote*, ait Dominus, *perfecti, sicut et Pater vester cœlestis perfectus est* (*Matth.* V). Laudo plane, quia laudabile est, si parentum, si amicorum, si cognatorum tibi est aspectus formidini, si verba gravia, si mora suspecta, ne affectu carnali quantumlibet a recto proposito aspectu commoveant, verbis inclinent, mora detineant. Laudo vere sollicitam a malis cautelam, sed non laudo etiam in bonis pertinacem sententiam.

Quod si ista te terrent, si adhærentes domesticos, velut impugnantes adversarios reformidas (sunt enim inimici hominis domestici ejus [*Mich.* VII]) erige turrim Sion contra faciem Damasci, assume armaturam Dei, in qua possis universa tela inimici ignea exstinguere (*Ephes.* VI). Si periturarum rerum cogitatio in mente submurmurat, æternarum eas delectatio compescat. Si ausus fuerit serpens vel parentum ore quidquam insibilare, non solum non audiatur, sed mox caput nequam virili robore conteratur. Si peste inhabitatoris, qua te inficere volebant, ipsos, si dici debeant, amicos, vel parentes, adhuc infectos videris, non ante absistas quam eos salutari admonitione purgatos saluti restituas, ut vasis pessimi hostis direptis, de ipso nobilem coram Deo triumphum reportes. Decet enim, ut non te illi debilem, sed tu eos fortes; ut non te illi carnalem, sed tu eos spirituales; ut non te illi terrenum, sed tu eos cœlestes efficias. Studendum ergo tibi est, non ut imperfectum in fuga confidere, sed ut perfectionis filium imperfectis domesticis virtutis exempla præbere. Non enim fugienti, sed permanenti, non credenti, sed resistenti, non succumbenti, sed vincenti victoriæ laurea datur. Vellem et ego, si facultas daretur, nec fallaciter teipso conscio vellem. Vellem certe, secundum Isaiam, meipsum abscondere in fossa humo a facie formidinis Domini (*Isa.* II), qui in proximo venturus est percutere terram, et quærere mihi locum, non solum spiritualem, sed etiam corporalem in foramine petræ, in caverna maceriæ. Sed si non datur, vel quousque detur, æmulemur, eum, qui inter populorum frequentias, et regales epulas, et auratos parietes, dicebat: *Ecce elongavi fugiens, et mansi in solitudine* (*Psal.* LVI). Et velut intra septa montium, sic intra arcana cordium nobis solitudines ædificemus, ubi a veris mundi contemptoribus vera tantum eremus invenitur, ubi nullus externus admittitur, ubi mundanorum tumultuum turbo, fragorque sopitur, ubi sine ullo corporeæ vocis sono in sibilo auræ tenuis vox Dei loquentis auditur.

Ad hanc, fili dilectissime, solitudinem, dum sumus in hoc corpore, et peregrinarum a Domino, in medio quoque turbarum positi, assidue recurramus ; et quod in extremis orbis finibus quæreremus, in nobismetipsis (nam et regnum Dei intra nos est [*Luc.* vii]) inveniamus. Ibi solitarium adeptu silentium adoremus, et procidamus ante Deum ; ploremus coram Domino qui fecit nos, effundamus coram illo corda nostra, et, ut ait beatus Hieronymus, nostras pariter, mundique miserias lugeamus. Est quippe nobis multa lugendi materia, ut quæ propria sunt, taceam, quod mundus in maligno positus est, quod instant tempora periculosa, quod abundavit iniquitas et refrixit charitas, quod vere nunc deficit sanctus, quod diminutæ sunt veritates a filiis hominum : quod omnes declinaverunt, simul inutiles facti sunt, quod non est qui faciat bonum, non est usque ad unum, quod quotidie perditi homines Judaica rabie crucifigunt sibimetipsis Filium Dei et ostentui habent, quod sine intermissione thesaurizantes sibi iram in die iræ, assidua igni æterno seipsos pabula subministrant. Et quis universa enumeret ? Ista et his similia intentiore intuitu conspicientes, atque intra mentis eremum coram Domino deflentes, ut carbo carbonem, alter alterum accendamus, ne fons ille misericordiæ semper patens super nos se contineat, obsecremus, in domo luctus cum sapienter mœrentibus, non in domo convivii cum stultis epulantibus esse eligamus, ut et nobis a Domino dicatur : *Et vos igitur nunc quidem tristitiam habetis. Iterum autem videbo vos, et gaudebit cor vestrum, et gaudium vestrum nemo tollet a vobis* (*Joan.* xvi). Ecce autem dum hæc scribo, luctui nostro congruens luctuosus nuntius supervenit, et cum uberibus lacrymis memorandum illum, illum Gerardum nostrum, nostrum plane nostrum, a nobis recessisse, et, ut quod vere sentio dicam, non de vita in mortem decidisse, sed mortem vita commutasse narravit. Quod ubi repentina relatione cognovi, ut in re inopinata fieri solet, aliquandiu hæsi. Dehinc eum coram fratribus vix voce ad hoc sufficiente absolvens, interiore me igne urgente surrexi, et ecclesiam petens mox agendam incepi. Ubi ejus dulce funus, quamvis absentis, et tarde cognitum, multis, ut dignum erat, lacrymis prosequens, et vigilia Epiphaniæ Domini sacri corporis et sanguinis pro eo ipse hostiam offerens, piam animam piissimo Redemptori, cui semper adhæserat, commendavi. Ut enim cætera ejus bona taceam, quæ proprium et prolixum exposcerent, tractatum : in quo rectius Domini promissum implebitur, dicentis : *Qui manducat carnem meam, et bibit sanguinem meum, in me manet, et ego in eo* (*Joan.* vi) : Et rursum : *Ego sum panis vitæ qui de cœlo descendit : si quis manducaverit ex hoc pane, vivet in æternum* (*ibid.*), quam in hoc nostro mortuo, qui, quoad vixit, panem hunc vitæ, hoc est corpus Domini sui, pene quotidie semper ad vitam suscepit ? Vivit, inquam, vivit in æternum qui cum bonæ conscientiæ testimonio semper manducavit panem, qui dat vitam in æternum.

EPISTOLA XXIII.

Venerabili et intimo nobis domino, et patri Heinrico *Wintonien. episcopo, frater* Petrus *humilis Cluniacensium abbas, salutem.*

Multa quidem, et magna a vestra magnificentia nobis, et vestris Cluniac. impensa beneficia, multas et magnas merito exigunt gratiarum actiones. Sed illud unum nuper collatum, sui magnitudine juro alia, licet magnifica, transcendit, et excellentius benignæ mentis vestræ affectum nobis commendat. Quis enim vel hebes non videat quanta in corde ingenuo vis dilectionis exstiterit, quæ disruptis mordacibus curis, postpositis regalibus negotiis , tantis reipublicæ vestræ implicationibus intermissis, sublimitatem vestram ad invisendos humiles, et devotos filios vestros Cluniacum traxit ? Lætatus sum supra modum istud audiens, sed tristatus sum supra modum, tanto me hospiti occurrere non posse cognoscens. Nec me plane retinere ab itinere potuissent, quælibet, vel quantalibet nostra negotia. Quod enim huic negotio par ? Sed sola me detinuit, quam præcavere non potui, ignorantia. Tam tarde quippe ad me pervenit vestri adventus certitudo, ut secundum dies, quos a cursore accepi, nullo pacto nec in Nivernensi comitatu consequi vestigia vestra valerem. Ea de causa, cum jam abruptis universis provincialibus retinaculis, non tam ire quam discurrere ad vos usque voluissem, impossibilitate cogente ultra quam dicere possim mœstus remansi. Unde quia per me non potui, per quos possum dilecti iter prosequor, et per fratrem Drogonem socium nostrum sapientem, et vobis, ut æstimo, notum, singulari Domino et amico, quæ scribere non licuit, mando.

EPISTOLA XXIV.

Venerabili domino, et patri charissimo Heinrico *Wintonien. episcopo, frater* Petrus *humilis Cluniacensium abbas, salutem et se totum.*

Volenti sæpe mihi scribere vobis, et cor meum hoc saltem remedio, amico communicare occurrit quod alibi nusquam. Impatiens enim animus, et se verbis indicare gestiens, loqui æstuat, et veretur : æstuat, ut se aperiat ; veretur, ne displiceat. Timet ne, si multum taceat, alienus ; si multum loquatur, videatur importunus. Ita fit, ut et loqui, et tacere pariter reformidem. Sed malo quandoque in verbis excedere, quam quæ dicenda sunt, reticere. Hoc dixi, ut frequentibus, quas mitto, litteris, viam faciam ; et ad eas sæpe legendas, etiam pigritantem amicum oculum vestrum aperiam. Eligo magis verbosus amicus permanere, quam taciturnus sensim ab amore languere. Et ne ultra vel me scribentem, vel vos legentem suspendam, illud unum, illud singulariter, illud præ omnibus, et super omnia hac vice omnium rogo, et per eam salutis vestræ spem, quam in vestra Cluniaco habetis, obsecro, ut Ecclesiæ illi vestræ, cui post Deum animam vestram commisistis, corpus etiam non negetis. Erit hoc largitatis vestræ donum omni nobis munere charius, quod omnibus Anglicis thesauris gratius accipiemus, si in hoc vos munificum senserimus. Decet Cluniacum corpus vestrum (99) saltem post spiritum possidere, ut cui vos in monachatu vovistis, ei post functum sacerdotium vos reddatis. Congruum est, ut locus ille carni vestræ sepulturam provideat, qui toto mundo devotius, animæ vestræ perpetuis requiem precibus providebit. Super his commune rescriptum instanter postulamus, et nobis ac capitulo mitti rogamus. De cætero fratrem Durannum, et ejus universa negotia vestræ magnificentiæ commendamus : quem quia gratiam co- ram vobis invenisse audivimus, cum ad præsens ad Angliam destinamus. Specialiter autem de manerio centum marcarum vos rogamus (100), ut sicut illud dono quidem regis, sed maxime vestra benevolentia et studio Cluniacus possidet, ita qualiter in pace semper possidere valeat, provideatis.

EPISTOLA XXV.

Charissimo domino, et patri venerabili HENRICO *Wintonien. episcopo, frater* PETRUS *humilis Cluniacensium abbas, salutem.*

Lætatus sum in his quæ dicta sunt mihi. Solebam olim conqueri de silentio vestro, quod dignationis vestræ litteræ circumpositis quibuslibet missæ, me solum præteribant ; nunc quas possum gratias ago, quoniam et epistolæ sæpe exhilarant, et nuntii lætificant. Nuper enim et quidam ignotus mihi clericus Antissiodori, et prior Montisacuti (101) Cluniaci, præsente conventu tam amicabilia et magnifica retulerunt, ut ferventes jamdudum in amorem vestrum universorum animos

ANDREÆ CHESNII NOTÆ.

(99) *Decet Cluniacum corpus vestrum.* Anno 1155 Henricus hic Wintoniensis episcopus, cum his quam aliis Petri nostri abb. Cluniac. et Adriani papæ litteris invitatus, simul etiam a R. Fr. Ludovico Juniore, atque ab omnib. fere Burgundiæ primoribus evocatus, præmisso thesauro suo per dictum Petrum abbatem Clun. absque licentia regis ab Anglia Cluniacum venit, eamdemque Ecclesiam gravi debitorum onere sic prostitutam, ut vix amplius respirare posset, hoc thesauro suo, qui maximus erat, omnino relevavit, et acquitavit conventum in quo erant tunc temporis ccc fratres et ultra. Quos etiam omnes per annum et diem pavit, et ex integro refecit, XL calices notabiles pro missis quotidie celebrandis, nec non et quemdam pannum sericeum maximi valoris ac pulcherrimum dedit Ecclesiæ. Multa quoque ædificia nova fecit, et alia non pauca reparavit. Et hæc omnia beneficia per eum facta propriis missionibus et expensis taxata fuerunt tunc ad summam XL millium librarum, vel ut alii scribunt ad VII millia marcharum argenti. In quorum memoriam et recordationem perpetuam, Rodulphus abbas Clun. ejus nepos, cum consilio et assensu Patrum monasterii statuit ut futuris temporibus extunc, VI Idus Aug., anniversarium pro eodem Henrico hora capituli ibidem ab Armario pronuntiaretur, et eodem die inciperetur more solito, et in crastino quilibet sacerdos celebraret unam missam, et novitii VII psalmos, et conversi centum *Pater noster* dicere tenerentur, et in præfato capitulo ejus beneficia recenserentur, et pro eodem missa quolibet die in altari Sancti Thomæ ad crucem celebraretur.

(100) *Specialiter autem de manerio centum marcharum vos rogamus.* Henricus primus, rex Anglorum, Rothomagi degens anno 1131, in præsentia Innocentii II papæ, astantibus VIII cardinalibus, XI archiepiscopis, IV episcopis, III abbatibus, maxime sancto Bernardo Claravallensi, II etiam comitibus Anglicis, permultis denique aliis nobilibus viris, donavit monasterio Clun. centum marcas argenti monetæ Anglicæ, singulis annis, casque assignavit, videlicet LX marcas in banca seu teloneo London et XL in teloneo Lincoln. Cujus donationis hæ reperiuntur etiam in Chartulario Clun. litteræ.

De centum marcis in Anglia.

« Henricus rex Anglorum, archiepiscopis, episcopis, abbatibus, comitibus, vicecomitibus, et omnibus fidelibus suis per Angliam constitutis, salutem. Sciatis me dedisse et concessisse Deo et ecclesiæ Beati Petri Clun. centum marcas reddere quoquo anno in Anglia, scilicet LX marcas de reditibus meis London. de firma civitatis, et XL marcas civitatis Lincoln. Ita quod ministri mei de illis civitatibus qui firmas meas tenuerint, afferent secum hanc pecuniam ad scaccarium meum ad festum sancti Michaelis, et ibi eam liberabunt nuntio Sancti Petri. Si vero non fecerint ministri, eadem fiat Sancto Petro de pecunia prædicta justitia, quæ fiet de firma mea propria. Hanc itaque donationem meam concedo, et illi ecclesiæ in perpetuum obtinendam corroboro, et regia auctoritate confirmo cum illis, quorum signa manibus propriis subscripta. Has autem centum marcas singulis annis reddam eis de thesauro meo, et post decessum meum a successoribus meis recipient, sicut superius annotatum est. Hanc etiam donationem meam confirmo et corroboro, et papa Innocentius precibus meis confirmavit, et quicunque eam imminuere vel infringere præsumpserit, eum anathematis vinculo præligavit.

« Signum Henrici regis.

« S. Math. imperatricis filiæ suæ. »

Reliquorum signa desunt.

Postea vero Stephanus rex, Henrici successor et nepos, bonorum ejus actuum ex debito subsecutor ac devotus imitator, quod præfatus Henricus avunculus suus in denariis Ecclesiæ Clun. jam dictæ contulerat de thesauro suo, hoc ipse eidem ecclesiæ in stabilitis terræ reditibus in perpetuum assignavit, et manerium suum de Ledecomba, quod de proprio dominio suo erat, pro illis centum marcis argenti ipsi Ecclesiæ in sempiternum donavit et concessit, anno 1136 ut ex ipsis etiam litteris, pag. 1598, hujus Bibliothecæ transcriptis liquet. Et hoc quidem est *Manerium centum marcarum*, pro quo Petrus noster abbas Clun. Henricum Wintoniensem episcopum rogat, « ut sicut illud dono quidem regis, sed maxime sua benevolentia et studio Cluniacus possidebat, ita qualiter in pace semper possidere valeret, providere dignaretur. »

(101) *Et prior Montis-acuti.* Hujus nominis prioratus duo in familia Cluniacensium, unus in Francia subditus prioratui Celsiniarum, alter autem in Anglia, qui nullo medio pertinebat olim ad Eccle-

multo magis accenderent, et calentes vehementius ignirent. Extulerunt corda audientium in sublime, et tanti muneris largitori medullatum omnes sacrificium obtulerunt, qui cor vestrum clementi manu ad eorum humilitatem diligendam inclinavit, et fortem columnam, cui specialius tota domus ejus Cluniac. innitatur, erexit. Et ne longus fiam, iteratis per præsentium latores precibus rogo, ne in his quæ per fratrem Durannum rogavi, repulsam patiar, ut in loco illo locum vestro corpori eligatis, cui cæteris devotius animam devovistis.

EPISTOLA XXVI.

INNOCENTIUS *episcopus, servus servorum Dei, dilecto filio* PETRO *abbati Cluniacensium, salutem et apostolicam benedictionem.*

Super sollicitudine atque diligentia, etc. *Vide inter epistolas Innocentii II, Patrologiæ t.* CLXXIX, *sub num.* 280.

EPISTOLA XXVII.

Summo, et nostro speciali patri domino papæ INNOCENTIO, *frater* PETRUS *humilis Cluniacensium abbas, salutem et obedientiam.*

Gratias quas possum ago, quod paterna pietate filio pepercitis, et fragili complexioni meæ, ne in via deficerem, providistis. Cui condescensioni non debeo videri ingratus, quia jure exuit hæredem, qui non est munificus in hæreditatis datorem. Decreveram per præsentium latores mittere digna Patri, et Ecclesiæ laboranti, etiam in temporalibus subvenire. Sed quia per me ipsum hoc facere disponebam, distuli. Mandate igitur, si placet, locum ubi congrue usque ad Pascha Domini, aut ipse si potuero, aut alii certe nuntii nostri vos invenire valeant. Per quos rursum et vos invisere, et Ecclesiæ necessitatibus valeam subvenire. Interim esse vestrum et statum pacis, mihi et nostris non parum nosse cupientibus, per istos remandate.

EPISTOLA XXVIII.

Summo pontifici, et nostro speciali patri domino papæ INNOCENTIO, *frater* PETRUS *humilis Cluniacensium abbas, obedientiam et amorem.*

Rumor ad nos usque pervenit, quod quidam paternitatis vestræ auribus importuni existant, ut dominus Vizeliacensis abbas de Vizeliacensi monasterio ad Lingonen. Ecclesiam, de abbate in episcopum transferatur. Hos ne audiatis, et nos rogamus, et ipsa ratio implorat. Nec tantum implorat, sed, ut audacter et veraciter loquar, imperat et compellit. Imperat plane et compellit, quia cum jure majestas Apostolica omnibus dominetur, soli tantum rationi subjici gloriatur. Qualem ille faciem loci illius auctoritate vestra a nobis ibi positus invenerit, qualem jam reddiderit, ne longum faciam, vos quidem audistis, sed nos cognovimus; vos forte nostis, sed nos melius. Super aridum et caliginosum montem levatus in signum, ita eum pinguem religione, sic eum luminosum bono nomine reddidit, ut in partibus nostris Vizeliacus, excepta Cluniaco, in nostri ordinis studiis nullum patiatur habere priorem (102), vereque etiam de ipso dici possit: *Mons coagulatus, mons pinguis : mons in quo placitum est Deo habitare in eo* (*Psal.* LXVII). Quodque valde difficile, et idcirco mirum est, labore hujus nec turba ibi secretum, nec clamor silentium, nec strepitus ordinem, nec mundus monachis potest auferre quietem. Unde vestræ sapientiæ providendum est, ne longo tempore et multo labore parta bona, momento depereant, quia et domus diuturno sudore constructa, una die destrui, et arbor multis annis vix ad fructum provecta, subito eradicari, et puer magna nutricum cura, tandem in virum perductus, uno potest ictu occidi. Hoc de Vizeliaco abbate sublato, provenire timemus. Quod si cum ratione, et auctoritas juvare non potest, recordamini primam curam debere vos vestris, et audite Apostolum dicentem: *Operemur bonum ad omnes, maxime autem ad domesticos fidei* (*Gal.* VI). Et qui suorum curam negligit, et maxime domesticorum (*I Tim.* V), non est meum sequentia adjungere, nec Patri apostolico, saltem de Apostolo aliqua duriora proferre. Scitis ipse quid sequatur. Hoc idcirco dixi, quia etsi Lingonensis Ecclesia vestra, multo magis Vizeliacensis vestra, multo magis Cluniacensis vestra. Quod igitur magis vestrum est, auctoritate et ratione magis a vobis diligendum et

ANDREÆ CHESNII NOTÆ.

siam Cluniacensem. Ideoque dubitari posset cujusnam prior hic de quo Petrus noster, nisi et Henrici Wintoniensis in Anglia episcopi memoria, et epistolæ etiam ipsius materia ac subjectum de Anglico agi facile persuaderent.

(102) *Vizeliacus, excepta Cluniaco, in nostri ordinis studiis nullum patitur habere priorem.* Henricus dux Burgundiæ, sicut refert Chronicon Divionense, « audita fama religionis eximii Patris Willelmi, » Sancti Maioli Clun. abbatis discipuli, tuncque Sancti Benigni Divionensis abbatis, « commisit ei abbatiam Verzeliacensem pene ad nihilum redactam, ut ab ipso restitueretur in pristinum statum. Quod et fecit auxiliante Deo. » Postea sanctus Hugo, Cluniacensis et ipsemet abbas eam iterum reformavit, ut hæc anonymi qui Vitam ejus etiam scripsit, verba testantur. « Quis, inquit, Beatæ Mariæ Magdalenæ Vizeliacensem ecclesiam ad ordinis regularis pristinum reduxit statum, nisi iste vir beatus? » Unde et Romani pontifices illam Cluniacensibus abbatibus commiserunt, et sub eorum quoque disciplina, licet antiquiorem, stare præceperunt, ut ex Paschalis II litteris anno 1103. Altardo abbati Vizeliacensi scriptis liquet, quæ licet prolixiores, dignæ tamen sunt ut et propter substantiam, et propter institutum hujus operis, in eo integræ legantur. Sic ergo se habent in Chartulario Cluniacensi.

« PASCHALIS episcopus, servus servorum Dei, dilecto fratri ALTARDO, abbati Verzeliacensis cœnobii, ejusque legitimis successoribus in perpetuum. Quia documentis apostolicis, etc. *Vide inter epistolas et privilegia Paschalis II, Patrol. t.* CLXIII, *sub num.* 83.

EPISTOLA XXIX.

Venerabili et dilectissimo mihi domno BERNARDO *Claraevallis abbati, frater* PETRUS *humilis Cluniacensium abbas, valere semper in Domino.*

Quantum reverentiae, quantum amoris tibi anima mea in penetralibus suis conservet, novit ille quem in te veneror et amplector. Feci hoc, etiam dum adhuc absentia tua, vultum corporis tui mihi invidens, abscondebat, quia jam fama velocior corpore, beatae animae tuae faciem, oculis mentis meae modo quo poterat, inferebat. At ubi quod diu negatum fuerat tandem sum assecutus, et phantasmata somniorum veritate succedente evanuerunt, adhaesit anima mea tibi, nec ab amore tuo ultra divelli potuit. Ita charitas tua totum me sibi deinceps vindicavit, ita virtutes tuae et cogniti mores rapuerunt, ut nihil mihi de me quod tuum non esset, relinquerent, nihil tibi de te non meum esse permitterent. Mansit in me constanter ex illo tempore, et utinam sic in te maneat Christi causa coepta, mutua charitas, quae sola, quia nunquam excidere novit, morem suum, quantum ad te pertinet, in me optime conservavit. Cumque hanc omni auro chariorem, omni gemma clariorem, in sinu meo reposuerim, in thesauris absconderim, miror quod tanto tempore, non qualia vellem indicia, hujus a te mihi custoditae charitatis acceperim. Ago quidem gratias, quod saepe per quoslibet salutationibus missis, non penitus te amici oblitum signasti. Sed queror, quod certiora per litteras indicia hactenus non dedisti. Certiora dixi, quia nescit charta impressum mutare sermonem, cum loquentium lingua, addendo, vel demendo, injunctam mutet saepius veritatem. Unde, quia ut electus praeliator, paratus in diem belli, pro Ecclesiae Dei periculis, dextra, ut laeva uteris, et per arma justitiae a dextris et a sinistris contemnis, nuntios meos, quos domno papae dirigo, ex parte amicitiae tuae secure committo, quoniam qui alienorum causis assistis, tuorum negotiis deesse non poteris. Per quos, ut querela mea sopiatur, esse tuum, ac reditum, et statum domni papae, non solum legatis meis, sed et litteris tuis committe. Utinam et te a curia laboriosa, et me a cura periculosa expeditum, ut semper optavi, nunquam mutandus unus locus retineret, una charitas uniret, unus Christus susciperet.

EPISTOLA XXX.

Frater PETRUS *humilis Cluniacensium abbas,* GILONI, *utinam fratri, spiritum consilii et timoris Domini!*

Silerem, non loquerer, quiescerem, non scriberem, si charitas spreta spernere, si laesa potuisset dolere. Sed quoniam, juxta Scripturam, et item secundum eamdem, omnia suffert, non potui, vel contemptus contemnere, vel laesus ulcisci. Non a quo tanti fastigii virtutem, humilitati meae inesse, vel jactem, vel suspicer, sed quia mihi conscius sum, eam tibi etsi non servasse, tamen hactenus servare voluisse. Attestatur huic erga te affectui meo, et qualitas temporis ipsius : in quo cum ipsa charitas vix apparere auderet, simulacrum charitatis se mentiri charitatem nullomodo potuisset. Hoc et Salomonis illa sententia : *Non agnoscitur in bonis amicus, nec absconditur in malis inimicus* (*Eccli.* XII). At e diverso me et bonis tuis nunquam adfuisse, et malis nunquam defuisse, si recolis, agnoscis. Hic plane, hic secundum meam, et fortasse etiam secundum sapientum sententiam : hic, inquam, est integer verae amicitiae modus, si non magis prosperis quam adversis amici amicus communicat; si mala ejus, non minus quam propria sentiat. Hanc erga te, licet non habuerim, habere tamen, ut dixi, conatus sum : quam in tantum habui, in quantum habere nisus sum. Hanc laesisti, quando te a nobis separasti. Hanc sprevisti, quando invitatus, rogatus, adjuratus, redire contempsisti. An non laesisti, quando a Christiani orbis corpore membrum perutile, hoc est, teipsum; infandi schismatis gladio praecidisti ? An non laesisti, quando ab universali Ecclesia Christianus, et a Romana episcopus, et a Cluniac. monachus recessisti? An non laesisti pariter et sprevisti, quando praecisionis tuae dolore stimulatos, et idcirco reclamantes, revocantes, retrahentes, me aliosque fratres tuos hucusque non audisti, contempsisti, respuisti? *Laboravi clamans, raucae factae sunt fauces meae* (*Psal.* LXVII) : defecit vox clamando stylus obtusus, articuli attriti scribendo, periculum multiplex intentatum, preces effusae, ratio invicta ostensa. Sed nec minae terrere, nec preces mulcere, nec ratio reditum potuit suadere. Nosti quid Pictavis dictum, quid Gratianopoli, anno proximo praeterito, a te mihi ac fratribus, qui mecum venerant, fuerit promissum. Testis est annulus, et fides arctius suo lapide annulo illigata, quam mihi velut subsecuturi obsidem, cum eodem quem dixi, annulo reconsignasti. Sed a me quidem annulus custoditur, a Deo data fides servatur, et adhuc ut fides fidelis appareat, exspectatur. Pentecostes tamen illa, quae in terminum reversionis coram testibus praefixa fuerat, transacta est : et jam anni alterius eadem festivitas in proximo est. Sed forte ea spe, ut tunc innuebas, rem distulisti, qua sperabas ab imperatore Lothario, aut Petrum Leonis Innocentio papae praeferri, aut, utroque deposito, in Apostolica sede alium sublimari. At nunc, quid ultra novarum rerum, vel moliri, vel praestolari poteris, quando et Lotharius mortuus est, et Petrus exstinctus est, et Innocentius in papam ac summum pontificem, primo ab Urbis parte, postmodum a toto orbe, et tandem a tota Urbe sublimatus est, et tota vanitatis spes, divini oris gladio undique circumcisa est? *Revertere, revertere Sunamitis ; revertere, revertere* (*Cant.* VI). Nec mireris quod te Sunamitem vocavi, quia et zelo tamdiu obstinatæ voluntatis rapior et salutis tuæ amore instigor. Nam (quod pace tua dictum sit), Sunamites vere hucusque fuisti, qui a fratribus et domesticis tuis recedens, apud alienos captivus, fere per decennium exsulasti. Non sinas, ut de Behemoth legitur (*Job* LI), cor tuum indurari sicut lapidem, nec stringi ut malleatoris incudem, quæ quanto frequentioribus ictibus tunditur, tanto durius in semetipsam repressa densatur. Moveat cor tuum saltem sero, fraterna totiesque repetita admonitio; moveat corpus tuum non ad hostes, sed ab hostibus ad cives et parentes felix transmigratio. Lætabimur magis de reddito quam prius gaudebamus de possesso: et si non abuti hoc verbo volueris, eo eris gratior, quo fuisti tardior. Quod si consilium meum hoc jam non novum sed antiquum tibi placet, scripto vel certo nuntio remanda, ut quia rari amici multique te inimici circumstant, sicut veniendi consilium, sic, si necesse fuerit, dare possim et veniendi subsidium. Si aliud (quod a te Deus avertat!) forte deliberasti, et illud significa, quia, ut aliquid in fine litterarum mordacis veritatis adjungam; si et ista contempseris, non poterimus te plus quam tu diligere, nec jam revocare, si deliberasti tam obstinate perire.

EPISTOLA XXXI.

Venerabili, et nobis dilecto GUILLELMO *Aurasicensi episcopo* (103), *frater* PETRUS *humilis Cluniacensium abbas, salutem.*

Cum sapientem et religiosum vos et fuisse sciam, et esse non diffidam, mirari non satis sufficio, quod primitias præsulatus vestri (quæ rogo, ea qua dicuntur, pace suscipite), tanto studio monachorum insectationibus dedicastis. Quos enim religionis major professio, religioso magis episcopo commendare debuisset; nescio unde emergente occasione, duriorem, ut dicitur, præ cæteris experti sunt hostem, qui præ aliis vos magis debuerant sentire parentem. Et cum Scriptura dicat: *Dominus justus concidet cervices peccatorum* (*Psal.* CXXVIII), decuisset, ut mihi videtur, et gladium examinis vestri prius splendescere in colla resistentium impiorum, quam limari, vel exeri in jugulos obedientium monachorum. Nec deesse potuissent, proh! mactandæ mucroni vestro victimæ, cum tot pepererit infelix terræ vestræ fertilitas diversorum graduum sacrilegos, schismaticos, hæreticos tam occultos quam publicos, ut si parcere non decrevisset, ante potuisset hebescere, quam universos exstinguere. Quod si forte ad illa illibato acumine perdurasset, tunc demum justum fuerat converti ad levia monachorum, cum fuissent desecta gravia laicorum. Sed quod magis indecens, ne dicam, turpe est, non de gravibus, vel levibus vitiis, sed de rebus pecuniariis, inter sanctum episcopum et religiosos monachos, quæstio versatur. Nec attendit Apostolus episcopis, aut monachis, sed ipsis laicis, dicens: *Omnino delictum est, quod causæ sunt inter vos* (*I Cor.* VI). Sed quia vos tam divinarum quam humanarum legum peritum novi, utpote qui aliquando de his vobiscum publice et privatim contulerim, recordamini legis divinæ, quæ dicit: *Quidquid vovisti, reddes pro salute tua Domino* (*Deut.* XXIII); Et: *Noli transgredi terminos antiquos, quos posuerunt* [*statuerunt*] *patres tui* (*Prov.* XXII). Recolite et illud Romanæ legis. Nihil tam juri naturali conveniens est, quam voluntatem Domini, volentis in alium rem suam transferre, ratam haberi. Hæc idcirco dico, quia cum constet apud nostros, et forsitan vestros, ne dicam apud vos, fratres de Podioleno (104) ecclesiam Sancti Martini, dono prædecessoris vestri Aurasicensis episcopi, et concessione domni Urbani papæ, non tantum juris proprietate, sed et corporali possessione, legali, quod ipse nostis, tempore possedisse, a vobis tamen nimia, ne dicam injusta et damnosa, ne dicam calumniosa vexatione, quod nunquam hactenus, fatigantur. Qui cum et instrumenta factæ donationis, et subsecutæ, ut ipsi dicunt, et nos vidimus, transactionis ostenderint; quæ si probabilia sunt, vicem testium obtinent; nec si pacem quam persequuntur apprehendere, nec requiem talibus præcipue necessariam, a patre filii, ab episcopo monachi, obtinere prævalent. Insuper quod de tanto viro credere valde durum esset, nisi rerum ipse effectus doceret, apostolica scripta, quæ alios juvare consuerunt, fratribus illis præter solitum nocuerunt. Quæ cum charitati vestræ, ut audivi, præciperent, ut in illa interdicti sententia a vobis in Ecclesiis promulgata, manus sibi decisoria reservaretur, octo tantum diebus obedistis, cui obedientiæ annuam inobedientiam rependistis, cum Ecclesias illas, contra præcepta apostolica, divinis officiis vacare fecistis. Sed quid plura? Parcite, si placet, amicis, fratribus, filiis, ne gloriæ vestræ maculam inferre velitis; et de ignominia vilium hominum gloriari, et de spoliis egenorum ditescere cupiatis. Quod si non placet, denuntiate diem, in quo, licet nihil de amico lucremur, apostolico examine, et quæ vestra sunt retinere, et quæ aliena, non vestra esse, quamvis justo serius cognoscatis. Sed inviti causas intrabimus. Ad quas nisi unco violenti traheremur, lites judiciorum, maxime episcopalium, subterfugere, et gratum voluntati, et congruum esset professioni.

EPISTOLA XXXII.

Nobilissimo principi, et charissimo amico nostro, domno AMEDEO *comiti et marchioni, frater* PETRUS

ANDREÆ CHESNII NOTÆ.

(103) *Guillelmo Aurasicensi episcopo.* Melius *Arausicensi*, ab *Arausio* Viennensis secundæ civitate, quam et *Arausicam* vocat Usuardus ad VI Kal. Jun. his verbis: « In Galliis civitate Arausica, Sancti Eutropii episcopi, cujus Vitam Verus episcopus conscripsit. » Gallice *Orange*.

(104) *Fratres de Podioleno.* Podiolenum, sive *Podiolanum*, vulgo *Piolenc*, prioratus ord. Clun. in Arausicensi diœcesi, cujus ecclesia in honore sancti Joannis Baptistæ consecrata est.

humilis Cluniacensium [abbas, salutem et æterni participium principatus.

Gloriosus rex Francorum Ludovicus, et ante miserat, et nunc iterum nobis misit nuntios suos: quos et vobis dirigi, et per manum nostram, quod a vobis petierint impleri, rogavit. Qui quamvis per seipsum, ut pote insignis flos et præfulgidum germinis vestri sidus, cuncta quæ voluerit, apud vos debeat obtinere, quia tamen me precum suarum mediatorem elegit, rogo ut sicut ipse hoc per me petendo, efficacius se impetrare confidit, ita vos largiendo, non frustra eum istud sperasse monstretis. Cumque ipse superna gratia, et regni terminos pene duplicando et juveniles annos virtutibus adornando, summa vestri generis gloria sit, non debet aliquam in precibus suis pati repulsam, cui et regia magnitudo, et sanguinis communio cuncta de vobis sperare suadent. Et cum derivato a patre nomine, regis patruus dicamini, decet vos et ejus regno consulere, et ipsi ut filio in omnibus providere. Quod utrumque simul implebitis, si eum in præsenti negotio audieritis. Sed nolui illud his, quas mitto, litteris inserere, quia plenius id ab ore nuntiantis, quam a manu scribentis accipere poteritis. Hoc postquam agnoveritis, quod tamen et jam audistis, oro ne innocenti puero Patrum peccata, ne regina vel regalium aulicorum veteres forsitan culpæ, novo regi noceant, quia juxta divinam prophetæ sententiam : *Non portabit filius iniquitatem patris, nec pater iniquitatem filii* (Ezech. XVIII). Date operam, quod et facere pro cunctis mortalibus natura ipsa compellente, debetis, profectibus et honori ipsius, quoniam et in profectu ejus vos proficere, et honorem ipsius vobis, ut credo, gloriam parere sentientis.

EPISTOLA XXXIII.

Venerabili et intimo nobis domino, ATONI *Trecensium episcopo, frater* PETRUS *humilis Cluniacensium abbas, salutem quam sibi.*

Festinante ad reditum nuntio vestro, et Quadragesimalis temporis opportuna importunitate prohibente, respondere nuper litteris vestris non potui. Potuissem quidem cuilibet dictanda ingerere, sed malui in cor vestrum ex corde meo, quam ex ore alterius mandanda transfundere. Illud quare maluerim, hæc causa est : Habent vina hunc morem ut, de vase in vas frequenter transfusa, a virtute naturali languescant : si recentia hauriantur, vini saporem integre servasse probentur. Sic verba per aures alienas aliorum cordibus committenda, referentium inscitia, incuria, industria, aut non intellectam, aut neglectam, aut depravatam, quandoque augent, mutant, minuunt veritatem. Unde quia certius quisque cor suum quam alter agnoscit, verius seipsum quam alter exponit. Illud ut fugiam, istud ut assequar, proposui semper, quando vacat, amico, cui me totum debeo, non cujuslibet, sed mihi ipsi me exponendo committere ut et falsitatis suspicio tollatur, et dilecto præ cæteris, remotis cæteris per seipsum animus colloquatur. Mandastis quid de ordinibus apud Charitatem factis, novo homini nova verba loquenti respondere deberetis. Ad quod respondeo, non debere veterem et expertum vereri inexpertorum novitatem verborum, quia et frenorum in primis impatiens equus, diuturno cursu paulatim lentescens, nec stimulis ad ultimum proprio jam cruore imbutis obedit, et pugil recenti virtute importabilis, infirmiori persæpe collegæ succumbit, et mucro noviter exacutus, vel feriens, vel otiosus hebescit. Ita omnium rerum novarum immoderatus modus se habet, ut ipsa sui novitate sibi et aliis admirandus, in primis ferveat, citiusque sperato tepescat. Præstringit oculos corusci instar splendoris, qui sicut se repentinus ingerit, sic vix visus recedit. Itaque noctem illustrat, ut densiores tenebras recedens relinquat. Durandum est idcirco, et novitatis levitas constanter ferenda, quia qui adhuc recenti spiritu fervens, putat omnia sibi licere, cum exhausto pectore nihil potuerit, discet nunc loquax quandoque silere. Proferentur suo tempore nova loquenti de thesauro Romanæ gazæ privilegia nova et vetera : quibus ut monachi Cluniacenses a quo maluerint Catholico episcopo sacros ordines suscipiant (105), apostolica auctoritate decernitur, et omnis contradicens, nisi admonitus resipuerit, ana-

ANDREÆ CHESNII NOTÆ.

(105) *Ut monachi Clun. a quo maluerint Catholico episcopo ordines suscip.* De hoc Cluniacensium privilegio supra jam aliquid ex variis pontif. Rom. diplomatibus attigimus. Sed quia nunc primum aliud omnibus illis antiquius in manus nostras devenit, in quo et idem privilegium, et aliquot etiam alia continentur, ipsum hic integrum subjicere non omnino fuerit incongruum. Sic igitur habet :

Diploma Joannis XIX papæ, super elect. domni abb. Clun., ad Odilonem.

« Joannes episcopus, servus servorum Dei, dilectissimo filio Odiloni, abbati monasterii quod dicitur Cluniacum, in honore beatorum apostolorum Petri et Pauli consecratum, in comitatu Matisconensi situm, et pro te cunctis successoribus tuis abbatibus in perpetuum. Cum omnium fidelium petitionibus et necessitatibus subvenire debeat apostolicæ charitatis gratia, multo magis his est impertienda ejus beneficii clementia, quos singulariter proprios, et specialiter filios se gaudet habere sancta Rom. mater Ecclesia, et suæ utilitatis gratia et præcedentium Patrum auctoritate egregia, quorum etiam desideriis et votis eo plenius parere debet auctoritatis apostolicæ sublimitas, quo certius constat eos nonnisi illa desiderare et expetere, quæ sunt ad honestatem sanctæ pietatis, et utilitatem veræ religionis. Et quoties in suæ necessitatis commodis nostrum assensum, et solitæ apostolicæ auctoritatis studuerint humiliter requirere præsidium, ultro benignitatis intuitu nos convenit, et rite pro integra securitate solidare, ut ex hoc nobis quoque potissimum præmium a Conditore omnium Deo in sidereis arcibus contribuatur. Et ideo postulastis a nobis ut præfatum monasterium apostolicæ auctoritatis serie muniremus, et omnis ejus pertinentia perenni jure ibidem inviolabiliter permanendo confirmaremus, et absque omni jugo seu ditione cujus-

thematis vinculo innodatur. Misissem sanctitati vestræ exemplaria eorum, sed quia ille, de quo agitur, nostrum se amicum hucusque, aut exhibuit, aut dixit, non est lædendus amor : qui si est, apparebit; si non est, non latebit. Eapropter proposui ei scribere et de his alterum experiri. Qui si amator est, amici gratia querelam deponet; si non, non vobiscum, sed nobiscum de his aget. Non est justum ut de re, quam nec vobis, nec pro vobis, sed nobis, et pro nobis fecistis, aliquid molestiæ sine nobis sentiatis. Ero ipse scutum vestrum, quo protectus aut jacula immissa ab hoste non sentietis, aut, nisi, me transfixo, sentire non poteritis.

Sed ecce dum hæc paro, velut futuræ litis diremptor, nuntius intervenit : et rem de qua agebam, pacis transactione, judiciis exemptam retulit. Dixit : Trecensi cum Antissiodorensi episcopo de pace convenisse, et post collatum de re jam dicta quæstionem, omnium sopita simultate, pacifice abinvicem recessisse. Quæ utrum sic se habeant, rescribite, ut, si verum est adgaudere; si falsum, ad ea quæ præmisi me celerius valeam expedire. De sequenti quod litteris indidistis capitulo, id responsi accipite. Missus est a festo sancti Martini nuntius Romam, unus ex circumpositis nobis prioribus, quem quia non agnoscitis, nec nomino, idoneus tamen, qui in hebdomada mediam Quadragesimam proxime præcedente, rediit. Dixit se lustrando cellas Cluniacenses, et monasteria nostra eis Appenninum sita, in Italia moram fecisse; indeque usque ad mare Veneticum, omnia peragrando, Romam pro injunctis negotiis summo studio contendere voluisse, nec potuisse; capi monachos, spoliari episcopos, interfici clericos, nec illis religionem, nec istis dignitatem adesse vel in modico posse. Itinera obstructa latronibus, raptoribus campos, gladiatoribus silvas oppletas, ipsumque Latium, singularem olim Romanæ gloriæ sedem, non civibus, sed barbaris et hostibus sævissimis substratum gemere. Cumque sibi interclusa omnia cerneret, meliore usus consilio, misit loco sui fratrem quemdam, olim domni Matthæi Albanensis episcopi capellanum, virum quem et ipse novi strenuum, domino papæ, cardinalibus, et cæteris, qui supersunt, optime notum, utpote qui multis annis in curia moratus, et iter eorum per diversa persecutus est. Huic omnia injuncta injunxit, et illum cum litteris nostris vestrisque direxit. Hunc ante Pascha

ANDREÆ CHESNII NOTÆ.

cunque personæ constabilire nostri privilegii pagina studeremus, propterea tuis, flexus precibus ob interventum domni invictissimi et pii Henrici............ imperatoris Augusti, ejusque remedium animæ, per hujus nostræ auctoritatis privilegium statuentes decernimus, ut cuncta loca et monasteria ad prædictum Clun. cœnobium pertinentia, quæ ab aliquibus fidelissimis Christianis, episcopis, ducibus, seu principibus eidem loco sunt concessa, et ab antecessoribus tuis abbatibus acquisita, Bernone videlicet, Odone, Eymardo, et beatæ recordationis sancto Maiolo prædecessore tuo, vel quæcunque ad eumdem locum pertinere videntur, absque ullius contradictione cum magna securitate quietus debeas possidere, et per te universi successores tui in perpetuum. Necnon sub divini judicii promulgatione et confirmatione, et anathematis interdictione corroborantes decernimus ut nullus episcopus, seu quilibet sacerdotum in eodem venerabili cœnobio pro aliqua ordinatione, sive consecratione Ecclesiæ, presbyterorum, vel diaconorum, missarumque celebratione, nisi ab abbate ejusdem loci invitatus fuerit, venire ad agendum præsumat. Sed liceat monachis ipsius loci, cujuscunque voluerint ordinationis gradum suscipere, ubicunque tibi tuisque successoribus placuerit. Interdicimus autem sub simili anathematis promulgatione, ut isdem locus sub nullius cujuscunque episcopi, vel sacerdotis deprimatur interdictionis titulo, seu excommunicationis, vel anathematis vinculo. Non enim patitur sanctæ sedis apostolicæ auctoritas, ut ullius cujuscunque personæ obligatione proscindatur a se cuilibet concessa liberalis libertas, neque ipsius loci fratres ubicunque positi, cujuscunque episcopi maledictionis, vel excommunicationis vinculo teneantur astricti. Inhonestum enim nobis videtur ut sine nostro judicio, a quoquam anathematizetur sanctæ sedis apostolicæ filius, veluti cujuscunque subjectæ Ecclesiæ discipulus. Si quis vero competens ratio adversus eos quemquam moverit, et hoc aliter determinari vel diffiniri requirerit, judicium apostolicum, quod nulli præjudicium prætendere patitur, super hoc patienter præstoletur, et humiliter requiratur. Decernimus etiam, et illius cujus vice, quamvis indigni, fungimur auctoritate sancimus ut isdem locus omnibus ad se ob salutem confugientibus, sit misericordiæ sinus, sit totius pietatis et salutis portus. Obtineat in eo locum justus, nec repellatur pœnitere volens iniquus. Præbeatur innocentibus charitas mutuæ fraternitatis, nec negetur offensis spes salutis, et indulgentia pietatis. Et si aliquis cujuscunque obligatus anathemate eumdem locum expetierit, sive pro corporis sepultura, seu alterius suæ utilitatis et salutis gratia, minime a venia et optata misericordia excludatur, sed oleo medicamenti salutaris fovendus benigniter colligatur. Quia et justum sic est ut in domo pietatis, et justo præbeatur dilectio sanctæ fraternitatis, et ad veniam confugienti peccatori non negetur medicamentum indulgentiæ et salutis. Sit autem omnibus ibi advenientibus causa salutis hic et in perpetuum divinæ miserationis et pietatis refugium, et apostolicæ benedictionis et absolutionis præsidium. Decernimus præterea, et omnino constituimus ut prædicti loci obeunte abbate non ibi alius cujuscunque personæ violentia constituatur ordinandus, sed ab ipsa congregatione loci, secundum timorem Dei, et institutionem legislatoris Benedicti, Pater qui sibi præesse debeat eligatur, atque ad eum ordinandum qualiscunque illis placuerit episcopus advocetur. Quascunque vero terras nunc tenes, et quas tu tuique successores acquirere potueritis, in perpetuum possidendas concedimus vobis. Si quis temerario ausu (quod fieri non credimus), contra hujus nostræ apostolicæ confirmationis seriem venire aut agere tentaverit, sciat se Domini nostri et apostolorum principis Petri anathematis vinculo innodandum, et cum diabolo, ejusque atrocissimis pompis, atque cum Juda traditore Domini et Salvatoris nostri Jesu Christi in æternum ignem concremandum, simulque in voraginem tartareosque chaos demersum cum impiis deficiendum. Qui vero custos et observator hujus nostri privilegii exstiterit, benedictionis gratiam et vitam æternam a Domino consequatur, » etc.

Domini, cum ipsius auxilio Domini rediturum exspecto, cuncta reverentiæ vestræ, quæ retulerit, relaturus. Et si quid, quod non credo, perfectionis negotio illi defuerit, demum exsecuturus. Pro Guarino clerico, monachum nostrum præcurrente, satis sobrium vobis Dominus papa mandatum imposuit, ut si libera præbenda pateret, ei daretur ; si non, prima quæ occurreret præberetur. Sed quæ vel Cluniaco ipsius domini papæ precibus et præcepto data prius fuerat, non patet ; vel quæ filio Oduini, non patet. Et quia præter has duas nulla, ut æstimo, ad præsens residua est, nulla danda est. Cum dehinc alia occurrerit, aut præceptum implebitis, aut a præcepti auctore sententiam immutari rogabitis. Interim, et si ille, ut audivi, Romam redierit, et illud notum facite.

EPISTOLA XXXIV.

Venerabili domino, et suo pene solitario amico, ATONI *Trecensium episcopo, frater* PETRUS *humilis Cluniacensium abbas, salutem,* etc.

Magister Gebuinus archidiaconus vester (106), Dominica instantis mediæ Quadragesimæ Cluniacum venit. Interrogatus a me quo tenderet, quæ causa itineris esset, respondit Romam se tendere, causam itineris legationem Lingonensium esse. At ego et vultum nubilum in eo, et Garinum fratrem ejus cum eo attendens, intellexi dolos in vulpe latentes, nec dissimulandum ratus, conveni hominem, et nudi manu sermonis cor velatum retexi. Dixi frustra eum conari contra ictum fluminis, nequidquam vires insumere, posse illum undarum molibus obrui, non posse indomitam vim fluctuum retrorsum cogi. Cedendum vel ratione religioni, vel necessitate fortiori, subditum a prælato, clericum ab episcopo, precibus, non minis ; humilitate, non contumacia ; vultu supplici, non voce minaci, præbendam vel quidlibet tale extorquere non posse, impetrare valere. Quod si mallet in incepto persistere quam consulto acquiescere, sciret addi quantulamcunque virtutem meam viribus vestris, priusquam utrumque deficere, quam sinerem constanti justitiæ pertinacem injustitiam prævalere. Hæc audiens, velut telo compunctus, se a me proripuit ; nec multum moratus, demum rediit. Dixit se saniorem reverti quam recessisset, profuisse sibi austera, nihilque mellitum sonantia verba ; amarum vere cor a vobis se retulisse, sed jam dulcedine amaritudinem commutasse ; velle se de cætero præcepto vestro, meo consilio subdi ; orare ut mediator existens pacatum jam et obedientem famulum Domino, filium patri, archidiaconum episcopo reformarem, daremque operam, ut talem vos ei restituerem, qualem se vobis amico studio comparassem. Necesse sibi esse propter assumptionis legationis munus ire quo cœperat, sed fidelem veraciter non phantastice jam factum vobis, non contra vos iturum, fidemque deinceps domi forisque fideliter servaturum. Cumque se id mihi nondum persuasisse sentiret, apprehensa manu mea, indeque osculo petito, ut mos est, in talibus fidem dedit. Rogavit deinde, ut, missis litteris, quæ dicta factæve fuerant vobis nota facerem. Sic eo quo venerat die recessit. Sed quoniam, juxta quod dicitur fere

Nusquam tuta fides. . . . . . .
(VIRGIL. *Æneid.* lib. IV, vers. 373.)

cum jam urbem præbendæ illius negotium, nuntium ad urbem præmisissem, ante primi reditum, secundum destinavi, qui iter ejus aut anticipet, aut sequatur, ut, si data fides forte vacillaverit, infidelem arguat ; si permanserit, testimonium ferat. Præter hæc illud rogo, et consulo, ut, secundum domini papæ mandatum, primam, quæ occurrerit, præbendam Guarino conservetis, et deinceps nondum habita promittere caveatis. Tutius est enim diu dicenda deliberare, quam post dicta pœnitere. Et ne miremini duas vobis simul epistolas mitti, scitote accidentia rerum ita continuata, ut, vix prima elapsa de manibus, causa sequentis succurreret, ac sicut pene simul oportuit scribi, sic simul etiam oportuerit mitti.

EPISTOLA XXXV

Reverendo Patri et excelso in verbo gloriæ, PETRO *Dei gratia Cluniacensium abbati,* ATO *Trecensis Ecclesiæ humilis minister, alter ipse seipsum, et si quid est ultra.*

Desiderabilem supernæ consolationis thesaurum in litteris vestris, sancte Pater, inveni, quæ super mel et favum dulces, lætificaverunt spiritum meum, in docendo spiritualem medicum, in operando, cœlestem exprimentes philosophum : in quibus charitatis affectus, naturæ facundia, gratiæ redundat disciplina. Vos enim divini, ut credo, non ignarus consilii, tanquam ex Jacob factus Israel, et cogitatis fideliter, et profertis utiliter, et efficaciter adimpletis. Hujus rei gratia, velut umbram æstuans, fontem sitiens, vestram desidero videre beatitudinem. Jucundatur vultus hilaritate confovendus et dulciloquio, lætatur animo vestro informandus exemplo, et utriusque hominis status desiderat videre visionem hanc grandem. Sufficit enim mihi ut videam vos, ut vobiscum sim antequam moriar. Vos quidem, ut pace vestra fatear, alter nostri sæculi Joannes videmini, qui doctrinæ fluenta de ipso Dominici pectoris fonte hausistis : unde his, qui et prope et longe sunt, eructare sufficiatis occulta cœlestium mysteriorum, documenta Scripturarum,

ANDREÆ CHESNII NOTÆ.

(106) *Magister Gebuinus archidiaconus vester.* Gebuini hujus meminit et Hildebertus Cenoman episcopus, epist. 53, his verbis : « Porro huic desiderio nostro Jebuinus Trecensis archidiaconus plurimum adjecit, vir moribus et litteratura conspicuus. » Et ipse etiam Hato Trecensis episcopus in Signo suo de commutatione et dono de Bussi propter duas Ecclesias, ubi non archidiaconum tantum, sed et cantorem fuisse docet, cum ait : « Hujus rei cooperator fuit fil us noster Gibuinus cantor et archidiaconus, ad cujus curam cædem Ecclesiæ spectabant. »

confutationes hæreticorum, ita ut omnes qui audiunt dicant : *Gloria in altissimis Deo, quia propheta magnus surrexit in nobis.* Gaudens igitur gaudeo in Domino, quia religionis vestræ aromata, quæ mihi absenti suaviter et mirabiliter redolent, oleum effusum nomen vestrum, largiente Domino, et oculis inspicere, et ut expressius loquar, manibus merui contrectare. Nomen vestrum mihi mel in ore, in aure melos, in corde jubilus. Nomen vestrum melius est quam divitiæ multæ. Unde festivam amabilis personæ vestræ reverentiam, in qua multum Deo complacuit, piæ recordationis amplector desiderio, imo propter indissolubile dilectionis vinculum propriis visceribus alligavi stylo, ut ita dixerim, adamantino. Vos quidem estis vas aureum, vas electionis in domo Domini, speculum et forma vivendi, cujus munda coram Deo conscientia, coram hominibus bona fama, opera recta, verba utilia. Quod totum Deo spectat ad gloriam, vobis ad coronam, nobis et bonis omnibus ad generalem lætitiam. Cujus servitio et devotioni, meipsum, ultra quam credi potest, et expono et exposui. Ideo autem aliquid in vobis laudare præterimus, ne sermo noster adulationem redolere videatur. Sed cogit nos vestræ religionis integritas, sapientiæ gloria, reverentia morum, funiculus triplex qui difficile rumpitur, ita ut in religione discretionem, in sapientia humilitatem, in moribus dulcedinem admiremur. Superest quod dignius est laude, inanis gloriæ remotio : quam sic penitus vacuastis, ut in vobis impletum sit quod dicitur. Virtutis fructum sapiens in conscientia ponit, minus perfectus in gloria. Olivam uberem, et speciosam vocavit nomen vestrum Deus. Et tamen ad vocem loquelæ grandis, ignis non exarsit in ea, nec combusta sunt omnia fructeta ejus, quia sic virtutes vestras in occulto mentis absconditis, ut odorem inanis gloriæ fugiatis. Prætereo ego minora bona majoribus obumbrata, virtutes vobis communes, et aliis singulares.

In his omnibus, imo in uno horum omnium vulneratis cor meum, nec possunt aquæ multæ hanc exstinguere charitatem, quia et si mundani fluminis unda cor meum circummovet, ignis tamen vestræ charitatis assidue et memoriter ardens, fluctus inundantes absorbet. Sed insipiens ego, qui præsumo docere Minervam, qui totus cæcus volo illuminare videntem. Sed hoc facit illa, quæ nescit fucum simulationis, charitas scilicet, quæ jubet me totum exponere vobis. Volo linguam retinere, sed ipsa non permittit, stylum manu dimittere, sed ipsa interdicit. Timeo sermonem prolixum, et incompositum. Sed ipsa dicit : Fac quod vis, quia singulari amico singulariter scribis. Mandastis ut vobis rescriberem de abbate Pontiniacensi vel episcopo Antissiodorensi, quid de ordinibus apud charitatem factis sentiret, vel si sermonem rigidum alicujus consilii malleo domuisset. Dixistis vos scutum meum esse, quo protectus, aut jacula immissa ab hoste non sentirem, aut sine vobis transfixo, sentire non possem. Volo gratias reddere, sed munus gratiam transcendit, et ideo lingua a gratiarum actione quiescit. Verumtamen homo ille, sicut vos audistis, ante bellum arma deposuit : et qui se sibi leonem reddiderat, ad nos se agnum mansuetissimum destinavit, et ante tempestatem, navem submergens, quidquid erat querelæ in pace dimisit. Cognovit quia ratione caret, ut novi antiquis, imperiti magistris rudes præferantur emeritis. Nullam præbendam esse apertam manifestis assertionibus declarastis. Magistro Guarino, juxta consilium vestrum, præbenda conservabitur, nisi ab auctore sententiæ sententia commutetur. Nulli amplius præbendam promittam, quia etsi non lædit promittere, gravat tamen quandoque adimplere. Quod Gebuinum ita fervide convenistis, et post eum nuntium mittendo, astutiam astutia prævenistis, divinum fuit consilium, et vestræ sapientiæ certissimum documentum. Eapropter in ore nostro personat gratiarum actio et vox laudis. De nuntio nostro et vestro, qui nunc venit, et alteri injuncta injunxit, laudamus, quoniam aliter fieri non potuisse cognoscimus. Sane exspectatur a nobis sicut pluvia in vellus, ut frementium clericorum iram retundat, ut mucrone apostolicæ vindictæ inobedientes coarguat, ut nescientes intelligere faciat quanti sit ponderis apostolica præcepta contemnere, et Cluniacensi nomini derogare. Ipsi enim sunt qui nec Deum timent, nec hominem reverentur, filii alieni, sapientes ut faciant mala, bene autem facere nescierunt (*Jer.* iv) : muscæ morientes, quæ perdiderunt omnem suavitatem unguenti (*Eccli.* x) : muscæ Ægypti (*Exod.* viii), a quibus inquietamur, quæ bibunt sanguinem de aqua factum, quorum omnium primogenita moriuntur, ventus turbinis veniens ab aquilone, nubes excæcans, ignis involvens, mali animo, pejores lingua, pessimi vita. Vos autem, qui cum Domino ascenditis Jerosolymam, clamate ad Dominum clamore cordis altissimo, ut protegat nos sub umbra alarum suarum, donec transeat iniquitas ; et ad nihilum deducat tribulantes nos, qui solus laborem et dolorem considerat. Salutat vos Manasses Rumiliacensis, reverendus filius noster, et singularis amicus vester. Salutat vos Odo archidiaconus nepos meus (107), tam specialiter vester quam singulariter noster. Salutat vos Nicolaus servus vester, qui in dilectione vestra nullam ponit mensuram, sed specialius omnibus vestram

ANDREÆ CHESNII NOTÆ.

(107) *Odo archidiaconus nepos meus.* Cujus et mentionem facit idem Hato Trec. antistes ejus avunculus in præfato Signo, sic : « Nomine testium qui interfuerunt sub titulari fecimus : Domnus Gaufridus Canotensis episcopus, vir magnæ auctoritatis, bonæ memoriæ, Manasses, Falco, Odo archidiaconus. Actum Trecis anno ab Incarnat. Domini 1140. » Et in subscriptione donationis unius præbendæ quam Cluniacensibus assignavit in Ecclesia Trecensi, « Signum Odonis archidiaconi, Signum Manasses archidiaconi, » etc.

assidue repræsentat memoriam. Hic adjutor noster est, et vestri gratia præcipue nos diligit, et diligendo nos custodit. De Ascelino vestram paternitatem rogamus, ut eum nobis remittatis, quia ecclesiæ Sanctæ Margaritæ (108) super omnes, et necessarius est, et specialis. Rogat hoc mecum Dominus Manasses speciali amore, qui multum vos diligit in veritate.

EPISTOLA XXXVI.

Summo pontifici, et nostro speciali Patri, domino papæ INNOCENTIO, *frater* PETRUS *humilis Cluniacensium abbas, obedientiam et amorem.*

Rogati rogamus, ut paterna pietas nobilis filiæ preces exaudiat, et eam eligendi libertatem, quam minoris nominis, inferioris dignitatis, episcopatus, abbatiæ, canonico et communi jure obtinent, nobili, magnæ, famosæ, Lingonensi Ecclesiæ, conservari jubeat, ut et ipsi simultatum occasiones amittant, et de pace eis pro vos provisa, Deo et vobis gratias agant. Filium ducis Burgundiæ nostræ, majestatis vestræ clementiam nunc primum adeuntem, vobis attentius commendamus, ut eo a vobis amore et honore suscipiatur, quatenus et bonæ spei filius, bonum patrem se adiisse gratuletur, et vestro obsequio multo magis in posterum obnoxius reddatur.

EPISTOLA XXXVII.

Singulari reverentia et affectu colendo, domno BERNARDO *Claravallis abbati, frater* PETRUS *humilis Cluniacensium abbas, salutem et seipsum.*

Scripsi nuper longiores, nunc breviores litteras mitto. Quæ idcirco clingues sunt, quia in lingua latoris confidunt; nec alia fuit causa illarum, quam ut legentem ad portitorem mitterent, et ab eo exigi quod ipsæ reticebant monerent. Unde dum has perlegitis, a ferente, ut referat quod istæ silent, perquirite : et ab eo, quod nec a me, nec ab eis potestis, audite. Est hic quem loquimur Gebuinus, mihi et vobis notissimus, mihi vobisque, ut credo, charissimus.

EPISTOLA XXXVIII.

Domino et Patri reverendissimo PETRO *Cluniacensium abbati, suus* BERNARDUS, *quod suus.*

Visitet te Oriens ex alto, o bone vir, quia visitasti me in terra aliena, et in loco peregrinationis meæ consolatus es me. Benefecisti, intelligens super egenum et pauperem. Absens eram, et absens jam longo tempore, et recordatus es nominis mei, homo magnus, occupatus in magnis. Benedictus sanctus angelus tuus, qui pio pectori tuo id suggessit. Benedictus Deus noster, qui persuasit. Et teneo unde glorier apud extraneos, litteras tuas ; et illas litteras, in quibus tuam mihi animam effudisti. Glorior, quod me habeas non modo in memoria, sed et in gratia. Glorior privilegio amoris tui. Refectus sum de abundantia suavitatis pectoris tui. Non solum autem, sed et glorior in tribulationibus, si quas dignus habitus sum pro Ecclesia pati. Hæc plane gloria mea et exaltans caput meum Ecclesiæ triumphus. Nam si socii fuimus laboris, erimus et consolationis. Collaborandum fuit et compatiendum matri, et ne de nobis quereretur dicens : *Qui juxta me erant de longe steterunt, et vim faciebant qui quærebant animam meam* (Psal. XXXVII). Deo autem gratias, qui dedit ei victoriam, honestavit eam in laboribus, et complevit labores illius (*Sap.* x). Tristitia nostra in gaudium, et luctus noster versus in citharam est. *Hiems transiit, imber abiit, et recessit. Flores apparuerunt in terra nostra, tempus putationis advenit* (*Cant.* II). Amputatum est sarmentum inutile, putre membrum. Ille, ille iniquus, qui peccare fecit Israel, morte absorptus est, traductus in ventrem inferi. Fecerat quippe, secundum prophetam, pactum cum morte, et cum inferno fœdus inierat (*Isa.* XXVIII). Ideoque, juxta Ezechielem, factus est perditio, et non subsistit in æternum. Alius quoque omnium sicut maximus, ita et pessimus inimicus, abscisus nihilominus est. Et is erat unus ex amicis Ecclesiæ, sed illis de quibus solet queri et dicere : *Amici mei, et proximi mei adversum me appropinquaverunt, et steterunt* (Psal. XXXVII). Si qui restant, cito speramus de similibus idem judicium. Prope est ut revertar ad fratres meos, si vita comes fuerit, per vos, sicut intendo, transiturus. Interim commendo me sanctis orationibus vestris. Salutamus fratrem Hugonem camerarium, et omnes qui circa vos sunt, cum reliqua sancta multitudine.

EPISTOLA XXXIX.

Glorioso principi, et magnifico Constantinopolitanæ urbis imperatori JOANNI CALO, *frater* PETRUS *humilis Cluniacensium abbas, salutem ab eo qui dat salutem regibus.*

Gratias omnipotenti Regi regum, cujus regnum regnum est omnium sæculorum, qui imperatoriam majestatem vestram super omnes Christiani nominis principes exaltavit, et ad tuendam toto orbe Ecclesiam suam, velut in medio Orientis, Occidentis, Aquilonis constituit. Unde olim Aquilonalibus barbaris, sed et ultimis ac pessimis Christiani nominis inimicis Arabibus, in Occiduas et Meridianas plagas irruentibus, regni vestri partes, et si oppugnari, nunquam tamen expugnari permisit, sed in vos magni illius Romani imperii gloriam nomenque transfudit. Voluit, ut sicut potestas, sic et vocabulum ad vos transmigraret, ac religione mutata, imperio translato, sicut a pagano Romulo Roma dicebatur, sic a Christiano reparatore Constantino vestra urbs Constantinopolis vocaretur. Hanc, ut dixi,

ANDREÆ CHESNII NOTÆ.

(108) *Ecclesiæ Sanctæ Margaritæ.* Quæ cella est juris Clun. in Campania, Trecensis diœcesis, cognominaturque vulgo *de Mergerie*. Theobaldus comes Campaniæ in Charta de Merkelicurte, quam et *Mercurii curtem* vocat Innocentius III papa, pag. 1491 hujus Bibliothecæ, « Capellam, inquit, quæ sita est infra septa grangiæ, quæ dicitur Merkelicurtis, dedi Ecclesiæ Clun. ut perpetuo adjaceat ecclesiæ Sanctæ Margaretæ, quæ est cella Ecclesiæ Clun. »

velut metam intransmeabilem, velut invictum obicem, velut præfixum, quem nunquam liceat transgredi, terminum, omnia providens supernus oculus paganis regibus, barbaris gentibus posuit, quo Oriens terreatur, Boreas subdatur, Occidens defendatur. Isto plane regni vestri obice repulsi, et antiqui erroris, si qui supersunt, pagani, et novi hostes Christiani nominis Turci, sedibus propriis contenti, in scipsos reprimuntur, ut nec aliena invadere audeant, et divini brachii virtute manum potentiæ vestræ roborante, sua etiam plerumque amittant. Super quibus regali magnitudini nos quidem, licet humiles, gratias agimus ; a Deo vero æterna vos decorandum corona, si in his fideliter permanseritis, nec 'n modico dubitamus. Præter hæc pro Hierosolymitano rege, pro Antiocheno principe, pro universis denique Gallis nostris, fidem vestram et nobilitatem rogamus, ut quia ipsi magnis urbibus, prædiis, parentibus, et locuplete patria, Domini Christi amore dimissis, loca redemptionis humanæ, non altero quam sui sanguinis pretio mercati sunt, et proprio assidue periculo defendunt; vos ejusdem Christi vestri amore eos sustentetis, foveatis, juvetis, ne tanto zelo fidei, tantisque laboribus parta (quod absit!) pereant. Erit illud non tantum merces fidei vestræ, sed etiam tutela non parva imperii vestri, quando sicut vos Aquilonis, sic et illi impetus Orientis obtundent. Fecit hoc inter egregios principes recensendus Alexius pater vester, cui sicut in regno feliciter successistis, sic decet ut in tam bono opere felicius succedatis. Qui inter multa laudabilia quæ gessit, non passus Græciam suam, sua universa bona includere, ad remotissimos manum beneficii sui extendit, et non solum transmarina, sed etiam transalpina loca copiosis muneribus, et pretiosis ornamentis ditavit. Inter quæ Cluniaco monasterio, omnibus Latinis regibus et gentibus notissimo, eique subdito magno et religioso loco, qui Charitas dicitur, monasterium juxta ipsam regiam civitatem, quod Civitot vocatur, dedit, et in perpetuum abbatis Cluniacensis et prioris de Charitate obedientiæ subjecit. Quod nostris aut mortuis, aut recedentibus, aut expulsis, alieni monachi invaserunt, et jam, ut audivimus, fere per triennium abstulerunt. Oro igitur, et mecum universa Cluniacensis congregatio majestatem, et pietatem regiam deprecatur, ut nobis, et loco de Charitate per harum litterarum latores monasterium ablatum restitui faciat, et pro æterna animæ suæ salute, servos Dei ibidem habitaturos ab injuriis defendat, et in pace custodiat. Et ut aliquid beneficii spiritualis vobis ista facientibus rependamus, sicut præcessores nostri, ac nos ipsi, reges Francorum, reges Anglorum, reges Hispanorum, reges Germanorum, ipsos imperatores Romanorum, ac vicinos vobis reges Ungarorum confratres et compartícipes omnium beneficiorum Cluniacensis congregationis fecimus, ita sublimitatem vestram, ex parte omnipotentis Dei, et beatissimæ Mariæ semper virginis Dei genitricis, et sanctorum apostolorum, et omnium sanctorum in eisdem spiritualibus beneficiis, plene et perfecte, in quantum licet, suscipimus, ut omnipotens Salvator, et hic temporale regnum vobis adaugeat et conservet, et in futuro cum sanctis regibus vos ad sempiternum perducat. Amen.

EPISTOLA XL.

Venerabili, et magno pontifici Dei Constantinopolitano patriarchæ, frater PETRUS *humilis Cluniacensium abbas, æterni pontificii stola indui, et gloria et honore coronari.*

Quamvis et terrarum remotio et linguarum divisio, nobis invicem et vultus invideant et verba subducant, tamen unus Dominus, una fides, unum baptisma, una charitas et divisa conjungere, et affectus unire, et sermones debent aliquando communicare. Debemus eo glutine uniri in terris, quo nunquam dissociandi cohærere exspectamus in cœlis, ut illud in miseriis sit nobis refrigerium, quod in beatitudine perfectum erit præmium. Utinam posset in me corpus quod concupiscit spiritus, ut urbem, a cœli rege Jesu Christo et a principe terræ Constantino in Christo fundatam videre, et in ea non ædificia vel ornatus, sed fidem Deo subditorum principum et prophetarum, apostolorum, evangelistarum, ac multorum martyrum, de diversis mundi partibus illuc translatorum, velut, commune cœmeterium videre et adorare possem! Funderem qualescunque preces ad sanctos illos fidei, et spei nostræ Patres magnaque mihi spes consequendæ gigneretur salutis, si quos ejus habui prædicatores, habere mererer et pro ea intercessores. Viderem et optabilem faciem vestram, et in vobis beatos urbis vestræ pontifices venerarer, et ex eorum beatitudine, multiplicem miseriam meam, ut par esset, deflerem. Inirem fœdus nunquam dissolvendum, et in mutuum ac spiritualem amorem, nisi forte sperneretis, jurarem. Orarem præsens quod et absens rogo, ut me et Cluniac. fratrum ovile in vestris populique vestri precibus spirituali charitatis dono susciperetis, quod et a nobis, quod ad nos vel nostros pertinet, pari affectu consequeremini. Rogarem post illa quod et nunc rogo, ut Cluniac. Ecclesiæ et monasterio de Charitate locum, qui Civitot dicitur, juxta Constantinopolim positum restitui juberetis, ac dominum imperatorem, si necesse esset, pro eo restituendo rogaretis. Dedit illum Cluniaco, et monasterio de Charitate, etiam apud nostros magni nominis, et gloriæ imperator Alexius pater ejus: cui sicut in regno, sic multo magis in justitia et pietate, illum decet succedere. Commendamus ergo excellentiæ pontificali monachorum et fratrum nostrorum humilitatem, ut per eos nobis nostra restitui faciatis, quatenus et justitia quod suum est consequi, et a Patre filii mereantur exaudiri.

EPISTOLA XLI.

Charissimo et vere jam venerabili fratri, domno

ROBERTO, *frater* PETRUS *humilis Cluniacensium abbas, salutem.*

Ago gratias Deo, adgaudeo, charissime, tibi, quod divini seminis, cujus olim in te flores in devotione, frondes in devoto sermone conspexeram, nunc in cœlesti, quod assumpsisti, proposito felices, ut fama se habet, sanctorum operum fructus conspicio. Non possum dicere quam lætus audiam qualiter mundani gloriam fastus, quam quidem non in te, sed te in ea sublimiter videre solebam, mentis tuæ pedibus contemnendo subjeceris, qualiter luxus undique blandientes, et circumfluentium Babylonicarum flumina voluptatum, deliciis paradisi Dei et torrente voluptatis ejus commutaveris, quomodo quondam loquacis curiæ lingua, et regalis aulæ pene solus interpres, nunc velut homo non audiens, et sicut mutus, non aperiens os suum, negotiosum otium et religiosum silentium elegeris. Monet me (et utinam ad imitandum!) quod felici commercio regem regn, regnum regno, vitam vita, gloriam gloria : sed fallacem veraci, mortalem vitali, fugacem æterna commutaveris : et misera spe, quam in mundo habebas, deposita, beatam spem, et adventum gloriæ magni Dei, et Salvatoris nostri Jesu Christi, nunquam ab eo fallendus exspectes. Congratulor te duri exactoris jugo abjecto, jugo Christi suavi, et oneri levi colla submisisse, ac de lutosis Ægyptiorum operibus, ad Israelitarum munda sacrificia transmigrasse. Sed ut aliquid admonitionis subinferam, oportet te in hoc divino opere, quod cepisti, sollicitum ambulare cum Deo tuo, ne a fervore incipiens, in teporem convertaris, ne lampas tua in mediis tenebris exstinguatur, ne dies in noctem mutetur, quia *Multi vocati, pauci electi* (*Matth.* XXI, XXII); quia, *Omnes quidem currunt, sed unus accipit bravium* (*I Cor.* IX) : quia, denarius diurnus non mane, vel sexta, sed sero redditur (*Matth.* XX) : quoniam, ut sæpe audisti, nota illa et superconcupiscibilis æternitatis merces inchoantibus promittitur, sed perseverantibus datur. Sic igitur ambula ut pervenias, sic curre ut comprehendas, sic pugna ut vincas. Aderit, si perstiteris, agoni tuo supernus inspector, qui conterens Satanam sub pedibus tuis velociter, faciat te feliciter pugnare, felicius vincere, felicissime coronari. Jam, quod Cluniacum te venire, et locum illum, cui tot per te bona collata sunt, invisere velle audivi, cordis mei cœptum gaudium sic cumulavit, ut si posset charitas quod volebat, multo terræ, marisque spatio emenso, te ab Anglia in Burgundiam, a Radingia Cluniacum, eo, quo id mihi relatum est, momento temporis transtulissem. Hoc quia fieri non potuit, oro ne spiritus bonus semel in corde tuo conceptus, quibuslibet occasionibus exstinguatur, ne a tam utili tibi nobisque proposito animus avertatur, donec quod proxime et opto et spero fieri, tam bonum effectum congruus affectus sequatur. Utinam dies illa mihi lucescat, qua te in illa Ecclesia, sicut olim veteri homine indutum, sic tunc novo possim videre ornatum. Collætabitur tibi, quam ex parte tunc vidisti, cohors illa sanctorum, et quondam tantum animo, tunc et habitu ipso factum consimilem, congaudebit. Amplectar, et ego novo gaudio novum militem Dei, et de boni regis, sed mortalis, imo jam mortui aula, ad optimi et immortalis translatum palatia, congaudebo. De sorore, quam ancillis Dei Marciniacensibus te velle sociare, per dilectum filium nostrum Thomam mandasti, laudo laude dignum voluntatem, consulo non differri paratam salutem. Parabo sicut Cluniacum fratri, sic Marciniacum sorori, ut geminata lætitia, non solum de tuo profectu gaudere, sed et de ejus salute valeas exsultare.

EPISTOLA XLII.

Reverendo Patri, et domno suo PETRO *Sanctæ Cluniacensis Ecclesiæ venerabili abbati,* GAUFREDUS *Dei gratia Cathalaunensis Ecclesiæ minister humilis* (109), *dilectionem filii, voluntariam in omnibus obedientiam subjecti, et devotas sine intermissione orationes.*

Ex eo quod filium, imo Æthiopem meum, tanto dulcedinis affectu suscepistis, ut in ipsis gratiæ vestræ initiis, ad prioratum promoveritis, penes me conjecturam facio. Si enim tanto honore, tanto affectu suscipitur servus, quanto gloriosius, si occasio se offerret, susciperetur dominus ejus? Sed sentio, sentio sanctitatis vestræ utilem industriam. Quasi in exitu domus meæ posuistis eum, ut in omnibus necessitatibus suis, familiare inveniret reclinatorium. Sic soletis beare amicos vestros. Ne otiosi simus, semper alligatis quod portemus. Et Deus scit, paratum est nostrum velle, secundum nosse et posse. Sed hactenus rescribat humilitati meæ sanctitas vestra sic tertia hebdomada post Pascha inveniam vos Cluniaci, quia Dominica, *Ego sum pastor bonus*, ero Stampis, et inde ad vos desiderio proficisci, nisi grandis infirmitas, vel dominus rex me retinuerit. Benedicat nos Deus, Deus noster. Rescribite quod placuerit; sed magna negotia vestra, si qua sunt, non intermittatis.

EPISTOLA XLIII.

Singulari et intimo mihi domino et amico gratia Dei Cathalaunensis Ecclesiæ præclaro pontifici, domno GAUFRIDO, *frater* PETRUS *humilis Cluniacensium abbas, salutem.*

Verum est, verum est quod ait Veritas : *Non colligunt de spinis uvas, aut de tribulis ficus* (*Matth.* VIII) Sed et econverso verum est, verum est, non colligunt de vite spinas, aut de ficulneis tribulos. Experi-

ANDREÆ CHESNII NOTÆ.

(109) *Gaufredus Catalaunensis episcopus.* Hujus nominis primus, cui rescribit et ipse sequenti epistola. Est autem *Cathalaunum*, Belgicæ secundæ civitas ad Matronam, de qua sic Fulbertus episcopus Carnot.: « Ne civitati, vel Ecclesiæ Cathalaunen- rum suum deneget honorem, meminisse vos decet quod in antiquis inscriptionibus Belgicæ secundæ ipsa civitas a Rhemensi tertium locum habuit, Gallice, *Châlons-sur-Marne*.. »

tus sum in litteris vestris quod dico : nec de oliva nisi oleum, nec de favo nisi mel, nec de pleno ubere aliud potui haurire quam lac. Dubitandum erat de verbis, nisi ea opera prævenissent. Mercatus est amicus animus non nudo affectu amicos, quibus minus in ore, plus in corde ; minus in verbis, plus in rebus indulgere consuevit. Teneo (non excidit) clericum, meo tantum nomine se commendantem, per tot annos a vestra beatitudine domi retentum, tam unice dilectum, tam sollicite procuratum, tam studiose edoctum. Teneo (non excidit) rursus alium priori recedenti successisse, sicque lar familiare semper a domesticis occupari. Teneo (non excidit) quid de Virdunensi cella quid de illa quam nominare volo, sed non valeo, deliberastis, quid dixistis, quid, quantum ad vos, fecistis. Vos Cluniacensis, imo divini ordinis per totam Franciam primum disseminatorem, auctorem, provectorem : vos inquam inveterati draconis de tot monasteriorum cubilibus expulsorem, vos diuturni somni, et longi monastici torporis excitatorem, hæc et mille talia dum recolo, dum rumino, dum teneo totus et integer in sacrum vestrum amorem flammesco. Inde est quod de duobus vos alterum elegi : quos in non fictæ charitatis vertice, totius Belgicæ Galliæ vestræ amicis præponendos non tantum credidi, sed et publice prædicavi. Quid et illud, quod cum tantæ urbi non solum episcopum, sed et principem necessario vos esse oporteat, nihil de monacho pontifex vindicet, nihil de religione princeps usurpet, nihil de prisco ordine mundus furetur? Cum hæc ita sint, quæ mihi gratia, si filium vestrum, quem et Æthiopem vocatis, ut par erat, suscepi, et apud me aliquandiu pro vobis retinui, et ad vos eo quo scribitis modo remisi? Sed remisi vere filium, non remisi Æthiopem, quia non est ille Æthiops (qui non mutat pellem suam), quam et si fortassis aliquando nigram habuit, a nobis tamen, ut credo, candidam reportavit. Quæ et si adhuc magis candificanda est, date operam ut cerdo vel fullo peritus, quia non tantum pontificali infula caput ornare, sed et virga abbatis indomitorum dorsa domare consuevistis. Hic si æque se habuerit, vobis meritum ; si secus, a vobis exigam tormentum. Jam quod de adventu vestro significastis, felix illa dies, nullisque æquanda diebus, quæ vos vestramque Cluniacum simul videre meruerit. Sed absit ut sine me videat, et vestram mihi visionem invideat! Adero, et postpositis omnibus, nisi forte inevitabilibus, amico festivo, quod rarum nomen est, solemnis amicus occurram. Et hoc quidem omni tempore, sed si illo, quod mandastis, adventus vester maturatus fuerit, præsentia mea, ut confido, per Dei gratiam non deerit. In ultimo quoniam, juxta sermonem vestrum, nolo vos otiosum torpere, fratrem domni Garnerii subprioris nostri, charissimi mei, ita vobis commendo, ut cum labore vestro probus, sapiens, litteratus factus fuerit, nobis eum, sicut de altero fecistis, reconsignetis, ut semper quod vos spargitis, nos colligamus ; quod vos scribitis, nos metamus ; quod vos molitis, nos comedamus.

EPISTOLA XLIV

Honorandis atque in Christi charitate venerabiliter suscipiendis fratribus, apud Montem Thabor Deo servientibus, frater PETRUS, *humilis Cluniacensium abbas, salutem æternam.*

Frater quidam vestræ, ut dicebat, congregationis, nuper ad partes Gallicas et Hispanas, habitu peregrini, orationis, ut asserebat, causa veniens, per nos transitum fecit, et de statu vestro, qui eousque nobis ignotus fuerat, de ordine, de studio religiosæ conversationis vestræ, nos, ut dignum erat, non minimum lætificavit. Adauxit multo magis, imo prorsus univit sanctitati vestræ affectus cordium nostrorum : quod retulit non solum communi fide, non solum monastica professione, sed insuper Cluniacensis ordinis sollicita observatione vos corpori nostro moderno tempore esse unitos. Gavisi ergo sumus in Domino, quod terræ illi sanctæ, a qua salutem fidei et fiderei salutis accepimus, aliquid bonorum studiorum, licet non per nos, per nostros tamen refudimus. Gaudere vero debetis et vos, si de semine quod sevistis fruges aliquas, si de virgulto a vobis plantato fructus, quamvis modicos, recipere potuistis. *Debet enim*, ut ait magnus Apostolus, *in spe qui arat arare, et qui triturat, in spe fructus percipiendi* (I Cor. IX). Fuit et hæc gratia superni largitoris nostræ vestræque Galliæ, nostris vestrisque diebus collata, ut præ cæteris mundi partibus, ante omnes mundi populos et nationes eligeretur per quam sacra humanæ redemptionis loca a jugo impiorum eruerentur, libertati restituerentur, et quæ prius quingentis fere annis, perfidis obstantibus, invia facta fuerant, jam pervia facta, orbis universi populis fidelibus aperirentur. Vos igitur, incolæ regionis sanctæ, sancti montis illius inhabitatores, cujus inhabitationem, transfigurato in eo Domino, princeps apostolorum Petrus, licet nesciens quid diceret, concupivit, cum ait : *Domine, bonum est nos hic esse* (Matth. XVII ; Marc. IX), cujus sanctitatem jam mente sanissimus extollens dicit : *Hanc vocem nos audivimus cum illo in monte sancto* (II Petr. I) ; vos, inquam, charissimi, in monte sancto, sancti esse laborate, quoniam et hoc Sanctus sanctorum admonet, et frequenter iterando replicat et inculcat dicens : *Sancti estote, quoniam ego sanctus sum* (Levit. XIX, XX). Ideo, licet Christianis omnibus generaliter, monachis omnibus specialiter dicatur, vobis tamen quodammodo specialius dicitur, quos non tantum Christiana professio, non tantum monastica devotio, sed et ipsius, ut dixi, sancti loci inhabitatio ad omne opus bonum promptiores exhibere, devotiores reddere, et in his constanter perdurantes beatiores facere debet. Ideo castitati, ideo humilitati, ideo charitati, omnem vos operam impendere convenit, ut nequaquam saluti vestræ opera vestra obvient, et Salvatorem vestrum salvare vos volentem impediant, quoniam, ut ipsi optime nostis, non sancta loca, sed sancta opera salvant. Et quia

aut omnes, aut multi vestrorum, de cismarinis partibus ad transmarinas migraverunt, considerent animos, videant intentionem, quam hinc illuc transeuntes habuerunt. Attendant et quam nunc habeant, quia juxta pagani, sed sapientis verbum,
Cœlum, non animum mutant qui trans mare currunt.
(HORAT. *Epist.*, lib. I, ep. 11, vers. 27.)

Istud ad hoc infero, ut si mutandos agnoscitis pristinos affectus, in melius commutetis, quia juxta Dominum : *Si oculus simplex fuerit, totum corpus lucidum erit; si autem nequam fuerit, totum corpus tenebrosum erit* (*Luc.* XI). Purificate ergo tam recta intentione quam sacris virtutibus oculum cordis, quo Christum in monte suo non jam corporali, ut olim, sed spirituali gloria transformatum, ipsi spirituali immutatione transformati, nunc quidem per spem et amorem, in futuro autem facie ad faciem contemplari mereamini. *Nos,* ait Apostolus, *transformamur a gloria in gloriam, tanquam a Domini Spiritu* (*II Cor.* III); a gloria scilicet fidei ad gloriam speciei, a gloria virtutum ad gloriam gaudiorum, a gloria meritorum ad gloriam retributionum, tanquam a Domini Spiritu, quia spiritualia spiritualibus comparans, docet per Spiritum Dei et hic dari multiplicitates gratiarum, et ibi conferri immensitatem gloriarum. Præclaro igitur mente, et ipso nomine luminoso (sonat enim in nostram linguam versum Thabor *lumen adveniens*) huic certe tam splendido monti opera tenebrarum nullo pacto concordant, quia nulla societas lucis ad tenebras (*II Cor.* VI). Omnes enim filii lucis estis, et filii diei, non estis noctis, neque tenebrarum (*I Thess.* V). Non debet excidere a corde vestro sacri loci vestri tam cœlestis et celebris illustratio, quem omnipotens Pater voce, Filius glorificato corpore, Spiritus sanctus lucida nube dedicare voluit. Tota plane divinitatis plenitudo locum illum consecrans, præter universalem salutem, quam omnibus inde providit, vestros quoque dies et tempora ista novissima prævidit. Admonuit tantis miraculis, tam sacris revelationibus tanti loci inhabitatores erga sacra vigilantissimos semper esse debere, nec ad præcepta cœlestis magistri, quibus ab olim subditus est orbis terrarum, surdas aures afferre, de quo in hoc monte vestro omni humano generi imperatum est : *Ipsum audite* (*Matth.* XVII). Cumque in omnem terram sonus iste exierit, et ipsos remotissimos mundi fines atque extimos angulos penetraverit, ubi primo sonuit clarius resonare, ubi primo auditus est, debet velocius et diutius exaudiri. Sed novi quia hoc facitis, et, juvante gratia Salvatoris omnium, multo magis facietis. Ea de causa mox ut de vobis audivi vos mihi rapiens in cor meum charitate plenissima introduxi, rogans ut quod vobis prior et a nullo invitatus impendo, hoc vos mihi et fratribus, eidem nostro vestroque Domino famulantibus, rependatis. Oretis videlicet pro nobis, orantibus pro vobis, ut fides et charitas, quæ nos hic vobis etiam non visis et remotissimis jungunt, gratia Christi Domini et dono Spiritus ejus, in æternum convicturos et collætaturos conjungat. Amodo enim licet sero cognitis, et affectum quem plene possumus omnibus vobis, et effectum quem poterimus omnibus vestris, ut fratribus jam charissimis impendemus. Gratia Spiritus sancti cum omnibus vobis. Amen.

EPISTOLA XLV.

Cum honore nominando, cum amore recolendo, Dei sacerdoti, domno ATONI *Trecensium episcopo, frater* PETRUS, *humilis fratrum Cluniacensium abbas, salutem et vitam beatam.*

Scripsistis, nil rescripsi. Misistis, nil remisi. Locutus estis, nil respondi. Quare hoc? Ut verbis apostolicis viro apostolico loquens utar : *Quia non diligo vos? Deus scit* (*II Cor.* XI). Sed mihi quid prodest, si Deus hoc scit, et amicus hoc nescit? Et, o quid dixi! amicus hoc nescit? Quo enim pacto manet amicus, qui diligi se nescit? Aut quomodo stabit illa antiqua amicitiæ diffinitio, qua dictum est quod amicitia nihil sit aliud, quam divinarum humanarumque rerum cum benevolentia et charitate consensio? Quæ consensio, vel, sicut ait quidam doctorum, charitas? Ad minus quam inter duos haberi non potest. Sed neque, juxta Tullium, neque juxta Gregorium, convenire in una benevolentia vel charitate, duo vel plures poterunt, dum alternos animorum suorum affectus nesciunt, dum ad invicem sensa sua sibi non communicant, dum utrum sese diligant aut odiant, ignorant. Quorsum istud? Quia audivi, inquam, et quod majus est, in vestris litteris vidi; nam certius est vidisse quam audisse, suggestum esse beatitudini vestræ, a nescio quo, ut sic dicam, exmonacho, fervorem erga vos non novitiæ, sed vetustæ amicitiæ meæ, vel ex toto friguisse, vel admodum intepuisse. Quod si auditum tantum, non creditum, ago gratias; si auditum et creditum, suscito querelas. Sed quia neutrum mihi certum est, nec gratias ago, nec querelas suscito. Hoc dico primum, non esse me adeo in amicitia inconstantem, non adeo levem, non adeo instabilem, ut quod in hac vita, quam tenemus, et in illa quam speramus, dulcius, honestius, utilius esse cognosco, abjiciam, ut tantam vitæ suavitatem, sola mihi reservata amaritudine, relinquam. Quæ enim, ut Ennius ait, potest esse vita vitalis, quæ non in amici mutua benevolentia consistit? Quid dulcius, quam habere cum quo omnia audeas sic loqui, ut tecum? Non igitur abjecta est, non refriguit; non intepuit mutua inter nos (quantum ad me) amicitia. Sed ut salva mutua charitate liceat conqueri, etsi non intepuit, tamen intepuisse apud vos eadem amicitia visa est, quando etsi falsidici illius verbis creditum non est, quia tamen tanti habuistis illa verba, ut inde mihi scriberetis dubitatum est. Sed de his satis. Quod vero semel, et iterum, et tertio scribenti nihil rescripsi, hæc fuit causa. Primo noxia valetudo corporis, secundo festinantia cursoris, tertio importunitas negotiosi temporis, quod me totum sibi tunc vacare cogebat, silere violento imperio coegerunt. Neque enim non summa necessitate urgente, posset esse ei mutus tandiu sermo meus, cui semper adhæret et loquitur animus meus. Proposueram multa de multis scribere, sed quia illa non parum necessaria sunt, et magis vobiscum secreto conferenda, quam litteris publicanda, contineo exundare in verba volentem spiritum, et reservo præsenti, quæ non sunt inconsulte ingerenda absenti. Rogo igitur, imo et obsecro, et, si necdum satis est, etiam supplico, ne quælibet terrarum distantia, ne episcopalium negotiorum onera, mihi vel vestræ Cluniacensi domui præsentiam vestram ulterius invideant, sed saltem usque ad apostolorum festivitatem, Cluniacenses vestri episcopum suum (110), quom jam diutius esuriunt videre, videant : videant, inquam, et gaudeant, quia nil eos magis lætificare poterit, quam si saltem ad modicum tam intimo amico, tam desiderabili Patre eis frui contigerit. Cætera, quæ litteris committere nolui, fidei portitoris commisi, ut quoniam tam mihi quam vobis cognitus, et, ut credo, dilectus est, mea vobis perferat, vestra mihi referat.

EPISTOLA XLVI

Glorioso et magnifico sanctæ civitatis Jerusalem regi, frater PETRUS, humilis Cluniacensium abbas, salvari ab eo qui dat salutem regibus.

Omnipotenti Regi regum, qui regali solio regiæ civitatis suæ Jerusalem celsitudinem vestram sublimavit, et glorioso diademate coronavit, gratias agimus, qui vos populo suo principem, Ecclesiæ suæ defensorem, hostibus suis hostem, in tanta, tam sacra, tam nobili, tam famosa urbe constituit, et, quod his omnibus majus est, præcelso ille suo nomine insignivit. Cum enim ipse a Patribus, a prophetis, ab angelis, ab ipsis Judæis, a gentilibus, dictus rex Israel, rex Jerusalem fuerit, vos ejusdem Jerusalem, vos ipsius veri Israel post se, et pro se regem esse voluit : ut secundam personam vestram, et regnum vobis ab ipso commissum, virga æquitatis sit virga regni vestri, ut diligatis justitiam et odiatis iniquitatem; inimicos autem crucis Christi et nominis Christiani, Turcos dico et Sarracenos, Persas et Arabes, seu quoslibet barbaros humanæ, imo suæ saluti adversantes, regatis in virga ferrea, et eos potenti dextra tanquam vas figuli confringagatis. Ad quod viriliter exsequendum, quia armis non possumus, animis prosequimur, quia gladio non valemus, precibus, ut possumus, bellicos sudores vestros juvare satagimus. Date ergo illi qui vos glorificavit gloriam, ut sicut Christus in sacerdotibus suis quotidie de diabolo ejusque angelis triumphat, sic in regibus Christianis frequentia de gentibus trophæa reportet. Sic enim vobis decertantibus, et pericula nulla pro suo populo recusantibus, victoriam assidue subministrabit, gloriam gloria adaugebit ; et post regnum transiens, æternum vobis cum sanctis regibus providebit. Latorem præsentium venerabilem virum, domnum Drogonem Nivernensis Ecclesiæ præcentorem, liberalitati vestræ commendamus, ut si forte necesse fuerit, ita vos munificum sentiat, quo et Deo et vobis gratias agat.

EPISTOLA XLVII,

Venerabili et charissimo nobis domino patriarchæ Jerosolymitano, frater PETRUS, humilis Cluniacensium abbas salutem et orationes.

Quia Jesu Christi Domini gratia illius vos Ecclesiæ sacerdotem constituit, a qua veteris legis et novæ gratiæ sacerdotium cœpit, et Salvator ipse singulari sacrificio Deo mundum reconcilians, sacerdos simul et hostia esse voluit, sicut Ecclesiam, ita et ejus præsulem speciali affectu excolere, speciali reverentia honorare, speciali devotione, si facultas daretur, ei obsequi opto, ambio, desidero. Nec solus ego, sed quantacunque ubique terrarum diffusa est, humilis Cluniacensis congregatio, hoc idem, ut dignum est, optat, ambit et desiderat. Quia enim æternus Sol, longe clarius matutino sole, a vestro Oriente nostri Occidentis tenebras illustravit, et a Jerusalem in omnes gentes regni æterni Evangelium prædicari voluit, tanti beneficii debito obligamur, ut non solum sublimitati vestræ, tantæ sanctitatis locis præsidenti, verum etiam cuilibet minimo obsequenti, ubi possumus, serviamus ; eos autem quibus impendere hoc non possumus, singulari, ut justum est, affectu excolamus. Nam quia non datur, ordine monastico prohibente, ut illa, illa inquam supercœlestia redemptionis nostræ loca invisere, osculari, lacrymis infundere corporaliter valeamus, nec adorare in loco ubi steterunt pedes Domini, possumus : quod unum restat, effundimus coram illo corda nostra, vos ejus vicarium exorantes, ut pro nobis omnibus ipsi assistatis, et vices nostras, quod communis jubet charitas, suppleatis. Cumque devotione vel officio protrahente vel provocante, salutifera nativitatis, sepulturæ, resurrectionis, ascensionis loca visitatis, spirituali affectu nos vobiscum ubique ducite, et pro vestris Cluniacensibus Salvatori piissimo supplicate. Hoc ego hoc singuli, hoc omnes pariter supplicamus, et ut inconvulsam nostri memoriam perpetuo habeatis, corpore absentes, litteris præsentes rogamus. Addimus hoc precibus nostris, et quo possumus nisu deprecamur, quatenus vestram Cluniacensem Ecclesiam reliquiis sepulcri Dominici, et beatæ Mariæ, aliisque, quibus vobis visum fuerit, visitetis, ditetis, hono-

ANDREÆ CHESNII NOTÆ.

(110) *Cluniacenses vestri episcopum suum.* Bene vestri. Nam Hato Trecensis episcopus, cui scribitur hæc epistola, monachus Cluniacensis fuit, ut ex his etiam Necrologii Arremanensis, cœnobii verbis apparet, « IV Kal. Septembris obiit Hato Trecensis episcopus et monachus Cluniacensis, qui dedit ecclesias de Clareyo, de Follis, et de Anglodura, et alia beneficia huic contulit monasterio. »

retis. Liberet diutius saltem hoc modo vobiscum loqui; sed quia præsentium lator ad iter festinabat, oportuit longa intercidi. Quem charitati vestræ ab ipso rogati, attentius commendamus. Est enim multa dignus commendatione, et, ut credimus, aut vobis aut multis vestrorum bene cognitus, dominus scilicet Drogo, Nivernensis Ecclesiæ præcentor, qui jam tertio Hierosolymitanum iter aggressus, multis laboribus, spe felici, multam sibi, ut credimus, requiem comparavit.

EPISTOLA XLVIII.

Venerabili et in intimis animæ recessibus recondendo, domino Alberico *Hostiensi episcopo* (111), *et apostolicæ sedis legato, frater* Petrus, *humilis Cluniacensium abbas, salutem et vitam immortalem.*

Peregrinationi vestræ tam longinquæ, tam morosæ anxio corde compatimur et eo, qui solus abdita cordium novit, teste, affectu et desiderio pene vobiscum peregrinamur. Licet enim obedientia et legatio apostolica, ad illas Orientales partes vos transmiserit, et utilitas populi Christiani vos velut exsulem a solo proprio, et a fratribus vestris fecerit, dolemus tamen quod eum, quem solum ordinis et cordis nostri solatium, post illum magnæ et piæ memoriæ Matthæum episcopum in Romano palatio habebamus, quasi amisimus, dum, tantis regionibus interpositis tantoque mari comminante, reditum vestrum vix sperare audeamus. Et cum esse satis potuerit, quod vos Occidens in finibus suis, Romæ dico retinens, valde a nobis remotum fecerat, nunc tandem vos Oriens velut violenter rapiens, remotissimum facit : et non solum nuntium, sed nec tenuem de tam intimo fratre et amico famam ad nos saltem per aera volare permisit. Litteras tamen, quas in discessu vestro nobis ab urbe direxistis, suscepi, legi, relegi, et in capitulo omnibus convocatis fratribus, ipse recitavi. Et licet nihil certi exinde de statu vestro audierim, et tunc quando a vobis illæ litteræ susceptæ sunt, et postmodum frequenter dulcem et commendabilem vestri memoriam eidem commendavi. Quod ipsi semper benigne accipiunt, verbisque et precibus, quibus possunt, iter vestrum devotissime comitantur, et ut dilectum ut patrem, ut dominum Christus Dominus sibi restituat, continue deprecantur. Et ut sicut surgente Domino de sepulcro gavisi sunt discipuli eo viso, ita vobis redeunte ab eodem sepulcro, gaudeant, fratres vestri et filii instanter exorant.

EPISTOLA XLIX.

Singulari Patri et amico suo domino Petro *Dei gratia Cluniacensi abbati*, Ato *Trecensis episcopus, idem quod sibi.*

Ut verbis utar philosophi, principatum amoris locorum spatia dividere nequeunt, temporum incommoda separare non possunt. Affectus dominationis tenens et regens imperium, semper diligit, etsi quem diligit videre non possit. Vera enim amicitia oblivionem nescit, interruptionem non patitur. Non accipit ex impossibilitate solatium, neque ex difficultate remedium. Licet immineant agmina negotiorum, licet tumultuosis obstrepentium vocibus opprimatur, cum illo tamen mente versatur quem diligit, de illo cogitans, gaudens in illo. His amicitiæ legibus agitur, ut in vobis gaudeam, assidue cogitem de vobis, vestræ non immemor sanctitatis, in qua multoties susceptus, et consilium et auxilium me gaudeo invenisse. Beatus ego, qui eamdem amoris vicem in vobis esse confido : beatior autem, si pro certo sit. Sed est quod amplius dissimulare nequeo, amicitia compellente ut proferam. O Deus ! ubi frequentes epistolæ, ubi crebra consolatio, ubi illa solita eloquentia, qua amicum senem, relevare solebatis ? Sed forsitan calami non inveniuntur, incaustum abest, desunt nuntii, via montuosa est, pericula comitantur. Sed satis dictum est sapienti. Dominus Theobaudus Senonensis archidiaconus hoc unum suspirat, venire ad vos. Negotia nostra, quæ magister Nicolaus amicus vester Romam portavit, melius quam speramus tractata sunt. Beneplacitum vestræ dignationis rescribite, ut sciam quid archidiacono debeam respondere.

EPISTOLA L.

Dilecto et cum amore mihi semper recolendo, domino Atoni *Trecensium episcopo, frater* Petrus, *humilis Cluniacensium abbas, salutem quam sibi.*

Morem follis habes, charissime, qui spiritu, quo plenus est, emortuam fere scintillam ignescere, et in immensas quandoque flammas erumpere cogit. Sic spiritus tuus, non ut ille aerius, sed ut credo, divinus, non quidem erga te emortuum ignem pectoris mei, sed diu silentio tectum vaporem sermonis mei, sæpe scribendo, sicut follis assidue flando, suscitare nititur, et ad verba solita revocare molitur. Sed nolo, nolo, inquam, hoc æstimet amicus animus ; vel tarditatem verborum, defectum judicet animorum. Neque enim, etsi verba interpollantur, igneus ille vigor et cœlestis origo seminis jam ab antiquo concepti, aut exstinguitur, aut consopitur. Nam, juxta Scripturam nostram, *aquæ multæ non poterunt exstinguere charitatem, nec flumina obruent illam* (Cant. viii). Sed sicut pene ubique cernitur, infra clibani concava vel fornices deprimentes exstuans latet incendium; nec tamen foris lapideis repulsum obicibus ardoris alicujus ostentat indicium. Ita vis charitatis meæ, qua te semper in imo pectoris reconditum teneo, curarum obstaculis, sicut et ipse aliquando vidisti, assidue repressa, inesse quidem, ut est, semper amando potest; sed qualis intus lateat, vix

ANDREÆ CHESNII NOTÆ.

(111) *Alberico Hostiensi episcopo.* Cui et Hugo Rothomagensis episcopus librum adversus hæreticos Armorici dedicavit, uti jam nos alibi notavimus, et de quo sic Chronicon Cluniacense, « Albericus Cluniacensis suo, id est Petri abbatis, tempore monachus; deinde Ostiensis factus est legatus apostolicus in partibus Hierosolymitanis. »

aliquando per verba se prodere potest. Est et aliud, quod per aliquanta tempora mihi silentium suasit, et non quidem, ut dixi, ab amore, sed a sermone spiritum tepefecit, quia spem illam, quam de salute tua in ore loquor, ab ore tuo, quando et ubi sicut nosti, acceperam, differri plusquam olim crediderim video, et idcirco eam non quidem evanuisse, sed elanguisse pertimesco. Aut ergo dabis operam, ut spem, quam de te præsumpseram, resumam, aut quod unum possum, semel concepti silentii vincla non solvam. Malo enim me cum fructu intra memetipsum concludere, quam otiose me extra memetipsum diffundere. Nam quantum sit negotium, silentii otium, expertus agnoscit, maxime cum arbor operum ex radice prodeat et vigeat meditationum. Cur igitur tibi essem infructuose loquax, cum magis judicari possem, continuis instans surdo clamoribus procax? Ut enim audacter unanimi amico loquar, quis non desperet erga ea quæ sæpe monui profectum tuum, cum circa eadem quotidianum videam defectum tuum? Quis jam annosam quercum, altis jam radicibus innitentem, se evellere posse præsumat, cum molle vimen et recenti adhuc nativitate tenerum, a domestica humo nulla vis studiosior agricolæ abrumpere potuerit? Sed ut jam non parcam et litteris fidis nota tandem nobis duobus secreta committam, ubi est devotio illa, ubi est affectus ille cœlo appropians, imo ipsum cœlum, ut jam videbatur, exsuperans, quo te mihi, mihi inquam, imo ipsi, quod magis dicendum est, Deo, non dico in fratrem, sed, ut verbis tuis te familiariter arguam, in filium ac monachum devovisti? Ubi fides data, ubi tempus constitutum, ubi denominata dies, quando te mundum deserere, regnum Dei rapere, abjicere sæcularem fastum, humilem et pauperem Jesum sequi, sublimis adhuc et dives episcopus devovisti? An oculus ille pervigil, et simul omnia integre cernens, quando hæc facta sunt tunc clausus erat? Auris illa cuncta simul et integre audiens, quando hæc vicissim conferebantur obsurduerat, ut non pro duobus Evangelii vel sæculi testibus, in quibus omne verbum stare dicitur (*Matth.* xviii), audiantur? An forte irruentibus agminibus episcopalium negotiorum, ista ab animo explosa sunt, et occupantibus aliis cogitatibus locum, ea quasi repulsa cesserunt?

Sed ecce redeat, redeat certe ad mentem, fugax, si tamen jam fugata fuerat, memoria; recordetur festivæ Palmarum diei, publici quoque sermonis ad populum, quo a te dies illa solemniter illustrata est, non obliviscatur; memor sit capellæ illius Cluniacensis (112), quæ longe venustior hujus nostræ Burgundiæ ecclesiis, picturis decentibus decorata, et gestorum Christi clarioribus miraculis insignita, locum nobis secreti colloquii aptissimum præbuit.

Nec mente excidat quod episcopo locum abbas, ut dignum erat, in sede propria tribuit, reluctantem sedere coegit : ipse ei in matta monachica, quæ sedi illi contigua erat, assedit. Collatio non de imis, sed de supernis habita est : aliquandiu, quia res sic exigebat, protracta est. Eousque ad ultimum deducta est, ut redeundi ad nos a vobis indiceretur dies, a nobis susciperetur, susceptus exspectaretur, exspectatus differretur ; et licet te rogante, me concedente, de tempore in tempus dilatus, adhuc tamen a me exspectatur, monetur, invitatur. Sed, o quid faciam? Sacerdotem ab altari, pontificem a populo, pastorem ab ovibus, sejungere quæro? Frontem illam auri lamina radiantem, ineffabile nomen Dei gestantem, caput cidari decoratum, rationali pectus, superhumerali humeros adornatos, veste sacra et gemmata corpus præfulgens, ipsos in totius corporis fabrica ultimos pedes sandaliis indutos : ista, inquam, omnia, et adhuc plura supernum sonantia, et hominem illum his indutum non jam terrenum, sed totum cœlestem signantia cœlis detrahere, luto adjungere laboro, dum tantam sublimitatem, tantum fastigium humilitati monasticæ sociari ambio, et hominibus, qui omnium peripsema facti sunt, parem fieri concupisco? Novi, novi sacerdotalis ordinis dignitatem, agnosco sublimitatem ; sed altiorem et securiorem his judico humilitatem. Audio Christum dicentem : *Super cathedram Moysi sederunt Scribæ et Pharisæi (Matth.* xxiii). Sed recolo eumdem adjungentem : *Omnia quæcunque dixerint vobis servate et facite ; secundum vero opera eorum nolite facere (ibid.).* Reminiscor et ipsum, in Scribas et legis peritos invehendo dixisse : *Væ vobis, qui tulistis clavem scientiæ. Ipsi non introistis, et eos qui introire volebant prohibuistis (ibid.).* Item eisdem : *Amen dico vobis, quia publicani et meretrices præcedent vos in regnum Dei (Matth.* xxi). Item ad ipsos : *Væ vobis duces cæci, qui dicitis : Quicunque juraverit per templum, nihil est. Qui autem juraverit in auro templi, debet (Matth.* xxiii). Item : *Væ vobis, Scribæ et Pharisæi hypocritæ, qui comeditis domos viduarum, orationes longas orantes. Propter hoc, amplius accipietis judicium (ibid.).* Rursus eumdem per antiquum prophetam : *Væ pastoribus Israel, qui pascebant semetipsos (Ezech.* xxxiv). Et post pauca : *Ecce ego ipse super pastores, et requiram gregem meum de manu eorum. Et cessare eos faciam, ut ultra non pascant gregem meum, nec pascant amplius pastores seipsos, et liberabo gregem meum de ore eorum et non erit eis ultra in escam (ibid.).*

Quorsum ista? ut attendens, charissime, pontificalis ordinis fastigium, attendas et periculum ; agnoscens honorem, agnoscas et laborem ; diligens forte gradum altiorem, formides, sicut ab antiquis dictum est, casum graviorem. Si alliciunt aliqua oblectan-

---

ANDREÆ CHESNII NOTÆ.

(112) *Memor sit capellæ illius Cluniacensis.* Hoc est beatæ Mariæ Virginis, quæ et vulgo *Capella abbatis* nuncupatur, et a domno Widone Viennensi archiepiscopo dedicata fuit anno 1118 ut ex ipsius dedicationis actis pag. 564 hujus Bibliothecæ positis liquet.

tia, deterreant ab eorum amore longe plura, non solum ubi post mortem sperantur, sed hic etiam, ubi de proximo sentiuntur, pungentia, mordentia, amaricantia. Hæc, inquam, et illa deterreant, hæc et illa invitent, ut sancta periculosa fugias, et ad sancta securiora confugias. Quia, ut apertius loquar, sicut sanctis episcopis præparatur in altis superior locus, ita, ut sic dicam, vita et moribus ex episcopis reservatur in imis inferior infernus. Et ne forte quilibet me ad ista inconsulte monere pontificem æstimet, accipiat non solus ille, sed mundus cum eo universus, sole clariora exempla, quibus non solum regia sed et ipsa pontificalis dignitas, hoc est, non tantum sæcularis, sed et ecclesiastica sublimitas, esse docetur aliquando contemnenda. Hinc de regia vel sæculari Evangelium : *Jesus*, inquit, *cum cognovisset quod venturi essent ut raperent eum, et constituerent sibi regem, fugit in montem (Joan.* vi). Hinc de pontificali, vel ecclesiastica : *Puer autem crescebat, et confortabatur spiritu : et erat in desertis, usque ad diem ostensionis suæ ad Israel (Luc.* i). Quod utique de Joanne Baptista, filio sacerdotis Zachariæ dicens : ostendit eum in ordine vicis suæ more patrio et sacerdotium habere potuisse, et illud tamen in fastu, luxu et deliciis, vilitate, jejuniis, solitudine commutasse. Sed si opponatur Joannem Baptistam non adeptum, sed adipiscendum episcopatum fugisse, succurrunt innumera exempla magnorum præsulum, sanctorum abbatum, qui non adipiscendos, sed jam adeptos honores fugientes, docuerunt posteros esse quidem in officio commisso constanter et fideliter standum, sed omni tamen officio, omni gradui, omni dignitati, interno urgente periculo, esse renuntiandum. Sed ne sanctum Justum Lugdunensem episcopum, ut de proximo exempla sumantur, cum multis sanctis coepiscopis, ne sanctum Hilarionem, Sirum abbatem, cum multis sanctis coabbatibus producere molestum sit, mitto legentem ad gesta antiqua sanctorum, ut quæ dico aut nesciens discat, aut sciens, vera me dicere recognoscat.

Non autem hoc dico, ut adeo tibi timeam, aut te salvari in instanti ministerio diffidam, sed quia his nostris pessimis temporibus mundi malitiam viribus excrevisse, hominum inertiam a virtutibus defecisse considero, quia abundantiam nequitiæ quasi ex adipe prodiisse, justitiam et pietatem velut exsangues remansisse video : opto tibi non quod fortius, sed quod quietius ; non quod gloriosius, sed securius est, quia, ut ait Pater Augustinus, melius est parvum bonum cum parvo malo, quam magnum bonum cum magno malo. Sed esto, quantum ad animam nihil periculi sit, omnia tuta, omnia secura, maneat pastorem pro ovibus copiosa merces in cœlis, quid de latratibus canum, quid de insidiis, dolis, fraudibus, circumstantium, cohærentium, servientium ? Nonne hæc sentiebat, hæc dolebat ille qui dicebat : *Domine, libera animam meam a labiis iniquis, et a lingua dolosa? (Psal.* cxix.) Item cum dicebat : *Domine, divide linguas eorum, quoniam vidi iniquitatem et contradictionem in civitate (Psal.* liv). Nonne hæc fugere desiderabat, maxime cum superius dixisset : *Ecce elongavi fugiens, et mansi in solitudine? (Ibid.)* Nonne per sapientem ait Sapientia : *Melius est ire ad olera cum charitate, quam ad vitulum saginatum cum odio ? (Prov.* xv.) Nonne eadem rursum, *Melius est*, ait, *sedere in angulo domatis, quam cum muliere litigiosa? (Prov.* xxi, xxv.) Nunquid non hanc mulierem litigiosam, Ecclesiam dico tibi commissam, in quadam sui parte, quotidie, imo continue experiris ? Nunquid ad lites ejus et perpetuas contentiones non obsurduisti ? An te solum non quassant, quæ audita amicos tuos defatigant? Hinc annui ad urbem Romam itus ac reditus, hinc frequentes legati a Galliis ad Italiam, de Italia ad Gallias, ab ortu solis usque ad occasum, item ab occasu ad ortum, omnia lustrant, quietum inquietant, et cum his qui oderunt pacem pacificum esse volentem, gratis impugnare non cessant. Fugienda ergo sunt ista, ut mihi videtur, amice charissime, non amplectenda : beata quies labori, securitas timori, salus periculis præponenda : ab hostibus ad amicos, ab extraneis ad fratres, imo ad filios et famulos veniendum, qui te ambiunt, qui de te longam famem suam reficere concupiscunt. Exspectat te in Cluniaco tua ante paradisum voluptatis, paradisus charitatis (113), ubi lignum vitæ, ubi amœnitas jucunda, ubi areolæ aromatum consitæ a pigmentariis : quorum aspectu jucundaberis, odore oblectaberis, gustu satiaberis. Rependes et tu vicem filiis tuis, sacris virtutibus tuis, dum humiliando pontificalem majestatem, docebis non superbire monasticam humilitatem. Quod donec gratia Dei dante, Spiritu Dei inspirante fit, interim rogando supplicat tibi semper devota unitas multitudinis nostræ, ut te eis tandem post longa sæcula repræsentes, passionis scilicet et Resurrectionis Dominicæ sacratissimos dies sacerdos Dei cum eis peragas, et splendore adventus tui rutilantium dierum lumen adaugeas. Reliqua, super quæ scripsit paternitas tua, præcipue de domno Theobaudo, archidiacono, in ore fidi legati posui : quem, quia et meus est professione, et tuus devotione, dilectioni tuæ mihi super omnia pene ista mortalia chare transmittere studiose curavi.

ANDREÆ CHESNII NOTÆ.

(113) *Exspectat te in Cluniaco tua paradisus charitatis*. Paradisum appellat et Gaufridus abbas Vindocinensis epist. 1, lib. iv, ad Hugonem abbatem Clun. : « Non tribuat, inquit, eis contra locum Cluniacensem, quem secundum paradisum vocare audeo, proclamandi occasionem. » Et Petrus Cellensis epist. 1, lib. ii ad Petrum nostrum venerabilem *Hortum Domini* dicit, his verbis : « Dinumera stellas cœli, dinumera arenam maris, et dinumerare poteris fructum horti Domini, scilicet ecclesiæ Cluniacensis. »

EPISTOLA LI.

Charissimo filio Nicolao, frater Petrus, humilis Cluniacensium abbas, perpetuam salutem in Domino.

Quoniam ex quo te agnovi, bonum et remotum in corde meo tibi semper hospitium reservo, oportet et te aliquando vicem affectui meo rependere, et quod potueris diligenti te compensare. Dominum Trecensem episcopum, quem jam ab antiquo, ut nosti, in summa pectoris mei arce constitui, nescio quomodo factum invisibilem doleo, quem rursus appareat, litteris et precibus directis invito. Tanto enim jam tempore se absentavit, ut cum per Dei et sui gratiam se, quod in proximo speramus, repræsentaverit, vereor multum ne illum sine indice non cognoscam, et deleta de corde meo non dilectione, sed dilecti imagine, coram astantibus cum occurrerit, erubescam. Ne igitur hoc contingat, da operam ut maturius veniat, et in hebdomada Passionis et Resurrectionis Dominicæ, mœroris et gaudii, tristitiæ et consolationis, discipulus et episcopus, Christi servos et monachos Christi præsentia visitet, exhortatione suscitet, et tantos humanæ salutis dies non cum populis furentibus, sed cum quietis et humilibus celebret.

LIBER TERTIUS.

EPISTOLA PRIMA.

Venerabili et jucunda cordis memoria recolendo domino Henrico Wintoniensi episcopo, frater Petrus, humilis Cluniacensium abbas, salutem quam præparavit Deus diligentibus se.

Ex quo amplectenda reverentia vestra nuper a Cluniaco recessit, muta vobis permansit lingua mea, sed non tacuit de vobis conscientia mea. Siluit allocutio, sed non siluit devotio : tepuit loquacitas, sed non refriguit charitas. Nec mirum. Cum enim omnes pene Cluniacensis ovilis amici, cum omnes provisores, cum omnes benefactores in vobis uno confluxerint, non est mirandum, si per multos olim divisus noster amor ad vos solum concurrerit. Sed quoniam istud apud vos constare certum habemus, non sunt de his multiplicanda verba, neque quod optime nostis fastidiose replicandum. Illud tamen, quod nunc mihi fuit causa scribendi, requiro, illud summopere mihi vestrisque rescribendum deposco, quis regni Anglici, sed maxime quis vester vestrorumque sit status, quæ corporis incolumitas, quæ rerum prosperitas, qualiter nostra quoque loca se habeant, utrum pace lætentur, an adhuc dubia sub sorte laborent, quæ nostrorum conversatio, quæ sit fama. Ista omnia idcirco a vobis requiro, quia vobis maxime nostra omnia innituntur, et a vobis singulare post Deum, ut nostis, auxilium præstolantur. Fratres nostri, filli vestri pro vobis assidue Omnipotentis misericordiæ affectibus et precibus supplicantes, reverentiam vestram venerando salutant, et ut etiam apud Dominum eorum memoriam habeatis implorant.

EPISTOLA II.

Egregio et sublimiter venerando Alberoni magnæ Leodiensis Ecclesiæ magno pontifici (114), ac nobili ejusdem Ecclesiæ conventui, frater Petrus humilis, Cluniacensium abbas, humilisque grex Cluniacensis ovilis, salutem.

Utinam humilitati meæ talis daretur facultas qualis ab antiquo jam data est voluntas, ut amplectendam nobis et omnibus bonis personam vestram, ut sacrum et venerabile Ecclesiæ vobis a Deo commissæ collegium videre, ut jam dudum habeo, non chartis committere, sed ferventissimum charitatis affectum, quem ad vos ore ad os communicare vobis coram positis possem. Cum enim omnibus Christi Ecclesiis, quæ numerositate sua unius et catholicæ Ecclesiæ corpus perficiunt, charitatis compagine honorem simul et amorem debeamus, inter omnes Germanorum Ecclesias, hoc vobis quadam familiari prærogativa debemus, quorum non solum amore provocati, sed etiam frequentibus beneficiis et permaximis muneribus ad mutuam benevolentiæ vicissitudinem rependendam, magnifice invitati sumus. Et frequenter quidem a magistris Ecclesiæ Dei, et ab innumeris populi Christiani principibus multa Cluniacense monasterium dona, multa beneficia percepit; sed cum hæc vestris donis, vestris beneficiis, vestris muneribus, comparantur, licet magna sint et pretiosa, vilescunt. Suscepit vere Clun. Ecclesia, et sæpe, ut dixi, suscipit multorum, et diversorum non in terra, sed in cœlo thesaurizantium gazas; sed vestra xenia tanto aliorum munera superant, quanto homo pecoribus, quanta sapientia cunctis opibus antecellit. Auro igitur et topazio longe chariora Cluniacus a Leodiensi Ecclesia munera suscepit, quando magnificos viros, et summa cum laude ac dulcedine recolendos a vobis ad nos venientes, humili suorum collegio copulavit. Nam ut alios ante nostra tempora venientes, nobisque vultu incognitos taceam, quando Leodiensis Ecclesiæ memoria apud Cluniacum perire poterit, quæ

ANDREÆ CHESNII NOTÆ.

(114) Alberoni magnæ Leodiensis Ecclesiæ pontifici. Albero hic sive Adalbero, nomine secundus, ordine vero quinquagesimus nonus inter pontifices Leodienses, ex primicero Metensis Ecclesiæ factus fuit episcopus anno Christo 1136. « Juvenis quidem ætate, » sicut scribit Ægidius Aureæ Vallis religiosus, « sed in signum maturæ mentis canus capillo, et de prosapia Namurcensi » satus, cujus sororis filius Godefridus erat dux Lovanii.

Hezelonem, Tezelinum, Algerum, canonicos (115), magnosque suis temporibus magistros, humilitatis discipulos, et, ut ipsi qui vidimus, attestamur, veros monachos fecit? Quorum primus multo tempore pro Ecclesia, ad quam venerat, laborans, singulari scientia et prædicabili lingua, non solum audientium mores instruxit, sed corporalem novæ Ecclesiæ fabricam, quam aliqui vestrorum viderunt, plus cunctis mortalibus post reges Hispanos et Anglos, construxit. Sequens spiritualibus tantum studiis totum suum hominem occupans, in sancto proposito longævus consenuit, et prius Cluniaci sub sancto Patre Hugone, dehinc Vizeliaci cum domno Rainaldo abbate (116) ejus nepote, ac demum Lugdunensi archiepiscopo, degens, laudabilem vitam sancto fine conclusit. Tertius, cujus vix memoriam sine lacrymis facio, humilitate, puritate, vitæ totius sinceritate secundum meam judicium longe præcedentes exsuperans, ita meo tempore apud nos vixit, in tantum benigne et sancte conversatus est, ut licet a nobis carne recesserit, spiritu tamen et memoria singulari nobiscum semper, dum vivimus, non esse non possit. Qui et librum De sacramento altaris, auctoritatibus sanctorum Patrum invincibiliter communitum, nobis et fidei suæ insigne testimonium, et contra quorumdam modernorum, vel imperitiam, vel errorem, singulare præsidium dereliquit. Inspiret igitur omnipotens Spiritus, qui ubi vult spirat, cordibus vestris, ut sanctorum istorum, quos ante oculos mentis vestræ memorans reduxi, vitam et exempla imitemini, qui a vobis, ut dixi, venientes, et more magni patriarchæ de terra, de cognatione, de domo propria egressi, peregrinatione sancta amissam patriam repetierunt, et mundi superbiam in humilitatem, luxum in frugalitatem, divitias in paupertatem, commutantes, ad eam jam per Dei gratiam pervenerunt. Hac ergo recordatione, charissimi, velut quodam charitatis glutino vobis adhærentes, vosque vicissim nobis adhærere rogantes, ut hæc memoria apud vos sit continua, quæ et apud nos est perpetua, precamur. Hac confidentia fiducialiter vos etiam pro locis Cluniacensibus in diœcesi vestra constitutis oramus, qua a vobis nos non repelli, sed exaudiri speramus. Specialiter autem pro domino Gerardo priore de Bertreis (117), et domo sibi commissa vestram amicitiam deprecamur : qui non tantum nobilitate generis, qua vobis bene notus est, sed etiam honesta vitæ conversatione, qua a nobis commendandus est, hoc ut credimus, promeretur.

EPISTOLA III.

Illustri et glorioso regi Siciliæ, domino et amico Rotgerio (118), *frater* Petrus, *humilis Cluniacensium abbas, salutem ab eo qui dat salutem regibus.*

Per me, ait Dei Sapientia, *reges regnant, et legum conditores justa decernunt* (*Prov.* VIII). De quorum numero, quia vos esse cœlestis censura censuit, eidem supernæ moderationi, quas possumus, gratias agimus, non tantum quia sublimitatem vestram magnis populis prætulit, sed quoniam maxime eisdem populis vos præferendo providit. Inde enim lætamur, inde in Domino gloriamur, inde celsitudinem vestram, etsi vultu incognitam, veræ dilectionis brachiis amplectimur, et ut ad honorem nominis sui, ad salutem populi sui omnipotens Salvator vestram regalem potentiam magnificet, et conservet, humiliter et frequenter precamur. Quis enim non gaudeat, quis non totis viribus, si necesse fuerit, collaboret, ut post tantos bellorum et malorum turbines, tam profundæ pacis bonum a Deo per vos Siculis, Apulis, Calabris multisque aliis gentibus collatum, conservetur, augeatur, dilatetur? Quis Ecclesiæ Dei se membrum agnoscens, de tantarum Ecclesiarum tam inconcussa et stabili pace per vos, ut dixi, et restituta et conservata, in Domino non exsultet? Quis audiens clericos, monachos, milites, rusticos, onu-

ANDREÆ CHESNII NOTÆ.

(115) *Hezelonem, Tezelinum, Algerum, canonicos.* De Hezelone jam ad Vitam S. Hugonis egimus. Texelinum commendat et Chronici Cluniacensis scriptor, quem edidimus. Algerus denique sic a Petro nostro laudatur Tractatu contra Petrobrusianos hæreticos : « Tertius, inquit, nempe Algerus, ante canonicus et magister Leodiensis, dehinc nostro tempore monachus et presbyter in monasterio Cluniacensi, ubi etiam liber ejus De sacramento altaris habetur, puræ ac devotæ conversationis exstitit. » Hic etiam ut refert alius auctor Chronici Clun. « pro ecclesiasticis negotiis ad diversas personas, et ad Ecclesias multas insignes composuit epistolas, quæ a plerisque summo conservantur et leguntur studio. Erat enim subtilis ingenio, facundus eloquio, in proposito stabilis, et quod his omnibus est pretiosius, existimabatur et erat tam fide quam doctrina catholicus. Jam senex quoque presbyter ordinatus est, et fere per decem annos religiose conversatus, bonam, quam et in clericatu duxerat, vitam felici obitu terminavit. »

(116) *Cum domino Rainaldo abbate.* Hujus memoriam abbas noster honorifico celebravit epitaphio, quod inter alios ejus versus et rhythmos habetur.

(117) *Pro domino Gerardo priore de Bertreis.* Prioratus hic, qui et Beatæ Mariæ de Bertreia dicitur, in diœcesi Leodiensi, quorum donatione venerit in jus et subjectionem Cluniacensium, docent ipsius, ad quem hæc epistola dirigitur, Adalberonis Leodiensis episcopi litteræ quæ et ipsæ pag. 1587 hujus Bibliothecæ Clun. integræ positæ sunt.

(118) *Regi Siciliæ Rotgerio.* Rotgeri Northmanni, cognomento Bossi, Siciliæ comitis et Apuliæ ducis filio, qui primus, inquit Thomas Fazelus, lib. VII posterioris Decadis rerum Sicularum, « non amplius Apuliæ ducem et Siciliæ comitem se appellari passus, regium nomen provinciis, quibus præerat aptandum, et perennem sui notitiam regio stemmate et principio hoc splendido commendandam curavit. » Quare et « a suis rex tum Italiæ, tum Siciliæ salutatus, Panormi anno salutis 1129, Idibus Maii, in regem Siciliæ unctus et coronatus est. » Nec multo post illi etiam Innocentius papa II « urbem Neapolim, quæ usque ad ea tempora Græcorum imperatori paruerat, cum reliquo Terrælaboris, Apuliæ, ac Calabriæ, ad fretum usque Siculum corpore, præter regium titulum concessit. »

stos pecuniis et diversis mercibus mercatores, omneque genus hominum in terra vestra manentium, aut per eam transeuntium tyrannorum, raptorum, insuper ipsorum latronum, omni timore sublato, sua omnia pacifice obtinere, quis, inquam, tanta bona per unum bonum principem tot tantisque hominum generibus impendi audiens, non quas potest Regi regum gratias agat, et ut tali regi regnum ab eo conservetur et augeatur, imploret? Ista me, ut dixi, ad vos amandum, primitus impulerunt : ista ut inter magnos reges, Romanos dico, Francos, Anglos, Hispanos, maximos Cluniacensis Ecclesiæ amicos et benefactores, vos quoque admitterem, coegerunt. Ea de causa jam ex multo tempore pro pace, pro honore, pro salute vestra, et apud Deum precatorem, et apud homines prædicatorem me constitui, et ad idem agendum tam de nostris, quam de alienis, quos potui, attraxi. Testis est horum conscientia mea, testis Romanus cancellarius, testis et ipse Dominus papa, quem Pisis, quem Romæ, quem intra Gallias constitutum, præsens verbis, absens litteris, de pace vestra sæpe conveni, et ne inimicis vestris vestram pacem, jusque perturbantibus crederet, et rogavi, et monui. Quod licet diu dilatum, sed nunc tandem ad effectum perductum, nos et omnes quicunque audire potuerunt, pacis amatores lætificat, et ad gratiarum actiones Deo persolvendas invitat. Rogo ergo, et in quantum possum vos, ut charissimum et sublimem amicum admoneo, ut hanc pacem Pastoris vestri, ac summi Ecclesiæ Dei magistri toto affectu amplectamini, toto adnisu retinere studeatis, quatenus et ipse de vobis, sicut de optimo et speciali filio, et vos de ipso sicut de benigno et singulari Patre, in spiritualibus pariter et temporalibus gaudeatis. Filium nostrum Gaufridum, cum litteris vestris omnem benevolentiam redolentibus ad nos venientem, vobis cum his litteris remittimus, atque tam ipsum quam commissum ei monasteriolum, quod solum adhuc in regno Siciliæ vestra Cluniacus habet, regiæ clementiæ commendamus, et quia tam se quam locum eumdem singulariter a vobis diligi retulit, gratias agimus. Idcirco autem dixi, adhuc solum illud nos in regno Siciliæ habere, quia nihil non solum diu manere debeat, de tanti amici singulari amicitia omnino præsumo. Nam si hoc Deus cordi regio inspiraret, et per vos in regno vestro de jam facto semine in multam frugem parvum illud principium multiplicaret, cresceret et in corde nostro multiplicandæ in terra illa monasticæ religionis affectus. Quia sicut bene novit sapientia vestra, spes lucri majoris, majus efficitur fomentum laboris. Lucrum autem majus vocavi, multiplicatæ religionis augmentum, quam major numerus monachorum melius potest servare, quam parvus, quia, ut ait Scriptura sacra : *Væ soli! quia cum ceciderit, non habet sublevantem* (*Eccle.* iv); et sicut rursum loquitur : *Frater fratrem adjuvans, sicut civitas for-*

tis et munita (*Prov.* xviii). Major ergo si fieri posset, fratrum vel locorum numerus, majorem in nobis succenderet propagandæ religionis affectum, quia in eorum multiplicatione majorem sentimus esse profectum. Nec utilior posset accrescere regiis gazis thesaurus, quam ille, quem de terris ad cœlos translatum præda non diripit, latro non subripit, et juxta sanctum Evangelium, tinea non corrumpit, fures non effodiunt, nec furantur (*Matth.* vi). Animet vos, et ad bene agendum magis magisque succendat, non solum (quod præcipuum est), timor Dei, maximum regnorum omnium robur, sed etiam, quam præmisi, probitatis vestræ fama per regiones hac illacque diffusa, quoniam magnifico regi timore Dei justitiæ colla submittere gloriosum est, et famam optimam velle dilatare utile simul et honorificum est.

EPISTOLA IV.

Venerabili et charissimo fratri, PONTIO *abbati Vizeliacensi, frater* PETRUS, *humilis Cluniacensium abbas, salutem.*

Exspectaveram, ut fraternam non quidem senectutem, sed senectuti præponderantem, diuturnam laboris fatigationem, fraternæ juventutis robur exciperet, et non arundineo, sed eburneo baculo assiduis extenuatas vires sudoribus sustentaret. Sed aliter, aliter quam putaverim, cessit ; nunc equidem quam speravit in fratre, fraternus affectus invenit. Circumeo, satago, sollicitor, angor, hac illacque distractus, tum de propriis, tum de alienis negotiis, non sine magnis animi motibus curiosus. Laborat senior, quiescit junior; et nec affectu, nec ætati deferens, umbra laborantis, ab æstu se abscondit laboris. Sed Deo gratias, reportat de laboribus propriis nobilem laborans triumphum ; nec alteri invidens gloriam, solus quam meruit, victoriæ obtinet palmam. Dormienti itaque fratri, nec pro fratre, nec pro fratribus a somno diutino evigilare volenti, indico : tantam tamque diuturnam fratrum guerram, meo, meo, inquam, studio, mea cura, mea inquietudine, prævia et adjutrice Dei gratia consopitam, Eracliumque et Eustachium germanos, sacramentis inviolabilibus in perpetuum fœdus amicitiamque juratos. Hæc indicando et velut exprobrando mandavit, ut de pace fratrum meis ad præsens laboribus provisa, mecum gaudeatis; et deinceps de requie vestro studio nobis comparata, nos vobiscum gaudere faciatis. Ut tamen serio aliquid loquar, per filium meum charissimum Guillelmum mihi remandate quo tempore Cluniacum, vel circa venire, et nobiscum loqui possitis.

EPISTOLA V.

Summo pontifici et nostro speciali Patri domino papæ INNOCENTIO, *frater* PETRUS, *humilis Cluniacensium abbas, obedientiam cum amore.*

Venerabilis frater noster domnus Natalis, Resbacensis abbas (119), a paternitate vestra nuper rediens, Cluniacum venit. Qui a nobis, ut decebat, honorifice susceptus, post duos aut tres dies inopinatam nobis voluntatem suam prius coram paucis, dein coram cunctis fratribus nostris aperuit, velle se, scilicet pastorali sollicitudine deposita, nobiscum quietius Deo servire. Sed nos licet de tanti viri nobiscum cohabitatione valde gavisi, [cum] utilissimam ejus prudentiam ac religionem Cluniacensi Ecclesiæ esse sciremus, monuimus tamen ut Ecclesiam, ad quam vocatus fuerat, non desereret, ne forte multiplicia bona, quæ et ipse noveram per eum in domo illa sata et multiplicata, ejus absentia deperirent. Cumque hoc et solus et cum sociis sæpe monuissem, sæpe replicassem, animum tamen ejus a propositæ quietis desiderio revocare non potui. Et quia spe et amore æternorum, ad transeuntia oculum mentis, nec ipsa occasione ecclesiasticæ administrationis eum ullo modo velle reflectere prorsus cognovi, oro cum fratribus nostris pietatis vestræ servis et filiis, ut jam bonæ voluntati ejus paterna benignitate acquiescatis, ejusque spirituale ac beatum otium, nec a suis monachis, nec a quibuslibet aliis inquietari ulterius permittatis. Sed nec sapientia vestra aliquem, utilitatem personæ ad ejus inquietudinem prætendentem audiat, quoniam licet vestræ Resbacensi Ecclesiæ sicut ipse non ignoratis, valde utilis fuerit, Cluniacensi tamen, quæ familiarius vestra est, non inutilis esse poterit. Quia ergo non alibi, quam in sinu vestro, hoc est in Cluniaco requiescere maluit, provideat ei, ut dixi, pietas paterna quietem, quam justo ordine post Marthæ meretur habere laborem.

EPISTOLA VI.

Pontio fratri, frater Petrus abbas humilis, salutem.

Ait Paulus Antonio pulsanti : *Nemo sic rogat ut minetur. Nemo cum precibus injuriam facit. Et minaris si non recipiaris, cum moriturus adveneris?* Hæc vox mea est. Quod Paulus Antonio, hoc ego Pontio : Rogas et minaris, et cum precibus injuriam facis. Mellitum quidem, sed tamen gladium exeris. Nisi tibi provideam, vindictam de cœlo minaris. Sed quia cum Deo litigare nolo, nec tutum mihi est tam valido obviare torrenti, necesse est cedere fortiori, in cujus tu potentia confisus, potentem impotens, fortem debilis, pauper divitem non vereris. Obsecro, parce minis; parcat ut ipse Deus, non tantum mihi, sed etiam tibi, ut cum nobis peperceris, parce tuum facilius mereatur audiri.

EPISTOLA VII.

Venerabili et charissimo fratri Gregorio, frater

(119) *Domnus Natalis Resbacensis abbas.* Subscripsit hic litteris Henrici Senonensis archiepiscopi, quibus Gilduinum Sancti Victoris Paris. abbatem de ecclesia Sanctæ Mariæ de Floriaco Senon. diœcesis investivit, et memoratur etiam in actis controversiæ Hattonis Trecensis episcopi cum Gosleno Suessionensi præsule, super finibus discernendis ac distermindandis, ubi tamen corrupte *Da-*

Petrus, *humilis Cluniacensium abbas, considerare mirabilia de lege Dei.*

Gaudeo, et ut dignum est, vehementer exsulto, quod inter innumerabiles nostri temporis miseros, pene te solum beatum invenio. Hujus tuæ beatitudinis non ego novus prædicator sum, nec a me primum inventa loquor, sed vocem Christi Domini tui in te, qui membrum ejus es, non incongrue transfundo, qua loquitur in psalmis : *In capite libri scriptum est de me (Psal. xxxix).* Dicit caput, quod verum est de se : In capite libri scriptum est de me. Dico et ego, nec falli me credo, In capite libri scriptum est de te. Si enim beatus dicitur in capite psalmorum, cujus voluntas in lege Domini, cujus meditatio in lege Domini die ac nocte est *(Psal.* 1), cur ego te beatum non æstimem, non dicam, non prædicem, cujus voluntatem in lege Domini, cujus meditationem in lege Domini, cujus oculos in legendo legem Domini, cujus os in sonando legem Domini, cujus non solum articulos, sed et omnes artus in scribendo legem Domini, nocte ac die persistere, imo desudare video? *Beati,* inquit alius psalmus, *qui scrutantur testimonia ejus, in toto corde exquirunt eum (Psal.* cxviii). Nonne igitur secundum has sententias, non meas, sed Spiritus sancti, non hominis, sed Dei jure te beatum prædico? Quocunque enim me negotia trahunt, quascunque domos adire, quæcunque penetralia vel recessus domorum penetrare cogunt, Gregorium cum sermonibus, Gregorium cum epistolis, Gregorium cum diversis tractatibus, cum infinita schedarum vel librorum congerie invenio. Istis undique ac semper latera tua ambiri, sinus impleri, gremium gravari assiduæ conspicio, et monachum longe melius Cluniaci, quam quemlibet philosophum in Academia philosophantem stupeo. Cerno languidos, enerves et miseros orbem terrarum implevisse, non Deo, sed sibi vacare, studia negligere, talentum, juxta magnum Gregorium, in terra abscondere, et secundum aliumquemdam, cum loquendo vel scribendo quam maxime prodesse possent, veluti pecora inutili vitam silentio transigere. Sed quid est, quod dixi, loquendo, vel scribendo, cum vix etiam legendo sese ad divina studeant animare? At tu non ita, qui juxta Hieronymum dicentem : *Ama studium Scripturarum, et carnis vitia non amabis :* non solum a te hoc sancto studio carnis vitia exclusisti, sed insuper gratiarum et virtutum spiritualium fruges de præmisso semine in multam messem consurgere coegisti. Utinam certe, utinam sic mea mitigarentur negotia, utinam sic se offerrent otia, ut tecum frequenter talia meditari, talia tractare, et meditata ac tracta-

ANDREÆ CHESNII NOTÆ.

talis abbas Resbacensis appellatur. Est autem Resbacense monasterium in Brigeio, sive Bria, vulgo *Resbés en Brie,* quod S. Audoenus Dagoberti regis cancellarius et archiepiscopus Rothomagensis, sub Regula sancti Benedicti fundavit, ut ex cap. 7 ejus Vitæ, quæ legitur apud Surium die 24 Aprilis, elucet.

ta, possem tibi verbo vel scripto quolibet communicare! Interim quod instat agatur. Proposuisti tria capitula, tresque de tribus ipsis quæstionum nodos implicuisti, meque ad dissolvendum ipsos, velut solutorem idoneum elegisti: Quod quidem neque in aliis ego sum. Voluntati tamen tuæ, et charitati, qua tibi astringor, pro posse deesse nec debeo, nec possum.

Prima propositio tua est, qua te et tecum multos alios moveri asseris: utrum beatæ Virgini matri, cui dictum est : *Ave, gratia plena* (*Luc.* i), atque adjunctum, *Spiritus sanctus superveniet in te, et virtus Altissimi obumbrabit tibi* (*ibid.*), et in qua, juxta Hieronymum, tota divinitatis unda se contulit, utrum certo illi in adventu Spiritus sancti die Pentecostes facto super apostolos, aliquid gratiarum auctum sit. Sic enim proponis : Si aliquid gratiæ supra, quam prius habuerat, accepit, illud accepit, quod non habuit. Quod si habuit, non accepit. Et addis : Nec tamen credimus, quod hæc ex aliquo Scripturæ divinæ fonte derivetur opinio. Ac statim : Si enim totam Actuum apostolorum historiam revolvamus, nihil in ea unde vel levissimam conjecturam, ne dicam hujus rei argumentum quis possit elicere, ut arbitror, inveniemus. Nam cum ex auctoritate evangelica plenitudo omnium gratiarum fuerit in Maria, in cujus carnem tota se divinitatis unda contulit, et singulari ac insolita veneratione ab angelo salutata, gratia plena, Spiritu in eam super omnem creaturam superveniente, et virtute Altissimi obumbrata fuerit, mirum atque stupendum mihi videtur, quomodo alia superveniente gratia indiguerit, quæ Dei Filium in utero virginali de Spiritu sancto concepit. Confirmandi sane et corroborandi, Spiritu sancto adveniente, adhuc infirmi erant apostoli, adhuc carnales et divinorum sacramentorum, quæ per orbem terrarum fidelium mentibus infundere debebant, minus capaces. Et quia in omnem terram exiturus erat sonus eorum, et in fines orbis terræ verba eorum (*Psal.* xviii), congruum erat ut omnium linguarum genera cognoscerent, ne in nationes gentium missi, linguarum varietatem aliquatenus ignorarent. Nunquid dicendum est Mariam cum Joseph et puero angelo in somnis apparente, in Ægyptum profectam, ante hunc solemnem Spiritus sancti adventum, Ægyptiorum linguam ignorasse? Hæc certe verba tua sunt, quæ ex epistola mihi a te missa excerpsi. Hæc verba et ex parte videntur quærere, utrum aliquid, ut jam dictum est, plus gratiæ sancta illa virgo et mater Domini in illo Pentecostes die acceperit, et ex parte velle astruere quod nihil plus quam ante habebat acceperit.

Quod, ut absque præjudicio sanioris forte sententiæ loquar, utrum ita an aliter sit, clarius videbitur, si gratiæ a gratiis secernantur, si majora a minoribus Spiritus sancti charismata distinguantur. Majora vero Spiritus sancti charismata dico, quæ ad perficiendam justitiam hominis pertinent, ut ea de quibus Apostolus scribit : *Nunc autem manent fides, spes, charitas, tria hæc. Major autem horum est charitas* (*I Cor.* xiii). De qua ipse alibi apertius : *Charitas*, inquit, *de corde puro, et conscientia bona, et fide non ficta* (*I Tim.* i). Hæc est illa charitas, non tantum faciens sed omnino perficiens justitiam : ad quam cæteræ virtutes justitiæ cooperatrices, velut ad matrem filiæ respiciunt, de cujus radice exoriuntur, de cujus stipite, velut fructuosissimæ arboris, ramorum infinitas speciosa dependet. Ibi castitas, ibi humilitas, ibi veritas, ibi sinceritas, ibi obedientia, ibi omnis justitia. Lege Apostolum, et invenies cætera sigillatim exposita. Lege Evangelium, et audies Christum : *In hac universa lex pendet et prophetæ* (*Matth.* xxii). Hoc est charisma, majus omnibus charismatibus; hæc est gratia, major, ut sic dicam, omnibus gratiis. Hæc est, inquam, illa maxima et superexcellens gratia, de qua Gabriel beatæ Virgini ait : *Ave, gratia plena*. Hac gratia hanc singularem virginem a tempore prolatæ angelicæ salutationis sic plenam vel repletam esse intelligo, ut ei aliquam creaturarum, sive terrestrium, sive cœlestium præferre nefas sit, conferre insuper absurdissimum sit. Hac virtutum universarum gratia, cunctis creaturis excellentius illud omnipotentis Creatoris, non tantum spirituale, sed etiam corporale hospitium impleri et ornari decebat, ut sapientia Dei, quæ se delectari per singulos dies, quæ se ludere in orbem terrarum, quæ delicias suas esse cum filiis hominum per Sapientem fatetur (*Prov.* viii); quæ nec delectari nec ludere, nec deliciari, nisi in sacris virtutibus, et sanctis affectibus potest, in hac sancta et supercœlesti Virgine matre sua, præ cunctis hominibus vel angelis virtutum gratia plena, magis delectaretur, luderet, deliciaretur. Præ cunctis plane creaturis, et in terris virtutum gratia exornari, et in cœlis sublimi gloria illam decuit clarificari, quæ sola inter omnes creaturas, matris Dei nomine meruit decorari. Nam cum multi dicantur martyres Dei, cum multi dicantur apostoli Dei, cum multi dicantur prophetæ Dei, cum multi dicantur angeli Dei, cum multi dicantur diversorum ordinum sancti Dei, ipsa sola dicitur mater Dei. Unde justum erat ut, juxta quod Apostolus ad Hebræos loquitur, sicut Moyses fidelis famulus in domo (*Hebr.* iii), sicut Christus unicus Filius dominans in domo (*ibid.*), sic ipsa ejus mater virtutibus et gloria toti familiæ post ipsum in eadem principaretur domo. Sicut igitur est in ipsa singulare, ac super omnia post Deum, nomen matris Dei : ita est singularis, et super omnia post Deum in terris, et in cœlis gratia et gloria ejusdem matris Dei. Unde quantum ad illam gratiam pertinet, quâ per Spiritum sanctum et virtutem Altissimi, utpote conceptricem, genitricem, ac nutricem omnipotentis Filii Dei, eam decuit purgari, sanctificari, glorificari, die Pentecostes nihil ei additum credo, imo absque omni hæsitatione confirmo. Quis enim sani capitis hoc unquam vel suspicari potuit, ut quantum ad aliquam partem justitiæ spectat, post Filii Dei in ipsa conceptionem, et de ipsa nativitatem, aliqua gratiæ portio ei addita fuerit, cum ipsam ante ista angelus gratia plenam dixerit? Nonne hoc absurdum, imo nefarium esse quilibet etiam valde brutus advertit, ut concipiens, vel pariens Deum imperfecta fuerit; post conceptionem vero vel partum divinum ad perfectionem ante non habitam pervenerit? Quis hoc non tantum abjiciat, sed non etiam exhorreat? Nihil enim ei usque ad ultimum vitæ mortalis terminum, gratiæ perfectricis accessit quod Deum concipiens et pariens non habuit, quia ex quo gratia plena dicta est, semper eadem gratia plena permansisse, absque augmento aliquo credenda est. Quod si nullo tempore vitæ suæ, post sæpe dictam conceptionem vel nativitatem, ei aliquid præfatæ gratiæ additum est, nec die Pentecostes ipsi in talibus aliquid adjunctum est. Quia enim quod plenum est, nulla ex parte vacuum intelligitur, nihil ei addi potuisse cognoscitur, quæ plena gratia prædicatur. Quid enim virtutum spiritualium ad justificandam vel sanctificandam animam pertinentium, die illo Pentecostes acciperet, quæ inter cætera hoc in plenitudine evangelizatæ gratiæ accepit, quod nullus apostolorum vel die jam dicto, vel aliquo vitæ suæ tempore accipere meruit? Nam licet magna et immensa dona apostoli ea maxime die a datore gratiarum Spiritu Dei acceperint, nullus tamen illorum hoc donum meruit, ut in carne mortaliusque ad carnis mortem absque peccato omnino esse potuerit. Hinc verba illa apostoli Jacobi profusa sunt: *In multis offendimus omnes* (*Jac.* III). Hinc et illa Joannis: *Si dixerimus quia peccatum non habemus, nos ipsos seducimus, et veritas in nobis non est* (*I Joan.* I). Hinc et illa magni Apostoli: *Nihil mihi conscius sum, sed non in hoc justificatus sum* (*I Cor.* IV).

Quod ergo nec die Pentecostes apostoli accipere meruerunt, hoc multo ante Pentecosten tempore, de qua agitur mater Virgo, accepit. Unde Augustinus contra Cœlestium Pelagianum, in libro De perfectione justitiæ hominis: *Cum de peccatis*, inquit, *agitur, nullam prorsus de matre Domini volo haberi quæstionem. Unde enim scimus quid ei plus gratiæ collatum fuerit ad vincendum ex omni parte peccatum, quæ concipere ac parere meruit, quem constat nullum habuisse peccatum. Hac ergo sancta Virgine excepta, si omnes sanctos et sanctas, dum hic viverent, congregare possemus, et interrogare utrum essent sine peccato, sine dubio respondissent quod de se Joannes etiam apostolus ait:* « *Si dixerimus quia peccatum non habemus, nosmetipsos seducimus et veritas in nobis non est* (*I Joan.* I). » Hucusque Augustinus. Nullo autem pacto esse potuit, vel debuit, ipsa ratione hoc ipsum vociferante, ut Spiritus sancti sacrarium, Filii Dei reclinatorium, totius deitatis solium, qualibet vel parva peccati nubecula postmodum subintraverit, et cor illud conceptæ deitatis luce præfulgens, aliquis vel modicus tene-

brosæ cogitationis fugax saltem volatus fuscaverit. Ergo secundum ea quæ præmissa sunt, beatæ matri Virgini, nec die Pentecostes, nec aliquo post conceptionem Filii Dei die quantum ad majora et supra dicta gratiarum dona pertinet, nihil additum est. Sed sicut ei nihil additum in majoribus confirmo, ita ei aliquid in minoribus forte adauctum, non nego. Quæ sint vero illa minora, et sæpe fatus Apostolus docet: *Alii*, ait, *datur per Spiritum sermo sapientiæ, alii sermo scientiæ, alii gratia curationum, alii prophetia, alii discretio spirituum, alii genera linguarum, alii interpretatio sermonum* (*I Cor.* XII), et similia. Dicuntur vero minora respectu majorum supra scriptorum, quia majora, illa sine minoribus istis salvare possunt. Nam sine sermone sapientiæ vel scientiæ (non dico sine sapientia et scientia), sine gratia curationum, sine prophetia, sine discretione spirituum, sine generibus linguarum, sine interpretatione sermonum salvari possum, sine charitate et ei cohærentibus sacris virtutibus non possum. Majora ergo sunt, sine quibus salus non est; minora dicuntur, sine quibus salus integra esse potest. Unde quantum ad illa majora, ut jam dixi, die Pentecostes adauctum est beatæ Virgini; quantum vero ad ista minora, apostolis quidem omnia data sunt, sed nescio utrum et beatæ Virgini. Decebat enim ut illis, quorum sonus exiturus erat in orbem, sicut et ipse scripsisti, terrarum, et quorum verba perventura erant in fines orbis terrarum, daretur sermo sapientiæ, daretur sermo scientiæ, daretur gratia curationum, darentur genera linguarum, et si qua alia tantæ prædicationis officio necessaria esse judicavit donorum eorumdem distributor Spiritus sanctus. Adjecta est eis ab eodem Spiritu Dei animositas cordium, sine qua nihil profuissent universarum genera linguarum. Quid enim prodesset peritia loquendi, si non adesset virtus audendi. Quid plane prodesset multiplex scientia verborum, nisi pelleretur timiditas animorum? Ut igitur fortes et invincibiles animo essent, induti sunt, sicut Christus eis promiserat, virtute ex alto, ne muti coram barbaris gentibus apparerent, et ut ad quod mittebantur prædicare sufficerent, impleta sunt ora eorum omnium quæ sub cœlo sunt gentium verbo. De matre autem Domini quid dicetur? Quid dicetur, et de aliis sanctis mulieribus, quas fuisse cum apostolis tempore illius magni adventus Spiritus sancti, quis negare potest? Quis negare, inquam, potest eas tempore illo fuisse cum apostolis, cum dicat Scriptura, quod *Regressi post ascensionem Domini apostoli a monte Oliveti Hierosolymam venerunt, et ascenderunt ubi manebant Petrus et Joannes et reliqui* (*Act.* I), ac statim subdat: *Hi omnes erant perseverantes unanimiter in oratione cum mulieribus, et Maria matre Jesu, et fratribus ejus?* (*Ibid.*)

Neque enim dici potest quod hæc unanimitas orationis discipulorum et mulierum sanctarum dissoluta fuerit usque ad diem illum, quo etiam per signa visibilia super apostolos et alios credentes, Spiritus divinus descendit. Quod si unanimitas illa et perseverantia orationis, ac loci, usque ad diem illum protracta est, utique mater Domini, et mulieres illæ Salvatoris discipulæ, cum apostolis et aliis credentibus permanserunt, nec ab ipsis usque ad sacram illam diem donis cœlestibus insignem recesserunt. Ibi plane erat jam dicta sancta mater Domini ; ibi Maria Magdalene, Jacobi et Salome, et cæteræ quæ, ut Evangelium loquitur, eum secutæ fuerant a Galilæa, ministrantes ei (*Matth.* xxvii). Quid igitur? Accepit sancta illa Virgo et mater Domini, acceperunt et aliæ beatæ mulieres quæ aderant, eam quam apostoli, gratiam, vel munera Spiritus sancti? Acceperunt majorem sanctificationem? Acceperunt majorem, quam habuerunt, cordis constantiam? Acceperunt eamdem quam apostoli linguarum gratiam? Et de beata quidem Virgine supra dictum est, et omnino certum est, quod ei nihil ad puritatis, nihil ad sanctificationis, nihil prorsus ad omnium virtutum spiritualium perfectionem accesserit. Nihil enim ei augmenti ad justitiæ vel sanctitatis plenitudinem, per illum Spiritus sancti adventum accedere potuit : quam ante conceptum, et in conceptu filii Dei, omnium virtutum sanctificatione et perfectione idem Spiritus adimplevit. Sed nec de aliis bonis mulieribus dubium est, quod eis multa de simili virtutum gratia, ante illum Spiritus sancti adventum deerant : quarum imperfectionem idem Spiritus, qui spirat ubi vult, et prout vult, secundum mensuras sibi tantum notæ donationis suæ perfecit. Cum enim apostolis ipsis ante diem illum plurima de perfectione defuerint, non mirum si mulieribus illis multa perficienda restabant. Acceperunt ergo illæ gratiam, quam prius non habuerant, et sicut in eodem loco cum Christi discipulis facto de cœlo repente sono inventæ sunt, sic nec ab eadem collata apostolis gratia, quantum ad speciales animi virtutes pertinet, exclusæ sunt. Sed quid de miraculis? Quid de linguis diversis? Et ista cum apostolis beata Virgo, ac mulieres jam dictæ acceperunt? Et aliorum quidem miraculorum potentiam discipuli Christi, et ante ipsius passionem susceperunt, præcipiente ipso, *infirmos curate, mortuos suscitate, leprosos mundate, dæmones ejicite* (*Matth.* x); et post resurrectionem insuper, quando tam de ipsis quam de credituris dictum est : *Signa autem eos qui crediderint, hæc sequentur* (*Marc.* xvi), et reliqua. Omnium vero linguarum gratiam non alio die, vel alio loco acceperunt, sed die Pentecostes, quando simul apostoli et mater Domini, ac sæpe dictæ mulieres in cœnaculo unanimiter in oratione perseverabant. Apostoli ergo et alii discipuli, qui adfuerunt, gratiam illam linguarum ea die acceperunt. Accepit igitur eam beata Virgo? Acceperunt et sanctæ mulieres? Sed certa est causa, qua discipulis hæc gratia data est. Prædicaturi enim erant, ut supra dictum est, orbi universo Evangelium. Sed nunquid ad prædicandum idem Evangelium beata Virgo vel reliquæ sanctæ feminæ missæ erant, vel mittendæ in orbem universum? Non utique. Mater enim Domini non ad prædicandum verbum Dei, sed ad generandum Verbum Dei electa fuerat, nec ad aliquem gentium hac de causa mittenda erat. Sed nec mulieres reliquæ ad simile officium alicubi leguntur destinatæ. Non sexum femineum hoc decebat quod virilem, ut ad prædicandum per diversa mitteretur, cum mulieres magis debeant parare aures ad audiendum quam aperire os ad prædicandum, maxime cum Apostolus dicat : *Mulieri loqui in ecclesia non permitto* (*I Tim.* ii). Et rursus de eisdem mulieribus : *Si quid discere valuerint, domi viros suos interrogent* (*I Cor.* xiv).

Sed dicet aliquis : Nonne quædam sanctarum mulierum hymnos, vel cantica divina scripserunt ? Sed aliud est cantare, aliud prædicare ; aliud psallere, aliud evangelizare. Nam sicut virum sana doctrina, sic mulierem decent religiosa cantica. Inde est quod Maria soror Aaron, submerso Pharaone (*Exod.* xv), Debbora occiso Sisara (*Judic.* v), Anna nato Samuele (*I Reg.* ii), hæc ipsa Virgo et mater Domini concepto Salvatore, exsultasse et cantasse (*Luc.* i) leguntur. Nulla tamen harum vel aliarum mulierum in aliquo textu divino ad prædicandum missa narratur. Sola Maria Magdalenæ legitur non quidam prædicasse, sed nuntiasse discipulis : *Quia vidi Dominum, et hæc dixit mihi* (*Joan.* xx). Mater ergo Domini et reliquæ ei adhærentes sanctæ mulieres, quæ ad nullam mittebantur gentium, quid necesse habuerunt die Pentecostes accipere a Spiritu sancto linguas omnium gentium? Nam quod in epistola tua legi, quando in Ægyptum cum filio fugit, non ignorasse eam linguam Ægyptiorum, si probatur ex Scripturis, tenendum est; si non probatur, non multum instandum est. Quæ enim necessitas fuit scire eam Ægyptiorum linguam, cum nec Judæi jam per totum orbem dispersi, quorum linguæ erat, Ægypto defuerint, nec interpretes deesse potuerint ? Ut ergo breviter quod sentio exprimam, accepisse eam die Pentecostes gratiam illam linguarum omnium, nec affirmo, nec nego. Non affirmo, quia nullam necessariam vel probabilem causam, qua gratiam illam accipere debuerit, invenio. Non nego, quia fortasse alius invenire poterit, ad quod ego nondum sufficio. Hoc tantum constanter astruo, quod tamen supra jam dixi, beatæ Virgini post conceptum Dei Filium, nihil de illis excellentibus sancti Spiritus donis, aliquo tempore, dum mortalis vixit, adauctum. De inferioribus vero nihil superfluum aut indecens additum; sed si quid omnipotentis Filii Dei matrem de talium numero habere decuit, absque deputatione adjunctum. Sive tamen ei de hujusmodi charismatibus, quæ die Pentecostes data sunt apostolis, totum aut aliquid datum sit, et majoribus, quæ prædicta sunt adjunctum, sive non; non idcirco inferior judicabitur apostolis, nec aliquis ipsorum præpter hujuscemodi dona vel quælibet alia, major ipsa aut par ei esse censebitur. Nam neque Eliseus Eliæ præfertur, quia duplex in eo non virtutum spiritualium, sed miraculorum extrinsecus apparentium spiritus apparuit, nec, ut æstimo, Judas proditor aut Petro apostolo se conferet, quia par ei in miraculis visus est, aut Joanni Baptistæ se istorum signorum fastu præferet, de quo in Evangelio legitur, quia *Joannes Baptista signum fecit nullum* (*Joan.* x). Hæc mihi de proposita prima quæstione, absque melioris sententiæ, ut supra dixi, præjudicio, ad præsens videntur.

Secundæ propositionis tuæ hæc summa est. Qua ratione post conceptum Dei Filium et naturæ humanæ in alvo virginali personaliter unitum, gloriosa illa Maria aliquid in creaturis ignoraverit, et illam, in qua omnes thesauri sapientiæ et scientiæ etiam corporaliter erant absconditi (*Coloss.* ii), aliquid in creaturis latuerit, cum scriptum sit de quodam sancto (GREGORIUS, *de S. Benedicto*) : *Animæ videnti creatorem angusta est omnis creatura.* Et post pauca subjungit : *Ex gratia itaque superaddita et meriti prærogativa, quæ virgo simul et mater Dei meruit existere, etiam in carne posita videtur sua sapientia angelorum scientiam transcendisse*, sicut etiam super omnem angelicam naturam credimus eam exaltatam esse. Si vero secundam divinitatis cognitionem alius alio fit beatior, alius alio sapientior, hæc virgo etiam in carne omnibus angelorum ordinibus longe mihi sapientior videtur exstitisse, cui datum est, non solum in carne præter carnem vixisse, sed ipsum etiam Dei Verbum carnem factum genuisse. Hæc quidem scripsisti, sed ut de eruditione tua confido, non tam tua quam aliena protulisti. Quis enim, ut compendio utar, saltem mediocriter eruditorum ignorat, quod gloriosa illa, ut scribis, et ut verum est, Maria, post conceptum Dei Filium, non dico tantum aliquid vel aliqua, sed etiam multa in creaturis ignoraverit? An non ignoravit multa in creaturis, quæ multa etiam ignoravit in rebus domesticis? An non ignoravit multa in aliis cui necessarium fuit ut Joseph sponsus ab angelo admoneretur, et diceretur ei : *Surge et accipe puerum, et fuge in Ægyptum, et esto ibi usque dum dicam tibi?* (*Matth.* ii.) An non potuit multa ignorare in creaturis, cui iterum necesse fuit, ut rursum angelus Joseph in Ægypto appareret, et diceret : *Surge et accipe puerum et matrem ejus, et vade in terram Israel; defuncti sunt enim qui quærebant animam pueri?* (*Ibid.*) Nam si ipsa hoc et illud prius noverat, et Herodem scilicet quærere puerum ad perdendum eum, et rursus post fugam suam in Ægyptum ipsum præscierat ante defunctum, superflue et tunc hortatus est Joseph angelus ad fugam, et post superfluo commonuit ad reditum. Cur enim angelus sollicitaretur, aut aliquem sollicitaret pro salvando puero, cujus mater omnia nosset, cujus persecutores omnes cognosceret; quorum voluntates, consilia, fraudes, subtili Spiritus scientia di-

gnosceret, quorum vita, quorum obitus ipsam nullatenus latere posset? Dubia sint ista, his tamen, quibus dubitare more quorumdam philosophorum de omnibus conceditur. Succedat tamen exemplum, post quod nec ipsis, qui omnia sub utrum ponunt, hæsitare liceat. *Remansit*, inquit, *puer Jesus in Jerusalem, et non cognoverunt parentes ejus. Æstimantes autem eum esse in comitatu, venerunt iter diei et requirebant eum inter cognatos et notos. Et non invenientes, regressi sunt in Jerusalem, requirentes eum* (*Luc.* ii). Quomodo certe, quomodo opinari potuit bonus animus nihil in creaturis beatam Virginem latere, cum eam latuerit filium Jerosolymis remansisse, cum æstimaverit eum in comitatu esse, cum eo inter cognatos et notos non invento, Jerusalem redierit, et vix post biduum requirendo invenerit? Sed audiatur ipsa Virgo, et magis ipsi de seipsa, quam cuilibet incircumspectæ opinioni credatur : *Fili*, ait, *quid fecisti nobis sic? ego et pater tuus dolentes quærebamus te* (*ibid.*). Et utique eum dolens per diversa non quæsisset, si ubi esset subtili spiritus indagine cognovisset. Quæ ergo ubi tantus esset Filius ignorabat, quomodo omnia quæ in creaturis fieri poterant cognoscebat? Sed mirum est, ut proponis, quomodo illam in creaturis aliquid latuerit, in qua erant omnes thesauri sapientiæ et scientiæ etiam corporaliter absconditi (*Coloss.* ii). Sed hæc sententia, quam ex parte nescio quorum proponis, sicut nosti, apostolica est, et non de illa beata et semper nominanda Virgine, sed de ejus Filio dicta est. In illo enim, hoc est Dei et ipsius Filio, vere sunt omnes thesauri sapientiæ et scientiæ absconditi; unde nec aliquid eum sicut Deum in creaturis latere, nec quidquam eorum quæ in cœlis, quæ in terris, quæ insuper apud inferos aguntur, ignorare possibile est. Qui enim solus Creator est omnium, solus est rector et cognitor universorum. Eapropter licet in utero hujus Virginis ille, in quo omnes hi thesauri latebant, etiam, ut dicis, corporaliter latuerit, non tamen ex thesauris illis sapientiæ et scientiæ in ipso absconditis, omnium rerum scientiam, quandiu hic mortaliter vixit, sancta hæc Virgo suscepit. Hoc enim solius Dei est, nec alicui mortalium in hac vita concessum est. Quod vero solius Dei est, participem habere non potest. Unde et ipse per prophetam loquitur : *Gloriam meam alteri non dabo* (*Isa.* lii). Et cui per quemdam sapientem dicitur : *Tu solus nosti corda filiorum hominum* (*II Par.* v). Si quis tamen hanc apostoli de Christo sententiam, gloriæ beatæ Virginis voluerit adaptare, sic saltem hoc faciat, sic erga sanctam Virginem officiosus et devotus appareat, ut regulam fidei non excedat. Attendat et videat quam caute Hieronymus, in talibus de Christo ad ipsam translatis, incedat. Ait enim in quadam re simili : *In Mariam vero totius gratiæ, quæ in Christo est, plenitudo venit.* Statimque adjungit : *Quanquam aliter. Totius enim gratiæ, quæ in Christo est, plenitudo in*

Mariam venit; quoniam Christus plenus gratiæ et veritatis in Maria conceptus, de Maria ad homines processit. Tamen aliter, quia non ipsa plenitudinem illam gratiæ, quæ in Christo est, quantum ad personam propriam spectat, suscepit. Aliud est enim in persona propria habuisse illam plenitudinem gratiæ, aliud personam illam genuisse, in qua erat illa plenitudo gratiæ.

Sic forte, imo sic plane, ut mihi videtur, dici potest absconditos in Maria thesauros sapientiæ et scientiæ, non quia in ea personaliter, hoc est quantum ad propriam ejus personam pertinet, thesauri illi absconditi fuerint, sed quia sacra illa ipsius viscera Christum Dominum, in quo vere personaliter erant absconditi, portaverint. Jam sequens illa sententia, quæ quasi ad roborandam opinionem falsam proposita est, quid valeat, prudentia tua advertat. Nam facile est videre, non tantum tibi qui longe difficiliora citissime pervides, sed cuilibet etiam leviter attendenti, quod hæc sententia jam dictæ opinioni in nihilo suffragetur. Primo, quia non ex canone tali est, cui omnimodam fidem præbere cogamur. Licet enim a sancto Gregorio hæc in dialogo prolata sententia sit, non tamen eam debemus fidem quibuslibet scriptis doctorum, quam nos debere novimus summo sanctarum canoni Scripturarum. Nec tantum deferre compellimur post Veteris ac Novi Testamenti paginas alicujus quantumlibet docti et catholici scripto, quantum eidem canoni divino. Unde Hieronymo Augustinus : Absit, inquit, a sanctitate et sapientia tua, ut eam scriptis tuis velis auctoritatem dari, quæ soli dignitati sanctarum Scripturarum servatur! Cujuslibet enim Scripturam licet examinare, de scriptis autem illis nulli prorsus permittitur dubitare. Hoc in epistola Augustini, et si non per eadem verba, eamdem prorsus continens sententiam invenies. Præter hoc etiam, si de illo divino canone sumpta esset, nec sic quidem ad probanda præmissa valeret. Quod cuilibet paulo diligentius advertenti statim patebit. Nam quia ait sanctus ille : Videnti Creatorem angusta est omnis creatura, non inde sequitur quod nihil eum latere potuerit in creatura. Subjecit enim hanc sententiam verbis illis suis, quibus a sancto Patre Benedicto totum mundum velut sub uno solis radio collectum visum esse jam dixerat. Potuit vero et ille sanctus, et totum mundum simul collectum videre, et potuerunt eum multa, quæ in mundo fiebant, latere. Nulla enim necessitas urget fateri, ut quia totum mundum collectum vidit, simul etiam quæ in mundo fiebant cognoverit. Ipse quippe etiam communis intuitus noster hoc habet, ut de turri, vel monte, vel aliquo sublimi loco multa simul terrarum spatia videamus, cum vix pauca aliqua eorum quæ in spatiis illis aguntur, discernere valeamus. Et licet longe valentior nostro fuerit sancti illius a Deo dilatatus intuitus, in tantum ut, sicut dictum est, totum simul mundum aspicere potuerit; ubi tamen legitur eum totum mundum collectum vidisse, non legitur omnia quoque eum, quæ in creaturis tunc temporis agebantur, aliquatenus agnovisse. Eapropter nulla est, vel a simili, vel a minori similitudo proposita, ut quia ille totum mundum simul collectum vidisse scribitur, idcirco sancta Virgo mater Domini cuncta, quæ in creaturis, dum in corpore vixit, fiebant, agnovisse credatur. Est adhuc et de hac sententia, quæ forte se discutiendam obtulit, quod dicatur. Nam quod ait ille : Videnti Creatorem angusta est omnis creatura, verum est, sed in futura vita. Quod enim Creator hic a mortali videri ut est, non possit, testatur illa orbi terrarum nota sententia : Non videbit me homo, et vivet (Exod. xxxIII). Nec tamen idcirco falsam hanc sententiam dico, vel sanctum illum eo temporis spatio, quo assuetam hominum visionem excessit, Creatorem vidisse, prout datum est, nego. Novi namque et alios fuisse, vel esse modos, vel modum videndi Deum ; quo et Jacob eum se vidisse fatetur, cum dicit : Vidi Dominum facie ad faciem (Gen. xxxII) ; quo et de Moyse legitur : Loquebatur Dominus Moysi facie ad faciem, sicut solet loqui homo ad amicum suum (Exod. xxxIII); quo et LXX senioribus Israel apparuit et scriptum est : Et viderunt Deum, et comederunt, et biberunt (Exod. xxxIV); quo et Isaias : Vidi Dominum sedentem super solium excelsum, et elevatum (Isa. VI) ; quo et Micheas : Vidi Dominum sedentem, et omnem militiam cœli assistentem ei a dextris et sinistris (III Reg. xxII); et multa similia. Hinc sunt et illa verba Apostoli : Videmus nunc per speculum in ænigmate, tunc autem facie ad faciem (I Cor. xIII). Hinc et illa Joannis : Nondum apparuit quid erimus, sed cum apparuerit, videbimus eum sicuti est (I Joan. III).

Cum ergo omnes isti Deum non illo futuræ vitæ modo, sed unicuique congruenti modo viderint, sub nullius tamen horum conspectu, omnis creatura coarctata legitur. Potuit in isto Deum vidente fieri quod in aliis Deum videntibus factum non est. Sed quolibet modo vel sancti illi, vel sanctus iste Deum viderint, eo res deducitur, quo nec illi, nec iste in visionibus illis suis totum quod in creaturis gerebatur, visionum suarum tempore cognoverunt. Quod si, ut jam dictum est, in visionibus suis multa eos in creaturis latuerunt, non valet quod allatum fuerat ad probandum, sanctam Domini matrem nihil in creaturis latuisse, nihil eorum, quæ in creaturis suo tempore gerebantur, ignorare potuisse. Quod si cuilibet sanctorum (quod tamen nusquam legitur) datum in præsenti ad horam fuisset, non inde cogeremur credere, quia et hoc beatæ Virgini datum esset. Esset enim hoc quoddam miraculi genus, non ad summa et majora pertinens sancti Spiritus dona, quæ, sicut supra præmissum est, plus omni creatura beata Virgo habuit, sed ad illa media, inter quæ et miracula numerantur, quæ beatam Virginem in carne mortali positam accepisse, nemo in toto canone divino legisse, ut puto, se recolit. Nec idcirco tamen minor facientibus miracula ab aliquo sanum sapiente æstimari poterit : quæ quod summum et majus est accipiens, talibus, licet Spiritus sancti donis, non eguit. Quod si quilibet pertinacius instans, eam sine miraculis aut minorem miraculorum factoribus esse, aut videri dixerit, dicat et Christum eo Christiano vel esse, vel videri minorem, qui majora quam Christus miracula operatus fuerit. De quo ipse in Evangelio : *Qui credit*, inquit, *in me, opera quæ facio et ipse faciet; et majora horum faciet (Joan.* xiv). Majora vero Christo miracula fecisse multos sæpe Christianos legimus. Quos majores eo esse disputandum non est, quia longe longius eo inferiores esse certum est. Jam quia de verbis illis Dialogi, ne ad probanda quæ proposita fuerant valere possint, satis actum arbitror, ad sequentia stylus procedat. In quibus legitur videri quibusdam, quod sæpe dicta Virgo mater Domini etiam in carne posita, sua sapientia angelorum scientiam transcenderit, sicut et super omnem angelicam naturam exaltata esse creditur. Et sequitur versus. *Si enim*, inquit auctor, *secundum divinitatis cognitionem, alius alio fit beatior, alius alio sapientior, hæc Virgo etiam in carne omnibus angelorum ordinibus longe mihi sapientior videtur exstitisse, cui datum est non solum in carne præter carnem vixisse, sed ipsum etiam Deum carnem factum genuisse.* Hæc verba, ut quod verum est fatear, venerabili et charissimæ mihi dilectioni tuæ, non a te quidem, sed per te prolata, et opinionem non tuam, sed quorumdam proponentia, in tantum mihi absurda videntur, et de rudi et prorsus incircumspecto corde procedere, quod vix admirari sufficio. Quis enim admirari sufficiat, cum cui ista videntur non discrevisse quod perfacile erat, gratiam a gratia, laborem a retributione, meritum a beatitudine? Quid autem dixi gratiam a gratia, laborem a retributione, meritum a beatudine? Hæc verba non nunc primum a me proferuntur, sed in Evangelio Joannis leguntur. *Nos*, ait, *omnes de plenitudine ejus accepimus, et gratiam pro gratia (Joan.* 1). Quid est gratiam pro gratia? Accipiunt enim sancti ejus geminam ab ipso gratiam, ita ut ex præcedente gratia sequatur et alia. Primo enim hic accipiunt gratiam operationis, ac pro ipsa alibi gratiam retributionis. Primo hic accipiunt gratiam sanctificationis, ac pro ipsa alibi gratiam glorificationis. Nec enim simul et opus bonum faciunt, et boni operis mercedem accipiunt, neque simul in sanctitate et virtutibus perficiuntur, et virtutum et sanctitatis gloriam assequuntur. Hic enim operantur, ibi remunerantur. Hic sanctificantur, ibi glorificantur. Quantum ergo ad morum puritatem, quantum ad vitæ perfectionem, quantum ad omnium virtutum sanctificationem pertinet, beata Virgo etiam in carne posita, omnem creaturam vel humanam vel angelicam summe transcendit. Quantum vero ad sapientiam, qua quibusdam videtur etiam in carne posita angelorum scientiam transcendisse, mihi prorsus non ita esse videtur.

Si enim hoc concessero, labori retributionem, merito beatudinem adjungam, et mercedem illam, gloriam illam, magnificentiam illam, qua universis creaturis post carnis mortem prælata est, eam ante mortem recepisse concedam. Hoc si concessero, omni auctoritate et ratione destitutus, angelis et hominibus ostentui ero. Nam si dixero eam in carne mortali positam angelorum sapientiam non dico transcendisse, sed saltem sapientia sua adæquasse necesse erit ut eam adhuc in terris positam, omni miseria mortalitatis exuam, omni incorruptione, immortalitate, beatitudine induam. Nam si in carne, ut dicitur, posita, sapientiam angelorum assecuta est, etiam beatitudinem consecuta est. Neque enim angelorum sapientia sine beatitudine esse potest, quæ idcirco vera sapientia est, quia beata est. Beata autem, non nisi beatitudine est. Beatitudo autem ipsi, ut eam vel definiam vel describam, sine omni molestia totius boni sufficientia.

Hanc autem beatitudinem, gloriosam matrem Domini in hac mortali vita assecutam non esse, quis nesciat? Nam si hanc assecuta esset, adhuc in terris posita omni corporali molestia caruisset, totius boni adepta jucunditate gauderet. Caruisset profecto indigentia, caruisset metu, caruisset dolore, et tandem omni corruptionis vel mortalitatis incommodo. Sed ita non fuisse, auctoritati evangelicæ credentibus, vel rationem ipsam sciscitantibus, advertere perfacile est. Licet enim ipsa post Filii Dei conceptionem omni peccato caruerit, dum tamen in carne vixit, pœna peccati non caruit. Pœna vero contraria est beatitudini. Si enim beatitudo est, quæ omni caret molestia, hanc ipsa in carne mortali assecuta non est, quæ in ea multa molesta passa est. Nam si egere non est beatitudinis, si timere non est beatitudinis, si dolere non est beatitudinis, si denique mori non est beatitudinis, tunc ipsa in carne beata non fuit, quæ in ea ista omnia toleravit. An non eguit, quando pariens suum et Dei Filium, reclinavit in præsepio, quia non erat ei locus in diversorio? (*Luc.* ii.) An non eguit, quæ pro filio hostias Deo oblatura, quia agnum non potuit, par turturum aut duos pullos columbarum obtulit? (*Ibid.*) An non timuit, quæ a facie Herodis in Ægyptum fugit? (*Matth.* ii.) An non doluit, cujus animam moriente Salvatore Filio, juxta justi Simeonis verba, nimii doloris gladius pertransivit? (*Luc.* ii.) An non omnes præter peccatum miserias conditionis humanæ experta est? Et quid tandem? Nonne et mortua est? Hæc omnia certe contraria sunt beatitudini angelicæ, quam eam assecutam etiam in carne mortali necesse erit dicere, si quis eam angelorum sapientiam vel transcendisse dixerit vel æquasse. Sapientia enim vel beatitudo angelica, in tantum individua, imo sic unum sunt, ut nec eorum sapientia sine beatitudine, nec beatitudo sine sapientia esse possit. Alioquin, quod omnino stolidum et pecuale est sentire, esset eorum aut sapientia misera, aut beatitudo insipiens. Quod quia impossibile est, ut vel sapientia quantum in ipsa est misera, vel beatitudo possit esse insipiens, necesse est fateri angelicam sapientiam semper beatam, vel beatitudinem semper esse indivisibiliter sapientem. Unde, quoniam nullo pacto beatitudinem ab angelica sapientia quilibet secernere potest, si sapientia angelica beatæ Virgini in carne mortali datur, consequenter et beatitudo angelica concedetur. Quæ si ei in illa mortali carne conceditur, jam nec eguisse, nec timuisse, nec doluisse, nec ad ultimum obiisse, imo nec hominem eam fuisse dicetur. Detur ergo ei in carne mortali multa et magna sapientia, sed non tanta, quæ vel angelorum sapientiam superet, vel adæquet. Licet enim sublimis illa et supercœlestis Virgo sapientiam Dei, quæ attingit a fine usque ad finem fortiter, et disponit omnia suaviter (*Sap.* VIII), amictam carne humana in utero portaverit, genuerit, lactaverit, foverit, nutriverit, non tamen, dum mortalis vixit, eam ut angeli agnovit, vel sicut illi revelata facie, et abjecto velamine comprehendit. Manet enim quod supra scriptum est : *Non me videbit homo, et vivet* (*Exod.* XXXIII). Videbant enim eum angeli sicuti est, videbat eum mater Virgo, plusquam ab aliquo mortaliter vivente videri poterat. Videbat ipsa eum plena gratia, plena Deo, plena virtutibus, plena Spiritu sancto et virtute Altissimi, fide et incomparabili divini amoris plenitudine ; videbant eum beati illi spiritus non fide, sed re, non ut homo per speculum et in ænigmate, sed facie ad faciem. Videbant eum clarius in ipso gremio Virginis matris, quam ipsa posset videre beata Virgo mater, quia ipsa latentem in carne Deum ineffabili spiritus exsultatione gaudens admirabatur, ipsi eum in carne, sicut et ante carnem, nullo carnis obstaculo præpediti cernebant, adorabant, contemplabantur, pascebantur. Unde hoc non velatæ, sed revelatæ visionis divinæ pastu satiati, et contemplatione clarissima summæ sapientiæ plenissime sapientes effecti, beati non esse non poterant, qui in eo, quem conspiciebant, beatitudinem integram possidebant.

Qui igitur Christum, Dei virtutem et Dei sapientiam, longe clarius, subtilius, perfectius beata Virgine, dum mortalis vixit, cernebant, nonne ipsa æterna ac summa Sapientia, quam conspiciebant, longe sapientiores beata Virgine erant ? Plane sapientiores erant, qui non velatam, ut erat apud matrem, sed revelatam, ut est apud Patrem, videbant. Videbant eam certe sicuti est, et in ea visione singularem nullique in carne mortali concessam sapientiam possidebant ac beatitudinem. Quam jam retinebat plus omnibus sanctis beata Virgo per fidem, spem, et sublimissimam charitatem, qua illi, ut dictum est, fruebantur facie ad faciem. Non igitur eam, quam angeli, beata Virgo, dum in carne viveret, sapientiam obtinebat, quia nondum ut illi, quod postea fuit, beata esse poterat. Nam angelicam ei omnino sapientiam sine beatitudine concedere, sicut est omni auctoritati et rationi contrarium, sic est etiam non mediocriter stultum. Quid esset enim angelica sine beatitudine sapientia nisi, ut sic dicam, dæmonica quædam scientia ? Dicuntur enim dæmones scientes, vel scii, quoniam plurima sciunt, sed quia beatitudinem nec re nec spe obtinent, omnino miseri et detestabiles sunt. Sapientes enim eos vocare non possum, licet multa plusquam homines in rerum natura comprehendant, quoniam nec sapientia dici potest, quæ rebus divinis vel æternis non militat ; nec eum sapientem, qui sibi divina vel æterna congruis officiis vel affectibus non procurat. Inde est quod et sapientia mundi stultitia dicitur, et sapientes, mundo, non Deo servientes, stulti vocantur. Non habuit ergo beata Virgo, dum moritura vixit, majorem vel parem sanctis angelis sapientiam, quia nec habere poterat beatitudinem, sine qua eorum sapientia nunquam esse potest, nec habuit dæmonum vel impiorum hominum sapientiam, quæ nec omnino vere dici sapientia potest. Majorem vel parem sanctis angelis non habuit sapientiam, quia nec, ut dictum est, habere potuit beatitudinem quam illi obtinent re. Malorum angelorum vel dæmonum non habuit : quia nec est sapientia, quam ad beatitudinem non referunt, neque re neque spe. Sed plane habuit ingentem, et omni sanctorum mortaliter viventium sapientiæ valde præferendam sapientiam : non eam, quæ more philosophico de creaturis curiose disputat, sed eam quæ Creatoris cognitionem devote ac sollicite investigat. Quantumcunque enim intellectus proficiat ad solam creaturarum veritatem perscrutandam, magis scientia quam sapientia dicitur. Ille autem intellectus, qui per creaturas, vel sine creaturis se in agnitionem et amorem solius Creatoris extendit, sapientia vere vocatur. Hanc itaque sapientiam, quæ, cæteris affectibus posthabitis, in solius conditoris et omnium bonorum auctoris agnitionem et defæcatissimum amorem, adjuta ipsius Conditoris gratia se totam diffundit, beata Virgo et mater Dei plus omni mortali in carne vivente obtinuit ; et ea sapientia summe sapiens, conditorem suum et omnium, omni mortali creatura excellentius agnovit, coluit, dilexit et, quantum hic a vivente videri vel comprehendi poterat, licet incomprehensibilem, comprehendit.

Hic meus de istis sensus est, charissime, quod absque præjudicio verioris sententiæ loquor, ut puto catholicus. Sententiæ vero sancti Hieronymi, quas velut ad confirmandam jam dictam pro ipsa opinionem in epistola tua legi, prorsus pro ipsa nihil faciunt ; sed vel ad demonstranda virtutum privilegia, quæ mortalis adhuc accepit, vel ad ostendendam sublimem et omnem creaturam superantem ipsius gloriam, quam post carnis mortem percepit, positæ sunt. Sed distinguendæ sunt a studioso lectore, quoniam quandoque permistim ponere videtur, et gratiam sanctificationis, qua in terris constituta benedicta, sanctificata, atque ad Deum in carne portandum, gignendum, educandum, idonea facta est, et gloriam sublimationis, qua post carnis mortem fortassis et resurrectionem decorata, glorificata, et super omnes choros hominum et angelorum exaltata est. Quandoque enim in duobus vel pluribus sibi proximis versibus, quandoque in eodem versu utrumque et pene simul ponit, ita ut aliquando quæ terræ sunt cœlo, aliquando quæ cœli sunt terræ, hoc est, ea quæ beata Virgo vel in terris ante, vel in cœlis post, accepit, vel totum terræ, vel totum cœlo tribuere videatur. Si ergo ubicunque hæc diversa simul posita sint, propriis intellectibus reddita fuerint, error nullus vel dubietas erit, nec aliud pro alio acceptum, confusionem aliquam lectori generare poterit. Inde est, verbi causa, illud, quod in epistola tua de verbis sancti illius positum legi : *Credendum est beatam Virginem ampliora angelis promeruisse virtutum privilegia : et percepisse gratiam, ab angelis etiam collaudatam.* Et illud : *Si mirabilis est eorum virtus et firmitas perpetuitatis, mirabilior tamen in Maria, quam obumbravit virtus Altissimi, ut ultra omnem virtutem angelicam sit quod factum est in ea, et admirabile cunctis sæculis sacramentum. Quæ partim in hac vita, partim in futura, in ipsa et de ipsa impleta sunt.* Porro duo versus qui sequuntur, quorum primus sic incipit : *Ac per hoc etiam angelis exinde major præstatur gratia* usque ad finem secundi, ubi legitur : *Tanto clarior resultat in gloria,* non de hac, sed de futura intelliguntur. Et, ne longus singula discutiendo fiam, reliqua similia sic legenda, intelligenda et distinguenda sunt.

Tertia quæstio ex ejusdem doctoris de ejusdem sermone beatæ Virginis exorta est verbis, quibus dicit : *Tempus non præjudicasse sacramento uniti hominis ac Dei, ita ut jam esset in illo per unitatem personæ ab initio sæculi, qui necdum erat natus de Maria virgine.* His verbis moveri se sagax et circumspecta eruditio tua ideo fatetur, quod eum, hoc est hominem a Deo assumptum, qui necdum erat natus de Maria virgine in illo, hoc est Deo, a quo assumptus est, ab initio sæculi jam per unitatem personæ fuisse affirmat. Pulsas ergo, et singulari nostro tempore vigilantia tua me velut circa talia studia frequenter dormitantem, imo etiam dormientem excitas et non ad legendum tantum, sed et ad intelligendum quæ legero, instigas. Et vere in hoc hujus tractatus loco, sic mihi nunc contigit. Sæpe enim, imo pene assidue, in nocturnis ipsius dominæ nostræ officiis hoc legi audieram, nec ita ut nunc adverteram. Sed postquam flatus studiosi pectoris tui, in emortuum pene, quantum ad istud pertinet, intellectus mei igniculum sufflavit, aliquanto ac subito inde extorto lumine, præcedentes tenebras utcunque fugavit. Vidi namque, prout mihi videtur, verba illa sancti illius, præterquam se aliorum sanctorum de hujusmodi re tractatus habeant, aliquid novi sonare, intellectui tamen catholico per omnia concordare. Et quoniam de tanti viri fide et sano intellectu, nusquam nostri temporis vel linguæ Ecclesia, saltem in modico dubitavit, utpote quem inter præcipuos fidei suæ defensores, post apostolos et martyres habet, ad defendendum catholicum ejus sensum, minus forte usitatis verbis prolatum, omnem quam possumus operam dare debemus. Neque enim solus es, qui hujusmodi verbis ejus moveris, cum meminerim me ante biennium, vel triennium cum quodam et erudito, et ut creditur religioso, eadem verba prave interpretante, non semel tantum, sed frequenter egisse. Nam sumpta ex verbis illis occasione, peregrina quædam et pene hæretica magis conjicere quam astruere videbatur, antiquis illis hæreticis fere consonans, qui Salvatorem humanam carnem ante Virginem de cœlis attulisse, et suspicati sunt et professi. Quod sanctum illum sensisse nefas est opinari, cum eum ab hac suspicione, et singularis eruditio, et fides probatissima, et maxime ipsa ejus verba non dubia, non obscura, sed certa et clarissima adjuncta his, de quibus agitur verbis, omnino defendant. Ait enim sic in sermone illo, unde verba jam dicta excerpta sunt : *Non quod jam,* inquit, *Jesus aut Christus esset ex Maria, sed quia in illo unico Filio Dei, jam unitas personæ commendabatur : quæ occulta erat in mysterio.* Quid apertius ? Plane, ut vides, negat quod Jesus aut Christus, quantum ad carnem susceptam de Virgine, ante Virginem fuerit. Quis ergo eum quod tam aperte negat, sensisse fatebitur ? Sed objicis : Verum est quidem quia hoc negat. Astruit tamen constanter et prædicat tempus non præjudicasse sacramento uniti hominis ac Dei. Est statim evidentius. *Ita,* inquit, *ut jam esset in illo per unitatem personæ ab initio sæculi, qui necdum erat natus de Maria Virgine.* Ac post aliqua : *Ideo jam Jesus erat in Filio qui populum educebat, et Christus in eo qui tentabatur, quoniam per sacramenti unitatem in Deo fuisse non dubitatur.* Et versu interposito : *Scrutandæ,* inquit, *sunt Scripturæ in quibus unitas in Christo commendatur personæ, cui non præjudicat tempus, ne unus semper dicatur.*

Quid ad ista dicetur ? Dicit jam fuisse in illo, hoc est in Deo, per unitatem personæ, eum, id est hominem, qui necdum erat natus de Maria Virgine. Dicit jam Jesum fuisse in filio, et Christum in eo qui tentabatur, dicit unitati personæ Christi tempus non præjudicare, ne unus semper dicatur. Quomodo tempus non præjudicabit huic diversarum naturarum unitioni, cum divina ab æterno semper fuerit, humana ex Virgine esse cœperit ? Quomodo non præjudicabit tempus, ne unus semper dicatur, cum hanc diversarum naturarum, hoc est humanæ et divinæ unitionem, nullum præteritum tempus habuerit, sed ex tempore Virginis de ipsa assumptæ, ac Filio Dei unita, unum Deum et hominem et esse et dici fecerit? Non re, inquam, sed sacramento, vel mysterio. Hæc etenim verba ab ipso ponuntur, cum tempus non præjudicasse sacramento dicitur, cum unitatem personæ occultam in mysterio fuisse fatetur. Sed rursum quæris quod sit hoc sacramentum, vel quale hic intelligatur mysterium. Et prorsus, ut mihi videtur, tota hæc quantacunque difficultas quæstionis in verbis istis, vel circa ea versatur. Cum enim in omni sacramento duo semper quæri soleant, occultans et occultatum, signans et signatum, nam et hoc ejus vel diffinitio vel descriptio notat, sacramentum scilicet dici cujuslibet sacræ rei signum, quæri potest et de isto de quo nunc agitur sacramento, quid in eo occultum, quid manifestum, quid signans, quid intelligatur signatum. Nam de nomine mysterii si quæratur, certum est quia in hoc differt a sacramento, quod sacramentum semper aliquid tegere dicitur, mysterium tegi, non tegere prædicatur, licet aliquando alterum pro altero ponatur. Hoc est ergo totum quod intellectui legentis hanc obscuritatis nebulam superducit : quod in innumeris tam Veteris Testamenti quam Evangelii sacramentis quid pateat, quid lateat statim cernitur : in isto vero, de quo sermo est, sacramento, quid pro signo, quid pro signato accipi debeat non videtur. Quæritur enim, ut sicut verbi causa in antiquis sacramentis duo hæc diversa apparent, mare Rubrum quod videbatur, et Christi baptismus qui eo mari præsignabatur, agnus paschalis, quem Judæus comedebat, et Christus quem idem Judæus occisurus, et Christianus comesturus erat, tabernaculum quod Moyses, vel templum quod Salomon construxit, ac nostri temporis Ecclesia, quam utraque fabrica præsignavit; sicut, inquam, in his tribus sacramentis duo hæc distincta monstrantur, sic et in isto distingui quæruntur. Nam verbum mysterii quod similiter ponitur, clarius elucescit, præcipue cum Apostolus de re simili hoc idem verbum in Epistola ponat, dicens mysterium temporibus æternis tacitum (*Coloss.* 1). Et, ne diu quod aliter inveniri non potest quærens, mihi laborem infructuosum, lectori prolixitatem tædiosam importem, nihil eum aliud sacramenti vel mysterii nomine intellexisse, nihil aliud distinxisse vel astruxisse arbitror, quam ipsum æternum et latens Deitatis consilium, quod penes eum æternaliter fuit, sed hominibus temporaliter apparuit. Hoc indicant et verba ipsius, quæ disputationi profusæ interserit; dicens : *Quod si tibi novum videtur, quod pro te hominem assumpsit, noveris quod semper cum eo et in ejus consilio fuit ut sic fieret; et nunc quando plenitudo temporis venit, id factum est, quod et in Christo semper fuit.*

Hoc certe totum est, quantum mihi videre datur, quod asserit; hoc totum, quo unitatem personæ Christi ex Deo et homine etiam ante Virginem factam docet. Hoc totum quod mysterium vel sacramentum nominat non quod jam ut ipse fatetur, hoc est ante Virginem, esset Jesus aut Christus realiter, sed quod jam in immutabili deitatis consilio constabat æternaliter. Sicut enim semper Deus Verbum apud Deum erat, sic in immutabili et æterno, ut dictum est, consilio, quod nondum re subsistebat, Verbum caro factum erat. Quid autem mirum, si hoc de Christo et ipse sensit, et nos sentimus, cum de quolibet hoc homine, et de ipsis etiam creaturis inferioribus sentiamus? Nam de hominibus electis, ait Apostolus, quod et sanctus ille ad confirmandum quod probare intenderat, adducit. Qui elegit nos in ipso, hoc est in Christo ante mundi constitutionem, ut essemus sancti et immaculati (*Ephes.* 1). Qui ergo elegit homines antequam essent homines, et elegit ut essent sancti et immaculati, antequam esse possent sancti et immaculati, quid mirum si ab Hieronymo, imo ab ipso Apostolo tunc dicitur fuisse Christus, quando nondum erat unde dictus est Christus? Quid mirum plane, si hoc dicitur de rationali animante, cum legatur simile quid dictum ab eodem Apostolo de irrationali, imo etiam de insensibili creatura? Loquens enim in Epistola ad Romanos de fide Abrahæ, eamque magnifice commendans, introducit Deum ei dicentem : *Quia patrem multarum gentium posui te ante Deum cui credidisti, qui vivificat mortuos, et vocat ea quæ non sunt, tanquam ea quæ sunt* (*Rom.* IV). Ergo, juxta istam sententiam, vivificat Deus mortuos, et vocat ea quæ non sunt tanquam ea quæ sunt. Quod si Deus vivificat mortuos, imo quod plus est, secundum aliam Evangelii sententiam, omnes ei mortui adhuc mortui vivunt (*Luc.* xx), non quod vere quantum ad carnem vivant, sed quod apud ejus, per quem victuri sunt, immutabile consilium jam quasi vivunt, si non solum mortuos, sed etiam quælibet alia nondum existentia sic vocat velut jam existerent, quia futurum esse rerum illarum apud ejus constans consilium jam existit, quid vel valde mirandum, vel diu disputandum est, si in eadem persona Deus homini uniendus, jam ab initio sæculi unitus esse dicitur, cum non re ipsa, ut dictum est, sed firmo ac constanti deitatis consilio, unitio illa ab æterno facta esse credatur? Nam et inde dictum est : *Qui fecit quæ futura sunt.* Hoc confirmat et illa sublimis, ac orbi terrarum jam ab antiquo Evangelii nota sententia : *Quod factum est, in ipso vita erat* (*Joan.* 1). Neque enim angeli vel homines, sol et luna, cœlum et sidera, mare ac terra, et quæ infra continentur in verbo Dei substantialiter vivebant. Nam, si sic in eo viverent, ei coæterna essent. Sed quod factum est, in ipso vita erat, quia in ejus non mutanda voluntate vel consilio, quidquid creandum erat existebat, imo, ut verbo evangelico utar, in illa immutabili voluntate vel consilio, proprium esse sine dubio sortiturum, jam vivebat. Quod si ista omnia in illo verbo Dei hoc modo vivebant, quare non illa carnis humanæ cum ipso Verbo Dei unitio, quæ suo tempore futura erat, hoc modo jam ab æterno facta non dicetur, non scribetur, non prædicabitur, maxime cum Apostolus dicat : *Qui prædestinatus est Filius Dei in virtute, secundum spiritum sanctificationis ?* (Rom. 1.) Homo enim ille a Filio Dei assumptus, et congruo tempore ei personaliter unitus, ante omne sæculum, ante omne tempus, ante omnem creaturam, Filius Dei prædestinatione æterna factus est, et qui secundum Spiritum sanctificationis in Virgine supervenientem et ei obumbrantem, postquam, juxta Apostolum, venit plenitudo temporis, in eadem Virgine essentialiter conceptus, et de ea natus est (*Gal.* IV), ipse, juxta psalmum, ante luciferum (*Psal.* CIX) jam dicta prædestinatione hac et sempiterno consilio eidem æternaliter unitus est. Si ergo clarior vel verior sententia de verbis propositis non alluxerit, ista interim teneatur ; et si tibi, charissime, cui hanc epistolam scripsi, sic visum fuerit, secure lectio sæpe lecta legatur.

LIBER QUARTUS.

EPISTOLA PRIMA.

Suo Trecensi episcopo, frater PETRUS *humilis, quod solet.*

Ecce rediit rex, Marte succincti duces jam domesticos lares revisunt, apparatus bellicus conquievit, nullus episcopum militare cogit, fervor æstatis qui timebatur fugit, autumni temperies ad procedendum arridet, messes in horreis reconditæ sunt, musta jam in doliis fervent, nulla domus necessitas, nulla reipublicæ cura, iter amici ad amicum impediunt. Exclusa sunt omnia, quæ obtendi solebant, non veniendi argumenta, solum velle aut nolle, absque negotiorum involucris, absque excusationum operculis, jam nude retectum patebit. Ipse insuper dominus Hugo, qui solus exspectabatur comes itineris, vel Vizeliacum, vel Autisiodorum, vel etiam Trecas, si a vobis jussum fuerit, adibit ; et si ante præmissus partibus vestris nuntius hoc dixerit, die Nativitatem beatæ Virginis subsequente, ad vos iturus iter arripiet, nec quousque vos vestris Cluniacensibus reconsignet, dimittet. Et quia desiderium, imo esuriem vos videndi satis, ut credo, aliæ litteræ loquuntur, taceant istæ, ne forte toties iterata legatio, dum nihil efficit, subtilius inspicientibus videatur aut superflua, aut contempta.

EPISTOLA II.

Suo Cluniacensi abbati, suus Trecensis episcopus, idem quod sibi.

De paupere vena ingenii nostri vestris litteris respondere parabam. Repressi tamen me, ne eloquentia vestra paupertatem verborum meorum sepeliret. Abbas Clarævallensis præsens erat. Carnotensis episcopus domos nostras obsederat. Nicolaus meus, imo et vester, Roma redibat, comes Theobaldus (120) pro negotiis suis instanter et constanter me perurgebat. Et ecce litteræ amici, manus amici ingrediuntur. Furor me ipsum omnibus, imo et mihi, et gaudentes oculi desiderata pagina perfruuntur. Obstupui, fateor, et dulcedine litterarum, et exstirpatione negotiorum, quæ vos ita ore aureo suppressistis. Vere rediit rex, siluit armorum strepitus, aeris gravitavit clementia, sed messes in horreis reconditæ non sunt, quia eas messores non invenerunt. Spes fuit in oculis, sed ecce luctus in manibus, quia tempestas a Domino immissa, faciem terræ nostræ vindemiavit. Musta in doliis non sunt, quia vineæ nostræ vix adhuc maturescere cœperunt. Frequens episcopatus nostri necessitas, rei cura familiaris, prohibent ne exeamus. Sed, si negotiis credimus, quando negotia finem habebunt ? Eripiam me de corpore mortis hujus, et ibo ad illum ; quem diligit anima mea, ut videam voluntatem Domini, et visitem templum ejus. Quinta die ante festivitatem sancti Remigii, domnum Hugonem Trecis habere volumus, ut cum illo, et per illum, quos videre desideramus, jam tandem videre possimus.

EPISTOLA III.

Summo pontifici et nostro speciali Patri domino papæ INNOCENTIO, *frater* PETRUS, *humilis Cluniacensium abbas, obedientiam et amorem*

Si quid minus sapienter dixero, rogo ut pietas paterna supportet. Nam fortassis ineptum esse poterit, sed indevotum erga vos esse non poterit. Pro domino rege Franciæ (121), magno, nobili et speciali filio vestro, benignitatem apostolicam deprecor, ut quia non solum rex est, non solum magnificus rector Christiani populi est, sed etiam quia opus manuum vestrarum est, quem ad regnum provexistis (122), quem sacris manibus vestris inunxistis, quem Gallis nostris potentiorem patribus regem designastis, si quid forte adhuc ut ætate juvenis inconsulte egit, ei condescendatis, et ejus forte

ANDREÆ CHESNII NOTÆ.

(120) *Comes Theobaldus.* Palatinus Campaniæ qui perpulchras habet in Chronico Lemovicensi laudes. In eo namque circiter annum 1156 vocatur, « Theobaldus comes Campaniæ, pater orphanorum, et judex viduarum, cæcorum oculus, pes claudorum, in sustinendis pauperibus singulariter munificus, in construendis monasteriis et erga religiosos quosque incomparabilis largitate. »

(121) *Pro domino rege Franciæ.* Ludovico VII, juniore dicto, qui filius fuit Ludovici VI, cognomento Grossi.

(122) *Quem ad regnum provexistis.* Joannes Paris. ad annum 1131 : « Hoc anno, inquit, synodum Remis papa Innocentius celebravit, in qua sanctus Bernardus affuit, multisque ad honorem Dei dispositis, Ludovicum filium Ludovici præsente patre in regem coronavit. »

errorem sapientiæ vestræ velamine contegatis. Est enim patris, ut filii, et maxime tanti, et errorem emendet, et honorem conservet. Hoc pro dissidio, quod inter ipsum et dominum Bituricensem archiepiscopum (123) est, dico. Est enim, sicut sensi, res non levis, et, ne de gravi incepto graviorem vergat in exitum, multum cavenda. Spiritus autem consilii, qui spirat ubi vult, qui per vos Ecclesiæ suæ per totum orbem diffusæ assidue consulit, etiam nunc per vos regno Franciæ non vili portioni Ecclesiæ suæ consulat, et tam de his quam de omnibus, unctio ejus cor vestrum edoceat. Nam non est meum ultra procedere, vel sapientiam vestram, cui per Dei gratiam utile consilium non deerit, quid in isto negotio agendum sit, edocere. Præterea notum facio, Luxoviense monasterium, cui anno præterito per fratres nostros Cluniacenses providere voluistis, et vere, sed brevi tempore providistis, in deteriorem statum quam prius fuerat relapsum, omni pene monastica religione et observantia destitutum, parum a sæcularibus differre, in tantum ut quod priscis temporibus cuncta Galliarum monasteria antecibat, nunc pene universa vix a longe sequi videatur. Additur ad hoc malum hebetudo, ne dicam stultitia pastoris, qui ita gregi proprio præest, ut jam fere de abbate nihil ei nisi nomen supersit. Quid plura dicerem? *Omne caput languidum, et omne cor mœrens. A planta pedis usque ad verticem, non est in eo sanitas* (Isa. 1). Provideat Pater filiis.

EPISTOLA IV.

Summo pontifici et nostro speciali Patri, domino papæ INNOCENTIO, *frater* PETRUS, *humilis Cluniacensium abbas, obedientiam et amorem.*

Magister Petrus sapientiæ vestræ, ut credo, optime notus, nuper a Francia veniens, per Cluniacum transitum fecit. Quæsivimus quo tenderet. Gravatum se vexationibus quorumdam, qui sibi, quod valde abhorrebat, nomen hæretici imponebant, majestatem apostolicam se appellasse, et ad eam confugere velle respondit. Laudavimus propositum, et, ut ad notum et commune refugium confugeret, admonuimus. Justitiam apostolicam, quæ nulli unquam etiam extraneo vel peregrino defuit, sibi non defuturam diximus. Misericordiam ipsam, ubi ratio postularet, sibi occursuram promisimus. Venit interim dominus Cisterciensis abbas, et de pace ipsius et Domini Claravallensis, cujus causa appellaverat, nobiscum et cum ipso pariter egit. Dedimus et nos operam paci ejus, et ut ad illum cum ipso iret, hortati sumus. Addidimus hoc monitis nostris, ut si qua catholicas aures offendentia aut scripsisset aut dixisset, hortatu ejus et aliorum bonorum et sapientium, et a verbis suis amoveret, et a libris abraderet. Et factum est ita. Ivit, rediit, cum domino Claravallensi, mediante Cisterciensi, sopitis prioribus querelis se pacifice convenisse, reversus retulit. Interim a nobis admonitus, magis autem a Deo, ut credimus, inspiratus, dimissis scholarum et studiorum tumultibus, in Cluniaco vestra sibi perpetuam mansionem elegit. Quod nos senectuti ejus, debilitati ejus, religioni ejus congruere putantes, et scientiam ejus vobis ex toto non incognitam, magnæ fratrum nostrorum multitudini proficere posse credentes, voluntati ejus assensimus, et, si sic benignitati vestræ bene placitum esset, benigne et cum gaudio nobiscum, vestris ut nostis per omnia, remanere concessimus. Rogo igitur ego qualiscunque tamen vester, rogat devotissimus vobis Cluniacensis conventus, rogat ipse per se, per nos, per præsentium latores filios vestros, per has quas ut scriberem rogavit litteras, ut reliquos dies vitæ et senectutis suæ, qui fortasse non multi sunt, in Cluniaco vestra cum consummare jubeatis, et ne a domo, quam velut passer, ne a nido, quem velut turtur, invenisse se gaudet, aliquorum instantia aut expelli aut commoveri valeat, more quo omnes bonos colitis, et etiam istum dilexistis scuto defensionis apostolicæ protegatis.

EPISTOLA V.

Summo pontifici et nostro speciali Patri domino papæ INNOCENTIO, *frater* PETRUS, *humilis fratrum Cluniacensium abbas, obedientiam et amorem.*

Confisus de benignitate paterna soleo filiali præsumptione etiam remotos et ignotos majestati apostolicæ commendare. In quibus quia me sæpe exauditum persensi, de notis et proximis me magis audiendum esse speravi. Unde domnum Heraclium Lugdunensem canonicum, nostrum carne germanum (124), pietati apostolicæ de ea confixus, commendo: cui nulla alia urbem adeundi causa exstitit, quam ut Patrem viseret, ejusque animum mul-

---

ANDREÆ CHESNII NOTÆ.

(123) *Hoc pro dissidio quod inter ipsum, et d. Bituricensem archiepiscopum.* Petrum de Castra sine dubio, qui nobili Castrensium in agro Bituricensi familia satus, ab Innocentio II Biturigas missus archiepiscopus electus fuerat, et refragante Ludovico rege, a dicto Innocentio consecratus, ut de eo Guillelmus de Nangiaco scripsit.

(124) *Heraclium Lugdunensem canonicum, nostrum carne germanum.* Heraclius hic frater Petri venerab. quem et alii Eraclium nuncupant, ex canonicatu postea fuit evectus ad archiepiscopatum Lugdunensem; et in ea dignitate multis a Federico Romanorum imperatore prærogativis, honoribus, ac beneficiis cumulatus ac sublimatus, ut vel hoc dicti Federici præceptum Arbosii datum anno 1157 evidentissime demonstrat: « In nomine sanctæ et individuæ Trinitatis. Federicus, divina favente clementia, Romanorum imperator et semper Augustus. In examine cuncta Dei prospicientis æquale meritum credimus fere dantis et corroborantis. Credimus etiam ad imperialem nostram majestatem pertinere, omnium sanctarum Dei Ecclesiarum, præcipue earum quæ specialiter sub jure ac dominio Romani imperii consistunt, commoda considerare, et perpetuo valitura corroborationis nostræ suffragia eis impendere, si quid est incommodi diluere, ut inter sævientis hujus pelagi procellas secure et intrepide Deo servire, et pro stabilitate imperii nostri divinam misericordiam indefessis precibus va-

tiplicibus filiorum utilitatibus occupatum, sibi arctius conciliaret. Rogo pro eo, nec rogare erubesco, quoniam testimonium præteritæ juventutis ejus maxime inter sæculares, ut dicitur, clericos, nec in precibus confundit, nec aures vestras ab his exaudiendis avertit. Quærat hoc, si placet, diligentia pristina, a Lugdunensi, in qua educatus et magis conversatus est, Ecclesia, quærat et a domino Stephano archidiacono, cui si credi debeat, vos ipsum judicem facio. Suscipiatur ergo, obsecro, in affectu vestro, foveatur in gremio vestro, ut cum se a gratia vestra senserit non exclusum, ea instantius agere studeat, pro quibus et Dei et vestram gratiam sibi multiplicius acquirat.

EPISTOLA VI

Honorandis et diligendis fratribus, domno LIONI abbati, domno STEPHANO archidiacono, et toti sanctæ Lugdunensis Ecclesiæ capitulo, frater PETRUS, humilis Cluniacensium abbas, salutem.

Præceptum Apostoli est : *Pacem sequimini cum omnibus et sanctimoniam, sine qua nemo videbit Deum* (Hebr. XII). Item ejusdem mandatum est : *Si fieri potest, quod ex vobis est, cum omnibus hominibus pacem habentes* (Rom. XII). Hæc ego et similia sacræ legis jussa attendens, fraternæ charitati et paci, sicut mihi conscientia attestatur, omnem jam ab antiquo operam dare disposui. Nec istud dilectionem vestram ex toto latere arbitror, cum excepto præteriti anni dissidio, jam per viginti fere annos nulla inter Lugdunensem et Cluniacensem Ecclesiam lis, nullum jurgium, nulla vel parva amicitiæ læsio Christo corda nostra ad invicem uniente, contigerit. Hanc unitatem temporibus reverendæ memoriæ Hubaldi, Rainaldi, Petri, archiepiscopo-

ANDREÆ CHESNII NOTÆ.

leant exorare. Noverit igitur omnium Christi imperiique nostri fidelium, tam præsens ætas quam successura posteritas, quantis honoribus progenitores nostri, et divi imperatores Lugdunensem Ecclesiam sublimaverunt, quam largis beneficiis ditaverunt, et quam digne eam nobis successoribus eorum imposterum transmiserunt imperialibus dignitatum fastigiis exaltandam. Venientem itaque ad curiam nostram ejusdem sedis Lugdunensis (quæ antiquis temporibus, vita gentilium primis flaminibus, vel primis legis doctoribus, cæteris civitatibus præminebat, nunc autem divina religione et imperiali magnificentia, latius præsidet, et inter omnes Ecclesias Galliarum prima est, et primatus dignitate præfulget) Eraclium archiepiscopum et primatem debita honorificentia suscepimus, et consueta benevolentia tractatum sicut prædecessorum nostrorum pia ac veneranda sanxit auctoritas, et sicut sacra eorumdem nos informabant monumenta, de universo corpore civitatis Lugdunensis, et de omnibus regalibus, infra vel extra civitatem per totum archiepiscopatum constitutis, quæ tam antiquo quam moderno tempore visa est habere Lugdunensis Ecclesia, plenarie eum investimus. Concessimus itaque praefato archiepiscopo et primati Eraclio, et per eum omnibus successoribus ejus in perpetuum, totum corpus civitatis Lugdunensis, et omnia jura regalia, per omnem archiepiscopatum ejus cira Ararim, infra vel extra civitatem in abbatiis et earum possessionibus, monasteriis, Ecclesiis, et earum appenditiis, ubicunque sint, comitatibus, foris, duellis, mercatis, monetis, naulis, teloneis, pedagiis, castellis, villis, vicis, areis, servis, ancillis, tributariis, decimis, forestibus, silvis, venationibus, molis, molendinis, aquis, aquarumque decursibus, campis, pratis, pascuis, terris cultis et incultis, et in omnibus aliis rebus quæ in Lugdunensi episcopatu, ad imperium pertinent. Concedimus quoque et casamenta, tam comitis Savoyæ quam alia omnia de antiquo et novo jure ad Ecclesiam Lugdunensem pertinentia, et in supradictis omnibus sive infra episcopatum vel extra sint, generalem jurisdictionem. Nulla igitur in supradictis omnibus infestatio tyrannorum sæviat, nulla potestas ibi per violentiam irruat, nullus comes, aut judex in his legem facere præsumat præter archiepiscopum et primatem Lugdunensem. Omnis Ecclesiæ possessio pro immunitate habeatur. Sit illa civitas Lugdunensis et totus episcopatus liber ab omni extranea potestate, salva per omnia imperiali justitia. Quatenus ibidem Deo famulantes et primi constructores memoriam digne celebrare, nosque fautores et corroboratores possint et velint Deo sedulis precibus commendare.

Cæterum ut Lugdunensis Ecclesia dominum suum imperatorem Romanorum recognovisse se semper exsultet et gaudeat, archiepiscopum ejus ampliori et eminentiori prærogativa dignitatis quæ a nostra imperiali excellentia esse possit, semper videlicet sacri palatii nostri Burgundiæ gloriosissimus exarchon, et summus princeps consilii nostri, et in omnibus faciendis, agendisque nostris præcipuus. Ut autem hæc nostra donatio, et confirmatio perpetuæ firmitatis robur obtineat, præsentem inde paginam conscribi, et bulla aurea jussimus insigniri, annotato signi nostri charactere, et adhibitis idoneis testibus, quorum nomina hæc sunt : Humbertus Bisuntinus archiepiscopus, Ado abbas Sancti Eugendi, Heinricus curiæ protonotarius, Eberhaldus archidiaconus Bisuntinus, Matthæus dux Lotharingiæ, Bertolphus dux de Cenuga, Leopoldus frater ducis Bohemiæ, Udalricus comes de Luceburg, Hugo comes de Tagesburg, Stephanus comes.

Signum domini Federici Romanorum imperatoris invictissimi.

« Ego Reinaldus cancellarius vice Stephani Viennensis archiepiscopi et archicancellarii, recognovi.

« Datum Arbosii XIV Kal. Decembr., indict. V, anno Dominicæ Incarnationis millesimo centesimo quinquagesimo septimo, regnante domino Frederico Romanorum imperatore gloriosissimo, anno regni ejus sexto, imperii vero tertio. »

Fuit demum et Sancti Justi Lugd. abbas, et sedis etiam apostolicæ per Gallias legatus, ut ipsemet hoc alio præcepto testatur : « Heraclius Dei gratia Lugdunensis archiepiscopus, apostolicæ sedis legatus, omnibus in perpetuum. Noverint præsentes et posteri quod nos et Ecclesia Sancti Justi, cui abbatis nomine Domino volente præsidemus, concessimus domui de Chasiriaco, interventu venerabilis fratris nostri Tarentasiensis archiepiscopi, in perpetuum decimas terrarum quas in parrochia Villarii acquisierunt, vel acquisituri sunt, cum eas agricolani more incoluerint, retento nobis et Ecclesiæ nostræ Sancti Justi annuali censu, pro uno quoque aratro, duobus sextariis siliginis, in Calamontensi mensura. Testes fuere Guillemus de Marsiaco, Gaudemarus Brun, Artaudus, Girinus Escoti, magister Berno, Aymo Columbi. Et ut hoc de cætero firmum maneat, sigillorum nostrorum nos et conventus noster auctoritate voluimus confirmari. »

Et hæc ad commendationem germani abbatis nostri, licet forte prolixiora quam illustratio loci requirebat, adnotata sint.

cum, devote conservare studui, et ut a nostris integre conservaretur, pro posse semper effeci. Servavi igitur, et semper, ut dictum est, servare proposui, inter nostros et vestros pacis et concordiæ bonum : nec quosdam etiam antecessorum in sæpe commovendo animos vestros secutus sum, et ut vinculum hujus charitatis indissolubile maneret, assidue facere nisus sum. Admiror ergo, et adhuc familiarem coram vobis querelam depono, quod pactum pacis, in quod per manus sapientium et religiosarum personarum nondum finito anno convenimus, non quidem omnes, sed quidam vestrum ut mihi relatum est, dissolverunt, et ne apud Villamfrancam domnus Lugdunensis archiepiscopus secundum placid tenorem, cœmeterium dedicaret, etiam publice prohibuerunt. Quod utrum fieri debuisset, ipsi videte. Ut tamen quidquid ad nos pertinet, verbo et opere impleatur, moneo reverentiam vestram, et ne fastu aliquo me hoc dimittere putetis, etiam rogo, ut morbum discordiæ nuper sanatum nequaquam rursus serpere permittatis, et jam pacem, quam nos vobis non ficte servare volumus, vos quoque nobis ex corde servetis. Et ne in quemlibet vel parvum obicem, pes inter nos mutuæ pacis offendat; si quid forte de tenore pacti, quod tamen nescimus, restat implendum, parati sumus implere, et omnem, quantum in nobis est, materiam discidii vel scandali amputare. Non solum enim vobiscum, quos sicut viros ecclesiasticos decet, pacem diligere credimus; sed etiam cum his, qui oderunt pacem si fieri posset, pacifici semper esse vellemus.

EPISTOLA VII.

Summo pontifici et nostro speciali Patri domino papæ INNOCENTIO, *frater* PETRUS, *humilis Cluniacensium abbas, obedientiam et amorem.*

Verbosus sæpe sum vobis, et sicut timeo, onerosus. Consolatur hunc meum timorem pietas paterna, quæ vix filiis solet irasci : et si irascitur, cito solet placari. Clerus Luxoviensis [Lexoviensis], et populus, et tota simul, ut audivi, Ecclesia destituta morte episcopi sui (125), domnum Arnulfum Sagiensem archidiaconum (126), sibi in pontificem et pastorem elegit, et a domno Rothomagensi, ad quem jure canonico consecratio spectabat, consecrari more ecclesiastico fecit. Eum, inquam, elegit, eum consecrari fecit, non solum quia optimi et singularis inter suos testimonii persona est, non solum quia nobilis litteraturæ est, non solum quia prudentia et strenuitate vobis, ut credo, non incognitus est; sed quia vester specialis filius, et Romanæ Ecclesiæ ab ipsa adolescentia familiaris alumnus est. Nam quis eum Romanæ Ecclesiæ alumnum non agnovit, qui eum audivit? Quis eum non a puero educatum in sinu Romanæ Ecclesiæ non putavit, quicunque eum de illa loquentem advertit? Quis non eum vere vestrum, quantum ad spiritum spectat, filium judicavit, qui ejus non tantum verba audire, sed quod nostro tempore perrarum est, scripta legere potuit? Quæ, sicut Salomon ait : *non agnoscitur in bonis amicus, nec absconditur in malis inimicus* (*Eccli*. XII), ita eum amicum schismatis tempore prodiderunt, ut pene superfluum sit eum nos de fidelitate et amicitia commendare, quem tanti tempestatum et turbinum tumultus, fidissimum et devotum alumnum noscuntur probasse. Prosit ergo Ecclesiæ, quæ eum elegit, quæ illum sibi hac fiducia pastorem præfecit, quod honestatem in eo, quod scientiam, quod in juvenili ætate morum maturitatem, quod tandem in ejus promotione vestram gratiam concupivit. Prosit, ut ejus electio et consecratio a sede apostolica confirmetur, nec contra eum non solum ejus, sed et totius Ecclesiæ Dei, quæ in partibus illis est, hostis, comes Andegavorum (127) aliquatenus audiatur. Quidquid enim dixerit, quidquid sub nomine appellationis a se factæ prætenderit, certum est eum appellasse, non ut gravatum, sed ut gravare volentem; non, ut oppressum, sed ut opprimere cupientem; nec ut justitia pro se faceret, sed ut iniquitas æquitatem, ut falsitas veritatem vinceret, meditantem. Ne enim episcopus Luxoviensis Ecclesiæ fieret, voluit nequitiæ suæ moras lucrari, ut pastore absente, non esset qui lupo resisteret, nec esset qui morsibus belluinis ne gregem Dei pessundaret, vel in modico obviaret. Videat hæc omnia sapientia vestra, provideat his omnibus pietas vestra, et, ne tyrannus, ut dicitur, appellatione apostolica non tyrannis, sed indigentibus debita, abutatur, permittat prudentia vestra.

EPISTOLA VIII.

Venerabili domino, domno MILONI *Morinorum episcopo* (128), *frater* PETRUS, *humilis Cluniacensium abbas, salutem.*

Quoniam charitatis læsio apud Deum tanti penditur, ut, sicut novit eruditio vestra, nec munus

---

ANDREÆ CHESNII NOTÆ.

(125) *Lexoviensis Ecclesia destituta morte episcopi sui.* Joannis, qui decessit anno 1140.

(126) *Arnulfum Sagiensem archidiaconum*. Præfati Joannis nepotem, qui et epistolas plures et egregias scripsit, quas ex Bibliotheca Odonis Turnebi Adriani filii habemus, et post regimen annorum quadraginta tandem episcopatu cessit, ac in cœnobio S. Victoris Paris. ordinem canonicorum regularium S. Augustini professus est, quibus et antea, videlicet anno 1170, ecclesiam B. Petri de Gaceio Lexoviensis diœcesis in eleemosynam concesserat, ut ex ejus super ea concessione litteris palam est.

(127) *Comes Andegavorum*. Gaufridus, cognomento Plantagenest, Fulconis regis Jerusalem filius, et Henrici II Anglorum regis pater.

(128) *Miloni Morinorum episcopo*. Primo nomine, qui consecratus anno Christi 1131 sedem tenuit usque ad annum 1149, multumque commendatur etiam a Roberto de Monte his verbis : « Anno 1139 florebat Gallicana Ecclesia, per viros religione ac sapientia illustres, Milonem Morinensem episcopum, humilitatis virtute præcipuum, Aluisum Atrebatensem liberalitate, atque consilio et facundia clarum, Godefridum Lingonensem, Hugonem Antissiodorensem, Joslenum Suessionensem, Goffridum Carnotensem, Albericum Bituricensem archiepiscopum scientia litterarum atque consilii prudentia

cum ea ad altare oblatum suscipiatur, nec eleemosynæ suffragentur, nec martyrium prosit, nec peccata dimittantur, imo jam dimissa ad actorem revertantur, non debeo dissimulare, nec animum adversus fratrem, et maxime episcopum commovere, nisi forte justa fuerit zelo justitiæ commotionis materies. Nam pro justitia moveri, non est charitatis læsio, sed æquitatis actio. Vellem, si Deus gratiam largiretur, hunc animum erga omnes habere, vellem hunc etiam et vobis integre conservare. Quod ut melius possim, proposui non occultare animum meum vobis, nec in corde et corde loqui; sed quod me ad commovendum instigat, sicut amico absque ullo doli velamine denudare. Relatum nobis est, si tamen ita est, non a paucis, non a quibuslibet, sed a pluribus et magnis personis vos (quod salva fraterna pace dico) ordine monastico derogare, data qualibet vel levi occasione frequenter lacerare, in publicis inde conventibus etiam declamare, ejus bona etiam maxima extenuare, leves excessus, qui adhuc ut hominibus, non angelis aliquando subripiunt, sermonibus rethoricis aggravare. Dictum est et hoc in synodo vestra coram cleri et populi multitudine imprecatum vos esse, ut Cluniacensium superbiam Deus destrueret, populoque a vobis injunctum, ut hinc Dominum exoraret. Et utinam misericors Salvator in nobis et nostris, atque in omnibus suis, non solum superbiæ, sed et omnes usque ad solum Satanæ parietes destruat, muros in eis Jerusalem spiritualis construat, indeque omnium bonorum preces exaudiat. Sed, si hoc erat dicendum, non erat deridendum; si erat admonendum, non erat prædicandum; si erat orandum, non erat declamandum. Nam esto. Superbi sumus, rei sumus, peccatores sumus. Sed non tamen erant peccata fratrum in Ecclesia prædicanda, non erant delicta monachorum in exemplum populo proferenda; ne monachos superbos, et maxime Cluniacenses, populus audiens, ad imitandum traheretur, ne superbiam, quam in monachis audiebat notabilem, ideo in se minus damnabilem credere doceretur. Non satis idonea ad evitandam superbiam persuasio est, propositum exemplum superbiæ, cum magis contrariis humilitatis et aliarum virtutum exemplis, morbus superbiæ et aliorum malorum ab humanis pectoribus soleat expurgari. Oportuerat, sapientiam vestram, hoc non in Tarawanensi populo, sed in Cluniacensi capitulo prædicare, et ad humilitatis viam, fratrum nostrorum superbiam, ut pontificem decet, sacris persuasionibus revocare. Fuerat hoc ingerendum, sine populis, auribus ipsorum, non sine illis, auribus populorum, ut eos exhortatio corrigeret, non derogatio diffamaret. Non enim de tam diversis et remotis partibus terrarum Cluniacenses fratres audire, nedum exaudire poterant apud Tarwanam episcopum, de eorum superbia disputantem, cum fortassis obtemperassent, si eum audissent se de talibus in capitulo suo, cui bis aut ter interfuit, admonentem. In illo, inquam, capitulo, cui, sicut dixi, bis aut ter interfuit, et ubi superbos illos de amicitiæ, beneficiorum, argumentorumque promissione, non modicum exhilaravit. Non ita episcopus Augustinus vera vel falsa fratrum mala populo prædicavit, vel in scriptis suis prædicari mandavit, cum dixit: *Ubi oritur peccatum, ibi moriatur, nec ad plures ejus correctio quam notitia extendatur.* Non ita Patres priores et magistri Ecclesiarum Dei, non ita, ut de nostri temporis singularibus viris loquar, domnus Guigo prior Carthusiensis, qui hoc de fonte veræ, non fictæ charitatis hauserat, ut mala cujusque auctori suo tantum nota faceret; bona cujuslibet non ipsi, sed eo absente omnibus divulgaret. Sed unde tamen hæc superbia? Cui episcoporum Cluniacenses fratres resistunt? cui non obediunt? cui non serviunt? Cui non obedientiam justam, non obsequium pro viribus, non reverentiam præ cunctis pene aliarum congregationum monachis impendunt? Nescio, nescio: Deus scit. Si scirem, non paterer; si nossem, corrigerem. Video res Cluniacenses velut totius reipublicæ Christianæ ærarium esse; de quo omnes hauriunt, quod pene exhauriunt, in quod rari pauca injiciunt, de quo plures multa accipiunt. Sed, quia per gratiam Dei universos pene Latinæ Ecclesiæ sacerdotes amicos habemus, precamur ut vos quoque inter reliquos propitium habeamus, cui et pauca illa nostra, quæ penes vos habentur, exposita sunt, et plurima alia per diversas mundi partes diffusa, ad obsequendum reverentiæ vestræ, si tamen ita placuerit, parata sunt. Accedit ad hanc querelam familiarem, quod canonicam abbavillæ sæcularium canonicorum quam comes de Pontivo (129) Cluniacensi monasterio quantum ad jus sæculare pertinet, dedit: etiam episcopus Ambianensis, ad quem ex ecclesiastica cura pertinet, de-

ANDREÆ CHESNII NOTÆ.

clarissimum. » Sunt autem Morini extremi hominum Galliæ populi, inquit vetus poeta, sic antiqua Celtarum lingua dicti, quasi maritimi sive maris accolæ. Mare enim *mor*, et maritimi *morinwyr* a Britannis Angliæ, qui veterem adhuc Gallorum sermonem retinent, hodie quoque vocantur. Eorum civitas *Tarwana* non ita pridem, sed nunc omnino diruta, sedesque præsulum Boloniam, urbem ad Oceanum Ammiano Marcellino notam, translata.

(129) *Comes de Pontivo.* Inter Cluniacensium benefactores, comites Pontivi non magno proximi intervallo fuerunt. Illorum unus hic, qui canonicam Abbatisvillæ, celebris agri Pontivensis urbis, Cluniacensi monasterio quantum ad jus sæculare dedit. Alter *Willelmus comes Pontivi et Monstrolli*, qui, prout reperitur in Chartulario Clun., charta 224 anno 1055, « in eleemosynam pro sua anima, et hæredum suorum, conventui S. Petri Clun. perpetuo contulit x millia halecum pariter et concessit, in proprios usus dicti conventus distribuenda, et ad vicecomitatum suum de Abbatisvilla, quisquis illum, sive ipse, sive alius ad firmam a se teneret, annuatim infra festum B. Andreæ apostoli percipienda. »

disset, nisi ei a vobis et a paucis aliis dissuasum fuisset. Sed quid ego hinc de aliis queror? Possum quidem de eis jure conqueri, sed de vobis magis habeo jus querendi. Cum enim et charitas communis, et amicitia singularis, nil contra amicum facere suaderent, excessistis amicitiæ metas, et nil vos lædentem amicum læsistis. Cumque sub ditione vestra, secundum spem a vobis datam, incrementa multiplicia speraremus, cessit nobis spes illa in contrarium, ut non solum nihil infra metas episcopii vestri vestra largitas nobis conferret, sed et aliorum donis et largitionibus contrairet. Probat hoc, ut accepi, apud Remorum urbem nuper factus episcoporum conventus, ubi cum dominus Remensis archiepiscopus, Suessionensis, Catalaunensis, Atrebatensis, et alii episcopi, utique magni, sapientes et religiosi viri, in negotio jam dicto assensum darent, solus inter omnes ab omnibus dissentiens apparuistis. Quare hoc? Si justa de causa, bene. Si non, ipse videte. Credo tamen in partibus vestris Sanctum Bertinum (130), Abbavillam, Gastum, Romiliacum, et alia urbis contigua loca (131) hoc judicare : quod fratres Cluniacenses episcopalis auctoritas tam facile, tam severe non debeat condemnare. Parco verbis, ne amicum, quem placare contendo, provocare videar. Oro igitur in fine epistolæ, oro ego, deprecantur et nostri, ut quod nobis de amicitia, sicut supra dixi, promisit benignitas vestra, observet veritas vestra. Absit enim ut aliter faciendo quam promittendo sit in sancto ore vestro, est, et non; sed eadem implendo quæ dicendo, sit semper in illo, est!

EPISTOLA IX.

Universali et nostro speciali Patri domino papæ Innocentio, *frater* Petrus, *humilis Cluniacensium abbas, obedientiam et amorem.*

Imperator Hispanus (132), magnus Christiani populi princeps, devotus majestati vestræ filius, licet apud pietatem vestram multum possit et posse debeat, tamen, quia inter modernos reges præcipuus amicus et benefactor Cluniacensis Ecclesiæ est, me ad præsens mediatorem et apud vos intercessorem elegit. Pro quo ut exaudiri merear, quod facerem, si præsens essem, nunc absens facio; et me cum omnibus fratribus meis, filiis vestris, qui hoc audire potuerunt, ad pedes pietatis vestræ, non tantum corde, sed etiam corpore ipso prosterno. Oro, ut quorum preces tam paternè, tam benigne, toties et toties vestri gratia admisistis, hac saltem vice nequaquam benignitate solita repellatis. Largitas enim paternæ gratiæ, qua nos pene semper audire soletis, ubique diffusa, ab omnibus audita, trahit multos ad nos, et frequentatis precibus compellit nos fatigare vos. Sed non ego pro rege Hispano, non pro Romano, non pro quolibet mortalium preces funderem, si id justitiæ repugnare cognoscerem. Unde licet earum rerum, quibus non interfui, testis esse non possim, sapientum tamen multorum, magnorum, probatorum etiam virorum testimonio, non minus quam oculis meis vel auribus credere compellor. Horum itaque omnium attestatione, ex quibus multi clerici, quidam monachi, nonnulli episcopi sunt, electionem Domini Salamantini episcopi in archiepiscopum Sancti Jacobi, ab omni clero, ab omni populo, canonice, pacifice, communiter factam, prædictus imperator per humilitatem meam majestati apostolicæ repræsentat. Et quia illa Ecclesia, ad quam electus est, tanti apostoli corpore gloriosa (135), tot sedis apostolicæ privilegiis sublimata, inter omnes Hispanas Ecclesias caput extulit, nobilem, prudentem, honestam, probatam personam, præ aliis terræ illius Ecclesiis requirebat. Quam se invenisse tandem in isto lætata, cum sibi, ut dictum est, concorditer in pastorem elegit. Unde, si quis post illam communem et solemnem electionem, alicui proprio commodo inservire volens, ab illo descivit, provideat sollicitudo paterna, ne illi liceat ob privatum lucrum bona publica impedire, vel ea de causa pacem tantæ Ecclesiæ perturbare. Astat igitur, et ad fores vestræ misericordiæ manu nostra

ANDREÆ CHESNII NOTÆ.

(130) *Credo tamen in partibus vestris S. Bertinum,* etc. Hoc est abbatiam S. Bertini confessoris in Audomarensi oppido, quam S. Hugo Cluniacensis abbas, cum pluribus aliis Flandriæ monasteriis religione illustravit, ut est apud anonymum ejus Vitæ scriptorem, quem Hugoni monacho subjecimus. Et de ea ipsa re leguntur etiam litteræ Roberti Flandrensium comitis anno 1106 datæ, quas pag. 558 hujus Bibliothecæ jam exscripsimus.

(131) *Romiliacum, et alia urbis contigua loca.* Romiliacus, vel, ut efferunt alii, Rumilliacus, Clun. quoque juris membrum est, quod vulgo prioratus S. Petri de Romiliaco comite, Morinensis ætate superiori, nunc vero Boloniensis diœcesis. At quisnam illum cœnobio Cluniacensi subjecerit nondum reperi. Quanquam et in ejus obedientia vel ante Petri abbatis tempora fuisse quodammodo colligi potest ex his Lucii papæ III litterarum verbis, quibus monasterium hoc cum appendiciis suis specialiter munivit : « Locus autem ipse, inquit, scilicet prædictum monasterium de Rumilliaco cum omnibus pertinentiis suis, sicut hactenus fuisse cognoscitur, sub Cluniacensis monasterii obedientia perpetuo, et subjectione consistat.

(132) *Imperator Hispanus benefactor Clun. Eccl.* Adefonsus, qui præter multas largitiones quibus Clun. cœnobium ditavit, Petro etiam nostro ecclesiam S. Vincentii de Salamanca per manum Guidonis Ecclesiæ cardinalis et legati, dedit, quatenus canonicalem habitum, qui tunc ibi habebatur, in monachalem transverteret, ut ex ejus super ea donatione præcepto, quod in fine huius tomi totum insertum est, apparet.

(135) *Et quia illa Ecclesia tanti apostoli corpore gloriosa.* Compostellana nempe, quæ et Sancti Jacobi apostoli in Gallæcia dicitur, et ejus in ea corporis præsentia multum etiam ab antiquo gloriatam docet Adefonsus alter ipsius Hispaniæ rex, qui cultoribus tumuli sancti Martini Turonensis rescribens anno 906 : « De cætero, inquit, quod conquæritis sancti apostoli tumulum hic penes nos haberi, certissime pernoscite Jacobi apostoli Zebedæi, Bonargis, qui ab Herode decollatus est, sepulcrum habemus in archis Marmaricis, provincia Gallæciæ. »

pulsát imperator Hispanus, Sancti Jacobi clerus et populus, ut electum suum non sublimiter, non superbe, sed humiliter et mansuete ad vos venientem, suscipiatis, vinculum apostolicæ severitatis, quod modeste pertulit, resolvatis, et, quod potestatis vestræ solius est, translationem ejus de Salamanca ad urbem Sancti Jacobi apostoli concedatis. Et ut apud pium Patrem legati contemplatione, ipsa possit juvari legatio, vobis cognitum et dilectum venerabilem fratrem nostrum Natalem, nuper Resbaci abbatem, paternitati vestræ direximus. Quem quia a Mariæ otio, quod apud nos elegit, invitum et reclamantem nostris viribus non potuimus, ad hoc suscipiendum negotium, cui resistere non potuit, obedientiæ virtute compulimus. Unde, si placet, quem nos exasperavimus mittendo, vos lætificate effectum precibus annuende.

EPISTOLA X.

Summo pontifici et nostro speciali Patri domino papæ INNOCENTIO, *frater* PETRUS, *humilis Cluniacensium abbas, obedientiam, et se totum ad omnia.*

Dominus Hugo Turonensis archiepiscopus (134) festinans adire majestatis vestræ præsentiam, in ipso devotionis suæ itinere apud Charitatem morbo correptus est. Quo ingravescente, cum jam de vita desperare cogeretur, monachicum ibidem indumentum suscepit, et per manum prioris nostri de Charitate, religionis habitu suscepto, Cluniacensis monachus effectus est. Quod Turonensis Ecclesia audiens, et ne hac occasione pastoralem curam relinquere vellet formidans, domnum P. archidiaconem, domnumque Hugonem Nuceriensem abbatem cum aliis ad cum direxit, et ut ad ovile suum pastor rediret, omni studio, tota diligentia, summis precibus rogare curavit. Noluit ille, nec multorum et magnorum virorum precibus reditum persuadentibus, acquievit. Instantibus illis, nec a cœptis precibus ullo modo desistere volentibus, et hoc tantum respondit nihil se horum prius facturum, quam res vobis innotesceret, et a paternitate vestra quod sibi faciendum esset audiret. Supplicat ergo, quantum potest, nobilis illa et magna Turonensis Ecclesia; supplicamus et nos. Rogat (quod longe præstantius est) ipsa, ut nobis videtur, justitia, quatenus Patrem ad filios, pastorem ad oves, prælatum ad subditos, sublimitas vestra, cui omnium Ecclesiarum sollicitudo a Deo commissa est, redire persuadeat, et, si sponte noluerit, etiam invitum compellat. Etenim, ut publica fama testatur, non mercenarius, qui videns lupum dimittit oves et fugit, sed pastor, qui pro domo Israel sibi commissa, murum se opponere et stare in prælio in die Domini consuevit. Sed unde rogo, unde supplico? Supplico quasi pro reo, cui aliquid indulgendum sit, cui commissum aliquod grave donandum sit. Sed, si ego vos unquam agnovi, si dulcem affectum vestrum erga religionis professores, et maxime conservatores adverti, qui de bono melior, de clerico monachus, qui de communi schemate cleri ad Martini sui nigrum habitum conversus est, non indignus ejus, et maxime prius adepta pontificali sede, judicabitur. Redisset quidem, si magnos et sapientes viros audire voluisset, non deterior, sed jam melior factus ad sedem propriam; sed sapienti humilitate exspectare inde maluit sententiam apostolicam. Non obsit ergo ei vel Ecclesiæ suæ (quod tamen superflue loquor) quod se totum dispositioni apostolicæ proprio consilio, non alieno submisit; quod Martini, ut dictum est, habitum induit; quod tandem vester, et, ut sic dicam, magis proprie vester Cluniacensis monachus factus est. Placuit sanctitati vestræ in quibusdam aliis, quos nominare possem, episcopis, quod de communi clericorum vestitu, ad canonicalem habitum transierunt: placeat, et placebit, ut credo, quod magnus Turonensis archiepiscopus ad humilem monachorum habitum se convertit, et sic habitum et vitam in melius commutando, pontificali dignitati nihil melior factus detraxit.

EPISTOLA XI.

Venerabili Deique sacerdoti A. *Narbonensi archiepiscopo, frater* PETRUS, *humilis Cluniacensium abbas, salutem.*

Audiens a pluribus dignationem vestram propter exile servitium a nostratibus Remensis concilii tempore vobis impensum, supra meritum gratiosam nobis existere, ad referendas benevolentiæ vestræ gratias per vos ab Hispanis primo redire disposui. Sed quia multiplex curarum distractio propositum immutavit, per vos, ut proposueram, redire non potui. Quia ergo dilecto mihi præsentare non pos-

ANDREÆ CHESNII NOTÆ.

(134) *Dominus Hugo Turonensis archiepiscopus.* Hujus nominis secundus, Hildeberti successor, magnusque etiam, ut hæc epistola testatur, Cluniacensium amicus. Unde et R. Northmannorum ducis et comitis Andegavorum diplomati, terræ centum marcarum in Anglia confirmatorio subscripsisse reperitur. Quod quidem diploma, licet mutilum, quia tamen Petro nostro Clun. abbati dirigi videtur, hic inserere non absonum fuerit. Est igitur hujusmodi: « Reverendissimo Patri Dei gratia Clun. abbati P. et sanctissimo conventui Clun. R. eadem gratia dux Northmannorum, et comes Andegavorum æternam in Domino salutem. Felicis memoriæ prædecessor noster Henricus rex Anglorum centum marcas argenti singulis annis Cluniacensibus fratribus in eleemosyna dabat. Eo etiam decedente pro prædictis centum marcis est terra prædictis fratribus, » etc., ut in Stephani regis litteris, quæ pag 1398 habentur. « Illam ergo terram Clun. Ecclesiæ et fratribus ibidem Deo servientibus jure perpetuo possidendam concedimus. Donationem quoque de terra prædicta ab imperatrice factam laudamus et confirmamus. Testes sunt Hugo archiepiscopus Turonensis, Paganus de Claravalle, Guido de Sabolio. » Verum qualiter hæc inter se pro temporis ratione convenire possint, aliorum erit judicium. Porro mentio fit et hujus Hugonis archiepiscopi Turonensis in Historia veteri dominorum Ambaziensium, his verbis: « Goffridus consul Andegavensis, cui magno nihil erat magnum, cum exercitu suo Laudiacho venit, ibique mediante Hugone archiepiscopo pax utrinque (nempe cum Supplicio Ambasiæ domino) efficitur. »

sum personam meam, dirigo epistolam meam : in qua me præsentem sentiat, et quod a me audiret, ab ipsa audiat. Relatum mihi est ab amicis communibus, reverentiam vestram episcopalibus negotiis jam usque ad senium detritam, magis magisque in dies atteri; et molestiis curarum irruentium oppressam, solito vehementius fatigari. Cumque in Vita magni Martini scriptum legatur : *Optata est seni missio post laborem*, doleo laborare emeritum, qui justis sudoribus missionem promeruit, et, ut mihi dictum est, de Marthæ laboribus ad Mariæ quiescentis transire otium concupiscit. Si tamen (quod salvo amicitiæ jure loquor), esset animus victor annorum, et cedere nescius senectuti, vererer pontificalem sublimitatem a summis ad ima retrahere, et, ut de pontificatu ad monasticum ordinem transitum faceret, invitare. Sed, quoniam locus humilior tutior esse solet, altior vero ruinam semper formidat, fugiendus est, ut mihi videtur, mons patens universis aurarum turbinibus, amplectenda est vallis, nullis aerum subjecta proventibus. Vallis hæc Cluniacus vobis esse poterit, non solum humilitate, sed et situ ipso eamdem significante : quæ multos non tantum inferioris, sed etiam vestri ordinis viros, pro Christo humiliatos suscepit, eosque suo tempore ad cœlestem sublimitatem provexit. Non igitur timeat humiliari in terris, a Deo super cœlos extollenda anima; nec pudeat eum se submittere hominibus, cum qui tali humiliatione conferri se non dubitat beatis spiritibus.

EPISTOLA XII.

Venerabili et præcordiali amico nostro domno GAUFRIDO *Burdegalensi archiepiscopo* (155), *frater* PETRUS, *humilis Cluniacensium abbas, salutem et sincerum affectum.*

Inter varias pectoris mei curas, ingessit se aliquando cogitatio de' amicitia, et quem cui amicum vel præponere vel supponere deberem, sollicita perquisivit. Cumque universas animæ latebras perscrutans, abdita universa omni discusso nubilo penetrasset, invenit in amicitia nulli supponendum, pene omnibus præferendum, quantum ad se, illum, illum certe meum Burdegalensem archiepiscopum, quem non dignitas pontificalis, non sublimitas temporalis, mihi in spirituali et vero amico associavit; sed animus terrena spernens, cœlestibus inhians, mores compti, prudentia singularis, amicitia constans, et vere Christus ipse ad universa mutui amoris primordia se medium exhibens, indivisibiliter conjunxit. Hoc semper, ex quo Carthusiense iter sanctitatem vestram mihi notam fecit, firmissime cordi meo inhæsit, inhæret, et per Dei gratiam perpetuo inhærebit. Hæc quia præmittenda erant,

præmisi; nunc quæ ordine sequi debent, suppono.

Ago quas possum gratias, quia non imparem in mutui amoris constantia vos inveni, quem de amici ad remotas Hispaniarum partes, et velut ad peregrina tendentis, mandatis precibus tam devotum conservatorem habui. Commendavi ei monasteria nostra, abbatias, prioratus et cellas : et ecce non ejus tantum, sed et omnium nostrum voce attestante, fidissimum etiam in hoc commisso reperi. Redire per provinciam vestram prius quidem disposueram; sed fortuitus rerum eventus, imo (quod verius est) Dei dispositio permutavit. Eapropter nec præsentia vestra mihi, ut nostis, charissima frui licitum fuit, nec de propositis Angeliacensis Ecclesiæ, et aliis negotiis vobiscum loqui, vel conferre facultas fuit. Scripsi tamen inde domino papæ, et omnia ei per proprios nuntios notificans, ipsi sanctitatis vestræ litteras destinavi. Oportet autem, sicut novit sapientia vestra, et, ut inter nos tunc condictum fuit, rem secretam esse, ne dum corpus peccati in Ecclesia sancti Joannis destruere quærimus, re non suo tempore patefacta (quod Deus avertat) augeamus. Esse nostrum, super quo certificari vult sincera, humilis et sublimis benignitas et dignitas vestra, tale esse cognoscite. Illud quidem præteritum iter nostrum plus honoris quam personam, non dico Ecclesiam decet, habuit, quia, etsi non decuit personam, decuit Ecclesiam ; profectus vero temporalis, non quantum cupiditas voluit, sed plus tamen quam meritum exegit. Quod vero ad personam spectat, utinam sospitatem corporis incolumitas spiritus æmularetur ! Quod autem ad Ecclesiam respicit, pace super omnia et mutua et generali fruitur, Christoque Domino suo ita ut nunquam, prout videtur, melius humiliter et devote deservit, et pro suo domino et Patre Burdegalensi archiepiscopo, a nobis sæpius, ut dignum est, admonita, clementis Domini misericordiam deprecatur. Constantinum, super quo scripsistis, si hoc utile judicatis, ad quartam leugam revocate, et de universis Cluniacensibus negotiis, non solum ut legatus, sed ut ipse Cluniacensis abbas secure disponite. Nec enim absentem puto ubi vos estis, neque ubi ego sum, vos absens esse potestis. In fine, non tantum pro me et vestra Cluniacensi Ecclesia vos Deum sollicite exorare rogo; sed et bonos illos partium vestrarum viros, quos ad Christi militiam et servitutem semper accingitis et fovetis, quatenus ut idipsum faciant deprecemini, magis corde quam verbis imploro.

EPISTOLA XIII.

Nostro Wintoniensi episcopo, frater PETRUS, *suus Clu-*

ANDREÆ CUESNII NOTÆ.

(155) *Gaufrido Burdegalensi archiepiscopo.* Celebres fuerunt hujus nominis duo Burdigalæ archiepiscopi tempore Petri Venerabilis. Unus qui privilegium a Ludovico Grosso Francorum rege tam pro se quam pro suffraganeis impetravit anno 1137; alter, qui concilio Balgenciacensi pro dissolutione matrimonii Ludovici Junioris et Alienoræ præsedit anno 1150. Utri horum, qui Cluniacensium ambo benefactores et amici, scribat, non omnino certum, nisi forte sequentium epistolarum ad Lucium et Eugenium pontifices, qui ante annum 1150 sederunt, de primo rem esse quodammodo declarent.

niacensium abbas, salutem et totum cordis sui affectum.

Pro Cluniaco rogare soleo, nunc pro Marciniaco rogo. Materia, ut nostis, est multa rogandi. Singularis domus, excellens religio, non tantum mors, sed perpetua sepultura sororum sanctarum : quæ pro Christo suo ante mortem moriuntur, ante sepulcrum sepeliuntur. Præter hæc multarum parentum, et præcipue matris meæ, insuper et vestræ cœlestis in loco illo conversatio, felix excessus, beata sepulcra. Ista me ad orandum, vos ad exaudiendum compellunt, ut locum illum semper præ oculis habeatis, semper veneremini, semper colatis. Hac spe fratrem præsentium latorem, ab illis Dei ancillis ad vos et ad partes vestras directum, oro, ut more vestro benigne suscipiatis, audiatis et exaudiatis. Omnipotens et misericors Salvator noster, cui jugiter, ut possumus, pro vobis assistimus, statuat procellam vestram in auram, et sileant fluctus ejus.

EPISTOLA XIV.

Venerabili et præcordiali amico, domno GUARINO *Ambianensi episcopo* (156), *frater* PETRUS, *humilis Cluniacensium abbas, salutem quam sibi.*

Quid dicam? quid loquar? quas tam sincero amico gratias agam? Divisit et vere divisit sapiens dilectio vestra inter amicos et amicos, inter veros et falsos, inter dantes verba et exhibentes opera. Promittunt alii magna magnis meritis amicorum, et nihil solvunt. Nihil promisistis, et nullis erga vos meritis nostris, multa et magna solvistis. Hæc est causa, hæc summa materia, hoc indissolubile vinculum quo vobis astringimur, quo vobis colligamur, quo licet absenti integra totius amoris et affectus nostri viscera vobis refundimus. Nec mirum. Quis enim non summopere trahatur, quis non alliciatur, tantis ex parte vestra impensis; nullis, ut dictum est, ex nostra repensis beneficiis? Sed, si plenum sacrificium, si integrum holocaustum offerre Deo disponitis, si caput et caudam simul immolare proposuistis, venite, venite, inquam, ad nos, ut videamus quem diu videre optavimus, et fruamur etiam hic in Christo, quo etiam alibi perpetuo frui desideramus. Hoc per eum, qui dilexit nos, et qui vobis inspiravit diligere nos, non tantum rogamus, sed etiam obsecramus, ut, antequam proxima æstas finiatur, Cluniacus vestra vos videat, et præsentia vestri diu exoptata exhilaretur et gaudeat.

EPISTOLA XV.

Dilecto et per omnia diligendo ac venerando amico nostro, domno SUGERIO, *abbati Sancti Dionysii* (157), *frater* PETRUS, *humilis Cluniacensium abbas, salutem.*

O infelix sors hominum, et, si dici fas esset, fortuna miseranda! Video sæpe invitis oculis quos videre nollem. Videre non possum saltem per multa sæcula semel, quos assidue cernere exoptarem. Ad quid istud? Instant et astant mihi sæpe sæculares et duri rerum sæcularium exactores, quos, si possem, ut dixi, summo studio evitarem. Dilectum vero meum illum, illum, inquam, meum etiam antequam meum dilectum abbatem Sancti Dionysii, et ante utriusque abbatiam mihi charum, et post de charo charissimum factum, nec post longa tempora videre possum. Retinet eum Francia, nostræque semper illum Burgundiæ invidet, ut nunquam illum apud Cluniacum, nisi semel, videre potuerim. De hoc igitur familiarem querelam depono, gratias quas possum agens, quod licet seipsum nobis subtraxerit, beneficia tamen multimoda exhibere non desinit. Attestantur hoc fratres nostri in vestris partibus commorantes, dicentes in causis et necessitatibus suis non modo Patrem monasterii Sancti Dionysii, sed et suum Cluniacenses in vobis invenisse abbatem. Doleo inde tamen, non quia vos semper nobis gratis gratus, sed quia nos nil invenientes quid respondere possimus, vestris beneficiis semper videmur ingrati. Interim rogo, quantum possum, et supplico ut, vel Dei, vel amicitiæ, vel regni vestri,

ANDREÆ CHESNII NOTÆ.

(156) *Domno Guarino Ambianensi episcopo.* Qui et ipse de præcipuis Cluniacensium fratrum benefactoribus non postremus, ut vel ejus de concessione Ecclesiæ domni Petri cum altaribus in Ambianensi diœcesi litteræ, pag. 1403 jam descriptæ, docent, vel etiam ex aliis multis in Chartulario Sancti Martini de Campis, nobilis Cluniacensis cœnobii membri, existentibus colligi potest. Inter has habetur una de Waneio, in qua se *Galrinum Albianensis Ecclesiæ ministrum humilimum* nuncupat, atque « se precibus reverendissimi episcopi Suessionensis Goislani et prioris Sancti Martini de Campis confirmare Sancto Martino ecclesiam in honore egregii confessoris et pretiosissimi pontificis Christi Martini in territorio Wangneii sitam, altare de Bonaio, et altare de Curcellis. » Anno 1127. Sunt et aliquæ quibus modo *Guarinus*, modo *Warinus;* et aliquæ demum, quibus *Gaurinus Ambianensis episcopus* inscribitur, qualis est hæc de ecclesia Sancti Gervasii apud Encram: « In nomine sanctæ et individuæ Trinitatis. Quia in corpore Christi, quod est Ecclesia, prælatis tanquam oculis major vigilantiæ cura super fideles, et maxime religiosos imponitur, dignum est ut eis beneficia nostra conferamus, quorum precibus pax nobis et securitas conceditur. Idcirco ego Gaurinus Dei gratia Ambianensis episcopus ecclesiam S. Gervasii de Encra, quæ diu contra apostolica decreta in manu fuerat laica cum peste Simonica, monachis S. Martini de Campis libere et absolute do in eleemosynam cum omnibus appendiciis suis, in præsentia domini Alberici Hostiensis episcopi et apostolicæ sedis legati, et domini Gausleni Suessionensis episcopi, et domini Gaufredi Cathalaunensis episcopi, teste domno Gaurino Ambianensis Ecclesiæ thesaurario, et magistro Rainerio Cathalaunensi archidiacono. Actum est anno incarnati Verbi 1138. »

(157) *Domino Sugerio abbati S. Dionysii.* Cui scribit et infra lib. VI, epist. 20, et ipse Sugerius illi vicissim epist. præcedente: cui tamen et alias plures nunc primum adjicere dedit codex ms. epistolarum ejusdem, quas vir doctissimus Carolus Labæus e Bibliotheca nunquam satis laudati præsidis I. A. Thuani, magno, sicut speratur, omnium bono, propediem editurus est.

in cujus ultimis partibus constituti sumus, occasione, in Cluniaco vestra ante proxime futuram hiemem vos videamus. Credo et si veneritis, quia, juxta prophetiam, non tantum in futura vita, de qua hoc dictum est, sed etiam in praesenti gaudium et laetitiam videbitis, et gaudebitis, et laetabitur cor vestrum (*Isa.* LX).

EPISTOLA XVI.

Reverendo Patri et domino PETRO, *Dei gratia Cluniacensium abbati, frater* BERNARDUS, *Clarævallis vocatus abbas, seipsum quantulus est.*

Itane jocari libet? Dignanter sane atque amicabiliter, etc. Vide inter epistolas S. Bernardi, Patrologiæ t. CLXXXII, col. 596.

EPISTOLA XVII.

Singulari veneratione colendo, totis charitatis brachiis amplectendo, individuo cordis mei hospiti, domino BERNARDO *Clarævallis abbati, frater* PETRUS, *humilis Cluniacensium abbas, salutem ad quam suspirat æternam.*

Quoniam tam dulcibus et jucundis amici litteris, quibus et ipse jucundus et citus occurrere debuissem, tardus rescriptor occurro, mirabitur fortassis solers sanctitas vestra, et segnitiei vel contemptui, ut timeo, deputabit. Sed absit utrumque, nec absit tantum, sed prorsus utrumque abest, cum fere nihil unquam, quantum ad litteras pertinet, vel libentius susceperim, vel studiosius legerim. Tarditatis causa ex parte exstitit lator earum, qui Cluniacum veniens, nec me ibi inveniens, cum ipse non valde remotus, hoc est Marciani essem, litteras quas ferebat mihi nec detulit, nec misit, sed Cluniaci dimisit. Et ne velut accusare bonum virum videar, credo eum aut quibuslibet negotiis retractum, aut acerrimæ, quæ tunc incumbebat, hiemis austeritate, ne me conaretur adire, deterritum. Moratus sum et ego ibidem, tam nivibus quam negotiis detentus per mensem, et vix in initio Quadragesimæ domum redii. Suscepi tandem a subpriore, cui traditæ fuerant, litteras illas vestras. Tractus est statim animus, et cum in affectum vestri multum ante caleret, longe amplius per easdem litteras flatu pectoris vestri succensus, nihil ultra frigidum tepidumve sibi inesse permisit. Tractus, inquam, sicque tractus est, ut quod nunquam, nisi sacrorum reverentia librorum me fecisse memini, perlectam epistolam mox exosculatus sim. Et, ut eos quos poteram, quia tunc non omnes poteram, in vestræ charitatis affectum, more mihi solito excitarem, circumpositis quibusque, quod mihi soli legeram relegi, eosque erga vos in majorem dilectionis affectum pro viribus commovi. Recondi statim eas, et argenteis sive aureis, quos pro more mihi a patribus relicto, ad opus eleemosynæ mecum ferre soleo, adjunxi. Nec incongrue. Nam super omne aurum et argentum vestra mihi gratia bona, vestra charitas est pretiosa. Rescribere quod animo insederat sequenti die statim volui; sed a quotidiano, imo pene continuo exactore alia reposcente prohibitus, conticui. Imperavi mihi plane silentium, cui resistere non poteram, durissimus imperator, et cura multiplex infinitarum causarum, non uno tantum, sed multis me diebus silere coegit. Transibant quandoque quindecim dies, quandoque integer mensis, quandoque continui menses, quibus scribere semper nitebar, nec imperatore jam dicto permittebar. Rupi tandem importunum vinculum, et, licet ægre, jugum oneris et sceptrum exactoris furtim scriptitando superavi. Ac ne superfluus videar, tantopere excusans tarditatem rescribendi, ipse excusare coegistis, dum dixistis : *Non multum temporis est, ex quo scribens ad vos, coronam vestram debita veneratione salutavi, et non respondistis mihi verbum; nec multo ante rursum ex urbe Roma vobis scripseram, et nec tunc quidem vel unum iota recepi.* Modo miramini quod revertenti nuper de Hispaniis nugas meas denuo vobis ingerere non præsumpsi? Quod si culpa est quacunque ex causa non scripsisse, sine culpa profecto non erit noluisse, ne dicam contempsisse, rescribere. Hoc quidem vos. Sed quid ego? Istud plane. Negare, inquam, culpam quam imponitis nullo modo possem, si tanto amico primo scribenti rescribere contempsissem. Fateor enim quod primum scribenti vero rescribere debuissem; sed, prout recolere possum, dum in urbe moraremini, scripsi ego prior, rescripsistis posterior vos. Non ergo ad me pertinuit rescribere, qui prior scripseram; sed vestrum fuit rescribere, quia prior scripseram. Et potuissem quidem rescribere etiam rescribenti, sed plena scriptoque meo ad unguem satisfaciens responsio vestra silentium mihi imposuit respondendi. Quod si ita est, culpa mihi imposita me deserens, vos incipit intueri quia inculpabilem culpare, et sarcina aliena, ne dicam vestra, aggravare humeros fratris innocentis voluistis. Quod vero vice alia idem a me factum dicitis, quia rei memoria menti non inest, responsio deest. Quæ si forte adesse potuerit; aut probabilis excusatio, aut humilis satisfactio deesse non poterit. Sed addidistis : *En in quo pro me faceret justitia.* Et ego : Interim juxta causas præmissas pro me facit justitia, quia apud me non invenitur culpa. Jam non, si non parcerem, et læsum, quod de vobis dixistis, amicum me vocare potuissem et læsionis vel injuriarum pœnam merito exigerem. Sed parco more meo, sed cuncta etiam non rogatus remitto. Nullarum, ut dixistis, memor sum injuriarum. Nam et hoc ad sequentem materiam pertinet, ut qui notas simultates de multorum cordibus non ludo, sed serio excludere satago, et ad excludendum vos incitare intendo, prior ipse omnibus indulgeam, et quod ut alii faciant laboro, ante ipse faciam. Sed rursum forte dicetis: Itane jocari libet? Libet equidem, sed vobiscum. Vobiscum certe, sed non ita cum aliis. Nam, cum quibusdam aliis gravitatem excedere, vanitatem incurrere formidarem. At vobiscum vanitatem non vereor, charitatem, ne labatur, persequor. Unde dulce mihi est semper vobiscum loqui, et melleam inter nos charitatis dulcedinem jucundis sermonibus conservare. Caveo enim, quantùm possum de illorum fratrum numero esse, qui oderant Joseph in corde suo, nec poterant ei quidquam pacifice loqui (*Gen.* xxi). Utinam et sic (quod non glorians dico) omnes nostri vestrique fratres facerent, et a linea charitatis, qua sola post fidem, et baptismatis sacramentum fratres dicuntur, et qua speciali consanguinitate sibi junguntur, non degenerarent, metuerentque, quod ait Apostolus, *Periculum in falsis fratribus* (*II Cor.* xi). Utinam plane hoc omnes facerent, et cor a cogitatu doloso, linguam juxta psalmum quem frequentant, a verbo aspero custodirent (*Psal.* xc). Videntur ista quæ præmisi magna promittere, et velut ad peragenda maxima se præparare. Sed ne de his illud usitatum dicatur :

Quid tanto dignum feret hic promissor hiatu?
(Horat., *De art. poet.*, vers. 158.)

fateor me non tantum maximam, sed nec magnam, nec modicam habere causam vobis scribendi : earum tamen rerum, quas magnas vel maximas sæculares æstimant, et de quibus se magnos vel maximos fieri posse filii sæculi sperant.

Est tamen magna, et in tantum causas omnes præcellens, ut excellentior omnibus ab Apostolo dicatur (*I Cor.* xiii). Et si ejus nomen quæritur, ab eo charitas nominatur. Hæc mihi tota, et sola causa scribendi fuit, quam me personæ vestræ integram servare confido, quamque nostros vestrosque sibi ad invicem melius solito servaturos, vestro maxime studio non despero. Nam, quantum ad eam charitatem spectat, quam vobis in abdito cordis mei jam ab antiquo reservo, videtur mihi quod aquæ multæ, ut scriptum est, non poterunt eam exstinguere, nec flumina obruere (*Cant.* viii). Hoc in quibusdam casibus mihi sæpe expertus videor, quod aquæ multæ non poterunt eam exstinguere, nec flumina obruere. Quando enim exstingui vel obrui poterit sincerus erga vos et ignitus mei pectoris affectus quibuslibet sinistri rumoris rivulis, cum nec aquæ multæ decimarum potuerint eum exstinguere, nec impetus Lingonensium fluminum obruere? Nostis quod dico, nec ob aliud dico, nisi ut constantis in amoris proposito erga vos animi mei insignia recolens, stabilem de cætero me esse posse prudentia vestra præsumat. Præsumo et ego hoc idem de vobis, nec a cordis vestri penetralibus me cujuslibet impulsu posse excludi confido. Sed, cum uterque nostrum pastor dicatur, cum ovilia nostra non parva ovium Christi multitudine sint referta, cùm utrique præcipiatur : *Diligenter agnosce vultum pecoris tui* (*Prov.* xxvii), videndum est si pecus nostrum nobis notum est, si valet, si languet, si debile, si robustum, si mortuum certe vel vivum. Nam, cum dilectus ille discipulus dicat : *Qui non diligit, manet in morte* (*I Joan.* iii), quid ego de languore pecudis meæ sollicitor, cum eam jam mortuam esse cognoscam? Si enim in morte manet qui non diligit, in qua morte manet qui odit? Si in morte manet qui non diligit, in qua morte manet qui detrahit? Ad quid hoc dico? Cerno aliquos, tam de nostris ovilibus quam de vestris, adversum se invicem jurata bella suscepisse, et eos, qui in Domini habitare unanimes debuerant, a charitate mutila descivisse. Video eos de ejusdem Domini esse familia, de ejusdem Regis esse militia, eodem nomine Christianos, eodem et monachos nuncupari. Intueor non solum communis fidei vinculo, sed insuper ejusdem monasticæ regulæ jugo submissos : Dominicum agrum multis, sed diversis sudoribus excolere. Et cum eos, ut dixi, Christianum nomen conjungat, cum monastica professio uniat ; sola eos mentium nescio quæ occulta, et nefanda varietas separat, et ab illa sincera cordium unitate, in quam videntur congregati, disgregat. Et, o res plena lamentis, non ullis lacrymarum fontibus digne deflenda! superbum archangelum de cœlis projectum rursum cœlestia occupasse, et qui in aquilone sedem suam stabilire non potuit, in meridiana, hoc est in splendidiore cœli parte, eam firmasse. Vere ita plane, ita se fecisse gloriatur, quando, expulso eo qui habitat in cœlis, et cujus locus non in mutuo rancore, sed in fraterna pace factus est, mentibus hominum professione cœlestium, exemplo splendentium, jure tyrannico principatur. Cumque fortem illum, atrium suum diuturna pace custodientem, fortior superveniens vicerit, cum mundi principem foras ejecerit, cum solium ejus, qui rex est filiorum superbiæ, etiam in laicis Christianis everterit, quibus putas planctibus erit dolendum, si eversum in aliis nequitiæ suæ thronum Satan in monachorum cordibus erexerit? Absit, absit ut ille qui sic a Salvatore enervatus dicitur, ut ipsius etiam ancillis ligetur, ut ipsi a servis ejus velut avi illudatur, in tantum ipse servis ejus et ancillis illudat, eisque ut vilibus mancipiis dominetur. Sed cur sibi adversantur? cur sibi detrahunt? cur ab invicem consumuntur? Veniat, rogo, veniat materies litis in medium ; et si quid justæ querelæ adversum se invicem afferre potuerint, æquis decernentibus arbitris terminetur. Quid exigis, quæso, frater a fratre? et, ut in duobus nominatis omnium dissidentium varietas comprehendatur, quid exigis, inquam, frater Cluniacensis, a fratre Cisterciensi, vel econverso? Si urbes sunt, si castra, si villæ, si fundus, si possessio aliqua terrena vel parva, vel magna, si denique aurum, si argentum, si quælibet quantitas vel qualitas pecuniæ, dic, age, propone. Adsunt judices non iniquitatis, sed æquitatis, omnes hujusmodi lites statim dirimere præparati. Facile pax reformabitur, læsa charitas curabitur, postquam pro talibus vel similibus ortum fuisse tantum cordium discidium cognoscetur. Sed video utrumque vestrum omnia ista abjecisse, nihil vobis in terris residui fecisse, pauperem Christum beata paupertate ditatos vos sequi proposuisse. Non est ergo hic materies quam quærebam. Sed non desistam, non fatigabor, non quiescam, donec ad fundum inquisitæ veritatis perveniam.

Est fortasse inter vos litis hujus causa diversa consuetudo, varia monastici ordinis observatio. Sed si hæc, charissimi, tanti mali causa est, valde irrationabilis, et (quod salva utriusque vestrum gratia loquor), valde puerilis et stulta est. An non videtur vobis irrationabilis, puerilis, et stulta, quam omnis ratio destituit, et cui omnis sanum sapiens contradicit? Nam, si varia consuetudo, si multiplex rerum infinitarum varietas, Christi servos a mutua charitate divellere debet, quid jam pacis, quid concordiæ, quid unitatis, quid tandem de lege Christi non solum monachis, sed et omnibus Christianis residuum erit, de qua a magno Apostolo dictum est: *Alter alterius onera portate, et sic adimplebitis legem Christi?* (*Gal.* vi.) Si, inquam, lex Christi, id est charitas, ab omnibus diversos usus sequentibus relinquenda est, nusquam plane ultra quærenda est. Nusquam enim inveniri poterit, postquam ab omnibus morem diversum sequentibus exclusa fuerit. Nonne, charissimi, totus orbis terrarum Christi Ecclesiis jam ab antiquo refertus est? Cumque omnem pene numerum excedat multiplicitas Ecclesiarum sub una fide, et eadem charitate Deo famulantium, tanta pene apud eas invenitur varietas usuum, quanta infinitas est locorum. Hoc in cantibus, hoc in lectionibus, hoc in omnibus ecclesiasticis officiis, hoc in vestitu vario; hoc præter authentica, quæ mutari non possunt, jejunia, in jejuniis diversis. Hoc in universis similibus, quæ pro temporum, locorum, gentium, regionum varietatibus, a prælatis Ecclesiarum, quibus, secundum Apostolum, quantum ad talia pertinet, in suo sensu licet abundare (*Rom.* xiv), instituta sunt. Relinquent ergo omnes istæ Ecclesiæ charitatem, quia mutaverunt consuetudinem? Cessabunt esse Christiani, quia videntur in diversis usibus varii? Peribit ab his omnibus summum pacis bonum, quia unusquisque modo vario operatur bonum? Non ita sensit vita et verbo doctor Ecclesiæ Ambrosius, qui de jejunio Sabbati loquens, quod Romæ servari viderat, et Mediolani episcopus factus servari non invenerat, ait : *Quando Romæ sum, jejunium a Romana Ecclesia servatum custodio. Quando Mediolani, morem ejusdem Ecclesiæ sequens non jejuno.* Hinc et Pater Augustinus bonæ matris suæ devotionem describens, narrat eam, juxta morem quem apud Africanas Ecclesias teneri viderat, oblationes suas contra Ecclesiarum Italiæ observantiam Mediolani

voluisse offerre, sed ab Ambrosio prohibitam fuisse.

Sed quid in istis laboro? Frustra rem patentem multiplicibus testimoniis vel exemplis cingerem, maxime cum nec apud antiquos ipsius Paschalis temporis dissonantia, nec apud modernos ipsius sacrificii Christiani inter Græcos et Latinos nota varietas, charitatem læderc, vel schisma aliquod unitatis gignere potuerit. Testes sunt præcedentis rei Patres sancti, et eorum, quos Ecclesiæ reliquerunt, approbati libri, quod alio tempore Oriens, alio Occidens, alio in eadem Britanniæ insula Angli, alio Scoti Christiani, scilicet antiquiores, Pascha Domini celebrabant (138). Testes sumus et nos temporis nostri, qui Romanam Ecclesiam, et totam Latinam linguam offerre Deo salutare sacrificium azymi panis videmus, cum Græca Ecclesia, et maxima Orientis pars ac Barbaræ, sed Christianæ gentes, sacrificare de fermentato dicantur. Cum hoc ita sit, nec antiqui, nec moderni propter tam celebres et famosas usuum dissonantias a charitate mutua desciverunt, quia nihil quod fidem vel charitatem læderet, in his omnibus invenerunt: Ad quid istud? Ut si propter varios usus vestri, o fratres, animi variati sunt, si propter diversitatem consuetudinum diversificati sunt, si propter alium, et alium morem ab Ecclesiarum institutoribus vobis traditum, a pacis vel unitatis charitate languerunt, tantorum Patrum tam venerandis exemplis in unum redeant, et more sanctorum, qui convaluerunt de infirmitate, fortes facti sunt in bello, a charitatis super omnem morbum formidando languore, convalescant.

Sed dicetis : Aliter usuum varietas accipienda est in diversis Ecclesiis, aliter in ejusdem ordinis viris. Si Ecclesiarum multarum usus, salva fide et charitate, variantur, mirum non est ; sed, si ejusdem propositi et professionis homines non eumdem institutionum morem servaverint, mirum est. Estne, inquam, hoc totum quod vos, charissimi, ab invicem dividit ? Est hoc totum quod charitatem in vobis lædit ? Est hoc totum quod filios pacis inter se pacificos esse non sinit ? Si laicus homo cum his qui oderant pacem pacificus erat, monachus homo cum monacho homine nefando duello certabit? Filius lucis filios tenebrarum, ne pacis bonum turbetur, diligit; filius lucis, filium lucis; (quod ad propositum non ad monachum refero), impugnabit? Si hæc certe tota est animorum vestrorum indignatio, si hæc tota charitatis læsio, facile curabitur, sed, si abfuerit obstinatio.

ANDREÆ CHESNII NOTÆ.

(138) *Alio Angli, alio Scoti Pascha Domini celebrabant.* Beda, lib. ii Hist. Eccl. Angl., cap. 19 : « Misit, inquit, papa Honorius litteras genti Scotorum, quos in observatione sancti Paschæ errare compererat, solerter exhortans ne paucitatem suam, in extremis terræ finibus constitutam, sapientiorem antiquis sive modernis, quæ per orbem terræ erant, Christi Ecclesiis æstimarent, neve contra paschales computos et decreta synodalium totius orbis pontificum aliud Pascha celebrarent. » Et cap. 25, lib. iii : « His temporibus quæstio facta est frequens et magna de observatione Paschæ, confirmantibus eis qui de Cantia vel de Galliis advenerant quod Scoti Dominicum Paschæ diem contra universalis Ecclesiæ morem celebrarent. » Qui autem essent hi Scoti, qui Angli, et unde primum in insulam Britannicam advecti, jam nos post Guillelmum Cambdenum, in Historia Angliæ et Scotiæ docuimus.

Attendite ergo ne lucem sensuum vestrorum propriæ sententiæ amor obnubilet, quia unitatem assequi non meretur quisquis non ipsam, sed quod vult ipse tuetur. Unde rogo ut, absque studio partium et propriæ sententiæ defensandæ, utrum hæc justa discidii causa sit discutiatis, et, cum injustam esse cognoveritis, discissos animos uniatis. Nam ecce sub eadem regula uterque vestrum militat, qua speciali militia salutem æternam se quisque vestrum posse consequi sperat. Quod si neuter vestrum spe sua frustratur, nescio quis locus discordiæ, quis discidio, quis oblocutioni superesse jam possit. Dixistis enim mirum esse si ejusdem propositi et professionis homines non eumdem institutionum servaverint morem. Ad quod ego: Si ejusdem propositi et professionis homines, non eumdem institutionum morem servaverint, et tamen observationibus diversis ad eamdem salutem et æternam vitam pervenerint, quid refert? Quid plane refert, quid obest, si vario tramite ad eamdem regionem, si multiplici via ad eamdem vitam, si multiplici itinere ad eamdem, quæ sursum est, Jerusalem pervenitur, quæ est mater nostra? Si enim tu, o Cluniacensis, Cisterciensem, aut tu, Cisterciensis, Cluniacensem in assumpto proposito errare cognosceres, et juxta Scripturam, per viam, quæ videtur hominibus recta, ad interitum tendere provideres, justa, fateor, tibi esset causa fratrem corrigendi, revocandi, aut, si audire te nollet, objurgandi et detestandi. Tunc certe si obloquereris, si contradiceres, si et odires, te juste judicare, te recte agere confiterer, maxime cum de talibus audiam magnum Prophetam Deo dicentem : *Nonne qui oderunt te, Domine, oderam, et super inimicos tuos tabescebam? Perfecto odio oderam illos, inimici facti sunt mihi* (*Psal.* CXXXVIII). Gratularer insuper te non surdum esse auditorem Scripturæ dicentis: *Discurre, festina, suscita amicum tuum; ne des somnum oculis tuis, nec dormitent palpebræ tuæ* (*Prov.* VI) : et illius : *Maledictus qui prohibet gladium suum a sanguine* (*Jer.* XLVIII). Tunc justas plane odiorum tibi causas esse faterer, et ad debellandos hostes Dei, et eos qui, secundum Apostolum, in hypocrisi faciunt mendacium (*I Tim.* IV), gressus tuos, et ego accinctus zeli gladio comes individuus comitarer. At nunc cum sub eadem [regula] variis, sed sacris, institutis utrumque vestrum de terris ad cœlos tendere videam, et per diversas semitas ad idem bravium tendentes sic currere ut comprehendatis, non superest tibi, ut mihi videtur, causa aliqua indignandi, non odiendi, non obloquendi.

Sed exigis adhuc ut quod dixi probem, et quomodo sub eadem regula vel ejusdem regulæ professione, per diversos tramites tuto monachus incedere possit, ostendam. Ad quod mihi perfacilis patet responsio, et auctoritas juncta rationi non deest, posse et te Cluniacensem tuo usu, et te Cisterciensem tuo more, et feliciter per viam mandatorum Dei currere, et felicius ad finem cursui debitum pervenire. Et quia eam, quæ semper in talibus præmittenda est auctoritatem præmisi, præmittatur et in hac serie ipsa, nec ratio modico saltem intervallo disjungatur ab ipsa. Sed quid objicis, frater? Dico ejusdem regulæ professos, ejusdem regulæ mandata non similiter observare. Verum est, inquam, quod dicis, ejusdem regulæ mandata in quibusdam capitulis ab ejusdem regulæ professis dissimiliter observari. Sed, ne hujusmodi monachos propter ista reos existimes, ne hac de causa prævaricationis arguere audeas, audi cœlestem, imo Regis cœlorum auctoritatem : *Si oculus tuus fuerit simplex, totum corpus tuum lucidum erit* (*Luc.* XI). Audi et Apostolum : *Omnia vestra in charitate fiant* (*I Cor.* XVI). Audi et patrem Augustinum : *Habe charitatem, et fac quidquid vis.* Audi et ipsum regulæ scriptorem, imo ipsius regulæ dictatorem Spiritum sanctum : *Sic,* inquit, *abbas omnia temperet atque disponat, ut animæ salventur; et quod faciunt fratres, absque murmuratione faciant.* Et quid clarius, quid apertius, quid lucidius? Nonne ipsa verborum serenitas absque omni prorsus nubilo se esse ostendit, et clarissimam veritatis lucem, remoto omnium nubium velamine mortalibus manifestat? Ecce magister cœlestis totum corpus tuum, o frater, simplicitate oculi, hoc est universa opera tua, puritatis intentione, lucida esse docet. Ecce post ipsum summus Ecclesiæ doctor omnia tua in charitate fieri præcipit, ecce maximus post apostolos Ecclesiarum instructor, omnem tibi quæ volueris faciendi potestatem, charitate manente concedit. Ecce ipse, cui inniteris, Benedictus Pater, abbatem sic omnia temperare jubet, ut animæ salventur, et murmur absit : et saluti sub eadem Regula diversa sequentium metuis? Nonne cernis tutissimos ab omni periculo, quorum et quod majus est præcepta a qualibet varietatis mobilitate vel culpa, intentio salvandi animas juxta ipsam Regulam, excusat? Sed jam, ut et ipsa ratio auctoritatibus præmissis in omnibus famulari intelligatur, eique indivisibiliter cohærere, subjungantur aliqua de instanti quæstione capitula, in quibus simplici oculo, sincera charitate, salvandarum animarum intentione, quædam mutata monstrentur. Nam his demonstratis, nihil, ut arbitror, quantum ad præsens negotium pertinet, tibi quærendum relinquam. Simplici namque oculo tu uteris, qui non nisi post annum novitio aditum claustri aperis, quia, juxta Apostolum et regulæ verba, Spiritum noviter venientis, utrum ex Deo sit, per totius anni spatium perscrutaris. Simplici oculo et tu uteris, qui advenientem infra ejusdem anni metam suscipis, quia eum per tantum temporis dilatum, ad pristinas fæces, et ad prioris vitæ detestanda mala redire formidas. Simplici oculo tu uteris, qui duabus tunicis, et duabus cucullis, vel ejusdem generis paucis additis vestibus contentus es, quia, et si non præceptum, consilium tamen vel existimationem scriptoris regulæ sequi, quam alterius generis vestes addere vel assumere maluisti. Simplici oculo et tu uteris, qui usum mediocrium pelliciarum admisisti, quia debilibus, quia infirmis, quia delicatis, quia omnibus, quantum ad frigidiores terrarum partes pertinet, ne murmurarent, ne languerent, ne, rationabili necessitate subtracta, et aliqui a proposito recederent, providisti. Simplici oculo tu uteris, qui non nisi tertio fugitivos revertentes recipis, quia et ipsa Regulæ verba conservare, et a frequenti fuga stultos vel instabiles monachos studes, negato demum reversionis aditu deterrere. Simplici oculo et tu uteris, qui plusquam tertio monachum redeuntem recipis, quia times ne venia denegata, expositus hostibus pereat, et ovem vagabundam lupus, qui et clausas rapere ac dispergere solet, interimat. Simplici oculo tu uteris, qui absque exceptione aliqua regularia jejunia tam æstatis quam hiemis observas, quia ei, prout ea tradita sunt, vis conservare et prolixioris abstinentiæ cumulatiorem fructum recipere.

Sed quod puro charitatis animo loquor, octo diebus Natalis Domini, Epiphania, Purificatione, qui vere per omnia dies Dominici sunt, jejunia a quibuslibet observari non satis approbo. Simplici oculo et tu uteris, qui et hos dies, quos prædixi, et omnem authenticam duodecim lectionum solemnitatem ab hac regularium jejuniorum consuetudine excipis, quia ipsum Dominum, quia apostolos, quia quosdam alios sanctorum, et sic honorare conaris, et omnium pene religiosorum sic jejunantium morem imitari proponis. Simplici oculo tu uteris, qui opus manuum, secundum Regulæ præceptum, observas, quia et Regulæ obedire, et otiositatem inimicam animæ, secundum ejusdem Regulæ dicta, talibus exercitiis, tam sacris non solum monachicis, sed et apostolicis institutionibus vis cavere, et in quantum facultas datur, juxta Patres antiquos, et vitæ necessaria providere. Simplici oculo et tu uteris, qui hoc opus manuum ex parte postposuisti, quia non in silvis, nec in desertis, sed in medio urbium et castrorum constitutus, et undique populis circumseptus, nec toties et toties ire ac redire horum causa operum, per promiscuam utriusque sexus multitudinem absque aliquo vel plurimo periculo potes; nec insuper opportuna loca, ubi talibus exerceri operibus possis, plerumque possides. Sed ne inimica religiosis otiositas te vacante locum tibi nocendi inveniat, aut ubi et quando potes manibus operaris, aut ubi non potes, opus hoc manuum operibus divinis per vices variando compensas, sicque ne domum pectoris tui vacantem nequam spiritus sibi vindicet, quibus potes sacris studiis totum vitæ tuæ tempus occupas. Simplici oculo tu uteris, qui in omnibus advenientibus vel discedentibus hospitibus, inclinato capite vel prostrato omni corpore in terram Christum adoras, eisque universis pedes abluis, quia præcipuum hospitalitatis bonum, secundum Evangelii et Regulæ decreta, summo excolere studio, ut decet, satagis, et tam sanctæ humanitatis exhibitione condignam mercedem tibi vindicare contendis. Simplici oculo et tu uteris, qui non ante omnes hospites prosterneris, qui non omnibus pedes abluis, quia impossibile omnino tibi esset ante tantam hospitum multitudinem assidue advenientem semper in terram prosterni, omnibus pedes abluere, in tantum ut si ad ista continue vacare velles, cunctis aliis ordinis tui exercitiis omissis, nec istud solum explere valeres. Et quia quod impossibile tibi esse perspicis omittis, quod hospitum susceptioni necessarium est pro viribus exhibes, eosque quo potes honore prosequeris a jam dictis, quæ explere non vales, simplicitate oculi excusaris. Simplici oculo tu uteris, qui mensam abbatis cum hospitibus et peregrinis semper esse vis, quia et Regulæ obedire et hospitibus tibi humanius deservire videris. Simplici oculo et tu uteris, qui mensam abbatis non semper cum hospitibus, sed semper cum fratribus esse decernis, quia multorum abbatum, ut mitius loquar, profusioni, qui hospitum occasione sibi propitii, suis impii esse solebant, eum ad mensam communem revocando mederis. Simplici oculo tu uteris, qui velut Esdras legem, qui velut Machabæi ruinas templi Dei, sic tu monastici ordinis plurima detrimenta multasque in multis multorum monasteriorum morumque ruinas reparare laboras, et delicatis magis quam necessariis condescensionibus explosis, ad antiqui et primi fervoris morem, nostrorum temporum teporem revocare contendis. Simplici oculo et tu uteris, qui ita et Regulæ et ordinis mandata moderaris, ut secundum ejusdem Regulæ verba sit, et quod fortes cupiant et infirmi non refugiant, ut qui pane non potest, lacte saltem ne vitam perdat, alatur; et qui anhelis cursibus propositum bravium comprehendere non valet, lento saltem pede ad illud pertingere doceatur, quia non minus patriæ inhabitator dicitur, qui ad eam post annum, quam qui post mensem revertitur.

Quod tamen salvo itinerantium diverso labore dico, quia juxta apostolicam vocem; *Unusquisque propriam mercedem accipiet, secundum suum laborem* (*I Cor.* III). Habes tu hujus propositi tui Benedictum auctorem, cujus licet scripta, ubi charitas jubet, ipso teste minime sequi cogaris; sequi tamen quia tanto viro congrua visa sunt, devotione laudabili delectaris. Habes, et tu institutionum tuarum eumdem Benedictum auctorem, qui ad finem charitatis universa scripta sua redigi præcipit, et animarum saluti quoquo modo, isto vel illo ordine inservire. Habes et Maurum præcipuum inter ejus discipulos discipulum, qui, ab eo missus ad Gallias, aliqua vel multa de ejus regula, eo, quem suprascripsi, oculo legitur immutasse. Habes et plurimos post ipsum monasteriorum Patres, quos Spiritu Dei pro temporibus, pro locis, pro personis, ad moderanda sæpedictæ Regulæ scripta actos esse, et vita præcellens, et innumera tam in vita, quam post mortem a Deo per ipsos facta miracula, luce clarius manifestant. Et quid ultra dicam? Simili ratione per reliqua omnia, quæ videntur diversa capitula currente, simplicem oculum, quem alius charitatem, alius salvandarum animarum intentionem nuncupat, ubique reperies, et hoc modo nihil diversum, nihil dissonum, quia per charitatem fiunt omnia unum in his quæ varie servari videntur invenies.

Istis adjicio (quod tamen omnibus patet) nihil pene talium in Regula præceptum, sed cum conditionis additamento, et abbatis temperamento prolatum. Quod etiam si imperative dictum fuisset, nequaquam simplici oculo, id est charitati evangelicæ præjudicare potuisset. Talia enim, ut nosti, de numero præceptorum mobilium sunt, et quando charitas imperat, absque aliquo transgressionis timore movenda sunt. Nec suspecta esse debet hoc respectu Regulæ professis Regulæ prævaricatio, quia Regula illa illius sancti Patris, ex illa sublimi, et generali charitatis Regula pendet, ex qua et *in qua*, juxta Veritatis verba, *universa lex pendet et prophetæ* (*Matth.* xxii). Quod si universa lex, tunc et illius Regulæ lex. Monachus ergo Regulam patris Benedicti profitens, tunc eam vere servat, quando in servatis vel mutatis quibuslibet ejus capitulis, charitatis legem ubique conservat. Quid igitur? Si hæc certe, o fratres, tota mutui erat causa dissidii, nonne jam vobis prorsus exclusa videtur? Nonne jam fraterna pace uniri debent corda monachorum, cum varia illa, propter quæ discissa fuerant, simplex fecerit charitas unum? Nonne multa unum facit, quæ sub uno monastici ordinis, vel unius Regulæ proposito, diversa, sed bona sequentes, ad unum summi boni vel sempiternæ vitæ debitum finem perducit? Fiat ergo pax, o Jerusalem, in virtute tua, ut sequatur et abundantia in turribus tuis (*Psal.* cxxi). Sed ne forte inveniamur de illis esse qui dicunt: Pax, pax, et non est pax (*Jer.* vi); scrutemur si qua adhuc divortii causa supersit, ne forte nobis dormientibus ac securis repentinus de caverna sua anguis exsiliat, et aliquem ex nostris vel vestris incautius quiescentem mordeat. Fortassis enim vestes istæ coloris diversi incentivum discordiæ præstant, et multiformis varietas vestium varietatem quoque parit et mentium. Nam, ut pene assidue cerno, et omnibus ipsis quoque negligenter intuentibus advertere perfacile est, niger, ut sic dicam, monachus album fortuitu occurrentem obliquo sidere respicit, albus nigrum vix media oculi parte, et quando se ingerit, contuetur. Vidi plurimos, nec recordor quoties, de nigrorum numero, occurrentem quempiam album quasi monstrum ridentes, et velut si chimæra vel centaurus, vel portentum aliquod peregrinum oculis ingereretur, voce vel gestu corporis se stupere signantes. Vidi e converso loquaces prius, et multa passim occurrentia ad invicem conferentes albos, nigro quolibet adveniente, subito obmutuisse, et, velut ab hostibus hostium secreta rimantibus, silentii sibi remedio præcavisse. Intuitus sum utriusque generis hominum linguas tacentes, oculos, manus pedesque loquentes, et quod voce, ne proderen-

tur, indicare nolebant, gestuum suffragio clarius inclamasse; vocem mutam, membra loquacia, et perverso naturæ ordine, lapidibus clamosos, hominibus hominibus taciturnos. Recordatus sum sæpe talia videns, illius Salomonici verbi, quo de simili hominum genere fatetur: *Annuit oculis, terit pede, digito loquitur, pravo corde machinatur malum, et in omni tempore jurgia concitat* (*Prov.* iv). Et, o pessimi angeli et a Deo projecti pravum, et pertinax consilium, qui nolens se solum æternæ paci periisse, socios sibi suæ perditionis undecunque acquirit; et ut gloriosiore palma lætetur, cedros vel abietes paradisi Dei, cujus ipse olim colonus exstitit, violento nequitiæ suæ impulsu subruere conatur! Dolet sibi periisse hæresum palmam, quia priscis temporibus Ecclesiam Dei scindere consueverat; et videns se fidem nullo jam pacto lædere posse, Spiritu Dei eadem fide replente orbem terrarum, ad charitatis mutuæ læsionem totum conatum convertit. Nam quia, ut infideles sint, hominibus Christianis jam persuadere non potest, toto conamine, ne se invicem diligant, elaborat. Jam Arii, jam Sabellii, jam Novati, jam Donati, jam Pelagii, jam antiquioris horum exsecrandi Manichæi, secta periit, jam innumerabilium hæreticorum nebulæ lucem fidei obumbrantes, Dei flante spiritu evanuerunt, et meram nobis diem omni remota caligine reliquerunt.

Sed his succedens Africus turbo, omnia subito turbare contendit, et quia fidem prævaluisse cognoscit, læsione charitatis pristina damna recompensare molitur. Sed ut deploratione omissa, ad ea quæ cœperam stylum reducam, cur tibi, o albe monache, nigredo fratris tui non mentis, sed vestis, exsecranda videtur? Cur tibi, o niger monache, albedo fratris tui, non mentis, sed vestis admiranda creditur? Nonne uterque vestrum de ovibus pastoris illius est, qui dicit: *Oves meæ vocem meam audiunt, et ego Dominus agnosco eas, et sequuntur me; et ego vitam æternam do eis, et non peribunt in æternum, neque rapiet eas quisquam de manu mea?* (*Joan.* x). Et quis unquam, pastor, non dicam Deus, sed vel homo, de velleribus ovium suarum discoloribus disputavit? quis unquam causatus est? Quis unquam magis albas quam nigras, nigras quam albas suas esse oves judicavit? Quis unquam non utrum nigræ vel albæ, sed utrum nigræ vel albæ de eodem suo grege essent attendit? Et, o malitia hominum! et o innocentia pecudum! O constans in sua origine, creata in brutis animalibus substantia! o perversa in rationali animante natura! Quis unquam albus aries nigrum dedignatus est? Quæ unquam ovis nigra albam detestata est? Nonne communiter, nonne pacifice, nonne omnino tranquille, sine omni multiplicis coloris quæstione; absque omni inquietudine caulas pastorales replent? Et quidem aliquando aries arietem cornibus impetit, ovis ovem crebris pulsibus tundit; sed hos vel has non varietas coloris ad pugnam excitat, sed innata cunctis animalibus ac modo quolibet ira excita provocat. At nunc, ut video, stolidior pecude homo, in honore positus non intelligit; et, quod magis deflendum est, monachus homo a charitatis unitate vario variatus colore sese disjungit. Noli, noli, oro te, frater, si ovis Christi esse cupis, vario de vellere causari, quia nullum de ovili suo pastor ille projicit, nisi quem non coloris varietas, sed fidei vel charitatis læsio ab ovium suarum grege secernit. Non, inquam, secernit quempiam ab ovili suo propter colorem, qui de tam semotis regionibus, de tam diversis religionibus, in uno Christianæ fidei ovili Judæum congregavit pariter et gentilem. Hoc fortassis docuit, et patientia illius sancti patriarchæ Jacob, qui decies a Laban immutatam mercedem æquo animo tulit, et nihil differre inter album et nigrum vel varium pecus, eodem boni pastoris animo, et cura multicolorem gregem pascendo monstravit. Et cum dicat Apostolus: *In Christo Jesu neque circumcisio aliquid valet, neque præputium, sed nova creatura (Gal. v).* Et alio loco: *Ubi non est gentilis et Judæus, circumcisio et præputium, barbarus et Scytha, servus et liber, sed omnia et in omnibus Christus (Coloss. III),* quis puerilis animus in tantum desipere potuit, ut vel variarum vestium colorem, vel diversum consuetudinum morem, servata nova creatura in Christo, aliquid, quantum ad salutem, differre putaret? Quod si quantum ad salutem nil refert, cur varius vestium color monachos separat? cur schisma generat, cur animos dividit? cur charitatem lædit? Non est, non est causa aliqua, non ratio ulla, non dico odiendi, non dico dividendi, sed nec grunniendi in istis. Habes tu idoneum defensorem albedinis tuæ, simplicem, ut supra dixi, oculum conscientiæ tuæ, quo, ne longo temporis usu niger inductus, putaret non nisi sub atro colore suo monachum esse posse, albam cucullam et tunicam induisti, et quia sub nigrorum habitu innumerabiles hujus ordinis tepefactos a proposito cernebas, ad majorem et novum monasticæ religionis fervorem, hoc hactenus inusitato vestium candore excitare arte laudabili voluisti. Habes, et tu non dissimiliter probabilem auctorem nigredinis tuæ, longissimum a patribus traditum consuetudinis morem: quo tutior tibi videris sequendo vetera, quam ad inveniendo nova. Habes uterque utriusque coloris tui inexpugnabilem propugnatricem ipsius communis Regulæ vocem, quæ præcipit ut de vestium colore aut grossitudine non causentur monachi, sed illius coloris aut qualitatis vestibus utantur, quæ est in provincia, qua habitant, vel facilius inveniri, vel levius comparari potuerint. Tutatur ergo albedinem tuam ratio supradicta, vel forlasse major, quam nondum novi, aliqua. Tuetur et nigredinem tuam paterna auctoritas, quæ omni rationi æquipollet, et quam inferiorem judicari ab aliquo sanum sapiente non decet. Et cujus Patris exemplum ad hoc afferendum afferre potero? et quem majorem magno Martino re-

perire valebo? Ille, inquam, ille magnus Martinus monachus et episcopus, nigrarum colorem vestium suis vestibus dedicavit: De qua re sic in ejus Vita legitur. Quem cum nigro ac pendulo pallio circumtectum contigua de latere jumenta vidissent, paululum in partem alteram pavefacta cesserunt. Quod vero monachus fuerit, monasterium quod non longe ab oppido Pictavensi, monasterium quod Mediolani, monasterium quod sibi Turonis construxit testantur. Ecce monachus Martinus, ecce nigris vestibus contectus Martinus. Sed quid et de his Hieronymus in Epistola ad Nepotianum missa scribit? *Vestes,* ait, *pullas æque ut candidas devita.* Monens eum scilicet, ut fastum vel jactantiam caveret, non solum in candidis vestibus, quibus tunc magis sæculares utebantur, sed etiam in pullis, quibus illius temporis religionis professores uti consueverant.

De his admirandus ille Nolanus episcopus Paulinus, jam dicti Martini, Ambrosii, Augustini, Hieronymi, contemporaneus ac familiaris, multisque sæpe ab ipsis, sed et a magno papa Gregorio laudibus prædicatus, iter cujusdam nobilissimæ sed ad religionis monasticæ propositum nuper conversæ feminæ describens, sic in epistola Sulpicio Severo directa loquitur: *Vidimus gloriam Domini in illo matris et filiorum itinere. In eo quidem, sed longe dispari cultu. Macro illam et viliore asellis burico sedentem, tota hujus sæculi pompa, qua honorati et opulenti poterant circumflui senatores prosequebantur; carrucis nutantibus, phaleratis equis, auratis pilentis, et carpentis pluribus gemente Appia atque fulgente. Sed splendoribus vanitatis prælucebat Christianæ humilitatis gratia. Admirabantur divites pauperiem sanctam, at illos nostra pauperies ridebat. Vidimus dignam Deo hujus mundi confusionem, purpuream, sericam, auratamque supellectilem, pannis veteribus et nigris servientem. Benediximus Dominum, qui humiles excelsos facit, esurientes implet bonis, et divites dimittit inanes.* Ecce non solum viri antiquæ religionis, sed etiam mulieres, sanctitatis propositum assumentes, vestibus nigris usæ scribuntur. Nam, ut quod sentio fatear, visum est, ut mihi videtur, magnis Patribus illis nigrum hunc, de quo agitur, colorem magis humilitati, magis pœnitentiæ, magis luctui convenire. Quibus studiis quia totam monachi vitam maxime invigilare oportet, decreverunt ut color moribus, vestes virtutibus, qua possent cognatione jungerentur. Vestes enim candidas magis gloriam quam abjectionem, magis gaudium quam mœrorem antiquitus designasse, magis etiam Ecclesiæ, ut omnibus notum est, sic interpretantibus, et angelus resurgentis, et angeli ascendentis Domini præcones indicarunt; ipseque Salvator in illa transformationis suæ gloria vestibus niveis præclarus apparens, ostendit. Inde bonus et doctus vir Sidonius Arvernus episcopus, quorumdam vitia mordaci reprehensione irridens, inter alia quibus in eos invehitur: *Procedunt,* inquit, albati ad exsequias, pullati ad nuptias, ostendens eos in tantum moribus et actu confusos, ut apparatum funereum nuptiali, nuptialem funereo, perverso ordine permutarent. Nam qui morem communem temporis illius servabant, non albati ad exsequias, pullati ad nuptias, sed albati ad nuptias, pullati ad exsequias procedebant, ut albati nuptiali gaudio, pullati luctui funereo concordarent. Vidi nuper ipse in Hispaniis constitutus, et admiratus sum, antiquum hunc morem ab Hispanis adhuc omnibus observari. Mortua quippe uxore maritus, mortuo marito conjux, mortuis filiis patres, mortuis patribus filii, defunctis quibuslibet cognatis cognati, exstinctis quolibet casu amicis amici, statim arma deponunt, sericas vestes, peregrinarum pellium tegmina abjiciunt, totumque penitus multicolorem ac pretiosum habitum abdicantes, nigris tantum vilibusque indumentis se contegunt. Sic crinibus propriis, sic jumentorum suorum caudis decurtatis, seque et ipsa atro prorsus colore denigrant. Talibus luctus dolorisve insignibus, subtractos charissimos deflent, et integri ad minus spatium anni, in tali mœrore publica lege consummant.

Hac tanta auctoritate vel ratione tibi colorique tuo, niger monache, satisfacio, nec tamen ideo albi albedinem condemno. Laudaris tu, quia Patrum tuorum sanctum non vis excedere morem; laudatur et ille, quia, vestium in solito candore, sui magis ac magis animi in sancto proposito excitat etiam hoc modo fervorem. Distinguit se quodammodo tali colore, non a communi (quod nefas esset) charitate, sed a multorum hujus ordinis nota omnibus tepiditate. Cum sis igitur sub uno pastore Jesu Christo, cum habites in uno ovili Ecclesiæ, cum ex una vivas æternorum fide et spe, tam tu, albe, quam tu, niger monache, quid de variis velleribus, ut parum austerius loquar, stultissimæ oves causamini? Quid tam nulla, imo tam stulta de causa, contra vos adinvicem movemini? Cur tam puerili occasione primam illam stolam charitatis scinditis? Cur ipsa habitacula separatis? Cur vos ipsos non jam ovino, sed lupino dente mordetis? Cur detrahitis? Cur laceratis? Videte, cavete, ne hoc nomen innocentiæ, quo oves nuncupamini, non de illis vos faciat, quas positurus est summus Pastor a dextris, et de quibus ipse ait: *Oves meæ vocem meam audiunt, et ego Dominus agnosco eas, et sequuntur me, et ego vitam æternam do eis, et non peribit in æternum (Joan. x).* Sed (quod absit!) inter illas vos constituat, de quibus legitur et cantatur: *Sicut oves in inferno positi sunt, mors depascet eos (Psal. xlviii).* Cernitis adhuc stultam esse causam, de colore disputare? Damnabilem, fratrem pro colore odire; pessimam, fratri pro colore detrahere. Si tota hæc mutui causa erat discidii, si sola tanti materia divortii, si, inquam, schismatis monastici hæc sola et tota erat occasio nonne hac tam multis rationibus explosa, cordium vestrorum jam vetus scissura unietur? Nonne læsa charitas curabitur? Nonne ad pacis filios evangelica pax reverteretur? Satisfacite igitur paci, filii pacis, et cum ea perpetuum fœdus inite, ne forte, si aliter fiat, proferatur, quandoque etiam contra vos dirissima illa prophetæ sententia: *Non est pax, dicit Deus meus, impiis (Isa. xlviii),* Et jam Deo gratias, æstimo me quorumdam nostri ordinis virorum, antiquas odiorum causas et latebras penetrasse, nec jam ad quærendum etiam sollicito cogitatui aliquid superesse. Quod si res ita se habet, neque, tu albe, nigrum, neque, tu niger monache, album, si præscripta servare volueritis, infestabis, neque adversus fratrem pro diverso consuetudinum more, vel pro vario tam sæpe nominato colore, a statu altissimæ charitatis moveberis. Sed quid dixi? Quomodo mente excessi? Ubi intellectus animi? Unde acies obscurata videndi? Putabam me omnem scandalorum materiam invenisse, arbitrabar me omnes odiorum latebras detexisse. Suspicabar, ut dixi, solam diversitatem consuetudinum, solam varietatem colorum, qualitatem, aut quantitatem vestium, aut escarum, charitatem inter monachos vulnerasse, et tanti mali istam tantummodo causam existere. Cernebam festucam in oculo fratris, sed trabem permaximam, et querceam prævalidam in meo vel ipsius oculo videre non poteram. At nunc clarificato oculo, serenata die, et sole meridiano jam nil latere permittente, video, video, inquam, quod liceat mihi dicere pace omnium, unde tamen certus sum, quod licebit mihi omnium pace bonorum. Nam qui indignabitur, de se, ut ait Hieronymus, dictum fatebitur. Non refugit manum medentis pars sospes corporis, sed quæ se palpantis digitis tremens subducit, pestem sine dubio intrinsecus latere ostendit.

Quid est ergo quod exciderat? Dic, dic, inquam, tu, ut mei propositi prius hominem alloquar, dic, o niger monache, da gloriam Deo; et quod in imis cordis tui contra fratrem adhuc latet, denuda. Quis, inquis, pati potest novos homines veteribus anteferri, eorum studia, nostrorum actibus præponi, nostros viliores, illos chariores videri? Quis æquo oculo aspicere potest, nuundum ex plurima sui parte a nostro veteri ordine averti, ad ipsorum novum propositum converti, relinqui tritas a sæculis vias, concursus fieri ad ignotas hactenus semitas? Quis patiatur novos veteribus, juniores senioribus, albos nigris monachis anteferri? Hoc, tu, inquam, niger, dicis. Sed tu, albe, quid proponis? Felices nos, inquis, quos longe probabilior institutio commendat, quos beatiores aliis monachis mundus prædicat, quorum opinio, aliorum existimationem, quorum dies, aliorum lucernam, quorum sol, aliorum sidus obscurat. Nos religionis perditæ restauratores, nos emortui ordinis resuscitatores, nos languentium, tepentium, sordentium monachorum justissimi condemnatores. Nos moribus, nos actibus, nos usibus, nos vestibus a cæteris divisi, et veterum teporem ostentui fecimus, et novum nostrorum fervorem præcellere approbamus. Ecce, ecce, vera illa occultior, sed longe aliis charitati infestior causa, quæ mentium vestrarum unitatem scindebat, quæ ipsas domos ab invicem secernebat, quæ ad verba detractoria vel maledica linguas vestras persæpe, juxta Prophetam, ut gladium acuebat. Sed retundatur lethalis gladius gladio verbi divini, et ne levi inanis gloriæ vento tantis sudoribus fruges collectæ dispergantur, si sapientes estis satagite. Et, o infelix nimiumque deflenda jactura! si longissimi ævi tui mundissimam continentiam, si invincibilem obedientiam, si jejunia infracta, si perpetuas vigilias, si tam grave jugum disciplinæ, si tot palmas patientiæ, si, ut breviter multa concludam, tantos tamque innumeros non jam terrenæ, sed cœlestis vitæ labores, per tanta tempora ad stipendium æternitatis, a te per Dei gratiam congregatos, unus nequam serpentis sibilus disperserit, et te solo flatu evacuans, inanem in conspectu summi judicis draco veternus effecerit. Et ubi est quod Salvator hoc morbo adhuc laborantibus discipulis ait : *Videbam Satanam quasi fulgur de cœlo cadentem? (Luc.* x). Ubi est, quod, facta huic simili contentione inter eos, quis eorum videretur esse major, alibi dicit : *Vos autem non sic; sed qui major est in vobis fiat sicut junior; et qui præcessor est, sicut ministrator?* *(Luc.* xxii). Ubi latet absconditum ab oculis memoriæ, quod excelsus ille et magnus, *cujus,* juxta psalmum, *magnitudinis non est finis (Psal.* cxliv); et qui, juxta Apostolum, *est super omnia Deus benedictus in sæcula (Rom.* ix), servis suis non se præferens vel conferens, sed submittens, sequitur et dicit: *Ego autem in medio vestrum sum, sicut qui ministrat? (Luc.* xxii). Corripitur apostolus, ne se præferat apostolo et non corripietur monachus, ne se præferat monachos? Supponitur a Christo magistro, minori discipulo major, inferiori superior, et super Cisterciensem ego Cluniacensis elevari conabor? Submittit se suis discipulis ipse Christus, et super fratrem longe forsitan meliorem tumentem superbia levabit cervicem Christianus, et monachus? Dejicit se majestas, et jactat se infirmitas? Humiliat se celsitudo, et extollitur putredo? Servit Deus, et imperare nititur limus. Et quomodo cecidisti, frater, de gradu regulæ tuæ, quo te conscendisse gloriabaris, ut monachus omnibus se inferiorem, et viliorem non solum sua lingua pronuntiet, sed et intimo cordis credat affectu? Et quid ultra laboro? Non est necesse religiosis, sapientibus, litteratis acrius instare, nec, ut vulgo dicitur, Minervam docere, vel ligna ad silvam, vel aquam ad flumina sive mare deferre. Intelligit, agnoscit utriusque vestrum sapientia sicut sine fide, sic et sine charitate impossibile Deo placere, nec aliquem, humilitate abjecta, posse eamdem charitatem nisu quolibet retinere. Unde enim humilitas recedit, ibi necessario superbia succedit. Ubi superbia succedit, ibi statim et invidia accedit. Ubi invidia oritur, confestim charitas moritur. Nam neque eum, cui invidet invidus, potest diligere, nec in non diligente charitas aliquo modo permanere. Propter ista, unde abest charitas, abest humilitas ; et unde abest humilitas, abest et charitas. Hoc docet clare et Apostolus, cum dicit : *Charitas non æmulatur, non agit perperam, non est ambitiosa (I Cor.* xiii). Et quia nec etiam alienarum rerum cupida, subdit : *Non quærit quæ sua sunt* (*ibid.*).

Inflationem ergo omnem, ambitionem omnem, cupiditatem omnem, avaritiam omnem excludit charitas ; imo per charitatem, juxta sequentia Apostoli, expellitur tota simul iniquitas. Jam si hanc charitatem, quam legem Christi idem Apostolus vocat, vis frater Cluniacensis frater Cisterciensis, integram conservare, si per ipsam maximos tibi thesauros in cœlo recondere, si reconditos conservare, da totam quam potueris operam, et causas non dico eam fugantes, non dico eam perimentes, sed vel parum eam lædentes a te abige ; si expulsæ redire voluerint, firmi pectoris redeuntibus ostium claude, et cohabitatricem sempiternam, totis sanctæ animæ tuæ amplexibus retine. Sublevabit te charitas ipsa firmiter retenta ad regna cœlorum, quæ nimia ac dulci vi sua inclinavit usque ad terras Regem cœlorum. Fidelis inde testis est Apostolus, dicens quod propter nimiam charitatem Filium suum miserit Deus in similitudinem carnis peccati (*Rom.* viii). Gaudebis perenniter coram Deo charitate, et gaudium tuum (*Joan.* xvi), sicut ipse promisit, nemo tollet a te, quando erit Deus omnia in omnibus (*I Cor.* xv). Quando satiaberis a longinqua esurie tua ? Cum manifesta fuerit gloria ejus. Quando cum apparueris similis ei eris et per hanc charitatem ei sempiterne unitus, videbis eum sicuti est (*I Joan.* iii).

Jam tandem ad vos, mi charissime, cui præsens epistola mittitur, stylus recurrat, ut a quo sumpsit initium, in ipso suam fortassis importunam prolixitatem finiat. Causa mihi scribendi, ut superius professus sum, teste conscientia, sola vere charitas fuit, ut, quantum ad utrumque nostrum attinet, flatu collocutionis eam recalescere, et in mutui affectus solitas vel majores flammas erumpere cogerem. Restat ut vos quem lacteam fortemque columnam, cui innititur, monastici ordinis ædificio summa providentia præparavit, et velut rutilum sidus exemplo verboque non solum monachis, sed et toti Latinæ Ecclesiæ nostro tempore insigniter lucem donavit, restat, inquam, ut totam quam potueritis huic divino operi detis operam, et unius nominis et ordinis maximas congregationes nequaquam ultra dissidere patiamini. Studui ego semper, ut sanctos illos congregationis vestræ monachos nostris fratribus commendarem, et ipsos illis perfectæ unione charitatis, si fieri posset, etiam inviscerarem. Hoc publice, hoc privatim, hoc in magnis nostrorum conventibus facere non neglexi, et ut rubiginem illam livoris et zeli contrarii, quæ interiora viscerum latenter rodere solet, eraderem modis quibus potui laboravi. Instate et vos pro magna illa gratia a Deo vobis collata, agro communi, ut sicut nullus post vos nostris diebus plura utilia in illo plantasse probatur, ita laudabili studio et industria, omne satis utilibus contrarium avellatur. Expellite sublimi illo et ex Spiritu Dei flammante eloquio ab eorum cordibus, ut mitius loquar, puerilem illam æmulationem, a lingua susurrationem, et loco istorum, velint nolint, fraternam ingerite dilectionem. Non segreget ultra greges vestros a nostris gregibus usuum diversitas, colorum varietas; sed a summa unitate derivata, corruta reparans, discissa redintegrans, divisa unificans universa uniat charitas. Sic plane, sic decet, ut quibus est unus Dominus, una fides, unum baptisma: quos continet una Ecclesia, quos manet una perennis et beata vita, eis quoque, juxta Scripturam, sit cor unum et anima una (*Act.* iv). Misi gemmeo amico salis gemmam, cujus corporalem usum vobis utilem olim audivi, et cujus specialem intellectum suprascriptis necessarium esse putavi. Nam quamlibet multos et pretiosos apparatus virtutum suarum æterni regis mensæ, si sine fraterni amoris sale intulerint, ut insulsi rejicientur, si hoc sale eos condierint, epulæ jam placentes cum offerentibus admittentur. Nam qui in lege sua nullum sacrificium sine sale suscipit, nullius munus virtutis sine tali condimento sibi placere ostendit.

Misi et novam translationem nostram contra pessimum nequam Mahumet (139) hæresim disputantem quæ dum nuper in Hispaniis morarer meo studio de lingua Arabica versa est in Latinam. Feci autem eam transferri perito utriusque linguæ viro, magistro Petro Toletano. Sed quia lingua Latina non adeo ei familiaris vel nota erat ut Arabica, dedi ei coadjutorem doctum virum dilectum filium, et fratrem Petrum notarium nostrum, reverentiæ vestræ, ut æstimo, bene cognitum. Qui verba Latina impolite vel confuse plerumque ab eo prolata poliens et ordinans, epistolam imo libellum, multis, ut credo, propter ignotarum rerum notitiam perutilem futurum perfecit. Fuit autem in transferendo hæc mea intentio, ut morem illum Patrum sequerer, quo nullam unquam suorum temporum vel levissimum, ut sic dicam, hæresim silendo præterirent: quin ei totis fidei viribus resisterent, et scriptis ac disputationibus esse detestandam ac damnabilem demonstrarent. Hoc ego de hoc præcipuo errore errorum, de hac fæce universarum hæresum, in quam omnium diabolicarum sectarum, quæ ab ipso Salvatoris adventu ortæ sunt, reliquiæ confluxerunt, facere volui, ut sicut lethali ejus peste dimidius pene orbis infectus agnoscitur, ita quam sit exsecrandus et conculcandus, detecta ejus stultitia et turpitudine, a nescientibus agnoscatur. Agnoscetis ipse legendo, et, sicut arbitror, ut dignum est deflebitis, per tam nefarias et abjectissimas sordes, tantam humani generis partem deceptam, et a Conditore suo per spurcissimi hominis sectam, etiam post Redemptoris gratiam tam leviter aversam. Nec ignoro equidem quoniam scriptura ista, quæ perditis illis [in propria lingua prodesse non potuit, in Latinam versa minus proderit. Sed proderit fortassis aliquibus Latinis, quos et de ignotis instruet, et quam damnabilis sit hæresis, quæ ad aures eorum pervenerat, impugnando et expugnando ostendet. Et ut nihil damnabilis sectæ nostros lateret, totam illam illorum legem, quam in propria lingua Alcoram vel Alcyren vocant, ex integro et per ordinem feci transferri. Interpretatur autem Alcoran vel Alcyren, si e verbo verbi expressa translatio fiat, collectaneus præceptorum, quæ, sibi per partes de cœlo missa nequam ille confinxit. Feci insuper et quasdam ejus fabulas cum quodam Abdia Judæo et aliis Judæis habitas transferri, quæ inauditis deliramentis, et velut somniorum phantasiis super universa ipsius scripta nefanda sectam etiam pecoribus ostentui faciunt. Sed quia res diffusa est, et propter linguæ barbariem ex magna sui parte ad intelligendum difficilis, breviter dico quis iste fuerit, et quid docuerit. Putant enim quidam hunc Nicolaum illum unum ex septem primis diaconibus fuisse, et Nicolaitarum ab eo dictorum sectam, quæ etiam in Apocalypsi nominatur, hanc modernorum Sarracenorum legem existere. Somniant et alii alios, et sicut lectionis incuriosi et rerum gestarum ignari, sicut et in aliis casibus, falsa quælibet opinantur.

Fuit autem iste tempore imperatoris Heraclii, paulo post tempora magni et primi Gregorii Romani pontificis, ante annos ferme quingentos quinquaginta, Arabs natione, vilis genere, antiquæ idolatriæ cultor, ineruditus, nullarum pene litterarum, strenuus in sæcularibus, et calliditate multa, de ignobili et egeno in divitem et famosum provectus. Hic paulatim crescendo, et contiguos quosque, et maxime sanguinis proximos insidiis, rapinis, incursionibus frequenter infestando: quos poterat furtim, quos poterat publice occidendo, terrorem sui auxit; et sæpe in congressionibus factus superior, ad regnum suæ gentis aspirare cœpit. Cumque universis pari modo resistentibus, et ejus ignobili-

---

ANDREÆ CHESNII NOTÆ.

(139) *Misi novam translationem nostram contra pessimam nequam Mahumet hæresim.* Translationis hujus meminit et in Summula sectæ Saracenorum, quam ex Alcorano nunc primum editioni huic adjecimus, ubi et rationem reddit quare de Arabico in Latinum sectam illam transferre curaverit, et eam etiam scripto refellere, si magnæ suæ occupationes permitterent, adjuvante Deo promittit. Quod et quinque libris fecisse testatur auctor Chronici Cluniacensis. Verum quia libros hos, quamlibet adhibuerimus diligentiam, nancisci nondum licuit, illorum saltem, qui per capita distribui sunt, argumenta, quæ paucis abhinc diebus ad notitiam nostram pervenerunt, ex alio itidem Cluniacensi Chronico dare peropportunum hic videtur. (*Opusculi adversus sectam Saracenorum duos priores libellos edidit domnus Martenius, præfixis quatuor librorum capitulis.* Vide infra.)

tatem contemnentibus, videret se hac via non posse consequi quod sperabat, quia vi gladii non potuit, religionis velamine et divini prophetæ nomine rex fieri attentavit. Et quia inter barbaros barbarus, inter idololatras et ipse idololatra habitabat, et inter illos, quos, utpote præ cunctis gentibus, tam divinæ quam humanæ legis exsortes, et ignaros, faciles ad se ducendum esse noverat, conceptæ iniquitati daré operam cœpit. Et quia prophetas Dei magnos fuisse homines audierat, prophetam se ejus esse, prædicare jam omnibus cœpit. Interim judicio illius qui terribilis in consiliis dicitur super filios hominum, et qui miseretur cui vult, et quem vult indurat, dedit Satan successum errori, et Sergium monachum hæretici Nestorii sectatorem, expulsum ab Ecclesia ad partes illas Arabiæ transmisit, et monachum hæreticum pseudoprophetæ conjunxit. Ita Sergius conjunctus Mahumet, quod ei deerat supplevit; et Scripturas sacras, tam Veteris Testamenti quam Novi, secundum magistri sui Nestorii intellectum, qui Salvatorem nostrum Deum esse negabat, partim, prout sibi visum est, exposuit, et eum ab idololatria avertens, Christianum Nestorianum effecit. Et ut tota iniquitatis plenitudo in Mahumet conflueret, et nihil ei ad perditionem sui vel aliorum deesset, adjuncti sunt Judæi hæretico; et ne verus Christianus fieret dolose præcaventes, homini novis rebus inhianti non Scripturarum sanctarum veritatem, sed fabulas suas, quibus nunc usque abundant, Mahumet Judæi insibilant. Sic ab optimis doctoribus Judæis et hæreticis Mahumet institutus, Alcoran suum condidit, et tam ex fabulis Judaicis quam ex hæreticorum næniis confectum nefariam scripturam barbaro illo suo modo contexuit. Quod paulatim per tomos a Gabriele, cujus jam nomen ex sacra Scriptura cognoverat, sibi allatum mentitus, gentem Deum ignorantem lethali haustu infecit, et more talium oram calicis melle liniens, subsequente mortifero veneno, animas et corpora gentis miseræ, proh dolor! interemit. Sic plane impius ille fecit, quando et legem Judaicam, et Christianam collaudans, nec tamen esse tenendam confirmans, probando reprobus reprobavit.

Inde est quod Moysen optimum prophetam fuisse, Christum Dominum majorem omnibus exstitisse confirmat, natum de Virgine prædicat, nuntium Dei, Verbum Dei, Spiritum Dei fatetur, nec nuntium, Verbum, et Spiritum, ut nos, aut intelligit, aut confitetur. Filium Dei dici, aut credi, prorsus deridet. Et de humanæ generationis similitudine vaccinus homo Filii Dei æternam nativitatem metiens, vel gignere, vel generari Deum potuisse, quanto potest nisu denegat et subsannat. Resurrectionem carnis sæpe replicando astruit, judicium commune in fine sæculi non a Christo, sed a Deo exercendum esse non negat. Illi tamen judicio Christum, ut omnium Dominum, ac seipsum ad gentis suæ præsidium adfuturum væsanit. Inferni tormenta qualia sibi libuit, et qualia adinvenire

magnum pseudoprophetam decuit, describit. Paradisum non societatis angelicæ, nec visionis divinæ, nec summi illius boni, quod nec oculus vidit, nec auris audivit, nec in cor hominis ascendit (*I Cor.* ii), sed vere talem, qualem caro et sanguis, imo fæx carnis et sanguinis concupiscebat, qualemque sibi parari optabat, depinxit. Ibi carnium, et omnigenorum fructuum esum, ibi lactis, et mellis rivulos, et aquarum splendentium; ibi pulcherrimarum mulierum, et virginum amplexus et luxus, in quibus tota ejus paradisus finitur, sectatoribus suis promittit. Inter ista, omnium pene antiquarum hæresum fæces, quas diabolo imbuente sorbuerat, revomens, cum Sabellio Trinitatem abnegat, cum suo Nestorio Christi deitatem abjicit, cum Manichæo mortem Domini diffitetur, licet regressum ejus non neget ad cœlos.

His et similibus non acquisitionis, sed perditionis populum imbuens, a Deo plenissime avertit; et ne evangelicus sermo ultra in eis posset habere locum, velut omnia quæ sunt Evangelii et Christi scientibus, cordium eorum aditum ferreo impietatis obice obturavit. Circumcisionem insuper velut ab Ismaele gentis illius patre sumptam, tenendam esse decrevit; et super hæc omnia; quo magis sibi allicere carnales mentes hominum posset, gulæ ac libidini frena laxavit, et ipse decem et octo simul uxores habens, atque multorum aliorum velut ex responso divino conjuges adulterans, majorem sibi velut exemplo prophetico numerum perditorum adjunxit. Et ne ex toto inhonestus proderetur, studium eleemosynarum, et quædam opera misericordiæ commendat; orationes collaudat, et sic undique monstruosus, ut ille ait, humano capiti equinam cervicem, et plumas avium copulat (HORATIUS, *De arte poet.*). Qui quoniam suadente jam dicto monacho, ac præfatis Judæis, idololatriam et reliquit, et relinquendam quibus potuit persuasit, atque unum Deum, deorum multiplicitate relicta, colendum esse prædicavit, hominibus agrestibus et imperitis inaudita dicere visus est; et quia rationi eorum hæc prædicatio concordat, propheta Dei primo ab eis creditur, dehinc processu temporis et erroris, in regem ab eis, quod concupierat, sublimatus est. Sic bona malis permiscens, vera falsis confundens, erroris semina sævit, et suo partim tempore, partim et maxime post suum tempus, segetem nefariam igne æterno concremandam produxit. Nam statim Romano languescente, imo pene deficiente imperio permittente eo per quem reges regnant, Arabum vel Sarracenorum hac peste infectorum surrexit principatus, atque vi armata maximas Asiæ partes cum tota Africa ac parte Hispaniæ paulatim occupans, in subjectos sicut imperium, sic et errorem transfudit. Hos licet hæreticos nominem, quia aliqua nobiscum credunt, in pluribus a nobis dissentiunt, fortassis rectius paganos aut ethnicos (quod plus est) nominarem, quia quamvis de Domino vera aliqua dicant, plura tamen falsa prædicant, nec baptismati, sacrificio, pœnitentiæ, vel alicui Christiano sacramento (quod nunquam ullus præter hos hæreticus fecit) communicant.

Quam brevius potui vitam hominis summamque nefandæ legis notavi. Hoc ea de causa feci, ut et rem vobis notam facerem, et ad scribendum contra tam perniciosum errorem animarem. Nam licet, ut supra dixi, hoc perditis illis, ut æstimo prodesse non possit responsionem tamen condignam, sicut contra alias, ita et contra hanc hæresim Christianum armarium habere deceret. Quæ si superflua quilibet causatus fuerit, quoniam quibus resistere debeant talibus armis muniti non adsunt, noverit in republica magni regis quædam fieri ad tutelam, quædam fieri ad decorem, quædam etiam ad utrumque. Nam ad tutelam facta sunt a Salomone pacifico arma, licet tempore suo minus necessaria; præparati sunt a David sumptus, parata et ornamenta, templi divini constructioni, et ornatui deputata. Sed nec illa ejus tempore alicui usui profecerunt, sed in usus divinos post ejus tempora transierunt. Manserunt itaque ista aliquanto tempore otiosa, sed incumbente necessitate, aperuerunt quæ diu vacaverant fructuosa. Nec tamen, ut mihi videtur, opus istud etiam hoc tempore otiosum vocare debeo, quoniam, juxta Apostolum, vestrum est, et omnium doctorum virorum, omnem scientiam extollentem se adversus altitudinem Dei, omni studio, verbo et scripto impugnare, destruere, conculcare (II Cor. x). Quod si hinc errantes converti non possint, saltem infirmis Ecclesiæ, qui scandalizari vel occulte moveri levibus etiam ex causis solent, consulere et providere doctus vel doctor, si zelum habet justitiæ, non debet negligere. Propono inde vobis Patres omnes, et præcipue Patrem Augustinum, qui, licet Julianum Pelagianum, licet Faustum Manichæum, et verbis et labore suo ad fidem rectam converteré nequiverit, non tamen de eorum errore magna condere contra eos volumina omisit. Sic de reliquis sui temporis, et non sui temporis hæreticis, sic de Judæis, sic de paganis faciens, non solum contra eos sui temporis homines armavit; sed etiam ad nos, et ad posteros omnes maximæ ædificationis et instructionis charisma transmisit. Si igitur reverentiæ vestræ in his laborandi Deo aspirante voluntas adfuerit (nam facultas per ejus gratiam deesse non poterit) rescribite, et mittemus librum quem nondum misimus, ut per os vestrum ipsius laude repletum, spiritui nequitiæ spiritus benignus respondeat, et thesauros Ecclesiæ suæ gazis vestræ sapientiæ suppleat. Mittite, si placet, per præsentium latorem vel per alium, epistolam illam vestram quibusdam Carnotensibus monachis, ut mihi videtur, missam, respondentem de Regulæ præceptis, et de diversis monastici ordinis usibus, quam Cluniaci semel legi, sed nunquam postea ad relegendum habere potui. Misissem et ego nostram eruditæ dilectioni vestræ, quam contra hæreticorum provincialium quædam capitula ante quatuor vel quinque annos scripsi, si ad manum hanc habuissem, ut hanc legeretis; et si quid supplendum esset, aliquo vestro tractatu vel epistola suppleretis. Sed a quodam fratre nostro nuper in Arverniam delata, et ante annum in alio volumine contra ipsos hæreticos a me in Provinciam missa, mitti vobis non potuit. Mittetur autem, postquam eam ex aliquo exemplari rescripsero. Super his omnibus quid vobis videatur, rescribite. Et licet ego impedimentis pluribus præpeditus distulerim, vos, si facultas est, diu differre nolite.

EPISTOLA XVIII.

Universali pontifici, et speciali Cluniacensis Ecclesiæ Patri, domino papæ COELESTINO (140), *frater* PETRUS *humilis Cluniacensium abbas, sincerum amorem, et plenam obedientiam.*

Benedictus Dominus Deus noster, qui memor verbi sui, in quo nobis spem dedit, more suo nullatenus se oblitum verborum suorum etiam hoc tempore monstravit, quibus suos ab ipsis recedens consolari dignatus est, dicens: *Ecce ego vobiscum sum omnibus diebus usque ad consummationem sæculi* (*Matth.* XXVIII). Apparet hoc in innumeris ipsius gratiæ donis, apparet hoc nunc specialiter et in vobis, quem his nostris diebus summum pontificem, animarum nostrarum custodem, totius Ecclesiæ suæ adhuc in terris peregrinantis, hoc est unicæ columbæ inter corvos gementis præsulem, propitia mortalibus benignitas divina concessit. Non hoc, ut jam nobis relatum est, humanus fastus, non sibi providens humana cupiditas, non Romanus turbo sæpe auditus, orbemque terrarum suo impulsu concutere solitus, effecit; sed adversa pacificans, diversa uniens, discissa redintegrans, spiritus ille, qui ubi vult spirat, velut in sibilo auræ tenuis, juxta verbum Domini factum ad Eliam (*III Reg.* XIX), leniter adimplevit. Gavisi sumus audientes ista, et in immensum cor nostrum exhilaratum est; agnoscentes non armis, non turribus, non minacibus agminibus, rem divinam tutari; sed sola misericordis Domini manu, et suavi protectione ad pacem compositam esse. Agnovimus vere quod agnoscendum erat, imperasse Christum ventis et mari, et factam esse insolitam tranquillitatem; statuisse procellam maris in auram, et siluisse fluctus ejus. Et hoc quis non miretur? Quis, inquam, hoc non miretur: a tempore Alexandri secundi papæ, per Gregorium, Urbanum, Paschalem, Gelasium, Calixtum, Honorium, Innocentium, summos Ecclesiæ Dei ac præclaros pontifices, quantum ad eorum promotionem pertinet, ecclesiasticam pacem pertransisse, sed in nullo eorum præter vos quievisse? Nec adeo lapidei sumus ut non sentiamus, nec adeo bruti ut non intelligamus eum, sine cujus nutu ut legitur, *nec passer ad terram, nec folium cadit arboris*, non sine causa, non sine certo inexhaustæ

ANDREÆ CHESNII NOTÆ.

(140) *Domino papæ Cœlestino.* Secundo nomine, qui creatus anno 1144.

sapientiæ consilio, hanc pacem eorum primordiis subtraxisse, vestris contulisse : quam esse illam puto, et hanc vobiscum semper durare confido, de qua Deo in psalmis Propheta : *Secundum multitudinem*, inquit, *dolorum meorum in corde meo, consolationes tuæ lætificaverunt animam meam (Psal.* xciii). Credo enim, et spero in Deo salutari meo, quod qui principiis vestris dedit tam amabilem pacem, dabit et fini suo tempore commendabilem laudem. Lætabitur sub umbra alarum ejus vobis amodo subditus orbis terrarum, et se tantos fidei suæ Patres, apostolicos viros, confessores dico, et (quod majus est) martyres, vel (quod excellentius est), ipsos apostolorum summos Petrum et Paulum, imo ipsum Christum in vobis solo se habere gloriabitur. Gaudebit, et jam ineffabiliter gaudet, licet non numero, tamen virtutibus pusillus grex vester Cluniacensis; qui obedientiam, qui subjectionem, qui (quod majus est) dilectionem, quia per seipsum non potest, ore meo per has litteras vobis ingerit, et se totum licet absens, sanctitatis vestræ pedibus subjicit. Certitudinem electionis vestræ, et collati a Deo apostolatus sero accepi et idcirco tarde rescripsi. Nam diu variante fama, vix in vigilia S. Andreæ epistolam vestram mihi et conventui missam suscepi, atque die ipsa publice in capitulo lectam, tam litteratis quam illitteratis, quos conversos vocamus exposui. Audita est vere, et suscepta ab omnibus filiali affectu : quod vobis melius ore proprio, vel nuntiorum, proxime per Dei gratiam indicabo. Habeo enim omnimodam voluntatem veniendi ad vos, et novum quidem Patrem, sed antiquum amicum amore, et honore debito visitandi faciam hoc si congrue potuero. Si non, per nostros, quam proxime vacaverit, Christi juvante gratia visitabo. Commendo interim paternitati vestræ negotium fratris præsentium latoris, ut illud benigne, et ad commodum Ecclesiæ ejus, quantum justitia permiserit audiatis, et diffiniatis. In fine, quas possum gratias ago, quod, sicut mihi relatum est, et in litteris vestris legi, quasdam alias causas beatæ memoriæ prædecessori vestro directas benigne accepistis, sicque definistis, ut in sententia successoris non sit nobis lugenda sancti mors prædecessoris.

EPISTOLA XIX.

Universali papæ, et nostro proprio Patri domino papæ Lucio (141), *frater* Petrus *humilis Cluniacensium abbas, cum debita obedientia sincerissimum in Domino amoris affectum.*

Postquam a charissima mihi vestra paternitate recessi, quæ injuncta a Patre fuerant, quæ mandata filiis, et servis vestris Cluniacensibus, quæque alia a vobis mihi præcepta, non indevotus filius sollicite, ut decebat, ac studiose cuncta implevi. Sacrificia frequentia, orationes pene continuas, eleemosynarum multiformes erogationes, tam Cluniaci quam extra, tam per me quam per nuntios, fratribus nostris imposui. Quæ ipsi, auditis litteris vestris, cognito tam ex eisdem litteris, quam ex relatione mea, et sociorum, multo erga se vestro affectu libentissime susceperunt, ac devotissime peragunt. Astant ergo, et astabunt Deo semper pro vobis, nec tantum Patrem, tam benignum, tam sibi clementem, summo omnium Patri Deo, amodo pro viribus commendare cessabunt. Nam, et hoc ego, quantum potui, impressi cordibus ipsorum, utpote qui licet absentis Patris in me expertæ benignitatis et ultra personam vel meritum meum mihi impensi honoris, oblivisci non poteram. Ut enim coram duobus, quos nemo fallere potest, testibus loquar, Deo scilicet et propria conscientia, præcellit vere, et longe præcellit, quem vobis in intimis animi mei recessibus servo sinceri amoris affectus, omnium prædecessorum vestrorum, quos erga ipsos gerebam, affectibus. Hoc quidem, ut dixi, benignitas, et beneficia vestra nobis impensa fecerunt; sed magis multus, quem in sancto pectore vestro latere adverti, erga divinæ religionis affectus. Sed ne adulari videar, his intermissis ad sequentia veniam. Misi præsentium latorem cum litteris istis, ut et nota facerem reverentiæ vestræ quæ dixi, et de statu sublimitatis vestræ, maxime de pace regis Siculi, litteris vestris certificari mererer. Nam, non parum mihi credite, pro pace vestra, ut multum eam exoptans sollicitor. De pace enim vestra, omnium nostrum pax pendet; in requie vestra, nos specialiter vestri Cluniacenses requiescimus, in dolore non ficte, sed veraciter condolemus, quia, membra, quæ capitis dolori non compatiuntur, non solum morbida, sed et mortua judicantur. Rescribite ergo nobis, si placet, super illa, ut, si est, prout decet, congaudeamus; si nondum est, pro scientia, pro viribus, vobis et apud Deum et apud homines collaboremus. De cætero precor, ut quia Cluniacensia negotia tanta sunt, ut pene assidue pro diversis oporteat nos paternitati vestræ scribere causis, non hoc moleste feratis, sed, ut specialem et benignum Patrem decet, ea quando mandantur audiatis et exaudiatis. Hoc autem a vobis mandari postulo, utrum prout mihi Romæ a majestate vestra injunctum est, duodecim fratres cum tertio decimo, qui eis in abbatem præficiendus sit, usque ad festum sancti Andreæ Romam mittere debeam. Nam hoc vestro iterum suscepto mandato, statim eos ad iter parabo.

EPISTOLA XX.

Lucius *episcopus, servus servorum Dei, dilecto filio* Petro *Cluniacensi abbati, salutem et apostolicam benedictionem.*

Dilectionis tuæ litteras, etc. *Vide inter epistolas et privilegia Lucii papæ II.*

EPISTOLA XXI.

Venerabili, et in Christo plurimum dilectæ sorori

ANDREÆ CHESNII NOTÆ.

(141) *Domino papæ Lucio.* Cœlestini successori, qui et ipse nomine secundus eodem anno Cathedram S. Petri conscendit.

ELOYSÆ (142) *abbatissæ, fratér* PETRUS *humilis Cluniacensium abbas, salutem quam promisit Deus diligentibus se.*

Acceptis litteris charitatis tuæ, quas mihi nuper per filium meum Theobaldum misisti, gavisus sum, et eas mittentis gratia amicabiliter amplexus sum. Volui statim rescribere quod animo insederat; sed impedientibus importunis curarum exactionibus, quibus plerumque, imo pene semper, cedere compellor, non potui. Vix tamen a tumultibus tandem interpolata die, quod conceperam attentavi. Visum est, ut affectui tuo erga me, quem et tunc ex litteris, et prius ex mihi missis xeniis cognoveram, saltem verborum vicem rependere festinarem, et quantum in corde meo locum tibi dilectionis in Domino servarem, ostenderem. Revera enim non nunc primum diligere incipio, quam ex multo tempore me dilexisse reminiscor. Necdum plene metas adolescentiæ excesseram, necdum in juveniles annos evaseram, quando nomen non quidem adhuc religionis tuæ, sed honestorum tamen et laudabilium studiorum tuorum, mihi fama innotuit. Audiebam tunc temporis, mulierem, licet necdum sæculi nexibus expeditam, litteratoriæ scientiæ, quod perrarum est, et studio, licet sæcularis, sapientiæ summam operam dare, nec mundi voluptatibus, nugis, vel deliciis ab hoc utili discendarum artium proposito retrahi posse. Cumque ab his exercitiis detestanda desidia totus pene torpeat mundus, et ubi subsistere possit pes sapientiæ, non dicam apud sexum femineum, a quo ex toto explosus est, sed vix apud ipsos viriles animos invenire valeat, tu illo efferendo studio tuo, et mulieres omnes evicisti, et pene viros universos superasti. Mox vero, juxta verba Apostoli, ut complacuit ei, qui te segregavit ab utero matris tuæ, vocare te per gratiam suam (*Gal.* I), longe in melius disciplinarum studia commutasti, et pro logica

Evangelium, pro physica apostolum, pro Platone Christum, pro academia claustrum, tota jam et vere philosophica mulier, elegisti. Eripuisti victis spolia hostibus, et thesauris Ægyptiacis per hujus peregrinationis desertum transiens, pretiosum in corde tuo tabernaculum Deo erexisti. Cantasti cum Maria, demerso Pharaone, canticum laudis (*Exod.* xv); et beatæ mortificationis tympanum, ut olim illa præ manibus gerens, novi modulaminis melos usque ad ipsas deitatis aures docta tympanistria transmisisti. Conculcasti jam incipiendo, quod per omnipotentis gratiam bene perseverando conteres, vetusti anguis, ac semper mulieribus insidiantis caput, atque ita elides, ut nunquam ulterius contra te sibilare audeat. Ostentui facis, et facies superbum principem mundi, et illum, qui divina voce vocatur rex filiorum superbiæ (*Job* XLI), juxta ipsius Dei ad beatum Job verba, tibi ac tecum cohabitantibus ancillis Dei alligatum (*Job* XL) ingemiscere coges. Et vere singulare miraculum, ac super omnia miranda opera extollendum, eum, quo, juxta prophetam, cedri non fuerunt altiores in paradiso Dei, et cujus summitatem frondium abietes non adæquaverunt (*Ezech.* xxxi), a fragili sexu vinci, et fortissimum archangelum a muliere infirmissima superari. Cignitur tali duello maxima gloria Conditori, infertur e converso summa ignominia deceptori. Exprobratur ei hoc certamine, non solum stultum, sed et super omnia ridiculum fuisse, illum aspirasse ad æqualitatem sublimissimæ majestatis, qui nec breve luctamen ferre prævalet femineæ debilitatis. Sustinet caput cujuslibet victricis illius, merito talis victoriæ, gemmeam a rege cœlorum coronam, ut quanto in transacta pugna carne infirmior, tanto in remuneratione sempiterna appareat gloriosior.

Hæc, charissima in Domino soror, vere non adulando, sed exhortando dico, ut magnum, in quo

ANDREÆ CHESNII NOTÆ.

(142) *Dilectæ sorori Eloisæ.* Quænam et qualis hæc Eloisa, vel ut alii scribunt, Heloyssa fuerit, docet Petrus Abælardus in lib. Calamitatum suarum, his verbis : « Erat in ipsa civitate Parisiensi adolescentula quædam, nomine Heloyssa, neptis canonici ejusdem, qui Fulbertus vocabatur, qui eam quanto amplius diligebat, tanto diligentius in omnem quam potuerat scientiam litterarum promoveri studuerat. Quæ cum per faciem non etiam infirma, per abundantiam litterarum erat suprema. » Hanc Abælardus ipse, licet clericus et canonicus, deperivit, corrupit, et etiam uxorem duxit. Verum postea dolore reatus sui tactus, transmisit eam « ad abbatiam quamdam sanctimonialium prope Paris. quæ Argentolium appellatur, ubi ipsa olim puella educata fuerat atque erudita, vestesque ei religionis, quæ conversationi monasticæ convenirent aptari fecit, » ac ipse quoque sacrum habitum in abbatia S. Dionysii suscepit. Demum aliquanto post « accidit, ut abbas S. Dionysii Sugerius, prædictam Argentoli abbatiam, tanquam ad jus monasterii sui antiquitus pertinentem, quocunque modo acquireret, et conventum sanctimonialium, ubi illa comes sua, jamque in Christo soror potius quam uxor Heloysa prioratum habebat, violenter expelleret. Quæ cum diversis locis exsules dispergerentur, oblatam Abælardus intelligens occasionem, quo suo consuleret oratorio, quod in Trecensi pago paulo ante construxerat, loco Paracleto consecratam ejus etiam nomine vocari voluerat, « illuc eam cum quibusdam aliis de eadem congregatione ipsi adhærentibus, invitavit, eoque illis adductis ipsum oratorium cum omnibus ei pertinentibus concessit et donavit, ipsamque postmodum donationem suam assensu atque interventu episcopi terræ Hatonis papa Innocentius II ipsis et earum sequacibus per privilegium in perpetuum roboravit » Ejus igitur oratorii abbatissa, sive ut idem Innocentius vocat in privilegio suo, quod inter Antiquitatum Tricassinarum pretiosa monumenta locum possidet, priorissa erat Heloisa, cum illi Petrus noster scripsit, in eoque etiam post obitum sepulta tali decorata fuit epitaphio :

Hoc tumulo abbatissa jacet prudens Heloissa,
Paracletum statuit, cum Paracleto requiescit.
Gaudia sanctorum sua sunt super alta polorum
Nos meritis precibusque suis exaltet ab imis.

Obiit autem 16 Maii, ut ex codice obituum cœnobii Paracletici patet, in quo et elogium hoc ad illam diem habet : « Mater nostræ religionis Heloisa prima abbatissa documentis et religione clarissima spem bonam ejus nobis vita donante feliciter migravit ad Dominum. »

aliquandiu perstitisti, bonum attendens, ad caute illud conservandum animosior reddaris, et sanctas illas, quæ tecum Domino serviunt, secundum gratiam a Deo tibi collatam, ut in eodem sollicite agone contendant, verbis pariter et exemplis accendas. Es enim unum de animalibus illis, quæ Ezechiel propheta vidit (*Ezech.* 1), licet sis mulier, quæ non tantum ut carbo ardere, sed ut lampas ardere debes pariter et lucere. Es quidem discipula veritatis, sed es etiam ipso officio, quantum ad tibi commissas pertinet, magistra humilitatis. Humilitatis plane, et totius cœlestis disciplinæ tibi a Deo magisterium impositum est. Unde non solum tui, sed et commissi gregis curam habere, et pro universis majorem universis debes mercedem recipere. Manet tibi certe palma pro omnibus, quia, ut optime nosti, quotquot ducatu tuo mundum mundique principes vicerint, tot tibi triumphos, tot gloriosa trophæa, apud æternum regem, et judicem præparabunt. Sed nec omnino apud mortales insolitum est, feminas feminis principari, nec ex toto inusitatum etiam præliari, ipsos insuper viros ad prælia comitari. Nam si verum est quod dicitur : Fas est, et ab hoste doceri. Et apud gentiles, Amazonum regina Penthesilea cum suis Amazonibus, non viris, sed mulieribus, Trojani belli tempore sæpe pugnasse scribitur, et in populo etiam Dei, prophetissa Delbora Barach judicem Israel contra ethnicos animasse legitur (*Judic.* IV). Cur ergo non liceat feminas virtutis contra fortem armatum ad prælia procedentes, ductrices fieri exercitus Domini, cum et illa (quod quidem indecens videbatur) manu tamen propria contra hostes pugnaverit; et hæc nostra Debora viros ipsos ad bella divina commoverit, armaverit, accenderit? Victo dehinc Jabin rege, occiso Sisara duce, deleto profano exercitu, cecinit statim canticum illa, illudque Dei laudibus devota dicavit. Erit Dei gratia hoc faciente post datam tibi tuisque de longe fortioribus hostibus victoriam, longe tuum gloriosius canticum, quod sic læta cantabis, ut nunquam postea lætari, nunquam cantare desistas. Interim eris ancillis Dei, hoc est, cœlesti exercitui, quod illa suo Judaico populo Debora; nec a tam lucroso certamine, aliquo tempore, quolibet casu, nisi vincendo cessabis. Et quia hoc nomen Debora, ut tua novit eruditio, lingua Hebraica *apem* designat, eris etiam in hoc et tu Debora, id est *apis*. Mellificabis enim tu, sed non soli tibi, quia quidquid boni per diversos, et a diversis collegisti, exemplo, verbo, modisque quibus poteris, domesticis sororibus, seu quibuslibet aliis totum refundes. Satiabis hoc exiguo vitæ mortalis tempore, et teipsam sacrarum litterarum secreta dulcedine, et beatas sorores aperta prædicatione, quousque, juxta vocem propheticam : *In illa, quæ permittitur die, distillent montes æternam dulcedinem, et colles fluant lac et mel* (*Joel* III). Hoc enim, licet de hoc tempore gratiæ dicatur, nil obstat, imo et dulcius est, ut de tempore gloriæ accipiatur. Dulce mihi esset diu tecum de hujusmodi protrahere sermonem, quia et famosa eruditione tua delector, et prædicata mihi a multis religione tua longe magis allicior. Utinam te Cluniacus nostra habuisset! utinam te jucundus Marciniaci carcer, cum cæteris Christi ancillis libertatem inde cœlestem exspectantibus inclusisset! Prætulissem opes religionis ac scientiæ maximis quorumlibet regum thesauris, et illarum sororum illud præclarum collegium, cohabitatione tua clarius rutilare gauderem. Retulisses et ipsa ab ipsis non modicum quæstum; et summam mundi nobilitatem, ac superbiam, pedibus substratam mirareris. Cerneres omnigenes sæculi luxus, miranda parcitate mutatos, et sordida quondam vasa diaboli in mundissima Spiritus sancti templa conversa. Videres puellas Dei Satanæ, vel mundo, velut furto subtractas, super innocentiæ fundamento altos virtutum erigere parietes, et usque ad ipsa cœli fastigia felicis fabricæ cacumen producere. Lætareris angelica virginitate florentes, castissimis viduis junctas, et universas pariter beatæ illius et magnæ resurrectionis gloriam sustinentes, infra arcta septa domorum, etiam corporaliter beatæ spei velut sepulcro jam conditas.

Quæ, licet omnia et fortassis majora, cum tibi datis a Deo collegis habeas, licet forte nihil ad sacrarum rerum studium pertinens tibi addi possit [posset], augeretur tamen augmento gratiarum tuarum, non parvis, ut arbitror, commodis, res publica nostra. Sed quamvis a dispensatrice omnium rerum providentia Dei, hoc nobis de te negatum sit, concessum tamen est de illo tuo, de illo, inquam, sæpe ac semper cum honore nominando, servo ac vere Christi philosopho magistro Petro, quem in ultimis vitæ suæ annis, eadem divina dispositio Cluniacum transmisit (143); et eam in ipso et de ipso, super omne aurum et topazion munere cariore, ditavit. Cujus sanctæ, humili ac devotæ inter nos conversationi, quod quantumve Cluniacus testimonium ferat, brevis sermo non explicat. Nisi enim fallor, non recolo vidisse me illi in humilitatis habitu et gestu similem, in tantum ut nec Germanus abjectior, nec ipse Martinus bene discernenti pauperior appareret. Cumque in magno illo fratrum nostrorum grege, me compellente gra-

ANDREÆ CHESNII NOTÆ.

(143) *Magistro Petro, quem in ultimis vitæ suæ annis divina dispositio Cluniacum transmisit.* supra epist. 4 : « Magister Petrus, inquit, ad Innocentium papam scribens, sapientiæ vestræ, ut credo optime notus per Cluniacum transitum fecit. » Et paulo post : « Dimissis scholarum et studiorum tumultibus, in Cluniaco vestra sibi perpetuam mansionem elegit. » Quæ verba et locum hunc illustrant et simul cum eo testantur magistrum illum Petrum, Abælardum dictum, qui profanæ sensuum novitatis, a S. Bernardo, Sugerio, et aliis Ecclesiæ Gallicanæ prælatis coram Ludovico rege Senonis accusatus fuerat, tandem de suis erroribus austeram egisse pœnitentiam Cluniaci : quo et nonnulli Berengarium Andegavensis Ecclesiæ diaconum eodem fere tempore accessisse dicunt, ut ibi monachus effectus de sua etiam hæresi pœniteret.

dum superiorem teneret, ultimus omnium vestitu incultissimo videbatur. Mirabar sæpe, et in processionibus eo me cum reliquis pro more præcedente, pene stupebam, tanti tamque famosi nominis hominem, sic selpsum contemnere, sic se abjicere posse. Et quia sunt quidam religionis professores, qui ipsum quem gerunt habitum religiosum, nimis esse cupiunt sumptuosum, erat ille prorsus parcus in istis, et cujusque generis simplici veste contentus, nil ultra quærebat. Hoc et in cibo, hoc et in potu, hoc et in omni cura corporis sui servabat, et non dico superflua, sed et cuncta, nisi valde necessaria, tam in se quam in omnibus, verbo pariter et vita damnabat. Lectio erat ei continua, oratio frequens, silentium juge, nisi cum aut fratrum familiaris collatio, aut ad ipsos in conventu de divinis publicus sermo eum loqui urgebant. Sacramenta cœlestia, immortalis Agni sacrificium Deo offerendo, prout poterat, frequentabat; imo postquam litteris et labore meo apostolicæ gratiæ redditus est, pene continuabat. Et quid multa? Mens ejus, lingua ejus, opus ejus, semper divina, semper philosophica, semper eruditoria meditabatur, docebat, fatebatur. Tali nobiscum vir simplex et rectus, timens Deum, et recedens a malo : tali, inquam, per aliquantum temporis conversatione, ultimos vitæ suæ dies consecrans Deo, pausandi gratia (nam plus solito, scabie et quibusdam corporis incommoditatibus gravatur), a me Cabilonem missus est (144). Nam propter illius soli amœnitatem, qua cunctis pene Burgundiæ nostræ partibus præminet, locum ei habilem, prope urbem quidem, sed tamen Arari interfluente, provideram. Ibi juxta quod incommoditas permittebat, antiqua sua renovans studia, libris semper incumbebat, nec sicut de magno Gregorio legitur, momentum aliquod præterire sinebat, quin semper aut oraret, aut legeret, aut scriberet, aut dictaret. In his sacrorum operum exercitiis, eum adventus illius evangelici visitatoris reperit, nec eum, ut multos, dormientem, sed vigilantem invenit. Invenit eum vere vigilantem, et ad æternitatis nuptias, non ut fatuam, sed ut sapientem virginem evocavit. Attulit enim ille secum lampadem plenam oleo, hoc est, conscientiam refertam sanctæ vitæ testimonio. Nam ad solvendum commune mortalium debitum, morbo correptus, eoque ingravescente, in brevi ad extrema perductus est. Tunc vero quam sancte, quam devote, quam catholice, primo fidei, dehinc peccatorum confessionem fecerit, quanto inhiantis cordis affectu, viaticum peregrinationis, ac vitæ æternæ pignus, corpus scilicet Redemptoris Domini acceperit, quam fideliter corpus suum et animam hic et in æternum ipsi commendaverit, testes sunt religiosi fratres, et totus illius monasterii, in quo corpus S. martyris Marcelli jacet, conventus. Hoc magister Petrus fine dies suos consummavit, et qui singulari scientiæ magisterio, toti pene orbi terrarum notus, et ubique famosus erat, in illius discipulatu qui dixit : *Discite a me, quia mitis sum et humilis corde (Matth.* xi), mitis et humilis perseverans, ad ipsum ut dignum est credere, sic transivit. Hunc ergo, venerabilis et charissima in Domino soror, cui post carnalem copulam, tanto validiore, quanto meliore divinæ charitatis vinculo adhæsisti, cum quo, et sub quo diu Domino deservisti, hunc, inquam, loco tui, vel ut te alteram in gremio suo confovet, et in adventu Domini, in voce archangeli, et in tuba Dei descendentis de cœlo, tibi per ipsius gratiam restituendum reservat. Esto ergo in domino memor ipsius; esto etiam, si placet, et mei, et sanctis sororibus tecum Domino famulantibus fratres congregationis

ANDREÆ CHESNII NOTÆ.

(144) *A me Cabilonem missus est.* in monasterium videlicet S. Marcelli, quod et ipsum juris Cluniacensis est, et ubi paulo post optimo fine dies suos consummavit. Unde Chronicon archiepiscoporum Senonensium: « Anno Domini 1140 Senonis præsente Ludovico rege episcoporum et abbatum religiosorum fit conventus contra Petrum Abælardum, qui quadam profana verborum vel sensuum novitate Ecclesiam scandalizabat. Qui ab eis interpellatus ut responderet, de justitia veritus, audientiam apostolicæ sedis appellavit, et sic evadens non multo post Cabiloni ad Sanctum Marcellum obiit. » Post obitum Petrus abbas Clun. epitaphium illi scripsit, quod et inter alios a se compositos versus exstat. Nec tamen proptereà corpus ejus aut Cabiloni, aut Cluniaci sepultum, sed in Paracleticum cœnobium Heloisa curante delatum fuit, juxta quod ipsemet eidem longe ante præscripserat his verbis : « Quod si me Dominus in manus inimicorum tradiderit, scilicet ut ipsi prævalentes me interficiant, aut quocumque casu viam universæ carnis absentibus vobis ingrediar, cadaver, obsecro, nostrum ubicumque vel sepultum, vel expositum jacuerit, ad cœmeterium vestrum deferri faciatis, ubi filiæ nostræ, imo in Christo sorores sepulcrum nostrum sæpius videntes, ad preces pro me fundendas sæpius invitentur. Nullum quippe locum animæ dolenti, et de peccatorum suorum errore desolatæ tutiorem et salubriorem arbitror, quam eum qui vere Paracleto, id est Consolatori proprie consecratus est, et de ejus nomine proprie insignitus. » Quod autem præscriptum hoc, sive mandatum ab Heloisa completum exstiterit, docet et Chronici Sancti Petri Vivi scriptor, cum dicit : « Anno 1142 M. Petrus Abaylart canonicus primo majoris Ecclesiæ Senonensis obiit, qui monasteria sanctimonialium fundavit, specialiter abbatiam de Paracleto, in qua sepelitur cum uxore. Canonicus fuit, et post uxoratus. » Quare et ibidem aliud illi positum fuit epitaphium his versibus :

Petrus in hac urna latitat, quem mundus Homerum
    Clamabat, sed jam sidera sidus habent.
Sol erat hic Gallis, sed eum jam fata tulerunt,
    Ergo caret regio Gallica sole suo.
Ille sciens quidquid fuit ulli scibile, vicit
    Artifices, artes absque docente docens.
Undecimæ Maii Petrum rapuere Kalendæ
    Privantes logices atria rege suo.
Est satis in tumulo, Petrus hic jacet Abailardus,
    Hic soli patuit scibile quidquid erit.

Et in Necrologio Paracleti de eo quoque leguntur hæc : « 21 Aprilis, anniversarium magistri Petri Abelardi, loci hujus fundatoris, nostræque religionis institutoris. »

nostræ, ac sorores, quæ ubique terrarum pro posse suo eidem, cui et tu, Domino famulantur, sollicite commenda.

EPISTOLA XXII.

Universali pontifici, et nostro proprio Patri domino papæ LUCIO, *frater* PETRUS *humilis Cluniacensium abbas, fidelem cum sincero amore obedientiam.*

Sæpe supplicavi, et adhuc supplico, ne occupatæ in multis reverentiæ vestræ gravia videantur tam frequentia scripta mea. Multa enim sæpe emergunt, quæ me etiam nolentem, et hoc fugere conantem, importunum esse compellunt. Nam quandoque propria, quæ multa sunt; quandoque magnorum amicorum negotia, quæ negligenda non sunt, importunitatis hujus causa existunt. Inquietudo quorumdam Aurelianensium clericorum, quæ Ecclesiam suam pene destruxit, necdum requiescere didicit. Non enim zelo justitiæ, non utilitate aliqua reipublicæ suæ, canonici non canonici, fingentes se quærere quæ Dei sunt, sed (quod omnibus clarum est), prætextu illo quærentes quæ sua sunt, sicut suam matrem Ecclesiam lethaliter pœnæ læserunt, sic contra suum Patrem et episcopum calcaneum erexerunt. Novit vero sapientia vestra quid Deus ipse de talibus sentiat. *Qui*, inquit, *maledixerit patri suo vel matri, morte moriatur (Exod.* XXI; *Lev.* XX). Quod si hoc de maledicto dictum est, quanto magis de jactura? Si hoc de maledicto dictum est, quanto magis de læsura? Si dictum est hoc de his qui maledicunt, quanto magis de his, qui quantum ad se pertinet, perimunt? Tales, tales sunt, inquam, et vere tales sunt quidam illius Ecclesiæ, in quantum fama testatur, non religiosi, sed irreligio, si non de mejoribus, sed de inferioribus, non multi, sed pauci. Hi de insectatione Patris sui negotiari volentes, indeque lucrum quodlibet se consequi posse putantes, dum ipse cum his qui oderunt pacem sit pacificus, vel loquentem, vel tacentem gratis impugnant *(Psal.* CXIX). Non erubescunt videri paucissimi inter multos, et soli septem vel octo inter millia tam cleri quam populi eis contraria prædicantis, mendaces et garruli apparere. Incitat me ad ista sic scribenda, magnorum, multorum, ac religiosorum testimonium, quorum quidam nostri sunt, longe autem plures extranei. Prævaleat ergo, si placet, et præponderet tantorum apud vos testimonium, et episcopum vestrum contra raros et mali nominis viros, qui magis, ut mihi videtur, cornibus ventilandi, quam auribus audiendi sunt, sapiens justitia vestra defendat. Suffragetur ei et boni, religiosi, ac singularis inter suos viri, diutina jam cohabitatio : quem mandato domini papæ Cœlestini, non quidem ex nomine designatum, sed a nobis pro insigni religione electum, ei in socium dedimus. Ipse ergo si sic justum sapientiæ vestræ videtur, super ipso conveniatur, ipse requiratur; ipsi quia nullatenus eum mentiri velle testificor, magis quam nebulonibus illis credatur. Valeat sanctitas vestra semper in Christo.

EPISTOLA XXIII.

RAIMUNDO *monacho Tolosano, frater* PETRUS *humilis Cluniacensium abbas, salutem.*

Cum caput albescat, tua musa senescere nescit
Nec quia tu canes, hinc minus illa canit.
Albus es, et cantas, albos imitaris olores,
Quorum juncta magis, voxque nitorque placent
Hinc color obtusus, sonus hinc demulcet et aures.
Sic nihil in tota non placet amnis ave.
Non norat volucres nutrire Garonna coronas,
Littora nunc cujus cantibus implet olor.
Fleverat antiquis viduata Tolosa poetis.
Gaudeat en studium te reparare suum.
Scribis Romanas te cernere velle ruinas,
Si tentare mihi tale placeret iter.
Dum lego forte tui mirandos pectoris ausus,
Obstupui, fateor, conticuique diu.
Non aliter quam si vires humerosque Tiphonis,
Spondeat in lecto febre solutus homo.
Nec secus Hispana quam si tellure creato
Sese testudo cursibus æquet equo.
Nam quis tanta tuæ taceat miracula laudis
Quod juvenum tentas fortia facta senex?
Alpibus horrendis invicta senecta nequivit
Cedere, vel cœptum jam revocare gradum.
Aeriæ rupes, quæ vincere dura solebant
Pectora, virtuti succubuere tuæ.
Militis emeriti, te missio justa decebat,
Et pro præteritis actibus alta quies.
Sed virtus animi nec cano parcere novit,
Et te plus requie bella cruenta juvant.
Ergo veni Romam, non differo, nolo moreris.
Pugnaces animos regna Latina vocant.
Roma sata est bellis, lita sanguine, clara triumphis,
Quæ sibi per tales subdere cuncta solet.
Si te robustum splendenti cinxerit ense,
Et te pugnantum fecerit esse ducem.
Victrici gladio mox publicus hostis obibit,
Et sibi totus adhuc subditus orbis erit.
Lusimus, et cantus tecum deduximus æquos,
Ne cygnus cunctas rideat orbis aves.
Jam decet ut nostris succendant seria ludis
Et monachi comptus sit gravitate jocus.
Si vires, si posse tibi natura ministrat
Nil iter impediet te comitante meum.
Non eris ingratus, quem novit reddere charum
Fama frequens, studium, vita, senile caput.
Ornabis totam nota probitate cohortem,
Virtutumque viris signifer unus eris.
Pulchrior in silvis nusquam frondescit oliva,
Dum candore suo deprimit omne virens.
Si pia te socium mereatur habere juventus,
Ut laudent Dominum junior atque senex.
Nuper me Robertus ad hæc dictamina traxit,
Per quem misisti carmina multa mihi.
Velle quidem mecum te Romam pergere dicens,
Ut responderem versibus, admonuit.
Ad quæ respondi, tamen ista prioribus addo,
Nullam me certam proposuisse viam.

Si tamen, ut dixi, sors quod puto fecerit esse,
  Perpetuus fies ad peregrina comes.
Sed non incuses, si quid fortuna sinistri
  Intulerit, cunctos quæ facit esse pares.
Regibus et servis quod vult jubet illa potestas,
  Illi subduntur dives inopsque simul.
Cantavi monitus, si vis cantabis et ipse,
  Præter avis morem, fuscus et albus olor

EPISTOLA XXIV.

Universali pontifici et nostro proprio Patri domino Lucio papæ, frater PETRUS *humilis Cluniacensium abbas, fidelem obedientiam.*

Juxta velle ac mandatum sublimitatis vestræ, dirigimus de sinu Cluniacensis claustri hos dilectos fratres et filios nostros Patri communi, imo nostro et ipsorum speciali. Commendamus eos apostolicæ pietati, commendamus, inquam, qui valde commendandi sunt. Causa enim Dei, virtute obedientiæ, violenter se sibimetipsis subigunt, patrium solum deserunt, peregrina adeunt, nec mortem ipsam, quam Romanus aer nostratibus celeriter inferre solet, refugiunt; et, ut sic dicam, quantum ad hanc Gallorum nostrorum formidinem, velut agni ad victimam vadunt. Respiciat ergo super eos pio intuitu paternus oculus, et exsules suos benignis sæpe admonitionibus et congruis auxiliis consoletur. Constituantur, si placet, in uno ex duobus mihi Romæ a vobis nominatis monasteriis, veteresque ab illo coloni alibi collandi pellantur. Nam, et juxta Apostoli vocem, *Modicum fermentum totam massam corrumpit* (1 Cor. v), et ut vestra sapientia novit, diversi moribus, usibus, affectibus,

Non bene conveniunt, nec in una sede morantur.

Et quia, juxta Magnum Gregorium, durum videtur in pectore veteri nova meditari, resque pene desperata est, monachum a pravo usu ad meliora instituta posse converti, cavendum est ne qui corrigi non possunt corrumpant. Quod si forte quispiam aliquos ex his, quos misi, ab invicem secernere, et ad alia loca transferre nisus fuerit, oro ne permittatis, quia per partes divisi, et nihil proficerent, et fructum quem simul positi ferre possunt, perderent. Si enim omnes bini vel terni ad diversa mittendi essent, alios et aliter elegissem. Sed quoniam a vobis sic dispositum est, ut ad unius tantum claustri ordinationem, congruos tredecim fratres mitterem, majorem ex ipsis partem ad tenendum solummodo claustrum, utilem elegi; quosdam vero in sæcularibus astutiores, ut aliis provideant, disposui, et jam dictis tredecim, duos qui genere Romani sunt, pro supplemento adjunxi. Hac de causa, prout mihi videtur, damnosum est eos ab invicem recedere;

fructuosum, simul manere. His dictis adjungo, et tam ex me, quam vice universorum fratrum nostrorum supplico, ne labor noster, quem causa Dei, vestroque præcepto in jam dicti monasterii ordinationem assumpsimus, vestræ Cluniacensi Ecclesiæ in damnum quolibet tempore convertatur. Hoc autem præcavere et providere poterit magnitudinis vestræ prudentia, si donum inde a vobis publice factum, more Cluniacensi, apostolico privilegio confirmetur.

EPISTOLA XXV.

Summo Ecclesiæ Dei rectori, domino papæ EUGENIO (145), *Patri nostro, frater* PETRUS *humiles Cluniacensium abbas, diligentem cum dilectione obedientiam.*

Ex multa dilectionis fiducia, quam semper habere consuevimus ad apostolicam sedem, soliti sunt plerique amicorum nostrorum ad nos recurrere, et preces suas apostolicæ mansuetudini nobis mediantibus offerre. Unde hoc tam antiquo usu, quam jam experta erga nos in expulsione fratrum nostrorum de sancto Saba (146) pastorali dilectione ac studio vestro: quos ejectos suscepistis, desolatos aluistis, verberatos confovistis, confidenter reverentiam paternam adimus, et pro domino Bisuntino archiepiscopo, bono Cluniacensis Ecclesiæ amico, magnitudinem vestram oramus. Accusatur enim, ut nobis relatum est, a paucis et vilibus Ecclesiæ suæ personis; excusatur et commendatur a pluribus et fide dignis viris, et maxime arctioris religionis et ordinis professoribus. Qui, ut bene credimus, nullas pro eo preces funderent, in nullo pro ipso supplicarent, si eisdem precibus suis vel commendationi, justitiam in aliquo obviare sentirent. Exaudiat ergo, si placet, diligens discretio vestra ipsos, exaudiat et nos supplicantes pro ipso cum ipsis, ne facilis et irreverens tribuatur accessus improbis contra probos, vilibus contra optimos, infamibus contra viros multis et magnis bonorum testimoniis fultos. In fine rogamus ut eum nobis in corde vestro locum gratiæ conservetis, quem velut hæreditario jure, apud sanctos prædecessores vestros possedimus; ut qui eis omnipotentis Domini dispositione apostolicæ dignitatis successistis officio, eis quoque erga nos et Cluniacum vestram amore succedatis et beneficio.

EPISTOLA XXVI.

Venerabili et in Christo plurimo amplectendo domno RAINARDO *Cisterciensi abbati, frater* PETRUS *humilis Cluniacensium abbas, salutem et plenum charitatis affectum.*

Grex Domini, oves pascuæ ejus, destitutæ pa-

ANDREÆ CHESNII NOTÆ.

(145) *Domino papæ Eugenio.* Tertio nomine, qui creatus est anno 1145.

(146) *Fratrum nostrorum de S. Saba.* S. Sabæ monasterium, a temporibus sanctissimi papæ Gregorii in religione et honestate fundatum, atque magnis et amplissimis possessionibus ditatum fuerat. Sed cum peccatis exigentibus, et pravorum hominum abundante nequitia, religio demum elapsa fuisset, Lucius papa II illud cum omnibus pertinentiis ad reformandum, meliorandum et disponendum Petro nostro abbati Cluniacensi, ejusque successoribus in perpetuum commisit anno 1144 ut ex ipsius Lucii diplomate constat.

store, per alta montium, per devexa vallium, per aspera viarum, multo sudore pastorem requirentes, in solemni sancti Spiritus die nuper ad nos Cluniacum venerunt. Compassi sumus, ut justum erat, religiosæ peregrinationi; et multo fatigatos itinere, triduo apud nos hospitari coegimus. Vide eos (quod paucorum est monastici ordinis virorum) non equis, non mulabus, non ipsis saltem asinis vectos, sed pedites et peregrinos summa animi devotione, pro dando, imo, si fieri potest, pro restituendo sibi amisso pastore, ad vos tendere, eaque de causa nullum laborem refugere, nulla pericula devitare. Non suffecit eis, unum vel duos de suis hoc animo vestræ reverentiæ mittere; sed eum, qui contemni non possit, apostolicum numerum præferentes, nihil negari maxime cum non nisi justa postulent, credunt. Suscipiendi ergo sunt, si placet, benigne a vobis, et prout mihi videtur, audiendi, et exaudiendi sunt, quia juxta Domini verba: *Alienum pastorem non sequuntur, sed fugiunt ab eo, quia nesciunt vocem alienorum (Joan.* x). Ago quidem ego, et intercedo pro eis, tractus eorum sancto studio; sed specialiter ad hoc me compellit singularis, quam habeo erga ipsos et locum in quo morantur, dilectio. Nam fratres, nepotes, et pene tota consanguinitatis meæ linea, locum illum a primo fundationis lapide, multo affectu coluerunt; nonnulla etiam de suis, ne dicam multa, vestri ordinis ac religionis intuitu contulerunt. Prosequor ego eorum devotionem, etsi non beneficiis, tamen sinceræ dilectionis affectu. Fuerit in removendo abbate ipsorum, severa et cæteris terrorem incutiens, austeritatis vestræ sententia; sit, si grave non est, in restituendo, discreta providentia. Nam nec capitale, nec peremptorium fuit, unde accusatus est, nec tot in ipso, quæ ex parte bene novi bona (quod amicabiliter suggero) condemnanda sunt. Restituatur ergo, si placet, bonis ovibus, bonus pastor, et quia justitiæ satisfactum est, misericordiæ quoque satisfiat, ut quæ multo cum labore et humilitate vos adeunt, multo cum gaudio, atque in Paracleti solemnibus diebus, ad ovile proprium plena cum consolatione redeant.

EPISTOLA XXVII.

Intimo ac jam vetusto cordis mei inhabitatori, domino ac venerabili ATONI *Dei gratia Trecensium episcopo, frater* PETRUS *humilis, Cluniacensium abbas, salutem quam sibi.*

Legitur in Salomone: *Vinum novum, amicus novus veterascat; et cum suavitate bibes illud (Eccli.* IX). Quid est hoc? Attende, charissime. Hoc dicit, quod cernitur. Vinum enim, dum recens est, abjecta jam inutili musti dulcedine, bibentem quidem sui novitate allicit; sed velut immatura juventutis violentia, sorbentis gustum compungit. Delectat et exasperat, ac salubre simul et mordax, interna haustu reficit; sed minus dum hauritur, jucundat. At ubi velut juvenili fervore sedato, veterascere incipit, et leni se sapore quasi miti senectutis suavitate condire, non solum bonum, sed et jucundum efficitur; non tantum ut salubre, sed et ut delectabile sumitur; et nihil in illo, quod pungat vel mordeat, jam timetur. Lætificat, juxta Scripturam, etiam ad litteram, cor hominis (*Psal.* CIII); et laboriosum cursum vitæ mortalis, indita sibi a rerum Conditore dulcedine consolatur. Sic plane, charissime, sic prorsus in te hoc Salomonicum verbum impleri cognosco. Dum novus amicus fuisti, sæpe quidem profuisti; sed nunquam, sicut nunc quando jam senex es, delectasti. Consenuit tecum non defectu, non ætate, sed sola velut temporis antiquitate amicitia; quam secundum præmissam similitudinem, habilius suscipiaris, suavius bibaris, jucundius hauriaris. Austeritate recentis, vel amicitiæ, vel ætatis, ne te haurire, ne te in corpus Cluniacense transfundere possem, diu multum obstitisti, resilisti, refugisti. Sed spero, et de illius spiritus, qui, ubi vult spirat, gratia confido, quia quod non dedit amicitiæ juventus, conferet saltem senectus. Novi quid dictum sit Apostolo Petro: *Surge, Petre, occide et manduca (Act.* X). Quod si ego apostolus non sum, Petrus tamen sum. Unde, juxta hoc divinum verbum, non solum te bibere, sed etiam occidere, et manducare concupivi. Veni ergo, veni, nec ultra gladium meum, licet occidendus expavescas; nec dentes meos quamvis ab his attendendus [atterendus], et mandendus, reformides. Sed ne forte verearis, et tantas minas audiens, venire non audeas, noveris me non te, sed in te velle mundum occidere, monachum suscitare, consumere peritura, reformare permansura. Et ne præsumptor judicet quod humilis sublimi, quod inferior majori, quod abbas episcopo talia scribam, talia suggeram, dedisti ipsi mihi, ubi nosti, et sicut nosti loquendi materiam, præbuisti audaciam. Non ergo vereor de his tecum agere, de quibus tu prior egisti; de his tecum conferre, ad quæ me primitus incitasti. Jam quoniam frequentibus ad amicum epistolis paginas olim multas implevi, cessent verba ut tandem succedant opera, ne videar, aut sim semper sicut æs sonans, aut cymbalum tinniens.

EPISTOLA XXVIII.

Universali sed speciali Patri, domino papæ EUGENIO, *frater* PETRUS *humilis Cluniacensium abbas, debitam obedientiam et fidele obsequium.*

Sicut inter universos filios suos, olim Jacob patriarcha Joseph, singulari ac velut unico amore dilexit, coluit, fovit, sic felicis memoriæ beati prædecessores vestri, vestram Cluniancensem Ecclesiam, sicut beatitudini vestræ non ignotum esse arbitror, præ cunctis pene sibi subditis, ac commissis Ecclesiis, affectuosius dilexerunt, familiarius coluerunt, tenerius confoverunt. Quibus quoniam omnipotentis Dei dispositione, in sede apostolica successistis, oramus, et licet absentes, ipso quoque corpore supplicamus, ut quibus successistis officio, succedatis, si placet, amore, succedatis et beneficio. Nam, ut voce Israelis quondam populi Dei utar, *sicut obedivimus Moysi, sic obediemus et tibi; tantum sit Dominus tecum, sicut fuit cum Moyse* (Jos. 1). Hoc enim ad augmentum gratiarum a jam dictis Patribus nostris, viris vere vita et officio apostolicis, licet immeriti, meruimus ut non tantum pro propriis, et sed pro aliorum, ac quandoque valde remotorum negotiis audiremur, et fere perpetuo benignissime exaudiremur. Hoc filiali præsumptione exigimus a [Patre nostro, cui obedire, quem diligere, cui obsequi voluimus, illo tam antiquo et toti orbi cognito more nostro. Venerabilis vir et sacerdos Dei, dominus Aurelianensis episcopus (147), paternitati vestræ devotus filius, a filiis Belial multa perpessus, et cum his qui oderunt pacem, ut ovis mitissima semper pacificus, ad vos ut ad pacatum portum, et ad tutum pietatis asylum, et nuper confugit, et rursum recurrit, ut virtus ac mansuetudo apostolica, sit ei turris fortitudinis a facie inimici. Scribit et obsecrat pro eo tota pene Gallicana Ecclesia, et ne pontificalis sublimitas ab infamibus et vilissimis personis mendacibus contumeliis appetita, dehonestari permittatur, supplex implorat. Addimus et nos, si tamen alicujus momenti esse possunt, aliorum precibus preces nostras, ut quia non solum episcopali gradu sublimatur, sed et monachili honestate et habitu insignitur, utrumque pro eo ordinem Pater exaudiat, utrumque in oleo lætificet, utrumque honoret, et tot tantisque molestiis innocentiam diu ab improbis fatigatam, cum plenitudine apostolicæ benedictionis et gratiæ, ad sua, suosque remittat.

EPISTOLA XXIX.

Domino et Patri dulcissimo, PETRUS *servus exiguus et indignus.*

A die gloriosi apostolorum protomartyris, per Dei misericordiam vestrasque orationes aliquantulum me sentiens relevatum, non possum tam prope vos esse, et nihil vobis dicere. Prudentium vestrum cum Christi adjutorio paratus sum incipere, si domno priori claustri mandetis, ut pergamenum præbeat, et Bonito ut parare studeat. Gratulor autem non modice, id mihi ex insperato præceptum esse a vobis, quod auxiliante Domino et facere potero, et ex obedientia facere cupio, ut scilicet propter obedientiam me aliquid fecisse, deinceps apud vos gloriari possim. Illud quoque silere nullatenus debeo, quia ex ea hora, quam in festo piissimi apostoli Jacobi, dum majoris missæ solemnia agerentur, frater noster Theobaudus salutationem vestram mihi indigno protulit, ita pes meus meliorari cœpit, ut sicut ac ipsius apostoli gratia vestraque etiam oratione confido, a vobis salutari idem mihi fuerit, quod salvari. Incolumem vos proxime videamus, domine pie ac desiderantissime Pater. Valeant cœremitæ vestri, et socii omnes domini mei, qui vobiscum silvas incolunt.

EPISTOLA XXX.

Honorando et in Christo filio PETRO, *frater* PETRUS *humilis abbas Cluniencensium, salutem.*

Scribenti omnino mutus esse non debeo. Silvas incolimus, pertæsi urbium, rura amamus. Et ut aliquid poeticum addam,

Jam non mihi turbida regia Roma,
Sed vacuum Tibur placet, ac imbelle Tarentum.
(HOR. Ep. l. 1, ep. 7, vers. 44, 45.)

Emeriti jam sumus, et juvenibus, tibi tuisque similibus bella reliquimus. Armare igitur, et quia per Dei gratiam, ut scripsisti, pes tuus convaluit, ad prælia procede, pugna viriliter, viribus hostes subige; et quia jam totus mundus in arma conjurat, tu quoque armatorum numero adjungere. Nam ea de causa, cœremita noster fieri noluisti. Ego tamen quod imputas otium, non prorsus otiosum esse volui. Et, ut iterum verbis illius cujus supra utar :

Me doctarum hederæ præmia frontium
Diis miscent superis. Me gelidum nemus,

Tace reliqua,
Secernunt populo.
(HOR. Od. l. 1, od. 1, vers. 29-32.)

Nosti quantum me pigeant falsa in Ecclesia Dei cantica, quantumque nugæ canoræ mihi odibiles. Inter quas (nam plurimæ sunt), cum nuper in festo magni patris Benedicti, hymnum præter sententias, metricam legem seriemque verborum peroptimum et cantari audirem et cantare cogerer : nimium, sed non tunc primum ægre tuli, et tanti viri veras laudes mendaciter proferri erubui. Nam præter aptitudinem sententiarum, quæ nulla est, ad minus viginti quatuor mendacia, canticum illud citato percurrens animo, in ipso reperi. Non igitur, ut præsumptor, sed ut horum quæ Dei sunt, in hac licet minima parte zelator, sumpta ex magni Gregorii verbis materia, in laude omnipotentis Dei, ipsiusque jam dicti patris, ejusdem metri hymnum composui, tibique, cui mea qualiacunque sint, frequenter ingero, transmisi. Accipe igitur, et si dignum videtur, cæteris, quæ transcribere soles, adjunge. Nam quod tacere nolo, cum antiquus ille hymnus de tot tantisque sancti viri miraculis vix unum attingat, hic præter spirituales ejus virtutes, duodecim ipsius miracula breviter explicat. Et quia semel cœperam de translatione simul, atque illatione ejus alterius metri secundum, propter tædium cantantium altero breviorem edidi. Quem et mitto. Vale in æternum.

EPISTOLA XXXI.

Charissimo seni, societatis nostræ priori, PETRO-Pic*taviensi, frater* ARNULAHUS, *eremita novitius, co-*

ANDREÆ CHESNII NOTÆ

(147) *Dominus* Aurelianensis *episcopus*. Fortassis Helias, de quo jam supra. Sedit enim usque ad annum 1146.

eremitarum suorum minimus, salutem mentis et corporis.

Salutatio vestra, quam Patri novorum incolarum eremi, domno abbati nobis exhibendam misistis, mihi sociorum ultimo novissime pene innotuit, et sicut unguentum a capite usque in oram vestimenti, gratiosa descendit. Gratias vobis, quod amore nostri tractus, tam sublimia de nobis existimetis, ut eremitarum nos vocabulo dignemini; et quod studio tuendæ utcunque sospitatis timidi assumpsimus, religioni imputetis. Nos enim tanquam rudes eremitæ, adhuc de crastino cogitamus, nec parum nos religiosos credimus, si de periculo instantis temporis vivi evadimus. Vos vero magis philosophantem eremitam dixerim, qui motu mortis intrepidus, juxta morientes securus vivitis, et ab adventantium turbido incursu segregatus, in vestro sursum cœnaculo solus positus, vobiscum habitatis. At vero quantam nobis vestra eremus, vel potius solitudo invidiam suscitet, scribere utcunque tentaveram; sed epistola domni (148), qua vos beatum dixerim, subito inter scribendum superveniens, et suo illo more verbis philosophicis sublimius intonans, mutum me et elinguem effectum obruit, et tardiorem quam si vobiscum claudicarem effecit. Obmutui igitur. Unum tamen quod mente conceperam, velut alter Heliu comprimere non potui; et, licet oppressus, stylo rustico rudis expressi. Quid illud? Si ad nos cum Augustino vestro de academicis venire dignaremini, otia cuncta diffugerent, et novam strueremus academiam. Quis harum finis nugarum? Ut verum fatear, magis interim vestrum ad nos desideramus adventum, quam nostrum ad vos reditum. Quæ sententia tam communis est omnium, ut etiam vetus bos noster non recalcitret ? qui captus amœna jucunditate eremi, jejunus æque ut satur, indefesse ruminat.

EPISTOLA XXXII.

Venerando fratri et charissimo socio PETRO, *frater* ROBERTUS, *quod sequitur.*

Præteritæ nuper Dominicæ vespertino crepusculo, cum post eos, qui digni habiti sunt primo videre quæ mittuntur, primo audire quæ in aurem dicuntur, primum mihi contingeret legere litteras vestras, quas antea non audieram, gavisus sum. Erat enim in eis, sicut hoc ipsum quidam ex nostris altiore mentis intuitu notaverunt, quod non tantum aures demulcebat auscultantium, sed ora quoque movebat, et mitigabat animos omnium nostrum. Et hoc quid erat, vel quid esse poterat? Illud; inquam, ad quod cantant vel clamant subsellia in theatro. De fine litterularum vestrarum loquor, quas domno direxistis : quarum cum principium ac medium multa laude plena fuissent, jocundiore tamen artificio lautiorique maturitate finem conclusistis. Dixistis enim : Valeat domnus, sociique ejus et coeremitæ, qui cum eo silvas incolunt. Itaque domnum eremitam esse insinuastis: Socios autem ejus coeremitas designastis. Pro arido incolatu eremi, humidas et algidas silvas cum grege magistrum delectare non tacuistis. Et hæc unde tibi, o venerande senex ! unde hæc tibi; o ministre Christi, o angele Dei, nisi quod angelus senescere, canescere nescit, nec claudicare? Et o, inquam, unde hæc tibi, ut tam alto pectore vel novo forsitan prophetiæ spiritu, præsignares quod necdum scitur; præcantares quod necdum inchoatur, præmonstrares quod sine te fieri vel amari, nemini eorum quos eremo donasti, consulitur? Igitur cum ad nos veneris, nec eremum, nec eremitas inveneris. Triceps namque Parnassus noster, non jam biceps, sicut olim locuti sunt poetæ priores. Hinc Faunos bicornes, inde Satyros saltantes, circumquaque vero strepitus ferarum, suavesque garritus avium habens, nil tale insinuat. Tantum hic sursum cucullatos poetas quære, coloratos nigro monachos mirare, religionis, orationis, lectionis, amatores fratres desidera. Nihil fucatum penes hos existimes, nihil admistum vitio formides. Custos etenim virtutum justitia, nihil fluctuare sinit in monte nostro charitate magistra. Et hoc de illis qui montem medium incolunt. Qui vero reliqua duo Parnassi capita occupant; in ipsius familia censentur, quæ perpetuo silentio damnat vocis articulatæ primitias; et quæ eousque religiosa manet, quod nunquam nisi vocata vel excita, respondet. Quod si religiosus es, approba similitudinem; si creditus[4], solitudinem; si grammaticus et lectionis amator, convictus conditionem. Hæc, frater charissime, penes nos habentur

EPISTOLA XXXIII.

Venerando et charissimo Patri, domino PETRO *Sancti Joannis; frater* GISLEBERTUS, *salutem.*

Post illas dominorum meorum, quos; si dici li-

ANDREÆ CHESNII NOTÆ.

(148) *Sed epistola domni.* Id est abbatis sive præpositi. S. Benedictus cap. 63 Regulæ : « Abbas autem, quia vices Christi agere creditur, domnus et abbas vocetur. » Et beatus Odilo in vita S. Majoli, « et ab omnibus domnus et abba honoratur. » Item postea : « Domnus videlicet et abba Willelmus. » Appellabatur et senior ut passim ex Vita ipsius Odilonis a Jotsaldo descripta liquet. Priores vero *nonni* dicebantur; ut docet idem S. Benedictus loco citato, cum ait : « Priores juniores suos fratres nominent; juniores autem priores suos nonnos vocent, quod intelligitur paterna reverentia. » Et synodus Aquisgranensis anno 816 : « Ut qui præponuntur, nonni vocentur; hoc est paterna reverentia. » Verum et postea fratres ipsi Clun. *domni* vocari cœperunt, vulgo *dom*. Sic enim Cassinenses in suo declaratorio : « Ex nostra, inquiunt, antiqua consuetudine, ad differentiam mendicantium monachos nostros appellamus domnos, sed affectu fratres. » Et sanctimoniales etiam quæque *nonnæ*, Gallice *nonnains*, dictæ sunt. S. Hieronymus ad Eustochium : « Et quia maritorum expertæ dominatum, viduitatis præferunt libertatem, castæ vocantur et nonnæ. » Et Capitul. lib. v, cap. 11 : « Similiter et nonnæ velatæ eadem pœnitentia contineantur. » Unde et Xiphilinus in Domitiano virgines

ceat, fratres et socios habere merui, nitore præfulgentis eloquii splendidissimas epistolas, reverentiæ vestræ transmissas; et nos hanc nostram linguæ pauperrimæ pauperculam chartulam, solius tantum salutationis vestræ divitem bajulam mittimus. Spero quod satis facile præsumptuosæ rusticitati styli male fabricati, parumque limati veniam dabitis. Hoc unde magis timeo, tutum esse rogo, ne videlicet ista litterarum tarditas, de tarditate seu tepiditate minus in me ferventis dilectionis, quin potius ex supposita causa, descendisse credatur. Nostis ipse quod cum sim inter omnes socios meos ætate junior, scientia inferior, merito impar, magis eos subsequi quam præcedere debeo. Itaque cessi majoribus, honorem dedi senibus, nec ante quidquam scribere præsumpsi, donec omnes scripsisse cognovi. Præterea est et alia causa, quia, ut verum fatear, non tam prudenter quam naturaliter mihi semper inhæsit, ut etsi non multum velox ad audiendum, sim tamen multum tardus ad loquendum. Ecce, non quia minus diligo, sed propter ista quæ dixi, tardius scribo. Præcedant me socii in loquendo, præcedant in scribendo, nunquam tamen patiar ut præcedant in diligendo. Hæc præmittere necessarium duxi, quo et mora directæ paginæ excusetur, et ea quæ sequuntur, cum majori benevolentia audiantur. Igitur post illa quæ Patri communi singulariter in epistola vestra mandastis, Patris filios, fratres utique vestros et socios salutastis, magnoque illo eremitarum nomine sublimiter honorastis. Agnosco me præfati Patris filium, agnosco me etiam fratris, quamvis senioris, et cujus potius videar esse filius, fratrem adolescentulum, unde nec diffiteor socium : et ideo inter salutatos agnosco me utique salutatum. Sed nunquid sic dicere possum, quod et eremitam me fore cognoscam? Revera, sicut scribitis, silvas incolimus, et sæpe plus sunt nobis familiaria frondea tecta arborum, quam lapidea seu lateritia domorum. Nondum tamen illo modo eremitico facti sumus sicut passer solitarius in tecto. Illum etenim, non tantum circumfusa nemorum opaca densitas, quantum ipsa longe remota mortalium societas, solitarium faciunt. Nos autem quomodo solitarii sumus, qui postquam hujus eremi vastam solitudinem intravimus, tantam post nos hominum frequentiam traximus, ut magis urbem quam eremum struxisse videamur? Nam ut illam turbam tumultuosam taceam, quæ de tota circumposita regione pro litibus suis, aut fine concordi dirimendis, aut sententia judiciaria limitandis, catervatim confluit, tantam nobis tum transmarinus Oriens, tum transalpinus Occidens legatorum copiam mittit, ut vel cujuslibet magni regis amplissima cura vix responsa dare sufficiat. Unde igitur eremitarum nomen nobis imponitur? An forte dam pes vester rectius ire inciperet, graviorem lingua claudicationem incurrit, ut a vero devians, diceret quod non debuit? Enimvero qui lingua labitur, gravius claudicat, quam qui pede tumido terram timide calcat. Esto tamen, ut et veri simus eremitæ, et veraciter eremitarum nomine nuncupemur. Tu igitur bellator fortissime, miles acerrime, præliator victoriose, qui tam longo tempore, fraterna ex acie contra rugientis hostis sævitiam fortiter pugnare doctus, tot palmarum insigniris gloria, quot adversus ipsum suscipis bella, cur de castris non egrederis? cur illo spirituali gladio tuo non accingeris? cur tandem nobis solitariis non adjungeris, ut contra publicum hostem ineas nobiscum singulare certamen? Ecce te omnes spectamus, omnes adventum tuum desideramus, et si veneris, nos jam novos eremitas, te socios habere probabis.

EPISTOLA XXXIV.

Serenissimo Patri et domino, PETRUS, licet inutilis, devotus tamen servus et filius.

Quoniam, prout video, silvæ vestræ non solum, ut dixeram, eremitas, verum etiam philosophos et poetas, copiose redolent, et ego hujusmodi studia quamvis non assecutus, sequi tamen aliquando desideravi, jam valde trahor, etsi corpore adhuc debili nequeo, animo tamen, et eo, quo utcunque possum, confabulationis genere easdem vobiscum sylvas incolere. Unde et aliquid metricum, quod maxime silvis et montibus, mihique olim familiare fuit, mittere proposueram; sed cum divinus ille philosophus dicat : *Musica in luctu importuna narratio* (Eccli. XXII), nosque pene quotidie charissimorum funera tractemus, cantare destiti, qui inter tam inscrutabilia Dei judicia vix audeo loqui. Hac etenim causa præcipue tandiu silui, nec dulcibus ac jocundissimis tam vestris quam sociorum venerabilium epistolis, quæ animam meam lætificare non cessant, pro tempore aliquid respondi. Nam pro elegantiæ dignitate, ut de aliorum litteratissimis et pulchre ludibundis litteris taceam, soli epistolæ vestræ respondere quis poterit? Vere dulcis et pie jocosa epistola, in qua sic vestram de silvestri vel cremitico vocabulo injuriam vindicatis, ut valde sic me peccasse delectet, qui pro verberibus laudes accipio. De hymno autem maximi Patris eremi quid dicam, qui hucusque hymnum non habuerat, convenientemque suis meritis habere dignatus non est, donec ei a sui ordinis principali magistro, in Cluniacensi eremo factus est? Mihi plane videtur, etsi hoc forte non cogitastis, ut fratribus illis, qui corpus ejus observant, hymni isti mittantur. Credo enim eos libenter cantaturos, proprii loci tam floride descripta miracula, ne solum super aquas currentem Maurum, assidue cantitando, inepto illo et falso, quo jam pertæsi esse possunt, carmine, ulterius crucientur. De talibus quam dulce mihi sit semper vobiscum loqui, non ignoratis. Hinc est

ANDREÆ CHESNII NOTÆ.

νόννος appellavit, quas et a reliquo mulierum distinxit his verbis : πολλάκις δὲ καὶ τοὺς ἀγῶνας νύκτωρ ἐποίει, καὶ ἔστιν ὅτε καὶ νόννας καὶ γυναῖκας συνέβαλε.

quod et modo, et quotiescunque non adestis, solus sum. Et si multa adsint, et totus orbis obstrepat, sine vobis in veritate solum esse me sentio. Sciatis etiam Cluniacum urbem vestram clarissimam, totam unanimiter imperialem ac piissimum vultum vestrum quotidie desiderare, nosque omnes monti et silvæ illi multum invidere, quæ cum assidue videamus, illis obstantibus desiderium nostrum videre non possumus. Sed rursus dum causam, qua ibi estis, subtilius attendimus, absentiam vestram etsi moleste, tamen æquanimiter toleramus. Sanum et incolumem vos in proximo videamus, et in æternum habeamus, domine Pater sancte. Valeant etiam iterum et vigeant semper vobiscum charissimi socii et comphilosophi vostri, si tamen vel hoc saltem nomine censeri dignentur : qui tantopere eremitarum vocabulum, quo eos venerari studueram, respuerunt, ut non impune tulerim, quod non potius illos Faunos Satyrosque vocavi. Tot enim chartas habeo, totque dictis urbanis et ab eremitica simplicitate remotissimis obrutus sum, ut magis ab eremitarum crimine purgare se non potuerint, quam quod tot bene paratas pelles invenire, tantisque unum miserum et claudum senem elogiis lacessere, fortes et juvenes studuerunt. Valeant omnes qui vobiscum sunt in Domino : post hæc quibus anxiam vitam utcunque relevamus ludicra, etiam serio memores invicem nostri, in orationibus sanctis. Ignoscite pauperi chartæ et vili scripturæ, quoniam et propter absentiam vestram, et funera frequentia, pedisque mei aliquantulam adhuc debilitatem, vix aliquid facere libet. Rogo etiam ut hæc chartula mea, et alia minor, quæ tanti solatii nobis materiam præbuit, mihi servetur. Nam et ego epistolas vestras diligentissime amplector et servo.

EPISTOLA XXXV.

Venerabili et charissimo fratri et filio Petro, frater Petrus, humilis Cluniacensium abbas, salutem, gratiam et benedictionem.

Quocunque meum tendat iter, tu tamen semper mecum. Miraculum hoc. Homo clausus ubique discurrentes comitatur, nec ab eis vel puncto temporis abest. Fit hoc mente, non corpore; affectu, non effectu; charitate, non societate. Es quidem otiosus, et nos negotiosi; sed tamen otium tuum non omnino otiosum esse volumus. Quidquid de charioribus nobiscum non serimus, tibi relinquere soliti sumus. Libri, et maxime Augustiniani, ut nosti, apud nos auro pretiosiores sunt. Quos vero viles edidi, forte nec minus chari. Inde ergo otium tuum interpolamus, nec omnino feriatum esse volumus; ut aliquem nobis de Augustinianis laboriosi itineris nostri consolatorem dirigas, et epistolas nostras, ac vitam domni Matthæi episcopi (149), quia liber contra hæreticos (150) editus deest, velut proprii cordis conceptus et partus.

EPISTOLA XXXVI.

Illustri ac magnifico principi, domino Ludovico glorioso regi Francorum, frater Petrus, humilis Cluniacensium abbas, feliciter hic regnare, Regemque regum in regno ac decore suo videre.

Licet regis æterni militiam, quam per te regem terrenum, contra inimicos crucis suæ armare disposuit, ad peregrina euntem comitari non valeam, devotione tamen, oratione, consilio et auxilio, quali quantove potero, prosequi concupisco. Nec mirum. Quis enim, vel ultimus Christiano nomine insignitus, ad tantam tamque stupendam exercitus Domini Sabaoth commotionem non moveatur ? Quis ad juvandam pro modulo suo, totis animi conatibus, cœlestem expeditionem non accingatur ? Renovantur jam nostro tempore antiqua sæcula, et in diebus novæ gratiæ, vetusti populi miracula reparantur. Processit de Ægypto Moyses, regesque Amorrhæorum cum subjectis populis delevit. Successit ei Josue, regesque Chananæorum cum infinitis gentibus Dei jussu prostravit, terramque illam, exstinctis impiis, illi tunc Dei populo sorte divisit (*Num.* xxi, etc.; *Josue* vi, etc.). Egrediens ab ultimis occiduæ plagæ finibus, imo ab ipso solis occasu, rex Christianus Orienti minatur, et nefandam Arabum, vel Persarum gentem, sanctam terram rursum sibi subjugare conantem, cruce Christi armatus aggreditur. Magni quidem, et vitæ sanctitate modernos principes superantes enituerunt illi principes Judæorum, non tamen modo quodam potiores, imo fortassis inferiores videntur hoc rege Christianorum. Delent illi, jussu Dei, vi bellica profanos populos, terrasque eorum vindicant Deo ac sibi. Delebit et iste nutu, jussuque ejusdem Dei, hostes veræ fidei Sarracenos, terrasque eorum subjugare laborabit Deo, non sibi. Implent illi præcepta divina, spemque terrenæ mercedis ex quadam parte militaribus rebus insudant. Exponit iste, et immolat Deo regnum, opes, vitamque ipsam, non ut aliquid terreni rex magnus in mundo lucretur, sed ut post mortalis regni defectum a Rege regum honore et gloria coronetur. Non destituet ergo certa sublimisque victoria regem, magis cœlestibus quam terrenis armis munitum, nec exercitui Dei viventis, quantalibet Orientalis barbaries resistere prævalebit. Quis enim eis resistere possit, qui honores, qui divitias, qui voluptates, qui ipsam cum parentibus patriam etsi omnino relinquentes, Christum suum sequi, ipsi laborare, ipsi pugnare, ipsi mori, ipsi vivere elegerunt? Quis, inquam, potest illius exercitui obsistere in terra, qui dixit de seipso : *Data est mihi omnis potestas in cœlo et in terra ?* (*Matth.* xxviii.) Quam potestatem, licet in homine, quem causa hominum suscepit, a Deo acceperit, hanc tamen ab æterno ut verus Deus habuit. Sed

ANDREÆ CHESNII NOTÆ.

(149) *Vitam domni Matthæi episcopi.* Albanensis, quæ tota libro II Miraculorum habetur.

(150) *Liber contra hæreticos.* Petrobrusianos scilicet et Heinricianos, de quibus infra.

quid proderit inimicos Christianæ spei, in exteris aut remotis finibus insequi, ac persequi, si nequam, blasphemi, longeque Sarracenis deteriores Judæi, non longe a nobis, sed in medio nostri, tam libere, tam audacter, Christum cunctaque Christiana sacramenta impune blasphemaverint, conculcaverint, deturpaverint? Quomodo zelus Dei comedet filios Dei, si sic prorsus intacti evaserint, summi Christi ac Christianorum inimici Judæi? An excidit a mente regis Christianorum, quod olim dictum est a quodam sancto rege Judæorum? *Nonne*, ait, *qui oderunt te, Domine, oderam : et super inimicos tuos tabescebam ? Perfecto odio oderam illos (Psal.* cxxxviii). Si detestandi sunt Sarraceni, quia quamvis Christum de Virgine ut nos natum fateantur, multaque de ipso nobiscum sentiant, tamen Deum Deique Filium (quod majus est) negant, mortemque ipsius ac resurrectionem, in quibus tota summa salutis nostræ est, diffitentur, quantum exsecrandi et odio habendi sunt Judæi, qui nihil prorsus de Christo vel fide Christiana sentientes, ipsum virgineum partum, cunctaque redemptionis humanæ sacramenta abjiciunt, blasphemant, subsannant? Nec ad hoc ista dico, ut regalem vel Christianum gladium in necem nefandorum illorum exacuam, quia scriptum de eis in Psalmo divino recolo, loquente sic in Spiritu Dei Propheta : *Deus,* inquit, *ostendit mihi super inimicos meos, ne occidas eos (Psal.* lviii). Non vult enim Deus prorsus occidi, non omnino exstingui, sed ad majus tormentum et majorem ignominiam, ut fratricidam Cain, vita morte deteriore servari. Nam cum Cain, post fraterni sanguinis effusionem, Deodiceret : *Omnis qui invenerit me, occidet me (Gen.* iv); dictum est ei : Non, inquit Deus, ut æstimas, morte morieris, sed gemens et *profugus eris super terram, quæ aperuit os suum, et suscepit sanguinem fratris tui de manu tua (Ibid.).*

Sic de damnatis damnandisque Judæis, ab ipso passionis mortisque Christi tempore, justissima Dei severitas facit, et usque ad ipsius mundi terminum factura est. Qui quoniam Christi sanguinem, utique juxta carnem fratris sui, fuderunt, servi, miseri, timidi, gementes, ac profugi sunt super terram, quousque juxta prophetam, *miseræ gentis reliquiæ (Isa.* x), jam vocata gentium plenitudine, convertantur ad Deum, et sic secundum Apostolum : *Omnis Israel salvus fiat (Rom.* xi). Non, inquam, ut occidantur admoneo, sed ut congruente nequitiæ suæ modo puniantur, exhortor. Et quis congruentior ad puniendos illos impios modus, quam ille quo et damnatur iniquitas et adjuvatur charitas? Quid justius quam ut his, quæ fraudulenter lucrati sunt, destituantur; quæ nequiter furati sunt, ut furibus, et (quod pejus est) hucusque audacibus et impunitis, auferantur? Quod loquor omnibus notum est. Non enim de simplici agri cultura, non de legali militia, non de quolibet honesto et utili officio horrea sua frugibus, cellaria vino, marsupia nummis, arcas auro sive argento cumulant, quantum de his, quæ, ut dixi, Christicolis dolose subtrahunt, de his quæ furtim a furibus empta, vili pretio res charissimas comparant. Si fur nocturnus Christi Ecclesiam fregerit, si sacrilego ausu candelabra, urceos, thuribula, ipsas etiam sacras cruces, vel consecratos calices asportaverit, cum Christianos fugia', ad Judæos confugit, et apud eos damnabili securitate securus, non solum latibula fovet, sed et quæ sacris ecclesiis furatus fuerit, Satanæ synagogis vendit. Distrahit vasa corporis ac sanguinis Christi occisoribus corporis, et effusoribus sanguinis Christi, qui et tunc eum inter mortales conversantem quantis potuerunt contumeliis et injuriis affecerunt, et nunc in majestate divinitatis æternæ sedentem, quantis audent verborum blasphemiis lacessere non desistunt. Nec sacra illa vasa, quæ penes ipsos, sicut olim penes Chaldæos, modo quo prædixi captiva tenentur, licet sint insensibilia, injuriarum expertia sunt. Sentit plane in his quæ non sentiunt sibi sacratis vasis, Judaicas adhuc contumelias Christus, quia, ut sæpe a veracibus viris audivi, eis usibus cœlestia illa vasa ad ejusdem Christi nostrumque dedecus nefandi illi applicant : quod horrendum est cogitare, et detestandum dicere. Insuper, ut tam nefarium furtum, Judæorumque commercium tutius esset, lex jam vetusta, sed vere diabolica, ab ipsis Christianis principibus processit, ut si res ecclesiastica, vel (quod deterius) aliquod sacrum vas, apud Judæorum repertum fuerit, nec rem sacrilego furto possessam reddere, nec nequam furem Judæus prodere compellatur. Manet multum scelus detestabile in Judæo, quod horrenda morte suspendii punitur in Christiano. Pinguescit ende et deliciis affluit Judæus, unde laqueo suspenditur Christianus. Auferatur ergo, vel ex maxima parte imminuatur Judaicarum divitiarum male parta pinguedo, et Christianus exercitus, qui ut Sarracenos expugnet, pecuniis vel terris propriis, Christi Domini sui amore non parcit, Judæorum thesauris tam pessime acquisitis non parcat. Reservetur eis vita, auferatur pecunia, ut per dextras Christianorum, adjuvans pecunia blasphemantium Judæorum, expugnetur infidelium audacia Sarracenorum. Serviant populis Christianis, etiam ipsis invitis, divitiæ Judæorum, sicut olim cum Deo placerent patres eorum, Deo jubente, sunt eis ad serviendum traditæ divitiæ Ægyptiorum *(Exod.* 11). Hæc tibi, benigne rex, scripsi amore Christi, tuique atque exercitus Christiani, quia et stultum esset, nec offensa, ut arbitror, divina careret, si sacræ expeditioni, cui juxta congruentem modum impendendæ sunt res Christianorum, multo amplius non servirent pecuniæ profanorum.

EPISTOLA XXXVII.

Glorioso ac magnifico principi Rotgerio *Siciliæ regi, frater* Petrus, *humilis Cluniacensium abbas, bonorum regum dignitatem et gloriam.*

Gratias omnipotenti Regi regum, qui sublimitatem vestram inter universos Christiani orbis reges ac principes, quadam specialis magnificentia gloriæ insignivit, quadam gloriosi nominis fama singulariter exaltavit in tantum, ut cum plures regii nominis habeatis consortes, magnanimitate, prudentia, probitate, nullos aut pene nullos habere inveniamini pares. Indicat hoc Sicilia, Calabria, Apulia, ex non modica sui parte, in quibusdam aliis regionibus, subjecta vobis Italia : quæ cum ante vestra tempora, vel receptacula essent Saracenorum, vel foveæ prædonum, vel speluncæ latronum, nunc gratia misericordis Dei incitante studia vestra, juvante labores vestros, factæ sunt pacis domicilium, tranquillitatis hospitium, et velut alterius pacifici Salomonis pacificum ac jucundissimum regnum. Utinam, quod secretorum omnium cognitore Deo teste, non adulans dico, utinam, inquam, miserabilis atque infelicis Tusciæ partes felici vestro imperio cum adjacentibus provinciis adjungerentur, et res perditissimæ pacifico regni vestri corpori unirentur! Vere non tunc, sicut nunc res divinæ atque humanæ nullo servato ordine confunderentur, non urbes, non castra, non burgi, non villæ, non stratæ publicæ, non ipsæ Deo consecratæ ecclesiæ homicidis, sacrilegis, raptoribus exponerentur. Non pœnitentes, non peregrini, non clerici, non monachi, non abbates, non presbyteri, non ipsi supremi ordinis sacerdotes, episcopi, archiepiscopi, primates, vel patriarchæ in manus talium traderentur, spoliarentur, distraherentur : et quid dicam? verberarentur, occiderentur. Hæc plane universa multaque his similia, tam nefanda, tam exsecranda, justitiæ regiæ gladio succisa cessarent, ursorum, pardorum, luporum ungulæ rapaces languerent, et, ut de beato ac magno viro Job dictum est : *Omnes bestiæ agri, quæ nunc in prædam insaniunt, pacificæ vobis essent (Job* v*).* Sed luit adhuc scelerum pœnas, et gemit misera terra sub flagello divino, quia in his omnibus nondum est aversus furor Dei, sed adhuc manus ejus extenta *(Isa.* v, ix, x*).* Spem tamen maximam gero, et in Jesu salutari meo omniumque suorum confido : quod multorum id desiderantium pauperum desiderium exaudiet Dominus, et præparationem cordis eorum audiet auris ejus. Sed ne forte quorumdam hominum, et ex semetipsis alios metientium corrupta corda, me in corde et corde loqui, aut venditorem olei suspicentur, reprimendus est sermo, ne si casu ad aliquem talium epistola vobis missa pervenit, meditentur inania et suspicentur falsa. Novit enim testis et conscius meus in excelsis, me neque aliter loqui quam sentio, neque ob aliud, ut et notum vobis sit, id me sentire quod sentio, et ut regalis nobilitas vestra magis ac magis animetur ad meliora, agnoscens me ista quæ dixi, multosque mecum sentire. Nam, ut sæpe majestati vestræ mandavi, et verum est, his de causis ante viginti annos, super omnes reges et principes temporis nostri, uno excepto, qui mortuus est, ut pacis amatorem et scelerum vindicem, sinceriter dilexi ; et hujusmodi affectum vobis usque ad ultimum diem servare proposui. Hac de causa in conspectu Romanorum pontificum, regum, principum, majorum sive minorum, hæc atque similia vestra bona semper extuli ; et personam vestram, regnumque omnipotenti Deo, religiosisque tam nostris quam aliis congregationibus, studiosissime commendavi. Sed de eis hactenus.

Nunc autem notum fieri volo magnitudini vestræ me venisse Romam, aliquantis hebdomadibus ibi mansisse, finitisque innumeris pene Cluniacensis Ecclesiæ negotiis, ad vos usque transitum facere decrevisse. Sed sicut præteritis annis idem facere frustra conatus sum, sic et modo id incassum volui, quia multiplici cura jam dictæ Ecclesiæ revocante, non potui. Causa mihi veniendi ad vos duplex erat, ut et personam vestram mihi præ cæteris, ut præfatus sum, regibus charam, sicut millies optaveram viderem, et necessitates vestri Cluniacensis monasterii vobis incognitas regi specialiter, ut credimus, nos amanti notas facerem. Hoc quia, ut dictum est, per meipsum implere non valui, loco mei probum et sapientem virum, venerabilem fratrem nostrum A. Cluniacensem sacristam, nobilissimæ liberalitati vestræ transmisi, ut quod dicerem dicat, et si vobis non displicet, etiam quod audirem audiat. Clamat ad vos, et pulsat ad ostium amici, vestra Cluniacensis Ecclesia, ut sicut benignitatem vestram ad se diligendum commovit, ita munificentiam vestram ad sibi benefaciendum commoveat: Urget hoc ipsa necessitas, et infinitæ illius magni ac famosi monasterii, ut notum est cunctis, expensæ, quod a primo fundationis suæ lapide ab omnibus solet colligere, quod possit universis effundere. Factum est a sui principio, non solum externorum hospitium, non tantum confugientium asylum, sed, ut sic loquar, publicum reipublicæ Christianæ ærarium. Agit parcius in proprios, profusius in alienos, nec attendit quid possit, sed quid superveniens velit. Ea de causa, nec sua ei, nec aliena sufficiunt, quia longe major est quantitas erogatorum quam liberalitas largitorum. Additur necessitati quod soliti beneficiorum proventus, deficientibus bonis regibus et principibus, defecerunt, quoniam modernis adjacentium terrarum potentibus, etsi benefaciendi nobis adsit voluntas, deest facultas. Inde est quod Cluniacus debitores multos, benefactores habet paucos. Amat, et, ut credimus, multum amat Theutonicus rex, amat Hispanus, amat Anglicus, amat et alius nobis propinquior, rex Francorum Cluniacum, et cum horum et similium erga nos sit amor magnus, est pene amoris effectus nullus. Pares sunt prædecessoribus suis in amando, sed dispares in largiendo. Diligunt, juxta Joannem apostolum (quod non detrahens dico), verbo vel lingua, non opere vel veritate (*I Joan.* III). Et quid multa? Ut verbis Psalmistæ Deo loquentis vobiscum loquens utar : *Tibi derelictus est pauper, pupillo tu eris adjutor* (*Psal.* IX). Dereliquerunt enim vobis, et velut priscis adjutoribus destitutam, dimiserunt jam dicti reges vobis Cluniacensem Ecclesiam, ut quia ipsi nobis largi esse volunt, sed, ut dicunt, non possunt, vos quia per gratiam summi Regis potestis, oramus ut etiam et velitis. *Thesaurizate ergo vobis, secundum verba Domini, thesauros in cœlo, ubi neque ærugo, neque tinea demolitur, et ubi fures non effodiunt nec furantur* (*Matth.* VI). Implete, si placet, effectu aliorum nudum affectum, ut sicut pene omnes nostri sæculi reges et principes, multis, ut supra dictum est, probitatibus vincitis, sic et in isto tam divino, tam fructuoso opere superetis. Si quid minus dictum est, a jam dicto præsentium latore, viro prudente, quærere et audire poteritis.

EPISTOLA XXXVIII.

Venerandis et charissimis nostris, domno priori Carthusiæ (151), *et fratribus cæteris, frater* PETRUS, *humilis Cluniacensium abbas, eamdem quam sibi salutem.*

Agnosco quid vobis debeam, agnosco quod præ cunctis mortalibus religioni deditis, nec Ecclesiæ nostræ voto professionis astrictis, vos semper in Domino charius dilexi, colui, veneratus sum. Feci hoc usque, facio adhuc, faciam quandiu fuerit spiritus in naribus meis. Causa hujus mei erga vos amoris, Christus est : quem quia in ipso personaliter non possum, in vasis ejus, hoc est in vobis, in quibus habitat, ipsum diligo, amplector, honoro. Scripsit mihi reverenda charitas vestra ut quosdam Ambrosianos libros vobis mitterem. Dulce fuit quod mandastis, homini exspectanti sæpe a vobis litteris vel nuntiis visitari. Concupiscit quidem hoc semper, sed raro quod desiderat assequitur : facio quod scripsistis, mitto quod mandatis. Sed quibus? Litteræ quas misistis, libros tantum sonabant, sed quibus mitterentur tacebant. Non sic, ut aliquid querelæ familiaris apud familiares deponam, non sic piæ sanctæque memoriæ domnus Guigo prior scribebat, sed epistolari more, salutatione præmissa, affectum benigni cordis congruenter verbis subsequentibus indicabat. Sed fortassis verbosi apud nos esse timuistis, vel ne ipsi verbosi essemus, brevitate tanta monuistis. Cogitastis forte, etsi non dixistis, quod sanctus Job amicis suis : *Verbosi amici mei, ad Deum stillat oculus meus* (*Job* XVI). Sed ut aliquid vel figurate vel in veritate loquar, ad utrumque respondeo, quia quantum ad animi mei affectum attinet, si semper loqueremini, taciturni esse videremini; si semper vobis loquerer, mutus mihi viderer. Mittite per præsentium latorem, vel quemlibet alium, fidum tamen, vadimonia librorum quos misi, non quod inde major conservandi eos securitas detur, sed ut jussio sancti Patris nostri Hugonis de talibus facta servetur. Valete, memores nostri semper in Domino.

EPISTOLA XXXIX.

Venerabilibus et dilectissimis dominis et fratribus apud Cluniacum omnipotenti Domino servientibus, frater PETRUS, *humilis eorum non tam abbas quam servus, totius salutis et benedictionis a Domino plenitudinem.*

Audivi, charissimi, et hoc, antequam nuper a vobis recederem, ex parte videram, quod manus Domini tetigit vos, quod flagellum inundans per vos transitum habuit, quod plurima et pretiosa corporis nostri membra, peccatis nostris hoc promerentibus, judicii divini gladius amputavit. Concidunt velut ex magna arbore, vehementi vento impulsi, maturi pariter et immaturi fructus; jamque pene totam subjectam terram lapsu continuo operuerunt. Ruunt super mortuos vivi, et supra sepultum sepultor ipse procumbit. Nulla in qualibet ætate vitæ fiducia, misti senibus juvenes, decrepitis adolescentes, corruunt, ipsique pene pueri centenarios moriendo præveniunt. Dies Domini vere, sicut ipse ait, ut fur in nocte veniens (*Matth.* XXIV; *I Thess.* V; *II Pet.* III), sollicitos quosque et improvidos simul furatur, vixque moriens se mori advertit, quia prius a morte quisque rapitur, quam plene ad seipsum morientis animus convertatur. Minuitur quotidie magnus ille ac celebris, vereque cœlestis ovium Christi numerus, et ut dignum est credere, summo Pastori suo in pascuis sempiterne vernantibus aggregatur. Patimur nos, qui vivimus, et licet ignoremus quandiu, adhuc tamen residui sumus : patimur, inquam, dolenda, totisque lacrymarum fontibus deflenda damna : quod tantorum, tam utilium, tam sanctorum fratrum, apud nos diversisque in locis decedentium, corporali ad præsens societate ac consueto adjutorio caremus. Dolendum quidem omnibus de his est, sed super omnia mihi. Quomodo enim non plus omnibus doleam, ad quem magis ex officio, ad quem magis ex debito pertinet ut doleam? Nam ut de officio loquar, quis Pater tam ferreus, quis tam lapideus unquam esse potuit, ut morientes non dico tot, non dico tam electos, sed saltem unum et abjectum filium mori sine acri dolore multisque lacrymis videat? Et, (ut quod est ex debito subjungam) quis unquam pater adeo filiis debitor esse potuit, ut ego vobis? Quis enim unquam pater in filiis carnalibus tantam obedientiam, quis tam sincerum amorem, quis tanta tamque prompta erga se obsequia reperit, ut ego in vobis? Quis unquam ipsa frequenter docente experientia, tam dulcia de quolibet charissimo sentire potuit, ut ego de vobis? Si Alpes Italicas vel Hispanas transivi, mecum affectu ac mente transistis. Si Romam

ANDREÆ CHESNII NOTÆ.

(151) *Domno priori Carthusiæ.* Basilio, Guigonis successori, cui scribit et infra lib. VI, epist. 40.

(quod sæpe contigit) adivi, indivisibiles mihi socii adhæsistis. Si maria transfretavi, mecum animo, mecum devotione, mecum orationibus navigastis. Si infirmari vel leviter cœpi, mecum compassione et multo dolore animi ægrotastis. Sine vobis laborare nunquam potui, sine vobis pericula nulla subire prævalui. Quomodo ergo absque maximo et intimo cordis dolore tam frequenti et pene subita morte rapi de latere meo tot tamque charissimos cernere potero? Qualiter viscera mea abrumpi ab intimis meis absque gemitu videbo? Quomodo tanta non auri vel argenti, sed quod longe omni thesauro charius ac pretiosius est, tantorum fratrum dispendia æquo animo tolerare valebo? Renovata sunt priora oscula; et ea jam non legimus, sed experimur. Videtur angelus Domini extendisse manum super nostram Hierusalem, sed in omnipotentis Dei misericordia confido, non ut disperdat, sed ut corrigat eam. Utinam in hoc casu, imo æterna Dei dispositione, utinam, inquam, essem David, ut vel in aliquo tantæ cladi occurrere possem, ut ira Domini in misericordiam conversa, diceretur percutienti angelo : *Sufficit, jam contine manum tuam!* (*II Reg.* xxiv.) Hoc tamen absque nota mendacii cum David dicere possum : *Ego sum qui peccavi, ego qui inique egi* (*ibid.*). Fortassis et illud : *Isti qui oves sunt, quid fecerunt? Avertatur, obsecro, furor tuus a populo tuo* (*ibid.*).

Sed quid facio? Qui consolari vos proposueram, desolari videor; qui minuere dolorem vestrum debueram, talibus verbis fortassis exaggero. Non est plane in his lamentationibus diutius immorandum, ne dolori vestro dolorem, ne lacrymis lacrymas superaddere arguar. Prohibet hoc orbi terrarum nota vox apostolica, quæ pro simili charorum morte contristatos admonet : *Non contristemini, sicut et cæteri qui spem non habent* (*1 Thess.* iv). Et qamvis ut liber Sapientiæ præcipit : *Super mortuo producendæ sint lacrymæ* (*Eccli.* xxxviii), sunt tamen, ne congruum excedant, ratione media temperandæ. Inhibeo quidem ego vos a lacrymis, quas tamen dum hæc scriberem inhibere non potui. Temperemus tamen metas proprias excedentem dolorem, et hinc animo virili infortunia tanta ferantur : hinc in abscondito, coram Deo tam pro nobis quam pro ipsis fratribus nostris, animas nostras precibus et lacrymis effundamus. Ploremus pro defunctorum requie, ploremus et pro nostra, qui quandoque et fortassis etiam in proximo eos subsecuturi sumus, salute. Non potest quisquam nostrum dicere : Quid est anima mea, in tam magna creatura? Non curat Altissimus de nobis; nec quando vivimus, nec quando morimur attendit. Huic detestandæ opinioni, non per involucra, sed aperte obviat Apostolus, et dicit : *Sive vivimus, Domino vivimus; sive morimur, Domino morimur. Sive enim vivimus, sive morimur, Domini sumus* (*Rom.* xiv). Et in alio loco : *In hoc enim Christus mortuus est, et resurrexit, ut et vivorum et mortuorum dominetur* (*ibid.*). Et ipse Dominus : *Deus non est mortuorum, sed vivorum. Omnes enim vivunt ei* (*Luc.* xx). Nihil sane, ut novit reverentia vestra, in rebus humanis casu fit; nullas mortes vel vitas hominum fortuna confundit. Librantur omnia justo pondere; et, licet abyssus judiciorum Dei nobis occulta sit, non dubitamus tamen quin per omnia justa sit. Nullus passerum in terram sine Patre cœlesti cadit (*Luc.* xii), et aliquis servorum Dei, absque eodem Patre cœlesti vitam mortalem finit? Capilli capitis nostri omnes numerati sunt (*Matth.* x), et hi quorum sunt ipsi capilli, apud æternam sapientiam sine numero sunt? Gressus nostros ipsa dinumerat (*Job* xxi), et vitam mortemque nostram eadem non dispensat? Cum hæc, ut dicta sunt, apud vos constent, charissimi, non est afficiendus ultra modum dolore animus vester, sed ad Deum tota mens, tota intentio, tota devotio attollenda. Est quidem ipse mortificans et vivificans, deducens ad inferos et reducens. Sed absit ut suspicemini quod qui per seipsum homo factus, morte sua mortuos vivificare venit, vos ad ipsum, qui vera est vita, per pœnitentiæ fructum conversos mortificare disponat. Non hoc ea de causa ut fides mea est, facit, sed ut et viventes, defunctorum fratrum mortibus terrens, ad pœnitentiam vehementius accendat, et mortuos, ut splendida horti sui lilia, colligat. Lilia plane candentia castitate, odorifera virtutum exemplis et suavitate. Non vult vos per hujusmodi mortes a se amputare, sed more studiosi agricolæ vineam colentis putare, quia ut in Canticis legitur, *tempus putationis advenit* (*Cant.* ii). Advenit tempus, quo servo dicenti : *Domine, factum est ut imperasti, et adhuc locus est* (*Luc.* xiv), respondeat : *Exi in vias et sepes, et compelle intrare, ut impleatur domus mea* (*ibid.*). O quot nolentes, ut domus ejus impleretur, intrare compulsi sunt! Quis enim unquam mori voluit? Nec ipse Petrus, cui dictum est : *Cum senueris extendes manus tuas, et alius te cinget, et ducet quo tu non vis* (*Joan.* xxi). Si nolebat mori, resistente quadam humana formidine, Petrus, quid mirum si eodem timore non vult mori Petri discipulus? Si nolebat mori Paulus qui dicebat : *Nolumus spoliari, sed supervestiri, ut absorbeatur quod mortale est a vita* (*II Cor.* v), quid mirum si natura et consuetudine tracti formidatis excedere de præsenti vita? Contradicente tamen carnali affectu, et Petrus libenter pro Domino suo mortem crucis amplexus est; et Paulus qui dixerat : *Mihi vivere Christus est, et mori lucrum* (*Philipp.* i), gladio sibi caput desecari jocundissime passus est. Unde juxta quiddam volentes, compulsi sunt Petrus et Paulus mori, compelluntur ad idem ab eodem Patrefamilias nostri, ut impleatur domus Dei.

Suscipienda est ergo cum jocunditate benigna Patris vocatio, quia etsi dura videtur via mortis qua transitur, jocundissima est vita, et perpetua quo pervenitur. Et o tu, Jesu Christe creator omnium, et redemptor tuorum, qui dixisti : *Qui credit in me, etiamsi mortuus fuerit, vivet* (*Joan.* xi) ; et rursum :

Non veni ut judicem mundum, sed ut salvum faciam mundum (Joan. III), et iterum : Oves meæ vocem meam audiunt, et ego Dominus agnosco eas, et sequuntur me; et ego vitam æternam do eis, et non peribunt in æternum, neque rapiet eas quisquam de manu mea (Joan. x). Tu, inquam, o Jesu Christe, auctor vitæ nostræ transitoriæ et æternæ, has oves de grege tuo in te credentes, mortuas, vel morituras, in æternum vivere fac. Suscipe eas, benignissime Pastor, nec a lupis eas devorari permittas, neque tradas bestiis animas confitentes tibi. Adesto et tu, beatissima Virgo, Mater ejusdem Salvatoris et Redemptoris nostri, præ omnibus post ipsum in te specialius confidentes ab exspectatione sua nullatenus confundi permittas. Sed et vos, summi apostoli Dei, orbis terræ præcipui principes, omnium quidem Christianorum universales, sed nostri speciales Patres, quibus pene continua semper obsequia impenderunt, quibus specialiter a Deo commissi sunt, nonne deficientibus succurretis? Nonne morientibus aderitis? Nonne ab incursu nequam hostium defendetis? Recordamini principatus vestri, nec de numero commissorum vobis, aliquem a principe tenebrarum rapi patiamini. Sentiant quia jam tempus est, quod semper de vobis speraverunt : et cum claves regni cœlorum in manibus vestris sint, humili et devoto corde cum eis supplicamus, ut admissis aliis, istos nullo modo ab eodem regno excludi sinatis.

Accendite igitur, charissimi, quibus hanc epistolam scribo, igne divino, ut Aaron vel filii Levi, mentium vestrarum thuribula, et orationum sanctarum velut aromatum fumum in cœlum emittite, et stantes inter mortuos et viventes, misericordem omnipotentis Domini majestatem, ipsi corde contrito et humiliato ei facti sacrificium, toto animorum nisu placate. Rediissem ipse ad vos, et quod scribo ore proprio dicere maluissem, et *ut sanctus vir ait : Consolarer vos sermonibus, et moverem caput meum super vos (Job* xvi), nisi cœptum iter versus dominum papam, ad quem certis de causis valde festino, impediret. Si Deo propitio sospes inde rediero, non præteribo donec videam quos diligit anima mea. Interim quod præsens non possum, absens facio ; et pro officio ex parte omnipotentis Dei, auctoris et conditoris omnium, et beatissimæ Mariæ semper Virginis, genitricis Dei et Domini nostri Jesu Christi, et summorum apostolorum Petri et Pauli, omniumque apostolorum, et sancti Benedicti Patris et magistri nostri, et omnium sanctorum, quantum possumus, quantum novimus, corde et ore absolvimus universitatem vestram, sanctumque collegium vestrum Cluniaci vel extra manentium, ab omnibus omnino peccatis, confisi in abundantia gratiæ illius, qui in discipulis suis etiam nobis dixit : *Quæ ligaveritis in terris, erunt ligata et in cœlis; et quæ solveritis in terra, erunt soluta et in cœlis (Matth.* xviii). Valete, viscera mea, et, cum apud Deum memores fueritis vestri, rogo ut non obliviscamini, si placet, et nostri.

EPISTOLA XL.

Venerabili et charissimo fratri et amico nostro, domno Theobaldo, *Dei gratia Parisiorum episcopo* (152), *frater* Petrus, *humilis Cluniacensium abbas, salutem et sincerum in Domino dilectionis affectum.*

Placuit, charissime mihi, reverentiæ vestræ, super multa et magna in mortibus fratrum nostrorum desolatione nostra, nos consolari, et ut ait Job, compatiendo movere caput vestrum super nos (*Job* xvi). Rescripsissem tunc, quando allatæ sunt mihi litteræ, idem quod nunc, et amicabili consolationi quas possem gratias egissem. Sed hoc quia tunc non licuit, non feci ; et quia etiam nunc vix licet, vix facio. Prout licet tamen, sollicite de nobis dignationi vestræ gratias ago, quia non cura multiplex, non fastus honoris, non pontificalis apex, vos a Cluniacensi corpore alienavit : quem, juxta Apostolum, servantem unitatem Spiritus in vinculo pacis (*Ephes.* iv), cerno gaudere cum gaudentibus, flere cum flentibus (*Rom.* xii). Et juste. Commune enim damnum communem luctum exigit, ut charorum mortes, quas antiqui multis mensibus, nos saltem paucis defleamus diebus. Flebant illi mortuos suos, nec a fletu multo tempore elapso revocari poterant homines fideles erga vivos amicos, pii erga defunctos. Faciebant hoc aliquando pii erga pios, afficiebantur hoc amoris intuitu, etiam quandoque impii erga impios, et, licet diverso respectu, eodem tamen universi erga mortuos suos detinebantur affectu. Qui ergo pios et impios in exemplum deplorationis habemus, nonne inhumanum vel bestiale est, si tot, si tantos, si tam utiles, si tam necessarios mortuos nostros non deploremus? Faciendum est hoc quidem coram hominibus, sed temperanter ; faciendum coram Deo, sed perseveranter. Convertendus est infructuosus dolor ad fructuosas lacrymas, ut quæ jam charorum corpora nobis non possunt reddere, animas Deo, quantum poterunt, studeant commendare. Facimus hoc nos aliquando, faciunt hoc nostri sæpius : facite idem et vos, si placet, cujus illi mortui veraces amici erant, quem sinceriter diligebant, quem toto affectu colebant. Facite hoc non solum ut monachus, sed quod multo majus est, ut episcopus, id est ut non solum eos propriis precibus adjuvetis, sed insuper subditorum vestrorum orationibus eos Omnipotentis misericordiæ commendetis. De reliquo quid mihi dicendum restat, nisi quod Job amissa substantia, filiis et filiabus dixit? *Dominus dedit, Dominus*

ANDREÆ CHESNII NOTÆ.

(152) *Theobaldo Parisiorum episcopo.* Fuerat hic Theobaldus prior S. Martini de Campis ordinis Clun. Ex priore factus episcopus Parisiensis anno 1140,

Ecclesiam rexit usque ad annum 1151 ; et post obitum tandem in monasterio suo sepeliri voluit.

abstulit; sicut Domino placuit, ita factum est ; sit nomen Domini benedictum (Job 1).

EPISTOLA XLI.

Venerandis et charissimis fratri et filiis nostris, domno ODONI priori (155), et cæteris apud Sanctum Martinum de Campis omnipotenti Domino servientibus, frater PETRUS, *humilis Cluniacensium abbas, salutem, et ab auctore bonorum omnium totius gratiæ et benedictionis plenitudinem.*

Quid dicam, quid loquar! Putabam in asperis casibus, et maxime in morte charissimi fratris et filii nostri Hugonis, me vos prævenire posse scribendo, posse prævenire conquerendo, posse prævenire lacrymando. Sed, ut video, et scriptis me prævenistis, et querelis præoccupastis; sed lacrymis tamen non anticipastis. Deflestis funus ejus post mortem ejus, sed ego adhuc viventis, quia moriturum non dubitabam, deflevi ante ipsius obitum mortem ejus. Vicistis me scribendo, sed non vicistis lamentando. Lacrymatus sum ego prior, quia prius deficientem vidi, sed prior scribere non potui, quia ab assiduis negotiis, hoc est importunis vitæ meæ tortoribus, permissus non fui. Scribo nunc tandem aliquando permissus, et communis fratris, filii, et amici defectum vobiscum pariter, licet absens, deploro. Habeo materiam deplorationis, quantam vix camelus scriptam sublimibus et fortibus humeris portare posset; habetis vos tantam, quantam et ipsi nostis, et ego ex parte forsitan non ignoro. Ut enim primo de propriis loquar, quis jam a viginti et eo amplius annis, de universis, qui sub cœlo sunt, hominibus tam fideliter, tam constanter, tam perseveranter, onera mea a me sibi imposita, et devote causa Dei et mei suscepta, tulit, toleravit, quantascunque habere potuit vires, ea tolerando, et mihi collaborando, consumpsit? Et (ut quæ sunt vestra subjungam), quis illo amplius vel adeo rempublicam vestram dilexit? quis ita coluit? quis tam me quam omnes nostros ad eam diligendam, protegendam, confovendam, ad defendendam animavit? Hæc omnia breviter dicta, quæ si diffusius dicerentur, alio tempore et otio indigenter admonent nos, hortantur nos ut tam dilecti, tam chari, tam unici fratris, filii, et amici, etiam post mortem non obliviscamur; sed, si veri amici fuimus, vel sumus, magis nunc mortuo quam si viveret ostendamus. Deploremus pia compassione funus ejus, prosequamur magis occultis lacrymis et precibus animam ejus, ut cui jam affectum nostrum ostendere non possumus, conridendo vel collætando ostendamus, orando, sacrificando, ac pie pro anima ejus coram Deo collacrymando. Fiat hoc apud vos specialiter pro ipso; fiat et pro priore nostro; fiat, si placet, et pro multis sanctis, religiosis et magnis coram Deo hominibus nuper apud nos defunctis, quorum memoria, sicut bene novi, in benedictione est, quorum recordatio coram Deo non delebitur,

sed in memoria æterna erunt, et ab auditione mala per Dei gratiam non timebunt. Unde cessent jam lacrymæ inanes, et inconsiderato dolore extortæ coram hominibus, et succedant gemitus pro salute istorum effusi coram Deo, cum precibus. Valeat sanctum collegium vestrum, Deo acceptum, nobis jocundum, et, Deo propitio, de bono semper in melius provehendum.

EPISTOLA XLII.

Venerabili et charissimo meo, domno DE RUPIBUS *frater* PETRUS *humilis Cluniacensium abbas, salutem, quæ est in Christo Jesu.*

Licet serus rei sequentis scriptor videar, meque ipsum ipse tarditatis accusem, excusat me tamen ex plurima parte, multiplicium causarum, quæ quandoque, ut fluctus marini, acriter in nos irruunt, inundatio, quibus hoc Paschali tempore plus solito pressus, plus solito sum fatigatus. Nunc tandem aliquantum a curis respirans, dico quæ tacenda non sunt, scribo quæ charitati vestræ notificanda sunt. Quam opportunitatem si prius invenissem, nullum me in hac ad vos relatione priorem existere, nullum me præcedere permisissem. Bonus juvenis, dignus amore, dignus memoria, frater noster, filius noster Joannes, quem mihi benigna dilectio vestra commiserat, quemque diu ut optaveram servare non licuit, nuper, hoc est Idus Maii, rebus humanis exemptus, vitam præsentem, ut confido in Domino, meliore mutavit. Novi quia doletis, novi quia hoc ægre fertis. Nec mirum. Optastis enim ei ea de causa vitam prolixiorem, ut eam sibi multisque gauderetis postmodum utiliorem. Sed si doletis, si ægre fertis, consolamini, quia in his solus non estis. Non estis plane solus in his, quia ut quod verum est amico fatear, vix aliquem a multo jam tempore inter fratres nostros recolo conversatum, cujus conversatio, Joannis conversatione et moribus magis chara, cujus mors magis omnibus fuerit amara. Testatur hoc dolor omnium, testantur et lacrymæ pene universorum, quas eo languente fuderunt, et quas eo moriente multo magis profuderunt. Vix credere potuissem, nisi oculis conspexissem, quod tantum sui affectum nostrorum cordibus imprimere potuisset multorum successu annorum, quem impressit et meruit spatio paucorum dierum. Sperabant de illo ut de bona arbore fructus optimos opportuno tempore carpere, quorum optimam spem floribus benignæ conversationis, et dulcium morum præ cunctis fere claustri nostri juvenibus prætendebat. Sed, proh dolor! aruit fenum, et cecidit flos, quia spiritus Domini sufflavit in illo (*Isa.* XL). Raptus est, ut æstimo, ne forte processu temporis, a bono quod cœperat, malitia mutaret intellectum illius; aut ne fictio, quæ quandoque etiam profunde religiosos depravat, deciperet animam illius (*Sap.* IV). Non est oblitus juvenis noster pro carnis incommodo salutis suæ, nec mo-

ANDREÆ CHESNII NOTÆ.

(155) *Odoni priori.* Sancti Martini nempe, post Theobaldum.

lestia corporis eum ab animæ suæ cura avertere potuit. Nam statim ut sensit gravari se ultra quam sperabat morbo concepto, totum cor, totam operam ad ea quæ post mortem sequuntur convertit. Et licet nondum desperaret de vita, adhuc integro sensu vigente, et ratione animi in nullo diminuta, antiquis et probatis in religione senibus nostris cuncta, ut post ipse mihi retulit, quæ de præterita vita sua occurrere potuerunt, meracissime confessus est. Nec his contentus, cum ei illa sufficere potuissent, mittit ad me nuntios, orat ut venirem, precatur ut eum pro officio absolverem. Eram eo ego tunc temporis æger, nec ægros pro more nostro facile visitare valebam. Coegit tandem meipsum, et, licet non adeo, æger tamen ad ægrum accessi. Urgebatur ille graviore solito morbi molestia, sensu tamen integer perdurabat. Quid multa? Velut ab initio cuncta demum replicat, nec ipsa quotidiana et puerilia intermittit. Flebat ita de levibus ac si de gravissimis peccatis, et, quantum poterat, sincerissima ac luctuosa confessione animam corpusque suum benigno Salvatori affectuosissime commendabat. Quodque nullomodo tacendum est, cum in confessione illa gloriosæ matris Domini occurrisset casu aliquo memoria, jam singultus singultibus, fletus fletibus jungebantur, et confessionis continuatio ad illius nomen, cujus se maxime auxilio salvari sperabat, lacrymosæ devotionis augmento interrumpebatur. Item cum morbi importunitas eum confitentem aliquando vehementius aggravaret, *Sancte Spiritus*, inquit, *auxiliare mihi, et si quid de confessione oblitus sum, mihi ad memoriam revoca.* Hoc non semel, nec bis tantum, imo sæpe dicens, docebat me quanta cura quis deberet confiteri majora, cum ipse tanto studio confiteretur etiam minora. Deinde a me absolutus, pœnitentia indicta, confessione fidei, et Dominica oratione me jubente præmissa, biduo supervixit. Quo toto biduo, omni corporis cura abjecta, ad divinam tantum clementiam invocandam totum animum, et quidquid virium habere poterat contulit, atque in hac mentis intentione, diem vitæ ultimum clausit. Moneo igitur vos ut charissimum fratrem nostrum, et ut intimum amicum amicus exhortor, ne communem defectum humanæ naturæ vobis tantum velut peregrinum ac solitarium ascribatis, et cum vos ipsum quandoque mori necesse sit, pro fratris bono, et vere Christiano transitu, vos sicut et cæteri, juxta Apostolum, qui spem non habent, plus nimio affligatis (I Thess. IV). Non decet religiosum ut ea illi displiceant quæ Deo placent, quia is, sine cujus nutu nullus passerum cadit in terram, non potuit falli, ut, absque ejus jussione vel permissu, frater Joannes mortuus caderet in terram, et per sepulturæ officium occultaretur in terra. Ad hoc autem totum studium vestrum et amorem erga defunctum convertite, ut sicut nos nostrique fere, quantum possumus, translatum ad æterna cum auxiliis spiritualibus quibus possumus juvamus, ita et vos, imo plusquam nos, quia plus potestis, quantum poteritis adjuvetis. Optaveram eum mihi a vobis bonum commendatum, meliorem remittere; sed, ut credo, melius et mihi, et vobis, ipsique contigit, quia quem vobis restituere non potui, Deo, a quo eum maxime susceperam, reconsignavi.

EPISTOLA XLIII.

Honorabili et magno sacerdoti Dei, nobisque valde charissimo, domino GAUFREDO *sanctæ Carnotensis Ecclesiæ famoso episcopo* (154), *frater* PETRUS, *humilis Cluniacensium abbas, salutem, et totius in Domino amoris affectum.*

Ut antequam gratias agam, querelas præmittam, amicabiliter conqueror, quod tantus, tam charus, tam antiquus amicus, ut non visum, ut ignotum, ut non probatum amicum me deseruistis, sprevistis, abjecistis. Hoc non paucis diebus, sed multis jam annis fecisse videmini. Nam a concilio Pisano, tempore papæ Innocentii celebrato, cui et vos interfuistis, et ego non defui, nec vestros apices legi, nec nuntios vidi, nec aliquid eorum quæ a partibus amici amicus sperare solet, accepi. Vidi quidem litteras, audivi et quosdam nuntios, sed qui negotia communia afferrent, non qui aliquid de vero amici affectu referrent. Idcirco nihil me ex parte vestra vidisse dico, nihil me audisse profiteor. Nonne ergo merito queror? nonne juste irascor? Dilexit vos, et adhuc diligit anima mea. Et quare? Quia semper in vobis Deum reveritus sum, quia cum semper in vobis colui, quia pro inhabitante habitaculum adamavi. Cum enim omnibus pene Latinis episcopis, aliqua necessitudine, aliqua de causa plus minusve astrictus tenear, vobis tamen, licet forte hoc ignoretis, singularem jam ab antiquo inter plura cordis mei receptacula mansionem paravi, et adhuc conservo. Hoc ideo, ut dixi, quia Deum in vobis veneror, quia verum atque sincerum vos semper divinarum rerum cultorem expertus sum. Quando enim labores vestros, quando cursus, quando recursus pro Ecclesia Dei, sponsa Christi, enumerare potero? Quando religionis amorem, et ejus exquisitum ubique augmentum enarrare valebo? Quando et ipsas sacrorum locorum frequentes visitationes describere prævalebo? Sed hæc, mi charissime, supprimenda sunt, nec in istis maxime plus justo stylum effluere decet. Credo enim, et etiam novi non præstolari vos de piis operibus vestris mortalium favorem, sed æternam mercedem. Hæc tamen ea de causa breviter tetigi, ut sciretis, et recordaremini quia et vos diligo, et qua de causa, et dilexi, et diligo. Jam ad gratias religiosæ reverentiæ vestræ

ANDREÆ CHESNII NOTÆ.

(154) *Gaufredo, Carnotensis Ecclesiæ episcopo.* Secundo nomine, cui scribit et sanctus Bernardus epist. 55, 56, et 57 fuisseque sedis apostolicæ legatum in Aquitaniam docent Gillelmus abbas libro II Vitæ ejusdem sancti Bernardi, cap. 6, et alii.

agendas non sufficio, quia eas merita nostra superasse cognosco. Quid enim dignum referre possim his, quæ per priorem de Nogento cognovi? Qui mihi scripsit, quantum amoris affectum erga Cluniacensem Ecclesiam seque specialiter ac suos agnoverit, quantumque hoc non affectu tantum, sed et effectu probaverit? Dixit enim ecclesiam Castriduni (155), quam Cluniacus olim possedisse dicebatur, a canonicis ejusdem Ecclesiæ, ab advocato Ecclesiæ vicecomite, ab omnibus tandem qui aliquid juris in ea se habere dicebant, tam precibus quam vi justitiæ extorsisse, et vestræ Cluniacensi Ecclesiæ, cujus juris fuerat, reddidisse. Super his quidem gratias ago, sed longe majores, quia in hoc opere quanto affectu vestrum, quod Iterum dico, Cluniacensem Ecclesiam diligatis, agnosco. Agnovissetis olim, et agnosceretis adhuc, si experiri placeret, si, ut dixi, vos diligo, si dilectionem hanc vere in corde conservo. Et quid his plura dicerem? Verbosus forsitan videri deberem, si non tam diuturno tempore tacuissem. Sed ad tam longi temporis silentium, quod potest videri verbum prolixum? Ergo bone, longæve, et probate senex, et pontifex Dei, memento (quod tamen semper tibi cordi inesse credo) quod nec tua, nec mea diuturna esse potest ulterius in hac vita misera mora. Es quidem tu senior, sed nec ego jam juvenis. Quid ergo nobis restat, nisi ut ad summum pontificem et episcopum animarum nostrarum Jesum totus sermo noster recurrat, totus animus suspiret, totus homo noster interior et exterior anhelet? Jam pene, juxta verba ipsius, fur nocturnus perfodere domum nostri corporis properat. Jam Dominus domus venire festinat, jam clamor media nocte factus jacentes in lectis excitat, et dicit : *Ecce sponsus venit, exite obviam ei* (*Matth.* xxv). Quid ergo ultra jam proderit episcopari? quid, ut sic loquar, abbatiari? Quid sub prætextu rerum cœlestium terrena diligere? Quid sub umbra æternorum peritura, imo pereuntia amare? Sed insipiens factus sum. Videor, ut dicitur, Minervam docere, videor ligna ad silvam convehere, videor flumen maximum lagena aquæ infundere. Sed vere non hoc docens dico, sed hac, licet parva, occasione suscepta, miseriam meam defleo; et quia quo post mortem (quæ forte non longe abest) rapiendus sim ignoro, tremesco. Valete in Jesu salutari nostro, domine episcope et amice charissime; et quia per gratiam Dei vos vobis credo sufficere, mei, qui in nullo mihi sufficio, apud Dominum mementote. Si quid boni spiritualis vel corporalis in Ecclesia nostra est, vestrum est.

LIBER QUINTUS.

EPISTOLA PRIMA.

Dilecto ac venerabili fratri PETRO *abbati Sancti Augustini Lemovicensis* (156) *suburbii, frater* PETRUS, *Cluniacensium humilis abbas, salutem et sinceri amoris plenitudinem.*

Vidi litteras vestras, et in eis magnum erga nos affectum animi vestri conspexi. Adverti (quod facile fuit) falsum in parte esse vulgare proverbium, quo dicitur, honoribus mores mutari. Neque enim honor assumptus ab amore nostro, semel olim concepto, vos in aliquo permutavit, nec in aliud, et aliud, quam quod ante fuerat, derivavit. Non estis

ANDREÆ CHESNII NOTÆ.

(155) *Ecclesiam Castriduni.* Hoc est ecclesiam Sancti Sepulcri, quam Gaufridus Castriduni vicecomes primus ejus fundator, monachis basilicæ Sancti Dionysii Nogenti, cujus et ipsum prima fundamenta jecisse diximus alibi, cum omnibus appendiciis deservire per testamentum præcepit. Unde et Gaufredus Carnotensis episcopus illam canonicis, advocato ipsius Ecclesiæ, vicecomiti, et omnibus aliis qui aliquid juris in ea se habere dicebant, tam precibus quam vi justitiæ extorsit, et Cluniacensi ecclesiæ, cujus juris erat reddidit, ut hic Petrus noster ostendit. Sed nec propterea controversia omnis inter monachos et vicecomitem quievit. Tempore enim Stephani I Clun. abbatis, rursus inter Yvonem Nogenti priorem, et Hugonem Castriduni vicecomitem recruduit, quamquam et ipsa statim per Guillelmum Carnotensem episcopum, a præfato Gaufredo quartum, terminata fuit, ut ex his notitiæ pacificationis verbis apparet : « Guillelmus Dei gratia Ecclesiæ Carnotensis electus, etc. Ne processu temporis, aut pravorum astutia controversia inter Ecclesiam Sancti Sepulcri, et vicecomitem Castriduni ad unitatis pacem, et tranquilitatis concordiam diligentiæ nostræ studio reformata, futuris temporibus perturbari valeat, præsentis paginæ decreto mandare curavimus. Notum sit igitur omnibus quod controversia, quæ versabatur inter Ivonem priorem de Nogento, et Hugonem vicecomitem Castriduni super assuetudinibus burgi Sancti Sepulcri, qui in burgo eorum quasdam sibi consuetudines vindicabat, ad preces Stephani, venerabilis abbatis Cluniacensis, et præfati vicecomitis postulationem, qui se ratum habituros quod inde statueremus concesserunt, in præsentia nostra sic terminata est, » etc.

(156) *Petro abbati S. Augustini Lemovicensis.* Hic Petrus postea fuit abbas Sancti Martialis, Petrique prioris Cluniacensis successor, anno 1154, ut ex Chronologia abbatum S. Martialis discitur. Monasterium vero Sancti Augustini Roricius I episcopus Lemovicensis fundavit, uti Gesta pontificum Lemovicensium testantur his verbis : « Ille Roricius dicitur primo fundasse monasterium Beati Augustini Lemovicis in honore ejusdem sancti, atque canonicos regulares ibidem instituisse. » Sed cum Pipinus rex urbem Lemovicam et ecclesias omnes ibidem existentes funditus evertisset, tandem Turpio, sive Turpinus, Lemovicensis et ipse episcopus, prædictum monasterium reædificavit, ac in eo monachos pro canonicis esse constituit; quos et amplissimis possessionibus ac redditibus dotavit, ut vel ex hoc ejus super ea dotatione testamento, quod viri cum pietate tum doctrina clari Joannis Cordesii benignitati lubens acceptum referri cupio, palam est. « In nomine sanctæ Trinitatis et individuæ Unitatis, in

secutus quosdam nostri temporis homines, qui de congregatione nostra, aut in abbatias assumpti, aut episcopatibus decorati, ut corpore, sic et mente a nobis diffugiunt, ab amore suorum statum resiliunt, et velut abjecto gravi quantum ad ipsos monastici ordinis jugo, exsultant. Ostendunt quo animo, dum humiles viderentur, Deo servierint, qui data occasione ecclesiastici regiminis, totos se quantum audent Deo subtrahunt, mundo dedicant, et non sicut servi Dei, sed quasi velamen habentes malitiæ libertatem, effrenes et præcipites, velut jam adepti quod diu optaverant, ubique discurrunt. Suos postponunt, alienos sectantur, nec jam vel quo primum venerint, vel ubi manserint, vel unde exierint, recordantur. Non sic tu, ut audio, charissime, non sic plane tu facis; qui nostra tuis negotia semper anteponis, qui pro causis Cluniacensibus terminandum huc illucque discurris, et ad nutum nostrum vel nostrorum, reipublicæ nostræ impugnatoribus te ubique audacter opponis. Unde gratias tibi multas agentes, pro certo noveris quod plenam vicem dilectionis tibi rependimus, et locum tibi in recessibus animi nostri optimum conservamus. Valeas semper in Domino et sic impositum tibi per Dei gratiam officium exerce, ut sis, et vita carbo ardens, et exemplo lucerna relucens.

EPISTOLA II.

Reverendo et charissimo amico domno STEPHANO, *frater* PETRUS, *humilis Cluniacensium abbas, salutem et sincerum in Domino amoris affectum.*

Quod a tempore discessionis vestræ ab urbe, et a sede Viennensi, nihil dilectioni vestræ mandavi, nihil scripsi, neque in illo vel post illud infortunium vestrum vos consolatus sum, noveritis quod non fecit hoc mutuæ, quam ad vos semper habui, dilectionis oblivio, sed vestra ad partes, quas non satis noveram, remotio. Fama enim frequens, et varia de statu vestro a diversis ad nos relata, nunc vos apud Sanctum Rufum, nunc apud quasdam ecclesias ei subjectas, nunc in quibusdam locis mihi ignotis vos commorari dicebat. Ad hæc, quotidiana imo continua Cluniacensium negotiorum importunitas, quæ me quandoque etiam mei ipsius oblivisci cogunt, vestri mihi intercludebat memoriam, et ne amicum in sua tribulatione consolarer, non quidem auferebat, sed differebat. Tandem licet forte sero ad cor rediens, amico scribo, et ut his de causis super tarditate mea me excusatum habeat,

ANDREÆ CHESNII NOTÆ.

quo omnia facere jubemur. Mundo jam senescente, religio defectum incurrit, et ita irreligiositas seu injustitia abundant, ut ipsi nos, qui præ cæteris Domino adhærere debueramus, in cujus sorte esse nescimur, simus aliis, juxta prophetam, laqueus ruinæ (*Ose.* ix), et qui debueramus esse pastores, simus lupi vespertini, completurve in nobis quotidie vaticinium Malachiæ dicentis : *Vos recessistis de via, et scandalizastis plurimos* (*Malach.* ii). Et post pauca : *Idcirco ego dedi vos contemptibiles esse* (*ibid.*). Et Job ex voce dolentis Ecclesiæ : *Ad nihilum redacti sunt omnes artus mei* (*Job* xvi). Jeremias quoque plangit, dicens : *Quomodo obscuratum est aurum? Mutatus est color optimus, dispersi sunt lapides sanctuarii in capite omnium platearum* (*Thren.* iv). Quisquis vero modo non dolet, lumen cordis amisisse convincitur. Dominus enim immutabilis est, juxta quod ipse per præfatum prophetam loquitur, dicens : *Ego Dominus, et non mutor* (*Malach.* iii). Lumen vero cordis amisisse probatur quisquis ille sit qui audit quod immutabilis Deus angelo peccanti, primoque homini, et qui adhuc novellus et rudis erat; non pepercit, et sibi credit parci, si in peccatis perseverare voluerit, et surgere per pœnitentiam noluerit. Quamobrem ego Turpio Lemovicum omnium episcoporum extimus, de sede, quam mihi Dominus regendam tuendamque immerito committere dignatus est, religionem auferri conspiciens, valde pertimui. In memet autem reversus diutius precibus a Domino auxilium petens imploralam, ut, ipso juvante, sancta religio, quæ usque ad nos illibata pervenerat, nostris temporibus non deperiret, sed successoribus inviolata succederet. Incidit deinde mihi Deo opitulante consilium bonum, ut credo et confiteor, quatenus claustrum construerem, et ibi fratres boni testimonii aggregarem, qui in commune sine aliqua proprietate degentes, absque ullo strepitu sæculari divinæ servituti incumberent. Hoc vero quod nos, utpote turbis sæcularibus admisti explere nequimus, saltem hi qui intra claustrum morarentur, strenue et absque impedimento carnali peragerent, scriptum est enim, et hoc Apostolus loquitur: *Si primitiæ sanctæ, et massa* (*Rom*. xi), quod et feci, consentientibus tam nostris consanguineis seu optimatibus Lemovicensi pago degentibus, domno scilicet Aimerico abbate, Aymono abbate, Petro præposito, Bosone archiclavo, Arnulfo archidiacono, Aymone portario; de laicis autem Hildegario vicecomite, Rainaldo vicecomite, Arcambaldo, Ademaro. Volo autem atque inhianter cupio ut absque inopia, et sine aliqua perturbatione Deo servire studeant. Quod ut decentius fieri possit, do illis villam quæ vocatur Baccalaria, quæ decem in se mansos continere probatur, et unum mansum in Curte Wlteziaco in villa quæ dicitur Parciacus. Juxta ipsum autem mansum cedo illis aliam vineam sex in se arpentos continentem, quæ quondam fuit Frotario. De mea vero vinea indominicata cedo illis decimum, de illa scilicet vinea, quæ est sita in prospectu Wlteziacensis ecclesiæ, omnia prædicta, superiusque memorata mobilia et immobilia de meo jure in illorum potestate transfundo. Oratorium præterea in quo Deo militant, ipsis committo, ut ipsi prævideant qualiter horæ operis Dei significentur, nemoque eos contristet in domo Dei. Ministerium etiam cantorum, necne lectorum, librorumve, sive omnium quæ ad sacrum mysterium pertinent, vel ibidem Deo offeruntur, ipsis committimus, claustrum, et omnia interiora ejus ipsi prævideant et dominentur. In hoc autem quod ego illis do, vel committo, sive etiam deinceps daturus vel commissurus sum, nullus habeat potestatem nec licentiam dominandi, nisi eis quem sibi, propter Deum et secundum vitæ meritum, pars humilior præesse poposcerint, post tamen proprium episcopum. Obsecro vos, o successores mei, in Deo et propter Deum, ut hoc testamentum parvitatis meæ, quod pro remedio animæ meæ, antecessorumque, vel successorum conscripsi jussi, nullus vestrum violari præsumat. Sin autem aliter (quod absit) aliquis egerit, ante conspectum divinæ majestatis non cum bonis pastoribus appareat, sed cum lupo rapace, id est diabolo, in inferno sine fine ardeat, sic fiat in eo. Scriptum quippe est : *Non transgrediaris terminos antiquos, quos posuerunt patres tui* (*Prov.* xxii).

rogo. Non enim de illorum amicorum numero esse volo, qui tandiu diligunt quandiu accipiunt, qui tandiu amant quandiu sperant. Nolo de illorum numero esse qui dicuntur socii mensæ, quia secundum ejus qui hoc dixit sapientis verba : *Omni tempore diligit qui amicus est (Prov.* xvii) ; et juxta cumdem : *Non agnoscitur in bonis amicus, nec absconditur in malis inimicus (Eccl.* xii), hortor, ergo, volo et moneo ut, quandoquidem hoc de vobis contigit unde dolemus, ad nos et ad vestram Cluniacensem Ecclesiam veniatis, et utrum quod dico verum sit, non per nuntium, sed per vos ipsum experiamini. Tali autem modo vos venire rogo, ut mora vestra nobiscum non sit horaria, sed perpetua. Decet enim hoc personam vestram, ut nullatenus deinceps locis loca mutetis, neque ad quaslibet alias Ecclesias, sed ad illam quæ et magna, et vestra est, vobisque servire, ac per omnia pro posse suo providere, magno affectu parata est, veniatis, et totum vos ei, quæ se totam vobis offert, conferatis. Hoc autem, si sic placuerit, et facultas fuerit, usque ad Dominicam Quinquagesimæ adimplete. Nam exinde oportebit me versus concilium iter aggredi.

EPISTOLA III.

Nobili viro et amico nostro, domino Stephano de Castello, *frater* Petrus, *humilis Cluniacensium abbas, salutem et dilectionem.*

Cum celeri volatu fugiant omnia, et mundus magnis passibus incessanter ad interitum tendat, non satis de vobis mirari sufficio, quod tam sapiens homo, et tam hactenus providus in perituris, quasi nullam curam de æternis habere videmini. Cumque, ut salva gratia vestra dicam, ætas ipsa longam vivendi spem vobis amodo interdicat, vos e converso quasi nunquam moriturus, radicem cordis in hac misera et fallaci vita a quibusdam fixisse æstimamini. Unde hortor vos ut charissimum amicum, et quod præsens si possem facerem, absens, quantum possum, admoneo ne salutem animæ vestræ ulterius in dubio pendere sinatis, sed antequam nunquam reversura recedat, eam totis animi conatibus jam absque mora aliqua rapiatis. Invitent vos ad istud non solum antiqua antiquorum, sed quæ magis invitare solent præsentia modernorum exempla, qui velut ab ipsis Satanæ faucibus pene jam absorpti fugientes, vel Hierosolymitano itinere, vel varia, et subita ad Deum conversione, regno cœlorum vim inferre, et quasi violenter rapiunt illud. Rapite illud et vos, nec ultra ut hactenus fecistis,

de die in diem differatis, quia juxta Scripturam divinam, *nescitis quid superventura pariat dies (Prov.* xxvii). Relinquite terrena, antequam vos ipsa relinquant, et si primas partes hostiæ, hoc est vitæ vestræ, Deo noluistis offerre, saltem caudam, id est finem dierum vestrorum, ipsi devote offerte. Si hoc cito a vobis factum fuerit, aderit paterfamilias, qui diu otioso operario suo, hoc est vobis ad undecimam venienti, parem nummum vitæ æternæ, etsi non ejusdem retributionis, ut primis operariis, sero conferat. Nostis quid sancto Hugoni, quid nobis promiseritis, quam spem de salute et conversione vestra, tam per vos quam per nuntios vestros mihi sæpius dederitis. Nec illud ignoratis quid Patres vestri fecerint, et quo se post habitum sæcularem converterint. Parati fuimus semper congrue ad servitium vestrum; parati sumus multo magis et ad istud, quod vobis utilius esse videmus : et quod si distuleritis, periculosum senectuti vestræ fore timemus. Unctio Spiritus sancti doceat cor vestrum. Fecimus quod nostrum est, et morem amico gessimus. Sed videte, ne frustra.

EPISTOLA IV.

Summo pontifici, et speciali Patri nostro, domino papæ Eugenio, *frater* Petrus, *humilis Cluniacensium abbas, cum sincero amore debitam obedientiam.*

Quando paternitati vestræ scribo, quia aures vestras toti mundo expositas novi; juxta quod materies assumpta permittit, prolixitatem vitare soleo. Quod si modo hoc non potuero, precor ne paterna pietas id ægre ferat. Scripsit sublimitas vestra archiepiscopo Arelatensi, et episcopo Vivariensi ut litem; quæ pro monasterio Sancti Baudilii (157), inter Nemausensem episcopum (158), et Casæ Dei abbatem (159) surrexerat, loco congruo, et die utraque parte advocata, diligenter audirent; et præter diffinitivam sententiam, quam vobis reservari mandastis, cuncta sollicite examinarent, et examinata ad vos nuntio vel litteris referrent. Sed quia, Pater, nequaquam omnia, maxime illa quæ remotiora sunt, nisi ab his, quibus ea nota sunt, certificemini, scire potestis, notum facio quod a multis religiosis sapientibus et fide dignis clericis et monachis; pro certo comperi, adeo alteri parti hos suspectos esse examinatores, ut pene idem sit hoc imponi Arelatensi, quod esset, si imponeretur, episcopo Nemausensi. Et ut me vel ipsos verum dicere sapientia vestra cognoscat, noverit Arelatensem natum in Narbonensi prima nonnullis.

ANDREÆ CHESNII NOTÆ.

(157) *Pro monasterio S. Baudilii.* Baudilius subdiaconus et martyr apud Nemausum sub Gothis passus est, corpusque ejus a fidelibus in ipsa urbe tumulatum, et ecclesia desuper ædificata, quæ nomen ejus etiam postea retinuit. Unde et Gregorius Turon. lib. I Miraculorum, cap. 78 : « Est, inquit, apud Nemausensis urbis oppidum Baudilii beati martyris gloriosum sepulcrum, de quo sæpius virtutes multæ manifestantur. »

(158) *Inter Nemausensem episcopum.* Nemausus, Arecomicorum Galliæ civitas, Melæ, et aliis veteribus, vulgo *Nîmes* in Viennensi secunda, quæ et

(159) *Et Casæ-Dei abbatem.* Casa-Dei, celeberrimum in Arvernia cœnobium, quod sanctus Robertus Arvernensis et ipse indigena construxit versus annum 1050, ejusque primus abbas exstitit, ut ejus Vitæ scriptor pluribus exponit ; et Gaufridus etiam monachus in Vita sancti Bernardi Pontivensis testatur, ubi de Renaudo, sancti Cypriani Pictaviensis abbate loquens : « Hic, inquit, sancti Roberti fundatoris illius monasterii, quod Casa-Dei dicitur, discipulus fuerat. »

diœcesi Nemausensi, oblatum a patre dum puer esset, Ecclesiæ Nemausensi, nutritum a puero usque ad juvenilem ætatem in Ecclesia Nemausensi, canonicum fuisse Ecclesiæ Nemausensis. Et postquam episcopus Agathensis (160) factus est, et postquam in Arelatensem archiepiscopum promotus est, semper defendisse negotia Ecclesiæ Nemausensis, semper contra adversarios pugnasse Ecclesiæ Nemausensis. De Vivariensi vero quid dicam? Licet quantum ad propositum religionis spectat, Cluniacensis monachus sit, et causa Dei ac nostri, in Casæ-Dei justitia claudicare non debuerit, videtur tamen mihi, videtur et omnibus qui rem sciunt, et hoc attendunt, quod quantum ad hanc causam pertinet, magis in eo præponderat affectus carnalis, quam ille qui eum magis nobis ac nostris conciliare debuerat, spiritualis. Fuit enim diu Nemausensibus, et ante, et nunc loco proximus, et nunc, et adhuc familiaritate, affinitate, et ipsi Nemausensi episcopo etiam consanguinitate conjunctus. His additur quod hanc de se opinionem, hoc est quod vel judices, vel examinatores hujus causæ suspecti sint, ipsi propria confessione non oris, sed quod majus est, operis nuper testati sunt. Nam cum discretio justitiæ vestræ caute præceperit, ut congruo loco, et tempore, utramque partem ante præsentiam suam evocarent, ipsi non ex parte, sed ex toto fines apostolici mandati transgressi sunt, cum non solum de vestro, quod summum est, sed etiam de quolibet rationabili mandato, lex vestra Romana, et authentica dicat, quod mandatarius non debet excedere fines mandati. Ex toto plane mandatum apostolicum transgressi sunt, quia non congruum tempus, et incongruum locum, vel congruum locum, et incongruum tempus, sed utramque pariter, hoc est, et locum, et tempus: non dico tantum incongruum, sed, si dici posset, incongruissimum, abbati et monachis præfixerunt. Locum, quia in urbe, in Ecclesia, in ipsa domo adversarii, sub potestate, sub armis, sub minis, sub terroribus amicorum, affinium, consanguineorum ipsius, causam tractari decreverunt; tempus, quia occupatiore totius anni tempore, quando metendis, colligendis, vel congregandis novis frugibus, omnis paterfamilias, maxime hi qui pauperiores sunt, occupantur. De quorum numero, licet magni nominis sit, ex plurima parte abbas Casæ-Dei excipi non potest. Hoc, inquam, tale tempus ad examinandum tantæ rei negotium, examinatores seu judices justissimi elegerunt. Mandato tamen vestro, sicut in omnibus semper facere paratus est, abbas obediens, tam incongruo tempore ad tam incongruum locum, non ut voluit, sed ut potuit, venit. Nam nullum

legis peritum, nullum advocatum, nisi pene prorsus inutilem, de partibus illis provinciæ, timore supradictorum hostium vel prece, vel pretio habere prævalens, cum paucis in Burgundia emendicatis patronis, diei constitutæ interfuit; et, licet sub hostibus agens, mandato tamen vestro in omnibus paruit. Questus est coram jam dictis de loco, questus est de tempore, rationem cur quereretur proposuit, sed nihil conquerendo profecit. Data est ei ad agendum altera, nec minus iniqua dies, præfixus est ei, et idem, de quo toties questus fuerat, locus. Unde quia se videt, non jam latenter, sed aperte gravari, ad justitiæ sedem recurrit, ad patrem ab hostibus fugit, apud vos qui Petri, imo qui illius vices in terris geritis, qui facit judicium injuriam patientibus, querelam tantam deponit. Orat ipse, precatur et universa Casæ-Dei, sicut ipse nostis, non contemnenda congregatio: precor, et ego de sæpe experta majestatis vestræ confidens gratia, ut examinatores hos, vel judices tam aperte, tam sine nube suspectos, ab hac causa removeatis, et vobis, si placet, eam examinandam ac terminandam assumatis. Licet enim sit iter a partibus nostris ad vos usque longinquius, licet sit laboriosius, licet morbis Italicis peremptorium, nihil tamen fratres illos gravare poterit, si unde certi sunt, rem de qua agitur, aut jure retinuerint, aut jure amiserint. Sperant tamen, et valde præsumunt, monasterium, quod tam diutina, tamque quieta possessione ut dicunt, possederunt, quod de paupere, quod de vili, quod de irreligiosa Ecclesiola, comparatione præcedentis egestatis, in divitem, in nobilem, in religiosam Ecclesiam, imo (quod majus est), monasterium, multis laboribus, multis expensis, provexerunt: sperant, inquam, et confidunt, quod justitiæ vestræ judicio repulsis adversariorum calumniis, sempiterne eis possidendum concedatur.

EPISTOLA V.

Summo pontifici, et nostro speciali Patri, domino papæ EUGENIO, *frater* PETRUS, *humilis Cluniacensium abbas, cum debita obedientia filialem affectum.*

Quidam probi viri, canonici Engolismensis Ecclesiæ (161), nuper adierunt me, rogantes, ut apud majestatem vestram pro ipsis intercederem, et negotium, quod coram vobis exposituri sunt, vestræ clementiæ commendarem. Quod ego, timens maximis occupationibus vestris tædio esse aliquandiu recusavi, sed tandem eis instantibus assensi. Dicunt, sicut ab ipsis, ut æstimo, auditura est dignatio vestra, defuncto episcopo suo (162) se elegisse, nullo de clero Ecclesiæ prorsus excepto ab

ANDREÆ CHESNII NOTÆ.

(160) *Episcopus Agathensis.* Agathæ meminit Gregorius Turon. in Histor. Franc. et lib. 1 Miracul., cap. 79; estque civitas Viennensis secundæ, sicut et Nemausus, concilio Alarici, Visigothorum regis, tempore ibi habito gloriosa. Gallice *Agde.*

(161) *Canonici Engolismensis Ecclesiæ.* Engolisma, quam et Ausonius *Ingulismam,* et Gregorius Turon. *Eccolismam* appellant, Aquitaniæ secundæ civitas in monte sita, cujus radices Carantonus fluvius subluit.

(162) *Defuncto episcopo suo.* Lamberto, qui fatis cessit anno 1148, et in ecclesia Coronensis monasterii a se fundati sepeliri voluit.

unanimi electione, assensu ut canones præcipiunt honoratorum, et totius populi, idoneam omnino ad officium episcopale personam, præcentorem ipsius Ecclesiæ (163). Electionem, juxta quod ab eis accepi, tam communem, tam concordem, Burdegalensi metropolitano (164) dicunt se canonice obtulisse, ab eo canonice confirmatam esse; diem consecrandi ab ipso datam, se ad diem constitutam cum electo suo, et metropolitanus promiserat, consecrando venisse, sed consecratorem non invenisse. Quibus de causis præsentiam suam subtraxerit, cur promissa non impleverit, nec ab eo acceperunt, et mihi se adhuc ignorare dixerunt. Provideat ergo, si placet, quod et absque meis litteris faceret, apostolica vestra sublimitas laboranti hac occasione Ecclesiæ, ut sicut vices illius geritis, qui apostolus gentium a Deo factus est, et cui sollicitudo omnium Ecclesiarum imposita est, ita huic Ecclesiæ sollicitudo vestra non desit, ut si electio bene acta est, a vobis confirmetur, et Ecclesia illa, quæ de membris unicæ columbæ, hoc est, universalis Ecclesiæ est, de qua dicitur : *Una est columba mea, una est perfecta mea (Cant.* vi), data sibi a Deo, et a vobis pace lætetur. Hæc sub conditione protuli, quia nec de electo, nec de electione testis esse potui. Unum tamen absque omni pene conditione profero, non videri mihi Burdegalensis metropolitani in hac Engolismensi electione gressus rectos, oculum simplicem, sed magis in ea quærere quæ sunt mercenarii quam pastoris, quæ sua sunt quam quæ Jesu Christi. Et, ut filiali præsumptione loquar, et quæ ab universis pene partium illarum et nostrarum dicuntur, vobis ut Patri nota faciam, vult, aiunt, Burdegalensis ita sibi subdere Engolismam, sicut subdidit Xantonas (165), ut in Ecclesiis illis, non tam habeat episcopos quam ministros, non tam præsules quam sibi in omnibus obsequentes. Hoc est aiunt, ejus propositum, hæc intentio, hæc in istis religio, ut expensis propriis parcat, et suffraganeis episcopis, ut capellanis utens, non suum, sed eorum penus exhauriat. Hæc, Pater, vobis breviter initimavi, ne possent vos in hac parte fallere animi sub vulpe latentes, quia, et virum Dei, qui venerat de Juda, falsus propheta fefellit (*III Reg.* xiii), et ipsi magno prophetæ, et regi David Siba servus Miphiboseth filii Jonathæ mentiendo subrepsit (*II Reg.* xvi). Et licet ego non satis, ut nostis, diligam hominem illum, absit, tamen, absit, inquam, ut in conspectu Dei, et vestro, contra veritatem conscientiæ meæ, culpem vel prædicem hominem ullum!

EPISTOLA VI.

Venerabili, et dilecto nostro, domino HUMBERTO *Æduensi archidiacono, frater* PETRUS, *humilis Cluniacensium abbas, salutem ab eo qui mandat salutes Jacob.*

Lætatus sum in his quæ dicta sunt mihi (*Psal.* cxxi), quia inspiratus ab eo qui spirat ubi vult, jam cum quibusdam aliis cantare incipis : *In domum Domini ibimus. Repletum est gaudio os meum, et lingua mea exsultatione (ibid.)*; quoniam cum mundanis commodis undique circumfluxus florere videaris, jam quasi aridum mundum cum flore contemnere incipis. Ago inde gratias Deo, age et tu, sine quo nec istud, nec aliquid boni agere prævales, quia *omne datum optimum, et omne donum perfectum est, descendens a Patre luminum (Jac.* i), etc., ut Joannes Baptista ait : *Non potest homo habere quidquam, nisi sit ei datum de cælo (Joan.* iii), utque Dominus ipse : *Nemo potest venire ad me, nisi Pater, qui misit me, traxerit eum (Joan.* vi). Felix ergo tu, si tamen perstiteris, quem Pater trahit, quem Filius suscipit, cui hanc, de qua gaudeo, voluntatem Spiritus Dei inspirat. Festina igitur, charissime, veni ad invitantem te, Salvatorem tuum; audi salvatricem vocem ejus qua tibi cunctisque loquitur : *Venite ad me, omnes qui laboratis, et onerati estis (Matth.* i). Audi et illam quæ sequitur : *Tollite jugum meum super vos (ibid.).* Recordare et matris sapientiæ, materna voce filium admonentis : *Fili, ne tardes converti ad Dominum, et ne differas de die in diem (Eccli.* v). Time et quod subditur : *Nescis quid superventura pariat dies (Prov.* 27). Furare diabolo thesaurum sancti desiderii tui, ne forte (quod absit) tibi contingat quod ait Veritas de quibusdam : *Deinde venit diabolus, et tollit verbum de corde eorum, ne credentes salvi fiant (Luc.* viii). Nihil enim tantum Deo placet, nihil tantum diabolo displicet quam bona voluntas : imo, ut verius loquar, nihil Deo placet, nihil diabolo displicet, nisi bona voluntas. Ex qua inter alia, quæ ab ea derivantur bona, procedit contemptus temporalium, amor æternorum. Ea de causa non est tuta dilatio tibi, ne forte, si nimium procrastinaveris, invidus Satanas sancto ad Deum itineri tuo impedimenti alicujus obicem ponat, et gressus tuos, ne implere possis bonum quod inchoasti, retardet. Fecit hoc de multis, quos nominare, si litterarum brevitas pateretur, possem. Addat tibi stimulos veniendi venerabilis ille, et cum honore nominandus, domnus Stephanus, Æduensis episcopus, avunculus, ut audio, tuus, qui spretis parentibus, nobilitate, fastu, divitiis, ipsis etiam episcopalibus infulis abjectis, pauperem Christum pauper secutus est, et in sancta devotione toto mentis affectu perdurans, atque inter manus meas extremum Deo spiritum reddens,

ANDREÆ CHESNII NOTÆ.

(163) *Se elegisse præcentorem ipsius Ecclesiæ.* Hugonem hujus nominis secundum, qui rexit Ecclesiam Engolismensem ab anno 1149 usque ad annum 1158.

(164) *Burdegalensi metropolitano.* Bertrando forte, cui successit Gaufridus anno 1150.

(165) *Sicut subdidit Xantonas.* Apud Cæsarem *Santones* dicuntur, vulgo *Saintes*, Aquitaniæ et ipsa secunda civitas, ad Carantonum sita.

cum veneratione tanto sacerdoti congrua, tam a me quam a fratribus Cluniaci conditus est. Sequere igitur ejus vestigia, qui cum, ut nosti, prædicabilis homo sapientiæ esset, nequaquam sibi ac saluti suæ præ cæteris monasteriis Cluniacum elegisset, nisi magis sibi expedire vidisset. Veni et imple locum defuncti, quia paratus sum non minore te affectu quam ipsum suscipere, non minus tibi et saluti tuæ in omnibus providere. Nec solum te, sed insuper quotquot tecum spiritu Dei tractos adducere volueris, suscipere, diligere, amplecti, fovere. Decet te ad hoc summo conamine niti, ut non solus, si potueris, sed cum aliorum lucro ad Deum venias; nec in conspectu Domini Dei tui vacuus appareas, quatenus et pro his, quos adduxeris, multiplicius coroneris, quia *oportet*, sicut Joannes in Apocalypsi sua ait, *ut qui audit dicat: Veni* (Apoc. xxii).

EPISTOLA VII.

Honorando, et diligendo in Christo Domino Theobaldo *abbati monasterii sanctæ Columbæ* (166), *in suburbio Senonensi, frater* Petrus, *humilis Cluniacensium abbas, salutem et sincerum dilectionis affectum.*

Legi nuper litteras tuas, charissime frater, in quibus adverti magnum inter te, aliosque pene omnes tui ordinis chaos esse firmatum, longe te ab illorum studiis esse divisum. Nam cum, ut dictum est, illorum fere omnium corda, omnium verba, omnium scripta, ea quæ mundi sunt, sapiant, cor tuum, lingua tua, litteræ tuæ longe diversa sapere, et sentire videntur. Indicant hoc illæ, quas, ut præfatus sum, mihi pridem misisti, quæ (ut quod verum est fatear) nil mortale sonabant, nil eorum quæ in frequentissimis aliorum litteris legere soleo prætendebant. Non erat in eis quæstio de questu, non mentio de causis, non de damnis deploratio, non de lucris exsultatio. Quidquid in illis a primo apice usque ad ultimum legere potui totum aut tibi commissorum paternam curam, aut quæstiones de scripturis, aut de bonis ad meliora, gratia divini spiritus tibi collatum proficiendi appetitum sonabant. Hanc quippe sententiarum petitionem in litteris illis distinctam agnovi. Primo enim rogasti, ut fratres de Charitate, qui tecum erant, quique veram philosophiam, hoc est, Cluniacensem disciplinam, sic enim philosophiam inteprctatus (cs), filiis tuis tradiderant, in monasterio tuo esse, et vices tuas illic exsequi concederem. Secundo quæsisti-cur unctio infirmorum sola, et hoc apud Cluniacum solummodo, reiteretur, et qualiter somnium Joseph; quo se a sole, et luna et stellis undecim adorari (*Gen.* xxxvii), hoc est a patre, et matre, et undecim fratribus somniaverat, verum sit, cum mater jam ante principatum ejus defuncta, cum cum fratibus non adoraverit. Tertio postulasti ut consolatoria verba in epistola a me tibi mittenda, vel adderem vel insererem, ac talia, quæ inter tot Hierosolymitani itineris, quod jam Deo vovisti, discrimina de proximo impendentia, ferrent forte præsidium, ac inter amaros casus dulce terra marique solatium. Et ego quidem non sum tanti, ut ad tanta sufficere, ac de tantis tibi me posse congrua satisfacere credam. Quia tamen laudabili ac devoto studio tuo, maxime vero religiosa vita, et fama tua, non nunc primum valde delector, facio hoc, ut possum, quia ut postulasti non possum. Et primo plane capitulo precum tuarum, jam plus factis quam verbis respondi, quia, cuncta quæ de monachis supra scriptis rogaveras, concessi. Esset ergo superfluum, re jam concessa verbis diutius immorari.

Unde ad unctionis propositæ quæstionem sermo procedat, et cur apud Cluniacum plusquam semel sacro infirmi oleo inungantur(167), ostendat. Arbitror autem quod qui unctionem infirmorum iterandam non esse, aut cogitat, aut dicit, causam hanc sibi ipsi objicit, cum unctio baptismatis, cum unctio confirmationis, cum unctio sacerdotalis, cum unctio pontificalis, cum unctio ecclesiarum; cum unctio ecclesiasticorum vasorum, simplex sit, cum nullo deinceps tempore iteretur, qua ratione sola infirmorum unctio, non solum apud quosdam geminatur, sed insuper quibusdam infirmis frequenter per diversa tempora in morbum recidentibus nullo

---

ANDREÆ CHESNII NOTÆ.

(166) *Theobaldo abbati monasterii S. Columbæ.* Subscripsit hic litteris Hattonis Trecensis episcopi, quas supra jam integras retulimus, cum de præbenda Cluniacensium in ecclesia Sancti Petri Trecensis ageremus. Est autem S. Columbæ monasterium in urbe Senonensi, cujus ecclesiam Gerardus et ipse ejusdem loci abbas, ac forte Theobaldi istius successor immediatus postmodum a fundamentis renovavit, et ab Alexandro papa III dedicari magna cum celebritate procuravit anno 1165, uti refert autor Chronici Sancti Petri Vivi Senonensis.

(167) *Cur apud Cluniacum plus quam semel sacro infirmi oleo inungantur.* In ea fuerunt sententia Goffridus abbas Vindocinensis, et Yvo Carnotensis episcopus, ut non modo infirmorum unctionem sed nec aliud Ecclesiæ sacramentum iterari posse existimarint. Goffridi verba sunt epist. 19, lib. ii:
« Et ut cætera taceamus, in hoc ut nobis videtur, non mediocriter errant, quod unctionem infirmorum, cum a sancta catholica et apostolica sede sacramentum vocetur, et cum nullum sacramentum iterari debeat, iterandum putant. » Yvo vero epistola sequenti: « Unctionem, inquit, infirmorum non æstimo repetendam, quia, sicut ipse asseruisti, secundum institutum apostolicæ sedis, genus est sacramenti. Qui autem sacramenta Christi et Ecclesiæ repetit, injuriam ipsis sacramentis ingerit. » Sed cum ex Theologiæ placitis, ut ibi notat vir doctiss. Jacobus Sirmundus, ea solum sacramenta repeti nequeant, quæ characterem imprimunt, videlicet, baptismus, confirmatio et ordo, hinc fit ut extremam unctionem, quia ex eo numero non est, iterare liceat, non tantum Cluniaci, sicut hic Petrus noster defendit, sed et ubique tam in diversis morbis, quam etiam in uno eodem, quandocunque morbus ex intervallo sic recrudescit, ut novum vitæ discrimen minetur.

servato numero datur? Qui hoc cogitat, vel qui hoc objicit, attendat non solum unctionum illarum simplicitatem, sed (quod majus est) ipsius simplicitatis scrutetur et intelligat rationem. Utquid enim jam baptizatus inungitur, nisi ut jam collata, non conferenda baptizato per Spiritum Dei peccatorum remissio demonstretur? Hoc, quia semel factum sufficit, quia semel remissa peccata simplex sacri chrismatis unctio ostendit, iterandum esse, nulla ratio persuadet. Sed cur et illa, quæ ab episcopis fit, confirmationis unctio non iteratur? Non iteratur plane, hac ratione, quia semel Christianus, post baptismum armis Spiritus Dei per illam unctionem advocati contra Satanæ mundique bella munitus, alio rursum spiritu, vel aliis armis illa simplici unctione muniri non posse monstratur. Et potest quidem segnitie propria, ab hoste his armis depositis vinci, potest et eisdem resumptis iterum hostem vincere, nec tamen ea de causa unica unctio iteranda est, quia quotiescumque hostem superat, non per alium, et alium spiritum, sed per eumdem Spiritum sanctum hoc fieri, simplicitate sua unctio sacra designat. Sed cur non iteratur et illa, qua sacerdoti cœlestia sacrificia sacraturo et tractaturo manus inunguntur, illaque qua pontificis caput dum ordinatur, largiore chrismatis inundatione perfunditur? Sed nulla est causa hoc rursum agendi, nulla ratio sacerdoti vel pontifici, iterum manus vel caput ungendi. Sacramentum enim, quod semel a Spiritu Dei accipiunt, etiam judicio Ecclesiæ ab officio suspensi vel depositi, nullo pacto perdere, nulla ratione amittere possunt. Indicat hoc ipse communis et publicus Ecclesiæ usus, quæ nec presbyteros post quantumlibet prolixum degradationis tempus officio restituens, iterum consecrat, nec in episcopis de primis sedibus ad alias quandoque translatis unctionis sacramenta iterat. Eadem fere, et de ipsarum rerum insensibilium unctione ratio redditur, quia nec corporalis Ecclesiarum fabrica, nec sacrorum vasorum præparatio, bina vel terna unctione indiget: quæ semel pontificali officio Spiritus Dei benedictione congrua, ac semper dum illa manserint mansura, replet. His de causis, in Dei Ecclesia nulla jam dictarum unctionum unctio iteratur. At de infirmis, alia lex, alia de illorum frequenti unctione ratio demonstratur. Iterari enim, prout mihi videtur, necesse est infirmorum unctionem, quia iterari necessarium est peccatorum, propter quam illa fit unctio, remissionem. Isiud indicant et ipsa verba hoc præcipientis Apostoli: *Infirmatur*, ait, *quis in vobis? inducat presbyteros Ecclesiæ, et orent super eum, ungentes eum oleo in nomine Domini (Jac.* v). Ac sequitur: *Et oratio fidei salvabit infirmum, et allevabit eum Dominus, et si in peccatis sit, dimittentur* [*remittentur*] *ei* (ibid.).

Cum igitur certum sit causam unctionis hanc esse ut oratio fidei salvet infirmum, ut allevet eum Dominus, ut si in peccatis sit, dimittantur ei, cur non iterabitur unctio, præcedente unctionis causa?

Nam si æger post semel redditam sanitatem, nunquam deinceps in morbum incideret, si nunquam post primam unctionem in peccata corrueret, fateor quod nunquam deinceps unctionem jam dictam iterari fas esset. Quod si rursum infirmatus fuerit, si rursum peccaverit, quæ ratio ut rursum ei alleviatur, ut rursum ei peccata dimittantur, denuo eum inungi prohibebit? Nonne et Apostolus hoc se indicat velle, ut quoties quis infirmatus fuerit, toties inungatur? Nam quid aliud sonant verba illa illius: *Infirmatur quis in vobis? inducat presbyteros Ecclesiæ*. Non enim, ait, infirmatur quis in vobis semel, aut infirmatur quis in vobis inducat presbyteros Ecclesiæ semel; sed nulla mentione unius, binæ, vel ternæ unctionis facta, jubet nullo præfixo numero, induci ad ægrum presbyteros Ecclesiæ, fidei orationem fieri, ad allevationem et peccatorum remissionem eum oleo sacro inungi. Non igitur mihi videtur dicendum esse quod Apostolus non dixit addendum esse quod ipse non scripsit, sentiendum quod ipse, ut verba ejus indicant, non sensit. Non videtur plane in illis suis verbis Apostolum, vel sensisse, vel fieri præcepisse simplicem unctionem, cum sciret non tantum semel in varios morbos homines incidere, sed et frequenter in eosdem, vel diversos post adeptam sospitatem recidere, cum nosset, prioribus dimissis peccatis, iterum et iterum, ac multoties, miseros mortales peccare. Nam ejusdem, de quo loquor, apostoli, id est Jacobi, verba sunt. *In multis offendimus omnes (Jac.* III). Qui ergo prioribus morbis ac peccatis medicinalem unctionem providit, nunquid eam sequentibus morbis ac peccatis negavit? Non est plane hæc apostolica fides, non est hæc apostolica prædicatio, ut vel ægro congrua miseratio, vel pœnitenti peccatorum negetur absolutio. Hæc vero absolutio, quamvis sæpissime sine cujuslibet unctionis sacramento, tam in ægris quam in sanis ecclesiastico ministerio fiat, non debet tamen ægris cum absolutione unctio sacra subtrahi, quibus juxta intellectum supra scriptum, quotiescunque infirmantur, eam jam dictus apostolus jubet impendi. Nam et hæc sola in toto Novi Testamenti canone invenitur, non more aliarum unctionum a Veteri Testamento mutuata, sed jam in tempore gratiæ, apostolica suasione et imperio instituta. Unde, quia non in umbra veteris, sed in veritate novi Evangelii, hæc institutio facta est, non alio et alio modo interpretanda, sed sicut tradita, nullis involucris tecta, nullis allegoricis signis velata, a fidelibus intelligenda et observanda est.

Jam ad somnium Joseph, quod proposuisti, stylus accedat, super quo mirari te dicis, quod non sic ad litteram sit impletum, quomodo a patre est interpretatum. Nam cum Joseph in somnis viderit se a sole, et luna et stellis undecim adorari, ac pater referentem increpans dixerit se sole, matrem luna, undecim fratres undecim stellis signari, adoratus sit quidem Joseph ab undecim fratribus, non tamen, quia jam ante principatum ejus defuncta fuerat, etiam a matre. Ad quod ego cito respondeo, quia nec a patre. Nusquam enim hoc legitur. Sed nec benignum, et in sacris litteris laudatum virum decebat, ut a tanto tamque semper sibi dulcissimo patre se adorari permitteret, cum magis pater a filio, jure divino atque humano honorandus esset. Nec ideo tamen dici potest, vel somnium falsum fuisse, vel falso Jacob illud interpretatum esse. Licet enim eum non adoraverit pater, paterna hoc dignitate prohibente; licet non adoraverit mater, morte intercedente; licet, inquam, non adoraverint eum personaliter, adoraverunt tamen, ut a Patribus dictum est, in integra domo vel progenie sua, quæ illum tota adoravit universaliter. Et ne talis propositæ quæstionis solutio vim inferre litteræ videatur, producatur de eodem in quo hæc scripta sunt Genesi libro clarissimum absque aliquo obscuritatis nubilo exemplum. Nonne hæc verba sunt patriarchæ Isaac, loquentis Jacob filio suo; *Esto*, ait, *dominus fratrum tuorum, et incurventur ante te filii matris tuæ. Dominum tuum illum constitui: et omnes fratres ejus servituti illius subjugavi* (Gen. xxvii). Nunquid aliquando personaliter Jacob Esau dominatus est? Nunquid aliquando personaliter Esau fratri Jacob subjectus est? Nunquid aliquando personaliter ante eum incurvatus est? Relege sacrum illud volumen, et nusquam hoc contigisse, nusquam ab Esau personaliter Jacob adoratum invenies. Imo econverso tibi legenti occurret, Jacob revertenti de Mesopotamia cum uxoribus et filiis et gregibus Esau occurrisse, ipsumque Esau Jacob suppliciter adorasse. Sic enim scriptum est : *Et ipse*, id est Jacob, *progrediens, adoravit pronus in terram septies, donec appropinquaret frater ejus* (Gen. xxxiii). Quomodo ergo manebit prophetia jam dicta : *Dominum tuum illum constitui?* Quomodo manebit : *Et omnes fratres ejus servituti illius subjugavi?* Quomodo manebit : *Et incurventur ante te filii matris tuæ?* Non enim aliquando, ut præmisi, Jacob fratri suo Esau dominatus est, vel aliquando Esau ante eum incurvatus est, sed e contrario quando idem Jacob pronus in terram septies adoravit, utique coram fratre suo incurvatus est. Non enim nisi incurvatus in terram septies prosterni, non plane nisi incurvatus, adorare fratrem potuisset. Quid ergo? Falsane tanti patriarchæ prophetia credetur? Videsne quam caute incedendum sit per tot angustas semitas eloquiorum Dei? Similia quippe huic obscuritati sæpe contingunt, quæ, nisi lector prudenter caverit, offenso ad lapidem pede sæpe procumbet. Sic et de arcto propositæ quæstionis loco, non erit qua exeas, nisi te non ad ipsum Esau, sed ad progeniem ejus convertas. Non enim per seipsum fratri Jacob servivit, non per seipsum ante eum incurvatus est; sed vere in posteris suis, hoc est, in gente Idumæorum, posteritati Jacob, hoc est, Judæis, aliquanto tempore subjectus est. Subjectos vero veros aliquando fuisse Idumæos Judæis docet ipsa excussio servitutis. Quam excussionem etiam jam dictus Isaac flenti Esau prædixerat : *Tempus*, ait, *veniet, ut excutias et solvas jugum ejus de cer-* *vicibus tuis (I Gen. xxvii).* Hoc tunc impletum esse liber Malachim indicat, cum dicit : *In diebus illis recessit Edom, ne esset sub Juda (IV Reg. viii).* Sicut ergo Esau fratri suo Jacob, non in persona propria, sed in successione generis sui servivit, sicut non personam propriam, sed genus proprium; non ante Jacob, sed ante Judæos ejus posteros incurvavit; sic non in persona propria, sed in progenie sua, Jacob pater, et Rachel mater Joseph filium adoravit. Possem similia huic exemplo exempla alia proponere, si non crederem istud unum posse sufficere. Sed quia, ut credo, istud, unum plene illud ad quod firmandum assumptum fuerat, roborat, ad ea quæ restant, sermo procedat.

Quod igitur aliquid vel interseri, vel addi epistolæ voluisti, unde robustior, et ad tolerandos terra marique Hierosolymitanæ viæ labores promptior esses, nescio quid aliud congruentius proponere, nescio quid vehementius ad vires animi reparandas suggerere possim, quam propriæ testimonium conscientiæ. Hæc enim semper consolatur sanctos in omni tribulatione sua, hæc reddit eos constantes in omnibus laboribus suis, hæc reddit eos victores in universis congressibus suis. Recolunt enim Christum suum dixisse, et certissimam humanis operibus regulam præfixisse, cum per Evangelium suum locutus est : *Si oculus tuus fuerit simplex, totum corpus tuum lucidum erit* (Luc. ii). Unde si oculus tuus, charissime, in hoc negotio simplex est, si intentio tua in hoc itinere pura et sincera est, Veritate, qua audisti, hoc affirmante, totum corpus tuum, hoc est omnia opera, omnes labores, omnes in hoc itinere sudores tui lucidi, non tenebrosi erunt. Credo autem, et ex præteritæ vitæ tuæ optima fama conjicio, isto oculo te tam laboriosum iter agressum, ut quia Salvatoris tui in hac adhuc vita corporali præsentia cares, eum saltem in sacris illis locis, in quibus natus, conversatus, passus, mortuus ac sepultus est : de quibus resurrexit, de quibus in cœlo ascendit, sanctis animi affectibus contempleris. Arbitror plane hac de causa de ultimis Occidentis notri partibus, ignotas tibi adhuc Orientis plagas intrepide te adire, corpus laboribus, vitam periculis cunctis exposuisse, ut in Nazareth Christi conceptum, in Bethlehem ortum, in sepulcro triduanam sepulturam, in singulis redemptionis humanæ locis, ipsum Redemptorem beatis, ut dictum est, fidei oculis intuearis. Adorabis in loco, ubi etiam corporaliter, juxta prophetiam steterunt pedes ejus (*Psal.* cxxxi), nec dissimili affectu, imo certiore fide, ut evangelicæ mulieres, Domini dilectrices, Salvatorem æterna Patris majestati in cœlis assidentem in ejus sepulcro, pio affectu scrutaberis. Non minoris, ut æstimo, pretii apud benignum cordium inspectorem, et justum sanctorum affectuum judicem, ad tam remotas mundi partes erit tua peregrinatio, quam jam dictarum mulierum vel discipulorum, ad Christi sepulcrum de proximo venientium, visitatio. Currebant illi de proximis latibulis ad quæ confugerant, ad salutarem nuper sepulti Domini specum : curris tu per terræ marisque discrimina ad idem ad quod illi spelæum. Puto quod cursus prolixior, via laboriosor, affectus non inferior, etsi non majorem, saltem parem salvo apostolico privilegio promerebitur mercedem. Quod ut contingere possit, oculus ille, de quo præfatus sum, quo cuncta opera mortalium vel lucida vel tenebrosa sunt, summopere tibi purgandus est, ne levitas, instabilitas, curiositas, quæ frequenter se hujusmodi discursibus immergunt, nisu quolibet illum obscurare, illum obnubilare prævaleant. Cavendum est ne de spoliis forte vincendorum hostium spes lucri subintret, et servum Dei, postposita commissarum animarum cura, huc illucque non jam devotio, sed avaritia vagari compellat. Videndum est ne vanæ laudis amor præcordia tangat, et militarem se ac bellicosum, contra propositum et ordinem, monachus et abbas ostentet. Ab his et similibus oculus mentis purgandus est ne forte, dum ea quæ facimus, qua de causa fiant subtiliter discutere negligimus oculus noster nobis pro luce tenebras ingerat, et totum corpus nostrum tenebrosum fiat. Timendum est ne lampas nostra, dum plena oleo æstimatur, veniente Sponso vacua appareat, et nos a nuptiis felicibus, et æternis excludat. Stultus est, et vere fatua virgo, qui quod ædificat destruit, qui fructus quos collegerat spargit, qui fruges, quibus æterna, ne deficiat, pascitur vita, jam in arca congregatas, ventis furentibus et undique irruentibus prodit. Hoc faciunt superbiæ, hoc vanæ gloriæ, hoc avaritiæ sectatores, quibus de collectis vitæ necessariis, nihil imposterum residui esse potest, dum aut ea ventus vanæ gloriæ per aera dissipat, aut avaritia, ne vel sibi vel cuiquam prodesse possint, manu adunca in imis terræ visceribus occultat. Sed absit ut hoc de sanctitate tua, mi charissime, suspicer, quem nec lucri nec gloriæ, nec levitatis, Dei tantum causa, hoc iam sanctum iter arripuisse confido. Nam valde absurdum est, vel suspicari, ut tu, qui jam a multo tempore sacris jejuniis, multis vigiliis, variis carnis cruciatibus te ipsum torquens, Deo cum Propheta dicere potes : *Propter te morte afficimur tota die* (*Psal.* XLIV), tantos tantoque tempore partos labores, vilissimo vanitatis commercio, stultissime perire permittas. Sed quia ipse hoc voluisti, quia hoc ipse rogasti, ad memoriam charissimi mei, quæ tam fructuoso itineri possent prodesse vel obesse, monstravi. Sit igitur hic finis epistolæ, ut tu tibi ipsi labores tuos sapienter conserves, et me, qui bonorum virorum adjutoriis non parum egeo, bonis tuis, sudoribus tuis, sanctis maxime ad sepulchrum Domini orationibus tuis, studiose, quod valde precor et postulo, adjuves.

EPISTOLA VIII.

Cum honore recolendo ac nominando venerabili fratri Domini BERNARDO *Clæreval. abbati, frater* PETRUS *humilis Cluniacensium abbas, salutem et sinceræ charitatis affectum.*

Placuit sanctitati vestræ humilitatem meam consulere quid mihi super electione fratris Heinrici filii vestri videretur (168), utrum eidem assensum præbere deberetis, an non. At vos quidem plenus spiritu consilii et timoris Dei, meo super hoc consilio non egetis, nec necesse vobis est ab aliquo talium qualis ego sum mutuare, quod ex collata vobis a Deo gratia, aliis affluenter et nostris soletis accommodare. Quia tamen quid inde sentiam, audire vultis, breviter dico. Si vitæ meritum quæritur, magnum est. Quomodo enim non magnum est, cum de tanto tantillum se fecerit, cum regii sanguinis, ut sic loquar, superbiam, tam robustæ humilitatis pede calcaverit, cum luxus, et pleno cornu fluentes mundi delicias, tormentis innumeris et mille mortibus commutaverit, cum undique arri-

ANDREÆ CHESNII NOTÆ.

(168) *Quid mihi super electione fratris Heinrici filii vestri videretur.* De Henrico fratre Ludovici VII, regis Francorum loquitur, qui monachus Clarevallensis sub sancto Bernardo degens, Belvacensis Ecclesiæ pastor et antistes postulatus est, ut vel ex ejus ad Petrum nostrum epistola, quæ sequitur, apertius innotescit. Fuisse autem primo clericum docet præceptum Ludovici Grossi patris ejus, quo monasterium Sancti Guenaldi Corboliensis ecclesiæ Beati Victoris ad urbem Paris. donavit anno 1134. Fuisse et subdiaconum patet ex charta Stephani Parisiensis episcopi de donatione præbendæ unius eidem ecclesiæ Sancti Victoris *in seniori Ecclesia Beatæ Mariæ*; item archidiaconum Aurelianensem ex charta Heliæ episcopi de ecclesia monachorum sancti Martini de Campis apud Hienvillam ; abbatem quoque ecclesiæ Beatæ Mariæ Stampensis, ex charta Odonis prioris Sancti Martini de Campis ; abbatem Sancti Dionysii de Carcere, ex præcepto Ludovici Junioris, quo ipsam S. Dionysii ecclesiam monachis Sancti Martini de Campis possidendam concessit ; abbatem sancti Exuperii Corboliensis, ex alio ejusdem regis præcepto, quo donum illius de præbenda in ecclesia S. Exuperii, canonicis Sancti Victoris factum confirmavit ; abbatem denique Sanctæ Mariæ de Medunta, Sanctæ Mariæ de Pisiaco, Sancti Melonis de Pontisara, et, ut uno verbo absolvam, abbatiarum omnium regalium abbatem. Quæ dignitas qualis exstiterit, ita Joannes Parisiensis explicat ad annum 1149 : « Hoc tempore, inquit, Eugenius papa Henricum fratrem Ludovici regis, monachum Clarevallensem præfecit omnibus abbatiis Franciæ, et erat quoque generalis abbas supra speciales abbates, etc. Post in fine hujus anni factus est episcopus Belvacensis. » Demum ex episcopatu Belvacensi transiit ad archiepiscopatum Remensem, anno 1166, eique tam in Aurelian. Ecclesiæ archidiaconatu, quam et in quarumdam regalium abbatiarum cura successit Philippus frater ejus, ut ex pluribus Tabularii Sancti Victoris chartis nobis apparuit. In una enim quæ est Manassis Aurelianensis episcopi, de vineis canonicorum Sancti Victoris in Aurelianensi diœcesi, subscribitur *Philippus archidiaconus frater regis*. In alia vero, quæ est ipsius super annalibus a Ludovico Grosso patre suo conventui Sancti Victoris assignatis, appellatur « Philippus frater illustris Ludovici Dei gratia regis Francorum et ducis Aquitanorum, et per Dei gratiam abbas quarumdam regalium Ecclesiarum, videlicet Sanctæ Mariæ de Stampis, Sanctæ Mariæ de Corbolio, sanctæ Mariæ de Medunta, Sanctæ Mariæ de Pisciaco, Sancti Mellonis de Pontisara, etc.

dentem mundum irriserit, cum abnegans semetipsum et tollens crucem suam, Christum morientem secutus fuerit? Si concors electio, de clero vel populo Belvacensi nec unus dissentire dicitur. Si metropolitani, et coepiscoporum assensus, etiam universorum preces vobis, ut comperi, pro confirmando tam sacro opere, frequenter oblatæ sunt. Si insuper domini papæ voluntas, quantum hoc ei placuit [placeat], ipsius epistola domino Remensi, ut audivi, directa, testatur. Quid ergo restat, vir venerande, nisi ut voluntati Dei, quæ tot indiciis se declarare videtur, vestram subjiciatis, nec ultra Ecclesiam illam laborare, aut in eundo vel redeundo, sua frustra expendere permittatis? Quod si de scientia veluti minus talia experti diffiditis, potens est Deus, qui ei jam dedit magna, etiam præstare majora. Unde inquantum cernere datur, non est ultra procrastinandum, non est ultra differendum; sed cum ad vos magnæ partium vestrarum personæ, quæ, ut mihi relatum est, hac de causa in proximo venturæ sunt, venerint, eos alacriter suscipite, benigne audite, et tam diuturnum desiderium eorum, toties et toties repetitam postulationem ipsorum, causa ejus qui in bonis desiderium suorum, celeriter, quia sic justum est, adimplete.

EPISTOLA IX.

Inter Patres reverentissimo, et inter amicos charissimo, domino PETRO *abbati Cluniacensium, frater* HENRICUS, *sive jubente, sive permittente Deo, Belvacensis electus, seipsum, et si quod amplius potest.*

Parcat vobis omnipotens Deus! Quid est quod fecistis? Sepultum hominem revocastis ad homines, et consilio vestro, cui nimium creditum est, expositus sum, et repositus in terribile curarum pelagus, ut me iterum honoris altitudo resorbeat. Nescivi, anima mea conturbavit me, propter quadrigas Aminadab, quas suscepi regendas, regi, non regere opus habens. Manus meas miserunt ad fortia : opus esset fortitudine. Speculator domui Israel factus sum : opus esset prudentia. Sapientibus et insipientibus debitor factus sum : opus esset justitia. Prædicatur populo Dei datus sum : opus esset temperantia, ne forte cum aliis prædicavero, reprobus (quod absit!) inveniar. Sed quæ sunt ista, et quis sum ego? Vel ubi ista, et ubi ego? Domine Pater, et Deus vitæ meæ, imperfectum meum viderunt oculi tui. Domine, vim passus sum, responde pro me, quia sola obedientia coegit me, sine qua, juxta virum sanctum (*Gregor.*) infidelis quisque esse convincitur, etiam si fidelis esse videatur. Et quia nemo majori fiducia utitur, quam qui ex affectu diligit, nunc vos quasi portionem animæ meæ convenio, deponens apud vos familiarem, et dolentem querelam. Quid vobis visum est, ut litteris vestris ad dominum abbatem missis, faceretis stultitiam meam elevari super candelabrum? Credidisti quidem, Domine, propter quod locutus es, nec fallere, nec falli voluisti, sed non evasisti secundum. Verumtamen quoquo modo factum sit, et quaquaversum vertat exitum rei Dominus Deus noster, ego vester sum, et ad vestrum servitium, si dignamini, præparatus. Me accipite in servum, in amicum, in filium, et illi sanctæ multitudini, cui Deo auctore præestis, specialem et uterinum monachum, ne dicam episcopum, sempiterno fœdere sociate.

LIBER SEXTUS

EPISTOLA PRIMA.

Venerabili, dilecto et diligendo domno ADEMARO *abbati Figiacensi* (169), *frater* PETRUS *humilis Cluniacensium abbas, salutem, et licet læsum, tamen sincerum amorem.*

Scripsi semel, scripsi secundo semel scribenti, secundo non scribenti. Miratus sum nihil a vobis rescriptum meæ primæ epistolæ, nihil secundæ. Causam cogitanti, nulla præter unam occurrere potuit. Si quæritis quam æstimem, respondeo non invenisse vos ad objecta responsum. Quæ si est, restabat unum, hoc est, confiteri reatum. Inde saltem rescribendi materia esset, inde mihi vestra loqui epistola posset. Confiteor culpam, postulo veniam. Et ut jam serio aliquid agam, bonum est ne differatis ultra venire ad nos, libenter paratos videre vos. Nec obstet itineri vestro querela mea, quia, ut ait Salomon, est regressio ad amicum. Exspectabo ego, aut Cluniaci, aut circa, vel in Natale Domini, aut in ejus Epiphania, adventum ve-

---

ANDREÆ CHESNII NOTÆ.

(169) *Domno* ADEMARO *abbati Figiacensi.* Figiacum, sive Fiacum, Caturcini pagi monasterium, quod Pipinus Aquitanorum rex a fundamentis construxit, et Stephano papa præsente mirabiliter consecratum fuit. Sic enim ipse Pipinus in Tabulis fundationis : « Notum, inquit, esse volumus cunctis Christum colentibus, præsentibus scilicet et futuris, qualiter locum in convalle Lunantis olim a prædecessoribus nostris in pago Caturcino constitutum, et ab aquis irruentibus jam pene dissipatum. Nos proxima silva in eodem pago, habiliori loco, cui Fiacum nomen imposuimus, mutantes monasterium vel cætera ædificia a fundamentis ædificavimus : quod præsente domino Stephano papa mirabiliter a Deo consecratum prospeximus, ubi monachorum turmam sub cultu religionis divina miserante clementia congregavimus, cui auctore Deo venerabilem virum Anastasium abbatem ordinavimus. » Unde et Bernardus Guidonis in Chronicis : « Ædificatum est a Pipino Figiacense cœnobium, quod tunc dicebatur Fiacum in territorio Caturc. cujus oratorium ipsi Stephano papa et rege præsentibus est consecratum, prout in gestis antiquis ipsius monasterii plenius continetur. »

strum, facturus quæ dixeritis ad votum vestrum.

EPISTOLA II.

Reverentissimo Patri et amico charissimo PETRO *Dei gratia Cluniacensi abbati, frater* BERNARDUS *Clarevallis vocatus abbas, in vero salutari salutem.*

Utinam sicut præsentem epistolam, ita vobis mentem meam mittere possem! Sine dubio tunc clarissime legeritis quid in corde meo de amore vestro digitus Dei scripserit, quid meis impresserit medullis. Quid ergo? Incipio me iterum apud vos commendare? Absit! Jam pridem conglutinata est anima mea animæ vestræ, et de personis imparibus pares animos fecit parilitas charitatis. Quid enim meæ humilitati cum vestra sublimitate, si non inclinasset dignatio dignitatem? Ex tunc factum est ut utrinque permiscerentur, et mea humilitas, et sublimitas vestra, ut nec ego sine vobis humilis, nec vos sine me sublimis esse possetis. Hæc dico, quia Nicolaus meus, imo et vester, in spiritu vehementi commotus, commovit me, asserens se vidisse epistolam nostram directam ad vos, in qua voces amaritudinis claudebantur. Credite amanti, quia nec in corde meo ortum est, nec ab ore meo extortum est quod aures vestræ beatitudinis exasperaret. Multitudo negotiorum in culpa est, quia, dum scriptores nostri bene retinent sensum nostrum, ultra modum acuunt stylum suum, nec videre possunt quæ scribi præcepi. Parcite hac vice, quia quidquid de aliis sit, vestras videbo, et non credam nisi oculis et auribus meis. Cætera vobis communis iste filius planius et plenius viva referet voce. Ipsum tanquam me audietis, qui vos diligit non verbo, neque lingua, sed opere et veritate. Salutate nobis sanctam illam multitudinem vestram, et orate ut orent pro puero suo.

EPISTOLA III.

Venerabili præclaro in membris Christi viro, domino BERNARDO *Clarevallensi abbati, frater* PETRUS *humilis Cluniacensium abbas, post Deum et in Deo quod est.*

Quid dicam? Loqui soleo: sed nunc mutus factus sum. Unde hoc? Quia litteræ vestræ, quæ me eloquentem facere debuerant, mutum fecerunt. Quare? Tanta in illis licet brevibus legi, ut si ad respondendum me effundere conarer, magis taciturnus quam loquax viderer. Sed gravi homini, sed religioso loquor. Agendum est ergo, prout gravitas postulat, prout religio, etsi non mea, tamen vestra efflagitat. Quid enim? Nonne verum est quod dico? Brevis est epistola; sed multa respondendi materia. Fer, rogo, insulsum, si quid secus dixero quam oporteat. Veræ enim amicitiæ est, non solum falsa amici suscipere, sed et insulsa aut condire, aut tolerare. Accepi, ut dixi, ex parte tua litteras, litteras singulares, litteras amorem dulcissimum et honorem, plusquam mihi debitum, prætendentes. Reverentissimum me dicis, Patrem nominas, amicum charissimum appellas. Gaudeo ad ista, sed salva veritate, quæ ex Christo in te defluxit, duo præcedentia nescio, tertium agnosco. Nam reverentissimum me esse ignoro, Patrem quantum ad te me esse nego, amicum et charissimum tuum me non solum ore profiteor, sed et corde agnosco. Ut enim de reverentissimi et amici charissimi nominibus taceam, quorum, ut dixi, alterum nescio, alterum agnosco, de Patris interim nomine hoc tibi, reverende frater, scribo: quod singularis suo tempore, et præclarissimus religionis flos, domnus Guido prior Carthusiensis, mihi quondam scripsit. Scribebam ei frequenter, et sæpe cum eo, vel verbis ad invicem collatis, vel litteris familiaribus delectabar, et eum in epistolis meis Patrem nominabam. Toleravit hoc primum, putans me finem facturum scribendi. At postquam me persistere vidit, et frequentibus litteris Patris nomen iterare, in hæc verba sanctus ille tandem prorupit. Scripsit namque mihi epistolam, in quam inter cætera hoc inseruit: *Unde petimus per eam, qua in nos indignos vestra servent viscera, dilectionem, ut quando nostræ exiguitati vestra scribere dignatur serenitas, ita de propria cogitetis ædificatione, ut infirmitatem nostram periculosa non infletis elatione.* Ac statim: *Et illud,* inquit, *præ omnibus ac super omnia quæ sumus, et defixis in terram genibus obsecramus, ne utilitatem nostram Patris nomine dignam ulterius æstimetis. Satis et super satis est, si frater, si amicus, si filius appelletur qui nec servi nomine dignus habetur.* Scripsit hoc ille mihi, scribo et ego hoc idem tibi. Sufficit, et multum sufficit, si fratris, si amici, si chari, vel charissimi nomine de te, vel apud te glorier, vel si quid tale aut te decet mittere, aut me decet suscipere. Hoc de præmissa salutatione. Sed quid de sequentibus? *Utinam,* inquis, *sicut præsentem epistolam, ita vobis mentem meam mittere possem.* Et statim: *Sine dubio tunc clarissime legeritis, quid in corde meo de amore vestro digitus Dei scripserit, quid meis impresserit medullis.* Vere hæc verba salvo majoris mysterii sacramento, sicut unguentum in capite, quod descendit de barba Aaron in oram vestimenti ejus (*Psal.* cxxxii). Vere ista sicut ros Hermon, qui descendit in montem Sion (*ibid.*). Vere etiam sic stillant montes dulcedinem, et colles fluunt lac et mel (*Joel.* iii). Nec mireris quia tam sollicite attendo, et teneo verba tua. Non enim a qualicunque ore prolata scio, sed ab illius, qui loqui non novit, nisi de corde puro et conscientia bona, et amore non ficto. Novi hoc, inquam, ego, novit et mecum orbis non esse te de illorum numero, qui juxta Psalmum, *Vana locuti ad proximum suum* (*Psal.* xi): Non esse te de illis, quorum labia dolosa in corde et corde locuti sunt (*ibid.*). Idcirco quotiescunque placet sanctitati vestræ scribere mihi, non negligenter, non transitorie, sed studiose, affectuose scripta tua suscipio, lego, amplector. Quis enim non sollicite legeret, non multo cum affectu amplecteretur et ea quæ præmisi, et illa quæ sequuntur? Jam pridem ait: *Conglutinata est anima mea animæ vestræ (I Reg.* xviii), *et de personis imparibus pares animos fecit parilitas charitatis. Quid enim meæ humilitati cum vestra sublimitate, si non inclinasset dignatio dignitatem? Ex tunc factum est ut utrinque permiscerentur, et mea humilitas et sublimitas vestra, ut nec ego sine vobis humilis, nec vos sine me sublimis esse possetis.*

Hujusmodi ergo verba negligenter legenda sunt? Nunquid non debent oculos legentis fixos tenere, cor rapere, animos unire? Videris, mi charissime, qui scripsisti, quid de his sentias. Ego de his aliud sentire non possum, quam quod littera sonat, quam quod a tanto, a tam veraci, a tam sancto homine dictum teneo. Nec, ut ipse dixisti, incipio me iterum apud te commendare. Adhuc juvenes amare in Christo nos cœpimus, et jam senes aut fere de amore tam sacro, tam diuturno dubitabimus? Absit! Credite amanti, ut verbis vestris utar, quia nec in corde meo ortum est, nec ab ore meo extortum est, ut de verbis vestris quolibet modo, si tamen serio expromptis, aliquando dubitaverim. Unde quod in his, de quibus agitur, litteris scripsisti, amplector, servo, custodio. Facilius mihi possent auri mille talenta subripi, quam hæc quolibet casu a corde avelli. Sed de his satis. De reliquo unde me motum prudentia vestra putavit, hoc fuit. Pro negotio, quod vobis bene notum est, cujusdam Anglici abbatis, continebant litteræ vestræ. Quasi, inquiunt, *subversum sit judicium, et de orbe perierit justitia, et non sit qui eripiat inopem de manu fortiorum ejus, egenum et pauperem a diripientibus eum* (Psal. xxxiv). Sed si mihi creditis, sciatis prorsus inde me ita motum esse, sicut de se dicit Propheta, licet ego propheta non sim : *Ego autem tanquam surdus non audiebam, et sicut mutus non aperiens os suum* (Psal. xxxviii). Et rursum. *Factus sum sicut homo non audiens, et non habens in ore suo redargutiones* (ibid.). Ego quidem in istis offensus non sum. Sed et si offensus essem, multum satisfactum est, quando dixisti : *Multitudo negotiorum in culpa est, quia dum scriptores nostri non bene retinent sensum nostrum, ultra modum acuunt stylum suum, nec videre possum quæ scribere præcepi. Parcite hac vice, quia quidquid de aliis sit, vestras videbo, et non credam nisi oculis et auribus meis.* Parco igitur, et de facili veniam tribuo. Non est apud me, quod humiliter dico, etiam in offensis gravibus, labor gravis, ut ignoscam oranti, dem veniam postulanti. Quod si in gravibus ignoscere labor non est, quanto minor in levibus aut nullis est? De testamento domni Baronis Romani subdiaconi, quod vestræ Clarevallensi et Cisterciensi Ecclesiæ, ex his quæ mandas nos deposuisse, moriens fecisse dicitur, factum est, quod a quibusdam personis, qui sibi hoc ab eo injunctum esse dicebant, mihi scriptum est. Volo tamen vos scire, quia sicut quidam, ut puto, testes veridici astruunt, plus vobis in his contulit gratia Cluniacensis abbatis, quam testamentum Baronis. Scio quidem, nec adeo expers sum divinarum vel humanarum legum, ut nesciam quod per posterius testamentum, et legatum, et fidei commissum, causa mortis rata sunt. Sed lego tamen alibi : *Nihil tam juri naturali conveniens est, quam voluntatem domini, volentis rem suam in alium transferre ratam haberi.* Hoc ideo dico, quia sicut testes præmissi fatentur, quidquid Cluniaci deposuerat, totum Cluniaco dederat, nisi forte eum recipere contingeret, antequam præsentem vitam finiret. Nolui tamen hoc uti privilegio, sed quod juxta illorum testimonium, meum esse credebam, vobis vestrisque concessi. De electione Gratianopolitana, contra quam nostri Carthusienses agunt, quid sentiam, in ore charissimi mei, vestrique fidelis Nicolai vobis retegendum diligenter reposui. Ipsum audite, et quod ab ore meo vobis retulerit, absque hæsitatione vel minima, verum esse credite. Si quæ mandanda mente exciderunt, cum memor fuero, charissimo mihi in Christo mandabo. In fine rogo, quantum possum, et supplico, quod jam per quasdam vestri ordinis personas mandavi, ut in hoc tanto sanctorum virorum, qui Cistercii convenerunt, conventu, mei, utique vestri, memoriam faciatis, meque, totumque Cluniacensis congregationis corpus eorum intente orationibus commendetis.

EPISTOLA IV.

Singulari honore recolendo, charissimo nostro domino BERNARDO *Clarevallis abbati, frater* PETRUS *humilis Cluniacensium abbas, salutem quam repromisit Deus diligentibus se.*

Breves dies hominis sunt. Fugiunt, nec redeunt. Vestigia eorum nulla retrorsum. Labitur miser homo, more fluentis aquæ, cum ipsis, et præcipiti cursu, ad finem quem nescit, excurrit. Eapropter non est dissimulandum, sed festinandum, non est periculosa procrastinatio sustinenda, non est mora libera nobis, quia *nescit homo,* ut Scriptura clamat, *quid superventura pariat dies* (Prov. xxvii). Obtemperandum est, et alibi dicenti : *Quodcunque potest manus tua facere, instanter operare* (Eccle. ix). Ad quid istud ? Non hoc, venerande et charissime frater, dico, ut te, cujus multiplicia et sancta opera mihi ac mundo nota sunt, velut otiosum ad operandum provocem, vel tarditatis alicujus, ad cœlestia et æterna multis sudoribus festinanti notam imponam. Stultum est enim currentibus in stadio dicere : Currite. Sed non est stultum dicere : *Sic currite, ut comprehendatis* (I Cor. ix). Cucurristi hactenus multum, juvante Domino gressus tuos ; sed non est cessandum, quousque secura mente dicere audeas, *cursum consummavi, fidem servavi* (II Tim. iv). Videor, ut dicitur, docere Minervam. Verum ego Minervam non doceo ; sed ut his, quæ animo insederunt, perficiendis totam, quam poteris, operam impendas, toto nisu admonere satago. Et ne diu rem protraham, teque plus nimio suspensum teneam, audi quid intendam. Doleo, imo jam ab antiquo dolui, et miseris quibusdam (quod salva bonorum gratia dico) condolui, quod spectaculum facti mundo, et angelis, et hominibus, quod stulti propter Christum, quod infirmi, quod ignobiles, qui usque in hanc horam et esuriunt, et sitiunt, et nudi sunt, et operantur manibus suis, et pene magnum Paulum ex toto sequuntur, quæ gravia sunt, faciunt, quæ levia, facere nolunt. *Audivimus*, ait ille quem diligebat Jesus, *mandata ipsius. Et mandata ejus gravia non sunt (I Joan. v*). Servas quicunque talis es, gravia Christi mandata, cum jejunas, cum vigilas, cum fatigaris, cum laboras, et non vis levia servare, ut diligas. Propter verba labiorum ejus, custodis vias duras, per eas fortiter gradiendo, et propter verba eorumdem labiorum ejus, non vis custodire viam mollem, per eam leniter et placide incedendo. Castigas corpus tuum, et in servitutem redigis, ne forte reprobus inveniaris, et dulci charitatis lacte vel melle, teipsum refovere nolendo, reprobus fieri non perhorrescis? Quid prodest tormentis teipsum absumere, et ad nullum tormentorum profectum absente charitate proficere? Huic tanto fratrum periculo tu subvenire, huic tam noxio animarum morbo, ut charissime, mederi poteris, si gregem congregationis tuæ, imo oves pascuæ Christi, quæ te post ipsum præ cunctis mortalibus suspiciunt, quæ tibi maxime innituntur, corpori societatis nostræ laudabili arte unieris. Mirabere fortassis, quia dixi arte. Sed noli mirari. Profero quod usitatum est : *Ars est artium regimen animarum* (*Gregor.*). Ars, inquam, tibi necessaria est, si hoc opus tam laudabile, tam salutiferum, tam Deo gratum implere volueris. Sed interrogas. Quæ? Novit sapientia tua, stultorum esse infinitum numerum ; sapientum, finitum et parvum. Nec ignoras alium esse spiritualium oculum, alium carnalium. Recordaris scriptum esse : *Animalis homo non percipit ea quæ sunt spiritus Dei* (*I Cor.* ii). Utquid hæc dico? Color varius, habitacula diversa, usus dissimiles obviant dilectioni, contraria sunt unitati. Aspicit albus nigrum, et miratur quasi monstrum. Intuetur niger album, et miratur velut informe prodigium. Exasperant mentem aliis assuetam usibus nova instituta, nec facile potest ei placere, quod non consuevit videre. Hoc tamen apud eos, qui vident in facie, et non attendunt quid versetur in mente. Non illa sic intuentur oculi rationabiles, non illa sic contemplantur oculi spirituales. Vident , intelligunt, agnoscunt nihil in servis Dei differre colorem varium, nihil usum diversum, nihil divisa habitacula, cum juxta Apostolum neque circumcisio valeat aliquid , neque præputium, sed nova creatura (*Gal.* vi), et rursus, juxta eumdem : *Quia non est Judæus vel Græcus, non est masculus neque femina, non barbarus et Scytha, non servus et liber, sed omnia et in omnibus Christus* (*Coloss.* iii).

Hoc plane tales vident, intelligunt, agnoscunt. Sed quia non omnes tales sunt, et raro inveniuntur quibus hoc cernere detur, condescendendum est, ut mihi videtur, inferioribus, eisque juxta illum qui ait : *Omnibus omnia factus sum, ut omnes lucrifacerem* (*I Cor.* ix), juxta eorum morem, mos est dispensative gerendus. Non dico ut color uniatur, hoc est ut de albo niger, vel de nigro albus fiat. Non dico ut vel antiqui usus in novos, vel novi transferantur in antiquos. Nihil horum dico, licet hoc ex parte jure dicere possem. Vereor ne si quod inde sentio dicerem, forte, altera parte offensa, et verba in irritum funderem, et quos in invicem placari desidero, verbis non placentibus irritarem. Utatur unusquisque colore, quem elegit ; teneat usus, quibus se salva fide et charitate devovit. Uniantur saltem habitacula, sit indifferens, diversorum colorum et usuum cohabitatio, nutriatur et provehatur in servis Dei tali arte charitas, perturbetur et expellatur contraria charitati iniquitas. Fiet hoc vel ex toto, vel ex plurima parte, ut arbitror, si quando antiqui ordinis monachi ad novorum fratrum monasteria vel habitacula venerint ; ab ecclesia, a claustro, a dormitorio, a refectorio, seu ab officinis reliquis exclusi non fuerint. Auferetur ab advenientis fratris corde scandalum ; ori, ne detrahat, imponetur silentium, quando et suscepti et suscipientis commune fuerit habitaculum, vel hospitium. Recedent vetera de ore ejus quæ dicere, quæ frequentare consueverat. Nunquid ego Judæus sum? Christianum me esse putabam, et pro ethnico reputor. Monachum me credebam, et ut publicanus abjicior. Concivem me æstimabam, et ut Samaritanus expellor. Vere nunc agnovi, quia non coutuntur Judæi Samaritanis. Et quis potest cuncta similia istis, quæ hac de causa prolata sunt, maledica verba referre ? Obstruatur igitur tali charitatis obice os loquentium talia, ne dicam iniqua ; consulatur infirmis, quorum se medicum Christus dixit (*Matth.* ix). Caveatur pusillorum scandalum, timeatur mola asinaria, quæ non caventes mergit in profundum maris (*Matth.* xviii). Non timeatur illud, quod nuper apud Claramvallem a quibusdam fratribus mecum inde conferentibus audivi, timere se, ne si advenientes monachi hospites intra claustra sua suscepti fuerint, tam austeritate consuetudinum, quam insolita ciborum asperitate deterriti , inusitata hospitia perhorrescant : ac malint deinceps in talia claustra non ingredi, quam morem tam asperum tolerare. Ad istud ego, quod tunc respondi, adhuc respondeo. Tollatur tantum non ingrediendi scandalum , sit pro more apud vestros constituto hospitium. Sit commune utrisque habitaculum, sit quale aliis apud vos impendi solet obsequium. Sint contenti, qui ingredi voluerint, consuetudine loci quam invenerint. Sequantur in hoc morem apostolicum, sequantur morem discipulorum Christi, quibus ab ipso præcipitur, *edentes et bibentes quæ apud illos sunt* (*Luc.* x). Hoc si pati recusaverint, non erit jam quid objiciant, non restabit quid dicant. Non poterunt ultra conqueri, extrudi monachos a monachorum claustris; non poterunt læsam deflere charitatem, vel schisma fratrum claustris apertis, et præparatis ad suscipiendum habitaculis, deplorare. Et licet hoc dicam, licet claustra vestra ingredientes, contentos, juxta Regulam, consuetudine loci esse debere astruam, sum tamen immemor, nec esse te immemorem, vir venerande, credo, quod in capitulo suscipiendorum hospitum de talibus Regula dicat. Nam post adorationem, post orationem, post lectionem, de susceptis hospitibus subdit : *Post hæc, omnis ei exhibeatur humanitas.* Credo quod hæc verba magis aliquid humanitatis exhiberi præcipiunt hospiti quam civi, advenæ quam indigenæ, peregrino quam colono. Non dixit tamen Regula quod dico, aliquid ei exhibeatur humanitatis, sed omnis ei exhibeatur humanitas. Omnem vero intelligo, non superfluam, sed necessariam; non illam quæ quotidiano more impenditur propriis, sed illam quæ præter solitum major jure hospiti impenditur alienis. Unde mihi videtur quod non solum extra manentibus clericis vel laicis, sed et ipsis claustra ingredientibus monachis, modo omnis, quo intellexi, humanitas est exhibenda. Sed quid dixi, non solum clericis et laicis, sed et ipsis monachis? Imo salvo monachi proposito, plusquam clericis, vel laicis, est exhibenda monachis. Si enim jure præceptum est, *operemur bonum ad omnes, maxime autem ad domesticos fidei* (Gal. vi), operandum est bonum ad omnes clericos vel laicos, maxime autem ad ejusdem monastici ordinis domesticos. Prætulit tunc in illis verbis suis Apostolus Judæis et ethnicis fidei domesticos, id est Christianos, præfero ego a quodam simili, ipsis etiam aliis Christianis monachos.

Non est igitur deterius providendum a monachis, juxta congruam proposito humanitatem, hospiti monacho in claustro, quam hospiti clerico vel laico in exteriore hospitio. Sed non his diu immoror. Habeant tantum monachi quandiu hospites fuerint, monachorum claustra communia; sint contenti, si sic vestris placuerit, vestro quotidiano cibo, ordine, institutis. Ferant, ut dictum est, si ingredi ad vos voluerint, quæ apud vos sunt, quæ apud vos fiunt, quia si ingredi noluerint, murmurare cessabunt. Si non cessaverunt, ratio eos destituet, charitas pro vobis aget. Præveni ego, quod non me efferens dico, verba mea operibus, et prius verba cœpi facere quam docere. Admisi ante quindecim annos universos vestri ordinis fratres, et recipi præcepi, præter Cluniacense claustrum, in omnia claustra nostra, nec de albo vel nigro colore simul in locis nostris admisto curavi, nec curantes, cum multi mihi ne id fieret instarent, audivi. Securus ergo ut faciatis moneo, quod jam feci : ut sicut præter unum, quod præmissum est, loca omnia nostra patent vestris, sic omnia vestra absque discretione pateant nostris. Si hoc factum fuerit, illud majus claustrum, quod exceptum fuerat, cæteris addam, et ut ipsum quoque vestris omnibus aperiatur, præcipiam. Instruatur utraque species fratrum, si non possunt sermone, saltem paulatim frequenti cohabitatione nihil discernendum vario colore, nihil distinguendum diversis usibus, hos inter et illos monachos, quos eadem fides et charitas vere facere debet germanos. Scripsi hoc tibi, mi dilectissime, festinanter, ut festinantius mittere possem, antequam ad diem indictam, quæ, sicut audivi, in festo Omnium Sanctorum futura est, quidam abbatum vestri ordinis tecum conveniant, et cum illis inter cætera de hoc meo capitulo tractans, eos in hanc sententiam, quæ, sicut æstimo, non solum mea, sed et tua est, adducas, et ut a cunctis vestri ordinis fratribus amodo teneatur, ubique teneatur, ubique promulges. Propone eis verba Domini dicentis : *Quæcunque vultis ut faciant vobis homines, et vos eadem facite illis* (Matth. vii). Si volunt ingredi claustra nostra, non prohibeat. Si servitutis debitum ex charitatis mandato ab aliis exigunt, reddant vicem illius exemplo, qui dicit : *Non veni ministrari, sed ministrare* (Matth. x). Si sibi serviri volunt, ipsi quoque fratribus, id est Christi membris, deserviant, ut impleant quod dicitur : *Ex charitate servite invicem* (Gal. v). Sint omnibus omnia communia, non tantum substantia, sed et ipsa habitacula. Unientur paulatim hoc remedio corda discissa, et dum nil inter se discretum viderint, de diversis, ne dicam adversis, inspirante eo, qui ubi vult spirat, unum esse addiscent.

EPISTOLA V

Charissimo fratri et filio Nicolao, *frater humilis (nosti cujus hoc cognomen sit), salutem et sincerum amorem.*

Quoniam te non ficta charitate diligo, diu tui immemor esse non possum. Dilexi te quandiu noster colore fuisti; sed et nunc quantum ad me, colore, ut puto, non corde mutato, non minus te diligo. Maluissem te meum quam alterius, sed quia ubique Dei es, meum quoque te ubique reputo. Redde ergo vicem, ut vere te diligentem diligas, quia nec ipse totus cum totis suis viribus mundus ab hoc me proposito avocare potest, nec te quidquam a simili proposito avocet. Nosti quod nihil temporalis commodi præstoler a te, nosti quod nulla alia causa me moverit ad amandum te, nisi ea quæ sola diligenda erat in te. Sed interrogas. Quæ? Quia te litteratum, quia strenuum, quia (quod plus est) religiosum, licet ex tempore non ab æterno esse aut cognovi, aut æstimavi. Sed de his satis. Sequantur reliqua. Scribo epistolam domino Clarevallensi, quam per te illi præsentari volo. Lege illi eam intente ac studiose, et, quantum poteris, exhortare ut quod sola charitatis gratia scripsi, ad effectum perducatur. Insta ei quia propter brevitatem temporis instandum est, ut in hoc proximo Omnium Sanctorum festo fiat quod opto, et si quos forte obviantes invenerit, in meam, quæ ut puto et sua est, sententiam transire compellat. Fratrem regis (170), quem sincere diligo, Philippum Leodiensem (171), Galcherium cellararium (172), Garnerium nostrum, Fromundum hospitum custodem, et reliquos, quos melius me nosti, fratres, ex parte nostra affectuose saluta.

EPISTOLA VI.

Charissimo Patri et domino PETRO Dei gratia Cluniacensium abbati frater BERNARDUS Clarevallis vocatus abbas, salutem et orationes.

Vidi litteras etc. *Vide inter epistolas S. Bernardi, Patrologiæ tom.* CLXXXII, *col.* 00.

EPISTOLA VII.

Patri suo domino Cluniacen. frater NICOLAUS.

In brevi sicut puto visurus faciem vestram, mitto vobis epistolas vestras. Librum quoque domni abbatis Clarevallis ad dominum Papam, epistolas etiam duas quas eidem domno abbati et mihi misistis hoc anno. Illud autem non lateat sublimitatem vestram, quia litteræ vestræ multum addiderunt promotioni fratris Heinrici, et libentissime auditæ sunt ad archiepiscopis et episcopis Franciæ, et serenitati vestræ multæ gratiæ redditæ sunt, sicut ego melius et fidelius viva referam voce.

EPISTOLA VIII.

EUGENIUS *episcopus, servus servorum Dei, venerabili fratri* HUGONI *Viennensi archiepiscopo* (173), *salutem et apostolicam benedictionem.*

Quanto persona tua, etc. *Vide in Eugenio III papa ad an.* 1153.

EPISTOLA IX.

Venerabili domino et in Christo dilecto PETRO *Dei gratia Cluniacensium abbati,* HUGO *Viennensis dictus archiepiscopus, salutem et dilectionem.*

Quanto propensiore studio vos et vestra diligimus, quantoque de dilectione vestra confidimus, tanto amplius miramur, imo satis mirari nequimus, si a vobis, vel a vestris frequentes adversus nos querimoniæ ad aures domini papæ, sicut litteræ ejus indicant, prius quam ad nos pervenerint. Si enim in aliquo majestatem vestram nos offendisse præsensissemus, novit Dominus, et ante clamorem et post, nos inde satisfacere paratos. Quod si, ut credimus, et optamus, non a vobis, sed aliunde, falsa suggestione domino papæ hujusmodi sunt intimata, dilectionem vestram quanta possumus precum instantia rogamus, quatenus ea falsa esse, et nos vobis benevolos et propitios, non infestos, ei denuntiare non differatis.

EPISTOLA X.

Summo pontifici et nostro speciali Patri domino papæ EUGENIO, *frater* PETRUS *humilis fratrum Cluniacensium abbas, sinceram cum devota obedientia voluntatem.*

Non possum quantum volo gratias agere, quod non solum per nuntios sæpe a me reverentiæ vestræ transmissos, sed etiam per alios pro suis negotiis majestatem apostolicam adeuntes, quid erga me vel vestram Cluniacen. Ecclesiam animi geratis, ostendere non cessatis. Inde multa exempla habeo, quæ nunc proferre supersedeo. Unum tamen profero, de quo sicut multum amoris vobis debeo, ita vos ejus causa, quod filiali præsumptione loquor, contra illud vel similia cautum esse exopto. Novit sapientia vestra, et ex Scriptura sancta frequenter recitat, homines in corde et corde loquentes: *Qui exacuerunt ut gladium linguas suas* (Psal. LXIII); et ut rursus idem qui hæc protulit ait: *Acuerunt linguas suas sicut serpentis, venenum aspidum sub labiis eorum* (Psal. CXXXIX). Hos plane, hos tales, magnis hominibus, in magnis occupatis sæpe subripere solere, et pro veris falsa, pro antidoto venenum frequenter ingerere. De talium numero illi fuerunt, qui mentiri non metuentes, auribus sanctitatis vestræ tantum mendacii prodigium infuderunt, ut dicerent, et frequentes ad vos querimonias deferrent; quod dominus Viennensis archiepiscopus Cluniacenses monachos nequaquam protegeret, sed impugnaret: et unde memorabili et amplectendo verbo vestro longe positi supplicamus, quos propensius diligere deberet, nihilominus inquietaret. De his ergo ista vobis suggerentibus quid dicam? Quid dicam, nisi quod Psalmus, cujus sententias supra tetigi, dicit: *Vana locuti sunt, unusquisque ad proximum suum, labia dolosa in corde et corde locuti sunt* (Psal. XI). Quid dicam, nisi quod et alibi idem horum prolator ait: *Mentita est iniquitas sibi* (Psal. XXVI). Novit Pater, ut credo, filii cor; novit si recordatur, quæ ei Antissiodori, vel apud Barum secreto suggessi, quod pene idem esset, quantum in libro conscientiæ meæ legere poteram, vobis mentiri quod mori. Unde sciatis me vera dicere, et vobis sicut coram Deo in Christo loqui: quod manus domini Viennensis, in quantum recolere possum, mundæ sunt a sanguine omnium Cluniacensium; et juxta quod sentio, nisi forte quod non puto fallar, innocens est ab omni Cluniacensi noxa, ex quo Viennensis patriarcha factus est, non solum opere, sed etiam verbo. Si quis ergo ei derogare voluerit, et aliquid de apostolici amoris gratia diminuere, quærat alios, quorum prætextu vel occasione hoc faciat, quam

ANDREÆ CHESNII NOTÆ.

(170) *Fratrem regis.* Henricum de quo supra.
(171) *Philippum Leodiensem.* Qui postea fuit prior Clarævallis, ut epist. 37 infra scribitur.
(172) *Galcherium cellararium.* Cui scribitur et infra epist. 38.

(173) HUGONI *Viennensi archiepiscopo.* Successit hic Humberto primo, privilegiumque a Frederico Romanorum imperatore pro Ecclesia Viennensi impetravit anno 1153, quod exstat in Bibliotheca Floriacensi.

nos; quærat alios quam Cluniacenses vestros, neque velamine falsitatis iniquitatem suam palliare contendat. Nam ut ista, de quibus, ut credo, sategi, dimittam, oro, Pater, ut tanto homini, tam probato, tantæ vitæ, tanti propositi, qui omnes pene dies suos a puero usque ad senium immolavit Deo, sicut omnibus bonis facitis, deferatis, et nullum contra ipsum, nisi de re comperta et probatissima audiatis.

EPISTOLA XI.

Summo pontifici et nostro speciali Patri domino papæ EUGENIO, *frater* PETRUS *humilis fratrum Cluniacensium abbas, cum filiali amore debitam obedientiam.*

Præsumens de pietate paterna, soleo vos sæpe, Pater, rogare pro aliis; sed nunc pro illo, qui mihi præ cunctis aliis cordi est, velut pro me altero, majestati apostolicæ supplico. Est autem hic dominus Jordanus, Casæ-Dei abbas. Commendarem eum securius apud vos, quia commendabilis est, nisi notari timerem, quia frater est. Hoc tamen breviter et veraciter dico non eum egere commendatione mea apud vos, si mores ejus, si scientiam ejus, si famam ejus, vestra sapientia agnosceret, sicut agnoscimus nos. Adit præsentiam vestram, nullo, ut ab ipso accepi, negotio tractus, nisi sola causa videndi et visitandi vos. Suscipiat eum benigne, si placet, benignitas vestra, mihi non semel tantum experta; suscipiat et ego in ipso, si quem apud vos, quod non diffido, locum gratiæ habeo. Deleatur, si placet, si quid unquam nubilum fuit adversus eum in mente vestra; et redeat ad eum illa, pro qua sola usque ad vos peregrinatur, gratia vestra. Quia pro ipso paucis supplico, credo quod non miramini. Caro enim et frater noster est.]

EPISTOLA XII.

Summo pontifici et nostro speciali Patri, domino papæ EUGENIO, *frater* PETRUS *humilis fratrum Cluniacensium abbas, cum sincero affectu devotam obedientiam.*

Importunus quidem sæpe vobis scribendo sum, sed et ipsam importunitatem frequenter excusando, magis importunus esse formido. Quid igitur faciam? Si tacuero, mihi multisque nocebo. Si locutus fuero, fastidiosus, ut dixi, videbor. Sed de his duobus, alterum eligo. Malo vobis salva pietate paterna loquax vel nimius apparere, quam plurima vobis non celanda tacere. Non pertinet quidem quod dicturus sum, ad proprium negotium. Sed quomodo alienum est, quod vestrum quolibet modo est? Est autem vestrum, totius Ecclesiæ Dei in hac valle lacrymarum peregrinantis causas audire, auditas discutere, discussas judicio apostolico diffinire. Et licet persona vestra constituta sit super gentes et regna, ut evellat et destruat, et disperdat et dissipet, et ædificet et plantet, tamen quia nec Deus, nec Jeremias propheta, cui hoc dictum est, estis, potestis falli, potestis ab his, qui ea quæ non Jesu Christi, sed quæ sua sunt quærunt, decipi. Hoc ne fieri possit, oportet ut fidelis, si quis fuerit, filius, quæ sibi nota, vobis forte ignota sunt, Patri fideliter pandat, et, ne hi de quibus legitur : *Venenum aspidum sub labiis eorum* (*Psal.* XIII), sinceritatem vestram toxico suo inficere valeant, modo quo potest præmuniat. Nam non est parvum Dei munus a talibus liberari, maxime cum Psalmus solemnis dicat : *Domine, libera animam meam a labiis iniquis, et a lingua dolosa* (*Psal.* CXIX). Sed quid? Forte rursum nimis effluo, quod excusaveram adhuc incurro. Reprimo ergo stylum, et unde multa dicere voluissem, et, ut æstimo, debuissem, breviter dico ad quid ista præmisi. Una quidem causa est, sola tamen non est. Hanc ad præsens dicam, reliquas suo tempori reservabo. Carthusiensis ordinis et propositi instituta [quamvis dilexerim, quantum diligam, quantum veneratus sim, quantum amplectar, noverunt multi : ego vero magis, Deus autem maxime.

Nam si mens mea me non fallit, si conscientia mea mihi quod verum est attestatur, si tandem vera est sententia divina, quæ dicit : *Nemo novit quæ sunt hominis, nisi spiritus hominis qui in ipso est* (*I Cor.* II), agnosco me Carthusiensium a triginta jam fere annis, hoc est etiam antequam præesse inciperem, præ cunctis pene mortalibus amasse religionem, coluisse sinceritatem, amplexum esse veritatem. Intellexi, nec me falli putavi, cunctorum Latinorum institutis, eorum propositum præferendum, nec esse eos de illis, qui liquant culicem, et camelum glutiunt (*Matth.* XXIII) : hoc est qui irritum faciunt mandatum Dei propter traditiones hominum, et decimantes mentham et anethum, et cyminum (*ibid.*), et, juxta unum Evangelistam, omne olus (*Luc.* XI), dimittunt quæ sunt graviora legis, judicium et misericordiam, et fidem. Non enim præcipue in cibis, in potibus, in vestibus, in laboribus vel similibus regnum Dei consistere putant, licet hæc discretive facta multum eidem regno Dei militent, sed in pietate illa de qua ait Apostolus : *Corporalis exercitatio ad modicum utilis est, pietas ad omnia utilis est, promissionem habens vitæ quæ nunc est, et futuræ* (*I Tim.* IV). Epulantur vere sancti illi in mensa sapientiæ, deliciantur in ferculo veri Salomonis, non in superstitionibus, non in hypocrisi, non in vanitatibus, non in fermento malitiæ et nequitiæ, sed in azymis sinceritatis et veritatis (*I Cor.* V). Magni ergo sunt, amandi sunt, amplectendi sunt. Et quid dicam ? Invitus profero quod sentio, ratione coactus dico, quod nolo. Videor tangere arcam Dei, et eam manu præsumptuosa, ut quondam Oza bobus lascivientibus (*II Reg.* VI), sublevare. Sed non sum præsumptor, non sum, quantum ad hunc casum pertinet, dignus morte ut ille, quia securum me faciunt verba illius qui dixit : *Si oculus tuus fuerit simplex, totum corpus tuum lucidum erit* (*Luc.* XI). Dicam ergo, nec jam ultra morabor. Audiat Pater æquo animo verba filii, nec in illis aliquid vafrum vel subdolum latere existimet. Ut enim aliis litteris sublimitati vestræ nuper mandasse memini, idem esset mihi vobis mentiri quod mori. In causa, de qua adhuc agitur, Gratianopolitanæ electionis, videtur mihi, quod Carthusiensis ordinis serenam diem inopinus turbo infecerit, et splendorem hactenus crystallinum nubecula nescio unde exorta fuscaverit. Divisa est inter se, et quæ usque ad hæc tempora specialius aliis unum in Christo fuerat, hac de causa in invicem congregatio sancta compugnat. Hinc Carthusia (174), Excubiæ, Durbonum (175), hinc Portæ (176), Majorevum (177), Silva (178), Alverium (179), et si qua sunt alia ad sacrum illum ordinem pertinentia loca; velut diversos parietes statuunt, et tam hi quam illi se, juxta prophetam, pro domo Israel ascendere ex adverso et stare in prælio in die Domini profitentur (*Ezech.* xiii). Dicunt hi, non debere electum episcopari, et causas quasdam, quas non est nunc meum dicere, prætendunt. E converso alii : Quid, inquiunt, ad vos ista ? Carthusiensis ordinis institutio est, mala, si qua noverint, his, ad quos spectat, nota facere, non autem et litigare. Eorum est, simpliciter quod sentiunt dicere, non autem palatia ad causandum intrare. Non est eremi nostræ judiciis astare ; non est eorum, qui mortui mundo videntur, in publicis negotiis actores vel defensores existere. Nihil simplicitati nostræ cum astutia sæculari ; nec decet ut qui in sæculo eremum elegimus, nunc de eremo ad sæculum redeamus. Quod si non decet ut illuc etiam tracti redeamus, decet ut sponte, cunctis nolentibus et reclamantibus, judicum nos tribunalibus ingeramus ? Hæc est causa non quidem litis apertæ, sed simultatis occultæ sanctorum hominum : quæ expressius nota Patri fieret, si majestati vestræ non solo scripto, sed et verbo mihi loqui liceret. Nam sunt quædam, quæ litteris tradere nolo : ea tamen quia scribere non fuit consilii, in ore dilecti fratris nostri et filii vestri Arnaldi, vobis intimanda reposui.

EPISTOLA XIII.

Venerandis et dilectis fratribus nostris apud Lemovicas Deo et sancto Martiali ejus et suo apostolo servientibus (180), *frater* PETRUS *humilis fratrum Cluniacensium abbas, salutis, gratiæ et benedictionis a Deo plenitudinem.*

Exsultavit cor meum in Domino, non quidem nunc videns, sed audiens conversationem vestram, et famam ordinis Deo et hominibus claram. Audivi hoc non modo tantum, sed et frequenter, ab his quibus non credi nefas esset, quia veraces sunt : et quos vestri actus sive boni, sive mali, latere non possent, quia proximi sunt. Gaudeo quidem et de omnibus, de quibus similia audio, sed de vobis ex parte magis, quia magis debeo. Sed dicet vestrum quislibet : Cur magis de nobis quam de aliis ? Idcirco, charissimi, magis de vobis quam de quibusdam aliis, quia, juxta verba Petri apostoli : *Positi in medio nationis*

DREÆ CHESNII NOTÆ.

(174) *Hinc Carthusia.* Major nempe, sita in monte Delphinatus prope Gratianopolim. Quem locum donante S. Hugone Gratianopolitano episcopo, incolere cœpit S. Bruno cum sodalibus suis anno Christi 1084, ut in Historia Vitæ ejus legitur apud Surium, die vi Octobr. Hujus loci prior totius ordinis Carthusiani princeps est, ibique etiam generales ordinis conventus quotannis celebrari solent.

(175) *Durbonum.* Domus *Durbonis*, sive ut alii scribunt *D'Urbonis*, est in provincia comitatus Provinciæ, in tractu Massiliensi.

(176) *Portæ.* Portarum Domus in provincia Burgundiæ fundata fuit temporibus S. Bernardi Clarevall. abbatis, ut ex Petro Sutorio lib. ii de vita Carthus. tract. iii, cap. 5, et ex Chronico Carthus. Dorlandi lib. iv, caput 9, constat.

(177) *Majorevum.* Monasterium Majorovi in eadem exstat provincia, unumque est ex antiquissimis ordinis Carthus. cœnobiis.

(178) *Sylva.* Domus ejusdem etiam provinciæ, vulgo *Sylva Benedicta.*

(179) *Alverium.* Quod et *Arveriæ* in plurali numero, in eadem quoque Burgundiæ Provincia.

(180) *Fratribus nostris*, etc. Nam B. Martialis primus Lemovicensium episcopus apostolus pronuntiandus esset, late tractatum in concilio Lemovicensi sub Aymone Bituricensi archiepiscopo, tempore Roberti Francorum regis. Sed latius adhuc ac diligentius excutere promittit vir eruditionis eximiæ Joannes Cordesius. Quare nunc in ea controversia ventilanda diutius non immorabimur. Addemus tantum, hujus S. Martialis cœnobium, quod est apud Lemovicas, in iis etiam hoc tempore censitum, quæ a Cluniacensibus abbatibus regebantur, illisque etiam nomine census quotannis centum libras Turon. persolvere solitum fuisse, quemadmodum Petrus tit. S. Marcelli presbyter cardinalis ab Innocentio IV, delegatus pro controversia Clun. abbatis cum abbate et conventu S. Martialis componenda judicavit anno 1246 : «Abbas enim et conventus Cluniac. dicebant (ut est in ipsius Petri cardinalis litteris) monasterium Sancti Martialis, et ecclesias sibi subjectas esse sui ordinis, et ad suum monasterium nullo medio pertinere, et super institutione et destitutione prioris faciendi in ipso monasterio Sancti Martialis Lemovic. per ipsum abbatem Clun. et centum et quinquaginta libris Turon. quas dicti abbas et conventus Clun. a prædictis abbate et conventu Sancti Martialis Lemovic. et ab eorum monasteriis pro annuo redditu in perpetuum petebant annuatim ; ad hoc abbate et conventu Sancti Martialis in contrarium asserentibus non teneri, etc. Nos autem, inquit Petrus, affectantes bonum pacis, et altercationum materiam amputare volentes, ut a lite et controversiis penitus discedatur, ita pronuntiamus, judicando, arbitrando, diffiniendo, statuendo, et amicabiliter componendo inter partes, monasterio Cluniacensi centum libr. Tur. annui redditus in perpetuum in monasterio sancti Martialis Lemovic. assignamus, ad hoc sententialiter condemnantes quod reddat et persolvat dictas centum libras Turon. Parisius in monasterio Sancti Martini de Campis Clun. ordinis in perpetuum annis singulis, in crastino Purif. B. Mariæ Virg. priori Sancti Martini de Campis Paris. nomine abbatis Clun. vel alii, qui mandatum abbatis Clun. super hoc ostenderit speciale, qui litteras solutionis factæ dabit postquam dicta pecunia integraliter fuerit persoluta, etc. Actum anno Domini 1246, indict. v, xii Kal. Decembr, pontificatus Innocentii papæ IV anno IV. »

pravæ et perversæ (*Philipp.* 11), lucetis bono exemplo vestro sicut luminaria in mundo, incolitis terram Hus, nec sectamini terræ vitia. Nam, ut opinio mea fert, a Cluniaco nostra usque ad Pyrenæos illos, qui Gallos ab Iberis dividunt, nullum Cluniacensis vel cujuslibet antiqui ordinis monasterium novi, ubi tam firmiter, tam constanter, tam inconcusse, traditus a Patribus ordo hucusque viguerit, et inter frementes Lemovicini territorii bestias earumque feroces rictus indefese instituta servaverit. Ea de causa, ut dixi, de bono homine vestro, magis quam de quorumdam aliorum gaudeo. Ut enim doctor ille, quem nostis, Ecclesiæ dicit : *Magnum est esse bonum inter bonos ; sed longe majus est esse bonum inter malos.* Præter hæc, ut nobis sæpe referunt qui hoc experiuntur, monstratis non verbis tantum, sed rebus, non affectibus solum, sed effectibus, non esse vos oblitos Cluniacensis lactis, quo in Dei timore et servitio educati estis, quando fratres nostros ac vestros ad vos pene assidue venientes, tam devote suscipitis, quando eis tam affectuose servitis. A multis hæc audivimus, sed nunc specialius a dilecto filio nostro Rannulfo priore vestro, qui et plus quam nunc dicere velimus boni, nobis vestrisque de vobis retulit, et se causa Dei nostrique multum a vobis diligi affirmavit. Quem, si in Deo diligentes diligendi sunt, non vos pœniteat dilexisse, qui dilectionem suam erga vos, quando nobiscum est, non cessat quibus potest modis ostendere. De cætero, charissimi, sincero affectu precor ac moneo vos in Domino, ut bona, quæ de vobis dicuntur, melioribus incrementis adaugere curetis, quia nunquam servis Dei deesse debet affectus proficiendi, quos semper sollicitos in Dei opere reddere debet timor deficiendi. Nam, ut magnus Leo papa ait, humanus animus sicut semper potest habere quo recidat, ita potest habere quo crescat. Pudeat vos vestriique ordinis omnes, in religionis monasticæ observantia quibuslibet novis inferiores videri, ne, contra Domini verba, sit (quod absit !) discipulus super magistrum (*Matth.* x); ne de fonte vestro aliis haurientibus, vos sitiatis, ne, de mensa vestra aliis saturis, vos jejuni permaneatis. Nostis enim quod fere quidquid religiosi propositi nostri sæculi novi homines habere videntur, a vobis principium sumpsit, a vobis materiam formamque suscepit. Currite igitur non segnius quibuslibet viam mandatorum Dei. Nemo vos in currendo præveniat; nemo bravium bene currentibus propositum vobis subripiat : hocque tam instanter, ut ait Apostolus : *Sic currite, ut comprehendatis* (*I Cor.* IX). Paci præcipue et obedientiæ opera date, ut, tam in his quam in aliis sacrarum virtutum exercitiis, vobis desudantibus, videant sæculares opera vestra, et glorificent Patrem qui in cœlis est (*Matth.* v). Orantem pro me et pro tota Cluniacensi Ecclesia vel congregatione, charitatem vestram omnipotens Salvator exaudiat, et actus vestros, mores et vitam in beneplacito suo, quod est salus sempiterna, componat.

EPISTOLA XIV.

Dilecto germano, imo filio EUSTACHIO, *frater* PETRUS *humilis Cluniacensium abbas, salutem præsentem et æternam, quam mihi.*

Gaudeo, nec gaudium meum ore explico quod cum te unicum, quantum ad sæculum pertinet, carnis meæ fratrem habeam, Deum te timere, Deum revereri, Deum te diligere agnosco. Et quod majus esse posset gaudium animæ meæ ? Video undique mundum furentem, video Satanam mundi principem, de mortalibus sicut de avibus ludentem, video eum quotidie, imo assidue, miserrimas animas et flammis ultricibus in æternum pabulum datas ad inferos rapientem. Cerno eum et juxta te, et longe a te, vel gladio, vel peste, vel subita morte, vel quolibet diabolici laquei dolo tot sibi humanarum animarum millia vindicare, ut de illis Christus Salvator et Deus noster dicat : *Multi vocati, pauci electi* (*Matth.* XXII); et in simili causa : *Amen dico vobis, nemo virorum illorum, qui vocati sunt, gustabit cœnam meam* (*Luc.* XIV). At cum ista a Domino meo audiam, et tot tantisque malis undique circumseptum agnoscam, non debeo lætari si te timor Dei et studium salvandæ animæ tuæ a perditis et perdendis hominibus secernit, et salvatis vel salvandis suorum militum castris adjungit ? Quod si te ad ista cogerent vel rei familiaris defectus, vel hostium contra te pugnantium profectus, vel fortunæ, ut sic loquar, prosperitati tuæ invidentis temeritas, gauderem quidem esse te de illorum numero, de quibus jam dictus Salvator sub similitudine dicit : *Vade in vias et sepes, et compelle intrare, ut impleatur domus mea* (*ibid.*). Nunc vero cum te mundanis bonis, et cunctis, quæ pleno copia cornu plerisque mortalium infundere solet, circumflui videam, et nihil pene de concupitis deesse, longe magis exsulto, longe amplius gaudeo, quod animum tuum ad res divinas trahit non temporalium rerum defectus, sed æternarum a Deo conceptus affectus. Fuisti quidem, sed auxilio misericordiæ Dei jam in laboribus hominum non es, neque cum impiis flagellaris, nec tamen ideo tenuit te superbia, nec opertus es iniquitate et impietate tua. Unde, ut jam dixi, nimium nimiumque lætor quod prosperitatis laqueus, qui fortes atque constantes in salutis proposito mentes frequenter irretire solet, nodos suos, ne te caperet, ex parte explicuit; et quod istud non ex parte, sed ex toto (quandoque fieri possit, si Deus juverit), spem mihi tuisque certissimam dedit. Sed ut ad rem, pro qua scribere cœpi, veniam, placet mihi, et hoc multum, quod clerici, de quo scripsisti, somnium ne spreveris, et quod te ad Dei timorem, hac quantalibet præstita occasione, exacueris. Nam licet somnia sæpe vana sint, ita ut de eis Scriptura Christiana dicat : *Non augurabimini, nec observabitis somnia* (*Levit.* XIX); et rursus alia : *Multas curas sequuntur somnia* (*Eccle.* v); itemque illa Sapientis : *Somnia ne cures* (*Jer.* XXIX), non tamen idcirco universa somnia contemnenda sunt, quoniam ex eorum significatis effectibus vera sæpe fuisse probata sunt. Habet Ecclesia Dei in libris divinis septem crassas boves Pharaonis septemque macras, septem spicas uberes septemque steriles præsignasse septem annos Ægyptiacæ fertilitatis septemque sterilitatis (*Gen.* xvi). Habet et subcinericium panem visum in somno Gedeoni, hoc est, eumdem Gedeonem devolutum in maxima castra Madian, ea Dei virtute cum solis trecentis militibus occupasse, ipsaque usque ad extrema delesse (*Jud.* vii). Habet et longe ante in eodem eptatico, in somnis Joseph apparuisse, velut messis tempore manipulos fratrum adorare manipulum ejus, rursumque solem et lunam, ac undecim stellas, adorare seipsum (*Gen.* xxxvii). Idem in Daniele, tam de ipsius Danielis quam de regis Nabuchodonosor somniis quod futura pronuntiarent, ostendit (*Dan.* ii et vii). Sed et in Evangelio, de justo Joseph sponso sanctæ Virginis matris Domini, quod ei angelus Domini cogitanti dimittere eamdem matrem Domini in somnis apparuerit, quod ne dimitteret prohibuerit (*Matth.* i), quod in Ægyptum eam cum filio duci ac reduci (*Matth.* ii), in somnis præceperit, magnifica illa et cœlestis Scriptura testatur. Ad quid ista, charissime? Ut intelligas, nec semper esse sequenda somnia, nec semper spernenda. Unde est, et breve quod moneo, ut sive vera sunt quæ a somnii auctore feruntur, sive falsa, sive portendant aliquid, sive non, utaris vel veritate, vel falsitate relatoris sapienter, hoc est ut et de præteritis offensis digne Deo pro posse satisfacias, et ne satisfactionem tuam mala quælibet, maxime crimina impediant, studio toto præcaveas. Non autem hæc dico, quod aliquem tuarum partium nobilem, quantum ad hominem adhuc vinclis sæculi retentum pertinere potest, in bonis studiis (ut a multis accepi) præponam; sed quia novi quod quanto fueris cautior, tanto eris melior. Nam si visio, quam priori fratri tuo scripsisti, vera est, et aliquid significans, aut forte vera et nihil præsignans, non invenieris apud Deum contemptor verorum, sicut inventus est rex Sedechias, qui libro misso sibi a Jeremia propheta, in quo multæ minæ adversus eum continebantur, non solum territus non est, nec mandatis Dei per prophetam sibi missis paruit, sed librum eumdem scalpello scribæ, quod casu occurrit, discidit, et in arula prunis plena projectum incendit (*Jer.* xxxvi). Unde ea de causa brevi tempore post ab hostibus captus est, et avulsis oculis in Babylonem ductus, sub dira captivitate tandem mortuus est. Si vero relator jam dicti somnii, qualibet intentione mentitus est (pravum est enim, ut Scriptura ait, cor hominis et inscrutabile [*Jer.* xvii]), si, inquam, mentitus est, et ut olim falsi prophetæ, quos Deus voce eorum deridendo assumpta, dicit : *Somniavi, somniavi* (*Jer.* xxiii), falsa confinxit, etiam de falsitate ipsa proficies, quando in cunctis actibus tuis hac occasione, ut dixi, cautior fies. Multi enim revera tales pseudoprophetæ, vel mendaces somniorum relatores olim mentiti sunt. Contra quos Deus : *Væ his qui prophetant de corde suo !* (*Ezech.* xiii.). Et rursum alio in loco : *Si quis non dederit in manibus eorum aliquid, sanctificant super eum bellum* (*Mich.* iii). Quorum relationibus si modo quo dixi usus fueris, prodesse tibi multum poterunt, obesse nihil. Age ergo jam, unica spes et pene sola generis nostri, ut sicut strenuus et prudens in sæculo diceris, sic tandem non inferioris strenuitatis, non minoris potentiæ, in Deo dicaris. Diffusius loquerer, et multa, quæ penetralibus cordis retineo, in aures tuas infunderem, nisi me tibi ore ad os in proximo loqui, hoc est ante Dominicum Pascha, sperarem. Hoc quia spero, finem nunc loquendi facio. Dominus tecum.

EPISTOLA XV.

Venerandis et dilectis fratribus nostris, tam Prioribus quam Custodibus Ordinis, ubicunque constitutis, Frater PETRUS *humilis Cluniacensis abbas, salutem, et ab auctore gratiarum gratiam et benedictionem.*

Loquar, an sileam? Aperiam labia, an claudam? Si de illis esse voluero, de quibus dicitur : *Popule meus, qui te beatum dicunt, ipsi te decipiunt, et viam gressuum tuorum dissipant* (*Isa.* iii), et de quibus irrisorie Scriptura sancta voce stulti populi loquitur : *Loquimini nobis placentia, videte nobis visiones* (*Isa.* xxx); vel de his de quibus rursum ait : *Canes multi, non valentes latrare* (*Isa.* lvi), aut adulabor vobis, aut tacebo. Si adulatus fuero, væ illud propheticum incurram, quod in Isaia legitur : *Væ his qui dicunt bonum malum et malum bonum, dicentes tenebras lucem et lucem tenebras, vertentes amarum in dulce et dulce in amarum!* (*Isa.* v.) Si tacuero, formido et illud : *Si non annuntiaveritis iniquo iniquitatem suam, ipse quidem in iniquitate sua morietur, sanguinem autem ejus de manu tua requiram* (*Ezech.* iii). Et illud : *Væ mihi quia tacui!* (*Isa.* vi.) Nec adulari ergo vobis, nec tacere disposui. Utrumque enim, quantum ad id quod dicere intendo, æque periculosum est. Restat igitur de duobus, quæ præmisi, alterum, hoc est, non ut sileam, sed ut loquar. Et quid dico quia restat ut loquar? Imo, ut et loquar, et clamem : *Clama,* inquit, *ne cesses; quasi tuba exalta vocem tuam* (*Isa.* lviii), et reliqua quæ nostis. Loquor ergo et clamo, et ut ipsi, qui præestis aliis, hæc loquamini, et inclametis, admoneo. Nam nec in modico minus vobis quam mihi, si tacueritis, formidandum est, cum sciatis vos vocatos, etsi non in plenitudinem potestatis, tamen in partem sollicitudinis. Et ne ultra quæ dicenda sunt differam, relatum est mihi, et hoc non a vilibus vel levibus personis (quod non absque intimo cordis mœrore dico) nullam jam distantiam esse, quantum ad esum carnium pertinet, inter fratres nostros et laicos, inter sæculares et religiosos, imo, ut expressius loquar, inter scurras et monachos. Dixi nullam distantiam esse inter hos et illos; sed multa, heu! perverso ordine est. Abstinent causa Dei ipsi mimi vel lixæ a carnibus omni Sabbato, abstinent insuper plerique laicorum omni quarta, abstinent quidam ex ipsis etiam omni secunda feria. At fratres nostri, sancti ordinis, cœlestis propositi, monachi, et hoc Cluniacenses, spreto Deo, abjecto pudore, totum, ut dicitur, annum, nulla præter sextam excepta feria, in absumendis carnibus continuant, nec hoc saltem occulte, sed palam et publice facientes, peccatum suum, juxta prophetam, quasi Sodoma prædicant (*Isa.* III). Discurrunt de locis ad loca, et ut milvi aut vultures, ubi vel fumum coquinarum viderint, vel nidorem assæ vel ustæ carnis naribus hauserint, celeriter advolant. Et quia ab ista videntibus pravo eorum exemplo sacer ordo blasphematur, ore illorum nomen Domini ipsi blasphemant. *Væ*, ait Scriptura sancta, *his per quos nomen Domini blasphematur!* (*Isa.* LII.) Derideor jam a talibus, si quis timore Dei ductus, a tali esu abstinere voluerit, et hypocrita, simulator, ac profanus vocatur. Reputatur ab eis sicut ethnicus et publicanus; cavendum esse ab illo, sicut ab hoste publico, prædicant. Faba, caseus, ova, ipsi etiam pisces, jam in nauseam versi sunt. Solæ ollæ Ægyptiorum placent. Assus aut elixus porcus, juvenca pinguis, ciro grillus et lepus, anser ex anserum grege electus, gallinæ, et prorsus omne quadrupes, aut volatile domesticum, sanctorum monachorum mensas operiunt. Sed viluerunt jam et ista. Assiduitas multa fastidium ingessit. Ad regales et peregrinas delicias transitus factus est : satur monachus, jam non nisi caprea, cervo, apro, vel urso agresti vesci potest. Lustranda sunt nemora, venatoribus opus est. Aucupum arte phasiani, perdices, turtures capiendi sunt, ne servus Dei fame pereat. Providendum sollicite ut, quia aliter vivere non potest, ejus omnino desideriis satisfiat.

Quid ergo restat, quando quidem non nisi sexta feria per omnem hebdomadam ab his epulis excipitur, addatur et ipsa, nec illa Christianorum Quadragesima convivia continuata interpolet? Abscedant de medio veris, æstatis, autumni et hiemis jejunia. Totus et integer annus epulis et gaudiis continuetur, ne forte talium hominum Deus offendatur, de quo et de quibus Apostolus ait : *Quorum Deus venter est, et gloria in confusionem ipsorum* (*Philipp.* III): Utquid enim hujusmodi monachi absque fructu fatigantur? Utquid absque spe mercedis, sexta feria, Quadragesima, vel reliquis jam dictis diebus, a carnibus abstinent? Quæ enim eis mercedis spes superesse potest, qui non sponte, sed inviti, non voluntarii, sed coacti sanctis illis diebus a carnibus abstinere videntur? Nullus enim, nullus, inquam, mihi persuadet, tales illis diebus, si impune liceret, velle a carnibus abstinere. Relinquant ergo quod inviti faciunt, et sicut a pane illo alieni, de quo in Evangelio legitur : *Beatus qui manducabit panem in regno Dei* (*Luc.* XIV), et sicut a mensa illa extorres, de qua Christus : *Ut edatis et bibatis super mensam meam in regno meo* (*Luc.* XXII), non amittant interim carnes porcinas, non vaccinas, non quaslibet alias, ipsa sexta feria vel Quadragesima. Totus, ut jam dixi, et integer annus in gaudio et epulis continuetur, ut mœror et tormenta his epulonibus per sæcula perpetuentur. Non sufficiunt jam, ut a quibusdam nostris et fide dignis accepi, prædia Cluniacensia mensis et conviviis prodigorum nostrorum, in tantum, ut si carnibus et votis eorum devotus minister voluerit satisfacere, terras ipsas et prædia necesse sit vendere. Et, o quicunque es talium conviviorum carnifex, hoccine est, quod monachum profiteris, Deo vovisti? Hoccine est, quod coram abbate tuo et fratribus promisisti? Hæccine est Regula, secundum quam te vivere spopondisti? Videamus, videamus, ipsa Regula in medium adducatur, et utrum profiteris quod de carnibus profitetur teneat, agnoscatur. *Carnium*, inquit, *quadrupedum omnino ab omnibus abstineatur comestio, præter omnino debiles et ægrotos.* Et in alio loco : *Carnium esus, infirmis quoties expedit offeratur. At ubi meliorati fuerint, a carnibus more solito omnes abstineant.* Quid dicis? Monachus sum. Et o utinam! Si ergo monachus es, ubi est hoc quod professus es? Professus es certe obedientiam secundum Regulam sancti Benedicti. Hæc sunt autem de hoc capitulo verba Regulæ quæ audisti. Quid igitur prævaricaris? Quid Deo mentiris? Quid teipsum fallis? Verba tua te condemnant, de ore tuo ut servum nequam te judicant (*Luc.* XIX). Chirographum quod scripsisti homines servant, angeli retinent, proponendum tibi in die magni judicii Dei ante tribunal summi et veri judicis Jesu Christi : proponendum, inquam, et legendum, sive ad vitam, sive ad mortem. Et ne tibi recurrere liceat ad id quod soles, ut dicas et hoc capitulum, sicut et alia quædam, a sanctis quibusdam Patribus certa ratione mutatum, respondeo : Aliter est. Si enim de novitiis suscipiendis, si de opere manuum, si de vestibus et quibusdam similibus, a bonis Patribus post sanctum Benedictum, mutatum est, non dubia, sed certa et rationabili causa factum est. Et causa vel ratio, quia bis a me in duabus epistolis, olim Domino abbati Clarevallensi directis, studiose descripta est, hic iterare superfluum judico. Si adeo studiosus fueris, ibi plene reperies. At hujus capituli prævaricatio, qua ratione excusabitur? Qua causa sospes et integris viribus monachus carnibus utens, reus non esse monstrabitur? Dic si quid habes, et aliqua vera vel verisimilis ratio est, carnes tibi, si potes, vindica. Non habes, non habes, inquam, ut æstimo, quid dicas. Non habes plane, unde perjurii nævum, ne dicam noxam, expurges. Obviat Regula, contradicit justitia. Et quid dico? Sileat interim Regula.

Veniat post magnum Benedictum et ejus discipulum Maurum summus ordinis monastici in Gallis reparator, præcipuus Regulæ reformator Odo : Odo, inquam, primus Cluniacensis ordinis Pater, qui emortuum jam et pene ubique sepultum monastici propositi fervorem resuscitare summo conamine aggressus est. Defecerat suo tempore sanctus, diminutæ erant veritates a filiis hominum : in cunctis pene Europæ nostræ finibus, de monacho præter tonsuram et habitum nihil. Institit ille divino operi pene tunc solus, et Cluniaci prima jaciens fundamenta, post huc illucque religionis semina, quandiu advixit, serere non cessavit. Ille ergo, o frater, primus tuus Pater, quid de carnium capitulo sensit? quid dixit? quid scripsit? Consule librum ejus, relege verba ejus. Invenies inter alia, ad terrorem talium, illum scripsisse quemdam illius corrupti temporis monachum, quadam die, mane ad domum parentum suorum venisse, et ut sibi refectio pararetur quæsisse. Cumque parentes respondissent habere se pisces in promptu, indignatus ille ad nomen piscium, fuste quam forte manu tenebat, gallinam prope astantem percussit, et dixit : *Cur pisces vos habere dicitis? Hæc plane, hæc hodie mihi piscis erit.* Erubescentes illi ad verba impudentis hominis, gallinam a monacho ad esum percussam festinanter præparant, igni admovent, assare incipiunt. Cumque diutius assaretur, ille gula instigante impatiens, et velut actus furia, gallinam invadit, offam extrahit, ori injicit. Quam statim attritam dum trajicere conatus esset, non potuit, cum rejicere, nec illud prævaluit. Accurrunt omnes, conclamant undique, frequentes ictus collo patientis ingeminant; ut mortis esca rejici posset, toto studio et conatu laborat. Sed nequidquam. Ita via gutturis obturata, spiritu vitali præcluso, monachus ille nec confiteri peccata, nec escam salutarem, hoc est corpus Christi, obstante mortifero cibo, sumere prævalens, in momento exstinctus est. Sic tam terribili morte præventus, horrendum esse incidere in manus Dei viventis præsentes et posteros docuit, et esum carnium ad fortes et incolumes monachos non pertinere lucide demonstravit. Hæc est certe, Cluniacen. frater, primi et sancti Patris tui Odonis de carnibus monachorum sententia, hæc doctrina. Sed ne forte dicas, in uno tantum monacho eum hoc vitium condemnare, recole Vitæ ipsius historiam, et quanto studio monachos Sancti Benedicti super Ligerim sibi commissos a carnibus edendis cohibuerit ad mentem revoca. Nam sic ibi legitur : *His præterea diebus cœpit eis persuadere ut ab esu carnium recederent, parce viverent, nihilque proprium possiderent. Et post quædam : At fratres illi, id ipsum, cui abrenuntiaverant, moliebantur mandendo consumere, cum cæteris quæ Pater noster secum detulerat, ut consumptis omnibus, saltem invitus carnem eis edendam concederet. Qua de re indesinenter expetebant pisces. Econtra pius Pater cuncta illis impendebat competentia, ut ab uno eos cohiberet.* A quo uno! A carne utique edenda. Hæc est, inquam, ut dixi, si Cluniacensis es, doctrina Patris tui, hoc ejus exemplum, hoc ejus præceptum.

Aut ergo nega eum Patrem tuum, et comede carnes tuas, aut confitere, et abstine a carnibus non tuis. Dico eas non tuas, si monachus et sanus es.

Et quid dico, si monachus et sanus es? Plus aliquid dicam : Vide quantum condemnari debeat esus carnium in monachis, cum severissime a Deo condemnatus fuerit, etiam in Judæis. Dicebant illi : *Quis dabit nobis ad vescendum carnes? Anima nostra avida est. Nihil aliud respiciunt oculi nostri, nisi Man* (Num. xi). Et quid post? *Iratus est,* ait Scriptura sancta, *furor Domini valde. Sed et Moysi intolerabilis res visa est* (ibid.). Quod si Deus iratus est, si Moysi intolerabilis res visa est, quia desiderabat carnem Judæus, nunquid Deo placere potest, nunquid res tolerabilis est, quando contra votum suum comedit carnem monachus? Sed audi formidabile judicium Dei. Licet Deus ea de causa iratus fuerit, licet murmur illud Moysi intolerabile visum fuerit, satisfactum est tamen Judaicæ concupiscentiæ, ut adepti quod male cupierant punirentur, et implerentur in eis tormenta illa sententia qua dicitur : *Dimisi eos secundum desideria cordis sui, ibunt in adinventionibus suis* (Psal. LXXX). Sic plane, sic factum est : *Concupierunt concupiscentiam in deserto, et tentaverunt Deum in inaquoso. Et dedit eis petitionem ipsorum, et misit saturitatem in animas eorum* (Psal. cv). Nam sic eis dictum est : *Sanctificamini, cras comedetis carnes. Ego enim,* ait Deus, *audivi vos dicere. Quis dabit nobis escas carnium? Bene nobis erat in Ægypto. Ut det vobis Dominus carnes, et comedatis, non uno die, nec duobus, vel quinque aut decem, nec viginti quidem, sed usque ad mensem dierum, donec exeat per nares vestras, et vertatur in nauseam : eo quod repuleritis Dominum, qui in medio vestri est* (Num. xi). Ecce impletum est quod concupierant. Comederunt, et perierunt. Audi Moysen : *Adhuc carnes erant in dentibus eorum, nec defecerat cibus hujuscemodi, et ecce furor Domini concitatus in populum, percussit eum plaga magna nimis. Vocatusque est locus ille, sepulcra concupiscentiæ. Ibi enim sepelierunt populum, qui desideraverat carnes* (ibid.). Audi et David : *Adhuc escæ eorum erant in ore ipsorum, et ira Dei ascendit super eos. Et occidit pingues eorum, et electos Israel impedivit* (Psal. LXXVII). Quid evidentius? Quid terribilius? Audi, corvine monache; nec irascaris quia te sic nomino. In quo enim differs a corvo, in quo a vulture, in quo ab urso, in quo a lupo? Inhiant volucres illæ aut feræ sanguineis dapibus; nec dies a diebus, nec horas ab horis in vescendo discernunt. Sic, ut video, et tu, qui, ut supra scripsi, nullum tempus, nullam diem, nisi quando vi cogeris, a tali esu vacare permittis. Audi, adverte, intellige Judæos, in quos tam dire ultus est Deus carnium concupiscentiam, nequaquam prius vovisse Deo carnium abstinentiam. Qui licet nihil Deo tale voverint, nihil promiserint, tamen quia concupierunt, quia murmuraverunt, quia comederunt, ira Dei ascendit super eos, electi Israel impediti sunt, innumeri interfecti sunt, in sepulcris concupiscentiæ, quia carnes concupierant, sepulti sunt (Psal. LXXVII). At tu qui ob majus meritum, in cœlo reponendum, ne carnem sanus comederes Deo vovisti, cujus vox pene assidue coram Deo Propheta resonat, eique audacter promittit : *Reddām tibi vota mea, quæ distinxerunt labia mea (Psal.* LXV), cum pene quotidie initum cum Deo pactum irritum facias, impunitus evades ? Vis, imo exigis tibi reddi, quod tibi promittitur a proximo, et putas a Deo non exigi quod promittitur Deo? Tacet quidem nunc, sed, ut ipse loquitur, nunquid semper tacebit? Plane quandoque sicut parturiens loquetur, plane, ut se habent verba ejus, *vociferabitur, et clamabit, et super inimicos suos confortabitur (Isa.* XLII). Exiget quia prævaricatus es, exiget quia mentitus es, nec dimittet aliquid usque ad ultimum quadrantem.

Terreant ergo te tot ista, et si nondum a facie Dei projectus es, time quod audis, nec vana vel ludicra putes, quia quod nullus unquam mortalium potuit, nec tu, ut credo, poteris effugere judicium Dei *(Rom.* II). Hæc verba non sunt mea, sed Apostoli, imo ipsius, qui in Apostolo loquitur, Christi. Statue, ut ait Salomon, *quando ad mensam accedis,* statue, inquam, *cultrum in gutture tuo (Prov.* XXIII), confige timore Dei carnes tuas, coge illas abstinere a carnibus non tuis. Pomo (quod minus est), non carne, periit et perdidit orbem parens carnis humanæ. Quæ culpa quanta fuerit, etiam' parum advertens agnoscit. Nam nisi primus in esu illo reatus fuisset, non tanta Dei Filius ad illum expiandum in assumpta carne tulisset. Sed quid exemplis immoror ? Innumera sunt Scripturæ sanctæ testimonia, quæ gulæ intemperiem damnant, quæ quanta inde mala sequantur demonstrant : quæ quibuslibet Christianis, ne dicam monachis, omnino cavendam esse prædicant. Unde qui supra Apostolus : *Non in comessationibus, ebrietatibus (Rom.* XIII). Qui et ostendens, quid inde sequatur, subdit : *Non in cubilibus et impudicitiis (ibid.).* Sed forte oppones mihi hædos Isaac, quibus saturatus benedixit filio *(Gen.* XXVII). Objicies forsitan et corvos Eliæ, de quibus legitur quia deferebant ei panes et carnes mane, et panes et carnes vespere *(III Reg.* XVII). Ast ego, licet tu patriarcha non sis, libens tibi concedo hædos patriarchæ, si tamen jam satus, benedictiones, quas ille filio, tu mihi quoque dederis. Nec carnes Eliæ abnuam, si vel tu propheta fueris, vel a corvis allatas carnes susceperis. Sed ne nimius in loquendo videar, jam verba finio. Ad quid enim ea ultra producerem ? Si te ista non terrent, nec plura, ut puto, terrerent. Si te ista non corrigunt, nec, ut æstimo, majora corrigerent. Det ergo Deus ut tibi quæ dicta sunt prosint. Quod si tibi non profuerint, mihi saltem proderunt. Dicam enim Deo, quod Pater Benedictus contemptos a subditis magistros dicturos perhibet. Justitiam tuam non abscondi in corde meo, veritatem tuam, et salutare tuum dixi. Ipsi autem contemnentes, spreverunt me.

EPISTOLA XVI.

Magnifico principi, domino ROTGERO *regi Siciliæ, frater* PETRUS *humilis Cluniacensium abbas, salutem præsentem et regnum sempiternum.*

Quantum sublimitatem vestram diligamus, quantum actus vestros prosperari, et in Domino, et in sæculo velimus, novit ille qui novit omnia. Audientes obitum filiorum vestrorum valde doluimus, et tam pro sospitate vestra, quam pro animabus illorum, missas celebrari, orationes ad Deum fundi, eleemosynas fieri, in conventu nostro præcepimus. Non solum autem nunc, sed et sæpe diebus solemnibus, et majoribus capitulis nostris, inter alios reges, amicos et benefactores nostros, vestri memoriam frequentamus. De cætero notum facimus regiæ magnitudini vestræ, nos multum dolere de inimicitiis, quæ inter vos et dominum regem Theutonicorum, seu imperatorem Romanorum versantur. Multum enim, tam ego quam multi alii, discordiam illam sentimus obesse regnis Latinis et Christianæ fidei propagationi. Nam cum multa, sicut frequenter audivimus, augmenta Ecclesiæ Dei, bellica virtute vestra de terris inimicorum Dei, hoc est, Saracenorum, proveniant, longe, ut credimus, majora provenirent, si firma pax et concordia vos et regem supradictum unirent. Est et aliud quod longe magis accendit animos nostros, et animos pene omnium Gallorum nostrorum, ad amandam et quærendam pacem vestram, illa scilicet pessima, inaudita et lamentabilis Græcorum, et nequam regis eorum de peregrinis nostris, hoc est exercitu Dei viventis, facta proditio. Ut enim juxta quod in mente mea video loquar, si necesse esset, quantum ad monachum pertinere potest, non recusarem mori, si mortem tantorum, tam nobilium, imo pene totius Galliæ et Germaniæ miserabili fraude exstinctum florem, justitia Dei per aliquem suorum dignaretur ulcisci. Neminem vero sub cœlo principum Christianorum video, per quem tam bene, tam congrue, tam efficaciter, sicut per vos, opus hoc tam sacrum, tam cœlo et terræ optabile, posset impleri. Nam per gratiam Dei, quod non adulans dico, juxta quod ex præteritis operibus vestris, et ex verbis multorum conjicio, ad tantum bonum istud perficiendum, aliis principibus, et animo sagacior, et opibus ditior, et virtute exercitatior, et ipso insuper loco propinquior estis. Exsurge igitur, bone princeps : quod voce quidem mea, sed tam meis quam omnium votis dico. Exsurge in adjutorium populo Dei, zelare sicut Machabæi legem Dei, ulciscere tot opprobria, tot injurias, tot mortes, tantum tam impie effusum sanguinem exercitus Dei. Paratus sum ego pro jam dicta pacis causa, mox ut se opportunitas præbuerit, imperatorem supradictum adire, et adhibitis mecum quos potero, totis viribus, omni studio, de pace tam Deo amabili, inter vos et ipsum reformanda et confirmanda tractare. Rescribam Deo volente vobis statim post colloquium quod invenero, et cuncta vobis litteris patefaciam.

EPISTOLA XVII.

Amantissimo Patri, PETRO Dei gratia venerabili Cluniacensi abbati, frater BERNARDUS de Claravalle, salutem, et quas potest orationes in Domino.

Gravem nimis ac miserabilem Orientalis Ecclesiæ gemitum, etc. *Vide inter epistolas S. Bernardi, Patrologiæ,* tom. CLXXXII.

EPISTOLA XVIII.

Venerabili, et præclaræ Ecclesiæ Dei lucernæ, totisque charitatis brachiis amplectendo, domno BERNARDO abbati Claravallis, frater PETRUS, humilis Cluniacensis abbas, salutem ac se totum.

Litteræ, quas mihi sanctitas vestra misit, licet earum materiam prius ex parte non ignorarem, moverunt me, et multum, ut dignum erat, moverunt. Quem enim Christianum, in Christo suo aliquam spem habentem, fama tam lamentabilis non moveret, qua, ut ex litteris etiam domini abbatis S. Dionysii comperi, jam pene ubique divulgatum est fratres Templi, regem Jerosolymitanum, ipsam insuper Dominicam ac salvatricem crucem, in urbe Antiochena cum aliis multis obsessos, ac, nisi manus Domini in brachio extento cito succurrat, omnes in brevi captivandos? Quem non moveat, ne forte terra illa sancta, a jugo impiorum tantis Patrum laboribus, tanto Christicolarum sanguine, jam non ab multum temporis eruta, rursus impiis et blasphemis subdatur? Quem non moveat, si tam salubris peccatorum pœnitentium via, quæ, ut dignum est credere, innumera peregrinantium millia, a quinquaginta jam annis, inferis abstulit, cœlo restituit, nequam Sarracenorum obice obstante claudatur? Absit, absit, inquam, quod adeo in Christianos suos, in populum acquisitionis, cœlestis ira desæviat, ut noviter inflicto, et adhuc calenti vulneri, tam acre denuo vulnus addatur, quod sui magnitudine jam, non videatur esse purgatorium, sed peremptorium. Non esset vere reputandus inter membra corporis Christi, quem ex intimis præcordiorum visceribus non moveret tantum periculum, imo tanta clades populi Christiani. Non dico quem non moveret ad compatiendum tantum quod omnibus leve est sed ad subveniendum pro viribus, et ad subeundum etiam quidquid grave est. Si enim in corpore humano manus manui, pes pedi, membrum quodlibet membro cuilibet, si læsum fuerit subvenire non dissimulat, ejusque læsionem non alienam, sed propriam reputat, quanto magis in sacro corpore Christi, quod est ejus Ecclesia, toto nisu, tota virtute, frater fratri, proximus proximo maxime in majoribus periculis, occurrere et succurrere debet? Facit hoc in carne humana unus universa membra vivificans spiritus, facit hoc idem in corpore Ecclesiæ unus, qui ejus universa membra vivificat, Spiritus sanctus. Non ergo vegetatur spiritu Christi, qui non sentit vulnera corporis Christi. Monstratur igitur aperte esse tam vos quam quosdam alios vestrarum partium viros de præcipuis membris corporis ejus quos adeo movet, quos adeo angit læsio corporis ejus. Apparet inde maxime verum esse quod dico, quod cum in ultimo occidente, imo in ipso pene occidui oceani littore positus sitis, tot interjectis terrarum spatiis, laboranti in Oriente Christiano nomini, summo quantoque potestis studio succurrere festinatis. Inde est quod apud Carnotum cum domino rege, et aliis Patribus Ecclesiæ, ac regni majoribus, die indicta convenire decrevistis, meque sacro illi conventui interesse rogastis. Fateor, quod verum est, quia et excusare adventum meum erubesco, et tamen omnino venire non possum. Inter alia enim quæ obstant, in quibus est ab ipso Natali Domini fere continuum corporis mei incommodum, inevitabili de causa antequam aliquid de istis scirem in initio pene Quadragesimæ, eadem die qua conventus indictus est apud Carnotum multos ex prioribus nostris nuntio, et litteris venire præceperam Cluniacum. Causam, ex parte, adventus eorum dixi secreto venerando viro, domino abbati de Fontanel, qui mihi litteras vestras attulerat quam ab ipso, si placuerit, audire poteritis. Rogo ergo, et iterum iterumque rogo, ne hoc ægre feratis, vel cogitetis me in corde et corde loqui: quod non solum loquens vobis caveo, sed etiam semper cavere soleo. Non enim tantum usque Carnotum, hac tanta de causa venirem, sed nec usque ad ipsam, de qua agitur, Jerusalem, si necessitates commissæ mihi Ecclesiæ paterentur, ire ullo modo dubitarem. Si tamen contingeret alio tempore conventum alium vel in vestris vel in nostris partibus celebrari, nisi rursum inevitabilis causa obstaret, sciat reverentia vestra me libentissime iturum, et cum conventu, et sine conventu tantæ rei auxilium pro viribus præbiturum.

EPISTOLA XIX.

Amantissimo domino, et Patri venerabili, Dei gratia Cluniacensium abbati PETRO, SUGERIUS Beati Dionysii abbas, devotas in Christo orationes, amoris et servitii plenitudinem.

Orientalis Ecclesiæ calamitatem, etc. *Vide in Sugerio, Patrologiæ* tom. CLXXXVI.

EPISTOLA XX.

Venerando, et præcordiali amico nostro domno SUGERO S. Dionysii abbati, frater PETRUS, humilis Cluniacensium abbas, salutis et præsentis et æternæ plenitudinem.

Doleo, et supra quam dicere possum doleo, quia sacro conventui vestro, quem apud Carnotum dominus rex consilio sapientiæ vestræ et aliorum sapientum indixit, interesse non valeo. Credite intimo amico, credite vera dicenti, quia vere volo, sed non valeo, et quia non valeo, doleo. Quis enim non doleat se non interesse tam sancto collegio, ubi nullus proprium lucrum, ubi nullus quæ sua sunt quæret, sed quæ Jesu Christi? Non enim res quælibet agitur, sed de illa tractatur, qua major nulla, imo quæ est omnium maxima. Nonne maxima omnium est providere, satagere, ne sanctum detur canibus, ne loca, in quibus steterunt pedes operantis salutem in medio terræ, rursum pedibus iniquorum proterantur, ne regia Jerusalem a prophetis, ab apostolis, ab ipso omnium Salvatore dedicata, ne nobilis illa totius Syriæ metropolis Antiochia iterum blasphemis, et nefandis hominibus subjiciantur, ne ipsa salutaris crux, jam ab impiis, ut dicitur, obsessa, ut olim a Cosrohe [Cosdroe] capiatur, ne ipsum sepulcrum Domini, quod hactenus, juxta prophetam, gloriosum toto in orbe fuerat (*Isa.* xi), fortassis ut illi minari solent, radicitus avellatur? Huic ergo tam sancto, tamque necessario tractatui, ad quem humilitatem meam, venerande vir, invitare voluisti, libentissime, ut dixi, interfuissem, si ullo modo potuissem. Quæ iter hoc meum impediunt, multa sunt. Sed inter alia, specialia duo sunt: unum, multiplex incommodum corporis mei: quod a Natali Domini usque ad hoc tempus, pene assidue passus sum; aliud, conventus magnus priorum, quos, antequam de istis quæ mandastis aliquid scirem, in ipso fere initio Quadragesimæ, pro consilio inevitabilis rei, Cluniacum ea die qua conventus vester apud Carnotum indictus est, venire præceperam. Suscipiat ergo, si placet, æquo animo unanimis, et charissima mihi reverentia vestra, non fictam, sed veracem excusationem meam; et apud se, et apud alios, excusatam habeat absentiam meam.

EPISTOLA XXI.

Petro *reverendissimo domino et Patri, ac venerabili abbati Cluniacensium*, Heloisa *humilis Dei et ejus ancilla, spiritum gratiæ salutaris.*

Visitante nos Dei misericordia, dignationis vestræ nos visitavit gratia. Gratulamur, Pater benignissime, et quod ad parvitatem nostram magnitudo vestra descenderit gloriamur. Est si quidem vestra visitatio magna magnis quibuslibet gloriatio. Norunt alii quantum eis utilitatis vestræ contulerit præsentia sublimitatis. Ego certe non dicam enarrare dictu, sed nec ipso valeo comprehendere cogitatu quam utilis, quam jucundus vester mihi fuerit adventus.(181). Abbas noster, dominus noster, apud nos anno præterito xvi Kal. Decembris, missam celebrastis, in qua Spiritui sancto nos commendastis. In capitulo, divini nos sermonis eulogio cibastis. Corpus magistri nobis dedistis, ac beneficium Cluniacense concessistis. Mihi quoque, quam nec ancillæ nomine dignam sublimis humilitas vestra, tam scripto quam verbo, sororem vocare non dedignata est, singulare quoddam velut amoris et sinceritatis privilegium donastis, tricenarium scilicet quod mihi defunctæ conventus Cluniacen. persolveret. Indixistis etiam, quod donum illud sigillatis confirmaretis apicibus. Quod itaque sorori, imo ancillæ concessistis, frater, imo dominus impleatis. Placeat etiam vobis aliud mihi sigillum mittere, in quo magistri absolutio litteris apertis contineatur (182), ut sepulcro ejus suspendatur. Memineritis, et amore Dei nostri Astralabii (183) et vestri, ut aliquam ei vel a Parisiensi, vel ab alio quolibet episcopo præbendam acquiratis. Vale. Dominus vos custodiat, et præsentiam vestram quandoque nobis exhibeat.

EPISTOLA XXII.

Venerabili et charissimæ sorori nostræ, Deique ancillæ Heloisæ, *ancillarum Dei ductrici ac magistræ, frater* Petrus *humilis Cluniacensium abbas, salutis a Deo, amoris a nobis in Christo plenitudinem.*

Gavisus sum, et hoc non parum, legens sanctitatis vestræ litteras, in quibus agnovi adventum meum ad vos non fuisse transitorium: ex quibus adverti, non solum me apud vos fuisse, sed et a vobis nunquam postmodum recessisse. Non fuit, ut video, illud hospitium meum, velut memoria hospitis unius noctis prætereuntis, nec factus sum advena, et peregrinus apud vos, sed civis sanctarum, et domesticus, utinam Dei! Sic sacræ menti vestræ cuncta inhæserunt, sic benigno spiritui vestro omnia impressa sunt, quæ in illo fugaci seu volatico adventu meo dixi, quæ feci, ut non dicam ea quæ studiose a me tunc dicta sunt, sed nec verbum forte negligenter prolatum ad terram caderet. Ita notastis omnia, ita tenaci memoriæ ex sinceritatis affectu derivata commendastis, quasi magna, quasi cœlestia, quasi sacrosancta, quasi ipsius verba vel opera Jesu Christi. Forte moverunt vos ad illa sic retinenda, verba communis regulæ, hoc est tam nostræ quam vestræ, quæ de hospitibus præcipit, Christus in eis adoretur, qui et suscipitur. Forsitan et illa de præpositis, licet ego præpositus vobis non sim: *Qui vos audit, me audit* (*Luc.* x). Utinam hæc mihi semper gratia detur apud vos, ut mei memor esse dignemini, ut pro me omnipotentis misericordiam, cum sacro gregis vobis commissi collegio, deprecemini! Rependo, et ego in hoc vobis vicem quam possum, quia et longe antequam vos viderem et maxime ex quo vestri notitiam habui, singularem vobis in intimis mentis meæ recessibus veræ, non fictæ charitatis lo-

ANDREÆ CHESNII NOTÆ.

(181) *Quam utilis, quam jucundus vester mihi fuerit adventus.* Fuerat et utilis antea jucundusque sancti Bernardi Clarævallensis abbatis, de quo Petrus Abælardus illi scribens: « Cum nuper, inquit, Paracletum venissem, quibusdam compulsus negotiis ibi peragendis, filia vestra in Christo, et soror nostra, quæ illius loci abbatissa dicitur, cum summa exsultatione mihi retulit, vos illuc diu desideratum causa sanctæ visitationis advenisse, et non tanquam hominem, sed quasi angelum, tam eam quam sorores suas sacris exhortationibus corroborasse. »

(182) *Placeat vobis aliud sigillum mittere, in quo magistri absolutio contineatur.* Sigillum hoc, absolutionem magistri Petri Cabiloni defuncti continens, et quod a Petro nostro Cluniacensium abbate Paracletum ad Heloisæ postulationem missum epistola sequens testatur, his in codice obituum præfati Paracleti verbis conceptum reperitur. « Ego Petrus Cluniacensis, qui Petrum Abailardum in monachum Cluniacensem suscepi, et corpus ejus furtim delatum Heloisæ abbatissæ et monialibus Paracleti concessi, auctoritate omnipotentis Dei et omnium sanctorum absolvo eum pro officio ab omnibus peccatis suis. »

(183) *Memineritis et amore Dei nostri Astralabii.* Is erat filius præfati Petri et Heloisæ, ut ex epistola, sive libro ejusdem Petri, in quo calamitates et miserias suas describit, aperte constat, et ante nos annotavit vir clariss. Nicolaus Faber.

cum servavi, donum quod de tricenario vobis præsens feci, absens ut voluistis, scriptum et sigillatum transmitto. Mitto etiam, sicut mandastis, magistri Petri absolutionem, in charta similiter scriptam et sigillatam. Astralabio vestro, vestrique causa nostro, mox ut facultas data fuerit in aliqua nobilium Ecclesiarum præbendam libens acquirere laborabo. Res tamen difficilis est, quia, ut sæpe probavi, ad dandas in Ecclesiis suis præbendas, variis objectis occasionibus valde se difficiles præbere episcopi solent. Faciam tamen causa vestri quod potero, mox ut potero.

EPISTOLA XXIII.

PETRO *venerabili et honorando Dei gratia Cluniacensium abbati frater* PETRUS, *humilis pauperum Majorevi prior vocatus, cum eisdem pauperibus æternam a Domino salutem.*

Noverit vestræ paternitatis dulcedo, domnum Petrum Vivianum duos de libris nostris habere, Glosulas videlicet continuas super Matthæum, et beati Joannis Evangelium Glosulatum. Et quia satis eos retinuit, per annos scilicet viginti circiter, obsecramus humiliter vestram charitatem, ut dignetur ei præcipere, quatenus sine dilatione illos nobis procuret reddere. Memorem nostri paternitatem vestram, divina gratia incolumem diu custodiat. Sciatis denique quia si essetis abbas alter quilibet, et non tam celebris atque famosus, fracti fœderis ac frustratæ promissionis, quam de visitatione nostra vestra dignatio multoties fecit, aperta fronte quæreremus satisfactionem.

EPISTOLA XXIV.

Charissimis et magnifice honorandis servis Dei, apud Majorevum in eremum Christo servientibus, frater PETRUS, *humilis Cluniacensium abbas, salutem; cui se totos devoverunt, æternam.*

Cantat Deo Propheta in psalmis: *Quam dulcia faucibus meis eloquia tua, super mel ori meo!* (*Psal.* CXVIII.) Possum et ego non mentiens scribere vobis quod longe dulciora sunt melle verba vel litteræ vestræ mihi. Nam semper supremam arcem pectoris mei vobis vestrique ordinis viris servavi, instituta Carthusiensia universarum religionum institutionibus prætuli, a primis pene adolescentiæ annis sincero affectu sacrum religionis vestræ propositum colui. Unde quando vacare potuit, quædam antiquiora vestri ordinis loca adire frequenter non pigritavi, inaccessibiles pene nivibus, et a glacie altissimas rupes non abhorrui, fratres inter illas montium, et rupium angustias omnipotenti Domino servientes, videre, visitare, atque cum eis in Domino jucundari, dulce habui. Hunc saporem, quo, cum adhuc testa rudis essem, imbutus sum, diu et per gratiam Dei etiam hucusque servavi, non quidem vos videndo, quod ut volui hactenus non potui, sed vos vestraque omnia charitate non ficta diligendo, colendo, venerando. Sed de fracto fœdere, ac frustrata promissione, qua vos visitare multoties, ut dicitis, promiseram, arguor, et a tantis amicis dure convenior. Audio quod si essem abbas alter quilibet, et non tam celebris atque famosus, aperta fronte de his digna quæreretur satisfactio. Sed ago gratias Deo, quia non sum abbas quilibet, sed tam celebris atque famosus, ut nemo vestrum audeat me aggredi, nec aperta fronte de fracto fœdere, et frustrata promissione quærere satisfactionem. Si enim non tantus, sed alter quilibet abbas essem, certum est quia impune non evasissem. Quis enim aliter credat? Nam a tam veracibus non aliter res quam sermo procederet. Sed tamen ut amicis, et hoc intimis satisfaciam, libens majoris nominis fastum depono, et me abbatibus, licet inferioribus, si tamen inferiores sunt, compono. Eligite quem vultis de toto orbe minorem, et de me ut de illo, si reus esset, fracti fœderis pœnas sumite. Parcius tamen, ut vel parum pro parte mea agam, pœna sumenda est, quia mala fide fractum fœdus non est. Obstiterunt multa, quæ fœdus initum, et visitandi promissionem servari non permiserunt, negotia infinita, hiems supra solitum horrida, corporis multiplex incommodum, quo plusquam per dimidium annum natura laborat, nec adhuc plene hostem tandiu sibi infestum vincere potest. Ea de causa mitius, ut mihi videtur, puniendus est qui quod dicit, quod promittit, quod maxime vult, implere non potest. Habeo inde de re simili mecum, et pro me agentem magnum Apostolum. Voluit ille venire ad Corinthios, ut secundam gratiam haberent; voluit et per eos transire in Macedoniam, voluit et iterum a Macedonia venire ad eos, et ab eis deduci in Judæam. Voluit hoc, sed ut voluit non potuit. Excusat ipse seipsum, et excusando non tantum se, sed et me etiam contra vos secum excusat. Nunquid, ait, levitate usus sum, aut quæ cogito, secundum carnem cogito, ut sit apud me, est et non? Quis loquitur? Magnus apostolus. Si interroges, quis magnus? Respondeo: Non est interrogandum. Ubi apostolo magnus additur, Paulus intelligitur. Hic ergo apostolus, et magnus, astruit se non esse levitate usum, si aliquando dixit, est; aliquando dixit, non. Intellexit enim semper quidem servandam esse veritatem verborum; sed non idcirco minus esse verba veracia, si ea mutari cogeret multiplex varietas diversarum causarum. Quod et indicant verba sequentia: *Fidelis autem Deus, quia sermo noster qui fit apud vos, non est in illo, est, et non; sed est in illo, est* (*II Cor.* 1). Quod nullatenus veritate salva dicere posset, si verba simplici ex corde prolata, absque falsitatis nota, rerum necessitate cogente, mutari non posse videret. Verum est ergo quod dixi: Veniam ad vos; sed certa et rationabilis causa me impedivit, ut non venirem ad vos. Hac ergo de causa non fuit in ore meo, est, et non; sed fuit in illo, est. Excusatum ergo me esse arbitror, et nisi plus nimio duri exactores esse velitis, satisfecisse me æstimo. De libris a fratre Petro Viviano diu, et præter voluntatem vestram, ut in litteris vestris legimus, retentis, rescribo quod, si Deus permiserit, hominem conveniam, et prout officii mei ratio postulat, ut justum fuerit, vestra vobis restitui faciam. De reliquo, vos Deo, cui servitis; me autem nostrosque ipsi vobisque commendo. Quod tardius vobis scripsi, nolite imputare negligentiæ meæ, quæ in casu isto non est, sed imputate infinitæ importunitati causarum, quæ fere semper mihi molesta est. Hæc si saltem brevi temporis spatio, ne dicam momento, me mihi vacare permisisset, jam oculus vester ante duos aut tres menses epistolam meam vidisset.

EPISTOLA XXV.

Summo pontifici, et nostro speciali Patri, domino papæ EUGENIO, *frater* PETRUS, *humilis Cluniacens. abbas, devotam obedientiam, cum filiali amore.*

Quoniam apostolica mandata negligenter suscipere vel exsequi, pene crimen judico, idcirco de quibusdam jam altero ut compari anno, mihi a paternitate vestra scriptis, et injunctis, quia necdum ea exsecutus sum, me hac epistola apud Patrem excusare suscepi. Nec miretur sapientia vestra, tandiu me vobis inde scribere distulisse, quia pene simul, et rei cognitionem accepi, et stylum ad scribendum aptavi. Quam si prius agnoscere licuisset, quod nunc facere cœpit manus, exsequi non distulisset. Scripsit ante annum reverentia vestra domno Lemovicensi episcopo, et mihi, ut in exemplari litterarum apostolicarum a quibusdam Brivatensibus clericis (184) mihi oblato legi, quatenus Claromontensem episcopum (185), cum socio jam dicto, die locoque congruo evocatum convenirem, et ut militem quemdam, quem pene per biennium captum tenuerat, redderet, præciperem, et quæstionem quæ de castello Alsone inter quosdam nobiles versabatur, vestra fultus auctoritate terminarem. Addita sunt quædam alia de episcopo, quæ nobis audienda, non diffinienda commissa sunt. Litteras illas clerici ab urbe detulerunt, nec mihi, sed eidem Claromontensi episcopo reddiderunt. Ut autem ipsi mihi testati sunt, hoc ea necessitate fecerunt, quia captivum suum, qui frater unius ex ipsis erat, aliter ab episcopo recipere nequiverunt. Qui statim ut eas habuit, nobis usque ad hanc diem invisibiles fecit. Ea causa est, qua a me apostolica præcepta impleta non sunt. Non enim accepta implere neglexi, sed non accepta implere non potui. Idem, et de Lemovicensi episcopo non quidem scio, sed scire me æstimo. Quem ergo hæc culpa respiciat qua clarum est, dicere meum non est. Dicam tamen sequentia, quæ idcirco tacenda non sunt, quia non uni, duobus, aut tribus, sed multis populis noxia sunt. Arverniam olim tam spatio terrarum, quam multitudine populorum, teste Cæsare, et quibusdam aliis historicis, regnum juxta regnorum antiquorum quantitatem fuisse, multis, etsi non omnibus, notum est. Hujus tota pene cura deficientibus regibus, comitibus, magis Christianum populum infestantibus quam defendentibus, ad justum et lene regimen Ecclesiæ, jam a longo tempore conversa est. Huic soli deficientibus, ut dixi, principibus vel infestis, hucusque innixa est, sub hac se tutam ac securam mansisse gavisa est. Episcopi enim, qui ante istum terræ illi jure ecclesiastico principati sunt, et quod suum erat juxta sibi datam gratiam impleverunt, et quod regum vel principum fuerat in defendendo Ecclesiam, juxta quod licuit, suppleverunt. At nunc per viginti fere annos populus ille Dei tantus, tam numerosus, juxta Scripturæ sanctæ verbum de Judæis olim dictum, mansit sine rege, sine principe, et (quod solum ei supererat), sine lege (quod pejus est), et sacerdote. Quomodo enim sacerdos dici potest qui, exceptis sacramentis pontificalibus, de pontificis officio, ex quo episcopari cœpit, pene nihil implevit? Ubi enim ejus erga gregem commissum vigil custodia? Ubi pastoralis sollicitudo? Ubi pereuntium et quotidie ad inferos sub ejus conspectu descendentium miseratio? Impugnat assidue alter alterum, acuunt pene universi in mutuam cædem gladios, conspirat frater in fratris interitum; castrorum Domini, inferioris nominis milites, burgenses, rustici populi, laicorum omne genus de illo clamant quod propheta Dei olim pessimo regi Israel locutus est : Vidi universum Israel dispersum in montibus, quasi oves non habentes pastorem. Si ab eo de malefactoribus justitia ecclesiastica exigitur, aut negatur, aut venditur. Sed hoc primo tempore. Jam enim non negatur, quia nec quæritur. Tanta mutari posse in hominem melius, subditis desperatio facta est, ut cum innumeris ærumnis universi laborent, totaque diœcesis ejus malis infinitis exuberet, non

ANDREÆ CHESNII NOTÆ.

(184) *A quibusdam Brivatensibus clericis.* Apud Sanctum Julianum nimirum in Brivatensi Arverniæ vico Deo servientibus. Est enim et alia Briva cognomento Curretia in Lemovicibus, item Briva super Isaram, quæ et *Briva Isaræ*, et *Pontisara* nuncupatur, vulgo *Pontoise*. Nomina omnia a prisca Gallorum voce *Briva*, quæ secundum nonnullos trajectum vel vadum, secundum alios autem, et forte rectius, pontem significabat. Unde et *Briva Odera* quoque, ubi *Oderam*, et *Samarobriva*, ubi Somam fluvium olim vel vado, vel ponte potius trajecerant. Et in Britannia majore, cujus habitatores primi veterem Galliarum, e quibus orti fuerant, linguam loquebantur, *Durobriva*, id. est fluminis trajectus per pontem, et *Durocobriva*, id est aquæ rubræ trajectus, quæ nunc *Dornford* juxta *Casterton*, et *Herts*-ford, ab Anglis appellantur.

(185) *Quatenus Claromontensem episcopum.* Episcopus hic antea Nicolaus in margine veteris editionis appellabatur. Sed cum in catalogis episcoporum Claromontensium tam antiquis quam recentioribus, nullus reperiatur ejus nominis tempore Eugenii III, papæ, cui Petrus noster hic scribit, verissimum opinor quod vir doctiss. Joannes Savaro præses Arvernorum in Originibus Claromontis civitatis adnotavit, de Stephano nempe rem esse, qui Mercolius sive de Mercolio cognominabatur : hocque ipsum Mercolii cognomen in margine codicis scriptum, ansam præbuisse scriptori, qui fortassis illud non intelligebat, *Nicolaum episcopum*, pro *Mercolio episcopo* substituendi.

sit jam fere qui de tantorum hominum numero ejus curiam adeat, suas apud eum querelas deponat, consilium quærat, judicium vel justitiam exigat : quorum omnium nihil penes ipsum invenire se posse non dubitat. Manet otiosus inter negotia infinita, vidensque non lupum tantum, sed lupos innumeros in sibi commissas oves irruentes, fugit, ut magnus Gregorius ait, non mutando locum, sed subtrahendo solatium. Fugit, et eo fugiente lupi rapiunt, et dispergunt oves. Sed fortassis laicos negligit, et ut remotiores ab ordine vel proposito suo, contemnit. Fortasse illis contentis monachorum vel clericorum curam, quibus professione propinquior est, sibi assumpsit. Sed, o utinam quantum ad ipsum, clerici vel monachi laicis pares essent! Sed prorsus non sunt. Nam cum effectum auxilium universis æqualiter neget, affectum tamen, quantum ex his quæ in eo videntur aut ab eo audiuntur, longe majorem laicis quam clericis aut monachis exhibet. Redeunt illi ab eo contenti ad seipsos, et quia gladium spiritus, quod est verbum Dei, in ipso alligatum cernunt, convertuntur ad gladios proprios; et quod ille sermone pacare posset, hi multo effuso sanguine pacare non possunt. Habent tamen aliquid consilii, quando, ut dixi, deserti a suo episcopo scipsos vi armata ipsi tuentur. Sed quid clericis consilii ? Quid monachis remedii ? Carent vere sub tali episcopo, non tantum divino, sed et humano auxilio : divino, quia spirituali gladio non defenduntur; humano, quia sæcularis gladius, quo ipsi uti non possunt, eos defendere nequit, nec quisquam principum eum ad ipsos defensandos sibi assumit. Mutata est jam ex parte a longo tempore, sed nunc nostris diebus ex toto, apostolica sententia, quam de rege vel principe Paulus profert, *Non enim sine causa gladium portat* (Rom. XIII). Quid ergo faciet clericalis vel monasticus ordo, maxime in terra illa, quantum ad hoc misera, ubi nec ecclesiastica censura protegitur, nec sæculari gladio defensatur ? Taceo graviora, taceo peremptoria, quæ a multis, ut mihi videtur, fide dignis ante multos annos audio, et frequenter a referentibus audire non cesso. Quorum quia testis esse nequeo, relator esse nolo. Audiet, ut credo, illa suo tempore vestra sublimitas, ab illis qui ea nobis referunt, et qui coram vobis testificari poterunt. De cætero, si placet, excellentiæ vestræ præsentium latorem commendamus, clericum nobilem, et in quantum scire possumus, honestum. Habet enim causam adversus eumdem episcopum. Quæ si justa fuerit, licet non sit necessaria deprecatio nostra, rogamus tamen ut ei subveniat clementia vestra.

EPISTOLA XXVI.

Venerando viro, mihique valde charissimo domino EBRARDO *magistro Templi Dei* (186), *quod in Jerosolymis est, frater* PETRUS, *humilis Cluniacensium abbas, salutis, et dilectionis quidquid potest.*

Quod personam vestram, et sacram sacri Templi vobis a Deo commissam militiam, inter omnes religionis professores, quodam proprio ac singulari affectu semper dilexerim, semper veneratus sim, novi ego, novit testis, et conscius meus in excelso, noverunt multi vestrorum, nostis ut credo, nec dubito quod nostis et ipse. Feci hoc a primordio institutionis vestræ, quæ cum meo tempore exorta fuerit, velut rutilum novi sideris jubar mundo illuxisse, et miratus pariter, et lætatus sum. Nec mirum hoc. Quis enim aliquam spem æternæ salutis habentium non lætetur ? quis non totis animi præcordiis exsultet in Deo salutari suo, militiam regis æterni, exercitum Domini Sabaoth, ad debellandum principem mundi, ad expugnandos inimicos crucis Christi, ex diversis orbis partibus congregatum, ad nova prælia velut e castris cœlestibus processisse? Quis non lætetur, quis non exsultet processisse vos non ad simplicem, sed ad duplicem conflictum, in quo et contra spirituales nequitias, juxta Apostolum, animi virtutibus, et contra corporales hostes, corporis viribus dimicatis? In quorum uno quidquid sanctorum monachorum vel eremitarum est assumpsistis; in altero, omnium religiosorum propositum excessistis. Militant quidem illi Deo, et licet castigando corpus suum et in servitutem redigendo laborent, tamen corpore a mundi tempestatibus, et maxime a bellorum tumultibus requiescunt. At vos, ut dictum est, et fortem armatum eisdem eorum artibus superatis, et contra illa ejus, quæ aperte adversus Christum producit, infernalia castra, Sarracenorum dico agmina, pugnando assidue non cessatis. Estis monachi virtutibus, milites actibus : illud spiritualiter implendo, istud corporaliter exercendo. Exposuistis pro fratribus animas vitæ, corpora morti, fudistis jam sanguinem necdum effusum, quem quotidie in bellis Deo offertis fundendum. Estis vere participes illius summæ et præcipuæ charitatis, de qua Salvator : *Majorem hac dilectionem nemo habet, quam ut animam suam ponat quis pro amicis suis* (Joan. XV). Hæc est causa, qua semper, ut supra scripsi, singulariter vos dilexi, qua colui, qua veneratus sum. Feci hoc hactenus, et faciam per Dei gratiam, quandiu fuerit spiritus in naribus meis. Hac fiducia, qua semper diligens ab eo quem diligit diligi se sperat, spero et ego a vobis me diligi, et,

ANDREÆ CHESNII NOTÆ.

(186) *Domino Ebrardo magistro Templi.* Militia Templariorum, vel ordo Militum Templi cœpit in templo Jerusalem anno 1119, aut circiter sub viro venerabili et magnanimo Hugone primo magistro ipsius ordinis, citoque per universam Christianitatem quantum ad domos et possessiones mirabiliter dilatatus est, et eorum institutio ac regula etiam a papa Honorio II et patriarcha Jerosol. Stephano approbata. Sed, aliis postea causis sedem apostolicam moventibus, in Vieninensi tandem concilio suppressi condemnatique sunt, et eorum possessiones ac domus Hospitalariis S. Joannis assignatæ.

si quid suggessero, amicabiliter audiri. Nobilis vir, domnus Humbertus de Bello-Joco (187), nuper a partibus transmarinis veniens, ad partes nostras rediit, et cum immensa exsultatione ab omni illa terra susceptus est. Aberam ego quidem tunc, tractus negotiis ad alias partes; sed rediens, tantum ubique jubilum de ejus adventu reperi, quantum, nisi vidissem, vix unquam æstimare valerem. Gaudebant clerici, gratulabantur monachi, plaudebant rustici, totusque adjacentium nobis Ecclesiarum chorus velut quoddam novum canticum resonabat. Econverso, raptores dolebant, Ecclesiarum pervasores, monachorum, pauperum, viduarum, orphanorum, atque ignobilis, nec se suis viribus defendere prævalentis vulgi deprædatores, imo oppressores gemebant, suæque nequitiæ objectum obicem, etsi non aperte verbis, cordibus tamen infandissimis murmurabant. Talis est illa, ut nosse vos credimus, Cluniaco adjacens terra vestra, ut, quia sine rege, sine duce, sine principe est, valde gaudeat, quando aliquam pacis materiam invenisse se sperat. Hanc, quia in isto et per istum ex plurima parte se invenisse confidit, gaudet, ut dixi, et spei suæ gaudium dissimulare non potest. Ostendit jam dictus Humbertus ex quo venit, non frustra id de se sperari, cum et vicecomitem Matiscensem, terræ nostræ matutinum, vespertinum atque nocturnum lupum ita subegit, ut jure, quantum ad hoc pertinet, cum justo Job dicere possit : *Conterebam molas iniqui, et de dentibus illius auferebam prædam (Job* xxix). Hoc et de multis aliis et cis Ligerim, et ultra Ligerim positis, parvissimo, hoc est ex quo rediit, tempore fecit. Sperat hoc idem de eo vestra Cluniacus, quæ plus cunctis partium nostrarum monasteriis, vel Ecclesiis, ejus consilio et auxilio eget. Oro ergo, et sicut intimus vester ut nostis, amicus consulo, ut si quam adversus eum de reditu suo ad nos querelam habetis, interim seponatis, et quia sapiens et discretus vir est, ipsum sibi suæque conscientiæ judicio relinquatis. Credo enim quia magis eum tolerando quam querimoniis irritando, apud eum proficere poteritis. Novi enim, ut puto, animum ejus, et ex ipsius familiari collocutione adverti, quod Deum timeat, et quod totum, si lucrari posset, mundum animæ suæ saluti postponat. Relinquite cum interim miseræ terræ, et eam ejus ope ac defensione, quibus ultra quam dicere possim eget, aliquanto saltem tempore gaudere permittite. Et hoc militaris officii vestri proprium, atque ad hoc arma sumpsistis, ut Ecclesiam Dei ab infestantibus defendatis, et, juxta prophetam, etiam ad litteram ex adverso ascendentes, murum vos pro domo Israel opponatis (*Ezech.* xiii). Sed forte dicitis : Contra paganos, non contra Christianos arma sumpsimus. Sed quis magis a vobis vel a vestris impugnandus est, Deum nesciens paganus, aut ipsum verbis confitens et factis contra eum dimicans Christianus? Quis magis persequendus est, ignorans et blasphemans, an agnoscens et impugnans? An non Deum impugnant, an non persequuntur qui Ecclesiam ejus, qui populum emptum sanguine ejus absque ulla, ubi possunt vel audent, personarum, graduum, dignitatum exceptione, deprædantur, cædunt, verberant, quandoque etiam (quod sæpe contingit, perimunt? Non est, non est vere minus defendendus consiliis, imo gladiis vestris, Christianus vim injuste patiens a Christiano, quam esset defendendus eamdem vim patiens a pagano. Acquiescite ergo, si placet, consiliis et precibus meis, et virum, in quo pene solo tota spes pacis nostræ consistit, nobis modo quo dixi dimittite. Experimini utrum utile sit tam ipsi quam vobis consilium meum ; quod nullo modo dicerem, si esse quolibet modo intelligerem contra Deum. Credo insuper, et hoc valde opto, quod vobiscum antequam a partibus Galliarum recedatis loquar, et tunc melius verbo quam nunc scripto, quæ de hac re dicenda fuerint, supplebo.

EPISTOLA XXVII.

Summo pontifici, et nostro speciali Patri, domino papæ EUGENIO, *frater* PETRUS, *humilis Cluniacensium abbas, cum devota obedientia filialem amorem.*

Precor in exordio, ut placide verba mea auris paterna accipiat, et, si quid forte ex ignorantia secus dixero quam oportet, benignitas vestra, quæ sapientibus et insipientibus debitrix est, animo æquo supportet. Nobilis vir, domnus Humbertus de Bello-Joco nuper a partibus transmarinis rediens, tanta cum exsultatione ab universa nobis adjacente terra susceptus est, ut vix hoc credere possem, nisi post a quodam itinere regressus (nam tunc forte absens eram) ipse vidissem. Gaudebant clerici, lætabantur monachi, exsultabant burgenses, ipsique qui præda raptorum, imo qui cibus luporum esse solebant, rustici, agricolæ, pauperes, viduæ, orphani, omneque vulgi genus, ita ut vix se caperent, gratulabantur. E converso pauperum deprædatores, ecclesiarum destructores, clericorum ac monachorum oppressores, etsi non palam, quia non audebant, apud seipsos gemebant, fortemque obicem nequitiæ suæ oppositum, plusquam dicere possim, dolebant. Est enim misera illa terra nostra, ut novit sapientia vestra, cunctis pene terrarum partibus in hac parte miserior : quod sine rege, sine duce, sine principe, vel defensore existens, exposita est ferarum dentibus, et, ut scriptum est, quod ad litteram nunc accipio, *omnes bestiæ agri ludunt ibi* (*Job* xl). Nam si qui in ea nomen ducum, comitum, vel principum occupant, ita se habent, ac si non ad defensandum, sed ad devorandum populum Dei principarentur. Qui quanto sunt majores, tanto pe-

ANDREÆ CHESNII NOTÆ.

(187) *Nobilis vir, Dominus Humbertus de Bellojoco.* Guichardi pater, de quo et epist. sequente, et lib. 1 Miracul., cap. 28.

jores; quanto fortiores, tanto ferociores impotentum et pauperum oppressores. Eapropter gens avida pacis, et ad eam totis animi votis anhelans, adventum jam dicti Humberti, non aliter quam sibi hac de causa a Deo directi amplexi sunt. Et ne in frustra sperasse viderentur, ex plurima hoc jam parte experti sunt. Nam, ut quod verum novi domino et Patri fatear, ita in adventu suo alteratus apparuit, et in tantum mutatus ab illo quem noveram, ut quantum ad verba ejus vel facta pertinet (nam cordium scrutator non sum), vere cum antiquo illo dicere posset : Non sum qui fueram, et nos de ipso illud divinum, hoc est : *Mutatio dexteræ Excelsi* (*Psal.* LXXVI). Ita in brevi quidquid guerrarum in circuitu nostro fremebat compescuit, ita militum castrensium discordias solo verbo sedavit, ut ejus maxime timore, et inter illos pax reformaretur, et Ecclesiis vel pauperibus, eorum tyrannidem formidantibus, securitas redderetur. Jam nihil mercatores in stratis publicis, nihil agricolæ in agris hostile metuebant, tota jam pene terra illa, inter Ararim et Ligerim posita novo quodam pacis lumine perfusa, gaudebat. His tam bonis ei principiis illecta, longe majora et meliora sperabat. Cum in his omnes lætarentur, et præcipue Cluniacus vestra, cujus se defensioni totam devoverat, tam pro his quæ videbat, quam pro his quæ sperabat, non minimum exsultaret, ecce subito tristis fama gaudia nostra turbavit, dicens eum non cum plena gratia a vobis recessisse, atque habitum religiosum absque vestra licentia in sæcularem mutasse. Multorum quippe relatione persuasum nobis fuerat, hoc tam assensu vestro quam judicio sedis apostolicæ factum. Quod postquam non sic esse didicimus, noluimus impeditum pacis bonum, et servavimus erga ipsum eum quem debuimus modum. Sed attende, Pater, attende, et vide ut quomodo salva justitia, homo tam utilis, et, quantum ad opera principe digna, in partibus nostris pene solus, nobis et paci communi restitui possit. Ut enim quod multi nostrorum sentiunt dicam, si de canonicali, si de monastico, si de eremitico, si de quolibet antiquitus instituto ordine recessisset, jure illum ad illicite dimissa, censura ecclesiastica redire compelleret. At cum non nisi de militia ad militiam transierit, cum gladium, quem contra Sarracenos assumpserat, contra falsos Christianos Sarracenis deteriores transtulerit, cum ab uxore sua (quod majus est), ut a pluribus et fide dignis accepi, non legitime recesserit; videat sapientia vestra utrum cogendus sit an toleràndus, quousque rei veritas lucide declaretur, et tanta de tanto viro quæstio judicio apostolico terminetur. Videat certe et recogitet toti Ecclesiæ Dei prælata prudentia, et discretio vestra utrum personæ, quæ, juxta Scripturam, remoto altiore sacramento, etiam ad litteram de duabus una caro factæ fuerant, ita ab invicem secerni possint vel debeant, ut una videatur servire Deo sub religioso habitu, alia serviat mundo sub sæculari vestitu, imo, ut clarius loquar, una vivat caste, altera impudice : una non jungatur, nisi uni et soli Deo, altera per innumera stupra et adulteria, uni et soli integre et perfecte prostituatur diabolo.

Inde est quod nec nudis, ut audivi, verbis, mulier, quæ ei juncta fuerat, ab aliquo audita est castitatem vovisse, quam etsi solis verbis vovisset, votum tale quid esset? Si plane hujusmodi vota, aut ex odio aut ex levitate, aut ex intentione liberius peccandi facta, viris Christianis, et eorum uxoribus passim indulta fuerint, videat Pater Ecclesiæ quam late pateat perditionis campus, quotque millia virorum ac mulierum avidis faucibus absorpturus sit hac occasione infernus. Unde, licet ut minus sapiens loquar, dando ei consilium, a quo accipere debeo, videretur mihi justum, videretur canonicum, ut aut si vota horum conjugum, rei veritate diligenter perspecta, irrita esse debent; rursum in invicem redire cogerentur; aut si stare, uterque Deo sub certo religionis proposito servire compelleretur. Alioquin salvato isto, perdito illo, imo (quod verius est) alterius causa condemnato, illo in sæculo pereunte, altero nec in religioso proposito se salvare valente, quid proderit unius conversio, ubi utriusque certa sequetur perditio? Quando enim honorabile connubium et thorus, juxta Apostolum (*Hebr.* XIII), immaculatus servari poterit, ubi unus castitati, alter libidini; unus sanctitati, alter impuritati; unus munditiæ, alter nequitiæ operam dabit? Quando et illud servabitur, quod idem Apostolus dicit : *His autem, qui matrimonio juncti sunt, præcipio non ego, sed Dominus, uxorem a viro non recedere? Quod si recesserit, manere innuptam, aut viro suo reconciliari, et vir uxorem ne dimittat.* (*I Cor.* VII.) Quid dicis, Apostole ? Quid dicis, præcipio non ego, sed Dominus ? Nonne quod tu præcipis, præcipit Dominus ? Nonne tu ipse dixisti : *An experimentum quæritis ejus, qui in me loquitur Christus?* (*II Cor.* XIII.) Cum ergo in te loquatur Christus : nonne quod præcipis, præcipit et Christus? Verum est, inquit, verum est. Quod Christus dicit, dico et ego : quod ego dico, dicit et Christus. Sed ne forte mei temporis rudibus adhuc in fide hominibus, minoris pretii mea viderentur verba quam Christi : proposui ab ipso verba ejus, quibus magis auctoritate majoris nominis acquiescere cogerentur, boni, sed novi auditores ejus. Est et aliud, unde non tamen rudibus, sed universis hæc dicens consulere volui : ut intelligerent rem, de qua agitur, non a me pro velle dispensandam, sed ut a Domino tradita est, conservandam. Sunt enim quæ dispensare pro velle, juxta rationem possumus : sunt et alia, quæ non ut statuta sunt, dispensative mutare nec possumus nec debemus. De his quæ mutare possumus, sunt quæ subjeci. Cæteris ego dico, non Dominus : *Si quis frater uxorem habet infidelem, et hæc consentit habitare cum eo, non dimittat illam. Et si qua mulier virum habet infidelem, et hic consentit habitare cum illa : non dimittat virum* (*ibid.*). Et paucis verbis interpositis, *Quod si infidelis discedit, discedat. Non est enim servituti subjectus frater aut soror in ejusmodi (I Cor. vii).* Quod si in hujusmodi non est servituti subjectus frater aut soror, liberum est Christiano paganam uxorem, aut Christianæ uxori paganum virum dimittere. Liberum est plane his et cohabitare, si voluerint, et ab invicem recedere si voluerint. Idcirco quia ista dispensari possunt, hæc ego dico, non Dominus. Sed Dominus, non ego, præcipit, ubi uterque fidelis, scilicet Christianus est : uxorem a viro non discedere, nec virum uxorem dimittere. Hic plane, hic, inquit Apostolus, dispensatio admittenda non est. Nimium præsumpsi, et profusius quam debui loquendo, et velut Patrem ac magistrum docendo. Sed non doceo Patrem filius, non doceo magistrum discipulus. Absit a me tanta præsumptio ! Non doceo doctorem, non instruo magistrum : sed oro, precor, supplico, ut vestra apostolica, quæ omnibus invigilat, sollicitudo, nobilis viri saluti, quem valde præmissis de causis periclitari timeo, provideat; et si, ut supradixi, salva justitia fieri potest, terræ nostræ, cui longe magis quam transmarinæ necessarius est, benigne illum dimittat. Ibi enim pro uno et solo, apud nos autem pro decem millibus computabitur.

EPISTOLA XXVIII.

Summo pontifici et nostro speciali Patri, domino papæ Eugenio, *frater* Petrus, *humilis Cluniacensium abbas, debitam cum filiali amore obedientiam.*

Multa sæpe audit a multis prælata orbi terrarum vestra apostolica sollicitudo : quæ quandoque bona sunt, quandoque mala, quandoque optima, quandoque pessima. Sed nunc in partibus nostris tale quid contigit, de quo vere illud Scripturæ dicere possumus . *Nunquam sic apparuit in Israel (Judic.* xix).

Brivatensis Ecclesia juri apostolico, nullo alio episcopo mediante, subjecta, juxta propriæ institutionis morem, magna et nobilis diu permansit; sed ab aliquanto tempore, ab antiquo et bono proposito degenerans, dictum etiam sibi a propheta fatetur : *Argentum tuum versum est in scoriam : vinum tuum mistum est aqua (Isa.* 1). Plurima sunt quæ ostenderent verum esse quod dico, nisi plus nimio vobis longus esse timerem. Hoc tamen breviter dico nefarium opus, quod nuper in illa Ecclesia contigit, vix nisi merito malorum præcedentium accidere potuisse, ut, juxta Joannis apostoli revelationem, qui in sordibus est, sordescat *(Apoc.* xxii). Sed jam rem ipsam Pater audiat. Aureum ecclesiæ phylacterium (188), fur, nescitur quis, nuper furatus est. Au ditum est a clericis. Cumque olim civitas plena indicii, ordine judiciario et canonico rem inquirere, examinare, ac censura ecclesiastica terminare debuisset, posthabito Deo, abjecta fide, spreta non solum canonicali, quod nomen eis tantum superest, verum etiam Christiana religione, ac si non esset Deus in Israël, miserunt ad consulendum Beelzebub, Deum Accaron *(IV Reg.* 1). Qui qualiter ab eis consultus sit, qualiter eis responderit a præsentium latore, vel ab ejus sociis plenius audietis. Nec enim, ut ex auditis collegi, minus fuit magum illum, a quo ea se audisse dixerunt, consulere, quam Moloch Moabitarum dæmoni sacrificare. A quo responso accepto, imposuerunt præsentium latori commissum sacrilegium. Negavit ille; nec scelus admisisse, vel in aliquo esse conscium, constanter, et, ut credo, veraciter protestatus est. Addidit paratum se esse, die ab eis constituta ecclesiasticum judicium (189) subire, et quidquid inde discernerent exsequi. Et ne de his quæ se facturum

ANDREÆ CHESNII NOTÆ.

(188) *Aureum ecclesiæ phylacterium.* Hieronymus in Matthæum cap. 23. « Pictaciola illa Decalogi, inquit, phylacteria vocabant, quod quicunque habuisset ea, quasi ob custodiam et munimentum sui haberet. » Et Capitul. lib. vi, cap. 72 : « Ut nec a clerico phylacteria, nec ab ullo fiant Christiano. » Phylacteria, id est cingula vel fasciolæ, sicut interpretatur S. Augustinus sermone De martyrib. et phylacteriis; et sic etiam Addit. II, cap. 48, accipi videtur.

(189) *Ecclesiasticum judicium.* Id est purgationem sive probationem vulgarem, quæ non una, sed multiplex. Aut enim per jusjurandum, aut per aquam ferventem vel frigidam, aut per ferrum candens seu vomeres ignitos, aut per pyram vel ignem accensum, aut denique per bellum sive duellum fiebat. Et hanc quidem utramlibet subire paratus, omni lege legali se probaturum innocentiam objectæ rei profitebatur, ut ex his Hilgodi cum Dadone placiti verbis in Chartulario Majoris Monasterii, quod est rerum Vindocinensium, existentis, apparet. « Convenerunt itaque ipse Hilgodus, et domnus Severtus monachus noster, et prædictus calumniator, Dado scilicet, apud castrum Rainaldi ante multos barones, et ibi paratus fuit Hilgodus probare omni lege legali, nec Dadoni, nec alii cuiquam se dedisse vel vendidisse terram illam, nisi S. Martino et monachis ejus. » De jurejurando chartularium idem in Notitia auctoramenti Fulconis Vin docinensis comitis pro terra Montis-Hidulfi : « Qui mox, nimirum Gaufredus comes Andegav. audita causa, Fulconi respondit probaturum se eidem etiam jurejurando, si vellet, quod terram illam tota nobis integritate et ipse reddidisset. » Et jn notitia calumniæ super Hildradum servum, et filios ejus. « Et cum ille, Guillelmus Hildradi filius, contenderet illum, patrem suum, fuisse colibertum, guadiavit ei domnus Ascelinus, monachus Majoris Monasterii, jurare quod ille servus fuerit, non colibertus. Quod jusjurandum fecit ei fieri per unum hominem ejusdem familiæ, nomine Alcherium de villa-Rebla apud Rupes-Episcopi. » De aqua fervente, sive frigida, Hincmarus adversus Hincmarum Laudun. : « Præfati homines, quia non liberæ conditionis sunt aut cum aqua frigida, aut cum aqua calida inde ad judicium Dei exirent. » Item Yvo Carnotensis epist. 74, ubi multa vir doctus Juretus in eam rem, et Pithœus etiam vir alter undecunque doctissimus in Glossario. De ferro candenti, sive ignito, Hildebertus Cenomanensis epist. 17 et præfatus Yvo epist. 205. Quorum testimoniis accedet et hoc ex Chartulario jam supra memorato, charta 122. « Hujusmodi autem infra se obtinet privilegium, scilicet alodium de Regniaco, ut si forte incolarum ejus aliquis in aliquo excedit, unde aut bellum faciendum, aut solitum candentis ferri judicium sit deportandum, vel alio quolibet modo quo peccari potest delinquitur, non ad alium quemlibet pertineat judicare de his, sed qui domi-

spondebat, vel in modico dubitare posset, seipsum usquequo cuncta perficeret, eis in obsidatum dedit, pecuniam suam resque omnes sacramento eis obligavit, satisfactiones etiam, tam parentum suorum quam multorum amicorum, supradictis adjunxit. Indicta est causæ agendæ vicesima dies. Præceptum est ut ad diem illam sic præparatus veniret, quatenus ignis præjudicio, non judicio, se, si posset ab objecto crimine expurgaret. Adjunctum est ab eisdem scire se quidem quod imperabant, non esse canonicum; sed canonicorum conventum nullo ei modo alio crediturum. Ventum est ad diem. Rogus maximus exstructus est (190), per cujus medium pedes transiret, probaturus suam super objecto criminc innocentiam, si tamen intactus evaderet. Compulsus ille tam vehementi perversorum, ne dicam impiorum, hominum violentia, quod cogebant concessit, atque se per ignem transiturum, constantia resumpta promisit. Rogavit hoc solum, ut virtus et justitia omnipotentis Dei, exorcismi more, super pyram (191) illam flammeam invocaretur, et ut aliquando factum audierat, in nomine ipsius benediceretur. Quod optimi et pii judices prorsus negarunt. Perstat adhuc ille, et etiam per non benedictum ignem, conscientiæ, ut arbitror, testimonio confisus, transiturum se spondet. Quod verentes illi, ne forte opere quod dicebat impleret, missis ministris ignem jam paratum destruunt, ac, nequitia inaudita, nec modo quem ipsi proposuerant, eum purgari permittunt. Invadunt statim omnia nus et possessor est alodii, est et per ipsum districtor et judex forisfacti, cujuscunque generis sit, et legis emendationem exigit, ita ut si judicium illud apud S. Amandi ecclesiam fuerit deportatum, non tamen pro hoc de eo aliquid ad alium pertineat nisi ad ipsum. » Et charta 37 quæ est de piscatoria Aquæ Glandessæ. « Nosse debetis Rainaldum de Castro-Guntherii eo tempore quo tenebat in Turonia castrum-Rainaldi, calumniatum nobis fuisse piscariam Aquæ Glandessæ. De qua reportato calidi ferri judicio per hominem nostrum Haimonem de Boeleto, probatum est contra illum consuetudinem esse antiquam omnium incolentium terram illam, in aqua illa piscari quandocumque velint. » De bello sive duello dicemus ad librum I Miraculorum. De pyra denique sive igne accenso postmodum. Addamus tantum hic, ex præcedentibus omnibus auctoritatibus elici quodammodo posse, non alios fere quam servilis conditionis homines offerri solitos ejusmodi probationibus, quæ demum et ipsæ per summos pontifices Stephanum V, Innocentium III, Honorium III et alios, ut animabus periculosæ multumque damnosæ prohibitæ sunt.

(190) *Rogus maximus exstructus est, per cujus medium pedes transiret*. Purgatio per ignem triplex : per rogum seu pyram, per prunas, per ferrum candens, vomeres, aut quid simile. De ferro jam dictum est in præcedenti nota. De prunis exemplum exstat apud Gregorium Turon. qui Briccium Sancti Martini Turonensis in sede successorem, illarum judicium pro removenda stupri calumnia subivisse refert; et aliud fere simile legitur in Vita sancti Guillelmi abbatis, de Dacia vulgo dicti, qui contra calumniatores quosdam verum sanctæ Genovefæ virginis caput in capsa sua reclusum asseverans, id ipsum se per ardentis clibani judicium probaturum publice protestatus est. Rogum denique cujus hic

ejus, et, ac si re justissime judicata, reoque clare convicto, nihil ei prorsus de rebus quas ipsis, ut supradictum est, obligaverat, derelinquunt. Quid faceret tot, tantis, tam inauditis violentiis oppressus homo? Nihil illi jam reliqui erat. Unum quod habuit, unum quod potuit, fecit. Ad illud unum præcipuum et singulare oppressorum præsidium confugit : illud unum et ultimum miserorum asylum, apostolicum dico auxilium, elegit, tabernaculum scilicet, quod est in umbraculum diei ab æstu, et in securitatem, et in absconsionem a turbine et a pluvia (*Isa*. IV). Ista, Pater, in vobis, et de vobis sperans, ubi præsensit ad rapinam bonorum suorum falsos, imo nullos judices inhiare terminum vel obicem apostolicæ appellationis interposuit, quam, ut putabat, non liceret eis transgredi. Sperabat enim eos non ausuros quod ausi sunt, non dicturos quod dixerunt, non facturos quod fecerunt. Sed frustra hoc speravit, quia spes ejus frustrata est eum. Quos enim mitiores futuros inde speraverat, longe ferociores invenit. Nam post factam appellationem, tota illa rerum ipsius rapina ab eis facta est, quæ supra a me conscripta est. Addita est insuper verborum contumelia, quæ apud imperatores sæculi reos majestatis faceret, et pœna ad minus capitali puniret. Sed quamvis Ecclesia non habeat imperatoris gladium, habet tamen super quoslibet minores, sed et super ipsos imperatores imperium. Unde ei sub figura prophetici nominis dicitur : *Constitui te super gentes, et regna, ut evellas et de-*

ANDREÆ CHESNII NOTÆ.

sermo, multi probandæ innocentiæ causa reperiuntur ingressi, nempe Petrus Massiliensis suspectus de hæresi apud Paul. Æmilium, lib. IV Histor. Franc. Poppo Danus presbyter in fidei Christianæ probationem, apud Crantzium, lib. III Metropol. cap. 43, et Saxonem lib. X Histor. Danorum, et alii quoque de quibus Martinus Delrio lib. IV Disquisit. magic., cap. 4, quæst. 4, sect 5. Sed ut Blasius Melanesius de Petro Florentino archiepiscopo narrat in Vita Joannis Gualberti prætereunda non sunt, quia locum hunc Petri nostri luculenter illustrant. « Præfigitur, inquit, locus et dies, quo istud fieri debebat, ut si qui velint possint coram intueri. Locus præfixus est in monasterio Septimi. Dies fuit quarta feria primæ hebdomadæ Quadragesimæ. Modus probationis fuit ejusmodi, ut in loco publico duæ lignorum strues juxta se fierent, quæ obtinerent in longum decem pedes, in latum quinque, in sublime, quatuor et dimidium; inter utrasque vero strues semita interesse, longitudine brachii prunis ardentibus constrata, per quam unus ex monachis transiret. »

(191) *Justitia Dei exorcismi more super pyram*. Exorcismus hic qualis esset, idem Blasius docere videtur ubi supra cum ait : « Itaque sunt litaniæ et aliæ preces a monachis dictæ, sacrificium solemniter celebratur ab abbate illius instituti, clericis et monachis adjuvantibus. Ubi ventum est ad *Agnus Dei*, unus ex monachis fert aquam sacratam ad aspergendum, alius thuribulum thuris incendendi causa, tertius faculas ad ligna inflammanda, quartus imaginem crucifixi. Invocatur a cunctis Dominus Jesus Christus, et sanctissima Mater ejus pleno ore, ut veritas declaretur. » Referunt et formulas exorcisandæ aquæ cálidæ Juretus, Pithœus, et Dellio locis jam citatis.

struas, et disperdas et dissipes, et ædifices et plantes (*Jer.* 1). Qua de re si non potest occidere, potest evellere. Si non potest occidere, potest destruere. Dixit plane, ut audivi, Brivatensis abbas, appellanti clerico, quid appellas? Quid nobis papam opponis? Tantis papa implicitus est, tantis involutus negotiis trans Rhodanum, quod nunquam cogemur respondere ei cis Rhodanum. Hæc, Pater, omnia, ut scripsi, accepi; a talibus tamen, quorum religioni, maturitati, veritati credere compulsus sum. Fortassis et vos, si illos audiretis, et agnosceretis, crederetis quod credidi, diceretis quod dixi. Ut ergo jam et meis verbis, et vestris auribus, ut dignum est, parcam, oro, obsecro, supplico, ut causam pauperis, sed prudentis et in pluribus utilis, ut me agnovisse existimo, clerici, vobis assumatis, et contra potentes et violentos adversarios defendatis. Nostis enim, quod sedes vestra sedes est illius cui dicitur : *Justitia et judicium præparatio sedis tuæ* (*Psal.* LXXXVIII); et cui rursum : *Justitia plena est dextera tua* (*Psal.* XLVII); et de quo iterum : *Qui facit judicium injuriam patientibus* (*Psal.* CXLV). Quod si alteri quam vobis loquerer, adderem illud Isaiæ : *Quærite judicium, subvenite oppresso, judicate pupillo, defendite viduam; et venite, et arguite me, dicit Dominus* (*Isa.* 1). Quæ universa congruo effectui religio et sapientia vestra mancipabit, si præposito, qui majoris in Ecclesia illa nominis est, si abbati, si Odiloni de Magone, si Joanni de Cornone, si tandem et illis, qui tanti sacrilegii, imo idololatriæ participes fuerunt, auctoritas vestra præceperit, ut clerico ablata omnia in integrum restituant, et post restitutionem, super tam nefanda, quæ eis objiciuntur, die data, quod justum fuerit facturi et exsecuturi, præsentiam suam vobis exhibeant. Hoc enim super omnia et clericus rogat, et nos precamur, ne alicui præter vos judici causam istam terminandam committatis. Quod cum factum fuerit, cum res sub judicio majestatis vestræ constiterit, recordamini quid Helias profano regi dæmonem consulenti et ægrotanti dixerit : *Quia hoc fecisti, de lectulo, super quem ascendisti, non descendes, sed morte morieris* (*IV Reg.* 1). Quare hoc ultimum adjunxerim, intelliget sapientia vestra.

EPISTOLA XXIX.

Forti ac splendidæ monastici ordinis, imo totius Ecclesiæ Dei columnæ, domino BERNARDO *Claræ vallis abbati, frater* PETRUS *humilis Cluniacensium abbas, salutem quam repromisit Deus diligentibus se.*

Si liceret, si Dei dispositio non obstaret, si in hominis potestate esset via ejus, maluissem, charissime, beatitudini tuæ nequi indissolubili adhærere, quam vel principari inter mortales alicubi, vel regnare. Quid enim? Nonne regnis omnibus terrenis præferri a me deberet grata non solum hominibus, sed et angelis ipsis cohabitatio tua? Concivem te illorum si dixero, licet nondum spes in rem transierit, per misericordis Dei gratiam mendax non ero. Si plane mihi datum fuisset, usque ad ultimum spiritum tecum hic esse, daretur fortassis post hac, ubi et esses, etiam perpetuo esse. Quo enim currerem nisi post te, tractus odore unguentorum tuorum a te? Quod quia semper non datur, utinam vel sæpe daretur ! Et quia nec illud est, utinam saltem frequenter videam missos a te ! Et hoc quia raro contingit, volo, ut vel in proximo sanctitas tua amantem se per suum Nicolaum usque ad octavas Domini mecum mansurum visitet, in quo vester, ut mihi videtur, ex parte, et meus ex toto spiritus requiescit. Videbo te, sancte frater, in illo, audiam te per illum; et quædam, quæ secreto nota fieri volo sapientiæ tuæ, mandabo per ipsum. Sanctæ animæ tuæ, sanctisque sub regimine tuo omnipotenti Domino servientibus, me nostrosque quantis possum viribus, quanta possum devotione, commendo.

EPISTOLA XXX.

NICOLAO *suo, frater* PETRUS, *humilis Cluniacensium abbas, salutem et se.*

Si meus es, ut dico, si opinio mea non me fallit, licet homo sub potestate sis, mando tamen, et omnino volo ut venias. Distuli diu mandare hoc, cum id tamen in animo fixum haberem, non quia dissimulabam, sed quia tempus congruum exspectabam. Sum enim semper, ut nosti, instabilis etiam in statu, ignorans quandiu quolibet in loco mansurus, quando vel quo inde sim recessurus. Unde quia saltem nunc quodam corporis infortunio, Cluniaci usque ad Christum natum manere cogor, veni, nec dissimules, quia fortasse si differres, me ibidem usque ad terminum nescio quem invenire non posses. Qua de causa tantum instem, cum veneris exponam. Domino abbati tuo aliis litteris, ut te mihi dirigat, nil rogans, velut pro imperio mandavi. Historiam magni Alexandri Augustinum nostrum contra Julianum, si tamen jam vester ex illo correctus est, et si qua alia bona habueris, tecum defer.

EPISTOLA XXXI.

Domino et Patri dulcissimo PETRO, *Dei gratia Cluniacensium abbati, frater* BERNARDUS *Claræ vallis vocatus abbas, salutem ab eo qui mandat salutes Jacob.*

Quid facis, o bone vir, etc. *Vide inter epistolas S. Bernardi, Patrologiæ tom.* CLXXXII.

EPISTOLA XXXII.

Magno sacerdoti Dei egregio archipræsuli Rothomagensis Ecclesiæ HUGONI, *frater* PETRUS, *humilis Cluniacensium abbas, stola jucunditatis indui, et corona pulchritudinis adornari.*

Soleo plerumque plurima, quæ miranda videntur, mirari, et ea scripto sæpe, prout videtur congruum, commendare. At nunc non quælibet alia, sed meipsum (quod magis mirum est) miror. Miror plane me tandiu vobis permansisse mutum, cum præter vos fere omnes alii me sibi hactenus non senserint taciturnum. Scripsi et scribo frequenter aliis, quibus nec ita ut vobis mente adhæreo, nec eis illum, quem vobis in intimis animi recessibus tam dulcem, tam sincerum, tam sublimem veri amoris locum reservo. Debuissem plane, quod me neglexisse non parum pœnitet, qualescunque libros meos epistolis vobis missis implesse, et rescriptis a vobis velut gemmeis floribus adornasse. Exundabat dives materia scribendi, nec rerum verarum inopia falsa vel adulatoria fingi cogebat. Quid enim magis vel rapere cor meum ad amandum, vel movere manum ad scribendum poterat, quam tam sancta, tam benigna, tam longæva in sancto proposito a primis fere adolescentiæ annis usque ad senilem magis labore divino quam annorum numero fractam ætatem perseverantia vestra? Quid magis movere poterat, quid magis movere debebat, quam illa jam antiqua, cujus vos non immemorem esse credo, mihi et vobis paucis paucisque aliis nota rerum Cluniacensium recordatio? Non excidit mente, qualiter primo juventutis vestræ tempore, inter antiquos illos reipublicæ nostræ senatores, vos insignem viderim. Non excidit quantum eruditio et religio vestra sacrum illum ac magnum Cluniacensium ovium gregem decoraverit, quam splendide præ cunctis pene aliis in ordinis commissi custodia effulserit. Taceo, nec vivens oblivisci potero, quod a cœpto sanctæ religionis proposito, in diversis ecclesiasticorum honorum gradibus, vultus vestri non sunt in diversa mutati, sed tam apud nos quam semotus a nobis, prior, abbas, summusque tandem pontifex Dei, merito virtutis ac scientiæ bonus semper, juxta Apostolum, odor Christi in omni loco fuistis (*II Cor.* 11). Non estis reveritus in causa Dei potentes tyrannos, nec ipsos magnos magnique nominis reges; sed quantum in vobis fuit, Ecclesiam Dei super gentes et regna ab eo constitutam, cuilibet mortalium indecenter ancillari, æquo animo nunquam tulistis. Præter hæc teneo et illud, quod nulla cura, nulla magnarum rerum quantacunque distensio, memoriam nostri, amorem vestræ Cluniacensis Ecclesiæ, aliquo tempore, qualibet occasione, a corde vestro avellere potuit. His de causis, si fieri posset, et hoc dispositio divina permitteret, mallem vestra quam mortalis cujuslibet non solum frequenter, sed et continue uti præsentia, ut vobis colloqui, vobiscum in Domino jucundari, imo quod super omnia optarem, quodque utriusque nostrum professio exigit, cogitando de ipso, loquendo de ipso, disputando de ipso, in mensa sapientiæ, quæ vobis non est ignota, assidue deliciari. Hoc quia non semper nec sæpe datur, utinam vel raro daretur! Quod saltem ultimum, quia de duobus primis despero, ut a vobis impleatur, summopere postulo. Postulo, inquam, ut desiderabili præsentia vestra, meo vestrorumque filiorum Cluniacensium desiderio in brevi satisfiat, quia justum est ut satisfaciatis in hac parte desiderio, ut dixi, filiorum vestrorum, gratia illius qui implet in bonis desiderium suorum. Et ne forte dicat vel cogitet quisquam justius est ire abbatem inferioris ordinis ad archiepiscopum superioris ordinis, quam econverso, respondeo : Justum est, dignum est. Sed non posset sequi abbatem ille, eujus causa maxime hæc dicta sunt, totus grex suus, et poterit absque grege suo longe facilius visitare abbatem episcopus solus. Valeat sancta et tota jam cœlestis, frater charissime, beatitudo tua. Airaldum clericum, natura nostratem, beneficio vestratem, ex parte mea monete, ut quod mihi promisit, nil ultra moratus persolvat. Quod promisit, hoc est cantus prosæ a me in laude Matris Domini anno altero factæ, et cantus responsorii, de eadem materia a me similiter compositi, quod sic incipit :

Christe Dei splendor, qui splendida cuncta creasti.

Hos cantus, quando Cluniaci fuit, se in brevi promisit missurum, necdum misit. Monete, aut cogite ut impleat quod promisit, ne forte Arverni hominis mendacium, Arvernis innocentibus, quod me esse negare non valeo, imputetur.

EPISTOLA XXXIII.

Patri suo domino Cluniacensi, frater NICOLAUS.

Indica mihi quem diligit anima. Quando veniam et apparebo ante faciem tuam, quando videbo te, quando consolaberis me? Consolaberis, inquam, quia consolatio abscondita est ab oculis meis, donec videam et desideratam et desiderandam præsentiam tuam, et tristis est anima mea usque ad te. Minime quidem deserit me quocunque iero dulcissima tui memoria; sed quanto memoria dulcior, tanto absentia molestior est. Absit autem ut me consoletur illa verisimilis, sed non vera sententia! Præsentiores, inquit, sunt qui se animis, quam qui oculis intuentur, et plus est corde conuecti quam corpore. Quasi vero conspectus et conversatio non habeant aliquid vivæ voluptatis, quæ non potest absentibus provenire. Sed hæc, sicut arbitror, ex ratione, non ex affectione locutus est ille Romanæ eloquentiæ splendor, cum quo eloquentia nata est, et educta in lucem. Tullius hic est, de quo et dictum est, quia quæ studio informaverat, actu urgebat, arte exsequebatur, pectus in linguam facillima transferens facultate. Quid facio? Evagatus sum a negotio meo, nec digressio, sed transgressio est quod feci. Quis mihi recompensabit, quod non vidi pariter duo illa magna luminaria, et in firmamento cœli, videlicet loco illo quem elegit Dominus ex omnibus locis terrarum, ut esset nomen suum ibi? Irascor occupationibus meis; quibus factum est, non ut non vellem, sed ut non possem, et etiam ut nescirem. In causa fuit causa fratris tui, domini mei Vizeliacensis abbatis, ad quam ex præcepto tuo oportuit me pugnare ad bestias, ut non prævaleret homo. Additus est, juxta prophetam, annus ad annum, evolutæ sunt solemnitates (*Isa.* 1), et dies pro anno datus est mihi, ex quo non vidi, non dicam dominum, sed dilectum. Cedit quippe fastus, cum accedit affectus, et personalis reverentia deperit, cum cœperit familiaris amicitia perorare. Honoret sane qui horret, qui stupet, qui metuit, qui miratur ; vacant hæc omnia penes amantem. De te autem jam mihi pridem persuasum est hoc, cujus altitudo adæquata est, cujus singularitas associata est, ita ut exemplo esse possit et his qui fuerant in exemplo. Cujus autem culpa est, quod tandiu fraudatus sum desiderio meo? Mea non est, tam propter infirmitatem, quam propter occupationem, quæ mihi a te fuit injuncta. Nunquid tua? Absit! Duplici enim epistola et provocasti me et evocasti, scribens Patri meo in hæc verba: *Mitte mihi Nicolaum tuum, in quo tuus, ut mihi videtur ex parte, et meus ex toto spiritus requiescit.* O vocem amoris, vocem, cui vicem ego rependere non possum omnibus diebus vitæ meæ. Si inveni gratiam in oculis tuis, si te tangit aliqua recordatio Nicolai tui, scribe Patri meo per nuntium tuum, et priori nostro, et Gaucherio tuo (horum enim omnium negotiis intricatus et implicatus sum) ut in sancto Pascha mittant me ad te, ita ut noverim virtutem de stylo, imo stylum de virtute exisse, quia desiderio desideravi hoc Pascha manducare tecum, amantissime Pater. Ita autem fiat, ut aliquot diebus liceat mihi commorari tecum, et si non satiari, saltem refocillari præsentia tua. Confiteor enim, et si necesse est, profiteor, quia pene nihil aliud libet, dum non præsto est quod multum libet. Rescriptum autem litterarum illarum, quas mittes, mitte mihi secreto; et tunc si potero perferam ad te Alexandrum magnum, referam Augustinum tuum, et quæcunque bona manus mea poterit invenire. Nunc appareat totum illud gratiæ, quod habeo in oculis tuis. Sanctissimæ animæ tuæ commendo me quia tuus fui, tuus sum, tuus ero quandiu fuero, in visceribus Jesu Christi. Per præsentium latorem communica mihi de verbis illis cœlestibus et dulcibus, ut interim speculum videam, donec videam vultum. Si in Pascha non potest evenire quod mando, saltem post Pascha. Scio ego quod dominus abbas dixit tibi ne mandares me sine necessitate, sicut et mihi dixit; sed necessitas est, et summa necessitas te videre; quamvis in multis occupatus sim. Quid plura? Præcipe ut veniam.

EPISTOLA XXXIV.

Suo charissimo Nicolao, *frater* Petrus, *humilis Cluniacensium abbas, salutem.*

Legi melleas litteras a te mihi, charissime, missas, quibus festinanter vel negligenter respondere, impium et amori mutuo inimicum putavi. Timui ne alienus et festinans ad reditum cursor, non plene, nec ut vellem, jussa exsequeretur. Unde hunc statim fere ut litteras illas accepi, cum brevibus istis remisi. Mittam evestigio proprium, qui nil negligere de injunctis audeat, teque ac domnum Claravallensem, quocunque pes vester ierit, prosequatur. Dabo operam ne vel frustra scripseris, vel ipse domno abbati rursum ut nuper contigit, de tuo ad nos tandiu optato adventu, incassum rescribam.

EPISTOLA XXXV.

Venerabili et cum honore debito nominando domino Bernardo *de Clarævallis abbati, frater* Petrus, *humilis fratrum Cluniacensium abbas, salutem quam repromisit Deus diligentibus se.*

Si de amico, et tanto licet conqueri, queror, et ei quod a quibusdam cuidam dictum est, dico. Pater, et si rem grandem dixisset tibi amicus, certo facere debueras. Quanto magis quia nunc scripto, nunc verbo, dixit, rogavit, ausuque familiari præcepit: *Mitte Cluniacum Nicolaum tuum?* Nec nego tamen rem grandem, sed iter grande non est. Quid si tu tantum semel mihi scripsisses, mitte ad me hunc vel illum, aut plures? Quid ego? quid ego, inquam, facerem, nisi quod soleo? Soleo quippe non solum roganti cedere, sed et imperanti obedire. Sed quæris causam. Nunquid non illa sufficit, videre dilectum? Tuus quidem est, sed dilectus mihi est. An non placet tibi, si diligo quæ tua sunt? An non placet tibi, ut eum, quem tu, ut arbitror, multis tuorum tenerius diligis, ipse affectuosius diligam? Et quæ major probatio veræ amicitiæ, quam amare quod amicus amat? Diligo eum causa tui, diligo et causa sui : causa tui, quia tibi obsequitur; causa sui, quia a tempore domini Trecentis episcopi, multis hoc meritis promeretur. Nihil hactenus pro illis omnibus ei retribui, nisi quia semper in Domino eum sincere dilexi. Cumque alii obsequia obsequiis, beneficia beneficiis soleant rependere, nonne ultra omnem modum ingratus viderer, si absque sumptibus, si absque expensis, solam saltem gratiam amanti negarem? Hanc ut saltem verborum signis non ex toto erga illum evanuisse probem, mirum est, si saltem semel in anno, hunc videre, huic loqui, cum hoc de Scripturis aut sanctis aut philosophicis, quibus usque ad summum refertus est, in Domino deliciari quæro? Si de Deo, si de divinis, de summe utilibus animæ causis loqui, non conferre otiosum est; Nicolai ad nos otiosus adventus est. Si amorem personæ tuæ cordibus nostrorum inserere, si quæ vestri ordinis sunt omnibus commendare, si tandem universitatem vestram corpori congregationis nostræ charitatis glutino unire otiosum est; Nicolai ad nos otiosus adventus est: Eructat cor ejus semper nobis de vobis vestrisque verbum bonum, quærit bona genti suæ, rogat ea quæ ad pacem sunt Jerusalem. Hæc sunt ludicra otiosa, vel vana Nicolai apud nos. Cur ergo, mi charissime, unus saltem mihi per mensem non conceditur, cum ego Petrum, cum Robertum tibi sanguine proximos, cum Garnerium, cum quosdam alios tractus amore tui tibi non mense uno, sed perpetuo concesserim? Quot ego abbates, quot monachos, aliis, ne dicam alienis Ecclesiis, litteris tuis vel consiliis victus concessi? Nec me pœnitet amico cessisse, cui et adhuc in pluribus paratus sum cedere. Sed justum est ut et ipse vicem reddat, justum, ut semper sibi cedenti, et ipse aliquando cedat. Est istud magis lucrosum vestris quam nobis, quia nullo post te, venerande vir, nullo, inquam, interprete efficacius ad persuadendum apud nos perorare poterunt, nec copiosius hamo aliquo in mari vel flumine Cluniacensi piscari. Sed recolo quid mihi nuper sanctitas tua Cluniaci constituta dixerit. Ad quid vultis Nicolaum? Respondi : Non est tale quid, non est magnum. Sed fateor, mi charissime, da veniam, si excessi ; magis indignantis quam (quod verum est) confitentis verba fuerunt. Duplex vere tunc fui, nescio quo casu, quod esse sæpe non soleo, duplex plane tunc fui in verbo. Aliud tunc corde servatum est, aliud lingua depromptum est. Ita certe mens tacita suggessit. Quid quod vis toties profiteréris? Fortassis ut jam bis, ita et nunc tertio petitis frustrareris. Rogasti, nec auditus es. Quid iterum preces funderes? Respondere volui quod cæcus [ab utero Pharisæis : *Dixi vobis et audistis. Quid iterum vultis audire?* (Joan. ix.) Respondere hoc volui, sed nolui. Ecce confiteor. Prosit quod confessus sum. Prosit quia veritatem falsitatis tegmine non velavi. Prosit, ut quia, sicut dicitur, inter amicos omnia nuda, dolum nubilo pectoris tectum coram amico nudavi. Dico, prosit. Sed ad quid? Ut horreis tuis aliquid mei causa demas? Ut cellariis aliquid subtrahas? Ut de argenti aurique thesauris, etiam si adessent, quidquam imminuas? Quid ergo? Ut Nicolaum mittas. Nec nunc tantum, sed et quando post hæc petiero. Nam cavebo, si potero, ne quid postulem quod jure negandum sit, vel quod tibi, ne dicam mihi, in aliquo obsit. Fiat ergo mihi, fiat quod volo, ut hoc Pascha proximum Nicolaus apud nos faciat, et more suo cor vestrum nobis, vobisque nostrum rediens a nobis refundat.

EPISTOLA XXXVI.

Suo charissimo Nicolao, *frater* Petrus, *humilis Cluniacensium abbas, salutem quam sibi.*

Quid dicam? Tædet animam meam vitæ meæ. Quare? Quia non quod volo, hoc ago, sed quod odi, illud facio. Datum est mihi hoc, et nescio si desuper, ac velut inseparabile accidens fere a puero mihi inhæsit, ut pene semper impellar ad hæc quæ nolo, et repellar ab his quæ volo. Et licet hæc dicam, non sum tamen de illis qui non sunt contenti sorte sua, qui propria fastidiunt, aliena ambiunt. Non sum de illis de quibus quidam satis notus,

O felices [fortunati] mercatores! gravis annis
Miles ait. . . . .
(Horat. *Sat.* lib. i, sat. 1, vers 4, 5.)

Et iterum :

mercator navem jactantibus austris,
Militia est potior.
(*Ibid.*, vers. 6, 7.)

Non, inquam, sum de his, vel similibus, qui semper anxiæ mentis, aut dubiæ, universos in requie, se solos in labore versari causantur. Quod si forte animus noxiis inhiaret, agerem gratias sepienti vias meas spinis, obstruenti macoria. At si bona, si utilia optantur, quare non dantur? Si volui silere, oportuit me loqui. Si volui vacare, oportuit laborare.

Si cœlo quandoque defigere oculum libuit, statim illum ad terram temporalium cura retraxit. Quorsum ista? Quia sic de te, sic de te, inquam, charissime, hactenus mihi contigit. Volui, imo toto corde optavi, te semper mecum esse, nec datum est. Volui saltem sæpe, nec concessum est. Manet adhuc pertinax in hoc odioso statu fortuna, et quæ variare vices non cessat, contra morem suum invariabilis perseverat. Sed credo Deo, quia rumpetur male fixa stabilitas, et qui meam de te ésuriem satiare nequeo, saltem hanc brevi tempore jucundo ac dulci tuo colloquio relevabo. Vere jucundo, vere dulci. Nam si talis est stylus tuus, qualis est animus tuus? Si talis littera tua, qualis lingua tua? Non es enim, non es talis, quales quidam loquaces stylo, muti eloquio, vel econverso profusi loquentes, muti scribentes. Et si conferre minorem majoribus licet, non solum tuum sequeris Tullium Tullianus, scripsisti, quod pectus in linguam facillima transferebat facilitate, sed quod est dignius, imitaris Apostolum apostolicus. Dicebat ille dici de se : *Epistolæ graves sunt ei fortes, præsentia corporis infirma, et sermo contemptibilis* (*II Cor*. x). Dicebat hoc, sed aliter se facturum promittebat. *Quales*, inquit, *sumus absentes, tales erimus et præsentes* (*ibid.*). Utrumque igitur fuit in Apostolo, et vivax spiritus in Epistola, et vivificans sermo in lingua. Utrumque hoc et in te æqua lance natura polivit, utrumque et superaddita gratia condivit, ita ut præter vim quamdam vivo innatam sermoni, nil ultra citraque, nil plus minusve, ipse acer et æmulus scrutator inveniat. Ut quid et ista? Quia traxit, fateor, quia non parum traxit, imo rapuit cor meum epistola tua, illa plane epistola, quæ ex abundantia cordis locuta est, quæ de multo adipe, et pinguedine amoris processit. Quam cum scriberes, ut de illo tibi noto dictum est, non quidem calamum, sed pennulam in mente tinxisti. Stillabat, dum legeretur mihi, illa dulcedinem, et cordi meo infundebat per verba singula lac et mel. Cogitabam ea similitudine, quam verum esset, quod a David Deo dictum est : *Quam dulcia faucibus meis eloquia tua, super mel et favum ori meo!* (*Psal.* cxviii.) Si adeo dulce eloquium hominum, quanto magis divinum? Si adeo dulcis terrena guttula, quam dulcior cœlestis imber? Si adeo mentem lenit ros humani sermonis, quanto magis delinit torrens voluptatis? Multa similia ex his conjiciebam, et totum, quod scripsisti, ad divina et æterna transferebam. Sed quid his plura? Taccant interim litteræ, sed ipse statim pro litteris veni. Credo quod jam non teneberis, nec, ultra iter tuum ad nos, Patris tui charissimi mei sententia remorabitur. Scripsi ei de te quod ipse videbis. Scripsi priori, scripsi Galcherio, Ante Pascha præstolor te, ut in Pascha habeam te. Est, est nobis cœnaculum grande, stratum, ubi Jesus, ut jam præmandavit, comedet Pascha cum discipulis suis, ad quod ego invito te.

EPISTOLA XXXVII.

Honorando et dilecto fratri domno Philippo *Claravai-*

lis priori, frater PETRUS, humilis Cluniacensium abbas, salutem et amorem.

Ait Salomon : *Vinum novum, amicus novus. Veterascat, et cum suavitate bibes illud (Eccli.* IX). Sic tu mihi frater esse videris. Ago gratias Deo, quod novus amicus es. Spero in ipso, quia veterasces in amicitia; et qui adhuc novus places, multo magis veterascens placebis. Nam quanto sincerus amor prolixior, tanto suavior esse solet. Placuit semper mihi, ex quo te vidi, esse tuum; et mores placidi et benigni ut te multum diligerem suaserunt. Jube igitur amodo quod volueris, obedire parato. Sed et tu jure amicitiae, imperanti obedi. Rogo dominum abbatem, ut mihi ante festum Nicolaum suum ac tuum mittat. Fac apud ipsum ut quod postulo fiat.

EPISTOLA XXXVIII.

Charissimo fratri et filio GALCHERIO, *frater* PETRUS, *humilis Cluniacensium abbas, plenam a Salvatore salutem.*

Quia jam non novus, sed multorum annorum amicus es, non laboro apud te in loquendo; nec ad id, quod intendo, longa insinuatione utor. Nam qui amicus est, non exspectat preces, sed velle amici. Quod ut agnoscit, statim implere laborat. Velle meum est, ut frater Nicolaus nobiscum Pascha faciat. Jam quod volo agnoscis. Tuum est amodo, ut non frustra velim, neque frustra scripserim. Rogavi inde dominum abbatem; si necesse fuerit, roga et tu.

EPISTOLA XXXIX.

Neptibus charissimis et filiabus dulcissimis, MARGARITAE *et* PONTIAE, *frater* PETRUS, *humilis Cluniacensium abbas, quidquid est salutis et gratiae.*

Legi litteras a vobis scriptas mihi, in quibus incommodo meo compatimini, et non spirituali suffragio tantum, sed et arte physica mihi mederi conamini. Ago gratias sollicitudini piae, et affectum filialem ea, qua decet, benigna dulcique mente complector. Sed miror unde Jesu Christi scholasticae Hippocratis scholas redolent, unde merces Babylonicas Jerusalem filiae mercatae sint. Non contemno quidem adjumenta medicinalia, corruptae plerumque naturae medentia, maxime cum legam medicinam ab Altissimo creatam (*Eccli.* XXXVIII), Christumque dicentem audiam : *Non egent qui sani sunt medico, sed qui male habent (Luc.* V). Accuso tamen hostes naturae, interfectrices carnis propriae, crucifixas cum crucifixo, rursum de vita, rursum de remediis vitae, rursum de statu corporum cogitare. An mente excidit verbum solemne Agathae virginis : *Medicinam carnalem corpori meo nunquam exhibui?* An illa tantum ancilla Christi? an illa tantum sponsa Christi? Nonne et vos ancillae? nonne et vos sponsae? Et martyr illa quidem et virgo, longe vobis praestantius, longe vobis sublimius. Sed non abhorret ab ipsa vestrum propositum, quando et sui generis martyrio Deo servitis, et virgineo flore coelestium camporum speciem decoratis. Laetor plane, laetabor non parum, mihi credite, filiae : si de pagine mea, si de sanguine meo, sublimes ille totoque orbe celebres virgines, Agatha, Agnes, Fides, ac reliquae, ipsaque (quod longe dignius est) Virgo virginum, vos pedissequas quandoque habuerint, ego quidem, ut dixi, si illae vos famulas, ne dicam socias, habere dignatae fuerint, gaudens gaudebo in Domino, et exsultabo in Jesu salutari meo. At vos, o meae, ut sic dicam, virgines, o ancillae, imo regis aeterni sponsae, si tamen non de fatuis, sed de prudentibus virginibus fueritis, cum talium vos socias esse contigerit, quanto gaudio tripudiabitis, quanta laetitia exsultabitis! Quae jucunditas illa, miseris mortalibus ignota, qua torrente voluptatis ipsius potatae insatiabili satietate ab illo, apud quem est fons vitae, post has tam densas, tam odibiles Aegypti tenebras, in lumine ejus videbitis lumen? Quid erit tunc, quid fiet tunc apud vos, quando post Marciniacensem carcerem, in liberum puri aetheris fulgorem evaseritis, *et in illa quae sursum est Jerusalem, quae est,* juxta Apostolum, *mater nostra (Gal.* IV), carne vestra, et corde exsultante in Deum vivum, dixeritis, cantaveritis : *Sicut audivimus, sic vidimus in civitate Domini virtutum, in civitate Dei nostri ?* (*Psal.* XCVIII.) Quid erit, quando coelorum rex Jesus, pro brevi continentia et sanctitate, clementi dextera alluserit puellis suis, ancillis suis, virginibus suis? Quanta illa, quamque incogitabilis felicitas, ut alios taceam, ipsis summis apostolis in vita illa, quam promisit non mendax Deus, non ubique Christum sequentibus, et vos cum utriusque sexus choro virgineo, Agnum Virginis filium virginali fiducia sequi quocunque ierit? Fulgebunt quidem illi, ut sol in regno Patris sui, et sicut stellae lucentes in perpetuam aeternitatem, longe majorem, longe celsiorem pro meritis sui generis gloriam obtinebunt. Non poterunt tamen adaequari vobis in hac parte, nec illud privilegium, quod sola felix virginitas promeretur, licet inaestimabiliter rutilans sanctorum innumerabilium legio possidebit. Hinc Augustinus noster (*De virg.*, l. I, c. 27-30) : *Pergite itaque, sancti Dei, pueri ac puellae, mares ac feminae, coelibes et innuptae, pergite perseveranter in finem, laudate Dominum dulcius, quem cogitatis uberius. Sperate felicius, cui servitis instantius. Amate ardentius, cui placetis attentius. Lumbis accinctis et lucernis ardentibus, exspectate Dominum quando veniat a nuptiis. Vos affertis ad nuptias Agni canticum novum, quod cantabitis in citharis vestris.* Non utique tale, quale cantat universa terra, cui dicitur : « *Cantate Domino canticum novum, cantate Domino, omnis terra* (*Psal.* XCV). » *Sed tale nemo poterit dicere nisi vos. Sic enim vos vidit in Apocalypsi quidam, prae caeteris dilectus ab Agno, qui discumbere super pectus ejus solitus erat, et bibebat, et eructabat mirabilia super coelestia Verbum Deum. Ipse vos vidit duodecies duodena millia sanctorum citharoedorum, illibatae virginitatis in corpore, inviolatae veritatis in corde. Et quia sequimini Agnum quocunque ierit, scripsit ille de vobis (Apoc.* XIV). *Quo ire putamus hunc Agnum, quo nemo eum sequi, vel* audeat, vel valeat, nisi vos? Quo putamus eum ire? in quos saltus et prata? Ubi, credo, sunt graminea gaudia, non gaudia hujus sæculi vana, et insaniæ mendaces, nec gaudia, qualia in ipso regno Dei cæteris non virginibus, sed gaudia a cæterorum omnium gaudiorum sorte distincta. Gaudia propria virginum Christi, non sunt eadem non virginum quamvis Christi. Nam sunt quidem aliis alia, sed nullis talia. Gaudia propria virginum Christi de Christo, in Christo, cum Christo, post Christum, per Christum, propter Christum. Ite, in hæc sequimini Agnum, quia et Agni caro utique virgo. Hoc enim se retinuit auctus, quod matri non abstulit conceptus, et natus. Merito sequimini virginitate cordis et carnis quocunque ierit. Quid est enim sequi, nisi imitari? « Quia Christus pro nobis passus est, vobis relinquens exemplum, » sicut ait apostolus Petrus, « ut sequamini vestigia ejus (I Petr. 11). » Hunc in eo quisque sequitur, in quo imitatur, non in quantum ille Filius Dei est, unus per quem facta sunt omnia, sed in quantum filius hominum, quæ oportebat, in se præbuit imitanda. Et multa in illo ad imitandum omnibus proponuntur; virginitas autem carnis non omnibus. Non enim habent quid faciant, ut virgines sint, in quibus jam factum est, ut virgines non sint. Sequantur itaque Agnum cæteri fideles, qui virginitatem corporis amiserunt, non quocunque ille ierit, sed quousque illi potuerint. Possunt autem ubique, præter quam cum in decore virginitatis incedit. Sed ecce ille Agnus graditur itinere virginali. Quomodo post eum ibunt qui hoc amiserunt quod nullatenus recipiunt? Vos ergo, vos ite post eum, virgines ejus; vos illuc ite post eum, quæ propter hoc unum quocunque ierit sequimini eum. Ad quodlibet enim aliud sanctitatis, quo eum sequantur, hortari possumus conjugatos, præter hoc quod irreparabiliter amiserunt. Vos itaque eum sequimini, tenendo perseveranter quod vovistis ardenter. Facite cum potestis, ne virginitatis bonum a vobis pereat, cui facere nihil potestis, ut redeat. Videbit vos cætera multitudo fidelium, quæ Agnum ad hoc sequi non potest. Videbit, nec invidebit; et collætando vobis, quod in se non habet, habebit in vobis. Nam et illud canticum novum proprie vestrum dicere non poterit. Audire autem poterit, et delectari tam excellenti bono. Sed vos quæ et dicetis et audietis, quia quod dicetis, a vobis audietis. Felicius exsultabitis, jucundusque regnabitis. De majore tamen vestro gaudio nullus mœror erit. Agnus quippe ille quem vos, quocunque ierit, sequimini, nec eos deseret, qui eum quo vos non valent sequi: et vobis præibit, et ab eis non abibit, cum erit Deus omnia in omnibus. Et qui minus habebunt, a vobis non abhorrebunt. Ubi enim nulla est invidia, concors est differentia. Præsumite itaque, fidite, roboramini, permavete: quæ vovetis et reddidistis Domino Deo vestro vota (Psal. LXXV) perpetuæ continentiæ, non propter præsens sæculum, sed propter regnum cælorum.

Quanta, filiæ, quanta virginitatis est laus! Merebitur si perstiterit Margarita mea. quod non meretur Magdalena Maria. Quare hoc? quia non patientia, non humilitas, nec ipsa charitas, non qualibet alia virtus soror dicitur angelorum, sed virginitas. Hinc beatus Hieronymus : « Bene angelus ad Virginem mittitur, quia semper est angelis cognata virginitas. Profecto in carne præter carnem vivere, non terrena vita est, sed cœlestis. Unde in carne angelicam gloriam acquirere, majus est meritum, quam habere. Esse enim angelum felicitatis est, esse vero virginem virtutis : dum hoc obtinere viribus nititur cum gratia, quod habet angelus ex natura. » Hinc rursum Augustinus (De virg. l. 1, c. 53, 54, 56) : Ecce jam tales estis, quia et tales esse debetis. Hæc addita virginitati, Angelicam vitam hominibus, et cœli mores exhibent terris. Si ergo nuptias contempsistis filiorum hominum : toto corde amate speciosum forma præ filiis hominum. Vacat vobis, liberum est cor a conjugalibus vinculis. Inspicite pulchritudinem amatoris vestri, cogitate æqualem Patri, subditum etiam et matri, in cœlis dominantem, et in terris servientem, creantem omnia, creatum inter omnia. Illud ipsum quod in eo derident superbi, inspicite quam pulchrum sit, internis luminibus inspicite vulnera pendentis, cicatrices resurgentis, sanguinem morientis, pretium credentis, commercium redimentis. Hæc quanti valeant, cogitate: hæc in statera charitatis appendite, et quidquid moris in nuptias vestras impendendum habebatis, illi impendite. Bene quod interiorem vestram pulchritudinem quærit, ubi vobis dedit potestatem filias Dei fieri. Non quærit a vobis pulchram carnem. Non est qui de vobis quisquam mentiatur, et faciat sævire zelantem. Videte cum quanta securitate ametis, cui displicere falsis opinionibus non timetis. Vir et uxor amant se, quoniam vident se; et quod non vident, timent in se. Nec certi gaudent ex eo quod in manifesto est, dum in occulto suspicantur plerumque quod non est. Vos in isto quem oculis non videtis, et fide conspicitis, nec habetis quod reprehendatis : nec eum metuitis, ne falso forsitan offendatis. Si ergo magnum amorem conjugibus deberetis, eum propter quem conjuges habere noluistis, quantum amare debetis? Voto vobis figatur in corde, qui pro vobis fixus est in cruce. Totum teneat in animo vestro, quidquid noluistis occupari connubio. Parum vos amore non licet, propter quem non amastis et quod liceret. Sic amantibus mitem et humilem corde, nullam vobis superbiam pertimesco.

Inde et sanctus Ambrosius (De virg., l. 1, c. 8) : Vobis autem, virgines sanctæ, speciale præsidium est, quod pudore intemerato sacrum Domini servatis cubile. Neque mirum, si pro vobis angeli militant, quæ angelorum moribus militatis. Meretur eorum præsidium castitas virginalis, quorum vitam imitatur. Et quid pluribus exsequar laudem castitatis? Castitas etiam angelum fecit. Qui eam servavit, angelus est; qui perdidit, diabolus. Hinc etiam nomen accepit. Virgo est, quæ Domino nubit; meretrix, quæ deos *facit. Nam de resurrectione quid dicam, cujus præmia jam tenetis?* « *In resurrectione autem neque nubunt, neque ducunt uxores : sed erunt sicut angeli Dei in cœlo (Matth.* xxii). » *Quod nobis promittitur, vobis præsto est, votorumque nostrorum usus apud vos est. De hoc mundo estis, et non estis in hoc mundo. Sæculum vos habere meruit, tenere non potuit. Quam præclarum est autem, angelos propter intemperantiam suam in sæculum cecidisse de cœlo : virgines vero propter castimoniam in cœlum transisse de sæculo! Beatæ virgines, quas non illecebra sollicitat corporum, non colluvio præcipitat voluptatum. Cibus parcimoniæ, potus abstinentiæ, docent vitia nescire, qui docent causas nescire vitiorum.* Item idem Ambrosius *(De virg.,* l. i, c. 8). « *Hortus conclusus, soror mea sponsa, hortus conclusus, fons signatus (Cant.* iv), » *eo quod in hortis hujusmodi impressa signaculis imagine Dei, sinceri fontis unda resplendeat, ne volutabris spiritualium bestiarum sparsa cœno turbentur. Hinc ille murali septus spiritu pudor clauditur, ne pateat ad rapinam. Itaque sicut hortus furibus inaccessus, vitem redolet, flagrat oleam, rosam renidet, sic in vite religio, in oleo pax, in rosa pudor sacratæ virginitatis inolescant. Hic est odor, quod Jacob patriarcha flagravit, quando meruit audire :* « *Ecce odor filii mei, sicut odor agri pleni*' *(Gen.* xxvii). » *Nam licet plenus omnibus fere fructibus fuerit ager patriarchæ sancti : ille tamen fruges majore virtutis labore germinavit, hic flores. Accingere itaque virgo, et si jus hujuscemodi tibi, ut hortus aspiret, propheticis eum claude præceptis* : « *Pone custodiam ori tuo, et ostium circuitus labiis tuis (Psal.* cxl) ; *ut etiam tu possis dicere :* « *Sicut malum inter ligna silvarum, sic dilectus meus inter filios. Sub umbra illius, quam desiderabam, sedi : et fructus ejus dulcis gutturi meo (Cant.* ii). — « *Inveni quem diligit anima mea : tenui eum, nec dimittam (Cant.* iii). »

Post ista tam sublimia, ac dulcia sanctorum verba, audite, mihi charissimæ, excelsi nominis ac famæ Hilarium, ipsam carnalem filiam suam ad virginitatem, tam corporis quam animæ conservandam, proposita quadam veste divina, ac margarita cœlesti, toto conamine invitantem, atque exhortantem :

Anno primo, ait sanctus Hilarius (*Epist. ad filiam*), *vestem vidi. Vidi, filia, vidi, quod eloqui non possum. Nunquid non ait sericum secundum subtilitatem ejus spartum erat? Nunquid candori ejus nives comparatæ non nigrescunt? Nunquid aurum juxta fulgorem ejus non lividatur? Ipsi enim multi colores ejus, amœna cuncta vincebant : et nihil prorsus poterat ei comparatum æquari. Post quæ vidi margaritam. Qua visa, statim concidi. Non enim potuerunt oculi mei sustinere tantum ejus colorem. Nam nec cœli, nec lucis, nec maris, nec terræ species, pulchritudini ejus poterat comparari.* Hæc quidem Hilarius filiæ. Sed adhuc in fine omnium veniat magnus Cyprianus Carthaginensis, cunctis præcedentibus æqualis officio, par magisterio, major martyrio.

Ait enim (*De habit. virg.*) : *Nunc nobis ad virgines sermo est, quarum quo sublimior gloria, major et cura est. Flos est ille ecclesiastici germinis : decus, atque ornamentum gratiæ spiritualis. Læta indoles laudis et honoris, opus integrum atque incorruptum Dei : imago respondens ad sanctimoniam Domini, illustrior portio gregis Christi. Gaudet per illas, atque in illis largiter florens Ecclesiæ matris gloriosa fecunditas, quantoque plus copiosa virginitas numero suo addit, gaudium matris augescit. Ad has loquimur, has hortamur : affectione potius quam potestate. Æquales enim sunt angelis Dei, cum sint filiæ resurrectionis. Quod futuri sumus, jam vos esse cœpistis. Vos resurrectionis gloriam in isto sæculo jam tenetis. Per sæculum sine sæculi contagione transitis, cum castæ perseveratis, et virgines, angelis Dei æquales estis. Tantum maneat et duret solida et illæsa virginitas, et ut cœpit fortiter, et jugiter perseveret. Quomodo portavimus imaginem ejus, qui de limo est : portemus et imaginem ejus, qui de cœlo est. Hanc imaginem virginitas portat, portat integritas, sanctitas portat, et veritas. Portant disciplinæ Dei memores justitiam cum religione retinentes, stabiles in fide, humiles in timore. Ad omnem tolerantiam fortes, ad sustinendam injuriam mites, ad faciendam misericordiam faciles : fraterna pace unanimes, atque concordes. Quæ vos singula, o bonæ virgines, observare, diligere, implere debetis : quæ Deo et Christo vacantes, ad Dominum, cui vos dicastis, et majore, et meliore parte præceditis. Provectæ annis, junioribus facite magisterium. Minores natu, præbete comparibus incitamentum. Hortamentis vos mutuis excitate, æmulis virtute documentis ad gloriam provocate. Durate fortiter, spiritualiter pergite, pervenite feliciter : tantum mementote tunc nostri, cum incipiet in vobis virginitas honorari.*

Isti, charissimæ, de quorum libris velut de pratis florentissimis hos amœnos flores excerpsi, de summis sacerdotibus Dei sunt, doctores Latinæ Ecclesiæ, imo nisi multiplex diversarum linguarum barbaries obstaret, totius Christiani orbis existunt. Horum vobis margaritas ostendi, horum ex aliqua parte super aurum et topazion pretiosos et concupiscibiles thesauros coram vobis effudi. Superest, ut quod gratis offertur, ardenti animo suscipiatis, summo studio et cautela servetis, meque de salute vestra plus cunctis mortalibus sollicitum, cum angelica virginitate, altissima humilitate, sublimissima charitate Jesu Christo, ut ancillæ, imo ut ejus sponsæ amabiles factæ fueritis, vobiscum gaudere faciatis. Recordamini beatæ matris meæ, sanctæ aviæ vestræ, recordamini, inquam, quanta fide, quam ignoto ac de supernis concepto charitatis fervore, vos adhuc puellulas, nec inter dexteram vel sinistram discernere valentes, mundo furata fuerit, diabolo subtraxerit, Deo obtulerit, sanctis sororibus adjunxerit. Metuebat illa, sicut ab ore ejus sæpe apud Marciniacum audivi, ne forte ab hac misera valle lacrymarum, nutu vocantis Domini ante raperetur, quam vos de laqueo venantium ereptas videret: antequam in schola virtutum numero sanctarum adjunctas superstites sibi relinqueret. Respexit benignus Salvator ex alto humilitatem et preces ancillæ suæ, et ille qui replet in bonis desiderium suorum, et qui voluntatem timentium se facit, ejus desiderium tandem implevit. Sociavit vos choro virgineo, corpore. Videte, videte ut et sociaverit mente. Non sunt quidem omnes vobis cohabitantes virgines carne; sunt tamen, ut ait Pater Augustinus, *virgines fide*. De quibus solemni die Natalis Domini solemniter clamat : *Ubi jam non potest esse a concubitu caro integra, sit in fide virgo conscientia, secundum quam virgo est omnis Ecclesia.* Juxta quem sensum, tam de virginibus quam de continenter sancteque viventibus apostolica tuba frequenter intonat : *Despondi vos uni viro virginem castam exhibere Christo* (II Cor. XI). In hoc choro virgineo feliciori sorte constitutæ, hoc est, non solum spiritu, sed et corpore illibatæ, juxta monita eorum, quos præmisi, sanctorum, vitam vestram disponite, mores componite, bonum certamen certate, cursum a teneris annis inchoatum, instanter currendo, feliciter consummate. Imitamini sorores vestras et matres, cum quibus Deo servitis. Specialiter vero quam commemoravi felicem aviam vestram, quæ vos ad Deum præcessit, et quæ ut eam sequamini, non solum dum viveret, sed et nunc etiam mortua invitat. Date mihi, obsecro, vocem magni Apostoli, ut possim unicuique vestrum securus dicere quod ille Timotheo discipulo scripsit. *Gaudio impleor, recordationem accipiens ejus fidei, quæ est in te non ficta, quæ et habitavit primum non quidem, ut ille in avia tua Loide, et matre tua Eunice*, sed in avia tua Raingarde, et in patre tuo Hugone, *certus sum autem, quod et in te* (II Tim. I).

EPISTOLA XL.

Charissimo meo et unice amplectendo, domno BASILIO *servorum Dei Chartusiæ priori, frater* PETRUS *humilis Cluniacensium abbas, salutem, cui se devovit, æternam.*

Nuper in procinctu Romani itineris constitutus scripsi vobis ac fratribus ab Herbins monasteriolo nostro, quod ad vos jam perlatum credo, et tam propositum adeundi vos, quam causam, quæ ad remanendum compulit nos, litteris indicavi. Scripsi tunc generaliter, scribo nunc singulariter. Scribo ab ipsis Alpium faucibus, et excuso, quod in litteris illis nominis vestri, vel officii mentionem solito more non feci, oblivio sola in causa fuit. Hanc, ut arbitror, mihi ingessit itineris festinantia, et navis ad transferendum nos ultra Isaram flumen parata. Volo tamen te, charissime, scire, affectum illum meum, quo montana vestra adire decreveram, magis causa te visitandi, quam locum licet sanctum videndi fuisse. Illum enim ac fratres alios, et a multis jam annis sæpe videram; te vero ex quo istud arduum et cœleste propositum assumpsisti, nun-

quam visitaveram. Non fueram, nec sum immemor quanto me semper affectu colueris, quam de devoto ac sincero animo ab ipsis adolescentiæ tuæ annis, ad divina anhelaveris, quam frequenter eo spiritu Cluniacum tuam, et vere tuam visitaveris, quanto insuper tempore in ipso claustro fratribus nostris tuisque adjunctus Deo militaveris. Placuit dehinc spiritui illi, qui ubi vult spirat, ut te de virtute ad virtutem proveheret, et ascensiones in corde tuo disponens, de bonis ad meliora, de altis ad altiora transferret. Statuit, et per gratiam suam perseveranter statuet supra petram pedes tuos, et diriget in viam mandatorum suorum gressus tuos. Constituit te in gradu illo vitæ, quo altior aliquis, aut vix, aut nusquam apparet. Ea de causa te invisere, et profectui tuo, quo violenter regnum Dei rapere contendis, proposueram congaudere. Decreveram renovare tecum antiquas illas et sanctas felicis memoriæ domni Guidonis prædecessoris tui mecum sæpe habitas collationes, quibus velut scintillis ab ejus ore prodeuntibus accendebar, et omnium pene humanarum rerum oblivisci cogebar. Contulissem tecum et de quibusdam hoc in tempore necessariis, quæ nec chartis committere, nec multorum auribus credere volebam. Hæc quia, charissime, ad præsens non dantur, precare instanter Omnipotentis misericordiam, ut saltem in posterum concedantur. Iter meum sociosque itineris, ut speciali et intimo amico commendo : quod tanto majoribus auxiliis eget, quanto majoribus hoc hiemali tempore periculis formidabile est. Fratrem Petrum de Wapingo olim in Christi militia, ut ipse vidi, tironem, nunc veteranum, fratremque Gaufridum, qui tanto tempore bonum certamen certavit, jamque pene cursum consummavit, ex parte mea oro ut affectuose salutes, meque nostrosque ipsorum sanctæ vitæ, ac precibus intente commendes. Nescio enim, si quis alter primi illius mei temporis miles adhuc superstes sit. Similiter et illum nobilem carne et spiritu Otmarum conversum de Valboneis, omnesque pariter quando simul convenerint, saluta.

EPISTOLA XLI.

Domno venerabili, sincera quoque affectione reverendo patri PETRO *sanctæ Cluniacensis Ecclesiæ benignissimo abbati, frater* BASILIUS*, et qui cum eo sunt fratres Chartusiæ, salutem et pacem a Domino sempiternam.*

Vere hic est affectus antiquæ et firmiter plantatæ dilectionis vestræ. Qui enim expeditiores, propter nivis impedimentum ad nos transire vix possunt. At affectuosam erga nos devotionem vestram, nec personæ dignitas, nec longi itineris onerosa retinet gravitas. Pro incœpto labore gratias agimus, pro non subeundo preces effundimus. Novimus effectum novimus conatum. Maneat, qui solet amor, quandoquidem gratissima visitationis vestræ frustramur lætitia. Quam etsi ad præsens non habemus, de futuro per Dei gratiam non desperamus. Præstabit id qui abstulit, opportuno tempore Deus. Quam licet multum Domini et fratres mei desiderent, ego te ex debito avidius esurio. Nonne enim sum ego ille, quem pauperem et inopem non spernebatis; sed amabatis, fovebatis, et ad opus suave religionis piis studiis instruebatis? Cluniacens. ordo, Cluniacens. disciplina, Cluniacens. amabilis et honorabilis conventus, ut vere fatear, me semper ad meliora et arctiora provocavit, pro certo etiam et adhuc provocat. Quid enim? Potest avelli ab homine, cujus anima Deo subjecta est, chori, claustri, dormitorii, refectorii Cluniacensis, cæterarumque nobilium officinarum omni homini æmulanda disciplina? Sed non omnes vident quod vidi ego. Non omnibus notum, quod mihi patuit. Gratias Deo. Quid plura? Vester sum, fui, et ero in æternum, quia vere et vos Christi Domini estis. Servate orationibus quod sacris ædificastis exemplis. Domum Chartusiæ, et omne propositum nostrum qualecunque sit, sanctis intercessionibus vestris commendamus, benignissime Pater.

EPISTOLA XLII.

Summo pontifici et nostro speciali Patri domino papæ EUGENIO, *frater* PETRUS *humilis Cluniacensium abbas, devotam cum filiali amore obedientiam.*

Relatum est mihi, Pater, quod quidam monachorum Bremensium adeant majestatem vestram, causa insimulandi abbatem suum apud vos. Quid dicturi sunt, nescio. Unum me scire confido, quod nihil poterunt rationabile prætendere, unde paternam commotionem mereatur incurrere. Vidistis ipse, nuper hominem, sed, ut puto, mihi plenius ejus esse notum est, utpote illius quem pene puerum suscepi, quem educavi, cujus conversationem bonam, cujus famam integram, tam in Cluniaco quam extra, multis jam annis probavi. His de causis, hoc merito, ego quidem eum aliquantis et magnis prioratibus prætuli, vos vero ut accepi, simili fama eum vobis commendante, magnæ abbatiæ prætulistis. Magnæ dico, possessionibus, sed parvæ, miseræ, et ruinosæ, habitatorum, ut mitius loquar, erroribus. Vidi ipse hoc ex parte, in procinctu veniendi ad vos constitutus, quando ab eodem invitatus abbate, Natalem Domini hoc anno in eadem abbatia celebravi. Vidi monasterium pene tugurium, vidi locum parum a solitudine distantem, vidi omnia velut ab initio, non solum innovanda, sed a primo etiam lapide fundanda. Monachos nobis quidem devotos, sed velut novitios de novo instruendos. Facile mihi fuit ex fructu arborem cognoscere, de habitaculis habitatores judicare. Hi nondum exuti veteri homine, neque induti novo, quoniam a vestro abbate coguntur in pectore veteri nova meditari : malunt esse oves absque pastore, et requiescere in fæcibus suis quam contraire voluptatibus aut voluntatibus solitis. Hæc est causa, qua id quod dixi aggressi sunt, ut percusso pastore dispergantur oves gregis. Noverit autem sanctitas vestra quod, exceptis paucissimis magis exmonachis quam monachis, omnes ei quoscunque in partibus illis audire potui, laudabile testimonium ferunt, dicentes eum religiosum in spiritualibus, prudentem in temporalibus. Providete ergo ei, si placet, ut filio vestro, et abbati vestro, ne quod plantavit manus vestra, inimicus homo eradicet, ne glorietur impia pars, et dicat : *Prævalui adversus eum* (*Psal.* XII)

EPISTOLA XLIII.

Summo pontifici, et nostro speciali Patri domino papæ EUGENIO, *frater* PETRUS *humilis Cluniacensium abbas, filialem amorem et debitam obedientiam.*

Importunitatem, qua frequentibus litteris, patrem fatigo, sæpius excusavi. Excusavi plane; sed urgentibus causis importunus esse non cesso. Indulge, Pater, si placet. Vides quia tam in his quam pene in omnibus aliis non quod volo, hoc ago; sed quod odi, illud facio. Memorem esse credo paternitatem vestram quod de nobili viro, domno scilicet Guidone de Domna, vobis Signiæ verbum fecerim, et ut causa pro qua interdicti sententiæ se subjectum esse dolebat, in partibus nostris juste examinanda, diffinienda, mandato vestro personæ idoneæ committeretur, rogaverim. Responsum mihi est a benignitate vestra Viennensem metropolitanum, qui auctor illius negotii fuerat, mandaturum a vobis in proximo venturum, a vobis super his conveniendum, audito eo congruum illi quæstioni vos finem impositurum. Rediens ergo a vobis, et per Italiam jam proximus Alpibus iter faciens, audivi eum festinato ad vos tendere, et jam urbi proximum esse posse. Unde et ego festinanter cursorem post ipsum ad vos cum litteris præsentibus misi, orans ut, si potest fieri, aut antequam a vobis recedat, causam jam dicti nobilis viri sapientia vestra more, quo solet, diffiniat; aut sicut præsens rogavi, in provincia Viennensi, vel Lugdunensi, si cui placuerit, terminandam committat. Et ne forte miretur sagax prudentia vestra me velut rem alienam mihi superfluo assumpsisse, noverit non esse hanc rem alienam, sed propriam, quia ille cujus est, non alienus, sed noster est. Noster est amore, noster et genere, noster et beneficio : Amore quantum ad se, genere quantum ad suos, beneficio quantum ad utrosque. Quantum ad se, quia nos nostraque præ cunctis mundi monasteriis diligit; quantum ad suos, quia patres, avi, et atavi ejus, idem fecerunt; quantum ad utrosque, quia tam ipse quam illi monasteria, ab eisdem fundata et Cluniaco tradita, multis et magnis possessionibus atque redditibus ditaverunt. His de causis, negotia ejus non peregrina reputo, sed domestica; non aliena, sed propria. Et quoniam is de quo vos sollicito, et super quo majestati apostolicæ preces effundo, absens est, nec facile militaris homo, et sæculo innumeris curarum catenis astrictus, vos adire potest, verba ejus mediantibus litteris istis breviter prolata, si placet, audite. Dicit credere se, uxorem, super qua arguitur, sibi legitime ac juste nupsisse. Vivit quidem altera, cui primo conjugali fœdere vinctus dicitur, sed illam nunquam suam fuisse conjugem astruit. Causam, imo causas, quibus conjux ejus nec fuerit, nec sit, nec esse possit, tales proponit : Primam, quia contradicente suo Gratianopoli episcopo, illam accepit; secundam, quia infra annos nubiles existenti, nec assensum canonicum præstare valenti, adhæsit; tertiam, quia consanguinitatis linea ei proxime junctus est; quartam, quia rem conjugii nullo unquam tempore vel momento cum ipsa, quamvis multum voluerit, ullo modo habere valuit : quintam, quod sicut hanc primam contradicente omnino ut dictum est, episcopo suo accepit ; sic istam, volente, concedente, imperante, imo pene compellente eodem pontifice admisit ; sextam, quod in reditu vestro a Galliis ad Italiam, in montanis Jurensibus inter pontem Arleium et Villam Juniam ei præcepistis, ut sæpe nominato domno Viennensi archiepiscopo in omnibus obediret, indeque salutem suam non dubiam, sed certam speraret; septimam, quod priusquam hæc omnia discuterentur, postquam tam per se quam per alios religiosos vel sæculares viros, judicium justitiæ paratum se esse subire, non semel tantum, non bis tantum, episcopo suo, et dixit, et mandavit : ab ipso interdicti sententiæ submissus est. Æstimat vir jam satis dictus, quodlibet ex his capitulis unum, et semotis aliis, solum ad divortium inter se et illam primam mulierem non conjugem, faciendum, plene sufficere posse. Quanto magis omnia simul? Videat hæc omnia, et discutiat Pater universalis : et qui curam paternam universis Ecclesiæ filiis debet, animæ, nec de inferioribus, nec de vilioribus sibi commissæ provideat, et aut coram se, ut jam dixi, si fieri potest, rem ipsam diffiniat, aut probis partium nostrarum viris, si placet, diffiniendam committat. Dolet enim multum homo, et quod vix, aut nunquam cuilibet antecessorum suorum contigit, interdicti ecclesiastici [sententiam] se incurrisse, vere ut Christianus ultra quam de laico sit credibile, deflet. Vidi ipse, et verax apud Patrem testimonium fero, quia dum die quadam inter castrum de Visilia, et castrum de Domna, mecum iter faciens de his ageret, subito in tam amaros fletus et singultus erupit, ut etiam nos, et quosdam nobiscum, qui proximi equitabant, in fletus et lacrymas commoveret. Moveant ergo viscera paterna absentis, et nobilis filii lacrymæ, qui, et sicut fidelis Christianus dolet sibi ecclesiasticæ communionis gratiam subtrahi, et de uxore dimittenda vel retinenda, re ad examen procedente, paratus est præcepto apostolico et ecclesiastico obedire.

EPISTOLA XLIV.

Summo pontifici, et nostro speciali Patri domino papæ EUGENIO, *frater* PETRUS *humilis, Cluniacensium abbas, filialis amoris, et obedientiæ quidquid potest.*

Placentinus clerus, consules et populus, quia benignæ paternitati vestræ ad præsens displicet, multum et multum dolens, placeret super omnia, quæ in terris sunt, volens, elegit me sicut advocatum sibi, sperans, quod mediante me preces suæ apud Patrem facilius admittantur, et fortassis etiam exaudiantur. Facit hoc ex gratia, quam credit mihi servari penes vos, æstimans non ex toto frustrari vota sua, adjuncta suis precibus deprecatione mea. Quod utrum ita sit, utinam sic experiar nunc in assumpta causa, sicut vestri gratia sæpe expertus sum tam in propria quam in aliena! Sum eis debitor, tam charitate communi quam dilectione singulari. Novit hoc, ut arbitror, sapientia vestra, et ad aures majestatis vestræ, ut puto, pervenit quod ante quinquennium, quando videndi et visitandi vos gratia Romam pergebam, super injuria mihi, imo et vobis a marchione Opizone illata fecerint, quantum inde doluerint, quanta vi fugitantem et latibula quærentem bestiam de fovea sua ad publicum protraxerint, quidquid sorbuerat totum usque ad obolum revomere compulerint, satisfacere jam ipsum quam sceleris socios, pro arbitrio meo, vellent nollent, coegerint. Fecerunt hoc, ut dixi, non soli mihi, quia quod factum est filio, factum est et Patri. Ea de causa de ingratitudine merito condemnarer, si pro ipsis, ubi causa rationabilis exigit, qualiscunque pretii preces meas indignationi paternæ opponere formidarem. Dicunt, dicunt isti, quorum causam assumpsi, et hoc, ut ab eis accepi, sacramento probare parati sunt, se nihil eorum, super quibus arguuntur, ad injuriam majestatis vestræ fecisse, nihil in æternum facere proposuisse. Sed dicitur eis episcopum a suo Ravennate metropolitano domini papæ insuper præcepto consecratum ; et suscipere noluistis ; quodque est deterius, nunquam vos eum in perpetuum suscepturos juramento firmastis. Ad hæc illi : *Metropolitanus noster, non Ravennas, non Aquileiensis, non quilibet alter, sed Romanus pontifex est.* Probamus hoc innumeris testibus, probamus Placentinum electum a multis retro sæculis, a summo et universali præsule, non ab alio consecratum. Producimus inde pro exemplo, præter antiquiores, Urbanum secundum, Calixtum secundum, qui electis nostris consecrationis manum imposuerunt, et exemplo suo, quid posteris servandum esset, lucide ostenderunt. Servetur urbi nostræ concessa a tantis pontificibus dignitas, et parati sumus facere vel subire quidquid apostolica si forte in his deliçaimus, imperaverit majestas. Hæc, Pater, illi. Ego vero his subjungo : Miserere, Pater, miserere tantæ urbis, nulli fere in Italia secundæ. Miserere tanti populi, qui si aliter egit quam debuit, paratus est juxta præmissa obedire, et cuncta imperata servare. Attende, attende, inquam, discreto illo more tuo, quia, etsi deliquerunt, tamen quod multitudo delinquit, impunitum esse solet. Considera, licet ut minus sapiens loquar, velut docendo doctorem, quod bonus ille Pastor, cujus vices in terra geris, vulneratus est propter infirmitates nostras, et se vicariis suis ad imitandum proponens, ait : *Non egent, qui sani sunt, medico, sed qui male habent* (*Luc.* v). Vide quod proximi sunt periculo, et periculo mortis æternæ, si non condescendis, si rigorem tuum servare volueris, si dixeris : Non placabor nisi episcopum a Ravennate sacratum susceperint, non quiescam nisi sacramenta sua irrita fecerint. Timeo, timeo, domine, ne severitate hac magis Ecclesia deficiat quam proficiat, ne rigor iste magis appareat ruinosus, quam fructuosus. Formido ne de Placentia civitate in hac republica nostra Christiana dicatur, quod olim de tribu Benjamin tempore Judicum apud Judæos dictum est : *Ablata est una tribus de Israel* (*Judic.* xxi). Si recensuerit, recolet sapientia vestra quot et quantæ a sede apostolica dispensationes, paganorum, hæreticorum, ipsorum etiam catholicorum tempore factæ fuerint, nec ob aliud, nisi quia magni, et discreti Patres, spiritu consilii, et timoris Dei illustrati, videbant se magis Ecclesiæ Dei salva fide, et charitate posse proficere utiliter condescendendo quam inutiliter austeriora servando. Extenderetur epistola in immensum, si exempla vellem proponere quæ occurrunt. Sed quia non est necessarium talia cuncta scienti, ipsum ad se remitto, et ut in libro singulari memoriæ suæ hæc relegat, exoro Verbum tamen memorabile magni Patris, et summi Ecclesiæ Dei post apostolos doctoris Augustini ad mentem, si forte excidit, revoco. Dico sententiam, non verba ex ordine. Insertionis, inquit, tale genus est, ut non possit inseri ramus aliunde allatus arbori, nisi fiat quantulumcunque vulnus in arbore. Sic quandoque vel suis, vel alienis Ecclesia ex charitate condescendendo læditur, ut qui alienatus vel alienus fuerat, inseratur. Sed nimium forte processi. Fecit hoc fiducia, ex paterna benignitate concepta. Ut ergo jam finis fiat, oro, rogo, supplico et corde, imo ipso corpore, ante pedes sanctitatis vestræ, licet absens prosternor, ut Placentinis vestris, vobis toto conatu placere quærentibus, condescendatis, et errorem eorum modo quo placuerit corrigatis, tantum ut eos, ut Ecclesiam suam, ut episcopum suum, vobis, A non alteri; Romanæ Ecclesiæ, non Ravennati, vel cuilibet alii conservetis.

EPISTOLA XLV.

Summo pontifici, et nostro speciali Patri domino papæ EUGENIO, *frater* PETRUS *humilis Cluniacensium abbas, devotam obedientiam cum filiali amore.*

Si Dei dispositio paternitati vestræ me proximum loco fecisset, optassem et omnia a me facta vobis referre, et de faciendis vobiscum consilium inire. Nunc remotus opto sæpe facere quod semper non possum. Unde notum facio benignitati vestræ, quid post regressum meum a vobis factum sit de castro, quod super ipsum, ut ita dicam, Cluniaci caput, Hugo Discalceatus ædificabat (192), contigerit. Questus fueram inde, ut nostis, apud vos : et vestra providentia duro anathemati illud submiserat. Rediens igitur, inveni non tantum inchoatum, sed et fortibus jam muris cinctum, et excepta lapidea turri, cujus jam materiam pene totam jam dictus Hugo congregaverat, lignea interim jam erecta, fere ex integro consummatum. Inveni et nostros villam quamdam juris nostri, quæ Clarummane dicitur, castro illi valde proximam fossatis, et munitionibus ambisse, et prout brevitas temporis permiserat, communitam, castro Hugonis pro castro opposuisse. Inveni universos adjacentes nobis, milites, castellanos, ipsos insuper comites et duces Burgundiæ nostræ, velut aureæ, ut dicitur fortunæ inhiare, et quasi argentei fumi nidore attractos, ad arma sumenda nostros undique concitare. Dicebant multa, amicorum condolentium, vel consultantium specie : quæ ego audita, in quam partem vergerent, advertens, aurem eis pacificam, velut bene consulentibus exhibebam. Instabant et multi ex nostris, sed quo spiritu, ipsi viderint, asserentes credendum esse prudentibus viris, qui cum amici essent, et in re militari assueti, non hortarentur ad inutilia, nec suaderent dissuadenda. Aderant e converso longe plures his, affirmantes nihil unquam lucratam esse Cluniacum militaribus armis, aut vecordem, aut hostem esse, qui monachis pugnare suadeat, qui cucullatum gladio præcingat, pro admirabili habendum prodigio, si tale monstrum ad bella procedat. Ridendos esse, et subsannandos esse ab orbe terrarum, hujusmodi milites vel athletas nec jam illuc velle venire sæculares ad suscipiendum religionis habitum, quem ab ipsis religiosis jam viderent depositum. Præter hæc damna innumera inde posse oriri, cum brevi

---

(192) *Quid factum sit de castro, quod Hugo Discalcatus ædificabat.* Chronicon Cluniacense pacificationem hujus contentionis refert in annum 1153, ubi et Hugonem hunc de Scalciaco cognominat. Et de ea etiam, aut simili tale pontificis Alexandri rescriptum legitur in chartulario Cluniacensi, quod et ipsum Hugonem de Scalceo nuncupat, vulgo *de la Chaux*.

Alexandri papæ confirmatio de pace jurata inter Clun. Ecclesiam, et comitem Forensem, et Barones de terra. Et remissio pœnitentiæ unius anni illis qui servaverint ipsam pacem

« Alexander episcopus servus servorum Dei dilectis filiis nobilibus viris, Hugoni de Bellojoco et filiis ejus, comiti Forensi, vicecomiti Matisconensi, Jo. Grosso, Hugoni de Berz, Hugoni de Scalceo, et cæteris, qui Clun. Ecclesiæ pacem juratam conservaverint, salutem et apostolicam benedictionem. »

Et præsentis vitæ commodum, etc. Vide in Alexandro III ad an. 1181.

tempore bellica clades, etiam longe majores quam Ecclesia illa habeat redditus, possit assumere, et consumendo paulatim in se ipsa deficere. Ad ultimum homines aliis assuetos studiis, bellicarum artium prorsus ignaros, hostibus callidis, et in his a lacte educatis, non nisi prædam vel escam existere. Hæc ut sanioris consilii esse claruerunt, mediante Hugone de Berziaco, et quibusdam aliis militibus, ex parte autem nostra, fratre Enguizone præcipue, et quibusdam aliis instantibus, concordia hujusmodi facta est. Dejicit ipse castri constructor, et diruit ab ipsis fundamentis, suis vel suorum manibus castrum, seque nunquam deinceps aliquid ibidem ædificii facturum juramento confirmat. Dat insuper et montem ipsum Ecclesiæ. Addit et juramento, se a castro Buxeriæ usque Cluniacum, in aliquo prorsus loco, munitionem aliquam nunquam ulterius esse facturum. Interdicit et hoc cunctis hæredibus suis, et instrumentum istud continens, auctoritate et testimonio Lugdunen. Archiepiscopi et coepiscoporum ejus, Guilelmi comitis, et aliorum terræ illius nobilium, sese facturum spopondit. Nos autem his de causis, dedimus ei ducentas et viginti libras. Hæc præcipue ea de causa facta noverit sublimitas vestra, quia memores consilii quod nobis dedistis, maluimus in pacis conditionibus expendere multa quam sub dubia belli forte consumere infinita.

EPISTOLA XLVI.

Insigni et singulari nostri temporis viro, domno BERNARDO Clarevallis abbati, fratre PETRUS humilis Cluniacensium abbas salutem æternam.

Quoniam sanctitati vestræ, mihi tam dulciter, tam benigne scribenti, tot diebus rescribere distuli, nolite mirari. Irruerat forte tunc tantus negotiorum turbo, tantaque causarum congeries me undique suffocabat, ut non dicam scribere, sed vix mihi vivere tunc liceret. Exundabat, disrupto obice, immensa vis aquarum : quas, Romanum iter, me absente paulatim congregans, stagni more aliquandiu continuerat, in præsentem largissime profundebat. Exclamare tunc merito poteram : *Salvum me fac Deus, quoniam intraverunt aquæ usque ad animam meam* (Psal. LXVIII). Hæc fuit causa qua illi, cui me totum debeo, debitum respondendi, paucis licet diebus, subtraxi. Nunc tandem respirans, occurro, ut possum verbis, tanto tanti amici affectui, post verba in proximo, per Dei gratiam occursurus et ipse. Magnificavit vere Dominus facere nobiscum, et ut verba illa vestra, humanum pene os excedentia sonant, prosperum fecit iter nostrum, et gratia sua, studio vestro, precibus vestrorum, duxit et reduxit incolumes : tribuit nobis secundum cor nostrum, et implevit petitiones nostras. Facta sunt nobis etiam ad litteram prava in directa, et aspera in vias planas. Alpes ipsæ gelidæ, et perpetuis nivibus condemnati scopuli, illius sui antiqui horroris pene obliti sunt. Acr ipse, qui, ut post reditum nostrum accepi, nostræ se Galliæ, hibernis mensibus importuniorem solito nimiis imbribus præbuit : quinque solis diebus exceptis, toto, quo in Italia demoratus sum, tempore, tam terreno itinere quam fluviali (nam aliquantis diebus ac noctibus Padus nos navigantes detinuit) jucundum se semper ac serenum exhibuit. Lutosas vias, quibus maxime angi, imo cunctis id minantibus infigi verebamur, fere lapideas siccitate invenimus. Fratres quosdam itineris socios, puræ ac simplicis vitæ viros fluctibus mersos, et jam jamque exstinguendos, ab ipsis ut sic loquar, mortis faucibus, vivos recepimus. Ipse plus solito audax, dum pontem quemdam, quia peditem ire pigebat, conscendere eques conarer, ultimos mulæ meæ pedes tenacissimo retrahente luto, in subjacentem eidem ponti quamdam abyssum pene prolapsus sum. Sed Dei virtute mulæ vires addente, subito me cum eadem super pontem inveni, sicque præter timorem, nihil triste passus, evasi. Quid multa ? Talis non in eundo, talis in redeundo, non fortuna, sed gratia assidue comitata est, ut nihil mihi, nihil nostris præter votum contigerit, excepto defectu, vel morte bestiarum, de quibus Deo cura non est. Læta plane in via cuncta reperi, sed lætiora apud Patrem inveni. Bonum illum habui in principio, meliorem in processu, optimum in fine, imo (ut quod verius ex corde haurio fatear) optimum semper. Cumque vultus ille illius, in quo vere apostolicus vigor et forma relucet, pro varietate causarum, personarum, et eventuum mutaretur, et aliis atque aliis nunc jucundum, nunc nubilum discretissime sese præbet, mihi tamen nunquam in diversa mutatus est. Qualem veniens reperi, talem recedens reliqui. Notabam, sæpe austeriorem vel mœstiorem, quam frequenter inducere aliis de causis cogebatur, speciem; ipsum aut privatim, aut publice me alloquente, de judicis forma in patris gratiam commutare. Præferebar omnibus etiam majoribus gradu, nec patriarchalis dignitas, cum etiam Ravennas adesset, præire meipsum plerumque impellente sinebatur. Senatui Romanorum, episcoporum, vel cardinalium, non tantum adjungebar, sed et quandoque adjungi cogebar. Excludebantur universi non Romani a Romanis consiliis : solus aut pene solus ad mysteria jurata vocabar. Ista in publico. Jam secretiora, et remota ab aliis colloquia, quis explicet? Dico, dico quod verum est. Nemo me putet aliter loqui quam sentio. Ut aliquid arrogantius dicam, hoc apud me fas non est. Nunquam amicum fideliorem, nunquam fratrem sinceriorem, nunquam Patrem puriorem in hujusmodi colloquiis expertus sum. Auris patiens ad audiendum, lingua prompta et efficax ad respondendum, non ut major minori, sed ut aut par pari, aut quandoque ut inferior superiori. Nihil fastus, nihil dominium, nihil majestas ; sed totum sibi hominem æquitas, totum humilitas, totum ratio vendicabant. Si quid ibi vel alibi petii, aut indultum est, aut rationabiliter, ita ut queri non possem, negatum.

Hæc dicens non glorior, sed vestra vota in me per ipsum impleta declaro. Et novum quidem non est, Cluniacense monasterium in qualicunque pastore suo a summo pontifice honorati; sed novum est nihil sinistri in ejus actu, nihil in verbis, nihil in ipso gestu erga ipsum potuisse notari. Videram eum primo anno apostolatus ipsius Romæ, post videram Cluniaci, videram Antissiodori, videram Catalauni, videram Remis, videram alibi : sed talis nunc apparuit, quasi nunquam vidissem. Qualem deinde totius Romanæ curiæ erga me ac nostra statum invenerim, succincte refero, aut amicorum fidelium, ut dulcissimorum fratrum, ut ex mero, et sincero corde, quantum agnosci potuit, familiarium. Vestri omnes, maxime singularis ille vir dominus Hostiensis, non minus, non inferius mihi astitit, quam vobis si præsens essetis astaret. Ad illum explicandum, quia brevis sermo non sufficit, parco litteris, sed per Dei gratiam cum præsens fuero, non parcam verbis. Hortatur dehinc textus epistolæ dulcis et sanctæ, tempus et opus esse, ne reddam retribuentibus mihi mala ; monet ut nunc illi qui voluerunt, sed non potuerunt aliud agere, experiantur clementiam nostram, et affectus Patris filios recedentes resignet visceribus suis. Instat ut sentiant nos in gremio sedis apostolicæ plus Patris quam judicis invenisse, et gladium jam ad percutiendum exertum, in vaginam pietatis esse repositum, et reliqua in hunc modum. Ad hæc ego : Non est, non est hic labor difficilis, aut insuetus apud me. Natura ipsa satis ad indulgendum me provocat, usus ipse indulgendi instigat. Assuetus sum pati, assuetus et indulgere. Declarat hoc, quod tamen non superbe jactito, de Pontiano schismate, in quod cum innumeri declinaverint, ac nefanda, et in ordine monastico inaudita fecerint; nunquam gladium meum, nunquam mucronem, nunquam frameam experti sunt, vix unquam asperum ab ore meo verbum audierunt. Feci hoc tunc, feci et postea sæpe, et si non de tam gravibus, tamen de gravibus, et juste forsan nisi tolerantia intercessisset, graviter puniendis excessibus. Facio et adhuc frequenter, nec, ut sic dicam, facere hoc assidue cesso. Sed quid? Nunquid ita semper? Nunquid semper misericordiam Deo cantabo, et nunquam judicium? Nunquid universæ viæ Domini, misericordia tantum? Nonne et veritas? Nunquid semper prohibebit quilibet miles Dei gladium suum a sanguine? Si hoc, non tantum rex, sed et miles ejus frustra gladium portat. Frustra et leguntur verba illa, orbi Christiano nota : *Vis non timere potestatem? Bonum fac, et habebis laudem ex illa (Rom.* XIII). Si autem male feceris, time. Sed dicet quispiam : Ecclesia non habet gladium, Christus illum abstulit, cum Petro dixit : *Converte gladium in vaginam. Omnis qui acceperit gladium, gladio peribit (Joan.* XVIII). Verum est, inquam, verum est. Non habet Ecclesia gladium regis, sed habet virgam pastoris. De qua Apostolus : *Quid vultis? in virga veniam ad vos, an in spiritu mansuetudinis? (I Cor.* IV.) Et quid dico, habet virgam ? imo habet et gladium, secundum eumdem : *Et galeam salutis assumite, et gladium spiritus, quod est verbum Dei (Ephes.* VI). Hic gladius si quieverit, si semper latuerit, si nunquam exertus, nulli unquam terrori fuerit, quid erit? Multiplicabuntur forte, juxta Salomonem, contra remissam manum bestiæ agri, nec juxta cujusdam amici Job verba, pacificæ erunt illi. Et quid faciet pravorum perversitas, quos in malis suis deteriores reddet impunitas?

Transeo Phineem, prætereo Heliam, taceo Machabæos, quos diros scelerum ultores legit et cantat Ecclesia. Virum illum, mitissimum super omnes homines, qui morabantur in terra, propono. Nomen ejus quis nesciat? Is cum tantus virtute mansuetudinis fuerit, Dei suasque injurias ulcisci, horribili mortis exemplo non timuit. Res notissima diu protrahenda non est. Quid loquerer Samuelem pro inimicis orantem? quid David toties, et toties hostibus nequissimis parcentem? Et ille tamen manu non aliena, sed propria, pinguissimum regem Amalechitarum in frusta concidit, et iste non in solo mysterio dixit : *Persequar inimicos meos, et comprehendam illos, et non convertar donec deficiant (Psal.* XVII). Persecutus est enim hostes, sæpe etiam realiter, et comprehendit, nec conversus est donec deficerent. Quid ipse Salvator, quid plane ipse pius Jesus egit? Flagella quidem pertulit, sed et flagella intulit. Mercatores in loco mercationi incongruo illicite mercantes, de templo Dei non per ministros, sed per seipsum verberando ejecit, quando discipuli de ipso dictum in psalmo recordati sunt : *Zelus domus tuæ comedit me (Psal.* LXVIII). Quorsum ista? videor, ut dicitur, Minervam docere, guttulis Rhodanum infundere, ad nemus ligna convehere. At nihil horum ego facio. Quid ergo? unum est quod intendo, unum quod specialissimo et sanctissimo amico suggero. Credit forte vel existimat, dum hæc legit, beatitudo tua, me super hujusmodi homines insanire, et velle tormentis eorum vel suppliciis saturari. Non fui, non sum, nec esse possum tortor eorum qui, licet fratribus suis maligne detrahendo, susurrando, obloquendo, multum deliquerint, licet carnes eorum dente canino laniaverint, ipsa sua viscera unguibus propriis discerpserint, corpus Ecclesiæ suæ in quibusdam ejus membris, nequiter, ut ego novi, laceraverint, habeant, si sic vobis utile videtur, veniam, ne mercantur præmium. Horum uno si beneficio abuti noluerint, provocari poterunt ad melius, altero deterreri poterunt, ne cadant in deterius. Sed dicetur : Non erit plena charitas si non, nocuerit, sed ea erit integra, si profuerit. Eia. Velim nolim, perfectus esse compellar. Ero (quod non putaveram), perfectus, sicut Pater meus cœlestis perfectus est. Non ulciscar in hostes, imo benefaciam hostibus. Præferantur, principentur, regnent, sed sine me. Sine me quomodo? Habeant dignitates. Habeant honores, si dici debet, monasticos a me, sed non circa me. Habeant extra positi, et res meas, et etiam, si merentur, cor meum ; non ambiant latus meum. Nulla, ut nostis, et ut ait ille quem nostis, ad nocendum efficacior pestis quam familiaris inimicus. Proverbium est, etiam vulgatum : *Primo falli incommodum est, secundo stultum, tertio turpe.* Et ut aliquid divinum subinferam : *Amici*, ait Salomon, *sint tibi multi, consiliarius unus de mille (Eccli. vi).* Videor ex parte loqui ut filius saeculi, cum, teste Deo, non multa mihi sit cura de saeculo. Esset vero fortassis, vel parva, vel nulla, si permitterent filii saeculi. Sed quia ipsi prudentiores sunt filiis lucis in generatione sua, utinam mihi daretur simplicitas columbae ad illorum vitandam nequitiam, et serpentis prudentia ad precavendam malitiam ! De his ita ad praesens.

De reliquis quae hanc materiam sequuntur, sacri oris vestri verbis, quid dicam? Non invenio, non sufficio. Sufficio tamen non quidem ad respondendum, sed ad rependendum tanto amori totum, et integrum mei animi vel cordis affectum. Occurram, occurram certe, ubi vobis vel vestris visum fuerit : occurram inquam servo meo, ut a vobis habeo, vel apud Divionem, vel apud ipsam Claramvallem. Agnosco enim, et vere agnosco quod dixistis, quia quantum pepercero vobis, parcam et mihi. Munus quod pro magno vos habiturum scripsistis, vobis concessi, donec optabili colloquio perfrui merear. De Germano quod magis innuistis quam dixistis, facio quantum valeo. Caetera diei exspectatae reservo. De subpriore ea, quae subjunxistis, ut legi, non modice miratus sum. Conveni statim hominem, et cuncta fere quae de eo vobis suggesta fuerant, ab ipso falsissima esse audivi. Veritus sum meorum sibilos serpentium, ne similia his, quae hoc anno profuderunt, vestris auribus insibilassent. Et vere major pars materiei, quam epistola vestra continet, ab ipsis infusa videtur. Hi licet paucissimi, et ut putant, secretissimi, odiunt quod diligo, diligunt quod odio. Sed hoc quidem gratis, ut psalmus ait (*Psal.* LXVIII); et Salvator meminit. Diligo ego hominem illum, quia longe plusquam appareat prudens est, utilis est, necessarius est, fidelis est. Hoc forte ultimum, et solum in ipso oderunt. Scripturus est ipse vobis, excusaturus quod non fecit, nec negaturus quod fecit; satisfacturus per omnia si quid vel in modico vos offendit. Credite viro, qui, sicut novi, fide dignus est. Valete.

EPISTOLA XLVII.

Fratri NICOLAO, *frater* PETRUS *humilis quod solet.*

Ut absque procemio loquar, quid plane, quid est? Et tu ille es, cui dicatur : *Modicae fidei, quare dubitasti?* (*Matth.* xiv.) Sed nec ego Christus sum, nec tu Petrus es. An, bone vir, ut cum stomacho loquar, me putasti alium esse factum? Ergone tam firmas radices fixerat opinio mei amoris erga te, ut quem in fortissimam quercum evasisse credideram, vix in vimen tenerrimum coaluisse agnoscam ? An forte putasti, cum mutatis regionibus mutasse me et animum, et infectum peregrini aeris tactu, ut aliquid fabulosum interseram, Circe medicaminibus de homine bestiam factum, in monstrum aliquod erupisse ; cum dicat quem nosti :

Coelum non animum mutant, qui trans mare currunt?
(HORAT. lib. I, epist. 11, v. 27.)

Non adeo, non adeo in me praevaluit Romanum vel Campanum littus, ut quod eram me oblivisci cogeret, et non in melius, sed in deterius commutaret. Mirum esset, si longo tempore hoc : magis autem mirum, si in tam brevi efficere potuisset. Sed non est ita. Non sum quidem qui fueram, sed corporis, quod momentis singulis in omnibus fit, alteratione, non animi mutatione. Quod si forte, quia silvi, mutatus esse credor, credatur idem, et quando loquor, quia non semper loquor : credatur et quando dormio, quia non semper dormio, et sic de reliquis corpori vel animo accidentibus. Sed non fuit causa silendi, imminutio diligendi. Quod silui, quod per tam longum iter de tam longo itinere nihil tibi, charissime, si tamen hoc te esse adhuc non dubitas, scripsi, factum est, non quia nolui, sed quia non potui. Quid poteram positus in itinere scribere, qui vix poteram vivere ? Vivere dico, non quod, Deo gratias, amicis, fratribus ac filiis tam orantibus quam studentibus, aliquid mihi praeter votum contigerit, sed quia integra pene semper die equitanti, media nocte edenti, valde mane surgenti, in agone continuo desudanti, quis animus ad meditandum, quae lingua ad dictandum, quae manus ad scribendum parare se poterat? Haec praeter alia multa quae commemorare longum est, impedimenta, et Transalpinum et Cisalpinum mihi silentium indixerit. Fuit et illud, quod domno abbati actuum meorum vel eventuum primam notitiam, ut par erat, ante omnes alios reservabam. Jam et si post reditum aliquandiu silui, mirum non est, sed quia adhuc loqui potui, valde mirandum est. Quomodo istud ? Laeta quidem, jucunda, et arridentia cuncta reperi, et praeter devotum clericorum, et laicorum occursum, fratrum, quod mihi magis cordi erat, tam vocis canticum quam cordis jubilum inveni. Laetabar in eis, et non in me, sed in Domino gloriabar, quod pium et valde decorum animorum suorum affectum erga me qualemcunque pastorem suum oves non meae, sed Christi, non solum cantibus, sed et lacrymis ostendebant. Mirabar vix quinque mensium absentiam meam in tantam amoris flammam ex occultis subito prodiisse, ut mirum videri posset, si quinquennii mora tantam parere potuisset. In his constitutus, vixque quatridui metas excedens, statim post lilia gaudiorum, spinas intravi negotiorum. Inundaverunt aquae super caput meum, et pene dixi perii. Invocavi mox nomen Domini, unde necdum submersus sum ; meum erit a modo tuumque ac meorum, ne submergat. Aquae istæ populi fuerunt, et gentes, ab Italia (193), Germania, Hispaniis, Anglia, ab ipsa nostra Gallia Cluniacum dirivatæ, ibique simul per totam illam absentiam meam, in immensos causarum cumulos congregatæ. Hæc ut me præsentem senserunt, ac si in caput meum conjurassent, quæcunque diu continuerant profuderunt. Feci quod potui, et evasi ut potui; hæc qui non advertit, qui non recogitavit, qui non consideravit, quid meruit? Sed indulgebo, dabo veniam, prosequar morem meum. Nolo in uno reo mansuetudinem meam perdere, quam in multis millibus soleo conservare. Jam vero in itinere meo super quo certificari rogasti, quid egerim, quid dixerim, quid invenerim, ad litteras, quas domino Clarevallensi facio, per eas de his omnibus instruendum te mitto. Ibi cuncta leges, ibi cuncta reperies. Scripsi ei, ut ostendat eas tibi. De consanguineo meo, abbate Miratorii mirando, et admirabili, quid dicam non invenio. Invenirem vero fortassis, nisi brevitatis studium finire me epistolam cogeret. Præter hoc tempus breve, Pentecoste urgens, cursor festinans, cursum verbi impediunt, et animum maximos tumultus suos exprimere gestientem reprimunt. Nec illam Miratorii materiam, etiam si tota ei dicaretur, brevis epistola expleret, cui vix liber integer sufficere posset. Da operam, quæso, ut dies colloquii inter me, et dominum Clarevallensem, tertia post Pentecosten Dominica apud Divionem, si fieri potest, habeatur. Dominum abbatem, ut te nobis citissime mittat, rogavi. Tu vero nullo modo citius venire graveris. Es enim mihi, et propter ista, et propter quædam alia, multum necessarius. Cursori, quod tandiu moratus est, noli imputare, sed mihi; excusaque eum apud cæteros. Vale (194).

(193) *Gentes ab Italia*, etc. Sic et anonymus qui vitam S. Morandi Cluniacensis monachi scripsit. « Ad Cluniacum, inquit, tunc tanquam ad commune pietatis asylum confugiebat quasi universus orbis pro suorum spiritali instauratione locorum. Hinc effusa spiritualium virtutum nardo impleta est tota mundi domus ex odore unguenti, dum religionis monasticæ fervor, qui illo tempore pene refriguerat, illorum virorum exemplo studioque recaluit. Gallia, Germania, transmarina quoque Britannia hoc testatur. Hispania, Italia, totaque Europa fatetur, plena monasteriis ab eis aut noviter fundatis, aut ab antiquo senio reparatis, » etc.

(194) Ad explendum epistolarum hujus libri sexti numerum, quæ L computantur in Chronic. Cluniac. Desiderari videntur hic adhuc tres, nisi forte quis illas tres, ad Petrum de S. Joanne, et adversus Petrobrusianos, quæ tractatus potius quam epistolæ censentur a pluribus, et quas se jungendas nos docuit idem Chronicon, eis adnumerandas existimet.

AD LIBROS SEX EPISTOLARUM PETRI VENERABILIS SUPPLEMENTUM.

PETRI VEN. ET VARIORUM AD IPSUM EPISTOLÆ.

NUNC PRIMUM IN UNUM COLLECTÆ.

I.

Epistola R. abbatis Vezeliacensis ad PETRUM *abbatem Cluniacensem. — Misericordiam ab eo flagitat pro Philippo quodam monacho irreligioso.*

(Circa an. 1125.)

[MARTENE, *Thesaur. Anecdot.*, I, 366, ex autographo in archivis S. Mansueti.]

Reverendissimo Domino P. Cluniacensi abbati frater (195) R. Vizeliacensis abbas salutem et benedictionem.

Cum apud Luperciacum hospitati fuissemus, in ipsa nocte quidam Philippus juvenis, quem a Castello Canino nuper illuc misisti, desperatione cujusdam pœnitentiæ sibi per epistolam vestram injunctæ ductus, turrem ecclesiæ ascendit, et se quærentes fratres lapidibus obruere voluit. Tandem nos ad ecclesiam ivimus, et in fide eum vocavimus: aliter enim descenderere nolebat, et quare hoc fecisset inquisivimus. Ille autem dixit se a domno Ildino priore Castelli Canini de confessione sua detectum, et pannos suos, quos ei dimisit patruus suus prædecessor ejusdem Ildini,

(195) Is est Raynaldus frater Petri Venerabilis qui postmodum ex abbate Vizeliacensi factus est Lugdunensis archiepiscopus.

in morte sua sibi ablatos ab Ildino conquestus est, cum sui panni satis tenues et vetusti ante nos allati fuerint : pro quibus misericordiam vestram flagitamus, ut et ipsum fratrem Philippum ab onere quod portare nescit in tam parvo conventu allevietis, scilicet a custodia et ab abstinentia vini et generalis, et ut pannos suos sibi dimissos recuperet obsecramus.

II.

Petrus Venerabilis abbas Cluniacensis pro Rodulfo de Perrona benefactore ordinat missas ac preces tum Cluniaci tum in toto ordine celebrandas.

(Circa an. 1140.)

[*Spicil.* edit in 4°, tom. XI, p. 532.]

Ego frater PETRUS humilis Cluniacensis abbas nota facio legentibus ea quæ sequuntur. Comes Rodulfus de Perrona, filius Hugonis Magni, fratris Philippi regis Francorum, magnus amicus et benefactor exstitit hujus in qua omnipotenti Deo servire optamus sanctæ Cluniacensis Ecclesiæ. Hic post reliqua bona opera sua, quibus Deum sibi propitiare dum incolumis viveret, laborabat, jam infirmus et morti proximus præcedentibus aliquid majus adjunxit. Nam monasterio de Crespeio, quod antiquitus in eodem Crespeii castro constructum fuerat, et Cluniacensi Ecclesiæ subditum erat, tam in terris quam in terrarum redditibus, tanta largitus est, ut redditus annui terrarum illarum, mille solidorum quantitatem excederent. Præter hæc et multa alia quæ diversis ad Cluniacum pertinentibus monasteriis delegavit, etiam ipsi Cluniacensi monasterio quingentas argenti marcas jure testamentario donavit. Quæ ipso jam vita exemplo paucis post diebus Cluniacum allatæ sunt, et Cluniacensi conventui publice in capitulo præsentatæ.

Nolentes ergo, imo vitantes tantis beneficiis ex toto apparere ingrati, communi consilio et precibus præcipimus ei duo tricenaria fieri, tres missas ab unoquoque sacerdotum cantari, ter septem pœnitentiales psalmos a cunctis aliis non sacerdotibus dici; per universa monasteria ad Cluniacum pertinentia, ubi ordo tenetur, tricenaria celebrari, ab aliis sacerdotibus tricenaria non facientibus duas missas absque exceptione aliqua celebrari. Super hæc omnia, quod raro cuilibet conceditur, datum est ei et anniversarium solemne, sicut uni post imperatores et reges de majoribus amicis et benefactoribus nostris. Ut autem sciatur cujusmodi sit hoc anniversarium, die qua illud celebrandum est, fiet pro eo generale officium in conventu cum missa similiter publica; fratres universi sacerdotalis ordinis Cluniaci morantes, eadem die missam pro ipsius salute celebrabunt, alii psalmum *Miserere mei Deus* dicent, et tredecim pauperes reficientur. Annuale insuper missarum, hoc est anno integro quotidiana missa pro eo celebrabitur. Facta sunt ista ut omnipotens miserator per immensam misericordiam suam ejus misereatur, et a sorte impiorum ereptum, eum numero suorum associet, et felicis ac sempiternæ vitæ participem facere dignetur. Amen, amen.

III.

Epistola Petri abbatis Cluniacensis ad Diethelmum presbyterum. — Monasterium de Thierbach diœcesis Basileensis ordini Cluniacensi aggregat.

(Anno 1142.)

[MARTENE *Thes. Anecdot.*, I, 395.]

Venerabili presbytero domino DIETHELMO, et omnibus in parochia de Sultza commorantibus, frater PETRUS Cluniacensis abbas, salutem.

Quando primo novam plantationem de Thierbach inchoastis, et in subjectionem esse Cluniaci destinastis, vos ipsos omnium fratrum Cluniacensium orationibus incorporastis. Quocirca nos eumdem locum ulterius permanere in dominio Cluniaci prædicti privilegio stabilimus, et nulli alteri ecclesiæ subjacere, nec aliud contra privilegium valere præcipimus. Omnes ergo eodem loco bona facientes, nos participes omnium bonorum omnium fratrum Cluniacensium constituimus, et confratres nostros facimus, et in morte et in vita pro eis orare decernimus, ut Deus eos ab omnibus peccatis absolvat. Amen.

Datum Cluniaci anno millesimo centesimo quadragesimo secundo, tertio Nonas Martii.

IV.

Epistola Petri venerabilis ad Odonem Belvacensem episcopum.—Petrus monachus Cluniacensis fit abbas S. Luciani.

(Anno 1147.)

[*Gall. Christ. nov.*, t. X, col. 256.]

O[DONI] Dei gratia Belvacensis Ecclesiæ venerabili episcopo et ejusdem Ecclesiæ canonicis, et conventui B. Luciani, frater P[ETRUS] abbas Cluniacensis, salutem et dilectionem.

Quamvis grave sit nobis fratres nostros aliis concedere monasteriis, petitioni tamen vestræ, intuitu charitatis assensum non negavimus, et fratrem Petrum, quandiu abbas fuerit ecclesiæ B. Luciani, liberum et absolutum concedimus. Valete.

V-VII.

Petri Venerabilis ad Sugerium abbatem epistolæ tres.

(Exstant inter epistolas Sugerii numm. 31, 126, 127. Vide Patrologiæ tom. CLXXXVI.)

VIII.

Epistola Sugerii obbatis S. Dionysii ad Petrum Venerabilem.

(Vide ibid., sub num. 164.)

IX-XI.

S. Bernardi ad Petrum Venerabilem epistolæ tres.

(Vide S. Bernardi epistolas 148, 149, 267 Patrologiæ tom. CLXXXII.)

XII.

Epistola Petri Cellensis ad Petrum Venerabuem.

(Exstat lib. II epist. Petri Cellensis, epist. 1.)

XIII.

Epistola Petri Venerabilis ad Hugonem abbatem de Tribus Fontibus. — Ad petitionem S. Bernardi donationem facit monasterio Trium Fontium (196).

(Anno 1150.)

[MARTENE *Anecdot.* t I, col. 407, ex chartario Clun.]

Dilecto et venerabili fratri HUGONI abbati de Tribus Fontibus ejusque successoribus regulariter substituendis frater P. humilis Cluniacensis abbas in perpetuum.

Nihil magis convenit et personæ et Ecclesiæ nostræ, quam quærere quæ ad pacem sunt, et sub charitatis concordia, reliquos ordines qui ubique terrarum nobis et nostris junguntur, dulciter confovere. Præcipue autem illos qui de Cisterciensi ordine exierint, specialiter domum Clarevallensem, singulariter ejusdem loci abbatem charissimum nostrum, et quæ ad ipsum pertinent volumus omnimodis conservare. Inde est quod ecclesiam de Tribus Fontibus primogenitam filiam Clarevallensis monasterii adversus filios nostros monachos Sanctæ Margaritæ et illos de Baudo Villari, ne aliqua querela amplius de vicinitate terrarum inter eos oriatur, præsentis privilegii pagina communimus. Donamus enim prædicto monasterio de Tribus Fontibus ad petitionem charissimi nostri Clarevallensis abbatis, et confirmamus quidquid habebamus a parte Trium Fontium usque ad fontem qui dicitur Berar Sarcum : ita ut a prædicto fonte sit meta et linea via Roberti Hispaniæ, usque ad Caladiam de Rocheriis, quæ est via ultra veterem capellam, et ultra viam Salmariam ; et inde usque ad territorium de Clanseniaco : ita ut præfati monasterii de Tribus Fontibus sit, quidquid est infra terminos istos sine omni costumia, ad annuum censum decem solidorum Pruvinensis monetæ, qui reddentur singulis annis in die Ascensionis Domini domui de Baudo Villari. In hac autem terra monachi de Tribus Fontibus in plurimis locis habebant tertiam partem, qui et dederunt nobis quamdam partem quam habebant extra fontem Berar Sarci, videlicet quidquid ibi habebant : ita tamen factum est hoc, quod monachi nostri de Baudo Villari excolent ibi terram quam excolere solebant, vallem illam quæ est inter veterem capellam et pratum, et in longum usque ad Caladiam viam quam supradivimus, et nihil amplius. Quod si terram illam dimiserint monachi, non poterunt eam dare, nisi monasterio de Tribus Fontibus. Habebunt etiam ibi usuarium nemoris in omnibus ad proprietatem domus suæ, et communem pasturam in omnibus finibus Trium-Fontium, ad omnia pecora sua ; et monachi de Tribus-Fontibus similiter, in omnibus finibus eorum et ad omnia pecora sua. Ne autem hoc aliqua temporum vetustate vel alicujus hominis perversitate aut mutaretur aut deperiret sigilli nostri impressione firmavimus.

(196) Trium-Fontium insigne monasterium ordinis Cisterciensis in diœcesi Catalaunensi anno 1117 fundatum.

Actum est hoc anno ab Incarnatione Domini 1150.

XIV.

Epistola Petri Venerabilis ad R. priorem S. Benedicti. — Permittit electionem abbatis.

(Circa annum 1150.)

[MARTENE, *ibid.*, col. 408.]

Venerandis et dilectis fratribus nostris R. priori et aliis apud S. (197) Benedictum Deo servientibus, frater P. humilis Cluniacensis abbas, salutem, et a Domino benedictionem.

Vidimus litteras dilectionis vestræ, et nuntios audivimus, denuntiantes nobis obitum domni Willelmi abbatis vestri, in quibus et illud legimus, quod videlicet licentiam, gratiam, et benedictionem, ad eligendum abbatem, expetitis a nobis, qui monasterium vestrum in honestate atque religione regere valeat, et in temporalibus atque spiritualibus, opitulante Domino, ad meliora provehere. Ad quod rescribimus, quod venerunt cum domno Honesto abbate, et ejus socio, quos nobis misistis : quorumdam Romanorum pontificum privilegia ostendimus, eaque coram ipsis ex parte legimus, scilicet Gregorii papæ VII, Urbani II, Paschalis II, Gelasii II, Calixti II, Honorii II, Lucii II, in quibus aperte continetur modus, quo obeunte abbate vestro, ad abbatis alterius electionem procedere debeatis · quem si in vestra electione, ut decet, servaveritis, nos id sicuti et justum est, libenti animo vobis concedimus. Et ut ad hujusmodi electionem faciendam, in nomine Domini procedatis, non solum volumus, sed etiam prorsus hortamur. Quod si forte, juxta quod a jam dictis legatis vestris accepimus, reverendi patris nostri domni Eugenii papæ mandatum, vel decretum aliud continens, quod nos tamen nunquam vidimus, vel accepimus, habetis ; nos voluntati ejus, mandato, vel decreto, in nullo contraimus, neque vos ab implendo ejus præcepto, vel jussione, in aliquo impedimus. Spiritus consilii et timoris Domini sit et nunc et semper vobiscum. Amen.

XV.

Epistola Petri abbatis Cluniacensis ad R. abbatem Moisiaci. — Mandat ut fratres beatæ Mariæ Deauratæ justitiam faciant canonicis S. Stephani Tolosani.

(Circa annum 1150.)

[MARTENE, *ibid.*, col. 409, ex chartario S. Stephani Tolosani.]

Venerabili et dilecto fratri domno R. abbati Moisiacensi, frater P. abbas Cluniacensis salutem et dilectionem.

Præpositus S. Stephani Tolosanæ sedis, de fratribus S. Mariæ Deauratæ querimoniam in concilio fecisset, si non illum compescuissemus, promittentes eidem justitiam de prædicti loci fratribus. Mandamus itaque vobis, ut fratres ipsos cum canonicis

(197) In monasterio scilicet S. Benedicti ad Padum, quod Cluniaco subjectum confirmavit Honorius papa II in epistola ad Cluniacenses.

judicium justitiæ faciatis subire, et quod æquitas judicii dictaverit, ita teneri ac prosequi, ut non sit unde merito querimoniam debeant facere; sic enim illis promisimus, et sic fieri volumus ac præcipimus.

XVI.
Litteræ Petri abbatis Cluniacensis, de societate inita inter Cluniacenses et Resbacenses monachos.
(Anno incerto.)
[MARTENE ubi supra, ex ms. Resbacensi.]

Universis sanctæ Cluniacensis Ecclesiæ fratribus ubique terrarum constitutis, frater PETRUS Cluniacensis abbas, salutem, gratiam et benedictionem.

Pia et cognita opinio probatæ religionis domni Natalis Resbacensis abbatis nobis persuasit, quatenus eum ejusque congregationem nostræ, id est Cluniacensi congregationi, nostramque Resbacensi, quodam familiarium orationum vinculo visceribus Christi incorporaremus. Noveritis ergo nos ei ejusque fratribus per omnia loca nostra concessisse capitulum, et cum brevis alicujus defuncti Resbacensium fratrum ad nos venerit, generalem missam in conventu et officium habebit. Ipse vero domnus Natalis, ejusque successores in locis nostris capitulum tenebit, in refectorio ad scillam sedebit, post obitum suum in Cluniaco tricenarium habebit. Hoc ita observandum statuimus.

XVII.
Petri abbatis Cluniacensis Epistola ad Venetos senatores. — Ad ineundam suffragiorum societatem.
(Anno incerto.)
[MABILL. *Analect.* ed. in fol., p. 159.]

Dilectissimis nobisque plurimum devotis dominis L. V. D. B. PETRO L. atque Basiliis germanis fratribus Fr. P. C. F. S. indignus cum omni congregatione Cluniacensi totius salutis, totius bonitatis, totius benedictionis plenitudinem.

Bonorum omnium inspiratori cunctorumque omnipotenti largitori Deo, qui vestris cordibus tam devotum erga nos nostramque congregationem tam ardentissimæ charitatis inspiravit fervorem, grates immensas reddimus. Etenim, cum apud Venetiam orationis beati Marci et visitationis fratrum gratia essemus, non valemus vestræ devotionis vestrique obsequii largitatem exprimere. Sed quoniam valde inhumanum est tanti beneficii esse immemores, ut cætera omittamus, illud dicere et memoriæ mandare volumus, qualiter vestræ dilectioni statuere et confirmare placuit, ut vos annuatim centum libras candidi incensi Deo et beatis ejus Petro et Paulo atque eorum Cluniacensi Ecclesiæ ob vestrorum detis remissionem peccatorum. Quamobrem nos constituimus propter vestrorum qui decesserunt, tam marium, quam feminarum parentum indulgentiam peccatorum, ut omni anno in crastinum transitus sancti Benedicti fiat generale officium cum missa, atque ab omnibus sacerdotibus missa cantetur, et a cæteris psalmi secundum morem nostri ordinis. De cætero omnipotens Deus vos benedicat, et ad vitam perducat æternam.

XVIII.
Ejusdem Petri abbatis Cluniacensis Epistola ad Carthusienses. — Ejusdem argumenti.
(Anno incerto.)
[MABILL. *Analect.*, ibid.]

Ego frater PETRUS, humilis Cluniacensium abbas, nota facio cunctis ista lecturis quæ sequuntur.

Fratres Carthusienses quam signatæ et famosæ religionis fuerint semper, innumeris per orbem diffusis miraculis clarum est. Ea de causa a primis promotionis nostræ ad hoc officium annis, et etiam antea, adhæsit anima mea illis, et super omnes religiosæ professionis congregationes, exceptis commissis nobis semper eos et dilexi et veneratus sum. Non minorem autem ipsi jam ante annos xxx dilectionem, et ubi eis possibile fuit, operis vicem nobis rependerunt. Unde a nobis assensu fratrum in capitulo Cluniacensi constitutum est, ut obeunte fratre Carthusiensis ordinis, fiat pro ipso apud Cluniacum officium et missa in conventu : singuli autem sacerdotes unam missam, alii VII psalmos vel septies *Miserere mei Deus* dicant : in cæteris vero prioratibus Cluniacensis congregationis officium publicum cum missa persolvatur. Statutum est etiam, ut nomina eorum, postquam defuncti fuerint, post fratres nostros defunctos in memoriali defunctorum scribantur, tam in Cluniaco quam in cæteris locis nostris.

XIX.
Carthusiensium epistola ad Cluniacenses.
(Anno incerto.)
[MABILL. *Analect.* ibid.]

Nos indigni et humiles pauperes Christi qui in eremo Carthusiæ propter amorem nominis Jesu consistimus, et cæteri præpositi nostri priores cum fratribus suis, nota facimus posteris ista quæ sequuntur.

Domnus Petrus Cluniacensis Ecclesiæ abbas, a primis promotionis suæ annis quantum nos dilexerit, quanta charitate nobis astrictus fuerit, et nos experti sumus, et multis manifestum est. Fratres quoque ejusdem sanctæ congregationis, tam antiquiores, quam moderni, ex quo domus Carthusiæ sumpsit exordium, semper nos dilexerunt, et in Christo Jesu multum venerati sunt, pluribusque beneficiis nostram paupertatem sustentaverunt. Unde ne ingrati simus tantæ dilectioni, pro modulo nostro (pauci enim numero sumus) ut aliquid tamen secundum possibilitatem nostram et morem nostrum offeramus, congregatis nostris quibuscumque præpositis prioribus, et recitatis litteris quas præfatus abbas nuper detulerat, ex voluntate et animo, et sententia ipsorum in communi capitulo constitutum et confirmatum est hoc quod sequitur. Pro domno Petro abbate Cluniacensi, quando eum obire contigerit, in cunctis nostri ordinis domibus, excepto anniversario, quod in nostro Martyrologio scribitur, idem et par officium fiat, quod pro priore vel professo fieri consuevit. Pro cæteris vero totius ordinis Cluniacensis defunctis, præter privatas orationes semel in anno generale officium, tam de missa, quam de agenda in conventu celebrabitur : a singulis quoque sacerdotibus pro eisdem defunctis singulæ missæ, a non sacerdotibus pro eisdem defunctis unum psalterium, a laicis trecentæ orationes Dominicæ persolventur (198).

XX.

Petri Venerabilis præceptio seu constitutio de Balmensi monasterio.

(Anno 1151.)

[MABILL., *Annal. Bened.*, t. VI, p. 500.]

Ego frater PETRUS, humilis fratrum Cluniacensium abbas, notum facio tam eisdem fratribus, quam cunctis legentibus ea quæ sequuntur.

Balmense monasterium, a sancto, ut fama est, Columbano fundatum, diu non sub ipso tantum, sed et post ipsum diutius in sanctæ religionis proposito a sancto fundatore suscepto tempore non parvo perseveravit. Adeo autem tam constantem sui perseverantiam in his sacris studiis exhibuit, ut tam apud Luxovium et Lirinum præcipua prius monasteria, quam etiam in tota pene Gallia religione monastica languescente, in sola Balmensi ecclesia fugaces ejus reliquiæ longo post tempore velut ex propriis sedibus expulsæ resedisse viderentur. Testis est horum quæ dico, cum multo amore et honore nominandus sanctus Pater noster Odo, qui ab ultimis pene occidentis finibus causa explorandæ religionis egressus, cum multa monaste-

(198) 1. Varias spiritualis societatis formulas huc retuli, tum quia pleræque illustrium virorum sunt, tum ut sumpto inde argumento, ejusmodi societatum originem, progressum, ritusque illustrarem. Etsi enim rem attigerint nonnulli auctores, quædam tamen observatu haud indigna prætermisisse mihi videntur, de quibus hic agere aliquod operæ pretium duxi. Fluxit vero mos iste ex persuasione ecclesiasticæ communionis, et ex usu diptychorum, quæ olim in sacris obtinebant, ut symbolum istius communionis. Duplex in eis ordo erat, vivorum et mortuorum, quorum nomina inter sacra recensebantur. Diptychorum exemplo inventum est apud monachos necrologium seu liber de mortuis, in quo ascripta sunt nomina fratrum, benefactorum, et eorum qui ex condicto in societatem admissi erant. Hi ex nomine, quo quisque mensis die obierant, recitabantur post Martyrologii et Regulæ lectionem ad Primam. Dicebantur *conscripti in Regula*, seu *in Martyrologio*, aut *in libro vitæ*. Hinc dicti *Fratres conscripti* apud Sanctum Gallum.

2. Ritus iste invaluit apud nostros jam inde ab ineunte sæculo sexto. Testes litteræ Theodilanæ seu Theodetrudis matronæ, quæ ob donationes Dionysiano cœnobio factas postulavit, ut *nomen suum in libro vitæ conscriberetur*, anno XLIII Chlotharii regis. Idem eodem tempore postulat Bertchramnus episcopus Cenomannensis in suo testamento. Insignis hac de re locus eodem ævo exstat apud Bedam in epistola ad Eadfridum episcopum et ad congregationem Lindisfarnensium monachorum, prosaicæ S. Cuthberti Vitæ præfixa, in qua præmioli vice sibi viventi orationes deposcit, insuper hæc addit : *Sed et me defuncto pro redemptione animæ meæ, quasi pro familiaris et vernaculi vestri, orare, et missas facere, et nomen meum inter vestra scribere dignemini. Nam et tu, sanctissime antistes, hoc te mihi promisisse jam retines :· in cujus etiam testimonium futuræ conscriptionis, religioso fratri nostro Gudfrido mansionario præcepisti, ut in albo vestræ sanctæ congregationis meum nunc quoque nomen apponeret.* Ita rogatu Caroli M. Alcuinus ab episcopis synodi Francofurtensis in communionem suffragiorum admissus est.

3. Hæ singulorum hominum societates erant : sed quando primum congregationes seu monasteria cum aliis perpetuas ejusmodi societates inierint, non adeo liquet. Mihi vero nihil super his occurrit antiquius, quam epistola 24 S. Bonifacii ad Aldherium abbatem, in qua petit orari pro dormientium fratrum animabus, *quorum nomina gerulus harum*, inquit, *litterarum demonstrabit*. Duæ sunt aliæ ejusdem argumenti epistolæ inter Bonifacianas, quarum una Cineheardi episcopi ad Lullum, numero 74, altera est Dodonis abbatis Hornbacensis ad eumdem Lullum seu Lullonem Moguntinum antistitem, quæ epistola inter Bonifacianas est ordine 84, in qua Dodo cum sua S. Petri congregatione monachorum ita loquitur : *Igitur cum salutationis officiis humili prece deposcimus, ut istam familiam Christi et sancti Petri in vestra commemoratione semper habeatis: et ipsi pro omnibus amicis vestris, tam episcopis et eorum clero, quam abbatibus et eorum monachis, seu abbatissis et Deo dicatis, in ista congregatione S. Petri oratores vestros, tam vivos, quam defunctos, in vestra mercede commemorare faciatis, ut in sacris orationibus illorum eam assidue memorare debeant, quatenus per illorum suffragia olim optatam adire mereamur patriam paradisi. Similiter vos deprecamur, ut omnium amicorum vestrorum nomina, tam virorum, quam defunctorum, per præsentem fratrem nostrum Saganaldum, per breve ad nos dirigere faciatis, ut ipsos, sicut de aliis fratribus nostris facimus, ita in nostris assiduis orationibus ipsos memorare debeamus.* Hisce litteris instituta est spiritualis orationum societas cum ecclesia Moguntina, et cum iis omnibus, quos ipsa in suam communionem cooptaverat, et quidem non modo in gratiam mortuorum, sed etiam vivorum.

4. Brevia seu breves illi, de quibus agit epistola, rotuli erant, in quibus sociorum nomina ultro citroque per gerulos mittebantur. Horum brevium exempla suppeditat Haeftenus in Disquisitionum monasticarum tom. II, pag. 793. Generales unius anni breves illi erant, id est unius anni mortuos continentes : sed quando itineris difficultas non obstabat, singulares pro unoquoque mittebantur. Moris vero erat, ut ex iis, ad quæ ejusmodi schedulæ mittebantur, monasteriis remitteretur versus lugubres in funus personarum maxime insignium, qui versus *Tituli* appellabantur, ut *Titulus S. Remigii*, etc.

5. Itaque a sæculo maxime octavo vulgata est in ecclesiis ac monasteriis ejusmodi orationum communio, qualis est una in Spicilegii tomo IV, inter monachos Dionysianos ac Remigianos anno XXV Ludovici Pii eo pacto inita, ut *talis inter eos fervor charitatis et tanta vis dilectionis maneret, ac si in uno (si fieri possit) conversarentur loco. Deinde ut quando aliquis ex ipsis corporis nexibus absolutus a sæculo migrasset, unusquisque eorum infra triginta dies psalterium pleniter compleret, ac sacerdotes missas eidem psalterio congruentes pro eo celebrare studerent, et tres vigilias, id est primo et septimo atque tricesimo die, communiter pro eo peragerent. Si vero quidam ex eis, inquiunt, aliqua corporis incommoditate occupatus fuerit, mox ut nobis nuntiatum fuerit*

ria per diversas constituta regiones circuisset, non invenit ubi requiesceret pes ejus, nisi apud Balmam : ubi congruum votis suis ac sanctis desideriis locum inveniens, exuit ibi veterem hominem cum actibus suis, et induit novum qui secundum Deum creatus est.

Processu dehinc temporis a Willelmo magno et nobili Aquitanorum duce ad fundandum novum monasterium in Matiscensi episcopatu, valle quæ Cluniaca dicebatur electa, eaque cura Bernoni Balmensi abbati ab eo imposita, provectus est de monacho in Cluniacensem abbatem jam dictus pater Odo; qui de Balma Cluniacum translatus, Cluniacensis ordinis prima fundamenta jecit : eaque non super arenam, sed super petram constituens, tam per se quam per sibi succedentes sanctos ordinis nostri patres cœptum sanctitatis æd.ficium, ut nunc datur cernere, per omnipotentis Dei gratiam usque ad ipsa pene fastigia cœli provexit. Sed ut inter innumera de talibus exempla superbientibus mortalibus ostenderetur, non solum hominem, sed nec aliquid in mundo humanum esse posse diuturnum, verumque esse quod de ipso homine verax scriptura loquitur, nunquam in eodem statu permanet; et illud, summisque negatum est stare diu, a longo bene diu servatæ religionis proposito jam dictum

Balmense monasterium, quo casu nescio, paulatim concidit, et a summis ad ima defluxit.

Prætereo casum, qui nostri temporis hominibus nimium notus est, et qui indignitate sui scripto ad posteros transmittendus non est. Et ut ad rem, propter quam breviter ista præmisimus, cito accedamus; temporibus meis destitutum omni pene monastici fervoris proposito locum sæpe nominatum, Balmense dico monasterium, pater noster domnus Eugenius papa III mihi ex insperato commisit; et ut curam quam possem ad istud in melius reformandum adhiberem, litteris suis rogavit, pariter et præcepit. Præcepit etiam et insuper privilegio apostolico sanxit, quatenus idem locus Balmensis, non abbatiæ, sed prioratus nomine, Cluniacensi semper monasterio subesset. Fecit autem hoc ea de causa, ut labor noster vel sollicitudo illi loco adhibita certius [al., citius] ac liberius in fructum optatum prorumperet, et ad finem congruum remotis omnibus obstaculis facilius perveniret. Confirmavit hoc idem Chrysopolitanus, qui et alio nomine Bizuntinus vocatur, archiepiscopus domnus Humbertus, in cujus diœcesi locus ipse continetur, laudante hoc et confirmante in mea præsentia universo capitulo suo, et hoc ipsum attestante charta, quæ in Cluniaco continetur signata sigillo suo. Non defuit huic ne-

omni die, quousque convalescat, aut ab hac luce discedat, unusquisque quinque psalmos pro eo sollicite compleat. Denique ut nomina defunctorum illorum inter nomina nostrorum defunctorum inserantur, ut sicut pro nostris, ita etiam pro illis quotidie Deo sacrificium offeratur. Præter hæc litteræ societatis inter Gallenses et Augienses monachos tempore Caroli Magni initæ addunt *semel in anno commemorationem omnium defunctorum pro annuali singulorum*, et quidem xviii *Kalend. Decemb.* quo die etiam nunc a nobis celebratur, præter solemnem omnium defunctorum memoriam, quæ S. Odiloni originem suam refert acceptam.

6. In superioribus formulis hæc fere pro unoquoque mortuo persolvuntur : missæ, vigiliæ seu *agendæ* mortuorum, psalmorum aliquot per certos dies recitatio, vel orationis Dominicæ ; præbendæ seu annonæ in pauperes erogatio, sive per totum annum in dies, sive per continuos triginta dies. Nihil de oratione seu salutatione angelica, nihil de communione sacra. Quippe necdum ita tritus erat salutationis angelicæ usus, nec prorsus communionis in gratiam multorum, quæ his temporibus ubique recepta est. Quidni vero id fieri possit, quando operum merita in alium conferri possunt? Unde Gregorius Nazianzenus cum Eulalio scripta schedula paciscitur, ut Eulalius secum jejunii, Gregorius cum Eulalio silentii meritum communicaret. Neque porro quisquam illius ire debet, uberiorem meriti portionem refundi in eum, qui ex condicto suffragiorum communionem obtinuerit, quam in alium, qui pro generali ratione ecclesiasticæ communionis eadem participat. Sicut orationis, quam quilibet ab alio impetraverit, virtutem peculiarius meretur, quam qui pro unitate corporis mystici ejusdem orationis fit particeps.

7. In cathedralibus ecclesiis ejusmodi societates etiam in usu erant. Moguntinæ ecclesiæ exemplum superius retulimus. Fulbertus Carnutensis episcopus aliud de sua Ecclesia addit in epistola 110 ad Lexoviensem pontificem, ex qua eum ad relaxandas circadas hortatur his verbis : *Optamus etenim potius,*

non parvo tuæ ipsius utilitatis amore ducti, in albo felicis ordinis benefactorum nostrorum te recenseri : ut cum pro illis, tum etiam pro te juge Domino sacrificium offerentes, ac humanitatis tuæ beneficia coram illo recitantes, dignum te libro quoque vitæ cœlestis inseri prædicemus. Sed præ cæteris insigne exemplum est in actis Aldrici episcopi Cenomanensis, qui in synodo anni 840 orationes pro se instituit, ejusque exemplo qui synodo aderant, *pro suis confratribus in anno duodecim cantare missas cum oblationibus et reliquis orationibus singuli promiserunt : et quandocunque,* inquiunt, *nostrum unusquisque decesserit, decanus nomina de suis junioribus conscripta in nostra per singula tempora synodo deferat, et unusquisque nostrum pro illis missas compleat duodecim cum oblationibus, et reliquis orationibus, et vigiliam cum novem psalmis et totidem lectionibus et responsoriis, una cum matutinali synaxi (Laudes vocamus) fideliter pro defunctis fratribus peragat.* Hæc in tomo III Miscellaneorum Baluziano, pag. 148. Deinde subsequuntur missæ tam pro vivis, quam pro defunctis : ubi in secretis orationibus mentio fit de dyptychis vivorum ac mortuorum.

8. Denique prætermittendum non est id quod legere memini in litteris societatis, anno 927 initæ inter canonicos ecclesiæ Laudunensis et Sancti Remigii monachos, *eo videlicet rationis tenore ut cum quilibet utriusque congregationis divina vocatione hominem exuerit, omnes hoc audito mox ad tactum signorum ecclesiam adeant, communiterque exitum pro illo decantent, ac veluti ibidem præsens frater obierit, animam ipsius Deo precibus commendent. Postea vero quatuor vigilias ejusdemque numeri missas, primi scilicet, tertii, septimi, ac trigesimi diei, decantent; omnesque simul integrum canendo psalterium. Nomen quoque fratris in catalogo defunctorum annotetur, sacro altari tempore sacrificii superponendum.* Hæc erant dyptycha, quæ ob oculos sacerdotis tempore sacrificii ob memoriam ponebantur.

gotio voluntas et assensus comitis Burgundiæ Willelmi ipsius monasterii advocati, cujus non solum assensu, sed et instinctu omnia gesta sunt. Ostendit hæc charta, quam armarium Cluniacense continet, sigilli ejus impressione signata. Hoc monasterium ego frater Petrus, humilis fratrum Cluniacensium abbas, jam dicti domni Eugenii papæ III imperio, archiepiscopi ecclesiæ Bizuntinæ assensu, domni Willelmi comitis rogatu, ut jam dixi, regendum suscipiens, multum in eo laboravi; multa, ut tam in spiritualibus quam in temporalibus proveheretur, expendi ; et tandem brevi tempore matrem inveteratam in juvenem et formosam Cluniaci filiam, gratia Spiritus sancti, magis magisque in dies decorandam converti. Unde quia dicente Domino juxta unum evangelistarum, dignus est operarius cibo suo; et juxta alium, dignus est mercede sua; vellem, si omnipotenti Domino placeret, aliquem hujus laboris mei fructum, non hic, sed alibi percipere, et horarum laborem mercede perpetua compensare. Præcipio itaque, et constituo, ut die, qua viam universæ carnis me ingredi Domino placuerit, et commune mortis debitum solventem quo jusserit evocare ; a priore Balmensi, quicunque ille fuerit, refectio fratribus, tam in conventu, quam in infirmaria, more majorum et solemnium procurationum, de bono pane et fabis, vino bono, optimis et magnis piscibus ; vel, si congruum tempus fuerit, quantum ad infirmos splendide de carnibus magnifice exhibeatur. Præter hoc, constituo, ut eadem die centum pauperes de pane, vino et carnibus ; vel publicæ abstinentiæ diebus, de cibis tempori competentibus plenissime reficiantur. Hoc per Dei gratiam post obitum meum annuatim semper : quandiu autem vixero, exhibeatur jam dicta refectio absque aliqua imminutione fratribus et pauperibus IX Kal. Novembris, hoc est in vigilia dedicationis majoris et novæ ecclesiæ, quam felicis memoriæ domnus Innocentius papa II nostro tempore, postulatione et studio dedicavit. Quid pro anima mea vel viventis, vel mortui ea die fiat, non est meum præcipere, et nihil inde instituo : quia hoc sollicitudini et charitati fratrum nostrorum relinquo.

Actum est hoc anno ab Incarnatione Domini 1151 die Circumcisionis Domini, lectumque est in capitulo Cluniacensi audientibus universis fratribus, idemque approbantibus eisdem confirmatum (199).

XXI.
Indulgentia data Ecclesiis Cluniacensibus Italiæ a Petro abbate Cluniacensi.
(Anno 1154.)
[Baluz., *Miscell.*, ed. in-fol., t. IV, p. 18.]

In nomine sanctæ et individuæ Trinitatis. Anno ab Incarnatione Domini nostri Jesu Christi millesimo centesimo quinquagesimo quarto, tertio die

(199) Hanc Petri Venerabilis constitutionem Fredericus imperator post duos annos litteris suis confirmavit (*vide infra*), et post eum Adrianus papa IV,

mensis Maii, indictione secunda. Quoniam qui alicui sedi præsidet, sibi et suis subditis diligenter prævidere oportet. Infirmantibus enim membris, non convalescit caput. Ideoque ego Petrus Dei gratia sanctæ Cluniacensis Ecclesiæ, communicato consilio, cunctis Ecclesiis nostræ ditioni subditis per universam Italiam constitutis remittimus atque perdonando statuimus quatenus nec nobis nec alicui nostro successori neque alicui nostræ congregationis personæ ab hinc usque ad duodecim annos circam vel aliquid exactionis in prædictis Ecclesiis facere liceat præter nostram nostrorumque nuntiorum procurationem et annualem censum, quem nobis debent colligere prior Pontidensis et prior Cremonensis. Quod etiam ideo disponimus, quia præfatæ Ecclesiæ trecentas libras denariorum Mediolanensium veterum, quatuordecim libras, et quinque solidos minus persolverunt, quos in Longobardiæ partibus debebamus. Si quis autem nostræ congregationis contra hoc nostri statuti præceptum insurgere vel infringere præsumpserit, nullo modo prænominatæ Ecclesiæ eum recipiant, neque illi aliquid impendant. Quod ut verius credatur et diligenter ab omnibus observetur atque in Dei nomine proniorem obtineat vigorem, manu propria subter firmavimus et sigilli nostri impressione insigniri atque a quibusdam de majoribus confratribus subscribi præcipimus.

Actum in Ticinensi civitate in Dei nomine feliciter. Amen.

Ego Petrus Cluniacensis abbas subscripsi.
Ego Arnaldus Aureliacensis abbas subscripsi.
Ego Petrus olim prior Silviniacensis subscripsi.
Ego Eravizus camerarius domni abbatis subscripsi.
Ego Balchius prior Gaiæ subscripsi.
Interfuerunt Simeon Sagunen, Rufinus filius Georgii Sartoris, Laprandus de Rubonibus, Guilielmus Januensis, Jacobus Castaneus, Frasso, testes.

Ego Mignonus notarius sacri palatii interfui, et rogatus a prædicto domno Petro abbate hoc statutum scripsi.

XXII.
Epistola prioris Argonensis ad Petrum abbatem Cluniacensem.
(Anno eodem.)
[Baluz., *Miscell.*, ibid.]

Sanctissimo Patri domno P. venerabili abbati G. Argonensis cœnobii prior simul cum omnibus suis fratribus humillimam in Christo obedientiam.

Quia divina opitulante clementia, Pater egregie, sanctarum cogitationum immissionibus fovemini, ex affluenti sinu vestræ misericordiæ ac pietatis quotidie, non solum spiritaliter, sed etiam corporaliter educari flagitamus. De domo itaque Quintianensis

quorum in litteris monasteria et ecclesiæ quæ a Balmensi monasterio pendebant exprimuntur.

cœnobii vestræ jocunditati notificare quod verum est, succincte tamen, non incongruum duximus. Obtemperando utique caritativæ doctrinæ in exordio fratrem nostrum Gisilbertum tibi direximus : qui, Deo favente, licet cum multo sudore, quasi ex nihilo in tantum laboravit ut apud Cluniacum honestus famulatus potest haberi. Quique ibi Deo et vobis obediendo a quodam laico apud domnum Rolandum in multis accusatus est, ex quibus aliquid veritatis nihil adhuc experti sumus, quem domnus Rolandus apud cœnobio Sancti Pauli præcepit morari. Sed ille frater sub occasione consiliandi de hac re cum priore Sancti Gabrielis absque licentia Cremonam ivit; a qua cito reversus, regulariter susceptus est. Ex vestro autem præcepto Pontidensis prior in arctam custodiam suscepit ad ferendam lanternam. Igitur, misericordissime Pater, ego et omnes fratres nostri, quia dimittendo sæculum apud nos monasticum habitum suscepit, ad pedes vestros prostrati, supplicando vestram clementiam postulamus quatenus, eum absolvendo, ad nostrum redire faciatis claustrum. In quo Pontidensis prior minime gravatur. Valete.

PETRI VENERABILIS DIPLOMATA.

(Bibliotheca Cluniacensis, p. 1395 seq.)

I.
Charta Ambroniacensis.

Ego frater PETRUS humilis Cluniacensis abbas cunctis istud legentibus notam fieri permutationem volo, quæ facta est inter nos, et domnum abbatem et fratres Ambroniacenses. Placuit enim et statutum est ab utraque parte, ad utilitatem, ut credimus, et illorum et nostram, ut Ambroniacenses deinceps perpetuo jure possideant quod habere solebamus in capella de Chalomonte, scilicet tertiam partem, et vineam unam Amberiaci, et alias duas Saisiriaci, et alias quasdam terræ particulas ibidem constitutas. Ipsi vero nobis eodem modo concedunt quidquid juris habere solebant, ad Patris scilicet capellam, et totum jus parochiale, sepulturas, oblationes, decimas, et VII sextaria annonæ, quæ solebant accipere in area nostra. Omnia quoque quæ justis permutationibus esse noscuntur, mutua vicissitudine nos ipsis, ipsique nobis, ab omni calumnia vel contradictione salva conservabunt. Quod ut perpetuo ratum permaneat, sigillo nostro pariter, et domni abbatis Ambroniacensis confirmari decrevimus, et apud nos et ipsos scripta conservari.

II.
Charta Petri dicti Venerabilis abb. Clun. IX super Ecclesia Sancti Dionysii de Carcere.
(Anno 1133.)

In nomine sanctæ et individuæ Trinitatis. Diligens præcedentium Patrum providentia et studiosa nihilominus sagacis providentiæ eorum solertia, alumna pacis, amica concordiæ, præsentium futurorumque consulens utilitati, hoc instituit, hoc prævidit, hoc inspirante Deo decrevit, ut quoties aliquid præcipuum agitur, vel Deo servientibus memoria dignum confertur beneficium, litterarum testimonio et scriptorum privilegio roboretur, quod memoriæ tenacius commendetur. Cujus constitutionis doctrinam divinitus editam, ego Frater PETRUS abbas Cluniacensis subsequens, actionem illam salutiferam inter piissimum regem Francorum Ludovicum, et ejus uxorem Adelaidam reginam, eorumque filios, ac priorem Sancti Martini de Campis domnum Theobaldum, et conventum solemniter peractam, de Ecclesia videlicet Montis Martyrum, et de ecclesia Sancti Dionysii de Carcere, approbo et concedo, utque nostris temporibus et futuris firmior habeatur, inviolabiliter teneatur, rata conservetur, indissolubili scripto præsenti confirmo.

Sunt autem hæc quæ ego et conventus concessimus, ecclesia videlicet libera, eo duntaxat modo quo monachi nostri tenuerant, et decima ad eamdem ecclesiam pertinens, cum vineis et terra arabili cum uno hospite apud Darentiacum, cæterisque appenditiis quæ ibidem Deo servientes possederant. Addimus præterea ecclesiam de Sancto Martyro cum vineis Adam, et Morelli culturam, culturam etiam quam domnus Matthæus prior comparavit a Warnerio de Portu.

Actum Parisiis apud Sanctum Martinum de Campis, anno ab Incarnatione Domini 1133, indictione XIV, residente in apostolica sede papa Innocentio, Ludovico rege Francorum, et domni Petri Cluniacensis abbatis anno duodecimo.

III.
Charta Petri abbatis Cluniacensis ecclesia de Morsalimis.

Venerabili domino et charissimo RICHARDO Constantiensi episcopo frater PETRUS humilis Cluniacensis abbas salutem et orationes.

Concordiam quæ inter abbatiam et monachos

Montisburgi, et filios nostros W. priorem, et monachos S. Cosmæ de Ecclesia Morsalinarum facta est, fraternitatem nostram noveritis confirmasse, videlicet ut monachi Montisburgi duas partes decimæ frugum de omni terra quam habent monachi S. Cosmæ in Morsalinis habeant, et teneant, et in recognitionem x solidos Andegavenses vel Rothomagenses priori et monachis S. Cosmæ annuatim reddant. Ipsa vero ecclesia, et impositio sacerdotis, et ea quæ ad altare et cœmeterium pertinent, priori et monachis S. Cosmæ libere et quiete remanebunt. Ut autem hæc conventio inter ipsos rata et inconcussa maneat in æternum, sublimitatem vestram deprecamur, ut chartam vestram eis inde faciatis, et eorum concordiam auctoritate vestra confirmetis. Valeat paternitas vestra.

IV.

Alia charta ejusdem Petri abb. super eadem ecclesia.

Venerabili et dilecto nostro domno WILLELMO abbati Montisburgi, omnique conventui, frater P. humilis Clun. abbas salutem et orationes.

Litteras dilecti filii nostri Willelmi prioris S. Cosmæ vidimus et audivimus. Concordiam vero quæ inter abbatiam vestram et ecclesiam S. Cosmæ de ecclesia Morsalinarum facta est, fraternitatem nostram noveritis confirmasse, videlicet ut duas partes decimæ frugum de omni terra quam habent monachi S. Cosmæ in Morsali in perpetuum habeatis, et teneatis, et in recognitionem x solid. Andegav. vel Rothomag. priori ejusdem loci reddatis. Ipsa vero ecclesia, impositio sacerdotis, et ea quæ ad altare et cœmeterium pertinent, priori S. Cosmæ et monachis libere et quiete remanebunt. Ut autem hæc conventio rata et inconcussa maneat in æternum, præsentes litteras sigilli nostri auctoritate munitas vobis destinare curavimus. Valete.

PETRI VENERABILIS

ABBATIS CLUNIACENSIS NONI

EPISTOLA AD PETRUM DE JOANNE

Contra eos qui dicunt Christum nunquam se in Evangeliis aperte Deum dixisse.

Bono et pacifico seni, fratri et filio PETRO, frater PETRUS, humilis Cluniacensium abbas, salutem.

Paucis admodum transactis diebus, dum tecum more meo, de quibusdam non ex toto superfluis conferrem, nescio unde occasione sumpta, sermo incidit de Salvatoris deitate. Quem dum ad alia, et ipsa utilia tendens, cito finire proponerem, audivi a te, quasi transeunter, quod non transeunter accepi. Dixisti te a quibusdam fratribus, et, ut tunc mihi visum est, ab ipsis sociis lateri meo adhærentibus audisse Salvatorem nusquam in Evangeliis se aperte, hoc est sine involucris, Deum vocasse. Addidisti etiam eos, non negligenter, sed intente ac diligenter totius evangelici textus seriem, hac de causa scrutatos fuisse, nec alicubi hoc se legere potuisse. Et quamvis fratres illos, a quibus ista audieras, nec tu mihi nominaveris, nec ego qui essent, quærendo perstiterim, quia tamen, etsi inutilis opilio, vultum pecoris mei non ex toto ignoro, credo eos qui hoc dicunt, non trahi infirmitate fidei, sed amore ac studio hactenus ignorata sciendi. Nam quoscunque apud me recolo, qui de his vel similibus tractare, discutere, vel solvere aliquid possint, litteratos scio, exercitatos video, religiosos agnosco. Unde absit a me ut aliquid sinistri, maxime in talibus de ipsis suspicer, quos et eruditio doctos, et gratia, quæ in ipsis hactenus vacua non fuit, ut sæpe expertus sum, tam in fide quam in vita, solet semper reddere cautos. Sed quia semel sermo ortus est de re super omnia saluti nostræ necessaria, justum est, prout mihi videtur, exsequi quod inde sentio, ne forte si neglectum fuerit quod auditum est, dubietas aliqua in aliquorum cordibus, ut solet in talibus contingere, oriatur. Utiliusque fuisset rem silentio suppressam fuisse quam deductam in medio indiscussam reliquisse. Notum est, nec aliquem in talibus exercitatum latet, communem et publicum hostem Satanam, ne a mortalibus vera deitas, aut agnosci, aut coli posset, summo semper nisu, toto conamine laborasse, et non solum tempore gratiæ, non solum tempore legis Mosaicæ, sed et ab ipso primorum hominum exortu, ad evellendam de humanis cordibus fidei sinceritatem, semper acerrime institisse. Inde est quod ante famosum diluvium, illo, qui primus cœpit invocare nomen Domini (*Gen.* IV), cum paucis ex eadem stirpe sequentibus excepto, et post usque ad Moysi tempora, præter quosdam magnos et notos patriarchas, jam exstincta apud miseros mortales summi ac veri Dei notitia, tetris multiplicium errorum tenebris obvolutus totus orbis horrebat. Succedente dehinc tempore, miserta majestas summa pereuntis creaturæ, largiorem quidem solito benignitatem, dando legem Judæis, ostendit. Sed, sola illa gente ad veræ Deitatis cultum vocata, alias universas in erroris jam antiqui fæce reliquit. Tandem non ultra in ira sua continens misericordias suas (*Psal.* LXXVI), misit Filium suum, effudit Spiritum suum, et non jam partim aliquas, sed quidquid usquam gentium est, ad unius Dei universorum auctoris et rectoris agnitionem largissima miseratione vocavit. Hunc veritatis splendorem, quia nec primo, nec medio, nec ultimo tempore obscurare ex toto nequam ille potuit, quantum a moderatrice omnium Deitate permissus est, impugnare non cessavit. Claret hoc ante Salvatoris adventum, in prophetarum infestationibus, quos ipse magnus Apostolus ludibria, verbera, vincula, et carceres expertos, lapidatos, sectos, tentatos, egentes, angustiatos, afflictos, in occisione gladii mortuos non tacet (*Hebr.* XI). Apparet et inde maxime quod Christianæ gratiæ diebus, quamvis fortis victus a fortiore, quia arma sua auferri, et spolia distribui a victore cernebat, orbem fere totum contra veræ Deitatis agnitores commovit. Inde est quod non solum multorum millium, sed et innumerabilium legionum Christianorum sacro cruore totius terræ superficiem pessimus et pertinax persecutor respersit. Quo nec sic prævalente, imo multo magis tot mortibus veræ fidei agnitione crescente, quod manu hostili non potuit, fraterno explere schismate attentavit. Excreverunt ea de causa ab illo suscitati diversorum nominum, et sectarum errores, unicam spem humanæ salutis auferre conantes. Incedebant quidem vario ac devio tramite, sed ad eumdem finem conversæ pene tendebant, et aut cum phantastico, ut Manichæi, aut cum vero, ut Ariani, Christi corpore, veram Christi deitatem negabant. Non curabat Satanas quidquid quolibet tempore de Deo homines opinarentur, tantum una vera, et sola salvans deitas negaretur. Hoc se solummodo quærere, ad hoc se tantum niti luce clarius demonstrabat, quoniam et ante Christum et post, pro multorum et falsorum deorum dearumque cultu, contra unius et veri Dei cultores tam acriter et constanter pugnabat. In illis enim humanam perniciem amplectebatur, in hoc humanam salutem persequebatur. Utitur adhuc eodem astu; et cum pene mediam orbis partem Saracenis mediantibus occupaverit, docet eos Christum sic prædicare omnium meliorem et maximum, ut tamen prorsus denegent Deum. Hanc falsam deorum pluralitatem contra veram unius deitatem, sicut ab ipsa paradiso incipiens induxit, primis hominibus dicendo: *Eritis sicut dii* (*Gen.* III); sic in fine perficere molitur, quando per vas illud perditum, quod singulariter possessurus est, hoc est Antichristum, adversabitur et extolletur supra omne quod dicitur Deus, aut quod colitur, ita ut in templo Dei sedeat ostendens se tanquam sit Deus (*II Thess.* II). Infelix vere, et æternaliter projectus a facie Dei, qui longissimæ nequitiæ merito induratibur sicut lapis, et stringetur quasi malleatoris incus (*Job* XLI); in tantum insanus et cæcus, ut qui statim ut factus est, dixit: *Ero similis Altissimo* (*Isa.* XIV), mox in immane chaos infernalis putei submergendus dicat: *Ero major Altissimo.* Quorsum hæc? Ut advertat lector eo certius intelligendam, eo firmius retinendam veram Christi in Christo deitatem, quo magis eam hostis veretur, quo magis persequitur, quo magis eam Christi fidelibus et servis semper auferre molitur. Non ignorat plane ille nusquam nisi in Christo hominis constare salutem. In ejus utique deitate a qua salvatur, et ejus humanitate per quam salvatur. Unde non curat, ut dictum est, quantumcunque sublimia de Christo homines sentiant, tantum verum Dei Filium et Deum non credant. Nam remota ab illo divinitate, quid plus salutis posset homini conferre Filius hominis, quam quilibet alter filius hominis? Jam absque dubio non religiosum, imo sacrilegum esset, quemquam in illo ponere spem salutis, qui, deitate semota, nec Salvator dici posset, nec quemlibet salvare valeret. *Maledictus enim*, ut ait Scriptura, *homo qui confidit in homine, et ponit carnem brachium suum* (*Jer.* XVII). Hoc veneno corruptor humanæ naturæ, illos, quos suprascripsi, moderni temporis Saracenos, et imbuit, et infecit, dum eos Christum, et natum de Virgine, et missum a Deo, et Verbum Dei, et Spiritum Dei, juxta suum intellectum, prædicare docuit, sed illum nec Deum esse, nec mortuum persuasit. Advertebat enim impius, alia universa frustra credi, frustra prædicari, fide deitatis ac mortis Christi in cordibus humanis exstincta, nihilque jam salutis superesse mortalibus, quos nec deitas Christi salvaret, nec mediatio carnis assumptæ redimeret.

Jam, ut ad id redeam propter quod ista præmisi, respondeat auctoritas vel dubitanti, vel quærenti utrum Christus absque involucris, aut aliquo tegmine se Deum nominet, et ubi hoc in Evangeliis scriptum legatur. Videntur enim mihi inde maxime moveri ista quærentes, quod ita perspicue, ita solemniter Christum, vel discipulis, vel Judæis loquentem se Deum vocare in Evangeliis non legunt, sicut in Heptatico frequenter audiunt, ut et illud in Genesi, loquente Deo patriarchæ Jacob: *Ego sum Dominus Deus Abraham patris tui, et Deus Isaac. Terram, in qua dormis, tibi dabo, et semini tuo* (*Gen.* XXVIII). Et rursum idem alibi: *Ego sum fortissimus Deus patris tui, noli timere, et descende in Ægyptum, quia in gentem magnam faciam te ibi* (*Gen.* XLVI). Et in Exodo: *Locutus est*, inquit, *Deus cunctos sermones hos: Ego sum Dominus Deus tuus, qui eduxi te de terra Ægypti, de domo servitutis* (*Exod.* XX). Et paucis interpositis: *Ego sum Dominus Deus tuus, fortis, zelotes, visitans iniquitatem patrum in*

Filiis in tertiam et quartam generationem (Exod. xx), et multa in libris illis similia in hunc modum. Et quidem exempla et testimonia, quibus de vera Christi deitate libri tam Veteris Testamenti quam Novi respersi sunt, in medium producere superfluum judico, quia fideli, quia docto, quia his assueto loquor. Plurima inde tam in propheticis quam in apostolicis litteris leguntur, innumera insuper tam Græcorum quam Latinorum, aliarumque gentium volumina veræ Christi deitati verax testimonium ferentia reperiuntur. Sed prohibet illa producere causa proposita. Quia non quæritur nunc utrum Christus Deus sit, sed utrum se ipse Deum dixerit. Nam si hoc in quæstione, ut olim, versaretur, pateret nobis multiplicium responsionum campus immensus, et pelagus Scripturarum vere deitatis Christi testimoniis exundans, levi negotio nobis per Dei gratiam deesse non posset. Nec mihi multus super his, etiamsi ad hæc idoneus essem, labor instaret, quoniam lectorem non ad mea super his scripta legenda invitarem, sed ad magna Patrum volumina quondam de istis ab eis condita, statim transmitterem. Istud, quoniam ad rem de qua agitur, omnino non spectat, ad id sermo redeat, cur Salvator, sicut his, quos præmisi, videtur, non se more illo in Evangeliis Deum nominat, quo in veteribus, ut præmissum est, litteris vocat. Et ne diu suspensum lectorem teneam, hoc absque præjudicio verioris ac clarioris sententiæ dico : Deum quidem Dei Filium propheticæ voces, de Judæorum stirpe carnem sumpturum, ac de sacra Virgine, tempore ante sæcula præordinato, nasciturum frequentissime prædixerunt, et ea quæ prædixerant scribendo posteris reliquerunt. Non potuit tamen Judaicus animus tanti sacramenti, tam singularis rei capax existere, nec summam majestatem ad hæc infima et mortalia quandoque humiliari, aut velle, aut posse senserunt. Metiti [mensi] sunt immensæ illius majestatis altitudinem ex proprii cordis superbia, illumque inexhaustæ bonitatis fontem, ex insita humanis pectoribus non tam naturali quam corruptæ naturæ duritia. Hoc plane, hoc tam Judæis quam cunctis superbis commune fuit, hoc ad credendam susceptæ a Deo carnis dispensationem obstitit, quia nec humiliari usque ad humana in se suscipienda aliquando Deum posse suspicati sunt : imo hoc vel fateri, vel sentire, ut nefas maximum refugerunt. Senserunt Christum a prophetis prædictum, non quidem Deum, sed regem magnum, aliis Judaicæ gentis regibus multo majorem, longe potentiorem, longe sapientiorem, longe justiorem futurum, latius cunctis præcedentibus regibus imperaturum, et more non divino, sed humano, in terra tantum, non in cœlo et terra, ut universorum Dominum regnaturum. Hunc eorum intellectum, hanc pene totius gentis illius opinionem Sapientia Dei, jam carne induta non nesciens, condescendit mentibus infirmis, et sicut lacte carnis susceptæ, ante solidum deitatis cibum eos lactare voluit, sic paulatim, non subito, nec velut ex insperato, æis latentis in homine veræ suæ deitatis notitiam infudit. Et quia Sol erat, et vera illa lux, *quæ illuminat omnem hominem venientem in hunc mundum (Joan.* 1), noluit luminis immensi fulgore ægros mortalium oculos subitus apparens obtundere, sed nube carnis opposita, sobrietate verborum prætenta, ad speculandum, et suo tempore pervidendam hactenus ignoratam mortalibus deitatis lucem, spiritualem eorum intuitum confovere. Ea de causa, non ut primo tempore fecerat, se statim ut prædicare cœpit, solemni illo more Deum vocabat, sed ægris medicus pro tempore se conformans, ac velut inductionibus, vel insinuationibus utens, a minoribus ad majora eos gradatim erudiens promovebat. Formabat ita verba, ut inquantum non solum veracem, sed et ipsam veritatem decebat, et scandala infidelium temperaret, et fidelibus atque intelligere valentibus, non minus quam tempore legis Mosaicæ se Deum clamaret. Hinc est quod, juxta Matthæum, congregatis Pharisæis interrogavit eos quid eis videretur de Christo, cujus filius esset. Illisque respondentibus : *David,* statim subjunxit : *Quomodo ergo David in spiritu vocat eum Dominum, dicens : Dixit Dominus Domino meo : Sede a dextris meis ? Si ergo David in spiritu vocat eum Dominum, quomodo filius ejus est ? Matth.* xxii.) Sed quid illi ad ista? Evangelista non tacet : *Nemo,* ait, *poterat respondere ei verbum (ibid.).*

Vides, lector, quare non poterant respondere ei verbum? Hic plane, hic claret sole clarius quod præmisi. Nonne cernis aperte quod Messiam, id est Christum promissum sibi nunquam gens illa, præter quosdam magnos et paucos, Deum animadvertit, Deum sensit, Deum esse credidit? Non poterant Pharisæi jam dicti, licet legis doctores, respondere ad interrogata verbum, quia Christum nec senserant, nec intelligebant Deum. Hoc enim solo respectu, hoc certe et non alio, poterat dominari David Christus filius, non quia erat homo sicut ille, sed quia erat Deus, quod non ille. Cesserat huic prærogativæ humanus usus, et paterna dignitas in hoc uno, et solo Dei Filio defecerat, quia non solum David juxta carnem, sed etiam Dei secundum deitatem erat Filius, utique et ipse Deus. Hoc Pharisæi, licet in lege sæpe legerent, sed non intelligerent, non poterant propositæ quæstionis nodum solvere, non poterant verbum quodlibet rationabile respondere. Ea de causa silentium elegerunt; ea de causa respondere non potuerunt. Nonne ergo tibi videtur, absque tegmine, absque involucris, sicut præmiseras, Christum se in hoc loco confessum Deum ? Confessus est plane se Deum, sed ita ut, sicut dictum est, et scandalum infirmorum nondum tam sublimia capientium vitaret, nec intelligere valentibus quod Deus esset cælaret. Inauditum enim hoc erat apud homines, et ab intellectu communi adhuc omnino abhorrebat aliquem mortalium, vel sentire, vel credere Deum. Ostendit hoc et ipse publicus error, quo largissimo tempore orbis pene totus, et obrutus, et oppressus est. Nam licet quosdam hominum, unius et veri Dei apud homines intellectu cultuque amisso, error jam dictus post mortem deificasset, eosque deos fuisse, et credere, et credi voluisset, nullum tamen eorum, dum viveret, aut Deum credidit, aut credi voluit. Nam nec Saturnus, Jupiter, Mercurius, aut Mars vel Juno, Venus aut Minerva, et innumeri alii aliæque, dii vel deæ dum viverent, crediti sunt; sed eis jam e vita casu diverso subtractis, divinus honor ab hominibus longe a facie Dei projectis exhibitus est. Causæ, quibus rationabiles hominum mentes tam irrationabili stultitia falli vel fallere potuerunt, ut tam leviter et absurde deos ex hominibus factos crederent, studiosis lectoribus in promptu sunt. Quod, quia ad rem propositam non pertinet, transeo. Nam constat quod viventibus jam dictis non diis, sed pestibus humanis, nullus eis ab hominibus divinitatis cultus impensus est. Legitur solus Alexander, Persis jam et Medis atque ipsis Indis cum ultimo Oriente subactis, in tam vanam et insanam prosiliisse superbiam, ut divinos sibi honores exhiberi partim suaderet, partim cogeret; et quosdam non acquiescentes, sed irridentes, ut Calisthenem philosophum cum quibusdam aliis, etiam prius tortos necaret. Abhorrebat enim, ut jam dixi, et semper hoc abhorruit humanus animus, non ferens dici deos, quos homines cernebat, nec altitudinem divinam humilitati humanæ posse congruere æstimabat. Quam deitatem, licet, ut dictum est, post eorum mortem eis inesse credidissent, nullatenus tamen, dum viverent et cum eis conversarentur, hoc sentire vel credere potuerunt. Hoc vero fortassis, quia quodam humano more, licet errore magis affici solet plerumque animus et moveri ad admirandum, aut honorandum absentes quam præsentes, mortuos quam viventes: quia apud hujusmodi mentes vilescere solent præsentia, et magis optari et amari absentia. Hic mos et apud paganos legis divinæ expertes erat: nec Judæis eadem sacra lege instructis deerat.

Hujus Salvator conscius, eo loquendi genere verba Deitatem ipsius humanis intellectibus commendantia temperabat, ut sicut dixi more sapientis magistri mentibus, aut nullius, aut pusillæ fidei eorum; quantum decebat, fugiendo scandalum, consuleret, et claris intellectibus, nihil de suæ deitatis veritate subtraheret. Hoc indicant lucide et verba illa ipsius, quibus in festo Encæniorum, id est Dedicationis templi, ambulans in porticu Salomonis Judæos allocutus est ei: *Si tu es Christus, dic nobis palam* (*Joan.* x). Quibus ille non statim respondit: Christus ego sum, sed dixit: *Loquor vobis, et non creditis. Opera quæ ego facio testimonium perhibent de me* (*ibid.*). Quod testimonium? Testimonium quod Christus esset, testimonium quod Dei Filius esset, testimonium quod Deus esset. Nullum enim horum ab altero separari poterat. Nam si Christus erat, necessario et Dei Filius. Si Dei Filius, necessario et Deus. Christus enim non Judaico sensu homo purus, sed vero et Christiano intellectu, homo simul erat Dei Filius et Deus. Nam a prophetis talis prædictus est, ab apostolis talis prædicatus est. Talem se et ipse in his propositis verbis ostendit, talem absque dubio declaravit. Apparet hoc, et perspicue approbatur quod se Christum confessus fuerit, quando jam dictis Judæis dicentibus: *Si tu es Christus, dic nobis palam*, respondit: *Loquor vobis, et non creditis*. Tunc plane, licet hoc nomen, quod est Christus, tacuerit, Christum se intelligi dedit, quando, ut dixi, interrogantibus respondit: *Loquor vobis, et non creditis*. Nam quid est aliud loquor vobis, et non creditis, nisi loquor me Christum, et non creditis? Quod vero et Dei Filius esset, verba subjuncta probant. *Opera*, inquit, *quæ ego facio in nomine Patris mei* (*ibid.*). Nec enim Patrem suum Deum diceret, nisi et ipse Dei Filius esset. Quod vero et Deum se probaverit, indicant et illa opera, de quibus operibus testatus est: *Opera quæ ego facio testimonium perhibent de me*. Non enim erant opera illa humana, sed divina. Imo, ut clarius dicatur, non erant, vel esse poterant tantum hominis, sed Dei simul et hominis, et quia Dei, idcirco hominis. Non erat plane ipse Christus, ut illi de quibus legitur: *Nolite tangere christos meos* (*Psal.* CIV), sed erat Christus unctus, juxta hominem, a Deo, oleo exsultationis præ consortibus suis (*Psal.* XLIV). Non erat Dei Filius, ut illi de quibus scribitur: *Filios genui et exaltavi* (*Psal.* I), nec ut illi de quibus apostolus Joannes: *Charissimi, filii Dei sumus, et nondum apparuit quid erimus* (I *Joan.* III). Non erat, inquam, Dei Filius, ut illi per gratiam, sed erat Dei Filius per naturam, teste ipso Patre, et de cœlis clamante: *Hic est Filius meus dilectus* (*Matth.* XVII). Et quia per naturam erat Dei Filius, utique, certa ratione cogente, erat etiam Deus. Non enim poterat ex essentia Patris gigni, aut procedere, nisi quod erat ipse. Et ideo ex Deo genitus erat, veritate indubia cogente, et Deus. Huic ejus deitati opera, quæ faciebat, verax testimonium ferebant. Nam non erant ejus opera similia operibus hominum, non erant ejus miracula paria propheticis miraculis. Non erant certe paria, quia longe excellentius erant majora. Miranda quidem opera, et miracula quamplurima fecerant ipsi, sed ut homines, quod datum fuerat, erogabant, nihil ex se faciendo, sed quæ faciebant a Deo precibus impetrando. At ejus opera non ex aliena, sed ex propria procedebant virtute, utpote, qui nihil precibus, ut alterius egens auxilio, operabatur, sed totum quod aut in spiritualibus, aut in corporalibus remediis mortalibus impendebat, majestatis potentia largiebatur. Hoc modo opera sua, vel miracula ab aliorum hominum operibus, vel miraculis secernebat, non solum ipse faciens, ut Deus, quæ voluit, sed etiam aliis eadem, faciendi potestatem largiens, prout voluit. Perhibebant ergo tali modo opera ejus testimonium de ipso, quod Christus, quod Dei Filius, quod Deus esset : et hoc etiam ipso tacente non obscurius quam loquente, Judæis, gentibus, cœlo quoque et terræ clamabant.

Illis et similibus verbis, ut supra dictum est, et deitatis suæ veritatem intelligere valentibus clarissime commendabat, et ne subitus fulgor infirmos adhuc illorum illius temporis hominum intellectuales oculos magis obscuraret quam illustraret, eadem sua verba modis congruentibus temperabat. Hoc idem et totus sequentium verborum textus indicat, qui talis est : Sed vos, inquit, non creditis, quia non estis ex ovibus meis. Oves meæ vocem meam audiunt, et ego cognosco eas, et sequuntur me ; et ego vitam æternam do eis, et non peribunt in æternum, et non rapiet eas quisquam de manu mea (Joan. x). Cujus enim voces istæ esse possunt, nisi Dei? Cujus, nisi illius, qui per prophetam antiquum dixerat : Ecce ego ipse requiram oves meas, et visitabo illas sicut visitat pastor gregem suum ? (Ezech. xxxiv). Cujus vox esse poterat, nisi Dei, Ego vitam æternam do illis ? Cujus vox esse poterat, nisi Dei, Non peribunt in æternum ? Cujus vox esse poterat, nisi Dei : Non rapiet eas quisquam de manu mea ? Quis enim vitam æternam dare potest suis, nisi Deus? Quis, ne pereant in æternum, salvare, nisi Deus? Quis tam fortis, ut nemo possit eas eripere de manu ejus, nisi Deus? Vides, lector, quam clare sub ovium nomine se Deum illum fatetur, qui vitam æternam suis dat, qui ne in æternum pereant salvat, de cujus manu, hoc est de cujus potestate, nullum suorum posse rapi, nullum alienorum posse rapere affirmat. Sed procede, et lege reliqua : Pater meus quod dedit mihi majus omnibus est, et nemo potest rapere de manu Patris mei (Joan. x). Et statim : Ego et Pater unum sumus (ibid.). Quid clarius dicere potuit, unde se verum Deum probaret? Si quod Pater ei dedit, majus omnibus est, quod utique dedit non largiendo, sed gignendo, quid sublimius dici potuit? Si nemo potest rapere de manu Patris tui, et idcirco nec de ipsius, quia ipse et Pater unum sunt, hoc est unius et paris deitatis. Quomodo vel qualiter se apertius Deum fateri poterat? Senserunt hoc Judæi, et quod in verbis illius senserant, professi sunt. Nam primo quasi contra blasphemum sustulerunt lapides, ut lapidarent eum. Respondente vero Jesu : Multa bona opera ostendi vobis a Patre meo, propter quod eorum opus me lapidatis ? (Ibid.) Responderunt : De bono opere non lapidamus te, sed de blasphemia : et quia tu homo cum sis, facis teipsum Deum (ibid.). Non ergo intelliget fidelis Christianus, quod intelligere potuit blasphemus Judæus? Lapidamus, inquiunt, te, quia tu homo cum sis, facis teipsum Deum. Non credebant quidem illi, imo credere abhorrebant ipsum esse Deum : tamen advertebant et sentiebant quod ipse se diceret Deum. Et quamvis tam clare se professus esset Deum, ut increduli illi verbis illis irritati ad eum lapidandum lapides sustulissent, providens tamen illorum saluti, quos ex ipsis salvandos præsciebat, eorumque scandalo discretive medens, alteri quod ab æterno providerat tempori, et alteri se modo passionis servavit, hæc verbis quæ dixerat addens : Nonne scriptum est in lege vestra : Ego dixi, dii estis? Si illos dixit deos, ad quos sermo Dei factus est : et non potest solvi Scriptura; quem Pater sanctificavit, et misit in mundum, vos dicitis : Quia blasphemas, quia dixi : Filius Dei sum? (Ibid.) Quid agis, lector? Nonne vides quod jam sæpe dixi? Opposuit nubem non valentibus tantum ferre splendorem. Compescuit interim eos, et eorum insanum tumorem sedavit, præferendo quod agnoscebant, multos in sacra Scriptura per gratiam vocari filios Dei, et hoc velamine pro tempore texit, quod suo tempore tam ipsis quam mundo detexit, non adoptivum, sed naturalem se esse Filium Dei. Et ne videretur timore negasse quod de veritate propriæ Deitatis supra professus fuerat, repetit et affirmat quod dixerat. Nam sequitur : Si non facio opera Patris mei, nolite credere mihi. Si autem facio, et si mihi non vultis credere, operibus credite, ut cognoscatis et credatis quia in me est Pater et ego in Patre (ibid.). Ecce rursum opera tam Patris quam sua commendat. Ecce rursum ad vim eorum attendendam transmittit. Monet intente, ut ex operibus agnoscant auctorem, et, quia ea nullius esse poterant, nisi Dei, Deum esse qui talia operatur, advertant. Non decet autem te, qui hoc legis, oblivisci propositi hujus, imo oportet ut firmiter teneas proposuisse me ex ipsius Salvatoris verbis, ejus ostendere deitatem, causa illorum qui dixerant, vel dicere possent nusquam eum in Evangeliis se sine tegmine, sine involucris Deum vocasse. Non nego quidem eum aliquando verba sua veræ deitati suæ attestantia rationabili tegmine, causis quas præmisi, velasse. Sed dico eum tegmen illud, quo quandoque verba illa sua velare videtur, non oculis Christianorum, si bene attendunt, sed Judæorum ; non fidelium, sed infidelium visibus prætendisse.

Utroque ergo modo, id est aut quando ea dispensative tegit aut quando ea sine tegmine profert, credendum est, intelligendum est universorum providisse saluti. Illis, ut dictum est, providendo ne de intempestiva luce magis tenebrosi fierent ; istis aperte monstrando quid de eo sentire deberent. Inde est et illud, quod veniens in partes Cæsareæ Philippi interrogabat discipulos suos dicens : Quem dicunt homines esse Filium hominis ? (Matth. xvi.) Ad quam ejus interrogationem discipuli alii responderunt, quid de eo homines opinarentur. Ipso vero instante, et non aliorum opinionem, sed eorum confessionem exigente, respondit Petrus quod orbi terrarum notissimum est. Te, ait juxta unum evangelistarum, dicimus Christum Dei (Luc. ix); juxta alium, tu es Christus Filius Dei vivi (Matth. xvi). Cujus tali professioni quid respónderit, quanta fidem illam ac verba fidei illius laude prosecutus est, quis ignorat? Non dixit tamen : Verum est quod credis, verum est quod confiteris, quia ego vere, ut dicis,

Filius Dei vivi sum. Nunquid ergo minus aliquid dixit, nunquid aliquo hic verborum tegmine usus est, quando subjunxit : *Beatus es, Simon Barjona, quia caro et sanguis non revelavit tibi, sed Pater meus qui est in cœlis (ibid.).* Quis hebes aut obtusi animi homo dicere potest minus aliquid dixisse Christum, quando confessorem illum ejusdem confessionis causa beatum dixit, quando istud eum non accepisse a carne et sanguine, sed a Patre cœlesti affirmavit, quam si dixisset : Ego sum Christus Filius Dei vivi ? Quid et de verbis sequentibus ? Nonne et quando addidit ? *Tu es Petrus, et super hanc petram ædificabo Ecclesiam meam ; et portæ inferi non prævalebunt adversus eam (ibid.)*, quando tanto præconio professionem illam extulit, quando super hanc ædificaturum se Ecclesiam suam prædixit, nonne veræ deitati suæ idem testimonium tulit, quale ferret, si dixisset : Sum vere Christus Filius Dei vivi ? Non ergo dicatur obscurum quod absque involucris aut tegmine, etiam tardissimis mentibus perspicuum est. Confessus est enim et hic aperte se Dei Filium. Et quia Dei Filium, cogente auctoritate ac ratione præmissa, etiam Deum. Nec enim poterat ille, qui non ex gratia, sed ex ipsa deitatis substantia, ut jam dixi, erat Filius Dei, esse aliud quam Deus.

Jam, ut ad alia istis similia celer transitus fiat, veniat Samaritana mulier, et quid inter verba tanta, tamque mystica, quæ fatigatus ex itinere, et sedens super fontem, cum ea contulit, de se professus fuerit, subdatur : Hinc enim omnis nebulosa caligo recedit : hic absque tegmine quid de se sentiat, aut nos sentire doceat, profert. Nam dicente muliere : *Scio quia Messias venit, qui dicitur Christus, et cum venerit, ille annuntiabit omnia (Joan.* iv).: subjunxit ille : *Ego sum, qui loquor tecum (ibid.).* Quid ultra, inquam, quæreretur ? Dixerat illa : *Messias venit, qui dicitur Christus,* statim ille : *Ego sum, qui loquor tecum,* Christum igitur se esse Christus confessus est. Et quia Christum, plane, juxta præmissa, et Dei Filium et Deum. Accedat et ille famosus cæcus, et a nativitate cæcus. Redditi sunt ei imo magis dati a Christo oculi, quos natura negaverat, modo illo omnibus noto. Hic post datum lumen corporeum, adaucta gratia etiam confessor factus, ut sacra historia loquitur, projectus est foras. Et sequitur Evangelium : *Audivit Jesus quia ejecerunt eum foras, et cum invenisset eum, dixit ei : Tu credis in Filium Dei ? (Joan.* ix.) At ille more suo cautus, et ratione ducente providus, illi, cum qua loquebatur, æternæ Sapientiæ non insipienter respondit : *Quis est, Domine, ut credam in eum ? (Ibid.)* Qui mox audire meruit : *Et vidisti eum, et qui loquitur tecum, ipse est (ibid.).* Ecce plane responsio absque velamine. Qui hoc velatum credit, quid relatum putabit ? Qui loquitur, inquit, tecum ipse est (ibid.) : Quis est ? Utique Filius Dei, de quo illum interrogaverat, quando dixit : *Tu credis in Filium Dei ?* Ecce iterum se Christus Filium Dei professus est nude, clare, absque involucris, absque velamine. Hæc ille ante cæcus, tunc videns agnovit, et post lumen corporis addito lumine mentis, respondit : *Credo, Domine. Et procidens adoravit eum (ibid.).* Quis ergo non videat quod cæcus jam videns vidit ? Quis non agnoscat quod agnovit ? Agnovit Dei Filium, agnovit et Deum. Nam nec aliter in eum crederet, nisi Deum sentiret ; nec quod solummodo insigne divini cultus est, eum procidens adoraret. Nec illud mente excidat, quod dicente alibi ipso : *Pater meus usque modo operatur, et ego operor (Joan.* v); subdit evangelista : *Propterea,* inquit, *magis quærebant Judæi eum interficere, quia non solum solvebat Sabbatum, sed et patrem suum dicebat Deum, æqualem se faciens Deo (ibid.).* Hinc Pater Augustinus (*Tract.* 16 *in Joan.,* c. 5) : *Ecce intelligunt Judæi quod non intelligunt Ariani. Ariani quippe inæqualem Patri Filium dicunt, et inde hæresis pulsa de Ecclesia. Ecce ipsi cæci, ipsi interfectores Christi intellexerunt tamen verba Christi. Non eum intellexerunt Christum, nec eum intellexerunt Filium Dei, sed tamen intellexerunt in illis verbis quia talis commendaretur Filius Dei, qui æqualis esset Deo.* Ecce, juxta verba Evangelii, ecce juxta verba Augustini, ipsis etiam Judæis advertentibus, et propter hoc interficere eum quærentibus, Christus Patrem suum dicebat Deum, æqualem se faciens Deo. Non alter hoc dicebat de ipso ; sed ipse hoc affirmabat de seipso. Quid ? Quod Patrem Deum haberet, quod æqualis esset Deo. His quiddam simile, et in alio loco. Nam dicente ipso Judæis : *Si non credideritis quia ego sum, moriemini in peccatis vestris (Joan.* viii) ; illisque respondentibus : *Tu quis es ? (ibid.)* ait : *Principium, qui et loquor vobis (ibid.).* Et quædam sequentia. Quibus verbis addit evangelista verba sua : *Et non cognoverunt,* inquit, *quia Patrem eis dicebat Deum (ibid.).* Inde consequenter et se Dei Filium, et, juxta supra scriptas rationes, etiam Deum.

Accedant istis æque grandia, aut forte majora. Ait quodam in loco, disputans cum Judæis : *Si ego glorifico meipsum, gloria mea nihil est. Est Pater meus qui glorificat me, quem vos dicitis : Quia Deus noster est : et non cognovistis eum. Ego autem novi eum (Joan.* viii). Ecce hic non solum Patrem suum Deum esse dicit ; sed etiam quis Deus sit, ostendit. Sunt enim, sicut ait magnus Apostolus, vel falsos deos gentium, vel magnos et sanctos homines intelligentes, aut utrumque simul proferens, *dii multi, et domini multi (I Cor.* viii), de quibus et Psalmus : *Deus deorum Dominus locutus est (Psal.* xlix) ; et : *Deus stetit in synagoga deorum (Psal.* lxxxi) ; et : *Quoniam Dominus excelsus, terribilis, rex magnus super omnes deos (Psal.* xlvi), et multa in Scripturis similia. A quorum numero Deum illum, quem Patrem suum nominat, excipit, quando Judæis de illo dicit : *Quem vos dicitis : Quia Deus noster est.* Deus enim Judæorum, ab omnibus qui tunc erant vel sicubi adhuc esse possunt, excipitur aliis gentium, vel terrarum. *Omnes, enim inquit Judæus Propheta, dii gentium dæmonia: Dominus autem cœlos fecit (Psal.* xcv). Et in alio psalmo : *Deus noster, Deus salvos faciendi, et Domini, Domini exitus mortis (Isa.* lxvii). *Et nunc, Domine, plastes noster es tu, nos vero lutum ; et fictor noster, et opera manuum tuarum omnes nos (Isa.* lxiv). Et versu interposito : *Ecce respice, populus tuus omnes nos* (ibid.). Et Elias : *Domine,* ait, *Deus Abraham, et Isaac et Israel. Ego servus tuus, et juxta præceptum tuum feci omnia verba hæc (III Reg.* xviii). Et idem idololatræ regi : *Quia misisti nuntios ad consulendum Beelzebub deum Accaron, quasi non esset Deus in Israel, a quo posses interrogare sermonem, idcirco de lecto, super quem ascendisti, non descendes, sed morte morieris (IV Reg.* i). Et Jeremias Domino dicenti : *Prophetam in gentibus dedi te,* ait : *A, a, a, Domine Deus, ecce nescio loqui, quia puer ego sum* (Jer. i). Istis et aliis innumeris Scripturarum testimoniis, ostenditur quod solus ille Judæorum Deus verus, et solus Deus sit, de quo Christus, ut dictum est, Judæis loquitur : *Quem vos dicitis : Quia Deus noster est.* Illum plane, qui tunc dicebatur Deus Judæorum, qui et tunc et nunc dicitur, et est Deus universorum ; Christus Patrem suum hic nominat, seque sic loquendo ejus Filium declarat. Sed tene, lector, constanti memoria, quod sæpe jam præmisi, quia quoties Salvator se in Evangeliis Christum vocat, aut confitentium sententias laudat, toties se Dei Filium et Deum clamat. Sic et quoties se Dei Filium dicit, toties nos, quod Christus et Deus sit, instruit. Christus enim necessaria ratione Dei Filius est, quia ab illo Dei Filio humana caro suscepta est : et rursum Dei Filius Deus est, quia, ut dixi, ex Patre, qui Deus erat, natus est. Qua veritatis copula id te sentire volo, toties se Christum professum esse Deum, quoties se professus est aut Christum, aut Filium Dei. Hoc modo, hac de causa, eum sic se nominasse, Deum intellige, quando, ut præmissum est, Judæis dixit : *Est Pater meus qui glorificat me, quem vos dicitis : Quia Deus noster est.* Vigilo enim contra illos qui dicunt vel sentiunt Christum quidem esse Deum, sed nusquam in Evangeliis se clare professum Deum. Jam illud quod paulo post subdit, quia non dissimile est, advertendum est. Nescio enim si clarius alicubi veritatem deitatis suæ Christus commendaverit, quam cum, altercantibus contra eum Judæis, postea quæ præmissa sunt, paucis verbis intersertis, adjunxit : *Abraham pater vester exsultavit, ut videret diem meum ; et vidit, et gavisus est* (Joan. viii). Commotis vero ad ista Judæis, et dicentibus : *Quinquaginta annos nondum habes, et Abraham vidisti ?* (ibid.) nil moratus adjunxit : *Amen, amen dico vobis, antequam Abraham fieret, ego sum* (ibid.). Quid verius, quid clarius, quid ad probandam veram ejus divinitatem apertius ? Quinquaginta annos, imo nec quadraginta adhuc habebat, et ante Abraham se dicebat. Quis autem universorum hominum, qui post Abraham nati sunt, ante Abraham esse potuit ? Utique nullus. Nam nec corpora humana, quæ post Abraham nata sunt, ante Abraham fuere, nec animæ corporibus mistæ, quæ post Abraham creatæ sunt, ante Abraham esse ratione aliqua potuerunt. Sed nec caro ipsius Christi, nec anima illa carni admista ante Abraham esse potuit. Si igitur, nec corpus, vel anima cujuslibet hominis post Abraham exorti, nec caro vel anima ipsius Christi post Abraham nati, ante Abraham esse potuit, quomodo verum esse censebitur quod Veritas tam robusto pronuntiandi modo affirmat : *Amen, amen, dico vobis, antequam Abraham fieret, ego sum?* Unde, quia non Judæis, ut ipse tunc, sed Christianis nunc loquor, luce clarius est quod nec carne, nec anima Christus ante Abraham fuit, sed deitate : qua sola vere non solum ante Abraham, sed et ante omnem creaturam est. Illa est enim illa Dei Sapientia quæ loquitur : *Ab æterno ordinata sum, et ex antiquis, antequam terra fieret* (Prov. viii).

Dico autem hoc, salvo intellectu illo, quo juxta Hieronymum, tempus non præjudicavit sacramento uniti hominis ac Dei, ita ut jam esset in illo per unitatem personæ ab initio sæculi, qui necdum natus erat de Maria virgine. Non tamen antequam nasceretur de Maria virgine, aut conciperetur in Maria virgine, Dei Filius substantialiter homo erat, sed quadam ineffabili sacramento unitate, etiam ab æterno Deus simul, et homo erat. Quod quibusdam verbis de eadem re interpositis, idem doctor affirmat. « Non quod jam, ait, esset Jesus, aut Christus natus ex Maria, sed quia in illo unico Filio Dei, jam unitas personæ commendabatur, quæ occulta erat in mysterio. Ergo juxta præcedentia, non tibi videtur idem dixisse Christum, quando dixit : *Antequam Abraham fieret, ego sum,* quod diceret, si dixisset, Deus ego sum ? » Plane nihil aliud, prorsus nihil aliud. Nam si, ut longe ante præmisi, hoc ita nude dixisset, sicut olim ad hominem susceptum Moysi et quibusdam aliis dixit : *Ego sum Deus Abraham, Deus Isaac, et Deus Jacob (Exod.* iii) ; si hoc, inquam, absque aliquo verborum temperamento dixisset, quis illorum hominum ferre potuisset ? Longe enim tunc patientius ferre poterant invisibilem, aut de supernis, aut de quibuslibet aliis locis mirabiliter intonantem : Ego sum Deus, aut patrum vestrorum, aut cœli et terræ, aut similium, quam hominem visibilem humiliter, inter superbos homines commorantem, si more illo se Deum diceret, si modo illo deitatem suam, hominibus id capere non valentibus, absque congruo verborum tegmine declararet, imo ut congruentius dicam, fastidientibus cibum vitæ ingereret. Et si ergo verba congruenter temperavit, nunquid idcirco se Deum minus dixit, qui ante Abraham se esse asseruit ? Scrutentur ergo qui de his dubitant, scrutentur, inquam, studiosius Scripturas, et tam in his, quæ posui, quam in plerisque, quæ conticui, invenient Salvatorem frequenter se Christum dixisse, Dei Filium pronuntiasse; et unde omnia ista orta sunt, se modis, quos præfatus sum, Deum lucide prædicasse. Nonne se lucide Deum pronuntiavit, quando Lazarum resuscitaturus, Marthæ dissuadenti ne lapis a sepulcro tolleretur, dixit : *Nonne dixi tibi quia si credideris, videbis gloriam Dei ?* (*Joan.* 11.) Nonne et prius se clare Deum pronuntiaverat, quando sororibus ipsius Lazari per nuntios dicentibus : *Domine, ecce quem amas infirmatur,* respondit : *Infirmitas hæc non est ad mortem, sed pro gloria Dei, ut glorificetur Filius Dei per eam ?* (*Ibid.*) Nonne se clare Deum pronuntiavit, quando sublevatis oculis in cœlum : *Pater,* dixit, *sicut dedisti ei,* loquens de seipso, *potestatem omnis carnis, ut omne quod dedisti ei, det eis vitam æternam* (*Joan.* xvii). Nam nec potestas omnis carnis, nisi ad Deum pertinet, nec ad quemlibet dare vitam æternam, nisi ad Deum pertinet. Quæ potestas sit ei data a Patre, aut secundum deitatem gignendo, aut juxta humanitatem, quam assumpserat, conferendo, non potest esse, nisi Deus, qui potestatem hanc obtinet, non potest esse nisi Deus, qui eis, qui sibi dati sunt, vitam largitur æternam. Quid et de sequentibus verbis dicam? *Hæc est,* inquit, *vita æterna, ut cognoscant te solum verum Deum, et quem misisti Jesum Christum. Ut cognoscant,* ait, *te, et quem misisti Jesum Christum, solum verum Deum* (*ibid*). Quid clarius Joannes ejus apostolus in Epistola sua scribit de ipso, quam hic ipse loquitur de seipso? *Scimus,* ait, *quoniam Filius Dei venit, et dedit nobis sensum, ut cognoscamus Deum verum, et simus in vero Filio ejus. Hic est verus Deus, et vita æterna* (I *Joan.* v).

Quid ultra quæretur ? Cur jam verbis istis auditis disputabitur ? Se ac Patrem solum verum Deum dicit, se ac Patrem solum verum Deum esse affirmat, se ac Patrem solum verum Deum, non silentio, non in aurem, sed coram universis, qui sacræ et ultimæ, quandiu mortalis fuit, cœnæ intererant, pronuntiat. Quid et de versu prope posito dicetur, *Et nunc clarifica me, tu Pater, apud temetipsum claritate quam habui priusquam mundus esset apud te ?* (*Joan.* xvii.) Claritatem autem apud Patrem, priusquam mundus esset, habere non posset, juxta quod homo est. Nam priusquam mundus esset, homo non erat; non ergo juxta hominem, qui non erat, claritatem apud Patrem habere poterat. Restat igitur, ut juxta quod Deus erat, claritatem illam habuerit, quia, ut dictum est, juxta hominem habere non potuit. Quid ergo hæc verba, *Antequam mundus esset,* eum esse indicant ? Utique Deum clamant. Agnosce ergo et hinc eum esse Deum, de quo constat quod priusquam mundus esset, erat apud Deum. Nec resilire ab hoc sensu illo alio intellectu coneris, quo legitur clarificatum Filium a Patre priusquam mundus esset, hoc est præordinatum et prædestinatum, ut suo tempore, hoc est, post hominem susceptum glorificaretur et exaltaretur illa clarificatione de qua Apostolus loquitur : *Dedit illi Deus nomen; quod est super omne nomen, ut in nomine Jesu omne genu flectatur, cœlestium, terrestrium, et infernorum* (*Philipp.* 11). Quæ licet in tempore facta fuerit, tamen propter prædestinationem, qua necesse erat illud contingere, quod prædestinatum erat, priusquam mundus fieret, claritatem illam, quæ nondum erat, sed futura erat, habuisse dicitur, habuisse scribitur. Sed non propter hunc intellectum sensus prior excluderetur, quia Christus, priusquam mundus esset, et apud Patrem erat, et Deus erat. Nonne ista sufficiunt, quæ dicta sunt ? Nonne et clare et frequenter se Deum pronuntiat ? Nonne et clare et frequenter sicut hominem et adhuc mortalem inter mortales constitutum decuit, veritatem deitatis propriæ, et singulis, et pluribus, et omnibus, et discipulis, et turbis, et ipsis præcipue invidis, et semper sibi detrahentibus Pharisæis fatetur ? Hæc universa, non propheta, non Apostolus, non quilibet alius de ipso, sed ipse, hoc est ipsum Verbum Dei, ipse Christus, ipse Dei Filius, ipse Deus de seipso dicit, de seipso pronuntiat, de seipso affirmat. Evigilent ergo, et clarius solito in lucem invisibilem defigant oculos, qui forte minus diligenter attendentes, minusque evangelica secreta rimantes, nusquam Christum aperte et absque involucris se Deum pronuntiasse dicebant. Quibus ad probandum quod non ita est, forte quæ dicta sunt, sufficiunt. Sed audiant adhuc ipsum loquentem, et discipulis in cœna jam dicta dicentem : *Non turbetur cor vestrum. Creditis in Deum ? et in me credite* (*Joan.* xiv). Audiant hinc, non jam meam sententiam, sed sensum, imo verba ipsius beati Patris Augustini: (*Tract.* 68 *in Joan.*, c. 14) : *Ne mortem,* ait ille, *tanquam homines timerent, et ideo turbarentur, consolatur eos, et Deum se esse contestans.* « *Creditis,* inquit, *in Deum ? et in me credite.* » *Consequens est enim ut, si in Deum creditis, et in me credere debeatis. Quod non esset consequens, si Christus non esset Deus. Credite in Deum, et in eum credite, cui natura est, non rapina, esse æqualem Deo* (*Philipp.* 11). Quod, hoc est, utrum et Deus esset et æqualis Deo, doceat rursus et ipse in ipsa jam positus passione : *Adjuro te,* ait princeps sacerdotum, *per Deum vivum, ut dicas nobis si tu es Christus Filius Dei.* Respondit enim, juxta Matthæum : *Tu dixisti* (*Matth.* 11) ; juxta Lucam : *Si vobis dixero, non credetis mihi. Si autem et interrogavero, non respondebitis mihi, neque dimittetis* (*Luc.* xxii). Juxta Marcum vero, quem idcirco ultimum posui, quia clarius ejus responsionem exprimit, respondit : *Ego sum* (*Marc.* xv). Et sequitur, juxta Matthæum : *Verumtamen dico vobis : Amodo videbitis Filium hominis sedentem a dextris virtutis, et venientem in nubibus cœli ;* juxta Marcum, nulla etiam dictione mutata, ita : *Videbitis Filium hominis sedentem a dextris virtutis Dei, et venientem in nubibus cœli ;* juxta Lucam vero, ita :

Ex hoc erit Filius hominis sedens a dextris virtutis Dei. Cum ergo audias quod interrogatione pontificis per Deum adjuratus ut diceret si ipse esset Christus Filius Dei, juxta duos evangelistas non negaverit, juxta tertium aperte se Christum et Filium Dei responderit, dicens : *Ego sum, quid dices*? Nonne etsi omnia alia, quæ præmisi, testimonia vel exempla, quibus ipse et Christum, et Dei Filium, et Deum se esse professus est, deessent, nonne, inquam, istud sufficeret ? nonne plene tam tibi quam quibuslibet aliis inde forte dubitantibus satisfaceret ? Nam hoc, ut nosti, quærebas, hoc exigebas, ubi se in Evangeliis Christum diceret, ubi se Dei Filium, et maxime Deum nominaret. Ecce audis eum principi sacerdotum, si ipse esset Christus Dei Filius interroganti, non per involucra, sed aperte et sine tegmine respondentem : *Ego sum.* Qui ergo se Christum et Dei Filium esse respondit, utique simul et Deum se professus est. Nam, sicut sæpe supra dixi, quod idcirco toties itero, ne longa disputatione mentem fugiat, non potuit se confiteri Christum aut Dei Filium, quin confiteretur et Deum. Qua ratione istud supra dictum est. Jam postquam dixit : *Ego sum,* quibus statim verbis se Deum esse confirmet, attende. *Videbitis,* ait, *Filium hominis a dextris sedentem virtutis, et venientem in nubibus cœli.*

Quid evidentius maximi apostoli, Petrus et Paulus, deitatem ejus prædicantes, scribunt in Epistolis suis de ipso, quam ipse hic loquitur de seipso ? Quorum prior : *Per resurrectionem,* ait, *Jesu Christi qui est in dextera Dei (I Pet.* I); et sequens : *Christus Jesus qui mortuus est, imo qui resurrexit, qui est in dextera Dei (Rom.* VIII). Idem et Marcus : *Et Dominus,* inquit, *Jesus postquam locutus est eis, assumptus est in cœlum, et sedet a dextris Dei (Marc.* XVI). Nonne isti in his verbis idem dixerunt quod ipse, quando ait : *Videbitis Filium hominis sedentem a dextris virtutis, et videbitis in nubibus cœli* ? Ecce quod sæpe, ut dixi, certis de causis ante vitaverat, jam scandalum Judæorum non vitat ; sed magis, ut de passione ejus impleant, quod ante conceperant, veræ deitati suæ verax testimonium ferens, quodammodo instigat. Jam enim hora illa venerat de qua, priusquam caperetur et ligaretur, dixerat : *Hæc est hora vestra, et potestas tenebrarum (Luc.* XXII). Unde jam nihil dissimulandum censebat, nil veritatis occultandum judicabat : qui post noctem illam die sequenti crucifigendus et moriturus, rem, propter quam in mundum venerat, instanter adimplere satagebat. De qua eadem die judici Pilato assistens, ait : *Ego in hoc natus sum, et ad hoc veni in mundum, ut testimonium perhibeam veritati (Joan.* XVIII). Veritati ergo testimonium perhibuit, quando, quod dictum est, dixit. *Videbitis Filium hominis sedentem a dextris virtutis, et venientem in nubibus cœli.* A dextris autem virtutis sedere, cujus est, nisi Dei ? Venire in nubibus cœli, et hoc in mundi fine, sicut alibi legitur, *cum virtute magna et majestate (Matth.* XXIV) : cujus est, nisi Dei ? Deus ergo est qui sedet a dextris virtutis, Deus est qui venturus est in nubibus cœli cum virtute magna et majestate. De qua virtute ac majestate, in qua venturus est judicare vivos et mortuos, dicit et ipse alibi : *Neque enim Pater judicat quemquam ; sed judicium omne dedit Filio (Joan.* v). Quibus dictis subdit causam dati sibi judicii : *Ut omnes,* ait, *honorificent Filium, sicut honorificant Patrem (ibid.).* Honorificandus est enim Dei Filius, sicut Pater honorificatur, quia præter humanam substantiam, qua homo est, idem est quod Deus est. Pater enim Deus est, unde et Dei Filius Deus est, quod Pater est. Ergo omnes honorificent Filium, sicut honorificant Patrem, id est credant, intelligant, et fateantur eum Deum sicut et Patrem. Hæc universa, quibus verum Deum se esse professus est, dicit Christus de seipso, non quilibet alter de ipso. Post ista omnia, quæ, dum adhuc mortalis esset, de seipso protulit, et quibus se vere Deum esse docuit, succedant et alia, quibus, jam vicca morte factus immortalis, eamdem quam prius, et sicut prius, suam deitatem commendat, seque verum Deum esse confirmat. Intrans enim ipsa suæ resurrectionis die ad discipulos januis clausis, post geminam pacis annuntiationem, qua bis eis dixerat : *Pax vobis (Joan.* XX), insufflavit, et dixit eis : *Accipite Spiritum sanctum (ibid.).* Accipere autem Spiritum sanctum illi non poterant, nisi ab eo daretur. Dedit autem quando dixit, *Accipite.* Dare vero ille non posset, nisi Deus esset. Spiritus enim sanctus Deus est, nec dari nisi a Deo potest. Unde sequitur, quia ille a quo dari potuit, Deus est. Deum ergo se esse docuit, quando ut dictum est, discipulis dixit : *Accipite Spiritum sanctum.* Quem, sicut ipsa, ut dixi, resurrectionis suæ die, adhuc inter eos positus dedit, ita die Pentecostes, hoc est quinquagesimo a resurrectione, jam in ipso altissimo deitatis solio constitutus, longe solemnius et profusius, ut promiserat, misit. Promiserat autem quando in sermone sacræ cœnæ, de quo quædam supra excerpsi, eisdem discipulis ait : *Cum venerit Paracletus, quem ego mittam vobis a Patre Spiritum veritatis (Joan.* XV), et sequentia.

Quando ergo cum se missurum promisit, quia nil Veritas fallaciter promittere potuit, Deum se esse, qui Deum se mittere perhibebat, professus est. Et quando eum in terris dedit, et quando de cœlis, ut dixerat, misit, Deum se testatus est. Quando vero et illud adjunxit : *Quorum remiseritis peccata, remittentur eis (Joan.* XX), quomodo se apertius Deum profiteri potuit ? Nam remittere peccata, vel dare potestatem quibuslibet remittendi peccata, non nisi solius Dei esse, non solum Christianus fatetur, sed et olim infidelis Judæus testatus est. Dicente enim Christo mulieri peccatrici : *Remittuntur tibi peccata (Luc.* VII), cœperunt quidam ex simul accumbentibus, sicut evangelista testis est, dicere inter se : *Quis est hic, qui etiam peccata dimittit ?*

(*Luc.* vii.) Et alio loco, cum paralytico diceret : *Fili, remittuntur tibi peccata* (*Marc.* ii), dicebant quidam : *Hic blasphemat. Quis potest peccata dimittere, nisi solus Deus ?* (*Ibid.*) Vere enim ab illo solo peccata remittuntur, contra quem solum peccata committuntur. Nam quomodocunque deliquero, in ipsum pecco qui peccare prohibuit ; in ipsum delinquo, qui ne delinquerem, præcepit. Inde sunt et verba illa magni quidem justi, sed et magni aliquando peccatoris. Nam post quædam gravia peccata, quæ commiserat, pœnitens sic Deo loquitur : *Tibi soli peccavi, et malum coram te feci* (*Psal.* l). Sicut ergo ad solum Deum pertinet peccata quæ inhibuit punire, sic ad ipsum solum spectat, tam peccata quam pœnam peccatorum remittere. Quando ergo ait peccatrici, aut paralytico : *Remittuntur tibi peccata*, se vere Deum esse perhibuit. Quando etiam (quod majus est), eamdem remittendi peccata potentiam hominibus contulit, multo magis se Deum esse docuit. Idem quoque eadem die Paschæ, qua resurrexerat, post illa quæ dicta juxta Lucæ Evangelium, eisdem discipulis dixit : *Quoniam sic scriptum est, et sic oportebat Christum pati, et resurgere a mortuis die tertia, et prædicari in nomine ejus pœnitentiam, et remissionem peccatorum in omnes gentes, incipientibus ab Jerosolyma* (*Luc.* xxiv). Pœnitentia enim et remissio peccatorum veraciter in nomine ejus prædicari non posset, nisi ille, in cujus nomine prædicabatur, Deus esset, quia non nisi in nomine Dei peccatorum remissio conferri peccatoribus potuisset.

Quid dicam et de verbis illis tam solemnibus, tam præclare illius deitatem commendantibus, in quibus Matthæus suum finit Evangelium, et in quibus ego proposui finire sermonem istum? *Undecim*, ait, *discipuli abierunt in Galilæam, in montem ubi constituerat illis Jesus, et videntes eum adoraverunt. Quidam autem dubitaverunt* (*Matth.* xvi). Hæc enim ipsius post resurrectionem revelatio, singulari quadam gloria inter alias splendidius fulget, quia nulla aliarum, ut ista, ab ipso prædicta legitur. Dixerat quidem ipse adhuc passurus, discipulis : *Vado, et venio ad vos* (*Joan.* xiv). Et rursum : *Iterum autem videbo vos* (*Joan.* xvi). Sed nullam illarum visionum, præter istam, singulariter prædixerat, nullam specialiter designaverat. De hac vero in ipsa jam pene passione constitutus, Zachariæ prophetæ usus testimonio (*Zach.* xiii), ait : *Percutiam pastorem, et dispergentur oves gregis. Postquam autem resurrexero, præcedam vos in Galilæam* (*Marc.* xiv). Hoc idem angelus cum maximo terræmotu de cœlo descendens, mulieribus quæ ad sepulcrum venerant, dixit : *Cito euntes dicite discipulis ejus quia surrexit, et ecce præcedit vos in Galilæam. Ibi eum videbitis, sicut dixit vobis* (*Matth.* xxviii). In hac ergo singulari visione illis undecim discipulis in monte apparens, ita locutus est : *Data est mihi omnis potestas, in cœlo et in terra* (*ibid.*). Audis? Quid clarius mihi, quid tibi, quid mundo dicere potuit, unde veræ suæ deitati testimonium daret, unde se Deum esse probaret? *Data est mihi*, ait, *omnis potestas in cœlo et in terra.* Cujus vox hæc esse potest, nisi illius de quo legitur : *Omnia quæcunque voluit fecit Dominus in cœlo et in terra* (*Psal.* cxxxiv). Quis enim potestatem habere potest in cœlo et in terra, nisi Deus? Quis quæcunque facere voluit facere potuit in cœlo et in terra, nisi Deus? Quod si te forte movet, quod dicit sibi datam esse hanc potestatem, quæso, non moveat, quia certa est causa qua te istud movere non debet. Si enim hoc, juxta quod Deus est, sentire volueris, potestas hæc ei data est, quando a Patre Deo æternaliter genitus est. Si vero hoc, juxta quod homo est, hic accipere malueris, quod forte hic propensius sentiendum est, intellige hanc potestatem homini datam causa ineffabilis unitionis illius, qua deitate simul et humanitate in unam Christi personam conveniente, sicut anima rationalis et caro unus est homo, ita Deus et homo unus est Christus. De qua potestate homini illi data, habes Patris verba in psalmo loquentis ad filium : *Postula a me et dabo tibi et gentes hæreditatem tuam, et possessionem tuam terminos terræ* (*Psal.* ii), juxta hoc donum a Deo homini datum dicere Christus potuit : *Data est mihi omnis potestas in cœlo et in terra.* Elige ergo quod mavis. Nihil enim eligere poteris, quod idem non sonet. Nam aut secundum deitatem æternaliter, aut secundum humanitatem temporaliter data est Christo omnis potestas in cœlo et in terra. Quolibet ergo ex his modo sibi potestatem in cœlo et in terra datam dicat, Deum se fatetur, Deum se prædicat. Et quid sequitur? *Euntes docete omnes gentes, baptizantes eos in nomine Patris et Filii et Spiritus sancti* (*Matth.* xxviii). Hoc splendore quid clarius?

Miror ego et sæpe, multumque miratus sum antiquos hæreticos Arianos hoc non sensisse, hunc tam clarum veritatis splendorem cernere non potuisse. Hoc enim solum si spiritu Dei adjuti videre prævaluissent, omnes illas tam tetri erroris tenebras a suis omnino mentibus expulissent. Neque enim gradus illi, quos in Trinitatis unitate cæci illi homines faciebant, locum in cordibus eorum habere potuissent, si verba hæc sapienter advertissent. Nam cum dicerent verum et summum Deum solum esse Patrem, minorem Patre Filium, minorem Filio Spiritum sanctum, imo creaturas Filium et Spiritum sanctum, non hoc crederent, non hoc dicerent, si in nomine cujuslibet creaturæ salutis humanæ summam constare non posse adverterent. Quando enim creatura creaturam salvat? quando a morte eripit? quando vitæ, maximæ æternæ, restituit? *In Deo enim*, ait David, *faciemus virtutem* (*Psal.* lix); et : *Nonne Deo subjecta erit anima mea?* (*Psal.* lxi) et : *Deus noster, Deus salvos faciendi* (*Psal.* lxvii). Non advertebant miseri idololatras se factos, quando, juxta se, nomina creaturarum divino nomini adjungebant, et post Dei nomen in rerum creatarum nominibus homines baptizabant. Hoc faciebant, prave intelligendo quod dictum est : *Docete omnes gentes, baptizantes eos in nomine Patris, et Filii, et Spiritus sancti.* Sed quia in creaturæ nomine nefas est baptizare, restat ut Filius, sicut et Pater, Deus sentiatur; restat ut et Spiritus sanctus, sicut et Pater et Filius, Deus absque dubio advertatur. Tunc ergo Christus vel Dei Filius se vere Deum confessus est, quando sicut in nomine Patris, ita et Filii, hoc est sui ipsius, ac Spiritus sancti, omnes gentes baptizari præcepit, dicendo : *Euntes docete omnes gentes, baptizantes eos in nomine Patris, et Filii, et Spiritus sancti.* Jam illud, quod in ultimo additur : *Ecce ego vobiscum sum usque ad consummationem sæculi* (Matth. xxvIII) ; non minus præcedentibus sententiis Deum ipsum declarat. Quomodo enim esse posset cum suis usque ad consummationem sæculi, postquam ad coelos ascendit, postquam humanam substantiam usque ad paternum solium provexit, nisi Deus esset? Non enim ex quo ascendit, corpore cum discipulis fuit, quia carnis illa substantia ex sui natura eodem tempore diversis in locis esse non potuit. Quid ergo aliud restat, ut Veritatis verba veracia esse probentur, nisi hoc, ut quia secundum quod homo est, esse non potuit, juxta quod Deus est cum discipulis suis usque ad consummationem sæculi fuerit? Verum ergo Deum, sicut ante adhuc passurus, sic jam ultra non moriturus se prædicavit, quando discipulis dixit : *Ecce ego vobiscum sum usque ad consummationem sæculi.* Nunc, charissime, et cui jam a longo tempore adhæsi, unanimis frater, epistolam hanc, quam tibi quidem, sed aliorum gratia misi, suo tempore fratribus, quos de his, quæ præmissa sunt, dubitare audieras, ede, et quod Christus non solum verus Deus sit, quod illis clarum est, sed et quod verum se Deum sæpius professus fuerit, opportune suade. Hæc enim sola mihi fuit causa istud scribendi, non ut illos instruerem Christum verum Deum esse, quod necesse non habent; sed ut illis ostenderem se frequenter in Evangelio multis modis, diversis locis et temporibus se vere Deum professum, unde eos dixisse audieram, quod nusquam hoc absque involucris et tegmine legere potuissent. Legant ergo et intelligant, scrutentur et videant Jesum Dominum modis illis, quos præmisi, frequenter se dixisse Christum, frequenter se vocasse Dei Filium, frequenter se pronuntiasse et Deum.

PETRI VENERABILIS

ABBATIS CLUNIACENSIS NONI

TRACTATUS

ADVERSUS JUDÆORUM INVETERATAM DURITIEM.

PROLOGUS.

Vos ego, vos, inquam, ego convenio, o Judæi, qui usque in hodiernum diem negatis Filium Dei. Quousque, miseri, veritati non creditis? Quousque Deo repugnatis? Quousque corda ferrea non emollitis? Ecce toto pene orbe jam ab antiquo Christum agnoscente, vos soli non agnoscitis, cunctis gentibus ei obtemperantibus, soli eum non auditis, omni lingua eum confitente, soli eum negatis, aliis eum videntibus, audientibus, intelligentibus, vos soli cæci, surdi, lapidei permanetis. Cæci plane oculis, surdi auribus, lapidei cordibus. Nec novum istud apud vos est. Legit hoc ubique mundus, et frequenti lectione recitat : Deum Moysi de vobis dicentem : « *Cerno quod populus iste duræ cervicis sit. Dimitte me ut irascatur furor meus contra eos : et deleam eos* (Exod. xxxII). » *Itemque vobis :* « *Populus duræ cervicis es. Semel descendam in medio tui; et delebo te* (Exod. xxxIII). » *Legit rursum Moysen vestrum, imo nostrum, sic vos arguentem :* « *Novi, ait ille vobis, contentionem tuam, et cervicem tuam durissimam. Adhuc vivente me, et ingrediente vobiscum, semper contentiose egistis contra Dominum. Quanto magis cum mortuus fuero!* » (Deut. xxxI). *Legit et singularis excellentiæ Isaiam prophetam, cui Deus de vobis :* « *Excæca, inquit, cor populi hujus, et aures ejus aggrava, et oculos ejus claude, ne forte videat oculis, et auribus audiat, et corde intelligat, et convertatur, et sanem eum* (Isa. vi). » *Legit et audit Stephanum suum, quem vestri, o saxea gens, lapides primum post Christum testem Christi fecerunt* (Act. vII). *Legit certe, et audit eum plenum Spiritu sancto, obstinationis nequissimæ in vobis spiritum increpantem :* « *Vos incircumcisi cordibus et auribus, vos proditores et homicidæ, vos semper Spiritui sancto restitistis, sicut et patres vestri* (ibid.). » *Sed nunquid hoc semper? Nunquid semper, hoc tantæ duritiæ merito, universo orbi terrarum ostentui vos facietis? Resipiscite, resipiscite nunc, tandem redite, ut ait alter propheta vobis, o prævaricatores, ad cor* (Isai. xLvI). *Redite ad cor, nunc saltem, quando justo Altissimi judicio, non solum a coelesti, sed etiam a terrena, quam solam sem-*

per amastis, gloria excidistis. Advertite in vobis rebus ipsis impletum quod Christus, quem negatis, patribus vestris dixit, et de vobis, nisi resipiscatis, prædixit : « Auferetur a vobis regnum Dei, et dabitur genti facienti fructus ejus (*Matth.* xxi). » Ablato ergo cœlesti, ablato jam a diuturno tempore, ipso regno terrestri, agnoscite cujus impietatis merito hoc vobis contigerit. Agnoscite tam diræ damnationis vestræ causam hanc esse quod Christum, quem tanto ante tempore venturum cantastis, legistis, prædicastis, venientem non agnovistis, non suscepistis, non coluistis, imo illo detestabili more vestro, sprevistis, subsannastis, occidistis. Sed quid? Si converti disponitis, non terreamini, quia occidistis. Non est ille avidus ulciscendæ mortis suæ, si secuta fuerit correctio conversionis vestræ. Oravit ille quondam juxta hominem quem assumpsit pendens in cruce pro ipsis crucifixoribus suis (*Luc.* xxiii), et non solum dum pateretur oravit, sed et postquam a morte surrexit, eisdem jam pænitentibus et conversis, indulsit. Non fuit immemor mortem se pertulisse pro vita hominum, et quos derisores et occisores habuit, eos conversos prompta et vere largissima, et quæ super omnem hominem est, divina miseratione suscepit. Non deerit eadem infinita largitas vobis, nec ea, quæ universum pene mundum collegit, paucitatem vestram, si eam non repellitis, a numero salvandorum repellet. Credite legi vestræ, non alienæ; credite prophetis, non alienis, sed vestris; credite Scripturis non alienis, sed propriis. Cur saltem hoc non movet? Cur non movet hoc, quod t.tum robur fidei Christianæ, quod tota spes salutis humanæ ex vestris litteris originem habet? Cur non movet, quod patriarchas, quod prophetas prænuntiatores, quod apostolos prædicatores, quod summam ac supercœlestem Virginem matrem Christi, quod Christum ipsum auctorem salutis nostræ, qui et exspectatio gentium a propheta vestro dictus est (*Gen.* xlix), non de barbaris gentibus, non de quibuslibet nationibus, sed de genere vestro, de stirpe magni Abrahæ descendentes, suscepimus? Remitto ergo vos ad vestri generis homines, remitto ad proprias, quas a Deo accepistis, Scripturas, et ex his testimonia profero, quibus cedere, quantalibet lis Judaica compellatur. Non ignoro autem quod ex aliqua parte nobiscum sentitis, ex plurima vero pertinaciter dissentitis. Sentitis nobiscum quod Christum a prophetis multifarie multisque modis prænuntiatum asseritis. Dissentitis quod eum Dei Filium non creditis, quod Deum negatis, quod aliorum regum more, temporaliter regnaturum, quod non jam venisse, sed venturum affirmatis. Eo igitur ordine quo proposita sunt a nobis contra vos, capitula jam dicta exsequenda sunt.

CAPUT PRIMUM.
Quod Christus Filius Dei sit.

Audite ergo, Judæi, et ex Scripturis vestris Christum, vel juxta vos Messiam, esse agnoscite Filium Dei. Veni ergo imprimis, eximie prophetarum Isaia, et genti nec tuo tempore nec nostro, veritati credenti, rursum sua verba propone. Dic quid Deus de Filii sui æterna generatione dixerit : *Nunquid ego, qui alios parere facio, ipse non pariam? dicit Dominus. Nunquid ego, qui generationem aliis tribuo, sterilis ero? ait Dominus* (*Isa.* lxvi). Quid clarius, o Judæi, ad probandam generationem Filii Dei? Si enim Deus genuit, quantum ad illum quem genuit, necessario Pater est; et Filius Dei, quantum ad illum qui genuit, necessario Filius est. Sed nolo vos, non credo vos, tam stulte, tam insensate desipere, ut æternam Deitatis generationem carnali generationi, aliqua vel tenui similitudine comparare nitamini. Absit a vobis, absit ab omni intellectu tam asininus animus, ut æterna, ut ineffabilis, ut incogitabilis omnipotentis Patris generatio, omnipotentis Filii nativitas alicui terrenæ vel usitatæ generationi, seu nativitati, modo quolibet comparetur! Si quid tamen præter corporalium generationum similitudines, de tam ineffabili re, ab aliquo simili trahi potest, sic Dei Filius de Deo dicitur genitus, sicut lumen de lumine, radius a sole, splendor ab igne. Hoc breviter dixerim, o Judæi, ne vel vos intelligatis, vel nos intelligere putetis insulse vel bestialiter, nativitatem Filii Dei. Unde hoc propheticum testimonium cogit vos, non juxta quod homo est, sed juxta quod Deus est, intelligere et confiteri Christum esse Filium Dei. Nulli enim hoc homini, nulli hoc angelo, nulli hoc prorsus creaturæ congruit, ut vel genitus a Deo, vel Dei Filius, quantum ad deitatis naturam pertinet, sentiatur. Quod si hoc nulli creaturæ in quantum creatura est, congruit, soli hoc Christo, qui in quantum Deus est, de Deo natus est, convenit.

Sed succedant prolato testimonio lucidiora exempla, et Christum Dei esse Filium, sole clarius manifestetur. Dic, o David propheta Dei, rex populi tunc Dei, pater secundum carnem Filii Dei : dic si Christum sentis esse Filium Dei : *Ego*, inquit, *constitutus sum rex ab eo super Sion montem sanctum ejus* (*Psal.* ii). Dic et quod sequitur : *Dominus dixit ad me : Filius meus es tu, ego hodie genui te* (ibid.). Quid ad ista, Judæi? Ecce ex persona Christi loquens, dum ipsum regem a Deo constitutum dicit, Christum fatetur, unctum prædicat, hominem affirmat. Dum Deum ei dixisse subdit : *Filius meus es tu, ego hodie genui te*, deitatem ipsius, qua naturaliter est Dei Filius, indicat. Sed negatis, subsannatis. Dicitis verba illa non ad Christum, non ad quemli· bet alium, sed ad ipsum tantummodo David pertinere, qui super Sion olim vestram, super Jerosolymitanum montem, olim sanctum, a Deo rex constitutus sit. Dicitis eumdem David a Deo vocari filium, vocari genitum, non quia vere Dei Filius, vel a Deo genitus fuerit, sed quia sanctis moribus, multis ei placens virtutibus, nomine hoc honorari meruerit. Sed non fugit nos, o Judæi, non fugit nos sensus iste, intellectus iste, quo etsi non hic, tamen alibi sæpe homines a Deo vocari filios legimus. Scimus hoc dictum Pharaoni de patribus vestris : *Fi-*

lius meus primogenitus Israel. Dimitte filium meum, ut sacrificet mihi (Exod. 1). Et juxta quemdam prophetarum : Et puer est Israel, et dilexi eum, et ex Ægypto vocavi filium meum (Ose. x). Hoc licet magis de Domino nostro voce prophetica dictum sit, qui Herodem secundum hominem in Ægyptum fugiens, inde congruo tempore a Patre Deo vocatus est, accipitur tamen hoc et de illo a quo carnis propaginem trahitis populo. Qui quondam in Ægypto de paucis patribus in magnum populum adauctus, diu moratus, valde oppressus, ad Deum clamans exauditus, indeque vocatus, filii nomine a Deo honoratus est. Ac juxta Isaiam, congruenter de vobis : Filios genui, et exaltavi; ipsi autem spreverunt me (Isa. 1). Non fugit nos, non fugit nos etiam intellectus ille, non solum homines gratia aliqua, merito aliquo, vel Dei filios, vel a Deo genitos dici; sed insuper ipsa quoque insensibilia, hujusmodi nominibus signari. Unde est illud : Quis est pluviæ pater, vel quis genuit stillas roris ? (Job xxxviii.) Item : De cujus utero egressa est glacies, et gelu de cœlo quis genuit ? (Ibid.)

Nolite ergo, nolite putare, o Judæi, ista tam lucida videre non potuisse Ecclesiam Dei. Videt hoc, discernit hoc. Discernit similia nomina in rebus dissimilibus dissimiliter intelligenda esse, nec uno tantum vel eodem modo, licet idem sonantia, semper intelligi oportere. Habetis hoc in innumeris Scripturarum vestrarum exemplis, habetis eadem nomina non idem semper signantia. Et quando possent hæc sigillatim proferri? Sed verbi causa, ponantur aliqua, ut ex his paucis facile possint colligi plura. Certe caput, oculus, auris, manus, brachium, pes nomina sunt, aliquas corporis partes proprie significantia, quæ tamen et ipsa ad alia sæpe trahuntur diversa. Stare, sedere, jacere, dormire, vigilare, ambulare, volare verba sunt, accidens aliquod proprie designantia, quæ tamen et ipsa ad alia diversa ducuntur signanda. Et quia etiam mediocriter doctis ista clara sunt, exemplis non egent: Hoc ergo modo, nomen generationis cum in Deo accipitur, non semper idem, sed quandoque longe diversa designat. Monstrant hoc lucide testimonia prophetica quæ præmisi, quibus generatio longe diversa significare docetur. An non tibi, o Judæe, videtur differre generatio illa, de qua scribitur : Filios genui, et exaltavi; ipsi autem spreverunt me, ab illa, de qua dicitur : Quis est pluviæ pater, vel quis genuit stillas roris ? vel ab illa, unde legitur : De cujus utero egressa est glacies, et gelu de cœlo quis genuit? Puto te non ita obsurduisse, non ita desipuisse, ut quod cunctis clarum est, tibi soli obscurum sit, quod cunctis lux est, tibi soli tenebræ sint. Nam patet universis magnam, non parvam, certam, non ambiguam, in hoc quod dictum est, generationis nomine, diversitatem inesse. Dicitur enim Deus generare homines diligendo, fovendo, provehendo, salvando; dicitur generare pluviam, stillas roris, glaciem, gelu, volendo, creando, producendo, constituendo. Sicut igitur in hoc uno generationis nomine, tam varia et discreta signari, jam ut æstimo, vides : sic in eodem nomine, abstersa veteri ab oculis tuis caligine, aliud quiddam longe sublimius intuere. Intuere, inquam, et quod non nisi Deo demonstrante potes, respice; et in verbis illis, quæ legis : Dominus dixit ad me : Filius meus es tu, ego hodie genui te, nec hanc nec illam, quæ præmissa est, generationem, sed naturalem de essentia Patris, Filii Dei nativitatem intellige. Nam sicut omnipotens Creator pater dicitur pluviæ, genuisse dicitur stillas, glaciem et gelu producendo, sicut pater dicitur Israel, sicut genuisse dicitur filios confovendo; sic Pater scribitur unigeniti Filii sui, sic eum genuisse prædicatur, non aliunde, non ex nihilo, sed ex propria substantia proferendo. Ad hoc credendum, o Judæi, licet vos non nisi ejusdem Patris et Filii spiritus trahere possit, si tamen Scripturis sacris, ut decet, defertis, si eis pertinaciter, si more vestro Judaico non repugnatis, rationi saltem sequenti cedetis. Quid enim sequitur ? Postula a me, et dabo tibi gentes hæreditatem tuam et possessionem tuam terminos terræ (Psal. ii). Ecce hoc, si potestis, David illi olim super Judæos regnanti adaptate. Injunctum est ei, ut postularet dari sibi gentes in hæreditatem, et terminos terræ in possessionem. Et quia injunctum est, eum non obedisse putandum non est. Postulavit ergo, et, ut præmissum fuerat, datæ sunt ei gentes in hæreditatem, et termini terræ in possessionem. Sed quæ gentes? Fortasse secundum vos, Philisthæi de quibus scriptum est : Tulit David frenum tributi de manu Philisthinorum (II Reg. viii). Fortasse et opinio vestra esse potest, Syria Damasco adjacens, de qua legitur : Et erat Syria Damasci, David serviens sub tributo (ibid.). Fortassis, juxta tortuosam interpretationem vestram, filii Ammon, vel quædam circumpositæ gentes, quas bello domuisse scribitur (II Reg. x). Sed relegite, scrutamini sollicite Malachim vestrum, et invenietis repressisse quidem David Philisthæos, sed non subjugasse : servisse illi ad tempus Syriam Damascenam (II Reg. xxi et xxiii), sed non multo elapso tempore rebellasse, ac statim in ipsa Damasco reges superbos ac potentissimos successisse; filios vero Ammon, seu reliquos quos separaverat, statim respirasse (III Reg. xx) : et toto tempore, quo gens Judaica reges habuit, proprios reges usque ad ipsam patrum vestrorum transmigrationem Babylonicam habuisse (IV Reg. iii).

Non ergo ad David illum illa Dei verba facta sunt, quia nec istæ, nec illæ præter Judæos gentes ei in hæreditatem datæ sunt. Sed quid ad hujus divini versus ultima verba dicetis? Postquam enim dixit : Dabo tibi gentes hæreditatem tuam : statim subjecit : et possessionem tuam terminos terræ. Terminos, inquit, terræ. Qui sunt termini terræ? nonne ubi terra terminatur, ibi inhabitatio humana finitur? Dati sunt ergo illi David hi termini terræ in possessionem. Si isti termini terræ David in possessionem dati sunt, et totus orbis terrarum ei in possessionem datus est. Hoc si ita est, Indi, Persæ, Galli, Germani, Scythæ, Afri, et tandem quidquid gentium orbis continet, ei in possessionem datum est. Videtis adhuc tam notum et absurdum ipsis etiam pecoribus inconveniens? Cur non sentitis, miseri, juxta verba Apostoli nostri, litteram vos occidentem? *(II Cor.* III). Cur pene soli in orbe non sequimini spiritum vivificantem? *(Ibid.)* Nunquid orbi terrarum David ille dominatus est, cujus regnum satis brevi Syriæ particula coarctatum est? Quærite ergo, quærite alium, ad quem ista Dei verba facta sint, et cui gentes in hæreditatem terminique terræ in possessionem dati sint. Et quem alium invenire poteritis, nisi Christum? Quem alium, quam illum, quem hucusque negastis, Dei Filium? Illum plane, illum Christum, illum Dei Filium, illum Jesum, in cujus nomine, velitis nolitis, flectitur omne genu, cœlestium, terrestrium et infernorum *(Philipp.* II), illum qui dicit : *Data est mihi omnis potestas in cœlo et in terra (Matth.* XXVIII), ad quem vox Patris facta est : *Filius meus es tu, ego hodie genui te (Psal.* II).

Sed procedat sermo ad alia etiam his clariora, et ipse David quid adhuc de ipso Dei filio sentiat, audiatur. Introducit enim Dominum cuidam Domino suo loquentem, et inter alia dicentem : *In splendoribus sanctorum ex utero ante luciferum genui te (Psal.* CIX). Quis est iste Dominus, quem alter Dominus ante luciferum genuit? Currite, o Judæi, cogitate, satagite, desudate, corrodite ungues, pervertite et hanc, si potestis, sententiam, et tam divinum et admirabile verbum more vestro in aliud et aliud derivate. Hic plane vos figere pedem, hic nobiscum manum conserere, hic vel aliquid rationabile respondere, vel, sicut olim Patres vestri, Christo psalmi hujus principium eis proponente, obmutuerunt, obmutescere vos necesse est. Illi quidem, ut dixi, primo psalmi versu sibi proposito conticuerunt; vos fortasse patribus sapientiores, huic, si valetis, nostro versui respondere : *Ex utero ante luciferum genui te.* Quis est iste Dominus David, qui ab alio ejus Domino ante luciferum genitus est? Ostendite, ostendite mihi Dominum David ab alio, ut dictum est, Domino genitum, et hoc ante luciferum. Ostendite eo tempore, quo hæc verba prolata sunt, præter Deum, tanti regis dominum regem aliquem, prophetam aliquem, magnum aliquem, et ut brevi sermone multos concludam, a primo Adam usque ad novissimum, qui in fine sæculi nasciturus est, filiorum Adam. Investigate, si vultis, et ipsa cœlestia, et de diversis sanctorum spirituum ordinibus, qui usitato nomine angeli vocantur, David mihi Dominum invenite. Nam licet quidam Patrum priorum, apparentes sibi angelos dominos vocaverint, non sunt tamen angeli hominum domini, nec subjiciuntur quantum ad naturæ dignitatem, dominatui ipsorum, qui ad æqualitatem creati sunt angelorum. Quod si hoc modo nullus angelus alicui hominum dominatur, claret quod nullus angelorum a David dominus nuncupatur. Sed neque angelos ex utero Deus genuit, sed eos, sicut et alias creaturas, omnipotenti voluntate creavit. Hunc vero, cui loquitur, non se creasse, sed ex utero asserit genuisse. Unde quia præter Deum, nec in angelicis spiritibus, nec in humana propagine, hic Dominus David inveniri potest, vel psalmum vestrum divinum esse negate, vel aliquem, quem Dominum David credere ratione compellamur, proferte. *Ante luciferum,* inquit, *genui te.* En rursum vobis angustiæ, en rursum laqueus, en rursum fovea, in quam insana vestra cæcitas corruat, præparata. Hinc plane nullus vobis patet egressus, nisi ab eo educamini qui educit vinctum de domo carceris, qui aperit et nemo claudit, claudit et nemo aperit *(Apoc.* I). *Ante luciferum genui te.* Quis est hic lucifer? Si dixeritis sidus illud esse quod, quia aliis sideribus præter principalia clarius rutilat, atque inde velut majorem ferens lucem, lucifer dicitur, respondeo : Ante luciferum illum nullus hominum creatus est. Nostis enim, Moyse indicante, quod quarto die cum stellis aliis sidus illud creatum est *(Gen.* I). Homo vero post, hoc est sexta die, factus est. Nulli ergo hominum a Deo dictum est : *Ante luciferum genui te.* Sed nec alicui angelorum hoc dictum est, quoniam præmissa ratione cogente, hoc nec nisi Domino David dictum est. Nullus vero angelorum, juxta eamdem rationem, David Dominus est. Constat igitur, quia nec alicui angelorum dictum est : *Ante luciferum genui te.* Quod si Luciferum apostatam archangelum esse dixeritis, cui sumpta ab hac stella similitudine, sub Babylonici regis nomine Propheta Isaias loquitur, *Quomodo cecidisti, Lucifer, de cœlo, qui mane oriebaris? (Isa.* XIV.) Respondeo : Ante Luciferum illum non solum nullus hominum factus est, sed nec ullus angelorum conditus est. Sic enim se habent de illo verba divina ad Job : *Ipse est principium viarum Dei (Job* XL). Quod si principium viarum, hoc est, operum Dei est, nullum opus Dei ante ipsum creatum est. Si vero nihil operum Dei ante ipsum creatum est, nec alicui hominum, nec alicui angelorum dictum est a Deo, *Ante Luciferum genui te.* Nam non puto adeo vos esse amentes, ut de ipso Babylonico rege, vocabulo Luciferi designato, dictum a Deo suspicemini, *Ante Luciferum genui te.* Nec enim aliquid magni sermo divinus diceret, si quod omnibus notum erat, David ante Babylonicum regem genitum narraret.

Nunquid ergo, o miserrimum genus hominum, tam perspicua non cernitis, tam clara non videtis? Aperite tandem oculos, reserate aures, et soli cæci in mundo apparere, soli surdi inter mortales remanere erubescite. Nolite tandiu ostentui fieri orbi terrarum, nolite tam diuturnis sæculis vos fabulam exhibere. Advertite Dominum David non nisi Deum esse potuisse, agnoscite ipsum David Dominum suum non nisi Deum vocasse. Et quia primo Dominum dixit, et statim alium Dominum nominavit, intelligite non posse esse alium et alium, nisi Pa trem et Filium. Hunc ergo Dominum Patrem in psalmi jam dicti principio introducit loquentem Domino Filio, quando dicit : *Dixit Dominus Domino meo.* Nam, juxta præcedentia, quia nullus in creaturis David invenitur Dominus, ut non nisi Creator ejus dicatur Dominus. Et quia nomen Creatoris, nomen Dei, idem significant, Dominus David Creator est, Dominus David Deus est. Huic ergo Domino David, huic Creatori, huic Deo alius Dominus, utique et ipse Creator, utique Deus dicit. Quid dicit? *Sede a dextris meis.* Et cui hoc a Deo dici potuit, nisi Deo? Cui, inquam, a Deo dici potuit, *Sede a dextris meis?* nisi illi qui tantæ dignitatis exstitit, ut ei possit a Deo dici : *Sede a dextris meis.* Et ubi tanta dignitas inveniri poterit, quæ consessu Deitatis digna esse possit? Quæ plane natura tantæ erit dignitatis, ut mereri valeat solium deitatis? Nulla certe, o Judæi, nisi divina, et quæ propter divinam hoc meruit in solo Christo humana. Quod si quemlibet alium in sede Dei præter Deum, electio vestra sive de cœlestibus, sive de terrestribus creaturis collocare potest, indicet, proferat, demonstret. Sed non poterit, non prævalebit, quia nullum recipit parem deitas, nisi Deum ; nullum thronus deitatis suscipit, nisi Deum ; nullus Patri Deo adæquatur, nisi Dei Filius, et ipse cum eo Deus. Et quidem par est Patri et Filio utriusque Spiritus; sed non dirigitur vox ista Patris ad ipsum, quia non est a Patre genitus. Huic vero, cui dictum est : *Sede a dextris meis;* et istud adjunctum est : *Ex utero ante luciferum genui te. Ex utero,* inquit, ut eum non ex aliena, sed ex propria Dei essentia natum agnoscas. *Ante luciferum,* ut ejus etiam nativitatem, ante omnem creaturam esse advertas. *Genui te,* ut non ex aliqua materia factum, non ex nihilo creatum, sed a Patre æternaliter genitum intelligas. Ecce qui in prima quadriformis partitionis parte, non aliud Christum probare proposueram nisi Dei Filium, nunc, o Judæi, divini hujus psalmi virtute probavi et Deum. Sed dicetis : Psalmus, quem contra nos protulisti, et quem ad probandam Domini tui deitatem, in medium adduxisti, nil agit pro parte tua, nil juvat propositionem tuam. Non enim prolatus est in persona David, sed ex persona Eliezer servi Abrahæ, scriptus est David. Cujus psalmi, hic sensus est. *Dixit Dominus,* id est Deus, *domino meo,* Abrahæ : *Sede a dextris meis.* Magnum, o Judæi, ut et ipsi fatemur, apud Deum meritum Abrahæ, magna et multiplex apud ipsum prærogativa Abrahæ. Magnum meritum, quia *credidit Abraham Deo (Gen.* xv); magna gratia, quia *reputatum est ei ad justitiam (ibid.).* Magnum meritum, quia præcipiente Deo extendit manum, et arripuit gladium, ut immolaret filium ; magna gratia, quando ei inhibito ne filium occideret, dictum est : *Per memetipsum juravi, dicit Dominus, quia fecisti rem hanc, et non pepercisti filio tuo unigenito propter me, benedicam tibi, et multiplicabo te sicut tellas cœli, et sicut arenam quæ est in littore maris* *(Gen.* xxii). Magnum vere, et non simplex tantum, sed multiplex apud Deum meritum Abrahæ; magna, imo et omnibus donis ei a Deo collatis major illa singularis gratiæ excellentia, qua ei promissum est : *In semine tuo benedicentur omnes gentes (ibid.).* Sed nunquid tanta, ut ei a Deo injunctum sit, *Sede a dextris meis?* Nunquid tanta, ut, sicut ante non multa dictum est, quod Dei est singulare, fieret Deo hominique commune? Homini dico tantum, quod Abraham fuisse scimus, non homini simul et Deo, ut Christum esse novimus. Nunquid ergo huic, qui nihil plus homine erat, a Deo dictum est : *Sede a dextris meis?* Ubi est illud quod nobis, ne in Christum Judæus credat, Judaicum cor retrahit, contemplatio humilitatis humanæ, indigna, ut dicitis, consortio majestatis divinæ? Ubi est zelus ille Dei quidem, ut Apostolus noster ait, *sed non secundum scientiam? (Rom.* x.) Nonne propter hæc verba quæ Abrahæ ascribitis, Stephanum primum martyrem nostrum continentes aures vestras velut ad blasphemiam, et stridentes dentibus velut in vindictam, homines sacri semper sanguinis avidi lapidastis? Quid dixit Stephanus de Christo? *Video cœlos apertos, et Jesum stantem a dextris Dei (Act.* vii). Quid dicit Judæus de Abraham? *Dixit Dominus,* id est Deus, *domino meo,* Abrahæ, *sede a dextris meis.* Quid est quod pati non potuistis, tunc saltem semel audire Jesum stantem a dextris virtutis Dei; et nunc quotidie pati æquanimiter potestis audire Abraham sedentem a dextris Dei? Nolite, nolite, quæso, consortem Deo dare, nisi Deum, nolite in sede divina aliquem constituere, nisi Deum. Hoc si conceditis, quod nequaquam hactenus negare consuestis , falsa sunt verba in persona Eliezer prolata, *Dixit Dominus,* id est Deus, *domino meo,* Abrahæ, *sede a dextris meis.* Nec solum falsa esse quæ dicta sunt ostendunt, sed et cuncta psalmi sequentia lucide idem declarant. De quibus est proxime sequens versus : *Donec ponam inimicos tuos scabellum pedum tuorum (Psal.* cix). *Sede,* inquit Deus, secundum vos, o Abraham, *a dextris meis, donec ponam inimicos tuos scabellum pedum tuorum,* hoc est, donec subjiciantur tibi inimici tui. Et quos hostes, dum viveret, habuit Abraham? Scrutare, Judæe, totum textum sacri Canonis tui, et, nisi fallor, non dico plures, sed nec unum invenire poteris hostem Abrahæ. Homo enim justus, licet in terra gentilium commoraretur, religione tamen sua, sobrietate sua, sapientia sua sic inter malos bonus, sic et inter eos qui oderant pacem erat pacificus *(Psal.* cxix). Inde est quod in Canone Hebraico, inimicum ei aliquem exstitisse, nec Christianus legere potuit vel poterit, nec Judæus. Quod si dixeritis pugnasse eum cum cccxviii clientibus contra reges, qui Sodomæos vicerant, et Lot filium fratris sui captivaverant : cumque raptores vicisse, Lot liberasse, spolia multa ab hostibus revexisse *(Gen.* xiv), respondeo : Nec reges ad prælium causa Abrahæ processerunt, nec causa Abrahæ Lot fratris ejus filium ceperunt.

Causam qua reges adversum reges, quatuor scilicet adversus quinque in bellum concitati sunt, Scriptura refert. Hoc est, quia quinque reges quatuor regibus aliquandiu servierant; et tunc servitutis legem probrosam reputantes, servire nolebant. Hæc causa fuit, qua inter victos inventus Lot, a victoribus captus est : ipseque Lot causa exstitit, qua cum jam dictis raptoribus Abraham congressus est. Claret ergo quia nec isto modo invenire poterit Judæus inimicos Abrahæ, de quibus fingere possit dictum ei a Deo : *Donec ponam inimicos tuos scabellum pedum tuorum.*

Quod si inimicos Abrahæ invenire non potuerit, nec tertium psalmi versum super eo exponere poterit. Hoc est : *Virgam virtutis tuæ emittet Dominus ex Sion (Psal.* cix), eique dictum a Deo : *Dominare in medio inimicorum tuorum (ibid.).* Nam quia Judæis loquens, medullam sacri psalmi, quam fastidiunt, tangere prohibeo et circa inutilem litteræ corticem, quem solum pecudum more rodere solent, morari compellor. Dicite juxta brutum intellectum vestrum, dicite qua ratione homini benigno, homini pacifico, qui semper ferme inermis legitur, a Deo dictum sit : *Virgam virtutis tuæ emittet Dominus ex Sion.* Quomodo emissa est a Domino virga virtutis Abrahæ, quæ ei ad pugnandum necessaria non erat. Quomodo dictum est ei a Domino : *Dominare in medio inimicorum tuorum,* qui nulli erant? Sed transeo et ad quartum : *Tecum principium.* Quod est istud principium cum Abraham? An principium cœli et terræ cum Abraham? An aliquarum creaturarum principium cum Abraham? *In die virtutis tuæ.* Quæ est ista dies virtutis Abrahæ, quæ est ista dies, in qua principium jungatur virtuti Abrahæ? *In splendoribus sanctorum ex utero ante luciferum genui te.* Qui sunt hi, Judæe, splendores sanctorum, in quibus ante luciferum genitus est Abraham? Sed non his pene ineffabilibus immoror, quia non a Christiano de Christo, sed a Judæo de Abraham, si potuerit, exponenda sunt. Et quid sequitur? *Juravit Dominus, et non pœnitebit eum (ibid.).* Quid est quod juravit Dominus? Quid est quod jurasse non pœnitebit eum? *Tu es,* inquit, *sacerdos in æternum, secundum ordinem Melchisedech (ibid.).* Nunquid Abraham sacerdos? Nunquid Abraham sacerdos, et in æternum? Nunquid, et sacerdos, et in æternum, et secundum ordinem Melchisedech? Nam si Abraham sacerdos secundum ordinem Melchisedech, quare cum esset uterque paris officii, paris ordinis, paris dignitatis, benedici se ab ipso pertulit? quare panem et vinum obtulit? quare decimas ei ex omnibus quæ ceperat dedit? *(Gen.* xiv.) Hæc universa, Judæe, super Abraham, si potes, expone. Sed credo, imo scio, imo affirmo quod nec tu, nec tota pariter congregata synagoga Satanæ, verba ista tam sacra, tam divina, tam omnem hominem excedentia, nec de homine Abraham, nec de quolibet tantum homine exponere poterit. Falsa est igitur expositio Judaica, mentiens hæc a Deo dicta Abrahæ, et vera est expositio Christiana, affirmans hæc dicta esse a Deo cuilibet homini, sed Jesu Christo Deo simul et homini : Deo, inquam, et homini. Et ut magis ac magis, si non ad credendum, saltem ad irascendum Judæum commoveam, quod audire refugit sæpe dicendo, non solum homini et Deo, sed, sicut sæpe dictum est, homini et Deo, simulque Dei Filio. Et quid tantopere nomen Filii Dei refugit Judæus, cum hoc libere ac constanter confiteatur paganus? Nonne enim paganus Nabuchodonosor? Et quid iste ad ostium fornacis suæ accedens dicit? *Nonne,* inquit, *tres viros misimus in medium ignis compeditos? Ecce,* inquit, *species quarti similis Filio Dei (Dan.* iii). En Filium Dei rex ethnicus prædicat, et Judæus negat. Confitetur rex sine lege Dei Filium Dei, et homo educatus et doctus in lege Dei diffitetur et abjicit Filium Dei. Sed ille Dei Filius qui ab illa Babylonica salvavit confessores pueros, fornace sine dubio infernali negatores sui torquebit sine fine Judæos. Auctoritatibus ergo præmissis, vel negante vel confitente Judæo, Christus Deus est, Christus Dei Filius est.

Sed audite adhuc unum, post illa quæ præmissa sunt, vestri Salomonis de Dei Filio testimonium. Ait enim in Proverbiis : *Quis ascendit in cœlum, atque descendit? Quis continuit spiritum in manibus suis? Quis colligavit aquas quasi in vestimento? Quis suscitavit omnes terminos terræ? (Prov.* xxx.) De quo verba ista, o Judæi, nisi de Deo accipi possunt? et quidem ascendere in cœlum atque descendere, vel angelis sanctis, vel quibusdam beatis sanctorum spiritibus congruere posse videtur. Sed non de angelis non de sanctorum spiritibus hæc dicta verba sequentia probant. Probant, inquam, verba sequentia, non hoc dictum de quolibet spiritu, non dictum de qualibet creatura : sed de ipso omnium spirituum, imo omnium rerum creatore Deo, cum subditur : *Quis continuit spiritum in manibus suis?* Quis enim spiritum in manibus suis, hoc est, in potestate sua continet, nisi ille de quo ait Job : *Quem docere voluisti? nonne eum qui fecit spiramentum? (Job* xxvi.) Cui certe adaptari poterit : *Quis colligavit aquas quasi in vestimento,* nisi ille de quo in eodem Job libro legitur : *Flante Deo concrescit gelu, et rursum latissimæ funduntur aquæ? (Job* xxxvii.) De quo dici potuit : *Quis suscitavit omnes terminos terræ,* nisi de illo de quo psalmus canit : *Tu fecisti omnes terminos terræ, æstatem et ver; tu plasmasti ea? (Psal.* lxxiii.) Non igitur Salomon vester de quolibet ista, non de Deo sensit, non de quolibet, nisi de Deo protulit. Audite ergo sequentia : *Quod nomen est ejus, aut quod nomen Filii ejus, si nosti? (Prov.* xxx.) Quid agitis, Judæi? Ecce exquirit Salomon nomen Dei, exquirit velut ineffabile nomen Filii Dei. Nequaquam plane sapiens ille nomen Dei Filium habentis exquireret, si eum Patrem esse non crederet. Nequaquam nomen Filii ejus investigaret, si Dei Filium esse aliquem non sentiret. Sensit ergo quod hucusque non sensistis; confessus est quod hucusque negastis, et Deum Patrem esse, quem lium habere testatur, et Filium ejus esse quem sub nominis investigatione Dei Filium esse fatetur. Quid verbis istis clarius? quid luce hac splendidius? Nonne hoc solo Salomonis testimonio, o Judæi, etiam remotis aliis vos urgentibus Scripturarum testimoniis, necesse est vos confiteri Filium Dei? Nam nec inde quilibet insidiandi vobis angulus uspiam patet, unde hoc singulare nomen Filii Dei conemini pervertere, plurali nuncupatione filiorum Dei. Ea enim, quam prætendere Scriptura videtur, inquisitio nominis Dei, et inquisitio nominis Filii Dei, excludit pluralitatem filiorum Dei. Nam neque sancti angeli, neque justi homines, quos, ut supra dictum est, aliqua excellenti gratia Dei filios Scriptura sancta nominat propriis, ubi necessarium fuit, nominibus caruerunt, vel jam imposita adeo tecta fuerunt, ut ea tantopere Salomon admiretur, et admirando tanta diligentia investigare credatur, ut dicat : *Quod nomen est ejus, aut quod nomen Filii ejus, si nosti?* Sed nec aliqua ratio patitur, ut post illud, quod de eo tam solemniter protulit, quando dixit : *Quod nomen est ejus*, de aliquo hominum sive aliquo angelorum dictum sentiatur, quod sequitur : *Vel quod nomen Filii ejus, si nosti?* Jam quippe nomen angelicum vel humanum, divino nomini adæquari videretur; jam nomen creaturæ par Creatori fieri diceretur. Est autem nomen Dei super omne nomen, ut nostis, nec minus ineffabile, nec minus incomprehensibile, quam ipse Deus. Nec enim aliud est Deus, aliud nomen ejus; sed tam ipse quam nomen ejus, hoc est idem simplex et summus Deus præfertur omnibus operibus ejus. Hinc est quod Scriptura hæc, quæ dicit : *Quod nomen Filii ejus, si nosti?* non solum Dei Filium prædicat, sed etiam eumdem Deum esse demonstrat. Nulla namque ratione nomen Filii Dei pari diligentia ut nomen Dei exquireretur, nisi et ipse quoque Dei Filius Deus esse monstraretur. Nomen ergo Patris, et nomen Filii, quod pari sublimitate exquiritur, pari quoque deitate præditum esse docetur. Aut ergo proferte mihi aliquem alium, o Judæi, quem certa auctoritate vel ratione compellar credere et confiteri, non ex plurali filiorum Dei numero, sed unicum esse Filium Dei : aut suscipite Christum nostrum, qui tot auctoritatibus, tot rationibus, probatus est et Deus, et Filius Dei.

CAPUT II.

Quod Christus specialiter Deus sit.

Sed postquam Christus litterarum vestrarum, o Judæi, auctoritate, Dei esse Filius ac Deus probatus est, fortassis adhuc solita improbitate instabitis, et aliis divinitatem ejus exemplis vobis monstrari clarius exigetis. Et quid, inquam, clarius ostendi potest? Quid in rebus mundanis luce clarius? quid sole fulgentius? Cæcis tamen et lux nox est, et sol tenebræ sunt. Sic vobis, sic plane vobis, Scripturarum sacrarum claritas splendet, ut quæ aliis illuminant, vobis lucere non possint; quæ aliis fulgent, vobis obtenebrescant. Cui enim, præter vos, non sufficeret, ad Christi deitatem comprobandam, tam lucidum divini psalmi, quod præmissum est, testimonium, *Dixit Dominus Domino meo, sede a dextris meis*, et reliqua? Cui præter vos, non sufficeret, ad Christi deitatem comprobandam, tam splendida Salomonis sententia, qua nomen Filii Dei, sicut ipsius Dei exquirens, ostendit, non solum Christum esse Dei Filium, sed etiam Deum? Cui, præter vos, non sufficeret sola ipsa ratio, qua quia Christus auctoritatibus sacris Filius Dei esse ostensus est, eadem quoque Deus esse probatus est? Et hoc quo modo? Audite. Si enim Dei Filius est, aut naturaliter, aut tantum vocaliter Dei Filius est. Sed, ut supra posui, vocaliter tantum, non naturaliter gratia aliqua, vel merito aliquo, dicti sunt quidam angelorum, dicti sunt quidam hominum, filii Dei : Quidam angelorum, ut in libro Job : *Quadam die cum venissent Filii Dei, ut assisterent coram Domino* (Job 1); quidam hominum, ut per Ezechielem loquitur Deus : *Habui eas, et pepererunt mihi filios et filias* (Ezech. xxiv). Christus vero quia ante omnem creaturam ex ipsa Patris essentia genitus esse supra probatus est, naturaliter Dei Filius est. Quod si naturaliter Dei Filius est, utique non aliud quam Pater est. Pater autem Deus est. Non igitur aliud Filius quam Deus esse potest. Nam, ut de ipsa carnali generatione, licet longe impar, aliquod tamen exemplum trahatur, sicut genitus de homine homo est, sicut genita de ave avis non nisi avis est, sicut accensum de lumine lumen non nisi lumen est, sic natus de Deo Deus, non nisi Deus est. An non sufficit hæc sola ratio vobis? Succedant ergo rationi et alia Scripturarum vestrarum exempla, et ad probandam Christi veram deitatem, de ipso legislatore vestro Moyse evidens testimonium proferatur.

Accede ergo, sancte Moyses, tu, inquam, singularis amice Dei, tu quem ipse Deus ex nomine se nosse dicit, tu qui in velamen Judæis datus es, sed nobis revelatus es : accede non jam ad populum Dei, sed contra hostes Dei, et expone tam nobis quam ipsis, deitatem Filii Dei. *Pluit*, inquit, *Dominus super Sodomam et Gomorrham sulphur et ignem a Domino de cœlo* (Gen xix). Quis est iste Dominus, o Judæi, qui ab alio Domino pluit sulphur et ignem de cœlo? Audistis jam dicentem David : *Dixit Dominus Domino*, audite et Moysen dicentem : *Pluit Dominus a Domino*. Nolite confugium facere ad angelos qui præcesserant, qui sero Sodomam venerant, qui mane Lot cum uxore et filiabus de Sodomis abduxerant. Jam abierant, jam recesserant, jam ad quod missi fuerant impleverant. Nullus eorum Dominus dici potest, quia uterque angelus, uterque nuntius dicitur : quia uterque non Dominus, sed minister vocatur. Missi sunt illi in ministerium, ut Lot justum educerent, ut eum ab impiis secernerent, non ut (quod suum non erat) deitatis seu dominationis nomen assumerent. Nec movet nos quod eos Lot Dominos vocat, quod adorat, quod precatur. Mos est iste humanus, ut quandoque a paribus pares, quandoque a minoribus majores, Domini honoris causa vocentur. Mos fuit antiquus et modernus, ut præter illum singularem adorationis cultum, quo Deitas honoratur, invicem se homines quodam venerationis genere, vel ex parte supplices, vel toto corpore prostrati, adorent. Mos est communis neminem latens, quo et mutuas preces pro quibuslibet causis homines sæpe frequentant, et sibi mutuo, quæ rogantur indulgent. Legitur sæpe hoc sanctos homines fecisse, et talibus obsequiis, vel apparentes angelos, vel se invicem honorasse. Hoc modo, non illo, quo Divinitas adoratur : hoc, inquam, usitato humanæ venerationis obsequio, Lot illos angelos adoravit, dominos vocavit ac deprecatus est. Nam quod angeli fuerint non Deus, non domini, sed ministri, declarant ipsorum verba ad Lot : *Delebimus*, inquiunt, *locum istum, eo quod increverit clamor eorum coram Domino, qui misit nos ut perdamus illos* (Gen. xix). Qui ergo missi sunt ut perderent locum, utique non domini, sed ministri mittentis Domini sunt, licet non solum per bonos, sed etiam per angelos malos, læsiones vel plagæ diversæ hominibus inferri legantur. Probatur hoc de ipso Job; probatur et de illis de quibus scribitur : *Misit in eos iram indignationis suæ : indignationem, et iram, et tribulationem, immissiones per angelos malos* (Psal. LXXVII). Sed nec illud movet quod unus ex illis qui apparuerant angelis ait : *Ecce etiam in hoc suscepi preces tuas, ut non subvertam urbem, pro qua locutus es* (ibid.). Hic enim velut angeli metas excedens, Dei personam sibi assumere videtur, ut ille, quem Abrahæ loquentem eadem Genesis Scriptura introducit, dicens : *Ecce angelus Domini de cœlo clamavit : Abraham, Abraham* (Gen. xxII). Et versu interposito : *Nunc cognovi quia times Deum, et non pepercisti filio tuo unigenito propter me* (ibid.). Sed tamen Abraham, non propter angelum, sed propter Deum filio suo non pepercerat. Videtur ergo in his verbis personam Dei eumdem sibi angelum assumpsisse, vel Deum in angelo locutum fuisse. Sic fortassis et hic. Sed sive hoc sit, sive non, angeli apparentes Lot angeli, ut dictum est, fuerunt, non Deus ; ministri, non domini; servientes, non imperantes; obsequentes, non dominantes. Ex his apparet quod de nullo eorum dictum est : *Pluit Dominus a Domino*. Nam angeli non dicuntur domini, administratorii spiritus non dicuntur domini : sed ille tantum, ille vere, ille summe dicitur Dominus, qui patribus vestris, o Judæi, per Moysen locutus est : *Audi, Israel, Dominus Deus tuus Deus unus est* (Deut. vi). Ille certe est Deus unus, ille est Dominus unus, de quo Apostolus noster, quamvis vos ei non credatis, loquitur : *Unus Deus Pater, ex quo omnia; et unus Dominus Jesus Christus, per quem omnia* (I Cor. VIII). De hoc Patre Domino, de hoc Filio Domino, hæc vestra Scriptura loquitur, cum dicit : *Pluit Dominus a Domino*. Pluit plane Dominus a Domino, Filius a Patre, Deus a Deo, qui sicut habet, ut a Deo Deus sit; sicut habet ut a Domino Dominus sit, sic ab ipso essentialiter habet, ut remuneret justos, puniat peccatores, glorificet bonos, condemnet profanos. Quod et tunc fecit, quando pluit super Sodomam et Gomorrham sulphur et ignem a Domino de cœlo. Nam nec verba ista, pluere, ningere, tonare, et similia, alicui creaturæ congruunt, sed ad solum creaturæ auctorem spectant, qui facit ista quando vult, prout vult, et producit. Hoc sonant et verba libri Regum : *Dedit Dominus voces et pluvias in die illa* (I Reg. XII). In Psalmis etiam ad litteram legitur : *Intonuit de cœlo Dominus, et Altissimus dedit vocem suam* (Psal. XVII). Et in Exodo : *Cunctus populus audiebat voces et lampades, et sonitum buccinæ montemque fumantem* (Exod. xx). Advertite igitur, o Judæi, Christum in Scripturis vestris Dominum ac Deum vocari. Nolite ipsum negare Dominum, nolite negare et Deum; ne forte ut super illos impios, sic et super vos blasphemos pluat sulphur et ignem a Domino de cœlo, et impleatur in vobis quod legitur in psalmo : *Pluet super peccatores laqueos ignis, et sulphur, et spiritus procellarum, pars calicis eorum* (Psal. x). Sed forte dicetis Christum quidem vocari Dominum, prout tibi videtur ; ex Scripturis affirmas, atque ut inde illum etiam Deum fateamur, cogere vis. Sed intermisso aliquandiu hoc Domini nomine, ex eisdem Scripturis etiam Deum aperte vocari ostende. Et faciam hoc plane, si vos auditores, imo si, quod totum est, intellectores habuero.

Audite ergo rursum sæpe nominatum, ac sæpe nominandum David vestrum, imo multo magis nostrum. *Sedes*, ait, *tua, Deus, in sæculum sæculi; virga directionis, virga regni tui. Dilexisti justitiam, et odisti iniquitatem : propterea unxit te Deus, Deus tuus oleo lætitiæ præ consortibus tuis* (Psal. XLIV). Quis loquitur ? Secundum nos Deus Pater, secundum vos ipse David. Cui loquitur ? Secundum nos Deus Pater Filio suo, secundum vos ipse David regi filio suo. Sed intermisso ad præsens nostro intellectu, juxta hunc vestrum psalmus exponatur. Videatur si verba ista regi Salomoni, vel alicui ex posteris ejus, sive cuilibet, præter Christum, alteri congruere possunt. Loquitur, inquam, juxta vos, ut dictum est, Salomoni filio suo David; vel alicui ex consequentibus : *Sedes tua, Deus, in sæculum sæculi*. Et certe præcedentia vel subsequentia psalmi verba pervertere, et more vestro, in alios vel alios intellectus fortassis intorquere potestis. Sed de verbis istis quid ? Quo sensu, quo astu, qua nimium nimiumque desudata interpretatione, sacra hæc verba cuilibet mortalium, præter Christum, adaptare valebitis ? *Sedes*, inquit, *tua, Deus*. Qua ratione, quo ausu a propheta homo vocatur Deus ? Sed dicetis: Moysi locutus est Deus : *Constitui te deum Pharaonis* (Exod. VII). Et addetis : Scriptum in Psalmis : *Deus stetit in synagoga deorum; et in medio deos dijudicat* (Psal. LXXXI). Nec illud omittetis : *Ego dixi : Dii estis* (ibid.). Et nos, o Judæi, novimus ista. Clara sunt, aperta sunt, latere nos non potuerunt. Vocantur illi dii, non quod aliqua deitas in eis fuerit, sed quia principatu aliquo, dignitate aliqua, vel sanctitate, quibusdam aliis a Deo prælati fuerint. Nostis hoc et ipsi quia non quod dii erant dii a Deo vocati sunt, sed quoniam excellenti gratia a Deo aliis prælati sunt. Sed non isto sensu iste, cui David loquitur, Deus ab ipso vocatur. Indicat hoc quod sequitur : *In sæculum sæculi. Sedes*, ait, *tua, Deus, in sæculum sæculi*. Nullius enim regis, nullius terreni principis sedes manet in sæculum sæculi. Contradicite, si potestis, et ostendite sedem alicujus mortalis manere posse in sæculum sæculi. Sed non potestis, resistit natura, reclamat mundus, denegat omnis homo. Necesse est ergo ut fateamini sedem hanc non cujuslibet regis esse posse, sed ipsius tantum Dei; hunc autem Deum non alium esse quam ipsum, de quo agitur, Christum. Nam et hoc sequentia versus hujus declarant. Nulla namque mutata persona, eidem Deo loquitur : *Virga directionis virga regni tui*. Ac statim : *Dilexisti justitiam, et odisti iniquitatem; propterea unxit te Deus, Deus tuus oleo lætitiæ*. Si ergo unctus iste Deus est, utique Christus Deus est. Quem enim nos unctum, quem vos Messiam, hunc plane tam nos quam vos Christum dicimus, Christum prædicamus. Linguæ tantum diversæ sunt, sensus linguarum idem est. Sonus duplex est, intellectus unus est. Deus ergo iste unctus Christus est, et unctus. Id est Christus Deus est. *Unxit te*, inquit, *Deus, Deus tuus*. Attendite, Judæi. Non semel tantum illum vocat Deum. Deum illum prius vocaverat, quando dixit, *sedes tua, Deus*. Nunc rursum vocat illum Deum, cum dicit, *unxit te Deus*. Quod enim sequitur, *Deus tuus*, jam alius casus est. Nam quod primo dicit, *Deus*, vocativus est; quod secundo, nominativus est. Ac si diceret : O Deus, unxit te Deus. Videtis adhuc, non semel tantum, sed bis, in duobus continuis versibus, a tanto propheta Christum tam lucide, tam præclare vocari Deum? Confitemini ergo, confitemini licet sero, Christum Deum, quem summus prophetarum vestrorum tam splendide prædicat Deum. Nec qualemcunque, sed talem, cujus sedes, juxta eumdem prophetam, permanet in sæculum sæculi. Sed quis est et ille Deus, a quo unctus est iste Deus? Sic enim lego : O Deus, unxit te Deus tuus. Agnovistis unctum Deum, agnoscite et ungentem Deum. Videte, si tamen datum fuerit vobis, quod hactenus videre non potuistis. Advertite nunc tandem necessario alterum oportere esse qui ungit, alterum qui ungitur. Alter tamen iste, alter ille, Deus a propheta vestro vocatur. Nam et qui ungitur, Deus dicitur; et qui ungit, Deus vocatur. Quid laboratis? Nusquam patet fuga. Scriptura vestra est quæ recitatur; propheta vester est qui loquitur, imo Dei sunt verba quæ loquitur. Obmutescite igitur, et divina virtute undique angustati intelligite nunc saltem, Deum et Deum esse non posse alium, nisi Patrem et Filium. Patrem, qui, sicut probatum est, in aliis Scripturæ locis loquitur Filio : *Ego hodie genui te*. Filium, qui eumdem Patrem invocat, sicut ipse Pater de eodem Filio alibi ait : *Ipse invocavit me, Pater meus es tu* (*Psal*. LXXXVIII). Ab hoc Deo Patre unctus est Deus Filius, unctus est Christus, non in quantum Deus est, sed in quantum homo est. Quantum enim ad Dei naturam pertinet, nihil Filio Deo potest addi a Patre Deo. Cui quantum ad eamdem divinam essentiam spectat, nihil Deus Pater potuit conferre donando, qui simul omnia contulit, cum æternaliter et ineffabiliter generando. Sed vere contulit multa, vere dedit multa humanæ naturæ susceptæ a Filio suo, qua mediante projectus a facie Dei, ejectus de paradiso Dei, factus de servo pessimus hostis Dei, Deo rursum redditus et conjunctus est homo. Unctus est igitur a Deo Patre Deus Christus, in quantum homo est, oleo, non illo quo apud vos olim reges ungebantur, sed oleo lætitiæ, oleo gratiæ, qua et homo ille a Deo assumptus, eadem assumptione deificatus est, et mundus totus Deo reconciliatus, glorificatus et salvatus est. Sic ergo, sic, non Judaico errore, sed Christiano more legite, intelligite, exponite : *Sedes tua, Deus, in sæculum sæculi*, et : *Unxit te Deus, Deus tuus oleo lætitiæ*.

Et licet ista ad probandam Christi deitatem brutis etiam pectoribus sufficiant, veniat tamen vel propheta vel propheticus homo in medium, Jeremiæ prophetæ notarius, seu collega Baruch. Veniat, et quamvis de alterius, tamen de prophetico Jeremiæ corde, spiritum hauriens, quid de Christi deitate sentiat, velut prophetæ consecretalis, non per involucra, sed nude ac lucide aperiat. Hic certe post multa, quæ de Deo præmiserat, subdit : *Hic*, ait, *Deus noster est, et non æstimabitur alter ad ipsum. Hic invenit omnem viam disciplinæ, et dedit eam Jacob puero suo, et Israel dilecto suo. Post hæc in terris visus est, et cum hominibus conversatus est* (*Baruch* III). Quid clarius? quid apertius? Deum vocat. Quem? qui invenit omnem viam disciplinæ. Quam viam? Illam scilicet, quam dedit Jacob puero suo, et Israel dilecto sibi. Et quam viam disciplinæ dedit Deus Jacob vel Israel, nisi præcepta quæ primis patribus vestris tradidit, nisi legem quam per Moysen dedit? Hic plane Deus, qui omnem viam disciplinæ invenit, qui eam per Patres, qui maxime per Moysen Israeli dedit : *In terris visus est, et cum hominibus conversatus est*. Solvite hoc, exponite alio, si potestis, modo, qualiter Deus, qui legem per Moysen Israeli dedit, in terris visus est; exponite qualiter cum hominibus conversatus est. Sed forte respondebitis : Visus est Deus Jacob, conversatus est cum Jacob, quando, ut Scriptura loquitur, vir quidam luctabatur cum eo usque mane, et de quo ipse Jacob dixit : *Vidi Dominum facie ad faciem, et salva facta est anima mea* (*Gen*. XXXII). Dicetis forsitan hoc modo in terris visum Deum a pluribus. Addetis, ut puto, quod tunc Deus ab hominibus visus est, et cum hominibus conversatus est, quando Moyses in montem ascendit, et quadraginta diebus cum Deo fuit, quando Deus de monte Sinai, populo in inferioribus constituto, corporali vel audibili voce insonuit (*Exod.* xx et xxiv). Sed, ut breviter objecta destruam, nec Jacob, nec Moyses, nec populus, nec aliquis, ipso Deo teste, Deum videre potuit. Recolite sic Deum locutum Moysi : *Non videbit me homo, et vivet* (*Exod.* xxxiii). Si ergo isti in carne vivebant, Deum videre non potuerunt. Sed credo quod conceditis eos, de quibus sermo est, in carne vixisse. Necesse est ergo vos concedere quod nullus eorum Deum videre potuit. Sed vere quasdam imagines Dei personam præferentes viderunt; quasdam voces sonumque corporeum, non ex essentia, sed præcepto Dei prolatum, audierunt. Nam quod ipsum Deum non viderint, quod vocem illius divinæ et incircumscriptæ essentiæ non audierint, non solummodo probat hoc quod præmisi : *Non videbit me homo, et vivet*, sed et illud quod de populo Israel legitur in Exodo : *Descende*, ait Moysi, *et contestare populo, ne forte velint transcendere terminos ad videndum Dominum, et pereat ex eis plurima multitudo* (*Exod.* xix). Et post aliqua : *Sacerdotes autem et populus, ne transeant terminos, nec ascendant ad Dominum, ne forte interficiat illos* (*ibid.*). Quomodo ergo dicere poteris, o Judæo, Deum tunc in terris visum, et cum hominibus conversatum, quando sic prohibeat non transcendi terminos ad videndum se, quando interitum transgressoribus minabatur, quando non solum de populo, sed et de ipsis sacerdotibus dicebat : *Non transeant terminos, nec ascendant ad Dominum, ne forte interficiat illos*. Non ergo illo tempore in terris visus est, et cum hominibus conversatus est. Quo igitur tempore? Quo, nisi illo, quando, juxta Evangelium nostrum, *Verbum caro factum est, et habitavit in nobis* (*Joan.* i), et, juxta verba Sapientiæ, quæ Salomon vester scripsit, dicentis : *Deliciæ meæ esse cum filiis hominum?* (*Prov.* viii.) Sapientia Dei, carne induta, conversata est cum filiis hominum? Tunc ergo vere, tunc, non ante, nec post, Deus ille vester, qui invenit omnem viam disciplinæ, qui dederat eam Jacob puero suo, et per Moysen Israel dilecto suo, in terris visus est et cum hominibus conversatus est. Manet tamen sententia suprascripta : *Non videbit me homo, et vivet*. Non enim mortalibus invisibilis Deus, qui, juxta Apostolum nostrum, *Deus erat in Christo mundum reconcilians sibi* (*II Cor.* v), interris visus est; sed secundum hominem quem induerat, quo immensam majestatem suam texerat, vere et absque dubio in terris visus est, et cum hominibus conversatus est. Hunc plane ab hominibus visum, inter homines conversatum, vocat homo propheticus Deum, non Deum alienum, sed suum, sed vestrum, sed omnium Judæorum cum dicit : *Hic Deus noster, et non æstimabitur alter ad ipsum* (*Baruch* iii).

Quid amplius? Nonne jam plenissime vobis satisfaciunt tot divina testimonia, quod Christus, quem colimus, quem prædicamus, Deus noster, Deus vester, Deus universorum sit? An vultis adhuc et alia proferri testimonia? Infinita equidem sunt illa, nec brevi opere explicari possent, quæ magis multis voluminibus egerent. Sed quantum proposita brevitas patitur, audite post alios quos audistis, non solum virum propheticum, sed prophetarum maximum Isaiam. Redi ergo ad nos, magne Isaia, et qui Christum ab æterno Dei esse Filium prodideras, etiam in terris de virgine natum Deum esse Judæis declara. Judæi quidem sunt, et lapidei sunt; et sicut ipse expertus es, non auditores prophetarum, sed proditores et interfectores sunt ; dic tamen, loquere, fac quod tuum est, ut vel credant tibi Judæi, et convertantur; vel si credere noluerint, juxta psalmum suum avertantur retrorsum, et confundantur (*Psal.* xxxi). Non poterit optimo successu carere divina secreta reserans sermo tuus, quem si spreverit Judæus, audiet Christianus; si abjecerit paucitas incredulorum, suscipiet et venerabitur infinitas orbis terrarum. *Parvulus*, ait, *natus est nobis, filius datus est nobis* (*Isa.* ix). Quid post? Hoc commune est. Multi enim parvuli nascuntur hominibus, multi filii a Deo dantur hominibus. *Factus est principatus super humerum ejus*. Et hoc multorum esse potest. Multi enim in terris et principati sunt, et principantur. *Et vocabitur nomen ejus admirabilis*. Hic jam parvulus, quem dixeras, filius quem nominaveras, a communi aliorum principatu secernitur. *Consiliarius*. Et hic, magnum quiddam et singulare innuitur. Sed prosequere. *Deus*. Audistis, Judæi? Parvulus iste natus, Filius iste datus, super cujus humerum principatus factus esse dicitur, qui et admirabilis scribitur, qui consiliarius nominatur, etiam Deus a propheta vocatur. Quid ultra quæritis? Quid vel mussitare poteritis? Erubescite, miseri, erubescite; et veritati tam lucidæ, tam splendidæ, quia saltem vos repugnare non posse cernitis, acquiescite. Isaias magnus homo, magnus propheta, plenus Deo, amicus Dei, notus vobis, notus mundo, hoc dicit : *Vocabitur nomen parvuli, admirabilis, consiliarius, Deus*. Sed attendite et sequentia : *Fortis*. Jam hoc omnibus clarum est, quia qui Deus est, et fortis, et auctor fortitudinis, et Dominus virtutum est. Sed quid post? *Pater futuri sæculi*. Quis loquitur? Propheta. Ubi loquitur? Utique in hac vita, utique in hoc sæculo. Quid est ergo quod dicit, *Pater futuri sæculi?* Plane non hujus, in quo vivebat, in quo loquebatur. Nam illud sæculum præsens erat. Ergo de alio, non de præsenti sæculo dicit : *Pater futuri sæculi*. Et quod illud sæculum? Certe mortalibus invisibile, certe sempiternum. Et illius sæculi quis Pater esse potest, nisi Deus? Cum enim nec hujus visibilis et transituri sæculi aliquis recte dici possit Pater, nisi Deus, longe minus illius invisibilis et æterni quisquam dici Pater potest, nisi tantum Deus. Necesse est igitur ut qui Pater futuri sæculi dicitur, Deus quoque esse credatur. Quod si forte Judaica versutia, parvulum illum, illius sæculi dictum Patrem dixeritis, in quo, quia regnaturus erat,

Pater ejus dictus est. Quod quia nondum erat, utique futurum erat; nec sic valebit, nec sic stare poterit Judaicus sensus. Intellectum enim hunc præcedentia prorsus destruunt. Hoc quomodo? quia Deus vocatur. Nullum autem terrenum regem, nullum temporalem principem Deum esse potuisse vel posse et ipsi fatemini. Unde etiam juxta intellectum vestrum, sequitur quod qui Deus dictus est, rex temporalis vel princeps hujus sæculi a propheta dictus non est. Hoc si verum est, Pater futuri sæculi, de hoc instanti sæculo dictum non est. *Princeps pacis*. Nec istud nisi de Deo accipi potest. Nam amator pacis, amicus pacis, sectator pacis, filius pacis, et his similia, homo quilibet dici potest. Princeps vero pacis, pater pacis, auctor pacis, non nisi Deus accipi potest. Revolvite paginas sacras, et, si non fallor, non nisi Deo nomina hæc adaptari videbitis. Hoc quia verum est, non nisi Deus a propheta princeps pacis dictus est. Ille plane, ille certe princeps pacis dictus est, qui sic paci principabatur, ut eam suam diceret, ut illam velut propriam suis discipulis, jam jamque passurus ac moriturus, donaret, dicens : *Pacem meam do vobis, pacem meam relinquo vobis* (Joan. xiv). Hic, inquam, vere princeps pacis est, qui etiam postquam a mortuis resurrexit, discipulis apparens, hoc eodem pacis nomine prima voce solemniter usus est, dicens : *Pax vobis* (Joan. xx). Nec latet nos (quod vos forte ignoratis) septuaginta Interpretes, quos vester Josephus refert, a pontifice Eleazaro ad transferendas de lingua Hebraica in Græcam Scripturas sacras, Ptolemæo regi Ægyptiorum directos, sex ista tam sublimia nati parvuli nomina reticuisse, et pro illis, magni consilii angelum transtulisse. Sed fecerunt illi hoc, ut auctores tam vestri quam nostri referunt, ne regi jam unum Deum colenti scandalum facerent, neve illum qui noviter cultum idolorum abjecerat, rursum objecta hominis Christi deitate, dum tanti mysterii altitudinem penetrare non posset, non tam erudirent quam perturbarent. Sed hoc, sive alio animo, hoc illi fecerint, quid ad vos? Si non habent nomina illa Græci libri, habent Hebraici. Si non habet ea Græcus, habet Hebræus. Relegite Isaiam, scrutamini verba ista, et non verbis meis, sed litteris vestris credite; non libris alienis, sed propriis acquiescite.

His præmissis, procedite ad sequentia : *Multiplicabitur ejus imperium* (Isa. ix). Cujus imperium? Parvuli supradicti. Quid sequitur? *Et pacis non erit finis*. Et hic figite gressum, Judæi. Quod est hoc imperium, quod ita multiplicandum scribitur, ut pacis ejus non sit finis? Quis est parvulus iste, quis est filius iste, cujus imperium non solum prolixum, non solum diuturnum dicitur, sed insuper æternum esse prædicatur? Hunc, si potestis, nodum solvite, hujus quæstionis vinculum expedite. *Multiplicabitur ejus imperium, et pacis non erit finis*. Et quod est, vel cujus est tanti imperii solium? *Super solium*, inquit, *David, et super regnum ejus* (ibid.). Percurrite, numerate universos reges de stirpe David, ab ipso David vel Salomone filio ejus usque ad ultimos prolis Davidicæ reges : Joachim dico vel Sedechiam, quorum primus regno deposito, sponte se Babyloniis tradidit (*IV Reg*. xxiv). Alter vi bellica ab eis captus, erutis oculis, in Babylonem captivus ductus est (*IV Reg*. xxv). Videte, utrum alicui ex illis Scriptura hæc conveniat. Non utique ut cernitis, ut perspicuum est, alicui ex ipsis congruit. Nec ipsi bono regi Josiæ, cui quidam ex vestris ut olim audivi, sacra ista verba, quæ præmissa sunt, somniantes applicare contendunt. Sed nunquid Josias Deus? Nunquid princeps pacis? Nonne pacem regni ejus, citissimus finis secutus est? Nonne et ipse brevissimo tempore regnans, in campo Magedo, a rege Ægyptiorum Nechao interfectus est? (*IV Reg*. xxiii.) Nonne eo interfecto, cum vita ejus et pax imperii ejus finita est? Nam, paucis annis elapsis, secuta est urbis vestræ vastitas, templi Dei exustio, Judæorum captivitas, et in Babylonem transmigratio. Falsissimum est ergo et stolidissimum hæc prophetica verba super Josia exponi. Ridiculum prorsus est, nec humanis auribus tolerandum, vel de Josia, vel de quolibet Judæorum, vel aliquarum gentium rege, ista quæ non nisi Deo et Deo Christo adaptari possunt, sentire. *Super solium*, inquit, *David et super regnum ejus*. Quid ad ultimum? Ut confirmet illud et corroboret in judicio et justitia amodo et usque in sempiternum. Et ista, cui, nisi Deo : cui, inquam, nisi Deo congruunt? Quis certe alicujus regni solium confirmare, quis corroborare potest in judicio et justitia usque in sempiternum? Nunquid homo? Sed nunquid ille qui æternus non est, regni sui solium confirmare in sempiternum potest? Nonne clarum, nonne perspicuum etiam cæcis est non posse aliquid in sempiternum confirmari ab aliquo, nisi a sempiterno? Quia ergo his obviari non potest, quia tam lucidæ veritati nec Judæus, nec ethnicus, nec Satan quilibet contrarie prævalet, certum est quia parvulus tot divinis vocibus designatus Deus, non alius quam Christus noster est. Unde constat quod Christus, verus et sempiternus Deus est. Aut enim dabis mihi alium parvulum, dabis alium filium, de quo hæc omnia accipi possint, aut, si non potes, quod vere non potes, parvulum istum, filium istum, super quo tot divina scribuntur, nullum alium necessario sentire cogeris, quam Christum Dominum nostrum. Qui more humanæ ætatis parvulus, more nascendi, sed hoc admirabili et unico, Virginis filius secundum deitatis naturam, assumptæ humanitati perpetuo unitam, admirabilis est, consiliarius est, Deus est, fortis est, princeps pacis est, pater futuri sæculi est. Cujus imperium, infinito universarum gentium numero assidue multiplicatur, cujus regni pax nunquam finitur, cujus solium non multis solum annis ut mortalium regum, sed ut Regis æterni, in sempiternum confirmatur ac roboratur. Sed novi, Judæe, quia tot tantisque auctoritatibus pressus, vinci potes, obrui potes, credere adhuc fortasse non potes. Quare hoc? Quia hominem Deum credere confunderis, hominem Deum confiteri erubescis. Vilescit in corde tuo conditio humanæ naturæ, indignam eam æstimas nomine vel honore majestatis divinæ. Contemplaris hujus humilitatem, intueris illius sublimitatem. Videntur tibi non posse congruere tam alta tam humilibus, tam sublimia tam abjectis, hoc est, humana divinis. Hæc certe tota causa est, qua incredulus permanes, qua Deo resistis, qua nec ipsis Scripturis tuis, Christum esse Deum toties et toties profitentibus, credis. Et putas, o insipiens, quod cogitatio sublimitatis divinæ et humilitatis humanæ Christianam sapientiam fugerit? Vere, inquam, ad tam sublime et ineffabile Dei opus, Christianus obstupescit, nec tam singulare deitatis miraculum admirari sufficit. Sed aliud est mirari et credere; aliud est mirari et contemnere. Miratur Christianus, et illuminatur; miratur Judæus, et excæcatur. Miratur Christianus, et de solitario miraculo Deum singulariter laudat; miratur Judæus, et blasphemat. Non sequitur in admiratione tantæ rei prophetarum suorum cautelam, qui et futura scientes et prædicentes, non ea spernebant; sed admirando et prædicando, etiam ad illa pavebant. Cujusdam ex ipsis verba sunt hæc : *Domine, audivi auditum tuum, et timui : consideravi opera tua, et expavi (Habac. III)*. Quid timuit? quid expavit? Audi : *Domine, opus tuum (ibid.)*. Quod opus? Fortassis fabricam mundi. Sed huic opinioni contradicunt verba sequentia : *In medio*, inquit, *annorum vivifica illud (ibid.)*. Et certe cœli et terræ opus, sive illorum quæ infra sunt, jam ab antiquo facta fuerant, jam juxta partium congruentem differentiam vivificata erant.

Est igitur aliud opus, quod hic timet, quod expavescit, quod in medio annorum vivificari rogat. Nec solum vivificari rogat, sed etiam notificandum esse prædicit, cum subdit : *In medio annorum notum facies (ibid.)*. Quære, Judæe, quod possit esse hoc opus, quod Habacuc propheta miratur, et quod tantopere impleri precatur. Certe universa apud Judæos olim facta miracula vel miranda opera prophetam istum præcesserant. Nec aliqua ex illis quæ in Canone vestro legentes, admirari soletis, residua erant. Aut igitur opus aliud tam mirabile, pro quo adeo propheta sollicitari debuerit, impletum vel implendum ostende; aut si non vales, opus tam timendum, tam optabile, in Dei Filio, quando pro salute hominum hominis naturam assumpsit, consummatum agnosce. Hoc opus, quia cunctis operibus Dei excellentius esse vidit, et admiratus est, et extimuit. Et ne putaretur nolendo vel refugiendo timuisse, etiam impleri rogavit. Hoc est plane opus, quod et alienum esse a Deo, et tamen Deum ipsum opus operaturum, secretorum Dei frequentior reserator Isaias non tacet. *Ut faciat opus suum,* inquit, *alienum opus ejus (Isa. XVIII). Ut operetur opus suum, peregrinum est opus ab eo.* Nam quod opus Dei adeo alienum fuit a Deo, quantum illud, quo personaliter homo junctus est Deo? Nam quod cœlum, terra, mare, et quæ infra continentur, creata sunt ab ipso, non fuit alienum opus a Deo. Quod miracula minora vel maxima, quolibet tempore facta sunt ab ipso, non fuit alienum opus ab eo. Quia vero homo infimus summo junctus est Deo, tunc vere, tunc solum opus illud alienum fuit ab eo. Hoc est et illud opus, de quo Jeremias : *Quousque deliciis dissolveris, filia vaga? Faciet Dominus novum super terram (Jer. XXXI)*. Quod novum? Quid enim novum super terram? Ait enim Salomon : *Nihil novum super terram, nec valet quisquam dicere : Ecce hoc recens est (Eccle. I)*. Quod ergo est hoc novum? *Mulier*, ait, *circumdabit virum (Jer. XXXI)*. Hoc si potes, Judæe, Judaice expone. Quo enim modo potest mulier circumdare virum, ut novum sit? Si enim manibus vel brachiis, hoc novum non est. Si infantem, quem gestat utero, circumdare dicitur corpore materno, nec hoc novum est. Quolibet modo circumdare posse dicatur femina virum, prorsus novum non est. Necesse est tamen, ut vides, si verba prophetica conservantur, aliquam feminam sic virum circumdare, ut novum esse possit. Quod quia in usu humano invenire non prævales, ad divina te oportet confugere. Oportet te, inquam, ad divina confugere, et eum quem Virgo de solo Spiritu Dei concipiens Emmanuel, quem Latinus *Nobiscum Deus* vocat, id est Deum factum hominem, virgineo utero circumdans portavit, mecum pariter confiteri. Ad quid ista? Ut videns Christianos, cernens ipsos prophetas Dei, hoc singulare opus Dei, quo Deus propter homines homo fieri dignatus est, ob sui celsitudinem timere, admirari, venerari, desinas esse incredulus, cesses esse blasphemus. Nec retrahat te a fide, nec revocet a spe salutis tuæ quod res magna est, quod supra te est, quod ineffabilis et incogitabilis est. Nam sicut a prophetis tuis audis, alienum quidem fuit opus a Deo, quantum ad diversitatem naturarum pertinet, Deum hominem fieri; sed non fuit alienum misereri. Quod enim Deus hominem in se suscipiendo, hominis misereri deberet, addit verbis suprascriptis jam dictus propheta, dicens enim : *In medio annorum notum facies (Habac. III)*, adjunxit : *Cum iratus fueris, misericordiæ recordaberis (ibid.)*.

Cur ergo tibi usque ad incredulitatem mirum est, si Deus per hominem, quem suscepit, hominis misertus est? Vide ac recogita quod hoc opus Dei, tam alienum, tam peregrinum, ab eo non retraxit magnos illos homines Dei a fide, non coegit ad blasphemiam; sed sustulit in admiratione, commovit ad devotionem. Sentiebant illi de majore gratia magis Deum diligendum, magis glorificandum. Noverant non inde homines scandalizari debere, unde magis obnoxii sunt; non inde ad injurias debere prorumpere, unde magis debitores sunt. Quid enim deerat laudi divinæ, nisi assumptio humilitatis humanæ? Quod enim celsus, quod maximus, quod omnipotens esset, certum erat quod humilis homo fieri dignaretur : nemo præter magnos illos credebat. Quis enim hoc cogitare, quis suspicari posset, quod tantus tantillum, quod maximus parvum, quod æternus mortalem, quod majestas immensa vermem, ut sic loquar, humanum in seipso susciperet, et in Deum proveheret? Hoc opus ejus, quia est super omnia opera ejus, non ad irritandum, non ad blasphemandum, sed ad ipsum inde sublimius admirandum, laudandum, glorificandum, te debuit trahere præ cunctis operibus ejus. Hoc plane opus ejus, ut dictum est, Judææ, licet inter omnia opera ejus excellens et præcipuum sit, mirum est quod te ad tam obstinatam incredulitatem commovit. Cur enim ad scandalum commovet hominem, quia Deus hominibus loqui voluit per hominem? Relege Exodum, et de rubo vel flamma rubi invenies Deum Moysi collocutum (*Exod.* III). Revolve et consequentes libros, ac de aureo propitiatorio, quod erat inter duo cherubim, reperies ipsum consulentibus sæpe responsa reddentem. Nec mente excidat quod per aeria angelorum corpora, frequenter Deus patribus apparuerit, frequenter etiam locutus sit. Sed nec rubus, nec flamma ejus, nec aurea illa propitiatorii tabula, nec corpus aerium, ad momentum ab angelis sumptum, homini paria sunt. Excellit homo, ut nosti, tam his quam cunctis terrestribus creaturis; nec ille cujus causa illa facta sunt, et cui a Deo omnia subjecta sunt, inferior vel par ipsis modo quolibet fieri potest. Quod si minor, nec par est, utique major est. Credis ergo de minori vel per minorem creaturam, Deum hominibus loqui potuisse, et non credis per majorem eisdem hominibus loqui voluisse? Si de rubo, si de propitiatorio, si de aere insensibili, mortalibus responsa dedisse creditur, cur per assumptam rationabilem animam et carnem sensibilem mortalibus locutus fuisse negatur? Et quamvis corpora illa, de quibus vel per quæ locutus est, non eo modo ut hominem assumpserit, non sibi ut naturam humanam in æternum unierit, non ea ut hominem assumptum deificarit, tamen qui de rubo vel propitiatorio auditus est, qui per aerium corpus locutus est, ipse per terrenum, sensibile, et animatum corpus hominibus apparuit, hominibus corporali et audibili voce insonuit. Esto ergo jam, Judææ, Judæus, non perfida obstinatione, sed veraci confessione, ut qui fateris Deum de inferioribus, aut per inferiores creaturas tuis locutum patribus, confitearis eumdem per assumptam majorem, hoc est humanam naturam, et apparuisse et locutum esse hominibus.

Sed fortassis adhuc scandalum pateris, et ne Deum sordibus humani corporis involvi vel pollui sentire cogaris, incarnatum, seu de virgine natum, confiteri refugis. Vereris, ne si confessus fueris incarnatum, confiteri quoque compellaris suscepta carne pollutum, et vel corporalibus, ut dictum est, vel spiritualibus peccati sordibus inquinatum. Times insuper blasphemus videri, si Deum laborasse, si esurisse, si sitisse, si flevisse, si tandem passum, si mortuum, si sepultum fuisse senseris, si credideris, si professus fueris. Sed stultus est hic timor tuus, inanis prorsus est hæc formido vel suspicio tua. Non ita, non ita, Judææ, cæcus est Christianus oculus, non sic desipit Christiana sapientia, ut vel carnis humanæ sordibus, vel animæ humanæ sceleribus, incontaminabilem credat inquinari, impassibilem pati, immortalem mori vel communi universorum more, eum qui omnium est mortuorum resurrectio, juxta quod æstimas, sepeliri. Novit, et communi Christianorum suorum ore fatetur, Deum, quantum ad divinam majestatem spectat, nec carnis fæcibus inquinari, nec humanis peccatis pollui, nec pœnis vel miseriis condemnatæ naturæ posse affligi. Et ut hoc tibi aliqua ex rebus visibilibus similitudine tracta clarius ostendam, nunquid lux ipsa siderum, vel diurna solis, vel nocturna lunæ, aut nubibus oppositis adumbrata, aut liberis radiis serenata, cum quælibet etiam valde sordida vel sordentia loca illustrat, inquinari potest? Nunquid si millies, gladiis vel securibus vehementi adnisu per inane actis, feriri vel scindi videatur, lædi aut vulnerari potest? Nunquid vel attactu rei sordidæ sordere, vel qualibet ferri sectione dolere potest? Tali modo Deitatis essentiam nunquam et nusquam inquinari, nunquam et nusquam vulnerari, nunquam et nusquam quidpiam tormenti vel doloris posse pati, Christianus et corde credit ad justitiam, et ore confitetur ad salutem (*Rom.* x). Inde est quod Dei Filium humanam carnem adjuncta anima, ex virgineo utero assumentem, ac postmodum in ipsa humana substantia inter homines conversantem, non solum quibuslibet carnis vel spiritus sordibus, non potuisse pollui prædicat, sed et ipsam quam assumpsit naturam, et eam de qua illam assumpsit Virginem, ab omni prorsus fæce peccati emundasse confirmat. Inde est quod nec cum esuriente carne Deum esurisse, nec cum sitiente sitisse, nec cum flente flevisse, nec cum patiente passum, nec cum moriente mortuum, nec cum sepulta sepultum, non quantum ad unius personæ ex diversis subtantiis unitatem, sed quantum ad uniuscujusque substantiæ proprietatem pertinet, intelligit et fatetur. Remove ergo, Judææ, stultitiæ scandalum de corde tuo, separa bestialem intellectum a mente tua, quia non obsistit veræ Christi deitati vera carnis humanæ susceptio, quia non inquinatur, non patitur, non humiliatur Deus propter assumptum hominem, sed mundatur, glorificatur, et exaltatur homo propter se assumentem, imo deificantem Deum. Et quidem ista, quæ præmissa sunt, quod Christus verus Deus sit omni homini, præter saxeum, sufficere possunt.

Attamen, ut plurimo sententiarum aggere nefandum serpentis caput non solum conteratur, sed etiam sepeliatur, accedat et Michæas, et quid de Christi deitate sentiat, dicat. Non timuit ille impium regem Achab, nec timore ejus vel gratia veritatem reticuit. Faciat nunc idipsum contra impios Judæos, nec lapides illos, quibus lapidei homines prophetas Dei solent obruere, reformidet. *Et tu*, inquit, *Bethlehem Ephrata, num parvula es in millibus Juda? Ex te mihi egredietur, qui sit Dominator in Israel* (*Mich.* v). Ecce, sancte propheta, dicis ex Bethlehem egressurum, hoc est, in Bethlehem nasciturum, atque inde processurum Dominatorem Israel. Sed dominatores Israel multi fuerunt, multi et adhuc esse possunt. Exprime hoc apertius, et distingue hunc Dominatorem Israel a cæteris dominatoribus Israel. *Et egressus*, inquit, *ab initio, a diebus æternitatis* (*ibid.*). Quid agitis, Judæi? Quem ex omnibus regibus vestris, quem ex universis dominatoribus Israel invenire poteritis, cujus egressus esse potuerit ab initio, a diebus æternitatis? Cujus enim egressus dici potest ab initio, nisi Dei? cujus dies æternitatis dici possunt, nisi Dei? Illius absque dubio egressus ab initio. illius processus a diebus æternitatis est, cujus nativitatis et in Bethlehem de matre Virgine temporalis, et de Patre Deo ante omnem creaturam exortus exstitit sempiternus. Illius plane egressus, a diebus æternitatis est, qui sub nomine Sapientiæ loquitur in libro Sapientiæ : *Ab æterno ordinata sum, et ex antiquo, antequam terra fieret. Nondum erant abyssi, et ego jam concepta eram. Necdum fontes aquarum eruperant, necdum montes gravi mole constiterant. Ante colles ego parturiebar. Adhuc terram non fecerat, et flumina, et cardines orbis terræ* (*Prov.* viii). Hujus ergo Sapientiæ, hujus Filii Dei, qui secundum carnem in Bethlehem natus est, secundum deitatem egressio a patre ab initio, a diebus æternitatis est. Quod si quemlibet, o Judæi, alium, de quo ista dici possint, habetis, proferte. Sed non habetis. Ergo si prophetæ vestro creditis, istum vos necesse est suscipere. Post illum, ille qui ad tempus visus fuerat recessisse, manu forti David redeat, et cui nunquam ullus inimicorum resistere potuit, jam sibi inimicos factos Judæos debellet. Cessit et periit lapide ejus ictus Philisthæus : cedat et pereat jactu sacrorum verborum ejus, pejor Philisthæo hostis Judæus. *Deus*, inquit, *judicium tuum regi da, et justitiam tuam filio regis* (*Psal.* xlxxi). Quis loquitur, Judæi? Respondetis : David. Cui loquitur? Deo. De quo loquitur? De rege ac filio regis. Et quis est iste qui et rex est, et filius regis? Respondetis : Salomon. Et additis : Hoc indicat psalmi, quem proponis, titulus, qui talis est : *Psalmus David in Salomonem*. Ergo secundum vos, de Salomone filio suo loquitur David in hoc psalmo.

Videamus igitur si omnia psalmi hujus Salomoni congruunt. Et ut intermittam aliqua, quæ Judaica interpretatione Salomoni aliquo modo coaptari possse videntur, respondete : *Et permanebit cum sole et ante lunam in generationes generationum* (*ibid.*). Salomoni quo sensu adaptabilis? Quomodo permanere potuit cum sole, qui non nisi quadraginta annis regnavit? Nonne quotidie solem in cœlo cernitis? Nonne Salomonem ante duo millia annorum defecisse agnoscitis? Aperite, aperite oculos, et, ut dixi, aspicite solem in cœlo, recolite Salomonem positum in sepulcro. Quomodo igitur Salomon permansit, vel permanere potuit cum sole? Attendite, et ante lunam. Et hoc nonne longe absurdius? Nonne luna non tantum ante Salomonem, sed et ante omnem hominem creata est? Nonne ille Salomon filius David, non solum post patrem, sed et post multas mortalium generationes natus est? Quomodo ergo permansit vel permanet cum sole, quomodo permansit vel permanere ante lunam, in generationes generationum? Sole, ut dictum est, adhuc permanente, ante plurima tempora mortuus est, et luna jam existente, post multa sæcula natus est. Sed tam claris diu immorandum non est. Percurrite psalmum, et versu interposito legite : *Orietur in diebus ejus justitia, et abundantia pacis* (*ibid.*). Sed hoc utcunque juxta vos stare potest. Sed quomodo stabit quod sequitur, *donec auferatur luna?* (*Ibid.*) Nonne adhuc luna permanet, et abundantia, quæ tempore Salomonis in regno tanto Judæorum fuerat, eo mortuo cum eo exstincta est? Quod utrum verum sit, audite : audite Scripturam vestram, in medio Regum libro loquentem. *In quinto*, inquit, *anno regni Roboam, ascendit Sesac rex Ægypti in Jerusalem, et tulit thesauros domus Domini, et thesauros regios, et universa diripuit. Scuta quoque aurea quæ fecerat Salomon, pro quibus fecit rex Roboam scuta ærea* (*III Reg.* xiv). Et ne unum tantum testem de Canone vestro super hoc produxisse videar, relegite Dabrehiamim vestrum, et si quid dissimile his, quæ proposui, in eo æmulus oculus vester legerit, mendacii me arguite. Refert jam nominatus uterque liber, in anno quinto regni Roboam abundantiam Salomonicæ pacis exstinctam. Exstinctam, inquam, rege Ægypti Sesac cum mille ducentis curribus et lx millibus equitum, ac vulgo, cujus non erat numerus, in Judæam superveniente, exstinctam, eo cum Libyco exercitu Trogoditis et Æthiopibus civitates munitissimas in Juda capiente, exstinctam, vel, ut mitius loquar, interruptam, illo sublatis thesauris domus Domini et domus regis, cunctisque supra scriptis cum opima præda in regnum proprium concedente (*II Par.* xii). Quod si quinto anno regni Roboam filii Salomonis ista facta sunt, falsum est quod de psalmis veridicis Salomoni adaptare voluistis : *Orietur in diebus ejus justitia, et abundantia pacis, donec auferatur luna*. Nam justitia et ante ipsum ex parte, et post ipsum maxime orta est, et pacis abundantia, quæ diebus ipsius blandius Judæos demulserat, quinto anno Roboam filii ejus exstincta est (*III Reg.* xii). Taceo discessionem decem tribuum a Roboam ; taceo bella pene continua inter utrumque regnum, quod peccatis Judaicis promerentibus de simplici duplex factum fuerat, hoc est, Judæ et Israel. Continua vero vel pene continua ab ipso videlicet Roboam rege Juda, usque ad Salmanasar regem Assyriorum. Sub quo ne lis tam diuturna prolixius extenderetur, ipso decem tribus de duodecim Hebrææ stirpis tribubus captivante factum est. Hæc si vera sunt (quæ vera non esse nulla, quantalibet illa fuerit, Judaica perversitas negare potest), claret videntibus, perspicuum est et cæcis non esse dictum a spiritu prophetico de illo vestro Salomone : *Orietur in diebus ejus justitia, et abundantia pacis.* Et istud quia illi Salomoni congruere non posse perspicuum est, legite versum sequentem : *Et dominabitur a mari usque ad mare, et a flumine usque ad terminos orbis terrarum (Psal.* LXXI). Et quis non videat hoc ad Salomonem pertinere non posse? A quo mari usque ad quod mare dominatus est, cujus regnum brevibus Syriæ terminis coarctatum est? Quod si dixeritis, a lacu Asphaltico, quod juxta idioma linguæ vestræ, mare vocatur, ad quod quantum ad situm Palæstinæ occidentale dicitur, et a nobis Tyrrhenum vel Mediterraneum vocatur, illum regnasse, breviore quam fuerit spatio regnum ejus arctabitis. Locus etenim ille in medio Galilææ est; et ipse Salomon a rivo Ægypti, qui ultra lacum illum aliquo dierum spatio interjacente fluit, usque ad maris Mediterranei proxima loca, regnasse dicitur. Non igitur terminus regni ejus fuit a mari usque ad mare. Sed nec a flumine usque ad terminos orbis terrarum. Dicuntur enim termini orbis terrarum, ubi finitur orbis terrarum. Sed universis gentibus notum est Salomonem illum, non solum dominatum non fuisse usque ad terminos orbis terrarum, sed longe infra brevius terræ spatium regnasse, quam multos reges orbis terrarum. Innumerabiles enim olim reges fuerunt, qui cum non regnarent super universum orbem terrarum, angustias illius Salomonici regni vicerunt multa amplitudine regnorum suorum. Clarum est ergo cunctis quia non est dominatus Salomon ille a mari usque ad mare, neque a flumine usque ad terminos orbis terræ. Procedite hinc, et duobus tantum versibus intermissis, tertium legite : *Et adorabunt eum omnes reges, omnes gentes servient ei (ibid.).* Nunquid illi Salomoni? Non, non, non, clamat orbis terrarum. Nam non dico pauci, sed nulli uspiam regum Salomonem adorasse leguntur. Quod omnes gentes ei servierint, nec resistendum est, quia quod non servierint sole clarius est. Percurrite psalmum, et vel legite, vel audite, quod post paucos versus sequitur : *Sit nomen ejus benedictum in sæcula (ibid.).* Cujus nomen? Juxta vos, Salomonis. Relegite omnem Scripturarum sacrarum seriem, et vix aut nusquam de alicujus hominis nomine hoc vel simile quid dici : *Sit nomen ejus benedictum in sæcula (ibid.),* invenietis. De solo enim Deo, de solo nomine Dei hoc Scriptura dicere consuevit, ut est illud : *Benedictum nomen majestatis ejus in æternum (ibid.);* et : *Nos qui vivimus, benedicimus Domino (ibid.);* et : *Benedictus Dominus Deus Israel, qui facit mirabilia solus (ibid.).* Et his multa similia. Unde hoc quod dicitur, *Sit nomen ejus benedictum in sæcula,* non de illo Salomone, tantum homine, sed de aliquo plusquam homine accipi necesse est. Hoc lucide indicat quod sequitur : *Ante solem permanet nomen ejus.* Hoc est, *Sit nomen ejus benedictum in sæcula,* quod est, *Ante solem permanet nomen ejus.* Nunquid Salomonis nomen ante solem permansit? Nunquid Salomon solem præcessit? nunquid ante ipsum creatus est? nunquid ante ipsum nominatus est? Videtis adhuc non solum impium, sed et blasphemum esse, quemlibet ista de Salomone sentire? Nec vos prætereat sequens versiculus, *Et benedicentur in ipso omnes tribus terræ (ibid.).* In quo? In Salomone? Non decet nos manifestissimis immorari, quod me, quod omni disputatore tacente, falsissimum esse facillimum est comprobari. Quid post? *Omnes gentes magnificabunt eum (ibid.).* Quem? Salomonem? Nec hic tempus occupandum est, quod nec esse, nec fuisse, universis notum est.

Quærite ergo, o Judæi, quærite alium, de quo ista omnia possint intelligi, de quo divinum psalmum scriptum esse possit aperte probari. Et quem invenire poteritis? Nullum certe, nullum plane, nullum, etiam si pennis ad astra volare possetis, quam Christum Dominum nostrum, Deum nostrum, velitis nolitis, etiam Dominum vestrum, Deum vestrum. De ipso ista scribuntur, ista sentiuntur, ista prædicantur. Hoc quomodo? Quia nulli possunt aptari, nisi homini Deo. Non soli homini, nec soli Deo, sed, ut dictum est, non separatim, sed simul homini Deo. Nullus autem nisi Christus inveniri potest simul Deus et homo. Sed psalmi verba supra scripta nulli congruere possunt, nisi homini Deo. Non igitur de quolibet alio prolata sunt, nisi de Christo. Et hoc demonstrandum est : *Deus,* inquit, *judicium tuum regi da, et justitiam tuam filio regis (ibid.).* Qui ergo filius regis est, vobis etiam hoc confitentibus, utique homo est. Et nostri quidem, per regem et filium regis, Christum nostrum intelligunt, qui in quantum Filius dicitur, Dei Patris unicus est; in quantum judicium et justitiam a Deo accepit, hominis Filius est. Sed cedo ad præsens intellectui vestro, et de filio David hoc scriptum esse concedo. Nam si de filio David hoc dictum est, utique de homine hoc dictum est. Sed quod nec de Salomone, nec de aliquo filiorum David, qui ei in regno temporaliter successerunt, sequentia psalmi, quæ præmissa sunt, intelligi possint, jam probatum est. Unde necesse est aliquem inveniri, qui juxta hunc vestrum intellectum, quo psalmum hujus primum versum exponitis, David filius sit, et de quo non pars psalmi, sed integer psalmus possit exponi. Sed nolite laborare, nolite frustra cor vestrum diverticula falsa quærendo angere. Est Christus noster, est, inquam, solus Christus noster secundum carnem filius David, hoc est, de stirpe David. Sic enim et vos vocatis filios, non solum eos qui a patribus suis geniti sunt, sed et illos qui post plurimas successiones de ipsorum progenie exorti sunt. Hoc ergo modo Christus David, sive hominis filius est, et de ipso secundum hominem jam dictus versiculus scriptus est. Sunt et alia quædam, quæ juxta hoc quod homo est, in ejudem psalmi serie scripta sunt. Quæ quoniam Salomoni, ut supradixi, adaptare conamini, excludunt vos, repellunt vos ab hoc sensu testimonia jam prolata. Ea, quia de quolibet tantum homine accipi nequeunt, de Christo homine ac Deo ista vos accipere cogunt. Nam vere in quantum Deus est, *permanet cum sole*, quia nullus ei finis est ; permanet *et ante lunam*, quia et omnem creaturam præcedit, et nihil eo prius est. *Orta est in diebus ejus justitia*, quæ omnes in se credentes justificat; et *abundantia pacis*, quæ pacis filios futuræ paci sociat : et hoc *donec auferatur luna*, id est donec finiatur humana mutabilitas, et succedat beatæ pacis æternitas. *Dominatur a mari usque ad mare*, quia Infra orbem oceani, quo tota terra cingitur, non solum per deitatis potentiam, sed et per fidem Christianam, aut ex toto, aut ex parte, in omnibus linguis et gentibus dominatur. Hoc ipsi cernitis, hoc ipsis oculis et auribus comprobatis, et a flumine, utique alio nullo quam Jordanis, a quo suum baptismum inchoans, et in universas gentes diffundens, pervenit dominando, usque ad ultimos terminos orbis terræ. *Adorant eum omnes reges terræ (ibid.)*, qui aut ex maxima parte, synecdochice omnes intelligentur, aut quia etiam ipsi ethnicorum reges, cum ut omnium, post Deum, maximum venerantur. *Omnes gentes servient ei (ibid.)*, quia præter vos, qui ab hoc nomine gentium a Propheta exclusi estis, omnes gentes aut universaliter, aut particulariter in ipsum credunt, ipsi serviunt, ipsi obsequuntur. *Et nomen ejus benedictum in sæcula*, ut Dei, ut Redemptoris, ut Salvatoris : quod et ipsi ab omni lingua quotidie frequentari, continue benedici, assidue celebrari auditis. *Ante solem permanet nomen ejus*, quia omne creatum absque aliquo principio antecedit nomen deitatis et majestatis ejus. *Benedicentur in ipso omnes tribus terræ*, quia quæ usque ad ipsum Christum primi parentis maledicto subjacebant, per ipsum benedici et salvari merquerunt. *Omnes gentes magnificant eum*, omnes utique, omnes pro certo, magnificant eum, omnes omnino, præter Judæum. Qui quoniam de numero istarum gentium non est, et a benedictione omnium tripuum terræ exclusus est, et ne cum omnibus gentibus ipsum magnificare mereatur, repulsus est.

Quia igitur hæc aliter accipi nequeunt, quia verax Scriptura non nisi hoc sensu stare potest : necesse est vos, o Judæi, linguam blasphemam mutare, necesse est tot tantisque auctoritatibus pressos, Christum non solum hominem, sed et Deum verum amodo confiteri. An non sufficiunt tot tantaque, ut Christum nostrum confiteamini Dei Filium, confiteamini et Deum ? Superfluum jam videri posset plurima quæ restant, de lege aut prophetis, adhuc exempla proferre. Quod si vestra vel vobis viluerunt, vel magis aliena testimonia placent, audite et de medio gentium prophetantem Sibyllam, ut etiam per os gentilis feminæ spiritus Dei conterat inimicos Dei. Solet hic idem spiritus Dei hoc aliquando facere, et lingua gentili prophetica vel divina proferre. Fecit hoc per Job justum, non Judæum, sed Idumæum. Fecit et per impium Balaam, qui inter alia, quæ prædixit futura, etiam solemnem et notam de Christo protulit prophetiam. *Videbo eum*, inquit, *sed non modo; intuebor illum, sed non prope. Orietur stella ex Jacob, et exsurget virga de Israel (Num.* xxiv). Et post quædam : *Heu! quis victurus est, quando ista faciet Deus? (Ibid.)* Quid ergo de Christo dixit Sibylla? Quale Christi deitati testimonium præbuit? Audite, et mulieri falsorum deorum nomina exsecranti, Christique deitatem tam constanter et aperte fatenti, credite. De Christi enim passione inter plurima, quæ prophetice dixerat, loquens, hæc ait. *In manus infidelium postea veniet. Dabunt autem Deo alapas manibus incestis, et impurato ore exspuent venenata sputa Dabit vero ad verbera simpliciter sanctum dorsum, et colaphos accipiens tacebit, ne quis agnoscat quod Verbum, vel unde venit, ut inferis loquatur, et corona spinea coronetur. Ad cibum autem fel, et ad sitim acetum dederunt. Inhospitalitatis hanc monstrabunt mensam. Ipsa enim insipiens, Deum tuum non intellexisti, ludentem mortalium mentibus; sed spinis coronasti, et horridum fel miscuisti. Templi vero velum scindetur, et medio die nox erit tenebrosa nimis in tribus horis ; et morte morietur. Tribus diebus somno suscepto, et tunc ab inferis regressus, ad lucem veniet primus, resurrectionis principio revocatis ostenso.* Hæc Sibylla dixit de Christo, multo ante Christum tempore. Cujus verba suscipienda non esse dicere non poteritis, quia, licet carnis propaginem non traxerit a populo Dei, eadem tamen sensit et professa est, quæ continet et fatetur lex Dei. Audebitis ergo, gens misera, deinceps Christum negare Deum, cum audiatis et per prophetas vestros, et per gentilium ora, non idola, sed unum Deum colentium, tam aperte, tam lucide, tam præclare, nec semel tantum, sed millies vocari Deum ? Jam natum et cœlo ac terræ imperantem negabitis Deum, cum necdum natum, cum ante multa sæcula, tot veraces testes, toties et toties fateantur Deum ? Negabitis Deum, quem et in Evangelio Christianorum, et in templis profanis paganorum, ipsi quoque dæmones, quibus jam deteriores facti estis, vi divina fatebantur Deum ?

CAPUT III.

Quod Christus non sicut Judæi putant, temporalis rex, sed æternus sit et cœlestis.

Sed quia jam de his satis esse potest, tertio suprafatae divisionis loco, adversus alium stultissimi erroris vestri spiritum, sapientiæ divinæ sermo procedat, et quantum in hac parte desipiatis, ostendat. Etenim quia Christum a prophetis regem vocari auditis, quia regnum ejus in Scripturis legitis, putatis eum temporalem regem futurum, et more David, Salomonis, seu aliorum regum, in Jerusalem, Judæa, vel Galilæa temporaliter regnaturum. Somniatis eum super terrenum solium David sessurum, gentibus omnibus, aut pene omnibus imperaturum, Judæos a tanta tamque diutina captivitate liberaturum, de universis eos locis aut nationibus revocaturum ; et undique congregatos, ad illam vestram, cui soli semper bruti homines suspiratis, antiquæ repromissionis terram reducturum. Proponitis inde vobis innumera Scripturarum exempla, et quidquid in eis de talibus longe alio intellectu dictum est, depravato sensu ac terrenarum rerum amore sepulto, ad id quod solum desiderare consuestis, bestialiter retorquetis. Pascitis, infelices, animas vestras inani spe, et, dum pertinaciter terrenis bonis et pereuntibus inhiatis, cœlestia, quæ incessanter cunctis præter vos gentibus a Christo assidue et promittuntur et dantur, abjicitis. Rapiunt alii quotidie regnum cœlorum, vos fæces solummodo carnales, semper eruditi amare, frustra præstolamini regnum terrarum. Inde est quod ea quæ de æterno Christi regno propheticis vocibus prædicta sunt, huic vanæ spei vestræ coaptare conamini, ut illud Jeremiæ : *Ecce dies veniunt, dicit Dominus, et suscitabo David germen justum, et regnabit rex, et sapiens erit, et faciet judicium et justitiam in terra* (*Jer.* XXIII). Et de reducenda captivitate vestra, post pauca : *Et non dicent ultra : Vivit Dominus qui eduxit filios Israel de terra Ægypti; sed : Vivit Dominus qui eduxit et adduxit semen domus Israel de terra aquilonis, et de cunctis locis in quibus dispersi erant, et habitabunt in terra sua* (*ibid.*). Hæc quidem de Jeremia proponitis. Sed et simile quiddam de Ezechiele proponere potestis : *Ecce ego, dicit Dominus, assumam filios Israel de medio nationum ad quas abierunt ; et congregabo eos undique, et adducam eos ad humum suam. Et faciam eos in gentem unam in terra, in montibus Israel, et rex unus erit omnibus imperans* (*Ezech.* XXXVII). Et infra : *Et salvos eos faciam de universis sordibus suis in quibus peccaverunt, et mundabo eos. Et erunt mihi populus, et ego ero illis Deus, et servus meus David rex super eos, et pastor erit unus omnium eorum* (*ibid.*). Sunt et alia plura similia istis, quæ sicut splendore suo vos illustrare potuerunt, sic culpis vestris hoc promerentibus, carnales oculos vestros lumen spirituale non ferentes excæcaverunt.

Quandiu igitur, o Judæi, hic bovinus intellectus cordibus vestris insederit, nec Scripturas Dei videre, nec Christum agnoscere, nec a falsitate averti, nec ad veritatem converti, conatu aliquo poteritis! Abjicite ergo, si mihi creditis, sensum, cum quo semper non sensati, sed insensati apparebitis, et sumite intellectum, quo veritatem agnoscere, quo Christum suscipere, quo regem et regnum, non quale sentitis, sed quale sentiunt Scripturæ, mereamini adipisci. Hoc si non vultis, sed in insania solita permanere decernitis, et magis Scripturas sensui vestro applicare, quam sensum vestrum Scripturis inclinare disponitis, audite eas vobis resistentes, et perverso intellectui vestro contraria proponentes. Ac primum quicunque es inter profanos hos acerrimus disputator, procede, exere vires, et Deo loquenti, si potes, repugna. Vis certe Christum carnalem regem, Christi regnum præstolaris terrenum. Responde ergo Deo, per prophetam loquenti : *Dicite filiæ Sion : Ecce rex tuus venit tibi mansuetus* (*Zach.* IX). Quis est rex iste ? Forte David, forte Salomon, forte aliquis præteritorum regum Juda vel Israel. Sed non potes, o Judæe, hoc dicere. Quare ? Quia hoc prohibet tempus prophetæ. Et quis est hic propheta ? Zacharias. Et quo tempore fuit hic Zacharias ? Post omnes reges Juda, post universos præteriti temporis reges Israel. Nam tempore Darii factum est ad ipsum verbum Domini, sicut narrat series prophetiæ ipsius. Darius vero hic, Chaldaici regni cum Cyro subversor, et captivitatis Judaicæ, quæ per Nabuchodonosor facta fuerat, dimissor exstitit. Omnes autem reges Israel vel Juda, ante illam Babylonicam captivitatem regnaverunt. Constat igitur quia de nullo eorum, qui jam et præcesserant, et defecerant, dictum est : *Ecce rex tuus venit tibi mansuetus*.

Quod si mihi Aristobulum quemdam opposueris, qui longo post Zachariam prophetam tempore, diadema Judaici regni sibi imposuit, respondeo non hoc de illo sensisse prophetam, qui, contra fas Deique præceptum, cum sacerdotio et regnum invasit. Quod quia eo indignus erat, vix anno uno obtinuit. Nec enim poterat diu principari, qui a Deo pro tam illicita re meruit reprobari. Si vero Herodem proponas, nec de illo hoc dictum esse manifestum est. Propheta enim sic loquitur : *Ecce rex tuus venit tibi mansuetus*. Sed Herodem, non Judæum, sed alienigenam fuisse, non mansuetum, sed inmitem, ferocem, crudelem, uxoris, filiorum insuper occisorem exstitisse, historico ipsorum Judæorum Josepho scribente, certum est. Si vero alios ejus filios, Archelaum, Herodem, vel cæteros patrii regni tetrarchas objicias, notum est, jam dicto historico referente, Archelaum stultum regem regno pulsum ab Augusto, apud Viennam consenuisse ; Herodem vero cum Herodiade sua, a Caio Augusti tertio successore exsilio damnatum, in Hispaniæ partibus infelicem vitam miserabili morte finisse. Notum est et cæteros, qui non toti Judæorum regno, sed certis partibus principati sunt, vix usque ad excidium Jerusalem, et totius Hierosolymitani regni perdurasse, et tandem Vespasiano et Tito totam illam terram vastantibus, vario exitu interiisse. Sed forte, ut etiam novum risum de te toti mundo exhibeas, in illo nostri temporis asinino rege prophetiam hanc completam dices, qui in Africæ partibus, contra novi nominis regem, videlicet de Merroch, insurrexit. Qui causa nefandæ, hoc est Mahumeticæ sectæ, illius perditæ gentis infinitam multitudinem sibi adjungens, cum ante plebeius esset, paulatim in majus pessimo profectu profecit, ac sæpe cum jam dicto rege dimicans, frequenter superior in præliis factus est. Et quoniam primis provectus sui diebus, ut facilius sibi stultum populum simulata humilitate conciliaret, asino insidere solitus erat, asinorum rex vulgo vocatus est. Talem hujus famam cum Judæi accepissent, statim in spem animos erexerunt, et plures ex ipsis regem illum suum, quem super asinum ascensurum propheta jam dictus prædixerat, venisse dixerunt. Quid agis, o Judæe? Nonne erubescis? nonne confunderis hæc dicta a tuis? Talis est spes tuorum, tam vana, tam stulta, tam ridiculosa exspectatio Judæorum. Quis digne poterit tantam perditorum hominum insaniam deridere? Exsecrandi erroris hominem, dolosum, crudelem, non aliquorum hominum tantum, sed multorum populorum occisorem, regem mansuetum, regem mitem, regem benignum, Judæi interpretati sunt. Cur saltem non attenderunt, quod nec de terra, nec de regno quod quondam fuerat Judæorum, nec de ipsa saltem ultima stirpe processerat Judæorum? Vides certe quam longe projecti sunt hujusmodi homines a facie Dei, qui nullo cujuslibet labore, quæ vera sunt, qui tam leviter sequuntur quæ falsa sunt. Et quoniam ea solum de causa, ut prodigiosos homines ostentui facerem, hoc inserui, succedant sequentia. Nam, his omnibus exclusis, constat de nullo horum a Deo per prophetam dictum filiæ Sion, hoc est, Judæis : *Ecce rex tuus venit tibi mansuetus, sedens super asinam.*

Quem vero regem hic promissum accipis, vel accipere potes, nisi Christum? Nam jam, dictis regibus exclusis, nullus alter rex superest, de quo ista prophetam dixisse possit probari, nisi Christus. Unde necesse est invictæ veritati te cedere, et non de quolibet alio rege, sed de Christo, filiæ Sion dictum esse :[*Ecce rex tuus venit tibi mansuetus:* sed, ut supra præmissum est, regem vis Christum carnalem, temporalem, more magnorum regum in sublimi solio residentem, purpura, gemmis auroque renitentem, divitiis exuberantem, hostes sibi armis et viribus subjicientem, latius cunctis Judæorum, vel gentium gentibus imperantem. Sed non talis rex Christus, non tale a propheta dicitur regnum Christi. Hoc quomodo? Audi. Mox enim, ut propheta præmisit : *Ecce rex tuus venit tibi mansuetus,* addidit : *Ipse pauper; et ascendens super asinam, et super pullum filium asinæ* (Zach. ix). Attende, Judæe, expergiscere, intellige prophetam tuum. Quid dicit? *Ipse pauper, et ascendens super asinam, et super pullum filium asinæ.* Quis est iste, et rex, et pauper? Quis est iste, et rex, et ascendens super asinam? Quis est iste, et rex, et ascendens super pullum asinæ? Quid regi et paupertati? Quid regi et asinæ? Expone, quomodo rex secundum te ditissimus, pauper a propheta dicatur? quomodo non super superbum et spumeum equum, sed super asinum et pullum filium asinæ ascensurus scribatur. Nam equis, vel saltem mulabus, vel burdonibus vehi, regum ac potentium est; asinis vel asinabus, pauperum et egentium est. Dic ergo, loquere, junge juxta intellectum tuum, regem et pauperiem, abundantiam et penuriam, sublimitatem et vilitatem. Sed non potes. Procede ergo, et lege sequentia : *Disperdam quadrigam ex Ephraim, et equum de Jerusalem, et dissipabitur arcus belli (ibid.).* Quis est iste rex tam pauper, ut paupertate multa cogatur ascendere super asinam et pullum asinæ? tam pacificus, ut in adventu suo disperdat quadrigam ex Ephraim, et equum de Jerusalem, et dissipet arcum belli? Quem regem adeo in regno suo florentem, et securum invenire poteris, ut multa pacis securitate quadrigas et equos abjiciat, et arcum belli, hoc est, omnia bellica instrumenta contemnat? Non est hæc, non est hæc pax alicujus regis, vel regni terreni. Relege ipsius Salomonis tempora, et invenies eum non solum quadrigas, equos, arma bellica, quæ reperit, de Jerusalem vel Israel non abjecisse, sed potius in immensum modum auxisse. Quod ergo a tam pacifico rege, in tam pacato regni ejus tempore factum non est, aliquando ab aliquo rege terreno posse fieri credendum est? Sed prosequere : *Et loquetur pacem gentibus, et potestas ejus a mari usque ad mare; a fluminibus usque ad fines terræ (ibid.).* Quid et hic dices? Compara rursum jam dicti regis paupertatem, et hanc quam legis ipsius potestatem. *Pauper,* ait, *iste dominabitur a mari usque ad mare, et a fluminibus usque ad fines terræ.* Et quæ est tam monstruosa paupertas, quod iste pauper dicitur, qui dominatur a mari usque ad mare? Quæ ista tam prodigiosa potestas, ut dominans a mari usque ad mare adeo pauper sit, ut cogatur ascendere super asinam, et pullum filium asinæ? Sed quid toties replico quæ clarissima sunt? Non est mirum. Judæo loquor, surdo loquor, saxeo loquor. Aut igitur, Judæe, inveni mihi regem pauperem, inveni mihi dominantem a mari usque ad mare, et egestate nimia ascendentem super asinam et pullum filium asinæ : quod non potes; aut suscipe Christum nostrum regem, et dominantem a mari usque ad mare, quia Deus omnipotens est; pauperem et ascendentem super asinam et pullum asinæ, quia verus homo est : quod solum potes. Qui cum esset Deus, non tantum homo propter homines, sed propter eosdem, pauper homo factus est. Hoc, quomodo asinam ascenderit, quomodo sedens super eam vel pullum ejus, ad filiam Sion, hoc est vestram tunc Jerusalem, in proximo passurus venerit, lege Evangelium nostrum, et per illud absque involucris probare poteris veridicum fuisse prophetam tuum.

Sed forte more tuo lucem fugiens, tenebras quærens, veritatem explicari ab errore nolens, falsitate implicari dæmonico, quo ageris, instinctu eligens, dices : Quid me super rege et asina urgere vis? Quid mihi regem et pullum asinæ objicis? Nonne multi potentes, nonne multi divites, asinis vel asinabus, asinorum vel asinarum pullis vecti leguntur? Nonne liber Judicum refert Jahir Galaaditem, qui judicavit Israel viginti et duos annos, habuisse triginta filios sedentes super triginta pullos asinarum? (*Judith* x.) Nonne ex eorumdem Judicum numero legitur Abdon filius Ælel Pharatonites, habuisse quadraginta filios, et triginta ex eis nepotes, ascendentes super septuaginta pullos asinarum? Nec potes negare filios vel nepotes tantorum judicum, qui de toto Israelis populo judicabant, eique ante reges regum vice principabantur, divites fuisse, nec, inopia compellente, ad iter agendum asinarum pullis usos fuisse. Hoc si verum est, non valet objectio tua, qua contra nos agis, non posse ex verbis propheticis quemlibet terrenum accipi regem, ac simul super pullum asinæ ascendentem. Ad quod ego : Nolo, inquam, conqueri, te super his a me urgeri. Urgeo, urgeo plane, imo et perurgeo, ut advertas procul esse a sensu prophetico intellectum tuum, quo et regem temporalem quæris, et eum super asinam vel pullum ejus ascensurum non diffiteris. Nec tibi suffragari poterunt centum, quos enumerasti, filii vel nepotes judicum Israel, quos ad hoc adduxisti, ut et divites fuisse ostenderes, et quia pullis asinarum quo libuit devecti sunt, non esse verum, quod de rege nostro probare intendimus, comprobares. Et novi equidem, nec adeo immemor sum sacræ Scripturæ, vel usus humani, multos potentes ac divites vectos esse, vel vehi potuisse asinabus, vel pullis earum. Recordor certe magni patris tui Abrahæ, qui et dives fuisse legitur, et asinum sibi stravisse. Quod dives fuerit, habemus testem Damascum servum ejus, cujus erat cognomen Eliezer. Verba ejus sunt loquentis ad Laban, et ad reliquos consanguineos generis Abrahæ. *Servus*, inquit, *Abraham sum, et Dominus benedixit domino meo valde. Magnificatusque est, et dedit ei oves et boves, argentum et aurum, servos et ancillas, camelos et asinos* (Gen. xxiv). Hæc, inquam, quæ prolata sunt, ostendunt quod dives fuerit. Quod vero asinum sibi straverit, audi et de eodem, de quo ista sunt, Genesis libro. Nam quando a Deo immolatione filii fides ejus tentata est, legitur : *Igitur Abraham de nocte consurgens, stravit asinum suum, ducens secum duos juvenes, et Isaac filium suum* (Gen. xxii). Noveram hæc antequam de his tecum, Judæe, agerem. Noveram, et Axam filiam Caleph divitis hominis, asino insidentem suspirasse, ac dixisse patri : *Terram australem et arentem dedisti mihi, junge et irriguam* (Judith 1). Sed nec illa, quæ a te objecta sunt, nec illa quæ objectioni tuæ a me adjuncta sunt, in aliquo, saltem in modico tibi suffragantur. Objicis filios judicum divites fuisse, et tamen asinabus insedisse. Addo et ego velut pro parte tua agens Abraham divitem asinum sibi stravisse, divitis hominis filium super asinum resedisse, nec tamen ex propositis te aliquid sensui tuo consonans effecisse. De nullo enim horum legitur, de nullo scribitur quod rex fuerit, quod pauper exstiterit, quod paupertate multa super asinam vel pullum ejus ascendere ad iter agendum compulsus fuerit. Aliud est, aliud plane est, si antiquorum divitum quispiam, vel usu temporis, vel fortuito motu animi, qui velut ex adipe divitiarum prodiens, familiaris esse divitibus solet, asino interdum, aut sæpe vehi voluit. Aliud, utrum quilibet antiquorum vel modernorum rex simul et pauper, cogente, ut dictum est, paupertate, talibus vehiculis usus intelligi possit. Quocunque ergo te converteris, non patet exitus. Aut enim fateberis regem, et removebis pauperem; aut si pauperem dixeris, regem nominare non poteris. Quod utrumque, ut veraciter fateri possis, ac cœlestis Scripturæ sensui consonare, abjice Judaicum animum, obstrue os blasphemum, et assumpto Christiano intellectu, Christum regem æternum ex deitate, pauperem hominem ex assumpta pro hominibus humanitate, et corde crede ad justitiam, et ore confitere ad salutem (*Rom.* x).

Sed fiat hinc rursum transitus ad Isaiam. Audi quid simile et ipse dicat. *Ecce*, inquit, *intelliget servus meus, et exaltabitur, et elevabitur, et sublimis erit valde* (*Isa.* lii). Quis loquitur per prophetam? utique Deus. *Ecce*, ait, *intelliget servus meus*. Sed multi sunt servi ejus. Ab illis tamen hunc distinguit, cum dicit. *Exaltabitur, et elevabitur, et sublimis erit valde*. Sed multi a Deo exaltati sunt et elevati, et sublimes facti, quomodo ergo a multis istis servus iste Dei secernetur? Procede : *Sicut obstupuerunt super te multi, sic inglorius erit inter viros aspectus ejus, et forma ejus inter filios hominum* (ibid.). Quid tanto prophetæ respondebis, Judæe? Mendacem eum nec audes cogitare. Verum est ergo quod dicit. Respondes : Verum plane. Quis est igitur servus iste Dei, exaltatus, elevatus et sublimis valde. Cujus econtrario aspectus inter viros inglorius est? cujus forma sine gloria inter filios hominum est? Quære, labora, dic si quid potes. Lege tamen adhuc : *Iste asperget gentes multas. Super ipsum continebunt reges os suum* (ibid.). Quis est hic rursum, qui dicitur aspergere gentes multas, et super quem dicuntur reges continere os suum? Certe ille idem, qui dictus est exaltatus, et elevatus, et sublimis factus. Et quis iste tantus, tam potens, tam magnus, ut et gentes multas aspergat, et super ipsum contineant reges os suum? Plane non solum magnus, sed maximus, non solum potens, sed potentissimus, cujus magnitudinem reges pavent, cujus potentiam admirantes, continent ora, loqui non audent, exspectant velut majoris nutum, sustinent velut dominantis imperium. Hic tamen ille est cujus aspectus inter viros inglorius dicitur, cujus forma inter filios hominum abjecta prædicatur. Quæris fortasse quid respondeas, et qualiter mentiri, et cœleste oraculum in perversum interpretari possis, laboras. Sed nusquam patet tibi aditus angustias evadendi, neque lux cœlestis Ægyptiorum tenebris offundi vel fuscari potest. De quo enim regum, de quo principum, hæc tam diversa, tam contraria interpretari poteris? Quis est ex omnibus quos fingere vales, exaltatus et inglorius, elevatus et inglorius, sublimis valde, et inglorius? Quis est hic tantus, tamque tremendus, ut coram ipso reges loqui non audeant, cujus tamen formam filii hominum contemnant? Et quia novi te nihil super his sacris verbis, quo sensum istum rationabiliter pervertere valeas, inventurum, compelleris vi rationis ad nos redire, et quis iste sit, de quo tam contraria scribuntur, inquirere. Merito, sicut et inter hæc prophetica verba scribitur, multi super hunc, de quo tam varia dicuntur, obstupuerunt; sed non omnes, sicut tu, increduli permanserunt. Obstupuerunt quidem miraculum singulare, sed ipso stupore suo, non omnes quidem, sed multi conversi sunt ad Christum Dei suumque salutare. Hunc quippe, non alium, hunc plane Christum nostrum, non alterum, intellexerunt exaltatum, elevatum, et sublimem valde factum; et rursum aspectum ejus inter viros inglorium, et formam ejus contemptibilem inter filios hominum; exaltatum, elevatum, sublimem valde factum, quia, ut ait Apostolus noster : *Deus in homine quem assumpserat, eum exaltavit, et dedit illi nomen quod est super omne nomen : ut in nomine Jesu omne genu flectatur, cœlestium, terrestrium, et infernorum (Philipp.* 11). Aspectum ejus inglorium, et formam contemptibilem inter filios hominum : quia, ut idem præmisit, *factus est obediens usque ad mortem, mortem autem crucis (ibid.).* Super ipsum continent reges os suum, quia summi reges vel principes orbis, ora ad silendum claudentes, aures ad audiendum aperientes, audiunt eum ut principem principum, obtemperant ei ut Regi regum, obsequuntur ei ut Domino dominorum.

Unde quia de nullo mortalium ista dici, quia in nullo hominum tam contraria reperiri possunt, Christum nostrum in verbis istis necesse est te sentire, agnoscere, suscipere. Nec illud quod fortasse objicere posses, præterire nos potuit, multos regum vel principum prius magnos et sublimes fuisse, ac postmodum a principatus potentia, vel regni gloria, diversis casibus excidisse. Sed recordare quia sermo de Christo est, quem tu nunquam miserum, sed felicem, nunquam subditum, sed dominantem, nunquam inglorium, sed gloriosum futurum esse contendis. Quod ut excludatur, ut in Christo non temporale regnum, sed æternum intelligatur, ut non humana, sed divina gloria in eo advertatur, ista proposita sunt. Nam credo te non adeo insanire, ut hæc prophetica verba, ab ipsius prophetæ tempore, super aliquo regum Juda, vel cujuslibet gentis rege coneris exponere. Sed fortassis hæc vel regi Manasse, filio Ezechiæ captivato, ac postmodum in regnum restituto, vel Josiæ ab Ægyptiis interfecto, vel Joachin, sive Sedechiæ in Babylonem ductis, Judaica versutia coaptare conaberis. Hi enim soli de regibus Juda, post tempore hæc prædicentis prophetæ, a regni gloria videntur excidisse. Sed frustra id conaberis. Nunquid enim Manasses rex impius, servus Dei dicitur? Nam hoc præmissum est : *Ecce intelliget servus meus.* Nunquid idolatra, nunquid profanus, nunquid ille qui, ut legitur, multo nimis sanguine innoxio implevit Hierusalem usque ad os (*IV Reg.* xxi), servus Dei dicitur? Et vocatur quidem alio in loco Nabuchodonosor rex pessimus servus Dei, non quia bonus fuit, sed quia voluntati Dei, licet non laudanda voluntate, contra gentes impias dimicans, deservivit. Sed Manassen, licet pœnituerit, servum Dei Scriptura Dei non nominat, nec quod aliquid militaris exercitii Deo impenderit, narrat. Non igitur Manasses servus Dei dictus est. Inde apparet quod Scriptura hæc de ipso prolata non est. Sed nec ipsi, nec Josiæ, nec reliquis verba tam sublimia, tam solemniter prolata, totiesque repetita congruunt, ut exaltati, ut elevati, ut valde sublimes dicantur. Nam licet reges fuerint, superant tamen verba prophetica eorum magnitudinem, superant sublimitatem. Nec illud etiam alicui eorum convenit quod sequitur : *Sicut obstupuerunt super te multi (Isa.* LII). Quis enim obstupesceret, rege quolibet exaltato, ac post humiliato, elevato, et dejecto, sublimato, et de sublimitate deposito ? Hoc enim usitatum est, hoc de regibus, et potentibus consuetum. Non autem de re solita obstupere homines solent. Rem igitur illam, super quam obstupuisse multi a propheta dicuntur, singularem, mirabilem, inusitatam esse necesse est. Hoc si verum est, nec de captivatis, nec de occisis, nec de quolibet infortunio affectis regibus, vel cujuslibet dignitatis hominibus, hoc dictum est. Sed et illa quis non videat, nec istis, nec aliquibus Judæorum regibus convenire : *Iste asperget gentes multas, et super ipsum continebunt reges os suum? (Ibid.)* Et ne illa, quæ clara sunt, frequenti replicatione obscurentur, breviter dico. Si de nullo regum Israel, vel Juda, si de nullo prorsus Judæorum, qui usque ad hæc nostra tempora fuerunt, Scriptura hæc intelligi potest, tunc de nullo alio, nisi de Christo a prophetis prædicto, accipi potest.

Restat igitur ut hæ propheticæ voces de Christo tantum accipiantur. Nec tamen de Christo a vobis fallaciter exposito, sed de Christo a nobis veraciter intellecto. Non de Christo temporaliter dominante, sed de Christo æternaliter imperante. Non de Christo regnante more regum in terris, sed de Christo more Dei præsidente universis quæ in terris sunt, et in cœlis. Qui et servus Dei a propheta scribitur, quia exinanivit semetipsum, formam servi accipiens (*Philipp.* 11), et sublimis valde, omni creaturæ præsidens, et inglorius, ignominiosæ passioni se sponte submittens. Qui aspergit gentes multas, quas ubique baptizari sacra baptismatis unda præcipit. Super ipsum continent reges os suum, quia ubique ei non tantum aliorum, sed et ipsorum regum tumor obedit.

Adverte ergo, Judæe, quod dicitur, intellige Scripturam quæ loquitur, crede Christo qui prædicatur, erubesce tuam incredulitatem, imitare gentium fidem, de quibus idem propheta statim subdit. *Quia quibus non est narratum de eo, videbunt, et qui non audierunt, contemplati sunt (Isa.* LII). Hinc ad ea quæ sequuntur festina, et licet id plene ostenderit quæ præmissa sunt, Christi regnum carnale, vel temporale, nec fuisse, nec futurum esse, rursum ex sequentibus agnosce. Et ut prolixitatis, quantum materies assumpta permittit, tædium fugiam, quidquid in Isaia legitur, a versu illo, cujus initium est : *Quis credidit auditui nostro (Isa.* LIII), usque ad illum cujus est principium : *Lætare, sterilis, quæ non paris (Isa.* LIV), totum tibi propono. Credo quod de nullo alio multa illa prolata sentis, nisi de Christo. Cui enim congruere potest quod propheta ait : *Brachium Domini cui revelatum est*, nisi Christo? Cui congruere potest, *Generationem ejus quis enarrabit*, nisi Christo? Cui convenire potest, quod iniquitatem non fecerit, nec dolus fuerit in ore ejus, nisi Christo? Cui adaptari potest, *Justificabit ipse justus servos meos multos, et iniquitates eorum ipse portabit*, nisi Christo? De quo credi potest: *Oblatus est, quia ipse voluit, et non aperuit os suum*, nisi de Christo? Hunc enim tantum, de quo tanta dicuntur, non de communi quorumlibet hominum numero, sed supra omnem hominem esse, quis non videat? Da enim mihi, si potes, præter Christum, aliquem qui brachium Domini, hoc est virtus Domini, dici debeat. Da quemlibet, cujus generatio non enarrari possit; da hominem qui iniquitatem non fecerit, nec dolus fuerit in ore ejus; da quempiam qui ipse justus existens, alios multos justificet, et iniquitatem eorum portet. Da si quem habes, qui oblatus sit, quia voluerit, et non aperuerit os suum. Nam quamvis tu Christum tuum non intelligas, nisi hominem, sunt tamen ex parte ista, quæ dicuntur, supra hominem. Vide enim, et non Judaice, sed juste judica, utrum brachium Domini, hoc est, virtus Domini homo, et tantum homo accipi possit. Deus enim virtus hominis, non homo virtus Dei dicitur. Hæc plane vox, hominis ad Deum est. *Domine, in virtute tua lætabitur rex (Psal.* XX). Quod si rex qui alios potentia et dignitate præcellit, virtus Dei non est, imo spe in virtute Domini lætatur, claret quod is brachium Domini dicitur, non solum inferioribus; sed et ipsis regibus principatur. Cum vero audis *Generationem ejus quis enarrabit?* nonne intelligis quod ejus generationem ab humana et communi secernit? Et quidem solius Dei est nosse, qualiter corpus humanum ex suscepta materia compingitur in utero matris; sed tamen patet omnibus quo usu generatio carnalis procedat. Quod igitur omnibus notum est, quod neminem latere potest, singulare et velut inenarrabile facit propheta. Non ergo tibi videtur quod ille, cujus generatio in tantum ab humana secernitur, ut etiam inenarrabilis dicatur, non solum homo, sed et supra hominem est? Si vero verbum propheticum, etiam de illa sublimiore, et æterna Dei Patre generatione accipiatur, multo magis inde Christus, non solum homo, sed et supra hominem esse probabitur. Nam illa de Patre generatio multo plus admirabilis, longe amplius inenarrabilis, quam illa de Virgine est. Quid inde conjicis, quid æstimas, cum audis de eodem dicentem prophetam quod iniquitatem non fecerit, nec dolus fuerit in ore ejus? An recordaris verborum illorum : *Non est mundus super terram a peccato, nec infans unius diei?* Qui ergo iniquitatem non fecit, in cujus ore dolus non fuit, non tibi videtur hominem excessisse, non tibi videtur supra hominem esse? Attende et illud : *Justificabit ipse servus meus multos, et iniquitates eorum ipse portabit*. Qui ergo justus dicitur, qui justificare multos scribitur, qui iniquitates eorum portare prædicatur; quod solius Dei est, vide si solummodo homo, et non plus homine, juste intelligi, credi, vel accipi potest. Hoc cui obscurum est, absque alicujus sapientis contradictione, non homo, sed pecus est. Illud quoque quod legis, *Oblatus est, quia ipse voluit*, nonne communem hominum numerum excedis? Quis enim hominum sponte moritur? quis volens occiditur? Hæc idcirco præmisi, ut quidquid propheta in serie jam dicta loquitur, non nisi de Christo accipi posse credatur. Constat enim quia hæc de homine dicuntur. Sed quia hominem illum, supra hominem esse necesse sit, ex jam dictis colligitur. Nullus autem hominum præter Christum, supra hominem invenitur. Et quoniam tu, Judæe, nullum Christo majorem esse posse confirmas, quia unum hominem majorem aliis, te tuus propheta cogit fateri, necesse est ut hunc, qui major cunctis dicitur, non nisi Christum sentias. De Christo igitur hæc universa dicuntur. Et quia hæc universa de Christo dicuntur, restat probare quod propositum fuerat, utrum regnum Christi terrenum et temporale esse, ut tu, Judæe, arbitraris, existimandum sit.

Percurre ergo prophetam : *Non est species ei, neque decor. Et vidimus eum, et non erat aspectus. Et desideravimus eum despectum, et novissimum virorum, virum dolorum, et scientem infirmitatem. Et quasi absconditus vultus ejus, et despectus. Unde nec reputavimus eum (Isa.* LII). Quid hic regium sonat? Quid hic regale videtur? Ubi aurum? ubi purpura? ubi gemmea corona? Ubi argenteum solium? ubi potentia et fastus imperantis? Non est ei species, non est decor, non est aspectus. Desideratur tamen despectus, novissimus est virorum, vir est dolorum, vultus ejus absconditus est, nec ipse reparatus est. Prosequere, et non cuncta, sed quædam, brevitatis gratia excerpe. *Et nos putavimus eum quasi leprosum, et percussum a Deo, et humiliatum. Ipse autem vulneratus est propter iniquitates nostras, attritus est propter scelera nostra*. Et post aliqua : *Sicut ovis ad occisionem ducetur*. Et paucis verbis interpositis : *Qui abscisus est de terra viventium*. Et tandem : *Tradidit in mortem animam suam et cum sceleratis reputatus est*. Quid dicis, Judæe? Nonne obstupescis? Coactus es jam vi rationis ista de Christo sentire. Ubi ergo in his universis, temporale regnum ejus invenis? Ubi gloriam regnantis advertis? Nunquid languores ferre, dolores portare regnare est? Nunquid putari leprosum, putari a Deo percussum, putari humiliatum, regnare est? Nunquid vulnerari, occidi, tradi in mortem, cum sceleratis reputari regnare est? Taceo reliqua. Quid agis? Nondum Christi regnum, terrenum, vel temporale esse non posse, cognoscis? Cognoscis plane, si homo es. Et quia hoc clarum est, claris diu immorandum non est. Audi ergo ipsum in his opprobriis constitutum, ad hæc vulnera, ad hanc occisionem ductum, in mortem a seipso traditum : *Regnum*, inquit, *meum non est de hoc mundo. Si ex hoc mundo esset regnum meum, ministri mei utique decertarent, ut non traderer Judæis* (Joan. xviii). Desine ergo jam Christum temporalem regem, regnum ejus terrenum putare. Nam non conveniunt, nec simul esse queunt, sublimitas et abjectio, gloria et ignominia, potentia et imbecillitas, regnum et interitus. Intellige Christum non hoc usitato regum more regnare, sed cœlo, et terræ, ac toti creaturæ, non solum ut regem, sed ut Deum ac Dominum imperare. Agnosce regnum ejus, non paucorum annorum quantitate, sed omnium sæculorum beata infinitate gaudere, a quo semper excluditur negator Judæus, ad quod semper admittitur Christum confitens Christianus. Nec ignoro equidem quid in synagogis Satanæ auribus perditorum serpens vetustus insibilet, non me latet quæ tam lucidæ veritatis angustiis coarctati nequam magistri auditoribus venena infundant. Dicunt enim, prout a quibusdam audivi, circa Vespasiani tempora, suum Christum natum, et Romam nescio qua arte translatum. Ibi eum a canibus dilaceratum et corrosum, in cryptis vel specubus subterraneis latere, et corrosionis illius dolores ac vulnera pro peccatis vel iniquitatibus Judaicis tolerare, indeque dictum est : *Vulneratus est propter iniquitates nostras, attritus est propter scelera nostra*. Victurum autem, et hos dolores in illis terræ visceribus toleraturum, donec disposito a Deo tempore inde exeat, et Judæos de universis gentibus congregans, ad primum suæ repromissionis terræ locum reducat ; tunc impleri omnia quæ de Judæorum futura felicitate a prophetis prædicta sunt ; tunc illum suum Christum multis gentibus imperaturum, tunc pacem absque alicujus inquietudinis timore futuram, tunc eos in summis deliciis et gloria victuros affirmant.

Hunc olim cuidam ex ipsis, magno suorum doctori, in habitu mendici et miseri apparuisse testantur. Cumque is, cui apparuerat, tantam apparentis vilitatem ac deformitatem abhorreret, mutatum subito in speciosi hominis formam, vestesque vilissimas in pretiosa indumenta conversas. Jactant insuper una manu eum mox prætendisse lapidem sapphirum, altera jaspidem, et ei, cui apparebat, dixisse : Quid miraris ? En ego, en ego, ille vester Christus tam diu a vobis exspectatus, in proximo est ut veniam, prope est ut appaream. Reducam enim vos de omnibus gentibus, congregabo de universis terris, et adducam vos in terram vestram. Tunc implebitur in vestra Jerusalem quod scripsit Isaias : *Paupercula tempestate convulsa, absque ulla consolatione. Ecce ego sternam per ordinem lapides tuos, et fundabo te in sapphiris. Et ponam jaspidem, propugnacula tua* (Isa. liv). En sapphirus, in quo fundanda est Jerusalem, en jaspis, de quo vestræ civitatis sunt propugnacula construenda. O consolatio ! o spes amplectenda ! o felicitas, absque scrupulo exspectanda ! O humani generis fæces ! talia vos leniunt, talia mulcent, talia pro Christo Antichristum vobis præstolari suadent ? Vere Satanas de vobis, ut hominos de simiis, ludit, vere ut jumentum vilissimum, camo stultitiæ quo vult, trahit ; vere ut pater mendacii, multa vobis promittit, ut cuncta subtrahat ; somnia dat, ut res auferat ; fabulis pascit, quos Christo pane angelorum hominumque defraudat. Et quid dicam ? Deficiunt verba ad tam profundam stolidorum hominum stultitiam confutandam. Ecce caninum Christum nobis profertis, et qui a Judæis occisum erubescitis, canibus hoc imponitis. Nec istud nos diffitemur. Vere a canibus, vere ab immundis, vere ab oblatrantibus corrosus, ut dicitis, et, ut nos fatemur, occisus est Christus. Audiatur ipse Christus in psalmo : *Circumdederunt me canes multi, concilium malignantium obsedit me. Foderunt manus meas, et pedes meos* (Psal. xxi). Nonne canes fuistis, quando canum more sanguinem sitistis, ac nimia rabie pene linxistis, dicentes : *Sanguis ejus super nos, et super filios nostros* (Psal. xxvii). Nonne latrastis, quando judici scelus vestrum exsecranti, et declinare conanti toties et toties inclamastis : *Crucifige, crucifige eum ?* (Joan. xix). Sed ut de his canibus, a quibus rabiei vestræ similitudo tracta est, loquar, numquid a canibus ad mortem quilibet duci potest ? Nam loquitur de Christo Isaias : *Sicut ovis ad occisionem ducetur*. Ducere enim hominum est, non canum ; ducere hominum est, non bestiarum ; ducere rationalium est, non irrationalium creaturarum. Patet ergo quia non ab hujusmodi canibus, sed a Judæis longe his deterioribus, Christus ad occisionem ducendus a propheta prædictus est. Et quoniam fere idem est, vel adversus nugacissimas fabulas, et primo auditu contemptibiles se quemquam disputando effundere, vel inanem aerem crebris ac validis ictibus feriendo vires lassare, sufficiat quod dictum est. Ad illud redeat sermo, propter quod de Judaicis fabulis, quibus plus cunctis erroneis hominibus abundant, istud assumptum est. Est autem illud quod probare sermo intenderat, imo quod jam tam auctoritate quam ratione probaverat Christum temporalem regem intelligi non debere, Christi regnum terrenum, et finiendum accipi non oportere.

Sufficere quidem possunt omni homini ad hujus rei certitudinem quæ præmissa sunt. Sed quia cum Judæo, qui nescio utrum homo sit, mihi sermo est, adhuc aliqua addenda sunt. Nescio plane utrum Judæus homo sit, qui nec rationi humanæ cedit, nec auctoritatibus divinis et propriis acquiescit. Nescio, inquam, utrum homo sit, de cujus carne nondum cor lapideum ablatum est, cui non datum est cor carneum, in cujus medio nondum positus est divinus Spiritus, sine quo ad Christum nunquam converti potest Judæus. Redi ergo ad certamen, Judæe, et quod Christus rex temporalis, quod Christi regnum terrenum, vel transitorium esse non possit, auctoritatibus propriis, non alienis adverte. *Potestas ejus*, ait Daniel, *potestas æterna, quæ non auferetur : et regnum ejus, quod non corrumpetur (Dan.* vii). Cujus ejus? Nonne Christi? Si dubitas, attende præcedentia. *Aspiciebam donec throni positi sunt, et Antiquus dierum sedit. Vestimentum ejus quasi nix candidum, et capilli capitis ejus, quasi lana munda. Thronus ejus, flammæ ignis. Rotæ ejus, ignis accensus. Fluvius igneus rapidusque egrediebatur a facie ejus. Millia millium ministrabant ei* (ibid.). Et paucis verbis interpositis: *Aspiciebam ego in visione noctis, et ecce cum nubibus cœli, quasi Filius hominis veniebat. Et usque ad Antiquum dierum pervenit, et in conspectu ejus obtulerunt eum. Et dedit ei potestatem, et honorem, et regnum : et omnes populi, tribus ac linguæ ipsi servient* (ibid.). Et statim quod præmisi, subjunctum est, *Potestas ejus, potestas æterna*, et reliqua. Quis est hic Antiquus dierum? Quis est hic qui quasi Filius hominis in nubibus cœli veniebat? Quis est qui usque ad Antiquum dierum pervenit, et in conspectu ejus oblatus est, et cui jam dicta omnia data sunt? Dic, Judæe, si quid habes. An poteris per Antiquum dierum quemquam fingere, nisi Deum? An quemlibet dare poteris, cui millia millium ministrent, cui decies millies centena millia assistant, nisi Deum? Rursum quem intelliges quasi Filium hominis, venientem cum nubibus cœli, nisi Christum? Quem ad Antiquum dierum pervenisse, et in conspectu ejus oblatum, nisi Christum? Cui datam potestatem, honorem, et regnum et cuncta quæ sequuntur, nisi Christo? Scrutare per singulos homines infinitam humani generis massam, et vide quis ex universis filiis hominum possit intelligi tantus, tam sublimis Filius hominis. Cumque de aliquo hoc necesse sit accipere filio hominis, attende si præter Christum, talis tantusque quisquam dici possit Filius hominis. Memento simul, et illorum quæ supra concessisti, nullum de filiis hominum esse posse Christo majorem. Attende et illud quod si hæc verba prophetica de alio quam de Christo senseris, jam alium Christo majorem fateberis. Nam necesse est ut homo cui tantus honor a Deo confertur, major omni homine esse credatur. Hoc inconveniens si fugere vis, urgeris, ut, exclusis aliis, de solo hæc dicta confitearis. Probatum est ergo, ut mihi videtur, hunc Filium hominis nullum alium a quolibet sentiri debere quam Christum. Christum autem secundum nos Redemptorem et Salvatorem nostrum Jesum; secundum te, illum quem, ut jam dictum est, patres tui inaniter somniaverunt, et quem deridenda tua, tuorumque exspectatio, frustra præstolatur. De hoc igitur Christo dictum est: *Potestas ejus, potestas æterna, quæ non auferetur; et regnum ejus, quod non corrumpetur.* Sed potestas æterna, regnum incorruptum in terris esse non potest. Audi psalmum tuum Deo loquentem: *Initio tu, Domine, terram fundasti, et opera manuum tuarum sunt cœli. Ipsi peribunt (Psal.* ci). Si cœlum perit, si terra perit, ubi Christus rex temporalis et terrenus regnabit? Si terra deficit, regis terreni potestas, quomodo æterna esse poterit? Si terra, in qua, juxta intellectum tuum, regnaturus est, finitur, quomodo regnum ejus non corrumpetur? Aut ergo fac ne terra pereat, ut regnum Christi tui in ea semper subsistat; aut, si cum pereunte terra et regnum ejus perit, scito te longe esse ab intellectu prophetæ, qui de Christo dicit: *Potestas ejus, potestas æterna, quæ non auferetur; et regnum ejus, quod non corrumpetur.*

Ausculta rursum et Ezechielem, simile quid dicentem: *Habitabunt*, ait, *super terram, quam dedi servo meo Jacob, in qua habitaverunt patres vestri. Et habitabunt super eam ipsi et filii eorum usque in sempiternum; et David servus meus princeps eorum in perpetuum. Et percutiam illis fœdus pacis, pactum sempiternum erit eis, (Ezech.* xxxvii). Quid et ad ista dices? Expone mihi David, expone et perpetuum principatum David. Nonne ante quingentos fere quam ista dicerentur annos, David mortuum legis? Quomodo ergo ille, cujus regnum jam præcesserat, qui illud morte finierat, principatus, quomodo regnaturus dicitur? Nam et in eadem verborum serie, ab eodem propheta, qui nunc princeps dicitur, rex quoque paulo ante vocatur: *Et erunt*, ait, *mihi populus, et ego ero eis Deus, et servus meus David rex super eos, et pastor unus erit omnium eorum.* Quis est, quis est iste David, qui a propheta isto post multos mortis David annos nato, et princeps, et rex, et pastor unus regni Judaici futurus dicitur? Sed novi quia de nullo hoc, nisi de Christo, quantalibet Judaica perversitas interpretari potest. Quia enim Christus de stirpe, imo de ipsa domo et familia David nasciturus erat, quia more David, licet plusquam David, et aliter quam David, in judicio et justitia, omnique æquitate, super populum suum, quem a peccatis et hostibus cunctis salvat, regnaturus erat, David dicitur et populo suo principaturus scribitur. Unde Jeremias: *Non dominabuntur ei amplius alieni, sed servient Domino Deo suo, et David regi suo, quem suscitabo eis (Jer.* xxx). Quomodo in perpetuum? Quomodo in sempiternum? Ita enim, ut dixi, ibi scriptum est: *David servus meus, princeps eorum in perpetuum.* Et continuo: *Percutiam illis fœdus pacis, pactum sempiternum.* Si carnale regnum intelligis, si terrenum principatum exspectas, dic qualiter in terra non æterna, in mundo finiendo, David iste regnare poterit.

Quod cum præsentia ista finienda sint, quod

æterna esse non possint, audi et alium prophetam : *Non erunt*, inquit, *in memoria priora, neque ascendent super cor* (*Isa.* LXV). Quod si non erunt in memoria priora, si non ascendent super cor, utique regna terrena, utique principatus mortalium, non solum non permanebunt, non solum non subsistent, sed nec erunt in memoria, nec ascendent super cor. Hoc quoniam irrefragabile est, quoniam his contradici invicta veritatis ratione obviante non potest, miror si amodo temporalis regni cogitatio, si deinceps terreni principatus, quantum ad Christum spectat, exspectatio in cor tuum ascenderit, si te præpedire ab intelligendo vero, et æterno Christi regno potuerit. Et ut multiplici ratione victum Judaicum cor desipere jam cesset, et sapere incipiat, dic utrum resurrectionem humanæ carnis credas, utrum confitearis. Sed novi quia credis; novi quia confiteris. Hoc enim, et a tuis tam antiquis quam modernis doctoribus habes, et hoc te credere, aperta et multiplex divinæ Scripturæ auctoritas cogit. Unde habes in Psalmis : *Caro mea requiescet in spe* (*Psal.* XV). Quod si in spe, certe aut alia, aut resurrectionis. Sed in qua alia spe caro requiescere potest, nisi resurrectionis? Quid enim aliud caro mortua sperare potest, quam vivificationem? Quid exanimis, nisi animationem? Quid ea, quæ jam cecidit, nisi resurrectionem? Requiescit igitur humana caro in spe resurrectionis. Habes et in Isaia : *Veniet omnis caro, ut adoret coram facie mea, dicit Dominus* (*Isa.* LXVI). Lege illam, in qua hoc scriptum est prophetiæ partem, et invenies prophetam ibi sensisse, etiam carnis resurrectionem. Unde et de impiis post pauca verba subdit : *Et erunt usque ad satietatem visionis, omni carni.* Qui impii usque ad satietatem visionis omni carni esse non possunt, nisi omnis caro tunc viveret, nisi omnis caro animata esset, nisi videndi tormenta malorum, etiam per carnis oculos potestatem haberet. Habes, et in Ezechiele : *Ecce ego aperiam tumulos vestros, et educam vos de sepulcris vestris, populus meus, et inducam vos in terram Israel* (*Ezech.* XXXVII). Et in Job : *In novissimo*, ait, *die, de terra surrecturus sum; et in carne mea videbo Deum* (*Job* XIX). Hinc scio quod resurrectioni carnis contradicere nequeas. Sed illam resurrectionem casus præcedit, illam vivificationem mors prævenit, illam corporum animationem exanimatio præit. Quod quia negare non prævales, maxime cum hoc quotidie cernas, dic quibus Christus carnalis rex tuus, cunctis jam mortuis imperaturus, dic quomodo et ipse mortuus jam mortuis dominaturus est. Dic super quos regnaturus, ipso et omnibus in fine mundi exstinctis, dic, inquam, quibus tunc principaturus est. Nam regnum ejus perpetuum, principatum ejus, sicut a propheta audisti, necesse est esse æternum. Has angustias evade, si potes, de hoc laqueo educ pedem, si prævales. Aut enim in terreno Christi tui regno, æternitatem absque ulla interpolatione ostendes, aut si finem mundi, et rerum corporalium cum ipsis hominibus defectum negare non potes, nobiscum non in terris, sed alibi æternum Christi regnum intelliges. Nec ad ea, quæ carnis resurrectionem sequuntur, confugere te permittam, ut vel in illis Christi tui regnum futurum somniare audeas. Quandiu enim carnale ejus regnum intellexeris, tandiu Scripturæ sanctæ auctoritate, a regno tam instanti quam futuro pariter excluderis. Quod enim tam stolidum pecus, præter Judæum, inveniri poterit, quod post carnis resurrectionem, carnalem vitam, carnalem regem, carnale regnum sentiat? Hoc dicens, humanæ carnis veram essentiam non excludo, sed statum carnis longe alium futurum esse demonstro. Hoc si tu in fæce carnis et sanguinis eductus, qui carnem posuisti brachium tuum, capere non potes, quid ad me? Audi Scripturam, et non meam, sed ejus sequere sententiam. Audi, et ne vel post ipsam universalem humanæ carnis restaurationem, Christi regnum, quale aliorum regum solet esse, suspicere, adverte: *Non erit*, inquit Isaias, *tibi sol ad lucendum per diem, nec splendor lunæ illuminabit te. Sed erit tibi Dominus Deus tuus, in lucem sempiternam* (*Isa.* LX); et alibi : *Oculus non vidit, Deus, absque te, quæ præparasti diligentibus te* (*Isa.* LXIV). Et Zacharias : *Veniet Dominus Deus meus, omnesque sancti cum eo; et erit in die illa : non erit lux, sed frigus et gelu. Et erit dies una, quæ nota est Domino; non dies, neque nox* (*Zach.* XIV). Quid ad ista dices? Finge, si quid potes. Ostende terrenæ Jerusalem regnum, Christi tui carnale imperium, absque sole vel luna, absque die vel nocte. Dic utrum de regno illo sic intellecto sentire valeas, quod dictum est: *Oculus non vidit. Deus, absque te, quæ præparasti diligentibus te* [*his qui diligunt te*]. Si nullius oculus, præter divinum, videre potuit ea quæ præparata sunt diligentibus Deum, nunquid tuus? nunquid alicujus? Vides ergo quam breviter, quam lucide, omnem carnalis regis, imperii terreni, gloriæ mundanæ cogitatum condemnat! Nam in his tam paucis verbis, non solum Jerusalem terrena, non solum Judæa vel Galilæa, non solum, quod plus est, Syria tota, in cujus parte Judaicum regnum olim viguit, sed et ipse totus orbis terrarum excluditur, et ne in toto ipso Christi regnum, vel sanctorum ejus glorificatio sentiri valeat, prædicatur. Quod si nec in hac finienda vita, nec in illa, quæ hanc sequitur, æterna, Christi regnum, quale sentire consuesti, invenire prævales, emolli inveteratam duritiem, abjice cor lapideum, assume cor carneum, et Christum nostrum in hoc mundo per deitatis invisibilem potentiam, per fidem et gratiam, in futura vita, regnare cognosce per manifestam gloriam. Certe si cum homine, non cum pecude, mihi sermo est, inspice diligenter; et, si Dei gratia juverit, advertes legis, prophetarum, totiusque Canonis tui finalem causam nullam aliam esse quam beatam, quæ sanctis promittitur, æternitatem. Quid enim? Tot tantaque, tam insolita, tam miranda, tam prædicanda opera, solummodo pro brevi, pro misera, pro mortibus innumeris subjecta vita, a Deo facta esse æstimas? Nunquid decem famosis plagis Ægyptus percussa, Pharao cum suis submersus, quotidiana per quadraginta annos mannæ pluvia, columna nubis per diem, et ignis per noctem, carneus coturnicum imber, latex de cautibus, Jordanis divisio ac refluxus, obedientia solis, mortuorum resuscitatio, tam solemnia juncta oraculis prophetarum miracula, multaque similia, nunquid, inquam, ista omnia, pro tantillo, imo pro tam nulla carnali ac misera vita facta sunt? Nunquid ut tu tantum, Judæe, ventrem escis variis et carnibus farcires, ista facta sunt? Nunquid ut tu tantum inebriareris, et inebriatus sterteres, ista facta sunt? Nunquid ut tu tantum voluptatibus operam dares, libidinibus diffluores, ista facta sunt? Nunquid ut tu tantum divitiis abundares, auro, argento, multisque thesauris arcas impleres, superbo dominantis fastu super subjectos te extolleres, ista omnia facta sunt? Absit, absit hoc ab humanis mentibus! longe sit ab animis rationis capacibus! procul recedat a cunctis Deum scientibus!

Non suscipit hoc ratio, contradicit et ipsa justitia, ut homo, qui cunctis irrationalibus creaturis a Creatore prælatus est, licet de quibusdam hoc contingat, in universis generis sui comparetur jumentis, et similis fiat illis. Nam si ita esset, si hæc bona carnalia solummodo Deus homini conferret, quid plus bove, quid asino, quid quolibet verme vilissimo, homo miserrimus possideret? Ab æterno enim ad æternitatem creatus, quamvis culpæ suæ merito ad tempus eam amiserit, spem tamen recuperandi non perdidit. Hinc est quod lactans te velut puerum Deus, et carnalibus beneficiis ad spiritualia, temporalibus paulatim nutriens ad æterna, bona tibi transitoria primo tempore contulit, ut his inductus, legem Dei servare disceres, et inde proficiens, ad speranda atque amanda cœlestia et æterna transires. Hæc æternitas, illorum tam sublimium miraculorum causa exstitit, ut populus ille rudis, hinc beneficiis illectus, inde mirandis operibus provocatus, Conditori obedire consuesceret, et ad beatam æternitatem, a qua contumax exciderat, obediendo rediret. Et quia novis hominibus in ipsius mundi novitate exortis, et divinarum rerum omnino ignaris, simul omnia profundenda non erant : rarius æternitas hæc in Pentateucho vel Heptatico legitur, frequentius a prophetis commendatur, frequentissime, imo assidue per Christi Evangelium prædicatur. Sed quousque Evangelio acquiescas, non est rationabile de Evangelio contra te rationem proferre. Sed audi tuos, quos non audire non potes. Audi ipsum Jacob magnum Patrem, et patriarcham tuum, audi eum benedicentem Joseph filio suo : *Benedictiones*, ait, *patris tui confortatæ sunt benedictionibus patrum ejus, donec veniret desiderium collium æternorum* (Gen. XLIX). Audi et ipsum Moysen, quid simile dicat, benedicens tribui Joseph : *De benedictione Domini, terræ ejus* (Deut. XXXIII). Et paucis verbis interpositis : *De vertice antiquorum montium, de pomis collium æternorum* (ibid.). Qui sunt hi colles æterni? Nam æternos colles, vel æternos montes, nostra hæc terra non habet. Si enim ipsa, ut supra scripta ratio comprehendit, peritura est, quomodo colles ejus æterni esse poterunt? Si ipsa tota perierit, quomodo pars ejus subsistet? Pereunte ergo terra, perituri sunt et colles. Inde est quod colles ejus æterni dici non possunt. Qui sunt igitur colles æterni? Quandiu terrenus fueris, quandiu in terra æternos colles quæsieris, non invenies. Attolle animos, quære super cœlos. Ibi non solum colles æternos, sed etiam perpetuos montes invenies. De quibus psalmus : *Illuminans tu mirabiliter a montibus æternis* (Psal. XXV). Qui sunt hi, non est meum docere. Contra hostem ago, non discipulum instruo. Si credideris, intelliges. Si non, nec ista, nec alia Dei sacramenta cognosces. Recordare quid item David de hac æternitate loquatur : *Cogitavi dies antiquos, et annos æternos in mente habui* (Psal. CLXXVI). Sed sicut de collibus dixi, annos æternos finiendo in tempore reperire non poteris. Quod enim tempus finiendum, quod anni hominum defecturi sint, et ipse alio loco, Deo loquens, indicat : *Tu autem idem ipse es, et anni tui non deficient* (Psal. CI). Quod non diceret, non hoc quasi aliquod singulare proponeret, si annos humanos non deficere sciret. Hoc indicant et præcedentia verba, quibus res humanas perituras esse monstraverat, quibus res divinas semper mansuras subjunxit. De hac æternitate, non infra hoc cœlum et hanc terram futura, audi et Isaiam : *Sicut cœli novi, et terra nova, quæ ego facio stare coram me, dicit Dominus : Sic stabit semen vestrum, et nomen vestrum* (Isa. LXXVI). Quæ verba, et hoc cœlum, et hanc terram transitura docent, et novi cœli ac novæ terræ nomine, novum futuri sæculi statum designant. Quæ Deus facit stare coram se, quia qualem statum post finem mundi cuncta sortitura sunt, non ut prius jam amittent, sed eum perseveranter ac sine fine retinebunt. Percurre universos prophetas, et hanc æternitatem frequenter prædicari, solemniter commendari invenies.

Averte igitur animum a transeuntibus, separa cor a perituris, et hujus felicis æternitatis Christum nostrum auctorem et regem credere, et in hoc ejus regno æterno, fide Christiana, et operibus fidei ascribi labora. Talem enim regem Christum Christiani intelligimus, in talem credimus, talem adoramus, et ad ejus tale regnum, pro gratia et viribus pertingere festinamus. Ad hoc regnum nos quidem Judæos tali pacto invitamus. Sed ipsi quantum in eis est, nos, omnesque de gentibus ortos repellunt. Dicunt enim sibi tantum Deum locutum, sibi legem datam, ad se missos prophetas; Christum insuper post omnes mittendum, ejusque regnum non nisi ad Judæos pertinere, affirmant. Sed sicut stultum fuit putare, pro rebus solummodo præsentibus et perituris, Deum tanta tamque miranda opera fecisse, sic non minus stolidum et pecuale est, sentire, universitatis auctorem gentibus postpositis, de Judæis tantum curasse, nullique præter ipsos spem ad vitam respirandi dedisse. Non ita sensit, cui de omnibus cura est, Deus, nec tam arctis limitibus suam misericordiam clausit, ut pauxillum tumultuosæ, ac sibi ingratæ gentis eligens, gentium infinitatem abjiceret, et velut ad se non pertinentes, per errorum devia ad perditionis profunda perpetuo delabi permitteret. Decebat eum, qui omne mortalium genus condiderat, omnium congruo tempore misereri, et Judæis nequitia propria urgente repulsis, plenitudinem gentium ad salutem larga benignitate vocare. Quod si more tuo, Judæe, etiam contra ista garrire præsumis, et peculiarem te a Deo vocari populum jactas, audi rursum Scripturam tuam, et non te solum a Deo electum, vel vocatum agnosce. Relege versum psalmi tui, Deo loquentem: *Omnes gentes, quascunque fecisti, venient, et adorabunt coram te, Domine* (Psal. LXXXV). Nunquid deinceps de te solum Deum curare jactabis? Prædicit gentes adoraturas Deum. Nec solum hoc, sed et omnes gentes. Et ut nulla gens ab hoc intellectu excipi possit, quamvis sufficeret quod dictum est: *Omnes gentes*, addidit, *quascunque fecisti*. Certum est autem omnes gentes factas a Deo, nec aliquam posse reperiri non factam ab ipso. Nulla ergo gente excepta, omnes gentes venturæ, omnes gentes Deum adoraturæ scribuntur. Unde habes, et in psalmo: *Reminiscentur et convertentur ad Dominum universi fines terræ. Et adorabunt in conspectu ejus universæ familiæ gentium* (Psal. XXI). Nonne hoc solum psalmi testimonium, etiam sine aliis, ad gentium vocationem demonstrandam sufficit? Audi et inter multa similia Deum per Isaiam: *Quæsierunt me qui antea non interrogabant; invenerunt qui non quæsierunt me, et dixi: Ecce ego, ecce ego, ad gentem quæ non invocabat nomen meum* (Isa. LXIV). Quid dices? Vides Deum festinantem, ut ad gentem se non invocantem transeat? Properantis enim, et valde festinantis verba sunt: *Ecce ego, ecce ego*. Et vere jam sic factum est, vere jam sic impletum est. Invocans sola voce Deum, Judæus reprobatus est, gentium populus Deum nesciens electus est. Attende utrumque, attende, inquam, utrumque, et audi apertissime per Malachiam, et Judæos reprobari, et gentes eligi: *Non est mihi voluntas in vobis, ait Dominus exercituum, et munus non suscipiam de manu vestra. Ab ortu enim solis usque ad occasum magnum est nomen meum in gentibus; et in omni loco sacrificatur et offertur nomini meo oblatio munda* (Malach. I). Sed hoc tempore Malachiæ non erat. Nam totus tunc orbis, præter paucos Judæos, non Creatori, sed creaturæ serviebat; non Deo, sed idolis sacrificabat. Quod ergo tempore illo factum non est, tempore aliquo implendum fuit. Præsens quidem tempus in prophetia legitur, sed futurum intelligitur. Hunc vel si parum doctus es, Scripturarum tuarum esse morem agnosces. Quod igitur illo tempore prædicentis prophetæ non fuisse probatur, hoc istis Christianæ fidei diebus impletum agnoscitur. Magnum est plane nunc, magnum est vere nomen Dei, et Christi ejus in gentibus, et ab ortu solis usque ad occasum, omnis lingua confitetur, quia Dominus Jesus Christus in gloria est Dei Patris (Philipp. II). Sed et de hoc quod subditur, *in omni loco sacrificatur et offertur nomini meo oblatio munda*, quid dicam? Quid dicam et inde, munus non suscipiam de manibus vestris? Nonne templum vestrum jam ab antiquo subversum est? nonne altare suffossum. nonne sacrificia subtracta? nonne holocausta sublata? Hic certe lis Judaica deficit, hic prorsus cervicositas indurata succumbit. Vides, Judæe, quod negare non potes, vides quod more tuo aliter, et aliter interpretari non prævales. Vide ergo et illud, quomodo in omni loco offertur Deo oblatio munda. Vide exstructas per universum orbem Christi ecclesias, altaria in omni loco sacrata. Agnum Dei, quem in cruce peremisti, in eisdem ecclesiis super eadem altaria omnipotenti Patri incessanter pro mundi salute offerri. Cernis in his omnibus hæc prophetica verba completa, hoc est, *Munus non suscipiam de manibus vestris;* et illud: *In omni loco offertur nomini meo oblatio munda*. Cessa igitur amodo tam insulse desipere, ut spretis aliis te solum electum dicas, abjectis aliis te solum assumptum æstimes, cum e diverso audias eum, te spreto, alios elegisse; te repulso, alios advocasse; te abjecto, alios assumpsisse. Ut igitur et hoc capitulum suo fine concludam, aut Scripturas temporale Christi regnum abnegantes abjice, aut, si non audes, regnum Christi nostri sempiternum suscipe.

CAP. IV.

Quod Christus, non, sicut Judæi desipiunt, adhuc venturus sit; sed jam certo et præordinato tempore, ad mundi salutem venerit.

Quartum jam et pene ultimum contra te, Judæe, mihi bellum restat; de quo mihi qui priores contulit, facilem, ut æstimo, palmam dabit. Non deerit mihi, ut spero, ad te perimendum, si vivere nolueris, gladius Goliæ, quo te prostrato, in plenam tui perniciem utar, ut blasphemum caput mucrone, quo contra Deum accinctus processeras, resecem. Hac enim, quæ sola pene restat, pugna finita, ultra spirare cessabis: hoc prælio consummato, nunquam et nusquam mutire audebis. Est autem causa, unde hic præsens conflictus agendus est, hæc. Dico ego Christum a prophetis prædictum jam venisse: negas tu, et dicis: Non; sed esse venturum. Dico ego: Venit; dicis tu: Veniet. Incumbit ergo mihi ut quod proposui probem. Et ne diu differam, ne diu te suspensum teneam, audi: audi, inquam, non quemlibet prophetam, sed ipsum magnum prophetarum Patrem, magnum prophetam, imo magnum patriarcham Jacob. Audi illum, de cujus progenie ac nomine gloriaris, a quo Israel diceris, a quo, utinam sicut nomine, sic et re vir Deum videns voceris! Si ergo vir videns es, vide, intellige, adverte quod dicit : *Non auferetur sceptrum de Juda, et dux de femoribus ejus, donec veniat qui mittendus est. Et ipse erit exspectatio gentium* (Gen. XLIX). Eia, quid ultra quærentur amboges? quid subterfugia? Non est qua evadas. Nam si hoc de Christo dictum est, aut sceptrum mihi regale de Juda, sive de Judæ femoribus ducem ostendes, aut Christum jam venisse concedes. Sed quod de Christo dictum sit, nullus, ut æstimo, Judæus contradicit. Contuli aliquando de hoc sermone cum quibusdam Judæis, qui hunc non de alio quam de Christo prolatum se sentire, atque in hanc sententiam omnes Judæos convenire dixerunt. Quid si quis ex illo perfidorum numero, tantæ prophetici sermonis evidentiæ se resistere posse desperans, de quolibet altero istud interpretari voluerit, irrito fallendi labore victus deficiet. De quo enim præter Christum, tam singularia, tam solemnia verba accipi possunt? De quo prophetarum præter Christum, de quo regum præter Christum, accipi potest, *donec veniat qui mittendus est*? De quo intelligi potest, præter Christum, *ipse erit exspectatio gentium*? Cum enim omnes prophetæ a Deo sint missi, quis erit iste de quo singulariter dictum est, *donec veniat qui mittendus est*, nisi Christus? Noverat certe sanctus patriarcha hoc missionis nomen commune esse omnium prophetarum.

Quod ergo commune esse sciebat, hoc de uno specialiter proferebat. Cujus missio, nisi major prophelicis missionibus esset, non eam ut singularem singulariter protulisset. Quam quia singulariter protulit, eum, quem mittendum esse dixit, majorem omnibus missis vel mittendis ostendit. Majorem vero cunctis mortalibus Christum, etiam tu, Judæe, fateris. Constat igitur quia quod de illo, qui major est omnibus, dictum est, non nisi de Christo, quem et ipse profiteris majorem, accipiendum est. Quis vero, præter Christum, dici potuit exspectatio gentium? Non est parvum quod profertur, non est parvus de quo res tanta profertur. Magnum, cunctisque majorem hunc esse necesse est, qui a gentibus exspectari dicitur, qui futurus exspectatio gentium prædicatur. Non est plane de vulgo, non est de communi hominum numero, in quo et Judaicus principatus defectum, et gentium salvandarum exspectatio sumit exordium. Vide, Judæe, ne forte idem sit, qui a patriarcha dicitur exspectatio gentium, et a propheta stare scribitur in signum populorum. Hæc quippe verba sunt Isaiæ : *In illa die radix David, qui stat in signum populorum, ipsum gentes deprecabuntur* (Isa. XI). Quem ergo Jacob a gentibus dixit exspectandum, hunc Isaias ab eisdem gentibus dixit adorandum. Scrutare totum textum divinæ Scripturæ, et de quolibet Judæorum vel gentium rege, de quolibet Judæorum vel gentium principe, talia vel similia dicta esse ostende. Sed scio quia deficies, novi quia præter Christum, nullum, cui ista congruere possint, invenies. Et quia hoc perspicuum est, ad proposita revertere; et qui Christum nondum venisse asseris, juxta patriarchæ tui sententiam, sceptrum de Juda, vel ducem de femoribus ejus ostende. Ad hoc quippe te cogit prophetica vox: Aut enim, ut dictum est, Christum venisse, nobiscum fateberis; aut si venisse negas, regem vel principem de tribu Juda demonstrare cogeris. Nam, ut nosti, per sceptrum, quo regum solummodo insigniri solet dextera, rex; per ducis nomen, inferioris dignitatis princeps; per femur Judæ, posteritas ejus signatur. Produc igitur mihi de propagine Judæ regem, aut, si hoc non potes, saltem ostende ducem. Sed non ego, ut aliquid ridendum ponam, regem illum suscipiam, quem quidam tuorum apud Narbonam Galliæ urbem, alii apud Rothomagum se habere fatentur. Non ego, inquam, quemlibet in Gallia, quemlibet in Germania, quemlibet in Italia, seu in remotis Orientis, Africæ, aut Aquilonis partibus, vel ubilibet habitantem Judæum, pro rege Judæorum suscipiam. Non suscipiam Judæum pro rege Judæorum, nisi habitantem et regnantem in regno Judæorum. Judæorum antiquum regnum illud esse non ignoras, ubi David, ubi Salomon, ubi reliqui Judæorum reges olim regnaverunt : ad quod tu inveterato jam gemitu suspiras, et a quo te exsulem, nunquam finiendis lamentationibus deploras. Nolo mihi nomen regis inane prætendas : nolo etiam si de ipsa tribu Juda ortus sit, quemlibet mihi de tuis objicias. Nolo solo nomine regem, nolo nec de ipsa stirpe, sine regni potentia, regem. Et, o animæ variis Satanæ phantasiis delusæ ! quæ, quia de rebus non possunt, de rerum vanis nominibus gloriantur. Sequuntur umbras corporum, nihil solidum præ manibus habentes; et dum more canum fluviales imagines captant, escam, quam jam dentibus pressam [prensam] mandere poterant, oris inconsulto hiatu amittunt. Nunquid pro felice miserum, nunquid pro indigena captivum, nunquid pro rege suscipere debeo servum? Nam non dico regem, non dico ducem, saltem vel unum in toto orbe mihi absque servitutis probro ostende Judæum. Quæ enim gentes Judæis non imperant? Quibus populis Judæi non serviunt? Quod genus hominum non eos ut vilissima mancipia conculcant? Vere sicut olim eis in Deuteronomio interminatus est Deus, cum quantum ad religionem, cunctorum populorum caput exstiterint, nunc in caudam omnium gentium conversi sunt (*Deut.* XXVIII). Qui nihil sibi tutum alicubi arbitrantes, etiam non metuenda timentes, atque ad omnes rerum eventus suspensi, ut fratricida Cain, vagi et profugi sunt super terram. Pendet assidue, ut in jam nominato libro scriptum est, vita eorum ante ipsorum oculos, et multa vi formidinis tremefacti, non credunt vitæ suæ (*ibid.*).

Dabis ergo mihi, Judæe, de talium numero regem? Dabis pro rege exsulem? Produces pro rege servum? Propones pro duce mancipium? Dices in talibus adhuc manere prophetiam : *Non auferetur sceptrum de Juda, et dux de femoribus ejus*? Et quoniam clarum est quod, absque regia dignitate, vano regis nomine gloriari puerile ac stultum est, si fateri non vis Christum jam venisse, cum regio nomine regalis quoque potentiæ regem ostende. Si non potueris, saltem ducem Judæorum exhibe. Sed quoniam, Christo adveniente, et regni gloria, et ducatus potentia prorsus apud Judæos periit, intellige Christum venisse, quem Jacob mittendum, quem ante multum jam temporis a Deo credimus, et dicimus missum. Et missum quidem jam docui, quo vero tempore docui, nondum probavi. Sed hoc lucide prophetia præmissa demonstrat. Eo quippe tempore Christum dixit mittendum, quo sublatis regibus vel ducibus, principatus esset Judaicus auferendus. Rimare ergo mecum generationis Judæ seriem, et quando regnum vel ducatum tribus Judæ cessasse cognoveris, tunc Christum venisse agnosce, tunc adora, tunc suscipe. Quamvis autem ipsum Judam, dum viveret, digniorem fratribus exstitisse, quamvis tribum ipsius insigniorem cæteris fuisse quibusdam privilegiis Scriptura non taceat, regnum tamen ejus, vel principatus, a David maxime cœpit, et ad Christi usque tempora perduravit. A David ergo primo rege tribus Judæ numerare incipe, et quod exinde sceptrum de Juda, et dux de femore ejus non defecerit, agnosce. Discurre per singulos, et Salomone, Roboam, Abia, Asa, numeratis, per subsequentes usque ad Joachim, vel Sedeciam, ultimum ante captivitatem Babylonicam tribus Judæ regem, perveni. Inde per Salathiel, et ejus filium Zorobabel, templi Dei reparatorem, primumque post regiam dignitatem de tribu Juda ducem, ac per eos, quos Judaicæ antiquitatis relator Josephus et ipse Judæus describit, usque ad Herodem cursum continua. Cumque universos duces illos, qui populo Judaico, toto illo tempore principati sunt; de tribu Juda propaginem traxisse cognoveris, vide quod in jam dicto Herode, non tantum regnum, sed et ducatus de eadem tribu defecerit. Si legisti, recole; si non legisti, lege et disce, toto illo tempore, quod a Zorobabel usque ad Herodem medium exstitit, nunc ducum, nunc regum, frequentius vero pontificum nomine, de prædicta tribu Judæ descendentes, principatum Judaicum obtinuisse.

Quod si dixeris eos qui principati sunt a Zorobabel usque ad Herodem, non posse ex historiis liquido comprobari originem de tribu Juda traxisse, respondeo: Etsi hoc ex historiis aperte non colligitur, tamen ex jam dicta prophetia, quæ cunctis hujusmodi historiis præcellit, lucide comprobatur. Licet enim Josephi vel aliorum historiæ, de qua Judæorum tribu prædicti principes genus traxerint, nominatim non expresserint, tamen quod non affirmant, nullatenus negant. Supplet ergo plenissime quod deest historiis prophetia, quia longe majori fide dignus est Spiritus Dei in prophetia loquens, quam scriptor quilibet, more humano quæ sibi videtur describens. Quod ergo scriptor historiæ tacuit, Spiritus dixit; quod illi defuit, Deus supplevit. Ut ergo dictum est, a Zorobabel usque ad Herodem, nunc ducum, nunc regum, nunc pontificum nomine, Judæis, ex tribu Juda genus trahentes, principes præfuerunt. Qui licet illicite pontificatum, quod scilicet Levi filiis lege debebatur, ambitiose invaderent; Judæis tamen toto illo tempore, hoc vel illo dignitatis nomine principati sunt. Nam quando Persis vel Macedonibus, quorum imperio subjacebant, prohibentibus, nomine vel fastu regio uti non poterant, vel simplici ducatu, vel sacerdotii honore, Judæis præsidebant. Horum si vis etiam nomina nosse, audi. Zorobabel principi Judæ, Joachim filius Jesu sacerdotis magni, qui in Aggæo propheta legitur, pontificii honore successit. Huic Eliasu, Eliasu Joiada, Joiadæ Joannes, Joanni Judas, Judæ Onias, Oniæ Eleazarus, Eleazaro alter Onias, Oniæ Simon, Simoni tertius Onias, Oniæ in principatu absque sacerdotio Judas Machabæus, Judæ, et in ducatu et in sacerdotio, ejus frater Jonathas, Jonathæ in utroque Simon frater utriusque, Simoni Joannes, Joanni Aristobulus. Hic primus post Sedeciam diadema regium assumens, et honorem sibi pontificalem retinens, uno tantum, ut supra dictum est, anno, populo præfuit. Aristobulo Alexander, ut ille rex pariter et sacerdos, successit. Post quem etiam Alexandra uxor ejus principata est. Dehinc duo jam dicti Alexandri et Alexandræ filii, in pontificatu Hircanus, in regno Aristobulus successerunt. Aristobulo a Pompeio Romano consule victo ac vincto, Romamque transmisso, Herodes a Judæ vel Judæorum genere prorsus alienus, interfecto jam fratre Aristobuli Hircano, jussu Romani senatus, regnum Judæorum obtinuit. Crede tuo Josepho, qui ipsum Herodem, ex patre Idumæo, qui Antipater dicebatur, matre Arabica, quæ Cypris vocabatur, progenitum scribit. Quo Herode regnum Judaicum obtinente, Christum natum non solum vox evangelica prædicat, sed jam dicti Josephi historia, ac multorum tam Christianorum quam paganorum relatio certa declarat. Ab illo ergo Herodis tempore usque ad hunc, in quo ista conscripsi, millesimum centesimum quadragesimum quartum annum, adhibito omni conatu tuo, saltem ducem unum, ne dicam regem, vel de Juda, vel de qualibet Judæorum tribu, si potes, ostende. Nonne idem tuus refert Josephus, quod defuncto Herodi primo, Archelaus ejus filius in totius Judaici regni principatum, Romani Cæsaris præcepto, successit? Nonne illo amoto, alii ipsius Herodis filii, vel sanguinis proximi, in idem regnum per tetrarchias, vel divisiones multiplices successerunt? Nonne et hi omnes, a nativitate Christi usque ad vastum et ultimum Hierosolymitanæ urbis totiusque Judaici regni excidium, vix annis sexaginta principati sunt? Exinde postquam terra illa, olim a Deo data Judæis, Judæos universos velut inutilia pectoris purgamenta exspuit, eosque per universum orbem terrarum disseminans, pedibus omnium gentium conculcandos exposuit. Nosti quod non solum ad regnum vel principatum aliquem aspirare, sed nec etiam ab ignominiosa servitute respirare modo quolibet potuerunt. Quid igitur restat? Hoc plane. Aut enim, ut supra jam dictum est, sceptrum regium vel ducatus honorem, ex Judæ progenie adhuc permanere monstrabis; aut, jam ablato sceptro de Juda ac duce de ipsius femore, Christum jam venisse fateberis. Nec id solum. Nam necesse est te, aut cuncta quæ divinis libris vel veracibus historiis protuli, rationabiliter improbare, aut, si hoc non potueris, Christum sub Herode rege natum fuisse fateri. Sed vere, et, ut etiam lippientibus et cæcis oculis clarum est, nulla Judaica perversitas, nulla cujuslibet erroris insania tam robustæ veritati resistere potest. Concidat igitur rigida cervix, obmutescat lingua blasphema, et mundi Salvatorem Christum, non quasi eum, qui nondum venit, venturum exspectet, sed sicut eum, qui jam claro adventus sui lumine mundum irradiando perfudit, adoret. Quid de his omnibus tibi videtur, Judæe? An tanto divinarum sententiarum aggere, Judaicum in te cor nondum obrutum est? An quidquam damnandæ perfidiæ adhuc superest? Sum fortasse aliis nimius, dum tuam suspectam habens duritiem plus forte justo videor in loquendo profusus. Tendat ergo ad finem oratio, et in ultimo prophetarum rem diu productam concludat. Veni ergo post alios, et tu nulli præcedentium prophetarum inferior Daniel, et quid de Christi adventu tibi a Deo per Gabrielem revelatum sit, prome. Explica cuncta involucra, declara obscura, resera clausa. Coge Judæos confiteri quod negatur, et non eis solummodo Christum venturum, sed et ipsum quo venturus erat tempus enarra. Et ne ipsorum obstinatæ tergiversationi aliquod diffugium pateat, vel locus uspiam causandi supersit, ipsos eis a tempore tibi ostensæ visionis usque ad Christum enumera. Audite ergo, Judæi, prophetam Dei, et cum lapillis vel ipsis manuum vestrarum digitis, a Daniele usque ad Christum annos propheticos computate. Nolite jam ultra citraque Christum quærere, certissimum adventus ipsius annum tenete.

Audite igitur Gabrielem, Danieli loquentem: *Daniel, animadverte sermonem, et intellige visionem. Septuaginta hebdomades abbreviatæ sunt super populum tuum, et super urbem sanctam tuam, ut consummetur prævaricatio, et finem accipiat peccatum, et deleatur iniquitas, et adducatur justitia sempiterna, et impleatur visio et prophetia, et ungatur sanctus sanctorum. Scito ergo, et animadverte ab exitu sermonis, ut iterum ædificetur Hierusalem, usque ad Christum ducem, hebdomades septem, et hebdomades sexaginta duæ erunt. Et rursus ædificabitur platea et muri, in angustia temporum. Et post hebdomades sexaginta duas occidetur Christus, et non erit ejus populus qui eum negaturus est. Et civitatem, et sanctuarium dissipabit populus cum duce venturo, et finis ejus vastitas. Et post finem belli, statuta desolatio. Confirmabit autem pactum multis hebdomada una, et in dimidio hebdomadis deficiet hostia et sacrificium, et in templo erit abominatio desolationis. Et usque ad consummationem et finem perseverabit desolatio* (Dan. IX). Quid agitis, Judæi? Ecce non solum annum adventus Christi, sed et passionis ac mortis ejus tempus vester propheta describit. Nec istud tantum, sed et quidquid vobis ex illo tempore contigit. Quod civitati vestræ, quod sanctuario, quod toti Judaicæ stirpi usque in hodiernum accidit; prædicere vel describere non omisit. Redite ergo ad annorum numerum, et ab hac Danielis visione usque ad Christum, non solum tempus, et ipsum, in quo natus est, accipite annum. Sed ne forte moderni relatoris verba vobis vilescant, accipite eumdem numerum non a moderno, sed ab antiquo, et doctissimo viro Tertulliano. Cui, licet de nostris fuerit, non credere non poteritis, cum ex principum tempore, et veracium historiarum fide, ab eo veritati cedere coacti fueritis. Audite ergo ipsum: *Unde,* inquit (Lib. cont. Jud., c. 8), *ostendimus quia Christus venit intra septuaginta duas hebdomadas? Numera a primo anno Darii, quoniam ipso tempore ostenditur Danieli visio ipsa. Dicit enim ei:* « *Intellige et conjice a prophetatione sermonis responderé me tibi hæc.* » *Unde a primo anno Darii debemus computare, quando hanc vidit visionem Daniel. Videamus anni quomodo impleantur usque ad adventum Christi. Darius regnavit annis decem et novem; Artaxerxes, quadraginta unum; Ochus, qui et Cyrus, annis viginti quatuor; Argus, anno uno; alius Darius, qui et Medus nominatus est, annis* XXII; *Alexander Macedo, annis* XII. *Deinde post Alexandrum, qui et Medis et Persis regnaverat, quos devicerat, et in Alexandria regnum suum firmaverat, quando et nomine suo eam appellavit, post eum regnavit illic in Alexandria Soter annis* XXXV; *cui successit Philadelphus, regnans annis* XXXVIII. *Post hunc Evergetes regnavit annis* XXV; *deinde Philopator, annis* XVII; *post hunc Epiphanes, annis* XXIV; *item alius Evergetes, annis* XXVII; *Soter, annis* XXXVIII; *Ptolemæus, annis* XXXVIII; *Cleopatra, annis* XX *mensibus* V. *Item Cleopatra conregnavit Augusto annis* XIII. *Post Cleopatram, Augustus aliis annis* XIII *imperavit. Nam omnes anni Augusti fuerunt numero* LVI. *Videmus autem quoniam in quadragesimo et primo anno imperii Augusti, qui post mortem Cleopatræ imperavit, nascitur Christus. Insuper vixit idem Augustus, ex quo natus est Christus, annis* XV. *Et erunt reliqua tempora annorum in die nativitatis Christi in annum Augusti* XLI *post mortem Cleopatræ anni* CCCCXXXVII, *et menses* V. *Unde adimplentur* LX *hebdomades et dimidia, quæ efficiunt annos* CCCCXXXVII, *menses sex in die nativitatis Christi. Et manifestata est justitia æterna, et unctus est Sanctus sanctorum, id est Christus, et signata est visio et prophetia, et dimissa sunt peccata, quæ per fidem nominis Christi omnibus in eum credentibus tribuuntur. Quid est autem signari visionem et prophetiam? Quoniam omnes prophetæ nuntiabant de ipso quod esset venturus, et pati haberet. Igitur quoniam adimpleta est prophetia per adventum ejus, pro-*

TRACTATUS CONTRA JUDÆOS.

pterea signari visionem et prophetiam dicebat, quoniam ipse est signaculum prophetarum omnium adimplens omnia quæ retro prophetæ nuntiarunt. Post adventum enim et passionem ejus, jam non visio, neque propheta est, qui Christum nuntiet esse venturum. Et post paululum : Videamus, inquit (ibid.), quod aliæ vii et dimidiæ hebdomades, quæ sunt subdivisæ in abscissione priorum hebdomadarum, in quo actu sint impletæ. Post Augustum enim, qui supervixit post nativitatem Christi anni xv efficiuntur. Cui succedit Tiberius Cæsar, et imperium habuit annis xxii, mensibus vii, diebus xxviii. Hujus nonodecimo imperii anno patitur Christus, annos habens quasi xxxiii, cum pateretur. Item, Caius Cæsar, qui et Caligula, annis tribus, mensibus septem, diebus xiii. Tiberius Claudius annis xiii, mensibus vii, diebus xx. Nero, annis octo, mensibus ix, diebus xiii. Galba, mensibus vii, diebus xxviii. Otho, mensibus iii, diebus v. Vitellius, mensibus viii, diebus xviii. Vespasianus, anno i imperii sui debellavit Judæos, et fiunt anni numero quinquaginta duo menses sex. Nam imperavit annis x. Atque ita in diem suæ expugnationis, Judæi impleverunt hebdomades septuaginta prædicatas a Daniele.

Quid jam, o Judæi, errori vestro, quid obstinationi nefandæ, imo quid insaniæ condemnandæ reliqui est? Ecce numerum annorum exponente ac distinguente veraci et docto viro, cernitis ab anno, quo hæc visio prophetæ revelata est, usque ad ultimam civitatis ac regni vestri eversionem, infra septuaginta hebdomades, hoc est cccсxc annos consummatam prævaricationem, finem accepisse peccatum, deletam iniquitatem, adductam justitiam sempiternam, impletam visionem et prophetiam, et unctum Sanctum sanctorum. Hoc quomodo? Proferte, si quid habetis, et ostendite quando, aut qualiter, vel per quem, infra hoc præscriptum tempus, hæc tanta, tam admiranda, tam amplectenda completa sint. Dicite quo modo consummata prævaricatio sit, quomodo peccatum finem acceperit, quomodo infra eumdem terminum adducta sit justitia sempiterna, quomodo impleta visio et prophetia, et tandem quis fuerit, qui eo tempore prædicatur unctus, Sanctus sanctorum. Et quidem diebus, sicut supra alterius sententiæ causa dictum est, fuerunt quidam, qui cum diademate, quod assumpserunt, fortassis etiam regiam sibi unctionem adhibuerunt. Primus Aristobulus, dehinc ejus successor Alexander. Rursum alter Aristobulus, ac postmodum Herodes vel Archelaus. Sed nunquid Aristobulus, Sanctus sanctorum? Nunquid Alexander, Sanctus sanctorum? Nunquid Archelaus, Sanctus sanctorum? Nonne, ut refert sæpedictus Josephus, horum omnium scelerata exordia, deterior processus, ac pessimus exitus secutus est? Nemo ergo ex istis Sanctus sanctorum. De nullo ergo istorum, prophetæ ab angelo dictum est quod ungendus est Sanctus sanctorum. Necesse est ergo vos infra has lxx hebdomades alium quærere, de quo di-

ctum possit accipi, ungatur Sanctus sanctorum. Necesse est insuper vos, aut ostendere qualiter eodem tempore peccatum finem acceperit, qualiter justitia sempiterna adducta, qualiter visio et prophetia impleta sit ; aut, si hoc non potestis, ab aliis quærere quomodo factum sit. Nihil igitur restat, nisi ut unctum Sanctum sanctorum, Christum Dominum nostrum intelligatis, qui unctus secundum hominem ab omnipotente Patre est oleo exsultationis, et Sanctus sanctorum est, quia præ consortibus suis. Nec enim illi sicut aliis sanctis ad mensuram est [datus Spiritus (Joan. i), ut Sanctus sanctorum esset. Nec id tantum, Sanctus sanctorum esset, sed ut insuper sanctificandos omnes eodem suo quo infusus est spiritu sanctificaret. Quando vero finem accepisse peccatum, quando deletam iniquitatem infra hebdomadas sæpedictas accipere poteritis, nisi vel quando ab ipso per baptismum suum omnium baptizatorum, vel baptizandorum peccata laxata sunt, vel quando ab eo discipulis dictum est : Accipite Spiritum sanctum ; quorum remiseritis peccata, remittentur eis? (Joan. xx.)

Quid et de tam lucida passionis ac mortis Christi prænuntiatione dicetis? In quo enim clarior apparet mortem Christi evangelista referens quam propheta prædicens? Post hebdomades, inquit, lxii occidetur Christus. O miseranda perfidorum surditas! o detestanda impiorum cæcitas! Cur ad tantum propheticæ vocis tonitruum non expergisceris? Cur ad tantum angelici solis fulgorem oculos non aperis? Audis angelum loquentem, vides prophetam scribentem : Post hebdomades lxii occidetur Christus. Quid agitis? Quid dicitis? Eccene per lxx annorum hebdomades, id est per quadringentos nonaginta annos, liber vobis daretur vagandi excursus ; post lxii occidendum Christum et angelus dicit, et propheta scribit. Sexaginta ergo ac duabus præmissis, quid de lxx hebdomadibus superest ? Octo utique. Urget igitur vox prophetica, ut infra illas octo hebdomades, Christum passum, Christum confiteamini occisum. Sed de illis octo, dimidia hebdomada, juxta jam nominati auctoris computum, ipsa nativitatis Christi die completa est. Restant igitur septem, et dimidia. In quarum enuntiatione sumpto ab eadem Christi nativitate principio, complentur hebdomades quatuor, additis quintæ hebdomadis annis quinque, et dimidio, id est ætatis Christi usque ad ipsius passionem, annis triginta tribus et dimidio. Superest ergo de hac quinta hebdomade annus et dimidius, transacta Christi passione. Quo anno et dimidio adjunctis duabus, quæ de septem suprascriptis supersunt hebdomadibus, fiunt anni xv et dimidius. Quibus xv annis et dimidio, addita media illa, quæ post vii supererat, hebdomade, continente tres annos et dimidium, fiunt anni xix. Unde perspicuum est harum vii hebdomadarum ac dimidiæ numerum sic completum, et Christum infra easdem hebdomades, xix annis ejus passionem subsequentibus passum.

Si ergo adnumerentur hæ vii hebdomades et dimidia, infra quas Christum passum probavimus, quas etiam exordium habere ab ipsa nativitatis Christi die diximus : si, inquam, hæ vii hebdomades et dimidia, cum aliis lx duabus et dimidia, quæ Christi nativitatem præcesserunt, annumerentur, septuaginta hebdomadarum ab angelo Gabriele, vel propheta Daniele prædictarum, summa implebitur, infra quas, secundum præmissam temporum distinctionem, consummata est prævaricatio, finem accepit peccatum, deleta iniquitas, adducta justitia sempiterna, impleta visio, et prophetia, et unctus Sanctus sanctorum. Infra quas insuper, et ille Sanctus sanctorum, qui unctus, hoc est Christus dicitur, occisus est, et Judaicus populus, qui eum ore blasphemo negavit, ab eo reprobatus est. Hoc si tibi obscurum videtur, audi idem apertius.

Impletis, ut jam dictum est, ab anno hujus propheticæ visionis, usque ad Christi nativitatem lx duabus hebdomadibus et dimidia, nonne de septuagenario hebdomadarum numero septem hebdomades et dimidia supersunt? Negare non potes. Et quot anni in septem hebdomadibus et dimidia numerantur? Utique lii et dimidius. Nam certum est quod sicut semper hebdomades dierum, sic in hac prophetica visione, per septenarium numerum hebdomades computantur annorum. Summa igitur septem hebdomadarum et dimidiæ, complet annos quinquaginta duos et dimidium. Hi ergo quinquaginta duo anni et dimidius, a die nativitatis Christi, usque ad integram septuaginta hebdomadarum completionem supersunt. Numera igitur, Judæe, quam subtilius poteris, et invenies infra hos lii annos et dimidium, triginta jam, et tribus annis elapsis, et dimidio, Christum passum : imo, ut propheta tuus loquitur, occisum. Triginta ergo tribus annis et dimidio, subtractis de quinquaginta duobus et dimidio, remanent anni decem et novem. His decem et novem annis post Christi passionem seu mortem completis, integer septuaginta hebdomadarum a Daniele prædictarum numerus invenitur, et infra has unctus Sanctus sanctorum : infra has idem unctus, id est Christus occisus, infra has deleta iniquitas, manifestata justitia sempiterna, impleta visio, et prophetia sole fulgentius declaratur. Quod si adeo historiarum peritus es, ut objicias Tertullianum annos Claudii Cæsaris omnino reticuisse, et in annorum illius temporis numero a quibusdam aliis historicis diversum esse, respondeo. Nihil hoc ad propositam rem. Dissideant a passione Domini in annorum numero, prout libet, historici, cum constet lucide probatum juxta sæpe dictam Danielis prophetiam, infra septuaginta hebdomades Christum natum, Christum passum, deletam esse iniquitatem, apparuisse justitiam sempiternam; et prorsus universa salutis humanæ sacramenta in ipso et per ipsum completa. Sed licet hoc dicam, licet quoddam falsum exemplar de principali Tertulliani libro exceptum, annos Claudii Cæsaris in annis Cæsarum, ut quondam legi, reticeat, ipse tamen auctoris liber, ubi nullus Cæsarum ab Augusto usque ad Vespasianum et Titum intermissus est, sicut nullum eorum, ut sibi invicem successerunt, numerando excipit, sic integrum quibus imperio præfuerunt annorum numerum caute desscribit. Unde quia semper purior est aqua fontis quam rivi, magis credendum est sollicito ad veritatem investigandam auctori quam negligenter aliena transcribenti cuilibet exceptori. Ut igitur, o Judæi, ad debitum positarum sententiarum finem citius accedam, oportet vos, necesse est vos, aut alium unctum, alium Sanctum sanctorum, alium plane Christum, eo jam dictarum hebdomadarum tempore, eo earumdem hebdomadarum anno occisum ostendere, aut nostrum unctum, nostrum Sanctum sanctorum, nostrum Christum, redemptorem et Salvatorem suorum, non a quibuslibet, sed a patribus vestris eisdem diebus crucifixum, et ipso tormento crucis occisum, nobiscum suscipere. Et quia probatum est post quinquaginta duas hebdomades, infra septuagesimam Christum occisum, quia et ipsa hebdomada, qua occisus scribitur, ostensa est, et ipse, quo occisus est, annus declaratus est, nolite, nolite, si sanum sapitis, alium ulterius Christum quærere; nolite alium exspectare.

Advertite et illud quod sequitur in prophetia, et in ea quidem prædictum, sed clarius in vobis impletum legite : *Non erit ejus populus, qui eum negaturus est* (*Dan.* ix). Vere jam non estis ejus, vere quamdiu inveterata insania in vobis manserit, non eritis ejus. Non eritis ejus, non eritis, ut olim, proprii; sed estis et eritis alieni, sicut de vobis in psalmo Deus loquitur : *Filii alieni mentiti sunt mihi, filii alieni inveterati sunt et claudicaverunt a semitis suis* (*Psal.* xvii). Et impletum est in vobis, quod talibus in nostro etiam Evangelio ipse minatur : *Qui negaverit me coram hominibus, negabo eum coram angelis Dei* (*Matth.* x). Negastis eum quando occidistis, negastis eum quando lapidem, qui jam actus est in caput anguli (*Psal.* cxvii), reprobastis, negastis eum quando judici dicenti : *Regem vestrum crucifigam ?* (*Joan.* xix) respondistis : *Non habemus regem nisi Cæsarem* (ibid.). Hinc agnoscite prædictum de vobis ab angelo, dictum a propheta : *Non erit ejus populus qui eum negaturus est.* Nec prætereat vos illud quod statim subdit : *Et civitatem et sanctuarium dissipabit populus cum duce venturo, et finis ejus vastitas. Et post finem belli, statuta desolatio.* Nonne hæc omnia patres vestri experti sunt? Nonne hæc omnia propriis oculis contemplati sunt ? Nonne statim his septuaginta hebdomadibus finitis, veniens Romanus populus cum duce Vespasiano, ejusque filio Tito, regnum Judaicum destruxit? Nonne urbes universas evertit? Nonne ipsam regni vestri caput Jerusalem, et ejus sanctuarium dissipavit? nonne succendit? nonne ad solum usque diruit? Nonne universum Judæorum populum vario diversarum miseriarum exitu condemnavit? Nonne præter innumeros alios, in ipsa vestra principali urbe Jerusalem tempore obsidionis inventos tricies centena millia, aut occidit, aut captivavit? Hæc vastitas finis fuit civitatis vestræ, finis fuit sanctuarii vestri. Hunc finem, juxta prophetica dicta, statuta desolatio secuta est. Sed fortasse desolatio brevis, desolatio paucorum annorum. Non, non. Et quid dico, non? Audite prophetam ipsum, audite angelum prophetæ loquentem: *Usque ad consummationem et finem perseverabit desolatio.* Non erit, inquit, brevis, non erit parvi temporis, non erit aliarum desolationum similis. Non erit similis oppressioni Ægyptiacæ, non erit similis captivitati Babylonicæ, non erit similis Assyriorum, vel Macedonum, sive quarumlibet gentium subjugationi. Nam omnes illas aliqua post non multum temporis secuta est relevatio. Hanc vero novissimam desolationem, per mille jam ac centum annos, nulla saltem parva secuta est consolatio. Et quid dico, non est secuta? Dico quod plus est, imo nullo unquam deinceps tempore sequetur. Audite intente prophetam: *Usque ad consummationem et finem perseverabit desolatio.* Usque ad quam consummationem? Usque ad quem finem? Utique usque ad consummationem rerum, usque ad finem mundi. Quid igitur adhuc Christum phantasticum somniatis? Quid adhuc Christum falsum, imo nullum speratis? Quid libertatem terrenam, adhuc vobis reddendam suspicamini? Quid ad repromissionis antiquæ veterem terram reditum præstolamini? Audite, capite, advertite Gabrielem loquentem, Danielem scribentem: *Usque ad consummationem et finem perseverabit desolatio.*

Probatum est igitur, o Judæi, ut arbitror, quadrifaria divisione, Christum a prophetis multipliciter prædictum, aut prædicatum, Dei Filium intelligi oportere, nec Dei Filium more quorumdam hominum, qui propter aliquam a Deo sibi datam gratiam, filii Dei dicti sunt, sed propter ipsam naturalem ex essentia Patris generationem esse Dei Filium. Probatum est ipsum Dei Filium esse etiam Deum. Nec de numero illorum deorum, de quibus legitur: *Deus deorum, Dominus locutus est* (*Psal.* XLIX); sed vere sicut lumen ex lumine, sic Deum verum de Deo vero. Probatum est eumdem Christum nullo modo terrenum vel carnalem regem sentiendum, nec regnum ejus temporale credendum. Nam ostensum est non congruere terrenum principatum Deo, non convenire peritura æterno. Probatum est Christum jam venisse, nec eum jam jam venit quasi qui non venerit, a Judæis vel quibuslibet aliis exspectandum esse. Cum ista omnia, o Judæi, et auctoritatibus sacris, et rationibus invictis probata sint, quid sustinetis? Si Scripturis vestris fidem datis, auctoritatibus cedite. Si rationales aut rationabiles estis, rationi acquiescite. Quod si etiam curiosi, quia, juxta Apostolum nostrum, *Judæi signa petunt* (*I Cor* I), miraculis hæc universa confirmantibus

credite. *Nolite jam extollere in altum cornu vestrum, nolite loqui adversus Deum iniquitatem* (*Psal.* LXXIV). Nolite de miraculis legis vestræ tempore factis gloriari, nec ea vel aliqua de causa Evangelio Christi præponere. Magna quidem, et multa fuerunt Judaicæ legis miracula, sed longe majora, et incomparabiliter plura miranda Christianæ fidei opera. Nam ut de miraculis ipsis, quæ numero comprehendi non possunt, taceam, ipsos miraculorum factores a principio. Christianæ gratiæ usque ad nostra tempora quis explicet? Quis explicet tot tantosque ab ipsis Domini Christi diebus per totum orbem diffusos, qui divinis ac stupendis operibus superbam mundi cervicem calcarunt, eamque humiliati Christianæ fidei subdiderunt?

Confer Moysen tuum, Judæe, non dico Christo, sed saltem, si audes, ejus apostolo Petro, et videbis quis cui in talibus præponi debeat, quis quem potentibus miraculis exsuperet. Diviserit ille, Deo jubente, Rubrum mare, pluerit manna de nubibus, produxerit aquam de rupe, et quædam similia, magna quidem, sed pauca. Sed quid ista ad Petrum? Taceo quod dæmonibus imperaverit, quod mortuos suscitaverit, quod universa morborum genera, non solum jussu, sed et sola corporis sui umbra sæpe curaverit, quod miranda omnia quæcunque voluit, et prout voluit, fecerit. Ea tantum, quæ per innumeros discipulos ad diversas mundi partes causa ferendæ fidei directos operatus est, quæ memoria recolligere, quæ lingua poterit effari? Nam non dico paucos, non dico multos, sed dico populos ipsos a pestibus variis ereptos, a morbis diversis curatos, mortuos non solum triduanos vel quatriduanos, sed quadragenarios, discipulorum Petri virtute suscitatos, solem fixum, montes translatos, maria scissa, calcatas undas, elementa victa, quando enarrare sufficiam? Sed fortassis solum Petrum inter apostolos signis talibus emicuisse putabis. Non hoc Petro soli dictum est, ipsis omnibus duodecim ejus co-apostolis a Christo injunctum est. *Infirmos,* ait, *curate, mortuos suscitate, leprosos mundate, dæmones ejicite* (*Matth.* x). Et item: *Ecce dedi vobis potestatem calcandi super serpentes, et scorpiones, et supra omnem virtutem inimici* (*Luc.* x). Ac supra: *Nolite gaudere, quia spiritus vobis subjiciuntur* (ibid.). Et alibi: *Si habueritis fidem sicut granum sinapis, et dixeritis monti: Transi in mare, transibit* (*Matth.* XVII). Nec sublimis ista tantaque miraculorum potestas duodecim solis apostolis, vel his qui ei mortaliter in carne adhæserunt data est. Audi quid de universis vere credentibus a Christo jam passo, mortuo, ac suscitato dicatur: *Signa autem eos qui crediderint hæc sequentur: In nomine meo dæmonia ejicient, linguis loquentur novis, serpentes tollent. Et si mortiferum quid biberint, non eis nocebit. Super ægros manus imponent, et bene habebunt* (*Marc.* XVI). Non est, Judæe, numerus Christianorum signorum, non est numerus mirandorum Christianæ fidei operum. Infinitus plane est numerus operum, infinitus numerus operantium. Præter Moysen, Josue, Gedeonem, Samsonem, Samuelem, Isaiam, Eliam, Eliseum, Jonam, miris operibus insignitos, paucos habet lex tua, innumerabiles miraculorum exhibitores fides habet et habuit Christiana. Quid igitur ultra susurras? Quid mussitas? Da tandem, da manus Christo, quem Dei Filium, quem Deum, quem regem æternum, quem jam certo, et longe ante prædicto tempore venisse, tot auctoritatibus sacris, tot rationibus indubiis, tot tantisque prodigiorum signis probasti. Noli ultra conqueri legem Mosaicam a Christo mutatam, quia sicut Deus est, qui illam dedit, ita Deus est qui hanc evangelicam teneri mandavit. Non alter, et alter Deus, alter illam, alter istam; sed idem ipse Deus Christus, qui priorem illam antequam per carnem hominibus appareret, Judæis tradidit; ipse jam factus homo, ut hanc secundam novam et ultimam observarent, universis tam Judæis quam gentibus imperavit. Qui si Deus est, utique quod præcipit tenendum est. Sed auctoritatibus, rationibus ac miraculis Deus esse probatus est. Sequitur ergo, ut quod dixit ratum habeatur; quod præcepit, ut Dei præceptum, servetur.

Si igitur Deo contraire refugis, necesse est te Christi Dei mandata suscipere, necesse est te ejus suavi, ut ipse loquitur, jugo, colla diu multumque olim superba submittere (*Matth.* xi). Non erit tibi, si Christum Deum agnoscis, ultra nobiscum inveterata quæstio, non vetusta velut spretæ legis tuæ querela, quod circumcisionem Christianus abjiciat, quod Sabbatum contemnat, quod legalibus sacrificiis non inserviat. Videbis et intelliges licuisse Deo congruentia singulis temporibus dispensare, et nunc ista, nunc illa, aliis et aliis; nunc singulis, nunc pluribus, nunc omnibus pro sibi soli ad integrum nota ratione personarum, causarum, temporum dispensare. Adverte, si bene perspexeris, Deum non solo Christianæ gratiæ tempore nova mandasse, cum agnoveris eum ab ipso humanæ creaturæ principio, Scripturis tuis attestantibus, similia sæpe fecisse. Nonne nova, et quæ ante non dixerat, dixit, quando peccantis hominis reatum puniens, ait : *Maledicta terra in opere tuo, in laboribus comedes eam cunctis diebus vitæ tuæ* (*Gen.* iii), et reliqua? Nonne nova, et quæ ante non legitur permisisse, concessit, quando post deletum diluvio mundum, Noe locutus est : *Omnes pisces maris manui vestræ traditi sunt, et omne quod movetur et vivit erit vobis in cibum* (*Gen.* ix). Et statim : *Quasi olera virentia tradidi vobis omnia, et excepto quod carnem cum sanguine non comedetis?* (*Ibid.*). Qui et novam legem, de qua usque ad tempus illud reticuerat, promulgans, adjunxit : *Sanguinem enim animarum vestrarum requiram de manu cuncturum bestiarum, et de manu hominis. De manu viri, et fratris ejus, requiram animam hominis. Quicunque fuderit humanum sanguinem, fundetur sanguis illius. Ad imaginem quippe Dei factus est homo* (*ibid.*).

Nonne nova, et de quibus prorsus ante siluerat, præcepit, quando Abrahæ patri nostro secundum fidem injunxit, dicens : *Hoc est pactum quod servabitur inter me et vos, et semen tuum post te. Circumcidetur ex vobis omne masculinum, et circumcidetis carnem præputii vestri, ut sit in signum fœderis inter me et vos* (*Gen.* xvii), et cætera quæ sequuntur? Nonne nova, et quæ per tot sæcula celaverat, mandavit, quando Sabbatum, quando initia mensium, quando solemnitates multiplices, quando sacrificia multiformia, et, ut breviter multa concludam, quando totum corpus legis, de qua magis superbire quam ædificari soletis, verbo scriptoque per Moysen patribus vestris dedit? Et quis facile cuncta enumeret quæ divinitas saluti hominum consulens, non simul, sed paulatim vel universaliter vel particulariter, per multos non eodem, sed diversis temporibus, servari mandavit?

Si ergo toties Deus ante hominem Christum hominibus nova ac diversa mandavit, quid mirum si idem Christus in eadem persona homo simul et Deus, quæ magis diebus istis congruere mortalibus vidit, præcepit? Sed fortasse dices : Nova quidem sæpe Deum præcepisse probasti. Sed legem ad ultimum per Moysen datam, mutandam et finiendam esse nec probasti, nec probare potes. Probo, inquam, ac primum Isaiam propono : *Quo mihi multitudinem victimarum vestrarum, dicit Dominus? Plenus sum. Holocausta arietum, et adipem pinguium, et sanguinem vitulorum, et agnorum, et hircorum nolui* (*Isa.* i). Et infra : *Incensum abominatio est mihi. Neomeniam, et Sabbatum, et festivitates alias non feram. Iniqui sunt cœtus vestri. Kalendas vestras et solemnitates vestras odivit anima mea* (*ibid.*). Sed forte irati atque indignantis Dei verba hæc esse dices, nec universa ista eum reprobare, nisi causa peccatoris tunc populi contendes. Sed audi eum nulla præmissa irarum causa, loquentem in psalmo : *Non accipiam de domo tua vitulos, neque de gregibus tuis hircos* (*Psal.* xlix). Et post quædam : *Nunquid manducabo carnes taurorum, aut sanguinem hircorum potabo?* (*Ibid.*). Quibus sacrificiis reprobatis, quid malit, vel quid eis præferat, subdit : *Immola Deo sacrificium laudis* (*ibid.*), et sequentia. Audi et Malachiæ testimonium, quod superius alia de causa proposui : *Non est mihi voluntas in vobis, dicit Dominus exercituum, et munus non suscipiam de manu vestra* (*Malach.* i). Audi et illud, cui refragari non poteris, et, quo probato, obmutescere compelleris. Audi certe Deum pollicentem se nova præcepta daturum, et testamentum vetus, testamentum Mosaicum novo et æterno Christi testamento immutaturum. *Ecce dies veniunt, dicit Dominus, et disponam testamentum domus Juda, non secundum testamentum quod dedi patribus eorum, quando apprehendi manum eorum, ut educerem eos de terra Ægypti; sed testamentum novum disponam eis, dando leges meas in mentibus eorum, et in cordibus eorum scribam eas* (*Jer.* xxxi). Qui et superbiam vestram de talibus gloriantem humilians, et confundens per Ezechielem loquitur : *Ego dedi eis præcepta non bona, et judicia in quibus non vivent; et pollui eos in muneribus meis, cum offerrent eum, quod aperit vulvam, propter peccata sua (Ezech.* xx). Quid igitur? Nonne omni die clarius probatum est quod nová mandata frequenter mundo Deus tradidit, et ipsam Moysi legem mutandam esse prædixit? Hoc agnosce, Judæe, factum per fidem Christianam, impletum per legem Evangelicam, et tandiu viguisse testamentum vetus transitorium, quousque perveniretur ad novum et æternum.

Sed ut acutiore, prout tibi videtur, sagitta Judaica pharetra exhauriatur, produc jam illam, et quantis poteris viribus, in nostram, ut summe exoptas, necem emitte. Et quid est, inquis, illud, quod tam frequenter in lege nobis data Deus iterat, quod tam sæpe replicat, legem ipsam nullo unquam tempore finiendam, quod præcipit sacrificiis, cultibus diversis omnique ritu ibi descripto a nobis perpetuandam? Quid est certe, quod de agni immolatione præcipientis Dei verba leguntur In Exodo : *Habebitis hanc diem in monumentum, et celebrabit eam solemnem Domino in generationibus vestris cultu sempiterno? (Exod.* xii.) Quid est et illud, quod de eadem re in eodem libro proxime scribitur : *Custodi verbum istud legitimum tibi, et filiis tuis usque in æternum? (Ibid.)* Nonne et liber Leviticus idem astruit? Referens enim, et distincte proferens multiplicia de diverso sacrificiorum genere mandata Dei, interserit hæc : *Tollet sacerdos pugillum similæ quæ conspersa est oleo, et totum thus quod super similam positum est, adolebitque illud in altari in monumentum odoris suavissimi Domino (Levit.* vi). Et quibusdam interpositis subdit : *Legitimum sempiternum est in generationibus vestris, de sacrificiis Domini (ibid.).* Rursus post aliquanta : *Vinum, et omne quod inebriare potest, non bibetis, tu et filii tui, quando intratis tabernaculum testimonii, ne moriamini, quia præceptum est sempiternum in generationes vestras (Levit.* x). Item cum de primitiis segetum Deo offerendis idem liber Leviticus ageret, addit : *Eodem die, quo manipulus consecratur, cædetur agnus immaculatus anniculus in holocaustum Domini. Et libamenta offerentur cum eo, duæ decimæ similæ conspersæ oleo in incensum Domini, odoremque suavissimum. Liba quoque vini quarta pars hin (Levit.* xxiii). Ac versu intermisso : *Præceptum est,* inquit, *sempiternum in generationibus, cunctisque habitaculis vestris (ibid.).* Et post pauca : *Facietis,* ait, *et hircum pro peccato, duosque agnos anniculos in hostias pacificorum. Cumque elevaverit eos sacerdos cum panibus primitiarum coram Domino, cedent in usum ejus (ibid.).* Ac statim : *Et vocabitis hunc diem celeberrimum atque sanctissimum. Omne opus servile non facietis in eo. Legitimum sempiternum erit in cunctis habitaculis et generationibus vestris (ibid.).* Hunc sequens liber Numeri, quiddam simile ad legis nostræ æternitatem pertinens subjungit : *Die Sabbati offeretis duos agnos anniculos immaculatos, et duas decimas similæ oleo conspersæ in sacrificio, et liba quæ rite funduntur per singula sabbata in holocaustum sempiternum (Num.* xxviii). Nec multis interpositis, de sacrificiis primæ diei mensis septimi agens, ait : *Offeretis et hircum pro peccato, qui offertur in expiatione populi, præter holocaustum Kalendarum cum sacrificiis suis. Et holocaustum sempiternum cum libationibus solitis, eisdem cæremoniis offeretis in odorem suavissimum incensum Domino (Num.* xxix). Cum ergo toties, et toties legis nostræ æternitas commendetur, quid mutatam esse asseris, quid prædictum fuisse quod mutaretur affirmas? Sed audi adhuc expressius de libro Deuteronomii testimonium, et ex illo saltem, nullo eam tempore mutari debuisse vel debere, cognosce. Loquens enim Moyses in jam dicto libro patribus nostris, hæc ait : *Ponite hæc verba mea in cordibus et in animis vestris, et suspendite ea pro signo in manibus, et inter oculos vestros collocate. Docete filios vestros, ut illa meditentur (Deut.* xi). Et quibusdam intermissis : *Ut multiplicentur,* inquit, *dies tui, et filiorum tuorum, in terra quam juravit Dominus patribus tuis, ut daret eis quandiu cœlum imminet terræ (ibid.).* Quid his evidentius ad legis nostræ perpetuitatem demonstrandam dici potuit? Audi et de eodem Deuteronomii libro mandata legislatoris nostri, et ex his utrum saltem in aliquo lex nostra mutanda sit, adverte. *Non addetis,* ait, *ad verbum quod vobis loquor, neque auferetis ex eo (Deut.* iv). Et illud alibi in eodem libro, post multiplices quæ præcedunt maledictiones, velut in clausula earumdem maledictionum subjunctum : *Maledictus qui non permanet in sermonibus legis hujus, nec eos opere perficit. Et dicit omnis populus : Amen (Deut.* xxvii). Verum est, Judæe, verum est plane, ut video, quod de te tuisque ait Apostolus noster : *Quandiu legitur Moyses, velamen est positum super cor eorum (II Cor.* iii). Verum est et illud quod Christus non vester, sed noster, post lumen cæco nato donatum, ait : *In judicium ego in hunc mundum veni, ut qui non vident videant, et qui vident cæci fiant (Joan.* ix). Nam ecce oculi vestri Deum olim videntes excæcati sunt; gentium oculi usque ad Christi tempora clausi, ab eo aperti sunt. *Tenentes,* inquit, *omnes legem nescierunt me (Jer.* ii). Tenet certe legem Judæus, et Deum ignorat; legit eamdem Christianus, et ex ea Deum agnoscens adorat.

Sed redi ad proposita, Judæe. Objecisti quidquid fortius objicere potuisti, unde legem Mosaicam perpetuam debere esse ostenderes, et unde quod de mutatione ejus dictum fuerat velut invincibili ratione quassares. At ego interrogo : Sententiæ, quas ad legis tuæ æternitatem comprobandam ex Pentateucho objecisti, a Deo per Moysen prolatæ sunt? Utique respondes, a Deo. Inde prosequor : Sententiæ quas ad legis tuæ immutationem demonstrandam ex prophetis protuli, a Deo per ipsos prolatæ sunt? Nec istud, ut æstimo, imo, ut optime novi, negas. Hoc si ita est, quanta in verbis divinis, juxta tuum intellectum, appareat dissonantia, manifestum est. Et ut clarius eluceat quod dico, de objectis a te sacræ Scripturæ testimoniis, unum pro omnibus, hoc est, omnium vice assumam. *Habebitis*, inquit Deus, de immolatione agni paschalis agens, *hanc diem in monimentum, et celebrabitis eam solemnem Domino in generationibus vestris cultu sempiterno* (*Exod.* XIII). Assumo et de his quæ a me ex adverso proposita sunt, vice universorum, unum de Jeremia testimonium : *Ecce dies venient, dicit Dominus, et disponam testamentum domui Juda, non secundum testamentum quod dedi patribus eorum, quando apprehendi manum eorum, ut educerem eos de terra Ægypti. Sed testamentum novum disponam eis, dando leges meas in mentibus eorum, et in cordibus eorum scribam eas* (*Jer.* XXXI). Audisti, Judæe. Vide, attende, verte omne rete in facies, et contrahe quidquid sive animis sive arte vales. Negare non potes, imo hoc ut et ego fateris illud a Deo per Moysen, istud ab eodem per Jeremiam prolatum. Fac ergo, fac, inquam, si vales, ne ille, quem fidelem legis in verbis suis (*Psal.* CXLIV), de quo frequenter et legis et cantas, quod perdat omnes qui loquuntur mendacium (*Psal.* V); ne plane et ipse in verbis suis mendax appareat, ne mendacibus, quos ipse perdere scribitur, associetur. Hanc enim rem tam nefariam, tam blasphemam, de illo etsi non advertis, sentire videris. Et quid dico : sentire videris? Imo hoc aperte profiteris, quando hinc Deum legem perpetuam dedisse, hinc eumdem quod finienda esset, prædixisse fateris. Elige certe, elige de duobus quod volueris alterum. Nam si verum est quod de legis, juxta Judaicum intellectum, æternitate per Moysen dixit, falsum est quod de ejus immutatione per Jeremiam prædixit. Si verum est quod juxta Jeremiam mutanda fuerit, falsum est quod juxta Moysen eam Deus perpetuam esse præceperit. Quod quia de Deo sentire impium, ut nosti, ac detestabile est, aut dissolve, si potes, objectum nodum sensu Judaico ; aut, si non potes (quod vere non potes), acquiesce sano ac veraci intellectui Christiano.

Audi ergo jam, nec doceri erubescas, quia super omnia stultum est malle errare quam discere, malle propriis tenebris obfundi quam lumine, licet alieno, profundi. Adverte non potuisse Deum verba sibi contraria vel in invicem adversa proferre, ut hinc legem, quam tradebat, juxta tuum intellectum, æternam esse diceret : inde rursum finiendam esse prædiceret. Non plane ut æternam, sed plane ut finiendam legem tibi tuisque tradidit. Quomodo certe, quomodo legem traderet non finiendam in mundo, cum suis omnibus vel Judæis vel gentibus suo et certo, quod Deus novit, tempore finiendo? Quomodo, inquam, lex data est absque fine, in orbe qui non caret fine? Quomodo lex æterna data est non æternis? quomodo data est, non solum paulatim morituris, sed quandoque omnino defecturis? Nam si, ut longe supra simili de causa præmisi, cœlum et terra, juxta psalmi tui verba, peritura sunt (*Psal.* CI), cui non pateat, quod nec sacrificia Judaica, nec ritus multiplices, nec universa tandem in lege illa jussa vel descripta superesse poterunt? Sed forte de verbo causaberis, forte tuo more sono litteræ adhærebis. Contendes pertinaciter vocari in Scriptura illa legem perpetuam, vocari legem æternam. Sed recordare, si audisti ; disce, si non didicisti, æternum non semper intelligi absque termino, perpetuum non semper accipi absque fine. Habes hoc in libro Regum secundo. *Factum est*, inquit, *in nocte illa, et ecce sermo Domini ad Nathan dicens : Vade et loquere ad servum meum David : Hæc dicit Dominus : Nunquid tu ædificabis mihi domum ad habitandum?* (*II Reg.* VII.) Et aliquantis versibus interpositis : *Suscitabo*, inquit, *semen tuum post te, quod egredietur de utero tuo, et firmabo regnum ejus. Ipse ædificabit domum nomini meo. Et stabiliam thronum regni ejus usque in sempiternum* (*ibid.*). Et post quædam : *Fidelis erit domus tua, et regnum tuum usque in æternum, ante faciem meam, et thronus tuus erit firmus jugiter* (*ibid.*). Quid ad hæc dicis? Nonne jam invenisti sempiternum cum termino? nonne invenisti æternum cum fine? *Stabilio*, inquit, *thronum regni ejus usque in sempiternum.* Cujus ejus? Plane, juxta Judaicum, hoc est, carnalem intellectum tuum, Salomonis, vel ei in regno Judaico succedentium regum. Vides adhuc hoc sempiternum ante sæcula multa finitum? Finitum vero est, ipso adventu Christi Domini nostri, ex quo et a quo temporalis thronus filiorum David subversus est, nec ultra in sempiternum restaurandus est. Quid et de sequenti, quod propositum est, testimonio dices? De illo, inquam, testimonio : *Fidelis erit domus tua, et regnum tuum usque in æternum.* Nunquid domus David, id est potestas David, fidelis Deo mansit post ipsum, et hoc in æternum? Nonne adhuc vigente regno Davidicæ stirpis in Juda, adeo quorumdam regum infidelitas vel perversitas notatur, ut de quibusdam eorum verax Scriptura testetur : Tot annis ille vel ille regnavit, fecitque quod malum est in conspectu Domini? Nunquid fidelis Deo Joram? nunquid fidelis Acar? nunquid fidelis Sedecias? Nunquid in Manasse filio Ezechiæ idololatra profano detestando, domus David vel regnum ejus Deo fidele permansit? Et ubi est jam illud tuum, contra quod ago, æternum? Nam si æternum, quomodo non dico quandoque, sed quomodo tam cito finitum? Quid ultra jam exiges? Audis stabiliendum thronum David usque in sempiternum, cum ante mille annos cessaverit. Audis fidelem futuram domum ejus usque in æternum, cum, ut memoratos prætercam, in ipso Salomone ejus filio idola colente fidelitas illa quæ vocatur æterna defecerit. Et ut, multiplici auctoritate, æternitatem sæpe pro finito tempore ex libris non alienis, sed tuis, poni convincam, audi quid simile de eadem re Deo decantet ipse David. Introducens enim Deum de se loquentem, sic ait : *Ponam in sæculum sæculi semen ejus, et thronum ejus sicut dies cœli (Psal.* LXXXVIII). Et infra post aliquot versus : *Semel juravi in sancto meo, si David mentiar; semen ejus in æternum manebit (ibid.).* Et statim : *Et thronus ejus sicut sol in conspectu meo, et sicut luna perfecta in æternum (ibid.).* Et quid necesse est etiam ista sigillatim notare? Certum enim est, patens est, negari non potest, verbis illis, quæ leguntur : *Ponam in sæculum sæculi semen ejus;* vel illis : *Semen ejus in æternum manebit;* aut illis : *Thronus ejus sicut sol in conspectu meo, et sicut luna perfecta in æternum,* nequaquam æternitatem signari infinitam, quam et ex parte videmus finitam, et ex toto novimus finiendam. Ex parte videmus finitam, quia regnum et temporalem thronum filiorum David, a longo, ut jam dictum est, tempore subversum cernimus; et ipsum semen, hoc est, successionem David, saltem cum ipso mundi termino finiri, nemo qui dubitet. Et hæc quidem exempla, quæ ad probandam æternitatem finitam, de Regum libro et psalmis protuli, de semine David, de regno seminis David, Christiano sensu de Christo accipimus, eoque intellectu sicut thronum, id est regnum ejus terrenum negamus : sic non temporale, sed absque ullo fine æternum omnimodo affirmamus. Sed quia tecum ago, qui ab intellectu isto longe es, tuo te sensu convenio, et æternitatem infinitam in verbis illis accipi non posse ostendo. Æternum enim, hoc est, infinitum non potest dici regnum, quod jam periit ; semen David, id est successio regnantium post David perpetua dici non potest, quæ non subsistit.

Vis adhuc, Judææ, plura his testimonia, quibus æternitas non, ut sic dicam, semper demonstretur æterna ? Audi post illa quæ audisti, quid Moyses tuus, imo magis noster, de vendito in servum Hebræo præcipiat. Nam præmissis quibusdam, quæ, quia ad rem de qua agitur non pertinent, prætermitto, subdit : *Sin autem dixerit : Nolo egredi, eo quod diligat te, et domum tuam, et bene sibi apud te esse sentiat; assumes subulam et perforabis aurem ejus in janua domus tuæ, et serviet tibi usque in æternum (Deut.* xv). Audi et aliud de eodem libro Deuteronomii, de quo et istud præcedens assumptum est. Scribens enim Moyses judicium sacerdotum, a populo, et ab his qui offerunt victimas, adjungit istud : *Ipsum enim,* ait, *elegit Dominus Deus tuus de cunctis tribubus tuis, ut stet et ministret nomini Domini ipse, et filii ejus usque in sempiternum (Deut.* XVIII). Simile huic et in Paralipomenon primo reperies : *Separatus est,* inquit, *Aaron, ut ministraret in sancta sanctorum, ipse et filii ejus in sempiternum, ut adoleret incensum Domino, secundum ritum suum, ac benediceret nomini ejus in perpetuum (I Paral.* XXIII). Sed nunquid semper necesse mihi erit toties et toties vel reserare quæ aperta sunt, vel illustrare quæ clara sunt?

Quid est quod dixi? Mirum certe videtur, sed verum est. Nam quæ cunctis aliis patent, tibi soli clausa sunt, quæ cunctis aliis clarent, tibi soli obscura sunt. Claret enim cunctis, notum est universis servum Hebræum nec aure perforata, nec aure illæsa domino suo servire in æternum, nec sacerdotem electum a Deo, vel filios ejus Deo ministrare potuisse in sempiternum. Nam et servo moriente, necesse fuit ei, ut sic loquar, mori servitium ; et, deficiente sacerdote, vel filiis ejus eorum necessario oportuit deficere ministerium. Ex his universis conjice, adverte, intellige verba hæc, *æternum, perpetuum, sempiternum* non semper poni ad designandum aliquod infinitum, sed aliquando ad demonstrandum temporale aliquod et finitum. Inde est et illud, cui vel resistere, vel in contrarium pervertere si potueris, vere cuncta sane intellectu insane interpretari poteris. Audi ergo canticum ipsius Moysi, Aaron, Mariæ totiusque gentis tuæ, quæ Israel vocabatur. Notum est canticum, non tantum tibi tuisque, sed etiam orbi terrarum. Transmisso enim jam Rubro mari, Pharaone submerso, Ægyptiis exstinctis, laudibus divinis hoc a cantantibus additum est : *Dominus,* inquiunt, *regnabit in æternum et ultra (Exod.* xv). Nunquid hoc æternum pro infinito accipitur? Si pro infinito accipitur, ut quid ei ultra additur? Infinitæ enim æternitati quid addi potest? Quid plane, quid ultra illam est? Aut igitur remove hoc *ultra*, et intellige hic æternitatem infinitam, aut si illud *ultra* removere nolueris, accipe illud quod ibi legitur æternum, licet valde prolixum, tamen pro finito positum. Quia ergo aliter hinc exire non potes, quia aliter pedem de hoc laqueo educere non prævales, agnosce hoc, de quo agitur, æternum, pro immensa licet finita temporis quantitate scriptum; sed cum illi additur *ultra*, oportere intelligi absque ullo fine vel termino sempiternum. Præter has sacras ac supra positas auctoritates, est non solum divinus, sed etiam humanus et communis mos iste loquendi, quo non infinitas, sed quædam major minorve temporis prolixitas designatur. Hunc modum ab universis pene assidue frequentari, etiamsi negligenter aurem loquentibus admoveris advertes. Quis enim loquentium in verbis frequenter hoc non iterat : Semper te dilexi, semper te diligam ; semper illum audivi, semper audiam, semper hic pauper erit, semper et hic dives, semper ille mentitur, semper hic loquitur, semper hic tacet, et mille similia? Cumque in propria sua significatione, hoc, de quo loquor, acceptum, nil minus significet quam æternum infinitum, qui tamen illud proferunt, nullam in eo intelligunt infinitatem, sed, ut supra dixi, longam plus minusve, sed tamen finitam, temporis quantitatem. Hinc est illud Latini nostri :

Serviet æternum, qui parvo nesciet uti.
(HORAT. *Epist.*, libr. I, epist. x, v. 41.)

Hinc et illius:

..... *Sedet, æternumque sedebit*
Infelix Theseus.
(VIRG. *Æneid.*, lib. VI, vers. 618.)

Quo versus fine sequentisque principio, licet ejus quædam mala æterna, hoc est sine termino, prolator intellexerit : quod tamen æternum, hoc est, absque fine sessurus esset, omnino non sensit. Inde magnus ille apud Latinos :

Vix e conspectu Siculæ telluris in altum,
Vela dabant læti, et spumas salis ære ruebant,
Cum Juno æternum servans in pectore vulnus,
Hæc secum : Mene incœpto desistere victam!
(*Ibid.*, lib. I, vers. 34-37.)

Item, idem :

..... *Tanton' potuit compellere motu*
Jupiter æterna gentes in pace futuras?
(*Ibid.*, lib. XII, vers. 503, 504.)

Sed prolator horum versuum, nec vulnus in pectore Junonis contra Trojanos iratæ, æternum absque termino sensit, nec gentes futuras in æterna, hoc est, infinita pace mansuras, quod fieri non poterat, intellexit. Sunt adhuc plura de his exempla, sed, ut æstimo, sufficiunt ista. His omnibus, Judæe, probatum est, ad legis tuæ infinitatem probandam, frustra te tot æternitatis nomina produxisse, cum constet et auctoritatibus sacris et humani usus exemplis, æternitatis nomine non semper res infinitas, sed quandoque etiam finitas signari. Sed forte tu ad hæc : Æternitatis quidem nomen, quandoque pro finito tempore accipi, ex præcedentibus probas; sed quod aliquando etiam pro infinitate accipiatur, non negas. Non nego, inquam, sed prorsus confirmo. Ergo, inquis, utrumque concedis, hoc est, quod æternitatis nomen quandoque pro finito accipiatur tempore; quandoque etiam pro infinitate. Verum est, inquam. Si igitur, inquis, verum est, quod pro utraque significatione, hoc est finita vel infinita, æternitatis nomen sæpe ponatur; unde cogis, unde probas quod ad legis Judaicæ infinitatem ostendendam a me prolata testimonia magis finita esse debeant quam infinita? Probo, inquam, et ad istud concedendum necessario argumento impello. Quod ut brevius fiat et clarius, redeant rursum ad medium illa duo quæ superius posita sunt, unum a me, aliud a te. A me verba Jeremiæ, a te verba Moysi. Jeremiæ illud est : *Ecce dies veniunt, dicit Dominus, et disponam testamentum domui Juda, non secundum testamentum quod dedi patribus eorum, quando apprehendi manum eorum, ut educerem eos terra Ægypti. Sed testamentum novum disponam eis, dando leges meas in mentibus eorum, et in cordibus eorum scribam eas* (*Jer.* XXXI). Moysi illud est : *Habebitis*, inquit Deus de immolatione agni paschalis agens, *hanc diem in monumentum, et celebrabitis eam solemnem Domino in generationibus vestris cultu sempiterno* (*Exod.* XIII). Hæc duo, ut supradixi, ex adverso sibi invicem opposita, et, juxta intellectum tuum, omnino

A contraria sunt. Quod enim una ex his duabus sententiis affirmat, altera negat. Affirmat Moyses æternam, hoc est, juxta te nunquam finiendam legem. Affirmat Jeremias mutandam, hoc est, aliam non juxta modum vel ritum prioris dandam. Vides adhuc alterum ex his duobus stare non posse? Vides nisi aliter senseris, aut Moysen fallacem, aut Jeremiam? Unde ne tam solemnes et famosi veritatis ministri mendaces appareant, necesse est aut Jeremiam sic exponi, ut legis juxta tuam sententiam infinitas monstretur, aut Moysi verba sic accipi, ut quod de mutatione legis Jeremias protulit, verum esse probetur. Sed in Jeremiæ verbis quis Judaicus, quis Christianus etiam valde perspicax, ac lynceus, ut dicitur, oculus, aliud quam dictum est rimari poterit? Quid aliud sentire quam quod absque nubilo, absque tegmine, absque figurarum involucris produnt? Produnt utique hoc, manifeste denuntiant hoc, quod non juxta testamentum a patribus datum dispositurus esset Deus aliud testamentum. Quod plane novum vocat, quia vetus præcesserat. Quid ergo aliud, quid certe aliud in testamento veteri accipere poteris nisi Judaicam legem quæ præcesserat, et in testamento novo Christianam, quæ secutura erat? Cum hoc ita sit, cum in his Jeremiæ verbis nihil aliud quam quod dictum est intelligi possit, nec in aliam quamlibet partem quolibet astu Judaico retorqueri, cogeris, Judæe, ad Moysi transire sententias, et illa æternitatis vel perpetuitatis nomina, quæ præmissa sunt, non pro infinitate, sed pro finito tempore esse posita mecum sentire. Hoc modo accipe dictum illud quod de agno paschali proposuisti, hoc modo de multiplici sacrificiorum varietate, hoc modo de Sabbati cultu, hoc modo de ipsa, quæ, ut noster Dominus dicit, non a Moyse est, sed ex patribus circumcisione. Hoc modo, inquam, intellige, hoc modo expone, ubicunque in consimilibus legis tuæ locis æternitatis nomen scriptum inveneris. Cumque ibi æternum pro finito tempore intellexeris, nec Moysen Jeremiæ, nec Jeremiam Moysi contrarium invenies, et legem, quam finiendam esse Jeremias prædixit, finitam agnosces. Finitam dico, ut quidam magnus ex nostris ait, non quantum ad modum agendæ vitæ, sed quantum ad modum significandæ vitæ. Nam quantum ad modum agendæ vitæ pertinet, quod lex vetusta Judæis, hoc et Evangelium Christianis imperat, et unusquisque nostrum pro gratia et viribus servare contendit. Nam : *Diliges Dominum Deum tuum ex toto corde tuo, et proximum tuum sicut teipsum* (*Levit.* XIX); et : *Non habebis deos alienos coram me*; et : *Honora patrem tuum et matrem*; et : *Non occides, Non mœchaberis, Non facies furtum, Non loqueris contra proximum tuum falsum testimonium*; et : *Non concupisces domum proximi tui, nec desiderabis uxorem ejus, non servum, non ancillam, non bovem, non asinum, nec omnia quæ illius sunt* (*Exod.* XX), et similia rectæ fidei, honestis moribus, ac sanctæ vitæ congruentia, sicut Judæo præcepta sunt, sic et Christiano præcipiuntur. Unde quantum ad hunc modum agendæ vitæ, lex de qua agitur finita non est. Quantum vero ad modum significandæ vitæ, prorsus finita est. Nam circumcisio carnalis quæ spiritualem præsignabat, Sabbati requies, quæ aliud innuebat, sacrificia quadrupedum, volucrum, similæ, vini, olei, et similia, quæ unicum et supremum Christianorum sacrificium præmonstrabant, sicut umbra corpori, sicut signans signato, cesserunt. Unde quantum, ut dictum est, ad illa omnia collum gentis duræ cervicis prementia, ab illo, qui dixit: *Jugum meum suave et onus meum leve est (Matth.* xi), populo libertate indulta sunt, et ne jugo jam inutili gravaretur, omnino finita. Quod si tantopere hoc, de quo sermo est, æternitatis verbo oblectaris, et eo legem tuam absque fine adhuc probare conaris, muta intellectum, et absque fine invenies æternum tuum. Muta, inquam, intellectum, et quod ego fateor de testamento novo, fatere et tu de veteri. Dico ego testamentum a Christo datum, et novum esse et æternum. Novum, quia tuum antiquius est. Æternum, quomodo? Nunquid baptismus a Christo constitutus æternus est? Nunquid sacrificium ab ipso suis traditum æternum est? Nunquid et alia sacramenta Christianis tradita æterna sunt? Nunquid et multa alia Evangelii mandata æterna esse possunt? Non sunt æterna, quia sicut de tuis dixi, cum mundo finienda sunt; et tamen sunt æterna, quia æternorum præparativa sunt. Finiuntur illa, sed vita, ad quam ducunt, non finitur æterna. Dic ergo, sed dic ex fide, crede ad justitiam, confitere ad salutem tuam taliter posse accipi legem esse æternam; quia hujus Christianæ gratiæ prævia et præmonstratrix exstitit, quæ sola vere per Christum ad vitam beatam et æternam perducit. Hoc solo sensu æternum legis tuæ, de quo egisti, potest intelligi absque fine, nullo autem alio, nisi cum fine.

Sed ne quid objectorum a te indiscussum vel indiffinitum remaneat, accipe et contra illa ultima tua responsum nostrum. Opposuisti nobis Moysen loquentem inter cætera patribus tuis : *Ut multiplicentur*, inquit, *dies tui, et filiorum tuorum in terra quam juravit patribus tuis, ut daret eis, quandiu cœlum imminet terræ (Deut.* xi). Ad quod ego : Quandiu cœlum imminet terræ, promissa est, juxta intellectum tuum, stirpi Judaicæ possessio terræ illius, quæ partim per Moysen, partim per Josue, primis illis Judæis distributa est. Sed adhuc tamen cœlum imminet terræ, et Judæis jam a multo tempore terra illa ablata est. Sed dices : Hoc idcirco, quia mandata sibi a Deo tradita neglexerunt. Et quid hoc, inquam, ad me? Vere fateor, quod quia mandata Dei neglexerunt, imo quia semper Deo rebelles et contrarii exstiterunt, quia idololatræ, quia profani, quia prophetarum occisores, quia ad implendam mensuram patrum suorum, ipsius Christi salvatoris mundi, et condemnatoris sui, nequissimi crucifixores fuerunt, a Deo projecti, et tam ab illa terra, quam ab omni prosperitate mundana et felicitate æterna exclusi sunt. Nam illud quod addidisti præcepisse Moysen : *Non addetis ad verbum quod vobis loquor, neque auferetis ex eo (Deut.* iv), nonne mirum et mirum valde est, quod hoc quasi per te faciens opponis? Quis enim nostrorum aliquid unquam addidit ad verbum legis tuæ? quis aliquid dempsit? Imo servamus libros intactos, servamus incorruptos, et sicut per Moysen scripti, et per fidos interpretes ad universarum gentium linguas de Hebraica translati pervenerunt, ita ut dictum est, conservantur. Nihil eis additur, nihil imminuitur. Habet ergo Latinus, habet Græcus, habet barbarus de libris illis quidquid, tu, Judæe, habes. Scribimus quod scribis, legimus quod legis, sed scripta vel lecta non ex toto intelligimus, ut intelligis, non ex toto accipimus ut accipis. Sequeris tu quandoque in illis litteram mortificantem, sequor ego semper in illis spiritum vivificantem. Rodis tu corticem, edo ego medullam. Nec litteræ tegmen ubi est abjicio, nec littera tectum salutis mysterio contemno. Hoc modo litteram accipiens, auctorem litteræ spiritum magis sequens, nihil, ut dixi, ad verbum legis tuæ adjicio, nihil demo; sed magis Judæum nec legis suæ litteram sequentem, nec spiritum divinum in littera agnoscentem arguo, corripio, ac veritati ac quiescere nolentem condemno.

Post hæc duo sic absoluta, de tertio et in tribus ultimo nobis minaris, et nisi Judæi efficiamur, divino maledicto nos esse subjectos ostendere conaris. *Maledictus*, inquis, *qui non permanet in sermonibus legis hujus, nec eos opere perficit, et dicet omnis populus : Amen (Deut.* xxvii). Hoc maledictum, o Judæi, non super Christianos est, sed super vos et super filios vestros. Neque enim, nos Christiani, ex gentibus de Judæis fuimus, nec jugum legis Judaicæ nobis impositum est. Subjecta fuerunt colla populi duræ cervicis, qui aliter domari ad serviendum Deo non poterat, præceptis legis Mosaicæ; erecta est in libertatem tempori congruam per Christum nostrum cervix fidei Christianæ. Ea de causa nihil ad se pertinere Judaicum maledictum Christianus intelligit, quia sicut mutata tempora, sic et mutata præcepta cognoscit. Sed quia modo, quo superius dictum est, aut agendæ scilicet vitæ, aut significandæ, legem vestram nostram credimus, nostram dicimus, necesse est nos ejus maledictiones cavere et benedictiones optare. Cavemus autem, imo omnino vitamus ejus maledictiones, si juxta ejus decreta vitam agimus, hoc est, non concupiscendo, non occidendo, non furtum faciendo, non falsum testimonium perhibendo, et reliqua similia observando, quæ et vetus scriptura servari præcepit, et novæ gratiæ Evangelium teneri multo magis imperavit. Vitamus ejus maledictiones, si non significans, sed significatum, hoc est si non carnalem circumcisionem, si non carnale Sabbatum, si non carnalia sacrificia, sed spirituales virtutes, quæ illis carnalibus sacramentis designatæ sunt, observamus.

Hoc igitur utroque modo vel agendo quæ aperte præcepta sunt, vel implendo quæ sub sacramentorum velamine sunt, non subjacet legis maledicto Christianus, falsoque se impetitum a Judæo demonstrat, dum his modis in sermonibus legis se permanere declarat. Non ergo tangit illum vel in modico maledictio illi a te objecta, Judæe; sed te potius respicit, tibi se totam ingerit, qui nec spiritu libertatis, ut Christiani, in sermonibus legis tuæ permanes, nec ipsa servili et carnali conditione, ut primi Judæi, eos opere ex maxima parte adimples. Adverte igitur non Christianum, ut jam dictum est, sed te, illi maledicto quod ei objecisti subjectum, de quo Moyses : *Maledictus omnis qui non permanet in sermonibus legis hujus, nec eos opere perficit, et dicet omnis populus : Amen.* His universis eo res pervenit, ne ultra audeas legem per Moysen datam, juxta intellectum quem hactenus habuisti, credere perpetuam, nec audeas profiteri æternam. Agnosce hoc, inquam, factum per Christum, qui auctor Novi et æterni Testamenti, multa in eo præterquam se usus antiquus habuerat, auxit, minuit, ac mutavit. Auxit, quando dixit : *Nisi abundaverit justitia vestra plus quam Scribarum et Pharisæorum, non intrabitis in regnum cœlorum* (*Matth.* v). Et addidit : *Audistis quia dictum est antiquis : Non occides. Qui autem occiderit, reus erit judicio. Ego autem dico vobis, quia omnis qui irascitur fratri suo, reus erit judicio* (*ibid.*), et sequentia. Rursum : *Audistis quia dictum est antiquis : Non mœchaberis. Ego autem dico vobis, quia omnis qui viderit mulierem ad concupiscendum eam, jam mœchatus est eam in corde suo* (*ibid.*). Ac deinde : *Audistis quia dictum est antiquis : Non perjurabis. Ego autem dico vobis, non jurare omnino* (*ibid.*). Ac postmodum : *Audistis quia dictum est, oculum pro oculo, et dentem pro dente. Ego autem dico vobis, non resistere malo. Sed si quis te percusserit in dexteram maxillam tuam, præbe illi et alteram* (*ibid.*), et reliqua, quæ lectio Evangelii nostri indicat : *Audistis quia dictum est : Diliges proximum tuum, et odio habebis inimicum tuum. Ego autem dico vobis : Diligite inimicos vestros, benefacite his qui oderunt vos, et orate pro persequentibus et calumniantibus vos* (*ibid.*), et reliqua, quæ cœlestis illa Scriptura recitat. Quando hæc Christus præcepit, utique supra legis antiquæ præcepta, plurima auxit. Minuit vero, quando per apostolos suos in quibus loquebatur, ea quæ subscripta sunt constituit. Nam sic se habet eorum Epistola : *Apostoli et seniores fratres, his qui sunt Antiochiæ, et Syriæ, et Ciliciæ, fratribus ex gentibus, salutem* (*Act.* xv). Et versu interposito : *Visum est, inquiunt, Spiritui sancto et nobis, nihil ultra vobis imponere oneris quam hæc necessaria, ut abstineatis vos ab immolatis simulacrorum, et sanguine, et suffocato, et fornicatione. A quibus custodientes vos, bene agetis* (*ibid.*). Quando hæc pauca servari mandavit, de multiplicitate legalium præceptorum multa imminuit. Mutavit autem, quando pro circumcisione baptismum, pro Sabbati otio requiem a peccatis, pro innumeris panum, similæ, vini, quadrupedum, volucrum sacrificiis solum purum, innocentem, immaculatum agnum Dei, hoc est seipsum omnipotenti Patri pro universorum salute quotidie offerri constituit. Jussit ista, et quia Deus esse probatus est, auctoritate divina quæ voluit imperavit, et quæstiones infidelium de mandatis suis dubitantium amputavit. Hoc enim inter alia Judæis mirantibus, et stultissime conquerentibus, quod verbo curando multorum incommoditates Sabbatis operaretur, respondit : *Filius hominis Dominus est, etiam Sabbati* (*Luc.* vi). Qui vero Sabbati Dominus est, utique Deus est. Non enim nisi Deus, Dominus Sabbati esse potest. Unde constat quod qui Dominus et Deus Sabbati est, Dominus et Deus circumcisionis est, Dominus et Deus sacrificiorum, imo omnium rerum est. Sicut ergo licuit omnium rerum Domino et Deo, quando voluit non existentia creare, quando voluit jam creata in alias et alias species commutare, sic ei licuit arcanis, sibique soli notis justitiæ causis, leges nondum datas hominibus, quibus voluit, et tempore quo voluit proponere, et rursum quibus voluit et quando voluit, easdem augere, minuere, vel mutare.

Quiesce igitur, Judæe, de mutatis per Christum Moysi legibus scandalizari, quia idem Deus qui per hominem Christum hominibus apparuit, quando voluit præcepta legalia prius non existentia promulgavit, quando voluit eadem jam tradita commutavit. Nec deinceps per illam tantummodo veterem et jam finitam legem justificari quemlibet potuisse asseras, cum et ante illam, et ejus tempore præter illam, et etiam post illam, justos vocari multos invenias. Nonne, ut ad priora sæcula redeam, absque circumcisione, absque Sabbati cultu, absque aliquo legis vestræ sibi imposito ritu, Abel cordis innocentia et simplicis sacrificii puritate Deo placuit? (*Gen.* iv.) Nonne absque circumcisione, absque Sabbati cultu, absque multiplici legis nostræ onere, ambulavit Enoch cum Deo, et non apparuit, quia tulit eum Deus? (*Gen.* v.) Nonne absque circumcisione, absque Sabbati cultu, absque multiplici legis Judaicæ onere, de magno viro Noe scriptum est : *Noe vir justus et perfectus in generatione sua fuit, et cum Deo ambulavit?* (*Gen.* vi.) Nonne et ipsi Deus loquitur: *Te vidi justum coram me in generatione hac?* (*Gen.* vii.) Quid dicam et de ipso de quo præcipue gloriari soletis, patre Abraham? Nonne et de ipso absque omnibus illis præmissis, Sabbato legalibus præceptis, ante ipsam quoque circumcisionem, dictum est : *Credidit Abraham Deo, et reputatum est ei ad justitiam?* (*Gen.* xv.) Quid et de posteris ejus Isaac, sive Jacob, et reliquis usque ad Moysen? Nonne et ipsi sola circumcisionis, sed maxime justitiæ observantia, absque reliquis omnibus legis post decretis, Deo placuere, et ipsi duo cum antecedente se Abraham, singulare ac gloriosum patriarcharum nomen meruere? Hoc quidem ante legem. Jam vero lege data vel proxime danda, video Job non Judæum, sed a Judæorum genere pene alienum, absque circumcisione, absque Sabbati cultu, absque omni legali instituto, voce divina simplicem, rectum, timentem Deum, recedentem a malo vocari. Cerno et Balaam, absque circumcisione, absque multiplicibus Moysi præceptis, Deo colloqui, Deo obedire, Dei afflatu multa saluti humanæ famulatura prædicere (*Num.* XXIV). Qui licet reciderit, licet casum suum et præviderit et prædixerit, ex eo tamen quo casum suum memorat, ante eumdem casum se stetisse declarat. Unde licet in justitia non permanserit, auditor tamen sermonum Domini non nisi ex aliquo justitiæ merito esse meruit. Conspicio et regum plurimos, intueor alienigenarum gentium non paucos, ipso legis tempore absque circumcisione, absque Sabbati cultu, absque Moysiacis institutis, Deum colere, justitiam sectari, absque eadem justitiæ conservatione justificari. Qui quamvis in canone Judaico non legantur, ex veracibus tamen historiis tales fuisse probantur. Sed quorsum ista? Ut cernens ante legem atque sub lege, sine legis operibus multos Deo placuisse, gloriari velut de legis tuæ singularitate desinas, et vetustum, quod inde assumpsisti, jactantiæ supercilium deponas. Nec propter hoc solum, sed ut insuper advertas, quod sicut et ante legem et sub lege, sine legalibus observantiis, titulo justitiæ plurimos conspicis honorari, sic et post legem non solum plurimos, sed et universos sola Christiani Evangelii gratia, posse intelligas justificari. Hoc quippe est novum illud testamentum, de quo jam supra audisti Deum et prophetam loquentem: *Ecce dies veniunt, dicit Dominus, et disponam testamentum domui Juda, non secundum testamentum quod dedi patribus eorum, quando eduxi eos de terra Ægypti* (*Jer.* XXXI). Aut igitur ostende aliud testamentum datum a Deo, non secundum illud vestrum testamentum quod datum est ab eo, aut suscipe hoc nostri Evangelii testamentum, quod vere datum est ab ipso. Quod non est secundum illud, quia est plusquam illud; non est secundum illud quia illud terrenum est, istud cœleste; non est secundum illud, quia illud temporale; istud vero est absque dubio sempiternum. Non quod Scriptura illa Evangelii data a Christo, vel quæ in eo præcipiuntur, manere debeant in æternum, sed quod gloria, quæ a Christo promittitur servantibus Evangelium, nulla rationabiliter obviante, maneat in æternum. Simili argumento, et cuncta, quæ supra de Christo diffusius sunt dicta, concludo. Aut enim alium, de quo universa illa veraciter accipi possint, necesse est te producere, aut omnia de Christo nostro esse dicta, nobiscum sentire.

Sed forte objicis: Etsi ego nullum, cui supra scriptæ propheticæ voces congruere possint, producere valeo, qua me tu ratione Christum tuum potius, quam quemlibet alium in illis propheticis vocibus intelligere cogis? Magna utique, magna, inquam, ratione ad hoc sentiendum te ego compello. Sed antequam ratio illa ponatur, auctoritas præcedat. Interrogas cur magis de Christo nostro quam de quolibet alio cuncta illa supradicta accipiam, et cur te ad ea suscipienda compellam. Idcirco plane Christum nostrum, non alium, in omnibus illis propheticis vocibus intelligo, et intelligendum suadeo, quia de ipso, non de alio verba illa prolata agnosco, vel ut verbi causa, aliqua de innumeris ad ipsum pertinentibus excerpam, de nullo alio, nisi de illo intelligi potest, quod propheta tuus dicit, et quod Ecclesia nostra frequentat: *Ecce virgo concipiet, et pariet filium, et vocabitur nomen ejus Emmanuel* (*Isa.* II). Nulla enim virgo vel concepit, vel conceptura est, vel peperit, vel paritura est filium, nisi super cœlestis et perpetua virgo Maria Jesum Christum Dominum nostrum. De nullo alio nisi de illo accipi potest: *Orietur stella ex Jacob, et consurget virga de Israel* (*Num.* XXIV). Non enim cometes, qui regna mutare dicitur, vel quodlibet præfulgidum sidus, Christo nostro secundum carnem de Israel exsurgente ortum est, sed stella sideribus cunctis splendidior, ipsiusque solaris fulgoris æmula non cujuslibet, sed ipsius tantum nativitatem præsagans eluxit. De nullo alio hominum nisi de illo accipi potest: *Effundam super vos aquam mundam, et mundabimini ab omnibus inquinamentis vestris* (*Ezech.* XXXVI). Ipse enim non alius aquam mundam, et omnia inquinamenta peccatorum mundantem super omnes effudit, quando discipulis præcepit: *Docete omnes gentes, baptizantes eos in nomine Patris, et Filii, et Spiritus sancti* (*Matth.* XXVIII). De nullo alio nisi de illius tempore accipi potest. *Tunc aperientur oculi cæcorum, et aures surdorum patebunt; tunc saliet sicut cervus claudus, et aperta erit lingua mutorum* (*Isa.* XXXV). Ejus enim tempore, ejus virtute, ejus præcepto tam per ipsum quam per innumeros alios idem donum ab ipso accipientes cæcis visus, surdis auditus, claudis gressus, mutis lingua reddita est, et infinita omnium generum vel specierum miracula facta sunt. De nullo alio, nisi de illo accipi potest: *Ipse vulneratus est propter iniquitates nostras, et livore ejus sanati sumus* (*Isa.* LIII). Nullus enim præter ipsum vulneratus invenitur propter iniquitates hominum, nullius livore nisi ipsius, sanitas restituta est hominibus. Nullus præter ipsum oblatus est, quia voluit; nullus præter ipsum sicut ovis ad occisionem ductus est, quia voluit. De nullo alio nisi de illo accipi potest: *Non dabis sanctum tuum videre corruptionem* (*Psal.* XV). Ut enim ait Petrus apostolus noster, loquens sicut et ego Judæis (*Act.* II); nec David qui hic loquitur, nec aliquis hominum vel sanctorum sepultus, præter eumdem Christum nostrum, carnis evadere potuit corruptionem. De nullo alio nisi de illo accipi potest: *Vivi-*

ficabit nos post duos dies, die tertia suscitabit nos (Ose. VI). Nam nullus mortuus præter ipsum triduana sepultura quiescens, ipsa die tertia cum carnis propriæ resurrectione, et tunc plurimos sanctorum suscitavit, et in fine sæculi omnes pariter, tam bonos quam malos, vel ad vitam, vel ad mortem perpetuam suscitabit. Sed nec de quolibet alio idem propheta subjunxit : *Quasi diluculum præparatus est egressus ejus (ibid.).* Egressus quippe ejus de sepulcro ad immortalem vitam, quasi diluculum fuit ; quia ipsi ante solem primo lucis initio resurrexit, sicut et Evangelium nostrum, et ipse in psalmo loquitur : *Exsurgam diluculo (Psal.* LVI). Nec hoc solum, quia transituræ resurrectionis suæ luci sempiternam adjunxit, et ea vetustas mortalium tenebras illustravit. De nullo alio nisi de ipso accipi potest : *Ascendens in altum captivam duxit captivitatem, dedit dona hominibus (Psal.* LXVII). Nec enim sola divinitas proprie in altum ascendere dici potest, quæ semper tam in alto quam in imo, et ubique est. Sed et de illo, juxta verba Apostoli, nostri dictum est : *Ascendit,* quia primo descendit in inferiores partes terræ, indeque humana carne assumpta, *Idem qui descendit, ipse et ascendit super omnes cœlos, ut adimpleret omnia (Ephes.* IV). De nullo alio nisi de illo dictum est : *Erit radix Jesse, et qui exsurget regere gentes, in eum gentes sperabunt (Isa.* XI). Quod magis videndo propriis oculis quam aures præbendo scriptis propheticis advertere potes. In ipsum enim Christum nostrum, qui de stirpe Jesse ortus est, sicut tibi totus terrarum orbis indicat, gentes sperant, ipsum deprecantur, ipsum adorant. De nullo alio nisi de ipso dictum est : *Scio quod Redemptor meus vivit, et in novissimo die, de terra surrecturus sum, et in carne mea videbo Deum (Job* XIX). Redemptor enim non potest dici, nisi qui redimit. Job vero nullus redemerat, nullus redempturus erat, nisi hic Dei Filius, hic de quo sermo est Christus. Quem pro redemptione sui ac mundi pretium corporis et sanguinis sui daturum præsciens, Redemptorem suum vocat, Deum nominat, et eum in sua carne jam resuscitata in die novissimo se visurum affirmat.

Hæc universa et multa similia, quia de nullo alio nisi de Christo accipi possunt, de ipso dicta credimus, in ipso atque per ipsum excepto hoc uno et ultimo, quod in mundi defectu implendum restat, impleta novimus, et ut eadem credant ac sentiant, Judæis incredulis suademus. Audisti, Judæe, qua auctoritate, imo quibus auctoritatibus, cuncta illa, quæ præmissa sunt, de nullo alio nisi de Christo dicta credat et intelligat Christianus, audi et qua ratione cui vel libens vel invitus cedere cogatur Judæus. Et quia major ratione hoc tibi persuaderi poterit, quam divinis illis immensis et infinitis miraculis ? Quis enim humano intellectu vigens non videat quod tot tantaque a Christo, et per Christianos facta miracula, fieri nullo modo possent, nisi virtute divina ? et ille quidem se Dei Filium, se Deum, se regem æternum, se Christum a prophetis prædictum esse fatebatur. Quæ si falsa essent, non solum nulla eum signa prosequerentur, nulla eum miraculorum efficacia comitaretur, sed potius (quod vel cogitare scelus est), ut mendax, blasphemus et impius damnaretur. Ac cum ista omnia de se prædicaverit, cum ista de se credentes velut omnipotentes miraculorum operatores effecerit, sicut et ipse loquitur, omnia possibilia credentur (*Marc.* IX), clarum est, perspicuum est quod quidquid de se credi docuit, absque saltem minima dubitatione credendum est ; quidquid præcepit fieri, absque refragatione aliqua servandum est. Sed ut quidquid posses objicere, ipse mihi objiciam, dices fortassis miracula illa aut nulla fuisse, aut magica. Si dixeris nulla fuisse, si dixeris ea ficta a nostris, cito respondeo, tuoque te sermone convenio : Si miracula, quæ a Christo vel per Christianos facta dicuntur, quia non vidimus, nulla vel ficta esse asseris, et nos quoque ea quæ per Moysen, Josue, vel reliquos Judæos facta leguntur, quia non vidisti, nulla vel ficta esse asserimus. Nullam enim tu majorem afferre potes certitudinem de Judaicis miraculis, quam nos de Christianis. Nam sicut tu libros habes Judaicos, in quibus illa inscripta sunt, sic et nos libros habemus Christianos, in quibus ista relata sunt. Hac ergo ratione aut nega Christiana miracula, et nos negabimus Judaica ; aut confitere Christiana miracula, et nos fatebimur Judaica. Sed quia tu signis illis, licet non visis, sola librorum a patribus traditorum lectione fidem accommodas, cogeris ut et nos libris a majoribus nostris nobis traditis fidem præbere concedas ; et insuper quia nos tuis assentimus, ut quoque nostris assentias. Credimus nos prophetis tuis, crede et tu apostolis nostris. Crede autem hac ratione, quod quidquid illi de Christo et ad Christum pertinentibus rebus futurum esse dixerunt, hoc totum isti mundo impletum, absque diminutione aliqua ostenderunt. Non igitur hoc modo Christi miracula nulla esse, non hoc modo ficta esse a nostris, probare poteris. Sed rursum nulla esse vel ficta, quo alio modo probare valebis, cum non partes orbis quaslibet, sed ipsum pene orbem universum legibus Christianis subjectum esse videas ? Jacet jam substrata Christo mundi superbia, et totus mundanæ gloriæ fastus, damnati ab hominibus, et crucifixi ignominiæ servit. Adorat crucem ejus, quam prius videre horrebat ; et quod ante stultum putaverat, nunc omni sua sapientia longe sapientius esse non dubitat. Potentiam illam suam, qua cuncta terrena domare consueverat, Christo, qui Dei est virtus, agnito, infirmam cognoscit, et ex ipso qui Dei sapientia est, suam metiens, eam ut stultam contemnit. Quomodo igitur Christianæ, ut sic loquar, insipientiæ sapientiam suam, infirmitati fortitudinem suam, ignobilitati nobilitatem suam, ignominiæ gloriam suam sponte subjecisset, nisi mirandis, stupendis, et ante inusitatis operibus hoc ei persuasum esset ? Constat ergo falsum esse quod objectum est, Christiana miracula nulla esse vel ficta.

Sed forte adhuc Judaica subterfugia quærens, oppones. Quid vis cogere, mundum non nisi miraculis in Christum credere potuisse, cum ante Christum pene totus, imo aliquo tempore totus idololatriæ servierit; nec ad illam idololatriam signis aliquibus, sed errore proprio conversus fuerit? Concedo, inquam, sine signis, præter quædam vana ac dæmonica, quibus quandoque, licet raro, conceptus error, in stultorum hominum cordibus fovebatur, mundum aliquando succubuisse, sed eo tempore detestando, cultui manus dare cepisse, quo noviter a Deo in parentibus primis, de paradiso ejectus, in hanc erroris ac cæcitatis vallem exsul a facie Dei projectus est. Ubi merito iniquitatis suæ paulatim auctoris sui oblitus, vi tamen innatæ rationis, divinitatem alicubi esse non incertus, sed ubi esset quærenda ignarus, eam vel in laudatis hominibus, vel in eorum imaginibus, vel in pulchris ac suis usibus commodis creaturis quæsivit, et sic pro Creatore ea quæ ille creaverat divinitatis cultu colere assuevit. In honore enim humanæ naturæ cum esset, non intellexit, sed tam in divina cognitione, quam in propria conversatione, comparatus est jumentis insipientibus, et similis factus est illis (*Psal.* XLVIII). Nosti ipse, si tamen Scripturarum tuarum sollicitus inspector fuisti, verum esse quod dico, nec aliam causam tanti erroris fuisse, nisi quod sopita in eo ratione, ac nulla, quæ rationem ejus suscitare posset, adhuc data lege, dixit ut insipiens in corde suo: *Non est Deus* (*Psal.* XIII). Unde mirum non fuit, si pars mundi, aut totus mundus eo tempore facile decipi potuit. At e converso Christi vel Christianorum jam eruditis temporibus, lege Judaica ante duo millia fere annorum data, philosophicis scholis, et tam divinarum quam humanarum rerum studiis ubique ferventibus, ac tam naturali lege quam scriptis legibus vigore humani ingenii vel scientiæ reflorente, impossibile fuit falli homines, et ita universaliter Christianæ fidei se submittere, et fidem, mores, ac vitam ad unius hominis imperium, absque immensis prodigiis et signis, in aliud et contrarium commutare. Non igitur valet quam proposuisti objectio.

Sed vereor attritæ frontis notam cunctis duritiem, ne solita impudentia rursus procedat, et dicat: Si Christiana tempora jam erudita nec falli, nec sine miraculis credere potuerunt, quid quod, post Christum quingentis annis elapsis, Mahumetica hæresis consurrexit, et tam nefaria secta, nullis parta miraculis, tantas orbis partes infecit? Nonne illa tempora, eruditione obstante, tanto errori cesserunt? Ad hoc primum respondeo aliud esse partes orbis, aliud totum orbem cuilibet errori cedere: et idcirco aliter de particulari errore, aliter de universali sentiri debere. Nullum enim, præter humani generis principia quæ supra tetigi, tempus fuit, aut futurum est, quo tenebræ luci, quo veritas non sit admista errori; et quamvis, juxta Evangelium nostrum, lux in tenebris luceat, et tenebræ eam non comprehendant (*Joan.* I), et si non sunt uniformia, sunt tamen contigua. Partes ergo aliquas, ut dictum est, mundi, error aliquis inficere potest, totum mundum non potest. Potuit ergo, sicut et alii multi errores, aliquas mundi partes inficere : totum non potuit occupare. Fides vero Christiana, non more errorum, particulas vel partes mundi sibi subdidit, sed, ut veritas a summa veritate, quæ Christus est, derivata, totum sibi orbem subjecit. Totum vero orbem dixi, quia licet gentiles, vel Saraceni super aliquas ejus partes dominatum exerceant, licet Judæi inter Christianos et ethnicos lateant, non est tamen aliqua vel modica pars terræ, non Thyrreni maris, nec ipsius Oceani remotissimæ insulæ, quæ vel dominantibus vel subjectis Christianis non incolantur, ut verum esse appareat quod Scriptura de Christo ait : *Dominabitur a mari usque ad mare, et a flumine usque ad terminos terræ* (*Psal.* LXXII). Vel illud apostoli nostri : *Ut in nomine Jesu omne genu flectatur* (*Philipp.* II). Si igitur Mahumeticus error aliquam terrarum partem post legem a Christo datam corrupit, quid ad proposita ? Multæ enim hæreses post legem Moysi surrexerunt in populo Judæorum, multæ post Christi Evangelium ortæ sunt in orbe Christianorum. Licet igitur tempora, in quibus hæresis hæc consurrexit, erudita fuerint, non tamen in toto orbe, sed in aliqua ejus parte, pestis illa convaluit, et mare, ut jam dixi, aliarum hæresum, velut magni corporis membrum aliquod corrupto humore infecit. Unde nulla est comparatio hujus diabolicæ falsitatis ad divinam Evangelii veritatem, quoniam illa quosdam, quamvis multos, hæc autem modo quo dictum est, obtinuit universos. Sed tu his Christianis temporibus deceptos illos nequam deceptori sine miraculis credidisse opponis, et hoc ad nostra evacuanda miracula affers. Inducis a simili, sic istis eruditis temporibus sine miraculis potuisse decipi Christianos, sicut eisdem eruditis contigit tam miserrime falli absque miraculis Saracenos. Sed non valet inductio, enervis prorsus est hæc similitudo. Nam probo, eisdem eruditis temporibus et Saracenos sine miraculis errori cessisse, et Christianos Christo absque miraculis necessaria non credidisse. Impossibile enim fuit, vel hos de quibus sermo est, vel quoslibet alios, doctis illis temporibus absque aliqua certa causa vel illiciente, vel compellente, ab inveterato vel innato usu potuisse averti, et ad insolita et nova converti. Causa autem ad nova illa vel illiciens vel compellens, nisi fallor, alia nulla exstitit, nisi aut auctoritas, aut ratio, aut miracula, aut vis, aut voluptas, vel simul omnia, vel horum aliqua. Sed quod supra miracula pro ratione pono, nunc rationem a miraculis disjungo, nemo miretur. Ibi enim idcirco dixi vim rationis miracula obtinere, quoniam sicut ratio ad aliquid credentem mentem rationabilem trahit, sic miracula ad id quod persuadere intendunt, vice rationis compellunt. Hic autem ea ad invicem separo, unicuique quod suum est reddo, ut et nomine rationis, intellectus rationabilis, vel mente tacitus, vel verbis expressus sentiatur, et miraculorum vocabulo, mirandorum operum insignis potentia exprimitur.

Hæc igitur duo sic accepta, et jam dictis tribus adjuncta sunt, ut præmissum est, quinque, auctoritas, ratio, miracula, vis et voluptas. Harum causarum, quæ perditos illos ad suscipiendum novum errorem, vel illicere potuerunt, vel compellere, perscrutare. Remove igitur prius quæ erroris illorum causa ipsis testibus non fuerunt. Nam quod ratio eos nulla illexerit, testes sunt ipsi, testis et erroris ipsius magister. Ait enim in libro suo nec nominando, Deum sibi introducens loquentem : *Si quis tecum disceptare voluerit, dic te faciem tuam ejusque sequaces ad Deum convertisse, quod agendo tam legum scientes quam illitterati bonam legem sequentur. Sin autem, tuum est, mea præcepta gentibus solummodo patefacere.* Item : *Si quis tecum de lege certamen inire voluerit, dic ei anathema, et iram Dei talibus solummodo comminare.* Vel iterum : *Nolite disputare cum legem habentibus. Melior est enim cædes quam lis* : et plura hujusmodi. Quod vero nec miraculis aliquibus eos provocaverit, sic iterum quasi Dei voce sibi loquitur : *Tu quidem nequaquam ad eos cum Dei miraculis manifestis venies, quoniam ea velut odiosa ac sibi contraria rejiciunt.* Item : *Nisi sciremus eos tibi non credituros, sicut nec aliis crediderunt, daremus tibi signa et prodigia* ; vel sæpe idem repetit. Hæc duo idcirco necessario removentur, quia hoc ipsum, ut dictum est, tam ipsi quam hæresis eorum auctor fatetur. Remanent igitur causæ, quibus probantur decepti, auctoritas, vis, et voluptas. Auctoritatem nomino, non eam quæ divina esse potuerit, sed eam quam divinam esse, mendax et fallens auctor confinxit, et quam ab auctore mendaci et fallente, pro divina, seductus ab eo populus stultus suscepit. Vim dico, de qua in jam dicto libro idem præsumptor loquitur : *Non sum missus, nisi in virtute gladii.* Item ad suos : *Quousque potentiores omnibus efficiamini, prædatores et expugnatores estote. Et nisi me prophetam a Deo missum confessus fueris, diripiam omnem substantiam tuam, uxorem, et filios tuos, ac filias captivitati subjiciam, et teipsum interficiam.* Et multa in hunc modum. Hoc namque tam ipse, dum vixit, quam principatus ejus successores fecisse leguntur, et velut hoc sibi ex divino mandato injunctum servantes, quos potuerunt violenter armis et viribus, sectæ nefariæ subjecerunt. Voluptatem dico, cui maxime nequam deceptor frena laxavit, cui præcipue, sicut omnibus notum est, gens miseranda inservit. Leguntur inde multa ab eo conscripta, in quibus sunt et ista : *Deus,* inquit, *leviter vobiscum agit, quoniam in fide Saracenorum nihil est aliud quam tranquillitas et requies, et non vult Deus a vobis quod difficile est, sed quod facile.* Item : *Tunc comedes, et bibes, et concumbes per totam noctem, usquequo discerni pos-* sit filum album a nigro. Item : *Sint tibi uxores ad minus quatuor. Concubinarum vero, quantumcunque potueris, vel mille talia.*

Profitentibus ergo libris et actibus ipsorum, auctoritate, vi et voluptate, ad suscipiendam exsecrandi nominis sectam, aut illecti, aut compulsi sunt, ratione vel miraculis non sunt. Vides, Judæe, quod erudito tempore aliis de causis gens illa seducta est miraculis non est? Vides illud, propter quod istud velut a simili induxeras quod Christianus orbis absque signis immensis ad Christum conversus non est. Hoc enim similiter, non solum probabili, sed necessario argumento ostendam. Propono ergo tibi easdem, quas jam proposui, causas, et ex eis necessario Christiana miracula probo. Redeant igitur ad medium, auctoritas, ratio, miracula, vis et voluptas. Harum vel omnes vel aliquæ, ad suscipiendam fidem Christianam, orbem terrarum aut illuxerunt, aut compulerunt. Sed sicut superius factum est, removeantur illa, quibus mundus ad nomen Christianum suscipiendum nec illectus nec compulsus est : Auctoritate illectus non est, quia licet Moysacam vel propheticam auctoritatem, sicut vere divinam nunc veneretur, non tamen antequam in Christum crederet, eam venerabatur. Agnovit quidem, postquam ad fidem Christianam conversus est, cuncta quæ in Christo vel ejus Ecclesia completa cernit, Scripturarum illarum auctoritate prædicta ; sed, antequam converteretur, ignorabat ea spiritu prophetico prænuntiata. Non acquiescebat Scripturis illis, utpote peregrinis, nec Judæorum legem aliquid ad se pertinere putabat. Non igitur litterarum auctoritate ante factum est ut in Christum crederet, sed quia prius in Christum credidit, earumdem Scripturarum auctoritatem suscepit. Sed nec ex paternis traditionibus, nec ex majorum suorum auctoritate ad fidem hanc converti potuit, a qua semper toto nisu, libris, minis, ac poenis, quandiu concessum est, eum error antiquus retraxit. Hinc manifestum est quod nulla cujuslibet auctoritate mundus ad fidem Christi conversus est. Sed nec ratione, quia, ut ipsa doctrina Christiana loquitur, cum apud eam magnum sit meritum fidei, non habet ea fides meritum, cui humana ratio præbet experimentum. Et quidem quædam in ea humanam sequi rationem videntur, juxta quam ait suis apostolus : *Parati omni poscenti vos reddere rationem de ea quæ in vobis est spe* (I Petr. III) ; sed sunt longe plura, quæ nullo mentis intuitu comprehendi, nulla humanorum ingeniorum vivacitate valeant penetrari. Scrutati sunt magni quidam sæcularis philosophiæ magistri, per ea quæ facta sunt, invisibilia Dei, et pene cuncta quæ de divina majestate Christianus prædicat, curiosus philosophus investigat. Inde est quod ut quidam nostrum ait : *In principio erat Verbum, et Verbum erat apud Deum, et Deus erat Verbum* (Joan. I), et quædam sequentia, sicut evangelista sic et philosophus (200) scribit, sed *Verbum caro factum est (ibid.)*, nullo mentis acumine comprehendit. Nam altissimam humilitatem, qua Verbum Dei dignatum est caro fieri, superbus animus comprehendere nescit. Sola illud humilium devotio, spiritus, Dei gratia ducente intelligit. Unde et Salvatoris nostri verba sunt Patri Deo loquentis : *Abscondisti hæc a sapientibus et prudentibus, et revelasti ea parvulis (Matth.* xi). Sunt inde et illa magni Apostoli nostri verba, qui reprobatos Judæos, qui electas a Christo gentes cernens, et causam intelligere volens, nec valens, exclamat : *O altitudo divitiarum sapientiæ et scientiæ Dei ! quam incomprehensibilia sunt judicia ejus, et investigabiles viæ ejus ! (Rom.* xi).

Constat igitur, Judæc, ipso Christo et apostolis ejus confitentibus, orbem terrarum ad fidem Christianam, humana non esse ratione conversum. Sed nunquid vi, ut eamdem Christi fidem susciperet, ab aliquo compulsus est? Hic plane diu immorandum est. Non est, inquam hic immorandum, ut ostendatur homines ad suscipiendam Christianam legem, a nullo fuisse compulsos. Nullatenus enim compulsi sunt ut susciperent, qui mille modis coacti fuisse probantur, ne susciperent. Inde terrores, inde tormenta, inde carceres, inde ignes, inde gladios passi sunt; nec tamen universa mortium genera perpetientes, ab illa deterreri, aut retrahi potuerunt. Testis est infidelis mundus, totas malitiæ suæ vires diu contra eos frustra insumens, testis et ipsa tellus Christiano sanguine ubique infecta, et martyrum Christi sacris corporibus adoperta. Non est igitur mundus vi aliqua ad fidem Christi compulsus. Sed nunquid voluptate illectus est? Et quid voluptuosum, Judæc, in lege Christi? Nonne ipse suis dixit : *In mundo pressuram habebitis? (Joan.* xvi.) Nonne Apostolus ejus ait : *Omnes qui volunt pie vivere in Christo Jesu, persecutionem patientur? (II Tim.* iii.) Nonne quidquid uspiam voluptatis esse potest gladius Christianus præcidit? Affluunt hic quam plurima evangelicæ legis exempla, quæ, ne tædium legentibus importem, prætereo ; et tantum de multitudine illa, quædam brevitatis causa excerpo. Voluptuose et superflue vult homo carnalis epulari, voluptuose et superflue bibere, inebriari. Contradicit Christus; et dicit : *Videte ne graventur corda vestra in crapula et ebrietate (Luc.* xxi); et apostolus ejus : *Non in comessationibus et ebrietatibus (Rom.* xii). Voluptuose et libidinose vult homo carnalis vivere, non solum actui, sed et cogitatui voluptuoso Christus obviat, dicens : *Qui viderit mulierem ad concupiscendum eam, jam mœchatus est eam in corde suo (Matth.* v), et in alio loco : *Sunt eunuchi qui seipsos castraverunt propter regnum cœlorum (Matth.* xix). Et admonendo alibi : *Sint lumbi vestri præcincti (Luc.* xii). Et Apostolus : *Non in cubilibus et impudicitiis (Rom.* xiii). Et item idem : *Fornicatio et omnis immunditia non nominetur in vobis (Ephes.* v). Voluptate spiri-

---

(200) Plato scilicet, ut dicit August., lib. vii *Confess.*

tuali vult carnalis homo in inimicum ulcisci, resistit Christus et dicit : *Ego autem dico vobis non resistere malo (Matth.* v). Voluptate habendi tractus, vult carnalis homo avare congregare pecunias, terret Christus, et dicit : *Non potestis Deo servire et mammonæ (Matth.* vi), et rursum : *Nolite thesaurizare vobis thesauros in terra (ibid.)*; et alio in loco : *Qui non renuntiaverit omnibus quæ possidet, non potest meus esse discipulus (Luc.* xiv). Voluptate gloriandi vult carnalis homo superbe aliis seipsum præferre, monet Christus et dicit : *Qui major est in vobis, fiat sicut minor, et qui præcessor est, sicut ministrator (Luc.* xxii), et item comminans : *Omnis qui se exaltat, humiliabitur (Luc.* xiv); et : *Videbam Satanam, sicut fulgur de cœlo cadentem (Luc.* x). Vivendi appetitu vel timore pœnarum inconsulto, vult homo carnalis lædendo justitiam, mortem fugere, tormenta vitare, hortatur Christus, et ait : *Beati estis cum maledixerint vobis, et persecuti vos fuerint, et dixerint omne malum adversum vos, mentientes (Matth.* v); et de re simili : *Nolite timere eos qui occidunt corpus, et post hoc non habent amplius quid faciant (Matth.* x). Claret igitur quod nulla mortalis vitæ, vel rerum voluptate, ad credendum Christo, mundus illectus est.—Restant ergo quæ medio supradictarum causarum loco posita sunt miracula. Si enim verum est quod nulla gens ad tenenda nova et insolita, nisi aut auctoritate, aut ratione, aut miraculis, aut vi, aut voluptate possit illici vel compelli, certum est quia Christianus orbis, ad tenendam novam sibi et insolitam Christi legem, absque aliqua harum causarum non potuit illici, vel compelli. Sed verum est quod nulla gens, absque aliqua ex istis, ad nova suscipienda potuit illici vel compelli. Constat ergo quod orbis Christianus, absque harum aliqua, ut in Christum crederet, nec illectus est, nec compulsus. Sed rursus probatum est quod nec auctoritate, nec ratione, nec vi, nec voluptate ad Christum conversus est. Claret igitur quod solis ad suscipiendam Christi fidem miraculis, sola gratia spiritus provocatus est.

Sed ne responsiones meæ tuis objectionibus non suo ordine obviare putentur, breviter replico quod objecisti. Dixisti enim : Miracula, quibus mundum ad fidem Christi conversum dicis, aut nulla sunt, aut magica. Sed quod falsum sit nulla fuisse, imo quod verum sit multa et magna exstitisse, jam plene, ut æstimo, probatum est. Quod vero magica non fuerint, adhuc probandum est : Christi enim vel discipulorum ejus miracula, ut ex subjectis patebit, magica nullo modo esse potuerunt. Instas igitur mihi, Judæe, ut et hoc ostendam. Ostendo, inquam, magica esse non potuisse, sed fuisse divina. Nam magicam nullus discere vel tradere consuevit, nisi litteratus et doctus. Apostoli vero et primi discipuli Christi, quantum ad artes vel disciplinas liberales vel magicas attinet, omnino illitterati et indocti fuerunt. Sic enim de ipsis majoribus discipulis apud vos legitur : *Videntes Judæi Petri constantiam et Joannis, comperto quod homines essent sine litteris et idiotæ, cognoscebant eos, quia cum Jesu fuerant.* (*Act.* IV). Hoc quidem et eorum officium, quo pauperem vitam transigebant, demonstrat. Nam quatuor ex ipsis apostolis, id est jam dicti duo, additis Andrea et Jacobo, piscatores, telonearius alter; reliqui ex aliis vilibus officiis, Christo ignobilia mundi ut superba destrueret eligente, assumpti fuerunt. Patet ergo quia magica, quæ sine litteris, aut non, aut vix disci vel tradi potest, nec ab ipsis, nec a Christo accepta, nec aliis per ipsos tradita est. Sed ne forte illitteratos nostri temporis histriones, vel mimos, qui quibusdam præstigiis oculos intuentium fallere consueverunt, mihi opponas, addo quod magica, aut cum litteris, aut sine litteris tradita, non breve, sed longum ad discendum tempus requirit. Exigit plane, non solum dierum vel mensium, sed multa etiam annorum plerumque propter sui difficultatem spatia, quibus rudis discipulus Satanæ disciplinis paulatim imbui possit, et ex pessimo profectu tandem doctus evadere. Hoc prolixum ac nefariæ arti necessarium tempus, apud Christi discipulos, quando, Judæe, reperire valebis? Non enim multorum quantitate annorum, non mensium, nec saltem dierum, eos ad mira opera facienda, a Christo erudiri necessarium fuit, quos Verbi, quod ipse erat, æterni virtute, ut ea pro velle facere possent, subito et velut in momento instruxit. Hinc in Evangelio nostro, licet tu bi non acquiescas, scriptum est : *Convocatis Jesus duodecim discipulis ejus, dedit eis potestatem spirituum immundorum, ut ejicerent eos, et curarent omnem languorem et infirmitatem* (*Matth.* X). Et idem eisdem : *Infirmos, ait, curate, mortuos suscitate, leprosos mundate, dæmones ejicite* (*ibid.*). Et quæ mandata his breviora? Quam breve, in quo tam pauca verba prolata sunt, tempus? Nonne hoc non solum, ut dictum est, annos, non solum menses, sed nec hebdomadam, nec diem, nec horam ipsam integram occupat? Constat igitur quod magica ars, tam operosa, tanti studii, tam prolixi laboris, hoc tantillo tempore, nec tradi a Christo, nec disci potuit a discipulis. Quod si forte et istud, quia in Evangelio legitur, non verum, sed fictum esse contendis, vide, conjice, adverte, quia si aut scriptis aut verborum præceptis tradita a Christo Christianis ars magica fuisset, nullo modo totius orbis Christianorum multitudinem hoc latere potuisset. Non posset tanto universorum consensu diu ars nefanda celari, nec tam diversarum gentium vel linguarum, magni, eruditi, religiosi, Deumque timentes Christiani homines, falli se tam diuturno tempore diabolica arte, ipsisque ethnicis exsecranda, sivissent.

His præcedentibus duo adhuc subjungo, quibus Christiana miracula non solum probabilibus, sed et necessario magica non fuisse ostendo. Ac primum illud propono, quod magica prodigia semper falsa sunt ac fallentia. Nihil verum exhibent, nihil solidum præstant, fallunt sensus humanos, et dæmonico ministerio fingunt esse quod non est, videri quod non videtur, audiri quod non auditur. Imitantur auctorem suum, ut sicut ipse mendax est et pater ejus (*Joan.* VIII), sic ab eo progenita magica proles, nihil verum, sed falsa cuncta prætendat. Hinc non homines, sed falsas imagines hominum; hinc non quadrupedes vel volucres, sed falsas imagines quadrupedum vel volucrum; hinc non repentia, sed falsas imagines repentium, humanos sensus occultis præstigiis fallens exhibet. Hinc fontium, hinc fluminum, hinc arborum, hinc rerum omnium phantasmata, magica potentia humanis visibus repræsentat. Æmulatur in his Satanas more suo superba invidia, auctorem naturæ, ut sicut ille et nova quæ vult creat, et jam creata in alias quas vult substantias, vel species commutat, sic iste fallendi artifex, quia veraciter creare non potest, saltem creaturarum falsa simulacra ad stultos homines decipiendos confingat. Prodit vanitatem talium præstigiorum, inconstantia phantasmatum confictorum : quæ statim ut apparent, more nebulæ, vel fumi, recessu fugaci protinus evanescunt, et quam nihil etiam dum viderentur essent, oculis subito subtracta demonstrant. At e converso Christi miracula, hujus diabolicæ falsitatis prorsus ignara, divina se esse, non inania et falsa confingendo, sed solida et vera exhibendo, ostendunt. Non enim phantasticum, sed verum mare Christus pedibus absque cujuslibet navis medio instrumento calcavit (*Matth.* XIV); non in phantasticum, sed in verum et bonum vinum aquas mutavit (*Joan.* II); non phantasticos, sed veros oculos cæcis aut restituit aut donavit; non auditum simulatorium, sed naturalem surdis; non simulatoriam, sed veram multis loquelam concessit; non fallaciter, sed veraciter leprosos curavit; non fallaciter, sed veraciter dæmonia de humanis corporibus expulit; non fallaciter, sed veraciter universos hominum languores curavit, mortuos quoslibet suscitavit; et tandem non ut propheta quilibet, non ut magus aliquis, sed ut Deus et Dominus totius creaturæ, cuncta quæ voluit fecit in cœlo et in terra, in mari et in omnibus abyssis (*Psal.* CXXXIV). Nec solum ea fecit, sed insuper eamdem miraculorum potentiam cunctis in se vere credentibus, quod non nisi Deus potest, concessit. Nam quicunque vel ante ipsum vel post miranda quælibet fecisse leguntur, creduntur, affirmantur; non propria, sed aliena virtute ad ea facienda usi sunt; non humana, sed divina potentia operati sunt. Inde est quod ea facturi, preces semper ad Deum præmittebant, et eisdem precibus impetrata, illa, quibus famosi facti sunt, miracula faciebant. Unde legis de Moyse, quamvis tacente, antequam Rubrum mare divideret, antequam Pharaonem submergeret, dictum a Deo : *Quid clamas ad me?* (*Exod.* XIV.) Legis et Eliam antequam vel mortuum suscitaret, vel igne cœlesti sacrificia Deo oblata consumeret, vel triennem siccitatem pluviis irrigaret, orasse, genu flexisse, nihilque horum, nisi præmissa oratione fecisse (*III Reg.* xvii et xviii). Sic et de cæteris. Nullus enim eorum aliquid talium operum ex se facere potuit; sed quando fecit, ea a Deo ut fierent impetravit. Quod si ex se nihil facere potuit, utique nec aliis hoc præstare prævaluit. Si vero objeceritis dixisse Eliseum Eliæ: *Obsecro ut fiat spiritus tuus duplex in me* (*IV Reg.* ii), recole quid ei Elias respondit, et agnosces quod nihil ex se præstare potuit. Nam quando dixit: *Si videris quando tollar a te, erit quod petisti; si autem non videris, non erit* (*ibid.*), ostendit alienum esse, non proprium; Dei esse non suum, vel miracula facere, vel potestatem hujusmodi operum cuilibet dare. At Christus non ut Moyses, non ut Elias, non ut quilibet prophetarum miracula, velut non sua virtute præmissis precibus fecit, sed ut Deus, quamvis et homo, et ea quando voluit propria divinitatis potentia operatus est; et quibus voluit, largitas divina, ut idem facere possent, largitus est.

Ex his universis, Judææ, apparet non magica, non phantastica, non falsa vel inania esse miracula Christi, quibus ad fidem Christianam mundus conversus est, sed divina, veracia, solida, utilia. Quod autem dixi utilia, iterum diligenter attende. Est quippe illud ultimum de duobus illis, quæ supra jam proposueram, et ex quibus Christi miracula non magica esse vel falsa, sed divina ac veracia me probare, non probabili tantum, sed et necessario argumento promiseram. Sola enim vere utilitas miraculorum Christi, etsi cuncta supradicta deessent, ad idem probandum sufficeret. Nam clara, certa, indubia mirandorum operum probatio est ipsa eorum utilitas, et utrum ex Deo sint an non, et negligenter attendentibus manifestant. Quidquid enim a Deo in terris de talibus fit, saluti hominum militat, quidquid a Satana de similibus fit, curiosæ vanitati inservit. Discernit et dividit prorsus a diabolicis figmentis divina miracula, utilitas humana, qua semper vacua sunt prodigia diaboli, cui soli semper inserviunt miracula Christi. Quid enim prodest, mortalium, non dico æternis, sed saltem præsentibus commodis, aerius magorum volatus, phantasticus fluminum cursus, risus imaginum, figmenta ætatum, umbrarum prælia, momento temporis constructa mœnia, altissimæ turres erectæ, urbes maximæ velut in somniorum phantasiis constructæ, et prorsus his similia, universa Satanæ fallacia fallentiaque figmenta? Quod vero dixi magica figmenta nec præsentibus hominum commodis prodesse, sicut intelligo, sic a lectoribus intelligi volo. Novi enim magos vel dæmonicorum prodigiorum quoslibet vanissimos sectatores, dum vel occulta, quæ dæmonibus ex naturæ subtilitate, aut longissimo usu nota sunt, curiosis vel cupidis hominibus referant, vel visus eorum inanibus et fumeis simulacris pascunt, multa quandoque lucrari, et vel sibi, vel his a quibus ad hæc agenda instigantur plurima sæpe commoda comparare. Non de his ego commodis ago, nec lucra hujusmodi, inter humanæ salutis præsentia saltem commoda numero. Sunt quippe ista magis nocentia quam proficientia, magis perdentia quam salvantia. Non ago, inquam, de turpibus ac nefandis magorum aut mimorum vel eis assentantium vanis artibus comparatis commodis, sed de illis miraculis quæ aut æternæ animarum saluti famulantur, aut quorum saltem remediis corpora humana curantur. Quis enim æger istis Satanæ fallaciis fallentibusque figmentis uniquam curatus est? Cui misero talibus remediis subventum est? Cui nisi populari risui talia apta sunt? Quid nisi stultorum oculos pascunt?

Sed proferes mihi magos Ægyptios, eosque signa signis similia Moysi, coram Pharaone fecisse propones. Sed recordare Moysi miracula veracia, non phantastica, ut magorum, fuisse; memento populi Dei utilitati, qua prorsus caruere figmenta magica, inservisse. Fecit Moyses signa, intulit jussu Dei plagas Ægyptiis, ut et rebellis Deo populus cum rege perfido juste puniretur, et gens tunc a Deo electa misericorditer salvaretur. Sed non eadem vel similis causa portentorum, nulla profectuum humanorum intentio in ipsis, quia ea non pro salute vel cujuslibet utilitate facta sunt, sed pro sacrorum æmulatione signorum, et pro ostentanda artis detestandæ peritia conficta sunt. Caruere magica præstigia divinorum signorum utilitate, semota sunt omnino divina miracula a damnabili curiosorum hominum vanitate. Vides adhuc, Judææ, distantiam inter signa et signa, miracula et miracula, prodigia et prodigia? Discerne amodo (quod fortasse hatenus nesciebas), et quæ ab humana salute vacare cognoveris, intellige falsa; quæ eidem famulari didiceris, agnosce divina. Nonne advertis nec cæcum unum, nec surdum, nec mutum, nec languidum aliquem a mago quolibet et peritissimo unquam curatum, ne dicam mortuum suscitatum? Defecit circa ista omnino dæmonica potentia pariter et voluntas, quia nec velle eis unquam adfuit mortalibus consulendi, nec potestas aliqua fracta reparandi, vel corrupta medendi. At Christus, et per cum mundo tradita Christiana fides, istis et aliis infinitis et mirandis operibus nihil, nihil aliud prorsus intendit, ad nihil aliud operam totam impendit, nisi ut et hic corpora curarentur, animæ justificarentur, et post præordinato ab ipso ante omnem creaturam tempore, totus et integer homo ab omni morte, corruptione, vel miseria ereptus, beatitudini perpetuo angelicæ jungeretur. Et quia hoc, veritate undique coarctatus, negare, Judææ, non potes, quia plane miracula Christiana non nisi soli humanæ saluti famulari probatum est, constat ea non esse fallacia, sed veracia; non esse magica, sed divina. Agnosce igitur geminæ, quam supra posuisti, objectioni tuæ plene responsum. Quod enim nulla esse vel ficta Christi miracula dixeras, constat falsum esse, quia probatum est multa fuisse. Quod dixeras magica, claruit verum non esse, quia probatum est divina omnimode exstitisse.

Sed quid ego te ex præteritis Christi miraculis, Redemptorem nostrum, vere Christum et Deum esse convinco, cum ex mei temporis miris operibus, facilius vel negantem convincere, vel confitentem valeam confirmare? Prætermitto per millenarium annorum numerum, primo Christi, dehinc apostolorum, vel aliorum discipulorum, qui ei mortaliter adhuc viventi adhærebant, innumera ac præcelsa miracula; sepono infinitas per universum orbem martyrum Christi legiones, agmina confessorum, et utriusque ordinis sacerdotum, greges monachorum, phalangas eremitarum, quorum non modica pars cœlestibus signis, dum viverent, effulsit. Hos, inquam, omnes prætereo, et quidquid mirandorum operum mortaliter viventes gesserunt intermitto. Ad eorum busta vel sepulcra venio, et quid beatitudinis vel gloriæ apud omnipotentem et benignum auctorem suum spiritus eorum interim possideant, ex ipsorum sacris cineribus ostendo. Revolve, Judæe, et intente relege omnes tibi olim traditos veteris et sacri Canonis libros, et præter Elisei, ac cujusdam prophetæ alterius ossa, usque ad Christi nostri passionem et mortem, per aliquem Judaicæ legis mortuum, quantumlibet sanctum, mira aliqua facta demonstra. Hoc quia non vales, converte oculos a legalibus, ut sic loquar, defunctis, ad evangelicos mortuos, quanta Christus, per Christianorum suorum cadavera, vel jam pene nullos cineres, operatus fuerit intuere. Aspice populos orbis terrarum, ad cujuslibet olim contemptibilis Christiani concurrentes sepulcrum; et ab illis sæpe, qui quondam atrocibus tormentis perempti fuerant, periculorum auxilia, omniumque incommodorum remedia postulantes. Adverte eos, citius quam quilibet posset a juventute audiri, frequenter a mortuis exaudiri, et a templis Christi, ipsorumque receptaculis, optata beneficia reportare. Nolo multum labores. Aperi tantum oculos, et vide illos, qui cæci ad sacra ingressi fuerant, videntes exire, surdos auditu, claudos gressu, mutos sermone restituto regredi, et tandem ægros universos, deposito apud eos molesto languore, lætari. Cerne ipsam, quam semper exosam speciali odio habuisti, super cœlestem, ipsoque sole splendidiorem æternam Virginem matrem Christi; conspice, quamvis liventi oculo, salutarem, quam hucusque maxime exsecratus es, crucem Christi. Agnosce apud loca in memoria ipsorum vel honore familiarius dedicata, frequentius ac solemnius ista vel majora fieri, ut unde magis scandalizaris, inde maxime confundaris, et ut ea quæ apud te majore vilescunt ignominia, majore præ cæteris decorentur gloria. Concurrunt ad eadem loca inter innumeros diversis miseriis affectos, horrendo ac tetro igne adusti, et sui multitudine Ecclesias illas implentes, infra breve spatium, non solum tantum bini vel quaterni, sed sæpe et quinquageni, vel centeni curantur. Vidi ipse quamdam, naso prius usque ad intimas faciei radices ab illo pestifero igne pereso, visione nocturna eo ad integrum recuperato gaudentem. Vidi et alios qui multorum veracium testimonio, diu vel semper cæci fuerant, virtute divina lumine restaurato, videntes. Vidi et alia. Sed quanta sunt illa ad illorum comparationem, quæ a veracibus et fide dignis viris accepi, vel ab eis qui viderunt, vel ab his qui a videntibus acceperunt? Inter quæ et apostoli Jacobi peregrinus, fraude dæmonica a semetipso occisus, ab eodem apostolo aliquantis post mortem interpositis diebus suscitatus; et quid exutus corpore vidisset, et quod sancti illius meritis ad corpus redisset narravit. Fugiunt mentem multiplicia Christi miracula, moderno tempore facta, tantaque, ut si et antiqua deessent, ad integrum Christianæ fidei robur sufficere possent.

Sed dices fortassis Christianorum de Christo testimonium te admittere nolle. Quæro causam. Respondes unamquamque sectam sibi favere, et de talibus vel similibus falli vel fallere posse. His ego subjungo : Si quis tam malus est ut alios fallat, nunquid tam nequam esse potest, ut seipsum fallere velit? Illi vero seipsos fallerent qui de miraculis Christi, dicentes se vidisse quod non viderunt, audisse quæ non audierunt, satagerent aut se inde in fide Christiana confirmare, aut ad idem alios prodigioso mendacio provocare. Quod genus fallendi, universis id mecum conclamantibus, nec esse unquam potuit, nec esse unquam poterit. Puto autem, quod nec Satanas seipsum fallere velit cum tamen auctor falsitatis et pater sit (*Joan.* VIII). Quod si pater falsitatis et mendacii, quamvis fallere semper cupiat, falli non vult, longe minus proles ipsius, nec ab aliquo, nec a se ipsa falli vult. Præter hæc, quicunque vel mentitur, vel fallit, aut timore amittendi quod habet et amat, aut spe adipiscendi quod non habet et amat, mentitur et fallit. Sed qui miracula Christi nostro tempore facta, se vidisse vel audisse dixerunt, nequaquam vel si non dicerent, aliquid amittere timuerunt, vel quia dixerunt, luctum inde aliquod speraverunt. Claret igitur quod non nisi vera dixerunt. Sed quid ego admiranda opera Christi, per diversas mundi partes facta, sigillatim Judæo explicare laboro, cum innumera quidem, sed longe pauciora pluribus mihi nota sint? Longe certe plura sunt notis ignorata miracula : ea tamen quæ indubia certitudine teneo, quæ libri quantitas, quæ voluminis magnitudo capere posset? Sed seponantur ista, et suo tempori vel volumini reserventur. Unum solummodo in fine operis cœleste ac publicum Christi opus tibi, Judæe, propono : quod negare non poteris, quod orbe toto conclamante, ne tua te taciturnitas addicat, confiteri cogeris. Audisti miracula discipulorum Christi, audisti miracula matris Christi, audisti miracula crucis Christi, audi et sublime miraculum sepulcri Christi. Non poteris de isto dicere hoc confinxisse Christianos, cum habeat testes ipsos et ethninos et Saracenos. Nullus enim fere uspiam est in toto orbe terrarum Christianus, nullus ethnicus, nullus paganus, quem istud lateat, qui istud ignorare, aliqua locorum remotione, quamvis longissima, possit. Visitat misso de coelis annuo lumine Christus sepulcrum suum, et non qualibet alia, sed ea qua in ipso jacuit die, superno illud fulgore illustrat. Ostendit de morte sua vitam, de tenebris spelæi sui lumen mundo infulsisse æternum, ut spernens ejus mortem perfidus confundatur Judæus, et fidelis salvetur in eadem totam spem suam constituens Christianus. Occupabant ante hos quinquaginta annos, hostes Christi cum ipsa divina et regia Jerusalem, templum et sepulcrum Christi, et ei principatu nefario dominabantur. Excubabant eidem sepulcro Domini pauci orientalium gentium Christiani, et raris occidentalibus admistis, amore Salvatoris, impiorum durissimum jugum patienter ferentes, salutari speculi serviebant. Instabat sacratissimo loco, Saracenorum illorum violenta custodia, et non solum ab obsequentibus, sed et ab advenientibus, multo cum labore peregrinis, ac ferventi ad sepulcrum Redemptoris sui desiderio tractis perfidorum immanitas tormentis, ac verberibus quod poterat emungebat. Non cessabat et tunc lux coelestis in tenebris impiorum lucere, et de supernis et igne visibili refulgente in terris, Sabbato sancto Paschalem resurrectionis Dominicam præcedente, Salvatoris irradiabat sepulcrum. Tenebant Persicos arcus Ægyptii, et vel ludo, vel serio angelum, ut dicebant, divini ignis bajulum jactis Æthiopes sagittis transfigere minabantur. In tantum certe incredulorum animos tanta evidentia tam sublimis miraculi evincebat, ut quod negare non poterant, licet nefandis ausibus, confirmarent. Si negaveris ergo, Judæe, quod de hoc tanto miraculo fatentur Christiani, nunquid negare poteris quod inde confirmant totius orientis vel meridiei ethnici, ac Sarraceni? Inflammavit olim Deus super munera justi Abel, super hostiam vero impii Cain non inflammavit (Gen. IV). Misit ignem de coelis super holocaustum magni Eliæ, non misit super sacrificia Baal dæmoni præparata (IV Reg. XVIII). Sic plane, sic, o Judæe, hoc nostro tempore idem Deus inter Judæorum vota et Christianorum sacrificia discernit; reprobat hostias vestras, quas jam per longissimum tempus nec esse permisit; suscipit holocaustum Christianum, quando locum illum, in quo quondam mortuus jacuit Agnus ille qui semetipsum obtulit immaculatum Deo, tantis ignis divini miraculis, annuo recursu honorat. Ut igitur breviter, o Judæe, diffusius dicta recolligam, tam multiplici Scripturarum auctoritate, quam evidenti miraculorum ratione agnosce probatum esse, tene certum esse Christum Dominum nostrum, non adoptivum, sed essentialem esse Dei Filium, non nuncupativum, sed verum esse Deum ; non temporalem, sed regem esse æternum ; non quasi eum, qui nondum venerit, expectandum, sed sicut eum, qui jam præscripto tempore venit, suscipiendum et adorandum.

CAPUT V.

De ridiculis atque stultissimis fabulis Judæorum.

Videor mihi, Judæe, tot auctoritatibus, tantis rationibus satisfecisse me ut arbitror super his, quæ in quæstione proposita fuerant, omni homini. Quod si omni homini, tunc et tibi, si tamen homo es. Hominem enim te profiteri, ne forte mentiar, non audeo, quia in te exstinctam, imo sepultam, quæ hominem a cæteris animalibus vel bestiis separat, rationem, agnosco. At testatur mihi de his et psalmus tuus, ubi hominem in brutum animal versum deplorat : *Homo*, ait, *cum in honore esset non intellexit ; comparatus est jumentis insipientibus, et similis factus est illis* (Psal. XLVIII). Hoc licet de universali homine, hoc est, de genere humano dictum, juxta quemdam intellectum, accipi possit, de te tamen hoc specialiter, de te hoc singulariter, in quo omnis ratio obruta est, dictum esse negare non potes. Cur enim non dicaris animal brutum ? cur non bestia, cur non jumentum ? Adhibe tecum bovem, vel, si mavis, asinum, quo nihil in pecoribus stolidius est ; et simul cum eo quæcunque dici possunt ausculta. Quid referet, quid distabit inter auditum tuum et asini ? Audiet, nec intelliget asinus ; audiet, nec intelliget Judæus. An ego hoc primus dico ? Nonne hoc idem ante multa sæcula dictum est ? Nonne hoc idem sublimis propheta tuus testatur ? *Aure*, inquit, *audietis, et non intelligetis ; et videntes videbitis, et non perspicietis* [percipietis] (*Isa.* VI). Unde quamvis te jumentum vel bestiam esse his sacris auctoritatibus plene probatum sit, quamvis hoc in præcedentibus quatuor capitulis, etsi tu his motus non es, et a me sufficienter ostensum sit, addatur tamen et quintum capitulum, quo in lucem producto, non solum Christianis, sed et toti terrarum orbi patefiat, te vere jumentum esse, nec me, dum istud affirmo, veritatis limitem in aliquo excessisse. Produco igitur portentuosam bestiam de cubili suo, et eam in theatro totius mundi, in conspectu omnium populorum ridendam propono. Profero tibi coram universis, o Judæe, bestia, librum tuum, illum, inquam, librum tuum, illum Talmuth tuum, illam egregiam doctrinam tuam, propheticis libris et cunctis sententiis authenticis præferendam. Sed miraris, cum Judæus non sim, unde hoc mihi nomen innotuit, unde auribus meis insonuit ? Quis mihi secreta Judaica prodidit ? quis intima vestra et occultissima denudavit. Ille, finquam, ille, ille Christus, quem negas, illa veritas denudavit falsitatem tuam, discooperuit ignominiam tuam, quæ loquitur : *Nihil opertum quod non reveletur, et occultum quod non sciatur* (*Matth.* X). Illo certe libro tuo monstrabitur, illo lucide ostendetur quam justo Dei judicio datus sis in reprobum sensum, cum nullo humanorum studiorum labore assentire velis clarissimæ veritati, et tam facile acquieveris tenebrosissimæ falsitati.

Impleta sunt in te, tuosque similes verba Apostoli nostri, qui dicit : *Mittet illis Deus operationem erroris, ut credant mendacio, ut judicentur omnes qui non crediderunt veritati, sed consenserunt iniquitati* (II *Thess.* 11). Mirum plane, et pene incredibiliter mirum non credere homines, ut dictum est, credibili et apertissimæ veritati, et credere incredibili falsitati. Sed e converso mirum non est, si recedente omni prorsus lucis vestigio, densæ olim Ægyptiorum tenebræ ab Ægypto fugatæ Judaica corda occupant, quia, juxta veracem Scripturam, *non est conventio Christi ad Belial, nec aliqua societas luci cum tenebris* (II *Cor.* vi). Sed jam tenebræ ipsæ nudandæ sunt, et electa Scriptura tua Talmuth in medium proferenda. Quæ secundum te tuosque similes tanta est, tantæque celsitudinis ac dignitatis, ut Deus nihil aliud faciat in cœlo, quam legere assidue Scripturam illam, et de illa cum sapientibus Judæis qui eam composuerunt conferre. Sed quid faciam ? Si huic insaniæ, vel cæteris similibus respondere cœpero, pene et ipse insanus videbor. An non judicaretur insanus, qui homini vel insaniam patienti, vel impulsu dæmonis furioso, quando aliena vel absurdissima loquitur, responderet ? An non furiosus videretur, qui cum hujusmodi homine, in quo tota ratio sepulta est, nihilque nisi inania et stolida proferente, velut rationabiliter disputare conaretur ? Sic plane, sic de me credi posset, nisi me ab hac stultitia certa ratio excusaret. Illa certa ratio, qua etsi non omnibus Judæis hac mea disputatione prodesse, tamen fortassis aliquibus proficere potero. Licet enim a Deo ad præsens merito iniquitatis suæ projecti sunt, nec revocandi, nisi quando juxta prophetiam, præmissa gentium multitudine, reliquiæ Israel salvæ fient (*Isa.* x), colligit tamen interim aliquando superna miseratio, et a massa perdita segregat quosdam, licet raros, apud quos hæc mea responsio vel disputatio utilitatis effectu forsitan non carebit. Qui fæcibus jam dictis longo tempore apud Judæos infecti, ad Christi Ecclesiam transeuntes, tali antidoto plenius defæcari poterunt, et hac lectione, peste, qua imbuti fuerant, expurgari. Audi ergo, Judæe, tuam tuorumque insaniam, et quod deterius est, blasphemiam. Nam quam supra tetigi furiosorum insaniam, pœna peccati est, sed peccatum non est. Blasphemia vero, non solum intolerabile peccatum est, sed et quantum ad hanc tuam pertinet, præcedentium peccatorum pœna est. Neque enim tam pessime desipuisses, nisi tuis tuorumque Patrum præcedentibus peccatis vel criminibus hoc meruisses. Deus, inquis, nihil aliud facit in cœlo quam legere assidue scripturam Talmuth, et de illa cum sapientibus Judæis, qui eam composuerunt, conferre. Ac primum interrogo. Ut quid legit Deus in cœlo ? Ut doctior fiat, ut discat quod ante ignorabat, vel ut recordetur eorum quæ oblitus fuerat ? Omnis enim lector his de causis legit, ut vel discat quod ante ignorabat, vel recordetur eorum quæ oblitus fuerat; vel ex lectione aliquem instruat, vel oblectet, vel arguat, et si qua sunt alia, ad lectionis proprietatem pertinentia.

Sed ut quod primum posui proponam, nunquid Deus ut discat legit ? An ei aliquid scientiæ vel sapientiæ deest ? Nonne de ejus non solum magnitudine, sed et sapientia legitur : *Magnus Dominus noster, et magna virtus ejus, et sapientiæ ejus non est numerus ?* (*Psal.* cxlvi.) Nonne et in eisdem psalmis et a Propheta dicitur : *Omnia in sapientia fecisti ?* (*Psal.* cviii.) Nonne rursum eidem Deo idem propheta : *Ecce, Domine, tu cognovisti omnia novissima et antiqua ?* (*Psal.* cxxxviii.) Quia si omnia novissima et antiqua, hoc est omnia ultima et prima cognoscit, utique quæ media sunt non ignorat. Nam et de illis sequitur : *Imperfectum meum viderunt oculi tui, et in libro tuo omnes scribentur* (*ibid.*). Sed ne putes hunc Dei librum Talmuth tuum esse; dic, si potes, utrum omnes homines vel qui fuerunt, vel qui sunt, vel qui futuri sunt, in libro tuo illo scripti sint. Hæc sunt enim verba psalmi : *In libro tuo omnes scribentur.* Sed certum est quia nulla arte, nullo conamine, hoc ostendere prævales, quod in illo tuo, de quo agitur libro, omnes scripti sint. Non igitur Talmuth Judaicum esse potest liber ille, de quo dicitur : *In libro tuo omnes scribentur.* Audi et bonam mulierem Susannam, quæ, licet non sit de Canone tuo, fuit tamen de populo tuo. Audi eam, utrum Deus aliquid ignorare possit, in oratione propria profitentem. *Domine,* ait, *qui nosti omnia antequam fiant* (*Dan.* xiii). Qui si omnia antequam fiant novit, utique ea postquam facta sunt non ignorat. Non igitur ut aliquid discat Deus, legit Talmuth. Sed nec ut aliquorum recordetur, legit Talmuth. Audi prophetam tuum : *Nunquid,* ait Dominus, *potest mulier oblivisci filii uteri sui ? et si illa oblita fuerit, ego tamen non obliviscar tui* (*Isa.* xlix). Recordare et versus illius, cujus oblitus esse videris. *Si oblitus fuero tui, Jerusalem, oblivioni detur dextera mea* (*Psal.* cxxxvi). Sed fortassis objicies : Hoc Deus multo quo erga patres nostros movebatur affectu dixit. Nec ego hoc, Judæe, nego. Sed si dilectio antiquorum Judæorum fecit, ut hoc diceret, non tamen fecit, te etiam concedente, ut hoc mentiens diceret. Verum est ergo quod patrum vestrorum oblivisci non poterat ; verum est quod civitatis vestræ Jerusalem oblivisci non poterat. Sed nunquid, præter Judæos, quorumlibet aliorum oblivisci poterat ? Nonne Job, qui de Canone tuo est, Deo loquitur, dicens : *Licet hæc celes in corde tuo, tamen scio quia universorum memineris ?* (*Job* x). Qui ergo universorum memoriam in corde suo celat, utique nullorum obliviscitur, utique omnium assidue recordatur. Nam si aliquo momento temporis universorum memoria apud ipsum periret, non eam in corde suo eo quo periret temporis intervallo celaret. Nemo enim celare dicitur quod non est, sed quod est. Clarum est igitur intellectui non aliquorum, sed omnium, nullo pacto nullorum A hominum, nullarum rerum, Deum immemorem esse posse.

Sed opponis quod in Genesi scriptum est : *Recordatus est ergo Deus Noe, et cunctorum qui erant cum eo in arca, et adduxit spiritum super terram, et imminutæ sunt aquæ* (Gen. VIII). Opponis et illud : *Recordatus est quia caro sunt, spiritus vadens et non rediens* (Psal. LXXVII) ; et subjungis : Quid ergo sibi vult quod dicit : *Recordatus est Deus Noe* ; et : *Recordatus est quia caro sunt* ; si Deus nullarum rerum obliviscitur, nullarum recordatur? Interrogo et ego : Nunquid Deus oblitus fuerat Noe, oblitus fuerat et omnium qui erant cum eo in arca, antequam adduceret spiritum, et imminuerentur aquæ super terram? Nunquid oblitus fuerat ejus, cujus arcam inter universos turbines, inter ventorum furentium flabra, inter elementa rupta lege naturæ in invicem acerrime compugnantia, sub imbribus inordinate profluentibus, super immensum abyssi pelagus, inter ista, inquam, omnia, absque rectore, absque velis, absque gubernaculis, absque omni prorsus humanæ artis adminiculo, per integrum fere annum gubernavit? Videtur mihi, Judæe, imo quod majus est, apud me omnino constat, constat et apud omnes qui Judæi non sunt, quod nullo modo potuit Deus oblivisci eorum, quorum se oblitum non esse, tam manifestis indiciis declaravit. Vide et tu, vide ac judica, sed juste, utrum inter tot tantaque navigationis usibus repugnantia, arca Noe per unum totius orbis pelagus, absque divina manu sine arte humana enatare potuit, cum nec arctum fluviolum brevis carina absque multo labore nautarum enavigare vel transmeare possit. Hoc si tibi clarum est (quod nulli præter te obscurum est), cogeris confiteri non ideo dixisse Scripturam Deum recordatum fuisse Noe, quod ejus vel ad punctum oblitus fuerit, sed quod humanum loquendi morem sacra servans Scriptura, post aliqua, quæ præmisso Noe nomine de qualitate diluvii subjunxerat, qualiter de tantis periculis a Deo erutus sit, congruenter meminit. Confitere ergo ratione cogente, nullo tempore Deum Noe, vel eorum qui cum ipso in arca erant, oblitum fuisse. Confitere et illud, quia cum dicitur : D *Recordatus est quia caro sunt, spiritus vadens et non rediens*, non notari Deum oblivionis, sed commendari miserationis. Quomodo enim credi potest oblitus fuisse gentis illius, quos præter sublimia ac frequentia miracula, et continuis signis ac beneficiis illustrabat? Taceo quod Rubrum mare eis diviserit, quod aquam de rupe produxerit, quod quibusdam aliis signis semel tantum factis eos clarificaverit. Nunquid non ab exitu Israel de Ægypto, domus Jacob de populo barbaro, usque ad divisum Jordanem per annos quadraginta cœlesti manna quotidie præter Sabbatum de supernis fluente eos pavit? columna nubis per diem, ignisque per noctem, quando tabernacula figerent, quando erigerent, to-

tius itineris mensuram et quantitatem per invia et deserta absque errore continue demonstravit? Non potest ergo dici vel ad modicum eorum oblitus, quorum se memorem assidue fuisse, non interpolatis, sed signis (quod majus est) continuis ostendebat. Non igitur, ut aliqua eorum, quæ oblitus fuerat, ad memoriam reduceret, tuum Talmuth Deus in cœlis, o Judæe, vel legebat, vel legit. Unde lucidum est quod neque ut discat, neque ut recordetur Deus, vel illius vel alicujus lectionis eget. Sed nec ut instruat sicut magister discipulos, nec ut oblectet sicut tragœdi et comœdi populos, nec ut arguat sicut satirici reprehensores profanos. Sed quid de istis loquor? Ridicula sunt hæc, nec auditu ferenda, nisi tu invitum me loqui, quod vel cogi- B tare exhorreo, profunda stultitia tua, Judæe, urgeres. Succedant ergo reliqua.

Legit, inquit, Deus in cœlis librum Talmuth. Sed cujusmodi librum? Si talem quales quotidie in usu legendi habemus, utique ex pellibus arietum, hircorum, vel vitulorum, sive ex biblis vel juncis orientalium paludum, aut ex rasuris veterum pannorum, seu ex qualibet alia forte viliore materia compactos, et pennis avium vel calamis palustrium locorum, qualibet tinctura infectis descriptos. Et, o miser, tantæ necessitati Omnipotentis sapientiam addixisti, ut necesse sit ei ad discenda vel ad recordanda quælibet, schedas vilissimas consulere, et a pellibus vel biblis intelligentiam mendicare? Quomodo a Judæorum libris aliquid discere potuit, qui C Judæis legem digito, hoc est Spiritu suo in tabulis lapideis scriptam dedit? Quid potuit discere ab aliquo libro Judæorum, cum ipse sit auctor et legislator eorum? Sed rursum fastidio tam abjectissimis næniis respondere, sed quia tu tam sapiens his credis, non possum tacere. Nihil, inquis, aliud facit Deus in cœlo, nisi legere scripturam Talmuth. Hoc jam discussum est. Et quid sequitur? Et de ea cum sapientibus Judæis, qui eam composuerunt, conferre. Magna plane Judæorum dignitas, multa excellentia, quod scripturam a suis compositam Deus in cœlis dignatur legere, et de ea cum sapientibus Judæis conferre. Sed quare confert Deus de scriptura illa cum sapientibus Judæis? Ut doceat, aut ut discat? Collationis quippe humanæ mos est, ut qui de re aliqua cum aliquo confert, aut doceat, aut doceatur, aut ut exercitatior, promptior, aut segnior ad aliquid agendum reddatur. Conferens ergo cum Judæis Deus de libro jam dicto, fit collatione sua doctior, fit exercitatior, fit promptior, fit segnior? Responde quod mavis. Si fit collatione sua doctior, si exercitatior, si promptior, contradicis prophetæ tuo, qui dicit : *Quis cognovit sensum Domini, aut quis consiliarius ejus fuit?* (Isa. XL.) Contradicis et illi qui ait : *Quem docere voluisti? Nonne cum qui fecit spiramentum?* (Job XXVII.) Vide ergo, considera, attende quia frustra collatio illa in cœlis a Deo cum Judæis fit : imo quod nunquam fit, cum Deus consiliarium, cum doctorem habere non possit.

Quando enim dictum est, *quis consiliarus ejus fuit?* non est quæsitum ut ostenderetur quis esset, sed, ostensum quod non esset. Sic et quando dictum est, *quem docere voluisti, nonne cum qui fecit spiramentum?* monstratum est admirando, nullo modo Deum ab aliquo posse accipere documentum, cum ipse cunctorum viventium creaverit spiramentum. Quomodo enim quis Deum poterit docere, sine quo nec potest spirare? Quomodo Deum docebit sapientiam, sine quo nec ipsam potuisset habere vitam? Quod si absque Deo non potuisset habere vitam, quomodo Deo conferet sapientiam? Falsum est igitur, toto mundo judice, Deum in cœlis assidue legere scripturam Talmuth, et de ea cum sapientibus Judæis conferre. Sed jam Scriptura admirabilis, a sapientibus Judæis composita, in medium proferatur, et quantum sapientiam illius universi, ipseque Deus vere admirari debeant, videatur.

Aliquando, inquit Talmuth, *conferentibus Judæis cum Deo de eadem scriptura, incidit quæstio de diverso genere leprarum, quæ in libro Moysi continentur, et de alopecia, et de quibusdam taliis infirmitatibus Ubi cum Deus diceret alopeciam lepram esse, illi autem econtra negarent, et fortiter disputando ei contradicerent, nec possent ullo modo concordare, post longas contentiones et jurgia gravissima, in hoc convenerunt, ut quidquid inde rabbi Nehemias diceret, hoc pro vero haberetur. Erat autem rabbi Nehemias adhuc vivens in sæculo, quem scilicet Judæi magnum et sanctissimum super omnes magistros suos fuisse asserunt. Præcepit ergo Deus angelo percutienti ut cito animam ejus ejiciens in cœlum perduceret. Qui veniens invenit eum legentem Talmuth, supradictam scilicet scripturam, quam Judæi adeo sanctam dicunt, ut nemo, dum eam legerit, mori possit. Mox ergo ut rabbi Nehemias angelum mortis vidit, ad quid venisset interrogat. Dixit se pro ejus anima venisse. Ille vero exhorrescens, et mori timens, adjuravit eum terribiliter per ipsum Deum, et per sanctam scripturam Talmuth quam legebat, ne in eum mitteret manum, quia nullo pacto adhuc mori vellet. Angelo autem dicente quia melius erat illi esse cum Deo in cœlo, et cum sanctis Judæis, et delectari in cœlestibus, et ut permitteret animam suam educi, nullatenus acquievit, legens assidue Talmuth, ne posset interfici. Reversus itaque angelus, hæc Deo narravit, dicens rabbi Nehemiam nullo modo mori velle, et assidue Talmuth legere, unde nihil et facere posset. Ego, inquit Deus, dabo tibi consilium: Redi cito ad eum, et fac super caput ejus in aere turbinem magnum, et quasi commotionem grandinis et lapidum, ut, dum tremefactus oculos a lectione Talmuth averterit, sic animam ejus rapere possis, et huc adducere. Rediit angelus, et ita fecit ut Deus præceperat. Mox autem ut anima rabbi Nehemiæ in cœlum evecta, Deum in throno sedentem, et cum Judæis de prædicta quæstione disputantem vidit, magna voce clamare cœpit: Munda est, munda est. Hoc est, victus es, ô Deus, in quæstione a Judæis, quia alopecia non est* A *lepra sicut dixisti, sed munda infirmitas. Tunc Deus aliquantulum erubescens, et contra testimonium tanti viri nihil dicere audens, sic Judæis secum disputantibus alludendo respondit,* NAZA HUNI BENAI, *hoc est: Vicerunt me filii mei.*

Jam ego tecum, Judæe, non ago. Non sufficio, non prævaleo; non invenio verba congrua ad tantam insaniam confutandam. Succedat loco mei, propheta tuus, imo jam non tuus, sed noster Isaias: Quid dicis contra Judæos, maxime prophetarum? *Audite,* inquit, *cœlum, et auribus percipe, terra, quoniam Dominus locutus est. Filios genui et exaltavi; ipsi autem spreverunt me. Cognovit bos possessorem suum, et asinus præsepe domini sui. Israel autem me non cognovit, et populus meus non intellexit. Væ genti peccatrici, populo gravi iniquitate, semini nequam, filiis sceleratis! Deliquerunt Dominum, blasphemaverunt sanctum Israel, abalienati sunt retrorsum* (Isa. 1). Cum tanta dicas ex persona Dei contra tui temporis Judæos, o propheta, cum tam acriter inveharis, cum tam sublimiter in impios declames, quando adhuc ex parte Judæi in Deum recta fide credebant, quando eum confitebantur, quando assiduas hostias immolabant, quid de istis diceres, si ista audires? Quid diceres, si audires affirmare Judæos Deum in cœlis cum mortuis Judæis velut cum paribus disputare? Quid diceres, si audires de generibus lepræ, aliam Dei, aliam Judæorum fuisse sententiam, Deum asserere alopeciam lepram esse, Judæos econtra negare, et disputando fortiter Deo contradicere? Quid diceres, si audires hac de causa in cœlis post longas Judæorum cum Deo contentiones, et jurgia gravissima, utriusque partis assensu ad litem hanc dirimendam, electum judicem rabbi Nehemiam, qui super hac quæstione inter Deum et Judæos decisoriam sententiam promulgaret? Quid diceres, si audires præcepisse Deum angelo, ut animam adhuc in carne viventis Nehemiæ sibi ad hoc judicium faciendum afferret, illumque ne ad moriendum ab angelo cogi posset, assidua lectione Talmuth scipsum defendisse? Quid diceres, si audires extortam tandem ab eo divina fraude animam, et in cœlos evectam, cum Deum in throno sedentem, et adhuc cum Judæis de jam dicta quæstione disputantem offendisset, statim clamare cœpisse Deum in propositione sua mentitum, et a Judæis superatum? Quid diceres, si audires victum Nehemiæ sententia Deum erubuisse, si audires contra judicium tanti judicis nihil ausum dicere fuisse, si audires etiam Judaicam victoriam ore proprio confessum fuisse, dicendo: Vicerunt me filii mei? Credo quod non posses patienter audire Deum vocari insipientem, vocari mendacem, doceri ab hominibus, hominum judiciis subdi, fraude humanas animas a corporibus evellere, et tot non solum Deo, sed et cuilibet sapienti vel bono viro incongrua, et indigna de Deo proferri. Audis enim eum a Judæis insipientem vocari, quando dicunt defuisse illi scientiam discernendi inter varietates, humanorum morborum ; idque eos negare omnipotenti Deo quod concedunt cuilibet medico. Insipientem plane vocant in ea parte, qua ei scientiam subtrahunt. Quid ergo inde tu dicis? Audio te certe huic Judæorum sententiæ more tuo libera voce resistentem, cum dicis : *Deus sempiternus Dominus, qui creavit terminos terræ, non deficiet neque laborabit, nec est investigatio sapientiæ ejus (Isa.* XL). Audio et Job : *Nudus est inferus coram illo, et nullum est operimentum perditioni (Job* XXVII). Nam si tanta est sapientia Dei, ut dicis, ut non sit ejus investigatio, hoc est, ut a nemine investigari possit, certum est quia nil eum latet. Quod si nil eum latet, nec cujuslibet morbi species eum latet. Sed, juxta tuam sententiam, cui non credere nefas est, nil eum latet. Mentitur ergo Judæus, qui dicit jam dictam morbi speciem, utrum lepra esset an non, Deum latuisse. Rursum si nudus est inferus coram Deo, si nullum est operimentum perditioni coram illo, non potuit hoc cum latere quod dicit Judæus eum latuisse. Si enim inferus, hoc est omnia quæ apud inferos sunt vel fiunt, nuda sunt in conspectu ejus, nunquid aliqua eorum, quæ in terris sunt vel fiunt, operta esse possunt oculis ejus? An dæmonicos spiritus et humanas animas, quæ apud inferos detinentur, et quæ circa eas aguntur, videt ; homines autem adhuc in terris positos, et in carne viventes, et quæ in ipsis vel erga ipsos geruntur, ignorat? Hoc quia fieri non potest, quia plane fieri non potest, ut aliquid Creatorem in creaturis lateat, quia quod fecit factor ignorare non potest, iterum dico, te idem mecum pariter affirmante : Mentitur Judæus, qui ausus est dicere Deum aliquid ignorasse.

Et quid dicam? Cum Judæo prius agebam, sed nunc ad te, sancte propheta, verba converti. Quare? Quia confundor loqui surdo, loqui insano, loqui jumento. Sed tecum, si non dedignaris, de iis me juvat agere; quem novi de similibus, et si non adeo insanis, dum viveres, semper egisse. Plenus tu spiritu Dei, eorum amentiam detestabaris. Zelo aliquo Dei, licet longe post gradiens, detestabiliorem quam tuo tempore fuerat, eorum perfidiam, verbis quibus possum exsecror. An non est ultra omnem modum exsecrabile quod præmisi? Nec minus exsecranda, omni exsecratione digni subjungunt. Non sufficit eis simplex blasphemia, volumina maxima infinitis in Deum blasphemiis impleverunt. Congregaverunt ab aliquantis millibus annorum, in condemnatis peccatoribus vastum impietatum pelagus ; et ab ore venenati serpentis nefanda per tantum temporis venena colligentes, quantum possunt, quantum audent, ea quotidie in Deum profundunt. Dixerant Deum insipientem, dicunt et mendacem. Nonne mendacem dicunt, quando fatentur eum de languore supra scripto dixisse quod non est, et negasse quod est? Sed destruit hoc ratio, destruit auctoritas, destruit et sapientia, quæ loquitur per Salomonem : *Veritatem meditabitur guttur meum, et labia mea detestabuntur impium (Prov.* VIII). Justi sunt omnes mei, non est in eis pravum quid neque perversum. Recti sunt intelligentibus, et æqui invenientibus sapientiam. Et quæ est hæc sapientia, quæ loquitur per Salomonem? Nonne ipse Deus? Plane ipse Deus. Non enim sicut aliud erat Salomon, et aliud sapientia ejus : sic aliud est Deus, aliud sapientia ejus. Nam etsi absque sapientia esset Salomon, esset tamen Salomon. Non autem Deus absque sapientia esse potest, quia non est aliud ipse, aliud sapientia ejus ; sed quod est Deus, hoc est et sapientia ejus. Unde vel si dicatur Deus, vel si nominetur sapientia ejus, idem est, quia et Deus sapientia, et sapientia Deus est. Deus ergo loquitur : *Veritatem meditabitur guttur meum, et labia mea detestabuntur impium.* Veritatem ergo, non mendacium, meditabitur guttur Dei, detestantur impium, non justum, labia Dei ; sed nullum rectius quam vos, o mendaces Judæi, qui mendacem conamini asserere sapientiam Dei. Et quia etiam justus, et verax homo plerumque et si non ex injustitia, tamen ex inscientia fallitur, quandoque insuper ex subripiente injustitia mentitur, subdit Scriptura : *Justi sunt omnes sermones mei, non est in eis pravum quid neque perversum (ibid.).* Si ergo non aliqui, sed omnes sermones Dei justi sunt, si non est in eis pravum aliquid, si non est perversum aliquid, falsum est, o propheta, quod Judæus dixit, quando Deum mendacem vocavit. Et sequitur : *Recti sunt intelligentibus, et æqui invenientibus scientiam (ibid.).* Non est igitur mirum, si non sunt recti omnes sermones Dei Judæis, quia non sunt recti non intelligentibus ; nec est mirum, si non sunt æqui eisdem Judæis, quia non sunt æqui non invenientibus scientiam. Unde quia non intelligunt, quia non inveniunt scientiam Judæi, non possunt eis recti videri omnes sermones Dei. *Perdes,* ait Psalmus Deo, *omnes qui loquuntur mendacium (Psal.* V). Videte, miseri, quoniam a Prophetæ colloquio ad vos redire compellor. Videte, inquam, miseri, in quantum vosipsos barathrum projecistis, quando per scripturam nefandam, cui creditis, Deum mendacem vocastis. Si enim perdit Deus omnes qui loquuntur mendacium, et ipse Deus loquitur mendacium, utique perdit Deus etiam seipsum. Hoc quis ferat? quis toleret? quis patiatur? Et quoniam si manifestissimis diu immoratus fuero, aerem frustra verberare videbor, procedam ad sequentia. Nonne hæc jam dicta fabula tua, o Judæe, postquam insipientiæ, postquam mendacii notam Deo imposuit, etiam eum discipulatui hominum subdidit? Nonne discipulatui hominum subdidit, quando didicisse eum a Nehemia quod ante nesciebat dixit? Portentuosa sunt hæc, et ultra omnes larvales figuras stupenda. Miror, admirans hæreo, mirari non sufficio qualiter hoc humanus animus fingere, qualiter humana manus scribere, qualiter humanum os potuit, vel ausum est proferre. Timeo ipse talia loqui, etiam contradicens, et tu non times talia loqui, etiam affirmans? Vereor ego ista proferre etiam ad instructionem, et tu non vereris ista meditari, scribere, dicere, ad tuam, tuorumque perditionem?"

Exsequatur tamen sermo quod cœpit. Dicis, ut dixi, doceri Deum ab hominibus, æternum mutuare sapientiam a mortalibus, cœlestem a terrenis, summam sapientiam ab insipientibus. Audi num resistant, aut cedant tam perversæ opinioni omnes scripturæ tuæ, non profanæ, sed sacræ. Contra profanas enim ex sacris ago, impiis litteris ex divinis resisto. Audisti superius de re simili, justi viri Job testimonium, quo Deum contra nefandam hanc sententiam tuam defendit, cum dicit: *Quem docere voluisti? Nonne eum qui fecit spiramentum?* (*Job* xxvi.) Audi et simile de psalmis exemplum, quo spiritus Dei contra te tuosque invehitur, quo inauditam hanc de Deo opinionem detestatur. *Intelligite,* ait, *insipientes in populo, et, stulti, aliquando sapite* (*Psal.* xciii). Quibus verbis vehementius indicare posset commoti et indignantis affectum? *Insipientes,* inquit, *intelligite, stulti aliquando sapite.* Quid post? *Qui plantavit aurem, non audiet, aut qui finxit oculum, non considerat?* (*Ibid.*) Quid deinde? *Qui corripit gentes, non arguet, aut qui docet hominem scientiam?* (*Ibid.*) Hoc est: *Qui corripit gentes non arguet; aut qui docet hominem scientiam, non arguet?* (*Ibid.*) Audistis istud ultimum, Judæi? Docet, juxta psalmum vestrum, Deus hominem scientiam, non docet homo Deum scientiam. Utar et ego verbis divinis contra vos: *Insipientes, intelligite, stulti, aliquando sapite.* Quid volo vos intelligere? Quid volo vos sapere? Rursum dico quod non docet homo Deum scientiam, sed docet Deus hominem scientiam. Hoc si verum est, non docuit Nehemias vester, quem hominem fatemur, Deum scientiam. Non sufficit hoc solum propheticum verbum, Judæe, sepositis aliis infinitis idem sonantibus testimoniis, ad probandum quod non possit ab homine Deus doceri? Novi quia sufficit. Sed audi adhuc: *Omnis,* ait quædam Scriptura tua, *sapientia a Domino Deo est, et cum illo fuit semper, et est ante ævum* (*Eccle.* i). Quod si omnis sapientia a Domino Deo est, sapientia vel scientia Judæorum, qua noverant alopeciam lepram non esse, ab ipso erat. Quod si ab ipso erat, utique ejus erat. Quæ si ejus erat, quod illi sciebant, ignorare non poterat. Sed hoc ita est, negare non potes. Falsum est ergo quod putasti, fabulosum quod credidisti. Et ne forte objicias (si tamen hoc objicere nosti) non esse jam dictam sententiam de summo Judaicarum litterarum Canone, redi ad psalmos, et vide quid alibi de re simili sentiant. *Mirabilis,* ait Propheta ille, *facta est scientia tua, ex me* (*Psal.* cxxxviii). *Ex me,* inquit, juxta idioma Hebraicum; *supra me,* juxta intellectum Latinum, hoc est, plusquam possim intelligere, plusquam possim capere, facta est mirabilis scientia tua. Et quid amplius? Et quod dixerat exponit, et quod non dixerat addit: *Confortata est, et non po-* *tero ad eam* (*ibid.*). Vide, o Judæe, cum tantus vir, tantus rex, tantus propheta, scientiam Dei mirabilem supra se esse dicat, cum confortatam esse affirmet, cum se non posse ad illam pertingere astruat, Nehemiæ tui scientia non solum scientiam David transcendet, sed et ipsius Dei scientiam superabit? Credo quia non audebis Nehemiam illum regi David conferre, ne dicam præferre. Quod si non audes eum conferre regi tuo, quomodo eum præferes Deo tuo? Cessa ergo desipere, et ridendam vesaniam a corde tuo projice. An non erubescis, quod de nefandis argueris? Non erubescis, quod jam dictum Nehemiam etiam judicem Deo dederis? Non erubescis, quod eum qui justus Judex a Propheta dicitur (*Psal.* vii), qui, juxta eumdem, judicat orbem terræ in æquitate et populos in veritate sua (*Psal.* lxvi), judiciis humanis submiseris? Si humanos oculos habes, non corporis, sed animi, respice, intuere, adverte, quia si vera est sententia prophetica, qua dixit Deum judicaturum orbem terræ et populos ejus in æquitate et veritate, falsum est quod hominis judicium imploraverit, falsum est quod se ei subdiderit. Sed forte objicies: Judicabit, dixit Propheta, non judicat: futurum tempus posuit, non præsens. Unde quia adhuc judicium illud futurum erat, quando illud dictum est a Propheta, potuit interim judicari ab homine. Sed si hoc dixeris, si nomine futuri temporis te ab hoc impedimento expedire volueris, audi Deum judicem etiam præsentis temporis, audi præteriti, audi simul et futuri. Descendente Deo ad perdendos Sodomitas et Gomorrhæos, occurrens ei Abraham, ait: *Nunquid perdes justum cum impio? Absit a te ut rem hanc facias, et occidas justum cum impio, fiatque justus sicut impius! Non est hoc tuum. Qui judicas omnem terram, nequaquam facies judicium* (*Gen.* xviii). Recognoscis, Judæe, nomen Abrahæ? Scio quia recognoscis, et super omnia, ut arbitror, hominum nomina, tenacius mente retines. Præferes ergo tuum Talmuth verbis Abrahæ? Quid dixit Abraham? *Qui judicas omnem terram, nequaquam facies judicium.* Ecce præsens tempus ponit Abraham, cum dicit. *Qui judicas omnem terram.* Istud tamen præsens, et præteritum intellectu continet, et futurum. Hoc enim sensit Abraham cum dixit, *qui judicas omnem terram,* quod omni tempore Deus judicaret omnem terram. Talis sensus est et in psalmis: *Qui sedes super cherubim* (*Psal.* lxxix); et: *Qui facis angelos tuos spiritus* (*Psal.* ciii); et: *Qui regis Israel, intende* (*Psal.* lxxix); et: *Dominus regit me* (*Psal.* xxii), et in multis similibus. Neque enim tunc solum quando hoc dictum est, sedebat Deus super cherubim, vel spiritus suos faciebat angelos, vel regebat Israel, vel regebat David, et non ante, nec post, imo et tunc, et ante, et post. Hoc sensit David, quando ista protulit; hoc sensit Abraham, quando dixit: *Qui judicas omnem terram.* Est igitur verbum hoc de quo agitur, in hoc loco in sono præsens, in intellectu præteritum, præsens et futurum. Si ergo verum est quod Abraham dixit, Deum omnem terram omni tempore judicare, falsum est quod fabula finxit eum aliquo tempore terreni hominis judicium subiisse. Sed credo quod Abraham mendacem dicere formidabis. Quod si hoc formidaveris, si eum mendacem dicere nolueris, utique Deum humanis judiciis addictum negabis. Vis adhuc præcedentibus addi aliquid? Fiat si vis, licet ex superfluo. Esto, magnus fuerit Nehemias ille tuus, sapiens, doctus, imo, ut asseris, legis doctor. Nunquid major illo de quo ait alia scriptura. Canonis tui : *Ecce Deus excelsus in fortitudine sua, et nullus ei similis in legislatoribus?* (*Job* XXVI.) Quæ et paucis versibus interpositis subdit : *Ecce Deus magnus, vincens scientiam nostram, numerus annorum ejus inæstimabilis* (*ibid.*). Vide ergo quod, licet magnus, secundum te, legis doctor Nehemias, non tamen major Deo, vel par ei, quia nullus similis est ei in legislatoribus. Vides et illud, quia, quamvis sapiens iuxta quod asseris fuerit Nehemias, non tamen in scientia major Deo, vel par illi, quia, ut verax Scriptura loquitur, Deus vincit scientiam nostram, hoc est, omnem humanam sapientiam. Jam illud quod ausa est commentari nefaria scriptura, Deum dolis, quia aliter non poterat, obsistente lectione Talmuth, Nehemiæ animam extorsisse, et sic ad faciendum inter se Judæosque judicium, ad cœlos per angelum evexisse, quis ferat? Ac primum, quis præter Satan docere, quis præter Judæum audire, ne dicam credere tam absurda potuit, quod lectio Talmuth Dei potentiæ præjudicare, quod fabulosa infernalis libri recitatio voluntati vel mandato Dei obsistere posset? Nunquid enim sanctior, o Judæe, liber ille tuus quinque libris Moysi? Nunquid sanctior libris prophetarum? nunquid melior? nunquid dignior? Et Moyses tamen legislator et lector mortuus est, et prophetæ librorum suorum scriptores et lectores mortui sunt. Non potuit tutari a morte aliquem ex ipsis librorum tam sacrorum lectio, et potuit lectio Tamulth, ne moreretur Nehemias, Dei obviare judicio? Vere præ maxima libri potentia, quæ a communi universorum sorte, qua in uno homine omni homini dictum est : *Terra es, et in terram ibis* (*Gen.* III), quoslibet se legentes potens est excipere. Sed quia hoc nugacissimum esse constat, ad dolos divinos venio.

Redeunte angelo ad Deum, et dicente Nehemiam nullo modo velle mori, et ea de causa assidue Talmuth legere, unde nihil ei facere posset, ego, inquit Deus, dabo tibi consilium. Redi cito ad eum, et fac super caput ejus in aere turbinem magnum, et quasi commotionem grandinis et lapidum, ut dum tremefactus oculos a lectione Talmuth averterit, sic animam ejus rapere possis, et huc adducere. Rediit angelus, et ita fecit ut Deus præceperat. O consilium divinum! o consilium, quo egens consiliorum Deitas nullum melius invenire potuit! Nonne, ut aliquid ludicri subjungam, Deoque melius quam ipse sibi consuluerit consulam, nonne certe aptius fuisset, inevitabiles humani corporis necessitates, quibus a lectione Talmuth retrahi cogeretur exspectare, quam ad derisorios dolos confugere? Nam quantumlibet pertinax in lectione esse disponeret, et si non alia, comedendi tamen vel saltem dormiendi necessitas, post biduum triduumve, etiam omnino mutum a lectione averteret. In quo temporis spatio angelus ad eum occidendum missus, non dico unam tantum ejus animam rapere, et quo vellet deferre, sed etiam mille vel plures hominum animas ab eorum corporibus eruere posset. Fecit hoc olim angelus Dei, Ægyptios percutiens, et sub una fere noctis hora, innumera primogenitorum millia occidens (*Exod.* XI). Fecit et simile quid sub rege Assyrio, quando in castris ejusdem centum octoginta quinque millia, brevi nocturni temporis momento dormientes vigilantesve peremit (*IV Reg.* XIX). Facere potuisset hoc idem, quando Nehemias ne moreretur, lectione jam dicta contra Deum pugnabat. Congruentius plane fuisset comedenti vel dormienti animam eripere, quam grandinis vel lapidum turbine, a lectione tam sancta, et sacratissima lectorem pertinacissimum absterrere. Sed forte non poterat pati moras Deus, et litem gravissimam quæstionis propositæ, citata sapientis hominis sententia, finire properabat. Magna vere necessitas jurgia cœlestia pacificandi, ne forte diu protracta, majora processu temporis fierent, et Deo in ipsis cœlestibus hostes publicos excitarent. Hoc ne contingeret provisum est, ut Nehemias qualibet arte festinanter accersiretur, et per ipsum inter Deum atque Judæos pax perdita reformaretur. Non arbitror tamen Deum de terris talem ad cœlos judicem evocaturum fuisse, si præscisset ejus judicio se inferiorem. Judæosque in lite diu protracta futuros esse superiores. Nam non pepercit ei Nehemias, non adulatus est; sed statim ut raptus a corpore cœlos ascendit, Deumque in throno sedentem conspexit, plane ut constans et veritatis amator, nulliusque personam in judicio accipiens, condemnatricem Dei sententiam protulit, dicens de specie morbi, quam Deus lepram putaverat, dixerat, contenderat, munda est, munda est. Cujus verbi repetitio hoc in sensu habet. Certum est, fixum est, in propositione tua victum te a Judæis Deus, quia eos vera dixisse, te constat mentitum fuisse. Quid igitur restat, Judæe? Quandoquidem hominem sapientiorem Deo invenisti, quandoquidem judicem Judici universorum dedisti: descendat Deus de sede, cedat meliori, cedat sapientiori. Hoc, inquam, necesse est. Si enim quisquam sapientior Deo inventus est, utique qui Deus putabatur, Deus nec erat, nec est.

Sed non sufficit Deum condemnatum judicio Nehemiæ, nisi condemnetur et propria confessione. *Lata, inquit, sententia, erubuit Deus, nihilque contra tanti viri testimonium dicere ausus, ludendo respondit :* NAZA HUNI BENAI, *hoc est : vicerunt me filii mei.* Quid restat? Hominis judicio victus, rubore indice victus, professione propria victus, quid moras facit in solio omnipotentiæ Deus? Depositus est a Judæis Deus, projectus est a Judæis, nec omnipotens, nec omnia sciens probatur a majoribus, eoque sapientioribus Judæis. Et novi quidem quia plusquam furiosa, vel dæmonica verba ista non essent auctoritate vel ratione refellenda, sed condigna, si posset fieri, subsannatione et exsecratione conspuenda. Sed quia ista a vobis, o gens perdita et perdenda, creduntur, dicuntur, scribuntur, quis taceat? Quis manus, nedum verba contineat? Cum enim jam per mille et centum annos sub pedibus ingemiscatis, quos super omnia oditis, Christianorum, ludibrium facti non solum eorum, sed et ipsorum Sarracenorum, omniumque simul gentium ac dæmonum, quis continet manus nostrorum a sanguine vestro, nisi præceptum illius, qui vos abjecit, et nos elegit, Dei, dicentis per Prophetam vestrum : *Ne occidas eos? (Psal.* LVIII.) Vult enim servari vos non ad honorem, sed ad opprobrium : non ad vestrum commodum, sed ad mundi spectaculum. Vult servari vos, ut fratricidam Cain, qui cum Deo increpanti eum post effusum fraternum sanguinem, diceret : *Omnis qui invenerit me, occidet me (Gen.* IV), audivit : *Nequaquam fiet ita. Sed maledictus eris super terram, et vagus, et profugus eris super eam (ibid.).* Sic vos maledicti, sic vagi, sic instabiles estis super terram, post effusum a vobis sanguinem Christi, quantum ad carnem fratris vestri, quantum ad deitatem Domini vestri, ut quod morti deterius est, in præsenti longo opprobrio hominibus, in futuro sempiterno sitis ludibrio dæmonibus. Hæc certe universa meretur nequam cor vestrum, meretur blasphemum os vestrum, quod non solum continue in homines maledicta evomit, sed et in ipsum Deum impia ac nefanda profundit. Quid enim adeo impium, quid ita nefandum, ut illud quod a vobis dicitur : Mendax est Deus, victus est Deus, erubuit Deus professus est se victum Deus? Sed quod mendax non sit supra probatum est. Quod vero erubescere non possit, cui præter vos obscurum est? Reatum enim aliquem, errorem aliquem, excessum aliquem fateri videtur quicunque erubescit. Nam nisi hæ, vel similes causæ præcesserint, impossibile est quempiam erubescere. Vides adhuc, athleta meus, quid dixeris, quam superbe, quam nequiter, quam stolide in cœlum os tuum posueris? Reatum, excessum, errorem Deo ascribere, quid est aliud quam furere? *Existimasti inique,* ait Deus, *quod ero tui similis? Arguam te, et statuam contra faciem tuam (Psal.* XLIX). Qui ne uni tantum Judæo loqui videretur, omnes simul reprobos Judæos arguit, cum subdit : *Intelligite hæc, qui obliviscimini Deum, ne quando rapiat, et non sit qui eripiat (ibid.).* In quo versu, jam dictam Nehemiæ vestri fabulam percutit, imo (quod majus est) destruit. Dixistis enim Deum Nehemiæ animam angelico ministerio rapere voluisse, sed ei Nehemiam ipsum lectione Talmuth, ne illam rapere posset restituisse. Unde sic vos increpat, sic fabulam vestram falsissimam esse demonstrat. *Intelligite,* inquit, *hæc qui obliviscimini Deum.* Quid verius? Nunquid non obliti fuistis Deum, quando tam indigna de Deo sensistis? Idcirco vobis dicitur, *intelligite hæc qui obliviscimini Deum.* Sed quid vos hortatur intelligere? *Nequando rapiat, et non sit qui eripiat.* Nolite, inquit, falli, nolite seduci, nolite putare Nehemiam vel aliquem cum animas rapere disposuerit, ei posse obsistere. Confirmat hoc alio alterius psalmi versu. Ubi cum dixisset : *Vovete et reddite Domino Deo vestro munera (Psal.* LVII), adjunxit, cui Deo : *Terribili (ibid.),* inquit. Ac statim : *Et ei qui aufert spiritum principum (ibid.).* Sed forte spiritum principum tantummodo aufert, non autem aliorum. Audite non solum de principibus, sed de universis Job Deo loquentem : *Scias quia nihil impium fecerim, cum sit nemo qui de manu tua possit eruere (Job* x). Non iste vel ille de manu tua potest eruere, sed nemo prorsus de manu tua potest eruere.

Claret ergo sæpe dictum doctorem vestrum animam suam de manu Dei arte qualibet nunquam eruere potuisse. Sed ut supra posui, quando Deum, o Judæe, erubuisse dicis, vel reatum, vel errorem, vel excessum eum incurrisse fateris. A quibus si cum auctoritatibus vel rationibus defendere voluero, superfluus vel nimius forsitan apparebo. Quis enim reatum, errorem, excessum, Deum posse incurrere sentiet, nisi forte insipiens, qui dixit in corde suo *Non est Deus? (Psal.* LII.) Timeo et illud mihi dici quod Job respondit amico : *Cujus adjutor es? Nunquid imbecillis? et sustentas brachium ejus, qui non est fortis? (Job* XXVI.) Nam pene idem est in tam claris laborare, quod solem, serena die orbem fulgentibus radiis illustrantem, claris oculis et vigilantibus digito demonstrare. Idcirco quæ omnino perspicua sunt, etiam si ea Judæus objiciat, brevi vel nulla responsione prætereunda sunt. De talium numero sunt et illa, quæ finis fabulæ continet, quod Deum victum asserit, cum ipsum victum fuisse ore proprio confessum esse fingit, quando eum dixisse mentitur : *Vicerunt me filii mei.* Quis enim præter Judæum nesciat hoc nulla egere contradictione? Nulla sane eget contradictione, quod falsum esse notum est omnibus perspicua veritate. Cui enim obscurum esse potest virtute vel sapientia non posse Deum vinci ab aliquo, cum totus orbis eum ab antiquo audierit dicentem : *Cui assimilastis me, et adæquastis me, et comparastis me, et fecistis similem? (Isa.* XLVI.) Et post pauca : *Recordamini prioris sæculi, quoniam ego sum Deus, et non est ultra Deus ; nec est similis mei annuntians ab exordio novissima, et ab initio quæ necdum facta sunt, dicens : Consilium meum stabit, et omnis voluntas mea fiet (ibid.).* Et quamvis, ut dictum est, Deum ab his derisoriis ineptiis defendere superfluum videatur, ne quis tamen Judæos semel tantum errasse, vel blasphemasse (quod tolerabilius esset) existimet, causa est ut alios eorum de re simili errores ad publicum sermo producat. Nam facile in his tam multiplicibus blasphemiis lector advertere poterit, quam longe projecti sint a facie Dei qui tot, tam indigna, tam absurda sentire vel credere potuerint de sublimissima et incomprehensibili majestate Dei. Nam præter illa, quæ præmissa sunt, dicunt, et in suis, imo Satanæ synagogis docent quod, quando Deus firmamentum hoc quod oculis nostris conspicuum est fecit, non illud ex integro perfecit, sed cujusdam magni foraminis spatium in septentrionali ejus parte imperfectum reliquit. Causam autem cur hoc fecerit, valde congruam et rationabilem reddunt: Affirmant enim hac providentia istud eum fecisse, ut si quando procedente tempore aliquis exsurgens, Deum se esse, Deoque æqualem diceret, Deus illi jam dictam firmamenti imperfectionem objiceret dicens : *Si Deus es, ut ego, fac saltem ex parte quod feci et ego. Feci ego majores firmamenti partes, fac et tu si potes hanc, quam imperfectam ego reliqui partem.*

Quid ultra queror, o Judæi, vos spirituali oculo non agnoscere spiritualia, cum nec ipso corporali agnoscatis corporalia? Certe corporale est firmamentum, corporales et ipsi vestræ carnis oculi. Quid ergo causæ est, ut hoc clausum sit solis Judaicis, cum pateat præter vos totius orbis oculis? Videt plane præter vestrum omnis oculus, nec in aquilonali, nec in meridiana, nec in aliqua sui parte imperfectum, sed omnibus suis partibus integrum firmamentum. Redarguit ipse aquilonalis semper super terram rutilans axis, tantum vestri commentum mendacii, qui axi meridiano nunquam visibus humanis apparenti oppositus, nihil in illa cœli plaga imperfectum, universorum, ut dictum est, oculis, exceptis Judaicis, manifestat. Hoc quia orbe judice notissimum est, ad longe deteriora blasphemiarum ludibria transitus fiat. Asseritis enim Deum semel omni die irasci, et hoc robusto, ut putatis, psalmi testimonio, affirmare conamini. *Deus judex justus, fortis et patiens, nunquid irascetur per singulos dies?* (*Psal.* vii.) Et, o bestiæ, jam nec litteram scripturarum vestrarum, quam solam sequi videbamini, assequentes, nunquid hoc affirmative vel enuntiative dictum est, et non potius modo interrogativo negando prolatum? Nam sic dictum est : *Nunquid irascetur per singulos dies?* tanquam dictum esset, non irascetur per singulos dies. Relegite vestrum Hebraicum idioma, et ita se habere sensum litteræ illius, si cæcitas Judaica non obstiterit, agnoscetis. Licet enim simus Latini, nihil tamen nos veracium Scripturarum vestrarum latere potuit, quos multorum in utraque lingua peritorum eruditio copiosa instruxit. Taceo quod tam insulse, hoc est humano more, Deum irasci putatis. Quod si hoc sentitis, utique mutabilem affirmatis. Si enim usitato hominum modo nunc irascitur, nunc pacatur, nunc gaudet, nunc tristatur, nunc obliviscitur, nunc recordatur, et reliqua similia nostro more aut facit, aut patitur, propheta vester mentitur, qui de mutabilitate cœli ac terræ, Deique stabilitate disputans,

ait Deo : *Ipsi, hoc est cœli et terra, peribunt, tu autem permanes* (*Psal.* ci). Et post pauca verba : *Mutabis eos et mutabuntur; tu autem idem ipse es* (*ibid.*). Si ergo Deus permanet, si non mutatur, utique nec essentia, nec affectu mutatur. Possetis enim forsan objicere non mutari Deum essentia, sed mutari affectu; non mutari naturaliter, sed mutari accidentaliter. Quod utrumque removet, utrumque excludit, etsi millies id negetis, Scriptura, cum dicit : *Tu autem permanes*; et cum dicit : *Tu autem idem ipse es.* Non igitur more nostro Deus nunc irascitur, nunc pacatur.

Additis supra illa quæ jam dicta sunt, eum prima diei hora irasci; causamque iræ redditis talem, quod in illa hora, hoc est prima, reges iniquitatis exsurgentes, diademata sibi imponunt, et solem adorant. Adjungitis quod ipsius horæ, qua irascitur, punctum nemo noverit unquam, nisi Balaam filius Beor. Additis, et congruum ei in hac scientia socium datis, gallum scilicet, quem affirmatis solum cum Balaam jam dictæ horæ punctum agnoscere. Quid loquar? Ut supra fassus sum, nescio quid satius sit respondere tam ineptissimis næniis, an tacere. Nam respondere superfluum; tacere videtur incongruum: Superfluum, quia res proposita stultam se absque tegmine prodit; incongruum, quia tacere, cum ad respondendum ea proposita sit, non expedit. Et ut primo positis sermo primus occurrat, quæ auctoritas docuit, quæ ratio persuasit ut crederetis Deum et irasci, et quotidie irasci, et prima diei hora irasci? Quis enim authenticus legislator hoc dixit? quis propheta scripsit? quis eorum, qui in toto divino Canone vestro leguntur, hoc docuit? Proponite aliquem de universa illa multitudine veterum sanctorum, qui hoc vel scripserit, vel docuerit, vel saltem senserit, et concedo. Quod si auctoritas vos destituit, nec ejus robore, quæ dicta sunt a vobis munire potestis, vel ratione aliqua tam prodigiosam fabulam defendite. Quod si nec istud habetis, quid restat? Quid restat, inquam, nisi ut stultissimi homines cum derisoriis fabulis suis, cœlo ac terræ, angelis et hominibus ostentui fiant? Quis enim non videat, remota causa, effectum constare non posse? Sed incumbit ut dicam quid nominem causam, quid vocem effectum. Nam, si causam removere potuero, et effectum pariter removebo. Causam dico, o Judæi, eam, quam ipsi proponitis, quod scilicet prima diei hora reges iniquitatis exsurgentes, diademata sibi imponunt, et solem adorant; effectum, quod ista videns Deus prima diei hora fieri, eadem prima diei hora irascitur, et quia quotidie istud hora eadem videt fieri, quotidie irascitur. Qui sunt reges isti iniquitatis, qui nunquam tertia hora diei, nunquam quarta, nunquam quinta, nunquam sexta, nunquam alia aliqua, sed semper prima diei hora diademata sibi imponunt, et solem adorant? Vere studiosissimi ac præcipui cultores iniquitatis, qui nullis regnorum suorum negotiis, nullis impedimentis retrahi possunt : quin et quotidie, et eadem hora, et diademata sibi imponant, et solem adorent. Pacifici omnino reges, regnaque pacatissima, quæ nihil adversi timentia, nullis domesticis aut civilibus vel extraneis tumultibus pulsata, quietissimo otio perfruuntur, et cultui profano irrequieti insistunt. Plane, ut olim dictum est, aurea sæcula, quæ tam concupiscibile ac prolixum otium regibus suis præstant, ut, positis armis, sepositis curis, religioni propriæ in tantum devoti deserviant, ut inter tam diuturna temporum spatia, nec unam diem, nec eamdem diei horam prætereant. Et quidem quosdam Orientis reges olim solem adorasse audivi ; sed quod quotidie, quod semper prima diei hora, ignoro. Sed rectius possem dicere quia scio, quod nec quotidie, nec semper prima hora diei. Bellicosi enim fuerunt, et pene semper in armis : unde nec sacris exsecrandis quotidie inservire, nec eamdem diei horam semper servare, ipsa ratione docente valerent. Sed quid de antiquis regum erroribus et cultibus loquor, cum hoc non de præterito tantum tempore, sed magis de præsenti et continuo Judaica fabula dicat ? Non enim de transactis sæculis, sed de instanti tempore fabula loquitur, dicens quotidie prima diei hora reges iniquitatis exsurgere, diademata sibi imponere, et solem adorare. Hoc de his nostris diebus sentire quam incircumspectum, dicere quam mendosum sit, leviter attendens advertet. Non est enim jam rex in Oriente, non est in Occidente, non in Meridie, non in Aquilone, quibus quatuor plagis totus orbis describitur, qui non dico prima, vel sexta, sed vel qualibet diei aut noctis hora, solem adoret, non est qui creaturæ Creatoris cultum exhibeat. Nam de regibus Christianorum, de regibus Saracenorum, qui vel Christiani vel Saraceni, toti pene mundo imperant, de his, inquam, quod solem non adorent, certum est, de quibusdam aliis, licet paucissimis, qui adhuc quibusdam paganis gentibus principantur, nunquam auditum est. Unde jam satis probatum constat, quod nullus regum nostri temporis solem adorat. Hoc quia verum est, mentitur Judaica fabula, quæ dixerat solem quotidie prima diei hora, a quibusdam iniquitatis regibus adorari. Si enim jam nullus regum aliquo tempore solem adorat, certum est quia nec quotidie, nec prima diei hora adorat. Quod si nulla die, nulla hora, aliquis regum solem adorat, falsum est et illud, quod Judæus subjunxerat punctum primæ horæ, qua Deus irasci consueverat, Balaam sive gallum agnoscere. Neque enim Balaam sive gallus scire possunt punctum horæ illius quæ non subsistit, neque hora diei illius dici potest, quæ in nullo cursu temporis est.

Exclusa igitur causa, excluditur et effectus, quia non habet jam Deus unde irascatur, cum nullus regum in orbe terrarum cultor solis inveniatur. Falsa sunt ergo omnia quæ ab adversa parte proposita fuerant, vel quod Deus quotidie irasceretur, vel quod reges iniquitatis sibi diademata imponerent, et solem adorarent. Jam cur tanta de vobis Balaam et gallus meruerint, et Judæi, præ cæteris hominibus et avibus Dei, miror et interrogo. Interrogo, inquam, cur tanta de vobis meruerint, ut, his tantum duobus, nullisque aliis præter hos duos, iræ divinæ cognitionem, ipsiusque horæ, qua Deum irasci dicitis, notitiam tribuere voluistis. Magna plane prærogativa, maximum privilegium Balaam et galli, quo et ille omnes homines, et iste superat omnes aves. Mirum certe nobis, mirum est et universis præter vos, qui, quoniam cuncta miranda dicitis, nihil jam mirari potestis, si Balaam Moysi, si Davidi, si Salomoni, si Isaiæ, si cunctis prophetis, si tandem cunctis sapientibus et divinis hominibus in sæpedictæ horæ cognitione præfertur. Nonne mirum si Balaam ei præfertur, de quo Deus ad Aaron et Mariam : *Si quis fuerit inter vos propheta Domini, in visione apparebo ei, vel per somnium loquar ad illum ; at non talis servus meus Moyses, ore enim ad os loquar ei, et palam, non per ænigmata et figuras Dominum videt ? (Num. xii.)* Nonne mirum si et illi præfertur, qui Deo loquitur : *Incerta et occulta sapientiæ tuæ manifestasti mihi? (Psal. l.)* Nonne mirum si et illi præfertur, ad quem Deus : *Dedi tibi,* inquit, *cor sapiens et intelligens in tantum, ut nullus ante te similis tui fuerit nec post te surrecturus sit? (III Reg. iii.)* Nonne mirum si, et illi in cognoscendis secretis Dei Balaam præfertur, qui et Dominum sedentem super solium excelsum et elevatum, et seraphim stantia super templum, et alis suis Dei faciem ac pedes velantia cernere, et *sanctus, sanctus, sanctus* clamantia audire potuit ? *(Isa. vi.)* Sed forte idcirco omnibus his vobis præferendus videtur, quia et aliqua vera prædixit, et cum asella sua confabulatus est .*(Num. xxii).* Sed nunquid celsiora, nunquid diviniora, nunquid plura prædixit quam prophetæ ? Nunquid quia semel cum homine verbis humanis asina locuta est, præfertur tantis tamque mirandis signis, quæ Moyses operatus est ? Sed ut in aliquo vobis satisfaciam, ne forte me semper hostem esse causemini, concedo quod etiam inferioris meriti vel propheta, vel divinus, vel ariolus Balaam aliquid, singularis gratiæ præ cæteris, licet majoris meriti viris, meruerit. Habuit ergo hanc gratiam, ut horam vel punctum iræ divinæ cognosceret. Hanc gratiam habuit, sed quandiu Deo placuit. Sed nunquid postquam displicuit ? Nunquid habuit hanc gratiam, postquam Deo displicuit ? postquam dictum est ei ab angelo Dei : *Perversa est via tua, mihique contraria ? (Num. xxi.)* Postquam rediens ad populum suum dedit contra populum Dei perversum consilium postquam a patribus vestris, o Judæi, non ut propheta Dei honoratus est, sed ut in Deum impius, et ut hostis publicus interfectus est ? Credo, quod non hic adeo desipitis, non adeo ratione humana caretis, ut impios homines maxime post mortem Dei secretis vel consiliis interesse credatis. Hoc si verum est, quod Balaam iræ divinæ horam vel punctum quotidie possit agnoscere, falsum est. Jam quod gallum consiliis divinis admiscetis, quod secretorum Dei conscium dicitis, videat mundus, judicet orbis terrarum. Videat et judicet, si ad secreta vel acta divina agnoscenda gallus admittendus est, ad quem vix aliquis hominum unquam admissus est. Sed quia mos Judaicus est abuti semper Scripturis, sicut ad quotidianam iram Dei ostendendam illo supradicto psalmi versu abusi estis: *Deus judex justus, fortis et patiens, nunquid irascitur per singulos dies?* (*Psal.* VII.) Fortassis et ad galli vestri singularem sapientiam demonstrandam, versu illo libri Job abutimini, quo dicitur: *Quis posuit in visceribus hominis sapientiam, aut quis dedit gallo intelligentiam?* (*Job* XXXVIII.) Hic forte robur vestrum constituitis, hanc velut fortissimam Judaici sensus turrim, expugnari non posse præsumitis, hinc galli præcellentem intelligentiam, intellectibus cunctorum hominum antefertis. Sed si inde præferendus est gallus cunctis avium, pecorum et hominum intellectibus, quia de eo legitur: *Quis dedit gallo intelligentiam?* Quid sentietur de sensu bovis, quid de intellectu asini, de quibus propheta scribit: *Cognovit bos possessorem suum, et asinus præsepe domini sui?* (*Isa.* I.) Quid dicetur de miranda quarumdam avium solertia, de quibus alter propheta ait: *Turtur et hirundo, et ciconia custodierunt tempus adventus sui?* (*Jer.* VIII.) Quid ut de majorum animalium diversis ac miris intellectibus taceam, quid, inquam, de apicula, tam sagaci labore et industria mella conficiente? Quid de ipsa nullius pene corporis formica sentietis, dicetis, quam Salomon vester adeo prædicat, ut ad ejus discendam sapientiam etiam homines mittat? Quid certe de illa scribit? *Vade ad formicam, o piger, et considera vias ejus, et disce sapientiam* (*Prov.* VI), et reliqua. Sed quæ est hæc galli vestri intelligentia? Ut prætermittam spiritualem intellectum, qui ad vos non pertinet, quibus non est datum nosse mysterium regni Dei. Hæc plane galli, de quo Scriptura loquitur, intelligentia est quod omnes cernimus, quod assidue videmus, ut cantibus suis vel diu intermissis, vel frequentius iteratis, in nocturnarum profundis tenebrarum, proximum lucis adventum se quadam naturali et insita intellectus vivacitate sentire denuntiet. Nunquid quia hoc potest, quia hoc intelligit, statim ad consilia Dei agnoscenda, statim ad ignotam cunctis mortalibus iræ divinæ [horam eum admittetis? statim galli intelligentiam cunctorum, non solum hominum, sed et ipsorum angelorum sapientiæ præferetis? Præferantur ergo similiter istis omnibus volucres, quas supra exempli causa commemoravi, turtur, hirundo, et ciconia; præferantur bos et asinus; præferantur apes et formicæ, et quæcunque animalia aliquid præ cæteris ad quamlibet intelligentiam pertinens spirituale, naturæ propriæ inditum habere videntur. Admittantur statim et usque ad tertium cœlum, quo Apostolus noster, etsi non creditis, raptus est (*II Cor.* XII), rapiantur, nec volucrem, aut quadrupedem ultra aliquid in divinis mysteriis lateat, postquam aliquid cujuslibet intelligentiæ proprium jure naturæ sibi præ cæteris vindicare potuerit. Sed credo nullum esse rationale animal, non solum in cœlis, non solum in terris, sed nec apud inferos, qui hunc Judaicum sensum non expuat, non derideat, non exsecretur. Sufficiant ergo ista de istis, et ut propheta vester ait, ad verborum abominationes et blasphemias longe majores his videndas (*Ezech.* VIII), quia tot nefandis diu immorari tædet, celer transitus fiat.

Dicitis et in cœlesti illa et veracissima scriptura vestra Talmuth legitis Deum quotidie semel in die plorare, et ab ejus oculis duas prodeuntes lacrymas in magnum mare decidere, et has illum affirmatis esse fulgorem, qui tempore nocturno cadere videtur de stellis. Fletus quoque ipsius, quem Deo ascribitis, causam Judæorum captivitatem esse dicitis. Quin etiam propter dolorem, eum ter in die, ut leonem rugire, et ea de causa cœlum pulsare pedibus more calcantium in torculari asseritis. More insuper columbæ, quemdam susurrii sonitum dare, et quaque vice caput movere, et dolentis dicere voce. *Heu mihi! heu mihi! Ut quid domum meam in desertum redegi, et templum meum cremavi, et filios meos in gentes transtuli? Heu patri, qui transtulit filios suos! et heu filiis, qui translati sunt de mensa patris sui!* Dicitis etiam quod quidam doctorum vestrorum hanc audierint vocem in quodam ruinoso loco, propterea quod tanquam prurientes invicem collidat pedes, et more dolentis manibus plaudat; et quia quotidie orat, ut misericordia ejus sit super iram ejus, et ut eat in populo suo in misericordia. Quid exspectas, lector? quid præstolaris? Putas me de istis acturum contra Judæos? Absit ut de istis contra illos agam! Absit ut canibus impudentissimis et porcis spurcissimis, velut rationis capacibus respondeam, et eos super his aliqua cujuslibet responsione dignos ostendam. An responsione mea, vel cujuslibet digni sunt qui velut tantummodo ad blasphemandum Deum nati, in pabulo igni æterno dati sunt. Qui, etsi eos canes vel porcos vocavi, in nullo excessi. Nam licet per hæc animalia in sacris Scripturis carnalis immunditia soleat designari, quæ tamen mala carnalia non superat, tanta tamque toties repetita blasphemia! Nolo ergo contemptor esse verborum Domini mei, ut margaritas divinas talibus bestiis conculcandas exponam (*Matth.* VII). Quod licet in superioribus fecisse videor, fuit tamen causa, quam et ipse præfatus sum, ut etsi non omnibus, etsi non multis, saltem paucis, quos aliquando ad Deum converti videmus, Judæis, qui hac peste aut imbuti fuerunt, aut imbui potuerunt, mea hæc scriptura prodesset. At quoniam inauditis intoleranda succedunt, non est dignum ut sic agatur cum ista dicentibus, quasi cum hominibus ratione utentibus. Sunt equidem eorum infinitæ fabulæ, et traditiones a lege De prorsus alienæ, de quibus in Evangelio Domini

Pharisæis. *Reliquistis,* inquit, *mandata Dei propter traditiones vestras (Matth.* vii, 15). Longe tamen tolerabiliores sunt illæ, quæ etsi multa absurda dicunt de hominibus, aut de humanis rebus, res tamen divinas illibatas servantes non tangunt. Sed prorsus illæ exsecrandæ, illæ nullomodo sunt tolerandæ, quæ in tantam prorumpunt insaniam, ut ea de Deo audacter prædicent, quæ aures humanæ vix tolerant. De quarum traditionum numero et istud est, quod recitatum est. Quis ergo hæc dicentibus vel respondere debeat, vel dignetur? Quis respondere dignetur blasphemæ, stultæ, et impiæ voci, quæ Deum dicit quotidie semel in die plorare, duas ejus lacrymas in magnum mare decidere, ter in die, ut leonem, rugire, ut iratum, imo pene furentem, pedibus cœlum crebris ictibus pulsare, ut columbam gemere, ut indignantem caput movere, ut acriter anxium invicem manus pedesque collidere, ut misere dolentem dicere : *Heu mihi! heu mihi!*

Responderem tamen, ut superius feci, si in omnibus his vel parum quid sani intellectus haberent, si vel fletum, vel rugitum, vel gemitum, vel dolorem, quæ juxta litteræ sonum horrenda Deo blasphemia ascribunt, si, inquam, aliquid horum juxta Scripturæ sacræ sensum exponerent. Nam licet fletum divinum, licet columbinum, quantum ad Deum, gemitum nusquam in veteri Scriptura me legisse recorder, lego tamen rugientem, lego dolentem, lego vociferantem : et quod magis mirum esset, si sanus intellectus deesset, lego sibilantem, lego stridentem. Rugientem, ut in Amos : *Dominus de Sion rugiet, et de Jerusalem dabit vocem suam (Amos* 1); dolentem, ut in libro Judicum : *Clamaverunt filii Israel ad Dominum, qui doluit super miseriis eorum (Judic.* x). vociferantem, ut in Isaia : *Vociferabitur, et clamabit, et super inimicos suos confortabitur (Isa.* xlii); sibilantem, ut in eodem : *Sibilabit Dominus muscæ quæ est in extremo fluminum Ægypti, et api quæ est in terra Assur (Isa.* vii); stridentem, ut in Amos : *Ecce ego stridebo subter vos, sicut stridet plaustrum onustum feno (Amos.* ii). Si in aliquo horum vel similium (nam multa similia in sacris Litteris de Deo dicta inveniuntur) si plane in aliquo horum Judaicus sensus Christiano, vel si hoc abhorrent, rationabili intellectu consonaret, responderem adhuc, ut prius feci Judæis, nec cum ipsis loqui de talibus dedignarer. Sed, cum nec metaphoram, nec allegoriam, nec aliquem de usitatis et multis loquendi modis, per quos omnia ista digne Deo adaptantur, Judæi suscipere velint, sed solam in his litteram occidentem intelligant, quid loquerer? Quid Deum a stulto fletu, quid ab insano rugitu, quid a misero gemitu, quid a reliquis monstruosis et furiosis illi objectis moribus inaniter excusarem? Quis enim nesciat sanum sapiens, vel saltem non ex toto desipiens, fletum, rugitum, gemitum, et reliqua quæ jam dicta sunt, portentuosissima, in Deum cadere non posse, divinamque naturam prorsus ab istis omnibus existere alienam? Quis igno-

ret naturam incorpoream, simplicem, incircumscriptam, ab omni corporalium elementorum complexione, vel compositione longissime segregatam, cui nec capitis, nec corporis, nec quorumlibet humanorum membrorum ulla similitudo vel distinctio est, ab his omnibus quæ illi detestandus Judaicus error importat, esse immunem. Nam quis flet sine oculis? Quis rugit, sine voce? Quis manus pedesque collidit, si non habeat? Quis tandem absque quorumlibet membrorum instrumentis officia membrorum exercet? Taceo furorem irascentis, tristitiam dolentis, miseriam clamantis : *Heu mihi! heu mihi!* Taceo quod Judaica sapientia omnipotentem fecerit impotentem, quod solvere volens diutinam Judæorum captivitatem non possit, quod idcirco fleat, idcirco rugiat, idcirco mugiat, idcirco gemat, idcirco doleat, idcirco manus pedesque collidat. Nam, heu mihi dicere Deum, quis unquam excogitare, quis asserere ausus est, præter Judæum? Lego quidem eum dicentem per prophetam : *Heu! consolabor super hostibus meis, et vindicabor de inimicis meis (Isa.* 1). Sed illud heu, licet prolatum a Deo, non est Dei, sed hominum ; non est Dei, sed ejus inimicorum.

Videant ergo inimici Dei, quam absurda imputent majestati Dei. Nam heu mihi dicere, non est nisi miseri ; heu mihi dicere, non est nisi propriam miseriam deflere. Judæus igitur cum heu mihi dicere Deum dicit, utique Deum miserum esse dicit. Miserum autem Deum, non solum vocare; sed præter Judæum, quis non exhorreat cogitare? Et vere miserum genus hominum, vere gens de capite conversa in caudam omnium gentium, qui Deum, quantum ad deitatis essentiam, sibi velut hominem fingunt, qui eum per humanorum membrorum divisionem distinguunt, qui ipsis quasi humanis membris officia humana distribuunt ; qui non solum humanos, sed etiam belluinos gestus, rugitus et gemitus Deo ascribunt. Non hoc sensit de Deo Moyses eorum, non hoc dicit, non hoc in ultimo Pentateuchi sui libro scriptum reliquit : *Non vidistis,* ait ille Judæis, *aliquam similitudinem in die qua locutus est vobis Deus in Horeb de medio ignis, ne forte decepti faciatis vobis sculptam similitudinem omnium jumentorum quæ sunt super terram, vel avium sub cœlo volantium, atque reptilium quæ moventur in terra, sive piscium qui sub terra moventur in aquis, ne forte, oculis elevatis ad cœlum, videas solem et lunam, et omnia astra cœli, et errore deceptus adores ea et colas, quæ creavit Dominus Deus tuus in ministerio cunctis gentibus, quæ sub cœlo sunt (Deut.* iv). Et quid potuit apertius dicere stulto populo, et ad omne nefas cogitandum et credendum semper parato? Unde potuit homines illos apertius monere, ne idololatræ fierent, ne aliquam in Dei natura imaginem, aut similitudinem masculi vel feminæ, jumentorum vel avium, reptilium vel piscium, solis, lunæ, vel astrorum crederent? Negavit plane in his verbis, nec prorsus intelligi permisit Deum masculum esse vel feminam, jumentum vel avem, reptile vel piscem, solem, lunam, vel astra. Non autem Moyses prohibuisset Judæos facere horum sculptam similitudinem aut imaginem, si talem divinæ naturæ cognosceret veritatem. Quod quia prohibuit, nullis horum animalium vel animantium, solis, lunæ, vel astrorum naturis, Dei naturam similem intellexit. Quæ ergo auctoritas, aut ratio constat Judæo, ut Deum quantum (ut jam dictum est, ad Dei naturam spectat) hominem fingat, ut humana membra ei ascribat, ut humanos, sive belluinos, gestus vel affectus ei assignet, ut eum sicut leonem rugire, sicut columbam gemere dicat? Recordentur miseri, ea de causa Deum præcepisse, ne aliquam quorumlibet animalium similitudinem artifices tabernaculi sub Moyse, artifices templi sub Salomone, vel in tabernaculo texerent, vel in templo simul aut tabernaculo sculperent, funderent, pingerent, fabricarent, exceptis duobus seraphim quæ in similitudine quidem ex parte facta sunt hominum, sed ad memoriam et reverentiam angelorum, ut hoc saltem aspectu commoniti; intelligerent duri Judæi Deum præferendum esse, non solum terrenis hominibus, sed cœlestibus etiam virtutibus. Recolant et ipsum æneum serpentem fabricatum jussu Dei a Moysis (*Exod.* xxi), longoque postmodum tempore reservatum, fractum a bono rege Ezechia (*IV Reg.* xviii), ne Judæi qui nulla pene vera credebant, cuncta pene falsa vera esse putabant, Deum quandoque serpentem esse crederent, cui jam ipsi ab aliquanto tempore ut Deo crediderant, eique ut Deo hostias immolaverant. Excluso igitur a Deo omni corpore, omnique corporearum rerum similitudine, credo propositam Judaicam fabulam jam ex integro interisse. Natura enim, cui cum rebus corporeis nihil commune est, cui impotentia, dolor, miseria, ascribi non potest, ab omnibus etiam reliquis rerum corporalium affectionibus libera est. Falsum est igitur, quidquid de talibus a blasphemis Judæis supra propositum est. Sed jam a lectoris colloquio ad Judæum redeo, ut qui de objectis Deo blasphemiis, quia indignum videbatur cum eo agere nolui, de magnis quidem, non tamen ad Dei naturam pertinentibus erroribus, more solito cum eo agam. Dic ergo Judæe, illud quod de Og rege Basan Talmuth tuum refert, verum esse putas? Novi quia non solum putas, sed et plusquam legalia vel prophetica verba, verum esse credis. Veniat ergo illud qualecunque sit in medium, et clarissima, veritate præfulgeat, videatur.

Og rex Basan, ait Talmuth, videns ingentem exercitum Israel, sexcenta scilicet et quatuor millia, et quingentos viros a triginta annis et supra exceptis mulieribus et parvulis, qui supputari non poterant, molem inauditæ magnitudinis capiti suo imposuit, et cum ea expeditionem totam prosternere voluit. Hoc eo meditante upupa avis minima moli ipsi supersedit, et tandiu rostro suo eam contudit, donec foramine magno juxta quantitatem capitis ejusdem regis facto, moles caput transiliens, super ipsius regis humeros insedit: quo facto, mole eadem super ejus humeros insidente, et regis capite supra molem eminente, ne eam ultra posset deponere, subito adaucti dentes longissimi prohibuerunt. Quod Moyses intuens, cujus corpus decem cubitorum fuit, et totidem virgæ suæ longitudo habuit, erexit se in morem salientis decem cubitis super terram, ut eum virga percuteret in aliquo loco corporis. Qui, cum in tantum saltu elevatus esset a terra, virgæ tamen summitas, qua eum intendebat percutere, nequaquam ultra attingere potuit: quam ad eum nodum, quo crus pedi jungitur, et vulgo cavilla vocatur. In quo cum Og regem Moyses percussisset, continuo cadens exspiravit. Hæc est certe nobilis fabula vestra. Sed videte quantum stultiores, vel sapientiores sitis omnibus gentibus. Finxerunt quidem multi antiquorum gentilium, multas et varias de diversis rebus fabulas, sicut Æsopus apud Græcos, Naso apud Latinos. Finxerunt vere multa et ridenda, sed ea nec ipsi auctores fabularum, juxta id quod scripsere, senserunt; sed vel rebus physicis, vel moribus humanis ea adaptari voluerunt. Inde est quod Athlantem cœlum sustinere, Typhœum gigantem et centimanum, hoc est centum manus habentem, montes montibus imposuisse, ac de summo eorum contra cœlum Jovemque pugnasse dixerunt. Quem post diutinam contra cœlestes deos pugnam, fulminibus Cyclopum a Jove jactis depositum, ac prostratum, non tamen interemptum, magnam Siciliæ insulam, ne denuo ad conserenda cum diis prælia resurgere posset, ei impositam, indeque frequentem terræmotum insulæ accidere, eo quod rursus resurgere et contra Deos pugnare nitatur, asseruerunt. Sic et Orpheum miris cantibus, et inaudita citharæ melodia, quod post se silvas currere mobiles, amnes stare coegerit; Herculem adversus hydram multorum capitum pugnasse, sed pro uno capite ab eo præciso, centum subito capita orta esse, ac tandem Græco igne immisso, monstrum illud cum Lerna palude, in qua morabatur, cremasse scripserunt. Hinc et filium Solis Phaetontem, male currus paternos regentem, pene orbem succendisse; filiam ejusdem Solis Circem in lupos, leones, et tigrides, diversique generis bestias, herbis, et carminibus socios Ulyssis mutasse; draconem pervigilem, vellus aureum arietis asservantem, homines in deos, feminas in stellas, vulpes, gallos, lepores, anseres, reliquasque bestias vel aves, humanis verbis invicem loquentes, multaque in hunc modum ridenda litteris tradiderunt. Sed, licet hæc dixerint, licet hæc scripserint, longe tamen aliter, ut dictum est, ita et senserunt, et ab aliis sentiri et intelligi voluerunt. Homines enim erant, et rationabiles, et, licet a cultu divino remoti, quæ nondum mundus comprehendere poterat, sapientes. Quem eorum in talibus fabulis intellectum, clare per singula exponerem, nisi plus justo opus hoc protrahere, et ad rem propositam hoc non pertinere viderem. Unde valde mirum non esset, si et vos Judæi fabulas haberetis et earum intellectum in aliquam rem veracem et utilem converteretis. Nam habet hoc ipsa pagina verax et sancta, quæ quandoque aliqua narrat, quorum quidem textus juxta litteram falsus est, sed eorum intellectus verax et necessarius est. Inde in libro vestro, qui Judicum dicitur, legitis quod ierint ligna, ut ungerent super se regem, et quod locuta fuerint ad olivam, et ficum, et vitem, et ad rhamnum (*Judic.* IX). Quod juxta litteram verum non esse quicunque ligna loqui non posse novit, agnoscit. Quod tamen juxta re. veritatem, quæ ab insensibilibus fructetis a quodam simili tracta est, quicunque talem usum locutionis in omni Scriptura frequentari non dubitat, advertit. Hinc doctus in his intelligit per vitem, et olivam, et ficum, fructuosa arbusta, filios Gedeonis; per rhamnum infructuosum et asperum, Abimelech fratricidam signari. Ille sensus, et in aliis divini Canonis vestri parabolis sæpe invenitur, ut est illa quam post commissum a David in uxore Uriæ adulterium Nathan propheta ei proposuit. Non enim verum fuerat ad litteram, quod ei ipse dixerat, vel de divite et centum ovibus ejus, vel de paupere et una ove ipsius, vel quod dives centum ovibus suis pepercisset, et de una pauperis ove violenter sublata, hospiti suo cœnam parasset (*II Reg.* XII). Verum tamen fuit, quod propheta in verbis illis senserat, David divitem, Uriam comparatione regis pauperem, unam illius ovem ejus uxorem, peregrinum hospitem regis concupiscentiam, de ove hospiti cœna paratam mulierem illicitæ concupiscentiæ prostitutam. Multa similia in hunc modum.

Si sic, o Judæi, fabulas vestras interpretaremini, si sic eas sapienter intelligeretis, si sic eas utiliter exponeretis, etsi non laudarem, non mirarer: Non laudarem, quia extra sacrum Canonem vestrum quidquam vos pro authentico suscepisse, vel suscipere non approbo; non mirarer, si aliqua præter legem, præter prophetas, sive alios vobis antiquitus traditos divinos libros, ad quamlibet utilem instructionem, etiam fabuloso velamine tecta vos approbare viderem. At cum his omnibus careant fabulæ vestræ, cum nihil prorsus in eis utile lateat, sed totum stultum, totum impium, totum blasphemum appareat, non est in quo vobis parcere debeat stylus meus, quia nec parcit et ipse Deus. Superant enim Judaicæ fabulæ omnes fabulas sæculorum, quia quod a sæculis auditum non fuerat, hoc Talmuth Judaicarum fabularum sacer textus enarrat. Et, o stupenda Judaicæ gentis a Deo aversio! qui ea sub cultu divino, cui se deservire putant, de Creatore ejusque natura sentiunt, quæ nec ipsi idololatræ unquam credere vel fingere potuerunt. Completum est in vobis et de vobis, o perdita gens! quod Apostolus natura vester, doctrina noster, de talibus dicit: *Erit tempus cum sanam doctrinam non sustinebunt, sed ad sua desideria coacervabunt sibi magistros prurientes auribus. Et a veritate quidem auditum avertent, ad fabulas autem convertentur* (*II Tim.* III).

Ecce vere tempus illud, in quo hanc Apostoli sententiam completam cernimus. Ecce tempus, in quo sanam doctrinam vos non sustinere videmus. An dicetis vos sustinere sanam doctrinam, qui lege Dei et prophetis abjectis, peregrinas nænias cœlestibus verbis præfertis? Sed hoc facit pruritus aurium vestrarum, quo fastidientes usitata, inaudita amatis, et antiquorum pertæsi, novos vobis magistros coacervatis. Vere coacervastis, vere magnum acervum magistrorum fecistis, ita ut pene nullus videatur numerus veterum, ad comparationem magistrorum novorum. Sed quorum magistrorum? Non utique salutis, sed perditionis, non veritatis, sed falsitatis. Unde et sequitur Apostolus: *Et a veritate quidem auditum avertent, ad fabulas autem convertentur.* Nonne sic? Vere sic. A veritate, toto mundo teste, auditum avertistis, ad fabulas autem, ut dixeram, conversi estis. De quibus est et illa, quam tractandam præmiseram, : *Og* scilicet *regis Basan.* Quid enim magis fabulosum, mendosum, derisorium dici potest, quam quod solius pedis solam altitudinem triginta cubitorum fuisse et legitis et creditis? Hoc quomodo? Quia longitudinem corporis Moysi decem cubitorum, longitudinem quoque virgæ ejus decem cubitorum, ipsum Moysem, quando summitate virgæ gigantem in junctura cruris, ac pedis percussit, a terra decem cubitis saltu elevatum fuisse asseritis. Ea de causa decem cubiti corporis Moysi, decem cubiti virgæ Moysi, decem cubiti saltus Moysi, simul juncti triginta cubitos faciunt, excepta ea longitudine extensi brachii, quæ inter caput ejusdem, et inferiorem virgæ summitatem, quam manu tenebat, denotari potest. Hoc si verum est, secundum humani corporis usitatam mensuram, solum crus ejus a pede usque ad suræ principium, ut minus dicam, centum et quinquaginta cubitorum exstitit. Unde nec dubium est quod eadem sura, quæ crure longior est a genu usque ad femoris juncturam, juxta naturalem, ut dixi, corporis dimensionem, ad minus ducentorum cubitorum fuerit. Inde, si justa dimensio usque ad summitatem spinæ, quæ collo adhæret, procedat, plusquam ducentos et triginta invenies: et hoc præter colli et capitis magnitudinem, in quibus non minus octoginta reperies, qui simul juncti septingentos cubitos, decem minus, perficiunt.

Videtis igitur, Judæi, quod, juxta hanc non nostram, sed vestram dimensionem Og regis Basan statura, usque ad sexcentos nonaginta cubitos in longum processerit, juxta quam etiam latitudo ejusdem usque ad centum viginti pervenit. Quis ergo præter vos tale monstrum unquam invenire potuit? Quis, inquam, præter vos commentari potuit, hominem longum sexcentis nonaginta cubitis, et latum centum viginti cubitis? Contra quam vestram insaniam quia non est diu disputandum, sed ridendum, cum tam clara sit, ut nec cæcos lateat; illud unum tantum propono. Creditis Moysi? Novi quia creditis. Quandoquidem ergo Moysi creditis, quare tam absurdam rem contra verba Moysi credere potuistis? Scribit quippe ipse in libro Deuteronomii, quem librum, si Judæi estis, nescire non potestis. *Solus*, inquit, *Og rex Basan restiterat de stirpe gigantum. Monstratur lectus ejus ferreus, qui est in Rabbath filiorum Ammon, novem cubitos habens longitudinis, et quatuor latitudinis, ad mensuram cubiti virilis manus* (*Deut.* III). Solet autem semper lectus longitudine ac latitudine major esse jacente. Qui ergo lectum gigantis illius novem cubitis longum, et quatuor latum esse dixit, utique aliquid eum minus lecto in longitudine et latitudine habuisse ostendit. Patet ergo quod rex ille nec integris novem cubitis longus, nec integris quatuor cubitis latus exstiterit. Sed concedo quod nihil ei de longitudine novem cubitorum, neque de latitudine quatuor cubitorum defuerit. Nunquid longior, aut latior lecto proprio fuit? Credo quod hic lis Judaica conquiescit. Falsum est igitur, quod tantæ proceritatis hominem illum fuisse dixistis. Nec minus illud falsum est quod Moysen ipsum decem cubitis longum fuisse dixistis. Non enim velut pro monstro inusitato scripsisset, quod lectus Og gigantis novem cubitorum fuisset. Nam si ipse decem cubitorum fuit, qua ratione lectum hominis novem cubitorum mirari videtur? Magis enim jure mirari debere videretur, seipsum hominem decem cubitorum, quam lectum alterius hominis novem cubitorum. Verum, ne istud diutius quam oportet, protraham, sic finio. Si Moysi, lectum Og regis Basan novem tantum cubitos habuisse, dicenti creditis, credo quod non eum lecto suo majorem esse potuisse dicetis. Sed, ut jam dixi, novi vos in hac parte credere Moysi. Certum ergo vobis amodo esse debet, non sexcentorum octoginta, sed novem ad plus cubitorum sæpe nominati gigantis staturam fuisse. Et ut sequentia fabulæ attexam, quomodo potuit, licet majoris corporis, quam nostra sint, homo, tam insolitæ et invisæ magnitudinis molem capiti suo imponere, ut jactu ejus sexcenta et quatuor millia armatorum, et quingentos viros Judaici exercitus, exceptis innumeris mulieribus et parvulis, se prosternere posse putaret? Ad hoc enim explendum, ut aliquid ipse fabulis vestris simile dicam, aut Olympus ei in aera sublevandus, aut noster mons Jovis, licet quantum ad illum transmarinus, ejus capiti imponendus, vel Taurus Ciliciæ, vel aliquis montium Armeniæ, quæ ipsi magis proxima erat, esset sine dubio radicitus eruendus. Qui et si spem victoriæ in mole illa posuerat, frustra tantum exercitum contra Moysen et populum Dei pugnaturus produxerat. De quo exercitu ait ipse Moyses: *Occurrit eis Og rex Basan, cum omni populo suo, pugnaturus in Edrai* (*Num.* XXI). Sed ecce moles tanta, ecce tam maxima regio capiti imposita. Quid post? Quid dicit post optima Scriptura? *Upupa*, inquit, *avis minima, moli ipsi insedit et tandiu rostro suo eam contudit, donec foramine magno, juxta quantitatem capitis ejusdem regis facto, moles capu*: *transiliens, super ipsius regis humeros*

insedit. In rebus ineffabiliter mirandis, quid magis mirer, non invenio. Quid enim plus aut minus mirari debeo upupam avem parvulam, rostro minore tantam molem ad perforendum aggressam, tandiu eam tutudisse, donec foramen in ea gigantei capitis capax faceret, an hominis illius patientiam vel virtutem, qui tantam molem suo capiti insidentem, tandiu supportarit, donec avis modica brevi rostro, paulatim invalidis ictibus, tam enormis corporis, tam spissam duritiem penetraret? Et hoc adeo, donec juxta quantitatem regii capitis, facto foramine, moles jam super caput consistere non valens, naturali pondere lapsa, miseri hominis diffusioribus humeris, quos, quantum ad eorumdem, latitudinem angustiore foramine transire non poterat, ne infra laberetur, retenta est? Et quid sequitur? Quo facto, mole eadem super ejus humeros insidente, et regis capite supra molem eminente, ne eam ultra posset deponere, subito adaucti dentes longissimi prohibuerunt. Et lego quidem non Judaicam, sed paganam fabulam, quæ dentes draconis satos, et de his Thebæos populos, non inermes, sed armatos, cum galeis, loricis, clypeis, et ensibus, et omni militari armatura ornatos esse confinxit. Sed, ut supra dixi, in his et similibus pagani fabulas, non res gestas se scripsisse non dubitabant, nec eas veras esse, sed aliqua rerum jam gestarum eas significare credebant pariter et docebant. Nam, quod de draconis dentibus gentem jam dictam exoriam esse dixerunt, venenosi et furentis animantis similitudine, pertinacem et infractum in malitia populum intelligi voluerunt. Quod armatum ex terra processisse, bellicosum et in armis semper futurum esse signarunt. Si tale quid dentes gigantis vestri post lapsam super ejus humeros molem, o Judæi, signassent, sicut supra præmisi, ferendum utcunque esset. At, cum nil mysticum in divinis, cum nil significativum in rebus humanis, sicut nec aliæ fabulæ vestræ, hæc fabula, vel in cortice, vel in medulla contineat, quid dicam? Quid dicam videns hominem, quem vere somno profundæ stultitiæ sepulti somniastis, molem, imo regionem maximam super humeros ferentem, de capite supra eminente, immensæ magnitudinis plusquam apri more dentes protendentem, nec humeris infra prohibentibus, nec dentibus supra obviantibus, eam deponere valentem? Sed cur tanta juxta vos miracula tacuit Moyses? Cur tacuit tanta, qui licet multa et magna scripserit, tamen multa minora scripsit? Cur tacuit upupam parvam, fragili rostro sæpe fatam molem, tam spissam, tam duram penetrasse? Cur tacuit adauctos gigantis dentes? Cur tacuit quod cum solus aggressus fuerit, quod stupendo saltu a terra elevatus fuerit, et eum levi tactu virgæ ad terram dejecerit, prostraverit, exstinxerit? Mirum quod ille qui eamdem virgam coram Pharaone, virtute divina in draconem mutavit (*Exod.* VII), qui eadem aquas Ægyptias in sanguinem vertit (*Exod.* XIV), mare divisit, aquam de rupe produxerit (*Exod.* XVII), hoc tam insigne miraculum reticuit. Non hoc certe reticuit, quasi nolens scribere quod factum est; sed reticuit, sicut nolens scribere quod nunquam factum est. Non reticuit vitando scribere quod verum est, sed nolendo scribere quod falsum est. Et quid dico nolendo? imo quod nunquam fuerat, quod inauditum erat, scribere non valendo. Et quia per singula digne hoc exsecrari nulla lingua sufficit, festinet sermo ad similia. Audiant nostri, o Judæi, sacramenta vestra, penetrent profunda mysteria vestra, ut reveletur cunctis sapientia vestra. Audiant sequentia pretiosi libri Talmuth:

Fuit apud Judæos vir quidam, qui apud ipsos nuncupatur Jozah Ben Levi, quod nos dicimus Josue filius Levi, vir, ut aiunt, religiosus ac timens Deum, libro huic ab infantia sua, usque ad decrepitam ætatem vacans, ut sic mortem posset effugere. Quod, cum videret Dominus, volens animam ejus auferre, ut cum Judæis amicis Domini omni vita sua Talmuth studentibus congratularetur, angelo percutienti præcepit ut illuc iret, et illius animam auferret. Statim angelus gaudens jussioni Domini paret. Venit, ac supra tectum domus illius non longe ab eo stetit. Elevatis autem Josue oculis cum eum videret, quod pro anima illius venerit, statim cognovit. Et ait: Quid quæris? Pro anima, inquit, tua me misit Dominus. At ille ait: Frustra te misit Dominus, cum ego Talmuth revolvam, et legam. Sed conjuro te per librum istum, ut non potestatem habeas tollendi animam meam. Reversus autem angelus, nuntiavit hæc Domino. Revertere, inquit ad eum Dominus, et dic ut veniat, gaudeat, epuletur nobiscum; et sibi huc melius fore quam illuc cognoscat. Reversus angelus, quid Dominus præciperet, nuntiat. Nuntianti autem Josue respondit se nullomodo jussioni Domini parere, nisi sibi petitionem quam ab eo postulasset, concedere vellet sub fœdere. Quod cum Domino retulisset quod veteret, quamvis invitus, concessit. Angelus autem quod Dominus concessisset, cito nuntiat. Quod audiens Josue, dixit se claustra inferni et paradisi in vita sua velle invisere. Ascende, inquit angelus, super me, et ducam te quocunque volueris. Non ascendam, inquit Josue, neque vadam tecum, nisi mihi gladium dederis; timeo enim ne me in via interficias. Dedit autem statim gladium. Et cum ascendisset dixit: Quo vis ducam te? Respondit: Ad claustra inferni, ut postea delecter in visione paradisi. Quo deductus, plurimas vidit gentes, ex omni natione, quæ sub cœlo est, Christianos, Amorrhæos, Jebusæos, Hevæos, et Hethæos, et Pherezæos, Moabitas, Ammonitas, Arabes, ac Philisthæos. Reges quoque Pharaonem, Seon, Og, et omnes alios qui interfecti sunt a Josue, Jabim, et ducem ejus Sisara; Eglon, qui interfectus est ab Aioth; Nabuchodonosor, et Holophernem ducem ejus. Quorum damnationis causa cum ab eo sigillatim quæreretur, dixit Josue: Cur Christiani damnati sunt? Ait: tu nescis? respondit: Scio, sed a te audire desidero. Ait: Quia credunt in filium Mariæ, et non observant legem Moysi, et maxime, quia non credunt Talmuth. Causam damnationis cæterarum gentium, vel regum, longum est enarrare; sed tantum hæc est causa, quia non credunt Talmuth, vel quia oppugnaverant filios Israel. Erat autem Pharao prostratus jacens in inferno; caput subter [super] limen portæ inferni tenens, cujus portæ cardo fiebat ipsius oculus. Porta autem ad introitum animarum circumquaque vertebatur super oculum ipsius. Interrogavit vero Josue, cur tantam pateretur pœnam. Ad quem angelus: Quia afflixit filios Israel in terra Ægypti, et post afflictionem persecutus est usque ad mare. Visis omnibus tormentis, quæ in inferno fiebant: Duc, inquit, me ad paradisum. Fertur autem paradisus undique muro vallata. Ad quam cum eum deduxisset, tali loco posuit, ut vix videre paradisum posset. Duc me, inquit Josue, altius. Oculi enim mei obcæcati, et sensus hebetati sunt ex fumo inferni. Duxit eum superius aliquantulum. Ad quem Josue: Nisi me super murum posueris, ita ut loca delectabilia et animas sanctas videre valeam, scias quod non petitionem meam compleveris. Posuitque eum super murum. Qui intro prospiciens, plurimas vidit sanctorum animas, patriarcharum, prophetarum et aliorum, quorum facta Deo in vita sua placuerant. Quorum inter cæteros filiam Pharaonis excellentissimo throno residentem vidit. Interrogavit ergo Josue quo opere, quo servitio tantum præmium meruisset. Dixitque angelus: Eo quod Moysen a morte servavit, et nutrivit, et eum sapientia Ægyptiorum docuit (Exod. 11). Postea, cum plurimos vidisset alios, qui præ cæteris honorabantur, interrogavit quare tantam gloriam meruissent. Respondit quia isti sunt viri, qui ex corde suo invenerunt et composuerunt Talmuth, et successores eorum, qui studuerunt Talmuth. Dixitque angelus ut de muro descenderet. Respondit: Adhuc magis videre volo. Quod cum dixisset, per murum se infra cum gladio projecit. Clamavit autem angelus ad eum: Decepisti me. Respondit: Sis deceptus, an non, non curo. Dixit, ut quam citius exiret. Ille vero, cum juramento se non inde amodo exiturum respondit. Quem cum vidissent qui paradisum incolebant, mirati sunt hominem vestitum, vivum, sic paradisum introisse cum gladio. Quo cum sedem non reperisset, stetit, et ad filiam Pharaonis accessit. Surge, inquit, vade, ecce pater tuus ad portam est. Surrexit velociter, et ad portam properavit. Josue vero sedem illius statim arripuit. Cumque illa patrem suum non invenisset, reversa est, et Josue ait: Cur mihi mentitus es? Non inquit, mentitus sum; pater enim tuus ad portam inferni est. Cur, inquit, mihi locum meum subripuisti? Ait: Quia sicut mihi Dominus concessit, et meus amodo erit. Interea angelus, ad Deum reversus, quod acciderat nuntiavit. Dominus autem ut cito exiret præcepit. Et cum hoc ei angelus ex parte Dei imperasset, ait: Per ipsum Deum, et per sanctum Talmuth, quia hinc ulterius non exibo. Cumque hoc ejus juramentum angelus retulisset, revolvatur, inquit Deus, tota bibliotheca, et si unquam pejerasse repertus fuerit, oportet ut exeat. Sin autem, concedendum est ei ut maneat, vel propter ejus religionem, vel quia semper studuit Talmuth. Revoluta est bibliotheca, eumque mentitum fuisse vel pejerasse non est inventum. Unde Dominus, ut inde ulterius non exiret concessit. Accessit autem ad Josue angelus, et gladium ab eo quæsivit, quo homines, ubicunque eos invenisset, occidere consueverat. Responditque Josue non se illi gladium redditurum, nisi sibi jurasset ut sic homines non interficeret amodo. Reversus angelus ad Dominum, quid Josue diceret, nuntiavit. At Dominus ejus petitionem fieri, et si invitus voluit. Reddiditque Josue angelo tali conditione gladium.

Longa fabula lecta est, et quæ vel per oculos legentium, vel per aures audientium, eorum ora risu, eorum corda subsannatione replere potuit. Quis enim risum continere, quis subsannationem reprimere potest, audiens ab hominibus, quæ nec ab ipsis audire posset dæmonibus? Cui enim unquam mortalium, quod in hac vita posset non mori, aliquis persuasit, vel persuadere conatus est? Cui dixit: Lege aliquid, dic aliquid, fac aliquid, et non morieris? Hæc vos, o Judæi, hominibus conamini persuadere, et supra nominata nefanda scriptura, jam vestris persuasistis? Affirmatis enim nullum morti posse subjici, qui litteram libri Talmuth meditetur, aut legat. De quorum numero istum, de quo fabula texitur, creditis fuisse. Josue scilicet filium Levi. Sed quid ego totam fabulam per singula persequens, lectori forte prolixitate superflua tædium importarem? Non igitur cuncta prosequar, sed aliqua ex hac spinosa congerie decerpens, in æternam flammam cum suis auctoribus merito concremanda projiciam. Unde principium hujus fabulæ intermittendum censeo, quia quod hic de hoc Josue filio Levi legitur, idem pene de rabbi Nehemia, in hujus quinti contra vos, o Judæi, capituli fabula prima narratur. Non est igitur responsio iteranda, quæ contra similes nugas fortassis ad unguem superius est descripta. Nam quod uterque ne moreretur, lectione Talmuth Deo ejusque angelo restiterit, similis fabula est. In hoc tamen dissimilis, quod ad illum occidendum Deus fraude prævaluit, hunc autem velut astutiorem, multis licet exquisitis dolis, decipere non potuit. Illum, ut supra scriptum est, terrore aerii turbinis a lectione Talmuth semovit, sicque in illo intervallo ejus animam rapuit. Istum in lectione pertinacem, et contra divinas et angelicas insidias circumspectum, cum nihil ei assidue Talmuth legenti facere posset, vivere invitus permisit. Unde ille velut securus angelo percutienti, atque dicenti: *Pro anima tua tollenda misit me Dominus,* respondit: *Frustra te misit Dominus cum ego Talmuth revolvam et legam.* Unde conjuro te per librum istum, ut non habeas potestatem tollendi animam meam. Et quamvis Deus per eumdem angelum remandaverit, ut veniret, gauderet, epularetur cum eo, quia melius esset ei apud ipsum, quam in mundo; non potuit tamen falli homo sapiens, nec fraudibus divinis in aliquo cessit. Sciens autem *Deum avidum mortis suæ,* timensque ne quandoque et ipsum quolibet ingenio, sicut Nehemiam fefellerat, falleret astutissime Deo invito, dolosque non præcavente, paradisi sibi habitationem providit. Exorta namque a Deo conditione tali, quod nullo modo ei in moriendo pareret, nisi sibi petitionem, quam ab eo postulare vellet, concederet, dixit se claustra inferni et paradisi antequam moreretur velle invisere. Hoc quale sit, qualiter infinitam Dei sapientiam humanis dolis evincere potuerit, videant lectores. Nam ego nihil inde agam. Frustra enim et superfluo hoc facere, ut puto, viderer, si Deum Josue potentiorem, si sapientiorem, si meliorem ostendere laborarem. Nam non æstimo adeo inertes esse, et stultos lectores, qui de his sermonem meum exigant, qui me talibus næniis respondere debuisse dicant. Sed accedo ad id quod sequitur:

Ascende, inquit angelus, super me, et ducam te quocunque volueris. Non ascendam, inquit Josue, neque vadam tecum, nisi mihi gladium quem portas dederis. Timeo enim ne me in via interficias, Dedit autem statim gladium. Et cum ascendisset ille super angelum, dixit angelus: Quo vis ducam te? Qui ait: Ad claustra inferni, ut postea delecter in visione paradisi. Et de istis quid dicam? ubi sunt humeri, ubi dorsum, ubi corpus angelicum, super quod homo ille ascendit: quo, veluti jumento ad inferni horrenda, et paradisi amœna videnda subvectus est? Ubi sunt et ipsæ angelicæ alæ, sine quibus, quia nunquam eos pictos cernitis, idcirco his eos nunquam carere putatis? Nunquid hi, qui ab omni elementorum natura, quantum ad propriam essentiam attinet, sejuncti sunt, qui omni corporum complexione et forma carent, corpora corporibus terrenorum animalium similia, vel partes corporum habere credendi sunt? Non utique hoc credent homines, etiam si hoc putaverint bestiæ. Sed, etsi angelus paratus obedire Deo, corpus quale eum habere putatis, o Judæi, aptare voluit ad Josue subvehendum, non tamen ille incautus exstitit ad ascendendum. Noluit plane super angelum ascendere, nisi gladium, quem ferebat, redderet: ne eum in via forte interficeret. Cautissimus nimium, ut dixi, homo, et ad cavendos dolos angelicos sagacissimus, qui metuens ne forte contra pactum, quod cum eo Deus fecerat, aliquid insidiarum per suum angelum adversus eum moliretur, non ei se credidit, donec gladium ab eo suscepit. Quo accepto, velut securus, quod jam ab eo non posset interfici, super nobili, plusquam hominem deceat, jumentum ascendit. Hæc si ita se possint habere, dicant legentes, judicent audientes. Sed procedo: *Angelico vehiculo ductus est ad inferna, ductus est ad cernenda paradisi amœna. Et quid post hæc? Quo, id est prius ad infernum deductus, plurimas vidit gentes ex omni natione, quæ sub cælo est, Christianos, Amorrhæos, Jebusæos, Hevæos, Hethæos, et Pherczæos, Moabitas, Ammonitas, Arabes, et Philisthæos. Reges quoque Pharaonem, Seon, Og, et* omnes alios qui interfecti sunt a Josue. Jabin et ducem ejus Sisara; Eglon qui interfectus est ab Aioth; Nabuchodonosor, et Holofernem ducem ejus. Sed hic vos, o Judæi, interrogo, qui hos reges et has gentes illi olim terræ vestræ inimicas et contiguas in inferno vidit, Gallos, Iberos, Afros, Germanos, Dacos, Noricos, Scythas, et ut nec orientales prætereamus, Persas, Indos, et reliquas orbis gentes cur prætermisit? Nunquid eorum ingentem multitudinem in inferno non conspexit? Nonne de talibus Ezechiel propheta vester dixit : *Ibi Elam, ibi Assur, et omnis multitudo ejus, in circuitu illius sepulcra ejus* (*Ezech.* xxxii), et multa similia? Sed forte non habuit tam perspicacem oculum, ut propheta, ut posset cuncta corporalibus oculis cernere, quæ vidit spirituali intellectu propheta. A qua opinione nec ego dissentio. Sed qui potuit multos externos ibi videre, cur non potuit et multos domesticos ibidem agnoscere? Qui Christianos, quos imprimis nominat, illic conspexit, quare Dathan et Abiron, rebellem Core, et omnem congregationem ejus, quos terra absorbuit, ducentos viros, quos ignis cœlestis in deserto exussit, innumera millia Judæorum, quos diverso tempore vel pro idololatria vel pro diversis criminibus ira superna consumpsit : hos, inquam, omnes gentis suæ homines, vel saltem aliquos horum, summus ille paradisi atque inferni scrutator cur in inferno non recognovit? Et certe illi absque aliqua quæstione in inferno erant, de quibus Scriptura sacra in libro Numeri loquitur : *Et descenderunt viventes in inferno operti humo* (*Num.* xvi). Quid plane causæ fuit, quod proprios indigenas ibi videre non potuit, et Christianos alienigenas tam clare cognovit? Sed cur, o Judæi, a vestris doctoribus confictum sit, non indiget expositore. Sed prætereunda causa tantæ damnationis non est : *Cur, inquit Josue ad angelum, Christiani damnati sunt? Ait angelus : Quia credunt in filium Mariæ, et non observant legem Moysi et maxime quia non credunt Talmuth.* Possem et ego ab aliquo interrogatus, cur Judæi omnes a temporibus Christi nostri, exceptis illis, qui in eum crediderunt, in inferno sint veracius respondere : Quia non credunt in filium Mariæ, et non servant ejus Evangelium, et maxime quia assidue blasphemant ipsum. Nec mihi multus labor esset dicere vera dicenti; nec tibi, Judæe, multus labor est ea dicere falsa fingenti. Facile dico ergo istud, facile dicis et tu illud. Sed cujus nostrum sententia verior sit, hic non ago, quia superius egi. Egi hoc in præcedentibus quatuor capitulis, quibus Christum nostrum, et Dei Filium, et Deum, et regem non temporalem, sed æternum, et non, ut putatis, venturum, sed jam venisse auctoritatibus innumeris et rationibus probavi. Ea si, ut a me expressa sunt, vera sunt, imo quia sunt, falsum est quod dixistis, Josue vestrum vidisse Christianos in inferno, quia credunt in filium Mariæ, et non observant legem Moysi, et quia non credunt Talmuth. Procedo ad sequentia visionis :

Erat autem Pharao prostratus, jacens in inferno, caput subtus limen portæ inferni tenens, cujus portæ cardo fiebat ipsius oculus. Portæ autem ad introitum animarum circumquaque vertebantur super oculum ipsius. Et, o miseri homines! nam, quia mira semper audio, exclamare, vel declamare sæpe compellor : miseri, inquam, homines, nihil ne unquam, nisi bestiale sentietis? Nihil unquam, nisi quæ in terris didicistis, apud superos vel inferos esse posse credetis? Cur non capitis, quia sicut longe distat a corporibus natura spirituum, sic et longe refert a statu corporalium, esse spiritualium rerum? Neque enim talis ibi lux qualis hic; tales ibi tenebræ quales hic; talis ibi requies qualis hic; tales ibi pœnæ quales hic; tales ibi domus, tales ibi portæ quales hic; et prorsus cuncta, excepta substantiarum veritate, alterius generis, alterius qualitatis quam hic. Et ut reliqua taceam, quæ ad præsens negotium non spectant, sicut alius est carcer ille infernalis quam iste, ita et longe aliud quam iste. Nam carcer humanus, aut ex lapidibus construitur, aut ex lignis, aut ex qualibet terrena materia. Fiunt in eo portæ firmissimæ, ut aditus pateat intrandi, et clausis facultas non pateat exeundi. Nunquid hoc de infernali carcere Deus timet, ne forte aliquis clausorum absque ejus voluntate exeat, ut hæc cautela aditum ejus portis obstruxerit? An animæ, an angeli, vel boni vel mali, illius essentiæ sunt, ut per corpora non nisi remotis corporibus transire non possint? An nisi porta illa, de qua agitis, infernalis aperiatur, non potest animabus vel dæmonibus liber ad illa loca esse introitus vel exitus? Vere pauperrimi intellectu, qui ratione consulta advertere non potestis, quod valde alterius qualitatis sint incorporea quam corporea, quod nihil corporale spiritibus obstare possit : quod etiam quando undique clausis ostiis, in domo jacemus, per ostiorum, fenestrarum, ipsorumque murorum corpora, spiritibus sicut per ipsum aera, iter ad nos pervium sit. Hoc cum verum sit, cum nihil corporeum obstare spiritibus possit, cum de Deo dicatur : *Non est qui de manu ejus possit eruere* (*Job* x), removeatur ab introitu inferni vestra non necessaria porta, surgat et Pharao de sub limine, et qui per tot sæcula, tam gravis portæ cardinem, tormento tam horribili, oculo solo sustinuit, nostra misericordia liberetur. Sed audiamus causam tanti tormenti:

Quia, inquit angelus, afflixit filios Israel in terra Ægypti, et post afflictionem persecutus est eos usque ad mare. Exhinc parum videmini scrutati esse scripturam illam ; nam non solus ille Pharao, qui in mari periit, afflixit filios Israel in terra Ægypti; nam et alter Pharao eosdem ante afflixerat, de quo ait verax illa Scriptura : *Post multum temporis, mortuus est rex Ægypti. Et ingemiscentes filii Israel propter opera vociferati sunt* (*Exod* ii). Sed forte in hoc distinguitis istum ab illo, quia dixit angelus, *ei persecutus est eos usque ad mare.* Verum nunc tandem exeamus de inferno vestro, et veniamus ad paradisum nostrum. *Fertur*, inquit Talmuth, *paradisus undique muro vallata*. Et bene videndum est enim incolis paradisi, ne sicut gens super gentem, et regnum contra regnum sæpe consurgere solet, gens aliqua adversus ipsam forte consurgat. Quod si contigerit, armis primo longe, deinde si adeo prævalere potuerit, ne usque ad ipsum paradisum accedat, muro repellenda est. Removeatur ergo cherubin et flammeus gladius, quem ad custodiam paradisi, ejecto Adam posuerat Deus (*Gen.* iii). Quid enim ibi faciat cum ad muniendum paradisum murus ille sufficiat? Qui si forte etiam cum muro necessarius est, maneat; et saltem muri adjutorio sanctos paradisi incolas hostili metu liberet. Et nos quidem Christi morte eum remotum credimus, et flammeum gladium jam sanguine ipsius exstinctum. Sed quid inde? Revertatur ad custodiam, ut ejus circuitu sancti illic quiescentes securiores reddantur. Succedat jam fraus extollenda, et hominem invito Deo paradisum incolentem totus mundus admiretur. *Bajulus hominis angelus, coactus ex pacto, quod ille cum Deo fecerat, eum ad paradisum deduxit; et primo longius, deinde propius, tandem super ipsum paradisi murum, dolos callidi hominis præcavere nescius deposuit. Cumque multas quæstiones de his qui paradisum incolebant quosque jam proximus videbat, super murum constitutus angelo faceret, illeque ei de singulis congrue responderet, angelum verbis mutuis a mente sua avocatum fefellit, seque illo ejus custodiam negligente, cum gladio mortis, quem ei angelus crediderat, subito de muro paradisi in paradisum dejecit.* O stultum angelum! o sapientem hominem! Angeli in sapientia superare homines solebant; nunc homines angelos superant. Cur homini, quem semel ac bis dolosum esse expertus fuerat, rursum credidit? cur ne se deciperet, ne de se risum populis præberet, stultissimus omnium angelorum angelus non præcavit? Ecce toties deceptus angelus, ecce toties deludens angelum homo. *Doluit tandem angelus vix ad cor reversus sese delusum, et homini jam paradisum eo invito possidenti, non levi voce, sed sicut valde commotus solet, vociferans dixit: Decepisti me. A quo congruum audivit responsum : Sis deceptus, an non, non curo. At angelus præcipiendo subjunxit, ut quam citius exiret. Juravit ille, seque per idem juramentum inde deinceps non exiturum respondit. Quem cum vidissent qui paradisum incolebant, mirati sunt hominem vestitum, vivum, sic paradisum introisse cum gladio.* Et quid dicam? Dicat quisque quod potest. Ego jam me nil dignum de his dicere posse profiteor. Lego quidem in Evangelio Christiano, cui vos, o miseri, non creditis, quod *regnum cœlorum vim patitur, et violenti rapiunt illud* (*Matth.* xi). Sed nunquid armis? Nunquid fraudibus? Nunquid mendaciis? Non. Quomodo ergo? Pœnitentia, humilitate, continentia, veritate. A quibus virtutibus longe iste alienus, tamen in paradisum labitur, paradisum possidet, paradisum retinet. Hoc, quomodo? Volente Deo? imo nolente, imo contradicente. Sed forte assentiente angelo, imo dolente, imo reclamante, imo ne fieret quantis poterat vocibus prohibente. Talis ergo homo, invito Deo, invitis angelis, invitis hominibus, paradisum possidet. Hoc quale sit, dicant alii. Nam ego ad reliqua propero. Hoc tamen unum dico, mirum non esse, si coloni paradisi hominem vestitum, vivum, gladiumque tenentem, paradisum introisse mirati sunt. Ex quo enim Adam inde ejectus est, nullum in carne viventem, nullum nec ipsum antequam ejiceretur Adam, vestitum humanis vestibus, nullum cum gladio incolam ejus esse posse didicerant. Sed sequantur alia:

Homo sic paradisum occupans, cum sedem ibi, ait Talmuth, *non reperisset, stetit, et ad filiam Pharaonis accessit. Quæ sedem excelsam in paradiso meruerat, quia Moysen a morte servaverat, quia nutrierat, quia omni sapientia Ægyptiorum doceri fecerat. Ad hanc ille accessit, et dixit: Surge, vade; ecce pater tuus ad portam est. Surrexit velociter illa, et ad portam properavit. Josue vero sedem illius statim arripuit. Cumque illa patrem suum non invenisset, reversa est, et Josue ait: Cur mihi mentitus es? Non, inquit, mentitus sum, quia pater tuus ad portam inferni est. Cur mihi, inquit, locum meum subripuisti? Ait: Quia sic mihi Dominus concessit et meus amodo erit.* Hunc dolum quis dolebit? Non ego certe dolebo. Doleat si vult filia Pharaonis. Doleat se fuisse tam stultam, tam improvidam, ut cum doceri fecerit Moysen omni sapientia Ægyptiorum, ipsa tamen ab inferioris sapientiæ homine quam fuerit Moyses, si tamen hoc vos, o Judæi, conceditis, se tam facile deludi permist, et sedem suam, quæ in paradiso sibi data fuerat, tam levi persuasione amisit. Prosequor quæ sequuntur : *Interea angelus ad Dominum reversus, quid acciderat nuntiavit. Dominus autem ut cito exiret, præcepit. Ad quem angelus: Per temetipsum et Talmuth se non inde exiturum juravit. Revolvatur*, inquit Dominus [vitæ illius], *bibliotheca. Quod si unquam vel perjurium vel mendacium incurrit, exire eum oportet. Sin autem, concedendum est ei ut maneat, vel propter ipsius religionem, vel quia semper studuit Talmuth. Revoluta est bibliotheca, et eum mentitum fuisse vel pejerasse non est inventum. Unde Dominus ut inde ulterius non exiret concessit.* Quia tam frequenter ironicæ locutionis modum itero, forte aliqui lectorum, qui in talibus docti sunt, admirabuntur. Mirabuntur etiam fortassis, quia non omnibus nugis istis per singula velut ex ratione respondeo. Et quid aliud agere possum? Quid aliud facere debeo? Respondi quibusdam superioribus fabulis, et eas partim auctoritate, partim ratione confutavi. Hoc autem idcirco, ne si semper hoc modo, quo nunc frequenter utor, uterer, aliquis simplicium lectorum me nihil aliud in his contra Judæos habere quid dicerem, æstimaret. Nam, nisi hæc ratio coegisset, nunquam auctoritatem aliquam contra eos in hac disputatione produxissem.

Ostendissem tantummodo quo dixi eis respondendo non esse eos dignos rationabili responsione, sed sola et summa præ cunctis fabulosis hominibus derisione. Hæc est ratio, qua frequentius quam usitatum est, non velut ex ratione, sed quia hoc præ cunctis mortalibus meruere, ironice eis respondeo.

De illo autem genere fabularum, quibus sic respondendum videtur, et ista est, quæ præ manibus est. Quid enim aliud quam risus et derisio hanc fabulam decet, quæ dicit stultum angelum a sapiente homine delusum, postquam se deceptum vidit, cum homo ille jam invito Deo paradisum possideret, ad Deum reversum, nuntiasse quid accidisset? Nescius plane rerum gestarum Deus ignorabat quid accidisset. Necessarium ergo fuit ut angelus ab ipso missus, ad ipsum reverteretur, ut quod acciderat nuntiaret. Nam forte tunc Deus oblitus erat sapientiæ suæ, qua novit omnia etiam antequam fiant. Quod si antequam fiant, nonne et quando fiunt? Perierat et illa sapientia, de qua scriptum est: *Omnia in sapientia fecisti* (Psal. CIII). Perierat et eadem, de qua dictum est: *Sapientiam Dei comprehendentem omnia quis investigabit? Arenam maris, et pluviæ guttas, et dies sæculi quis dinumerat?* (Eccli. I.) Nunquid dolos ejus qui paradisum suum dolose furatus fuerat, ignorare poterat? Ad quid ergo angelus ei quod jam gestum fuerat nuntiavit? Sed quia audivimus quomodo desipiat Dei sapientia, videamus et quomodo langueat potentia. *Dominus autem*, inquit, *ut cito exiret, præcepit*. Fraude, ait, ubique te delusit. Fraude omnia quæ locutus est dixit, fraude se in paradisum meum dejecit. Sed nihil ei prosit quod fecit, nihil apud nos fraude lucretur, exeat, recedat, paradisum nostrum nobis homo dolosus dimittat. Ad quem angelus. *Per temetipsum*, inquit, *et Talmuth se non inde exiturum juravit*. Hoc est. Quid est, Domine, quod loqueris? Præcipis ut de paradiso homo ille egrediatur. Sed hoc impossibile est. Impossibile est ut verbum tuum ejus verbo prævaleat, ut sententia ejus tuo imperio commutetur. Homo tantæ virtutis est, ut ei te cedere oporteat; tantæ veritatis, ut ejus veritas tuæ veritati jure prævaleat. Nam per temetipsum et Talmuth se non inde exiturum juravit. Necesse est ergo ut quia per temetipsum juravit, contra temetipsum facias, et verbo tuo sermonem ejus præponas. Adhuc amplius: Nam juravit et per Talmuth. Si temetipsum despicis, Talmuth tibi servandus est. Si contemnis quod juravit per temetipsum, non potes contemnere quod juravit per Talmuth. Major est enim Talmuth quam tu. In tantum enim major est Talmuth quam tu, ut etiam si præcipias mori homines, Talmuth resistat; si mittas angelos tuos ad rapiendas hominum animas, Talmuth resistat; si accersitur aliquis a te per quoslibet nuntios, Talmuth resistat, neque eum venire permittat. Istis de causis major est Talmuth quam tu. Unde huic frustra præcipis ut de paradiso exeat, cui Talmuth præcipit ut non recedat. Verum est, ut ait Dominus angelo, quod dicis. Non potest homo ille exire de paradiso, etiam me præcipiente, nisi Talmuth permittat, nisi et post jussionem meam eum exire concedat.

Sed, quoniam aliud consilium non est, *revolvatur vitæ illius bibliotheca. In qua si inventum fuerit quod unquam pejeraverit, vel mentitus fuerit, exire eum de paradiso oportebit*. Sin autem, concedendum est ei ut maneat, vel propter ipsius religionem, vel quia semper studuit Talmuth. His respondebo. Dignus est, ut supra dixi, Judæus, tam pessimus hostis Dei et meus, mea responsione? Dixit ille prius infatuatam Dei sapientiam, dicit nunc enervatam Dei potentiam. Quid est ergo quod dicit Scriptura sancta: *Dominabitur a mari usque ad mare, et a flumine usque ad terminos orbis terræ?* (Psal. LXXI.) Sed forte a mari usque ad mare, hoc est, in hac terra nostra dominatur potestas ejus; sed non pervenit usque ad nobis incognitum paradisum ejus. Verum, si inde quæstio oritur, inde solvi potest, si paradisus in terra esse probatur. Sed in terra esse probatur, dicente Scriptura: *Plantavit Dominus Deus paradisum voluptatis a principio* (Gen. II). Et apertius deinde, quod in terra, imo terra fuerit: *Produxit Deus de humo*, inquit, *omne lignum pulchrum visu et ad vescendum suave, lignum etiam vitæ in medio paradisi* (ibid.). Quod si de humo ligna illa produxit, utique de terra produxit. Nam humus, licet aliud nomen habeat, non nisi terra est. Terra autem de qua producta sunt ligna illa, paradisus est. Igitur paradisus et terra, et in terra est. De terra vero Psalmus dicit: *Omnia quæcunque voluit Dominus fecit in cœlo et in terra* (Psal. CXXXIV). Si ergo paradisus est terra, et Deus facit omnem voluntatem suam in cœlo et in terra, utique et in paradiso facit voluntatem suam, quia est terra. Falsum est ergo quod Judæus dicit hominem illum non obedisse voluntati et præcepto Dei, volentis et præcipientis ut de paradiso exiret. Falsum est quod nominis divini interpositione et libri Talmuth additamento se, ne egredi compelleretur, defendisset. Sed forte verum est quod sequitur, Deum præcepisse ut bibliotheca vitæ illius revolveretur, ut, si in ea nunquam perjurium, aut mendacium incurrisset, diligens lector perscrutaretur. Si pejerasse vel mentitus fuisse ex scriptura illa convinceretur, de paradiso expelleretur. Sin autem, maneret, nec ab aliquo deinceps se de paradiso expelli posse metueret. Revoluta est bibliotheca, eumque a perjurio et mendacio excusavit. Eo merito, paradisi colonus Deo concedente remansit. Non poterat Deus rerum gestarum recordari absque libro, nec fugax ejus memoria absque suffragio biblorum vel pellium revocari. Ideo processit edictum ut vitæ hominis illius bibliotheca revolveretur. Sed, si in gestis hominis unius Dei memoria languit, quomodo in gestis cunctorum mortalium retinendis vigere poterit? Quæ pelles sufficient? Quæ sæcula non deficient? Et scio quidem, et hoc ex libro Judaico habeo Salomonem dixisse: *Cuncta quæ fiunt* adducet Deus in judicium pro omni errato, sive bonum, sive malum sit *(Eccle.* xi). Sed nunquid ex libris? Nunquid cuncta illa hominum facta in libris releget, aut ex libris proferet? Itane periit, vel peribit Dei memoria? Et quis est qui in quodam libro vestro per quemdam sapientem loquitur: *Memoria mea in generationes sæculorum? (Eccli.* xxiv.) Nonne Deus? utique Deus. Nec innumeras, et similes revolvo sententias, æternæ Dei memoriæ testimonium dantes, quia hæc sola, etsi non Judæo, cui nihil sufficit, tamen omni homini præter Judæum sufficit.

Quid de reliquis sequentibus? Revoluta est bibliotheca, et quia relectum est, eum nec pejerasse, nec mentitum fuisse, homini adhuc in carne mortali viventi ne ultra moreretur, indultum est, et ne unquam deinceps de paradiso egredi compelleretur, concessum est. Magnum meritum hominis, universis absque dubio vestris patriarchis et prophetis præferendi, cui hoc datum est, quod non potuit mereri David; de quo in Melachim vestro scriptum est: *Dormivit David cum patribus suis (III Reg.* ii), quod non potuit mereri Moyses de quo in Deuteronomio dictum est; *Mortuus est Moyses servus Domini, et sepelivit eum Dominus (Deut.* xxxiv), quod non potuit mereri ipse Abraham, de quo Genesis: *Mortuus est Abraham senex, et plenus dierum (Gen.* xxxv). Non hoc senserunt antiqui Judæi, neque ipsi impietatis vestræ præseminatores. Nam dicente Salvatore nostro Judæis patribus vestris: *Amen, amen, dico vobis, si quis sermonem meum servaverit, mortem non videbit in æternum (Joan.* viii), longe tamen alio quam illorum vel vestro intellectu responderunt: *Nunc cognovimus quia dæmonium habes. Abraham mortuus est et prophetæ, et tu dicis: Si quis sermonem meum servaverit, mortem non videbit in æternum? Nunquid tu major es patre nostro Abraham, qui mortuus est? Et prophetæ mortui sunt (ibid.).* In tantum certe homines illi, licet impii, exsecrati sunt hunc intellectum vestrum, quo dicitis hominem illum fraudibus a Deo extorsisse, ne moreretur, fraudibus extorsisse, ut, etiam invito Deo, ipsi in carne mortali viventi habitatio in paradiso perpetua concederetur. Pœniteat ergo vos, quod tamen frustra dico, hoc credidisse, hoc dixisse, cum audiatis, videatis, patres vestros Deo et Redemptori nostro, in re, quam ille tamen aliter sentiebat, tam aspera respondisse. His licet valde mirandis præmissis, plus adhuc miranda succedunt. Homo ille, tali jam fraude Deo, ut jam dictum est, invito, paradisum possidens, quia magna sibi bene processerant, majora molitur. Non suffecit ei nobiliore se vehiculo, quam Elias in cœlum raptus fuerat *(IV Reg.* ii), in paradisum subvectum esse, cum ille curru igneo in cœlum, hic cœlesti angelo in paradisum delatus sit, non suffecit quod, Deo victo, ejus paradisum victor incoleret; non suffecit quod hoc privilegium meruerat, ut solus inter mortales mortem effugere

potuerit. Illectus optimo rerum gestarum successu, etiam alios omnes immortales facere conatur. Nam, repetente angelo quem commendaverat gladium, quo homines ubicunque eos invenisset, ut ait urbana scriptura illa, sive in via, sive in macello, occidere consueverat, respondit. Quid? *Respondit plane Josue se gladium ei non redditurum, nisi ei juraret quod homines ea ulterius non occideret.* Pius vere homo, et mortalibus assidue morientibus compatiens, eisque ne ultra mori possent, benigne prospiciens. Adcirco gladium mortis instrumentum reddere noluit, nec angelo mortis humanæ avido in repetitione illicita cessit. Delusus toties angelus ad Deum rediit, quid respondisset Josue, nuntiavit.

At Dominus ejus petitionem fieri, etsi invitus, concessit. Reddiditque Josue tali conditione angelo gladium. Hic inter multa quæ quærenda sunt, hoc unum requiro. Cum angelus adeo stultus fuerit, ut dolum hominis callide gladium mortis ab eo extorquentis cavere non potuerit, cur ab eo illum ultra repetiit? Nunquid gladio illo jam ita perdito, alterum fabricare non poterat? Nunquid divina potentia adeo eget, ut si aliquid stultitia fatui nuntii perditum fuerit, nihil ultra simile recuperari possit? quæ necessitas compulit, ut a doloso homine fraude sublatum gladium emendicaret, cum multos, ut puto, gladios fabricare potuisset? Nunquid uno semper et ferreo gladio, boni vel mali angeli, præcepto divino hominum occisores, semper uti consueverunt? Lego angelum tot Ægyptiorum primogenita una nocte percutientem, ut in tota et maxima Ægypto, non esset domus, ubi non esset mortuus *(Exod.* xi.) Lego et de exercitu regis Assyriorum centum octoginta millia, sed brevi spatio, vel momento, jussu divino esse extincta *(IV Reg.* xix). Lego, et quædam alia istis similia. Nunquid hi omnes, uno tantum et solo Dei gladio interfecti sunt? Et quid facerent illi angeli, qui tunc tanta hominum millia peremerunt, si jam gladium occisorium perdidissent? Unde vel quo instrumento perimere tot populos, gladio perdito, potuissent? Satis bene præcautum est eis, ne prius Josue divini gladii præreptor nasceretur, quam omnes præscripti eodem gladio perimerentur. Nam, si ante præreptus esset, implere Dei imperium angelus mortis minister, gladio sublato, non posset. Quo tamen gladio a temporibus Josue, postmodum tam innumera hominum millia jussu Dei perempta sunt? Quo, inquam, gladio, priore perdito cæsa sunt? Hic respondete, Judæi. Hic arctant vos, sed non nunc primum, a quibus nunquam eruendi estis, angustiæ. Aut reddite Deo gladium, quem male Josue vester subripuit, ut homines pro velle suo more solito occidere possit; aut si hoc non facitis, de mortalibus immortales facito, et ne ultra mortem timeant universos monete. Sed, ne forte nobis mirum, vel falsum videatur, hominem tali, ut dictum est, modo immortalem factum, paradisum incolere, vultis consolari nos, et ad credendum nobili et veraci exemplo provocare. Dicitis credi debere quod sic Josue paradisum obtineat, cum Eliezer quoque servus Abraham, similiter morti subtractus, etiam coelum, quod majus est, possideat. Hoc qualiter contigerit, sic libro sæpe nominato docente narratis :

Post meridiem Isaac ad meditandum egressus in campum obvium habuit servum Eliezer, de Mesopotamia, quo eum Abraham miserat, cum Rebecca reversum. Cumque interrogasset Rebecca servum, quis esset cui obviaverat, hic est, inquit, dominus meus Isaac. Quo audito Rebecca, juxta veracem Scripturam nostram operuit se linteo, ac *de camelo celerrime descendit* (Gen. XXIV) ; juxta falsam vero vestram in descensu illo signa virginitatis amisit. *Ventum est ad copulam. Non agnitis vir signis virginitatis in conjuge, aggressus est culpare servum quod uxorem suam, ut proditor corruperit. Hoc illo cum juramento negante, ait Isaac : Utinam sic coeli visione fruereris, prout verum est quod fateris ! Hoc ut dixit Isaac, statim Eliezer in coelum sublatus est.* Quis ergo ultra audebit negare verum esse quod de Josue dicitis, quando tantum quid de servo Abrahæ profertis ? Quia absque dubio constat quod Eliezer immortalis coelum obtineat, quis vobis obviare, o Judæi, audebit, quod Josue vester paradisum incolat ? Absque aliqua prorsus deinceps quæstione credatur, quod tam valido et indissolubili exemplo probatur. Credatur et illud quod creditis, collectis jam ab universis mundi partibus, et in vestra vestræ repromissionis terra, congregatis a vestro Messia Judæis, impleri illud, quod olim Abrahæ Deus promiserat : *Multiplicabo semen tuum sicut stellas coeli, et velut arenam, quæ est in littore maris* (Gen. XXII). Hoc autem, ita ut unaquæque mulier unoquoque die unum filium pariat, et sic per unius tantum anni spatium trecentos sexaginta et sex filios generet. Magna fecunditas, et cita multiplicatio seminis Abrahæ. Non tamen tanta, etsi omnis mulier a prima Eva usque ad ultimam, quæ in fine mundi futura est, omni sæculi hujus die unum infantem pareret, quanta est vel stellarum coeli, vel arenæ maris. Infelices vere mulieres, quæ, si maledictio divina in feminas prolata permanserit, sicut quotidie parient, sic acerrimo illo parientium dolore quotidie torquebuntur. Puto quia mallent nunquam concipere, quam cum tam acribus ac frequentibus doloribus parturire, vel parere. Quid tamen fiet de capitulo illo legis, quo præcipitur ut mulier masculum pariens quadraginta, feminam octoginta diebus a copula viri abstineat ? (*Levit.* XII.) Sed transeo. Talibus enim non semper immorandum est. Nec illud tamen ex toto præterire decrevi, in quo sapienter et caute Scripturas sanctas vobis interpretari datum est. Volo enim a vobis audire, quomodo illum psalmi vestri versum exponatis, quo dicitur : *Ascendisti in altum, cepisti captivitatem, dedisti dona hominibus* (*Psal.* LXVII).

Ascendisti in altum. Quis ascendit ? Moyses, ut dicitis. Ascendit in coelum ex jussione Dei. Videntes eum angeli, voluerunt interficere. Moyses tremefactus clamavit ad Dominum. Quod audiens Dominus, comminatus est angelis. Ut quid, ait Dominus, servum meum vultis occidere ? Seditionem contra me facitis. Erubuerunt angeli, et dixerunt : Non seditionem facimus, sed dolemus quod homo terrenus et pollutus coelum ascendit. Non, inquit Dominus, immundus et pollutus est, quia antequam coelum ascenderet, et ab immunditia eum sanctificavimus. Conquerentur adhuc non solum de hoc sancti angeli, verum etiam quia legem sanctam et immaculatam prius dedit Deus hominibus pollutis, quam sibi, quibus deberet primum dari. At Dominus : Vos contra præcepta mea stulte agitis. Hic namque nulla perpetrantur vitia, nulla flagitia. Non ergo hic lex est necessaria, sed hominibus, qui homicidia et adulteria, et cætera mala agunt. Tunc angeli pacem cum Moyse statuerunt, et ei de sapientia sua dimidiam partem ad majus dederunt, « *Cepisti captivitatem,* » *id est sapientia angelos exspoliasti, et coelum ;* « *dedisti dona hominibus,* » *id est, sapientiam illam dedisti filiis Israel ad terram descendens. Etenim non credentes inhabitare Dominum Deum* (ibid.), *id est, gentiles et Christiani non credunt Dominum habitare in Moyse.* Quid deriderem ista ? Quid detestarer ? Quid conculcarem ? Statim, imo plenissime, ipsa ex se ipsis quam deridenda, quam detestanda, quam conculcanda sint, declarant. Declarant et illud, quomodo talibus doctoribus, tam subtiliter, tam veraciter Scripturas sacras exponentibus credendum sit.

Quid dicam de clavibus Core ? Quas tanti numeri dicitis fuisse, ut trecentos camelos illis clavibus oneratos, vixque immensum illarum onus ferentes, in deserto, ubi Moyses ductor Hebræorum erat, habuerit ; quæ, ut levius ferri possent, non ex ferri, vel ex ligni, seu alia qualibet materie, sed de vaccarum siccis coriis factæ fuerant. Quæ claves solos thesauros prædicti Core, in specubus vel antris diversis repositos asservabant. Ditissimus omnium hominum homo, cujus pecunia toti generi humano per infinita sæcula sufficere posset ! Sed lugenda perditio tantorum thesaurorum, quoniam cum Dathan et Abiron, et aliis rebellibus, ipse etiam Core cum filiis et filiabus, cum ipsis tabernaculis, omnique substantia nutu divino absorptus est.

Quid dicam et inde, unde similis fabula præmissa est ? Quod scilicet cum filii Jacob patrem suum mortuum ad sepulcrum deferrent, filii Esau similiter patrem suum defunctum ad idem sepulcrum deferentes, cum magno comitatu eis occurrerunt, et lites maximas pro vindicando sibi sepulcro hinc inde conseruerunt. Quid et inde, quod Dan filius Jacob montem ascenderit, quod tantæ magnitudinis lapidem, quantæ erat totus exercitus Esau, de monte præciderit, quod ipsum capiti suo imposuerit, ut uno lapidis jactu totum illum prosterneret ? Quid et inde, quod rediens, cum jam utrumque exercitum concordem invenisset, ingentem illam molem in mare projecerit, cujus magnitudine repulsum mare terminos suos excesserit, duasque excessu suo civitates subverterit, Phitom et Ramesses ? Quas post quadringentos fere eversionis annos, ut aliquid simile veri dicere videamini, Pharao, ut dicitis reædificavit, et in earum reædificationem, patres vestros duris luti, et lateris operibus afflixit (*Exod.* 1). Infinita sunt hæc, nec longissimo tempore explicanda, si velim similes Judæorum nænias persequi, et ad unguem universa referre. Quis enim tantis voluminibus nugarum, quibus armaria sua jam penè a duobus millibus annorum perditi homines impleverunt, respondere, et singula velut ex ratione posset refellere ? Et posset quidem quantum ad rationem pertinet, respondere his etiam quilibet valde brutus, nec in inveniendo, parvo saltem opus esset labore ; sed vix tempus sufficeret, nec omnino rationabile esset. Quæ enim ratio permittit ultra modum protrahi de talibus sermonem, quæ omni disputatore tacente, omnis humanus animus intelligit falsa, sentit ridenda, agnoscit exsecranda ? Festinet ergo stylus ad finem, nec ultra diu differat.

Unde immensa congerie similium fabularum, velut multo pulveris aggere ventis tradita, unam tantum de filia Jeremiæ, et ejus filio, fabula replicabo ; et sic opus Judaicum, imo contra Judæos Christianum, per Christi gratiam consummabo. Sed quomodo loquar ? Quibus verbis utar ? Indicit pudor silentium, et ne inhonesta proferens, minus in verbis honestus videar, pertimescit. Confunditur turpia ingerere auribus pudicorum, audire sancta et cœlestia assuetis infundere tam nefanda veretur. Sed quid ? Deponat inconsultum ruborem Christianus et sobrius sermo, et impios inhonestos redarguens, saltem in his erubescere cogat. Facit hoc sæpe Deus in lege prima, et in secunda id ipsum non tacet. Et quia homines a malis vix nominandis corrigere cupit, ipsa etiam magis ignominiosa prohibendo proponit. Facit hoc et Apostolus noster, ut notum est orbi terrarum, vixque de his quæ in mortalibus corrigenda cernebat, aliquid licet turpissimum intactum reliquit. Unde nec ego istud intentatum relinquam, ut magis ac magis inimici Christiani nominis confundantur, et quam exsecrandi sint, qui tam exsecrandis credunt, etiam post præmissa sole clarius videatur.

Quodam tempore, inquiunt, cum juvenes, ut assolet fieri, mistim balneis uterentur, libidinose se ipsos attrectantes, sperma virile in aquam fundebant. Quo cum necessitate itineris tractus, propheta Jeremias venisset, illosque talia operantes videret, indoluit, et eos increpans, quod scelus nefarium operarentur, clamabat. Illi hæc audientes, ut idem quod ipsi facerent, et verbis hortabantur, et vi compellebant. Cum ille primo renueret, et se ante mori velle, quam ista operari diceret, tandem ab eis coactus assensit, et in aquam, ut illi sperma effudit. Cumque diu illud in aqua mansisset, accessit filia Jeremiæ, quæ lavacris illis forte intererat, et casu spermati obvians, muliebri receptaculo illud excepit, statimque gravida facta est. Venit tempus pariendi, et peperit, et vocavit nomen ejus Bencera. Hic mox, ut natus est, loqui exorsus, panem calidum et carnem pinguissimam, butyrum et mel petiit. Quod cum mater miraretur : Cur, inquit, talia petis, cum lac deberes accipere ? Magis, inquit, tales cibi mihi placent, quam lac tuum. Hoc sapientissimis hominibus cum mater ejus ostenderet, et ad puerum videndum vocaret plurimos conflictus disputationis inter se habentes, omnes devincebat puer. Quod mater ejus magis stupens, ait : Quid est, fili, quod agis ? Unde tibi tanta sapientia ? Unde tibi tot modi disputationis, cum litteras non didiceris ? Filius sum, inquit, Jeremiæ. Quod qualiter acciderit, narravit. Quid dicam, lector ? Nunquid de istis et contra ista, me aliquid loqui, vel os aperire necesse erit ? Audio a Judæo quod nec a diabolo audire possem. Superat ille mendaciis suis mendacii principem, et eum, qui non solum mendax, sed et pater et magister mendacii est, penè filium ac discipulum facit. Et quidem ille ut ait noster Apocalypsis, accusator fratrum nostrorum accusans eos ante conspectum Dei nostri die ac nocte (*Apoc.* XII). Accusat eos aliquando veraciter, accusat eos aliquando mendaciter. Sed nunquid tam mendax est in accusationibus fratrum Satanas, ut Jeremiam de fornicatione ante conspectum Dei accuset, ut eum velut fornicatorem arguere coram summo Judice auderet ? Sed nunquid coram hominibus ? Nec illud puto. Quomodo enim hoc auderet ? Quomodo plane auderet illum vocare fornicatorem, dicere immundum, de cujus munditia et sanctitate audit Dominum loquentem ad ipsum : *Priusquam te formarem in utero novi te ; et antequam exires de vulva, sanctificavi te?* (*Jer.* I.) Audit hoc plane diabolus, quamvis non audiat Judæus. Scit pro certo, quamvis non desit ei voluntas fallendi, si de his mentiri vellet, neminem sibi contra divina oracula crediturum : et idcirco ne impudenter mendax appareat, minusque inde homines fallere possit, malitiæ suæ, non quidem sapienter, sed dolose providet. At non ita Judæus, qui ut in nullo sibi aliquis acquiescat, totum se plusquam diabolicis mendaciis consecravit. Nihil plane jam reliqui sibi fecit, ut ei præter authentica verba, etiam si qua vera quandoque proferret, aliquis credat. Nec hoc mirum de tanto mendace. Nam, quod longe minus est, semel in judiciis falsa allegans, vel semel falsus testis inventus, et ab actionibus repellitur, et a testimoniis removetur. Quod ergo fit de semel mentiente, non debet fieri de semper mentiente pariter et fallente ? Mentitur etenim Judæus, quando quod falsum est astruit ; fallit, quando alios mendaciis suis, licet hoc raro contingat, seducit. Sed credo quod nullum Judæum nisi

Judæum in hoc de quo agitur sermone fallere possit, nec ipsum, quem similibus fabularum somniis imbuit, suum olim discipulum Machumeth. Nullum vero fallere poterit, ut vel credat, vel tenuiter suspicetur, tantum virum, tantum prophetam Dei usque ad sanguinem, usque ad mortem, pro veritate, pro justitia, contra mendaces, contra impios, non alios quam Judæos certantem, tam immane scelus incurrisse, vel ad illud perpetrandum, terrore aliquo, violentia aliqua, compelli potuisse. Maluisset prius Ægyptios lapides Judaicis manibus jactos perpeti, nec quod postea pro veritate passus est, ne immundis juvenibus assensu aliquo sociaretur, pati differre. Non adeo excors factus fuerat, ut qui a puero Dei confabulatione dignus apparuit, jam juvenis vel maturus tantam gratiam negligeret, et criminis aliqua sorde, seipsum divinæ familiaritatis prærogativa fraudaret.

Non ille quamlibet ætatum differentiam nuncamque ab omni crimine innocentiam aliquo tali nævo fœdavit, cui dicenti : *Ecce nescio loqui, quia puer ego sum*, a Deo responsum est : *Noli dicere quia puer sum, quoniam ad omnia quæ mittam te ibis; et universa quæ mandavero tibi loqueris* (ibid.). Ac deinde : *Ecce constitui te hodie super gentes et regna, ut evellas, et destruas, et disperdas, et dissipes, et ædifices et plantes* (ibid.). Nunquid iste a Deo, etiam adhuc puer, mitteretur ? nunquid universa quæ sibi mandanda erant locuturus pronuntiaretur ? nunquid gentibus et regnis ad evellendum et destruendum, et rursus ad plantandum et ædificandum præficeretur, si talis a Deo futurus, qualem eum, o Judæi, facitis, prævideretur? Sed ubi et hoc legitis eum habuisse filiam ? Aut ergo proferte non ex nugis solitis, sed ex Scripturis sanctis eum habuisse filiam, aut ego ex eisdem divinis scriptis proferam eum nec filiam habuisse, nec filium. Sed, ut æstimo, deficietis. At ego non deficiam. Ait namque Dominus ad Jeremiam : *Et tu non accipies uxorem, nec generabis filios et filias* (Jer. XVI). Relegite librum ipsius prophetæ. Ubi postquam hoc legeritis, aut si nesciebatis discite, aut si obliti eratis recolite Jeremiam prophetam non habuisse uxorem, nec generasse filios vel filias. Non potuit enim tantus vir, tam studiosus divinorum præceptorum servator divinum mandatum negligere, et post interdictum vel uxorem accipere, vel filios et filias generare. Nam de alia muliere quam de uxore eum filium vel filiam generasse quis asserere audebit, nisi qui eum incontinentem et turpem probare contenderit? Et puto, quia nemo præter Judæum audebit. Quod si nec uxori, nec cuilibet mulieri, Jeremias quolibet unquam tempore mistus est, utique sicut nec filium, ita nec filiam generavit. Recedat ergo filia hæc, quam, o Judæi, Jeremiæ dedistis, de medio, et alium sibi patrem requirat. Sed forte non fuit ei ad generandum necessaria sexuum conjunctio, cujus seminis, juxta vos, tanta vis exstitit, ut etiam eo longe remoto, sicut hic contigisse dicitis, et gravidare posset et generare. Cui vestro turpissimo miraculo, quod scilicet semen effusum in aquam nec clementi liquiditate dissolvi potuerit, nec generativam virtutem amittere, non disputando respondeo, sed conspuendo. Jam reliquis [relictis] prophetæ pueri miraculis, quod natus statim loqui cœperit, panem calidum, carnem pinguissimam, butyrum et mel petierit, quod comederit, quod sapientes homines disputando vicerit, imo quod nihil horum fecerit, jam absque excusatione stolidum esset velle probare. Quid enim probaret aliquis eum ista nec dixisse, nec fecisse, quem certum est nunquam fuisse ? Quod ut certum habeatur, adhuc istud unum ad eamdem fabulam pertinens adjungo : *Audiens Nabuchodonosor hujus prædicti pueri tantam famam, misit ad eum mille viros armatos, quorum unusquisque militem unum deferebat super unguem digiti sui, volens cognoscere utrum verum esset quod de eo ferebatur, et ut ad se veniret mandavit. Qui venire renuit, sed leporem ad eum misit, et quæcunque ab eo quærere volebat, vel interrogare, in fronte leporis scripsit. Quod videns Nabuchodonosor, hunc esse omnibus sapientiorem cognovit*. Hæc fabula licet non de Talmuth, non tamen de minoris auctoritatis libro, quam est Talmuth apud Judæos, excerpta est.

Hæc sunt mysteria vestra, o Judæi, hæc intima sacramenta, hæc sapientia; omni sapientiæ etiam divinæ præferenda. Vere, nunc apparet in vobis impletum quod sæpe supra nominatus Isaias jam non vester, sed noster propheta, inter multa similia de vobis ait : *Ova aspidum ruperunt, et telas araneæ texuerunt. Qui comederit de ovis eorum morietur, et quod confotum est, erumpet in regulum. Et telæ eorum non erunt in vestimentum, neque operientur operibus suis* (Isa. LIX). Non sunt ova quæ fovetis ovis gallinarum similia, ut vel per se sint volatilia ad escam, vel inde aliquod volatile humanis commodis aptum procedat; sed sunt ova aspidum, quæ a vobis rupta, et mortifero vos impietatis veneno inficiant, et tandem, quod juxta sæculi finem futurum est, omnium impiorum regem Antichristum, velut omnium venenatorum animantium principem regulum, diu a vobis male fota producant. Ad talem fructum pessimo talium doctrinarum tempore diu mortiferum ovum fovistis, ut et vos ruptum perimat, et ad ultimum, ut dictum est, supremum inde malitiæ germen toti noxium mundo erumpat. Non sunt telæ vestræ, in quibus longo tempore laborastis, telis textricum vel texentium similes, ut inde vestis aliqua, vel operimentum quodlibet fieri possit. *Non sunt plane*, juxta prophetam, *in vestimentum, neque operiemini ex eis*. Quare? Quia in cunctis operibus vestris, in universis laboribus vestris, in omni contextu impiarum doctrinarum, nihil mortalibus utile perfecistis, quia telas araneæ texuistis. Vere irritus, vere cassus labor tantorum sæculorum, in quibus a prophetarum tempore, id est, ex quo propheta in Israel non apparuit, nihil aliud texuistis, nihil aliud operati estis, nulla alia doctrina libros Judaicos implestis, nisi blasphemia, sacrilega, ridiculosa, et falsa. Pugnastis tanto tempore contra divinos libros diabolicis libris, et cœlestem doctrinam infernalis putei fumo suffundere et offuscare laborastis. Nisi estis irretiti telarum vestrarum retibus, animalia stulta et aves incircumspectas dolosis laqueis aucupare conati estis. Sed non est tale, non est tale vestrum commentum, non est illius artis vel virtutis Judaica textura, ut quadrupedem vel avem saltem ultimam illaqueare valeat. Non viriles vel muliebres telas orditi estis, non viriles vel muliebres perfecistis, sed juxta veridicum prophetam, in jam dictis et similibus fabulosis næniis, aranearum solummodo telas texuistis. Quæ multo longoque labore compactæ, nimia fragilitate sui, nullum præter Judæum velut muscam vilissimam fallere vel capere potuerunt. Ut ergo huic jam quinto contra vos capitulo tandem finis congruus imponatur, breviter præcedentia replico. Libris divinis prius, postmodum fabulosis, contra nos agere nisi estis. Libris divinis vos vicimus. Fabulosos nullius momenti esse ostendimus. Quid igitur restat? Hoc, scilicet ut, fabulosis abjectis, divinos sic intelligatis, ut in eis et ex eis Christum, hoc est, juxta vos, Messiam, non fallacem, sed veracem; non venturum nisi ad judicium, sed eum qui jam venit, qui jam de Virgine nativitate sua, absque aliquo peccato in mundo conversatione sua, cœlesti prædicatione sua, divinis miraculis suis, non vili, ut putatis, sed pretiosa morte, resurrectione, ascensione sua mundum ad æternam vitam prædestinatum redemit, salvavit, glorificavit, credatis, adoretis, glorificetis. Credo enim jam vos tantis testibus, tantis rationibus ita obrutos confutatosque esse ipsa veritate, ut nihil ultra repugnare, nihil quærere debeatis.

PETRI VENERABILIS

ABBATIS CLUNIACENSIS NONI

EPISTOLA DE TRANSLATIONE SUA

Qua fecit transferri ex Arabico in Latinum sectam, sive hæresim Saracenorum, anno 1143.

Singulari veneratione colendo, totis charitatis brachiis amplectendo, individuo cordis nostri hospiti, domino BERNARDO Clarævallis abbati, frater PETRUS humilis Cluniacensis abbas, salutem, ad quam suspirat, æternam.

(201) Mitto vobis, charissime, novam translationem nostram, contra pessimam nequam Machumet hæresim disputantem. Quæ nuper, dum in Hispaniis morarer, meo studio de Arabica versa est in Latinam. Feci autem eam transferri a perito utriusque linguæ viro magistro Petro Toletano. Sed quia lingua Latina non ei adeo familiaris, vel nota erat, ut Arabica, dedi ei coadjutorem doctum virum dilectum filium et fratrem Petrum notarium nostrum, reverentiæ vestræ, ut æstimo, bene cognitum. Qui verba Latina impolite vel confuse plerumque ab eo prolata poliens et ordinans, epistolam, imo libellum multis, ut credo, propter ignotarum rerum notitiam perutilem futurum perfecit. Sed et totam impiam sectam vitamque nefarii hominis, ac legem, quam Alcoran, id est collectaneum præceptorum, appellavit, sibique ab angelo Gabriele de cœlo collatam miserrimis hominibus persuasit, nihilominus ex Arabico ad Latinitatem perduxi, interpretantibus scilicet viris utriusque linguæ peritis, Roberto Retenensi de Anglia, qui nunc Papilonensis Ecclesiæ archidiaconus est, Hermano quoque Dalmata, acutissimi et litterati ingenii scholastico. Quos in Hispania circa Iberum astrologicæ arti studentes inveni, eosque ad hæc faciendum multo pretio conduxi. Fuit autem in hoc opere intentio mea, ut morem illum Patrum sequerer, quo nullam unquam suorum temporum vel levissimam, ut sic dicam, hæresim, silendo præterierunt, quin ei totis fidei viribus resisterent, et scriptis atque disputationibus esse detestandam ac damnabilem demonstrarent. Hæc ego de hoc præcipuo errore errorum, de hac fæce universarum hæresum, inquam, omnium diabolicarum sectarum, quæ ab ipso Salvatoris adventu ortæ sunt, reliquiæ confluxerunt, facere volui: ut sicut ejus lethali peste dimidius pene orbis infectus agnoscitur, ita quam exsecrandus et conculcandus detecta ejus stultitia et turpitudine a nescientibus agnoscatur. Agnoscetis ipsi legendo, et sicut arbitror, ut dignum est, deflebitis, per tam nefarias et abjectissimas sordes tantam humani generis partem deceptam, et a Conditore suo per spurcissimi hominis sectam nefariam, etiam post Redemptoris gratiam, tam leviter aversam. Specialiter autem vobis ista omnia notificavi, ut et tanto amico studia nostra communicarem, et ad scri-

---

(201) Huic fere similis est pars epistolæ 17 libri IV.

bendum contra tam perniciosum errorem illam vestram, quam nostris diebus vobis Deus singulariter contulit, doctrinæ magnificentiam, animarem. Nam licet hoc perditis, ut æstimo, prodesse non posset, responsionem tamen condignam, sicut contra alias hæreses, ita et contra hanc pestem Christianum armarium habere deceret. Quam si superfluam esse quibusdam visum fuerit, quoniam quibus resistere debeant, talibus armis immuniti non adsunt, noscitur in republica magni regis quædam fieri ad tutelam, quædam fieri ad decorem, quædam ad utrumque. Nam ad tutelam facta sunt a Salomone pacifico arma, licet tempore suo minus necessaria. Præparati sunt a David sumptus, parata et ornamenta templi divini constructioni et ornatui deputata. Sed nec illa ejus tempore alicui usui profecerunt, sed in usus divinos post ejus tempora transierunt. Manserunt itaque ista aliquanto tempore otiosa; sed incumbente necessitate apparuerunt, quæ diu vacaverunt, fructuosa. Nec tamen, ut mihi videtur, opus istud etiam hoc tempore otiosum vocare debeo, quia, juxta Apostolum, vestrum est et omnium doctorum virorum, omnem scientiam extollentem se adversus altitudinem Dei, omni studio, verbo et scripto impugnare, destruere, conculcare (*II Cor.* x). Quod si hinc errantes converti non possunt, saltem infirmis Ecclesiæ, qui scandalizari et occulte moveri levibus etiam ex causis solent, consulere et providere doctus, vel doctior, si zelum habet justitiæ, non debet negligere. Propono inde vobis Patres omnes, et præcipue Patrem Augustinum. Qui licet Julianum Pelagianum, licet Faustum Manichæum verbis et labore suo ad fidem rectam convertere nequiverit, non tamen quin de eorum errore magna contra eos volumina conderet omisit. Sic de reliquis sui temporis, et non sui temporis, hæreticis, sic de Judæis, sic de paganis faciens, non solum contra eos sui temporis homines armavit, sed etiam ad nos, et ad posteros omnes maximæ ædificationis et instructionis charisma transmisit. Si igitur reverentiæ vestræ in his laborandi Deo aspirante voluntas fuerit (nam facultas per ejus gratiam deesse non poterit), rescribite, et mittemus librum, quemadmodum misimus..... ut per os vestrum ipsius laude repletum, spiritui nequitiæ spiritus benignus respondeat, et Ecclesiæ suæ thesauros gazis vestræ sapientiæ suppleat.

SUMMULA QUÆDAM BREVIS

Contra hæreses et sectam diabolicæ fraudis Saracenorum, sive Ismaelitarum.

Summa totius hæresis, ac diabolicæ fraudis sectæ Saracenorum, seu Ismaelitarum, hæc est. In primis, primus, et maximus ipsorum exsecrandus est error, quod Trinitatem in unitate deitatis negant. Sicque dum in una divinitatis essentia trium personarum numerum non credunt, in unitate numerum evitantes, dum ternarium numerum, inquam, omnium formarum principium atque finem, sicque rerum formatarum causam et originem atque terminum non recipiunt, Deum licet ore confitentes, ipsum penitus nesciunt. Ipsi autem devii, ipsi variabiles, principium varietatis, et alteratis [alteritatis] omnis, videlicet binarium solum in unitate confitentur, scilicet ipsam divinam essentiam et ejus animam. Unde Deum pluraliter loquentem introducit suum Alcoran, quo nomine legem suam nuncupant. Et interpretatur Alcoran ex Arabico, Collectio præceptorum. Illi autem cæci Deum Creatorem Patrem esse negant, quia secundum eos nullus fit pater sine coitu. Christum itaque, licet ex divino Spiritu conceptum, Dei Filium esse non credunt, nec etiam Deum, sed prophetam bonum, veracissimum, omnis mendacii atque peccati immunem, Mariæ filium, sine patre genitum, nunquam mortuum, quia morte non est dignus. Imo cum illum Judæi interficere vellent, de manibus eorum elapsum, ascendisse ad astra; ibique nunc in carne vivere in præsentia Creatoris, usque ad adventum Antichristi. Quem, dum venerit, Christus idem gladio suæ virtutis interficiet, et Judæos residuos ad legem suam convertet; Christianos autem, qui jam a longo tempore legem ejus atque Evangelium perdiderunt, tum propter ejusdem discessum, tum etiam propter apostolorum atque discipulorum mortem, legem suam perfecte docebit. In qua omnes Christiani, sicut et illi primi discipuli, salvabuntur. Cum quibus simul et omnibus creaturis, seraphim, quem ipsi dicunt archangelum unum, sonante buccina, morietur et ipse Christus, postea resurrecturus cum cæteris, et ad judicium suos ducturus, eisque auxiliaturus, sed nequaquam judicaturus. Deus enim solus judicabit; prophetæ vero et legati singuli cum suis, et pro suis, intercessores aderunt et auxiliatores. Sic enim docuit eos miserrimus atque impiissimus Machumet, qui omnia sacramenta Christianæ pietatis, quibus maxime homines salvantur, abnegans, jam pene tertiam humani generis partem, nescimus quo Dei judicio, inauditis fabularum deliramentis diabolo et morti æternæ contradidit. De quo, quis fuerit, et quid docuerit, propter eos qui librum istum lecturi sunt, ut scilicet quod legerint, melius intelligant, et quam detestabilis tam vita quam doctrina ipsius exstiterint, sciant, dicendum videtur.

Putant etiam quidam hunc Nicolaum illum, unum ex septem diaconibus primis exstitisse, et Nicolaitarum ab eo dictorum sectam, quæ et in Apocalypsi Joannis arguitur (*Apoc.* ii), hanc modernorum Saracenorum legem existere. Somniant et alii alios, et sicut lectionis incuriosi, et rerum gestarum ignari, sicut et in aliis casibus falsa quælibet opinantur. Fuit autem iste, sicut etiam Chronica ab Anastasio Romanæ Ecclesiæ bibliothecario de Græco in Latinum translata apertissime narrat, tempore imperatoris Heraclii, paulo post tempora magni et primi Gregorii Romani pontificis, ante annos quingentos fere et quinquaginta, Arabs natione, vilis genere, antiquæ primum idololatriæ cultor, sicut et alii Arabes tunc adhuc erant, ineruditus nullarum pene litterarum. Strenuus in singularibus, et calliditate multa, de ignobili et egeno in divitem et famosum provectus. Hic paulatim crescendo, et contiguos quosque ac maxime sanguinis propinquos insidiis, rapinis, incursionibus frequenter insistendo, quos poterat furtim, quos poterat publice occidendo, terrorem sui auxit. Et sæpe in congressionibus factus superior, ad regnum suæ gentis aspirare cœpit. Cumque, universis pari modo resistentibus, ejusque ignobilitatem contemnentibus, videret se hac via non posse consequi quod sperabat, quia vi gladii non potuit, religionis velamine et divini prophetæ nomine rex fieri attentavit. Et quia inter barbaros barbarus, inter idololatras et ipse idololatra habitabat, atque inter illos quos, utpote præ cunctis gentibus, tam divinæ quam humanæ legis expertes et ignaros, faciles ad seducendum esse noverat, conceptæ iniquitati dare operam cœpit. Et quoniam prophetas Dei magnos fuisse homines audierat (*Rom.* ii), prophetam ejus se esse dicens, ut aliquid boni simularet, ex parte illos ab idololatria, non tamen ad Deum unum, sed ad suæ, quam parturire jam cœperat, hæresis fallaciam traducere conabatur. Cum interim, judicio illius qui terribilis in consiliis dicitur super filios hominum, et qui miseretur cui vult, et quem vult indurat, dedit Satan successum errori, et Sergium monachum, hæretici Nestorii sectatorem, ab Ecclesia expulsum, ad partes illas Arabiæ transmisit, et monachum hæreticum pseudoprophetæ conjunxit. Itaque Sergius conjunctus Machumet quod ei deerat supplevit, et Scripturas sacras tam Veteris Testamenti quam Novi, secundum magistri sui Nestorii intellectum, qui Salvatorem nostrum Deum esse negabat, partim, prout sibi visum est, ei exponens, simulque apocryphorum fabulis eum plenissime imbuens, Christianum Nestorianum effecit. Et ut tota iniquitatis plenitudo in Machumet conflueret et nihil ei ad perditionem sui vel aliorum deesset, adjuncti sunt Judæi hæretico. Et ne verus Christianus fieret, dolose præcaventes homini novis rebus inhianti, non Scripturarum veritatem, sed fabulas suas, quibus nunc usque abundat Machumet, Judæi insibilant. Sic ab optimis doctoribus Judæis et hæreticis Machumet instructus, Alcoran suum condidit, et tam ex fabulis Judaicis quam ex hæreticorum næniis confectam nefariam Scripturam barbaro illo suo modo contexuit.

Quod paulatim per tomos a Gabriele, cujus jam nomen ex sacra Scriptura cognoverat, sibi allatum mentitus, gentem Deum ignorantem lethali haustu infecit, et more talium, oram calicis melle liniens, subsequente mortifero veneno, animas et corpora gentis miseræ, proh dolor! interemit. Sic plane ille impius fecit, quando et Christianam et Judaicam legem collaudans, neutram tamen tenendam esse confirmans, propriando [probando], et repropriavit [reprobus reprobavit]. Inde est quod Moysen optimum prophetam fuisse, Christum Deum majorem omnibus exstitisse confirmat, natum de Virgine prædicat, nuntium Dei, Verbum Dei, Spiritum Dei fatetur; nec nuntium, Verbum, aut Spiritum, ut nos, aut intelligit, aut fatetur. Filium Dei dici, aut credi, prorsus deridet. Et de humanæ generationis similitudine vaccinus homo Filii Dei æternam nativitatem metiens, vel gignere, vel generari Deum potuisse quanto potest nisu denegat et subsannat. Resurrectionem carnis sæpe replicando astruit; Judicium esse in fine sæculi non a Christo, sed a Deo exercendum esse non negat. Illi tamen judicio Christum, ut omnium post Deum maximum ac seipsum ac gentis suæ præsidium adfuturum, vesanit. Inferni tormenta, qualia sibi libuit, et qualia adinvenire magnum pseudoprophetam decuit, describit. Paradisum non societatis angelicæ, nec visionis divinæ, nec summi illius boni, quod nec oculus vidit, nec auris audivit, nec in cor hominis ascendit (*I Cor.* ii); sed vere talem, qualem caro et sanguis, imo fæx carnis et sanguinis concupiscebat, qualemque sibi parari optabat depinxit. Ibi carnium et omnigenorum fructuum esum, ibi lactis et mellis rivulos, et aquarum splendentium, ibi pulcherrimarum virginum et mulierum amplexus, et luxus, in quibus tota ejus paradisus finitur, sectatoribus suis promittit. Inter ista omnes pene antiquarum hæresum fæces, quas diabolo imbuente sorbuerat, revomens, cum Sabellio Trinitatem abnegat, cum suo Nestorio Christi divinitatem abjicit, cum Manichæo mortem Domini diffitetur, licet regressum ejus non neget ad cœlos.

His et similibus non acquisitionis, sed perditionis populum imbuens, a Deo plenissime avertit. Et ne evangelicus sermo ultra in eis possit habere locum, velut omnia quæ sunt Evangelii et Christi scientibus, cordis eorum aditum ferreo impietatis obice obturavit. Circumcisionem insuper velut ab Ismaele gentis illius primo sumptam, tenendam esse docuit. Et super hæc omnia, quo magis sibi allicere carnales mentes hominum posset, gulæ ac libidini frena laxavit, et ipse simul decem et octo uxores habens, atque multorum aliorum uxores, velut ex responso divino, adulterans, majorem sibi, velut exemplo prophetico, numerum perditorum adjunxit. Et ut non ex toto inhonestus proderetur, studium eleemosynarum, et quædam misericordiæ opera commendat, orationes collaudat. Et sic undique monstruosus, ut ille ait (HONAT, *De art. poet.*), humano capiti cervicem equinam et plumas avium copulat. Qui, quoniam suadente jam dicto monacho ac præfatis Judæis, idololatriam ex toto et reliquit, et relinquendam quibus potuit persuasit, atque unum Deum, deorum multiplicitate relicta, colendum esse prædicavit, hominibus agrestibus et imperitis inaudita dicere visus est. Et quia rationi eorum hæc prædicatio concordabat, propheta Dei primo ab eis creditur. Dehinc processu temporis et erroris in regem ab eis, quod concupierat, sublimatus est. Sic bona malis permiscens, vera falsis confundens, erroris semina sevit, et suo partim tempore, partim et maxime post suum tempus segetem nefariam igne æterno concremandam produxit. Nam statim Romano languescente, imo pene deficiente imperio, permittente eo per quem reges regnant, Arabum vel Saracenorum hac peste infectorum surrexit principatus. Atque vi armata, maximas Asiæ partes, cum tota Africa, ac partem Hispaniæ paulatim occupans, in subjectos sicut imperium, sic et errorem transfudit. Hos licet hæreticos nominem, quia aliqua nobiscum credunt, in pluribus a nobis dissentiunt, fortassis rectius paganos aut ethnicos, quia plus est, nominarem. Quia quamvis de Domino vera aliqua dicant, plura tamen falsa prædicant, nec baptismati, sacrificio pœnitentiæ, vel alicui Christiano sacramento, quod nunquam ullus, præter hos hæreticos fecit, communicant. Summa vero hujus hæresis intentio est, ut Christus Dominus, neque Deus, neque Dei Filius esse credatur; sed licet magnus Deoque dilectus, homo tamen purus, et vir quidem sapiens et propheta maximus. Quæ quidem olim diaboli machinatione concepta, primo per Arium seminata, deinde per istum Satanam, scilicet Machumet, provecta, per Antichristum vero ex toto secundum diabolicam intentionem complebitur. Cum etiam dicat beatus Hilarius Antichristi originem in Ario exstitisse, dicit quod ille cœpit, unum [verum, *vel* Verbum] Filium Dei Christum esse negando, et creaturam esse dicendo, Antichristus tandem nullo modo illum Deum, vel Dei Filium, sed nec etiam bonum hominem fuisse asserendo, consummaturus est. Merito impiissimus Machumet, inter utrumque medius, a diabolo provisus ac præparatus esse videtur, qui et Arii quodammodo supplementum, et Antichristi pejora dicturi apud infidelium mentes maximum fieret nutrimentum. Nihil quippe ita contrarium humani generis inimico, sicut fides incarnati Dei, per quem præcipue ad pietatem excitamur ex sacramentis cœlestibus renovati, Spiritus sancti gratia operante, illuc, unde nos dejecisse gloriabatur, ad visionem scilicet regis et patriæ nostræ, ipso rege et conditore nostro Deo ad nostrum exsilium descendente, nosque ad se meritum revocante, iterum redire speramus. Hanc pietatis et divinæ dispensationis finem pariter et amorem, simpliciter ab initio in cordibus hominum molitur exstinguere. Hanc etiam in principio adhuc nascentis Ecclesiæ, si tunc permittetur, subtilitate versutissima, et pene hoc eodem modo quo postea gentem istam infelicissimam seducere permissus est, eradicare tentavit. Dicit etiam beatus Augustinus Porphyrium philosophum, postquam a Christianitate miserabiliter apostatavit, hoc in libris suis quos adversus Christianos edidit retulisse, quod scilicet oracula Deorum consuluerit, et de Christo, quid esset, interrogaverit. Responsum vero a dæmonibus fuisse, quod Christus quidem bonus vir fuerit, sed discipulos ejus graviter peccasse, qui ei divinitatem ascribentes, rem, quam ipse de se non dixerat, confinxissent. Quæ sententia pene iisdem verbis in istis fabulis invenitur sæpissime. Quanta autem hæc diaboli subtilitas exstitit, ut de Christo aliquid boni diceret? de quo si ex toto male dixisset, nullatenus jam sibi credi sciebat, non curans quidquid Christus putaretur, dummodo divinitas, quæ maxime salvat homines, in illo non crederetur. Si quis plenius vult intelligere, legat XVIII librum ejusdem Patris Augustini, et XIX De civitate Dei, et 1 De consensu evangelistarum. Ibi enim, si boni ac studiosi ingenii est, conjiciet pro certo et quid diabolus tunc machinatus sit facere, sed non permissus; et quid tandem, occulto judicio permittente, in hac sola miserrima gente fecerit relaxatus. Nullo enim modo tales fabulas, quales hic scriptæ sequuntur, aliquis mortalium, nisi diabolo præsentialiter cooperante fingere potuisset. Per quas post multa ridicula, et insanissima deliramenta, hic præcipue omni modo Satanas intendit perficere, ne Christus Dominus Dei filius, et verus Deus humani generis esse Conditor et Redemptor credatur. Et hic est vere, quod per Porphyrium tunc persuadere voluit, sed per Dei misericordiam ab Ecclesia eo adhuc tempore Spiritus sancti fervente primitiis exsufflatus, tandem miserrimo homine isto Machumet, et, ut fertur, a multis, arreptitio et cadente, quasi instrumento et organo sibi aptissimo usus, proh dolor! gentem maximam, et quæ jam pene dimidia pars mundi reputari potest, secum in æternam perditionem dimersit. Quod quare isti permissum sit, ille solus novit, cui nemo potest dicere : Cur ita facis? et qui de multis vocatis paucos electos esse dixit. Unde ego magis eligerem contremiscere quam disputare. Ista breviter prænotavi, ut qui legerit, intelligat. Et si talis est, qui contra totam hæresim istam scribere et velit et possit, cum quali hoste pugnaturus sit agnoscat. Erit fortasse adhuc, cujus spiritum Dominus suscitabit, ut Ecclesiam

Dei a magna, quam inde patitur, ignominia liberet. Quia scilicet cum omnes sive antiquas, sive modernas hæreses usque ad nostra tempora res pondendo confutaverit, huic soli, quæ super omnes alias tam in corporibus quam in animabus infinitam humani generis ruinam dedit, non solum nihil respondit, sed nec quid tanta pestis esset, aut unde processerit, inquirere saltem vel tenuiter studuit. Nam et hæc tota causa fuit, qua ego Petrus sanctæ Cluniacensis Ecclesiæ minimus abbas, cum in Hispaniis pro visitatione locorum nostrorum, quæ ibi sunt, demorarer, magno studio et impensis totam impiam sectam, ejusque pessimi inventoris exsecrabilem vitam de Arabico in Latinum transferri, ac denudatam ad nostrorum notitiam venire feci, ut quam suspecta et frivola hæresis esset, sciretur, et aliquis Dei servus ad eam scripto refellendam sancto inflammante Spiritu incitaretur. Quod quia, proh dolor! jam pene hujusmodi studiorum sanctorum ubique in Ecclesia tepefacto fervore, non est qui faciat (exspectavi enim diu, et non fuit qui aperiret os, et zelo sanctæ Christianitatis moveret pennam et ganniret); ego ipse, saltem si magnæ occupationes meæ permiserint, quandoque id aggredi, Domino adjuvante, proposui. Simpliciter tamen, a quocunque altero melius quam a me deterius, hæc fieri gratum haberem.

ROBERTI RETENENSIS

PRÆFATIO

IN LIBRO LEGIS SARACENORUM, QUAM ALCORAN VOCANT, A SE TRANSLATO.

Ad domnum PETRUM abbatem Cluniacensem.

Domino suo PETRO divino instinctu Cluniacensi abbati, ROBERTUS Retenensis suorum minimus, in Deo perfecte gaudere.

Ubi sæpius atque serio [sero] percepi, qualiter quantumve tuus animus solius et totius boni studiosus sitivit sterilem paludem Saracenæ sectæ nondum visæ fertilem efficere, suumque puteum exhaurire, propugnaculaque prorsus diruere, ego peditis tantum officio prævii functus, vias et aditus diligentissime patefeci. Quis enim gressum dilatabit? Quis non citissime curret, ut hostis errorem, ipsumque victum, semetipsum autem tenere sententiam ubique firmam atque victricem agnoscat? Latinitas tamen omnis huc usque, non dicam perniciosis incommodis ignorantia negligentiave pressa, suorum hostium causam et ignorare et non depellere passa est. Tua vero pervigil providentia, sanctissimos et præelectos Ecclesiæ doctores semper aspiciens, hoc nullatenus noluit. Cum illum itaque Patrem atque doctorem, cujus omnis hæreditas omni pro sua facultate venalis statuitur, ut discipulus atque filius imiteris, nusquam alias reflexus, speravi me, licet omnium tuorum minimum, tuam gratiam promereri posse, si mundani somnii militiæque voto postposito, tuis studiose nutibus invigilarem. Unde quanquam te velut alumnum, et hæredem sapientiæ cohors sapientium circumflua constipet, suas manus tuis nutibus benigne conferens, quorum conventu me minime dignum adhuc sentio, vestrum tamen munusculum, puteum præsignatum pandens, saltem semel non oblique tuus perspicax intuitus, quæso, dignetur aspicere. Quanquam enim in effragili fulcitum ingeniolo plura præcesserunt incommoda, tum hinc eloquii penuria, illinc scientiæ tenuitas, tum id quod [ad nil agendum est efficacius, socordiæ videlicet negligentiæque mater desperatio, multiplex ob translationis nostræ vilem et dissolubilem ac incompaginatam materiam, pro sui modo prorsus, Arabico tantum semoto velamine, tuæ majestati præbendam, non minus tamen obnixe tuum obsequium aggressus sum, confisus nil effectu quassari, quo tuum votum igne divino plenum aspirat. Lapides igitur et ligna, ut tuum deinde pulcherrimum, et commodissimum ædificium coagmentatum et indissolubile surgat, nil excerpens, nil sensibiliter, nisi propter intelligentiam tantum, alterans, attuli, Machumetique fumum, ad ipsius tuis follibus exstinctum, et puteum ad illius exhaustum tuo vase, ignisque vestri tuo ventilabro fomentum atque fervorem, nostrique fontis eductu tuo discursum, patefeci. Jus igitur exigit ut hostium castrum, imo caveam delendo, puteum exsiccando, cum tu sis dextra mundi pars optima, cos religionis acutissima, charitatis manus largiflua, tuorum munimen corrobores, tela diligenter acuas, fontemque suum fortius emanare, suæque charitatis vallum protensius atque capacius efficias. Si quis me utilitatis et incompositionis rerum atque verborum arguat, licet juste forsan, obsecro tamen, ut cesset, sciens meum nunquam hic fuisse propositum floribus venenum tegere, remque vilem et abiiciendam deaurare. Quod et animi tui lux admirabilis, A prœmium fastidium generet ipsi finem impono, mira fecundia pollens, manu fortissima vigens, mihi inde sæpius et studiose deliberanti, summatimque dicere volenti clarificavit. Lex tamen ista, licet lethifera multis in locis, maximum testimonium, argumentumque firmissimum sanctitatis et excellentiæ nostræ legis, videntibus et electis præbet. Istud quidem tuam minime latuit sapientiam, quæ me compulit interim astronomiæ geometriæque studium meum principale prætermittere. Sed ne tibique cœlesti, cœlum omne penetranti, cœleste munus voveo, quod integritatem in se scientiæ complectitur. Quæ secundum numerum, et proportionem atque mensuram cœlestes circulos omnes et eorum quantitates et ordines et habitudines, demum stellarum motus omnimodos, et earumdem effectus atque naturas, et hujusmodi cætera diligentissime diligentibus aperit, nunc probabilibus, nonnunquam necessariis argumentis innitens.

Totam ipsam Alcorani translationem hic attexere superfluum. Confutavit eam et ipse Petrus Venerabilis libris sequentibus.

PETRI VENERABILIS

ABBATIS CLUNIACENSIS NONI

ADVERSUS NEFANDAM SECTAM SARACENORUM

LIBRI DUO.

(Edidit D. MARTÈNE, *Ampl. Collect.* t. IX, col. 1119, *ex manuscripto codice Aquicinctensi, auctoris ævo conscripto.*)

BSERVATIO PRÆVIA.

*Ea est celeberrimi Cluniacensis monasterii prærogativa, ut primos omnes abbates et scientia et sanctitate illustres habuerit, quorum exemplo, non minus quam industria et zelo, per ducentos circiter annos integra in eo illibataque viguit regularis disciplinæ observatio. Primus ab ea deflexit qui S. Hugoni successerat Pontius abbas: at qui ipsi suffectus est Petrus Mauritius, vulgo Venerabilis dictus, vir natalium splendore, doctrinæ et pietate vix cæteris impar, inflictas ab eo ruinas statim reparare curavit. Nec solum ordinis monastici, sed ipsas etiam Ecclesiæ maculas delere sollicitus, præcipuos ejus hostes eruditis scriptis strenuissime impugnavit. Nam et Judæos singulari libro confutavit, ætatis suæ hæreticos prostravit scripto adversus Petrobrusianos egregio tractatu. Sed nec infensissimos Christiani nominis adversarios, Mahumetanos dictos, reliquit intactos. Eapropter anno 1141 profectus in Hispaniam, omnem adhibuit curam, ut lex ipsorum (Alchoranum vulgo appellant), Latinam converteretur in linguam, advocatis ad hoc negotium tribus Arabicæ linguæ peritissimis viris, Roberto Kecenensi, Armanno Dalmata et Petro Toletano, quibus, ut versio ipsa omnibus esset numeris absoluta, quartum addidit Saracenum, Mahumet nomine, utpote patriæ linguæ magis gnarum, nullis omnino pecuniarum expensis parcens. Et quia minus familiaris erat illis lingua Latina, dedit etiam eis adjutorem doctum virum, dilectum filium et fratrem Petrum notarium suum, quem idem esse existimo cum Petro Pictavino, cujus hic in limine quatuor librorum habes capitula.
Reverso in Gallias venerabili abbati præcipua fuit sollicitudo procuratam a se translationem ad summum amicum suum S. Bernardum transmittendi, ut ad scribendum contra tam perniciosum errorem collatam ei divinitus doctrinæ magnificentiam animaret. Petri epistolam, anno 1143 datam, habes in Bibliotheca Cluniacensi, pag. 1109; Bernardi ad eam responsum hactenus desideravimus. Sed neque aliquid unquam, eo de argumento, ab illo tractatum fuisse apparet, relicta abbati Cluniacensi hac provincia. Igitur morem illum Patrum secutus, quo nullam suorum temporum vel levissimam hæresim silendo præterierunt, quin ei totis fidei viribus resisterent, et scriptis ac disputationibus esse detestandam ac damnabilem demonstrarent, egregium opus aggressus est, cujus capitula librorum quatuor ipsi præstituerat Petrus Pictavinus, tametsi iis se minime passus est astringi. Totam Petri Venerabilis lucubrationem libris quinque distinctam fuisse asserit Andreas Quercetanus, eosque plurimum a se perquisitos nequaquam reperiri potuisse dolet. Nos eo paulo feliciores adeo desiderati operis duos priores libros offendimus in pervetusto codice Aquicinctensi auctoris ævo eleganter exarato, ubi exstant ad calcem epistolarum ejus: quos interim, dum reliqui possint reperiri, eruditis lectoribus hic exhibemus.*

CAPITULA PETRI PICTAVENSIS

AD DOMNUM PETRUM ABBATEM

Unico et singulari Patri et domno suo, domno abbati Cluniacensi PETRO, filiorum ejus exiguus PETRUS, gaudere semper in Christo.

Dum semper omnia more vestro philosophice agitis, satis competenter mihi et patienti, et multis passionibus digno, passionem legendam misistis. Gratias dulcedini vestræ, quod hac saltem occasione epistolam vestram et salutationis paternæ gratiam teneo, quibus interim absentiæ vestræ, quæ mihi semper gravissima est, molestiam multo levius fero. Verumtamen postquam intellexi vos habere in proposito ad Angliam (201*), ducente Domino, transfretare, valde sollicitior factus sum pro vobis et pro sociis et pro toto itinere vestro, ac prospero ad nos reditu, omnipotenti Deo, prout ipse largitur, preces et vota supplicationis offerre. Sed et illos quos devotiores et in sanctis orationibus novi studiosiores, ut idem faciant deprecari studeo, et magis atque magis Christo donante studebo. Spiritus sanctus dirigat iter vestrum, et consilium vestrum, et de reditu vestro ad nos plenum faciat gaudium nostrum. Mitto vobis capitula quæ Joannem perdidisse mandastis, et credo quod multo distinctius ordinata sint quam ante. Siquidem ita modo prænotata sunt, sicut agere cœpistis, vel si tamen vobis videtur deinceps acturus estis contra illos vere inimicos crucis Christi. Ex multa vero fiducia qua ingenium vestrum novi, si quid addere vel mutare præsumpsi, et hoc vobis ita placuerit, maneat; sin autem, vestrum est corrigere quod erraverimus. Capitulum etiam quod est ibi de uxoribus turpiter abutendis, non vos ullo modo scandalizet, quia vere ita est in Alchorano, et sicut ego in Hispania pro certo, et a Petro Toletano, cujus in transferendo socius eram, et a Roberto Pampilonensi nunc archidiacono audivi, omnes Saraceni hoc licenter, quasi ex præcepto Mahumeth, faciunt. Volo autem quod sic isti confundantur a vobis, sicut confusi Judæi et provinciales hæretici. Solus enim vos estis nostris temporibus, qui tres maximos sanctæ Christianitatis hostes, Judæos dico et hæreticos ac Saracenos divini verbi gladio trucidastis, et matrem Ecclesiam, non ita orbatam vel desolatam bonis filiis ostendistis, quin adhuc, Christo propitio, tales habeat, qui possint omni poscenti rationem reddere de ea quæ in nobis est spe et fide, et humiliare omnem arrogantiam et superbiam diaboli extollentem se adversus altitudinem Dei. Salus et prosperitas et omne bonum vobis in primis, sociis quoque vestris et nostris domno Hugoni Anglico, et Joanni qui perdidit capitula, Bartholomæo nostro, domno Constabulo, Godefrido, Girardo, Alemanno, si tamen vobiscum est, et cæteris omnibus. Ignoscite, quæso, tarditati et infirmitati meæ, quia novit Dominus, cum multum voluissem, gravi totius corporis et maxime solita pedum debilitate constrictus, non ante potui vobis hæc mittere. Scripsi enim hæc omnia etiam in majore libro, timens ne et ipsa perdantur in via, sicut perdita sunt capitula; quod valde laboriosum fuit.

Explicit epistola.

CAPITULA LIBRI PRIMI DOMNI PETRI

ABBATIS CLUNIACENSIS,

Contra sectam nefandam Saracenorum.

I. *Prælocutio ad Saracenos admonens et excitans eos, ut patienter audiant, et rationabiliter intelligant quæ sequuntur.*

II. *Quam stulte ac ridiculose dicunt Judæos legem suam perdidisse, et modo nonnisi falsatam et mendosam habere.*

III. *Qua ratione hæc illorum opinio stulta et vana esse probatur.*

IV. *Quod quia similiter Christianos Evangelium et scripta apostolica perdidisse asserunt, quomodo facillime refelli possit monstratur.*

V. *Quod non potuisset Christianos latere falsitas Evangeliorum, maxime cum per universum orbem diffusi, multaque linguarum varietate divisi, idem prorsus Evangelium omnes habeant, nec ab illa unius et ejusdem Evangelii veritate aliqui hoc tempore Christiani dissentiunt.*

VI. *Quod si falsatum esset Evangelium, nec tot linguarum ac gentium homines, tamque studiosos ac sapientes hoc latere potuisset, nec seipsos ipsimet nudato mendacio falli permisissent, nec relicta veritate, falsa pro veris, incerta pro certis tenuissent.*

VII. *Quod ex parte illa qua Evangelium suscipiunt, necessario eos illud etiam ex toto suscipere debere probatur.*

CAPITULA LIBRI SECUNDI.

I. *Quod Mahumeth dici vel credi propheta non debeat his de causis.*

II. *Quod raptor fuerit, istudque ex sequentibus comprobatur.*

III. *Quod homicida insuper et parricida multorum fecit.*

IV. *Quod proditor fuerit, incautos et dormientes sæpe jugulans.*

V. *Quod adulter nefandus exstiterit, adulteria perpetrare sibi a Deo concessum in Alchorano suo dicens.*

(201*) Duplicis in Angliam profectionis meminit Petrus Venerabilis in lib. II Miraculorum, cap. 52, atque in una saltem diu moratum fuisse testatur in epistola ad Henricum Wintoniensem episcopum, qui fuerat monachus Cluniacensis, lib. II, epist. 15.

VI. *Quod insuper rem Sodomicam atque turpissimam docuerit, præcipiens in Alchorano suo, et velut ex persona Dei sic loquens :* « *O viri, mulieres vobis subjectas ex quacunque parte vobis placuerit parate.* »

VII. *Quod sæpissime in Alchorano suo sibimet contrarius sit, modo negans, modo affirmans illud idem quod ante negavit.*

VIII. *Quod legislationem ejus nulla miracula commendaverunt, cum Moyses antiquæ legis lator, et Christus Novi Testamenti conditor multis et magnis miraculis leges quas dederunt, divinas et sanctas esse firmaverint.*

CAPITULA LIBRI TERTII.

I. *Quod Mahumeth miracula facere non potuerit ex supradicta ejus nefanda vita probatur.*

II. *Quod ipse in Alchorano suo fateatur signa sibi a Deo data non esse.*

III. *Quam frivola, imo quam nulla sit ratio, quam ibi prætendit, quare scilicet miracula non faciat, introducens Deum sic sibi loquentem :* « *Nisi sciremus eos tibi non credituros, daremus tibi signa et prodigia.* »

IV. *Quod inde etiam sibi contrarius sit, quando et prophetam se nominat, et tamen signa sibi data non esse affirmat, cum prophetia maximum signum sit.*

V. *Quod necesse sit eum in altero horum duorum mentiri, quia si propheta fuit, signa prophetica accepit; si signa non accepit, propheta non fuit.*

VI. *Quod lux, ut fabula geniturœ et nutriturœ ipsius habet, inclusa costis Adæ, indeque costis Noe, et sic per successiones usque ad ipsum nulla unquam fuerit, sed est omnium risu dignissima.*

VII. *Quod eum prædixisse dicunt successuros sibi in regno, primo Abubarcharum, secundo Aomar, tertio Odmen, quarto Hali, et quædam alia falsum esse monstretur et ipsius historici qui hoc refert relatione.*

VIII. *Quod rursus prophetam eum esse non potuisse, ex Evangelio Christi, uti ex aliqua parte credunt, comprobetur.*

CAPITULA LIBRI QUARTI.

I. *Quod verba Domini dicentis in Evangelio.* « *Lex et prophetæ usque ad Joannem* (Luc xvi), » *non de omnibus prophetis dicta sunt, sed de illis tantum qui universalem mundi salutem, quæ per Christum facta est, ante Christum prædixerunt.*

II. *Quod et post Joannem vel Christum alii prophetæ fuerunt, vel forte futuri sunt, qui non illa magna et singulariter salutem humanam operantia, sed quædam ad quasdam proprias gentes, terras, vel personas pertinentia, prophetico spiritu prædixerunt, vel fortassis prædicturi sunt; quorum exempla multa tenemus.*

III. *Quod nec de istis, nec de illis Mahumeth fuerit, qui nec salutem quæ per Christum facta est, cum longe post Christum fuerit, prædixit, nec aliqua saltem minima ad prophetiam pertinentia dixit.*

IV. *Quod istud ex Alchorano ejus ostenditur, in quo nihil prorsus propheticum scripsit, cum nulla hoc habeat ratio, eum scilicet alicubi prophetice dixisse. Et hoc in illa sua, juxta illum, sublimi et sola scriptura tacuisse, ubi cum se prophetam dicat, nulla tamen prophetica narrat.*

V. *Quod tota scriptura Mahumeth nihil aliud sit quam fæces horridæ, et reliquiæ fœtidæ hæresum ante quingentos quam ipse nasceretur annos, ab universali sacrosancta totius orbis Ecclesia damnatarum atque sepultarum, maxime autem Manichæorum, et apocryphorum scriptorum, præcipueque Thalmuth exsecrandi libri Judæorum, quas scilicet Saraceni hæreses, quia veraces historias et gesta ecclesiastica non legunt, nec legere sciunt, nec ipsa tempora, nec ipsas hæreses fuisse aliquando audierunt; et ideo istum Satanam quasi mira et nova dicentem animales et miseri susceperunt.*

VI. *Exhortatio et admonitio, ut saltem hoc ultimo tempore, quando jam finis sæculi prope est, ad veram et sanctam Christianitatem veniant, diaboli fabulas et deliramenta respuentes, atque in crucem Christi et mortem, in qua sola vera et tota hominum salus est, per sacri baptismatis ablutionem credentes.*

Expliciunt capitula libri quarti.

INCIPIT PROLOGUS DOMNI PETRI

ABBATIS CLUNIACENSIS

IN LIBRO CONTRA SECTAM SIVE HÆRESIM SARACENORUM.

1. Contra sectam nefariam nefandi Mahumeth acturus, in primis omnipotentem Spiritum Dei invoco, ut qui nulli unquam adversus hostes suos et Ecclesiæ suæ agenti defuit, mihi quoque contra pessimos utriusque adversarios agere disponenti non desit. Locutus est ille per prophetas, inflammavit apostolos, perfudit exundanti chrismate orbem terrarum, et sicut unguentum in capite usque ad ipsam oram vestimenti defluxit, adsit, oro, tanta ejus largitas mihi ultimo suorum, et qui continens omnia scientiam habet vocis (*Sap.* 1), ad opus quod aggredior utiliter exsequendum, cor scientia, os voce verboque congruo repleat. Spero autem quod invocanti se aderit, quia benignus est. *Benignus est enim Spiritus sapientiæ* (*ibid.*), imo (quod plus esse non dubito) quia de Ecclesia illa sum cui Salvator promisit : *Rogabo Patrem, et alium Paracletum dabit vobis, ut maneat vobiscum in æternum* (*Joan.* xiv). Sed causa forte scribendi quæritur, quæ ne superfluus scriptor videar, proponenda est.

2. *Causa scribendi hujus operis.* — *Antiqui scriptores adversus hæreticos.* — Causa plane scribendi hæc mihi fuit, quæ multis et magnis Patribus exstitit. Non potuerunt illi pati quamlibet vel parvam jacturam fidei Christianæ, nec adversus sanam doctrinam insanientem multiformium hæreticorum vesaniam toleraverunt. Caverunt esse muti, ubi loquendum erat, advertentes, imo plenissime scien-

tes non minus se addicendos in subtili apud Deum staturæ judicii de infructuoso, vel (quod majus est) de damnoso silentio, quam de verbo otioso vel noxio. Ideo epistolis, ideo libris, ideo diversis ac robustis tractatibus obstruxerunt os loquentium iniqua (*Psal.* LXII), et omnem, juxta Apostolum, Satanæ altitudinem extollentem se adversus scientiam Dei (*II Cor.* x), loquente per eos Spiritu Dei, prostraverunt, calcaverunt, destruxerunt. Transeo antiquos ipsa antiquitate minus famosos hæreticos, Basilidem, Appellem, Marcionem, Hermogenem, Cataphrigas, Eucratitas, Montanum cum Prisca et Maximilla feminis insanis, Novatianum, Eunomium, multaque alia Christiani nominis monstra. Horum vesaniæ obvii restiterunt illorum temporum magni doctique homines Agrippa, Justinus philosophus et martyr, Theophilus Antiochenus episcopus, Apollinaris Gerapolitanus episcopus, Philippus Cretensis episcopus, Musanus, Modestus, Ireneus nostræ Lugdunensis Galliæ famosus episcopus et martyr, Rodon Asianus, Milciades, Apollonius, Serapion, Hippolytus, Victorinus, Rethicius Æduorum episcopus, pluresque alii nobis ignoti. Et hos prætereo. Ad præcipuas diabolicæ pravitatis pestes, quibus maxime Satanas Ecclesiam Dei inficere et velut robustioribus machinis subvertere conatus est, venio: Dico autem Manichæos, Arianos, Macedonianos, Sabellianos, Donatistas, Pelagianos, omniumque ultimos Nestorianos et Eutichianos. Horum primi Manichæi universa Testamenti Veteris volumina abjicientes, prophetas respuentes, ipsum Evangelium ex parte suscipientes, ex parte contemnentes, duo boni malique principia constituebant. Deum cum gente tenebrarum pugnasse, ne vinceretur, partem sui frugibus, carnibus, herbis, arboribus, cunctisque hujusmodi miscuisse, liberandam paulatim post esum talium ructibus humanis, mortem Domini phantasticam, resurrectionem falsam, multaque talia magis reticenda quam dicenda, prodigiosi et per inanissimas fabulas aberrantes homines delirabant.

3. *De Arianis.* — Ariani, fertilior aliis seges diaboli, ponentes in cœlum os suum, linguaque eorum transeunte in terra (*Psal.* LXXII), unius veri ac summi Dei Patris, Filii, ac Spiritus sancti divinitate pro velle abutentes, Patri tantum deitatem asserebant, Filium ac Spiritum creaturis connumerabant. Dicebant Filium maximum esse creaturarum, Spiritum sanctum Filio inferiorem, sed aliis creaturis majorem.

4. *De Macedonianis.* — Macedoniani et ipsi insani cum Arianis hæresim dividebant, Filium verum Deum Patrique coessentialem fatentes, Spiritum sanctum ab utriusque deitate separantes.

5. *De Sabellianis.* — Sabelliani, omni se velut nimis molesta Trinitatis quæstione exuentes, unam tantum in deitate personam sub tribus nominibus intelligendam esse putabant.

6. *De Donatistis.* — Donatistæ, ex sacris libris sub persecutione persecutoribus traditis sumpta occasione, astruebant, exploso toto orbe a salute, non nisi in Africa Ecclesiam esse posse, contra Christum dicentem: *Oportebat Christum pati et resurgere a mortuis die tertia, et prædicari in nomine ejus pœnitentiam et remissionem peccatorum in omnes gentes, incipientibus ab Jerusalem* (*Luc.* XXIV).

7. *De Pelagianis.* — Pelagiani gratiæ Dei, qua sola salvamur, superbi et pessimi inimici, subtilius aliis hæresibus acuebant linguas suas sicut serpentes (*Psal.* CXXXIX) et veneno aspidum latente sub labiis eorum (*Psal.* XIII), inter multiplices de hac materia blasphemias, substantiam quidem humanam a Deo, bona autem humana liberi arbitrii causa ab ipsis hominibus esse dicebant.

8. *De Nestorianis.* — Nestoriani, horum penultimi, deitatem a Christo Deo et homine removebant, negantes esse Deum, profitentes hominem purum.

9. *De Eutychianis.* — Eutychiani ultimi in supra scriptis, cum sint Nestorianis contrarii, non tamen minus impii, in sententia dispares, in perfidia pares, sicut illi Christum verum Deum, sic et isti negabant verum hominem. Dicit Nestorius: *Homo tantum est Christus.* Dicit Eutyches: *Deus tantum est Christus.*

10. *Adversus istos hæreticos qui scripserint auctores.* — Et ut eo ordine quo hæreses propositæ sunt, destructores quoque hæresum proponantur, contra Manichæos primus aut pene primus, libro disputationis edito, egit Archelaus Mesopotamiæ episcopus. Post eum Serapion et ipse episcopus egregium librum composuit et edidit. Illis tempore junior, sed longe sensibus et eloquio major, magnus Augustinus succedens, libris potentibus, tam contra Faustum quam contra Fortunatum Manichæorum principes editis, nefandam hæresim expugnavit. Contra Arianos, quantum ad scripta pertinet, primum lego ad prælia processisse armatum fide et eloquio Eustachium Antiochenum episcopum, qui postquam contra Arianum dogma multa composuit, exsul Constantii imperatoris præcepto a sede et patria factus, proprium exsilium gloriosa et constanti confessione moriens decoravit. Post hunc lego Marcellum Ancyranum episcopum, multa adversus eosdem scripsisse volumina. Lego et Alexandrinum Athanasium non solum laboribus, non solum verbis, sed et scriptis Arianos urgentem, et contra Valentem et Ursacium Arianorum patronos integrum librum scribentem. Hilarium vero Aquitanum episcopum vere sanctum et omni scientia doctum virum, quis nesciat duodecim adversus Arianos confecisse libros? Quem lateat unus ejus libellus ad Constantium imperatorem Arianum, quem viventi obtulit, et alius in eumdem, quem post mortem ejus scripsit? Est et alter quem adversus jam dictos Valentem et Ursacium edidit. Scripsit et Victorinus rhetor famosus, contra Arianorum magistrum Arium libros more dialectico. Egit et de eodem contra eosdem libris duobus Didymus

Alexandrinus. Obtulit et apud Mediolanum Gratiano principi Maximus philosophus et episcopus, insignem de fide adversus Arianos librum. Contra Macedonianos supra scripti quidem libri adversus Arianos editi sufficiunt. Nam sicut Patris et Filii, ita et Spiritus sancti deitatem tam in substantia quam in majestate, quam Macedoniani diffitebantur, commendant. Sed ut etiam libris adversus eorum errorem specialiter dedicatis confutarentur, scripsit jam dictus Didymus de Spiritu sancto librum unum. Composuit et Basilius Cæsareæ Cappadociæ episcopus de eodem Spiritu sancto volumen. Edidit et Gregorius Nazianzenus de eadem materia librum alterum. Sed et Ephrem Edessenæ Ecclesiæ diaconus edidit de eodem Spiritu sancto Syra lingua volumen. Contra Sabellium licet specialia opera non invenerim, quicunque tamen resistunt Arianis, quicunque repugnant Macedonianis, universi pariter contradicunt et Sabellianis. Dico (quod plus est): Non solum contra ipsos agunt Catholici; sed ipsis quoque Sabellianis resistunt hæretici. Dicit Sabellius unam esse personam Trinitatis, negat hoc Catholicus, negat Arius, negat Macedonius. Sufficit ergo ad condemnationem Sabellianorum Catholicorum consensus atque hæreticorum. Contra Donatistas universus quidem orbis, cujus hostes sunt, conclamat; sed speciales adversus eos sex libros conscripsit Optatus Afer episcopus Milevitanus. Supremo certamine eos verbis scriptisque debellavit noster et verenoster Hipponensis Augustinus. Contra Pelagianos eorumque auctores Pelagium, Cœlestium et Julianum Campanum ultimos fere vitæ suæ annos scribendo libris insignibus dedicavit idem qui supra maximus et summus Latinorum doctor Augustinus. Contra Nestorianos et eorum auctorem Nestorium secunda synodus Ephesina congregata est, in qua et Nestoriana hæresis condemnata, et Nestorius auctor hæreticus adjudicatus, et a Constantinopolitano episcopatu expulsus est. Contra Eutychem et ab eo dictam Eutychianam hæresim nobiles tam sensibus quam stylo dignas memoria epistolas scribit sanctus et primus hujus nominis papa Leo, vir magnus fide, scientia, eloquio. Hujus pastorali studio sexcenti fere apud Chalcedonem episcopi congregati, Nestorium cum suis, Eutychem cum suis a Christi corpore, hoc est ejus Ecclesia præciderunt, et nisi qui supererant resipiscerent, perpetuo anathemati tradiderunt. Contra Jovinianum nuptias virginitati æquantem, contra Elvidium perpetuam matris Domini virginitatem negantem, contra Vigilantium sanctorum mortuorum corpora vel reliquias contemnentem, consummatæ scientiæ presbyter Hieronymus insignia more suo splendenti sermone volumina edidit, et quantum detestandi essent ostendit. Ili quidem Nestorium tempore præcesserunt, sed sectam sui nominis nullam facere potuerunt.

11. *Nullum esse errorem adversus quem non debeant scripta fieri.* — Fecit hoc semper et facit Ecclesia Dei, et vepres spinasve satis Dominicis inimicas studiosa ruricolarum suorum manu exstirpat; non cessit quolibet tempore hostilibus jaculis indefessum robur sanctorum; sed vires virtute, astutiam sapientia superans, et scuto fidei suos ab hostium furore protexit, et in eorum perniciem fulminantia spicula vehementi nisu intorsit. Non potuit pati venenosi sibilos serpentis cœlestibus oraculis prævalere, nec rectæ fidei viam ad beatam æternitatem ducentem, pravis errorum semitis ad inferos retorqueri. Hæc, inquam, hæc plane tota ac sola sanctis illis causa fuit scribendi, pro qua in hostes Christianæ salutis non solum verbis librisque invecti sunt; sed nec suis nec sibi, nec ipsi tandem vitæ propriæ pepercerunt. Hæc eadem est et mihi. Nec debeo, licet longe illis inferior et impar, minus zelari pro Ecclesia Dei, sponsa Christi, quam ipsi, cum tam mihi quam illis una fuerit vel sit fides, unum baptisma, unus Deus, una, quam illi jam obtinent, et ad quam nos suspiramus, vita æterna. Sed forte quibusdam erroribus obviandum et de quibusdam silendum. Non hæc opinio apud Patres. Ostendit hoc Hippolytus, inter multa alia opera sua, scribens de Pascha adversus omnes hæreses. Monstrat hoc et Barthesanes clarus olim scriptis variis in Mesopotamia apud suos, qui, ardens ingenio et in disputatione vehemens, scripsit infinita adversus omnes pene hæreticos, qui ætate ejus pullulaverant. In quibus teste Hieronymo clarissimus ille est et fortissimus liber, quem Marco Antonino tradidit. Affirmat idem et Victorinus, non ille quem præmisi, sed Pitabionensis episcopus et martyr, qui Græca Latinaque lingua instructus, adversus omnes præcedentium vel suorum temporum hæreses scripsit, nullamque contra universas scribens negligendam esse monstravit. Quem utrum in scribendo imitari posteri debeant, non solum doctrina, sed et martyrio, quem ad extremum pro fide quam defenderat passus est, lector advertat. Astruit hoc Epiphanius sanctus et famosus Salaminæ, quæ in Cypro insula est, episcopus, scribens nihilominus adversus omnes hæreses libros, eosque legendos totius orbis Ecclesiis tradens. Nulla est igitur his sanctorum exemplis docentibus hæresis negligenda, nulla est tantis magistris instruentibus silentio prætereunda. Confutandus est omnis error, omnis pravus et fidei adversus intellectus corripiendus, et, si potest fieri, corrigendus. Exhibenda est Christo ab his quibus ab ipso commissa est Ecclesia absque macula et ruga, ut possit audire ab illo: *Tota pulchra es, amica mea, et macula non est in te (Cant.* IV).

12. *Sed maxime adversus Mahumeticum qui valde dilatatus est.* — Si ergo nulla hæresis quolibet tempore orta immunis a gladio spiritus, quod est verbum Dei (*Ephes.* VI), esse potuit, nunquid tutus ab illo Mahumeticus error erit? An forte ut nullum aut parvum Christiana lingua transibit? An forte ut innoxio vel minus noxio parcet? Et quæ unquam,

o lector, hæresis adeo Ecclesiæ Dei nocuit? Quis unquam error adeo rempublicam Christianam vexavit? Quis in tantum terminos ejus rescidit? Quis tanta massa perditorum numerum infernalem adauxit? Occupavit Ariana pestis, maxima prædictarum hæresum, quasdam aliquandiu partes terrarum, easque lethali haustu Satana propinante infecit. Adjunxit nequitiæ suæ quosdam reges Gothorum, duosque (quod majus est) Romani principes orbis, Constantium et Valentem corrupit. Transiit de solo barbarico in Pannoniam, indeque ad Italiam transmigravit, unde pulsa meridianam partem Galliæ, Aquitaniam dico, invasit; sed, rege Francorum Clodoveo fugante, tandem in Hispaniis vi bellica subactis resedit. Ibi vix centum annis exactis, ac rege Gothorum qui genti hæreticæ imperabat, ad Catholicam fidem spiritu Dei agente converso defecit. At Mahumeticus furor ab Ismaelitis Arabibus sumens exordium, Persas, Medos, Syros, Armenos, Æthiopes, Indos, et reliqua Orientis regna, ipsamque in tribus orbis partibus maximam Asiam pene totam corrupit, et vel a Christianismo avertens, vel a quibuslibet antiquis erroribus, ad perditi hominis sectam convertens, subtraxit Christo, substravit diabolo. Hinc non miti ratione, sed violenta incursione, toto fere, ut dictum est, armis Oriente subacto, Ægyptum, Lybiam, Africamque universam profanæ religioni subjecit. Et sic duabus mundi partibus occupatis, nec tertiam quæ Europa vocatur, Hispania pervasa, Christo vel Christianis suis integram dereliquit. Et quid dicam ultra? Nec si universas a Christi tempore per mille et centum annos diabolico spiritu suscitatas hæreses numeraveris, simulque collectas velut in statera appenderis, adæquari huic poterunt, nec pariter omnes tantam æternis ignibus materiem injecisse invenies.

13. *Errores Mahometi an hæreses dici debeant.* — Quæ ergo nullam vel parvam hæresim intactam præteriit, nunquid hunc omnium errorum maximum errorem torpens vel muta Christiana lingua transibit? Sed forte dicet vel cogitabit quisquam: Illis olim hæresibus respondit Ecclesia, quæ, ut Joannes apostolus ait: *Ex nobis exierunt, sed non erant ex nobis* (I Joan. II); at error iste nec nobis exiit, nec ex nobis fuit. Christianis enim de Ecclesia, hoc est Christi corpore, quolibet errore tractis vel recedentibus, Patres suprascripti responderunt, alienos et extra Ecclesiam vagantes errores silendo contempserunt. Quibus et hic error connumerari potest, qui nec, ut dictum est, de Ecclesia exiit, ne se de Ecclesia exiisse, ut aliæ hæreses erroris non hæresis nomine satis ostendit. Non enim hæresis dicitur, nisi exiens de Ecclesia et agens contra Ecclesiam. Ad hæc ego fateor, hoc, inquam, et ipse, Christianos pertinaciter contra quamlibet rectæ fidei partem agentes, jam ab antiquo usitato nomine dici hæreticos, eo quod prave sentiunt vel fatentur, vocari hæresim. Sed utrum Mahumeticus error hæresis dici debeat, et ejus sectatores hæretici, vel ethnici vocari, non satis discerno. Video enim eos hinc hæreticorum more de fide Christiana quædam suscipere, quædam abjicere; hinc ritu pagano, quod nulla unquam hæresis fecisse scribitur, facere pariter et docere. Nam cum quibusdam hæreticis, scribente sic in Alchorano suo impio Mahumeth, Christum quidem de Virgine natum prædicant, majorem omni homine ipsoque Mahumeth dicunt, sine peccato vixisse, vera prædicasse, mira fecisse affirmant. Spiritum Dei, verbum fuisse fatentur, sed nec spiritum Dei aut verbum, ut nos aut intelligunt aut exponunt. Christi passionem aut mortem non solum, ut Manichæi, phantasticam, sed nullam prorsus existisse vesaniunt. Hæc quidem et similia cum hæreticis sentiunt, cum paganis autem baptisma abjiciunt, sacrificium Christianum respuunt, pœnitentiam cunctaque reliqua Ecclesiæ sacramenta derident.

14. *Sive hæreses sive paganorum deliramenta sint, debent impugnari.* — Elige igitur quod malueris, aut voca hæreticos propter hæreticum sensum, quo partim cum Ecclesia sentiunt, partim dissentiunt; aut dic paganos, propter excedentem impietatem, qua omnem hæresim erroris professione impia vincunt. Si hæreticos dixeris, probatum est supra omnibus hæreticis vel hæresibus obviandum; si paganos vocaveris, probo idque Patrum auctoritate ostendo, non minus et illis resistendum. Ad hoc affirmandum redeat ad medium supra nominatus Justinus philosophus et martyr. Hic pro defendenda Christi religione plurimum laboravit, in tantum ut Antonino quoque principi et filiis ejus et senatui librum contra gentes scriptum daret, ignominiamque crucis non erubesceret, et alium librum successoribus ejusdem Antonini Marco Antonino Vero et Lucio Aurelio Commodo. Est et ejus aliud volumen contra gentes, ubi etiam de dæmonum natura disputat. Item est et quartum adversus gentes, cui titulum prænotavit *Elegeos*. Est et dialogus contra Judæos, quem habuit adversus Tryphonem principem Judæorum. Sequatur hunc ad hoc astruendum Apollinaris urbis Hierapolis, quæ est in Asia, episcopus, qui non solum imperatori Marco Antonino Vero insigne volumen pro fide Christiana dedit, sed et alios quinque adversus gentes libros conscripsit. Edidit et Lugdunensis Irenæus contra gentes volumen. Scripsit et Miliciades contra gentes Judæosque libros alios, composuit et Apollonius Romanæ urbis senator sub Commodo principe ac Severo, insigne contra paganos volumen, quod, rationem fidei suæ reddens, in senatu legit, ac post lectionem ejusdem senatus sententia pro Christo capite truncatus est. Successit his Arnobius rhetor sub Diocletiano principe, scripsitque adversus gentes, quæ illis temporibus publice legebantur. Confecit et Methodius Tyrius episcopus libros contra Porphyrium paganum philosophum, contra eumdem, et Leodicenus episco-

pus Apollinaris stylum exacuit, et triginta libros condidit. Non defuit assertioni huic supra nominatus ac sæpe nominandus Athanasius Alexandrinus episcopus, hic non solum contra Arianos speciales hostes suos scripsit, sed et adversus gentes duos libros edidit. Sequatur hunc et Eusebius Emisenus episcopus, elegantis et rhetorici ingenii homo, hic innumerabiles, ut legitur, libros confecit, ex quibus præcipui sunt adversus Judæos et gentes. His universis nulli supradictorum doctrina inferior, imo forte superior Augustinus succedat, et libris notissimis viginti duobus De civitate Dei editis, non tantum contra hæreticos, qui de Ecclesia exeunt, sed et contra paganos ac Judæos, qui in Ecclesia nunquam fuerunt, contraque omnes omnino errores congruo tempore verbo scriptoque agendum esse doceat.

15. *Ut adversus Mahumetanam legem scribi posset, Petrus abbas Alchoranum ex Arabico in Latinum curavit converti.* — Sive ergo Mahumeticus error hæretico nomine deturpetur, sive gentili aut pagano infametur, agendum contra eum est, scribendum est. Sed quia Latini et maxime moderni, antiquo studio pereunte, juxta Judæorum vocem, varias linguas apostolorum olim mirantium, non nisi linguam suam noverunt, in qua nati sunt, cujusmodi tantus error esset, agnoscere nec dicam tanto errori obviare non poterant. Unde concaluit cor meum intra me, et in meditatione mea exarsit ignis, indignatus sum causam tantæ perditionis Latinos ignorare, et ipsa ignorantia nullum ad resistendum posse animari; nam non erat qui responderet, quia non erat qui agnosceret. Contuli ergo me ad peritos linguæ Arabicæ, ex qua procedens mortiferum virus orbem plusquam dimidium infecit, eis ad transferendum de lingua Arabica in Latinam perditi hominis originem, vitam, doctrinam, legemque ipsam quæ Alchoran vocatur, tam prece quam pretio, persuasi. Et ut translationi fides plenissima non deesset, nec quidquam fraude aliqua nostrorum notitiæ subtrahi posset. Christianis interpretibus etiam Sarracenum adjunxi. Christianorum interpretum nomina : Robertus Kecenensis, Armannus Dalmata, Petrus Toletanus ; Saraceni Mahumeth nomen erat. Qui intima ipsa barbaræ gentis armaria perscrutantes, volumen non parvum ex prædicta materia Latinis lectoribus ediderunt. Hoc anno illo factum est quo Hispanias adii, et cum domno Aldefonso, victorioso Hispaniarum imperatore, colloquium habui, qui annus fuit ab Incarnatione Domini 1141.

16. *Susceptus labor quid prodesse possit.* — Sed forte adhuc aliquis : Quid proderit fastidientibus cibos ingerere? quid confert aspidi surdæ et obturanti aures suas disputatione multiplici insonare? Nam homines contra quos agere disponis, alieni sunt, barbari sunt, non solum moribus, sed et lingua ipsa, nil sibi Latinisque commune esse fatentur. Quomodo igitur audiet, ne dicam exaudiet Arabs Latinum, Persa Romanum, Æthiops vel Ægyptius Gallum? Videndum est ne frustra labor insumatur, cavendum ne utili opere relicto, superfluo tempus teratur. Ad quod ego : Poterit, inquam, quod scriptum fuerit in eorum linguam transferri, poterit Christiana veritas in litteras Arabicas vel quaslibet alias commutari; sic potuit nefandus error ad Latinorum notitiam meo studio transmigrare. Sic Latinum opus in peregrinam linguam translatum, proderit forsitan aliquibus, quos ductrix ad vitam gratia Deo lucrari voluerit. Sic ex litteris Hebraicis Vetus Testamentum, sic præter Evangelium Matthæi, ex Græco Novum in universas totius orbis linguas transfusum, mundum Deo subjecit, et per Christianam fidem ab inferis revocans, cœlo restituit. Sic plurima alia Patrum opera et Latinus a Græco mutuavit, et Græcus a Latino accepit. Nec defuit inter alias multiplices orbis linguas nobis ignotas hæc sermonum ad invicem commutatio, de quibus fere, ut de apostolis, dici possit : *Non sunt loquelæ, neque sermones, quorum non audiantur voces eorum (Psal.* XVIII). Quod si forte hæc de qua agitur Scriptura aut interpretes non habuerit, aut translata non profuerit, habebit saltem Christianum armarium etiam adversus hos hostes arma, quibus aut se muniat, aut quibus, si forte ad certamen ventum fuerit, inimicos confodiat. Occurret fortasse volumen editum cogitationibus occultis nostrorum, quibus scandalizari possunt, aliquam apud impios illos esse putantes pietatem, et apud mendacii ministros aliquam credentes esse veritatem. Jungitur huic rationi auctoritas non parva, quæ etsi jure in talibus præire debeat, nil tamen obstat, si in re proposita rationem sequatur.

17. Scripserunt quoscunque præmisi et plures quos reticui contra hæreticos, Judæos vel ethnicos, diversa magna, et mira opera, nec tamen scribentes quibus prodesse possent aut elegerunt aut præscierunt. Cumque nec elegissent neque præscissent quorum saluti labores proprii inservire deberent, non tamen idcirco vel animum a studendo, vel linguam a dictando, vel manum a scribendo vacare permiserunt. Non attendit Græcus scriptor Latino non posse prodesse Græcitatem, non cogitavit Latinus Græco frustra legi Latinitatem, non meditatus est quilibet quantumlibet barbarus sed Catholicus adversus quoslibet errores agens frustra se scribendi laborem assumere, quia non posset opus suum, nisi in varias linguas translatum, hominibus peregrini sermonis prodesse. Noverant, certi erant quod Spiritus sanctus ubi vult spirat *(Joan.* III); sed scire non poterant quos, quando, vel quantum inspirat. Sciebant non esse aliquid neque qui plantat, neque qui rigat; sed qui incrementum dat Deus *(I Cor.* III). Eapropter rigando, plantando ut boni servi quod suum erat implebant; quod Dei erat Domino dimittebant. Hos qui sequi voluerit, æstimo, imo affirmo, quia non errabit. Quod si et ipse fecero,

certus sum quia non errabo. Non errabo plane si simplici oculo fecero quod meum est, et Deo, ut dixi, servavero quod suum est. Non poterit certe, non poterit omnino labor causa Dei assumptus evadere absque fructu ; si autem conversis profuerit, aut hostibus obstiterit, aut domesticos munierit, aut saltem horum scriptori pax bonæ voluntatis hominibus repromissa non defuerit. Sequatur ergo in nomine Domini Jesu dilati operis exordium. In fine addo, quia novi et certus sum insolita in talibus prolixitate me consuetas prologi metas aliquantulum excessisse, sed ut excusatum me lector habeat, sciat hoc importunis objectionibus disputantium contigisse, quibus ne brevis viderer, forte justo prolixior aliis exstiti.

INCIPIT LIBER PRIMUS DOMNI PETRI

ABBATIS CLUNIACENSIS

ADVERSUS NEFANDAM HÆRESIM SIVE SECTAM SARACENORUM.

Petrus Venerabilis ex amore Mahometanorum hunc librum aggreditur. — In nomine Patris et Filii et Spiritus sancti, unius omnipotentis et veri Dei, PETRUS quidam, Gallus natione, Christianus fide, abbas officio eorum qui monachi dicuntur, Arabibus Ismaelis filiis, legem illius qui Mahumeth dicitur servantibus.

1. Mirum videtur, et fortassis etiam est, quod homo a vobis loco remotissimus, lingua diversus, professione sejunctus, moribus vitaque alienus, ab ultimis Occidentis, hominibus in Orientis vel meridiei partibus positis scribo, et quos nunquam vidi, quos nunquam forte visurus sum, loquendo aggredior. Aggredior, inquam, vos, non, ut nostri sæpe faciunt, armis, sed verbis, non vi, sed ratione, non odio, sed amore ; amore tamen tali, qualis inter Christicolas et a Christo aversos esse debet ; tali qualis inter apostolos nostros et illius temporis gentiles, quos ad Christi legem invitabant, exstitit ; tali qualis inter ipsum Creatorem et rectorem omnium Deum, et illos quos, dum adhuc creaturæ non Creatori servirent, a cultu simulacrorum vel dæmonum per suos avertit. Amavit plane ipse illos, antequam ipsi illum amarent ; agnovit, antequam agnoscerent ; vocavit, dum adhuc contemnerent. Contulit bona facientibus mala, misertus est pereuntibus sola gratia, eosque sic eripuit a miseria sempiterna. Habet hoc ab ipso Ecclesia Christianorum, ut sicut ille, ut ait Christus noster : *Solem suum oriri facit super bonos et malos, et pluit super justos et injustos* (Matth. v), sic illa et in ipso amicos et propter ipsum diligat inimicos. Succedit huic Christianæ auctoritati ratio evidens, qua omne animal, ut ait quidam, diligit simile sibi. Probatur hoc inde, quod cum sub hoc genere, quod est animal, universæ quadrupedum, volucrum, vel quorumlibet talium species contineantur, familiarius sibi est unumquodque animal in propria specie, quam in universali genere. Apparet hoc in domesticis, claret et in ipsis agrestibus bestiis, quæ aut semper aut sæpe ab illis, quas a se natura discrevit, abhorrent ; easque quas similes sibi aut conformes sentiunt, consectantur. Quæ si, ut assolet fieri, contra se invicem qualibet de causa felle moto concertant, redeunt tamen cito, sedato motu, ad pacem, nec oblivisci quod factæ sunt prolixiore tempore possunt. Cumque inter infinitas, quæ, ut dictum est, sub animali continentur, species, etiam homo sit, et quod nulla alia animalium species habet, etiam ratione præditus sit, longe amplius cogitur diligere similem sibi, ratione suadente, quam ille natura trahente.

2. *Mahumetanos ad salutem invitat auctor.* — Hæ sunt causæ quibus vos Christianus diligere, quibus vobis salutem debet optare ; harum altera divina, altera humana est. In illa præcepto divino obedit, in hac naturæ propriæ satisfacit. Hoc modo ego de innumeris et inter innumeros servos Christi minimus, vos diligo, diligens vobis scribo, scribens ad salutem invito. Non ad salutem filiorum hominum, in quibus, juxta verbum David, *non est salus* (Psal. CXLV), quia juxta eumdem, *vana est salus hominis* (Psal. LIX), sed ad illam de qua idem : *Salus autem justorum a Domino, et protector eorum est in tempore tribulationis* (Psal. XXXVI). Quæ psalmorum verba ea vobis de causa propono, quia psalmos a Deo David fuisse datos, a vestro Mahumeth audio. Loquens enim Abdiæ Judæo, sic ait : *Unum quidem Deus, duo vero Adam et Eva, tria vero Gabriel, Michael, Seraphiel ; quatuor lex Moysi, psalmi David, Evangelium, et Alfurchan.* Item : *Nec enim simul descendit super me verbum Dei, quemadmodum simul data est lex Moysi, psalmi David, et Evangelium Christo.* Invito vos ad salutem, non quæ transit, sed quæ permanet ; non quæ finitur cum vita brevi, sed quæ permanet in vitam æternam. Hanc consequi, hac tempore a Deo præstituto frui mortalibus quidem datum est ; sed non nisi illis, qui de Deo quod est, non quod non est, sentiunt ; qui eum non juxta cordis sui phanta-

smata, sed sicut ipse se coli et vult et præcipit, colunt.

-3. *Illorum legem impugnare volentes audire nolunt. Innatum est homini nolle falli et inquirere veritatem.* — Ad ista vos : Absit ut aliter sentiat intellectus noster ! absit ut aliter se habeat professio nostra ! Nos nihil de eo somniavimus, nihil prorsus con finximus, sentimus de ipso, fatemur de ipso, non juxta figmenta corporis nostri, sed juxta quod tradidit nobis missus ab ipso *propheta noster. Ille cum sit ordine ultimus in prophetis, et velut signaculum omnium prophetarum, et legis divinæ non auctor, sed lator, non Deus, sed nuntius ; mandata cœlestia a Deo per Gabrielem sibi missa, nihil plus minusve continentia accepit, accepta patribus nostris nobisque servanda tradidit. Hæc servamus, hæc custodimus, his animas, his corpora, his vitam mortemque nostram dicavimus. Et, o homines, homines inquam, non solum natura rationales, sed et ingenio et arte rationabiles, utinam mihi hic intellectuales vestrorum cordium aures præbeatis ! Utinam superstitionis obstinatione remota, quæ subinferre præparo, audiatis. Audiatis ideo dico, quia quod valde mirum est, si tamen verum est, nullum contra morem vobis assuetum, nullum contra patrias vestras leges agere volentem, nullum contra ritus ab ipso quem supra nominavi vestro propheta vobis traditos disputare quærentem, vos velle audire audivi. Et non solum vos hoc a nullo velle audire accepi, sed ut ipsa loquendi primordia lapidibus aut gladiis, vel quolibet alio mortis genere obstruatis, vobis lege præceptum ab Oriente vestro ad Occidentem nostrum fama diffusa fatetur. Videte igitur, viri, juxta scientiam sæcularem prudentes ; videte, inquam, et remoto obstinatæ voluntatis obice, subtiliter considerate utrum mos iste probabilis sit, utrum ratione aliqua subnixus esse possit. Non vult aliquis hominum, qui non tantum natura rationalis, sed et vivaci mentis acumine rationabilis est, non vult plane in rebus temporalibus falli, non vult certa pro incertis accipere, ut delusus cujuslibet astu vel imprudentia, quod verum est falsum putet, quod falsum est verum existimet. Non cedit in hac parte cuilibet necessitudini, nec alicui super his charissimo acquiescit, non amicis, non sanguinis affinitate conjunctis, nec ab ipsis quibus arctiori amoris vinculo jungitur conjugibus, se scienter decipi æquanimiter pati potest. Cumque multoties multa et maxima carni ac spiritui molesta, amicorum causa ab amicis patienter ferantur, istud tamen homini natura indidit, ne se falli ab aliquo, quantumlibet proximo aut amico, pacto quolibet patiatur. Scrutamini universa officia mortalium et artes ipsasque liberales ; sed et ipsas quæ serviles dicuntur attendite, utrum aliquis studiosorum sæcularem scientiam amantium, de ipsis vel in ipsis se falli velit, et non magis earum veracem ac certam notitiam ab eruditoribus sive magistris accipere. Hoc indicato, præcipue ipsius terrenæ sapientiæ studium, cui percipiendæ cum hi qui Græce, philosophi, Latine, amatores sapientiæ vocantur, summo conamine inhiarent, ac pro ingeniorum varietate, de ipsa diverse sentirent, laxabant libera frena sermonibus, et pro majori minorive acumine rationis, in medium quæ senserant proferentes, innumeris disputationum modis ad veritatem earum rerum quæ in propositis quæstionibus versabantur, pertingere laborabant. Non obstruebant ora eorum quos studiosos inquirendæ veritatis credebant, imo magis de oppositis disputando, certatim se aliosque omni loquendi genere ad laudabile studium accendebant. Hic Græcorum, hic Latinorum, hic Persarum, hic Indorum aliarumque gentium sapientium mos hoc propositum semper fuit, ut et ipsi scrutandæ rerum veritati semper insisterent, et ad idem inquirendum, examinandum, definiendum frequentibus studiosos collationibus animarent. Quis jam eorum ingentem multitudinem, qui inter reliquos in investiganda rerum veritate maxime floruerunt, enumeret ? Famosa et solemnis est eorum notitia apud nostros, qui rerum creatarum veritatem ac virtutem non tacendo, nec ad tacendum ora hominum obstruendo, sed loquendo ac disputando de naturæ occultis eruerunt ; et quæ absque dubio certa ac vera esse repererant, tam sui temporis hominibus quam posteris tradiderunt.

4. *Non ergo negligenda inquisitio veritatis, sed maxime circa divina. Sola falsitas quærit tenebras, ac proinde falsa lex Mahumetana.* — Cum igitur omnis rationabilis mens rerum creatarum veritatem agnoscere cupiat, illiusque veritatis agnitionem ad commoda sua convertere optet, et quod tacendo consequi non valet, quærendo ac disputando assequi velit, nunquam increatæ rei verax cognitio negligenda est. Nunquid quousque qui eam non capit intelligat, inquirendum, disputandum, examinandum non est ? nonne longe acrioribus stimulis ingeri mens humana debet ad agnoscendam increatam essentiam, quam ad investigandam creatam naturam ? Videatur quid de his duobus alteri præponderet, quid magis commodis humanis inserviat ; hoc inquam videatur, et tunc cujus magis cognitioni animus humanus insistere debeat agnoscetur. Volo plane rerum ad præsens visibilium vim sive virtutem agnoscere, ut in aliquo mihi, dum hic mortaliter vivo, ut aliquod huic meæ transitoriæ peregrinationi auxilium vel commodum ferant. Ad quid autem rem increatam et super omnia creantem, cunctaque creata regentem agnoscere quæro, nisi ut et hic viventi congrua vitæ huic subsidia donet, et post mortem hanc æternaliter ac feliciter vivere præstet ? Quæ vero est natura hæc, quæ substantia vel essentia ? nonne illa quæ communi universarum gentium more, juxta proprietatem uniuscujusque linguæ, Deus creditur, Deus dicitur ? Est igitur illa natura Deus, illeque solus increatus est qui solus Creator est, qui solus rector omnium,

qui solus præsentium et æternorum bonorum auctor et largitor est. Videte igitur, vos, videte, inquam, vos quibus scribo, et juxta psalmum David, cui, ut credo, non discreditis : *Juste judicate, filii hominum* (*Psal.* LVII) utrum de creatura disputandum sit, de creatore tacendum, utrum libera loquendi facultas dari debeat quærenti de infimis et fugitivis bonis, et obstrui debeat os quærentis et agentis de summo et æterno bono. Liber ad cuncta mihi poterit esse discursus, loqui volenti de universis creatis, et statim ut de ipsorum Creatore agere voluero, lex Mahumetica os obturabit, aut si quid forte contra eam dixero, vix primis verbis elapsis caput secabit. Estne hoc legis alicujus præterquam vestræ? vere nullius, plane nullius. Dirigite oculos huc illucque ab ortu solis usque ad occasum, ab austro usque ad aquilonem, universarum gentium leges, ritus ac mores scrutamini, et sicubi simile quid cautum vel traditum reperire potueritis, coram producite. Non sic, non sic, ut interim de aliis taceam, lex Christiana, non sic quidam de magnis Christi apostolis jubet. *Parati, ait, estote omni poscenti vos rationem de ea quæ in vobis est fide et spe* (*I Petr.* III). Quid certe, quid portendit mos hujusmodi? quid sibi vult lex talis, quæ prohibet audiri contra vos disputantem? quæ pati non potest ratione prævia contra vestros, ut creditur, errores agentem? Nonne videtur vobis hoc omni plenum pudore? non cernitis hoc omnimodo refertum dedecore? Liberam semper frontem virtus habet, non quærit angulos, velari dedignatur, obscura fugit, clara cunctisque patentia quærit. Sola falsitas agnosci timet, discuti veretur, latibulis gaudet, produci in publicum ut mortem formidat. Quare hoc? quare, inquam, veritas lumen, falsitas appetit tenebras? hæc plane causa est, et nulla alia prorsus, nisi ea quam Christus noster in Evangelio suo, quod ei datum Mahumeth vester et dixit et scripsit, de bene agentibus et mala facientibus profert : *Omnis*, ait, *qui male agit, odit lucem; et non venit ad lucem, ne arguantur opera ejus. Qui autem facit veritatem, venit ad lucem, ut manifestentur opera ejus, quia in Deo sunt facta* (*Joan.* III). Certe verba hæc verba veritatis sunt; verba sunt plane illius quem Mahumeth vester, de quo paulo ante scripsi, immensis laudibus effert, quem in diversis sui Alchoran locis nuntium Dei, Verbum Dei, Spiritum Dei fatetur, quem sine peccato vixisse, quem majorem omni homine, etiam seipso, non negat. Qui si absque peccato, juxta illum, in terris conversatus est, mendax pro certo non est; nam si notam mendacii non cavisset, utique non parvus, sed magnus peccator fuisset. Ejus verba sunt illa quæ præmisi : *Omnis qui male agit odit lucem, et qui facit veritatem venit ad lucem.* Ad quid istud? contra morem reprobum, contra legem inauditam, quæ non licere vult quod omnibus licet, quæ agere contra se ex ratione volentibus auditum et aditum intercludit. Nam si mos ille, si lex illa veritatis est, quid timet ad lucem venire, ut manifestum fiat, quia in Deo vel a Deo sunt facta? Sed quid frustra longos circuitus de re cunctis nota facerem? Idcirco plane absque dubio mos ille, lex illa toties nominata odit lucem, diligit tenebras, non fert arguentem, non patitur contradictorem, ne arguatur falsitas ejus, ne nota fiat orbi terrarum doloso silentio tecta nequitia ejus.

5. *Proinde ridicula est lex Mahumetana.* — Attendite jam et super his, et recolite verba illius vestri, ut putatis, prophetæ, quam frivola sint, quam enervia, quantum omni robore veritatis ac rationis carentia : *Si quis*, ait ille, *Deum sibi introducens loquentem, tecum disputare voluerit, dic te faciem tuam ejusque faciei sequaces ad Deum convertisse. Quod agendo tam legum scientes, quam illitterati, bonam legem sequentur; sin autem, tuum est mea præcepta gentibus solummodo patefacere.* Item : *Si quis tecum de lege certamen inire voluerit, dic ei anathema, et iram Dei talibus solummodo comminare.* Et iterum : *Nolite disputare cum legem habentibus; melior est enim cædes quam lis.* Quæ sunt, quæso, hujusmodi verba? Ergone rationalis animus in tantum asinina stoliditate sepelitur, ut more bruti animalis illius, quælibet vel quantalibet onera sibi imposita patienter ferat, disceptare de his non audeat, inquirere utrum bona an mala, utrum utilia an noxia sint non præsumat? Si hoc concessero, necesse jam erit circumferri me omni vento doctrinæ, ac more arundinis flatu quolibet agitatæ, hac illacque inflecti, cedere omni errori, acquiescere cuilibet falsitati, nihil certi tenere, bona malis, vera falsis indiscrete confundere. Quid plane hoc concesso distabit inter hominem et pecus? Quid inter humanum animum et belluinum spiritum? plane nihil quantum ad stultam obedientiam; sed rursus multum quantum ad diversam naturam. Non enim jam homo jumentis comparabitur, sed jure pecude stolidior judicabitur; non contradicit cujuslibet imperio pecus, quia caret rationali animo, et acquiescit rationalis animus, contradicente rationis judicio; quia non est datum judicium pecori, indiscrete cunctis imperantibus cedit, cui inter bonum et malum, inter verum ac falsum discernere naturale est, his etiam quæ damnanda judicat, vilior pecude factus, obedit. Miror nec mirari sufficio, quomodo hoc a peritis et doctis hominibus extorqueri cujuslibet astu potuit, ut crederent verba quæ præmisi a Deo esse prolata, cum nihil prorsus in eis nisi stultum, nisi crudele, nisi insanum invenire vel negligens vel studiosus lector prævaleat.

6. Nam quid est hoc : *Si quis tecum disceptare voluerit, dic te faciem tuam ejusque faciei sequaces ad Deum convertisse?* Si ergo, ut teipsum alloquar, o Mahumeth, si certe mihi tecum de lege tua, utrum justa an injusta sit disceptare volenti, nihil aliud responderis, nisi te faciem tuam ejusque faciei sequaces ad Deum convertisse, credam te vera dixisse? credam te verum prophetam Dei fuisse? cre-

dam legem quam genti tuæ tradidisti a Deo tibi traditam esse? Vere me plusquam asinum, si assensero; vere plusquam pecudem, si acquievero. In quo enim mihi te veraciter aliquid dixisse vel in modico fidem facis, si te faciem tuam ad Deum convertisse, vel a Deo avertisse asseris? Sed et quod, obsecro, monstrum est, quod tibi dixisse Deum adjungis: *Quod agendo tam legum scientes quam illitterati bonam legem sequentur?* quid agendo? Si dixeris faciem tuam te ad Deum convertisse, propter hoc igitur tam legum scientes quam illitterati legem tuam quam bonam dicis sequentur. Sed quid rem aperte ridiculosam persequor? Hunc præcedentem sequatur et alius versus. Scribis enim Deum adjecisse: *Sin autem, tuum est mea præcepta gentibus solummodo patefacere.* Quid est hoc? Dixeras Deum dixisse quod si ea quæ præmissa sunt, diceres, tam legum scientes quam illiterati bonam legem sequerentur. Quid est ergo quod addidisti: *Sin autem, tuum est mea præcepta gentibus solummodo patefacere?* Facis primo Deum loqui modo enuntiantis, et nunc subinfers verba dubitantis: enuntiantis enim modo locutus est, quando dixit: *legem scientes vel sine litteris bonam legem secuturos;* dubitantis vero, quando dixit: *Sin autem*. Quod si enuntiative locutus est, cur omnes tam scientes quam illiterati tuam legem non sequuntur? Quod si dubitabat tibi credituros, quare dixit omnes legem tuam secuturos?

7. Sed sequitur et aliud quod præmisi capitulum: *Si quis tecum de lege certamen inire voluerit, dic ei anathema, et iram Dei talibus solummodo comminare.* Et hoc cui non liceat? cui plane hominum hoc non facillimum sit? Quod præceperis dicere mihi, hoc idem non prohibeor et ego dicere tibi. Sicut tibi leve est, ut mihi tecum de lege tua certamen inire volenti dicas anathema, ita mihi perfacile est ut, te mecum de lege mea agente, si acquiescere nolueris, dicam tibi anathema. Si leve tibi est iram Dei mihi, nisi tibi credidero, comminari, ita et mihi vel cuilibet facile est eamdem iram Dei, nisi mihi acquieveris, comminari pariter et imprecari. Estne igitur justum, estne rationabile ut, nulla mihi auctoritate proposita, nulla ratione præostensa, credam tibi, acquiescam legi tuæ, si nihil mihi aliud, nisi anathema dixeris, si nihil aliud quam iram Dei comminatus fueris? Sed, quia cujus ponderis hæc tua verba sint brutis etiam pectoribus patet, procedo.

8. *Soli Judæi et Christiani legem proprie a Deo acceptam habuerunt. Cur Mahomet suos noluerit disputare cum legem habentibus.* — *Nolite,* inquit, *disputare cum legem habentibus, melior est enim cædes quam lis.* Et hoc infernale consilium quis non videat? Nolite, inquit, disputare cum legem habentibus. Qui sunt legem habentes? Prout obscura illius hominis intelligere possumus, legem habentes nulli sunt alii quam Judæi vel Christiani. Nam oculorum acie huc illucque diducta, nullos alios in orbe legem habentes, quando hæc ab illo dicta sunt, vel tunc fuisse, vel adhuc esse video quam illos quos præmisi, Judæos scilicet aut Christianos. Hi plane, non alii, legem prius acceperant; acceptam juxta suos habitus vel intellectus tenebant. Judæi legem datam per Moysen, Christiani legem datam per Christum. Nam pagani, vel vestræ stirpis Saraceni, qui vestrum Mahumeth præcesserant, legem prius accepisse dicendi non sunt. Nulla enim vel paganis ab aliquo lex data fuerat, quos solus error falsis, nec nunc dicendis hominum opinionibus infecerat; nec Saracenis, quia necdum legis vestræ lator, ne dicam auctor suprascriptus advenerat. Quod si quis forte opposuerit quasdam legum sanctiones Græcis, aut Latinis, vel quibuslibet aliis gentibus traditas, sicut olim Solonis leges Græcis, sicut quorumdam Latinorum sapientium Romanis; respondeo legibus illis non esse cautum vel traditum quid de Deo crederent, quo ritu vel modo eum colere deberent; sed tantum non mandato divino, sed hominum consilio provisum qualiter suam rempublicam unaquæque gens regeret, quo ordine pacis vel belli tempore vitam transigeret, ne si absque alicujus certæ legis limite bestiali more vivere conaretur, mala bonis, justa injustis passim permiscendo, confunderent, ne ipsi vel eorum respublica in tanta rerum perturbatione diu persistere possent. De divinis vero nullus apud eos sermo, nisi qui omni auctoritate et ratione destitutus, et aut ex ridiculosis fabulis, aut ex stultis hominum deliramentis, aut fraudulentis dæmonum oraculis originem trahens, non ad veram deitatis cognitionem vel cultum homines duceret, sed idolis, vel quibuslibet rebus creatis pro Creatore ad colendum propositis, ab ipsa plenissime et omnino miserrime averteret. Ea de causa hujusmodi homines legem habentes dicendi non sunt, quam a Deo non acceperunt, sed ipsi sibi ritum vivendi, vel Deum colendi, prout libuit, confixerunt. Soli ergo Judæi vel Christiani ante Mahumeth, vel ejus tempore, legem habentes dicendi sunt, quam non a se inventam, sed a Deo traditam acceperunt. De his igitur mihi videtur dictum ab eo: *Nolite disputare cum legem habentibus.* Cur hoc ab isto dictum? cur ne cum legem habentibus disputarent ab eo præceptum est? Si de veritate legis suæ confidebat, quare suos disputare prohibuit? Si diffidebat, cur ea quæ sui non possent defendere scripsit? Sed noverat aut ipse, aut (quod pace vestra dictum sit), qui per eum loquebatur Satanas, legis Judaicæ vel Christianæ tantum esse robur, tam stabile fundamentum, ut non dicam humanis verbis, vel rationibus obrui, sed nec vi bellica, nec armorum fremitu, nec tormentis dirissimis, seu mortibus quibuslibet impulsu vel in modico posse mutari. Expertus fuerat illius primæ legis tempore Judæorum in Machabæis constantiam, evangelicæ gratiæ diebus in martyribus tolerantiam, non posse prævalere æternæ sapientiæ humanas rationes, invictæ virtuti non posse resistere mortalium languidos et enerves co-

natus. Eapropter qui mundanam sapientiam, qui humanam virtutem legibus divinis jam subtractam cernebat, quomodo sibi lite proposita de victoria suæ partis blandiri poterat, vel saltem primos disputationum ictus perferre? Destitutus itaque omni resistendi præsidio, confugit ad fugam, et qui nihil rationabile vel ponere vel objicere poterat, elegit silentium.

9. *Non ratione, sed gladio agi voluit.* — Sed ne ex toto adversæ parti cedere videretur, pro ratione arma assumpsit, et, furiosorum more, nulli dans interroganti responsum, ad lapides, fustes, vel gladios se convertit. His armatus agentem contra se impetit, imo priusquam agit, pene priusquam agere incipiat, velut ex improviso irruens fera crudelis, exstinguit. Talem tam justum, tam rationalem disputationibus finem vester propheta Mahumeth, o Agareni, imponit, tam æqua sententia inter partes sibi adversas discernit; tale judicium usque ad sua vel vestra tempora sæculis inauditum laudabilis arbiter profert. Nam, ut præmisi, hæc ejus verba sunt : postquam enim dixit : *Nolite disputare cum legem habentibus*, subdit: *Melior est enim cædes quam lis.* Et quid dicam? Deficiunt verba ad tantam absurditatem, tam bestialem crudelitatem, tam nefandam nequitiam confutandam. Vere avida humani sanguinis bestia Satanas hoc invenit, per hunc, velut per organum sibi congruum, hoc efflavit, cujus lingua velut penna vel calamo usus, tam inhumanum et immane facinus et dixit et scripsit. Sciebat fabulosam et nugacissimam, ut in suo loco probabitur, sectam aliter diu stare non posse; non ignorabat erroneum dogma velut aranearum telam levi negotio dissolvendum, si libera contra illud agere volentibus via pateret, si prædicatoribus verbi divini more antiquo adversus eam disputare liceret. Non erat immemor olim in omnem terram eorum sonum exisse, et in fines orbis terræ eorum processisse verba, qui missi a Christo, verbum æternæ vitæ ubique disseminaverant, et totum fere mundum ad agnitionem veritatis perduxerant. Intelligebat nullum eorum, qui per eos crediderant, credere potuisse, nisi prius audiret quod credere deberet, nec audire hoc posse, si prædicatore careret. Nam sicut ait quidam magnus Apostolus noster : *Fides ex auditu, auditus autem per verbum Christi (Rom. x)*; non potuisset fides Christiana in hominum mentibus oriri, non audita prædicatione; nec audiri prædicatio potuisset absque prædicatore. Et quia subtilis ad fallendum et perdendum perditus angelus maximo se fraudandum lucro noverat, sicut olim se fraudatum dolebat, si aditus audiendi sermonis Dei daretur, nec dubitabat se a cordibus deceptorum expellendum, si ille admitteretur, interposuit ferreum, quem de profundo nequitiæ consilio hauserat, obicem quem nullus transgredi posset. Fecit hoc ut atrium suum, proh dolor! jam magnum, in pace custodiens, securius possideret, ut qui audito verbo salutis salvari poterat, tali arte auditu subtracto, in æternum periret.

10. *Lites et cædes damnat Ecclesia, sed magis cædes.* — Propter hæc omnia prolatum est ab illo vestro toties nominato verbum tam solemniter execrabile : *Melior est cædes quam lis.* Et lites quidem etiam Christiana lex improbat, juxta quod præmissus noster Apostolus docet : *Servum*, ait, *Dei non oportet litigare (II Tim.* ii); damnat enim talium litium animosas contentiones, quæ fiunt non causa veritatis inveniendæ, sed procaci studio propriæ sententiæ defensandæ. Improbat plane, ut dixi, Christiana sobrietas superbas ac furiosas lites, docens discipulum sapienter et modeste vel quæ proponenda sunt proponere, vel quæ objicienda sunt objicere. Non approbat tamen, ut ille vester propheta, cædes, nec dicit : *Melior est cædes quam lis.* Utrumque enim malum esse docet, utrumque damnabile esse non tacet. Sed cum utrumque ipsius judicio improbetur, magis tamen horum alterum damnat. Non dicit : Melior est cædes quam lis, vel, melior est lis quam cædes, quia non recipit comparationem, quod omnino malum est adjunctum rei quæ omnino bona est, vel e converso. De duobus enim bonis vel de duobus malis comparatio fieri potest, non de altero bono et altero malo, vel de altero malo et altero bono. Non igitur, ut dictum est, Apostolus noster dicit quod Mahumeth vester astruit, meliorem esse cædem quam litem, vel litem quam cædem, sed cædem longe pejorem. Et quæ mens parum, ne dicam multum rationabilis, hoc verum esse non videat? disquirite universarum gentium judicia, et quidquid uspiam terrarum sol videt scrutamini utrum leges humanæ, in aliis multis diversæ, in hoc uno non conveniant, quo longe majori pœna plectitur injustæ cædis reatus, quam injuriosæ litis excessus. Mirum si et leges vestræ, quas prudentes secundum carnem non ignoramus, in hac tam justissima causa non concordant, quod natura ipsa etiam verbis tacentibus prædicat, majorem injuriam majori pœna puniendam, majorem jacturam majori ultione damnandam. Quod si ita est, meliorem esse cædem quam litem falsum est; sed litem malam, cædem longe pejorem verum est. Quod si forte intellectus illius in eo quod dixit : *Nolite disputare cum legem habentibus*, nec antiquos paganos rerum quarumlibet inventores excepit, longe deformius et diffidentius hoc ab illo scriptum est, quando etiam cum illis, quorum leges nulla divinitatis auctoritate, nulla veritatis virtute subnixæ, coram processerant, disputare ausus non est. Quid igitur restat? Deponite tantum dedecus, neque vos tam turpi nota deinceps inuri patiamini, qua putatur in tantum vos diffidere de propria secta, in tantum eam omni rationis robore destitutam, ut ne dicam sponte, sed nec provocati in publicum prodire audeatis, aut cum quolibet vel minimo contradictore disputationum manum conserere.

11. *Ex charitate loquens hortatur ut saltem au-*

diatur. — Et qualiter nobis vel orbi, partis vestræ, si qua esse posset, justitia vel veritas innotescet? qualiter vobis et vestris lux fidei Christianæ infulgebit, si nec vos vestra qualiacunque sint proponitis, nec nostra a nostris auditis? Et licet non ignoremus quod vestra vobis sufficere videantur, quod plenam vos deitatis notitiam habere credatis, tam nos quam omnes alios aliarum vel alienarum legum sectatores præter vos errare arbitremini, audite tamen quæ proponenda sunt, cum pace, nec in hoc ab universarum gentium vel legum more soli dissentiatis, maxime cum liberum vobis sit, disputationibus cunctis et allegationibus finitis, quæcunque dicta fuerint aut probare aut improbare, aut suscipere aut respuere. Et quia causa salutis vestræ me ad hæc scribenda impulit, nec quia ignotissimi et remotissimi eratis, charitas quam, non ut erga Christianos, sed ut erga ethnicos habeo, silere me permisit, debetis et vos hanc saltem huic charitati meæ vicem, ut si his quæ dicenda sunt nolueritis acquiescere, saltem non recusetis audire. Non deserat et illud tenax vestrorum ista legentium vel audientium memoria, ut quia in rebus dubiis non potest agnosci quod verum est, nisi prius destruatur quod falsum est, necesse mihi erit et contra vestrum legislatorem, et contra ipsius legislationem verbis materiei congruentibus agere, quia non parva veritati injuria fieret, si vel in sententiis vel in sermonibus contra justitiam relator parceret falsitati.

12. *Christianorum exemplum qui Judæos etiam contraria prædicantes audiunt. Hac ratione reges et principes Christianæ veritati adhæserunt.* — Non igitur statim moveamini, non statim, ut sic loquar, insaniatis, et ad lapides, ut supra dixi, aut gladios concurratis. Imitemini saltem in hoc nostros, qui cum frequentem cum Judæis, quorum inter ipsos plurima multitudo subjecta moratur, sermonem conserant, et multa ac pene universa fidei Christianæ contraria ab ipsis audiant, non in furiam commoventur, nec velut contra blasphemos in eorum necem insurgunt, sed audiunt patienter, respondent sapienter; neque hos ut hostes salutis suæ statim perimunt, sed æquanimiter, si forte aliquando convertantur, exspectant. Hunc modum et erga innumeros ipsius vestri generis ac vestræ legis captivos, quos in præliis sæpe capere solent, conservant, et sola ad proprium solum redeundi facultate subtracta, linguæ libertatem non adimunt. Et ut ipsi nobis aliquid velut ex vestra parte opponamus, quod quia forte ignoratis, ipsi opponere non possetis, legitur in lege Judæorum quæ et Christianorum est, sed sic a nobis intellecta ut intelligenda est, Deum præcepisse occidi blasphemos, qui aliquid ad Deum pertinens verbis vel factis impiis temerare auderent. Sed non juvat in hoc vel in modico partem vestram, quia legis illius auctorem, præter paucos paganos, verum Deum esse nullus jam in orbe dubitat; quod vero secta vestra ex Deo non sit, omne præter vos universarum quæ sub cœlo sunt gentium genus affirmat. Justum igitur est ut quos blasphemos creditis, interim occidere differatis, quousque indubio veritatis examine cognoscatur prophetam vestrum a Deo missum, legem vestram a Deo datam fuisse, sicut ille qui blasphemos præcipit occidi, verus Deus probatur existere. Tali modo, tali consideratione, non furiosa sed sollicita, non præcipiti sed modesta, universæ gentes totius orbis, reges ac principes Christi nuntios susceperunt, susceptos audierunt, et licet diu multumque conati resistere, tandem rationi, tandem perspicuæ veritati; imo spiritui Dei illustranti cesserunt. Inter quos, ne nimius fiam, innumerabiles dimittens, regnum quoddam in ultimis Occidentis partibus, ac pene extra orbem constitutum, vobis propono ac regem ipsius, Ethelbertum nomine, qui pene vestro Mahumeth contemporaneus exstitit, in exemplum produco.

13. *Quomodo Angli fidem susceperunt.* — Britannia prius ab antiquis Britonibus regnum illud dicebatur, sed, ab Anglorum gente nomine derivato, nunc Anglia vocatur. Gens illa ante quingentos annos de partibus Saxoniæ egressa, magnas illius insulæ partes (nam insula est magno mari Oceano circumsepta) in bellica obtinuit, atque in ea sibi regnum constituit. Erat hæc gens antiquis idololatriæ erroribus adhuc irretita, et cultum Creatoris creaturæ impendens, longe ab ipso sejuncta. Misertus est tandem benignus Conditor erroneæ gentis, et per summum Christianorum magistrum, Romanum dico pontificem, qui Gregorius dicebatur, a morte eam eripuit, et sempiternæ vitæ adjunxit. Is enim divino tactus spiritu, ad evangelizandum illi genti Christi Evangelium, electos misit discipulos, in quibus primus erat vir quidam sanctus, nomine Augustinus, per quorum verba et insignia opera rex cum integra gente ad fidem Christi conversus, et Christianorum numero fideliter adjunctus est. Sed quomodo nuntios sibi missos susceperit, quid post causam adventus sui redditam eis responderit, quid egerit, qualiter se erga eos habuerit, quia ad causam de qua agitur multum, imo ex toto pertinet, audite; verba vero ipsa ex antiqua Anglorum historia excerpta hæc sunt : *Eo tempore rex Ethelbertus in Cantia potentissimus erat, qui ad confinium usque Humbri fluminis, quo meridiani et septemptriales populi Anglorum dirimuntur fines, imperium protenderat. Est autem ad orientalem Cantiæ plagam Thanetos insula non modica, id est magnitudinis, juxta consuetudinem æstimationis Anglorum, milliarium sexcentorum, quam a continenti terra secernit fluvius Wantsumii, qui est latitudinis circiter trium stadiorum et duobus tantum in locis est transmeabilis, utrumque enim caput protendit in mare. In hac ergo applicuit servus Domini Augustinus et socii ejus viri, ut ferunt, fere quadraginta. Acceperunt autem præcipiente papa Gregorio de gente Francorum interpretes centum, mandaveruntque reg se venisse de Roma ac nuntium ferre optimum, qui*

sibi obtemperantibus æterna in cœlis gaudia et regnum sine fine cum Deo vivo et vero sine ulla dubietate promitteret. Qui hæc audiens, manere eos in illa quam audierant insula, et eis necessaria ministrari, donec videret quid eis faceret, jussit. Post dies ergo venit ad insulam rex, et residens sub divo, jussit Augustinum cum sociis ad suum ibidem advenire colloquium. Caverat enim ne in aliquam domum ad se introirent, veteri usus augurio, ne superventu suo si quid maleficæ artis habuissent, eum decipiendo superarent. At illi non dæmonica, sed divina virtute præditi veniebant, crucem pro vexillo portantes argenteam, et imaginem Domini Salvatoris in tabula depictam, litaniasque canentes, pro sua simul et eorum propter quos venerant salute æterno Domino supplicabant. Cumque ad jussionem regis residentes, verbum ei vitæ una cum omnibus qui aderant ejus comitibus prædicarent, respondit ille dicens: Pulchra sunt quidem verba et promissa quæ affertis; sed quia nova sunt et incerta, non his possum assensum tribuere, relictis eis quæ tanto tempore cum omni Anglorum gente servavi. Verum quia de longe huc peregrini venistis, et ut ego mihi videor perspexisse, ea quæ vos vera et optima credebatis, nobis quoque communicare desiderastis, nolumus molesti esse vobis; quin potius hospitio vos benigne recipere, et quæ victui vestro sunt necessaria ministrare curabimus. Nec prohibemus quin omnes quos potestis fidei vestræ religionis prædicando societis. Dedit ergo eis mansionem in civitate Dorobernensi, quæ imperii sui totius erat metropolis, eisque, ut promiserat, cum administratione victus temporalis, licentiam quæque prædicandi non abstulit. Sic rex iste, sic innumeri alii aliarum gentium reges nuntios Christi suscipiebant, susceptos omni humanitate et honore colebant. Quod vos hoc idem facere; aut si non ex toto illos imitari disponitis, saltem si quid commodi vel salutis vobis afferunt, audire pariter et probare.

14. *Cum multa ex Judaicis et Christianorum scriptis acceperit Mahumet, miratur cur non omnia. Lex Judaica et evangelica cum ex Deo sit, tota sancta est et tenenda.* — Jam ad proposita sermo festinet, et primo contra pessimum hostem Dei adjutus spiritu Dei ad prælium accingatur. Sed priusquam cominus manus conserere assueta ratio præliandi sudeat, præmitto quod præmittendum est, quæro quod quærendum est. Ex quo ab aliquot annis lex Mahumetica de lingua Arabica in patriam, id est Latinam, meo studio translata est, mirari non desino, nec satis mirari sufficio, qua ratione propheta ille vester suo Alchoran quædam de Hebraica, quædam insuper de Christiana lege excerpta admiscuit, et cum magnum se pro viribus utrique genti hostem exhibeat, velut Judæus aut Christianus, plurima quæ scribit legis eorum auctoritate confirmat. Si enim his quæ nostra sunt credit, utique in quantum credit, nullo rationabiliter residente, nobiscum sentit. Quod si ex parte nobiscum sentit, cur non omnibus quæ nostra sunt assentit?

Si acquiescit Judaicis vel Christianis scriptis ex parte, cur non acquiescit ex toto? Cur monstruosum se exhibet recipiendo ex Scripturis nostris quod vult, et rejiciendo quod non vult? Nam lego eum introducentem in illo suo libro nomina vel gesta illorum, quos litteræ Hebraicæ sonant; cerno eum nominantem quos Scripturæ Christianæ memorant: De illis quasi excerptos video, Noe, Abraham, Lot, Jacob, Joseph, Moysen, Pharaonem, David et quosdam alios; de istis Zachariam, Elizabeth, Joannem Zachariæ filium, Mariam, Jesum vel Christum Mariæ filium, Gabrielem Zachariæ vel Mariæ loquentem, Joannis exortum, Christi nativitatem ex Virgine, et quædam alia. Cum igitur, ut dixi, quædam ex jam dictis Scripturis excerpserit, cur non aut Judæus factus est cuncta Judaica suscipiendo; aut Christianus, Christiana ex integro volumina approbando? Cur bonam dixit legem Judaicam, quam non sequitur? cur Christianum Evangelium prædicat, quod vituperat? aut enim pravæ sunt hæ Scripturæ et abjiciendæ sunt, aut veraces et prædicandæ sunt. Nam longe alia lex est divinorum verborum quam humanorum; alia longe ratio legis divinæ quam traditionis humanæ. Nam si in quarumlibet gentium legibus quædam juste decreta sunt, sæpe tamen contigit quod contra regulam æquitatis aliqua vel forte plurima sancita sunt. At non ita prorsus, non ita in lege cœlesti, nec sic in supernis oraculis, quolibet tempore, quibuslibet datis. Etsi enim ab humanis ingeniis rationabiliter rationa utentibus vera aliqua proferuntur, potest fieri ut, quia homines sunt, quandoque raro, quandoque sæpe fallantur. Unde in Psalmis, quos jam dictus propheta vester David traditos asserit, legitur: *Omnis homo mendax* (Psal. cxv). Illa autem æterna majestas quæ Deus est, a qua omnis veritas, imo qui etiam essentialiter veritas est, sicut lux in tenebras non potest mutari, sic vel sono audibili vel inspiratione intelligibili creaturis rationabilibus loquens nescit mentiri. Inde constat quod cuncta mortalibus ab ipso tradita et per eos scripturæ mandata, vera sint, certa sint, indubia sint. Ex his colligitur quod si litteræ Judaicæ vel Christianæ, imo, ut verius dicam, sensus earum a Deo ad homines processit, et ab illo ipsis traditus est, ut veraces, et velut rivus a fonte veritatis derivatus, non ex parte ut vester propheta facit, sed ex toto suscipiendæ sunt, honorandæ sunt. Cur ergo legislator vester partim has Scripturas approbat, partim reprobat, partim suscipit, partim abjicit? Nam, sicut dictum est, si divinæ sunt, non ex parte, sed ex toto suscipiendæ sunt; si divinæ non sunt, non ex parte, sed ex toto reprobandæ sunt. Aut ergo suscipiat has scripturas sicut divinas, aut servet Alchoran suum; aut si divinas esse negaverit, auferat ea quæ inde assumpsit de Alchoran suo: imo justiore assumpto consilio, auferendo falsa quæ de falsis scripturis assumpserat, falsificet simul et auferat eorum causa ipsum totum Alchoran suum;

15. *Veterem ac novam Scripturam corruptam fuisse contendunt Mahumeti sectatores.* — Ad hæc aliquis vestrum : Libros Judaicos vel Christianos divinos fuisse non nego; sed sicut a primis auctoribus conscripti sunt. Sed novi processu temporis diversis casibus illa prima volumina perisse, ac postmodum a quibusdam Judæis Judaicos, a quibusdam Christianis Christianos reparatos fuisse, qui primorum librorum velut originalem veritatem ignorantes, tam ex variis præcedentium relationibus quam ex proprii cordis conjectura, libros qui nunc a Judæis vel Christianis habentur, prout libuit, condiderunt, ac vera falsis, falsa veris permiscentes, omnem eis veritatis constantiam abstulerunt. Hac de causa libris hujusmodi, quibus utraque gens instante tempore utitur, fidem non adhibeo, hac de causa falsatos vel corruptos affirmo. Electa sunt tamen a Deo et tradita prophetæ nostro quæ vera esse constabat, atque ab illo scripturæ legis nostræ admista. Ista per illum legislatorem nostrum Deus inter verum falsumque discrevit, mittendo ei per tomos ea quæ ex ipsis scripturis vera esse noverat, non mittendo quæ falsa esse sciebat.

16. *Refelluntur.* — Et, o prudentes juxta carnem viri! unde istud probatur? unde probatis, inquam, quod proponitis, unde ostenditis libros prius veraces a sequentibus vel Judæis vel Christianis corruptos? Et gratias quidem Deo, quod aliquando veraces fuisse asseritis; in hac enim parte nobiscum sentitis, in hac parte Judæis concordatis. Sed ad probandum, ut dictum est, quod falsati fuerint, quam auctoritatem, quam rationem, quibus cedere compellamur, affertis? Et certe juxta legem divinam et secundum illam, quæ universarum gentium leges aut jura scripta superat, Romanam, dico, agenti probatio semper incumbit. Creditis et proponitis libros divinos Judaicos a Judæis, Christianos a Christianis processu temporis casibus variis esse corruptos ; sed quia ut absentes scribenti respondere non potestis, proponam ipse mihi, nec segnius quam vos, vestra quibus innitimini volumina perscrutabor. Nullo vestrum, ut arbitror, resistente, universis scripturis vestris juxta vos sublimius et velut vertex omnium supra memoratum Alchoran vestrum existere prædicatur. Illud enim est quod de cœlis a Deo missum, et non simul, sed paulatim ac per partes mense qui apud vos Ramazan dicitur, prophetæ vestro a Gabriele traditum affirmatis. Ipsum igitur ab illo suo principio, quod est : In nomine Domini pii et misericordis, te sanctificando omnium gentium Dominum, omnium regem, omnium Deum jugiter atque suppliciter exoro, ipsum, inquam, summæ legis vestræ ex integro librum revolvite, et si aliquid de falsatis libris Judaicis aut Christianis vel a Deo vel a vestro propheta dictum eruere inde poteritis, coram proferte. Scrutamini et alios, licet longe inferioris auctoritatis, qui apud vos leguntu aut habentur libros, et aut breve aliquod verbum, aut saltem iota unum, corruptas a quibuslibet quolibet tempore scripturas jam dictas significans nobis proponite. Sed non sumus adeo ignari aut expertes litterarum vestrarum, nec lingua Arabica adeo se subdere potuit cognitioni Latinæ, ut aliquid earum rerum quæ ad causam assumptam pertinent, nos latere potuerit, et utrum litteræ vestræ in aliqua parte sui nostras falsatas esse contineant, nobis licuerit ignorare. Habet gens nostra plurimos in utraque lingua peritos, qui non tantum ea quæ ad religionem vel ritum vestrum pertinent, ex vestris litteris sollicite eruerunt; sed etiam quantum ad liberalia vel physica studia spectat, armariorum vestrorum intima penetrarunt. Ea de causa tam ex translatis litteris jamque Latinis, quam ex ipsis Arabicis cognoscimus, nec Alchoran vestrum, nec librum Abdiæ Judæi, nec genealogiam Mahumeth, nec quælibet alia legem vel legislatorem vestrum sonantia volumina, scripturas Hebraicas vel Christianas quolibet tempore aliquo casu falsatas esse, vel in modico memorare. Cum hæc ita se habeant, cum litteras nostras vel Judæorum, ut sæpe dictum est, aliquando falsatas esse libri vestri in nulla sui parte contineant, unde hæc opinio vobis? unde fama hæc? quo auctore traditio tam falsa, imo tam nulla processit? Mirum enim et supra quam dicere possim mirum est, homines, ut supra jam scripsi, quantum ad temporalia et humana prudentes, quantum ad æterna et divina tam hebetes, ut cernere non possint non esse cuilibet traditioni credendum absque examine, non esse acquiescendum famæ vulgari absque certo et fide digno auctore. Et prorsus quidem stolidum est dubio auctori cedere; sed super omnia brutum est absque ullo auctoris nomine inani tantum stultarum plebium fama vulgata tenere. Hæc enim jam sola superesse videtur, qua omnino insulse, imo imprudenter, opinamini divinos libros prius casu perditos, postmodum falsitate veritati admista, prout novis scriptoribus libuit, reparatos.

17. Sed jam veniat traditio famosa in medium, et quibus casibus libri toties nominati perierint indubia veritate ostendat. Ac primum qualiter Judæi legem a Deo sibi datam cum propheticis et aliis cohærentibus libris amiserint, ordine congruo servato declaret. Nam notum est orbi Judaica volumina multo tempore Christiana præcessisse; evangelica vero sive apostolica longe post ab evangelistis et apostolis descripta. Unde justum est ut eo ordine quo perierunt, perisse; eo ordine quo falsata dicuntur, falsata esse probentur.

18. *Quibus ineptiis probent Mahumetani legem Judaicam fuisse corruptam.* — Dimissi, aiunt, regis Persarum indulgentia a captivitate Babylonica Judæi, atque ad Palæstinam suam redire permissi, libros divinos, quos secum dum captivi tenerentur habuerunt, asino imposuerunt : et sic cum promiscua multitudine iter aggressi sunt. Et quia, ut mos est multitudinis iter agentis, quidam velocius, quidam tar-

dius incedebant; diversisque itineris necessitatibus plurima distracti, nunc his, nunc illis occupabantur, asinum divinæ legis latorem incautius observaverunt. Cumque primi ab ultimis longo viæ spatio discreti negligenter incederent, brutum illud animal, rectore jam carens, utque hujusmodi animalia solent, lasciviens, relicto itinere, devia secutum est; quod paulatim procedens, et nunc per plana cursitando, nunc montana conscendendo, a suis segregatum, cum nemo sequeretur, disparuit, talique casu cum lege Dei quam ferebat, periit.

19. *Refelluntur.* — Hæccine est, o viri, fama? hæccine est traditio qua constat apud vos legem Judaicam perditam, libros propheticos amissos? Et qualiter, qualiter, inquam, persuaderi potuit circumspectis hominibus Judæos a captivitate jam dicta redeuntes, tam incuriosos, tam desides, tam indevotos erga sacra sua, quæ sola, amissis aliis omnibus, eis supererant, existere potuisse? Jam enim ante septuaginta annos dum captivarentur, eversa urbe, succenso templo, arca Dei perdita, aureis, argenteis ac æreis multi ponderis vasis, quæ Deo sacrata fuerant, cum captivato populo in Babylonem translatis, nihil sacrorum suorum redeuntibus, præter legem et vasa regali dono sibi restituta supererat. Quomodo igitur aut verum, aut verisimile videri potest, homines ardentissimis animis ad patriam festinantes, et erga religionem traditam toto nisu flagrantes, legem Dei, de qua tota spes eorum pendebat, et de qua sola apud alios vel proximos vel remotos mundi populos gloriabantur, sic neglexisse, sic animali vilissimo imposuisse, sic nec uno de tot millibus saltem sequente incustoditam dimisisse? et ubi erant vel quo declinaverant ministri? ubi Levitæ? ubi qui de captivitate redierant sacerdotes? et si nobilium vel vulgarium multitudo mistim vel sparsim incedens, cui servandæ legis cura imposita non fuerat, legiferum asinum, non attendens quo diverteret, subsecuta est, aut præcessit; videtur esse consequens, ut ad id electi universi pariter alias diverterent, nec saltem unum de multo custodum numero ad servandam legem, imo, ut sic dicam, totam spem suam reliquerint? Quis enim facile equum vel jumentum quodlibet suum sic absque omni custodiæ cura negligit?

20. *Plura fuisse apud Judæos legis exemplaria.* — Sed esto (sit quod non fuit) aberraverit asinus, et in via sequens disparuerit, amiserit stultus et iners populus asinino errore legem, perdiderit tali casu, imo tanto infortunio sacra illa, quæ jam dictum animal tunc ferebat volumina; nunquid nusquam in toto orbe aliud ejusdem legis volumen, vel penes Judæos, vel penes alios aliquos remanscrat? An inter tot millia Judæorum, vel qui de Chaldæa ad Syriam redibant, vel qui per plures ac diversas orbis partes vel captivati vel fugati fuerant, nullus erat qui eamdem legem in alio transcriptam volumine haberet? Et certe si aut divinis aut aliis veracibus historiis credere non refugitis, ante illam quæ

a rege Chaldæorum, qui Nabuchodonosor dicebatur, de Judæis facta est, captivitatem, a regibus Assyriorum decem stirpis Judaicæ tribus in Medos et Persas aliasque orientis gentes translatæ sunt. Nunquid tanta gens, imo tot populi, quibus lex illa Dei communis erat, nullos legis tam famosæ libros secum, dum transferrentur, tulerunt? Et quæ gens qualibet lege scripta vivens, uno et solo volumine contenta est? Quomodo innumeris gentibus per multiplices urbes, per vicos, per castra, per villas diffuse manentibus, multamque terrarum partem occupantibus, unum tantum legis suæ volumen sufficere posset? An non omnes ubique gentes non solum in singulis civitatibus, sed pene in singulis et modicis villis, legis cui se devoverunt, singula aut forte plurima volumina retinent? Nonne ipsi de quorum lege agitur Judæi, per totam Europam ac per alias mundi partes sub Christianis manentes, non solum milleni aut centeni, sed etiam sexageni aut quinquageni uno in loco simul habitantes, legem integram, prophetas omnes, aliosque Hebraicæ linguæ libros nobis nostrisque in Synagogis suis quotidie ostendunt, commodant, offerunt? Vix plane apud nos viginti simul morantes absque libris hujusmodi inveniuntur Judæi. Nonne simili modo et apud vos? Scrutamini in partibus illis, in quibus eos vestro dominio subjecistis, et me non falsa loqui, ut arbitror, agnoscetis.

21. *Sacra volumina in omnibus urbibus conservabantur.* — Fuerat et iste mos eorum, dum antequam a diversis gentium regibus captivarentur, adhuc quasdam partes Syriæ sibi a Deo concessas cum sua illa metropoli Jerusalem incolerent, ut non tantum in urbe illa, in qua sola eis Deo sacrificare licebat; sed etiam in cunctis aliis urbibus suis, et fere in universis ditionis suæ castellis et burgis tam legis quam aliorum librorum volumina conservarent. Nam nec aliter, ut ratio consulta declarat, tam profusæ legis doctrinam discere vel memoriæ tradere, maxime tanti numeri populi possent, nisi in multis ac diversis locis manentibus et multitudo librorum adesset, et multorum magistrorum solertia non decsset. Non enim fieri poterat, ut ter tantum in anno totus ille populus, Dei præcepto ad principalem urbem ad orandum et sacrificandum conveniens, paucissimis diebus, quibus ibi morabatur, lege Dei instrui, et quantalibet doctorum instantia, angustia temporis prohibente, plene posset doceri. Habebant igitur plurima loca, habebant plurimi in locis diversis manentes, integrum legis divinæ et aliorum voluminum corpus; sicque tam in illis Syriæ partibus, quam in aliis per orbem diffusis regionibus, lex Dei ab innumeris conservata perire non poterat.

22. *Saraceni ipsi plura etiam sui Alchorani exemplaria habent. Librum legis perditum non fuisse probatur ex Esdra.* — Sed quid loquor de Hebræis? quid dico de aliis gentibus? quod leges quibus vivunt, sive a Deo traditas, sive ab ipsis inventas, non uno in loco contineant, sed per loca aut quibus dominantur, aut in quibus morantur, diffundant? Vos, vos, inquam, convenio, Alchoran vestrum traditum, ut dicitis, a Deo Mahumeth vestro, sola Meccha ubi jacet continet? Nulla hoc Arabiæ alia civitas, nulla Ægypti, nulla Africæ, nulla orientalium civitatum vobis subditarum, nullum earum castrum, nullus vicus, præter Meccham, Alchoran illud habet? Credo, nisi monstruose pertinaces esse velitis, et veritati notissimæ repugnare, tam vestro quam universarum gentium exemplo, concedetis Judæos nullo tempore fuisse contentos simplici Scripturarum suarum volumine, nec pro fabuloso et mendoso, imo nullo bruti animalis errore, legem Dei in illo Judæorum a Babylone reditu potuisse perire. Affluebat enim ex diversis partibus orbis, unde resumi non deerat facultas, unde rescribi ex innumeris exemplaribus posset. Quod quia rationabiliter negari non potest, procedat sermo ad sequentia, et Judæos post illum suum a Babylone reditum libris legis divinæ caruisse demonstret. Sic enim in libro Esdræ, qui de numero Judaicorum voluminum est, legitur: *Congregatus est omnis populus, quasi vir unus, ad plateam, quæ est ante portam Aquarum, et dixerunt Esdræ Scribæ, ut afferret librum legis Moysi, quam præcepit Dominus Israeli. Attulit ergo Esdras sacerdos legem coram omni multitudine virorum et mulierum, cunctisque qui poterant intelligere, in die prima mensis septimi; et legit in eo in platea, quæ erat ante portam Aquarum, a mane usque ad medium diem, in conspectu virorum ac mulierum et sapientium; et aures omnis populi erant intentæ ad librum* (*II Esdr.* VIII). Et versu interposito: *Et aperuit Esdras librum coram omni populo, et benedixit Esdras Domino Deo voce magna. Et respondit omnis populus: Amen* (*ibid.*). Nunquid Esdras qui de illorum numero captivorum erat, quorum, ut dictum est, incuria lex Dei, juxta vestrorum opinionem, perierat, legem falsam tam subito condiderat? cumque et ipse vir justus et sapiens in eodem volumine prædicetur, nullaque vel ipsi vel populo spes nisi in Domino tunc fuerit, quis sani capitis vel suspicari audeat ab eo legem Dei corruptam, et in totius populi conspectu ad legendum productam? Sed quia apertissime falsis diu immorandum non est, actu producantur certa indicia, quibus legis divinæ liber vel ab Esdra, vel a quolibet alio falsatus probetur, aut ridicula et insulsa a patre mendacii procedens opinio reprobetur.

23. *Si lex falsata fuisset, impossibile esset eam ab omnibus et semper recipi, nullo advertente.* — Sed iterum et iterum ad mirandum commoveor, nec satis tam prodigiosa admirari sufficio, quo Satanæ astu hominibus ratione utentibus persuaderi potuit ut aut crederent, aut putarent libros, tanto tantorum sæculorum testimonio veraces, tamque a plus quam duobus millibus annorum ubique per orbem diffusos, cujuslibet falsatoris arte potuisse corrumpi. Quid enim? nunquid etsi constaret, juxta vestram suspicionem, ab aliquibus falsariis falsatos, constaret absque veritatis examine ab orbe susceptos? Itaque aliquando sensus humanus obrutus? sic ratio sepulta fuit, ut non discerneret quod susciperet? imo (quod longe amplius mirandum est!) tantæ falsitati in universis præter vos linguis et gentibus assentiret? Qualiter per mille fere annos, dum adhuc lex illa Dei, ut creditis, incorrupta maneret, a nullis præter Judæos suscepta est et falsata, usque ad ultimos mundi terminos per universos populos diffusa est? Sed quæ in voluminibus illis falsitas notari potuit? in quibus suis partibus? in quibus versibus primus legis illius liber qui, Genesis vocatur, veritate mutata, falsitate admista corruptus apparet? in quibus Exodus? in quibus Leviticus? in quibus liber Numeri? in quibus Deuteronomium? nam in his quinque summa Judaicæ legis consistit. In quibus falsati apparent Jesu Nave, Judicum et Ruth libri, qui prioribus quinque adjuncti, Græco sermone Heptaticus vocantur? An forte in historica relatione? an in legislatione? Si de historia, hoc est de rebus gestis ab ipsa cœli et terræ creatione usque ad eorumdem librorum finem quæstio est, nonne pene omnia, ut tibi leguntur, Mahumeth in Alchorano suo Deum sibi fingens loquentem fatetur? Hoc de cœli et terræ creatione, hoc de Adam et Eva, de paradiso, de nemore paradisi, de arbore prohibita et serpente, de expulsione a paradiso Adam et Evæ, de Cain et Abel, de Noe et arca, de diluvio, de Abraham et Jacob, de Joseph, de Moyse et Aaron, de Pharaone et Ægyptiis, de Israel et maris Rubri transitu, de prolixa illius populi per deserta peregrinatione, de terra Chanaan Israeli promissa et tradita, ac ut dictum est, pene de omnibus quæ libri illi referunt, licet multis subtractis, multis mutatis, multo insuper aggere mendaciorum admisto, illo suo barbarico et prodigioso loquendi more plurima narrat, si de legislatione per Moysen, et inde similiter multa subtrahens quædam memorat. Cumque ex plurima parte Hebraicorum voluminum veritati attestetur, nec, ut supradixi, vel in modica sui parte falsata dicat, unde vobis hæc innasci potuit opinio, quam non accepistis a magistro? longe rectius, longe rationabilius hæc cogitare potuistis, hæc loqui debuistis. Etsi nobis notæ sunt Hebraicæ vel Christianæ Scripturæ, tamen ex hoc conjicimus veraces esse, quia plurima, ut ibi scripta sunt, in lege nobis tradita propheta vester approbat, nulla vero vel ibi vel alibi improbat ex his omnibus quæ supra scripsi; nec perditos, nec falsatos Hebraicos libros fuisse, aut necessario aut probabili argumento concludo. Si quædam, ut apud Judæos scripta sunt, velut divino ad se facto responso, suæ vestræque legi Mahumeth inserit, nec reliqua vel perdita vel falsata astruit, nec vestrum aliquis quod de perditis vel falsatis eisdem Scripturis vel suspicamini vel proponitis, probare potest: constat eas absque quolibet vel minimo mendacii nævo, sicut a primis suis

auctoribus editæ sunt, firmissimam summamque, ut divinas veritates, arcem tenere. Sed nec in Alchoran vestro, nec in aliis quibuslibet sectæ vestræ quidquam de his legitur; nihil aliunde a vobis unde probari possit Judaicos libros aut perditos aut falsatos affertur.

24. *Si lex falsa est, Alchoranum rejicere necesse est, plura ex lege continentem.* — Clarum est ergo, falsis objectionibus ac suspicionibus longe rejectis, sæpe dictas Scripturas non partim, sed ex toto esse veraces. Certum est, nullo jam resistere prævalente, esse divinas. Ut ita se habentibus, addo quod supra jam tetigi, necessario vos aut Scripturas Hebraicas ex integro suscipere, aut Alchoran abjicere. Cum enim, ut jam dixi, multa in illo volumine sicut in Judaicis libris habeantur, si falsati dicuntur, quæ aut inde sumpta, aut sicut ibi posita sunt, falsa omnino vel dubia esse probantur. Quod si falsa vel dubia in illa vestra lege scripta sunt, cuncta prorsus quæ liber ille continet, aut falsa aut dubia sunt; nam nec ex falsatis libris aliquid potuit sumi nisi falsum et dubium; nec sicut ibi aliquid poni nisi falsum aut dubium. Sed constat, ut sæpe dictum est, plurima aut inde sumpta, aut quantum ad sensum pertinet, sicut ibi leguntur, in Alchorano posita. Constat igitur hac ratione legem illam, illam, inquam, legem vestram, quam de cœlis missam gloriari soletis, non solum ex parte, sed totam ex integro falsam vel dubiam. Quod si falsum vel dubium Alchoran vestrum vel dicere vel credere refugitis, urgente vos undique certa quæ nec fallit nec fallitur veritate, fateri cogemini libros illos, unde a Mahumeth vestro plurima vel sumpta, vel quantum ad sententiam, sicut ibi leguntur, legi vestræ inserta sunt, non ex parte, sed ex toto veraces; non ex parte, sed ex toto divinos.

25. *Christianorum libri etiam sunt admittendi.* — Hoc concesso, non solum Judaica volumina absque ulla mendacii nota ut divina suscipietis, sed hac eadem per omnia ratione etiam Christianos libros pariter admittetis; nam et de illis, ut supra memoravi, plurima eidem legi vestræ a jam dicto vestro legifero admista sunt, et pene toti illius voluminis corpori ipsius inserta: quæ si, ut ex falsatis libris assumpta, reprobanda sunt cum eis modo quo supra, et omnia illa, quibus adjuncta fuerant, condemnanda sunt. Quod si et istud vitatis, simili modo eadem qua prius rationis connectione libris Christianis eamdem quam Judaicis auctoritatem confertis. Et licet hoc negari non possit, licet brevi compendio Christianos libros veraces et divinos esse claruerit, veniat tamen et in medium procedat opinio, qua et ipsi perditi, qua falsati a vestris aut omnibus, aut quibusdam traduntur.

26. *Mahumetanorum deliramenta de perditis et falsatis Christianorum libris.*— Romanorum, inquiunt, principum tempore, qui acriter Christianos exsiliis, proscriptionibus diversisque mortium generibus diutissime persecuti sunt; qui et ipsa eorum volumina edictis publicis exuri ubique jusserunt, tam Evangelia quam apostolorum Actus vel Epistolæ perierunt. Rescripti vero postmodum sunt ac reparati, ut Christianis libuit, qui longa annorum serie interposita illis succedentes, nec a primis librorum auctoribus utique quidquam acceperant, nec libros ab ipsis conditos, utpote prius, sicut dictum, succensos, viderant.

27. *Refutantur, ac primo non perditos fuisse demonstratur.* — Et hoc est totum? hoc est, inquam, totum quod prætenditis, hoc est totum ac solum unde evangelica vel apostolica scripta perisse, unde falsata esse asseritis? si hoc est totum, eadem qua supra contra vos via incedo, eodem respondendi modo quæ proponitis nullarum virium, imo prorsus enervia esse ostendo. Fateor quidem Romanos principes, qui toti Europæ, qui toti Africæ, qui maximis Asiæ partibus cum adjacentibus, vel in Oceano vel in Tyrrheno mari insulis dominabantur, trecentis annis pene continue Christianos ubique jam diffusos nunc acrius nunc remissius persecutos esse. Fateor quemdam ex ultimis persecutoribus, qui et Diocletianus vocabatur, qui et ferocius et diuturnius aliis eos aggressus est, publico sanxisse edicto ut per universas sibi subditas regiones ipsa paschali sacratissima die Christianorum ecclesiæ subverterentur, librique incenderentur. Hoc certe, ut dixi, velut pro parte vestra favens fateor. Sed in quo istud pro vobis? Et si edictum hoc ab illo principe per imperii Romani amplitudinem promulgatum est, si ex parte vel fortassis ex toto, quantum ad ecclesiarum eversiones spectat, impletum sit, et hi qui inventi sunt libri combusti sunt, nunquid uno illo casu Christianorum universa volumina perierunt? An nemo in tot tantisque populis per maximum illud imperium diffusis exstitit, qui audito regio edicto, aliquos ex tam innumeris libris absconderet, nemo qui igni subduceret, nemo qui servaret? Et certe, quod probari ex historiis veracibus potest, vix in tam famoso et diffuso regno, vix erat civitas, vix municipium, vix villæ aliquæ, quæ non haberent Christianorum multitudinem admistam paganis. Inter quos per urbes singulas episcopi, presbyteri, diaconi, clerici non immodicus numerus Christianis populis præsidebant, et sacros Christianæ legis libros cum aliis sibi creditis cœlestibus sacris ac sacramentis summa et singulari cura servabant. Itane ergo omne propositum Christianæ religionis in eis perierat? Itane amor divinorum sacrorum in eis defecerat, ut cum corpora sua ignibus, gladiis, omnisque generis mortibus pro servanda lege Dei exponerent, ipsam legem Dei pro qua mori non differebant, sic universaliter negligerent? Et quid de Persis ac Medis? quid de Æthiopibus et Indis? quid de ipsa vestra Arabia? quid de aliis regnis quæ sibi Romana [respublica] subjugare non potuit dicitis? nam cum in omnem jam terram, discipulis Christi ubique clamantibus, sonus evangelicæ prædicationis exisset, nullumque pene orbis

angulum Christianis per omnes gentium linguas diffusis lateret, perierunt vel perdita sunt etiam apud illos Christiana volumina? periit Evangelium? perierunt apostolica scripta? nullusne populus, nullæ linguæ, nulla Christianorum regio Christianos libros sicut a primis suis prædicatoribus acceperat, ne possent perire, servavit? Sed servatum est, servatum est plane ab innumeris gentibus Christianis ut ab evangelistis traditum est Evangelium, servata per successiones certissimas apostolica scripta, et usque ad tempora nostra transmissa. Et de remotioribus minusque nobis cognitis mundi partibus taceam, habet Latina Ecclesia a Petro, habet Græca a Paulo, habet Europa tota ab utroque sibi tradita Evangelia, sibi commissa apostolica scripta. Hi cum summi et præcipui in discipulis Christi fuerint, alter edoctus ab illo corporaliter, alter invisibiliter, incipientes a Jerosolymis usque ad ultimos Occidentis terminos, aliquando simul, aliquando separatim, nunc per se, nunc per suos Evangelium Christi verbo prædicaverunt, scriptumque posteris tradiderunt. Petrus Evangelium Marci quod ipse probaverat; Paulus Evangelium Lucæ, quod ille in partibus Græciæ scripserat. Nec defuit Joannes, alter ex discipulis Christi, ab eo dum adhuc cum hominibus moraretur electus et doctus. suum quod scripserat Evangelium minoris Asiæ Christianis populis tradens. Sed nec Matthæi quod prior scripserat Evangelium cismarinis partibus et populis a jam dictis apostolis traditum perire potuit· quod festinanter ubique transcriptum atque diffusum, multorum populorum solertia conservavit. Hæc sibi ab apostolis jam dictis mox et sicut scripta fuerant tradita, præter innumeras alias, omnium mundi Ecclesiarum Romana Ecclesia caput per succedentes nobisque ex scriptis notissimos apostolicos pontifices, a Petro incipiens usque ad hæc nostra tempora, custodivit, falsumque prorsus et inane esse quod perisse a vestris aut creduntur aut dicuntur, ostendit. Sic et de apostolicis scriptis: a Luca jam dicto apostolorum Actus, a Petro Epistolæ duæ, a Joanne tres cum Apocalypsi sua, a Paulo partim de Italia, partim de Græcia scribente, Ecclesiisque per diversas urbes mittente Epistolæ quatuordecim, primis in Christum credentibus traditæ sunt, et tam in Romana quam in cæteris urbibus per sibi succedentes fidelium generationes usque ad nos summo, ut dictum est, studio conservatæ. Restant de novo Christianorum canone duorum apostolorum Jacobi et Judæ Epistolæ duæ, hoc est una Jacobi et alia Judæ. Hæc licet in Asia majore scriptæ, cum oriente vestro nostrum quoque occidentem eodem pene tempore penetrarunt, aliisque statim adjunctæ ab eisdem quos nominavi, eo quo cætera studio sunt conservatæ. Inde ad manus nostras cunctorumque fidelium nunc viventium devenerunt, servandæ a nobis ac posteris nostris, quandiu cœlum imminet terræ.

28. *Sed neque corruptos.* — His ita præmissis, quid restat? quid restat plane nisi hoc? necesse est eos qui ex vestris credunt vel opinantur libros Christianos perisse, aut certa ratione ostendere perditos, aut cedentes præmissis tam probabilibus causis, fateri a Christianis esse servatos. Jam si constat quod non perierint, constat quod nec falsati fuerint. Cum enim sicut ipso frequenter quotidiano usu experimur, etiam a paucis condictum secreti cujuslibet mysterium, levitate humana impellente, diu tectum manere nequeat, verumque sit proverbium Gallorum nostrorum: *Quod sciunt duo, sciunt omnes*, qua arte, quomodo libri per orbem diffusi, tantaque tantorum, ut dictum est, solertia conservati, falsari potuerunt? An totus simul Christianus orbis tam profanæ falsificationi assensit? An corrumpi sic universaliter libros suos Christiana ubique sapientia passa est? nullusne ex tantis Christicolarum populis, primis librorum suorum corruptoribus restitit? Si enim corrupti sunt, primo ab uno, sive a paucis, vel forte a multis sibi invicem consentientibus corrupti sunt. Nam quomodo id aliter fieri potuisset, nisi corruptio hæc a paucis cœpisset? Cœpit ergo corruptio hæc a paucis, quia nec aliter, ut dixi, subripere potuisset, vel fortassis a pluribus, sed nunquid a totius orbis populis? Nunquid simul universi, aut libros quos acceperunt corruperunt, aut corruptoribus primis cesserunt? Itane omnes aut per se falsando, aut falsatoribus subito vel paulatim cedendo, æternam salutem suam, quam soli illi libri prædicant, prodiderunt? An posset fama tam generalis falsitatis occultari, cum, ut præmissum est, vix aliqua secreta etiam a paucis, interpositis ipsis fidei sacramentis, possint celari? An forte et totus mundus tunc falsitati assensit, et totus nunc nec tenuem famam tam universalis falsificationis accepit? Omnia plane monstra, cuncta portenta exsuperat orbem terrarum libros suos corrupisse, et corruptos nescisse. Sed forte hoc ad solos Saracenos pervenit, et ad solos Christianos pervenire non potuit. Fortassis alienorum librorum vel perditio vel corruptio eis patuit, quæ tantis temporibus Christianos latuit. Aliena Saracenis nota sunt, propria Christianis ignota sunt. Sed quid ultra? quid ultra vel inanissimis nugis vel nugacibus hominibus respondendum est? Quod sine tegmine frivolum et falsum cernitur, quid tantopere stylus persequitur? Claudat modo quo supra ea quæ præmissa sunt ratio, nec enervia velut fortia diutius insectetur. Aut proba quicunque hoc adstruis vel opinaris, certis rationibus libros Christianos falsatos, aut si non habes quid e converso afferas, crede veraces, crede divinos: nam nec universaliter potuere falsari, Christianorum nemine reclamante, nec si falsati essent, latere potuisset Christianos omnes in orbe, quod, quantum ad infinitos Christiani nominis populos, factum esset ab orbe.

29. *Saraceni non possunt Evangelium falsificare, nisi falsificent et Alchoranum.* — His quæ de Hebraicis libris jam dixi, adjungo non posse vos fal-

sare Evangelium nostrum, nisi pariter falsificetis et Alchoran vestrum. Nam si falsum est Evangelium, illa quæ ut in Evangelio leguntur, si in Alchorano habentur, falsa vel dubia sunt. Quod si illa falsa vel dubia sunt, et totus liber cui illa admiscentur falsus vel dubius est, clarum est enim quia de libro falsato nihil assumi potuit, nisi falsum aut dubium. Quod si legem illam vestram falsam aut dubiam credere vel dicere nefas putatis, Evangelium vel evangelicas Scripturas veraces esse et divinas, ratione cogente, inviti sive spontanei affirmatis. Affirmatis vero, si admistas vestro Alchorano evangelicas sententias veras esse dicitis. Nam, ut sæpe jam dictum est, aut reprobatis ipsis, liber cui inserta sunt reprobatur, aut approbatis, pariter approbatur. Hac ratione cogimur eos et credere et fateri Hebraicos, ut præmissum est, libros cum nostris, id est Christianis, esse veraces pariter et divinos : veraces, quia jam claret eos nævo mendacii expurgatos; divinos, quia, teste legislatore vestro, et lex Hebraica Moysi data est, et Evangelium Christo a Deo traditum est. Hac consequentia necesse est vos, quantum ad divinum canonem spectat, prorsus ut Hebræos, Hebraicos libros suscipere, et ut Christianos evangelica sive apostolica volumina probare. Ea de causa vos præmonitos et præmunitos esse denuntio, quod ubi in processu propositi operis et sermonis opportunum fuerit, ex his quæ jam necessario ut divina tenetis vos aggrediar, et sicut ex concessis fieri ratio disputandi suadet, falsitatem, qua, exceptis Judæis, præ cunctis mortalibus irretiti et obruti estis, ut potero, impugnabo, et scuto veritatis protectus, Deo juvante, pro viribus expugnabo. Sed quia evangelica et apostolica scripta nostra dixi, Judæorum vero volumina nostra esse non scripsi, nemo vestrum æstimet Hebraicos libros Christianos non esse, quia non minus suscipit Christianus legem Moysi vel prophetas, quam Evangelium aut apostolorum Gesta vel Epistolas. Ab eodem enim Deo, cunctarum rerum visibilium et invisibilium conditore, utriusque gentis canonicas Scripturas, diversis temporibus utrisque populis traditas, Christianus et corde credit ad justitiam, et ore confitetur ad salutem. Et licet in inter se valde dissideant, suscipit tamen Christiana universitas intellectu quo debet Judaica scripta, et ea, ut maximum robur ac fidei nostræ fundamentum, honorat. Hæc interim dicta sint, ad probandum, o Saraceni, ex ipsa lege vestra cui creditis, Litteras Hebraicas aut Christianas veraces esse ac divinas, nec earum veritati obviare posse humana figmenta, quas non solum veritas invicta commendat, sed et ipse qualiscunque legislator vester sacras esse modo quem præmisi confirmat. Quod autem sæpedicta lex vestra omni prorsus veritate destituatur, ipseque ille, plane ille nec propheta fuerit, nec Dei nuntius, sed seductor et profanus sequentia declarabunt.

INCIPIT LIBER SECUNDUS.

1. *Ismaelitas hortatur ad audiendum quæ dicturus est.* — Jam quia, o Ismaelitæ, præmissis quæ præmittenda erant, contra summum religionis vestræ robur agendum est, continete, ut præmonui, gladios, seponite lapides, aperite aures, et si quid prudentiæ saltem humanæ in vobis est, deposito pertinaci ac puerili vincendi studio, intentis animis quæ sequuntur audite. Utile poterit hoc esse vobis, et si gratia Dei vestri misereri voluerit, summe necessarium ut intente scrutemini, sollicite perquiratis, perquirendo advertatis, cui vos ipsos, cui salutem vestram, non dico tantum hanc fugacem et transitoriam, sed illam quæ huic succedit æternam; cui, inquam, corpora et animas vestras credideritis, nisi forte, juxta famosum prophetam Isaiam, sit mendacium in manu vestra, ne forte pro veritate falsitatem, pro justitia iniquitatem, pro cultu divino diabolicum sacrilegium teneatis. Dicit ille loquens de idolatris : *Nescierunt, neque intellexerunt. Obliti sunt enim, ne videant oculi eorum, et ne intelligant corde suo. Non recogitant in mente sua, neque cognoscunt neque sentiunt, ut dicant : Medietatem ejus,* hoc est arboris, *combussi igni, et coxi super carbones ejus, panes : coxi carnes et comedi, et de reliquo ejus idolum faciam? Ante truncum ligni procidam? Pars ejus cinis est: Cor incipiens adoravit illud, et non liberavit animam suam, neque dixit : Forte mendacium est in dextra mea. Memento horum, Jacob et Israel, quoniam servus meus es tu* (Isa. XLIV). Potest hoc idem et vobis contigisse. Idololatræ quidem, ut audivi, non estis, nec ligna, vel lapides, aut hujusmodi talia adoratis, sed quid? quid, inquam? quid? Quid prodest vobis creaturam pro Creatore non suscipere, si non datur Deum, ut se coli et vult et præcipit, colere? Scrutamini ergo, nec longævo jam errore imbuti scrutari dedignemini, utrum quod hactenus credidistis falsum sit, quod huc usque falsum putastis verum sit. Sapientum est, etiam si pudeat, emendare errata ; stultorum est fatuo pudore non corrigere etiam ab orbe damnata, et ut pertinacem et perdentem vos verecundiam, si datum fuerit, erroneæ saltem multitudinis contemplatione, a vestris cordibus abigatis, ne solos vos errasse suspicemini, propono tam de alienis quam de nostris exempla, qui multiplicibus errorum monstris, ut a via veritatis recederent, ab

hoste pulsati non cesserunt, imo innumeris per devia errantibus et pereuntibus, soli a præostenso rectæ fidei tramite non recesserunt.

2. *Multis exemplis ostendit eos potuisse falli.* — Videte, disquirite sollicite præterita sæcula, et quot, quantis, quam multiplicibus errorum laqueis ab ipso primo mortalium parente, angelo apostata, qui Satanas dicitur, instigante, usque ad hæc vestra tempora genus humanum implicitum fuerit, si sapitis attendite. Ultus est Deus in sceleratos, qui tempore patriarchæ Noe fuerant, ut etiam Alchoran vestrum fatetur, et totam illam progeniem, quæ a cultu divino recesserat, terramque universam non tolerandam iniquitate repleverat, ultricibus undis exstinxit. Successit dehinc, exsiccatis terris donoque divino securitate reddita, soboles priorum nequitia præcedentibus non inferior; et, cultu divino abjecto, imo ut verius loquar, nec cognito, Creatoris honorem creaturæ contulit, indeque ad idolatriam progressa, tam religione profana quam vita nefanda, iniquitatum cumulis terræ superficiem universam respersit. Excepti sunt paucissimi justi, sola Dei gratia ab universali perditorum massa discreti, et sic rara luce in densis et ubique diffusis impiorum tenebris lucente, princeps tenebrarum orbem totum juxta Evangelium, quod Christo nostro datum Mahumeth vester scripsit, heu! usque ad Moysi tempora, ut atrium suum diuturna et mortifera pace possedit. Illustrata est dehinc lege divina per jam dictum prophetam Moysen, una et sola de cunctis gentibus a Deo electa gens, et omnibus aliis in erroris jam antiqui tenebris relictis, præceptis a Deo datis et per ipsum promulgatis, subjecta est et ab impiorum communi perditione sejuncta. Non destitit tamen profanus et pertinax hostis, etiam post legem datam gentem illam a cultu divino avertere, et damnatæ ac relictæ idolatriæ nequitiisque nefandis et actibus exsecrandis gentilium artibus dolosis tentando, illiciendo, seducendo rursum adjungere. Miserta est tandem pereuntis hominis benigna deitas, et ad auxilium miserorum Veritas orta de terra, hoc est Christus de Virgine natus, processit, et cœlesti lumine suo tenebris paulatim discussis, orbem perfundens, Evangelium regni æterni, cujus ipse, ut suo loco probabitur, rex erat, ubique diffudit. Cernitis in gentes universas diffusum Evangelium ejus, et fidem Christi in cordibus universorum, Judæis ex toto et vobis ex parte exceptis, fervere. Non defuerunt tamen homini Christiano multiplices exorti in cordibus Christianorum errores, quos verax et veritatis sequax Ecclesia Dei statim ut sensit repulit, statim ut advertit damnavit. Ad quid istud in hoc hujus libri principio? ut sicut dicere cœperam, cogitetis et recogitetis non solum illos, quos præmisi, paganos, non solum Judæos, non solum Christianos hæreticos, sed etiam vos potuisse falli, potuisse decipi, potuisse tenebras pro luce, falsum pro vero, seductorem pro propheta, et, ut Judæi circa

mundi finem facturi sunt, Antichristum pro Christo suscipere. Et ne ultra res differatur, jam non eminus jacula emittenda, sed cominus manus conserendæ sunt, cum pace tamen, ut supra dixi, non cum furore; cum ratione, non cum insania; cum æquitate, non cum iniquitate, ne forte non videamur veritatis amore investigare quod verum est, sed studio partium defensare quod falsum est.

3. *Illorum somnia de modo acceptæ a Deo suæ legis.* — Dixi superiori et proximo libro : Invito vos ad salutem non quæ transit, sed quæ permanet; non quæ finitur cum vita brevi, sed quæ permanet in vitam æternam. Hanc consequi, hac tempore a Deo præstituto frui mortalibus quidem datum est, sed non nisi illis qui de Deo quod est, non quod non est sentiunt; qui eum, non juxta cordis sui phantasmata, sed sicut ipse se coli et vult et præcipit, colunt. Ad ista vos respondistis : Absit ut aliter sentiat intellectus noster! Absit ut aliter se habeat professio nostra! Nos nihil de Deo somniavimus, nihil prorsus confinximus, sentimus de ipso, fatemur de ipso, non juxta figmenta cordis nostri, sed juxta quod tradidit nobis missus ab ipso propheta noster. Ille cum sit ordine ultimus in prophetis et velut signaculum omnium prophetarum, et legis divinæ non auctor, sed lator, non Dominus, sed nuntius, mandata cœlestia, a Deo per Gabrielem sibi missa, nihil plus minusve continentia accepit, accepta patribus nostris nobisque servanda tradidit; hæc servamus, hæc custodimus, his animas, his corpora, his vitam mortemque nostram dicavimus.

4. *Mahumet non posse dici prophetam. Prophetia quid sit. Moysen vere fuisse prophetam.* — Audite ergo, quia jam tempus est, cui animas vestras, cui corpora, cui mortemque vestram dicastis; attendite, si tuto in loco spem vestram constituistis, si doctrinæ salubri, si vero prophetæ Dei et nuntio credidistis. Prophetam eum vocatis, nuntium Dei dicitis. Concedimus quod vero Dei prophetæ credendum est, quod vero Dei nuntio acquiescendum est; sed videatur, ut dixi, utrum vere Dei propheta fuerit, utrum vere nuntius Dei sit. Ad quod advertendum, quid prophetia sit, quid dicatur videte. Ait primus et summus in apostolis Christi apostolus Petrus, cujus nomen cum toti orbi notum sit, te ignorare non credimus, cujus ex parte vitam, cujus mortem, cujus in orbis capite quæ Roma vocatur sepulcrum, ut arbitror, non ignoratis. *Non voluntate*, inquit, *humana allata est aliquando prophetia, sed Spiritu sancto inspirati locuti sunt sancti Dei homines* (II Petr. 1). Ex his illius apostoli verbis sic recte vel describere vel definire prophetiam possumus : *Prophetia est rerum ignotarum aut de præteritis aut de præsentibus aut de futuris non humana inventione, sed divina inspiratione facta prolatio.* Sed nominis etymologia magis ad futura respicit, quam ad præterita vel præsentia : quia tamen eadem virtute divina qua revelantur futura, nota quandoque fiunt et præterita et præsentia, horum etiam duorum temporum revelatio vocatur prophetia. Ex prophetiæ definitione et prophetam possumus diffinire : *Propheta est qui res ignotas aut præteriti temporis aut præsentis vel futuri, non humana cognitione edoctus, sed spiritu Dei inspiratus, mortalibus manifestat.* Prophetiam præteriti temporis retexuit Moyses, quando dixit in principio creasse Deum cœlum et terram, creasse lumen, fecisse cœlum firmamentum, et illud medium posuisse inter aquas superiores et inferiores, produxisse ex terra herbam virentem, et proferentem semen, et lignum pomiferum faciens fructum; fecisse solem, lunam ac reliqua astra, tam ex aquis pisces et volatilia quam ex terra quadrupedia et reptilia produxisse; creasse tandem hominem ad imaginem et similitudinem suam, ac dedisse ei comparem similem. Hæc verba prophetica fuerunt; non de præsenti vel futuro tempore, sed de præterito, quæ propter hoc maxime se probant esse prophetica, quia, ut quidam magnus de nostris ait : *De illo tempore locutus est homo, quando non erat homo.* Probatur idem ex præsentis temporis prophetia esse propheta, sicut legitur in uno ex quinque libris Moysi qui Numeri dicitur. Absorptis enim ultione divina maximo hiatu terræ rebellibus Moysi, Core, Dathan et Abiron, cum tabernaculis suis et universa substantia, eaque de causa murmurantibus contra ipsum Judæis, eumque occidere molientibus, fugit ille ad tabernaculum Domini. Cumque jaceret coram Deo prostratus in terra, dixit ad Aaron fratrem suum, summum tunc Dei pontificem : *Tolle thuribulum, et hausto igne de altari, mitte incensum desuper, pergens cito ad populum, ut roges pro eis. Jam enim egressa est ira a Domino et plaga desævit* (Num. XVI). Præsentis ergo temporis prophetia tunc ejus spiritus illustravit est, quando in tabernaculo Dei prostratus jacens, quid in remota et diffusa multitudine agerétur agnovit. Statimque sequitur eadem Scriptura : *Quod cum fecisset Aaron, et cucurrisset ad mediam multitudinem, quam jam vastabat incendium, obtulit thymiama, et stans inter mortuos ac virentes, pro populo deprecatus est, et plaga cessavit, fuerunt autem qui percussi sunt quatuordecim millia hominum et septingenti absque his qui perierant in seditione Core* (ibid.). Hoc idem, ut dixi, de præsenti tempore est prophetia. De futuro autem tempore quis ex facili ejus prophetia verba enumeret? Præscivit et prædixit, indicante sibi Deo, decem famosis plagis Ægyptum percutiendam, non simul, sed separatim; non una die, sed pluribus et diversis diebus; nunc per aquas versas in sanguinem, nunc per ranas implentes omnia, nunc per sciniphes, nunc per muscas diversi generis, nunc per gravissimam animalium pestem, nunc per pulverem Ægyptum operientem, nunc per grandinem igni mistam, nunc per locustam operientem superficiem terræ, nunc per tenebras horribiles et palpabiles, nunc per mortes primogenitorum, quando in tota terra Ægypti non erat domus, in qua non esset mortuus. Secuta est maxima et ultima, dans cunctis plagis præcedentibus finem, plaga, hoc est Pharaonis ipsius in mare submersio, et totius exercitus ejus, nullo evadente, perditio. Præscivit et prædixit jam dictorum rebellium terribilem interitum, præscivit et prædixit prophetam a Deo in Israel suscitandum, quem qui non audiret exterminaretur de populo suo; præscivit et prædixit quamplurima alia per totum Pentateuchum suum, hoc est per quinque quos supra nominavi libros suis in locis digesta. Hæc universa singillatim antequam fierent prophetico spiritu plenus Moyses jam dictus prædixit, seque vere prophetam Dei esse ipsis verborum effectibus declaravit. Hoc idem ante ipsum quidam, ut Enoch, Noe, Jacob et Joseph : post ipsum plurimi, ut Samuel, David, Isaias, Elias, Eliseus, Jeremias, multique alii orbi notissimi.

5. *Mahumetum non posse dici prophetam.* — At Mahumeth vester, o Agareni, unde propheta a vobis probabitur? An quia quæ erant prius ignota mortalibus revelavit præterita? An quia quæ alios latebant indicavit præsentia? An quia quamlibet parva et vilia præsentit et prædixit futura? Unde hoc, inquam, ei ut propheta dicatur? An quia ipse sæpe in Alchorano suo se prophetam nominat? Si prophetam se nominat, ostendat quid propheticum dixerit, quid propheticum fecerit. Ostendite et vos ipsi mihi, qui eum prophetam creditis, qui eum prophetam dicitis, unde propheta præteritorum, unde propheta præsentium, unde propheta rerum futurarum appareat. Revolvite sæpe nominatum Alchoran vestrum, scrutamini totum textum illius vestræ cœlestis, ut putatis, scripturæ. Relegite ac recensete ab illius libri prima Azoara, hoc est oraculo, quod intitulatur *De bove, octoginta quinque verborum*, ac transitum facientes per Azoaram *De gente Joachim*, ducentorum verborum, ac per alias per totum nefandi illius operis corpus diffusas usque ad Azoaram centesimam vigesimam tertiam, quæ in ultimo posita libro, illi finem imponit, cursum celerem continuate ; probate, ex jam dicta illa vestra sublimi scriptura, eum saltem unum et solum verbum propheticum protulisse. Et ubi magis, si propheta fuit, eum se ostendere prophetam decuit, quam in libro cœlitus, ut scribit, per tomos allato, sibique a Deo per Gabrielem transmisso? Ubi se magis ostendere prophetam debuit, quam in libro cui super omnia inhæretis, cui totam fidei vestræ summam credidistis, cui salutem vestram, cui, ut supra scripsi, corpora vestra et animas devovistis? Quæ causa esse potest, ut Deus eum prophetam nominet, et a Deo, ut dicit, propheta vocatus, nulla prophetica prædicet? Quis unquam præcedentium prophetarum a Deo propheta dictus est, ipse tamen nulla prophetica locutus est? Non sic Moyses, ut supra dixi, noster; non sic Isaias, cujus pene totus

liber nil nisi propheticum sonat, nil nisi aut de proximo, aut de longinquo ventura prænuntiat.

6. *Isaias vere propheta fuit.* — De proximo, sicut illud quod regi Judæorum Ezechiæ ægrotanti, ac jam de vita desperanti ait : *Hæc*, inquit, *dicit Dominus : Ecce ego adjiciam super dies tuos quindecim annos, et de manu regis Assyriorum eruam te et civitatem istam, et protegam eam* (*Isa.* xxxvIII). Quod et factum est, nam et sospitati redditus, annis postea quindecim supervixit, et de manu regis Assyriorum erutus est, tam ipse quam regia civitas ejus Jerusalem, interficiente Deo sub unius nocturnæ horæ spatio de regis blasphemi exercitu centum octoginta quinque millia, et a Deo protectus est, nullo regum, nulla gentium adversus eum toto vitæ ipsius tempore prævalente. Sic et pro quibusdam aliis ab eo prædictis et proxime expletis, Dei propheta fuisse probatus est. De longinquo sicut Babylonis a Persis et Medis facta et ab ipso prædicta vastatio, sicut soluta a rege facta ante annos septuaginta a rege Chaldæo captivatas: cujus etiam Cyri nomen subtili prophetiæ oculo ante annos fere trecentos et præscivit et prædixit, sicut post multa tempora jam dictæ Babylonis omnimodam, ut nunc cernitur, destructionem, quam et in solitudinem redigendam, et pro hominibus monstruosorum animalium et venenatorum serpentium habitaculum futuram non tacuit. Rursum de longinquo Christi nativitatem, cum dixit : *Ecce Virgo concipiet et pariet filium* (*Isa.* vII), quod verum esse ipsi quoque affirmatis. Baptismum salutare quod ab ipso traditum est Judæis et gentibus, cum Deum introducens loquentem ait : *Effundam super vos aquam mundam, et mundabimini ab omnibus inquinamentis vestris, et ab universis idolis vestris mundabo vos* (*Ezech.* xxxvi); Christi miracula cum ait : *Tunc aperientur oculi cæcorum, et aures surdorum patebunt, tunc saliet sicut servus claudus, et aperta erit lingua mutorum* (*Isa.* xxxv). Christi passionem ubi dicit : *Sicut ovis ad occisionem ductus est, et tradidit in mortem animam suam; et cum sceleratis reputatus est* (*Isa.* LIII). Et quid his plura de tanto propheta eloquar? Quæcunque de Christo, quæcunque de Christianorum sacramentis, quæcunque de Judæorum reprobatione et gentium vocatione, quæcunque de statu post ipsum præsentis Ecclesiæ et fide futuri provenisse cernitur tam clare spiritu Dei illustratus prædixit, ut, juxta cujusdam sapientis olim verba, magis videatur præterita texere quam futura prædicere.

7. *De Jeremia.* — Sic post Isaiam et Jeremias, cui postquam a Deo dictum est : *Prophetam in gentibus dedi te* (*Jer.* i), prophetam Dei se vere esse multis non tantum post mortem, sed etiam dum adhuc viveret, indiciis declaravit. Post mortem ex septuaginta annorum numero, quo toto tempore, ut jam dictum est, Judæi Babylonica captivitate detenti sunt, cujus captivitatis relaxatio, ut supra scripsi, ab Isaia prædicta est, sed numerus annorum ab eo expressus non est; quem quia a solo Jeremia expressum, ac post mortem ejus impletum, et legimus et scimus, prophetico cum hoc spiritu prædixisse, indeque vere eum prophetam Dei fuisse clarum est. Sic et quando ab Isaia prædictam illam Babylonicam desolationem etiam ipse prædixit, sic et quando de Christo et ejus genitrice prælocutus est : *Faciet Dominus novum super terram : Femina circumdabit virum* (*Jer.* xxxi); et multa in hunc modum. Ante mortem, cum regem Chaldæorum ad Syriam venturum, cum per principes suos Jerusalem obsessurum, ac post annos paucissimos eam capturum, et Judaicum populum legis divinæ contemptorem captivaturum et præconatus est, ut prædixerat, impleta contemplatus est. De quibus propheticis verbis et illud fuit : nam universa recolligere et ad medium reducere refugio, ne forte ista lecturis plus nimio prolixus videar. Illud, inquam, de similibus exstitit, quod regi Sedeciæ ab ipso ad secretum colloquium evocatus atque interrogatus: *Estne verbum a Domino?* respondit : *Est; in manu regis Babylonis traderis* (*Jer.* xxxvii). Cumque ille subjunxisset : *Judæos qui transfugerunt ad Chaldæos , ne forte tradar in manibus eorum et illudant mihi,* respondit ille jam secundo pro re simili evocatus : *Non te tradent. Audi , quæso , vocem Domini , quam ego loquor ad te , et bene tibi erit, et vivet anima tua. Quod si nolueris, iste est sermo quem ostendit mihi Dominus. Ecce omnes mulieres, quæ remanserunt in domo regis Judæ, educentur ad principes regis Babylonis, et omnes uxores tuæ, et filii tui educentur ad Chaldæos, et non effugies manus eorum, sed manu regis Babylonis capieris, et civitatem hanc comburet igni* (*Jer.* xxxviii). Noluit rex vel timuit consilio prophetico acquiescere, et expertus est quidquid prædixerat illi propheta.

8. *De Ezechiele.* — Sic Ezechiel, ut multos et multa prætereamus de eadem Sedeciæ captivitate, licet longe positus in Chaldæa, quæ in Judæa futura erant, et quæ jam pene fiebant, absens corpore, præsens spiritu prædicens ait : *Nunquid qui dissolvit pactum effugiet? Vivo ego, dicit Dominus Deus, quoniam in loco regis qui constituit eum regem, cujus fecit irritum juramentum, et solvit pactum quod habebat cum eo, in medio Babylonis morietur* (*Ezech.* xvii). Et in sequenti prophetiæ serie : *Et omnes,* inquit, *profugi ejus cum universo agmine gladio cadent, residui autem in omnem ventum dispergentur, et scietis quia ego Dominus locutus sum* (*ibid.*). Hæc, ut propheta ille præfatus est, sic omnia contigerunt, rege Sedecia ab hostibus capto et captivato, ac deinde in Babylone mortuo, cunctisque profugis ejus cum universo agmine gladio cadentibus, residuisque in omnem ventum dispersis.

9. *De Daniele.* — Sic et Daniel ex toto libri sui textu tam de proximo quam de longinquo futura prædicens, se clare Dei prophetam indicat, de quo ipsius prolixo volumine hæc pauca excerpsi. Ait ille

cuidam regi Chaldæo qui Nabuchodonosor dicebatur, et sub cujus ipse degebat imperio, somnium sibi proponenti, et interpretationem postulanti: *Domine mi, somnium his qui te oderunt, et interpretatio ejus hostibus tuis sit: Arborem quam vidisti sublimem atque robustam, cujus altitudo pertingit ad cœlum, et aspectus illius in omnem terram, et rami ejus pulcherrimi, et fructus ejus nimius, et esca omnium in ea, subter eam habitantes bestiæ agri, et in ramis ejus commorantes aves cœli; tu es rex, qui magnificatus es, et invaluisti, et magnitudo tua crevit, et pervenit usque ad cœlum, et potestas tua in terminos universæ terræ. Quod autem vidit rex vigilem et sanctum descendere de cœlo, et dicere: Succidite arborem et dissipate illum. attamen germen radicum ejus in terra dimittite, et vinciatur ferro et ære in herbis foris, et rore cœli conspergatur, et cum feris sit pabulum ejus, donec septem tempora commutentur super eum. Hæc est interpretatio sententiæ Altissimi, quæ supervenit super dominum meum regem: Ejicient te ab hominibus, et cum bestiis et feris erit habitatio tua, et fenum ut bos comedes, et rore cœli infunderis: septem quoque tempora mutabuntur super te, donec scias quod dominetur Excelsus super regnum hominum, et cuicunque voluerit det illud. Quod autem præcepit ut relinqueretur germen radicum ejus, id est arboris, regnum tuum tibi manebit, postquam cognoveris potestatem esse cœlestem. Quamobrem, rex, consilium meum placeat tibi, et peccata tua eleemosynis redime, et iniquitates tuas misericordiis pauperum, forsitan ignoscet delictis tuis (Dan. IV).* Cum hæc universa prophetico illustratus spiritu prædixisset, post unius tantum anni spatium impleta esse non tacet. Omnia, inquit, hæc evenerunt super Nabuchodonosor regem. *Post finem mensium duodecim in aula regis Babylonis deambulabat rex, et ait: Nonne hæc est Babylon magna quam ego ædificavi in domum regni, in robore fortitudinis meæ, et in gloria decoris mei? Cum adhuc sermo esset in ore regis, vox de cœlo ruit: Tibi dicitur, Nabuchodonosor rex: Regnum transiit a te, et ab hominibus te ejicient, et cum bestiis et feris erit habitatio tua. Fenum quasi bos comedes, et septem tempora mutabuntur super te, donec scias quod dominetur Excelsus in regno hominum, et cuicunque voluerit det illud. Eadem hora sermo completus est super Nabuchodonosor, ex hominibus abjectus est, et fenum ut bos comedit, et rore cœli corpus ejus infectum est, donec capilli ejus in similitudinem aquilarum crescerent, et ungues ejus quasi avium. Igitur post finem dierum ego Nabuchodonosor oculos meos ad cœlum levavi, et sensus meus redditus est mihi, et Altissimo benedixi, et viventem in sempiternum laudavi et glorificavi, quia potestas ejus potestas sempiterna, et regnum ejus in generatione et generationem, et omnes habitatores terræ apud eum in nihilum reputati sunt. Juxta voluntatem enim suam facit, tam in virtutibus cœli quam in habitatoribus terræ, et non est qui resistat manui ejus, et dicat ei: Quare fecisti? In ipso tempore sensus meus reversus est ad me, et ad honorem regni mei decoremque perveni, et figura mea reversa est ad me, et optimates mei et magistratus mei requisierunt me, et in regno meo restitutus sum, et magnificentia amplior addita est mihi. Nunc igitur ego Nabuchodonosor laudo, et magnifico, et glorifico Regem cœli, quia omnia opera ejus vera, et viæ ejus judicia, et gradientes in superbia potest humiliare (ibid.).* Sic et regi Balthasar jam dicti regis successori, cum ab eo de scriptura parietis consultus esset, respondit quod de instanti, hoc est eadem qua loquebatur nocte futurum erat. Sic multa maxima et mira, tam de proximo quam de longinquo, ut dixi, tempore propheta ille prædicens, se vere Dei nuntium, se vere Dei prophetam rerum prædictarum effectibus declaravit.

10. Sic et tempore Roboam filii Salomonis regnantis super duas tribus Judaici populi, veniens quidam vir vere propheta, cujus nomen reticetur, ad quemdam alium regem idololatram, decem ejusdem gentis tribubus imperantem, dum eum super altare sacrificantem idolis invenisset, ait: *Altare, altare, hæc dicit Dominus: Ecce filius nascetur domui David, Josias nomine, et immolabit super te sacerdotes excelsorum, qui nunc in te thura succendunt, et ossa hominum incendet super te. Deditque in die illa signum dicens: Hoc erit signum quod locutus est Dominus: Ecce altare scindetur, et effundetur cinis qui in eo est. Cumque audisset rex sermonem hominis Dei quem inclamaverat contra altare in Bethel, extendit manum suam de altari dicens: Apprehendite eum. Et exaruit manus ejus quam extenderat contra eum, nec valuit rex eam retrahere ad se. Altare quoque scissum est, et effusus est cinis de altari, juxta signum quod prædixerat vir Dei in sermone Domini, et ait rex ad virum Dei: Deprecare faciem Domini Dei tui, et ora pro me, ut restituatur manus mea mihi. Oravit vir Dei faciem Domini et reversa est manus regis ad eum, et facta est sicut prius fuerat (III Reg. XIII).* Ecce quam magna propheta hic, et de longe post futuro tempore, et de instanti prædixit. De longe post futuro, cum post ducentos ad minus annos nasciturum regem etiam nominat dicens: *Ecce filius nascetur domui David, Josias nomine (ibid.).* De instanti cum dicit: *Hoc erit signum quod locutus est Dominus: Ecce altare scindetur, et effundetur cinis qui in eo est (ibid.);* altare enim statim ut loqui cessavit, scissum est, et effusus est cinis ejus.

11. *De Elia et Eliseo.* — Sic Elias, sic Eliseus, sic innumeri alii, quos præ multitudine piget referre, plurima et magna prædixerunt, quorum veracem in omnibus prophetiam res absque diminutione, ut prædictum fuerat, implere docuerunt. Et ut aliqua etiam de his quos nominavi prophetica proferam, impletum est quod Elias idololatræ populo comminans prædixerat: *Vivit Dominus, si erit, hoc est* non erit, *ros aut pluvia, nisi juxta oris mei verbum;* nam triennio et sex mensibus, omni rore imbreque suspenso, tandem ad preces ejus et cœlum dedit

pluviam, et terra dedit fructum suum. Impletum est et illud quod cuidam regi Judæorum prophetice prædixerat : *Quia*, inquit, *misisti ad consulendum Beelsebub Deum Accaron, quasi non esset Deus in Israel, a quo posses interrogare sermonem ; idcirco de lectulo super quem ascendisti, non descendes, sed morte morieris (IV Reg.* 1): Impletum est et aliud quod quidem non ipse, sed filii prophetarum de ipso non semel tantum, sed bis de Eliseo ejus discipulo dixerunt : *Nunquid nosti quia hodie Dominus tollet dominum tuum a te? (I V Reg.* 11.) Quibus ille bis interrogatus, bis respondit: *Et ego novi, silete (ibid.)*, quod impletum esse et currus igneus et equi ignei magistrum et discipulum dividentes, ipseque Elias per turbinem raptus in cœlum ostenderunt. Quid et de Eliseo? duplicem in se spiritum Eliæ fieri poposcerat, sed licet illa res, teste eodem propheta, ad impetrandum esset difficilis, quod postulaverat impetravit. Sed quando ejus propheticus spiritus et mens rerum, tam præsentium quam futurarum, sollicita indagatrix et veracissima pronuntiatrix explicabitur? Spoponderat ille leproso regis Syriæ principi purgationem a lepra ; cumque ut curari posset Jordanicis fluentis intingui mandaverat, obedierat ille, licet prius de mandatis indignans, consilio servorum , et obedientia mandato prophetali exhibita, salutem concupitam meruerat. Tactus est pestifera et miseris mortalibus nimium assueta cupiditate Giezi puer ejus, et quod gratis a Deo per prophetam datum fuerat, multo argenti ac vestium pretio venundare visus, lepram principis jam curari simul cum opibus illicite concupitis, leprosus ipse subito factus, sibi protinus vindicavit. Non latuit hoc licet absentem prophetam, nec se hoc latuisse reverso ad se puero iudicavit. Ait enim illi : *Unde venis, Giezi? qui respondit : Non ivit servus tuus quoquam. Et ille ait : Nonne, cor meum in præsenti erat, quando reversus est homo de curru suo in occursum tui? Nunc igitur accepisti argentum, et accepisti vestes ut emas oliveta, et vineta, et oves, et boves, et servos, et ancillas; sed et lepra Naaman adhærebit tibi et semini tuo in sempiternum (IV Reg. v).* Subditque Scriptura : *Egressus est ab eo leprosus quasi nix (ibid.).* Ecce non fallax, sed verax propheta, non falsus, sed verus nuntius Dei, curandum leprosum et præsciit et prædixit, et factum est ; avarum servum lepra curati hominis respergendum et præsciit et prædixit , et factum est.

12. *Quam longe ab his fuit absimilis Mahumetes.* — Quid simile, o Agareni, tot tantisque tam maximis prophetis vester ille, ille plane ille vester propheta, saltem de re qualibet vili et modica vel præsciit aut prædixit? Proponatur liber ejus, revolvatur Alchoran ejus, sublimis illa et cœlestis, juxta vos, ut dixi, scriptura, nulla Azoara excepta, per verba singula replicetur, procedat ille ad publicum tantorum propheta populorum, et se aliquid, ut dictum est, vile vel modicum prophetice prædixisse, ex libro quem suis reliquit ostendat. Sed redeat adhuc Eliseus : *Rex Syriæ*, ait quædam Hebraica et Christiana Scriptura, *pugnabat contra Israel, consiliumque iniit cum servis suis dicens : In loco illo ponamus insidias. Misit itaque vir Dei Eliseus ad regem Israel dicens : Cave ne transeas per locum illum, quia ibi Syri in insidiis sunt. Misit itaque rex Israel ad locum quem dixerat ei vir Dei, et præoccupavit eum, et observavit se ibi non semel neque bis. Conturbatumque est cor regis Syriæ pro hac re, et convocatis servis suis ait : Quare non indicatis quis proditor mei sit apud regem Israel. Dixitque unus servorum ejus : Nequaquam, domine mi rex, sed Eliseus propheta qui est in Israel, indicat regi Israel omnia verba quæcunque locutus fueris in conclavi tuo (IV Reg.* vi). Audistis? præsciebat et prædicebat spiritu prophetico plenus propheta regi Israel Syrorum insidias, nec uspiam oculum illum invisibilem aliquo astu hostium acies effugere poterat. Penetrabat subtilis ille et perspicax prophetæ intuitus remota terrarum, profunda vallium, abdita silvarum ; intererat secretis propheticus auditus consiliis; claustris vel portarum repagulis repelli non poterat, cubiculis regalibus non deerat, cuncta quæ hostiliter et callide longe positi adversarii machinabantur regi suo prophetæ, nuntiis semper intercurrentibus, indicabat.

13. *Nihil unquam prædixit.* — Quare ergo propheta, juxta vos, tam famosus, aliqua saltem modica prophetiæ scintilla in tam frequentibus suis contra hostes expeditionibus, sibi ne dicam alteri non consuluit? Quare cum sæpe victus de præliis fugerit, se vincendum ab hostibus non præscivit? quare non prævidit et præcavit in quodam suo procinctu, cui ipse interfuit, unum sibi de inferioribus dentibus dentem excutiendum , labrum præcidendum , vulnera fronti et faciei suæ ab hostibus inferenda ? Sed quid exspecto, o Ismaelitæ, aut a vobis aut ab ipso proferri ex jam dicto Alchoran, hoc est lege vestra, aliquid vestrum prophetam propheticæ prædixisse, ne dicam aliqua ex prædictis, ut ab eo prædicta sunt contigisse. Quid enim ex prædictis ab eo provenire potuit, de quo clarum est quod nihil prædixerit? Sed forte opponet vestrum aliquis, et producet ad medium, velut magnum quiddam, scripturam aliam genealogiam ejus, actus quosdam ipsius, et prælia continentem; in qua legitur eum prædixisse duodecim de gente propria vel familia, quæ Chorais dicebatur, singillatim sibi invicem succedentes, se mortuo principaturos, ex quibus tres primos nominasse scribitur, Eubecaram, Aornar, et Odmen; sed nec sic, nec sic prodesse poterit parti suæ diabolica fraus, nec pro splendore tenebras, pro lucis angelo Satanam fuligineum ingerere prævalebit. Et quis nobis, o Agareni, quos causa assumpta cogente toties nomino, ad probandum hunc de quo agitur prophetam Dei non fuisse. Quis, inquam, aptior ad hoc probandum inveniri poterit, quam ipse quem Dei prophetam dicitis? Si plane

ipse se negaverit prophetam, nunquid ipso resistente cum dicetis prophetam? hoc quomodo? audite. Et si aliquis in vobis rationabilis intellectus superest, advertite. Et ne diutius vos protrahens plus nimio suspensos teneam, audite ipsum loquentem in Alchoran vestro: cui scripturæ ab aliquo contradici nefas putatis. *Quidquid*, ait, *inveneritis pro me scriptum, conferte illud cum Alchoran, et si ei non concordaverit, scitote quia innocens sum ab illa scriptura, et non est mea.* Conferatur ergo scriptura jam dicta cum isto Alchoran, et videatur utrum concors cum illa aut discors ab ipsa sit. Dicit illa, ut jam dictum est, eum prædixisse duodecim viros de stirpe vel gente sua, quæ Chorais vocabatur, principatui suo post se singillatim principaturos, quorum primos tres, ut præmissum est, nominat. Hoc quidem scriptura illa, ab alio quam ab ipso edita; ipse vero non alius econtra: *Quidquid inveneritis pro me scriptum, conferte illud cum Alchoran, et si ei non concordaverit, scitote quia innocens sum ab illa scriptura, et non est mea.* Non concordat autem cum Alchoran, quoniam totus ipsius libri textus, nihil ab eo prophetice dictum sonat, nihil de futuris eum prædixisse scribit. Nulli ergo magis, ut judicia, tam ecclesiastica quam Romana, imo tam divina quam humana fatentur, et ratio ipsa docet, nulli, inquam, magis quam de se confesso credendum est. Postponantur igitur ex tantæ dignitatis, quantum ad vos, libro, undecunque occurrentia scripta supponantur, quia teste Mahumeth vestro, si qua scriptura, ut ejus utar verbis, non concordaverit Alchoran suo, innocens ab illa, et non est ejus. Nonne ista, o viri, sufficiunt ad comprobandum eum non esse prophetam? Sed succedant his alia, et impium, imo perditissimum hominem ab omni prophetica gratia, etiam ipso fatente, procul exclusum declarent. Introducens enim velut poetico figmento nequam et mendax homo Deum sibi loquentem, sic in Alchoran ait:

14. *Alchoran continet falsa.* — *Tu quidem nequaquam ad eos cum Dei miraculis manifestis venies, quoniam ea velut odiosa atque contraria rejiciunt, et veritati ad eos venienti contradixerunt. Et rursum: Nisi sciremus eos tibi non credituros, daremus tibi signa et prodigia.* Quid dicam? quis digne mirari? quis effari? quis congruis verbis irridere tantam hominis stultitiam, imo insaniam potest? Et ut ad ipsum, de quo agitur, verba convertam: Hæccine tot causa est, o Mahumeth, qua sine miraculis missus a Deo ad homines venisti, quoniam et velut odiosa atque contraria rejecturi erant, et veritati ad eos venienti contradicturi? Hæccine, inquam, causa est, qua signa et prodigia tibi data non sunt, quia præsciebat Deus eos tibi non credituros, sicut nec aliis crediderunt? Si hoc tibi a Deo, ut dicis, dictum est, falsa est plane, falsa est absque dubio præscientia Dei. Quomodo enim, juxta hæc quæ proponis, falsa non est præscientia Dei, si præsciunt homines tibi etiam cum signis et prodigiis misso non credituros, cum sine miraculis, signis, et prodigiis nugacissimis fabulis tuis populi multi crediderint, sectæ nefariæ acquieverint, infernali doctrinæ tuæ seipsos nil morati subdiderint? Et cui hoc commentum tuum, cui plane non appareat enerve, fragile, testeum? Elige certe, elige de duobus quod malueris, aut dic Deum in præscientia sua errasse, dic mentitum esse, quod tibi non crediturus homines etiam cum signis et prodigiis dixerit, cum tibi Arabes, Persæ, Syri, Ægypti, multaque pars Afrorum etiam sine miraculis crediderit; aut si fateri vereris Deum errasse, Deum mentitum esse, aufer falsa, aufer blasphema de libro tuo, imo, quod sanioris consilii est, damna ut erroribus, ut mendaciis, ut blasphemiis respersum totum Alchoran tuum.

15. *Signis et miraculis crediderunt a Deo inspirati homines.* — Sed quid est et illud quod postquam Deum inducis tibi loquentem, quod præmisi: *Nisi sciremus eos tibi non credituros*, addis: *sicut nec aliis crediderunt?* qui sunt isti quibus homines non crediderunt? An forte Moyses? An forte ipse Christus? non occurrunt alii, non occurrunt plane alii, de quibus hoc te sensisse, de quibus hoc te dixisse conjicere possim. Sicut hi summi et soli legislatores in orbe, Moyses Judæorum, Christus universarum gentium. Moyses venit cum signis et prodigiis, Christus multo magis cum signis et prodigiis. Credidit Moysi visis signis et prodigiis Judæorum populus. Credidit Christo ejusque apostolis visis maximis et innumeris miraculis mundus. Qui sunt ergo de quibus dixisti: *Sicut nec aliis crediderunt?* Istis enim miracula facientibus crediderunt a Deo inspirati homines, tibi sine signis vana et falsa loquenti, a te decepti crediderunt homines. Falsum est ergo oraculum tuum, quod tibi a Deo dictum finxisti, nec illis credidisse, nec tibi credituros homines.

16. *Mahumeti testimonio probat eum non fuisse prophetam.* — Sed redeo ad illud, quod probare proposui, tuo te testimonio prophetam non esse. Quando enim signa tibi a Deo data non esse affirmas, utique te prophetam negas. Quid enim insignius prophetia? quid signum majus prophetia? quid enim rectius signum, quid prodigium, quid miraculum vocatur quam aut præterita, quantum ad homines, ignorata referre, aut præsentia reserare, aut futura prædicere? Cum ergo de præclaris quæ a Deo dantur signis prophetia sit, cum tibi signa a Deo data non esse prædicas, prophetam utique te esse negas. Aut igitur profitere signa tibi a Deo data esse, et propheta permane; aut si tibi signa data non sunt, propheta esse desine. Urget enim undique te coarctans ratio, ut si, sicut dictum est, signa tibi data esse negaveris, prophetam te pariter diffitearis; si data tibi dixeris, necesse est ut Deum mendacii arguas; necesse est ut quod mendaciter scripsisti corrigas. Et quia monstruosa verba tua et hactenus inaudita pene obstupescere me cogunt, quis, o miser, ex universorum collegio propheta-

rum sic se dixit prophetam, ut tu? sic se voluit credi prophetam, ut tu? Vitabant illi ut veri et humiles servi Dei gloriam magni nominis, et cum vere Dei prophetæ essent, prophetas se dicere, salva quantum poterant veritate, se dicere refugiebant. Unde quidam ex ipsis qui Amos vocabatur, dicentibus sibi : *Noli prophetare in Bethel, neque stilles super domum idoli (Amos* VIII), respondit : *Non sum propheta, et non sum filius prophetæ, sed puer armentarius ego sum, vellicans sycomoros (ibid.).* Et Joannes, quem propheta vester Baptistam nominare refugit, sed Zachariæ filium, dicit multa quæ tam ipsum, quam parentes ejus in Alchoran suo laude extollit, dicentibus sibi invidis Judæorum sacerdotibus et Levitis : *Propheta es tu ? respondit : Non sum (Joan.* I) : qui tamen vere prophetæ Dei erant ; sed prophetas se non esse, alio qui ad vos nunc non pertinet, quandiu infideles estis, intellectu, salva veritatis suæ professione, dicebant. Reliquerunt tamen in libris suis, de quibus dubitari non posset, signa prophetica, ut quæ prædicebant, aut impleta ipso suo tempore demonstrabant, aut implenda, ut apud posteros postmodum claruit, declarabant. At vester ille, et quod satis admirando frequentare non possum, ille prophetam se dicit, Deum in scriptis suis se vocantem prophetam introducit, et cum pene usque ad nauseam se Dei prophetam dicat, affirmet et replicet, nihil de futuris loquitur, nihil propheticum sonat, nihil a se non solum prædictum vel impletum ostendit, sed nec implendum prædicit. Taceo illa quæ de paradiso voluptuosa, vel de inferno phantastica promittit, in quibus ante non potest apparere propheta, quam ab illis qui in paradiso vel in inferno fuerint probentur impleta. Non fuit ipsi, nec esset mihi si vellem, difficile, me vocare prophetam ; non esset difficile scribere et scripto inducere Deum me vocare prophetam ; non esset difficile prædicare me hominibus Dei prophetam. Possem fingere quæ vellem de his quæ post finem mundi, et post rerum occasum, aut futura sunt aut non ; nec possem de mendacio argui in hac vita, prædicendo ea quæ futura sunt, aut non post hanc vitam.

17. Sileat ego commentum diabolicum, et, sicut supra dixi, fragile, enerve, ac testeum, quia propheta credi non potest prædicendo ea quæ post mundi hujus finem futura sunt, nisi se probet prophetam in his et ex his quæ ante mundi finem sunt. Assumat, si vult propheta credi, testes prophetiæ suæ, non ex mortuis, sed ex viventibus ; non ex his quæ post mortem implenda promittat, sed ex his quæ ante mortem impleta ostendat. Hoc modo, hoc tali tamque evidenti argumento, credit Christianus populus suis, non quia tantum prophetas se dixerunt, sed quia prophetas se esse **evidentibus** signis, claris miraculis, ipsisque ab eis rerum prædictarum effectibus, absque aliquo dubietatis vestigio comprobarunt. Aut ergo talibus indiciis te, o Mahumeth, ostende prophetam ; aut si hoc non potueris, desine te, o damnate atque damnande, vocare prophetam. Et licet quæ præmisi sufficere possint ad demonstrandum longe te esse a prophetica gratia ; aggrediar tamen velut ab altero exordio ista legentibus ostendere te non esse prophetam.

18. *Prophetarum alii boni, alii mali dicuntur. Qui boni.* — Prophetarum vel qui fuerunt vel qui dicuntur, alii boni, alii mali. Bonorum alii prædicentes universalia, alii particularia. Malorum alii fallaces, alii veraces. Sunt præter hos qui non prophetæ, sed vulgari nomine divini dicuntur, ut augures, arioli, aruspices, magi, sortilegi. Prosequatur ergo stylus eo ordine singulorum distinctiones, ut propositæ sunt. Boni sunt, quorum vita laudabilis, quorum prophetia vel prædicatio verax, de quorum numero sunt, quos supra scripsi, Moyses, Isaias, Jeremias, Ezechiel, Daniel, multique alii. De his et ipse Christus, qui quamvis cunctorum prophetarum Dominus ubi Deus sit, tamen quia multa prophetica dixit, propheta vocatus est. Testatur hoc Evangelium, quod ei datum, o Saraceni, fatemini, sicut ibi de illo a turbis dictum legitur : *Propheta magnus surrexit in nobis (Luc.* VII) ; et sicut ipse de ipso : *Non capit perire prophetam extra urbem.* Qui tam vitæ quam prædicationi suæ verax, ut decebat, testimonium ferens, in eodem Evangelio Judæis secum altercantibus ait : *Quis ex vobis arguet me de peccato? (Joan.* VIII.) Nullus enim eum de peccato arguere poterat, qui sine peccato erat. Istud quidem de vita ; sed et de prædicatione quid? *Si veritatem dico, quare vos non creditis mihi? (Ibid.)* Nam nihil nisi quod verum erat, Veritas proferre poterat. Est igitur ipse cum aliis bonis prophetis, et etiam super alios bonus propheta.

19. *Qui mali prophetæ.* — Sed mali prophetæ qui sunt? quorum vita reproba, quorum prophetia vel prædicatio falsa. Tales erant tempore Eliæ illi, qui in libro Regum Israel et Juda leguntur quadringenti quinquaginta prophetæ Baal, et item quadringenti lucorum, quos idem Elias oblatum Deo sacrificium ignique cœlesti absumptum, suo jussu a populo comprehensos, ad torrentem Cison multo zeli divini ignitus fervore pertrahi fecit, ut pessimos idololatras interfecit.

20. *Bonorum alii universalia prædicunt.* — Bonorum prophetarum, ut dixi, qui universalia, hoc est ad universos pertinentia prædixerunt, hi sunt ex parte, quos supra nominavi, cum cunctis pene aliis qui boni prophetæ dicuntur, quorum, ut præmisi, vita laudabilis est et prædicatio verax. Ad universos enim pertinet, quod ab illis de Christo prædictum est, qui, ut ait in Evangelio magnus quidam justus : *Positus est in ruinam et in resurrectionem multorum (Luc.* II) ; cujus vita, cujus prædicatio, cujus mors, cujus resurrectio, cujus a cœlis egressio, et ad ipsos regressio, credentibus ad vitam, incredulis ad mortem facta sunt. Ipsius tandem in fine sæculi universale et ultimum judicium, perpetuas sede

toti mortalium massæ, ante cremendam majestatem ejus vi divina collectæ, distribuet pro meritis singulorum, unumquemque aut igni perpetuo tradens, aut vitæ secum sempiternæ restituens. Hoc modo et cuncta reliqua quæ in verbis illis vel libris propheticis leguntur, ad omnes non ad quosdam pertinentia, sive in bono sive in malo accepta, illos respiciunt, quos universales prophetas nomino.

21. *Alii particularia.* — Particulares illos dico, qui non illa quæ ad universos pertinent prædixerunt, sed qui ea quæ ad quosdam populos vel ad quæ quasdam nominatim expressas personas pertinebant, prophetico spiritu prælocuti sunt. De quibus est Jonas, qui ad gentilem tantum Ninivitarum populum a Deo missus est, licet illa ejus missio universarum gentium vocationem præsignaverit, licet quod mersus in mare, quod voratus a pisce, quod in ejus ventre manens illæsus, quod incolumis et a bellua et a mari evadens actu non verbo salvatricem Christi mortem, eique a morte cunctis miracula perferendam resurrectionem prophetaverit. De istis est et Samuel, qui non universalia, sed quædam ad quosdam specialiter pertinentia prædixit, ut Heli sacerdoti de his quæ pertinentia erant posteris domus ejus, ut Sauli primo regi Hebræorum, prius de asinabus Cis patris sui perditis et inventis, post de regno ejus ad proximum et æmulum transferendo, ac de quibusdam aliis, vel ad solam gentem Judaicam, vel ad quasdam certas personas pertinentibus causis. De his et ille ejusdem temporis propheta, qui ejus a Scriptura sacra non expresso proprio nomine vocatur Vir Dei, et qui post multa quæ jam dicto Heli ventura prædixerat, id etiam addidit: *Hoc,* inquit, *erit tibi signum quod venturum est duobus filiis tuis Ophni et Phinee; in die una morientur ambo* (I Reg. II) : quod et factum est. De his est et ille quem eadem Scriptura tacito nomine prophetam nominat, et quem cuidam regi Israel de rege Syriæ victoriam consecuto inducit loquentem : *Vade et confortare, et scito et vide quid facias; sequenti enim anno rex Syriæ ascendet contra te* (III Reg. xx). Rursus eidem regi alter sine nomine propheta : *Hæc,* ait, *dicit Dominus, quia dixerunt Syri : Deus montium est Dominus et non Deus vallium, dabo omnem multitudinem grandem hanc in manu tua; et scietis quia ego sum Dominus* (ibid.) : quod, et sicut prædictum fuerat, septima statim die impletum est. Nam, inito Hebræi contra Syros prælio, percusserunt de ipsis centum millia peditum in die una, fugeruntque qui reliqui erant in civitatem, cecidit murus super viginti quinque millia hominum qui remanserant. Hæc a jam dictis prophetis prædicta, non fuerunt universalia, sed aut de singulis gentibus, aut de certis personis, et de propriis ipsarum proventibus præostensa. De his est et magnus Elias, de his ipso, quantum ad miracula spectat, non inferior Eliseus, quorum alter, ut supra dixi, regi Ochosiæ mortem minatus est, illeque, ut prædictum fuerat, mortuus est; alter alteri regi, qui Joas dicebatur, frequentes de rege Syriæ triumphos prædixit, quod et sic contigit, et quædam similia ab ipsis quibusdam prædicta, et, ut dictum fuerat, adimpleta.

22. *Post Christum non fuere universales prophetæ. Plures fuere particulares.* — Sunt igitur hi quos præmisi, multique quos reticui, de illorum numero, quos quia non ea quæ ad omnes, sed quæ ad quosdam spectant, prophetico prædixerunt spiritu, particulares dico prophetas. Sed distinguendum est inter hos et illos, et caute ac sollicite advertendum universales, hoc est ad universos pertinentia prædicentes, jam a Christi tempore nec potuisse nec deinceps usque ad mundi finem esse posse prophetas. Nam quidquid ad commune mortalium vel ipsius mundi statum aut defectum, quidquid ad religionem veracem aut fallacem, quidquid ad debitos et universales bonorum aut malorum fines spectat, totum a jam dictis, qui universales dicuntur prophetæ, prædictum est, et ab ipsis ad doctrinam et memoriam posterorum litteris traditum est. Quod ex maxima jam parte impletum, ex toto in sæculi fine implendum servatur. Unde cessantibus, et in Joanne, quem nos Baptistam, vos filium Zachariæ dicitis, nec nos ejus filium esse negamus, omnino, inquam, apud gentem Judaicam deficientibus prophetis, quæ sola usque ad Christum divinæ legis cultrix exstiterat, illud tantum prophetiæ genus cessavit, quod ad statum universalem pertinebat, quia universis ad id spectantibus plene præmissis necessarium jam non erat. Non fuit igitur Mahumeth vester, ut dicitis, signaculum prophetarum, hoc est ultimus in prophetis ; sed Joannes Baptista, de quo Christus in Evangelio, juxta vos, sibi dato ait : *Lex et prophetæ usque ad Joannem* (*Luc.* xvi). Prophetæ plane illi qui ad omnes pertinentia prædicerent, non illi qui aliqua personalia prophetarent. Illos enim qui personarum aut temporum varios eventus post Joannem Baptistam prophetico spiritu prædixerunt, in diversis temporibus ac diversis mundi partibus, frequenter habuit et experta est Ecclesia Christi, sicut Paulum apostolum, qui multa de futuris et impleta et implenda prædixit. Impleta, ut in nobis et in Judæis, quando dixit : *Erit tempus cum sanam doctrinam non sustinebunt* (*II Tim.* iv); et in eodem versu : *A veritate auditum avertent, ad fabulas autem convertentur* (ibid). Nam claret orbi præter vos et ipsos, quod tam vos quam ipsi, ut suo loco probabitur, a veritate auditum avertistis, et ad fabulas hunc convertistis, a veritate Christiana vos ad fabulas Mahumeth, Judæi ad fabulas Talmuth. Implenda vero prædixit, quando revelandum hominem peccati : *Filius perditionis qui adversatur et extollitur supra omne quod dicitur Deus aut quod colitur* (*II Thess.* ii), eumque in templo Dei sessurum, quem nos Antichristum dicimus, scripsit. Sic et alios ex apostolis, sic plurimos ex aliis eorum discipulis, qui et prophetæ dicti sunt, et prophetas se esse rerum

prædictarum effectibus ostenderunt. De talibus et ille fuit qui Agabus vocabatur, qui zona Pauli Jerusalem euntis, suos pedes alligans, ait : *Virum cujus hæc zona est, sic alligabunt in Jerusalem (Act.* xxi). Qui brevi tempore elapso, cum urbem illam adisset, captus a Judæis, alligatus a tribuno, flagellatus a Romanis, veridicum fuisse prophetam illum ostendit. Et quis hujusmodi prophetarum numerum, qui post Christum inter Christianos tam vita quam prophetia splenduerunt, explicet?

23. *Quidam universales et particulares fuere prophetæ.* — Si loquerer fidelibus et Christo credentibus, pateret campus immensus. Quando enim vel a me vel a quolibet explicari posset tanta prophetarum, non universalia, ut præmisi, sed singularia, ut dixi, a Christo usque ad nostra tempora prædicentium numerositas? Si eorum singillatim nomina vel numerum, qui in parte hujus propheticæ gratiæ claruerunt, ex veracibus gestis collecta retexere vellem, fidem dictis, ut arbitror, adhibere refugeretis. Quomodo enim prophetis Dei credere possetis, qui necdum Deo ipsi creditis? Sed scio hunc esse intellectum vestrum, hanc esse professionem vestram; vos vero Deo et in verum Deum credere. Sed utrum hoc verum sit, subsequens et vos per Dei spiritum devincens ratio declarabit. Interim rem propositam sermo rationi famulans prosequatur. Erat autem sermo ille, erat ratio illa, qua de universalis prophetiæ modo, distinctione præmissa, de sequenti, hoc est singulari vel personali prophetiæ modo juxta propositam partitionem agebatur. De illo, inquam, plane prophetiæ modo, quo singularia, ut dixi, prædicuntur, non quo universalia prophetantur. Nam ille, ut sic loquar, universalis prophetiæ modus ab ipsa pene primi hominis creatione exortus est; sed in Joanne, ut dixi, consummatus est. Particularis vero aut personalis et ante Joannem et post multis datus est, et adhuc fortassis pluribus dandus. Hac gemina discretione propheticæ gratiæ descripta, ad universales simul et particulares prophetas sermo redeat, et qui sint ex scriptis declaret.

24. *Ut Isaias.* — De istorum numero rursus Isaiam produco, qui sicut universalia prædixisse præostensus est, sic quod etiam singularia ad quasdam gentes, vel personalia ad quasdam personas pertinentia prædixerit probandum est : ad quasdam gentes, ut illud quod contra Babylonem, quod contra Moab, quod contra Damascum, quod contra Ægyptum, quod contra Idumæos, quod contra Arabiam, quod contra Tyrum, ut lectio libri ejus indicat, prophetavit; ad quasdam personas, ut illud quod de rege Assyriorum Sennacherib, quod de rege Judæorum Ezechia, quod de quibusdam aliis, sicut ibi diffusius legitur, prophetavit.

25. *Jeremias.* — Sequitur hunc et suprascriptus Jeremias, qui modo eodem sicut multa ad universos pertinentia prædixit, ita et singularia vel personalia pleraque non tacuit : singularia quarumdam gentium, ut ea quæ contra Palæstinos, ut ea quæ contra Moab, ut ea quæ contra filios Ammon, ut ea quæ contra regna Azor, ut ea quæ contra Elam, ut ea quæ contra Babylonem prophetico plenus spiritu prophetavit; personalia, sicut quando regem Sedechiam a Chaldæis capiendum et captivandum prædixit, sicut quando Ananiæ cuidam falso prophetæ sic minatus est : *Non*, inquit, *misit te Dominus : Et tu confidere fecisti populum istum in mendacio. Idcirco hæc dicit Dominus : Ecce mittam te a facie terræ, hoc anno morieris; adversus Dominum enim locutus es (Jer. xxviii).* Sic et quando quibusdam duobus ait : *Hæc dicit Dominus exercituum, Deus Israel, ad Ahab filium Culiæ, et ad Sedechiam filium Amasiæ, qui prophetant vobis in nomine meo mendaciter : Ecce ego tradam eos in manu Nabuchodonosor regis Babylonis, et percutiet eos in oculis vestris (Jer. xxvii).*

26. *Daniel.* — De his universalibus simul et personalibus est Daniel, qui, ut longe supra præmisi, utroque charismate plenus, et quæ ad omnes et quæ ad quosdam solummodo pertinebant, sæpe præfatus est. Ad omnes, ut quando somnium regis Chaldæi, cujus idem rex immemor factus fuerat recitans, quid præsignaret prædixit. Viderat ille statuam cujus caput aureum, cujus pectus et brachia argentea, cujus venter et femora ærea, cujus crura ferrea, cujus pedes partim ferrei partim fictiles, præsignabant maxima mundi regna sibi invicem successura, varios habitura processus pariter et proventus, quæ per mutuas successiones in tantum sui diuturnitatem portenderent; donec percussa lapide absciso de monte sine manibus, deficiente mundo, finirentur et ipsa. Rursus ea quæ ad omnes, ut ultima pars prophetiæ ejus indicat; quæ si quis vestrum legerit inveniet. Quæ vero ad quosdam, ut ea quæ ab ipso prædicta sunt regi Nabuchodonosor, ut et illa quæ regi Balthasar. Est igitur Daniel, ut duo supramemorati, non universalis tantum vel personalis, sed simul universalis et personalis propheta.

27. *Hebræorum prophetas audire debent Ismaelitæ.* — Sed, quia Hebræos prophetas vobis sicut Judæis propono, mirabitur forsitan aliquis vestrum. Sed, ut desinat mirari, audiat sequentia . Hebræi quidem jam dicti prophetæ sunt, sed, licet Hebræi sint, etiam vestri sunt. Sed, dicetis : Nostri quomodo? Quid enim Arabs ad Hebræum? Quid Ismaelita ad Judæum? Et multum plane : primo quod Ismael et Isaac fratres fuere, licet ille de Agar ancilla, iste de libera Sara; secundo, quod præter consanguinitatis lineam et linguam tam in notis litterarum quam in eloquio pene communem, etiam singulari et antiquo circumcisionis signo velut ab utriusque gentis patre Abram derivato, vos ipsos ab universarum gentium aut innatis usibus, aut traditis legibus secrevistis; tertio, quod Hebræos aut Christianos de quibus agitur, prophetas, ut divino Spiritu inspiratos, et prophetica gratia plenos, a

vobis suscipi debere evidentibus et invictis in suprascripto libro rationibus monstratum est, quas ad integrum reconsignare, et velut de novo litteris tradere, si præcedentibus aurem sollicitam adhibuistis, superfluum est. Quod si forte aut ut rerum de quibus agitur instantium contemptores negligenter audistis, aut communi quæ pene omnes præter studiosos occupat desidia, lecta vel audita oblivioni lethargicæ tradidistis, replico breviter quæ supra diffusius dicta, si tanta vobis salutis vestræ cura est, recolligere poteritis. Ex quibus prophetas Judaicos aut Christianos, de quibus longus sermo præcessit, vestros etiam esse, vosque eisdem ut vestris credere debere, si remota, ut suprascripsi, perspicuæ veritati renitens obstinatio fuerit, omni fugata nubium caligine ratio indubia declarabit. Et quid dico declarabit? imo jam declaravit; et nisi infidelibus loquerer, et his qui a Deo prorsus alieni sunt, sæpedicta iterare refugerem. Sed ferat stylus omnia patienter, et hæreticis aut ethnicis hominibus, salva fidei et veritatis constantia, morem gerat.

28. *Aut ex eis nihil debent inserere Alchorano suo.* — Quid exigis a me, Ismaelita? unde prophetas meos, tuos esse comprobem? unde ex verbis ipsorum velut a te concessis contra te pugnem? habeo plane, habeo multa. Quæ? audi. Cur accipis aliquid de libris meis, qui longe tuis antiquiores sunt, cum ego Christianus, tu hæreticus, ut dixi, aut ethnicus sis? Quid mihi et tibi? Nihil ego assumo de libris tuis, quare tu furaris aliquid de libris meis? an æmularis mea? an forte Christianus vis fieri? et o utinam! o utinam plane! utinam relicto errore stulto, mortifero, carente omni ratione, destituto omni veritate, evanescente per inania phantasmatum et inaudita nugarum, ad Deum verum convertaris, Christum Dei virtutem et sapientiam agnoscas, et a nefandi et turpissimi hominis laqueis erutus, possis cantare cum David rege et propheta, cui psalmos a Deo datos nequam ille scripsit : *Laqueus contritus est, et nos liberati sumus (Psal.* cxxiii). Hoc si dissimulas, dimitte mea, serva tibi tua. Nihil meis libris intersero de Alchoran tuo, nihil scriptis tuis admisceas de Evangelio meo. Relinque mihi Moysen meum, dimitte prophetas meos, noli misturam prodigiosam et a nullo rationabili animo ferendam conficere, ut vel infernalibus scriptis cœlestis oraculi verba interseras, vel ea nefandarum admistione fabularum, et undique circumposito aggere mendaciorum deturpes; et qua ratione, imo qua insania, de falsis, ut credis et prædicas, Hebraicis aut Christianis libris quædam illi tuo, ut existimas, de cœlis misso Alchoran miscuisti? qua mente Judaica, ut putas, vel Christiania mendacia veraci scripturæ tuæ inseruisti! nam, si libri nostri mendaces sunt, et quæ inde excerpta sunt falsa sunt; quod si excerpta falsa sunt, et scripta quibus inserta sunt falsa sunt. Sed verum est quia inserta sunt Alchoran tuo. Certum est igitur quia, falsitate illi admista, falsum est et ipsum Alchoran tuum, nec in parte tantum, sed in toto falsum; nam, etsi forte aliqua ibi vera sunt, falsorum admistione corrupta sunt, nec jam fide digna sunt. Nunquid non ita se habent universarum gentium judicia? ubique per orbem lex ista viget, si vel in verbo uno falsus testis inventus fuero, nec in veris audiar, nec in veris fidem merebor. Hac justitia reprobo Alchoran tuum, hoc æquitatis judicio non ejus aliquas partes, sed ex integro condemno totum Alchoran tuum. Elige tibi, ut longe supra posui, de duobus alterum. Aut propter falsa quæ ex libris, ut dicis, falsis assumpta et libro tuo inserta sunt, Alchoran abjice; aut, si nolueris, Hebraicos et Christianos libros ex quibus illa sumpta sunt veraces fatere. Et quia non patet uspiam via qua has angustias evadere aliter possis, credo te magis eligere nostros libros fateri veraces, ne quæ hactenus lege paterna servasti, cum ipso ipsius legis auctore simul universa exspirent. Quod si hanc partem elegeris, libris sæpe jam nominatis, hoc est Hebraicis et Christianis, ut Scripturis propriis fidem dabis. His de causis Hebræos tibi prophetas proposui et proponam, sicut Hebræo Christum, et Christi discipulos ut Christiano; unde, cum probare aliquid intendo, sicut ex concessis, sicut ex his quibus jam acquiescis, ut ratio docet, exempla produco.

29. *Mahumeth neque universalem neque personalem fuisse prophetam.* — Et quoniam jam communes nobis vobisque, o Agareni, libri jam dicti facti sunt, ad cœpta sermo recurrat, et qua de causa tot prophetarum exempla coram produxerit, indicet. Mahumeth legislatorem vestrum prophetam vel Dei nuntium non fuisse ex superioribus plene quidem probatum est, sed adhuc ob majorem evidentiam ista lecturis conferendam juxta præmissas divisiones probandum est; nam, ut supra scripsi, prophetarum vel qui fuerunt vel qui dicti sunt, alii boni, alii mali : bonorum alii prædicentes universalia, alii particularia; alii de eisdem simul universalia et particularia vel personalia, quos nominatim ad medium deduxi et quæ de tripertita propheticæ gratiæ distributione gratia quemque contigerit, sigillatim expressi. Hoc ea de causa, ut tu quicunque Mahumeth prophetam nominas, quicunque eum prophetam affirmas, ostendas et aut auctoritate aut ratione probes eum, aut de universalibus esse prophetis universale aliquid, aut de particularibus particulare aliquid, aut de personalibus personale aliquid prædicendo fuisse prophetam. Sed quid frustra laborem insumerem ? quid in vanum certarem ? Invitavi et invito, provocavi et provoco, ut respondeas qua vi, qua ratione, quo figmento, veraci vel fallaci, hominem hunc, o tu Arabs, prophetam esse credis, prophetam esse dicis. Prædixitne aliqua, unde particularis, ad quosdam non ad omnes pertinentia prædicens, possit dici propheta? Prædixit aliqua unde non ad quosdam pluraliter, sed ad quosdam personaliter,

vera aliqua priusquam fierent prophetizans possit probari propheta? Sed quid errori tuo pertinacius militans, et saluti tuæ contrarius, quæ salutis sunt refugis, quæ pernitiosa sequeris? Dic, dic, jam si quid habes, ostende Mahumeth tuum ex aliqua prædictarum divisionum parte aut prophetam esse universalem aut particularem, aut simul utrumque, aut personalem, hoc est non ad universos, vel ad multos, sed ad quosdam pertinentia prophetantem. Sed quid agis! quid me suspensum tenes? dic si quid habes, ut justificeris. Hæc quidem verba Dei sunt, sed et post ipsum et cum ipso etiam mea sunt; si quid magnum, si quid saltem vile vel modicum prophetico spiritu dictum vel scriptum ex Alcoran tuo toties et usque ad tædium nominato proferre potes, profer, enarra. Invenisne, ut supra jam dictum est, in toto illo libro tuo juxta te sacro, juxta nos exsecrando, aliquid ab illo tuo propheta prophetice dictum de præteritis, aliquid de præsentibus, aliquid de futuris? Nam in hac, ut præmissum est, trina distinctione totius propheticæ gratiæ summa consistit. Nam quæcunque prophetice prædicuntur, aut sunt, ut dictum est, de præteritis, aut de præsentibus, aut de futuris; sive sint illa quæ dicuntur universalia, particularia, vel personalia, vel de instanti tempore, vel prope vel longe post futuro prædicta. In quibus ergo propheticæ gratiæ divisionibus tam subtiliter et diligenter exquisitis prophetam tuum, o Arabs, contra quem ago, invenire poteris? Sed refugio objicere quæ jam objeci, nam nec universalem, nec particularem nec personalem eum esse prophetam probavi; nec de præteritis aliqua revelasse, nec de præsentibus aliqua demonstrasse, nec de futuris aliqua prophetasse ostendi. Si hæc ita se habent, non est hic tuus vel alicujus, ut dicebas propheta, sed, ut ex præmissis colligitur, nihil prorsus propheticum dixisse vel scripsisse legitur, non est igitur propheta.

(*Desunt duo libri quos invenire non potui.*)

PETRI VENERABILIS

CLUNIACENSIS ABBATIS NONI

EPISTOLA SIVE TRACTATUS

ADVERSUS

PETROBRUSIANOS HÆRETICOS [202].

PRÆFATIO.

Dominis et Patribus, magistris Ecclesiæ Dei, Arelatensi, Ebredunensi archiepiscopis, Diensi et Wapicensi episcopis, frater PETRUS humilis Cluniacensium abbas, salutem et obsequium.

Scripsi nuper epistolam reverentiæ vestræ contra hæreses Petri de Bruis (203) disputantem, sed innumeris et magnis negotiis a dictando animum, a scribendo stylum retardantibus, huc usque mittere distuli. Mitto nunc tandem eam prudentiæ vestræ, ut per vos hæreticis, contra quos scripta est, et etiam

ANDREÆ CHESNII NOTÆ.

(202) Tractatum hunc epistolam vocat ipse Petrus Ven. ep. 17 libri IV; sed et librum etiam nuncupat ac ostendit separatim ab aliis epistolarum libris editum ep. 55, ad Petrum, notarium suum, his verbis: « Dirigas epistolas nostras ac Vitam D. Matthæi episcopi quia liber contra hæreticos editus deest. » Bis autem solummodo quod sciam liber hic ante nostram hanc editionem excusus est, Parisiis semel anno 1525 cum reliquis epistolis, et semel Ingolstadii seorsim anno 1546.

(203) *Contra hæreses Petri de Bruis.* Petri hujus, qui Petrobrusianis hæreticis nomen dedit, neque apud illorum temporum historicos, neque apud illos etiam qui tunc, aut paulo post hæresum et hæresiarcharum judices texuerunt, ulla mentio reperitur. Alfonsus a Castro primus, ut opinor, post auctorem nostrum, ejus meminit lib. III, v, baptisma, hæres. v; scribitque Gallum ex provincia Narbonensi fuisse. Quanquam et Bernardus Guidonis asserit Calixtum II papam anno 1120, VIII Id. Junii *celebravisse concilium Tolosæ cum cardinalib. archiepiscopis, et episcopis et abbatibus provinciæ Gothiæ, Gasconiæ, Hispaniæ et citerioris Britanniæ. In quo concilio inter cætera quæ gesta sunt, in eodem fuerunt damnati*

Catholicis, quibus forsitan prodesse poterit, innotescat. Vobis eam mitto, quoniam in partibus vestris, aut circa easdem, stulta illa et impia hæresis more pestis validæ multos interfecit, plures infecit; sed gratia Dei concitante et adjuvante studia vestra, a vestris regionibus sese paululum removit. Migravit tamen, sicut audivi, ad loca satis vobis contigua, et a Septimania vestra (204), vobis persequentibus, expulsa, in provincia Novempopulana (205), quæ vulgo Gasconia vocatur, et in partibus ei adjacentibus, sibi foveas præparavit. In quibus nunc se timore occultans, nunc de ipsis audacia assumpta prodiens, quos potest decipit, quos potest corrumpit, et nunc istis, nunc illis lethalia venena propinat. Vestrum est igitur ad quos præcipue tam ex officio, quam ex singulari scientia in partibus illis cura Ecclesiæ Dei spectat, et quibus ipsa velut fortibus columnis maxime innititur, vestrum est, inquam, et a locis illis, in quibus se latibula invenisse gaudet, et prædicatione, et etiam, si necesse fuerit, vi armata per laicos exturbare. Sed, quia majorem operam eos convertendi quam exterminandi, adhibere Christianam charitatem decet, proferatur eis auctoritas, adhibeatur et ratio, ut si Christiani permanere volunt, auctoritati; si homines, rationi cedere compellantur. Proderit eis fortassis ad ista, si attendere voluerint, ea, quam vobis contra ipsorum errores scripsi epistola; et si contentiosi et pertinaces esse nolunt, fortassis ea studiose perlecta, licet valde desipuerint, a tanti erroris stultitia resipiscere poterunt. Quod si in reprobum sensum dati fuerint, et magis desipere quam sapere, perire quam salvari, mori, quam vivere elegerint, satisfaciet forsitan lecta epistola occultis aliquorum Catholicorum cogitatibus, et mentes eorum aut ab ignoto hominibus fidei languore sanare, aut contra eos, quorum lingua a Propheta gladius acutus dicitur (*Psal.* LVI), præmunire poterit. Hoc enim quod in ultimo posui, major mihi fuit causa scribendi, ut et si hæreticis scriptura illa prodesse non posset, Ecclesiæ tamen Dei aliquibus utilitatibus inserviret. Nam istud, sicut sapientiæ vestræ notum est, per retroacta sæcula semper facere consuevit, ut de tot tantisque hæresum varietatibus, quæ ejus sinceritatem frequenter fermentare conatæ sunt, nullam unquam silentio præteriret, sed ad cautelam sui, et ad perpetuam omnium instructionem auctoritatibus sacris et etiam rationibus, omnium hæreticorum blasphemias expurgaret. Quod ego, licet de minimis corporis Christi, hoc est ejus Ecclesiæ membris, ista scribendo facere nisus sum, ut quod scripsi, hæreticis, si fieri posset, prodesset; Catholicos, in quorum manus incideret, contra nefandum dogma vel similia, cautiores redderet. Et quia prima erronei dogmatis semina a Petro de Bruis per viginti fere annos sata et aucta, quinque præcipue et venenata virgulta produxerunt, contra illa maxime, ut potui, egi, ut circa ea se animus et verba intentius occuparent, in quibus major fidei læsio, majus monstrabant esse periculum. Unde, quoniam opus ipsum diffusius est, nec vobis circa plurima Ecclesiæ negotia occupatis, longum forte legendi spatium datur; breviter capitula illa replico, et contra quos errores longa illa illius epistolæ series agat, ostendo.

Primum hæreticorum capitulum negat parvulos, infra intelligibilem ætatem constitutos, Christi baptismate posse salvari, nec alienam fidem posse illis prodesse, qui sua uti non possunt, quoniam, juxta eos, non aliena fides, sed propria cum baptismate salvat, Domino dicente: *Qui crediderit et baptizatus fuerit, salvus erit. Qui vero non crediderit, condemnabitur* (*Marc.* XVI).

Secundum capitulum dicit templorum vel ecclesiarum fabricam fieri non debere, factas insuper subrui oportere, nec esse necessaria Christianis sacra loca ad orandum, quoniam æque in taberna et in ecclesia, in foro et in templo, ante altare vel ante stabulum invocatus Deus audit, et eos [qui merentur exaudit.

Tertium capitulum cruces sacras confringi præcipit et succendi, quia species illa vel instrumentum, quo Christus tam dire tortus, tam crudeliter occisus est, non adoratione, non veneratione, vel aliqua supplicatione digna est; sed ad ultionem tormentorum et mortis ejus, omni dedecore dehonestanda, gladiis concidenda, ignibus succendenda est.

Quartum capitulum non solum veritatem corporis et sanguinis Domini quotidie et continue per sacramentum in Ecclesia oblatum negat, sed omnino illud nihil esse, neque Deo offerri debere decernit.

Quintum capitulum sacrificia, orationes, eleemosynas, et reliqua bona pro defunctis fidelibus a vivis fidelibus facta, deridet, nec ea aliquem mortuorum vel in modico posse juvare affirmat. His quinque capitulis, prout Deus dedit, in illa sanctitati vestræ a me missa epistola respondi; et qualiter perfidorum impietas, aut converteretur, aut con-

ANDREÆ CHESNII NOTÆ.

hæretici et depulsi ab Ecclesia omnes qui, religionis speciem simulantes, Dominici corporis et sanguinis sacramentum, baptisma parvulorum, sacerdotium, et omnes ecclesiasticos ordines, et legitimarum damnabant fœdera nuptiarum. Quas quidem omnes hæreses ut a Petro de Bruis inventas et disseminatas, et per Henricum ejus successorem propagatas insectatur hoc Tractatu Petrus noster.

(204) *Et a Septimania vestra*, id est Gothia, sive Linguadocia, sicuti jam alibi explicavimus.

(205) *In provincia Novempopulana.* Quæ et Isidoro Aquitania tertia nominatur, a novem populis sive civitatibus Auscensi archiepiscopo subditis sic dicta. Vulgo nunc Vasconia, sive ut idem Petrus vocat Gasconia, *Gascogne*.

funderetur, et etiam piorum credulitatis firmaretur, utcunque sategi.

Sed post rogum Petri de Bruis, quo apud Sanctum Ægidium zelus fidelium flammas Dominicæ crucis ab eo succensas, eum concremando ultus est, postquam plane impius ille de igne ad ignem, de transeunte ad æternum transitum fecit, hæres nequitiæ ejus Heinricus (206) cum nescio quibus aliis doctrinam diabolicam non quidem emendavit, sed immutavit, et sicut nuper in tomo, qui ab ore ejus exceptus dicebatur, scriptum vidi, non quinque tantum, sed plura capitula edidit. Contra quæ animus accenditur rursus agere, et verbis dæmonicis divinis sermonibus obviare. Sed, quia eum ita sentire vel prædicare nondum mihi plene fides facta est, differo responsionem, quousque et horum quæ dicuntur, indubiam habeam certitudinem.

Quod si forte inde per cautæ inquisitionis vestræ sapientiam certificari mererer, darem quam possem operam, ut mortis calix, quem miserrimi hominum consimilibus miseris propinant, qui jam ex aliqua parte exhaustus est, per innovatas responsiones omnino residuis fæcibus exhauriretur. Interim, si placet, epistolam ad utilitatem legentium editam, et per vos his quibus necesse fuerit tradendam, sicut tempus et locus se obtulerit, notam facere, ut, sicut dixi, aut aliquos hæreticorum, contra quos scripta est, corrigere, aut catholicos, pro quibus scripta est, in his et similibus, cautiores reddere valeat. Si cui vero eam transcribere placuerit, hanc etiam minorem epistolam loco præfationis anteponere non omittat, quia in hac totius illius magni operis et causa et materia breviter indicantur.

INCIPIT EPISTOLA.

Præclaris et in Christi corpore plurimum honorandis Dei sacerdotibus, Guillelmo Ebredunensi, Uldrico Diensi, Guillelmo Wapincensi, frater Petrus humilis Cluniacensium abbas, salutem.

Quoniam inter omnes totius provinciæ Septimaniæ, seu Alpium maritimarum episcopos, religione, scientia, eruditione ac pastorali sollicitudine divina dispositio specialiter per vos pontificale cacumen exornat, insedit animo reverentiam vestram et singulari præ cæteris semper affectu excolere, et motus animi mei vobis familiarius aperire. Moveri me nullo temporalium rerum commodo, nullo ad præsens incommodo suspicemini, sed illam motus hujus totam causam esse sciatis, quæ et vos sæpenumero movit, et propter quam vestra pastoralis sollicitudo non parum hactenus laboravit. Unde gratias Deo, qui laborem vestrum non omnino irritum fecit, sed sicut ipsa rerum experientia docet, inimicos fidei Christianæ, et idcirco hostes salutis humanæ, vestris sudoribus pene delevit. Pene, inquam, delevit, quoniam nuper per diœceses vestras iter faciens, sicut ex plurima parte erroneum dogma cum suis auctoribus a provinciis illis expulsum reperi, ita nonnullas ejus reliquias, in multis, sed occultis, non tam defensoribus quam susurratoribus inveni. Inveni contritum colubri caput, victrici rursum calcaneo insidiari, et nefandum guttur in necem hominum reparata venena frequentibus sibilis præsagari. Quod in talibus exercitatis animis vestris non est aliquatenus contemnendum, quia multo citius rebus pessimis quam optimis incrementa succedunt, longe facilius et feracius zizania diaboli quam triticum Dei in ejus agro sese dilatat. Nec quia semel devictus creditur, velut nil ultra ausurus hostis pertinax contemnatur, quoniam secundum poetam,

Victorem a victo superari sæpe videmus;

et febrem diuturno medicorum labore ab ipsis medullis exclusam, acrius irrepsisse, et plerumque animam extorsisse, parva languentis seu medentis incuria, sæpius experti sumus. Oportet quidem (quod non docens, sed consulens dico), adversus multiformes luporum insidias pastoralem oculum vigilare, et ne in aliquo grex Dominicus lædatur, irrequieto studio satagere. Sed longe studiosius morsus ille ab ovili Christi est repellendus, multo vehementius dens ille belluinus pastorali baculo conterendus, qui oves ejus non quærit laniare, sed jugulare, non crus frangere, sed strangulare. Hæc est illa non qualiscunque læsura, sed ipsius totius salutis jactura, quam illi præ aliis incurrunt, qui ab itinere rectæ fidei aberrantes, per devia errorum in barathrum profundæ perditionis ruunt. Si res agitur de adulterio, si de furto, si de perjurio, si de fraude, si de homicidio, si

ANDREÆ CHESNII NOTÆ.

(206) *Hæres nequitiæ ejus Heinricus.* De quo et S. Bernardus epist. 240 ad Ildefonsum S. Ægidii comitem, et Matthæus etiam Paris, historiographus Anglicus, ad annum Christi 1051 his verbis : *Circa dies istos, pullulante perversa doctrina Henrici cujusdam hæretici, et maxime Wasconia, suscitavit Dominus spiritum puellæ junioris in illa provincia ad illam hæresim confutandam, quam contra articulos fidei prædicabat. Jacebat enim puella in unaquaque septimana per triduum absque voce, sensu atque flatu ; et postmodum ad se reversa, dicebat B. Mariam orare pro populo Christiano, et B. Petrum docuisse se fidem orthodoxam. Et sic de fide Catholica sapienter disputabat, et præcipue hæresim Henrici convincens, plures ab eo seductos ad sinum sanctæ matris Ecclesiæ revocavit.*

certe de quolibet alio crimine lis exorta fuerit, fide integra permanente, ad vitam aditus per eam patebit. Nam si, secundum Scripturam, justus ex fide vivit (*Habac.* II; *Rom.* I), peccator ad vitam per fidem redibit. Nec obesse illi poterunt quantalibet suscepta vulnera, cui vita fidei, quæ per dilectionem operatur, fuerit reservata. Inde vulneratus a latronibus curari potuit (*Luc.* x), quia non ex toto mortuus, sed post vulnera peccatorum, fidei vita vivus remansit. Qui si et fidem cum operibus perdidisset, curationis spes ulterius nulla fuisset. Novi equidem quod et infidelis etiam post apostasiam, sæpe fidem resumit, sed, dum infidelis permanet, quo post pericula recurrat, non habet.

Illuc filii Edom Jerusalem persequentes, dicunt: *Exinanite, exinanite usque ad fundamentum in ea* (*Psal.* cxxxvi). Exinanitur enim vas quodlibet liquore suo, sed non usque ad fundamentum, quando peccator quilibet, etsi, malis supervenientibus, bonis prioribus diminuitur, usque ad fundamentum tamen fidei non vacuatur. Quod si et illud exhauritur votis jam hostilibus adimpletis, immundis spiritibus Deo prorsus Jerusalem vacuata repletur. Liberet in laude fidei diutius immorari, ut et maxima ejus utilitas, et pessima ei detrahentium impietas clarius eluceret, ut quanto ea laudabilior, tanto ei contradicens hæreticus damnabilior appareret. Sed quia Scripturarum campi ejus ubique floribus respersi sunt, reprimendus est stylus, ne si in superfluis moratus fuerit, ad necessaria tardus veniat. Superfluam vero idcirco dixi de laude fidei disputationem, quia quod omnibus pene fidelibus notum est, velut de re ignota diutius tractare superfluum est. Quis enim tam surdus ut non audierit? quis tam lethargicus ut non meminerit, Christum in Evangelio frequentibus fidem laudibus extollentem, et pene assidue, infirmis peccatoribus, ac singulis dicentem : *Fides tua te salvum fecit?* (*Luc.* VIII) et discipulus : *Si habueritis fidem, dicetis monti : Transi, et transiret* (*Matth.* XVII); et iterum : *Habete fidem* (*Marc.* XI), dicitur et Petro : *Modicæ fidei, quare dubitasti?* (*Matth.* XIV); et : *Qui non credit, jam judicatus est* (*Joan.* III); et : *Qui credit in me, opera quæ ego facio et ipse faciet, et majora horum ipse faciet* (*Joan.* XIV). Quis litteratus non a puero audivit Apostolum clamantem : *Sine fide impossibile est placere Deo* (*Heb.* XI). Et Psalmistam : *Omnia opera ejus in fide* (*Psal.* XXXII). Et Isaiam : *Si non credideritis, non permanebitis.* (*Isa.* I.) Quis tonitrua Apostoli ad Hebræos obturata aure transire potuit, quibus fide testimonium consecutos fuisse senes, fide aptata esse sæcula verbo Dei, fide plurimam hostiam Abel quam Cain obtulisse, fide Enoch translatum ne videret mortem, fide Noe responso accepto de his quæ adhuc non videbantur, aptasse arcam in salutem domus suæ, fide Abraham obedisse et Isaac obtulisse, cum tentaretur, et universos quicunque fuerunt ab initio sæculi usque ad tempus gratiæ sanctos, per fidem devicisse regna, operatos justitiam, adeptos repromissiones, copiosissime narrat? (*Heb.* XI.) Quosdam vero ex ipsis fide obturasse ora leonum, exstinxisse impetum ignis, effugasse aciem gladii, convaluisse de infirmitate, fortes factos in bello, alios ludibria et verbera, vincula et carceres expertos, lapidatos, sectos, tentatos, in occisione gladii mortuos, alios circuisse in melotis, in pellibus caprinis, egentes, angustiatos, afflictos, et reliqua (*ibid.*) Post quæ omnia ita laudem fidei concludit. *Et hi*, ait, *omnes testimonio fidei probati non acceperunt repromissiones, Deo pro nobis aliquid melius providente ne sine nobis consummarentur* (*ibid.*) Et post quædam : *Curramus*, inquit, *propositum iter, aspicientes in auctorem fidei et consummatorem Jesum* (*Hebr.* XII).

Hæc breviter, venerandi Patres et sacerdotes Domini, de sacræ fidei laude atque profectu, non tam explicavi quam commemoravi, ut ex paucis istis plurima doctis mentibus vestris occurrant, et quantum malum tanto bono neglecto sequatur, advertant. Quod vos jam plus nimio expertos esse, nullum fere occidui orbis angulum latet, quando ad injuriam Divinitatis et contemptum sacræ legis, novo et apud Christicolas inaudito scelere, in partibus vestris populi rebaptizati, ecclesiæ profanatæ, altaria suffossa, cruces succensæ, die ipso Passionis Dominicæ publice carnes comestæ, sacerdotes flagellati, monachi incarcerati, et ad ducendas uxores terroribus sunt ac tormentis compulsi. Et harum quidem pestium capita, tam divino auxilio quam Catholicorum principum adjutorio a vestris regionibus exturbastis; sed supersunt, ut jam dixi, membra, lethifero adhuc, sicut ipse nuper sensi, veneno infecta, ad quæ curanda Dei est misericordia invocanda, et vestra medicinalis diligentia adhibenda. Quod fortassis fieri poterit, si post alia sapientiæ vestræ concilia, in quantum licuerit, auctoritas religionis, ratio curiosis non defuerit. His enim duobus omnis tam divinarum quam humanarum rerum quæstio solvitur, ut jam non homo, sed bestia dici possit, quisquis auctoritati vel rationi non cedit.

Eapropter, quoniam veritatis discipulis apostolica voce præcipitur, ut *parati sint reddere rationem omni poscenti de ea quæ in nobis est, spe et fide* (*I Petr.* III), visum est mihi ratione, et maxime auctoritate, cui præcipue fides innititur, hæreticis calumniis respondere, ne, si nemo responderit, jactent vel æstiment erronei homines, non consilio, sed respondendi inopia Catholicos siluisse. Et quidem doctis jam et eruditis in fide Christiana nostris temporibus, magis contemptui habenda, quam responsione digna, hæresis nefanda videretur, nisi et publica pericula et animarum damna, et pertinax erroris ipsius jam per viginti annos perseverantia, non dissimulandam, sed increpandam, convincendam ac detestandam admonerent. Incitat magis ad hæc, et velut adjectis dorso stimulis acrius instigat fama nuper relata, quod scilicet anguis lubricus de regionibus vestris elapsus, imo vobis prosequentibus expulsus, ad Narbonensem provinciam sese contulerit, et quod apud vos in desertis et villulis cum timore sibilabat, nunc in magnis conventibus et populosis urbibus audacter prædicat. Putabam Alpes gelidas, et perpetuis nivibus opertos scopulos incolis vestris barbariem invexisse, et dissimilem terris omnibus terram dissimilem cæteris omnibus populum creavisse. Itaque agrestibus et indoctis hominum moribus, peregrinum dogma facilius irrepsisse. Sed hanc opinionem meam ultima rapidi Rhodani littora, et circumjacens Tolosæ planities, ipsaque urbs vicinis populosior expurgat (207), quæ adversus falsum dogma tanto cautior esse debuit, quanto assiduitate frequentantium populorum, et experientia multiplicium doctrinarum doctior esse potuit. Suscepit enim, quod non improperans, sed condolens, non bonis detrahens, sed malos a malis suis extrahere cupiens dico; suscepit, inquam, nobilis ex se, ignobilis ex errore civitas, contra Christum Antichristi præambulos, et oblita divini lactis, quo imbuta, quo enutrita, quo in robur virile provecta est, aquas furtivas dulciores, et panem absconditum suaviorem judicavit. *Non est recordata*, juxta prophetam, *dierum adolescentiæ suæ* (*Thren.* 1), nec tantorum testium Christi se fusis cruoribus fidei Christianæ testificantibus acquievit, sed facta est quasi mulier fastidio augens pretium, quæ super virum suum inducit alienos.

Et, o oves Christi, hæccine de vobis meruit Pastor vester, qui posuit animam suam pro vobis? Hæccine de vobis meruit, qui relictis nonaginta novem ovibus in deserto, venit quærere et salvum facere quod perierat? (*Luc.* xv.) Ista de vobis sanguine suo lucratus est, ut dimisso bono Pastore, lupis rapaciter vos dissipantibus adhæreatis? Sed quid ego vos oves nomino, nisi forte ut illos, de quibus dicitur : *Sicut oves in inferno positi sunt, mors depascet eos?* (*Psal.* xlviii.) Nam, si vere simplicitas et obedientia ovium Christi in vobis perseverasset, a lupis refugeretis, ad Pastorem confugeretis, impleretur in vobis vox ipsius Pastoris dicentis : *Oves meæ vocem meam audiunt, et ego Dominus agnosco eas, et sequuntur me, et ego vitam æternam do eis, et non peribunt in æternum, et non rapiet eas quisquam de manu mea* (*Joan.* x). Qui et de lupis vel mercenariis : *Alienum autem non sequuntur, sed fugiunt ab eo, neque audiunt vocem alienorum* (*ibid.*) Et, o miseri quicunque estis homines, qui omni veritate et gravitate vacuati, vanitate et levitate omnem paleam et stipulam supergressi, circumferimini omni vento doctrinæ (*Ephes.* iv), et ad singula novarum spiramenta aurarum, nil solidum vel stabile habentes, ut sidera,

secundum Judam apostolum errantia (*Jud.* xiii), per errorum passim inania raptamini. Si mortis periculum et ultima necessitas vos urgeret; si cruentus persecutor ignibus, gladiis, et tormentis, ut olim, excogitatis instaret ; si ipse, cujus est adventus in omni virtute, signis et prodigiis mendacibus (*II Thess.* ii), qui aureis aggeribus sanctorum paupertatem, qui sæculi luxibus frugalitatem, qui tormentis constantiam, qui miraculis fidem, longe aliis ferocius persecuturus est, urgeret, quid vos? Quid vos, inquam, quid vos tunc ad illa? Qui ad levis auræ spiritum arundinea fragilitate movemini, quando tantos turbines, annosas etiam quercus, et elatas in cœlum abietes avellentes, immoti pateremini? Quando vos pro Christo vestro sapientibus Græcis, potentibus Romanis, crudelibus Persis, prodigiosis Antichristi temporibus resisteretis, qui non multis gentibus, sed duobus tantum homuncionibus, Petro de Bruis, et Heinrico ejus pseudoapostolo tam facile cessistis? Quorum nulla vos sapientia convicit, nulla potentia subegit, nulla tormenta terruerunt, nulla vel magica tormenta deceperunt. Sed facti estis velut *columba seducta non habens cor* (*Ose.* vii), et velut bos ductus ad victimam (*Prov.* vii), qui jam jamque immolandus bruto pectore ad mortem velut ad pascua pinguia currit. Verum, quia zelus domus Dei, et tam leviter desertus a Christianis Christus me paululum digredi, et aliquantum extra metas currum agere coegit, ad propositum stylus recurrat, et quod diu parturivit, nunc tandem pariat. Vos igitur, vos, quos supra nominavi, magistri errorum, et cæci duces cæcorum, fæces hæresum, reliquiæ schismaticorum, vos ego, inquam, seductorum seductores convenio, et ut de latibulis vestris ad publicum nostrum prodeatis invito. Non habet, ut vulgo dicitur, veritas angulos, nec lumen sub modio vult latere, nec ea quæ Catholica dicitur, amat fieri singularis, quia quæ per totum mundum Christi præcepto diffusa est, mundi partibus contenta non est. Venite a maritimis Septimaniæ ad vocem vos vocantis Ecclesiæ, et si quid, ut ipsi dicitis, pro ea, vel, ut nos credimus, contra eam affertis, edicite. Agam et ego econtra, non ut aliis sapientior, sed forte ut effrenatior, paratus pro modulo meo veritati quæ innotuerit cedere, falsitati obviare.

Prima propositio novorum hæreticorum.

Mittens, inquiunt, Christus discipulos suos ad prædicandum, ait in Evangelio : *Ite in orbem universum, prædicate Evangelium omni creaturæ. Qui crediderit, et baptizatus fuerit, salvus erit. Qui vero non crediderit, condemnabitur* (*Marc.* xvi). Ex his Domini verbis aperte monstratur nullum, nisi crediderit et baptizatus fuerit, hoc est, nisi Christianam fidem habuerit, et baptismum perceperit, posse

---

ANDREÆ CHESNII NOTÆ.

(207) *Hanc opinionem meam Tolosæ planities expurgat.* Expurgatam ab hac Heinricianorum hæresi Tolosam docet et sanctus Bernardus epist. 241 multis verbis.

salvari. Nam non alterum horum, sed utrumque pariter salvat. Unde infantes, licet a vobis baptizentur, quia tamen credere obstante ætate non possunt, nequaquam salventur. Otiosum igitur et vanum est, quando eo tempore homines aqua perfunditis, quo carnem quidem eorum a sordibus humano pro more abluere, sed animam a peccatis minime mundare potestis. Nos vero tempus congruum fidei expectamus, et hominem postquam Deum suum agnoscere, et in eum credere paratus est, non, ut nobis imponitis, rebaptizamus, sed baptizamus, qui nunquam baptizatus dicendus est baptismo, quo peccata lavantur, lotus non est.

Responsio contra id quod dicunt hæretici parvulos non posse baptizari.

Et, o dicti homines, insipientibus et indoctis nunc tandem quod intelligere hactenus non potuerant exponentes, itane desipuere præterita sæcula, ut tot millibus parvulorum per mille et eo amplius annos illusorium baptisma tribuerent, et a Christi temporibus usque ad vos, non veros et Christianos, sed phantasticos crearent? Siccine cæcatus est orbis terrarum, tantaque hucusque caligine involutus, ut ad aperiendos oculos suos, et ad tam diuturnam noctem illustrandam, post tot Patres, martyres, pontifices, et universarum Ecclesiarum principes, vos tandiu exspectarit, et ad corrigendum longum errorem suum, Petrum de Bruis et Heinricum ejus asseclam, velut apostolos novissimos elegerit? Itane usque ad novos sæculi reparatores mundus periit, et apud filios lucis et veritatis omnia in tenebris et falsitate gesta sunt, ut cum pene omnes nostræ ætatis vel memoriæ in infantia baptizati sunt, et Christianum nomen assumpserint, ac congruo tempore in diversis gradibus Ecclesiæ prælati sint, nullus episcoporum episcopus, nullus presbyter, nullus diaconus, nullus clericus, nullus monachus, nullus, ut sic loquar, ex tam innumerabili numero saltem Christianus fuerit? Nam qui Christi baptismate baptizatus non fuit, Christianus non fuit. Si Christianus non fuit, nec de clero, nec de populo, nec de Ecclesia esse potuit. Quod si ita est, quanta absurditas sequatur manifestum est. Cum enim tota Gallia, Hispania, Germania, Italia, ac universa Europa a trecentis vel quingentis fere annis nullum nisi in infantia baptizatum habuerit, nullum Christianum habuit. Si nullum Christianum habuit, nec Ecclesiam habuit. Si Ecclesiam non habuit, nec Christum habuit. Si Christum non habuit, certum est quia periit. Periere igitur patres nostri, quia in infantia non potuerunt Christi baptismate baptizari. Peribimus et nos, qui vivimus, qui residui sumus, nisi post Christi, etiam Heinrici baptismate baptizemur. Detrahentur de supernis cœlorum usque ad ima infernorum innumerabiles sancti, quos in infantia baptizatos, et vita sanctitate, et mundus testimonio, et divinitas miraculis commendarat. Efficientur collegæ dæmonum, qui erant socii angelorum, et qui jam pro piis laboribus æternam perce-

perant vitam in mortem subito ruent perpetuam. Dies festi nostri convertentur in luctum, Sabbata in opprobrium, honores in nihilum. Quis ista ferat? quis audiat? quis non aut aures obturet, aut in novos hæresiarchas cum toto quem damnare laborent, mundo insurgat?

Sed venite, venite, inquam, ad me vos, cum quibus mihi sermo est, venite et resipiscite a tanto prodigio, magisque eligite ab Ecclesia Dei discere vera quam per erroris spiritum docere falsa. Discite parvulis nostris nullatenus fidem, qua salventur, deesse, quia non possunt dici filii infideles, pro quibus intervenit matris Ecclesiæ fides. Sed scio quia hoc deridetis, et aliena fide alium posse salvari, cum multa inter rusticos et imperitorum greges subsannatione negatis. Ad quam vestram brutam et impiam hæresim refellendam, innumera mihi doctorum ecclesiasticorum testimonia suffragantur, sed vestra auctoritas et sapientia tanta est, ut eos coram producere non præsumam, maxime cum didicerim Hilarium, Ambrosium, Augustinum, Hieronymum, Leonem, Gregorium et cæteros judicio majestatis vestræ esse damnatos. Cumque Latinos omnes et a cathedra doctorum, et a regno cœlorum excluseritis, nescio si Græcis vel alterius linguæ hominibus peperceritis. Quod si forte vel illi sobrietate vestri examinis peremptoriam sententiam evadere potuerunt, mihi quid? Quantum ad præsens negotium spectat, aut parum aut nihil prodest, cum homo tantum Latinus, peregrinæ linguæ, quam ignoro, testimoniis, quibus vos aut convertere possim aut convincere, uti non valeam. Viderint Catholici hujus operis lectores, quid pro solo isto, quod nunc commemoravi capitulo, mereamini, qui Ecclesiam Dei armis suis spoliare, et inter hostes inermem constituere decrevistis, imo quantum ad vos, jam telis et gladiis hostilibus exposuistis. Sed, quoniam non invehendi, sed disputandi ad præsens contra vestros errores officium suscepi, reprimendus est sermo, et vobiscum auctoritate pariter et ratione agendum. Unde, quia sanctis Ecclesiæ doctoribus fidem præbere dedignamini, ad purissimum rivulorum omnium fontem mihi est revertendum, et de evangelicis, apostolicis, seu propheticis dictis, testimonia, si tamen vel illa suscipitis, sunt proferenda. Videndum est, utrum hi, qui tantis orbis terrarum magistris non cedunt, saltem Christo, prophetis, vel apostolis acquiescant. Hoc ideo dico, quoniam nec ipsi Christo, vel prophetis, aut apostolis, vos ex toto credere fama vulgavit, ipsique majestati Veteris ac Novi Testamenti, quæ jam ab antiquo totum orbem subdidit, vos detrahere, si tamen verum est, indicavit. Sed, quia fallaci rumorum monstro non facile assensum præbere debeo, maxime cum quidam vos totum divinum Canonem abjecisse affirment, alii quædam ex ipso vos suscepisse contendant, culpare vos de incertis nolo, sed necessario totum Canonem, qui ab Ecclesia suscipitur, vos suscipere debere certis auctoritatibus probo.

Probatio totius Novi Testamenti ex Evangelio.

Si enim, quod omnes affirmant, Evangelium etiam tantum suscipitis, necessario, ut dictum est, et reliqua omnia suscipietis. Nec enim potestis Evangelio credere, et de his, quæ idem Evangelium suscipit, dubitare. Et, quoniam totus textus cœlestis oraculi, quo Deus aut per se, aut per alios hominibus locutus est, in Veteri et Novo Testamento consistit, veniat primo ad medium Novum Testamentum, non quia prius est, sed quia dignius est. Quod idcirco Testamentum dicitur, quia, sicut Vetus vituli morte et sanguine dedicatum est, ita Novum morte et aspersione sanguinis Jesu Christi consecratum est. Ejus principium sanctum est Evangelium, cui, sicut Catholici, sic et vos, ut fama consonans probat, integram fidem, et debitam reverentiam exhibetis. Eapropter eo tam apud vos, quam apud nos in sua divina et stabili dignitate manente, ad evangelicos et apostolicos libros sermo transeat, eosque ex ipso Evangelio evangelicos ut dixi et authenticos comprobet.

Horum primus liber Actuum apostolorum est, quem vere totum evangelicum, et post Evangelium præcipuæ auctoritatis esse, cum multa undique consonent, hinc in primis et maxime ostenditur, quod non alium quemlibet, sed ipsum evangelistam scriptorem habuisse probatur. Nam ille cæteris studiosior humanitatis Christi relator Lucas eum conscripsit. Fatetur hoc ipse in ipsius libri exordio, cum scribens Theophilo, ad quem et Evangelium ante scripserat, ait: *Primum quidem sermonem feci de omnibus, o Theophile, quæ cœpit Jesus facere et docere, usque in diem, qua præcipiens apostolis per Spiritum sanctum, quos elegit, assumptus est (Act. I).* cujus primi sermonis, hoc est Evangelii exordium, tale est: *Quoniam quidem multi conati sunt ordinare narrationem rerum quæ in nobis completæ sunt, sicut tradiderunt nobis, qui ab initio ipsi viderunt, et ministri fuerunt sermonis, visum est et mihi assecuto a principio omnia diligenter ex ordine tibi scribere, optime Theophile, ut cognoscas eorum verborum de quibus eruditus es, veritatem (Luc. I).* Hoc, ut dixi, primi sermonis ejus exordium est. Finis vero talis, qualem eum in secundo sermone se dixit fecisse: *Usque in diem, inquit, qua præcipiens apostolis per Spiritum sanctum quos elegit, assumptus est.— Eduxit, inquit, eos foras in Bethaniam, et elevatis manibus suis benedixit eis. Et factum est dum benediceret illis, recessit ab eis, et ferebatur in cœlum, et ipsi adorantes reversi sunt in Hierusalem cum gaudio magno, et erant semper in templo laudentes et benedicentes Deum (Luc. XXIV).* Ecce et stylus idem utriusque libri quo scribit, et persona eadem cui utrumque librum scribit, et eadem materia de qua utrumque scribit, luce clarius demonstrant qualiter eadem sit persona quæ utrumque conscribit. Eamdem vero dixi materiam, quoniam, sicut Christum in cœlum assumptum in fine Evangelii sui narrat, sic de eadem Assumptione quæ omiserat A in Evangelio, in hoc suo secundo et ultimo sermone perfectissime supplet. Nam paululum retro rediens, et a Christi resurrectione incipiens, et quæ dixerat, iterat, et quæ non dixerat addit. Sed mirari non sufficio, unde dubietas hæc quibuslibet Christianis animis, et saltem mediocriter doctis innasci potuit, cum liber iste, sicut omnibus eum legentibus patet, licet non nominetur Evangelium, ejus tamen omnia evangelica sint. Nam post expositos in Evangelio actus, et verba Jesu Christi et ejus multa in Evangelio promissa, hic completa esse ostendit, et inde ad narrandos actus et sermones apostolicos transit. Quod si aliquis tam stultus, aut infidelis, vel pertinax est, ut verbis ejus non dico qualemcunque, sed integram et robustam fidem adhibere detrectet, ostendat, ut primo de prima ipsius libri serie loquar, ubi vel quando adventus Spiritus sancti super apostolos promissus a Christo impletus sit, ubi eum in igne descendisse, ubi universarum linguarum eis gratiam contulisse, ubi tam solemnem non solum a tota totius mundi Ecclesia, sed et ab ipsis apostolis celebratam diem Pentecosten celebrari debere legerit, cum nisi libro huic auctoritas tribuatur, non dico Judaica veteris legis, sed Christiana novæ legis Pentecostes perierit. Et ubi erunt verba veritatis tam frequenter prædicentis discipulis et promittentis: *Cum venerit Paracletus, quem ego mittam vobis a Patre Spiritum veritatis, qui a Patre procedit, ille testimonium perhibebit de me? (Joan. XV.)* Ubi est quod in eodem Evangelio de eodem Spiritu dicit: *Paracletus autem Spiritus sanctus, quem mittet Pater in nomine meo, ille vos docebit omnia? (Joan. XIV.)* Ubi est quod eos consolans ait: *Si non abiero, Paracletus non veniet ad vos; si autem abiero, mittam eum ad vos? (Joan. XVI.)* Ubi est quod item ait: *Ego rogabo Patrem, et alium Paracletum dabit vobis, ut maneat vobiscum in æternum Spiritum veritatis? (Joan. XIV.)* Ubi quod per alium evangelistam eosdem discipulos admonet? *Vos autem sedete in civitate quoadusque induamini virtute ex alto (Luc. XXIV).*

Si, inquam, sicut dixi, liber iste abjicitur, et hæc universa promissa Christi irrita videbuntur, oportebit ergo aut veritatem fallacem fateri, quod vel cogitare, nedum dicere, nefas est; aut ubi vel quando, tanta, tam solemnis, tamque frequenter repetita promissio impleta sit, demonstrare. Necesse erit et illud probare qualiter apostoli et cæteri discipuli Christi præceptum ejus illud ultimum, et generale implere valuerunt, quo eis jussum est: *Ite in orbem universum, prædicantes Evangelium omni creaturæ (Marc. XVI).* Necesse erit, inquam, probare, qualiter simplices idiotæ absque litteris, et unius tantum, hoc est Hebraicæ linguæ homines, et in ipsa pene elingues, tam multis, tam diversis, tam barbaris universi orbis linguis injunctum a Christo regni æterni Evangelium prædicare potuerint. Quibus signis sensa sua alienis sensibus communicare valuerint, si linguarum gratia eis a

Spiritu sancto collata negatur, si nobile illud Novi Testamenti miraculum contemnitur, si libro, ubi hæc scripta leguntur, non creditur? Negatur plane hæc collata apostolis gratia, quando Scripturæ, quæ sola illud continet, renuntiatur. Nam, qui libro illi absque exceptione se non credere dicit, et cunctis quæ liber continet contradicit. Quod cum ita sit, dicant negatores Scripturarum, utrum silentio mundus ad fidem conversus sit. Nam quibus gentium linguas auferunt, eis utique ne gentibus prædicent, silentium imponunt. Frustra igitur Christus ad prædicandum Evangelium diversis linguis et populis discipulos misit, si eos, ut prædictum est, elingues transmisit. Et quid est quod ait Psalmus : *In omnem terram exivit sonus eorum, et in fines orbis terræ verba eorum?* (*Psal.* xviii.) Quid est quod ipse Christus ait : *Quod dico vobis in tenebris, dicite in lumine?* (*Matth.* x.) Quid est quod alibi idem ait : *Oportet Evangelium prædicari in toto mundo, et sic veniet consummatio?* (*Matth.* xxiv.) Aut igitur negate Pentecosten Christianorum, negate Spiritum sanctum ea die apostolis infusum, negate linguarum gratiam ab eodem Spiritu eadem die ipsis collatam : aut, si hoc refugitis, Scripturam ista referentem suscipite, et Ecclesiæ Dei, a qua hactenus descivistis, amodo concordate.

Et licet hæc, quæ dicta sunt, ad vos convertendos aut contemnendos sufficiant, redeat tamen parum stylus retrorsum, et de eodem libro Mathiam locum proditoris apostolica electione complesse, et duodenarium numerum a Christo institutum, implesse demonstret. Quod ubi alibi factum esse legatur, ubi duodecimus iste apostolus sorte divina undecim apostolis annumeratus, præter hunc librum inveniatur, si potestis, dicite ; si non potestis, quod credimus credite. Nullatenus enim auctoritas vel ratio patitur, ut apostolicus a Christo electus, ut dixi, numerus mutilatus vel imminutus permanserit, maxime cum ipse apostolis dixerit : *Sedebitis super sedes duodecim* (*Matth.* xix). Qui, cum super duodecimam sedem sacrilegum Judam sessurum non esse prævideret, utique non ei successurum, nisi Mathiam prædicebat, eique apostolicum solium præparabat. Quod si forte opponitis thronum illum duodecimum, ad quem electus proditor Judas fuerat, Paulo apostolo collatum, ne tantus apostolus apostolico throno carere videatur, respondete : Paulo in duodecima sede collocato, cum non nisi duodecim sedes a Christo promissæ videantur, quis Barnabæ, Timotheo, Silæ, multisque aliis prioris Ecclesiæ apostolis sedes fabricare poterit? Non est in tantum artificii sui omnipotens artifex oblitus, ut præter illas duodecim sedes mille etiam, si necesse fuerit, non valeat præparare. Nam, neque soli illi, qui dicuntur apostoli, cum Christo mundum judicaturi sunt, dum quicunque mundum vere contempserit, ad mundum, quem contempsit, cum Christo et apostolis judicandum veniat. Unde colligitur, et indubia ratione probatur, Mathiæ, de quo agitur, apostolo promissæ duodecimæ sedi imposito, non inferiorem maximo apostolorum Paulo præparatam, super quam in Christi judicio sedeat ; et nullo inferior mundum cum Christo judicet. Necesse enim ut, si plusquam duodecim judices ad judicandum venturi sunt, etiam plusquam duodecim sedes multiplicatis judicibus præparandæ sint. Oportebit ergo vos aut Mathiam apostolum negare, aut librum, in quo solo apostolatum meruisse legitur, suscipere. Veniat et primus Novi Testamenti martyr Stephanus, quem in summa post apostolos auctoritatis arce, ut præcipuum testem Christi, ab ipso tempore Christi ejus Ecclesia constituit, cujus vitam, doctrinam, exempla, miracula, passionem, cum nulla præter hanc Scripturam historia referat, aut negate illum saltem fuisse, aut Scripturam hanc ut divinam suscipite. Sed quo ausu negabitis, cum videatis nomen, famamque martyris terra marique diffusam, nullumque in toto orbe angulum, nec inter ipsos infideles remansisse, ubi non nomen protomartyris Stephani resonet, aut cum veneratione apud Christicolas, aut cum admiratione apud ethnicos? Hoc Græcus, hoc Latinus, hoc barbarus, hoc Oriens, hoc Occidens confitetur. Occidens dico, cujus ex maxima parte principales Ecclesiæ hujus martyris nomine, et moderno, et ab ipso pene apostolorum tempore, imo, ut fertur, ab ipsis apostolis consecratæ, satis, supraque satis indicant non contemnendam, non falsam, non apocrypham esse illam Scripturam, cujus relatione sola, tantam dignitatis eminentiam apud universos martyr ipse obtinuit. Quæ, si negatur, honor, fama, simulque nomen tanti tamque famosi martyris annullatur.

Necesse est igitur, ut præfatus sum, aut toti mundo martyrem suscipienti contradicere, aut Scripturam, per quam solam nomen meritumque martyris eidem mundo innotuit, suscipere. Post hos ad roborandam magis magisque libri evangelici dignitatem, veniat apostolorum novissimus, sed omnium post Petrum apostolorum maximus Paulus, et magis ostentui habendos quam saltem audiendos, tam divinæ historiæ contradictores ostendat. Cujus nomen famaque cum cœlum pariter ac terram impleverit, cum ejus maxime laboribus et doctrina, magnum illud ac toti orbi dominans Romanum imperium Christo subjectum sit, cum universum mundum ejus excellentior, clarior, ac sublimior prædicationis tuba, ad ipsum a quo aversus fuerat, mundi dominum converterit, cum ejus nomen non magis apud homines famosum, quam apud dæmones formidolosum sit, teste illo qui exorcistis dicebat : *Jesum novi, et Paulum scio : vos autem qui estis?* (*Act.* xix.) Dicite, vos, dicite, inquam, hujus, quod sæpe nominavi, voluminis negatores, unde hunc tantum tamque sublimem Apostolum habetis, qui librum, a quo pene solo ejus notitiam mundus habet, negatis. Ubi enim, vel in quo alio libro textum ejus conversionis, persecutionis, prædicationis, legistis, vel legere potestis? ubi cum cæcatum, illuminatum, baptizatum, totius mundi apostolum constitutum, regibus, regionibus, Judæis legatum directum, dicente Domino ad Ananiam : *Vas electionis mihi est iste, ut portet nomen meum coram regibus et gentibus, et filiis Israel?* (*Act.* IX.) Ubi plane ista omnia præter hunc librum legistis, audistis, invenistis? Ubi ejus vincula, flagella, naufragia, discursus, discrimina, pericula, fructus maximos periculorum, gentes innumeras ad Christum per ipsum conversas, nisi aut in hoc libro reperistis, aut de ipso ab aliis audistis? Sed quid de illa illius cum Judæis et gentibus apud Hierosolymam, quantum ad hunc librum spectat, ultima pugna, ubi in ipso templo comprehensus, verberatus, alligatus, cum ipsis vinculis ad urbem caput orbis, cujus apostolus erat, a tribuno ad præsidem, a præside ad Cæsarem missus est? Nam æquum erat ut maximæ urbi maximus apostolus mitteretur, cujus miraculis et doctrina ex non minima parte in ipsa urbe Roma Romanis conversis, prædicatione expleta, passione impleta, ab ipsa Urbe velut in orbis vertice ejus corpus perpetuo servaretur, et hæretica perfidia apostolum vel apostolo non credentium tam insigni testimonio convinceretur. Ecce universa hæc cogunt, ac violenter compellunt, quamlibet obstinatam perfidiam vestram aut contra tanta divina et humana testimonia tantum apostolum abjicere, aut eum apostolum et ejus historiam veracem confiteri. Nec illud omnino transeundum, vel negligenter prætereundum est quod Petrus, Jacobus, Joannes, ac cæteri apostoli persecutiones in Evangelio a Christo promissas, hic singulariter experti esse legentur, dum dicit de eis illa Scriptura : *Ibant gaudentes a conspectu concilii, quoniam digni habiti sunt pro nomine Jesu contumeliam pati* (*Act.* LI). Hic etiam, quod nusquam alibi legitur, circumcisioni servandæ, Sabbato colendo, sacrificiis et observantiis veteribus Spiritus sancti auctoritate finem imposuerunt. *Visum est,* inquiunt, *Spiritui sancto et nobis, nihil ultra vobis oneris imponere, quam hæc necessaria, ut abstineatis ab immolatis simulacrorum, et a sanguine et suffocato et fornicatione, a quibus custodientes vos bene agetis* (*Act.* XV). Ecce non solum gentiles, sed et ipsos ad fidem Christianam conversos Judæos, a carnali observantia legalium præceptorum exonerant, et qua auctoritate Judæos si ad Christum conversi fuerint, Ecclesia non circumcidat, ostendunt. Cum ergo auctoritas hæc, nusquam nisi hic præter Apostoli Epistolas, quibus forte non creditis, inveniatur necesse jam vobis erit, aut Judæos conversos circumcisioni et cæteris legis decretis subdere, aut libro, cujus lectio hoc prohibet, canonicam auctoritatem annuere. His universis auctoritatibus, vel rationibus ostendimus, imo compellimus, sæpefato Actuum apostolorum libro, vos dignitatem authenticam amodo exhibere, neque ultra Ecclesiæ Dei de eo non suscipiendo, vel in modico contraire.

Hinc ad ejusdem apostoli Pauli, Jacobi, Petri, Joannis, Judæ apostolorum Epistolas vel libros, in quibus scriptura Novi Testamenti finitur, sermo transitum faciat, et eas evangelicæ ac canonicæ dignitatis congruis auctoritatibus vel rationibus probet. Et quia Pauli Epistolæ non solum majoris voluminis, sed et sublimioris doctrinæ sunt, licet non sic ordinentur in Canone, in hac tamen nostra disputatione eas cæteris anteponat. Quod ex præcedenti libro primum probetur, ut quia ipse jam canonicus factus est, eas canonicas faciat; et non inferiorem, sed eamdem prorsus, quam obtinuit, auctoritatem eis conferat. Sed hoc fortasse clarius ostenditur, si hujus et illarum verba non dissimilia, sibi que invicem attestantia, proferantur. Nam, quod in illo suo libro Lucas de Paulo refert, hoc Paulus in Epistolis suis, diversis Ecclesiis et populis scribens, confirmat. Scribit Lucas, ut supra dixi, Pauli persecutiones, conversionem, prædicationem, miracula, passiones. Fatetur eadem de se et Paulus, et quidquid de eo evangelici hominis volumen replicat, idem totum apostolica Scriptura narrat. Et, ut aliqua ad reliquarum rerum evidentiam testimonia proferantur, quod Lucas de persecutione ab eo facta ait : *Saulus adhuc spirans minarum et cædis in discipulos Domini* (*Act.* IX), et reliqua : hoc Paulus : *Qui prius,* inquit, *fui blasphemus, et persecutor, et contumeliosus* (*I Tim.* 1); et item : *Non sum dignus vocari apostolus, quia persecutus sum Ecclesiam Dei* (*II Cor.* XV). Quod Lucas de ejus conversione : *Domine, quid me vis facere?* (*Act.* IX.) et Dominus ad eum : *Surge et ingredere civitatem, et dicetur tibi quid te oportet facere;* hoc Paulus : *Cum autem complacuit ei, qui me segregavit ex utero matris meæ et vocavit per gratiam suam, ut revelaret in me Filium suum in gentibus* (*Gal.* 1), et reliqua. Quod Lucas de ejus prædicatione : *Ingressus Paulus in synagogas prædicabat Jesum* (*Act.* IX); et item : *Loquebatur quoque gentibus et disputabat cum Græcis* (*ibid.*), et mille talia; hoc Paulus : *Ab Hierusalem usque in Illyricum replevi omnia Evangelio Christi* (*Rom.* XV). Quod Lucas de ejus miraculis : *Tacuit autem omnis multitudo et audiebant Barnabam et Paulum narrantes, quanta fecisset Deus signa et prodigia in gentibus per eos* (*Act.* XV); hoc Paulus : *Non enim audeo,* inquit, *aliquid loqui eorum quæ per me non efficit Christus, inobedientiam gentium, verbo et factis, in virtute signorum et prodigiorum, in virtute Spiritus sancti* (*Rom.* XV). Item in alia Epistola : *Tametsi nihil sum, signa tamen apostolatus mei facta sunt super vos, in omni patientia, signis, et prodigiis, et virtutibus* (*II Cor.* XII). Quod Lucas de ejus laboribus, carceribus, lapidationibus, plagis, naufragiis, vinculis, insidiis, et multimodis mortium generibus; hoc Paulus : *Plus ego in laboribus plurimis, in carceribus abundantius, in plagis supra modum, in mortibus frequenter* (*II Cor.* XI), et reliqua, quæ series Epistolæ enumerat. Quæ et ipse enumerarem, nisi frequenti Ecclesiæ lectione, pene omnibus nota crederem. Hæc pauca de multis.

Cum ergo tanta evidentia evangelistæ et apostoli verba conveniant, ut quod ille historico, hoc iste epistolari stylo gestum referat, et uterque tam concors sibi invicem veritatis testimonium perhibeat, quid ultra quæritis? Nonne sufficientem auctoritatem evangelicus liber apostolicis litteris conferre videtur? Sed quid de singulari fama, et celebri earumdem Epistolarum auctoritate dicetur? Nonne sua cœlesti, et quæ super hominem est, doctrina, ad eum verticem dignitatis illa Epistolarum Scriptura provecta est, ut post Evangelium, cæteris Veteribus ac Novis Scripturis clarius per totum mundum resonet, firmius credatur, solemnius recitetur, devotius audiatur? Nonne apud ipsos prædecessores vestros, antiquos dico hæreticos, tanti habita est, ut ex tam multiplicibus præteritorum sæculorum hæresibus, nulla unquam hæresis hanc temerare ausa fuerit? Hoc non Apelles, non Cerinthus, non Montanus antiquiores, hoc non Arius, non Novatus; non Sabellius recentiores hæretici, nec ipse cæteris detestabilior Manichæus, qui cum inanissimis fabulis intentus, in cogitationibus suis evanuisset, et cum toto Veteri Testamento ipsum ex maxima parte Evangelium abjecisset, apostolo tamen Paulo, et scriptis ejus se credere non negabat, ejusque Epistolas cum honore suscipiebat. Sed quid de hæreticis loquor? Nonne et ipsos paganos, imo et eos qui inter illos magis studere sapientiæ videbantur philosophos, hæc apostolicarum Epistolarum, ut legitur, lectio percellebat? Nonne ipsi Paulo famosus ille philosophus Seneca dixit nullas se credere suffecturas ætates ad litterarum illarum altitudinem capiendam? Nonne et illa crudelis bestia Nero, his eodem philosopho recitante auditis, mirari se dixit, unde homini, ut dicebat, indocto, tanta scientia inesse potuit? Hoc certe, hoc solum vestra mendacia veritati subjicit, hoc vires omnes hæretici corporis enervat, ut in quo tota totius mundi Ecclesia, et ipsorum etiam qui extra Ecclesiam sunt, pars consentit, ab illo paucorum et pene nullorum hominum temeritas aliqua dissentire non audeat. Si autem quod tantis auctoritatibus munitum est, etiam ratione roborari quæritis, audite: Evangelium, ut supra dixi, vos suscipere, fama consonans est; alias Canonis divini Scripturas vos aut renuere, aut dubias dicere certum est. Sed interrogo vos: Epistolas apostoli Pauli et aliorum apostolorum, ut interim de aliis divinis libris taceam, cur non suscipitis? Respondetis: Quia non adeo certa nobis earum est auctoritas, ut fidem eis dare velimus. Et non videtur vobis certa earum auctoritas, cum apostolicæ dicantur, et ab eis scriptæ credantur? et hic dicitis: Si constaret certa auctoritate, vel ratione eas apostolicas esse, nobis suscipere esset necesse. Sed, si dicuntur vel creduntur apostolicæ esse et non sunt, a nobis suscipiendæ non sunt. Quod si a talibus dicuntur, et creduntur esse apostolicæ, quibus sicut ipsis apostolis credi debeat,

A quid? Quid inquam? Nonne a vobis, hoc probato suscipiendæ erunt? Suscipiendæ plane.

Sed ubi invenietur, cui, sicut ipsis apostolis, credere debeamus? Invenietur plane. Et, ne vos suspendam, Ecclesiam dico, cui sicut ipsis apostolis, vos prorsus credere debere affirmo. Item fortasse dicitis: Et quæ est ista, quam dicis, Ecclesia? Quid vos, inquam, ignorare hoc nomen dicitis, cum id vobis olim nimium nimiumque notum fuerit, cum ejus corporalem fabricam destrueretis? Tunc enim vos dicebatis, idcirco Ecclesiarum ædificia destruere, quod nomen Ecclesiæ non structuram parietum, sed congregationem fidelium signaret. Quod si aut obliti estis, aut scire vos dissimulatis, breviter exponam. Dicitur Ecclesia, ut ipsi dixistis, congrega-

B tio, sed non avium, non pecorum, sed hominum. Nec omnium hominum, sed fidelium, bonorum, justorum. Quod si aliqui inter bonos illos mali, inter justos injusti, aut latent, aut patent, non idcirco minus Ecclesia dicitur. Hæc est illa quæ, innumerabili multitudine per totum orbem Christi Domini sui præcepto diffusa, usque ad nos pervenit, nec minus quam olim totum mundum, ut cernitis, replet. Huic, sicut dixi, vere, ut ipsis apostolis, credere debetis: cui Christus ipse, quantum ad hoc spectat, non minorem contulit auctoritatem. Nec dico, ut apostolico labore satam et auctam Ecclesiam apostolis æquem, sed dico, quod ejus testimoniis sicut apostolicis absque ulla contradictione

C acquiescendum est. Quod si et hinc evangelicam auctoritatem vultis, audite Christum dicentem: *Ecce ego vobiscum sum omnibus diebus, usque ad consummationem sæculi* (Matth. xxviii). Sed usque ad consummationem sæculi apostoli in sæculo non manserunt. De Ecclesia ergo intelligendum est, quæ usque ad consummationem sæculi in sæculo futura est. Item: *Ego rogabo Patrem, et alium paracletum dabit vobis, ut maneat vobiscum in æternum* (Joan. xiv), non utique cum solis apostolis, sed cum Ecclesia ventura, cui rogatu Filii Dei a Patre Deo datus est Spiritus Dei, ut maneat cum ea in æternum, in hac vita consolando, in futura glorificando. Sed, ne forte dicatis hanc meam expositionem non Christi intellectum esse, audite eum in alio evan-

D gelista: *Non pro his*, inquit, *rogo tantum, sed et pro eis qui credituri sunt per verbum eorum in me, ut omnes unum sint, sicut tu Pater in me, et ego in te: ut et ipsi in nobis unum sint, et mundus credat quia tu me misisti. Et ego claritatem quam dedisti mihi, dedi eis, ut sint unum, sicut et nos unum sumus* (Joan. xvii). Videtis Dei Filium non pro apostolis tantummodo Patrem rogare, sed et pro eis qui adhuc, quando hæc loquebatur, credituri erant per verbum apostolorum in eum? Et qui sunt illi? Nonne hæc, de qua loquimur, Ecclesia? Qui enim alii in Christum credunt et credituri sunt, nisi hæc quæ vocatur Ecclesia, hoc est in Christum credentium congregatio? Quos omnes non propter varia tempora dividit, non propter diversa loca separat; sed omnes, præcedentes scilicet et sequentes, unum esse vult; nec aliter, sed tam solemniter sicut Pater in ipso, et ipse in Patre est. Quos non paucos, sed innumerabiles esse ostendit, quando subdit: *Ut mundus credat quia tu me misisti*. Non debet ergo credi testimoniis Ecclesiæ, cui indivisibiliter Christus cohabitat usque ad consummationem sæculi? Non debet credi testimoniis Ecclesiæ, cum qua Spiritus sanctus inseparabiliter permanet, non hic tantum, sed in æternum? Non debet credi testimoniis Ecclesiæ, quæ unum cum Patre et Filio est, sicut Pater in Filio, et Filius in Patre, cui eam claritatem Filius Dei dedit, quam accepit a Patre? Non debet credi testimoniis Ecclesiæ, de qua, hoc est de electis et prædestinatis, dicitur: *Pater, quos dedisti mihi, volo, ut ubi sum ego, et illi sint mecum, ut videant claritatem meam quam dedisti mihi, quia dilexisti me a constitutione mundi?* (Joan. XVII.) Quomodo ergo potuit, non dico tanto, sed saltem parvo tempore, quomodo, inquam, potuit tantum errorem tanto tempore sequi? quomodo potuit plusquam per mille annos et falli et fallere Ecclesia, cum qua verax Pater, cum qua Veritas, Filius, cum qua Veritatis spiritus perpetuo mansit? Sed, cum hoc omnino impossibile sit, colligitur quod ejus traditionibus omnibus, sicut apostolicis, omnimoda ab omnibus fidelibus fides exhiberi debeat. Si enim doctrina vel traditio Ecclesiæ ab apostolis suscepta est, si eadem a Christo in apostolos derivata est, constat quia verax et a veritatis filiis suscipienda est. Sed quod hanc apostoli a Christo susceperint, nulli dubium est. Quod autem Ecclesia ab apostolis, auctoritate pariter et ratione probatum est.

Sequitur ergo quia doctrina vel traditio Ecclesiæ ab omnibus suscipienda est. Debetis igitur credere testimoniis Ecclesiæ, si non vultis permanere hostes Christi et Ecclesiæ. Hæc autem Ecclesia attestatur Epistolas, de quibus agitur, apostolicas esse, idque sibi a præcedentibus Patribus, et ipsis viris apostolicis traditum se fixe et immobiliter retinere. Sed respondetis: Testimoniis quidem evangelicis resistere non possumus, sed hoc nos dubios reddit, quod nullum, nec in tota, de qua sermo est, Ecclesia, more testium testimonium afferentium invenire valemus: testibus enim, non testimoniis credendum esse, lex ipsa sæculi jubet. Testium vero officium est, audita vel visa, non ab aliis sibi narrata, testificari; testimoniorum autem mos est ab aliis sibi narrata referre. Ecclesia vero cui inniteris, et ad cujus dignitatis eminentiam comprobandam, tot et tanta testimonia affers, non vice testium, sed testimoniorum utitur, quia non visa vel audita, sed ab aliis sibi tradita narrat, et libris, de quibus agitur, non quod sciat, sed quia credit, canonicam auctoritatem dat. Ecce, ecce, nunc tandem foveam vobis fodistis, in quam statim præcipitandi estis. Vincula fabricastis, quibus alligandi estis. Laqueum tetendistis, quo primi capiendi estis. Si enim hoc verum est quod attulistis, non tantum libros, quos nos defendimus, sed et ipsum Evangelium, quod suscipitis perdidistis. Nam, si non nisi visis et auditis assentiendum est, non solum libris aliis, sed nec ipsi Evangelio credendum est. Dicite enim vos primi, et pro Evangelio quod tantum superest vobis, agite utrum aliqua quæ in Evangelio legitis, aut de Evangelio creditis, oculis videritis, auribus audieritis? Ut enim, innumeris omissis, hæc breviter objiciam, in quibus tota Evangelii summa consistit, audistis vel vidistis archangelum Gabrielem, Filii Dei conceptum, Spiritus sancti adventum, matri Virgini nuntiantem? Vidistis vel audistis Christum natum, pastores invisentes, Magos adorantes? Vidistis vel audistis Christum baptizatum, prædicantem, solemnia illa miracula facientem, eamdem prædicationem discipulis injungentem, eamdem mirandorum operum potentiam eisdem conferentem? Et quid multa? Vidistis vel audistis passum, crucifixum, mortuum, sepultum, resurgentem, ascendentem? Vidistis vel audistis, quod nondum factum est, sed futurum est, et licet in Evangelio cui creditis, nescio tamen si creditis, omnes mundi mortuos resurgentes, Christum judicantem, infernum hiantem, cœlum reseratum, impios in combustionem æternam, pios in vitam æternam intrantes? Et ubi est quod tenebatis? Evangelium habebatis, sed, eo jam perdito, Christum amisistis. Nam, si Evangelium non habetis, nec Christum habetis. Si Christum non habetis, Christiani non estis. Ecce fovea, ecce vincula, ecce laqueus, quæ vos ad vestram perniciem jam præparasse dixeram. Hoc modo Evangelio cum Christo sublato, etiam omnes prophetæ, omnes apostoli de medio facti sunt, eorumque universa opera, universa Scriptura, cum ipsis pariter deleta sunt. Necesse igitur jam vobis erit, aut libris, quos proponimus, abjectis, Evangelium, ut dixi, Christum, Christianam fidem, spem salutis et vitæ æternæ abjicere; aut, libris nostris susceptis, Evangelium et Christum, atque enumerata omnia conservare. Cum enim non ex visis, neque auditis, sed ex Ecclesiæ et Patrum traditione, hæc universa mundus credat, speret, diligat, nec vos ex visis vel auditis, sed ex ejusdem Ecclesiæ, et eorumdem Patrum traditione, Evangelium teneatis, quod nullomodo negare potestis, invicta ratione cogente, aut quod simul absque aliqua exceptione ab eadem Ecclesia nobis pariter et vobis traditum est, suscipietis, et Evangelium cum Epistolis apostolorum et libris omnibus, quos negabatis, retinebitis; aut, nostris libris abjectis, Evangelium pariter, quod solum vobis remanserat, amittetis. Quo amisso, non jam nobis ut Christiani hæretici, sed sicut ethnici et publicani eritis. Hac ratione Pauli, Jacobi, Petri, Joannis, Judæ, cum ultima ejusdem Joannis Apocalypsi, in Novi Testamenti Canone susceptis, imo eadem Nova ac Veteri Scriptura eadem ratione firmissime roborata, ad Veteris Testamenti libros, sigillatim discutiendos et

Evangelica atque apostolica auctoritate firmandos, transitus fiat.

Probatio totius Veteris Testamenti ex Evangelio.

Evangelium enim toti Veteri Instrumento testimonium dat, et ejus insuper auctoritatibus ea ipsa, quæ prædicat, confirmat. Nonne Christus in Evangelio auctoritatem Veteris Testamenti sua auctoritate firmavit, quando post resurrectionem discipulis omnibus apparens dixit: *Oportebat impleri omnia quæ scripta sunt in lege Moysi, et prophetis et psalmis de me?* (*Luc.* XXIV.) Nonne eamdem indissolubili vinculo confirmavit, quando eisdem discipulis suis aperuit sensum, ut intelligerent Scripturas? Nonne eamdem confirmavit, quando duobus discipulis in Emmaus euntibus dixit. *O stulti et tardi corde ad credendum in omnibus quæ locuti sunt prophetæ!* (*ibid.*) Et quid ultra exigetis? An non sufficit vobis tanta tamque clara auctoritas qua Christus legi Moysi, qua prophetis, qua psalmis, non confuse, sed distincte testimonium perhibuit, quando primo legis, deinde prophetarum, ad ultimum psalmorum scripta de se, et in se impleri oportuisse docuit? Sed licet, quod præmisi, ad Veteris Scripturæ auctoritatem confirmandam plene sufficiat, profero tamen de eodem, cui creditis, Evangelio, quamvis ex superabundanti sigillatim testimonia divinis libris attestantia, quibus auditis non solum eos divinos credatis, sed insuper vos de ipsis vel in aliquo dubitasse erubescatis.

Et, ut a capite eorumdem sacrorum librorum incipiam, recolite si non meministis, libro Geneseos Christum testimonium dantem, et ad confirmanda verba sua, de eo testimonia plurima proferentem, *Sicut,* inquit, *fuit in diebus Noe, ita erit adventus Filii hominis. Edebant, et bibebant, uxores ducebant, et dabantur ad nuptias, usque in diem qua intravit Noe in arcam, et venit diluvium, et perdidit omnes* (*Luc.* XVII). Item: *Sicut factum est in diebus Lot, emebant et vendebant, plantabant, ædificabant. Qua die autem exiit Lot a Sodomis, pluit ignem et sulphur de cœlo, et omnes perdidit* (*ibid.*). Hoc et initium Evangelii secundum Matthæum affirmat, et eidem libro testimonium dat, quando librum generationis Jesu Christi per Abraham, Isaac, et Jacob, Judam et Phares, qui omnes ex eodem Genesis libro sumpti sunt, congrua narratione contexit. Accedite inde ad Exodum, et audite Christum contra Sadducæos eodem libro testimonium assumentem: *Quia,* inquit, *resurgant mortui, Moyses ostendit secus rubum, cum dicit Dominum Deum Abraham et Deum Isaac, et Deum Jacob* (*Luc.* XX). Item de eodem: *Patres vestri manducaverunt in deserto manna, et mortui sunt* (*Joan.* VI). Nam liber ille ante omnes alios narrat, Deum XL annis pluisse manna Hebræis (*Exod.* XVI). Rursus in ipso: *Os non comminuetis ex eo* (*Exod.* XII; *Joan.* XIX). Et item apostolus: *Neque idololatræ efficiamini, quemadmodum scriptum est. Sedit populus manducare et bibere, et surrexerunt ludere* (*Exod.* XXXII). Venite dehinc et ad Leviticum, et audietis Christum leproso, quem mandavit, dicentem: *Vade, ostende te sacerdoti, et offer munus quod præcepit Moyses in testimonium illis* (*Levit.* XIV; *Luc.* V). Inde ad librum Numeri gressum extendite, et audietis Christum Passionis suæ de eo testimonium et similitudinem assumentem: *Sicut,* ait, *Moyses exaltavit serpentem in deserto, ita exaltari oportet Filium hominis* (*Num.* XXI; *Joan.* III). Et Apostolus: *Neque,* inquit, *tentemus Christum, sicut quidam eorum tentaverunt, et a serpentibus perierunt. Neque murmuraveritis, sicut quidam eorum murmuraverunt, et perierunt ab exterminatore* (*Num.* XXI; *I Cor.* X). Accedite et ad ultimum Pentateuchi, hoc est legis Mosaicæ librum, qui Deuteronomium, id est secunda lex, dicitur, et audietis de ipso plurima Christum in Evangelio testimonia producentem. De quibus illa sunt, quæ diabolo tentanti respondit: *Scriptum est: Non in solo pane vivit homo, sed in omni verbo Dei* (*Deut.* VIII; *Matth.* IV). Et item: *Scriptum est: Non tentabis Dominum Deum tuum.* Ac deinde: *Vade, Satana: scriptum est enim: Dominum Deum tuum adorabis, et illi soli servies* (*ibid.*). Et illud: *Domus mea domus orationis vocabitur* (*Matth.* XXI; *Luc.* XIX). Videtis adhuc non esse repudiandos libros, quos sic Christus approbat; non esse mendaces vel apocryphos, de quibus Veritas testimonium profert; non esse abjiciendos, de quibus verba sua ipsum Verbum æternum, ipsa Dei Sapientia communit? Sequantur post hos et alii divini et prophetici libri, quorum primus est ille qui dicitur Jesu Nave, cui auctoritatem dat ipsum et proximum quod ab Evangelio auctoritatem meruit, Deuteronomium. In eo enim scriptum est: *Præcepit Dominus Josue filio Nun, et ait: Confortare, et esto robustus. Tu enim introduces filios Israel in terram quam pollicitus sum, et ego ero tecum* (*Josue.* 1). Dant ei auctoritatem et psalmi, qui, sicut supra dixi, de Christo, eodem Christo teste, scripti sunt, et ei veritate prophetica testimonium ferunt. Nam in eis scriptum est: *Et ejecit a facie eorum gentes, et sorte divisit eis terram in funiculo distributionis* (*Psal.* LXXVII). Item in eisdem psalmis: *Mare vidit et fugit, Jordanis conversus est retrorsum* (*Psal.* CXIII). Et versu interposito: *Quid est tibi mare, quod fugisti? et tu Jordanis, quia conversus es retrorsum?* (*ibid.*) Fugit enim mare virtute Dei per Moysen (*Exod.* XIII); Jordanis conversus est retrorsum, eodem Deo operante, per Josue (*Josue* III). Quod nusquam, nisi in ipso, de quo agitur, Jesu Nave libro, legitur. Sed et alibi in jam dictis psalmis, licet in figura, dictum legitur. *Memor ero Raab, et Babylonis, scientium me* (*Psal.* LXXXVI). Quod ipsum Evangelium non figurate, sed historice confirmat: *Naasson,* inquit, *genuit Salmon; Salmon autem genuit Booz de Raab* (*Matth.* 1). Quæ Raab in solo isto libro legitur, nuntios Josue, exploratores, scilicet terræ Chanaam, abscondisse, et astu seu consilio suo, ad eum qui miserat, salvos remisisse; et ob hoc salutem cum domo integra et consortium Israelitici populi meruisse (*Josue* 11). Sequitur hunc Judicum liber, quem canonicum facit proximus, et præcedens eum, de quo egimus, liber, qui supra scriptis testimoniis jam de Canone esse probatus est. Sic enim in eo scriptum est: *Servivit Israel Domino cunctis diebus Josue et seniorum, qui longo post eum vixerunt tempore, et qui noverant omnia opera Domini quæ fecerat in Israel* (*Judic.* 11). Utique principes, et judices, qui post eum Israeli principati sunt, designans. Huic Judicum libro et sæpe nominati psalmi auctoritatis testimonium dant, cum alienigenas et in illo judicum tempore oppressores populi Dei ex parte enumerant. Nam, sic in eis legitur: *Simul adversus te testamentum disposuerunt, tabernacula Idumæorum et Ismaelitæ, Moab et Agarem, Gebal, et Ammon, et Amalec, alienigenæ cum habitantibus Tyrum. Etenim Assur venit cum illis, facti sunt in adjutorium filiis Lot. Fac illis sicut Madian et Sisaræ, sicut Jabin in torrente Cisson. Disperierunt in Endor, facti sunt ut stercus terræ. Pone principes eorum sicut Oreb, et Zeb, et Zebee et Salmana* (*Psal.* LXXXII).

Quod si et Apostolus consulatur, cujus verbis omnibus vos fidem integram dare, sicut supra probatum est, necessitas ipsa compellit, audietis eum in Epistola ad Hebræos inter alios Patres, fidem Judicum istorum prædicantem, et eidem libro auctoritatem canonicam dantem, cum dicit: *Et quid adhuc dicam? Deficiet enim me tempus enarrantem de Gedeon, Barach, Samson, Jephte, qui certe, antequam reges Judæis præessent, eisdem Judæis non regum, sed judicum nomine præfuerunt* (*Hebr.* 11). Dehinc parvus, sed ab ipso Evangelio confirmatus liber Ruth sequitur, sicut in genealogia legitur Salvatoris. *Booz* inquit, *genuit Obeth ex Ruth* (*Matth.* 1). Quæ cum alienigena esset, qualiter viro Judæo juncta sit, liber tantum ille exponit, qui, sicut dictum est, canonicam auctoritatem ab Evangelio meruit. Hinc ad Samuelis et Regum libros stylus festinet, et credentibus pariter atque incredulis, eos non tantum prophetica, sed et evangelica auctoritate firmissime subnixos esse demonstret. Nonne solo principio Evangelii quantalibet vel quantumlibet munita resistentium hostium machina evertitur, cum per totum orbem evangelica ac cœlesti voce legitur: *Liber generationis Jesu Christi filii David?* (*ibid.*) Nam, cum Filius Dei filius David esse prædicatur, quid sublimius vel ipsum David extollit, vel de eo scriptam historiam commendat? Sed licet magnum sit ad commendandam personam, et de eo scriptam historiam quod evangelista Jesum Christum David filium esse narrat, majus tamen, imo maximum est, quod idem Dei Filius ejus se filium confirmat. Nam interrogans Pharisæos, cujus Christum filium dicerent, respondentibus illis David, proposuit de divinitate Christi ænigma: quod, quia illi non intelligentes solvere non potuerunt, ut Evangelium loquitur: *Nemo poterat respondere ei verbum* (*Matth.* XXII).

Non, inquam, ad plenissimam librorum illorum auctoritatem sufficit, quod de tanto viro tam sublimi rege, tam divino propheta tota pene series eorum respersa est, vel quod tota genealogia Salvatoris ab ipso David sicut in Evangelio, sic in eisdem libris usque ad Babylonis transmigrationem descripta est? An necesse erit ipsa verba Salvatoris in medium producere, et de ipsis auctoritatem illorum firmare? Sed quid fatigat nos impudens aut imprudens temeritas? Ad eam igitur magis magisque confundendam et confutandam, veniant, veniant, inquam, salvatricis Veritatis verba, et perdendis, nisi resipuerint, mendacibus de libris veracibus testimonia proferant. Nonne quando pueri in templo clamabant *Hosanna filio David* (*Matth.* XXI); et Pharisæi Christo dicebant: *Audis quid isti dicunt* (*ibid.*); ipseque eis respondebat: *Nunquid legistis? Ex ore infantium et lactentium perfecisti laudem* (*Psal.* III; *ibid.*), et puerorum verba confirmabat, et se David filium esse docebat, et David extollebat, et libris, qui gesta ejus continent, auctoritatem canonicam conferebat? Audite tamen eum etiam testimonia de eisdem libris proferentem, et inde magis magisque eorum auctoritatem commendantem. Nam discipulis ejus euntibus Sabbato per sata, ac vellentibus spicas, et manducantibus, Pharisæisque dicentibus: *Ecce discipuli tui faciunt quod non licet eis facere Sabbatis* (*Marc.* 11; *Luc.* VI), respondit: *Nonne legistis quid fecerit David quando esuriit et qui cum eo erant, quomodo intravit in domum Dei, et panes propositionis comedit, quos non licebat edere nisi solis sacerdotibus?* (*Ibid.*) Item in alio loco eisdem Pharisæis: *Dico vobis, multæ viduæ erant in diebus Eliæ in Israel, cum facta esset fames magna in terra, quando clausum est cœlum annis tribus, et mensibus sex; et ad nullam illarum missus est Elias, nisi in Sarephta Sidoniæ ad mulierem viduam* (*Luc.* IV). *Et multi leprosi erant sub Eliseo propheta in Israel, et nemo eorum mundatus est, nisi Naaman Syrus* (*IV Reg.* IV; *Luc.* IV).

Ecce ista omnia de libris Regum veritas protulit, et idcirco eos veraces esse ostendit. Currat inde sermo ad prophetas, ac primo evangelico prophetæ Isaiæ ipsum Evangelium testimonium ferat: *Venit*, inquit, *Jesus Nazareth ubi erat nutritus, et intravit secundum consuetudinem suam die Sabbati in synagogam. Et surrexit legere, et traditus est illi liber Isaiæ prophetæ. Et, ut revolvit librum, invenit locum, ubi scriptum erat: Spiritus Domini super me, propter quod unxit me, evangelizare pauperibus misit me, sanare contritos corde, et prædicare captivis remissionem et cæcis visum, dimittere confractos in remissionem, prædicare annum Domini acceptum, et diem retributionis. Et cum plicuisset librum, reddidit ministro, et sedit. Et omnium in synagoga oculi erant intendentes in eum. Cœpit autem dicere ad eos: Quia hodie impleta est hæc scriptura in auribus vestris* (*Isa.* LXI; *Luc.* IV). Item de eodem libro alius evangelista: *Jesus*, inquit, *sciens recessit inde, et secuti* sunt eum multi, et curavit eos omnes. Et præcepit eis ne manifestum cum facerent, ut adimpleretur quod dictum est per Isaiam prophetam dicentem : *Ecce puer meus quem elegi, in quo bene complacuit animæ meæ. Ponam super eum spiritum meum, et judicium gentibus nuntiabit. Non contendet, neque clamabit, neque audiet aliquis in plateis vocem ejus. Arundinem quassatam non confringet, et lignum fumigans non extinguet, donec ejiciat ad victoriam judicium, et in nomine ejus gentes sperabunt* (*Isa.* XLII ; *Matth.* XII). Item alius evangelista : *Cum autem tanta signa fecisset coram eis, non credebant in eum, ut sermo Isaiæ prophetæ impleretur, quem dixit : Domine quis credidit auditui nostro, et brachium Domini cui revelatum est* (*Isa.* LIII ; *Joan.* XII) ? Et item : *Propterea non poterant credere, quia iterum dixit Isaias : Excæcavit oculos eorum, et induravit cor eorum, ut non videant oculis, et intelligant corde, et convertantur, et sanem eos. Hæc dixit Isaias, quando vidit gloriam ejus, et locutus est de eo* (*Isa.* VI ; *Joan.* XII). Nonne putatis istum suscipi debere, quem Christus ita suscipit, cujus librum legit, cujus verba prophetica in se impleta esse ostendit, cujus evangelistæ tam frequentibus et multiplicibus testimoniis utuntur, cujus verbis propheticis sua evangelica tantopere affirmant?

Sequitur Jeremias, quem vere prophetam et cujus verba ut prophetica suscipienda esse Evangelium non tacet. Nam interrogante discipulos Domino quem dicerent homines esse Filium hominis, responderunt : *Alii Joannem Baptistam, alii Eliam, alii Jeremiam, aut unum ex prophetis* (*Matth.* XVI). Rursum de proditoris Judæ projecto argento, et inde agro figuli in sepulturam peregrinorum a sacerdotibus empto, ait evangelista : *Tunc impletum est quod dictum est per Jeremiam prophetam dicentem : Et acceperunt XXX argenteos pretium appretiati, quod appretiaverunt a filiis Israel, et dederunt eos in agrum figuli, sicut constituit mihi Dominus* (*Zach.* XI ; *Matth.* XXVII). Cui testimonio simile quiddam et in Zacharia invenitur. Et de interfectione innocentium puerorum ait idem evangelista : *Tunc impletum est quod dictum est per Jeremiam prophetam : Vox in Rama audita est, ploratus et ululatus multus. Rachel plorans filios suos, et noluit consolari, quia non sunt* (*Jer.* XXXI ; *Matth.* II). Ezechielem etiam canonicum apostolica Pauli verba faciunt, qui in Epistola secunda ad Corinthios ex eodem propheta introducit Deum loquentem : *Quoniam inhabitabo in illis, et inambulabo, et ero illorum Deus, et ipsi erunt mihi populus* (*Ezech.* XI ; *Cor.* VI). Et in Epistola ad Romanos usus verbis ejusdem prophetæ quasi suis idem Apostolus ait : *Nomen Dei per vos blasphematur inter gentes, sicut scriptum est* (*Rom.* II), subaudi in eodem propheta (*Ezech.* XXXVI).

Danielem quoque inter prophetas vos suscipere, ejusque scripta esse prophetica negare, eadem vos et sæpe nominata evangelica auctoritas cogit : *Cum, inquit Christus in Evangelio, videritis abominationem desolationis quæ dicta est a Daniele propheta, stantem in loco sancto, qui legit, intelligat* (*Dan.* IX ; *Matth.* XXIV).

Post hos magnos et velut principales prophetas, procedamus simul et ad XII qui minores dicuntur, non inferiori auctoritate, sed librorum quantitate, et universos non simul, neque confuse, sed sigillatim et distincte canonicos esse probemus. Et ut eo ordine quo a Patribus ordinati sunt, et quo ab Ecclesia recitantur singuli proferantur, proferat misericors Salvator in Evangelio contra immites Pharisæos de Osee propheta misericordiæ testimonium. *Euntes*, ait, *dicite quid est : Misericordiam volo, et non sacrificium* (*Matth.* IX, et XII). Quod propheta ille ita intulit : *Quia misericordiam volui et non sacrificium, et scientiam Dei plusquam holocausta* (*Ose.* VI ; *Matth.* IX). Et Apostolus de eodem : *Vocabo non plebem meam, plebem meam, et non misericordiam consecutam, misericordiam consecutam. Et erit in loco ubi dictum est eis : Non plebs mea vos ; ibi vocabuntur filii Dei* (*Ose.* II ; *Rom.* IX). Sed et de Joel, qui hunc sequitur post effusionem Spiritus sancti a Christo in Evangelio discipulis promissam, et die Pentecostes exhibitam, ait Judæis Petrus apostolus in Actibus apostolorum : *Hoc est quod dictum est per prophetam Joel : Erit in novissimis diebus, dicit Dominus : Effundam de spiritu meo super omnem carnem, et prophetabunt filii vestri et filiæ vestræ. Juvenes vestri visiones videbunt et senes vestri somnia somniabunt* (*Joel.* II ; *Act.* II), et reliqua quæ prolixitatis causa non scribo. Amos prophetæ qui huic jungitur, liber ille Regum sæpe dictus, et evangelica auctoritate firmatus, testimonium dat. Nam quod in hoc propheta factum, in libro illo legitur prædictum. Sic enim ait iste : *Super tribus sceleribus Damasci, et super quatuor non convertam eum, eo quod trituraverit in plaustris ferreis Galaad ; et mittam ignem in domum Azahel, et devorabit domos Benadab, et conteram vectem Damasci* (*Amos.* I). De his in libro Regum sic loquitur ipsi Azaheli Eliseus propheta : *Scio*, inquit, *quæ facturus es filiis Israel mala. Civitates eorum munitas igne succendes, et juvenes eorum interficies gladio, et parvulos eorum elides, et prægnantes divides* (*IV Reg.* VIII). De Benadab quoque et Damasco, et malis Azabelis, quibus pene attrivit Israel, plene ibidem legitur. De Abdia etiam ait idem Apostolus in I Epistola ad Corinthios : *Perdam sapientiam sapientium, et prudentiam prudentium reprobabo* (*Abd.* I ; *I Cor.* I). De Jona vero quis non audivit, quis non imo pectore recondidit, quod Salvator in Evangelio mortem et resurrectionem suam naufragio, et evasioni ejus comparans, ait Judæis : *Signum non dabitur vobis nisi signum Jonæ prophetæ. Sicut enim fuit Jonas in ventre ceti tribus diebus et tribus noctibus, ita erit Filius hominis in corde terræ, tribus diebus et tribus noctibus* (*Jonas.* II ; *Matth.* XII). Et rursum : *Viri Ninivitæ surgent in judicio cum generatione ista, et condemnabunt eam, quia pæniten-*

tiam egerunt in prædicatione Jonæ. Et ecce plusquam Jonas hic (Jonas III; Matth. XII). Quæ autem inter omnes de Christo prophetias, Michææ prophetia in Evangelio clarius resonat, quam nato Christo in Bethlehem, principes sacerdotum et Scribæ populi Herode interrogante, protulerunt : *Et tu, Bethlehem, terra Juda, nequaquam minima es in principibus Juda. Ex te mihi egredietur qui sit Dominator in Israel, et egressus ejus ab initio a diebus æternitatis* (Mich. V; Matth. II). Veniat post hos et Nahum propheta, cujus testimonio Apostolus in Epistola ad Romanos utitur : *Quam speciosi*, inquit, *pedes evangelizantium pacem, evangelizantium bona !* (Rom. X.) Licet paucis mutatis verbis, iste dicat : *Ecce super montes pedes annuntiantis et evangelizantis pacem* (Nahum. I). Quod testimonium Isaias pene eisdem verbis, sed tamen uno eodemque versu protulit (Isa. LII), quia non multiplex vel diversus, sed unus et idem Spiritus est, qui per Isaiam et Nahum, et per omnes locutus est prophetas. Unde quia per eumdem Spiritum idem uterque locutus est, hoc de utroque testimonium ab Apostolo sumptum est.

Cui vero in toto orbe Habacuc prophetæ auctoritas non innotuit, cum et frequenter legatur, et libenter audiatur translatus ab angelo per cincinnum capitis de Judæa in Babylonem, ibique Danieli in lacu leonum clauso, prandium quod messoribus paraverat exhibuisse ? Quod si istud juxta beatum Hieronymum, quia in Hebraicis libris non legitur, insufficiens videtur, veniat more suo Apostolus, eumque divinum et veracem non pseudoprophetam esse, sumpto de eo testimonio comprobet, sicut in Epistola ad Romanos et illa ad Hebræos dicit : *Sicut*, inquit, *scriptum est*, utique apud hunc Prophetam : *Justus autem ex fide vivit* (Habac. I; Rom. I; Hebr. X). Sed et tam de Sophonia, qui post hunc venit, quam de Isaia, Apostolus in Epistola ad Romanos : *Reliquiæ*, inquit, *filiorum Israel salvæ fient* (Rom. IX). Sophonias autem sic eamdem sententiam suis verbis explicans : *Sperabunt*, ait, *in nomine Domini reliquiæ Israel*. Isaias autem sic : *In veritate reliquiæ convertentur* (Sophon. III), *reliquiæ*, inquam, *Jacob, ad Deum fortem* (Isa. X). Jam vero Aggæo prophetæ, ipsa evangelica veritas testimonium dat, cum ait : *Post transmigrationem Babylonis, Jechonias genuit Salathiel. Salathiel autem genuit Zorobabel* (Matth. I). Ad quem Zorobabel missus a Deo iste propheta, ait : *Confortare, Zorobabel, dicit Dominus, et confortare, Jesu fili Josedech, sacerdos magne, et confortare, omnis popule terræ, dicit Dominus exercituum, et facite, quoniam ego vobiscum sum, dicit Dominus exercituum* (Agg. II). Nam mittebatur propheta Domini, ut confortaret principem et populum, ad construendam, quam Chaldæi destruxerant, domum Dei. Sed et Apostolus in Epistola ad Hebræos, ad confirmanda magna quædam, de quibus tractabat, nobile de textu ejus testimonium profert · *Adhuc*, inquit, *unum modo*

cumque, et ego commovebo cœlum et terram, et mare, et aridam, et movebo omnes gentes, et veniet Desideratus cunctis gentibus (Agg. II; Hebr. XII). Huic ejus socium Zachariam ordo ipse librorum et temporis conjungat, cujus testimonium Evangelium solemniter proferens ait : *Exsulta satis, filia Sion, jubila, filia Jerusalem. Ecce Rex tuus venit tibi justus et Salvator. Ipse pauper et ascendens super asinam, et pullum filium asinæ* (Zach. IX; Matth. XXI; Joan. XII). Et Dominus ipse in eodem Evangelio proximus passioni, ejusdem prophetæ verba assumens, ait discipulis : *Scriptum est : Percutiam pastorem, et dispergentur oves* (Zach. XIII; Matth. XXVI). Item de eodem propheta Evangelium : *Videbunt in quem transfixerunt* (Zach. XII; Joan. XIX). Ultimus in ordine duodecim prophetarum sed auctoritate non inferior, Malachias sequitur. Cujus prophetæ pene prima verba Apostolus in Epistola ad Romanos festive commemorat dicens : *Jacob dilexi, Esau autem odio habui* (Malac. I; Rom. IX). Et Salvator ipse, in Evangelio de Joanne Baptista loquens, turbis et discipulis ait : *Hic est de quo scriptum est : Ecce mitto angelum meum, qui præparabit viam ante faciem meam* (Malac. III; Matth. XI). Quo testimonio Salvator usus, ostendit non esse repudiandum quem ipse non in occulto, sed in publico judicaverit suscipiendum.

Hinc ad Job mirabilem, et licet non Judæum, sed gentilem, ore tamen Dei excellenter laudatum sermo decurrat : et post prophetas viro prophetico, vox apostolica testimonium ferat. Dicens enim Apostolus : *Sapientia hujus mundi stultitia est apud Deum* (I Cor. III), subjunxit . *Scriptum est enim : Comprehendam sapientes in astutia eorum* (Job. V; ibid.). Quod certe non de alia Scriptura quam de libro Job protulit. Ezechiel quoque, quem jam authenticum esse probavimus, justitiæ Job mentionem faciens, ejus libro attestatur, ex persona Domini loquens : *Si pestilentiam immisero super terram, et effudero indignationem meam super eam in sanguinem, ut auferam ex ea hominem et jumentum; et Noe, Daniel, et Job fuerint in medio ejus, vivo ego, dicit Dominus Deus, quia filium et filiam non liberabunt, sed ipsi justitia sua liberabunt animas suas* (Ezech. XIV). Jam vero psalmorum auctoritatem, licet superius plene ostenderim, quia tamen series divinorum librorum hoc in loco eos obtulit, addantur adhuc ex Evangelio testimonia majestati eorum magis magisque attestantia. His Salvator sæpe utitur, et cum ad credulitatem verborum suorum nullius testimonio egeat, ea tamen de psalmis, ut supra dictum est, sæpe confirmat. Hinc est illud, quod, sicut prædixi, Pharisæis objecit : *Dixit Dominus Domino meo: Sede a dextris meis, donec ponam inimicos tuos scabellum pedum tuorum* (Psal. CIX; Matth. XXII). Sed et illud inde est, quod post parabolam vineæ et hæredis interfecti, et homicidarum perditionis, eisdem Pharisæis dicentibus : *Malos male perdet* (Matth. XXI), respondit : *Nunquam legistis : Lapidem quem reprobaverunt ædificantes, hic factus est in caput anguli. A Domino factum est istud, et est mirabile in oculis nostris? (Psal.* cxvii; *ibid.)* De his et Evaῃ gelista testimonium assumens, dignitatem eorum corroborat, cum dicit : *Hæc omnia locutus est Jesus ad turbas in parabolis; et sine parabolis non loquebatur eis, ut impleretur quod dictum est per Prophetam : Aperiam in parabolis os meum, eructabo abscondita a constitutione mundi (Psal.* lxxvii; *Matth.* xiii). Et quia psalmorum auctoritas, tam his quam innumeris aliis testibus et testimoniis, velut a summo cœli cardine fulget, post David et psalmos ejus ad Salomonem et libros ejus stylus festinet, cjusque Sapientiæ Christum in Evangelio attestantem ostendat : *Regina,* inquit, *austri surget in judicio cum generatione ista, et condemnabit eam, quia venit a finibus terræ audire sapientiam Salomonis. Et ecce plusquam Salomon hic (III Reg.* x; *Luc.* xvii). Libris quoque ejus idem Salvator testimonium reddidit, cum in die magno festivitatis stans in templo clamabat, dicens : *Si quis sitit, veniat ad me, et bibat (Joan.* vii). Et de libris Salomonis sumpto testimonio : *Qui credit in me,* inquit, *sicut dicit Scriptura, flumina de ventre ejus fluent aquæ vivæ (ibid.).* Et Apostolus in Epistola ad Hebræos, de Proverbiis quædam assumens, ait : *Fili mi, noli negligere disciplinam patris tui, neque fatigeris dum ab eo argueris. Quem enim diligit Deus, castigat. Flagellat autem omnem filium quem recipit (Prov.* iii; *Hebr.* xi). Itenique idem de eisdem Salomonis libris, in Epistola ad Romanos : *Mihi vindictam, et ego retribuam (Eccli.* xxviii; *Rom.* xii). Sed et Regum liber, quem, sicut superius ostendi, in arce canonica Christus constituit, eidem Salomonis singulari sapientiæ ac sæpe dictis ejus libris testimonium reddit Salomoni, ut est illud : *Dedit Deus sapientiam et prudentiam Salomoni multam nimis, et latitudinem cordis quasi arenam, quæ est in littore maris. Et præcedebat sapientia Salomonis sapientiam omnium Orientalium, et Ægyptiorum, et erat sapientior cunctis hominibus. Sapientior Ethan Ezhraita, et Eman, et Chalcal, et Dordan, filiis Maol (III Reg.* iv). Libris vero ejus, hoc est Proverbiis, Ecclesiasti, Carminibus, id est Canticis canticorum, et reliquis, tale testimonium dat : *Locutus est,* ait, *Salomon tria millia parabolas, et fuerunt carmina ejus quinque millia; et disputavit super lignis, a cedro quæ est in Libano, usque ad hyssopum quæ egreditur de pariete. Et disseruit de jumentis, et reptilibus, et volucribus et piscibus (ibid.).* Libro quoque illi, qui Hebraice Dabrehaiamin, Græce Paralipomenon, Latine Verba dierum dicitur, sæpe nominatus Regum liber attestatur, eique parem sibi auctoritatem tribuit, dum ad eum se legentes frequenter transmittit. Tractans enim et narrans acta regum Juda et Israel, fere de omnibus subdit : *Reliqua vero sermonum illius,* vel *illius regis, nonne hæc scripta sunt in libro Verborum dierum regum Juda,* vel *in libro Verborum dierum Israel? (II Paral.* xxv.) Esdræ etiam volumen, maximus pro-

phetarum Isaias, canonicum comprobat, cum ea quæ ipse ante multa sæcula prædixit, hic facta esse ostendit. Ait enim Isaias, Deum introducens l. quentem : *Qui dico Cyro : Pastor meus es, et omnem voluntatem meam complebis. Qui dico Jerusalem : Ædificaberis; et templo : Fundaberis (Isa.* xliv). Et subsequenter : *Hæc dicit Dominus christo meo Cyro (Isa.* xlv). Et quibusdam de ipso Cyro interpositis, ad ipsum Cyrum Deus verba convertit, eique loquitur : *Ego ante te ibo, et gloriosos terræ humiliabo. Portas æreas conteram, et vectes ferreos confringam. Et dabo tibi thesauros absconditos, et arcana secretorum (ibid.).* Subditque causam, cur tantam ei potentiam conferat : *Ut scias,* ait, *quia ego Dominus, qui voco nomen tuum Deus Israel, propter servum meum Jacob et Israel electum meum (ibid.).* Ut scilicet septuagenariam Babyloniæ captivitatem absolvat, et populo Israel ab eo ad patriam remisso, urbem Jerusalem, et templum a Chaldæis destructum, rursus ædificari et fundari faciat, sicut præmissum testimonium confirmat, quo ait Deus : *Qui dico Jerusalem : Ædificaberis; et templo : Fundaberis.* Hæc omnia sic impleta, liber Esdræ seriatim exponit, totumque inde historiæ suæ textum contexit. Quam civitatis et templi reædificationem post lxx captivitatis annos, et Jeremias prædixerat, sicut legentibus clarum est. Prophetiam igitur Isaiæ et Jeremiæ Esdras suo tempore completam narrat, quod in solo ejusdem libri principio satis apparet. *In anno,* inquit, *primo Cyri regis Persarum,* ut compleretur verbum Domini ex ore Jeremiæ, suscitavit Deus spiritum Cyri regis Persarum, et transduxit vocem in universo regno suo, etiam per Scripturam dicens : *Hæc dicit Cyrus rex Persarum : Omnia regna terræ dedit mihi Dominus Deus cœli, et ipse præcepit mihi, ut ædificarem ei domum in Jerusalem, quæ est in Judæa. Quis est in vobis de universo populo ejus? Sit Dominus Deus illius cum ipso. Ascendat Jerusalem, quæ est in Judæa, et ædificet domum Domini Dei Israel. Ipse est enim Deus, qui est in Jerusalem. Et omnes reliqui in cunctis locis ubicunque habitant, adjuvent eum viri de loco suo, argento, et auro, et substantia, et pecoribus, excepto quod voluntarie offerunt templo Dei, quod est in Jerusalem (I Esdr.* 1). Ultimus in agiographis, hoc est sanctæ Scripturæ libris, sequitur liber Esther, cui auctoritatem aliorum agiographorum auctoritas confert. Si enim illi ab Hebraica veritate originem trahentes hunc socii, et paris auctoritatis in eodem Hebraico Canone habuerunt, sequitur, quia nullo eorum librorum excepto, omnes pari modo suscipi debuerunt. Sed non solum Christianis, sed et ipsis Judaicis litteris attestantibus, omnes juxta suprascriptum ordinem libri, a libro Job usque ad hunc, de quo agitur, librum Esther, eo scilicet non excluso, sed addito, paris auctoritatis sunt.

Igitur absque distinctione aliqua, omnes æqualiter suscipi debuerunt. Quod quia ita est, cum Christus, apostoli et prophetæ auctoritatem præcedentibus, et huic libro paribus libris suis testimoniis dederint, indubia ratione cogente, huic quoque libro dignitatem similem contulerunt. Restant post hos authenticos sanctæ Scripturæ libros, sex non reticendi libri Sapientiæ, Jesu filii Sirach, Tobiæ, Judith, et utérque Machabæorum liber. Qui etsi ad illam sublimem præcedentium dignitatem pervenire non potuerunt, propter laudabilem tamen et pernecessariam doctrinam, ab Ecclesia suscipi meruerunt. Super quibus vobis commendandis, me laborare opus non est. Nam si Ecclesia alicujus pretii apud vos est, ejus auctoritate aliquid, saltem parum quid, a vobis suscipiendum est. Quod si (sicut Judæis de Moyse Christus dixit) ejus Ecclesiæ non creditis, *quomodo verbis meis credetis?* (Joan. v.) Ecce qui non nisi soli Evangelio vos credere dicebatis, jam rogo ut non nisi soli Evangelio credatis. Nam sicut in primis dixi : Si soli Evangelio creditis, necessario toti huic quod auditis, Veteri Instrumento credetis. Fert enim Evangelium omnibus, quos supradixi, testimonium, eisque auctoritatem canonicam dat, cum sermones suos eorum sermonibus confirmat. Sed forte dicetis non de omnibus præcedentibus libris sumpta ab Evangelio testimonia. Sed nunquid non ab Evangelio sumuntur, quæ ab his libris, a quibus idem Evangelium testimonia producit, trahuntur ? Nunquid non verax et canonicus liber ille judicabitur, qui ab eo cui veritas testimonium perhibet, veritatis laudem meretur ? Si, inquam, prophetæ et psalmi non tantum a seipsis, sed etiam ab Evangelio canonicam auctoritatem obtinent, cur non et eis libris quibus testimonium ferunt, eamdem tribuere valent ? An forte Evangelium prophetis vel psalmis testimonium ferendo non fallitur, et prophetæ vel psalmi aliis testimonium ferendo mentiuntur ? Nonne et ipsa sæcularia testimonia hoc habent, ut qui laudabilis probatus fuerit, etiam alios laudabiles esse suo probare testimonio possit ? Hac ratione libros ex libris, præcedentes ex sequentibus, sequentes ex præcedentibus, divinos, canonicos, authenticos esse probamus ; et eorum auctoritate, juxta Apostolum, *omnem scientiam extollentem se adversus altitudinem Dei abjicimus, destruimus, conculcamus* (I Cor. x). Hoc modo cum omnibus his, de quibus egimus, libris credideritis, soli, ut dixistis, Evangelio credetis. Probatis igitur ex Evangelio, cui soli credebatis, reliquis libris Novi Testamenti, et ex ipso Novo Testamento, omnibus libris Veteris Testamenti authentica auctoritate attributa, jam id unde vobiscum cœperam, spiritu Dei prævio exsequendum est.

Sequitur in ordine probatio præmissi primi capituli.

Et quia ex quinque propositis capitulis, illud primum erat, quod de parvulorum baptismo disputat, ad idem sermo redeat, ut tam isto quam cæteris evangelica, apostolica atque prophetica auctoritate, quia jam his non valetis resistere, confirmatis, error hæreticus conquiescat. Hoc certe videndum est,

A si fide, quod negatis, alterius, alter salvatus est. Regulus in Evangelio pro sanitate filii rogans, audivit a Domino : *Vade, filius tuus vivit. Credidit homo sermoni quem dixit ei Jesus, et ibat* (Joan. iv). Et quid sequitur ? *Jam autem eo descendente servi occurrerunt ei, et nuntiaverunt dicentes : Quia heri hora septima reliquit eum febris (ibid.).* Quid deinde ? *Cognovit ergo,* inquit, *homo, quia illa hora erat, in qua dixit ei Jesus : Filius tuus vivit (ibid.).* Centurioni pro puero paralytico deprecanti, post laudatam egregie fidem ipsius, ait idem Salvator : *Vade, et sicut credidisti, fiat tibi* (Matth. viii). Et mox subditur : *Et sanatus est puer in illa hora.* Archisynagogo, pro filia morti proxima deprecanti, ait : *Crede tantum, et salva erit.* Ad quam post paululum ingres-

B sus, *et jam mortuæ manum tenens, dixit : Puella, surge. Et surrexit, et jussit illi dari manducare* (Marc. v ; Luc. viii). Alteri pro dæmoniaco filio exoranti, ait : *Si potes credere, omnia possibilia sunt credenti* (Marc. ix). Et ille : *Credo, Domine, adjuva incredulitatem meam* (ibid.). De quatriduano Lazaro Marthæ dicenti : *Domine, jam fœtet; quatriduanus enim est* (Joan. ii), inquit : *Nonne dixi tibi, quia si credideris, videbis gloriam Dei ?* (Ibid.) Mulieri Chananææ, pro filia exoranti, ait : *O mulier, magna est fides tua : fiat tibi sicut vis* (Matth. xv). Et sequitur Evangelium : *Et sanata est filia illius ex illa hora (ibid.).* Sed forte dicetis : Cum de animabus baptizatorum parvulorum sermo sit, utrum per ba-

C ptismum a peccatis mundentur, quid nobis corporum sanitates opponis ? Juste, inquam, quoniam qui aliena fide aliorum corpora curata demonstro, ab eodem animarum et corporum Conditore, aliorum fide, aliorum animas purgari ostendo. Nefas est enim credere ut, relictis animabus, corpora Salvator salvaverit, cum et maxime animarum Salvator dicatur, et gratia animarum omnis ab illo inter homines celebrata fuerit curatio corporum. Tamen nec istud mihi Deo donante deerit, ut sicut carnem, sic et spiritum humanum ab ipso, probem fuisse salvatum. Quod doctorum sanctorum verbis ostenderem, nisi accepto a vobis libello repudii, de medio recessissent. Docebat aliquando turbas Christus in domo, et Verbum Dei ipsum verbum Dei mortalibus præ-

D dicabat. Venerunt quidam, attulerunt hominem paralyticum in lecto jacentem. *Cumque,* ut ait Evangelium, *non possent illum inferre præ multitudine hominum, ascenderunt super tectum, et per tegulas submiserunt eum in medium ante Jesum. Quorum fidem ut vidit, dixit : Remittuntur tibi peccata* (Matth. ix; Marc. ii; Luc. v). Cumque super hoc verbo quidam scandalizarentur, dixit : *Ut sciatis quia Filius hominis habet potestatem in terra dimittendi peccata,* ait paralytico : *Surge, tolle lectum tuum, et vade in domum tuam. Et surrexit, et abiit in domum suam* (ibid.).

Quid vos ad ista ? Ecce hoc non de Augustino, sed de Evangelio protuli. Cui cum maxime vos credere dicatis, aut aliorum fide alios tandem posse salvari concedite, aut de Evangelio esse quæ posui, si potestis, negate. Ecce reguli fides non pro se, sed pro filio rogans auditur. Centurionis fides non pro se, sed pro puero humiliter interveniens, non tantum auditur, sed et singulari laude effertur. Archisynagogi filia, non sua, sed patris fide resurgit. Dæmoniacus non sua, sed patris fide curatur. Martha quia credit, Dei gloriam resurgente Lazaro videt. Chananæa non pro se, sed pro filia male a dæmonio vexata orans, audit: *Fiat tibi sicut vis*. Fide illorum qui attulerant Christus paralyticum non tantum curat, sed etiam peccata ei remittit; plenaque misericordia Salvator non dimidium, sed totum hominem salvat. Unius, inquam, fidelis fide, tanta aliis Christus impartit, et totius Ecclesiæ fides baptizatis parvulis nihil valebit ? Et quid est quod supra scripsi dixisse Dominum : *Omnia possibilia credenti ?* Quid est et illud quod alibi ait : *Si quis non hæsitaverit in corde suo, quodcunque dixerit, fiat, fiet ei ?* (*Matth*. xi.) Quid et illud : *Amen dico vobis, quia quidquid orantes petitis, credite quia accipietis, et fiet vobis ?* (*Matth*. xvii.) Quid et illud notissimum : *Si habueritis fidem sicut granum sinapis, dicetis monti : Transi in mare, et transibit ?* (*Ibid*.) Si omnia certe uni credenti possibilia sunt, universo orbi, pro parvulis baptizatis credenti et oranti, impossibilia esse non possunt. Credit regulus, et salvatur filius ejus. Credit Martha, et suscitatur Lazarus. Credit mundus, et salvatur parvulus. Credit pater, et surgit filia. Credit Chananæa, et a dæmonio purgatur filia. Credit Ecclesia, et a peccatis mundatur anima. Credit centurio, et non solum puer ejus curatur, sed et fides ejus Israeli præponitur. Credunt paralytici delatores posse a Christo ejus curari corpus, et curatur ejus et anima et corpus. Credunt quotidie parvulorum delatores pro eis, et dum perfunditur visibili baptismate corpus, mundantur a peccatis animæ invisibili virtute spiritus. Et quis potest universa his similia de Evangelio colligere? Orat astantium fides pro febricitante socru Petri Dominum, qui stans super illam imperat febri et dimittit eam. Et quid sequitur? *Cum sol autem occidisset, omnes qui habebant infirmos variis languoribus, ducebant illos ad eum, et curabantur* (*Marc*. i). Neque hic in tanta infirmorum multitudine, aliquorum propria fides manifeste monstratur, sed eos ad salutis largitorem adducentium credulitas aperte commendatur. Videtis igitur non tantum paucos, quos supra memoravi, diverso tempore infirmos, sed etiam multos momento temporis aliena fide a Christo sanatos [salvatos]. Jam si post Evangelia ad apostolorum Actus sermonem convertam, occurrit primus apostolorum Petrus, qui rogatu discipulorum, fide ac precibus viduarum, Tabitham mortuam suscitavit (*Act*. xi), et ipse post modum de Herodis custodia et catenis, Ecclesiæ fide et oratione exivit (*Act*. xii). Quantum plane fides aliena aliis prodesse valeat, Jerusalem plateæ indicant, in quas, ut Scriptura illa ait : *Multitudo credentium virorum ac mulierum ejiciebant infirmos, et ponebant in lectulis et grabbatis, ut, veniente Petro, saltem umbra illius obumbraret quemquam illorum, et liberarentur ab infirmitatibus suis* (*Act*. v). Et subdit : *Concurrebat autem et multitudo vicinarum civitatum Jerusalem, afferentes ægros et vexatos a spiritibus immundis, qui curabantur omnes* (*ibid*.), non utique tantum propria, quantum afferentium fide populorum. *Salvator*, ait Apostolus, *vir infidelis per mulierem fidelem, et salvatur mulier infidelis per virum fidelem* (*I Cor*. vii). Quod si viri fide infidelis mulier, et mulieris fide infidelis vir salvatur, cur viri pariter et mulieris fide, utriusque filius non salvabitur? Si illi gemina constricti catena, mutua fide solvuntur, cur originali solum nexu compeditus, quantum ad se innocens parvulus, utriusque parentis et totius, ut dixi, Ecclesiæ fide non solvitur? Alioquin, secundum hunc etiam intellectum, filii eorum immundi essent (*I Cor*. vii). Nunc autem sancti sunt. Immundi enim essent, si nullum parentem, vel pro parente haberent, quo mediatore sacramentis fidei imbui, et ab immunditia peccatorum expurgari valerent. Si vero ad Vetus Testamentum accedam, ostendam unius Abrahæ fide gentem maximam a Deo electam, assumptam, salvatam; unius Moysi fide et precibus, eamdem sæpe a morte ereptam; unius David fide et devotione, tribum et genus ipsius aliis tribubus et toti genti prælatam; Samuelem, Isaiam, Jeremiam, Danielem, et cæteros fide et conversatione sua, infidelis populi incredulitatem et pravitatem supportantes; Job sanctum pro filiis fide et quotidianis hostiis Deo supplicantem; Machabæos pro populo Dei fideliter præliantes, et omnes omnino utriusque Testamenti Patres hoc studuisse, ut perfectione fidei et charitatis suæ, imperfectiones imperfectorum perficerent, et quod aliis deerat, ipsi supplerent.

Jam igitur ipsam, vestram propositionem ratio perscrutetur. Dixistis : *Nec baptismus sine propria fide, nec propria fides sine baptismo aliquid potuit. Neutrum enim sine altero salvat*. Ad quod ego : Quod baptismus aliquando sine propria fide salvare possit, sapientibus arbitror persuasum. Quod vero propria fides aliquando sine baptismate salvet, auctoritate vel ratione existimo persuadendum. Legimus martyres plurimos passionis interventu præoccupatos, ad baptismum pervenire non potuisse, et ante lavacrum salutare, ferventi fide morti pro Christo animas exponentes, de vita excessisse. Quid ergo vos, doctores egregii, qui evangelicorum verborum veneratores ad ista dicetis ? Nunquid cum omni temeritate vestra etiam martyres sanctos condemnare audebitis ? Nunquid præclaros cœli incolas de supernis descendere, et apud inferos exsultare cogetis ? Parcite, inquam, parcite, saltem istis ; nec Christum Belial, nec lucem tenebris, nec sanctos impiis commiscere velitis. Hoc si non placet, audite Christum dicentem : *Quicunque confessus fuerit me coram hominibus, confitebor et ego eum coram Patre meo* (*Marc*. viii; *Luc*. xii); et : *Qui odit animam* suam in hoc mundo, in vitam æternam custodit eam (*Joan.* xii); et : *Beati eritis cum vos oderint homines, et persecuti vos fuerint* (*Matth.* v); et : *Gaudete in illa die, et exsultate; ecce enim merces vestra multa est in cœlo* (*Luc.* vi). Et unum de senioribus, in Apocalypsi Joannis apostoli, loquentem : *Hi sunt qui venerunt de tribulatione magna, et laverunt stolas suas, et dealbaverunt eas in sanguine Agni. Ideo sunt ante thronum Dei, et serviunt ei die ac nocte in templo ejus* (*Apoc.* vii), et reliqua. Cum enim in omnibus sententiis istis nihil Christus de baptismate loquatur, necesse est ut sola fideli passione, qui baptizari non quidem contempserunt, sed non occurrerunt, salventur. Nam nec illos, quos se hic confitentes coram Patre suo Christus confitetur, aut qui odientes animam suam, id est contemnentes mortalem vitam, in vitam æternam eam custodiunt, hoc est æternaliter vivunt, vel beatos illos, quos odiunt homines et persequuntur, sive quorum in cœlo multa merces esse dicitur, vel qui sunt ante thronum Dei, et serviunt ei die ac nocte in templo ejus, qualibet audacia a regno cœlorum, ut credo, excludere præsumetis. Quod si forte ad istud, quoniam cuncta de vobis blasphema suspicari cogimur, temeritate solita proruperitis, ut Christi et Evangelii ejus negatores, non jam nobis sicut hæretici, sed, ut supra dictum est, sicut ethnici et publicani eritis. Si vero istud vitatis, necesse est vos Christo et ejus Evangelio credere, et sine corporali baptismate, sola fide ac martyrio martyres, eo quo dixi modo, salvari valere. Neque enim stolas immundas habere potuerunt, qui eas in sanguine Agni, et ab immunditia laverunt, et a peccatorum nigredine dealbaverunt. Jam si hoc conceditis, propria fide absque baptismate aliquos posse salvari dicetis. Quod si propria fide absque baptismate aliquos posse salvari dixeritis, cur non baptismate absque propria fide aliquos posse salvari credetis? Si martyres fide propria absque baptismo salvantur, cur parvuli baptismo, absque propria, ut dixi, fide non salvabuntur? Aut enim secundum novam hæresim vestram, sine propria fide et baptismate nullus salvabitur; aut si propria fide, absque baptismate aliquis salvatur, consequenter baptismate, absque propria fide, aliquis salvabitur. Paria quippe sunt, nec præponderare sibi invicem possunt, quoniam et conjuncta eadem operantur, et disjuncta non dissimiliter prædicantur. Si ergo secundum ea quæ proposita sunt, alterum sine altero salvat, quassatur vestra propositio, qua dixistis : *Neutrum enim sine altero salvat.*

Quod si Judaico more omnino litteræ adhærere decrevistis, quæ, nisi caute accipiatur, etiam in Evangelio occidit, exponite hujus saltem capituli quod proposuistis præcedentia. Sic enim se habet littera : *Ite in orbem universum, prædicate Evangelium omni creaturæ* (*Marc.* xvi). Eia! prædicandum est igitur omni creaturæ, juxta sonum litteræ, tam rationali quam irrationali, tam sensibili quam insensibili. Prædicandum est cœlo et terræ, soli et lunæ, mari et aeri, avibus et pecoribus, herbis et arboribus, lignis et lapidibus. Prædicandum est absque ulla discretione omni omnino mundanæ creaturæ, ne Christo non obediatur, qui præcepit prædicari Evangelium omni creaturæ. Quid hoc insanius? Neque enim, ut æstimo, ita sensum perdidistis, ut aliis quam hominibus Christum Evangelium prædicasse vel prædicari voluisse credatis. Quod si ita est, jam sonus litteræ sequendus non est, sed sane atque catholice suscipiendus et exponendus est. Aut enim secundum doctores Ecclesiæ, quos, ut dixi, nefando ausu abjecistis, quia omnis creaturæ aliquid habet homo, omnis creaturæ nomine signatur homo; aut eo locutionis notissimo et usitato modo, quo totum pro parte accipitur, et quo pene assidue ipsum vulgus utitur, tota massa totius creaturæ, solus qui Evangelio salvandus erat, declaratus est homo. Nam quis in loquendo hunc modum non quotidie frequentat, imo continuat; totum perdidisti, totum confudisti, totum reparasti, totum salvasti; omne bonum facis, omne bonum fecisti, omnes te requirunt, omnes te amant, cum ille qui hoc dicit, et ille qui dicitur, simul intelligant, hoc non universaliter, sed particulariter dici? Scit plane et loquens et audiens, nec totum quidquid est ab uno homine perditum, nec totum confusum, nec totum reparatum, nec totum salvatum, nec omne bonum ab illo uno factum, nec ab omnibus illum unum requiri, nec ab omnibus amari; sed nomine universitatis quamdam intelligit excellentiam partis. Hinc et similes locutionum modos ab humana consuetudine tractos, et sæculi sapientes, poetæ et philosophi, et divini scriptores, prophetæ et apostoli, conservaverunt. Isto Christus usus est, quando dixit : *Prædicate Evangelium omni creaturæ.* Jam si istud conceditis, quod non concedere nisi negato Evangelio non potestis, soli homini prædicandum esse Evangelium necessario concedetis. Hoc concesso, a littera occidente ad spiritum vivificantem transibitis, et non semper sonum litteræ, sed magis quandoque sensum litteræ sequendum esse advertetis.

Ad quid ista? quoniam si istud attendere, si sensum vestrum Scripturis, non sensui vostro Scripturas inclinare; si cum timore, non cum tumore, ad eas intelligendas accedere maluissetis (neque enim parvum quid vel commune negotium est eas intelligere, cum resurgens Christus a mortuis, non quibuslibet, sed apostolis aperuerit sensum ut intelligerent Scripturas (*Luc.* xxiv); si istud, inquam, aspernati non fuissetis, nec novam hæresim condere, nec vos ipsos famosos hæresiarchas constituere, vobis aliquatenus libuisset. Sed nec illam, quam sæpe iteravi, Evangelii sententiam, de qua hæc vestra hæresis orta est, errori vestro ancillari, et humanæ perditioni servire cogeretis. Sicut enim corpus Domini indigne sumentibus, sic verbum Domini prave intelligentibus mortem operatur æternam. Quam et vos seductores, et a vobis seducti, nisi resipiscatis, pariter incurristis, quando contra unicum Ecclesiæ baptisma, homunciones miserrimos rebaptizastis. Ad tam immane quippe scelus, quid vos aliud quam perverse accepta Evangelica sententia impulit : *Qui non crediderit, condemnabitur?* (*Marc.*-xvi.) Putastis enim teneri parvulos isto vinculo, ut quia credere non valebant, nec eis aliquid baptizari valeret. Sed non ita est. Ostendunt hoc ipsa sacra verba; ostendunt non cæcis, sed videntibus; ostendunt humilibus, non superbis. *Ite,* ait Dominus, *in orbem universum, prædicate Evangelium omnis creaturæ. Qui crediderit et baptizatus fuerit, salvus erit. Qui vero non crediderit, condemnabitur* (ibid.). Torrent verba ista contumaces, non condemnant innocentes. Feriunt iniquitatem, brutam non accusant ætatem. Perimunt contemptores gratiæ, non condemnant simplicitatem naturæ. Hoc indicat verbum quod dicitur, *prædicate.* Quomodo enim parvulis prædicandum est Evangelium, quod non intelligunt, nuntiandum quod non percipiunt, intimandum quod non advertunt? *Quomodo,* ut ait Apostolus de majoris ætatis hominibus, *invocabunt in quem non crediderunt? Aut quomodo credent ei, quem non audierunt?* (*Rom.* x.) Si utique credere non possunt qui non habent prædicatorem, nec credere possunt qui non habent credendi ætatem. Quod si illi a culpa perfidiæ excusantur, propter prædicatoris absentiam, excusantur et isti, propter minus accommodam prædicationi infantiam. Nam si *fides ex auditu, auditus autem per verbum Dei* (ibid.), non potuit esse fides, ubi non fuit auditus, nec auditus esse potuit, ubi non sonuit verbum Christi. Impedit quidem a salute non baptizatos parvulos peccatum originale, propellit multo magis ab ea, superadditum actuale, sed spretæ fidei reatus, quam quia non audierunt, neque spernere potuerunt, neutros prævalet condemnare. Justus est enim Dominus, et justitias dilexit (*Psal.* x), qui nunquam ab aliquo exigit quod non commisit, nec compellit aliquem indebita solvere, qui sæpe solet maxima etiam debita indulgere.

Temperate igitur nimiam, quam assumpsistis, severitatem, neque justiores illo videri velitis, cujus omnes viæ misericordia et veritas (*Psal.* xxiv), neque parvulos excludatis a regno cœlorum, de quibus ipse dicit : *Talium est enim regnum cœlorum* (*Matth.* xix). Valde enim indecens et impium est ut hoc negemus parvulis Christianorum, quod concedimus parvulis Judæorum. Scelestum plane est non tribuere hoc tempori gratiæ quod datum est adhuc filiis iræ; perversum est ea privilegia dare populo servitutis quæ negantur filiis libertatis. Neque enim lex Evangelio, vel Moyses Christo præponderare potuit, cum ille ut fidelis servus, hic, juxta Apostolum, ut unicus fuerit filius in domo (*Hebr.* iii). Circumcidebantur præcepto divino octava die Hebræorum parvuli (*Levit.* xii), et purgabantur peccato originali. Quæ ibi fides puerorum? Quis ergo suscepta sacramenta intellectus eorum? Quæ divina cognitio? Quæ oris professio? Ubi estis qui parvulos Christianos damnatis? Salvantur parvuli Judæorum sacramento circumcisionis, et non salvabuntur parvuli Christianorum sacramento baptismatis? Credit Judæus, et a peccato mundatur filius ejus; credit Christianus, et a simili reatu non solvetur filius ejus? Nulla est fides in parvulis Christianorum, sed nec est aliqua fides in parvulis Judæorum. Salvantur tamen aliena fide cum suscepta circumcisione; salvantur et isti aliena fide cum suscepto baptismate. Quæ ergo vobis ultra vox esse poterit? Nunquid tantæ auctoritatis mole oppressa, unquam deinceps mussitare audebit? Si homines estis, rationi cedite : si Christiani, auctoritati acquiescite; si videntes, lumen agnoscite; si cæci, etiam in tenebris palpate. Tam evidens sane est veritas vos convincens, ut non tantum probari ; sed, si velitis, etiam possit palpari. Vicem baptismi circumcisionem tenuisse omnibus notum est. Quod enim baptismus in Evangelio, hoc in Veteri Testamento circumcisio conferebat : nisi, quod regnum cœlorum non statim circumcisis aperiebat. Servabatur hoc illi, qui educit vinctum de domo carceris, qui aperit et nemo claudit, claudit et nemo aperit (*Apoc.* iii) ; qui solus erat Exspectatio gentium, et qui rex erat regni cœlorum (*Gen.* xlix). Mutatum est, Christo adveniente, sacramentum sacramento, et ab auctore gratiæ jugum legis levitum, ut sicut carnis pœna carnis culpam expiabat, sic absque carnis vulnere, levis aquæ aspersio peccata purgaret. Adauctum est superna largitate collatum beneficium, ut sicut circumcisione totus populus Judæorum, ita Christi baptismate totus salvetur orbis terrarum. Unde quia non potuit umbra corpore, figura veritate, aliquo pacto excellentior apparere, necessario vos oportet confiteri, Christianorum parvulos salvari baptismate, cum fateamini Judæorum parvulos salvari circumcisione. Et quia, secundum Apostolum, *sine fide,* vel in circumcisione, vel in baptismate, *impossibile est placere Deo* (*Hebr.* xi), quoniam, juxta psalmum tricesimum primum, *omnia opera ejus in fide,* quia parvulus Judæorum non potuit salvari fide propria, salvatus est aliena ; et quia parvulus Christianorum non potuit salvari fide propria, salvatur quotidie aliena. Sacramento igitur circumcisionis, et aliena fide salvabatur Judæus, sacramento baptismi, et aliena fide salvatur per Christi gratiam Christianus. Falsum est ergo quod proposuisti : *Nec baptismus sine propria fide, nec propria fides sine baptismate salvat.*

Et ut multo aggere sententiarum nefanda sententia obruatur, audite adhuc apostolicam tubam, tanto sonitu inclamantem, ut cum in omnem terram sonus ejus exierit, valde sit mirum si aures vestras præterire potuit. Disputans enim de reatu primi Adæ mundum condemnante, et de justitia secundi Adæ mundum salvante, ait inter cætera in Epistola ad Romanos : *Si enim unius delicto mors, regnavit per unum, multo magis abundantiam gratiæ et donationis, et justitiæ accipientes in vita regnabunt per unum Jesum Christum (Rom.* v). Igitur sicut per unius delictum in omnes homines in condemnationem, sic et per unius justitiam in omnes homines in justificationem vitæ. Et in Epistola ad Corinthios prima : *Per hominem mors, et per hominem resurrectio mortuorum (I Cor.* xv), et : *Sicut in Adam omnes moriuntur, ita et in Christo omnes vivificabuntur (Ibid.).* Quid nunc? nonne jam obstructum est os loquentium iniqua? An hoc uno et solo apostolico telo caninum guttur confossum, unquam deinceps latrare audebit? Mortem dicit regnasse per unum, accipientes vero abundantiam gratiæ in vita regnare per unum Jesum Christum; per unius hominis delictum, omnes homines condemnatos ; per unius justitiam, omnes homines justificatos ; in Adam omnes mortuos, in Christo omnes vivificatos. Attendite, et perdentem vos pertinaciam deponite. Omnes dicit, nullum excipit. Universaliter loquitur, non particulariter. Non est hic figura de qua superius egi, qua totum pro parte accipitur. Quam ut hinc excluderet, similitudinem dedit : *Sicut,* ait, *in omnes homines in condemnationem, sic in omnes homines in justificationem vitæ. Et sicut omnes moriuntur, ita omnes vivificabuntur (Rom.* v). Unde, juxta verbum et intellectum Apostoli, sicut omnes condemnari, sic omnes justificari; et sicut omnes mori, ita omnes necesse est vivificari. Cogit enim similitudo, ut quod de damnatis accipitur, hoc de justificatis accipiatur ; et quod de mortuis creditur, hoc nihilominus de vivificatis credatur. Sed nec vos præcedentem particulam negatis, omnes scilicet homines absque ulla exceptione in Adam mori, omnes condemnari. Quod si, et secundum vos, et secundum Apostolum, omnes in Adam condemnantur, omnes moriuntur, secundum eumdem Apostolum, omnes in Christo justificantur, omnes vivificantur. Nam verum est quod dixit, sicut per unius delictum in omnes homines in condemnationem, sic et per unius justitiam in omnes homines in justificationem vitæ : et verum est quod dixit : *Sicut in Adam omnes moriuntur, ita et in Christo omnes vivificabuntur.*

Quod si ita est, sicut per unius delictum omnes homines condemnati, ita et parvuli homines condemnati. Et sicut per unius justitiam omnes homines justificati, ita et parvuli homines justificati. Et sicut in Adam omnes moriuntur, ita parvuli omnes moriuntur. Et sicut in Christo omnes vivificantur, ita et parvuli omnes vivificantur. Hæreticum est ergo et impium excludere baptizatos parvulos a numero salvandorum : Hæreticum, quia contra rectam fidem; impium, quia contra pietatem. Et ne vel parvus insidiis vestris angulus relinquatur, dictum est omnes quidem parvulos in Adam mori, nullos nisi in Christo vivificari. Neque enim parvuli Judæorum ethnicorum, vel eorum qui Christianæ dispensationis fidem vel sacramenta contemnunt, salvantur, quia in damnatione sua remanent, non subveniente Christi justitia ; et in morte, non eos resuscitante Christi vita. Quod aperte monstrat quando dicit, per unius justitiam omnes justificari, et apertius quando dicit in Christo omnes vivificari. Cum enim omnes parvuli in Adam condemnentur, nisi in Christo justificentur, pereunt. Et cum in Adam moriantur, nisi in Christo vivificentur, nullo modo a morte resurgunt. Non habent ergo justitiam parvuli, nisi in Christo justificentur, neque vitam, nisi in Christo vivificentur. Sed si sacramentis a Christo institutis eis subventum fuerit, injusti non remanent, quia secundum præmissas auctoritates, per unum Christum omnes homines justificantur ; neque mortui perseverant, quia in Christo omnes vivificantur. Aut ergo negate hanc condemnationem et justificationem, mortem et resurrectionem omnium hominum esse, et excludetis parvulos ; aut si omnium esse conceditis, inter omnes necessario admittetis et parvulos. Admittetis, inquam, parvulos, quos, ut ipse beatus Apostolus inter salvandos admitteret, inter damnandos primo constituit. Sic enim decebat, ut propheticum Apostolum, etiam post tanta tempora, nascitura hæresis non lateret, eamque non tantum communibus jaculis, sed et singulari spiculo terebraret. Nam sic ait : *Regnavit mors ab Adam usque ad Moysem, etiam in eos qui non peccaverunt in similitudinem prævaricationis Adæ (Rom.* v). Qui sunt qui non peccaverunt ? Nonne de ipsis parvulis ait sermo divinus : *Non est super terram sine peccato, nec infans unius diei? (Job* xiv, iv, juxta LXX.) Nonne et ab ore magni illius hominis in ora omnium Christianorum derivatum est . *Ecce enim in iniquitatibus conceptus sum, et in peccatis concepit me mater mea? (Psal.* l.)

Et quid necesse est rem patentem multis testimoniis cingere. Utique nullus absque peccato, si nec infans unius diei absque peccato, nec in ipso matris utero conceptus infans absque peccato. Nam cum dicit, *in iniquitatibus conceptus sum,* non solum iniquitatem parentum concipientium notat, sed et concepti peccatum a parentibus tractum pœnitendo commemorat. Nec enim inde sibi misereri Deum rogaret, ubi peccati miseriam non recognosceret. Ergo cum nullus absque peccato esse possit, actuale autem peccatum in parvulis inveniri non possit, quoniam omnis quicunque peccat, aut originaliter aut actualiter peccat, parvuli qui actualiter peccare non potuerunt, utique originaliter peccaverunt. De illis ergo dictum est : *Regnavit mors ab Adam usque ad Moysem, etiam in eos qui non peccaverunt,* hoc est qui non peccaverunt peccato actuali, sed peccaverunt peccato originali. Hanc originem a primo homine tractam, et in omnes homines transfusam docet, cum subdit : *In similitudinem prævaricationis Adam.* Non enim propria prævaricatio parvulos reos facit, sicut ipsum prævaricatorem Adam, sed similitudo prævaricationis Adæ. Quia igitur regnat mors etiam in parvulos qui non peccaverunt, dic, sancte Apostole, utrum hi parvuli in regno mortis sint perpetuo permansuri, an inde aliquo alicujus suffragio eruendi? Nam cum loquereris de damnatione omnium hominum, non sine causa addidisti etiam damnationem parvulorum hominum. *Ego*, inquit Apostolus, *idcirco tam magnos quam parvos homines ostendo in Adam impios, ut in Christo ostendam justificatos* (Rom. v). Ostendo in Adam damnatos, ut in Christo ostendam salvatos. Ostendo in Adam mortuos, ut in Christo ostendam vivificatos. Ostendo damna pristina per Christum non solum reparata, sed et superabundante gratia, etiam beneficia adaucta. *Non enim sicut delictum, ita et donum. Si enim unius delicto multi mortui sunt, multo magis gratia et donum Dei in gratia unius hominis Jesu Christi, in plures abundavit. Et non sicut per unum peccatum, ita et donum. Nam judicium ex uno in condemnationem, gratia autem ex multis delictis in justificationem (Ibid.).* Et ne sigillatim hæc apostolica verba discutiens, legentibus plus justo prolixus esse videar, breviter dico hanc summam apostolicorum esse verborum, magis scilicet abundasse Christi gratiam ad salvandum, quam peccatum Adæ abundaverit ad damnandum. Illius enim culpa totam stirpis suæ propaginem in ipsa radice corrupit, et universam simul humani generis massam originali tantummodo vulnere stravit. Christi autem justitia, donum et gratia, non solum ab illa originali, quæ sic vocatur, peste, qua ille mundum infecerat, sed et ab omnibus peccatis actualibus quæ mundus addiderat salvavit.

Ea de causa Apostolus parvulorum, qui non peccaverunt, mentionem facit, et eos massæ peccatrici admiscet, ut qui inter damnatos per Adam numerantur, inter salvatos quoque per Christum pariter reputentur. Et cum superabundans salvatrix gratia non solum originalia mundi mala remiserit, sed etiam actualia indulserit, quisquis Apostolum legit, intelligat parvulos, simplici vinculo astrictos, insolubiles non manere, cum duplicis culpæ catena cæteros non potuerit retinere. Hoc mundus discat, hoc hæreticus sapiat, hoc catholicus recognoscat, a Salvatoris populo, qui salvat populum suum a peccatis eorum (*Matth.* 1), ipsa ratione cogente, parvulos peccatores non posse excludi, cum, infra amplissimum ejus misericordiæ sinum, meruerint etiam magni peccatores admitti. Et, o quanta diversitas inter benignitatem et malitiam, inter pietatem et impietatem, inter Christum benigne parvulos suscipientem, et hæreticos impie parvulos repellentes. Fecerunt olim non quidem tale quid, sed simile quid, parvulos a Christo repellendo, Christi discipuli : sed ne facerent, sunt a magistro correpti. *Offerebant*, ait Evangelium, *quidam illi, hoc est Christo, parvulos, ut tangeret illos. Discipuli autem comminabantur offerentibus* (*Matth.* xix; *Marc* x). Nunc jam, Domine Jesu, nunc jam bone magister, doce verbo : imo, ut plus audeam, ostende exemplo utrum parvuli non propria fide ad te venientes, sed aliena tibi oblati, a te sint suscipiendi, ut Ecclesia tua docet, an repellendi, ut novorum hominum temeritas jubet. Discipuli certe tui, ut Evangelium tuum loquitur, comminabantur offerentibus; sed tu comminantes quomodo accepisti? *Quod cum videret*, inquit, *Jesus indigne tulit* (ibid.). Quia ergo discipuli tui comminabantur parvulos offerentibus, indigne tulisti; sed quid comminatoribus illis dixisti? *Sinite parvulos venire ad me, et ne prohibueritis eos. Talium est enim regnum cœlorum* (ibid.). Hoc quidem dixisti, sed quid fecisti? *Complexans*, inquit Evangelium *eos*, id est parvulos, *et imponens manus super illos, benedicebat eos* (ibid.). Quid vos ad ista crudeles parvulorum expulsores dicetis ? Ecce quia a se repellebantur parvuli, indigne tulit Jesus; ut sinerentur parvuli venire ad se, et non prohiberentur, præcepit Jesus, talium esse regnum cœlorum dixit Jesus. Complexabat eos Jesus, imponebat manus suas super eos Jesus, benedicebat eos Jesus. Nunquid ultra innocentiam puerilem, non virili constantia, sed pertinaci malitia a Christo repellere audebitis ? Nunquid ab amplexante parvulos Christo, ab imponente super parvulos manus Christo, a benedicente parvulis Christo, invito ipso Christo, parvulos avelletis ? Videat Ecclesia, judicet orbis terrarum; quibus magis obserandum sit regnum cœlorum, vobis, qui contradicitis verbis regis cœlorum, an parvulis, de quibus ipse rex ait : *Talium est enim regnum cœlorum.*

Contra reliqua capitula Petrobrusianorum.

Si de his satis est, ad sequentia nefandi Evangelii, secundum vos, jam veniatur et qualiter optimi Christiani Christi sui Ecclesiam ædificare studeant videatur. Vos enim non tantum fidem Ecclesiæ illæsam esse non sinitis, sed ipsa quoque ædificia suffodere laboratis. Et cum Christus dicat: *Super petram ædificabo Ecclesiam meam* (*Matth.* xvi); et Petrus : *Et vos tanquam lapides vivi superædificamini* (I *Petr.* 11); et Paulus: *Sicut sapiens architectus fundamentum posui* (I *Cor.* III); et David : *Fundamenta ejus in montibus sanctis* (*Psal.* LXXXVI); et mille talia, vos et tantorum opificum spiritualia opera, et ipsorum latomorum sudore elaboratos parietes, pari ruina, unoque virtutis vestræ impulsu, simul subruere conamini. Nam nec fidem Ecclesiæ, ut dixi, illæsam, nec muros integros diu tolerare potestis. Prædicatis enim templa superfluo fabricari, cum Ecclesia Dei non constet multitudine sibi cohærentium lapidum, sed unitate congregatorum fidelium. Dicitis crucem Domini honorandam vel adorandam non esse, quoniam species, quæ Dominicorum cruciatuum et mortis instrumentum fuit, abjicienda, non veneranda ; ignibus concremanda, non stultis supplicationibus res insensibilis invocanda est. Asseritis corpus Domini in sacramento altaris Ecclesiam non habere, et quidquid in eo a sacerdotibus fit, inane prorsus et absque aliquo veritatis effectu, quoniam Christus non futuris Christianis semper, sed præsentibus tantum discipulis illud semel dederit. Affirmatis vanum esse orare vel quidquam boni facere pro defunctis, quia eos vivorum bona juvare non possunt, qui totum meritum suum, cui nil addi possit, secundum quando hinc transiere, tulerunt. Additis irrideri Deum cantibus ecclesiasticis, quoniam qui solis sanctis affectibus delectatur, nec altis vocibus advocari, nec musicis modulis potest mulceri. Currat ergo juvante Deo stylus per singula, et eo quo proposita sunt ordine sigillatim cuncta discutiat. Agnoscetis vos ostensis auctoritatibus, si quidem resipiscere potueritis, aut nimium cæcos qui tantam lucem videre, aut nimium stultos qui tam aperta intelligere, aut nimium pertinaces fuisse, qui tantis testibus credere non potuistis.

Contra id quod dicunt basilicas vel altaria fieri non debere.

Ecclesiam Dei unitate fidelium congregatorum constare, et vos, ut audio, dicitis, et omnibus clarum est. Locorum autem sacrorum ædificia fieri non debere, et facta subrui oportere, vos quidem affirmatis; sed nos, toto mundo nobis adjuncto, contradicimus. Et ne putatis terrore magni nominis veritati, si qua apud vos est, me vim inferre conari, audite, cui maxime Christiana subdi colla oportet, auctoritatem. Ut igitur ea qua sacra Scriptura edita est serie testimonia proferantur, Noe post diluvium ædificasse altare Domino, ac super illud obtulisse sacrificium, Deumque odoratum odorem suavitatis (*Gen.* VIII); Abraham quando præcipiente Deo Isaac filium suum immolare voluit, altare prius construxisse, ac desuper ligna composuisse (*Gen.* XXII); Jacob erexisse lapidem in titulum, et fudisse oleum desuper, ac dixisse : *Vere Dominus est in loco isto, et non est hic aliud nisi domus Dei et porta cœli* (*Gen.* XXVIII); Genesis in divinarum litterarum primordio narrat. Exodus quoque ne exercitui Dei sacer locus ad orandum vel sacrificandum deesset, quod solum in procinctu constitutis congruere poterat, tabernaculum portatile ex multis speciebus divino præcepto a Moyse compositum, et a Deo etiam visibiliter consecratum memorat (*Exod.* XL). Postquam vero terra Chanaan et aliarum gentium hostibus exstinctis, ab Hebræis possessa est, cum innumeris abundarent civitatibus et castellis, non nisi primum in Silo, ad ultimum in Jerusalem, ad orandum vel sacrificandum Dei præcepto convenire poterant. In quibus tantum locis, testante Scriptura, tabernaculum pellium et cortinarum mansit, quousque templum lapideum ei successit. Quod cum ædificare David rex cogitasset, contra hunc vestrum nostris diebus exortum errorem ante tot sæcula disputans Deus : *Quia hoc*, inquit, *cogitasti, bene fecisti; hoc ipsum mente pertractans. Sed non tu ædificabis mihi domum, quia vir sanguinum es; sed filius qui egre-*dietur de utero tuo, ille ædificabit mihi domum (*III Reg.* VIII). Bene, ait, fecisti, hoc ipsum mente pertractans. Quid ipsum? Deo scilicet ædificare templum. Quod si bene fecit David etiam tantum cogitando ædificare templum Deo, male fecistis vos etiam tantum cogitando destruere templum Dei. Si, inquam, bene fecit ille, optando templi Dei constructionem, male facitis vos in corde versando sacrorum templorum eversionem. Quod si malum est, saltem hoc cogitare : quanto magis prædicare? Si malum est cogitare, quanto magis cogitata implere? Si malum est mente de ruina ecclesiarum tractare, quanto magis diruere? Si mala est destructionis cogitatio, quanto pejor ipsa destructio? Quod Christo Judæi pro crimine objecerunt, hoc Christiani Judæis pejores novo sacrilegio commiserunt. Accusabant illi falso dixisse Dominum : *Ego deseruam templum hoc manufactum* (*Marc.* XIV), accusamus nos veraciter vos non solum dixisse, sed et scelestis manibus templa Domini destruxisse. Non fuit leve, etiam apud iniquos, quemlibet templo Dei ruinam minari, quam nostri temporis et nominis homines ecclesiis ejus non timuerunt inferre. Videte, videte templi Domini destructores, quid destruendo commisistis, cum ab ejus constructione inhibitum magnum regem et prophetam David videatis? Ille, ille certe inhibitus est, de quo divina voce dictum est : *Inveni David virum secundum cor meum* (*Act.* XIII); et qui dicere potuit : *Ab omni via mala prohibui pedes meos, et omnem viam iniquam odio habui, et dilexi mandata tua super aurum et topazion* (*Psal.* CXVIII). Quod si tanti viri manus ad construendum templum Dei admitti non meruerunt, nunquid vestræ manus ad destruendum impune parare se potuerunt? Sublevare voluit inclinatam arcam Dei Oza, et periit (*II Reg.* VI); et vos toto conatu Ecclesiam Dei Israel subvertere quæritis, et salvi eritis? Si occisus est qui sustentabat, nunquid vivet qui præcipitat? Advertite studiosi templorum subversores, quam contrarius vos Deo spiritus agat, qui opus ejus evertere, qui fabricam jussu ejus erectam conamini destruere. Jussu autem ejus erectam prioris templi fabricam, et supra audistis, et adhuc recolite. *Non tu*, ait Deus ad David, *ædificabis mihi domum, sed filius tuus quem dabo pro te super solium tuum, ipse ædificabit domum nomini meo.*

Et ne putetis solius constructionis Deum fuisse auctorem, videte sanctificatorem. Perfecto enim templo cum multiformi ornatu a Salomone, et inducta arca Dei a sacerdotibus in locum suum, ait eadem verax Scriptura : *Factum est, cum exissent sacerdotes de sanctuario, nebula implevit domum Domini. Et non poterant sacerdotes stare, et ministrare propter nebulam. Impleverat enim gloria Domini domum Domini. Tunc ait Salomon. Dominus dixit, ut habitaret in nebula* (*III Reg.* XIII). Et ut sanctificati a Deo templi ipso teste utamini, audite eum apparentem Salomoni, et dicentem : *Exaudivi orationem et deprecationem tuam, qua deprecatus es coram me*

Sanctificavi domum hanc quam ædificasti, ut ponerem nomen meum ibi in sempiternum : et erunt oculi mei, et cor meum ibi cunctis diebus (III Reg. IX). Judicate ergo, cui magis credendum sit, Deo templi sui constructionem præcipienti, an vobis destructionem suadentibus; Deo consecranti, an vobis profanantibus; Deo congruum locum ad preces et sacrificia designanti, an vobis absque templis et sacrificiis Christianos esse jubentibus. Vere antiqui erroris novi reparatores, qui Deum non in templo suo, sed Baal in omni colle excelso, et sub omni ligno frondoso coli præcipitis, cum agros et nemora sanctificatis ab eo locis præponitis. Qui quantum hoc ei contrarium esset ostendens, non nisi in loco quem se ad hoc elegisse dixit, sacrificia offerri voluit. In quo ter in anno totius gentis conventus fieri mandavit, ubi et Deum adorarent, et vota solverent, et quæ de lege dicenda erant, audirent. Et quamvis secundum Salomonis orationem, Deus domo non egeat, quem cœlum et cœli cœlorum capere non possunt (*III Reg.* VIII), et juxta Psalmum David dicentis : *In omni loco dominationis ejus benedic, anima mea, Domino (Psal.* CII), ubique adorandus sit, in tantum tamen singulare voluit habere privilegium domum sibi singulariter dedicatam, ut ibi precantibus populis gratiam majorem infunderet, et preces efficacius exaudiret. Unde ad commendandam gratiam et dignitatem novi Christianorum sacrificii, quod dum animales et superbi fueritis non capietis; non nisi in loco illo ad hoc, ut dixi, electo, sacrificia fieri permisit, in tantum, ut pro magno delicto imputet Scriptura etiam bonis et laudatis regibus Judæ, quod cum idola et eorum cultum omnino in regno proprio annullassent, in excelsis tamen, in aliis scilicet locis quam templo subjectum populum, non quidem idolis, sed Deo ipsi sacrificare permisissent. Inde culpans unumquemque eorum Scriptura, dicit : *Verumtamen excelsa non abstulit: Adhuc populus sacrificabat, et adolebat incensum in excelsis (IV Reg.* XII). Sic non cultum, sed locum culturæ culpando ostendit Scriptura, noluisse Deum passim ubique sacra illius temporis celebrari, quibus et certos ministros deputare, et certum locum voluit dedicare. Ad hunc Judæi omnes multique gentilium, ad hunc magni reges et prophetæ vel jussas hostias, vel vota Deo propria oblaturi veniebant. Ad quem utrum rex Ezechias, post ægritudinem esset ascensurus, invisam sæculis omnibus solis retrocessionem a Deo per prophetam Isaiam in signum accepit (*IV Reg.* XX; *Isa.* XXXVIII). Hunc a rege Chaldæorum destructum principes Zorobabel et Salathiel, sacerdotes Esdras et Jesus, prophetæ Aggæus et Zacharias repararunt (*I Esdr.* I), rursumque ab Antiocho profanatum, Machabæi sanctificarunt (*II Mach.* X). In hoc finis legis et initium Evangelii Christus, puer adhuc a parentibus oblatus, ritum omnem implevit, et quid reverentiæ sacris locis debeatur, prius tacens exemplo, quam docens verbo clamavit (*Luc.* II). Et ne in aliam partem pertinacia qua cœpistis, etiam istud interpretari velitis, legite Evangelium, et videte quoties in Pascha, in Scenopegia, in Encæniorum solemnitate, Hierosolymam veniens in templum ascenderit, qualiter ibi verbum vitæ, quod ipse erat, populis palam prædicaverit, sedens juxta gazophylacium offerentes Deo munera, et maxime viduam laudaverit (*Marc.* XII; *Luc.* XXI), offerri munus quod præceperat Moyses curato a se leproso præceperit (*Matth.* VIII), accedentes ad se in templo cæcos et claudos, locum divinis miraculis honorando, curaverit. Recolite et illud, quo solo velut ariete tota insani dogmatis vestri machina subvertitur. Illud, inquam, recolite, quid jam proximus passioni fecerit, quando facto flagello de funiculis, vendentes et ementes de templo ejecit, cathedras vendentium columbas evertit, et Deuteronomii assumpto testimonio increpans dixit : *Scriptum est : Domus mea, domus orationis est. Vos autem fecistis illam speluncam latronum (Matth.* XXI; *Marc.* II; *Luc.* XIX).

Ad quid tot ista ? Ut tandem pudeam vos stultissimi erroris, quem nec Judæus, nec paganus, nec Christianus alter, præter vos, invenire potuit. Vult enim omnis religio locum, ubi sacra sua venerari, et ubi familiarius institutis suis valeat deservire [inservire]. Hinc Judæi in templo Dei, hinc pagani in fanis, licet profanis, tantum hostias immolabant. Hinc Christiani usque ad vestra tempora, a Deo institutas, quas subvertere quæritis ecclesias habebant. Quocirca dum in his permanseritis, merito extra numerum omnium hominum eritis, qui in his, legibus omnium repugnatis, et expulsi a fidelibus, nec apud infideles latibulum invenietis. Redite ergo, prævaricatores ad cor (*Isa.* XLVI), et qui diu desipuistis, jam tandem sapere incipite. Videte Deum templi sui fabricam erigentem, erectam sanctificantem; prophetas diruta restaurantes, restaurata consecrantes; Christum ipsum templi Dominum, templum cœlesti verbo et sublimibus miraculis honorantem, negotiatores de illo verbis et verberibus eliminantem, domum Dei, domum Patris sui, domum orationis esse dicentem. Nolite ultra destruere quod Deum ædificare cernitis, nolite profanare quod eum dedicare videtis ; nolite contemnere quod eum honorare conspicitis. Intelligite Deum Christianorum Deum fuisse Judæorum qui sicut tunc sine templo esse noluit, ita nunc sine Ecclesiis esse non vult. Quod si quæritis quare tunc non nisi unum a Judæis, nunc vero multa sibi a Christianis fieri templa velit : patet ratio, quia uni et circumpositæ genti templum unum de proximo sufficiebat ; et ne dæmonum sacrificiis, quæ ubique fiebant, paulatim illectus jungeretur, prono ad idololatriam populo prospiciebat. Est et illud sublimius, si tamen judaizando figuras non abjicitis, quod illo uno templo, una Ecclesia, illius unius templi sacrificiis, unicum Ecclesiæ sacrificium designabatur. Quod cum sit, remota veteri multiplicitate, unum non nisi in una Christi Ecclesia fieri potest, quoniam locus veri sacrificii extra Catholicam Ecclesiam non est, quia unus Dominus, una fides, unum baptisma (*Ephes.* iv), una Ecclesia, una hostia.

Hæ sunt causæ quæ ad præsens occurrere potuerunt, cur uno tantum templo a Judæis colebatur; quia Christianis nunc innumeris, quantum ad ædificia pertinet, ecclesiis honoratur. Quæ si sufficiunt, bene. Si non, aperiat vobis sensum intelligendi Scripturas, ut agnoscatis, secundum Apostolum, omnia illis in figura contigisse, et scripta esse ad correctionem nostram (*1 Cor.* x) : quæ sicut multos a suis erroribus correxerunt, utinam et vos a vestris corrigere possint ! Cur vero post illam Judaici templi unitatem, hæc Christianarum ecclesiarum multiplicitas orta sit, ex supradictis lucide demonstratur. Unum enim templum, quod uni populo sufficiebat, universo jam mundo sufficere non potest. Impletum namque est, quod Ecclesiæ per Isaiam dictum est : *Ne parcas, longos fac funiculos tuos, et clavos tuos consolida. Dilata locum tentorii tui* (*Isa.* liv). Dilataberis ad orientem et occidentem ; ad aquilonem et ad austrum. Inde et Malachias : *Non est mihi,* ait Dominus, *voluntas in vobis, neque accipiam sacrificium de manibus vestris. Ab ortu enim solis usque ad occasum, magnum est nomen meum in gentibus, et in omni loco offertur nomini meo oblatio munda* (*Malach.* i). Quam prophetæ sententiam ad unguem exsequens Dominus, ait Samaritanæ in Evangelio : *Mulier, venit hora quando neque in monte hoc, neque in Jerosolymis adorabitis Patrem* (*Joan.* iv). Et post quædam : *Venit hora quando veri adoratores adorabunt Patrem in spiritu et veritate* (*ibid.*). Quid clarius, quid manifestius, quid apertius requiritis ? Ecce in Judæorum reprobatione et gentilium electione sacrorum, de quibus agitur, locorum quæstio solvitur; et quod uni sacrificiorum templo multa oblationum loca succedere debeant, evidenter monstratur. Et o in diversis temporibus mirabiliter consonans prophetæ Christique præsagium ! Quod enim ille ait : *Non accipiam sacrificium de manibus vestris,* hoc iste, *venit hora quando neque in monte hoc neque in Jerosolymis adorabitis Patrem.* Et quod ille : *In omni loco offertur nomini meo oblatio munda ;* hoc iste : *Veri adoratores adorabunt Patrem in spiritu et veritate.* Ecce hora, de qua Dominus dixerat : *Venit hora,* quando, sicut oculis cernimus, neque Judæi Jerosolymis, neque Samaritæ in monte suo : quæ tantum loca sacra putabant, ritu antiquo adorant, quia non accipitur a Deo sacrificium umbratile, succedente veritate, nec necessarius est agnus, aries, aut vitulus, cum pro omnibus unus sufficiat immolatus Christus. Hoc certe est tempus, quando veri adoratores adorant Patrem in spiritu et veritate, quando non in uno tantum, sed in omni loco offertur nomini ejus oblatio munda. Quæ quia munda est, oportet et loca, in quibus offertur, mundari. Quod tunc fit, cum spiritu sanctificationis per humanum ministerium sanctificantur loca, ac oc communibus fiunt divina ; et invocato nomine Domini, ejus solum ibi habitatio præparatur, cujus singularis essentia consortem habere non patitur.

Mundantur ergo prius loca, et sic in mundatis locis offertur nomini ejus oblatio munda. Sic in hoc tempore Christianæ gratiæ, secundum hanc propheticam vocem, et in omni loco offertur nomini ejus oblatio munda ; et non nisi in certis sanctificatisque locis offertur illa oblatio. Cum enim de utriusque Testamenti sacrificio agens Apostolus dicat : *Necesse est, exemplaria quidem verorum his mundari, ipsa vero cœlestia melioribus hostiis quam istis* (*Hebr.* xi). Quis sani capitis vel suspicari possit interiores hostias, quibus exemplaria verorum mundantur, non nisi in sacris locis ; meliores vero hostias quibus ipsa cœlestia mundantur, passim in non sacris licere offerri ? Ibi bos non nisi in sacro templo mactatur, et hic Agnus Dei in nemore vel agro, domo vel foro, stabulo vel taberna immolabitur ? Ibi ad pecudum cruorem effundendum tanta cura tabernaculum vel templum jussu Dei construitur, ornatur, consecratur ; et sanguis Jesu Christi, qui, ut ait Joannes apostolus, dilexit nos, et lavit nos a peccatis nostris in sanguine suo (*Apoc.* i), nec apud redemptos locum merebitur ? Præparat ingenti cura servilibus sacrificiis templum Judæus, et non parabit liberatrici hostiæ Ecclesiam Christianus ? Damnatur ibi, qui extra designatum locum vel Deo obtulerit sacrificium, et impunitus esse poterit, qui in loco alieno finem omnium sacrificiorum immolaverit Christum ? Sed scio, ut supra dixi, quia et hoc nostrum sacrificium contemnitis, et prorsus nunc in Ecclesia esse negatis. Contra quam hæresim me superius agere promisi, et suo loco, Deo adjuvante, promissa exsequar. Interim etsi non ad sacrificandum, ad orandum tamen templa vel ecclesias fieri debere negare non potestis, cum et in Pentateucho et in Evangelio, hoc est, in Veteri Testamento et Novo, audiatis Dominum dicentem : *Domus mea, domus orationis est* (*Isa.* lvi ; *Matth.* xxi ; *Luc.* xix). In qua domo constitutus matri, se quærenti et conquerenti, respondit : *Nesciebatis, quia in his quæ Patris mei sunt, oportet me esse ?* (*Luc.* ii.) Qui et duos homines ascendisse in templum ut orarent, et unum exauditum, alterum reprobatum, narrat (*Luc.* xviii). Et Lucas Evangelista Annam usque ad annos octoginta quatuor viduam, in templo jejuniis et orationibus nocte ac die servisse commemorat (*Luc.* ii). Agnoscite ergo saltem domum orationum, ut postea cognoscatis et sacrificiorum.

Quod si de his etiam apostolicum testimonium quæritis, audite Joannem scribentem septem Ecclesiis quæ sunt in Asia (*Apoc.* i) ; et Lucam in Actibus apostolorum, sicut incrementa Ecclesiæ, sic et nomen Ecclesiæ celebrantem. Qui etiam in Evangelio testatur apostolos post ascensionem Domini in templo semper fuisse laudantes et benedicentes Deum *(Luc.* xxiv). Petrum quoque et Joannem in Actibus apostolorum ad horam orationis nonam, non forum petentes, sed in templum ascendentes *(Act.* iii). Recolite etiam Epistolas apostolorum, et ipsius Pauli, diversis Ecclesiis missas. Si vero appellatione Ecclesiarum spiritualem magis fidelium congregationem quam corporalem structuram significari dixeritis, videte quid Paulus Corinthios corripiens, dicat : *Convenientibus,* inquit, *vobis in ecclesia, audio scissuras esse, et ex parte credo (I Cor.* xi). Et post pauca : *Nunquid domos non habetis ad manducandum et bibendum, aut Ecclesiam Dei contemnitis? (ibid.)* Quidam enim Corinthiorum escas suas, quibus domi vesci potuissent, ad Ecclesiam deferebant, et ubi Dominicam tantum cœnam comedere deberent, domesticos cibos edebant; et ditiores qui sibi parare poterant, pauperibus qui non poterant, pudorem inferebant. Et rursum Apostolus : *Convenientibus,* inquit, *vobis in unum, jam non est Dominicam cœnam manducare. Unusquisque enim suam cœnam præsumit ad manducandum. Et alius quidem esurit, alius autem ebrius est (ibid.).* Ecce non tantum conventus Ecclesiæ, sed et structura ecclesiæ his verbis aperte monstratur. Locus plane ad conveniendum certus, et sacratus monstratur, in quo Dominicam solummodo cœnam licere manducare Apostolus dicit, et a quo Corinthiorum cœnas sive convivia duris increpationibus repellit. Inde illos de schismate arguit, inde Ecclesiæ Dei contemptores, inde præsumptores vocat. Unde et epulones illos ad domos proprias remittit, cum dicit : *Nunquid domos non habetis ad manducandum et bibendum?* ut scilicet in suis domibus illis cibis utantur, quibus absque reatu in domo Dei uti non poterant. Docet summus post Christum Ecclesiæ magister domorum, et domorum distantiam; et quid domui divinæ, quid humanæ conveniat more suo lucide manifestat. Non patitur crimina carnis in domo Spiritus celebrari, sed vult Christianos in domibus suis communes cibos edere, in domo autem Domini Dominicam tantum cœnam manducare. Instruit eos ut, sicut in illis victum corporis, sic in ista victum animæ quærere discant; et sicut in illis vitam mortalem, sic in ista vitam sibi provideant sempiternam. Imitatus est magistrum discipulus Christum, in quo loquebatur Christus. Et sicut ille templum Dei noluit esse domum negotiationis, sic iste ecclesiam Dei non est passus fieri domum comestionis. Sic ille negotiatores, hic repellens comestores, docent et sacra fuisse loca illa, in quibus nec vitæ humanæ necessaria exercere licebat, et semper Christianis talia providenda, in quibus solum orationis negotium fiat, et in quibus Dominicam tantum cœnam manducare liceat.

Jam si cum Christianis mihi sermo est, Christo et ejus Apostolo vos credere oportebit, et sacrorum ædificiorum non jam ruinam, sed ædificationem; non detrimenta, sed incrementa quærere auctoritas invicta compellet. Insulsa sane et bestialis hæresis unde exoriri potuerit, non satis mirari sufficio. Ita enim omni auctoritate vel ratione destituitur, ut nisi simplicium animarum periculum cogeret, contra tam viles nænias vel os aperire animus nausearet. Quid enim? Nunquid per viginti quinque annos, quibus Romæ Petrus apostolus sedit, absque templo vel ecclesia, id est orationis domo, vel parvo saltem oratorio fuit? Nonne ut gestorum veracium series narrat, si tamen præter divinum Canonem gestis aliquibus assensum datis, primus ipse princeps apostolorum Petrus, in urbe orbis capite templum Christo inter innumera gentilium templa construxit : et juxta quod beatus et magnus papa Leo nobili sermone pronuntiat, trophæum crucis Christi Romanis arcibus invexit? Nonne et nosipsi Romæ positi frequenter vidimus in cryptis antiquissimis oratoria et altaria, quali eo tempore fieri poterant : quæ ab eodem apostolo constructa et sanctificata, sicut per successionem fama consentiens, ac celeberrima protestatur, in monumentum tantæ sanctitatis fidelibus ostenduntur, et ab eisdem fidelibus dulcissime ac devotissime deosculantur? Nunquid apud Arelatem, quam necdum per Dei gratiam vester sordidus error infecit, Pauli apostoli discipulus Trophimus, de cujus fonte, ut papa Zosimus scribit, omnes Galliæ fidei rivulos acceperunt, semper in campo aut in foro prædicavit, baptizavit, oravit, et nunquam domum orationis vel ipse habuit, vel alios habere instituit? Et unde tot sancti successores ejus hoc præsumere ausi sunt, quod ille non docuit, a quo fidei rivulos acceperunt? Sed ut de primis Galliæ nostræ apostolis, quos vestra impia fatuitas, et fatua impietas, hactenus scire non meruit, aliquid plenius dicam, sicut ipsa testatur antiquitas, a sanctis viris nobis relictæ tradunt historiæ : non solum nos, verumetiam omnes Christiani populi, pusilli cum majoribus, senes cum junioribus, vestram insaniam irridentes, certissime tenent : quod Ireneus Lugduni, Crescens Viennæ, Ursinus Biturigis, Paulus Narbonæ, Saturninus Tolosæ (208), Austremonius Arvernis, Martialis Lemovicis, Burdegalæ, et Pictavis, Fronto Petra-

ANDREÆ CHESNII NOTÆ.

(208) *Saturninus Tolosæ, Parisiis Dionysius,* etc. Quo tempore pontifices hi cum Gratiano, Martiale, Stremonio, Paulo et Trophimo missi fuerint in Gallias, etiam nunc a multis controvertitur, licet Gregorius et ipse pontifex Turonensis, antiquissimus historiæ Franciæ scriptor, Decio et Grato Coss. hoc est anno Philippi imper. vi missos apertissime testatur ex his Vitæ sancti Saturnini verbis : *Sub Decio et Grato consulibus sicut fideli recordatione retinetur primum ac summum Tholosana civitas sanctum Saturninum habere cœperat sacerdotem. Hi ergo,* inquit, *missi sunt, Turonicis Gratianus episcopus, Arelatensibus Trophimus episcopus, Tolosæ Saturninus episcopus, Arvernis Stremonius episcopus, Lemovicinis Martialis est destinatus episcopus:* Et de Saturnino quidem in simili quoque sententia est vetus auctor, qui librum primum Vitæ sancti Genulphi scripsit. Nam ejusdem libri cap. 9 : *His,*

goris, Eutropius Xanctonis, Garianus Turonis, Julianus Cenomannis, Parisii Dionysius, Senonis Potentianus et Savinianus, Belvaci Lucianus, Æduæ Andochius, Lingonis Benignus|: et quis omnes gloriosissimos fidei nostræ Patres, et apostolos enumerare sufficiat? Isti certe, isti, ubicunque nomen Domini annuntiaverunt, statim idolorum delubra, prout fas fuit, evertentes, aut novas ecclesias fundaverunt, aut ipsa templa in ecclesias converterunt, adeo ut hodieque in plerisque locis, sicut ipsi nostris oculis inspeximus, ecclesiæ vel basilicæ ab eis constructæ, altaria manibus eorum fundata et consecrata, in memoriam antiquitatis et sanctitatis eorum a fidelibus populis reservata monstrentur, quamque ridendi et detestandi sitis omnibus hominibus, quadam viva voce loquantur. Et ut ad orientem et cæteras mundi partes transitum faciam, quis Illyricum, Græciam, Scythiam, nisi Paulus et Andreas? quis Asiæ maximas partes nisi Joannes et Philippus? quis Persica regna cum proximis gentibus, nisi Simon et Judas? quis Indicas partes, et solis ortui contiguas terras, nisi Thomas et Bartholomæus? quis totam Æthiopiam, nisi Matthæus, primi et novissimi apostoli Christi, vetustæ superstitionis templa destruentes, novæ gratiæ ecclesiis impleverunt? Ita universi veteris et novæ legis auctores unanimi studio vobis adversantur, ut necesse vobis sit, aut tantis testibus acquiescere, aut sine Christo, prophetis et apostolis, Christianos fallaciter permanere.

Contra id quod dicunt, crucem Domini nec adorandam, nec venerandam, sed magis confringendam et conculcandam esse.

Hinc ad defendendam crucem Domini contra secures vestras et gladios sermo festinet, licet jam non nisi tardus accedere possit. Prævenistis scelestis operibus celeritatem verborum, et profundis in religionem odiis, quod vel cogitare scelus fuerat, insigne nostræ fidei tollere attentastis. Quod tunc factum est, quando ad inauditam divinitatis contumeliam, magno de crucibus aggere instructo, ignem immisistis, pyram fecistis, carnes coxistis, et ipso passionis Dominicæ die Paschalem Dominicam præcedente, invitatis publice ad talem esum populis, comedistis. Sic sacris lignis sacrilegos ignes alentes, credo juxta prophetam Isaiam, cum idololatris dixistis: *Vah! calefactus sum, vidi focum (Isa. XLIV).* Ita ignibus calefacti, carnibus impinguati, medullatum vos ipsos sacrificium non Deo, sed diabolo obtulistis, et sicut de prævaricatore populo Moyses dicit: *Incrassatus est dilectus, et recalcitravit; incrassatus, impinguatus, dilatatus, dereliquit Deum factorem suum, et recessit a Deo salutari suo (Deut. XXXII).* Recessistis plane et vos, si acquiescere non vultis, crucem negando, a Deo salutari vestro, a quo nullo pacto salutem consequi poterit quisquis crucem, in qua maxime salus est constituta, contempserit. Credo astu hæretico hoc vos consilium invenisse, imo nequitiæ principem per proprios vernulas fallaciæ suæ optime providisse, ut hoc uno jaculo, si vulnus incautis infligere posset, levi negotio, non tantum sospitatem, sed et vitam auferre valeret. Nam sublato de medio crucis nomine, ubi crucifixi mentio remanebit? Subtracto crucifixi vocabulo, ubi mortis vel passionis recordatio permanebit? Ablata mortis vel passionis memoria, quæ redemptis spes salutis, evacuato redemptionis pretio, supererit? Sed novi dolere vos vices sociorum et homines hæreticos, dæmonum injurias velle ulcisci. Fugantur apostatæ spiritus apparente crucis signo, et superbi angeli, qui contra ipsam invictam majestatem caput erigere nisi sunt : isto, quod sic contemnitis, abjectionis indicio, ut nebula matutini solis radiis discussa, vanescunt. Hac vos permoti injuria, jurata contra crucem Domini bella suscepistis, et homines nequiores dæmonibus eorum pati dedecora non potestis. Non potestis certe quod odiunt diligere, quibus et in hac vita mores, et in futura ignes, nihil adversum, nihil diversum esse designant. Moribus ergo modernis, et ignibus æternis concors paritas, nil nos mirari faciunt, si et quod volunt vultis, et quod nolunt respuitis. Sed quos minamur ignes forsitan vos non terrent, quoniam, juxta Isaiam, pepigistis fœdus cum morte, et cum inferno fecistis pactum *(Isa. XXVIII).* At secundum eumdem, fœdus vestrum cum morte dissipabitur, et pactum vestrum cum inferno non stabit. Nam, ut poeta ille ait :

Nulla fides regni sociis,

et ut Christus in Evangelio : *Omne regnum in seipsum divisum, desolabitur (Matth. XII; Luc. II).* Unde quoniam commune cum dæmonibus regnum delegistis, solvetur cito male parta concordia, et impiorum pax diuturna esse non poterit, quia *non est pax, dicit Deus meus, impiis (Isa. XLVIII).* Fiet igitur lignum vitæ vobis lignum mortis, ut quos semel

ANDREÆ CHESNII NOTÆ.

inquit, *Decii temporibus alii etiam a sede apostolica æque Gallias directi traduntur. Ex quibus præstantissimus atque sanctissimus Saturninus urbis Tolosæ primus episcopus fuit.* Quod autem ad sanctum Dionysium pertinet, Hilduinus abbas sancti Dionysii, longe postea, nimirum regnante Ludovico Pio imperatore et rege Francorum, primus Areopagitam illum sancti Pauli discipulum fuisse rationibus et argumentis multis probare nisus est, uti refert Petrus Abælardus in historia Calamit. suarum. Quem imitatus Hugo Sancti Martialis Lemovicensis abbas, sanctum et ipse Martialem unum ex apostolorum discipulis exstitisse contestari voluit, et ut loquitur Ademarus in Commemor. abbatum Lemovic. *in Francia collationem fecit cum rege Roberto, et archiepiscopo Bituricensi Gausleno, et cum multis episcopis et sapientibus Franciæ de ejus apostolatu.* Sed ut in sancto Dionysio gradum sistamus, rem omnem paucis terminat Martyrologium vetus Romanum, quod Heribertus Rosweldus in re antiquitate peritissimus nuper emulgavit. Areopagitam enim Athenis, Parisiensem vero Lutetiæ diversis et temporibus et diebus passos enarrat. Quod tamen et eruditissimum Sauronem diffusius adhuc ampliusque disquisiturum quia speramus, ideo plura dicere nunc supersedemus.

de ejusdem sacri ligni frustis succendistis focos, vobis perpetui perseverent; et sicut ipsis vos immortales, sic illi vobis inexstinguibiles permanebunt. Sed ne moram faciam, spiret jam serpens sibila sua, et quibus diu tumet venena profundat. Stultum est, inquit, et profanum adorare vel venerari crucem, quia lignum quod Christi membra torsit, magis est conterendum vel comburendum, quam venerandum vel adorandum. O præclara sapientia! o ratio de intimis eruta philosophiæ! Non digno supplicio cruciatus Dominicos vindicatis, nec tantum scelus congrua ultione damnatis. Mors Domini non est horario expianda tormento, injuria Conditoris non nisi pœna perpetua est punienda. Non est necesse repetitis ictibus retundi secures vestras, nec feriendo membra lassare. Exstinguite ignes succensos, congestum aggerem crucium dissipate : est qui ulciscatur injurias suas. Creator ipse qui passus est, impiam crucem se torquentem torquebit; et cum Herode ac Pilato, Juda vel Caipha, eam in gehenna retrudet. Erit eis commune supplicium, quibus fuit par reatus : et quia Deo simul tormenta intulerunt, pariter in inferno ardebunt. Sic plane, sic justum est ut, qui de morte Dei cœli arguitur, non minore quam inferni supplicio puniatur. Hac justitia quidquid contumeliæ vel indignitatis Deo homini materia fuit, condemnandum est. Inde loca ipsa passionis exsecranda, civitas evertenda, sepulcrum eruendum, in quo licet quieverit, Deo tamen sepeliri injuria exstitit : mors ejus insuper detestanda, passio conculcanda, et, ut breviter multa dicam, tota salvatricis humilitatis dispensatio contemnenda. Ut quid sic loquor ? ut, tanta vobis absurditate objecta, erubescatis, et nulla pœna vel contumelia dignam esse rem, in qua culpa non potest cadere, cognoscatis. Inesse enim culpa non potest, ubi ratio non est. Ratio vero non nisi in animali est. Sed crux animal non est, unde in ea ratio non est. Et quia in ea ratio non est, neque culpa, ut dixi, est. Quod si culpa nulla in ea est, nec reatus mortis Christi ei imputandus est. Hoc si verum est, non erat ei velut pro pœna culpæ, inferenda contumelia; non erat cædenda securibus, non ignibus concremanda. In cruciatibus enim vel morte Salvatoris, prava tantum voluntas pravorum hominum condemnatur, quia solus creaturæ rationalis affectus, Creatoris gratia adjutus vel desertus, semper aut remuneratur aut condemnatur. Excusatur ergo hac gemina ratione crux a reatu cruciatuum, quia ubi sensus non fuit, nec assensus criminis esse potuit; et quia reliqua passionis loca ob salutarium pœnarum quam contrahere non potuerunt, culpam, nec vos ipsi, ut æstimo, nec quilibet judicat exsecranda. Male igitur factum est, quando innoxium lignum quasi nefandi sceleris obnoxium, præsumptuosis manibus vestris confractum est, male quando injustis ignibus combustum est. Sed vos adhuc :

Si quis, o viri, laqueum quo patris guttur fregisset gladium quo amicum vel fratrem necasset vobis afferens, honorare vel adorare vos illa moneret, nonne in monitorem, si facultas daretur, toto motu animi insurgeretis? nonne oblata aut flammis absumeretis, aut quo fieri posset modo, pessumdaretis? Ista cum in Capitolio senatorum, quales vos aggregare soletis, de consulari vel regio tribunali, declamatorio ore gestuque terribili vobis proferre moris sit, adducto statim in sententiam vestram eruditissimorum illorum conventu, invictæ orationi subito acclamatur, altis omnes vocibus cognitæ tandem per vos veritati adgaudent, conflantur immensa in crucem odia, ad vindicanda crucifixi tormenta contra crucem gladiis et ignibus universi armantur. Et quis unquam præter vos, o asinina stoliditas! paternam necem vel fraternum sanguinem a laqueis vel gladiis, et non magis a suspensoribus vel necatoribus [interfectoribus] exegit? Quis unquam, præter vos, in vindictam sanguinis laqueos combussit, gladios confregit? Quis unquam præter vos, peremptoriis instrumentis, et non potius perimentibus impiis iratus est? Quis unquam præter vos, adversus arma, et non magis adversus armatos armatus est? O tempora! o mores, qui talia vel audire potestis! Indignabor prostrato exercitu contra tela inimicorum, et perempto patre, adversus gladios bella suscipiam. Irascar, occiso fratre, telo perimenti, et, suspenso amico, in laqueum stomachum commovebo. Luent facta inimicorum res innocuæ, et pro sceleribus impiorum innocens creatura damnabitur. Inferetur pœna non sentienti, et brutæ rei contumelia irrogabitur. Dessecabitur [dissecabitur] illa gladiis, nec dolebit; comburetur ignibus, nec curabit; deformabitur ludibriis, nec erubescet. Pascetur his tormentis inimicus animus, et egregia vindicta satiatus, a furore concepto paulatim detumescet. Exardescet odium nostrum contra gladios hostium, et, adepta victoria, sicut hostes perimi, sic istos necesse erit confringi. Non sic, ut aliquid auctoritatis addam, non sic famosus ille pugnator David fecit. Non, in quam, exsecratus est vel confregit Goliæ gentilis gladium, quem adversum se ille produxerat, quo elatus, agminibus Israel exprobaverat, acies Dei viventis blasphemaverat; sed eo armatus et tunc caput inimicum abstulit (*I Reg.* xvii), et post, eumdem de sanctuario a sacerdote accepit (*I Reg.* xxi). Qui nec inter sacra reponeretur, nec a propheta in usum bellandi acciperetur, si, juxta vestram sapientiam exsecrandus vel confringendus judicaretur, nec diceretur de illo : *Da mihi illum; non enim est hic alius similis illi* (*ibid.*).

Sed et de Juda Machabæo optimo Hebræorum duce, verax Scriptura commemorat quod deleto pagano exercitu, gladium Apollonii ducis a se interfecti abstulit, et erat pugnans in eo omnibus diebus (*I Mach.* iii). Sic certe Christus, o hæretici, sic plane Christus, cruce sua contra mundi principem usus est. Produxit ille procedens ad singulare certamen contra Christum crucem Christi, qua eum occideret; sed diabolico astu divina sapientia permutato, cruce, qua eum appetiit, eadem excruciatus est ; et morte, qua eum exstinxit, eadem ipse occisus est. Tunc impletum est quod in psalmo quondam presbyteri sæpe cantastis : *Convertetur dolor ejus in caput ejus, et in verticem ipsius iniquitas ejus descendet* (*Psal.* vii).

Sed liceat et mihi in conventum vestrum illum intrare, et plebeculæ a vobis deceptæ, juxta deceptorium idioma locutionis vestræ, pauca proponere. Si quis, o viri, laqueum vel gladium præ manibus habens vobis diceret : Ecce laqueus quo suspensor patris vestri suspensus est; ecce gladius, quo necator fratris vestri vel amici charissimi necatus est : confringite, comburite, dissipate. Quid vos? Nunquid ista suadenti crederetis? nonne hujusmodi hominem aut insanire, aut inimico animo agi judicaretis, qui vos et insensibilia torquere, et in res violatæ pietatis vindices exardescere admoneret ? Sic isti non veritatis, sed erroris; non salutis, sed perditionis vestræ magistri faciunt, qui crucem Domini, per quam ille, qui, secundum Evangelium cui se credere dicunt, homicida erat ab initio (*Joan.* viii), peremptus est, vos confringere, comburere et perdere persuadent. Sic vere isti faciunt, qui Patrum vestrorum, qui vestri, qui ipsius Christi, quantum ad corpus, interfectorem diabolum ulcisci cupiunt, ut ipsi fatentur, dum crucem, per quam maxime ille periit, tantopere perire concupiscunt, cum instrumentum, quo ad salutem vestram Salvator usus est, ipsa cogente ratione, magis suscipiendum quam confringendum, venerandum quam comburendum, exterminare contendunt. Et, o justitia, rem, ut dixi, absque reatu damnare! o ultio, rem insensibilem tormentis subjicere! effundere furorem in truncum aridum, et in lignum nil sentiens nefanda odia exhaurire. Ista ratione nimium Christo fideles Christiani contra cruces Petri et Andreæ zeli gladio accingentur; craticula Laurentii, licet ferrea, suis ignibus comburetur; lapides Stephani in calcem convertentur; æquulei, laminæ, ungulæ, flagella, catenæ, vincula, carceres, compedes martyrum, ne quod fecerunt ab istis patiantur, fuga celeri evanescent. Hac lege quæcunque molesta sunt humano corpori, humanis odiis digna erunt, infestas inimicorum manus ubi occurrerint non evadent. Tali modo adversus ignem urentem, aerem corrumpentem, aquam suffocantem, terram collidentem, nostra indignatio succendetur, solem æstate ferventem, gelu hieme torquens abominabitur. Et quia nihil corporeum est, quod non misero homini reatu suo quolibet modo vertatur in pœnam, totus homo contra totum mundum omni adnisu consurget, et totis viribus, ubi facultas data fuerit, habitaculum suum ipse habitator destruet. Sed forte vos animosam Cyri regis arrogantiam æmulati, imitari proposuistis, qui absorptum maximo flumine, qui Ganges dicitur, dilectum equitem ulcisci cupiens, exarsit in flumen, et pervium se peditibus facturum comminans, implevit promissa. In trecentos enim et eo amplius alveos tumentes undarum moles dispartiens, superbiam fluminis superbus imminuit, et per plures tramites unius magnitudinem derivans, navalem vix pompam dignantem, siccis, ut dixerat, pedibus fluvium meabilem fecit. Sed ille, licet insano zelo, mortem militis sui vindicare voluerit, tamen ne et alii simili casu affecti morerentur providit. At vos econtra, Qui cum certum teneatis in morte Christi, quæ per crucem acta est, vitam universorum consistere, dum crucem de medio auferre vultis, vitæ omnium invidetis. Cernitis adhuc solemne et pecoribus ipsis tam notum inconveniens ? Videtis non mereri pœnam res sine culpa, tormenta insensibilibus non inferenda ? Videtis quia et injuste pœna innocenti, et stulte tormenta irrogantur non sentienti ?

Quæ cum ita sint, si libet vobis tantopere Redemptoris vindicare tormenta, quærite reum qui mereri, et sapientibus qui possit illatam pœnam sentire. Cumque in tota visibili creatura solus simul, et reus, et sentiens apparuerit homo, agnoscetis tandem vos bestialiter desipuisse, et apri vel ursi more, elapso venatore in venabulum inaniter morsibus et unguibus desævisse. Agnoscetis certe innocuas creaturas injuste et ridicule belluino dente vestro vexatas, cum nec pœnam sentire potuerit nisi sensibilis, nec damnari debuerit nisi culpabilis. Apparebit vobis, ut dixi, solus reatui, et ideo jure tormentis subditus homo, quem solum et juste pro commissis arguere, et a quo solo debitam vindictam merito reposcere possitis. Quo facto, nec universitas creaturæ insensibilis vel irrationabilis indignationem vestram pro quibuslibet hominum molestiis incurret, et crux Domini ignes vestros et gladios, sub quibus tremebat, hac ratione compellente, evadet. Evadet, inquam, ut innocens culpam, evadet ut insensibilis pœnam, et de morte Christi jam non ut rea damnabitur, vel ut sensibilis punietur; sed suas lineas repetente justitia, et qui delinquere potuit investigabitur, et non nisi qui deliquit condemnabitur. Ea æquitate, cum, sicut præmisi, solus inter mundanas creaturas inventus fuerit delinquere potuisse homo, ille tantum damnabitur qui hujus tanti criminis reus apparuerit homo. Sic plane, sic exigit ipsa veritatis, ut sicut omnem non reum salvat justitia, sic omnem injustum damnet injustitia. Inde cum non omnem hominem, sed quosdam hominum, reatus suppliciorum seu mortis Dominicæ reos ostenderit, aliis indemnatis ipsi damnabuntur, aliis impunitis, illi tantummodo, quos prava voluntas reddidit noxios punientur. Nec ipsi etiam omnes punientur, quia mutatis quidem affectibus ad Christum conversi, justitia ejus a culpa mundati, et morte ejus, quam ipsi intulerant, sunt a morte erepti. Ad quid istud ?' ut videntes vere reos Dominicorum cruciatuum ortem et digna supplicia, pœnitentiæ remedio evasisse, videntes, inquam, aliquando etiam reos homines salvari, nunquam ream crucem Domini erubescatis damnare. Quæ cum ita sint, non valet parabola vestra, quam ad condemnandam crucem

Domini, rusticissimis et imperitissimis hominum quisquiliis proponere soletis. Nam secundum ea quæ proposita sunt, nec laqueus pro fracto gutture patris succendendus, nec gladius pro perempto fratre vel amico fuerat confringendus. Unde si ista pro ultione patris, amici vel fratris non fuerant pessundanda, nec crux Salvatoris velut pro vindicta sanguinis ac mortis ejus confringenda fuerat, vel comburenda. Quoniam, ut sæpe jam dictum est, nec delinquere potuerunt, quia erant irrationabilia, nec rursum delinquere vel sentire, quia erant insensibilia.

Stultissime igitur et prave factum est, quando crux Domini, quæ nil deliquerat, nil sentiebat, tormentis subacta est. Hæc invicta ratio salutari ligno injuste quidem a vobis factam contumeliam ostendit; sed nondum honore, quo illud colimus, dignum probavit. Veniat ergo auctoritas, succedat et ratio, et crucis lignum non jam contemptibile, sed gloriosum, Catholicis pariter et hæreticis declaret. Veniat igitur primus in Canone, primus et in nostra oratione Moyses, signet agni sanguine in modum crucis Hebræorum ostia, et superliminare domus, et utroque poste linito, ingressum Angeli percutientis prohibeat (*Exod.* xii). Mittat deinde in deserto lignum hujus ligni præmonstrativum in aquam, et eam de amara dulcem, de inutili potabilem faciat (*Exod.* xv). Rursus percutiat virga bis silicem (*Exod.* xvii), Judæo bis inclamante, *Crucifige* (*Joan.* xix), et exeant de percussa silice, hoc est, crucifixo Redemptore, aquæ largissimæ, quæ totum mundum baptismate et doctrina abluant, et populum ac jumenta, salutaris scilicet verbi longa siti deficientes, astutos pariter ac stultos reficiant. Colligat et vidua de Sarepta duo ligna, et aptet ea in crucem, qua per ignem passionis panem vitæ decoquat, cui et oleum sancti Spiritus addat, quibus tandiu sustentetur, donec famelico præsentis vitæ tempori saturitas æterna succedat (*III Reg.* xvii). Dehinc in Ezechiele propheta frontibus virorum gementium et dolentium super iniquitatibus, Thau littera imprimatur (*Ezech.* ix), ut eo signo ab aliis discreti, mortem evadere possint. Intelligatur hoc elementum præ omnibus Hebræis litteris non frustra ad signandas frontes assumptum, cum tali nota crux non jam præmonstretur, sed exhibeatur, qua quicunque insigniti fuerint, a mundi interitu soli eruantur. Quibus jam communis interitus obesso non poterit, quos et damnata fletibus iniquitas, et divina per crucem subveniens pietas, ab aliorum morte secernit. Ista si vos de hæresi ad Judaismum transitum facientes, in alios intellectus distorquere, distortis sensibus volueritis, respondete quæ necessitas signari postes domorum agni sanguine, notari frontes hominum nota jam dicta coegerit. An non possent aliter vel illi angelum percussorem, vel isti gladium ultorem evadere? Erraret forsitan cœlestis vindicta, nec inter Hebræos et Ægyptios, inter justos et peccatores discernere posset, nisi et illos non esse Ægyptios in ostiorum postibus legeret, et hos a damnatis impiis secernendos frons signata doceret? Et quid est quod ibi tinctura sanguinis cunctis Ægyptiorum coloribus antefertur, cum sanguinis litura vix ad momentum, aut colorem conservare, aut quid infecerit valeat demonstrare? Quid est quod non solum superliminare, nec soli postes, sed et superliminare et postes signantur? Quid est quod et sanguine, ut dixi, signantur, et non nisi sanguine agni signantur? Hæc quia superfluo jussa vel facta, nec Christianus audet dicere, nec Judæus, aliquid, præter quod tunc videbatur, ea prætendere nec Christianus negabit, ut arbitror, nec Judæus. Et quia cum Christianis, licet malis, nunc mihi sermo est, et cum iis qui se maxime Evangelio credere dicunt, nil credo congruentius ad hoc ænigma dissolvendum afferre poterunt, quam agnum illum esse, de quo Joannes Baptista in Evangelio: *Ecce agnus Dei* (*Joan.* i); et propheta: *Sicut agnus coram tondente se obmutescet, et non aperiet os suum* (*Isa.* liii). Immolatum agnum ad vesperam, occisum Christum in fine sæculi. Unde Apostolus: *Pascha nostrum immolatus est Christus* (*I Cor.* v), et unde David: *Elevatio manuum mearum sacrificium vespertinum* (*Psal.* cxl). Sanguinem agni, de quo Apostolus: *Si sanguis hircorum et taurorum inquinatos sanctificat, quanto magis sanguis Christi?* (*Hebr.* ix.) Qui quoniam in ligno fusus est, ligni postes eo liti sunt. Et quia in cruce dextra ac sinistra, superiorque pars intincta est.

Sed nec inferior ad perfectum modum crucis exprimendum defuisset, nisi non conculcandum sanguine Testamenti æterni, Spiritus Dei, qui loquebatur hoc, silentio declarasset. Cur etiam littera illa præ cæteris litteris vel notis omnium gentium, ad signandas frontes gementium et dolentium electa est? Dicat Judæus, dicat hæreticus, si quid potest. Cumque vel tacuerint vel in commentis suis uterque defecerint, dicat Catholicus prophetam volentem prædicere salvandos a communi interitu Christianos, signandos esse signo crucis, non potuisse apertius exprimere, quam ipso signo crucis. Hoc non in qualibet corporis parte, sed in ipsa fronte depinxit, ut neque de opprobrio Christi cum Judæis erubescamus, neque cum hæreticis crucem ejus non jam contumeliæ, sed honoris insigne, abjiciendam vel concremandam judicemus. Nam et hæc littera, quæ Thau dicitur, formam crucis habens, non tantum apud Hebræos, sed etiam apud Græcos, et nomen retinet et figuram conservat. Et apud Hebræos quidem, quod ab initio habuerat, nec nomen nec figuram mutavit. Apud Hebræos vero licet formam mutaverit, vocabulum tamen hucusque servavit. Si causa mutati elementi quæritur, in libris ecclesiasticis et Hebraicis invenietur. *Ascendit*, ait Scriptura, *Esdras de Babylone, et ipse scriba velox in lege Moysi* (*I Esd.* vii). Velox non sensus vel nomina Hebraicarum litterarum mutando, sed aptiores et ad scribendum habiliores characteres inveniendo.

Servabatur, teste beato Hieronymo harum linguarum doctissimo, forma hujus litteræ apud Samaritanos adhuc suo tempore, et forte adhuc vel apud ipsos vel apud quoslibet conservatur. Nam mutantibus Judæis litteras suas, gens illa elementa, quæ a Judæis acceperat, mutare noluit, sed sicut ei primo tradita fuerant, litterarum signa et nomina illibata servavit. Verba vero sancti Hieronymi, si tamen ea suscipere dignamini, in commentario super prophetam Ezechielem ita se habent : *Antiquis*, ait, *Hebræorum litteris, quibus usque hodie utuntur Samaritani, extrema Thau littera crucis habet similitudinem, quæ in Christianorum frontibus pingitur, et frequenti manus impressione signatur*. Hoc beatus Hieronymus. Militat ergo fidei nostræ, et non parum crucis gloriam hoc propheticum elementum extollit, quod non ab Esdra licet magno homine, vel ab alio quolibet, sed ab ipso et maximo legislatore et scriptore Moyse inventum et traditum est. Nam de Christo, teste ipso Christo, Moyses scripsit (*Joan.* v). Unde quia juxta beatum Apostolum, *omnia in figura contingebant illis* (*I Cor.* x), sicut totum corpus legis Christum sonabat, sic et istud elementum legis Christi crucem prædicabat. Nec tantum prædicabat, sed et ipsa forma visibili legentium oculis ingerebat. Ingerebat, inquam, littera hæc forma sua legentium oculis Christi crucem, prædicabat et nomine suo Christi in cruce passionem. Nam cum Thau lingua Latina *consummatio* dicatur, nonne jam hoc nomine suo Christi vocem ultimam in cruce sonabat, qua dixit : *Consummatum est?* (*Joan.* xix.) Nonne universa de Christo ante prædicta, per Christi crucem implenda et consummanda esse, hoc suo nomine testificata est? Nonne, juxta Apostolum, quæ in cœlis et in terra sunt, pacificanda esse per sanguinem Filii Dei (*I Col.* i), qui in cruce fusus est, hoc suo nomine apertissime demonstrabat?

Illud quoque huic intellectui servit, quod hæc littera nec prima nec media, nec quolibet modo interposita, sed ultimo loco in litterarum Hebraicarum ordine scribitur, ut formam crucis habens littera, dum finem præcedentibus litteris ponit, Christum sacramento mortis suæ, quam in cruce passus est, prioribus sacramentis finem perficientem per crucem imposuisse declaret. Sic littera prophetica et cruci Christi ejusque passioni famulans, cum vel forma vel nomine Hebræos, Græcos, Latinosque occupaverit, quid aliud quam per tres principales linguas omnibus linguis et gentibus Christum per crucem principaturum signavit? Signavit plane Christum per crucem dominaturum orbi terrarum, sicut et Apostolus ipse confirmat, dicens : *Christus factus est pro nobis obediens usque ad mortem, mortem autem crucis. Propter quod et Deus exaltavit illum, et dedit illi nomen quod est super omne nomen, ut in nomine Jesu omne genu flectatur cœlestium, terrestrium et infernorum, et omnis lingua confiteatur, quia Dominus Jesus Christus in gloria est Dei Patris* (*Philipp.* ii). Quæ cum ita sint, quis non

videat non solum non esse contemnendam, imo maxime honorandam crucem Domini, cum ipse Spiritus Domini, qui locutus est per prophetas, tanto eam honore dignam judicaverit? Judicavit plane multo eam dignam honore, quando tanto ante crucem tempore, nec Hebræos ab angelo interfectore, nec flentes justos ab impiorum interitu, absque ejus signo salvavit. Judicavit multo eam dignam honore, cum ejus signum non in abscondito vel obscuro, sed in aperto et in lumine posuit, quando eo et ostia, ut dixi, domorum, et frontes hominum, quæ magis se intuentium conspectibus offerunt, insignivit. Judicavit per cruces ostiorum, totam sibi per crucem mundi domum cessuram. Ostendit per cruces frontium, totum sibi hominem per crucem vindicaturum. Cum ista ad gloriam crucis magna sint, accedant adhuc majora, et de Novi Testamenti corpore exempla vel testimonia crucis gloriæ famulentur. Ad quam absque reclamatione approbandam more suo Apostolus veniat, et garrulis stultis, solo adventus sui terrore silentium imponat. Audite saltem eum vos, qui nos audire dedignamini, et contra tubam cœlestem, si audetis, rauco vestro murmure mussitate. Audite amicum crucis, inimici crucis, et quid de vobis sentiat diligenter advertite : *Multi*, ait, *ambulant, quos sæpe dicebam vobis, nunc autem et flens dico, inimicos crucis Christi, quorum finis interitus, quorum Deus venter est, et gloria in confusione ipsorum* (*Philipp.* iii).

Quid ad hæc, miserrimi hominum, dicitis? Flet Apostolus ante tot sæcula interitum vestrum. Flet nondum natos inimicos crucis Christi. Flet gloriam vestram versam in confusionem. Flet, et vos ridetis : plorat, et vos gaudetis ; dolet, et vos lætamini. Quare hoc? quia juxta flentis Domini vocem, *in hac die vestra, quæ ad pacem vobis; nunc autem abscondita sunt ab oculis vestris* (*Luc.* xix). Sed patent oculis apostolicis, et quis finis inimicos crucis Christi sequatur, denuntiat : *Quorum*, ait, *finis interitus*. Infelix sors vestra. Habent alii, secundum eumdem Apostolum, fructum suum in sanctificationem, finem vero vitam æternam (*Rom.* vi). Habetis vos gloriam in confusionem, finem vero interitum sempiternum. Quod si tanta meruerunt, qui non, ut vos, cruci Christi inimicabantur, sed quia quædam cruci, id est mortificationi spirituali contraria et faciebant et dicebant, inimici crucis dicuntur, quid vos mereri potestis, qui non tantum sacris virtutibus, quæ per crucem signantur, adversamini, sed et ipsum crucis nomen crucifixi cultoribus auferre conamini? Sublata enim, ut supra dixi, cruce, ubi erit crucifixus? Crucifixo recedente, quis erit vester Deus? ille certe, de quo subdit : *Quorum Deus venter*. Credo Apostolum in spiritu prævidisse ventres vestros carnibus igne crucians coctis distentos, et idcirco optimum vobis Deum ventrem instituisse, ut qui crucem incendendo crucifixum abnegastis, ventrem pro ipso Deum jam saturi haberetis. Hinc laudes crucis qui cœpit perficiat, et post deploratam injuriam doctor summus Ecclesiæ gloriam ejus aperiat. *Absit*, inquit, *mihi gloriari, nisi in cruce Domini mei Jesu Christi* (*Gal.* vi). Puto quod non contumeliis vel incendiis dignam judicat, quam sic gloriosam prædicat, ut alibi quam in ipsa gloriari, alibi quam in ipsa gloriam suam constituere, nefas ducat. Absit, inquit! non contingat! nunquam sit! longe fiat a me hæc meditatio, hæc voluntas, hæc cogitatio! Quæ ut intentionis meæ finem, laborum meorum requiem, passionum mercedem, totam illam, quam exspecto gloriam, alibi quam in cruce Domini ponere, aliunde quam a cruce Domini recipere velim. Non quod cruci, quantum ad crucem pertinet, aliud quam cruciatum inesse intelligam; sed quia cruciatu crucis mihi salutem, ignominia crucis gloriam, morte crucis vitam mihi a Christo datam agnosco. Inde est quod et glorior in infirmitatibus meis, non propter infirmitates ipsas, sed ut habitet in me virtus Christi (*II Cor.* xii).

Hunc apostolicum intellectum et beatitudines evangelicæ probant, cum beati pauperes, et beati qui lugent, et beati qui esuriunt, et beati pacifici, et qui persecutionem sustinent, appellantur (*Matth.* v), non quod pauperies, aut luctus, aut esuries, aut patientia beatos faciant, sed quia regnum cœlorum pauperibus, consolatio lugentibus, saturitas esurientibus, Dei filiatio pacificis datur. Sic et de cæteris. Unde sicut virtutes hæ quæ, licet torqueant, tamen glorificant, non sunt contemptibiles, sed gloriosæ, ita crux Domini, quamvis eum torserit, quia tamen torquendo gloriam peperit, gloriosa esse promeruit. Idcirco gloriatur in cruce Apostolus, et non in ipsa gloriantes, de quibus et vos estis, invehendo notat. Gloriatur, inquam, in cruce, et eam gloria dignam prædicat, dum rursus in Epistola ad Ephesios, Christum reconciliasse ambos, hoc est, Judæum et gentilem in uno suo corpore, Deo per crucem, et interfecisse inimicitias in semetipso asserit (*Ephes.* ii). Gloriatur in cruce, et eam gloria dignam prædicat, quando in subsequentibus flectere se genua ad Deum Patrem dicit, ut inter alia, quæ eis dari postulat, det eis comprehendere cum omnibus sanctis, quæ sit crucis ejusdem latitudo, longitudo, sublimitas et profundum (*Ephes.* iii). Videtis Apostolum summum post Christum Christianorum magistrum, tot tantisque testimoniis suis omnino et per omnia sensui vestro contraria sapere, prædicationi vestræ dissona prædicare? Cernitis eum non tantum crucifixum, sed et crucem ejus maximis salutis humanæ mysteriis tantopere adaptare? Advertitis formam ejus, quæ adeo vobis contemnenda videbatur ut flammis digna judicaretur, quanto ille cælestium arcanorum scrutator honore dignam existimaverit, dixerit, scripserit? Non ille aut partem ejus aliquam, aut totam simul, sed sigillatim ac studiose partes universas crucis enumerat, et non minus mysticis sacramentis, quam ipso Christi crucifixi corpore gravidam velut multiplici fructu vitæ, arborem signat. Vocat latitudinem lignum in transverso positum, in quo Dominicæ manus fixæ fuerunt; longitudinem illud, quod ab ipso protenditur usque ad terram, in quo pedes ipsius confixi sunt; sublimitatem illam ligni partem, quæ supra caput ejus eminens, titulum causam ejus continentem inscriptum habuit; profundum quod in imis occultatum, oculis penetrari non poterat. Hæ sunt crucis partes, quas describit. His illa crux Dominica constans, has magnis sacramentis dilatas [*al.* plenas] affirmat. Inde genua flectit, inde ut hæc illi possint apprehendere supplicat, inde, ut dixi, latitudinem, longitudinem, sublimitatem et profundum crucis non odiosa hominibus, sed pretiosa esse debere declarat. Quod si partes crucis apostolico testimonio laudabiles sunt, credo quod ipsa tota crux, quæ ex illis partibus constat, non contemnenda, sed laudanda et honoranda est. Hoc si ita est, non solum a contumeliis vestris crux Domini libera debere esse monstratur, sed et laudibus, et gloria digna esse probatur. Quod si forte quæritis, quid latitudo ab Apostolo proposita, quid longitudo, quid sublimitas, quid profundum, mysterii contineant, non est hoc hujus loci exponere, quia non docentis supra vos, sed disputantis contra vos officium assumpsi. Sed si de impietate ad pietatem mutatis in melius studiis, converti volueritis, poteritis et vos hoc comprehendere cum omnibus sanctis, ut non blasphemando, sed humiliter et modeste petendo accipiatis, quærendo inveniatis, ac pulsando aperiatur vobis.

Post Apostolum veniat et Dominus apostolorum, et quid erga crucem suam animi gerat, exspectantibus nobis aperiat. Non puto cruciatibus crucis alicui eo magis debere irasci, cum ipse tantum his non alius tortus fuerit, et cum pœnas vel præmia dispensare, non alterius, sed ipsius proprium sit. Audite ergo post alia de cruce etiam crucifixi sententiam, et ejus saltem judicio, vel honore, vel contumelia dignam credite. Venturum se in fine sæculi ad discutienda vel judicanda mortalium facta, in Evangelio denuntians: *Virtutes*, inquit, *cœlorum movebuntur, et tunc apparebit signum Filii hominis in cœlo* (*Matth.* xxiv). Quid, rogo, hic dictum signum Filii hominis putatis? Nunquid ipsum Filium hominis? Sed signum non est res eadem, cujus est signum. Aliud est enim signum, aliud illud cujus est signum. Unde non potuit esse signum Filii hominis, quod est ipse Filius hominis. Quid ergo erit? Cogitate, quærite, vestigate. Quod erit tanti pretii, tantæ gloriæ, tantæ sublimitatis signum, ut tunc appareat in cœlo, quando ipse Filius hominis cum virtute multa et majestate descendet de cœlo? Sed quid laboratis? Nolite levitatem ventorum, vanitatem umbrarum, phantasmata somniorum, distortas persequi semitas errorum. Abjicite mendacia, in quibus nihil stabile, assumite veritatem, in qua nihil est mobile. Illud, illud est signum Filii hominis, quod eum magis declarat esse filium hominis. Quid vero eum adeo declaravit esse filium hominis quam mors, quam nullus unquam evadit filius hominis? Quam quia in hac, de qua sermo est, cruce, Christus pati voluit, licet esse Filius Dei, filium tamen se esse hominis, per crucem moriendo signavit. Signando verum Filium hominis dicitur crux vere signum filii hominis.

Huic verbo evangelico et evangelicus propheta Isaias congruit, cum dicit: *Et levabit Dominus signum in nationibus (Isa. v).* Sed et quod idem propheta subjungit: *Et congregabit profugos Israel, et dispersos Juda colliget a quatuor ventis (Isa. xi).* Videte quam apte huic evangelico capitulo conveniat. Nam cum dixisset Dominus: *Et tunc apparebit signum Filii hominis in cœlo,* uno versu interposito ait: *Et mittet Filius hominis angelos suos cum tuba et voce magna, et congregabit electos ejus a quatuor ventis, a summis cœlorum usque ad terminos eorum (Matth. xxiv).* Sic certe, sic non solum in sententia, sed et in verbis propheta et evangelista conveniunt. Quod enim ille, *Levabit Dominus signum in nationes*; hoc iste, *Apparebit signum Filii hominis in cœlo.* Quod ille, *Congregabit profugos Israel, et dispersos Juda colliget a quatuor ventis;* hoc iste, *Mittet angelos suos cum tuba et voce magna et congregabit electos ejus a quatuor ventis.* Nisi quod propheta magis de primo Christi adventu hoc dicere videtur; Evangelista vero de secundo hoc apertissime dicit. Sed sive in primo, sive in secundo, signum levatum in nationes crux est, et apparens signum Filii hominis in cœlo crux est. Quæ, quia et hic in signum a Christo levata, nationes orbis ad fidem salutis æternæ a quatuor ventis congregat; et in ultimo Christi judicio ad eamdem æternam salutem et gloriam a quatuor ventis, hoc est de toto mundo, electos in cœlo apparens convocat, summo ab eis honore colenda creditur, dicitur, prædicatur. An dignum est ut quam ad salutis humanæ causam commendandam cœlum exhibet terra respuat? An dignum est ut eam homines abjiciant quam angeli honorant? An non honorant, quando, commotis ad judicium cœli virtutibus, ipsam mundo judicando secum pariter repræsentant? Nam qui dixit: *Virtutes cœlorum movebuntur,* ipse subdidit, *et tunc apparebit signum Filii hominis in cœlo.* Cumque, ut dictum est, hoc signum crux Christi sit, cum virtutes cœlorum, hoc est, ordo totus cœlestium spirituum desuper veniens apparuerit, tunc et ipsa pariter in cœlo fulgebit. Fulgebit in cœlo, ut discant terrigenæ non posse sibi conscensum esse ad cœlos, nisi per ipsam; et agnoscant filii hominum, non nisi per ipsam se posse fieri socios angelorum. Non est igitur honoranda ab hominibus, quæ angelicum eis honorem præparat? Non est glorificanda a mortalibus, quæ immortales eis gloriam præstat? Non est ut vitalis et salutifera adoranda, quæ vitam mortuis beatam, quæ salutem perditis conferet æternam? Et plane, velint nolint hæretici, vitalis, quia vitam; salutifera, quia salutem; honorabilis, quia honorem; amabilis, quia amorem; admirabilis, quia admirationem; felix, quia felicitatem; nobilis, quia nobilitatem; beata, quia beatitudinem; gloriosa, quia gloriam præstat æternam. Qui ergo crucem odiunt, quia Dominum torsit, diligant eam, quia non solum nobis, sed et ipsi gloriam peperit. Peperit ei gloriam, de qua ait Apostolus: *Vidimus Jesum propter passionem mortis gloria et honore coronatum (Heb. ii).* Peperit, inquam, gloriam crux Crucifixo, sicut et alibi idem Apostolus ait: *Factus est obediens usque ad mortem, mortem autem crucis. Propter quod et Deus exaltavit illum (Philipp. ii);* et reliqua, sicut superius in alio loco posuimus. Hanc quia gloriam hujusmodi illi a Deo assumpto peperit, et nobis insuper vitam et gloriam æternam contulit, gloriosa esse promeruit.

Cum ergo irrefragabili auctoritate et invicta ratione honoranda, collaudanda, glorificanda crux Christi a Christianis esse probetur, quod ut adorari debeat, sicut a quibusdam hæreticis negatur, sic utrum fieri debeat, a quibusdam Catholicis quæritur. Hoc autem pro intellectu quem nobis Dominus dare dignatur, pro facultate quam ipse largitur, videndum atque discutiendum est. Est honor, qui creaturæ impenditur; et est honor, qui tantum Creatori debetur. De honore, quem sibi invicem rationalis creatura exhibere debet, scriptum est: *Honora patrem tuum et matrem tuam (Exod. xx; Matth. v);* et: *Honore invicem prævenientes (Rom. xii);* et: *Regem honorificate (I Petr. ii);* et: *Presbyteri maxime qui in verbo laborant, duplici honore digni sunt (I Tim. iii);* et: *Honorabile connubium in omnibus (Hebr. xiii),* et mille talia, quæ secundum personarum, graduum, officiorum diversitatem, vel magis vel minus observari jubentur. De honore, qui Deo tantum exhibendus est, ait Scriptura: *Dominum Deum tuum adorabis, et illi soli servies, et non erunt tibi dii alieni [alii] præter me; et non facietis vobis sculptile atque conflatile; neque ponetis in ignem ut adoretis ea (Exod. xx; Deut. vi);* et: *Honora Dominum de tua substantia (Prov. iii);* et: *Gloriam meam alteri non dabo, neque laudem meam sculptilibus (Isa. xlii),* et alia sexcenta, in quibus juxta quod dicitur in libro Sapientiæ, incommunicabile nomen et solitariæ deitati singulariter serviendum aperte monstratur. Quæ secundum beatum Patrem Augustinum, ut significantius exprimatur, Græce latria dicitur, et Latine Dei cultus vocatur. Ad hanc divinam servitutem, ad hunc Dei cultum pertinent et sacrificia, quæ ante legem a patriarchis facta sunt, quæ in lege a Moyse instituta sunt, quæ in tempore gratiæ a Christo præcepta, et a Christianis usque ad finem sæculi observari ab ipso jussa sunt. Ad hunc Dei cultum pertinet et verbum hoc adorationis, de quo agitur; sed tunc proprie, quando adorans Deum tantum auctorem et rectorem suum esse intelligit, quando eum ut Deum agnoscens sicut Deum glorificat, et gratias agit, quando totam spem suam in eo constituens, necessaria universa se ab ipso solo accipere credit, quando auxilium suum non a quolibet hominum, hoc est, sanctorum vel quorumlibet aliorum, sed a Domino qui fecit cœlum et terram, esse, omni remota ambiguitate confidit. Hanc servitutem, hunc cultum sibi debitum, hoc, ut dixi, incommunicabile nomen, nec cœlestibus spiritibus, nec terrenis hominibus, nec alicui creaturæ, nec ipsi omnium creaturarum beatissimæ matri suæ ac virgini, Creator largitus est, quia sicut ordine ipso creationis, Creator creaturæ, quam creavit, merito justeque præfertur, sic decebat ut prælatio ipsa aliquo signo congruo signaretur. Signatur igitur prælata creaturis deitas sacrificiorum, signo signatur isto, signatur multiplici, quod nunc agitur, Christiani populi sacramento. Hoc quicunque sibi arrogare concupivit, et illud quod habebat amisit. Hinc primus archangelus, quia similis Deo esse conatus est, sicut fulgur de cœlo cecidit. Hinc Adam illum per damnatorem sobolis suæ, quia deceptæ conjugi acquievit, Deitas respuens socium, de paradiso ejecit. Hinc et illos, qui latriam, quam cultum diximus, idolis exhibebant, Scriptura Christiana idololatras vocat, et sicut divini honoris et ordinis perversores condemnat.

Hujusmodi deitatis honorem nec ipse homo a Deo assumptus habuisset, nisi cum eo una eademque persona fuisset. Sed quia ipse dicit : *Cœlum mihi sedes, terra autem scabellum pedum meorum* (*Isa.* LXVI); et Psalmus præcipit : *Adorate scabellum pedum ejus, quoniam sanctum est* (*Psal.* XCVIII). Terram corporis nostri in Dei Filio adoramus, neque ut aliquid ab ipso remotum, sed ipsi ita unitum, ut salva naturarum proprietate, idem quod ipse sit, honore Deo debito veneramur. Adoramus igitur hac adoratione Christum, non tantum Dei, sed et hominis filium ; adoramus et crucem, imo in cruce ipsum, qui Deus et homo est, crucifixum. Neque quantum in ipso est, aut lignum colimus, aut lignum adoramus, quia manet sententia : *Dominum Deum adorabis, et illi soli servies* (*Matth.* IV). Sed dum crucem me adorare dico, crucifixum Dominum Deum meum esse, meque illi soli servire debere profiteor. Huic intellectui et illud attestatur, quod non solum crucem Domini, sed et passionem ejus, mortem, et resurrectionem et his similia Catholica Ecclesia laudabili devotione se adorare pronuntiat. Sed mortem Domini, passionem, resurrectionem, atque ascensionem ejus esse præterita, nec jam existentia, omnibus certum est. Fuerunt enim illa temporaliter Deo hujusmodi accidentia, quæ sicut illi cum prius non inessent, cum tempore advenerunt, sic et cum tempore abscesserunt. Nam certo et finito temporis spatio moriens, certo et finito resurgens, certo et finito ascendens, docuit illa præterisse, se autem in perpetuum permanere. Unde illa sicut jam non existentia, adorari, ut dictum est, non possunt. Sicut igitur illa non adorari, certa nullius substantiæ vel subsistentiæ ratio prohibet, quod tamen rationabilis ex devotione usus exigit, sic crucem Domini, quam ex se non adorandam esse auctoritas præcipit, ratio docet, ex Christo et in Christo ipsam, imo magis Christum in ipsa venerandum et adorandum esse, Deo prorsus subditus et devotus Christicolarum affectus invenit, servavit, instituit. Etenim cum dico mortem Domini, resurrectionem Domini, ascensionem Domini adoro, non aliud quam mortuum Dominum, resurgentem Dominum, ascendentem Dominum, imo Dominum qui mortuus est, Dominum qui resurrexit, Dominum qui ascendit, adorare me profiteor. Simili intellectu cum ante crucem humiliatus prosternor, eum qui in ipsa olim pro requie nostra tortus, pro vita nostra mortuus est, ut Deum et Dominum, cui hoc soli debetur, adoro. Idcirco autem hoc privilegium cruci Dominicæ datum est, ut in creaturis sola post filium hominis, qui et Filius Dei est, adoranda esse credatur, quatenus in morte Domini, quam in cruce passus est, finem summamque salutis humanæ constitutam esse sciamus, et nequaquam more infidelium de cruce, ac morte ejus non erubescere, certis ac præcipuis humilitatis indiciis doceamus. Quia enim, sicut a bono viro dicitur, nihil nobis nasci profuit, nisi redimi profuisset, nec confitentes confessores, nec testificantes martyres, nec nuntiantes apostolos, nec prænuntiantes prophetas, nec ministrantes angelos, nec ipsam, summi regis reclinatorium, summi Dei sacrarium, matrem ejus scilicet ac virginem adoramus, quoniam etsi per omnes illos salus jam dicta suis modis administrata est, per nullum tamen eorum nisi per crucem consummata est.

In cruce ergo et per crucem consummata est, in qua inclinato in mortem capite a Christo dictum est : *Consummatum est* (*Joan.* XIX). Adoramus igitur eam præ cæteris propter salutem, quæ præ cæteris electa est ad salutem. Adoramus eam, ut dixi, præcipuo humilitatis indicio, ne cum Judæis, quibus scandalum (*I Cor.* I); ne cum gentibus, quibus stultitia (*ibid.*); ne cum hæreticis, quibus insania videtur, sapere videamur. Hoc præcipuo humilitatis indicio, mundi præcipuam salvatricem Christi humilitatem commendamus, quam nemo principum hujus sæculi novit (*I Cor.* II), et quæ abscondita est a sapientibus et prudentibus, et revelata tantum parvulis (*Matth.* XI). Commendamus eam quando maxime indignitati, crudeli tormento, publicæ ignominiæ colla submittimus, et mundum elati hominis superbia condemnatum, hac humiliati Dei humilitate salvatum, crucem ejus humiliati adorantes, prædicamus. Sed est et alius adorationis modus, qui, licet eodem nomine quo et ille divinum cultum significans vocetur, non tamen eo nisi humana, et, ut supra dictum est, hominibus impendenda reverentia signatur. Hoc magnus ille patriarcha Abraham adoravit populum terræ, filios videlicet Heth (*Gen.* XXIII). Hoc Lot testimonio quoque Petri apostoli justus subversores Sodomorum angelos adoravit (*Gen.* XIX ; *I Petr.* II). Hoc fratres Joseph eum prostrati in terram (*Gen.* L). Hoc Josue principem militiæ Domini angelum (*Josue* V). Hoc propheta Nathan David regem (*III Reg.* 1). Hoc fortassis etsi malus Nabuchodonosor prophetam Danielem adoravit (*Dan.* II). Neque enim credendum est sanctos homines vel sanctos angelos cultum Deo tantum debitum aut hominibus impendisse, aut sibi impendi æquanimiter tolerasse. Unde clarum est modum hunc non esse adorationis divinæ, sed venerationis humanæ; nec esse singulare illud insigne deitatis, sed officiosam et communem exhibitionem honoris. Sed speciale illud omnem creaturam refugit; generale istud tam Creatori quam creaturæ rationali inservit. Nam irrationali honorem vel modicum exhibere, et auctoritas prohibet, et ratio dissuadet. Cum tamen vel sanctorum pignoribus, vel sacris locis, vestibus vel vasis, seu quibuslibet talibus rebus honor defertur, non quia sunt insensibilia, pulchra, suavia, pretiosa, vel quolibet modo corporaliter hominibus accommoda, fieri creditur; sed quia Deo vel sanctis ejus perpetuo cum eo victuris, in his honor congruus exhibetur. Si igitur et hoc modo crux Domini adoranda, id est honoranda suscipitur, nec impium est nec erroneum, sed pium et salutiferum : pium, quia a rectæ fidei tramite non discordat : salutiferum, quia salutem piis adoratoribus, seu veneratoribus comparat. Licet ergo isto vel illo modo crucem Domini adorare, ut in illo non tam ipsa quam Deus adoretur, in isto non tam ipsa quam Deus honoretur. Illo colatur in cruce crucifixus, isto veneretur in ligno auctor ejus. Illo cultus divinus ipsi Deo per crucem exhibeatur, isto communis multorum honor, per eamdem crucem eidem Deo, cui debetur omnis honor et gloria, impendatur.

Contra id quod dicunt, missam nihil esse, nec celebrari debere.

Post baptismum negatum, post cruces exustas, post templa destructa, ut nihil sacrum punienda vestra temeritas intemeratum relinquat, quarto jam loco ad ipsum crucifixum, et templorum Dominum et baptismi largitorem, se extendit, et non tantum quæ ejus sunt, sed et ipsum Ecclesiæ suæ auferre molitur. Negat corpus Christi et sanguinem divini Verbi virtute vel sacerdotum ministerio confici; totumque inane ac supervacuum esse quidquid in altaris sacramento altaris ministri agere videntur, affirmat. Sed quia vestrorum nolo relator esse verborum, ipsi vestra proponite, quodque de his seducto a vobis populo prædicare soletis, lectoribus nostris et auditoribus aperite. Verba vestra, quæ ad nos pervenire potuerunt, ista sunt : *Nolite, o populi, episcopis, presbyteris, seu clero vos seducenti credere, qui sicut in multis, sic et in altaris officio vos decipiunt, ubi corpus Christi se conficere, et vobis ad vestrarum animarum salutem se tradere mentiuntur. Mentiuntur plane. Corpus enim Christi semel tantum ab ipso Christo in cœna ante passionem factum est; et semel, hoc est tunc tantum, discipulis datum est. Exinde neque confectum ab aliquo, neque alicui datum est.*

Audite quicunque aures ad audiendum habetis, audite doctrinam invincibili ratione subnixam. Audieram novorum apostolorum sententiam, et quia tam nova est, ut hos primos prædicatores habuerit, exspectabam eam magnis auctoritatibus muniri, validis rationibus roborari. Sed ecce portentuosus sermo, et humanas non tam penetrans quam terebrans aures, sic audacter et nudus omni ratione, destitutus omni virtute, se nobis non occulte, sed palam ingessit, ut vel Delphicus Apollo paganis, vel Moyses Judæis, vel Christus Christianis, responsa dare videantur. Quorum verba, quia apud cultores suos divina credita sunt, aut creduntur, ratione non egent, quoniam auctoritate plenissima vigent. Ubi enim deitas creditur, ratio non quæritur. Sufficit ipsa sibi, nec rationem de operibus suis seu verbis, reddere compellitur, quam nihil injuste agere, nihil absque ratione posse præcipere, certum tenetur. Sic doctores isti, sic, inquam, audacissimi hostes Christi, veneniferum dogma orbi Christiano propinant, et absque compage auctoritatum, absque nervis rationum, nugas suas, nugaces homines vestris, o auditores, sensibus infuderunt, ac si eis fidem dare, velut sacris oraculis, cogeremini. Quod si nullius divinitatis sibi conscii hæc et ita protulerunt, patet quia hæc et ita proferentes, sine sensu dæmonico non fuerunt. Sed jam ad ipsos verba vertantur, et non divino spiritu admonitis, sed dæmonico instigatis; imo ipsi per eos loquenti maligno spiritui, benignus sapientiæ spiritus respondeat, et non liberet maledictum a labiis suis. Venite ergo, venite, vos, cum quibus mihi communis campus est, pugiles mei; et post ictus, quos intulistis, eam, quam potero, vicem referte. Aderunt testes pugnæ nostræ, ipsi qui circumsteterint pugnatores; aderit et supernus inspector, qui non vires, sed causas pugnantium examinans, more suo non nisi justitiæ palmam dabit. Si hæresis hæc vestra Berengarianis limitibus contenta esset, quæ veritatem quidem corporis Christi, sed non sacramentum vel speciem aut figuram negabat, facile me hujus capituli labore expedirem, et non dico ad Ambrosium, Augustinum, Gregorium, antiquos et sanctos Ecclesiæ doctores, quos abjecistis, sed ad moderni temporis doctos et Catholicos viros, Lanfrancum, Guitmundum, Algerum vos mitterem, si saltem vel hos non pro majori auctoritate, sed pro temporis vicinitate et domestica cognitione, dignaremini legere, vel paterémini audire. Quorum alter archiepiscopus Cantuariensis, alter episcopus Aversanus, tertius ante canonicus et magister Leodiensis, dehinc nostro tempore monachus et presbyter in monasterio Cluniacensi, ubi etiam liber ejus habetur, puræ ac devotæ conversationis exstitit. Horum primus de veritate corporis et sanguinis Christi, quæ sacramentorum velamine tegitur, bene, plene, perfecte; sequens melius, plenius, perfectius; ultimus optime, plenissime, perfectissime disseruit, adeo ut nihil etiam scrupulosissimo lectori quærendum reliquerit. Istorum libri si a vobis legerentur, et lecti intelligerentur, vos vere a stulta pertinacia resipiscere cogerent, utpote qui multos errantes revocaverunt, multos dubios instruxerunt, multos etiam fideles in rectæ fidei regula confirmaverunt. Isti, inquam, libri vos et corrigere, et ad resipiscendum cogere possent, si ut supra dictum est, nihil deterius Berengarianis hæreticis sentiretis. Sed quia, ut dixi, errorem errore, hæresim hæresi, nequitiam nequitia superastis, non tantum veritatem carnis et sanguinis Christi, sed et sacramentum, speciem ac figuram negatis; et sic absque summi et veri Dei sacrificio, ejus populum esse censetis.

Eapropter sicut novus languor nova medela curandus, sic novus error novo opere confutandus est, ut quod a magnis viris fuerat prætermissum, quia nec auditum, quia nunc primum sonuit, nequaquam remaneat indiscussum. Respondet ergo vobis, o hostes Dei, Ecclesia Dei se neque absque sacrificio esse, nec illo suo sacrificio aliquid aliud quam corpus et sanguinem sui Redemptoris offerre. Offert quidem illa Domino Deo suo sacrificium spiritus contribulati, de quo Propheta : *Sacrificium Deo spiritus-contribulatus* (*Psal.* L). Offert sacrificium justitiæ, de quo idem : *Tunc acceptabis sacrificium justitiæ* (*ibid.*). Offert et sacrificium laudis, de quo qui supra, *immola Deo sacrificium laudis* (*Psal.* XLIX). Sed longe acceptabilius offert sacrificium, eum scilicet, qui, juxta Apostolum, per Spiritum sanctum semetipsum obtulit immaculatum Deo, ut emundaret conscientiam nostram ab operibus mortuis, ad serviendum Deo viventi (*Hebr.* IX). Offert Agnum Dei qui tollit peccata mundi (*Joan.* I), qui nec immolatus moritur, nec divisus minuitur, nec comestus consumitur. Offert ipsum pro seipsa, qui se obtulit pro ipsa, et quod ille fecit semel moriendo, hoc illa facit semper offerendo. Sed quia novi hæc magis dicenda esse fidelibus venerantibus, quam infidelibus irridentibus, recondantur interim margaritæ, ne a porcis conculcentur (*Matth.* VII), et cur sacrificare Deo cœli terrigenas prohibeatis, quanto nisu potestis, astruite. Cumque hoc sit cultus divini et subditi Deo animi præcipuum, et ab ipso Deo constitutum indicium, afferte, si qua pro vobis sunt, quæ nulla, ut credo, sunt, cur servos Domino, homines Deo, Conditori condita, Redemptori redempta, famulari non vultis, eique soli debitum et ab istis exhibendum venerationis genus reddi, quantis potestis nequitiæ viribus, non sinatis. An forte, quia parum emolumenti presbyterium vestrum, dum ut presbyteri ministraretis, vobis afferebat, profanare, pessundare, et distrahere cuncta ecclesiastica mysteria, et ministeria deliberastis? Ut quia pueros baptizare pigebat, eorum baptisma negaretis, quia laboriosum erat cruces dolare, crucifixos pingere vel sculpere, idcirco eos incenderetis, quia sumptuosum erat ecclesias fabricare, eas destrueretis, quia non ad votum parochiani vestri nummis vel cereis manus vobis et sinus farciebant, altaris sacrificium annullaretis? An quia alter vestrum de Ecclesia, quam tenebat, scit ipse quare ejectus, alter monachum deserens apostata factus est, injurias illatas ulcisci cupientes, ut Porphyrius philosophus a Christianis cæsus, in Christum blasphemi, in Christianos seductores et impii esse proposuistis? An quia tenebræ vos ignobilitatis tegebant, ut antiquus ille templi Dianæ succensor, de obscuris clari, de ignotis noti, de contemptibilibus famosi, astu non sensu, audacia non virtute, iniquitate non probitate, fieri delegistis? Sed retineatur impetus indignantis animi, ne illo nimium effluente proposita differantur.

Dicite, quæso, cur sacrificia Christiana vobis Christianis, si tamen hoc estis, non placent, cum signo sacrificiorum semper suos Deus ab alienis secreverit, cum divinam servitutem ab humanis obsequiis hoc signo discreverit, cum honorem Creatori singulariter debitum ab eo honore quo se invicem rationalis creatura prævenire, juxta Apostolum, debet (*Rom.* XII), hoc maxime signo distinxerit. Recolite antiqua sæcula, generationem sanctorum ab Adam usque ad Christum discutite, invenietis aut nullos aut raros absque ritu sacrificiorum Deum coluisse, quia quicunque justitia Deo placebant, statim eum sacrificiorum veneratione colebant. Videbitis certe primum illum et justum Abel Deo munera offerentem, Deum super ejus munera inflammantem (*Gen.* IV); Noe post diluvium, novi sæculi primordia sacrificiis dedicantem (*Gen.* VIII); Abraham post vaccam triennem, capram trimam, et arietem trium annorum, turturem quoque et columbam, quæ Deo obtulit (*Gen.* XV); etiam filium colligatum in altari super struem lignorum, ad immolandum collocasse, sed ne vota compleret, ab ipso, qui hoc præceperat, prohibitum fuisse (*Gen.* XXII). Post Abraham offerentem et Isaac oblatum, videbitis et Jacob motum visione Dei et angelorum, in divinitatis, quam viderat, honorem, erexisse lapidem, et fudisse oleum desuper, ac dixisse : *Vere Dominus est in loco isto, et hæc domus Dei est, et porta cœli* (*Gen.* XXVIII). Cognoscetis et in terra Hus, hoc est inter gentiles, cui non erat similis suo tempore super terram, simplicem et rectum Job diluculo consurgentem, et pro singulis filiis holocausta offerentem, dicentemque : *Ne forte peccaverint filii mei* (*Job* I). Procedetis inde usque ad magni Moysi tempora, et totam Hebræorum stirpem, de qua Salvator, cui repugnatis, secundum carnem nasciturus erat, invenietis a Deo per Moysen sacrificiorum diversis ritibus et innumeris substratam; et pro peccato, et pro dilecto, pro purgatione, pro emundatione, boum, vitulorum, agnorum, ovium, arietum, hircorum, turturum, columbarum, diversorum quadrupedum et volucrum, hostias pene assidue offerentem, in tantum ut, juxta quod Apostolus ait, sine sacrificiis et sanguinis effusione non fieret remissio peccatorum (*Hebr.* IX). Legite Leviticum, si tamen vel ejus nomen vobis notum est, imo legite totum Pentateuchum, qui lex proprie dicitur, totamque Veteris Testamenti seriem recensete : quæ docebit quod ignoratis, sanctis regibus, ducibus, prophetis, sacerdotibus, Deum per sacrificia frequentia responsa dedisse, eique hostias eorum gratas acceptasque fuisse, aut fumo quo adumbrabat, aut nebula qua tegebat, aut igne quo absumebat, aliisque indiciis declarasse. Hinc in Salomonis dedicatione et sacrificio, quando ovium centum millia, boum viginti millia oblata sunt, per nebulam gloria Domini implevit domum Domini (*III Reg.* VIII; *II Par.* V, VII). Hinc super Eliæ holocaustum cœlestis flamma descendens, non solum bovem oblatum, sed et ligna altaris et lapides usque ad cinerem consumpsit, talique signo acceptum Deo Eliæ sacrificium monstravit (*III Reg.* XVIII). Hinc in consecratione eremitici tabernaculi, legitur : *Postquam omnia perfecta sunt, operuit nubes tabernaculum testimonii, et gloria Domini implevit illud; nec poterat Moyses ingredi tectum fœderis, nube operiente omnia, et majestate Domini coruscante, quia cuncta nubes operuerat* (*Exod.* XL). Quod profecto tabernaculum, non nisi ad adorandum Deum, et sacrificandum ei ab ipso Deo per Moysen constructum, erectum et sanctificatum fuerat. Hinc Isaias in visione, quamvis spirituali, solii excelsi et elevati, post alata seraphim et clamantia : *Sanctus, sanctus, sanctus, commota sunt*, inquit, *superliminaria cardinum a voce clamantis, et domus impleta est fumo* (*Isa.* VI).

Habetis, si advertitis, antiquorum sacrificia in tantum Deo placuisse, ut non solum ipsa, sed et loca in quibus fiebant, construeret, benediceret, consecraret; et constructa, benedicta, consecrata, fumo, nebula, igne, aliisque, ut dixi, indiciis glorificaret. Neque enim sacrificia propter templum vel altare celebrantur, sed templum et altare propter sacrificia construuntur, consecrantur, ornantur, glorificantur. Ipsa vero sacrificia ad illum tantummodo referuntur, cui soli absque alio comparticipe exhibentur. Hæc enim sacrificiorum servitus, hic soli deitati deferendus honor, hic divino tantum nomini exhibendus cultus, omnem pro Creatore respuit creaturam, quia sicut incommunicabilis est majestas cui offertur, sic omnem respuit communionem etiam quod offertur. Signatur hac servitutis proprietate soli Deo subditus homo, ut nihil supra se juxta originis suæ conditionem nisi Deum intueatur, a quo solo initium, et in quo indeficientem finem se habere cognoscens, ut auctori, rectori, remuneratori subdatur, obediat. Signatur hoc exteriori obsequio interior animi affectus, qui nullatenus agnosceretur, nisi signis extrinsecis indicaretur. Signatur hoc officio utraque hominis substantia subjecta Deo, ut cum illa devotione Deum amplectitur, ista operatione Deo famulatur, totus homo ei subjectus esse monstretur : et ut veraciter dicere possit : *Nonne Deo subjecta erit anima mea?* (*Psal.* LXI.) Et : *Cor meum et caro mea exsultaverunt in Deum vivum*

(*Psal.* LXXXIII). Idcirco nulli creaturæ, non dico inanimatæ, non dico insensibili, non dico irrationali, sed nec ipsi rationali et beatæ, sacrificiis honorari concessum est. Non angelo, non homini, nec ipsi altissimo ordini seraphim hoc datum est, quia signum quod inter mortales Conditorem a conditis secernit, merito semper incommunicatum permansit. Noverant hoc beati apostoli Barnabas et Paulus, qui volentes sibi sacrificare Lycaonios cum detestatione prohibuerunt; et quia hostias jam paraverant, vestimenta sciderunt (*Act.* XIV). Sciebant hoc nulli concessum, sciebant etiam minaciter ab ipso Deo prohibitum, qui tam de his qui non Deo sacrificant, quam de his quibus sacrificant, per Scripturam suam ait : *Sacrificans diis eradicabitur, nisi Domino soli*; et : *In diis Ægypti faciam ultionem*. Et de utrisque : *Similes illis fiant qui faciunt ea, et omnes qui confidunt in eis* (*Psal.* CXIII). Nam superbi et a Deo refugæ spiritus divinitatem Deo invidentes, sibi usurpantes, ut cæcos homines, et longo exsilii sui tempore Dei factos immemores, plene a Deo averterent, quod solius Creatoris, ut dictum est, erat, creaturæ exhiberi persuaserunt, et tam sibi quam mortuis hominibus sacrificia publica instituerunt. Et ut majoribus contumeliis imaginem Dei ad ejus dedecus deludendo subjicerent, etiam creaturis irrationalibus miseros homines servire coegerunt. Itaque in rationali animante rationem sopierunt, ut canibus, volucribus, bestiis repentibus servientes, et quibus prælati fuerant, se sponte subdentes, nec homines se esse recordarentur. Unde Apostolus : *Mutaverunt*, inquit, *gloriam incorruptibilis Dei in similitudinem corruptibilis hominis, et volucrum, et quadrupedum et serpentium* (*Rom.* I). Nec his contenti, ad ignobiliora eos traxerunt, et servos eos etiam insensibilium effecerunt. Inde liber Sapientiæ : *Etenim*, ait, *in erroris via diutius erraverunt, deos æstimantes hæc quæ in animalibus sunt supervacua, infantium insensatorum more viventes. Propter hoc tanquam pueris insensatis, judicium in derisum dedisti* (*Sap.* XII). Et item : *De his quæ videntur bona, non potuerunt intelligere eum qui est, neque operibus attendentes, agnoverunt quis esset artifex; sed aut ignem, aut spiritum, aut citatum aerem, aut gyrum stellarum, aut nimiam aquam, aut solem, aut lunam, rectores orbis terrarum deos putaverunt* (*Sap.* XIII).

His omnibus decepti homines Dei gloriam tribuebant, eaque cultu divino ac sacrificiis honorabant, contra eum qui dixit : *Gloriam meam alteri non dabo, neque laudem meam sculptilibus* (*Isa.* XLII). Quorsum ista? ut videntes patres antiquos et omnes priorum temporum justos, Deo per justitiam et sacrificia placuisse, ut attendentes Deum sibi soli ea fieri præcepisse, ut audientes eum diis alienis sacrificantes eradicasse, agnoscentes, inquam, per sacrificia maxime, Deo deitatis honorem a sanctis omnibus, sæculis omnibus exhibitum, concedatis quod hactenus prohibuistis, et debitum Deo sacrificiorum munus offerre nostri sæculi homines permittatis. Ut quid enim prohibentur filii sequi patres suos? Cur quos fide imitantur, præcipuo fidei signo imitari non sinuntur? An forte Judæorum sacrificia Deus approbat, et Christianorum reprobat? Nonne magis circa eorum sacra nauseat, dicens per Isaiam : *Plenus sum, holocausta arietum, et adipem pinguium, et sanguinem vitulorum, et agnorum, et hircorum nolui?* (*Isa.* I.) Nonne et per alium Prophetam ait : *Non accipiam de domo tua vitulos, neque de gregibus tuis hircos?* (*Psal.* XLIX.) Nonne et per Malachiam loquitur : *Non est mihi voluntas in vobis, et munus non suscipiam de manu vestra?* (*Mal.* I.) Quod dicens, non sacrificia illi tempori data respuit, sed pravam vitam ea offerentium arguit. Unde et per Isaiam subdit : *Manus enim vestræ sanguine plenæ sunt* (*Isa.* I). Mirum valde si præcipuus, ut jam dictum est, deitatis cultus Deo nostro tempore non defertur, qui omni ante nostra tempora tempore, summo studio, sollicita devotione frequentabatur. Mirum si Christiani a sacrificiis uni Deo offerendis arcentur, cum patriarchæ, prophetæ, Judæi, gentiles, fideles ab ipso Deo ipsi Deo sacrificare cogantur. Mirum nunc primum de mundo divina auferri sacrificia, cum nunquam mundus in retroactis generationibus suis absque sacrificiorum sacris fuerit. Nam nec in profundis ignorantiæ et nequitiæ suæ tenebris ita a Deo periit, ut non haberet aliquos, etsi paucos, qui et per justitiam Deum colerent, et per sacrificia eum se colere demonstrarent. At nunc si novam vestram doctrinam mundus exaudiat, faciet quod nunquam fecerat, et more captivati illius populi, sedebit absque lege, absque rege, absque sacerdotio, absque ephod, et theraphin. Cumque Deo sacrificare cessaverit, et ipse Dei esse cessabit. Erit his temporibus gratiæ, quod nunquam fuit nec tempore iræ, ut, Christianis Deo sacrificare cessantibus, cultus qui semper in mundo fuerat, omnino de mundo pereat; et qui Deum ritu suo colens, Deo esse subditus probatur, cultum ejus abjiciens, absque aliquo Deo prorsus esse videatur. Nam cum sint in nostris diebus quatuor in mundo præcipuæ diversitates sectarum, hoc est Christianorum, Judæorum, Saracenorum et paganorum, si Christiani non sacrificant, jam nullus in mundo sacrificat. Judæi enim, more suo bovinis oculis omnia intuentes et more asinino legis Dei onera ferentes, non fructum capientes, nusquam sacrificant, quia Jerosolymis tantum dicunt esse locum, ubi per sacrificia Deum honorare et adorare oportet. Quam quia eis contrario per mille et centum annos, inhabitare prohibiti sunt, sacrificare desierunt. Saraceni, ab omnium seductorum sublimissimo seductore seducti, et inter Judaicam et Christianam legem submergendi fluctuantes, circumcisionem suscipiunt, lavacris frequentibus utuntur, certis horis die, certis nocte, orationi, maxime post cibum et potum, ut fertur, incumbunt luxui omnino frena relaxant.

* Cumque his et innumeris superstitionibus tota pene Orientalis et Africana regio ab illo nequam Mahumet decepta, per quingentos et fere quinquaginta annos inserviat, et Christum Deum flatu, ut aiunt, divino, natum de Virgine, sancte vixisse, vera docuisse, mira fecisse fateantur, de sacrificiis apud nos nec præcepta aliqua habentur, nec aliqua licet parva jam eis pro sacrificio offeruntur. Omnipotentem tamen Deum rerum omnium conditorem se adorare dicunt, cui tamen, ut dixi, nullos sacrificiorum ritus exhibent. Pagani, licet pauci et orbi terrarum incogniti, cum in aquilonis extremis finibus, atque sub gelido axe lateant, et loca, ut fertur, Mæotidis paludibus vicina inhabitent, quoniam ignorant ipsos idolorum errores, et nomina, ritus, sacrificia incognita habent, equos, asinos, porcos, gallos vel quodcunque mane de lectulo surgenti occurrerit, toto illo die pre Deo adorant, sicque non perpetuos, nec saltem annuos, sed, ut ita dicam, deos diarios vel horarios colunt. Et cum flendi homines ignominiosius aliis a diabolo his et multis modis nobis ignotis deludantur, sacrificia tamen nec Creatori nec creaturæ exhibent; sed quod innatus error docuit, absque omnium sacrificiorum notitia custodiunt. Cum ergo nec apud Judæos, nec apud Saracenos, nec apud paganos sacrificia observentur, si nec Christianis conceduntur, signum illud singulare deitatis, quo ab initio, ut jam dixi, divina servitus ab humana secernitur, periit; cum in nulla gente, in nulla parte orbis terrarum inveniri jam possit. Sed forsitan minus Deo obnoxia sunt moderna tempora quam priora, ut honorem, quem antiqua sæcula Deo exhibuerunt, solvere isti contemnant. Et juste. Juste, inquam, juste, quæ majora acceperunt, minora reddere debent; quæ numerosiore summa debiti constringuntur, minimam quantitatem solvere compelluntur, et contra Jesu Christi vocem quæ dicit : *Cui minus dimittitur, minus diligit* (*Luc.* VII), et contra opinionem Simonis Pharisæi dicentis ; quia is donatorem debiti plus diligit cui plus donavit : unde dictum est : *Recte judicasti* (*ibid.*). Contra has Domini et Pharisæi sententias, minus Deo debet Christianus quam Judæus, minus tempus apostolicum quam propheticum, minus totus orbis substratus voci evangelicæ quam unus populus subjectus legi Mosaicæ. Et ubi est Salvator gentium illis promissus, nobis exhibitus; illis oblatus, nobis natus; illis ablatus, nobis datus? Ubi est sanguis Testamenti æterni, qui ab illis ad nos defluxit, qui per illorum fistulam ad nos decucurrit, qui limosam, per quam currebat, derelinquens canalem, nos de limo factos et canali suppositos, ab omni limo et sorde purgavit? Ubi est, secundum Apostolum, *mysterium quod absconditum fuit a sæculis et generationibus; nunc autem manifestum est sanctis ejus, quibus voluit Deus notas facere divitias gloriæ sacramenti hujus in gentibus, quod est Christus spes gloriæ* (*Coloss.* I). Ubi est, juxta eumdem, virtus sacramenti Dei temporibus æternis taciti? (*Ephes.* III.) Ubi velum templi scissum, et quæ diu velata fuerat

revelata? Ubi regnum cœlorum, de quo rex cœlorum : *Pœnitentiam*, inquit, *agite, appropinquabit enim regnum cœlorum?* (*Matth.* III.) Nunquid hæc tam felicia tempora, et, ut verbo poetico utar, aurea sæcula, quibus Pater mundi misertus, quibus Filius pro mundo oblatus, quibus Spiritus Altissimi mundo infusus, quibus mors exstincta, quibus vita reddita, quibus justitia reparata, quibus resurrectio præparata, minus aliquid prioribus sæculis Deo debent? Non plane, non toto mundo conclamante, non minus ei debent, cui non solum ex conditione, sed, quod charius est, ex redemptione, et se et quæ jure possunt omnia debent. Quod si omnia, tunc et sacrificia.

Ratione igitur necessaria cogente, quæ auferre Catholicis volebatis, necessario, o hæretici, sacrificia reddetis. Reddetis ea ratione, reddetis ea, quod apud nostros robustius est, auctoritate non ficta, sed veraci; non terrena, sed cœlesti; non humana, sed divina. Irritatus Deus diuturnis malis Judaici populi, quibus et in Deum impii et in homines erant iniqui, nec ferens ultra promissiones spirituales ac cœlestes a terrenis et carnalibus conculcari, elegit eis successores, qui quod illi respuebant susciperent, qui quod nolebant vellent, qui vineæ fructum redderent temporibus suis. Elegit pro uno populo omnes gentes, pro particula Syriæ universum orbem terrarum, atque per Filium suum, hujus magni consilii Angelum, legem suam, cultum suum, sacrificia ei tradidit; et eo mediante mundum a morte eripiens, immortali vitæ restituit. Hæc ut absque scrupulo aliquo vera esse crederentur, et suo tempore susciperentur, per nuntios suos multifarie multisque modis prædixit. Et quis universa enumeret? Sed quod ad cultum, de quo agitur, pertinet, audite David in spiritu Dei loquentem : *Omnes, ait, gentes quascunque fecisti, venient et adorabunt coram te, Domine* (*Psal.* LXXXV); et : *Adorabunt eum omnes reges, omnes gentes servient ei* (*Psal.* LXXI); et : *Omnes gentes plaudite manibus* (*Psal.* XLVI); et : *Regnabit Deus super gentes* (*ibid.*); et : *Dicite in nationibus : Quia Dominus regnavit* (*Psal.* XCV), et centum similia. Sed hoc de adorando Deo. Item de sacrificando : *Afferte Domino patriæ gentium, afferte Domino gloriam et honorem; afferte Domino gloriam nomini ejus. Tollite hostias et introite in atria ejus* (*Psal.* XXVIII); et Isaias : *Veniet omnis caro ut adoret coram facie mea, dicit Dominus* (*Isa.* LXVI); et Malachias : *Ab ortu solis usque ad occasum, magnum est nomen meum in gentibus; et, in omni loco offertur nomini meo oblatio munda, quia magnum nomen meum in gentibus, dicit Dominus exercituum* (*Mal.* I). Et quid ultra vobis, o bruti homines, restat quærendum? Nonne videtis sicut legem, sic sacra, sic sacrificia, sic cultum omnem divinum, a Judæis ad gentes translatum? Etsi non eodem ritu celebrantur apud nos sacra, sunt tamen sacra; si non eodem ordine constant sacerdotia, sunt tamen sacerdotia; si non de eisdem rebus fiunt sacrificia, sunt tamen sacrificia, quia alio quidem modo, sed non alii Deo sacrificia celebrantur, sacerdotia ordinantur, sacrificia exhibentur. Cessate ergo, cessate jam insanire, quia nulla auctoritas, nulla ratio patitur, ut minus Deo honoris deferant Christiana tempora quam Judaica, quoniam quæ plus munerum acceperunt, non minus, sed magis obsequi debent eorumdem munerum largitori. Unde, vere dignum et justum est ut qui ei hoc gratiæ tempore aliis, sed non inferioribus ritibus famulantur, eum hoc supremo et divino sacrificiorum cultu devotius venerentur. Jam quia per Dei gratiam constat Christiana sacrificia non tollenda, utrum talia esse debeant qualia offeruntur nihilominus est videndum. Sacrificium Christiani orbis non multiplex est, sed simplex; non plura, sed unum, quia sicut in toto mundo unus tantum est populus Christianus qui illud offert, et unus Deus cui offert, et una fides per quam offert, ita et ipsum unum est, quod offert. Cessit pluralitas Judaicarum hostiarum unitati victimæ Christianæ, quæ quia non poterat perfectum facere servientem multiplicitate sua, provisa est a Deo hostia, quæ offerentes mundaret, sanctificaret, perfectos faceret simplicitate sua. Bos, vitulus, aries, agnus, capra, hircus carnibus et cruore implent altaria Judæorum; solus Agnus Dei, qui tollit peccata mundi, altari superponitur Christianorum.

Audite non me, sed Apostolum Dei : *Pascha*, inquit, *nostrum immolatus est Christus* (*I Cor.* V). Hoc est, Pascha Judæorum est immolatus agnus. Pascha vero nostrum, hoc est Christianorum, est immolatus Christus. Hoc ergo unicum Christianorum sacrificium, Christus est. Hoc sacrificium Christiano tempori servabatur. Hoc, inquam, servabatur tempori gratiæ, quod congruum non fuerat, dari in tempore iracundiæ. Habuit bovem Judæus, habet Christum Christianus; cujus sacrificium tanto Judaicis victimis excellentius est, quanto Christus bove major est. Congrua tunc fuit servilis hostia servis; servata est nostris diebus liberatrix victima jam filiis et amicis, quibus in Evangelio dicitur : *Filioli, adhuc modicum vobiscum sum* (*Joan.* XIII) et : *Jam non dicam vos servos, sed amicos* (*Joan.* XV). Respersus est textus divinæ legis innumeris testimoniis, quod multiplicitas antiquarum hostiarum hanc unam Evangelii hostiam designabat. Et quia impossibile erat sanguine agnorum et hircorum auferri peccata (*Hebr.* X), ipsa lex, quæ multa illa mandaverat, omnes ad hanc unam victimam transmittebat. De hac David : *Elevatio manuum mearum, sacrificium vespertinum* (*Psal.* CXL); et Isaias : *Oblatus est, quia ipse voluit* (*Isa.* LIII); et Petrus : *Non auro vel argento redempti estis, sed pretioso sanguine quasi agni incontaminati et immaculati Jesu Christi* (*I Petr.* I); et Paulus : *Hoc fecit semel se offerendo Dominus Jesus Christus* (*Hebr.* VII). Sed scio nomine oblationis, sacrificii, victimæ, holocausti et similium passionem ac mortem Domini designari, nec vos hoc unquam negasse audivi. Et ideo his nominibus mors ejus signatur, quia sicut morte animalium oblatorum peccata purgari dicebantur, sic morte ipsius totius mundi peccata tolluntur. Et quia dicit Apostolus : *Semetipsum obtulit immaculatum Deo* (*Hebr.* IX). Dicitur ipse offerre seipsum, quoniam non coactus, sed sponte tradidit in mortem animam suam. Deo vero seipsum hoc modo obtulit, quia mors æterna hominis non nisi temporali morte Dei et hominis dissolvi poterat. Benignus enim Deus, cujus universæ viæ misericordia et veritas (*Psal.* XXIV), sic existens justus ut non desinat esse misericors, sic misericors ut justus semper permaneat, in rebus, quas creavit, nec etiam mala, quæ non creavit, inordinata esse permisit. Unde peccatum hominis, quod velut aliunde in regnum ejus se non juste immiserat, juste ordinans, peccatorem damnavit, ac sempiternæ felicitatis profugum, miseriæ ac morti æternæ contradidit. In tantum quippe reus factus fuerat, ut omnino culpa ejus in regno ejus ordinatissimo inordinata remaneret, si minore quam æterno supplicio Dei justitia peccatorem puniret. Nec jam justitia dici posset, quæ meritis condigna non redderet. Ea de causa propago humani generis in radice corrupta, sicut vitium, sic et ejus damnationem ab origine traxit, et tota simul per longa sæcula lege justitiæ morti æternæ subjacuit. Misertus tandem Deus essentiali bonitate sua perdito homini, et eum salvare volens, sed nisi juste nec volens nec valens, dum in æterno consilio suo quæreret qualiter misero salva justitia, misereri valeret, hoc potissimum occurrit, quo et justitia servaretur, et homo liberaretur, et gratia augeretur, et Deus glorificaretur.

Misit itaque Deum Filium ad filios hominum, ut humanam naturam induens, et humanis vitiis medens, in carne assumpta, non peccatum, sed pœnam peccati, mortem scilicet corporalem susciperet: et ita simplici sua illius duplam, horaria sua illius sempiternam excluderet. In qua dispensatione, misericordia misereretur, justitiæ nil detraheretur, dum pro æterno supplicio hominis temporale supplicium Dei et hominis, pro æterna morte hominis temporalis mors Dei et hominis ei offerretur. Quæ tanti ponderis in ipsa ipsius justitiæ lance esse cognoscitur, ut ad juste ordinanda mundi peccata longe magis præponderet mors transitoria filii Dei, quam æterna filiorum hominum. Plus plane redditum est justitiæ quando Christus mortuus est, quam sit recompensatum quando homo damnatus est. Habet ergo justitia quidquid suum est, quia Dei Filius pro peccatis hominum mortuus est. Ita justitia quæ diu saluti humanæ obstiterat, tandem misericordiæ cessit, et quæ per aliquot millia annorum diverso itinere incesserant, misericordia et veritas in via (quæ Christus est) obviaverunt sibi; et quæ velut sibi adversæ fuerant, homine condemnato, eo jam salvato, justitia et pax se osculatæ sunt (*Psal.* LXXXIV). Sic, juxta Joannem Baptistam : *Agnus Dei tulit peccata mundi* (*Joan.* I). Sic juxta Petrum Apostolum : *Peccata nostra ipse pertulit in corpore suo super lignum, ut peccatis mortui, justitiæ vivamus, cujus,* juxta prophetam Isaiam, *livore sanati sumus* (*I Petr.* II; *Isa.* LIII). Hoc est nostrum sacrificium, hoc legis evangelicæ, hoc Novi Testamenti, hoc novi populi holocaustum; quod tunc semel in cruce a Dei et hominis Filio Deo oblatum est; et quod semper in altari ab ipsius populo offerendum, ab eodem præceptum et institutum est. Non enim aliud tunc oblatum est, aliud nunc offertur, sed quod dictum est, *semel Christus obtulit* (*Hebr.* VII, IX), hoc semper Ecclesiæ suæ offerendum reliquit. Et quia jam expeditior via se præbuit, per quam liberior sermo ad ostendendum et confutandum stultissimum errorem decurrat, audite non me, sed Dominum ; non Christianum, sed Christum; non hominem tantum, sed Deum. Audite eum ; quem qui non audierit, exterminabitur de populo suo. Dic, Domine Jesu, Deus noster, Salvator noster, Sacerdos noster, Hostia nostra. Dic, responde adversariis testamenti tui, qui volunt rescindere quod statuisti, eradicare quod plantasti, destruere quod constituisti. Dic, forsitan acquiescent tibi qui Ecclesiæ tuæ resistunt, verebuntur faciem tuam qui tuis irreverenter obviant, et si oves tuæ sunt, vocem tuam audient ? (*Joan.* X.) Ignosce et mihi præsumptuose interroganti, sed tamen pro Ecclesia tua, columba tua, sponsa tua, quam isti violare conantur, zelanti. Plane isti Redemptorem te negant, qui pretium redemptionis humanæ, quod nobis dedisti, corpus dico tuum, redemptis auferre contendunt. Volunt rursum vincire a te olim solutum nodum captivitatis, dum largitorem respuunt libertatis.

Dic ergo, Domine, testator novi et æterni testamenti, utrum testamentum hoc unius diei, sicut isti dicunt, esse volueris, an potius æternum esse decreveris. Audiant isti non me, sed te, ut convertantur non ad me, sed ad te. Quid ergo ? In cœna ultima, quam cum discipulis tuis vetus Pascha novo commutans celebrasti, accepisti panem, gratias egisti, fregisti, dedisti discipulis tuis. Sed quid dixisti? *Accipite ; hoc est corpus meum, quod pro vobis tradetur* (*Luc.* XXII). Et quid addidisti? *Hoc facite in meam commemorationem* (*ibid.*). Similiter et calicem postquam cœnasti, dicens : *Hic est sanguis meus Novi Testamenti, qui pro vobis et pro multis effundetur in remissionem peccatorum* (*ibid.*). Audistis? Nolite fieri simulacra, quæ oculos habent, et non vident, aures habent et non audiunt (*Psal.* CXIII ; CXXXIV). Auditis hoc non a quolibet doctore, sed ab illo, de quo Pater clamans præcipit : *Ipsum audite* (*Matth.* XVII ; *Marc.* IX ; *Luc.* IX). Audistis eum dantem corpus. Sed quod corpus? Sunt enim corpora cœlestia et corpora terrestria ; et quidquid visui, auditui, olfactui, gustui, tactui hic subjacet, corpus est. Unde ne quis putaret animalis cujuslibet, aut hominis cujuslibet hoc esse corpus, ad excludendum omne aliud sensibile, vel insensibile corpus, postquam dixit : *Accipite, hoc est corpus,* adjunxit, *meum.* Suum ergo, non alterius corpus discipulis dedit. Rursus ne forte alicui cogitatio occulta subreperet [subriperet] potuisse creare in manibus suis corpus, quod suum quidem esset, sed tamen quod ipse erat, non esset, addidit, *quod pro vobis tradetur.* Ac si diceret : Nolite dubitare, nolite hoc vel illud vobis fingere, nolite aliud et aliud cogitare, quia hoc est corpus, non alterum, aut alterius, sed meum; non permutatum, vel noviter creatum; sed quod pro vobis tradetur, pro vobis crucifigetur, pro vobis morietur. Sic et de calice : *Hic est,* ait *sanguis.* Non bovis aut arietis, non agni aut cujuslibet hominis, sed meus, non alius, vel nova creatione productus, sed qui pro vobis fundetur, flagellis provocatus, clavis extortus, lancea excussus. Quid ad demonstrandam veritatem corporis et sanguinis Domini dici potuit clarius, lucidius, manifestius? Nonne et longe ante passionem commendans magnificum et salutare sacramentum, discipulis et Judæis sæpe dicebat : *Nisi manducaveritis carnem Filii hominis, et biberitis ejus sanguinem, non habebitis vitam in vobis (Joan.* vi)? et : *Panis quem ego dabo, caro mea est? (ibid.)* et : *Caro mea vere est cibus, et sanguis meus vere est potus? (ibid.)* Hoc quare? ut si nomine corporis circa diversa corpora cogitando vagaris, audito carnis nomine, ab innumera corporum multiplicitate revoceris. Rursus audito nomine Filii hominis, non alterius alicujus carnem existimes, nisi illius, qui cum esset Dei Filius, singulari gratia, solitaria operatione factus est hominis filius. Unde quia tenacissime recolendum, quia unice amplectendum est, tantum tantæ misericordiæ opus, tacito sæpe nomine Filii Dei quod per se est, nomen filii hominis frequentat quod pro nobis est. Idcirco vocat carnem, ne quodlibet corpus putetur; idcirco filii hominis, ne alterius quam sua æstimetur. Sed forte impossibile putatur ut vel panis in carnem, vel vinum commutetur in sanguinem. Fortassis et hoc cogitatur, illius unius corporis Christi finitam satisque modicam quantitatem morsibus totius mundi per tanta sæcula non posse sufficere. Hoc enim est, quod quondam Berengarium dixisse audivi. Nam forte Andegavis constitutus, et de hoc corporis Christi sacramento cum quibusdam agens : *Si,* inquit, *corpus Christi tantæ fuisset magnitudinis, quantæ turris hæc quæ in conspectu nostro immensa mole attollitur, a tot totius orbis populis comestum, ante multa jam annorum spatia defecisset.* Quantum perversus, tantum perversa locutus !

Sed quid respondendum est eis qui nihil volunt Deum posse, nisi quod possunt, nihil scire nisi quod sciunt, nil agere nisi quod agunt? Quid respondetur eis, qui æternæ sapientiæ altitudinem, qui divinæ virtutis omnipotentiam sic coarctare nituntur, ut si eis assensus præbeatur, sapientia Dei et omnipotentia pereunte, Deus jam Deus esse non

possit? Quid dicetur surdis, et audire nolentibus, prophetam clamantem : *Quis cognovit sensum Domini, aut quis consiliarius ejus fuit? (Isa.* xl.) et in alio loco : *Quæ est via sapientiæ, aut quis locus intelligentiæ? abscondita est ab oculis omnium viventium (Job* xxviii). Et alius : *Quis transfretavit mare et adduxit eam, et attulit super aurum electum? (Baruc.* iii.) Nonne a mari usque ad mare, et ab ortu solis usque ad occasum, totus mundus insonat : *Omnia quæcunque voluit Dominus fecit in cœlo et in terra, in mari, et in omnibus abyssis?(Psal.* cxxxiv.). Et quis universa enumeret? Sed aspice teipsum quicunque supernis miraculis non credis, o homo; attende prius sapientiam et virtutem tuam, et demum incipe pensare divinam. Certe gradus faciens in creaturis suis Deus, et alias aliis præferens, alias aliis subdens, omnem tibi corpoream creaturam subdidit, et ratione quod nulli corporeæ substantiæ præstiterat insignivit. Unde virtute plurimas, sapientia universas exsuperas. Quantis enim repentibus, volucribus, quadrupedibus, potentia superior sis, agnoscis. Quod terrenis omnibus scientia antecellas, non dubitas. Prælatus es ergo mundo, sed prælatus est tibi Conditor mundi. Prælatus est tibi sapientia, prælatus est tibi potentia : Sapientia, quia tua maximis angustiis coarctatur; illius vero *attingit a fine usque ad finem fortiter, et disponit omnia suaviter (Sap.* ix); potentia, quia tua quotidie et multiformiter succumbit; illius, ut dictum est, *quæcunque voluit fecit.* Esto ergo Deo tuo, quod est jumentum tuum tibi. Non nititur illud perscrutari secreta tua, non coneris temerare arcana Dei tui. Nescit illud quomodo disponas iter, qualiter ordines bellum, quos primos, quos medios, quos ultimos in certamine constituas, quo consilio post multum sanguinem paci acquiescas, quomodo rei familiari, domui, conjugi, natis, familiæ, ne egeant provideas. Et ut majora, quia sic res postulat; aggrediar, ignorat quo tempore semina seri, quo sata et aucta meti debeant, quo vites plantari, quo putari et purgari oporteat, quid ver, æstas, autumnus, et hiems invicem commune, quid proprium habeant. Non advertit qualiter mentis vivacitate non tantum terrena, sed et cœlestia comprehendas; Lunæ, Solis, Mercurii, Veneris, Martis, Jovis, Saturni, quæ sunt antiquæ superstitionis vocabula, aliorumque siderum cursus, loca, tempora distinguas; annorum, mensium, dierum, horarum, particularum, punctorum quantitates et spatia dijudices; qualiter calore, frigore, humore, siccitate, vel dilatent, vel contrahant, vel humectent, vel desiccent res humanas, rationis subtilitate discernas. Non disputat de cogitationibus tuis, non de verbis tuis, non de operibus tuis. Judicat non intellectu, sed natura aliquid tibi concessum esse, quod ipsi penetrare non liceat. Et idcirco quamvis nihil horum intelligat, non murmurat, non recalcitrat, non sibi universa pandi ratione expostulat; sed tibi domino obedienti imperanti, absque quæstione his quæ jubentur obtemperat. Docet, ut de vilioribus animalibus loquar, asinus tuus, quid te velit facere Dominus Deus tuus, cujus si secreta penetrare volueris, ejus jumentum esse non poteris, de quo psalmus, *ut jumentum factus sum apud te* (*Psal.* LXXII). Serva ergo Deo tuo quod tibi vis servari ab asino tuo, neque altiora te quæsieris, vel fortiora te perscrutatus fueris, sed ea cogita semper quæ Deus præcipit, et in multis operibus ejus ne fueris curiosus (*Eccli.* III). Et sicut item Salomon ait : *Comede mel quod sufficit, ne forte satiatus evomas illud* (*Prov.* XXV), quia secundum eumdem : *Qui scrutator est majestatis, opprimetur a gloria* (*ibid.*) Itemque : *Averte oculos tuos a me, quia ipsi me avolare fecerunt* (*Cant.* V); et juxta David : *Accedet homo ad cor altum, et exaltabitur Deus* (*Psal.* LXIII). Hæc omnia majestati Dei superbiam tuam, sapientiæ Dei stultitiam tuam, virtuti Dei infirmitatem tuam ut dignum est subjiciunt, neque aliquid contra ipsum stultum loqui, vel non audendum audere permittunt.

Sed licet auctoritatibus et ratione obstructum jam debeat esse os loquentium iniqua, ne insipientiam vel imbecillitatem creaturæ Creatoris sapientiæ, vel virtuti Dei audeant comparare, subjiciantur tamen exempla, quibus, si omnino bestiæ aut impii non sunt, eorum non solum auribus, sed et oculis satisfiat. Vide igitur, quisquis in sacramento Ecclesiæ panem in Christi carnem, vinum, in ejus mutari sanguinem, aut non credis, aut dubitas, quia vel de voluntate ejus, vel de potentia, vel de utroque diffidis. Nulla enim res alia te vel ad non credendum, vel dubitandum impellit. Aut enim voluit et non potuit, aut potuit et non voluit, aut neque voluit, neque potuit. Sed quod voluerit, si Evangelio credis, dubitare non potes. Nam in sui memoriam hoc fieri non præciperet, si hoc fieri noluisset. Quod vero potuerit, si prophetæ credis, certum tenebis. Nam si omnia quæcunque voluit fecit, utique et hoc, quia voluit, fecit. Voluit ergo et potuit, ut panis in carnem suam, et vinum convertatur in sanguinem suum. Et quia voluit et potuit, idcirco et fecit. Si enim Deus omnipotens est, et Christus Deus est, sequitur quia ad convertendum panem in corpus suum, et vinum in sanguinem suum, omnimode sicut et ad universa potens est. Et quamvis omnipotentia Dei cuncta hostilia munimenta dissolvat, sequantur tamen, ut dictum est, exempla, quibus etiam brutæ pecudes acquiescere cogantur. Quid, inquam, dicis, qui veritati tam lucidæ contradicis? Non credo, ait ille; dubito, dicit iste, quod panis altaris in carnem, vinum convertatur in Christi sanguinem, quia alterius generis substantiam in alterius substantiæ genus converti, mihi novum atque insolitum est : novum, quia nunquam factum est; insolitum, quia nunquam visum est. Si recolere, inquam, volueris præcedentia tempora, quod dixisti novum, vetus esse reperies; quod dixisti insolitum, usitatum esse cognosces. Relege, ut ait Ambrosius, virgam Moysi mutatam in serpentem, recole aquas Ægyptiacas mutatas in sanguinem : et si agnoveris diversas substantias virgæ et serpentis, aquarum et sanguinis, ab opinione male concepta resipisce. Nec poteris dicere magica illa fuisse figmenta, quia nec Deus erat, ut magister magicarum artium Satanas, nec Moyses ut Jamnes et Mambres. Licet enim illi dracones fecerint, aquas mutaverint, muscas majores produxerint, ad minores tamen muscas, hoc est ciniphes, deficientes dixerunt: *Digitus Dei est hic* (*Exod.* VIII). Non enim quæ faciebant, vera erant, sed phantastica, quia non res veras, sed earum imagines humanis oculis potentia magica ingerentes, hominibus imperitis et infidelibus illudebant. Quæ vero per Moysen a Deo fiebant, non falsa erant, sed vera; non imaginaria, sed realia, quoniam et ab auctore veritatis veracia, et a patre mendacii mendacia signa fieri oportebat. Idcirco et falsus anguis magorum fuit; et verus serpens, et verus cruor a Moyse de virga et flumine mutatus exstitit. Recole et Salvatoris illud primum et singulare totique mundo notissimum miraculum, quo aquas in vinum non phantasticum, sed verum et bonum mutavit, teste architriclino, qui dixit sponso: *Servasti vinum bonum usque adhuc* (*Joan.* II).

Hujus generis miraculis, Veteris ac Novi Testamenti initia, Omnipotentis providentia ideo insignivit, ut contra utriusque legis majestatem se agere cognosceret, quisquis res in res, hoc est substantias in substantias, virtute divina posse mutari negaret. Post Moysi et Christi tam solemnia et nota miracula, perhibeat mundus ipse testimonium veritati, et ad hoc ostendendum nives et grandines, nubes et elementa producat. Arguat incredulos, et jam eos non auribus credere, sed oculis cernere dubitata compellat. Ostendat alia atque alia ex aliis atque aliis multimode et multiformiter assidue creari, imo ex creatis in alias, et alias creaturas mutari. Doceat aeriam puritatem quotidie in nubium crassitudinem densari, nubes ipsas pene assidue defluere in imbres, mollescere in nives, durari in grandines, flammari in ignes et in his omnibus diversas ex substantiis substantias, varias ex speciebus species, non tantum videntibus ad cernendum, sed etiam cæcis ad palpandum creari. Descendat hinc de cœlis ad terram curiosus oculus, et miracula quotidiana, quæ non miratur, obstupescat. Videat quam sit stulta incredulitas, quam cæca dubitatio vel non credere, vel dubitare panem in Christi carnem, vinum mutari in ejus sanguinem, virtute divina, cum per eamdem multa sæpe commutentur in aliud, in rerum natura. Nonne corallius lapis de igne fit lapis, cum diversa sit substantia ignis et lapidis? Nonne reguli pulvere æs in aurum mutatur, quæ duo licet in metalli nomine conveniant, in natura tamen valde disparia sunt? Nonne phœnix quingentorum annorum, ut dicitur, avis, inter aromata succensa moriens, de solo pulvere reviviscit, cum alia pulveris, alia jam sit substantia avis? Et ne forte ista inusitata vel incognita sibi esse causetur, attendat usitatissima et quotidiana; et sic, etiam si negligenter attenderit, dubitare cessabit. Et ut melius suis manibus quam alienis operibus acquiescat, de feno vel silice notissima arte diversissimæ naturæ vitrum conficiat; sicque, ut sic dicam, non divina, sed sua miracula admiretur. Cernat liquidissimum et fluidum aquæ elementum, brumali apud nos; omni autem tempore apud Noricos et Scythas, in glacialem testam tenacissime congelari, in Alpibus etiam et multis terrarum partibus usque adeo obdurari, ut de aqua lapis fiat, et crystallus dicatur, quæ est glacies multos durata per annos. Consideret de eodem crystallo vel vase vitreo et perspicuo aqua repleto, cum solis radio opponitur, contra complexiones elementorum, ignem exire, cum crystallus frigidus et siccus, aqua, quod plus est, frigida et humida, ignis calidus et siccus esse probetur. Intueatur ipsum simul orbem terrarum, qualiter de hoc informi et infirmo terræ elemento tam diversa in substantiis, varia in qualitatibus, in coloribus multiformia, in virtutibus multiplicia, jussu Conditoris assidue procreentur: quæ si per singula considerentur, victus rerum infinitate ante considerator quam consideranda deficiet.

Sed quid ad comprobandam veritatem de pane mutatæ carnis, et de vino mutati sanguinis Christi, exemplis immoror, cum quotidie ipsum, de quo agitur, panem in humanam carnem converti, vinum in humanum sanguinem mutari videam, itaque hoc manifestum sit ut ad hoc asserendum non fidem consulere, sed oculos aperire necesse sit? Testis est mundus, testis est omnis homo, maxime cum sine hac mutatione panis in carnem, et vini in sanguinem, nec unus possit subsistere homo. Sunt quidem multi qui absque pane, sunt item plures qui absque vino vitam mortalem transigunt; sed longe pauciores illis, qui semper pane, interdum vero et vino utuntur. Idcirco propter majorem partem totum significari volui, cum dixi absque mutatione panis in carnem, et vini in sanguinem, nec unum posse subsistere hominem. Re enim vera major pars humani generis pane principaliter vivit, vino solemnius utitur: quod et omnes homines facerent, nisi quibusdam in regionibus frigidis vites, in frigidioribus fruges, terrarum sterilitas ademisset. Hoc tamen certum est, omnes homines nisi infra annos sint, aut valitudine teneantur, aut uti, aut posse uti pane et vino. Sed qui infra annos sunt, aut contraria valitudine detinentur, non possunt quidem per imbecillitatem, sed possunt tamen per naturam. Hoc igitur aut illo modo, pane et vino utitur omnis homo. Unde in omni homine natura operatur, quod de solo Christo homine, aut scrupulosi dubitant, aut infideles non credunt. In omni plane homine per digestionem congruam natura operatur, quod de Christo solo homine per consecrationem divinam fieri dubitatur. Operatur sane natura per digestionem in corpore humano, ut panis in carnem, vinum convertatur in sanguinem, dum (sicut sciunt hi qui vel leviter rerum humanarum scientiam attigerant) defæcatiorem, ac puriorem suscepti cibi, vel potus partem a fæculenta segregans, singulis corporis membris ad nutriendam, confovendam, adaugendam carnis et sanguinis substantiam impertit, ignobiliorem, nec corpori necessariam partem, per egestionem ordinatam respuit. Fit igitur hoc modo omnibus notissimo de pane caro, de vino sanguis, et hoc non in uno homine, sed in omni homine: nec in uno tempore, sed in omni tempore. Quare ergo non creditur, quare dubitatur Deum hoc posse per virtutem, quod potest natura per digestionem? An potuit illud Deus dare humanæ origini, et non potuit restaurationi? An potuit illud constituere creans hominem, et non potuit hoc facere redimens hominem? An debuit illud fieri cum homo a Deo plasmatus est, et non debuit cum homo a Deo susceptus est? Cesset ergo infidelitas, sanctur dubietas, quia omnipotens verbum Dei, per quod omnia facta sunt, sicut quotidie facit ut, per comestionem et digestionem humanam, panis in carnem et vinum vertatur in sanguinem multorum filiorum hominum, sic quotidie facit ut, per consecrationem et virtutem divinam, panis et vinum commutetur in carnem et sanguinem suum, hoc est unius Filii Dei et hominis, non multorum filiorum hominum. Qui enim dixit et facta sunt, mandavit et creata sunt (Psal. xxxii), qua potentia facit hoc universaliter in aliis, eadem potentia facit hoc singulariter in seipso, ut mutatio substantiarum, quæ hominibus solebat conferre mortalem vitam, nunc eisdem hominibus, sed fidelibus conferat sempiternam. Sed quid mirantur homines Deum facere aliquid de aliquo, cum in principio creaverit cuncta de nihilo? Nam longe majus est, ut dicunt sancti Patres Ecclesiæ, non subsistentia creare quam ex subsistentibus alia et alia formare.

Sed forte aliquis econtra: Non potest quidem negari res in res multis modis converti, sed in his quando substantiæ in substantias mutantur, species quoque pariter convertuntur. In hoc autem sacramento, etiam si substantia mutetur, forma tamen non mutatur. Et possem quidem dicere fastidiosissime ista requiri, cum totam omnipotentiam sibi vindicare velit impotentissimus homo, et totam sapientiam insipientissimus homo, maxime cum certa ratio sit, et pene omnibus manifesta, cur mutata substantia, non mutetur pariter et forma. Sed quia necesse est talia cuncta pati, ut hominibus tertii cœli arcana rimantibus satisfiat; dentur et inde exempla, ut sicut ostensum est mutari in rerum natura species cum substantia, sic etiam ostendatur mutari aliquando substantias non mutata pristina forma. Et ne sit necesse ad inquirenda peregrina exempla qualescunque vires animi fatigare, de quibusdam suprascriptis, et ad præcedentia probanda prolatis, exempla trahantur. Ex quibus invisibilium fides rerum visibilium exemplis, vera esse, ut creditur, ipsis corporis sensibus demonstretur. Consule ergo ipsos carnales oculos tuos quicunque carnem Christi sub sacramento panis, quicunque sanguinem Christi sub sacramento vini latentem miraris, et non mutata panis ac vini specie ipsarum rerum mutatam in aliud naturam stupescis : consule, inquam, oculos tuos, et, licet indignum sit, eorum judicio juxta ipsa visibilia veritati invisibilium acquiesce. Aspice aquam in glaciem commutatam, glaciem in crystallum alteratam, et cernes in his aperte substantias permutari, formas substantiarum seu species reservari. Annon vides glaciem ex aquæ frigore obduratam, glaciem ipsam in crystallinum lapidem eodem diutius continuato rigore permutatam, substantiam in aliud, aliud fuerat translata, formam pristinam conservare? An non cernis præter glacialem duritiam, præter lapideam firmitatem, quantum ad speciem vel perspicuitatem jam dicti elementi pertinet, nihil utique substantiæ detractum? Non vides hic in testam vel lapidem commutatam priorem substantiam, illic formæ vel speciei prioris claritudinem conservatam? Quod si curiosius quod dico, cognoscere libuerit, admove manus, acue oculos, simul coram positis aqua, glacie, vel crystallo : quæ tamen non de limosa vel lutea, sed de lucida et defæcata aquarum stilla concreta fuerint, cum æque perspicua cuncta perspexeris, agnosces tactu mutatam esse substantiam, agnosces visu reservatam esse pristinam formam. Quod si hæc tria seorsum posita, ad probanda, quæ dico, non tibi integre satisfecerint, jam ea seorsum noli ponere, sed ipsam glaciem vel crystallum fluidæ aquarum puritati, vel integra, vel fracta commisce; et cum eamdem claritatem lucido lapidi, quam fluido elemento inesse perspexeris, substantiam mutatam intellige, originalem formam agnosce. Hinc Hieronymus noster, quem vester esset, o hæretici, respuistis, in libro xv super Isaiam, cap. LIV : *Portæ autem istius civitatis, de lapide sunt crystallo, qui sculpitur variis modiis, quo lapide nihil purius est. Denique vehementissimis Alpium frigoribus, et inaccessis soli speluncis concrescere aquæ dicuntur in crystallum, et tactu quidem lapidem, visu aquas esse.*

Simile quoddam in Orientalibus Hispaniæ partibus rerum natura profert exemplum, imo quantum ad remotiorem hominum cognitionem proponit miraculum, quod prius audiens vix credidi; sed post, quod audieram videns, dubitare non potui. Exstant in regionibus illis salita, ut ita dicam, vel salsa montana, quæ pro saxis vel rupibus lapideum sal continent, sicque perlucidum, ut quia gemmeam pretiosorum lapidum claritatem æmulatur, salis gemma vocetur. Quod tam perspicuitate quam utilitate, marino, puteali, omnique sali præpositum, de montanis illis multo labore ab incolis eruitur, et remotis quibusque pro magno munere datur, aut pro magno lucro venditur. De quibus montibus cum diutinus rusticorum labor lucri avidus, multam lucidi illius lapidis quantitatem eruerit, et eruendo fossas multas eo sale inanes reliquerit, processu temporis pluviali inundatione fossarum illa vacuitas repletur, ac repleta post paululum in naturam illius, cui admiscetur, lapidis commutatur. Tali recompensatione effossus mons pene annuatim damna illata restaurat, et quidquid de lapide amisit, aqua in lapidem conversa compensat. Fit ergo cœlestis aqua lapis terrenus, quæ licet naturalem mollitiem in lapideam duritiam commutans, in alienam substantiam transeat, formam tamen priorem et speciem, sicut de crystallo supra dixi, conservat. Sed sicut de omni glacie, nec de omni crystallo, hæc dixi : sic nec de omni montis illius lapide hoc dico, sed de illo qui non de cœnosa, sed de limpidissima concretus aqua, originis suæ claritatem etiam in aliud mutatus non mutat.

Addatur et aliud non contemptibile, imo rei, de qua agitur, satis congruens de aceto exemplum, ut quod in sacramento passionis Christi, utpote ad aliquid necessarium, non defuit, in sacramento quoque corporis Christi, de quo sermo est, utique ad aliquid utile non desit. Apparet enim in illo quædam, etsi non substantialis, tamen accidentalis mutatio, quia dum ex naturali vel dulci mero, innaturali acredine assumpta acescit, non substantiam, ut dixi, sed qualitatem commutans, accidentia sola permutat, speciem priorem reservat. Nam quod erat prius calidum et siccum, una qualitate mutata, fit frigidum et siccum. Unde si visus judicio acquiescatur, non nisi vinum naturale credetur. Si gustus accedat, acetum innaturale probabitur. Quæ ergo causa vel non credendi, vel dubitandi tibi, o cœlestium arcanorum scrutator, jam remanet, cum quod de altaris sacramento credendum fides interior imperabat, exemplis indubitatis sensus exterior non jam credere, sed dubitata cernere compellat? Fit de aqua glacies, de glacie lapis; fit rursus de eadem aqua salitus vel salsus, ut supra dictum est, lapis, in his omnibus substantia mutata, specie reservata. Fit de vino acetum qualitate, ut dictum est, mutata, specie reservata, voluntatis divinæ jussu sic operante : et non poterit de pane caro, de vino sanguis Christi fieri substantia, ut in illis permutata, specie reservata, omnipotentis Verbi Dei, per quod omnia facta sunt, voluntate sic et imperio ordinante? An omnipotens ad illa potens creditur, et ad ista impotens judicabitur? An natura naturæ auctore potentior ad illarum rerum substantiam permutandam, et speciem reservandam censebitur; et ipsius naturæ Conditor ad substantiam panis et vini in aliud quam fuerat permutandam, et speciem quem habuerant reservandam, infirmior æstimabitur? Et quia hoc sacrum et salutare sacramentum aliud esse videtur, et aliud est, per virtutem Verbi divini substantia, ut jam sæpe dictum est, mutata, specie reservata. De mutatione, quæ proposita sunt exempla, sufficiant. Sed de his adhuc aliqua proponantur, quæ in rerum natura aliud esse videntur, et aliud sunt. Nonne cum vino perfunderis, vel illud gustu hauris, tactus renuntiat, gustus affirmat esse illud frigidum et humidum, cum in sui complexione vel natura, nullo experto contradicente, sic calidum et siccum? Nonne cum renium, virgam, vel baculum, vel quælibet similia aquæ immitis, eam, quæ infra aquam est, partem, visus fractam esse renuntiat; natura tamen quæ fracta esse videntur, integra, vel infracta conservat? Nonne cum vultum proprium vel alienum, cum solem vel lunam, cœlum vel sidera, picturam vel corpus aliquod speculo lucido vel aquæ quietæ opponis, cuncta opposita in his tibi videre videris, cum nihil in his, quantum ad rerum veritatem pertinet, nisi speculi vel elementi corpora videas? Quod si licitum est, de illicitis artibus aliqua ad sacra cœlestia probanda proferre, nonne mechanica vel magica ars, quadam indulta a Deo potentia, humanos oculos præstringens, quod non est esse mentitur, et quod est non esse fatetur? Nonne etiam ipsa somnia sopitis exterioribus sensibus humanas animas assidue fallunt, dum pene incessabiliter infinitas imagines, et phantastica ludibria eis ingerentes, velant dormientibus ea quæ sunt, et prætendunt ea quæ non sunt? Quia igitur vinum aliud esse videtur, et aliud est (nam cum tangitur, vel gustatur, videtur esse frigidum et humidum, quod non est; et non sentitur calidum et siccum, quod est); quia remus aquæ immersus fractus videtur esse quod non est, et integer non videtur esse quod est; quia corpus speculo vel aquæ oppositum corpus esse videtur quod non est, et non videtur quod est; quia magica vis, occulta arte phantasticam diversarum imaginum infinitatem oculis ingerit quæ non est, et rerum veritatem talibus tegumentis celat quæ est; quia somniorum visio non sensibus corporis, sed ipsi animo omne corpus per multiplicem visionem repræsentat quod non est, et talibus involucris tegit illud quod est, quid mirum si omnipotentis misericordia Dei, misereri miseri hominis et hoc modo disponens, in altaris sacramento panis et vini speciem humanis sensibus reservat, ut appareat in ipso sacramento panis et vinum quod non est, et lateat oculos carnis caro et sanguis quod est?

Possent dari de his et alia innumera exempla; sed quia longus esse refugio, nec ad assumptum propositum hoc pertinet, sufficiant quæ dicta sunt. Quæ si cui non sufficiunt, consulat et perlegat de hoc sacramento magnorum voluminum conditores. Quod si forte nec ipsi curioso animo satisfecerint, nescio quid aliud utilius persuadere possim, quam ut, si Christianus est, Christianæ fidei colla submittat, et, si intelligere non potest, secundum sacræ Scripturæ præceptum, credat ut intelligat (*Isa.* vii). Quia in his crassis tenebris ignorantiæ humanæ, non fides intelligentiæ fructus, sed intellectus fructus fidei est; solvat ei omnes dubietatis nodos, de qua superius egi, potentia Dei. Quia incredulitati nihil reliqui esse potest, ubi Omnipotens mortalibus consulens, sic voluit, sic potuit, sic præcepit, sic fecit, cujus voluntas ratio, cujus omnipotentia indeficiens, cujus præceptum miseratio, cujus opus misericordia est. Sed quia de his jam satis esse potest, ad ea, quorum causa ista tetigimus, revertamur.

Agite ergo, o socii certaminis, quod cœperatis, et, ne mente exciderint, quæ dicta fuerant iterate. Et quia de veritate sacrificii Christiani sufficientia, ut credo, dicta sunt, dicite cur idem sacrificium, hoc est, ut jam dixi, corpus et sanguinem Redemptoris cæteris invidentes, discipulis qui cœnæ Domini illi famosæ et ultimæ ante passionem interfuerunt, tantum et nunquam postea nisi tunc datum concedatis. Quod si differtis, sicut nunc sanguis distulistis, probo nec illis tantum, nec nunc tantum hoc datum, sed fidelibus cunctis largum munus a largitore omnium munerum, usque ad consummationem sæculi præparatum. Sed ineffabiliter admiror, et admirans obstupesco, unde opinio hæc innasci hominibus Evangelio Dei, ut dicunt, credentibus potuit, cum Christi verba huic novæ hæresi contraria sic ibi posita sint, ut si ea dubia vel obscura putantur, nulla ejus eloquia, vel præcepta certa, vel perspicua esse videantur. Quid enim certius, quid clarius dici potuit contra eos qui corpus Christi et sanguinem per sacramentum tunc tantum facta, tunc tantum data astruunt, quam quod ipse Christus discipulis suis præcepit, dicens : *Hoc facite in meam commemorationem?* (*Luc.* xxii.) Nam postquam dixit, *Accipite et comedite; hoc est corpus meum;* et : *Accipite et bibite; hic est sanguis meus* (*ibid.*) : statim quod dixi, adjunxit : *Hoc facite in meam commemorationem.* Quomodo ergo potest dici semel tantum factum, et semel præsentibus datum sacramentum, cum nullum apostolorum excludens, nullum tempus excipiens, Christus dixerit : *Hoc facite in meam commemorationem ?* Quomodo igitur audet hæreticus dicere : Nolite hoc facere, cum Christus imperet, dicens : *Hoc facite ?* Hoc plane non aliud, hoc idem quod accipitis ad comedendum, quod sumitis ad bibendum, corpus scilicet meum et sanguinem. *Hoc*, inquam, *facite in meam commemorationem.* Quid ultra ? quid ultra certe quæretis ? Ecce hoc solum et brevissimum verbum, multa et prolixissima erroris verba destruit, ut nisi ex superabundanti non sit ulterius necesse quærere, unde nequam hostis debeat interire. Non enim solummodo dixit : *Accipite et comedite;* vel : *Accipite et bibite*, sed addidit : Quod accipitis et comeditis, quod accipitis et bibitis, *hoc facite*. Si hoc ita est, falsum est quod a vobis, o hæretici, dictum est, tunc tantum hoc sacramentum a Christo datum, tunc tantum ab Apostolis susceptum, quia quod fecit, eos facere præcepit ; quod eis distribuit, hoc eos aliis distribuere voluit. Sed fortasse his qui præsentes tunc erant, et a Christo ista audiebant, non aliis hæc hujus sacramenti conficiendi et dispensandi potestas data est. Quod si verum est, apostolis tantum, et his qui a Salvatore audierunt, præceptum est : *Ite in orbem universum, prædicate*

Evangelium omni creaturæ (Marc. xvi), nec docere omnes gentes, nec baptizare alicui post apostolos licuit. Sicut enim dictum est : *Ite, docete, baptizate, prædicate;* sic dictum est : *Hoc facite.* Unde quicunque post apostolos prædicavit, docuit, baptizavit, quia nulli alii quam præsentibus tantum a Christo jussum fuerat, male fecit, quia nec ejus doctrina Christi fuit, nec ejus baptismus Christi fuit. Nam quod a Christo præceptum, aut suasum non est, constat quia Christi non est. Sicut enim dicit Apostolus : *Quomodo prædicabunt nisi mittantur ? (Rom.* x) sic etiam quomodo baptizabunt nisi injungatur ?

Quia ergo nihil in præceptis istis, vel similibus a Christo discretum est, aut date omnia hæc solis tunc præsentibus, et auferetis sequentibus cum baptismo, et altaris sacramento totum Evangelium, aut si baptismum et Evangelium sequentibus concesseritis, necessario et altaris sacramentum concedetis. Si enim, ut dictum est, nulla discretio in præceptis istis facta est, aut simul omnia præsentibus tantum jussa sunt, et sequentes exclusi sunt, aut si sequentibus aliquid horum præceptum est, constat quia et totum injunctum est. Aut igitur dabitis solis illis altaris sacramentum, et auferetis baptismum ; aut si istis dederitis baptismum, velitis nolitis, debitis et altaris sacramentum. Sed quid operosæ disputationi operam impendo, cum tanta de facili suffragetur auctoritas, ut, ea apparente, statim vana loquens conticescat impietas ? Quid enim ? Nunquid apostolus Paulus cœnæ illi Dominicæ, de qua loquimur, interfuit ? Nunquid quando discipulis dictum est : *Accipite et comedite; hoc est corpus meum;* et : *Accipite et bibite; hic est sanguis meus;* et : *Hoc facite in meam commemorationem,* præsens adfuit ? Quid tamen in Epistola prima ad Corinthios dicit ? Audite : *Calix,* inquit, *benedictionis, cui benedicimus, nonne communicatio sanguinis Christi est? Et panis quem frangimus, nonne participatio corporis Domini est? (I Cor.* ii.) Nunquid et ipsi Corinthii cœnæ illi jam dictæ interfuerunt ? His tamen ait ipse Apostolus : *Non potestis calicem Domini bibere, et calicem dæmoniorum. Non potestis mensæ Domini participes esse, et mensæ dæmoniorum (I Cor.* x). Videtis Apostolum post ascensionem Domini ad fidem conversum, calici benedictionis benedicere, eumdemque calicem communicationem sanguinis Christi vocare ? Cernitis eumdem panem frangere, et ipsum panem participationem corporis Christi dicere ? Auditis Corinthios posse quidem calicem Domini bibere, sed non cum calice dæmoniorum ? Posse mensæ Domini participes esse, sed non cum mensa dæmoniorum ? Nec apostolus tamen Paulus consecrans corpus et sanguinem Domini, cœnæ Domini interfuit; neque Corinthii idem corpus et eumdem sanguinem de mensa Domini accipientes, eidem cœnæ interfuerunt. Sed parum est audire de fractione cœlestis panis loquentem, nisi videatis et frangentem. *Una die,* ait beatus Lucas in Actibus apostolorum, *cum convenissemus ad frangendum panem, et Paulus disputabat cum eis profecturus in crastinum (Act.* xx). Et quibusdam interpositis : *Ascendens,* inquit, *Paulus, frangensque panem et gustans, satisque allocutus usque ad lucem, in crastinum profectus est* (ibid.). Sed sive hoc, quod ultimum posui, de cœlesti, sive de communi pane dictum sit, videte, ut dixi, Apostolum, videte Corinthios, qui cœnæ illi, de qua agimus, non interfuerunt, et tamen corpus et sanguinem Domini acceperunt. Quod si non tantum de Apostolo et Corinthiis, sed de universis auctoritatem apostolicam vos convincentem audire vultis, auscultate : *Quicunque,* ait, *manducaverit panem vel biberit calicem Domini indigne, reus erit corporis et sanguinis Domini (I Cor.* x). Et consequenter : *Probet autem,* inquit, *seipsum homo, et sic de pane illo edat, et de calice bibat* (ibid.). Quid vos ad ista ? Quicunque, inquit, manducaverit, quicunque biberit. Non hic vel ille, sed quicunque. Et probet seipsum homo, non tantum Corinthius homo, non Romanus homo, non Græcus homo, non Latinus homo, sed homo. Et quid aliud quam omnis homo ? Nam quod indefinite posuit, quid aliud quam infinitum hominem ostendit ? Ostendit igitur non unum hominem, sed omnem hominem, quia in singulari hominis numero, pluralitatem intelligi voluit omnium hominum. Quod si ita est, imo quia ita est, error impius non tantum mortuus, sed etiam sepultus est. Si enim constat hoc non de quolibet homine, sed de omni homine ab Apostolo dictum, falsum est quod a vobis dictum est, de his tantum qui cœnæ Domini interfuerunt hoc dictum. Sed verum est, auctoritate apostolica hoc docente, non hos tantum, de quibus concedilis, sed quæcunque, hoc est, omnem hominem posse manducare panem Domini, et bibere calicem Domini, hoc est secundum eumdem Apostolum, corpus et sanguinem Domini. Igitur falsum est quod dixistis, illos tantum qui cœnæ paschali interfuerunt, potuisse accipere corpus et sanguinem Domini.

Et licet in hoc quod probatum est de omni homine, probatum sit et de omni tempore, audite tamen utrum hujus sacramenti conficiendi et sumendi potestas illi tantum tempori, quo cœna illa celebrata est, data sit. Loquens enim idem Apostolus de hoc sacramento, et inde fidem pariter et mores instruens, introducit Christum discipulis dicentem : *Hoc facite quotiescunque sumitis, in meam commemorationem* (ibid.). Et subjungit Apostolus verba sua, et dicit his quibus loquebatur : *Quotiescunque enim manducabitis panem hunc, et calicem bibetis, mortem Domini annuntiabitis donec veniat* (ibid.). Quid dicetis ad hæc, qui dicitis semel tantum hoc factum et datum sacramentum ? Dicitis vos semel tantum, dicit Christus et Apostolus ejus, non semel, non bis, non ter, aut quater, non centies, aut millies tantum, sed quotiescunque. Multa diversitas inter semel et quotiescunque. Hic numeri principium, ibi numerus omnem superans numerum. Hic singularitas, ibi multiplex infinitas. Sed, ut dixi, vos dicitis semel,

Christus et Apostolus ejus quotiescunque. Unde videndum, nec multo conamine opus est, cui melius credendum sit, vobis an Christo, hominibus an Deo, veritati an mendacio? sed quid multa? Audistis hoc corporis et sanguinis Christi sacramentum omni fideli homini datum, audistis absque numero datum : audite et omni præsenti tempori datum. *Quotiescunque,* ait Apostolus, *manducabitis panem hunc, et calicem bibetis, mortem Domini annuntiabitis, donec veniat.* Suffecerat, Apostole Dei, ad confundendam et destruendam novam hæresim, quod dixeras Christum dixisse: *Hoc facite quotiescunque sumetis, in meam commemorationem.* Suffecerat quod ipse Domini tui verba sequendo, exponendo subjunxeras: *Quotiescunque manducabitis panem hunc, et calicem bibetis, mortem Domini annuntiabitis.* Sed quid adjunxisti? *Donec veniat.* Quis veniat? An forte mors Domini? Non. Nam hoc et tu apertissime negas, cum dicis : *Christus resurgens ex mortuis jam non moritur* (*Rom.* vi). Quis ergo veniat? certe ipse Dominus, quem nominaveras, cum dixisti : *Mortem Domini annuntiabitis.* Sed quando veniat? Quando, nisi quando venturus est judicare vivos et mortuos, sicut ipse prædixit, et Ecclesia ejus credit? Sed et hoc quando? Quando juxta quod et ipse dicit, venerit in fine sæculi in majestate sua, et omnes angeli cum eo (*Matth.* xxv). Donec ergo veniat in fine sæculi, dedit hoc sacramentum corporis et sanguinis sui fidelibus per omne tempus hujus sæculi, id est usque ad consummationem sæculi. Obmutescat ergo hæresis quæ dicebat datum hoc esse tantum in cœna Domini. Si enim usque ad consummationem sæculi, non tantum in cœna Domini, sed cogentibus prædictis auctoritatibus datum est usque ad consummationem sæculi. Non igitur tantum in cœna Domini.

Jam illud quod non modo ab incredulis opponitur, sed et a fidelibus quæritur, cur hoc sacrificium toties iteratur, cum Christus semel in cruce oblatus ad tollenda totius mundi peccata sufficiat, maxime cum non sit aliud, et ibi aliud, sed hic et ibi idem prorsus sacrificium, hoc est, idem Christus offeratur, videndum est. Si enim illud in cruce suffecit, superfluum hoc in altari videtur. Sed non est superfluum, quia certa de causa a Dei Filio, qui est, juxta Apostolum, Dei sapientia (*I Cor.* 1), factum et traditum est. Quæ sapientia, quia summe rationabilis, imo totius rationis fons et perfectio est, nihil agere, nihil jubere irrationabiliter potuit. Unde cum hoc dixit, cum hoc sacramentum suis tradidit, non absque certa ratione, ut certum est, fecit. Quæ solá ratio omnibus satisfacit, quicunque Christum hujus sacramenti auctorem, Deum et Dei esse sapientiam credunt. Placuit tamen largitori tanti muneris causam reddere tantæ largitionis. Quam causam, dando ipsum sacramentum aperuit. Nam postquam dixit : *Hoc facite,* statim addidit, *in meam commemorationem.* Hæc est ergo causa sacramenti, commemoratio Christi. Noverat Salvator quid fecerat, quid facturus erat propter hominem ; noverat singulare opus quod gesserat induendo hominem, noverat stupendum quod gesturus erat moriendo propter hominem. Sciebat hoc se opere salvaturum hominem, sed absque hujus operis dilectione nullum salvari posse hominem. Sciebat quia humanitatis et mortis suæ opus, sicut super omnia opera sua summe celebratum, sic mortalibus, pro quibus fiebat, summe erat commendandum. Commendandum erat, utpote cujus caro pro illis torquebatur, cujus anima pro ipsis tristabatur, cujus novissime mors illorum vitæ ministrabatur. Hoc certe solemniter commendandum erat, ut Christus diligeretur, dilectus haberetur, habitus nunquam perderetur. Sed hæc ejus dilectio ab hominibus servari non poterat, memoria pereunte; nec fugax memoria diu retineri valebat, nisi signo congruo apparente. Ne igitur a corde fugeret quod maxime cordi inesse oportebat, signo rei congruente veluti fune insolubili colligata est cordi memoria : quo fortiter vinciente, semper redemptus redemptionis pretium cogitaret, indeque Redemptori agens gratias, fide quæ per dilectionem operatur, nequaquam se ingratum tantæ gratiæ demonstraret. Et posset quidem mentibus humanis hujus rei utcunque absque signo visibili inesse memoria, sicut multarum rerum tam divinarum quam humanarum recordatio, fama, lectione, doctrina, in eis, aut gignitur, aut conservatur ; sed quia, juxta quemdam,

Segnius irritant animos demissa per aurem,
Quam quæ sunt oculis subjecta fidelibus,
(Horat., *De art. poet.*, vers. 180, 181.)

et res tanta erat, ut ad eam cogitandam, amandam, amplectendam, non segniter, sed insigniter humani animi movendi essent ; dignum et justum fuit ut humanitatis et mortis Christi memoria non tantum audiretur per aures, sed etiam visu per oculos juvaretur. Ea de causa signum hoc a Christo propositum est : quod ita signum est, ut sit tamen idem quod signat. Hoc autem contra veteris sacrificii multiplicitatem, quæ [quod] in nullo erat idem quod signabat, præter hoc quod illud sacrificium erat, et istud sacrificium est ; et illud Deo offerebatur, et istud eidem Deo offertur. Signabat vero hoc nostrum nostri temporis sacrificium, sed non erat hoc quod istud, quia illud umbra, hoc corpus; illud figura, hoc veritas; illud de cadaveribus et cruore animalium, hoc de corpore et sanguine Filii Dei. Idcirco non erat idem quod signabat. Sed istud nostri sacrificii signum non aliud, sed ipsum est, quod signat. Ita vero est idem quod signat, ut quantum ad corpus, id est ad veritatem carnis et sanguinis Christi pertinet, sit idem quod signat. Neque enim ibi Christus, ut olim, dolores aut mortem patitur, cum tamen immolari dicatur. Dicitur autem immolari, cum licet inviolabiliter in altari frangitur, dividitur, comeditur, cum his et quibusdam aliis signis, in quantum fieri potest, mors Domini maxime repræsentatur. Unde sicut dixi, quantum ad veritatem corporis et sanguinis Christi pertinet, est idem quod signat, quam tamen maxime signat. Maxime autem dixi, quia hoc apertissime Apostolus dicit in versu, quem supra commemoravi: *Quoties*, ait, *manducabitis panem hunc, et calicem bibetis, mortem Domini annuntiabitis*. Quare hoc? quare non similiter, o Apostole Dei, dixisti, incarnationem Domini, nativitatem Domini, circumcisionem Domini, baptismum Domini, vel quod majus videretur, resurrectionem Domini, ascensionem Domini, quando dixistis mortem Domini? Quare illa, quæ gloriosa videntur, dimisisti, et quod erat ignominiosius elegisti? Ut, inquit, ostenderem in morte Domini singulariter constare salutem mundi, ut ostenderem istud opus ejus præponderare omnibus operibus ejus, ut ostenderem tormento illo requiem; ignominia illa gloriam, morte illa mortuis redditam vitam. Ita plane, ita juxta Apostolum, quando manducatur panis Domini, id est corpus Domini, quando bibitur calix Domini, id est sanguis Domini, annuntiatur, hoc est repræsentatur mors Domini quam passa est in cruce, non alia, sed eadem quæ præsens est care Domini, qua fusus est non alius, sed idem qui sumitur sanguis Domini. Quod cum sit, ad hoc utique fit, ut mens longe vehementius excitata corporis Domini susceptione, quam posset excitari verbi Domini admonitione, in amorem ejus, quem non tantum audit, sed etiam videt et suscipit, inardescat; et videns Verbum, carnem factum, ut habitaret in nobis, habitans etiam corporaliter et in se, oblivisci jam nullatenus possit, quem fide credit, amore amplectitur, manu contrectat, ore suscipit. Quem quondam pro se mortuum ipsa susceptione recolens, et morte illa vitam sibi paratam agnoscens, a mortis operibus abstineat, et sic eidem Christo Domino suo immortaliter jam viventi in sempiternum convivat.

Hoc igitur Ecclesiæ sacramentum, quoniam sic assidua sui repræsentatione memoriam innovat, fidem auget, spem roborat, charitatem confirmat; non superfluum, sed valde [*al.* summe] necessarium est. Eapropter, ut dictum est, Dominus hoc in sui commemoratione fieri jussit. Ea de causa mortem Domini isto sacramento denuntiari Apostolus docuit, ut Christi ac mortis ejus memoria avelli de cordibus humanis, nulla mundi inquietudine, nulla temporum prolixitate valeret. Quæ memoria amorem excitans, de animi recessibus mala omnia effugaret, virtutibus universa repleret, sicque quotidie per hoc sacramentum innovans redemptionem, quotidianam pœnitentibus peccatorum gigneret remissionem. Solvit quidem et plene tollit peccata mundi Agnus Dei in cruce immolatus; nec tamen idcirco, ut dixi, superfluus est in altari oblatus. Et ut in teipso hoc dicas, adverte quicunque hæc legis, teque ipsum interroga, quando magis movearis, si tamen quod profiteris firmiter credis, utrum quando dicitur : Christus olim inter homines apparuit ; an quando dicitur : Christus nunc inter homines conversatur; quando dicitur : Olim in cruce pependit; an quando dicitur : *Nunc in altari offertur*: utrum, inquam, te magis moveat, et ad admirandum et amandum, accendat ejus prædicata absentia quam demonstrata præsentia? Sed scio quia non diffiteris quod verum est, magis humana corda moveri præsentibus quam absentibus rebus, quia istis plerumque non creditur, de illis vel in modico dubitare animus non sinitur. Movetur igitur magis ad præsentem quam ad absentem, movetur magis ad visum quam ad auditum Christum, movetur ad admirandum, movetur ad amandum : quo amore, amanti generatur remissio peccatorum. Cui quantus erga Christum amor est, tanta est et indulgentia, ipso Domino attestante, qui de peccatrice Maria sic ait : *Dimissa sunt ei peccata multa, quoniam dilexit multum* (*Luc.* vii). Et cum rursus scriptum sit : *Charitas operit multitudinem peccatorum* (*Prov.* x; *I Petr.* iv), quantam multitudinem peccatorum operit charitas in Christum, si tantam operit charitas in proximum? Non est ergo, ut dictum est, superfluum Christi corporis et sanguinis sacramentum, quo vivacior memoriam excitatur, quo ferventior dilectio provocatur, quo plenior peccatorum remissio comparatur. Non est superfluum, quia non tantum per id quod Deus est, sed etiam per id quod homo est, nobiscum est usque ad consummationem sæculi. Non est superfluum, quia qui per corpus suum redemit nos, per idem corpus suum reficit nos; ut redempti per corpus ejus et refecti corpore ejus, nutriamur et pascamur humanitate ejus, donec satiemur deitate et gloria ejus. Inde est quod in speciebus humano victui et vitæ magis congruentibus, hoc sacramentum constituit, ut agnoscerent advertentes, per speciem quidem panis terreni, sed per veritatem panis cœlestis, non mortalem quam solet ille, sed vitam datam hominibus immortalem. Unde solitario et stupendo miraculo, latet in illo sacramento quod est, et patet quod non est; ne cruda carne, ne viva et maxime humana vesci homo contra usum et naturam refugiat : quod olim quidam etiam ex discipulis exsecrantes, nec quod inde a Domino dictum fuerat capientes, dixerunt : *Durus est hic sermo, et quis potest eum audire?* (*Joan.* vi.) Sed non est durus, imo lenis et suavis sermo, quia etsi hominis Christi caro comeditur, non tamen læsi aut detruncati, non imminuti aut mutilati, non nolentis neque dolentis, sed volentis et consulentis caro comeditur, et sanguis bibitur, ipso, juxta beati apostoli Andreæ verba, in suo regno, integro, intacto, inviolato, immortali, incorruptibili, imo specioso, glorioso, adorando permanente, et mortales per jam immortale corpus suum ad eamdem immortalitatem perducente. Non est ergo durum, crudele, sed pium, et amabile, quia non nolens, neque coactus; sed volens et spontaneus hominibus carnem suam ad manducandum, sanguinem ad bibendum dedit. Nec irrationabile, quia unde peccatoribus venia, inde largitori tantæ gratiæ debetur et gloria. Manet tamen tecta veritas et carnis et sanguinis honesta panis et vini specie, ut et usui humano condescendatur, et fides exerceatur, et meritum augeatur. Inde est quod sacramentum, mysterium, species et figura vocatur, quia intra hoc quod exterior forma nuntiat, virtus divina verum corpus et sanguinem Redemptoris occultat.

Sed adhuc carnalis animus, et nondum plene ab humana consuetudine defæcatus, objicit et dicit: Verum quidem corpus et sanguinem Redemptoris sub panis ac vini specie in altaris sacramento dari fidelibus scio, sed cur ad manducandum vel bibendum detur, si liceat quærere, quæro. Nam si ad honorandum, si ad adorandum tantummodo daretur, quæstio non esset. Sed quia etiam ad manducandum datur, animum nondum perfecte sublimia sapientem movet. Quem enim non movet, sicut quondam illos Christi discipulos movit, contra humanum morem, contra pietatem, carnem Christi vel sanguinem, imo Deum et hominem ab hominibus, magistrum a discipulis, dominum a servis, Christum a Christianis, manibus frangi, dentibus atteri, et velut oscarum more communium devorari? Hæc, inquam, qui objicis, sicut ipse fateris, a primis Christi discipulis Christo objecta sunt, quando ab eis dictum est: *Durus est hic sermo. Et quis potest eum audire?* Hæc a Judæis incredulis, et de hac re litigantibus, dicta sunt: *Quomodo potest hic nobis carnem suam dare ad manducandum?* (*Ibid.*) Hæc certe quæstio non nova, sed antiqua; non recens, sed vetustissima est: quæ sicut in ipsis Christianæ fidei fundamentis exorta est, sic non a quolibet doctore, sed ab ipso Salvatore, ut sanctum Evangelium loquitur, exstincta est. Cumque simul ac pene eodem momento et ortum habuerit et occasum, nimium rudis Christianus videtur qui talibus quæstionibus ante mille annos sepultis movetur. Quia tamen nihil contemnendum est, quod vel fidem lædere, vel ad scandalum quorumlibet possit corda movere, ferat hoc etiam æquanimiter quæ omnia suffert, charitas, ut membrorum Christi per ejus patientiam sanetur infirmitas. Nam et hoc Salvator ipse, medicus videlicet cœlestis, de talibus infirmis faciendum esse docuit, quando rudibus adhuc discipulis et propter hujusmodi verba scandalizatis, non aspere corripiens, sed benigne admonens, dixit: *Hoc vos scandalizat? Si ergo videritis Filium hominis ascendentem ubi erat prius? spiritus est; qui vivificat, caro non prodest quidquam* (*Joan.* VI). Quibus brevibus verbis totum hoc ænigma, si attendas, scio clarius sapientia Dei dissolvit, quia spirituali lumine carnalium cogitationum nebulas effugavit. *Si,* inquit, *videritis Filium hominis ascendentem ubi erat prius? spiritus est, qui vivificat, caro non prodest quidquam.* Hoc est, quia me hominem inter homines videtis, nihil de me adhuc, quantum ad hoc sacramentum spectat, plusquam de alio homine sentire potestis: et ideo carnaliter sapientes, velut per frusta concisam carnem meam me vobis velle dare creditis. Sed postquam in cœlum ascendero, postquam hanc carnem, de qua agitur, adhuc mortalem, in Deum glorificavero, tunc intelligetis quia spiritus est qui vivificat, hoc est verba mea spiritualiter accepta vivificant; caro autem non prodest quidquam, quia carnaliter intellecta, mortificant. Dabo enim carnem meam hominibus, non more cadaverum detruncandam, minuendam, consumendam, quia sic accepta caro mea non prodesset quidquam; sed dabo eam absque dolore dividendam, absque imminutione partiendam, absque consumptione comedendam, quia spiritus est qui vivificat: et quia sic intellecta et accepta caro mea vitam non mortalem, sed æternam percipientibus donat. Sed adhuc urges et dicis. Et si data est caro Christi hominibus immortaliter et inviolabiliter ad honorandum, ad adorandum, quare ad comedendum? Quod enim honorari, quod adorari debeat, fidelibus omnibus certum est; quod autem et comedi, quia comestionis ratio non videtur, profecto admirabile et super omnia stupendum est. Fateor plane et ego, fateor et omnis sanum sapiens hoc super omnia miracula stupendum et admirabile esse. Sed nunquid tu, qui rationem tanti sacramenti exigis, cuncta reliqua sacramenta Dei ratione comprehendis? Nonne sola voluntas Dei omni humana ratione rationabilior est? An non intelligis hoc voluntatem Dei esse quod rationem, cum omnis voluntas Dei sit ratio, et omnis ratio sit ejus voluntas? Nam sicut ejus voluntas non potest esse irrationabilis, et ita et ratio non potest non esse illius voluntatis. Cum hæc ita sint, omni rationi et rationabili menti sufficit voluntas ejus, etiam non exposita ratione voluntatis ejus. Unde in hoc sacramento sicut et in cæteris, sufficit voluntas et præceptum ejus, cum constet nec summam sapientiam errare, nec summam rationem aliquid irrationabiliter agere posse. Sufficit ergo, et omnino abundanter sufficit ad rationem Christum Dominum hominibus carnem suam ad manducandum et sanguinem suum ad bibendum dedisse. Sed licet, ut dictum est, sit contra rationem, Dei cognita voluntate, ejus quærere rationem, ne tamen hic Catholicis deesse, vel eos latere putetur, quod de tanti sacramenti ratione institutor Deus aperit, aperiatur.

Dat plane carnem suam, dat sanguinem suum, non solum ad honorandum, non solum ad adorandum, sed etiam ad manducandum et bibendum Christus hominibus, ut sicut absque carnali cibo et potu nullum mortalium mortalem et miseram vitam posse transigere cernitur, sic absque ista spirituali esca et potu neminem immortalem et beatam assequi posse credatur. Quomodo enim melius, quomodo apertius commendare potuit mundo se esse vitam hominum, quam exemplo illarum rerum in quibus est vita hominum? In cibo enim et potu, vita est omnium hominum, atque inter multiformes escas et pocula, quibus vita sustentatur hominum, principalem locum obtinent panis et vinum : quibus salubrius et solemnius vita quotidie recreatur, et reformatur hominum. Unde has solemnes et ad vitam temporalem hominum conservandam principales substantias, ad vitam sempiternam hominibus restaurandam, Dei sapientia fortiter suaviterque disponens omnia (*Sap.* viii), assumere voluit eaque de causa in illarum specie carnem suam ad manducandum, sanguinem suum ad bibendum hominibus dare decrevit. Ostendit in istis, et longe clarius hoc sacramento quam verbis edocuit, non esse aliam vitam æternam hominum, nisi seipsum, dum, similitudine eorum escæ carnalis, ad escam eorum et potum spiritualem nihil aliud dare voluit quam seipsum. Nam dicit : *Ego sum via, veritas et vita* (*Joan.* xiv); itemque cum ait : *Hæc est vita æterna, ut cognoscant te verum Deum, et quem misisti Jesum Christum* (*Joan.* xvii) : vitam eum esse æternam discunt homines audiendo. Sed cum dicit : *Nisi manducaveritis carnem Filii hominis, et biberitis ejus sanguinem, non habebitis vitam in vobis* (*Joan.* vi). Itemque cum ait : *Panis quem ego dedero, caro mea est pro mundi vita* (*ibid.*) : vitam eum esse hominum sempiternam discunt homines comedendo. Comedendo ergo melius quam audiendo discunt eum homines suam esse vitam immortalem, sicut escis corporalibus suam enutriunt vitam mortalem. Ut ergo non tantum verbis discerent, sed etiam familiarius factis sentirent homines, se mori perpetuo sejunctos a Christo, se non posse semper vivere nisi conjunctos et unitos Christo, ad similitudinem escæ et vitæ carnalis accipiunt corpus Christi, bibunt sanguinem Christi : non ab alio data, non ab alio suscepta quam ab ipso Christo, qui eorum post hanc vitam futurus est esca, hoc est vita et beatitudo æterna. Hoc ut ostenderet, ut propter hoc carnem suam ad manducandum, sanguinem suum ad bibendum omnibus se dare velle signaret, ducta ab eremitico manna similitudine, ait in Evangelio Judæis se de suo manna jactantibus : *Non Moyses dedit vobis panem de cœlo; sed Pater meus dat vobis panem de cœlo verum. Panis enim Dei est, qui descendit de cœlo, et dat vitam mundo* (*ibid.*). Panis enim ille non cœlestis fuerat, sed aerius, hoc est de aere, Deo ibi cum creante, delapsus, licet aer improprie cœlum dicatur, ac propter hoc manna inde delapsum, panis cœlestis vocetur. Sed non fuit tamen illud manna panis cœlestis, sed est Dei Filius de cœlo descendens, ut ipse fatetur, panis cœlestis, qui, etiam antequam de cœlo descenderet, panis, hoc est vita erat angelorum, et postquam de cœlo descendit, panis, hoc est vita factus est hominum. Unde se non mortuum, sicut manna fuit, sed vivum panem vocat, quia illud mortuum reficiebat moritura corpora Judæorum ; iste autem panis vivus in æternum victuras animas reficit Christianorum. Quod autem effectus ipse vivendi, quem panis vivus præstat, in præsenti non confertur, sed in futuro differtur, hæc est causa, quia sacramentum quidem corporale est, quia verum corpus et verus Christi sanguis est, sed res sacramenti, id est salutis, quæ sequitur effectus spiritualis est. Ideo ipsum sacramentum, hoc est esca corporis Christi, et potus sanguinis Christi, licet sint corporalia, hoc est vere corpora, dicuntur tamen spiritualia, hoc est, spiritualiter effectum salutis operantia, sicut docet Apostolus de Patribus loquens : *Omnes eamdem escam spiritualem manducaverunt, et omnes eumdem potum spiritualem biberunt* (*I Cor.* x). Quod quia neque de manna Judaico, neque de aqua ex petra producta senserit, sed de Christo, hoc est ejus corpore et sanguine, de quo et Moyses scripsit, scripserit, clarissime demonstrat, cum addit : *Bibebant autem de spirituali sequente petra : petra autem erat Christus* (*ibid.*). De petra ergo, quæ eos secutura erat, id est de Christo qui post eos venturus erat, hoc dixit. Qui spiritualem escam et spiritualem potum, hoc est corpus suum et sanguinem vitam æternam hominibus spiritualiter conferentem, in sacramento sæpenominato donavit. Quod tantæ virtutis fuit, ut non solum Christum sequentes, sed etiam ab initio mundi ipsum præcedentes fideles, non quidem corporaliter sicut post illum universi, sed tamen spiritualiter sicut universi : *Omnes eamdem escam spiritualem manducaverunt, et omnes eumdem potum spiritualem biberunt*, hoc est eumdem salutis effectum, quem post Christum Christiani, eumdem et omnes illi de Christi corpore et sanguine reportarent.

Idcirco, ut jam dictum est, omnes, tam primi quam ultimi, ad corpus Christi et ad salutis æternæ mysterium pertinentes, omnes omnino eamdem escam spiritualem manducaverunt, et omnes eumdem potum spiritualem biberunt. Ut igitur vita æterna spiritualiter et invisibiliter mundo in præsenti collata, corporaliter et visibiliter in futuro conferenda signaretur, data est caro Christi sub specie panis ad comedendum, datus est sanguis Christi sub vini forma hominibus ad bibendum, ut sicut pane et vino ad vitam mortalem principaliter homines utuntur, sic ad vitam immortalem, quæ est ipse Christus, corpore Christi et sanguine hic spiritualiter, postmodum vero tam spiritualiter quam corporaliter in æternum pascantur. Claret igitur ratio non solum in futuro, quando intrandum est in sanctuarium Dei, et intelligendum in novissimis eorum (*Psal.* lxxii), sed etiam in præsenti, quando adhuc sub nubilo cuncta fiunt ; claret, inquam, cur non tantum ad honorandum, non tantum ad adorandum, sed insuper ad manducandum carnem suam et bibendum sanguinem suum Christus Christianis, Dominus servis, Deus hominibus dare voluit. Nemo ergo opponat impietatem velut læsi vel comesi Domini, nemo crudelitatem velut truncati vel dolentis corporis, nemo stultitiam velut homines humanam carnem absque ratione edentes, quia non est impium ubi omnis pietas, non est crudele ubi nulla passio, non est irrationabile ubi summa sapientia, quæ de sectione sua nullum dolorem, de participatione sua nullam imminutionem, de comestione sua nullam patitur consumptionem : imo comedentibus æternam inde providet et præparat reparationem, quatenus et in hoc sæculo et in futuro panis et vita sit hominum, qui semper beatorum panis est et refectio angelorum.

Contra id quod dicunt, vivorum beneficia nihil prodesse defunctis.

Quinto dehinc et ultimo capitulo, jaculum adversariorum amento hæretico intortum, quod in perniciem Ecclesiæ jam advolat, scuto veritatis falsitati opposito repellendum est. De quo Propheta : *Scuto circumdabit te veritas ejus, non timebis a timore nocturno, a sagitta volante* (*Psal.* LXXII). Excrevit enim malitia perfidorum, et quasi ex adipe iniquitas eorum prodiit, cum non solum vivorum saluti, sed etiam mortuorum spei invident, et universorum communes et publici hostes effecti, non tantum vivos occidere, sed et ipsos mortuos, si possibile esset, rursus exstinguere moliuntur. Instant mortalibus, ut cito moriantur ; mortuis ne ad vitam respirare audeant, aditum intercludunt. Non parcunt miserandæ hominum sorti, et post ærumnosam vitam denuo sub divino judicio laborantibus humanis speciebus, velut nunquam morituri misereri nesciunt, et vere impii, quia absque pietate Christum pietatem benigne commendantem, ut surdi audiunt : *Beati misericordes, quoniam ipsi misericordiam consequentur* (*Matth.* V). Quam quia aliis nec affectu retinent, nec effectu exhibent, non ut beati, sed ut miseri, nunquam eam consequentur. Liberales certe homines, et de suo munificentissimi judicandi, qui nec de alieno dapsilitatem fieri, æquis intueri oculis, vel tolerare aliquatenus possunt, et divitias bonitatis Dei ac patientiæ ignorantes, qui secundum Apostolum, *dives est in omnes qui invocant eum* (*Rom.* X); et, juxta alium, *dat omnibus affluenter, et non improperat* (*Jac.* I), leges divinæ largitati præscribunt, et ne mortuis liber inter mortuos misereatur, cœlestis censuræ judices interdicunt. Hoc faciunt quando altaris sacrificia, oblationes, orationes, eleemosynas, vel reliqua bonorum bona vivorum bonis mortuos prodesse non posse contendunt, et Ecclesiæ Christi tam celebrem, tam antiquum ab ipso Christo, imo ante Christum ab ejus cultoribus observatum morem, universo orbe reclamante contemnunt. Unde quam non contemnendus, imo quanto studio hic error refellendus sit, etiam negligenter attendentes advertere possunt. Quis enim, o Catholici lectores, non advertat Satanam, cujus cogitationes, juxta supradictum Apostolum, non ignoramus (*II Cor.* II), hoc cogitasse, ut tot bona a tantis bonis assidue per orbem pro mortuis facta, hoc astu averteret, et juges eleemosynas, continua sacrificia, irrequietas orationes, et his similia, quæ et vivis comparant meritum, et defunctis requiem, consilio infernali auferret? Sed spiritus consilii ejus dolos retegens et vultum fallaciæ nubilo opertum denudabit, et Ecclesiæ suæ magis lucrosam quam damnosam ejus exstitisse tentationem monstrabit. Nam quod magnus Apostolus ante multa sæcula ait, *oportet hæreses esse, ut qui probati sunt, manifesti fiant* (*I Cor.* X), hoc non solum Patrum temporibus, sed etiam nostris diebus experimur, quia sicut semper extrinsecus hostium persecutionibus dilatatur, sic intestinis falsorum fratrum tentationibus magis magisque purgatur. Dilatabitur ergo, non angustabitur; purgabitur, non inficietur auxilio divini Spiritus Ecclesia, cum illud quod ab adversa parte opponitur studiosius discutietur, subtilius investigabitur, perfectius invenietur, robustius defensabitur.

Et ne diu differam, quid est, o hæretice, quod proponis? Non, inquit, prodesse possunt bona vivorum mortuis, quia translatis e vita nec augeri queunt merita, nec minui, quia extra vitam hanc non potest jam locus esse meritorum, sed retributionum; nec ab aliquo potest sperare mortuus, quod dum in sæculo esset, non obtinuit vivus. Idcirco inania dico quæcunque a vivis pro mortuis fiunt, quia dum mortales per mortem universæ carnis viam ad statum futuri sæculi transeunt, secum totum meritum suum, cui nihil possit adjici, ferunt. Novit, inquam, universa Ecclesia Dei, et ego qualiscunque ejus alumnus non ignoro sapientiam Dei per Salomonem dixisse : *Cuncta quæ fiunt adducet Deus in judicium pro omni erruto, sive bonum sive malum sit* (*Eccles.* XII); et Apostolum : *Unusquisque onus suum portabit* (*Gal.* VI); et: *Oportet nos stare ante tribunal Christi, ut referat unusquisque prout gessit in corpore, sive bonum sive malum (II Cor.* V); et David : *Duo hæc audivi : Quia potestas Dei est, et tibi Domine misericordia, quia tu reddes unicuique juxta opera sua* (*Psal.* LXI) ; et Christum Dominum : *Filius hominis venturus est in gloria Patris sui cum angelis suis, et tunc reddet unicuique secundum opus ejus* (*Matth.* XVI). Novi plane ista, et adhuc plura, nec quam dixi Ecclesiam fallere potuerunt tanta tamque clara testimonia, nec tam cæcus esse potuit totus mundus, ut non posset cernere quod potuit videre rarus hæreticus, unumquemque scilicet ex suis operibus aut justificari, aut condemnari. Vidit certe ista, nec ad videndum multo conamine opus fuit. Vidit quidquid tu videre potuisti, sed quidquid ipse vidit, tu hæretice, non vidisti. Vidit fines beatitudinis ac miseriæ sempiternæ ex vita mortalium pendere, unde pro ejus qualitate agnovit omnipotentis misericordiam, aliorum piis operibus, etiam post mortem mortuis subvenire. Nam etsi aliena videntur viventium opera, ut tamen mortuis prodesse valerent, mortuorum, dum viverent, sunt meritis comparata. Idcirco nec aliena esse judicanda sunt, quæ mortuorum præcedentibus meritis propria facta sunt. Orat ea de causa Ecclesia pro requie vel gloria membrorum suorum ad statum vitæ alterius translatorum, et quos fide ac charitate ad membra Domini sui pertinere cognoscit, a fructu suorum bonorum operum non excludit. Non excludit eos, imo, ut dignum est, plenissime admittit, ut sicut abjectos a facie Dei concordans justitiæ Dei a memoria sua abjicit, sicut perfectos coram facie Dei, certa de misericordia Dei auxilio suo non indigere cognoscit : sic laborantes sub judicio Dei, confisa de divitiis bonitatis Dei, quibus potest modis juvare contendit. Habet inde auctoritatem ex verbis Domini Dei sui, a quo per Evangelium audit remitti peccata non solum in hoc sæculo, sed etiam in futuro. Quando enim de blasphemia Spiritus loquens ait : *Qui dixerit verbum contra Spiritum sanctum, non remittetur ei neque in hoc sæculo, neque in futuro* (*Matth.* XII ; *Luc.* XII), ostendit veniam quidem peccatorum in hoc sæculo semper dignis concedi, remissionem tamen pœnarum quas peccata exigunt, in futuro sæculo aliquando differri. Quæ secundum nobis occultas dispensationes justitiæ et misericordiæ Dei, piis operibus bonorum vivorum, aut tempore breviantur, aut qualitate mitigantur, ad remedium bonorum, sed imperfectorum mortuorum. Quos bonos vocavi, quia non excidunt a salute; imperfectos, quia indigent purgatione. Quæ purgatio ab æterna damnatione secernens, aut per occultum Dei judicium reis illis pro qualitate reatuum exhibetur, aut per inexhaustam ejus bonitatem Ecclesiæ sacrificiis, orationibus, eleemosynis et his similibus recompensatur, quia manet verax veritatis sententia remitti peccata, hoc est pœnam peccatorum, aliquando in hoc sæculo, aliquando in futuro.

Sed jam latissimis Scripturarum exemplis utamur, quibus sole clarius elucescat, non damnosam, sed lucrosam nobis hæreticam propositionem fuisse, probando quod non solum bona vivorum mortuis, sed etiam bona mortuorum vivis; et bona vivorum vivis, et bona mortuorum mortuis et olim profuerint et quotidie prodesse vel proficere possint. Ad quod asserendum ipse in primis auctor et salvator hominum Jesus Dominus veniat, cujus adhuc inter homines viventis bona vivis, mortui mortuis, vivi mortuis, mortui vivis profuisse nulli dubium vel obscurum, sed certum et perspicuum est. Quando enim ejus bona numerari poterunt, quæ, cum adhuc mortalis inter mortales viveret, eisdem mortalibus non tantum spiritualiter, sed etiam corporaliter profuerunt? Spiritualiter autem dixi, cum mulieri peccatrici diceret: *Fides tua te salvam fecit, vade in pace* (*Luc.* VII); cum paralytico : *Fili, remittuntur tibi peccata* (*Matth.* IX); cum de Zachæo : *Hodie salus domui huic facta est* (*Luc.* XIX); quando conversus respexit Petrum (*Luc.* XXII); quando latroni ait : *Hodie mecum eris in paradiso* (*Luc.* XXIII); et alia quingenta. Corporaliter vero dixit, cum leproso diceret : *Volo, mundare, et statim mundata est lepra ejus* (*Matth.* VIII) ; cum aliis decem leprosis simul occurrentibus præciperet : *Ite, ostendite vos sacerdotibus. Et dum irent mundati sunt* (*Luc.* XVII); dum cæco nato juberet : *Vade ad natatoria Siloe, et lava: et ille abiit, et lavit, et vidit* (*Joan.* IX); cum alii cæco diceret : *Respice, fides tua te salvum fecit, et confestim vidit* (*Luc.* XVIII); quando *accesserunt ad eum, multi cæci et claudi in templo, et curavit eos omnes* (*Matth.* XXI); quando sole occidente omnes qui habebant infirmos variis languoribus, ducebant eos ad ipsum et curabantur (*Marc.* I ; *Luc.* IV) ; quando præcepto ejus exibant dæmonia a multis clamantia, et dicentia : *Quia tu es Filius Dei* (*Luc* IV), et mille similia, tam per se quam per discipulos facta. Hoc ergo modo bona viventis Domini vivis profuisse monstravi. Bona autem mortui Domini mortuis profuisse quis dubitat, quicunque in symbolo Christiano credit et confitetur passum sub Pontio Pilato, crucifixum, mortuum, sepultum, descendisse ad inferna. De quibus innumerabiles sanctorum animas eruens, et beatitudini æternæ restituens, implevit quod solemnis prophetia prædixerat : *De manu mortis liberabo eos, de morte redimam eos. Ero mors tua, o mors, morsus tuus ero, inferne* (*Ose.* XIII) ; et quod alius : *Deus ultionum, Dominus Deus ultionum libere egit* (*Psal.* XCIII); quodque Apostolus, *qui constitutus est*, inquit, *a Deo judex vivorum et mortuorum* (*Act.* X).

Sed quid mirabile, si mortuus Dominus morte sua mortuis fidelibus subvenerit, cum exinde mortuis seu morituris usque ad consummationem sæculi Christianis omnibus, ad vitam præordinatis (quod est mirabilius) eadem morte quotidie subveniat? Bona ergo mortui Domini mortuis hominibus hoc modo et profuisse et prodesse monstravi. Viventis autem Domini bona mortuis profuisse, unde clarius quam ex ipsa mortuorum resurrectione probatur? Nonne hoc illa trina et notissima mortuorum resurrectio attestatur, puellæ in domo (*Matth.* IX), adolescentis in porta (*Luc.* VII), Lazari de sepulcro? (*Joan.* XI.) Nonne et illud jam viventis quia a morte resurgentis, tam insolitum, tam nobile, tam famosum miraculum idem confirmat, quando eo, ut dixi, resurgente, et immortaliter jam vivente, multa corpora sanctorum qui dormierant, surrexerunt ? (*Matth.* XXVII.) Nec mirum hoc etiam si viventis virtute mortuorum corpora surrexerunt, quando ejusdem viventis dicta omnia, facta omnia ad resurrectionem non tantum corporum, sed etiam (quod primum est) animarum omnium fidelium hominum profecerunt. Ostensum est igitur viventis Domini bona mortuis profuisse. Sed ad supplementum omnium demonstretur mortui insuper bona viventibus potuisse prodesse. Ad quod non exspectata responsione mea, totus orbis terrarum conclamat, vociferans se bono mortis Domini a morte æterna ereptum, saluti redditum, vitæ perpetuæ restitutum. Hoc duodecim apostoli, hoc septuaginta duo discipuli, hoc quingenti fratres, quibus simul resurgens apparuit, hoc innumera multitudo credentium vel non credentium, qui, dum ipse temporaliter carne mortuus esset, ipsi etiam temporaliter in carne vivebant. Hoc, inquam, omnes isti attestantur : quos, ut dixi, in corpore mortali viventes, in corpore mortali eodem tempore mortuus salvavit, et ipsis viventibus bona mortis suæ profuisse monstravit. Quæ cum ita sint, nullo sani capitis, ut æstimo, reclamante, bona viventis Domini vivis, mortui mortuis, vivi mortuis, mortuis vivis profuisse probatum est.

Sed quoniam, ut dignum erat, hoc in Domino Salvatore, velut in capite corporis sui, quod est Ecclesia, ostensum est, subsequenter in eodem corpore ejus, hoc est fidelibus ejus, prout ipse dederit, ostendendum est. De ipso enim Salvatore, ad quem singulariter pertinebat ut ejus vita vel mors saluti viventium et mortuorum impenderetur, nullus fidelium dubitare permittitur. De reliquis vero, quod scilicet bona vivorum mortuis prodesse valeant, et hi hæretici negant, et quidam etiam Catholici dubitare videntur. Propter quos maxime hoc demonstrandum est, ut hæreticus, si fieri potest, fidem quam abjecit resumat, et Catholicus in fide quam confitetur nequaquam ultra languescat. Et ut eo ordine quo de Domino illa superius ostensa sunt, eodem quoque ista inferius de servis fidelibus ostendantur, probandum est bona vivorum vivis, bona mortuorum mortuis, bona vivorum mortuis, bona mortuorum vivis et profuisse in præteritis sæculis, et posse prodesse usque ad consummationem sæculi, etiam in futuris. Quando autem dies sufficere poterit, si undique occurrentia et certatim se ingerentia exempla profundere voluero, demonstrando bona vivorum vivis profuisse, et invicem se bonos omnes mutuis beneficiis adjuvisse ante legem, sub lege, sub gratia, in Heptatico, in prophetis, in psalmis; in Evangeliis, in apostolorum Actibus et Epistolis, in omni ad ultimum lege divina, tam ea quæ dicitur vetus, quam ea quæ dicitur nova ? Sed quia non est necesse cuncta hujusmodi de Scripturis eruta in unum colligere, quæ sufficiant proponantur, quibus quæ proposita sunt robustissime defendantur. Proposita autem sunt, quod bona viventium vivis prodesse possint. Et possem quidem dicere ad remotiora secedens, Abraham pro Ismaele (Gen. xvii), Isaac pro sterilitate Rebeccæ (Gen. xxv), Jacob pro nepotibus (Gen. xlviii), Moysen pro Judæis (Exod. v), eumdem contra Amalec (Exod. xvii), contra Dathan et Abiron, contra plures rebelles et seditiosos (Num. xvi): hos, inquam, magnos patriarchas vel pro aliis vel contra alios deprecantes et exauditos fuisse, David precibus suis a morte populi angelum avertentem (III Reg. xxiv); Samuelem paulo superiorem eidem Judaico populo dicentem : *Absit a me peccatum hoc ut cessem orare pro vobis* (I Reg. xii); Isaiam et Jeremiam prophetas, tam precibus quam meritis, Ezechiam et Josiam reges, ab eadem gente sæpe iram commoti Domini avertisse. Præter hos innumerabiles alios, quos brevitatis studio intermitto, possem producere, qui virtute sua infirmitatem, qui justitia sua iniquitatem, qui bonis suis mala priorum temporum supportabant, et Deum iniquitates hominum ferire disponentem, quasi vim inferentes, supplicationibus retrahebant.

His ergo dimissis, ad nostra evangelica tempora veniendum est, in quibus maximum in apostolis, ut sæpe dictum est, Paulum sermo producat, et ex eo maxime viventium bona viventibus prodesse ostendat. Ait enim in Epistola sua Romanis : *Testis mihi est Deus, cui servio in spiritu meo in Evangelio Filii ejus, quod sine intermissione memoriam vestri facio semper in orationibus meis* (Rom. x). Item Ephesiis : *Flecto genua mea ad Patrem Domini mei Jesu Christi, ex quo omnis paternitas in cœlo et in terra nominatur, ut det vobis secundum divitias gratiæ suæ virtutem corroborari per spiritum ejus* (Ephes. iii), et reliqua. Item Colossensibus : *Orationi instate, vigilantes in ea in gratiarum actione, orantes simul et pro nobis, ut Deus aperiat nobis ostium sermonis, ad loquendum mysterium Christi, ut manifestem illud ita ut oportet me loqui* (Coloss. iii). Rursus in jam dicta Epistola Romanis : *Obsecro vos, fratres, per Dominum nostrum Jesum Christum, et per charitatem Spiritus sancti, ut adjuvetis me in orationibus ad Deum, ut liberer ab infidelibus qui sunt in Judæa, et obsequii mei oblatio accepta fiat in Hierosolyma sanctis* (Rom. xv). Item ad Timotheum : *Obsecro primum omnium fieri obsecrationes, orationes, postulationes, gratiarum actiones pro omnibus hominibus, pro regibus et omnibus qui in sublimitate sunt, ut quietam et tranquillam vitam agamus, in omni pietate et castitate. Hoc enim bonum est, et acceptum coram Salvatore nostro Deo* (I Tim. ii). Hinc Jacobus postquam dixit : *Confitemini alterutrum peccata vestra* (Jac. v), addidit : *Et orate pro invicem, ut salvemini* (ibid.). Quod fieri debere prophetico testimonio comprobat, cum Eliam introducit orasse ut non plueret super terram, et non pluisse annos tres et menses sex ; et rursum orasse et cœlum dedisse pluviam, et terram dedisse fructum suum (III Reg. xvii). Quid ultra? quid ultra certe, aut me loquendo, aut te, o lector, fatigarem legendo ? Ecce his paucis plenissime, his brevibus exemplis largissime monstratum est, bona vivorum vivis, juxta quod gratia divina dispensat et utriusque partis meritum postulat, et olim profuisse, et, ut dictum est, semper, dum hic vivitur, posse prodesse. Dum enim Paulus Romanorum in suis orationibus memoriam facit ; dum pro Ephesiis ad Deum genua flectit, dum rursum Romanos per Jesum Christum et per charitatem Spiritus sancti obsecrat ut adjuvent se in orationibus ad Deum ; dum Colossenses monet ut orationi instent, orent etiam simul et pro ipso ; dum Timotheo loquitur obsecrare se ut fiant obsecrationes, orationes, postulationes, gratiarum actiones pro regibus et omnibus qui in sublimitate sunt; nec tantum pro illis, sed sicut præmittit, pro omnibus hominibus ; dum Jacobus hortatur duodecim tribus quæ sunt in dispersione, et in illis totius mundi fideles, ut orent pro se invicem, subditque causam, ut salventur ; dum Eliam etiam pro impiis orasse et exauditum fuisse memorat : quid, inquam, in his omnibus tantis tamque solemnibus sacræ legis testimoniis ! quid certe aliud docetur quam omnia Christi membra, omne sibimetipsis auxilium invicem ferre, pro invicem orare, et ut lex Christi, quæ charitas est, impleri valeat, alterum alterius onera (*Gal.* vi), vel spiritualia vel corporalia, spiritualibus aut corporalibus subsidiis portare debere? Jam sequentis particulæ probatio, unde melius quam ex præcedentis probatione probatur? Sacris enim auctoritatibus multipliciter probatum est, viventium bona viventibus, si digni sunt, posse prodesse.

Inde ergo colligitur mortuorum hominum bona mortuis hominibus, si et ipsi digni sunt, ad salutem seu ad malorum levamen posse proficere. Cum enim bonorum viventium oratio viventibus profuerit, cur eorumdem vel similium mortuorum deprecatio mortuis prodesse non poterit ? An apud piissimam majestatem plus possunt viventes justi, minus mortui justi ? An majoris apud Deum pretii sunt preces bonorum viventium quam bonorum supplicationes mortuorum ? Nunquid excellentioris meriti sunt apud Dominum suum sancti in corpore constituti, et inferioris mortalitate exuti? Nunquid majoris gradus vel gratiæ sunt adhuc in carne positi, et minoris jam Deo conjuncti? Non hoc, non hoc, inquam, ratio vel justitia patitur ut, quando debent esse robustiores, fiant infirmiores ; quando debent esse potentiores, sint impotentiores ; quando debent esse perfectiores, sint imperfectiores ; quando solet talibus adaugeri gloria, minuatur gratia ; quando supernæ largitatis erga tales dona solent ineffabiliter accumulari, quæ prius collecta fuerant, videantur auferri. Potuit certe Paulus orare pro Romanis, genua flectere pro Ephesiis, dum in misera carne viveret : et, ut par est credere exauditus est, et nunc omni miseria exutus beatitudini sempiternæ conjunctus, pro eisdem vel quibuslibet digne deprecabitur, et non exaudietur ? Oravit, ut dictum est, Elias pro pluvia tollenda, oravit et pro eadem reddenda in corpore manens ; nec precum effectu vel in modico frustratus est, dum exutus corpore fuerit (nam adhuc in corpore vivit); pro quibuslibet dignis tamen orabit, nec quod oraverit obtinebit? Rogant apostoli Dominum pro Chananæa dicentes : *Dimitte eam, Domine, quia clamat post nos*: et audiuntur (*Matth.* vi). Orant Martha et Maria ut resurgat frater earum Lazarus ; et Christo eas exaudiente resurgit (*Joan.* xi). Hoc, inquam, sanctæ mulieres sanctique discipuli adhuc miseri obtinuerunt ; si quid dignum petierint, jam beati non obtinebunt ? Facta est oratio ab Ecclesia adhuc peregrina ad Deum pro Petro, ut de carcere erueretur, et misso angelo ereptus est (*Act.* xii) : orabit jam conjuncta Ecclesia Deo, ut pro aliquibus obtinendis audiatur, et non exaudietur ? Et certe rationi huic auctoritate sua eadem Ecclesia attestatur, mortuis videlicet aliorum mortuorum bona posse prodesse, dum quotidie per universum mundum cum signo fidei exeuntes de corpore et somno pacis dormientes mortuos suos, perfectioribus mortuis, hoc est, sanctis martyribus aliisque summe justis commendat, quos scilicet jam mortuos mortuis aliis non commendaret, nisi mortuorum in bonis perfectorum bona bonis mortuis, sed imperfectis posse prodesse consideret. De qua ecclesiastica consuetudine, nec Catholicus dubitasse, nec hæreticus inventus est illi aliquando restitisse. Adjuvat ista et libri Machabæorum lectio, quæ sicut in sequentibus loco proprio clarius exponetur, summum sacerdotem Oniam, magnumque prophetam Jeremiam jam mortuos orasse et exauditos esse pro viventibus introduci (*II Mach.* xv). Cum igitur et viventes pro viventibus orare præcipiantur, et mortui pro viventibus exauditi esse legantur, cur mortui mortuis posse prodesse sanctis supplicationibus dubitantur ?

Quod si quis forte opposuerit bona mortuorum idcirco mortuis prodesse non posse, quoniam in statu illo futuri sæculi non est locus bonorum vel malorum meritorum, sed bonarum vel malarum retributionum. Respondeo esse quidem hic locum meritorum, ibi retributionum, sed sicut malorum et malorum varietatem distingui, sic bonorum et bonorum diversitatem oportere discerni. Sicut enim diverso respectu voco malum quod est peccatum, et malum quod est pœna peccati : de quo primo malo ait Propheta : *Peccatum meum coram me est semper. Tibi soli peccavi et malum coram te feci* (*Psal.* L); de sequenti vero Deus ipse : *Ego Dominus faciens pacem et creans malum* (*Isa.* XLV). Itemque : *Si est malum in civitate quod Dominus non fecerit* (*Amos* III), sic diverso intuitu voco bonum opus ejus, voco bonum mercedem ejus. De quo primo bono præcipit homini Scriptura sacra : *Fac bonum* (*Psal.* XXXVI) ; de sequenti vero dicit : *Credo videre bona Domini* (*Psal.* XXVI). Primum ergo bonum meritum est, secundum bonum merces meriti est. Primum bonum laboriosum est ; sequens bonum delectabile est. Primum bonum amaritudinis est, sequens bonum dulcedinis est. Primum bonum cum miseria temporali est, sequens bonum cum felicitate æterna est. Primum ergo bonum in præsenti tantum vita exercetur, sequens bonum in futura perpetuo retinetur. Illud igitur bonum meritum comparans, quod laboris, amaritudinis et miseriæ esse dixi, a sanctis vel jam beatis omnino removeo ; illo vero quod delectabile, quod dulcedinis, quod felicitatis æternæ bonum vocavi, eos tantummodo frui affirmo. Nec enim ultra beatos illos esse pauperes oportebit, nequaquam esurire corporaliter vel sitire, nequaquam flere vel gemere, nequaquam persecutionem pro justitia pati eis ultra necesse erit, et his similia bonum, ut dixi, meritum comparantia : sed tantum excellentius bonum, quod mercedem præcedentium bonorum vocavi, eis deesse non poterit, quod beatus ille quicunque fuerit cœlicola, æternaliter obtinebit. Hoc est bonum illud quod beatitudo vocatur, cujus beatitudinis vel præcipua, vel tota causa est, Conditoris contemplatio, amor, delectatio. Quæ contemplatio amori, ut dixi, Creatoris adjuncta, totam illam rationalem et beatam creaturam implebit, eamque ex integro sibi vindicans, ad infatigabilem laudem Creatoris æternaliter animabit. Inter quæ bona sua, quandiu necesse fuerit, etiam hoc bonum habebit, ut in miseria temporali adhuc laborantibus conservis benigne subveniat, et meritis felicibus, non miseris lamentationibus eos ad suæ beatitudinis consortium pertrahat. Eapropter affectus quo mortui pro mortuis Deo supplicant, non de miseria est, sed de beatitudine, non de laboriosis supplicationibus hujus vitæ, sed de rivo in eis derivato charitatis et beatitudinis sempiternæ.

Hoc igitur modo mortui perfectiores pro imperfectioribus supplicant, quando Deum non sicut in hac vita miseris gemitibus, sed sanctis affectibus, sicut vitam illam decet, pro dignis exorant. Non enim eos in precibus necesse est laborare, quorum sancta merita vel affectus non potest æterna sapientia, quæ illa contulit, ignorare, non potest summa benignitas non exaudire. Nec enim ipse Dominus tales illis affectus conferret, si eos exauditurus non esset. Hoc igitur modo bona mortuorum mortuis posse prodesse, et auctoritas docet, et ratio persuadet. Ista, inquam, bona sanctorum non minuent beatitudinem, sed aliorum, ut dictum est, juvabunt imperfectionem. Nec vocabitur bonum adaugens meritum, sed dicetur bonum remunerans meritum. Jam si hinc auctoritas Scripturæ vel a credentibus vel a dubitantibus quæritur, juvante eo qui adjutor est in opportunitatibus (*Psal.* ix), deesse non poterit. Deesse certe non poterit, ut, non solum ratione supra scripta, non tantum institutione ecclesiastica, sed etiam auctoritate divina undique nostra vallata assertio, nullum casum trepidans, immota consistat. Adducatur authenticus et evangelicis testimoniis roboratus liber, qui dicitur Regum, in medium, et mortuorum bona mortuis, ut sæpe dictum est, posse prodesse mirando ac jucundo exemplo confirmet. Veniat ad hoc astruendum magnorum et mirandorum operum patrator magnus ille et nominatus Eliseus propheta, super quem Eliæ spiritus requievit, qui ejusdem eumdem tanti prophetæ spiritum, eo ad sublimia curru et equis igneis rapto, duplicem accipere meruit (*IV Reg.* II). Hujus certe Elisei non viventis, sed jam mortui et sepulti ossa mox ut mortuum alium contigerunt, utrum bona mortuo-

rum mortuis prodesse valeant, ostenderunt. *Quidam enim*, ait Scriptura illa, *sepelientes hominem, viderunt latrunculos, et projecerunt cadaver in sepulcrum Elisæi. Quod ut tetigit ossa Elisei, revixit homo, et stetit supra pedes suos* (*IV Reg.* xiii). Quid mirabilius, quid clarius ad rem, de qua agitur, affirmandam, præscia cunctorum Divinitas ostendere potuit? Unde lucidius mortuorum bona mortuis posse prodesse, cuncta providens æterna sapientia monstrare valuit? Quis unquam nobile hoc miraculum considerans, quod mortuorum bona mortuis prodesse valeant, non dico contradicere, non dico mussitare, sed vel in modico dubitare poterit? Idcirco autem hæc aperta miracula alterius temporis hominibus a Deo demonstrata sunt, ut omnium temporum homines instruerentur, et quid credere, quid agere deberent, non tantum verbis divinis, sed etiam rebus mirabilibus admonerentur. Hoc autem corporale beneficium, a mortuo propheta mortuo homini collatum, docet Deum non solum corporalibus mortuorum hominum beneficiis quæ ipse contulit mortuis aliis succurrere, sed et spiritualibus bonis eorumdem mortuorum mortuis aliis, sicut adjuncta justitiæ misericordia postulat, spiritualiter subvenire. Cum hæc itaque tam magnis auctoritatibus, tantis rationibus, tam firmiter innitantur, procul explosa omni dubietate, mortuorum bona mortuis prodesse posse luce lucidius demonstratur.

Hinc ad tertiam divisionis nostræ particulam defendendam, quam solam hæretici nostri impugnant, de qua sola hoc nostrum quintum capitulum exortum est, Spiritu Dei causam suam defendente, procedendum est. Est autem hæc, qua Dei Ecclesia bona vivorum mortuis posse prodesse, et verbis docet, et quotidianis, quæ mortuis exhibet, misericordiæ operibus confirmat. Quam ejus consuetudinem et nobis ab eadem Ecclesia traditum morem, vos o hæretici, cum quibus præcipue de hac re mihi sermo est, nulla ratione temerare potestis, quia rationi longe suprascriptæ, et argumento invincibili resistere non valetis. Quæ vero sit illa ratio, quodve illud argumentum, ne mente exciderit, breviter replicabo. Superius enim dixistis nullos vos libros, nullas traditiones Ecclesiæ ab Ecclesia præter Evangelium suscipere, sed illi tantum, hoc est Evangelio, fidem vos firmissimam conservare. Ad quod ego respondi : Si indifferenter ab Ecclesia tam Evangelium quam alios libros, quos canonicos dicimus, cum aliis authenticis traditionibus suscepistis, indifferenter aut omnia suscipere, aut omnia respuere debetis. Quod enim indifferenter ab Ecclesia tam nobis quam vobis traditum est, aut indifferenter totum suscipiendum, aut totum rejiciendum est. Sed Evangelium rejiciendum esse vos non conceditis. Quia ergo Evangelium rejiciendum esse non conceditis, quidquid cum Evangelio ab eadem Ecclesia, quæ Evangelium tradidit, traditum est, invicta ratione cogente a vobis suscipiendum est. Traditum autem ab ea, quam dixi, Ecclesia, in Ecclesia invenistis, ut divinis sacrificiis, sacris orationibus aliisque pietatis operibus, fideles in carne viventes, alios cum signo fidei et spei Christianæ carne exutos, juvare studeant, ut quod bonæ quidem eorum vitæ, sed imperfectæ defuit, de superéffluente Conditoris pietate pie præsumentes, supplere contendant. Quod quia sic vobis ab Ecclesia jam dicta sicut Evangelium traditum est, prorsus tam a vobis quam ab universis sicut Evangelium suscipiendum est.

Succedat tamen sacrorum librorum auctoritas, et tam Canonis divini quam aliorum voluminum ei cohærentium et ab Ecclesia traditorum clarifluus conus, ot orroris tonebras luce sua discutiat, et surdis hominibus aures hactenus obturatas aperiat. Ac primo omnium Machabæorum liber secundus in medium adducatur, ex quo famosissimam lectionem et in sacrificiis divinis, quæ assidue per totum mundum pro mortuis offeruntur, quotidie frequentatam, contradictor hæreticus audiat, et audiens pietatis verba pie per orbem terrarum ubique resonantia, inter innumerabiles pios pietati divinæ pro mortuis supplicantes, pene solus impius esse erubescat. Audiat a fortissimo Juda factam collationem duodecim millium drachmarum, missasque Hierosolymam ut ibi offerrentur pro peccatis quorumdam in bello paulo ante acto mortuorum : quorum peccatum tam grave describitur, ut vix venia dignum inveniatur. *Sequenti die, ait Scriptura illa, venit cum suis Judas ut corpora prostratorum tolleret, et cum parentibus poneret in sepulcris paternis. Invenerunt autem sub tunicis interfectorum de donariis idolorum quæ apud Jammum fuerant, a quibus lex prohibet Judæos. Omnibus ergo manifestum factum est ob hanc causam eos corruisse. Omnes itaque benedixerunt justum judicium Domini, qui occulta fecerat manifesta; atque ita ad preces conversi rogaverunt, ut id quod factum erat delictum oblivioni traderetur (II Mach. xii).* Tam grave, inquam, erat delictum, ut donaria idolorum invenirentur sub tunicis interfectorum. De hoc tam gravi delicto Judæi fideles ad preces conversi, rogaverunt utique Deum, ut id quod factum erat delictum, oblivioni traderetur. Rogant ergo fideles Judæi Deum pro delictis tam gravibus defunctorum, ut quod fecerant oblivioni traderetur; et non rogabunt fideles Christiani pro defunctis in spe bona fidelibus eumdem Deum, ut eis nondum plene laxata peccata remittantur? Rogaverunt hoc illi adhuc in tempore iræ, et non rogabunt hoc isti in tempore gratiæ! Obtulit Judas, quia ad offerendum misit duodecim millia drachmas argenti pro peccatis mortuorum Judæorum : et non offeret noster Judas, id est pietatem tenens et confitens Christianus, super aurum et argentum incomparabiliter pretiosum Christi corpus et sanguinem pro peccatis Christianorum mortuorum? Bene ille et religiose de resurrectione cogitabat, bene et religiose considerabat quod hi optimam haberent repositam gratiam qui cum pietate dormitionem acceperant Judæi : male et irreligiose cogitant qui considerant quod eamdem et meliorem habeant repositam gratiam hi qui cum pietate dormiunt Christiani? Non prorsus, non quia, ut bona illa Scriptura subsequitur, *sancta et salubris est cogitatio pro defunctis exorare, ut a peccatis solvantur (ibid.).*

Adjungatur huic Machabæorum exemplo totus divinus et evangelicus propheta Isaias, cujus veritatem vel dignitatem superfluum est efferre, cum apostoli, cum evangelistæ, cum Salvator ipse eum inveniantur frequentissime legere, prædicare, et verba sua ejus sermonibus roborare. Loquens quippe Judaico populo, ad quem missus erat, eosque corripiens et instruens : *Cum dixerint,* inqui *, ad vos : Quærite a pythonibus et a divinis qui stridunt in incantationibus suis : Nunquid non populus a Deo suo requirit pro vivis ac mortuis? (Isa. viii)* velut si diceret : Cum dixerint ad vos deceptores ut ea quæ tantum a Deo requirenda sunt, quærantur contra Deum a pythonibus et a divinis, qui more talium incantando stridunt et sibilant, respondete : Nunquid non populus? hoc est, Nunquid non est hic mos omnium populorum, ut a Deo suo quem colit, requirat ea quæ quærenda sunt, sive pro vivis, sive pro mortuis? Eapropter non ut vos dicitis, quæremus ista a pythonibus et a divinis, sed more omnium populorum, qui a Deo suo requirunt tam pro vivis quam pro mortuis quæ requirenda sunt, et nos similiter faciemus, a Deo nostro requirendo, si qua quærenda sunt, pro vivis, vel, si qua quærenda sunt, pro mortuis. Nonne vides, quicunque hæc legis, prophetam Isaiam apertissime prædicare Deum a populo suo requirendum, id est consulendum esse tam pro vivis quam pro mortuis? Quod si consulendus, si orandus est Deus, tam pro vivis quam pro mortuis, quid respondent qui dicunt non esse orandum pro mortuis? An illud concessum fuit uni populo Judæorum, et nunc negatur Christiano orbi terrarum? Docetur populus ille, ut respondeat seductoribus inquirendum vel deprecandum Deum pro vivis ac pro mortuis, et non docebitur populus Christianus conculcandos esse hæreticos, qui negant Deum orandum pro mortuis? Quod si dixerint in aliquibus exemplaribus non haberi, *nunquid non populus a Deo suo requirit pro vivis ac mortuis, sed pro vivis a mortuis,* hoc est pro vivis hominibus a mortuis simulacris? Respondeo dictum quidem et illud, si tamen ita est, ad exprobrandum idolatris, qui quod pro salute vivorum sive defunctorum ab uno et vero Deo tantum quærendum erat, a falsis et innumeris, secundum ipsos, diis quærebant, secundum quod Ochoziæ regi dicitur : *Quasi non esset Deus in Israel misisti ad consulendum Beelzebub deum Accaron; idcirco de lectulo super quem ascendisti non descendes, sed morte morieris (IV Reg. 1).* Dico, inquam, ad deridendos idolatras hoc dictum fuisse, sed quod a

Deo vero populus ejus salutem vivorum seu mortuorum quærere debeat, prophetam sensisse. Hoc qui studiose legerit intelliget, et erroneis hominibus ista negantibus contradicet. Nam et quod sequitur, ad legem magis et ad testimonium, ostendit de his et similibus legem divinam ejusque testimonia consulenda, hisque magis quam pythonibus vel divinis esse credendum. Sed et illud quod additur : *Si non dixerint juxta verbum, hoc non erit eis matutina lux (Isa.* VIII), comminatur negantibus vel contradicentibus hæreticis, si non dixerint juxta verbum hoc, hoc est consulendum vel orandum esse Deum pro salute vivorum ac defunctorum, non esse eis matutinam lucem, hoc est nunquam eos perventuros ad mane æternum, de quo postquam Propheta dixit : *Ad vesperum demorabitur fletus (Psal.* XXIX), subdidit, *et ad matutinum lætitia (ibid.).*

Sed transeat a Propheta sermo ad Apostolum, ut quid de his sentiat summus post Christum magister Ecclesiæ, more suo non tantum discipulis, sed et dyscolis istis aperiat. Tractans quippe in Epistola ad Corinthios prima de mortuorum resurrectione et eam multipliciter astruens : *Alioqui,* ait, *quid faciunt qui baptizantur pro mortuis? Si omnino mortui non resurgunt, utquid et baptizantur pro illis?* (*I Cor.* xv.) Baptizabantur enim tunc temporis quidam bona, sed non sana voluntate pro mortuis non baptizatis, æstimantes baptismum, quod, dum viverent, non perceperant, si pro ipsis, vivi baptizarentur, mortuis posse prodesse. Quod Apostolus sic de hoc eorum opere loquens temperat, ut baptismum tale non approbet, et baptizatorum voluntatem collaudet. Non approbat sane alterius baptismum alteri viventi vel mortuo quantum ad baptismum spectat posse prodesse, sed plane intentionem illorum baptizatorum approbat et confirmat, qui bonis operibus vivorum, mortuos posse juvari, hujusmodi opere, hoc est, tali baptismate, videbantur sentire. Abjicit igitur Apostolus quod abjiciendum esse, suscipit quod suscipiendum esse cognoscit, ut non quidem baptismatis opere quod unicum est, sed omni alio bono opere quod multiplex est, mortuos a viventibus posse juvari admoneat. Hinc sententiam quam præmisi, tam constanter in resurrectionis assertione pronuntiat, et ut melius commendet iterat, cum dicit : *Alioqui quid faciunt qui baptizantur pro mortuis?* et statim : *Si omnino mortui non resurgunt, utquid et baptizantur pro illis?* quasi diceret : Si non est resurrectio, quid prodest bonum opus, vel bona pro mortuis vivorum intentio? Quid prodest pro mortuis bona voluntas vivorum, si mortem carnis non sequitur resurrectio mortuorum? Quid prodest pro mortuis bonum viventium opus, si ad vitam sempiternam post communem casum, humanum non creditur posse resurgere corpus? Sed quia hoc patet, quod mortui resurgunt; neque hoc latet, quod mortuis bona viventium prodesse possunt. Quia hoc clarum est, quod bonum resurrectionis reservatur carni humanæ; et hoc perspicuum est, quod bonum orationis, quo a viventibus Deo pro mortuis supplicatur, animæ nihilominus reservatur humanæ. Quia hoc constat quod corporalis substantia aut de cadavere, aut de pulvere, aut de nihilo reparabitur; et illud certum est, quod interim spiritualis substantia bonis vivorum operibus adjuvabitur. Si enim omnino absque spe reparationis humana natura deficeret, sicut non esset unde repararetur, ita non esset unde adjuvaretur. Sed quoniam per resurrectionem constat eam in melius reformandam, non quidem per baptismum, sed per alia bona viventium opera, si pro ea facta fuerint, eam certum est adjuvandam. Hic plane hic sensus, hic intellectus est apostolicus : cui qui concordat, Catholicus; qui ab hoc discordat, hæreticus esse probatur. Hinc enim et sequitur : *Utquid et nos periclitamur omni hora? Quotidie morior per vestram gloriam, fratres (ibid.).*

Vides, lector, Apostolum periculis suis quotidianæ morti suæ paria fecisse baptismata eorum qui baptizabantur pro mortuis, hoc est, bona quæ faciebant vivi pro mortuis : non quidem quantum ad dignitatem, qua incomparabiliter opera sua illorum operibus præcellebant, sua opera eorum operibus paria fecit; sed quantum ad argumentum probandæ mortuorum resurrectionis spectabat, facta sua et illorum æquavit. Dixit enim inaniter baptizari vivos pro mortuis, si mortui non resurgerent; dixit inaniter se periclitari omni hora, si mortui non resurgerent; inaniter quotidie se mori, si mortui non resurgerent; inaniter se ad bestias pugnasse Ephesi, si mortui non resurgerent; et frustra hæc omnia vel similia facta fuisse vel fieri, si mortui non resurgerent. Quod si mortui resurgerent, neque se ista omnia frustra pati aut facere neque vivos qui pro mortuis baptizabantur, quantum ad intentionem, et supra dictum est, pertinet, frustra pro mortuis baptizatos esse, quia et illa sua opera non tantum viventibus, sed et mortuis proderant, et aliorum viventium bona, quæ pro mortuis pie fiebant, absque dubio mortuorum saluti proficiebant. Huic argenteæ columnæ, hoc est splendidæ et forti apostolicæ sententiæ, operis hujus ædificio firmiter innixo, et quod vivorum bona, si digni fuerint, mortuis prodesse valeant, inde probato, ad Actus ipsius apostoli et aliorum apostolorum sermo transiliat, et, adjuvante eo cujus causa agitur, de libro illo non Evangelio, sed evangelico, quod ex aliis astruit, verum esse ostendat. Vivebant certe in carne duo magni et summi apostoli Petrus et Paulus. Quorum primus, ut breviter dicam, viduarum precibus et lamentis Tabitham mortuam (*Act.* IX), alter lapsum de fenestra Eutychum (*Act.* XX), miseratus casum studiosi erga verbum Dei adolescentis, suscitavit. Vivebat, inquam, in carne Petrus; mortua erat quantum ad carnem Tabitha. Hoc ne quis dubitet, sancta illa Scriptura testatur. *Factum est,* inquit, *in diebus ii-*

lis, ut infirmata, scilicet Tabitha, *moreretur. Quam cum lavissent, posuerunt in cœnaculo*. Quid de Petro? *Petrus*, ait, *ponens genua, oravit*. Et post pauca : *Cum vocasset*, inquit, *sanctos ac viduas, assignavit eam vivam* (*Act*. IX). Quid de Paulo? *Quidam*, inquit, *adolescens nomine Eutychus, ductus somno occidit de tertio cœnaculo deorsum, et sublatus est mortuus. Ad quem cum descendisset Paulus, incubuit super eum, et complexus ait : Nolite turbari. Anima enim ipsius in eo est*. Et versu interposito : *Adduxerunt autem puerum viventem, et consolati sunt non minime* (*Act*. XX). Ecce vivens Petrus, ecce absque dubio mortua mulier. Ecce vivens Paulus, ecce absque dubio mortuus adolescens. Quia tamen Petrus ponens genua oravit, resurrexit mortua mulier. Et quia super hunc Paulus incubuit, eumque complexus est, resurrexit mortuus adolescens. Quid ultra quæritur? Quid negatur vel dubitatur viventium bona defunctis posse prodesse, cum tam sublimibus exemplis doceatur tantorum apostolorum precibus præscriptos mortuos surrexisse? Quis jam vel mussitare audebit frustra Ecclesiam pro mortuis orare, cum videat summos magistros ejus, et animas mortuorum ab occultis judiciorum Dei sedibus invisibiliter revocare, et ipsa eorum corpora visibiliter suscitare? Sufficit, sufficit plane, et hæreticis negantibus, et Catholicis dubitantibus, hoc etiam si aliud non esset exemplum, juste et Ecclesiam orare pro mortuis; et si hoc præcedens vita mortuorum exigit, ejus pias preces vel opera posse prodesse mortuis.

Sed ne hæc gratia illis tantum magnis apostolis collata videatur, accedant et inferiores, et eis similium operum potestatem a Christo concessam, ipsum Evangelium jam loquatur. Accedant non tantum certe duodecim apostoli, sed et LXXII discipuli : et inter cætera quæ præcepta sunt, audiant a Christo : *Mortuos suscitate* (*Matth*. X). Et ne his etiam solis tam mirandorum operum potentia data videatur, attendant hi cum quibus mihi sermo est, non specialem aliquorum, sed generalem universorum super his sententiam Domini : *Qui credit*, inquit, *in me, opera quæ ego facio et ipse faciet, et majora horum faciet* (*Joan*. XIV). Ad quid istud? Ut ostendam mortuorum resuscitandorum potestatem non solum duodecim apostolis, non solum septuaginta et duobus discipulis, non solum aliis fidelibus qui Christum in carne viderunt, sed et omnibus vere credentibus, quando certa salutis humanæ causa exigeret, esse concessam. Ad quid et istud? Ut in mortuorum resurrectione viventium a Deo concessa gratia cognoscatur, et, per orbem terrarum vivorum precibus resurgentibus mortuis, quod bona vivorum mortuis prodesse valeant nequaquam ulterius a viventibus dubitetur. Cum plane apostolos, cum antiquos prophetas, cum innumerabiles sub tempore gratiæ sanctos, tam frequenter mortuos suscitasse audiatis, cum non malis suis, sed bonis suis, cum non suis maleficiis, sed Dei beneficiis, eos hoc fe-

cisse cognoscatis, bona viventium mortuis posse prodessen equaquam aut vos, hæretici, negabitis, aut vos ultra, Catholici, dubitabitis.

Quod si opponitis in veteri Scriptura de Elia et Eliseo, in libris novæ gratiæ de Petro et Paulo tantummodo quod mortuos suscitaverint inveniri, respondeo in Canone quidem plura his exempla non legi, sed verba vel præcepta Domini, quæ præmisi, sufficientissime pro exemplis debere haberi. Quid enim? nunquid quando legitur Christus imperasse discipulis : *Mortuos suscitate*; quando legitur de omnibus credentibus dixisse : *Qui credit in me, opera quæ ego facio et ipse faciet*, non creditur resurrectionem multorum mortuorum per discipulos prædicasse? Nam si ab eis mortui suscitati non sunt, aut quod præcepit Christus discipuli neglexerunt, aut quod præcepit non impleverunt. Sed ut ad unguem prosequar tergiversantes, concedo eos mortuos non suscitasse, sed affirmo quod vos, hæretici, negare non potestis, suscitandorum mortuorum potestatem plenissimam accepisse. Quod si acceperunt, revera aut uti, aut non uti potuerunt. Qui si ea usi sunt, mortuos suscitaverunt. Si ea usi non sunt, non quidem suscitaverunt, sed suscitare mortuos potuerunt. Horum quodlibet concedatis, quod affirmamus negare non potestis. Nam si mortuos suscitaverunt, utique præcepto Domini et bonis suis precibus suscitaverunt. Si non suscitaverunt, eodem ejusdem Domini præcepto, et eisdem bonis suis precibus suscitare potuerunt. Hoc quia constat, sicut si mortuos suscitassent, bona eorum mortuis profuissent : ita et si non suscitaverunt, bona tamen eorum si voluissent, mortuis prodesse potuerunt. Istis omnibus eo res pervenit, ut in accepta potestate suscitandorum mortuorum, sive suscitaverint mortuos, sive non suscitaverint, hoc ostendatur præcipuis sancti Evangelii testimoniis, bona quælibet viventium posse prodesse mortuis. Sed falsum est tamen talem mortuorum resurrectionem Christum et præcepisse et prædixisse, et præcepta et prædicta impleta non esse. Multi enim et innumerabiles Christi discipuli exstiterunt, qui per universum orbem terrarum, inter alia infinita et stupenda opera sua, ea quæ a Christo de suscitandis mortuis jussa sunt servaverunt, quæ prædicta fuerant impleverunt. Quibus cœlestibus et mirandis operibus, sapientiam mundi stultam facientes, potentiam mundi Deo subjicientes, a morte æterna homines eruerunt, vitæ sempiternæ, quam amiserant, restituerunt. Et quis eos enumerat? *Dinumerabo eos*, ait ille, *et super arenam multiplicabuntur* (*Psal*. CXXXVIII), quia a nullo mortalium numerabuntur. *Opera*, inquit Christus, *quæ ego facio, qui credit in me, faciet*, ut inter alia mirabilia, quia ego suscito mortuos et ipse suscitet. *Et majora*, inquit, *horum faciet*. O excellens gratia! o superabundans benignitas! Majora Christo Christianus faciet, majora Salvatore salvatus operabitur, majora Deo homo implebit. Quare hoc? *Quia ego ad Patrem vado* (*Joan*. XIV), quia a mundo corporaliter recedo, qua mortalibus oculis præsentiam meam subtraho, ne putet mundus quod cum præsentia mea subtrahatur ei et gratia mea, ne æstimet me sui oblitum, quia se videt corporaliter derelictum, ne arbitretur me ex toto hinc abiisse; quia videt humanam formam in cœlum secessisse: idcirco majorem gratiam terris infundo, idcirco alium Paracletum meis mitto, qui maneat cum eis in æternum (*ibid.*), qui eos doceat omnem veritatem *(Joan.* xvi). Idcirco majorem plenitudinem spiritualium munerum, idcirco majorem efficaciam mirandorum operum eis largior, ut et de mea visibili absentia consolentur, et ad ardenter exoptandam æternam meam præsentiam multipliciter animentur. Ideo *qui credit in me*, non solum *opera quæ ego facio et ipse faciet*, sed *et majora horum faciet*. Nam, ut de cæteris admirandis hominibus et mirabilibus eorum operibus taceam, nunquid non Eucharius, ab apostolo Petro ad prædicandam Germaniam directus, majore miraculo quam Christus mortuum suscitavit? Suscitavit Christus quatriduanum Lazarum, suscitavit Eucharius a Petro directus quadragenarium mortuum. Jacuerat exanimis Lazarus in sepulcro quatuor diebus; fuerat et hic mortuus in sepultura XL diebus. Majora igitur fecit Eucharius quam Christus, sed quia hoc voluerat et dixerat ipse Christus. Quod quidem et de multis aliis dicere possem, sicut verbi gratia de sancto Frontone Petrogorensi et Maurilio Andegavensi episcopis. Quorum primus cum et ipse ab eodem sæpe dicendo Petro apostolo ad partes Aquitanicas mitteretur, Georgium socium jam ultra decem dies in via mortuum, per ipsius apostoli baculum de morte recepit. Alter vero longe post apostolorum tempora, puerum quem propter hoc etiam postea Renatum vocavit, septem annos integros jam in monumento habentem, excellentissimo miraculo suscitavit.

Quid hoc ad proposita? Ut ostendatur Christum hoc præcepisse, ut per vivos mortui resurgerent, et inde doceatur bona vivorum mortuos proculdubio juvare posse. Hæc de sacro Canone, præter id quod de Eucharo, Frontone, sive Maurilio, propter celebrem eorumdem sanctorum famam posui, maxime contra hæreticos, qui non nisi Canoni se dicunt credere, dicta sufficiant. Nam propter Catholicos, qui sanctos Patres et Ecclesiæ Dei doctores debita reverentia suscipiunt, ponenda mihi videntur ex eorum dictis et factis aliqua exempla et testimonia, ut qui fortasse hactenus eos minus studiose legerunt, amodo studiosius legant, eosque contra hanc etiam hæresim, ante multa sæcula vigilasse cognoscant. Propter Catholicos autem dixi, quia in quibusdam regionibus, etsi non multi, aliqui tamen esse dicuntur: qui etsi huic præmissæ veritati aperte, ut hæretici, non contradicunt, ex his tamen quæ cum aliis conferunt de ea dubitare se probant. Quorum ad hoc dubitatio dicitur processisse, ut consulti de his ab aliis tepide respondeant, et tam in sacrificiis Deo pro mortuis offerendis, quam in eleemosynis erogandis, et in cæteris pietatis operibus more ecclesiastico exercendis, aut deficiant, aut languescant. Istos nec hæreticos vocare debeo, quia in his nec publice, nec pertinaciter Ecclesiæ resistunt. Sola enim pertinacia, Ecclesiæ doctrinæ resistens, hæreticum facit; nec secure fideles nominare audeo, quia erga statuta ecclesiastica languere vel tepere conspicio. Sunt equidem innumerabiles et diversissimæ diversarum Ecclesiarum ad unam catholicam pertinentium consuetudines, ut pene tanta sit varietas usuum, quanta multiplicitas Ecclesiarum. Sed non damnat aliquem diversa institutio, quæ et veræ fidei inservit, et charitatis compaginem non dissolvit. Ubi vero aut fides læditur, aut charitatis unitas periclitatur, si occulte fit, damnabile est; si publice, damnabile simul et hæreticum est. Istud ad hoc intuli, ut qui bona vivorum mortuis, qui digni sunt, prodesse denegat, non ad eam, quam præmisi, bonorum usuum varietatem, sed ad communis fidei læsionem pertinere cognoscat. Et quia hoc ad læsionem fidei pertinet, sicut publica pestis hæretica expellenda, sic occulta languentium passio, si poterit fieri, remediis medicinalibus est curanda. Medicinalia autem remedia, Patrum catholicorum exempla et monita dico, ut quæ hæreticis prodesse non possunt, a quibus non audiuntur, prosint vel istis a quibus suscipiuntur. Nam non parvum vel in regno cœlorum vel in Ecclesia Dei locum doctores tenent Ecclesiæ Dei, cum vel de regno cœlorum, vel de Ecclesia Dei dicat ipse Deus: *Qui fecerit et docuerit, magnus vocabitur in regno cœlorum (Matth.* v); et Apostolus in Epistola ad Corinthios, in sublimi, hoc est, tertio post apostolos et prophetas gradu, eos constituit, cum dicit: *Quosdam quidem posuit Deus in Ecclesia, primum apostolos, secundo prophetas, tertio doctores, deinde virtutes, exinde gratias curationum, opitulationes, gubernationes, genera linguarum, interpretationes sermonum (I Cor.* xii). Audite igitur quicunque talium aliquid animo versatis, audite magnos sanctos, et post apostolos et prophetas præcipuos doctores Ecclesiæ; et si filii eorum estis, patribus; si discipuli, magistris acquiescite. Nec quamlibet acutos, quamlibet subtiles intellectus vestros præpostero ordine eorum velitis sensibus anteferre, quia, ut Veritas ait, *perfectus omnis erit, si sit sicut magister ejus (Luc.* vi). Nos tamen quoniam, prout res ipsa patitur, brevitati operam damus, nequaquam de omnibus qui in Ecclesia celebre nomen doctorum obtinent, et quos vel Græcos, vel Latinos testes habere possemus, exempla posuimus. Sufficere namque debere judicavimus, si illorum tantum qui in arce Latinitatis, cujus linguæ homines sumus, auctoritate et scientia cæteris eminent, testimonia producamus.

Beatus ergo Ambrosius Mediolanensis episcopus, quem, sicut de ipso antiquitus dictum legitur, *ne inimicus quidem unquam ausus est reprehendere*, in sermone quem De obitu magni Theodosii imperatoris ad populum habuit : *Dilexi*, inquit, *virum, qui me in supremis suis ultimo spiritu requirebat. Dilexi, et præsumo de Domino quod suscipiat vocem orationis meæ, qua prosequor animam piam.* Et post aliqua : *Conteror corde, quia ereptus est vir, quem vix possumus invenire. Sed tamen tu solus, Domine, invocandus es, ut eum in filiis repræsentes. Da requiem, Domine, perfectam servo tuo Theodosio, requiem illam quam præparasti sanctis tuis. Illo convertatur anima ejus unde descendit, ubi mortis aculeum sentire non possit, ubi cognoscat mortem hanc non naturæ finem esse, sed culpæ.* Item post modicum : *Dilexi*, inquit, *et ideo prosequor eum usque ad regionem vivorum; nec deseram, donec fletu ac precibus inducam virum, quo sua merita vocant, in montem Domini sanctum.* In libro autem, quem De consolatione Valentiniani et Gratiani imperatorum scripsit, orans pro ipso Valentiniano in bona fide defuncto : *Ne, quæso*, ait, *Domine, a fratre sejungas, nec jugum hoc piæ germanitatis abrumpe. Dona patri filium, fratri germanum suum, quorum utrumque imitatus est : alterum fide, alterum devotione pariter atque pietate.* Et post aliqua : *Et huic*, inquit, *adhuc intercessionem adscisco, cui remunerationem præsumo? Date manibus sancta mysteria, pio requiem ejus poscamus affectu. Date sacramenta cœlestia. Animam piam nostris oblationibus prosequamur. Extollite, populi, mecum manus in sancta, ut eo saltem munere, vicem ejus meritis rependamus. Non ego floribus tumulum ejus aspergam* (Cant. 11), *sed spiritum ejus Christi odore perfundam. Spargant alii plenis lilia calathis, nobis Christus est lilium : hoc reliquias ejus sacrabo, hoc ejus commendo gratiam. Nunquam ego piorum fratrum separabo nomina, vel merita discernam. Scio quod Dominum commemoratio ista conciliet, et copula ista delectet.* Dehinc post plurima : *Beati*, inquit, *estis ambo, si quid meæ orationes valebunt. Nulla dies vos silentio præteribit, nulla inhonoratos vos mea transibit oratio. Nulla nox non donatos aliqua precum mearum contexione transcurret. Omnibus vos oblationibus frequentabo.* Idem in libro primo De excessu fratris sui Satyri : *Fleverunt*, ait, *pauperes, et, quod multo pretiosius est multoque uberius, lacrymis suis ejus delicta laverunt. Illæ sunt lacrymæ redemptrices, illi gemitus qui dolorem mortis abscondunt. Ille dolor, qui perpetuæ ubertate lætitiæ, veteris sensum doloris obducat.* Item in fine libri ejusdem : *Tibi*, ait, *nunc, omnipotens Deus, innoxiam animam commendo, tibi hostiam meam offero : cape propitius ac serenus fraternum munus, sacrificium sacerdotis.* In secundo autem libro : *Nos quoque ipsi*, inquit, *natales dies defunctorum obliviscimur, et eum, quod obierint, diem celebri solemnitate renovamus.* Et in eodem post aliqua parentes ad eleemosynas pro defunctis filiis faciendas exhortans : *Nec tu*, inquit, *perdidisti hæredem, quem adjuvas cohæredem. Habes qui tibi repræsentet hæredem. Da pauperi quod debetur hæredi, ut non solum maternæ aut patriæ senectutis, sed etiam vitæ propriæ sit superstes Plus successori tuo*

mortuo relinques, si portio ejus non ad luxum præsentium proficiat, sed ad pretium futurorum. Ecce magnus et per totum orbem Christianum nominatus Ambrosius, non solum orare et eleemosynas facere pro defunctis fidelibus docet, sed etiam ipse orat, sacrificia offert, lacrymas fundit, et, ut idem hic fatetur, anniversaria celebrat quatenus tanta sacerdotis Dei tuba hæretica impietas increpata ulterius mutire non audeat.

Gloriosus vero, ac post Paulum apostolum singularis magister Ecclesiæ Augustinus, cum Paulini quæstionibus de cura pro mortuis agenda responderet, inter alia multa, quæ ibi ad hujus rei assertionem valde probabilia, diserta atque fortissima scripsit: *Genere*, inquit, *vitæ, quod gessit quisque per corpus, efficitur ut prosint vel non prosint quæcunque pro illo pie fiunt, cum reliquerit corpus. Ita fit ut neque inaniter Ecclesia, vel suorum cura, pro defunctis quod potuerit religionis impendat ; et tamen ferat unusquisque secundum ea quæ per corpus gessit.* Dehinc post pauca : *Cum itaque*, inquit, *recolit animus, ubi sepultum sit charissimi corpus, et occurrit locus, nomine martyris venerabilis, eidem martyri animam dilectam commendat recordantis et precantis affectus. Qui videlicet affectus, cum defunctis a fidelibus charissimis exhibetur, eum prodesse non dubium est his qui, cum in corpore viverent, talia sibi post hanc vitam prodesse meruerunt. Nec sunt prætermittendæ supplicationes pro spiritibus mortuorum, quas faciendas pro omnibus in Christiana et catholica societate defunctis, etiam tacitis nominibus eorum suscepit Ecclesia, ut quibus ad ista desunt parentes aut filii, aut quicunque cognati vel amici, ab una eis exhibeatur pia matre communi. Et si non possit religiosus animus, ubi eligit humare quem diligit, nullo modo tamen debet a supplicationibus necessariis in ejus commendatione cessare. Nec æstimemus ad mortuos, pro quibus curam gerimus, pervenire, nisi quod pro eis sive altaris, sive orationum, sive eleemosynarum sacrificiis solemniter supplicamus. Quamvis non pro quibus fiunt omnibus prosint, sed eis tantum, a quibus, dum vivunt, comparantur ut prosint. Sed quia non discernimus qui sint, oportet ea pro regeneratis omnibus facere, ut nullus eorum prætermittatur, ad quos hæc beneficia possint vel debeant pervenire.* In libro quoque Enchiridion, quem ad Laurentium scripsit : *Neque negandum est*, inquit, *defunctorum animas pietate suorum viventium relevari, cum pro illis sacrificium Mediatoris offertur, vel eleemosynæ quæ in Ecclesia fiunt. Sed eis hæc prosunt qui, cum viverent, hæc sibi ut postea possent prodesse, meruerunt. Est enim quidam vivendi modus, nec tam bonus ut non requirat ista post mortem, nec tam malus ut ei non prosint ista post mortem. Est et talis in bono, ut hæc non requirat. Et est rursus talis in malo, ut nec his valeat adjuvari. Quocirca hic omne meritum comparatur, quo possit post hanc vitam relevari quispiam vel gravari..... Non igitur ista, quæ pro defunctis commendandis frequentat Ecclesia, illi apostolicæ sunt ad-*

versa sententiæ, qua dictum est : « Omnes enim astabimus ante tribunal Christi, ut referat unusquisque prout gessit in corpore, sive bonum, sive malum (Rom. XIV*; II Cor.* V*); » quia etiam hoc meritum sibi quisque, dum viveret, comparavit, ut ei possint ista prodesse. Cum ergo sacrificia, sive altaris, sive quarumcunque eleemosynarum, pro baptizatis defunctis omnibus offeruntur, pro valde bonis gratiarum actiones sunt, pro non valde malis propitiationes sunt; pro valde malis, etiam si nulla sunt adjumenta mortuorum, qualescunque tamen vivorum consolationes sunt. Quibus autem prosunt, aut ad hoc prosunt ut sit plena remissio, aut certe ut tolerabilior fiat ipsa damnatio. Sed et in libris Confessionum quid de hac re tantus homo Dei senserit, cum vitam et obitum beatæ matris suæ narraret, lucidissime expressit, inter alia sic referens : Cum ecce, ait, corpus elatum est, imus, redimus sine lacrymis. Nam neque in eis precibus quas fudimus cum offerretur pro ea sacrificium pretii nostri, jam, juxta sepulcrum cadavere posito, flevi. Deinde in fine orationis quam pro eadem matre defuncta in eodem libro affectuosissime fundit : Inspira, inquit, Domine meus, Deus meus, inspira servis tuis, fratribus meis, filiis tuis, dominis meis, quibus et voce, et corde, et litteris servio, ut quotquot hæc legerint, meminerint ad altare tuum Monicæ famulæ tuæ, cum Patricio quondam ejus conjuge, per quorum carnem introduxisti me in hanc vitam. Meminerint cum affectu pio parentum meorum in hac luce transitoria, et fratrum meorum sub te patre in matre catholica, civium meorum in æterna Jerusalem, cui suspirat peregrinatio populi tui ab exitu usque ad reditum; ut quod illa a me poposcit extremum, uberius ei præstetur in multorum orationibus, tam per confessiones quam per orationes meas.*

Quid autem beatus et magnus papa Gregorius de hoc vel scripserit, vel dixerit, vel ipse in suo monasterio Romæ fecerit, quoniam et Vita ejus, et Homiliæ, et Dialogus ejus, ab innumerabilibus minusque etiam eruditis ac simplicibus fratribus, quotidie ac pene sine intermissione et recitantur et audiuntur, et leguntur, et intelliguntur, non nobis videtur necessarium per singula enarrare. Verumtamen Paulinum beatissimum Nolanum episcopum, quem et ipse magnus Gregorius Patrem antiquum nominat, et de quo rem mirabilem ac singularem in suo Dialogo refert, qui etiam supradictorum patrum Ambrosii et Augustini contemporaneus, notusque ac familiaris exstitit, nullatenus intermittam; et quid in suis epistolis, quas ut vir, teste præmisso papa Gregorio, exterioribus quoque studiis eruditus ad diversos scripsit, de beneficiis quæ pro defunctis fidelibus in Ecclesia fiunt senserit, verba ipsius ponendo edisseram, ut videlicet tantorum quatuor sanctorum et episcoporum, id est Ambrosii, Augustini, Gregorii, Paulini testimonio, vice quatuor evangelistarum, qualem ab antiquo sententiam de hoc unde agimus, universalis Ecclesia teneat, vel tenere debeat, tam futuris quam præsentibus Christianis, auctoritate clarissima elucescat.

Ait igitur antiquus et nobilis Paulinus, in epistola ad Delphinum Burdigalensem episcopum, suum scilicet spiritualem in baptismate patrem, rogans eum orare pro quodam fratre suo carnali defuncto, qui moriens minus provide, quantum ad animam, res suas disposuerat. *Breves,* inquit, *sanctæ affectionis tuæ litteras, magno affectu nobis copiosas, in toto quo desideravimus corde suscepimus. Sed quia omni rei tempus est, nunc in tempore contristationis, tempus etiam breviandi sermonis esse visum est. Contristatos autem nos vehementer fatemur, non tam de obitu corporali fratris nostri, quantum de negligentia ejus spirituali, qua relinquendarum istic potius curarum quam providendorum illic remediorum memor, posthabenda præposuit, et præponenda posthabuit : quem oportuerat et illa potiora pro se curare, et hæc temporalia pro filiis non præmittere. Unde petimus ut paterna affectione huic nostro dolori compatiens meminisse digneris, illum quondam spiritualem tibi filium gratia Dei fuisse progenitum, et ideo tuæ specialiter curæ hanc esse causam, ne pietatem tuam quæ nobis filiis gloriabatur, dilapidata hæreditariæ portionis substantia confundamus, sed potius ut orationibus tuis condonetur tibi, ut et illius animam vel de minimo sanctitatis tuæ digito distillans refrigerii gutta respergat, et nobis dum tempus est, recurrentibus ad te, divina miseratio te interveniente succurrat.* Idem in epistola ad Amandum episcopum, de eadem, et pro eadem re : *Sermo,* ait, *vester dulcedinem simul ac vigorem verbi cœlestis tenet, et nobis ministrat, ut nos etiam vestræ prudentiæ sale condiamur. Et ideo nos quoque imitabimur in hac epistola parcimoniam sermonis vestri, et si plenitudinem sensus non valemus imitari, hoc tantum respondentes, quod præcipua cum hæc scriberemus cura nobis erat, ex recenti dolore fraternæ divulsionis : quem etsi temporaliter ab hoc sæculo sciamus assumptum, tamen ea verius causa obisse lugemus, quia ex his quæ gesta ab ipso in finem vel ordinata sunt, peccatis magis nostris quam vobis congrua egisse perspeximus, ut mallet ad Dominum debitor transire quam liber. Ob hoc impense rogamus, ut quasi frater, quod nobis in Domino esse digneris, unanimes fratres juvans, et hanc meritis fidei tuæ mercedem accumules; ut pro eo infirmitati nostræ compatiaris, et orandi labore conspires : ut miserator et misericors Dominus, qui facit omnia quæ vult in cœlo, et in terra, et in mari, et in abyssis* (Psal. CXXXIV), *refrigeret animam ejus stillicidiis misericordiæ suæ per orationes vestras. Quia sicut ignis accensus ab eo ardebit usque ad inferos deorsum* (Deut. XXXII), *ita procul dubio etiam ros indulgentiæ ejus inferna penetrabit, ut roscido pietatis ejus lumine in tenebris ardentibus æstuantes refrigerentur. Ora et pro nobis, ne in peccatis nostris moriamur.* In epistola vero quam ad Pamachium urbis Romæ senatorem, super uxoris obitu consolatoriam scripsit, prædicans ac summis laudibus efferens quam in pauperes pro requie defunctæ conjugis eleemosynam prædictus senator erogare studuerat : *Veniam, inquit, ad prædicationem operum tuorum, et ad pios actus de lacrymarum sanctitate [siccitate] transibo. Sua enim cuique parti debita persolvisti, lacrymas corpori fundens, eleemosynam animæ infundens. Vere conscius veritatis, et filius lucis. Ubi mortem sciebas esse, flevisti, ubi vitam credis, operatus es; vacuis inania, vivis viva dependens.* Dehinc post multa talia et his similia, epistolam in laude pii operis claudens : *Habes, inquit, jam in Christo magnum tui pignus, et ambitiosum suffragium : conjugem scilicet, quæ tibi tantum gratiæ in cœlestibus parat, quantum tu illi in terris opulentiæ suggeris. Non illam, ut dixi, cassis luctibus honorans, sed vivis muneribus accumulans, quibus illa nunc gaudet. Jamque illi hujus operis tui usus in fructu est, cujus adhuc tibi munus in semine. Jam honoratur tuis illa meritis, jam pascitur tuis panibus et affluit tuis opibus. Non eget alienæ manus digito refrigerari, propriis ipsa digitorum suorum roribus, id est dextræ tuæ operibus infusa. Non æque ampla dote nubentem locupletaveras, ut nunc ditificas quiescentem. Quantam tunc partem tuorum munerum cepit, cum eo solo quod poterat inducere frueretur? Nunc quantumcunque contuleris, totum simul omnium sensuum voluptate dives anima possidebit. Beata cui tam numerosa apud Christum suffragia sunt, et cujus caput tam multiplex ambit illustrium corona gemmarum, non alienis intexta floribus, sed domesticis corusca luminibus!*

Nec certe sanctum presbyterum Hieronymum nobis ullo modo deesse patiemur, ut scilicet singularis eloquentiæ spiculo, sicut olim antiquorum, sic etiam nostri temporis hæreticorum pectora venenata transfodiat. Qui cum ad eumdem supra nominatum Pamachium senatorem, eodem tempore et super eadem causa, consolatoriam epistolam scriberet, eleemosynam pro defuncta conjuge factam solito eloquii splendore multipliciter extollens, inter cætera sic ait: *Cæteri mariti super tumulos conjugum spargunt violas, rosas, lilia, floresque purpureos, et dolorem pectoris his officiis consolantur. Pamachius noster sanctam favillam ossaque veneranda eleemosynæ balsamis rigat. His pigmentis atque odoribus fovet cineres quiescentes, sciens scriptum : Sicut aqua exstinguit ignem, sic eleemosyna exstinguit peccatum (Eccli. III).*

Hæc igitur, et his similia sancti doctores Ecclesiæ dicentes, quid aliud quam bona vivorum mortuis prodesse, luce clarius ostendunt, et impiam hæresim divini verbi gladio trucidantes, etiam nostrorum quorumdam, quos supra tetigimus, circa pietatem languentium somnolentiam reprehendunt? Caveat ergo quisquis est, ne nimium sibi ipsi justus, contra hanc pietatis et misericordiæ doctrinam, non sine Spiritus sancti auctoritate tantis ante nostra tempora sæculis ac universa Ecclesia unanimiter susceptam, et pia consuetudine roboratam, ulterius cogitare vel disputare audeat, ne et aliorum erga defunctos fratres misericordiam, sua nimis restricta justitia impediat, et cum ipse forte indiguerit, a misericordia, quam aliis interdixit, alienus existat. *Beati* enim, sicut longe superius a Domino dictum commemoravimus, *misericordes, quoniam ipsi misericordiam consequentur* (Matth. v).

Hinc ad partitionis nostræ ultimam particulam stylus festinet, et sicut bona vivorum mortuis posse prodesse ostendit, sic mortuorum bona viventibus proficere posse, demonstret. Refert præmissus secundus Machabæorum liber, bellicosum illum, Deoque fidelem Judam Machabæum, cum Nicanore pagano principe dimicaturum, oratione divina et constanti ad pugnam cohortatum esse eos; et inter cætera somnio diem belli præcedente viso, ad spem victoriæ multo magis animasse. Erat autem, ut Scriptura loquitur, hujusmodi visus : *Oniam, qui fuerat summus sacerdos, virum bonum, et benignum, verecundum visu, modestum moribus et eloquio decoratum, et qui a puero in virtutibus exercitatus sit, videbat manus protendentem orare pro omni populo Judæorum. Post hæc apparuisse et alium virum ætate et gloria mirabilem, et magni decoris habitudinem circa illum. Respondentem vero Oniam, et dixisse : Hic est fratrum amator, et populi Israel. Hic est qui multum orat pro populo et universa sancta civitate, Jeremias propheta Dei. Extendisse autem Jeremiam dexteram, et dedisse Judæ gladium aureum, dicentem : Accipe sanctum gladium, munus a Deo, in quo dejicies adversarios populi mei Israel* (II Mach. xv). Quo ergo exemplo, quod bona mortuorum viventibus prodesse valeant, clarius elucere potuit? Nonne tibi videtur quicumque hæc legis, visionem hanc bono viro illi Judæ Machabæo idcirco ostensam, ut more consueto per tempora Judaica docerentur tempora Christiana? Nunquid non advertis divinam arcem sapienter suis omni tempore providentem, ea visione et suis Judæis eo tempore victoriam de hostibus contulisse, et suis Christianis nostro tempore triumphum de resistentibus providisse? Ecce orat justus, et jam pro justitia Jerosolymis occisus sacerdos Onias; ecce orat sanctus et pro veritate in Ægypto lapidatus propheta Jeremias. Orant certe justi isti jam mortui Deum pro Judæis adhuc viventibus, et non est credendum preces sanctorum mortuorum posse prodesse viventibus? Necesse est ergo ut aut cedatur libro qui divinus esse creditur, et in co suscipiantur ista; aut si Ecclesiæ sumpta auctoritate iste rejicitur, in illo rejiciantur et ista. Sed si Ecclesiæ auctoritati istum suscipienti defertur, necessario a fidelibus suscipietur. Quod si admissus fuerit, in illo etiam dicta visio admittetur.

Sed forte aliquis hoc somnium fuisse, et ut vana somnia contemnendum esse causabitur. Non nego plane, sicut sæpe vana somnia, sic sæpe esse etiam contemnenda. Nec immemor sum Sapientiæ quæ dicit . *Multas curas sequuntur somnia* (Eccli. v).

Nec mente excidit Deuteronomii præceptum, quo dicitur : *Non augurabimini, nec observabitis somnia* (*Levit.* xix). Sed sicut non semper vera, ita non semper falsa; sicut non semper approbanda, ita non semper reprobanda somnia esse confirmo. Quod profecto nemo sanæ mentis negabit, quicunque Pharaonis (*Gen.* xli) et Nabuchodonosoris (*Dan.* ii, iv) regum, quicunque Joseph de Genesi (*Gen.* xxxvii) et Joseph de Evangelio (*Matth.* i) recordatus fuerit. Scrutetur insuper omnem historiam veteris et novæ legis, et si vel unum in ea somnium vanum esse invenerit, cuncta absque exceptione somnia vana esse dijudicet. Sed forte effectus victoriæ non est subsecutus, ideoque visio contemnanda. Non ita est. Victus est enim in crastino a populo Dei paganus exercitus, et aureo gladio præclarum victoriæ triumphum signante, dux ipse prostratus, caput ejus truncatum, dextera superba præcisa, lingua blasphema evulsa, et frustatim in pastum avibus data. Et licet propositum exemplum ad ostendendum quod mortuorum bona viventibus possint prodesse, plene sufficiat, accedat tamen et apostolicæ revelationis, quæ Græce Apocalypsis dicitur, dignius testimonium, et inde mortuorum querelas de viventibus factas, et a Deo in æternum vivente exauditas, veridica relatione demonstret. *Cum aperuisset*, inquit, *Agnus sigillum quintum, vidi sub altare Dei animas interfectorum, propter verbum Dei, et propter testimonium quod habebant, et clamabant voce magna dicentes : Usquequo, Domine, sanctus et verus, non judicas, et vindicas sanguinem nostrum de his qui habitant in terra ?* (*Apoc.* vi.) Et quid sequitur? *Datæ sunt illis singulis stolæ albæ* (*ibid.*) Sed quid responsum est? *Dictum est illis, ut requiescerent tempus adhuc modicum, donec impleantur conservi eorum, et fratres eorum qui interficiendi sunt sicut et illi* (*ibid.*). Cernis, lector, dilatas quidem, sed exauditas a Deo querelas martyrum sanctorum? Mortui tamen erant illi qui querebantur, vivebant de quibus querebantur. Unde ut illi mortui ostendantur, animæ interfectorum clamasse dicuntur. Et ut isti viventes probentur, habitantes in terra vocantur. Mortui ergo qui de viventibus conqueri potuerunt, pro viventibus si voluerint rogare non potuerunt? Licebit eis conqueri, et non erit licitum deprecari? Vindictam sanguinis poterunt exigere, et pro mitiganda scelerum vindicta non poterunt exorare? An eam libertatem orandi quod justum fuerit amittent sancti in cœlo, quam nec perditus dives perdidit in inferno? Ardebat ille in flammis infernalibus, et pro parentibus, qui adhuc in mundo vivebant, orabat; ac licet dignus non fuerit exaudiri, potuit tamen pro eorum salute Abraham deprecari. Indicat hoc responsio Abraham ad ipsum, quod, quamvis justum non fuerit ut ille audiretur; non tamen esset contra justitiam ut pro viventibus justus quilibet precaretur. Non enim dixit ei: Tace, orare non debes, non es exaudiendus, nec etiam audiendus; sed rationem reddens petenti ut mitteret Lazarum in domum patris sui, ut testaretur fratribus suis, ne et ipsi venirent in locum illum tormentorum, subjunxit : *Habent Moysem et prophetas, audiant illos* (*Luc.* xvi). Ac si diceret: Si Moysem et prophetas audiunt, non venient in locum hunc tormentorum. Cumque ille repeteret : *Non, Pater, sed si quis ex mortuis ierit ad eos, pænitentiam agent* (*ibid.*); rursus eum ratione repellens Abraham, ait : *Si Moysem et prophetas non audiunt, neque si quis ex mortuis resurrexit, credent* (*ibid.*).

Non exaudivit ergo Abraham divitem deprecantem, quia exaudiendus non erat, sed quia hunc ratione, non imperio repulit, quod aliquando pro viventibus exaudiri possent mortui, indicavit. Scio equidem, nec adeo brutus sum, ut tam aperta non videam, tam clara non intelligam, alio modo hic positos, alio hinc translatos sanctos Deum pro aliis deprecari, quia hic in orantibus pro salute aliorum sanctis, est pietas juncta miseriæ, ibi misericordia nihil detrahens gloriæ. Communicat justus hic quodammodo aliorum miseriis, quando misericorditer orat pro miseris; sed postquam miseria commutatur in gloriam, non potest fundi miseranda oratio, quam comitatur incommutabilis beatitudo. Non est igitur necesse eos genua flectere, non lacrymas fundere, non fundendo verba multiplicia laborare, qui in civitate illa, quæ propter singularem pretiositatem auro mundo, quæ propter lucifluam perspicuitatem vitro mundo comparatur (*Apoc.* xxi), sicut pii affectus Deo noti sunt, sic eos Deo exaudiente, sola sui repræsentatione quibuslibet dignis subveniunt. Qui quoniam jam nihil velle possunt, quod a Dei discordet justitia, statim pro aliis eorum exauditur misericordia. Hoc igitur modo non misero, sed beato, ibi sancti orant pro aliis, ubi eorum oratio sanctum est desiderium, ubi precum exauditio est indultum beneficium. Hinc illa cœlestis, et beata a spiritu Dei in Ecclesiam derivata est consuetudo, ut quos vere sanctos et Deo conjunctos æstimat, adhuc in præsenti agone desudans Ecclesia, ut sibi subveniant, interpellet. Inde assiduæ preces, inde frequentes litaniæ, inde continuata supplicatio : quibus omnibus non solum Deum repropitiari sibi supplicat, sed et sanctos, ut impetrare hoc eis mediantibus possit, exorat. Hac sua auctoritate et sancta consuetudine, cui ab antiquo orbis universus nullo contradicente cessit, hoc admonet, hoc præcipit, hoc suadet credere, bona scilicet mortuorum viventibus posse prodesse, dum se suosque in carne viventes beatis mortuis assidue non desinit commendare. Intelligit Christo suo docente instructa, mortuos illos quibus supplicat, Deo vivere, cum audit eum sumpto de Exodo testimonio in Evangelio dicentem : *Deus non est mortuorum, sed vivorum : omnes enim vivunt ei* (*Exod.* iii; *Luc.* xxii). Recordatur et sanctos antiquos, mortuorum meritis Deum viventibus repropitiari postulasse, sicut in eodem pro idololatra populo Deum deprecans Moyses dicit : *Quiescat ira tua, Domine, et esto placabilis super nequitia populi tui. Recordare Abraham, Isaac et Israel servorum tuorum (Exod.* xxxii). Ecce Moyses bonis meritis Abraham, Isaac, et Israel mortuorum Deum populo repropitiare contendit et obtinet : et quod bona mortuorum aliquando viventibus possint prodesse, docet. Accedat huc et ipsa vox Domini, dicatque Salomoni peccanti : *Quia habuisti hoc apud te, et non custodisti pactum meum, et præcepta mea quæ mandavi tibi, disrumpens scindam regnum tuum, et dabō illud servo tuo. Verumtamen in diebus tuis non faciam, propter David patrem tuum. De manu filii tui scindam illud. Nec totum regnum auferam, sed tribum unam dabo filio tuo, propter David servum meum, et Jerusalem quam elegi (III Reg.* 11). Itemque per Ahiam Siloniten prophetam : *Non auferam regnum de manu ejus, sed ducem ponam eum cunctis diebus vitæ suæ, propter David servum meum quem elegi, qui custodivit mandata mea, et præcepta mea (ibid.).* Et versu intermisso : *Filio autem ejus dabo tribum unam, ut remaneat lucerna David servo meo cunctis diebus coram me, in Jerusalem civitate quam elegi, ut esset nomen meum ibi (ibid.).* Et quis tam lucidæ veritati recalcitrare audebit? Ecce peccanti, imo quod omnibus peccatis deterius est, idololatræ Salomoni justitia patris mortui regnum reservat, et ne cunctis diebus vitæ ejus saltem imminuatur, excusat. Filium quoque ejus, totamque in æternum progeniem, ne ex toto a regno decidat, defendit; eique regiam et perennem potestatem, præcelsis meritis etiam delinquenti conservat. Et quæ sunt merita illa? *propter David,* ait Deus, *servum meum quem elegi, qui custodivit mandata mea et præcepta mea.* Ecce quia custodivit David mandata Dei, et præcepta Dei, non solum sibi profuit, sed et filiis et hæredibus suis regalem, ut dixi, potentiam apud Deum, etiam peccantibus ipse mortuus conciliavit. Exclusa est ergo dubietas, et sacris oraculis infidelitas omnis explosa, ut si patriarchis, si prophetis, si Deo ipsi creditur, quod mortuorum bona viventibus prodesse valeant, a nullo ulterius dubitetur.

Veniat tamen in tribus illis nominatis pueris Hebræis medius Azarias ; et quid in fornace Babylonica constitutus, eamque potenti virtute exsuperans de his senserit, attestetur. *Ne quæsumus,* inquit, *Domine, tradas nos in perpetuum propter nomen tuum, et ne dissipes testamentum tuum, neque auferas misericordiam tuam a nobis, propter Abraham dilectum tuum, et Isaac servum tuum, et Israel sanctum tuum (Dan.* iii). Ecce hi in tanto periculo positi, igneis globis et flammarum volumine circumsepti, horrendam mortem suam non de proximo exspectantes, sed præsentem intuentes, nullum sibi tutius refugium, quam sanctorum mortuorum merita credunt, eisque non tantum sibi ab ignibus ereptionem, sed et sibi, et toti generi suo ab instanti captivitate et miseriis implorant liberationem. Et ut ostenderet Deus bonorum mortuorum merita, vivorum posse pericula mitigare : tam fide sua quam meritis sanctorum mortuorum, quos invocaverant, et illos illæsos cum vestibus intactis ab ignibus eripuit, et quid de mortuorum meritis vivi sentire deberent, monstravit. Idem et boni qui tunc temporis in Judæa erant Judæi, fratribus suis per Ægyptum constitutis, in exordio suprascripti Machabæorum libri, sic mandant. *Bene faciat,* inquiunt, *vobis Deus et meminerit testamenti sui, quod locutus est ad Abraham, Isaac, et Jacob servorum suorum fidelium (II Mach.* 1). Ac si diceret : Ut vobis viventibus Deus bene faciat, meminerit bonorum illorum mortuorum, Abraham, Isaac, et Jacob, et tam pacto testamenti sui quam meritis ipsorum, *det vobis cor ut colatis eum, et faciatis ejus voluntatem corde magno, et animo volenti. Adaperiat cor vestrum in lege sua, et in præceptis suis, et faciat pacem. Exaudiat orationes vestras, et reconcilietur vobis, nec vos deserat in tempore malo.* Ista certe omnia bona vobis viventibus illorum mortuorum bonis meritis faciat, et quod bona mortuorum sæpe viventibus prodesse possint, ostendat. Habentur his quæ posui exemplis, in sacris Litteris multa similia ; sed quia hæc legentibus plene sufficere posse putavi, ne insuper plus nimio multiplicata tædium generent, ea ponere recusavi. Auctoritate igitur, quæ maxime in divinis præcellit et ratione, quæ tam in divinis quam in humanis bonum a malo, justum ab injusto, verum a falso discernit, sufficienter probatum, et tam hæreticis quam Catholicis persuasum esse arbitror : quod sicut partitionis præmissæ membra se habent, bona vivorum vivis, bona mortuorum mortuis, bona vivorum mortuis, bona mortuorum vivis aliquando possint prodesse, nec juste vel rationaliter hoc aliquem posse negare.

Quæ cum ita sint, et ego, teste conscientia mea ad utilitatem Ecclesiæ Dei, cui quod possum debeo, hoc scribere decreverim, utpote in cujus gremio ab utero educatum me esse scio, et sub cujus fidei et charitatis alis me salvandum, et ad ea quæ spero quandoque sublevandum esse confido, rogo lectorem, moneo auditorem, ut quod pro utilitate, ut dixi, Ecclesiæ scribere volui, utiliter legant, salubriter audiant. Ad quid hoc dixi? quia ut ipse expertus sum, sicut sunt quidam nimium diffidentes, ita sunt quidam nimium confidentes; ut illi et illi desperatione sua, et isti nimia, ut sic dicatur, spe sua, vel periclitari, vel prorsus a salute excidere videantur. Nam sicut illi contra quos egi, hæretici bona vivorum mortuis nullo modo prodesse astruunt, sic isti quos noto, nimium, si dici potest, Catholici, de bonis, quæ ab Ecclesia viventium pro mortuis fiunt, inordinate præsumunt. Adeo autem quidam talium inordinate præsumunt, ut confidentes in his vel precibus piis, vel operibus bonis quæ a viventibus pro mortuis fiunt, ipsi a precum et operum bonorum fervore tepescant ; et quod ad universorum salutem institutum est, in suam decepti perniciem vertant. Hi plane de antidoto venenum, de salute exitium, de vita mortem, stulto sibi commercio emunt, et cum Apostolus dicat : *Exspectantes beatam spem (Tit.* II); et : *Spe salvi facti sumus (Rom.* VIII), cum spe salvari debuerint, contra spem spe pereunt, quia qualiter uti spe debeant, non attendunt. Non attendunt sane, quod non alienis bonis, sed propriis operibus, præcedente et comitante gratia, vita principaliter acquiritur æterna. Principaliter autem dixi, quoniam tanta viventis propria saltem debent esse merita, ut ei jam mortuo prodesse debeant aliena. Prodesse vero non poterunt, nisi tanta fuerint viventis bona, ut eis tam juste quam misericorditer vita debeatur æterna. Nam si ad vitam æternam gratia Dei, et subsequentibus meritis prædestinatus est, utique in libro vitæ ascriptus est. Quod si in libro vitæ ascriptus est, juxta Salvatoris verba, Filius Dei, et filius resurrectionis est (*Luc.* xx). Hoc quicunque obtinet, fide, quæ per dilectionem operatur (*Gal.* v), hoc obtinet. Fide ergo et dilectione hoc eum dum vivit, oportet agere, ut ad filios Dei et hæredes pertineat vitæ æternæ. Hoc postquam habuerit, si in hoc statu ex hac luce migraverit, poterunt quamlibet aliam ejus imperfectionem multimoda viventium bona perficere, ea quæ purganda remanserant purgare, et ad expiandas, vel leviandas gravioris purgationis pœnas, et ad eradendam omnem reliquorum peccatorum rubiginem adjuvare. Nam preces vivorum omnimode perditam mortuorum substantiam restaurare non possunt; deformatum vero speciei decorem, integra permanente substantia, reformare possunt. Perditam autem substantiam mortuorum, perditos pro suis criminibus homines; deformatam vero speciem vocavi, imperfectos peccatis levioribus homines. Dixi substantiam perditam non posse restitui, hoc est damnatos homines, nullo viventium bono salvari. Dixi deformatum speciei decorem posse reformari, hoc est reos non de criminalibus, sed de venialibus peccatis mortuos, per viventium bona velocius saluti posse restitui. Sciat ergo mortuus, tunc sibi viventium bona posse prodesse, si ex vita præterita meruerit particeps esse vitæ æternæ. Tunc enim quæcunque illum ad eam adipiscendam adhuc impediunt, et orationibus et piis operibus vivorum removeri per largam Dei misericordiam poterunt. Quod si, dum hinc exivit, ad eos qui hæreditatem capiunt salutis pertinere non meruit, jam de viventium bonis sibi blandiri non poterit : qui, dum viveret, infra prædestinatorum numerum computari non studuit. Ne igitur male diffidat, vel insuper etiam pejus confidat, dum vivit et licet, hoc promereri laboret, ut si hinc imperfectus transierit, mereatur alienis operibus adjuvari, imo (quod melius est) ea vivus agere studeat, ut mortuus viventium bonis non egeat.

Contra id quod dicunt Deo non esse cantandum.

Jam vero ad illud quod addunt hæretici, irrideri scilicet Deum cantibus ecclesiasticis, quia qui solis piis affectibus delectatur, nec altis vocibus advocari, nec musicis modulis potest mulceri, ad tales, inquam, nænias respondere animus nauseat, quia quod nec brutis hominibus negantibus, sentire brutum et stolidum est; hoc velle velut ex ratione refellere, pene indissimiliter stultum est. Unde quia sapientia præcipit : *Ne respondeas stulto juxta stultitiam suam, ne efficiaris ei similis (Prov.* XXVI), ex parte lingua taceat; et quia rursus imperat : *Responde stulto juxta stultitiam ejus, ne sibi sapiens esse videatur (ibid.),* quæ reticenda non sunt, breviter eloquatur. Sed nunquid, o stultissimi hominum, qui hæc dicitis, non erubescitis, quod ab exordio tam profusæ disputationis nostræ usque ad instantem finem, quidquid ab ore vestro exivit, et auctoritate vacuum et omni apparuit ratione destitutum? Sic enim in vanum verba funditis, sic in ventos et nubila verba jactatis, ut more dementium, os ad verba aperire tota sit utilitas, ratio tota aerem percussisse. Nunquid, obrutissimi, quando hoc cogitare cœpistis, vel dicere inchoastis, nulla mentibus vestris ex innumeris auctoritas divina occurrit? Cur saltem psalmi, qui ab omni clero Ecclesiæ Dei, et maxime a presbyteris, quod ipsi fuistis, frequentantur, quando hoc cogitastis, dixistis, prædicastis, aliquando non occurrerunt? Nonne in eisdem sæpe aut pene assidue legitis, et remota altioris mysterii majestate, etiam ad litteram dictum advertitis, si sapitis, si sentitis : *Cantate Domino canticum novum, cantate Domino omnis terra. Cantate Domino, et benedicite nomini ejus (Psal.* XCV). Et iterum : *Cantate Domino canticum novum, quia mirabilia fecit (Psal.* XCVII). Et rursus : *Omnes gentes, plaudite manibus, jubilate Deo in voce exsultationis (Psal.* XLVI). Et in eodem : *Psallite Deo nostro, psallite : psallite regi nostro, psallite : quoniam rex omnis terræ Deus. Psallite sapienter, et bene psallite ei in vociferatione (Psal.* XXXII), et mille talia? Hoc quidem de cantu vocis humanæ. Quid de instrumentis variis et diversa modulatione? Quare quæ toti orbi notissima sunt, vobis solis occurrere non potuerunt? Nam de instrumentis musicis et corporalibus ait in eisdem psalmis vox divina : *Psallite Domino in cithara, in cithara et voce psalmi, in tubis ductilibus, et vocæ tubæ corneæ (Psal.* XCVII). Et iterum : *Laudate eum in sono tubæ, laudate eum in psalterio et cithara. Laudate eum in tympano et choro, laudate eum in chordis et organo. Laudate eum in cymbalis bene sonantibus, laudate eum in cymbalis jubilationis (Psal.* CL), et mille similia. Nunquid qui hæc dixit, qui scripsit, qui hæc instrumenta præcipue composuit; qui sonuit, qui cantavit, dicendo, scribendo, sonando, cantando Deum irridere voluit? Nonne ipse primæ legislator Moyses, tubas argenteas ad bellandum, ad quiescendum, ad castra levanda, ponenda, ad insonandum coram arca Domini, in deserto, in tabernaculo, in jubileo, fieri mandavit? (*Num.* X.) Nonne tam ipse quam sacerdos Aaron, nonne jam dictus rex ac propheta David, nonne Salomon, nonne

Esdras, nonne multi sanctorum regum ac prophetarum musica instrumenta fecerunt, millia cantorum instituerunt, ipsimet ea sonuerunt, cantaverunt, saltaverunt? Nunquid autem hæc omnia ad irridendum, contemnendum, subsannandum Deum fecerunt? Non, inquam, stulti, non ad ista; sed ad laudandum, adorandum, honorandum, glorificandum. Quod si talium cantantium, psallentium, organizantium, etiam apud homines manifestam utilitatem quæritis, audite quod, ut puto, nescitis, in sacra Scriptura talibus modis dæmones effugari, morbos mitigari, Deum advocari; et per hæc eum consultis hominum respondere, et postulata præstare. Ait enim supra nominata Regum Scriptura : *Igitur quandocunque spiritus Dei malus arripiebat Saul, tollebat David citharam, et percutiebat manu sua; refocillabatur Saul, et levius habebat. Recedebat enim ab eo spiritus malus (I Reg.* xvi). Audistis David cum cithara psallentem, audite coram Eliseo psaltem canentem. Nunc, ait Eliseus, *adducite mihi psaltem. Cumque caneret psaltes, facta est super eum manus Domini et ait : Hæc dicit Dominus : Facite per alveum torrentis hujus, fossas et fossas. Hæc enim dicit Dominus : Non videbitis ventum, neque pluviam, et alveus iste replebitur aquis; et bibetis vos, et familiæ vestræ, et jumenta vestra. Parumque hoc est in conspectu Domini. Insuper tradet etiam Moab in manu vestra, et percutietis omnem civitatem munitam, et omnem electam, et universum lignum fructiferum succidetis, cunctosque fontes aquarum obturabitis, et omnem agrum egregium operietis lapidibus (IV Reg. III).* Dum igitur coram Saul citharizabat David, recedebat ab eo spiritus malus. Dum coram Eliseo canit psaltes, advocatur Spiritus sanctus. Ille enim tunc per Eliseum responsa dabat, qui per omnes prophetas loqui consueverat. Cantu ergo musico fugatur spiritus malus, cantu musico advocatur Spiritus sanctus. Et poterat quidem Deus absque cantu hujusmodi sonoque, musici instrumenti, et morbo regis mederi et dare responsa prophetæ, sed quia voces pie cantantium, et sonos religiose organizantium benigne susciperet, et inter alia divina obsequia hæc quoque devote exhibita approbaret, tantorum prophetarum tam sublimibus exemplis voluit indicare. Et ut hujusmodi cantuum religiosorum servitutem, non solum in lege priori, sed et in sequenti Evangelio sibi placere monstraret : cantantibus in templo pueris, *Hosanna filio David (Matth.* xxi), et inde Pharisæis indignantibus, eique dicentibus, *audis quid isti dicunt? (ibid.)* reprehendens æmulantium Pharisæorum indignationem, laudans puerorum cantantium devotionem, etiam ex Scriptura respondit : *Nunquid non legistis: Ex ore infantium, et lactentium perfecisti laudem? (Ibid. et Psal.* viii.) Quia ergo ultimæ et insulsæ hæreticorum objectioni, et breviter, ut æstimo, et plene responsum est, atque, ut credo, totius præscripti erroris machina invicta Dei virtute subversa est, ad vos, o sancti episcopi et sacerdotes Domini, quibus hanc epistolam scripsi, verba converto : et ut tam hæreticis quam Catholicis pro quibus scripsi; studiose hoc notum faciatis, exoro. Vere enim, vere zelus domus Dei, et tantarum animarum perditio, me ad hæc scribenda impulit, ut sicut in exordio epistolæ præmisi, more Ecclesiæ Dei, quæ semper hæreticas calumnias hoc maxime modo repressit, auctoritas religiosis, ratio non deesset exigentibus curiosis. Quod vero post hæreticos, etiam terræ vestræ Catholicis scripturam hanc per vos manifestari rogavi, hæc causa est, quoniam nuper in partibus illis, et per diœceses vestras iter faciens, hæreticos quidem publicos, vobis maxime expellentibus, ad alia licet proxima sola demigrasse ; sed tamen in eisdem vestris regionibus non parva semina reliquisse cognovi, quæ si neglecta fuerint, in frugem inimicam exsurgere, et sicut prius fecerunt, Dominicam segetem zizaniorum more non parum lædere poterunt. Est et illud, quod hoc remedio occulti etiam bonorum Catholicorum cogitatus, si potest fieri, purgandi sunt : qui etsi hæreticis calumniis non acquiescunt, scandalizari tamen inauditis quæstionibus possunt. Ne igitur aut ora hæreticorum blasphemiis, aut corda Catholicorum facile talibus scandalis pateant, ut et illa tali obice obturentur, et ista tali medela, si fieri potest, sanentur, scripturam hanc, velut parvum fidei meæ pro fide munusculum, Jesu Christo Domino meo obtuli, et per vos Ecclesiæ ejus intimandam transmisi. Nec enim per aliquos rectius, justiusve hoc fieri debere putavi, quam ut per dispensatores tritici, hoc est verbi divini, quod ipsi estis, hæc qualiscunque sacri verbi mensura, familiæ vobis a summo Patrefamilias commissæ erogetur, et pro tempore singulis vel omnibus impertiatur. Decet enim apostolicos viros apostolicam præ cæteris doctrinam tueri, ut qui cœlesti gratia dispensante, apostolis officio successistis, fidem apostolicam præcipuo studio defendatis. Nam ille idem Christus, qui per apostolos, dum viverent, peregrinanti Ecclesiæ suæ providit, vos ipsorum loco ad ei providendum vestro tempore præparavit. Unde quoniam non solum communi charitate, quod ad omnes, sed etiam singulari officio, quod ad solos episcopos pertinet, Ecclesia Dei vobis commissa si languet, curanda ; si errat, revocanda ; si tepet, accendenda ; si nutat, confirmanda ; si cadit, relevanda ; si dubitat, instruenda ; si aliquid necessarium ignorat, a vobis edocenda est. Idcirco vos singulariter ad hanc Scripturam Ecclesiæ Dei commendandam elegi, quos officio ad hoc constitutos, quos sapientia ad hoc idoneos, quos labore ad hoc exercitos esse cognovi, ut terram quam ab hæresi nequissima spiritu Dei vestrisque sudoribus expurgastis, ne adversus eam putridæ [putidæ] reliquiæ reviviscere queant, summo studio defendatis. Erit hoc apud benignum bonorum omnium remuneratorem episcopatus vestri insigne, cum adversus oves boni Pastoris vobis ab ipso commissas luporum rabies vestra instantia non potuerit prævalere.

PETRI VENERABILIS

CLUNIACENSIS ABBATIS NONI

DE MIRACULIS LIBRI DUO.

INCIPIT LIBER PRIMUS.

PROLOGUS.

Cum inter Spiritus sancti charismata gratia miraculorum non parvam obtineat dignitatem, utpote quæ tantam in se continet utilitatem, ut maxime per illam et mundus ab infidelitatis tenebris liberatus, et æterno lumine veritatis donatus sit; et adhuc in multorum fidelium cordibus, quibus aliquando hoc videre datur, per eam fides augeatur, spes crescat, veritas confirmetur, indignari sæpe soleo, cur ea quæ nostris temporibus proveniunt, cum non sit qui ad illa scribenda animum applicet, quæ prodesse legentibus manifestata poterant infructuoso silentio tecta dispereant. Unde quoniam nullum ad hæc nisi me cogere poteram, malui quolibet stylo ea aggredi, non pavens de præsumptione tantæ rei judicari; et, ut ante a quodam dictum est, ad tam utilem rem explicandam me magis esse volui quam neminem. Et ne diu suspensum lectorem teneam, a digniori parte incipiens, quæ de corpore Domini moderno tempore facta miracula ad me pervenire votuerunt, narrare incipiam:

CAPUT PRIMUM.

De Miraculo quod in Arvernico territorio contigit.

Erat in Arvernico territorio rusticus quidam habens alvearia, in quibus examina apum melleam favorum dulcedinem conficere solent. Quas jam dictus rusticus aut evolare, aut emori, aut aliquo casu sibi deperire pertimescens, usus pravo sortilegorum consilio, qui diabolica operatione, etiam de beneficiis Dei maleficia facere consueverunt, et (quod est dictu intolerabile) ipsis quoque divinis sacramentis per artes magicas abutuntur, accessit ad ecclesiam, et sumpto a sacerdote (ut mos est Christianorum) corpore Dominico, illudque ore retinens, nec glutire volens, ut jam doctus fuerat, ad unum de jam dictis alvearibus, in quo apes continebantur, accessit, atque foramini, quod in eo erat ore adaptato, sufflare cœpit. Nam dictum sibi fuerat quod si corpore Domini ore retento apibus in vase constitutis insufflaret, nulla deinceps moreretur, nulla recederet, nulla deperiret; sed omnibus integre conservatis, de augmento fructus multo amplius quam ante gauderet. Fecit igitur ut dictum est, et ore applicito flatum ad interiora toto conatu mittebat. Cumque avidus lucri anhelitum protrahens vehementer sufflaret, ipso linguæ et aeris impulsu jactum Dominicum corpus juxta vas illud ad terram corruit. Cum ecce omnis illa apum multitudo de intimis egressa, ad corpus Domini sui reverenter accurrit, atque in morem rationabilium creaturarum de terra sublevatum, habitaculis suis cum multa veneratione, homine illo conspiciente, induxit. Quod cernens homo, aut negligens aut parvipendens quod acciderat, ad alia agenda, ad quæ domestica cura eum vocabat, gressum convertit. Sed dum iter ageret, repentino, et, ut ipse post narrabat, intolerabili timore turbatus, se nequiter egisse tandem mente sanior cogitare cœpit. Unde compunctus, imo vi interna compulsus, mox retro pedem tulit, atque in vindictam sceleris sui apes, quarum vitam opere nefario conservare voluerat, superinjecta multa aquæ violentia, enecavit. Quibus exstinctis, dum intima favorum, quos sibi recondere et conservare volebat, rimaretur, ecce, (mirabile dictu!) conspicit corpus Dominicum, quod ex ejus ore lapsum fuerat, in formam speciosissimi pueri, veluti cum recens nascitur, immutatum, inter favos et mella jacere. Ad quod miraculum, ut dignum erat, stupefactus intremuit; sed quid inde agere deberet aliquandiu hæsitans, hoc apud se invenit consilium, ut eum in manibus accipiens, ad ecclesiam deferret; et quia sibi exanimis videbatur, nullo sciente, solus Deum puerulum tumularet. Quod dum aggressus esset, eumque in manibus sumens ad ecclesiam, quasi secreto tumulandum, portaret, subito ab indigne ferentis manibus invisibiliter ereptus, disparuit. Quæ nuper gesta, ipse quidem ita per ordinem proprio presbytero, presbyter autem suo Claromontensi episcopo, ille vero mihi, ego quoque omnibus istud legentibus scribendo intimare curavi. Nec vero tanti piaculi ex toto in posterum dilata ultio fuit, sed in brevi locus ante populosus, vario casu habitatore pereunte, in solitudinem redactus est.

CAPUT II.

De quodam presbytero divina mysteria indigne tractante.

Item in Teutonicis partibus presbyter quidam, dum religiosam agere vitam videretur, et pene quotidie sacra missarum solemnia celebraret, dumque sibi minus caute provideret, hostis antiqui insidias incurrit, et in turpem, sed occultam peccati foveam, carnis delectationem delapsus est. Sanctimonialem namque quamdam dum inprimis gratia visitationis adiret, ad postremum assiduitate colloquii et in cauta familiaritate allectus, miserabili casu in illam incurrit. Qui cum post lapsum ad cor redire, et quam cito resurgere debuisset, propriis faecibus delectatus, diu converti distulit, et peccatum peccato adjungens, usum peccandi fecit, sicque longum funem, quo arctius stringeretur, assidue peccando contexuit. Cumque in luto scelerum volutaretur, non verebatur tamen ad altare Domini irreverenter accedere, et sacramenta redemptionis nostrae, missam frequentius celebrando, temerare. Quod cum longo tempore abjecto Dei timore agere non formidaret, iram pariter et misericordiam Domini, ut subjecta declarant, erga se mirabiliter persensit. Nam cum et scelus non desereret, et sacra divina impuris manibus, ut saepe dictum est, attrectaret, contigit quadam die dum usque ad perceptionem sacri corporis Christi, totam de more missam explicasset, jamque se ad sacramenta ipsa sumenda pararet, repente caro Christi cum sanguine, tam immundum ultra non ferens habitaculum, ab ipsius jam pene tenentis manibus evanuit. Admirans ille et obstupescens, ab altari citissime missa finita recessit. Cumque indignationem Domini, tam evidentis signi ostensione, circa se commotam agnosceret, volens tamen hoc certius comprobare, secundo missam aggressus est. Cui universa ut prius peragenti, cum ad sumenda sacramenta ventum esset, simul omnia ut prius subtracta sunt. Jam vero ut dignum erat in metum, et trepidationem non modicam perductus, ut de toties repetito miraculo jam absque ulla haesitatione certissimus redderetur, tertio quoque quod jam bis contigerat, attentare veritus non est. Sed cum omnibus ut ante peractis, jam sollicitior quae apposita erant oculis observaret, et manibus contrectaret, osque ad sumendum aptaret, subito oculis, manibus, et ori, tertio invisibiliter sublata disparuerunt. Tandem igitur tam evidenti miraculo tremefactus presbyter, se pessime egisse, seque terribilem iram Domini incurrisse absque ulla dubitatione cognoscens, cor mutavit, et qualiter evadere a tanto periculo posset, sollicitus cogitare coepit. Ultimum ergo peccantibus remedium poenitentiam esse sciens, ad eam toto corde confugit, et proprium episcopum adiens, ei cuncta quae fecerat, quaeque contigerant cum multis lacrymis patefecit, impositumque sibi ab eo laborem poenitendi, toto animi nisu tam devote quam constanter exercuit. Jejuniis namque et vigiliis, verberibus etiam et variis cruciatibus, jumentum lasciviens, hoc est corpus suum, secundum Apostolum, castigans, [qui concupiscentias suas sequendo reprobus factus fuerat, eas in seipso damnando, electorum numero adjungi laborabat. In qua corporis ac cordis contritione multo tempore emenso, cum ejus mentem de venia praesumere securior jam conscientia suaderet, adiit episcopum, et quid egerit indicans, utrum ut ante consueverat ad sacra accedere auderet, consuluit. Qui nondum plene Deo reconciliatum metuens, ut adhuc poenitentiae insisteret, admonuit, quatenus dignis poenitentiae fructibus Deo exhibitis, purgatior et securior, congruo tempore altaris sacramenta non ad judicium, sed ad salutem percipere posset aeternam. Acquievit ille salubri admonitioni, et ad propositum poenitentiae reversus, tota carnis ac spiritus virtute; ad fores divinae pietatis pulsabat, et spiritu contribulato lacrymisque indeficientibus iram Domini in misericordiam converti cogebat. Quid multa? Longo rursus temporis spatio in hac poenitudine transacto, ad episcopum rediit, eique ut patri secreto cuncta pandens, ut sacramentorum esse particeps mereretur, humiliter deprecatus est. Cujus conversionem jam Deo acceptam tam ex his quae ab eo audierat quam ex his quae in eo videbat confidens, ut sacerdotale officium aggrederetur, assensit. Quod ille de Domini bonitate et conscientiae testimonio confisus, non jam praesumptione, sed devotione implere curavit. Accedens itaque ad altare totumque, se lacrymis et contritioni cordis immolans Deo, usque ad perceptionem sacramentorum universa rite peragens, pervenit. Et ecce novo et inaudito nostris duntaxat saeculis miraculo, trium ante dictarum missarum panes, qui indigne sumere volenti sublati fuerant, coelitus allati sunt, eoque jam divino judicio ad haec sumenda digno facto, ante eum super altare positi apparuerunt. Cumque etiam oculos in calicem admovisset, conspexit pene usque ad summitatem sanguine repletum, et illarum missarum detrimenta ad istius provenisse augmenta. Admirans igitur et toto hominis interioris jubilo Deo gratias agens, suamque poenitentiam susceptam, ac Domini majestatem placatam agnoscens, certus factus est de Domini misericordia, et qui unum apposuerat quatuor panes, imo unum Christi corpus et sanguinem cum multa ut dignum erat, exsultatione percepit. Hoc quoque praefatus Claromontensis episcopus mihi retulit, in praesentia plurimorum

CAPUT III.
De illo qui Dominicum corpus retinere non potuit(209), nisi prius facta confessione.

Sed et illud quod apud eumdem locum [Karumlocum] de re simili contigit, silendum non est. Erat ibi juvenis mundanæ vanitati deditus, et, ut in illa ætate homines solent, voluptati frena relaxans. Cui cum diu deserviret, contigit eum super quadam mirata muliere infamiæ nota aduri. Cumque per aliquantum temporis hac suspicione apud vicinos quosque teneretur, accidit, ut incurreret tantam ægritudinem quæ de vita ejus homines cogeret desperare. Qui cum lecto decumberet, et jam jamque morti proximus fieret, invitatus est ad eum more ecclesiastico presbyter, ut ejus confessionem susciperet, et ei morienti viaticum salutis humanæ præberet. Cum vero venisset, hortari eum cœpit et commonere instanter, ut peccata sua confiteri non erubesceret, crimenque illud unde specialiter infamatus fuerat, salubri confessione manifestaret. Acquievit ille, et confiteri scelera sua studiose aggressus est. Quod dum explesset, et rursus super præfato crimine a presbytero interrogaretur, mentitus est, dicens se inde nullatenus reum esse. Cumque presbyter diutina hominis infamia, suspicione actus, ab inquisitione non desisteret, ait ille. *Sic,* inquit, *hoc Domini corpus quod attulisti ad salutem suscipere merear, sicut hujus rei quæ mihi objicitur aliquando culpam non incurri.* Hac presbyter responsione credulus redditus, Dominicam ei communionem jam securus tradidit. Qua ore suscepta glutiendi virtus ægro protinus ablata est. Nam cum paulo ante quibuslibet etiam grossioribus cibis facilis esset ad ima descensus, hoc parvissimum corporis Christi fragmen, non dicam stomachum, sed nec etiam guttur vel paululum attingere potuit. Hoc sentiens ille, niti quantum potuit cœpit, ut illud glutire valeret. Quod dum multoties conaretur, et frustrari semper suos conatus cerneret, coactus ipsa glutiendi impotentia, juxta lectum quo decumbebat illud exspuendo projecit. Cujus rei eventu valde territus, presbyterum qui discesserat ad se revocari rogavit. Rediit ergo presbyter, et infirmum revisens, cur se revocasset quæsivit. At ille spiritu Dei agente compunctus, confessus est se male egisse, se Deo mentitum fuisse, verumque quod ante negaverat, esse. Quem cum multo gemitu pœnitentem et satisfacientem, is qui advenerat presbyter intuens, compassus conficienti et mœrore confecto, eum ut moris est, absolvit, atque rursus Dominico corpore refecit. Quo suscepto, cum tanta illud libertate glutivit, ut vere tunc appareret, non casu, sed virtute divina, ne ante hoc suscipere posset, prohibitum fuisse. Post hanc igitur reatus confessionem, et corporis Christi perceptionem paululum supervivens, in pace quievit. Hoc non a duobus tantum aut tribus testibus didici, sed a priore jam dicti loci, honesto et fide digno viro, et fratribus ejusdem monasterii, ac multis aliis quorum quidam se hoc vidisse, alii a presbytero se audisse testati sunt. Et quia de confessione sermo incidit, quanta in ea sit animarum utilitas, alio adhuc exemplo monstrare curabo.

CAPUT IV.
De obitu fratris cujusdam, et ad ultimum facta confessione (209*).

Ad monasterium Sancti Joannis Angeliacensis, quod in Xantonensi pago situm est, presbyter quidam, Gilbertus [Gerbertus] nomine, ad conversionem venit, atque ibi per aliquantum temporis quoad vixit, devote conversatus est. Contigit autem, non multo temporis elapso, eum ex infirmitate quam incurrerat ad extrema venire. Cumque sicut mos Christianorum est, et maxime monachorum, in substrato cilicio et cinere a fratribus compositus jaceret, atque horam vocationis suæ exspectaret, fratres monasterii ut ejus exitum orationibus commendarent venerunt, et eum undique psallendo circumsteterunt. Qui cum ut defungeretur exspectarent, ecce subito resumpto spiritu et apertis oculis, acclamare cœpit professionem fidei quæ quotidie decantatur, hoc est : *Quicunque vult salvus esse,* et cætera. Et cum prius idiota et imperitus litterarum fuisse ab omnibus agnosceretur, ita distincte et aperte singula proferebat, ut a nescientibus, si forte adessent, peritissimus in talibus exstitisse crederetur. Qua de causa omnes qui astabant stupefacti, eventum rei admirabantur. Qui cum diu admirantes hæsissent, tandem prior, Gregorius nomine, cui præ cæteris hoc incumbebat, vir bonæ religionis, intelligens cum aliquid in occulto vidisse, ad eum se inclinavit, et quæ causa clamoris esset, vel si quidquam quod eos lateret vidisset, interrogavit. Ad quod ille : *Vidi,* ait, *personam reverendæ formæ, candidi habitus et venerandæ canitiei, paulo ante vas cum aqua afferre, mihique dicere : Noveris causam adventus mei ad te hanc esse, ut pedes tuos qui inquinati sunt abluam, et eis ablutis totum te mundatum reddam.* Cumque admirari me super his quæ dicebat cerneret, adjecit : *Non nosti,* ait, *ad purgationem tui hanc aquam esse necessariam, qui tale quod ipse nosti crimen commisisti, quod de industria celans, nulli hactenus revelare voluisti ? Unde scias te nullatenus posse salvari, nisi quod perniciose celaveras, salubriter studeas confitendo manifestare. Deus vero multa sua misericordia, neque pro tanto etiam reatu te perire permittens, ad sensus corporeos te redire permittit, ut de tanto crimine confitendo pœnitere, et pœnitendo salutem consequi merearis.* Hac igitur de causa et a vobis abfui, et ad

ANDREÆ CHESNII NOTÆ.

(209) In ms. S. V. *De quodam infirmo qui corpus Domini non potuit glutire.*

(209*) Al. *De quodam fratre, qui peccata sua studiose celavit.*

vos redire permissus sum. His ita dictis aliis remotis prierem advocans, peccatum illud ei confessus est. A quo hujus et omnium peccatorum suorum absolutione suscepta, sequenti die, prima hora diei, astantibus et orantibus fratribus, læto vultu, bono fine quievit. Hoc non ab alio, sed a monacho ejusdem monasterii, Lecto nomine, qui hæc omnia viderat et audierat, agnovi. Hic enim postea Cluniacum gratia devotionis veniens, scriptor noster et filius in Christo charissimus fuit.

CAPUT V.
De alterius cujusdam ficta confessione.

Erat (210) pene eodem tempore frater quidam in monasterio quod in Francia apud Turrim super Maternam (211) sub jure nostro est, cui cura ejusdem loci commissa fuerat. Qui diuturnæ ægritudinis necessitate coactus, Radulfum tunc abbatem monasterii Catalaunensis propter medelam tam animæ quam corporis, quarum ille rerum non ignarus erat, ad se venire rogavit. Ad quem ille charitate provocatus venire non distulit : et veniens mox ægrum visitare curavit. Cumque non mediocriter eum gravari infirmitate cerneret, hortari eum ad confitendum cœpit. Quod ille se libenter agere professus, confiteri peccata sua, sed non in simplicitate spiritus, aggressus est. Nam graviora et mortifera stulto pudore reticens, quotidiana tantum et quæ levia videbantur, timore Dei postposito fatebatur. Qua palliata confessione completa, corpus Dominicum sibi afferri deprecatus est. Quo allato, et præsumptuoso ore suscepto, cum diu multumque illud trajicere conaretur nec valeret, cum vino quod susceperat frustra omnia comminuti corporis Christi in vas, quod ori ejus suppositum fuerat, refundere coactus est. Hoc casu, imo divino judicio abbas qui advenerat permotus, et ægrum non plene confessione purgatum ratus, rursus eum admonere cœpit, ut si aliquod facinus reticuisset, vera sibi confessione revelare non erubesceret. Qui et hortatu ejus et divino instinctu compunctus, ad cor reversus est, et quidquid pestis intus latebat evomens, crimina quæ ante lethali pudore celaverat, vitali et vera confessione, non jam ficte, sed veraciter corde contrito et humiliato patefecit. Cumque omni fæce iniquitatis per antidotum pœnitentiæ purgatus fuisset, et vera confessione per abbatem prædictum absolutionem meruisset, eucharistiam quam prius rejicere compulsus fuerat allatam devote suscepit, et absque ulla difficultate ut sanctissimus aliquis deglutivit. Et ut de miraculo omnis dubitatio tolleretur, qui particulam corporis Christi quam deglutire non potuit rejicere per frusta compulsus fuerat, post confessionem non solum corpus Domini, sed etiam cibos alios absque ullo impedimento suscepit. Sic igitur confessione, absolutione, sacramenti susceptione frater ille in Domino confortatus, tribus postea tantum diebus supervixit, et sic defunctus est. Hoc ab eodem Radulpho abbate cognoscens, cunctis legentibus vel audientibus communicare curavi.

CAPUT VI.
De illo qui per veram confessionem liberatus est a diabolo.

Addendum jam videtur, illud non contemnendum miraculum quod ipse cum pluribus, ut sequentia docebunt, conspexi. Causa fuit satis omnibus illius temporis hominibus nota : qua cum pluribus nostrorum Romam adii. Redíens inde, Romanas febres satis acerbas mecum retuli. Pro quibus curandis fuit consilium, ut patrium solum et nativum reperterem aerem. Ea de causa Celsinianas nobile Cluniacense monasterium petii, atque ibi totam quadragesimam, longe molestiorem febrium ardoribus, quam jejuniorum laboribus transegi. Interea dum in sequestrata domo, toto illo tempore decumberem, ecce cujusdam fratris infirmi in inferiori et proxima domo jacentis clamoribus pene continuis excipior, et de die in diem magis magisque molestor. Vociferabatur sane in primis quæcunque turbato morbis animo confuse occurrere poterant. Ad postremum vero hoc unum semper et solum, absque aliqua interpolatione, toto adnisu inclamabat : *Et o fratres, quare non succurritis? Cur non miseremini? cur non removetis a me maximum et terribilem*, ut verbo ipsius utar, *runcinum istum; qui posterioribus pedibus contra me versis, calcibus caput meum conquassat, faciem dissipat, dentes conterit? Removete domini, removete eum; rogo vos per Dominum, removete eum.* Et conversa voce ad eum, quem in forma equi conspiciebat, dæmonem cunctis audientibus loquebatur. Verba autem ejus quantum imitari valeo, dicturus sum : *Per Dominam meam sanctam Mariam matrem Domini, et per sanctos apostolos adjuro te, ne me torqueas, sed me in pace dimittas.* Fuerat autem idem frater ante conversionem miles secundum sæculum strenuus, mihique in monastico ordine per multum temporis satis notus bonæ vir fidei, et in quantum hominibus notus esse poterat honestæ conversationis. Pertuli utcunque voces has per totam fere quadragesimam : quo toto tempore, nec ipse a clamore cessavit, nec mihi propter infirmitatis incommoditatem, cum adire facultas fuit. In hujus autem clamoris continuatione, Paschalis advenit solemnitas. Qua transacta, cum jam aliquantulum convaluissem, adhuc tamen æger ad ægrum accessi, et quid sibi in tam diuturna vociferatione vellet, re-

---

ANDREÆ CHESNII NOTÆ.

(210) Al. *Erat pene eodem tempore in monasterio quod apud Turrim super Materna est, quidam frater, cui cura ejusdem monasterii a Cluniacens. abbate, cujus juri subditum est, commissa fuerat.*

(211) *Apud turrim super Maternam.* Monasterium nempe Cluniacensis juris in honore S. Genesii consecratum ; quod quibus acceptum referre teneantur Cluniacenses, docent archiepiscop. Remens. chartæ pag. 1389 et 1390 hujus Bibliothecæ jam exscriptæ.

quisivi. Ad quod ille respondit : *Runcinus ille, ille certe, ille mihi intolerabiliter molestus est.* Vultum meum assiduis ictibus conterit, et inter hæc ostendebat quasi digito locum, murum scilicet cui ipse adhærebat. Interea videntibus quam plurimis qui mecum astabant, cœpit caput huc illucque convertere, et quasi a ferientis ictibus subducens, nitebatur illud in pulvinari vel desubtus abscondere. Miserabamur hominis angustiis, nihil aliud præstare valentes.

Afferri itaque benedictam aquam præcepi, infirmum ipsum, et locum quem ostendebat eadem aspersi, post aspersionem vero, utrum dæmonem illum adhuc videret, quæsivi. Qui se illum et videre, et solita ab eo pati denuntiavit. Sed ne miretur aliquis benedictæ aquæ aspersione dæmonem non fugatum, agnoscat, tabe interius latente, unguenta exterius adhibita nihil proficere posse. Tabem autem voco lethale peccatum, quod quandiu in interioribus cujuslibet latuerit, nullius exterius sacramenti perceptio ei prodesse poterit. Quod in præcipuis Ecclesiæ sacramentis, videlicet baptismate et corpore Domini, aperte ostenditur. Si enim malitia interiore manente salvare ista possent, nec Judas post acceptum cum aliis discipulis corporis Christi sacramentum laqueo se suspenderet, nec Simoni Mago jam baptizato Petrus diceret : *Non est tibi pars neque sors in sermone isto. In felle enim amaritudinis et obligatione peccati, video te esse* (Act. VIII). Sicut enim sacramenta fidei, ita et opera fidei servari Christus præcepit, ut in hoc eodem baptismatis sacramento agnoscere datur, quod institutor ejusdem sacramenti declarat. Qui enim dixit : *Ite, docete omnes gentes, baptizantes eos in nomine Patris, et Filii, et Spiritus sancti* (*Matth.* XXVIII); ipse subjunxit : *Docentes eos servare omnia quæcunque mandavi vobis* (*ibid.*). Utrumque ergo mandavit, utrumque servari voluit, neutrum sine altero ad salutem sufficere posse monstravit. Sic æger iste et aqua salutari potuit aspergi, et tamen propter occultam, ut post apparuit, peccati labem, non potuit a dæmone liberari. Quod statim ut adverti, eum ut studiose præteritam vitam suam perscrutaretur, et si quid noxium maxime de gravioribus in ea recognosceret, confiteretur, hortatus sum. Hoc postquam concessit, remotis aliis et duobus tantum mihi adhibitis, ante illum consedi, et cruciculam ligneam cum imagine Domini, ut magis ad confitendum animaretur, donec omnia consummata sunt manu tenui. Confiteri ergo cœpit : et confitendo aliquandiu processit. Et quia multa infirmitas ordinem verborum ejus aliquando perturbabat, juvabam eum interdum, reducendo ei ad mentem quæque animo occurrere poterant. At ille modico meo adjutorio confestim resumpto ordine, quod cœperat, exsequebatur. Cumque plurima explicuisset, et jam ad alia explicanda pergeret, ecce rursus avertere faciem et huc illucque convertere, atque, ut jam dixi, sub pulvinari aliquando nitebatur abscondere. Cumque quærerem quid ille incompositus gestus sibi vellet, ecce, ait, domine, *ille qui semper mihi adest runcinus solito acrius instat, et toto nisu calcibus dentes, ac totum caput meum conterit.* At ego : Insta ergo et tu, frater : malignus spiritus est, impedire festinans salutem tuam, quem, si perstiteris, vinces. Mox ille ad propositum confessionis reversus, devotius quam cœperat confitebatur, nihil quod occurrere posset, tam de sæculari quam de monastica vita præteriens. Cum ecce subito in ipso narrationis progressu, nova quærela exoritur, et vox infirmi mecum loquentis ad nescio quem alterum dirigitur. Quid, inquit, *me impedis? Quid verba mea interdicis? Aut dic quod dicere volo, aut me dicere sine.* Cum vero interrogarem cui vel quare ista loqueretur, respondit : *Astat capiti meo vir prorsus incognitus, a quo omnia quæcunque male gessi, narrari audio; sic tamen illa memorat, ut me illa proferre non sinat : vera quidem dicit, sed me ea volentem loqui impedit.*

Ego et hunc dæmonem esse dicens, ne a proposito desisteret, exhortabar. Ille autem denuo ad priora rediens, ad finem cœpta perducere nitebatur. Sed mirum erat spectaculum cernere quoties ille verba mutare coactus, nunc mihi peccata sua confitens loquebatur, nunc de dæmonibus aliquando verbis, aliquando verberibus os ejus obturare laborantibus, conquerebatur. Quandoque namque runcinum sibi calcibus os contundere, quandoque assidentem capiti suo dæmonem verba intercidere, multo cum gemitu et suspiriis fatebatur. Fere enim, nisi fallor, quadragies hæc confessionis interruptio a dæmonibus facta est. In tantum pertinax hostis et more sibi solito humanæ perditionis avidus, mecum pariter et cum illo certabat. Pioductum est hoc nostrum prælium, ab hora diei prima usque ad horam tertiam. Tunc plane hora illa qua maxime se hominibus infundere Spiritus Dei solet, ejusdem Spiritus auxilio vicimus. Vicimus nos, inquam, sed rectius ille vicisse dicitur; sine quo malus spiritus nunquam vincitur. Vicit certe nequam hostem divina miseratio, et egregiam præteritæ vitæ suæ memoriam atque animositatem proferendi, fratri in extremis jam agenti concedens, perfectam ei purgationem per plenam confessionis satisfactionem largitus est. Et miranda, sed multo magis veneranda atque diligenda supernæ pietatis erga miseros affluentia, quæ ante fratrem istum mundo excedere non permisit, donec quod vere obstare ei ad salutem æternam posset, per pœnitentiæ et confessionis remedia indulsit. Quantæ vero memoriæ in confessione fuerit, ibidem etiam tunc probavi. Dixit enim se ante plures annos altare benedictum cuidam fratri commisisse. Unde hac occasione utrum bene memoria urgeret, certificari cupiens, altare illud a fratre quem nominaverat perquiri feci. Quod post inquisitionem, ab eodem, cui commissum fuerat, mihi allatum est. Confessione ergo completa, fratres advocans, ægrum, ut moris est, absolvi, pœnitentiamque pro eo fratribus, si ille defungeretur, indixi. Quam absolutionem multa cum devotione frater ille suscipiens, crucem sibi a me oblatam supplex adoravit, atque salutiferæ passioni Domini animam corpusque suum intentissime commendavit. His omnibus expletis; coram cunctis tam monachis, quam laicis qui astabant, interrogo quid de runcino illo sæpe nominato, de quo toties questus fuerat diceret; vel si eum adhuc, ut prius, videret. At ille, quasi cum multo timore elevans caput, et oculos velut jam jamque feriendus ad locum solutum dirigens; indeque ad alia vicina loca circumducens, subito gaudio obortis lacrymis ait : *Per animam Patris mei non comparet.* Cumque et de illo pessimo consiliario, qui capiti ejus tandiu adhæserat, requirerem, etiam ad eumdem locum ubi ante illum conspexerat, intuitum reflectens : *Et iste*, ait, *abscessit.* Gratias omnes toto corde egimus Deo, qui salvat sperantes in se. Exinde vero studiosius eum observari, propriis deputatis custodibus, mandavi. Nec fuit qui postea eum saltem in modico clamantem audiret, cum antea fratres in illa domo jacentes, ejus fatigati clamoribus quiescere non valerent. Interrogatus frequenter a fratribus et etiam a famulis, utrum aliquid illorum videret quæ prius viderat, nihil triste se videre, nihil prorsus molestiæ pati affirmabat. A meipso de istis postea interrogatus, omnia sibi læta et pro voluntate esse respondit. Toto illo die cum subsequenti nocte postea supervixit, sequenti circa sextam in pace vitam finivit, bonam spem salutis suæ et exemplum veræ pœnitentiæ nobis derelinquens.

CAPUT VII.

Quomodo dæmones aqua benedicta fugati sint.

Quia vero [*al.* et quia] in serie hujus miraculi narravi, aquæ more ecclesiastico benedictæ aspersione, dæmones causa latentis peccati minime effugatos [fugatos]; ad rem pertinere videtur, quid de eadem re in eodem Celsiniensi monasterio contigerit, in medium proferre. Venerat ad eumdem locum infirmitate carnis urgente laicus quidam, et ut fieri solet monachico habitu a fratribus indutus, sæculo renuntiaverat. Faciunt hoc multi etiam in extremis constituti, qui, licet eorum quos nulla corporis molestia ad hoc impellit laudem minime consequi videantur, numero tamen monachorum, si ex corde convertantur, ante æterni judicis oculos nullomodo excluduntur. Et quamvis majoribus meritis majus debeatur et præmium, nummum certe quem a prima hora diei in vinea Domini laborantes meruerunt, ad undecimam quoque venientes acceperunt. Nec enim præjudicat modus conversionis devotioni cordis, nec quæritur apud Deum qua ex causa quisque conversus, sed post conversionem qualiter fuerit conversatus. Sed nec quantitas diuturni vel parvi temporis attenditur, ubi solus finis operum remuneratur. Susceptus ergo hoc modo jam dictus vir, et ad domum infirmorum delatus, per aliquot dies inter vitæ mortisque confinia laborabat. Nocte itaque obitus sui diem præcedente, in lecto jacebat, et velut morte jam proximus a duobus famulis per vices sibi succedentibus custodiebatur. Et quoniam subsequens narrandi ratio eorum nomina proferri cogit, unus ex his Stephanus, alter Olivus dicebatur. Illa igitur noctis vigilia qua jam a nominato Stephano asservabatur, eumdem sibi invigilantem famulum æger ille vocavit. Qui cum ei astans quid sibi vellet quæsisset : *Qui sunt*, inquit, *rustici isti deformes et rostrati, quos huc confluere et paulatim totam hanc domum implere video ?* Ad quod cum famulus respondisset neminem in domo illa haberi, se tantum cum socio ei excubare, admirans ille adjecit : *Non cernis*, ait, *tetros homines omne jam hujus domus spatium complevisse, quorum horrenda species et rostris longissimis facies exacutæ, terrorem mihi non parvum important ?* Tunc demum famulus intellexit, ut sæpe postmodum ipse mihi narravit, non hominum, sed malignorum spirituum hanc esse frequentiam. Unde alta voce socium Olivum, ut surgeret inclamans, vas quod forte cum aqua benedicta in proximo dependebat, fide plenus arripit, et sanctificatum elementum huc illucque confidenter aspergens, omnia illius habitaculi loca infundit. Hoc dum faceret, clamare ille fortiter cœpit : *Eia*, inquit, *eia! fac quod facis : insta, perurge adversarios, quoniam ecce velut a facie gladii fugientes summa cum celeritate exire contendunt ; et quia moras patiuntur, in alter utrum impingentes, primos hi qui sequuntur, violenter impellunt.* Quo ille audito, instare acriter, et aqua benedictionis, filios maledictionis a domo excludere contendebat. Quibus penitus, ægro qui hoc solus cernebat testificante, exclusis, et ille a dæmonum infestatione liberatus est, et quantum ad similia valeat salutaris aquæ cum fide aspersio, demonstratum est. Die vero subsecuta, fratribus hujus visionis relatione lætificatis, in bona confessione novus ille monachus obiit, et in illa dæmonum fuga susceptam a Deo conversionis suæ devotionem omnibus persuasit.

CAPUT VIII.

De Gerardo puræ et simplicis vitæ monacho.

Jam incidenter, sed necessario his interpositis, ad proposita me reverti assumpta [principaliter materies cogit. Unde illa quæ de magnifico et super cœlesti Christi corporis sacramento miracula adhuc dicenda sunt, ultra differenda non sunt. Frater quidam cum honore nominandus, cum dulcedine recolendus Gerardus nomine, magni illius Cluniacensis monasterii magnus et ipse vitæ merito monachus fuit. Hic a pueritia in clericali habitu ad pedes memorandi sancti Patris Hugonis educatus, virtutum ejus imaginem multa ex parte in ipso expressam ostendit. Nam, quod non parum difficile est, in medio sæculi constitutus, et in igne non adustus, juveniles annos absque castitatis naufragio evasit [*al.* exegit]. Coætaneorum quippe lasciviam innato pudore abhorrens, maturis clericis sive monachis adhærebat. Quorum cohabitatione ad potiorem honestatis amorem informatus ad ecclesiastica quoque officia frequentanda et amanda paulatim instituebatur. Unde contigit ut, optimo usu cum ætate sensim convalescente, tantum erga divina amorem conciperet, ut præ cæteris virtutibus, hic arctius ejus semper animum possideret. In his et hujuscemodi studiis toto pene adolescentiæ tempore decurso, a jam dicto beato Patre Hugone in monachum susceptus est. Qui habitu religionis indutus, sæculum se exuisse, bonis et propemodum perfectis actibus dæmonstravit. Puræ et simplicis monachus vitæ, *vere*, secundum Domini dictum, *Israelita in quo dolus non est* (*Joan.* 1), injuriarum immemor patientiam conservabat : quem si irasci contingeret, paulo post iratum fuisse graviter pœnitebat. Nil simulare noverat ; sed qualis interius existebat, talem se exterius demonstrabat. Ad os ejus si accederes, statim quæ dico vere esse comprobares. Divinarum rerum saporem quem a puero imbiberat, sic tenaciter conservabat, ut ejus pene universa verba vel facta diligenter considerantibus, nil aliud quam cœlestem fragrantiam redolerent. Ecclesiasticis officiis ita devotus insistebat, ut nec labor diurnus, nec requies nocturna eum in his aliquando reddere segnem valerent. Grave se incurrisse reputaret delictum, si vel somno coactus, vel cogitationibus advocatus, de prolixa Cluniacensium psalmodia unum saltem versum intermitteret. Cumque nihil psalmorum, nihil reliquorum officiorum os ejus præteriret, intellectum quoque quem poterat dictis adhibebat, et Deo jugiter immolans sacrificium laudis, juxta Apostolum, spiritu et mente psallebat (*I Cor.* xiv). Religiosa etiam in exterioribus strenuitate eleganter pollebat : cujus rei gratia in multorum prioratuum administratione et subditis utilis et omnibus quibus innotescere poterat charus erat. Obedientiæ singularis conservator tanto eam affectu colebat, ut nefas duceret si vel in modico nutum jubentis excederet.

Expertus sum ipse magnum in hac virtute ejus constantiam : cui cum sæpe gravia, et quæ aliis vix injungere auderem, facillime imponerem, alacriter injuncta suscipiebat, et alacrius adimplebat. Romam quodam tempore pergens, illo illisque iter meum comitantibus, Senam quæ de præcipuis Tkusciæ urbibus est hospitandi causa diverti. Die sequenti maturius hospitari cupiens, ante lucis exortum iter arripui. Cumque jam duo fere milliaria ex urbe progressus peregissem, subito post nos vocem currentis equitis veluti a longe audivi : eaque audita substiti. Qui cum ad nos se sustinentes pervenisset, insidias nobis in via a duce Conrado quorumdam instinctu parari narravit, eaque de causa reditum persuasit. Quo impetrato, ego quidem cum sociis retro redii ; Gerardum vero (quoniam promptior eo ad obediendum non aderat) ad dominum papam exigente necessitate direxi. Recedens ille a nobis, nondum plene sex viæ, ut arbitror, milliaribus expletis, insidiantes incurrit: A quibus comprehensus, rebus omnibus ablatis ad deserta et prærupta montium violenter abductus est. Ubi in altissima turri conclusus, multaque incommoda perpessus, postquam pericula carceris evasit, se aliquid propter obedientiam passum fuisse, gavisus est. Super omnia vero salutarium altaris sacramentorum amorem, corpori virtutum suarum velut quemdam verticem imposuerat : quo vehementi cordis adnisu in alta sublato, ipsa quoque cœli intima penetrabat. Quis enim facile referre valeat quam claro ille fidei oculo Jesum Dominum sub velamine sacramentorum non velatum admirabatur, sed revelatum contemplabatur ? Nullam intellectui ejus species exterior caliginem inferebat sed velut cum apostolis in terra gradientem, cum beata Virgine in cruce pendentem, cum Maria Magdalene a mortuis resurgentem, intuitu spirituali cernebat. Contulerat ad hoc sacri corporis et sanguinis Christi mysterium totam spem suam, et quotidiana pene oblatione pro suis ac totius mundi peccatis filium patri sacrificans, se quoque ipsum multa cordis devotione et lacrymarum profusione pariter immolabat. Videres cum assistentem altari, profundo plerumque fletu totum concuti, verba singultibus interrumpi, gravibus pectus suspiriis urgeri cerneres, ut intelligi daretur prorsus ab humanis alienatum, ad divina sublevatum; non tantum mente sed ipso pene corpore sic in cœlestibus conversari, ut de illo etiam a Domino dictum videretur : *Qui manducat carnem meam, et bibit meum sanguinem, in me manet et ego in illo. Et qui manducat me, et ipse vivit propter me* (*Joan.* vi). Et alibi : *Panis quem ego dabo, caro mea est pro mundi vita* (*ibid.*). Quam vitam ne quis putaret temporalem, rursum ait : *Si quis manducaverit ex hoc pane, vivet in æternum* (*ibid.*).

His Domini nostri promissionibus, vitam in his se sumere certus æternam, insatiabili, ut sic dicam, aviditate, pane cœlesti noster hic Gerardus inhiabat, et beatam animæ suæ esuriem pastu quotidiano recreabat. Istis bonorum operum exercitiis a prima juventute ad ultimam usque fere senectutem perductis, tandem dignus habitus est, cui aliquid secretorum suorum Dominus revelaret. Quod in his corporis et sanguinis sui mysteriis ideo singulariter agere voluit, ut et eorumdem sacramentorum veritatem ostenderet, et hunc de quo loquimur, non frustra in his spem suam posuisse monstraret. Unde et animi ejus affectionem sibi bene acceptam fuisse ostendit, quando eum, congruente ejus devotioni miraculo, tam magnifice decoravit. Testis hujus tam admirandi miraculi ipse est, cui utrum credi debeat vita præcedens et finis subsequens declarat. Non tamen horum spontaneus relator exstitit; sed a me secreto adjuratus, quod prius quasi sub alterius nomine dixerat, sibi revelatum fuisse indicavit. Et ne aliquis in corde meo scrupulus remaneret, licet de verbis ejus simpliciter prolatis in nullo dubitarem, quod de visione aperuit, nominis Dei et Christianæ spei interposita testificatione confirmavit. Extorsit tamen a me prius secreti fidem; ut quoad ipse viveret, alto illud silentio conservarem. Sed eo jam a vita præsenti morte carnis exempto, oportet ea propalari ad Dei gloriam quæ ille dum vixit, ad sui voluit celari cautelam (212).

Habetur in Cabilonensi episcopatu villa quæ Bellus mons dicitur, ad jus Cluniacensis monasterii spectans, ubi in honore beatæ Dei genitricis et Virginis est ecclesia, ob ejusdem singularem memoriam, singularem ut a multis comperi, orandi dans gratiam. Sunt ibidem et domus parvæ paucis ad manendum monachis satis congruæ. Erat tunc ibi circa natalem Domini jam dictus venerabilis Gerardus, et studiis suprascriptis infatigatus instabat. Advenerat Circumcisionis Dominicæ sacratus dies, et ille nocturnis vigiliis devote expletis, ad diurna se officia devotius implenda parabat. Ventum est ad missam, et more suo vestibus sacris exterius paratus, interius spiritu et fide repletus, ad altare accessit. Cumque cæteris expletis ad Canonem pervenisset, et verba divina panis et vini substantiam in Christi carnem et sanguinem commutantia consummasset, paululum ante Dominicam orationem forte oculos ad sacra ipsa convertit. Et ecce stupeo referens, formam quidem panis quem altari imposuerat non vidit, parvum vero puerulum manibus et brachiis more infantiæ gestientem pro eo conspexit. Hæsit itaque conspiciens debito timore turbatus et nesciens quid ageret, ad inusitatum et cœleste spectaculum tremens admirabatur. Legi olim quiddam his quæ refero simile, sed dignatio aliquid nostro miraculo voluit addere, propter quod nullum huic inveniretur æquale. Nulla enim ætas præterita hoc conspicere meruit, quod nostris diebus auctor horum sacramentorum Deus Gerardo nostro videndum concessit. Nam dum hoc stupidus miraretur, convertens oculos ad latus altaris, conspicit mulierem honestissimæ formæ, et ut intellectu conceperat, beatam semper Virginem ejusdem Dei pueruli matrem, diligenti eum et velut materna custodia multa cum reverentia observantem. Juxta quam cernit angelici decoris virum, imo, ut vere erat, a Deo missum angelum, cœlestibus sacramentis pariter cum illa astantem. Quantum in corde ista cernentis tunc lætus accreverit timor, quam multiplicatum fuerit gaudium, qualiter cor ejus, et caro ejus exsultaverunt in Deum vivum, nec ego scribere, nec ille mihi potuit referre. Additur adhuc inaudito miraculo testimonium angelicum, et eum quem altari videbat assistentem, audit sibi angelum dicentem. Verba ipsa mihi ab eo sæpe relata, nihil plus minusve continentia, dicturus sum : *Quid*, inquit angelus, *miraris? hic puer quem conspicis, cœlum gubernat et terram*. His dictis, cœlestis visio abscessit. Post hoc dum rursus oculos ad salutaria sacramenta reduxisset, infantem jam videre non potuit: Sed panis speciem ut prius fuerat, altari superimpositam vidit. Hoc tanto miraculo dignus habitus, et eodem Christi corpore quod conspexerat satiatus, missam supernæ gratiæ muneribus donatam ille Dei presbyter consummavit (212*). Et ne forte venerandus vir tanta visione minus dignus ab aliquo fuisse putetur, quiddam non quidem huic miraculo simile, sed tamen non vile per hunc gestum, referendum esse videtur.

Regebat aliquando, quod Nivernis habemus, Sancti Salvatoris monasterium sibi a sancto Patre Hugone commissum. Orta est lis inter eum et quemdam suum præpositum, pro qua, die agendi constituta, ad causam uterque convenit. Affuit multitudo nobilium, clericorum et monachorum non parvus numerus, vulgarium vero constipatio universa replebat. Assedit prior Gerardus inter medios, reliqui eum undique ambierunt. Venit et cum suis præpositus, contra illum causam acturus. Aderant electi judices, qui utriusque actione audita, litem judiciario ordine dirimerent. Rem de qua agebatur nulla nominare necessitas cogit, erat tamen ecclesiastica, multumque usibus monasterii necessaria. Hanc ille, quem dixi præpositus, quoniam valde lucrosa videbatur, summo studio sibi vindicare conabatur. E regione, Gerardus non acquiescebat, quoniam ad jus sibi commissum monasterii hanc pertinere sciebat. Data est Gerardo loquendi copia, et coram cunctis qui aderant, ut religiosum decebat, causam suam aperuit. Qui postquam finem dicendi fecit, is qui ei adversabatur falsa esse quæ ab eo dicta fuerant, exclamavit. Jussus post hæc a judicibus venire et ea quæ dixerat comprobare, propius accessit, et iterans quæ dixerat, cœpta temeritate se vera dicere confirmabat. Cumque instaret, rursum ei judices præceperunt, ut secundum morem regionis illud quod ipsi vocant gadium [vadium] (213), rei videlicet ab eo

ANDREÆ CHESNII NOTÆ.

(212) In ms. S. V. aliud hic incipit cap. cum hoc titulo : *Narratio primi miraculi eidem ostensi*.

(212*) Aliud item cap. hic incip. in ms. S. V. sub hoc titulo : *Item miraculum de eodem monacho*.

(213) *Illud quod ipsi vocant gaudium*. Optimus hic ipse sibi noster Auctor interpres cum subjungit, *rei videlicet ab eo probandæ argumentum, manu propria ejusdem Gerardi prioris manu poneret*. Guadium enim sive wadium, quod et inde nos adhuc vernacule *gage* dicimus, erat arrha vel arrhabo donationis, aut etiam futuri duelli. Narratio translationis corporis S. Germani, quo die Pipinus rex fiscum Palatiolum cum appendiciis suis omnibus abbatiæ S. Vicentii Paris. dedit, Et ponens, ait, *wadium suum super tumulum: Accipe, inquit, o beatissime Germane, villam nostram Palatiolum cum omnibus appendiciis suis, tibi familiæque tuæ hactenus inimicam, amodo autem et deinceps perpetuo profuturam*. Unde et verbum *guadiare* factum est, id est guadium sive wadium dare, sicut ex his calumniæ super

probandæ argumentum, manu propria in ejusdem Gerardi prioris manu poneret. Qui velut ex bona conscientia audacter gadium in manu ejus ponens, ait : *Hujus, ut dixi, rei ego testis sum, aliis quoque testibus vel duello id ipsum probaturus* (213*). Sed quia, ut scriptum est, falsus testis non erit impunitus, postquam hæc verba protulit, cunctis qui ad audiendam causam illam convenerant cernentibus, resupinus ruit et illico expiravit. Tremefacti omnes surrexerunt, et rem a Deo judicatam videntes, nihil ultra judicare præsumpserunt. Nam quidam ex illis prius etiam miserum illum pro certo mentiri noverant, plurimi suspicabantur, nec vero universi pariter cognoverunt Deo hunc mentitum fuisse, quem ejus judicio post prolatum mendacium tam subito contigit interisse. In hoc miraculo licet ultrix mendacii divina veritas magnifice claruerit, cujus tamen meriti Gerardus videri posset, injuriam ejus vindicando monstravit (214).

Manebat alio tempore in loco Cluniaco proximo, qui Altumjugum vocatur. Sumpsit autem idem locus nomen ab altitudine, qua omnem circumja- centem terram transcendit. Est enim mons altissimus elevatus in vertice montium; ipsas sæpe nubium globositates, quando humida qualitate gravatæ ad altiora conscendere nequeunt, sub se conspiciens, unde et Italiæ Alpes videri ei maxima pars subjectæ Galliæ possit ostendi. Elatus ergo multo in aera spatio mons, et silvarum densitate circumseptus, ventis inclementioribus continue patens, nivibus diuturnis expositus, ascensu et descensu difficilis, popularem habitationem a se longe removit, et remotiora quærentibus nil ultra se quærere sui solitudine persuasit. Unde et monachos tantum ad manendum suscepit, quos nec multos esse sui ariditate permisit. Hunc locum Gerardus per diversas mundi partes obedientia compellente diu fatigatus, circa finem vitæ suæ velut emeritus missione a me impetrata, suscepit. In quo cum paucis fratribus et ipsis Deum timentibus, divinis operibus solito studiosius occupatus, orationi insistebat, lectioni vacabat, frequenti sacrorum verborum collatione ad divinum amorem vehementius se accendebat. Sobrio victu contentus, si quid forte in his aliquando

ANDREÆ CHESNII NOTÆ.

Hildradum servum in Chartulario Majoris-Monasterii verbis palam est : *Et cum ille ostenderet illum fuisse colibertum, guadiavit ei domnus Ascelinus jurare, quod ille servus fuerit, non colibertus.*

(213*) *Duello id ipsum probaturus.* Duelli, quod et ipsum bellum dicebatur, exempla varia reperiuntur apud antiquos, et etiam nova quædam vulgavit vir eruditionis eximiæ Jacobus Sirmundus in notis suis ad Gaufredum Vindocinensem abb. Sed quia de duello monachorum cum sæcularibus hic agitur, nos adhuc nihilominus alia quædam, et ipsa forte nova, de thesauris veteribus ad locum illustrandum proferemus. Et primo, Robertus rex in præcepto de Vicaria Anthoniaci : *Ille vero*, inquit, nempe Pipinellus Guarini militis vicarius, *ad judicium veniens nullo modo resistere valuit propter rationabilem contradictionem servorum S. Vincentii et S. Germani, qui legali conflictu duelli erant resistere parati.* Item Ludovicus VII in privilegio quod canonicis S. Genovefæ super servitute hominum de Rodoniaco concessit : *Nos autem secundum consuetudinem regni Francorum judicavimus, ut quia homines hospicetum et colonatum Ecclesiæ cognoscebant, et liberos se dicentes servitutem negabant, in curiam abbatis; cujus erant hospites, irent, et ibi Ecclesia si eos habere vellet, per duellum servos esse suos approbaret.* Hoc duelli conflictu calumniam propulsare, vel jus aliquod defendere parati, gaudium dabant adversæ parti, quod et ipsum *guadiare*, et *arrhamire bellum sive duellum* dicebatur, id est arrham sive sponsionem dare, coram judice vel in curia promittere sive cavere de die pugnæ vel conflictus. Sic enim monachi S. Martini, Charta IX : *Pro his rebus*, inquiunt, *acquietandis, arrhamivimus bellum in curia Vindocinensi, causæ nostræ fidentes, et ad hoc provocati. Verum cum ineundæ pugnæ dies statutus adesset, ab amicis nostris qui tunc aderant submoniti sumus, ut pace potius tantæ discordiæ finem imponeremus. Et* Charta CLIX : *Stephanus Cambacanis de Ferraria abnegavit se esse servum S. Martini, et de hoc arrhamivit bellum contra nos. Intra terminum autem quo bellum fieri debebat, recognovit se male egisse, venit in capitulum Majori-Monasterii, et dedit recognitionem suam, scilicet secundum consuetudinem imposuit super caput suum quatuor denarios, et per illos tradidit se sancto Martino. Die sic data, duelloque per* judicem aut curiam senioris adjudicato, pugnaturi conveniebant in campum, ubi et sæpe regionis proceres assistere consueti. Quod docet Herveus Malsetus in charta de Verreriarum Ecclesia, quæ spectabat ad monachos Sancti Dionysii de Nogento Retrodi, his verbis : *Adjudicatum est Lancelino reddere equum monachis cum lege sua auditis rationibus ex utraque parte, et tamen testantibus comite et proceribus veritatem quam audierant, semper negavit sicut ante negaverat : unde adjudicatum duellum inter monachos et Lancelinum. Quidam enim famulus monachorum, nomine Ingelricus, filius Ragenaudi Jocularii appellavit Hugonem filium Ausgerii ex parte Lancelini, quod audierat hoc quod Lancelinus negabat, et ipse negavit. Sed quia ipse debilis erat corpore, sicut discurit qui eum cognoscebant, quidam nepos ejus nomine Guitcelinus, dedit vadimonium duelli judicio curiæ pro eo, et venerunt in campum ad faciendum duellum. Cum venissent usque ad sacramentum, proceres qui ibi aderant, Robertus scilicet dapifer comitis, et cognatus ejus, et Robertus de Bellomonte, et Haymericus de Villereio nepos domni Hugonis, et alii proceres qui ibi aderant, quamvis scirent verum esse causam monachorum, laudaverunt priori et monachis qui ibi aderant, ne consentirent fieri bellum,* etc. Unde patet et sacramentum a pugnaturis ante congressionem præstari solitum fuisse. Sed et quia armis ipsi plerumque, quos campiones a campo nominabant, vernacule *champions*, uterentur, aperiunt rursus monachi Santi Martini in Notitia de Molendino Fulberti cum aiunt : *Fulbertus de Lavarzino, qui censum illum motatici dum esset in sæculo annis multis reddiderat, et nunc noster monachus factus erat, defendi fecit contra illum, nempe Constantium de Radenaco, per quemdam nostrum hominem, scuto et baculo cum campione ipsius Constantii decertantem, pro palo illo censum nec se unquam reddidisse, nec esse jure reddendum. Quod et ille vellet nollet quandoque recognovit, et omnem in perpetuum reclamationem illius palatici, superato in ipsa decertatione suo campione, guerpivit, bellumque injuste assumptum prout placuisset Alberico de Monteaureo, sub cujus hæc acta sunt judicio, legaliter emendaturum se spopondit.*

(214) *Item de eodem monacho*, idem ms.

deliquerat, parcitate præsenti expiabat. Curis omnibus mundi hujus exutus, tanto spiritualibus desideriis Deo fiebat propinquior, quanto ab humanis actionibus factus erat remotior. Ecclesiasticis officiis semper quidem, ut supra dixi, devotus exstiterat; sed tunc eis maxime totis mentis affectibus et corporis viribus devotissimus insistebat. Altaris sacris pene jugiter assistens, illud suum totius mundi singulare præsidium, corpus scilicet et sanguinem Redemptoris, inenarrabili mentis devotione, et quotidiana missæ celebratione super omnia percolebat. Diurno tempore sic consummato, nocturnas quoque vigilias observabat, et ne intempestive fratres surgerent, sollicitus providebat. Quas semper aut sæpe ipse præveniens multam noctis partem lacrymis et orationibus exigebat. Quo tempore frequenter in eadem Ecclesia voces cujusdam cœlestis melodiæ se audisse et mihi retulit, et quibusdam aliis qui postea id mihi dixerunt, narravit. Nec mirum. Illorum enim est audire cœlestia, quorum aures dedignantur audire terrena. Tanto enim magis sensus humani quæ supra se sunt percipiunt, quanto minus his quæ infra sunt dediti fiunt. Tali Gerardus certamine certans, tali vitæ suæ cursui indefessus insistens, tandem palmam victoribus debitam, bravium perseveranter currentibus promissum adeptus, beato in eodem loco fine quievit. Qui a vita præsenti subtractus, vitæ se jam æternæ participem; non multo post mortem suam elapso tempore, aperte monstravit, et veram esse Apostoli sententiam qua dicit: *Quæ enim seminaverit homo, hæc et metit* (Gal. VI), in seipso comprobavit. Nam quia, ut sæpe jam dixi, totam spem suam in corporis et sanguinis Christi sacramento, cum bonæ conscientiæ testimonio collocaverat, ostensum est per eum jam defunctum, aliud de sæpe nominando sacramento miraculum, quo et spes ejus non irrita fuisse probaretur, et fides audientium firmaretur.

(214*) Nondum post obitum ipsius dimidius fluxerat annus, cum fratri cuidam, quem quia adhuc superest, nominare nolo, visio memoranda apparuit. Videbat, et ecce dæmon, parvi et nigerrimi Æthiopis specie assumpta, lecto ejus astabat. Qui portentuosa deformitate terrorem conspicienti intentans, manuum formam per aurium foramina emittebat, igneam linguam de barathro putidi oris ejectam, in immensum protendebat, qua totum corpus fratris illius lingendo, se carnes ejus prorsus consumpturum esse dicebat. Tremens ille ad aspectum dæmonis, nil aliud quam mortem jam jamque absumendus præstolabatur. Cumque intolerabili horrendæ visionis terrore turbatus nihil ultra remedii se habiturum speraret, ecce Gerardus constanti animo et splendido, ut frater ille asserebat, vultu ei astitit,

et Æthiopem illum manibus comprehensum ad terram elisit, ac guttur nefandum viriliter pede compressit. Qui dum fortiter captivum hostem premeret, ille velut ex violenta compressione, nec nominandum caput ad instar magni cacabi inflans, lingua flammigera, quasi aratro terram proscinderet, circumposita comburebat. Cujus spectaculi horrore jam pene extra se factum, prædictum fratrem Gerardus alloquitur: Vis, inquit, *a dæmone hoc liberari?* Ad quod cum frater velle se omnibus modis respondisset, adjecit ille: *Si*, inquit, *vis liberari, perge ad abbatem, et ut quemdam fratrem cui fabrile officium est ad se accersiat, et ex mea parte dicito, a quo sollicite inquirat utrum aliquando de veritate corporis et sanguinis Domini dubitaverit, et quid ei ad tollendam eamdem dubitationem ostensum fuerit, et qualiter fides ejus illa revelatione confirmata sit. Quæ postquam cognoverit, litteris mandare studeat, quoniam sicut fratri illi profuit hoc vidisse, ita multis proderit audivisse. Placet enim Deo conversatio fratris illius, nec pati voluit hujusmodi tentatione labores illius deperire. Hæc si abbati te dicturum promiseris, continuo ab hoc dæmone liberaberis.* Quo rursum spondente, Gerardus dæmone in fugam compulso, fratrem ab ejus infestatione eripuit. Qui a somnio consurgens, postquam ad se rediit, tandem se vere mortem evasisse testatus est [lætatus]. Pauci post hoc transierant dies, et frater cui hoc ostensum fuerat ad me veniens, cuncta quæ supra retuli narravit. At ego nullam adhuc fidem somnio præbens, de fratris illius qui indicatus fuerat totus relatione pendebam. Quem ad me non nomine, sed artis ac vitæ indicio manifestatum accersiens, utrum aliquid dignum memoria de corpore Domini vidisset, secreto quæsivi. Qui cum aliquandiu velut peregrinatione (215) attonitus siluisset, me in virtute obedientiæ ne sibi ostensum verbum absconderet præcipiente, tandem universa aperuit. *Longo*, ait, *tempore super hujusmodi re antiquus hostis fidem meam tentando vehementer aggressus est, et pene ab statu suo, nisi gratia Dei juvisset, concussit. Quam tentationem multum, et supra quam dicere possim mihi molestam cum diu tolerarem, et ea de causa quantumlibet in religione laborem meum me amisisse putarem, cumque jam in desperationem labi me pusillanimitas cogeret, ad beatam Dei Genitricem ultimam spem contuli, et ut a tanto malo miseram animam meam eriperet, totis animi nisibus rogare cœpi. Necdum ab inceptis precibus quindecim exacti fuerant dies, et ego ante majus altare majoris Ecclesiæ mihi astare videbar. Super quod velut unius anni puerulus residens, me ad se accedere præcipiebat. Cumque illi appropinquassem, ut panem sanctum, quem manu prætendebat, ore susciperem, admonebat. Quod ut explevi, adjecit : Accipe,*

ANDREÆ CHESNII NOTÆ.

(214*) *Quomodo isdem monachus post obitum cuidam apparuit,* idem ms.

(215) Al., *interrogatione*. N. Faber, *peregrina oratione.*

ait, me, et in brachiis tuis per hujus Ecclesiæ spatium A defer. Hoc ego licet cum multo timore aggressus, eum in manibus suscepi, et ab ipso altari usque ad extremum chori exitum, multa cum reverentia portavi. Ab illo die ita cor meum omni qua vexabatur tentatione vacuatum est, ut nec vestigium in eo præteritæ conturbationis remaneret, fidemque salutaris sacramenti inconcussa stabilitate retineret. His a fratre illo auditis, ultra de visione dubitare non potui; quando sic in omnibus concordes utriusque revelationis relatores inveni. Nam quidquid ille prior de fratre altero a Gerardo audierat, hic totum ultimus suo ipsius testimonio confirmabat. Cumque præcedens, nihil de sequentis cogitationibus sciret, ac subsequens prioris visiones penitus ignoraret, alter alterius revelatione penitus fidem fecit, quia et ille hu- B jus tentationes aperuit, et iste illum vera vidisse ex sua confessione omnibus patefecit.

CAPUT IX.
De his quæ in Cluniaco, et circa contigerint.

Illis quæ ad reverentiam divinorum sacramentorum, et ad confessionis veræ sinceritatem pertinent prælibatis, ad reliqua, quantum ad morum ædificationem spectat non minus utilia, adjuvante nos Domino transeamus. In primis vero visionibus sive revelationibus defunctorum, quæ a diversis cognoscere potui, ut potero, explicabo. Hæc enim nostris maxime temporibus frequenter provenire dicuntur. Nam et defunctorum effigies vivis apparere, eisque persæpe multa vera atque probata nuntiare, a quam plurimis C et fide dignis viris affirmantur. Talium autem rerum narrationem non ingratam fore legentibus existimo, præcipue illis qui futuræ vitæ amore præsentem fastidiunt, et ad illam recta fide ac piis operibus pervenire contendunt. Horum namque multa est recreatio, et in præsentibus miseriis, in quibus quotidie ingemiscunt, maxima consolatio, quando de patria a qua in hac peregrinatione exsulant, et ad quam inhianter suspirant, aliquid quod eorum fidem ac spem magis ac magis excitet, audiunt. Audivi de talibus multa a multis, in quorum narratione nullum temporis ordinem servo, quia nec illum ex narrantium verbis aperte colligere potui, nec si potuissem servare curavi. Quæ namque utilitas est in hujusmodi re nosse, quid prius quidve posterius ge- D stum sit, dum vere constet quod fuerit? Multo enim magis gesta temporum quam tempora gestorum inquirenda fecit. Videtur vero mihi congruum ut de proximo incipientes ad remotiora pergamus, et id-

circo ea quæ in Cluniacensi monasterio vel circa contigisse audivimus, primo ad medium deducamus. Est autem Cluniacense monasterium, religione, disciplina, severitate, fratrum numerositate, omnique monastici ordinis observatione, toto pene orbe notissimum (215*), singulare ac commune peccatorum refugium ; per quod multa inferis damna illata et regnis cœlestibus quamplurima lucra collata sunt. Ibi innumeræ hominum multitudines, graves mundi sarcinas ab humeris suis abjicientes, suavi Christi jugo colla submiserunt. Ibi omnium professionum, dignitatum et ordinum personæ fastum luxumque sæcularem, in humilem et pauperem monachorum vitam commutaverunt. Ibi ipsarum Ecclesiarum venerabiles patres, etiam ecclesiasticorum negotiorum onera fugientes, tutius quietiusque vivere, magisque subesse quam præesse elegerunt. Ibi contra spirituales nequitias indefessum luctamen et implacabile [*al.* impacabile, *vel* implicabile] quotidianas victoriarum palmas Christi militibus præstat. Hujus loci habitatoribus, continua concertatione carnem spiritui subjicientibus, vere, secundum Apostolum, *Christus vivere est, et mori lucrum* (*Philipp.* I). Hinc effusa spiritualium virtutum nardo, impleta est tota mundi domus ex odore unguenti (*Joan.* XII), dum religionis monasticæ fervor, qui illo tempore pene refrigueral, illorum vigorum exemplo studioque recaluit. Gallia, Germania, transmarina quoque Britannia hoc testatur, Hispania, Italia, totaque Europa fatetur, plena monasteriis ab eis aut noviter fundatis, aut ab antiquo senio reparatis. Ibi monachorum collegia, in morem cœlestium agminum per ordines suos Deo assistentia, cum aliis sanctarum virtutum exercitiis, divinis laudibus die nocteque ita insistunt, ut de eis quoque a propheta dictum possit intelligi : *Beati qui habitant in domo tua, Domine, in sæcula sæculorum laudabunt te* (*Psal.* LXXXIII). Sed quid aliquas mundi partes numero, cum de nostro ultimo Occidente usque ad ipsum Orientem fama hæc pervenerit, nec aliquem Christiani orbis angulum latuerit ? Hæc namque est vinea, hi sunt palmites, qui veræ viti Christo inhærentes, et a patre agricola purgati, secundum evangelicam sententiam multum fructum afferunt (*Joan.* XV). De hac vinea in Psalmis legitur : *Extendit palmites suos usque ad mare, et usque ad flumen propagines ejus* (*Psal.* LXXIX). Quod licet de Judæorum Synagoga ex Ægypto translata, et maxime de præsenti Ecclesia dictum sit, nihil tamen ob-

ANDREÆ CHESNII NOTÆ.

(215*) *Cluniacense monasterium religione, disciplina, severitate toto pene orbe notissimum.* Multiplices sunt laudes quas Cluniacensium cœnobio pontifices et reges in chartis, et antiqui quoque scriptores in libris suis tribuunt. Appellat enim ipsum Paschalis II, *religionis monasticæ suis temporibus speculum in Gallia, documentum;* Ludovicus VII: *Nobilius membrum regni sui;* Riquinus episcopus Tullensis, *summi Patrisfamilias universalem domum, et curiam in qua Deo sacra resultant præconia;*

auctor Vitæ S. Majoli, *nobile, amicum salutis, et amicum monasticæ religionis;* Goffridus Vindocinensis, *secundum paradisum;* Petrus Cellensis, *hortum Dei;* Hildebertus in Vita S. Hugonis, *lavacrum animarum;* Petrus Damianus epist. ad eumdem Hugonem et monachos Clun. *Spiritualem campum ubi cœlum et terra congreditur, ac velut arenam certaminis, ubi spiritualis more palæstræ caro fragilis adversus potestates aereas colluctatur;* Trithemius denique, *Monasterium toto orbe famosum.*

stat, ut et de hac Cluniacensi Ecclesia quae illius universalis non inferius membrum est, intelligatur. Liberet hic diutius immorari, sed, quoniam ad propositum opus hoc non pertinet, et tanta materies brevi atque ad alia festinanti non potest explicari sermone, necesse est ut, istis ad praesens intermissis, ad ea quae de mortuorum revelationibus sunt exsequenda, ut promisimus, accedamus.

CAPUT X.
De Stephani, qui Blancus dicebatur, apparitione mirabili (216).

Quod vero [nunc] in primis dicturus sum, ab illis mihi personis relatum est, quorum testimonio non minus quam mihi ipsi credere compellebar. Vita enim vel conversatio eorum hoc exigebat, ut non magis propriis oculis quam eorum relationi, absque dubitatione aliqua, fidem accommodarem. Hi ergo mihi hoc retulerunt fuisse apud Cluniacum quemdam fratrem, qui Bernardus Savinellus dicebatur. De quo referebant quod, licet aliquando in quibusdam leviter se haberet, correptus tamen, ut regularis disciplinae moris est, multaque tam verborum quam verberum opprobria passus, patientissime tolerabat, seque mitem post flagella vultus et operis alacritate exhibebat. Is nocte quadam dum fratres in ecclesia nocturnas Deo laudes decantarent, de choro ubi cum aliis psallebat egressus dormitorium petiit. Cujus gradus dum conscenderet, repente Stephanum, qui vulgo Blancus vocabatur, olim monasterii Sancti Aegidii abbatem (216*), qui ante paucos dies de vita excesserat, obvium habuit. Quem cum primo aspectu non cognoscens quemlibet alium esse crederet, quo proposuerat festinabat. At illa imago defuncti, quae apparuerat, prior in verba prorumpens : *Quo pergis?* inquit. *Sta, et quae dicturus sum audi.* Frater vero miratus et indignans, quod quasi contra regulam nocturnis horis et loco non congruenti talia monachus loqueretur, ejus voces nutibus quibus poterat, comprimebat. Sed, cum abbas ille defunctus, qui non ut taceret, sed ut loqueretur, advenerat, magis ac magis instaret, compulsus ejus importunitate frater substitit, et quis esset vel quid sibi vellet quaesivit. Et ille : *Sum*, inquit, *Stephanus dictus Sancti Aegidii abbas, qui in multis et ante abbatiam et postmodum deliqui, pro quibus modo poenas acerbas patior, ab illis per ineffabilem Dei misericordiam, si mihi subventum fuerit, quam citius eruendus. Oro ergo te ut Dominum abbatem, et omnes fratres mea functus legatione depreceris, quatenus apud omnipotentem Deum pro mea liberatione preces effundant, et me quibus poterunt modis a tantis malis eripere satagant.* Cumque frater respondisset se quidem quod ipse [ille] rogabat facturum, nullum tamen suae relationi crediturum, is qui loquebatur defunctus, adjecit : *Ut nemo de his quae a te referenda sunt in aliquo dubitare possit, noveris te infra hos octo dies de hac vita migraturum. Quod postquam eis praedixeris, subsequentis rei effectus te vera dixisse demonstrabit.* Dixit hoc, et statim ab oculis ejus evanuit. At vero frater ille a dormitorio ad ecclesiam rediens, multumque mortis denuntiatione non immerito sollicitatus, noctem in hujusmodi meditatione transegit. Facto mane, priori primitus, deinde venerabili ac sancto Patri Hugoni, ad ultimum magno ac reverendo fratrum conventui quae sibi injuncta fuerant patefecit. Quod postquam ad omnium aures pervenit, sicut humanorum ingeniorum usus est, de eadem re fere semper diversa sapere, alii quidem credebant, quamplures ficta esse affirmabant : universi tamen mortis illius quam frater denuntiaverat indicium per illud ab omni dubitatione purgandi, exspectabant. Et ecce sequenti die relator visionis morbo corripitur, sensimque deficiens ad extrema pervenit. Qui usque ad ultimum spiritum constanter quae dixerat affirmans, infra dies supradictos bono fine quievit, sicque morte sua veritatis nuntium se fuisse comprobavit. Fratrum ergo congregatio, post obitum relatoris de visione certificata, tam pro abbate defuncto quam pro ejus nuntio multimodas inenarrabili misericordiae Dei supplicationum hostias obtulerunt, et sacris orationibus, eleemosynarum largitionibus, maxime autem salutaris sacrificii oblationibus pro aeterna requie totis viribus institerunt.

CAPUT XI.
De simili apparitione Bernardi (217), *qui Grossus dicebatur.*

Consimile huic, imo pene idem de Bernardo cognomento Grosso (218) miraculum, ab eisdem quos supra memoravi relatoribus accepi. Hic namque nobilitate et potentia saeculari illustris, munitiones quasdam Cluniacensi monasterio proximas possidebat, multaque mala eidem loco atque aliis circumpositis ecclesiis inferebat. Qui tandem mutato spiritu, malis suis finem imponere deliberans, ad supradictum venerabilem Patrem Hugonem venit, atque pro peccatis suis orationis causa Romam se velle pergere indicavit. Unde, si reditus permitteretur, saeculo se renuntiaturum, ac monachum Cluniaci futurum esse spopondit. Perrexit itaque Romam, ubique apud summorum apostolorum ac plu-

---

ANDREAE CHESNII NOTAE.

(216) Al. *Qualiter Stephanus quondam abbas S. Aegidii cuidam fratri post mortem apparuerit.*

(216*) *Monasterii S. Aegidii abbatem.* Monasterium hoc unum ex plurimis quae S. Hugo Clun. abbas reformavit, et in Cluniacensium etiam familiam cooptavit. Sic enim anonymus qui Vitam ejus scripsit : *Quis*, inquit, *beatorum confessorum Martialis et Aegidii ecclesias religione restauravit, nisi iste vir beatus?*

(217) Al. *De Bernardi cognomento Grossi mirabili post mortem apparitione*

(218) *De Bernardo cognomento Grosso.* Grossorum, qui et Branceduni domini, mentio multa reperitur in Chartis Cluniacensium; quarum et aliquas jam in hac Bibliotheca descripsimus

rimorum martyrum gloriosa corpora, orationibus atque eleemosynis vacans, satisfactione qua poterat præteritæ vitæ crimina expiabat. Exacto vero taliter in urbe quadragenario dierum numero, qui proprie ad agendam pœnitentiam indici peccatoribus solet, Roma egressus est, et ad patriam regrediens, Sutram usque pervenit. In qua civitate, quæ satis urbi proxima est, dum moraretur, finem vitæ morbo dudum concepto ingravescente suscepit. Ibi a sociis, prout in peregrino solo licere potuit, honeste curatus ac tumulatus est. Non multi postmodum fluxerant anni, et cujusdam villæ quæ Cluniacensi juri subdita est, præpositus, per silvam quæ castello de Usella proxima est, media die iter agebat. Hoc autem castellum ipse Bernardus noviter construxerat, unde sæpe raptores erumpentes, quæcunque poterant undequaque deprædabantur. Dum ergo, ut dictum est, iter ageret, repente eumdem Bernardum obviam habuit. Quem cum mulo insidentem, ac pellibus vulpinis et novis indutum vidisset, recordatus defunctum extimuit: compresso tamen timore utrum esset qui videbatur, vel cur venisset, quæsivit. A quo tale responsum accepit: *Me, ait, noveris esse Bernardum, quondam hujus regionis dominum. Multa certe, ut omnibus hic manentibus notum est, in sæculo positus mala egi, pro quibus modo multa patior. Sed præ omnibus torquet me castelli illius juxta positi ædificatio, quod sicut ipse nosti a me nuper ædificatum est. Quia tamen circa finem vitæ meæ malorum meorum me pœnituit, æternam quidem effugi damnationem, sed multo adhuc adjutorio egeo ad plenariam liberationem. Ea de causa ob implorandam misericordiam ad abbatem Cluniacensem, venire permissus sum. Cujus comitatum diu prosecutus, quoniam præcedenti hebdomada apud Ansam hospitatus est, nocte inter obsequentes et famulos mansi. Unde rogo ut eum adeas, atque ut mei misereatur sollicite depreceris.* Cumque homo illi cui loquebatur requireret, cur vulpina veste amictus esset, respondit: *Hanc vestem mihi olim recentem emi, et eadem die qua ea primum indutus sum, cuidam illam pauperi dedi. Quæ sicut nova data est, ita semper nova permanet, atque in pœnis inenarrabile mihi refrigerium præbet.* Post hæc verba, ille quidem qui apparuerat disparuit, alter ea quæ injuncta fuerant implere acceleravit. Nam ad beatum virum ad quem missus fuerat veniens, ei per ordinem cuncta narravit. Qui benigne defuncti mandata suscipiens, plenus charitatis spiritu multa eleemosynarum, multa divinorum sacrificiorum auxilia laboranti sub æterno judicio animæ impendit. Per quæ, ut dignum est credere, et a suppliciis ille liberatus, et fidelium requiei, pro modo supernæ dispositionis adjunctus est. Neque enim ratio patitur, ut spiritus ille in abditissimis judiciorum Dei reconditus, ad homines ob sui liberationem redire permissus sit, et nulla reditum ejus utilitas subsecuta sit. Frustra quippe missus videretur. Sed neque sacramentis, neque sacrorum operum exercitiis se adjuvari petisset, si ea sibi prodesse minime agnovisset. Qui, quoniam talibus sibi auxiliis subveniri rogavit, et illa ad subveniendum efficacia, et se illorum subventione dignum esse monstravit. Homini autem illi cui hæc visio apparuerat, supradictus abbas sanctus, mortem proximam esse prædixit. Cum enim hujusmodi defunctorum manifestationes nostris sæpe temporibus provenerint, vix aliquis mortuo collocutus, mortem longiore tempore distulisse narratur. Unde iste et visionis horrore, et sancti admonitione provocatus, statim sæculo renuntiavit, et factus monachus, intra paucos dies terminum vitæ suscepit.

CAPUT XII.

Quanta semper invidia diabolus adversus Cluniacum fremuerit.

Licet in præcedenti de revelationibus defunctorum quæ in Cluniaco vel circa contigerunt, me dicturum promiserim, tamen quia plura alia non minus digna memoria in illo famoso monasterio nostra ætate provenisse dicuntur: non incongruum arbitror, si et illa nostro sermone ad utilitatem legentium proferantur. Ut enim supra tetigi, antiquus hostis non parum illius cœnobii disciplinam ac divinorum operum studium semper æmulatus est, multisque indiciis invidiam suam erga loci ipsius habitatores fervere monstravit. Quæ si per singula ut ad me pervenire potuerunt enarrare tentarem, et magno volumine legentibus forte vel audientibus tædium incuterem, et ipse longe a proposito deviarem. Quis enim explicare valeat quanta improbitate cœlestia illa castra semper vel sæpe invaserit, quam infestus semper Christi militibus sibi repugnantibus fuerit, quam frequentes impetus violenter irrumpere volens dederit? More quippe suo interiorem civem, id est spiritum exstinguere quærens, quas poterat tentamentorum machinas exterius admovebat, et ab intimis se repulsum dolens quanta valebat extra prælia commovebat. Unde proprio furore cæcatus, cum semper invisibiliter omnibus instaret, aliquando quibusdam etiam visibiliter apparebat. Et nesciens quid boni de malo suo Deus facere decrevisset, unde gregem Domini destruere quærebat, inde invitus eum multoties ædificabat.

CAPUT XIII.

De fratre quem sub abbatis specie decipere voluit.

Hinc fuit illud quod cum aliquando frater quidam, Joannes nomine, natione Italicus, regularis disciplinæ severitatem fastidiens, etiam fugere de monasterio cogitaret: ipse ei diabolus abbatis specie assumpta se obtulit. Nam duobus dæmonibus in specie monachorum se comitantibus, fratri in quodam secreto monasterii loco soli residenti, multaque secum volventi, opportunum fallendi tempus invenisse se credens apparuit, eique assidens dixit: *Ego, frater, modo huc hospitandi causa diverti, sed casu te conspiciens, agnovi multa te sollicitudine laborare, mul-*

tosque in corde tuo cogitationum æstus versare. Quorum causa licet quibusdam referentibus mihi ex parte nota sit, si tamen eam plenius indicaveris, potero forsitan utile tibi dare consilium. Unde quis sis et quare mœstus sis, amico quærenti expone. Cumque frater ille ignoto, ut putabat, homini secreta cordis sui aperire formidaret, et se tantummodo natione Italicum esse respondisset, dæmon, qui monachus videbatur, adjunxit : *Et ego ipsius regionis abbas sum, et tibi bene in omnibus auxiliari possum. Novi enim, licet tu reticeas quod abbas monasterii hujus, et cæteri male te tractant, neque ut dignum esset honorant, insuper multis sæpe injuriis et contumeliis vexant. Unde admoneo ut tibi consulas, et locum hunc omnimodis perniciosum derelinquens, mecum recedas. Paratus sum enim te ab his malis eripere, et ad abbatiam meam, quæ Cripta Ferrata dicitur, perductum, omni te ibi honore sublimare.* Ad hæc frater respondit : *Ego hinc exire nullo modo possum, quia et clausura monasterii prohibet, et fratrum me multitudo circumdat.* Tunc diabolus : *Nec ego*, inquit, *quandiu hic fueris, te in aliquo juvare potero. Sed fac qualibet arte, ut septa monasterii transgrediaris. Quod postquam feceris, ego statim adero, teque ad locum meum, ut dixi, perducam.* Sed misericors Deus, qui non permittit nos tentari supra quam ferre possumus (*I Cor.* x), non ultra passus est hostem procedere, sed sicut scriptum est, qui fecit illum applicavit gladium ejus. Quando namque hoc agebatur, fratrum conventus in refectorio ex consuetudine hora cœnandi residebat. Qua expleta, a priore secundum morem uno ictu scilla percussa est. Quo sono audito, mox dæmon qui abbatem se fingebat, actus divina virtute, a fratre cui loquebatur se abripuit, et præcipiti cursu ac maximo impetu ad latrinas quæ proxime erant tendens, vidente fratre jam dicto in earum se inferiora demersit. Sic plane misericordia Dei, et fratrem a nequissimi hostis tentatione eripuit, et immundum spiritum per condignum ejus immunditiæ locum a domo sua expulit.

CAPUT XIV.
De illo qui dæmones audivit flagitia sua jactantes.

Alio quoque tempore alter quidam frater lignorum artifex nocturnis horis, in loco aliquantulum ab aliis sequestrato jacebat. Quem locum ut in monachorum dormitoriis moris est, lampas accensa illustrabat. Dum ergo ille in lecto nondum soporatus jaceret, conspexit immanem vulturem, immensi corporis onus vix alis pedibusque ferentem, velut ex labore anhelum occurrere, et contra lectum ejus astare. Quem dum frater admirans intueretur, ecce duo alii in hominum specie dæmones advenerunt, et vulturem illum, imo dæmonem ita affati sunt : *Quid*, inquiunt, *hic agis ? Potesne hic aliquid operari ? — Nihil*, ait, *possum, quoniam et crucis protectione, et aquæ aspersione, et psalmorum insusurratione ab omnibus repellor. Tota quippe hic nocte laboravi, frustraque vires meas insumpsi. Unde nihil agere prævalens, huc fatigatus deveni. Sed vos iter vestrum mihi narrate, et si quid vobis prosperum cessit, intimate. — Nos*, aiunt, *de Cabilone venimus, ubi militem quemdam Gaufredi de Donziaco, cum uxore hospitis sui in adulterium labi compulimus. Item per quoddam monasterium transeuntes, magistrum scholæ cum uno puerorum fornicari fecimus. Sed tu iners quid agis ? Surge, et hujus saltem monachi, qui nos aspicit, pedem, quem inordinate extra lectum tetendit, abscinde.* Quod ubi dixerunt, ille dolabro ipsius fratris quod sub lecto latebat arrepto, in ictum totis viribus insurrexit. Sed dum frater elevatam super se vidisset securim, timore actus pedem retraxit, et sic dæmonis ictu effectu frustratus, in ultimam lecti partem delapsus est. Quo facto statim maligni spiritus disparuerunt. Frater vero qui hæc viderat, sæpe dicto Patri Hugoni mane festinus universa retulit. Qui ad rei certitudinem explorandam Cabilonem atque Trinorchium misit (219), et subtiliter quæ a dæmonibus dicta fuerant investigans, veridicos fuisse mendacii ministros invenit. Sed dicet aliquis : Cum maligni spiritus malitiæ subtilitate longe humanæ astutiæ calliditatem superent, utpote quos naturæ levitas nulla corporis mole depressa, ad omnia expeditos, longæque rerum experientia sagaciores reddit, quomodo nequitiæ suæ consilia suo opera, audientibus hominibus, produnt? An non perpendunt, patefactis insidiis suis a quantis eorum laqueis sæpe homines sint eruti, et quoties ipsi earumdem sint insidiarum effectu frustrati? Quomodo ergo, audiente fratre supradicto, et ea mala quæ fecerant aperuerunt, et cur alia, quæ optabant, facere non posse dixerunt? Ad quod respondendum quia, licet multa eis insit nocendi facilitas, et prompta ad fallendum voluntas, occulta tamen Dei dispositione ita miris et incomprehensibilibus modis in ipsa sua falsitate plerumque falluntur, ut humanæ saluti, cui sponte semper infesti sunt, invicti quandoque deservire cogantur. *Comprehendit* quippe, ut scriptum est, *vera sapientia falsos sapientes in astutia eorum (Job v)*; ut unde fallere volunt, inde fallantur, et unde perimere cupiunt, ipsi potius perimantur. Utitur eis sane more prudentis patrisfamilias ut malis servis, qui, cum nullo ad serviendum amore moveantur, servili tantum terrore dominicis imperiis obsequuntur.

Unde, aliquando scientes, aliquando nescientes, semper autem nolentes, ea quæ ad hominum pertinent salutem operantur. Quod autem semper no-

ANDREÆ CHESNII NOTÆ.

(219) *Trinorchium misit.* Oppidum ad Sagonam, quod olim in tres partes dividebatur, scilicet in *Trenorchium castrum, Tornutium villam,* et *cellam S. Valeriani.* Gallice, *Tournus.* Estque ipsum credo *Tinurtium*, cujus meminit Spartianus in Severo his verbis : *Multis interim varie gestis in Gallia primc apud Tinurtium [Trinurtium] contra Albinum felicissime pugnavit Severus.*

lentes operentur, omnibus certum est. Quod vero aliquando scientes Evangelium loquitur, ubi ait: *Exibant autem dæmonia a multis, clamantia et dicentia: Quia tu es Filius Dei (Luc.* iv). Nam credere Christum esse Filium Dei ad salutem hominum pertinere, dæmones ista clamantes non ignorabant. Sed, quia hanc confessionem non fidei devotio proferebat, sed tormentorum acerbitas extorquebat, ipsi indicant dum subjungunt: *Venisti ante tempus torquere nos (Matth.* viii). Nolentes ergo pariter, et scientes salutis humanæ præcones fiebant. In Actibus quoque apostolorum quando per energumenum dæmon clamabat: *Jesum novi et Paulum scio (Act.* xix), utique nolens et veritati attestabatur, et quod audientibus prodesse poterat fatebatur. Rursus in Evangelio, rogante legione dæmonum, et dicente ad Dominum: *Si ejicis nos, mitte nos in gregem porcorum (Marc.* v); et propriam impotentiam testabantur, qui nec porcis nisi permissi dominari poterant, et homines a se pessimis videlicet hostibus salutis suæ fugere, atque ad Salvatorem suum confugere, talibus verbis inviti scientesque monebant. Quod vero aliquando nescientes ea quæ hominibus prosunt operentur, innumera quidem sunt exempla sanctarum Scripturarum, sed tamen hoc specialiter, beati Job tentatio et Domini passio manifestant. Nam neque Job Satanas tentasset, si ejus se vincendum patientia præscisset, nec Judæos ut Dominum crucifigerent instigasset, si morte illius se multo magis damnandum, mundumque salvandum prævidisset. Nam et Apostolus divinæ Incarnationis et passionis mysterium absconditum dicit a sæculis, quod nemo principum hujus sæculi cognovit (*I Cor.* ii). Ita ergo, ut dictum est, aliquando scientes, aliquando nescientes, semper tamen nolentes nequam spiritus supernæ sapientiæ acti dispositionibus, aut loquentes aliquid aut operantes, sive latentes humanos oculos sive coram apparentes, utilitatibus humanis inserviunt. Unde quando Dei ordinatione aliquibus apparentes vel faciunt aliqua vel loquuntur, manet quidem in eis avida nocendi voluntas, sed eam legibus suis subactam, refrenat quæ cuncta moderatur potestas. Quidquid enim furiant cuncta subvertere quærentes aeriæ potestates, *sapientia tamen vincit malitiam, attingens a fine usque ad finem fortiter, et disponens omnia suaviter (Sap.* viii). Inde namque sapientia fortiter pertingere a fine usque ad finem dicitur, quia sapientia æterna hostium versutias sapienter capit, et virtus invicta eorum fortitudinem subigit. Certum est igitur quod, quando supradicto fratri apparentes, ea quæ jam memorata sunt retulerunt, aut scierunt quid boni inde futurum esset, aut nescierunt. Divinæ tamen voluntati, et aliquorum saluti nolentes inservierunt. Hoc ad ea quæ de insinuatione dæmonum dicta vel forte dicenda sunt interserui, ut nemo consilia seu opera sua eos quasi sponte prodere miretur, quoniam non ipsorum hoc opus, sed divinæ dispensationis est consilium, quæ ad ampliorem nominis sui gloriam etiam malis bene utitur, et de ipsorum malitia, multam erga suos benignitatem operatur. Quomodo enim humana infirmitas tanto hosti resistere posset, de quo dicitur: *Non est potestas super terram quæ comparetur ei (Job* xli), nisi se contra tam robustum adversarium, ille qui Dei virtus dicitur, pro nobis opponeret? Quomodo depressa in imis humanæ mentis stoliditas, tot dolositatis ejus versutias cavere valeret, nisi ille qui Dei Sapientia vocatur eas nobis detegeret? Quos ejus dolos seu conatus, quibus sancto Cluniacensi cœnobio sæpe irrequietus institisse, aliquantis revelationibus manifestatus est, dignum videtur, ut cœperam exsequi.

CAPUT XV.
Quid beatus Hugo narraverit in capitulo vigilia natalis Domini.

Mos est ejusdem monasterii Nativitatem Salvatoris cæteris solemnitatibus singulari affectu devotius agere, et cantuum melodiis, lectionum prolixitatibus, cereorum multiplicium accensionibus, et (quod longe præstantius est), speciali devotione, multaque lacrymarum profusione cum angelicis spiritibus alacriter solemnizare. Qua temporis revolutione redeunte, fratres more solito se suaque omnia paraverunt, et ecclesias ornando ai:aque monasterii loca aptius componendo, intus et extra festivi apparere satagebant. Supererat adhuc beatus ille ac venerabilis Pater Hugo, ultimo senio morti quidem corporeæ, sed et vitæ post mortem æternæ vicinus. Qui jam instante ipsa solemnitate, capitulum ubi fratres convenerant ingressus, hæc ad omnes protulit verba: *Noveritis, fratres, Jesum benignum Salvatorem nostrum suæ nativitatis vestræque liberationis solemniis interesse disposuisse, vestræque devotionis obsequium multo cum gaudio præstolari. At contra sciatis nequam hostem, vestræ felicitati invidentem, laborare quatenus aliquas tenebrarum suarum nebulas, tanto, si possit splendori intermisceat, tantæque festivitatis gloriam saltem quantulumcunque imminuat. Frater enim,* ait, *quidam* (se utique dans intelligi) *hac ipsa nocte vidit ipsius misericordiæ matrem, perpetuam* [al. *perpetuæ*] *Virginem, Filium, quem præsenti nocte genuit, dulcissimo gremio continere, eique sanctorum angelorum multitudinem, cum immenso lumine astare. Lætabatur autem idem Deus puer, et immenso gaudio exsultabat, atque cordis lætitiam gestu gloriosi corporis et ipsarum plausu manuum demonstrabat. Et conversus ad matrem, aiebat ad illam: Cernis, mater, noctem quæ imminet meæ Nativitatis gaudiis illustrandam, in qua et prophetarum oracula et angelorum præconia renovabuntur, et meo de te exortu omnia simul cœlestia atque terrestria lætabuntur? Ubi est nunc hostis damnati perfidia, ubi ejus potestas, qua ante hoc singulare gaudium mundo dominabatur? Quo ille impudens audito, de latibulo suo egressus a longe se præsentabat, et ignominiose deturpatus, cum multo planctu atque ejulatu ut admitteretur orabat. Quod eo voto dicebat, ut tantæ claritatis gaudia quibus invidebat, suo more vel in aliquo offuscare valeret. Et si, ait, in nulla ecclesiæ parte admittor, in aliquo saltem reliquarum officinarum loco suscipiar. Vade, ait Filius Virginis, furcifer, et ne te mea potentia præjudicatum lamenteris, tenta quod poteris. At ille solutus, arcum capituli petiit, et ingredi conatus non potuit. In tantum namque et se tumidum, et capituli introitum angustum invenit, ut nullatenus intrare valeret. Vere vetusta superbiæ peste inflatus, per humilem aditum transire non poterat, quia non idem aditus superbum erectum, et humilem capit inclinatum. Inde ad fratrum dormitorium gressum convertit, et phantasiis solitis eos se posse inquietare confidens, introire tentavit. Sed eadem grossitudine sua ab ostio repulsus recessit. Postremum [postremam] ad refectorium nocendi spem contulit, ibi propter aliquantam corporum curam, majorem suspicatus mentium incuriam. Ibi etiam tot obices divinorum ex lectione verborum, tot trabes ex devotionibus auditorum, tot repagula offendit ex charitate sibi servientium, ut nullo modo ultra procedere prævalens, retro cogeretur redire. Sic quoque ab omnibus monasterii officinis rejectus, a conspectu piissimi Redemptoris et gloriosæ Virginis matris, cum ea qua dignus est confusione, pestifer ille recessit. Cauti igitur estote, et immensas gratias omnipotenti ac misericordissimo Salvatori agite, qui et nequissimum hostem a vobis expulit, et ipse nobiscum [al.: vobiscum] festum suum celebraturus remansit.*

Hæc a sancto viro fratribus dicta, furentium adversus locum ipsum malignorum spirituum ostendunt nequitiam, ac Domini eumdem protegentis clementiam. Qui nequam hostes, quamvis universis generaliter insidiarentur, noviter tamen conversis amplius infesti instabant. Dolebant quidem veteranorum profectibus invidentes, sed tironum superaddita conversione, quasi recenti suscepto vulnere, acrius indignabantur. Et velut longi temporis desperatione, prioris prædæ spolia postponentes, contra ea quæ ab oculis rapiebantur, longe vehementius accendebantur. Hinc adversus novitios bella valida commovebant, hinc tentamentorum diversis telis armati, totis eis conatibus insistebant.

CAPUT XVI.
De fratre qui dæmones vidit quasi religiose incedentes.

Et ut de illis aliquid dicam, quæ nostro tempore contigerunt, vidi ego quam plurimos varias mihi erga se dæmonum insidias exponentes. Nec ea dico quæ spirituali bello ex vitiorum suggestionibus gerebantur, sed quæ quasi in aperto certaminibus campo, non parvo utrorumque sudore fiebant. Exsuperans quippe abundantia malitiæ hostis, cum nihil intus tentando proficere valeret, in iram vehementius exardescebat. Et invisibiliter se victum dolens, si saltem visibiliter cum militibus Christi congrediens, in aliquo posset esse superior, attentabat. Unde fuit illud, quod frater quidam mihi retulit, vidisse se innumerabilem dæmonum turbam per domum illam quæ Cella novitiorum dicitur, transeuntem. Jacebat autem nocte quadam ante matutinas [al. matutino] in lecto, et nescio quid de Psalmis secum meditabatur. Cum ecce, dormientibus cunctis, conspicit nefandum illud collegium in monachorum speciem commutatum, ab ostio quod capiti suo imminebat procedere. Qui capitiis [caputiis] induti, religionis schema simulantes, seriatim et quasi cum multa gravitate incedebant. At ille quid esset intelligens, atque ut in talibus fieri solet, non parum perterritus (nam semper malignorum spirituum visionem terror comitatur) quantum potuit, sub eo quo tegebatur operculo caput abscondit; sed ad exitum rei pervidendum, parum quid spatii oculis dereliquit. Quos diligenter quid essent facturi observans, conspexit omnem illum Satanæ exercitum, per domum illam fratrum quiescentium transeuntem, nihil suum in ea operari potuisse, sicque per domum latrinarum, proximam sibique satis competentem, exitum habuisse.

CAPUT XVII.
De Algero sene religioso.

Frater quoque alius, nomine Algerus, vere ut de beato Job dicitur, simplex et rectus, timens Deum, et recedens a malo (*Job* 1), sæpe multumque sibi institisse dæmones mihi frequenter conquestus est. Ut enim plura [plurima] de his quæ mihi retulit prætereram, referebat se aliquando in jam dicta novitiorum domo multis aliis circumjacentibus dormire. Visum est vero ei quod signum in ecclesia more solito ad nocturnas laudes fratres excitans pulsaretur. Surrexit ergo, et campanam, ut videbatur, fortiter resonantem audiens, ad ecclesiam festinabat. Cumque per eamdem domum in qua jacebat transiret, lectos fratrum undique circumspiciebat, et alios jam surrexisse, alios se ad surgendum parare videbat. Sed cum domo transmissa in claustrum proximum devenisset, signi sonitus qui ex vicinitate multo magis audiri debuisset, omnino defecisse visus est. Suspicatus autem tarditate sua signum sonare desiisse, omnesque se ad ecclesiam anticipasse, festinantius gradiebatur. Cum vero in majus claustrum pervenisset, pro luminarium claritate, quæ ex consuetudine hora surgendi omnia illustrant, tenebras offendit. Sed et cum ad ecclesiam appropinquasset, portas quas patentes invenire solebat, clausas reperit. Ibi quoque admota aure si forte psallentium voces audiret, summum ubique silentium advertit. Admirans itaque cum ecclesiam ingredi non poterat, ad dormitorium suum regressus, quos prius surrexisse conspexerat, omnes jacentes et dormientes invenit. In se ergo reversus, dæmoniacam fuisse illusionem agnovit, qui nullum tempus a malitia sua vacare patientes, cum divina dispositione a majori nocendi possibilitate arcentur, in minoribus quibuslibet exercentur. Nam toto nisu naturæ humanæ inimicantes, cum animabus nocere nequeunt, ipsis saltem corporibus, prout possunt, molesti existunt. Unde plerumque ita monachos in somnis inquietant ut horis somno congruentibus amissis, cum vigilare debent dormiant, et sic sanctarum lucra vigiliarum amittant. Harum inquietudinum multorum multoties querelas accepi, quorum alii opertoria sua noctibus, dum dormirent, subrepta sibi atque longius projecta a dæmonibus dicebant, alii subripere volentibus violenter eadem tegmina se extorsisse, nonnulli dum in remotioribus naturæ satisfacerent, eos sibi derisorie astitisse affirmabant. Præterea quosdam nocturnis horis, aliis quiescentibus sancta orationum furta quærentes, et eadem causa claustrum et ecclesias peragrantes, multis aliquando terroribus appetebant, ita ut in eorum aliquos visibiliter irruerent, et ad terram verberando prosternerent.

CAPUT XVIII.
De Armanno novitio, quem diabolus in specie ursi perterruit.

Vidi ipse quemdam fratrem, Armannum nomine, qui dum esset nobilis et dives miles in sæculo, tactus divino spiritu, ac mundo renuntiare disponens, prius equos ac vestes multi pretii, magnumque argenti pondus, et omnia pene sua Cluniacum direxit, et sic pauper atque peregrinus Hierosolymam petit. Ibi Domini adorato sepulcro, et sanctissimorum locorum visione aliquanto tempore recreatus, cum vitæ terminum, quem ibi summopere adipisci, ut ipse mihi post retulit, desiderabat differri [*al.* deferri] videret, rediit, atque Cluniaco habitum religionis induit. Cum quo et animum ita ab omni mundano affectu mutavit, ut nec communia bona, nec privata diversarum exercitationum lucra spirituali cordis ejus ardori satisfacere possent. Non ei dies ad orationem, non nox sufficere poterat; vix cibo aut somno, eo studio indulgebat. Admonitus a me sæpe, ut parcius in talibus se haberet, quoniam modum excedere videretur, nimio animi fervore non acquiescebat. Contigit igitur [*al.* ergo] post Domini Natalem, nocte quæ diem præcedit beati Joannis Evangelistæ, ut in supra memorata cella novitiorum, cum aliis novitiis ipse adhuc novitius jaceret. Et ecce clamare terribiliter cœpit, sicque perseveranter, ut omnes de lectis suis surgere, et ad se undique concurrere cogeret. Venerunt ergo, et eum aliena loquentem invenerunt. Inde ad me, ubi jacebam, multorum fit concursus. Qui quoniam propter regulare noctis silentium loqui non poterant, nutibus nescio quid mirum contigisse ostendebant. Surrexi et ad fratrem patientem cum ipsis perveni. Quem turbatum et vociferantem, et velut maniacum furentem inveni. Perseveravi cum fratribus ante illum usque ad exortum diei, in quo spatio aliqui pro eo Domino supplicabant, omnes autem non minimum pro ejus passione dolebant. Jam vero aurora instante, paulatim clamare cessavit, et ita demum astantibus fratribus obdormivit. Post paululum autem expergefactus, jam mecum modeste loqui cœpit. Cumque eum interrogarem utrum sciret quid passus esset, vel quæ causa tanti, et tam incompositi clamoris fuisset, respondit: *Solitis orationibus fatigatus, cum me in lectum collocassem, et levi somno solutus essem, ursum tam terribilem mihi incubare persensi, ut omnem humanum terrorem ejus incomparabiliter tremendæ visionis horror excederet. Jam autem eadem formidine a somno excitus, quasi somnium quod videram contemnere incipiebam. Sed rursus quem dormiens videram, integre vigilans supra me ursum conspexi, tanto in aere spatio sublevatum, ut manu si vellem eum contingere possem. Tunc vero eam quæ apparebat speciem, quis enarrare sufficiat? Rictus nefandi oris ultra omnem modum horrendi, ut de eo scriptum est :* « *Per gyrum dentium ejus formido* (Job xiv). » *Ungues longissime recurvi, et se ad rapiendum avidissime exerentes; tota hirsuti corporis habitudo, quasi in prædam jamjamque rapiendam durissime infremebat. Ego quid aliud, quam me continuo in frusta discerpendum, et devorandum suspicarer? Hoc me diu terrore diabolus fatigatum, a mente mea excedere, sicut vidistis, coegit. Jam misericordia Domini liberatus, et quid, vel a quo ista passus sim agnosco, et liberatori meo quas possum gratias ago.* Hæc frater ille mihi et omnibus qui astabant, ut dicta sunt, narravit. Et quia multam ex terrore illo contraxerat debilitatem, conventui per triduum interesse non potuit, sed, eo peracto, ad priora contra malignos spiritus certamina ex debilitate valentior insurrexit.

CAPUT XIX.
Quod angelus Domini locum, ubi fratres defunguntur, cruce Christi signaverit.

Quam [Quoniam] antiqui hostis aperta contra Christi milites prælia, in illo memorabili loco exacta, et ab eis subacta narravi, dignum est, ut ipsarum victoriarum palmas quibusdam etiam aperte collatas ostendam, ut quemadmodum adversus beatos homines malignorum spirituum monstravi invidiam, ita de ipsis sollicitam sanctorum angelorum demonstrem custodiam. Nam quos ab illis tentatos, ab istis sæpe jussu Dei compertum est glorificatos. Igitur, sicut de innumeris hostium congressionibus quemdam retuli, sic de multis cœlestium visionum miraculis pauca narrabo. Teutonicus quidam, Eppo nomine, a sæpe dicto beato Patre Hugone in monachum susceptus, toto quo postmodum vixit tempore, religiose conversatus est. Qui appropinquante hora vocationis suæ, infirmitate correptus, in domum infirmorum secundum morem delatus est. Erant ibi et alii fratres, morbis et ipsi diversis laborantes. Quorum quidam cæteris morti proximiores, ultimum pene spiritum natura succumbente trahebant. Interea frater jam dictus, valetudine ingravescente et ipse ad extrema perductus, inter vitæ mortisque discrimina agonizabat. Adhuc tamen sensu et verbo integer, conspexit infandam dæmonum turbam cum titionibus igne fumigantibus irruentem, per domum illam infirmorum furioso ubique impetu discurrere.

Qui cum ita bacchantes huc illucque verterentur, ecce beati apostoli de coelestibus advenientes, perterritos fratres ne timerent blande hortati sunt, et mox gloriosa sui adventus præsentia, latrunculos illos effugaverunt. Verba vero loquentium sanctorum ab astantibus audiebantur, sed personæ minime cernebantur. Sic domo Dei apostolica præsentia ab immundis spiritibus emundata, coelestis visionis gloria augmentatur, et beatis apostolis sancti angeli conjunguntur. Habetur autem in domo media locus, unius corporis capax, ad hoc aptatus ut fratres ibidem in cinere et cilicio compositi, extremum Deo inde spiritum reddant. Hunc locum frater hujus visionis conspector, quodam inconsiderato timore ita abhorrebat, ut nullatenus ei se appropinquare pateretur. Dum ergo ea quæ dicta sunt contemplaretur, respexit viditque angelum Domini manum in sublime porrigentem, signo sanctæ crucis locum eumdem signasse. Quo facto, visio ab oculis ejus subtracta est. Jam omni a corde ejus stulto timore sublato, post paululum se in loco eodem reponi fecit, sicque animam suam sanctis qui apparuerant, alacriter tradidit.

CAPUT XX.
De fratre, nomine Benedicto, qui moriens multitudinem albatorum vidit.

Fuit et alius, ut de magno Benedicto legitur, gratia Benedictus et nomine, cui parem in sacris studiis nescio si unquam viderim. Hic priusquam ad monasterialem ordinem venisset, religiosus valde presbyter exstitit, in tantum ut vix ei aliquid ante monachum de monacho deesset. Sed, sicut sanctorum virorum mos est, ut bona quæ faciunt pro nihilo ducentes, ad majora toto desiderio conscendere semper intendant, mutato apud Cluniacum habitu, verus factus est monachus. Jam, si ejus per singula vitam describere conarer, non transeunter de illo commemorandum, sed diutius esset immorandum. Cujus capitulum breve illum explicaret, cujus sanctæ conversationis vix liber integer sufficere valeret. Quod, quia suscepti operis necessitas prohibet, sit hoc leve saltem beati viri monimentum, ne tam veri tamque perfecti monachi nostris temporibus exemplum ex toto cum eo videatur esse sepultum. Nam quis istis pessimis temporibus, quando, juxta Psalmistam, *defecit sanctus, et diminutæ sunt veritates a filiis hominum* (*Psal.* II), coelestibus adeo studiis intentus exstitit? Quis tam plene mundum, omniaque mundana calcavit? Quis ita generaliter universa a se genimina vitiorum exstirpans, agrum mentis suæ omnium virtutum suavibus atque odoriferis graminibus sevit? Nam quia, ut Apostolus ait, coram Deo in Christo loquimur (*II Cor.* XII), ipsum ante quem loquimur testem adhibeo, me non aliter loqui quam sentio, viro videlicet isti nullarum propemodum virtutum perfectionem defuisse. Quando enim humilitas ejus, qua se universis submittebat et quia se secundum regulæ præceptum omnibus inferiorem et viliorem credebat, explicabitur? quando ejus charitas, qua frater omnes ita amplectebatur, ut non sibi, sed omnibus pro mediocritate officii vivere videretur, alicujus sermone declarabitur? Quando ejus patientia exponetur, qua singulariter præditus esse videbatur? Namque propter excellentem justitiæ zelum, quo cum cæteris bonis suis contra negligentium fratrum delicta accendebatur, de illorum numero erat, quos propter majorem disciplinæ cautelam, circuitores monasterii beatus Benedictus esse præcepit. In quo ministerio cum nulli parceret, et majores minoribus quantum ad vitiorum reprehensionem spectat, absque ulla personarum discretione æquiaret, multas a quibusdam, quia inferre verbera non audebant, verborum injurias tolerabat. Recordor ego sæpius falsis aut quasi nullis accusationibus in communi fratrum conventu a talibus impetitum, innumeris vicibus quasi reus existeret in terram prostratum, cum nihil prorsus deliquisset, culpabilem se tantummodo respondisse. Hunc enim morem habebat, ut quandocunque culparetur, nunquam fere culpam diffiteretur. Silebat perpetuo, nisi cum eum certa et gravis causa loqui cogebat. Verba ejus brevissima, a nugis, jocis atque omni prorsus otiositate aliena. Si quando vero de spiritualibus sermo erat, nunquam is sine suspiriis, nunquam sine lacrymis fiebat. Psalmodia indeficiens, Scripturarum sanctarum nocte dieque meditatio, propter quod et psalterium glossatum semper circumferebat, quoniam psalmos non perfunctorie, ut quibusdam moris est, sed summa cum attentione atque devotione cantabat. Ubi, si quid quod non intelligeret offendisset, ad glossas statim oculum convertebat. Diem totam psallendo, meditando, noctem vigilando et orando peragebat. Nam vix brevissimo spatio, etiam hiemalium noctium prolixitatibus, in lecto quiescebat. Quando enim ad altaria occulte confugere poterat, quiescendi necessitate vix aliquando lecto retinebatur. Quando vero propter communis observantiam ordinis lecto deesse non audebat, magis eo ad sedendum quam ad jacendum utebatur. Sed erat etiam ipsa sessio non otiosa, quando raro oculi a lacrymis, nunquam vero lingua a psalmodia cessabat. Innumeris confectum suppliciis corpus, toto pene vitæ suæ tempore ciliciis asperrimis exasperare consueverat. Habebat idem beatus vir pro cella domum orationis in turri altissima atque remotissima, in honorem sancti Michaelis archangeli consecratam, qui devotioni ejus præ cunctis monasterii locis specialius famulabatur. In hac divinæ theoriæ totus nocte dieque intentus, mente cuncta mortalia transcendebat, et cum beatissimis angelis internæ Conditoris visioni pene jugiter assistebat. Hæc indeficientium orationum, hæc assiduæ inundantium lacrymarum, hæc durissimorum flagellorum, hæc quotidianorum sacrificiorum, sola quidem testis tunc affuit; sed ea tamen nobis prorsus celare non potuit. Nam sancti inter abdita latibulorum opera sua semper celare laborant, sed ea, si homines taceant, lapides clamant. Jam si ad habitum corporis ejus stylus convertatur, solus ipse sufficientia loqui judicabitur. Corpus quippe attenuatum, facies macilenta, capilli incompti ipsaque canitie venerandi, vultus demissus, oculi vix unquam patentes, os sine requie sacra verba ruminans, non in terra, sed in cœlo positum hominem indicabant. Huic plane non surdo auditori Apostolus loquebatur: *Quæ sursum sunt quærite, ubi Christus est in dextera Dei sedens: quæ sursum sunt sapite, non quæ super terram (Coloss. III).* Poterat et ipse cum eo dicere: *Nostra autem conversatio in cœlis est (Philipp. II).* Sed, quia ut supra dixi, propositum meum fuit, non omnia, quod mihi impossibile fuisset, sed quædam de ipsius sancta conversatione narrare, ne omnino beati viri memoria sopiretur, his breviter præmissis, ad gloriosum finem ejus sermo convertatur.

Is igitur in omni virtutum exercitatione vitæ suæ cursu peracto, corporis incommoditate, brevi ad extrema deductus est. Fuit autem tempus illud Paschale, quo, transacta jejuniorum quadragesima, purgatiorem gregem suum et velut maturiorem segetem Christus inveniens, multos ex hac luce subtraxit, et sicut electa grana horreis cœlestibus recondidit. Multi namque illo tempore levi morbo pulsati, quasi nutum vocantis Domini illico sequebantur. Inter quos iste vir Domini, ut dictum est, ægritudine decumbens, postquam et sacri olei unctione, et salutari Christi corporis perceptione, atque communi fratrum absolutione, ad iter cœleste scandendum idoneus factus est, advenit dies laboris ultima, mercedis prima. Jacebat vero in lecto, et lampadem plenam oleo, id est conscientiam plenam virtutum testimoniis habens, Sponsum exspectabat, et, ut arbitror, cum Apostolo dicebat: *Gloria nostra haberi testimonium conscientiæ nostræ (II Cor. I).* Respiciens ergo, vidit infinitam multitudinem albatorum advenire, et paulatim omne domus illius spatium complere. Cumque domum præclarissimis illis spiritibus repletam vidisset, fratrum conventum esse suspicatus, custodem infirmorum bonæ religionis virum, Otgerium nomine, vocavit, eique dixit: *Frater Otgeri, hiccine ordo noster est, ut conventus albis indutus, in infirmariam veniat? Crede mihi, hodie video quod nunquam retro contigisse audivi.* Vere, licet corpus beati viri suis viribus destitutum fuisset, mentis tamen vigor, et zelus domus Dei, sicut semper fuerat, adhuc in eo vigebat. Sed, cum frater ille nullum albatorum in infirmaria illa esse affirmaret, adhuc in eadem opinione persistens, adjecit: *Miror valde quomodo hoc dicere potes, cum non pars domus, sed tota eisdem albatis viris plena sit, et te ipsum, ubi nunc loqueris, ex omni parte iidem circumdent.* Tunc tandem intellexit cui hoc dicebat, non hominum illum conventum, sed beatorum esse angelorum. Qui ad hoc absque dubio de supernis descenderant ad concivem suum, qui sem-

per mente cum eis conversatus fuerat in terris, ut per ipsam spiritus sui præsentiam, eis sempiterne cohabitaret in cœlis; et qui per speculum et in ænigmate (*I Cor.* XIII), secundum Apostolum, hic Dei desiderabilem vehementer esurierat speciem, manifestata ipsius gloria satiatus, videret eum facie ad faciem (*ibid.*). Parum intervalli successerat, et servus Domini ab illis quos viderat albatis et gloriosis spiritibus accitus obiit, beatamque animam eis tradens, ad regna cœlestia, ut dignum est credere, cum ipsis pervenit. Sed, ne quis temere me hoc affirmare suspicetur, quod quasi absque purgatoriis pœnis ejus animam ad cœlos evectam dixerim, intelligat nulla eos purgatione indigere, in quibus nihil purgandum constat remanere. Quod quia nemo negare potest utrum iste sic purgatus fuerit, fortassis inquirere festinabit. Ego vero, quantum hominibus cognoscere datur, dico istum sic in hac vita per gratiam Dei animum suum diversis sanctorum operum exercitiis emundasse, ut nihil in eo mundandum crediderim remansisse. Nam si hoc de multis etiam sine martyrio conceditur, quare non et de isto concedatur? Cujus enim crimina nulla, cujus veniales etiam culpæ vix aliquando deprehendi poterant, tot cruciatibus corporis sui, tanta sacrorum studiorum instantia, ne ignibus futuri sæculi torqueretur, expiari non potuit? Potuit plane. Nequaquam enim ultrices scelerum flammas experiri debuit, qui in se omnium concupiscentiarum fervorem compescuit. Nec pœnalis in eo ignis, quod decoqueret invenit, quem ignis divinus ad purum usque purgavit.

CAPUT XXI.
De Turquillo, (220) priore Marciniacensium sororum.

Alter etiam frater, Turquillus nomine, vir nihilominus in omni virtutum sinceritate et veritate probatus, ab adolescentia usque ad ultimam senectutem jugum monastici ordinis mansuetissime portans, ipsa miti et humili corporis et vultus sui specie, quiddam cœleste prætendens, curam sororum Marciniacensium a me sibi injunctam agebat. Quam, cum per aliquantum temporis religiosissime administrasset, carnis ingruente incommodo, ad solvendum commune mortis debitum appropinquare cœpit. Cumque illum in cinere et cilicio positum, fratres undique circumstarent, repente ab eis spiritu raptus obmutuit. Qua de causa frater quidam ex his qui astabant, Unfredus nomine, honestæ vir conversationis, ausu familiaritatis qua præ cæteris ei semper adhæserat, ad eum se inclinavit, et si aliquid spiritualium rerum vidisset, quæsivit. Ad quem ille his verbis: *Vidi,* ait, *Dominum, et dulce consortium ejus.* Hoc cum non vulgaribus, sed ita, ut expressi, verbis Latinis dixisset, parvo interveniente temporis spatio, defunctus est. Et quia de Marciniaco mentionem feci, miraculum quod ibi di

ANDREÆ CHESNII NOTÆ.

(220) In ms. S. V. *De quodam, qui raptus e corpore gloriam Dei vidit.*

vina virtute aliquando contigit, nullo modo tacendum est.

CAPUT XXII.
Miraculum (221) *quod in eodem Marciniacensi monasterio contigit.*

Est idem locus inter alia sanctimonialium sancta loca singularem gratiam obtinens et velut inter fulgentia coeli sidera quodam suo proprio fulgore præfulgens. Ibi nobilium mulierum multitudo, et quæ de ipsius regii sanguinis sublimitate descendunt, spernunt divitias, honores contemnunt, calcant superbiam, luxuriam subigunt, Christique sequentes pauperiem, proprio mundum cum principe vincunt; de quarum numero plurimæ virorum morte destitutæ, secundas iteraro nuptias refugerunt, aliæ in columes maritos deseruerunt, quædam ab omni carnis corruptione immunes, angelicum virginitatis honorem carnalibus voluptatibus prætulerunt. Omnes tamen in commune, viri constantia femineam mollitiem supergressæ, non solum mundana omnia, sed et seipsas sibi subjugant, opere manuum, psalmodia, oratione assidua fletuque indeficiente aut præteritæ vitæ nævos abluunt, aut meritorum cumulos augere contendunt, cunctaque prorsus visibilia contemnentes, ad amorem invisibilium certatim semetipsas accendunt. Inter quæ universa bona sua, singulari pene et ante inaudita gratia, perpetuo se carcere damnant, ita ut, postquam semel facta secundum regulam professione, corpori monasterii sociatæ fuerint, nunquam qualibet necessitate non dico septa murorum, sed nec ipsas in quibus commorantur regulares domos, transgrediantur. Hanc ipsæ sibi idcirco more aliarum sanctimonialium equitandi vel deambulandi licentiam præcepto abbatis sui interdixerunt, ne aliqua occasione vel mundus in eis videat quod concupiscat, vel ipsas aliquid noxium saltem in excursu videre seu audire compellat. Nam eum quem a mentis suæ intuitu prorsus abegerunt, ipsis quoque corporalibus oculis videre contemnunt (222). Sic enim juxta Apostolum, mundus eis mortuus est, et ipsæ mundo (*Gal.* vi) quod nunquam qualibet occasione ab aliquo videri possunt, quia ab ipso ingressu quo ad religionem suscipiuntur, velo quod eis ex more imponitur oculos habent velatos, et facies circumtectas, ipsum velum quasi pro sudario usque ad diem obitus in memoriam et præparationem exitus sui circumferentes. Eapropter claustro salutari conclusæ, et, ut sic dicam, vitali obrutæ sepultura, pro præsenti coarctatione, sempiternam latitudinem, pro sepulcro, beatam resurrectionem exspectant. Unde prius mori quam egredi, ante occumbere quam limen designati ostii transgredi elegerunt. Quod tunc apparuit, quando in circumpositis villæ domibus, casu, quodam tempore ignis exarsit. Ferebantur in sublime globi flammarum, et exustis circumquaque omnibus [domibus], sanctarum illarum habitaculis appropinquabant. Tollitur in altum clamor populi, ne sacræ domus comburerentur, magis quam de propriis damnis solliciti. Fit concursus omnium ad muri eas ambientis propugnacula, et super domorum tecta conscendentes, totis viribus obviam ire ignibus parant. Arentem materiam quam super inveniunt longe projiciunt, convectam certatim aquam flammis injiciunt, nihil quod ad igneam vim repellendam possit valere, intentatum dimittunt. Sed nequidquam. Aer enim vento commotus, multiplicatas vires ignibus dabat, et fumum flammeo vapori admistum, vultibus atque oculis defensantium inferens, ne defenderent prohibebat. Cumque aliquandiu restitissent, victi tandem violento elementorum conflictu, tecta relinquunt, et se passim ad terram præcipitantes, non jam domos, sed propria corpora salvare contendunt. At ignis obstaculo remoto libere omnia pervagatur, et partem ædificiorum sibi propinquiorem invadens, horrisono strepitu, maximas lignorum moles consumit. Cum [*al.* tum] vero luctuosa universorum vox confuso clamore omnia replet, et totius ignari consilii, nil nisi extremum ancillarum Dei exitium præstolantur. Erat tunc forte in loco Lugdunensis Ecclesiæ archiepiscopus venerabilis Hugo (223), multa morum probitate et religiosa conversatione a domino papa Urbano cunctarum ferme Galliarum constitutus legatus. Ad quem velut ad patrem omnes confugiunt, et, ut in perturbatis rebus fieri solet, anxie ab eo consilium exposcunt. Precantur præcipue, ut inclusis sanctis mulieribus exitum persuadeat, neque tantum ovium Christi gregem ignibus pastor perire permittat. Motus archiepiscopus, cursim claustrum ingreditur, omnesque sub celeritate congregans, summa instantia ut periculo cedant, horiatur. Cumque illæ omnino renuerent, et prius se posse mori quam propositum infringere constantes affirmarent, ait episcopus: *Auctoritate beati Petri et domini papæ, cujus vice fungor, atque ex abbatis nostri* [*vestri*] *obedientia vobis præcipio ut ad præsens hinc exeatis neque vos cum habitaculis vestris hic incendio concremari sinatis.* Ad hæc quædam maximæ [magnæ] nobilitatis et singularis conversationis soror, Gisla nomine, quam et ipse multoties vidi, spiritu et fide succensa, respondit: *Nos, Pater, timor Dei et præceptum abbatis nostri, ut ignem æternum evadere possemus infra hos quos cernis limites usque ad mortem permansuras inclusit. Unde nullo pacto fieri potest ut aliqua necessitate præfixos nobis pœnitentiæ terminos saltem pedis passu transgrediamur, nisi ab illo qui in nomine Domini in hoc nos inclusit loco solvamur. Noli ergo, domine, si placet, hoc*

ANDREÆ CHESNII NOTÆ.

(221) In eodem ms. *Quomodo ignis divina virtute extinctus sit in Marciniaco cœnobio.*
(222) Hanc integram clausulam ex ms. addidimus.

(223) *Lugd. Eccl. archiepiscopus Hugo.* De quo et Yvo epist. 18 et S. Anselmus ep. 11 lib. ii, et epist. 24 et 123 lib. iii.

injungere, quod nobis agere non licet, sed sicut nos ignem præcipis fugere, ita magis igni ut a nobis fugiat virtute Christi Domini nostri armatus injunge. Ad quam mulieris fidem stupefactus archiepiscopus, ac subito et ipse fide repletus, foras exiit, et coram cunctis qui aderant flammas intuens, ac lacrymis ora perfusus, ait: *In nomini Domini, et per virtutem fidei hujus, quæ nunc locuta est, mulieris, recede, ignis pestifer, ab ancillarum Dei habitaculis, nec damna aliqua ultra inferre præsumas.* His a pontifice verbis prolatis, sicut mihi testificati sunt qui viderunt, repente immensitas flammarum invisibili virtute repressa, velut ferreo muro obstante ultra procedere non potuit, et absque ullo humano subsidio, absque aliqua pluviæ gutta incredibili celeritate semetipsam exstinxit. Sic magnifico atque insperato miraculo, sanctarum propositum mulierum sibi bene acceptum esse, divina pietas comprobavit; et veræ fidei merito, omnia possibilia credenti, sicut in Evangelio promiserat, demonstravit.

CAPUT XXIII.
De defuncto milite, qui ter apparuit cuidam presbytero.

Memini me superius promisisse quod visiones sive revelationes defunctorum, quas in Cluniaco vel circa contigisse audieram, primo ad medium deferrem; et sic illis, quæ de proximo cognoveram præmissis, pedetentim ad remotiora stylum transferrem. Quod quidem ut instituteram agere cœpi, sed aliis de eodem loco narrandis miraculis invitatus, aliqua non minoris, ut credo utilitatis interserere volui. Quibus explicitis, jam ad ea quæ proposuerat stylus ordinate recurrat. Superest adhuc in Viennensi pago presbyter, Stephanus nomine, vir inter multos sui ordinis viros honestatis et religionis fama præcellens qui mihi ea quæ dicturus sum vera esse fide interposita coram multis, qui mecum erant fratribus, retulit. Quæ quia se vidisse dicebat, ipsum introduco loquentem, ut non ad me, sed quasi ab ipso qui mihi primo retulit, audiatur. *Miles*, ait, *quidam de castello Moras, Guido nomine, in prælio vulneratus, indeque domum reportatus, ad extrema pervenit. Ad quem cum lecto decumberet, proprius ejus episcopus, Viennensis scilicet archiepiscopus Guido, qui postmodum Romanæ sedi præfuit* (224), *visitandi gratia venit, atque pastorali sollicitudine, ut peccata sua confiteretur, admonuit. Aderam et ego, ad quem cura illius post archiepiscopum spectabat, et quem secum ad illam confessionem audiendam retinuerat. Confessus est æger fideliter peccata sua, quantum ei ad confitendum memoria suffragari potuit, atque a domino archiepiscopo solemniter absolvi meruit. Qui paucis* interpositis diebus defunctus est, et juxta quamdam Cluniacensis juris ecclesiam, Mantulam nomine (225), tumulatus. Contigit post hæc non multo tempore elapso juxta silvam, quæ supra dicto castro de Moras adjacet, meridianis horis me iter agere, cum ecce subito quasi immensi exercitus strepitum post terga mea audio. Cujus timore perterritus, contiguam silvam occultandus ingredior. Cumque in condensa tilius me immergens, tali, ut putabam, in loco resedissem, unde videre transeuntes, nec videri a transeuntibus possem, multo armatorum agmine prætereunte, astitit repente coram me miles quem supra defunctum commemoravi equo insidens, scuto pectori anteposito, hastæ militari innixus. Quem ut vidi primo, exhorrui. At ille me perterritum intuens : *Noli*, ait, *metuere, quia non ad incutiendum tibi timorem, sed ad rogandam misericordiam huc veni. Pro peccatis meis dira tormenta patior, et maxime pro duobus quæ, dum cætera confiterer, oblitus sum. Horum unum hoc est, quod olim cum quibusdam aliis militibus cœmeterium quoddam, in quo quamplurimi vulgarium ob majorem securitatem se ac sua contulerant, infregi, ac bovem unum rustico cuidam violenter abstuli. Item, terræ quæ mei juris non erat, injustas exactiones imposui, quas ab inhabitantibus multo tempore mihi reddi coegi. Rogo ergo ut fratrem meum Anselmum adeas, eumque ex me depreceris quatenus ablata vice mea restituat, eisque quibus injurias intuli pro me satisfaciat. Quod si fecerit, a pœnis quas patior absque dubio liberabor. Sed novi ego fratris duritiam, et quod tibi ista referenti nullatenus acquiescet. Sit ergo quod dicturus sum tam tibi quam illi in signum, ut de rei certitudine nulli vestrum liceat dubitare. Scis ipse pecuniam, quam in arca repositam habebas, et qua ad Sanctum Jacobum ire disponebas, hanc cum domum redieris, invenies furto sublatam. Apparui insuper antequam ad te venirem, Guillelmo noto tibi militi de castello Moras in ipsa domo sua, a quo universa quæ tibi nunc a me dicta sunt, postquam requisieris, audies.*

Dixit hæc, et statim ab oculis meis evanuit. At ego timore cumulatus, et quia cum mortuo verba contuleram de vita diffidens, inde quam citius potui, recessi. Domum ut veni, arcam meam fractam, et pecuniam, quam dixerat, sublatam inveni. Militem cui se locutum indicaverat adii, et ab eo cuncta quæ dicta fuerant, vera esse cognovi. Fratrem autem defuncti adire facultas non fuit, quia per dies aliquot absens exstitit. Interea dum, quadam die re familiari urgente, iter agerem, diverti in amœnum locum secus viam, ubi salicum magna multitudo quasi cujusdam silvæ secretum æmula-

---

ANDREÆ CHESNII NOTÆ.

(224) *Vienn. archiep. Guido, qui postmodum Rom. sedi præfuit.* Sub nomine nimirum Calixti II, anno 1118.
(225) *Quamdam Clun. juris ecclesiam Mantulam.* In Viennensi diœcesi, quam et *prioratum S. Petri de Menthula* vocat Catalogus beneficiorum Clun. ordinis, vulgo *Menthe.*

batur. Ibi ergo paululum requiescere volens, consedi. Nec mora conspicio jam dictum militem arma solita præferentem, mihi astare. Cumque ego duplicato timore turbatus, in verba prosilire tentarem, prior ille : *Ha!* inquit, *domine Stephane, quam bonum nuntium quem pro salute mea fratri dirigere, vos elegi! Putabam equidem vos mihi compati, sed ut video, quomodolibet me habeam vos non curatis.* At ego, multo magis adaucto timore, ut potui respondi : *Non*, inquam, *dissimulando quæ rogaveras distuli, sed quia fratrem cui me direxeras non inveni. Jam vero, ut discesseris absque mora aliqua ad eum ibo, et quæ primo rogaveras indicabo. Obsecro tantum, ut celeriter discedas, quia valde cor meum tui visione turbatur, neque me tecum diutius confabulari patitur. Nihil*, ait, *tibi formidandum est, quia, ut jam dixi, non ut ego tibi noceam, sed ut tu mei miserearis ad te venire permissus sum.* His dictis, disparuit. Ego autem multa formidine compulsus, et nequaquam ultra legationem injunctam differre audens, ad sæpe nominatum fratrem defuncti cum milite, cui se revelaverat accessi, eique cuncta per ordinem quæ frater mandaverat narravi. Ille vero ut homo, totus mundo deditus, aut non credens aut parvipendens quæ a me audiebat, respondit : *Quid ad me de anima fratris mei? habuit ille sua quandiu vixit. Quare non pro se his quibus injurias intulerit, satisfecit? Videat sibi. Ego peccatorum ejus pœnitentiam agere nolo.* Hoc ab illo accepto responso, discessimus. Pauci dies transierant, et ego in domo mea solus residens, ea quæ videram mecum mente versabam, cum ecce subito sæpe nominatus defunctus non jam in equo, sed pedes, non armatus, sed inermis mihi assistere visus est. At ego nimio terrore fere in amentiam versus, in hæc verba prorupi : *Ex parte omnipotentis Dei et omnium sanctorum ejus, adjuro te, quicunque es spiritus, ut discedas, meque tantis terroribus exagitare desistas.* Et ille : *Quia*, inquit, *taliter de adventu meo turbaris, scito quia me ulterius in hoc sæculo non videbis. Adhuc tamen tertio me tibi Deus apparere voluit, ut quod per fratrem nequeo, per te consequi merear. Debes et tu, si bene perpendas, plus fratre me misereri. Ille enim frater carnalis, tu Pater in Deo fuisti spiritualis.* Et ego : *Faciam*, inquam, *et ipse pro te quod potero, festinato tantum, oro, discede.* Post quæ verba, statim ab aspectu meo subtractus est. Mox ego inde discedens, ad rusticum, cujus se bovem abstulisse dixerat, ivi, eique bovis ipsius pretium reddidi. Nam, et quis esset dixerat, et ubi maneret indicaverat. De sequenti autem negotio, quoniam vires meas excedebat, nihil agere prævalui. Collecta tamen presbyterorum multitudine, in dicta die, solemnia Dei offerri sacrificia feci, eleemosynasque pauperibus pro posse distribui, multosque tam clericalis quam monastici ordinis viros, ut pro eo Domino supplicarent oravi.

CAPUT XXIV.

De Guidone [*Vvidone*] *Gebennensi episcopo* (226).

Post hanc quam præfatus sum visionem, Gebennensis episcopus Guido in medium adducatur, et quid huic miraculo simile de eo contigerit, exponatur. Fuit hic magnæ secundum sæculum nobilitatis, et ideo multo plus quam episcopum decuisset, vitæ dissolutioris. Nam, cum esset frater Aimonis ejusdem urbis comitis, tam sæculari generositate quam ecclesiastica dignitate confisus, potentia atque divitiis undique circumfluus, plus mundo quam Deo, magis carnalibus quam spiritualibus actionibus inserviebat. Cumque multa agenda negligeret, nec facienda faceret, misericordiæ tamen operibus toto adnisu instabat eleemosynam largiter egentibus distribuens, esurientes reficiens, nudos vestiens, querelas afflictorum patienter audiens, et multis, pro posse, benigne subveniens. Ecclesiasticas personas, et maxime quos religiosiores esse audiebat, magnifice honorabat, monachis præcipue totum cordis sui affectum impendebat. Quibus non solum venerationis obsequium, sed multa et de rebus propriis conferebat. Inter quos singulari amore fratres Cluniacenses amplectebatur, et eis ob spem æternæ mercedis plurima largiebatur. Nam, ut reliqua taceam, quæ eis vir nobilis liberaliter contulit, sexaginta et eo amplius ecclesiarum redditus, diversis ad Cluniacum pertinentibus monasteriis in perpetuum dedit. Hoc modo temporalis vitæ cursu transacto, in bona confessione, cum peccatorum pœnitentiæ ac cordis contritione, sicut mihi testati sunt qui adfuerunt, ab hac luce recessit. Hunc post mortem diverso modo plurimis apparuisse quidam referunt. Quarum visionum quia certum auctorem invenire non valui idcirco dubia scribere recusavi. Unam tantum de omnibus elegi, quam propter rei probatæ fidem, dignam hic inseri judicavi.

Successor ipsius episcopus synodum Gebennis vix anno post ejus decessum exacto celebrabat. Veniebant ad eamdem synodum presbyteri more ecclesiastico, inter quos quidam boni testimonii presbyter properabat. Hic in itinere casu, imo divina voluntate a sociis aliquanto spatio separatus, obvium habuit jam nominatum defunctum episcopum. Qui cum insolito occursu turbatus aliquandiu hæsisset, tandem utrum esset qui videretur defunctus episcopus, ab eo quæsivit. Quo se vere esse respondente, presbyter adjecit : *Et quid est*, ait, *domine, vel quæ causa te mihi cum sis mortuus visibilem fecit?* Ad quem episcopus : *Clementia*, inquit, *divina, ut meæ necessitati subvenias, me tibi apparere permisit. Novi enim te ad synodum properare. Oro ergo ut sacrum conventum adeas, eorumque me orationibus studiose commendes. Laboravi enim, et multa a tempore mor-*

ANDREÆ CHESNII NOTÆ.

(226) Ms. add. *quomodo post obitum suum apparuerit.*

tis meæ tormenta sustinui. A quibus in proximo erui potero, si eorum orationibus merear adjuvari. Dic ergo episcopo et cum eo congregatis, ut omni die concilii psalmum, « Miserere mei Deus, » mihi simul omnes decantent, et communi absolutione universi animam meam Deo commendent. Sacrificiis insuper salutaribus atque eleemosynis, divinam majestatem pro requie mea propitiare contendant. Noverint autem me ad agendam pænitentiam Cluniacum iturum, et inde ad eamdem peragendam Hierosolymam transiturum. Hæc omnia cum eis dixeris, nomen tantum meum ultimo die synodi dicendum reservabis. Quæ postquam dixit, ab oculis colloquentis evanuit. Presbyter vero cui hæc commissa fuerant gressum accelerans, ad synodum venit, et universa episcopo fideliter coram omnibus exposuit. Cumque multos credere, quosdam autem dubitare videret, Evangelii codicem afferri rogavit, et ut cunctis fidem faceret, jurejurando quæ dixerat confirmaturus, manum constanter super sacrum volumen extendit. Quem omnes ad ea probanda absque dubio paratum videntes, eum ne juraret compescuerunt, et qui antea dubitaverant, omnem a corde suo dubietatis scrupulum abjecerunt. Sed et alter ex insperato testis surrexit, qui hæc eadem omnia a defuncto episcopo sibi dicta universis admirantibus confirmavit. Unde et bonæ oves mandata olim pastoris sui benigne suscipientes, cuncta quæ mandaverat devote impleverunt, et plurima ex abundante cordis sui charitate, spontanei addiderunt. Hoc ab illis mihi personis dictum est qui omni fide digni synodo memoratæ interfuerunt, et ea quæ dixi, referentibus eisdem relatoribus audierunt.

CAPUT XXV.
De quodam presbytero terribiliter mortuo (227).

Jam nunc subjungenda est, non ante mortui, sed morientis presbyteri terribilis et multis nota visio, quæ audientium mentes digno timore concutiat, et ad cavenda æternæ mortis mala, velut vehementi sollicitudinis igne accendat. Apud castrum Liziniacum, quod in Pictavensi pago situm est, nuper quidam presbyter erat, qui sacerdotalis ordinis supercœlestem dignitatem, miserrimæ vitæ conversatione deturpans, non ad animarum quibus præerat curam, sed ad carnis suæ voluptatem explendam, sacro ministerio utebatur. Qui, juxta prophetam, lac gregis sui comedens, et ejus se lanis operiens (*Ezech.* XXXIV), absque ulla spe æternorum, mercedibus mercenarii avidissime pascebatur. Mundissimam atque omnia mundantem Christi carnem et sanguinem in altaris sacramento frequenter officio non devotione sumebat, nec ab immundis tamen carnis operibus sese cohibebat. Cumque ut sus immunda multo tempore in cœno luxuriæ versaretur, et sui ipsius fœtoribus delectaretur, territus conscientiæ malo, sicut aliquando et mali ad horam compunguntur, familiaritatem quorumdam bonorum virorum expetiit, et abbati Bonæ Vallis ac fratribus ejusdem monasterii se in amicitia specie tenus copulavit. Qui longo tempore eum de vitæ emendatione commonentes, et ut sæculo renuntiaret assidue exhortantes, nihil ab eo impetrare præter inanem spem aliquando potuerunt. Nam libenter quæ dicebant audire se fingens, et semper eos de conversione suspendens, de societate sanctorum illorum gloriabatur, nec admonitione vel exemplis eorum a malis retrahebatur. In his itaque aliis perditæ atque perdendæ vitæ suæ actibus perdurans, et obstinatione impia iram sibi in die iræ thesaurizans, in morbum incidit, quo post aliquot dies ingravescente, ad extrema pervenit. Adierat eum visitationis gratia prior jam dicti monasterii, atque cum eo per aliquantum diei spatium, ipso quoque rogante permanserat. Et ecce nocte superveniente, cum cunctis discedentibus solus lecto ejus assideret, clamare terribiliter æger ille ad priorem cœpit: *Succurre*, ait, *succurre. Ecce duo supra omnem feritatem expavescendi leones in me impetum faciunt, hianti ore ac rictu feroci per frusta discerpturi, me totum consumere volunt. Deprecare cito Dominum, ut ab his eripiar, antequam morsibus eorum consumar.* Dicebat hic et tremebat, ac velut devoraturos fugiens, timore defecto corpori vires addente, retro cedebat. Prior vero vocis illius ac gestus terrore turbatus, non sine multo et ipse timore erat. Ad preces tamen ipsa necessitate impellente conversus, pro misero illo, ut poterat, Dominum exorabat. Quo orante mutata voce æger: *Bene*, inquit, *bene. Recesserunt crudeles bestiæ, et per orationes tuas jam ultra nusquam apparent.* Et quia usque ad ultimum spiritum semper compos sui exstitit, nec ut quidam morientium solent vel in modico sensu imminutus fuit, conversus ad priorem, loqui cum eo de quibuslibet veluti sanissimus cœpit. Cumque tam de his quam de aliis multa inter se verba conferrent, horæ fere unius spatio elapso, rursus inclamare longe terribilius quam primo exorsus est: *En*, inquit, *en ignis de cœlo ut torrens inundans descendit, et super hunc lectum meum veniens, jam jamque me in favillam usque comburet. Festina, adjuva, ora, si forte et ab hac morte eripi valeam.*

Et hæc dicens, manibus et brachiis opertoria sublevabat, eaque velut aliquid juvare possent, invisibilibus ignibus turbatus opponebat. Sed nequidquam. Non enim corporalia tegmina a spiritualibus incendiis tegere poterant, quem cœlestis vindictæ impia opera exponebant. Prior adaucto timore, denuo ad orationem convertitur, et quantum in tali casu possibile erat, Domini misericordiam deprecatur. Illo ut supra orationi instante, post paululum, patiens gratulationis vocibus preces ejus interrupit di-

ANDREÆ CHESNII NOTÆ.
(227) Al. in ms. *qui peccata sua celans terribiliter mortuus est.*

cens : *Quiesce, jam ab igne tutus sum. Nam dum super me, ut dixi, cum impetu descenderet, interpositus est linteus, usque ad quem ignis pervenit, sed eum transire non potuit. Jam et ab isto periculo ereptus, oro ne a me discedas quousque quis istorum finis futurus sit agnoscas.* Tunc prior qui tam timore quam hospitandi necessitate recedere volebat, substitit, et ab oratione surgens, rursum ei assedit. Cumque eum tantis terroribus anxium consolaretur, et uterque ad invicem ut prius colloqueretur, subito ægrotus ad invisibilia raptus obmutuit. Prior eum raptum ab humanis intelligens, rei exitum præstolabatur, cum ecce post multum noctis spatium, homo ad se rediit, et miserabiliter ingemiscens, ait : *Ha ! ha ! ad judicium æternum raptus sum, et heu miser ! æterna morte damnatus sum. Traditus sum horrendis tortoribus igne inexstinguibili cum diabolo et angelis ejus perpetuo cruciandus. Ecce, ecce, ignita sartago plena bullienti adipe, quam coram me tormentorum ministri detulerunt, eamque ad me frigendum undique succenderunt.* Et cum prior orationi sicut jam bis fecerat, tertio quoque incubuisset, ille ait : *Cessa, cessa pro me orare, nec pro illo ultra fatigeris, pro quo nullatenus exaudieris.* Priore vero dicente : *Frater, redi ad cor, et misericordiam, dum adhuc vivis a Deo require,* ille adjecit : *Putas, ait, me ut insanum loqui ? Non insanio, sed sana mente quæ dixi confirmo.* Et cucullam prioris manu tenens, eum interrogavit : *Nonne hoc quod manu teneo cuculla tua est?* Quo respondente : *Est,* adjunxit : *Sicut hæc vestis cuculla est, et sicut hoc quod substratum mihi est palea est, sic et hoc quod coram cerno ignita sartago est.* Et dum hæc loqueretur, gutta invisibilis ignis de illa quam dicebat sartagine exiens, in manus ejus priore vidente cecidit, et (mirabile dictu !) cutem et carnem usque ad intima ossis consumpsit. Tunc ille acri cum gemitu : *En,* inquit, *indubia rei probatio. Nam sicut ista quam vides de sartagine prolapsa gutta, carnis partem consumpsit, sic confestim totum me ignea vorago consumet.* Priore ad ista stupente, iterum dixit : *Ecce sartaginem ipsam ministri infernales proprius afferunt, et ut me in illam injiciant, jam jamque manus adaptant.* Et post modicum : *Ecce linteum in quo jaceo undique concurrentes accipiunt, et me in ignitam sartaginem, æternum frixuram projiciunt.*

Hoc velut ultimum vale, mox ut priori, atque his qui ad hoc horrendum spectaculum convenerant, dixit, subtracta voce ac reflexa cervice, puniendum spiritum condemnatis spiritibus tradidit. Tantus vero terror omnes invasit, ut illico universi aufugerent, neque aliqui in domo ubi cadaver mortis [mortui] remanserat, remanere auderent. Facto mane, miserum cadaver sepulturæ mandatum est. Post aliquot autem dies, cum ad universos circa positos hæc tam terribilis fama pervenisset, rei veritatem probare volentes, tumulum aperuerunt, atque fossam illam quam in manu adhuc vivens presbyteri gutta prænuntia damnationis fecerat, in mortui cadavere invenerunt. Quæ omnia, secundum quod beatus Gregorius dicit, nullomodo propter se infelix presbyter vidit, cui nihil visio ipsa profecit ; sed quanta cautela sacerdotale officium administrandum, quam reverenter divina mysteria tractanda superna per eum dispositio demonstravit. Quis enim ad ista non obstupescat ? quis tam metuendam divinæ animadversionis sententiam non contremiscat ? Quis jam in istis non fidem invisibilium concepisse, sed ipsa invisibilia corporis sensibus ex multa parte subjecta esse non cognoscat ? Facit hoc pia Conditoris miseratio, qui cerneus corporalium rerum objectu, interiorem mentis humanæ oculum excæcatum, quædam de spiritualibus rebus etiam per carnem quibusdam innotescere præstat, ut ad amanda sive timenda invisibilia hoc saltem remedio vel admoneat, vel compellat. Quid enim apertius ad fidem fidelium instruendam, quam hominem in carne viventem, et hic integra mente colloqui cum hominibus, et ibi spiritualia cernere cum spiritibus ? Quid sane leones tremendi, quid flammeus torrens, quid ignita sartago aliud quam de veritate rerum invisibilium nullatenus dubitare, et horrendum esse in manus Dei viventis incidere, male securos admonebant ? Neque enim credendum est alibi quam in præsenti sæculo quarumlibet ferarum genera commorari, aut, ubi nulla metallorum materia est, ferreas sartagines fabricari. Sed, quia terror supplicii futuri, non nisi per verba usitata vel per expertarum rerum imagines, hominibus adhuc in carne viventibus potest ostendi, placuit Deo per tales corporum similitudines ostendere quid exutæ corporibus animæ, pravis exigentibus meritis, cogantur tolerare. Quæ licet antiquioribus miraculis Patrum temporibus demonstrata sint, voluit tamen etiam nunc divina miseratio nobis revelationibus priora confirmare, et eos qui vetera despiciunt, velut negligentiæ somno torpentes, recentibus impulsionibus excitare. Cujus supernæ admonitionis contemptores, tanto se majore in Dei judicio cumulo damnationis operiunt, quanto graviore reatu non solum antiqua, sed et ante oculos posita contemnunt. Et, quia ad fidei et morum ædificationem, varia a diversis audita et probata nostrorum maxime temporum miracula scribere cordi insedit, nolui aliqua negligere quæcunque auditoribus meo judicio posse videbantur prodesse.

CAPUT XXVI.
De Gaufredo Sinemurensi domino (228).

Gaufredus vir nobilis, dominus castri quod Sinemurum vocatur, postquam per multum tempus ma-

ANDREÆ CHESNII NOTÆ.

(228) Al. *De apparitione nobilis viri Gaufredi de Sinemuro.* Et in ms. S. V. *De priore Marciniacensium sororum, quod post obitum suum cuidam sorori apparuerit.*

gnifice in sæculo conversatus est, tactus divino Spiritu, mundo renuntiavit, atque cum filio et tribus filiabus apud Cluniacum habitum religionis induit. Ubi sancte ac sine querela diu conversatus, merito religionis atque prudentiæ Marciniacensium, quarum superius mentionem feci, prior effectus est. Quarum curam dum per aliquot annos humiliter et benigne administrasset, more mortalium molestia corporis tactus, defunctus est. Cujus simplicis et beatæ conversationis dulcem retinentes memoriam sorores multis lacrymis ejus funus prosecutæ sunt, eumque in ecclesia sepelientes, longe melius in cordium suorum abditis condiderunt. Qui non post multos obitus sui dies, cuidam sororum multæ mortificationis, quæ Alberea dicebatur, in somnis apparuit, eique dixit : *Agnoscis me?* Quæ cum trepida voce, ut post ipsa referebat, respondisset, dominum Gaufredum priorem suum sibi videri, adjunxit ille : *Sum equidem quem dicis, et, ut ea quæ circa me sunt tibi nota faciam, ad te directus sum. In hora exitus mei, maligni spiritus cum horrifico sonitu irruerunt, et me velut agmine facto undique circumdederunt. Cumque ad eorum aspectum territus, jamjamque me ab eis rapiendum suspicarer, subito beatus Petrus apparuit, et illud dæmonum collegium præsentia sua proturbans, ait : Quid huc ad istum, nequam spiritus, advenistis?* — *Noster est,* inquiunt, *et nostra dum in sæculo vixit, opera fecit.* — *Sed pro his,* inquit, *omnibus ex corde pœnituit, et quod majus est sæculo renuntiavit.* Et dum plurima hostis opponeret, et apostolus universa quæ dicebantur vera ratione purgaret, ad hoc tandem victus inimicus prorupit : *Unum,* ait, *superest quod nullo cassari argumento potest. Vestibus ac telis, quæ undecunque abluendæ ad castrum de Sinemuro deferuntur, novas exactiones imposuit, quas nec ipse nec aliquis post eum removit. Manente ergo peccato, necesse est manere et pœnam peccati. Ad quod apostolus : Nihil,* inquit, *excipiens, pro omnibus peccatis suis monachus factus est, et idcirco absque dubio in partem salutis vocandus est. Hoc dicto, hostibus in fugam coactis, me ab eorum terroribus liberavit. Superest ut filio meo Gaufredo, qui mihi in sæculari hæreditate successit, hæc nota facias, et ut pravam exactionem ad priorem reducat consuetudinem; ei ex mea parte dicas.* His dictis abscessit. At nominata soror, dominam Adelam regis Anglici sororem, prius Blesensem comitissam, nunc humilem Christi ancillam adiens, ei universa narravit. Quæ jam dictum Gaufredum accersiens, utrum aliquid novæ consuetudinis telis ac vestibus quæ sub castro abluebantur pater ejus imposuerit, requisivit. Quod cum vere, ut defunctus dixerat, ab eo cognovisset, non illusoriam, sed veram fuisse visionem agnovit quam a veraci et hic ante nesciente relatrice audivit, et quam subsequentis, qui rem noverat, testimonium confirmavit. Et hæc eadem mihi fuit causa istud scribendi, ut licet inter miracula solas vigilantium revelationes scribere proposuerim, illas tantum dormientium visiones stylus iste non abhorreat, quas circumstantium rerum ratio certa confirmat. Rogavit certe, et ex defuncti patris mandato filium admonuit, ut nocivum exactionis usum removeret, et ne sibi quoque in peccatum reputaretur sollicitus provideret. Quod utrum fecerit, non satis mihi cognitum fuit. Quid vero illis qui dormientium visiones despiciunt, respondendum sit, non multo labore opus est. Facile enim occurrit unde et risus illudentium reprimatur, et non omnino hujusmodi revelationes contemnendas esse tardis etiam intellectibus aperiatur.

CAPUT XXVII.
De milite mortuo qui apparuit Humberto Beliocensi (229).

Adjungatur supradictis visionibus recentior, et pene sub ipsis oculis nostris facta revelatio, de qua si quis dubitaverit, nescio cui jam miraculo credere possit. In tanta enim claritate acta est, tam solemniter a fidissimis testibus propalata, ut qui hoc obscurum putaverit, nihil de reliquo clarum reperire in consimilibus valeat. Anno quo in Hispaniam profectus sum res contigerat, quam tanta celeritate stylus prosecutus est, ut cum ipsa in Lugdunensi diœcesi post Natalem Domini provenerit, ego hanc eodem anno in Hispaniis ante Pentecosten memoriæ scribendo mandaverim. Hoc eadem causa præmisi, ne vetustate temporis corrupta rei fama putetur, cujus certitudinem Cluniaci suscipiens, quia ante non potui, in Hispaniis, ut dictum est, scripturæ mandavi. Est in Matisconensi episcopatu castrum quod Beljocus dicitur : quod tam sui nobilitate quam prudenti dominorum strenuitate, pene omnia adjacentia castra præcellit. Hujus dominium Guicardus hæreditario jure suscipiens, eos quibus successerat patres, licet strenuos viros, sæculari potentia famaque excessit. Qua magis ad mundanum fastum quam ad divinum obsequium utens, ut de talibus sæpe videmus, dies vitæ suæ ex maxima parte vanitati et mundanæ superbiæ impendendo, multoque labore velut aranearum telas texendo, consumpsit. Tandem, diuturno morbo a Deo correptus ipsaque diuturnitate de vita diffidens, Cluniaci meo tempore monachus factus est. Ubi corde humiliato, pœnitentia et confessione Christiana, quantum datum fuerat, Deo satisfaciens, orationibus se sanctorum fratrum committens, paucis diebus advixit, atque ad ultimum peregrini itineris viatico, hoc est sacro Christi corpore suscepto, diem vitæ ultimum clausit. Huic in paterna hæreditate filius ejus Humbertus succedens, adolescentia et divitiis velut fortibus catenis mundo astrictus, spatiosas sæculi vias damnosa libertate

---

ANDREÆ CHESNII NOTÆ.

(229) Al. *De Gaufredo milite occiso qui nobili viro Humberto de Bello-loco non dormienti, sed vigilanti post mortem visibiliter apparuit.*

aliquandiu effrenis incessit. Quem corrigere, atque ad rectum salutis iter. bonitas divina reducere volens, ostendit ei unde et ipse salvari, atque alii a consimilibus possent actibus deterreri. Nam quodam tempore contra quosdam qui in Forensi pago (230) ei adversabantur armis commotis, cum exercitu contra eos processit, atque in conflictu constitutus, unum ex strenuis militibus suis Gaufredum de Iden, ictu lanceæ confossum amisit. Prælio dirempto, ad sua quisque vel fugiens vel persequens recessit. Necdum plene duo menses transierant, et ecce jam dictus miles, quem interfectum retuli, cuidam alteri militi de Ansa, qui Milo vocabatur, per silvam eidem castro contiguam sine socio equitanti, se obvium obtulit. Ad cujus subitum conspectum dum miles obstupuisset, et timore non modico turbatus, utrum fugere an subsistere sibi satius esset, meditaretur, mortuus qui apparuerat, prior in verba prorupit :

Noli, ait, timere, neque effugere mediteris, quia non ut ego tibi noceam, sed ut tu mihi prodesse studeas, ad te venire permissus sum. Ad te enim præ omnibus veniendi licentiam accepi, quoniam tum amore quam fideliter mihi nuper in sæculo astrictus, injuncta tibi a me aliis fidelius exsecuturus videris. Rogo igitur ut legationem meam Humberto de Belioco deferas, atque vice mea, quæ tibi dixero ei denunties. Mortalem ego vitam levitate ejus invitatus, gladio ut nosti amisi, et ne ad beatam vitam transire merear, negligentia ejus etiam nunc promerente retardor. Nam ad prælium ubi vivendi finem feci, non satis justa de causa cum eo veneram, nec a diris cruciatibus quos pro peccato illo et aliis innumeris malis meis patior, aliquod beneficiorum spiritualium levamen accipio. Sed quid mirum si obsequiis meis et morti meæ sibi impensæ ingratus apparet, cum nec de requie patris sui qui suam æternam pro ejus temporali quodammodo neglexit salutem, semel vel in modico curare demonstret? Nam, cum ille pro multis quæ ei injuste acquisivit, pro innumeris malis quæ diversis ecclesiis et maxime Cluniacensi intulit, specialiter vero pro castello et terra de Aia, crudelia patiatur tormenta, ipse absque aliqua pœnarum ejus contemplatione lætatur, et his pro quibus ille nunc miserrime ingemiscit, ipse quotidie splendide epulatur. Misereatur ergo mei, misereatur et patris, ne forte, si modo nobis miseris misereri noluerit, miserorum et ipse numero celerius adjungatur. Nam, si missarum celebratione, eleemosynarum largitione, bonorum virorum apud Deum intercessione nos juvare studuerit, et celeriorem nobis salutem parabit, et seipsum debito quo nobis astringitur liberabit. Quod si tibi aut non crediderit, aut non obtemperaverit, necesse jam mihi erit per memetipsum eum adire, atque ei ut hæc adimpleat instare. Scias autem multum jam mihi profuisse, factam nuper Lugduni in synodali conventu publicam absolutionem, unde talium et consimilium tam ardenter deprecor subventionem.

Dixit hæc, et statim a conspectu ejus evanuit. At miles sollicitus de injunctis, ac veritus ne, si dissimularet, aliquid infortunii eum consequeretur, Humbertum adit, et quæ audierat cuncta referens, nihil de mandatis abscondit. Humbertus vero, tantæ tamque apertæ visionis legatione audita, condigno timore perterritus, et ad audita pavebat, nec tamen auditis congruam diligentiam adhibebat. Verebatur magis more hujusmodi hominum promissum defuncti adventum, minorem de salute ejus animo gestabat affectum. Unde solus noctibus jacere formidans, familiares ne se casu aliquo solum relinquerent, admonebat. Et ecce parvo tempore emenso, jam dictus defunctus, quem tormenta invisibilia compellebant, nutu divino communicare verba mortalibus permissus, ei mane jam clara die in lecto jacenti, ac vigilanti, sese visibilem demonstrat. Nam lecto ejus assidens, et formam quam habuerat, vestitum quo usus fuerat, lethale vulnus quod die mortis susceperat, velut adhuc recens pectore ac dorso prætendens, mirantem ac paventem Humbertum sic est allocutus : *Quia, inquit, nuntium a me tibi missum audire noluisti, ad te ipse Dei permittente misericordia veni. Cum enim te mihi maximum debitorem vita mea tibi impensa fecerit, ac benignum in malis maximis subventorem misericordia facere debuerit, tu nec mihi subvenis, nec saltem parvo spiritualis beneficii adjumento, crudelia quæ patior tormenta mitigare contendis. Super hæc, et patrem tuum miserandis pœnis atque ineffabili miseriæ subjectum, post tergum projecisti, et cum ille maxime tui causa torqueatur, nullis ei pietatis visceribus condescendis? Ingemiscit ille in tormentis crudelibus, nec curas : torquetur, et exultas ; patitur, et lætaris. Displicent ista benigno Deo, et pene jam in necem tuam sententiam dictavit, ubi, quia his quibus maxime debitor es misereri dissimulas, qualiter misereri debueris, patiendo similia experieris. Sed distulit solita bonitate justitiam, et ne expeditioni comitis Amedei, ad quam ire festinas intersis, me tibi denuntiare permisit. Nam, si illuc abieris, possessa pariter et vitam amittes. Consule ergo tibi, miserere et nostri, nec ultra spiritualium bonorum levamen nobis impendere differas : ubi et tibi salutem et nobis requiem, Conditoris clementia mediante provideas.*

Dum ergo ita mortuus miles Humbertum alloqueretur, et ille longa confabulatione jam securior red-

---

ANDREÆ CHESNII NOTÆ.

(230) *In Forensi pago.* Forenses olim Segusiani erant, quos et Forinates aliqui dicere malunt, a Foro nimirum Segusianorum oppido, cujus et inscriptio vetus in muro templi juxta viam publicam posita meminit hoc modo :

NUMINI AUG.
DEO SILVANO.
FABRI TIGNUAR.
QUI FORO SEGUS.
CONSISTUNT
D. S. P. P.

ditus, ad respondendum vel ad interrogandum verba pararet, ejus consiliarius Wichardus de Marziaco, strenuus in sæcularibus miles, ab ecclesia matutino tempore rediens, supervenit. Qui mox ut limen domus ubi vivo mortuus colloquebatur attigit, mortuus qui apparuerat statim disparuit. At Humbertus condigno pavefactus timore, mortui militis petitioni ei aliquatenus subveniendo ex parte satisfecit, seque pœnitentiæ causa Hierosolymam iter aggressurum, et sepulcrum Domini visitaturum professus est. Hæc ad ædificationem fidei et morum scribens, quibusdam hæreticis vel erroneis nostri temporis hominibus, beneficia ecclesiastica mortuis fidelibus posse prodesse vel negantibus vel dubitantibus, ad viam veritatis et Ecclesiæ doctrinam reditum persuadere volui; neque tamen spe talium subsidiorum vitam mortalem sub negligentia transigendam, talibus tamque lucidis exemplis admonere decrevi. Ecce enim superna pietas quæ miserum in inferno sepultum audire noluit, pro fratribus rogantem, si quis ex mortuis ierit ad eos pœnitentiam agent, sed mentis eorum duritiam prænoscens respondit : *Si Moysen et prophetas non audiunt, neque si quis ex mortuis resurrexerit credent* (Luc. xvi) : eadem, inquam, divina bonitas nostris diebus, non quidem corpus mortuum suscitavit, sed mortui corporis spiritum vel imaginem viventibus apparere, eosque ad pœnitentiam et ad sibi subveniendum admonere et deprecari permisit. Cesset igitur jam noxius error, spiritus fidelium precibus et bonis Ecclesiæ juvari non credens. Excitetur quoque ignava segnities, aliorum post mortem bonis dormitando salvari confidens, sciatque pro certo quia nisi quem opera condigna saluti præcesserint, eum post transitum aliorum subsequentia bona salvare non poterunt. Sed, si talia ejus opera fuerint ut gratia Dei comitante damnationem æternam merito evadere debeat, si quid de reliquo imperfectionis remanserit, tam sanctorum mortuorum meritis quam viventium fidelium beneficiis expiari poterit.

CAPUT XXVIII.
Item de alterius apparitione in Hispania (231).

Et quia semel Hispanias ingressi sumus, quod in eisdem partibus de re simili contigisse ibidem constituti audivimus, prætereundum non est. Est in Hispanicis partibus nobile et famosum castellum, quod et propter congruum situm, et fertilitatem adjacentium terrarum, et multitudinem inhabitantium incolarum, quibus rebus, proxima castella ex-

superat, ut æstimo, non incongrue Stella vocatur. In hoc castello quidam Burgensis fuit, qui Petrus Engelberti vocabatur. Hic strenuitate famosus, et sæcularibus rebus abundans, totam usque ad senium fere vitam in sæculo duxit. Tandem tactus ab illo, qui spirat ubi vult, sæculo renunciavit, atque in monasterio quod apud Nazarum [Nazaram] (232) sub Cluniacensi jure et regula constructum est, habitum monasticæ professionis suscepit. Quo, cum ego post duos annos conversionis ejus pervenissem, audivi eum memorandam visionem narrasse, cujus quidem fama ad nos ante pervenerat, sed quis esset ejus relator non dixerat. Hoc cum accepissem, ubi esset tantæ visionis relator sollicitus inquisivi, atque eum in quadam cella Nazarensi monasterio subdita satisque contigua, commorari audivi. Ad quem locum cum me itineris necessitas perduxisset, vidi hominem, cui et ætatis maturitas, et morum gravitas, et cunctorum attestatio, ipsaque nivea canities, fidem integram constanter præbere suadebant. Omnem tamen dubietatis scrupulum tam a corde meo quam a cordibus omnium excludere volens coram venerandis episcopis, Olorensi et Oximensi, coram sociis nostris, multæ religionis et scientiæ personis, ac quibusdam aliis eum convenit, et quod Veritas perdat omnes qui loquuntur mendacium (*Psal.* v) ostendens, multaque similia ad eum ne mentiretur deterrendum adjungens, ut quod certum de visione illa sciebat narraret, non solum admonui, sed etiam in virtute obedientiæ, quam mihi ut monachus abbati subditus debebat, injunxi. Ad quod ille quod adhuc prorsus nos omnes latebat adjiciens : *Ego*, ait, *istud quod a me quæritis ab alio non accepi, sed ipse propriis omnia oculis vidi.* Quo audito, multo magis exhilarati sumus habentes jam non alienorum verborum relatorem, sed rei ipsius certissimum inspectorem. Unde magis magisque ad quærendum instigati, et ad audiendum intenti, moram pati ultra non potuimus, sed ut quod viderat enarraret, eum omnes compellere cœpimus; volo autem eum loquentem introducere, ut quicunque hoc legitis, vel auditis, non solum sensum verborum, sed et ipsa verba ab ejus ore vos putetis audire :

Tempore, inquit, *quo rex Aragonensis Alfonsus, regnum majoris Alfonsi Hispaniarum regis jam mortui obtinebat, contigit ut contra quosdam qui in regione, quæ Castella dicitur, ei repugnabant exercitum commoveret, et ut de singulis regni sui domibus, singuli illuc pedites vel equites dirigerentur,*

ANDREÆ CHESNII NOTÆ.

(231) Al. *De apparitione cujusdam defuncti in Hispania.*
(232) *Apud Nazaram sub Clun. jure.* Monasterium hoc quinam Ecclesiæ Cluniacensi donaverit, Aldefonsus Hispaniarum rex, qui et ipse donationem confirmavit anno 1177 aperte demonstrat his verbis : « Ego Aldefonsus, Dei gratia rex Hispaniæ, pro æterna retributione et salute animæ meæ, nec non et parentis nostri illustrissimi regis Sancii, et matris meæ reginæ Blanchæ, et omnium parentum meorum

requie, concedo et confirmo Deo, et beatis apostolis Petro et Paulo, et Ecclesiæ Cluniacensi, atque omnibus abbatibus et monachis, ibi Deo sub Regula beati Benedicti in perpetuum servientibus, ecclesiam Beatæ Mariæ de Nazara, quam prædecessores mei reges, scilicet Aldefonsus felicis memoriæ rex, atque avus meus imperator bonæ recordationis Aldefonsus et pater meus rex Sancius vobis dederunt, et perpetuo jure atque regali sanctione duntaxat Ecclesiæ Cluniensi donaverunt et confirmaverunt.

edicto sanciret. Eo præcepto coactus, unum ex mercenariis mercede mihi servientibus, Sancium nomine, ad exercitum destinavi. Paucis post diebus decursis, omnibusque qui expeditioni illi interfuerant, ad propria redeuntibus, ipse quoque domum reversus est. Non longo deinceps tempore elapso, more humano morbo correptus, nec diu cum morbo luctatus, defunctus est. Inde post quatuor fere menses ex quo e vita recessit, dum apud Stellam in domo mea hiemali tempore juxta ignem in lecto jacerem, subito jam dictus Sancius circa mediam noctem mihi adhuc vigilanti apparuit. Qui igni assidens et carbones quasi ad calefaciendum vel ad clarificandum huc illucque reversans, multo magis se mihi cognoscibilem demonstrabat. Erat autem nudus et absque omni vestitu, excepto parvo vilique tegumento, quo velut inhonestiora corporis obvelabat. Quem cum vidissem : Quis, inquam, es tu ? At ille humili voce : Ego sum, inquit, Sancius famulus tuus. Quid, inquam, hic agis ?— Vado, inquit, Castellam, iterque meum multus exercitus comitatur, ut ubi deliquimus, ibi et delictis pœnas debitas exsolvamus. Et cur, inquam, huc divertisti? Est, inquit, mihi spes veniæ, et si misereri volueris, celeriorem mihi requiem comparare poteris. Quo, inquam ? Quando, inquit, nuper expeditioni, quam nosti, interfui hostili invitatus licentia, ecclesiam quamdam cum quibusdam sociis invasi, quæ intus inventa sunt diripui, vestimenta insuper sacerdotalia mecum rediens asportavi. Pro quo specialiter diris pœnis subactus affligor, et remedium a te sicut a Domino meo, quantis possum precibus, imploro. Nam poteris mihi subvenire, si beneficiis spiritualibus me studueris adjuvare. Rogo insuper dominam meam uxorem tuam ex mea parte mea functus vice depreceris, nec octo solidos, quos pro servitio meo, mercenario jure mihi debebat, reddere jam moretur, et quod necessitatibus carnis, si advixerem, reddidisset, animæ meæ longe amplius his egenti erogando pauperibus largiatur. Jam ego tali ejus collocutione multo magis animatus : Quid, inquam, de concive nostro Petro de Jaca nuper defuncto actum est? Rogo ut, si quid de illo nosti, aperias. Illum, ait, opera misericordiæ, frequenter quidem, sed maxime præteritæ famis tempore pauperibus impensa, beatorum requiei adjunxerunt, et vitæ æternæ participem effecerunt. Cumque eum tam prompte et facile mihi respondere audissem, adjeci : Et de Bernerio alio concive nostro, ante parvum tempus similiter ut nosti defuncto, aliquid tibi notum est ? Illum, inquit, infernus possidet, quia ad dirimendas lites et judicio terminandas huic villæ prælatus, multa sæpe muneribus aut gratia illectus injuste judicavit, et quia quidam pauperi viduæ quodam tempore baconem unum qualecunque vitæ ejus subsidium crudeliter auferre non timuit. Tunc longe amplius ad majora quærenda animi fervore succensus, adjunxi : De rege nostro Alfonso ante paucos annos defuncto, tibi aliquid notum esse potuit? Ad hæc quidam alius in fenestra capiti meo proxime superposita residens : Noli, ait, hoc ab isto quærere quod ignorat, quoniam recens ejus ad partes nostras adventus hoc ei notum fieri nondum permisit. Mihi vero, cui a die obitus mei quinquennalis cum hujusmodi spiritibus mora, plura quam isti noviter nota fecit, quod de rege quæris, ignotum esse non potuit. At ego rursus novæ vocis auditu attonitus, ac videre cupiens vocis auctorem, converti oculos ad fenestram, adjutusque lunæ splendore, quæ lumine suo omne tunc domus spatium clare illustrabat, conspicio hominem in inferiori fenestræ margine residentem. Quem in eodem habitu, quo alium videram, cernens : Et tu, inquam, quis es ? Ego, inquit, hujus quem aspicis socius sum, et Castellam cum isto et multis aliis proficiscor. Et tu, inquam, de rege Alfonso, ut dicebas, aliquid nosti ? Novi, inquit, ubi fuerit, sed ubi modo sit nescio. Nam aliquandiu tormentis acribus inter reos excruciatus postmodum a Cluniacensibus monachis inde sublatus est. Exinde vero quid de eo factum sit, prorsus ignoro. His dictis ad socium qui igni assidebat verbo convertens ait : Surge, et jam iter incœptum peragere incipiamus. Ecce enim jam omnes vias, quæ intus vel extra castellum sunt, subsequens nos exercitus sociorum implevit, et jam multis velocissime prætergressis, ubi festinanter eos sequi debeamus, urgemur. Ad hanc vocem Sancius surrexit, et flebili voce quod prius regaverat ingeminans : Rogo, inquit, domine, ne mei obliviscaris, et ut dominam meam conjugem tuam, quatenus quod corpori debebat miseræ animæ meæ restituat, oro sollicitius exhorteris.

His dictis, statim uterque disparuit. At ego mox conjugem juxta me in lecto dormientem, citata voce exsuscitans, priusquam ei quod videram vel audieram narrarem, interrogavi utrum aliquid Sancio communi nostro mercenario pro mercede deberet. Qua respondente quod ego nondum ab aliquo nisi a mortuo audieram, se videlicet eidem Sancio adhuc octo solidos debere, nequaquam ultra dubitare potui, cui fidem omnimodam et mortui relatio, et mulieris confirmatio conferebant. Facto mane, octo illos solidos a conjuge accipiens, et de meo quod congruum visum est addens, pro ejus qui apparuerat salute, pauperibus distribui, et sacrarum missarum adjutoria, ei a sacerdotibus mea prece et studio impensa, ad pleniorem peccatorum ejus remissionem adauxi, hanc tam claram et commendabilem visionem, velut verbum e verbo exprimens, ad ædificationem fidei et morum tam modernis quam posteris fideli scripto transmisi, et quanta cautela mortalibus necessaria mortuorum ipsorum testimonio declaravi. Non parum autem, imo maxime veritati hujus visionis attestatur, quod a mortuo dictum est Alfonsum regem a Cluniacensibus monachis sublatum, et a tormentis consimilium reorum ereptum. Nam quod omnibus pene Hispanis et Gallis populis notum est, idem rex Cluniacensis Ecclesiæ magnus amicus et benefactor exstitit. Ut enim innumera alia pietatis opera eidem monasterio ab eo impensa taceam, magnificentissimus et famosus rex censualem se regnumque suum Christi pauperibus ejusdem Christi amore fecerat, et tam a se quam a patre suo Fredelanno constitutum censum, ducentas quadraginta scilicet vini [*al.* ivri, *sed melius*, auri] uncias (233) singulis annis Cluniacensi Ecclesiæ persolvebat. Præter hæc duo monasteria in Hispaniis ex proprio construxit (254), alia a quibusdam aliis personis construi permisit, et ubi construerentur adjuvit : in quibus Cluniacenses monachos ponens, et unde omnipotenti Deo regulariter servire possent, regia liberalitate affluenter largiens. Et pene mortuum monasticæ religionis fervorem ex parte in Hispaniis reparavit, et sibi hoc studio post regnum temporale, regnum etiam sempiternum, uti dignum est credere, comparavit. Obtemperavit benignus Regis æterni præcepto faciens sibi amicos de mammona iniquitatis, a quibus amicis finita regni villicatione, secundum jam dictæ visionis tenorem, et a pœnis ereptus, et in æterna tabernacula susceptus est (*Luc.* xvi). Quid enim magis illi misericordi justitiæ congruere potuit, quæ reddit unicuique juxta opera sua, quam ut ab his eripi videretur quibus subvenerat, ab illis ei misericordia impenderetur quibus misertus fuerat, ab his beatæ vitæ restitueretur quorum in miseriis præsentibus vitam largis subsidiis sustentaverat ? Vere non fallax vox de cœlis a Joanne audita : *Opera mortuorum sequuntur illos* (*Apoc.* xiv), quod in isto non rege apparuit, quem per opera misericordiæ velut per eos quibus impensa est, a tormentis eripuit, et requiei beatorum spirituum sociavit.

ANDREÆ CHESNII NOTÆ.

(233) *A patre suo Fredelanno ducentas quadraginta scilicet auri uncias.* Huic loco lucem affert Hildebertus in Vita sancti Hugonis ubi ait : « Hildefonsus Hispaniarum rex a Sancio fratre suo captus in vinculis tenebatur. Quo audito abbas orationi pro rege præcepit instare, memor dilectionis ejus patris Fredelcidi, qui Cluniacense monasterium invito sibi astrinxerat beneficio. » Et post pauca : « Sic Hildefonsus in regno restitutus, ne intercessoribus suis ingratus aliquando videretur, duplicato censu paterno, ducentas auri uncias Cluniacensi cœnobio quotannis disposuit assignari.

(234) *Duo monasteria in Hispaniis ex proprio construxit, in quibus Clun. monachos posuit.* Horum monasteriorum unum Sancta Agatha, de qua tale reperitur in Chartulario Cluniacensi præceptum : « Fredelannus Dei gratia Hispanorum rex, dilecto consilio civitatis Roderici, salutem et plurimam dilectionem. Noscat dilectio vestra quod ecclesiam Sanctæ Agathæ dedi et concedo monasterio de Cluniaco, et isti monacho ejusdem monasterii, nomine Ato, ut de monasterio et pro monasterio Clun. eam obtineat, et illi monasterio et non alii de illa obediat et obedientiam faciat. Volo et mando etenim annuatim pro censu tribuat octo morabitmos monasterio Clun. et totum terminum suum cum aldea Sancti Felicis cum toto suo termino prædicta ecclesia Sanctæ Agathæ habeat in pace, et sine omni adversatione. Val. »

LIBER SECUNDUS.

PROLOGUS.

Quoniam ad roborandam fidem et mores instruendos miracula nostro tempore gesta, quorum indubia cognitio datur, scribere proposui, post ea quæ præmissa sunt, alia quoque legentibus, vel audientibus non minus, ut credo, utilia, adjungenda sunt. In quibus, ut supra jam dixi, nullum temporis ordinem servo, nullius generis miracula vito, sed sicut ea, vel olim didici, vel quotidie a diversis et fide dignis discere possum, scripturæ commendo. Doleo enim, et supra quam multis forte credibile sit, torpori multorum irascor; qui cum scientia, litteris, atque eloquio abundent, miranda omnipotentis Dei opera, quæ sæpe in diversis terrarum partibus ad instructionem Ecclesiæ fiunt, memoriæ posterorum mandare scribendo pigritantur. Et cum antiquus mos fuerit, non solum apud primos Christianæ fidei Patres, sed etiam apud gentiles, ut quæque digna memoria litteris traderent, isti nec Christianorum, nec paganorum studia imitantes, universa suis temporibus accidentia, quæ succedentibus non parum possent esse utilia, languentes animo perire permittunt. Cumque dicat Deo divinus psalmus: « *Confiteantur tibi, Domine, omnia opera tua* (*Psal.* cxliv); » *hoc est laudare de omnibus operibus tuis, quomodo de illis operibus Deus laudabitur quæ nesciuntur? Quomodo ab his, qui ea non viderunt, scientur, nisi dicantur? Quomodo in memoria recedentium et succedentium temporum permanere poterunt, nisi scribantur? et cum omnia sive bona, sive mala, quæ vel volente vel permittente Deo in mundo fiunt, ipsius glorificationi, et Ecclesiæ ædificationi inservire debeant, si ea homines latuerunt, quomodo de his aut Deus glorificabitur, aut Ecclesia ædificabitur? Ad tantum autem jam infructuosa hujus silentii segnities pervenit, ut quæcunque in Ecclesia Dei, sive in regnis Christianis, a quadringentis, vel quingentis ferme annis facta sunt, universa pene nobis et omnibus ignota sunt. Tanta enim apparet distantia nostrorum temporum et priorum, ut quæ ante quingentos, et mille annos gesta sunt nobis notissima, quæ vero exinde ipsis quoque diebus nostris acta sunt, prorsus ignota sint. Inde est quod historiis antiquis, ecclesiasticis gestis, libris multiplicis doctrinæ Patrum instructionis et exempla continentibus, abundamus; eorum au-*

tem quæ temporibus nobis contiguis contigerunt, nescio si vel unum habemus. Scrutabuntur priores illi rerum utilium diligentissimi, etiam apud remotas gentes et ignotas linguas, si quid inde dignum et humanis commodis inserviens, possint eruere. Unde Ægyptii Græcorum, Græci Latinorum, Latini Græcorum et Hebræorum sive aliarum gentium linguas et scientiam studiose indagantès, invicem sibi, quæ necessaria cognoscebant, variis scriptis diversisque translationibus communicabant. At e converso, Latini nostri non solum nulla peregrina rimantur, sed nec sibi proxima cognoscere vel aliis ea scripto vel verbo commendare dignantur. Sed redeat sermo ad proposita, et secundum vires a Deo datas, si quid dignum vel utile invenire potuerit, ad Dei laudem vel profectum legentium modernis vel posteris manifestet.

CAPUT PRIMUM.
De oppressore ecclesiarum, qui visibiliter raptus a diabolo et per aera subvectus est, stupentibus qui aderant universis.

Primum igitur ad terrorem et correctionem malorum principum, quod Matisconi gestum est proferatur. Insolita quippe res, et præter quam tunc omnibus, ut puto, sæculis inaudita, ibidem contigisse, omnium pene indigenarum celebri, et publica relatione narratur. Est autem eadem Matiscus in finibus regni Francorum, quod a Teutonicorum vel Romanorum imperio Arar fluvius a Lotharingia sumens initium, Rhodanusque in mare Mediterraneum habens profluxum disterminat. Quæ Matiscus a quibusdam oppidum vocata, a quibusdam urbis nomine honorata, in primatu Lugdunensi, quintæ sedis obtinet locum. Hæc, quantum ad jus ecclesiasticum, Lugdunensi primati, quantum ad jus sæculare, Francorum regi subditur. Hujus urbis principatum quodam tempore sub nomine comitis (255) quidam obtinens super personas et res ecclesiasticas exsecrandam tyrannidem exercebat. Longe enim exsuperans aliorum prædonum nequitiam, non solum ex parte ecclesiarum substantias diripiebat, sed redditus earum omnes cum suis possessionibus sibi tyrannica violentia subjugabat. Nam canonicos de ecclesiis, ipsos etiam monachos de monasteriis suis ejiciens, terras omnes, redditus omnes et quæcunque eis ad hujus vitæ subsidium a majoribus data fuerant, inmisericorditer abstulit, jurique proprio mancipavit. Ostenduntur adhuc ab incolis antiquarum ecclesiarum ruinæ, ex quibus ipse sacræ religionis cultores ejiciens, venerabilia loca, omnipotenti Deo religiose servientium multitudine referta,

in eremi solitudinem redegit. Ita se totum Deo subtrahens, mundo dedicans, gehennæ et tremendorum Dei judiciorum oblitus; ut evangelicus ille judex, nec Deum timebat, nec hominem verebatur (*Luc.* xviii). Cumque diu concessa potestate abusus, quotidie seipso deterior fieret, nullaque jam spes correctionis ejus existeret, iram adversum se omnipotentis Dei jam non revocandam commovit, atque in se dirissime expertus est Scripturæ sacræ sententiam dicentis : *Horrendum est incidere in manus Dei viventis* (*Hebr.* x). Et quia nequitia ejus non occulta, sed publica, non cum timore, sed cum audacia Deum provocaverat, non latenter, sed publice ; non tantum invisibiliter, sed etiam visibiliter, terribile factus est tyrannis principibus in exemplum. Nam cum solemni die Matisconi in proprio palatio resedisset, eumque multitudo tam militum quam diversi ordinis circumstaret, repente ignotus homo equo insidens per ostium palatii ingressus, omnibus conspicientibus et admirantibus, usque ad ipsum equitando pervenit. Cumque ei astaret, se ei velle colloqui dicens, ut surgeret ac se sequeretur, non tam monuit quam imperavit. At ille invisibili potentia constrictus, nec jam resistere valens, surrexit atque usque ad ostium domus processit. Ubi equum paratum inveniens, eumque ab eo conscendere jussus, ascendit. Cujus statim habenas ille arripiens, statim cum velocissimo cursu per aera ferri, cunctis conspicientibus, cœpit. Cumque immenso ejus clamore ac miserabili ejulatu tota civitas commota ad tam invisum spectaculum concurrisset, tandiu cum per aera currentem attoniti conspexerunt, quandiu naturali oculorum acie eum subsequi potuerunt. Qui cum eum diu : *Succurrite, cives, succurrite,* vociferantem audirent, nec juvare valerent, subtractus tandem visibus hominum, æternus (quod meruerat) factus est socius dæmonum. Ab hoc tam horrendo spectaculo universi ad propria recedentes, sicut supra dixi, horrendum esse incidere in manus Dei viventis, exemplo inaudito et miserabili didicerunt. Hoc ita fuisse post communem, ut dixi, omnium famam, quiddam non quidem tam mirabile, sed tamen mirum nostris diebus accidens attestatur. Nam ille, de quo supra scripsi, traditus diabolo comes, dum cum socio maligno de palatio, uti dictum est, egrederetur, post ostium muri palatio illi proximi transitum habuit. Quod ostium cives, ob tantæ rei horrorem et memoriam posteris commendandam, lapidibus obturaverunt. Quod nuper Otgerius Willelmi comitis præpositus, renovare cupiens, et pro-

ANDREÆ CHESNII NOTÆ.

(255) *Hujus urbis principatum quidam obtinens sub nomine comitis.* Guillelmus scilicet, Matisconensis comes, Alamandus a quibusdam cognominatus, de quo narrat hic Petrus Venerabilis illam tragœdiam, quod a dæmone fuerit in æthera sublatus, nec unquam postea comparuerit, eo quod ecclesiasticorum, et maxime Cluniacensium, bonis infestus esset. Et hoc quidem, licet fabulam ab ipsis Cluniacensibus monachis actam confictamque Ludovici Grossi tempore Bugnonius et Paradinus arbitrati sunt, attamen et aliquid non absimile jam antea contigisse Guillelmo vel alteri vel eidem, Matisconensi comiti, narrat Ademarus in Chronic. Aquitanorum his verbis : « Willelmus cognomento Buccauncta comes Masticonensis, quoniam monachos Cluniacensis cœnobii vexabat, censura ab abbate percussus, gressum movere cum ambulare vellet non potuit. »

pter quædam quæ publico, vel privato usui necessaria videbantur, pervium facere volens, conductis quodam die operariis, obicem lapidum ab ostio removebat. Erat autem et ipse, pro posse suo, acer ecclesiarum persecutor, et, ubi parva occasio occurrebat, res earum nisibus diversis vexabat. Dum igitur hic operi jam dicto instaret, ecce invisibiliter a diabolo raptus, ac videntibus qui aderant multo in aera spatio sublevatus, sed confestim dimissus, corruit, ejusque corpore graviter colliso, brachium quoque illius subita illa ruina confregit. Quod videntes socii, rursus foramen ostii, quod aperire cœperant, lapidibus obturaverunt, et ad perennem utriusque prodigii memoriam clausura perpetua damnaverunt.

CAPUT II.
De illo qui terra obrutus, per sacrificia et orationes Ecclesiæ ab angelo pascebatur.

Illud quoque quod salvatrici hostiæ, hoc est sacrosancti corporis et sanguinis Christi sacramento, non parvum nostris diebus testimonium dat, præcedentibus adjungendum est. Est in Gratianopolitano episcopatu locus in venis subterraneis plurimum ferri habens, quod multo incolarum et rusticorum sudore assidue eruitur, ac fornacibus coctum et expurgatum, per circumjacentes terras fabris ferrariis, vel quibuslibet pro lucro venditur. Inde et villa, quam iidem homines incolunt, Ferraria nuncupatur. Solent autem hujusmodi homines, dum terræ abdita fodiendo perscrutantur, spe majoris lucri longius procedere, et per subterraneos specus pertinaciter majorem ferri materiam perscrutari. Huic operi dum quodam tempore quidam rusticus indefessus instaret, et intima terræ viscera fodiendo acriter rimaretur, repente maxima moles terræ delapsa, aditum per quem ingressus fuerat, obturavit. Quia tamen fodiendo longius processerat, et multum post se spatii exhausta terra inane reliquerat, mortem evasit, et velut in domo clausa ac validis munitionibus undique circumsepta, egredi quidem non potuit, incolumis tamen permansit. Sed tenebris tam tenebrosi carceris circumseptus spe omni evadendi sublata, ac velut in amplo sepulcro sepultus, mortem ipsam adhuc vivens jam se cernere æstimabat. Quem jam per aliquot dies non apparentem, uxor sua mortuum credens, ad animam ejus spiritualibus beneficiis adjuvandam conversa est. Unde per annum integrum omni hebdomada unam ei missam celebrari a sacerdotibus faciens, et pro eo panem et candelam offerens, salutari sacramento, ut mos est Ecclesiæ, animæ, ut putabat, defuncti mariti subvenire satagebat. Una tamen in anno hebdomada exstitit, qua mulier aliis intenta negotiis, missam ut proposuerat, marito providere neglexit. Et ecce totius anni pene emenso tempore, rursum fossores metalli officio assueto irrequieti instantes, ad locum, in quo jam dictus rusticus adhuc vivens latebat, paulatim fodiendo perveniunt. Quorum dum voces et malleorum sonitus jam appropinquantium rusticus inclusus audisset, quantis potuit nisibus vociferari cœpit. Cujus illi vocem audientes, et, utpote artis illius periti, hominis subterranei esse cognoscentes, sese invicem cohortati sunt, et ad eum tandem post multum fossionis laborem pervenerunt. Quem accensis luminaribus curiose circumspicientes, illum esse quem anno jam præterito ibidem obrutum esse sciebant, agnoverunt. Admirati, et pene (ut dignum erat) tantæ rei novitate stupefacti, quomodo illic tantum vivere potuisset instantissime inquirebant. At ille respondit: *Isto quem non removistis terræ obice foramini per quod intraveram objecto, cum hoc carcere quem videtis retentus fuissem, atque aliquantis diebus sine cibo et lumine permansissem, subito mihi jam pene deficienti cum pane simul et lumine quidam astitit, qui me confortans, et ad cibum capiendum admonens, tetras tenebras illas candela quam ferebat clarissime illustravit. Eo pane per spatium septem aut octo, ut mihi videbatur, dierum refectus, totidem diebus ea candela illustratus, et famis periculum evadebam, et hujus fossæ tenebras evitabam. Post septem vero vel octo dies, rursus ille qui prius cum recenti pane et renovato lumine adveniebat, eaque mihi dimittens, confestim recedebat. Hoc per unius, ut mihi videbatur, anni excursum, æquo pene temporis intervallo nunquam facere destitit, excepto unius hebdomadæ spatio, quo mihi præsentiam suam munusque solitum, nescio qua de causa, subtraxit. Quo tempore fame, et tenebris valde excruciatus sum, quousque rursum benignus ille vitæ meæ conservator rediit, et simili subventione vitam meam jam morti proximam reparavit.* Hoc illi ab eo audientes, et quid pro illo uxor ejus per totum illum annum fecerat ad mentem revocantes, cuncta ei protinus exposuerunt. Deinde hominem de cavernis illis subterraneis educentes, uxori propriæ, vicinis omnibus et populo ad tantum spectaculum undique concurrenti (mirum dictu!) post annuam sepulturam incolumem reddiderunt. Qui simul congregati, et quod ille de se narrabat subtilius examinantes, eisdem diebus panem, quo reficiebatur, candelam qua illustrabatur, ei in illo specu oblata fuisse invenerunt, quibus mulier pro ejus requie et missam celebrari faciebat, et sacerdoti missam celebranti, panem simul et candelam offerebat. Glorificantes ergo Dominum, et non minus quam pro mortuo suscitato, ut vere dignum erat, gratias agentes, quantum recta fides Deo placeat; quantum fidelium oblationes, vel sibi, vel aliis prosint, quantum super omnia salutem salutaris hostia Deo oblata dignis operetur, luce clarius agnoverunt.

CAPUT III.
Excusatio quare scriptor horum in narratione rerum gestarum non potuerit tempus et ordinem observare.

Quod sæpe supra fassus sum me in relatione horum miraculorum nullum temporis ordinem servare, nullius generis miracula vitare, fixum ac stabile apud lectorum memoriam esse desidero. Tunc enim nulla temporum, quæ forte videri posset cœufusione, vel permistione turbari poterunt, quando me non temporum seriem, sed rerum quolibet tempore gestarum veritatem observare cognoverint. Servassem tamen tempora ipsa cum rebus gestis, si eo ordine, utrumque simul a relatoribus accepissem. Sed quia quandoque quæ prius facta fuerant, ultima didici, quæ posterius acta, in primis accepi, necessitas mihi facta est, non eo tempore quo res gestæ sunt, sed eo tempore eas scribere quo relatæ sunt. Inde est quod superius quorumdam bonorum monachorum bonos actus describens, cujusdam boni et magnificæ vitæ monachi gesta præterii. Nam post aggressum illud opus, aliquantis jam transactis annis, ea ex parte a quibusdam dignis fide audivi, et quæ de illo per meipsum ipse agnoveram, illum ejus finem exspectans, quia adhuc in carne vivebat, in quo omnis laus secure canitur, scribere distuli. Jam vero illo feliciter humanis rebus exempto, et Deo, cui semper devotus adhæserat, (ut dignum est credere) conjuncto, tempus est aliqua de eo scribendi, et posteris sanctam benedicti hominis memoriam commendandi.

CAPUT IV.
De ortu et adolescentia bona domni Matthæi episcopi Albanensis (256).

Fuit autem hic non obscuri secundum carnem generis, ortus ex Remensi provincia, utroque parente et nobilitate, ut dictum est, insignito, et mundanis opibus locuplete. Hic in pueritia litteris traditus est, et postquam adolevit, in Laudunensi Ecclesia clericale officium adeptus fuit. Hic statim a primis annis contra multorum clericorum depravatum morem, cum ætate cœpit, et honestate invalescere, et levitatem vel lasciviam consodalium fugiens et exsecrans, quod perrarum est in hujusmodi hominum genere, famosis honestate ac religione clericis adhærebat.

CAPUT V.
Qualiter venerabili Radulpho Remorum postea archiepiscopo adhæserit.

Inter quos, quemdam probatioris vitæ clericum, Remensis Ecclesiæ tunc thesaurarium eligens, qui Radulphus nomine, Viridis cognomine dicebatur, ei se specialius religiosa familiaritate devovit. Dehinc rapto eodem Radulpho, et in Remensem archiepiscopum assumpto (257), non deseruit quem elegerat, sed probatum vita ac prudentia hominem, reli-

giosus ac prudens juvenis prosequens aliquandiu sub ipso Remensis jam Ecclesiæ canonicus perseveravit. Gaudebat ejus societate religiosus episcopus, nec inferiorem ei amoris vicem rependebat. Cernebat in eo quod in se cognoscebat, et velut imaginem virtutum suarum in ipso amplectebatur. Ut enim quidam sapiens ait : *Similitudo morum concordiam efficit animorum.* Et vere, nunquam enim dissimilia sibi convenire potuerunt, nec in una sede diversa morari. Nam dissimilitudine discohærentia, si quis sine aliquo simili adjungere tentat, frustra laborem insumit. Statim enim ab invicem resiliunt, nec nisi per aliquod simile ac medium, ut dictum est, conjungi possunt. Hoc enim in elementis, hoc in corporibus, hoc in moribus, hoc prorsus in rebus omnibus constat, et luce clarius est. Sic bono episcopo bonus canonicus, bonorum morum vitæque honestæ congruentia conjunctus, paulatim per quotidiana incrementa, ad majorem religionis ac sanctæ conversationis amorem promovebatur.

CAPUT VI.
Quomodo ad monasticam vitam aspirans, ecclesiasticos honores dimiserit.

Inde actum est ut divinus ignis, pectoris ejus de scintilla exortus, in flammas prorumpere gestiret, et non jam sub illo canonicali, imo pene sæculari ac fallaci tegmine, sed sub vero ac sincero monachorum ordine Deo servire proponeret. Videbat institutis illis clericorum nihil prope religionis inesse, multa ibi simulari, pauca in veritate geri, ambitione, cupiditate, æmulatione cuncta interturbari, et sub tonsura vel habitu clericali, rectius mercenarios quam canonicos posse vocari. Hæc et his similia mortis genera in eis abhorrens, et velut de medio Babylonis, juxta vocem prophetæ (*Isa.* XLVIII), fugere quærens adit episcopum, et familiare sibi colloquium ab eo indulgeri rogat. Quo impetrato denudat quidem ex parte animi secreta, sed ex majore sub silentio tecta reservat. Timebat enim ne si cuncta episcopo se diligenti proderet, dilectione qua ei tenebatur obstrictus, ejus conatibus idem episcopus contrairet. Et noverat quidem episcopum omnino virtutum suarum desiderare profectum, sed velut membri alicujus a corpore divulsionem, ejus a se timere discessum. Hac ergo de causa quidquid de sæculi abrenuntiatione proposuerat reticens, reliqua pandit, et se canonicales reddi-

ANDREÆ CHESNII NOTÆ.

(256) Ms. add. *monachi Cluniacensis.*
(257) *Radulpho in Remensem archiep. assumpto.* Robertus de Monte in Chronic. ad annum 1114 : « In Remensi, inquit, metropoli post Manassem illustrem virum, exturbato Gervasio Radulphus successit, qui Viridis cognomen habuit. » Et Yvo epist. 190, ad Paschalem II, papam : « Notum esse volumus excellentiæ vestræ, quia ego et domnus Theobaldus Beati Martini monasterii Paris. prior, audientes miserabilem et mi\:abilem Remensis Ecclesiæ desolationem ausu familiaritatis opportune et importune regem Francorum interpellavimus, quatenus prædictæ Ecclesiæ expulso invasore Gervasio pacem resti-

tueret, et domnum Radulphum ejusdem Ecclesiæ metropolitanum in gratiam suam receptum eidem Ecclesiæ præesse concederet. » Sugerius in Vita Ludovici Grossi, et Aymoini continuator lib. V, c. 50, Rodulphum appellant, adduntque gravissimas cum Ludovico rege inimicitias incurrisse, quod absque ejus assensu electus et intronisatus fuerat in sede Remensi. Lisiardus quoque cap. 36 Vitæ sancti Arnulfi meminit ejusdem sub nomine Radulphi Viridis : quo nomine scribitur adhuc et a Nicolao monacho in Vita Godefridi Suessionensis episcopi lib. III, cap. 24.

tus minus canonice accepisse confirmat. Timere se ne a patre divite, et sæculari homine, pretio vel prece indicenti, redditus ecclesiastici, qui gratis dari et accipi debent, sibi provisi fuerint, atque cum subsidio corporali æternus interitus comparatus. Et nescisse quidem se tales contractus, neque accersitum fuisse ad hujus modi commercia. Formidare se tamen sola fama ad se perlata, ne solo nomine Christianus dicatur, et rerum veritate Simonis discipulus approbetur. Debere Patrem saluti filii providere, et ne casu aliquo ovis de numero gregis sibi crediti pereat, satagere *Et ut,* inquit, *finem dicendi faciam, et quod hucusque in corde meo latuit, retegam, præbendas omnes, reditus ecclesiasticos omnes quocunque modo mihi datos in manum vestram refundo, et omnibus prorsus ecclesiasticis, non spiritualibus, sed corporalibus, mihi hucusque collatis beneficiis, abrenuntio.* Hæc episcopus a juvene audiens, et innumeros senes ac decrepitos multa animi devotione eum exsuperasse gaudens, in lacrymas est resolutus, eumque ne id faceret, et ne pro culpa incerta ecclesiasticis beneficiis renuntiaret, hortatus est. Non acquievit ille, sed in incœpto proposito constanter perseverans, quod cœperat, perfecit. Renuntians ergo tali occasione ecclesiasticis negotiis; imo cunctis sæcularibus causis, ab episcopo ei valedicente, eumque ad alia sua negotia mittente, recessit. Nec diu moratus est, sed quod de sua æterna salute conceperat, adimplere celeriter properavit.

CAPUT VII.

Quod propter celebrem religionis famam Cluniacum eligens, apud Sanctum Martinum de Campis monachi habitum suscepit.

Cogitans vero quo diverteret, vel ubi conceptum religiose vivendi propositum adimpleret, Cluniacum elegit. Audierat namque, ab illo suo Remensi archiepiscopo, et ante episcopatus officium et post, Cluniacense monasterium prædicari. Audierat eum Cluniacensis ordinis modum et morem multis laudibus extollentem; adverterat eum Cluniacenses institutiones multis ac diversis religiosorum institutionibus præferentem. Conjecerat non leviter in his posse falli hominem doctum in divinis, expertum in humanis, qui pene nihil divinorum longo usu subtili meditatione ignorare poterat, qui pene nihil mundanæ scientiæ, ne dicam sapientiæ intentatum reliquerat. Hujus ergo credulus verbis, religioni, quam eum maxime approbare audierat, se consociare decrevit. Sed quid faceret, inquam, fervens et devota anima, quæ adeo divino igne incanduerat, ut conceptam rem diu differre, mortem putaret? urgebat eum ut celeriter vota compleret spiritus, sed longe aberat Cluniacus, longe aberat, longum iter intererat. Timebat ne tanto temporis spatio tentatori indulto, a nequam hoste vinceretur, et conceptus spiritus casu aliquo exstingueretur. Unde quia vel ideo timebat, vel quia secundum quemdam cupienti animo nihil satis festinatur, Cluniacum quidem matrem, quia remotior erat, tunc non adiit, ad Cluniacensem tamen filiam, quæ propior erat, hoc est, Sanctum Martinum de Campis (238), gressum convertit. Et congrue, est enim idem S. Martini monasterium, suo Cluniacensi monasterio in ordinis, religionis ac fervoris proposito, pro modo suo ita consimile et in totum conforme, ut velut simulacrum ceræ impressum, multis aliis ad Cluniacum pertinentibus monasteriis, originalis sigilli imaginem familiarius repræsentet, et exceptis locorum distantiis, quæ simul esse non possunt, non diversa, sed prorsus unum sint. Ad hoc ergo Cluniacense monasterium Matthæus, non quidem de telonio, sed de gradu, imo casu canonico a Christo vocatus venit, et se a domino Theobaldo priore (239) in monachum suscipi rogavit. Gavisus est prior, et, ut solet in desperatis rebus fieri, præ gaudio serio eum hoc dicere non credebat. Persuasit tandem ei ut crederet se ad hoc venisse, et ut cito susciperetur cœpit instare. Hora erat secundum ordinem Cluniacensem incompetens, nec in illa aliquem pro monacho venientem suscipi fas erat. Monuit prior Theobaldus Matthæum ut sustineret, et horam congruam, qua id pro more in crastino fieri posset, præstolaretur. Respondit ille se pati non posse dilationem, habere se socios, quibus si res quoquomodo innotesceret, jam deinceps quod volebat effectui mancipare non posset. Victus prior ratione, victus juvenis devotione, victus maxime tanti lucri, si ei non cederet, amissione, libens cessit quod rogabatur. Ingressus capitulum convocat omnes, reserat causam. Lætantur universi, rogant id cito fieri: Festinanter adducitur, conspectibus omnium præsentatur. Voto et petitione propria, exuitur veteri homine, induitur novo, regulæ monasticæ subditur,

ANDREÆ CHESNII NOTÆ.

(238) *Ad Cluniacensem filiam,... S. Martinum de Campis.* Monasterium hoc ab Henrico primo Francorum rege conditum, Philippus et ipse primus ejus filius Hugoni Cluniacensium abbati concessit ad reformandum. Quod et fecit, et pro canonicis monachos institutionis ac or linis Clun. in eo posuit, uti post regales etiam chartas in hac Bibliotheca jam transcriptas adnotat Aymoini continuator, lib. v. Histor. cap. 48, his verbis :« Illo in tempore rex Philippus, admonitus divina inspiratione ab ecclesia Beati Martini de Campis clericos Deo et altari minus honeste ibi servientes removit, et eumdem locum jurisdictioni monasterii Sancti Petri Cluniacensis tribuens, ibidem monachos instituit, sancto Hugone præfatum monasterium, Cluniacense videlicet, regente. » Unde et Joannes Parisiensis ad annum 1507 : « Circa hoc tempus, inquit, fundatus est Parisius prioratus Sancti Martini de Campis ab Hugone Cluniacensi abbate, quem rex Philippus, et post eum Ludovicus Grossus filius ejus, et alii principes Franciæ multis et magnis possessionibus ditaverunt. » Et Historicus alter anonymus, qui Philippo Ludovici Pii filio rege vixit : « Iste Philippus rex ab ecclesia Sancti Martini de Campis clericos removit, et Cluniacenses monachos ibi ad Deo serviendum instituit. »

(239) *A Domino Theobaldo priore.* Primo nomine, de quo Yvo epist. 190.

corpori monasterii, quantum tunc fieri potuit vel debuit, associatur. Parvo temporis spatio emenso, Cluniacum venit, quod ei de professione scripta, vel de monachi usitata benedictione defuerat, a Cluniacensi abbate eo ibi benedictio suppletur, et jam integer corde, ore, habitu ac vita monachus, sibi jam pene de monacho nihil deesse, in Domino gloriatur.

CAPUT VIII.
Qualem se in prioratu erga Dominum [Deum] exhibuit.

Remissus præcepto abbatis sui ad monasterium S. Martini cum per annos septem claustri ordinem ferventissime tenuisset, jussione ejusdem abbatis successit in prioratum, priore suo jam defuncto, et sicut de bono viro spes certa suadet credere, ad beatæ vitæ statum translato. Ubi qualem quantumque se Deo, subditis et quibusque proximis ac remotis exhibuerit, vix a me explicatur. Ut quando [tamen] hæc tria quæ proposui, sigillatum exsequar, exhibebat se Deo ac substernebat vera cordis ac corporis contritione, præteritorum actuum vel negligentiarum pœnitudine, mundi contemptu, plenissimo ac pene singulari, inter multa millia monachorum, in Deum devotionis affectu. Morabatur in claustro assidue cum fratribus, et post plurimos mundi discursus, pene velut ea cui adhærebat claustri columna, sacræ lectionis intentus studio immobilis perdurabat. Vix poterat eum commissi prioratus cura, saltem ad horam a fratrum collegio segregare, vel ab intentione semel in Deum defixa, quolibet mundus occupationis suæ unco retrahere. Cumque sub ducatu ejus fere trecenti fratres, tam intra quam extra monasterium Domino militarent, eisque corporalia subsidia providere, vel per se, vel per alios ex officii debito cogeretur Marthæ quidem importunas exactiones ex toto effugere non valebat, sed tamen toto animi desiderio Mariæ otio inhiabat (*Luc.* x). Hinc commune claustrum ut dictum est commune oratorium, communes fratrum domos elegerat in quibus velut Moyses in tabernaculo a Judæorum lapidibus, sic ipse a mundi tumultibus, tutior permaneret (*Exod.* xxxIII). Et quia cum Propheta hanc unam a Domino petierat, ut non tantum in cœlis, sed etiam in terris habitaret in domo Domini omnibus diebus vitæ suæ (*Psal.* xxvI), quia maluerat abjectus esse in eadem domo Dei quam habitare in tabernaculis peccatorum (*Psal.* LXXXIII), libens morabatur in illa. Ibi frequenti lectione, assidua meditatione, ferventissima oratione Deo se commendans et uniens, si qui fuerant, præteritæ vitæ nævos, fortasse non multos, expiabat, et piorum studiorum in cœlis thesauros quotidianis virtutum incrementis in dies recondebat. Non relinquebat partem aliquam theoriæ intactam, sed jejuniis, vigiliis ciliciisque asperis corpus edomans, silentio, psalmodia et his quæ dicta sunt studiis, de veteri in novum hominem totus mutari, et sic a vetustate mundi in novitatem Christi plenum prope modum transitum facere satagebat. Sacrificiis super omnia divinis et sacris cœlestibus totus intentus erat : quæ non frequenter solum, sed quotidie Deo offerens, omnes quidem dignos, sed congregationis propriæ fratres specialiter, sibi vero commissos specialius, illo salutari et ineffabili sacramento, divinæ clementiæ per dies singulos commendabat. Imitabatur sicut in quibusdam aliis, sic et in hac divini sacrificii quotidiana oblatione justum Job. De quo, cum dictum esset : *Consurgens diluculo offerebat holocausta per singulos* (*Job* I), subauditur filios, post modicum additur : *Hoc faciebat Job cunctis diebus* (*ibid.*). Sic iste cœleste sacrificium, et ea hora qua Job, hoc est mane quando poterat, et quotidie sicut Job, pro se, pro subditis, pro universis ad Christi corpus pertinentibus, et hoc remedio indigentibus offerebat. Quis jam explicet bonam illam animam omnium affectuum terrenorum oblitam, carnem ipsam fere excedentem, ad cœlos multa in specie raptam? quis suspiria? quis gemitus? quis non lacrymas, sed lacrymarum imbres usque ad imum quidem terræ descendentes, sed usque ad summum Deitatis fastigium conscendentes? qui plane animam illam Esther vocare beatam, cujus a prima die monachatus usque ad ultimum vitæ exitum crimina nulla, bona multiplicia et continua, oblatio Agni immaculati, qui tollit peccata mundi, per viginti fere annos quotidiana? Talem quidem se Deo exhibebat. Sed qualem subditis?

CAPUT IX.
Qualis erga subditos fuit.

Talem se plane subditis exhibuit, talem usque ad vitæ terminum conservavit, ut non solum quantum ad Dominum, sed etiam quantum ad se, misericordiam et judicium eidem Deo secure cantaret. Ut enim mihi boni, et veraces fratres testati sunt, qui ei multo tempore convixerunt, et ipse ex plurima parte expertus sum, et misericors in subditos, et justus super omnes pene sui temporis Cluniacensis congregationis priores exstitit, et hujus misericordiæ vel justitiæ multa diebus suis et post, exempla reliquit. Misericors in eos erat, necessaria eis pro viribus præparando, et unicuique secundum apostolicam et Patris Benedicti Regulam, prout opus erat, multa labore quæsita largiendo. Pauper erat domus sibi commissa rebus, licet vere multis dives esset virtutibus. Quæ necessitas, quia sæpe graviter instabat, et cor ejus angore et corpus multo semper labore fatigabat : hac de causa aliquando proximos, aliquando remotos reges et principes adibat, et eorum donis et muneribus, servorum Dei frequenter indigentiam recreabat. Mos ei erat quandiu domi morabatur, ex præcepto quidem regulæ, sed maxime ex dono Dei derivatus, infirmorum, pauperum, hospitum, inquantum prioratus officium patiebatur, per seipsum potiorem curam gerere. Cumque cum recedere instans aliquod negotium urgeret, fratres vel in capitulo vel extra convocans, præmissa inde multa exhortatione, hanc eis curam, hoc velut proprium officium curiosissime commendabat. Nec solum circa hæc tria hominum genera misericors ejus animus occupatur. Incolumes ipsi, et hi maxime qui labori conventus devote instabant, misericordis pastoris curam frequenter experiebantur. Nihil eis fere deerat ad victum, nihil fatigatis ad requiem, nihil pusillanimitate succumbentibus ad consolationem. Omnibus et absque exceptione, et cum congruenti discretione pater erat. Jam vero discreto rigori justitiæ ejus, et multi alii, et nos cum illis qui hæc vidimus, verax testimonium ferimus. In tantum enim negligentibus de maxime damnabiliter peccantibus indignabatur, ut corde, verbis et vultu interiore zeli Dei flamma urgente inflammatus, in eorum prorsus interitum, si nesciretur, insurgere crederetur. Si attenderes, nihil Phinees insolito vulnere libidinosos percellens, nihil Elias igne cœlesti idololatras consumens irreverenter peccantibus plus eo irasci viderentur. Unde et delinquentes, Cluniacensi more, prout justum videbatur, sanguinolentis verberibus castigabat, ferro, compedibus, et diversi generis vinculis coercebat, tenebroso plerosque carceri mancipabat; fame valida et siti carnis ac spiritus superbiam conterebat : aliquando quoque, quod semel tantum, quia sic oportuit, fecisse dicitur, sepultura perpetua cohibebat. Hoc tunc fuit, quando cuidam spiritualiter mortuo, caveam subterraneam velut sepulcrum paravit. In quo cum concludens, arte illa sua, qua fratrem viventem spe vitæ immortalis quasi mortuum sepelierat, ad hoc pervenit, ut qui super terram vivere non poterat, jam sepultus vivere disceret. Hoc factum est, quando frater ille velut sepultus ad vitam rediit, ipsa sepulcri sui corporalis imagine pavefactus, ad vitam spiritualem et æternam, a qua peccando alienus factus fuerat, pœnitendo rediit. Nam licet obstinatus valde ante fuisset, frequenti tamen patris et fratrum admonitione, ac sui simul sepulcri cohortatione, ut dictum est, malis omnibus, et maxime illis pro quibus inclusionem meruerat, ex corde renuntiavit, et in humilitate ac contritione spiritus perseverans, diem ultimum clausit. Tale fratris spiritualiter mortui et resuscitati sepulcrum, a sepulcro Lazari corporaliter resuscitati, fortassis, imo prorsus non dissentit, quia Lazarus hunc de quo sermo est designans, vocatus de sepulcro suo, vitam rursus morituram ; iste de suo ab eo Domino per Matthæum suscitatus, vitam meruit sempiternam. Hoc justitiæ zelo fervens, et totus, ut sic dicam, ignitus famam hujus sui fervoris ubique sparserat, et negligentes vel fluxos non solum subditos, sed etiam quoslibet alios proximos vel remotos solo Matthæi nomine deterrebat. Exertum semper, ut olim cherubim (Gen. III), in necem scelerum flammeum gladium præferebat, nec eum a sceleratorum sanguine aliquando prohibebat. In hac virtute ita præcelluit, ut et domum sibi commissam ad longe majorem solitæ religionis statum perduceret, et multa circumposita monasteria, vel abbatias, quæ a totius monastici ordinis fervore languerant, adjutus quorumdam bonorum virorum auxilio in optimum religiosæ conversationis propositum reformaret. Talem se, ut dictum est, Matthæus habuit ad subjectos. Sed qualem se exhibuit ad alios proximos vel remotos?

CAPUT X.
Qualis erga omnes proximos vel remotos exstiterit.

Exhibebat omnibus communem tam corde quam verbis dilectionis affectum, et, in quantum salva propositi gravitate poterat, jucundum se et hilarem quibusque alloquentibus offerebat. Ad omnes quidem, juxta Patris Augustini verba, congruum charitas habebat affectum, ad eos vero quos poterat ejusdem effectum. Fecerat ea charitatis virtute monasterium suum, præ cunctis totius Franciæ monasteriis, commune universorum hospitium, et velut generale, absque alicujus personæ exceptione, cunctorum asylum. Episcoporum, abbatum, nobilium etiam laicorum quotidianus concursus, monachorum et clericorum agmina, pauperum quæ nunquam deesse poterat turba, domos universas, hospitia cuncta assidue pene replebat. Suscipiebantur alacriter, nec in suscipiente boni vultus hilaritatem, tanta advenientium importunitas turbare poterat; cujus cor virtus illa, quæ nescit quærere quæ sua sunt, sed quæ aliorum, plenarie possidebat. Expendebat in his pietatis sumptibus, non solum omnia sua, sed et quæ mutuo accipere poterat, multo sæpe cum fœnore aliena. Nam ut omnibus ad monasterium confluentibus obsequi, ut omnes procurare, ut omnibus satisfacere posset, extendebat se supra se : nec vires proprias vel quantitatem facultatis attendens, pene ad impossibilia semetipsum cogebat. Cumque plerique abbatum vel episcoporum, quorum ego nonnullos agnosco, marsupiis plenis, imo, ut sic dicam, exundantibus gazophylaciis, vix vel buccellam pauperi præbeant, vel raro hospiti ostium aperiant, hic e converso juxta Apostolum, velut nihil habens et omnia possidens (*II Cor.* VI), negare cuilibet, etiam quæ deerant, nesciebat. Inde attenuata domo, exhaustis omnibus, ipsis etiam, ut hospitibus satisfieret, sæpe monachis esurientibus, multo animi angore sollicitabatur. Sed rursus recolens illud propheticum : *Inquirentes Dominum non deficient omni bono* (*Psal.* XXXIII), etiam de subsidiis corporalibus dictum et illud Domini : *Nolite solliciti esse, dicentes : Quid manducabimus aut quid bibemus* (*Matth.* VI)? et aliud : *Hæc omnia adjicientur vobis* (*ibid.*), reformabat animum ad spem, et totum in Domino jactans cogitatum, velut plenis horreis, vel cellariis exsultabat. Nec frustrabatur diu spe sua, nec ille qui volatilibus cœli, quæ nec serunt, nec metunt (*ibid.*), providet servorum, suorum obliviscebatur. Providebat eis sæpe invisibilis provisor, per reges ac principes ministros suos, atque rerum suarum, non dominos, sed horarios dispensatores; providebat, inquam, eis sæpe necessaria, et multa frequenter mittebat. Aderat plerumque pauperie valida angustatis, ac multo ære alieno oppressis, ex improviso emergens pleno copia cornu et mœrorem in gaudium, egestatem in abundantiam subito transferebat. Sic, sic magnificus retributor facere consuevit, ut quæ talibus officiis expenduntur, velut sibi credita plusquam fidelis in commisso, eadem non tantum duplicata, sed etiam centuplicata quandoque restituat. Hinc erat quod inter cæteros principes, qui eum harum et similium virtutum fama exciti diligebant, quique illi de suis multa largiebantur, Ludovicus rex Francorum, rexque Anglorum Henricus, singulari ipsum amore amplectebantur. Adeuntem se gaudenter suscipiebant, multo susceptum honore colebant, ac discedentem nunquam fere vacuum remittebant. Hoc maxime jam nominatus magnus ille rex Henricus faciebat; qui sicut universo pene orbi terrarum notum est, cunctos sui temporis Christianos principes prudentia transcendit, operibus evicit, largitate superavit. Hujus Matthæus gratiam, gratia virtutum suarum familiariter meruerat. Nam eum sæpe adiens, ab eo obsequiis honoratus, ac donis regiis oneratus, lætus ad fratres regrediebatur, eorumque de inopia patientiam, hujusmodi remediis consolabatur. Ita bonus vir prius Deo, deinde propter Deum omnibus complacens, omnibus gratus, et sibi omnes talibus vitæ vel virtutum studiis devinxerat, et, secundum Apostolum, pro modo suo omnibus omnia factus (*I Cor.* IX), omnibus complacebat. Sicut igitur in supra scripta divisione præmisi, Deo primum, deinde subditis, post etiam quibusque aliis proximis vel remotis talem se Matthæus exhibuit, tale sui exemplum et sui temporis, et post futuris monachis omnibus dereliquit.

CAPUT XI.
Qualiter a domno Petro abbate Cluniacum evocatus, ordinem rigidissime retinuit.

Eo tempore contigit nescio qua Dei voluntate vel permissione ad Cluniacensis congregationis regimen, quod non dupliciter, sed simpliciter profero, me indignissimum assumi, et tantarum numero, tantarum merito ovium Christi curam, inutilem et improvidum prorsus opilionem assumere. Et quia famam hujus de quo sermo est, ante hoc officium hauseram, et ea de causa eum jam ex parte notum et familiarem habebam, ad ordinis adjutorium, et ad impositæ curæ supportandam sarcinam, ipso statim primo vocationis meæ anno Cluniacum evocavi. Astrinxi eum mihi fortiore nec unquam dissolvendo amoris vinculo, eique statim ordinis et claustri, cujus, ut jam dictum est, ferventissimus erat amator, curam imposui. Succreverant paulo ante in magno illo et nobili monastici ordinis agro, resecanda vel potius evellenda, utilibus satis contraria, et quorumdam quos nominare nolo, culpa vel desidia, nam ex majori parte jam vita excesserunt, plurima exstirpanda exorta fuerant. Ad hujus rei adjutorium magnum hunc et vineæ Christi non segnem operarium, ut jam dixi, accersens, insignem vere eum adjutorem expertus sum. Nam noxia vel superflua quæque in cibis, in potibus, in moribus quam maxime persequens, licet ea de causa multa nunc reticenda passus fuerit, ea tamen ad congruum finem, etsi non statim, Deo præcipue, meque cum quibusdam aliis pro viribus juvante, perduxit. Nec idcirco tamen curam monasterii jam dicti deposuit, quoniam a me, quia sic res exigebat, et Cluniaci ordinem tenere, et domui jam dictæ providere coactus, non obedire non potuit. Erat quippe talis, qui non unius tantum virtute dexteræ, sed et ipsa sinistra, sicut de quibusdam Scriptura sacra refert, pro dextera uti nosset (*Judic.* XX). Et recte : justi enim hominis est, nunquam sinistram habere, sed semper ea quæ sinistra, hoc est adversæ partis sunt, in dexteram, hoc est rectam convertere. Sic expertam hominis virtutem, non uni tantum, sed gemino oneri portando sufficientem, utrumque ejus humerum supposui, atque ut secundum eam quam in ipso cognoscebam gratiam, fratribus suis aliquantulum abinvicem semotis, labore suo proficeret providi. In hoc statu, aliquanto tempore decurso, postquam certa et utilis causa exegit, dato ei apud Cluniacum ordinis successore, ad Sancti Martini monasterium, ut prius regendum, eum remisi.

CAPUT XII.
De schismate Cluniacensi per Pontium, qui abbas fuerat, concitato.

Dehinc non plenis, ut mihi videtur, duobus annis transactis, insurrexit nota illa contra Christi naviculam, hoc est Cluniacensem Ecclesiam, horrenda tempestas, et velut civile bellum in republica nostra ubique terrarum exarsit. Quod ne priores carpere videar, quantum ad præsentem materiam pertinet, succincte describo. Domnus Pontius Cluniacensis post S. Patrem Hugonem nullo interjecto abbate successor ejusdem patris ultimo tempore, de monasterio Sancti Pontii Cluniacum veniens, nova facta professione, more talium de aliis, vel de alienis monasteriis venientium, Cluniacensis monachus factus est. Hic valde juvenis, a fratribus Cluniacensibus spe bonæ indolis ejus inductis, in abbatem electus, magno illi et famoso viro, jam dicto Patri Hugoni successit. Qui primis assumptionis suæ annis, satis modeste ac sobrie conversatus, procedente tempore mores mutavit, et multis ac diversis casibus vel causis, fratrum pene universorum animos exasperando, eos paulatim contra se concitavit. Dissentientes illi ab eo, et quod multa mobilitate vel levitate animi, nullis bonorum consiliis acquiescendo, ut dicebant, res monasterii pessundaret, inter se nunc pauci, nunc plurimi, tandem pene universi murmurabant. Mansit tamen res aliquandiu tecta inter eos, nec ad aures sæcularium per decennium fere pervenit. Prorupit tandem eousque lis occultata diu, ut non solum ad circumpositos, sed insuper ad remotissimos quosque hujus dissensionis malum pertingeret, et ipsas summi pontificis, ac Romanæ curiæ aures impleret. His rumoribus domnus Pontius provocatus, indignationis impetum, quem in alios fortassis derivare debuerat, in seipsum retorsit, et Romam velut præcipiti cursu adiens, ut curæ pastoralis sollicitudine solveretur, dominum papam instanter oravit. Præerat tunc Romanæ Ecclesiæ, regii sanguinis nobilitate insignis, sed moribus, probitate, ac liberalis animi magnificentia longe insignior, qui prius Viennensi Ecclesiæ præfuerat, Calixtus papa secundus. Is in primis, abbatis Pontii voluntati et petitioni, omnis exhortationis nisu resistens, postquam eum non posse deflecti a proposito vidit, ab omni cura Cluniacensis Ecclesiæ, ut postulabat absolvit. Absolutus inde, ejusdem papæ permissione Apuliam petiit, indeque mari transmisso Hierosolymam, semper, ut proposuerat, ibidem mansurus, pervenit. Papa fratribus Cluniacensibus quod factum est mandans, ut sibi Patrem eligerent, auctoritate apostolica præcepit. Illi post præceptum, accepto consilio totius religionis ac religiosæ opinionis, virum Marciniacensium sororum priorem venerabilem Hugonem sibi pari assensu in abbatem eligunt. Suscepit sanctus ille, licet valde renitens, quod imponebatur, sed vix quinque elapsis mensibus, ex hac luce migravit, et (sic longa ejus in sancta conversatione vita meruerat, ut merito creditur,) ad meliora transivit. Fratres et isto ita subtracto, novæ electioni diem statuunt, proximis quibusque et remotis, ut ad diem statutum conveniant, indicunt. Congregatur cum quibusdam episcopis et abbatibus multus monachorum populus, et in octavis Assumptionis beatæ Virginis (utinam sibi melius consulentes!) in præsentium scriptorem conveniunt. Mandant jam dicto papæ hujus suæ electionis assensum, et ab eo rescriptum, hoc quod fecerant confirmans, suscipiunt. Mansit deinde aliquot annis res Cluniacensis in pace, et velut sepultis prioribus malis, optimo quietis ac bonorum proventuum successu florebat. Tandem jam dictus Pontius transmarinæ habitationis pertæsus, rediens ab Oriente, Occidenti tenebras contra morem invexit. Qui ut Italiam attigit, divertere Romam nolens, in Ravennatium partibus, hoc est in episcopatu Tarvisiano, sedem sibi constituit. Ibi monasteriolo constructo, parvoque in eo tempore demoratus Gallias repetiit. Explorata demum absentia mea, nam forte tunc in secundæ Aquitaniæ partibus Cluniacensibus negotiis insistebam, fingens se Cluniacum nolle venire, paulatim tamen appropinquabat. Dehinc quibusdam fugitivorum sibi adjunctis, armisque vulgarium quos sibi asciverat constipatus, Cluniacensibus portis improvisus advenit, quibus effractis et venerabili sene Bernardo priore (240), fratribusque aliis ubiubi dispersis, cum promiscua illa armatorum multitudine, ipsis quoque mulieribus irruentibus claustrum ingressus est. Ingressus occupat statim omnia, et eos quos reperit minis, terroribus, ac tormentis in suæ fidelitatis cogit sacramenta jurare. Nolentes aut expellit, aut duro carceri mancipat. Convertit statim manum ad sacra, et aureas cruces, aureas tabulas, aurea candelabra, aurea thuribula et quæque alia multa et multi ponderis vasa invasit. Rapit et ipsos calices maxime sacros, nec thecis vel scriniis aureis sive argenteis, multorum martyrum ac sanctorum ossa continentibus parcit. Conflat ex his et similibus auri pondus immensum, et eo circumpositos milites vel quoslibet auri cupidos ad bellum raptores invitat. His protectus circumpositas monasterii villas et castra invadit, ac sibi barbarico more religiosa loca subdere moliens, ignibus, et ferro quæ potest cuncta consumit. Abstinet a nulla bellorum specie, rapinis rerum, cædibus hominum, per conductos sacro auro milites ubique desævit. Consumitur ab ipso initio Quadragesimæ usque ad Kalendas Octobris, tota in hujusmodi præliis æstas, nec saltem paucis diebus a tanta malorum calamitate respirat. Manebat jam dictus Bernardus prior, et nobiles religiosi ac magni viri extra Cluniacum, ubi poterant, et in locis tutioribus, a tantorum incursu hostium, sese pro viribus defensabant. Sic in sancta illa et famosissima Cluniacensi domo, occulto, sed justo Dei judicio, Satan ad tempus laxatus furebat. Sed juxta librum beati Job, qui fecit eum applicuit gladium ejus (*Job* XL), et congruum tantis malis finem, brevi imposuit.

CAPUT XIII.

De fine scandali Cluniacensi, et sapientia domini Matthæi.

Decesserat jam e vita suprascriptus venerandus papa Calixtus, nec se inferiorem papam Honorium acceperat successorem. Ille tantæ Ecclesiæ tantos tumultus audiens, misso de latere suo legato, domino scilicet Petro cardinali, Pontium et Pontianos, qui tunc sic vocabantur, omnes, adjuncto sibi Lugdunensi primate Hubaldo (241), terribili anathemate condemnavit. Data tamen postmodum die, utramque partem ad subeundum in præsentia sua tanti dissidii judicium litteris apostolicis evocavit.

ANDREÆ CHESNII NOTÆ.

(240) *Venerabili sene Bernardo priore.* Bernardus hic Pictavus natione, elegans moribus, opere strenuus, domui sibi commissæ prudenter providens, ut inquit idem Petrus noster Venerabilis infra cap. 32, qui et ipsi post mortem epitaphium scripsit.

(241) *Lvgdunensi primate Hubaldo.* Gozeranni successore, quem aliqui Humbaldum, alii Humbertum, vel Umbertum appellant; estque ille ipse H. archiepiscopus Lugdunensis, cui scribens Innocentius II, papa, pro sanctimonialibus Marciniaci, testatur et illas ab eo foveri et diligi. Litterarum initium est : « Innocentius servus servorum Dei, venerabili H. Lugdunensi archiepiscopo, salutem et apostolicam dilectionem. Fraternitati tuæ litteras pro sactimonialibus de Marcigniaco a nobis transmissas, » etc. Et statim postea sequitur : « Quod autem præfatas sorores, sicut accepimus, foves et diligis, gratum habemus, et nos quidem earum jura ipsis volumus illibata servare. »

Obtemperat statim pars cuncta nostrorum, et inter innumeros monasteriorum priores causa cujus hæc interjecta sunt jam dictus venerandus Matthæus advenit. Adest et Pontius, licet invitus, cum suis, et denominata die, ut judicium subeat, advocatur. Præcipitur tamen, ut quia excommunicatus nec agere, nec judicium canonice subire potest, prius satisfaciat, et satisfaciendo, se vinculo quo jure vinctus fuerat, solvat. Mittuntur a papa nuntii, et ex parte mittentis, ut de tantis malis satisfaciat, jubent. Respuit ille, nec se ab aliquo viventium anathematis vinculo vinciri posse affirmat. Solum esse Petrum in cœlis, præter quem nulli hoc licere fatetur. Commoto multo magis tali ejus responso domino papa, totaque simul inde urbe turbata, non solum excommunicatum, sed et schismaticum cuncti proclamant. Et quia, ut dictum est, nisi solutus ad judicium admitti non poterat, a suis qui cum eo venerant, utrum quod ille nolebat, ipsi saltem satisfacere vellent, responsum missis dominus papa nuntiis quærit. Qui statim pro ejus imperio paratos se esse respondent. Intrant ergo palatium nudis pedibus cuncti, et reos se in conspectu universorum fatentes, protinus absolvuntur. Absoluti, causam ingrediuntur, nihil quod vel sibi, vel illi pro quo agebant, suffragari posset, intactum relinquunt. Assumit sibi ex parte alia vocem universorum venerandus Matthæus, et sapienter de tota causa perorat. Surgit statim auditis partibus papa, et tota Romana curia sibi adjuncta, ad rem examinandam in partem secedit. Moratur diu, redit cum cunctis post aliquas horas ad sedem, ut inventam ex consilio sententiam ferat, Portuensi episcopo jubet. Fert ille jussus sententiam, et ut ipsa ejus verba referam : *Pontium, inquit, invasorem, sacrilegum, schismaticum, excommunicatum, ab omni ecclesiastico honore vel officio, sancta Romana et apostolica Ecclesia in perpetuum deponit, et Cluniacum, monachos vel cuncta ad idem monasterium pertinentia, abbati qui inpræsentiarum est, cui injuste subtracta fuerant, restituit.* Data sententia, uniuntur qui divisi fuerant, et velut in momento, redintegrato Cluniacensi corpore tantus tamque diutinus malorum turbo sedatur. Irruit post paucos dies, tam in victos quam in victores, Romanus ille pestifer morbus, et pene omnes tam monachos quam famulos in brevi prosternit. Invadit vix elapso mense et dominum Pontium, paucisque diebus interjectis exstinguit. De cujus fine epistolam mihi a supradicto beatæ memoriæ papa Honorio directam, si forte ejus notitia utilis judicatur, adjungo : *Honorius episcopus, servus servorum Dei, dilecto filio Petro Cluniacensi abbati, salutem et apostolicam benedictionem.* Præterito mense Decembri, *Pontius viam universæ carnis ingressus est. Qui quamvis de malis Cluniaco illatis, sæpe commonitus pœnitentiam agere noluerit, nos tamen pro reverentia ejusdem monasterii, cujus monachus fuerat, eum honeste sepeliri fecimus. Data Laterani.* Ille quidem morbo Romano aliquandiu fatigatus sic moritur. Non parcit idem morbus et mihi, et plusquam per dimidium annum, igne vix tolerando adurit. Non evasissem, ut credo, sociorum casum, nisi et fratrum oratio, et medicinæ cura a quodam sapiente clerico, multo mihi studio impensa, juvisset. Evasi tandem, Deo propitio, ac per ipsius gratiam maximus ille religionis locus, a sui generis pessimo turbationis et schismatis morbo mira celeritate convaluit, atque ad pristinum et fortassis ex parte meliorem religionis, famæ vel rerum statum pervenit. Digressus videor a proposito. Sed quia rem, ut mihi videtur, non reticendam, et pro futurorum cautela perutilem, a subsequentium memoria perire timebam, occasione domini Matthæi inventa, cujus maxime præ cæteris studio tantum malum sopitum est, dicenda silendo præterire timui. Redeat ergo stylus ad ipsum, et quæ de ipso restant, ut cœperat, exsequatur.

CAPUT XIV.

Quomodo in episcopum Albanensem assumptus sit, et quam sancte in eo sese habuerit.

Causa jam dicta tractus ad urbem, ea sic diffinita, redire cum sociis ad propria festinabat (242). Sed qui nescientem vocaverat Deus, reditum impedivit, et quia super pauca fidelis fuerat, eum super multa, ut expertum dispensatorem promovit (*Matth.* xxv). Injungit ei cum honore nominandus papa Honorius, majoris honoris et oneris pastoralem curam, et eum labori suo socium adhibens, in episcopum Albanum consecrat. Provectus ergo ad sublimem pontificalis ordinis gradum, et super Ecclesiæ candelabrum, ad lucendum omnibus qui in domo Dei erant magnifice exaltatus, nihil de monacho quorumdam more dimisit, sed sicut de magno Martino legitur, eadem in corde ejus humilitas, eadem in vestitu ejus vilitas mansit. Nihil de officiis, nihil de cantibus, nihil de prolixa Cluniacensi psalmodia, quarumlibet curarum prætextu reliquit. Servabat in palatio instituta claustri, et mundo expositus, firmo et longo usu, velut innato religionis proposito a sæcularium vanitatibus se quasi septo firmissimo secernebat. Cohibebat se intra se nunquam magis negotiosus quam cum solus erat. Præferebat cunctis operibus suis omnibusque sanctis studiis, sacrificandi Deo illum suum quotidianum usum, a quo nec rei familiaris cura, nec multiplex occupatio, nec ipsa continua post sum-

ANDREÆ CHESNII NOTÆ.

(242) Hoc capitis initium longe prolixius in ms. sic : *Dehinc contigit ut quibusdam causis contra Christi naviculam, hoc est Cluniacensem Ecclesiam, insurgentibus jamdictus venerandus Matth. inter innumeros monasteriorum Cluniacensium priores ad Urbem tractus, et tandem per Dei gratiam et ejus Matthæi maximo præ cæteris studio, causis ad honorem Dei et Ecclesiæ Cluniacensis diffinitis redire cum sociis ad propria festinabat.*

mum pontificem, omnium Ecclesiarum sibi imposita sollicitudo eum retrahere poterant. Conquerebatur inde sæpius papa, et aliis ad curiam mane ex more convenientibus, ipsi ad horam tertiam vix occurrenti, quod plus nimio esset monachus, velut improperabat. Nec hoc tantum Romæ, sed etiam ubique terrarum studiose servabat. Utebatur sæpe æstivis diebus acriore Italici solis ardore, quod matutinas in his sacris studiis occupans horas extrahi ab Ecclesia circa sextam quandoque horam vix poterat. Et quia non solum simplex religiosa innocentia, sed et prudens erat singulari sapientia, mittebatur sæpe a magistro, ad diversas partes orbis terrarum, et vices apostolicas in partem ab eo vocatus sollicitudinis prudenter administrabat. Nec juxta modum gratiæ a Deo sibi collatæ, inferior in hac parte erat David, de quo Scriptura sacra loquitur, quod ad imperium regis ingrediens et egrediens, in toto illo regno fidelis exstiterit, cum ille in illo Judaico, hic in longe sublimiore Christianæ reipublicæ regno, totas animi et corporis vires consumendo, fidelis fuerit.

CAPUT XV.
Quod cum adhuc prior esset, pecunias a Judæis mutuari prohibuit.

Et quia fidelitatis vel fidei ejus extollendæ causa de Judaico regno mentio facta est, quod mente exciderat ad hoc probandum pertinens, referatur. Hoc enim in ipsis et de ipsis Judæis probari contigit. Accesserat, ut supradictum est, noviter ad prioratus Sancti Martini curam administrandam, et inter cætera negotia debita monasterii ipsi a fratribus proponebantur. Requirens ille creditores, quosdam ex ipsis Judæos esse cognovit. Statimque ad fratres ista sibi referentes conversus : *Et unde*, inquit, *hoc vobis quod Christiani et monachi a Judæis et impiis mutuas accipere pecunias voluistis?* « *Quæ enim conventio Christi ad Belial, aut quæ societas luci ad tenebras? vel fideli cum infideli?* » (II Cor. VI.) *Ite, ait, ite, et hujus improbandæ societatis vinculum, pecunias illas solventes, festinanter dirumpite, et Judæis ulterius in ratione dati et accepti, mutui vel depositi, vel cujuslibet commercii communicare nolite vel cavete.* Ad hæc cum illi responderent, non posse se, monasterii paupertate cogente, a mutuandis Judæorum pecuniis abstinere : *Absit*, inquit, *absit, nec unquam deinceps sermo iste de ore vestro procedat! Quo enim vultu, qua conscientia, ad altare Salvatoris Christi accedere, qua fronte ad colloquium piæ matris ipsius venire tentabo, cum blasphemis hostibus ejus blanditus fuero? Quomodo pessimis inimicis ipsorum amicus effectus, ipsis placere valebo? Quomodo illo ore, quo pecuniarum vel cujuslibet rei causa, eis blanditus fuero, ipsos invocare vel deprecari audebo? Videte igitur ne de his ulterius quæstio fiat. Solvite cito quidquid eis debetis, et velut æterna lege præfixa, ab universis eorum commerciis deinceps abstinete.* Sic fidei zelo devotus homo repletus, et contractus illos inhibuit, et quid

amoris in intimis cordis sui, Christo Domino suo servaret, ostendit.

CAPUT XVI.
De schismate Romanæ Ecclesiæ, et quam viriliter catholicam partem defenderit.

Hanc suam erga Christum et ejus Ecclesiam fidem, maxime illo tempore probavit, quando schismaticus furor, contra unius columbæ, hoc est, ejusdem Ecclesiæ unitatem altare profanum erexit. Divisa erat, imo discissa, Romana prius, dehinc tota Latina Ecclesia, et primo ex magna sui parte, vi et pecunia intrusum Leonis filium sequebatur. Restitit ille cum quibusdam sociis fortiter, et quod non plantaverat Pater cœlestis, eradicare totis viribus contendebat. Ea de causa cum pontifice suo, imo cum communi papa Innocentio, urbe expulsus, multaque justitiæ causa perpessus est. Inde per Tiberim mare ingressus, ad Gallias venit. Ubi primum ab eodem domino papa Innocentio, Cluniacensi nova et majore consecrata ecclesia, ac gemino concilio, alio Claromonti, alio Remis celebrato, totam (excepta parte Aquitaniæ) Galliam, Hispaniam, Angliam, Germaniam, sibi imo Christo, studio præcipue Matthæi papa jam dictus univit. In quibus partibus diu Matthæus cum ipso commoratus, per Alpes ad Italiam Pisas usque, ubi et prius aliquandiu manserat, cum eodem regressus est. Occupabat adhuc sedem apostolicam Leonis filius Petrus, et Leonini catuli contra partem catholicam sæviebant. Permittebat hoc Christus, et qui Antichristum, schismaticorum omnium caput in templo Dei sedere permissurus est, et suos exsulare, et sedem Petri a non suis occupari sinebat. Eapropter mansit reliquo vitæ suæ tempore Pisis cum Innocentio papa Matthæus, nec ei urbem vel sedem propriam revisere facultas data est. Quo toto tempore, in nullo retrocedens, semper seipso melior virtutum profectu fiebat, et sacris semper studiis occupatus, quanto fini propinquior, tanto virtutibus exercitatior apparebat.

CAPUT XVII.
De fine ipsius miris insignibus glorioso.

De quo ejus fine aliqua subdere, quia jam rei series vel processus admonet, differre ultra non debeo. Possent quidem adhuc plura de ipso digna memoria litteris tradi, sed quia hoc occupatio prohibet, illud saltem in quo suis vel nostris diebus parem non habuit, tacendum non est. Non ignoro equidem, suis illis nostrisque diebus bonæ vitæ multorum bonorum finem optimum successisse, sed quantum ad aures meas pervenire potuit, nullius jam dicto tempore transitum miris insignibus sic contigit claruisse. Missus fuerat Benedictus vir a domino papa pro pace reformanda Mediolanum, et maximam post Romam Italiæ urbem, unitati Ecclesiæ, a qua per Anselmum schismaticum defecerat, reddere festinabat. Dedit cito Deus optimum successum ejus labori, et multos Liguriæ populos, a pace catholica aversos, matri Ecclesiæ mira celeritate restituit. Consummato dehinc, ut olim Martinus, ecclesiasticæ pacis negotio, nutum statim in se advertit vocantis, et fluxu ventris interioribus dissolutis, viribus corporis paulatim destituebatur. Passus ante fuerat hujusmodi incommoditatem Cluniaci per annum, et gravi dyssenteria liquefactus, multis fratrum pro eo fusis Deo precibus, vix mortem evaserat. Correptus est itaque, ut dixi, eodem morbo, et tam labore itineris quam ardore solis (nam tempus tunc æstivum instabat) eo invalescente, ad defectum naturæ cœpit urgeri. Reversus est tandem Pisas, et per aliquot menses, vir animosus cum hac invaletudine luctabatur, Nolebat, licet ægritudine valde cogeretur, lecto decumbere, nolebat de labore solito quidquam intermittere, nolebat corpori suo vel in modico parcere. Tolerabat constanter apostolicæ curiæ labores, causis ecclesiasticis nunquam deerat, fratrum se subtrahere utilitatibus nesciebat. Divina obsequia, quibus, ut supradictum est, se totum a puero dedicaverat, irrequietus frequentabat. His totum more suo se impendebat, ut, quantum ad illa, sic æger esse nesciretur, sospes et alacer putaretur. Orationes continuæ, oculi assidue in lacrymas defluentes, psalmodia utpote Cluniacensis, totum pene diei noctisque tempus occupans, cui cor, cui linguam, cui opera, cui tandem se totum devovisset, id monstrabant. Illud autem, illud, inquam, singulare suum refugium, quod omni fere vitæ suæ tempore, insatiabili desiderio perpetuaverat, altaris dico sacrificium, nulla vis morbi, nulla debilitas, ut vel una die intermitteretur, cogere poterat. Pugnabat cum morbo, singulari devotione pertinaciter, et, ut de jam dicto suo Martino legitur, pro modo vel posse suo, invictum ab oratione spiritum non relaxabat. Productum est hoc ejus salubre certamen, ab idibus Julii usque ad Kalen. Decembris : quo toto tempore, artus languore solutos, violenter spiritui servire coegit, nec alicujus suasu, ab his divinis vel similibus sacris operibus revocari potuit. Tandem prima Adventus Domini hebdomada, omnimodum jam naturæ defectum ferre non valens lecto decubuit. Et cum jam non valde remotum mortalis vitæ suæ finem instare sensisset, advocat fratres sibi obsequentes, vocat et famulos, et benigne illos alloquens et consolans, adjungit : *Oro vos*, inquit, *fratres et filii, ut quia me in proximo recessurum a rebus humanis intelligo, valedicatis ex parte mea, et affectuose salutetis, in primis dominum meum et patrem Cluniacensem abbatem, priorem et subpriorem, Hugonem camerarium, et Arbertum sacristam, totumque simul fratrum nostrorum Cluniacensium conventum, abbatem Vizeliacensem Albericum, et priorem de Charitate. Specialiter autem intimos et præcordiales filios meos, apud Sanctum Martinum de Campis Deo servientes, quos ego prout melius potui, in Dei servitio educavi.* Hæc benedictus vir dicens, non solum quantum in Deum, sed etiam quantum in fratres et filios haberet affectum, ostendit.

CAPUT XVIII.
De visione quam vidit de ipso prior Sancti Zenonis.

Non multos vero ante dies, prior monasterii Sancti Zenonis, quod Pisis constitutum est, viderat in somnis eum, de quo agitur, habitu monachali indutum, eique puerum venustæ formæ, qui etiam regis filius dicebatur, adstare. Præferebat autem idem puer manibus librum, aureis litteris scriptum. Quem cum aperuisset, venerabili illum Matthæo offerens, ut legeret, suadebat. Cumque ille responderet quid sibi lucri de lectione illa proventurum esset, adjecit puer : *Percipies*, inquit, *hujus libri lectione, omnium linguarum notitiam.* Qui postquam legit, interrogatus a puero, Hebraica lingua, Hebraice respondit. Sciscitatus et Græca respondit eadem. Et puer : *Sicut*, inquit, *in his duabus te peritum probasti, sic universarum diversitatem linguarum te noveris assecutum.* Dixit hoc, et statim ei regale palatium, mirabili pulcherrimaque structura insigne, monstravit, et ut ingrederetur præcepit. Cumque ille se quia imparatus esset, ingredi non posse respondisset, adjecit puer : *Vade*, inquit, *et ut ingredi possis, cito te parare festina.* Cessit ille in partem, et universis tam sacerdotalibus quam pontificalibus indumentis se cito componens et ornans, ad puerum statim reversus est. Cum quo et alios innumerabiles angelici decoris pueros inveniens, ad designatum palatium accessit, et omnibus læta ac sublimi voce cantantibus : *Alleluia, Benedicamus Patrem et Filium cum sancto Spiritu*; in illud ingressus est.

CAPUT XIX.
De visione alterius fratris.

Advenerat penultima Adventus Domini hebdomada, et frater alius de alio Sancti Michaelis monasterio, quod itidem Pisis est, conspexit similiter in somnis venerabilis vitæ Joannem prius Camaldulensem priorem, deinde episcopum Ostiensem, velut ad se venire. A quo cum quæsisset dicens : *Quo vadis, domine ?* ille respondit : *Pisas venio, ut fratrem meum Albanum episcopum assumam, et numero nostrorum adjungam. Scias autem, quod octavo Kalendarum Januarii, ad nos venturus et nobiscum perpetuo mansurus est.* Has visiones, imo ad meritum hominis declarandum revelationes, earum inspectores sicut ante ejus obitum viderunt, sic et ante quibusdam, et insuper illi qui hæc mihi retulit, bono et fide digno viro retulerunt.

CAPUT XX.
Quomodo dæmones signo crucis a se fugaverit, et de infatigabili ejus ad Deum intentione.

Successerat jam nox Dominicæ proxime præcedentis nativitatem Domini, et benedictus vir morbo diutino fatigatus, quiescentibus sociis in lecto decumbebat. Et ecce subito velut in perturbatam vocem prorumpens, circumjacentes vocavit. Quibus astantibus, horribilem malignorum spirituum turbam sibi apparuisse, seque valde terruisse, narravit. *Ita*, *inquit, mihi conspicui fuerunt, ut mirum mihi sit, si vos latere potuerunt. Qui signo quidem crucis a me facto, pavefacti, statim disparuerunt, pessimas tamen intolerandi fetoris reliquias recedentes reliquerunt. Festinanter ergo cancellarium domini papae accersite, et ut ad me venire festinet, rogate.* Factum est : et cancellario religioso et sapienti viro post paululum venienti, rursum quod viderat narrat. Qui sapienter eum ne timeret hortatus, et communem omnium etiam valde bonorum de saeculo migrantium, hunc esse transitum dicens, simulque rei congruentia adjungens, bonum virum benigne in Domino confortavit, et ad exspectandum bona spe exitum suum, religiosis sermonibus animavit. Urgebatur ille magis morbi gravedine ad extrema, nec, ut jam dictum est, suspenso prorsus in coelum corde, a divinis officiis vel operibus avocari poterat. Non noverat, juxta Psalmum, os ejus jam loqui opera hominum (*Psal.* xvi), nec aures ejus humana audire patiebantur. Si quis ei sermonem de rebus transitoriis assereret, cum nullum prorsus responsum redderet, non audisse putabatur. Si vero quis de spiritualibus sermonem coram eo proferret, statim illuc convertebat auditum, et velut nihil patiens, paratissime respondebat. Quotiescunque ad eum episcopi, quoties monachi, quoties religiosi clerici, quoties ipsi socii accedebant, toties et unicuique suum *Confiteor Deo*, quod in monachatu pro more didicerat, proferebat. Confitebatur sic omnibus, absolvi postulabat ab omnibus, commendabat se omnibus, sicque licet sancta anima, juxta quod scriptum est, ut sanctus sanctificetur adhuc (*Apoc.* xxi), confessione, oratione, fratrum absolutione magis sanctificari contendebat. Protraxit ista usque ad ultimum vitae spiritum, nec optimus diuque protractus devoti animi usus, eo vel parum spirante, deficere potuit.

CAPUT XXI.
De revelationibus ante mortem illi ostensis, et de gloria quam sibi praeparatam vidit.

Ostendit benignus Salvator antequam ille ex toto deficeret, haec ejus opera, haec ejus studia sibi placuisse, et quo pro his post mortem demigraturus esset, ex parte monstravit. Jacebat ille in lecto, nocte jam secundam feriam praecedente, et nocturnas laudes parum ante tempus, quia sic ipse jusserat, socii decantabant. Et ecce circumsonante undique psalmodia, subito ille rapitur, et a sensibus humanis alienatus, ipsa vultus immutatione cognoscitur. Instant fratres acrius divinis officiis, et velut tunc defungi deberet, exspectant. Arripit frater Pontius multa ei diu propter honestos mores familiaritate conjunctus; arripit, inquam, Evangelium, et ei assidens Passionem Domini secundum Matthaeum, secundum Marcum, secundum Lucam devote recitat. Cumque his perlectis, finem legendi fecisset : *Et ubi est*, inquit ille beatus vir, *Passio Domini secundum Joannem? Si placet, fili, lege et illam*. Vere beatus vir, totusque ut supra dixi, spiritu et mente divinis intentus, qui nec raptus ad invisibilia, et corporeis sensibus pene emortuis sacrarum rerum oblivisci poterat. Perlecta igitur et illa quarta secundum Joannem Passionis Domini lectione : *Retribuat*, inquit, *tibi omnipotens Deus, fili, cuncta quidem a te mihi semper impensa beneficia, sed specialiter hoc in aeterna retributione servitium. Noveris autem pro certo me mortuum fuisse, atque ad invisibilia et coelestia raptum. Esto ergo securus, me amodo hac nocte minime moriturum. Vade igitur interim, et quiesce. Redibis autem mane facto ad me, et tunc miranda quae vidi narrabo.* Indicto tempore, rediit ad eum jam dictus frater cum sociis. Cumque, psalmis primae diei horae decantatis, tempus jam loquendi adesset, ait ad socios (verba autem ejus ab eo Latine prolata, nihil addens, mutans, vel minuens dicturus sum) : *Ite*, inquit, *ad dominum cancellarium, et dicite ei, ut dicat domino papae quatenus huc veniat, et ejiciat me de sepulcro isto, in quo jaceo. Et certe ipse libenter hoc faceret, si sciret lectulum qui mihi praeparatus est. Non fuit enim lectulus tantae pulchritudinis, tam mirae suavitatis, sicut ille qui mihi praeparatus est. Ego autem mortuus in ista nocte fui, et fui ante Dominum meum Jesum Christum, vidique beatam Mariam matrem ejus, et ipsum, qui concessit mihi locum ad pedes suos, ibique sedebo.* Cumque fratres, quibus ista narrabat, eum rogarent, ut rerum quas viderat, statum, modum, vel beatitudinem indicaret. *Et quis*, ait, *o fratres, hoc posset? quis certe posset bonum illud, felicitatem illam, illa ineffabilia, et mortalibus incognita bona narrare? Non est, non est plane aliquis mortalium, qui hoc posset. Servatur*, inquam, *inter innumera, quae ibi conspexi, disciplinae reverentia singularis, cunctaque ibi ad unguem ordinata subsistunt.* Et cum post ista paululum conticuisset : *Poenitet*, inquit, *me, non quaesisse a Domino quid de illa sua Cluniacensi domo facere decreverit, vel quid de statu illius penes ipsum sit.* Respondente vero fratre supradicto ad haec non esse curandum, si hoc tunc a mente ejus excideriat, quia ipse Deo astans, pro eadem domo eum precaturus esset, ille adjecit: *Ei vere*, inquit, *ac libenter hoc facturus sum, ipsumque pro illa, totis animi affectibus deprecabor.* Ecce vere mens hominis, semper quidem, sed nunc maxime dedita Deo, a qua post summum illum et praecipuum divinitatis affectum amor fratrum suorum et cura nec in ultimis excidere poterat. Eadem die ad vesperum vel vesperam, adiit eum visitationis gratia, magnae et probatae religionis vir, Guilelmus Praenestinus episcopus, et more bonorum infirmitati ejus compatiens, eum consolabatur. Cui venerabilis Matthaeus inter caetera retulit : *Venit*, inquit, *hac nocte ad me vir reverendi vultus, multa, ac venusta tam capitis quam vestium albedine decorus. Videbatur autem mihi esse de incolis eremi. Qui me de hac domo educens, pratum insigne traduxit, indeque ante Dominum adduxit. Vernabat autem *pratum illud, per quod traductus sum, amœnitate singulari, nec aliquid ei jucunditatis deesse videbatur. Ibi arbores omnigenis fructibus gravidœ, ibi rura graminibus viridissimis ac floribus super omnem decorem pulcherrimis depicta, ibi quidquid visu delectabile, quidquid olfactui odoriferum, quidquid sensibus universis jucundum. De quo si quis vel florem unum obtinere mereretur, omnibus vitœ suœ diebus sanior, omnibus alacrior, omnibus felicior existeret.* Recedente ergo ab ipso jam dicto episcopo, venit eadem visitandi causa et Joannes Cluniacensis monachus tunc domini papæ capellanus, post vero Perusinus episcopus, et cum eo similiter colloqui cœpit. Cui cum diceret videri sibi quod in proximo moriturus esset, respondit ille : *Non hac certa, non hac nocte moriar. Datum enim mihi est a Domino ut ea die qua ipse de Virgine natus ad homines venit, eadem ego ab hominibus recedens, ad ipsum ejus prævia misericordia pergam.* Vere misericors Dominus, vere servorum benignissimus consolator, vere, juxta canticum Moysi, servorum suorum miseretur *(Deut.* xxxii). Non obliviscitur consolari eorum diuturnos labores, nec eorum obsequia sibi devote impensa contemnit. Vere secundum quod ipse ait; quemadmodum mater consolatur filios suos, sic et ipse non solum in futura vita, sed etiam quandoque in ista consolatur, delinit, lætificat servos suos, ut hic gaudia sequentia prægustantes, ineffabili dulcedine trahantur, et adhuc in corpore positi, toto illuc animi desiderio rapiantur. Noluit enim magnam illam multitudinem dulcedinis suæ quam abscondere solet timentibus se *(Psal.* xxx), a Matthæo nondum a corpore mortis liberato ex toto abscondere, nec ea quæ daturus erat, omnino post mortem differre. Præmisit inde signa aliqua etiam ante mortem, ut ipse ad ea speranda vel amanda, multo magis animaretur, et quale illius apud ipsum meritum esset, ignorantibus proderetur. Mansit ergo beatus vir, tam præclaris revelationibus recreatus, alacrior usque ad extrema, et in Domino confortatus, suam illam horam ultimam exspectabat.

CAPUT XXII.

Quomodo [Quam] sancte et gloriose, natalis Domini die, prima lucescente aurora, de hoc mundo transierit.

Jam vero ipsa natalis Domini vigilia, transcursis more suo devote tam nocturnis quam diurnis officiis, jamque vespertina hora instante, Dominicum corpus sibi rogat afferri. Quo allato, *Audite,* inquit fratribus, *confessionem meam, et fidei meæ hic et in æternum testes adestote. Confiteor,* ait, *hoc sacrum Salvatoris mei corpus, illud vere et essentialiter esse, quod de sancta Virgine ab ipso sumptum est, quod pro mundi salute in cruce pependit, quod in sepulcro positum est, quod tertia die a mortuis resurrexit, quod in cœlos ascendit, quod venturum est judicare vivos et mortuos et sæculum per ignem. Per ipsum credo incorporari ei, et fieri unum cum ipso, et habere vitam æternam.* Hoc dicens, refectus coram fratribus, eodem salutari Christi corpore, per carnem illam, quæ dat vitam in æternum, ad æternitatem futuram idoneus factus est. Cumque prima sacræ noctis vigilia advenisset, et signa totius urbis ad nocturnas laude pulsari audisset, statim tota mente ac voce, in vocem exsultationis prorumpens, qua poterat voce, quo poterat gestu lætitiæ, *Christus natus est nobis, Gloria in excelsis Deo,* sociis et omnibus inclamabat. Angelico vero hymno, sicut ad missas canitur, ex integro decantato, reliqua circumstantibus ad quæ non sufficiebat dimisit. Animo tamen ad illas sacras Dominici Natalis laudes suspensus, quoties in cantibus, quoties in lectionibus, beatæ Virginis matris Domini nomen legi vel cantari advertebat, totius oculis oursum levatis, tot ex manibus in cœlum extensis, ubi mens ejus conversaretur, quo sancta illa anima raperetur, monstrabat. Jamque nocturnis laudibus consummatis, dum sacerdos astans sacro altari, missam quæ dicitur de Nocte cantaret, erexit se nisu quo potuit, et juvante se quodam fratre, quia vires ad standum derant, in lecto resedit. Conversusque ad Dominicam crucem quæ coram erat, velut si in ipsa Salvatorem, ut olim crucifixum, conspiceret, ait : *Jam, o misericors Salvator, tempus est, ut quod promisisti adimpleas, et tuo instante Natali, a vita mortali migrandi, et ad te, qui vita es æterna, transmigrandi, licentiam concedas.* Hoc ultimo verbo postquam cunctis sermonibus suis finem dedit, in lectum reclinatus, indeque post modicum ad cilicium cinere conspersum, a fratribus translatus est. Sæpe autem eosdem fratres ante rogaverat, ne se casu aliquo, nisi in cinere et cilicio, Christiano more mori permitterent. Timebat enim ne qualibet infirmitatis ejus compassione ducti hoc prætermitterent, vel negligerent. In quo, sicut et in aliis, Martini sui exempla et verba sequi nitebatur, qui, sicut omnibus notum est, discipulis moriens prædicabat non debere Christianum nisi in cinere mori. Ubi et Matthæus a suis vel fratribus vel discipulis collocatus, horam vocationis suæ ultimam sustinebat. Qua jam instante, dum noctis tenebræ in lucem verterentur, et a monachorum in eadem ecclesia constitutorum conventu ad secundam missam cantaretur, *Lux fulgebit hodie super nos,* Matthæus vere monachus et pontifex Dei, densas Ægyptiorum, hoc est mundi hujus, tenebras deseruit, et per mortem carnis ad sempiternam lucem et vitam pervenit.

CAPUT XXIII.

De exsequiis ejus celeberrimis, et tumulatione honorabili in basilica S. Fragdiani [Frigdiani].

Fertur statim justi corpus a devotis viris in claustrum monachorum, et Cluniacensi more psalmodia undique decantatur. Abluitur, ut se habet communis mos, et, secundum quod ipse jusserat, suo quo nunquam a monacho caruerat cilicio prius, dehinc monachali cuculla vestitur. Adduntur a fratribus sacerdotalia et pontificalia indumenta, et his sacerdos et pontifex Dei, ut dignus [dignum] ornatur.

Accurrit accepto nuntio et ipse summus pontifex Innocentius, atque cum ipso episcoporum et cardinalium totaque Romanæ Ecclesiæ vel curiæ plenitudo. Congregatur pene tota urbs Pisana ; et illud cernere, illi obsequi, omnibus suis negotiationibus anteponunt. Osculantur plurimi manus vel pedes jacentis, et se sanctificari tali contactu vel osculis non irrita fide confidunt. Consueverat urbs illa multo quæsita labore marina negotia aucupari, et a remotis Africæ vel Orientis partibus pretiosa quæque convehere. Impleverat sinum suum congestis undique multarum gentium mercibus, et inde cunctis pene Italiæ urbibus ditior effecta gaudebat. Suscipit tandem universis Ægyptiorum opibus præferendam missam sibi ab ultimis Galliæ finibus margaritam, eamque se longe quam prius ditiorem esse lætatur. Ostendit in isto mortuo quantum præponderent terrestribus thesauris cœlestes gazæ, quantumque opes Christi, etiam post mortem, opes viventium antecedant. Jacebat ille exstinctus, neque aliquid in mundo vel possidebat, vel sentiebat. Venerabantur tamen eum viventes, reverebantur potentes, efferebant laudibus locupletes. Discernunt etiam amatores mundi, et ipsis obsequiis quæ sanctis impendunt dijudicant, quantum subjaceant terrena cœlestibus, humana divinis, fugitiva sempiternis. Servatum est corpus venerandi homnis toto illo die Natalis Domini, et psalmis ac Deo fusis precibus frequentatum. Sequenti die, hoc est in festo magni illius martyris Stephani, obtulit pro ejus æterna requie jam dictus papa Innocentius solemne Deo sacrificium, et devote supernam pietatem pro pontificis laborum suorum comparticipis requie imploravit. Fecerunt idem et episcopi qui forte tunc aderant, et simul omnes fusis Deo precibus, cuntem ad peregrina coepiscopum deduxerunt. Tandem circa horam diei sextam, præmissis omnibus Christianæ sepulturæ cæremoniis, astante insuper clero et populo civitatis pene universo, in ecclesia Sancti Frigdiani olim Lucensis episcopi, quæ Pisi habetur, vir vita, morte, famaque venerabilis ad sepulcrum delatus, ac tumulatus est. Septem deinde annis exactis, cum ad Urbem proficiscerer, causa reformandæ pacis inter Pisanos et Lucenses, specialiter tamen ejus tractus pia recordatione, Pisas adii. Secunda dehinc adventus mei ad illam urbem die, cum sociis ad charissimi mei sepulcrum accessi sacros cineres, ut dignum erat, visitans et honorans, salutarem pro eo hostiam obtuli. Et licet ejus meritis multo magis me juvari posse confiderem, omnipotenti tamen Creatori, ac benignissimo Redemptori, unanimem mihi, dum viveret, hominem, quantis tunc datum fuit precibus et fletibus commendavi. Requiescat ergo per immensam ipsius Omnipotentis misericordiam in perpetua pace fidelis, devota A et accepta Deo anima, fruaturque perenniter fructu bonorum operum suorum, nec obliviscatur apud Deum se diligentium fratrum et filiorum suorum. [Amen.]

CAPUT XXIV.
De quodam malo monacho pessime mortuo.

Post illa miranda opera vel signa, quæ ad legentium vel audientium spiritualem ædificationem supra præmissa sunt, sequatur et istud, quod post universa illa me comperisse contigit. Nec solum me post illa hoc comperisse contigit, sed insuper post illa omnia provenisse accidit. Fuit in monasterio Lehunensi Ecclesiæ Cluniacensi subjecto (243), frater quidam, nomine et habitu monachus, sed vita et moribus monasticæ conversationi et sanctitati non parum adversus. Hic strenuus et perspicax in humanis, hebes et obcæcatus erat in omnibus fere divinis et ad monasticum propositum pertinentibus rebus. Corripiebatur sæpe a priore suo et a religiosis fratribus in jam dicto monasterio cum eo simul morantibus, et multa propter excessus suos frequenter tam verborum quam verberum sponte vel invitus proba ac injurias tolerabat. Videbatur aliquando in eo proficere spiritualium cura medicorum, et specie tenus conversus a pravis studiis putabatur. Sed, parvo interjecto tempore, non solum in nullo melior, sed insuper, omni spreto cœlestis medicinæ labore, seipso deterior apparebat. Producta est hæc ejus pertinacia multo tempore, nec alicujus studio finiri potuit, quousque, eo indurato, ille qui attingit a fine usque ad finem fortiter (*Sap.* VIII) congruum tam diuturnis malis finem imposuit. Depositus erat ab exteriorum administratione merito culparum suarum, et invitus ac murmurans regularibus claustri septis retinebatur. Non potuit tandem pati tam odibilem sibi clausuram, et diabolico dolore stimulatus carceris sui injurias in priorem vel fratres suos casu aliquo refundere gestiebat. Erant prope ipsam ecclesiam horrea, ad recondendas fruges monasterii præparata. Concluserant intra eadem prior ac fratres suum pene totius anni victum, et tam ad esum quam ad potum sibi ex ipsis frugibus necessaria præparaverant. Nam quia terra illa parum vini fertilis est, non solum panem ad edendum, sed et cervisiam ad bibendum, ex ipsarum frugum succo conficere soliti erant. In hæc fratrum victualia nequam ille exarsit. Et arbitratus mala quæ pro sceleribus suis a fratribus perpessus fuerat, damnis eorum se eis optime recompensaturum, igne horrea prædicta succendere parat. Unde claves claustri fur nocturnus furatus, de claustro egreditur, et, universorum absentia explorata, occulte ignem horreis injicit, sic quod ad claustrum nullo sciente regreditur. Jamque fratres, matutinis pro more finitis

ANDREÆ CHESNII NOTÆ.

(243) *In monasterio Lehunensi Eccles. Clun. subjecto.* Monasterium hoc, Ambianensis diœcesis, est unus de tredecim decanatibus ordinis Clun. qui dantur in beneficium, appellaturque vulgo decanatus Sancti Petri de Lehuno in sanguine terso, Gallice *Lihons-en-Santerre.*

laudibus, ad strata propria reversi fuerant, et ecce immissus a monacho ignis paulatim succrescens, in manifestas subito flammas erupit. Exclamat ille sacrilegus primus, et velut innocens et inscius facti, quasi ad exstinguendum cum aliis accurrit. Laborantibus tamen cunctis, et ad flammas exstinguendas pro posse occupatis, respicit ille nec adjuvat, et velut ultioni congratulans, otiosus spectator assistit. Non tulit hoc in longum divina censura, nec, ut de similibus solet, tantum nefas in posterum punire distulit. Mox enim eum percutienti angelo tradens, invisibili gladio peremit, cunctisque qui aderant videntibus, morte praesenti pariter et aeterna frustravit. Fratres iam subita et horrenda ejus morte perterriti, elicum ad terram jamque omni mem in manus suscipiunt, atque ad abluendum pro more deferunt. Jamque illo ad lavandum nudato, clavem quam paulo ante furatus fuerat, eum nefanda manu adhuc tenentem reperiunt. Placuit ita Deo, et ad corrigendos pertinaces in malo homines, sic disposuit. Nam cum vitali spiritu recedente, mos sit universa corporis membra dissolvi, manum mortui hujus ad retinendam clavem, quam ad tantum scelus perpetrandum furata fuerat, tenacem reddidit. Fecit hoc ne vindicta tanti sceleris casui deputaretur; fecit, ut virus ejus notum fieret, ut majore miraculo seipsum nequam ille quod vivens noluerat, mortuus proderet, et ut omnes ad quos tam pessimi criminis fama pertingeret, a consimili opere deterreret. Jam dictae igitur clavis et aliarum, quas nunc reticeo, rerum indiciis de tanti mali auctore certificati fratres, cadaver illud, cujus animam jam inferus possidebat, utpote furis, sacrilegi, incendiarii, excommunicati a consortio sanctorum corporum expulerunt, et procul extra Christianum coemeterium projecerunt.

CAPUT XXV.
De visione quam ego Romae positus vidi.

Licet autem propositum meum sit, ut in narrandis hujusmodi miraculis, aut nunquam aut raro somnia admittam, quia frequenter aut falsa sunt aut dubia, quoddam tamen somnium inter haec quae narro miracula, quia fide dignum videtur, admisi. Nam, ut sanctus Pater noster Odo in Vita sancti viri Geraldi scripsit, somniorum visiones non semper sunt inanes. Probat et ipsum, ut cunctis notum est Evangelium : *Audite* ergo *somnium meum quod vidi* (Gen. xxxvii). In primordiis pontificatus domini papae Eugenii, ad visitandum tam ipsum quam communem matrem Romanam Ecclesiam, Romam adii. Illuc perveniens, apud cardinalatum Sanctae Mariae Novae, quod, juxta antiquum Romuli templum constructum est, hospitium suscepi. Ibi dum nocte quadam quiescerem, ecce vir venerandae vitae dominus Guillelmus, qui nuper de vita excesserat, mihi dormienti visus est in somnis astare. Et quia frequenti narrationi hoc necessarium est, quia iste, vel cujus vitae fuerit, quo insuper eventu ex hac vita migraverit, breviter inserendum est. Fuit hic juxta carnem nobilis, juxta spiritum longe nobilior, a primis adolescentiae annis religionis amator, in quam, quandiu advixit, hoc est fere usque ad senectutem, bonis meliora semper addendo, profecit, angelicae monachus munditiae, singularis in pauperes et desolatos misericordiae. Zelo Dei contra negligentes, et maxime contra graviter delinquentes totus igneus, exceptis nocturnis et occultis vigiliis, dimidiam partem diei quotidianis orationibus et lacrymis pene semper occupans. Et licet haec principaliter de eo scribam, quia in his hic specialius effulsit, non tamen sola haec de ipso vel in ipso commendo. Nam quantum facultatis et scientiae in eo fuit, juxta morem et modum Cluniacensis ordinis ac propositi, sacris semper etiam aliarum virtutum exercitiis invigilavit. Hoc merito, et quia praeter haec quae dicta sunt in exterioribus administrandis multam a Deo sibi collatam gratiam obtinebat, multis eum et magnis monasteriis diverso tempore ut res exigebat, praefeci. Unde Ambertae, Caroloco, Celsinaniis, Silviniaco, ipsi tandem Cluniaco, a me in priorem praelatus, indeque in abbatem Moysiacensem assumptus (244), ubique jam dictarum virtutum signa impressa reliquit. Casu dehinc interveniente quem nominari nulla necessitas cogit, dans locum irae, a loco illo recessit, et Clu-

---

ANDREAE CHESNII NOTAE.

(244) *In abbatem Moysiacensem assumptus.* Moysiacum Caturcini pagi coenobium, et ipsum quoque Cluniacensi coenobio subjectum a Clodoveo rege quondam fundatum est, a Ludovico Pio Caroli Magni filio restauratum, ac tandem, anno 1180, in praesentia pontificum Auscensis provinciae dedicatum, ut ex his antiqui lapidis in templo positi versibus apparet :

Idibus octonis domus ista dicata Novembris,
Gaudet pontifices hos convenisse celebres,
Auxius Ostindum, Lactorae dedit Raymundum,
Convena Willelmum, direxit Aginna Willelmum
Jussit et Eraclium non deesse Beorra benignum,
Elloreus Stephanum concessit, et Adura Petrum
Te, Duranne, suum, nostrumque Tolosa patronum,
Respuitur Fulco Simonis dans jura Cadurco :
Miriadem lustris apponens ter duodenis,
Virgineum partum dabit orbi tunc venerandum,
Hanc tibi, Christe, Deus, rex instituit Clodoveus
Auxit munificus posthac dominus Ludovicus.

Exstat autem et Innocentii papae privilegium in Chartulario Clun. quo continetur ipsum abbati monasterii hujus Moysiacensis Cluniac. ordinis, Caturicensis dioecsis beneficentia suae manibus ampliatis, favore ordinis usum Pontificalium concessisse. Sed ne gratia impensa subditis, gravis esset eorum superioribus vel infesta, aut filii per honorem eis exhibitum superbirent contra matrem, precibus abbatis et conventus Clun. inclinatum, inhibuisse quoque, quod abbates qui eidem Moysiacensi et aliis Clun. ordinis monasteriis de caetero praeessent, donec abbati Clun. obedientiam fecissent, pontificalibus non uterentur.

niacum rediit. Ubi aliquanto tempore, camerarii, hoc est fratrum procuratorio officio functus, ad ultimum, ad prioratus administrationem earum loco remissus est. Illic assuetis religionis et disciplinæ studiis toto conatu intentus, dum nulli prorsus in causa Dei parceret, zelo, ut jam dixi, justitiæ totus ignitus, a quodam nequissimo, qui sibi provenire timebat quod de aliis delinquentibus ab eo fieri cernebat, insidias passus venefica fraude exstinguitur. Talem vitæ terminum sortitus bonus vir, regno cœlorum dignus factus est, conjunctus illis ut justum est credere, de quibus Christus veritas ait : *Beati qui persecutionem patiuntur propter justitiam, quoniam ipsorum est regnum cœlorum* (Matth. v). Unde quia non solum propter justitiam jam persecutionem passus est, sed etiam (quod majus est) propter justitiam mortuus est, merito dignus judicatur regno cœlorum.

Fraus ergo qua tantus vir vitæ subtractus est, quibusdam indiciis antequam Romanum iter aggrederer, ad me delata, in quæstionem versabatur. Sed itineris acceleratio quæstionem impediens, ad finem rem perducere non permisit. Ita interim de tam nefanda re anxius et dubius, propositum iter incœpi, et Romam, ut suprascripsi, perveni. Ibi loco, tempore, modo, quo dictum est, venerabilem Guillelmum mihi astare conspicio : quem cum viderem valde gavisus surrexi, et multo cum affectu amplecti eum et osculari cœpi. Licet autem altus sopor exteriorem sensum officia occupasset, vigebat tamen velut in vigilante memoria, meque dormire dormiens non ignorabam. Nec illud mente exciderat illum qui videbatur in somnis videri, nec eram immemor ante non multum temporis mortuum, et dolo, quem supra scripsi, exstinctum. Quodque magis mirum est, et illud nescio qua vi occulta naturæ statim menti occurrit, non posse mortuum diu cum vivente morari, nec prolixum sermonem miscere. Unde priusquam recedere virtute invisibili cogeretur, interrogare illum festinanter de quibusdam decrevi. Quæ tamen ut non phantastica, sed verax quæ apparebat visio videretur, nequaquam prius præmeditatus fueram, sed tunc ea dormiens nutu ut arbitror Dei noviter menti occurrentia, cogitare incipiebam. Quatuor ergo quædam, quæ nescio unde dormienti occurrebant, interrogando ei proposui. *Quomodo*, inquam, *vobis est domine prior*, vocans eum non ex proprio nomine, sed ex officio ? Ad quod ille breviter, ut fuerat semper breviloquus, ac bis vel ter ex more verba replicans, respondit : *Multum*, ait, *mihi bene est, multum mihi bene est.* Huic primæ interrogationi secundam subjunxi : *V. distis adhuc Dominum ?* Et ille : *Assidue video, assidue video.* His duabus, et tertiam addo : *Estne*, inquam, *certum quod de Deo credimus, estne absque dubitatione, vera fides quam tenemus ? — Nihil*, ait, *ita verum, nihil ita certum.* Et quarto : *Verum est*, aio, *quod fama refert, verum est quod multi opinantur, quosdam quos ipse non ignoratis fraude sua ac veneficio vos occidisse ? — Verum est*, inquit, *verum est.*

Hiis dictis, et ipse disparuit, et ego evigilans ea quæ videram recolere et admirari incipiebam. Interim dum hæc agerem, et visa memoriæ commendarem, rursum somno opprimor, et sicut in hiemalium noctium prolixitatibus · nam dies Adventus Domini tunc instabant, iterum caput ad dormiendum compono. Nec mora adest qui supra, et se eodem modo quo prius ostendit. Occurro et ego ille non segnius quam ante, et visionis præmissæ omnino immemor, amplecti eum et osculari, ut prius cœperam. Quid multa ? Nihil plus minusve in animo meo, nihil plus vel minus in ore meo, in hac secunda visione fuit quam in prima fuerat. Eadem quæ supra interrogo, eadem quæ supra audio, de statu suo, de visione Dei, de certitudine Christianæ fidei, de morte sua, ordine quo præmisi a me interrogatus, eadem nec pauciora respondit. Huic tamen secundæ visioni, in fine aliquid additum est. Mox enim ut dixit se vere dolo falsorum fratrum exstinctum, in fletus amarissimos, ut mihi in somnis videbatur, prorupi, et quia jam de facto non dubitabam, tantum nefas insatiabilibus lacrymis deplorabam. In fletibus istis evigilans, oculos humectos genasque meas recentibus lacrymis tepentes inveni. Ut vero hujus visionis vel somnii indubia veritas commendaretur, regressus ab urbe, atque ad Galliam nostram rediens et Cluniacum perveniens, quæ de morte sancti viri suspicatus fueram, ipsius nefarii parricidæ publica confessione vera fuisse probavi. Quem gehenna dignissimum, quia gladio, laqueis, ignibus, vel extremis nefandorum suppliciis, ecclesiastica pietate prohibente, punire non poteram, exsilio perpetuo quod pene solum licuit, infernalem proditorem damnavi. Nam sacrosanctis Evangeliis adhibitis, compulsus est in publico Cluniacensi capitulo me præsente jurare quod, transactis tribus sibi a me præfixis mensibus, nunquam deinceps intra terminos universam Galliam concludentes maneret, sed extra illos locum saluti suæ aptum requireret, et in invento loco Deo pro peccatis suis digne satisfaceret. Hæc suprascripta visio licet in somnis apparuerit, idcirco mihi fide digna videtur, quia et dormientis tam integra in tantis, ut dixi, memoria, et iterata ac per omnia primæ similis secundæ visionis, præter illud quod in ultimo exceptum est, forma, atque ipsius detestandi hominis publica confessio, non falsam, sed veram eam, ut arbitror, omnino demonstrant.

CAPUT XXV
De visione fratris Enguizonis.

Subjungatur et huic visioni altera, quæ quamvis in somnis ut illa apparuerit, veram tamen fuisse, ipse rei exitus comprobavit. Venerat Cluniacum meo tempore conversionis causa nobilis vir, Enguizo nomine, et ut in primordiis suis erga divina magis exerceri assuesceret, quiescendi ad serviendum

Ecclesiæ in ecclesia susceprit. Ubi dum quadam nocte dormiret, videt quemdam olim commilitonem suum, qui Petrus dicebatur de Rocha, quod castrum in Gebennensi diœcesi situm est. Defunctus vero fuerat jam dictus miles in Hierosolymitano itinere ante non multum tempus, sed ejus obitum supra nominatus frater penitus ignorabat. Nondum enim vel tenuis fama mortis ejus ad eum pervenerat. Visus est ergo ei, ut dixi, jam dormienti in specie illa, qua eum in sæculo videre consueverat. Gavisus est frater, et, ut optime notum ac familiarem, eum alloqui familiariter cœpit. *Quid est*, inquit, *quomodo te habes?* — *Ego*, ait ille, *in transmarino itinere quod te, ut nosti, conscio cœpi, defunctus sum.* Et frater : *Quid est ergo et de sociis qui illud iter tecum aggressi sunt?* — *Illi*, inquit, *et illi jam de vita excesserunt, illi vero et illi adhuc supersunt.* — *Quomodo*, inquit, *tibi est in statu illius vitæ, ad quam transisti?* Ad hæc ille : *Bene*, ait, *mihi est, quia misericordiam quam a Deo speraveram, jam consecutus sum. Obest tamen adhuc multum, et obstat plenitudini salutis meæ, quod proximo tempore antequam Hierusalem pergerem, sacerdotem Ecclesiæ de Seconiaco, quamdam a me decimam exigentem, per vineam quamdam fugavi, et in exitu vineæ irreverenter percussi.* His frater auditis : *Et quid*, ait, *de me tibi videtur? Potero consequi salutem quam spero?* — *Salvaberis*, inquit, *sed ante salutem multa et gravia patieris.* His dictis, is qui apparuerat miles disparuit. Frater a somno evigilans, cuncta quæ viderat vel quæ audierat, mihi statim mane retulit. Rogavit insuper, ut liceret ei partes illas de quibus miles ortus fuerat, et in quibus ea de presbytero acta fuerant adire, et utrum vera an falsa esset visio jam dicta probare. Nam sicut mortem militis nullus ei ante militem nuntiaverat, sic nec de sociorum ejus morte aut vita, sic nec de fuga presbyteri, seu militis percussione quidquam vel modicum prius audierat. Accepta ergo regulari more licentia, Gebennensis territorii partes adiit, ibique a notis et veracibus personis cuncta quæ a mortuo audierat, vera esse agnovit. Nam et quod de presbytero actum fuerat, tam ab illo quam ab aliis didicit, et paucos post dies, mortem militis et eorum quos mortuos ille nuntiaverat audivit. Quæ postquam parentibus defuncti innotuerunt, bono usi consilio quod in presbyterum ille deliquerat, ipsi pro eo digne satisfacientes presbytero, expiaverunt. Et quia tam certis indiciis verax fuisse præfata visio probata est, a me ut non dubia, sed ut certa, inter cætera miracula conscripta est.

CAPUT XXV

De cujusdam pueri vigilantis visione mirabili.

Et de mortuorum quidem apertis manifestationibus licet multa superius dicta sint, unum tamen adhuc addere volo, quod nuper compertum tacendum non esse videtur. Nam anno, quo hæc scripsi, illud contigerat. Vigilia Natalis Domini, nocte scilicet qua *Sanctificamini hodie* cantatur, jacebat apud Carumlocum puerulus quidam monachus ante sacros matutinos in fratrum dormitorio et nescio quid meditans dormire non poterat. Et ecce post aliquantum processum noctis aspexit et vidit venerabilis vitæ fratrem, Achardum nomine, qui ejusdem monasterii prior fuerat, et ante paucos annos vita excesserat, per gradus dormitorii ascendentem sibi appropinquare. Erat vero jam dictus puerulus fratris ejus filius. Venit ergo, et in scamno ante lectum pueri constituto resedit. Erat cum illo et venerandus ille dominus prior Guillelmus, et ipse similiter defunctus, quem mihi Romæ in somnis apparuisse supra retuli. Neutrum tamen illorum, dum viverent, puer viderat, sed ex his quæ ab eis audivit absque ulla eos ac si vidisset dubitatione cognovit. Morati sunt et collocuti adinvicem aliquandiu, puero audiente, quousque domino Guillelmo recedente, solus frater Achardus ante illum, ut dictum est, sedens remansit. Qui ad puerum conversus, hortatus est eum ut surgeret, et ad mira quædam videnda, usque ad fratrum cœmeterium cum eo procederet. Respondit ille, timore qui eum invaserat, patrui sui familiari collocutione jam ex parte sedato, non posse fieri quod monebat, sub custode se esse, timere ne si eum aliquis præter morem egredientem videret, dira flagella subiret, nec ipse inter multiplices plagas sibi adesse valeret. Ad hæc illo dicente, nihil sibi esse timendum, credendum esse patruo, optime se ne quid mali ei inde contingeret provisurum, salvum et incolumem ducturum ac reducturum, adductus est puer in sententiam, et surgens, ac se regulari more induens, præcedentem secutus est. Duxit autem eum per claustrum majus, in claustrum infirmorum, indeque usque ad cœmeterii ostium. Quo aperto, statim ulterius processerunt. Et ecce conspicit puer totum cœmeterii ambitum sedibus innumeris refertum, ac supra sedes illas viros monastico schemate indutos sedere. Dixerat autem illi patruus et sibi inter alias sedem servari, in qua statim aliorum modo veniens resideret. Indicaverat etiam querelam in conventu illo de se futuram, propter quam necesse esset se exsurgere, et ad vocantis judicium properare. Monuerat insuper ut in illo examinis intervallo eamdem puer sedem occuparet, nihilque metuens sibi usque ad reditum conservaret. Quod et sic factum. Ingressus namque frater Achardus cum puero conventum illum, mox in sede sibi parata resedit. Ortus est statim clamor, et a quodam circumsedente querela deposita, quod idem frater tardus illi suo conventui occurrisset. Surrexit ille confestim, et ad satisfaciendum more monastico in medium processit. Quo facto, puer, ut monitus fuerat, surgens constanter in sede eadem resedit. Obtinet autem medium cœmeterii locum, structura quædam lapidea, habens in summitate sui quantitatem unius lampadis capacem, quæ ob reverentiam fidelium ibi quiescentium totis noctibus fulgore suo locum illum sacratum illustrat. Sunt et gradus per quos illuc ascenditur, supraque spatium duobus vel tribus ad standum vel sedendum hominibus sufficiens. Ibi sedem cujusdam magni et reverendi judicis, supraque ipsum sedentem puer dum conspiceret, vidit jam dictum fratrem Achardum ante ipsum velut pro satisfactione prostratum. Quid dixerit, quid ei responsum fuerit, intelligere licet multum nisus, non potuit. Clare autem idcirco cuncta videre poterat, quia quædam maxima claritas absque subsidio humanorum luminum, totum illud illius cœmeterii spatium illustrabat. Modico temporis intervallo transacto, sæpe nominatus frater ad locum proprium rediit, et puero sibi cedente, atque ad ejus pedes residente, sedem suam recipit. Parum intercesserat, et ecce puer conspicit totum conventum illum de sedibus suis exsurgere, et non ad illam, per quam ingressus fuerat, portam, sed ad aliam quamdam tendentem, ad exitum festinare. Antequam tamen egrederentur, conspexit multum ignem, proxime ante ipsam portam accensum. Per quem, ut referebant plurimi ex illo agmine transeuntes, alii diu in illo morabantur, alii cito transibant. Hæc tandiu vidit, quousque portam illam omnes excesserunt. Remansit autem post tantum spectaculum, solus puer cum patruo. Quem patruus, ut promiserat, per viam qua venerat reducens, cum eo fratrum dormitorium ascendit, eumque usque ad lectum proprium prosecutus, statim disparuit. Hanc visionem quia auditam prius ab aliis, et postea ab ipso puero fallere nesciente, fide dignam judicavi, ad legentium utilitatem vel cautelam, sicut et præcedentia, ne mente exciderent, scribere volui.

CAPUT XXVIII.

De institutis Carthusiensium (245) monachorum.

Et quia propositum meum in narrandis miraculis, de quo jam frequenter lectorem instruxi, tale est, ut absque aliquo temporis præjudicio, non attendens quid quando factum sit, sed quando mihi relatum sit, ad Dei gloriam et legentium ædificationem, quæ pro certo vera esse comperi describam, trado legentibus quæ ante paucos dies didici. Sed antequam ea scribere exordiar, quædam ad rem pertinentia illis propono. Servatur in Burgundiæ partibus inter omnes Europæ nostræ monasticæ ordinis professiones, professio quædam, multis aliis ejusdem monastici propositi sanctior et cautior, instituta nostro tempore a quibusdam Patribus, magnis, doctis et sanctis, magistro Brunone Coloniensi, magistro Landuino Italico, ac quibusdam aliis vere magnis, ut dixi, et Deum timentibus viris. Qui quorumdam antiquorum monachorum tepiditate, negligentia ac desidia prædocti, sæculo abrenuntiare volentes, cautius sibi suisque in via Dei sectatoribus consuluerunt, et vigilanti oculo, ordinem contra omnes pene Satanæ insidias circumspectum instituerunt. Nam ut contra superbiam, quæ, juxta Scripturam, initium est omnis peccati (*Eccli.* x), et contra ejus nefandam sobolem, invidiam dico, ambitionem et vanam gloriam, ac si qua sunt alia, ordo ab eis institutus, quantum, juxta eorum scientiam, homini erat possibile, armaretur, vestes vilissimas (246), ac super omne religionis propositum abjectissimas, ipsoque visu horrendas assumpserunt. Quantitate enim breves et angustæ, qualitate ita ut vix aspici possint hirsutæ et sordidæ, nullum gloriandi vitium se posse admittere indicant. Et novi quidem quod etiam in sordido habitu diabolus quod suum est quærit, et humilitatis vestibus quandoque texturam superbiæ interserit. Sed tamen jam dicti justi et Deum quærentes viri, in quantum potuerunt, ne princeps mundi per superbiam aut superbiæ familiam in se vel suis sibi locum invenire posset, summo studio providerunt. Cupiditatem insuper quæ radix malorum omnium dicitur (*I Tim.* vi), vel avaritiam quæ idolorum servitus vocatur (*Ephes.* v), ne mihi [nimis] venenosa virgulta quolibet tempore procedere [producere] posset, ita radicitus avulserunt, ut certos terminos (247) juxta locorum suorum fertilitatem aut sterilitatem, in circuitu cellarum suarum majores minoresve præfigerent, extra quos etiam si totus eis offeretur mundus, nec saltem quantum pes humanus occupat, terræ spatium acciperent. Ea etiam de causa, animalibus vel pecoribus suis, certum quem transgredi fas non esset, terminum instituerunt, bobus scilicet, asinis, ovibus, capris, vel hircis. Et ut non esset eis quandoque necessarium, vel plus terræ, quam dictum est, possessioni suæ addere, aut numerum jumentorum suorum vel pecorum augere, duodecim tantum monachos (248) cum xiii, priore, ac decem et octo conversis, paucisque mercenariis, nullo prorsus superaddito in sui ordinis monasteriis esse perpetuo decreverunt. Præter ista ad edomandum jumentum corporis sui, et ad subigendam juxta Apostolum, legem membrorum suorum, repugnantem legi mentis suæ (*Rom.* vii), duris carnem ciliciis semper exasperant, continuatis pene acribus jejuniis corpora affligunt, extenuant et desiccant. Inde est quod pane furfureo semper utuntur, vino adeo adaquato, ut merito magis villum quam vinum dicatur. Ab omni carnium esu, tam sani quam ægri, in perpetuum abstinent. Pisces nunquam emunt, sed forte ex charitate datos accipiunt. Die Dominico et quinta feria tantum, caseum vel ova ad vescendum admittunt. Tertia feria ac Sabbato, aut legumine aut olere cocto utun-

---

ANDREÆ CHESNII NOTÆ.

(245) *De institutis Carthusiensium.* Quæ sequuntur notulæ descriptæ sunt ex impresso Codice V. C. Nic. Fabri, cujus in obitu litterati omnes summam se jacturam passos in perpetuum testabuntur.

(246) *Vestes vilissimas.* At nunc Carthusianis amplæ et mundissimæ sunt.

(247) *Ut certos terminos.* Possessiones plurimæ, et longe lateque diffusæ.

(248) *Duodecim tantum monachos.* Et fratrum numerosa turba, ingensque familia.

tur. Omni secunda, quarta et sexta feria, pane solo et aqua contenti sunt. Semel in die semper comedunt, exceptis octo diebus Natalis Domini, octo diebus Paschæ, octo diebus Pentecostes, Epiphania Domini, repræsentatione ejus, hoc est Purificatione sanctæ Mariæ, Annuntiatione Domini, quando Paschali tempore provenit, Ascensione Domini, Assumptione ac Nativitate jam dictæ sacræ Virginis matris ejus, et exceptis festis duodecim apostolorum, sancti Joannis Baptistæ, sancti Michaelis, sancti Martini, et illo quod in Kalen. Novembris celebratur, festo Omnium Sanctorum. Super hæc omnia, more antiquo Ægyptiorum monachorum, singulares cellas perpetuo inhabitant. Ubi silentio, lectioni, orationi, atque operi manuum, maxime in scribendis libris irrequieti insistunt. In eisdem cellis debitum regularium Horarum, hoc est Primam, Tertiam, Sextam, Nonam, Completorium, signo Ecclesiæ commoniti, Deo persolvunt. Ad Vesperas et Matutinas in ecclesia cuncti conveniunt. Ibique non perfunctorie, ut quidam, sed intentissime oculis in terram demissis, cordibus cœlo infixis, Deo preces, Deo gratiarum actiones persolvunt, totumque suum tam interiorem quam exteriorem hominem, habitu, voce, vultu, rebus visibilia excedentibus, spretis cunctis aliis intentum, ino affixum esse ostendunt. Ab hoc more excipiunt illos festivos dies qui supra scripti sunt, in quibus bis comedunt, et in quibus more monachorum non per cellas, sed simul habitantium, non solum omnes regulares Horas in ecclesia decantant, sed et in refectorio tam post Sextam quam post Vesperas, nullo sospite excepto, communiter edunt. Quibus tantum diebus antiquorum eremitarum æmulatione (249) ne ab aliis sacris operibus, licet dignitate inferioribus, impediantur, salutare omnipotenti Deo pro salute sua ac mundi sacrificium offerunt, quod ex usu jam veteri tracto nomine, quia Deo mittitur, Missa vocatur. His sacris diebus, qui singulari privilegio a Domino vel ejus Resurrectione Dominici dicuntur, ac sæpe dictis ipsius vel sanctorum ejus solemnitatibus missas celebrant. Diebus quibus eis legumine uti licet, illud ipsi ad mensuram acceptum, sibi aptant et coquunt. Hoc vero tunc, quando non communiter in refectorio, sed quando eos in cellis suis solos comedere eremitica instituto præcipit. Vinum nullo tempore, ante mensam vel postea libatur. Sed si quis tunc sitim passus fuerit, aqua ei, non vino, uti licet. His, ne tam sanctam institutionem omnino muti præteriisse videremur, breviter præmissis, ad miracula per quosdam ex ipsis nostro tempore facta, procedendum est. Hæc enim in toto isto opere principalis, ut sæpe jam dixi, fuit mihi causa scribendi, hoc est, miracula ubilibet vel quolibet tempore facta ad præsentium vel posterorum memoriam transmittendi.

CAPUT XXIX.

De quodam fratre Carthusiensi, qui mira vigilans vidit.

Multa quidem in sacro ordine miracula contigisse, a pluribus accepi. Sed quia ipsius humilitatis virtute, qua semper servi Dei miranda opera sua quanto possunt nisu occultant, vix aliquid ex his prodere alicui voluerunt, rara, imo rarissima, quibus omnimoda fides accommodanda esset, ad me miracula pervenerunt. Quæ tamen absque dubio certa comperi, tacere nec volo, nec proposui. Fuit ex eorum numero, non quidem monachorum, sed conversorum conversus quidam, humilis genere, juvenis ætate, sed moribus generosus et vitæ sanctitate provectus. Ille toto studio, obedientiæ, humilitati, mortificationi, omnem quam poterat operam adhibens, mundum sibi, seque mundo non solum crucifixerat, sed etiam sepelierat. Amori divino, et specialiter memoriæ Matris Domini, ita se totum devoverat ut a bonis viris ipsum vitamque ejus cognoscentibus, nihil scire judicaretur, nisi Christum Jesum et hunc crucifixum (*I Cor.* II), sacramque ipsius crucifixi matrem, ac perpetuam Virginem, humanæ salutis singularem post Domini amatricem, Mariam. His studiis a conversionis suæ principio cœptis, magis ac magis insistens, et in hac nostra, juxta Psalmum, lacrymarum valle, de virtute in virtutem proficiendo (*Psal.* LXXXIII), ascensiones in corde suo disponens (*ibid.*), antiqui et communis hostis invidiam contra se velut novam ac specialem concitavit; nec jam occulte, sed palam, quantum perditus ille perditionis humanæ sit avidus, ex seipso monstravit. Jacebat quadam nocte in cella, sibi, ut talium mos est, ad laboris solamen et orationis secretum designata. Et ecce in multo jam processu noctis ipsi, adhuc vigilanti et cœlestia meditanti, dæmonum turba in specie porcorum aggrestium apparuit. Furebant ubique per totam cellam, et discursu insano, rictu horrendo, dentibus longissimis ac velut in necem ejus exacutis, pavefactum ac trementem hominem circumstabant. Sudabat ille, ut mihi relatum est, præ timore, et quasi jam jamque a bestiis discerpendus, nil nisi mortem ultimam præstolabatur. Talia eo patiente adauctus est metus, et quemdam enormis magnitudinis hominem, ut ex cordis sui judicio sibi videbatur, dæmonum principem, cellam illam in qua ista flebant, conspicit intrantem. Qui primo ingressu suo conversus ad porcos: *Quid*, ait, *segnes facitis? Cur jam hunc non rapuistis? Cur non discerpsistis?* — *Quod dicis*, inquiunt porci, *magno cognatu facere nisi sumus, sed cuncta tentantes, nil facere potuimus.* — *Ego*, inquit ille, *jam faciam, quod vos desides facere non potuistis.* Quo dicto uncum ferreum longis ac recurvis ungulis terribilem, minaci manu protendens, atque ad virum Dei rapiendum, imo ad discerpendum adaptans, eum nimio terrore

ANDREÆ CHESNII NOTÆ.

249) *Quibus tantum diebus antiq. eremitarum æmulatione.* At nunc quotidie et sacrificium offerunt, et Horas Canonicas es in commune convenienter decantant.

pene mente excedere coegit. Sed Deus, cui bonus vir ille sæpe supplicando dicebat : *Ne nos inducas in tentationem, sed libera nos a malo,* tentationem tam duram non est passus ultra procedere, sed multa misericordia, qua semper suis providet, eduxit eum a tentatione, et liberavit a malo. Mox enim ut nequam ille manum, ut dictum est, ad eum rapiendum, et uncum, ut videbatur, ferreum ad eum discerpendum extendit, statim omnipotentis Filii Dei Mater, Mater vere, ut dicimus, misericordiæ, in qua ille, sicut dictum est, totam spem suam post Deum posuerat, visibiliter adfuit, ac virga levi manu prætensa : *Quomodo, inquit, huc detestandi venire ausi fuistis? Non est, non est hic vester; nec jam contra eum in aliquo prævalere poteritis.*

Dixit, ac dicto velocius, totum illud infandum collegium ut fumus evanuit. Perstitit illa post dæmonum fugam, cum homine adhuc tremente, cumque his verbis consolata est : *Placet,* inquit, *quod facis, tuique animi devotionem Deo mihique gratam esse noveris. Fac ergo quod facis, et de his ad meliora perseveranter proficere stude. Et ut tibi aliquid singulare in mandatis tradam, stude vilibus escis, complectere abjectas vestes, operi manuum devotus insiste.* His animatum hominem virgo relinquens, cœlos repetiit. Istud de hoc bono viro miraculum, aliud isto non inferius sequitur. Rusticus quidam pauper, sed paupertate devotionem fidei ejus non impediente, se bonis illis viris, de quibus sermo præmissus est, in amicitia junxerat, eisque non minimum familiaris erat. Diligebant enim illi in ipso, non solam, quæ quantum ad animæ salutem spectat nihil prodest, rerum pauperiem, sed beatam spiritus paupertatem, de qua Dominus : *Beati pauperes spiritu, quoniam ipsorum est regnum cœlorum (Matth.* v). Ea de causa eum quanto erga Deum devotionem sentiebant, tanto ut magis familiarem sibi associabant. Inde contigit ut duos ejus filios et parvulos susciperent, et in religione sancta patris post Deum maxime causa educarent. Horum unus, non multo post tempore elapso defunctus, alterum superstitem dereliquit, quem religiose educare et instituere volentes, supradicto bono viro, cui mira quæ præscripsi ostensa fuerant, ejus curam committunt. Nec segnis ille mandatorum exsecutor, puerum commendatum suscipit, enutrit, ac sacro religionis lacte, quo ipse educatus in viriles annos evaserat, eum imbuens, nil rerum terrestrium sapere, nihil eorum quæ in terris sunt diligere, brevi edocuit. Cœlum mente conspicere, cœlestibus inhiare, ad Christum cœli ac terræ Deum ac Dominum, totis animi viribus anhelare, quæ sursum sunt quærere, non quæ super terram, ubi Christus est in dextera Dei sedens (*Coloss.* III), juvenem sibi creditum bonus doctor edocuit. Edoctus ille ab eo, in vanum laborasse doctorem suum, ut quidam indisciplinati faciunt, ostendit; sed ut a quodam satis noto dictum est, recens testa semel cœlesti sapore imbuta, odorem inde contractum non diu tantum, ut

ille ait, sed semper quoad vixit servavit. Sed placuit Deo, ne puer tam bene educatus, tam sancte edoctus, diu particeps mortalium fieret, vel aliquem de ipsorum diuturno consortio nævum contraherent. *Raptus est* igitur, *ne malitia mutaret intellectum, aut ne fictio,* quæ quibusdam etiam religiosis quandoque familiaris esse solet, *deciperet animam ipsius* (*Sap.* IV).

Præveniens ergo in moriendo discipulus magistrum, bonam quidem spem salutis suæ, sed cum eadem spe magnum illi ac pene intolerabilem de morte sua dolorem reliquit. Acceperat quippe illum a priore suo, ut jam dictum est, ad educandum, sed ejus bonos mores sanctamque intentionem intuens, admirans et amplectens, eum non solum ut commendatum, sed ut filium unice diligebat, atque idcirco ejus tam celerem, imo quasi furtivum de mundo recessum, pene assidue dolendo deflebat. Eo tractus affectu orabat continue pro ipso, psalmorum quidquid noverat Deo quotidie profundebat, nec satiari orando, psallendo, mœrendo, pro ipsius anima poterat. Cumque hæc tam devoti animi sui tam pia studia, nullo fere tempore intermitteret, nec ab his, quantum facultas dabatur, cessaret, volens Deus hominem suum aut a tam duro labore relevare, aut cujus meriti vel ipse, vel puer illius esset ostendere, dignum fecit eum visione cœlesti, qua et ipse consolaretur, et quid de ipso, vel puero sentiendum esset, legentibus, sive audientibus proderetur. Pernoctabat aliquando sub divo bonus vir, ut sæpe facere consueverat, ac spiritum cœlo intentum ab orationis labore vel studio, ut de magno Martino legitur, non relaxabat. Cumque defixis non solum mentis, sed et corporis oculis in cœlum, Deum ut homini erat possibile super æthera, quæ visui corporali obstabant contemplaretur, ecce subito per medium, velut per medium discissi aeris lux longe omni corporea luce clarior ei de supernis infulsit, eumque ac loca sibi circumposita splendore immenso perfudit. Et ut servi sui votis, ille qui voluntatem timentium se facit, satisfaceret, conspicit et dilectum puerum, imo in Deo Filium suum, de cœlis cum eadem luce descendere, atque usque ad se lætum et radiantem venire, et in insueta visione gaudio simul et timore turbatus, hærebat. Ad quem is qui apparuerat puer : *Quid,* inquit, *turbaris? An non agnoscis filium tuum? Redi ad animum, et mecum ut solitus eras loquere. Sed ut ea quæ circa me aguntur tibi aperiam, noveris multum profuisse mihi, quod me tam tenere Dei causa dilexisti, quod morti meæ tam benigne compassus es, quod pro me tam sollicitas et continuas Deo orationes fudisti. Amodo per Dei gratiam noveris me ad illum statum pervenisse, ut sicut tu hactenus mihi profuisti, sic ego tibi amodo apud ipsum prodesse valeam.* Dixit hoc, et statim unde venerat paulatim eo conspiciente regredi cœpit. Referebat autem illi hujus visionis inspector, quod dum a se discederet, cœlumque conscenderet, non aversa facie, vel huc illucque conversa, ut vale facientes solent, recessit, sed sicut ei collocutus facie ad faciem fuerat, sic semper ad se converso vultu ad superna tendens, tandiu permansit, quousque ut de Martino jam dicto legitur, patente cœlo receptus, videri ultra non potuit. Quæ visio, in hoc forte visioni illi præponderat, quod Severus Sulpitius illam sicut ipse perhibet, licet matutinis horis leviter dormiens, tamen dormiens vidit, hanc autem iste non dormiens, sed vigilans, sub divo positus, atque orationi toto corde intentus, conspexit.

CAPUT XXX.

De miraculo cereorum Romanorum in ecclesia Matris Domini.

Illud quoque nobile et jucundum miraculum, quod ante plures annos compertum, jam pene cum tempore mente elapsum fuerat, memoriæ sequentium mandare, ultra non differam. Habetur Romæ patriarchalis ecclesia in honore perpetuæ Virginis matris Domini consecrata, quæ vulgari sermone Sancta Maria Major vocatur. Major autem idcirco, quia post Lateranensem Sancti Salvatoris ecclesiam, major dignitate non solum Romanis, sed et totius orbis Ecclesiis est. Illuc pontifex apostolicus in præcipuis ac summe festivis diebus, id est Natali Domini, Pascha atque Assumptione jam dictæ gloriosæ Virginis, cum celebri processione more Romano coronatus pergit, ibi stationem facit, ibi totius urbis clero ac populo assistente, solemne Deo sacrificium offert, et sacros dies quanto potest colit honore. Ibi præter ipsum et coadjutores ejus septem episcopos, ac cardinales presbyteros nulli missam celebrare fas est. Ibi quam inauditum miraculum non solum semel contigerit, sed etiam jam a multo tempore annuatim in festo supra nominato Assumptionis proveniat, dicendum est. Mos est Romanorum festum illud Assumptionis Matris Domini inter universas anni festivitates præcipuo honore colere, speciali devotione venerari. Unde est quod, inter plura devoti animi sui erga præcelsam Virginem signa, cereos maximos faciunt, et eos ante paratos vigilia festivitatis ad nominatam ecclesiam deferunt, atque vespertina hora, vel circa accendunt. Pondus tamen eorum æqua lance pensatum domi retinent, ut sequenti die solemni missa peracta, eos rursum pensantes quantum de quantitate eorum ignis absumpserit, judicante statera cognoscere valeant. Manent ergo Romanorum cerei, a vespertinis, ut dixi, horis, usque ad sequentis diei sextam vel nonam horam in ecclesia Matris Domini, ad honorem utriusque accensi, et festivæ missæ solemniis consummatis, singuli a propriis dominis ab ecclesia reportantur. Referens quisque cereum suum, mox ut domum pervenit, geminas lances præparat, imponit uni cereum, alteri pondus hesternum. Attendit diligens inspector, quantum de cerei prius appensa quantitate possit deesse, et vespertinas, nocturnas, diurnasque horas quibus continue cereus arsit, numerans exspectat quid sibi de imminutione primi ponderis statera renuntiet. Et ecce (mirabile dictu), nihil minus quantum ad pondus pertinet, post tam prolixam cerei sui exustionem, sollicitus ille appensor, et spectator invenit, sed quasi nihil consumptum sit, totum quod Deo et ejus Virgini matri devotus incenderat, se accepisse miratur. Hoc tam nobile et ante nusquam auditum miraculum, ad commendandam mortalibus gloriam Matris Domini, non in quolibet ignoto vel humili loco, non in qualibet, vel quantalibet civitate, sed in ipsa urbe orbis capite, non semel tantum, ut dixi, sed assidue recursu annuo, divina pietas et potentia operatur. Facit hoc ut et frequentia miraculi augeat admirationem, ædificet fidem, accendat charitatem; et locus tam celebris nulli patiatur esse occultum, quod cœlestis providentia, tam famosi loci occasione pluribus, ne dicam omnibus, fieri voluit manifestatum. Magnum quidem fuit propheticis temporibus quod ad viduam Deo mittente Eliam, hydria farinæ non defecit, et lecythus olei non est imminutus, juxta verbum Domini quod locutus fuerat in manu Eliæ. Magnum fuit quod Elias magnus propheta Dei pastus est cibo Dei, corvis ministrantibus sibi jussu Dei panes et carnes mane, et panes et carnes vespere. Magna fuerunt illa tempore iræ, non sunt minora ista tempore gratiæ. Magna fuerunt illa tempore Mosaicæ legis, non minora sunt ista, tempore christianæ et evangelicæ legis. Non defuerunt prophetæ panes et carnes ministratæ a corvis mane et sero, non defecit eidem pauxillum farinæ et olei per tres tantum annos et dimidium, non defecit, nec deficit in magno festo Matris Domini post tam diutinam die noctisque, ut dictum est, consumptionem, oblata Deo cereorum quantitas, non solum per tres annos et dimidium, sed jam per centum et eo amplius annos, usque ad hanc nostram ætatem, et quantum deinceps Deo placuerit.

CAPUT XXXI.

In Sylviniaco per sanctum Majolum puer mortuus restituitur vitali alimento.

Addatur et illud, quod fere cunctis miraculis præferri solet cujusdam Sylviniacensis pueri a morte per sanctum Majolum Christi virtute in jam dicto loco facta resuscitatio. Is etenim sanctus, sicut pene cunctis Galliarum populis notum est, et magnus vita, sic miraculis et dum mortalis viveret, et post mortem maxime insignis exstitit. Hac miraculorum gratia, in tantum jam per centum quadraginta et duos annos, hoc est a tempore mortis suæ claruit, ut post sanctam Dei Genitricem, nullum sanctorum in tota Europa non in hujusmodi operibus parem habeat. Testantur hoc innumeri diversis morborum generibus pressi, qui ad sepulcrum ejus divinam clementiam ipsius meritis sibi misereri precantes, exauditi sunt. Inter quos et mulier parvum habens filium, infra hos septem annos, similem, imo majorem per ipsum Dei misericordiam experta est. Nam cum jam puer ille plus quam triennis esset, contigit eum morbo correptum exstingui. Indoluit acriter mulier affectu tacta materno, ac doloris nimii stimulis agitata, totam vim animi non tam ad fletum muliebriter, quam ad fidem constanter convertit. Excitata namque mirandis operibus, quæ non solum frequenter ad sepulcrum sanctissimi confessoris facta audierat, sed etiam plerumque viderat, in spem animum erexit, et sibi ab eo posse reddi filium, non irrita fide præsumpsit. Unde statim surgens, non ad præparandam funeri sepulturam festinat, sed mortuo puero inter brachia sumpto ad ecclesiam properat. Quo cum citatis gressibus velut moræ impatiens pergeret, interrogata a multis quid ferret, et quid sibi vellet, hoc unum omnibus responsum dabat : *Filius, inquit, meus est, quem mortuum sancto Majolo defero, ut illum mihi restituat.* Mirabantur audientes de tam insolita re tam constans mulieris responsum, et eventum rei jam solliciti præstolabantur. Venit tandem mulier ad sancti sepulcrum cum parvulo, et eum ante altare fide plena deposuit. Mira astantium exspectatio. Noverant quidem, ut dictum est, et quandoque viderant, multos ibi sancti virtute curatos, sed a morte redivivum nec ipsi viderant, nec a patribus acceperant. Attenti ergo tam monachi quam laici ad tantum spectaculum, nutum Omnipotentis, ejusque beneplacitum sustinebant. Mansit puer exanimis ab hora diei prima (dies enim tunc æstivi erant) usque ad horam nonam. Tunc tandem oculos aperuit, ac matrem, quæ proximo loco ei assederat, eumque materna custodia asservabat, tenui ut puer voce vocavit. Surrexit mater attonita, et non sola ad eum accessit. Hunc viventem et loquentem quem mortuum deposuerat, cum multis qui aderant cernens, spe sua, pietate sancti se frustratam non esse agnovit. Fit statim lætus clamor in populo, et voces altissimæ ad Dei laudem, et S. Majoli præconium resonant. Accurrunt fratres meridianis horis regulari more in lectis quiescentes, totaque Sylviniacus, nulla pene licet villa sit Galliarum urbe plebium numerositate inferior, audito tam felici nuntio, in momento advolat. Repletur tam clamosis quam devotis lætantium vocibus ecclesia, et cernentes viventem, quem mortuum reliquerant, vix se ipsos præ gaudio capiebant. Obtulit dehinc devota mulier puerum sancto, et quia sicut ab utroque parente primam, ut sic loquar, vitam acceperat, sic a sancto Majolo tam insigni miraculo secundam resumpserat, auctoritate materna sancti Majoli filium decrevit perpetuo nuncupari. Ne vero legenti, vel audienti superesse aliqua de tanto miraculo dubietas possit, noverint me antequam hæc scriberem, bis Sylviniacum venisse, et tam a matre quam a pluribus et fide dignis testibus, dum id sollicite inquirerem, ea accepisse.

CAPUT XXXII.

De confessione cujusdam fratris Cluniacensis tandem facta domino abbati veraci et devoto.

Jam aliam de utilitate confessionis visionem, præter illas quas longe supra narravi, quia multo post tempore accidit, non præteribo. Eo enim anno quo de Anglia secundo redii, illud me audisse contigit Quod ne menti excideret, eodem anno litteris tradidi. Regressus a jam dictæ Angliæ partibus dum Cluniacum tendens per Franciam iter agerem, ad quoddam monasterium Cluniacensis ordinis quod Radolium vocatur, et ad Charitatem pertinet, hospitandi causa diverti. Præsidebat tunc eidem loco more prioris frater quidam, Bernardus nomine, Pictavus natione, juvenis ætate, elegans moribus, opere strenuus, domui sibi commissæ prudenter providens. Detinebatur tunc valida febri, tamque gravi, ut lecto assidue decumbere cogeretur. Veni ergo, et tali morbo eum gravatum inveni. Accessi statim facta regulari oratione ad ipsum, et qualiter se haberet sollicite perquisivi. Respondit ille, quod clarum erat, nec aliquem cernentem latere poterat, multum se incommodo jam dicto gravari. Monui pro officio, ut quandiu compos sui erat, conscientiam scrutaretur, peccata confiteretur, nec aliquid ad salutem animæ pertinens intermitteret, sed confessione, devotione, oratione, ad iter peregrinum secure explendum, se toto quo posset conamine pararet. Acquievit monitis libens, et semotis aliis me tantum coram eo residente, confiteri devote aggressus est. Expleta, prout tunc datum fuit, confessione, feci quod meum erat, et ægrum confitentem Christiano more absolvi. Injuncta vero ei congrua, juxta quod ab ipso audieram et mihi visum est, pœnitentia, die sequenti ad ipsum rediturus recessi. Facto mane, ut proposueram, redii, et remotis astantibus, secreto eum de similibus, ut prius feceram, admonebam. At ille, ut potuit corpore, totus autem mente ad me conversus : *Peccavi, ait, domine, et valde peccavi, quod de hesterna confessione, quam pure facere debuissem, de industria quædam subtraxi. Ea de causa ad judicium hac nocte vocatus, mira et tremenda videre coactus sum. Astabat quodam in loco multitudo hominum tetri coloris, horrendæ formæ, quorum deformitatem vix visus humanus tolerare poterat. Allatæ sunt ab eis lances geminæ, in quarum una animam meam, in alia opera mea cernebam. Accusabant me undique, et quandoque vera, quandoque falsa plurima more suo proferebant. Æstuabam constitutus in arcto, nec tot, ut videbatur, millibus hominum innumera objicientibus, præ timore respondere poteram. Cumque diu hujusmodi litibus et accusationibus me ad omnia suspensum ac trementem vexassent, occurrit tandem formosus, ut videbatur, vir, et in medio astans, turbis insanientibus, imo ut animo conceperam dæmonibus : Quid, inquit, quæritis ? Non est iste plane, non est iste de vestris. Eripuit, eripuit eum certe de manibus vestris, ea quam hesterno die abbati suo fecit confessio. — Non sic est, inquiunt, non sic est, ut dicis. Novimus enim, et bene conscii sumus, quid dixerit et quid retinuerit. Tacuit pro certo quædam, quorum sibi ipse conscius est, non oblivione inductus, sed deliberatione seductus. Cum* igitur bonus ille defensor meus prolatam licet a mendacibus veritatem negare non posset, nec tamen me deserere vellet, consumpsi in immenso labore ac formidine totam hanc noctem. Qua transacta', aurora, ut credo, dante diei principium, expergefactus ad me redii. Nunc quia plene intelligo multam mihi a Deo hac visione impensam misericordiam, ut fateri me velit, quod tacere decreveram, detegam Deo cuncta ex integro, tibique, Pater, nec ultra meam animam parata salute fraudabo. His dictis ad confitendum rursus conversus, quidquid exhauriendum reliquerat totum per Dei gratiam exhausit. Expleta veraci et devota confessione, absolvi pro officio fratrem et oleo sacro inunctum, Christi corpore ad æternam vitam obtinendam refectum, Deo et fratrum precibus intente commendavi, sicque valefaciens ei, cum sociis recessi. Dehinc ut Cluniacum veni, paucis interjectis diebus, ejus decessum audiens, et sibi debita quæ ad animam pertinent beneficia a fratribus sollicite reddi rogavi, et plura supra debitum addidi.

PETRI VENERABILIS
ABBATIS CLUNIACENSIS NONI
SERMONES.

SERMO PRIMUS.
DE TRANSFIGURATIONE DOMINI.
(Bibliotheca Cluniacensis, p. 1251.)

Hodie, dilectissimi, solito serenior nobis dies illuxit, quando cœleste lumen in terris emicuit, quando vera lux mortalium tenebras illustravit, quando divinus fulgor humanis sæculis se visibilem etiam corporaliter demonstravit. Hodie æternus Sol, carneæ infirmitatis paululum remota caligine, per mortale adhuc corpus novo et stupendo miraculo mirabiliter radiando effulsit. Hodie Verbum caro factum, carnis ejusdem sibi unitæ deificationem, vultus et vestium clarificatione ostendit. Hodie *vidimus gloriam ejus, gloriam quasi Unigeniti a Patre (Joan.* 1) *voce delapsa ad eum hujuscemodi a magnifica gloria. Hic est Filius meus dilectus in quo mihi complacui, ipsum audite* (II Petr. 1). Hæc est gloria Unigeniti a Patre, cum Pater Unigenitum recognovit, cum eum ignorantibus revelavit, cum eum divinis operibus suum esse Filium demonstravit, cum singulariter hodie clarificavit, cum ab adoptivis eum discernens suum proprie esse filium, de cœlis clamavit, dicens : *Hic est Filius meus dilectus (Matth.* III). Hic est, inquit, Filius meus. Sunt quidem mihi et alii multi filii per gratiam, sed meus iste Filius est per naturam. Sunt ex tempore, est iste ante tempora. Sunt alii facti, est iste genitus. Qui sic est genitus, ut sit et unigenitus. Et idcirco unigenitus, quia de mea substantia, et non plures; sed ipse unus est genitus. Hanc gloriam quasi Unigeniti a Patre Joannes vidit, cum ex Deo Deum cognovit, cum et ipsum in gloria transformatum conspexit, et Patrem de Filio homines instruentem audivit. Ideo ait : *Vidimus gloriam ejus, gloriam quasi Unigeniti a Patre.* Vidit ipse, viderunt et alii. Audivit ipse, audierunt et alii. Nam et Petrus dixit : *Hanc vocem nos audivimus, cum essemus cum illo in monte sancto* (II Pet. 1). Quæ utrum viderint, utrum audierint, etiam sancti evangelistæ Matthæus, Marcus, et Lucas testantur : *Assumpsit,* inquiunt, *Jesus Petrum, et Jacobum, et Joannem, et duxit illos in montem excelsum seorsum, et transfiguratus est ante eos (Matth.* XVII; *Marc.* IX; *Luc.* IX). Tertius enim tantæ visioni testis Jacobus additur, quia secundum ejusdem Domini sententiam : *In ore duorum aut trium testium stabit omne verbum (Matth.* XVIII). Tantum igitur verbum, tanta visio, tam excellens negotium trium et summorum apostolorum confirmandum erat testimonio. Bene ergo Salvator tres assumit discipulos, ut deitatis Trinitas quæ apparebat, ternario discipulorum numero signaretur. Apparuit quippe ibi Pater in voce, Filius in glorificata carne, Spiritus sanctus in lucida nube : *Ecce,* ait, *nubes lucida obumbravit eos (Matth.* XVII). Vere nubes Spiritus sanctus : Nubes, quia ab æstu carnalium voluptatum mentes quas obumbrat refrigerat, quia imbre superno quas aridas invenit fecundat; lucida, quia suo fulgore obscura tenebrarum illustrat. De cujus nubis obumbratione et Virgini matri dicitur : *Spiritus sanctus superveniet in te, et virtus Altissimi obumbrabit tibi (Luc.* II). Videte, fratres, gloriam solemnitatis, videte opus Trinitatis, videte mysterium resurrectionis. Et quare dixi, resurrectionis? Clamat Pater, radiat Filius, obumbrat Spiritus sanctus. Vident hoc apostoli, sed non nisi post octo fere dies. Sic namque, ait Lucas evangelista : *Post hæc verba fere dies octo, et assumpsit Jesus Petrum, et Jacobum, et Joannem (Luc.* IX). Nostis, qui Scripturis sacris animum applicastis, quod senarius numerus malorum præsentium passionem, septenarius animarum requiem, octonarius carnis designat resurrectionem. Nam et sexta die homo conditus ad laborem nascitur, et Christus probra, flagella, crucem et mortem patitur, et septima a laboribus vacare Deus præcepit, ipseque in assumpta carne liber a passionibus in sepulcro quiescit ; et octava resurgens spem nobis resurrectionis et immortalis vitæ contulit.

Hinc igitur non plene post octo dies, sed fere post octo dies, id est nondum transacto octavo die, sed adhuc existente, cœlestem Magistri visionem discipulis manifestat ; ad spem resurrectionis æternæ informat, sperare de se quod in ipso vident exemplis melius quam verbis suadet. Propter hoc facies refulsit ut sol, et vestimenta ejus facta sunt alba sicut nix. Matthæus et Marcus ita scripserunt : *Et post dies sex assumpsit Jesus Petrum, et acobum, et Joannem (Matth.* xvii ; *Marc.* ix). Quare Lucas post octo fere dies, isti post sex dies transfiguratum Dominum dixerunt? Sicut jam dictum, creationi mundanæ sex dies in initio deputati sunt, unde omne tempus præsentis vitæ operationi aptum designant. Nam sicut illis tantum sex diebus Deus omnia operatus est, et sic ab omnibus requievit, ita istis sex ætatibus quæ a mundi initio usque in finem extenduntur, hoc est toto quo hic vivitur tempore, quasi una die, operibus quibus æterna acquiritur requies, insistendum est. De quo die ait ipse Dominus : *Me oportet operari opera ejus qui misit me, donec dies est. Venit nox in qua nemo potest operari (Joan.* ix). Post sex igitur dies discipuli Domini gloriam ejus contemplantur, quia illi æterna tantum Dei visione digni erunt qui istis sex diebus illud Sabbatum præcedentibus non neglexerint, qui operibus divinis institerint, qui hanc diem sibi ad operandum datam vocando in noctem obscurari non sinerint. Oportet ergo illos sex dies laborando integros transire, et Deum deorum in Sion, et Regem in decore suo videre. Unde bene duo evangelistæ post sex dies dixerunt. Lucas vero post octo fere dies dixit, quia sicut præmissum est, præcedente sex dierum in hac vita labore, subsequente in Sabbato sanctarum animarum requie, veniente in octava carnis resurrectione, rapientur sancti in nubibus obviam Christo in aera, et sic semper cum Domino erunt (*Thess.* iv). Non igitur post octo, sed fere post octo dicit. Qui ergo fere post octo dies dixit, nondum finitum octavum diem dicit. Nondum igitur finito, sed adhuc existente octavo, seipsum glorificatum Dominus discipulis ostendit. A die namque promissionis, quia dixit : *Sunt quidam de hic stantibus, qui non gustabunt mortem, donec videant Filium hominis venientem in regno suo* (*Luc.* ix), usque ad diem redditionis quod promissum fuerat, annumerato primo illo promissionis et ultimo redditionis, octo dies cognoscuntur. Duobus autem illis remotis sex tantum exstitisse probantur. Nihil ergo dissonum evangelistæ, sed omnia consona, omnia convenientia in horum dierum tam historia quam significatione dixerunt : *Assumpsit eos,* inquit, *et duxit in montem seorsum* (*Matth.* xvii)..

Si Domini transfiguratio sanctorum est futura resurrectio, quid mons excelsus, nisi, superna habitatio? Quid quod seorsum ducuntur, nisi illorum est ad ipsam conscensio? De quo monte, et de qua ascensione ait Propheta in Psalmis : *Domine, quis habitabit in tabernaculo tuo, aut quis requiescet in monte sancto tuo? (Psal.* xiv.) Item in alio psalmo : *Quis ascendet in montem Domini, aut quis stabit in loco sancto ejus? (Psal.* xxiii.) Recte ergo a Christo in montem discipuli ducuntur, quia post resumpta jam mortalia corpora, ab imis ad sublimia, ab humilibus ad excelsa, a terrenis ad cœlestia sancti ab ipso sublevantur, et ei nunquam ab eo dissociandi in æternum sociantur. Tunc vere ducentur seorsum, quia commista tritico ultra zizania non latebunt, sed ab angelis messoribus ad comburendum in fasciculos alligabuntur ; triticum autem Domini jussu seorsum in ejus horreum recondetur. Tunc vere ducentur seorsum, quando secundum similitudinem sagenæ missæ in mare, et ex omni genere piscium congregantis, eligentur in consummatione sæculi boni pisces in vasa, mali autem foras mittentur. Tunc vere ducentur seorsum, quando in illa resurrectione, in illo ultimo discrimine, Filius hominis, cui omne judicium dedit Pater, separabit bonos a malis, sicut segregat pastor oves ab hædis.

Sed qui sunt, fratres, qui in montem excelsum seorsum dicuntur, Petrus, Jacobus, et Joannes? Nullus ergo ducitur, nisi Petrus, Jacobus et Joannes. Quare? Nomina ipsa perquirite, et causa protinus apparebit. Petrus enim *agnoscens*, Jacobus *supplantator*, Joannes *Dei gratia* interpretatur. Congruunt autem nomina auctoribus. Quis namque melius Christum agnovit quam Petrus? Qui ipsi interroganti quem discipuli sui eum esse dicerent, respondit : *Tu es Christus Filius Dei vivi* (*Matth.* xvi). Et alio in loco : *Domine, ad quem ibimus? Verba vitæ æternæ habes, et nos credidimus et cognovimus, quia tu es Christus Filius Dei* (*Joan.* vi). Agnovit ergo Petrus Dominum, unde agnoscens jure vocatur. Quis vero sapientius mundum supplantavit quam Jacobus, qui mundano quæstui cum patre et fratre piscando intentus, mox ut a Christo de navi vocatus est, corporalem in spiritalem, transitorium in æternum, mundanum in divinum quæstum mutavit, et de piscatore piscium piscator hominum fieri meruit. Mundi ergo supplantator non immerito Jacobus dicitur. Quis autem rectius Dei gratia vocabitur, quam Joannes, qui in tantum ejus gratia donatus est, ut inter alia ipsius gratiæ insignia, Virginis matris filius et minister ipsius commendatione fieri meretur, qui supra pectus ejus recumbere, qui deitatis arcana, quantum homini licere potuit, mundo revelare; qui præ cæteris a Magistro diligi, qui quasi proprio quodam vocabulo discipulus quem diligebat Jesus vocari dignus fuit. Apparet ergo quod qui tam excellenter Dei gratiam consecutus est, Dei gratia consequenter vocatus est.

Unde quoniam ista dona in eis singulariter effulserunt, specialiter ad videndam Dei gloriam in montem assumi meruerunt, neque alios, nisi qui tales fuerint, ad talem gloriam contemplandam in futura resurrectione assumendos esse docuerunt. Nullus namque assumetur nisi Petrus, Jacobus et Joannes, hoc est nisi agnoscens, supplantator, et Dei gratia. Qui vult ergo tunc assumi, fiat Petrus, agnoscat necesse est Dominum suum, agnoscat necesse est seipsum; agnoscat eum Creatorem, agnoscat se creaturam; agnoscat opificem, agnoscat se opus; agnoscat Dominum, agnoscat se servum; agnoscat justum, agnoscat se iniquum; agnoscat sanctificatorem, agnoscat se peccatorem; agnoscat Redemptorem, agnoscat se redemptum. Ne dicat ut Pharao : *Nescio Dominum (Exod. v),* ne forte et sibi cum aliis in fine dicatur : *Amen dico vobis, nescio vos (Matth. xxv).* Sed totis viribus annitatur hæc omnia fide agnoscere, quia *sine fide impossibile est placere Deo (Hebr. xi)* ; et quia *justus ex fide vivit (Hebr. x),* ut sit de ovibus boni pastoris, de quibus ipse ait: *Oves meæ vocem meam audiunt, et ego Dominus agnosco eas (Joan. x).* Et de quibus alibi : *Et cognosco meas, et cognoscunt me meæ (ibid.).* Et de quibus Apostolus : *Cognoscentes Deum, imo cogniti a Deo (Gal. iv).* Et quoniam non sufficit fides agnitionis, absque opere dilectionis, nam otiosa est fides, nisi adsit talis fides quæ per dilectionem operatur *(Gal. v),* sit Jacobus ut supplantet supplantare volentem, decipiat decipere cupientem, diabolum, mundum, peccatum. Diabolus quippe tentat, mundus illicit, peccatum occidit. Unde quia delectando vult fallere, fallendo necare, cauti dolosum discamus vitare, ut deprehensa prudenter blandi hostis nequitia, cum Apostolo possimus dicere : *Non enim ignoramus cogitationes ejus (II Cor. ii).* Quibus agnitis et Dei virtute devictis, miles Dei de hoste pessimo gloriose supplantans cum triumphabit, et cum Propheta cantabit : *In te inimicos nostros ventilabimus cornu, et in nomine tuo spernemus insurgentes in nobis (Psal. xliii).* Istis duobus adjungendus est et tertius Joannes, ut rimator cœlestium visionum advertat nihil se potuisse aut posse, nihil se digne credere aut operari absque Dei gratia, sicut ipse Deus fatetur in Evangelio loquens discipulis : *Sine me nihil potestis facere (Joan. xv).* Quod apostolus Paulus confirmat : *Gratia Dei sum id quod sum, et gratia ejus in me vacua non fuit (I Cor. xv).* Et Psalmista : *Deus meus, misericordia ejus præveniet me; et misericordia tua subsequetur me (Psal. lviii).* Quod si misericordia Dei universa bona hominis præveniet et subsequitur, nullum bonum hominis absque gratia ejus esse posse cognoscitur. Sic Petrus fide Deum agnoscens, sic Jacobus sanctis eum operibus deluso mundo glorificans, sic Joannes, quod in fide et operibus habet, non a se, vel ab alio, sed ejus gratia, *a quo est omne datum optimum, et omne donum perfectum (Jac. i),* se accepisse cognoscens, et gratias agens, nullo alio admisso divinæ gratiæ secreta soli contemplari merentur. Hi tantum ad æternæ resurrectionis gloriam pervenire, hi in montem excelsum conscendere, hi transfiguratum in majestate Christum videre poterunt, quoniam *reformabit corpus humilitatis nostræ configuratum corpori claritatis suæ (Philipp. iii),* quando occurremus omnes *in unitatem fidei, et agnitionis Filii Dei in virum perfectum in mensuram ætatis plenitudinis Christi (Ephes. iv).* Tunc multo melior atque perfectior Petro aderit cognitio veritatis, quia sicut Deus per prophetam ait : *Non docebit vir fratrem suum, et vir proximum suum, dicens : Cognosce Dominum; omnes enim cognoscent me a minimo usque ad maximum (Jer. xxxi).* Tunc Jacobus supplantator, et victor vitiorum gloriosior apparebit, quia nequaquam ultra terra corporis nostri spinas, et tribulos carnalium voluptatum germinabit; quæ absque ullo in æternum belli periculo a sanctis possidebitur, sicut dicitur : *Beati mites, quoniam ipsi possidebunt terram (Matth. v).* Tunc enim fiet sermo qui scriptus est : *Absorpta est mors in victoria. Ubi est, mors, victoria tua? Ubi est, mors, stimulus tuus? (I Cor. xv).* Tunc Dei gratiam longe excellentius Joannes obtinebit, quia sicut ipse scripsit : *De plenitudine ejus nos omnes accepimus, et gratiam pro gratia (Joan. i),* pro gratia actionis, gratiam retributionis ; pro gratia operationis, gratiam glorificationis. Sed et illud ab hac intelligentia non dissentit, quod princeps apostolorum, quod pastor singularis ovium Christi, quod summus post Christum magister Ecclesiæ Petrus, quod Boanerges, id est filii tonitrui, Jacobus et Joannes, ut hæc viderint electi sunt, ut et Petri auctoritas ad hoc testificandum dignior fide videretur, et tota Ecclesia in summo Pastore suo, ad videndum Deum sublevanda signaretur et intonantem de cœlis Patrem audientes Jacobus et Joannes congruenter filii tonitrui vocarentur.

Propter omnia ista *assumpsit solummodo Jesus Petrum et Jacobum et Joannem, et duxit eos in montem excelsum seorsum et transfiguratus est ante eos. Et resplenduit facies ejus sicut sol; vestimenta autem ejus facta sunt alba sicut nix (Matth. xvii).* Quid tu ad ista, o homo? An surdis hæc auribus audis? An tanta tui Conditoris beneficia ingratus prospectas? An non ita erga te sollicitam Divinitatem stupendo miraris? Te, cum non esses, gratuita bonitate, ut sempiterne illi adhærendo beatus esse posses, creavit; tibi cœlum, terram, mare; tibi omnia quæ in eis sunt, tibi universam molem mundi fecit atque subjecit; tibi, quod his omnibus longe excellentius fuit, æternæ morti subdito et inter mundi mala innumera deficienti, natus in tua carne, passus et mortuus est. Et ut salutaribus Domini et Dei tui ... nitis credere non differres, mirandis operibus sibi a te dari fidem coegit. Inde est quod cæcos illuminavit, quod leprosos mundavit, quod omnes hominum morbos curavit, quod ipsos quoque mortuos suscitavit, quod super tumentes marinarum undarum moles illapso gressu deambulavit, quod clementis imperavit, quodque hanc eamdem miraculorum potentiam omnibus in se vere credentibus concessit. Hinc est quod hodie, ut dixi, in carne corruptibili transformatus, tuum quoque corruptibile incorruptionem, tuum mortale immortalitatem induere posse monstravit. Nam sicut ipse facie refulsit ut sol, ita te posse fulgere ostendit, ubi ait : *Tunc justi fulgebunt sicut sol in regno Patris sui (Matth.* xiii). Si igitur justus fueris, fulgere et tu sicut ipse poteris. *Facta est facies ejus sicut sol.* Quid mirum si facta est facies ejus sicut sol, cum ipse sit sol? Quid mirum si Solis facies facta est ut sol? Sol erat, sed sub nube latens, et tunc nube remota ad modicum refulgens. Quid est nube remota? Non carne, sed carnis infirmitate ad momentum sublata. Hæc est nubes, de qua propheta ait : *Ecce Dominus ascendet super nubem levem (Isa.* xix). Nubes caro tegens divinitatem; levis, nullam ferens iniquitatem. Nubes, celans divinum fulgorem; levis, in æternum et ipsa levata splendorem. Nubes, quia ut in Canticis legitur : *Sub umbra ejus quem desideraveram sedi (Cant.* ii); levis, quia caro est Agni qui tollit peccata mundi. Quibus sublatis levatur mundus in alta cœlorum, nullo jam pressus pondere peccatorum. Hac carnis nube tectus Sol, non iste sol qui oritur super bonos et malos, sed Sol justitiæ qui oritur tantum timentibus Deum. Hac certe carnis nube adoperta lux, quæ illuminat omnem hominem, hodie resplenduit, hodie ipsam carnem glorificans, et deificatam ostendens apostolis per seipsum, et per apostolos mundo revelavit. Hujus solis contemplatione, et tu beata Civitas, in æternum perfrueris, quando descendens de cœlo a Deo parata, sicut sponsa viro ornaberis. Iste Sol ultra tibi non occidet, sed idem semper manens perpetuum mane serenat. Iste Sol jam nulla nube tegitur, sed indefesse rutilans assidua te luce jucundat. Iste Sol non jam tuos oculos reverberat, sed ad se videndum confortans, divino fulgore delectat. Iste Sol nullam eclipsim patitur, quia fulgor ejus nullo tuo dolore interrumpitur. *Nam non erit ultra, neque mors, neque luctus, neque dolor, neque clamor,* quæ obscurare possint a Deo tibi datum splendorem, quia sicut Joanni de cœlo dictum est : *Hæc prima abierunt (Apoc.* xxi). Iste est Sol, de quo per prophetam dicitur : *Non erit tibi sol ad lucendum per diem, nec splendor lunæ illuminabit te; sed Dominus Deus tuus erit tibi in lucem sempiternam (Isa.* lx). Hæc est tibi lux sempiterna, quæ de Domini facie refulget. Audis Domini vocem, audis ut sol fulgentem Domini faciem ; in facie per quam quisque cognoscitur, ejus agnitionem, in fulgore agnoscentium intelligite illuminationem. Hic enim fide a te creditur, ibi ipsa cognoscetur. Hic intellectu capitur, ibi comprehendetur. Hic vides per speculum et in ænigmate, ibi autem videbis facie ad faciem (*I Cor.* xiii). Tunc cum vere sicuti est agnoscens æterno hujus Solis splendore sempiterne

irradiaberis, feliciter illuminaberis, excellentissime illustraberis. Tunc ita vultu Domini super te resplendente implebitur quod, optaverat ante Propheta, dicens : *Illuminet vultum suum super nos (Psal.* lxvi).

Sed quomodo vultus ejus illuminabitur, qui nunquam lumine caruit, qui ipsum lumen est, quod illuminat omnem hominem ? Non, inquam, illuminabitur vultus Dei in se, sed illuminabitur super te, super te illuminabitur, quia tibi lucebit, tibi fulgebit, tibi splendebit. Propterea distincte protulit hoc Propheta, dicens : *Illuminet super nos.* De hoc lumine et alibi ait : *Domine, in lumine vultus tui ambulabunt (Psal.* lxxxviii).

Hic ergo vultus est facies Domini, quæ ut sol in monte resplenduit, quæ ut sol in cœlo fulgebit. In cujus veræ agnitionis lumine perpetuo ut dictum est exsultabis. In cujus lumine infatigabiliter ambulabis. In cujus lumine perpetuum lumen videbis. Propter hoc ait Evangelium : *Facta est facies ejus ut sol, et vestimenta ejus facta sunt alba sicut nix (Matth.* iii). Qui Christi vestimentis nisi proxime illi fide et moribus adhærentes signantur ? Qui licet non sint quod ipse, sunt tamen ubi et ipse. Unde et alibi Patri ait : *Pater, volo ut ubi ego sum, et illi sint mecum (Joan.* xvii). Sunt autem alba ipsa vestimenta sicut nix. Non enim tanta faciei claritas aliquid circa se obscurum recipit. Fulget facies, nitent vestimenta. Quo nitore? Tanto fulgori congruo. Et quis nitor tanto fulgori congruit ? Quis nisi niveus? Quid namque sole fulgentius, quid nive candidius ? Hoc candore niteant necesse est vestimenta; sed candor vestibus multo studio et labore acquiritur. Non possunt plane vestes ad candorem congruum pervenire, nisi igne coquantur, aqua abluantur, herbarum succo inficiantur. Hæc tria sicut sunt necessaria carnis indumento, ita sunt adhibenda Christi vestimento. Dixi vestem Christi esse fideles Christi. Quis est ergo huic vesti necessarius ignis, quæ est aqua, quæ sunt herbæ? Ignis est ille comburens noxia, illuminans tenebrosa. Quis ille ? De quo Joannes : *Ego baptizo vos aqua, ille autem baptizabit vos Spiritu sancto et igni (Joan.* i). Quis vero iste sit ignis ascensurus in cœlum Dominus discipulis indicat, dicens : *Quia Joannes quidem baptizavit aqua, vos autem baptizabimini Spiritu sancto (Act.* i). Iste igitur ignis est Spiritus sanctus. Quæ aqua ? Baptismatis et lacrymarum. De baptismatis aqua Dominus in Evangelio, *Nisi quis renatus fuerit ex aqua et Spiritu sancto,* etc. (*Joan.* iii). De lacrymarum aqua Psalmista : *Lavabo per singulas noctes lectum meum, lacrymis meis stratum meum rigabo (Psal.* vi). De utraque alius propheta : *Effundam super vos aquam mundam, et mundabimini ab omnibus inquinamentis vestris (Ezech.* xxxvi). Igne ergo spiritus accenduntur corda, fervescunt in Deum desideria, curritur primo ad baptismum, fervet aqua ad vestem mundandam ignis ardore;

sanctificatur et ista ad animam purgandam spiritus virtute. Abluitur aqua illa quidquid sordium animæ adhæserat, redditur homo novus, albis, novisque induitur vestibus, ut et ipse in spiritu candidatus, et renovatus, aptus appareat in Christi corporis vestimento. Hæc vestis sic mundata, si postmodum inquinetur, non aqua baptismatis, quæ non novit nisi semel mundare, sed secundo lacrymarum fonte purganda est, qua et Petrus negationis maculas abluit, et Maria Domini pedes rigando, vitiorum flammas exstinxit; et Dominus ipse sororum lacrymis Lazarum ipsarum fratrem mortuum suscitavit. Sed sicut primus fons sine spiritu nihil potest operari, ita nec secundus sine illo quidquam valet impetrare. Quod enim sine spiritu nihil sit illud, innuit Dominus, qui cum dixisset : *Nisi quis renatus ex aqua et spiritu* (Joan. III) : Postmodum nullam aquæ faciens mentionem, adjunxit : *Quod natum est ex spiritu, spiritus est (ibid.),* auctorem illius regenerationis ostendens spiritum, et sine spiritu nihil esse aquam nisi frigidum et humidum elementum. Quod vero pœnitentiæ lacrymæ non nisi ex eodem spiritu fundi possunt demonstrat Apostolus dicens : *Ipse spiritus pro nobis postulat gemitibus inenarrabilibus* (Rom. VIII).

Agnovimus ignem, agnovimus aquam, vestem Christi purificantem, et rursus inquinatam mundantem. Perquiramus et herbam huic operi necessariam. Quæ ergo esse poterit, nisi illa de qua ait Propheta : *Asperges me hyssopo, et mundabor?* (Psal. L.) Et quare illam præ cæteris elegit? Quia est herba humilis, non petit alta, fastidit celsitudinem, amplectitur humiliationem. Quod igitur habet illa ex natura, hoc mundandum oportet habere ex gratia. Sicut enim nullum per aquam mundat Spiritus, nisi pœniteat, sic nullus pœnitet nisi qui se humiliat. Est ergo herba humilitas, qua per aquam et spiritum omnis deletur iniquitas. Istis mundari necesse est vestem Christi; istis purgari expedit indumentum Domini. Istis candidari oportet velamentum illud, quo Dei Filius in claritatis divinæ majestatem transformatus ornandus est. Et tu igitur, qui Christo adjungi exoptas, labora, exerce teipsum, castiga corpus tuum et servituti subjice; ablue quidquid fœdum, quidquid immundum, quidquid tegumento corporis Christi indignum est, et remotis vitiorum omnibus informitatibus niveum tibi virtutum adhibeto candorem dicens Deo cum Propheta : *Lavabis me, et super nivem dealbabor* (ibid.). Nec mireris, si nondum gloria hujus beati candoris in te manifestatur. *Quoniam per fidem ambulamus, non per speciem,* etc. *(II Cor.* v.) *Scimus quia nondum apparuit quid erimus ; sed cum apparuerit, similes ei erimus, quoniam videbimus eum sicuti est* (I Joan. III); et : *Cum Christus apparuerit vita nostra, tunc et nos apparebimus cum ipso in gloria* (I Coloss. III). Hoc innuens Marcus ait : *facta sunt vestimenta ejus alba, qua-*

lia fullo super terram non potest candida facere (Marc. IX). Super terram quippe hæc gloria acquiritur, sed non super terram redditur. In cœlo igitur, non in terra, exspectanda sunt ista, in resurrectione, non in mortalitate accipienda sunt ista, quando qui promeruerunt, erunt sicut angeli Dei in cœlo, quando suos sibi ut vestimentum aptabit Christus ad gloriam et decorem, quando implebitur quod per Prophetam dictum est : *His omnibus velut ornamento vestieris* (Isa. XLIX). Huic tamen Christi indumento, unde candor accidit videte. *Qualia* inquit, *fullo non potest facere.* Nostis frequenti fullonis percussione, assidua conculcatione vestibus addi candorem. Fullonis ergo conculcatio est superborum qua sanctos contemnunt despectio, de qua Propheta in Psalmo : *Multum repleta est anima nostra, opprobrium abundantibus, et despectio superbis* (Psal. CXXII). Ejus ergo continuata percussio est iniquorum, qua eos quotidie atterunt, persecutio. Sed hac compressione, hac persecutione, licet multum in præsenti affligantur, ad Domini tamen ornamentum eisdem suis proficientes, candificantur, et ut in regni manifestatione Regi suo, ut regia byssus adhæreant, adaptantur. Unde et de iis dicitur : *Beati qui persecutionem patiuntur propter justitiam, quoniam ipsorum est regnum cœlorum* (Matth. v).

Et ecce apparuerunt Moyses et Elias cum eo loquentes (Matth. III). Apparent Moyses et Elias cum Christo, junguntur lex et prophetæ Evangelio. Alloquuntur præsentem quem ante prædixerant absentem : *Et narrabant,* ait evangelista, *excessum ejus quem habiturus erat in Jerusalem* (Luc. IX). Agnosce quod non idcirco excessum suum Domino narrabant, ut eum docerent quod ignorabat, qui nihil ignorare poterat, sed ut illos esse adverteres, de quibus ipse Dominus post excessum et resurrectionem suam discipulis dixit : *Oportebat impleri omnia quæ scripta sunt in lege et prophetis de me* (Luc. XXIV). Quod enim Moyses de eo scripserit, testatur ipse loquens ad Judæos : *Si crederetis Moysi, crederetis forsitan et mihi ; de me enim ille scripsit* (Joan. V). Quod vero Elias primum ejus adventum sublimiter prophetando præcucurrerit, certum est. Sed quod secundum sublimius præcursurus sit, vox Dei per prophetam loquens indicat : *Ecce ego mittam vobis Eliam prophetam, antequam veniat dies Domini magnus et horribilis* (Malac. IV). Et Dominus ad discipulos : *Elias venturus est, et ipse restituet omnia* (Matth. XVII).

Apparent, inquit, *Moyses et Elias cum eo.* Attendite, fratres, magnum sacramentum. Attendite, et admiramini novum miraculum. Videte cur præ cæteris Patribus et prophetis, in hac cœlesti visione hi specialiter Domino adjungantur. Scriptum est de Moyse : *Erat Moyses vir mitissimus inter omnes qui morabantur in terra* (Num. XII). Cujus admirabilis mansuetudinis quis melior quam ille Judaicus populus erit, asserior? Quem cum ipso jussu Dei per terrifica signa de Ægypto eductum pedestri itinere per mare transduxisset, cum super littus maris divina virtute exstinctos inimicos ostendisset, cum eum per tantum temporis in deserto manna cœlesti pavisset, aqua sæpe de petra producta potasset, carnibus vento famulante allatis saginasset, pro eis innumeris se mortibus objecisset; post ista, inquam, omnia, quid ab illis gratiæ meruerit audistis. Congregati pariter in eum irruerunt, contumeliis plurimis eum affecerunt, lapidibus impetierunt, confugere ad tabernaculum Domini compulerunt. Qui nisi potenter a Deo ereptus fuisset, absque dubio ab impiis peremptus interiisset. Cumque frequenter ab illis similia pateretur, et Deus interitum perversæ gentis pro his et innumeris malis suis minaretur, pro eis ultioni se opponebat, et ne hi qui eum perdere quærebant perirent, quantum poterat, satagebat. Nam dicente Deo : *Dimitte me, ut irascatur furor meus contra eos, et deleam eos, faciamque te in gentem magnam (Exod. xxxii)*, respondit : *Si dimittis eis peccatum, dimitte, sin autem, dele me de libro quem scripsisti (ibid.).* Audistis Moysi mansuetudinem, audite et Eliæ severitatem : Regis idololatræ et populi nimiis impietatibus provocatum cœlo aquas religavit, et ne reproba tellus fecundaretur, tribus annis et dimidio pluviam verbo suspendit, dicens : *Vivit Dominus, si erit ros, aut pluvia nisi juxta oris mei verbum (III Reg. xvii).* Quadringentos prophetas Baal cum trecentis aliis ad flumen deductos interfecit. Quinquagenarios duos cum quinquaginta suis igne cœlesti consumpsit, ad utrosque dicens : *Si homo Dei sum, descendat ignis de cœlo, et devoret te, et quinquaginta tuos (IV Reg. xi).* Multum ergo ille mansuetus, multum iste severus. Deo ergo isti Patres, alter mitissimus, alter immitissimus apparent cum Domino. Quare? quia, *misericors et miserator Dominus (Psal. cii);* quia, *justus Dominus, et justitias dilexit (Psal. x);* quia *universæ viæ Domini misericordia et veritas (Psal. xxiv);* quia misericordiam et judicium cantat Domino Propheta (*Psal. c*); quia misericordia, quæ Christus est, *et veritas obviaverunt sibi; justitia et pax osculatæ sunt (Psal. lxxxiv).* Misericors ergo misericordem, justus justum designat. Unde et congrue Scriptura non prius Eliam, et postea Moysen, sed antea Moysen, et postmodum Eliam ponit, non tantum attendens ordinem temporis quo alter alterum præcessit nascendo, quantum modum rationis, quo ille istum prævenit significando. Moyses enim primum, Elias secundum Domini signat adventum. Venit quippe primo cum misericordia, venit cum mansuetudine, quia venit Salvator, venit Redemptor, venit Liberator, sicut ipse Nicodemo ait: *Non enim misit Deus Filium suum in mundum, ut judicet mundum, sed ut salvetur mundus per ipsum (Joan. iii).* Hinc et discipulis alio in loco indignantibus quod eum quidam hospitio suscipere noluisset, et dicentibus ei : *Vis dicamus ut ignis descendens de cœlo consumat eos (Luc. ix).* Sicut Elias fecit? Respondit: *Nescitis cujus spiritus estis. Filius hominis non venit animas perdere, sed salvare (ibid.).* Et Zachæo inter cætera : *Venit enim Filius hominis quærere et salvum facere quod perierat (Luc. xix).* Cujus salutis cum se auctorem divinis operibus demonstraret, cum omnium languores curaret, mortuos suscitaret, quamplurima alia infideli populo etiam temporaliter bona conferret, et (quod nunquam Moyses potuit) æterna promitteret, et in se credentibus daret, ab ingratis et perditis nefando ausu alienigena, dæmonium habens, homo vorax, potator vini, amicus publicanorum et peccatorum vocatus, lapidibus sæpe ut Moyses impetitus, ad ultimum crucifixus, pro crucifixoribus orans Patrem dicebat : *Pater ignosce illis, quia nesciunt quid faciunt (Luc. xxiii).* Ecce Moysem nostrum mansuetum, ecce mitem, ecce misericordem, ecce omnibus in dulgentem.

Videte nunc Eliam, aspicite justum, intuemini terribilem, tormenta peccatoribus inferentem. Pertimescite ignem, non centum solummodo homines, sicut tunc, sed totum mundum comburentem. Hunc homo Dei Elias, hoc est Filius hominis, Jesus, in majestate sua de cœlis ad judicandum veniens, si super impios deponet, quando *Deus manifeste veniet, Deus noster, et non silebit (Psal. xlix);* quando *ignis in conspectu ejus exardescet, et in circuitu ejus tempestas valida (ibid.);* quando *advocabit cœlum desursum, et terram discernere populum suum (ibid.);* quando *in fortitudine veniet, et brachium ejus dominabitur (Isa. xl);* quando *vociferabitur et clamabit, et super inimicos suos confortabitur (Isa. xlii).* De quo suo adventu ipse in Evangelio ; *Tunc si quis vobis dixerit; Ecce hic est Christus, aut ecce illic, nolite credere; sicut enim fulgur exit ab oriente, et paret usque in occidentem ; ita erit adventus Filii hominis (Matth. xxiv).* Et post pauca : *Et tunc apparebit signum Filii hominis in cœlo, et tunc plangent omnes tribus terræ, et videbunt Filium hominis venientem in nubibus cœli cum virtute magna et majestate (ibid.).* Et Joannes in Apocalypsi : *Et videbit eum omnis oculus, et qui eum pupugerunt et plangent se super eum omnes tribus terræ (Apoc. i).* Qui igitur, ut dictum est, in primo fuit mitis Moyses, in secundo apparebit Elias ; qui in primo humilis, in secundo sublimis ; qui in primo despectus, in secundo tremendus ; qui in primo occultus, in secundo manifestus; qui in primo mansuetus, in secundo severus; qui in primo judicatus, in secundo judex; qui in primo Salvator, in secundo non solum Salvator, sed etiam condemnator. Redditum est nunc Moysi quod ei longe ante fuerat promissum. Qui cum flagrabat spiritu dicens : *Si inveni gratiam in conspectu tuo, ostende mihi faciem tuam,* audivit : *Invenisti gratiam in conspectu meo, et teipsum novi ex nomine ; sed non poteris videre faciem meam. Non enim vi-*

debit homo, et vivet; sed dum transiero, videbis posteriora mea (Exod. xxxiii).

Quæ sunt, fratres, Dei posteriora? Videte quæ sunt anteriora, et sic videbitis posteriora quæ sunt. Quid enim Dei anterius est, nisi illud, quo omne quod est posterius est? Quid namque est anterius ipso Deo? quid non posterius illa substantia cui dicitur: *Ex utero ante luciferum genui te (Psal.* cix); et quæ loquitur: *Ante colles ego parturiebar: Adhuc terram non fecerat, et flumina, et cardines orbis terræ (Prov.* viii). Et quæ ita erat in principio apud Deum, ut omnia per ipsum facta sint, et sine ipso factum est nihil? Quibus utique rebus a se factis ipsam anteriorem, ipsas necesse est esse posteriores. Creator enim creatura anteriori creatura Creatore semper est posterior. Anterior ergo est creatrix substantia, posterior creata natura. Nunquid Moysi quærenti videre Creatorem, loco magni muneris pro Creatore moles totius creaturæ indifferenter videnda promissa est? Absit! Non enim omnis, sed quædam creatura ei pro magno videnda promissa est. Hæc est, inquam, illa singularis creatura. Hæc est, inquam, illa singularis humanitas, quæ in utero Virginis, absque ulla peccati corruptione, ab ipso Deo suscepta, et Verbo Dei unita non jam creatura, sed Creator pro unius cum ipso unitione personæ vocatur. Quæ quia secundum modum Creatoris, et secundum ordinem temporis, quo, juxta Apostolum, in consummatione sæculorum, ad destructionem peccati apparuit, Deo posterior est, posteriora Dei Moysi ante promissa hodie ostensa sunt. Nam sicut probatum constat, Dei anteriora ante omnia existens et divinitas, Dei posteriora postmodum assumpta humanitas. Hujus humanitatis hodiernam glorificationem Moyses intuens, quod promissum fuerat, sibi redditum gavisus est, nec immerito. Agnoscebatur enim quod ante prædixerat, et se mundumque salvandum ejusdem humanitatis humilitate gaudebat. Unde et sibi olim dictum recolebat: *Cum pertransiero videbis posteriora mea.* Cum pertransiero inquit. Quid namque tunc aliud Christus in mundo, nisi quemdam transitum faciebat? Non enim ut hic maneret, sed ut hinc transiret, advenerat. Transibat quippe de morte ad vitam, transibat de corruptione ad incorruptionem, transibat de humilitate ad glorificationem, transibat de mundo ad Patrem, sicut evangelista ait: *Sciens Jesus quia venit ejus hora ut transiret ex hoc mundo ad Patrem, cum dilexisset suos, qui erant in mundo, in finem dilexit eos (Joan.* xiii). Et post pauca: *Exivi a Patre, et veni in mundum; iterum relinquo mundum, et vado ad Patrem (Joan.* xvi). Et in Psalmis: *Singulariter sum ego, donec transeam (Psal.* cxl). In hoc transitu Moyses Jesum vidit, quia adhuc secundum carnem mortali adhuc corruptibili, licet ad tempus tunc glorificato, cum eo in mente apparuit. Et quid miraris quod Moyses Jesum in carne deificatum vidit, cum prior Moyse: *Abraham et exsultavit ut videret diem ejus, vidit et gavisus est? (Joan.* viii).

Visi sunt, inquit Lucas, *Moyses et Elias in majestate (Luc.* ix). In majestate tam Christi quam sua visi sunt. Quia cum glorificato et ipsi glorificati sunt: Ille ut Deus, isti ut homines; ille ut Dominus, isti ut servi; ille ut unicus, isti ut adoptati. Sed quid adhuc Moyses et Elias cum Christo apparentes significent, videte. De Moyse namque sicut de aliis Scriptura loquitur quod mortuus sit. *Mortuus est,* inquit, *Moyses servus Domini, sepelivit eum Dominus (Deut.* xxxiv). De Elia vero quod non mortuus, sed equis igneis raptus sit *(IV Reg.* ii), et quod adhuc vivat, et suo tempore moriturus sit testatur *(Malach.* iv). Qui vero per mortuum Moysem, nisi mortui; et qui per vivum Eliam, nisi vivi signantur? Videntur ergo hi duo in figura resurrectionis cum Domino, ut ostendant vivos et mortuos in ipsa resurrectione judicandos a Deo. Quod Apostolus confirmat in Epistola dicens: *Dominus in jussu et in voce archangeli et in tuba Dei descendet, et mortui qui in Christo sunt resurgent primi. Deinde nos qui vivimus, qui relinquimur, rapiemur simul cum illis in nubibus obviam Christo in aera, et sic semper cum Domino erimus (I Thess.* iv). Quod quamvis de electis tantum vivis et electis mortuis dicere videatur, alibi tamen tam de electis quam reprobis, vivis et mortuis, hoc aperte denuntiat dicens: *In hoc enim Christus mortuus est et resurrexit, ut vivorum et mortuorum dominetur (Rom.* xiv). Merito ergo de vivis et mortuis judicat, quia mortuus est propter peccata nostra, et resurrexit propter justificationem nostram *(Rom.* iv). Respondens autem Petrus dixit Jesu: *Domine, bonum est nos hic esse, si vis faciamus hic tria tabernacula, tibi unum, Moysi unum, et Eliæ unum (Matth.* xvii).

Quid est, Petre, quod loqueris? Ut quid terrenum tabernaculum quæris? Quid hic eum remanere exoptas, cum migraturus advenerit? Quid illi qui habitat in cœlis habitaculum temporale procuras? Non ad hoc venit ut domum in terra susciperet, quia habere noluit ubi caput reclinaret. Non ad hoc venit ut tu ei in terris habitaculum construeres, sed ut ipse tibi in cœlis locum præpararet. Non ad hoc venit ut a te constructam hic domum inhabitaret, sed ut te post se ad præparatam quæ sursum est sublevaret. De qua ipse discipulis dixit: *Et si abiero, et præparavero vobis locum, iterum veniam, et accipiam vos ad meipsum, ut ubi sum ego, et vos sitis (Joan.* xiv). Ubinam ipse est, te oportet esse, non ubi tu vis, eum decet remanere. *Bonum est,* ait, *nos hic esse:* ubi, quæso, mors? Ubi passio? Ubi mundi redemptio? Ubi resurrectio? Ubi in cœlos ascensio? Ubi est quod ait Propheta: *A summo cœli egressio ejus, et occursus ejus usque ad summum ejus? (Psal.* xviii). Si enim tecum, ut tu optas, remanserit, nec ista omnia propter quæ implenda venerat, adimplebit, nec illuc, unde venerat, redibit *Bonum est nos hic esse.* Si bonum est, Petre, ut dicis, hic esse, longe melius est quo frueris in patria Si bona est momentanea jucunditas, multo melior æterna felicitas. Si te delectat Christi ad tempus glorificata humanitas incomparabiliter excellentius delectabit ejus æternaliter conspecta divinitas. Illa inquam divinitas, in quam desiderant angeli conspicere (*I Petr.* 1), a qua nunquam intuitum patiuntur avertere, quæ mundis corde promittitur, et eis in fine quandoque reddetur. Hac et tu perfrueris, sed sicut pro te Christus, ita et pro Christo ante patieris. Oportet enim te primum ejus fieri socium passionis, ut sic postmodum ejus possis et consolationis. Ibi ipse te suosque in æterna tabernacula suscipiet. Ibi vere non ut hic, tria tabernacula, Christo, Moysi, et Eliæ, sed unum tabernaculum Patri, et Filio, et Spiritui sancto, teipsum præparabis, quando *erit Deus omnia in omnibus* (*I Cor.* xv); quando, secundum Apocalypsin, *tabernaculum Dei erit cum hominibus, et habitabit cum illis* (*Apoc.* xxi); quando *ipsi populus ejus erunt, et ipse Deus cum eis erit eorum Deus* (*ibid.*).

Adhuc eo loquente, ecce nubes lucida obumbravit eos, et ecce vox de nube dicens: Hic est Filius meus dilectus in quo mihi complacui: ipsum audite (*Matth.* xvii). Huc venite, gentes, huc occurrite, populi; huc accedite, universi; huc properate, infideles, et convertimini, huc adestote, fideles, et erudimini. Voluistis certificari de Dei Filio, jam non dubitetis tanto accepto testimonio. Præmissi sunt ad hoc testificandum patriarchæ, subjecti sunt prophetæ, qui hunc per Spiritum venturum viderunt, et antequam nasceretur mundo annuntiaverunt. Viderunt et apostoli, non jam ut illi tantum per spiritum, sed per carnem viderunt, in qua non jam nasciturum, sed natum viderunt; non prædicaturum, sed prædicantem viderunt; divina opera facturum, sed facientem et universa quæ de eo dicta fuerant, et propter quæ venerat, adimplentem. De quibus, ut dictum est, Petrus et Jacobus ab eo in montem ad hoc videndum ducti fuerant. Sed et Joannes, qui Verbum, quod ab initio fuit, se non solum vidisse, sed et manibus contrectasse fatetur dicens: *Quod fuit ab initio, quod audivimus, quod vidimus oculis nostris, et manus nostræ contrectaverunt de Verbo vitæ* (*I Joan.* 1). Adfuit et Moyses ab inferis, advenit et Elias a superis, ut cognosceretis Christo Dei Filio in Elia cœlestia, in apostolis terrestria, in Moyse inferna testimonium dare, ipsumque esse quem in assumpta carne Deus exaltavit, et cui *dedit nomen, quod est super omne nomen, ut in nomine Jesu omne genu flectatur, cœlestium, terrestrium, et infernorum* (*Philipp.* ii), neque esse *aliud nomen sub cœlo datum in quo nos oporteat salvos fieri* (*Act.* iv). Audistis horum testimonium, audite et illius, cujus in creaturis majus inveniri non potest. Majus, inquam, illius testimonio, nullius hominis inveniri testimonium potest, quia nec illo major in omnibus hominibus inveniri potest Joannis dico qui *missus est a Deo in testimonium, ut testimonium perhiberet de lumine, ut omnes crederent per illum* (*Joan.* 1). Illius certe testimonium est : *Qui habet sponsam, sponsus est* (*Joan.* iii), et : *Medius vestrum stetit, quem vos nescitis, cujus non sum dignus solvere corrigiam calceamenti* (*Joan.* 1); et : *Qui incredulus est Filio, non habebit vitam, sed ira Dei manet super eum* (*Joan.* iii); et : *Ecce Agnus Dei, qui tollit peccata mundi* (*Joan.* 1); et : *Ego vidi, et testimonium perhibui* (*ibid.*). Hoc est, inquam, testimonium magni Joannis, quo majus, ut dictum est, in hominibus inveniri non potest.

Habet tamen Christus, ut ait ipse Christus, testimonium majus Joanne (*Joan.* v). Et quia majus Joanne, non jam humanum, sed divinum; non ab homine, sed a Deo; non de terris, sed de cœlis. Hoc est illud quod hodie de nube insonuit : *Hic est Filius meus dilectus.* Et quid ultra exigetis? Ecce patriarchæ, ecce prophetæ, ecce apostoli, ecce viventes, ecce defuncti, ecce mundus et inferus, ecce qui super omnia est, ipse Deus, ipse auctor luminis, ipse fons deitatis, ipse glorificati Filii Pater de cœlis clamat : *Hic est Filius meus.* Audistis de illo testimonium prophetarum, audistis de illo testimonium apostolorum; audistis de illo testimonium Joannis : audite et meum de illo testimonium: *Hic est Filius meus.* Si credidistis hominibus, multo magis credendum est vobis Deo dicenti : *Hic est Filius meus.* Si credidistis aliis de Filio meo, multo magis mihi ejus Patri credere debetis, a quo audistis : *Hic est Filius meus.* Novi enim quem genui, quia, *nemo novit Filium nisi Pater* (*Matth.* xi), novi quem generavi, novi quem de meipso protuli, novi quem non de nihilo, quem non aliunde, sed de mea substantia produxi Deus Deum, Creator Creatorem, omnipotens omnipotentem, invisibilis invisibilem, incomprehensibilis incomprehensibilem, immortalis immortalem, æternus æternum, omnia sciens omnia scientem, omnia continens omnia continentem. Neque enim aliud esse potuit a me genitus quam ego sum, a quo est genitus, et ideo : *Hic est Filius meus.* Non me fallit caro suscepta, sicut falluntur qui non vident nisi extra. Non me fallit quam cernitis humanitas, quam creavit mea, quæ omnia creat, divinitas, quam suscepit hujus Filii mei obediens humilitas, qua redditur mortalibus olim amissa æternitas. Hanc feci, non genui. Quia tamen illi sempiterne unita est quem genui, nihil dividens, nihil discernens, sed hominem assumptum a Deo assumptione ipsa deificatum ostendens, indifferenter dico, quod hic est Filius meus. Non Moyses Filius meus, non Elias Filius meus, non Petrus, Jacobus, aut Joannes Filius meus, sed hic est Filius meus. Ut sciatis quod non illi, sed iste est Filius meus, hanc vocem Petrus et Jacobus et Joannes audientes concidunt; Moyses et Elias abscedunt, quia hanc vocem ad se non pertinere cognoscunt. Jesus solus nec concidit, nec abscedit, quia Filium meum se solum verum esse ostendit. Nolite, inquam, in aliquo de illorum testimonio qui hunc præcesserunt, et hunc Filium meum esse dixerunt, dubitare, quia ecce ego illis attestor, quod hic est

Filius meus. Credite et ipsi de se testimonium danti et dicenti : *Si ego testimonium perhibeo de meipso, verum est testimonium meum, quia scio unde venio, et quo vado* (Joan. VIII). Credite et Spiritui sancto, de quo et ipse Filius discipulis ait : *Cum venerit Paracletus, quem ego mittam vobis a Patre, Spiritum veritatis, ille testimonium perhibebit de me (Joan.* XV), ut in nostra Trinitate nihil diversum, nihil sentiatur esse discretum ; sed quod unius personæ facit singula proprietas, in hoc tota communiter cooperari intelligatur Trinitas. Propter ista omnia, scitote quia hic est Filius meus. Et si forte aliquos huic veritati contradicere audieritis, ne scandalizemini, ne moveamini, ne quolibet falsæ doctrinæ vento circumferamini, quia ut vos probentur, illi exclauntur, ut vos purgemini, illi accenduntur. Sed vobis purgatis illi exstinguuntur, vobis splendentibus illi obscurantur, vobis vivificatis illi moriuntur, vobis coronatis illi perpetuo puniuntur. Nolite ergo illis credere, nolite falsitati acquiescere ; sed meæ incommutabili veritati credite, et absque dubio agnoscite quod hic est Filius meus. Neget infidelis et dicat : Non est Filius Dei. Ego Deus Pater ejus dico : *Hic est Filius meus.*

Merito igitur negantes falsitatem, confitentes veritatem, audietis et credetis quod *hic est Filius meus*. Et addidit, *dilectus*. Dilectus est mihi, quia dilectum genui, quia nec gignere potui, nisi dilectum, nec sic aliquid diligere sicut genitum. Nam sicut nobis est natura singularis, sic est ejusdem naturæ singularitas dilectionis. Sicut est Filii mei de me singularis generatio, ita est et mea ad ipsum singularis dilectio. Et idcirco licet suo modo diligam quod creavi, tamen hunc super omnia diligo, quem genui. Unde *hic est Filius meus dilectus*, est adhuc propter hoc specialiter dilectus, quia per ipsum erga miseros mortales mea ira compescitur, mea indignatio sedatur, mea illos condemnans sententia commutatur. Et ideo eorum in nos, quæ friguerat, dilectio reaccenditur, amor excitatur, affectus provocatur, ita ut eos pudeat vitæ veteris, et convertantur a via erroris, et per viam hominem Filium meum perveniant ad vitam, hoc est ad ipsum Deum, Filium meum. Et quoniam sic adversos homines a dilectione mundi trahit post se, ad dilectionem mei, sine qua nunquam est Filius meus, nec esse unquam potest servus meus. Ideo est Filius meus dilectus, ideo impletur illud quod ipse me Patrem orans dixit : *Ut dilectio qua dilexisti me in ipsis sit, et ego in ipsis* (Joan. XVII). Sic plane dilectio, qua Filium dilexi, in hominibus fuit, quia ad hoc eum dilexi, ut alios vocaret. Ad hoc eum dilexi, ut vocatos justificaret. Ad hoc eum dilexi, ut justificatos magnificaret. Et quia taliter hac dilectione per ipsum et alii salvantur, quoniam prior eos diligens, ipse quoque ab eis diligitur. *Est hic Filius meus dilectus, in quo mihi bene complacui.* Quod de isto nunc dico, de nullo dicere potui, quoniam in nullo præter istum mihi bene complacui. Non in illo patre omnium Adam, quem optimum creaveram ; quem quia in illo mihi non complacui, de paradiso ejeci (Gen. III). Non in illis, sicut naturam, ita et vitium de eo contrahentibus, de quibus quia mihi in eis non complacui, dixi : *Pœnitet me fecisse hominem. Delebo hominem quem creavi a facie terræ* (Gen. VI). In nullo certe eorum mihi complacui, et ideo universos diluvio delevi. Sed nec in aliquo subsequentium mihi complacui, quia omnes beneplacito meo resistentes in inferna demersi. Quod si quilibet inter eos me fide agnovit, operibus coluit, in illo quidem mihi complacui, sed non adeo ut in isto bene mihi complacui. Nam sicut fuit in illo quolibet justo, in quo mihi complacui, ita fuit in quo non complacui. Quia etsi viam justitiæ pro posse servavit, ab ipsa tamen in aliquo deviavit. In quo etsi mea multùm vivit gratia, subrepsit tamen ei aliquid ex corrupta natura. At in isto qui omnia mandata servavit, qui in nullo a justitia deviavit, qui, ut ipse dixit, ea quæ mihi placita sunt, semper facit, non tantum complacui, sed et bene complacui. In illis quippe, quæ semper contraria justitiæ operati sunt, in nullo unquam mihi complacui ; in illis vero quæ ex maxima parte servaverunt, sed tamen in aliquo limitem ejus excesserunt, non bene quidem propter negligentiam, sed tamen in illis complacui propter servatam justitiam ; in isto autem et complacui, et bene complacui, propter integre servatam innocentiam, et propter summe conservatam justitiam. Iste namque est, de quo ante per prophetam dixi : *Ecce puer quem elegi, electus meus, complacuit sibi in illo anima mea* (Isa. XLII). Unde licet beneplacitum sit Deo, super timentes eum, tamen iste est in quo sibi complacuit anima mea, præ omnibus timentibus Deum. Cognoscite ergo quia *hic est Filius meus dilectus, in quo mihi bene complacui, ipsum audite*. Quoniam hic est Filius meus, non adoptivus, sed proprius ; non temporalis, sed æternus ; non inferior, sed æqualis ; non aliunde, sed consubstantialis. Quoniam hic est dilectus æternaliter, quia mihi dilectus unicus singulariter, quia mihi multos filios congregat dilectus generaliter, quia hic est mihi in quo bene complacui in innocentia, bene complacui justitia, bene complacui superabundanti gratia. Idcirco, o homines, quos huc usque propter mala vestra contempsi, quos propter scelera nimia exosos habui, quos ita ut nunc, meo colloquio huc usque dignatus non fui, ipsum audite, ipsi credite, ipsi in cunctis quæ vobis dixerit, acquiescite. Gratias tibi, summa Trinitas, gratias tibi, vera unitas, gratias tibi, sola bonitas, gratias tibi, benigna deitas, gratias tibi agit homo humilis factura tua, sublimis imago tua, gratias tibi agit, quod eum perire non pateris, quod eum de massa perditionis eripis, quod viscera misericordiæ tuæ super eum largiter fundis. Immolat tibi pro posse suo hostiam laudis, offert incensum devotionis, libat holocausta jubilationis. Mittis, tu Pater, Filium ; venis, tu Fili, per carnem in mundum ; ades et tu, sancte Spiritus, in concipiente Virgine, ades per columbam in Jordane, ades in nube in monte. Cooperaris, tota Trinitas, Deus indivisibiliter, salutem humanam, ut homo se salvatum agnoscat per virtutem divinam. Idcirco confitetur tibi, o summe Pater, homo salvatus, et a te per Filium liberatus. Confitetur tibi, quod illum, quem signaculum tuæ similitudinis feceras, justus perire pateris, et sibi pereunti misericors compateris. Nam vides eum ut fulgur cum sociis de cœlo cadentem, nec curas; vides hominem de paradiso ejectum, et revocas. Dicunt illi Filio tuo: *Venisti ante tempus torquere nos (Matth.* VIII); dicit de homine idem Filius tuus: *Venit Filius hominis quærere et salvum facere quod perierat (Luc.* XIX). Torquentur cœlestes angeli, et taces; ne cum eis torqueantur homines de cœlo clamas: *Hic est Filius meus in quo mihi bene complacui; ipsum audite.* Iterum atque iterum gratias tibi, quod ad nos dilectum Filium tuum misisti, et eum nobis magistrum dedisti. Hodie, inquam, nobis eum perfecisti, hodie eum gloria et honore coronasti, hodie eum super opera manuum tuarum constituisti, hodie omnia sub pedibus ejus subjecisti (*Psal.* VIII). Nam per oves, et boves, et pecora campi, terram et quæ in ea sunt, per pisces maris, mare et quæ in eo sunt, omnia scilicet corporea et incorporea ei subdita ostendisti. Vel per pecora, terrenos terrenis inhiantes; per pisces, nunc summa petentes, nunc ad ima corruentes; per volucres, in cœlestibus conversantes signasti. Gaude, pretiosa portio creaturæ cœli, lætare, quia non viluisti in conspectu Dei, quoniam tibi datus est magister Filius Dei. Noli ultra sequi viam erroris, a qua te revocat præceptum doctoris. Esto docilis auditor, quia perfectus est tibi datus præceptor. Ne contemnas tantum doctorem, ne experiaris sui contemptus ultorem. Acquiesce in terra docenti, ut conregnare possis in cœlo sedenti. Neque enim alter ibi Regis obtinere poteris gloriam, nisi hic audias Magistri doctrinam. Nam qui ibi Rex apparebit excelsus, hic primum apparuit Magister benignus. Magister apparuit, sicut ipse cœlestis magister discipulis ait: *Non vocemini magistri, quia magister vester unus est Christus (Matth.* XXIII). Hunc tibi hodierna die Magistrum dedit Pater, quando de cœlis clamavit: *Ipsum audite.* Audite, inquit, eum, ut Filium meum, audite eum ut vere Deum, audite ut summum doctorem, audite eum ut vitæ largitorem. Audistis olim serpentem, et amisistis paradisum; audite nunc Salvatorem, et possidete cœlum. Audistis hostem, et incurristis mortem; audite vitam, et redite ad vitam. Est enim vera vita iste Filius meus, quia est ut ego et ipse verus Deus. Credidistis tunc illi falsam promittenti divinitatem, credite nunc isti veram danti felicitatem. Audistis callidum deceptorem, audite benignum præceptorem. Audistis pessimum proditorem, audite piissimum Redemptorem. Audistis nequam peremptorem, audite æternum Salvatorem. Obturastis tunc aurem veritati, et reserastis falsitati. Occlusistis eam summæ benignitati, et aperuistis impiæ malignitati. Datur vobis adhuc locus resipiscendi, proponitur adhuc via obediendi, ut per eam pateat aditus ad vitam revertendi. Interdicta vobis est in paradiso arbor scientiæ boni et mali, sed non acquievistis, et effecti estis de bonis mali. Voluistis certe experiri quid esset malum. Ecce experti estis quantum sit malum non obedire. Melius, inquam, fuerat solum nosse bonum, ut non esset quod timeretur malum. At quia quid sit malum sentiendo experti estis, agnoscite saltem infelici experientia quantum sit malum inobedientia, quam juste sequatur tanta miseria. Miseria certe amissæ incorruptionis, amissæ immortalitatis, amissæ æternitatis. Quam si vultis vitare, tanta bona si vultis recuperare, huic, quem hodie vobis Magistrum constituo, obedire curate. Huic absque contradictione acquiescite, hunc in omnibus, ut Filium meum dilectum, audite. Hunc audite, quia qui non audierit illum, ut ait Moyses, exterminabitur de populo suo (*Deut.* XVIII). Qui vero, ut ait David, obauditu auris obaudierit ei, *in memoria æterna erit, et ab auditione mala non timebit* (*Psal.* CXI), quando eis dicetur: *Ite, maledicti, in ignem æternum* (*Matth.* XXV). Sed potius cum sanctus lætus audiet: *Venite, benedicti Patris mei, percipite regnum* (*ibid.*), in quo suo Domino in æternum conjunctus exsultabit et gloriabitur, per omnia sæcula sæculorum. Amen.

ADMONITIO IN SERMONES TRES SEQUENTES.

(MARTÈNE, *Anecdot.* tom. V, col. 1417.)

De Petro Mauritii nono Cluniacensi abbate, vulgo Venerabili appellato, deque ejus scriptis pluribus agit Andreas Duchesne in Bibliotheca Cluniacensi, in qua opera illius omnia quæcunque reperire potuit, typis mandari curavit. Contexens autem operum illius catalogum, atque inter alia recensens ejus sermones, hæc habet : Item scripsit idem Petrus sermones quatuor valde utiles et elegantissimos, quorum primus de Transfiguratione Domini est; secundus sermo De laude sepulcri Domini est; tertius sermo de S. Marcello papa et martyre est; quartus est inscriptus : In Veneratione quarumlibet reliquiarum. Ex quatuor hisce sermonibus unicum De transfiguratione Domini habes in bibliotheca Cluniacensi, aliis ab Andrea Duchesne frustra quæsitis, reliquos tres publica luce haudquaquam indignos reperimus inter schedas Mabillonii; tertium vero et quartum in veteri codice Cluniacensi auctoris ætate exarato, in quo lectiones ad nocturnas vigilias recitandæ continentur. Hinc colligimus sermones illos olim Cluniaci in divinis officiis decantatos fuisse.

SERMO II.

IN LAUDEM SEPULCRI DOMINI.

Conceptum, ait Scriptura divina, sermonem tenere quis possit? Non parvum enim, fratres charissimi, tempus effluxit, ex quo in laudem divini sepulcri se effundere animus studeat, et salutarem locum in quo Salvatoris caro quievit, devotis pro posse præconiis attollere concupiscit. Hoc quia commissi munus officii hactenus impedivit, adjuvante eo cujus causa agitur, ad solvendum tandem diuturni affectus debitum, ut poterit accingatur. Attollant alii celsis pyramidibus busta majorum et splendenti marmore, operosisque saxis mortuorum suorum cineres exornari contendant, nos antrum incorruptionis, et speluncam de cujus septis infernus expugnatus est, usque ad cœli fastigia, de terris elevatum fidelibus obsequiis honoremus. Ostendant illi erga mortuos suos sculpturis lapidum et picturis parietum animorum suorum affectus, nos erga mortuum nostrum qualem in intimis animæ nostræ geramus amorem, ipsam animam et laudibus et lacrymis effundendo monstremus. Spargant illi sepulcra corruptione horrentia diversorum generum flore, nos sepulcrum de quo incorruptio ex vita exorta est castitatis liliis, humilitatis violis, rosis passionum, devotionum pigmentis, orationum aromatibus aspergamus. Meretur hoc a nobis, et plus quam etiam possumus, locus ille beatus meretur, quia qui granum frumenti in terra cadens ac mortuum præ cunctis terrarum locis suscipere meruit, panem nobis vitæ sempiternæ eo de se resurgente providit.

Noverat terra peccante homine a Deo in primordiis sæculi maledicta, noverat plane post latam mortis sententiam, qua dictum homini est: *Terra es, et in terram ibis* (Gen. III), ad mortem, ad corruptionem homines suscipere, noverat substantiam hominis suscipere, noverat substantiam ex se ad immortalitatem et incorruptionem creatam et ad suam originem propriæ culpæ merito redeuntem, a statu pristino annullare. Aperiebat ex se ortis et ad se per mortem revertentibus sinum suum ad corrumpendum, nusquam ad conservandum. Aperiebat sinum suum, ut ad cognatam terram terrenus homo videret, nec quidquam in illo de membrorum lineamentis a Deo creatis vel in modico remaneret. Aperiebat, inquam, sinum suum omni carni, non, sicut dictum est, ut conservaret, sed ut putrefaceret, ut carnium mollitiem, ut ossium duritiem, ut humoris temperiem, ut totius demum humani corporis compaginem resolveret, et ad informem ex qua sumptum fuerat materiam redire compelleret. At nunc primo de numero filiorum Adam unum et solum inter mortuos universos mortuum suscepit, in quo jus generalis corruptionis periisse, et legem omnibus mortuis impositam evanuisse mirata est. Mirata est certe terra servare se illæsam a corruptionis miseria unius tantum hominis corpus, miratus est infernus liberum inter mortuorum spiritus spiritum non solum nihil timere, sed in ipsis et de ipsis spiritibus libere omnia agere. *Deus enim ultionum Dominus, Deus ultionum libere egit* (Psal. XCIII). Hæc est enim, hæc est summa causa, o homo, qua in Christo salutari tuo exsultare, qua sepulcrum in quo pro vita tua ipse mortuus requievit, præcipuo affectu excolere, singulari reverentia præ cunctis orbis totius locis venerari debes. Nam benignus Salvator ad te, qui ab ipso perieras investigandum, de supernis ad ima descendens, non solum te in terris errantem, sed etiam in sepulcris sub terra latentem in ipsis quoque inferis, debitas divini contemptus pœnas luentem quæsivit. Quæsivit, inquam, et invenit, et de hoc sepulcro mortuorum omnium sepulcra concutiens, ad immortalem vitam, a qua excideramt, per corpus suum corpora mortuorum reparavit, et suorum animas a tenebrarum locis per beatam animam suam summæque majestatis potentiam ad lucem liberam revocavit. Sic te in se de sepulcro resuscitans, de cinere redintegrans, de corruptione restaurans, et tanti beneficii largitione sepultum ad crucem et tanti benefactoris reclinatorium sepulcrum cœlesti honore dignum esse probavit.

Honoramus quidem, ut justum est, præsepe in quo Dei mater et Virgo natum Deum puerum reclinavit, sed excellentiori gloria veneramur sepulcrum, in quo multis magnisque laboribus perpessis post crucem et mortem pausavit. Involvit pannis maternus affectus suum et Dei Filium, dum eum in præsepe reclinaret, involvit eumdem cum aromatibus in sindone munda sanctorum Joseph et Nicodemi devotio, dum eum de cruce depositum in monumento exciso in lapide sepeliret. Magno quidem ille locus dignus est honore, qui cœlestem Regem ad hostium prælia de supernis descendentem suscepit; sed majore gloria sublimandus est ille qui eum jam de hostibus triumphantem excepit. Magno dignus est honore, qui Salvatori mundum salvaturo gremium suum aperuit; sed majore dignus est præconio, qui eidem sinum suum ad quiescendum, mundo jam ab eo salvato, expandit.

Et novi equidem res insensibiles laudes ex se non mereri, quia sola ratio creaturæ Creatori voluntati sponte obtemperans laudis gloriam promeretur. Inde vel soli sancti angeli vel sancti homines a conditis laudem, a Conditore merentur gratiam, quam liberum voluntatis arbitrium, quo a Deo averti poterant, ab ipso inspirati, ad ejus obsequium converterunt; sed hoc modo, hoc est suo merito, laudamus sepulcrum Domini, sed quia electum ad suscipiendum corpus Domini, suscipiens ab ipso sanctificatum est corpore Domini; non solum enim angelos vel homines Deo placentes sanctos dicimus, sed etiam loca a Deo sanctificata sancta vocamus. Hinc templum Domini sanctum, hinc templi sanctiora vocata sunt Sancta sanctorum. Hinc de ipsa urbe Jerusalem dictum est: *Tunc assumpsit eum*, id est Christum, *diabolus in sanctam civitatem* (Matth. IV, 15). Hinc alibi in sancto Evangelio scriptum est: *Multa corpora sanctorum qui dormierant, surrexerunt, et venerunt in sanctam civitatem* (*Matth.* xxvii). Hinc vasa quibus Patres antiqui Deo ministrabant, in quibus diversi generis sacrificia offerebant, sancta dicta sunt. Hinc ipsæ vestes leviticæ et sacerdotales, sed maxime pontificales sanctæ vocatæ, loquente Domino ad Moysen : *Facies vestem sanctam Aaron et filiis ejus, ut officio fungantur mihi* (*Exod.* xxviii). Hinc super omnia hæc altare Dei et arca ejus sancta esse monstrata sunt, ut ipse Ozias ad sacrificandum quidem Deo, sed illicite ad altare accedens, statim leprosus factus sit, et Ozias etiam pro officio arcam sustentare volens, mox a Deo in conspectu omnium interfectus sit. Inde est quod in hoc tempore, o Christiane, non uni templo Dei, quod solum in mundo erat, sed innumeris Dei templis per totum orbem diffusis, vasis etiam et vestibus sacris eadem reverentia debetur et defertur, quia idem Deus, qui illud unum templum, et quæ in eo continebantur, et illi uni genti sufficiens, etc., elegerat et sanctificaverat, ipse multa millia templorum necessaria multis millibus populorum, et quæ in his continentur, et eligit et sanctificat : quod non facit merito aliquorum ipsorum locorum, sed causa in se credentium sibique obsequentium populorum. Unde non solum divina colentes, sed insuper loca ubi familiarius divina coluntur et sacramenta saluti hominum necessaria dantur, et suo tempore apud Judæos consecravit, et nostro tempore usque ad finem sæculi consecrare non desinit : unde sicut et ipsa crux Domini non aliquo suo merito, sed quia in ejus corpore dedicata est, sancta dicitur, ita et sepulcrum Domini non aliquo suo merito, sed quia ab eodem corpore Christi, quod in eo requievit, consecratum est sanctum vocatur. Si igitur templum Dei ad preces Deo fundendas constructum sanctum dictum est, nonne sepulcrum in se continens templum Dei, id est Christum, in quo Deus erat mundum reconcilians sibi, qui de seipso dicit : *Solvite templum hoc, et in tribus diebus suscitabo illud* (*Joan.* ii), multo magis sanctum est ? Si altare Dei, cadavera animalium Deo oblata suscipiens, sanctum est, nonne sepulcrum Domini, in quo corpus Agnus Dei, qui tollit peccata mundi, Deo oblatum requievit, multo magis sanctum est ? Si arca Dei, in qua erat lex Dei et virga Aaron et manna de cœlo, sancta dicta est, nonne sepulcrum Domini continens in se corpus Domini, in quo Verbum Dei, in quo virga æquitatis, in quo panis vitæ æternæ latebat, multo magis sanctum est ? Quia ergo sepulcrum istud Domini, non solum sicut alia sancta loca, sed etiam plusquam illa sanctum est, idcirco majorem omnibus illis ab universis laudem meretur, ut non tantum locus, quia tum ipsum sanctificans omnium locorum sanctorum sanctificator Deus, a nobis et ab omnibus glorificatur. Ea igitur causa est laudandi sepulcrum Domini, ut quidquid de eo dicitur, solum referatur ad honorem sepulti Domini : unde non solum templo, non solum arcæ, non solum præsepi Dominico sepulcrum Domini præponitur, verum etiam absque ulla exceptione sacris omnibus locis antefertur.

Sed quid locorum salutarium, quem ob Salvatoris meruerunt gloriam, honorem discernens præsepi Domini sepulcrum Domini præfero ? Altius aliquid aggrediendum est, ut secundum quamdam similitudinem matris Domini sublimior gloria appareat sepulcri Domini. Præparatus est ille virginalis uterus per Spiritum Dei ad suscipiendum adventum nascituri Filii Dei. Præparata est ejusdem sancti Spiritus providentia salutaris specus, ad conferendum passione laceratum corpus resurrecturi Filii Dei. De illa supercœlesti Virgine matre, et ejus sponso justo Joseph scriptum est : *Antequam convenirent, inventa est in utero habens de Spiritu sancto* (*Matth.* i), quia nullus ad illum deitatis palatium temerator accesserat, nullus unquam accessurus erat. De isto salutari Salvatoris hospitio scriptum est : *In quo nondum quisquam positus fuerat* (*Luc.* xxiii), quia nullius mortui corporis corruptela fœdaverat. De illo ad mortalem vitam mortali adhuc morte amictus tanquam de thalamo sponsus Salvator egrediens orientalis portæ virginalia sigilla illibata servavit, de ista corruptione jam in incorruptionem transfusa, morte in victoriam absorpta, corpus suum sepulcro clauso et signato eduxit. Istis rationibus magna gloria præsepis Domini, major gloria sepulcri Domini ipsi gloriæ contigua matris Domini esse probatur ; et hoc insuper evangelicis testimoniis et miraculis declaratur. Dignum enim erat ut non solum regalis aula virginalis uteri, quæ prima venienti ad homines Deo congruum domicilium præparavit, et quæ gratia superna ac merito singulari ei complacuit, cœlestibus miraculis illustraret, sed etiam rationis et sensus expertia loca ad suscipiendum Dei Filium humana carne amictum præparata, sublimibus miraculis sacra esse monstrarentur. Video namque angelum Gabrielem de cœlis a Deo missum illi beatæ Virgini colloquentem, eam inaudito prius venerationis genere salutantem, adventum Spiritus sancti, conceptum Filii Dei cœlesti præconio nuntiantem, et quanto dignus esset honore ille cœlestis regis thalamus indicantem. Video deinde festivum ac terribilem angelum cum turbine maximo descendentem, super revolutum a monumento Domini lapidem sedentem, custodes impiorum solo sui adventus terrore percellentem, sanctis mulieribus etiam sepulto Domino obsequi cupientibus, eum a mortuis surrexisse, ut prædixerat, nuntiantem. Cerno ad augmentum stupendi miraculi duos angelos non jam extra, sed intra septa venerandi sepulcri residentes, ubi positum fuerat corpus Jesu. Intueor et Magdalenam Mariam impatienti Christum amore suspirantem, secundo intus inspicientem, ab eisdem angelis audientem : *Mulier, quid ploras ?* (*Joan.* xx.) Audio rursum angelos non tantum ad gloriam nati Domini, sed etiam ad decus sepulti Domini pastoribus loquentes : *Hoc vobis signum : invenietis infantem pannis involutum et positum in præsepio (Luc.* ii). Audio non dissimiliter non solum ad laudem sepulti Domini, sed etiam ad decus sepulcri Domini, angelum beatis feminis dicentem : *Jesum quæretis Nazarenum crucifixum ; surrexit, non est hic (Marc.* xvi). Et statim : *Ecce locus ubi posuerunt eum (ibid.).* Videtis, fratres, nascituri Domini habitaculum Virginem, nati Domini diversorium præsepe, sepulti Domini reclinatorium, sepulcrum angelicis præconiis, cœlestibus honoribus insigniri, et hospitis honore quantum ipsa hospitia humanis hospitiis honorari debeant angelicis officiis indicari. Magnus quidem et in creaturis excellens honor est Matris Domini, et tamen etsi non componitur, tamen proxime adjungitur honor sepulcri Domini ; sed, sicut supra dictum est, licet magnus esse debeat honor præsepis Domini, ratione tamen et miraculis indicantibus, longe excellentior est gloria sepulcri Domini.

Hujus gloriæ, ut dictum est, cum angeli attestentur, Dominus quoque angelorum adveniat, et ad gloriam sepulcri sui prophetarum suorum testimonia et exempla perducat. Judæis enim tentantibus et curiosa malignitate signa quærentibus, quid responderit audistis : *Generatio,* inquit, *mala et adultera, signum quærit, et signum non dabitur ei, nisi signum Jonæ prophetæ. Sicut enim Jonas fuit in ventre ceti tribus diebus et tribus noctibus, sic erit Filius hominis in corde terræ tribus diebus et tribus noctibus (Matth.* xii). *Non dabitur,* inquit, *eis, nisi signum Jonæ (ibid.).* Quod signum? Non enim fuit signum, quia absorptum consumere non potuit ; non fuit signum, quia in ventre ejus præda quam sorbuerat descendit ; sed fuit signum, quia in intestinis innumeris belluæ constitutum virtus superna a corruptione servavit. Non fuit signum si a vasto piscis corpore minoris corporis propheta absorptus est, sed fuit signum, quia nec absorptus mortuus est, nec sepultus corruptus est. Hoc ergo signum Jonæ Judæis datum est, quando Christus ab eis impie occisus, a piis hominibus pia voluntate ei obsequentibus in sepulcro positus est. Datum tum hoc est et concessum fuit impiis Judæis, ut ad implendam mensuram patrum suorum, exigente hoc iniquitate eorum, post prophetas quos illi occiderunt, isti Christum post servos quos illi peremerunt, isti Dominum post sanctos homines quos illi exstinxerunt, isti Sanctum sanctorum, imo ipsum in humana carne apparentem Dominum occiderent, et quia erat mortuus, et egere sepultura videbatur, non obsequendo, sed persequendo sepelirent. Dandum erat hoc signum de terra signa de cœlo quærentibus, quia cœlestes homines signis cœlestibus decorandi terreni ac terrena sapientes pro impietatibus suis terrenis erant miraculis arguendi. Arguendi, inquam, erant sublimissimo sed de terra facto miraculo, ut Christo quem velut hominem occiderant, velut impotentem in sepulcro clau-

serant, sicut Dominum resurgentem, sicut omnipotentem de sepulcro, eo clauso et signato, exeuntem aut confitentes salvarentur, aut negantes punirentur. Non enim, sicut de Jona dictum est, signum fuit, quia Christus mortuus est, sed quia in ejus morte mors omnium exstincta est. Non fuit signum, quia sepultus est, sed quia claustris sepulcri nonnisi triduo retentus est. Non fuit signum, quia sepulcrum carne mortuus intravit, sed quia de sepulcro ad immortalem vitam carnem propriam reparavit. Non fuit signum, quod more omnium mortalium mori se ac sepeliri permisit, sed quia contra morem omnium corpus suum, ut dictum est, ad æternam vitam reformans, suos omnes etiam qui futuri erant, in se de sepulcris propriis eduxit, et ad beatam vitam quam amiserant reformavit. Ita vitali sepulcro suo mortuorum omnium sepulcra vivificans, ea non tantum corruptionis conservatoria, quantum incorruptionis præseminaria esse voluit, quia, juxta Apostolum, *seminatur corpus animale, surget corpus spirituale ; seminatur in corruptione, surget in incorruptione ; seminatur in infirmitate, surget in virtute (I Cor.* xv).

Sic erit, ait Christus, Filius hominis in corde terræ : erit, inquit, in corde terræ. Convertite animos ad cognoscendum cor terræ, quicunque corda, ad intelligendum habetis, convertite, inquam, corda, ad cor, et videte sublime latens in isto corde terræ mysterium. Videte æternam Dei sapientiam non solum fortiter, sed etiam suaviter omnia disponentem, non personas solum humanæ incarnationi ministras, non modum tantum eidem restaurationi congruum elegisse ; sed etiam loca humani generis saluti aptiora ante sæcula providisse. Poterat quidem omnipotens auctor salutis hujus ad operandum hoc opus suum ultimos recessus indicere, extremos fines Galliæ, meridiei torrida, aquilonis gelida, vel quælibet alia spatiosi orbis loca eligere, sed quia fructus salutis hujus ad omnes æqualiter pertinebat, nec salvare mundi partem, sed totum simul mundum disposuerat, maluit non in angulo orbis, sed in medio orbis ; non in parte terrarum, sed in medio terrarum æquis velut spatiis contiguo redemptionis opera exercere. Commune enim opus, communem locum exigebat, ne, si in remota aliqua terrarum parte fieret, tardius ad salutem suam qui esset remotior perveniret, tardius etiam ipsa ad longe positos se diffunderet, nec tam facile sonus ejus in omnem terram exiret ; sed electus est medius et communis locus in orbe terrarum ad diffundendam communiter et festinanter salutem orbi terrarum, et ut nemo sibi vindicaret, ut proprium, quod erat absque ulla exceptione generaliter universorum. Hic est plane medius ille orbis locus, quem Salvator cor terræ nominat, et in quo se requieturum ad instar Jonæ prophetæ requie triduana declarat. Illud certe, illud Redemptoris sepulcrum proprie cor terræ, id est medius mundi locus vocatur, licet et ipsa urbs Jerusalem, imo tota illa quæ promissionis terra dicebatur, intelligi congruenter isto cordis nomine possit. Nam sicut cor humanum vel cujuslibet animalis medium corporis.... cui in terra illa, in qua Patres antiqui fidei Christianæ conversati sunt, in medio circumposita mundi loco constituta videtur. Unde universaliter tota illa terra patrum sanctorum, specialiter ipsa urbs Jerosolyma, in qua sunt Sancta sanctorum, specialiter vero sepulcrum Domini, cordis terræ nomine designatur, in quo requievit Sanctus sanctorum. Quia vero ab ipsa urbe Jerusalem disseminandum erat in omnes gentes Evangelium regni cœlorum, et ille adfuit qui ait : *De Sion exibit lex et verbum Domini de Jerusalem (Isa.* II), et ipse in Evangelio post resurrectionem suam indicat Rex cœlorum : *Quoniam*, inquit, *sic scriptum est, et sic oportebat Christum pati et resurgere a mortuis die tertia, et prædicare in nomine ejus pœnitentiam et remissionem peccatorum in omnes gentes incipientibus ab Jerosolyma (Luc.* XXIV).

Sed unde probatur Jerosolymam vel Jerusalem medium obtinere locum in universo orbe terrarum? Posset equidem suffragari nobis in hac parte, etiam ea quæ vocatur philosophica ratio, sed non indiget fulciri ratione humana ea assertio quæ roboratur auctoritate divina, quæ ut absque nubilo cognoscatur, adveniat clarum prophetæ Ezechielis testimonium, quo Spiritus Dei de jam dicta Jerusalem loquens, vera esse quæ dicimus approbavit. *Ista est*, ait, *Jerusalem, in medio gentium posui eam et in circuitu ejus terras (Ezech.* v), de quo medio et maxime in propheticis David nihil sacramentorum salutarium more suo intemperatum relinquere volens, *Deus*, ait, *rex noster ante sæcula, operatus est salutem in medio terræ (Psal.* LXXIII). Non, inquit, in angulo orbis, non in qualibet parte terrarum, sed in medio terræ Deus noster et rex operatus est salutem. Et quidem in omni parte tam proxima quam remota operatur Deus noster et rex sæculorum salutes, quia in omni loco et in omni tempore, secundum decreta æterni consilii sui, homines et jumenta salvat sed tempore ante sæcula ad hoc præordinato in hoc de quo medio agitur terræ operatus est, non particularem, sed universalem salutem ille qui mandat salutes Jacob. De Jacob salutes vero, non per philosophiam, licet fallere volentis Balaam, erit qui damnabitur. Videte ergo, charissimi vos, inquam, sacrarum rerum studiosi, vos qui meditationi divinæ intenditis, vos qui verbo Dei assiduam operam datis, quorum cibus et victus, non adeo est panis terrenus, quantum ille de quo Scriptura prophetica : *Panem angelorum manducavit homo (Psal.* LXXV), et de quo Salvator ipse : *Ego sum panis vivus qui de cœlo descendi (Joan.* VI).

Videte et scrutemini Scripturas, in quibus non sicut Judæi maligni putatis, sed sicut benigni Christiani pro certo agnoscitis vos vitam æternam habere. Videte qualiter pene omnes justi, quibus paginæ sacræ justitiæ testimonium reddunt, hanc de qua sermo est terram, in medio, ut dictum est, terrarum omnium constitutam, ipsam, inquam, non aliam incoluerunt. Oportebat enim ut per quinque millia annorum mundo in maligno posito, atque a principe tenebrarum occupato, terra illa in qua Dei Filius nasciturus pro salute sæculi erat, non ab impiis Dominum contemnentibus, sed a piis colentibus incoleretur, et sic cultu divino sanctificata, justitiæ operibus ab injustorum actibus segregata. Itaque ab immundorum sordibus emundata Conditoris ac Reparatoris adventui idonea exhiberetur. Unde eam, ut dictum est, ab initio usque ad Christum, justi pene omnes incoluerunt, et quod aliquid factum et magnum, singulare et insolitum rector sæculorum de ipsa vel in ipsa quandoque vellet facere, continua sui inhabitatione innuerunt. Inde ipsius primi parentis omnium Adæ de paradiso expulsi, ubi per tanta quibus vixit tempora, conversatio fuerit in canone non legitur, sepultura tamen mortui ubi fuerit non tacetur. Loquens vero Scriptura de civitate Hebron, quæ prius Arbe dicebatur, nunc autem alio vocabulo nuncupatur, ait · *Ibi Adam maximus inter Enacim situs est (Josue* XIV), forsitan erubescis?

Si vis ergo aliquid retribuere sepulto Domino, quia pro te jacuit mortuus in sepulcro, esto et tu sepulcrum ejus, ut et in te non tantum triduo, sed perpetuo maneat et vigeat memoria ejus. Absconditus apud te in fide firma, charitate perfecta, lateat Jesus Christus, qui, licet sicut tunc in sepulcro positus, non appareat conspectibus humanis, pateat tamen manens apud te conspectibus divinis. Sit vita tua, juxta Apostolum, abscondita cum ipso Christo in Deo, ut cum ipse vita tua apparuerit, tunc et tu appareas cum ipso in gloria *(Coloss.* III). Assumat anima tua personam, speciem et amorem sponsæ illius formosæ, quæ in cantico amoris vulneratæ charitatis verba deprimens, loquitur : *Dilectus meus mihi et ego illi, qui pascitur inter lilia (Cant.* II). *Dilectus*, inquit, *meus mihi* et alteris, quia Dei Filius non cœlo et terræ, non soli et lunæ, non angelis ipsis, nec cuilibet creaturæ, sed mihi homo factus, mihi passus, mihi mortuus, mihi sepultus est, mihi resurrexit, mihi ascendit, mihi in hoc sæculo passionem in imitatione, in alio vitam in resurrectione, ascensum ad cœlos in sua ascensione, regnum in suo regno præparavit. *Ego autem illi*, id est in illum solum, non in alium sperando illum, non alium vel aliud amando, ejus in omnibus mandatis obediendo, totam meam substantiam quam creavit ejus obsequiis impendendo, pro illo, etiamsi causa vel tempus se obtulerint, moriendo. *Qui pascitur inter lilia*, quia dilectus meus cui cuncta bona placent, inter universa quæ placent, singulariter delectatur pudicitia, delectatur purificata conscientia, delectatur sequestrata a sordibus immundorum actuum vita. Filius enim Virginis et Agnus sine macula est, et idcirco non potest habitare in corpore subdito peccatis, quia, ut de Spiritu ejus legitur, *effugit fictum et aufert se a cogitationibus, quæ sunt sine intellectu, et corripitur a superveniente iniquitate* (*Sap.* 1). Loquere et cum eadem sponsa in eodem Cantico : *Fasciculus myrrhæ dilectus meus mihi* (*Cant.* 1). Licet enim dulcis sit, et omnem dulcedinem superans dilectus meus, licet abscondat magnam multitudinem dulcedinis suæ timentibus se (*Psal.* xxx), tamen ne sæculo oblecter, ne voluptate hujus vitæ pertrahar, ne forte peccata peccatis addendo, ne eis putrescam, ne malæ insuper opinionis fetorem multiplicatis malis in proximos vel remotos diffundam, erit mihi myrrha amaritudinis dilectus meus, ut timoris ejus et amoris recordatione a malorum putredine incorruptam conservet, ut delectationem noxiam vi sua removeat, et ab omni inordinato amore carnem, ab omni superfluo affectu animam illibatam custodiat. Et quia, secundum divinam sententiam, non parva, sed magna est humana malitia (*Gen.* vi), et, juxta apostolicum verbum, ubi abundat iniquitas, refrigescet charitas (*Rom.* v), non parva quantitas myrrhæ, sed *fasciculus myrrhæ dilectus meus mihi* factus est (*Cant.* 1), quia multa gratia ejus contra multam malitiam, multa timoris ejus amaritudo, contra multam carnis et sanguinis intemperiem, multa ejus virtus contra tanta vitia mihi necessaria est, qui *inter ubera mea commorabitur* (*ibid.*), quia a memoria pectoris vel cordis mei, quod inter ubera etiam in corpore meo medium sibi locum vindicat, nullo unquam tempore separabitur. Imitabor et in hoc sepulcrum ejus quod velut in medio terræ positum continuit corpus ejus, retinendo in corde meo, quod quasi inter ubera mea medium est, perpetuam memoriam ejus. Sic a me spiritualiter et firmiter semper retentus et velut in sepulcro sepultus, inter ubera commorabitur mea, mecum semper versabitur, nullo unquam a me, ut dixi, tempore separabitur. Vere non separabitur ullo tempore, quia, spretis rebus omnibus aliis et abjectis, Jesus mihi vita, Jesus mihi victus, Jesus mihi requies, Jesus mihi gaudium, Jesus mihi patria, Jesus mihi gloria, Jesus mihi omnia erit, quantum potero, hic per spiritum et amorem, quousque possim, illic ubi promittitur, eum contemplari facie ad faciem, hoc modo, si in te ipsum susceperis, si etiam in morte tua quietem paraveris, non mortale sed vitale, id est vitam continens, ejus sepulcrum efficieris.

Hoc exemplum sepulcri Domini sano in te intellectu refundens, feliciùs eo lapide Christo requiem præparabis, feliciorem etiam suscepti Christi exitum promereberis. Nam lapis ille in quo Salvator corpore requievit, nullam aliquando mercedem accipiet. Te autem, si modo quo dixi in te Christum sepelieris, paradisus excipiet ; non ille gratiam, quia non habet meritum, tu gratia et merito obtinere poteris regnum cœlorum. Substantia illius lapidis in nihilum quandoque redigetur, substantia corporis tui etsi ad tempus annullari videatur, communis tamen resurrectionis temporis in integrum reparabitur. Non enim propter aliquam utilitatem ejus Creator omnium et Salvator suorum in saxo insensibili per carnem pausare disposuit, sed propter æternam salutem tuam in eo ad tempus requiescere voluit. Cujus requietionis ea sola et tota causa fuit, ut sicut ipse post innumeras passiones et crucis mortem jam non patitur, jam non moritur, nec passio, nec mors ei unquam deinceps dominabitur, ita et tu, postquam ejus vitale sepulcrum fueris, et eum modo quo dictum est, dum vivis, continueris, misera hac vita exacta, jam non patiaris, jam non moriaris, nec in sepulcrum illud lapideum in frusta vel nihilum redigaris, sed de putredine, vel de cinere, vel de nihilo reparatus, ad æternam resurrectionem immortalis jam et beatus cum Christo reformeris.

Sed quid nobis salvatricis speluncæ arcana admirantibus, et de evangelicis apostolicis et etiam propheticis libris ad ejus gloriam testimonia proferentibus, tu maxime prophetarum tandiu, Isaia, taces? dic, non ultra reticeas, sed sicut Salvatoris gloriæ in omnibus famularis, ita sacri sepulcri ejus gloriam, sicut spiritus ejus te docuit manifesta : sicut enim nos de virga et flore, de Virgine et ejus partu, de Christo et ejus passione, de Judæorum reprobatione et gentium vocatione, sicut, inquam, nos de istis et omnibus fidei nostræ mysteriis docuisti, sic de magnificentia sepulcri Domini quid sentire debeamus insinua. *In illa die*, inquit Isaias, *radix Jesse, qui stat in signum populorum, et ipsum gentes deprecabuntur, et erit sepulcrum ejus gloriosum* (*Isa.* 11). Audite, populi universi, audite, gentes diffusæ in orbe terrarum, attendite, linguæ et nationes diversæ, quæ vos posthabitas putatis, quæ contemptu huc usque dignas existimastis, attendite et gaudete non oblitum vestri vestrum Creatorem, in ira sua misericordias nequaquam ultra continere volentem, et non solum illis parvi numeri Judæos, sed et vestræ multitudinis infinitatem salvare misericorditer jam volentem. Audite divinum prophetam, imo præcipuum in prophetis ad vos ante multa sæcula propheticum oculum convertentem. Videte Spiritum Dei, qui ubi vult spirat (*Joan.* III), eum inspirantem, et vestram salutem per Salvatorem implendam ante non pauca, ut dixi, tempora prædicentem : *In illa*, ait, *die radix Jesse, qui stat in signum populorum*, et quidem radix Jesse. Antequam hæc prophetia proferretur, fuit David, fuit Salomon, fuit Roboam, fuit Abia, et reliqui. Postquam autem prolata est, fuit Josias, fuit Joachim, fuit Zorobabel, fuit Salathiel, et usque ad Christum plurimi ; nullus tamen eorum in signum populorum positus est, donec oriretur ille de eadem radice Jesse qui in signum omnium populorum positus est. Hunc enim, sicut ipse loquitur, Pater signavit Deus (*Joan.* vi); signavit utique, ut esset in signum. Sed ad quod signum signavit eum? ut scilicet in altissimum crucis signum more serpentis ænei elevatus in medio castrorum non

Judaici tantum populi, sed totius mundi sublimiter exaltatus, omnium oculos ad se converteret, omnium animos ad se traheret in morte sua quam in cruce pertulit; totam omnes spem suam ponere admoneret, et sanando omnes infirmitates eorum, remittendo omnia peccata eorum, aperiendo etiam universis diu clausa regna cœlorum, secundum prophetiam magni patriarchæ Jacob se esse eum qui mittendus erat, se esse eum qui exspectatio gentium dictus fuerat, demonstraret. Hoc enim signum levavit ipse in nationes, ut congregaret profugos Israel, et dispersos Juda colligeret a quatuor ventis. *Ipsum*, ait, *gentes deprecabuntur (Isa.* XI). Quid hoc verbo clarius? quid hoc sermone lucidius? quid hac prophetia manifestius? quid exspectatis eam, o gentes, ut obscuram exponi, cum nec ab ipsis cæcis ubilibet per totum orbem constitutis non possit non videri? Nonne vos ipsi, qui ab omnibus Veteris Testamenti prophetis gentes vocatæ estis, Jesum Christum radicem Jesse in signum sublime vobis positum assidue deprecamini? quamvis enim vobis a Deo electis paucitas Judæorum nimiis impietatibus et exosa facta repulsa sit, quamvis aliqua pars vestri, quia gratiam Dei quam susceperant abjecerunt a nequam Mahumet seduci permissa reprobata sit, vos tamen, vos aut in libertate, aut sub corporali infidelium servitute, quod nihil vestræ saluti æternæ obest, per universum orbem diffusi, redemptorem vestrum ubique in signum salutis levatum attendentes, deprecamini, et impletam in vobis magni prophetæ Isaiæ prophetiam lætamini; lætamini, inquam, tam felicis præconii in vobis prophetiam impletam. Exsultate et magnum David regem et prophetam suo illum testimonio confirmantem, atque spiritu Deo loquentem. *Omnes*, ait, *gentes quascunque fecisti venient et adorabunt coram te, Domine (Psal.* LXXXV), sed quascunque fecisti. Sed quare dixit quascunque fecisti? Nonne omnes terrarum populos vel gentes ipse fecit? Nonne dicit alio in loco Scriptura sancta: *Tu enim fecisti cœlum et terram, et quidquid cœli ambitu continetur? (Isa.* XXXVII.) Sicut enim nullus alius Creator omnium gentium est, sic nullus alius Salvator omnium gentium esse potest. In omnibus ergo gentibus, quas ille fecit, vos estis. Idcirco eum deprecamini, idcirco in nomine ejus genuflectitis, idcirco cum non solum oratis, sed etiam ut Deum, ut auctorem naturæ vestræ et reparatorem salutis vestræ adoratis, et eum hæc faciendo nomine et re, Jesum, id est Salvatorem vestrum et omnium esse probatis.

Et erit sepulcrum ejus gloriosum. Istius qui radix Jesse dicitur, istius qui in signum populorum ponitur, istius quem gentes deprecaturæ scribuntur. Istius, inquit, sepulcrum erit gloriosum. Audite, amatores gloriæ mundanæ, audite, qui in umbris fugacibus, in floribus marcentibus, in ventis inanibus gloriari soletis. Audite qui gloriam vestram in fragili potentia, in labili pecunia, in caduca superbia ponere consuetis. Videte omnem hanc gloriam vestram ad sepulcrum hominis mortui transferri, et illud omni humanæ voluntati vel jactantiæ anteferri. Sic enim Christus Dominus perversitatem mundi regula justitiæ castigavit, ut quod ipsi pro magno habebant, ipse vile et abjectum contemnendo monstraret; et quæ ipsi ut vilia conculcabant, ut horrenda fugiebant, ipse ea patiendo perferenda ac præferenda his esse crunibus judicaret. Ideo superbiam, ideo divitias, ideo reliqua omnia quæ in mundo amantur contempsit. Ideo vitam ipsam carnalem pro qua conservanda omnes in quantum possunt laborant, neglexit. Ideo mortem suam illi præposuit, ideo in sepulcro, quod omnes prout possunt fugiunt, voluntarius requievit. Unde et de eo gloriosa opera tam in cœlis quam in inferno faciendo gloriosum esse debere ostendit. Gloriosum de eo inferos spoliando, gloriosum de eo cœlestia reserando, gloriosum de eo mortem destruendo, gloriosum de eo immortaliter resurgendo, gloriosum de eo ad vitam immortalem per suam resurrectionem mortales homines reformando, gloriosum insuper ad ipsum sepulcrum suum orbis terrarum populos convocando, convocatos suscipiendo; susceptos justificando, justificatos salvando, et in salutem eorum quos ad mortem peccatorum et inferi liberat, quos ad justitiæ et felicitatis æternæ vitam resuscitat, se mortis ac vitæ Dominum comprobando.

Quid enim aliud, o gentes, ad sepulcrum ejus venientes speratis? Quid aliud ab ejus sepulcro referre optatis? Quid aliud laboris præmium? Quam aliam periculorum mercedem diversarum mortium, quas ad illud euntes assidue patimini, cursusque vestri quod aliud quam istud bravium exspectatis? Quid plane vos aliud ab ignotis Orientis finibus, a remotis Occidentis partibus, ab ultimis Austri Aquilonisque recessibus ad sepulcrum quondam hominis mortui congregat, et tam diversarum terrarum et linguarum tantos populos ad unius lapideæ speluncæ angustum receptaculum coadunat? Quid vos, o Galli Germanique populi, quid aliud vos Daci et Norici barbarie virtuteque feroces, quorum alii terreno, alii marino itinere sacrum locum bellicis sudoribus, fuso cruore, sed præclara victoria a jugo Persarum et Arabum eruistis? Quid aliud, inquam, mercedis pro tantis laboribus sustinuistis? Quærebatis sepulcrum, sed non in eo, sicut olim bonæ mulieres vel apostoli, quærebatis sepultum. Noveratis mortuum illum, qui olim in eo quieverat, in cœlis residere, noveratis eum jam non de illo sepulcro, sed de sede majestatis divinæ angelis et hominibus imperare. Noveratis non jam mortuum, sed viventem, non jam Judæis vel Romanis subjectum, sed sibi omnia deitatis potentia subjicientem. Noveratis non jam sepulcro vel inferno teneri, sed de locis cœlestibus toti terræ, ipsique inferno dominari. Quoniam vos non latere poterat in nomine Jesu omne genu flecti, cœlestium, terrestrium et infernorum, omnemque linguam debere confiteri quia

Dominus Jesus Christus in gloria est Dei Patris (*Philipp.* ii), nec esse aliud nomen sub cœlo datum hominibus, in quo oporteat eos salvos fieri (*Act.* iv). Ista omnia scientes ad sepulcrum Dei et Domini nostri et Creatoris et Redemptoris vestri, non ut hostes, sed ut creatura, ut servi, ut redempti venistis, piis gladiis ab impiorum sordibus cœlestis munditiæ locum et habitaculum expurgastis, et ne ultra nequam servi dilectis filiis veniendi ad Patris tumulum aditum possent intercludere providistis. Sic faciendo, sit sepulcro Salvatoris nostri, o salvatæ gentes, animas vestras, animas efferendo, vestra corpora immolando, nullatenus quidem aliquid dignum pro tantis ab eo vobis impensis beneficiis retribuistis, sed tamen, si facultas data esset, vos velle retribuere designastis, impletam in vobis istis operibus solemnem prophetæ Isaiæ prophetiam monstrastis, qua ante multa sæcula de vobis sollicitus Deus, et salutis vestræ, quam ipsi apud se ab æterno absconderat præscius, per jam dictum prophetam ait : *Et ponam in eis signum, et mittam ex eis qui salvati fuerint ad gentes in mare, in Africam, in Lydiam tendentes sagittas, Italiam et Græciam, ad insulas longe, ad eos qui non audierunt de me, et non viderunt gloriam meam, et annuntiabunt gloriam meam gentibus, et adducent omnes fratres meos de cunctis gentibus donum Domino, in equis et in quadrigis, et in lecticis, et in mulis, et in carrucis, ad montem sanctum Jerusalem, dicit Dominus* (*Isa.* lxvi). Quod licet in fide Christiana a vobis et patribus vestris per apostolicum ministerium susceptum impletum sit, tamen multo magis impletum est, quando amore Christi Domini et Dei vestri gloriosum ejus sepulcrum per vos a perfidorum dominio liberatum est, in quo vestræ devotionis fructuoso affectu, quia sepulcrum Domini vitæ vestræ præposuistis, quia pro eo infortuniis universis vos exposuistis, quia nulla pro eo pericula expavistis, quia pro eo horrenda supplicia, ipsamque mortem constantissime contempsistis, quia omnem vestram mundique gloriam ejus gloriæ subjecistis. In his sane omnibus, secundum præmissæ prophetiæ tenorem, quæ dixerat : *Erit sepulcrum ejus,* id est Christi, *gloriosum* (*Isa.* xi), gloriosum illud esse super omnia terrenæ habitationis loca declarastis.

Sed quid ego quasi solam hominis gloriam ad glorificandum sepulcri Domini locum propono, cum sicut Salvator de seipso dicit : *Ego habeo testimonium majus Joanne,* nos de gloria sepulcri Domini habere possimus testimonium majus omni homine ? Majus plane omni homine testimonium est, quod non de terris, sed de cœlis est. Majus omni homine testimonium est, quod non ab homine, sed a solo Deo est. Majus omni homine testimonium est, quod non de imis locis natum est, sed de supernis locis exortum est. Accedite huc, cum quibus mihi sermo est, omnes populi terrarum, et ad gloriam sepulcri Domini, singulare et a prima sæculi origine inauditum et invisum videte, et obstupescite fieri miraculum in orbe terrarum. Audistis miracula prophetarum, audistis miracula apostolorum, audistis ipsius Salvatoris adhuc inter homines viventis miracula, audistis innumerabilium ejus discipulorum infinita et miranda opera, quibus et Dei cognitio mortalibus se efficacius infundit, et bonorum hominum merita divina bonitas aliquando patefecit. Sed jam non dicam audite, sed dicam attendite, videte, accedite, et considerate, qui signum hoc admirabile ad gloriam sepulcri sui in tempore isto non auribus vestris obtulit, sed oculis vestris ingessit ; ingessit, imo ingerit oculis vestris ignem (250) cœlestem, eoque sepulcrum suum non semel, sed annuatim honorat. Innuit, imo aperte clamat quanto illud homines honore colere debeant, cum tam præclara et cœlos præbere obsequia videant. Mittitur a Patre luminum de cœlis lumen ad terras, et a sepulcro Domini corporales tenebras fugans, lumen quod illuminat omnem hominem ibi quondam latuisse, inde quondam surrexisse clarius omni luce demonstrat, fortius omni argumento confirmat, fugat de tenebris hominum, quos tamen ductrix omnium ad vitam gratia irradiat, omnes dubietatis tenebras, nec fidem quæ in Christo est vel in modico vacillare permittit, dum tantæ novitatis signum nonnisi a Deo posse fieri cernitur, nec nisi veritati veritas, quæ Deus est, testimonium posse ferre cognoscitur. Supplet plenissime nobile miraculum antiquorum miraculorum locum, nec istud attente considerans, ea post istud sibi necessaria ad roborandam fidei gratiam judicabit. Quid enim si tu qui ad roborandam fidem tua signa requiris a prophetis Christum prædicentibus, ab apostolis Christum prædicantibus, ab innumeris quoque aliis ejus discipulis cæcos illuminari, surdis auditum restitui, mutos loqui, leprosos curari, dæmones expelli, morbos omnes auferri, mortuos suscitari, montes transferri, atque alia diversi generis omnem numerum excedentia signa fieri non vidisti ? Nunquid non alienis, sed tuis oculis signum hoc admirabile, et pene omnibus præferendum ab eodem signorum auctore, ad ejus sepulcrum fieri non vidisti ? Quod si forte quia non aderas non vidisti, nunquid ab innumeris qui vide-

ANDREÆ CHESNII NOTÆ.

(250) Insigne hic designat miraculum, quod olim singulis annis contingebat in sepulcro Domini, ubi in vigilia Paschatis ignis divinus de cœlo descendens omnibus videntibus ecclesiæ lampades accendebat : cujus quidem miraculi testes sunt Bernardus monachus, qui anno 870 Hierosolymam profectus, illud a se visum refert in suo Itinerario, vetus Pontificale Ecclesiæ Pictaviensis ante annos 800 manu exaratum ; Rodulphus Glaber, l. iv. Hist., c. 6 ; Leo Ostiensis, Chronici Casinensis, lib. iii, c. 5 ; Hugo Flaviniacensis in Chronico Virdunensi, auctor Historiæ belli sacri, tom. I ; Musei Italici Mabillonii, n. 102 ; Guillelmus Malmesburiensis, lib. iv De regibus Anglorum ; Chronicon Andrens. Spicil. tom. IX ; et Chron. Fontanense, ibid., tom. X.

rant hominum millibus illud referentibus non audisti? nam licet adeo frequenter nostris his diebus miracula jam dicta non fiant, quia nec jam mundo scientia Domini repleto sicut primis temporibus necessaria sunt, nec illi qui fidem, quam patres eorum tenuere, abjecerunt, etiam digni sunt; licet, inquam, non adeo ut prius tam frequentia miracula fiant, datum est tamen hoc nostris sæculis miraculum, quod, sicut dictum est, plene supplere valeat illorum omnium locum miraculorum.

Nonne enim ut de digniori inter miracula miraculo loquamur, aut majus aut saltem æquum est ignem de cœlo deponere et animam ab inferis revocare? nonne æque mortalibus et impossibile et stupendum videtur et spiritum de imis redire, et ignem de supernis venire? nonne æqualiter pugillo divinæ potentiæ concluduntur et spiritus mortuorum et ipsa corporalis et ignea vis cœlorum? non est hoc miraculum sicut portenta magorum, inane aut phantasticum, sed verum, corporale, ac solidum quia ignis corporeus ad gloriam sepulcri Domini de cœlis a Deo missus corporalibus papyri vel stupæ speciebus adjungitur, et corpore olei cerææque depascitur. Apparet visibili hominum splendore, indicat tactibus hominum calore ignem se esse corporeum, implens imposita sibi annuæ servitutis officia, ad honorem corporis Domini olim in illo corporali sepulcro conditi, corporali et publico officio deservit. Quid igitur quæris videre mortuum de terra surgentem, cum videas e terris ignem e cœlo fulgentem? de cœlo plane tibi datum est hoc signum, sicut Judæis datum fuerat de terra signum: illis sicut infidelibus et terrenis datum est signum de terra, tibi sicut fideli et cœlesti datum est signum de cœlo. Illis datum est signum de terra Christus in corde terræ, id est in hoc sæculo sepultus, ut morte ejus quam ipsi intulerant aut aversi damnarentur, aut conversi salvarentur; tibi datum est signum de cœlo, primo Christus resurgens et in cœlos ascendens, deinde ignis ab ipso de cœlo missus, ut lumine cœlesti magis spiritualiter illumineris, ut calore ejus magis spiritualiter accendaris, et sic illuminatus agnitione divina, accensus claritate superna suo tempore ad cœlestia proveharis. Est ergo, ut dictum est, de cœlo ignis cœlestis, quo homines illustrati et accensi ad amanda cœlestia animentur et a Jesu Christo Domino suo hujus tanti miraculi auctore, ad ea ante sepulcrum animabus, post sepulcrum corporibus subleventur.

Advertendum est et hoc ad augmentum miraculi, quod non Nazareth, ubi Christus conceptus, non Bethlehem ubi natus, non Capharnaum, ubi nutritus, non alia Judææ vel Galilææ loca, in quibus infans, puer, adolescens, juvenis educatus, demoratus, conversatus est, lumen illud cœleste illuminat, sed solum sepulcrum Domini et venerabiliter infulgendo honorat. Addendum est et hoc ad insignis signi altitudinem commendandam, quod non die Conceptionis Domini, non die Natalis Domini, non die Apparitionis Domini, non die Repræsentationis Domini, sed die Passionis uno die sepulturæ Domini ignis iste cœlestis in terris apparet, nec de tribus diebus ac noctibus quibus Salvator jacuit in sepulcro, aliam quam Sabbati, id est requiei, diem ad demonstrandum eligere solet, et cum annuo recursu passionis vel sepulturæ Domini memoria non designata, una eademque die, sed secundum Patrum regulas maturius vel serius celebratur, non fallitur mutati miraculi certitudo, sed cœlestis benignitas devotionem prosequens Ecclesiæ suæ die quo Christus in sepulcro carne quiescens recolitur et adoratur, cœli sublimia humilitati terrenæ adjungit, et tam nobili et jucundo miraculo Christianorum suorum solemnia condecorat. Magnum quidem et admirandum fuisset, si tantum semel patrum vel nostris temporibus signum hoc mortalibus apparuisset, sed nunc longe majus et mirabilius esse quis non videat, cum ante multorum annorum spatia nullum neque patrum neque nostris diebus ab hoc miraculo annum, fidei et saluti hominum consulens superna pietas excipiat, continuata est jam isto miraculo tanta series sæculorum, ut nullus nec in decrepitis senibus reperiatur, qui ab aliquo præcedentium hujus tanti signi exordium se audiisse aliquando fateatur. Ita omnipotens dispensator, qui unicuique tempora providet et dispensat, rarescentibus prioribus miraculis, istud eis jam ex longo tempore succedere voluit, tantumque esse decrevit, ut et vicem præcedentium signorum compleret, et se mundo et Christianæ fidei non solum per gratiam, sed nec etiam per miranda opera, ubi necessaria sunt, posse deesse monstraret. Quare hoc? quare, inquam, loca vel dies conceptionis, nativitatis, apparitionis, repræsentationis, ipsius quoque resurrectionis vel ascensionis, loco vel diei sepulturæ cœlesti judicio, cœlestibus dignitatibus indicantibus superponuntur. Patet, patet ratio, totis ulnis affectuum amplectenda. Conceptione enim Christi vel nativitate vel apparitione vel repræsentatione et similibus opus nostræ salutis inceptum est, sed sola morte ejus perfectum est, unde et in cruce, in qua mortem passus est, ut hoc ita esse ostenderetur, ab eo dictum est, Consummatum est (Joan. xix). More ergo omnium utilium operum dignior est etiam hujus operis divini perfectio quam inceptio, consummatio quam inchoatio, finis quam principium. Nihil enim nobis Christum nasci, nihil circumcidi, nihil baptizari vel baptizare, nihil prædicare, nihil divina et miranda opera facere profuisset, nisi mors ejus pro vita mortuorum justitiæ Dei oblata fuisset ; sed postquam morte corporis justitiæ Dei satisfactum est, succedente ejus misericordia, mortuus homo vitæ redditus est. Fuit ergo perfectio omnium ejus operum mors suscepta pro vita omnium hominum. Unde quia ipse hac gratia pro mortuis mortuus locum hunc sepulcri, in quo quiescere elegit, omnibus illud sacris locis hac electione præfecit ; nam sicut mors ejus præ- fertur omnibus operibus ejus, ita locus mortis ejus merito præfertur locis omnibus mirabilium operum ejus. Quod vero diem resurrectionis, quod diem etiam et locum ascensionis diei vel loco Dominicæ sepulturæ vel mortis supposui, non dignitatis prælatione, sed velut causæ et effectus distinctione monstravit. Sicut enim hominis peccatum mortis causa fuit, ita resurrectionis et ascensionis causa eadem Christi mors exstitit. Nam neque Christus moreretur, nisi peccatum pro quo mortuus est præcessisset, nec a mortuis resurgeret, nisi mortuus ante fuisset. Et sicut effectus causæ quæ peccatum dicitur, mors Christi fuit, ita effectus causæ, quæ mors Christi vocatur, resurrectio et ascensio exstitit. Quia enim præcessit peccatum, resurrectio et ascensio consecuta est. Non ergo, ut dixi, quantum ad dignitatem, mortem Domini resurrectioni vel ascensioni præfero, sed unde illa originem trahant ostendo. Mors enim Christi resurrectionis et ascensionis causa est, resurrectio vel ascensio ipsius causæ effectus est. Mors Christi prælii victoria est, resurrectio et ascensio triumphus victoriæ est. Mors Christi pretium est, resurrectio et ascensio præmium est. Sicut igitur in humanis commerciis non potest sequi præmium emptionis, nisi præcedat pretium venditionis, nec potest sequi præmium remunerandi, nisi præcedat pretium obsequendi : sic in hoc divino commercio non posset sequi præmium resurrectionis, nisi præcessisset pretium redemptionis ; quia ergo per redemptionem ipse est ad retributionem ; idcirco dies redemptionis præfertur diei resurrectionis ; et hoc eodem merito idem dies et locus redemptionis diei et loco præponitur ascensionis. Claret ergo hac ratione non incongrue hoc in loco pretium præmio anteponi, quia, ut dictum est, non esset iter ad præmium, nisi præcederet pretium. Ea causa dies resurrectionis cum die et loco ascensionis diei et loco sepulturæ Domini postponitur. Et licet infirmitatis sit mori, virtutis resurgere, ignominiæ descendere, gloriæ ascendere, tamen quia per infirmitatem ad virtutem, per ignominiam ad gloriam pervenitur, infirmitas virtuti, ignominia hoc loco gloriæ antefertur.

De his ne quilibet mortalium dubitaret, ne ficta magis quam vera putaret, tu Pater omnipotens, humanæ mentis obscuris involucris occurristi, et lumine cœlesti ad sepulcrum Filii tui dimisso, omnes hujus obscuritatis tenebras effugasti. Fugasti certe humanas tenebras luce superna, et sepulcrum illud ubi lumen de tuo lumine natum, et per susceptæ carnis mortem, quasi obscuratum delituit, terrenis omnibus locis esse præferendum monstrasti, commendasti in gloria sepulcri ejus magnifice complectendam esse humilitatem sublimem ejus, quia humilitas humilior esse non potuit, quam quando se idem Filius tuus de altissima sede majestatis tuæ non solum usque ad terram vivus, sed etiam usque ad sepulcrum mortuus inclinavit. Neque enim adeo commendanda erat a te naturalis majestas, quantum assumpta mortalitas ; non adeo innata potestas quantum mutuata debilitas ; non adeo propria celsitudo, quantum aliena, sed in te suscepta abjectio. Idcirco magis sepulcrum ejus quam alia loca humanitatis ejus, tu qui facis ministros tuos ignem urentem, igne misso de cœlis, honoras, ut quæ ob tantæ humilitatis abjectionem humiliora videri poterant, tam sublimibus miraculis gloriosiora esse clarescant, gratam tibi in hoc et Christi tui humilitatem et Christianorum tuorum esse indicas devotionem, dum signo illo quo antiquorum sanctorum affectus tibi placere monstrabas, eodem etiam obsequia tibi complacere demonstras.

Discrevisti olim inter munera Abel et Cain signo isto, hoc est igne cœlesti, et quid tibi in uno acceptum, quid in altero esset ingratum, per Scripturam tuam nos docuisti dicentem : *Inflammavit Dominus super munera Abel, super munera vero Cain non inflammavit.* Dedisti idem signum per magnum prophetam Eliam a te aversis Judæis, et quantum inter cultum Creatoris et creaturæ distaret eodem ignis signo monstrasti, dicente prædicto servo tuo Elia ad populum : *Usquequo claudicatis in duas partes? Si Dominus est Deus, sequimini eum ; si autem Baal, sequimini illum* (*III Reg.* xviii). Et rursum de sacerdotibus idolorum : *Dentur vobis duo boves, et illi eligant bovem unum, et in frusta cædentes ponant super ligna, ignem autem non supponant ; et ego faciam bovem alterum, et imponam super ligna, ignemque non supponam. Invocate nomina deorum vestrorum, et ego invocabo nomen Domini, et Deus qui exaudierit per ignem, ipse sit Deus* (*ibid.*). Clamavit ergo servus tuus Elias, et quod solus universorum sis Deus, misso de cœlis igne, holocaustum ejus absumente, docuisti. Sic plane, o Domine, sic Creator omnipotens, sic inter nos et inter Judæos vel ethnicos hoc tempore facis, sic eorum vota, preces et munera abjicis, sic tibi odiosum esse ostendis. Sic eis reprobatis, nostra approbas, sic tuorum sacrificia Christianorum preces et vota tibi placere pronuntias, dum ad Filii tui sepulcrum, quod soli isti honorant, ut reveletur eumdem ignem de supernis dirigis, dum eorum corda in amorem tuum eodem igne accendis, dum eos ejus splendore hic et in æternum illustras. Et quia perfidi hostes Christi tui magis ejus mortem, quam aliqua ejus humilitatis opera contemnunt, tu tanti luminis miraculo locum mortis ejus decorando, quantis stultitiæ tenebris teneantur ostendis. Contemnunt ipsi præcipue mortuum, honoras tu præcipue mortui sepulcrum, et quod ipsi putant ignominiosius, tu signo tam mirabili esse indicas gloriosius. Reprobas Judæos sicut invidum Cain, reprobas gentiles sicut cultores Baal, et super sacrificia eorum inflammas ; eligis Christiani populi hostias sicut munera Abel, approbas ejus sacrificium sicut holocaustum Eliæ, dum sepulcrum in quo Filius tuus pro nobis factus hostia requievit, igne de supernis transmisso irradias. Latebat olim in parva Bethlehem, parvulo loco, parvulus juxta carnem, idem Filius tuus, ex hominibus ignorantibus eum mirabiliter stella indice prodidisti, at nunc mirabilius locum sepulcri ejus coelesti luce illustras, et eum non ut hominem mortuum in sepulcro latere, sed ut Dominum de coelestibus locis vivis ac mortuis imperare designas. Currunt eo miraculo, sed maxime tua gratia tractæ ad sepulcrum tuum, Jesu Christe, fili Altissimi, gentes universæ, et non solum te Deum et Dominum suum, sed et mediatorem, redemptorem et salvatorem fatentur. Offerunt seipsos tibi, qui teipsum pro eis hostiam obtulisti, nec ut te in tuo sepulcro adire possint, terræ marisque pericula ulla verentur. Sciunt quidem jam in illo te sepulcro non jacere ut mortuum, sed in coelis regnare ut Deum vivum, sed tamen quem ad te affectum habeant, lapidem in quo jacuisti, imo per ipsum te in lapide venerantes ostendunt. Osculantur piis mentibus peccatores poenitentes lapidem tuum, et quia sicut peccatrix, sed poenitens illa Maria pedes tuos super angelorum verticem constitutos osculari non possunt, ostendunt ibi lacrymando vulnera sua, ne se super eos continere valeant super miseros semper misericordia stillantia viscera sua. Non ignorant te a tempore passionis, mortis et sepulturæ tuæ majore super eos quam ante pietate moveri, quia eos non facile mori permittis. Noverunt non posse te pati æquanimiter irritum fieri tanti pretii pretium, quod pro mortalium vita dedisti, nec ferre patienter, ut post mortem tuam hi pro quibus mortuus es moriantur; regno enim mortis quousque ad te protensum fuerat succedere vitæ regnum fecisti, et tam diram ac longissimam servitutem tanta ac perpetua libertatis gratia mutasti.

Ostendisti per ipsum diem in quo mortuus es, per ipsum locum in quo sepultus es, pro quibus et quare mori et sepeliri voluisti, et hoc melius rebus quam verbis ignorantes homines docuisti. Non sexta die creasti hominem, quia sexta hora illud quod deliquerat per lignum expiando ad paradisum revocasti hominem. Post meridiem ad auram in paradiso deambulans, peccatorem increpando dixisti : *Adam, ubi es?* (*Gen.* III.) Post meridiem hora nona emittens spiritum peccatorem ad paradisum reduxisti, cui dixeras : *Hodie mecum eris in paradiso* (*Luc.* XXIII). Ad quem paradisum, ut omnibus post latronem per mortem et sepulturam tuam aditum patefactum monstrares, in paradiso, hoc est in horto pati, in paradiso crucifigi, in paradiso mori, in paradiso sepeliri, de paradiso etiam resurgere voluisti. Sic enim loquitur dilectus discipulus tuus, apostolus tuus, evangelista tuus. Sic certe de loco in quo captus pati coepisti, ait : *Egressus est Jesus cum discipulis suis trans torrentem Cedron, ubi erat hortus* (*Joan.* XVIII). Sic Petrus alia etiam de loco mortis et sepulturæ tuæ testatur : *Erat,* inquit, *in loco ubi crucifixus est hortus, et in horto monumentum novum* (*Joan.* XIX). Ergo quid aliud, o Domine, o Patris æterni invicta Virtus, o summa Sapientia, non tantum fortiter, sed pulchre suaviterque disponens omnia? (*Sap.* VIII) quid, inquam, aliud, ut dictum est, in horto captus, in horto crucifixus, in horto mortuus, in horto sepultus, de horto resuscitatus, quam hominis per ista omnia ad hortum, id est ad paradisum reditum designasti? expiasti in horto quod commissum fuerat in horto, et ut culpam in horto perpetratam dilueres, poenam culpam illam expungentem in horto subiisti : intulerat homini horti culpa æternam mortem, restituit homini horti poena æternam vitam. Sic misericorditer et eleganter opus tuum, o Salvator, redintegrans, quod perierat restaurans, per mortem tuam hominis tui mortem destruxisti, per sepulcri tui quietem animabus tuorum quietem providisti, per resurrectionem carnis tuæ sepulcro carni humanæ resurrectionis gloriam præparasti. Adhibe igitur pias aures ad sepulcrum tuum venientium precibus, inclina etiam eas remotorum te in sepulcro tuo venerantium affectibus, quia obesse non potest illa benignitas et communis pietas his quos et bona conjungit voluntas. Pacem enim quam per coelestis exercitus sacram militiam bonæ voluntatis hominibus natus nuntiasti, de sepulcro resurgens et pax vobis dicens per teipsum eisdem hominibus bonæ voluntatis exhibuisti. Unde quia tu æternus es, pacem nominando, eam non transitoriam, sed æternam designasti, hanc a te et sepulcro tuo proximi ab eo etiam corpore remoti implorant. Suscipe ergo, tu qui in sepulcro mortuus jacuisti, qui de sepulcro a mortuis resurrexisti, preces et fletus et affectus tuorum, et a tuo nomine Christianos vocatos tuæ crucis charactere insignitos eo signo Israelitarum more ab Ægyptiis, hoc est ab omni infidelium numero distinctos baptismate tuo, et peccatis omnibus lotos, corpore et sanguine tuo ad vitam æternam refectos, spiritali affectu mortuos et sepultos. Hos, inquam, omnes, tu, qui resurgens a mortuis jam non moreris (*Rom.* VI), tecum resuscita, vacua tuo sepulcro sepulcra eorum, destrue morte tua mortem eorum, repara tua vita vitam eorum, para ascensu tuo ascensionem eorum, et, ut debito fine concludas omnia quæ pro eis fecisti, da eisdem regnum coelorum, tu qui Rex es et Dominus regni coelorum, præsta ne a diabolo, peccatis aut mundo impediti confundantur ab exspectatione sua, sed per te. qui exspectatio gentium dictus es (*Gen.* XLIX), beata eorum spes in adventu tuo commutetur gloria et felicitate æterna. Apparebit tunc longe amplior gloria sepulcri tui, quando hi qui te in humilitate sepultum devotis sunt obsequiis prosecuti, non solum in animabus, sed etiam in corporibus perpetuam de sepulcro resurrectionem, immortalitatis gloria fuerint sublimati. Nam qui in hac peregrinatione eis ad patriam tendentibus per susceptæ carnis humilitatem factus es via, apparebis eis per divinæ potentiæ majestatem veritas et vita sempiterna, qui vivis et regnas Deus per omnia sæcula sæculorum. Amen.

SERMO III.
DE SANCTO MARCELLO PAPA ET MARTYRE.

Natalem, fratres, gloriosi martyris et summi pontificis Dei Marcelli hodie cum honore et gaudio celebrandum suscepistis. Et merito cum honore et gaudio, ut cum ad summum honorem et sempiternum gaudium hoc suo natali pervenisse significetis. Et unde hoc probamus? Unde, inquam, probamus? Unde ostendimus diem mortis natalem ejus esse, et eum hoc natali ad summum honorem et sempiternum gaudium pervenisse? Natalis, charissimi, sive generationis in Scripturis divinis ille dies dicitur, quo sicut de utero, sic de morte ad vitam pervenitur : unde Dominus in Evangelio spiritaliter docens omnem hominem ad vitam debere renasci, Nicodemo ait : *Nisi quis natus fuerit denuo, non potest videre regnum Dei (Joan.* III). Rursum illam, quæ in consummatione sæculi futura est, etiam corporum resurrectionem generationem vocans ait discipulis : *In regeneratione cum sederit Filius hominis in sede majestatis suæ, sedebitis et vos super sedes duodecim (Matth.* XIX). Sicut igitur per aquam et spiritum de peccati morte ad vitam justitiæ homines renovati renasci dicuntur, et sicut de sepulcris ad vitam immortalem resurgentia corpora regenerari perhibentur, sic sancti Dei de corpore mortis hujus gratia Dei liberati, et ad vitam quæ post mortem eis datur translati, merito nati referuntur. Hinc et dies ille quo de miseria ad beatitudinem, quo de tenebris ad lucem, quo de morte ad vitam transferuntur, non ut dies funeris cum mœstitia, sed ut dies natalis cum lætitia celebratur. Ista enim sanctorum nativitas longe verior, quam illa carnis est, in qua non de matrum uteris ad vitam miseram et cito finiendam exeunt, sed de mundi angustis tenebris ad liberam lucem et æternam vitam conscendunt, de qua Dominus : *Ego sum,* inquit, *resurrectio et vita; qui credit in me, etiamsi mortuus fuerit, vivet (Joan.* II). Tali ergo modo felix beati Marcelli de terris ad cœlos transitus ejus dies natalitius vocatur, qualiter vero hoc suo natali ad summum honorem et sempiternum gaudium pervenerit a Domino audiamus : *Si quis,* ait, *mihi ministraverit, honorificabit eum Pater meus qui in cœlis est (Joan.* XII). Videndum est quomodo Christo beatus Marcellus ministraverit, et qualiter bene ministrans, a Patre honorificari meruerit. Ministravit ille Christo in omni cleri ministerio, ministravit in pontificatus officio, ministravit in multiplici martyrio, neque enim in pace ei licuit ministrare, sed impugnante rei necessitas etiam militare. Nec tantum rei familiari providere ut sapiens et fidelis dispensator jussus est, sed ut probatus miles et peritus bellorum dux cœlestis militiæ in magnis præliorum periculis factus est. Probat hoc atrocior solito suo tempore emergens persecutorum immanitas. Probat largiter ubique profluens martyrum sanguis. Probat orbis totis adversus Christum viribus dimicans.

Multa quidem ante adversus Ecclesiam Dei Satanas molitus fuerat, multas a Neronianis temporibus incipiens tempestates excitaverat; sed nihil se proficere cognoscens, hujus beati viri diebus totam vim furoris effudit, et de tumente utero omnem veneniferæ pestis plenitudinem evomens, regna universa contra eam movit, et Romanos principes qui fere omnibus dominabantur, ad eam si fieri posset eradicandam acrius instigavit. Nam ut multiplicia mortium genera seponantur, ut innumera occisorum illis persequentibus Christianorum agmina supprimantur, soli triginta dies, decem et septem millia in Christi confessione suo sanguine purpuratos cœlestium camporum floribus addiderunt.

Tunc et beatus Marcellinus summus apostolicæ sedis episcopus, et præcipuus ovium Christi pastor, eisdem ovibus sibi creditis per martyrii coronam adjunctus est. Hujus tempore beatus Marcellus, cujus passione hodiernus dies illustris est, presbyterii honore insignitus, et post ipsum atque cum ipso principalem Ecclesiæ Dei sollicitudinem gerens nihil remissum esse patiebatur; sed quanto majus videbat instare periculum, tanto ad omnia toleranda majorem parabat et animum.

Ducitur interea pontifex Marcellinus ad victimam, sequitur et presbyter Marcellus ad coronam, optat pati cum magistro discipulus, sed differtur ad pugnandum diutius. Non permittitur eum comitari ad requiem, quia ad majorem reservatur laborem. Pergit cum eo quasi pariter moriturus, sed Deo providente non moritur episcopo successurus. Præparat Ecclesiæ suæ Christus idoneum rectorem. Providet navi suæ multa vi fluctuum laboranti doctissimum gubernatorem. Conservat in acriori certamine fortissimum præliatorem. Abscondit in pharetra sagittam, qua postmodum durum transverberet hostem.

Adjurat ergo antequam pateretur beatus papa presbyterum, ne in aliquo consentiat impiis præceptis imperatorum. Forte martyr sanctus, spiritu admonente, didiscerat eum pro se Christi Ecclesiæ præponendum, quem tam sollicite in ipsa jam pene sui sanguinis effusione putavit admonendum. Prædixit in hoc verbo gravi verbere flagellandum Domini gregem, cujus tam intente ne deficiat hortatur pastorem. Sic et Christus, summus Pastor, passione imminente, de grege quem quasi relinquebat sollicitus, ait Petro : *Simon, ecce Satanas expetivit vos, ut cribraret sicut triticum. Ego autem rogavi pro te, ut non deficiat fides tua; et tu aliquando conversus, confirma fratres tuos (Luc.* XXI). Ita beatus Marcellinus locum Petri habens, et cum beato Marcello relinquens, ne deficeret admonuit, et ad mala quæ sequebantur æquanimiter tolerando animavit. Nec putet quispiam tantum cum beato viro in multis jam probato timuisse, quantum alios quibus timendum erat, in ipso quasi eorum persona gerebat, talibus sermonibus instruxisse; etsi enim a Christi martyre forti viro non erat formidandum, erant tamen infirmi quibus erat utique metuendum, de quibus paterna cura sollicitus successuro pastori eos commendabat attentius.

Consummatur igitur sanctus pontifex glorioso martyrio, et remanet Marcellus in majori quam fuerat ante periculo. Incumbit ei cogitare de grege quem cernit proprio viduatum pastore. Videte, fratres, quanti fuerit apud Deum martyr noster, cujus hodie festa solemnizatis. Videte, inquam, qui de eo judicium cœleste decreverit, et sic videbitis quantus fuerit. De virtute militis consulite sententiam imperatoris. Consurgit vehemens contra Christi militiam persecutionis pressura. Conjurat mundus in arma; fremunt gentes, et populi meditantur inania; astant reges terræ et principes conveniunt in unum adversus Dominum et adversus Christum ejus; exerunt gladios, prosternunt exercitum, interimunt ipsum ducem, reliquos fugantes ubi ubi dispergunt. At miles noster fugatos revocat, revocatos congregat, instaurat aciem, hortatur ad bellum, aggreditur hostes, pugnat acriter, victoriam obtinet, victor exsultat. Sic, sic beatus Marcellus in spirituali agens prælio, virtute animi in Christi militia insignis effulsit. Undique enim gladio sæviente, ubique persecutore instante, Diocletiano et Maximiano ferociter urgentibus, tot sanctorum millibus interemptis, ad hoc ille, ut diximus, singulariter ad tempus servatus est, ut Ecclesiam per multum temporis pastore destitutam atque trepidantem meritis defenderet, consilio muniret, labore sustentaret.

Attendite, fratres, et considerate quantus tribulationis ignis Ecclesiam Dei illo tempore exurendo probavit, quando per septem (251) annos et sex menses ac diebus viginti quinque; quod nunquam ante nec post contigisse legitur, nec Romana sedes episcopum, nec universalis Ecclesia apostolicum super cæteros potuerit habere pontificem persecutionis turbine prohibente, clero et populo qui supererat nec conveniendi possibilitas, nec eligendi potuit esse facultas. Toto hoc tempore beatus Marcellus ante pastoralem curam pastorale gerens officium, vices summi pontificis indoctos instruendo, trepidos confortando, Christi sacramenta tribuendo, omnia in tanto mortis timore providendo indesinenter agebat. Mortuos pro confessione fidei, quorum pene quotidie acervi fiebant, sollicite disquirens et colligens sepeliebat. Unde et beati Marcellini papæ ac sanctorum martyrum Claudii et Sirini corpora quæ per triginta sex dies jussu Diocletiani ad terrorem Christianorum in platea jacuerant, noctu veniens cum presbyteris et diaconibus, rapuit, et sepelivit in crypta clara via Salaria cum Dei laudibus.

Assumitur deinde aliquantulum sedato persecutionis fervore in summum pontificem. Gratulatur Ecclesia magnum se nunc tandem habere pastorem, probatum etiam adversus cuncta certamina ac fortissimum propugnatorem. Hæc duo in illo specialiter effulsisse ut scilicet et commissis sollicite provideret, et hostibus fortiter resisteret, susceptum multo magis probavit officium. Nam quod sollicitus et pervigil in Ecclesiæ administratione sive ordinatione fuerit, declarant plurima ab eo, prout temporis ratio permittebat, salubriter disposita atque ordinata. Sic quippe de eo inter cætera in gestis scribitur: *Hic fecit cœmeterium via Salaria, et viginti quinque titulos in urbe Roma. Constituit et diœceses propter baptismum et pœnitentiam multorum, qui convertebantur ex paganis, et propter sepulcra martyrum. Hic ordinavit viginti quinque presbyteros in urbe Roma, et diaconos duos per mensem decembrium.* Vere magnus dispositor, vere providus ordinator familiæ Christi, qui non cogitabat exertos super cervicem inimicorum gladios, nec periculum imminens attendebat, sed velut tranquilla pace perfruens universa procurando non cessabat, suam que mortem vice omnium impendebat.

Propterea rursus beatus martyr a tyranno comprehenditur, ecclesia in stabulum redigitur, animalia publica in ea congregantur, sub arcta custodia papa stabularius esse cogitur. Desudat per multum tempus in tam laborioso et tam injurioso officio, deservit cum multa patientia animalibus, nudus amictus cilicio. Non ille gladio peremptus, non igne consumptus, non aquis immersus, non præcipitio collisus est, ne compendio finitus laborem requie, dolores gaudiis commutaret. Sed tali est ministerio deputatus, cujus ignominia plusquam ignibus concremaretur, corpus nimia fatigatione attereretur; nec adhuc multo transacto tempore finiretur, horresceret aspectus sordes, odoratus non ferret fetores, carnem durus atque assiduus labor consumeret, fames hinc acriter instans urgeret, illinc nuditas miserias cumularet, et inter multimoda angustiarum genera nequaquam moriens, morte miserius semper deficeret. Ita martyr egregius non tam animalibus quam Christo ministrans, ad illum quem in initio sermonis diximus, ministrantium honorem pervenit, de quo ipse Dominus Christus ait: *Ubi sum ego, illic et minister meus erit* (*Joan.* xii). Ad tantum ergo honorem bene ministrando beatus vir provectus est, ut illuc conscenderet ubi Dei Filius est. Quale vero pro tot angustiis gaudium obtinuerit, et ipse Dominus indicat loquens discipulis: *Et vos igitur nunc quidem tristitiam habetis: Iterum autem videbo vos, et gaudebit cor vestrum; et gaudium vestrum nemo tollet a*

ANDREÆ CHESNII NOTÆ.

(251) Id desumpsit Petrus Venerabilis ex libro De Romanis pontificibus Damaso attributo, quod certe stare non potest: nam cum Marcellinus martyrio coronatus sit anno 304 circa extrema Diocletiani imperatoris tempora; Marcellus vero postquam quinque annis et aliquot mensibus sedisset, obierit anno saltem 310, sedes vacare non potuit per septem annos, sed aliquibus tantum mensibus.

vobis (Joan. xvi). Habent vere nunc sancti tristitiam, non quia mala mundi inviti sustineant, sed quia illa sensus naturaliter molesta fugientes conturbant. Hanc conturbationem sive tristitiam in se ipse Dominus suscipere dignatus, sic in Evangelio ait : *Nunc anima mea turbata est (Joan.* xii), et iterum : *Tristis est anima mea usque ad mortem (Matth.* xxvi). Hanc sancti viri ex carnalibus, ut dictum est sensibus contrahentes patiuntur, sicut in psalmo legitur : *Euntes ibant et flebant mittentes semina sua (Psal.* cxxv). Hanc apostolus Petrus passus est, cui dictum est : *Extendes manus tuas, et alius te cinget et ducet quo non vis (Joan.* xxi). Volebat sane Petrus pro Christo pati, qui, si nollet, nec pateretur. Pati, inquam, pro Christo volebat, sed voluntati spiritus carnis infirmitas resistebat, de quo Dominus : *Spiritus quidem promptus est, caro autem infirma (Matth.* xxvi). Hujusmodi tristitiam beatus Marcellus, beati apostoli Petri successor, cum ipso ac cæteris Christi discipulis habuit propter quam gaudio succedente gaudere promeruit.

Videbo, inquit, *vos, et gaudebit cor vestrum (Joan.* xvi); videbo vos piis clementiæ meæ oculis, videbo vos, non ultra avertens faciem meam a vobis; videbo vos, ut domesticos recognoscendo; videbo vos, labores præteritos remunerando, et in sinu meo ut proprios filios confovendo. Gaudebit cor vestrum nihil in se retinens tristitiæ; gaudebit cor vestrum, non dimidium, sed totum ; gaudebit cor, hoc est totus homo vester interior; gaudebit cor, quod solum gaudere potest; gaudebit cor vestrum omni exutum infelicitate, omni repletum beatitudine : *Et gaudium vestrum nemo tollet a vobis (ibid.)*, corde vestro mecum gaudente quod mecum contristatum fuerat, gaudium vestrum nemo tollet a vobis. Nolite timere ne gaudium, quo vestrum cor replebitur, aliquando a vobis tollatur. Nolite timere ne magnum, quod dabo, gaudium possit quandoque de termino esse suspectum. Non hoc sic incipiet, ut aliquando terminetur; non sic inchoabitur, ut vel post multa sæcula finiatur. Non recedet cum tempore quod datur ab illo qui est sine tempore. Non potest finiri gaudium, quod in se nec initium habet, nec terminum. Ipsum gaudium vestrum ego sum, qui in me id sum semper quod sum. Hoc gaudium postquam adepti fueritis, nemo tollet a vobis, quia me nullus poterit separare a vobis. Ad hoc gaudium post passionum tristitiam hodierna die Marcellus beatus perducitur, et in conspectu regis æterni miles bellicosus post multas victoriarum palmas præsentatur. Nam moritur in egregia confessione martyr et pontifex Dei, et transit de stabulo ad regnum Dei, imitatus in morte sua nativitatem Filii Dei.

Merito, fratres, natalis beati Marcelli nativitati est proximus Christi, proximus est tempore, quia nec remotus est similitudine, locus enim illius nativitatis loco non est dissimilis istius passionis. In tali namque loco Marcellus mortuus est, in quali Christus natus est. Habuit ibi Christus temporale principium, ubi sumpsit Marcellus non finiendæ vitæ initium. Inde et ibi ei fuit æternus natalis, ubi fuit Christo exortus temporalis; suscepit præsepe infantem nascentem, accipit stabulum martyrem patientem. Patitur summa majestas vile reclinatorium, tolerat summus pontifex sordidum habitaculum. Involvitur vilibus pannis divina infantia, tegitur asperrimis ciliciis damnata innocentia. Fit natus Christus animalibus quæ forsitan aderant spectaculum, fit Marcellus animalibus serviens ludibrium. Nato in præsepi Deo puero angelicus chorus gloriam in excelsis canit, mortuus in stabulo martyr ad angelorum gloriam hodie pervenit. Pervenit ad gloriam conjunctus supernis civibus, sed relinquit et ipse post se tunc quoque ab angelis nuntiatam pacem hominibus. In eo namque quasi defatigatus furor hostium conquievit, et fervor camini, Ecclesia jam purgata, refriguit. Fuit enim in apostolicis pontificibus solus qui in paganorum principum persecutionibus martyrii confessione meruit coronam extremus. Primus in illis martyrii certamen Petrus inivit, ultimus in eis illud fortiter dimicans Marcellus finivit, et hoc fine ad principium quod est sine fine pervenit Dominum nostrum Jesum Christum qui cum Patre et Spiritu sancto vivit et regnat Deus per omnia sæcula sæculorum. Amen.

SERMO IV.
IN VENERATIONE QUARUMLIBET RELIQUIARUM (252).

Solemni, fratres charissimi, et singulari hac die exsultate lætitia, quia singularis vobis per eam datur exsultandi materia. Est quidem sanctorum omnium memoria cunctorum fidelium veneratione communis ; sed his quorum sacris pignoribus præsens Ecclesia ditatur, merito ab ea impenditur devotio specialis. Magnum, inquam, est et magnifice prædicandum supernæ munificentiæ donum, quo magni et præclari martyris corpore omni argento præclarius, omni auro fulgentius, omni margarita pretiosius voluit decorare hoc templum. Jure in hujus beati corporis exceptione olim præsentem Ecclesiam contigit gavisam fuisse, in cujus beatæ animæ susceptione certum est eam quæ sursum est Jerusalem exsultasse. Merito etiam hodie ei congratulamur in terris, cui omne supernum collegium sempiterne collætatur in cœlis.

Fulget jam, secundum Salvatoris promissum, sicut sol in regno Patris sui *(Matth.* xiii), illius justi spiritus, cujus hæc corporalis fabrica beatos continet artus. Divisit velut æquis partibus divina dignatio martyrem suum, ut ejus sibi animam inter

ANDREÆ CHESNII NOTÆ.

(252) In apographo nobis a Cluniaco transmisso hic sermo notatur pronuntiatus in receptione reliquiarum S. Marcelli martyris.

beatorum spirituum agmina retineret, et sacri corporis venerandas reliquias fidelibus adhuc in carne viventibus mirabili largitate donaret. Sed dicet aliquis : Quid prodest exanimata corpora honorare? quid confert ossa sensu carentia hymnis et laudibus frequentare? absit, absit a cordibus fidelium, fratres, hujusmodi cogitatus, recedat a sanctis servorum Dei meditationibus, longe fiat ab animis Deo appropinquare quærentibus! Fuere quondam impii qui ista meditati sunt et a Christi corpore, hoc est ejus Ecclesia, impietatis suæ merito ut membra inutilia præcisi sunt. Unde ut noverit Spiritui sancto præsenti solemnitate unita congregatio vestra quam digne ac salubriter sanctorum corpora seu reliquiæ a fidelibus honorentur, Scripturæ sanctæ auctoritas in medium adducatur.

Creator quippe spiritualium et corporalium rerum Deus, cum spiritus angelicos et hanc corpoream mundi molem omnipotenti dextera creavisset, ad ostendendam ineffabilis artificii sui gloriam, humanam creaturam condidit, et eam excellenti operatione ex spiritu rationali et carne compegit, in qua tanto mirabilior ejus demonstrata est sapientia, quanto potentius ex diversis substantiis una hominis est conjuncta persona, quam mirandæ conjunctionis unitatem propria et unicuique naturæ congruenti felicitate magnificans, et animæ justitiam et corpori contulit incorruptionem. Quod ultimum ex primo pendere decrevit, ut libero vigente arbitrio, quandiu a spiritu servaretur justitia, nulla carnem premeret corruptela. At ubi justitiam ille desereret, statim ista corruptionis legibus subjaceret. Abjecit deinde infelix homo hanc quam dixi sibi impositam legem justitiæ, et mox subjectus est durissimæ quam nostis corruptionis miseriæ, et qui a benigno Conditore factus fuerat ad sempiternam gloriam, ad debitam prolapsus est impietatis pœnam.

Venit demum tempore ante sæcula præordinato, et humanæ reparationi congruo Dei Filius, et nec desertus deserens, nec contemptus contemnens, bonitate qua creaverat hominem, recreavit, et animæ justitiam, corpori incorruptionem restituit. Sed quia, ut prius instituerat, ordo hic erat, ut spiritus justitia præiret, et carnis per spiritum justificatæ incorruptio succederet, statuit totius hominis justificationem in hac vita præcedere, et in futura carnis incorruptionem seu immortalitatem differre. Quod et ad fidei meritum conservandum fieri voluit, quod nullum tunc esset, si quod in futuro nobis Christus promisit, in præsenti conferret, nec jam speraremus in supernis promissionem regni cœlorum, qui jam eam nobis collatam crederemus in partibus imis terrarum. In æterna igitur quam per fidem exspectamus vita, quam promisit ille qui est fidelis in verbis suis spiritus justorum, beate interim vivere novimus, et in eorum corporibus resurrectionem cum immortalitate et omnimoda incorruptione futuram exspectamus. Inde ea causa est, quod eorum corpora, qui in hac vita justitiam coluerunt, non ut exanimata abjicimus, non ut insensata contemnimus, non ut brutorum animalium cadavera conculcamus, sed ut templa Domini veneramur, ut palatia Divinitatis excolimus, ut margaritas æterni regis coronæ adaptandas recondimus, ut resurrectionis vasa beatis animabus iterum conjungenda devotione qua possumus conservamus, non quo ad ea reparanda nostro Deus indigeat adjutorio, sed quo solito benignitatis suæ more salutis nostræ avidius nostro erga sanctos suos delectetur obsequio.

Duplex in tali exhibendo sanctis corporibus honore ratio est, quoniam et per justitiam olim Deo famulantia membra servorum Dei in hac vita famulatu digna esse judicantur, et ad æternam beatitudinem resurrectura a fidelibus minime dubitantur. Ea spe etiam sancti antiqui corpora sua vel suorum minime contemnenda putarunt. Hac fiducia magni patriarchæ Abraham, Isaac et Jacob speluncam duplicem elegerunt. Hoc intuitu Joseph ossa ejus mandato ab Ægypto referentes in repromissionis terra posteri sepelierunt. Nam licet nihil obstaret inter meritis impares sepeliri, placuit tamen a sejunctis fide, a disgregatis moribus ipso quoque corpore separari, in qua discretione corporum varia docebant esse intelligenda pro meritis discrimina animarum. Ostendit et ipse Deus magni apud se pretii esse servorum suorum corpora, quando Veteris Testamenti legislatorem Moysen nequaquam per hominum manus more consueto passus est in sepulcro reponi, sed per semetipsum eum dignatus est sepelire : *Mortuus est*, ait Scriptura, *Moyses servus Domini, et sepelivit eum Dominus* (*Deut.* xxxiv). In quo facto licet, ut quidam sentiunt, idololatriæ occasionem populo ad mala proclivi abstulerit, quod tamen in conspectu suo cadaver justi mortui minime viluisset monstravit.

Salvator etiam ipse, quem idcirco humanis obsequiis sepeliri oportebat, ut cum eum propriis oculis vere mortuum et sepultum homines cernerent, vere quoque a mortuis resuscitatum minime dubitarent, quid passioni proximus in Bethania dixerit, quid de reverentiæ obsequio sanctis corporibus impendendo senserit, sui exemplo edocuit. Venit mulier nardo pretiosa, pedes super angelorum verticem constitutos perunxit, et sic demum ad sacrum caput se erigens, fracto alabastro quo continebatur, in Christi corpus totam summam charissimi liquoris effudit : quo effuso, odore unguenti domus impleta est, et proditoris adhuc occulta impietas palam ostensa est : *Ut quid*, ait, *perditio hæc ?* (*Marc.* xiv.) Et secundum Joannem : *Quare hoc unguentum non veniit trecentis denariis et datum est egenis ?* (*Joan.* xii.) Ad quem Dominus : *Sine illam, ut in die sepulturæ meæ servet illud* (*ibid.*). Et juxta Matthæum sub plurali discipulorum numero : *Quid molesti estis huic mulieri? opus bonum operata est in me; nam semper pauperes habetis vobiscum, me autem non semper habebitis; mittens enim unguentum hoc in corpus meum, ad sepeliendum me fecit (Matth. xxvi).*

Ecce audistis, fratres, beatam mulierem sancta Dominum devotione ungentem, avarum proditorem bono ejus operi detrahentem, benignum Salvatorem bonum opus magnifice prædicantem : *Bonum*, inquit, *opus operata est in me.* Quis ultra sentire audeat bonum opus non esse beatorum mortuorum corpora honorare, cum audiat Dominum non mortui, sed post paululum morituri corporis sui unctionis honorem magnificis laudibus commendare? *Ad sepeliendum*, inquit, *me fecit*, unguentum quod corpori meo infudit non viventi, sed jamjamque morituro, et sepeliendo impendit, exhibuit ante sepulcrum honorem sepulturæ, et quod tunc rebus perturbatis non poterit, moras pati nesciente pietate, prævenit. Timuit ne persecutores mei facultatem perungendi corporis adimant, et eadem invidia qua viventem occisuri sunt, mortuo quoque humanitatis et reverentiæ debitum tollant. Et idcirco quod sibi tempore illo non licere timuit, nunc laudanda per orbem devotione, ut potuit, fecit. Ideo sequitur: *Amen dico vobis, ubicunque prædicatum fuerit hoc Evangelium in toto mundo, dicetur et quod hæc fecit in memoriam ejus (ibid.).* Mundus, ait, totus hoc bonum opus mulieris hujus audiens collaudabit, et quia hoc in mei memoriam et honorem fecit, perpetua et ipsa ad sui ædificationem tam beatum opus memoria retinebit. Hæc dicens Salvator insipientium ora obstruxit, cogitatus noxios longe etiam post futuros abstulit, reverentiam sacris corporibus exhibendam sui corporis exemplo monstravit, quando reverentes tam egregie collaudavit.

Quid mirum vero, si caro spiritui inhærens unam, ut supra dictum est, unitate sua hominis personam perficiens Creatori pariter deserviens, post abscessum etiam animæ honoranda dicitur, cum carnis ipsius tegumenta merito veneranda credantur? Sicut enim subjectum Deo, mediante spiritu, corpus ejusdem beatæ subjectionis causa non solum vivens, sed et mortuum veneramur, sic quælibet extrinsecus eidem corpori adhærentia, et ipso attactu velut a sancto sanctificata debito cum honore suscipimus. Consuevit et hoc agere pio affectu Ecclesia, et quæ aliquando sanctorum corporum reliquias habere non valet, devotionem suam de quantulacunque sacrarum vestium portione exercet. Consolatur tali remedio desiderium suum, ut quæ æternæ sanctorum societati toto animi fervore inhiat, esuriem interim suam eorum vestibus sive xeniis pascat. Refertur hoc totum ad gloriam Dei, cujus judicio in omnibus concordans Ecclesia ejus, multipliciter studet honorare in terris quos ineffabiliter ab illo credit glorificari in cœlis. Et, ut totum quod dicitur cœlestis oraculi robore confirmetur, audite, charissimi, etiam de his quæ neminem fallit sanctam Scripturam, consulito insuper virtutem divinam, agnoscetis absque dubio non solum membra, sed et membrorum esse tegmina veneranda sacrorum, ut sciatis quam pretiosa sint in conspectu Domini etiam post mortem justorum corpora, quando virtus divina ipsa eorum honoranda esse indicat indumenta. Testis est horum quæ dicuntur ipsius Domini vestis, cujus fimbriæ contactu a sanguinis fluxu mulier sanata est, et per quam divini corporis virtus occulta palam omnibus demonstrata est : de qua virtute ait ipse Dominus : *Ego sensi virtutem de me exisse (Luc. viii).* Veniat et apostolus Paulus ad hoc astruendum, a cujus corpore deferebantur super languidos sudaria vel semicinctia, et recedebant, ut Scriptura loquitur, ab eis languores, et spiritus nequam egrediebantur *(Act. ix).* Quod si et de veteri Scriptura aliquid assumamus, videbitis Eliseum pallium rapuisse Eliæ, quod ei, dum in sublime ferretur, ceciderat, secum ferentem, et Jordane eadem veste ter percusso dicentem : *Ubi est Deus Eliæ etiam nunc? (IV Reg. ii.);* qua percussione Jordane diviso, et siccum iter prophetæ inter fluenta patuit, et sancti illius egregium meritum nobili per vestem ejus miraculo divina potentia declaravit. Sunt igitur vestes vel similia quæque sanctorum non propter se, sed propter sanctorum ipsorum honorem venerabiles, sicut et ipsi non ex se, sed ex ejus cui obsecuti sunt dono facti sunt in cœlo pariter et in terra insignes.

Exinde namque, juxta Scripturam, in præsenti justus vivens in spe, ad cœlestia obtinenda se erigens, charitate quod credit ac sperat ex parte jam retinens, facit quod hic fieri potest, et quem nondum in seipso contemplari potest, eum in sanctis suis conspiciat, quosque nec viventes diu retinere prævaluit, eisdem mortuis per eorum quamlibet parvas reliquias vivorum reverentiam impendat. Vivorum, inquam, eis honorem impendat, quos apud Deum sempiterne vivere novit, sicut Salvator in Evangelio ait : *Deus non est mortuorum, sed vivorum, omnes enim vivunt ei (Luc. xx).* Vivunt quidem mali per propriam quam nunquam perdunt essentiam ; sed singulariter Deo vivunt boni per beatam, qua in ipso nunquam carere poterunt vitam. Hanc quandiu in carne vivunt non consequuntur; reconduntur in sinu cœlestium atriorum a Deo jam glorificati spiritus, quousque in communi carnis resurrectione, unusquisque proprium ad gloriam recipiat corpus. Quæ corporum gloria qualis aut quanta futura sit, ab ipso Domino audiamus. Nam, cum de justorum resurrectione tractaret, inter cætera ait : *In resurrectione neque nubent, neque nubentur, sed erunt sicut angeli Dei in cœlo (Matth. xxii* ; et item : *Æquales sunt angelis Dei (Luc. xx),* et filii Dei sunt, cum sint filii resurrectionis.

Eorum quorum corpora, fratres, veneramini, quorum cineribus exsultatis, quorum beatis ossibus aurea sepulcra paratis, filii sunt Dei, æquales sunt angelis, filii sunt resurrectionis. Inde eos ut filios Dei reverenter suscipitis, et angelis æquales paribus laudibus extollitis, ut filios resurrectionis in carne propria resurrecturos speratis. Hac spe omni humana re certiores effecti, præsentis martyris ossa non velut arentia contemnitis, sed quasi futura incorruptione jam florentia honoratis, ipsumque voce prophetæ exsultantem auditis : *Et refloruit caro mea* (*Psal.* xxvii), et eumdem prophetam alio loco dicentem : *Renovabitur ut aquilæ juventus tua* (*Psal.* cii). Floridam ab ariditate carnem, juventutem a senio reparatam, etsi nondum in martyre vestro conspicitis, his tamen sacris auctoritatibus nullo modo futuram desperatis, unde vobis, ut dictum est, adhuc per fidem, nondum per speciem ambulantibus, licet corporalibus vestris oculis vita sanctorum corporum minime pateat, eam tamen consonans utriusque Testamenti auctoritas luce clarius manifestat, quæ apud fideles mentes tantam vim obtinere consuevit, ut non indigeat carnis intuitu cernere, quod ipsam audiunt confirmare.

Habentes igitur, charissimi, auctorem veteris legis ac novæ gratiæ Jesum Christum prius per antiquos sanctos, et postmodum per ipsum resurrectionem carnis et totius humanæ substantiæ glorificationem servis suis promittentem, et eam in suo corpore præmonstrantem, hujus beati martyris corpus, licet ut mortuum teneamus, tamen ut resurrecturum et immortali gloria vestiendum honore debito percolamus. Credamus cum Deo vivere, cui vitam mortemque suam voluit inservire; vivere, inquam, Deo sanctorum corpora mortui quoque prophetæ Elisei corpus indicat, quod cum exanimum fuerit consepulto cadaveri attactu vitali vitam quam amiserat reddidit. Vivere illa Deo innumera ubique locorum miracula probant, quæ illi frequentissima experti sunt, qui ad eorum veneranda sepulcra devotis mentibus accesserunt. Vivere illa Deo et Apostolus docet, qui fideles contristari de dormientibus prohibet, dormientes ille non mortuos vocat, quos velut a somno evigilaturos confirmat dicens : *Hæc vobis dicimus in verbo Domini, quia nos qui vivimus, qui relinquimur simul rapiemur cum illis obviam Christo in aera, et sic semper cum Domino erimus* (I *Thess.* iv). Et alibi : *Corruptibile hoc induet incorruptionem; mortale hoc induet immortalitatem* (I *Cor.* xv). Et Isaias : *Ossa vestra ut herba germinabunt* (*Isa.* lxvi). Quia ergo præsentis martyris ossa ad vitam æternam resurgentis ut herba germinabunt, quia corruptibile hoc induet incorruptionem, et mortale hoc immortalitatem, quia hoc justi corpus raptum obviam Christo semper cum ipso permanebit, quis non toto affectu in hac vita ducat honorandum quod in futura credit tanti honoris gloria sublimandum ? Non enim Salvator verborum suorum oblitus : *Ubi sum ego, illic et minister meus erit* (*Joan.* xii), non frustra et illud Patri dictum est : *Volo ut ubi sum ego, et illi sint mecum, ut videant claritatem meam* (*Joan.* xvii). Ad eam quippe videndam, hominem, ut supradictum est, ab initio creavit, ad quam conspiciendam martyrem nostrum per susceptæ carnis mediationem, atque per opera justitiæ reparavit, quod donec Christo ad judicandum veniente fiat, lætantes audite pretiosum corporis membrum, vocem quondam capitis sibi assumentem, et dicentem : *In pace in idipsum dormit martyr et requiescit* (*Psal.* iv); in pace, quam jam spiritus obtinet et in carne sustinet; in idipsum, a quo nec mortuus separat Christum. Dormit expleto mortalitatis somno evigilaturus, requiescit ad requiem sempiternam de præsentibus laboribus transiturus. Unde et sequitur : *Quoniam tu, Domine, singulariter in spe constituisti me* (*ibid.*), quoniam alieni non transibunt per Jerusalem amplius, nec intrabit in illam omne coinquinatum et faciens abominationem in spe resurrectionis, quam secundum Apostolum promisit non mendax Dominus, qui et in Evangelio ait : *Venit hora, in qua omnes, qui in monumentis sunt, audient vocem ejus. Et procedent, qui bona fecerint, in resurrectionem vitæ; qui mala fecerint, in resurrectionem judicii* (*Joan.* v). In hac spe constitutus martyr singulariter, suo tempore in carne glorificandus, et de corpore suo hoc sentire docuit, et quid de ipsis corporibus vestris sperare debeatis ostendit; ad quam spem per fidei patientiam nutriendam, et apostolus Jacobus vos hortatur dicens : *Patientes estote usque ad adventum Domini* (*Jac.* v). Et similitudine subjuncta, ait : *Ecce agricola exportat pretiosum fructum tempore, patienter ferens donec accipiat temporaneum et serotinum* (*ibid.*) Qui exponens quod dixerat adjecit : *Patientes estote et vos, et confirmate corda vestra, quoniam adventus Domini appropinquabit* (*ibid*).

Hunc adventum Domini et ipsi in corporibus vestris glorificandi securi exspectabitis, si cordibus vestris in superni desiderii affectu confirmatis, sicut martyris corpus, sic exempla tenetis. Delectabitur tunc vestro obsequio, cum viderit non deviare vos ab itinere suo. Iter ejus Christus fuit, per quem constanter gradiens, ad ipsum pervenit; ad ipsum, inquam, humilitate ad ejus celsitudinem, laboribus ad requiem, ignominia ad gloriam, morte demigravit ad vitam. Ad hanc vitam et vos martyrem vestrum sequendo ad Christum pervenietis, quem et nunc magnum refugium et singulare præsidium apud ipsum habetis. Amplectitur plenus ea qua jam fruitur charitate Deo, amoris vestri obsequium, cui debita merces deesse non poterit, nisi forte (quod absit !) amor ipse defecerit. Recogitate erga sepulti Domini corpus irrequietum sanctarum mulierum amorem, quia quæ mortuo instanter obsecutæ sunt, resurgentes gloriam primo cernere meruerunt : non terruit eas Judaica feritas, non præsidis potestas, non custodum immanitas, sed per metuendam sævitiam persecutorum ad Domini intrepide pervenere sepulcrum, quibus et visio angelica ex resurrectionis Dominicæ ostensa est magnificentia, ut nihilominus perfectam se gaudeant recepisse beatitudinis mercedem, quæ perfectam toto cordis affectu exhibuerant servitutem. Hæc est enim perfecta sanctorum remuneratio, quando mundis corde sanctorum angelorum societas redditur, et ipsius Domini plena æternæ societatis præsentia exhibetur. Hanc, vos charissimi, sanctarum mulierum exemplo promereri poteritis, si sanctis corporibus, quæ a Deo vobis commissa sunt, devote servientes, felicis servitutis vestræ perseverantiam ad debitum usque finem perducere studueritis. Non erit inferior vestri obsequii remuneratio, si in consimili servitute obsequentium fuerit non impar devotio. Conferet beati corporis beata servitus angelorum consortium, et perducet obsequentes ad æternam visionem regis cœlorum, qui cum Patre et Spiritu sancto vivit et regnat Deus per omnia sæcula sæculorum. Amen.

PETRI VENERABILIS

ABBATIS CLUNIACENSIS NONI

RHYTHMI, PROSÆ, VERSUS ET HYMNI.

Adversus calumniatores carminum sui Petri Pictaviensis defensio, cujus argumentum est :

Egregius pro vate suo dux ipse perorans.
His jaculis rabidam confodit invidiam.

Audio, livor edax, te sacrum rodere carmen,
 Verbaque divino carpere scripta stylo.
Sed scelerata licet tibi sit nequamque voluntas,
 Commoda cunctorum quam tua damna putas;
Vix tamen id de te quisquam mihi credere suadet,
 Nec quemquam tantum credo putare nefas,
Ut vitreum rivum puro de fonte manantem
 Tentaris cœno turbificare tuo,
Sed quid erit? cogor veraci credere famæ,
 Certis indiciis quæ sua dicta probat.
Ha! scelus, et stygio mens submergenda profundo,
 Quæ vomit ex antro dira venena suo.
Manes tartarei talem compescite linguam,
 Quæ demens potuit verba nefanda loqui.
Oris de barathro tractam per frusta secate,
 De qua mox jaciat flamma vorax cinerem.
Infandæ vocis fauces arctate meatus,
 Et tumeat guttur, ne sonet illicita.
Audiri timeas, o vox indigna, sonare,
 Consulo, delicias, teque silendo premas.
Humanas strepitus ne talis polluat aures,
 Communes usus spiritus ipse nega.
Sed nunquid fieri tanti queo criminis ultor,
 Cum mage districto judice res egeat?
Aut fragili calamo crimen tentabo piare,
 Ungula quod ferri radere vix poterit?
Nec mihi communis nocet hæc injuria tantum,
 Sed magis egregios respicit illa viros.
Vos, o præcipui cultores philosophiæ,
 Quos eadem propriis educat in laribus,
Ejus vos, inquam, pasti, potique papilla,
 Quos proprio studiis imbuit ore sacris;
Naso, Flacce, Maro, Stati, Lucane, Boeti,
 Et quicunque tuum carmine comis opus.
Hujus livoris vos tangere mucro minatur,
 Hic et de vestro cogitat exitio.
Vos etenim lædit, qui lædere non timet illum
 Quem vobis socium Calliopea dedit.
Hunc inter reliquos æquali sorte locavit,
 Impatiens ut sit cuilibet inferior.
Huic sacer ille chorus concessit sponte cathedram
 Sublimem, medio dans residere loco.
Nec me mireris primis æquare sequentes,
 Nil tempus meritis demore jure potest.
Nec senibus juvenes sibi displicet æquiparari :
 Gloria namque patris filius est sapiens.
Hunc igitur juvenem senioribus æquiparamus,
 Hunc quem musa facit patribus esse parem.
Nam nil splendoris, nil ponderis, aut rationis
 Præfert plus isto lingua vetusta Patrum.
Lux micat in verbis, gravis est sententia rebus,
 Nec se dissociant aut decor, aut gravitas.
Laudibus extollit tollenda, premitque premenda,
 Nec reticenda loquens, nec recitanda tacens.
Flet cum flere decet, gaudet cum prospera poscunt,
 Reddens officio congrua quæque suo.
Scribere sic didicit, ut pingere cuncta putetur
 Non ars ulla sibi, non color ullus abest.
Verba quidem resonant, sed res magis esse videntur.
 Pulchra velut vivum fingit imago virum.
Auribus hæc oculi rapiunt, audita videntur :
 Nec nisi mirari quisque legendo potest.
Pennula multicolor varios miscendo colores
 Æquor adumbratum mox rutilare facit,
Omnia conveniunt assumptæ materiei,
 Nec quisquam melius dicta loqui potuit,
Felix materies tanto sublimis honore,
 Quam dignata fuit musa superna loqui.
Vilis eras, tenuis, languens, et tota jacebas :
 Sed quod laudis habes aurea lingua dedit.
Nec tibi cujusquam lyra se præponere tentet :
 Nam nunquam cecinit dulcius ulla melos.
Et quia nil melius in carmine cernitur ullo,
 Hoc qui non recipit, cuncta simul perimit.

Quod vobis tutum remanebit in orbe poetæ,
  Si tam munito pellitur ille loco?
Nec volo blandiri, par est fortuna duorum,
  Sive probando bonum, vel reprobando malum.
Si bene dixistis, pariter dixistis uterque;
  Si male, culpa simul stringit utrumque reum.
An sentire licet tantos errasse poetas,
  Quos mundi venerans multus amor sequitur?
Sed non sunt isti, non sunt errasse putandi,
  Quod quicunque putat, desipit ille nimis.
At si fas non est tales errasse putare,
  His errare parem dicere quis poterit?
Sed video virus, quod adhuc sub pectore servas,
  Quod tibi jamdudum livide corda premit.
Unde cave dirum tacitus tolerare gravamen,
  Ne tua rumpatur peste tumente cutis.
Dic, rogo, dic et qua premeris celer evome pestem,
  Sic secreta tui pectoris allevians.
Dic, dic, quid retices? an forte pudore teneris,
  Et metuis rursus verba nefanda loqui?
Juste si metuis, favet isti quisque timori :
  Sitne tamen verum, quærit ab ore tuo.
Mira refers, juvenis compegit carmina noster
  Plausibus immensis digna sui merito,
Æmula nullius quæ possent esse nitoris,
  Turpis adulandi ni nota fuscet ea.
Sed nihil in rerum ratione placet vitiosum,
  Hinc vitiosa mihi carmina nulla placent.
Has revoca sordes, quas sordibus evomuisti :
  Neve fluant, forti guttura claude sera.
Si secus, aut nimio cunctas fetore fugabis,
  Aut coges nares claudere quemque suas.
Sed ne te verbis urgeri forte queraris,
  Accipe quod cupio dicere pace tua.
Quid vitium dicas mihi clarius exprime, quæso,
  Quo vitiosa tibi musa placere nequit.
Si quia laudavit, o quot tenet iste reatus!
  Quot, quantosque viros ista catena ligat?
Cum quibus hac merear felici sorte ligari,
  Qua mihi nulla dies gratior esse potest.
Si memorem mundi sapientes, sive poetas,
  Qui plenos laudum composuere libros,
Oppones forsan reprobam mihi religionem,
  Qua sola docti desipuere viri.
Ast ergo perfidiam reprobo, qua displicuere ;
  Nec minus idcirco quod sapuere probo.
Namque perita manus sic uvam carpere novit
  Ut pariter spinam caute cavere sciat.
Nunc tamen his tacitis, taceant ut murmura cuncta,
  Christicolas tantum dinumerare placet.
Quos magnos meritum, quos claros fama per orbem
  Fecit, et ad cœlos vita beata tulit.
Hic nihil invenies, furor impie, quod reprehendas,
  Nil quod mordaci rodere dente queas.
Horum te virtus, aut gratis cedere cogit,
  Aut si nolueris, tunc mage victus eris.
Nunc igitur geminæ veniant in fronte columnæ
  Fulta quibus, casum non timet aula Dei.
Hi sunt Hieronymus, Augustinusque beati

A Quos pro lege sequi lex jubet Ecclesiæ.
Ille suam Paulam quantis ad sidera tollat
  Laudibus, egregio claret in eloquio.
Cujus virtutes sic effert lingua diserta,
  Ut nil de meritis verba perire sinant.
Hinc non post dirum laudes cantare sepulcrum
  Sat fuit, et læto solvere vota pio.
Incolumem missis recreavit sæpe libellis,
  Non dubitans ipsam prodere laude sibi.
In sanctis studiis est matrem nata secuta,
  Consimiles animos a genitrice trahens.
Hanc quoque non tetra passus sub nube latere
  Curavit scriptis clarificare suis :
Eustochium dico, quæ corporis inviolati
  Christo virgineum præbuit hospitium.
B Jam juvat Ecclesiam Paulam recitare frequenter,
  Nec minus Eustochium lectio sæpe sonat.
Harum se laudes jurat non posse tacere,
  Nec timet inde cani diplicuisse meo :
Quæ quia viventi præconia scripsit utrique,
  Livor cum mecum judicat esse reum.
Sed certe talis laus est mihi magna, reatus
  Hoc quia cum socio censeor esse reus.
Jam si laudatos placeat memorare viritim
  Non duo, sed populus confluet innumerus.
Quos qui nosse cupit non ad mea carmina currat,
  Sed de fonte sacro larga fluenta bibat.
Hæc studiosus amans, armaria consulat illa,
  Quæ gravidum libris constat habere sinum :
C Hieronymoque dehinc per multa volumina lecto,
  Omnis lecta mihi pagina testis erit.
Post hunc indomitus accedat belligerator,
  Cujus sola terit millia multa manus :
Qui vinci nunquam, qui semper vincere suetus
  Tela repugnantes abdere cogit humo.
Augustinus hic est, quem nobis Africa misit
  Tertia pars orbis, re major, hinc potior.
Partibus ista minor spatiis est terra duabus,
  Ast Augustino vincit utramque suo :
Quo nihil uberius Libycis increvit aristis,
  Qua valeas animæ fruge fugare famem.
Clarior inde polus gemino nos sole serenat
  Sed novus antiquo clarius iste micat.
Sic etenim tetras de mentibus effugat umbras,
D Hic modo corporeas irradiat tenebras.
Ambrosio laudes dum viveret iste dicavit,
  Quas studuit populus edere voce, stylo.
Hieronymo multis blanditur epistola verbis
  Ipsius, utque Patri scribit uterque sibi.
Nil laudum titulis detraxit, nilque reliquit
  Quod foret egregio gloria, lausque viro.
Quid modo, si pariles notet ejus penna jugales
  Paulinum sanctum, Therasiamque suam?
Nonne tuum feriet saxosa turbine murum
  Æmule, quo tua mox mœnia cuncta ruent,
De quibus ut tutus prospectas eminus hostem,
  Et rides hilaris quas jacit ille minas?
Hos natale solum pro Christo deseruisse,
  Hos cœlum terræ præposuisse probat.

Laudat eos, et opes, et fastum nobilitatis,
　Vinclaque conjugii post posuisse Deo.
Narrat ab occiduo venientes cardine solis
　Hactenus ignotas arripuisse vias,
Et sedes meruisse pias oriente propinquo,
　Proximus ut fieret transitus ad requiem,
Auribus ipsorum laudes commisit eorum,
　Non sibi, non ipsis hinc aliquid metuens.
Jam mea, si reliquos conetur penna notare,
　Quos nimium propriis extulit ille libris,
Deficiet cum mente dies, cum tempore verba,
　Mole gravi pressum concidet ingenium.
Jam nobis veniat cum primis annumerandus
　Alpibus Ambrosius celsior Italicis.
Non magis Eridanus terras vicinus inundat,
　Quando tumens pluviis unda superba furit,
Quam Patris Ambrosii cœlestibus imbribus auctum
　Eloquii flumen arida corda rigat.
De quo condignam si quis vult scribere laudem
　Sumat opus multi jure laboris egens.
At mihi sufficiet, laudandi fasce relicta,
　Totius mecum laudis habere virum.
Quem patet Augustis laudes misisse duobus,
　Regales animos alliciendo Deo.
Ut rigidas mentes melius mulcendo doceret,
　Dura levi Christi subdere colla jugo,
Mentibus ingenuis fertur natura dedisse
　Ut cupidæ laudum, quas meruere semel,
Addere laudatis semper laudanda labores,
　Quo sibi perpetuus concilietur honos.
Noverat hæc Cicero, nobis quoque scripta reliquit,
　Cui multam debet lingua Latina fidem.
Cujus pauperiem sic ditat divite lingua,
　Ut jam sit nullum ditius eloquium.
Publica res, inquit, proprio stat principe stante,
　Cujus et in casu labitur ipsa simul.
Convenit idcirco causas removere ruinæ
　Et stanti vires addere continuas.
Ut stomacho mentis impensa laude refecto
　Principis esuriem gloria submoveat.
Sicque fit ut nullum timeat respublica casum,
　Dum semper vires principis ipsa novat.
Laudibus ergo piis reges vir sanctus alebat,
　Posset ut ipsorum pellere laude famem,
Quo saturi pastu, mentisque vigore resumpto
　Jus regerent magni fortius imperii.
Nunc, Cypriane, sequi proprios dignare sequaces,
　Tempore seu meritis es quibus anterior.
Horum cœlestes illustrant lilia campos,
　Sed tua purpureis sunt sociata rosis.
Jungeris his verbo, præcellis sanguine sacro,
　Quo melius solito Punica terra rubet.
Quam tua multorum rubricavit lingua cruore,
　Quos monuit vitam perdere morte pia.
Te duce bellatrix rursum Carthago superbit,
　Rursus et in Latium concutit arma solum.
Nec velut Annibalis formidat tempore vinci,
　Sed secura manet principe fisa suo :
Cum quo Romuleas sternens sine cæde catervas

Cæsa triumphavit, Romaque succubuit.
　Quæ multo melius moriendo subjugat hostes,
　Dum vivit moriens, et moritur perimens.
Hunc tua, Corneli, præconia, papa beate,
　Non piguit scriptis nobilitare suis.
Hic studuit multos scribendo reddere claros,
　Quos fecit celebres gloria martyrii.
Jam decus Arvernum, quam tot virtutibus ornas,
　Nobis Sidoni, sancte vocate, veni,
Et referens laudes quas sanctis exhibuisti,
　More tibi solito perfida corda feri,
Quæ nobis laudes audent grunnire negandas
　Quando virtutis exigit has meritum.
Ergo Viennensem jam nunc modulare Mamertum,
　Quove docente pius servet ovile lupus.
Præsul Lugdunum patiens qui rexit aquosam,
　Quanti sit meriti te referente patet.
Sed neque Faustus abest abbas, eremita, sacerdos,
　Quem tua nequaquam, lingua latere sinit.
Nec te prætereamprimis æquande poetis
　Fortunate, tuum quod probat ingenium.
Gallorum populis te tellus Italia misit,
　Ut veterum caneres gesta poeta novus.
Post veteres etiam libuit cantare modernos,
　Quorum de meritis tu tibi testis eras.
Gregorium laudas Arverno germine clarum,
　Cui dat Martini celsa cathedra locum.
Nec non Panthonici mores et templa Leontis,
　Quæ duo construxit compta decore pari.
Nec numerare vacat tot quot tua pagina præfert ;
　Nam tempus prohibet, materiesque premit.
Hos tibi nosse sat est, qui carmen legeris istud,
　Quod laudare bonos optime cuique licet.
Nam, si sunt digni, nec vivi laude carebunt,
　Ne dicam laudes nil nisi mortis opus.
Unde nihil trepides vitam laudare bonorum :
　Qui bonus est, fiet laude tua melior,
Hujus te culpæ merces, non pœna sequetur,
　Ornabitque tuum digna corona caput.
Nunc qui stelligero nutu dominaris Olympo,
　Et mundi moles quem venerando colit,
O tu post Christum majorum maxime Petre,
　Te si dignaris nunc mea musa vocat.
Te Pauli laudes viventis non tacuisse
　Innumeri testes, et tua scripta probant.
Ultimus adveniat, sed fortius omnibus hostem
　Paulus apostolico conterat imperio.
Nullus eo melior, nec maximus ille Joannes,
　Quem gaudet meritis Petrus habere parem.
Hic toti solus indicit prælia mundo,
　Et contra populos dimicat unus homo.
Non metus hostilis, non vis, non vulnera mille,
　Nec cruor effusus hunc superare queunt.
Sed victor proprio vincens cum principe mundum
　Invicti regis se docet esse ducem.
Hac virtute meos hostes proturbat, et ipsos
　Ejus jacta manu spicula confodiunt.
Nam quoties laudes ipsius epistola mittit,
　Ipsorum toties pectora dura ferit.

Romani, Galatæ, simul Ephesus atque Corinthus,
    Laudis apostolicæ promeruere decus.
Sed reliquos populos, quos laudibus extulit ille,
    Commemorare, nimis carmina longa vetant,
Quæ loquor intenta meus audiat æmulus aure,
    Nec me tot frustra fundere verba putet.
Si quia laudavit, reus est meus iste poeta,
    Omnem qui laudat par quoque culpa ligat.
Quod quia nemo potest ulla ratione negare,
    Præmissos sanctos hinc patet esse reus.
Quod si tot sanctos involverit iste reatus,
    Nullum credo latet quanta vorago patet.
Nam, si quis justos turbæ miscere reorum
    Tentarit, fiet maximus ipse reus.
Hoc vitare chaos si noster vis reprehensor,
    Quæ prohibere soles illa licere dabis.
Nec jam censebis a laudibus esse silendum,
    Cum videas tantos non siluisse viros.
Sed forsan dices : Voluit laudando placere,
    Hinc saltem reus est, hinc reprobandus erit.
O scelus, et vere nimium damnabile crimen !
    Cui precor ut libeat jungere me sceleri.
Tali si tenear justo sub judice culpa,
    Præmia, non pœnas cognita causa dabit.
Nam quis me damnet majorum scita sequentem,
    Quæ si non sequerer, carcere dignus eram?
Paulus se dicit cunctis per cuncta placere,
    Utque placere queat, quemque studere monet.
At nunc adverso contendere tramite cogor,
    Et reprobor si non devia quæque sequor.
Sed mihi fas non est antiquo calle relicto
    Errorum sectas, et nova quæque sequi.
Sunt igitur veteris Pauli mandata sequenda,
    Cumque novis pariter sunt reprobanda nova.
Istis concessis, quæ non sunt jure neganda.
    Claruit esse bonum velle placere bonis.
Restat adhuc aliquid quod possis dicere contra
    Livida segnities ? exprime, si quid habes.
Nil habeo, fateor, postquam duo solveris illa,
    Quæ certant animum sollicitando meum.
Falsa tuum carmen multi cecinisse queruntur,
    Dum nimium laudes vult celebrare tuas :
Ut non servatis modulis fit musica discors
    Dum studet excelsa tangere vere [voce] polos.
Hinc, precor, ostende mihi carminis utilitatem,
    Qua sine nullius carmina sunt pretii.
Nam quid pulchra valet foliis et floribus arbor,
    Ni mihi fecundo stipite poma ferat ?
Audivi fortem moveant quæ flamina turrim,
    Et quantum robur concutiant video.
O ! o quam firmis hæret radicibus ilex !
    Et quam structa manet firmiter illa domus,
Quam non evellit Boreas, non destruit Eurus !
    Hanc tamen una volans vertere musca potest.
Ut dicis, dubitas mea carmina vera fuisse :
    Accipe, nec post hæc ulterius dubites.
Multa tamen nostram versat dubitatio mentem,
    Quo tibi nunc pacto quod petis insinuem.
Nam tantis tenebris, tanta es caligine pressus,
    Ut lateant aciem sidera clara tuam.
Hæc ut nube queas omnino videre remota,
    Tolli velamen quod tegit illa sine.
Mos mundanus habet cunctis ut litibus ille
    Sit finis, quem fors judicii dederit,
Hinc simul ad justum properemus utrumque tri-
    [bunal,
    Nam nullus juri subdere colla pudor.
Tunc ibi non poterit cujusquam causa perire,
    Sed sua cuique dabit judicialis apex.
Quod si judicio compellar dicta probare,
    Testibus indubiis assolet ut fieri,
Mox me millenos videas producere testes,
    Hæc qui certatim vera fuisse probent.
Quod si nos acri melius certare duello
    Judicibus libeat, ratio sat resonat
Mox per plana ferum cernes fervescere Martem
    Ipso sub pedibus jam trepidante solo.
Hinc aut terribiles surgent ad bella quirites,
    Aut duros campus proferet hic pugiles.
Utraque mox acies miscebit bellica tela,
    Unius ut jaculis hauriat una necem.
Ut noster sociam miles demittat Averno,
    Aut cedat pugilis reddita clava tui.
Ultimus iste solet causarum terminus esse,
    Et tua sic finem jurgia percipiant.
Esto quod quædam fuerint in carmine falsa :
    Non tamen hæc scribens carmina falsus erit,
Nam potuit falli quæ scripsit vera putando,
    Fallitur ut veri nescia mens hominum.

In laude Salvatoris rhythmus.

A Patre mittitur, in terris nascitur, Deus de Virgine.
Humana patitur, docet et moritur libens pro homine.
Per lignum vetitum sumpsit interitum nostra mor-
    [talitas.
Ligni patibulo redditur sæculo amissa dignitas.
Fructus comeditur, quo vita perditur, de mortis
    [arbore.
Sanguis effunditur, qui fide sumitur, de Christi
    [corpore.
Draco perimitur, mundus redimitur, sanguinis
    [pretio.
Huic mortem intulit, sed vitam contulit nobis hæc
    [potio.
Exsul a propria projectus patria, mundum incoluit :
Qui tumens impia Deo superbia subesse noluit.
Cujus periculis clemens a sæculis Deus condoluit,
Propter quem Filium mortis supplicium subire vo-
    [luit.
At ille proprio missus a solio, mox carnem induit :
In qua dum ceditur et crucifigitur, nil Deo minuit,
Nec diu distulit, sed statim contulit vitam de funere.
Opus mirabile, cui nihil simile divino munere !
Adam ejicitur, latro reducitur, mira mutatio.
Tunc primum claruit quid mundo profuit auctoris
    [passio.
Cruce deponitur, sepulcro conditur sumpta morta-
    [litas.

Inferni torrida fortis et splendida subdit divinitas.
Æternas tenebras, et cæcas latebras fulgens irra-
[diat.
Sanctorum hominum cognoscens Dominum chorus
[tripudiat.
Remugit inferus, tremiscit cerberus auctor nequitiæ,
Atris in sedibus fulgere stupidus solem justitiæ.
Dira repagula, vectes et pessula potenter conterit.
Ingenti gloria, summa victoria superbum proterit.
Tunc draco ferreum sensit aculeum, quem caro
[texerat.
Tunc primum doluit, tunc primum gemuit, quia
[voraverat.
Nil Deo fortius, nil sapientius, nunc tandem didicit,
Dum vires viribus, et artes artibus devictas per-
[spicit.
Hic cito labitur, dum præceps graditur insana cæ-
[citas.
Sic cæcum currere, currentem ruere permisit deitas.
Quem lapsum ignea retrusit cavea quo se demer-
[serat,
Nec mora miseros solvit innumeros, quos ille ce-
[perat.
Potenti dextera disrupit viscera vetusti carceris.
Multum timuerant, quæ massam ceperant humani
[generis.
Scrutatur omnia regis victoria mortis latibula,
Dissoluit fortia forti potentia reorum vincula.
Hæc Christus spolia victor post prælia vexit ab in-
[feris.
Hæc adgaudentibus supernis civibus invexit superis.
Peracto triduo vitam in mortuo reformans corpore
Surgit continuo, nullo jam denuo passurus tem-
[pore.
Jonam glutiverat, sed non consumpserat marina
[bellua;
Quem ut trajiciens, ita rejiciens remansit vacua.
Sic Christus gentibus, emergens fluctibus, salutem
[prædicat.
Tunc mundus timuit, timens pœnituit, et culpas
[abdicat.
Hinc formidantibus et desperantibus suis apparuit,
Atque visibilem et contrectabilem illis se præbuit.
Sed admirantibus et non credentibus illis præ gaudio,
Se vere vivere, se carnem gerere monstrat convivio,
Agnoscunt protinus quod esset Dominus qui resur-
[rexerat,
Nec tardant credere quem cernunt vivere, sicut præ-
[dixerat.
Postquam sat luminis Creator hominis terris infude-
[rat,
Parat ascendere, secumque vehere quod inde sum-
[pserat.
Sed coram testibus ista fidelibus disponens agere,
Sumit familiam, ducit Bethaniam hæc illi pandere
Ut per discipulos virtus per populos tanti miraculi
Vere claresceret, et sibi subderet tumorem sæculi.
Ascendens igitur, in altum tollitur suis videntibus:
Nube suscipitur, nec ultra cernitur ab assistentibus

Fertur ad æthera, transcendit sidera, nostrumque
[hominem
Super angelicum, et totum cœlicum provexit ordi-
[nem.
Tunc moles gravior est facta levior, cum caro terrea
Prius inferior, nunc est superior vi facta ignea.
Gaude, mortalitas, redit æternitas, qua reparaberis.
Quidquid de funere soles metuere, jam ne timueris
Dat certitudinem vitæ per hominem et Deum reddita,
Quam in se pertulit, ac tibi contulit morte deposita.
O nova dignitas! dat locum deitas humano pulveri.
Nullum se præferet opus vel conferet huic tanto operi
Limus calcabilis, nunc adorabilis super cœlestia,
Summis virtutibus contremiscentibus gubernat om-
[nia.
Quod in principio pravo consilio perverse voluit,
Nunc per justitiam, non per superbiam, Adam obti-
[nuit.
Deus, dum timuit, esse non potuit, quod concupierat.
Factus est humilis, fit Deo similis et cœlis imperat.
Hic umbris horrida, hic flammis torrida sedes quem
[habuit,
Per Dei Filium paternum solium tenere meruit.
Hortor ne lugeas, homo, sed gaudeas quem cœlis
[intulit,
Quem mirabilius, quemque sublimius in Deum ex-
[tulit.
Antiqui gemitus, cessate funditus, non est miseriæ
Jam locus penitus; nam tempus cœlitus advenit gra-
[tiæ.
Et vos, o superi, jam vestri numeri damna ne plangite,
Sed novis sociis, expulsis impiis, gaudere discite.
Magnum miraculum, magnum spiraculum tunc vo-
[bis præbuit
Deus, cum tegmine carnis pro homine tectus appa-
[ruit
Hunc novum ordinem, prælatum hominem summis
[spiritibus
Digne miramini, nec dedignamini benignis menti-
[bus.
Huic tamen canitis, huic genu flectitis vos in cœ-
[lestibus,
Qui carnem luteam, ut vestem trabeam, fert de ter-
[restribus
Hinc requirentibus, cur tinctis vestibus de Bosra
[venerit,
Sermo propheticus semper veridicus, narrat quid di-
[xerit.
Uva dum premitur, vinum objicitur, et præli pondere
Caro dum patitur, sanguis effunditur sub crucis
[onere.
Calcantis tingitur vestis dum tingitur vini rubedine.
Quo Deus tegitur corpus inficitur, effuso sanguine.
Hic rubor vestium signat supplicium quod sponte
[pertulit,
Quod tamen gloriam atque victoriam devincens
[retulit.
Quid ultra referam? Patris ad dexteram jam Chri-
[stus resides,

Unde cœligenis atque terriginis ut Deus præsidet.
Quid de discipulis? Assistunt oculis alta rimantibus
Et ad insolitum stupent intuitum, suspensis men-
[tibus
Sublatum visibus, susceptum nubibus ducunt affe-
[ctibus
Spiritualibus, ipsis corporibus pene sequentibus.
Tunc viri splendidi, vesteque candidi missi ab
[æthere.
Hæc contemplantibus et admirantibus cœperunt
[dicere :
O quid suspicitis? iste quem cernitis cœlos trans-
[cendere,
Descendet iterum cunctorum operum causas dis-
[cernere,
Sicut ascensio fiet regressio, quando judicium,
Commotis omnibus cœli virtutibus, erit mortalium.
Illum, cum veniet, nubes suscipiet, sicut suscepei at
Quando videntibus et obstupentibus vobis ascenderat.
Istud judicium per Dei Filium tunc adimplebitur
Cum a fidelibus et infidelibus judex videbitur.
Hic primum humilis et contemptibilis vobis apparuit,
Cum sub velamine carnis de Virgine suscepto latuit.
Sed tunc quæ fuerit et quæ latuerit omnipotentia,
Monstrabunt judicis nutum ac vindicis cuncta tre-
[mentia.
Tunc terror pessimus et horror maximus orbem con-
[cutiet.
Tunc quidquid firmius atque stabilius erit diffugiet.
Cœlum plicabitur, mare siccabitur, terra deficiet.
Jam nihil seminis, nihilque graminis ultra parturiet.
Ut unda labilis, nutat instabilis longæva firmitas.
Ut cera solvitur, igne dissolvitur terræ soliditas.
Tunc latex fontibus, cursus fluminibus prorsus ne-
[gabitur :
Et via navibus, volatus avibus tunc prohibebitur.
Tunc decus nemorum, tunc fructus arborum, quæ-
[que virentia
Adustis floribus delectabilibus marcent arentia.
Non aqua piscibus, non aer avibus tunc famulabitur.
Sed nec mortalibus calcari pedibus tellus dignabi-
[tur.
Fragrabunt æthera, nigrescent sidera fugato lumine.
Tunc nox perpetua, nox lucis vacua, dira caligine,
Ventis et turbine multo jam ordine mundum operiet.
Tunc hians puteus ille sulphureus os adaperiet,
Et de flammigero profundens utero flammarum ma-
[ria,
Ima cum superis, summa cum inferis exuret spatia,
Illud incendium sicut diluvium replebit omnia.
Mundus damnabitur, Noe salvabitur tota familia.
Tunc tuba cœlica, vox archangelica superne reso-
[nans,
Et cum clamoribus diris fragoribus horrendum per-
[tonans,
Clamabit populus qui sunt in tumulis : Omnes
[consurgite;
Junctis spiritibus suis corporibus vitam resumite.
Et Christi solio justus cum impio simul assistite,

A Et quidquid gesserat quisque dum vixerat, modo
[recipite.
Hoc ab altissimo die novissimo vox ut sonuerit,
Nullum comprimere quolibet aggere terra jam pote-
[rit
Quod ante latuit nunc tandem patuit, cum terræ vi-
[scera,
Quæ diu texerant atque celaverant, reddunt cada-
[vera.
Quod canis roserat, fera contriverat, vermis depa-
[verat,
Ignis assumpserat, aqua diluerat, aer dispersérat,
Ad statum pristinum redit per Dominum; qui sicut
[facere
Scivit per gratiam, sic per potentiam novit reficere,
B Quæris cum pereat, unde post redeat carnis sub-
[stantia?
Est tota ratio cœlestis jussio sive potentia.
Vide quid fuerit antequam fecerit cœlum et terram,
Unde substiterit, unde processerit moles corporea,
Cum non existeret, unde quid faceret, creavit omnia,
Nulla consilium, nulla subsidium dante materia;
Qui sicut potuit, statim ut voluit hoc in principio,
Mox ut voluerit confestim poterit hoc in judicio :
Tunc carnes ossibus et cutis carnibus superinduitur.
Tunc quantitatibus et qualitatibus corpus induitur.
Et illa corpora per longa tempora quæ prius cœ-
[rat,
Dicto velocius, quo nil celerius, ut surgant imperat.
Momento temporis humani corporis fit resurrectio.
C In ictu oculi novi miraculi fit exhibitio.
Tunc Deo proxime supernis animæ relictis sedibus
Ubi sublimius, ubi splendidius nitent sideribus,
Incorruptibile nec ultra fragili carnis huic vasculo.
Tunc Satan teritus emittit spiritus de cæcis caveis,
Quos prius ceperat, quos alligaverat catenis igneis,
Non infelicium solvens supplicium, sed acta nequi-
[ter,
Ut cum corporibus et cum spiritibus luant dupli-
[citer.
Sic et æthereis, sic et tartareis exhaustis domibus,
Sola mirabitur quando replebitur tellus hominibus
Nam ex innumeris quos matrum uteris paulatim
[fuderat,
D Omnes insolito quoniam subito partu regenerat.
O quam terribilis et formidabilis hæc dies irruet!
Heu! heu! quam luridum! heu! heu! quam turbidum
[tunc vultum induet!
Hæc luctum regibus, hæc planctum gentibus dirum
[incutiet,
Cum præ doloribus mentis angoribus quisque defi-
[ciet.
Cœlis ardentibus, terris trementibus Judex adveniet
Quem admirabilem atque terribilem orbis conspiciet
Tunc cruce prævia, mortis insignia de cœlis afferet.
Ea volentibus atque nolentibus terrenis inferet.
Videbit populus et omnis oculus hunc admirabitur :
Et qui crediderat, et qui deriserat hunc contempla-
[bitur.

Judæe, respice, en Jesus, despice quem olim spre-
[veras.
En tibi cognitus, et quondam subditus homo, quem
[videras,
En cuncta temperat, en cœlis inperat quem blas-
[phemaveras.
Cunctorum pariter nunc sedet arbiter, quem cruci-
[fixeras.
Regem cœlestium atque terrestrium Jesum consi-
[dera.
Cujus imperium, cujus judicium tremiscunt æthera,
Credis adhuc Deum, cum sis jam per eum traden-
[dus inferis :
A quo jam flammea clauderis cavea conjunctus mi-
[seris?
Christe Deus meus, ad te clamo reus, quem spero
[judicem :
Ut tunc clementiam, non iram sentiam malorum
[vindicem.
Tunc cum in solio tanto judicio parato sederis,
Oves ad dexteram, hædos ad alteram partem po-
[sueris :
Tunc ovi ultimæ, tu pastor optime, locum ne de-
[neges,
Neque a gregibus illis felicibus me, quæso, segreges.
Cluniacensium sis memor ovium in tanto turbine,
Et ad perpetua duc eas pascua, benigne Domine.
Tua vox ultima mergit in intima flammantis putei
Satan cum perditis, in pastum traditis ignis sul-
[phurei.
Post hæc a patrium regressus solium decorem in-
[dues,
Atque Christicolas terrarum incolas cœlis restitues.
Hoc quod promiseras, et diu texeras tunc revelabi-
[tur.
Quando sine fine summus ab homine Deus videbi-
[tur, Amen.

De Resurrectione Domini rhythmus.

Mortis portis fortis vim intulit,
Crucem ducem illius perculit
Lumen clarum tenebrarum sedibus resplenduit,
Dum salvare, recreare quod creavit voluit.
Hinc Creator, ne peccator moreretur, moritur,
Cujus morte nova sorte vita nobis oritur.
Inde Satan victus gemit, unde victor nos redemit.
Illud illi fit lethale, quod est homini vitale,
Qui dum captat, capitur; et dum mactat, moritur.
Captis inferni carcere, solet qui nulli parcere.
Sic decenter, sic potenter rex devincens inferos
Linquens ima die prima rediit ad superos,
Resurrexit, et revexit secum Deus hominem,
Reparando quam creando dederat originem.
Per auctoris passionem ad amissam regionem
Primus redit nunc colonus, unde lætus fit hic sonus.

In honore Matris Domini prosa.

Voce jucunditatis alleluia, Veritas de terra
Orta est, cum Christus de carne natus est.
Nova sit in cœlis gloria, nova sint in terra gaudia,

Auctor rerum creaturam miseratus perituram, af-
[fuit,
Atque dextram libertatis jam ab hoste captivatis
[præbuit.
Cœlum terræ fundit rorem, terra gignit Salvato-
[rem.
Chorus cantat angelorum, cum sit infans rex eo-
[rum.
Venter ille virginalis, Dei cella specialis fecundatur
[spiritu.
Et ut virga parit florem, sic et virgo Redemptorem
[carnis tectum habitu.
Alitur matris intactæ puer Deus sacro lacte, res stu-
[penda sæculis.
Esca vivit aliena, per quem cuncta manent plena
[nullis par miraculis.
Pastu carnis enutritur, vitam carni qui largitur.
Matris habet gremium quem et Patris solium
Virgo natum consolatur, et ut Deum veneratur
Nobiscum Emmanuel, salutare Israel,
Mens, et vox, et oculi, Christiani populi
Te, Mater, suscipiunt, per te natum sitiunt
Habere propitium, et tutum confugium.
Ergo, mundi Domina, pia flecte lumina, dissolvendo
[crimina.
Fugetur nequitia, redeat justitia, Jesu Christi gra-
[tia.

Item alia prosa.

Cœlum, gaude, terra, plaude, nemo mutus sit laude.
Ad antiquam originem redit homo per Virginem.
Virgo Deum est enixa, unde vetus perit rixa :
Perit vetus discordia, succedit pax et gloria.
Tunc de cœno surgit reus, cum in feno jacet Deus.
Tunc vile celat stabulum cœlestis escæ pabulum.
Nutrit Virgo Creatorem, ex se factum Redempto-
[rem.
Latet in pueritia divina sapientia.
Lac stillant matris ubera, lac fundunt nati viscera,
Dum gratiæ dulcedinem per assumptum dat homi-
[nem.
Ergo dulci melodia personemus, o Maria,
Religiosis vocibus et clamosis affectibus.
Salve, Virgo benedicta, quæ fugasti maledicta.
Salve, mater Altissimi, Agni sponsa mitissimi.
Tu serpentem evicisti, cujus caput contrivisti,
Cum Deus ex te genitus ejus fuit interitus.
Tu cœlorum imperatrix, tu terrarum reparatrix,
Ad quam suspirant homines, quam nequam tre-
[munt dæmones,
Tu fenestra, porta, vellus, aula, domus, templum,
[tellus,
Virginitatis lilium, et rosa per martyrium :
Hortus clausus, fons hortorum, sordes lavans pec-
[catorum,
Inquinatos purificans, et mortuos vivificans,
Dominatrix angelorum, spes post Deum sæculo-
[rum,
Regis reclinatorium, et Deitatis solium.
Stella fulgens orientis, umbras fugans occidentis,

Aurora solis prævia, et dies noctis nescia,
Parens nostri tu Parentis, et genitrix nos gignentis.
Piæ matris fiducia, natos Patri concilia.
Ora, Mater, Deum natum, nostrum solvat ut reatum,
Et post concessam veniam, det gratiam et gloriam.
Amen.

In honore sanctæ Mariæ Magdalenæ hymnus.

Magdalenæ Mariæ meritis magna dies micat et cele-
  [bris.
Laudet in hac Mariæ Dominum angelicus chorus ac
  [hominum.
Carcere libera corporeo, splendido lumine sidereo
Deserit exsilii tenebras, atque domos adit æthereas.
Christus eam sibi consociat, et Genitoris in arce
  [locat,
Spem miseris tribuens veniæ dum miserans dat eam
  [Mariæ.
Namque pedes Domini lacrymis laverat hæc lacry-
  [mando nimis :
His sua crimina cuncta lavans, vanaque gaudia
  [flendo pians,
Tergere crinibus hos meruit, nec minus ungere di-
  [gna fuit.
Oscula dat Domini pedibus, atque sibi veniam Do-
  [minus.
Ergo Maria precare Deum nostra precata ferens ad
  [eum,
Pondere quo scelerum gravidos exonerans levet ad
  [superos,
Annuat et precibus populi, obsequii memor ipse
  [tui :
Gaudia cum superis tribuens, dansque bonum sine
  [fine manens.
Gloria, pie Christe, tibi spirituique Deoque Patri,
Qui super astra levans Mariam, coeligenis facis hanc
  [sociam.

De sancto Patre Benedicto hymnus.

Inter æternas superum coronas,
Quas sacro partas retinent agone,
Emicas celsis meritis coruscus,
  O Benedicte.
Sancta te compsit puerum senectus,
Nil sibi de te rapuit voluptas :
Aruit mundi tibi flos ad alta
  Mente levato.
Hinc fuga lapsus, patriam, parentes
Deseris, fervens eremi colonus :
Edomas carnem, subigisque Christo,
  Tortor acerbus.
Ne diu tutus latebras foveres,
Signa te produnt operum piorum :
Spargitur felix celeri per orbem
  Fama volatu.
Fracta restauras prece præpotenti,
Frangis oblatum cruce mortis haustum :
Currit ignarus monachus per undas,
  Patre jubente.
Verberas fratrem, fugit hostis atrox.

Ad manus ferrum redit e profundo,
Præcipis rupi, vomit illa rivos
  Arva rigantes.
Ales agrestis sibi jussa complet,
Lora constricti pie visa solvis :
Conspicis mundum radio sub uno,
  Raptus ad astra.
Mortuum vitæ revocas precando,
Corda multorum penetras propheta
Cernis ad coelos animas levari
  Clarificatus.
Laudet exsultans Deitas creatrix,
Te chori nostri jubilus perennis :
Quem poli jungas superis choreis,
  Quæsumus omnes. Amen.

De translatione simul et illatione ejusdem Patris alius hymnus.

Claris conjubila, Gallia, cantibus,
Læteris Benedicti Patris ossibus :
Felix quæ gremio condita proprio
Servas membra celebria.

Miris Italiæ fulserat actibus,
Gallos irradiat corpore mortuus ;
Signis ad tumulum crebrius emicat,
Illustrans patriam novam.

Hinc vatum veterum facta resuscitat.
Morti quod libuit mortuus imperat :
Exstinctum propriis ossibus excitat.
O quam mira potentia !

Navis per fluvium nat sine remige,
Mirando glaciem desecat impetu,
Sancti membra ferens obvia flumini,
Undas retro reverberat.

Eductum fluvio sensit ut arida,
Non curans gelidi frigora temporis,
Vestit cuncta novis illico floribus
Mutata facie soli.

Jam coelo residens, o Pater optime,
Divinis famulos imbue regulis :
Angustum per iter scandere largiens,
Dona regna perennia.

Cunctorum dominans omnipotentia,
Quæ de sede poli conspicis omnia :
Psallentum placide suscipe cantica,
Votis, voce precantia. Amen.

De sancto Hugone, abbate Cluniacensi, rhythmus.

Hugo, pius Pater, clarus prosapia,
Exstat præclarior virtutum gratia.
Clausus adhuc latet matris in utero,
Immolat hostiam sacer pro puero :
Index in calice magni miraculi
Imago cernitur ipsius parvuli.
Si quærat aliquis, quid inde sentiam,
Præsignat hostia futura hostiam.
  Hinc puer nascitur, et natus alitur,
Ætatis ordine vires assequitur.
Corporis viribus sat juvenilibus,
Ardenti studio studet virtutibus :

Contemnit sæculum, et ejus gaudia
Cognoscens omnia cito labentia.
Mundo renuntiat, se Deo sociat.
Sic terram fugiens cœlis appropiat.
  Divino postmodum afflatus Spiritu,
Mutato pectore mutatur habitu :
Intra Dominica manet ovilia
Christi cum ovibus ovis egregia.
  Pastoris nutibus obedit sedula,
Nil horum præterit quæ jubet regula.
Forti conamine calcat superbiam,
In sapientia vincens malitiam.
  Tulit justitiæ sanctam esuriem,
Beatam sequitur Christi pauperiem.
Processu temporis crescens virtutibus
Ipsis apparuit mirandus senibus.
  Mundo jam mortuus, Christo se vivere
Sancto mortalibus demonstrat opere.
Hinc pastor moritur, ovis præficitur.
Pastoris strenue vices exsequitur.
  Edocet subditos verbis et actibus,
Se donans specimen bonorum omnibus.
Dirus ad scelera misericorditer
Utrumque temperans, fit æquus arbiter.
  Ut prudens medicus perungit languida,
Quæ salus abjicit, præcidit putrida.
Non illum extulit sedes superior,
Qui mente permanet cunctis inferior.
  Magister mitium, pater humilium,
Locat hunc humilem loco sublimium.
Ex dono Spiritus augetur sanctitas,
Legis perfectio, non deest charitas.
  Aluntur pauperes mente promptissima,
Quæ dentur dat Deus manu largissima.
Vestitur nuditas Christi, vel pauperum,
Accrescit cumulus bonorum operum.
  Hic venerabile Cluniacensium
Plus priscis Patribus ditat cœnobium.
Illius studio crevit religio,
Crevit et numerus fratrum collegio.
  Hanc domum Dominus rebus amplificat.
Sic quantum diligat Hugonem indicat,
Beata servitus tot parans redditus
Dum servit, imperat vir Deo subditus.
  Non tantum studio contentus practico,
Intendit otio vitæ theoricæ :
Marthæ sollicitus implet officium,
Audit cum Maria Christi colloquium.
  Cum Lia filios Deo multiplicat,
Quos Dei cultibus devotus applicat.
Cum Rachel sterili, sed pulchra facie,
Subtili cœlica rimatur acie.
  Jugi silentio jungitur lectio,
Nec deest lacrymis fervens oratio.
Sacrant frequentia hunc sacrificia,
Quæ dum sacrificat, ipse fit hostia.
  Quæ addam amplius ejus operibus,
Cum hæc plus niteant cunctis sideribus?

Nam ejus opera sunt velut sidera,
  Quæ propter numerum manent innumera.

In epitaphio Eustachii comitis versus.

Principis Eustachii, quo Gallia floruit olim,
  Exuviis præsens nobilitatur humus.
Istius arma viri tremuerunt Persica regna,
  Et Babylon timuit, quæ timor orbis erat.
Æthiopum proprio rubuit nigredo cruore.
  Quem fudit Christo dextera sacra ducis.
Pallet adhuc Oriens stupefactus cæde suorum,
  Dum pavet occiduo rursus ab hoste premi.
Regia Hierusalem Christi veneranda trophæis,
  Hoc duce captivum tollit ad astra caput.
Spem, Cluniace, suæ tibi credidisti iste salutis,
  Ut sibi placaret te mediante Deum.
Hac spe longinquis veniens peregrinus ab oris,
  Hic jacet et pro se supplicat ecce tibi.
Aurea crux, geminæ cellæ, piscesque marini
  Clamant, quod nihil huic jure negare potes.
Hujus membris sicut tua claustra parasti,
  Sic prece spiritui regna superna para.
Hæc quoque felici quæ contegis ossa sepulcro,
  Post hoc hospitium redde suæ patriæ.

In epitaphio Bernardi prioris versus.

Egregius senior, cui nil juvenile cohæsit,
  Bernardus prior, pausat humatus humo.
Hic post militiam cœlestia castra subintrans,
  Consenuit certans hoc in agone diu.
Iste sibi pro te nunquam, Cluniace, pepercit,
  Hinc sibi nulla dies absque labore fuit.
Sic bene totius pondus tolerando diei,
  Nummum promeritum sero reportat ovans.
Hujus, vos fratres, memores estote sepulti,
  Nec cadat ex animo quæ tegat ossa solum.

In epitaphio Rainaldi archiepisc. Lugdun. versus.

Gloria pontificum jacet hic præsul Rainaldus,
  Magnus in exiguo conditus hospitio.
Vizeliacensis prius abbas, post patriarcha
  Lugduni fulsit, factus honoris honor.
Prædia, thesauri, fastigia celsa loquuntur,
  Quo studio primo præfuit ille loco.
Lugdunensis apex junxisset cornua cœlo,
  Ni celer occasus subripuisset eum.
Cujus erat monachus, prope cujus ab ubere natus,
  Accubat in gremio nunc, Cluniace, tuo :
Quem tibi commissum numero committe piorum
  Cumque tuis precibus fac penetrare polum.

In epitaphio Petri Abœlardi versus.

Gallorum Socrates, Plato maximus Hesperiarum,
Noster Aristoteles, logicis quicunque fuerunt,
Aut par, aut melior; studiorum cognitus orbi
Princeps, ingenio varius, subtilis et acer,
Omnia vi superans rationis, et arte loquendi,
Abælardus erat. Sed tunc magis omnia vicit,
Cum Cluniacensem monachum, moremque profes-
[sus,

PETRI VENERABILIS

ABBATIS CLUNIACENSIS NONI

STATUTA CONGREGATIONIS CLUNIACENSIS.

(Luc. HOLSTENIUS *Codex Regularum* edit. R. P. Mariani Brockie, Augustæ Vindelicorum 1759, fol.)

OBSERVATIO CRITICA.

Inter sacri ordinis Benedictini propagines, primaria est Cluniacensis congregatio, quæ quidem toto orbe inclarescere cœpit, postquam S. Berno circa annum 910 monasterii Cluniacensis fundamenta jecerat, Willelmo, Æquitaniæ et Gothiæ seu Septimaniæ duce, agros et redditus in monachorum sustentationem liberaliter suppeditante. Erat autem hoc monasterium in agro Matisconensi situm, atque jaxta Regulam S. Benedicti ordinatum, quam S. Berno ibidem arctissime observavit, initiumque reformando monastico statui dedit, quem ferreo hoc sæculo collapsum piissime restauravit.

At plenaria monasticæ disciplinæ reformatio videtur reservata S. Odoni olim S. Bernonis discipulo, at dein in abbatiam successori; qui, velut alter Esdras exstitit monasticæ legis reparatæ præcipuum columen et ornamentum, dum ad arctiorem Regulæ Benedictinæ observantiam non solum monachos sibi commissos adduxit, verum et plures ex vicinis monasteriis viros religiosos ad amplectandam noviter reparatam disciplinam attraxit. Tanta enim erat S. Odonis fama sanctitatis, tanta Cluniacensium monachorum vitæ integritas, ut anno jam 937, plus quam septemdecim monasteria sub Cluniacensis congregationis disciplina militaverint. Tot enim ad hunc annum numerat Mabillonius, in suis Annal. Benedict., tom. II, lib. XLIII, pag. 436, asserens reges, episcopos, magnates certatim contendisse, ut ad morem Cluniacensium monachorum, vel nova cœnobia instituerentur, vel vetera corrigerentur.

Atque hoc modo sacer ordo Cluniacensis in tantum crevit, ut jam sæculo XII sub ejus disciplina militaverint duo fere millia monasteriorum in Europa, præter plura alia apud Orientales erecta, prout refert Calmetius in suo Catalogo religiosorum ordinum, ad calcem comment., in Regulam S. Benedicti. Interea, nec S. Berno, nec S. Odo, particularem regulam monasticam monachis suis præscripserunt, sed pro primaria vitæ norma, omnibus observandam Regulam S. Benedicti proposuerunt; ita ut Cluniacenses exstiterint veri monachi Benedictini.

Neque statuta a Cluniacensibus edita a Benedictina disciplina deviabant, sed in hoc omnino collimabant, ut sacra illa Regula ab omnibus arctissime observaretur. Hinc Beatus Willelmus abbas Hirsaugiensis reformationem monasteriorum Benedictinorum per Germaniam aggressus, circa annum 1112, horum Statutorum communicationem ab ipsis Cluniacensibus rogavit, quæ et suscepit, copiam insignem præbente S. Udalrico, nobili Bavaro, sed apud Cluniacum monacho Benedictino, sic enim designatur ab Acherio in suo Spicilegio, tom. I novæ edit., qui hæc statuta appellat antiquiores consuetudines Cluniacensis monasterii; quos, ob prolixitatem, hic referre supersedemus. Quæ quidem consuetudines, quoad minutiora præcepta, secundum varias locorum et temporum circumstantias, mutationibus subjectæ erant; prout Petrus Venerabilis abbas in Præfatione ad renovata sua statuta Cluniacensia prænotare voluit, quæ proin hic exhibemus, ex Bibliotheca Magna SS. Patrum, edit. Lugd., tom. XXI desumpta.

Erat autem Petrus Mauritius ex nobili stemmate apud Arvernos natus, qui, sub juvenilibus annis militiam secutus, tandem sæculo renuntians, apud Cluniacum induit monachum, atque pietate et doctrina reliquos præcellens, anno 1123, abbas IX illius celeberrimæ congregationis eligitur, quam vitæ sanctitate et morum gravitate adeo suaviter gubernavit, ut adhuc inter mortales venerabilis abbas appellari meruerit et ad cœlites translatus fastis sanctorum inscriptus et ideo sanctus Mauritius nuncupatus sit. In condendis his statutis venerabilis abbas adhibuit totius capituli Cluniacensis consilium, et præfationem apologeticam pro quibusdam mutatis consuetudinibus antiquioribus præmittere voluit, imo cuilibet statuto causam et rationem ejus condendi subjecit. Quæ omnia sanctissimi abbatis prudentiam, pietatem et humilitatem manifestant, atque sequentia statuta piorum virorum lectionem merentur.

APOLOGETICA, HOC EST SATISFACTIONALIS PRÆFATIO DOMINI PETRI CLUNIACENSIS ABBATIS DE QUIBUSDAM SUO TEMPORE MUTATIS CONSUETUDINIBUS.

Quoniam res gestas, et maxime religiosas, memoriæ commendare semper utile est, visum est mihi, ut ea, quæ in Cluniacensibus institutis a viginti quatuor annis, hoc est ex quo officium pastorale indignus suscepi, mutata, aucta, et dempta sunt, scriptura mediante, ad modernorum et posterorum notitiam transmittam. Hoc eo modo facere decrevi, ut non solum ea quæ, ut dictum est, mutata, aucta, vel dempta sunt, ponam, sed et qua ratione variata sint subjungam. Horum duorum alterum cognitioni rerum inserviet, alterum scandalo eorum qui, causam mutationum ignorantes, et moti fuerant, vel moveri poterant, fortasse sufficiet. Nulli enim sapientium nova, inusitata, et mira videri debet usuum ecclesiasticorum, si necessaria fuerit, et frequens mutatio, quoniam aliud est, quod a Domino æterna lege immobiliter tenendum præcipitur, alterum quod ab hominibus utilitatis cujuslibet causa ad tempus non in perpetuum imperatur. Et illud primum quidem idcirco mutandum non est, quia si non servatur, nec salus æterna ullo modo conservatur. Hoc vero secundum ideo quandoque mutatur, quia quod aliquando utile fuerat, aliquando noxium comprobatur. Et, ut clarius eloquar, quæ veræ virtutis sunt, nunquam mutanda sunt; quæ vero adjumenta virtutum, pro congruentia rerum, personarum et temporum utiliter dispensanda sunt. Nec enim præceptum fidei, spei, vel charitatis, et quæ sub ipsa charitate continentur, castitatis, humilitatis, veritatis, et sinceritatis mandata mutari, quolibet dispensante, vel qualibet dispensatione possunt. Jejunia tamen, vigiliæ, opus manuum, corporalis exercitatio, quæ juxta Apostolum, utilis quidem sed ad modicum est (*I Tim.* IV), et similia istis, quæ enumerare prolixitas prohibet, nunc minui, nunc augeri, nunc omnino subtrahi certæ necessitatis vel charitatis causa præpositorum magisterio debent. Hanc regulam apostoli ipsi secuti sunt, hanc eorum successores apostoli pontifices, hanc sancti monachorum seu eremitarum Patres, hanc et præcedentes Cluniacensis ordinis magni et egregii fundatores. Hos si nominare sigillatim necessitas imperaret, ostenderem a primo sancto Odone usque ad ultimum sanctitatis titulo insignitum Hugonem sanctum Patrem, universos de institutis consuetudinibus plurima suis temporibus, urgente tamen necessitate, utili semper causa mutasse. Multa enim priores utiliter instituerunt, quæ sequentes certa interveniente causa utiliter mutaverunt. Hos ergo secutus quædam in pristinis usibus, certæ utilitatis causa monente, mutavi, et idcirco, non ut quidam olim in angulis, ad corrodendas carnes fraternas, semotis locis insusurrabant, me, ista faciendo, eis prætuli : imo hac sanctorum Patrum mutatione ab eorum tramite non deviavi. Fecitamen hoc non solo arbitrio, sed, juxta Regulæ præceptum, quorumdam Deum timentium ac sapientium fratrum consilio. Feci hoc tandem capituli universalis assensu. Et, quia quod prætermittendum erat breviter prætermissum est, ad ipsa quorum gratia hæc præcesserunt jam stylus accedat. Verum, quoniam operi Dei nihil præponendum esse Regula præcipit, nec ego ei aliquid in scribendo præferam; sed ab ipso opere divino, hoc est ecclesiastico officio, exordium sumam.

I. Statutum est ut omnes versus Regularium horarum, exceptis hymnis, sub una et mediocri repausatione decantentur, ita ut universorum voces simul cessuram versus finiant, et post mediocrem, ut dixi, repausationem, simul quoque aliam incipiant. Mediocrem vocavi, ad distinctionem illius quam quidam facere solent, in cujus intervallo orationem Dominicam, hoc est *Pater noster* sæpe bis, quandoque ter, olim ipse consummavi. Unde tantam esse oportet, ut plene ab omnibus semper resumatur, et mora ipsa labor cantantium allevietur. Ab hac institutione Cluniacensis tantum conventus exceptus est, ubi hoc servari non potest, quia ad istud nec diurnæ horæ, nec nocturnæ visæ sunt posse sufficere.

Causa instituti hujus fuit, ut confusa distinctio cantantium, quam alii prius, alii posterius et incipiebant, et finiebant, uniretur, et intellectus ipse, velut quodam communi silentio, simul pausando reformaretur, et par diurnarum, sive nocturnarum horarum, in superfluis et minus utilibus rebus prius expensa, in tam utili et cœlesti divino opere expenderetur.

II. Statutum est ne, propter ullam duodecim lectionum festivitatem, Dominicale officium intermittatur, illis festivitatibus exceptis, quæ ex more in cappis, vel albis fiunt, et quæ proprietatem nocturni cantus habent, hoc est integra responsoria, et exceptis octavis apostolorum Petri et Pauli, et Assumptionis sanctæ Mariæ. Præter ista, quæ excepta sunt, si duodecim lectionum festivitas die Dominica occurrerit, octo primas lectiones cum responsoriis suis dies Dominica obtinebit. Reliquas quatuor cum matutinis, Laudibus et Missa tantum matutinali sibi sancti illius commemoratio vendicabit.

Causa instituti hujus fuit, quia frequentes, ac diversis occasionibus antiquis festis novæ superadditæ solemnitates, immensam illam Dominicæ resurrectionis gloriam, nostræque per ipsam, et futuræ resurrectionis beatam spem, quæ duo omnis Dominica dies commendat, pene assidue interpolabant, et lectiones atque cantus proprios ad Dominicam pertinentes, quandoque per quadriennium et quinquennium auferebant. Eapropter, ut sacrosanctæ Dominicæ diei reverentia, quantum rationabiliter fieri poterat, reformaretur, et aures Ecclesiæ nostræ evangelicis seu apostolicis, Veteris quoque Testamenti lectionibus, sive Dominicæ diei deputatis, non defraudarentur, hoc præceptum est.

III. Statutum est ut nulla prorsus solemnitas, die Dominica proveniens, commemorationem Dominicæ diei ad matutinos et ad vesperas impediat.

Causa instituti hujus fuit, quæ supra, hoc est Dominicæ diei reverentia.

IV. Statutum est ut in die Dominica nemo in oratione genua flectat, exceptis genuflexionibus illis quæ a sacerdote ante et post missam fiunt, et illa, quæ ex longo jam usu pene ab omni Ecclesia observatur, quando in professione fidei ad missam cantatur *Et homo factus est*. Illa etiam, quam communicantes ante perceptionem corporis Domini observare solent. Sed et illa, quæ fieri solet ab iis, qui portant Eucharistiam, quolibet in loco occurrunt, atque illis metanœis, quæ quotidiano usu in capitulo fiunt, et vulgo veniæ nominantur.

Causa instituti hujus fuit jam dicta reverentia Dominicæ diei, et universalis Ecclesiæ in canonibus decreta observatio.

V. Statutum est ut per omnia monasteria et ecclesias quæ ad Cluniacum pertinent, Transfiguratio Domini eo more quo Purificatio sanctæ Mariæ, excepta processione, cum lectionibus, responsoriis et officiis ad diem pertinentibus, celebretur.

Causa instituti hujus fuit ipsa admirabilis post nativitatem vel resurrectionem Christi, transfigurationis ejus, nulli alii diei solemnitati inferior, dignitas, et antiquus atque modernus multarum per orbem Ecclesiarum usus, quæ non minore quam Epiphaniam et Ascensionem Domini honore jam dictæ transfigurationis memoriam recolunt.

VI. Statutum est ut, dum major missa in conventu cantatur, nullus alicubi in toto monasterio missam cantet, quia occasione illarum missarum in tantum major et principalis missa negligebatur, ut vix quarta pars, cum eadem celebraretur, adesset.

Causa instituti hujus fuit, quod jam præmissum est, ne secretarum missarum occasione ea negligerentur, in quâ solemne sacrificium omnipotenti Deo non solum a sacerdote, sed et ab universa præsentialiter congregatione iis exceptis, qui nullo modo interesse possent, offerri a Patribus institutum est.

VII. Statutum est ut, paulo antequam jam dicta missa incipiatur, ad invitandum eos, qui extra ecclesiam per loca diversa hora illa dispersi sunt, privatis diebus aliquanto diutius duo signa pulsentur.

Causa instituti hujus fuit quia, ut præfatus sum, horis missam præcedentibus, per obedientias et per opera diversa dispersi fratres, tempore, quo missa cantabatur, ignorabant, et sæpe jam ea consummata, necdum cœptam esse putabant. Unde ne vel ipsi tam lucrosam animæ horam hac ignorantia amitterent, et laici extra manentes, aut peregrini undecunque convenientes, tempus illius solemnis missæ ignorare possent, decretum est ut tali signo universi studiosi pariter ac desides ad conveniendum admonerentur.

VIII. Statutum est ut omnium monachorum Cluniacensium defunctorum anniversaria dies ab universis congregationis nostræ fratribus vigilia sancti Michaelis archangeli, more anniversariorum solemnium fiat, et vigilia Conversionis sancti Pauli aliud eodem modo anniversarium, pro omnibus utriusque sexus parentibus universorum fratrum congregationis nostræ.

Causa instituti hujus fuit ut licet quidquid ab Ecclesia Dei adhuc in terris posita pro defunctis fidelibus fit, nullo excepto, cunctis jam defunctis fidelibus, istoque adjutorio indigentibus prosit; tamen justum esse visum est ut super solita plus aliquid magis domesticis adderetur, quod ipsis specialiter, et cunctis, ut dictum est, hac cura indigentibus, universaliter subveniret.

IX. Statutum est ut prima Dominica Adventus Domini legatur principium Evangelii secundum Marcum, quod sic incipit : *Initium Evangelii Jesu Christi Filii Dei, sicut scriptum est in Isaia propheta*, et reliqua.

Causa hujus instituti fuit quod ignotum ex quo tempore, et cujus instituto legebatur prius evangelium, et parum vel nihil ad diem Adventus Domini, quo per nativitatem suam mundo primo apparuit, pertinens, et magis passionis ipsius, quam incarnationis, vel nativitatis præcursioni congruens, hoc est : *Cum appropinquasset Hierosolymis, et venisset Betphage ad montem (Matth. xxi)*.

X. Statutum est ut universi fratres Cluniacenses, omni sexta feria, præter Nativitatem Domini, si eadem die occurrerit, ab adipe abstineant.

Causa instituti hujus fuit inconveniens non parvum, quod non solum clerici, non solum laici, sed et ipsi pueri et infirmi totius Latinæ Ecclesiæ ab omni esu carnis, et solidæ vel attritæ et liquefactæ pro more jam antiquo ea die, ob reverentiam passionis Dominicæ, abstinebant, soli monachi jam dicti adipe et legumina sua infundebant, et eo frixa diversa fercula assumebant. Insuper autem tam absurdum hoc omnibus præter monachos videbatur, ut nec ipsi pauperes datas sibi talium ciborum reliquias comederent, sed aut in posterum diem reservarent, aut statim indignantes projicerent. Unde, ut tam indecens nota ab ordine nostro tolleretur, et Dominicæ passionis abstinentiæ publicæ reverentia, ab iis qui crucem Domini tollere magis, quam eum sequi videntur, non infringeretur, hoc præceptum est.

XI. Statutum est ut ab omni mellis ac specierum cum vino confectione, quod vulgari nomine pigmentum vocatur, cœna Domini tantum excepta, qua die mel absque speciebus vino mistum antiquitas permisit, omnes Cluniacensis ordinis fratres abstineant.

Causa instituti hujus fuit aliquod, licet parvum abstinentiæ incrementum. Et non solum hoc, sed et vera Patris magni Benedicti, de mensura potus monachorum, ut notum est, loquentis. *Licet*, inquit, *legamus vinum omnino monachorum non esse*, et reliqua. Quod si juxta hæc verba vinum omnino monachorum non est, quia tamen, fragiliores primis monachis posteriores fuerunt, vix indultum est, qua auctoritate, quave ratione transmarina vel Orientalis species magno labore quæsita, multo pretio empta, vino pauperum et abstinentium monachorum postmodum admista est? Cumque velut ex magna condescensione infirmo discipulo Apostolus præcipiat, dicens: *Modico vino utere, propter stomachum tuum, et frequentes tuas infirmitates* (I Tim. v), quid dicent monachi, non ægri, sed sani; non infirmi, sed robusti; non parvo, sed multo; nec solum multo, sed et mellito; nec solum mellito, sed et regiis speciebus vino confecto utentes? Et cum jam dictus ipsis et laicis præcipiat Apostolus: *Nolite inebriari vino, in quo est luxuria* (Ephes. v), quid fiet de monachis non solum ebrietatem non præcaventibus, sed ut magis eam provocent, peregrinis saporibus gulam irritantibus.

XII. Statutum est ut, exceptis infirmis et omnino debilibus, carnibus nullus vescatur.

Causa instituti hujus fuit ipsa Regulæ auctoritas, in qua hoc idem præcipitur, et ne sanus et integris viribus monachus carnem comedat, prohibetur. Insuper etiam quia nulla rationabilis causa mutandi hujus capituli inveniri poterat, sicut in quibusdam aliis ejusdem Regulæ olim mutatis capitulis a Patribus inventa est.

XIII. Statutum est ut, si vigiliæ festivitatum, quæ publica jejunia habent, die Dominica provenerint, Sabbato præcedenti jejunium observetur.

Causa instituti hujus fuit imprimis quidem reverentia et amor sanctorum, secundo tamen loco incongrua nec honesta nostræ consuetudinis ab aliarum Ecclesiarum usu dissonantia, quia et Romana Ecclesia, et aliarum Ecclesiarum universitas, nostris tantum exceptis, jejunia vigiliarum modo supra scripto servabant.

XIV. Statutum est ut jejunia regularia ab Idibus Septembris usque ad caput Quadragesimæ a nostris, semel in die comedendo, serventur, excepto festo S. Michaelis, et Dedicationis Ecclesiæ, et Apostolorum, extra Adventum, et Septuagesimam, provenientibus festivitatibus abbatum Cluniacensium, octo diebus Natalis Domini, Epiphania prima tantum, die festo sancti Marcelli papæ et sancti Vincentii martyris, atque Purificationis sanctæ Mariæ.

Conversione vero sancti Pauli jejunium non solvetur, quoniam de eodem apostolo alias aliis anni temporis festivitates Ecclesia celebrat. Cathedra sancti Petri eadem jejunium relaxabitur, et etiam, quia infra Septuagesimam festivitas illa semper occurrit. Tunc vero post missam majorem statim Sexta cantabitur, et facto intervallo Nona sequetur.

Causa instituti hujus fuit multiplicitas noviter adinventarum festivitatum, quæ magis fortasse causa quorumdam commodorum, quæ proferre nolo, quam amore sanctorum, acclamatione quoque velut indocti vulgi adaucta, majus jam dicti temporis spatium occupabant, et ex Regula injuncta jejunia, frequentatis bonis commestionibus, jam pene universa excluserant. Unde eodem modo servata utrinque sobrietate res diffinita est, ut in duodecim lectionum festivitatibus sanctis jam institutis honor non minueretur, et ex Regula præceptum jejunium, ex quanta rationabiliter parte fieri potest, servaretur.

XV. Statutum est ut omni die Adventus Domini, excepta prima Dominica, ab adipe, qui in duodecim lectionum festis in usu esse solebat, omnes abstineant; et nec in eisdem festis, quod similiter antequo ex more fiebat, nec in ipso festo sancti Thomæ apostoli bis comedant.

Causa instituti hujus fuit ipsorum dierum ab omni pene Ecclesia solito major ob præparationem Domini Natalis servata abstinentia, ut sacros dies illos, quos multi alii majoribus jejuniis dedicant, nostri saltem mediocribus dedicarent.

XVI. Statutum est ut nullus fratrum nostrorum pannis, qui dicuntur galabruni, vel iscmbruni, vestiatur, nec iis qui vocantur scalfarii, vel frisii, exceptis Anglis vel Angliæ affinibus monachis, neque illis, qui appellantur agnelini, exceptis Teutonicis et iis adjacentibus monachis : hac tamen conditione, si magis religioni congruentes nigri coloris vestes in regionibus suis invenire non potuerint.

Causa instituti hujus fuit, supra quam dicere velim, sicut et ipse vidi, talium vestium notabiliter inhonesta et turpis curiositas, qua olim multi nostrorum, non aliter quam sæculares homines scriticis variis vel grisiis vestium generibus se comebant, et electo ad intimam cordis humilitatem designandam humiliore cunctis coloribus nigro colore, ipsa repugnante natura ornare se, velut sponsi procedentes de thalamo, summo studio contendebant. Versa res jam erat in habitum, nec in iis delinquere se, cæcati usu longissimo, sentiebant.

XVII. Statutum est ut nullus fratrum Cluniacensium, cattinis, sive aliis, quibus uti solebant, peregrinis pellibus, induatur, nec prorsus quibuslibet, exceptis arietinis, sive agninis, atque caprinis pellibus, et ad coopertoria facienda solummodo, sicut hoc magis placuerit, putosiorum, et, juxta aliorum linguam, vesonum pellibus.

Causa instituti hujus fuit multa, ut supra de pannis dictum est, cattinarum, sive aliarum pellium notabilis et damnabilis curiositas, quæ in tantum, ut ipse novi, processerat, ut Gallicanorum cattorum pellibus contemptis, ad Iberorum vel Italorum cattos, religiosorum hominum curiositas transmigraret. Nil se habere non parva piorum, eisque adhærentium multitudo putabat, nisi ex pilosis illis et condensis Numantinorum, hoc est, juxta modernos, Amorensium cattorum pellibus contexto multi pretii coopertorio, lectus et muniretur pariter et ornaretur. Quod malum paulatim succrescens, ad hoc jam pervenerat, ut fere centum solidis empta coopertoria, addito quoque vestium non mediocri pretio, ditiores domos congesto multa alieni æris debito, non parum gravarent, pauperiores pene omnino pessumdarent.

XVIII. Statutum est ut nullus scarlatas, aut barracanos, vel pretiosos burellos, qui Ratisboni, hoc est apud Rainesbors fiunt, sive picta quolibet modo stramina habeat, sed solummodo cilicium superjectis tantum duobus mediocris pretii pannis, qui albi et nigri, et ex utroque misti coloris sint; et qui non duplices, aut quadruplices, seu multiplices, ut a quibusdam fieri solet, sed simplices fratribus supponantur.

Causa instituti hujus fuit, ut in aliis vestium generibus damnata curiositas etiam a lectis monachorum removeretur, maxime cum ante tempora S. Hugonis, non nisi cilicio, superposito tantum uno et simplici panno aliquis uteretur.

XIX. Statutum est ut in infirmaria Cluniacensi, quæ quinque habitaculis sub uno tecto divisis distinguitur, tali discretione silentium teneatur, ut in ea parte, in qua fratres defunguntur, quæ media est, et in illa quæ superior a parte meridiana est, silentium et collocutio antiquo more servetur; in tribus vero aliis claustri regularis silentium teneatur. Sic in cella novitiorum et adjacenti claustro sive officinis, exceptis novitiis, et eorum magistro, qui ubi et quando loqui solent, loquentur; exceptis etiam episcopis et abbatibus supervenientibus majore priore, et subprioribus ordinis custodibus, qui in partibus illius cellæ novitiorum, et ipsi loqui poterunt, et in præsentia tantummodo eorum alii. In operatoriis vero universis continuum teneatur silentium, excepto uno tantum magistro uniuscujusque operatoriæ domus, et exceptis operariis novæ ecclesiæ et operatoriis ipsorum. Teneatur, insuper claustri silentium in cœmeterio, et claustro cœmeterii, in sacristiis omnibus, et via quæ ad domos superiores ducit, quæ juxta majorem ecclesiam sunt et in adjacentibus locis, exceptis supradictis abbatibus et prioribus, quibus in partibus illis loqui supradicto modo licebit.

Causa instituti hujus fuit summe necessaria in omni religione silentii utilitas, sine quo modis congruis observato, nec dici religio, nec esse potest. Cujus laus in Scripturis sanctis tanta est, ut inter innumera ejus præconia, de illo etiam magnus propheta Isaias dicat: *Cultus justitiæ silentium* (*Isa.* XXXII). Quod quia Cluniaci, propter frequentiam negotiorum et multitudinem supervenientium, valde ex aliquanto tempore corruptum fuerat, necessarium visum est ut hic modus silentii, sicut supra distinctus est, institueretur.

XX. Statutum est ut quadragesimali tempore additis ad silentium tribus diebus, hoc est tertia feria, et quinta et Sabbato, quibus in claustris juxta morem pristinum locutio esse solebat, continuum per totam Quadragesimam silentium teneatur.

Causa instituti hujus fuit tam sanctorum dierum reverentia, quia non plene religiosum videbatur, ut illis summæ abstinentiæ, et omnium virtutum diebus, virtus silentii colloquiis non valde necessariis publice interpolaretur.

XXI. Statutum est ut de usitatis in claustro binis locutionibus, secunda omni totius anni tempore subtrahatur.

Causa instituti hujus fuit nulla prorsus ejus utilitas, nulla necessitas, a quibus aliquando horam diei apud religiosos vacare, non solum otiosum, sed etiam perniciosum. Occupat enim illius temporis spatium inutilis, imo noxia loquacitas, quod modo sibi assumit lectionibus et cantibus divinis salubris taciturnitas.

XXII. Statutum est ut silentium ad mensam sicut in regulari refectorio ubique et ab omnibus teneatur. Sed, si extra refectorium regulari comedenti quilibet superveniret, surget; cumque invitabit, loquetur, et stando, quantum necesse fuerit, postquam resederit, ut prius tacebit.

Causa instituti hujus fuit Apostolus etiam laicis præcipiens: Unusquisque panem suum cum silentio manducet. Etiam S. Benedictus monachis imperans et dicens: *Summum fiat silentium ad mensam;* etiam antiqui seu moderni temporis religiosi, qui ubicunque comedant, rigorem silentii nullo relaxant. Nec honestum est Cluniacensibus videri minus religiosos, per quos in Galliis, Germania, Anglia, Hispania, Italia, ac tota fere Europa a multis annis arefacta religio refloruit, multorumque inveteratus tepor, divina præeunte et comitante gratia, recaluit.

XXIII. Statutum est ut in claustrum, vel in reliquas regulares domos nullus clericorum aut laicorum ingrediatur, nisi aut causa operis alicujus, aut causa videndi domos, ut honesti hospites facere solent, aut causa medendi infirmis in infirmaria jacentibus.

Causa instituti hujus fuit clericorum, aut laicorum, et maxime famulorum, adeo frequens per claustrum, quibuslibet de causis, transitus ac regressus, ita ut pene in stratam publicam claustrum vertisse, et in eundo ac redeundo, fere jam a monachis nihil distare viderentur.

XXIV. Statutum est ut infirmis ipsis, vel quibuslibet in infirmaria comedentibus, nullus, ut fieri solebat, famulorum laicorum serviat, sed monachi tantummodo, aut conversi barbari.

Causa instituti hujus fuit honestior conversorum quam sæcularium famulorum cum monachis cohabitatio, et ne materiam furandi ea quæ de mensa in infirmaria comedentium supererant, servientes fratribus conversi haberent sicut priores famuli, quæcunque palam vel furtim fratribus subripere poterant, uxori, filiis, ac qualicunque familiolæ suæ in burgo constitutæ deferre solebant. Præter hoc, et illud in causa fuit, quod secreta monastici ordinis, aut disciplinas regulares, qua utpote in regularibus officinis assidue commanentes, vel videbant, vel ab aliis audiebant, more sæcularium sæcularibus vulgantes detegebant.

XXV. Statutum est ut loco famulorum, qui mane vociferando fratres in infirmaria jacentes inhoneste ad missam vocare solebant, scilla ad hoc in sublimi infirmariæ loco suspensa pulsetur.

Causa instituti hujus fuit, quia aptius et honestius visum est ut fratres in infirmaria dormientes signi ubique usitati sono excitarentur, quam incongruo in summi silentii tempore verbo, ut sæpe contingit, terrerentur.

XXVI. Statutum est ut meridianæ jejuniorum, quæ in æstate post Sextam fieri solent, momentaneæ, et simulatitiæ, dimittantur, et pro spatio illius temporis quod inutiliter expendebatur, fratres in claustro sedeant, et legant, aut missas cantent, au aliquid necessarii operis agant.

Causa instituti hujus fuit ipsa, ut dictum est, inutilis occupatio temporis, quia pro more antiquo diebus jejunii, quæ in æstate proveniunt, necesse erat fratribus ante missam et mensam, non ad dormiendum, vel quiescendum, sed ad dormitionem et quietem simulandam, se exspoliare, discalceare, velut longo somno seipsos in lectis componendo, et bene operiendo præparare. Et quidem antiquus monachorum mos erat jejuniorum diebus detrimenta usitati somni congruenti dormitione ante mensam compensare. Unde Hieronymus : *Sæpe vacuo ventre dormiendum est.* Sed quia sequentes monachi antiquis curiosiores, physicæ sectatores, ventre vacuo dormire inutile corpori judicaverunt, ad eam brevitatem meridianos jejuniorum somnos redegerunt, ut meridianæ quietis nullam veritatem, sed solum veritatis simulacrum retinerent. Addebant (quod salva pace eorum loquor), jam dictæ simulationi magis ridendam superstitionem, ut velut graviter dormientes prolixiore sonitu signi excitarentur; et quasi longa lectorum revolutione hispidi et incompti manus abluerent, capita comerent, et omnem prorsus solemnitatem longissimæ meridianæ explerent. Unde judicatum est ut corporis tam inutili labori inserviens, lectionibus, cantibus, et sacrificiis divinis seu quibuslibet utilibus exercitiis impenderetur.

XXVII. Statutum est ut non vasis illis vinariis, quæ justitiæ vocantur, sicut olim facere cogebantur, sed propriis scyphis unusquisque bibat, eo tempore quo post Nonam ad potum fratres pergere solent.

Causa instituti hujus fuit ipse ineptus, et omnibus displicens bibendi modus, quo urgebantur fratres scyphis depositis, justitiis bibere, nec in ipso muscarum tempore, quid intus lateret discernere.

XXVIII. Statutum est ne calcearios cum corrigiis, quia inutiliter laboriosum erat, Sabbato abluant.

Causa instituti hujus fuit quia olim ubicunque necessitas occurrebat, sub dio operantes, et pluviis et lutosis diebus monachi calcearios suos, ipsa operis necessitate cogente, luto plerumque infectos, ad claustrum revertentes, lavabant. Inde superstitio descendens, cum illi hoc ex necessitate facerent, et illos qui per annum et biennium de claustro nusquam procedentes, sua et mundissima et nova calceamenta lavare quidem, quia necessarium non erat, non compellebat, sed duorum tantum digitorum extremis summitatibus duabus aut tribus aquæ guttulis infundere imperabat.

XXIX. Statutum est ut fratres equitantes froccum simul et cappam ferre non compellantur, sed aut frocco simplici, aut cappa tantummodo, si voluerint, induti iter faciant.

Causa instituti hujus fuit vestium ipsarum munditia, ne, ut fieri solebat, fratrum claustra ingredientium frocci et tunicæ luto, pluviis vel lutosis diebus contracto infesti ac sordidi apparerent, et insuper labor itineris alleviaretur, et antiquus de hac re utiliter institutus modus reformaretur.

XXX. Statutum est ut morem veterem, quo sine involucris crurum leuca plus una æquitare prohibebatur, tenere, si voluerint, non cogantur.

Causa instituti hujus fuit quia nulla ratio apparebat, qua cogerentur absque necessitate quibuslibet involucris crura involvere, et quod necessitatis tantum causa permissum fuerat, sine ulla necessitate portare.

XXXI. Statutum est ut psalmi illi, qui a, *Deus, auribus nostris,* incipiunt, post orationem quæ fit ante vesperas decantari solent, in omni XII lectionum festivitate intermittantur.

Causa instituti hujus fuit, laboriosa, imo pluribus odiosa psalmorum familiarium paulatim multis de causis adaucta multiplicitas. Quæ quia multos gravabat, multorum et totius pene conventus postulatione in hac parte immutata est.

XXXII. Statutum est ut defunctis fratribus nostris, universis scilicet professis, die anniversarii, quo recitari nomina eorum a lectore, sicuti mos est, in capitulo solent, quinquaginta præbendæ dentur, tali conditione, ut sive plura sint, sive minus, quam quinquaginta, ultra numerum jam dictum nec augeantur præbendæ, nec minuantur.

Causa instituti hujus fuit mira virtutum discretio, quia difficile visum est, et etiam importabile, ut si multiplicitas defunctorum usque ad octogenarium et centenarium, aut forte infinitum numerum, assidue decedentibus fratribus se extenderet, quod pari modo præbendarum numerus. Nullus enim monastérii substantia, si a prioribus institutus mos servaretur, diu ad hoc sufficere posset. Raris tamen adhuc diebus defunctorum fratrum nomina usque ad quinquagenarium numerum perveniunt.

XXXIII. Statutum est ut quidquid de mensa quotidiana a fratribus superest, eleemosyna communis accipiat.

Causa instituti hujus fuit, quia contra morem pene omnium tam religiosorum quam sæcularium, si tantum de pane cuilibet fratri superesset, quod panis more abaque casu in mensam subsistere posset, non eleemosynæ, sed custodi refectorii, ut ser varetur in crastinum, reddebatur. Quidquid autem vini supererat exceptis quibusdam jejuniorum diebus, et die, qua frater defunctus tumulabatur, custos vini in crastinum similiter reservabat. Hoc quia inhonestum videbatur, et ut insuper id eleemosynæ adderetur, omnes absque aliqua exceptione mensarum, refectorii atque infirmariæ reliquiæ eleemosynæ datæ sunt.

XXXIV. Statutum est ut dies rasurarum aliter ex parte, quam fieri solebat, immutarentur ita ut prima rasura fieret die præcedente vigiliam Natalis Domini. Secunda propter assiduam mutationem quadragesimalis initii, juxta domini abbatis aut prioris dispositionem, medio vel congruo die inter jam dictam rasuram Natalis Domini et primam Dominicam Quadragesimæ fiet : quæ secunda rasura nunc maturius, nunc tardius occurrit, sed quando major quinque, quando minor trium hebdomadarum est; tertia, Sabbato præcedente eamdem primam Dominicam Quadragesimæ; quarta feria tertia hebdomadæ Palmarum; quinta, Sabbato Paschalis Dominicæ, qua cantatur, *Jubilate Deo*; sexta, feria sexta ante Pentecosten et natalem apostolorum Petri et Pauli, sed quando hæc prolixitas temporis exegerit; (*septima deest*) octava, die præcedente vigiliam apostolorum Petri et Pauli; nona, vigilia sancti Jacobi Apostoli; decima, die præcedente vigiliam Assumptionis beatæ Mariæ; (*undecima deest*) duodecima, vigilia sancti Michaelis. Tertia decima, vigilia Omnium Sanctorum. Quarta decima, vigilia sancti Andreæ Apostoli.

Causa hujus instituti fuit earumdem rasurarum importuna, et fratribus, maxime in hieme, molesta frequentatio.

XXXV. Statutum est ut nullus in monachum Cluniacensem recipiatur absque Cluniacensis abbatis præcepto et permissione, sicut mos est, nisi ad succurrendum, exceptis magnis et utilibus personis, quæ si differrentur, levitate fortassis animi retrocederent; nec in incepto conversionis proposito permanerent.

Causa instituti hujus, imo renovatæ institutionis fuit frequentissima inutilium personarum per cuncta pene Cluniacensia loca, et indiscreta susceptio. Qua indiscreta susceptione nunc rusticorum, nunc infantium, nunc senum, nunc stultorum, nec ad aliquod opus utilium, eo jam res pervenerat, ut talium personarum jam fere major numerus haberetur, et frequentia, ac nefanda mala ab eis commissa, quæ quia etiam relatu inhonesta sunt reticeo, pene assidue a diversis terrarum partibus audirentur.

XXXVI. Statutum est ut nullus etiam ex concessione futurus monachus regularibus usque ad xx annos vestibus induatur.

Causa instituti hujus fuit immatura nimisque celer infantium susceptio, qui antequam aliquid rationabilis intelligentiæ habere possent, sacræ religionis vestibus induebantur, et admisti aliis puerilibus ineptiis omnes perturbabant, et ut quædam taceam, et multa breviter colligam, et sibi nihil pene proderant, et aliorum religiosum propositum non parum, imo quandoque plurimum, impediebant.

XXXVII. Statutum est ut pro annua et regulari probatione, saltem menstrua, hoc est, unius mensis probatio erga novitios observetur, antequam voto promissæ obedientiæ astringantur.

Causa instituti hujus fuit quia annua et ex Regula præcepta probatio discretione succedentium Patrum temperata ad hoc devenerat, ut non dico annus, non dico dimidius, sed nec mensis, nec hebdomada, nec aliquando erga novitiorum probationem dies integra servaretur. Quod quia omnino, et contra rationem et contra Regulæ decretum erat, quæ præcipit probari spiritus, si ex Deo sunt (*I Joan.* IV); visum est esse rationabile, ut unius saltem mensis novitiorum probatio observaretur, tali modo ut frocco tantum induti, et ut alii regulariter rasi ac tonsi, absque verbi vel scripti alicujus professione, tam in cella novitiorum quam in claustro, cum cæteris ex more permaneant. Si finito mense vel verbo coram priore ac fratribus, et scripto coram domino abbate stabilitatem suam firmaverit, et obedientiam professus fuerit, corpori monasterii, juxta verba Regulæ societur. Si vero infra jam dictum mensem recedere voluerit, facultas ei libera concedatur.

XXXVIII. Statutum est ut modo, quo prædiximus, extra Cluniacum novitii recepti usque ad primum, vel secundum, aut plus tertium annum ad benedicendum Cluniacum adducantur, nec interim, sicut usus Cluniacensis exigit, et ad ordines ecclesiasticos ascendant, et missam ante ordinati cantent, aut extra claustrum curam alicujus obedientiæ administrent.

Causa instituti hujus fuit, nimis tardus ad Cluniacum novitiorum extra Cluniacum susceptorum adventus. Unde lex talis data est, ut quia priores parcentes sumptibus, per x, aut xv, sive vel xxx, quandoque annos novitios Cluniacum ducere et mittere differebant, saltem præscripta lege coacti eos vel ad benedicendum, vel si extra benedicti fuerint, ad obedientiam rursum in Cluniaco coram fratribus adducant vel mittant.

XXXIX. Statutum est ut antiquum et sanctum

opus manuum, vel in claustris ipsis, aut ubi honeste remoto conspectu sæcularium fieri poterit, ex parte saltem aliqua restauretur, ita ut omni tempore præter festivos dies, quibus operari non licet, quolibet semper fratres utili opere exerceantur.

Causa instituti hujus fuit, quia otiositas, juxta Patrem Benedictum inimica animæ, in tantum magnam partem nostrorum, eorum maxime qui conversi dicuntur, occupaverat, ut in claustris, vel extra claustra, præter paucos legentes, et raros scribentes, aut adhærentes claustri parietibus dormitarent, aut ab ipso, ut sic dicam, ortu solis usque ad ejus occasum, imo fere mediam noctem, quibus impune liceret, totam pene diem vanis, otiosis, et (quod pejus est) plerumque detractoriis verbis consumerent.

XL. Statutum est ut nullus priorum, nullus aliorum iter faciens, ducat secum plus quam tres equitaturas, vel si prior ordinis fuerit, quatuor, aut plus quinque : et hoc tam propter honestatem aut testimonium societatis, quam propter officia ecclesiastica studiosius decantanda.

Causa instituti hujus fuit, ne fastus vel curiositas in ministris, vel iter agentibus notaretur, et monasteriorum, vel quorumlibet hospitum gravamen, quantum posset fieri, vitaretur.

XLI. Statutum est ut ubicunque facultas loci permiserit, exceptis decanis, XII fratres constituantur addito tertio priore, plerumque ordinem teneant.

Causa instituti hujus non est necesse scribere, quia patet omnibus.

XLII. Statutum est ut ubi XII fratres esse non potuerint, saltem in refectorio et dormitorio semper, in claustro vero ab hora vespertina usque ad horam tertiam alterius diei, perfectum silentium teneatur. Nam quod universaliter in omnibus Ecclesiis semper et ubique teneri debeat, certum est.

Causa instituti hujus ut, si fratres in talibus locis plenum ordinem tenere aut non possent, aut nollent, saltem aliquam umbram, vel vestigium, vel particulam ordinis retinerent, ne integra die nugacibus verbis aut rebus vacantes, in nullo a sæcularibus differre viderentur.

XLIII. Statutum est ut nullus nostrorum ad sacerdotium provehatur usque ad XXX vel saltem XXV annos.

Causa instituti hujus fuit ut, juxta decreta sacrorum canonum, ne adolescentes, ne illitterati, ne illi, qui nondum capere possunt, quantum, quam divinum, quam excellens sit sacerdotale officium, ad sacra illa coelestia, magis temerarii præsumptores, quam digni administratores accederent.

XLIV. Statutum est ne quis terras, vel thesauros Ecclesiarum dare, vendere, commutare, pro vadimonio alicubi, vel apud aliquem sine domni abbatis præcepto vel consilio deponere, vel impignorare audeat. Quod si fecerit, a fratrum suorum et totius Ecclesiæ communione alienum se esse cognoscat.

Causa instituti hujus fuit audita et cognita quorumdam priorum temeritas, qui aliquando ita fecisse probati sunt.

XLV. Statutum est ut clericorum aut laicorum ad nos non pertinentium homines vel servi domorum Cluniacensium procuratores cellarii vel præpositi nullatenus fiant.

Causa instituti hujus fuit frequens damnorum experientia, quæ a talibus vel talium occasione, plerisque monasteriis Cluniacensibus illata sunt.

XLVI. Statutum est imo renovatum, ut nullus priorum, de prioratu ad alterum prioratum translatus, famulum aliquem ad sibi commanendum de priore loco adducat.

Causa instituti hujus fuit sinistra quarumdam rerum, nec non dicendarum suspicio, imo magis probatio, quæ etsi olim in his famulorum de locis ad loca translationibus provenerint, hoc decreto, quantum fieri potuit, provisum est ne de reliquo provenirent.

XLVII. Statutum est ne sanctimonialibus aut conversis mulieribus juxta domus monachorum infra duas leucas ad minus habitatio aliquatenus concedatur.

Causa instituti hujus fuit ne, in quibus maxime cavendum est, contra apostolorum præceptum locus diabolo daretur, sed ut cum fomite iniquitatis omnis ejus etiam suspicio tolleretur ; impulit magis ad hoc instituendum quorumdam temeritas, qui mulieribus sanctimoniam vel conversionem professis terrarum pecuniæ gratia habitacula juxta domos parare jam cœperant.

XLVIII. Statutum est ne hi qui vocantur familiares, hoc est nec monachi nec conversi, quorumdam monasteriorum pessimi destructores, nec etiam pro maximo lucro alicubi recipiantur.

Causa instituti hujus fuit familiarium illorum multis nota perversitas, qui nec Deo servientes, nec manibus operantes, nec aliud utile domibus providentes, ad garriendum, ad detrahendum, ad dissipandum, quæ poterant, in quibusdam monasteriis et alebantur et vestiebantur.

XLIX. Statutum est ne quis fratrum nostrorum, in propriis saltem locis sine lumine noctibus dormiat. Qui, si adeo pauper fuerit ut propriam lucernam in dormitorio suo providere non possit, illam quæ in ecclesia fuerit, accipiat, et ad dormitorium transferat.

Causa instituti hujus fuit ut filii lucis semper in luce etiam corporali conversentur, quia, juxta Apostolum, de spirituali loquentem : *Omnes filii lucis estis, et filii diei; non sumus noctis neque tenebrarum* (*I Thess.* v). Quod licet, ut dixi, de illa spirituali luce dicat, hoc ipsum de corporali tamen simul et spirituali, ait Dominus : *Omnis qui male agit, odit lucem, et non venit ad lucem, ut non arguantur opera ejus; qui autem facit veritatem, venit ad lucem, ut manifestentur opera ejus, quia in Deo sunt facta (Joan. III).*

L. Statutum est ut sex diebus infra octavas Assumptionis sanctæ Virginis Matris Domini, et eodem modo infra octavas apostolorum Petri et Pauli, XII lectiones ex Evangelio, XII aliæ ex prophetis, vel ex propheticis libris, aut Actibus apostolorum, vel Epistolis eorum, sicut a me excerptæ sunt, ad majorem missam legantur. Infra octavas scilicet sanctæ Mariæ sex ex Evangelio, et iterum sex ex prophetis, sicut dictum est, aut propheticis libris. Infra octavas vero apostolorum, sex similiter ex Evangelio, et sex ex Actibus apostolorum, vel Epistolis eorum.

Causa instituti hujus fuit specialis, quem, post Salvatorem nostrum, erga sanctam matrem ejus, et erga sanctos apostolos Petrum et Paulum habere debemus, amoris affectus; et quia ad eorum venerationem et amorem non adeo plerosque audientium accendebant toto pene anno frequentatæ, quantum rarius auditæ lectiones.

LI. Statutum est (quod tamen antiquum, sed neglectum erat) ne quis fratrum a communi refectorii mensa surgentium, ante a choro ecclesiæ, quem ex more omnes ingredi debent, discedat, quam similiter omnes pro perceptis beneficiis omnium bonorum benigno largitori usque ad ultimum *Benedicamus*, gratias agat, excepto mensæ lectore, vel ejus custode, si custodiæ idem lector deputatus fuerit.

Causa instituti hujus fuit quod ecclesiam plerique, imo multi fratrum, post mensam cum conventu ingredientes statim a choro, levi qualibet ex causa recedebant, nec debitas cum fratribus suis Deo gratias agebant.

LII. Statutum est ut magnæ illi coronæ, ex ære, auro, argenteoque elegantissime compositæ, quæ in medio chori forti catena sustentata dependet, accensi cerei non imponantur, nisi in quinque præcipuis festis, et festo Dedicationis ecclesiæ et Omnium Sanctorum. In reliquis vero festivitatibus, quibus accendi solebat machina illa ferrea, quæ vulgo crza vocatur, pro illa lampadibus vitreis illustretur.

Causa instituti hujus fuit, superfluæ, et velut ex adipe prodeuntes, cum non nisi ex macie procederent, expensæ, et nimis frequens ac viliorem reddens dignitatem solemnitatum, cereorum illorum super coronam accensio, quia, juxta antiquorum sapientium dicta, nihil tam charum et pretiosum est, quod assiduitate non vilescat.

LIII. Statutum est ut pars illa novi monasterii, quæ ad sinistram partem post chorum sinistrum est, clericis vel laicis non pandatur, nec quibuslibet, ut fieri solebat, præter monachos, ad eam aliquo tempore accessus sit, exceptis Dominicis diebus, et solemnibus Ecclesiæ festivitatibus: et hoc tantum a principio horæ tertiæ usque ad finem majoris missæ. Excipitur nox Nativitatis Domini, et nox apostolorum Petri et Pauli, et etiam nox illa, quæ ad Vincula sancti Petri dicitur. Excipiuntur et peregrini omnes qui causa orationis vel oblationis altare majus, aut matutinale adire voluerint.

Causa instituti hujus fuit ut quia fratres præter veterem ecclesiam S. Petri non habebant ubi quædam sacra et secretiora ad religiosos homines pertinentia exercere valerent, jam dictam illam novæ ecclesiæ partem sibi diebus et noctibus vendicarent; ubi sancta et secreta orationum aromata Deo assidue accenderent, frequentibus metanœis vel genuflexionibus pio Conditori supplicarent, ac tribus sæpe flagellis vel ob pœnitentiam, vel ad meritum augendum corpus attererent et his ac similibus sacris studiis velut in eremo, ab hominum remoti conspectibus, incessanter se suosque Domino commendarent.

LIV. Statutum est ut ad altare matutinalis missæ quod est consecratum in honorem B. Mariæ, de eadem Matre Domini missa quotidie secreto decantetur.

Causa instituti hujus fuit, ut quotidiana ad Dominum oblatione Mater quoque Domini specialiter honoraretur, et ipsa ad subveniendum specialibus post Dominum servis suis talibus obsequiis animaretur.

LV. Statutum est ut conventus, qui, domno abbate in capitulum veniente, ex antiquo more non solum ei assurgere, sed et per omnes inferiores gradus ad terram usque descendere solebat, assurgat quidem reverenter, sed scamnum subpedaneum descendendo non transgrediatur.

Causa instituti hujus fuit quia, licet ex multo et magno, quem semper Patribus suis Cluniacenses fratres exhibent, amore et reverentia, hoc ab antiquis et bonis viris decretum sit, visum et tamen parcendum esse in hoc labore multitudini maximæ propter senes et debiles, quorum major in eo tempore numerus CCC, vel CCCC fratribus erat, quam priore illo inter fratres sexaginta, aut ad plus octoginta.

LVI. Statutum est ut parvi scholares, dum ad suffragia sanctorum orationes dicuntur, neque in refectorio, juxta morem antiquum, comedentes stare compellantur.

Causa instituti hujus fuit ne ea debiliori ætati necessitas imponatur, quæ a fortiore non exigitur, cum pius Pater Benedictus de hujusmodi dicat: *Licet ipsa natura humana trahatur ad misericordiam in iis ætatibus, senum videlicet et infantum, tamen et ipsa auctoritas Regulæ eis prospiciat*

LVII. Statutum est ut in festivitatibus XII apostolorum, *Credo in unum Deum*, ad missam majorem dicatur, sive ad alias quaslibet missas, quæ extra conventum cantantur.

Causa instituti hujus fuit aliarum Ecclesiarum, et pene omnium rationabilis mos, quem ab antiquis Patribus institutum retinent, ut in illorum festis professionem fidei Christianæ decantent, super quos et per quos principaliter post Christum fides Ecclesiæ fundata est, scribente hoc idem magno apostolo Paulo Ephesiis, cum dicit: *Superædificati super fundamentum apostolorum et prophetarum (Ephes.* 11), et reliqua.

LVIII. Statutum ut solemni nocte Natalis Domini ad missam de luce cantetur prosa, cujus initium, *Cœleste organum.*

Causa instituti hujus fuit quia illius cujus principium erat, *Nostra tuba*, series verborum incomposita, nihil pene ad Nativitatem Salvatoris pertinens, longe amplius incomptiore cantu, cunctis hoc advertentibus displicebat.

LIX. Statutum est ut quatuor primis hebdomadibus Quadragesimæ antiphonæ, quæ in quinta feria ad *Benedictus*, et ad *Magnificat*, dici consueverant, mutarentur, et pro illis aliæ cantarentur: Quinta feria primæ hebdomadæ ad Benedictus: *Si manseritis in sermone meo*; ad Magnificat: *Cognoscite veritatem*. Quinta feria secundæ hebdomadæ ad Benedictus: *Non possum a meipso*; ad Magnificat: *Non quæro voluntatem meam*: Quinta feria tertia hebdomadæ ad Benedictus: *Operamini non cibum qui perit*; ad Magnificat: *Hoc est opus Dei*. Quinta feria quartæ hebdomadæ, ad Benedictus: *Non potest Filius a se facere quidquam*; ad Magnificat: *Pater diligit Filium*.

Causa instituti hujus fuit, quoniam antiphonæ quæ prius dicebantur, aliorum temporum erant; et cum alio tempore cantarentur; velut mutuo acceptæ rursum in Quadragesima cantabantur, hoc est, *Pater Abraham*; *Fili, recordare*; *Exibant autem dæmonia a multis*; *Cum sol autem occidisset*; *Propheta magnus surrexit in nobis*; *Accepit omnes timor*. Et quod magis absurdum erat, quinta feria primæ hebdomadæ dicebantur antiphonæ: *Missus sum ad oves*; *O mulier, magna est fides tua*. Quæ antiphonæ statim sequente Dominica secunda, ex Evangelio ipsius Dominicæ iterum cantabantur. Quod sicut a quibusdam prioribus accepi, idcirco contigit, quia jam dictæ feriæ quintæ antiquitus evangelia propria, ex quibus exceptæ antiphonæ cantarentur, minime habebant: quæ a posterioribus Patribus, et erga divina officia studiosis de Evangelio Joannis postmodum excerpta sunt. Unde postquam illæ quintæ feriæ propria evangelia habere cœperunt, antiphonæ novæ de ipsis quoque evangeliis factæ sunt.

LX. Statutum est ut sicut ex consuetudine, aliæ horæ sanctæ Virginis matris Domini in ecclesia infirmorum, quæ in honore ipsius consecrata est, quotidie decantantur, et ejusdem ibi completorium cantaretur, et in omnibus horis ante psalmos præmitteretur versus: *Memento, salutis auctor*, cum *Gloria* sua.

Causa instituti hujus fuit honor matri Domini super omnem creaturam singulariter exhibendus, et ut, quia ejus horæ in conventu publico propter fratrum numerositatem, et officiorum multiplicitatem, brevitate temporis prohibente cantari non poterant, saltem in capella ipsius a paucioribus ex integro cantarentur.

LXI. Statutum est ut regularis Prima, et Prima S. Mariæ diebus privatis a festo Omnium Sanctorum usque ad Pascha, quæ ex antiquo more post præmissos matutinos, et post finitam aliam psalmodiam in capella infirmorum ante adventum conventus profunda nocte decantabantur, usque ad lucis ortum, et signi, quod in infirmaria pulsari mane solet, sonitum differantur.

Causa instituti hujus fuit, quia et frequenter psalmodia ab infirmis nondum pro sui prolixitate explicita, conventus superveniens eosdem infirmos, imo universos, quos in illa ecclesia offendisset, expellebat; et quia frequenter media fere nocte, sole adhuc sub terris profundissime occultato, cantabant: *Jam lucis orto sidere*. Unde ne tantum mendacium a filiis veritatis coram Deo ulterius proferretur, et ne verba Dominum precantium ac laudantium discordarent, institutum est. Quod si quis objiciat, cur non et in cæteris, in quibus consimilis nota mendacii invenitur, istud correctum est, quando multa adhuc nocte cantatur: *Aurora lucis rutilat*; et: *Aurora jam spargit polum*; et: *Lux intrat*; *Albescit polus*, et multa in hunc modum, respondeo velle me quidem valde, ut talia cuncta, si cum pace fieri posset, apud nostros et ubique corrigerentur, sed quia, ut æstimo, hoc non potest fieri, verbis Magni Gregorii papæ utar: *Si non possum de agro Dominico multos reportare manipulos, saltem paucos, saltem duos, saltem unum feram.*

LXII. Statutum est ut quando fratres infirmi oleo sacro ex more ecclesiastico inunguntur, non aurea vel argentea crux eis ad adorandum offeratur, sed lignea, quæ imaginem Domini crucifixi pictam habet, et de ipso Dominicæ crucis ligno particulam cum auro aptatam, et sub pedibus picti crucifixi eidem cruci insertam.

Causa instituti hujus fuit quia rationabilius et devotius visum est, ut non de quolibet alio metallo, aut de alia qualibet re, sed de eadem ligni materia, quo Salvator crucifixus est, crux facta ægro præsentaretur, et in verbis ipsis, quæ dum adoratur, decantari solent, nulla vel modica falsitatis nota reprehenderetur. Nam non dicitur, ecce aurum crucis, ecce argentum crucis; sed: *Ecce lignum crucis, in quo salus mundi pependit, venite adoremus*. Utique verum est, quia non in auro, neque argento, sed in ligno Christus crucifixus est. Non tamen hoc dicens, cruces ex auro vel argento ad honorem Dominicæ crucis factos condemno, vel reprehendo, quod ore catholico maxime approbandum et laudandum est. Sed aliud est metalli pretiositas, quæ mentes simplicium excitat ad majorem sacræ crucis venerationem; aliud ligni utilitas, quæ spiritualium animos commovet ad vehementiorem erga crucem et crucifixum devotionem. Unde ut magis mens devota in amorem Salvatoris passionis accenderetur, particula de ipsius primæ crucis ligno, ut jam dixi, pedibus picti crucifixi supposita est, quæ statim post pedum osculum, oculis, animo et ori crucem adorantis et osculantis infirmi se offert. Hanc tamen ligneam crucem, quam ego hoc, quem dixi, intuitu isto, quem præscripsi, modo aptari feci, non jam mortuis, sed morientibus ad adorandum deferri decretum est. Quod sicut Cluniaci a me factum est, sic ubi fieri potuerit apud nostros, licet præcipere verear, opto tamen ut fiat.

LXIII. Statutum est ne staminiæ, quæ ex more antiquo, propter graviora quælibet fratribus acrius flagellandis scindi solebant, et usque ad cingulum violenter detrahi, ulterius scinderentur, sed staminia integra manente, verberibus subjiciendus frater ea ex toto exueretur.

Causa instituti hujus fuit ut et frequens damnum scissarum staminiarum vitaretur, et plenius nudatus frater expeditius verberaretur.

LXIV. Statutum est ne finita lectione refectorii, canistra, juxta morem antiquum, ad suscipiendas panis reliquias per refectorium ulterius deferantur.

Causa instituti hujus fuit quoniam prius ea de causa canistra ad suscipiendas residui panis partes deferebantur, ut granatario, non eleemosynario, ad expendendum inposterum redderentur. Sed quia nunc nihil de pane refectorii granatario, sed totum eleemosynario redditur, visum est non esse necesse ut ulterius eadem canistra per refectorium deferrentur.

LXV. Statutum est ne ad missam matutinalem et majorem, finito cantu offerendæ usque ad præfationem, conventus, ut olim fiebat, stare cogatur, sed mox, ut cantus cessaverit, qui sedere voluerint, sedeant ; tamen ut, cum sacerdos conversus ad chorum dixerit : *Orate fratres*, modeste scabellis elevatis in illis subselliis, quæ eisdem sedilibus inhærent, acclives ex more resideant privatis diebus ; festivis autem inclinentur ante formas.

Causa instituti hujus fuit ut magnus et continuus labor Cluniacensis conventus hac quantulacunque remissione relevaretur.

LXVI. Statutum est ne parvi scholares, si boni fuerint, procedente tempore, aliquid de aliorum dignitate amittant.

Causa instituti hujus fuit quia nescio unde res orta, fama tamen hoc referente, dicebatur morem esse ut nullus scholarium puerorum aliquo unquam tempore aut hebdomadarius majoris missæ, aut prior, aut custos ordinis, sive circa fieret, aut quodlibet dignitatis monasticæ privilegium obtineret. Quod quantum contra communem justitiam et rationem sit, etiam leviter attendens advertit. Nam cum princeps apostolorum dicat : *In omni gente, qui timet Deum, et operatur justitiam, acceptus est illi* (Act. x). Si, inquam, in omni gente, nunquid non in omni ordine ? Si in omni ordine, nunquid non in omni gradu, in omni conditione, in omni ætate ? Et quia res clara longa probatione non eget, breviter dico omnem monasticam vel ecclesiasticam dignitatem, si boni et digni fuerint, restitutam esse a nobis publice scholaribus, quia cujus fides, scientia et vita probatur, a qualibet ecclesiastica dignitate valde injustissime reprobatur.

LXVII. Statutum est ut pneuma, quod in fine antiphonarum canitur, ubi plures antiphonæ se invicem sequentes fuerint, sicut ad vesperas et matutinos, ulterius non cantetur, exceptis quinque præcipuis festivitatibus, hoc est Natali Domini, Pascha, Pentecoste, festo apostolorum Petri et Pauli, et Assumptionis B. Virginis. Similiter et illud decretum est, ne ad suffragia sanctorum, excepta oratione S. crucis et S. Mariæ, et apostolorum Petri et Pauli et ultima, *per Dominum nostrum*, cum sequentibus usque ad *Amen* dicatur, scilicet *per Christum Dominum nostrum*.

Causa instituti hujus fuit tædium prolixitatis multiplicium adjectionum, quæ a diversis diverso tempore officiis ecclesiasticis additæ sunt. Cujus tædii, ut aliqua relevatio fieret, et quia hoc in nullis Cluniacensibus monasteriis, præter Cluniacum, servabatur, hoc institutum est.

LXVIII. Statutum est ut hymni proprii de S. Stephano primo martyre, de S. Joanne evangelista, de SS. Innocentibus, de sancto Laurentio, de S. Vincentio, sumpti de Hymnario S. Ambrosii, vel Hymnario Prudentii docti et religiosi viri, in eorumdem sanctorum solemnitatibus modo a nostris, qui eos habere potuerint, ubique cantentur.

Causa instituti hujus fuit amor et reverentia illorum sanctorum quia cum dilectus Christi Joannes post Petrum et Paulum de præcipuis apostolis sit, illique dicti martyres, de summis et sublimioribus martyribus sint, incongruum visum est, ut communibus aliorum apostolorum vel martyrum hymnis decantarentur, maxime cum præter hymnos omnes alios cantus tam nocturnos quam diurnos proprios habeant.

LXIX. Statutum est ut duo maturi et studiosi fratres semper diu noctuque dormitorium custodiant, aut quando potuerint simul, aut quando non potuerint vicissim ; quando vero causa refectionis simul esse non potuerint, sicut inter se condixerint, unus reficiat, alter custodiat. Quando autem alia de causa, similiter fiat.

Causa instituti hujus fuit quia frequenter propter absentiam custodum et multitudinem illic convenientium multorum querelæ fiebant, quod vestes suas, vel quælibet regularia indumenta sæpe perderent, nec perdita facile invenire possent. Unde ut tam istud vitaretur, quam ut omnes, qui provenire possent, contrarii casus caverentur, istud decretum est.

LXX. Statutum est ne vel abbas Cluniacensis,

aut prior, aut quilibet priorum, vel fratrum Cluniacensium in Cluniaco, vel extra manentium, famulis aut servientibus sibi cujuslibet generis pelles præter agninas emat, vel donet ; additum est ut rubeo, viridi, omnique alio vestium colore, remoto, aut de burellis mediocris pretii, aut de pannis nigri coloris, hoc est vel agnelinis, aut paris pretii, aut minoris, famulos secum equitantes et suo famulatui deputatos vestiant.

Causa instituti hujus fuit primo et præcipue religionis augmentum, et ipsum notum cunctis inconveniens, ut monachis regulariter indutis obsequentes eis sæcularibus vestibus uterentur. Nam, juxta verbum Domini, qui mollibus vestiuntur, non in domibus monachorum, sed in domibus regum esse, vel habitare solent. Secundo, et multiplices et graves expensæ, quæ in superfluis illis et noxiis vestibus male, et prodige consumebantur ; in necessariis, et utilibus rebus bene et rationabiliter expendantur.

LXXI. Statutum est ne in responsoriis vel antiphonis, quæ sunt de baptismate Domini, aliquis Cluniacensium dicat, vel cantet : *Ipsum audite*, sicut verbi gratia, antiquitùs in responsorio, quod sic incipit : *In columbæ specie Spiritus sanctus visus est, paterna vox audita est : Hic est Filius meus dilectus, in quo mihi complacui*. Addi solebat : *Ipsum audite*. Item sicut in antiphona, quæ talis est : *Vox de cœlo sonuit, et vox Patris audita est : Hic est Filius meus in quo mihi complacui*, et in similibus, si quæ sunt vel antiphonæ, vel responsoria, interdictum est, ne quis addat : *Ipsum audite*.

Causa instituti hujus fuit evidens et apertum mendacium, quod cantantes vel legentes inconsiderate proferebant, quando sacris illis verbis addebant : *Ipsum audite*. Testes hujus rei sunt non quilibet, sed ipsi sanctissimi et veridici evangelistæ, Matthæus, Marcus, et Lucas, qui pari sententia scribentes, apparuisse Spiritum Dei super baptizatum Christum in specie columbæ, et vocem Patris de cœlo factam, vel : *Hic est Filius meus in quo mihi complacui ;* vel : *Tu es Filius meus, in te complacui mihi*, nusquam addiderunt : *Ipsum audite*. Addita sunt hæc verba, non in Christi baptismate, sed in ejus transfiguratione. In illa, inquam, transfiguratione adjunctum est verbis similibus : *Ipsum audite*, sed et ipsa ratio hoc lucide declarat. Nam cum in Christi baptismate vocem illam omnipotentis Patris solus post Christum Baptista audierit, non diceretur soli : *Ipsum audite*, sed ipsum audi. Unde apparet quod non illi, qui solus erat, hoc in baptismate dictum est ; sed tribus apostolis, Petro, Jacobo et Joanni, et in ipsis, et per ipsos, universali Ecclesiæ, quam præsignabant, non singulari, sed plurali numero in Domini transfiguratione præceptum est : *Ipsum audite*.

LXXII. Statutum est ut in Nativitate Domini nullus ex fratribus ante finem missæ illius, quæ de luce dicitur, et quæ de more in conventu cantatur, missam alicubi vel dicat vel audiat. Excepti sunt ab hac constitutione infirmi, qui in infirmaria comedunt, de quibus antiquus mos constituit, ut sicut sancto die illo tres missæ in conventu cantantur, ita eis eodem tempore tres similiter missæ in capella Sanctæ Mariæ, quæ eorum officiis deputata est, celebrentur.

Causa instituti hujus fuit, quia solebant sacerdotes, non quidem ex consuetudine, sed ex quadam inconsiderata festinatione, statim post evangelium illius missæ, cum quibusdam aliis, qui vel eos juvabant, vel communicare ad eorum missas volebant, a conventu recedere, ac sibi unusquisque missam de die cujus introitus est : *Puer natus est nobis*, celebrare. Ita fiebat, ut non solum chorus pene vacuus remaneret, sed nec quod de ipsa missa post evangelium restat, audirent. Hoc jam sic in consuetudinem versum fuerat, ut in consuetudinem esse putarent, et media fere pars Cluniacensis conventus, aut forte plus, die Natalis Domini non audiendo ea, quæ in missa de Luce post evangelium supersunt, nec ipsam missam audirent. Quam idcirco non audiebant, quoniam ejus maximam et meliorem partem, hoc est sacrificii divini celebrationem, ex cujus dignitate maxime missa vocatur, perdebant. Hoc ne ulterius fieret, hac constitutione provisum est.

LXXIII. Statutum est ut de vasis omnibus vinariis, quæ in cellario fuerint ad opus fratrum, hospitum, vel pauperum, hoc est de unoquoque eorum, vigilia Natalis Domini, frater, qui vinum ad missas providere solet, tantum accipiat, quantum ad celebrandas omnes missas illius sacræ noctis atque diei sufficere valeat.

Causa instituti hujus fuit res a multis, ut audivi, probata, et sæpe mihi relata, quod videlicet, nunquam vasis illius vinum acescere, vel in innaturalem et corruptum saporem converti possit, unde pars quantalibet vini ad celebranda jam dicti Natalis Domini sacramenta assumpta fuerit.

LXXIV. Statutum est ut illud *Kyrie*, cujus cantus habet prosaicos versus, quorum principium est, *Clemens Rector æterne*, *Pater immense eleison*, qui in multis monasteriis ad Cluniacum pertinentibus usu antiquo cantabatur, etiam Cluniaci in quinque præcipuis festis cantetur. Additum est et hoc, ut in eisdem solemnitatibus et in quibuslibet, prout libuerit, majoribus ad vesperas, vel ad laudes cantetur : *Benedicamus Domino*, juxta cantum novi quidem, sed boni et jam publici versus illius, qui in Nativitate B. Matris Domini a multis canitur :

Virgo Dei genitrix virga est, flos filius ejus.

Sumptus est autem cantus non de toto versu, sed de fine versus, hoc est, *Flos filius ejus*.

Causa instituti hujus fuit, ut et solemnioribus diebus magis congrueret solemnior cantus, et ut ipsa cantuum variatio maior esset cantantium devotio.

LXXV. Statutum est ut in festo Inventionis S. Crucis et Exaltationis ejusdem, ad laudes matutinas cantentur versus excerpti de hymno, cujus principium est,

Pange, lingua, gloriosi prælium certaminis, quorum primus est, *Crux fidelis*, secundus, *Flecte ramos*, tertius, *Sola digna tu fuisti*, cum *Gloria* sequenti quæ est, *Gloria et honor Deo*.

Causa instituti hujus fuit quia devotius et elegantius visum est, in jam dictis salvatricis crucis solemnitatibus, laudes ipsius continentes hymnos variari jucunde, quam easdem iterari fastidiose. Canebatur enim prius hymnus, cujus principium est, *Vexilla Regis prodeunt*, ad utriusque festi utrasque laudes vespertinas, et rursus iterabatur ad matutinas.

LXXVI. Statutum est ut antiphona de sacra Matre Domini facta, cujus principium est, *Salve, Regina, mater misericordiæ*, in festo Assumptionis ipsius, dum processio fit, a conventu cantetur : et insuper in processionibus, quæ a principali ecclesia Apostolorum, ad ejusdem matris Virginis ecclesiam ex more fiunt, exceptis illis sanctorum festivitatibus, in quibus mos antiquus exigit, ad eosdem sanctos pertinentia decantari.

Causa instituti hujus fuit nulla alia, quam summus et maximus amor, ab omni rationali creatura, quibuscunque modis rationabiliter fieri potest, exhibendus post auctorem omnium matri auctoris universorum.

DISPOSITIO
REI FAMILIARIS CLUNIACENSIS
FACTA

A DOMNO PETRO ABBATE CLUNIACENSI NONO.

(Anno 1150.)

[Baluz. *Miscell.* edit. Luc. in-fol., tom. III, pag. 72.]

Quoniam es valde labilis est humana memoria, nec morientes incessanter homines veracem semper posteris suis rerum gestarum famam relinquere possunt, scripturæ subsidium a primis sapientibus adinventum est. Nam quod scribitur varietatem suscipere nescit, et nisi casu vel studio corrumpatur, uno eodemque modo veritatem rerum gestarum indifferenter succedentibus tradit. Feci hoc ergo in quibusdam tantum spiritalibus. Facio nunc in quibusdam ad commodum corporale simul et spirituale pertinentibus causis.

Notum facio igitur ego frater Petrus humilis Cluniacensis abbas omnibus istud legentibus quod quando ad hoc officium ante viginti sex annos assumptus sum, magnam quidem Ecclesiam, religiosam et famosam inveni, sed pauperrimam, magnarum expensarum, et comparatis redditibus cum expensis, nullorum pene reddituum. Trecenti erant vel eo amplius fratres, nec centum de propriis sumptibus domus illa procurare valebat. Turba hospitum semper, pauperum numerus infinitus. Congregata de omnibus decaniis annona vix quatuor mensibus, aliquando nec tribus, vinum undecunque collectum, nunquam duobus aliquando mensibus, nec uno sufficiebat. Panis parvus, niger, et furfureus. Vinum maxime aquatum, insipidum, et vere villum. Præter alias et multo cum fœnore mutuo acceptas expensas, in emendo solummodo annonam et vinum plusquam viginti millia solidos Cluniacensis camerarius expendebat. Has angustias ego videns, habito cum sapientibus fratribus qui tunc vivebant consilio, prout mihi et ipsis rationabile visum est, mesatica per decanias constitui, et ut conventum Cluniacensem de pane, de fabis, et earum sagimine quidam ex decanis uno mense, quidam duobus mensibus, quidam tribus hebdomadibus, quidam quindecim, quidam octo diebus, hoc est, integro anno procurarent, ordinavi ; et ut semper annuatim hæc constitutio servaretur, universorum fratrum assensu et voluntate in capitulo præcepi et scripto firmavi.

Hoc ita ut decretum est multis postmodum annis servatum est. Procedente dehinc tempore visum est tam mihi quam fratribus ut quædam de pristina ordinatione mutarentur, et aliquæ decaniæ quæ mesatica faciebant ad alios monasterii usus, juxta quod ratio exigebat, deputarentur. Ea de causa decania quæ Masilias dicitur, quia magis avenæ quam frumenti ferax est, ad procurandas omnium hospitum equituras deputata est. Galiniaco quædam aliæ fratrum procurationes impositæ sunt. Juliacus, propter condaminas illius, quas in vineas vertimus, et quamdam conventus pro domno Hugone Antissiodorensi episcopo annuam procurationem, a mesatico quod ei impositum fuerat excusatus est. Decania Sancti Hippolytis certa similiter de causa a mesatico excepta est.

Statutum est ergo ut, quia prima ordinatio, quæ per totum annum de his quæ supra scripta sunt conventum procurabat, sic variata vel immutata fuerat, nova rursus ordinatio fieret, quæ similiter per totum annum fratres universos de pane, de fabis, et earum sagimine, ut dictum est, procuraret. Quæ talis est : decanus de Cavariaco procurabit totum Septembrem, decanus Cluniacensis totum Octobrem et dimidium Novembrem, decanus de Perrona reliquos dies ipsius Novembris, decanus de Scutiolis sexdecim primos dies Decembris, decanus de Caviniis reliquos dies ipsius Decembris cum toto Januario, decanus de Lordono totum Februarium cum Martio, granatarius totum Aprilem et totum Maium et totum Junium cum dimidio Julio. Cui tamen granatario fabas mensis et dimidii camerarius persolvere debet ; decanus de Laisiaco quod reliquum de Julio ; decanus de Bersoniaco totum Augustum, exceptis octo diebus ultimis ; decanus de Sancto Gengulfo illos octo dies ultimos Augusti.

Hæc mesatica ita constituta sunt ut non tres tantum neque quatuor sextarios frumenti aut plus sive minus ad opus uniuscujusque diei obedientiarii jam dicti granatario dent, sed quantum necessarium fuerit. Ipse tamen granatarius ea quæ ei obedientiarii reddiderint, ut fidelis dispensator, qui dat in tempore tritici mensuram, fideliter custodiat, ne fraudem de rebus monasterii faciens, Ananiæ et Saphiræ mortem, secundum beati Benedicti sententiam, in anima sustineat. Quod si refectiones generales vel debitæ vel gratuitæ intervenientes a pane dando vel fabis eos excusaverint, excusentur. Quod si vel gratuitæ non fuerint, vel debitæ aliquo casu defecerint, nihilominus dies illos suppleant. Ab illis tamen qui procurationes illas ex debito facere debuissent postmodum annonam expensam vel fabas exigant, exceptis refectionibus illis quas camerarius absque annuis redditibus facit. Illarum autem refectionum quarum causa annuatim sufficientem pecuniam recipit, panem et fabas quæ expenderint ab eodem camerario requirant.

Hæc secunda ordinatio longo rursus tempore mansit. Sed quia, ut scriptum est, ubi plurima consilia, plurima salus, et quantumlibet bonum sit quodlibet consilium, meliore tamen superveniente absque dubitatione mutandum est, sicut successit primæ ordinationi secunda melior, ita secundæ meliori successit tertia optima. Est autem hujusmodi.

Constitutum est ut decanus de Lordono, tam ipse de Lordono quam de Sancto Hippolyto, cum adjutorio octo dierum de Sancto Gengulfo, totum Cluniacensem conventum, tam sanos quam ægros de bono pane semper procuret, juxta majus pondus quod ego ipse in principio mesaticorum constitui, non vero solum conventum, hoc est eos qui vel in refectorio vel in infirmaria comedunt, sed omnes illos quos decani mesatica facientes de mesaticis procurare solebant procurabit, et quidquid inde facere solebant faciet. Frumentum vero quantum et quale reddere consueverant decani, dum mesatica facerent granatario, tantum et tale reddant camerario. Similiter reddant eidem et sagimen fabarum. Fabas autem jamdicto decano de Lordono, quia ipse cum decaniis suis etiam granatarius factus est. Sicut vero supra decanis est dictum, si refectiones generales vel debitæ vel gratuitæ non fuerint, vel debitæ aliquo casu defecerint, more solito diebus illis et panem dabit et fabas. Sic et camerarius quod dictum est. Exigent tamen postea ab his qui procurationes facere debuissent. Quæ si illi reddere potuerint, ab eis recipiant. Si non potuerint, jamdicti soliti supplebunt.

Nec illud reticendum est quod ad rem de qua agitur pertinet, morem antiquum fuisse ut diebus singulis quibus nomina fratrum defunctorum congregationis nostræ, hoc est professorum, de libro in quo regula scripta est die qua obierunt pronuntiantur, panis cis, vinum, et generale daretur. Sed pro generali talis recompensatio a sancto Patre nostro Hugone facta est ut quosdam villæ Cluniacensis furnos et eorum redditus, qui ad cameram antea pertinebant, Cluniacensis eleemosynarius obtineret.

Primo autem ego ipse quidquid panis et vini in refectorio vel in infirmaria comedentibus superest, quod primitus vel granatarius vel vini custos sibi ex more vindicabant, eleemosynario concessi. De pane vero sic institutum est, ut quinquaginta libræ ad pondus, non quod nunc fratribus datur, sed quod ante tempus nostrum fratribus dari solebat, jam dicto eleemosynario redderentur. Et ut pondera ista ignorantibus nota fiant, noverint ista diversa fuisse, unum minus, quod hospitum dicitur ; alterum illo majus, quod erat conventus toto anni tempore, præter quadragesimam, quadragesimale vero pondus majus etiam illo erat.

Quando autem, ut supra scriptum est, mesatica primum instituta sunt, mutavimus secundum illud pondus in tertium quod majus erat, hoc est ut eodem pondere quo panis prius dabatur in sola quadragesima daretur conventui toto anno.

De quinquaginta vero jam dictis libris quam defunctis fratribus anniversaria die pronuntiatis dari censuimus hoc statutum est ut non ad pondus quod olim quadragesimale dicebatur, et quo nunc fratres utuntur, sed ad illud quod minus est, et quod ante hanc nostram institutionem habere solebant.

Ne vero aliquis miretur hunc infinitum defunctorum numerum certo hoc est quinquagenario numero determinatum, noverit tali hoc factum esse consilio, ne processu temporis crescentes in immensum defuncti vivos expellerent, dum trecentos ad minus vivos et mille fortassis quandoque defunctos parvi Ecclesiæ redditus procurare non possent. Nam, ut quidam ait, quod jam in proverbium versum est:

Est modus in rebus, sunt certi denique fines;
(Hon., *Sat.*, l. 1, 1, v. 106.)

et, ut alter :

. . . . Pensate [*al.* versate] diu quid ferre recusent,
Quid valeant humeri.
(Hon., *De arte poet.*, v. 39.)

Stultum est enim meriti vires cum pondere et humeris illam imponere sarcinam quam non valeat is cui imposita fuerit ferre, imo cui cogatur invitus victusque succumbere. Hac ergo consideratione harum quinquaginta librarum numerus et pondus sic decretus est. Si tamen procuratio fratribus ex debito fiat, tunc ad quale pondus datur conventui, ad idem dabitur et his de quibus agitur defunctis. Tres autem pauperes quibus ex consuetudine quotidie panis et vinum sero in eleemosyna datur, nec minorem nec alterius generis, sed qualem et quantum panem conventus accipit, talem et tantum quotidie accipient.

Et quia, ut jam dixi, granarium simul cum decaniis suis decano de Lordoño commissum est ad procurationem hospitum et familiæ faciendam, quantum ad panem pertinet, reddet ei camerarius, ut aliis granatariis reddere solitus erat quingentos sexaginta sextarios frumenti et quingentos de segle.

Et ut ratio qua ista disposita sunt posteris nota fiat, noverint istud legentes quoniam in primis quingenti tantum frumenti sextarii a camerario granatario reddebantur. Sed post, ut quosdam clericellos nobiles, qui tunc in burgo Cluniacensi docebantur, aleret, et ad quædam principalis mensæ fercula panem juxta velle cocorum comminuendum augeret, supradictis quingentis sextariis sexaginta additi sunt. In hac vero nova et ultima ordinatione quingentis sexaginta etiam triginta frumenti vel fabarum sextarii pro mesatico de Masiliis adjuncti sunt. Insuper et tredecim pro fabis decem et octo præbendariorum.

Tali modo, his omnibus sextariis insimul computatis, fiunt tam frumenti quam fabarum sextarii sexcenti et tres. De quibus sexcentis et tribus trecentos sex minus de mesatis granarii accipiet. Reliquos qui supersunt de frumento quod præter mesatica reddi solet, tam de ducentis de Caviniis quam de centum de Lasiaco et de centum de Perronna ei camerarius reddet. Quæ si inde reddere non potuerit, de proprio reddere procurabit. De quingentis vero de segle trecentos apud montem Bertaldi, ducentos apud Roñas accipiet. Quos, ut de frumento dictum est, si aliquo casu inde habere non potuerit a camerario totum requiret, illeque ei negare non poterit.

Sed de præbendariis supradictis hoc est adjiciendum, quod ante tempus nostrum panis eis qualis inferiori familiæ dari solet dabatur, hoc est de vassallor.; quem postmodum talem esse decretum est qualis est panis conventus vel hospitum, ad pondus tamen quod, ut supra dictum est, conventui præter Quadragesimam toto anno dari mos antiquus præceperat. Sunt autem libræ illæ præbendariorum decem et octo, de quibus ut granatarius novem, alias novem eleemosynarius solveret præceptum est.

Et quia semel de hujusmodi constitutionibus loqui cœpi, etiam alia his similia addam. De pane quidem et legumine conventus et de pane hospitum et familiæ ista sic instituta sunt. De vino vero, quia aliter fieri non poterat, nec terrarum Cluniacensium redditus hoc aliter ordinari patiebantur, ad noviter plantandas et colendas vineas consilio fratrum studium converti, et ut jam plantatæ suis temporibus congrue coli possent quosdam notos Angliæ redditus fratri earum cultori et custodi annuatim reddi decrevi. Quæ constitutio, nisi forte aut nimia terrarum sterilitas acciderit, aut studium colendi cultorum culpa neglexerit, trecentis, imo fere quadringentis monachis vinum abundanter providere poterit, nec solum monachis, sed et hospitibus ex plurima parte sufficere valebit.

His præcedentibus et generale fratrum, quod post legumina eis dari solet, de quo multæ frequenter querelæ fiebant, sic ordinatum est : Cluniacensis camerarius in burgo Cluniacensi centum libras et quingentos Cluniacensis solidos monetæ accipiat, atque censu Pictaviensi et allecibus viginti millibus, quæ comes Boloniensis Eustachius dedit, additis, caseis quoque, vel qui debentur, vel qui ex nutritura quæ apud Cluniacum vel apud Metgias fieri solet proveniunt, adjunctis, illud integre et absque omni prorsus querela provideat. Hoc multis jam annis sic factum est.

Istud etiam oportet scire legentes, quod post præcedentia institutum est ut decanus de Masiliis universorum hospitum equitaturas abundanter de avena procuret, et si forte vadimonia sua pro avena non superflua, sed necessaria impigneraverint, ea redimat.

Et ante hanc quidem institutionem mille et ducentos tantum avenæ sextarios camerario unoquoque anno ex prima quam feci institutione reddebat, qui indifferenter tam in hospitum quam in abbatis prioris, cellararii, atque camerariorum equitaturis expendebantur. Sed quia unoquoque istorum de illa summa avenæ sibi rapiente quod poterat, frequentes querelæ et negligentiæ de equitaturis hospitum audiebantur, statui ut aliis semotis, solis hospitibus quantumcunque necesse haberent, vel quantumcunque moram facerent, provideret, et vadimonia illorum, ut dictum est, redimeret. Hoc præcipue de extraneis.

De domesticis vero, hoc est, fratribus congregationis, prima tantum nocte eorum equitaturas procuraret, exceptis prioribus qui in Hispania et illis qui in Anglia morantur, et priore de Paredo, et de Borbono, et de Siliviniaco, quorum equitaturas ut hospitum, quandiu Cluniaci manserint, ex usu ei.

tiquo camerarius procurare solebat. Hi omnes, quantum ad equitaturarum suarum procurationem spectat, pares peregrinis hospitibus erunt.

De priore Cluniacensi hoc constitutum est, ut ad procurandas equitaturas suas trecentos avenæ sextarios a decano de Scutiolis accipiat.

De camerario Cluniacensi cum omnibus sociis suis hoc decretum est, ut centum sextarios avenæ qui a decano de Sancto Victore debentur et alios centum de obedientia Bellimontis accipiens, addita avena quæ a venditoribus avenæ pro more in villa Cluniacensi exigitur, nihil ultra quantum ad avenam spectat requirat.

His præmissis, quod de vestimentis fratrum ordinatum est, ne processu temporis oblivione pereat, addendum est. Nescio enim quo casu, quando ad hoc pastorale officium accitus sum, nihil de his, sicut nec de reliquis pene omnibus exterioribus, ordinatum inveni. Camerarius enim, cui omnia exteriora imposita erant, tam rei familiaris inopia quam multiplici ad quam non sufficiebat, occupatione impeditus vestimenta fratribus ægre, confuse, insufficienter providebat, nec juxta apostolicam et sancti Benedicti Regulam, vestimenta fratribus distribuebat prout cuique opus erat.

Eapropter priori Cluniacensi ex majori parte hæc cura imposita est ut tunicas, hoc est, vulgari nomine froccos, cucullas, pellicias, agnina caputia vel capellos, stamineas, femoralia, flumas, hoc est, opertoria pulvinariorum, universis fratribus in Cluniaco manentibus sufficienter provideat. Ut autem hæc sibi injuncta plene facere posset, decretæ sunt ei viginti marcæ argenti de censu Italico, viginti de censu Hispano, viginti de quodam manerio Anglico quod dicitur Opifortis, et quindecim marcæ de manerio quodam Angliæ quod dedit comes Eustachius, et salvo hoc Cluniacensi censu, ad Rumeliacum monasterium, quod et ipsi Cluniacensi Ecclesiæ dederat, voluit pertinere. Datus est ei insuper et totus Provinciæ census, qui ad Cluniacensem cameram pertinere solebat, a prioratu de Terniaco, qui est super Rhodanum, et ab illo de Talviaco usque ad Alpes provinciæ, et usque ad mare cum eorumdem prioratuum censu. Hæc priori Cluniacensi imposita sunt.

Trabucos vero et pedules fratrum primo custodi operis novæ ecclesiæ imposui, cujus reddituibus quos habebat in Anglia propter novas emergentes guerras deficientibus, camerario quod ille solitus erat facere injunxi, ut trabucos et pedules fratribus provideret de trecentis solidis gatgeriæ Humberti Ungri, quam nobis, dum Jerusalem iret, pro quatuor millibus solidorum, quos a nobis accepit, in vadimonio dedit. Illam gatgeriam ego decano de Lordono concessi tali modo ut omnes fructus et redditus jamdictæ gatgeriæ acciperet, et inde præfatos solidos ad ea quæ supra nominata sunt camerario redderet. Si autem gatgeria illa redempta fuerit, et custos operis majoris Ecclesiæ de centum marcis de Ledecumba manerii quod rex Anglorum Stephanus meo tempore Cluniacensi Ecclesiæ dedit sexaginta saltem marcas habere potuerit, sicut prius facere solebat, trabucos et pedules universis fratribus provideat.

SUMMORUM PONTIFICUM
HONORII II, INNOCENTII II, LUCII II, EUGENII III,
PRIVILEGIA QUÆDAM

Monasterio Cluniacensi concessa tempore Petri Venerabilis abbatis Cluniacensis noni.

Biblioth. Cluniac., p. 1378.)

I.

Quod nullius, absque consensu domini abbatis, Clun. in abbatiis eidem subjectis electio fiat. Item quod non fiat abbatia de prioratu.

(Anno 1125.)

HONORIUS episcopus servus servorum Dei, dilecto in Christo filio PETRO abbati venerabilis monasterii Cluniacensis, ejusque successoribus regulariter substituendis in perpetuum.

Incomprehensibilis, etc. Vide in *Honorio II* ao an. 1150, *Patrologiæ* t. CLXVI.

II.

Monasterium Cluniacense qui die dedicationis altaris majoris adierint, iis pœnitentiæ susceptæ dies XL remittit Innocentius II.

(Anno 1132.)

INNOCENTIUS episcopus servus servorum Dei, discreto filio PETRO Cluniacensi abbati, ejusque successoribus regulariter substituendis in perpetuum. Liberalitatis laudabile genus est, etc. *Vide inter epist. Innocentii II, Patrologiæ t. CLXXIX, sub num. 89.*

III.

Ejusdem Innocentii II aliud diploma.

INNOCENTIUS episcopus, servus servorum Dei, venerabilibus fratribus archiepiscopis et episcopis, ad quos litteræ istæ pervenerint, salutem et apostolicam benedictionem.

Liberalitatis laudabile genus, etc. *Vide ubi supra.*

IV.

De possessionibus non alienandis, et censibus non minuendis.

(Anno 1136.)

INNOCENTIUS episcopus, servus servorum Dei, venerabilibus fratribus, archiepiscopis et episcopis, in quorum parochiis proventus et obedientiæ Ecclesiæ Cluniacensis existunt, salutem et apostolicam benedictionem.

Ea quæ in Ecclesiarum præjudicium, etc. *Vide ubi supra, ad an. 1136.*

V.

Contra rebelles, et de institutionibus observandis per abbates.

(Anno 1136.)

INNOCENTIUS episcopus, servus servorum Dei, dilecto filio abbati Cluniacensi, salutem et apostolicam benedictionem.

Solet annuere sedes apostolica, etc. *Vide ubi supra.*

VI.

Confirmatio Lucii papæ de terminis circa Clun. ut ecclesiæ, cimiteria, monachi, clerici et laici universi infra terminos in protectione papæ sint.

(Anno 1144.)

LUCIUS episcopus, servus servorum Dei, charissimo in Christo filio PETRO Cluniacensi abbati, ejusque successoribus regulariter substituendis in perpetuum.

Religionis monasticæ, etc. *Vide in Lucio II, ad an. 1145.*

VII.

Eugenii Papæ III confirmatio, quod nullus homo cujuscumque conditionis ac potestatis invasionem, prædam, aut rapinam facere, sive homicidium perpetrare infra terminos inferius scriptos non præsumat.

(Anno 1145.)

EUGENIUS episcopus servus servorum Dei, charissimo filio in Christo PETRO Cluniacensi abbati ejusque successoribus regulariter substituendis in perpetuum.

Cum omnibus sanctæ Ecclesiæ filiis, etc. *Vide in Eugenio II, ad an. 1153.*

SUMMORUM PONTIFICUM
REGUM, ARCHIEPISCOPORUM, EPISCOPORUM
DUCUM ET ALIORUM
DIPLOMATA ET CHARTÆ,

De quibusdam abbatiis, prioratibus, ecclesiis, etc., Cluniacensi cœnobio concessis aut confirmatis tempore Petri Venerabilis, abbatis Cluniacensis noni.

(*Bibliotheca Cluniacensis*, p. 1387.)

I.

Charta D. Adalberonis Leodiensis episcopi de Bertrées.

(Anno 1124.)

In nomine sanctæ et individuæ Trinitatis. Ego ADALBERO, gratia Dei Leodiensis episcopus, notum facio præsentibus et futuris fidelibus nostris quod Walterus de Trudignei liber homo tradidit S. Petro et fratribus Cluniacensis monasterii ecclesiam de Bertrées cum omnibus usibus, decimis, et cæteris appendiciis suis, in Hanua, et in Puccis, et in Trudencis et in Eurenais, pro salute animæ suæ et animarum patris et matris suæ, ea idem conditione, ut fratres, quos abbas Cluniacensis ibi Deo servituros transmiserit, ipsam, et quidquid ad eam pertinet, ita libere teneant, sicut tenebat ipse Walterus, et per singulos annos tantummodo unum aureum denarium Leodiensis monetæ in Pascha ipsi fratres persolvant ad altare S. Petri ecclesiæ Cluniacensis. Homines vero, qui de terra ipsius ecclesiæ beneficiati sunt, et fidelitatem inde fecerunt Waltero, ipsam terram de manu prioris ecclesiæ requirat, et fidelitatem et servitium idem priori ipsius ecclesiæ faciant. Districtio quoque villæ ad ecclesiam pertinebit, ita ut Godescalcus frater ipsius Walteri, qui advocatus est ejusdem allodii, medietatem ipsius districtionis de Ecclesia teneat, et per hoc ipsam Ecclesiam, et quidquid ad ipsam pertinet, ab omnibus injustitiis defendat. Restaurationem similiter sancto Petro et ipsis fratribus dedit, ita ut medietatem ipsius restaurationis Ecclesia, medietatem ipse advocatus teneat. Medietatem etiam Chorvedæ, quæ ipsius Walteri erat, eis concessit. Alia enim medietas pertinet ad Ecclesiam et abbatem S. Laurentii. Molendinum quoque de Bavigneis cum omnibus usuariis suis, et medietatem silvæ de Trudineis ad integram, sicut in suos usus et in dominium tenebat, ipsis fratribus dedit. Advocatiam dedit Godescalco fratri suo, et posteris ejus, ea conditione ut ipsam advocatiam teneat ab Ecclesia Cluniacensi, et de manu prioris, quem abbas de Cluniaco ibi transmiserit, et ut nullus ibi sit advocatus neque subadvocatus, præter ipsos, et libertatem ipsius allodii inviolabiliter custodiant, et a malis hominibus defendant. Ita enim liberum erit ipsum allodium, et justitiam suæ libertatis retinebit ipsa Ecclesia cum omnibus appendiciis suis, ut præter quod constitutum est advocato tenere de ipsa Ecclesia, id est medietatem districtionis villæ, et medietatem restaurationis, nullum jus, nullamque potestatem, aut dominium, seu violentiam in ipsum allodium, et in homines ad ipsam Ecclesiam pertinentes exerceat. De omni quoque injustitia quæ fiet in ipso allodio, de qua prior ejusdem Ecclesiæ placitare debebit cum fratribus et hominibus suis, nihil ad eum pertinebit, nisi forte ad faciendam vel retinendam justitiam, quam per se illi diffinire non poterunt, advocetur, et tunc de ipsa justitia, quam fecerit, duos denarios fratres habebunt, ipse tertium habebit denarium. De medietate autem silvæ, quam dedit idem Walterus ipsis fratribus, si quis injustitiam fecerit, pro justitia exigenda, duos denarios similiter fratres habebunt. Advocatus semper ipsius silvæ tertium accipiet denarium. Quicunque autem ad altare ecclesiæ pertinent, et censum ibi persolvunt, nihil autem ad advocatum pertinebunt; nullum jus nullamque potestatem advocatus super eos habebit, nec implicitabit, neque violentiam de ipsis Ecclesiæ faciet, nec ad exigendam de illis justitiam cum priore sedebit, tunc, ut dictum est, præfata ab ipso justitia tertium habebit denarium. Et hoc quoque statutum est ut prior ipsius Ecclesiæ cum fratribus suis ad nullum alium pertineat, vel alicui cellæ appendat, nisi ad abbatem et priorem Cluniacensis monasterii. Quod si aliter abbas Cluniacensis facere voluerit, scilicet, ut sub providentia vel potestate alicujus cellæ, vel prioris alterius hanc transponat Ecclesiam, episcopus Leodiensis et advocatus prohibeat fieri, et in defensione atque arbitrio sit eorum, hoc privilegium, et hanc constitutionem retinere et tueri in perpetuum. Bona vero quæ ad ipsam Ecclesiam sunt collata, vel aliquando a fidelibus erunt confirmata, ad usus fratrum ibi Deo servientium proficiant, nec un- quam ad aliorum usus conferantur, vel in potestatem redigantur. Hanc igitur eleemosynam ipse Walterius S. Petro dedit, et confirmavit, ut fratres ibi Deo servientes, ipsum publice et privatim quotidie habeant in orationibus suis, et quotidianam absolutionem faciant ei. Et tam anniversarium suum quam patris et matris suæ anniversaria in vigiliis, et missis et in cæteris beneficiis suis devote recolant. Quæ constitutio, sive traditio, ut rata et inconvulsa permaneat, hanc ad posterorum memoriam sine confirmatione præsenti scripto mandavimus, et in generali synodo cum consensu sanctæ Leodiensis Ecclesiæ episcopali auctoritate firmavimus, et nostro sigillo corroboravimus. Testes, qui idonei sunt adhibiti, et in hac charta conscripti : Andræas præpositus et archidiaconus, Alexander, Henricus archid., Almannus archid., Stepo archid., Arnulfus canonicus S. Lamberti, Willelmus, Henricus, Stepo scholasticus; ex nobilibus atque illustribus viris, Godefridus comes Namurensis, Gislibertus comes de Duraschio, Lambertus comes de Monte-Acuto, liberi homines; Godescalcus advocatus ejusdem allodii, Adelo Namurcensis, et plures alii.

Actum Leodii, anno Incarn. 1124, ind. II, regnante Henrico IV, anno imperii ejus XXV, sub Adalberone Leodiensi episcopo.

II.

Charta Rainaldi Remorum archiepiscopi, de quitatione altaris de Turre super Materna.

(Anno 1125.)

In nomine sanctæ et individuæ Trinitatis. Noverit præsentium posterorumque solertia quod ego Rainaldus Dei gratia humilis et indignus Remorum archiepiscopus diu multumque laborans, qualiter altare de Turre super Materna, quod manu laicali indebita usurpatione diu fuerat occupatum, adeo ut quidam potentes de ' lagajotri partes oblationum, decimæ redituumque ad idem altare provenientium municipibus suis manciparent, illique, quod dedecorosius est, uxoribus suis et filiabus in matrimonium contraderent, tandem auxiliante Spiritu sancto, qui spirat ubi vult, me tali conditione ab eisdem invasoribus retraxisse. Cum enim sæpissime jam dictos dominos de Plagajotri admonerem, et modis omnibus illis persuaderem quod a possessione sanctuarii Dei quod diu injuste possidebant secederent, ne Crucifixi patrimonium injuste et violenter usurpando, æternam incurrerent damnationem : demum nostra crebra admonitione et persuasione permoti, nostroque acquiescentes consilio, supradictum altare eo tenore resignaverunt, videlicet, ut illud sanctæ Cluniacensi Ecclesiæ, quæ est quasi quoddam magnum totius orbis luminare, liberaliter impertirer, cum oblationibus et decimis, cæterisque ad se pertinentibus, atque jam dicti cœnobii venerabilibus fratribus personaliter tenendum concederem. Quorum justæ et religiosæ petitioni prompto et devoto annuens animo, ut omnium bonorum, quæ in tanta fuerint congregatione particeps esse merer, memoratum altare ipsis jure perpetuo personaliter possidendum contradidi cum omnibus ad ipsum pertinentibus : hac solum interposita pactione, jam dictis dominis de Plagajotri id humiliter postulantibus, quatenus presbyter loci illius, qui per eos tunc personatum parochiamque tenebat, quoad vivet, nisi forte propriis exigentibus culpis, ea amittere contingeret, libere et quiete possideat. Eo autem viam universæ carnis ingresso, sive pro qualibet rationabili causa, a supradictis remoto, Ecclesia Cluniacensis, quod suum est, videlicet altare et personatum cum suis pertinentiis jure perpetuo possidendum reciperet, liberam deinceps habens facultatem substituendi in eadem Ecclesia, dum tamen idoneus sit, quem voluerit sacerdotem. Qui nobis vel successoribus nostris per successionem temporis, ut moris est, præsentatus, postquam animarum curam susceperit, fidelitatem eis faciet, et debitam reverentiam exhibebit, salvo jure suo in iis quæ ad feodum presbyterii pertinere noscuntur. Et ut hæc rata et inconvulsa permaneant, sigilli nostri auctoritate corroborare curavimus.

Signum venerabilis archiepiscopi Rainaldi.
S. Joyranni abbatis Sancti Nicolai.
S. Ursi abbatis Sancti Dionysii.
S. Hugonis archidiaconi.
S. Leonis cantoris.
S. Albrici magistri [Ambrosii magistri.]
S. Joannis de Pi.
S. Joannis de Germania.
S. Liberti decani.
S. Odonis decani civitatis.

Actum Remis anno incarnati Verbi 1125, indict. III, regnante Ludovico rege Francorum, anno XVIII, archiepiscopatus autem domni Rainaldi anno I.

Fulcradus cancellarius scripsit et subscripsit.

III.

De presbyterio de Turre super Maderna [Materna].
(Anno 1125.)

In nomine sanctæ et individuæ Trinitatis. Noverit præsentium posterorumque solertia diuturnam contentionem inter presbyterum Turrensis Ecclesiæ, et inter monachos Clun., quorum est ipsius villæ parochia, a domno Raina do venerabili Remensium archiepiscopo ita esse compositam, ut prænominatus presbyter ea omnia, super quibus querimoniam agebat, tractum videlicet decimæ, stramen quoque et fenum, et minutam decimam abdicarit. Unde etiam pacis et concordiæ gratia sæpefato presbytero concessum est ut singulis Dominicis de missæ celebratione ex communi oblatione panem, vinum et donarium medietatem quoque oblationis parochianorum ad beneficium presbyteratus pertinentium habeat: reliqua omnia sint monachorum. Porro secunda feria ex his omnibus quæ in missarum celebrationibus ad manum ejus venerint, medietatem accipiat; reliquis diebus, si non quam tres denarios oblatio valuerit, sibi retineat; quidquid vero hunc numerum excesserit, cum monachis dividat. De eleemosynis autem et dimissionibus, quas obituri facient, hoc ordine procurabit, ut adhibitis sibi testibus legitimis parochianum commoveat, primo quod ipsis monachis, utpote in capite sanctuarii constitutis, pro animæ suæ remedio dimittat. Omnia hæc, ut supra taxatum est, salvo jure privilegii sæpedictæ Turrensis Ecclesiæ reformandæ, ac perpetuæ pacis gratia a prædicto venerabili archiepiscopo Rainaldo decreta, chirographi descriptione, et episcopalis sigilli impressione, testium quoque probabilium, et authenticarum personarum annotatione firmata sunt.

Signum ejusdem venerabilis archiepiscopi R.
S. Loyranni [Joyranni] abbatis Sancti Nicolai.
S. Ursi abbatis Sancti Dionysii.
S. Hugonis archidiaconi.
S. Leonis cantoris.
S. Ambrosii magistri.
S. Joannis de Pi.
S. Joannis de Germania.
S. Odonis decani civitatis.
S. Liberti decani.

Actum Remis, anno incarnati Verbi 1125, indict. III, regnante Ludovico rege Francorum anno XIX, archiepiscopatus autem domni Rainaldi anno primo.

Fulcradus cancellarius scripsit et subscripsit.

IV.

Charta Ludovici regis, de S. Petro de Pitueris.
(Anno 1130.)

In nomine sanctæ et individuæ Trinitatis. Ego Ludovicus Dei gratia rex Francorum, omnibus tam futuris, quam præsentibus, notum fieri volumus quod quidam miles, nomine Gilbertus, cognomento Strangulatus, pro remedio animæ suæ, ecclesiæ S. Petri Pituerensis (253), et monachis in ea Deo famulantibus, ub ad conversionem venerat, dedit quamdam terram, scilicet alodia sua de Verinis perpetualiter obtinendam. Placuit autem postea eisdem monachis Ecclesiæ suæ utilitati providentibus, ut ad terram illam excolendam et hospitandam, nos in ea participem admitterent, ita videlicet, ut de cunctis redditibus illius terræ, et de omnibus exactionibus et talliis, cæterisque aliis consuetudinibus medietatem caperemus. Præterea si per emptionem aliquod eidem terræ adcrementum inposterum acquiri poterit, nos medietatem pecuniæ dabimus, monachi vero alteram dimidiam persolvent partem. De majoribus quoque ac servientibus, ita decrevimus, quod aliquis major, sive præpositus in prædicta terra, absque licentia et assensu monachorum nullomodo

---

ANDREÆ CHESNII NOTÆ.

(253) Cluniaci, cœnob. immediate dependentis.

constituetur, et eisdem monachis unusquisque eorum suam faciant fidelitatem. Illud etiam statutum est et concessum, quod aliquis de hospitibus et hominibus prædictæ terræ, pro aliquo forisfacto, nisi in ipsa terra, aut in curia monachorum, nullomodo alibi ad justitiam vocabitur, aut in causam trahetur. Hoc autem ne per succedentia tempora posset oblivione deleri, aut a posteris infirmari, annuente Philippo filio nostro jam in regem coronato, scripto commendavimus, et sigilli nostri auctoritate nominisque charactere firmavimus, astantibus in palatio nostro, quorum nomina subscripta sunt, et signa.

S. Philippi junioris regis.
S. Ludovici buticularii.
S. Hugonis constabularii.
S. Manassæ camerarii.

Actum est hoc anno incarnati Verbi 1130, regni vero nostri XXII.

Data per manum Simonis cancellarii.

V.

Charta Ludovici regis, de pedagio quod est apud Monsteriolum, et super exactionibus, quas dedit Ecclesiæ Cluniacensi.

(Anno 1130.)

In nomine sanctæ et individuæ Trinitatis. Ego Ludovicus Dei gratia rex Francorum, omnibus tam futuris quam præsentibus, notum fieri volumus quod sanctæ Cluniacensi Ecclesiæ, et annuente Philippo filio nostro jam in regem coronato, et Adelaide regina, pro remedio animæ nostræ et antecessorum nostrorum, in perpetuum dedimus et concessimus ut nullus Cluniacensium fratrum tribuat amplius pediale apud monasteriolum, neque aliquam consuetudinem, quæ ad regale pertineat ministerium. Præcepimus etiam ne quis regalium ministrorum a quoquam prædictorum fratrum ullo modo deinceps hoc requirat. Quod si quis præsumpserit, non solum se reum divinæ majestatis, verum etiam decreti nostri transgressorem cognoverit. Hoc autem, ut ratum sit, scripto commendavimus, et sigilli nostri auctoritate nominisque charactere firmavimus, astantibus in palatio nostro, quorum nomina subscripta sunt et signa.

S. Philippi junioris regis.
S. Ludovici buticularii.
S. Hugonis constabularii.
S. Manassæ camerarii.
Dapifero nullo.

Actum anno incarnati Verbi 1130, regni nostri XXII.

Data per manum Simonis cancellarii.

VI.

De centum marcis in Anglia.

(Anno 1151.)

INNOCENTIUS episcopus, servus servorum Dei, dilecto filio PETRO Cluniacensi abbati, ejusque successoribus regulariter substituendis in perpetuum.

Donationes et beneficia, etc. *Vide in Innocentio II, ad an.* 1143.

VII.

Charta Ambroniacensis.

(Anno. 1132.)

Veritas rerum gestarum, si memoriæ causa scriptis solemniter commendata servetur, non vilis auctoritas est. Hac igitur commodante, posteris nostris scriptis notificare curavimus, quod ego Hisinio dictus Ambroniacensis abbas, et domnus Petrus Cluniacensis abbas in præsentia domni papæ Innocentii ita convenimus, et pacto in manu ejus firmavimus, ut controversia, quæ de loco de Prins inter nos fuerat, arbitrio et consilio domni Ilionis Sancti Justi abbatis terminaretur. Unde consilio habito, placuit domno Ilioni, et cæteris qui cum eo aderant, litem nostram concordia sic diffiniri, ut locum illum de Prins Ecclesia Cluniacensis jure proprietatis haberet, Ecclesia vero Ambroniacensis sepulturam, decimas atque oblationes fundi supradicti, quantum ad parochiam suam pertinet, jure parochiali obtineret, præter familiæ propriæ sepulturam, et propriæ domus decimas : de quibus sic diffinitum est, ut septem asinatas segulæ Ecclesiæ Ambroniacensi pro omnibus propriis decimis per singulos annos fratres loci illius persolverent ; sepulturam vero propriæ familiæ suæ liberam haberent, nisi forte aliquis mercenarius eis fuerit de parochianis nostris, qui se in parochia sua sepeliri deliberet, illius vero extremæ voluntati nemo obsistat. De parochianis quoque Ambroniacenses nullam sepeliendi facultatem habeant, nisi ducente, vel consentiente cujus erit parochianus presbytero. Salva autem consueta militum libertate, et uxor cum filiis eorum, et filiabus, qui ubi voluerint sepeliri possunt. Si autem ex alia parochia aliquis sepeliri se in loco illo disposuerit, vel aliquis de parochianis Ambroniacensis Ecclesiæ, pro salute animæ suæ, de mobilibus, sive de immobilibus aliquid fratribus loci illius offerre voluerit, terris nostris exceptis, ex conventione nostra jure concessionis obtineant. Hujus rei testes sunt :

Domnus Ilio, per cujus manum facta est, Matthæus Albanensis episcopus, Stephanus de Condiaco, Willelmus de Marciaco, et multi alii.

Actum est Lugduni, anno Incarnationis Dominicæ 1132, pontificatus vero domni Innocentii papæ II anno secundo.

VIII.

Innocentii II papæ diploma, super obedientia de Limanz.

(Anno 1152.)

INNOCENTIUS episcopus, servus servorum Dei, charissimo in Christo filio PETRO Cluniacensi abbati, ejusque successoribus regulariter substituendis in perpetuum.

Quæ ad pacem spectant Ecclesiæ, etc. *Vide in Innocentio II, ad. an.* 1143.

IX.

Confirmatio SS. Facundi et Primitiani [Primitivi] in Hispania.

(Anno. 1133.)

INNOCENTIUS episcopus, servus servorum Dei, dilecto filio PETRO Cluniacensi abbati, ejusque successoribus regulariter substituendis in perpetuum.

Ignem venit Dominus, etc. *Vide ubi supra.*

X.

Charta de Ledecomba [al. Labdecomba] in Anglia, et de centum marcis argenti.

(Anno. 1136.)

STEPHANUS rex Anglorum, archiepiscopis, episcopis, abbatibus, comitibus, baronibus et omnibus fidelibus suis per Angliam constitutis, salutem.

Sciatis quoniam venerabilis memoriæ rex Henricus avunculus meus et antecessor meus pro anima patris sui, avi mei, et animabus patrum et prædecessorum nostrorum dedit in eleemosynam omnibus annis Deo et ecclesiæ Beati Petri de Cluniaco centum marcas argenti de proprio thesauro suo. Ego vero bonorum ejus actuum ex debito sicut subsecutor, sic et devotus imitator, et ex gratia supernæ miserationis sedulus imperator, quod præfatus avunculus meus prædictæ Ecclesiæ in denariis contulit de thesauro suo, hoc ego eidem ecclesiæ in subscriptæ terræ stabilitis redditibus in perpetuum assigno, et manerium meum de Ledecomba, quod de proprio dominio meo est, pro illis centum marcis argenti illi Ecclesiæ in sempiternum dono et concedo. Quia volo et firmiter præcipio quod Cluniacus teneat manerium illud cum omnibus consuetudinibus et appendiciis in terris et proprio . . . . cum omnibus quietationibus et libertatibus, et rebus illi manerio pertinentibus, quas ipsum manerium liberius habuit, quando fuit in manu mea et antecessorum meorum. Et ut hæc donatio mea rata et inconvulsa illi sine fine ecclesiæ perduret, præsentis sigilli mei attestatione, et subscriptorum subnotatione confirmo et corroboro.

Apud Wintoniam, anno Incarn. Dominicæ 1136, regni vero mei primo.

S. Stephani regis.
S. Mathildis reginæ.
S. Eustachii filii regis.
S. Henrici de Soilli.
S. Henrici episcopi Wintoniensis.
S. Rogeri episcopi Sarisb.
S. Alexandri episcopi Lincoln.
S. Nigelli Eliensis episcopi.
S. Alani comitis Richemundiæ.
S. Rogeri comitis Warwici.
S. Albertici de Ver.
S. Roberti de Ver.
S. Alberti de Laci.

XI.

Confirmatio de Labdecombe.

HENRICUS Dei gratia rex Anglorum, dominus Hiberniæ, dux Northmanniæ et Aquitaniæ, comes Andegav. archiepiscopis, episcopis, abbatibus, prioribus, comitibus, baronibus, justitiariis, vicariis, præpositis, ministris, et omnibus baillivis, et fidelibus suis, salutem.

Inspeximus confirmationem H. regis avi nostri in hæc verba : Henricus Dei gratia rex Anglorum, dux Northmanniæ et Aquitaniæ, et comes Andegav. archiepiscopis, episcopis, abbatibus, comitib. baronibus, justitiariis, vicariis, et omnibus fidelibus suis, Francis et Anglis totius Angliæ, salutem. Sciatis quod ego concedo et confirmo Deo et Ecclesiæ S. Petri Cluniacensis, et monachis ibidem Deo servientibus, manerium de Ledecumbe in perpetuam eleemosynam pro salute regis H. avi mei, et omnium antecessorum meorum, et pro propria salute mea, quod manerium rex Stephanus dedit et assedit eis pro centum marcis quas prædictus rex Henricus solebat dare annuatim eidem Ecclesiæ Cluniac. Quare volo, et firmiter præcipio quod prædicta Ecclesia, et monachi idem manerium bene, et in pace, et libere, et quiete, et honorifice in perpetuum teneant in omnibus pertinentiis suis in bosco et plano, et pratis, et pasturis, et aquis, et molendinis, et stagnis, et hominibus, et tenuris eorum et cum omnibus libertatibus suis, sicut unquam melius, et plenius, et liberius tenuit illud rex Henricus in manu mea. Testes :

R. Winton. episcopus, G. Eliens. episcopus, Joannes Northw. episcopus, H. episcopus Dunelm, Willermus comes de Arundel., comes de Mandevilla, Richardus de Lucy, Richardus de Camvill., Rand. de Glanvill., Hugo de Cressey, Thomas de Bardum, Bertramus de Verdum, Willelmus filius Radulphi, Radulphus Briter. : Apud Northampton.

Nos igitur hanc concessionem ratam et gratam habemus, et eam abbati Clun. et monachis ibidem Deo servientibus pro nobis et hæredibus nostris concedimus et confirmamus. Ilis testibus venerabilibus Patribus W. Karleol. et W. Wigorn. episcopis, Joanne comite Lincoln constabulario Cestriæ, Simone de Monteforti, Willelmo de Ralegh, Petro de Malo lacu, Joanne filio Galfredi, Amaurico de S. Amando, Galfrido dispens. Willelmo Gernum et aliis.

Datum, per manum venerabilis Patris R. Cisterciensis episcopi, cancellarii nostri, apud Westmonasterium, XXII die Januarii, anno regni nostri XXII.

XII.

Innocentii II, papæ diploma, super Manerio de Letdecumba in Anglia.

INNOCENTIUS episcopus, servus servorum Dei, dilectio filio PETRO Cluniacensi abbati ejusque fratribus tam præsentibus quam futuris regulariter substituendis in perpetuum.

Ad hoc in apostolicæ sedis regimine, etc. *Vide in Innocentio II, Patrologiæ tom. CLXXIX*

XIII.
Confirmatio de Rochabovecurt.
(Anno 1136).

INNOCENTIUS episcopus, servus servorum Dei, dilecto in Christo filio PETRO Clun. abbati, ejusque successoribus regulariter substituendis in perpetuum.
Bonus et diligens paterfamilias, etc. *Vide ubi supra.*

XIV.
Confirmatio Montis-Desiderii cum pertinentiis suis.
(Anno 1136.)

INNOCENTIUS episcopus, servus servorum Dei, dilecto in Christo filio Petro Cluniacensi abbati, ejusque successoribus regulariter substituendis in perpetuum.
Bonus et diligens paterfamilias, etc. *Vide ubi supra.*

XV.
De concessione duorum altarium in episcopatu Ambianensi.
(Anno 1138.)

In nomine Patris, et Filii, et Spiritus sancti, Amen. GUARINUS Dei gratia Ambianensis humilis episcopus, sanctæ Ecclesiæ filiis præsentibus et futuris, feliciter niti ad bravium supernæ vocationis.

Sciat charitas et dilectio vestra, quoniam Bernardus de Ballolio miles strenuus, consiliis divinis et hortatibus nostris, et religiosorum virorum sapienter acquiescens, et animabus prædecessorum suorum, et propriæ saluti, et successorum suorum provide consulens, quædam altaria ad ipsum, et ejus antecessores hæreditario jure pertinentia, quæ licet injuste, utpote laicus, ad periculum animæ suæ, diu ipse tenuerit, monasterio Cluniacensi, Dei tactus aspiratione, concessit. Huic autem concessioni fratres ejus, et uxor sua Mathildis, et filii ejus Ingelrannus, et Wido, Eustachius, et Bernardus, et filia sua Hatuildis interfuerunt, et ob remedium animarum suarum assensum libentissime præbuerunt, eademque altaria in manibus nostris reddentes, libere et quiete spontanei dimiserunt. Nos autem Cluniacensis monasterii religionem considerantes, in præsentia archidiaconorum nostrorum, Radulphi videlicet et Balduini, et clericorum Achardi et Valteri sacerdotum nostrorum, et aliorum multorum, tam clericorum quam laicorum, religiosorum, et multorum hominum suorum, eadem altaria donavimus, salvis Ecclesiæ Ambianensis, nostrisque, et successorum nostrorum, et ministrorum, sicut ipsa altaria ab antiquo persolverant, consuetudinibus, et episcopali auctoritate in perpetuum confirmamus, ita scilicet ut monachi, qui in Ecclesia de domno Petro Deo servirent, Cluniacensi capitulo marcam unam argenti singulis annis persolvant, et sic ipsorum omnes altarium redditus in usus suæ Ecclesiæ, et in expensas suas, libere et quiete possidendo retineant, Ecclesiam scilicet de domno Petro, altare de Ballolio, altare de Turs, altare de Ardicuria, altare de Ramburellis, altare de Alenai.

Actum hoc anno Dominicæ Incarnationis, 1138, indictione II feliciter. Amen.

XVI.
Confirmatio domus Montispessulani, et S. Gervasii, et S. Renoberti.
(Anno 1138.)

INNOCENTIUS episcopus, servus servorum Dei, dilecto filio PETRO abbati Cluniacensi ejusque successoribus regulariter substituendis in perpetuum.
Quos omnipotens Dominus, etc. *Vide in Innocentio II, Patrologiæ t. CLXXIX.*

XVII.
Compositio inter Cluniacum, et S. Benedictum super Padum.
(Anno 1140.)

INNOCENTIUS episcopus, servus servorum Dei, dilectis filiis abbati et conventui Clun., salutem et apostolicam benedictionem.
Venientibus ad apostolicam sedem, etc. *Vide ubi supra.*

XVIII.
Donatio ecclesiarum de Barbona, et de Lintis, et Lintellis, uniusque præbendæ in ecclesia Sancti Petri Trecensis, per domnum Hatonem episcopum.

In nomine sanctæ et individuæ Trinitatis, HATO Dei gratia Trecensis Ecclesiæ humilis minister, omnibus fidelibus in perpetuum.

Summa Dei virtus sapienter cuncta gubernans, ad informationem humanæ vitæ misericorditer veniens, prudenter hoc providit, et juste pieque ordinavit, ut qui ecclesiasticis sunt intenti servitiis, ecclesiasticis jure prosequantur beneficiis. Quidquid ergo ad utilitatem servorum Dei efficere contendimus, profuturum nobis ad æternam beatitudinem promerendam confidimus. Quocirca notum fieri volumus, tam præsentibus quam futuris fidelibus, quod charissimi nostri fratres Cluniacenses ad nos humiliter accedentes, petierunt, ut pro amore Dei aliquod beneficium illi sanctissimæ domui Cluniacensi impertiri dignaremur. Siquidem justa petentibus aures claudere divina pietas non permittit, proinde considerantes piam eorum esse petitionem, illorum petitionibus gratanter annuimus, atque ecclesiam de Barbona, ecclesiamque de Lintis et Lintellis perpetuo jure possidendas dedimus et concessimus, ita tamen ut Iterius presbyter, quandiu vixerit, quinque per singulos [annos], solidos Cluniacensi Ecclesiæ de Ecclesia de Barbona persolvat; et nepos meus Wiricus decem solidos in vita sua. Post mortem vero illorum, illæ prænominatæ tres Ecclesiæ in proprium deveniant monachorum, ita ut habeant liberam potestatem eligendi in eisdem Ecclesiis idoneos sacerdotes, quos Trecensi episcopo repræsentantes, curam animarum de ejus manu recipiant. Monachi vero de ecclesiasticis beneficiis, eisdem presbyteris mensurate provideant. Dedimus etiam Ecclesiæ Cluniacensi, laudantibus et concedentibus clericis nostris, potente hoc atque exigente papa Innocentio, unam præbendam in ecclesia beati Petri Trecensis in perpetuum tenendam. Quod ne aliqua temporum vetustate aut personarum varietate mutaretur, vel infirmaretur, jussimus hanc chartam nostri sigilli auctoritate roborari, et nomina idonearum personarum, quæ interfuerunt, subtitulari.

Signum Oddonis archidiaconi.
S. Manasses archidiaconi.
S. Fulconis archidiaconi.
S. Tegeri canonici.
S. Wirici nepotis episcopi.

XIX.

Confirmatio S. Remigii de Plaore [Plaiotro], de Barbona, de Lintis, de Lintellis, et de S. Silvestro in Trecensi diœcesi.

INNOCENTIUS episcopus, servus servorum Dei, dilectis filiis PETRO abbati, et monachis Cluniacensibus, salutem et apostolicam benedictionem.

Quæ vobis et fratribus vestris, etc. *Vide in Innocentio II, Patrol. t. CLXXIX.*

XX.

Confirmatio de Prins, cum suis pertinentiis.

INNOCENTIUS episcopus, servus servorum Dei, dilectis in Christo filiis PETRO abbati et monachis Cluniacensibus in perpetuum.

Ex apostolicæ sedis administratione, etc. *Vide ubi supra.*

XXI.

Lucii papæ diploma de sancto Saba cum pertinentiis suis.

(Anno 1144.)

LUCIUS episcopus, servus servorum Dei, dilecto filio PETRO Cluniacensi abbati, ejusque successoribus regulariter substituendis in perpetuum.

Etsi Ecclesiarum omnium cura, etc. *Vide in Lucio II, ad an. 1145.*

XXII.

Eugenii III papæ diploma, de Calderia de Ledone.

EUGENIUS episcopus, servus servorum Dei, dilectis filiis PETRO abbati Cluniacensi, ejusque fratribus tam præsentibus quam futuris, regularem vitam professis, in perpetuum.

Quæ ab Ecclesiæ Dei fidelibus, etc. *Vide in Eugenio III, ad an. 1153.*

XXIII.

Charta Willelmi comitis, de concordia inter ipsum et domnum Petrum abbatem Cluniacensem super Mauziacensi, et Celsiniacensi monasteriis.

Quæ pro salute geruntur maxime litteris tradere, ne tractu temporis ab hominum cadant memoria, prudentium assuevit discretio. Notum sit itaque, quod ego Willelmus, Arvernorum comes, reformando pacem cum domno Petro Clun. abbate, et ejus fratribus pro injuriis, quas Mauziacensi monasterio, et Celsiniacensi injuriose intuli, mediatetem omnium letdarum, quæ in villa Reomensi, quoquo tempore acceptæ fuerint, libere prædicto monasterio Mauziacensi, et ejus habitatoribus dono, et in perpetuum possidere concedo. Verumtamen si quis prædictis habitatoribus, pro hac medietate letdarum controversiam moverit, ego idem WILLELMUS querentibus satisfaciendo monachos Mauziacenses in pace obtinere faciam. De foro vero cognominato de Charnac, medietatem omnium annonarum, ut salis, priori Celsiniensi, et ejus monachis; sed et censum annualem, qui ex terra, in qua forum fit, colligi poterit, in terra illa tantum, quæ beati Petri juris est, secundum quod unicuique hominum institutum est, vel fuerit, gratanter reddo, et in perpetuum habere concedo. Si quando (quod absit!) ego, vel qui sub potestate mea sit, aliquam injuriam in supradictis foris monachis vel eorum hominibus fecero, vel quis fecerit, si abbas Mauziacensis, vel prior Celsiniacensis, vel aliquis nomine eorum me emendare monuerit, infra quadraginta dies post admonitionem, eis satisfacere propria manu juro. Pravas insuper consuetudines, quas infra villam, de Charnac nomine, letdarum per me, vel per meos introduxeram, et cætera mala, quæ hominibus villæ, vel priori ejusdem loci injuriose faciebam, dimitto. Similiter de Vareris, et de Brenac, et de aliis terris, quæ ad jus Celsiniensis, vel silvas occupando, vel devastando, invasi, eos supradicto priori et Ecclesiæ habitatoribus satisfacere cogam. Ad eamdem quidem pacem reformandam necessario accessit, ut ego et abbas Mauziacensis, nomine Eustachius, quos meliores ejusdem villæ cognovimus, astringi præcepimus sacramento, ut consuetudines, quas pacifice pater meus in villa Mauziacensi obtinuerat, concorditer dicerent quibus essem contentus. Quod et ita factum est. Pro quibus consuetudinibus villam, et villæ habitatores, sed et extraneos euntes et redeuntes, et res eorum in eadem villa depositas fideliter defendere curabo. Forum Mauziacense, et forum Celsiniarum, sicuti forum Riomense, et de Charnac fideliter defendam. Liberos etiam homines, qui ex villa abbatis ad meas transierunt, libere redire permittam. Terras, quæ ad jus Mauziacense pertinent, quas possidebant, si qui forte redire noluerint, abbas quibus voluerit, et quomodo voluerit, ordinet et disponat. Consuetudinarii vero ad propria revertantur, excepto uno, qui remanebit, prout statutum est. Si quas insuper terras ego, vel mei, ad jus Beati Austremonii pertinentes occupavimus, ego dimitto, et meos dimittere faciam. Si quis vero justitiam pro aliquibus nostris facere noluerit, ad exigendum jus abbati non ero [deero]. Hanc litis transactionem, et pacem feci in capitulo Cluniacensi ego Willelmus comes cum Petro abbate ejusdem monasterii, et cum Eustachio abbate Mauziacensi, et cum Petro priore Celsiniacensi, præsente conventu ejusdem monasterii, et Ademauro, et Stephano de Castello, et Stephano de Ermonense, et Bertrando Rigaldello, et aliis multis. Hanc etiam chartam tenorem hujus pacis continentem in æternum valituram proprio sigillo muniri præcipio, et ut episcopus et capitulum Claromontense, sed et domnus papa, idem faciant, rogo et exopto.

XXIV.

Charta Adefonsi imperatoris Hispaniæ, de S. Vincentio de Salamanca.

(Anno 1153.)

Cum Scriptura nos omnibus bonum facere moneat Ecclesiis et ecclesiasticis viris, veris Dei cultoribus, est eleemosyna præcipue largienda, juxta illud Apostoli : *Dum tempus est, operemur bonum ad omnes, maxime autem ad domesticos fidei (Gal.* vi). Hujus rei gratia ego Adefonsus imperator Hispaniæ, una cum uxore mea Berengaria, grato animo, voluntate spontanea, pro mea, parentumque meorum salute, pro peccatorum nostrorum remissione, Cluniacensi Ecclesiæ in honore beati Petri fundatæ, et ejusdem ecclesiæ abbati domno Petro, monachisque omnibus Deo ibi militantibus eorum successoribus in perpetuum, ecclesiam S. Vincentii de Salamantica, cum omnibus ejus hæreditatibus vel a me, vel ab aliis ei datis, ejusdem Ecclesiæ priore domno Aliuco, domnoque Berengario ipsius civitatis episcopo suggerentibus et concedentibus, jure hæreditario dono, et hæreditariam eis in perpetuum habendam concedo. Ita, inquam, prædictæ Clun. Ecclesiæ et prædicto abbati domno Petro, ecclesiam S. Vincentii prænominatam dono, quatenus canonicalem habitum, qui modo ibi habetur, in habitum monachalem transvertat, et idem ecclesiæ, ac ejus possessionibus, ut Pater et domnus semper disponat, semper provideat. Si qua autem ecclesiastica sæcularisve persona huic meæ donationi contrarius in posterum venerit, et eam diruperit, ab omnipotente Deo maledictus, in inferno cum Juda proditore damnetur, nisi resipuerit; insuper pro temerario ausu hæreditate Clun. Ecclesiæ duplicata, regiæ potestati mille marcas argenti pectet.

Facta charta Najaræ, iv Kal. Novembris, æra mclxxxi, prædicto imperatore Adefonso imperante in Toleto, Legione, Sarragocia, Najara, Castella, Gallecia.

Ego Adefonsus imperator hanc donationem, quam in manu domni Guidonis Romanæ Ecclesiæ cardinalis et legati, Clun. Ecclesiæ de prædicta ecclesia S. Vincentii facio, dono, auctoritate confirmo et firmam ut stabilem omni tempore esse concedo.

Ego Berengaria imperatrix confirmo.
Ego Sancius imperatoris major filius
Ego Raimundus Toletanus archiepiscopus.
Ego Petrus Compostellanus archiepiscopus.

XXV.

Confirmatio S. Vincentii de Salamantica in Hispania.

Cœlestinus episcopus, servus servorum Dei, dilectis filiis Petro Cluniacensi abbati, ejusque fratribus, salutem et apostolicam benedictionem.

Cum ex injuncto nobis, etc. *Vide in Cœlestino II, Patrologiæ t. CLXXIX.*

XXVI.

Charta domni Frederici imperatoris super Balmensi monasterio.

(Anno 1153.)

In nomine sanctæ et individuæ Trinitatis, Fredericus divina favente clementia Romanorum rex Augustus. Si religiosorum vota et petitiones clementer admittimus, et ad cultum divinæ religionis gratiosum favorem eis impendimus, tam temporalis quam æternæ beatitudinis præmia felici commercio nobis contrahere non ambigimus. Eapropter omnium tam præsentium quam futurorum solers noverit industria qualiter nos, ob reverentiam et petitionem dilecti nostri Petri Venerabilis Cluniacensis abbatis, statutum donationis, quod Cluniacensi Ecclesiæ de Balmensi cœnobio cunctisque possessionibus collatum est, a reverendo videlicet Patre nostro papa Eugenio III, nec non ab Humberto Bisuntino archiepiscopo, seu a Willelmo Burgundiæ præclaro comite, nos quoque regia auctoritate corroboramus, et confirmamus, et paginæ præsentis privilegio in æternum valiturum, de nostro, ac regni dominio in Cluniacensis monasterii, et abbatum ipsius dominium transactamus, salvo tamen jure, quo regno eadem Balmensis Ecclesia subjecta esse cognoscitur. Regia nihilominus auctoritate præcipimus, ut eadem Ecclesia nullum advocatum habeat, nisi quem Cluniacensis abbas eligere voluerit; et ut omnia firma et inconcussa pace retineat, quæcunque temporibus Alberici abbatis possedit, vel quæ eo tempore possidebat, quo eam Cluniacensis abbas regendam suscepit. Jubemus etiam, ut quicunque ex jure Balmensi abbati olim hominium faciebant, Cluniacensi abbati absque ulla contradictione modo similiter faciant. Ipsam quoque Balmensem Ecclesiam, et omnia ad eam pertinentia, ob salutem animæ nostræ, et omnium parentum nostrorum, in tuitionem nostram suscepimus, regia auctoritate prohibentes, ne aliqua magna vel parva persona ab hominibus ejusdem Ecclesiæ districtum, vel aliquam exactionem exigat, nec Balmenses monachos a perquirendo jure suo in propriis possessionibus impedire præsumat. Ex quibus quasdam propriis necessarium duximus exprimendas vocabulis : Monasterium videlicet S. Mariæ Grandisfontis cum omnibus appendiciis suis; monasterium S. Petri Gaudæ cum omnibus appendiciis suis; monasterium S. Mariæ infra urbem Bisuntinam, quod vocatur Vissanum, cum omnibus appendiciis suis; monasterium S. Eugendi Ethicæ; monasterium S. Laurentii; monasterium S. Desiderati, Ledonens, cum omnibus appendiciis ipsorum, Musnet, Creancet, Nuviacum, Buvliacu, Sabomacum, et Lafrautem, S. Mauritius, S. Robertus; monasterium S. Stephani de Ponte; monasterium S. Agnetis, Sisinciacum, capella Beneventum; monasterium Sciense, monasterium de Dola, monasterium Strabon. Quæ omnia, cum reliquis acquisitis, vel acquirendis, Balmensis Ecclesiæ, et per eam Clun. regia auctoritate confirmamus, et in perpetuum possidenda contradimus, adjicientes, ut nullus hujus nostræ traditionis statutum infringere præsumat. Si quis autem in aliquo temere contraire tentaverit, regio banno subjaceat, et mille libras auri cameræ nostræ persolvat. Et ut hæc omnia æternaliter rata et inconvulsa permaneant, præsentem paginam sigilli nostri impressione insigniri jussimus. Testes interfuerunt, quorum nomina subscripta cernuntur : Arnoldus Coloniensis archiepiscopus, Gunterus Spirensis episcopus, Conradus Wormaciensis episcopus. Anselmus Havelburgensis episcopus, Conradus Augustensis episcopus, Wibaldus Corbeiensis abbas atque Stabulens. abbas, Henricus dux Saxoniæ, Henricus dux Bavariæ, Bertoldus dux Karinthiæ, Theodorus comes Hollandiæ, Heremanus palatinus comes, Hugo comes de Tagesburch. Signum primi domni Frederici Romanorum regis invictissimi.

Ego Arnoldus cancellarius recognovi.

Datum Wormaciæ anno Dominicæ Incarnat. 1153, ind. I, III Idus Junii, regnante domno Frederico Romanorum rege glorioso, anno vero regni ejus II, in Christo feliciter. Amen.

XXVII.

Adriani IV, papæ diploma, De abbatia Balmensi (254) in archiepiscopatu Bisuntinensi cum pertinentiis suis.

(Anno. 1155.)

ADRIANUS episcopus, servus servorum Dei, dilecto filio in Christo PETRO Cluniacensi abbati, ejusque successoribus canonice substituendis in perpetuum.

Gloriosa et admirabilis, etc. *Vide in Adriano IV, ad an.* 1159.

XXVIII.

Charta Richardi Constantiensis episcopi super ecclesia de Morsalinis.

Ego RICHARDUS Dei gratia Constantiensis episcopus, a domno Petro Venerabili abbate Cluniacensi expetitus, charta et sigillo meæ auctoritatis, confirmo concordiam quæ facta est inter abbatem et monachos Montisburgi, et ecclesiam et monachos S. Cosmæ de Ecclesia Morsalinarum, videlicet ut monachi Montisburgi duas partes decimæ frugum de omni terra quam habent monachi S. Cosmæ in Morsalinis, habeant et teneant, et in recognitionem x solidos Andegav. vel Rothoma. priori et monachis S. Cosmæ annuatim reddant. Ipsa vero Ecclesia, et impositio sacerdotis, et ea quæ ad altare et cœmeterium pertinent priori et monachis S. Cosmæ libere et quiete remanebunt. Ut autem hæc concordia inter prædictas Ecclesias rata et inconcussa maneat in æternum, præsentis paginæ testimonio, et sigilli mei auctoritate cum litteris domni Petri abbatis Cluniacensis eamdem concordiam confirmo. Hujus rei testes sunt Willelmus archidiaconus, Petrus capellanus, Robertus de Milleto, Unfredus decanus, Willelmus Malaterra, Willelmus de Vernone, Richardus de Waravilla.

XXIX.

Alia charta super eadem Ecclesia.

Universis Christi fidelibus ad quos præsens scriptum pervenerit magister RICHARDUS episcopus, et PHILIPPUS archidiaconus Constantiensis salutem in Domino. Ad universitatis vestræ notitiam volumus pervenire quod causa quæ inter abbatem et monachos Montisburgi ex una parte, et priorem et monachos S. Cosmæ ex altera vertebatur super Ecclesia de Morsalin. nobis a sede apostolica commissa fuit in hæc verba : ADRIANUS episcopus, servus servorum Dei, dilectis filiis magistro Richardo episcopo, et Philippo archidiacono. Conquerentibus dilectis filiis nostris abbate et monachis Montisburgi ad audientiam nostram pervenit quod Willelmus prior et monachi S. Cosmæ Constantiensis diœcesis jus suum in ecclesia Morsalinarum injuste detinent, et reddere contradicunt. Quocirca discretioni vestræ per apostolica scripta mandamus, quatenus partibus in præsentia vestra constitutis, quæ hinc inde propositura fuerint audiatis, et causam inter ipsos, appellatione remota fine canonico terminetis, facientes quod statueritis per censuram ecclesiasticam firmiter observari, etc. Datum Laterani x Kal. Maii, pontif. nostri an. IV. Hujus igitur auctoritate mandati partes ad præsentiam nostram convocavimus, et auditis hinc inde propositis, discordiam quæ inter ipsos pro memorata Ecclesia Morsalinarum fuerat, in hunc modum ad pacem et concordiam reduximus. Monachi Montisburgi duas partes decimæ frugum de omni terra quam habent monachi S. Cosmæ in parrochia Morsalinarum libere et quiete in perpetuum possidebunt, et in recognitione x solidos Andeg. vel Rothom. priori et monachis S. Cosmæ annuatim reddent. Ecclesia vero ejusdem villæ et impositio clerici ad ea quæ ad altare et cœmeterium pertinent, cum tertia parte decimæ frugum priori et monachis S. Cosmæ, libere et quiete in perpetuum remanebunt. Facta est autem hæc concordia assensu, et consensu Petri abbatis et fratrum Cluniacensium, et a partibus hinc inde in præsentia nostra sacramenti interpositione confirmata. Et ne super hoc in posterum querela denuo suscitetur, et quod canonice factum est recidivum patiatur, eamdem concordiam præsentis scripti auctoritate et sigillorum nostrorum appensione roboravimus. Test. Alveredo cantore, Rob. de Pererio canonico Constant., Petro capellano, Willelmo de Vernone, Richardo de Wallivilla, Roberto de S. Germano tunc vicecomite, Roberto venatore, Richardo de Saucerio, Willelmo de Han, Radulpho Gaam, et aliis multis.

ANDREÆ CHESNII NOTÆ.

(254) Confirmaverunt et hanc abbatiam Clun. cœnobio Urbanus III, papa, anno Incar. 1185, pontificatus sui I, charta LXXIX. Clemens III, anno 1187. Pontif. sui I, charta XVIII; et Cœlestinus III, anno 1191, pontif. sui I, charta LV.

ANNO DOMINI MCLVII
ROBERTUS RETENENSIS

NOTITIA.

(FABRIC., *Biblioth. med. et inf. Lat.*, t. VI, p. 107.)

Robertus Retenensis (non *Ketenensis*, ut quidam codd. mss. apud Montfauconium), Anglus, peragrata Gallia, Italia, Dalmatia, Græcia et Syria, demum in Hispania sedem fixit, Pampelonæ archidiaconus mortuus, *Alcoranum in compendium redactum Latine vertit*, quod prodiit Norib. 1543 in Mahumeticis Bibliandri tomo I; Basil, 1545-1550. *Præfatio ejus ad Alcoranum* ad Petrum Venerabilem, abbatem Cluniacensem, exstat in Bibliotheca Cluniacensi. De hac versione non admodum bene judicat Huetius De claris interpretibus, p. 141. *Gesta de Jerusalem* eidem tribuit codex Vaticanus in Bibl. mss. Montefalconii, p. 74, de quo despiciant eruditi. *Chronica Saracenorum* ipsi ascribuntur in Bibl. regis Galliæ.

NOTITIA ALTERA.

(ANTONIO, *Bibliotheca Hispana vetus*, t. II, p. 25.)

Petrus quidam magister Toletanus sub idem tempus (1157) vixit, cujus operæ in Alcorani translatione ex Arabico in Latinum facta jussu Petri Venerabilis, Cluniacensis abbatis, tunc in Hispania degentis, exstat memoria in quodam codice ms. qui apud Marsilium Ficinum fuit ex donatione duorum fratrum germanorum Antonii et Michaelis Miniatensium, anno 1459 scripto : quem Martinus Siruela, noster in paucis olim dum viveret amicus, Hispalensis nostræ metropolitanæ Ecclesiæ portionarius, singularis vir fidei atque doctrinæ sese vidisse, aut saltem adnotata exinde habita quæ jam producimus, nobis affirmavit. Continebat liber Alcorani Latinam versionem, et in fine hanc notam : *Illustri viro Petro Cluniacensi abbate præcipiente suus Angligena Robertus Ketenensis librum istum transtulit anno Christi 1143, anno Alexandri 1043, anno Alhigeræ 536, anno Persarum 511*. Attamen hanc consequebatur hæc altera nota : *Hunc librum fecit dominus Petrus Cluniacensis abbas transferri de Arabico in Latinum a Petro magistro Toletano, cum esset ipse abbas in Hispaniis constitutus cum glorioso Adephonso, eo anno quo gloriosus imperator Coriam civitatem fecit* (1).

(1) Totidem atque ipsis fere verbis eadem hæc legas in Regiæ bibliothecæ Taurinensis codice 156, t. I, pag. 46, col. 1, atque idem in Bodleianæ Joannis Seldeni alio, class. VII, cod. 3419, ac demum in Joan. Dan. Andr. Janoski Zaluscianæ Dresdensis, 1752, cod. 258, pag. 77, quæ describere ex asse placuit, atque eodem scripturæ ordine, nimirum ut uno obtutu lector variantes lectiones observare, ac de vero hujus versionis auctore apud se statuere ac jucicium ferre possit.

REGIUS TAURINENSIS.

Illustri viro Petro Cluniacensi abbate præcipienti suus Angligena Robertus Kertnensis librum istum transtulit anno Christi M. C. XLIII. anno Alexandri MCCCCIII. anno Alligere quingentesimo trigesimo septimo. Anno Persarum quingentesimo undecimo. Hunc librum fecit Dominus Petrus Cluniacensis Abbas transferri de Arabico in Latinum a Petro magistro Toletano cum esset ipse Abbas in Hispaniis constitutus cum glorioso Adefonso eo anno quo videlicet Imperator Coriam civitatem cepit.

ODLEIANUS.

Illustri Gloriosissimo viro Petro Cluniacensi Abbate præcipiente suus Angligena *Robertus* Retinensis librum istum transtulit A. D. 1143. An. Alexandri 1403. An. Al-Higiræ 537. An. Persarum 511. Hunc librum fecit Dominus *Petrus Cluniacensis* Abbas transferri de Arabico in Latinum a petro magistro Toletano, juvante Monacho scriptore cum esset idem Dominus ac Ven. Abbas in Hispaniis constitutus cum glorioso Imperatore Aldefonso eo an. quo idem Imperator Choream civitatem cepit et Saracenos inde fugavit.

ZALUSCIANUS.
Libri titulus.

Illustri gloriosissimoque Petro cluniacen. abbate precipiente suus angligena Robertus Retenensis librum istum transtulit anno nat. Xri. M.° C.° XLIII. anno Alexandri. 1403. anno alhigere D.° XXXVII.° anno persarum D.° XI.°

Hactenus libri titulus. In ejus autem fine legitur.

Hunc librum fecit dompnus Petrus cluniacen. Abbas transferri de arabico in latinum a Petro magistro toletano juvante Petro monacho scriptore. Cum esset idem dompnus ac venerabilis abbas in hispaniis constitutus cum glorioso imperatore Adefonso eo anno quo idem gloriosus imperator choriam civitatem cepit et Sarracenos inde fugavit.

(1) Eadem fere habet, e Bodleiano codice mutuata, Thomas Tannerus episcopus Asaphensis *Biblioth. Britanico Hibernica* in Ketenensi (Roberto) sive Retinensi, pag. 454. E tribus autem his codicibus Taurinensis recens est, sæculo XVI scriptus; Bodleianus epochen non habet, sicut nec Zaluscianus qui tamen *perantiquus* ab ejus Bibliothecæ auctore dicitur; ille autem alter quem a Martino Siruela visum noster affirmat, anno 1459 exaratus dicebatur : concordantque omnes, in asserendo *Petrum magistrum Toletanum transtulisse Alcorani librum de Arabico in Latinum*.

Plane Robertum Ketenensem Alcorani interpretem, qui hoc sæculo vixit, atque ex Oriente redeuntem, atque in Hispania Pampilone obtento sacræ ædis archidiaconatu hærentem, magno stipendio ad id opus conficiendum Petrus Cluniacensis conduxisse dicitur, agnovere Nicolaus Cusanus in *Cribratione* ejusdem *Alcorani*, et ex eo Joannes Pitsæus *De illustribus Angliæ scriptoribus*, ad annum 1143, et Aubertus Miræus in auctario *De scriptor. eccles.*, cap. 373, et post alios Augustus Pfeiffer Saxo in *Fasciculo dissertationum philologicarum*, dissertatione 4. Qui tamen, Erpenii fide, huic Ketenensi comitem in ea translatione adjungit Hermannum quemdam Dalmatam.

Quo motus utique laudatus Siruela noster suspicabatur fuisse olim cum versione Alcorani compactum in eodem codice aliquod aliud opus ex Arabico id etiam in Latinum conversum a Petro Toletano, ejusdem Petri Cluniacensis jussu, ad quod referri hæc nota posterior debeat. Sed bene potuit Cluniacensis iste abbas binum interpretem applicare operi, quod optime conversum haberi cuperet, cum vel Ketenensis ea translatio hodie a multis culpetur *tanquam parum accurata, et extra manifestas historias veram Arabismi sententiam satis raro fideliter exprimens*, ut verbis loquar ejusdem Erpenii (2); *sive ineptissima est et sententias misere subvertens, strigosa ad hæc nonnunquam et exilis in nimiam statim molem assurgit, ut nemo inde Alcorani intelligentiam sibi spondere queat;* quod in libro secundo de interpretatione Petrus Daniel Huetius ait. Et Joannes Albertus Widmestadius, jurisconsultus Germanus in *Theologiæ* suæ *Machometi* et *epitomes Alcorani* (quam Norimbergæ anno 1543 editam vidit Alphonsus Ciaconius, quod in schedis docet) præfatione admonet Ketenensis translationem epitomen tantum Alcorani esse. Præterea et a Josepho Scaligero Petrus Toletanus, ut Alcorani interpres, alicubi laudatur, quamvis inter eos qui huic studio incubuerunt, tam in Latii, quam in aliarum gentium idiomata id opus vertendi, laudatus nuper Pfeiffer, qui eos collegit, de Petro isto sileat (3).

(2) Ad *Suratam 12 Alcorani* quam edidit præfatione ad versionem antiquam.

(3) Vidimus Martini Siruelæ et nostri de vero Alcorani libri interprete conjecturas : e quibus ea mihi magis arridet, quæ e Joannis Alb. Widmanstadii præfatione descendit, nimirum · *Ketenensis translationem epitomen tantum Alcorani esse;* seu quod eodem redit, Ketenensem Alcorani librum primum in epitomen redegisse, moxque Arabicam ejus-epitomen in Latinum sermonem transtulisse. Consonat Gesnerus in eo, inquiens : *Alcorani libros IV in epitomen redactos transtulit in sermonem Latinum;* et Tannerus loco citato, qui Ketenensem *in epitomen redegisse* (ait) *et ex Arabico in Latinum Mahumeti Alcoranum*. De *Petro* autem *magis* trot.*Toletano* sinceri id est integri Alcorani textus interprete, dubitare non sinunt quatuor unius labii codices in quibus legitur *Alcorani librum Petri Cluniacensis monitu aut jussu ex Arabico in Latinum ab eo translatum fuisse*. Quæ si cum iis conferas quæ præfati codices in ipso inscriptionis seu nuncupationis libri limine uno quasi ore de Ketenensi habent, nimirum *Robertus Ketenensis librum istum* (Alcorani) *transtulit :* postrema hæc multo præ iis, quæ de Petro Toletano in iisdem codicibus, leguntur generaliora esse, nec Librario minus seu codicis exscriptori, quam interpreti accommodari posse deprehendes. Quibus addesis Petrum Toletanum, *ut Alcorani interpretem* alicubi a Josepho Scaligero laudari, ut Noster hoc eodem numero innuit. Annum autem quo Coria urbs Saracenis erepta fuit quatuor memorati codices 1143 a Christo nato designant; cl. tamen Florezius magno nisu 1142 sive æram MCLXXX fuisse contendit t. XXI, pag. 314, n. 20.

ROBERTI RETENENSIS
PRÆFATIO
AD PETRUM VENERABILEM

IN LIBRUM LEGIS SARACENORUM QUAM ALCORAN VOCANT, A SE TRANSLATUM

(Exstat supra col. 657 Petri Venerabilis libro contra Saracenos præmissa.)

ANNO DOMINI MLVIII

WIBALDUS
ABBAS STABULENSIS ET CORBEIENSIS

NOTITIA HISTORICA

(Fabric. *Bibliotheca mediæ et inf. Latinitatis*, t. VI, p. 319.)

Wibaldus, aliis *Guibaldus*, *Wiboldus* et *Cuicboldus*, claro genere apud Leodios natus, ex nobilibus scilicet *de Pratis*. Ab ipsis incunabulis in monasterio Stabulensi educatus fuit, deinde ad Leodiensium scholas perrexit, ubi adhuc a. 1115 versatus est, a. 1117. vero ad Walciodorense monasterium se contulit. Ubi scholas ipse rexit, donec a. 1130, Stabulensium abbas, a. 1136, Casinensium, denique a. 1137 Coribeiénsium creatus est, ubi a. 1158 fatis concessit. Magna auctoritate fuit apud Lotharium imp. qui eum n epistola ex archivis Casinensibus a Mabillonio protracta *Romani imperii archicancellarium* vocat. Exstat in Vita nostri p. 165. Negotiis quoque civilibus et bellicis multum interfuit. De vita ejus confer Petri Diaconi Chronicon Casinense IV, 124 seqq., Schatenium in Annalibus Paderbornensibus. Omnium vero industriam superarunt Edm. Martene et Ursinus Durand qui tomo II Collectionis amplissimæ Vitam Wibaldi a. p. 155-183 copiose satis elaborarunt. Iidem Duumviri *Epistolas* ejus 441 ex codice Stabulensi ediderunt, a p. 183 seqq., cum huc usque non nisi una fuerit edita tom. II Spicilegii Dacheriani, p. 708 edit. novæ, et in Actis Sanctorum tom. III Aprilis, p. 807, ad Theodericum abbatem Walciodorensem, quæ in hac Collectione sexto loco posita est.

NOTITIA LITTERARIA.

(*Histoire littéraire de la France* par des religieux bénédictins, tom. XII, p. 555.)

Ce que nous avons de la littérature de Wibaud ne consiste qu'en des lettres ; mais ces lettres, qui sont en grand nombre, prouvent qu'il était capable de produire des ouvrages en forme, même sur les sujets les plus relevés, et qu'il ne lui a manqué que le loisir pour le faire. Dom Martene les a rassemblées dans le deuxième tome de sa grande Collection, avec celles qui ont été adressées à l'auteur, ou qui furent écrites à son occasion ; ce qui forme un recueil de 441 lettres. Une analyse de toutes ces pièces répandrait assurément de grandes lumières sur l'histoire ; mais comme cela nous mènerait trop loin, il faut nécessairement nous borner à ce que nous rencontrerons de plus frappant et de plus propre à piquer la curiosité des lecteurs.

Les deux premières sont écrites du Mont-Cassin à l'empereur Lothaire pour implorer sa protection en faveur de ce monastère, dont il avait obligé Wibaud à prendre le gouvernement. Rien de plus touchant que la peinture qu'on y fait de la désolation où les troupes du roi de Sicile avaient réduit non-seulement le Mont-Cassin, mais tout le pays des environs. « Vous aviez obtenu, seigneur, avant votre départ, dit l'auteur, un serment des Lombards et des Normands qu'ils vous demeureraient fidèles. Mais, hélas ! qu'ils auraient bien mieux fait de ne point jurer que de commettre un parjure ! Car tous ceux qui habitent ces cantons, ont apostasié pour se tourner vers Satan.... Depuis votre départ, trouvant le pays tranquille, ils se répandent de toutes parts avec les Sarrasins, dévastent tout, et comptent pour rien les incendies et les meurtres.... Combien maintenant d'évêques, de prêtres, de diacres, de moines, de nobles et de roturiers, de l'un et de l'autre sexe et de tout âge, périssent sous le fer de ces barbares ! Combien n'en tourmentent-ils pas pour avoir l'argent qui leur est propre, ou celui qui appartient à l'Eglise ! Et quand les tortures forcent ces malheureux à donner ce qu'ils ont, loin d'être mis en liberté, ils sont encore tourmentés plus cruellement, parce qu'on s'imagine qu'ils n'ont livré qu'une partie de leur trésor, et non le tout ; en sorte que plus ils donnent, plus on s'imagine qu'ils en recèlent.... Quant aux grands édifices, les églises, les châteaux, les cités, lorsqu'ils ne peuvent les détruire par le feu, ils les rasent, et ne laissent pas même de vestiges qui en rappellent l'ancienne beauté. Que si l'on ne veut pas m'en croire sur parole, je citerai pour garants de ce que j'avance, les villes de Pouzoles, d'Aliphe et de Télésine, où l'on ne trouve plus que des ruines qui prouvent qu'elles ont existé. Un grand nombre d'autres villes jadis florissantes, ou sont entièrement désertes, ou ne renferment que très-peu d'habitants.... Telle est surtout Capoue, autrefois la seconde ville après Rome, la capitale et la gloire de la Campanie.... Car, non contents d'en avoir chassé presque tous les habitants, ils y ont mis le feu, et en ont réduit les nobles en servitude. » Parlant ensuite des dégâts qu'ils avaient commis au Mont-Cassin, Wibaud dit que du temps de l'abbé Seniorect, son devancier, Roger, après avoir mis à contribution cette abbaye, envoya son chancelier pour la transformer en forteresse, en tirer des moines et les transporter en Sicile avec le corps (prétendu) de saint Benoît, le trésor de l'église et tout le mobilier de la maison; que les moines s'y étant opposés, auraient infailliblement succombé sans un renfort de deux mille hommes que l'empereur leur envoya.

Wibaud avait eu pour maître de ses études à Stavélo Reinhard, moine profés d'Helwardishusen (1), depuis abbé de Reinehusen en Saxe, dont il écrivit les origines. La reconnaissance d'une part, et l'affection de l'autre, jointes à une estime réciproque, formèrent entre eux un commerce intime et persévérant, dont on a des preuves dans les lettres mutuelles qu'ils s'écrivirent (Ep. 12, 34, 35, 36, 53, 119).

L'empereur Conrad, avant son départ pour l'Asie, fit élire son fils Henri roi des Romains (2). Mais ce prince, à raison de sa trop grande jeunesse, ayant besoin d'un guide pour gouverner l'empire en l'absence de son père, on lui donna pour régents l'archévêque de Mayence et l'abbé Wibaud. Le prélat, content de l'honneur de cette commission, en laissa le poids à son collègue. On voit par les lettres que Wibaud écrivit à ce prince, et les réponses qu'il en reçut (Ep. 73, 87, 88, 89, 93), le zèle avec lequel il s'acquittait de ses devoirs envers son illustre pupille, et la déférence de celui-ci pour ses conseils. C'est ce qui se manifeste surtout par la lettre suivante de Henri à notre abbé, que nous allons transcrire (ep. 89) « Henri, par la grâce de Dieu, roi des Romains, au vénérable Wibaud, abbé de Corbie, dont il souhaite posséder l'amitié dans toute sa plénitude. Nous ne pouvons assez vous remercier de ce que persévérant depuis le départ de notre seigneur et père dans l'attachement et la fidélité que vous aviez coutume de lui témoigner, vous nous en faites sentir à nous-même les effets par le soin que vous prenez de maintenir et

(1) Leibnitz, *Script. Brunsw.* t. II, Introd., art. 43.   (2) Henri mourut l'an 1150.

d'accroître l'honneur de notre rang, tant auprès des princes d'Allemagne qu'à la cour du Pape. C'est pourquoi nous sommes disposés à suivre en tout vos volontés. Cependant ayant indiqué, par le conseil des seigneurs, une diète à Francfort pour la Nativité de la Vierge, nous vous prions de vous y rendre, afin que nous puissions y prendre vos avis pour la réformation des abus et le maintien de la tranquillité de l'empire; et comme notre intention est que toutes nos affaires publiques et privées se règlent par vos lumières et par vos soins, nous vous mandons de venir nous joindre à Nuremberg le premier de septembre; afin que, prévenu sur tout ce qui nous regarde, vous soyez en état de défendre notre personne et nos intérêts à cette diète. »

Il y a beaucoup de lettres respectives de Wibaud et de ses religieux de Stavélo et de Corbie (ep. 14, 25, 37, 38, 40, 41, 70, 74, 76, 77, 78, 81, 82, 83, 84, 85, 86, 103, 104, 105, 106). C'est un commerce d'amour filial et de tendresse paternelle, dans lequel on voit d'une part les enfants exposer à leur père les inconvénients, où ses absences fréquentes, mais forcées, les exposaient; et de l'autre, celui-ci employer les avis les plus salutaires et les moyens les plus efficaces pour les consoler.

On a deux de ses lettres à sa sœur Hawide religieuse, comme on l'a dit, puis abbesse de Gérisheim (ep. 79, 220). Dans la première, il s'excuse de ce qu'il lui écrit rarement, sur l'étendue des soins qui l'occupent durant l'absence de l'empereur Conrad. Il la félicite dans la seconde sur sa promotion à la dignité abbatiale, et lui donne de fort bonnes instructions pour en bien remplir les devoirs.

Le chapitre de la cathédrale de Liége avait une confiance particulière dans les lumières de notre abbé. Ayant un démêlé avec les prévôtés des autres églises de la ville, qui refusaient de lui obéir, il écrivit à Wibaud, qui n'était encore qu'abbé de Stavélo, pour l'engager à se trouver à une délibération qu'il devait y avoir à ce sujet (ep. 90, 91). Notre abbé par sa réponse témoigne sa surprise de ce que le chapitre ayant fondé toutes les prévôtés de la ville pour relever sa propre dignité, augmenter le nombre de ses membres et étendre sa juridiction, les ayant dotées, et les ayant jusqu'alors gouvernées avec une pleine autorité, ceux qui les composent soient assez mal avisés, assez ingrats et assez orgueilleux pour se soulever contre des chefs dont ils dépendent sous plusieurs rapports. Il paraît qu'il s'agissait surtout de la nomination aux places de ces prévôtés, ou collégiales : les chanoines prétendant qu'elle leur appartenait, et les clercs de ces églises leur contestant ce droit. Notre auteur dit que les canons ont réglé ce qui regarde les élections des archevêques et évêques, que la règle de saint Benoît a déterminé ce qui concerne l'élection de l'abbé; mais que pour les places subalternes il n'y a que l'usage qui décide. Il témoigne qu'il en dirait davantage, s'il pouvait assister à la délibération à laquelle on l'invite; mais que ses occupations ne lui permettent pas de s'y rendre.

Les chanoines de l'Eglise de Paderborn s'adressèrent pareillement à notre abbé, l'an 1148 (ep. 97-98), pour le prier de réprimer les vexations d'un nommé Folcuin qui ne cessait de molester leurs sujets. Wibaud, dans sa réponse, leur dit qu'il a parlé pour eux à leur évêque, et leur offre tous les secours qui sont en son pouvoir pour mettre fin à ces oppressions.

Parmi ces chanoines, il y avait un habile écolâtre, nommé Manégolde (ep. 146), autre et plus récent que celui du même nom dont on a déjà parlé. Nous avons une lettre de lui à notre auteur (tom. IX, p. 280-286), où il loue avec emphase ses connaissances littéraires.

Wibaud y fit une réponse très-modeste, dans laquelle, après l'avoir remercié des marques d'affection que ces louanges renferment, il dit qu'occupé tout le jour, il a pris quelques heures sur son sommeil pour lui répondre (ep. 147). Il lui parle au nombre singulier; ce qui est, dit-il, contre ma coutume : car avec nos moines nous sommes dans l'usage de parler au pluriel. *Contra morem meum facio, ut singulari numero loquar, qui cum monachis pluraliter dicere consuevimus.* Mais je parle, ajoute-t-il, à un scolastique, à un homme qui est dans la carrière de la philosophie, et qui a tiré les éloges, dont il m'a comblé, du trésor de ses études. » Wibaud, en protestant qu'il ne mérite point de tels éloges convient néanmoins qu'il a pris une bonne teinture de tous les genres de littérature qui étaient en honneur de son temps. « J'ai appris, dit-il, sous de bons maîtres les arts libéraux, et ce qui concerne la médecine et l'agriculture. Des docteurs très-catholiques et très-savants m'ont enseigné la théologie. J'ai lu quantité de bons traités et commentaires sur les livres sacrés, ecclésiastiques et profanes; mais une lecture vague et trop variée produit aussi peu d'utilité qu'elle donne de plaisir. » L'auteur étend cette réflexion en faveur de celui auquel il écrit. Il lui fait voir de plus que la science est dangereuse par l'enflure qu'elle cause, lorsqu'elle est dépourvue de la charité. « Ce n'est pas au reste, ajoute-t-il, que je veuille par là vous détourner de l'amour que vous avez pour la lecture, la composition et la déclamation. Ce sont des exercices auxquels moi-même je m'occupe, m'attachant surtout à bien retenir ce que j'ai lu. Quand je suis au lit, ma coutume est de repasser dans ma tête, en attendant le sommeil, quelque question difficile que j'ai vu traitée dans un livre, les arguments que l'on apporte pour l'éclaircir, la méthode avec laquelle ils sont disposés, et les conclusions que l'on en tire » Manégolde avait principalement relevé le talent de notre auteur pour la parole; à ce sujet Wibaud lui dit : « Quand vous me faites honneur de quelque éloquence, c'est votre amitié, et non votre jugement qui vous a dicté cet éloge. Car il faut beaucoup de temps, une grande étude et un long exercice pour parvenir à connaître les différents caractères des esprits et la façon de les manier, savoir exciter la lenteur des uns, modérer l'impétuosité des autres, et les conduire à son gré par la force de la parole, comme avec de puissantes rênes. En effet, quoique la nature soit propre à recevoir toutes les impressions qu'on veut lui donner, quoiqu'un maître habile nous apprenne avec soin les règles de l'éloquence; cependant, si l'exercice de la parole nous manque, comme il manque ordinairement dans les cloîtres, il arrive que les ténèbres offusquent la lumière, et que la cendre étouffe le feu au lieu de le nourrir. Il faut qu'un orateur soit dompté par l'exercice pour être en état de dompter les autres. Cette force et cette efficace de l'éloquence est bannie de notre siècle, attendu qu'elle ne peut avoir lieu ni dans les tribunaux séculiers, ni dans les tribunaux ecclésiastiques. Car dans le barreau ce sont des laïques sans lettres qui plaident, gens à la vérité quelquefois d'un bon esprit naturel; mais en Allemagne l'usage n'est pas de déclamer. On se contente d'exposer l'état de la cause sans aucun ornement. L'autre partie de la jurisprudence, qui est la canonique, s'exerce, j'en conviens, par des personnes très-savantes..... Mais elles ont appris du souverain Législateur : *Que votre discours soit ; cela est, ou cela n'est pas; ce qui est de plus, vient du mal* (*Matth.* v, 37). Ainsi, lorsque ni le soupçon, ni les conjectures, ni aucun autre prétexte n'obligent à s'étendre en preuves, il ne reste qu'à établir simplement le point de la contestation. L'avez-vous fait? Oui, je l'ai fait; ou, non, je ne l'ai pas fait. Les maîtres parmi les gentils ont eux-mêmes établi qu'il y avait une manière de parler pour le rhéteur et une autre pour le censeur. » Manégolde avait aussi donné de grandes louanges à l'abbaye de Corbie. Wibaud avoue qu'elle est en bon état,

tant au spirituel qu'au temporel; mais il souhaiterait que tout y fût encore mieux réglé. Car, dit-il, aujourd'hui l'indocilité est si grande, et les esprits sont si peu susceptibles de discipline, qu'il n'y a plus aucune famille qui veuille, je ne dis pas recevoir la correction, mais seulement éprouver ce qui en approche. »
Il parle ensuite des bâtiments du logis abbatial, « qui ruineux et trop étroits avant nous, dit-il, ont été reconstruits par nos soins avec l'étendue propre à recevoir la multitude des hôtes qui nous arrivent chaque jour..... Mon nom, ajoute-t-il, est écrit au-dessus de la porte du midi, avec un chiffre qui marque à quel nombre je suis dans le catalogue des abbés. » Manégolde avait trouvé à redire que notre abbé employât trois voyelles séparées au commencement de son nom (qu'il écrivait Uuibaud) ce qui était, selon lui, contraire à la bonne orthographe. « Vous pensez, lui répond notre auteur, que cela ne se peut faire régulièrement, et vous voudriez que le premier U, étant séparé, eût la force d'une voyelle, ou qu'il fût joint au suivant pour tenir lieu d'une consonne. Mais, monsieur le scolastique, si l'on peut, dans un nom propre ou appellatif, placer deux consonnes avant une voyelle, comme gnato, gnevis, etc., pourquoi ne pourrait-on pas mettre de suite deux voyelles pour en faire une consonne? Au reste, pour me débarrasser de cette question, je vous ajouterai que les noms barbares ne s'expriment que difficilement par des lettres latines. Nous sommes Germains, et non habitants de la Gaule chevelue, où l'on a coutume de mettre au commencement de semblables noms un G pour un U. »

Wibaud eut occasion d'écrire plusieurs lettres au pape Eugène (ep. 44, 112, 120, 122, 218), et il en reçut des réponses très-satisfaisantes, où l'on remarque les traces de la haute estime que ce pontife avait pour lui.

Alberon, archevêque de Brême, étant mort l'an 1148, les vœux du chapitre, pour le remplacer, furent d'abord en faveur de notre abbé (ep. 148). Cependant il arriva par des circonstances que nous ignorons, qu'au moment de l'élection Harwich l'emporta sur lui. Ce rival, quoique victorieux, eut peine à lui pardonner cette première inclination des capitulants, comme s'il se la fût ménagée par ses intrigues. Wibaud, informé de cette indisposition du prélat, lui écrivit pour le désabuser. Il lui mande que bien loin d'avoir cabalé pour avoir sa place, il n'a jamais connu que quatre personnes du chapitre de Brême, savoir, lui Hatwich, un autre du même nom, le prévôt Erfon et le chanoine Albert; qu'il n'est entré qu'une seule fois, et le soir, dans la ville, et en est parti le lendemain au matin, que dans le temps de l'élection il était dans son monastère de Stavélo, distant de sept journées de Brême, sans savoir ce qui s'y passait; et qu'enfin il n'a fait aucune sollicitation, ni envoyé personne sur les lieux pour agir en son nom. Il paraît que Hatwich revint de ses préventions; car on voit plusieurs lettres de Wibaud à ce prélat pour lui recommander ses affaires et celles de ses amis.

L'an 1449 les Bénédictins d'Allemagne tinrent leur premier chapitre général en Saxe (ep. 150). Wibaud y étant invité ne put s'y trouver, parce que les affaires de l'empire l'appelaient en Lorraine. C'est ce qu'il mande à l'abbé de saint Godehard, en faisant des vœux pour l'heureux succès de cette assemblée, et promettant de donner tous ses soins pour en faire exécuter les décrets.

L'empereur Conrad étant de retour de l'Asie, écrivit de Ratisbone à notre abbé pour lui annoncer son arrivée et le remercier du soin qu'il avait pris du roi des Romains et des affaires de l'empire durant son absence (ep. 162).

Wibaud, dans sa réponse, témoigne une grande joie de le voir rendu à ses États (ep. 165). « Ce sentiment, dit-il, m'est commun avec tous ceux qui vous sont demeurés fidèles. Mais ceux qui ont manqué à ce qu'ils vous doivent, sont affectés bien différemment de votre retour. Ils redoutent avec raison la présence de celui qui est établi pour venger les rapines et les exactions de tout genre qu'ils ont commises. » Wibaud s'excuse ensuite de n'avoir pas été au-devant de lui, sur ce que les brigandages qui s'exercent journellement dans la Lorraine ne lui permettent pas d'en sortir. « Puisque par la bonté divine, ajoute-t-il, vous êtes revenu sain et sauf, tendez une main secourable aux opprimés, soulagez les pupilles, défendez les veuves, protégez l'Église; ce qu'il vous est d'autant plus facile d'exécuter, que le Ciel, au milieu des plus grands périls et des travaux les plus incroyables, vous a accordé les triomphes les plus merveilleux et les plus inespérés. N'en doutez point : votre courage et votre habileté vous ont rendu terriblement redoutable à vos ennemis. Ainsi hâtez-vous d'agir, tandis que tout est dans la frayeur; profitez du moment pour courber ce qui commence à fléchir et pour atterrer les rebelles épouvantés avant qu'ils aient le loisir de revenir de leur consternation. » L'auteur finit par se plaindre de l'évêque de Minden, qui refusait de mettre l'abbaye de Corbie en possession d'un monastère que l'empereur lui avait réuni.

Conrad écrivit une seconde lettre à notre abbé pour le presser de se rendre à la diète qu'il avait indiquée à Francfort pour la fête de l'Assomption (ep. 169). Henri, secrétaire de ce prince, adressa peu après à Wibaud une autre lettre (ep. 170), où il lui dit qu'il a expliqué mot à mot à son maître celle qu'il lui avait envoyée pour la lui remettre (preuve que l'empereur Conrad n'entendait pas le latin), mais que les circonstances lui ont permis d'appuyer les raisons qu'il alléguait pour se dispenser de venir le trouver; que le prince a besoin de son conseil, tant sur une ambassade qu'il se propose d'envoyer au pape et aux Romains, et sur l'expédition qu'il médite en Italie, que sur le projet qu'il a formé de rétablir sa sœur, la duchesse de Pologne.

Wibaud se rendit au désir de l'empereur; et tandis qu'il était à la cour, on vint subitement annoncer que le jeune roi des Romains avait gagné le 8 février 1150 une bataille sur Welfon (3), oncle de Henri le Lion, duc de Saxe, et l'avait fait prisonnier avec Gondebold, son général. C'est ainsi que cette nouvelle est racontée dans deux lettres que notre abbé écrivit sur-le-champ (ep. 184-218). Mais elle se trouva fausse par rapport à la prise de Welfon; car l'empereur Conrad et le roi des Romains écrivant, chacun à part, à l'empereur et à l'impératrice de Constantinople (ep. 187, 188, 189, 190), disent l'un et l'autre que Welfon échappa à la faveur de la nuit : *Noctis beneficio adjutus vix evasit* (ep. 183).

Notre abbé, dans une lettre à Herman, évêque de Constance (ep. 186), se plaint qu'on ne tira pas de cette victoire (oubliée par les historiens modernes d'Allemagne) tout l'avantage qu'on pouvait en espérer. A la diète de Fulde, qui se tint immédiatement après, un perfide conseiller, qu'il ne nomme point, et qu'il qualifie de nouvel Achitophel, allégua, dit-il, qu'au lieu de pousser à bout Welfon par la voie des armes, la sainteté du carême où l'on entrait demandait qu'on le citât plutôt en jugement réglé, et qu'on usât de miséricorde envers les prisonniers qu'on lui avait faits. « Le ministère pacifique dont nous sommes revêtus, ajoute notre abbé, ne nous permit pas de dire nettement ce que nous pensions; mais, pour parler

(3) Welfon prétendait au duché de Bavière, dont l'empereur avait dépouillé son frère Henri le Superbe, pour le donner au marquis d'Autriche.

à cœur ouvert à un évêque et à un père, nous étions persuadés qu'il était expédient que, non-seulement un homme, mais plusieurs mourussent, afin que toute la nation ne pérît pas. Le discours de ce rusé vieillard était un discours populaire fort assorti à la négligence, à la paresse et à la nonchalance des hommes de nos jours. Cependant nous le réfutâmes assez en soutenant que le succès à la guerre dépend de la réputation des armes ; que les grandes entreprises demandent de la célérité ; que les retardements ont toujours été préjudiciables à ceux qui étaient prêts à exécuter ; que la voix de ces jugements qu'on faisait tant valoir ne se faisait entendre que dans un petit nombre de bourgs et de villages, au lieu que le bruit d'un exploit militaire qui avait quelque éclat retentissait dans la plus grande partie du monde. Mais je ne fus point écouté. Celui qui était sans armes se vit obligé de céder aux discours d'un homme armé, lequel toutefois avec ses armes avait empêché que le prince qu'il voulait persuader ne mît à ses victoires le dernier sceau. Par là il est arrivé qu'en cessant de faire la guerre et sans exercer la puissance judiciaire, nous perdons le temps à nous repaître de vaines espérances. »

Ce que Wibaud avait prédit arriva. Mais Welfon étant resté quelque temps dans l'inaction, Conrad, tranquille sur l'état de l'Allemagne, ne s'occupa qu'à porter la guerre en Italie. Son grand objet était de conquérir la Pouille, tant pour se venger du roi Roger, qui fomentait la révolte de Welfon, que pour faire une diversion en faveur de son beau-frère l'empereur de Constantinople, que ce prince désolait par les incursions fréquentes qu'il faisait dans l'empire grec (ep. 188). A ce dessein principal se joignaient des vues secondaires de se faire couronner par le pape et de rétablir l'autorité impériale dans les villes d'Italie, dont la plupart, surtout celles de Lombardie, avaient presque entièrement secoué le joug. Tandis qu'il travaillait aux préparatifs de cette expédition, il reçut une lettre du sénat et du peuple romain (ep. 211), par laquelle on l'invitait à venir reprendre dans cette capitale de la souveraineté dont les Constantin et les Justinien y avaient joui. « Nous nous sommes emparés, lui disait-on, des tours et des châteaux de tous ceux qui avaient conspiré avec le pape et le Sicilien pour vous résister ; nous avons démoli quelques-unes de ces places, et nous tenons les autres en votre nom. Mais pour récompense de tout ce que nous faisons pour votre service, le pape, les Frangipanes, la famille de Pierre de Léon, les hommes et les amis du Sicilien, à l'exception de Jourdain, le chef de vos fidèles, Tolomée aussi, et plusieurs autres nous harcèlent de toutes parts pour empêcher que nous ne mettions la couronne impériale sur votre tête. Toutefois nous repoussons vigoureusement leurs attaques, et nous en avons déjà chassé plusieurs comme des ennemis dangereux, tels qu'ils sont, de l'empire. » Ils lui annoncent ensuite qu'ils ont relevé le pont Milvius que les papes avaient détruit pour fermer aux empereurs l'entrée de Rome, et qu'au moyen d'une haute muraille qu'ils ont élevée dessus, son armée pourra y passer sans craindre les insultes du château Saint-Ange, occupé par les gens de Pierre de Léon. « Nous avons appris, ajoutent-ils, que le pape a fait l'accord suivant avec le Sicilien. Le pape lui a donné le bâton, l'anneau, la dalmatique, la mitre et ses sandales, avec promesse de ne point envoyer de légat dans ses terres qu'il ne l'ait demandé ; De son côté le Sicilien a donné au pape une grosse somme d'argent pour s'en servir contre vous et contre l'empire romain (4). » Les députés chargés de cette lettre étaient le sénateur Gui, Jacques, fils du procurateur Sixte, et Nicolas, conseiller de la cour romaine, c'est-à-dire du sénat.

Le pape, informé de cette démarche, fit écrire à notre abbé par le cardinal Gui, chancelier de la cour de Rome, pour l'engager à détourner l'empereur de rien entreprendre contre les droits du saint-siège (ep. 214). Gui mourut peu après cette lettre.

Wibaud adressa au pape lui-même sa réponse, par laquelle il l'assure que l'empereur n'a aucune mauvaise intention ni contre lui ni contre le saint-siège (ep. 218).

Welfon cependant, à la sollicitation du roi de Sicile, était passé en Italie (ep. 239). Les Frangipanes l'introduisirent secrètement dans Rome ; mais il en fut chassé par les sénateurs. Quelques-uns de ses gens ayant été pris, on les trouva chargés de lettres du roi de Sicile à Frédéric, duc de Souabe, à Henri le Lion, duc de Saxe, à Conrad, duc de Cebering, pour les engager à déclarer la guerre à l'empereur : sur quoi Jean, secrétaire de la ville, écrivit à deux seigneurs allemands attachés à l'empereur pour les avertir de la conspiration.

La guerre étant sur le point de recommencer avec Welfon, il obtint de l'empereur une conférence à Cranaha pour aviser, s'il était possible, à des moyens d'accommodement. Sur le point de s'y rendre, l'empereur hésita dans la crainte de quelque surprise. Notre abbé lui écrivit pour dissiper ses défiances et lui faire sentir le mauvais effet que son absence produirait dans l'esprit des seigneurs, en leur donnant à penser qu'il suspectait leur fidélité (ep. 240). « Allez, lui dit-il, à cette conférence dans l'équipage qui convient à un maître et à un empereur ; et si la bonne foi de quelqu'un y paraît chanceler, vous gagnerez certainement ce point que vos ennemis ne voudront plus se fier à celui qui n'aura pas procédé sincèrement avec vous. Du reste, que ni les insinuations, ni les flatteries, ni les menaces de qui que ce soit ne vous fassent renoncer à la résolution courageuse que vous avez prise de faire la guerre à cet homme orgueilleux, et de le réduire sous vos pieds. »

L'histoire ne nous apprend pas quel fut le résultat de cette conférence. Mais si les conjectures obligèrent Welfon à renoncer à ses prétentions sur la Bavière, la suite des événements fit voir que cette renonciation ne fut pas plus sincère que celle qu'on avait extorquée quelques années auparavant de son neveu Henri le Lion.

De temps immémorial, le monastère d'Hastières (5) n'avait point d'autre abbé que celui de Wasor. Sous le gouvernement de Thierri II, successeur de Widric, les moines d'Hastières tentèrent, l'an 1151, de se tirer de cette dépendance en se donnant un abbé particulier. Wibaud, profès de Wasor, n'oublia point en cette occasion les intérêts de sa maison. Il écrivit aux religieux d'Hastières pour leur remontrer la témérité de leur entreprise (ep. 270). Voyant qu'ils ne l'écoutaient point, il s'adressa par une lettre à Thierri, évêque de Metz, pour l'engager à réprimer par son autorité cette révolte (ep. 271). Le prélat lui envoya à lui-même, par une réponse obligeante, tous ses pouvoirs pour réduire les factieux. L'évêque de Liége, suivant une deuxième lettre de Wibaud (ep. 272), vint aussi à l'aide de l'abbé de Wasor ; et, dans un synode, il

---

(4) Sur la fin de cette lettre on voit les vers suivants, qui expriment les vœux des Romains :
Rex valeat, quidquid cupit obtineat super hostes,
Imperium teneat, Romæ sedeat, regat orbem
Princeps terrarum, ceu fecit Justinianus,
Cæsaris accipiat Cæsar, quæ sunt sua præsul,
Ut Christus jussit, Petro solvente tributum.

(5) Alors du diocèse de Liége, aujourd'hui celui de Namur.

suspendit les moines d'Hastières des fonctions cléricales jusqu'à ce qu'ils fussent rentrés dans le devoir de la subordination. Pour donner à ces moyens plus d'efficacité, Wibaud obtint de l'empereur un diplôme daté de l'an 1151 qui confirmait, d'après l'examen des titres, la juridiction de l'abbaye de Wasor sur la maison d'Hastières (ep. 276).

La même année on tint une diète, le 11 juin, à Wirzbourg. L'expédition d'Italie y ayant été arrêtée, l'abbé de Corbie fut nommé avec Arnoul, prévôt de l'Église de Cologne et vice-chancelier de l'empire, pour aller notifier sur les lieux cette délibération. Une telle commission ne fut du goût ni de l'un ni de l'autre, parce qu'elle devait s'exécuter à leurs frais. Ils écrivirent à l'empereur pour en être déchargés (ep. 260-264) ; mais ce prince ayant insisté, Wibaud exhorta lui-même Arnoul à se conformer à sa volonté (ep. 263). Conrad néanmoins peu après changea d'avis à l'égard de ces deux ambassadeurs, et leur substitua les évêques de Basle et de Constance (ep. 279).

Tandis que les deux prélats étaient en route, Arnoul fut promu à l'archevêché de Cologne (ep. 315). Obligé qu'il était d'aller se faire sacrer à Rome, on profita de cette occasion pour envoyer en Italie une nouvelle ambassade, dont Wibaud et le secrétaire Henri partagèrent les fonctions avec lui. Ils étaient porteurs de trois lettres de Conrad, l'une au peuple romain par laquelle, après l'avoir remercié de son attachement et de sa fidélité, on l'exhortait à se concerter avec les ambassadeurs qu'on lui envoyait (ep. 322); la seconde au pape, pour l'assurer que l'expédition d'Italie n'avait pour but que l'avantage de l'Église et du saint-siége (ep. 323) ; la troisième aux Pisans, pour les engager à tenir prêts les troupes et les vaisseaux nécessaires pour faire une descente sur les côtes de Naples (ep. 321).

Arnoul et ses deux collègues étaient à peine de retour, qu'ils virent expirer avec Conrad (6) les grands projets qu'il avait sur l'Italie. Wibaud mandant sa mort aux religieux de Corbie, leur ordonne de célébrer les obsèques d'un prince, auquel ils avaient de si grandes obligations, d'une manière solennelle et royale (ep. 340). Il exhale dans cette lettre, en termes fort touchants, la douleur que cette perte lui causait.

Frédéric, surnommé Barberousse, neveu de l'empereur défunt, lui ayant succédé dix jours après sa mort, Wibaud informa le pape Eugène de ce double événement (ep. 344). « Ce que nous appréhendions, vénérable Père, lui dit-il, est donc arrivé (il parle de la mort de Conrad) ; et c'est pour cela, comme si j'eusse été prophète, que je vous sollicitais et vous pressais, étant auprès de vous, d'accepter les propositions de paix raisonnables et solides que les Romains pourraient vous faire. » Après avoir raconté l'élection du nouvel empereur, il dit que le lendemain de son sacre les prélats qui étaient présents l'exhortèrent à suivre le plan de son prédécesseur pour venger les injures du saint-siége. « Mais, ajoute-t-il, les seigneurs laïcs, peut-être par simplicité, l'en détournèrent, alléguant qu'il ne convenait pas que le prince, dans le commencement d'un règne, contractât un engagement de cette importance, de peur que les mécontents ne prissent occasion d'un départ si subit pour se porter aux dernières extrémités.

Etienne, évêque de Bamberg, ayant été nommé ambassadeur à Rome, notre abbé composa pour ce prélat une longue instruction qu'il lui fit tenir avec une lettre (ep. 346), où il le prie d'excuser la liberté qu'il prend en faveur de leur ancienne amitié. « Dans notre jeunesse, dit-il, lorsque nous entrâmes à la cour, il y a environ trente ans, nous trouvâmes chez certains personages graves des restes de la majesté impériale, qu'ils tenaient de l'étiquette de la cour du vieil Henri. Ils savaient par cœur les formules des discours qu'on adressait au pape et à la ville, et ces formules dont les paroles étaient comme pesées dans la balance et mesurées au compas, ils ne permettaient pas que nous y fissions aucun changement ni altération dans nos ambassades, de peur que par là on n'avilît la majesté de l'empereur, et qu'on ne donnât atteinte à la discipline du palais. »

L'empereur Frédéric, peu après son élection, écrivit à Manuel, empereur de Constantinople, pour lui demander sa fille en mariage (ep. 387). A la lettre de ce prince, Wibaud en joignit une de sa façon, par laquelle il remerciait l'empereur grec d'une pièce d'étoffe de soie qu'il lui avait envoyée, et le priait de se rendre aux vœux de son maître (ep. 388).

Manuel répondit à notre abbé qu'il ne désirait rien plus ardemment que de cimenter la paix et l'union entre l'empire d'Orient et celui d'Occident, qu'il n'omettrait rien pour y réussir, et que ses apocrisiaires portaient à Frédéric ses intentions au sujet du mariage proposé (ep. 407). Cette alliance n'eut point lieu.

Wibaud, dans une nouvelle lettre à ce prince, lui promet de concourir, autant qu'il lui sera possible pour écarter tout ce qui pourrait altérer l'harmonie des deux empires (ep. 408). Il assure Manuel qu'il fait, avec sa communauté, des vœux sincères pour la prospérité de ses États, de sa personne et de ses armes.

Finissons cet article par la traduction d'une lettre de Frédéric à notre abbé (ep. 413). « Ce que la renommée publie, lui dit ce prince, votre conduite le prouve, qu'entre les différentes vertus dont votre âme est ornée, la fidélité tient le premier rang et d'une manière si admirable, qu'il vous serait aussi difficile de vous en départir qu'au soleil de perdre sa lumière. C'est pourquoi l'entière confiance que nous avons en votre sagesse et en votre probité, nous porte à régler sur vos avis les affaires les plus importantes de l'empire ; et comme vous êtes le plus distingué de nos fidèles par votre droiture, votre zèle et votre capacité, nous voulons aussi que vous soyez le premier et le plus assidu à nos conseils. Que si nous avons passé quelque temps sans vous appeler auprès de nous, c'est qu'après les travaux incroyables que vous avez essuyés dans l'expédition d'Italie et dans votre ambassade de Grèce, nous avons cru devoir vous donner quelque repos. Une autre raison est que nous ne nous sommes point approchés de vos cantons d'assez près pour vous faire venir à notre cour sans vous incommoder. Mais maintenant que nous dirigeons notre route vers les Pays-Bas, voulant traiter toutes les affaires de cette province par vos sages conseils, nous vous prions de nous joindre le troisième dimanche après Pâques à Nimègue. De plus, nous vous faisons savoir qu'ayant appris depuis peu que les Grecs étaient entièrement chassés de la Pouille, nous avons jugé à propos de dispenser les princes de l'expédition que nous avions déterminée à Wirsbourg pour ce pays-là, persuadés que votre attention doit se tourner principalement sur les objets où la gloire de l'empire est intéressée, et sur des injures que nous ne pouvons plus dissimuler sans compromettre notre honneur. Nous voulons parler de l'insolence et de la témérité des Milanais, laquelle, ainsi que vous le savez, est très-funeste aux églises et cités de Lombardie, qu'ils ont détruites et détruisent chaque jour au mépris et à l'opprobre de notre empire. Certainement, si nous n'employons point notre puissance et n'usons de

---

(6) Conrad mourut, comme on l'a déjà dit, le 15 février 1152, à Bamberg.

célérité pour prévenir leurs desseins, l'empire est menacé des plus grands désastres. C'est pour cela que dans les diètes de Fulde et d'Ulm nous avons, de l'avis des princes, déterminé l'expédition de Milan, qui doit commencer la veille de la Pentecôte prochaine en un an. Nous vous notifions cette délibération, et nous en recommandons le succès à votre prudence. De plus, nous vous prions que comme vous avez fait graver élégamment notre sceau de la manière que vous l'aviez vous-même imaginé, vous fassiez pareillement graver celui de l'impératrice, et que vous nous l'apportiez bien conditionné à Aix-la-Chapelle. » Cette lettre est de l'an 1157.

Nous quittons avec regret ce beau recueil, que nous regardons, en ce qui concerne l'histoire, comme une mine précieuse et abondante où l'on n'a presque pas encore fouillé. Les lettres de Wibaud ont, sur toutes celles qu'il renferme, cet avantage que les anecdotes historiques, quoique très-intéressantes, n'en font que le moindre mérite. Elles portent de plus, en caractères bien gravés, l'empreinte d'une âme forte vigoureuse, élevée, non moins ferme dans l'adversité que modérée dans la prospérité; d'un cœur noble et religieux; d'un sens droit et d'un discernement exquis; d'un génie étendu, fécond en ressources et propre à les mettre en œuvre; d'un esprit doué d'une grande facilité naturelle et cultivé par de bonnes études. Quoique la plupart écrites à la hâte, elles n'ont ni la sécheresse ni la négligence du style ordinaire des dépêches. La diction en est correcte, agréable, fleurie, semée de sentences tantôt tirées du fond de l'auteur, tantôt empruntées des livres saints ou des ouvrages soit ecclésiastiques soit profanes de l'antiquité et toujours employées avec goût.

EPISTOLÆ WIBALDI

STABULENSIS ET CORBEIENSIS ABBATIS, VIRI CUM SPLENDORE GENERIS TUM PIETATE AC REBUS GESTIS PRÆSTANTISSIMI.

(MARTÈNE Ampl. Collect., II, 153, ex ms. codice imperialis monasterii Stabulensis συγχρονω.)

OBSERVATIONES PRÆVIÆ

In quibus ejus Vita ex antiquis utriusque monasterii monumentis, aliisque probatis auctoribus describitur.

Cum vetera Stabulensis monasterii instrumenta Wibaldi litteris præmisimus (7), viris eruditis æque consulebamus, atque ipsis imperialis loci ascetis, quibus jucundum fore videbatur, gazam omnem suam litterariam ita collectam et coacervatam recognoscere. Ut enim brevitatis studio omittamus multa instrumentis illis, eaque scitu dignissima, de Wibaldo contineri, quæ ætas deleverat, tanta certe ipsis est cum ejus epistolis convenientia, ut possint epistolis eisdem instrumenta, et instrumentis vicissim epistolæ illustrari (8). Id vero si necesse erit uno aut altero exemplo confirmari, epistolam afferimus 40, ubi Henrico Leodiensi episcopo Wibaldus de Eustachio nobili viro conqueritur. *Eustachius,* inquit, *vester et parochianus villam Tornines invasit.* Eustachium igitur illum qui volet cognoscere, instrumenta si inspiciet attentius, fratrem fuisse comperiet Alberonis Leodensis episcopi, Godefridi comitis Namurcensis consanguineum, advocatum denique Leodiensem, qui tempore Innocentii secundi ab episcopo prædicto perculsus ecclesiastica censuræ, villam eamdem Turnines æque violenter occupatam, compulsus fuit restituere (9).

Ita et nomen Erheberti Wibaldi fratris, cujus honorifica habetur mentio epistola 79 ex instrumentis solum duobus, quibus subscripsisse legitur, innotescit. Neque etiam, opinamur, id usquam occurret, quod epistola 346, insinuat aulam se Cæsaris in ipso ætatis flore frequentasse, atque adeo imperatoribus quatuor operam dedisse. At rei hujus argumentum est non leve, et diploma illud eximium quod nondum abbas proprio nomine potuit impetrare anno 1128, in plena synodo Leodiensi (10), et quæ sequuntur Lotharii imperatoris, et Conradi regis privilegiorum instrumenta duo, ubi ipsius in regni administratione fides et strenuitas, quasi tum ad regni clavum sedisset, diserte prædicantur.

Jam vero cum ex singulis hisce monumentis ap-

(7) Apud nos epistolas sequuntur. EDIT.
(8) Vide infra, in Appendice ad epistolas Wibaldi, sub num. 13, diploma Alberonis, datum anno 1139, ind. III.
(9) Vide ibid. chartam Wibaldi *de defectu bovariorum,* sub num. 17, anno 1140, infra, et Cœlestini

II papæ epistolam ad archiep., clerum et populum Leodiensem, quæ diploma Wibaldi proxime sequitur.
(10) Vide in Appendice, sub num. 1, diploma Frederici, archiepiscopi Coloniensis, de subjectione Malmundariensis cœnobii Stabulensibus.

pareat Wibaldum, seu virtus spectetur et acies ingenii, seu rerum gestarum gloria, præstantissimum sua ætate fuisse, et fere nulli secundum, eumdemque de Ecclesia et imperio difficillimis temporibus optime esse meritum. Mirari satis non possumus viri memoriam ac pene nomen silentio premi. Quid enim de eo memoriæ prodidere Germaniæ scriptores, cum antiqui tum recentiores, et quibus præsertim id oneris incumbebat, Otto Frisingensis, Radewicus, aliique coætanei! Quid Saxoniæ chronographi! Prodiit quidem ante annos decem clarissimi viri D. Libnits opera Corbeiæ novæ breve chronicon (11), quod satis continue præcipuos viri actus exsequitur, sed opus illud miserum, tam fœdis erroribus inquinatur, ut fetum esse suspicemur mediocris cujusdam et recentissimi scriptoris, qui nec fere Corbeiam noverit. Qui enim fieri potuit ut Wibaldi vitam, contra fidem monumentorum omnium monasterii inclyti, ad annum 1174 produceret. Is certe error, ut plures alios omittamus, Meimbomio, si hic qualiscunque auctor ipsi venit in manus, occasio fuit Wibaldum Stabulensem, quem sciebat aliunde, vir doctus, in Græcia interiisse anno 1158, a Corbeiensi distinguendi, sicque abbates ex uno fingendi duos. *Otto Frisingensis*, inquit, *scribit Wiboldum, hunc ipse Wibaldum nominat, jussu imperatoris in Græciam Constantinopolim ablegatum; hujus legationis collega fuit Wibaldus-Stabulensis, vir prudens, et paucis interjectis, Guibaldus Stabulensis collega Wickboldi in legatione transmarina, non sine suspicione propinati veneni mortuus est:* hæc ille.

Neque diligentiores videntur fuisse Leodiensis Ecclesiæ Annalium sartores, cujus tamen Ecclesiæ Wibaldus lumen fuit et columen annis amplius 30. Ex his enim unus omnino, lustratis quam diligentissime omnibus cum urbis tum sacrarum ædium archivis, et cæteris provinciæ monumentis, hæc pauca non ita pridem de ipso quasi hæsitanter scribebat (12), *Doctrina rerum sanctiorum usu et veritate celebrari cœpit, totamque diœcesim illustrare Wiboldus, e monacho Walciodorensi (ita cœnobii habent archia), abbas Stabulensis, eamque sui in emnem partem famam diffudit, ut Corbeiæ Germanici monachi ipsum abbatem sibi præfici postularint. Quo tempore? nihil habeo, nisi quod ipse scripsit ad Bernardum Hildeshemiensem episcopum in hanc sententiam: Eram in Stabulensi monasterio valetudine vix satis confirmata post febrim, quæ me Viterbi hebdomadas quinas detinuerat, quando ad me venerunt xv Kalend. Decembris, qui me Corbeiensem abbatem tunc designatum nuntiarent, cum sacri ordinis conventum Leodii haberet Henricus episcopus.* Hæc ille, quæ certe minus explorate dicta, neque sunt admodum accurata.

Paulo fusius et accuratius Wibaldum scriptis suis celebravit Petrus diaconus, Cassinensis monachus et coævus, ac nostra ætate Nicolaus Schaten doctus Jesuita, annalium Paderbonensium auctor (13). Sed quantilla hæc sunt? ea solum hic attingit, quæ vetera Corbeiæ instrumenta prodiunt; ille vero hæc solum exsequitur quæ tum in monte Cassino acta sunt, cum Lotarii jussu raptus est ad sedem Cassinensem, atque adeo de ejus origine, de ætate puerili, de studiis, quæ solent uti certa futurorum præsagia in præstantissimis viris annotari, uterque auctor habet nihil.

Ex his videre est, quam sit difficile, virum immortali dignum memoria, his involutum tenebris, luci debitæ restituere. Attamen ut præmissis quodam modo stemus, eorum scilicet insigniorum virorum, quorum epistolæ, hoc in opere emitteruntur, actus a nobis illustrandi iri, qualecunque vitæ ejus specimen, cum ex citatis auctoribus, tum ex antiquis Corbeiæ et Stabuli monumentis, nobiscum quam amicissime communicatis, aggressi sumus, amicissime vicissim tantillum hunc conatum charissimis utriusque loci ascetis et fratribus offerentes.

Florebant apud Leodios sæculo undecimo et sequentibus, viri nobiles domini de Prato, multis et magnis dignitatum titulis eminentes. Wibaldum ex eo genere esse oriundum, Joannes Stabulaus, S. Laurentii monachus, de fratre ejus Erleboldo agens, commentariis suis inseruit. Atque huic auctori quodam modo astipulatur poeta Ligurinus, cum Wibaldum canit *clara stirpe creatum* (lib. iv). Consentiunt etiam Stabulensium monumenta, quæ Leodiensem esse satis insinuant. Sed et Wibaldus ipse provinciam Leodiensem non semel patriam suam appellat. *Cæterum, fratres charissimi,* inquit epist. 505, *reditum nostrum ad vos acceleraro prohibet non solum Stabulensis Ecclesiæ, verum etiam totius Lotharingiæ concussio. Quæ utique nostra patria est, quæ nos genuit, educavit et provexit.* Quibus adde Erebertum ejus fratrem, qui unus paternarum opum hæres fuit, domum seu castellum non longe abs monasterio Stabulensi habuisse.

Fratres ipsi fuere duo et una soror, Erenertus, Erleboldus, et Havidis, omnes certe æque prædicandi. Primus enim accepta cruce Conradum regem cui erat a cancellis, in Palæstinam secutus est anno 1148, et Stabulensium monachorum perpetuus fuit defensor, quorum etiam causa multa tulit damna, atque ipso castello suo fuit aliquando spoliatus, uti ex edita a nobis Cœlestini epistola ad Alberonem Leodiensem episcopum satis constat (14).

Erleboldus autem S. Laurentii Leodiensis primum, deinde Stabulensis, monachus, ubi sub fratre Wibaldo abbate plura edidit virtutis specimina, datus est ipsi successor anno 1158, multis strenue actis cum ad summos pontifices tum ad imperatores legationibus (15). Post felicem denique et gloriosam administrationem, Deo soli vacaturus cessit dignitate anno 1192; nec multo post feliciter obdormivit. Tertia denique Havidis in monasterio Gerigesheim [f. Gerisheim], Christo desponsata meruit ut sororibus præficeretur circa annum 1150. Hoc quippe anno Wibaldus ipsi, misso annulo, congratulatur, epistola 220.

Horum trium, ut videtur, maximus natu fuit Wibaldus. Is ab ipsis incunabulis ereptus mundo, monachis Stabulensibus traditur rudimentis imbuendus religionis. *Stabulensis ecclesia,* inquit epistola 78....., *lacteo nos pietatis alimento nutrivit, et delicta juventutis nostræ et ignorantias nostras non reminiscens, nos si qua in prælatione æstimatur dignitas, ad summum sui regiminis gradum provexit.* Et alibi Ecclesiam eamdem, *matrem* vocat *nutricem, educatricem* (ep. 41).

Labentibus paulatim tenellæ ætatis annis, grammaticæ applicatur et rhetoricæ, sub disciplina venerabilis Reinardi, qui tum Stabulensium scholas mira sapientia regebat. Is Wibaldum juvenem ob eximiam cum virtutis tum ingenii naturam tanto amore prosequebatur, ut post aliquot annos creatus primus Reinehusensis abbas, et deinde senior factus ad finem usque vitæ loco haberet filii, paterneque ætatis privilegio utens, admonueret frequentius, cum ad summos dignitatis gradus assumeretur, ne sese sineret male blandientis sæculi illecebris illaquerari. Id videre est in nonnullis ejus epistolis, quæ certe pietatem spirant non vulgarem. Magnos hoc magistro progressus fecit Wibaldus, et disciplinis altioribus brevi maturus, ad majores Leodiensium scholas statim fuit evocatus. Tum vero summa ejus et ingenii felicitas et judicii vis enitucre, ut pauco-

(11) Script. Brunswic. tom. II, p. 296.
(12) Bulen. lib. x. Legiæ sacræ, ad an. 1145.
(13) Chron. Cassin. l. iv, c. 124, etc.

(14) Vide inter epistolas Cœlestini papæ II, Patrologiæ tom. CLXXIX, sub num. 20.
(15) Brevis hist. ms. Stabul. abbatum.

rum annorum intervallo dialectica, rhetorica, arithmetica, geometria et astronomia imbueretur. Eas adhuc scholas frequentasse anno 1115 ipse ad Eugenium papam circa annum 1152, scribens his verbis indicat (ep. 37) : *Ante annos ferme 57, cum essemus pueri sub scholari disciplina in prædicta civitate (Leodiensi) constituti.* Sed jam mundi pertæsus secessum meditabatur, de loco solum dubius hæsitans.

Invitabant quidem vetera Stabulensium merita ad eos ut diverteret, at solitudinem quærebat quæ esset ab hominum consuetudine remotior, et forte vicinitatem verebatur consanguineorum, quorum, quisquis sese Deo devovet, consortium fugit. Quibus omnibus una cum Richero studiorum conscio et propositi rite pensatis, anno 1117, vastam Valciodori solitudinem selegit.

Erat tum temporis Valciodorensium fama sub Widrico abbate quæ sapientes et litteratos undique alliceret. *Undique conveniebant*, inquit antiquus auctor (15*), *jugo levi obedientiæ colla submittere, et cœlestis haustu dulcedinis carnalis vitæ æstum refringere, ac dicere cum propheta :* « *Sitivit in te anima mea; quam multipliciter tibi caro mea!* (Psal. XLI.) » *Hujus gustata suavitate dulcedinis*, pergit idem auctor, *magister Wibaldus et magister Richerus sine ulla deliberationis mora præfatum abbatem adeunt, atque illi æstus suos confitentes, consilio ipsius vestem cum spe priori mutant, rel.gionemque sub eo profitentur.*

Neque tamen Wibaldus, quem Deus optimus ad labores magis actuosæ vitæ vocabat, quam ad contemplativæ otium, speratam Valciodori quietem invenit. Widricus enim cognita ejus et profunda eruditione et morum maturitate, fere prius scholis regendis eum applicat, quam solemne religionis vota nuncupasset. Stabulenses vero sollicitant ut ad se se redeat, acerbius conquerentes ereptum sibi esse; trahunt denique, secum detinent, atque elapsis annis septem vel octo abbatem sibi constituunt.

Æque gravis procul dubio Wibaldo ac Walciodorensibus discessus ille fuit; his quidem qui doctum juxta et pium magistrum amittebant, illi vero qui ad scopulum e tranquillo rapiebatur. Sciebat Stabuletum frequentes esse nobilium concursus, ibique cum ipsa loci celebritate, tum ob summam sancti Remacli venerationem, curias ut aiunt, aliquando suas habere imperatores. Triumphabant econtra Stabulenses hunc sibi redditum virum cujus auctoritate et prudentia pristinæ dignitati possent restitui. Ab usque obitu enim Folmari venerabilis abbatis, qui circa annum 1106 contigit, monasterii res pessum ibant. Poppo de Bellomonte ejus successor multa prædia abalienaverat, ea in beneficium, ut aiunt, conferens, unde et *depopulator* dictus est (16). Eo decedente, Varnerus quidam dignitate abbatiali usurpata, quinque annos intrusus rexerat, ac tandem depositus præpositurum exercebat. Quantum hæc mala detrimenti conferant disciplinæ nemini prorsus latet. His igitur medendis Wibaldus satis videbatur idoneus.

Sed quo præcise anno Stabuletum advenerit reperiri nusquam potuit, cum tamen aliunde constet cum anno salutis 1130 creatum esse abbatem, concludi necesse est et ibidem ante Henrici V imperatoris obitum degisse : nec enim, uti jam diximus statim creatus est abbas. Et nobis hic Petrus diaconus chronici Cassinensis continuator tametsi minus accuratus, quodam modo consentit (17). *Hic*, inquit, de Wibaldo agens, *natione Lotharingus, et a pueritia in monasterio Stabulensi monachus factus,* A *grammaticam, dialecticam, etc. ad plenum eruditus, atque a quinto Henrico imperatore ejusdem cœnobii Stabulensis abbatiam regendam suscepit.*

Cuno Popponis legitimus successor, optimum in Wibaldo adjutorem reperiens, non scholas solum ei commisit, uti tradit chronicon Walciodorense jam citatum, sed et monasterii portam, quod præcipuum erat Stabuleti munus, ob frequentes quos diximus principum et imperatoris accessus. Imo de maximis quibusque negotiis cum eo conferens, ejus consiliis quam lubentissime utebatur. Sic agente Wibaldo, dissensiones illæ graves quæ occasione allodii *de Bras* inter Evrardum *d'Isiere*, et homines monasterio subditos jam pridem exortæ erant, sopitæ sunt anno 1124 sub certis conditionibus. Meliorata bona quæ in Calco erant negligentia ministrorum redacta penę ad nihilum. Pactum est fœdus anno 1127 cum vicario Sprimontensi, quicum multa erant ordinanda (18).

At nihil magis ipsi cordi fuit quam ut Malmundarienses in ordinem redigeret. Nunquam illi, uti ostendimus in prævia observatione ad Stabulensium instrumenta, nisi inviti admodum ferre potuere sese quodam modo subjici Stabulensibus, jugumque illud ab ipso sancto Remaclo sibi impositum exuere jam sæpius tentaverant, antiquitatem suam levius quam verius jactitantes. Et ex hoc fonte derivata discordia in utrumque monasterium ex eo tempore defluxerat, sed tum æstuabat magis, credentibus forte Malmundariensibus opportunum sibi adesse tempus, cum Stabulensium res ob malam Popponis et Vernerii administrationem miscebantur. Tam acriter negotium illud Wibaldus est prosecutus, ut tandem anno 1128, ad felicem exitum perduxerit, insigni impetrato diplomate ab archiepiscopo Coloniensi, quo definitur ut *Malmundarium eo subjectionis jure Stabulensi Ecclesiæ obediat, quo jure omnes cellæ vel præposituræ suis cœnobiis subjici videntur* (19).

Tantos vero tum temporis tam nobiles tam necessarios sibi et monasterio amicos, cum in Italia tum in Germania conciliavit, ut suspicari libeat, summos Germaniæ principes atque ipsum Henricum V imperatorem ejus ministerio frequentius esse usos. Tum certe cum Gerardo cardinali, qui summum pontificatum postea adeptus Lucius II est dictus, amicitias junxit, uti ipse declarat Joanni cardinali Gerardi ejusdem sive fratris sive sororis filio scribens anno circiter 1148. Quid laboramus inquit (ep. 50), *cum propitium judicem habeamus, quem sane non timemus, pro eo quod ex officio sedis suæ Catholicæ Ecclesiæ custodiam et canonicæ litis arbitrium habet. Sed pro eo diligimus quod nepos est summi quondam pontificis papæ Lucii, qui nos ante supremum provectionis gradum unice dilexit, et in apostolatus culmine constitutus Ecclesiam nostram et nos maxime honoravit.* Et paulo infra : *Tueatur nepos quem avunculus dilexit, protegat ab ipso ordinatus quem ille provexit, servet presbyter cardinalis judicium summi pontificis, ut nullis concussionibus eum fatigari permittat, quem ille honore dignum putavit. O quanta veræ dilectionis fiducia in ipso ineundæ familiaritatis imo notitiæ primordio! Ita vobiscum secure et liberaliter loquimur, sicut cum illo, illo, inquam, avunculo vestro, sermocinari consueveramus, cujus intima amicitiæ gratia viginti et eo amplius annis sine offensione usi, et ut minus usitate, sed verius dictum sit fruiti s:mus.*

Prolixus sim si cæteros omnes cum episcopos tum cardinales hic velim enumerare, quos sic privatus sibi devinxit. Hæc porro sui documenta ede-

---

(15*) Chronic. Valciod. Spicil. tom. VII.
(16) Vide infra notitiam de possessionibus Stabulensis monasterii in Appendice ad epistolas Wibaldi, sub num. 2.
(17) Chronic. Cassin. lib. IV, c. 124.

(18) Hist. ms. abbat. Stab.
(19) Vide diploma Friderici Coloniensis de subjectione Malmundiarensis cœnobii Stabulensibus, infra in Append. sub num. 1.

bat, quando decessit e vita dominus Cuno, cujus exitum Stabulenses non sine magna virtutum celebritate, ad quartum Idus Decembris anni 1128 consignant (20). Neque vero quisquam, opinamur, subrogandus huic abbati reperiebatur Wibaldo dignior. At sive absens esset, reipublicæ negotiis intentus, seu dignitatem illam vir modestissimus a se removeret, quod sæpius fecisse ostendemus; suffectus est Joannes Rulland, vir quidem pius et industrius, sed cætera minime notus. Biennio is præfuit, ac tandem fato functus, tertio Kalendas Novembris, anno 1130, abbatiam Wibaldo reliquit, qui quarto ab ejus obitu die electus est. Nec sine Dei optimi consilio factum est, ut eo præcise eligeretur anno, quo summus pontifex Innocentius secundus, prævalente Petro Leone, sua pulsus sede est. Nunquam utique legitimo pontifici subvenisset Germania, si ejus consilio fuisset destituta. Paucior es vix effluxerant anni, ex quo tota pene conflagrarat schismate luctuosissimo. Fumabant adhuc diversis in locis incendii hujus reliquiæ, quæ excitari vel levi flatu poterant. Lothario sæpius imperii proceres et ministri suggerebant, Romanos immodico aviditate jura proferendi sua ultra fines constitutos, investituras eripuisse. Adjiciebant vero recuperandi eas occasionem præbere schisma recens exortum, cum restitui sedi suæ summus pontifex absque subsidio imperatoris nullo modo posset. Aliquot jam menses Gallia, quæ perfugium esse solet summis pontificibus, Innocentium detinebat avidius; sed et Germanis, felicitati gentis nimis invidentibus, paterne indulgens, ad extremos Belgii fines movere destinabat, nuntiabaturque Leodium brevi venturus. Quo audito, Lotharius e Saxonia, sub initium anni 1131, Rhenum transmisit, et nuntiato pontificis adventu, ipse cum multis imperii proceribus obviam progressus, eum Leodio undecimo Kalendas Octobris perhonorifice excepit. Rursus pontifex in conventus episcoporum xxx, et LIII abbatum, regi et consorti ejus Richisæ diadema imposuit. His veluti comitiis damnato Petro Leone, subsidium omne promisit Innocentio Lotharius adversus pseudopontificem, at de investituris facta mentione, non modicam animo ejus curam injecit, quæ tamen puncto temporis discussa est, suadente Bernardo Clarævallis abbate, ne vetus illa quæstio tantis laboribus composita denuo agitaretur.

Quas cum partes Wibaldus egerit, Stabulensium monumenta prorsus silent, sed nec usquam legimus utrum tantæ celebritati coram adfuerit præsens: Adfuisse suadet dignitas nova, quæ locum ipsi inter principes imperii dabat, et excusationem admittebat nullam monasterii ejus vicinia. Cæterum, soluto Leodiensi conventu, Lotharius et Richiza Treviros contendentes, sanctam celebraturi Paschatis diem, Stabuletum appulere pridie Idus Aprilis, cum Matthæo Albanensi legato, et magna procerum pompa. Dominica ea die Palmarum, qua die prima panduntur mysteria morientis Christi. Die postera basilicam ingressi rex et regina, prostrati diu jacuere, sacras venerantes sancti Remacli exuvias. Tum Lotharius approbata ibi Wibaldi electione, confirmatisque insigni diplomate, quod infra edimus, monasterii privilegiis, perrexit Treviros usque. Sequebatur inter principes regem Leodiensis præsul, sed mox Stabuletum reversus, Wibaldum, peracto prius paschali die, inauguravit. Tertius jam mensis et eo amplius ab ejus electione transierat, et vix ullum ex eo tempore colligendi sui habuerat spatium. Tum vero pusillum nactus quietis, oneris sibi impositi immensam persensit molem, videns inde monasterii bona potiorem partem dispersa aut neglecta, hinc disciplinam in dies singulos labi. Quæ duo cum difficilius quovis in loco reparentur, in Stabulensi reparari fere non poterant, avocantibus assidue abbatem negotiis imperii. Tenebatur qua princeps solemnibus reipublicæ comitiis frequens adesse, sequi in expeditionibus imperatorem, parare copias, ipsa in discrimina venire. Atque his omnibus videbatur præ cæteris Wibaldus futurus obnoxius, eum ob miram in consulendo solertiam, tum ob incredibilem in exsequendo celeritatem, quæ sane duo ubi primum eminere in ipso Lotharius deprehendit, eum quasi admisit in administratione imperii consortem. Et fidem his facit instrumenti ejus exordium, quod ipsi concessit idem imperator anno 1136, Wirsburgi (21). *Noverit*, inquit, *omnium fidelium nostrorum tam futuræ quam præsentis ætatis industria, quod nos, venerande abba Wibalde, fidelitatis tuæ constantiam et labores quos nobiscum in administratione imperii nostri perfers pensantes, Ecclesiam tuam in omnibus defensare et privilegiis munire decrevimus.*

Tamen cum attenderet non principis solum vices Stabulensem abbatem implere, verum et pastoris, atque adeo monasterii non minus quam imperii demandatam ipsi esse curam; sic uni perinde ac alteri vacabat, nullum ut intermitteret tempus a labore.

Quod ad monasterium spectat, primam reformationi disciplinæ regularis operam collocavit, utque omnibus eo pariter tendentibus, felicem propositi sui finem consequeretur, singulis quos digniores sciebat, propria tribuit munia. In his Warnerum, et eo mortuo Robertum studiorum sub Reginardo sodalem, constituit priorem seu decanum, quæ Stabuleti proxima dignitas est ab abbate. Hic prudentia et virtute præcellebat, atque imprimis eloquentia. *Taceo*, inquit prædictus Reginardus Wibaldo scribens, *de Tulliana eloquentia fratris Roberti Stabulensis decani, qui nos aliquando nihilominus aliquantisper audivit, quam in eisdem litteris sum admiratus, cui certe stylo paucorum vel antiquorum non dico modernorum stylus meo judicio videtur esse prælatus.*

Scholis Henricum præfecit monachum vere pium et eruditum, cujus labores et merita non semel epistolis suis celebravit (22).

Erlebaldum denique germanum fratrem, qui Leodii apud Laurentianos vota religionis nuncuparat, accitum ad se capellanum prius instituit suum, deinde custodem, sic porro appellatur is cui commissum est instrumentorum archivum. Neque vero sanguini destinatio hæc referatur, cum jam videretur muneribus primis adolescens dignissimus.

His tribus præsertim adjutoribus, fieri non poterat quin brevi, recalesceret tepidior observantia. Et novi utique fervoris quædam vestigia epistolæ Stabulensium nonnullæ ad Wibaldum exhibent, et Wibaldi vicissim ad ipsis, sed ea in primis in qua fratrum quatuor mortem luget. *Manus Dei*, inquit (ep. 156), *supra monasterium nostrum est extenta, evocando ad se et subtrahendo nobis fratres nostros, rebus utique divinis maxime utiles ac necesarios. Nos tristamur fratres atque lugemus illos nobis esse ademptos, qui orabant pro populo et pro civitate nostra, intenti jugiter corde et voce ad sui Conditoris amorem ac laudem, sectantes humiliter obedientiam, diligentes veraciter nostram personam. Sed lætatur in cælis Christus cum angelis factos eos esse ex ipsius gratia dono gloriosæ civitatis suæ municipes.* Fratres illi quatuor primis solum litteris designantur, sed quæ prædictis tribus Roberto, Henrico, et Erlebaldo minime conveniunt, ex quo constat non paucos tum temporis Stabuleti floruisse magnæ pietatis viros.

---

(20) Hist. ms. abbat. Stab.
(21) Vide infra in Appendice, sub. num. 8.
(22) Vide chartam Wibaldi *de defectu bovariorum*, anno 1140, sub num. 17, et subscriptiones diplomatis *de ecclesiæ de Coblenz decimatione*, etc., in Appendice, sub num. 27.

At vero quæ pietas in monasterio, confusis omnino rebus et conturbatis vigere diu potest? nulla prorsus quanta quanta sit. Id quod attendens Wibaldus, suscepta rerum et bonorum administratione, sollicite inquisivit quid ferrent monasterii redditus, quid detractum ex illis esset, quid dispersum, quid usurpatum, atque utrum et quomodo restitui absque injuria posset. Majoris sane erat molis hæc inquisitio quam ut ipse unus eam subiret, adeo confusa imo desperata omnia invenit.

Diximus superius plurimos monasterii fundos Popponem secundum pensionibus annuis elocasse quæ tenues admodum erant. Locationes hujusmodi nuncupant *beneficia*, et quibus fiebant *beneficiarios* seu *ministeriales*, ac tandem pensiones illæ annuæ dicebantur *census*. Cum vero tenuitas ipsa censuum, ut propria usurpem verba, eo adduceret inopiæ monasterium alias opulentum, ut fratribus paucis ea quæ ad cultum et victum essent necessaria vix posset suppeditare. Tanto nihilominus lucro beneficiarii illi non contenti, alii non solvebant census; alii deberi negabant; quidam usurpabant fundos elocatis illis contiguos, sicque infinitæ excitabantur quotidie lites et bellorum incendia. Atque monasterii patroni quos vocant advocatos, nominis sui immemores, horumce motuum occasione captata, in ipsos monasterii ejusdem subditos sæpius grassabantur, exuentes bonis, deprædantes domos et denique comburentes. Sed ipsum audiamus Wibaldum, mala hæc suo more describentem, familiarem vero suum Henricum alloquitur (ep. 294).

Magna est ruina ordinis nostri, quam in tam multiplici rerum necessariarum defectu nos sublevare posse non confidimus. Porro tanta est apud vos rerum tenuitas, et præbendæ quotidianæ defectus, ut etiamsi totum regnum firmissima pace frueretur, vix tamen valeret se Stabulensis Ecclesia sustentari. Advocati vestri, peccatis facientibus, non sunt pauperum defensores, sed crudelissimi vastatores, et libertatis vestræ inimicissimi insidiatores. Ministeriales vestri, qui maxime deberent Ecclesiam sustentare, conversi sunt in arcum pravum, et neque mandatis obtemperant, neque agriculturam, ubi ipsi villici sunt exercere adjuvant. Sed (quod deterius est), *impediunt et devastant. A quibus detrimentis nulla fere Ecclesiæ vestræ possessio aliena est, et maxime illæ curtes vacuæ et neglectæ sunt, de quibus præcipua, et præbendæ supplementa capi solebant.*

Vexationibus illis iniquis vir constans irritatus magis quam depressus, animum non despondit, sed disponens prudenter omnia, atque agens indefesse, modo compositione, modo vi eas paulatim repressit.

Ac primo ministeriales aggressus decreto (23) sanxit *irritas fore alienationes, quas fratrum consensus, et legitima abbatis donatio cum advocati astipulatione, dato testamento non confirmasset*. Quod decretum facilem Stabulensibus aperiebat viam ea recipiendi quæ sine hujusmodi conditionibus fuissent alienata. Et hæc quidem multa reperiebantur, sed præcipue in curte Andernaci, quæ recepta sunt anno 1132. Tum vero eosdem urgens instantius. *Multiplicibus*, ut ipsius verbis utar *et pene inextricabilibus periculis* efficit, ut *medietas eorum beneficiorum quæ Poppo dederat, resignaretur sibi tam ab hominibus monasterii liberis, quam a ministerialibus*.

Advocatos etiam cæterosque monasterii adversarios seu potius prædones vi volens repellere, constructiones suscepit totas propugnaculorum, atque ingentis vici seu oppidi translationis, ipsa est Longia, quæ sane princeps quilibet difficillimis illis temporibus aggressus nunquam esset, nisi in magna rerum opulentia, eaque omnia, si non ipso quo proposuerat, certe anno septimo perfecit. Videre est hac de re instrumentum ab eo confectum (anno 1138), ubi situm vici hujus antiqui et statum, translationis causas, privilegia novis incolis concessa, aliaque scitu dignissima plane suo more graphice describit.

Negotiis interea quæ speciali quodam modo Dei gloriam, vel sancti alicujus cultum attinerent, libentius operam dabat. Duas olim Cuno et Johannes decessores sui, ecclesias Heribrando de Longia dederant jure feodi, in prædicto vico Longia unam, aliam in monte Sancti Rainheri, hoc etiam insuper concesso, ut *vacantibus illis sacerdotum morte, provideret* ipse laicus, *de novis sacerdotibus, conducta ad investituram altaris persona* (24). Non tulit vir sanctorum canonum minime rudis, ecclesias a laico dari, abusumque illum, seu volente seu nolente Heribrando, correxit (anno 1133).

Villam Bovinias extremis in finibus Namurci sitam, quæ furente sævitia Northmannorum sacris sancti Remacli pignoribus perfugium dederat, et ob id unum magnæ apud Leodienses venerationi, instaurare gestiens, sibi petiit dum viveret fruendam concedi, erat *namque fratrum vestiario destinata* (25). Receptam igitur eam, funditus eversam, destitutam incolis et colonis pristino restituit decori. Plurima alia strenue egit Wibaldus, quæ editis a nobis Stabulensium instrumentis fusius continetur, sed hæc pauca satis ostendunt, quam sollicite vices expleverit omnes abbatis.

Quid vero operæ negotiis imperii dederit libentius exsequemur, cum ea potissimum vitæ suæ parte conspiciendus sit.

Vidimus superius Lotharium, soluto Leodiensi conventu, ubi proposita quæstione de investituris et suppressa, suppetias tandem promiserat Innocentio, Stabuletum cum cæteris imperii proceribus appulisse. Quis statim præcipuam itineris hujus causam non præsentiat?

Opinamur nos voluisse regem cum Wibaldo secretius conferre de suppetiis illis ferendis. Et inde conjicimus prima Stabuleti fuisse agitata consilia Italicæ expeditionis, quæ exitus habuit tam prosperos, atque immortalem Lothario gloriam comparavit. Id vero suadent ea quæ colloquium sunt subsecuta. Non solum concidit quæstio odiosa de investituris, sed rex, collecto statim exercitu, ad partes Italiæ sub finem sequentis anni contendit.

Tum vero quantos Wibaldus pertulit labores? Nondum pedem ab urbe Augusta Vendelicorum moverat rex, cum ecce tibi adest nuntius, Conradum Sueviæ ducem, qui Italicum regnum invaserat, irrupisse in Germaniam, atque eumdem omnia miscere, plurimis ad partes ejus inclinantibus. Is territus expeditionis fama deviis itineribus cum exercitu fugerat ab Italia res novaturus. Reprimendi igitur Wibaldo fuere uti et cæteris imperii proceribus rebellium conatus, confirmandi alii in fide Cæsaris, providendum statim exercitui de necessariis, cavendum denique quocunque modo, ne malum illud improvisum latius serperet. Singula hæc, ut multa alia non expendunt scriptores antiqui, verum constat Wibaldum hac occasione insignia cum fidei tum virtutis, et præcipuæ in rebus gerendis solertiæ specimina edidisse, quæ certe Lotharium, confecta expeditione, eo compulere, ut deinceps virum illum frequentius de præcipuis imperii negotiis appellaret atque eumdem brevi in Italia videbimus ingenti præfectum classi, quæque in pericula sese inferentem et adversus schismaticos molientem consilia.

Reversus est Cæsar ab Italia anno 1133, uti scri-

(23) Vide chartam Wibaldi *de rebus ab eo gestis et emendatis in curte Andernaci*, anno 1152 in Appendice sub num. 4.

(24) Vide chartam Wibaldi *de ecclesiarum Longiæ et montis Raineri investitura a laicis non accipienda* in Appendice post epistolas; sub num. 5.

(25) Vide ibid. chartam Stabulensium monachorum, anno 1156, sub num. 5.

bit auctor chronici Hildeshemiensis, cui conciuunt Corbeiæ Novæ monumenta, atque adeo annus vix unus expeditioni sumptus est. Hoc scilicet intervallo totam subegit Italiam cum modico exercitu, et Innocentium, prostratis perfidis schismaticis, suam in sedem collocavit.

Addunt auctores coævi Conradum, qui rebellaverat, statim fuisse receptum in gratiam, agente in primis sancto Bernardo Claræ vallis abbate. Verum non ita facile alienati ab invicem animi principum concilianter, et sat probabile est Wibaldi consiliis et precibus eo sensim adductos fuisse; et Conradum ut, finita expeditione, veniam abs Cæsare deprecaretur, et Cæsarem ut Conrado veniam daret. Atque hic fons, hæc origo est consuetudinis hujus veteris, quæ deinde eidem principi cum Wibaldo intercessit, quæ tanta fuit ut post aliquot annos in regni solium sublimatus, germanis suis illum, licet in altissimo principatus culmine constitutis, sæpenumero anteponeret (epist. 340).

Incipiebat vero Cæsar multarum palmarum nobilis pacis hujus suavitates degustare, cum denuo frequentibus litteris ab Innocentio admonetur schismaticos rebelles, quos paulo ante devicerat, vires jam recepisse novas, eosdem omni ex parte irruere, tempus denique instare propius, *ut Romani imperii coronam ab hostium jugo defenderet, et Ecclesiam scissam ad pacem, concordiam et unitatem... liberaret* (26).

His commotus Cæsar, perpendensque obstinato cum hoste bellum esse gerendum, plura diversis in locis comitia habuit generalia, ubi de nova expeditione Italica tractabatur, abjectaque omni cunctatione, copias undique colligi curat, quibus et Henricum Superbum Bavariæ ducem generum suum præficit, adjunctis ipsi Conrado Sueviæ duce, de quo superius egimus, et Wibaldo abbate. Ac tandem per Alpes Tridentinas ingressus in Italiam sub initium Septembris, anno 1156, Ravennam cum instructissimo exercitu concessit in hiberna, expugnatis eversis aut receptis in deditionem quæque occurrere castellis et oppidis. Ravennæ deliberatum de bello per Apuliam et inferiorem Italiam inferendo, ac de Sicilia ipsa invadenda, ut nullum de cætero perfugium ipsis relinqueretur, atque adeo pestis illa tota plane concideret. Expeditioni huic maritimæ, quæ magnam in duce dexteritatem exigebat, Wibaldus præficitur, ita tamen ut ne prius discederet ab imperatore, quam classis quæ instruebatur, aliquo tandem moveret. Hinc Cæsari Wibaldus fere ubique consiliis æque ac virtute adfuit. Exacta hieme imperator exercitum educens duas in partes dividit, missoque cum altera Henrico genere in Campaniam, ipse cum altera, adscito sibi Wibaldo Umbriam, Æmiliam, Flaminiam, Picenumque provincias Romano regno subjecit. *Inde vero*, inquit Petrus diaconus (27), *castra movens supra Barum, quæ totius Apuliæ caput est, tentoria figit, et a civibus urbis susceptus, arcem quam Rogerius magnifice construxerat, oppugnare modis omnibus cœpit, ac tandem magno labore ad solum usque deduxit.*

Interea Henricus gener, Capuano principatu, nullo pene obsistente redacto, Beneventum, quo Rogerius tyrannus xx millia militum induxerat, in deditionem accipiens, Innocentio summo pontifici restituit, et statim ad imperatorem cum eo revertitur (28), functis hoc modo viribus, brevi omnes Apul.æ urbes Romano subduntur imperio, ejectusque Rogerius Capuanus princeps confugit in Siciliam.

Tum Lotharius convocato apud Melphiam conventu, Wibaldum navalis expeditionis ducem Neapolim misit, ut classem milite et armis instrueret (29). Ipse vero cum exercitu Salernum contendit, expugnata hac urbe in Siciliam quo se hostis contulerat trajecturus. Verum Wibaldus professionis suæ non immemor, sacra sancti patris Benedicti limina, quæ non ita distabant, prius voluit visitare, vices certe deploraturus suas, qui sic vitam fere omnem ab ejus institutis, uti censebat, prorsus alienam transfigeret. Hæc et alia similia secum in animo volutans vir pius et laudes fastidiens bellicas, sanctum subiit montem, easdem venerabunde vias terens, quas olim sancti pene innumeri ad cœlestem patriam tendentes tenuere. Exceptus a fratribus, uti decebat, quam honorifice, indoluit vehementer, quod dissiderent ab invicem, prævalentque in dies in loco sancto perfidi schismatici. Dissentionis et mali auctor unus reperiebatur Raynaldus Tuscus qui locum tenebat abbatis. Cum enim superiore anno, Seniorecto abbate defuncto, electus fuisset a paucis, et competitorem habuisset Raynaldum Colmentarium, virum pium et prudentem, in quem convenerant vota partis sanioris, timentes quidam turbulenti et audaciores monachi, fautores Tusci illius, ne respueretur omnino, tum eo quod esset solummodo ini iatus sacro subdiaconatus ordine, atque ab Anacleto, quem non cognoscebat imperator, tum quod de simonia posset convinci, eum *tumultuarie et seditiose*, ut verbis utamur Petri Diaconi (30), renitentibus omnibus aliis fratribus, *apprehenderant, et in sancti Patris Benedicti cathedra locantes, sibi constituerant in abbatem*. Ex eo igitur tempore intrusus ille abbatiam tenuerat, tametsi sæpius imperatori Ravennæ hiemanti, conquesti erant de eo Casinenses. Sed novissime vocatus ad conventum Melphiæ, de prædictis omnibus responsurus, quo tandem res caderet nesciebatur, cum multos sibi pecunia et muneribus amicós conciliasset.

Hæc et plurima alia, quæ tumultus hujusmodi subsequi solent, Wibaldus graviter ferens, fratres omnes in capitulum vocatos, amice admonuit (31) : *Reminisci illos debere qualiter per totum fere orbem predicationis fluenta, et monachicæ vitæ rudimenta ab eodem loco manassent, quanta et qualia Pater Benedictus divina fretus potentia ibi patrasset, qualiter sua corporali requie, regulæque descriptione Casinense cœnobium, caput omnium monasteriorum, perpetuo constituisset. Postremo, cum propter filium Petri Leonis ab Ecclesia disjuncti et separati essent, oportere illos dare operam, ut reformarentur, ut tanti loci fluenta ad antiquum claritatis statum redirent, et ad papam Innocentium, quem totus mundus sequebatur, converterentur.* Hæc cum perorasset, Patri Benedicto se commendans et fratribus, Neapolim abiit.

Interea Raynaldus præstito pontifici Innocent'o et Cæsari fidei sacramento in conventu Melphiensi, atque impetrata amicorum interventu facultate revertendi Casinum, modo ut suos ad idem adigeret sacramentum, id quod injunctum fuerat reversus explevit. At non stetit diu vir nequam in fide promissa, accito statim Gregorio Adenulphi de sancto Joanne, ut Casinum adversus imperatorem muniret, uti paulo ante fecerat, cum Henricus Bajoariæ dux irrupit in Campaniam (32).

Sperabat forte imperatorem, quem fama ferebat in Siciliam transfretare, ob ætatem provectiorem nunquam esse reversurum. Sed sua eum spes fefellit. Nam imperator, obsessa urbe Salerno et recepta, sentiens sese viribus in dies destitui, mutato consilio, Capuam se recepit, proponens ante hiemem migrare in Germaniam. Ibi audito ex Casinensibus

(26) Chronic. Casin. l. IV, c. 97.
(27) Chronic. Casin. l. IV, c. 106.
(28) Ibid., c. 105.
(29) Ibid., c. 105.

(50) Chronic. Casin. l. IV, c. 104.
(51) Petrus Diacon. Chron. Casin. l. IV, c. 124.
(52) Chronic. Casin. l. IV, c. 118.

Raynaldum contra fidem promissam defecisse ad schismaticos, iratus valde, Brunonem misit campidoctorem cum militum manu ad monasterium, qui perjurum custodirent. Nec multo post ipse ad civitatem S. Germani accedens, pœnas ab eo petiturus infidelitatis, jussit *in secretario basilicæ Domini Salvatoris custodiri*, ac tandem *ad monasterium*, inquit Petrus diaconus (55), *ubi examinandus erat, sub custodia non parva remissus* paucis diebus elapsis, legitime exauctoratur, conspirantibus in idipsum summo pontifice et imperatore, quorum arbitrio, causam ejus permiserant Casinenses.

Quo die ferri debebat sententia, non pauci adfuere cum imperatore cardinales, archiepiscopi, episcopi, abbates et procerum multitudo infinita. In his vero eminebant præ cæteris, Aimericus cardinalis S. R. E. cancellarius, Gerardus cardinalis S. Crucis, Peregrinus patriarcha Aquileiensis, Bernardus abbas Clarævallis, qui suo more prolocutus, animos omnium non modice eo inclinavit, ut schismaticus idem et intrusus e loco sancto exturbaretur. Cumque hoc omnes pariter constituissent, soluto conventu, itum est in Beati Benedicti ædem.

Tum vero cardinales prædicti cum patriarcha Raynaldum evocantes, coram altari sententiam tulere. *Et sic jussu illorum*, pergit Petrus Diaconus, *præsente imperatore, et universis imperii magnatibus, virgam et annulum, necnon et regulam supra corpus sanctissimi Benedicti* (locum designat ubi olim sacræ ejus exuviæ colebantur) *deposuit*.

Quibus peractis, et reversis omnibus in capitulum, de novo abbate substituendo tractaturis, gravis in ipso ingressu cardinales inter et Casinenses monachos exorta contentio totam absumpsit diem. Volebat Gerardus cardinalis S. Crucis, ut ex monasterio fratres assumerentur duodecim, qui vice solum summi pontificis, abbatem secum nominarent. Addebatque præclare cum ipsis agi, cum suo summo jure uti summus pontifex posset. Ex quo enim sese ejusdem pontificis arbitrio permisissent in Raynaldi causa, devolutam ad ipsum esse pro hac vice omnimodam electionem. Timentes vero Casinenses multis de causis, quas exponere hic longum esset ne abbas e gremio, ut aiunt, sibi præficeretur, privilegia opponebant sua cardinali, et pro virili contendebant ea ne violarentur. Eo contentio exarsit, ut cardinalis ira succensus, nominæ Ecclesiæ interdixerit ne ulla fieret electio; sed exoratus ab imperatore summus pontifex, cardinalis hujus interdictum die sequenti revocavit, annuens monachis, ut, servata privilegiorum integritate, abbatem crearent, *dum nulli extraneo Casinensis Ecclesia submitteretur, quæ Romanæ sedi Stephanum VIII, Victorem III, et secundum Gelasium, apostolicos dedisset*.

Ferebant tamen Casinensium privilegia, *Henricum pium Romano pontifici septimo* [l. octavo] *Benedicto consecrationem Theobaldi abbatis Casinensis, quem ipse imperator ordinaverat, concessisse, et unum prandium in eundo ad redeundo ad Beneventum, reliqua vero Romano imperio reservasse, atque idipsum confirmasse Conradum, et Henricum ejus filium*. Ex quo constabat extraneos aliquot Casinensi monasterio esse ordinatos abbates, sed et nonnullos ab ipsis imperatoribus designatos, jure quodam speciali, et accedente fratrum consensu, summo pontifici, post initam possessionem fuisse oblatos ut inaugurarentur. Jus porro illud, quod vulgo dicitur *jus investiturarum* ubique olim exercebant imperatores, sed absque ullo fundamento. At vero in Casinensi Ecclesia, quæ *camera erat imperialis et de jure patronatus imperii*, deberi ipsis adhuc credebatur.

Tum jussit imperator acciri sibi Wibaldum : is *futurorum præscius*, inquit Petrus diaconus ocula-

(55) Chronic. Casin. l. IV, c. 118.

tus testis, loco cesserat, et Neapoli jussa prætexens imperatoris, otiosus præter morem, creari expectabat Casinensem abbatem, sperans fore ut de se, dum sic abesset, nullus cogitaret. Nihil enim metuebat magis magnum ille vir, et ad omnia summa natus, quam ne sibi imponeretur illud onus. Hinc advenienti ad imperatoris nutum, cum nuntiaretur quamobrem esset advocatus, omnino renuit, affirmans constanter nunquam se tam gravem tamque immensam sarcinem suscepturum. Cum vero imperator viri animum satis nosset alienum prorsus esse a dignitatibus, plures in cubiculo archiepiscopos, episcopos, abbates aliosque optimates imperii congregaverat, una cum patriarcha Aquileiensi, ut undique circumventus, et precibus omnium quasi expugnatus, obsistere desineret. Ac primum ipse cœpit hortari, deinde admonere, tum probare multis argumentis, quanti Ecclesiæ interesset et imperii, ut abbatiam quæ sibi offerebatur, reciperet. Hinc Richiza serenissima augusta orare instantius, inde monachi pedibus ejus obvoluti clamare sæpius misereretur ipsorum sortis, omnes tandem suo modo vehementius instare. Immotus ille et invictus perseverabat, eumdem proferens sermonem, *nunquam se tam gravem tamque immensam sarcinam suscepturum*.

Videns itaque imperator precibus non procedi, monachis traditum jussit in capitulum duci, ubi statim una omnium voce abbas Casinensis renuntiatus est. Nec mora induxit eum sceptri sui traditione in possessionem Casinensis Ecclesiæ et territorii, dicens, uti scribit Petrus Diaconus qui præsens aderat : *Fidelitatem a vobis de Casinensi abbatia ideo non accepimus, quia dudum nobis de Stabulensi cœnobio fidelitatem dedisti. Nolo ut successores tui te trahant in exemplum, et dicant se successoribus meis de Casinensi cœnobio ideo non facturos fidelitatem, quia a te imperii nostri majestas non exegit. Sed consuetudinariam fidelitatem, quam a temporibus Caroli et deinceps abbates de abbatia Casinensi fecerunt, facere studeant*.

His peractis, imperator ad S. Germanum descendit, abbatem novum summo pontifici exhibitum multis verbis commendatus. Et mox Aquinum vetus deflectens, prope civitatem fixit tentoria. Huc vero accessere statim Otto decanus Casinensis, Raynaldus Colmentanus, Petrus Diaconus, Bertulphus aliique insigniores monachi Casinensis conventus, una cum Wibaldo abbate acturi scilicet nomine conventus imperatori gratias pro benevolentia ejus singulari, quam diebus nonnullis octo quibus Casini degerat, expertos esse omnes dicebant, et faustum ipsi in Germaniam reditum apprecaturi. Petituri denique ejus opem adversus Pandulfum, Landonis Aquinensis comitis filium, qui castellum in silva Trillæ, quæ ditionis erat Cas.nensis, nullo jure construxerat, ut ex ergumis, impune posset circumjecta monasterii prædia deprædari. Admissos Cæsar suo more excepit benigne, grates vicissim rependens pro bona voluntate. Et de Pandulfo qui immerentes sic vexabat nimis commotus, accitum ad se Brunonem Campidoctorem extemplo misit cum cohorte, qui ignem spoliato castro subjiceret. Tum Raginulfum Apuliæ ducem, Robertum principem Capuanum, comites denique omnes Capuani principatus, comites Aquinenses et circumjectos passim Northmannos præcepit clientelæ debitum Wibaldo profiteri. Atque ut nullus auderet deinceps Wibaldum aut ejus clientes quovismodo lacessere, insignia duo confici curat imperialia; quibus omnia Casini et Stabuleti monasteriorum privilegia confirmarentur. De eo quidem diplomate quod Casinensibus destinatum fuit, non possumus loqui, cum levior ejus mentio fiat in Chronico Casinensi, nec sit nobis aliunde notum ; aliud vero quod totum est exaratum aureis characteribus, superius jam edidimus, inter alia Stabulensium instrumenta. Unde et ea solum quae hujus sunt loci, hic adnotabimus : *Personam*, inquit, *domni ac venerabilis abbatis Wibaldi, qui eidem cœnobio regulariter præest, præcipuo amore ac familiaritate nostra dignam judicamus. Cujus fides et devotio circa stabilitatem et honorem imperii nostri in hac Italica expeditione satis enituit. Qui post multos labores et pericula, quæ pro nobis et nobiscum in administratione nostri imperii in Apulia fideliter pertulit, nobis redeuntibus in monasterio Casinensi, a fratribus ejusdem loci et universo populo, violenta et admirabili prorsus electione, in abbatem raptus, et ad honorem et firmitatem nostri imperii remanens nostram celsitudinem petiit, ut Stabulense monasterium, cujus curam ipse non aeposuerat, et res ad ipsum pertinentes, munire et confirmare dignaremur*, etc. Subscripsere Albero Trevirensis, et Conradus Magdeburgensis archiepiscopi, Meingoldus Merseburgensis, Albero Basileensis, Albero Leodiensis, Andreas Trajectensis, Anselmus Havelbergensis, Henricus Tullensis episcopi, Conradus abbas Wuldensis, Henricus dux Bavariæ et marchio Tusciæ, aliique multi optimates, insignes prorsus testes, qui omnes imperatorem secuti, Wibaldum quotidie videbant et alloquebantur.

Eadem die qua sancti Mauritii memoria erat solemnior, sacra egit summus pontifex in basilica Sancti Petri. Quibus peractis, Wibaldum imperator et cæteros, quos modo nominavimus, Casinenses vocavit ad prandium. Aderant vero, ut quisque judicare facile potest, præsules superius memorati cum aliis optimatibus. *Nec enim unquam*, inquit Petrus diaconus, *ab episcoporum consortio Lotharius sequestrabatur*. Verum conversus ad Wibaldum, quæ certe magna est benignitas in summo imperatore, cujus nutu universus pene orbis movebatur, puto, ni fallor, inquit, *quia comedendi et bibendi vobiscum hæc erit mihi ultima dies*. Præsentiebat pius princeps extremam exitus sui diem imminere. Cæteros deinde monachos Casinenses intuitus studiose, in his Petrum Diaconum tacitus destinavit abducere secum in Germaniam, eum judicans quam maxime dignum qui Wibaldi locum teneret. Hunc porro cum Rainaldo pseudoabbate ad conventum Melphiæ vocatum sæpius audierat monasterii sui jura strenuissime defendentem, *et logothetam, exceptorem, auditorem, chartularium ac capellanum* eodem in conventu instituerat. Finito igitur prandio seductum monuit imperator ut vestigio eodem temporis pararet se ad iter, imperialia semper servitia peracturus.

Quæ cum audisset Wibaldus Lothario suppliciter exposuit se quasi exsulem, peregrinum in loco remotissimo atque omni popularium ope destitutum Petri diaconi, cui maxime fidebat, opera carere nullo modo posse; sineret potius se, abdicata Casinensi abbatia, ad suos reverti Stabulenses. Cui imperator : *Quia*, inquit, *dicis te sine illo non velle manere, hunc tuæ fidelitati summo studio, summo mentis amore commendo, eo tenore, ut si qua meæ dilectionis, si qua amoris in tuo corde vestigia sunt, in isto ostendas, eumque pro nostro amore loco charissimi et unici filii habe*. Et sermonem ad episcopos et alios optimates conferens. *Nostri a Deo conservandi imperii majestas hunc quem videtis discipulum, Henrici Ratisbonensis episcopi et cancellarii, effecit, logothetæ, exceptoris et auditoris officio remuneravit; sessionem ad dextrum pedem indulsit. Is solus in gente Romana inventus est, qui contra Constantinopolitanos pro imperio se, et pontifice Romano opponeret*. Wibaldus itaque Petrum Diaconum reliquit imperator, et facta utrique uti et cæteris fratribus potestate abeundi, ipse die crastina nono Kalendas Octobris movit, una cum Innocentio summo pontifice contendens Romam, et paucis interjectis diebus, pacata urbe relicta Tyburim deflexit. Ibi anxius præter solitum seu valetudine, quæ senio quotidie deperibat, seu ipsa Wibaldi absentia nimis conflictaretur, Petrum diaconum denuo instituit abducere secum in Germaniam, quasi jam e memoria excidissent ea quæ non ita pridem coram omnibus Casinensi abbati pollicitus fuerat. Aulici nihilominus omnes, adeo sunt hujusmodi proclives ad assentationem, imperatoris voluntati obsecuti, imo et plaudentes, auctores fuere ut Casino quantocius acciretur, scriptæque sunt eam in rem litteræ sequentes :

Lotharius Dei gratia Romanorum imperator augustus, dilectissimo fideli suo Guibaldo Casinensi hierarchæ, et Romani imperii archicancellario, et magistro capellano ac principi pacis, gratiam suam et bonam voluntatem. Tuæ fidelitati per imperialia scripta mandamus ut nostræ a Deo conservandæ majestati Petrum Casinensem diaconum, qui a nostra imperiali serenitate logotheta, Italicus exceptor, chartularius et capellanus imperii constitutus est, transmittere studeas, recepturus pro suæ fidelitatis servitio, dignæ retributionis præmium. Indubitanter enim noveritis nostram majestatem et collaterales imperii, propter antiquitates et rerum gestarum relationes ejus minime frui absentia velle. Mitte etiam per eum omnia præcepta antecessorum nostrorum, quæ ei ad Aquaspensiles olim nos custodienda dedimus. Data apud Suburbium Tyburtinum, pridie Kalendas Decembris.

Hic obiter notandum his in litteris multos dignitatis titulos Wibaldo attribui, qui nusquam leguntur, easque ex Montis-Casini archivis Mabillonium nostrum exscripsisse.

Eum vero qui litteras ferebant, in extrema rerum angustia invenere, parantem acerrime bellum adversus Raynaldum Tuscum, qui sanctum montem undique circumsidebat. Amicum porro perfidus ille, et merentem de se sic aggrediebatur. Depulsus enim ab abbatia et exauctoratus, uti supra exposuimus, summi pontificis et imperatoris nutu, cum timeret ne exsul transferretur in Germaniam, præposituram S. Magni, quæ prope urbem Fundas sita est, implorata Wibaldi ope, impetraverat, ut illic tutus esset ab ira Cæsaris. Verum qui impiis facit bene, cos sæpius facit deteriores. Cum debuisset eo se conferre, arcem Castrumcœli dictam, quam tenebant consanguinei ejus, subierat, jam tum de recuperanda abbatia sollicitus. Sed nuntiato discessu imperatoris, apertius rem gerens, collectis undique copiis, vastitatem passim inferebat.

Interea Rogerius rex torrentis instar in Apuliam rapide irrumpens, amissas paucorum mensium intervallo urbes et provincias celerius recuperabat, jamque Pharum transiisse nuntiabatur, Capuanum principatum eodem modo receperat. Recreatus nihilominus Casinensis abbas litteris imperatoris sperans, dispersa rebellionis fama, brevi futurum sibi ab ipso auxilium, prolixiores litteras quarta die rescripsit, quibus ipsi exponebat acerbius ea quæ jam, ex quo pedem moverat, a schismaticis fuissent attentata, quid interminatum, quidve sibi discriminis immineret. *Quanta*, inquit, *et qualia per numerosissimas gentes Langobardorum, Northmannorum et Saracenorum ego et Casinensis Ecclesia pro fidelitate Romani imperii et apostolicæ sedis sustineamus, stylus scribere non sufficit..... Nihil enim aliud Casinensi Ecclesiæ nisi tribulationem inenarrabilem reliquerunt. Et ecce, proh dolor! rege Northmannorum Rogerio cum suo exercitu gratulante, solus fidelium cœtus magna mœstitudine consumitur, Christianorum sanguis effunditur, monachi in carceris vincula vinciuntur, devotus Deo populus continua strage vastatur*, etc. Et infra : *Ergo, præcellentissime Cæsarum,..... nisi manu vestræ defensionis nos adjuvetis, spe vivendi Christianos sublata, aut ipsis paganis subjiciemur, aut..... ab eorum multitudine victi ad* omne Christianitatis dispendium pereamus, ut vero Petrum diaconum petenti faceret satis, addit. *Sed quia tanto imperatori pauca sufficiunt..... ex verbis filii nostri Petri* (ep. 1), *hujus epistolæ dictatoris, ac Romani imperii per omnia fidelis, quem in Alemanniam, Saxoniam, Daciam, Sueviam ac Lotharingiam mittere decrevimus cognoscetis.*

Litteris imperator, nulla subsidii data spe, respondit vires posse comprimi omnes Rogerii et Rainaldi sola comitum Aquinensium et principum aliorum opera, qui principes fidem ipsi paucos ante dies ultro promiserant. At vero defecerant illi omnes ad unum et cives ipsi Sancti Germani, Casinensium excubiæ, ut ita loquar, nimis vacillabant, qui tandem aliquanto post dedere se hosti Casinum montem cum eo expugnaturi. Hic paucis expendere libeat admirabilem rerum humanarum inconstantiam. Quem modo victorem, quem imperatoris invictissimi familiarem et amicum, quem præfectum classi, atque Italiæ imo imperii fere arbitrum contemplabamur, jam detinetur captivus, et tantam fortunæ varietatem pauci dies attulere. Hæc porro miscrabiliter describit, secundis Lotharii litteris respondens, epist. 2, quæ Richisæ serenissimæ augustæ æque ac Lothario inscribitur.

Interim ferre non valens civium Sancti Germani perduellionem, collectis viribus, quæ erant valde tenues, Landulphum de Sancto Joanne virum fortem in urbem misit (34). Is unus e multis adversus Rogerium perseverans, Rainaldum pseudoabbatem crebris excursionibus multos dies attriverat, planeque debellasset, si pauxillum quid subsidii tulisset imperator. Certe hac vice vir ille tanta vi erupit, ut dissipato prædicti Rainaldi numeroso exercitu, traditores urbis, urbe incensa, aut ceperit aut interemerit.

Sed finito vix prælio, fortunam hanc non modice obscuravit diffusa constans fama Rogerium, Capua recepta, circumjectam regionem occupasse, brevique Rainaldo cum ingenti exercitu adfuturum. Ad eas enim angustias adducebantur Casinensium res, ut exclusa spe omni subsidii, vel dederent se omniaque sua in ditionem victoris, vel se sinerent sub Casini ruinis obrui, quod utrumque miserrimum idem et desperatissimum Wibaldo videbatur. Ne tamen aliquid tanto in discrimine crederetur prætermisisse, convocatos in capitulo monachos omnes admonuit, Rogerium et hominem esse et principem. Posse, uti fert hominum natura, mitigari obsequiis, proclive vero esse ad misericordiam principis ingenium. Casinensem ecclesiam, quam paulo ante Lotharii adventum muneribus et privilegiis decorasset, eumdem diligere et venerari. Pacem denique si suppliciter deprecarentur, forte et veterem amicitiam esse recuperaturos. Missi igitur e fratribus nonnulli Capuam, et fortassis inter eos Petrus diaconus, qui vulgo cum ob celebritatem nominis, tum ob miram dicendi facultatem ejusmodi munia obire solebat. Procedentes illi medios in hostes, stupebant passim inferri vast tatem, neque ipsis ædibus sacris abstineri, jamque verebantur in periculum salutis venisse. Is autem legationis exitus fuit. Rogerius rabie tumens in Wibaldum, quem sciebat ab ipso belli exordio in sui perniciem incubuisse, atque Innocentio æque atque imperatori esse addictissimum, advenientes primum dure adorsus, deinde aspernatus, inauditos dimisit, malam Wibaldo crucem minans (35). Quæ dum viro referrentur, secure et constanti animo perculsos fratres hortabatur, bene sperarent se solum peti, sibi uni, et ex privato odio, non Casinensibus indici bellum, vitam si opus sit, religionis atque ipsorum causa ultro se esse amissurum, sin minus eumdem se sibi consulere posse. Acceptis interea ab Odone decano quindecim marcis, meditabatur serio, quo tandem pacto tutum in locum evaderet. In cons.lii societatem admissus est unus Landulphus de Sancto Joanne, cujus maxime opera indigebat, commissaque ipsi Casini defensione, noctu, insciis omnibus, eodem adjutore evasit, quarto Nonas Novembris, magnum sui desiderium Rogerio relinquens (36). Ubi primum tutus ab ejus sævitia fuit, Casinenses fecit de fugæ hujus instituto certiores, litteris significans se magis ipsis, qui sua causa premebantur, consuluisse quam sibi ; sed nec esse amplius reversurum, cum fuisset hactenus in Dei agro arbor inutilis, et ideo succidenda. *Quapropter præcipio vobis*, inquit (ep. 3), *in virtute sanctæ obedientiæ, ut, postpositis partium studiis, remota omni ambitione et venalitate, absque gratia vel odio, aut acceptione cujusquam personæ, secundum Regulam sancti Benedicti personam Catholicam et regularem de corpore vestræ congregationis,..... in abbatem vobis... sine mora eligatis. Statutum siquidem nobis est, ut si hanc formam in eligendo vobis abbate servaveritis, ut nos, remissis vobis Ecclesiæ vestræ insignibus, vos ab obedientia et subjectione nostra omnes pariter absolvamus, et vos ad promotionem futuri abbatis liberos a nobis efficiamus.*

Insignia hæc quæ secum detulerat, sigillum et annulus erant quæ Casinensi abbati in ipsa inauguratione tradebantur. Acceptis vero illis mandatis, Casinenses paruere, certissimi Wibaldum propositi sui esse tenacem, et Rainaldum Tuscum, electione interdicta, abs Rogerio principe posse restitui; electusque est legitime die duodecima ex quo Wibaldus abscesserat, Rainaldus Colmentanus, *vir utique habitu*, ut Petri diaconi verbis utar, *incessu et moribus honestissimus, et divina humanaque scientia clarus.* Ipse est quem supra, mortuo Seniorecto, contendisse diximus cum Rainaldo Tusco. Lætus hoc nuntio Wibaldus, insignia cum promissa abdicatione electo misit, congratulans his verbis, quæ modestiam viri mire exprimunt (ep. 4) : *Electum nos communi fratrum conniventia, et in Ecclesia Casinensi regulariter ordinatum audientes gaudio gavisi sumus..... Eapropter vos in nomine Domini per præsentia scripta ab obedientia quam nobis promisistis absolvimus. Et qui vobis aliquando indigne præfuimus*, vestri *subditi et servi esse et dici non erubescimus.* Commendatis deinde eidem electo charissimo suo Odone decano, et cæteris fratribus, cum *hominibus de Sancto Petro*, qui perseveraverant in fide, subdit: *Remittimus vobis annulum unum et sigillum quondam nostrum, per quæ plenam refutationem de abbatia Casinensi facientes, nunquam tamen consilium et auxilium nostrum eidem Ecclesiæ subtrahemus.* Odoni vero in eumdem fere modum scribens, et rerum quarumdam mobilium quæ suo tempore distractæ fuerant rationem reddit (ep. 5).

Hic forte fusius quam par erat, ea sumus exsecuti quæ Casini sub Wibaldo gesta sunt, at nusquam fere nisi forte Corbeiæ, uti infra patebit, virtutes ejus omnes adeo enituere, modestia in primis, præcipua a dignitatibus aversatio, constantia in adversis, et pietas singularis in oves sibi commissas. Et si quis erit qui hic objiciat derelictas ab eo esse, quo tempore opera ejus magis indigebant, huic respondemus auctorem hactenus neminem hanc infamiæ notam ipsi inussisse, neque Petrum diaconum ingenuum sane scrip orem, neque scriptores alios Casinenses, qui viro externo pepercissent nunquam, sed suis saltem scriptis ejus memoriam labefactassent. Præfuit Casinensibus dies quatuor super quadraginta, uti diserte scrib.t anonymus Casinensis: *Anno 1137 indictione* xv... *obiit Seniorectus abbas. Rainaldus Tuscus fit abbas. Rainaldus hujus loci*

---

(34) Chronic. Casin. lib. IV, c. 127.
(35) Chronic. Casin. lib. IV, c. 127.

(36) Ibid.

electus, deponitur. Guibaldus ordinatur, qui quadraginta quatuor dies recedit.

Probabile est autem eum deposito præfecturæ Casinensis onere migrasse ad imperatorem, qui positus in extremis, paucis post diebus in vilissima casa secundum Othonem Frisingensem, devixit die 5 Decembris, anno regni XIII, imperii v, susceptumque esse abs serenissima augusta ut principem pacis, qui dissensiones quæ tum prævidebantur consiliis suis removere posset. Agebatur enim de creando novo rege, et duo erant contendentes iidem potentissimi, et rerum gloria spectatissimi, Henricus Bavariæ et Saxoniæ dux Lotharii gener, et Conradus Sueviæ dux Henrici V sororius. Divitiis ille et potentia eminebat, sed fastu et tumore insolens, unde et superbo nomen inditum, proceribus æque ac plebi minus erat acceptus. H:c vero lenitate in primis et clementia quæ præsertim dotes in rege spectantur, omnium fere animos sibi devinxerat. Electionis seriem quique sunt exinde secuti bellorum motus exponere hic nostrum non est, tametsi minime dubitamus quin ubique effulserit Wibaldi prudentia et æquitas. Ea solum afferemus quæ de ipso scriptis traduntur. Henrico præpositus est Conradus in conventu circa mediam quadragesimam habito in oppido Confluentia, studio inprimis Adalberonis Trevirensis archiepiscopi et Wibaldi abbatis, Theoduino episcopo et cardinali sanctæ Romanæ Ecclesiæ legato præsente. *Qui Conradus mox Aquas veniens a prædicto cardinali, cooperantibus Coloniensi et Treverensi archiepiscopis cum cæteris episcopis in regem ungitur,* uti scribit Otto Frisingensis. Ex quo corrigendus auctor annalium Paderbornensium, qui hic lapsus memoria, Conradum scripsit Confluentiæ esse inunctum.

Eo tempore Wibaldus Stabulenses suos nimis exspectatus invisit, sperans cum illis optato secessu fruiturum, et paucos qui supererant vitæ annos acturum quietius, idque unum abs rege de quo erat optime meritus, avebat sibi concedi. Verum prius conficienda erant quæ ante expeditionem inchoaverat monasterii negotia, et quod valde arduum videbatur, comprimendæ ministerialium continuæ vexationes. Hinc celebrato cum fratribus sancto Pascha, atque hic discussis quæ magis urgebant, Coloniam, ubi Conradus solemnem curiam habebat proficiscitur. Ibi primum conquestus est in celebri procerum conventu villam Turnines, quæ præcipuum erat Ecclesiæ Stabulensis prædium, abs comite Namurcensi injuste detineri. Petiit deinde eas leges quas prædicto castello et vico Longia posuerat, nundinas ibidem recens constitutas, et comparata bona, cum possessionibus aliis monasterii Stabulensis sibi confirmari. Annuit postulatis Conradus, insigni diplomate (37), adjudicata primum ex consilii sententia prædicta villa Turnines. Quæ tamen villa, Eustachio Leodiensi advocato contradicente, ante annum sequentem recipi non potuit, quamvis ipse Conradus, suscepta Wibaldi causa, in conventu Leodiensi eodem fere tempore habito, Alberoni episcopo præciperet vehementius, ut vexationem illam fratris sui, erat quippe Eustachius Alberonis germanus frater, cohibere non differret (38). Quia vero conventus hujus nusquam quod sciamus memorati, mentio incidit, adjiciemus, et Wibaldum sententiam ex eo tulisse adversus monasterii Stabulensis villicos, qui villicationes sibi commissas et judiciaria munera beneficii loco habere, et jure quasi hæreditario tenere enitebantur, cum prius nonnisi abbatis nutu solerent exerceri. Sententiamque illam Conradum novo diplomate confirmasse in alio conventu habito Wormatiæ anno 1140 (39).

Eodem anno instrumenta duo in plena synodo Coloniensi impetrata sunt Wibaldi maxima opera, quorum altero potestas summa declaratur Stabulensis abbatis in Malmundarienses, et decimæ novalium altero conceduntur in villa Bullinge, quæ ditionis erat monasterii Malmundariensis (40).

Neque hic stetit optimi abbatis summum in filios studium; quisquis ea instrumenta evolvet, quæ præmisimus, hinc litteras reperiet summorum pontificum ab ipso impetratas, quibus omnia bona et privilegia diserte confirmantur, inde videbit partorum bonorum instrumenta varia. Jam vero quantas his gerendis curas ponebat, et sollicitudines, quot itinera suscepit, ut alias omittamus molitiones? Modo Conradum regem adire oportebat, modo Coloniensem præsulem, modo Leodiensem. In pleris que comitiis imperii, in synodis episcoporum sem per novi aliquid de Stabulensi monasterio tractabatur. Improbitas sola ministerialium, quæ omnino comprimi debuerat post Leodiense, Wormaciense, et multa alia judicia semper recrudescens, infinitas ipsi curas imposuit. Legenda est præclara illa epistola, quam ad episcopum Hildesheimensem scripsit circa annum 1149. *Villici,* inquit (ep. 151), *volebant hæreditarie possidere sanctuarium Dei, et ipsa villicationis officia ex successione paterna et avita capientes, dominabantur in rebus, nostraque et præpositorum statuta rescindentes, et colonos indebitis et assiduis exactionibus opprimebant, et justas pensiones monasterio nequaquam inferebant. Ita miserabili et importuno clamore populi, cujus terra jam fere vastata et desolata erat, nec non inedia monachorum, ac ruina ordinis, propter alimentorum defectum, sæpe et nimis exacerbati cœpimus iniquo tempore tyrannis resistere, certi quantum de futuris fieri poterat, quod aut circa salutem nostram periclitaremur, vel ad salutarem effectum causam tam necessariam perducere non possemus. Etenim (quod cum dolore et gemitu dicimus), jura omnia interierunt, leges occubuerunt, morum disciplina exstincta est, consuetudo vetustatis abolita est, regis et principum virtus et potestas abolevit, licet unicuique quod libet et quod statuit, vim legis obtinet.*

Coactus fuit tandem, ut ibidem scribit ad ipsum apostolicum pergere, auxilium ipsius imploraturus. Certe eo anno quo Innocentius secundus obiit, Romæ agebat, impetravitque ab ejus successore cum privilegii litteris, litteras alias ad Alberonem Leodiensem episcopum, quibus hortatur eum summus pontifex, ut Stabulensium partes suscipiens, ipsos in villicos et ministeriales gladio spiritali animadvertat si opus erit (41). Addit vero (quod notandum est) ut Henricum de Rupe militem, qui domum Erheberti Wibaldi fratris destruxerat, quo tempore minime licebat hostilitates exercere, ad restituendum compelleret ea, quæ de bonis abbatiæ abstulisset, ex quo constat quod initio diximus, Erheberti domum seu castellum Stabulensibus fuisse vicinum. Edita est epistola inter instrumenta, pag. 119.

Reversus ab Italia Wibaldus cum Cœlestini litteris speratam diu quietem quasi a longe venientem videbat, melioratis aliquantum Stabulensio rebus, atque unum aut alterum annum egit satis placide.

Prudente quidem virum magna sui nominis fama, excitatæ viciniores ecclesiæ cum in pastorem subinde votis deposcebant, petentes id sibi non dene-

---

(37) Vide infra in Appendice ad epistolas Wibaldi, sub num. 11, ad an. 1158; cf. chartam Wibaldi anni ejusdem, circa medium.

(38) Vide diploma Alberonis episcopi Leodiensis, *De possessione Turnines, auctoritate pontificia et regia Stabulensi monasterio restituta,* in Append. sub num. 13.

(39) Vide Appendicem, suo num. 14.

(40) Vide ibid., sub num. 15, 16.

(41) Vide inter epistolas Cœlestini II papæ, sub num. 20, *Patrol.* t. CLXXIX.

gari quod Casinensibus monachis, externis et minime notis aliquandiu concesserat. Verum illud eis propheticum *responsum* dabat. Non sum medicus, non est in domo vestimentum, nolite me constituere principem populi, *atque ita*, inquiebat, *absque avaritiæ moribus, contentique præsentibus, ei monasterio cui ascripti eramus, etsi non bene vivendi exemplo, vel fideliter administrandi studio deserviebamus* (ep. 151), immotumque videntes amplius non urgebant.

Habita fuit interim, circa finem Augusti anno 1144, solemnis curia in percelebri Corbeiæ monasterio, quod in extremis Westphaliæ finibus in Visurgis ripa situm est, ad quam Wibaldus cum aliis abbatibus accitus est, ut de Henrico loci ejusdem abbate ferretur judicium. Is porro Henricus de multis accusabatur, quæ fusius prosequuntur Corbeienses epistola ad Bernardum Hildesheimensem, sed præsertim de violenta intrusione ad dignitatem abbatialem, de inobedientia, de simonia, de pessima administratione. Cumque adessent una accusatores ejus omnes, et quos sibi qua mercede qua minis conduxerat fratres non pauci, quidam nobiles et præsertim monasterii ministeriales, in factiones enim quasi duas miserrime distrahebatur nobilis Corbeia, quæ se vicissim lacerabant. Wibaldus honorem attendens loci, obtinuit, rege suppliciter *exorato, ne adversus reum lite contestata accusatorum actio et ordo judicii procederet* (epist. 131). Sicque et miserum pudore ingenti exemit, et maledicis obstruxit os, qui lascivientes in monachos, ut vulgo fit, Corbeiensibus exprobrare potuissent, olim aliquem eorum principem solemni in curia damnatum, cumdem et ejectum fuisse. Hujus beneficii Henricus immemor prorsus fuit, neque Wibaldus inimicum expertus est unquam ullum infensiorem. At Corbeienses Stabulensem abbatem primo hoc congressu dilexere, mire capiebantur ejus humanitate et singulari modestia, et *pretiosam illam margaritam*, ut eorum verba usurpem, Stabulensibus invidebant. Illos cum redditibus non admodum magnis advertebant florere, magna quotidie moliri, pietate ornatos, et litterarum studiis; se vero longe opulentiores omnibus destitui, et esse omnibus ludibrio, otio torpentes, sibi invicem maledicentes : revocabant in memoriam pristinos Corbeiæ annos, qualis fuisset tempore Adalardi, Paschasii; atque etiam ante annos quinquaginta, ex quo, ut ipsi scribunt ad Eugenium papam (ep. 15), *res monasterii et dignitas tam intus quam foris ultra quam credi posset imminuebantur*.

Conventus alter principum habitus fuit Corbeiæ sub finem anni sequentis, ubi adhuc magis Wibaldus potuit innotescere. Aderant vero cum illo Theoduinus S. Rufinæ episcopus, et Thomas presbyter, sanctæ Romanæ Ecclesiæ cardinales, et sedis apostolicæ legati, Bernardus Paderbornensis episcopus, Rodolphus Halberstadensis, Bernardus Hildesheimensis, Philippus Osnabrugensis, Henricus Mindensis, Fridericus Magdeburgensis, Thietmarus Ferdensis, Anselmus Havelbergensis, Henricus Olomocensis episcopi et cæteri imperii optimates. Ibi restitutum Corbeiensibus jus piscationis apud Houcwar, sed de Henrico abbate nihil quod sciamus est actum. Verum non multo post Thomas presbyter cardinalis, convocatis in capitulo fratribus, interrogatum convicit de simonia in venditione ecclesiæ de Linwert perpetrata, ac tandem Paderhornæ duodecimo Kalendas Aprilis, coram multis Westphaliæ et Saxoniæ abbatibus, deposuit anno 1146 (42).

Tum Wibaldus acceptis a rege mandatis in solemni curia Aquisgrani, Romam proficiscitur nono Kalendas Aprilis, legationem obiturus. Ingressus vero iter Lucium summum pontificem, quem jam-

(42) Annal. Paderb. lib. VIII, ad an. 1145.

pridem impensius diligebat, accepit esse mortuum. Et quamvis idem nuntius afferret Bernardum monasterii S. Anastasii abbatem ejus æque amicum, suffectum esse ei, nihilominus, opinamur, conceptus eo dolor una cum itineris molestia, vix dum soluta hieme, eum adduxere in summum mortis discrimen. *Febri, certe, Romana, uti scribit ad episcopum Hildenesheimensem*, (ep. 131), *quinque hebdomadibus apud Viterbium* decubuit, *et vi naturali, cute et omnibus pilis amissis, fauces mortis vix evasit.*

Reversus VI Nonas Augusti, vix recepta valetudine, lætus accepit novum tandem Corbeiensibus creatum esse abbatem, Henricum monasterii præpositum. At gaudium illud quam breve fuit, et quam cito est summos versum in luctus. Vexatus nimis Henricus ab his fratribus, qui decessoris sui partes tuebantur, et mœrore contabescens, uti plane insinuant Corbeiæ annales ms. eodem anno consumptus est VIII Idus Octobris. Hic mirari subit Nicolao Schaten Annalium Paderbornensium auctori, penes quem erant Corbeiæ monumenta omnia, abbatem illum excidisse (43).

Orbata pastore Corbeiensis Ecclesia, novis afteritur calamitatibus, dum Henricus gestiens restitui, hinc per emissarios discordias inter fratres alit, illinc sævit crudeliter quas in hostili regione, monasterii prædia cum fratre Siffrido comite armatus invadens. Cumque die electioni præstituta convenissent omnes in capitulum, *nulla inveniri poterat persona, quæ sufficere posset ad alligandas illas attritiones, et ut filii Dei et Ecclesiæ, qui dispersi erant, aggregarentur in unum* (ep. 15). Iis necessitatibus coacti, undecimo Kalendas Novembris, *invocata Spiritus sancti gratia, et adhibito religiosorum et sapientium virorum consilio, communi omnium desiderio, sine ullius personæ magnæ vel parvæ contradictione, imo favorabili omnium assensu, præsente et consulente venerabili Bernardo Patherbrunnensi episcopo, elegere sibi in patrem et pastorem animarum suarum, in abbatem scilicet et dominum suum, Stabulensem abbatem domnum Wicboldum, cujus religione et providentia Corbeiense monasterium ad pristinum dignitatis suæ statum posset reformari. Et ne forte difficilius abduci se sineret a suis*, auctoritatem adhibent Cæsaris, missis continuo fratribus Herbipolim, uti opinamur (huc enim eodem temporis Conradus videtur accessisse), qui impetratis ad electum litteris cum regis tum principum, *quibus officiose et suppliciter ad tantæ rei regimen invitabatur* (ep. 131), Stabuletum contendunt, ferentes una electionis scriptum. Quo die appulere, Wibaldus a synodo redux hiemali sacri Leodiensis ordinis, diverterat Malmundarium, solemnem sanctorum omnium memoriam sequenti die celebraturus; sed nuntiato legatorum adventu, ad eos illico properavit. Significata fuit itaque ipsi pridie Kalendas Novembris Corbeiensium unanimia de ejus electione consensio, non vero XV Kalendas Decembris, uti scribit Fisenius in sua Sanctalegia ad annum Christi 1145. Cognita autem ex legatis ardentissima omnium et regis ipsius voluntate, sequentem in diem responsum distulit, incertus animi quid esset acturus, pareretne, an suo more pertinacius obluctaretur. Hinc verebatur ne oblatum declinans onus vitæ studio quietioris, sibi magis consuleret quam Dei optimi voluntati, quam satis evidenter referebat consensus ille omnium. Illinc molestiæ Casinensis memor, imbecillitatem causabatur suam ac tenuitatem virium. Dum sensim hæc et alia meditans, noctis pars elabitur, præstitutum nocturnis horis tempus venit, et excitatis fratribus, processit in templum. Quid tum magnus ille vir sit expertus, et quo tandem modo totus in Deum effusus definierit aliquid, pluribus verbis

(43) Annal. Paderb. lib. VIII, ad an. 1146, pag. 767.

epistola jam citata ad Bernardum Hildesheimensem exponit, quæ cum primorum Ecclesiæ temporum pietatem ferant, et candorem animi vel minimum metuentis noxam, inserenda hic duximus. *In hac itaque anticipiti meditatione, in qua jam exarserat ignis desiderii volentis quæ potiora sunt eligere, processimus ad ecclesiam, aliquid psalmorum lingua proferentes, cum tamen animus ab eorum intellectu salutari longius esset evagatus. Venientes ante altare illud, ubi benedictionem episcopalem in nomen et officium abbatis suscepimus, commovit nos repente quidam familiaris et intimus amor, quem ad patronum ejusdem loci sanctissimum Remaclum ejusdem cœnobii fundatorem habemus, et concussit animæ nostræ interiora quodam affectuoso timore; ex eo videlicet, quod in mente nostra volvebamus, utrum ipsius monasterium sic relinquere pergeremus. Clamavit itaque anima nostra ad Deum, et ad ipsum clamore vehementi, in verbo interiori, in verbo non diffidentis spei, absque* ἀυτῷ oris corporei : (Fiat, Domine, voluntas tua, jam de cætero neque amicorum nostrorum sequi consilium statuimus, sed tuam voluntatem, et te, qui es via, veritas, et vita, in hoc præsenti negotio sectari desiderabimus.) *Sed qualiter tuam voluntatem cognoscemus, qui præsens es majestate, sed nos in regione longinqua dissimilitudinis porcos pascentes, a te recessimus. Temerarium est ut certam voluntatem tuam super hoc verbo, quam nobis indicare digneris, sive per angelum, sive per aliquam subjectam tibi creaturam tuam, sive per visionem, sive per oraculum expetere præsumamus. Per eos itaque, in quibus habitas, scrutari tuæ voluntatis arcanum impium et præsumtuosum non est; atque ideo fratrum et filiorum nostrorum sententiam sequendam voto tali tibi obligati arbitramur, ut quidquid ipsi dixerint tenendum sit, quorum animas nobis servandas tradidisti, cum similiter ipsi animæ nostræ mali custodes* (ep. 151). His ita conceptis, et peractis laudibus matutinis, atque hora solita vocatis ad capitulum fratribus, allatas epistolas cum electionis scripto jussit legi : quibus perlectis, in hæc verba prorupit : *Ex quo, fratres mei, divinæ providentiæ, quæ disponit omnia suaviter, placuit nos omnium vitæ merito et sapientiæ doctrina extremos, per unanimis consensus vestri ministerium ad hujus Ecclesiæ regimen provehere, mei et animi et corporis Potestas mea desiit esse, et totum quod nobis a Deo in utriusque hominis substantia collatum est, vestræ ditioni ac potestati quasi quodam jure proprietario cessit et vindicatum est. Nos vestri sumus nec vos aut monasterium vestrum deserere volumus, unde et vestrum consilium tanquam divinum responsum interrogantes exspectamus. Nulla vero vos formido, nulla vos suspicio terreat, quin inspirante Deo quod opportunum videbitur loquamini, quoniam cum Deo nostro tale voti et sponsionis fœdus inivimus, ut a vestri consilii verbo recedere nequaquam valeamus. Neque enim si grata nobis esset hujus dignitatis oblatio, si Corbeiensi Ecclesiæ præesse, juxta suam electionem, appeteremus, hoc sub incerto multitudinis consensu tractaremus, sequentes videlicet nostri desiderii propositum. Nunc vero, Deo adjutore, nostri cordis intentionem ita firmavimus, ut ea nobis consilii portio pergrata sit, quæ donante Spiritu sancto nobis a vestra fraternitate intimata fuerit. Hoc tantum vestram prudentiam admonere nequaquam dubitamus, ut quantum per Dei providentiam corda hominum moventis, et in eorum cordibus operantis, ad inclinandas eorum voluntates quocunque volueris, vestræ discretioni licitum est, hoc provideatis, hoc consulatis, hoc suadeatis, quod animabus et corporibus nostris atque monasterio vestro utile et tutum maxime judicabitis* (ep. 151). Attoniti fratres rei novitate et suspensi legatos, egrediente Wibaldo, admisere, petentes instantius electionis seriem sibi denuo explicari. Iis vero supra modum efferentibus et dignitatem et divitias, cæ-

teraque Corbeiensis loci commoda, amor filiorum in patrem adeo commotus est, ut privatæ rei penitus obliti, fere una voce consulerent, ut ne tantis tamque insperatis bonis sui causa fraudaretur, cum præsertim finis apud se speraretur nullus laborum et molestiæ. Sed eorum nonnullis metuentibus ne forte sibi imponerent legati, incredibilia enim videbantur quæ asserebant, provide præcavere, ut prius accuratior fieret de omnibus inquisitio, missusque est eam in rem Corbeiam magister Henricus decanus, vir utique excellentis ingenii et prudentiæ, ac singulari constantia præditus. At Corbeienses tantillam hanc moram molestius ferentes optatis suis interponi, nova abs rege mandata retulere, quibus Wibaldo significabat, uti tandem Francofurti adesset, octavo Idus Decembris. *Suscepturus*, inquit (ep. 7), *de manu mea, ea quæ ad donum regiæ dignitatis spectant, ut Ecclesiæ Corbeiensi, quæ grave damnum tui absentia sustinet, tanquam pater spiritualis et prudens dispensator in posterum provideas.* Parere igitur coactus, sub initium Decembris, valetudine vix recepta, itineri se commisit. Accedens autem Francofurtum, v Idus ejusdem mensis, quo die Conradus Laureshamum diverterat, monachos Corbeiæ non paucos cum ministerialibus obviam habuit, magnæ præbentes lætitiæ signa, quasi jam monasterii sui regimen lubens suscepisset. Verum, ut vulgo est imprudens effusior lætitia, dissimulare non potuere diu ea quæ Corbeiæ machinabantur, cognovitque eadem die, plurimas sibi cum Henrico fore contentiones, eumdem Romæ restitutum, et triumphantem regredi, hæc quippe ferebat fama, quæ certe legatorum dictis erant omnino contraria. Quibus cognitis, seque et suos ita deludi, magno primum mœrore correptus, remeare Stabuletum deliberavit, et die sequenti, solutum sese arbitratus fratrum votis et religione omni, salutato nemine, regem convenit, qui in villa *Vincheim* curiam habebat, deprecaturus ipsum et principes, ut ne vis ulla sibi inferretur. *Quærebamus*, inquit epistola jam citata (ep. 151), *in domo regia intercessores, qui antea pro multis etiam damnatis sæpe intervenerunt, et sollicitabamus amicos nostros, quasi de eorum fide dubitantes, Anselmum videlicet, Havelbergensem venerabilem episcopum, et Arnoldum majoris Ecclesiæ Coloniensis præpositum, regiæ curiæ cancellarium, quos a juventute nostra summa dilectione sumus amplexi, et diligenti studio, cum quotidiano charitatis incremento venerati, atque ut nobis assisterent, et animum principis ab hac intentione revocarent, magna precum instantia rogabamus. Sed surdis, ut vulgo dicitur, cantabat, instantibus præsertim Corbeiensibus monachis, qui regis animum occupaverant.* Confirmata igitur electione in frequenti curia, incredibili omnium applausu, regalibus decoratur pridie idus Decembris.

Tum vero, quod satis mirari non possumus, Wibaldus tanta in conspiratione Dei optimi voluntatem et nutum sancte ac pie veneratus, onus impositum, quod adeo perseveranter recusarat, tanta suscepit alacritate, ut eodem temporis adversus Henricum statueret quodvis adire discrimen, rebellesque omnes fautores ejus insectari, ne minimo quidem perturbationis aut tristitiæ vestigio in vultu ejus apparente. Atque hoc armatus proposito, dimissus est, adjunctis abs rege ad Corbeiense monasterium Kemnada et Wisbecha, abbatiis duabus virginum, quæ a multis temporibus flagitiosissime viventes, ad meliorem frugem adduci nullo modo potuerant, neque de cætero spem dabant ullam feliciorem.

Corbeiam ingressus est xv Kalend. Januarii, exsultantibus præ gaudio fratribus, qui adventum ejus ardentissime expetebant, nec mora recuperare satagens ea quæ Henricus improbe alienaverat, Goslariam sub initium Januarii contendit, atque hinc inde peregrata terra, præter spem et nullo repugnante, omnia fere paucis diebus recepit. In Cropenstedem xx mansos, in Northlandia curtem unam integram Loningen, curtem integram Buochurn, in curte Wisbick duos mansos, in curte Loten unum mansum, et multa alia quæ enumerare longum est. Sed et Henrici familiares piima viri fama consternati, clementiæ ejus sese ultro commisere.

Interea Conradus exemplo motus Ludovici Francorum regis, et frequenti hortatione impulsus S. Bernardi abbatis Clarævallis (44), accepto Spiræ vivificæ crucis signo mense Februario, celebriorem habuit conventum. Francofurti, ubi ordinato belli sacri apparatu, bellum aliud, efflagitantibus Saxonum proceribus, queis jam Wibaldum accensemus, indictum est adversus Lutitios et Obotritos, gentem Sclavorum crudelem, et idolorum cultui deditam, quæ Christianos regionis Transalpinæ, et Daniæ miserrime vexabat. Provisum deinde reipublicæ, ne absente rege turbaretur, admissus denique uno consensu Henricus filius ejus adhuc puer in regni solium, dato ipsi tutore Henrico præsule Moguntino, cui ex antiquo sedis suæ privilegio regni custodia et procuratio sub principis absentia debebatur. Aderant porro huic conventui inter plurimos Ecclesiæ proceres, Albero Trevirensis archiepiscopus, Buco Wormatiensis, Anselmus Havelbergensis, Henricus Leodiensis episcopi, Sifridus Wirzeburgensis elec us, Bernardus abbas Clarævallis, et Wibaldus noster, qui duo insignia retulit instrumenta (45), quorum altero monasteria duo prædicta Kaminata et Wisbeka Corbeiæ confirmata, de integro asserta altero monasterii ejusdem privilegia, et jus in primis patronatus et procurationis in moniales Herivordenses. Ducum vero, comitum, marchionum, et nobilium infinitus erat numerus, quorum pars magna militiæ Christi nomen dederat.

Soluto conventu, Eugenio summo pontifici, qui tum ex Italia in Gallias excedebat, missus obviam Wibaldus, una cum Bucone Wormatiensi et Anselmo Havelbergensi episcopis. Litteras vero ferebant regis, quibus primo signficabat ea quæ in conventu fuerant statuta. Excusabat deinde se, quod ipso inconsulto crucis tesseram accepisset, et notanda sunt regis verba: *Ad querelas illas, quod dicitis,* inquit (ep. 20), *nos rem tantam, scilicet de signo vivificæ crucis, et de tantæ tamque longæ expeditionis proposito, absque vestra conscientia assumpsisse, de magno vero dilectionis affectu processit, sed Spiritus sanctus, qui ubi vult spirat, qui repente venire consuevit, nullas in captando vestro vel alicujus consilio moras nos habere permisit, sed mox ut cor nostrum mirabili digito tetigit, ad sequendum se, sine ullo moræ intervenientis spatio, totam animi nostri intentionem impulit.* Tum eisdem litteris instanter petebat rex abs summo pontifice, ut ad Rheni oram paululum deflectens, Argentinam feria sexta post Pascha vellet accedere, ad colloquium de Ecclesiarum tranquillitate habendum. Legatos denique ipsos expressis nominibus commendat, *viros,* inquit, *utique prudentes et discretos, ac sanctæ Romanæ Ecclesiæ regnique amatores ac nobis charissimos.* Progressi tres illi spectatissimi viri magnis itineribus, Divioni in calendas Aprilis occurrere Eugenio, qui nuntiato Wibaldi adventu mire recreatus, eos continuo excepit benigne. At lectis regis litteris, cum advertisset nomen ipsi attribui abbatis Corbeiæ, miratus est virum Romano pontifici ad illud tempus addictissimum, dignitatem hanc se inconsulto acceptasse, existimabat quippe, ut abbas vel quivis ecclesiæ alicujus rector ecclesiæ pariter alterius administrationem susciperet, *ad suæ pertinere moderationis gubernacula* (ep. 151),

et nonnihil commotus, petiit exhiberi sibi certa Corbeiensium testimonia (ep. 14), quibus testimoniis appareret liberrimam fuisse ejus electionem, neque hanc ut prius confirmaret, induci illo modo potuit, quinimo, litteras alias petenti pro Corbeia (ep. 151), cum adversus Henricum, tum ad confirmandas abbatias Kaminatam et Wisbeckam, omnino renuit. Ita sanctus ille pontifex, Patris sui Bernardi Clarævallensis æmulus, cum de patrimonio agebatur Christi, nullius rationem habebat, nec amicorum, nec principum, nec ipsius Cæsaris, quos certe negotium hoc promovisse satis noverat. Verumtamen his auditis, quæ modo diximus (ep. 151), de bello Slavico, utque Saxones cum episcopis provinciæ ad illud sese accingerent, Wibaldo ex auctoritate a Deo sibi concessa præcepit, uti negotio huic operam omnem navaret. Admonens rem agi suam, cum propaganda his in locis esset fides, ubi olim a primis Corbeiæ suæ monachis plantata fuerat. Eo enim fine bellum hoc instituebatur, ut virtute magis evangelicæ veritatis quam ferri acie subigerentur barbari, et proprium expeditioni insigne ipsi imposuit. Crux erat, ait Otto Frisingensis (46), *non quidem vestibus simpliciter assuta, qualem ferebant expeditionis Orientalis milites, sed a rota subter posita protendens in altum.*

Jussis pontificiis Wibaldus eo lubentius annuit, quo ardentius avebat miseros ab idolorum fæce eripi. Sed et propria insuper Corbeiæ causa urgebatur (ep. 151). Insulam Rugiam, quam Lotharius imperator Corbeiæ concessit anno 846 (47), ob insignem victoriam beati Viti meritis reportatam de Abotritis, ubi et cæsus est Gestimulus eorum rex, impiissimi barbari ex longo jam tempore invaserant, Christiano nomine penitus deleto. Spes erat, succedente expeditione, fore ut recuperari omnino, aut saltem fidei pristinæ posset restitui. Sed virum prudentem una hæc cogitatio morabatur, belli hujus apparatum, quod a se spectaret, nonnisi maximis sumptibus instrui posse, quas forte expensas prius abs se exigi quam Corbeiensis abbas confirmaretur, minus licebat.

Attamen cum deliberandi tempus nullum daretur, instante Aprili, quo fere mense exercitum moveri oportebat, profectus est una cum Guidone cardinali et cancellario, qui regi mittebatur legatus abs summo pontifice, admonitis prius Corbeiæ fratribus (ep. 14), uti quam primum Eugenio atque ejus legato petita conventus testimonia intimarent. Ac primum accelerato itinere, Herbipolim concessere feriis paschalibus, hinc Bambergam, ubi Conradus sanctum Pascha celebraverat, qui Guidone admisso et Henricum filium suum, puerum regem Wibaldi fidei pluribus verbis commendavit, atque hoc ultimum charissimo abbati benevolentiæ pignus Conradus dedit, priusquam discederent ab sese. Ex quo affirmare certissime possumus Moguntinum præsulem pro Ecclesiæ suæ jure nomen quidem tutoris habuisse et dignitatem, tutelæ onus subiisse Wibaldum; idque fateatur necesse est quisquis epistolas legerit 30, 31, 89, aliasque passim, si sit æquus rerum æstimator. Tum vero progrediente rege Francofurtum, hinc Norimbergam, inde Ratisbonam, uti tradunt scriptores antiqui, Corbeiam Wibaldus secessit, suam in sede Corbeiensi confirmationem exspectaturus. Duos enim e suis Corbeienses monachi deputaverant, Walterum monasterii priorem et Reinherum præpositum de Cresburch, *probati testimonii viros et honestæ conversationis,* qui Eugenium prope Parisios in monasterio Sancti Dionysii convenere, sed negotiis adeo circumventum, ut Meldis decimo post die absolvi vix potuerint. Legationis hujus seriem ingenue admo-

---

(44) Ottho Frising. l. 1, c. 40.
(45) Vid. infra in append. ad epist. Wibaldi.
(46) Lib. 1, c. 40.

(47) Vide Annal. Paderborn. lib. 11, ad hunc ann.

dum exponit Henricus Stabulensis monachus qui Wibaldi jussu ob miram oris facundiam, tertius his adjunctus fuerat. Sic enim in epistola ad eumdem Wibaldum. *Tertia feria Pentecostes,* inquit (ep. 25), *apud Sanctum Dionysium ad dominum papam pervenimus, ubi domino cancellario nos tantum præsentavimus, propter tumultum maximum, qui in exitu domini regis circa dominum papam aderat. In crastino autem antequam dominus papa, qui Meldas transire disposuerat, egrederetur, domino papæ per cancellarium præsentati sumus, et litteras quas deportaveramus dedimus. Inde Meldas in quinta feria pervenimus. In sexta vero feria in præsentia domini papæ et episcoporum et cardinalium tantum evocati sumus. Præmuniti tamen a domino Florentino, quid loqueremur, vel quis loqueretur, unus scilicet Corbeiensis, quorum causa agebatur. Sed cum alter eorum impeditioris linguæ, ut melius nostis, esset, et alter eorum satis infirmaretur ego qui Corbeiensibus jussu vestro aderam, quasi Corbeiensis, una cum ipsis ad dominum papam accessi. Ubi cum in præsentia omnium illorum qui adfuere, in personam vestram facta, esset agendum, ego, qui me Corbeiensem modo esse necessitate quam prædixi confitebar, totum ordinem electionis quem bene noveram, domino papæ sicut oportebat, enarravi. Papa itaque, auditis omnibus necessitatibus quare vos elegerant, compertis etiam utilitatibus, quas non tacueramus, quæ electionem subsecutæ sunt, dixit se communicaturum consilium cum fratribus, et ex ipsorum consilio se nobis responsurum. In hac autem suspensione detenti sumus decem diebus. Et paucis interpositis subdit: Quid tandem? Decima die post auditam causam electionis vestræ vocati sumus, et post multam commendationem personæ vestræ, sapientiæ quoque et facundiæ in præsentia episcoporum et omnium cardinalium adjudicavit et concessit ratam esse electionem in vos factam, et hoc magis ex dispensatione, sicut ipse testabatur, Romanæ Ecclesiæ, quam aliqua auctoritate. Hæc ille.*

Dum autem tandiu detinebantur boni illi fratres in pontificis curia, tempus expeditioni constitutum sensim effluxit, et vix quidquam poterat Corbeia sumptibus et apparatui suppeditare, attritis omnino frequenti insectatione Henrici quondam abbatis, monasterii opulenti facultatibus. Quid tum Wibaldus? Rem certe egregiam, et pristinis Ecclesiæ moribus plane congruentem aggressus est, vereque comprobavit eo adductus angustiæ, rebus adversis animum constantem æque uti ac prosperis. Nonnullam pecuniæ vim Corbeienses monachi e quotidianis fidelium bonis jam diu coacervabant in sacra æde, cum ædis ipsius refectioni, tum urgentibus monasterii negotiis pie destinatam. Vivis templis ille ad cultum veri Dei instaurandis, et evertendis idolis gazam hanc, imo ipsa altaris vasa consecravit, convocatisque fratribus, atque expositis quo modo retulimus expeditionis motibus, utque sibi abs Eugenio imposita crux esset, extractæ sunt ex altaribus Sancti Stephani et Sancti Viti marcæ auri triginta, cum calice aureo marcarum sex, proviso nihilominus sanctissimo decreto, atque etiam omnibus sacramento obstrictis, ut thesaurus ille quam celerrime posset resarciretur. Decretum illud ex historia Corbeiensi manuscripta, quæ serenissimi principis jussu nobiscum fuit quam humanissime communicata, exhibemus hic insigni futurum exemplo posteritati.

Fratres Corbeienses in eodem monasterio in Domino congregati pusilli et magni, universis ad quos istæ pervenerint pacem et dilectionem. Notum esse volumus omnibus Ecclesiæ nostræ fidelibus, tam præsentibus quam posteris, quod de communi consilio capituli nostri et laicorum nostrorum ministerialium, videlicet Corbeiensis Ecclesiæ, ex consensu domini et reverendi Patris Wicboldi Corbeiensis abbatis, quædam de thesauris sumpsimus propter quasdam publicas et communes utilitates monasterii nostri in quibus eosdem thesauros expendimus. Hæc autem sunt quæ abstulimus, de altari Sancti Stephani xxiv *marcas auri, de altari Sancti Viti* vi *marcas auri, calicem aureum appendentem* vi *marcas auri et dimidium plenarium optimum, quod duci Saxoniæ positum est in pignore pro* lx *marcis argenti. Et quoniam a majoribus nostris piis utique religiosis viris hi thesauri in ecclesia nostra, tam ad decorem domus Dei quam ad sublevandas necessitates ecclesiæ, si quando opus esset, instrumentario repositi fuerant, et de labore Patrum nostrorum, et de eleemosyna piorum ecclesiam nostram his thesauris ditatam atque ornatam, in nostro tempore invenimus. Cupientes imitari exempla antecessorum nostrorum de communi consilio capituli nostri, atque ex consensu reverendi domini et patris nostri prænominati abbatis, cum ipso domino nostro abbate ordinavimus atque constituimus, ut nos de præbenda nostra sive sit de vino, sive de pelliciis, sive de charitatibus undequaque sumamus* xii *marcas argenti, per singulos annos, ad resarciendos thesauros quos sumpsimus in ecclesia conferamus. Dominus quoque abbas ad idem opus, quousque totum reficiatur, totos reditus curtis suæ Huldessen, et præterea tantum ut* xii *marcæ impleantur, annuatim se daturum promisit. Sed et laici nostri ministeriales, qui consilio intererant, ut thesauri de ecclesia sumerentur ad reficiendos eosdem thesauros bona, sua singulis annis se daturos, donec opus consummaretur devoverunt, aliquis dimidium talentum, aliquis quinque solidos, unusquisque pro capto suo quibus inspiret Deus, ut reddant quæ Deo et sanctis ejus voverunt. Nos autem cum domino abbate ad sacratissimos patronos nostros Stephanum et Vitum, circa quorum sanctas ac venerabiles reliquias aurum absumpsimus, ita nos hæc vota astrinximus, ut eamdem quantitatem argenti quam promisimus annuatim devote persolvamus. Etsi forte sterilitas terræ, vel alia necessitas talis ingruerit, ut anno aut in duobus supradicta pecunia a domino abbate et a nobis persolvi non possit, proximo sequenti anno, cum persolvere poterimus, defectus totus ille, tam a domino abbate, quam a nobis cum bona voluntate suppleatur, et hoc usque ad restaurationem thesaurorum quos sumpsimus de ecclesia pie et fideliter per annos singulos persolvatur. Hoc ergo pium et fidele studium nostrum, sicut a patribus nostris accepimus, ita etiam posteris nostris volentes relinquere in cœmpluum, hanc ipsam sponsionem nostram scripto commendavimus, et ut habeat in se inviolabilem firmitatem, sigillo Sancti Viti sacratissimi patroni nostri, et præterea sigillo domini nostri abbatis eam consignavimus. Acta sunt hæc anno ab Incarnatione Domini* 1148, (leg. 1147) *indictione* x, *a constitutione Novæ Corbeiæ anno* cccxxiv, *anno secundo domino Wicboldi abbatis in Corbeiensi Ecclesia. Hi autem sunt laici, qui auxilium suum per singulos annos, donec opus consummaretur, promiserunt. Conradus de Fralin... singulis annis dimidium talentum, Hereboldus de.... et filius ejus Conradus* v *solidos, Thiedericus Grossus et filius Erenfridus* v *solidos, Thiedericus comes de Huxere* v *solidos, Helmewigus de Godolumen* iii *solidos, Reinerus de Porta* v *solidos, Adelbertus de Bodelevessen dimidium talentum, Elverinus de....* v *solidos, Tiedericus frater ejus* v *solidos, Carolus de Nova Ecclesia* iii *solidos, Rabanus* v *solidos, Bruno* v *solidos, Goswinus de Weten* v *solidos, Reinmarus* iii *solidos.*

Sacra gaza auctus hoc modo Wibaldus, sub finem Maii cum cæteris Saxoniæ proceribus movit, exspectata aliquandiu summi pontificis confirmatione, quæ certe, ut videtur, nimis diu pro dignitate viri protracta fuit. Tantus vero Christianorum exercitus erat, ut transmisso Albi, *tota terra a facie eorum contremuerit.* Et spe nulla in ipso ingressu ducibus affulgente Slavicæ feritatis edomandæ, verso in rabiem, ut ita dicam, rege Nicloto fere per iii menses, uti scribit auctor antiquus, *omnia vastarunt civitates et oppida igni succenderunt, fanum etiam cum idolis, quod erat ante civitatem Malchon cum ipsa civitate concremarunt*. Verum plurima utrinque strage edita, cum belli cardo in expugnatione Dimin et Dubin munitissimarum arcium verteretur, et jam bipartito exercitu arcem utramque eodem tempore circumventam et obsessam urgerent acrius (48), orta inter duces dissensione, *grandis illa expeditio cum modico emolumento soluta est*.

Obsidioni castri Dimin Wibaldus aderat sub finem funii, uti scribit ad Bernhardum Hildesheimensem, sed ibi quid egerit neque ipse pro more modestissimus, neque Helmodus aut quivis alius scriptor memoriæ tradidit. Cæterum bello hoc omnia in se inferorum monstra videtur concitasse. Neque enim vobis verissimile fit homines, quantumvis crudeles et iniquos, ea omnia in perniciem insontis viri potuisse excogitare, quæ adversus eum, ex quo Albim transmisit, impie fuere et indigne attentata. Nihil prorsus seu Corbeiæ seu Stabuleti sartum et tectum ab iniquorum vi fuit, spoliata prædia, occupatæ pinguiores villæ, in ipsos denique monasterii utriusque fratres et subditos indignis modis sævitum. Hic Godefridus Namurcensis comes, fractis induciis, quas anno præterito ad Kalendas usque Octobris hujus anni, cum advocato monasterii pepigerat, omnia igni et ferro in tractu Leodiensi, in Hasbania, in Condustrio devastat, et denuo occupatur ejus consensu abs Eustachio Leodiensi advocato villa Turnines. Illic monasterium nobile manus scelesta, Henrico duce, invadunt, fratrum constantiam modo tentantes minis, modo blanditiis allicientes, ut egregium hunc ducem, hominem certe et perfidia et iniquitate monachi, imo sacerdotis et abbatis nomine prorsus indignum, rejecto Wibaldo reciperent. Stetit tum temporis inconcussa Corbeiensium fides, et *monasterium omnes ad unum propugnaculis et armis muniere, vim vi repellere jure gentium molientes* (ep. 131). At si libebit in sequentes annos vel leviter excurrere, alios videbimus ejusdem loci fratres et subditos, tumultus incentore eodem Henrico, apertamque rebellionem in monasterio excitasse, partes ejus palam sequentes, alios eosque audaciores, abbati parasse insidias. Sed (quod deterius est) viri integritas, omnibus ad hanc diem spectatissima, falsis lacerata criminationibus, proborum etiam suspicioni patuit. Nondum pedem moverat ad ineundam expeditionem, cum jam diffundebatur ubique rumor, Corbeiensem abbatem, immissis in sacram supellectilem impiis manibus, opes divino cultui mancipatas, regi temere dispertitum esse. Rumorem quidem illum fratres duo, quos diximus superius fuisse ad summum pontificem delegatos, aliquantum compresserant in Romana curia, uti Henricus Stabulensis monachus epistola ibidem citata testatur (ep. 25). At discedentibus eisdem, velut erumpens e cinere flamma, adeo recruduit, ut legatum summus pontifex, consternatis Wibaldi amicis, atque in primis Stabulensibus monachis, Corbeiam duxerit destinandum mense Decembri ejusdem anni, qui rem diligentius exploraret. His porro anno sequenti litteras consolatorias scripsere Corbeienses fratres, quibus satis declaratur viri innocentia. Quanquam miramur, ut nihil dissimulemus, expeditionis adversus Obotritas, cujus occasione orta erat procella hæc, neque hic neque in decreto superius edito mentionem ullam fieri. *Audivimus*, inquiunt, *conturbatam esse unanimitatem vestram de verbo quodam quod magister G. pro sublatis in ecclesia nostra thesauris, nobiscum anno præterito contulit,... venit igitur ad nos... anno præterito circa festum sancti Thomæ... erat tum domi præpositus major ecclesiæ nostræ... ab ipso*

A *sciscitatus est quamobrem sanctuarium nostrum spoliatum esset thesauris suis?... Non est*, inquit præpositus, *spoliatum sanctuarium nostrum, quia quidquid inde sumptum est, in utilitatem ecclesiæ nostræ expensum est. Et quibusdam interpositis. Propter communem necessitatem ecclesiæ quamdam partem thesaurorum in ecclesia, ex communi consensu capituli nostri tulimus, et quasdam possessiones ecclesiæ nostræ valde utiles ex eis conquisivimus. Reliqua omnia integra in ecclesia conservata sunt. Ea vero quæ nunc propter necessitatem accepimus reparare et restituere quantocius poterimus, Deo annuente, proposuimus. Hæc illi.*

Ex quibus colligere possumus, non semel hoc anno e sacra æde receptam esse pecuniam, neque eam quæ expeditionis occasione recepta est, in sumptus solum expeditionis ejusdem esse omnem impensam, uti insinuat historia Corbeiensis manuscripta, sed et aliquam ejus partem regi fortassis adversus infideles properanti, et urgentioribus monasterii negotiis destinatam fuisse, quod æque Wibaldum ab omni criminis nota expurgat. Sed ne ulterius procedamus. Reversus ab expeditione Slavica sub initium Septembris, monasterium obsidione exemit, sedatisque mirabili humanitate et clementia turbulentis motibus, quos modo diximus, ad sui contumeliam et offensionem esse concitatos, Stabuletum altero mense vix elapso migravit, opem laturus gregi bellis continuis oppresso Godefridi Namurcensis comitis, Vinandi de Lymborg, Eustachii Leodiensis advocati, aliorumque nobilium Lotharingiæ. Et qui dum laniaretur ipse invidorum morsibus agni naturam induerat, tunc magis de suorum damnis sollicitus, animum indicit leonis, ipsos etiam in mortuos sæviens, vivis ut metum incuteret. Idque ex eo maxime instrumento, quod infra edimus innotescet (49). Neque iis comitiis præsentibus Stabulensium rebus adeo distinebatur, ut ipsa imperii negotia, absente Conrado, intermitteret. Trevirensi concilio sub initium anni 1148, nomine Henrici, regis junioris adfuit, deinde Remensi, ubi multa proposuit, quæ jam alias discussimus. Hinc vocatus ad comitia Winisbergæ habita Kalendis Septembris, tum Francofurtum, ut regi *ad informandum regni statum et pacem firmandam consilio et auxilio assisteret* (ep. 89). Atque interim Lotharingiæ Mosellanæ patriæ suæ, quæ tota fervebat bellorum motibus, consulens indefesse, alios quidem pactis induciis continuit, alios ipsam in amicitiam et societatem adduxit. Id quod diserte scribit Corbeiæ fratribus, qui absentiam ejus molestius ferebant. *Ut autem sciat fraternitas vestra*, inquit (ep. 84), *tempus otiosum nobis non præteriisse, inter comitem Namurcensem et comitem de Los, et comitem de Dasburg, quorum discordia totam terram lacerabat pacem Deo auctore usque in festo sancti Remigii fecimus, atque inter comitem de Rupe, qui noster advocatus est, et comitem de Monteacuto, qui multorum incitamentis maxima inter se bella movebant, finitivam et toti terræ salutarem concordiam reformavimus*. His intentum curis Wibaldum et Stabuleti agentem redux et Palæstina Conradus anno 1149 (ep. 169), conventu indicto Francofurti ad diem festum Assumptionis acciri præcepit, ante alios imperii principes, ea seorsim communicaturus, quæ palam erant in conventu exponenda. Negotia duo majoris momenti rex moliebatur (ep. 149), expeditionem Italicam, et Ladislai Poloniæ ducis profugi restitutionem, quæ duo post amissum in Oriente florentissimum exercitum, æque ardua conficere non potuit, quamvis sæpius tres fere annos quos superstes egit, variis in comitiis agitata sint, missis non semel legatis cum ad summum pontificem tum ad Polonos. Atque his fere conventibus invitatus abs rege Wibaldus adfuit. Ac primum Francofurti hoc anno 1149

(48) Helmod. lib. I. c. 66; Ottho Frising. lib. I. c. 44.

(49) Vide in Appendice sub num. 27.

(ep. 261), deinde Bambergæ (ep. 217, 261), ubi hebdomadas novem et eo amplius regiis expensis detentus fuit, brevi mittendus Romam cum Arnoldo Coloniensi præposito et regni cancellario, nisi gravissima intervenissent reipublicæ negotia. Hinc Spiræ sub initium Februarii, tum Fuldæ tertio Nonas Aprilis (ep. 217, 184), atque adeo regis lateri menses omnino quinque adhæsit, quo fere tempore, Romanis rebellibus, qui regis gratiam adversus Eugenium summum pontificem frequentibus litteris aucupabantur, assidue obstitit, susceptis pro virili ecclesiæ partibus (ep. 211, 212). *Venimus,* inquit eidem pontifici scribens [Bambergam] (ep. 228), *ad curiam gloriosi filii vestri Conradi Romanorum regis, in vigilia Nativitatis Domini, et permansimus in ea continue usque ad feriam quintam hebdomadæ paschalis, sub ea exspectatione, ut nos et cancellarium suum ad vestræ sublimitatis præsentiam, sicut jam dudum condixerat, ut vestræ quoque magnitudini significaverat, transmitteret : in quo temporis spatio die ac nocte id efficere studiose sategimus, ut animum ipsius ad dilectionem et reverentiam vestræ personæ, ad defensionem sacrosanctæ matris nostræ Romanæ Ecclesiæ, et omnium Ecclesiarum, fortiter accenderemus..... sed intervenientibus quibusdam magnis regni negotiis, neque persona nostra neque cancellario suo carere voluit.* Attamen decreta anno sequenti cum Ratisbonæ tum Herbipoli expeditione Italica, delegati uterque fuere ad summum pontificem, et ad Romanos, eam ut in Italia consiliis et prudentia promoverent (ep. 320, 323, 324), sed legatione vix exacta, mortuo Conrado, eamdem expeditionem Fredericus ejus successor ad aliud tempus distulit.

Jam vero Wibaldi auctoritas summa et gratia cum rege, ut vulgo accidit, minime disperiit. Charior adhuc Frederico, qui canam ejus sapientiam fidemque, uti omnes, summe venerabatur, factus est, sublato e vivis Conrado, consiliorum ejus omnium arbiter, atque unus, ut ita dicam, primis ejus et regni et imperii annis universam imperii molem prudentia sua sustentavit, idque advertat necesse est quisquis epistolas, quas ex eo tempore quo assumptus in regni socium est Fredericus aut scripsit aut recepit attentius leget. Et felicem fortunatumque hunc, si talem sibi ministrum fortuna servasset diu !

Annos tantummodo quinque Wibaldus Conrado superstes fuit, sed qui, si expendentur accuratius superiorem ejus ætatem videntur rerum gestarum gloria exæquare. Et primus quidem insignis fuit Frederici promotione ad regnum, cui haud parum adlaborasse Wibaldum Fredericus ipse in comitiis generalibus anno 1153, habitis Merseburgi diplomate testatus est litteris aureis exarato.

Hic vero annus Christi 1153 quam gloriosus fuit Wibaldo mutuo cum Manuele imperatore commercio litterarum, queis de connubio tractabatur Frederici regis cum imperatoris ejusdem filia. Et Wibaldus ipse qui connubium illud sic prosequebatur, Frederico auctor fuerat, ut futurus ipse imperator, affinitate se cum imperatore conjungeret. Id porro testatur epistola 90, ad Manuelem his verbis. *Instanter non cessavi, quatenus inclytus atque victor dominus meus Fredericus imperator, cum constantissimo vestro imperio fœdus amicitiæ iniret, et de sanguine vestro uxorem duceret, quod etiam vestra sapientia complere indubitanter maturabit.*

Jam de sequentibus annis quid asseremus, etenim brevitatis studio eligendum. Expeditionem in Italiam sub finem anni 1154 movit Fredericus Wibaldo nutu, atque ejus consiliis anno sequenti post insignes triumphos coronatur Longobardorum rex; tum ulterius progrediens, eodem comite Wibaldo Romam ingressus, ab Adriano pontifice xiv Kal. Junii coronatur imperator. Anxius quidem summus pontifex de regis adventu hostisne an amicus accederet nesciens, legatos obviam præmiserat ; sed pontifici præsente Wibaldo quid metuendum? id vero post modum Adrianus impense agnovit (50), gratusque erga abbatem nostrum, ob egregiam operam in placido hoc congressu imperatoris, Stabuleti et Corbeiæ monasteriorum jura privilegiaque novis diplomatibus instauravit. Nec dum lætissimus ille annus exierat, cum ad imperatorem Constantinopolitanum *qui Paleologum nobilissimum Græcorum,* uti scribit Otto Frisingensis (lib. 11, c. 12), *regalisque sanguinis procerem, et Marodocum egregium virum imperatori miserat, munera non parva deferentes* destinatur. Exacta vero hac legatione anno 1156, et paucis interjectis mensibus, abs Friderico, qui tum in Polonos movebat, ut Ladislaum profugum ducem restitueret, invitatatur ad ineundam anno sequenti expeditionem in Mediolanenses (ep. 423). Sed heu ! Deus optimus, cujus nutu omnia administrantur, quam aliter providebat. Reversus enim Fridericus e Polonia victor (ep. 434), dum secundam ad Manuelem legationem instituit, Wibaldus denuo mittitur, qui altero demum anno rediens, Butelliæ in Paphlagonia potionatus, uti suspicari est, occubuit. xiv Kal. Augusti (51). Quam ob causam, uti scribit ex Radewico annalium Paderbornensium auctor eruditus Nicolaus Schaten (52), legati Græcorum imperatoris, qui anno 1159 ad Fridericum missi aderant, refugere comitia principum intrare, nisi publica primum fide principum data, securi essent, quod ob tanti viri acceleratam veneno mortem aut suspecti aut invisi haberentur (53).

Atqui hic Wibaldi abbatis finis fuit, viri, si mores spectabuntur, primorum Ecclesiæ temporum dignissimi ; si felicitas ingenii, si prudentia, si cæteræ animi dotes, vix ulli sui ævi, quod sane insigniorum virorum ferax fuit, secundi.

Ad mores quod attinet eæ presertim in Wibaldo enituere virtutes quæ sunt ab aulis principum remotissimæ. Spectata integritas, et candor omnis expers doli, charitas in omnes vere Christiana, quæ nullis injuriis restingui unquam potuit, et magnus sui despectus.

Sæpe mirati sumus tot epistolis et monumentis quæ hic exhibentur, ne unum quidem ipsi verbum de familia, de parentibus, de paternis facultatibus excidisse, nisi forte epistola 79, ubi fratrem suum scribit esse regi a cancellis, idque semel et sorori. Sed et de se solebat adeo tenuiter et abjecte loqui, ut nobilitatem generis omnem a se non semel removisse videatur; uti epistola 148, ubi Harvico Bremensi electo conquerenti, quod mortuo Adalberone sedem ambiisset Bremensem, in ipsum enim cleri vota potiorem partem convenerant, ita modeste respondet : *Indignamini nobis, quod cum de electione Bremensis archiepiscopi vacante tunc sede ageretur, in nostram personam omnium fere vota se inclinarent. Nos in talem disceptationis aleam non libenter incidimus, ubi tam de natalibus quam de moribus subtilissime disputatur, et frequentissime erratur, atque infirmitatis nostræ et humilitatis bene conscii, ad tantam rem et tam reverendam opportune agendam nequaquam accedere præsumeremus.* Et epistola 86 : *Si nos,* inquit, *Stabulensis Ecclesia non educasset, si nos egenos de pulvere non suscitasset et de stercore erexisset pauperes, ut sedeamus cum principibus.*

Jam vidimus quam alieno fuerit ab omni dignitate animo. Raptus est ad sedem Casinensem violenter, eaque non multo post dimissa quam libentissime, et multis aliis administrationibus repudia-

---

(50) Vide infra in Appendice sub num. 55.
(51) Hist. mss. abbat. St bul.

(52) Annal. Paderb. lib. viii, ad ann. 1157.
(53) Radevic. l. ii, c. 22.

tis, quas non designavit, æque coactus ad Corbeienses accessit (ep. 131); tum Bremenses infulas sibi quodammodo oblatas, deinde Colonienses (ep. 148, 210), non quidem aperte, quod sine fastu fieri vix potest, sed dissimulatim, et quasi aliud agens effugit, indignum se honore omni reputans. Si quid adversi monachis suis contingeret, id sibi attribuebat (ep. 41, 86); si quid ipse strenue et utiliter ageret, totum Deo, qui vili et exiguo instrumento uteretur (ep. 41). Hinc se omnium etiam vilissimorum memoria indignum fatebatur. *Conscientia nostra*, inquit ad Fredericum abbatem primum S. Godehardi (ep. 117), *qui me ita ejus aliquantum prædicaverat, graviter nos impugnat et accusat, neque nos, non dicam vestra, sed nec cujusquam quidem infimi hominis commendatione se dignam arbitratur.*

Inimicos ubique et semper expertus est infensissimos, nihilque in epistolis ejus occurret frequentius Stabulensium seu Corbeiensium querelis adversus hujusmodi homines, qui modo prædis, modo incendiis, odia sua exercebant. Quid abs Rainaldo Tusco in monasterio Casinensi non est perpessus, quid Corbeiæ ab Henrico illo flagitioso abbate, qui auctoritate apostolica exauctoratus, eo nunquam adduci potuit, ut decreto summi pontificis obsequeretur? Quid ab Harwico Bremensi archiepiscopo, quid a Mindensi Henrico, quid ab Osnaburgensi atque aliis imperii optimatibus, quid ab Juditha Caminatensi abbatissa, quid denique a filiis? *Frequenter*, inquit (ep. 315), *horribilibus periculis jactati sumus, et præcipue periculis in falsis fratribus*. Qui omnes vel solo nutu potuisset opprimere, sibi studebat beneficiis demereri, Rainaldo Tusco tutum ab ira Cæsaris effugium præstitit, Henricum Corbeiensem, ejus consanguineos, atque alios æque perfidos, bonis affecit quæ nec sperassent amici (ep. 131). Hos omnes uti divinæ justitiæ sacra instrumenta, quodammodo reverebatur. *Qui nos persequebantur*, inquiebat (ep. 55), *divinæ justitiæ cultores, et quamvis pro mala intentione sempiternum væ mererentur, tamen justissimi Dei nostri virga erant, et baculus furoris ejus, ipsi autem nescierunt*. Hinc Frederico abbati S. Godehardi petenti enixe, ut Henricum pœnitentem reciperet in gratiam, his verbis, quæ plane essent aureis characteribus insculpenda, respondet (ep. 117): *Super hoc quod nobis reconciliari desiderat, plurima nobis sollicitudo imminet, quis sensus quæve sententia sub verbo reconciliationis contineatur. Quoniam testis est nobis conscientia nostra, quod nihil in eum peccavimus. Si vero ipse in nos deliquit, totum ei ex corde perfecto ob divini respectum amoris indulgemus, et tam in anima quam in corpore vera ei bona provenire exoptamus. Nec invidemus ei, si salva pace nostra et monasterii cautela, secundior ei quies aliqua concedatur, siquidem et homines sumus et cum hominibus flagellati, et humani aliquid alienum a nobis non sentimus.*

Jam si lubebit ad eas descendere virtutes, quæ magis ei fuere a natura ingenitæ, eum utique oportuit consummata prudentia esse ornatum, qui tot inter adversarios nullas in aula varietates annos amplius triginta expertus sit. Anno enim 1122, nondum abbas, nec forte monachus Stabulensis, sed ne vix quidem id ætatis quæ muneribus obeundis censetur legitima, notus Romæ erat, et præcipuis sacri collegii cardinalibus familiaris (ep. 50, 595, etc.). Paucis abhinc annis Stabulensis constituitur princeps, Lotharii deinde archicancellarius, in expeditione Italica classis maximæ præfectus, et denique abbas Casinensis, ut reformato monasterio, Campaniam omnem et schismaticos rebelles contineret. Mortuo Lothario, ea apud Conradum gratia valuit et auctoritate, ut semper in ipso plusquam paternæ pietatis viscera persentiret (ep. 540). Frederico in deliciis fuit. Atque his imperatoribus majoris momenti nihil inconsulto eo actum est. In maximis A quibusque imperii negotiis, in gravissimis legationibus assidue versabatur, et eam ubique dexteritatem adhibebat, ut principum quibuscum tractasset animos et voluntates, eo quo maxime vellet inclinasse videretur. Hæc porro eloquentiæ ejus, quam Reinhardus abbas Reinhusensis Tullianam fuisse dicebat (ep. 54), ascribantur, per nos licet. At quod imperio, dum vixit, nulla cum Romana sede fuerit contentio, hoc magis censemus peritiæ ejus et rerum usui esse attribuendum. Negotia enim Romana præter reliquam imperii administrationem Wibaldum unum procurasse satis constat ex dictis. His autem curis si Stabuleti et Corbeiæ molestias, si privata amicorum negotia adjungamus, de omnibus quippe meritus est, quoad potuit, vastissimum homini ingenium fuisse: nullus dubitabit, qui tot ac tantis, tam variis, tam continuis occupationibus sufficere unus potuerit. Atqui nec ita distinebatur quin subscisivis operis subinde indulgeret (ep. 147).

Litteras perpetuo coluit, et certis quotidie horis et temporibus novi semper aliquid addiscebat, poetis, fatemur, cum Græcis, tum Latinis philosophisque antiquis et oratoribus, ac præcipue Ciceroni, cujus opera undique conquisita exscribi curavit, plus æquo videtur impendisse, nisi forte excusandus sit ille vir, qui fatigatum gravioribus curis animum blandissimis scriptorum hujusmodi amœnitatibus magis remitteret, quam alio quovis minus utili laxamento. Tum et dicebat satis apposite (*ibid.*): *Transire se in castra aliena, non tanquam desertorem et transfugam, sed sicut exploratorem et spoliorum cupidum, si forte Madianitem rapere posset, quam pilis erasis et unguibus desectis legitime valeret sibi copulare matrimonio*. Sed procedente ætate totum se ad sacrarum litterarum studium convertit. Et judicium illud gravissimum quod epistola 147, de summis Ecclesiæ Patribus tulit, de Cypriano, de Lactantio, de Hilario Pictaviensi, de Ambrosio, de Hieronymo, de Augustino, de Leone magno, hos demonstrat fuisse sibi valde familiares et notos. Sed et Bedam, Haimonem, Ambrosium Alpertum, Rabanum-Maurum, Joannem Scotum multosque alios, mediæ ætatis scriptores pios, legisse se testatur eadem epistola. Tantam vero sacri juris peritiam comparavit, ut interdum consuleretur (ep. 356). Legenda est epistola 387, qua Arnoldo Coloniensi archiepiscopo, a quo fuerat interrogatus utrum velari in Pentecoste sanctimoniales possent, respondet. Hinc præposito Hildesheimensi, a quo Philippicas et epistolas Ciceronis cum ejusdem orationibus de lege Agraria postulaverat (ep. 205), durius forte admonenti recordaretur se Christianum esse non Ciceronianum, ita blande suo more scribit (ep. 206): *Recte meministi, frater, quod quamvis libros Ciceronis habeamus, nos tamen Christianos esse recordemur........ fercula Ciceronis nec inter præcipua, nec in prima mensa jam habemus: sed si aliquando meliori cibo satiatis aliquid libet, sic ea sumimus, sicut secundis mensis apponi solent bellaria*, etc.

Utrum tractatus aliquos emiserit, incompertum est; sed amicos et fratres seu filios sæpius est cohortatus ad scribendum. Sic Anselmum episcopum Havelbergensem epistola 142, Henricum Stabulensem monachum epistola 106, sexta vero Theodoricum Walciodorensem abbatem. Et veteres Corbeiensis Ecclesiæ ritus, qui in bibliotheca etiamnum servantur, ejus jussu esse instauratos et ordine dispositos ipsa suadet operis sublimitas, et codicis characteres antiqui. Ingentis sane librum supellectilis, quam laboribus immensis collegerat, preticosæ reliquiæ.

Hunc igitur virum Galliæ nostræ decus, lumen imperii, Ecclesiæ Romanæ difficillimis temporibus in Germania columen, Butelliæ in Paphlagonia, uti tradunt breviores Stabulensium Annales, Græcorum perfidia sustulit xiv Kal. Augustii, anno 1158. Ossa ejus in basilica civitatis deposita, Stabuletum, agente Erleboldo fratre et successore, honorificentissime translata sunt anno sequenti, et celebrante exsequias Henrico Leodiensi episcopo, in medio chori septimo Kalendas Augusti condita fuere. Epitaphium hic subjicimus, quod annales Corbeiæ habent ex Chronico Huxariæ, tametsi Stabulensium opinio est, monumento ejus incisum esse nihil præter nomen Wibaldi et mortis diem.

WIGBALDUS DEO ET ECCCLESIÆ.

Qui vixit, dum vixit, inter mortales omnium abbatum felicissimus,
Summo (54) pontifici, imperatori, et principibus charissimus,
Exuvias corporis sui hic deposuit,
Universæ posteritati ob pietatem, diligentiam et singularem zelum,
Maxime et perpetuo commendandus,
Tu qui post eum sedebis, fac idem, et vives.

Fusius hactenus res gestas Wibaldi abbatis digessimus, tanti viri memoriam molestius ferentes penitus oblitterari. Pauca jam de epistolis ejus subjicere juvat. Ex antiquo codice Stabulensi prodeunt omnes, exceptis solum modo undecim, quæ jure antiquitatis primum hic locum occupabunt. Is autem codex plurimas autographi notas habet, quas ne lectores ulterius moremur, expendere non libet. Sed integer non est, avulsis in ipso initio foliis quatuordecim, quæ procul dubio scriptum continebant electionis Wibaldi in Corbeiensem abbatem, et nonnullas Conradi imperatoris ac principum litteras, quibus ad tantæ rei regimen invitabatur. Quæ enim sequuntur omnes ex eo solum tempore scriptæ sunt. Unde conjecimus Wibaldi epistolas duos saltem in tomos fuisse distributas, quorum prior exciderit. Quantum hæc jactura litterariæ reipublicæ damnum importet, ex posteriori parte judicabitur. Hæc sane Conradi imperatoris, Henrici filii ejus, Fredericique actus præcipui enarrantur sigillatim. Coloniensis, Moguntinæ, Bremensis, Mindensis, atque aliarum nobilium Germaniæ Ecclesiarum historia mire illustratur. Acta restituuntur nonnulla quæ hactenus exciderant conciliorum Treverensis et Remensis anni 1148. Disciplina denique, cum ecclesiastica, tum monastica multis in locis elucidatur, uti jam discussimus in præfatione generali.

Thesaurum hunc debemus reverendissimo Patri domino priori majori imperialis ecclesiæ Stabulensis, qui codicem ms. non solum communicavit, sed et exscriptum cum instrumentis monasterii dedit. Epistolas etiam quinque (ep. 7, 8, 9, 10, 11) nobis transmisit reverendissimus dominus dominus Anscharius de Grass, liberæ et imperialis ecclesiæ Corbeiensis capitularis et prior, celsissimi ac reverendissimi S. R. I. principis et abbatis vicarius in spiritualibus generalis, et archidiaconus, ac tandem unam cum præcipuis monasterii sui instrumentis dedit illustrissimus dominus abbas Walciodorensis, quas epistolas sex cum aliis quinque, e schedis partim Mabillonianis partim e Chronico Casinensi a nobis excerptis, initio præmisimus.

Et ne quid quod ad nos attinet, de Wibaldo desideraretur, ea instrumenta et litteras privilegiorum, quæ Corbeiensis abbas et princeps confecit ipse aut impetravit, adjecimus in fine, ad instar appendicis, tametsi hæc jam in Annalibus Paderbornensibus, cum aliis Corbeiæ monumentis aliqua ex parte evulgata sunt.

(54) Imo pontificibus saltem quinque, et imperatoribus quatuor.

WIBALDI EPISTOLÆ.

EPISTOLA PRIMA.

WIBALDI ABBATIS CASINENSIS AD LOTHARIUM IMPERATOREM,
A Petro Diacono composita.

Exponit ei Casinensis monasterii calamitates, auxiliumque ac protectionem ejus implorat.

(Anno 1137.— Ex ms. Casinensi eruit Mabillonius.)

LOTHARIO Dei gratia Romanorum invictissimo Cæsari, imperatori Augusto, ac triumphatori perpetuo, WIBALDUS Dei gratia Casinensis cœnobii minister, indignus debitæ fidelitatis obsequium.

Post innumeras sollicitudines, quibus nimirum oneratur Romanum imperatoris fastigium, laudabile clementiæ vestræ cognoscimus, Christianissime imperator ac triumphator invicte, esse propositum, per quod submotis omnibus discordiarum ac querimoniarum seminibus, quæ in agro Dominico humani generis inimicus asperserat, sanctæ Catholicæ Casinensi Ecclesiæ piisssimo mentis affectu consulere voluistis, in quo scilicet animi voto ac desiderio, quantum rebus humanis favere providentia divina dignetur, sollicitudo clementiæ vestræ spiritu Dei incitata demonstrat, quæ more Romanorum imperatorum benigna circa omnes existit, ideo et quasi Deo contemplante, populum Domini sibi commissum felici regat semper et gubernet intuitu, nec amplius patiatur eos aliquibus sæculi hujus procellis illidi, aut malignis perturbationibus concuti, quatenus post hoc vitæ præsentis imperium regnum cœleste adipisci, et in æternum cum Domino retinere valeatis. Hinc itaque pro tanta devotione animique vestri sinceritate, quam non solum verbis, sed lucifluis etiam operibus circa Casinensem Ecclesiam et nostram parvitatem ostendistis, obnixe petimus, ut vestro potenti solatio sanctam Casinensem Ecclesiam Romani imperii specialem ac singularem cameram in hoc periculoso tempore in omnibus adjuvare defendereque non dedignetur, quatenus ex hoc vestra imperialis gloria beatissimi P. nostri Benedicti suffragantibus meritis, per cunctas orbis Romani partes magis in dies semper accrescat, et apud omnipotentem Dominum dignam retributionem percipiat. Quanta autem et qualia per impiissimas gentes Longobardorum, Northmannorum (55) et Saracenorum ego et Casinensis Ecclesia pro fidelitate Romani imperii et apostolicæ sedis sustinemus stylus scribere non sufficit, cum omnia ligna silvarum herbæque camporum, undæ maris, ac arenæ littorum, si vertantur in linguas, enarrare non valeant. Nihil enim aliud Casinensi Ecclesiæ nisi tribulationem inenarrabilem reliquerunt, et ecce, proh dolor! rege Northmanorum Rogerio cum suo exercitu gratulante, solus fidelium cœtus magna mœstitudine consumitur, Christianorum sanguis effunditur, monachi in carceris vincula vinciuntur, devotus Deo populus continua strage vastatur. Nam qui evadit ignem vel gladium, præda efficitur, captivus trahitur, venundatur, et exsul perpetuo constituitur. En civitates, castra, ecclesiæ ac monasteria destituta habitatoribus disperierunt, et præpositi ac monachi hac illacque dispersi, sola illis B. Benedicti limina derelicta sunt in refugium, cum monasteria eorum in ferarum redacta sint cubilia, et ipsi vagi et sine tectis inventi, non jam eis liceat prædicare nomen Domini, sed mendicare. Ecce, imperator invicte, pervenit gladius usque ad animam, ecce dies in qua clamamus: Beatæ steriles quæ non genuerunt, et beata ubera quæ non lactaverunt (*Luc.* XXIII). Ecce illa periculosa tempora, Pauli voce prædicta (*II Tim.* III). Libet ergo cum Jeremia clamare: *Quis dabit capiti meo aquam et oculis meis fontem lacrymarum* (*Jer.* IX), ut plangam tantam ac tantam miseriam, tale ac tantum excidium patriæ? Sedet in tristitia, quin potius in ruina Casinensis Ecclesia caput omnium monasteriorum, mater omnium cœnobiorum, consolatio tristium, portus periclitantium.

Ecce, inquam, revera dies tribulationis et angustiæ, dies calamitatis et miseriæ, dies tenebrarum et caliginis, dies nebulæ et turbinis, dies tubæ et clangoris. Præterito quippe anno homines B. Benedicti seminaverunt; sed propter militias vestri invicti imperii non recollegerunt: hoc vero anno quia non seminant, nec est recolligendi fiducia. Quid vero de exercitu Siciliæ dicam, cum comites Aquinenses et homines terræ B. Benedicti, et omnes circumcirca manentes, contra sacramentum quod vobis et Romano imperio et Casinensi Ecclesiæ fecerunt, nil melius operentur? *Residuum enim locustæ comedit brucus*, ut ait propheta (*Job* I). Quid enim Northmanni faciunt, et comites Aquinenses pejora non faciunt? Illi terram occupant, isti nihil ex civitatibus vel ex rure dimittunt; illi occidunt gladio, isti ablatis omnibus fame trucidant, illi in captivitatem ducunt, isti sibi in servitutem redigunt; et cum queritur quis adversus hostes dimicet, inveniuntur nulli, cum scilicet eorum oppressione retenti, ad mandatum nostrum occurrere prorsus inveniantur. Sed cum undique angustiati clamamus, non est qui audiat, non est qui respondeat, non est qui adjuvet, non est qui salvum faciat, non est qui protegat. Et quid dicam vel quid loquar, cum pervenerit gladius usque ad animam, et sanguis omnium interfectorum de terra clamet ad Deum? omnis namque populus diversi sexus et ætatis intra mœnia cœnobii Casinensis congregatus consistit, et omnibus forinsecus devastatis, ac in solitudinem redactis, nihil jam restat, nisi, quod Deus avertat, ipsius ecclesiæ Casinensis excidium. Illud autem quod habere videmur solo nomine utimur, ut vel ad defensionem cœnobii, vel ad aliquam utilitatem ejusdem Ecclesiæ quorumlibet solatia nunquam inveniamus. Præcipue autem mihi quem vestra ibi præfecit majestas non solum nulla solatia conferunt, verum etiam quidquid residuum est ab hostibus imprætermisse subtrahunt, et omnem nostram dispositionem in terra B. Benedicti suis violentiis calcant: adeo ut nec victualia, nec ulla quadrupedia in omnibus nostris remaneant, nec ullus qui nobis compatiatur, vel nostros singultus, vel gemitus doleat; oculus noster aspiciat. Sed quia tanto imperatori, tanto Augusto pauca sufficiunt, ex istis jam, triumphator invicte, quæ nos præ gemitu et afflictione cordis loqui non possumus, et ex verbis filii nostri Petri hujus epistolæ dictatoris ac Romani imperii per omnia fidelis, quem in Alemanniam, Saxoniam, Daciam, Sueviam, ac Lotharingiam mittere decrevimus, cognoscetis. Historiam vero occidentalium imperatorum, quam eidem Petro dictare præcepistis, noveritis adhuc non explesse. Variis enim tribulationibus et angustiis pressus, plus ei flere quam scribere libuit.

Ergo, præcellentissime Cæsarum, jam jam nostræ calamitati succurrite, cœnobii Casinensis miserias relevate, jam vestræ potentiæ manum porrigite, et eamdem Ecclesiam, quæ specialis ac singularis Romani imperii camera semper fuit et est, ne si perdita fuerit et Romanum vilescat imperium, et toto orbi Romano noscatur dispendium, quia cum juxta præcipitium consistamus, nisi manu vestræ defensionis nos adjuvaretis, spe vivendi per Christianos sublata, aut ipsis paganis subjiciemur, aut (quod avertat divina potentia!) ab eorum multitudine victi, ad omne Christianitatis dispendium cru-

---

(55) Northmannos hic eos vocat, qui sub Guiscardo principe ex Neustria venientes, Apuliam, Calabriam, ac demum Siciliam armis subjugarunt.

deli nece pereamus, ac per hoc et Christi nomen in gentibus blasphemabitur et vestræ opinionis anteacta studia oblivioni tradentur. Et ideo solotenus humo prostrati vestram augustalem clementiam poscimus, et per futurum judicium ac per omnia divina et humana mysteria quæ in cœlis et in terra sunt adjuramus, atque cum tota Casinensi Ecclesia, cui me divina dignatio præficere voluit, vestro divinitus protecto imperio totis viribus suggerimus votisque supplicibus preces multas effundimus, ut contritæ, devastatæ, desolatæ, et omni humano solatio destitutæ sanctæ Casinensi Ecclesiæ defensionem debitamque tuitionem cunctis remotis occasionibus, cunctisque omissis dilationibus, in quantum valetis auxilii omnimodis præbeatis, quatenus qui innumeris tribulationibus quatimur, ac æstuamus, ac pro monachis nobis commissis miseriis cruciamur, vestris consolationibus refecti lætemur, et per vos tranquillitate percepta, optatam libertatem, sicut decet, per tam benignum ac sanctum imperatorem consequi mereamur. Nam vobis qui in agone contenditis, ut ad bravium supernæ vocationis, ut ad capessendam coronam incorruptam perveniatis ab omnibus aliis abstinendum est, et legitime pro Casinensi Ecclesia, quæ singularis Romani imperii camera est, decertandum. Quid autem magis legitimum, quam ut præ omnibus et ante omnia cameræ vestræ curam habeatis, quæ cunctorum monasterium caput et mater est, quæ vestro in tempore, tantis ac tam immanibus succumbit sine cessatione periculis? Denique si Casinensis Ecclesia, quæ cunctorum monasteriorum caput est, viget, cætera cœnobia, quæ membra ejus sunt, quamvis languida, recuperandi fiduciam non amittunt. Quæ nimirum omni robore carent, si contingat solum caput forte languere, quanto potius (quod meritis sanctissimi Patris Benedicti avertat omnipotens Deus!) si contingat exstingui, etiam Benedictus ac Maurus cum sibi commissis ovibus merguntur. Erigite ergo illos a fluctibus, imperator invicte, si vos Pater Benedictus ab excessuum alluvionibus erigat, et vobis cœlestis atria regni intercessionum suarum precibus reseret, ut vitæ æternæ pascua invenienda inter angelos et archangelos sine termino tribuat quod oculus non vidit, nec auris audivit, nec in cor hominis ascendit (*I Cor.* II). Imperii vestri magnificentiam Christus Dominus feliciter conservet, tueatur et defendat in annis. Bene valete.

EPISTOLA II.

WIBALDI AD LOTHARIUM IMPERATOREM ET RICHIZAM EJUS CONJUGEM.

Recenset deprædationes factas Casinensi monasterio a Saracenis, Northmannis, et Langobardis.

(Anno 1137. — Ex ms. Casinensi eruit Mabillonius.)

Domino piissimo et serenissimo imperatori Augusto, LOTHARIO Cæsari ac triumphatori perpetuo, ejusque uxori RICHIZÆ, a Deo protectæ Romanorum imperatrici, victorias certaminum, perennis vitæ bravium, subjectiones gentium, atque substratis hostibus pacis ubique bonum, GUIBALDUS sancti Casinensis monasterii minister indignus.

In variis, multiplicibus, ac diversis tribulationibus constitutus, vestrum de die in dies venturum sperabam auxilium; sed, ut video, fefellit me spes mea. Quantum enim relationibus vestræ piissimæ tranquillitatis ad nos in Casino venientium didicimus, vos jam fere Aquilegiæ propinquasse, etiam ipso auditu nimis noster contristatus ac dejectus est animus, et tanto jaculo mœroris cor nostrum infixit, ut linguæ humanæ nullus sufficiat explicare sermo. Quia nimirum magis nobis mœstitia de vestro ab Italia recessu nunc orta est, quam dudum mœror affecit, cum vestro imperiali jussu onera Casinensis cœnobii ferenda suscepi. De venerandis vero sermonibus vestris, quos nobis per nuntios vestros misistis, de sacramentis Northmannorum ac Langobardorum, utinam non illis imputetur!—Melius enim fuerat illis non jurare, quam jurare et perjurium committere; omnes enim qui in istis partibus habitant, apostatantes ad Satan conversi sunt, et nihil vel dicunt vel faciunt, nisi quod digitus diaboli in corda eorum scribit. Nam quidquid nequitiæ, quidquid malitiæ, quidquid perversitatis, quidquid tortitudinis vel dici vel cogitari potest, in operibus ipsorum cernimus. Quantas autem calamitates, quantas tribulationes, vel quantas persecutiones ab ipsis sustineam, per dilectissimum filium meum Petrum vobis notificare decreveram, sed quia itineris id longitudo et conclusio prohibuit, paucis aperiam. Post vestrum namque discessum Saraceni, Northmanni, atque Langobardi, invenientes quietam terram, quaquaversum tendunt, devastando depopulantur, incendio atque homicidiis totum exterminantes; sed nec arbustis fructiferis omnino parcunt, ne forte quos antea montium aut prærupta terrarum vel seclusa quæque occultant, illis pabulis nutriantur. Et sic eadem atque iterum tali crudelitati furentes, ab eorum contagione nullus lætus remansit, et nullus locus ab eorum infestatione est relictus immunis, præsertim in possessionibus sacratissimi monasterii Casinensis, nec non et in aliis ecclesiis, basilicisque sanctorum, monasteriisque sceleratius sæviunt, ut majoribus incendiis domus orationis, quam urbes cunctaque oppida comburant. Impletum est nunc in ecclesiis, quod vir sanctus ad Dominum declamat dicens: *Ubi laudaverunt te patres nostri, facta est exustio* [Vulg. *in exustionem*] *ignis* (*Isa.* LXIV). Nunc jam venit hora, ut omnes qui nostram terram deprædantur, incendunt, devastant, et ruricolas, ac monachos in nervo vinciunt, compedibus ac manicis gravant, occidunt, vendunt, cruciant et persequuntur, arbitrentur se obsequium præstare Deo. Ubi autem venerabilis aulæ clausas inveniunt portas, certatim retibus dextralium aditus reserant, ut recte dicatur:

Quasi in silva lignorum securibus exciderunt januas ejus in idipsum, in securi et ascia dejecerunt eas, incenderunt igni sanctuarium tuum, in terra polluerunt tabernaculum nominis tui (*Psal.* LXXIII). Quanti nunc ab eis pontifices, presbyteri, diaconi, monachi, nobiles, ignobiles, diversi sexus vel ætatis, interficiuntur! Quanti cruciantur, ut tradant si quid auri vel argenti proprium vel ecclesiasticum habeant! Et dum quæ habent urgentibus pœnis facilius dant, iterum crudelibus tormentis oblatores urgent, autumantes quamdam partem, non totum oblatum: et quanto plus dant, tanto amplius quempiam habere credunt. Non infirmior sexus, non consideratio nobilitatis, non reverentia sacerdotalis non monastici habitus stemma crudelissimas mentes eorum mitigat, quinimo ibi exaggerantur ira furoris, ubi honorem conspiciunt dignitatis. Senilis maturitas atque veneranda canities, quæ cæsariem capitis ut lanam candidam dealbat, nullam sibi ab hostibus misericordiam vindicat; parvulos etiam ab uberibus maternis rapiens barbarus furor insontem infantiam elidit ad terram. Impletum est nunc quod olim Judæi canebant: *Dicit inimicus incendere meos fines, et parvulos meos elisurum ad terras.* In ædificiis autem magnarum ecclesiarum, domorum, civitatum, ubi ingenium destructionis per ignem facere non possunt, parietes solo æquant, ut nunc antiqua illa speciositas ædificiorum nec quid fuerit prorsus appareat. Quod si quis dictis fidem derogaverit, testis est civitas Puteolana; Aliphana, ac Telesina, quæ nihil aliud nisi quia olim fuere demonstrant. Sed et aliæ urbes quamplurimæ aut raris aut nullis habitatoribus incoluntur. Nam et hodie, si qua supersunt, subinde desolantur, sicut et de civitate Capuana, quæ olim post urbem Romanam totius Campaniæ et caput et gloria exstitit, fecerunt. Nam postquam eam hominibus deleverunt, auro et argento spoliaverunt, ne vel ad horam locus impietati cederet, illam incendio cremaverunt, et antiquam illam ingenuam ac nobilem libertatem in servitutem redegerunt, præcipuosque in captivitatem duxerunt, ac aurum, argentum, gemmas, ac vestes, et quidquid pretiosum, quidquid carum invenerunt, asportarunt.

Quia vero quosdam aulicos vestri triumphalis imperii latet, et incredibile illis videtur istud quod describimus, huc si placet properantes, invenient verum esse quod scripsimus. Quanta autem et qualia intulerunt ipsi et dux illorum Casinensi cœnobio, et post vestrum et ante vestrum adventum, referre quis valeat? sed ne videamur hoc intentatum relinquere, aliquanta hac ex parte describam, ut liquido vestra invicta imperialis clementia noscat, quantum nunc pro Romani imperii odio Casinensem infestent Ecclesiam, cum tam immaniter, tam impiissime, tam gravissime illam persecuti sunt. Capta namque civitate Capuana Seniorectus, qui ante nos vestræ cameræ regimen tenuit, ab eo evocatus, et contra canonum decreta, contra Domini nostri Jesu Christi et omnium apostolorum ac Patris Benedicti præcepta sacramento constrictus est. Sed cum adhuc ista ejus in ejusdem regis animo non sufficerent, abstulit de monasterio aureos.... postquam vero hæc omnia pro suo velle explevit, destinat cancellarium suum..., qui monasterium ad castrum exinde faciendum caperent, monachos inde ejicerent, et universum monasterii thesaurum cunctamque supellectilem cum corpore beati Benedicti sibi in Siciliam transmitterent. Quod monachi persentientes rebellare, et magis mori, quam sanctum locum dare decernunt. Audiens autem quod vestra triumphalis clementia duo millia Alemannos cum Annone abbate cœnobii Luneburgensis ad monasterium defendendum transmittere disposuisset, abbatem ac fratres seducens, utrosque ad suam fidelitatem sacramento constringit, abbatem ad evangelia, monachos autem per ordinem suum. Abbate igitur vita decedente, dum adhuc ejus feretrum in ecclesia esset, destinati sunt a Carolino, qui tunc in partibus istis Rogerii vices agebat, ut nullus, eo absente, de abbatis electione tractare præsumeret. Dilatum itaque est, et contradicentibus ac mœrentibus monachis, usque ad ipsum adventum protelatum. Cumque illuc advenisset, cum ei ostenderentur de electione abbatis Patris Benedicti jussio, et privilegiorum ac præceptorum constitutio, respondit quod nil ad præsens istiusmodi valeret ostensio, sed differre electionem usque ad domini mei notitiam; sin autem tradite arcem Bantrensem (56-57) et eligite quem vultis, ita tamen ut prius fidelitatem domino meo faciat. Quod cum fratres se non implere dixissent; ille exercitum congregans universa cœnobii castra ab ejus ditione subduxit. Ecce bona quæ ante vestrum adventum Casinensi fecerunt Ecclesiæ, et adhuc deteriora in dies singulos faciunt. Ob quam rem rogamus, imperator invicte, ut vestræ cameræ afflictæ, destitutæ ac desolatæ subveniatis, ne quando dicant Saraceni, Northmanni ac Langobardi, Ubi est imperator illius? Erigite igitur, erigite vestros invictos, et a Deo conservandos lacertos, et Casinensem ecclesiam, cunctorum cœnobiorum matrem, de impiorum manibus liberate. Nam sicut inter omnia sidera solem constat in cœlestibus gerere principatum, ita nimirum in mundanis potentatibus Romanum cunctis præpollet imperium. Licet autem per se sit magnificum, patet tamen, quia tunc splendet augustius, cum a probo et illustri viro regitur: et ideo vestra probitas Casinensi succurrat Ecclesiæ, ne rutilans cœli gemma, id est Casinensis Ecclesia, de capite cunctorum cœnobiorum auferatur, et ad terram elisa, pedibus Saracenorum qui ignorant Deum conculcetur. Petrus vero noster illius vobisque per cuncta fidelis, sacratissimo vestro

---

(56-57) Nunc dicitur Rocca Vantra in prospectu Casini.

imperio vobis se oppido commendat. Deus autem omnis gratiæ sic tempora vestra dignetur disponere, ut per præsentis vitæ felicitatem æterni regni sitis cohæredes.

EPISTOLA III

WIBALDI ABBATIS AD MONACHOS CASINENSES.

Liberam eis alterius abbatis eligendi facultatem tribuit, cujus electio si canonica fuerit, promittit eos se ab obedientia sibi promissa absoluturum.

(Anno 1137.)

WIBALDUS, Dei gratia sancti Casinensis cœnobii minister indignus, dilectis in Christo filiis et fratribus in eadem Ecclesia Deo militantibus, spiritu consilii et fortitudinis abundare.

Hactenus in agro Dominicæ culturæ, id est in vestræ fraternitatis prælatione, arbor umbram non fructum faciens, terram occupavi, non sine timore vocem audiens Domini dicentis : Succide eam quæ et ex se fructum non reddit, et sibi suppositam terram fructificare impedit. Quoniam igitur securis ad radicem posita est, ut omnis arbor, quæ fructum non faciat, succidatur, nos consilium propheticum diutius dissimulare non potuimus, sed, quia propter me periculosa et plena desperationis tempestas orta est, nautis cessantibus, ipse me in mare mittere non refugi. Itaque, quia sic a vobis recessi, Deo teste, non metu mortis, sed quod mors mea nihil vobis emolumenti, quin potius multum periculi afferre poterat, ut ultra ad vos non reverti disposuerim, præcipio vobis, in virtute sanctæ obedientiæ, ut, postpositis partium studiis, remota omni ambitione et venalitate, absque gratia vel odio, aut acceptione alicujus personæ, secundum Regulam S. Benedicti, personam catholicam et regularem de corpore vestræ congregationis, invocata sancti Spiritus gratia, in abbatem vobis et pastorem animarum vestrarum, servata Casinensis cœnobii libertate, sine mora eligatis. Statutum siquidem nobis est, ut si hanc formam in eligendo vobis abbate servaveritis, ut nos remissis vobis Ecclesiæ vestræ (58) insignibus, vos ab obedientia et subjectione nostra omnes pariter absolvamus, et vos ad promotionem futuri abbatis liberos a nobis efficiamus. Quod si (quod absit !) apud vos diabolicæ et contentiosæ illæ conjurationes et conspirationes in hac aliqui causa tentare et pervertere præsumpserint, et aliquis tali factione sese intrudi permiserit, sciatis nos plenam de vobis auctoritatem et curam retenturos, et in talem, tanquam in intrusum, et invasorem, et supplantatorem nos in omnibus conciliis et curiis, et viva voce et scriptis semper acturos. De rebus autem monasterii vobis dicimus, ne forte aliquis ex nobis, aut propter nos occasionem mali accipiat, quod quindecim tantum marcas argenti ad tanti expensas itineris nobis domnus decanus et fratres nostri præbuerunt. Cætera vero omnia, et ipsi de thesauro acceperunt, et per se in tam multis et magnis necessitatibus expenderunt. Servate nostram, id est vestram et meam in remunerandis hominibus, qui nobis servierunt, famam. Servate mihi Gualterium meum, qui apud vos infirmus remansit. De Rainaldo (59) invasore et perjuro monacho, nec mentio unquam apud vos fiat. Deus pacis et dilectionis sit semper cum omnibus vobis. Valete.

EPISTOLA IV.

WIBALDI ABBATIS AD R. CASINENSIS MONASTERII ABBATEM.

Gratulatur ei de sua electione, absolvit eum a promissa sibi obedientia, annulum et sigillum suum in signum resignationis abbatiæ ei remittit.

(Anno 1137.)

Reverendo Patri R. (60) sancti Casinensis cœnobii venerabili abbati, frater WIBALDUS Dei gratia Stabulensis Ecclesiæ servus, benedictionem et vitam usque in sæculum.

Electum vos communi fratrum conniventia, et in Ecclesia Casinensi regulariter ordinatum audientes, gaudio gavisi sumus ; quippe qui, licet officio eidem Ecclesiæ administrare desierimus, affectu tamen et sollicitudine non alteratum animum gerimus. Eapropter vos, in nomine Domini, per præsentia scripta ab obedientia quam nobis promisistis, omnino absolvimus, et qui vobis aliquando indigne præfuimus, vestri subditi et servi et esse et dici non erubescimus. Commendamus autem charitati vestræ charissimum nostrum domnum decanum O. et reliquos fratres nostros et homines de S. Petro, qui fideliter nobiscum in tribulatione nostra perseverarunt. Remittimus vobis annulum unum et sigillum, quondam nostrum, per quæ plenam refutationem de abbatia Casinensi facientes, nunquam tamen consilium et auxilium nostrum eidem Ecclesiæ subtrahemus. Valete, et nuntium nostrum per vos transeuntem, pro nostra charitate bene habetote, et si per vos redierit, litteris rerum statum vestrarum nobis significate.

EPISTOLA V.

WIBALDI ABBATIS AD ODONEM DECANUM CASINENSEM.

Absolvit eum aliosque Casinenses fratres a promissa obedientia, rationemque reddit de nonnullis a monasterio detractis.

(Anno 1137.)

Frater WIBALDUS Dei gratia Stabulensis Ecclesiæ servus, charissimo fratri et amico suo O. Cajinensi decano, salutem et benedictionem.

Quantum vestris calamitatibus commovear, quan-

---

(58) Annulo scilicet et sigillo et forte quibusdam aliis jocalibus.

(59) Duo tunc in Casinensi monasterio erant Raynaldi, unus Colementanus, alter Etruscus, qui Rogerio Siciliæ regi favens, perturbato ordine a quibusdam fratribus, contradicentibus aliis, abbas electus est, cujus electionem Innocentius papa irritam declaravit.

(60) Raynaldo Colementano, quem sanior fratrum pars post obitum Seniorecti eligendum sibi proponebat.

tum vestris vexationibus compatiar, novit inspector cordium Deus. Licet enim personaliter vobis nec adesse nec præesse valeam, non dispari tamen sollicitudine Casinensem Ecclesiam et amamus et semper amabimus. Verumtamen, quia sic divina præordinatio disposuit, et temporis qualitas nostris meritis concordans exigit, ne vos sponsionis vestræ prævaricata obligatio, nos vero suscepti regiminis neglecta administratio perpetuarum pœnarum obnoxios faciat, vos et omnes fratres Casinensis Ecclesiæ ab obedientia, quam nobis promisistis, plenarie absolvimus. Similiter et laicos, qui nobis juraverunt, liberos a sacramentis suis esse concedimus. Ne autem ullius æstimatio, nobis detrahendo peccare possit, sicut vobis et plerisque fratribus notum est, cum a vobis exivimus, hæc quæ subscripta sunt, distracta erant. Landulfus habebat in pignore pro LXXXV libris calicem unum aureum, duas cruces aureas cum lapidibus, duo candelabra argentea. Apud S. Germanum candelabrum unum argenteum pro tribus libris, thuribulum unum pro XXX solidis, quæ omnia per manus fratris Raynaldi Theod. et fratris Bertoldi suscepta et erogata sunt. Porro pueri nostri, qui nos præcesserunt, crucem unam parvam auream et annulum unum, et iconam ligni Domini perdiderunt. Pluviale et camisiam quam nobis dedistis conservavimus, exspectantes secundum promissionem vestram, ut reliquum quod ad capellam pertinet, nobis compleatis. Sigillum et annulum domno abbati remisimus. Valete.

EPISTOLA VI.

WIBALDI ABBATIS AD THEODERICUM ABBATEM WALCIODORENSEM.

Miracula sancti Forannani a Roberto monacho scriptis consignata approbat.

(Circa 1140. — Communicavit reverendissimus abbas Walciodori.)

Frater WIBALDUS, Dei gratia Stabulensis Ecclesiæ servus, domno THEODERICO venerabili Walciodorensis Ecclesiæ abbati et reverendo fratrum conventui, divinis semper invigilare studiis et provehi muneribus.

Gratias agimus, dilectissimi, Conditoris omnium inæstimabili gratiæ, qui universalis Ecclesiæ suæ pulchritudinem certis temporibus miro ordine, magnis auctoribus, ipse idem novus semperque perfectus artifex, condecorare non desinit, ut unaquæque per orbem Ecclesia quæ maris undas interdum patitur, littoris tamen firmitate aliquando gaudeat, discipulis in navicula Christum dormientem excitantibus, et Christo fluctibus imperante, Christum utique, fratres, et vos apostolico exemplo in vestra navicula excitatis, dum vestris quibus Ecclesia vestra regitur patronis honorem et devotionem exhibetis, dum ea quæ in eis ipse operatur miracula, ad multorum notitiam et ædificationem perducere desideratis. Scripsistis nobis per Tratrem nostrum et filium vestrum (64) Robertum, vitam et miracula B. confessoris pontificis et abbatis (62) Forannani ipsius non parvipendendo studio composita, ea ut nobis ipse retulit, intentione, ut si qua minus viderentur composita et superflua, nostra parvitas elimaret aut detraheret, et totius corpusculi operis nostra cooperatio roboraret, quod operi si necessarium inspicerem fore quæ injunxit et vos injungitis, aggredi non recusarem plane. Sed, quia per omnia probatur laudabile, de cætero præceptis vestris cupio obtemperare, si labores nostri pro Ecclesia, si regni quibus obligamur negotia prosperos habeant exitus, et nobis aliquot sepositis curis aliquando indulgeant otium. Vos interim eo quo cœpistis studio B. confessoris miracula amplectimini, et memoriæ tradere curate, quia, si vestra perseveret devotio, si studium non lacescat, si religio accrescat, glorificationem sacri corporis videre corporeis merebuntur oculis, quibus tantum manifesta datum est videre miracula, cujus temporis felicitati nostra utinam interesse mereatur præsentia, nostra subservire parvitas et, sacrorum cinerum glorificatio sit nostræ fidei de spe resurrectionis confirmatio, sit in præsenti tempore de tribulationibus nostris consolatio, de exsilio ad patriam, de morte ad vitam translatio.

EPISTOLA VII.

CONRADI REGIS AD WIBALDUM ABBATEM

Mandat ut Francofurtum accedat regalia abbatiæ Corbeiensi de manu sua recepturus.

(Anno 1146. — Ex ms. Corbeiensi.)

CONRADUS, Dei gratia Romanorum rex, WIBALDO Stabulensi abbati, gratiam suam cum dilectione.

Postquam Ecclesia Corbeiensis abbate suo orbata fuit, statim divina inspiratione commonita, dominum et patrem spiritualem te sibi canonica electione ascivit, postea vero tam in temporalibus quam in spiritualibus, propter absentiam tui turbata et destructa, grave damnum sustinuit. Mandando igitur rogo dilectionem tuam, quatenus in festo S. Nicolai Franckenewe præsentiam nostram adeas, et quæ ad donum regiæ dignitatis spectant, ibidem de manu nostra suscipiens, Ecclesiæ Corbeiensis, tanquam pater spiritualis, et prudens dispensator imposterum provideas. Valete.

Hæc apud Wirzembrog scripta et data, et III Kalendarum Decembris in Stabulensi ecclesia abbati sunt præsentata.

EPISTOLA VIII.

WIBALDI ABBATIS AD CONRADUM REGEM.

Respondet ad præcedentem, examinandam esse Cor-

---

(61) Is, ni me mea fallit conjectura, est Robertus, qui post Theodericum abbas fuit Walciodorensis.

(62) S. Forannanus natione Scotus, episcopus et abbas primus Walciodorensis monasterii exstitit, atque ibidem sepultus, hactenus eodem in loco summa cum veneratione servatur.

beiensium de se electionem, excusatque se quod ad ipsius curiam non venerit.

(Anno 1146. — Ex ms. Corbeiensi.)

Inclyto triumphatori ac serenissimo domino suo CONRADO, Dei gratia Romanorum imperatori augusto, frater WIBALDUS divina majestate Stabulensis Ecclesiæ servus, salutem in eo qui dat salutem regibus.

Pietatis vestræ litteras, quas nobis per Brunonem præpositum vestra magnificentia transmittere dignata est, recepimus, quæ sicut plurimum gaudii et exsultationis nobis contulerunt, ex eo quod in conspectu majestatis vestræ gratiam eximiam nos invenisse, certis experimentorum indiciis cognovimus: ita multum sollicitudinis et anxietatis de causa, quam continebant, nostræ parvitati præhuerunt. Siquidem magnitudini vestræ placuit significare nobis, quod Corbeiensis Ecclesia pastore suo viduata, nos pari desiderio, et unanimi consensu in patrem sibi, ac pastorem animarum elegerit : ad quod onus subeundum nos hortari, et divinæ vocationis præceptum sequi vestra benignitas, cum regiæ jussionis auctoritate maturatur, verum, quoniam de monachis, ad quos id opus sicut inchoare, ita et consummare majori ex parte pertinet, nullus ad nos venerat, rem totam religiosorum consilio differendam esse credidimus, donec Corbeiensis Ecclesia coram majestatis vestræ præsentia et principum conveniat, et quid quove ordine id quod asseritur fecerit, sicut canonicum et competens est, exponat. Præterea, mansuetudo vestra non moveatur, quod ad præsentem curiam secundum jussionis vestræ beneplacitum non venimus, quoniam festo B. Nicolai, quando Corbeiensis Ecclesia curiam vestram adire disposuit, Deo ducente, veniemus. Si quid ergo apud vestram excellentiam nostra valet exigua sed fidelis devotio, locum nobis circa Werzenborg in festo B. Nicolai assignare dignemini, quo vobiscum his qui venturi sunt commode occurrere valeamus.

EPISTOLA IX.

CONRADI REGIS AD FRATRES STABULENSES.

Illos hortatur, ut absentiam abbatis sui æquanimiter ferant, et de gratia sua plurimum confidant.

CONRADUS, Dei gratia Romanorum rex, RUPERTO Stabulensi decano, et cæteris fratribus, ministerialibus quoque, ac toti familiæ ejusdem Ecclesiæ, gratiam suam et omne bonum.

Sicut divina ordinavit providentia, juxta fidelium nostrorum consilium, ad petitionem Corbeiensis Ecclesiæ fidelem nostrum Wibaldum abbatem vestrum, retenta vestra provisione et cura, quam prius habuerat, monasterio Corbeiensi præfecimus, et quia ex hoc, ut speramus et volumus, maxima Ecclesiæ utilitas provenire potest, universitatem vestram per præsentia scripta attente monendo rogamus, quatenus absentiam ejus regno quidem necessariam et nobis non inutilem patienter supportetis, et in Ecclesiæ vestræ opportunitatibus, si qua graviora emerserint, piæ sollicitudinis operam studiose impendatis, quod si in aliquibus nostrum adjutorium vobis fuerit necessarium, sicut hactenus semper vobis fuimus propitii, ita nunc maxime nos semper clementes habebitis.

EPISTOLA X.

CORBEIENSIUM AD STABULENSES

Gratias agunt quod Wibaldum sibi non inviderint abbatem, hortanturque ut ejus absentiam æquanimiter ferant.

(Anno 1146. — Ex ms. Corbeiensi.)

Corbeienses Stabulensibus decano et præposito, cæterisque dilectissimis dominis et fratribus sanctæ Stabulensis Ecclesiæ WALTERUS prior, ADELBERTUS præpositus, totusque conventus Corbeiensis Ecclesiæ, officiosum munus fraternæ dilectionis, et si quid præterea valet obsequii et devotionis.

Cum quidem Deus non immemor beneficiorum suorum, quæ a sæculo sunt, delegavit Ecclesiæ nostræ dominum et Patrem, prius quidem vestrum, nunc autem, et vestrum et nostrum, qui unius patris filii sumus, vinculo utique germanæ charitatis, mediante Deo, jam non ignobiliter connecti incipimus; in primis ergo vestræ dilectioni quam maximas et quam devotas gratiarum actiones nostra exsolvit Ecclesia, quia talem ac tantæ auctoritatis virum, cujus industria, sicut in curia regis celebris habetur, sic in Romana Ecclesia non ignoratur, quia hunc, inquam, virum nostræ indigentiæ necessarium non invidit nobis vestra fraternitas, non tantum ad præsens gratulamur, sed iterum et sæpius quo gratius est nobis quod factum est, tanto devotius vestræ benevolentiæ gratulabimur : hoc quoque non minus obnixe precamur, ut hujus tanti patris absentiam æquanimiter sufferatis, cumque Ecclesiæ nostræ, prout tempus monet, prospicere congaudeatis, siquidem et hoc futurum non desperamus, ut utriusque Ecclesiæ nostræ scilicet et vestræ profectus ab alterutris æqualiter desideretur, et quia horum duorum gregum unus est pastor, eo mediante, in unum consocientur, et hoc modo efficiatur unum ovile et unus pastor. Valete.

EPISTOLA XI

STABULENSIUM AD CORBEIENSES.

Gratulantur eis de Wibaldi electione, quem illis commendant.

(Anno 1146. — Ex ms. Corbeiensi.)

Reverendissimis in Christo Patribus suis et dominis, WALTHERO Corbeiensi venerabili priori, ADELBERTO præposito omnique ejusdem Ecclesiæ sancto conventui frater R. Stabulensis Ecclesiæ decanus, SIMON præpositus, humilisque eodem in loco grex Christo militans, totius devotionis et orationum promptissimum munus.

Acceptis et perlectis litteris, quas parvitati nostræ per fratres nostros vestra transmisit pietas, spirituali gaudio admodum gavisi sumus, in hoc potissimum, quod margarita illa cœlesti munere peroptima, quæ de thesauris Ecclesiæ nostræ haetenus vix ulli negotiatori fuerat exposita, vobis tandem fulgoris sui radiis pretiosissima comparuit, qui nitor illius, cujus aspectus est salubris et jucundissimus, vestris etiam condigne innotuit et complacuit obtutibus, sive quia Deo ordinante, de propria communis, de nostra jam vestra et nostra facta est, quam studiose foveri, quam diligenter haberi et teneri debeat, vestra melius novit cruditio, et licet de benignitatis vestræ mansuetudine ac suavitatis dulcedine non modicum confidamus, tamen, quia multum ei debemus, quem sincere et pure diligimus, per Deum, quo nihil sublimius, per charitatem fraternam, qua nihil hoc in mundo est altius, supplicamus, ut cum, qui nostris utilitatibus propter vos ad horam subtractus est, et vestræ fidei commissus, condigno habeatis honore, quatenus erga curam suscepti regiminis eo libentius desudet, quo vos ad sustentandas manus Moysi humeros supposueritis liberius, in hoc cum Amalechite facile superari poterunt hostes utriusque Ecclesiæ, vestræ scilicet et nostræ.

EPISTOLA XII.
WIBALDI [REINARDI.] ABBATIS MAGISTRI (63) AD EUMDEM WIBALDUM.
Gratulatur ei de sua electione, gaudium timore miscens pro exaltatione.

(Anno 1146.)

....* tationis [meditationis] atque lectionis nec minus operis instantia perseverantiam suam jugiter exercuit. Quia tamen nimis frequentes tempestates mentis meæ naviculam crebrius inter undosas et procellosas molestias (64) jactitabant, et desiderabilem tranquillitatem in silvis vehementer contrahebant, usus consilio, sicut mihi *v.... [videbatur] non inutili, remisi fratribus meis omnes monasterii reditus, ut ipsi per officiales suos omnia recipiant, nec ad manus meas... talium respiciant, ad opus vero meum tantum decem solidos ex his redituus excepi, superadditis paucis in quadam solitudine agris, quos egomet elaborare feci, malo enim minus habere potestatis, vel quæ videtur utilitatis, ut amplius possidere possim tranquillitatis. Sed jam revertamur ad te, considerantes mirabilia Domini, quæ multipliciter operatus est circa te. Enimvero cum sæpe tacitus ea mecum revolvo, stupens gaudeo et gaudens stupeo, nec tamen in ipso gaudio timore careo. Gratulans equidem pro amicitiæ debito super tuæ personæ tam multiplici, et ut verum fatear, quia modo non abbati sed Wibaldo meo loquor, nimis inopinata aliquando sublimatione, sed metuo, quod humanum est, tuus animus nonnulla sublevetur elatione. Sed tu, mi doc*us a Propheta, quid retribuas Domino pro omnibus quæ retribuit tibi? calicem salutaris accipe, et nomen Domini invocato, quantoque magnus es, quantum res patitur, humilia te in omnibus: nomen, inquam, Domini invoca, rogitans et supplicans ut illorum numero non ascribaris, de quibus terribiliter scriptum est: *Dejecisti eos dum allevarentur* Timendum tibi, dilectissime, videtur ne, quod absit! bona recipias in vita tua. Itaque terribilem in consiliis super filios hominum Deum semper attende, et ut ejus consilium tibi fiat salutiferum, quibuscunque studiis valeas, ipsius gratiam tibi conciliare jugiter intende. Sed quid agimus, anima? cui loquimur? docto an indocto? Illi quidem loquimur, quem aliquando docuimus, sed unde valde gratulamur, in nonnullis cum nos præcessisse cognovimus, quem discipulum aliquando habuimus. Vehementia tamen affectus nos aliquatenus insipientes reddidit, qui tales admonitiunculas velut ad minus sapientem, quasi plus superemus edidit. Non sic utique quis æstimet quod docere velim doctiorem, quasi minus doctum; sed celare non possum cordis affectum. Jam nunc tamen ista sufficiant, donec videamus quatenus ipsa proficiant; quia enim Deus omnipotens judicio suo quod ipse novit, tuam viciniam mihi præstitit, nunc litteris, nunc ipsa corporali præsentia, si tamen tibi placuerit, sæpius te visitare non pigritabor; quin tua jucunditate qua jam diutissime fraudatus fui et jucundabor. Vale.

EPISTOLA XIII.
CONRADI IMPERATORIS AD EUGENIUM PAPAM III.
Wibaldi absentis et renitentis electionem in abbatem Corbeiensem, atque unionem Keminadæ et Visbikæ ad Corbeiense monasterium confirmari petit.

(Anno 1146.)

Dilectissimo in Christo Patri suo Eugenio sanctæ Romanæ Ecclesiæ summo pontifici Conradus, Dei gratia Romanorum rex et semper augustus, filialem per omnia dilectionem et debitam in Domino reverentiam.

Sanctitati vestræ notum esse volumus, quod post depositionem Heinrici quondam Corbeiensis abbatis, qui eidem Ecclesiæ nimis inutilis fuit, fratres prædicti monasterii elegerunt sibi in abbatem quemdam Heinricum ejusdem Ecclesiæ præpositum. Quo non longo post tempore defuncto, tota Corbeiensis Ecclesia spirituali patre orbata, pari voto et unanimi consensu, elegit sibi in Patrem et pastorem animarum Wibaldum Stabulensem abbatem, quatenus per ipsius industriam et nostrum adjutorium nobilis illa Ecclesia, quæ plurimum a sua magnitudine per negligentiam præcedentium abbatum deciderat, Dei præeunte misericordia, aliqua-

---

(63) Reinardi primi abbatis Reinehusensis, qui opusculum scripsit de primordiis Ecclesiæ suæ, editum tomo II. Script. Rer. Brunswic., pag. 705. Monachum fuisse Helwardishusensem adnotavit ex Henrico Hofmanno cl. vir Godefridus Libnitz, in introduct. ad hunc tom. art. 43. Attamen scholas videtur rexisse Stabulensis monasterii sub initium XII

sæculi, quo tempore traditi sunt monachis erudiendi Wibaldus et Henricus, qui decanus ejusdem loci fuit. Vide infra epist. 34, et in Append. instrumentum Conradi pro monasterio Reinehusensi.

(64) Molestias illas fusius descripsit in prædicto opusculo de monasterii sui primordiis.

tenus reformaretur. Et, quoniam prædictus fidelis noster Stabulensis abbas, cum hæc de ipso fierent, non solum absens, sed etiam longe remotus erat, nos eum auctoritate regia diu renitentem ac reclamantem evocavimus, et ad petitionem totius Corbeiensis Ecclesiæ, onus ad quod vocabatur, omnino invitum subire coegimus, quatenus in Corbeiensi monasterio et divini cultus religio per ipsum reformetur, et debitum regni servitium ad defensionem sanctæ Dei Ecclesiæ exinde paratius et auctius exhibeatur. Erant in propinquo duæ abbatiolæ feminarum, quæ nullum regno et nobis vel in militia vel in alio servitio præbebant supplementum, quæ adeo confusæ et inordinatæ erant, ut de conversatione et moribus habitantium melius sit silere quam loqui. Multiplici ergo exhortatione vestra super talibus locis corrigendis diu admoniti, contulimus ad Ecclesiam Corbeiensem jure proprietario eadem duo loca, videlicet (65) Keminade et Visbike, ut et divina religio inibi reformetur, et Corbeiensis abbatia in temporibus hujus abbatis honore et divitiis per nos augeatur. Super quo sinceritatem vestram, de qua plurimum confidimus, attente monendo rogamus ut quod eidem abbati et Corbeiensi monasterio de duabus præfatis cellis legitima donatione per præcepti paginam confirmavimus, vos vestri privilegii scripto roborare non abnuatis, et abbati in suis opportunitatibus benignam exauditionis aurem inclinetis. Dignum siquidem est, ut quos nos in gratia nostra clementiore vinculo recepimus, vos propitia benevolentia dilectionis ulnis amplectamini, et quos e converso fovere et protegere disponitis, nos contra omnes incursus defensare studeamus, et honorare condigne debeamus.

EPISTOLA XIV.
WIBALDI ABBATIS AD CORBEJENSES.
Ut de sua in Corbeiensem abbatem electione summo pontifici testimonium perhibeant.
(Anno 1146.)

Frater WIBALDUS, Dei gratia Corbeiensis Ecclesiæ famulus, W. venerabili priori, et A. præposito ac cæteris charissimis filiis et fratribus ejusdem monasterii monachis, benedictionem et vitam usque in sæculum sæculi.

Venientes ad dominum nostrum papam benigne et honorifice suscepti sumus, tum propter reverentiam domini nostri regis, tum propter antiquæ notitiæ familiaritatem, qua nos hactenus fovere dignatus est. Cumque in litteris domini nostri regis, ubi nomina legatorum (66) inscripta erant, nostrum nomen in titulo Corbeiensis Ecclesiæ legisset, quæsivit a nobis, ut super nostra apud vos electione vestrum ei testimonium præsentaremus. Universitatem ergo vestram monemus, ut sicut vestra electio circa nostram personam processit, domino papæ veraciter intimetis; et quantos de fratribus prioribus nostris in hac subitatione rerum apparare et expedire poteritis, ad nos Wirceburch in octavis instantis Paschæ pervenire facietis, ibi enim tunc nos invenietis, et cancellarium domini papæ, virum venerabilem nomine Guidonem, cui etiam facto vestro de nobis proprias et singulares litteras transmittetis. Valete, et Deus pacis sit semper cum omnibus vobis.

Si hæc exspectata non fuissent, privilegia nostra de Kaminate et Visbike confirmata essent.

EPISTOLA XV.
W. PRIORIS ET FRATRUM CORBEIENSIS MONASTERII AD EUGENIUM PAPAM III.
Petunt confirmari electionem Wibaldi abbatis et duorum puellarum monasteriorum ad Corbeiense unionem.
(Anno 1146.)

Reverendissimo in Christo Patri suo et domino EUGENIO divina gratia summo et universali pontifici, W. licet indignus Corbeiensis Ecclesiæ prior, et cæteri fratres universi, qui in Corbeiensi monasterio Deo militant, devotam obedientiam et exiguas orationes in Domino.

Sanctitati vestræ suggerimus, quod post depositionem Heinrici quondam abbatis nostri, qui a venerabili legato vestro, scilicet magistro Thoma, pro manifestis culpis suis canonice ad totius monasterii nostri salutem, quod ipse multis modis vastabat, destitutus est, convenimus in personam cujusdam fratris nostri Heinrici, qui officium præpositurae administrabat, et elegimus eum, quibusdam de fratribus nostris non assentientibus, et multis ex laico ordine reclamantibus, qui partibus depositi illius pertinacius favebant. Qui, post suam promotionem paucis mensibus vivens, vita decessit, et nos plenos mœrore ac sollicitudine non sine aliqua discordia reliquit. Et quoniam per abbatum nostrorum negligentiam per annos fere quinquaginta res monasterii nostri et dignitas tam intus quam foris, ultra quam credi possit, imminutæ essent, et nos penitus concordes non essemus, nulla tunc in Ecclesia nostra persona inveniri potuit, quæ sufficere posset ad alligandas contritiones nostras, prout filii Dei et Ecclesiæ nostræ, qui dispersi erant, congregarentur in unum. His necessitatibus coacti, invocata sancti Spiritus gratia, et adhibito religiosorum et sapientium virorum consilio, communi omnium desiderio, sine ullius personæ magnæ vel parvæ contradictione; imo favorabili omnium assensu, præsente et con-

---

(65) Keminadensis Parthenonis ad Visurgim fluvium fundationem ab Imma comitissa et Gerone comite edidimus in tom. I, ex autographo in archivis Corbeiensis monasterii a nobis reperto. Wisbikense vero, seu ut loquitur Chronicon Saxonicum a nobis edendum, Wisbikense puellarum monaste-rium originem suam debet Adelaidæ imperatrici, ejusque filiæ Mathildi abbatissæ, a quibus constructum est circa 992.

(66) Buconis scilicet Wormaciensis, Anselmi Havelbergensis episcoporum et Wibaldi abbatis Corbeiensis, ex epistola 20.

sulente nobis in idipsum venerabili filio vestro B. Patherbrunnensi (67) episcopo, elegimus nobis in capitulo nostro in patrem et pastorem Corbeiæ animarum nostrarum, in abbatem scilicet et dominum Stabulensem abbatem domnum Wibaldum, cujus religione et prudentia Corbeiense monasterium ad pristinum suæ dignitatis statum reformari possit. Quod cum facere, et electioni nostræ assentire multis diebus renuisset, et per nostros legatos abstrahi ad consulendum nobis a suo monasterio nequaquam valeret, tandem auctoritate regia ad curiam est evocatus, et cogente ipsum domino nostro Conrado imperatore Romanorum rege, fratres nostros et laicos nostros, qui illuc frequentes convenerant, sequi et ad nos venire compulsus est. Et gratias Deo omnipotenti referimus, quod non sumus fraudati a desiderio nostro, et a spe, quam de ipso patre nostro conceperamus; quoniam mirabili industria omnes dissensiones nostras ad pacem et concordiam revocavit, et possessiones non parvas, quas depositus ille alienaverat, magna cum prudentia et efficacia ad usum monasterii recolligit. Præterea, sunt in vicinia nostra duo (68) monasteria feminarum, quæ suæ enormitatis pertinacia, nostros et omnium religiosorum oculos et aures sæpissime offenderunt. Ad quod eliminandum cum quidam ex nostris abbatibus laborare cœpissent, quatenus et possessio Ecclesiæ nostræ conferretur, et divina inibi religio reformaretur, obtinere non potuerunt. Sed domnus abbas noster Wibaldus multis suis obsequiis inclinatum habens animum principis, a domno rege nostro impetravit eadem loca cum omnibus suis appenditiis monasterio nostro conferri, et per auctoritatis regiæ privilegium legitimam traditionem confirmari. Dilectam itaque nobis misericordiam vestram flexis ad vos genibus cordis humiliter imploramus, ut quoniam jam sæpedictus pater noster quinque talenta quæ acceperat, sollicite duplicavit, Christum imitantes verum et bonum patremfamilias, super decem civitates eum constituatis, juxta illud : *Omni habenti dabitur*. Et eum vestra benedictione apostolica munitum, ut nobis et præesse et prodesse valeat, ad nos cum gaudio remittatis, et donationem quam domnus noster rex de prædictis duabus cellis nostro monasterio fecit, vestri privilegii pagina confirmare dignemini.

EPISTOLA XVI.

CORBEIENSIUM MONACHORUM AD GUIDONEM CARDINALEM.

De electione Wibaldi abbatis et unione duorum puellarum monasteriorum ad Corbeiense.
(Anno 1146.)

Domino et venerabili GUIDONI summæ sedis apostolicæ cancellario, universi fratres Corbeiensis Ecclesiæ, exiguas orationes in Domino.

Quoniam multorum religiosorum et sanctorum virorum indicio miræ et inæstimabilis compassionis circa afflictos et variis calamitatum miseriis oppressos vos esse comperimus, aures pietatis vestræ pro Ecclesiæ nostræ diversa perturbatione litteris exiguitatis nostræ studuimus interpellare, ut quoniam nuntios nostros ad dominum papam pro causis Ecclesiæ agendis transmisimus, vestra opitulatione facilius inde expediamur. Igitur, vestræ magnanimitati suggerimus, quoniam domnus Heinricus, qui hujus Ecclesiæ abbas exstitit, apud domnum Thomam sedis apostolicæ legatum, cum esset in loco nostro pro quibusdam capitulis accusatus, et testibus inductis indefensus, insuper et suimet confessione reus manifestatus, digna sententia suæ depositionis mulctatus est; et in locum ejus domnus Heinricus præpositus est assumptus. Cujus electioni cum gravis reclamatio et quorumdam fratrum nostrorum et etiam laicorum nostrorum fieret, et gravi discordia Ecclesia perturbaretur, Deus universorum saluti solita pietate consulens, eum exemit de medio. Nam, vix quatuor mensibus præfuit. Quo absumpto, domnus Wibaldus abbas Stabulensis unanimi consensu monachorum simul et laicorum cum magna concordia omnium, præsentibus B. Patherburnensi episcopo, Hermanno comite Ecclesiæ nostræ advocato, et in laudem electionis ejus acclamantibus, magna cum devotione eligitur. Qui, cum de monasterio suo pro honore prælationis erui non posset, ex præcepto regis ad curiam est evocatus, ubi, quamvis primo multum resisteret, tandem regiæ indulgentiæ, omnium precibus evictus, cum reniti non posset, licet invitus acquievit. Eo igitur ad nos adventante, nihil, Deo propitio, in morum honestate et in doctrinæ eminentia, et in consultatione et provisione divinarum et humanarum rerum in eo reperimus, nisi quod in spirituali Patre reperire semper optavimus. Reditus Ecclesiæ nostræ, quos domnus Heinricus depositus, utpote plus militaribus deditus quam monasticæ institutioni intentus, in beneficium laicis tradiderat, consilio sagacissimi ingenii sui maxima ex parte requisivit. Præterea duas cellas sanctimonialium feminarum, quæ pro enormitate sui sceleris omnem canonicam institutionem in Saxonia apud aures vulgi fetere et vilere fecerant, regia donatione loco nostro acquisivit, et inibi divinæ servitutis famulatum de monasterio nostro instauravit. Pro qua causa domnum apostolicum adiit, impetraturus, ut suæ auctoritatis privilegio firmata hæc rata et inconvulsa permaneant. His ergo, et si qua alia sunt nobis cum domno papa gerenda, quoniam multa sunt, vos misericorditer

---

(67) Bernardo, qui anno 1128 electus, episcopatum Patherbornensem magna cum laude per annos 32 administravit.

(68) Keminada scilicet et Visbika seu Walbika, de quibus supra.

astipulari unico solatio monachorum precum nostrarum scilicet commendatione admoneri rogamus, ut tandem aliquando decussis diversarum perturbationum angoribus optatæ pacis unitati redonemur.

EPISTOLA XVII.
HERIMANNI COMITIS AD EUGENIUM PAPAM III.

Testimonium perhibet de electione Wibaldi in abbatem Corbeiensem.

(Anno 1146.)

Domino et Patri suo EUGENIO gratia Dei universalis Ecclesiæ pontifici, H. (69) comes, devoti servitii obedientiam.

Relatio fratrum Corbeiæ ad nos devenit, denuntians vos testimonium electionis domni mei Wibaldi abbatis Corbeiensis exquisiisse. Quapropter testimonium perhibemus sibi electioni suæ domnum Patherbornensem episcopum [Bernardum *scilicet*] et me simul adfuisse, et unanimitati electionis suæ nullum reclamasse, sedi, sicut tunc ipsi vidimus, et alii fideles testes sunt, qui adfuerunt, idonea electione inthronizatus est, ut in nullo canonica institutio suæ observationis detrimentum passa fuerit. Præterea a religiosis ejusdem Ecclesiæ monachis audivimus, quod postquam eo pervenit, ita se et in morum conversatione et in diligenti rerum Ecclesiæ provisione inimitabilem reddidit, ut eum omnes sibi de cœlis divinitus missum asserant. Quapropter et a vobis gratiarum actiones sibi referri et vestra benedictione ampliari optamus.

EPISTOLA XVIII.
CONRADI IMPERATORIS AD H. DUCEM SAXONIÆ.

Commendat ei Wibaldum abbatem Corbeiensem.

CONRADUS, Dei gratia Romanorum rex, H. duci Saxoniæ, gratiam suam et omne bonum.

Sicut divina ordinavit providentia juxta fidelium nostrorum consilium, ad petitionem Corbeiensis Ecclesiæ fidelem nostrum Wibaldum Stabulensem monasterio Corbeiensi præfecimus. Proinde industriam tuam attente monendo rogamus, ut et personam ipsius honorifice in omnibus custodias, et ad recolligendas et ordinandas possessiones Corbeiensis Ecclesiæ consilium ei et auxilium præbeas : quod nobis gratissimum fore nullo modo dubitaveris. De rebus autem suis, quas apud Gruininge homo tuus Poppo de Blanchenburg et filii ejus per violentiam eidem abbati abstulerunt, experientiæ tuæ mandamus, et sub obtentu gratiæ nostræ præcipimus, ut omnia in integrum ei restitui facias.

---

(69) Herimanni comitis advocati Corbeiensis monasterii ex præcedenti epistola.

(70) Theodevinum Germanum cardinalem ab Innocentio II creatum atque ab eo in Germaniam legatum missum, qui, teste Ottone Frisingensi, Conradum ipsum Aquisgrani imperiali diademate deco-

EPISTOLA XIX.
BREMENSIS ECCLESIÆ ET BUCCENSIS CONGREGATIONIS AD WIBALDUM ABBATEM CORBEIENSEM.

Eum causæ suæ arbitrum cum episcopo Verdensi eligunt.

(Anno 1147.)

Venerabili sanctæ Corbeiensis Ecclesiæ domno abbati WIBALDO, omnes fratres Bremensis Ecclesiæ majoris sive minoris, nec non et Buccensis ecclesiæ congregatio, precum impensas cum voluntario servitutis obsequio.

Totius causæ nostræ examen et consilium vestræ sanctitatis nos integre commisisse consilio sive arbitrio quam affectuose gaudemus; tum quia ab æmulis nostris credi poterat, nos per omnia tam justitiæ quam pacis recalcitrare operibus ; tum quia hujus notæ scrupulum tam vestræ auctoritatis, quam et domni Verdensis, qui nihilominus nostræ causæ discussionem ex legatione domini papæ ingressus est, testimonio delendum confidimus. Placeat ergo vestræ paternitatis excellentiæ pro humili nostræ parvitatis famulatu, cum viso et vero domni Verdensis testimonio vestræ nihilominus auctoritatis nobis scriptum concedere, nostræque causæ angustias, prout de tanto Patre confidimus, misericordi defensione respicere.

EPISTOLA XX.
CONRADI IMPERATORIS AD EUGENIUM PAPAM III.

Significat ei Heinricum filium suum communi principum acclamatione in regem Romanorum electum, seque assumpta cruce accingere ad expeditionem Hierosolymitanam.

(Anno 1147.)

Dilectissimo in Christo Patri suo EUGENIO sanctæ Romanæ Ecclesiæ summo pontifici, CONRADUS Dei gratia Romanorum rex et semper augustus, filialem per omnia dilectionem et debitam in Domino reverentiam.

Litteras sanctitatis vestræ per legatum vestrum virum utique nobis cum omni dilectione et honore nominandum T. (70) sanctæ Rufinæ episcopum missas gratissime accepimus, et quæ in ipsis continebantur, filiali et intima charitate ad effectum perduximus. Siquidem de ordinatione regni nobis a Deo concessi, super qua nos paterna sollicitudine monere et exhortari curastis, magna cum attentione et diligentia in frequenti principum conventu apud Frankenevort, ubi generalem curiam habuimus studiose et efficaciter, Deo præstante, tractavimus, ordinataque et firmata communi per omnes regni nostri partes solida pace, filium nostrum Heinricum in regem et sceptri nostri successorem unanimi principum convenientia, et alacri totius regni acclamatione electum, mediante hac Quadragesima in palatio Aquisgrani (71) coronare, divina præeunte

---

ravit, archiepiscopo Coloniensi, ad quem id munus de jure spectat, recenter lecto necdum pallio donato.

(71) Id factum fuisse anno 1147 scribit monachus Gemblacensis apud Mireum, ne post discessum imperatoris regnum absque principe remaneret.

misericordia, decrevimus. Sane quod dicitis, nos rem tantam scilicet de signo vivificæ crucis, et de tantæ tamque longæ expeditionis proposito absque vestra conscientia assumpsisse, de magno veræ dilectionis affectu processit. Sed Spiritus sanctus, qui ubi vult spirat, qui repente venire consuevit, nullas in captando vestro vel alicujus consilio moras nos habere permisit. Sed mox, ut cor nostrum mirabili digito tetigit, ad sequendum se sine ullo moræ intervenientis spatio totam animi nostri intentionem impulit. Et quoniam vos ad partes Galliæ iam per litteras vestras, quam per legatum vestrum venire cognovimus, venerabilem paternitatem vestram ut ad Rhenum accedere velitis, summa cum dilectione attente monendo invitamus, quatenus simul positi, ea Deo miserante pariter tractare ac disponere valeamus, per quæ pax Ecclesiarum, et Christianæ religionis ordo congruis provectibus augeatur, et regni nobis a Deo concessi status cum nostri honoris incremento opportunis decretis firmetur. Et quoniam in articulo profectionis nostræ nulla nobis prolixitas temporis suppetit, in sexta feria, quæ in paschalem hebdomadam habetur, desideratam faciem vestram apud Argentinam videre optamus. Legatos nostros viros utique prudentes et discretos, ac sanctæ Romanæ Ecclesiæ regnique amatores ac nobis charissimos Buconem videlicet Wormatiensem episcopum, Anselmum Havelbergensem episcopum, Wibaldum Corbeiensem abbatem vestræ sinceritati commendamus; ut ea, quæ vobis dixerint, tanquam ab ore nostro audiatis, et in rebus sanctæ Romanæ Ecclesiæ et regni cum eis formaliter tractare ac disponere non abnuatis.

EPISTOLA XXI.

ANNONIS AD WIBALDUM ABBATEM.
De quodam Ebroino, cui hortante Wibaldo benefecerat.
(Anno 1147.)

Domno et amico suo WIBALDO Stabulensi abbati, ANNO (72) eadem gratia id quod est, salutem et benedictionem.

Noverit primum charitas vestra, quia de vestris, utpote domini et amici nostri successibus præcipue congaudemus, et super his Deo gratias hilariter redendimus. Suggerimus quoque discretioni vestræ, quod domnus Ebroinus pro impensa sibi dudum a nobis charitate nos frequenter sollicitat. Quam sane licet consilio vestro et amore tenendæ pacis et quietis Ecclesiæ hanc ei fecerimus, tamen quidam sinistro nomine Simoniæ scilicet hoc factum improbant; nec tamen propter hoc, sed pro importunitatibus nobis et vobis illatis ei ad tempus subtraximus. Dicitur quoque vobiscum pacem mediante domino Prumiensi noviter composuisse. Ea propter a vobis summopere requirimus, si vestræ voluntatis est, et absque cavillatione sinistra esse potuerit, condictam charitatem in posterum illi persolvendam. De cæ-

(72) Hic Anno Indensis monasterii duabus ab Aquisgrano leucis dissiti abbas exstitit ex sequenti

tero etiam perscrutari volumus de negotiis domini papæ, cujus vos conscium in parte credimus, utrum scilicet ad nos accessurus sit, vel concilium in partibus nostris habiturus. Valete.

EPISTOLA XXII.

WIBALDI ABBATIS AD ANNONEM ABBATEM INDENSEM.
Ut Ebroino ex Indensi et Stabulensi monasterio ejecto nihil detur.
(Anno 1147.)

Reverendo Patri suo ANNONI, Indensis Ecclesiæ abbati, frater WIBALDUS Stabulensis abbas, salutem et benedictionem.

De nostra prosperitate, si qua est, vestram sinceritatem animo congaudere non dubitamus; et recte sane; pari enim dilectionis affectu erga vos ferimur. Non est consilii nostri, ut Ebroino illi, quem dominus papa Eugenius a vestro et nostro monasterio scripta sententia in perpetuum exterminavit, quidquam detis. Hoc esset veneficis venenum procurare, rebellibus arma dare, insanis clavam porrigere. Dum in monasterio vestro frater esse videbatur, sub specie et nomine præbendæ, propter bonum pacis potuistis rerum vestrarum dispendio obstruere os loquentium iniqua. Nunc vero postquam frater esse, et habere præbendam desiit, a domno papa condemnatus, donare ei, unde vobis noceat, non solum turpis Simonia, sed etiam aperta insania est. Nos de pace cum ipso habenda nec ipsum domnum papam audire potuimus, nedum Prumiensem.

EPISTOLA XXIII.

CONRADI IMPERATORIS AD H. DUCEM SAXONIÆ.
De jure advocationis in Kaminadam et Visbikam, quas Corbeiensi monasterio univerat.
(Anno 1147.)

CONRADUS, Dei gratia Romanorum rex, H. [Henrico] duci Saxoniæ, gratiam suam et omne bonum.

Novit tua dilectio quod fidelissimum et charissimum nostrum Wibaldum Stabulensem abbatem propter unanimem electionem et petitionem Corbeiensis Ecclesiæ eidem monasterio præfecimus. Cujus ob insigne meritum, quod fideli servitio de regno meruit, secundum petitionem prædecessoris sui, et obsecrationem Corbeiensis Ecclesiæ, duo monasteria feminarum, in quibus monastica religio jam defecerat, Kaminade scilicet et Visbike, ad reformandam in eis divini cultus religionem, ex judicio principum, sibi et Corbeiensi Ecclesiæ jure proprietario in perpetuam possessionem contulimus, salvo jure tuæ advocationis, quod habes in eisdem locis. Volumus autem atque mandamus dilectioni tuæ ut, si inter te et eum convenerit, jus advocationis ad eadem loca ei vice nostra, quemadmodum nobis debueras, resignes, itemque ab eo et a Corbeiensi Ecclesia advocatiam recipias. (73) Quod si de hoc inter vos non convenerit, donationem, quam Ecclesiæ fecimus, ut contra omnes infestationes, tuearis, epistola.

(73) Id quod Henricus Leo Brunswinci præstitit

et advocatiam, quam de nobis super eadem loca tenes, fideliter ac strenue et ad firmamentum nostræ donationis administrare studeas, in præsenti pagina per obtentum gratiæ nostræ tibi mandando præcipimus.

EPISTOLA XXIV.
CONRADI AD J. ABBATISSAM DE HEREVORD.
Wibaldo abbati injunxisse se ut facta inquisitione monasterii Herevordensis defunctus emendet.
(Anno 1148.)

CONRADUS Dei gratia Romanorum rex, I. (74) venerabili abbatissæ de Herevord (75), gratiam suam et omne bonum.

Sicut divinæ ordinationi placuit, et Corbeiensis Ecclesiæ unanimis et concors electio postulavit virum venerabilem, et pro sua fide studiis nobis regnoque nostro charum Wibaldum Stabulensem abbatem licet invitum ac diu multumque renitentem monasterio Corbeiensi præfecimus. Et quoniam ab ipso abbate et privilegiis Corbeiensis Ecclesiæ didicimus specialem charitatem inter utrumque locum vestrum et ipsorum prælatos exstitisse, atque ad abbatis curam pertinere, quidquid a te corrigi non valet, idcirco dilecto fideli nostro eidem abbati injunximus, ut defectus monasterii tui tam intus quam foris diligenter a te et a tuis inquirat, et nostro fretus adjutorio, consilii et auxilii manum fideliter tibi in cunctis opportunitatibus tuis porrigat. Quidquid vero tibi ex nostra parte dixerit, et incunctanter credas, et sicut de te confidimus, opere adimplere studeas.

EPISTOLA XXV.
HENRICI MONACHI AD WIBALDUM ABBATEM.
Rationem reddit de his quæ cum papa egerat ad suæ electionis in abbatem Corbeiensem confirmationem.
(Anno 1147.)

Reverendissimo Patri suo et domino WIBALDO Stabulensi abbati, HENRICUS omnium suorum minimus, quidquid patri devotus filius.

Litteras, Pater charissime, sinceritati vestræ transmisi, quatenus ea, quæ apud domnum papam a nobis audita vel acta sunt, vobis significarem attentius, non quod alia vel altiora intellexerim, vel quod plus laboraverim, quam hi qui ad vos revertuntur, qui toti vestri sunt; sed ut illis pro se coram vobis assistentibus, non deesset nostræ erga vos devotionis affectus. Tertia feria Pentecostes apud Sanctum Dionysium ad domnum papam pervenimus, ubi domno cancellario nos tantum præ-

anno 1147, indictione x, Conradi Romanorum regis secundi anno 10. *Hoc autem*, ait, *de beneficio nostro facere propter humilem petitionem domni nostri regis non abnuimus, ea maxime de causa, quod prædictus venerabilis abbas nobisque charissimus Wibaldus, gloriosissimo avo nostro imperatori Lothario diu multumque ac fideliter servivit, et in administratione Romani imperii singulari constantia usque ad mortem adhæsit, dignumque est, ut sicut possessionum hæredes eidem imperatori successimus, ita retributionis circa grates ac fideles ipsius non degeneres suc-*

sentavimus, propter tumultum maximum, qui in exitu domni regis circa domnum papam aderat. In crastino autem antequam domnus papa, qui Meldas transire disposuerat, egrederetur, domno papæ per cancellarium præsentati sumus, et litteras quas deportaveramus dedimus. Inde Meldas in quinta feria pervenimus. In sexta vero feria in præsentia domni papæ et episcoporum et cardinalium tantum evocati sumus, præmuniti tamen a domno Florentino, quid loqueremur, vel quis loqueretur, unus scilicet Corbeiensis, quorum causa agebatur. Sed, cum alter eorum impeditioris linguæ, ut melius nostis, esset, et alter eorum satis infirmaretur, ego, qui cum Corbeiensibus jussu vestro aderam, quasi Corbeiensis una cum ipsis ad domnum papam accessi : ubi cum in præsentia omnium illorum qui adfuere, de electione in personam vestram facta esset agendum, ego qui me Corbeiensem modo esse necessitate quam prædixi confitebar, totum ordinem electionis, quem bene noveram, domno papæ sicut oportebat enarravi. Papa itaque auditis omnibus necessitatibus, quare vos elegerant, compertis etiam utilitatibus, quas non tacueramus, quæ electionem subsecutæ sunt, dixit se communicaturum consilium cum fratribus, et ex ipsorum consilio se nobis responsurum. In hac autem suspensione detenti sumus decem diebus, aliquando observantes per dimidium diem januam domni papæ, qui raro egrediebatur, aliquando ante portam cancellarii jugiter agentes, et aliquando præ nimio tædio usque ad noctem fere cum multis aliis dormitantes. Agebamus etiam interim apud omnes cardinales singulos et singulos in domibus suis, quia alias conveniri neque respondere volebant, ut tam super hoc, quam super privilegio de Keminade et Visbike benignum haberemus responsum, qui omnes, præter paucos quosdam, dulci colloquio suo nos consolabantur, et omnia nostra prospera, etsi tardius agebantur quam vellemus, futura esse..... etiam, interim veris et certis rationibus, ea, quæ ante adventum nostrum, paucos dies nescio qui vel a quo missi disseminaverant mendacia, scilicet vos totum thesaurum ecclesiæ domno regi dedisse. Benedictus per omnia Deus, quia sicut constabat eos falsa prædicare, ita constitit eos mox in adventu nostro disparuisse, et commentorum suorum nulli fidem reliquisse. Quid tandem? decima die post auditam causam electionis vestræ vocati sumus, et post multam commendationem personæ vestræ, sapientiæ quoque et facundiæ in præsentia episcoporum et omnium cardinalium *cessores exsistamus*. Vide integrum diploma infra in Append.

(74) Judithæ cui Adrianus papa privilegium concessit an. 1154.
(75) Herevordense seu Herivordense celebre virginum monasterium in diœcesi Patherbornensi anno 825 a Walgero comite Herivordensi fundatum est, accersitis eo e Suessionensi B. Mariæ Phartenone sanctimonialibus, quæ successu temporis canonicarum nomen sibi assumpserunt.

adjudicavit et concessit ratam esse electionem in vos factam, et hoc magis ex dispensatione, sicut ipse testabatur, Romanæ Ecclesiæ, quam aliqua auctoritate. Et præcepit priori et nobis, qui præsentes aderamus, et per nos omnibus, qui spectant ad Corbeiensem Ecclesiam, ut de cætero vobis obedientes essemus, et sicut ferventes fueramus ad hoc, ut vos in patrem haberemus, ita studiosi essemus circa personæ vestræ reverentiam, nec tunc primum inciperet displicere, quando agere vellet de ordinis reformatione. Cæterum de privilegio nobis responsum est, quod res litigiosa erat, nulla ratione se posse vel velle concedere, ut hoc tempore id quod factum erat auctoritate apostolica confirmaretur : maxime cum querimonia sanctimonialium scriptis penes ipsum esset reposita. Cum amplius instare vellemus, omnes uno ore, ut hoc tempore nil amplius quæreremus, hortati sunt, sufficere nobis dicentes, et hoc esse ex magna domni papæ gratia, quod nobis non interdicebat ipsa loca, quod sicut non confirmabat, sic nec, quod factum fuerat, infirmabat. Cum tandem habere non poteramus, quod voluimus, oportuit nos velle id quod consequi potuimus. Ventum est ad petitiones, in quibus omnibus duas tantum obtinuimus, quarum exemplar vobis transmissum est. Cætera, si qua desunt, ab his qui ad vos transeunt, scire poteritis. Paternitatem vestram ad honorem Ecclesiæ suæ Deus incolumem custodiat.

EPISTOLA XXVI.
GUIDONIS CARDINALIS AD WIBALDUM ABBATEM.
Quod possit transire a Stabulensi ad Corbeiensem abbatiam.
(Anno 1147.)

Guido sanctæ Romanæ Ecclesiæ diaconus cardinalis et cancellarius, charissimo fratri et speciali amico Wibaldo Corbeiensi abbati, salutem. Certum est, quia verus amor otiosus esse non potest. Nuntios siquidem cum litteris tuis termino condicto recepimus, et ut in his, pro quibus venerant, efficaciam reportarent, et ipsi nobiscum, et nos cum eis instanter et fideliter operati sumus. De Stabulo itaque non dicam nostro, nescimus, tametsi vestro, versus Corbeiam vexillis patentibus nunc primum, Deo gratias, facie libera exire potestis. Si quid autem vel in confirmatione illarum duarum ecclesiarum per apostolicum privilegium vel in quibuslibet aliis minus factum est, nec propter nuntiorum tuorum incuriam, quia pro viribus laborarunt, neque pro ignaviæ nostræ tepore id noveris accidisse. Si vero nacta opportunitate pro commodo tuo iterum officiosi esse poterimus, nequaquam, auctore Domino, negligemus.

EPISTOLA XXVII.
WIBALDI ABBATIS AD GUIDONEM CARDINALEM.
De suo ad cardinalem adventu et de captivis Romanæ Ecclesiæ quos redemerat.
(Anno 1147.)

Dilecto Patri et amico suo Guidoni sanctæ Romanæ Ecclesiæ cardinali diacono apostolicæ sedis cancellario, Wibaldus Dei gratia minimum quod est, seipsum et sua.

Scripsit nobis eruditio vestra, et verum est, quod verus amor otiosus esse non potest. Illud etiam æque certum est, quod idem verus amor nec suspectus nec suspiciosus, nec accipiens nec contemnens personam. Inde est, quod mensuram nostræ parvitatis excedentes, vestræ celsitudini cum quadam fiducia plane et quasi coæqualiter loqui et scribere consuevimus, non attendentes cui scribimus, sed quantum diligimus. De adventu nostro ad vos sic ordinabitis, ut vestram excellentiam deceat, et nostræ imbecillitati conveniat. Misimus vobis antidotum contra frigus hiemale. Sit hoc diacalamus, quod licet exiguo præstet pretio, æque tamen potens est, ut inops Arduenna asserit, sicut diamargariton. Obsequium quod domno papæ et sanctæ Romanæ Ecclesiæ in liberandis captivis impendimus, et attente commendabitis et eleganter ornabitis, quod ex litteris, quas domno papæ misimus, et ex legatorum nostrorum voce plenius intelligetis.

EPISTOLA XXVIII.
EUGENII PAPÆ III AD EPISCOPUM HAVELBERGENSEM.
Ut usurpata a suis prædia Corbeiensium restitui curet.
(Anno 1147.)

Eugenius episcopus, servus servorum Dei, venerabili fratri A. Havelbergensi episcopo, salutem et apostolicam benedictionem.

Dilectus filius noster Wibaldus abbas et monachi Corbeienses nobis conquesti sunt, quod Poppo de Blanchenburch et filius ejus C. atque R. canonicus tuus reditus omnes, quos habuerunt in Cropensteden et Gruningue sibi violenter abstulerint, et injuste detineant. Quia igitur ex officii nostri debito eorum justitiæ deesse nec volumus nec debemus, per apostolica tibi scripta mandamus atque præcipimus, quatenus si eorum querimonia veritate innititur, ipsos invasores districte commoneas, ut ablata cum integritate restituant. Alioquin infra duos menses, postquam præsentia scripta susceperis, de ipsis canonicam justitiam facias.

EPISTOLA XXIX.
EUGENII PAPÆ III AD REINHERIUM CANONICUM HAVELBERGENSEM.
Ut viginti mansos quos Corbeiensi monasterio abstulerat restituat.
(Anno 1147.)

Eugenius episcopus, servus servorum Dei, Reinhero Halverbergensi canonico salutem, et apostolicam benedictionem.

Dilecti filii nostri Wibaldi et monachorum Corbeiensium querelam accepimus, quod in villa Cropensteden viginti mansos sibi injuste et violenter abstuleris. Quia igitur ecclesiasticorum honorum invasores quanta sint animadversione cogendi, tibi non credimus esse incognitum, per apostolica tibi scripta præcipiendo mandamus, quatenus et prædictos mansos, quos invasisti, et alia exinde ablata cum integritate restituas. Quod si contemptor exstiteris, scire te volumus, quia sine gravi vindicta non præteribimus, si iteratus clamor ad nos super injuria prædicta pervenerit.

EPISTOLA XXX.

HENRICI ROMANORUM REGIS AD WIBALDUM ABBATEM.
Ipsius in regni administratione et pace firmanda consilium laudat et desiderat.
(Anno 1147.)

HENRICUS Dei gratia Romanorum rex, WIBALDO abbati Corbeiensi gratiæ, suæ plenitudinem.

Certi sumus, quod tam nos, quam patrem nostrum eodem sinceritatis affectu complectaris, et magna fidei constantia honorem utriusque tueri et promovere satagas. Proinde discretionis tuæ consilium de administratione regni, de pace firmanda, de principibus recipiendis et honorandis tota animi alacritate amplectimur, et tam in his quam in aliis prudentiæ tuæ familiarem doctrinam imitari desideramus. Ambulatorem vero a tua liberalitate nobis transmissum in memoriam et signum tuæ dilectionis ad sellam nostram detinebimus.

EPISTOLA XXXI.

CONRADI IMPERATORIS AD WIBALDUM ABBATEM.
Ipsius se commendat precibus, oratque ut filium suum gubernare non desinat.
(Anno 1147.)

CONRADUS, Dei gratia Romanorum rex, WIBALDO venerabili Corbeiensi abbati gratiam suam et omne bonum.

Ut processus itineris nostri ad prosperitatem totius Ecclesiæ et honorem regni nostri tendat, suffragio orationum tuarum plurimum adjuvari speramus et petimus. De statu igitur incolumitatis nostræ, in quo adhuc fuimus, dilectioni tuæ significamus. Sani, Deo gratias, et integri sumus. Per Hungariam descendentes in Græciam usque pervenimus, ubi a rege Græcorum nobis honorifice servitur. Præterea fidelitati tuæ dilectum filium nostrum attentius commendamus, rogantes quatenus pueritiam ejus gubernare et regere tua non desinat prudentia.

EPISTOLA XXXII.

A. ABBATIS FULDENSIS AD WIBALDUM.
Ipsius apud summum pontificem intercessionem deprecatur.
(Anno 1147.)

WIBALDO venerabili in Christo Corbeiensi abbati (76), A. humilis provisor Fuldensis cœnobii, debitum fraternæ dilectionis et orationis.

Quanta benignitate dolori nostro condescendissetis actus declarat. Cum enim primo causam nostram concepistis, litteris vestris nos consolari voluistis, quæ tanto majori remedio fuerunt, quo a tanto viro mitti potuerunt. Gratia itaque vestra parturiens nobis magnam confidentiam, dat a vobis inquirendi consilii et auxilii singularem materiam, ut a religionis amatore et disciplinæ regularis doctore. Jam quæ mala per subditos nobis succrescant intelligitis, et quia detrimentum sit omni proposito nostro scitis. Ad cujus rei sublevationem testimonio vestro domno apostolico dirigendo nobis, sitis in consolationem, si ad terminum nostræ vocationis venire non possitis. Quomodocunque se res habeat, nos sequenti die post festum omnium sanctorum exire dilectio vestra sciat, quem nobis adesse ibidem fidelis conventus noster diligentius nobiscum optat.

EPISTOLA XXXIII.

WIBALDI ABBATIS AD GUIDONEM CARDINALEM.
Commendat ipsi causam Fuldensis abbatis et Reinardi etiam abbatis sui olim præceptoris
(Anno 1147.)

Reverendo Patri suo et domno GUIDONI sanctæ Romanæ Ecclesiæ cardinali et cancellario, WIBALDUS Dei gratia id quod est, in Ecclesia catholica seipsum cum suis omnibus.

Audierunt multi ex fratribus nostris, quod invenimus gratiam in conspectu vestro; et idcirco expetunt, quatenus eos vestræ clementiæ attentius commendare debeamus. Nos, etsi verecunde hoc facimus, timentes onerare mentem vestram, quæ totius mundi sollicitudine plena est, tamen ea nobis gratissima est occasio, quæ nobis vestram dulcedinem visitandi et salutandi materiam præstat. Vestræ itaque bonitati commendamus fratrem nostrum Fuldensem abbatem, ut pro nostræ petitionis intuitu causam ipsius protegere dignemini. Siquidem, quod de ipso nobis compertum est, vir maturus et gravis est, et in recolligendis possessionibus, et ædificatione sui monasterii constans et utilis. De adversariis suis certum est, quod contra propositum suum veniunt, qui relicta professionis suæ observantia contra regulam sacram, quam manuscripto et viva voce se observaturos spoponderunt, litibus vacant propter ambitionem, et propria possident, ex quibus expensas itinerum partiuntur. Lator præsentium vir venerabilis Rheinardus abbas, nostræ adolescentiæ magister ac præceptor, et in divinis obsequiis institutor, privilegia Ecclesiæ suæ, cui primus præest, confirmari petit, vir pauper rebus sed meritis dives, qui in lege Dei meditatur die ac nocte, et voluntas ejus in ea scrutando et scribendo, vir utique magnæ abstinentiæ et carni suæ inimicus. Quem pro Dei dilectione et nostra commendatione clementer exaudietis.

EPISTOLA XXXIV

AMICI AD WIBALDUM.
Gratulatur ei quod suos superaverit adversarios, laudatque Robertum Stabulensem decanum.
(Anno 1147.)

Dilecto dilectus (77) quidquid expetit devotionis affectus.

Lectis et relectis, mi Wibalde virorum dilectissi-

---

(76) Ascholffus, qui ob asperam in monachos gubernationem ab Eugenio papa III exauctoratus dicitur. Vide infra Wibaldi abbatis epistolam ad Eugenium papam, in qua anno 1149 informat eum de statu Fuldensis monasterii.

(77) E fu t haud dubium Reinardus abbas Reine-

me, litteris a te, et ad te, et pro te factis et directis, multipliciter sum, fateor, affectus, et lacrymosus per ipsas affectiones effectus. Considerans enim quantis miseriis, calamitatibus, pressuris, laboribus et angoribus ex longo mihi dilectissimus homo subjacuerit, quanta passus fuerit ab his, quos minime decuerit; non potui, quamvis præteritis ac si de præsentibus malis et ærumnis debiti compassione non moveri, non potui zelo justitiæ contra tantas iniquitates et præsumptiones non morderi. Rursus e regione contemplans quam benigne, quam opportune, quam potenter et clementer eum divina miseratio protexerit, confortaverit, et quam gloriose debellantibus in cum triumphare concesserit, gaudio meo terminum facile non inveni. Non solum autem, sed et quia probitatis, sagacitatis, virtutis et industriæ tuæ præconia tam in litteris a fratribus nostris Stabulensibus ad eminentes in Ecclesia et in regno pro te personas directis, nihilominus ab episcopis, abbatibus, congregationibus, conventibus testimonium in idipsum perhibentibus, et vicissim ab ipsis maximis personis tibi faventibus, pro te scribentibus, te foventibus; quia, inquam, in epistolis talia lego, quantum cor meum tripudiare, quantum sibimet applaudere super his, quia qualecunque fundamentum videbar in homine tali posuisse, in quo tanta celsitudo laudandæ probitatis surrexisset et excrevisset, scripto vel dicto nullatenus exprimere valeo. Taceo de Tulliana eloquentia tam tua quam fratris Roberti Stabulensis decanis, qui nos aliquando nihilominus aliquantisper audivit, quam in eisdem sum litteris admiratus, cui certe stylo paucorum vel antiquorum, non dico modernorum, stylus meo judicio videtur esse prælatus. Hæc, inquam, omnia et cætera multa, de quibus supersedeo plura scribere, ne quis forte plus immoderato favori, quem in dilectissimum amicum habeam, quam veritati velit ascribere, faciunt me collætari, faciunt anxietates, paupertatem laboresque meos levius tolerare, dum et illum considero de tantis malis divinitus apud suos erutum, et sicut auspicor ad meum speciale solatium divinæ providentia pietatis juxta me constitutum, sed in omnibus tu, bone Jesu Salvator et amator hominum, dexteram super nos tuæ propitiationis extende, contraque multiformes adversarii nos insidias tua munitione defende. Non prospera nos elevent, non adversa prosternant, non pars Marthæ partem Mariæ nobis auferat, et ut compendio concludamus, sic transeamus per bona temporalia, ut non amittamus æterna.

---

husanus Wibaldi quondam magister, ut patet ex sequenti epistola, qua Wibaldus ad istam respondet. Obiit porro hic abbas anno 1150 non sine magna opinione sanctitatis. Vide ejus epitaphium tomo II script. rer. Brunswic. in Introduct. clariss.

EPISTOLA XXXV.

WIBALDI ABBATIS AD REINARDUM REINEHUSENSEM ABBATEM.

Respondet ad præcedentem.

(Anno 1147.)

Reverendo Patri ac præceptori REINARDO Reinehusensi abbati, suus auditor WIBALDUS, quidquid est in Ecclesia catholica per adeptam cordis munditiam videre Deum deorum in Sion.

Quanto charitatis studio actionum nostrarum litteras videlicet quarumdam molestarum, omnium vero laboriosarum perlegistis, tenor epistolæ vestræ declarat, in qua comprehensis breviter omnium rerum capitulis, et de adversitatibus paterna compassione indoluistis, et ad commendationem nostræ personæ cum aliis nos defendentibus vestræ quoque laudationis titulum apposuistis. Sed, ut vestræ sinceritati verum simpliciter confiteamur, Deo sic res humanas moderante, qui nos persequebantur divinæ justitiæ cultores erant, et quamvis pro mala intentione sempiternum væ mererentur, tamen justissimi Dei nostri virga erant, et baculus furoris ejus; ipsi autem nescierunt, et miro perversitatis modo adversum nos certatum est. Deficientibus siquidem adversariis in causa et omni veritatis firmamento destitutis, unum erat conceptæ dolositatis refugium, ut nos conviciis et opprobriis (78) lacerarent, quos ratione superare non poterant, et malignis verbis famam nostram contaminando prius auditorum animos contra nos exacerbabant, quam in eorum cordibus rerum veritas posset convalescere. Sed porrexit Christus pro se laboranti clementissimam dexteram, et dedit cum tentatione proventum, ut possemus sustinere. Hi vero, qui nos tuebantur, æquitate causæ delectati, in nostra conversatione et moribus fallebantur, credentes tam necessarium, tam arduum negotium a persona exili et contractæ vitæ non potuisse assumi. Sed columbina simplicitate nobis congratulamini, quod labores nostri in catholica Ecclesia geminati sunt, et ultra virium nostrarum facultatem aucti, et quod ad gentem, quam ignorabamus, venimus, ubi orationum vestrarum tantum egemus præsidio, quantum et sollicitudinis anxietas est cumulatior, et temporis ac morum qualitas periculosior. Cum occupationibus nostris explicandis tota dies non sufficiat, hæc vestræ sinceritati una post matutinas vigilias lucubratiuncula propria manu exaravimus, multum supplicantes, ut sicut de vestra pietate confidimus, orare pro nobis dignemini. Valete.

Godefridi Libnits.

(78) Hic forte innuit calumnias, quibus apud summum pontificem insinuatus est, Ecclesiæ suæ thesaurum regi dedisse, uti infra videre est in epistola Henrici monachi ad Wibaldum abbatem.

EPISTOLA XXXVI
RAINARDI AD WIBALDUM ABBATEM.
De mutua inter eos dilectione.
(Anno 1147.)

Domno WIBALDO, REINARDUS qualiscunque, fidelissimus tamen, quidquid dulcius.

In multis et magnis beneficiis tuis, hominum dilectissime, mutas tibi litteras, si tamen mutas, mittere curavi, et ipsis quidem beneficiis tuis qualescunque grates vellem rependere, nisi scirem gratuitum bonum tuum nullatenus eas requirere. Verumtamen, parturitio cordis mei nequaquam patitur de interiori conceptione foras nihil erumpere. Quid tamen dicere possum, nisi quia tu, sicut quidam dicit, alter idem mihi, facis quod facere debes. Hujus enim sententiae veritate considerata, quodammodo viscera tua largiter in me foves, et mihi quidquid impertiri videris, procul dubio tibimetipsi proportionaliter impendere cognosceris. Bene legis et intelligis illud divinae mandatum legis, quodcunque vultis ut faciant vobis homines, hoc et vos facite. Id est siquidem si tuae vitae status sic esset ordinatus, ut tu in egestate positus amicum superiorem te divitiis et opibus haberes, licet non exigeres, si tamen illius voluntaria benevolentia te reciperet, fortasse non abnueres n. . . . . nec memoriae excidit illa Tulliani dialogi sententia de amicitia, qua sic. . . . . *Amare nihil est aliud nisi eum ipsum diligere, quem amas, nulla indigentia, nulla utilitate quaesita; quae tamen utilitas ipsa efflorescit ex amicitia, etsi tu eam minus secutus sis.* Nam et ego te dilexi sicut ipse nosti, cum nec ego ulla arctarer indigentia, utpote mihi sufficiens in his quae dabantur, nec tuus status in eo rerum genere consisteret, ut animus meus tale quid ex te sibi proponere vel expetere posset. Nunc autem aliorum cura gravatus, et sicut Domino placuit, necessariorum tenuitate aliquantisper anxius, idipsum divinae consolationi indubitanter ascribo, si cujus cor ipse Deus tetigerit, quamvis praeter te fere nullus hoc tempore sic circa me sit affectus, ut oculos suos super me aperiat, et ipsius copia de nostri auctoris munere accepta meam inopiam, quam propter alios sustineo, fraterna compassione suppleat. Nam mihimet soli facile sufficerent vel parva, quia quantum res patitur, non valde requiro superflua. Sed quid diutius occupatos oculos, vel aures tuas talibus memorans teneo? Quamvis jucundum mihi sit ac delectabile cum dilectissimo meo saepe diuque fabulari. Modus itaque jam nunc sit interim dictionis, cum non sit modus dilectionis. Vale.

EPISTOLA XXXVII.
STABULENSIUM MONACHORUM AD WIBALDUM ABBATEM.
Congratulantur ei de suo reditu, conqueruntur que de Godefrido comite, qui pactas ab eo inducias fregerat, et de invasione villae de Tornines.
(Anno 1147.)

Reverendissimo in Christo Patri suo et domino WIBALDO, venerabili Stabulensi abbati, humihs ejusdem Ecclesiae congregatio, filialem dilectionem et debitam subjectionem.

Quantum jucunditatis, Pater charissime, de vestro vestrorumque prospero reditu (79) nobis collatum sit, facile vestra animadvertere poterit eruditio, quae et nostram erga vos sinceritatem et animi nostri circa vestros successus semper agnovit puritatem. Benedictus igitur per omnia Deus, qui in vestra, sicut comperimus, sospitate fidelibus suis ostendere dignatus est, quoniam prope est Dominus omnibus invocantibus eum. Paternitati vestrae his litteris unanimiter occurrentes, vos reversum, imo adhuc revertentem excipimus, excipiendo salutamus, salutando amplectimur, obsecrantes ut secundum promissionis vestrae institutum terminum ad nos venire non abnuatis, quatenus facie ad faciem vestra frui et jucundari possimus praesentia, vestroque plenius recreari alloquio, cujus saepe et multoties roborati sumus consilio. Veniat ergo ad nos, id est, ad dilectos filios suos Pater charissimus pernecessarius hoc tempore, non solum nobis, qui intus tenemur, sed et his qui foris sunt. Nam treugae sive induciae, quae fide data ab advocato nostro et comite Godefrido et suis, usque ad festum Remigii servari et teneri debuerant, mox in exitu vestro violatae sunt, et nostra pene omnia ex utraque parte praedis, rapinis, incendiis sunt distracta, adeo usque, ut in nos tantum et nostra totius malitiae summa reciderit, sicque fit ut

Quidquid delirant reges, plectantur Achivi.
Hor. *Epist.* I, 2, 14.

Ad cumulum quoque miseriarum nostrarum accessit, quod Eustachius villam nostram *Tornines* ex consensu comitis Namurcensis iterum violenter occupaverit, pro qua re quantum laboraverimus, quantum Leodiensi episcopo, ut canonicam de invasore justitiam exsequeretur institerimus, et quid solum restet faciendum, ex rescriptis litterarum, quae vobis transmissa sunt, vestra plenius perpendere poterit prudentia. Interim autem ad humiliandum Deo animas nostras, reliquias seu corpora sanctorum omnium, quae apud nos habentur, cum Salvatoris nostri imagine in terra (80) deposuimus, summae Divinitatis clementiam, quantum valemus attentius exorantes, ut eos, qui in sua feritate confidunt, dextra virtutis suae prosternat, nosque ab ipsorum oppressionibus eripiat, qui solus laborem et dolorem humilium considerat.

---

(79) Reditus ille de quo loquuntur Stabulenses est procul dubio reditus ab expeditione Slavica, cujus mentio fit epistola 41 et 131, uti attendenti patet.

(80) Qui atrocem olim persecutionem patiebantur monachi, hi sacras reliquias, cruces et imagines in terram deponere, altaria cilicio et spinis operire solebant, qua de re vide, si lubet, quae scripsimus lib. III de antiquis Ecclesiae ritibus, cap. 5.

EPISTOLA XXXVIII.

ROBERTI DECANI STABULENSIS AD WIBALDUM ABBATEM.
Congratulatur ei de ipsius reditu.
(Anno 1148.)

Reverendissimo in Christo domino Patri suo Stabulensi abbati Wibaldo, frater Robertus, orationum et subjectionis, obedientiæ et dilectionis continuam devotionem.

Benedicimus Dominum cœli de vestro vestrorumque reditu et sospitate : gratias agimus Patri misericordiarum de reddita nobis de vobis lætitiæ et gaudii integritate. De mora autem vestra non possumus non gravari, quia consolatione præsentiæ vestræ refoveri volumus, qui multis non tam curis quam pressuris concutimur, ac proinde magis præsentiam vestram quam rescripta desideramus. Habitum terræ nostræ tam scriptis quam viva voce geruli hujus intelligetis.

EPISTOLA XXXIX.

BOVONIS PRÆPOSITI AD WIBALDUM ABBATEM.
De damnis præpositurœ illatis a comite Namurcensi et aliis.
(Anno 1148.)

Domino suo Wibaldo venerabili Stabulensi abbati, frater Bovo, quidquid patri filius.

In magna angustia et importabili damno post discessum vestrum positi, desiderabiliter vestrum exspectamus adventum, quia non solum ab extraneis affligimur, sed etiam a nostris immisericorditer interius et exterius opprimimur. In rebus vestris, quæ circa nos sunt, quantum fidelius possum elaboro. In præpositura autem, de qua vices vestras ago, nihil fructus me agere posse sciatis, quia non solum a Rad et Macharao in Condustrio, sed et a comite Namurcensi et suis adversariis in Hasbania præda et incendio vastamur.

EPISTOLA XL.

WIBALDI ABBATIS AD HENRICUM LEODIENSEM EPISCOPUM.
Ut Eustachium parochianum suum, qui villam de Tornines invaserat, compescat.
(Anno 1148.)

Reverendo Patri suo et domno Henrico sanctæ Leodiensis Ecclesiæ venerabili episcopo, frater Wibaldus, Dei gratia Stabulensis Ecclesiæ servus, devotas orationes, et devotum servitium.

Fratres nostri et filii Stabulenses monachi vestræ sanctitatis servi detulerunt ad nos gravem querimoniam pro eo, quod Eustachius homo vester et parochianus villam Tornines, quæ ad quotidianam præbendam fratrum pertinet, invasit, et ejusdem villæ reditus, qui in mensa fratrum quotidie serviunt, violenter abstulit. Notum autem vobis esse non dubitamus, qualiter eamdem villam, judicio et justitia dictante, recepimus, et eam per multa jam tempora in libera possessione nostra tenuimus, et quiete ordinavimus, et ad usus fratrum nostrorum, prout monasterii opportunitas poscebat, reditus universos aptavimus. Sed et decimationem et alia, quæ hinc inde distracta erant, cum magno labore recolligimus, et eramus possidentes tunc, quando domnus papa signum sanctæ crucis nobis imposuit, ut super paganos trans Albim expeditionem moveremus, ac personam nostram et nostra omnia sub protectionem B. Petri et suam suscepit, intra quod tempus prædictam villam non absque sacrilegio idem Eustachius invasit. Unde animo provoluti ad pedes vestræ magnitudinis, discretionem vestram obnixe rogamus, ut prædictum Eustachium, qui vester specialis et tanquam domesticus et familiaris homo est, ab hac temeritate compescatis; et sinite ut hanc gratiam vobis potius quam domno papæ debeamus, qui ad partes Lotharingiæ in proximo venturus est. Multa mala sunt in episcopatu vestro, quæ tam generaliter a diebus antiquis ibi audita non sunt, sed hoc malum de facili potestis comprimere, nec patiamini in tempore vestri sacerdotii confundi fasque nefasque. Mementote, quod inter priores matris nostræ Leodiensis Ecclesiæ apparere et annumerari debemus, tam per ordinationis nostræ tempus et locum quam per ætatem, et eidem matri nostræ in omni opportunitate sua humiliter ac fideliter servivimus, et hoc ipsum usque in finem facere parati sumus et desideramus. Mementote etiam quod pro justitia de Tornines facienda domnus papa Honorius episcopo Alexandro scripsit; quod domnus papa Innocentius domno Alberoni voce præcepit, semel apud Oliventum juxta Melphim civitatem, secundo Romæ in concilio, tertio per litteras suas, quas nos ei in plena synodo Leodii præsentavimus, nec ipse carni et sanguini parcere potuit, cum tamen de negligentia tantam a Deo pœnam susceperit, ut postea in episcopatu suo et honore nunquam in pace et quiete vixerit.

EPISTOLA XLI.

WIBALDI ABBATIS AD SUOS STABULENSES.
Condolet eorum calamitatibus, quas, eo absente pertulerunt.
(Anno 1148.)

Frater Wibaldus, Dei gratia Stabulensis Ecclesiæ servus, Roberto decano et cæteris Stabulensibus fratribus, spiritu consilii et fortitudinis abundare.

Sinceritatis vestræ litteras accepimus, in principio quidem sui plenas gratiæ, plenas charitatis, plenas filialis affectus, plenas singularis desiderii, plenas gaudii, plenas dulcedinis et bonæ spei, quæ uno et eodem momento et cor nostrum abundantiore lætitia et oculos nostros uberibus ex vestra pietate lacrymis impleverunt. Credite, nobis dulce fuit ac jucundum animæ nostræ vivere, dulce ac jucundum inter tot pericula, quæ diu noctuque in expeditione super paganos trans Albim in silva Ercinia pertulimus, vitam et sospitatem servasse, ut videlicet tantis beneficiis, quæ de vestra salutatione et visitatione suscepimus hilariter frueremur. Verum, cum intento ad meliora animo tanti boni participatione perfuncti paginam vestram percurrimus, subito exhorruit animus, expalluit facies, et versus est in luctum chorus noster, cum in illas miserabiles querimonias vestras impegimus, quæ cœlum possent penetrare, si peccatis nostris promerentibus æneum non esset factum, ne transeat oratio; possent, inquam, commovere terram, si non offenso auctore nobis elementa rebellarent. Ingressi itaque in penetralia cordis nostri et in arcanos animæ nostræ recessus, diuque ac multum questi, cum nostra conscientia disceptavimus, disquirentes et judicantes nobisne an vobis universis imputari jure debeat, quod per longam absentiam nostram Stabulense monasterium tam lacrymabilibus modis laceratur? vosne in culpa sitis, qui omnifariam nostri potestatem habentes, ad regimen Corbeiensis Ecclesiæ nos emisistis, vel saltem dimisiotis? an nos rei sumus, qui ad vestram voluntatem, ne dicamus jussionem, tantis nos sollicitudinibus et offensionibus, relicta, imo, ut veremur, deserta matre nostra educatrice ac nutrice nostra Stabulensi Ecclesia, implicuimus? Etsi magni, Deo id per vestram adhortationem agente, simus juxta nomen magnorum qui sunt in terra, scire tamen potestis quod quanto altius conscendisse cernimur, tanto magis de vario ruinæ casu pertimescere debemus; et quanto amplius crescunt dona honorum, tanto magis augentur rationes donorum. Certe, ut cætera incommoda sileamus, nobis senescere non licet, imo senescimus quotidie, sed quies, quæ senibus et emeritis paratur, nobis Corbeiæ negatur. Novi labores, nova industria, nova eloquentia, novæ largitates, nova magnificentia a nobis quotidie expetuntur, cum jam diu fatigati aliquam laborum nostrorum metam prospiceremus, aliquam fatigationum requiem speraremus. Aut peccandum est in rempublicam, aut offensiones hominum tolerandæ. Tum præterea nostra ætate omnis pudor abscessit, omnis reverentia exstincta est, fides interiit, et honestas mortua est; quid igitur placuit vobis duplicare labores nostros? Quantum in reformanda et observanda religione fructum facere valeamus, vestri defectus, vestri labores, qui ex pravorum improbitate vobis quotidie accrescunt, docere vos perfacile possunt. Porro divitiæ quid prosunt inquietis? colligitis itaque, quod neque in spiritualibus neque in.... solidum gaudium habere possumus. Sed spes nostra Deus, honor noster, genus nostrum, sublimitas nostra, exsultatio nostra, in administratione suæ reipublicæ nostra parvitate tanquam suo instrumento, licet vili et exiguo, utitur, nosque per quos vult gradum provectos, tanquam per munuscula quædam ad sui nominis amorem clementer allicit, et nostræ fragilitatis excessus quotidianis imo assiduis laboribus velut quibusdam flagellis et amaritudinibus, ne ab ipso recedamus, comprimere dignatur. De Tornines tantum dolemus, quantum verbis exprimere non possumus, sicut in litterarum exemplo, quod vobis transmisimus videre potestis. Si dominus papa, ut fertur, Treverim venturus est, nos ipsos ad hanc causam peragendam exspectabitis; sin autem minus, ut rumor est, fratrem Henricum nostrum dilectum filium et Erlebaldum fratrem ad domnum papam mature mittetis, ferentes secum omnia instrumenta, quæ de Tornines bene salva per nos habetis, et præcipue litteras bullatas Innocentii papæ, quas super eodem negotio Leodiensi episcopo Alberoni transmisit. Ad veniendum autem ad vos in proximo nos modis omnibus expedimus, et jamjam quasi sarcinas nostras colligamus. Orate pro nobis.

EPISTOLA XLII.
HENRICI EPISCOPI LEODIENSIS AD WIBALDUM ABBATEM.
Optat ejus frui præsentia ad corrigendos morum defectus.
(Anno 1148.)

HENRICUS, Dei gratia Leodiensium episcopus, venerabili abbati Stabulensi, WIBALDO in summo salutari salutem.

Intolerantiam malorum episcopatui nostro incumbentium tanto experientius quam vos didici, quanto præstat experimentum relatui. Et quoniam peccatis nostris exigentibus mala de die in diem multiplicantur, non ambigitur apud discretionis vestræ examen, nos eo amplius vestri consilii et auxilii adminiculo indigere, quo exquisitior et ferventior cæteris concessa est vobis divinitus gratia in utroque. Ex nostris tamen occupationibus, vestras quoque metientes absentiam vestram licet nobis et his, qui ad vos specialius spectant, admodum incommodam patienter sustinemus, obnixe et confidenter monentes dilectionem vestram, ut propensius data opera exoccupationi nostræ venire maturetis. Necesse est enim, ut communicato utriusque adnisu, et vestrorum hominum excessus et insolentiæ vobis præsentibus corrigantur, et nostræ partis malitia, Deo propitiante, aliquantulum mitigetur.

EPISTOLA XLIII.
WIBALDI AD LEODIENSEM EPISCOPUM.
Ejus optat frui præsentia.
(Anno 1148.)

Domino subditus, Patris filius, dilecti salutem.

Gravibus curis, et crebris expensis, assiduis pressuris molestati, aporiamur quidem sed non destituimur, vestrum necessarium tam nobis quam terræ præstolantes adventum, æstimantes tunc, etsi non ad plenum pacem cordis, saltem quietem corporis nos habituros. Unde et oramus, ut non tardetis venire ad diligentes vos. Litteras, quas nobis pro synodo misistis post synodum accepimus, cum tamen et in synodo et a Kalendis Augusti in conspectu Ecclesiæ Leodiensis de Tornines verbum fecerimus. De malis terræ nostræ nihil scribimus, inopes nos copia fecit.

EPISTOLA XLIV.
WIBALDI ABBATIS AD EUGENIUM PAPAM III.
Quod legatos hominum de Erveta a quodam ministe-

riali Stabulensi captos liberos abire permiserit.

(Anno 1148.)

Reverendissimo Patri suo et domino Eugenio uni et universali pontifici, frater Wibaldus Dei et vestra gratia id quod est, in Ecclesia catholica devotionem filii et obedientiam servi.

Audito vestro adventu ad partes Lotharingiæ, festinavimus res Corbeiensis Ecclesiæ ordinare et vestræ sanctitati celerius occurrere, quatenus tam de persona, quam de rebus nobis a Deo et a vestra bonitate commissis vestræ sanctitati tam devotum quam debitum exhiberemus famulatum. Et, agente divina misericordia, piam ac fidelem intentionem subsecuta est maturior efficacia. Nam legatos hominum de Erveta, qui ad vestram sublimitatem pro quibusdam ecclesiasticis causis missi tendebant, captos invenimus in quodam castello, cujusdam ministerialis Stabulensis Ecclesiæ, et sub momento introitus nostri antequam panem gustaremus, ad honorem personæ vestræ, et defensionem ecclesiasticæ justitiæ eamdem munitionem obsedimus, et cum labore ac sumptu et gravibus inimicitiis, de carcere, in quo erant eduximus, et eos ad sanctitatis vestræ genua liberos transmisimus, cum tamen jam prius pactionem fecissent, ut pro redemptione sua L fere marcas puri argenti dare deberent. Res eorum, quas amiserant, recipere non potuimus, quia non ab his servabantur, a quibus capti fuerunt. Sed propter honorem vestrum duas eis equitaturas et viaticum largiti sumus.

EPISTOLA XLV.

CORBEIENSIUM MONACHORUM AD STABULENSES.

Gratias agunt quod sibi Wibaldum abbatem concesserint, quam egregie apud eos in spiritualibus et temporalibus se gesserit enarrant, et de mutua societate.

(Anno 1148.)

Dilectis et semper diligendis dominis et fratribus sanctæ Stabulensis Ecclesiæ filiis, fratres Corbeienses, intimam dilectionem veræ fraternitatis, et devotissimum munus assiduæ orationis.

In hoc cognovimus, reverendi Patres et domini, quod charitas Dei diffusa est in cordibus vestris per Spiritum sanctum, qui datus est vobis: quia fratres et proximos vestros, nos scilicet in tantum dilexistis, in tantum laboribus et tribulationibus nostris compassi estis, ut quod charius inter vos et melius habuistis, nobiscum participaveritis, et eum, qui noverat inter vos sanare contritos corde et alligare contritiones eorum in tempore tribulationis vestræ, ut et nostris calamitatibus subveniret, ad nos multo desiderio adventum ejus exspectantes, miseritis. Unde immensas gratiarum actiones vestræ bonitati referimus, et eumdem dilectissimum Patrem et dominum nostrum strenue pro Ecclesia nostra laborare, et multos in ea labores industria sua, sicut fortis armatus, qui custodit atrium suum, jam evicisse; plures adhuc, si vixerit, evicturum, vobis jucunde et memoriter cum gratiarum actione enarramus. Siquidem conventum nostrum, qui jam a multis retro temporibus dissensione non parva laboraverat, atque in multis locis, eadem agente discordia, dispersus erat, in fraternam pacem atque in claustrum, sicut pius pastor, revocavit, et quæ in ordine nostro dilapsa erant, attento studio reformavit, ut jam illud antiquum decus, illam solidam nostræ religionis observantiam reflorescere videamus, et nostram Corbeiam in vera sua imagine recognoscamus. Præterea, possessiones, quas Henricus ille, quem venerabilis legatus apostolicæ sedis domnus Thomas cardinalis judicio Spiritus sancti canonico deposuit, alienaverat, quæ centum fere mansos bonæ ac fertilis terræ excedebant, ad integrum recollegit, et utilitatibus monasterii restituit. Pro hujusmodi beneficiis et aliis similibus vel majoribus, quæ adhuc ab eo speramus, Deo et vobis tanti Patris largitoribus gratias referimus, quem in tempore electionis suæ propter spem bonam dileximus, nunc autem propter rem et collata in nos beneficia, ut virum omni dilectione dignum, unanimi et intima dilectione diligimus. Audivimus a dilecto fratre nostro Henrico præsentium latore, et a domno W., tunc temporis nostro priore, et a præposito fratre R. quod eos per aliquot dies morantes apud vestros, benigne et honeste tractaveritis, et eis inter alias humanitates fraternitatem et societatem inter vos, quemadmodum uni de vobis concesseritis. Super his quoque gratias vestræ benignitati referimus. Verbum vero de quo et nos vobis scripsimus, et ipsi vobiscum tractaverunt, verbum, inquam, ejusdem fraternitatis et societatis, ut scilicet vestra et nostra sit una in Christo Ecclesia, inter nos unanimiter convenimus, et quatenus idipsum vestræ unanimitati placeat, obnixe rogamus. Hanc unitionem duarum Ecclesiarum per dilectum dominum et Patrem nostrum fieri exoptamus. Vobisque per eum debita fraternitatis secundum nostram consuetudinem promittimus, ita ut nos vicissim a vobis debita fraternitatis secundum vestram consuetudinem recipiamus, et si quis præterea fratrum de alterutra Ecclesia propter vitia sua ejectus fuerit, usque ad reconciliationem suam ab alterutra Ecclesia materne confoveatur et conservetur.

EPISTOLA XLVI.

CORBEIENSIUM MONACHORUM AD STABULENSES.

Quomodo se gesserint cum papæ legato, quando ab eis quæsivit quid de thesauris Ecclesiæ fecissent.

(Anno 1148.)

Reverendissimis atque dilectissimis in Christo fratribus suis, Roberto venerabili decano et cæteris sanctæ Stabulensis fratribus, F. W., prior Ecclesiæ Corbeiensis cæterique ejusdem monasterii fratres, jugiter vacare et videre quam suavis est Dominus.

Audivimus conturbatam esse unanimitatem vestram de verbo quodam, quod magister G. pro sublatis in ecclesia nostra thesauris nobiscum anno præterito contulit. Quod quia non vera relatione ad vos pervenisse existimamus, proptereaque apud vos scandalum genuisse, ordinem rei ex integro vobis pandere dignum duximus. Venit igitur ad nos idem magister G. tunc apostolicæ sedis legatus anno præterito, circa festum S. Thomæ, cum in vestris partibus domnus abbas moraretur, atque hospitio exceptus est apud nos, humane tractatus est, et cum omni diligentia ac devotione, quemadmodum decuit legatum domini papæ a nobis observatus est, et de rebus monasterii nostri honorifice procuratus. Erat tunc domi præpositus major ecclesiæ nostræ, qui cum satageret sollicitius circa ministerium ipsius et aliquando cum ipso colloquendi gratia concederet, inter alia quæ dicebantur, etiam ab ipso sciscitatus est, quamobrem sanctuarium nostrum spoliatum esset thesauris suis, vel quid utilitatis contractum fuerit ex eis ecclesiæ nostræ? Non est, inquit præpositus, spoliatum sanctuarium nostrum, quia quidquid inde sumptum est, in utilitatibus ecclesiæ nostræ expensum est; quippe quæ in possessionibus suis per singulos annos non ad minus quam ad centum mansos ampliata est. Cum vero in crastinum diluculo profecturus esset idem legatus domini papæ, jussit præposito, ut eodem vespere omnem congregationem in unum congregaret, quatenus ad nos ex mandato domini papæ sermonem haberet. Jam hora diei tardior processerat, nec conventus noster ex instituto ad colloquium convenire debebat. Hanc igitur impossibilitatem cum præpositus noster legato insinuasset, colloquio in crastinum dilato, cum primum mane illuxisset, iterum accito præposito denuo præcepit, ut capitulum fieret, in quo cum fratribus verbum faceret. Non est, inquit præpositus, nostri ordinis tam matutina hora capitulum convenire; sed cum ille recedere festinaret, nec horam capituli exspectare posset, tandem in conventu ante horam tertiam, nobis ex consuetudine lectioni vacantibus, adductus est idem apostolicæ sedis legatus, et sedens inter nos inter alia quæ commonuit, diligenter inquisivit, cur dissipatus esset thesaurus ecclesiæ nostræ? Cui per priorem et præpositum nostrum hoc ordine respondimus. Propter communem necessitatem ecclesiæ quamdam partem thesaurorum in ecclesia ex communi consensu capituli nostri tulimus, et quasdem possessiones ecclesiæ nostræ valde utiles ex eis conquisivimus, reliqua omnia integra in ecclesia conservata sunt, ea vero, quæ nunc propter necessitatem accepimus, reparare et restituere quantocius poterimus, Deo annuente, proposuimus: His auditis acquievit, nec super hoc verbo quidquam amplius interrogavit Valete.

EPISTOLA XLVII.
GUIDONIS CARDINALIS AD WIBALDUM ABBATEM.
Quod ipsius scriptum papæ ostenderit, et ut pontifici præsentiam suam exhibeat.
(Anno 1148.)

Guido, sanctæ Romanæ Ecclesiæ diaconus cardinalis et cancellarius, charissimo amico Corbeiensi abbati, salutem.

Dilectionis sinceritas, quam erga te habere incœpimus, non minuitur, sed suscipit incrementum. Scriptum, quod per Germanum (81) vestrum nobis misistis, domino papæ ostendimus. Ut autem brevi utamur eloquio, amicis nostris malumus parum promittere, et amplius operari. Satis dictum est sapienti. Bonum videtur nobis si domino papæ propter molestias detrectantium vestram obtulissetis præsentiam.

EPISTOLA XLVIII.
WIBALDI AD GUIDONEM CARDINALEM
Suos ei commendat Stabulenses
(Anno 1148.)

Reverendo Patri suo et domno Guidoni, sanctæ Romanæ Ecclesiæ cardinali diacono, apostolicæ sedis cancellario, frater Wibaldus Dei gratia modicum id quod est, seipsum.

Sicut nobis significastis, nec hoc temere dictum est, plus enim nutu a vobis accipimus, quam audimus. De servitio procurationis domini papæ ita solliciti fuimus, ut et primi in devotione essemus, et inter remurmurantes nullo modo inveniremur. Stabulensis Ecclesia, cujus vos abbas estis, sui abbatis patrocinio, hoc est vestro, summopere indiget, cui, sicut Patrem decet prompte et clementer subvenietis. Cujus querimoniam frater noster, noster, inquam, non ex consuetudine locutionis monachorum, sed vester et noster proprius et specialis vestræ celsitudini plenius intimabit.

EPISTOLA XLIX.
WIBALDI ABBATIS AD JORDANUM CARDINALEM
Quid pro procurando papæ Leodii egerit.
(Anno 1148.)

Reverendo suo domno Jordano, sanctæ Romanæ Ecclesiæ cardinali presbytero, frater Wibaldus, Dei gratia modicum id quod est, seipsum.

Fecimus quod jussistis. De servitio enim procurationis domini papæ, quod in episcopatu Leodiensi ordinatum est, non solum solliciti, sed etiam studiosi fuimus, ut plusquam portionem, quæ Stabulense monasterium contingere æstimata est exhiberemus, nec murmurantium numerum ullo modo augeremus. Dilectam nobis paternitatem vestram attente monendo rogamus ut devotionem nostram benigno sermone commendetis, et querelam Stabulensis monasterii, quæ per fratres nostros pietati vestræ manifestabitur, in sinum apostolicæ misericordiæ fideliter recondatis.

---

(81) Erlebaldum haud dubium monachum Leodiensem, qui eo defuncto factus est abbas Stabulensis.

EPISTOLA L.
WIBALDI ABBATIS AD JOANNEM CARDINALEM.
Petit ipsius protectionem
(Anno 1148.)

Reverendo Patri et domino JOANNI, sanctæ Romanæ Ecclesiæ cardinali presbytero, frater WIBALDUS Dei gratia id quod est, seipsum et sua.

Habetis reum confitentem, date, quæso, veniam, non equidem erroris, non negligentiæ, quæ remota sunt a sapientia, quam etsi non habemus, eam tamen diligimus; sed date veniam ignorantiæ, quæ in hac mortalitate purgatissimis etiam animis longinqua esse non potest. Et hic quidem propinquior ad misericordiam purgationis modus est. Sed quid laboramus, cum propitium judicem habemus, quem sane non timemus, pro eo quod ex officio sedis suæ catholicæ Ecclesiæ custodiam et canonicæ litis arbitrium habet, sed pro eo diligimus, quod nepos est summi quondam pontificis papæ Lucii, qui nos ante supremum provectionis gradum unice dilexit, et in apostolatus culmine constitutus, Ecclesiam nostram et nos magnifice honoravit; qui vivens a nobis demeruit, si homines sumus, ut non solum carnem ipsius et sanguinem et quemcunque dilexit ipse, diligamus; verum aliquas forte reliquias vel monumenta de suis arctissima charitate amplectamur. Estis itaque noster propria quadam et speciali possessionis justitia. Recipite in fidem vestrum hæreditario jure clientem, familiæ vestræ cultorem, provehite personam, defendite causas, quæ, Dei nos protegente gratia, non de criminibus, sed de incrementis Ecclesiæ nostræ oriuntur. Tueatur nepos, quem avunculus dilexit; protegat ab ipso ordinatus, quem ille provexit, servet presbyter cardinalis judicium summi pontificis, ut nullis concussionibus eum fatigari permittat, quem ille dignum honore judicavit. O quanta veræ dilectionis fiducia in ipso ineundæ familiaritatis imo notitiæ primordio! ita vobiscum secure et liberaliter loquimur, sicut cum illo, illo, inquam, avunculo vestro sermocinari consueveramus, cujus intima amicitiæ gratia viginti et eo amplius annis sine offensione usi, et ut minus usitate, sed verius dictum sit, fruiti sumus. Verum in clausula dicimus vobis: Non amamus vos quia tanti, sed quia de tanto estis.

EPISTOLA LI.
JOANNIS CARDINALIS AD WIBALDUM ABBATEM.
Promittit causarum ipsius curam maximam se habiturum.
(Anno 1148.)

Reverendissimo in Christo Patri WIBALDO, Dei gratia Corbeiensi et Stabulensi venerabili abbati, JOANNES eadem gratia Sanctæ Mariæ Novæ diaconus cardinalis, salutem cum sinceritatis affectu.

Ex litteris vestris percepimus vos instanter veniam postulare, quod sollicitius et maturius ad notitiam nostræ humilitatis non propinquius accessistis, personam..... quam dominus meus papa Lucius tanto affectu dilexit et tandiu fovit, et cui usque ad finem vitæ suæ, sicut nos ipsi vidimus et vos scribitis, in nullo defuit. Huic accedit, quod domnus Guido Florentinus in discessu suo a nobis ex singulari et præcipua charitate, quam nobiscum et vobiscum intimo affectu gerit, vos causasque vestras nobis præcipue commendavit. Inde fuit, quod a vobis non rogatus, non sollicitatus, causas vestras tanquam proprias hucusque proteximus, defendimus, sustulimus, et ubi nullæ preces porrectæ sunt nos porreximus. Denique si nulla alia causa esset, in vobis tamen est, Deo concedente, tanta prudentia, ut ex vobis teneri et stricte amplecti debeatis, quod Ecclesiæ Romanæ sapienter et efficaciter semper astitistis. Concessa igitur, quam postulatis, venia, gratiam vestram et singularem dilectionem, quam offertis, utrisque ulnis amplectimur, et præsentiam nostram pro vestra, etsi plus possumus, vobis per omnia promittimus, et sicut eam specialiter vindicatis.

EPISTOLA LII.
EUGENII PAPÆ III AD CORBEIENSES MONACHOS.
Hortatur ut Wibaldo abbati humilem reverentiam exhibeant.
(Anno 1148.)

EUGENIUS episcopus, servus servorum Dei, dilectis filiis Corbeiensibus monachis, salutem et apostolicam benedictionem.

Memores sumus quod per alia vobis scripta mandavimus, ut dilecto filio nostro Wibaldo tanquam abbati humilitate debita pareretis. Quem utique nuper ad nos venientem paterna benignitate recepimus, et in his, quæ ad reparandam in monasterio vestro religionem pertinent, atque servandam diligenti eum studio commonuimus. Ipsum itaque ad vos cum gratia sedis apostolicæ et litterarum nostrarum prosecutionibus remittentes, universitati vestræ mandamus, monemus et exhortamur in Domino, quatenus eum tanquam boni et humiles filii diligatis et honoretis, atque ut pastori vestro condignam ei reverentiam impendatis, sibique ad recuperandas et retinendas possessiones et bona Corbeiensis monasterii viriliter et fideliter assistatis. Nos siquidem eumdem abbatem paterno affectu diligimus, et in quibus secundum Deum possumus, volumus exaudire.

EPISTOLA LIII.
EUGENII PAPÆ III AD HENRICUM LEODIENSEM EPISCOPUM.
Ut compescat raptores bonorum Stabulensis monasterii.
(Anno 1148.)

EUGENIUS episcopus, servus servorum Dei, venerabili fratri HENRICO, Leodiensi episcopo, salutem et apostolicam benedictionem.

Ecclesiasticorum bonorum pervasores, etc. *Vide in Eugenio III, ad annum 1153.*

EPISTOLA LIV.
HENRICI REGIS ROMANORUM AD EUGENIUM PAPAM III.
Papæ patrocinium deprecatur.
(Anno 1148.)

Reverendo in Christo Patri suo et domino EUGENIO, summo et universali pontifici, HENRICUS Dei gratia Romanorum rex, debitæ dilectionis et obsequii sinceritatem.

Benedictus Deus, qui sinceritatis vestræ discretionem in officium et dispensationem summi pontificatus assumere dignatus est, etc. *Vide inter variorum epistolas ad Eugenium III.*

EPISTOLA LV.
EUGENII PAPÆ III AD HENRICUM JUNIOREM ROMANORUM REGEM.
Laudat ejus pro Ecclesia zelum, prosperaque ei omnia exoptat.
(Anno 1148.)

EUGENIUS episcopus, servus servorum Dei, filio in Christo dilecto HENRICO juniori Romanorum regi, regis illustris Conradi filio, salutem et apostolicam benedictionem.

Genitoris tui devotionem erga beatum Petrum et sanctam Romanam Ecclesiam attendentes, etc. *Vide in Eugenio III.*

EPISTOLA LVI.
HENRICI ROMANORUM REGIS AD EUGENIUM PAPAM III.
Ut Henricum Moguntinum archipræsulem et alios ad papam transeuntes benigne suscipiat, ducissam Poloniæ ab excommunicatione solvat, et Wibaldum abbatem habeat sibi commendatum.
(Anno 1148.)

Dilectissimo in Christo Patri EUGENIO, summo et universali pontifici, HENRICUS Dei gratia Romanorum rex, filialem per omnia dilectionem et debitam in Domino reverentiam.

Sinceritati vestræ totis animi viribus multas gratiarum actiones referimus, quod legatos nostros et litteras affectione paterna suscepistis, etc. *Vide in Eugenio III, post ipsius Regesta.*

EPISTOLA LVII.
B. EPISCOPI HILDESHEIMENSIS AD EUGENIUM PAPAM III.
Wibaldi abbatis merita prædicat, oratque ut pontifex ratam habeat Kaminadæ unionem ad Corbeiense monasterium.
(Anno 1148.)

Reverendo Patri ac domino suo sanctæ Romanæ Ecclesiæ summo pontifici EUGENIO, B. (82) Dei gratia Hildesheimensis Ecclesiæ humilis minister, tam devotam quam debitam patri obedientiam.

Commendamus serenitati vestræ dilectum fratrem nostrum Wibaldum Ecclesiæ Corbeiensis abbatem, virum boni apud nos testimonii, et in Ecclesia catholica bene nominatum, quem ad partes nostras accessisse admodum gaudemus, utpote de cujus prudentia et industria plurimum confidimus. Obse-

(82) Bernardus comes a Rottenburg ad Tubarum, qui apud Hildesium magnificum S. Gotthardo templum et coenobium ordinis S. Benedicti erexit,

cramus ergo paternitatem vestram, quatenus eum in suis petitionibus clementer exaudiatis, et præcipue pro Ecclesia Kaminatensi, in qua et divinæ religionis cultum, cujus in eadem Ecclesia multa negligentia fuerat, tanquam vir religiosus et prudens reformavit, et reditus ac possessiones, quas ejusdem monasterii abbatissa non boni apud nos testimonii, post sui depositionem cum vanis et superfluis hominibus dissipaverat, et militibus in beneficio concesserat, tanquam vir strenuus fere ad integrum recollegit, et utilitatibus monasterii restituit. Huic ergo homini habenti zelum Dei, tanquam pius et clemens Pater assistite, et labores quos fecit in Ecclesia Dei, vestra auctoritate corroborare, hoc procul dubio scientes quod mutatio, quæ in præfato monasterio facta est, omnibus religiosis terræ nostræ placet; his autem, qui ibidem causa irreligiositatis fuerant displicet.

EPISTOLA LVIII.
HENRICI DUCIS SAXONIÆ AD EUGENIUM PAPAM III.
Ejusdem argumenti.
(Anno 1148.)

Sacrosanctæ Romanæ Ecclesiæ summo pontifici EUGENIO, HENRICUS dux Saxoniæ, promptæ et officiosæ servitutis devotionem.

Commendamus paternitati vestræ dilectum dominum meum venerabilem Corbeiensis Ecclesiæ abbatem Wibaldum, etc. *Vide in Eugenio papa III, inter epistolas diversorum ad ipsum.*

EPISTOLA LIX.
HERIMANNI COMITIS WINCENBURGENSIS AD EUGENIUM PAPAM III.
Ejusdem argumenti.
(Anno 1148.)

Sanctissimo Patri ac domino suo EUGENIO, sanctæ Romanæ Ecclesiæ summo pontifici, HERIMANNUS, comes de Wincenburch, advocatus Ecclesiæ Corbeiensis, obsequii sui intimam devotionem.

Commendamus, venerande Pater, societati vestræ dominum meum charissimum Wibaldum venerabilem Corbeiensem abbatem, virum utique religiosum, et in omni apud nos honestate ac prudentia spectatum. Commendamus vobis labores, quos in Ecclesia Corbeiensi a die promotionis suæ fideliter et infatigabiliter sustinuit, tum in reformanda religione in eodem monasterio et in recolligendis possessionibus ipsius, tum in pio et laudabili studio, quo in duobus monasteriis in Kaminata videlicet et Visbike, quæ a domino meo rege accepit, studiose pro reparanda in eis divina religione laboravit. Hujus enim laboratoris in terra nostra multum indigemus, maxime in duobus monasteriis, ubi multum divina religio deperierat, quam vir iste prudenter et honeste reformare laborat. Rogamus ergo excellentiam vestram, quatenus secundum petitionem domini mei regis hanc donationem ejus vestra eumque miraculis clarum in sanctorum numerum referri impetravit.

auctoritate confirmetis, et in reparanda divina servitute dominum meum abbatem adjuvetis, nobisque exemplum in adjuvantis Ecclesiis præstetis.

EPISTOLA LX.
H. ABBATIS B. MARIÆ IN FLECHTORP AD EUGENIUM PAPAM III.
Ejusdem argumenti.
(Anno 1148.)

Sanctissimo Patri ac domino suo EUGENIO, summo pontifici, H. Dei gratia humilis minister ecclesiæ B. Mariæ in Flechtorp (83), devotas orationes et debitam obedientiam.

Cognovimus, venerande Pater, venisse ad excellentiam vestram dilectissimum Patrem nostrum et dominum Wibaldum, Ecclesiæ Corbeiensis abbatem, virum quem multum diligimus, et in quo plurimum spei in terra nostra in adventu ipsius accepimus, quem et paternitati vestræ commendatum esse rogamus. Laboravit enim in regione nostra sicut vir prœliator suscitans zelum pro reparanda divina religione, tum in suo monasterio, tum in monasteriis, quæ ex dono domni regis accepit, Kaminata videlicet et Visbike, ubi non divina servitia, sed lupanarium ludibria potius exercebantur, in tantum ut Kaminatensis abbatissa femina et conversatione et ætate juvencula amatoribus suis post sui depositionem de reditibus Ecclesiæ illius plusquam ad centum mansos in beneficio concesserit, cum ante depositionem suam pessima conversatione et irreligiosa promotione, qua ad diversas abbatias promota, et pro culpis suis amota fuerat, omnes religiosos viros terræ nostræ contra se excitaverit. Unde paternitatem vestram obsecramus, quatenus præfatum abbatem, qui hujusmodi turpitudines submovere incœpit, venientem ad vos benigne exaudiatis, et tam regalem munificentiam, quam labores suos, quos in restauranda divina religione impendit, vestra auctoritate confirmetis, et studium ei circa cultum ecclesiæ vestra benevolentia adaugeatis.

EPISTOLA LXI.
W. ABBATIS S. BLASII AD EUGENIUM PAPAM III.
Ejusdem argumenti.
(Anno 1148.)

Reverendissimo Patri ac domino EUGENIO, summo et universali pontifici, W. Dei gratia id quod est, ecclesiæ (84) B. Blasii humilis minister, quidquid valet debita obedientia et devotissima orationis instantia.

Quod dilectum Patrem nostrum Wibaldum Ecclesiæ Corbeiensis abbatem venientem ad paternitatem vestram benigne soletis recipere, et in petitionibus suis clementer exaudire admodum exsultamus, et ut deinceps idipsam faciatis excellentiam

---

(83) Monasterium Flectorpiense anno Christi 1101 fundatum a nobili viro Erpone Padbergensi comite, in diœcesi Patherburnensi in honorem S. Mariæ virginis, reliquiis S. Landelini insignitum est. Perstitit vero cœnobium illud ad hæresis tempora, quibus ultimus abbas Balthasar, ducta uxore et

vestram diligenter rogamus. Siquidem vir iste in terra nostra tanquam jubar cœlestis sideris effulsit, cui et gratias pro vigilanti studio, quo in Ecclesia Dei laborat, agetis, et ut diligenter in eodem labore et fideliter perseveret, fiduciam vestra admonitione præstabitis. Nam postquam de manu domni regis duo monasteria feminarum accepit, Kaminata scilicet et Visbixe, divinæ religionis servitutem, quæ prorsus ibi deperierat, reparare et reformare tanquam fidelis servus et prudens multum studuit, et in recolligendis possessionibus, quas abbatissa Kaminatensis, femina usquequaque, reprehensibilis inter amatores suos disperserat, plurimum hoc anno laboravit, et adjutorio Dei ad integrum fere omnia, quæ illa distraxerat, requisivit, et usibus servientium Deo restituit. Hujus igitur hominis labores et studia, quibus Ecclesia in nostris partibus plurimum indiguit, vestræ sanctitati nos sicut et cæteri confratres nostri et omnes terræ nostræ religiosi commendamus, et ut eos vestra auctoritate ad provectum Ecclesiæ Dei confirmare dignemini, suppliciter exoramus.

EPISTOLA LXII.
C. ABBATIS B. M. IN GREVENKERKEN AD EUGENIUM PAPAM III.
Ejusdem argumenti.
(Anno 1148.)

Universalis Ecclesiæ summo pontifici EUGENIO, C. humilis minister ecclesiæ Sanctæ Mariæ in Grevenkarken, debitam Patri obedientiam.

Exsultamus in Domino quod dilectissimum Patrem ac dominum nostrum Wibaldum venerabilem Corbeiensis Ecclesiæ abbatem in conspectu vestro gratiam invenisse cognovimus, virum utique de cujus adventu multum terra nostra illustrata est, et de cujus industria Ecclesiam Dei in partibus nostris satis jam profecisse, et ampliorem deinceps profectum habituram videmus. Est etenim vir tam in sua conversatione religiosus quam, ut in aliis religio divina amplificetur, studiosus, quod manifeste apparuit tum in aliis, tum præcipue in duobus monasteriis feminarum, Kaminata scilicet et Visbike, quæ domnus rex Corbeiensi Ecclesiæ dedit, in quibus divinæ religionis jam pene nulla mentio remanserat; gratia autem Dei nunc ibi Deus colitur, ubi paulo ante spurcitiæ turpes colebantur. Hæc autem justitiæ zelo et amore Dei et clamore Ecclesiæ impulsum præfatum virum fecisse novimus, honestæque conversationis et probatæ vitæ et laudabilis studii circa prænominatas ecclesias testimonium in audientia paternitatis vestræ damus, et ut petitionem ejus, quam secundum Deum esse credimus, exaudire dignemini, obsecramus.

---

exuto habitu, hæresi nomen dedit. Vide plura Annal. Patherburn. lib. VII ad annum 1101 et de S. Landelini reliquiis.

(84) S. Blasii abbatia olim in monte Wederonis sita propter aeris intemperiem Mindam, a Raiawerdo episcopo translata est anno 1104.

EPISTOLA LXIII.
B. MARIÆ IN HAMULUNGESBURNEN AD EUGENIUM PAPAM III.
Ejusdem argumenti.
(Anno 1148.)

Reverendo Patri ac domino suo sanctæ Romanæ Ecclesiæ summo pontifici EUGENIO, Dei gratia abbas ecclesiæ Dei Genitricis in Hamulungesburnen (85) debitam et devotam Patri dilecto obedientiam.

Commendamus paternitati vestræ dilectum domnum et Patrem nostrum Wibaldum Ecclesiæ Corbeiensis abbatem virum boni apud nos testimonii et dilectorem Romanæ Ecclesiæ, quem ad partes nostras accessisse omnino gaudemus, utpote de cujus prudentia et industria plurimum confidimus. Obsecramus ergo paternitatem vestram quatenus eum in suis petitionibus clementer exaudiatis, et præcipue pro Ecclesia Kaminatensi, in qua et divinæ religionis cultum, qui in eadem Ecclesia multum neglectus fuerat, tanquam vir prudens ac religiosus reformavit, et reditus ac possessiones, quas ejusdem monasterii abbatissa, femina mali testimonii apud nos, post sui depositionem cum vanis et superfluis hominibus dissipaverat, et militibus atque amatoribus suis in beneficio concesserat, tanquam vir strenuus et industrius fere ad integrum recolligit, et utilitatibus monasterii restituit. Huic igitur homini habenti zelum Dei, tanquam pius et clemens Pater assistite, et labores, quos fecit in Ecclesia Dei, vestra auctoritate corroborate; hoc procul scientes quod mutatio, quæ in præfato monasterio facta est, omnibus religiosis terræ nostræ ac timentibus Deum placet; his autem, qui ibidem exstiterant causa irreligiositatis displicet.

EPISTOLA LXIV.
EUGENII PAPÆ III AD HENRICUM JUNIOREM REGEM.
Amitæ ipsius provisurum se promittit.
(Anno 1148.)

EUGENIUS episcopus, servus servorum Dei, dilecto in Christo filio HENRICO, juniori Romanorum regi, illustri imperatoris Conradi filio, salutem et apostolicam benedictionem.

Litteras et nuntios tuos debita benignitate suscepimus, et eorum preces diligenter attendimus. Personam siquidem tuam vera in Domino charitate diligimus, etc. *Vide in Eugenio, ad an.* 1153.

EPISTOLA LXV
EUGENII PAPÆ III AD TEUTONICOS PRÆLATOS.
Ut juniori regi Henrico assistant, suisque consiliis et operibus eum adjuvent.
(Anno 1148.)

EUGENIUS episcopus, servus servorum Dei, venerabilibus fratribus archiepiscopis, episcopis et dilectis filiis abbatibus per Teutonicum regnum constitutis, salutem et apostolicam benedictionem.

Sicut manifeste vestra prudentia recognoscit, cha-

---

rissimus filius noster Conradus Romanorum rex divini amoris fervoribus excitatus, vivificæ crucis signo suscepto, etc. *Vide ubi supra.*

EPISTOLA LXVI.
EUGENII PAPÆ III AD A. BREMENSEM, H. MINDENSEM ET T. FERDENSEM ANTISTITES.
Ut prædia Kaminatæ monasterii a variis usurpata curent restitui.
(Anno 1148.)

EUGENIUS episcopus, servus servorum Dei, venerabilibus fratribus A. (86) Bremensi archiepiscopo, He. (87) Mindensi, T. (88) Ferdensi episcopis, salutem et apostolicam benedictionem.

Possessiones ecclesiarum patrimonia pauperum et pretia peccatorum esse noscuntur, ideoque si quis præsumit ea contra justitiam detinere, etc. *Vide ubi supra.*

EPISTOLA LXVII.
EUGENII PAPÆ III AD CORBEIENSES MONACHOS.
Confirmat depositionem Henrici abbatis.
(Ann. 1148.)

EUGENIUS episcopus, servus servorum Dei, dilectis filiis Corbeiensibus monachis, liberis ac ministerialibus, salutem et apostolicam benedictionem

Quantum sit necessarium monasteriorum quieti prospicere, etc. *Vide in Eugenio III ad an.* 1153.

EPISTOLA LXVIII.
EUGENII PAPÆ III AD FULDENSES.
Contra suum mandatum factam ab eis electionem declarat irritam, mandatque ut præsentibus quibusdam quos nominat abbatibus ex altero claustro eligant sibi abbatem.
(Anno 1148.)

EUGENIUS episcopus, servus servorum Dei, dilectis filiis monachis, liberis et ministerialibus Fuldensis monasterii, salutem et apostolicam benedictionem.

Si ad regenda rationabiliter membra discretio capitis intenta non fuerit, etc. *Vide ubi supra.*

EPISTOLA LXIX.
EUGENII PAPÆ III AD EBRACENSEM, EVERBACENSEM HERSFELDENSEM ET CORBEIENSEM ABBATES
Ut Fuldam accedentes abbatem ex altero claustro eligi curent.
(Anno 1148.)

EUGENIUS episcopus, servus servorum Dei, dilectis filiis Ebracensi, Everbacensi, Hersfeldensi et Corbeiensi abbatibus. salutem et apostolicam benedictionem.

In apostolicæ sedis specula disponente Deo constituti, etc. *Vide in Eugenio.*

EPISTOLA LXX.
A. PRÆPOSITI CORBEIENSIS AD WIBALDUM ABBATEM.
Camerarium Fuldensem ejus desiderare præsentiam in abbatis electione, uti et Corbeienses pro rerum suarum restauratione.
(Anno 1148.)

Dilectissimo Patri ac domino suo WIBALDO, vene-

---

(85) Forte idem quod Amelinsburgense ad Visurgim cœnobium fundatum anno 1133, de quo Bruschius Cent. 1.

(86) Adalberoni.
(87) Henrico.
(88) Thiethmaro.

rabili abbati Corbeiensis Ecclesiæ præpositus, quidquid patri filius, domino servus.

Ante paucos dies nobiscum habuimus Fuldensem camerarium, videlicet Hermannum, et alium quemdam e fratribus, qui venerant, ut vos ad se in tempore electionis invitarent, qui redierunt multum contristati, quod vos non invenerint. Misimus Fuldensibus per eosdem litteras ex persona vestra, quarum etiam nunc vobis copiam transmisimus. Misimus etiam ad vos litteras domni papæ quas sigillatas sigillo ad nos Fuldenses detulerant. Certi etiam sumus quod idem Hermannus in brevi ad vos veniet, cui commendatitias litteras secundum petionem suam ad vos scripsimus. Electus eorum, si nondum audistis, de medio eorum evanuit. De cætero reditus vester ad nos magno desiderio omnium amicorum vestrorum exspectatur, tum pro aliis necessariis causis, tum pro eo maxime timore, quia omnibus vestris incumbit, ne comes Hermannus montem Brunesberch occupet et muniat, quod pro vero et indubitato nobis relatum est, unde et a vobis hoc celare noluimus, sicut nec aliquam rem, quæ tacita honori vestro officere posset.

EPISTOLA LXXI.

WIBALDI ABBATIS AD FULDENSES.

Excusat se quod ad eos nequeat accedere, eosque consolari conatur, hortaturque ut cito ad electionem procedant.

(Anno 1148.)

Decano, præposito, et cæteris in Christo dilectis fratribus, liberis ac ministerialibus Fuldensis Ecclesiæ, WIBALDUS, Dei gratia Corbeiensis Ecclesiæ famulus, benedictionem et vitam usque in sæculum.

Quantum doloris, quantum timoris, quantum sollicitudinis geramus pro diutina fatigatione et frequenti jactura vestræ tam nominatæ, tam famosæ, et aliquando tam honestæ Ecclesiæ mallemus præsentes, si temporis articulus permitteret, et apud vos deplorare, quam absentes scriptis significare. Quoniam vero jam ex antiquo omnium vestrum honestatem plurimum semper dileximus, in tribulatione quam impræsentiarum vobis incumbere perspeximus nostram quoque consolationem, si qua potest esse, et commonitorium, quod vobis præsentes dare nequimus, per apices nostros vestræ dilectioni devote subministramus. Summa igitur commonitionis nostræ hæc est : ut si, quemadmodum intelleximus adhuc constituti apud domnum papam, electum vestrum habere non potestis, ad concordiam et unanimitatem quantocius redeatis, et sicut diligitis honorem vestrum et pacem Ecclesiæ vestræ, concordes redeatis, scientes, quod non mentitur qui dixit : *Omne regnum in seipsum divisum desolabitur.* Et siquidem habere potestis inter vos quem eligatis, non differatis, si autem aliunde, et hoc acceleretis, sub dilatione enim aliquæ importunitates suboriri poterunt. Nos autem de consilio nostro vobis imparati non erimus.

EPISTOLA LXXII.

HENRICI COMITIS NAMURCENSIS AD EUGENIUM PAPAM III.

Se paratum esse ea observare, quæ Treveris in curia papæ ordinata fuerant, de causa quæ ipsum inter et archidiaconum Virdunensem vertebatur.

(Anno 1148.)

Reverendo Patri et domino suo EUGENIO, sanctæ Romanæ Ecclesiæ summo pontifici, HENRICUS comes de Namurco et Lutzelemburch, devotionem filii cum fideli servitio.

Sicut inter me et Richardum archidiaconum Virdunensem in curia vestra Treviris, mediante Clarevallense (89) abbate, ordinatum fuit, et in vestræ societatis præsentia confirmatum, ita die constituta observare et adimplere modis omnibus postmodum volui sub testimonio Virdunensis (90) episcopi et Corbeiensis abbatis, etc. *Vide in Eugenio III papa, post ipsius Regesta.*

EPISTOLA LXXIII.

WIBALDI ABBATIS AD HENRICUM ROMANORUM REGEM.

De electo Fuldensi, de parendo decretis papæ, etc.

(Anno 1148.)

Glorioso ac serenissimo domino suo a Deo coronato Romanorum regi HENRICO, filio victoris et inclyti Conradi Romanorum imperatoris augusti, F. WIBALDUS, Dei gratia Corbeiensis abbas, salutem in eo qui dat salutem regibus.

Qua devotionis instantia in concilio Remensi fuerimus pro stabilitate regni a Deo vobis collati, et pro incremento vestri honoris, arbitramur satis excellentiæ vestræ esse notificatum ab his, qui rebus interfuere. Siquidem de fide nostra et studio circa vestræ personæ et regni vestri provectus sublimitati vestræ nullatenus erit dubitandum. Causa, cur ad vestram celsitudinem post multa verba, quæ cum magistro Henrico vestræ curiæ notario de salute et incolumitate vestra, de provisione et ordinatione atque gubernatione regni vestri sollicite nuper habuimus, hæc est, quod Fuldensis electus in abbatis nomen benedici detrectat, et præterea inutilis a plerisque prædicatur. Si ergo amotus fuerit, de quo quidem non dubitavimus, cum a Remis exiremus, tunc imminebit vestræ indoli plurima sollicitudo, ne aliquis novitatum motus in monasterio Fuldensi oboriatur, sed sicut proxime, Deo inspirante, sapienter et strenue ad honorem sanctæ matris nostræ Romanæ Ecclesiæ et vestræ dignitatis cuncta ibidem perfecistis, ita et nunc magnifice omnia in augmentum vestri honoris sub vestra præsentia cum magna quiete et disciplina peragi faciatis. Etenim, charissime, nobis dignitate quidem et ordinatione, Domine ; sed affectu, fili, hoc vestræ intelligentiæ summo studio suggerimus et suademus ut patrem vestrum papam Eugenium, qui

---

(89) S. Bernardo qui tunc Treviris cum Eugenio versabatur.

(90) Alberonis episcopi scilicet et Wibaldi abbatis.

vos benignissime honoravit, toto animo diligatis, nec decretis ipsius ac sacrosanctæ matris vestræ Romanæ Ecclesiæ promulgationibus alicujus instinctu obvietis ut si pro principibus et aliis fidelibus vestris intercedendum erit, hoc sub tanto discretionis moderamine faciatis, ut et clementiæ vestræ studium circa vestros laudem mereatur, et importunitas offensam non incurrat. Timemus namque ne in Romanam Ecclesiam aliquorum suggestione impingatis, quod vobis esse posset lapis offensionis et petra scandali. Et hoc ad vestram admonitionem putavimus esse adjiciendum, ne vel in Sueviam, vel in Saxoniam, vel in Lotharingiam exeatis, nisi vocatus a principibus ob aliquam rem præcipuam et notam sub brevi tempore terminandam. Exspectatur enim adhuc pater vester regni Dominus et parens (91), ac de facili possetis in aliquam reprehensionem incidere, præsertim ab his qui debita regno servitia inviti et quasi coacti præstare consueverunt. Et melius est nomen bonum, quam divitiæ multæ.

EPISTOLA LXXIV.

PRIORIS CORBEIENSIS AD S. ABBATEM.

Mediante Wibaldo abbate indulget ipsi quidquid in Corbeienses commiserat.

(Anno 1148.)

Reverendo in Christo et fratri charissimo S. abbati, frater E. prior et cæteri fratres Corbeienses, fraternam dilectionem.

Petitionem vestram, quam mediante charissimo Patre et domino nostro Wibaldo abbate nostræ parvitati obtulistis, debita reverentia suscepimus, et quidquid in nos scienter vel ignoranter deliquistis absque simulatione remisimus, et nostræ societati arctius incorporatum diligere et honorare, et exiguis orationibus nostris participare vos et desideramus et concedimus. In adventu enim prædicti patris nostri ad nos omnia inimicitiarum semina penitus exstincta sunt; quoniam inter illos, quos dissensionis procella disjecerat, ipse se medium, tanquam bonus angularis lapis veræ charitatis et discretæ humilitatis glutino interposuit, et filios Dei, qui in longinqua regione discordiæ adeo remoti et alienati erant, in unum intimæ dilectionis corpus congregavit. Cui pro utilitate et reformatione nostri monasterii indefesso studio laboranti vestra industria pro nostræ dilectionis et petitionis intuitu singulari, ut vestram prudentiam decet, constantiæ et officii amore assistetis.

EPISTOLA LXXV.

WIBALDI ABBATI AD MAGISTRUM BALDRICUM.

Ut suum exerceat ingenium.

(Anno 1148.)

Frater Wibaldus Dei gratia id quod est in catholica Ecclesia, dilecto fratri et amico suo Baldrico magistro, benedictionem et vitam usque in sæculum.

---

(91) Ejus editum ad annum 1149 collocat Auctuarium Affligemiense apud Miræum, ubi sic habet : *Imperator Conradus et rex Franciæ Ludovicus sine ullo effectu procinctum solvunt, et ab itinere Hierosolymorum revertuntur, nunquam audita tanta infelicitate tanti exercitus.*

(92) Hic agitur de societate inter Stabuletum et Corbeiam.

Expediti tandem ab his occupationibus maximis, quæ nos, ut ipse nosti, ultro citroque implicitos diu tenuerunt, posse cœpimus aliquando amicos nostros salutare, et aliquid tenerioris affectus depulso omni angore exhibere. Salutantes igitur tuam industriam paterno et intimo affectu rogamus et exhortamur in Domino, ut illud tuum nobile et acutissimum ingenium, quod tibi, præstante Deo, a natura insitum est, et optimis artibus in juventute tua sublimiter excultum, torpore per otium non sinas, ne bonos qui tibi quasi quidam laboris fructus ob scientiæ claritudinem collatus est, optimis disciplinis tuis quemdam obscuritatis situm inferre prævaleat. Sane et acumen ingenii et facundiæ gloriam, et adeptas dignitates humilitate quasi quodam gemmarum splendore ornabis, et memineris honores eisdem artibus esse servandos, quibus eos es assecutus. Fortunatum enim, ut sæculariter dicamus, esse potuit, quod ascendisti, sed regere teipsum in alto, equidem industriæ est. Præsentia tua tuis auditoribus disciplina sit, raro siquidem castigabilis, si assiduus fueris. Plus habet locus tuus quam docendi officium, nam et censuram debes exhibere severitatem, quoniam et corrigendis moribus præfectum te esse noveris, quæ disciplina et exercitatio omnibus est subtilior, et in fructu cunctis propensior. Scienti pauca sufficiant, non ut doctorem doceamus, sed ne officium prætereamus,

EPISTOLA LXXVI.

MONACHORUM CORBEIENSIUM AD WIBALDUM ABBATEM.

Ut absens pro sua Ecclesia laborare non desinat et ut suo privilegio confirmet duorum monasterium unionem.

(Anno 1148.)

Dilecto Patri ac domino suo Wibaldo, Dei gratia venerabili Corbeiensi abbati, E. prior totaque congregatio filiorum suorum, Deo in eodem monasterio sub ejus regimine famulantium, quidquid valet sedula oratio, et debita tam dilecto Patri dilectio.

Multum quidem ægre sustinemus tam diuturnam vestri absentiam, nisi quod pro incremento Ecclesiæ nostræ vos scimus in hac absentia laborare, ad quem etiam laborem viriliter sufferendum, vos in quantum præsumimus exhortamur, et commonemus, et ut bono fine terminetur misericordiam Dei jugiter exoramus. Cæterum gratias agimus paternitati vestræ, quod inter duos parietes, ut eos in unam societatem conjungeretis, tanquam prudens imitator veri illius angularis lapidis medius sedistis, et diu desideratam nobis charissimorum fratrum communionem et optabilem in Christo adunationem (92) ad effectum perduxistis. Consummato ergo operi extremam manum adhuc imponetis, ut videlicet vestro privilegio, quæ in hac memorabili duarum Ecclesiarum conjunctione vestra permissione utrinque scripta vel facta sunt, ad perpetuam successorum nostrorum memoriam confirmetis, et hoc testimonium in utraque ecclesia diligenter, sicut rem dignam memoria, conservari præcipiatis. Nihilominus quoque rogamus, ut quoniam ad laudem Dei et ad remedium animarum nostrarum hanc conjunctionem fieri postulavimus, sanctis etiam patronis utriusque Ecclesiæ alterutrum dignos honores impendi constituatis, quatenus qui in utraque Ecclesia oramus pro invicem ut salvemur, junctis utrinque patrociniis ad consequendam salutem, quam quærimus, adjuvemur. Placeat ergo vobis, ut ob recordationem posteritatis signum aliquod et memoriale in festivitate utriusque patroni (93) de possessionibus utriusque Ecclesiæ statuatis, et hoc studio pietatis tam vestram quam patronorum memoriam apud subditos vestros perpetuam faciatis.

EPISTOLA LXXVII.
CORBEIENSIUM MONACHORUM AD WIBALDUM ABBATEM.
Exponunt quanta de ejus absentia patiantur, hortantur ut cito redeat.
(Anno 1148).

Charissimo Patri et domino venerabili Corbeiensi abbati WIBALDO, E. prior, A. præpositus cæterique fratres et ministeriales Corbeiensis Ecclesiæ, quidquid patri dilecto filii, et domino fideles servi.

Quam ægre, et quam graviter, et quam intolerabiliter sustineamus tam diuturnam vestri absentiam neque possumus, neque audemus ad perfectum vobis insinuare, ne forte nimietas et importunitas nostra æquanimitatem vestram debeat perturbare. Verumtamen noveritis quod Ecclesia nostra, quam tuendam et regendam in tempore tribulationis suæ suscepistis, et quam per misericordiam Dei de multis laboribus sublevastis, et per multos labores vestros honestis incrementis a die promotionis vestræ indesinenter provehere studuistis, hæc in absentia vestra multum jam tribulatur. Siquidem dominus Folcuinus, in quo spem vestram magna ex parte ad tuendas et defendendas res vestras apud nos posueratis, plus omnibus homines vestros de Huxere rebus suis non minus quam ad centum quinquaginta marcas violenter spoliaverit. Villicum vestrum de Immenkusen homines ipsius invaserant, et occidissent, si vix manus eorum non evasisset, pro quodam beneficio quod de annona fratrum eis concesserat : solet enim de præbenda fratrum homines suos inbeneficiare. Alii præterea multi et præbendam fratrum dissipant, et homines vestros lacerant, de quibus plusquam satis audietis, cum primum ad nos Deo propitio redieritis. Pro his et hujusmodi pluribus causis, quas et patimur et passuros nos formidamus, fratres, ministeriales, omnisque multitudo hominum et fidelium Ecclesiæ vestræ deprecatorias litteras misimus ad vos diligenter, et cum omni qua possumus devotione obsecrantes, quate-

(93) Id quod fecit Corbeiæ anno 1151. Montem S. Michaelis et ecclesiam cum omnibus pertinentiis ad anniversariam S. Remacli memoriam solemniter

nus reditum vestrum ad nos quantocius acceleretis, et pressuras nostras tam præsentes quam eas quas futuras timemus, dum adhuc potestis, sublevare festinetis. Comes quoque Hermannus reditum vestrum omnimodis desiderat, multumque tam vobis quam Ecclesiæ vestræ obfuturum, si cito non redieritis, affirmant.

EPISTOLA LXXVIII.
WIBALDI ABBATIS AD SUOS CORBEIENSES
Suam præsentiam Stabulensibus maxime necessariam fuisse, seque negotiis expeditis, cito citius Corbeiam convolaturum.
(Anno 1148).

Frater WIBALDUS, Dei gratia Corbeiensis ecclesiæ servus, dilectis in Christo filiis et fratribus suis E. venerabili priori, A. præposito et cæteris fratribus, nec non ministerialibus Corbeiensis monasterii, spiritu consilii et fortitudinis abundare.

Quod Ecclesia Corbeiensis, quam regendam, Deo auctore suscepimus, ullis in absentia nostra curarum sive laborum fatigatur molestiis, tantum dolemus, quantum ipsam Ecclesiam, quæ parvitati nostræ credita est, Dei præ oculis timore proposito diligimus. Et vos quidem paucarum rerum amaritudine degustata, de futuris anxie timetis. Sed Stabulensis Ecclesia, quæ nos lacteo pietatis alimento nutrivit, et delicta juventutis nostræ et ignorantias nostras non reminiscens, nos, si qua in prælatione existimatur dignitas, ad summum sui regiminis gradum provexit, interim dum vobis militamus, multiplicibus ac miserabilibus modis in præda, in incendiis, in quotidiana rapina, in cædibus lacerata est ; ad quas contritiones sanandas, ex quo a domino papa recessimus, Deo propitio nobis, ad preces fratrum nostrorum in adjutorium nostrum intendentes, non inutiliter laboravimus, et circumdante nos scuto divinæ gratiæ, inimicos Ecclesiæ sua prosperitate inebriatos, et rebus pauperum nostrorum ditatos sub jugum ecclesiasticæ disciplinæ humiliatos vidimus, et quærentes reconciliari Ecclesiæ quam offenderant. Sed quoniam causa difficilis est, et in hac perturbatione multi tam in personis quam in rebus suis graviter offensi sunt, opus plenæ reconciliationis procedere de facili non potuit, cujus finem adeo de gratia Dei confidentes propinquum speramus, ut rebus compositis et pacatis, expediti ad vos et absoluti absque prolixiore mora redire valeamus. Etenim transire nunc ad vos non esset vobis consulere, sed Stabulensem Ecclesiam turpiter et cum nota fugitivi deserere. Nec ideo tardamus, quod post multos labores et sollicitudines, quibus jam longo tempore impliciti sumus, requiem nobis et curationem provideamus, quoniam a primordio nostræ promotionis nunquam tam assiduas et animi et corporis fatigationes pertulimus. Caveat prudentia vestra ne rumor, qui de monte vestro celebrandam deputando. Vide in Appendice instrumentum.

Brunesberch agitatur, ab his alatur et augeatur, qui nos ejusdem montis ædificio non absque magno labore et impensa involvi desiderant. Super damno, quod civibus et ministerialibus nostris de Huxera (94) contigit, valde dolentes domino papæ querimoniam sub celeritate transmisimus, orantes ut secundum formam decreti a se in concilio Remensi recenter constituti, dominum nostrum Patherburnensem episcopum diligenter commoneat, quatenus Fulcuinum pacis constitutæ in sacra possessione dominica violatorem cuncta restituere et satisfacere commoveat, vel sub pœna excommunicationis compellat.

EPISTOLA LXXIX.
WIBALDI ABBATIS AD HADWIDEM SORUREM SUAM.
Excusat se quod eam jamdiu non visitaverit, narrat quanta pro regno, pro suis, et pro amicis fecerit.
(Anno 1148).

Frater WIBALDUS, Dei gratia id quod est in Ecclesia catholica, dilectæ sorori suæ HADWIDI (95), benedictionem et vitam usque in sæculum.

Reprehendit nos fortassis et arguit dilectio tua, quod tanquam immemores pristini affectus et sinceræ dilectionis, atque fraterni amoris, quo nos invicem tenere dileximus, visitare te et consolari hoc tempore distulimus, quando abest germanus tuus regiæ curiæ cancellarius, sui generis flos et ornamentum, amicorum suorum columen et tutela. Peregrinatur ille quidem et bajulat crucem suam et sequitur Christum suum Jerosolymam petens in comitatu et obsequio charissimi domini sui et nostri Romanorum regis Conradi. Dicet ergo nunc cogitatio : Homo ille charissimus et in numero fratrum carnalium susceptus et ascriptus, præsente illo sublimi et humanissimo fratre nostro, domum nostram colebat, et nos assiduis visitabat affatibus, nulla nobis modo mittit alloquia. Itaque aut tunc non fuerit verus amicus, aut nunc est negligens vel obliviosus; sed verus amor negligentiam seu oblivionem non recipit, restat igitur, ut simulatus et non amicus fuerit. Cæterum, soror charissima, si ad temporis hujus qualitatem et res, in quibus versamur, diligenter inspicias, hæc accusatio tua tam subtilis tamque probabilis facile conquiescit. Nam ex quo dominus papa Eugenius in partes Lotharingiæ pervenit, cura nobis et sollicitudo maxima incubuit, ut res Stabulensis monasterii nec non et Corbeiensis, quæ nobis, Dei præordinante clementia, commissæ sunt, quæ assidue apostolico egent præsidio, modis congruentibus proveheremus, atque ut dominis rerum, nostris utique regibus tam patri quam filio debita fidelitate serviremus, tum etiam ut amicis ac necessariis nostris studio et opera in suis opportunitatibus assisteremus; in quo difficilium rerum proposito divinæ pietatis gratia nos comitari dignata est, ut in nulla suscepti negotii vacui revertamur. Etenim Ecclesiæ nostræ non parvis incrementis auctæ sunt, et apostolicis privilegiis roboratæ. Porro et in rebus regni dedit nobis divina majestas proventum. Siquidem juniorem dominum regem nostrum quædam non exiles personæ ad hæc dedita opera impellebant, ut in quibusdam dominum papam offenderet, et canonicis decretis contrairet, quod ne fieret Dei largissima bonitate et nostro studio præventum est, et in meliorem statum omnia commutata. Nam et filius rex dominum papam et ejus decreta vigilanti solertia honoravit, et e converso dominus papa ipsum et regem Romanorum appellavit et ooripeit, quod raro extra Urbem accidit, et universis principibus cum omni benevolentia et affectione paterna monendo scripsit, quatenus eidem speciali suo et beati Petri filio fidelitatem exhibeant, et in administratione regni sibi a Deo ex successione paterna collati, consilium et auxilium ferant. Sane in amicorum nostrorum causis quantum profecerimus, malumus ut ab ipsis quam a nobis cognoscatur. Tum vero in Stabulensi Ecclesia magna turbatio ante adventum nostrum erat, ad quam sedandam et componendam nulla nobis dies aut nox expers laboris fuit, et operante divinæ pietatis gratia, spem meliorem habemus, quod in brevi tempore ad salutarem et optatum finem cuncta perducamus. Hæ igitur et aliæ multiplices occupationes nostram intentionem gravibus curis implicitam detinuerunt, et ab officio te salutandi nos hactenus retardaverunt. Salutantes itaque nunc in Domino excellentiam tuam rogamus et hortamur, ut si qua in tuendis et curandis rebus fratris nostri absentis difficultas emerserit, nostro ubi opportunum fuerit, adminiculo utaris, et de nobis tanquam de vero et constanti amico confidas.

EPISTOLA LXXX.
CONRADI IMPERATORIS AD WIBALDUM ABBATEM.
Narrat ea quæ sibi sacra in expeditione contigerunt.
(Anno 1148.)

CONRADUS, Dei gratia Romanorum rex, venerabili WIBALDO Corbeiensium et Stabulensium abbati, gratiam suam et omne bonum.

Quia fidelitatem tuam sæpenumero circa nos, et regnum nostrum probatam multis experimentis cognovimus, si de prosperitate nostri status audieris, multum te gaudere non ambigimus. Mandamus itaque fidelitati tuæ quod cum Nycæam integro et composito exercitu pervenissemus, mature expeditionem consummare volentes, per compendium, notis viæ ducibus hoc ostendentibus, versus Leonium proficisci cœpimus, illuc usque necessaria portantes,

---

(94) Huxeri villam regiam (nunc Hoxaria est) Ludovicus Pius dedit Corbeiensibus anno imperii sui x. Diploma donationis editum est lib. II. Annal. Patherburnensium.

(95) In monasterio Gerigesheim, *f.* Gerishem, sanctimoniali, cui præfecta est anno 1150. Vid. infra epist. 220.

quantum valuimus. Et ecce decem dierum itinere jam peracto, totidem adhuc nobis residuo, victualia omnibus fere, equitaturis maxime, defecerant, cum Turci pedestre vulgus, quod exercitum sequi nequibat, invadere et cædere non cessabant. Nos vicem populi deficientis et tam morte sua quam sagittis hostium pereuntis dolentes, rogatu principum omnium et baronum ad mare de terra illa deserta exercitum, ut refocillaretur, reduximus, malentes incolumem ad majora servare, quam tam cruenta victoria de sagittariis triumphare. Cum vero ad mare venissemus et castrametati fuissemus, in maxima tempestate non exspectans serenitatem, præ gaudio rex Francorum ad tentoria nostra, nobis nescientibus, supervenit, dolens quidem exercitum nostrum fame et labore attritum, de societate autem nostra non parvum habens gaudium. Ipse siquidem et omnes principes sui fideliter ac devote obsequium suum nobis obtulerunt, pecunias insuper suas et quæcunque habebant, voluntati nostræ exponebant. Conjuncti ergo cum copiis nostris et principibus, quorum quidam cum nobis remanserant, quidam infirmi et præ penuria pecuniæ sequi non valebant, et ob id ab exercitu recedebant usque ad Sanctum Joannem, ubi sepulcrum ejus et manna scaturire cernitur, absque omni difficultate celebraturi illuc Nativitatem Domini pervenimus, ubi per aliquos dies repausantes, quia et nos infirmitas et multos nostrorum invaserat, recuperata sanitate procedere volebamus, sed invalescente ægritudine nequaquam ire valuimus. Rex igitur cum exercitu dolenter profectus, quantum potuit nos præstolatus est, sed diutina infirmitas nos tenuit. Quod cum frater noster Græcorum imperator audiret, vehementer induluit, et cum filia nostra dilectissima imperatrice, sua videlicet conjuge, ad nos præpropere descendit, liberaliter nobis et principibus nostris sua et necessaria ad iter nostrum largiens, quatenus a medicis suis citius curaremur, quasi vi Constantinopolim in palatium suum reduxit, tantum illic nobis honoris exhibens, quantum ulli unquam prædecessori nostro exhibitum esse audivimus. Inde Jerosolymam Dominica *Reminescere* proficisci statuimus, Deo auctore, novum exercitum ibi in Pascha collecturi, et Rohas processuri. Ut autem illud iter nostrum Deus prosperum facere dignetur, ut ipse ores, et fratres tuos orare facias, et omnibus fidelibus nos committas, et commendatum fidei tuæ filium nostrum habeas postulamus.

EPISTOLA LXXXI.

CORBEIENSIUM MONACHORUM AD WIBALDUM ABBATEM.
Congratulantur ei de prospere gestis, et promptum ejus ad se optant reditum.
Anno 1148.

Dilecto in Christo Patri et domino suo WIBALDO, venerabili Corbeiensi abbati, fratres Corbeiensis ecclesiæ, debitam Patri obedientiam et devotam orationum instantiam.

Congratulamur paternitati vestræ quod prospe- rum eventum habuistis in componendis his, qui inter homines vestros dissidebant, tum propter vos, tum propter fratres nostros Stabulenses, tum etiam propter nos qui multo desiderio præsentiam vestram exspectamus. Quia etenim vos ut patrem diligimus, semper præsentem habere vellemus, sed quoniam providentia vestra ad multorum procurationem spectat, et ideo solis nobis intendere nequaquam potest obsecramus paternitatem vestram ut saltem post multos dies, quibus præsentia vestra ægre caruimus, redire ad nos non abnuatis, scientes procul dubio quod præsentia vestra non minus quam fratres nostri Stabulenses jam indigemus; non eis quidem præsentiam vestram invidemus, sed nobis de absentia vestra multum condolemus. Quia igitur aliquantulum vos de cœptis laboribus expeditum audimus, iterum rogamus, quatenus mox ut hunc nuntium vestrum receperitis, de reditu vestro ad nos ordinetis, nec filios vestros ulterius de absentia vestra affligi permittatis. Omnes pene in regione nostra prophetant, vos ultra non rediturum.

EPISTOLA LXXXII.

A. PRÆPOSITI CORBEIENSIS AD WIBALDUM ABBATEM.
Promptum ipsius ad Corbeienses optat reditum.
(Anno 1148.)

Domino suo venerabili Corbeiensi abbati, frater A. præpositus Corbeiensis, tam devotam quam debitam Patri obedientiam.

Non videatur vobis durum, si solito attentius vos revocamus, quia quod honori vestro timemus, quod Ecclesiæ vestræ detrimentum formidamus, ex dilectione est, qua vos diligimus ex fide quam Ecclesiæ debemus. Multa siquidem apud nos geruntur, pro quibus vestri præsentiam valde necessariam habemus, de quibus ipse præsens abundantius videbitis, quam nos absenti scriptis insinuare possimus, præter illa, quæ adhuc si moram feceritis, propter absentiam vestram futura esse formidamus. Una est enim vox, eadem sententia omnium qui diligunt vos, utile esse, quod absque dilatione redeatis, et ne qua inconvenientia apud nos oriantur, quæ postmodum cum difficultate reprimi oporteat, præcaveatis. Licet enim non ignoremus, quod si impræsentiarum redieritis, annonam omnem pretio comparare debeatis, non tamen videtur nobis tutum, quod propterea diutius remaneatis, sed statim post acceptas litteras has de reditu vestro disponatis, quia utique laudabilius est et nobis carius, quod argentum vestrum quam honorem perdatis. Scimus etiam quod cum veneritis, multa quæ camerarius vester neque nos possumus, per vos acquiretis, quia vos per misericordiam Dei talem esse scimus, qui et vobis et nobis esse solatio possitis. Non moveat vos, quod domum ad habitandum non habetis apud nos, quia apud sacrum martyrem habitaculum valde commodum et secretum usque ad consummationem domus vestræ vobis providimus, ubi cum devotione libenter ipsi vobis serviemus, tantum præsentem vos habeamus. Annonam fratrum a villicis nostris aut vix aut nullo modo extorquere jam possumus. Fuldenses nihilominus præsentiam vestram multo desiderio exspectant, quia Ecclesia eorum, quæ sine pastore est, ubique colliditur, ubique distrahitur, ubique dissipatur. Unde et abbas Hersveldensis litteras domini papæ, quas vobis et aliis abbatibus direxerat, ad nos transmisit, multumque etiam ipse propter injunctum sibi et vobis negotium, ut redeatis, jamdiu desideravit.

EPISTOLA LXXXIII.
WALTERII CAMERARII CORBEIENSIS AD WIBALDUM ABBATEM.
Rationem reddit de ædificiis construendis, optatque ut quam cito redeat Corbeiam.
(Anno 1148.)

Reverendo Patri ac domino suo Wibaldo, venerabili abbati Corbeiensi, frater Walterus camerarius suus, debitam Patri obedientiam.

In perficiendis ædificiis vestris omni conamine institimus, quæ utique antequam perficiantur, non modica expensa indigebunt. Non autem vos hoc latere volumus, quod a multis jam diebus omnes expensas ejusdem operis mutuo accepimus, et quod in mutuando usque ad quindecim marcas jam progressi sumus, exceptis his, quæ adhuc ad residuum operis habituri sumus. Magno quidem desiderio præsentiam vestram exspectamus multis de causis, quas intus et foris quotidie apud nos videmus et audimus, pro quibus præsentia vestra nobis et Ecclesiæ multum esset necessaria, multumque timetur ab omnibus, qui vos et honorem vestrum diligunt, quod si diutius moram feceritis, aliquas novitates, quæ multum requiem vestram perturbare possint, apud nos invenire debeatis, de quibus quidem aliquid a puero vestro Ludovico audire potestis. Nisi esset timor, placeret nobis quod usque ad novas fruges reditum vestrum protraheretis, quia si ante redieritis, non invenietis de annona vestra, quod vel una die manducatis, aut quod bibatis, nisi pretio comparetis. Sed videtur nobis tolerabilius, quod annonam apud nos aliquanto tempore ematis, quam aliqua inconvenientia, quæ vos ex insperato laborare faciant, apud nos oriri permittatis. Multum itaque volumus, ut omnes moras rumpatis, et recepto hoc præsenti nuntio vestro ad nos redire festinetis. Ex fidelitate et devotione nostra est, quod ad reditum vos tam instanter cohortamur.

EPISTOLA LXXXIV.
WIBALDI ABBATIS AD SUOS CORBEIENSES.
Jam proxime ad eos reversurus, narrat quam multa bona apud Stabulenses positus eaerit.
(Anno 1148.)

Wibaldus, Dei gratia Corbeiensis abbas, dilectis in Christo filiis et fratribus suis E. venerabili priori et cæteris Corbeiensis ecclesiæ filiis, benedictionem et vitam usque in sæculum.

Ratio consilii et instituti nostri poscebat, ut apud Stabulaus moram longiorem faceremus, non solum pro removendis importunitatibus, quæ Stabulensem Ecclesiam et totam terræ Lotharingiæ fatigabant, verum etiam quia ordo quidam et rerum necessitas paucis considerata postulare videbatur, ut usque ad caput hiemis abesse a vobis deberemus. Cæterum nos, qui etiam in re prævisa et a nobis singulariter ordinata multorum communem sententiam sequi consuevimus, toties vocati a vobis jam non venire non audemus, magis volentes vestro judicio, si ita opus est, errare, quam in nostræ deliberationis proposito, licet rectum et consequens videatur, permanere. Ut autem sciat vestra fraternitas, tempus otiosum nobis non præteriisse, inter comitem Namurcensem et comitem de Lon et comitem de Dasburch, quorum discordia totam terram lacerabat, pacem Deo auctore usque in festo sancti Remigii fecimus, atque inter comitem de Rupe, qui noster advocatus est, et comitem de Monte acuto, qui multorum incitamentis maxima inter se bella movebant finitivam et toti terræ salutarem concordiam reformavimus. Adversarios nostros, qui bona Ecclesiæ nostræ diripuerant, divina potentia subegimus, ut nobis nostra cum ingenti satisfactione restituant. Ad sedandam vero ipsam discordiam, quæ est inter ipsos et ministeriales nostros, cum diu multumque laboraverimus, pauxillum temporis assumpsimus, in quo omnia, Dei adjuvante clementia, ad perfectum perducere valeamus, et in vigilia Assumptionis sanctæ Mariæ ad vos cum charitatis gaudio perveniemus.

EPISTOLA LXXXV.
CORBEIENSIUM MONACHORUM AD WIBALDUM ABBATEM.
Urgent ipsius Corbeiam reditum.
(Anno 1148.)

Charissimo domino et Patri suo Wibaldo venerabili Corbeiensi abbati, E. prior, A. præpositus, W. camerarius, debitam obedientiam.

In quantum fas est, prudentiam vestram arguimus, quod cum paternitati vestræ anxietates nostras per nuntium vestrum et litteras nostras insinuavimus, necdum aliquid nobis certitudinis de reditu vestro significastis, præsertim cum in omnibus litteris, quibus reditum vestrum hac vice maturari rogavimus, hoc ad summam cum omni diligentia adjunxerimus, ut statim post acceptas litteras absque omni dilatione de reditu vestro ad nos ordinaretis. Et ecce jam fere ad tres septimanas nuntium vestrum suspensi exspectamus, multoque desiderio sub hac exspectatione afficimur, nec quidquam consolationis a vobis accipimus. Quid ergo tandem faciemus? neque enim sine causa reditum vestrum tantopere maturari postulavimus; foris pugnæ, intus labores, ut de omnibus aliis sileamus, fere mortificamur tota die de opinione imo concertatione hominum, qui contendunt vos ultra non rediturum, qui modo cum improperio insultant nobis, postquam ad speratam diem nuntius noster non rediit, affirmantes quod in vanum spem nostram consumimus. Denique nisi quod constantiam vestram tam fixam et immobilem optime novimus; tot opinionibus et tot clamoribus hominum flecti ad desperationem debuimus. Comes quoque Hermannus tam diutinam vestri absentiam multum incusat. Omni ergo devotione, omni studio, paternitatem vestram rogamus ut vel hac vice statim post acceptas litteras nostras redire nullatenus differatis, procul dubio scientes quod si modo ulterius moram feceritis, amicos vestros in desperationem non modicam adducetis.

EPISTOLA LXXXVI.
WIBALDI ABBATIS AD SUOS CORBEIENSES.
Increpat eos quod ejus reditum tot iteratis vicibus urgeant.
(Anno 1148.)

Frater WIBALDUS, Dei gratia Corbeiensis abbas, dilectis in Christo fratribus E. priori, A. præposito, W. camerario, salutem et benedictionem.

Lex sacra præcipit, ut in sacrificio sal offeratur. Et Apostolus dicit : *Sit sermo vester sale conditus.* Quæcunque condita non sunt sale insipida sunt, et ad humanæ refectionis profectum minime accommoda : virtus nulla est, quam discretio deserit, hæc est sal et condimentum rerum quæ inter bonas annumerantur. Virtutes in meditullio positæ sunt inter nimietatem et paucitatem. Hæc est via regia, in qua superbi abscondunt laqueos nobis, in qua ita est ambulandum, ut neque ad dexteram declinemus per inconsideratum zeli pronioris ardorem, neque ad sinistram deviemus per dissolutæ remissionis torporem. Quorsum hæc ? quia videlicet in eo quod nos tam frequenter, tam instanter revocatis, modum, qui est discretionis comes, excedere videmini. Cum enim sancta et venerabilis mater nostra Stabulensis Ecclesia multis attrita fuerit pressuris, occasionem rapientibus improbis ex eo quod divinam vocationem et vestram unanimem electionem secuti, ad vos transivimus, impium erat et omni bestia furente crudelius, eam in angustiis et jam impendente ruina deserere. Intravimus in eamdem ecclesiam per ostium, quod de vita et moribus nostris dicere nequaquam præsumimus, sed de tota ordinatione et provectibus nostris plane affirmare non formidamus. Videbamus itaque non lupum unum venientem, nisi forte totam dæmonum phalangem unum lupum intelligimus, sed multorum luporum innumerabiles exercitus, qui ad devorandam Stabulensem Ecclesiam et magnam partem Lotharingiæ efferata rabie inhiaverant. Sed misit Deus Spiritum sanctum de cœlo, et conclusit ora leonum, atque, imperante Jesu, qui propter peccata nostra dormierat, ventis et mari facta est tranquillitas, suspecta quidem et plena dolis et insidiis, et qualem nostra ætas dare consuevit, verumtamen aliqua. Vester igitur affectus in revocando laudabilis est, et nobis gratissimus, revocationis vero tempus et causa laudis titulum non meretur. Tempus quidem, quia importunum est. Causa vero tam puerilis est, ne dicamus stulta, ut digna non fuerit tantis conatibus. Hæc enim est maxima festinatæ revocationis causa, quod, ut verbis utamur vestris, fere mortificamini tota die de opinione, imo de concertatione hominum, qui contendunt nos ultra Corbeiam non redituros : et ne vos in tantæ levitatis dictione ineptos reputaremus, scripserat nobis conventus vester contra gravitatem tanti cœtus, contra severitatem suam, quæ debuit esse castigatior, hæc verba dicens : Omnes pene in regione nostra prophetant, vos ultra non rediturum. O homines prudentes ! o homines fortes !—qui anilibus intenti fabulis et sese perturbant et nos seriis rebus intentos fatigare non desinunt. Mulierculæ, quæ muros atrii vestri obsederunt, et quæ substantiam domus nostræ vorare solent, metiuntur digitis suis, et post detestabilem atque ridiculam sortem sternutantes dicunt jurando, per omnes Christianas animas, verum est, non revertetur. Propheta dicit : *Væ qui prophetant de cordibus suis, egressus est Spiritus a facie furoris Domini, et factus est Spiritus mendax in ore omnium prophetarum.* Hæ sunt angustiæ, hæc sunt bella, hæc incendia, hæ cædes, hæ rapinæ, quæ Corbeiensem circumvallaverunt Ecclesiam. Verum hæc cætera mala divina protectio ab ipsa procul amoveat. Sed dicite nobis de prophetis vestris, qui viderunt vobis stulta et falsa, et vos non attendistis vero Prophetæ dicenti : *Beatus vir, cujus est nomen Domini spes ejus, et non respexit in vanitates et insanias falsas :* ea, quæ prophetant, aut vera prophetant, aut falsa vaticinantur : si vera prophetant, cur nos toties et tam studiose revocatis, cum constet, quod vera prædictio falli vel concuti non possit? si vero de spiritu mendacii falsa loquuntur, cur vos ipsos commovetis et tam vana et tam inepta narratione sollicitatis? Revertemur certe ad vos, si Deus permiserit, et nos vixerimus. Nec enim inter vos ita conversati sumus, ut videre vos erubescamus, neque vos tales erga nos exhibuistis, quos cernere formidemus. Veniemus certe tempore et die præfixo in litteris nostris, quas per Ludovicum puerum nostrum vobis direximus. Licet Stabulensis Ecclesia propter certas et impendentes et periculosas rationes, nostram ægre ferat absentiam. Si Stabulensis Ecclesia nos non educasset, si nos de gregibus ovium non sustulisset, si nos de post fetantes non accepisset, ut pasceremus Jacob et Joseph hæreditatem Dei, si nos egenos de pulvere non suscitasset, et de stercore erexisset pauperes ut sederemus cum principibus, dignum tamen fraterna charitate fuit, ut si in Corbeiensi Ecclesia medicus foret, in cujus domo vestimentum esset, non negaretis sorori vestræ Stabulensi Ecclesiæ aliquam vestræ consolationis participationem. Cæterum nos hæc missa facimus ; vos vero curate ut in novo tabernaculo nostro mansionem venientes habeamus.

EPISTOLA LXXXVII.
WIBALDI ABBATIS AD HENRICUM ROMANORUM REGEM.
De causa Everardi et Cuononis.
(Anno 1148.)

Glorioso domino H., inclyto Romanorum regi,

ac victoris Conradi Romanorum imperatoris augusti filio, W. Dei gratia id quod est in catholica Ecclesia, salutem in eo qui dat salutem regibus.

Ab exitu nostro a synodo Remensi, remorati sumus in Stabulensi monasterio et propter multas et varias dissensiones et pressuras, quæ sunt in terra, ac Domino cooperante nostrosque conatus confirmante, in omnibus fere locis circumjacentibus quantulamcunque pacem composuimus, versus Corbeiam in proximo transire cupientes. Nunc majestatem vestram obnixe rogamus, ut de causa pro qua ad vestram clementiam direximus, nos exaudire dignemini. In beneficiis Stabulensis monasterii hæreditant feminæ, ubi masculi non supersunt. Quidam Widricus noster ministerialis cum haberet unicam filiam, defunctus est, cujus possessiones filius sororis ipsius Cuono occupavit. Postea quidam Everardus filiam præfatam prædicti Widrici duxit uxorem, et secundum morem terræ omne beneficium quod puellæ a patre competebat a nobis accepit. Verum prænominatus Cuono eumdem Everardum de possessione expulit : pro quare a nobis legitime vocatus, et super hoc in causam ductus, cum ab eodem E. impeteretur, quod eum beneficio suo per violentiam spoliasset, respondit Cuono prætaxatam villam suum allodium esse, et ad sese jure proprietario pertinere, et quod avunculus suus pater puellæ quæ nupserat, ipsam novam villam non in beneficio sed in proprio allodio tenuerat, sibique dimidiam partem pro dote matris suæ in hæreditatem dederat. Econtra E. asserebat sæpe dictam Novam villam ab avo uxoris suæ Stabulensi Ecclesiæ, in jus proprietatis pro censu quatuor denariorum fuisse contraditam,·et tam ab ipso quam a cæteris successoribus ejus in beneficio de manu abbatis esse susceptam, quod et nos verum fatebamur, et per legalia instrumenta secundum indubitati juris rationem, hoc probare parati eramus. Uterque Cuono videlicet et E. super allegatione proposita idoneam probationem offerebat, et judicialem sententiam super hoc proferri postulabat. Interrogati cum adjuratione debita ministeriales nostri adjudicaverunt E. probationem incumbere, qui titulum legalis beneficii suo litigatori opposuerat, miscentes nimirum æquitatem cum jure, et veritatem cum judicio. Primus in dicenda judicii sententia fuit Franco, lator præsentium, cæteris in idipsum consentientibus. Econtrario respondit C. Franconem fuisse mentitum, et tam ipsum quam alios falsum dixisse judicium. Erant autem numero 24. Super hoc vestræ majestatis præsentiam appellavit. Nos audito Cæsaris nomine et appellantis voce, nullam nobis reputantes factam injuriam procedere in actione cessavimus. Bene de culmine regiæ majestatis confidentes, quod si uterque ad vestram curiam venerit, juxta legalium institutionum normam vel absolutionem vel condemnationem debitam accipiet. Sin autem appellator venire neglexerit, non eum vestra censura impunitum relinquet, nec de frustatoria provocatione lucrabitur dilationem pœnæ, ut omnes subditi vestri timeant vos, videntes sapientiam Dei esse in vobis ad faciendum judicium. Quidquid vero super hoc vestra curia judicaverit, nobis et domino H. Leodiensi episcopo, et H. comiti Namurcensi et H. comiti de Rupe advocato Stabulensi per vestras litteras significare dignemini.

EPISTOLA LXXXVIII.
HENRICI REGIS ROMANORUM AD WIBALDUM ABBATEM STABULENSEM.
Confirmat Franconis sententiam in gratiam Everardi prolatum.

(Anno 1148.)

Henricus, Dei gratia Romanorum rex, venerabili Corbeiensi et Stabulensi abbati, gratiam suam et omne bonum.

Causam quam ad nos industria tua scriptam transmiserat, diligenter inspeximus et examinavimus, et tam consilio quam judicio curiæ nostræ et præcipue ministerialium nostrorum sententiam judicii, quam Franco protulit ratam esse censuimus, et tam ipsum Franconem, quam eos qui ipsum secuti sunt recte judicasse auctoritate regia confirmavimus. Ea propter condemnamus tibi Cuononem ministerialem tuum in decem libris denariorum probatæ monetæ, et singulis quibuscunque comparibus et comministerialibus suis in tribus libris de banno regio, non solum pro frustatoria appellatione, sed etiam pro petulantiori convicio, quo ipsorum opinionem laceravit. Tu ergo de nostra gratia et protectione confisus dilige justitiam, et judicium a nobis confirmatum effectui mancipare non differas, atque ut Everardus quiete possideat modis omnibus efficere satagas.

EPISTOLA LXXXIX.
HENRICI REGIS ROMANORUM AD WIBALDUM ABBATEM.
Gratias agit Wibaldo propter servitium sibi et patri suo exhibitum, optans illius præsentiam in aliis agendis.

(Anno 1148.)

Henricus, Dei gratia Romanorum rex, Wibaldo venerabili Corbeiensi abbati, gratiæ et dilectionis suæ plenitudinem.

Gratiarum actiones tuæ discretioni referimus, qui fidelitatis et dilectionis constantiam quam domino et Patri nostro deferre consuevisti, post discessum ejus memor qua familiaritate dilectionis ei junctus fueris etiam nobis ad nostri honoris incrementum tum apud regni principes, tum apud dominum papam devotissime exhibuisti, unde nimirum voluntati tuæ obsequi deinceps erimus parati. Verumtamen ;quia communicato principum consilio, in Nativitate S. Mariæ Frankenevort curiam celebrare statuimus, rogamus dilectionem tuam, ut istius curiæ interesse non renuas, et ad informandum regni statum, et pacem firmandam consilio et auxilio nobis assistas. Et quoniam omnia negotia nostra tam privata quam publica per te ordinari desideramus, et ut in eadem curia nos et negotia nostra manuteneas expetimus, Kalendis Septembris in Nuremberch nobis occurras, volumus. Cætera nuntius, de statu vero domini et Patris nostri sicut in litteris suis nobis mandavit scribere curamus.

EPISTOLA XC.
CAPITULI LEODIENSIS AD WIBALDUM ABBATEM
In rebus arduis ipsius petit consilium.
(Anno 1148.)

Domno Wibaldo, Dei gratia dilectissimo ac reverendissimo Stabulensi abbati, humilis Sanctæ Mariæ Sanctique Lamberti conventus, salutem et dulcissimæ matris suæ debitam compassionem.

Paucis prudentiæ et discretioni vestræ præsenti scripto loquemur. Paucis quidem vocum quantitate, sed multis et magnis significatione. Novum imo vipereum quiddam diu apud nos ex adipe iniquitatis et radice elationis conceptum, nunc oriri nititur, tempus sibi putans occurrisse opportunum. Opportunum quidem erit, si non sit qui resistat, qui adjuvet, quod absit? Super quo pia et semper in bonum omnibus omnia facta mater Leodiensis Ecclesia speciale consilium vestrum non solum jure communi requirit, sed exigit quodam quasi speciali debito dilectionis fiduciæ et familiaritatis. Unanimiter ergo rogamus vos, quatenus tertia feria proximæ imminentis hebdomadæ Leodio capitulo nostro interesse dignemini. Valete.

EPISTOLA XCI.
WIBALDI ABBATIS AD CAPITULUM LEODIENSE.
Excusat se quod eorum interesse capitulo non possit, scriptoque significat, quæ præsens, si licuisset, consuluisset.
(Anno 1148.)

Reverendissimis in Christo patribus et dominis ac venerabili majoris ecclesiæ præposito, nec non archidiaconis, atque H. decano, et omnibus ecclesiæ S. Mariæ Sanctique Lamberti canonicis, frater Wibaldus Dei gratia Stabulensis Ecclesiæ servus, spiritu consilii et fortitudinis abundare.

Quod juxta vocationem vestram ad collegium vestrum non venimus, gravis nos occupatio detinuit, videlicet propter reformandam pacem inter homines terræ nostræ, quorum discordia multiplicibus et maximis detrimentis nostram Ecclesiam, ut vobis bene notum est, jamdiu conquassavit. Verumtamen etsi corpore absentes, venimus tamen spiritu, venimus mente tanquam devoti et obedientes filii matris nostræ Leodiensis Ecclesiæ, Dei omnipotentiam exorantes ut ipse conterat Satanam sub pedibus vestris, et liberet vos ab importunis et malis hominibus, qui superfluis et vanis novitatibus primatum et gloriam suæ matris scindere et evertere nituntur. Hæc sunt genimina viperarum, quæ matrem exstinguunt, dum eas ad vitam producit, quæ reddunt malum pro bono; populus, inquam, qui incrassatus recalcitravit, et per nimiam ingratitudinem oblitus est benefactoris sui. Siquidem cathedralis ecclesia, in qua vos et priores et canonici estis, cæteras in urbe præposituras ad suæ dignitatis augmentum, ad suæ magnitudinis ornamentum, tanquam speciosa luminaria exstruxit, et amplificavit, ac de propriis bonis episcopii prima fundamenta jecit, ac deinceps provehendo canonica stipendia et cultum ecclesiasticum ordinavit; ut videlicet clerus Deo serviens et merito et numero in suis conventibus augeretur, atque iidem fuere rectores qui conditores usque ad nostra infelicia tempora, in quibus jam venit discessio, ut reveletur ille filius perditionis qui extollitur super omne id quod dicitur Deus, aut quod colitur. Discessit quippe omnis homo ab homine, ita ut vix duo consentiant de omni re, atque adeo Deus Pater non exaudit nos orantes; discessit, inquam, homo ab homine, quoniam discessit a charitate, discessit ab obedientia, discessit a pudore, discessit a reverentia, et sunt homines seipsos amantes, coacervantes magistros prurientes auribus, verumtamen nolite timere pusillus grex, quoniam complacuit Patri vestro dare vobis regnum. Ascendite ex adverso, opponite murum pro domo Israel. Eruditio vestra reducat ad memoriam quanta sit Esau ignominia cauteriatus, pro eo quod primogenita sua vendidit pro ventris ingluvie et lentis edulio. Dominus in propheta dicit: *Ego gloriam meam alteri non dabo.* Si, inquit, sum Dominus, ubi timor meus? Si Pater, ubi honor meus? Si opponitur vobis sanctissimum atque gravissimum nomen electionis, quæ quidem sacrorum canonum auctoritate constituta est ad pacem Ecclesiæ et unanimitatem continendam; verum de hoc bono principio ex hominum abusione mala multa progressa sunt, ita ut electionis licentia usque ad cellarii et coquinæ claves et villicationes ordinandas extendatur: Pontificis Romani, archiepiscoporum, episcoporum electiones sacra decretorum auctoritas demonstrat. Monachi sanctæ Regulæ Scriptura docentur, qualiter et qualem eligere debeant abbatem, œconomorum et eorum qui nullam in regimine suscipiunt curam animarum electio quo sit authenticæ scripturæ informata judicio, necdum addicere potui mus. B. Benedictus cum de ordinandis decanis atque præpositis præceptum daret, « ad postremum videat, inquit, abbas in quem securus partiatur onera sua, ei videlicet summam consilii attribuens, cui imminet reddendæ rationis periculum. » Et hæc quidem et alia hujusmodi pro nostro captu atque facultate. Si venerabili vestro conventui adesse licuisset, prolixius atque instantius diceremus, supplicando fratribus nostris, quatenus aperto mentis intuitu, diligenter inspicerent, quod fere non est domus, in qua non sit mortuus, darentque operam plus ad reformationem religionis quam ad suscitandam materiam contentionis, et non transgredientes terminos, quos posuerunt eis patres sui, tales in locum provisionis suæ adoptarent personas, quæ et merito vitæ suæ, et loci sui sublimitate majoribus suffragiis juvarentur, et de cætero Deus pacis et dilectionis sit semper cum omnibus vobis.

EPISTOLA XCII.
WIBALDI ABBATIS AD HENRICUM LEODIENSEM EPISCOPUM.
De vi illata in homines Stabulensis monasterii a Theodorico de Salcevivo.
(Anno 1148.)

Reverendo Patri suo et domino H. venerabili Sanctæ Leodiensis ecclesiæ episcopo, frater WIBALDUS, Dei gratia Stabulensis ecclesiæ servus, exiguas orationes et devotum servitium.

Theodoricus de Salcevivo ministerialis vester de Bullione venit in terram Stabulensis Ecclesiæ, ad villam nomine Daverdeus, atque ibi prædatus est non pauca animalia. Orto clamore in terra, secuti sunt homines nostri tam de Wellin quam de aliis locis, ut ea, quæ nobis fuerant ablata reciperent, et longius prædatores persecuti sunt. Illi congregato de castello vestro et de terra majore multitudine invaserant nostros, et captis septem viris, duodecim ex hominibus Ecclesiæ nostræ occiderunt, et multos crudelissime vulnerarunt. Audivimus vero quod Ecclesiam nostram in Wellin velitis interdicere pro eo quod interfecti illi in cœmeterio ejusdem ecclesiæ sepulti sunt, quod nos credere nequaquam potuimus. Novit enim discretio vestra, quod etiam jure gentium licet vi vim repellere, et quod super terram homines sint excommunicandi, dicente Scriptura : *Quodcunque ligaveris super terram, erit ligatum et in cœlo.* Sicut itaque juxta auctoritatem Leonis et Gelasii, quibus vivis non communicavimus, nec mortuis communicare possumus, sic e converso, quos Ecclesia vivos non devitavit, mortuos abjicere non debet. Dignetur itaque vestra prudentia providere, ne ad grave malum atque damnum, quod per injuriam accepimus, aliquod gravamen per inimicorum nostrorum delationem sustineamus. De Theoderico vero de Turri tam frequentem et tam importunam et tam longam querimoniam sine fructu fecimus, ut ea, quæ nobis fuerant ablata reciperent, etiam Ecclesiam nostram pudet, nos vero tædet.

EPISTOLA XCIII.
HENRICI REGIS ROMANORUM AD WIBALDUM ABBATEM.
Ut sibi Winisberch occurrat.
(Anno 1148.)

HENRICUS, Dei gratia Romanorum rex, WIBALDO abbati Corbeiensi et Stabulensi, intimæ dilectionis suæ plenitudinem.

Discordia, quæ nuper in Suevia suborta est, a proposito nostro in parte nos declinare compellit. Cum enim Nuremberch moram facere proposuerimus, ad componendos tumultus Suevorum divertere compellimur. Unde dilectionem tuam, quam intime rogamus, ut eodem termino quem Nuremberch tibi præfiximus, Winisberch nobis occurrere non graveris. Quod si fieri non potest, omni occasione postposita, curiam Frankenevort indictam nobiscum celebres. Cætera nuntius.

EPISTOLA XCIV.
FULDENSIUM MONACHORUM AD WIBALDUM ABBATEM.
Designato tempore ipsi occurrere promittunt.
(Anno 1148.)

WIBALDO, venerabili Corbeiensis ecclesiæ abbati, congregatio Fuldensis, devotum munus orationis et dilectionis.

Licet mille pressuris et incommodis in articulo hujus temporis simus conquassati, litterarum tamen vestrarum visitatione plurimum sumus consolati, unde ex integro cordis affectu gratias agimus vobis. Tempore enim litteris vestris nobis designato libenti animo vobis occurrere sumus parati, et a Deo vobis tradita prudentia consilium et auxilium quærendo nobis subvenire non dedignemini ; nos etenim quæque paterna de sinceritate vestra speramus.

EPISTOLA XCV.
BERNARDI EPISCOPI PATHERBURNENSIS AD WIBALDUM ABBATEM.
Orat ut Corbeiam revertendo apud ipsum declinet colloquium secum habiturus.
(Anno 1148.)

Divina providentia Patherburnensium provisor humilis, dilecto in Christo fratri WIBALDO Corbeiensi abbati, orando, serviendo quidquid devotius, quidquid potest fidelius.

Reditum vestrum ad nos gratanti animo suscipimus, quippe cujus absentiam tam diutinam propter plurima nobis negotia communia satis ægre tulimus. Rogamus itaque et iterum rogamus, quatenus nulla interveniente occasione, hospitalitatis causa ad nos declinetis, omnibusque, quæ in domo nostra sunt, non tantum ad necessitatem, verum etiam ad voluntatem tanquam propriis utamini. Habeamus etiam libertatem de singulis colloquendi præsentes, quorum plurima nec meminisse nec loqui possumus absentes. Huic petitioni si contradixeritis, de vestra amicitia nos diffidere cogetis.

EPISTOLA XCVI.
WIBALDI AD GUIDONEM CARDINALEM.
Commendat ei abbatem Brunvillarensem.
(Anno 1148.)

Reverendo Patri et domino GUIDONI sanctæ Romanæ Ecclesiæ venerabili cardinali diacono, apostolicæ sedis cancellario, frater WIBALDUS Dei gratia id quod est in Ecclesia catholica, devotas orationes et seipsum.

Divinæ largitatis similitudinem gerit hoc, quod in nobis vestra exhibere non cessat clementia. Siquidem nullis nostris exstantibus meritis, tanta in nos beneficiorum vestrorum abundat liberalitas, ut non immerito cum admirationis magnitudine protestari cogamur : *Quid retribuam Domino pro omnibus quæ retribuit mihi ?* Sub tanta itaque indefessæ pietatis vestræ fiducia, nostræ parvitati confidentia crescit, ut etiam pro amicis nostris intercedere præsumamus, eum nobis posset sufficere et arduum reputari, quod vestræ dilectionis dulcedinem aliqua ex parte degustamus. Commendamus igitur vobis virum venerabilem abbatem (96) Brunvilerensem qui, sicut certum est, infirmitate corporali detentus ad synodum Remensem venire non potuit, et sicut ab ipso plenius audietis, de hoc, quod sibi ab æmulis impositum est, omnem in modum innocens fuit. Vos igitur pro nostræ petitionis intuitu ipsius et Pater et patronus eritis.

EPISTOLA XCVII.
CAPITULI S. LIBORII AD WIBALDUM ABBATEM.
Conqueruntur de Folquini vexationibus orantque ut episcopum conveniens, hortetur ipsum ut sibi subveniat.

(Anno 1148.)

Domno Wibaldo, omni veneratione dignissimo sanctæ Corbeiensis Ecclesiæ abbati, W. præpositus, A. decanus, reliquusque (97) sancti Libori pusillus grex, orationis et servitutis suæ fidelem exhibitionem.

Quia post dominum nostrum episcopum in episcopatu nostro primum vos divina promovit ordinatio, idcirco in angustiis nostris ad vos confugimus potissimum, sperantes a vestra prudentia nostris malis adhiberi medelam et consilium. Dominus Folquinus gravis hospes pauperibus nostris colonis frequenter incumbens, pecuniamque ab ipsis assidue sed modo insolentius extorquens, tantum eos attenuavit ut non modo debita sua nequeant persolvere, sed et malint ubivis gentium mendicare, quam tantis pressuris deinceps subjacere. Ego quoque W. præpositus, cum sim præter præposituram satis Ecclesiæ auctus beneficiis, de meo annuos præbendæ supplendo defectus plusquam tribus mensibus, adeo rebus sum imminutus, ut nec fratribus a modo servire, nec propriis valeam necessitatibus subvenire. Unde cum primum video faciem domini mei episcopi, tam honore quam nomine præpositi cupio carere et exui. Nam, quantum ego inopiæ pauperum parcendo indulgeo, tantum præfatus dominus Fulcuinus diversis exactionibus instat atterendo. Unanimi igitur affectu pietati vestræ, sancte Pater, valido clamore supplicamus, quatenus dominum nostrum episcopum conveniatis, et sicut scitis et de vobis confidimus, commoneatis, ut Ecclesiæ suæ in extremo laboranti subveniat, ne et nos necessario, sine quo militare nequimus, privemur subsidio, et domus Dei, deficientibus vel dispersis ministris, divino careat servitio.

EPISTOLA XCVIII.
WIBALDI ABBATIS AD CANONICOS PATHERBURNENSES.
Respondet ad præcedentem.

(Anno 1148.)

Reverendis in Christo Patribus et dominis suis W. venerabili Patherburnensis ecclesiæ majori præposito, et cæteris ejusdem ecclesiæ canonicis,

---

(96) Brunvillareuse monasterium ordinis S. Benedicti celeberrimum, duabus a Colonia Agrippina dissitum leucis, cujus fundationis confirmationem aliaque acta non spernenda retulimus tom. I.

frater Wibaldus, Dei gratia id quod est in Ecclesia catholica, magni consilii angelum.

Litteras universitatis vestræ accepimus plenas anxii doloris, plenas sollicitæ mœstitiæ, plenas gravis querelæ, ex eo videlicet, quod, sicut scripsistis, familia Ecclesiæ vestræ indebitis exactionibus affligitur, et tam ad Deum quam ad vos clamare compellitur, quatenus eis auxiliatorem et protectorem provideatis. Magna utique calamitas, intolerabilis miseria, carere in obsequiis divinis necessario et constituto stipendio, et tacite pati, ut familia Ecclesiæ opprimatur. Sed vestra constantia diligenti consideratione præcavebit, ne in illud propheticæ exprobrationis elogium incidatis, quo dicitur : *Canes muti non valentes latrare*. Item : *Non ascenditis ex adverso, nec opposuistis murum pro domo Israel, nec stetistis in prælio in die Domini*. Et nos quidem filiali et fraterno affectu vestris angustiis compatientes, omne incommodum vestrum domino et Patri nostro episcopo suggessimus, supplicantes et hortantes eum, ut quoniam divina largitas multa in eo pretiosa munera contulit, quæ ad defensionem et decorem domus Dei possunt proficere, tota animi intentione ad repellendam hanc injuriam et protegendam Ecclesiam suam assurgeret, non defuturo ei nostræ parvitatis consilio et auxilio. Vobis quoque et toti sanctæ matri nostræ Patherburnensi Ecclesiæ nostram facultatem, quantulacunque est, ingenii et rerum fideliter et devote offerimus in hac tribulatione et in omni, quæ vexare tentaverit, vobiscum participanda. Cæterum, Pater et dominus noster episcopus ad suggestionem nostram benigne et clementer respondit, et plurimum vestris calamitatibus ex animo condoluit, promittens se totum et suas res pro vestra liberatione et pauperum vestrorum, si opus fuerit, positurum, et ex vestro potissimum consilio rem omnem tractaturum.

EPISTOLA XCIX.
HENRICI ROMANORUM REGIS AD EUGENIUM PAPAM III.
Archiepiscopum Moguntinum excusat, quod concilio Remensi non interfuerit, eumque ad pontificem proficiscentem commendat.

(Anno 1148.)

Dilectissimo in Christo Patri Eugenio sanctæ Romanæ Ecclesiæ summo pontifici, Henricus Dei gratia junior Romanorum rex, filius magni Conradi inclyti triumphatoris Romanorum regis et semper augusti, filialem per omnia dilectionem et debitam in Domino reverentiam.

Charissimus Pater noster catholicæ fidei cultor a nobis et a regno suo discedens, etc. *Vide in Eugenio III papa, ad an.* 1153, *post ipsius Regesta*.

---

(97) Id est ecclesiæ cathedralis Patherburnensis, quæ S. Liborium episcopum Cenomanensem agnoscit patronum.

EPISTOLA C.

WIBALDI ABBATIS AD G. AURIFICEM
Ut quæ illi facienda commisit, operibus instanter incumbat.

(Anno 1148.)

Frater Wibaldus, Dei gratia id quod est in Ecclesia catholica, dilecto filio suo G. aurifici salutem et benedictionem.

Solent homines artis tuæ frequentius non observare promissa, dum plura ad operandum recipiunt, quam perficere possint. Radix malorum omnium cupiditas. Sed tuum nobile ingenium, tuæ alacres et illustres manus omnem falsæ sponsionis notam effugient. Artem tuam fides commendet, opus tuum veritas comitetur, sponsio tua effectum obtineat, promissio tua tempori respondeat. Et hæc de promissi tui obligatione admonenda putavimus, quoniam de dolo et falsitate nulla suspicio est in tam elegantis ingenii domicilio. Quorsum hæc? videlicet ut operibus nostris, quæ tibi facienda injunximus, studiose insistas, nec aliqua interim assumas, quæ perfectionem nostrorum invideant. Scis nos esse currentis et celeris desiderii, et id quod volumus, statim volumus. Seneca de beneficiis : *Bis dat qui cito dat.* Posthac tibi prolixius scribere intendimus de cura et provisione domus tuæ, de regimine et ordinatione familiæ tuæ, de observatione et disciplina uxoris tuæ. Valete.

EPISTOLA CI.

G. AURIFICIS AD WIBALDUM ABBATEM.
Respondet ad præcedentem.

(Anno 1148.)

Domno Wibaldo, Dei gratia Stabulensium et Corbeiensium abbati, suus G. salutem et debitum servitium.

Monita tua ex benevolentia et sapientiæ thesauro prolata tum jucunde tum disciplinate suscepi, quæ nimirum acceptabilia tam rerum utilis gravitas quam mittentis fecit auctoritas. Igitur memoriæ mandavi et quasi sub sera reposui artem meam fide commendare, opus meum prosequi veritate, sponsionibus meis effectum adhibere. Atqui non semper est in promittente promissa complere : plerumque enim in causa estis, cui promittitur, cum per eum evacuatur vel differtur promissio. Igitur, si, ut dicis, currentis es desiderii, et quod vis statim vis, accelera ut ego in opere tuo curram. Nam curro et curram, nisi moram necessitas afferat. Marsupia enim nostra exhausta sunt, nemo eorum, quibus inservivi, intulit quidquam. Is etiam de quo pollicitus es mihi luminaria uxori meæ daturum, pene tenebras ingessit, dum exspectatione beneficii beneficium suspendit. Igitur quia humana necessitas post exinanitionem gaudet repletione, consule necessitati, adhibe remedium, da cito ut bis des, et me fidum, constantem, postremo devotum tuo operi reperies. Valete. Considera tecum quantum temporis sit a capite Maii usque ad festum sanctæ Margaretæ, et eo tunc usque ad festum sancti Lamberti. Sapienti sat dictum est.

EPISTOLA CII.

WIBALDI ABBATIS AD FULDENSES MONACHOS.
Excusat se quominus Fuldam proficiscatur, interim salutaria eis dat monita pro futura abbatis electione.

(Anno 1148,)

Frater Wibaldus, Dei gratia id quod est in Ecclesia catholica, reverendis in Christo patribus et fratribus suis B. venerabili decano, T. præposito, et cæteris Fuldensis Ecclesiæ prioribus ac filiis, magni consilii angelum.

Venit ad nos Corbeiam frater vester Othwinus, nulla nobis perferens communium litterarum indicia, obnixe tamen universitatis vestræ petens alloquio, ut ad xii Kal. Novembris Fuldam ad vos veniremus, interfuturi collegio vestro, ubi de electione futuri abbatis tractare Deo auctore instituistis. Nos itaque, fratres charissimi, licet animo essemus promptissimi ea exsequi, quæ vestris jussionibus et communi utilitati essent accommoda, tamen magnis ac multiplicibus nostri monasterii detenti occupationibus, transire ad vos nequaquam potuimus, sed pro vobis ad divinam clementiam vota fundentes, nostri cœnobii præpositum causa visitationis et consolationis ad vestrum conventum direximus. Quidquid vero nostra parvitas præsens excellentiæ vestræ in hac causa posset suggerere, brevi sermone absentes explicamus : ut videlicet remotis partium studiis, omnes in concordiam unanimem Spiritu sancto redeatis, omnes in Christo idipsum sapiatis, omnes non necessitate, sed etiam voluntate jussionibus domini papæ cum omni obedientia obtemperetis. Durum est contra stimulum calcitrare, non est qui se abscondat a calore ejus. Summus pontifex est, et præterea vester specialis. Fuldense monasterium beati Petri ac sanctæ matris nostræ Romanæ Ecclesiæ singularis possessio est. Domestica vos exempla sufficienter erudire possunt, quoniam concordia res parvæ crescunt, discordia res magnæ dilabuntur. Dum in monasterio vestro pax et religio vigeret, Deo propitio res humanas moderante, crevit in immensum dignitas vestra et possessio vestra. Quid vero tunc contumeliam et egestatem ac ruinam operetur, ex meliorum collatione veraciter intelligentia vestra poterit colligere. Deponite nunc odia, rejicite contentiones, Deum præ oculis habete. Siquidem maledictus homo, qui confidit in homine et ponit carnem brachium suum. Estote filii pacis et viri consilii, memores verborum sancti Leonis papæ : *Difficile est,* inquit, *ut bono peragantur exitu, quæ malo sunt inchoata principio.* Valete, et in hac tam difficili causa sancti Spiritus adsit vobis gratia.

EPISTOLA CIII.

STABULENSIUM MONACHORUM AD WIBALDUM ABBATEM.
Consilium petunt super quibusdam negotiis temporalibus.

(Anno 1148.)

Reverendo in Christo Patri et domino Wibaldo,

Stabulensis Ecclesiæ venerabili abbati, humilis ejusdem Ecclesiæ congregatio fidelem dilectionem et debitam per omnia subjectionem.

Memores, Pater amantissime, piæ benignitatis vestræ, qua assidue jucundamur, et præ oculis quotidie habentes paternæ sollicitudinis vestræ certos fructus, et semper valitura monimenta, quod solum possumus, calicem salutis accipiendo et nomen Domini invocando, pro vestra incolumitate vestrisque successibus jugiter Dei misericordiam supplices exoramus. Inde est quod paternitatis vestræ præsentiam continue desideramus; inde est quod absentem semper diligimus et veneramur, timemus et amplectimur. Salutantes itaque etiam nunc unanimiter dulcedinis vestræ ubertatem, ad unicum protectionis vestræ refugium confugimus, significantes vobis quod dilecta nobis conjux quondam Anselmi Villici in articulo mortis constituta, cæteris rebus suis ordinatis, Fornagia, quæ ex vestro beneficio in villa nostra Stabulans tenebat, in manibus Ecclesiæ pro remedio animæ suæ et salute piæ memoriæ Anselmi Villici contulit, ita videlicet ut, si vestris patrociniis fulti donatione sua frui possimus, rata quidem haberetur; sin autem, pro decem libris denariorum in pignore constitutum suum teneremus. Nos itaque dum adhuc eadem vivit matrona, consilii vestri solitam clementiam super hoc pie invocamus, genibusque vestris humiliter provoluti intime petimus, ut vestris adjutoriis et defensionibus non fraudetur Ecclesia a desiderio, quod tanto tempore desideraverat. Nam soror ejusdem Odiliæ Margarita, et vir ejus Anselmus atque Villicus Malmundariensis multis minis ad hoc, ut donationem vice vestra susceptam rejiciamus nos deterrere conantur; modo filio Walteri de Rulant idem beneficium se daturos promittentes, modo a domino Lamberto Villico vestro de Baldou decem libras denariorum pro ipso beneficio se accepturos minitantes. Super his itaque omnibus consilii vestri opportunitatem per dignationis vestræ rescripta imploramus, quibus si fruimur, minas occursantium nobis parvipendimus. Cæterum si huc usque in aliquibus defectibus constituti fuimus, deinceps per Dei misericordiam meliora speramus. Paternitatem vestram semper nobis utilem Deus et incolumem custodiat.

EPISTOLA CIV.

WIBALDI ABBATIS AD SUOS STABULENSES
Respondet ad præcedentem.
(Anno 1148.)

Frater WIBALDUS, Dei gratia id quod est in Ecclesia catholica, ROBERTO venerabili decano et cæteris in Christo dilectis filiis et fratribus, qui sunt in congregatione Stabulensi, benedictionem et vitam usque in sæculum.

Grata nobis valde est et jucunda ea rerum opportunitas, quæ nobis facultatem subministrat, ut vestræ universitati scribere imo vero tanquam cum præsentibus colloqui, et affectum depromere valeamus, et ea nobis materia illustrior est et acceptior, quo deterso animi nostri angore, serenum quiddam atque tranquillum menti nostræ copiosius infundit, quod utique uberiore gratia toties sit, quoties statum vestrum tam in personis quam in rebus absque ullius jacturæ graviori detrimento procedere intelligimus. Consuetam circa nos animorum vestrorum sinceritatem, et quotidianis incrementis sese transcendentem benevolentiam, in litterarum vestrarum tenore accepimus, et licet tantis laudum præconiis judicemur indigni, et nostra merita circa Ecclesiæ vestræ augmenta et utilitatem nequaquam recognoscere præsumamus; tamen divinæ gratiæ, cui totum quod sumus ascribimus, toto cordis affectu et vocis ministerio gratias referre non cessamus, quod mentis vestræ desiderium erga personæ nostræ, licet vilis et exiguæ, amorem abundantius accendit, nec ex diuturnitate fastidium, neque ex assiduitate contemptus, neque ex occasione novitas in vestrum collegium subintravit, sed propensiore charitatis vinculo et vosmetipsos invicem, et nos omnes et singuli et honorando diligitis, et diligendo honoratis : in quo sanctissimæ unitatis glutino solidius conjuncti, et adversa mundi hujus, quæ vos et vestra crebris et validissimis ictibus quatiunt, fortiter toleratis, et incommodis rerum defectibus indesinenter molestati, augere tamen et provehere domus Dei decorem non cessatis. Quod si inter vos aliquis discordiæ nævus appareret, et vos aliqua novitatum ambitiosa macula sordidaret, non dicimus crescere, sed ne stare quidem possetis. Cæterum quod de utilitate communi nostrum consilium et mandatum exspectatis, non arbitramur factum esse ex diffidentia impetrandi, sed potius ex alacritate obediendi. Siquidem animus noster jam a longo tempore vobis est notissimus, quod prompta et facili voluntate, quidquid a laicis extorquere potuimus, vestris et pauperum usibus, habito præ oculis divini respectu judicii, coaptavimus. Confidentes igitur de protectione divina et de nostræ parvitatis subsidio, possessionem illam de Fornagiis ab illa matrona Odilia sive defuncta, sive adhuc vivente, ad usum monasterii revocate, et maxime ad sustentationem pauperum, in quibus Christus præsentialiter recipitur et alitur. Etenim tam apud Deum major merces et copiosa retributio pro vobis exhibebitur, quam apud homines facilior excusatio, et suffragium devotius, et defensio robustior obtinebitur. Nos quod vobis cordi est, in tantum valemus, in quantum vos valere cognoscimus, et esse vobiscum omni tempore, si fieri apte posset desideraremus. Minæ hominum venti sunt, jure gentium licet vim vi repellere. In animo vestro et in manibus vestris reposita est. Misimus vobis in majore scedula quasdam quæstiones, quæ nuper apud nos Corbeiæ exortæ fuerunt.

EPISTOLA CV.

WIBALDI ABBATIS AD SUOS STABULENSES.
Enarrat quosdam tumultus, qui in Corbeiensi mona-

sterio contigerant, vetatque ne rebelles apud se recipiant.

(Anno 1148.)

Frater WIBALDUS, Dei gratia id quod est in Ecclesia catholica, ROBERTO venerabili decano et cæteris in Christo dilectis filiis et fratribus Stabulensis cœnobii monachis, benedictionem et vitam usque in sæculum.

Licet modis omnibus justum sit, ut pro filiali affectione, qua nostræ parvitati arctiore vinculo copulamini, omnia nostra vestræ conscientiæ debeant esse nuda et aperta, tamen aliquantulum erubescimus, infirmiora Corbeiensis monasterii vobis detegere, nisi quod vestra interest omnium rerum nostrarum notitiam, et nos contra obloquentium detractiones famam nostram tueri et conservare studemus. Etenim juxta S. Augustinum : *Crudelis est qui famam negligit.* Et gentilis ille doctissimus Cicero dicit : *Famam esse non mediocre telum ad res gerendas.* Ob hoc etiam vestræ notitiæ ista non esse subtrahenda sumus arbitrati, quod quidam de fratribus Corbeiensibus exierunt a nobis, sed non erant ex nobis, et propter institutæ fraternitatis formulam inter Stabulenses et Corbeiense monasterium, vel apud vos licitam et tutam mansionem habere, vel per intercessionis vestræ gratiam regressum ad fratres suos, obtinere se posse existimant. Longam itaque actionis seriem compendiosa vobis narratione pandemus. Cum anniversaria dies prædecessoris nostri abbatis Henrici a nobis Corbeiæ Christiano more celebraretur, tres ex juvenibus fratribus nostris a conventu nostro et exsequiis, quas defuncto abbati impendebamus, sese ex deliberatione et condicto subduxerunt. Interrogati a nobis cur ita fecissent? responderunt se tute non posse orare pro excommunicato, cujus cadaver contra justitiam canonicam esset humatum intra ecclesiam. Quæsivimus a reliquis fratribus (omnes enim aderant, senes cum junioribus), an huic sermoni consensum præberent? negatum est ab omnibus tale et tam inauditum verbum ex sua conniventia processisse, præcipue cum idem abbas Henricus, quem nunquam fuisse abbatem tres illi temeraria præsumptione affirmabant, nequaquam, dum adviveret, de crimine aliquo fuisset convictus vel confessus, sed ne pulsatus quidem ordine judiciario. Erant enim perniciosi illi tres in congregatione discordes, elati, et ad omnem ordinis ruinam et claustralem disciplinam destruendam audacter promptissimi, et ex longo tempore jam propter bonum pacis, multorum reclamante consilio, longanimiter a nobis tolerati. Conversi etiam nunc ad patientiam et paternum induentes animum, cœpimus eos manifeste et instanter admonere, ne ambularent in magnis et in mirabilibus super se, deponerent odia veternosa, quæ in æternum trahunt interitum, cessarent persequi cineres mortui hominis, desisterent scandalum facere nobis et fratribus suis. Invenimus, inquam, hic electi et vocati ac venire ex obedientia jussi, ecclesiam hanc absque ullius contradictione administrantem, divina celebrantem officia, et jam per biennium, ex quo ille vita decessit, nullas a prælatis nostris accepimus litteras vel mandata, in quibus de excommunicatione personæ illius, vel de ejectione corporis ipsius contineretur. Dominus dicit in Evangelio beato Petro : *Quodcunque ligaveris super terram, erit ligatum et in cœlis; et quod solveris super terram, erit solutum et in cœlis.* Super terram, inquit, non sub terra, quoniam viventes, et non mortui debent excommunicari vel absolvi. Et Salomon ait : *Si ceciderit lignum ad austrum aut ad aquilonem, in quocunque loco ceciderit, ibi erit.* Quod Ezechiel propheta multis verbis ac sententiis explanat, ut in ipsius volumine invenietis, finem vitæ in cunctis asserens potius judicandum, quam vivendi principia. Beati Leonis papæ et B. Gelasii papæ sententia est : *Quibus vivis non communicavimus; nec mortuis communicare possumus :* proinde nostræ parvitati consequens videtur, ut quos vivos a communione Christiana non alienavimus, nec mortuos excommunicemus. Multæ paleæ sunt in area, quibus necdum accessit ventilabrum. Verum in his et hujusmodi exhortationibus, tres illi more aspidis surdæ et obturantis aures suas, non audiebant vocem incantantis, sed orabant enixius, ne ipsis violentiam inferremus; asserentes dominum illum non esse abbatem nominandum, nec in numero abbatum reputandum, pro eo quod dominicum suum deposuerit, et in sede sua sederit contra canones. Etenim, charissimi fratres, quod inviti loquimur, apud eosdem fratres, sicut in plerisque claustris, quæ regiæ ditioni et ordinationi subjecta sunt, nullus de regula sermo, nulla de consuetudine Casinensi vel Cluniacensi seu antiquorum monasteriorum mentio, sed canones, decreta, appellationes, concilia, jura, leges, condemnationes, taliones, argumenta, probationes, infamationes assidue loquuntur, quotidie novos abbates, novos priores habere desiderant. Nullus præpositus, nullus cellarius placere potest. Panis, cervisia, pulmentum semper in culpa est; villicationes, beneficia principum et ministerialium ordinant. Hæc prima in capitulo dicendi initia, in his diem consumunt, de moribus, de religione, de patientia et humilitate, de obedientia et charitate nullum unquam verbum, de vestitu moderato, de tonsura et incessu prorsus exstincta memoria est. Et cum omnia die ac nocte pervertant, tanquam censores et homines castigatissimi omnia primi reprehendunt, ne ipsi reprehensibiles reprehendantur. Postquam in admonendo longam frustra operam consumpseramus, tandem ne auctoritas capituli ludibrio haberetur, quia, inquam, medicinam non recipitis, sed potius in amentiam conversi in medium insanitis, jam incumbit vestris cœptis, ut fratres vestros aliena communione pollutos comprobetis. Nos enim innocentes erimus pro eo quod vitium hoc in congregatione nunc primum cognovimus, vos autem non solum inobedientes ac rebelles, quin etiam profani et sacrilegi apparebitis, in eo quod mortuos iniquo odio persequimini, cum Salomon doceat, ne lætandum quidem in morte inimicorum. Quid igitur commisit Henricus ille abbas, aut in quo Christianæ professionis proposito, aut canonicæ institutionis tramitem excessit, ut excommunicationis laqueum incideret? ad hæc illi testabantur, quod beatæ memoriæ dominus cardinalis Thomas, apostolicæ sedis legatus, instituisset judicare de illo Henrico, qui ab ipso depositus aliquando Corbeiensi præfuit monasterio, cum accusatio esset ordinata, et iis coram ipso contestata, cum ipse judex præsideret, ad tuendam innocentiam suam sub stola sua coram omnibus excommunicavit, ne quis pro eadem causa pecuniam daret vel acciperet. Cæterum idem Henricus, de quo agitur, postmodum publice confessus est, quod pro eodem negotio sex marcas argenti, prædicto domino cardinali dedisset. Ergo, inquam, blasphemia vestra grandior est et horribilier, quia lingua vestra non solum transit in terra ad eruendos cineres in pace Ecclesiæ defuncti sacerdotis, sed etiam posuistis in cœlum os vestrum sanctam matrem nostram Romanam Ecclesiam in crimen hæresis trahendo. Sciscitato itaque fratrum nostrorum consilio, jussimus eos in infirmariam secedere, quatenus ex majori mora deliberationis, quid agendum esset, providere possemus. Quod cum facere renuerent, interdiximus fratribus in virtute obedientiæ, ne illis præsentibus divina celebrarent officia; unde compulsi a fratribus mansionem sibi deputatam erecta fronte introierunt. In qua domo cum obedientiam non servarent, sed potius cachinnis et irrisionibus vacarent, et huc illucque vagabundi discursitarent, ex sententia priorum, non esse bonum judicavimus sumere panem filiorum et mittere canibus, atque ita impœnitentes imo aperta rebelles de congregatione et claustro non sine dolore et lacrymis emisimus. Cæterum, ut noverit vestra discretio, cujus opinionis, cujusve sanctitatis essent hi graves et severi homines, qui mortuorum meritis inquinari se arbitrabantur, primus eorum nomine Evernandus, a juventute sua discors, et evirati gestus atque incessus, tempore Henrici junioris, qui tunc Corbeiense monasterium tenebat, libro uno furtim sublato, sacrilegium perpetravit, pro quo pœna addictus, cum manu præfecti nullo pro eo intercedente, sed tamen plerisque propter ordinis infamiam erubescentibus, fugere permissus est. Quem nos omnem correctionem cum omni instantia promittentem pro suprema misericordia, ne periret, in claustro recepimus. Secundus ex tribus nomine Adelbertus, en altera vice levavit calcaneum suum adversus decreta et opus sacrosanctæ matris nostræ Romanæ Ecclesiæ, adhærendo illi Henrico, quem dominus Thomas cardinalis, apostolicæ sedis tunc legatus, de Simonia convictum et confessum deposuerat, et sententiæ non parentem, quin imo rebellem et rerum ecclesiasticarum pervasorem, judicio sancti Spiritus excommunicaverat. Pro qua re idem Adelbertus postmodum publice pœnitens, et ab excommunicatione, qua maculatus erat, absolutus a prædecessore nostro, quem ipse nunc exsepelire moliebatur, vix post longam humilitatis speciem in communione fratrum et congregatione est receptus. Tertius eorum Godescalcus a suis coætaneis cellarius monasterii contra seniorum consilium, antequam regimen ipsius monasterii suscepimus, satis irrationabiliter institutus, consumpsit substantiam male vivendo, de cujus vita et moribus tacere quam loqui honestius est. Hos tres ut ad vos forte venerint, indignos vestra humanitate judicabitis, nec vestræ cum Corbeiensibus sodalitatis constitutio in tantum extenditur, ut tales fovere, vel nobis ac monasterio quondam suo reconciliare ullo modo consentiatis.

EPISTOLA CVI.
WIBALDI ABBATIS AD H. MONACHUM.
Ejus prædicat virtutes, oratque ut sibi scribat.
(Anno 1148.)

Frater WIBALDUS, Dei gratia id quod est, charissimo in Christo filio suo H. benedictionem

Scribimus tibi in altera vice, et studium tuum excitamus, et responsionem sollicitamus, et vicissitudinem flagitamus. Verum quod nec calami nec atramenti responsione nunc uteris, ratio silentii tui nos edocere æstimatur, quod actu et ipsa re magis loqui nobis contendis, quam articularibus et vocalibus instrumentis, juxta illud Joannis apostoli. *Non diligamus verbo neque lingua, sed opere et veritate.* Si quid in domo Domini ad salutem animarum, ad refrigerium et valetudinem corporum, ædificare inchoavimus, tu perficis, imperfecta consummas, neglecta ornas, dissipata resarcis, dispersa congregas, et congregata conservas, benedictus tu, fili mi, a Domino, qui Patrem tuum honoras, qui præceptorem tuum diligis, qui eruditorem tuum foves, nutritorem amplecteris. Legem implesti, monasterium tuum auxisti, Ecclesiam Dei ornasti. Scribe tamen nobis stylo hominis cum calamo operis. Molles auriculas habent domini, divites adulatione capiuntur; sed sicut illa a sanctis tuis moribus exsulat et prorsus extranea est, ita nos non eam amplectimur, sed amicorum nostrorum visitatio et scripturæ dulcis confabulatio pro patria nobis est, consolatio nobis est, munimentum nobis est. Scribe igitur ut præteritæ cessationis veniam capias, ut laus tua nunquam deficiat ob ore nostro, ut respondeamus etsi non diserte, tamen affectuose. Provocet te nostrum exemplum, incitet imitatio, accendat sollicitudo. Tantis et tam amaris occupationibus distracti animum colligimus, manu propria scribimus, et tu juvenis et expeditus cessas. Sed in opere quod tibi scribendum et etiam dictandum injunximus, volumus te intentam dare operam, ut de ingenio tuo perennem fructum capiamus, sicut in opere manuum non mediocriter gaudemus.

EPISTOLA CVII.
FULDENSIUM MONACHORUM AD WIBALDUM ABBATEM.
Orant ut futuræ Fuldensis abbatis electioni velit interesse.

(Anno 1148.)

Wibaldo, sanctæ Corbeiensis Ecclesiæ religioso abbati, exigua Fuldensis congregatio, G. advocatus cum omni familia Sancti Bonifacii devotissimæ servitutis et orationis obsequia.

Quoniam in tribulationibus et angustiis, quæ invenerunt nos nimis, his diebus paternum affectum vestrum diversis beneficiis sumus experti, de abundantia vestræ pietatis non possumus esse incerti. Quapropter solita erga nos usus gratia, pii Patris ostendite charitatem, et nobis ex merito iniquitatis nostræ tribulatis, pridie Nonas Novembris ad nos veniendo succurrere non differatis. Sumus enim parati præceptis domini papæ in eligendo abbatem obedire, idcirco vos aliosque religiosos abbates a domino papa ad eamdem electionem prædestinatos, litteris nostris vocare ratum duximus. Sed quia post Deum maxime in vobis confidimus, paternitatem vestram iterum atque iterum humiliter imploramus, ut ad supra dictum terminum ad nos venire non pigritemini, et nobis consulendo et auxiliando subvenire non dedignemini.

EPISTOLA CVIII.
FULDENSIUM MONACHORUM AD CORBEIENSES.
Ut Wibaldus abbas electioni Fuldensis abbatis velit interesse.

(Anno 1148.)

Venerabilibus dominis et confratribus nostris sanctæ Corbeiensis Ecclesiæ, Fuldensis congregatio sinceritatem fraternæ dilectionis in Christo.

Fraternis consolationibus vestris, quæ plene lætificaverunt animas nostras, condignas grates referre nequimus, quia miseria et afflictione inebriati jam experimento didicimus, quod longe est a peccatoribus salus. Attamen si Pater misericordiarum et Deus totius consolationis per divitias gloriæ suæ nos aliquando dignatur consolari, pro nimia in nos fide vestra ac devotione, memoriale vestrum apud nos per amplius et perfectius erit in benedictione. Oramus ergo beatitudinem vestram, ut dominum abbatem tempore sibi a nobis designato ad nos venire absque ulla occasione rogare curetis, quatenus ejus consilio et auxilio cor contritorum vivificetur, et spiritus mœrentium relevetur. Nos enim quæque fraterna et amicabilia de vobis speramus.

EPISTOLA CIX.
STEPHANI MONACHI AD WIBALDUM ABBATEM.
Optat maxime reverti ad Stabulense monasterium, scribitque villicationem Godino imponere nequivisse.

(Anno 1148.)

Domino et Patri suo charissimo Wibaldo, venerabili Stabulensi et Corbeiensi abbati, frater Stephanus, Dei et sua misericordia id quod est, subjectionem, dilectionis devotionem, orationum participationem, et, ut breviter dictum sit, seipsum cum suis omnibus.

Litteræ humilitati meæ nuper a vestra magnitudine directæ tantam mihi vim et audaciam contulerunt, ut securius ambulem, noverimque procul dubio ex tunc res mihi prosperius cedere : pro quibus gratias vestræ celsitudini referens, hoc solum Deum omnipotentem supplex deposco, ut talem me facere dignetur, qui vestro contubernio et tam dulci exhortatione diu perfrui merear. Verum quanto fervore vestram requiram præsentiam, adventum desiderem, non credo vestram ignorare scientiam, quippe cujus et sustentor auxilio et delector consilio. De eo autem quod mihi injunxisti, ut Godinum de Barsiez villicationi in Lemgum imponerem, præceptum quidem vestrum rusticis annuntiavi, sed minime obtinere potui, ut eumdem Godinum reciperent usque ad vestræ præsentiæ discussionem. Cum vero instarem, ut jussio vestra impleretur, advocatum adierunt, et sic omnia non tamen sine magno rerum nostrarum damno dilata sunt, et contentiose relicta usque ad vestram præsentiam. Quidquid tamen vel scripto vel verbo mihi mandaveritis, ego adimplere pro posse et nosse meo paratus sum. De cætero de pasnagiis pro quibus mihi scripsistis, ut exigerem et comportarem, pauca quidem sunt, sed eadem non solum devote et sollicite exigam, sed etiam fideliter congregabo. Paternitatem vestram nobis et Ecclesiæ nostræ utilem multis annis incolumem Deus conservare dignetur. Amen.

EPISTOLA CX.
O. ABBATIS S. REMIGII AD WIBALDUM ABBATEM.
Significat ei obitum Stephani monachi Stabulensis.

(Anno 1148.)

Reverendo Patri et amico Wibaldo, Dei gratia sancti Remacli venerabili abbati, et ejusdem Ecclesiæ priori omnique conventui, frater (98) O. eadem gratia beati Remigii humilis minister, sicut cedrum Libani multiplicari in domo Domini.

Cum nobis sit insolitum maxime fratribus et amicis nostris aliquid sinistrum insinuare vel mandare, tamen quoniam terminos Dei nullius est terminare, mandamus fratrem Stephanum nostrum monachum et vestrum hominem exisse, quatenus ei sicut et nos obsequium persolvatis, et domui vestræ, quæ nunc caret provisore, de cætero provideatis. Depositum vero illius, quod ipso dictante supra pectus ejus scriptum est, vestris plicatum litteris vobis transmittimus. Valete.

---

(98) Odo ex monacho Mauriniacensi prope Stampas factus abbas Suessionensis S. Crispini, deinde Remensis S. Remigii, qui monasterii sui expensis Carthusiam Montis-Dei erexit, animam suam Deo consignavit anno 1151.

EPISTOLA CXI.
HENRICI MONACHI AD WIBALDUM ABBATEM.
Gratias agit pro benevolentia, spondetque ei de sua semper serviturum, etc.
(Anno 1148.)

Reverendissimo suo et domino Wibaldo, venerabili Stabulensis Ecclesiæ abbati, exiguus Henricus, quidquid tanto et tam dilecto Patri humilis debet monachus et devotus filius.

Lectis amantissime Pater, sinceritatis vestræ monitis, quibus imperitiam meam instruere, desidiam redarguere, stultitiam reprehendere dignatus estis, multo repletus sum gaudio, quippe qui nihil me esse fateor, nisi quandiu a vestra magnitudine diligi, foveri, sustentari merear. Quia igitur parvas imo nullas aliquando vestris multis beneficiis recompensare potero vices, in hoc saltem meam circa vestram celsitudinem experiemini benevolentiam, quod vobis, quandiu superero, artis meæ obsequio, etsi minus celeriter, devote tamen et infatigabiliter serviam. Aliud enim in persona mea nescio, quod vestræ placeat celsitudini. De cætero juxta admonitionis vestræ diligentiam, otii vitium pepuli, fabulis, si quando vacavi, jam non intersum, vagationibus fidem dedi. Et econtrario intendo Scripturæ, chorum frequento, scholæ petitione fratrum sub magistro meo Henrico deservio, qui nuper ædificia infirmariæ mirifice consummavit. Denique hoc solum restat, quod vestra præsentia careo, qua habita, nihil mihi deesse arbitror, et ut ea cito perfruar Dei omnipotentiam exoro. Melotam tum pro vestra dilectione, tum pro sui utilitate non modicum diligo. Valeat paternitas vestra in Domino.

EPISTOLA CXII.
WIBALDI ABBATIS AD EUGENIUM PAPAM III.
De electione abbatis Fuldensis.
(Anno 1148.)

Reverendissimo Patri suo et domino Eugenio uni et universali pontifici, frater Wibaldus Dei gratia et vestra, id quod est in Ecclesia catholica, dilectionem ut Patri, obedientiam et servitium ut Domino.

Non sumus immemores multitudinis misericordiæ, quam nostræ parvitati in synodo Remensi exhibere dignatus estis, et præcipue in causa Fuldensium, quam pro maxima humilitate, qua sacrum pectus vestrum, Deo inspirante, præditum est, consilio nobiscum communicare placuit. Et nos siquidem, sicut cum vestra celsitudine condiximus, solliciti fuimus, ne aliquis propter jussionem vestram motus fieret, usque adeo, ut cum de facienda electione Fuldensi præceptum vestrum VI Idus Aprilis Remis datum sit, dominus noster junior rex litteras in castro Nuremberch, quod est in Bavaria XVII Kal. Maii acceperit. In quibus quam sollicite quam instanter eum præmunierimus ac præmonuerimus in exemplo litterarum sibi missarum, quod vestræ discretioni transcriptum direximus, animadvertere poteritis. Dulcissime Pater, neminem apud vestram censuram accusare volumus, nec vestram mansuetudinem ad iracundiam provocare, sed tam veraciter quam breviter pietati vestræ suggerimus, quod hi, a quibus puer rex regi debuit, huic causæ obstiterint, summopere laborantes, ut aliquid in Fuldensi Ecclesia fieret, quod vestram auctoritatem aliquatenus offenderet. Nos autem longe positi eramus, et quandoque præsentes pluribus et majoribus nostris reniti non valebamus. Petitionibus nostris quæ subter annexæ sunt, aurem vestram clementer accommodate, ut sub umbra alarum vestrarum securius viventes, vestræ magnitudini devotius et uberius servire valeamus. Pro recuperata sanitate vestra, Deo gratias referimus orantes, ut ipse ad regimen Ecclesiæ catholicæ diu vestram sanctitatem servare incolumem dignetur.

EPISTOLA CXIII.
WIBALDI ABBATIS AD GUIDONEM CARDINALEM.
Commendat ei Bremensem electum, et præpositum Hartvicum.
(Anno 1148.)

Reverendo Patri suo et domino Guidoni, sanctæ Romanæ Ecclesiæ cardinali diacono apostolicæ sedis cancellario, frater Wibaldus, Dei gratia id quod est in Ecclesia catholica seipsum.

Non abs re hanc possessionem sublimitati vestræ offerimus, quam ita memoriter et affectuose tenetis, ut licet vos orbis terrarum cura sollicitet, et responsa Ecclesiæ catholicæ detineant, non tamen exiguitatis nostræ sitis immemores quod binæ epistolæ ad episcopum (99) Anselmum a vobis missæ satis patefecerunt, in quibus subscriptam salutationem ad nostram personam piæ recordationis affectu subjunxistis. Accepimus litteras vestras, quas nobis per puerum nostrum Ludovicum transmisistis, plurimum ex eis gavisi, quod dominus papa et vos nobis tanquam fideli servo suo aliquid imponere voluistis, in quo studium ac devotio nostra circa Romanæ Ecclesiæ obsequium appareat. Causam Bremensis electi, quem eidem Ecclesiæ plurimum posse proficere non diffidimus, vestræ clementiæ suppliciter commendamus. Lator præsentium præpositus Hartvicus, vir prudens et litteratus, et in terra sua sublimiter natus, nostræ parvitati a longo tempore notus et dilectus est, quem dignum credimus, ut ei gratiam vestram cum benevolentia exhibeatis, et in suis petitionibus eum misericorditer exaudiatis.

EPISTOLA CXIV.
WIBALDI ABBATIS AD EUGENIUM PAPAM III.
De actis in electione abbatis Fuldensis.
(Anno 1148.)

Redditurus rationem villicationis nostræ, quam vestra celsitudo nostræ parvitati commisit, opus habemus brevitate, ne mentem vestram, quam om-

---

(99) Halvelbergensem, uti conjicimus, cujus libros tres dialogorum habes Spicilegii tom. XIII.

nium mundi Ecclesiarum cura sollicitat, prolixa relatio diutius detineat. Postquam discretio vestra justo Spiritus sancti judicio Roggerium (100) Fuldensis monasterii electum ab ejusdem Ecclesiæ regimine ob canonicam notam removit, fratribus præfati cœnobii per dignationis vestræ apices præcipiendo mandastis, ne personam de sua congregatione eligerent, sed ad visitandam ecclesiam suam reverendos fratres Eberacensem, Everbacensem, Heresfeldensem abbates et nosipsos omnium minimos ad sese convocarent; quorum mediante consilio, talem, Deo auctore, personam de alieno claustro studerent eligere, per quam ruina Fuldensis monasterii tam in religione quam in possessionibus posset, Domino adjuvante, fulciri. Misistis etiam prædictis quatuor personis jussionis vestræ litteras, quatenus auctoritate vestra ad Fuldense monasterium accederent, et juxta præcepti vestri formam in electione facienda consilium præstarent. Quas litteras nos tertia die post festum Nativitatis beatæ Mariæ primo accepimus. Siquidem fratres Fuldenses pro obtinendo electo suo, quem duobus decretis canonica ratione subnixis notaveratis, ad vestram clementiam remiserunt, sed cum Petro petram invenerunt. Redeuntes igitur legati eorum absque mandatis et epistolis vestris, nostram parvitatem adierunt, rogantes ut electioni eorum, quam XII Kal. Novembris facere disponebant, interessemus. Nos vero considerantes immutatum fuisse statum causæ, et nullum de novo a vestræ sanctitatis celsitudine nobis manasse imperium, venire quidem dubitavimus, quoniam frequens rumor insonuerat, venturum fore legatum vestrum, qui Fuldense monasterium per semetipsum ordinaret. Direximus tamen eis per duos fratres litteras nostras, quarum exemplum vestræ censuræ cum præsentibus mittere curavimus. Verum parvo tempore interjecto venit ad nos camerarius Fuldensis cum altero quodam fratre, et cum litteris conventus sui tam ad nos, quam nostrum conventum, quatenus ob reverentiam nominis vestri, Fuldam absque dilationis impedimento veniremus, futuris ibi tribus prænominatis abbatibus, et electione ad mandatum vestrum celebranda, si per absentiam nostram non impediretur. Allegabant præterea defectum monasterii sui in rebus vitæ necessariis, quoniam quidem omnia diripiebant, qui prætergrediuntur viam. Diu multumque dubitantes timuimus ne vel agendo vel cessando vestram paternitatem offenderemus. Sed tandem de consilio religiosorum, quos venturos audieramus, sperantes, Fuldam cum Heresfeldense abbate 9 Novembris pervenimus. Sed cum Eberacensis et Everbacensis abbates non venissent, alter, quia mandatum vestrum super hoc, ut ipse per nuntium fatebatur, non acceperat; Eberacensis vero, quia sese apud vestram clementiam, ut postmodum per epistolam ejus cognovimus, de non veniendo excusaverat, turbati corde et inopes consilii fuimus, plurimum verentes ne imprudentia nostra vestram offensam mereremur. In hac itaque nostri cum Heresfeldense consilii summa proposita est, firmata fuit, ut quoniam hi duo aberant, qui nobis doctiores et meliores longe exstabant, nullum in electionis actione assensum præberemus, sed suspensis atque incertis omnibus, vestra iterum jussio et legati vestri auctoritas exspectaretur. Demum vocati a fratribus capitolium ipsorum uterque intravimus, jussique verbum exhortationis ad ipsos facere, prout Spiritus sanctus in articulo temporis dedit, de charitate, de obedientia, de humilitate sermonem habuimus.

Quo terminato, majoris monasterii præpositus surgens egredi volebat ad Lothewicum comitem regionarium, et ad alios quosdam laicos, sed retentus est a nobis multum suadentibus et petentibus, ut cum fratribus suis, qui in tempore discordiæ de monasterio egressi vel ejecti fuerant, in concordiam redirent, ut si de electione agendum esset, is ab omnibus communiter eligeretur, qui omnibus præesse deberet. Dissimulabamus enim, quod causam differre vellemus, donec in ipsorum verbis vel re aliquid aptum et commodum invenire possemus, quo absque invidia et odio, infecto negotio, discederemus. Itaque nobis duobus et fratribus, qui nobiscum venerant remotis, prolixa consultatione rem in tempus traxerunt, revocatisque nobis in armarium (101) librorum, et adhibitis suorum fratrum paucis, responderunt, se cum eisdem fratribus, pro quibus intercedere volebamus reconciliari non posse, nisi ordinato prius abbate, qui eos monere et cogere auctoritatis jure posset. Et quid, inquam, laici vobiscum de instanti negotio contulerunt? nullam, inquiunt, personam obligatam et in alio monasterio ordinatam ut assumamus, hortantur. Recte, inquam, et canonice, ac de sacræ Regulæ sententia vos admonent. Cum enim hujus monasterii possessio pariter et sacra domino nostro pontifici Romano pertineat, is vobis eligendus erit, cui secundum vetustam cœnobii vestri dignitatem manum imponere possit. Si enim ordinatum abbatem eligitis, optandum potius quam impetrandum vobis erit, quoniam canonico et directo electionis jure cum ipso agere non poteritis, sed multo labore ac precibus insinuandum erit, quæ vos necessitas a sanctarum tramite regularum deviare compulerit. Præterea domino papæ, quem jamdiu

---

(100) Hunc Roggerium seu Ruggerum interfuisse concilio Remensi scribunt Sammartani, ac divinis rebus vacaturum secessisse in montem Virginis; verum ex plurium Wibaldi litterarum contextu constat eum ab Eugenio papa III ob proprios defectus in ordinem redactum, ipsius rescissa electione, nec tantum fuisse tunc Fuldensium fervorem, apud quos regularis disciplina ita defecerat, ut abbatem alieno in claustro quærere jussi fuerint.

(101) Armarium librorum in omnibus antiquis monasteriis esse solebat prope capitulum, ut fratres qui lectioni in claustro incumbebant, libros in promptu haberent.

laborare fecistis, de vobis persuasum est a multis, quod postposito Dei timore, omnes quæ vestra sunt, quæratis, non quæ Jesu Christi, neque tutum vobis est ut cum de cætero inconsiderate agentes ad iracundiam provocare non timeatis. Hæc verba nostra dominus Heresfeldensis cum maximo favore prosequebatur, materna lingua sententiam amplificans et ornans.

Dum hæc aguntur, intromissus est ad nos comes Godefridus et advocatus ejusdem Ecclesiæ, orans tam sua quam laicorum unanimi voce, ne adversus libertatem electionis canonicæ, pro qua parentes ipsorum sanguinem suum multis præliis fudissent, aliquid statuere vellemus; nihil actum esse quod regibus per vim electionis potestas esset adempta, quod Ecclesiis in arcu et gladio laicorum libertas electionis esset asserta ; si papa pro suo arbitratu Ecclesias vellet ordinare, et personas in ipsis provehere, satius fuisse regiam vim quam pontificalem sustinere, modis omnibus velle et consulere, ut de ipsa Fuldensi congregatione frater aliquis ad regimen omnium assumeretur, nisi forte quod fieri non posset, nullus in ea dignus ad præsidendum inveniretur. Nos vero cuncta hæc suavi et blando mitigare volentes alloqui, et opportunitatis locum reperire cupientes, quo ab eorum actione sub aliquo rei honestæ titulo possemus discedere, postulavimus ut a nobis tantisper egrederentur, donec collatis omnium sententiis pari atque consono verbo respondere possemus. At illi regressi quidem mox plures numero redierunt, transacto brevissimi temporis spatio, petentes instantius ut eis privilegia Fuldensis Ecclesiæ super electione abbatum panderentur, nefas esse protestantes illa violari; sese pro dignitate monasterii stare usque ad mortem esse paratos : quæ si hoc continerent, ut de monasterio nullus eligeretur, sequendum esse ac tenendum ; sin autem contra, ruinam esse et omnium interitum, si ab his aliquatenus recedatur. Hortabamur impense fratres, ne contra mandatum vestrum novum, quod urgente necessitate et poscente utilitate factum fuerat, privilegii alicujus auctoritatem prætenderent, ne inter eos, quorum ea minime interest, dissensionis materiam seminarent, sed juxta præcepti vestri formam ad Ecclesiæ suæ salutarem provisionem sese unanimiter coaptarent, scituri quod si aliter præsumptum foret, quoniam manus Moysi graves sunt.

Præterea jam non cum ratione honestatis amplius dissimulandum esse judicantes respondimus illis assertoribus libertatis, nihil a vestra sublimitate factum esse in hac causa violentum, nihil insolitum, nihil contra justitiam et libertatem universalis Ecclesiæ, nihil contra privilegia et dignitatem Fuldensis monasterii. Quia, inquam, quod a domino papa prohibitum est, ne de Fuldensi congregatione in præsenti articulo ad regimen aliquis assumeretur, de sacro fonte Regulæ sancti Benedicti manavit, quæ præcipit ut, si concors in malis congregatio personam vitiis suis consentientem eligere voluerit, episcopus ad cujus diœcesim locus pertinere videtur, non sinat pravorum prævalere consensum. Electio vero vestra, quæ proxime auctoritate apostolica fuit cassata, qualis fuerit, dominum nostrum papam, qui vester specialis dominus est et episcopus, tota regione clamante, et ipso electo annuntiante, non latuit. Ipse vero electus vester qualis foret in longum futurus, in principiis suis, quæ valde nociva fuere, patenter edocuit, qui consilio advocati et laicorum ad dispergendum non ad recolligendum utebatur; et sacri canones loquuntur, quod privilegium meretur amittere, qui privilegii abutitur libertate. Non igitur vestra libertas subversa est, sed correcta ; quia nec esse potest honor legitimus, qui fuerit de prævaricatione collatus. Prohibitio hæc tanquam medicina contra vehementem morbum ad tempus indulta est, non valitura diutius, nisi quandiu necessitas duraverit. Licuit semperque licebit Romano pontifici, pro rerum qualitate et temporum varietate, rigorem canonum intendere vel remittere, et nova remedia novis morbis adhibere. Porro quod ad electionis vestræ sinceritatem procurandam visitatores a sede apostolica transmissi sunt, veneranda sacrorum canonum auctoritas canonicum esse plurimis Scripturæ paginis demonstrat; nec abhorrere vel aspernari debuistis duos illos abbates, viros utique religiosos et sapientes, quibus visitandi cura, et præcipua consulendi facultas est attributa, sine quorum præsentia et nutu nos duo nec consilium nec consensum præbere possumus. Quod vero sacrosanctum et dulcem libertatis titulum tanto pondere opponitis, pace omnium dictum sit, velamen potius est malitiæ quam assertio justitiæ; quoniam alius castellum in faucibus monasterii ædificat, alius pensiones, quæ monasterio inferri solent, usurpat, alius incendiis vastat, alius prædis et rapinis infestat. Fratres in claustro inediam, sitim, nuditatem patiuntur, ut ne nobis quidem fratribus suis, domini papæ famulis, officia hospitalitatis et humanitatis possint impendere. Ordinate pacem Ecclesiæ, solvantur fratribus necessaria et debita stipendia, revocentur ad diem aliam non solum Eberacensis et Everbacensis, sed etiam plures alii viri prudentes ac Deum timentes, quorum consilio et opera talis Spiritu sancto præstante eligi possit in abbatem, cujus conversatione et studio tam spiritualia quam temporalia correctionis effectum valeant recipere. Minime indignabantur laici ad verba hæc, veritate seipsam tuente, quæ ipsos recognoscere et fateri cogebat, quod ea, quæ dicta fuerant, virtute rationis non carebant. Cœperunt itaque consultare inter se, atque conferre bini simul vel terni aut quaterni : et cum sermonem nobiscum nemo haberet, diesque jam usque ad octavam horam processisset, egressi inde dormitorium intravimus, atque mox parvulo temporis interveniente spatio revertentes, quosdam priores cum aliquibus fratribus obviam habuimus, qui pedibus nostris advoluti obnixe et cum lacrymis petebant, quatenus eis adjutorium in necessitate impenderemus, ut dominus Heresfeldensis abbas prælationis illius sarcinam susciperet, et adjunxit unus ex eis : « Quoniam, inquit, noster monachus et frater fuit, antequam in abbatem promoveretur. »

Ad hæc a nobis sic responsum est : « Nos, fratres charissimi, quod de alicujus abbatis electione domino nostro papæ credidimus beneplacitum, quod Ecclesiæ vestræ salutare, quod personis vestris tutum, palam ac simpliciter protestati sumus, nec sententiæ nostræ prævaricatores esse valemus. Præterea non credimus abbatem, qui sit compos discretionis canonicæ, hoc onus regiminis absque domini papæ jussione recipere, quod longi temporis, et grandis expensæ, et infiniti laboris, et eventus incerti opus est. Si dominus Heresfeldensis de propriis viribus confidit, si de gratia et consensu domini papæ sperat, sua potius deliberatione, quam nostro consilio nitatur. »

Quibus auditis, fratres rogabant tamen quod abbatem, quem cum ipsis paululum reliqueramus, detinentes, a cognitione hujus verbi subduceremus, donec capitolii ædem communiter ingressi super persona illius eligenda cunctorum assensum requirerent. Introierunt illi, nos remansimus, et assumpto abbate seorsum, quid fratres Fuldenses nobiscum egissent ei annuntiavimus. Dubitantem et quærentem super hoc consilium nostrum ad cor suum et conscientiam remisimus, et cum se consentire nullatenus assereret, suggessimus ei, ut sicut nos, ita et ipse ab eis recederet, ne opus, quod illi nobis absentibus et dissuadentibus faciebant, ad nostrum consensum spectare videremur. Ille abiit, nos in mensa refecturi corpora nostra consedimus. Post cœnam salutavimus abbatem, salutavimus et fratres Fuldenses, significantes eis, quod facto mane vellemus discedere. Precabantur fratres ut manere vellemus, quandoquidem ipsi abbatem elegissent, sed dilatio a laicis usque in crastinum esset interposita, ut eorum electioni consentirent. Nos vero petitioni eorum nequaquam acquiescentes, summo diluculo recessimus. Hæc sunt, charissime, Pater, quæ Fuldæ præsentes cognovimus, quæ vero post exitum nostrum acta sunt ex litteris, quas quidam frater Fuldensis nobis non in membrana scriptas sed in tabella, transmisit, cognoscere poteritis, quas ad vestræ sanctitatis pedes, transcriptas direximus. Enim vero apud vos est manna, apud vos virga, apud vos canonum dispensatio, apud vos decretorum interpretatio, apud vos Regulæ moderatio, apud vos vinum, apud vos oleum, novit dextera vestra.

Parcere subjectis et debellare superbos.
(VIRG. Æneid. VI, 853.)

Cuncta discretioni vestræ per ordinem intimare studuimus, ut pia et perspicax anima vestra, cui discretio spirituum a Deo collata est, plura legendo intelligat, quam nos videndo et agendo. Siculi armante pietatis zelo decreta vestra et jussiones insipienter defendimus, et quasi cœlum sustinere humeris tentavimus, etsi effectus laudem non meretur, devotio tamen veniam a vestra clementia impetrabit.

EPISTOLA CXV.

H. MONACHI, UT VIDETUR, FULDENSIS WIBALDO ABBATI.
Scribit ei electum assensum præbuisse electioni suæ.
(Anno 1148.)

Domino suo reverendissimo, H. ille suus seipsum.

Quoniam, Pater charissime, vos ut dominum amplector et vereor, in omnibus sequi præcepta vestra non dubito. Notifico igitur sanctitati vestræ quod post recessum vestrum, fratres nostri cum quibusdam laicis in electione convenerunt, multi autem eorum recessum vestrum audientes, interesse contempserunt. Illi autem qui convenerant, ipsum electum ut onus regiminis susciperet rogaverunt, sed ille repugnabat tanquam qui vincere nollet, tandem itaque acquievit. Quidam etiam ex laicis et monachis hoc vos velle, ut præpositus vester eligeretur, vobis imposuerunt, et me in hoc assensum præbere affirmabant. Post recessum tamen electi in hoc convenimus, ut usque ad festum sancti Nicolai vos et alios duos abbates vocare debeamus. Legatus vester apud nos portarium non invenit. Valeat sanctitas vestra.

EPISTOLA CXVI.

WIBALDI ABBATIS SEU DIPLOMA.
De locatione cujusdam possessionis.
(Anno 1148.)

In nomine domini, WIBALDUS, Dei gratia Corbeiensis abbas, notum sit omnibus, quod in possessione monasterii nostri, quæ est in Meretha, locavimus Conrado de Orio in pacto pro quatuor marcis probati argenti, quas per singulos annos in die festo sancti Jacobi apostoli solvet apud Koiforde in domo, quam nunc habet mulier quædam nomine *Sigardis*, camerario monasterii vel certo nuntio ipsius. Quod si solvere neglexerit, possessione et pacto postmodum carebit. Si filius ejus hæreditare voluerit, in investitura pro recognitione quatuor marcas abbati dabit. De tota possessione illa nihil a nobis vel a prædecessoribus nostris venditione vel commutatione alienatum est.

Actum est apud Anlon, anno Domini 1148, in præsentia domini Hariberti Trajectensis episcopi et multorum aliorum.

EPISTOLA CXVII.

F. ABBATIS SANCTI GODEHARDI AD WIBALDUM ABBATEM.
Hortatur ut Henrico abbati deposito reconciliari velit.
(Anno 1148.)

Domino suo venerabili Corbeiensi abbati WIBALDO

F. (102) beati Godehardi (103) qualiscunque servulus, quod spes non confundens promittit Deum diligentibus.

Ex quo notitiam vestri, brevi licet temporis articulo, nuper accepi, ita vobis cordetenus adhæsi, ut si fieri posset, lateri vestro famulus indivisus adhærere vellem. Sed hoc quod fieri posse non video, litteris et præsentia quoque corporali, cum opportunum fuerit, vos frequentius visitabo. Cæterum de domno Henrico exabbate, quem in conventu vestro causatus estis vobis scandalo esse pro posse suo, noveritis, quod postquam a vobis redii, continuo per præpositum Richenbergensem, circa quem tunc morabatur, pro hac causa cum objurgavi et monui. Ille vero non quidem per omnia se in hac causa insontem, ut mihi videtur, recolens, hoc solum respondit : Quod si quid, licet minimum, verbis in vos excesserit, dolore depressionis suæ eregit : de cætero gratiæ vestræ ita reconciliari desideret, ut amplius sui culpa nullatenus a vobis elongetur. Pro hac compositione litteris semel et secundo, deinde viva voce frequenter me interpellarunt ipse et præpositus, cum vos regulum novum adissetis, ut me interponerem mediatorem, obtestantes hoc per eum qui vera pax est, Christum, et intuitu præmii, quod in Evangelio beatis pacificis ille promisit. Itaque cum illo et pro illo genibus vestræ paternitatis procumbens, obsecro ut ei reconciliemini, et quod facile vobis est, ei assistatis in causa, quam per bajulum litterarum secretius vobis mandavi. De hoc responsum vestrum exspecto, et litteras, si vobis ita placet, ad marchionem, quarum rescriptum ego videam. Confido enim vobis in hac parte licere quod vultis. De conventu abbatum quid egerimus, nostis, sed quidam nostrorum abbatem Hinsbergensem exspectandum aiunt, qui cito, ut speramus, a domino papa redibit. Audio, quia Fuldæ fuistis, ubi quid agatur vel agendum sit de abbate loci, si placet, nobis renuntiabitis. Valeat in Domino dilectissima mihi sancta paternitas vestra.

EPISTOLA CXVIII.

WIBALDI ABBATIS AD FREDERICUM F. S. GODEHARDI ABBATEM.

Rejectis oblatis sibi laudibus, respondet se Henrico Corbeiensi abbati deposito omnes injurias ex animo remittere, inflictas vero in cum censuras a sede apostolica, solum papam remittere posse.

(Anno 1148.)

Reverendo in Christo Patri F., Ecclesiæ beati Godehardi venerabili abbati, frater WIBALDUS, Dei gratia id quod est in Ecclesia catholica, orationem cum vera dilectione.

Sinceritatis vestræ apices plenos jucundæ consolationis, plenos gratiæ accepimus, in quibus quasi quodam cœlesti munere et divinæ pietatis dono exhilarati fuimus. Nam laudatio vestra plenos nos bonæ spei effecit, quoniam charitas Dei, quæ diffusa est in corde vestro per Spiritum sanctum, qui habitat in vobis, falli non potuit usquequaque, quin aut præsentia aut procul dubio futura bona prædicanda in nobis æstimaretis. Sane conscientia nostra graviter nos impugnat et accusat, neque nos non dicam vestra, sed nec cujusquam quidem infimi hominis commendatione se dignam arbitratur. Verumtamen quoniam sic de nostra parvitate sentire visum est, enitemur id esse, quod vos affirmatis; studebimus conformes fieri gratiæ, quam vos prædicatis. Cæterum de domno illo Henrico, qui aliquando præfuit Corbeiensi monasterio, cui nunc nos Deo auctore deservimus, vestræ benignitati respondemus quod, cum in multis accusaretur tam de violenta intrusione sua, quam de aliis quibusdam capitulis, nos non solum absentes, verum etiam omnium istarum rerum ignari, et longe positi in curia domini papæ eramus, et post sex fere mensium spatium sæpe vocati et venire jussi, et ex parte non modica coacti, ad regimen Corbeiensis Ecclesiæ non absque cura et sollicitudine et gravi timore accessimus, cum tamen inter ipsius depositionem et nostram ordinationem medius quidam unanimi et concordi fratrum electione fuerit promotus. Nostram itaque innocentiam, qui ei antea, dum frequenti accusatione pulsaretur, studiose astitimus, ipse fatigarit, et inobediens Romanæ Ecclesiæ, et ipsius decretis minime obtemperans, ore in cœlum posito, scandala inter fratres nostros seminavit, et quantum in ipso fuit, materiam modis omnibus dedit, quominus regularis disciplina et ordo monasticus debito et canonico tramite in monasterio nostro procederet. Et illis quidem reconciliatus est, qui erant ei, dum præsideret, in præsentia blandi, in absentia mordaces, qui eum cogebant, quasi consilio salutari illa facere, quæ ipsi mox reprehendentes accusabant, et cum essent malorum auctores, eum in jus tanquam nocentem trahebant. Nobis vero infestus est, qui eum nunquam ne verbo quidem scientes ostendimus, et quod si fieri posset, salva religione et honestate nostra, mallemus abesse, quam in tempore tantæ perturbationis præesse. Super hoc vero, quod sicut in vestris litteris habetur, nobis reconciliari desiderat, plurima nobis sollicitudo imminet, quis sensus quæve sententia sub verbo reconciliationis contineatur? quoniam testis est nobis conscientia nostra, quod nihil in eum peccavimus ; si vero ipse in nos deliquit, totum ei ex corde perfecto ob divini respectum amoris indulgemus, et tam in anima quam in corpore vera et bona provenire exoptamus, nec invidemus ei, si salva pace nostra et monasterii nostri cautela, fecundior ei quies aliqua concedatur, siquidem et homines sumus, et cum hominibus flagellati, et humani aliquid alienum a nobis non

---

(102) Fredericus primus abbas a S. Bernardo institutus. Hunc alii Corbeiensem, alii Fuldensem dicunt, quod certius videtur ex Chronico S. Godh. tom. II, cript. Brunswic, pag. 407.

(103) S. Godehardi insignis abbatia ordinis S. Benedicti in civitate Hildesheimensi a Bernardo episcopo fundata, qui S. Godehardum sanctorum albo inscribi curavit.

sentimus. Sed de litteris marchioni Adelberto super ipsius negotio mittendis, non facilis nobis ad consilium via fuit, pro eo quod idem marchio, vir sane prudens, totius honestatis et disciplinæ speculum, nos nequaquam super eodem verbo consuluit, cum tamen sit nobis intima fide et familiaritate conjunctus. Porro Ecclesia Romana hoc præ cunctis mortalibus privilegium in terris post Deum obtinuit, ut sola cum ipso dicere possit : *Ego occidam et ego vivere faciam, percutiam et ego sanabo.* Quæ igitur est fortitudo nostra aut virtus, ut erigere possimus, quem manus elisit omnipotentissima? Et ipse quidem dominus Henricus, cum fuerit ab apostolicæ sedis legato excommunicatus, et ab omni tam abbatiæ dignitate quam ecclesiastico officio depositus, nullas reconciliationis suæ litteras a Romanæ Ecclesiæ clementia retulit, fortassis quia secundum morem et instituta sedis apostolicæ, jurare tactis sacrosanctis Evangeliis noluit, quod de cætero Corbeiensem Ecclesiam nec per se, nec per submissam personam vexaret. Tum vero in synodo Remensi, quæ proxime celebrata est, dominus papa tam verbo quam scriptis confirmavit sententiam legati sui magistri Thomæ, quam in prædictum Henricum dictaverat, sed ipse, ut dictum est, et a gradu et ab ordine ecclesiastico eum deposuit, et tanquam inobedientem, imo vero aperte rebellem anathematis sententia perculit. Quantum vero piaculum sit illud recipere quod Romana Ecclesia respuit, sacrorum canonum paginæ vestram eruditionem manifeste docuerunt. His nimirum et aliis rerum difficultatibus perterriti, quid vestræ sapientiæ respondere debeamus, aut in quo Ecclesiæ nobis commissæ ac nostræ quieti consulamus, ex imbecillitate mentis nostræ non facile disquirere potuimus. Sed considerabit et animadvertet et eliget discretio vestra, quid sancta mater nostra Romana Ecclesia in hac causa velit admittere, quid Corbeiensis Ecclesiæ paci conveniat, quid nostræ quieti proficiat, quid tandem ecclesia de Adesleve et amicus noster marchio in hoc negotio tute recipere valeat. Nam verbum de Adesleve, quod nobis per nuntium vestrum non litteris tanquam rem secretam mandastis, jam apud nos vulgatum erat. Siquidem ille idem bonus vir solita levitate non amicis, sed depositoribus suis ; non familiaribus, sed post depositionem suam in fama hæc eadem propalaverat, et eosdem, ut ad diem quo nos et ipse conventuri eramus, venirent, rogaverat, cum nos de hac conventione prorsus ignoraremus, atque imo reconciliationis colloquium prius fuit nobis suspectum quam cognitum.

EPISTOLA CXIX.
R. ABBATIS AD WIBALDUM ABBATEM.
Orat ut Henrici quondam Corbeiensis abbatis misereatur.
(Anno 1148.)

Domino WIBALDO, venerabili Corbeiensi abbati,

(104) Forte Reinardus abbas Rheinhusensis.
(105) Ordinis S. Benedicti, quod monasterium anno 1510 congregationi Bursfeldensi unitum est.

frater R. (104) in abbatum numero minimus, quidquid devotissimus ac fidelissimus animus.

Dilectionis vestræ præsentiæ, virorum charissime, proposueram me corporaliter exhibere, sed ne id fieret, equitare [*f.* equitaturæ] defectus prohibuit, quem mihi cujusdam vani et perfidi hominis fraus et deceptio fecit. Ideo venio per litteras et spiritum, eo vestram dilectionem salutans affectu, quem vos ex longo probasse non dubito. Causam vero, quæ me hoc tempore præter visitationis vestræ desiderium venire voluerat, probatissimæ discretioni simulque pietati vestræ committo, quatenus apud eam non minus pro ea mea scripta, quam vivæ, vocis verba valeant, et hi qui me huic interesse causæ desideraverant, familiaritatem meam apud vos aliquid posse cognoscant. Est autem domini H. aliquando Corbeiensis abbatis dicti, super quem vos oculos paternæ pietatis ponere decet, ut ipse pietatis effectus eum non frustra aliquid solatii sperasse laudabili veritate comprobet. Utriusque homini vestri salutem bonus ille Samaritanus, qui vulneratum collegit, providere et custodire dignetur, abbatum charissime.

EPISTOLA CXX.
EUGENII PAPÆ III AD WIBALDUM ABBATEM ET FRATRES CORBEIENSES.
Ut nullum apud eos locum Henricus depositus inveniat.
(Anno 1148.)

EUGENIUS episcopus, servus servorum Dei dilecto filio WIBALDO abbati et capitulo Corbeiensi salutem et apostolicam benedictionem.

Quantum sit necessarium religiosorum monachorum quieti prospicere, etc. *Vide in Eugenio III, ad an.* 1153.

EPISTOLA CXXI.
HENRICI ARCHIEPISCOPI MOGUNTINI AD WIBALDUM.
Rationem eorum reddit quæ egerat in concilio Erfordensi.
(Anno 1149.)

H. Dei gratia Moguntinæ sedis humilis minister, WIBALDO speciali amico suo, Corbeiensis Ecclesiæ venerabili abbati, dilectionis et benignitatis ad omnia devotam et promptam exhibitionem.

Fideli admonitioni et piæ devotioni vestræ, quam in profectione nostra ad dominum papam nobis exhibuistis, non solum gratias referimus, verum etiam suo loco et tempore condigna operis exhibitione respondere parati sumus. Juxta autem petitionem legati vestri actionem quorumdam negotiorum, quæ ex præcepto domini papæ præsentibus suffraganeis nostris Erfordiæ tractavimus et terminavimus, vobis innotescere curamus. Primum capitulum erat de quodam abbate de (105) Burgilin, qui querimoniam habebat adversus comitem Sizonem, quod quædam bona Ecclesiæ suæ violenter tulisset et pertinaciter teneret, quam a domino papa nobis injunctam consilio et auxilio fratrum nostrorum utrinque facta pace et concordia terminavimus. Secundum erat de comite H. qui uxorem suam dimiserat, et aliam superduxerat. Hujus negotii talis erat actio. Dominus Hildeneshemensis episcopus asserebat, quod inter ipsum et priorem, quam pro uxore habebat, propter cognationem canonica facta erat separatio, sed quod de incestu, quem cum nepte sua commiserat, pœnitentiam suscepisset vel peregisset non affirmabat. Unde fratribus nostris decernentibus, quod ante peractam pœnitentiam matrimonium contrahere nec posset nec deberet, Maguntiam ad synodum nostram in feria secunda post Ascensionem Domini ad satisfactionem cum vocavimus. Præterea Hercveldensem abbatem, quia inconsulta Ecclesia nostra et absque verbo nostro Fuldensem suscipiens abbatiam, ab obedientia nostra se alienavit, fratribus nostris sanctientibus vocavimus. Post hæc multa erant, quæ singula longum esset enumerare, sed hæc vos magis scire conjecimus desiderare.

EPISTOLA CXXII.
WIBALDI ABBATIS AD EUGENIUM PAPAM III.
Scribit in gratiam abbatis S. Medardi adversus Balduinum canonicum Leodiensem.
(Anno 1149.)

Reverendo Patri suo et domino Eugenio uni et universali pontifici, frater WIBALDUS, Dei gratia id quod est in Ecclesia catholica, dilectionem filii et devotionem servi.

Venerabilis frater noster J. (106) abbas ecclesiæ Sancti Medardi, quæ vestræ devotioni et defensioni specialiter pertinet, a nostra parvitate expetiit, ut actionem suam quam adversus magistrum Balduinum Ecclesiæ Leodiensis canonicum nobis præsentibus habuit, sublimitati vestræ intimaremus, quæ in quantum recordari possumus, sic se habet. Monasterium Sancti Medardi habet in parochia Leodiensi prædium nomine Hanzines, a quo non longe remotum est aliud prædium nomine Hanzineles, quod canonicis ecclesiæ Beati Lamberti pertinet, cujus prædii curator et præpositus pro aliis concanonicis suis est prædictus magister Balduinis. In Hanzineles est capella, quæ synodali et canonico jure subest matrici ecclesiæ, quæ est in Hanzines, cum tota decimatione quæ a colonis prædicti prædii solvitur. Volebat magister Balduinus ab abbate Sancti Medardi habere calicem argenteum ad prænominatam capellam, et omnia tam altaris quam missæ instrumenta. Super quo verbo cum neque abbatem neque monachos ipsius ordine judiciario interpellasset, totam decimationem de Hanzineles, monachis Sancti Medardi negavit, et ex consensu et jussu canonicorum Leodiensium detinuit. Fratres Sancti Medardi hoc in synodo Leodiensis episcopi sibi factum querebantur, nulla canonica actione, nulla judiciali sententia præcedente, et petebant ut ablata sibi restituerentur, responsuri postmodum secundum juris rationem. Negabat episcopus, negabat archidiaconus, quod, eis scientibus vel consentientibus, prædicta decimatio a magistro Balduino vel canonicis esset detenta, unde et juxta legum tramitem idem magister Balduinus in integrum restituere cogebatur. Quod quia ignominiosum videbatur cathedrali ecclesiæ, ut rapinæ palam argueretur, et ecclesia Beati Medardi nostro et multorum studiis pro vestræ dominationis reverentia juvabatur, petiit magister Balduinus ex consensu canonicorum, ut causa differretur usque ad absolutionem conventus, qui tunc frequens convenerat, futurus postea in potestate et consilio Lobiensis (107) abbatis et aliorum virorum religiosorum. Quod et ita simpliciter factum est. Postquam vero clericorum frequentia recessit, dominus abbas Lobiensis, adhibitis secum viris religiosis et prudentibus, dedit magistro Balduino et canonicis consilium, ut ablata restituerent, et ab exactione calicis et aliarum rerum cessarent, quoniam nulla capella hæc a matrice sua jure solet exigere, quia hi qui capellas construxerunt, propter laboris compendium, ne ad matricem ecclesiam longe laborarent, ex suis propriis collatis ad omnem opportunitatem capellæ providere promiserunt. Cui sententiæ cum magister Baldui nus non acquiesceret, et monachi Sancti Medardi videntes se dilatione esse frustratos, et neque per jus aut concordiam sua posse recipere, vestræ celsitudinis præsentiam appellaverunt, et magistrum Balduinum vestris adesse tribunalibus in octava Sancti Martini nobis et multis audientibus indixerunt.

EPISTOLA CXXXIII.
WIBALDI ABBATIS AD OMNES FIDELES PAROCHIÆ LIENWART.
De negligentia quatuor presbyterorum.
(Anno 1149.)

WIBALDUS Dei gratia Corbeiensis abbas omnibus fidelibus Christianis, qui sunt in parochia Lienward, salutem et benedictionem.

Notum facimus vobis quod nullus illorum quatuor, qui in Ecclesia vestra præbendas habent, ad nos adhuc venit, nec possessionem Ecclesiæ nostræ a nobis accepit, cum nos jam duobus annis abbatiam Corbeiensem tenuerimus. Insuper ex ipsorum negligentia nobis labor et detrimentum accidit, pro eo quod donum altaris non acceperunt, pro qua re tota Ecclesia nostra in jus et potestatem episcopi adjudicata fuit. Sed per Dei misericordiam et ipsius episcopi gratiam cum integritate Ecclesiam, sicut prius habueramus, nunc recepimus. Et illis quatuor qui Ecclesiam tenent, diem ponimus, ut in proximo festo Purificationis sanctæ Mariæ,

---

(106) Ingrannus ex monacho Corbeiensi factus abbas Marchianensis, mortuo vero Galterio Suessionensi abbate S. Medardi anno 1148 successit ex brevi Chronico S. Med. Spicilegii tom. II; cessit autem anno 1177 successorem sortitus Gaufridum.

(107) Lamberti qui obiit anno 1149 ex Chronico brevi tom. III. Anecd.

præsentiam suam nobis Corbeiæ exhibeant, ostensuri nobis quam justitiam in nostra possessione habeant. Quod si tunc non venerint, sciant pro certo quod nos justitiam nostram usque ad extremum prosequemur, nec eis quidquam de jure nostro remittemus.

EPISTOLA CXXIV.
THIEBOLDI AD WIBALDUM ABBATEM.
De abbatissa Gesekensi.
(Anno 1149.)

Venerabili fratri et amico Wibaldo, Corbeiensi abbati, Thieboldus, Dei gratia, si quid est, cum servitio intimam dilectionem.

Exhibitæ dilectionis vestræ memoriam non amisimus, et quamvis gratias, sicut decuit, minime egerimus; tamen ingrati non fuimus, nec unquam erimus. Novit, domine mi, dilectio vestra valde indecens nobis fore, quod cum abbatissa de (108) Geseke negotium suum in nostrum consilium posuit, per nos et causam et compositionem perdat. Quamobrem vestram dilectionem diligenter commonemus, quatenus verbum vestrum, quod super hac re mecum habuistis, vestrum faciatis, et dictam compositionem provenire sinatis atque hujus rei qualitatem in brevi nobis rescribatur.

EPISTOLA CXXV.
WIBALDIS ABBATIS AD THIEBOLDUM PRÆPOSITUM.
De abbatissa Gesekensi.
(Anno 1149.)

Frater Wibaldus, Dei misericordia id quod est in Ecclesia catholica, dilecto fratri et amico suo Thieboldo, venerabili præposito, dilectionem et benedictionem.

Gratum nobis valde est, quod memoria vestra firmiter tenet, quam sincero affectu vos a longis retro temporibus dileximus, quanto fidei studio ad vestri honoris incrementum gavisi fuerimus, et quod de his certa promissione vestra dignam remunerationem exspectamus. Recordari autem debet vestra prudentia, quod anno præterito, cum dominus papa Treverim esset venturus, et fama referente didicissemus, quia intendebatis abbatissam de Giseke ad præsentiam domini papæ perducere, et causam ipsius adversum nos agere, monuimus vos tanquam virum discretum et intime familiarem, ne adversus innocentem et amicum studium vestrum in negotio parum honesto et debili procederet. Siquidem abbatissa eadem novem fere mensibus antequam ad regimen Corbeiensis Ecclesiæ accederemus, deposita fuit, et remota a Kaminatensi abbatia per dominum Thomam cardinalem presbyterum, atque cum per vim contra canones obtinere conaretur, ab advocato ejusdem Ecclesiæ non sine contumelia fuit expulsa. Ea remota, electæ sunt per contentionem duæ et de tertia disputatum est. Cum omnia tam in spiritualibus quam in temporalibus in deterius ruerent, dominus noster rex ad cujus

(108) Gesekense virginum monasterium anno 946 fundatum est in Westphalia ab Aholdo comite Anhol-

ordinationem locus pertinebat, ex consilio et admonitione domini papæ delegavit Corbeiensi Ecclesiæ et nobis præfatæ abbatiæ ordinationem. His ita se habentibus, dignum duximus, ut prædictum est, vestræ discretioni suggerere, ne adversus decreta Romani pontificis, et contra præcepta domini regis in defensionem personæ illius stare videremini. Rescripsistis nobis, si bene recolimus, quod membro Coloniensis Ecclesiæ deesse non possetis. Venit tamen illa Treverim ad præsentiam domini papæ sine vobis, et quantum potuit in nos egit, veritatem tacens et mendacium loquens. Sed dominus papa per litteras nostras veritate comperta, præfixit nobis et ipsi diem audientiæ in concilio Remensi. Nos venimus, illa non venit. Laqueus contritus, et nos liberati sumus. Dominus papa depositionem suam decreto confirmavit, et possessiones, quas illa alienaverat, monasterio sub anathematis interminatione restituit. Nos, charissime frater, memores non sumus, quid vobiscum pro ea postquam a Treviri recessit, sive per verbum sive per litteras spoponderimus, cum nostra promissa memoriter observare valeamus.

EPISTOLA CXXVI.
WIBALDI ABBATIS AD ARNOLDUM COLONIENSEM ARCHIEPISCOPUM.
De quibusdam ministerialibus qui conspiraverant in eum.
(Anno 1149).

Reverendo Patri suo et domino Arnoldo, sanctæ Coloniensis Ecclesiæ venerabili archiepiscopo frater Wibaldus, id quod est in Ecclesia catholica, exiguas orationes et devotum obsequium.

Quia post Deum et dominum regem caput omnium principum in hac terra estis, et ad vos potissimum respicit status pacis terræ, vobis conquerimur tanquam Patri et Domino, quod quidam ministeriales Corbeiensis monasterii, qui erant in convictu nostro assidue, quadam nocte cum cœnaremus, a mensa nostra egredientes, equos nostros effracto stabulo furati sunt, et quosdam, quos abducere non potuerunt, gladiis interfecerunt. Facto clamore ad arma, ut mos terræ est, convenerunt alii ministeriales Ecclesiæ plures numero, et pro sua fide conservanda, et pro honore omnium suorum parium vocaverunt quosdam ad duellum, quorum consilio tantum facinus fuit perpetratum, cum eis pugnaturi in octava Epiphaniæ. Siquidem consilium eorum et machinatio fuit, ut nos illi ipsi latrones interficerent, vel membris truncarent; ut postmodum veraciter didicimus, quod cum ad effectum ducere non potuissent, nocturno furto equos nostros invaserunt. Proinde advoluti animo ad pedes celsitudinis vestræ, et omnium principum sive nobilium, et cæterorum qui in curia vestra sunt, humiliter auxilium vestrum imploramus, quatenus respectu divinæ pietatis et pro reverentia domini

tensi, sub invocatione B. Mariæ et S. Kyriaci, cujus fundationem anno 952 confirmavit Otto imperator.

regis et omnium principum, et pro statu tam divini quam humani juris, scutum vestræ protectionis tantæ audaciæ opponatis, et ne malefactores illi in terra vestra refugium habeant, sicut magnitudinem vestram decet, provideatis, et ad præfatum diei tempus nobis in adjutorium aliquos de vestris transmittatis. Valete.

EPISTOLA CXXVII.
CONRADI IMPERATORIS AD WIBALDUM ABBATEM.
Quæ ipsi Damascum obsidenti contigerint.
(Anno 1149.)

CONRADUS, Dei gratia Romanorum rex augustus venerabili WIBALDO Corbeiensi abbati gratiam suam et omne bonum.

Quod maxime de nobis te desiderare cognovimus, de prosperitate videlicet status nostri, hoc primitus significare opportunum duximus. Sani siquidem Dei misericordia sumus, naves redituri in festo beatæ Mariæ in Septembre, intravimus, peractis omnibus quæ in partibus illis vel Deus voluit vel populi terræ permiserunt. De hominibus enim dicimus, cum Damascum communi consilio venissemus, et castra ante portam civitatis cum magno nostrorum discrimine locassemus, etiam prope esset, ut sine ambiguitate civitas caperetur, traditio, a quibus minime cavimus, in hunc modum facta est, quod ipsi eo in loco civitatem inexpugnabilem esse asserebant, et ex industria in aliam partem, ubi nec aqua exercitui suppetebat, nec accessus alicui patebat, nos ducebant ; et ira omnes in indignationem pariter et in dolorem conversi infecto negotio redierunt. Expeditionem tamen ibidem versus Ascaloniam unanimiter se moturos spoponderunt, locum et diem præfixerunt : illic ex condicto venientes neminem fere invenimus ; ibi universitatem octo frustra diebus præstolati, secundo ab eis delusi, ad propria tendimus. In brevi igitur, Deo annuente, ad te venturi, grates tibi debitas referimus, quod filium nostrum manutenuisti, et fidelitatem omnem nobis exhibuisti, et ut de cætero id facere te non pigeat, rogamus, omnem tuam benevolentiam digne remuneraturi.

EPISTOLA CXXVIII.
HENRICI EPISCOPI MINDENSIS AD WIBALDUM ABBATEM.
Optat uti consilio Paterbornensis et Monasteriensis episcoporum super lite quæ eos inter versabatur.
(Anno 1149.)

Venerabili domino sanctæ Corbeiensis Ecclesiæ abbati WIBALDO HENRICUS (109), per misericordiam Dei id quod est in Ecclesia Mindensi, orationum et fidelis obsequii, quantum permittit, devotam exhibitionem.

Legatos et litteras vestras sæpius audivimus, offerentes nobis fraternam satisfactionem super omni injuria et molestia qua ex parte vestra læsi tenemur. Quod vero usque modo vobis respondere distulimus, non fuit ex contemptu vestræ personæ vel ex aliqua animi nostri elatione, sed propter hoc, quod desiderando exspectavimus, ut venerabiles domini, Patherburnensis videlicet episcopus et Monasteriensis, negotio per suam præsentiam adjutores assisterent, et ex eorumdem prudentia et consilio ea, quæ inter nos aguntur, fraterne componerent. Sed licet præfati domini nostri et amici contra suum promissum, sicut Remis audieratis, moras faciant, et propriis impedimentis occupati huic nostræ causæ non subveniant ; nos tamen in Deo curam nostram jactantes, adhuc eorum consolationem et consilium attendere disposuimus, quorum mecum conscientiæ determinabitur judicio, quod de vobis querimoniam non habuerim immerito.

EPISTOLA CXXIX.
BERNARDI EPISCOPI HILDENESHEIMENSIS AD WIBALDUM ABBATEM.
Intercedit pro Henrico quondam Corbeiensi abbate, ut in professionis suæ claustro recipiatur.
(Anno 1149.)

BERNARDUS, Dei gratia Hildeneshreimensis Ecclesiæ minister humilis, venerabili fratri WIBALDO Corbeiensi abbati, sinceræ in domino fraternitatis ac dilectionis affectum.

Luctuosus ac varius humanarum calamitatum eventus nos admonet afflictis compati, et in aliorum pressura dolorem nostrum vel laborem considerantes, contritos corde pro posse nostro consilio atque auxilio sublevare. Frater itaque Henricus quondam abbas Corbeiæ, nunc autem manu Domini humiliatus, ad nos confugiens, obsecrat, ut nostro interventu misericordiam apud vos inveniat, videlicet ut in claustrum professionis suæ benigne illum recipiatis, et paterna consolatione contritionem ejus sublevando foveatis. Et quia forte suspicioni vobis est, ne controversias pietati vestræ apud aliquos vestratum interiores vel exteriores generet, quamcunque dignam judicaveritis de hac causa certitudinem, et perseverantem obedientiæ subjectionem ab eo recipietis. Peto igitur, ut quod per nos obtinere se posse confidit, dilectionis vestræ benevolentia consequatur. Valete.

EPISTOLA CXXX.
BERNARDI EPISCOPI HILDESHEIMENSIS AD CORBEIENSES.
Ejusdem argumenti.
(Anno 1149.)

BERNARDUS, Dei gratia Hildeneshreimensis dispensator humilis, dilectis fratribus Corbeiensibus, ire de virtute in virtutem, donec videant Deum deorum in Sion.

Sicut in detrimento gregis sancti religiosorum mentibus gravis oritur mœstitudo, sic in recollectione dispersorum lætitia generatur et gratiarum actio. Frater igitur Henricus quondam loci hujus abbas, modo vero judicio domini depressus, ad vos

---

(109) Ex monacho Bursfeldensi et abbate S. Mauritii factus episcopus Mindensis.

redire desiderans, nostra intercessione apud vos commendari flagitat, ut et ipsi fraterna compassione nostræ dilectionis respectu eum recipiatis, et domini abbatis affectum mediatores illi concilietis. Si quem vero vestrum fortasse sua culpa in aliquo contristaverit, et ipse pro posse satisfaciet, et vestra charitas ejus, quam passus est, calamitati compatiens pie remittet. Valeant itaque apud fraternitatis vestræ dilectionem pietatis et justitiæ preces, ut quod per nos obtinere nititur, effectu desiderato consequatur. Deus pacis sanctificet vos per omnia.

EPISTOLA CXXXI.

WIBALDI AD BERNARDUM HILDENESHEIMENSEM EPISCOPUM.

Fuse enarrat totam seriem suæ in abbatem Corbeiensem electionis, et quæ eam secuta sunt.

(Anno 1149.)

Reverendo Patri suo et domino BERNARDO, sanctæ Hildenesheimensis Ecclesiæ, venerabili episcopo, frater WIBALDUS, Dei gratia id quod est in Ecclesia catholica, exiguas orationes et fidele servitium.

Litteris prudentiæ vestræ, quas nobis dignatio vestra per venerabilem confratrem nostrum abbatem ecclesiæ Sancti Godehardi transmisit, respondere distulimus, non ex oblivione vel ex negligentia, sed tantis postea curis et laboribus agendo et itinerando fuimus occupati, ut rescribendi opportunitas nulla nobis posset accedere. Reddentes itaque nunc vestræ sublimitati devotum salutationis obsequium, breviter si fieri posset, ad vestram petitionem, quæ apud nos jussionis pondus obtinet, respondere vellemus, nisi quod tanta est rerum series, ut per brevitatem narrationis cognitio veritatis excludatur. Ac primo discretionem vestram scire volumus, quod in causa fratris illius Henrici, quem reconciliare Corbeiensi Ecclesiæ vestra celsitudo conatur, nos depositoribus ipsius neque consilium neque auxilium impendimus, quin potius in curia, quæ Corbeiæ anno 1144 in festo sancti Bartholomæi apostoli a domino rege Conrado celebrata est, pro prædicto fratre regimen tunc ejusdem monasterii tenente stetimus non solum constanter, sed etiam efficaciter; quoniam a clementia domini regis multa precum instantia obtinuimus, ne adversus eum lite contestata accusatorum actio et ordo judicii procederet. Quando vero in præsentia et jurisdictione felicis memoriæ domini Thomæ, cardinalis presbyteri apostolicæ sedis legati, de Simonia in venditione ecclesiæ de Linwert perpetrata convictus Corbeiæ in capitulo et confessus fuit; nos earum rerum prorsus ignari eramus in Stabulensi monasterio, quod a Corbeiensi distat itinere sex dierum. Quando etiam duodecimo Kalendas Aprilis a prænominato judice suo apud civitatem Patherburnam, ubi venire se absentaverat, in solemni religiosorum conventu depositus fuit : nos eramus Stabulaus præparati et succincti causa regiæ legationis Romam proficisci, quod et fecimus, mox inde moventes Nono Kal. Aprilis. Depositus itaque ibidem tam ab officio sacerdotali, quam a dignitate abbatiæ, atque insuper excommunicatus, si personas vel res monasterii ullo modo vexaret vel disturbaret, non recognovit manum Domini super se, nec acquievit sententiæ judicantis, sed in rebellionem et in apertam violentiam conversus, res abbatiæ ubicunque locorum potuit, nimis immoderate diripuit, et in proximo Pascha in monasterio Hasunge (110) infulis abbatiæ ornatus incessit, et publice divinum officium celebravit. Quasdam integras curtes abbatiæ infeodavit, et multos mansos tam impignorando quam præstando alienavit, quibus peractis, regiæ præsentiæ in curia, quæ apud Kuina XVIII Kal. Maii habita est, sese obtulit, opinatus regiam æquitatem posse inflecti, ut per violentiam obtineret abbatiam, quam ordine judiciario perdiderat. Sed quia honor regis judicium diligit, non potuit etiam oblata pecunia distorquere virgam directionis inclyti regnatoris, quin a Cæsare firmaretur, quod a Petro processerat.

Interea dum sic minis, muneribus, pollicitatione monasterium vexat et invadit, reverendus Pater noster Bernardus Patherburnensis episcopus ad Ecclesiam Corbeiensem vocatus, eumdem Henricum in pulpito sub generali conventu pronuntiavit auctoritate apostolica excommunicatum, et omnes fautores atque adjutores illius : unde etiam plurima hominum pars metu divino territa ab ejus factione dilapsa est. Urgebat interim multis decretis jussio apostolica Corbeiensem Ecclesiam, quatenus mediante Spiritu sancto talem personam in abbatem eligerent, quæ ruinas Corbeiensis Ecclesiæ tam in spiritualibus quam in temporalibus resarcire idonea esset, sed partibus in sua studia nimium adhuc ferventibus, canonica et concors electio fieri non potuit, usque ad Nonas Maii, quo die nos eramus apud Sutrium civitatem Tusciæ in curia domini papæ Eugenii III. Tum denique vix tandem unum sapientes elegerunt virum integræ famæ et laudatæ conversationis, Henricum præpositum ejusdem monasterii, qui a domino rege institutus est VI Non. Augusti. Quo tempore eramus in Stabulensi monasterio, vix recepta non ad plenum valetudine, quoniam febre Romana quinque hebdomadibus apud Viterbium decubueramus, et vi non naturalis caloris cute et omnibus pilis amissis, fauces mortis vix evaseramus. Sedit itaque ordinatus prædecessor noster usque VIII Idus Octobris et viam universæ carnis ingressus est. Orbata ergo iterum Corbeiensis Ecclesia suo pastore nos absentes et procul positos unanimi prorsus conniventia in Patrem et pastorem

---

(110) Hassungense splendidum ordinis S. Benedicti monasterium ab Aribone Moguntino archiepiscopo in honorem SS. apostolorum Petri et Pauli atque S. Heimeradi confessoris inceptum, atque a Sigefrido iiidem archiepiscopo perfectum est.

animarum suarum voluntarie adoptavit et elegit, in capitulo Corbeiæ xi Kal. Novembris. Stabulaus pervenerunt nostram imbecillitatem ad regimen tantæ rei tam per litteras suas quam etiam per epistolam domini regis ac domini Patherburnensis episcopi et aliorum quorumdam principum, nec non præsenti nuntiorum alloquio officiose et suppliciter invitaverunt. Nos tunc eramus in synodo Leodiensis Ecclesiæ, quam venerabilis Pater noster Henricus hujus nominis secundus Leodiensis episcopus ex more celebrabat. Unde cum reverteremur, ad monasterium Malmundariense festum Omnium Sanctorum celebraturi diverteramus, atque cum ad vespertinam synaxim jam ingredi essemus parati, venit Stabulensis nuntius significans nobis quod legati regiæ curiæ nostrum apud Stabulaus præstolarentur adventum ; nullo modo inde recessuri, vel alias suæ legationis verba exposituri, nisi in ecclesia Stabulensi coram positis ejusdem monasterii fratribus. Nos vero pro reverentia domini nostri regis, continuo ascensis equis, ad Stabulense monasterium transire festinavimus. Ubi jam sero facto, mandata domini nostri regis et principum, nec non Ecclesiæ Corbeiensis petitionem tum per scripta, tum per missorum verba suscepimus.

Inspectis omnibus et auditis, rem omnem usque in crastinum ad responsa præmeditanda distulimus. Jam, venerande Pater, ad eum locum narrando pervenimus, ubi nec tacere audeamus, propter sanandas ac muniendas conscientias fratrum nostrorum Christi sanguine redemptorum, nec loqui tute valeamus propter irrisiones eorum, qui superbia inflantur, et ambitione flammantur, et propter secreti nostri bonum, quod evacuari formidamus. Sed accipiant homines, ut volunt, et judicent, nos quoniam in innocentia ingressi sumus, verum, teste Deo, referemus. Cum ad matutinam synaxim sono canonica excitati fuimus, talis cogitatio nobis suborta est, ut peracto matutinali officio fideles nostros, tam de fratribus quam etiam de laicis, convocare deberemus, ut de verbo quod acceperamus morosa et diligenti deliberatione tractantes, ex consilio respondere possemus. Quod autem in alterutram partem dubitavimus, nec oblatum nobis honoris locum debita humilitatis fortitudine [*f.* formidine] respuimus, quædam præteritarum rerum recordatio suadebat. Siquidem et ante ea nonnullæ Ecclesiæ nos ad locum regiminis vocaverant, quodam popularis judicii deceptæ præconio; sed nos propriæ fragilitatis et ignorantiæ conscii, plena et veraci libertate, illud eis propheticum respondebamus : Non sum medicus, non est in domo mea vestimentum, nolite me constituere principem populi. Atque ita formatis absque avaritia moribus, contentique præsentibus, ei monasterio cui ascripti eramus, etsi non bene videndi exemplo vel fideliter administrandi studio deserviebamus.

Orta est interim, instigante omnium bonorum æmulo, inter nos et quosdam villicos Stabulensis monasterii, viros utique genere, clientela, et opibus potentes, gravis et in longum agitata dissensio, pro eo quod ipsi villici volebant hæreditarie possidere sanctuarium Dei, et ipsa villicationis officia ex successione paterna et avita capientes, dominabantur in rebus, nostraque et præpositorum nostrorum statuta contumaciter rescindentes, et colonos indebitis et assiduis exactionibus opprimebant, et justas pensiones monasterio nequaquam inferebant. Ita miserabili et importuno clamore populi, cujus terra jam fere vastata et desolata erat, nec non inedia monachorum ac ruina ordinis propter alimentorum defectum sæpe et nimis exarcebati, cœpimus iniquo tempore tyrannis resistere, certi quantum de futuris fieri poterat, quod aut circa salutem nostram periclitaremur, vel ad salutarem effectum causam tam necessariam perducere non possemus. Etenim, quod cum dolore et gemitu dicimus, jura omnia interierunt, leges occubuerunt, morum disciplina exstincta est, consuetudo vetustatis abolita est, regis et principum virtus et potestas obsolevit, licet unicuique quod libet, et quod statuit vim legis obtinet. Cum igitur in ea perturbatione labores infinitos et expensas toleraremus, cum apud Romanam Ecclesiam in urbe, cujus clementia et defensione plurimum præmuniti fuimus, tum in curia serenissimi et inclyti triumphatoris domini nostri regis Romanorum Conradi II cujus potissimum favore et munificentia illas mirabiles elationes maris per mirabilem in altis dominum mirabiliter enavigavimus; inter peregrinationis et quasi cujusdam exsilii molestias, inter itinerandi et agendi fatigationes, inter periculorum aculeos, quædam infirmitatis nostræ cogitationes adversus nos murmurabant, et vellicabant amarius aurem cordis nostri dicentes : Merito hæc pateris, quoniam Deus tuus, refugium et virtus et adjutor in tribulationibus quæ invenerunt te nimis, in semetipso et per semetipsum jam aliquoties tibi refugium obtulit, qui has miserias vel prorsus evitare vel securius tolerare potuisses. Et licet, venerande Pater, jam de præfatis tempestatibus in aliquem quietis portum introissemus, tamen de futuris incerti, et similia vel acerbiora metuentes, in ambiguo, ut dictum est, fuimus, utrum oblatam gratiam recipere vel recusare deberemus, cum antea in animum induxissemus, nec duabus abbatiis simul præesse, nec ad aliam sive majorem sive ditiorem ullo modo transferri sustinere.

In hac itaque ancipiti meditatione, in qua jam exarserat ignis desiderii volentis quæ potiora sunt, eligere, processimus ad ecclesiam, aliquid psalmorum lingua proferentes, cum tamen animus ab eorum intellectu salutari longius esset evagatus. Venientes ante altare illud, ubi benedictionem episcopalem in nomen et officium abbatis suscepimus, commovit nos repente quidam familiaris et intimus amor, quem ad patronum ejusdem loci, sanctissimum videlicet confessorem atque pontificem Christi Remaclum, ejusdem cœnobii fundatorem habemus, et concussit animæ nostræ interiora quodam affectuoso timore, ex eo videlicet quod in mente nostra volvebamus, utrum ipsius monasterium sic relinquere pergeremus. Clamavit itaque anima nostra ad Deum, et ad ipsum clamore vehementi in verbo interiori, in verbo non diffidentis spei absque sono oris corporei: fiat, Domine, voluntas tua, jam de cætero neque deliberationem nostram, neque amicorum nostrorum sequi consilium statuimus, sed tuam voluntatem et te, qui es via, veritas et vita, in hoc præsenti negotio sectari desideramus. Sed qualiter tuam voluntatem cognoscemus, qui præsens es majestate, sed nos in regione longinqua dissimilitudinis porcos pascentes a te recessimus? Temerarium est, ut certam voluntatem tuam super hoc verbo, quam nobis indicare digneris sive per angelum, sive per aliquam subjectam tibi creaturam tuam, sive per visionem, sive per oraculum expetere præsumamus. Per eos itaque in quibus habitas scrutari tuæ voluntatis arcanum, impium et præsumptuosum non est; atque ideo fratrum et filiorum nostrorum sententiam sequendam voto tali tibi obligati arbitramur, ut quidquid ipsi dixerint, tenendum sit, quorum animas nobis servandas tradidisti, cum simus ipsi animæ nostræ mali custodes. Sic omni dubietate remota, ac ratiocinandi et judicandi cura deposita, mente placida, sedatisque ac compositis cogitationibus, matutinas laudes cum fratribus peregimus. Hora regulari quando fratres capitolium ingressi sunt, nos pariter introivimus, atque post exhortationis verbum, post disciplinam claustralem, jussimus afferri litteras cum sigillis domini regis et principum atque Corbeiensis Ecclesiæ.

Quibus perlectis, fratres attoniti rerum novitate, nostræ voluntatis et responsionis modum intenti præstolabantur. Ad hæc, inquam, fratres mei, ex quo divinæ Providentiæ, quæ disponit omnia suaviter, placuit nos omnium vitæ merito et sapientia doctrina extremos, per unanimis consensus vestri ministerium ad hujus Ecclesiæ regimen provehere, mei et animi et corporis potestas mea desiit esse, et totum quod nobis a Deo in utriusque hominis substantia collatum est vestræ ditioni ac potestati quasi quodam jure proprietario cessit et vindicatum est. Nos vestri sumus, nec vos aut monasterium vestrum deserere volumus, unde et vestrum consilium tanquam divinum responsum interrogantes exspectamus. Nulla vero vos formido, nulla vos suspicio terreat, quin, inspirante Deo, quod opportunum videbitur loquamini, quoniam cum Deo nostro tale voti et sponsionis fœdus inivimus, ut a vestri consilii verbo recedere nequaquam valeamus. Neque enim si grata nobis esset hujus dignitatis oblatio, si Corbeiensi Ecclesiæ præesse juxta suam electionem appeteremus, hoc sub incerto multitudinis consensu tractaremus, sequentes videlicet nostri desiderii propositum. Nunc vero, Deo adjutore, nostri cordis intentionem ita firmavimus, ut ea nobis consilii portio pergrata sit, quæ, donante Spiritu sancto, nobis a vestra fraternitate intimata fuerit. Hoc tantum vestram prudentiam admonere nequaquam dubitamus, ut quantum per Dei providentiam corda hominum moventis, et in eorum cordibus operantis, ad inclinandas eorum voluntates quocunque volueris, vestræ discretioni licitum est, hoc provideatis, hoc consulatis, hoc suadeatis, quod animabus et corporibus nostris atque monasterio vestro utile et tutum maxime judicabitis. Tanto pondere sibi imposita fratres primum exterriti fuerunt, sedulo petentes, ut fratrum suorum, qui aberant, et ministerialium Ecclesiæ præsentiam exspectare valerent cum quibus communicato consilio, quid optimum factu videretur, pariter ordinarent. Nos econtra instantiam legatorum jam regredi desiderantium opponebamus, et præcipue voti nostri ac sponsionis vinculum, quo sic obligati eramus, ut sub eadem hora ab his qui præsentes erant solvi in alterutram partem oporteret. Itaque emissis nobis a capitolio, fratres plurimum anxii ac mœrentes causæ hujus utrumque latus sollicite pertractantes, diuque ac multum inter utrumque cunctati, legatos tandem admiserunt, totius rei gestæ ordinem plenius addiscere cupientes. Bruno præpositus novæ Ecclesiæ, qui inter missos erat honoratior, loquebatur quædam grandia, videlicet Corbeiensem Ecclesiam jus liberum electionis habere, quo nunc esset usa et concorditer et absque ulla vel minimi verbi dissensione, futurum ut prius tria millia marcarum argenti expenderet quam ab obtinendo electo suo desisteret. Corbeiæ maximas et pacatas divitias esse, fratres religionem tenere, et ut augeatur desiderare ac petere; ministeriales valde locupletes esse, nullum inter eos verbum seu litigium de villicationibus jure obtinendis exstitisse. Omne feodum vel beneficium liberum vel absolutum fore, ubi mares non succederent patribus; servitium regis tam in expeditione quam in curia adeunda et in hospitiis procurandis exuberare, fratrem illum Henricum, de quo nunc agitur, judicium Dei et suæ depositionis sententiam patienter sustinere, ipsum quoque desideranter electi adventum exspectare, gaudentem, quod nullus eorum, qui ei adversati fuerant, succederet, Stabulensis monasterii defectum de plenitudine Corbeiensis posse submoveri. Locus quidem invidiæ videbatur, Patrem ac provisorem tantis et tam insperatis bonis velle fraudari, cum in facultate Stabulensis Ecclesiæ nihil aliud nisi labor et dolor haberetur. Incredibilia tamen hæc videbantur, atque ideo nobis ad suum colloquium revocatis, consilium subeundi sarcinam prælationis sub tali moderatione dederunt, si videlicet, quemadmodum acceperant, rerum status apud Corbeienses inveniretur.

Multum itaque renitentibus legatis, unum de Stabulensibus monachis, fratrem scilicet Henricum, virum utique excellentis ingenii et prudentiæ, ac singulari constantia præditum, cum litterarum nostrarum attestatione Corbeiam direximus, qui subtili inquisitione diligenter investigaret de toto electionis ordine, et universa rerum Corbeiensis cœnobii qualitate. Veniens igitur Corbeiam, susceptus est ab omnibus officiose, et cum gaudio, ex eo tamen dolentibus, quod adventus noster aliquo modo tardabatur : atque cum in communi fratrum cœtu admissus esset, nullam invenit in tota electionis actione dissonantiam, sed excluso præcipitis ac temerarii verbi vel actionis vitio, omnium pariter vota concordabant. Observatum est summa cautela, ne intelligeret illum dominum Henricum jam fuisse Romam profectum, ad reparandam causam suam, et ad repetendam abbatiam, quia jam ex legatis pro certo compererant, quod ad res etiam tutas non libenti animo migraremus, nec certamen pro aliqua prælatione obtinenda subire vellemus. Remissus est ad nos frater noster prædictus cum litteris Ecclesiæ, quæ de omnium desiderio et conniventia circa nostram personam plenius continebant, quæ nos ad regimen ipsorum favorabili affectu invitabant. At vero dominus noster rex frequenti jussione nos ad curiam suam vocabat, graviter succensens, quod Ecclesia Corbeiensis, non modicum videlicet regni sui membrum, nostra vel negligentia vel tarditate collaberetur. Venimus itaque ad oppidum Frankenevort, v Idus Decembris, credentes dominum regem ibidem esse, sicut ipse nobis per nuntios et litteras significaverat, et invenimus ibi Corbeienses monachos, clericos et laicos non paucos, qui pro sua electione obtinenda omnium reliquorum mandato et testimonio advenerant. Didicimus tunc quodam casu, cum hoc nollent Corbeienses, domnum illum Henricum adiisse domini papæ pro sua restitutione præsentiam. Quanto metu ac dolore affecti fuerimus, nequaquam explicare verbis possumus. Tenebamur obligatione divini præcepti, quod per os fratrum Stabulensium acceperamus, quatenus ad vocationem Corbeiensium cœpto itinere procederemus, resistebat nobis ratio nostra, et deterrebat nos non improbabilis conjectura, quod impingere possemus in Romanam Ecclesiam, et graviter sub potenti manu collidi, si causam Corbeiensium retractare dominus papa insisteret. Doluimus et flevimus, et male nobis erat.

Ad primum igitur pullorum cantum, cum dormirent Corbeienses, non clam recessimus, sperantes quod in monasterio Laurisamensi (111) dominum nostrum regem, sicut ab ipso per nuntium acceperamus, invenire possemus, et aliquo modo apud ipsum satagere, si forte voluntas Dei esset, ut Corbeiam non perveniremus. Sequebantur nos Corbeienses mane facto indignati ac, disponente Deo, dominum regem antequam ad nos perveniret, in via obvium habuerunt, et totis ingenii viribus apud ipsius mansuetudinem egerunt, ne ipsos spe sua et electione vacuos et sub ancipiti periculo constitutos in se confidentes dimitteret. Consolatus est eos benigne, et plenos bonæ promissionis fecit hospitari secum in villa Winheim nominata. Die insecuta nos non solum vocati, sed etiam per fidem et sacramentum adjurati venimus, plus cogente Dei ordinationis articulo, quam in ore servorum suorum sonuerat, quam impellente regiæ majestatis et offensæ formidine. Consumpta est dies illa in utriusque partis allegationibus, et quærebamus in domo regia intercessores, qui antea pro multis etiam damnatis sæpe intervenerámus, et sollicitabamus amicos nostros, quasi de eorum fide dubitantes. Anselmum videlicet Havelbergensem venerabilem episcopum et Arnoldum majoris ecclesiæ in Colonia præpositum, regiæ curiæ cancellarium, quos a juventute nostra summa dilectione sumus amplexi, et diligenti studio cum quotidiano charitatis incremento veneráti, atque ut nobis assisterent, et animum principis ab hac intentione revocarent, magna precum instantia rogabamus. Siquidem disputandi et refragandi ausum ultra voti nostri et responsi accepti stabilitatem nobis illud exhibebat, quod fratres nostri sub quodam interpositæ conditionis pendulo consilio dederant, ut tunc sequeremur rationem, si nullum vitium sive dolus in actione vel narratione subesset. Quid multis moramur? cum universa, quæ dicta sunt nec temporis, nec epistolæ brevitas possit comprehendere. Turbati ergo et inopes facti totius consilii, cum maxima lacrymarum et singultuum interruptione defensionem causæ nostræ reliquimus, domini regis arbitrio rei summam et terminum committentes, ea tamen prudentiæ ratione considerata, ut tunc regia mansuetudo cogeretur a proposito declinare, cum nos et honorem nostrum ac famam suæ fidei tradidissemus. Verum ipse in sui promissi stabilitate perseverans, et tanquam de suæ voluntatis processu adepto triumphans, vocatis Corbeiensibus, nobisque tacentibus, nos more solemni publice de abbatia Corbeiensi investivit. Induimus ibidem quam dam animi firmioris constantiam, personam prius et rem omnem jacturæ subjicere statuentes, quam Corbeiensem Ecclesiam nostro consilio et auxilio contra prædicti Henrici impetus nudare. Dimissi ergo a regia curia pervenimus Corbeiam xv Kal. Januarii, ubi mirabili omnium favore suscepti fuimus.

Nuntiatum est nobis Goslariæ, Nonas Januarii, quod idem Henricus ab urbe esset reversus, confecto negotio. Nos tamen, Spiritu sancto roborante, processimus ad res Ecclesiæ obtinendas, et contra spem humani judicii tam personas, quæ illi fidelius adhæserant, quam possessiones, quas ipse alienaverat, absque majoris difficultatis obstaculo recepi-

---

(111) Laureshamense ordinis S. Benedicti insigne cœnobium in insula diœcesis Moguntini Aldenmunster postmodum appellata, circa annum 764 fundatum est a Cancore illustri Rhenensis pagi comite et religiosa ejus matre Williswinda, sub patrocinio SS. Petri et Pauli, quibus S. Nazarius non multo post additus est patronus, ob translatas ejusdem sancti reliquias.

mus. Hæ vero sunt possessiones, quas liberali manu post depositionem suam donaverat. In Cropenstedem viginti mansus, in Nortlandia curtem integram Loningen, curtem integram Buochoru. In curte Visbich duos mansus. In curte Loten unum mansum, in curte Werletem unum mansum, in curte Mettesdorp unum mansum et alia quædam, quæ universa Deo propitio recuperavimus. Sed rumor, quem acceperamus de illius restitutione, vanus fuit, quoniam usque adeo nihil egit, ut a sede apostolica absque formata epistola redierit, nec litteras commendatitias, nec recepti sacerdotalis officii et absolutionis suæ ab excommunicationis vinculo testimonium referret. Quid vero de epistolis a domino papa accipiendis, præcipue ab his, qui ad ipsum venientes negotium habent, sacra canonum auctoritas decernat, vestra melius eruditio novit. Cunctis itaque dissensionibus Corbeiensis Ecclesiæ tam intus quam foris per Dei misericordiam sopitis, omnibusque difficultatibus complanatis, missi fuimus a domino rege cum Wormatiensi et Havelbergensi episcopis obviam domino papæ Eugenio ingredienti Galliam Comatam, cui occurrimus in oppido Divionis tertio Kal. Aprilis anno Domini 1147, cui cum suggestum esset quod nos Ecclesia Corbeiensis in abbatem elegisset, discretione apostolica et providentiæ singularis causa edoctus, nullas Corbeiensi Ecclesiæ sive in privilegiis sive in epistolis sub nomine nostro litteras dirigere voluit, nisi prius de tota electionis serie et sinceritate plenius cognovisset; arbitratus etiam personarum translationem de ecclesia ad ecclesiam, vel quod una persona in altera Ecclesia pastoris, in altera visitatoris officium obtineat ad suæ moderationis gubernacula pertinere. Fuimus tamen ab ipso liberaliter et honorifice habiti, non solum pro reverentia regiæ majestatis, cujus legatione fungebamur, sed etiam pro privatæ dilectionis gratia, qua nos jampridem cognitos pie amplexari dignatus fuerat. Tunc etiam injunxit nobis in virtute obedientiæ, et in remissionem peccatorum nostrorum, ut ad debellandos Christiani nominis hostes, ac Dei Ecclesiæ vastatores trans Albim super paganos militaremus, cum tamen sciret hoc nequaquam a nobis posse fieri, nisi ex Corbeiensis Ecclesiæ expensa et militia. Misit ergo Corbeiensis Ecclesia communi consilio et nostro assensu duos ex fratribus suis, Walterum scilicet monasterii priorem et Reinherum præpositum de Cresburch viros sane probati testimonii et honestæ conversationis, sed neque profundi sermonis neque discretionis, armatos quidem non arte, sed veritate; non facundia, sed innocentia. Hi nunquam curiam Romanam prius intraverant, et pervenerunt ad dominum papam apud Sanctum Dionysium in territorio Parisiensi. Decima postmodum die absoluti sunt in civitate Meldis, confirmata prius in celebri conventu nostra in Corbeiensi Ecclesia electione et ordinatione sub die x Kal. Julii. Siquidem reverendus ac pius Pater nostram parvitatem publica laudatione prosequi dignatus est, nosque amplissimis verbis apud ignotos commendavit, mandans legatis, et per ipsos omnibus, ut nos tanquam Patrem et dominum diligerent atque honorarent, atque cum ipsis tanto studio et labore expetiti tantopere placuissemus, ne tunc displicere inciperemus, cum de religione reformanda et possessionibus recolligendis agere tentaremus, sed tam ad ordinis reparationem, quam ad fundorum restaurationem communi consilio et auxilio fulciremur

Intellexerat namque vir subtilis ingenii, nos neque in obtinenda neque in conservanda hujus prælationis dignitate cum aliquo ambitionis nævo laborare, sed stetisse pro innocentia et fama nostra, et pro quibusdam rebus nostris, quod ad incrementum cœnobii Corbeiensis non modico sumptu inchoaveramus. Nondum reversis legatis, intraveramus cum armata militia et exercitu Christianorum principum terram Leutitiorum, transmisso Albi flumine, et eramus in obsidione castri Dunin [*l.* Dimin] sub vexillo Crucifixi, cum ecce jam sæpe dictus Henricus parvo quidem armatorum numero, sed multum armato animo Corbeiam accessit, missisque legatis suis, Ecclesiam de fide et juramento suo admonuit, et ut ipsum tanquam proprium dominum reciperent, postulavit. Verum illi veræ fidei et jurisjurandi non immemores, monasterium armis et propugnaculis, quæ usque hodie exstant, muniunt, et vim vi repellere jure gentium moliuntur. Fecerat et antea simile quid in monasterio de Aldesleve, ubi ab Hillino ejusdem monasterii abbate, qui de Corbeiensi congregatione illic assumptus fuerat, quia multis vir discretus et litteratus putabatur, hospitio post reditum ab urbe receptus, ipso annuente, in stationibus festis cum virga pastorali insignitus processit. Cujus prævaricationis præmium præsumptori consiliario transgressor ipse reddidit, in eo videlicet quod, eodem abbate absente, sedem suam et abbatiam in capitulo invasit, sed a Fritherico ejusdem loci advocato paulo post circumseptus, fuga et pedibus pœnam evasit. Prædictus abbas contemptor sane canonum et apostolicæ sedis, relicta monasterii et fratrum suorum cura, Jerosolymiam profectus est armatam militiam sequens, ubi et in mari submersus est, cujus obitu nuntiato, præfatus Henricus abbatiam sine canonica electione obtinere voluit, atque ut per nos a marchione Adelberto induceretur, efficere laboravit Exstat epistola (112), in qua persuasioni ejus et quorumdam virorum non obscuri nominis respondimus. Reversi ab expeditione Sclavica in Nativitate beatæ Mariæ, quam etsi peccatis exigentibus non efficaciter, sed tamen obedienter complevimus, ad quam nos traxerat et Christianæ

---

(112) Epistola 117 ad F. S. Godehardi abbatem.

salutis intuitus et specialis monasterii nostri causa, pro recipienda videlicet regione quadam, quæ a Teutonicis Ruiana, a Sclavis autem Rana dicitur, quæ Corbeiensi monasterio imperiali dono collata est a Lothario Cæsare, invenimus Ecclesiam assultu prædicti hominis turbatam, plus dolentes ac metuentes de fraude ac pertinacia eorum, qui consilium et adjutorium illi impenderant, quam de ipsius temeritate. Anno præterito fuimus Treviri in curia domini papæ, unde cum gratia et apostolicæ benedictionis roboratione revertentes, accepimus litteras ad Corbeiensem Ecclesiam plenas favoris et bonæ spei, in quibus continetur, ut Corbeienses nos tanquam boni et humiles filii diligerent et honorarent, atque ut pastori suo condignam nobis reverentiam, ei obedientiam impendentes, ad recuperandas et retinendas possessiones et bona Corbeiensis Ecclesiæ viriliter assisterent. Non profuit tam frequens sua depositio, tam crebra nostra confirmatio, tam perseverans apostolicæ auctoritatis jussio, seminatur terra mendaciis, seminatur scandalis, et, ut mos est gentis, prius hominem falsa delatione suffocant, quam ipse sese appeti intelligat. Venimus ad synodum Remensem, quæ celebrata est mediante Quadragesima, ubi dominus papa paci et tranquillitati Corbeiensis Ecclesiæ providere volens, sententiam, quam venerabilis Pater noster bonæ memoriæ Thomas, presbyter cardinalis et apostolicæ sedis legatus, in Henricum, quondam monasterii ejusdem abbatem, verbo dederat, verbo et scripto confirmavit. Sententia vero prædicti cardinalis et legati, quam apud nos scriptam et imagine ipsius obsignatam habemus, hæc fuit :

« Nos, inquit, communicato consilio episcopi Patherburnensis et aliorum, qui præsentes aderant, pro inutilitate personæ et confessione Simoniæ, et inobedientia, et cæteris, eum de abbatia et sacerdotio deposuimus, monachos ab obedientia, et omnes, qui juraverant sibi fidelitatem, a debito juramenti absolventes. Quod si visis aut auditis his litteris in abbatia consistere pertinaciter voluerit, et Ecclesiam in personis vel bonis suis per se, vel per aliquam submissam personam, lædere molitus fuerit, a proxima Dominica palmarum eum excommunicamus. » Viderit de absolutione sua, viderit de restitutione sacerdotalis officii. Hæc in eum prolata in judicio et scripta sub sigillo fuerunt. Sed videte qualiter toties tam acerbe admonitus resipuerit. Venit in mense Junio Giseke in domum sororis suæ abbatissæ, quæ nec sacrum virginis velamen per consecrationem episcopi suscepit, nec benedictionem ad abbatiæ regimen a pontifice accepit, cum tamen jam antea duas abbatias, videlicet Eskeneyege et Kominata per violentiam occupaverit, præter illam, quam modo tenet, et habuit consilium cum ministerialibus nostris numero quatuor, qui soli de omnibus laicis ad depositionem ipsius maxime sunt adnisi. Reconciliatus est eis in osculo pacis, utinam propter eum, qui est charitas. Sed inventus est dolus in ore ipsorum, quoniam eorum quidam spe cujusdam temporalis commercii et ipsum vocavit, et ipse illuc venit, cujus rei relatione nec aures vestras sanctissimas decet gravari, nec nostram professionem, nec stylum contaminari. Radicem conveniendi et arborem consilii nos de fructibus plane cognovimus. Recedentes enim ab eodem colloquio, cœperunt paulatim et occulte per extremæ conditionis et fortunæ personas in vulgus spargere, quod nequaquam essemus ultra redituri, dominum illum, cui reconciliati fuerant, abbatiam sive jure sive injuria recepturum, atque interim maledicta et incredibilia probra de persona et conversatione nostra in populum spargebant. Procedebat eorum audacia, et incipiebant grassari in suos compares, ac projecta nominis nostri ac potestatis reverentia, prædis eos et rapinis incessebant. Induxerunt præterea intra muros atrii monasterii nostri genus hominum desperatorum, prædones videlicet et latrones, et quosdam proscriptos, de quibus publica querimonia clamabat, quod vias et itinera obsiderent, et latrociniis omnia permiscerent. Commovebant clandestinis consiliis corda quorumdam fratrum in ordine suo dissolutorum, quod malum usque adeo invaluit ut, post reditum nostrum, quem hac necessitate ante præfinitum et opportunum tempus acceleravimus, tres de junioribus fratribus in anniversario die obitus prædecessoris nostri abbatis Henrici pro eo nobiscum orare multoties admoniti detrectarent, eo quod dominum suum deposuisset et in sede ejus sedisset contra canones. Pro qua rebellione et contemptu tanquam inobedientes et temerarii de monasterio communi omnium judicio sunt ejecti. Quæ actio aliis singularibus litteris tota (113) conscripta est. Hoc venenum de conflatorio prædicti conventiculi fluxisse non dubitatur. Crevit quotidie simultas, et novicis augmentis in tantum provecta est, ut illi ipsi, de quibus dictum est, nos per submissos latrones trucidare tentaverint IV Kal. Januarii. Quo nequitiæ conatu frustrati, effracto stabulo nostro, quatuor eques abduxerunt, tres gladiis confoderunt. Hoc factum in ore omnium, cum maledictione versatur, et nos anxietate ac sollicitudine implevit. Perpendat nunc reverende Pater, ac judicet vestra prudentia de vestra petitione super illius fratris in claustrum nostrum receptione, qui tam mobilis et convertibilis animi est, qui consuevit pravorum magis quam prudentium acquiescere consiliis, hoc est ignem in sinu recondere. Audistis nunc quæ mala nobis fecerit, intelligite nunc quæ nos ei bona contulimus.

Fuerat in obsequio suo juvenis quidam filius fratris sui, nomine Conradus, qui ad nos reversus est nondum deterso sudore itineris Romani. Eum nos

---

(113) Supra in epistola ejusdem Wibaldi ad suos Stabulenses.

non solum clementer, verum etiam familiariter atque in cibo et potu et somno tanquam custodem corporis habuimus, quem etiam honore, possessione, et honesto matrimonio sublimavimus. Puerum quemdam reliquerat Corbeiæ filium sororis suæ, illo nativitatis ordine genitum, de quo leges et Patrum instituta decernunt, ut in ergastulis monasteriorum sic concepti retrudantur, quem ipse in monasterio collocare nequiverat; sed nos eum intuitu divinæ retributionis tonsuratum et vestimentis regulæ indutum collegio fratrum aggregavimus. Quidam ex eis, quibus nuper reconciliatus est, cui frequenter legatos dirigit, gravi eum ignominiæ cauterio adusserat, quasdam ædes prope monasterium destruendo, et inhabitantes in eis ingressu monasterii arcendo, quam notam nos, humanitatis verecundia suadente, abolere festinavimus. Hunc locum erubescentes atque cunctantes attingimus propter illud Apostoli: *Considerans teipsum ne et tu tenteris*; et: *Qui stat, videat ne cadat*. Illud verum, quod licet munus fuerit, non tamen a nobis beneficium reputatur, prætereundum putamus, videlicet quod a nobis fuerit vestitus cunctis duplicibus eadem die, qua a submissis latronibus vitam fere cum caballis amisimus. Propterea detestanda est ambitio quæ mentis oculum cæcat, quæ religionis intuitum tenebrat, quæ Dei timorem et hominum reverentiam annullat. O altitudo divini consilii! O profundum justissimum providentiæ! O investigabiles viæ Dei! Dum honorem conscii fragilitatis rejicimus, consilio divino capimur; cum ad quietem diu desideratam et corpore et animo tendimus, æternæ providentiæ judicio labores inextricabiles et anxios incidimus, et in hac via Domini cum amamus, odium recipimus; cum misereamur, affligimur. Accusatores quidam et testes atque cooperatores depositionis hominis illius elisum recolligunt, odia incendunt, armant iras, præsumptionem roborant, non quia eum diligunt, sed quia ipsi inquieti sunt. Quod autem vestra eruditio scripsit, ut jam sæpe nominatum fratrem in claustrum professionis suæ benigne recipiamus, et paterna consolatione contritionem ejus sublevando foveamus, quamdam juris rationem prætendere videtur; sed imbecillitati nostræ nequaquam justum sive legitimum aut regulare creditur, ut ad tutelam redeat, de qua fuit semel emancipatus. Emancipationem vero intelligimus abbatis promotionem, quia capite diminutus non potest fieri legitime tutor. Sicut ergo a prælatione alicujus dignitatis depositus, jure cogi non potest, ut ibi nolens habitet, ubi præfuit; sic nobis videtur Ecclesiam cogi non posse, ut depositum suum, non dicimus alat, sed in suæ habitationis penetralia cum formidine futuri scandali recipiat, nisi forte quis suæ depositionis sententiam patienter ferat, et reversus cum adversariis in concordiam in electionis assensu illum arroget, quem postea Patrem et tutorem absque contradictionis obstaculo habere valeat. Ille vir duabus electionibus, quæ post depositionem suam canonicæ institutionis ordine celebratæ sunt; nec interfuit, nec acquievit, sed potius contradixit, et usque hodie clamare non cessat se fuisse circumventum et vi oppressum, cum tamen et confessio ejus, et accusatorum attestatio, et operis istius irrefragabilis evidentia juste damnatum manifeste ostendant. Non est ei tutum, non est ei honestum, non est ei pacificum in domo una inter personas esse, quæ agente Dei judicio sua accusatione et testificatione eum deposuerunt, nisi forte in animo ipsius soliditate humilitatis fundato, mundanæ altitudinis desiderium penitus excoctum sit. Præterea excellentiam vestram latere nolumus, quod in litteris, quas dominus papa Eugenius depositionem illius confirmans scripsit, statuisse dignoscitur, ut si idem Henricus pacem monasterii Corbeiensis perturbare præsumpserit, et bis tertioque commonitus non resipuerit, non solum ibi ulterius non habebit prælationis officium, sed ne postmodum ibi inter subditos maneat, prohibuisse.

Cum a conventu illo malignantium, qui apud Gyseke, ut supra dictum est, fuit habitus, reverteretur, habuit hospitium præ foribus monasterii in domo cujusdam laici sibi antea familiaris, ubi a quibusdam juvenibus nova cupientibus visitatus fuit et antelucanis horis in ecclesiam vocatus et salutatus fuit. Unde egrediens mane invenit operarios in muro novarum ædium, quas erigere inchoavimus, hortatusque eos ad studium operis promisit a seipso condignam retributionem accepturos ipsum quoque camerarium nostrum, cui hanc sollicitudinem injunxeramus. Verba hæc inepti hominis; sed, ut scitis, populus cœpit ea exaggerare, et suspicione ac metu omnia implere, ita ut etiam viri, quos majoris opportuit esse consilii, in offensionem sint adducti. Pro qua re admonuimus eum per venerabiles Patres et coabbates nostros, per abbatem videlicet de Reinehusen, per abbatem de Northeim, per abbatem de Sancto Godehardo, per abbatem de Gravenkirch, per abbatem de Flietorp, per præpositum de Richenberch. Sic firmatam credimus sententiam domini papæ, ne idem dominus de cætero sit habitator vel dominus Corbeiensis monasterii. Hæc, Pater amantissime, vobis scribere dignum judicavimus, prolixiora fortasse, quam vestris occupationibus seu valetudini conveniat, sed eo animo factum est, ut totus rerum ordo vobis plenius innotescat, et nostra parvitas apud vestram discretionem in eo quod petitionem vestram tanta necessitas exaudiri non patitur, placidam excusationem inveniat. Quod vero plurali numero scribimus, non venit ex elatione cordis et pompa verborum, neque ut ex tumida dictione oratio fiat crassior, aut ex producta positione numerosior, sed ex nostra, id est monachorum consuetudine, hoc facimus, qui nihil singulare aut proprium nisi: *Mea culpa peccavi*. Superfluam fortasse, sed tamen officiosam operam assumimus, videlicet Minervam docere artes, in silvam ferre ligna, mittere aquas in flumina, juvare lumen solis facibus accensis. Non doleatis, charissime Pater, quod hoc non habetis, quod habent cimices et vermiculi (114) quoniam habetis quod multi homines non habent : non, inquam, tristemini, quod non habetis illud, ex quo nemo Deum vidit unquam, quoniam illud habetis, ex quo beati sunt, qui Deum, videbunt. *Judicia Dei abyssus multa*, et : *O altitudo divitiarum sapientiæ et scientiæ Dei, quam incomprehensibilia sunt judicia ejus et investigabiles viæ ejus!* Tyrannis et ecclesiarum subversoribus dat incolumitatem et rerum omnium affluentiam, religiosis et eruditis episcopis subtrahit visionem oculorum, ne gregem suum oculis carnis videant et officium altaris implere valeant. Patitur et Apostolus aliquid, quod non vult, propter quod ter Dominum deprecatur. Sed dicitur ei : *Sufficit tibi gratia mea*. Et ad revelationum humiliandam superbiam monitor quidam humanæ imbecillitatis apponitur, in similitudinem triumphantium; quibus in curru comes retro adhærebat per singulas acclamationes civium dicens : Hominem te memento. Valete.

EPISTOLA CXXXII.

CORBEIENSIUM MONACHORUM AD BERNARDUM EPISCOPUM HILDENESHEIMENSEM.

Exponunt tres rationes, quæ ipsos deterrent a recipiendo Henrico quondam abbate deposito.

(Anno 1149.)

Domino et Patri sanctissimo BERNARDO, venerabili episcopo sanctæ Hildenesheimensis Ecclesiæ, conventus Ecclesiæ Corbeiensis devotæ orationis instantiam et debitam charitatis perseverantiam.

Venit ad nos venerabilis abbas Sancti Godehardi (115), homo in nostro monasterio ex longo jam tempore dilectus et familiaris, afferens parvitati nostræ litteras vestræ sanctitatis, quæ hoc deprecabantur, ut domnum Henricum, quondam Ecclesiæ nostræ abbatem, ad nos reconciliaremus, et volentem conversari inter nos non repelleremus. Quod vero tunc impræsentiarum vestræ paternitati respondere distulimus, causa erat quod in hoc verbo magna anxietate tenebamur, nec in re tam difficili, quæ scandalum Ecclesiæ nostræ gignere poterat, inconsultatis universis, qui tunc plerique aberant, quidquam statuere incongruum arbitrabamur. Quid autem nunc in consilio invenerimus vestræ celsitudini per unanimitatis nostræ litteras aperimus, hoc in principio postulantes, ne indignetur nobis dominus noster, quod petitioni vestræ satisfacere non possumus. Homo enim iste, pro quo interpellatis, magnam Ecclesiæ nostræ afflictionem intulit. Primo quidem cum a fratre suo comite Sifrido ad dignitatem abbatiæ violenter est intrusus; deinde, cum in prælatione positus Ecclesiæ inutilis fuit et damnosus; postmodum etiam, cum ex Dei judicio depositus, Ecclesiam nostram multis et magnis injuriis, in quantum potuit, est persecutus. Siquidem ut apud excellentiam vestram excusabiles esse valeamus, violentam intrusionem ejus in abbatiam paucis verbis exponemus, in quibus tam vera loquemur, quam visa et experta dolemus. Cum dominus noster piæ memoriæ Adelbero abbas viam universæ carnis ingressus esset, idem domnus Henricus erat apud nos adhuc in annis adolescentiæ, et nuper absolutus de sub jugo claustralis custodiæ. Hic aspiravit ad dignitatem abbatiæ, quam etiam adeptus est, fratre suo Sifrido cooperante. Misit namque idem comes ipso articulo temporis, quo abbas senior decesserat, secretos nuntios ad Moguntinum archiepiscopum, et cum hoc ignoraremus, callide egit, ut electionem, quam de consuetudine monasterii eadem die celebrare debueramus, per triduum differremus. Peracto triduo, venerunt legati domini Moguntini cum litteris ipsius missis ad nos. Litteræ autem continebant petitionem et suasionem archiepiscopi de eligendo in abbatem fratre comitis, postremo etiam comminationem quamdam si petitioni ejus in eamdem personam non præberemus assensum. Si, inquit, eum non elegeritis, et sinistri aliquid provenerit, neque iniquitas mea neque peccatum meum.

Legati præterea ipsius quædam immania loquebantur, comminantes, si alius electus foret, dominum suum archiepiscopum, ne consecraretur, prohibiturum, denique in conspectu domini papæ cum nobis adversaturum. Venit ergo dies, cum facta secundum consuetudinem Ecclesiæ solemni invocatione Spiritus sancti, ad eligendum Patrem et pastorem animarum nostrarum in capitulo consedimus. Comes vero supranominatus de promovendo fratre suo sollicitus erat. Unde et ambiendo singulatim omnes, qui desiderium suum promovere poterant, per se et per secretos nuntios conveniebat, et alium quidem suasionibus, alium blandimentis, alium terroribus ad electionem sollicitabat. Nam et præposito nostro per familiares nuntios sub diligenti interminatione ita pollicitus est, quod si electionem fratris sui in aliquo impediret, omni honore eum in Ecclesia nostra prorsus nudaret. Cum igitur de voluntate comitis in publicum dictum fuisset, et quidam de fratribus repleti Spiritu Dei resisterent, et causas contradictionis suæ multas et convenientes redderent, sive quod prædictus Henricus, quem eligere cogebantur, infra annos esset, sive quod pene illitteratus hujus dignitatis officium verbo et doctrina minime administrare sufficeret, sive quod inops consilii et totius

---

(114) Oculos scilicet, quibus Bernardus privatus fuit annis novem antequam ex hac vita migraret. Idcirco assumpsit in coadjutorem Brunonem decanum summi collegii ex Chronic. episc. Hildesh. edit. tom. II Script. Brunswic., p. 292.

(115) Fredericus procul dubio, de quo supra, Corbeiensibus ex longo tempore dilectus et familiaris, et ideo a quibusdam dictus Corbeiensis; tametsi magis constat ex popularibus chronicis, Fuldensem fuisse.

prudentiæ neque seipsum, neque rem tam grandem gubernare vel regere prævaleret, sive quia libertas et ordo regularis electionis per eum cassata videretur, qui propter timorem fratris magis quam respectu Dei et communis utilitatis assumeretur : cum tales, inquam, excusationis causæ exponerentur, comes qui cum armata manu nobiscum in capitulo sedebat, adversus eos, qui hujusmodi loquebantur, multo furore et ira magna efferebatur ; quibus et postmodum satis innotuit, quid tunc in eos moliebatur. Novissime cum in electione consensus fieri nullatenus potuisset, gravis sententia nobis proposita est, quod si hanc denominatam personam non eligeremus, corpus venerandi Patris nostri Adelberonis abbatis, beati utique senis, et cujus memoria in pace est apud nos, ejici ex ecclesia ad contumeliam nostram cito aspiceremus. Pollicebatur nihilominus idem comes, si frater eligeretur, multo adjutorio se Ecclesiæ adfuturum, et tam in persona sua quam in rebus se fideliter et devote serviturum. Quod qualiter expleverit, rerum exitus comprobavit, cum, facto abbate eodem fratre suo, assidue cum uxore sua et maxima multitudine super eum et Ecclesiam incumbebat, nec prius eum deserebat, quam annonam, de qua toto anno victurus erat, sic prorsus consumpserat, quod nec mensæ panem residuum ei dimittebat. Non itaque tam inducti his promissionibus, quippe quas vanas ac falsas suspicabamur, quam superati terroribus ac minis, quem solum principem et dominum super nos aspiciebamus, maxime ne contumelia Ecclesiæ fieret in defuncto Patre nostro, ita coacti fratrem ejus elegimus, non ausi dimittere, quod voluntatis ejus esse perspeximus, non tamen communiter, quia prædicti fratres in contradictione sua perstiterunt, et cum a domino rege multum etiam invito ac fratris precibus constricto, investitus de Fulda rediret, illi susceptioni ejus se subduxerunt, quod electioni ejus, quæ secundum Deum facta non erat, consentire noluerunt. Unde et eosdem, qui erant numero quatuor, nobis inconsultis, comes et novus abbas exsiliaverunt, cum quidam ex eis satis cruditi et honeste apud nos conversati, multum a nobis fuerint dilecti, nec sine magno dolore sint a conventu nostro subtracti. Quemdam vero ex eis, qui præsentiam domini papæ interpellaverat, postmodum idem domnus Henricus cepit, et in vincula conjecit, et fame ac siti, frigore ac nuditate intolerabiliter afflixit, et per tres menses carceri mancipavit. Talem introitum habuit in abbatiam. Quam inutilis autem fuerit in ecclesia tempore prælationis suæ, et quam stulte omnia egerit, uno exemplo demonstrari sufficiet.

Quod cum fratris sui beneficium liberum ad Ecclesiam rediisset, de quo multum res nostræ augmentari poterant, absque omni et sua et nostra utilitate de manu ejus excidit, et hanc honestam opportunitatem benefaciendi, quam quasi dormienti Deus obtulerat, prorsus neglexit, et ne aliquis successorum suorum utilitatem inde consequatur variarum rerum intricatione effecit. Qualiter denique per dominum Thomam, cardinalem presbyterum apostolicæ sedis legatum, depositus sit, accusatus et convictus de Simonia, de violenta intrusione, de inutilitate personæ, de inobedientia, quia vestræ discretioni incognitum esse non credimus, ob fastidium prolixitatis hic inserere supersedemus. Quoniam igitur per misericordiam Dei de persona ejus Ecclesia nostra liberata est, gratias agimus Deo, et quod de cætero neque dominus, neque habitator loci nostri sit sponsione in perpetuum valitura firmavimus. Neque enim propterea depositioni ejus consentientes fuimus, quod eum denuo nobis præponere voluerimus. Scimus autem quod, nisi affectaret restitutionem dignitatis suæ, nequaquam tantopere quæreret ibi subesse, ubi aliquando præfuit, præcipue cum in principio sedi apostolicæ rebellaverit, et tot conatuum suorum, amputatis capitibus, quotidie trigeminis assultibus resurgere attentaverit. Non ergo inter nos cum esse volumus, qui si opportunitas accederit, iterum nobis dominari concupiscat. Litteras etiam domini papæ confirmantes depositionem ejus præsenti anno habuimus, in quibus hoc demandavit, quod si Corbeiensem Ecclesiam fatigare præsumpserit, et semel ac bis tertiove monitus non resipuerit, non solum prælationis dignitatem, de qua depositus est, in Corbeiensi monasterio non habebit, sed nec inter subditos postmodum habitabit. Fatigantem igitur Ecclesiam nostram per venerabiles et religiosas personas domin<s noster abbas ex communi consilio capituli nostri jam plusquam tertio commonuit, nec tamen de fatigatione nostra post commonitionem cessavit. Ex mandato igitur domini papæ astricti, eum in consortio nostro recipere non præsumimus, quoniam incidere in manus domini papæ, et similes inobedienti existere per nostram inobedientiam formidamus. Obsecramus itaque paternitatem vestram, ne dure accipiatis, quod in receptione ejus vestræ petitioni annuere non valemus, quia causas impossibilitatis nostræ, quanto potuimus brevius vestræ discretioni ostendimus, quas secundum insitam vobis prudentiam considerando in gratia vestra nos excusatos habeatis, quoniam excepta hac petitione, quam nulli mortalium concedimus, nos ad vestram omnem pro posse nostro promptos et devotos famulos invenietis. Valete in Domino.

Hæ litteræ in communi fratrum conventu recitatæ sunt et omnium testimonio approbatæ. Hi autem fratres præsentes aderant. Waltherus prior, Erminoldus, Ingrammus, Engelgerus, Thidericus, Heremanus, Adelbertus præpositus, Adolfus, Conradus, Elvingus, Metfridus, Ysico, Thegenhardus, Henricus, Bruno, Abraham, Marquardus, Bruningus, Eico, Luidolfus, Lampertus, Erkebardus, Henricus, Adelbertus, Werncherus, Othelricus, Arnoldus, Reimarus, Fridericus, Unarchus, Wernherus, Ruopertus, Hartmannus, Saxo, Adelbertus, Reinherus.

EPISTOLA CXXXIII.

WIBALDI ABBATIS LITTERÆ.

De concordia inter Reinherum præpositum et Elvirum comitem.

(Anno 1149.)

In nomine sanctæ et individuæ Trinitatis WIBALDUS Dei gratia Corbeiensis Ecclesiæ abbas omnibus præsentibus et futuris in perpetuum.

Officium prælationis nostræ exigere videtur, ut circa res ecclesiasticas et personas, quas, Deo ordinante, regendas et procurandas suscepimus, circumspecta providentia invigilemus, ne vel in rebus suis Ecclesia nobis commissa detrimentum patiatur, neve subditi nostri propter res Ecclesiæ ex aliqua schismatis occasione, ut plerumque fieri solet, disturbentur, quia profecto sicut iram Dei meretur qui seminat inter fratres discordiam, sic nos gratiam a Deo accepturos speramus, cum seminamus inter fratres concordiam. Noverit igitur universitas fidelium nostrorum, qualiter dilectum filium nostrum Reinherum præpositum de Eresburg, et ministerialem nostrum Elvirum, comitem de Horhusen, ad pacem et concordiam revocavimus, pro pacto decimarum de Nien et Heflike quæ pertinent ad custodiam Corbeiensis Ecclesiæ. Has siquidem decimas cum omni tempore custos Corbeiensis libere habuisset in manu sua, et venderet vel exponeret, cui volebat, Elvericus tempore domini senioris Henrici prædecessoris nostri hoc obtinuit ut easdem decimas dimidias uno tantum anno redimeret. Quo concesso sequenti anno multis precibus a nobis et a custode iterum redemptionem earumdem decimarum impetravit, nec de pacto quidquam adhuc quæsivit. Tertio nihilominus anno in pacto redemptionis eas se a domino Henrico prædecessore nostro recepisse affirmabat. Cui cum contradiceremus et pactum esse negaremus, nobis reclamantibus, judiciario ordine ex jure comparium suorum pactum suum in eisdem decimis assere volebat, sed quia hoc fieri prohibuimus, quasi justitiam suam ei auferremus, diu multumque nobis molestus erat. Denique cum in determinanda hac causa nullam viam invenire possemus, ut pax et concordia inter eum et præpositum de Eresburch haberetur, hujusmodi tandem consilio litem diremimus. Ex consilio fidelium nostrorum redemptionem earumdem decimarum inter ipsos divisimus, ut medietatem unam præpositus de Eresburch, alteram medietatem Elvericus annuatim usque ad finem tantum vitæ suæ redimat, hac conditione, ut in vigilia sancti Jacobi uterque eorum custodi Corbeiensi triginta solidos pro decimis, per proprios nuntios transmittant. Post finem vero vitæ Elverici medietas decimarum ad manum custodis Corbeiensis libera redeat. Ut autem hæc constitutio tam Elverico quam præposito Eresburgensi atque custodi Corbeiensi rata et inviolabilis permaneat, chartam hanc in testimonium factæ rei conscribi, et sigillo beati Viti præcepimus signari.

EPISTOLA CXXXIV.

WIBALDI ABBATIS AD B. PRÆPOSITUM.

Discrimen inter mentiri et mendacium dicere.

(Anno 1149.)

Frater WIBALDUS, Dei gratia id quod est in Ecclesia catholica, dilecto fratri et amico suo B. præposito salutem et benedictionem,

Cujusdam sapientis verba sunt hæc : Inter mendacium dicere et mentiri distat. Qui mentitur, ipse non fallitur, alterum fallere conatur. Qui mendacium dicit, ipse fallitur. Item hoc addidit : Qui mentitur, inquit, fallit quantum in se est; at qui mendacium dicit, non fallit quantum in se est. Item hoc quoque super eadem re dicit. Vir bonus, inquit, præstare debet ne mentiatur, prudens ne mendacium dicat. Et nos, frater charissime, nequaquam mentiri sumus, sed mendacium dicere coegit nos non imprudentia, sed necessitas. Itaque longiores adhuc inducias petimus, ut neque mentiti fuisse, neque mendacium dixisse comprobemur.

EPISTOLA CXXXV.

THEOTUINI ET GUIDONIS CARDINALIUM AD HENRICUM MINDENSEM EPISCOPUM.

Arguunt eum quod in Kaminatensi ecclesia divina officia celebrare prohibuerit.

(Anno 1149.)

T. Sanctæ Rufinæ episcopus et G. sanctæ Romanæ Ecclesiæ diaconus cardinalis et cancellarius, venerabili fratri HENRICO, Mindensi episcopo, salutem.

Fratres Corbeiensis monasterii nobis conquesti sunt, quod cum apud dominum papam perrexissent, et apud eum aliquandiu moram fecissent, in Kaminatensi ecclesia in qua ipsi religionem reformare cœperunt, divina prohibueris officia celebrari. Quia igitur officio tuo nequaquam expedit, ut servos Dei et in bono proposito perdurantes contra justitiam debeas molestare, dilectioni tuæ mandamus, quatenus cum prædictis fratribus ita componas ut non habeant, unde apud sedem apostolicam juste conqueri valeant.

EPISTOLA CXXXVI.

WIBALDI ABBATIS AD SUOS STABULENSES.

Luget fratrum suorum mortem, de quorum felici obitu gratulatur; sed maxime dolet de transitu E. apud quem plura tenacitatis vitia reperta sunt quam expediret.

(Anno 1149.)

Frater WIBALDUS, Dei gratia id quod est in Ecclesia catholica, Roberto venerabili decano et cæteris in Christo dilectis fratribus Stabulensis Ecclesiæ filiis benedictionem et vitam usque in sæculum.

Luctuosas jam a longo tempore litteras a vestra parte accepimus, non equidem vitio vestro, qui semper et optare nobis et annuntiare prospera consuevistis, et quæcunque fuerint acerbiora usque in extremum necessitatis articulum celare, sed quod manus Dei supra monasterium nostrum est extenta, evocando ad se et subtrahendo nobis fratres nostros rebus utique divinis maxime utiles ac necessarios; nos tristamur, fratres, atque lugemus illos nobis esse ademptos, qui orabant pro populo et pro civitate nostra, intenti jugiter corde et voce ad sui Conditoris amorem et laudem, sectantes humiliter omnem obedientiam, diligentes veraciter nostram personam, sed lætatur in cœlis Christus cum angelis factos eos esse ex ipsius gratiæ dono gloriosæ civitatis suæ municipes. Domine Jesu, ignosce nobis, quia ploramus eos quos tu recipis : non tibi invidemus quod habes, sed de acie nostra fortissimos bellatores subtractos dolemus, licet apud te jam nos familiarius adjuvent de se nunc securi, sed de nobis solliciti. Flevisti et tu, Domine, Lazarum, sed quia fortassis resuscitabas iterum hujus vitæ passurum ærumnas, qui mortuus fuerat ad quietem. Lacrymatus es tamen ex humano et amico affectu quocunque, et fundimus lacrymas non desperationis sed dilectionis, non odii sed desiderii, non quia ad te transierunt, sed quia a nobis recesserunt. Verum sicut quatuor illi fratres G. S. A. W. sancto et catholico fine decedentes, spei et fiduciæ plenos ad sequendum se nos provocaverunt, ita hic extremus frater E. vir quidem castigatæ vitæ, et totus in lege Dei usu die ac nocte, in quadam parte minus cautus suo improviso transitu nos non absque gravis offendiculi scrupulo conturbavit. Siquidem, ut nostis, partem quamdam administrationis ei commiseramus, de qua monasterii præstationibus servire deberet, in qua tenacitatis culpa seductus est, ut plura relinqueret, quam ejus saluti expediret. de quibus omnibus vobis in commune mandando præcipimus, ne quis vestrum eas tanquam proprias seu communes, vel quasi ex testamento delegatas vindicare præsumat, sed salva et integra omnia ad nutum decani serventur, donec vobis divina opitulante gratia redditi, quid de his agendum sit sollicite una vobiscum inquiramus. Recordetur eruditio vestra de præda Jericho anathemati et ignibus devota, et de periculo Achar, qui de eodem anathemate furtim subduxerat, non quod creatura Dei inanimata et insensibilis et ad usum hominis instituta præmium mereatur vel pœnam, sed quod earum excidio hominum sit inobedientia vindicanda et avaritia cohibenda. Rumor de nobis nuper acceptus; qui vos de salute nostra sollicitos conturbavit, ex parte falsus est, et ex parte verus. Damno enim aliquanto et ingenti injuria affecti sumus, Deo propitio rerum humanarum vicem dispensante, et tumorem superbiæ, qui de munerum suorum mirabili collatione nasci poterat, quadam interjectæ amaritudinis temperantia reprimente, ut veraciter illud Cantici canticorum possimus dicere : *Fasciculus myrrhæ dilectus meus mihi.* Verum quod a paucis latronibus desperatis commissum est, tanto ulciscendi studio a cæteris omnibus, qui fidem suam et devotionem servare desiderant, expiatur, ut valde divinam offensam re formidemus, nullum interim honoris vel salutis periculum sustinentes. Potens est autem Deus de his omnibus nos clementer eripere, et ad vos tempore accepto reducere.

EPISTOLA CXXXVII.
WIBALDI ABBATIS AD BERNARDUM EPISCOPUM PATHERBURNENSEM.
Quamdam causam suam ejus judicio diffiniendam relinquit.
(Anno 1149.)

Reverendo Patri suo et domino BERNARDO, sanctæ Patherburnensis ecclesiæ venerabili episcopo, frater WIBALDUS, Dei gratia id quod est in Ecclesia catholica, dilectionem filii et obedientiam servi.

Multas debemus, et multas referimus sanctitati vestræ gratias, quod a longis retro temporibus nos paterno affectu diligere et honorare dignatus estis, quod maxime nunc experti sumus, quando acceptæ tam evidentis calumniæ amaritudo nos acerbius pulsavit. Siquidem et laborem et expensam non solum æquanimiter, sed etiam hilariter pertulistis, et in dando consilio tanta fuistis moderatione usus, ut cauta et circumspecta vestræ discretionis regula paucis possit esse imitabilis. Quamobrem de amico facti vobis amicissimi, finem rei nostræ vestro examini committendum judicavimus, ut eam partem consilii sine dubitationis angustia tenendam arbitremur, quæ nobis a vestræ pietatis et fidei solertia proponetur. Thidericus, comes de Huxara, vult se, ut verbis ejus utamur, in nostra misericordia dare, et ad nostram satisfactionem et reconciliationem sic accedere, quemadmodum dictaverint compares sui, videlicet ministeriales Corbeiensis Ecclesiæ, qui a nobis ex nostra optione fuerint electi et ex nomine designati. Et quoniam turbati sumus et moti sicut ebrius, et si qua in nobis fuit sapientia, devorata est, cogitque nos rerum necessitas quædam dissimulare, quædam tolerare, ne forte frangatur vas, dum æruginem eradere cupimus, tamen nihil animo sequendum statuimus, nisi quod vestræ diligentiæ complacuisse senserimus. Propterea causam hanc distulimus tractare, ac de ipsa responderi usque ad proximam feriam secundam, quatenus vestræ discretionis consilio præmuniti, tutius ac melius quæ agenda erunt perficere possimus. Nec vero litterarum nostrarum bajulum verbum quod portat vel accipit, intelligere volumus quoniam ex illis est, sed per epistolam vestram de omnibus certificari volumus.

EPISTOLA CXXXVIII.
BERNARDI EPISCOPI PATHERBURNENSIS AD WIBALDUM ABBATEM.
Respondet ad præcedentem.
(Anno 1149.)

BERNARDUS, Dei misericordia Patherburnensium pusillus famulus, dilecto fratri WIBALDO, venerabili sanctæ Corbeiensis Ecclesiæ abbati, cum omni charitatis obsequio orationes in Domino.

Affectum dilectionis, quem, ex quo vos novimus, circa vos habere cœpimus, inviolatum conservare satagimus, ita ut nec personæ meæ nec rebus pro honore vestro conservando et voluntate promovendo parcamus, cupimusque vobis in omnibus proficere, si quid Deus annuit solerter nos deliberando providere. Unde in præsentis causæ compositione, hoc vestræ discretioni fideliter suggerimus, ne sine fidelium vestrorum tam amicorum quam hominum consilio quidquam faciatis, quatenus si forte, quod absit! tale quid posthac emerserit, ad assistendum vobis paratos inveniatis. Fatemur quidem quod multa tolerare vel dissimulare rerum cogit necessitas; sed sicut pro evitando vulnere graviori interdum sapientis est usque ad vivum putrida non resecare, ita nonnunquam si non ab imo plagæ sanitas exsurgit, gravior tortura succedit. Et, ut præmissum est, discretam sollicitudinem vestram præmuniendo cohortamur, ne sine gravis testimonii confirmatione ullam admittatis compositionem. Tutius enim esse putamus apertos habere inimicos, quam occultos læta fronte pacem mentientes. Quo semel est imbuta recens servabit odorem testa diu.

EPISTOLA CXXXIX.
GUIDONIS CARDINALIS AD ANSELMUM EPISCOPUM HAVELBERGENSEM.

Scribit ei suam voluntatem per legatum Poloniæ.

(Anno 1149.)

Charissimo fratri et amico ANSELMO, venerabili Havelbergensi episcopo, GUIDO, sanctæ Romanæ Ecclesiæ diaconus cardinalis et cancellarius, salutem.

Cum tuam non possimus frequenter habere præsentiam, scripta tua tanquam personæ vicem gerentia læto corde suscipimus. Per fratrem nostrum G. cardinalem, qui ad partes Poloniæ mittitur, litteras voluntatem nostram pro eo et de eo continentes tibi direximus. Breviter vobis cuncta complectimur, vestri memoriam gerimus, et ut vobis prospera cuncta succedant optamus. Communem amicum nostrum abbatem Corbeiensem nostro nomine salutate.

EPISTOLA CXL.
EJUSDEM AD EUMDEM.

Cupit informari de ipsius statu.

(Anno 1149.)

Charissimo fratri et speciali amico ANSELMO, Havelbergensi episcopo, GUIDO, sanctæ Romanæ Ecclesiæ cardinalis et cancellarius, salutem.

Attendentes ea quæ de dulcedine cordis tui sæpe gustavimus, amicitiam inter nos per scripta præsentia innovamus, optantes ut statum tuum, quem prosperum esse cupimus, nobis quantocius studeas intimare. Communem amicum nostrum Corbeiensem abbatem per vos in Domino salutamus.

EPISTOLA CXLI.
ANSELMI EPISCOPI HAVELBERGENSIS AD WIBALDUM ABBATEM.

Causatur quod sibi amico non scribat, significatque proximum suum ad papam iter.

(Anno 1149.)

Charissimo fratri et speciali amico WIBALDO abbati ANSELMUS pauper Christi se.

Quidam sapiens dixit breves rationes habendas esse cum amicis : sed tu nec longas nec breves mecum jamdudum habuisti, nec una saltem littera me salutasti, præsertim cum tibi, non mihi sit copia legatorum. Quid est hoc? ubi es? quo pervenisti? quid tibi et mihi? quare me dimisisti?

Wisera, curre retro; currat tamen Havala recte.

Ego tamen tuam absentiam semper habeo præsentem, sive velis, sive nolis. Quod si velis, mecum est voluntas tua; quod si nolis, consequenter verum est, absente tua absentia, te ipsum præsentem esse, et itidem tua voluntas mecum. Ego ad dominum papam in proximo iturus sum si quid mandare volueris, per me tuum, sicut per teipsum facere poteris. In Dominica *Esto mihi* movebo. Cancellarius te plurimum diligit, quod ut certius scias, litteras, quas nuper mihi misit, tibi mitto; quas cum legeris, mihi remitte.

EPISTOLA CXLII.
WIBALDI ABBATIS AD ANSELMUM EPISCOPUM HAVELBERGENSEM.

Romam eunti quædam commendat negotia, præsertim in gratiam abbatis Hersefeldensis.

(Anno 1149.)

Reverendo Patri suo ANSELMO, pauperis civitatis et modici cleri Havelsberch venerabili episcopo, frater WIBALDUS, Dei gratia id quod est in Ecclesia catholica, seipsum.

Arguistis nostram, ut vos æstimatis, negligentiam verbis quidem de intimo charitatis sacrario depromptis, eo quod vos tanto temporis emenso spatio nec viderimus nec salutaverimus, præsertim cum nobis non desit legatorum copia; sed absit a nobis, Pater charissime, illa lethæa oblivio, illa non puerilis, sed stultissima negligentia, quæ ab animo nostro avellat vestri cum intima dilectione memoriam. Scriptum est : *Ubi est thesaurus tuus, ibi est et cor tuum.* Vos utique et paucissimi de perfectorum numero, quos divinæ largitatis bonitas nobis absque ulla meritorum prærogativa, absque ulla similitudinis cohærentia dedit amicos, estis thesaurus noster, de quo sæpe haurimus et non minuitur, de quo fures nihil possunt excerpere, quem tinea et ærugo non possunt corrumpere. Credite mihi, episcope, si totum mundum haberemus, ac vos et vestri similes, qui paucissimi esse possunt, amicos non haberemus, pauperes essemus. Vestri ergo memores, et per incrementa fortius in amorem accensi, exspectavimus temporis opportunitatem, quando desiderata jam prius præsentia vestra perfrui possemus, et longo colloquio effundere fluctus animæ nostræ, quibus quotidie turbamur et movemur sicut ebrius. Siquidem, Pater amantissime, habebamus prius uxorem et lippam et infecundam et præterea macram; hæc vero posterior, cujus matrimonio copulati sumus, pinguior quidem est, sed non minus lippa et sterilis, et præterea contumacior, nova quærens, et sua quiete dolens. Utinam, bone Jesu, mihi dares illam Habacuc prophetæ translationem, ut cum venerit Anselmus episcopus Romam ad illum nostrum cancellarium tam bene nostri memorem, possemus utrique animæ nostræ arcana patefacere, et eorum consilio et consolatione solidari : nam utrobique divisi, lupum tenemus per aures. Miseramus Romam pro intimanda domino papæ Fuldensi electione, cui ex ipsius mandato interfueramus. Reliquit nuntius noster in Kal. Januarii dominum papam sanum et incolumem apud Viterbium, et cancellarium nostrum Guidonem plenum jucunditatis et bonæ spei, qui nobis affectum, quem in nostra parvitate concepit, et quem in litteris suis toties cum desiderio prodit, epistola prolixiore scripta manifestavit, quem nos tantum diligimus, quantum possumus et intelligimus, non quia nos adjuvat, sed quia nos diligit; non quia potens est, sed quia bonus. Dominus quoque papa sua humanitate et clementia nos fecit veraciter suos, ita ut charitas foras miserit timorem : quem ex nostro nomine intime salutabitis, immensas ei gratias pro universis beneficiis nostræ parvitati collatis referentes. Dicite nostro communi amico cancellario, quod si nunquam de cætero Romanam Ecclesiam et Urbem videremus, si remotissimam eremum habitaremus, sui tamen quodam singulari modo essemus, et ea quæ nobis per litteras suas mandavit, usque ad calcem diligenter observabimus. Misimus ad pedes pietatis vestræ abbatem Hersefeldensem, qui quoniam vim (116) patitur, respondete vos pro illo, quia nescit quid dicat inimicis suis, tanta est hominum temeritas et vesania. Summa petitionis nostræ pro hoc abbate hæc est, ut ei officium suum apud dominum papam recuperetis : quod si vultis, et potestis, deinde ut apud dominum Bremensem, quod vobis facile est, obtineatis, ut eum in abbatia sua restituat, et causam suam canonico jure terminet. Quidquid huic faceretis, mihi feceritis. Videte quam immemores vestri simus! non est dictum, fuerimus, quod de præterito et futuro dicitur; sed simus, quod est de præsenti, hoc est de æternitate. Meditati fueramus quæstionem de creatione angelorum non ignobilem, quam eruditioni vestræ scribere statueramus, ut respondendi necessitate studium vestrum excitaremus; identidem inquisitionem vestram sive ratiocinationes et argumenta de illa vestra positiva justitia a vobis poscere volebamus, ut nos quoque vel conferendo, vel opponendo, vel consentiendo vigilaremus. Utinam liceat nobis vos ab Urbe revertentes ulnis veræ charitatis amplexatum deosculari, ac de statu sacrosanctæ matris nostræ Romanæ Ecclesiæ, nec non de regni totius habitudine, et de mundi totius qualitate secretius vobiscum ac diutius conferre! Fere enim solus estis, aut inter paucissimos unus, qui de his aliquam meditandi viam ingredi et ambulare noveritis.

(116) Vide supra epistolam archiepiscopi Moguntini ad Eugenium papam III.

EPISTOLA CXLIII.
WIBALDI ABBATIS AD EUGENIUM PAPAM III.
De statu Fuldensis monasterii eum informat.
(Anno 1149.)

Reverendissimo Patri suo et domino Eugenio, uni et universali pontifici, frater WIBALDUS, Dei gratia et vestra id quod est in Ecclesia catholica, dilectionem ut Patri, obedientiam et servitium ut domino.

Postquam ab æquitatis vestræ censura A. (117) quondam Fuldensis abbas, apud Trevirim depositus fuit; Fuldensis Ecclesia nunquam in generalem concordiam rediit, quoniam hi qui cum abbate et pro abbate steterant, omnes fere de monasterio expulsi sunt, et maxime illi, qui alicujus administrationis officia a longis retro temporibus habere videbantur. Quod dissensionis malum in tantum crevit, ut lator præsentium frater Dudo, cum litteras vestræ jussionis de facienda electione dedisset, mox in porta monasterii captus sit. Nos quoque a vestra celsitudine Fuldam venire jussi, revocare ipsos ad pacem, et ut fratres suos in congregationem reciperent, studiose tentavimus, sed facientibus peccatis nihil profecimus. Quia igitur ad vestram moderationem pertinet, ut instar divinæ potentiæ, quæ sanat contritos corde et alligat contritiones eorum, omnium curam cum misericordia habeatis. Providere ne aberrantes oves luporum morsibus lacerentur, et Ecclesia Fuldensis, quæ amplissima est et suis spatiis, et vestra speciali dominatione, et ordinatione per vos in pace ac religione reformata totius honestatis principatum obtineat.

EPISTOLA CXLIV.
WIBALDI ABBATIS AD HENRICUM ABBATEM FULDENSEM ET HEREVELDENSEM.
Ut dispersos filios benigne recipere velit.
(Anno 1149.)

Reverendissimo Patri et amico suo H. venerabili Fuldensi et Hersfeldensi abbati, et omnibus Fuldensis Ecclesiæ filiis tam monachis quam laicis, frater WIBALDUS, Dei gratia id quod est in Ecclesia catholica, exiguas orationes et devotum servitium.

Filii et fratres vestri Lampertus et Dudo, et alii quidam nostram parvitatem vel per se vel per nuntios suos sæpenumero adierunt, orantes attentius, ut ad pacem et reconciliationem vestram, et ad regressum monasterii sui, de quo se injuste pulsos conqueruntur, vestram per nostræ petitionis intercessionem aperiremus. Quod nos charitatis intuitu, licet inviti, tandem assumens, omnium et singulorum pedibus animo advoluti, suppliciter deprecamur, ut misereamini fratrum vestrorum, et quia propriæ actionis vitio de Ecclesia nec egressi nec ejecti sunt, sed quædam communis discordia, quam esse firmiter sopitam oportet, de vestro eos collegio proturbavit, ipsos cum bona venia in congregatio-

(117) Ascholfus, cujus vide supra epistolam ad Wibaldum abbatem.

nem recipiatis, et sicut filios et fratres vestros benigna charitate foveatis. Omnium fratrum nostrorum circa nos positorum sententia et petitio eadem est, timentium ne forte scandalum gravius aliquod inde valeat oboriri.

EPISTOLA CXLV.
NOTITIA DE DUELLO IN JURAMENTUM COMMUTATO.
(Anno 1149.)

Anno Domini 1149, prælationis autem domni Wibaldi abbatis in Corbeiensi Ecclesia III, Theodericus comes villæ Huxariæ a Reinhero de Porta interpellatus est de duello, qui hoc imponebat ei, quod ex consilio ejus equi domini sui abbatis sublati atque enecati fuerint, idque singulari certamine contra cum se asserturum proposuit. Cum ergo pro hujusmodi perfidiæ suspicione tam a domino abbate quam ab omnibus pene comministerialibus suis Theodericus exsecrabilis et odiosus haberetur, volens se expurgare de imposita sibi perfidia, paratum se et promptum ad duellum contra Reinerum dicebat. Prudentiores vero condomestici eorum considerantes non absque communi turpitudine comparium suorum inter duos coæquales suos hujusmodi pugnam posse committi, dominum abbatem obnixis precibus rogabant, quatenus satisfactionem Theoderici reciperet, qui ad gratiam ipsius redire et pro objecto sibi crimine, sive per justitiam, sive per misericordiam satisfacere paratus esset. Huic ergo petitioni dominus abbas non abnuens, elegit ex ministerialibus suis octo, videlicet Carolum senem, Elvericum comitem, Heinricum de Ritch, Henricum de Liutem, Godescalcum de Godenlevesse, Brunonem, Udonem, Reinmarum, quos hujus reconciliationis consiliarios constituit, ut quidquid isti secundum honestatem ipsius et Ecclesiæ in consilio invenirent, ipse sequeretur, hocque eis se facturum promisit. Exponens itaque eis causas, pro quibus in gratia sua Theodericus non esset, reliquit eis qualiter secundum honestatem suam et Ecclesiæ, communicato inter se consilio, reconciliationem ordinarent, hoc præmonito, ut Reinherum de reconciliatione non exciperent. Prænominati igitur octo diu inter se consilio habito, in hoc tandem consenserunt, ut dominus abbas sua auctoritate et imperio duellum inter Reinherum et Theodericum eximeret, ac Theodericus in sacris reliquiis B. Viti juramento comprobaret se innocentem esse de his, quæ Reinherus ipsi objecerat, et pro quibus eum ad pugnam vocaverat, et hoc juramentum absque contradictione Reineri fieret. Sicque per dominum abbatem tam de hac causa quam de aliis, si quæ inter eos essent, in præsenti reconciliarentur. Juramentum deinde Theodericus in eisdem reliquiis præstaret, quod absque et voluntate atque conscientia sua dominus abbas equos suos perdidisset. Postmodum juraret, quod cum domno Henrico post depositionem ejus reconciliationem nullam fecerit. Duodecim præterea obsides de propinquis suis domino abbati daret, quod nunquam deinceps contra dominum abbatem vel facto vel consilio scienter ageret. Quod si hujus sponsionis prævaricator aliquando existeret, hos duodecim obsides æque ut dominum abbatem inimicos et adversarios haberet. Hoc ergo dominus abbas, quemadmodum promiserat, secutus est. Theodericus primum juramentum explevit, quod ad Reinerum pertinuit. Secundum et tertium juramentum, quæ ad dominum abbatem pertinebant, per misericordiam abbas sponte etiam non rogatus ei remisit, pugnam utriusque interdixit, deinde ipsos ad invicem reconciliavit. Dedit consequenter Theodericus obsides fidei suæ duodecim ex propinquis suis, hos videlicet: Fritherium dapiferum, Bunonem, Godescalcum de Godenlevesse, Reinmarum, Conradum Damet, Liuddagum, Henricum fratres, Bertoldum, Elvericum comitem, Godefridum de Munekhusen, et duos, qui præsentes non erant, quos in brevi se adducturum promisit, Wernonem de Jesikhe, Helmwigum de Codolumen. Decem igitur qui præsentes erant, data fide, et propria manu in manum abbatis singillatim una eademque sententia promiserunt, quod si Theodericus fidem suam circa eum violaret, se inimicos et adversarios, nisi gratiam ipsius sine ipsorum interventu reciperet, jugiter habiturus esset. His ergo fidejussoribus sub hac conditione receptis dominus abbas Theoderico gratiam suam reddidit, et in osculo pacis eum recepit. Acta sunt hæc Corbeiæ VI Idus Februarii, præsentibus fratribus nostris senioribus et præsentibus nobilibus pueris hominibus Ecclesiæ, Adelberto comite de Evelstein, Widikindo de Sualemberch; erat etiam præsens Florentinus filius comitis Sifridi de Erteneburch, et coram ministerialibus Ecclesiæ multis.

EPISTOLA CXLVI.
MANEGOLDI AD WIBALDUM ABBATEM.
Laudat Wibaldum de scientia liberalium artium.
(Anno 1149.)

Domino WIBALDO venerabili Corbeiensium abbati, Manegoldus suus in omnibus negotiis utraque manu uti pro dextra.

Quoties Mercurii, et philologiæ conjugium tanta cura virtutis et Apollinis quæsitum, et omni conventu deorum comprobatum considero, dum inter alia septem Nympharum adventum perpendo, et singularum proprietates attendo, amplexus tam desiderabilis conjugii non carnalibus brachiis exhibitos vobis attribuo, dum totius philosophiæ florem, dum et divinitatis et septem liberalium artium et omnium pedissequarum scientiam apud vos, et armarium studio invenio aptissimum. Præter hanc specialem industriam prædicatur de vobis accidens a vobis inseparabile et proprie proprium, scilicet morum excellens ingenuitas. Quos cum physici secundum qualitates complexionum probent diversificari, facile probari potest, vos optima complexione temperari. Vos igitur qui non estis dealbatus in pariete, sed niger in corporis superficie, mira virtutum, scientiæ et morum claritate fulgetis in pectore. Quorum omnium, si quantum scirem, probationes exsequerer, favorabili aura aures vestras liniendo de vitio adulationis et hyperbolæ notari timerem, et epistolaris compendii metam excederem. Si igitur aliquid perfectum natura in humanis adinventionibus expolivisset, vobis profecto plenaria non deesset perfectio, cum tamen nihil emendatione dignum, vel in vobis, vel in domo, vel in familia, nihil omnino vel in contento, vel in continente, quod modo cum artificiosa surgit dispositione corrigendum invenerim, nisi quiddam contra orthographiam in superliminari australis januæ, quam non ex ignorantia, non ex negligentia, sed ex aliqua, quam nostis, factum est industria. Propter hæc omnia ultra quam dici vel credi potest, nihil desiderabilius est vestræ jucunditatis præsentia, non ideo tantum, quia multiplici ferculorum genere corpus meum nuper pavistis, sed quia gratioribus condimentis mansuetudine scilicet et hilaritate animum meum recreastis.

Multi de mundo docuerunt ore rotundo,
Ad quid sit factus, quo tempore factus et . . unde
Nobis auctorum scriptus aperitur ab . .
Et quorum num . . . .
Qui dicunt omnia v . . . . eris
Grata temperie primos ortus habu . . . .
Ortus rebus eos aptos patet attribu . . . isse
Rex veris t . . . .
Veris complexio t . . . . alis
Dum constricta gelu nequit arida fructific . .
Per calidum, sed et humectum solet anim . are
Sic fit fec . . . .
Redivivo germine m . . . . undus.
Abbas, hæc in te complexio mira not . . . atur
Illa per effectus in te regnare prob . . . .
Illa tuum fructus ad tam pulchros cor ar . .
Hæc in corde tuo virtutem trucific . . . . avit
Quæ pulchros m . . . .
Commendat et auget hon . . . . ores
Ergo tua quis nitetur de prosperit . . . .
Virtus in tanta tibi cum faveat probit . . . ate.

EPISTOLA CXLVII.
WIBALDI ABBATIS AD MANEGOLDUM SCHOLÆ MAGISTRUM.
Respondet ad præcedentem.
(Anno 1149.)

WIBALDUS, Dei gratia Corbeiensis Ecclesiæ procurator, dilecto fratri et amico suo MANEGOLDO, majoris ecclesiæ in Patherburna canonico et scholæ magistro, legem ut intelligat, intelligere ut sapiat, sapere ut provideat, providere ut vivat.

Delectatus sum, frater, litteris tuis, non quia me laudas, sed quia te studere intelligo; non quia me effers præconiis, sed quia me diligis. Nulla enim laudatio sine amore fieri potest. Nam ironia et quidquid intorte vel oblique dicitur, laudatio non est: originem suam a fonte amoris laudatio habet; inde est, quod etiam vitiis amicorum plerumque delectamur. Discipuli magistrorum sententias tuentur, non quia veræ sunt, sed quia auctores amant. Schola adversus scholam debacchatur odio vel amore magistrorum, et clamore defendunt, quod ratione non possunt. Beatus Augustinus dicit: *Qui nos diligunt, quærunt quæ bona de nobis laudent: qui nos non diligunt, quærunt quæ mala de nobis loquantur.* Ita verum est, quod probatio dilectionis, exhibitio est operis, est enim laudatio quoddam opus. Non igitur quia a te laudatus sum præsertim in re falsa, quoniam laudis tuæ titulos in me nec sentio nec recognosco, rescribere indoli tuæ tentavi, sed ut dilectionem tuam fortius inflammarem, et studia in te accenderem, furatus sum publicis actionibus nocturnas horas, in quibus tibi responderem. Contra morem meum facio, ut singulari numero loquar, qui cum monachis nostris pluraliter dicere consuevimus. Sed scribo scholastico, et vias philosophiæ ingredienti, qui de ipsis studiorum suorum penetralibus laudationis meæ ornamenta deprompsit. Sed quid loquar vel quid admoneho, cum nihil dici possit, quin jam dictum fuerit? Negat Cicero, si duplicetur sibi ætas habiturum se tempus, quo legat lyricos, eodem loco dialecticos. Putas fortassis dictum, quia vir gravis et serius et philosophiæ disciplinis explanandis deditus, hæc tanquam levia et inepta projecerit? Sed libri ejus non solum sententiis, sed et verbis ipsorum referti sunt. Tanta ante ipsum conscripserant poetæ tragici, comici, lyrici, dialectici ac sophistæ, ut taceam de philosophia et artium liberalium præceptoribus. Rusticas quoque res, agriculturam, et architectonicam suo jam tempore non pauci in libris ediderant. Quanti sua ætate et post illum fuere philosophi et poetæ! lege Tranquillum, lege Cornelium Nepotem, et alios quosdam gentiles de viris illustribus, tanta esse scripta intelliges, quæ vix a quoquam studiosissimo legi possint. Ad nostros veniam Christianæ legis philosophos: inspice ecclesiasticam Historiam Eusebii, et aliam ecclesiasticam, quæ vocatur Tripartita; revolve libros Hieronymi presbyteri, Isidori presbyteri, Gennadii abbatis de viris illustribus, et videbis, quos duces habuerit Ecclesia post apostolos, et intelliges quod omnia quæ dici possunt, ab illis summis philosophis præoccupata sunt, ut nihil jam dici possit novum, ne errandi quidem locus relictus est novus.

Erratum est a multis, et errores ipsorum a melioribus redarguti sunt et confutati. Illi ipsi, qui ob ignominiosam gloriam hæretici contendunt fieri, non nova inveniunt, sed vetera replicant, et superfluas verborum novitates, quas Apostolus devitandas præcipit, quæ multorum sunt correctione antiquatæ, tanquam propria ratiocinatione inventas in contentionem adducunt. Quid loquar de cæteris viris doctissimis, qui post prædictos in Ecclesia Dei scribendo et disserendo præclara ingenii sui monumenta reliquerunt? Bedam dico et Ambrosium, Heimonem, Autpertum, Rabanum, Joannem Scotum et multos præterea, quorum opera legimus; nec non illos quos vidimus, Anselmum Laudunensem, Wilhelmum Parisiensem, Albericum Remensem, Hugonem Parisiensem, et alios plurimos, quorum doctrina et scriptis mundus impletus est, quos nos desidiæ et avaritiæ dediti, sub cæca oblivionis nocte latere sinimus, nullo ipsos vel eorum opera illustruantes eloquio. Num igitur ad te scribens nova possum cudere? Nequaquam, erit tamen aliquid, quoniam si de veterum fuerint decerpta pomariis, nova videbuntur alibi insita, et in eo nova erunt, quod tibi scripta sunt, cui antea scripta non sunt. Nunc itaque ad litterarum tuarum lineas responsurus, primo gratum habeo et laudo, quod de arte tua meæ laudationis sumpsisti exordium, juxta illud Flacci :

Quod medicorum est,
Promittunt medici; tractant fabrilia fabri.
Hor., *Epist.* II, i, 116.

Sed vide, ne erraverit judicium tuum, quod in me scientiam et facundiam prædicasti, quæ illo Martiani Capellæ multiplici et ænigmatico epithalamio fingantur. Artes quæ dicuntur liberales et cætera de medicina vel agricultura scribuntur, ab optimis præceptoribus accepi, divinarum expositionem litterarum a catholicis et doctissimis viris, minus quam deceret, studiose audivi, multorum tractatus et commentarios tam in divina quam in sæculari litteratura perlegi, sed vaga et multiplex lectio quantum affert voluptatis, tantum aufert utilitatis. Physico loquor.

Cacostomacha sunt plura et diversa fercula, et onerant valetudinem potius quam reficiunt. Ad consuetos et simplices cibos remittuntur, qui peregrinis et variis ægrotare cœperunt. Prodigus filius cupiebat ventrem suum implere de siliquis quas porci comedebant, quia juxta Psalmistam oblitus erat comedere panem suum. Multiplex lectio et summis labiis degustata mulcet animum, non pascit; delectat, non instruit. Est quædam avaritia in scientia, unde et primi parentes tentati sunt. *Eritis*, inquit, *sicut dii scientes bonum et malum*. Multa discuntur non propter studium, sed propter curiositatem; non ut simus meliores, sed superbiores. Scientia enim inflat, charitas ædificat. Legitime igitur utendum ea, quæ juxta Apostolum destructur, ut illam teneamus, quæ nunquam excidet. Neque hoc dico, ut te a studio legendi, meditandi, scribendi ac declamandi deterream, in quorum curriculo nunc maxime versor, illud assequi summopere desiderans, ut ea quæ lego memoriæ tenaciori commendem; et in hoc me exercere soleo, ut post lectum aliquod cujuspiam nodosæ quæstionis volumen, locos et argumenta, et disputandi vias et conclusionum laqueos amoto libro memoriter replicem. Ad industriæ et studii exempla sequenda proponantur nobis : Cato, qui sextum et octogesimum agens annum ab inimicis capitali crimine accusatus causam suam egit, neque aut memoriam ejus quisquam tardiorem, aut firmitatem lateris ulla ex parte quassatam, aut os hæsitatione impeditum animadvertit, Græcas litteras in senectute didicit. Terentius Varro, Publius Crassus, Marcus Cicero, Julius Cæsar inter studiosos Latinorum tenuerunt principatum. De Græcis vero Demosthenes inter oratores maximus, Pythagoras philosophus, Plato patriam Athenas, præceptorem Socratem sortitus est, et locum et hominem doctrinæ fertilissimum, Democritus physicus, Carneades laboriosus et diuturnus sapientiæ miles, qui cum Chrysippo disputaturus elleboro se ante purgabat; Anaxagoras qui cum e diutina peregrinatione studiorum patriam repetisset possessionesque desertas vidisset, non essem ego, inquit, salvus, nisi istæ periissent; Socrates, cujus supra meminimus, qui ætate provectus, fidibus tractandis cœpit operam dare, Sophocles et Simonides poetæ. Imperatores vero industrii Themistocles, qui omnium civium suorum nomina memoria comprehendit, Cyrus qui cunctorum suorum militum nomina, Mithridates qui duarum et viginti gentium, quæ sub regno ejus erant, linguas ediscendo, ille ut sine monitore exercitum salutaret, hic ut eos, quibus imperabat, sine interprete alloqui posset. Longa series adnotare de singulis memorabilia, et texere illustrium virorum operum indicem.

Sed ne forte reprehendere et arguere incipias me monachum et jam canescere incipientem, talia vel lectitare vel cogitare, scias, quod ego hæc castra ingredior non tanquam desertor et transfuga, sed sicut explorator et spoliorum cupidus, si forte Madianitem rapere possim, quam pilis erasis et unguibus dissectis legitime mihi valeam copulare matrimonio. Sed veniam ad nostros, quorum ingenia et studia mirari et laudare possumus, æquare et imitari non possumus. Cyprianus martyr et pontifex, Lactantius, Hilarius Pictaviensis, Ambrosius Mediolanensis, Hieronymus Ephrateus, Augustinus Hipponensis, Leo Magnus urbis Romanæ episcopus et alii quamplures præcipui et clari viri, ingenio facili, copioso, suavi, et quæ sermonis maxima est virtus, aperto, ut discernere nequeas utrum ne ornatiores in eloquendo, an feliciores in explicando, an potentiores in persuadendo fuerint. Hi tamen cum in una et eadem fidei catholicæ regula formati fuerint, quædam scripserunt non solum diversa, sed etiam repugnantia, sicut Lactantius, qui Judaicam secutus novitatem, mille annorum fabulam introduxit, in quibus post resurrectionem ait Dominum in carne cum sanctis regnaturum. Cyprianus contraria sentit de rebaptizandis his, qui baptizati sunt ab hæreticis; sed errorem suum sanguine expiavit. Ambrosius et Hieronymus de digamia sacerdotis opposita loquuntur, et suam quisque sententiam fortissima atque insolubili Scripturarum auctoritate tuetur. Augustinus et Hieronymus de eo quod Paulus Petro in faciem restitit, variis et dissonantibus scriptis longa contentione dissenserunt. Non ergo mirum si philosophi gentium doctrina litterarum mirabiles, cogitando ac disputando veritatis inquisitores, sed tamen inveniendi effectum minime assequentes, inter se et contra se discordaverint, si physici contra logicos et logici contra ethicos digladiati sunt, sed in physicis ac logicis disceptationibus et contrarietatibus venia concedi poterat, quia sive aliquid dicebant, nihil proderant; sive delirabant, nihil nocebant. In moralibus vero nullus dissidio, nullus errori locus est, unum sentire omnes oportet, ipsamque philosophiam uno quasi ore præcipere, quia si quid fuerit erratum, vita omnis evertitur. In illa priori parte ut periculi minus, ita plus difficultatis est, quod obscura rerum ratio cogit diversa et varia cogitare. In hac sicut plus periculi, ita minus difficultatis, quod usus ipse rerum et quotidiana experientia possunt docere, quid sit melius et verius. Conclamant igitur adversum se scholæ, Epicurus contra Stoicam, Stoicus contra Peripateticum, Peripateticus adversus Academicum, et pro magistrorum acumine et inventis tota discipulorum turba decertat, et cuis quisque munimentis præoeptorum sensa et acta tuetur, et multiplicat. Atque in uno, quod est summum et principale, in quo totius sapientiæ cardo versatur, quantum dissenserint, adverte. Epicurus summum bonum in voluptate animi esse censet; Aristippus in voluptate corporis. Callipho et Inomachus Cyrenaici honestatem cum voluptate junxerunt. Diodorus in privatione doloris summum bonum ponit. Hieronymus in non dolendo; Peripatetici autem in bonis animi et corporis et fortunæ summum bonum fatentur; Hebilli summum bonum est scientia. Zenonis cum natura congruenter vivere. Quorumdam Stoicorum virtutem sequi. Hæ sunt fere omnes omnium sententiæ. In tanta diversitate quem sequeremur? cui crederemus? cum par esset omnium auctoritas, nisi venisset ille qui dixit: *Ego sum via, veritas et vita*; et : *Creditis in Deum, et in me credite*.

Hæc tam longo ambitu ad hoc dicta sunt, ut recte scribere, distincte legere, aperte pronuntiare, prædicamenta et sedes argumenti nosse, persuadere dictione, numerorum vim et naturam intelligere, harmoniam et intervalla discernere, abaco et gnomone et astralabio præcellere, complexiones et graduum connexiones judicare, parum vel nihil valere scias, si non cognoscatur, si non ametur Deus : quem si cognoverimus, si amando secuti fuerimus, et sequendo ad ipsum pervenerimus, cum omnia sciente omnia sciemus. Ibi rusticus et illitteratus et acute inveniet, et subtiliter judicabit, et copiose disseret. Et hæc est vera discendi via, quæ adesse ducit, quoniam quidem omne animal non esse formidat. Te igitur moneo, te hortor ut legas, et non negligas; legas libros, et non negligas mores. *Intellecius bonus omnibus facientibus eum, servus sciens voluntatem Domini sui et non faciens plagis vapulabit multis, potentes potenter tormenta patientur*. Argutias et sophisticas conclusiunculas, quas gualidicas, a quodam Gualone vocant, nec exercebis superbe, nec contemnes penitus. Hæc hujusmodi sunt: Quod non perdidisti habes, cornua autem non perdidisti, cornua ergo habes : Item : Mus syllaba est, syllaba autem caseum non rodit, ergo mus caseum non rodit. Mirabatur dominus noster Conradus rex ea, quæ a litteratis vafre dicebantur, et probari non posse hominem esse asinum aiebat. Jucundi eramus in convivio et plerique nobiscum non illitterati. Dicebam ei hoc in rerum natura non posse fieri, sed ex concessione indeterminata nascens a vero mendacium falsa conclusione astringi. Cum non intelligeret ridiculo cum sophismate adorsus sum. Unum, inquam, habetis oculum? quod cum dedisset, duos, inquam, oculos habetis? quod cum absolute annuisset, unus, inquam, et duo tres sunt, ergo tres oculos habetis. Captus verbi cavillatione jurabat se tantum duos habere, multis tamen et his similibus determinare doctus, jucundam vitam dicebat habere litteratos. Cæterum fac ut hæc exsolvere non possimus, quod periculum aut quod incommodum nobis imminet? de justitia, de pietate, de frugalitate, de pudicitia utraque, et illa cui alieni corporis abstinentia est, et hac, cui sui cura est, disputatio neglecta dispendium parit, non auræ popularis amisso disputationis præconio, sed vitæ potius atque morum detrimento. Porro quod eloquentiæ mihi portionem aliquam tribuisti, judicium tuum amore illectum est ac deceptum.

Est enim res nec parvi temporis, nec exigui studii, nec modicæ exercitationis, scire vim et naturam animorum, excitare pigros, sistere currentes, et tanquam habenis potentibus circumflectere. Licet enim natura sit habilis et ad recipiendas quascunque formas mollis atque tractabilis, quamvis eruditor diligenter et copiose tradat, tamen si frequentis usus actio desit, quæ longe a claustris monachorum seclusa est, lumen a tenebris suffocatur, ignis a cinere non alitur, sed exstinguitur. Oportet oratorem et vinci et vincere, ut noverit se et suos et scuto protegere et gladio ferire. Lege Quintilianum de institutione oratoria, qui ab utero matris susceptum infantem limare incipit et formare in oratoris perfecti substantiam. Hæc vis atque potentia longius a nostra ætate recessit; quoniam omnis jurisdictio aut est ecclesiastica vel sæcularis. Et in foro quidem jus dicunt laici illitterati, optima interdum natura præditi, sed tamen in populo Germaniæ rara declamandi consuetudo; breviter et quasi per quædam puncta significandi potius quam explanandi usum fecit. Altera juris pars, quæ canonica vocatur, a viris litterarum doctissimis administratur, quibus in ore est lex Dei, ex qua audiunt : *Nolite judicare, ut non judicemini*, per quam discunt, quod apud Christianos miser est, non qui patitur, sed qui facit injuriam. In illo summi legislatoris edicto legunt : *Sit sermo vester : Est est; Non non*; quod autem his amplius est, a malo est. Et unus eximiæ illius curiæ orator dicit : *Amputa opprobrium, quod suspicatus sum*. Si ergo nec suspicione, nec conjectura, nec occasione aliquid vel ad probandum, vel ad non probandum assumitur, restat simplex constitutio causæ. Fecisti? feci vel non feci. Ipsi gentilium diserti in suis diffinitionibus statuerunt, quod aliter censor loqui debet, aliter rhetor. Rhetori concessum est sententiis uti falsis, audacibus, subdolis, captiosis, si verisimiles modo sint, et possunt ad medendos animos hominum qualicunque astu irrepere. Præterea turpe esse putant rhetori, si quid in mala causa destitutum atque impugnatum relinquat. Non ergo decet sanctum virum fide et gravitate præditum apud Christianorum aures tale quid dicere, quod verum non esse sibi atque omnibus videatur. Qui in causa canonica diserte agit, suæ potius gloriæ quam ipsius rei utilitati deservire putatur. Ariopagitæ castigatissimi Græciæ et Athenarum judices neque procemiis, neque epilogis quemquam uti permittebant, sed simplici et minime colorata narratione ; sic omnia pene rhetorices fundamenta quassabantur.

Est tamen interdum in Ecclesia quædam rerum opportunitas, in qua dicendi artificium irreprehensibiliter exercetur, et maxime in prædicandi officio. In cujus gratiæ principatu, meo quidem judicio, ponitur vir nostrorum temporum valde illustris Bernardus Claravallensis abbas. Oratorem eum non immerito dixerim, qui a rhetoribus definitur : *Vir bonus dicendi peritus*. Siquidem vir ille bonus longo eremi squalore et jejuniis ac pallore confectus, et in quamdam spiritualis formæ tenuitatem redactus, prius persuadet visus quam auditus. Optima ei a Deo concessa est natura, eruditio summa, industria incomparabilis, exercitium ingens, pronuntiatio aperta, gestus corporis ad omnem dicendi modum accommodatus. Non igitur mirum si potenti tantarum rerum virtute excitat dormientes, imo, ut plus dicam, mortuos, et Domino cooperante et sermonem confirmante alterat homines, et ad jugum Dei trahit captivos qui fuerant in curribus Pharaonis. Hunc tu vere dixisses eloquentem, qui non destruit opere quod prædicat ore, qui non est intus Nero, foris Cato. Quem si videas, doceris; si audias, instrueris; si sequare, perficeris. Et tu si gloria dicendi tangeris, elige unum quem sequaris, cujus eloquentia tuus animus permulceatur. Maximorum oratorum concors sententia est, ornatius et copiosius dici posse imitando eloquentes, quam artis præcepta sectando. Sed de his hactenus, ut scias quod nesciam. Laudasti mores meos non veritatis, sed benevolentiæ ductus testimonio : sed si in cordis mei, quod parvum est et inscrutabile, domicilia fuisses introductus, et audires in judicio mentis meæ, quando pro tribunali sedet ratio, cogitationum inter se accusantium gravissimos clamores et acerbas quæstiones, ubi nec tonsura, nec habitus, nec pallor, nec macies potest ferre suffragium, videres animal horribile, et omni monstro deformius. Ibi accusator tam forti quam veraci argumentatione intendit, ibi defensor aut nullus est, aut confitetur. Sed cave dixeris mores recta a natura profectos, quia omne datum optimum et omne donum perfectum desursum est descendens a Patre luminum.

(118) Non modo Galli sed et Itali etiam in hujusmodi nominibus litteram G usurpant, unde et in

Licet enim æstate conceptus, vere natus fuerim, quæ tempora secundum physicos tuos optimæ sunt complexionis, tamen gratia Dei sum id quod sum, et quotidie, ipso adjuvante, contendo fieri melior. Non est igitur genesis meæ et parentum meorum derivationis qualiter vivam, sed divinæ gratiæ, quæ prævenit et adjuvat, cui vocanti, quinimo trahenti, recalcitrare et reniti quasi ingratus non debeo. Uterinos certe habeo, in quibus Deus tantam suæ bonitatis non est dignatus exercere potentiam. Effers domum nostram præconiis, quæ quidem multo melior, quam dignus sim, sed inordinatior quam velim.

Tanta est enim hujus temporis contumacia, tanta disciplinæ profligatio, ut non accipere, nedum sentire castigationem velit ulla familia, et fallit sæpe tanto tempore laudata sententia, ut pater familias, ita et domus ejus. Cæterum familia nostra arctior non est familia primi parentis Adæ, in qua frater fratris sanguine parricidali terram inebriavit, nec angustior familia Noe in arca, in qua fuit filius qui, derisa postmodum nuditate patris, filiorum propaginem in ipsa stirpe maledicto subjugavit ; neque numerosior familia Salomonis, in qua fuit Adath Idumæus sui domini persecutor. Nonne in domo illius, a quo omnis sapientia est, fuit inter duodecim apostolos unus Judas proditor? nos vero interdum ut homines erramus, aliquando negligimus, aut victi rerum necessitate tacemus. Erant habitacula Corbeiensis abbatis angusta et ruinosa, nos ereximus nova et fortia, quæ suam multitudinem possint capere, Tullianum illud præ foribus et præ oculis habentes ; non domo dominus, sed domino domus honestanda est. Inscriptum est nomen meum in superliminari australis januæ cum numero quotus sim in catalogo abbatum: quod feci, non ut evacuarem spem, quæ reposita est in sinu meo, sed ut docerem posteros, ne essent avari, sive profusi vel otiosi. Scriptum est ibi Græcis litteris illud de templo Apollinis : *Scito te ipsum*. Causaris quod in principio nominis mei tres vocales contra recte scribendi rationem conjunctæ sint, quarum duæ insertæ pro consonantibus ponuntur et nomen trisyllabum efficiunt. Tu putas id regulariter non posse fieri, et postulas ut prima nominis littera U vel separata vim vocalis, vel juncta sequenti et eidem vim consonantis obtineat, et nomen tetrasyllabum fiat. Verum scholastice : Si possunt in nomine proprio sive appellatorio duæ consonantes ante vocalem jungi, sicut gnato, gnavis, spiro, flores, fructus, cur duæ vocales loco consonantium positæ conglutinari et conflari non possint? sed ut me tua quæstione liberem, et vel iratus, et vel placatus a me recedas, latinis litteris barbara nomina stringi non possunt, et nos Germanici sumus non Galli Comati, qui in talibus nominibus (118) G pro U anteriori ponunt. Hæc, frater dilectissime, pro tuæ amicitiæ intuitu, et pro accendendis fortius studiis tuis contra rigorem in epistolis quas ut abbas Casinensis dedit, Guibaldum non Wibaldum se inscribit.

stituti nostri jucundius ad te scripta sunt. Non timeo reprehensores, quia charitas benigna est, patiens est, omnia credit, omnia sustinet. Habui in memoria, dum hæc scriberem, quiddam, quod in libris eorum, qui facta vel dicta memorabilia conscripserunt, invenitur. Augusto Cæsari procedenti e palatio, Græculus quidam importune solebat occurrere, porrigens ei laudum suarum quædam epigrammata. Offensus imperator hominis frequenti adulatione et intempestiva, ut erat litterarum amator et Græce sciens, aliquando prævenit Græcum, et epigramma, quod ipse in laudem ejus conscripserat, ad legendum ipsi porrexit. Quo decurso, Græcus exclamat, ingenium domini laudibus effert, demissaque in peram manu, assem, quem solum habebat, tulit : Tene, inquiens, imperator, non secundum tuam, sed secundum meam fortunam. Qua volubilitate ingenii exhilaratus princeps, largiori eum munere ditavit. Ego exemplum sequens pro binis laudationum tuarum schedulis plenam epistolam tibi remitto inter curas et multiplices labores duarum noctium lucubratiunculis effusam.

EPISTOLA CXLVIII.

WIBALDI ABBATIS AD HARTWICUM BREMENSEM ARCHIEPISCOPUM.

Hartwicum archiepiscopum sibi iratum, eo quod in electione Bremensis antistitis electorum vota in Wibaldum conspirare visa sunt, sibi reconciliare conatur.

(Anno 1149.)

Reverendo domino H. venerabili Bremensis Ecclesiæ archiepiscopo, frater WIBALDUS Dei gratia id quod est in Ecclesia Catholica, exiguas orationes et devotum servitium.

Clericus noster Henricus de Kamináta quasdam petitiones nostras ad vestram sublimitatem a nobis missus pertulit, inde reversus narravit, quod adversus nos graviter essetis commotus, et coram multis gravem de nobis querimoniam fecissetis, insuper et minas in nos et nostros intentassetis. Quod nos credere nequaquam potuimus, quoniam conscientia nostra nobis veraciter attestatur, quod nec in verbo, nec in opere, contra personam et dignitatem vestram scienter quidquam egerimus. Et quia lex nostra non judicat quemquam, nisi prius audiatur, ex eo discretio vestra providere debuit, ut quoniam non exiguo amicitiæ vinculo devincti eramus, prius interrogaretis, et postmodum judicaretis. Siquidem, ut industria vestra bene recordatur, duo pacta inter nos contracta sunt, alterum divinum et alterum humanum. Et humanum quidem secundum jura et institutiones humanas solvi et immutari potest, ut videlicet qui hactenus noster homo et tanquam miles per hominagium fuistis, nunc dominus et Pater noster fieri incipiatis. At vero contractus divini conventio valet in æternum, propter illum, qui in lege sua mandavit, ne assumamus nomen ejus in vanum, propter illum, qui juravit et non pœnitebit eum. Unde et David : *Juravi*, inquit,

et statui custodire. Recordamini quod nusquam ad archiepiscopatus culmen ascendistis, litteras prudentiæ vestræ transmisimus, in quibus vos intimo affectu de quibusdam præmonere ac præmunire studuimus, in quibus si audire consilium nostrum placuisset, hodie Bremensis Ecclesia et vos pace meliori potiremini. Sed indignamini nobis, ut fertur, quod cum de electione Bremensis archiepiscopi, vacante tunc sede, ageretur, in nostram personam omnium fere vota se inclinarent (119). Nos in Ecclesia Bremensi nullum novimus præter personam vestram, et æquivocum vestrum, Hartwicum præpositum, et Erfonem præpositum, et Albertum canonicum. Cæterum nomina et facies ignoramus. Civitatem ipsam nunquam, nisi semel intravimus, et sero inclinata jam die venimus, et mane facto egressi sumus. Quando prædecessor vester bonæ memoriæ Albero archiepiscopus obiit, et vos ei successistis, eramus in Stabulensi monasterio, quod a Brema itinere dierum septem distat, omnium rerum, quæ ibi agebantur, ignari. A nobis nulla persona sollicitata est, nulla submissa. Nos in talem disceptationis aleam non libenter incidimus, ubi tam de natalibus quam de moribus subtilissime disputatur et frequentissime erratur. Atque infirmitatis nostræ et humilitatis bene conscii ad tantam rem et tam reverendam opportune gerendam nequaquam accedere præsumeremus, præcipue cum eadem Ecclesia prius domina gentium et princeps provinciarum tanquam vidua facta sit sub tributo, ad cujus contritiones sanandas, si vestra eruditio, prudentia, nobilitas et fortitudo non sufficiunt, desperandum potius ei erit, quam de alicujus hominis adjutorio confidendum. Abjecto itaque a vestri pectoris sinceritate totius suspicionis rancore, et depulsa omni detractorum fallacia, nos, qui in veritate vos diligimus, redamate, quoniam in eo, qui est veritas, vobis loquimur, quod contra vos in Ecclesia Romana nec litteras, nec sermonem aliquem direximus, imo ad vestræ dignitatis provectum omnibus modis subvenire parati sumus. Vestram vero discretionem intime rogamus, ut sicut dominus papa vestro prædecessori scripsit, nobis de parochianis et ministerialibus vestris, qui bona Kaminatensis Ecclesiæ invaserunt, justitiam faciatis, quibus nihil prorsus dedimus, vel concessimus, vel datum recognoscimus. Commendamus vestræ pietati latorem præsentium.

EPISTOLA CXLIX.

WIBALDI ABBATIS AD H. EPISCOPUM MINDENSEM.

Petit ut designet sibi tempus et locum quibus invicem convenire possint, res suas amice composituri.

(Anno 1149.)

Reverendo Patri suo et domino H. venerabili episcopo Mindensis Ecclesiæ frater WIBALDUS Dei gratia id quod est in Ecclesia Catholica exiguas orationes et devotum servitium.

Gratias referimus vestræ celsitudini quod per di-

---

(119) Quam injusta sit ista criminatio constat ex epistola Wibaldi supra ad Guidonem, cardinalem, in qua commendat ipsi electum Bremensem.

lectum atrem nostrum magistrum C. et per litteras vestræ dilectionis exiguitatem nostram visitastis. Quia enim de verbo, quod est inter nos, solliciti fuimus, et sinceram inter nos esse dilectionem, quam alicujus discordiæ nævum præoptaremus, proxime sicut paternitas vestra recordatur per fratrem nostrum C. litteras sinceritati vestræ direximus, in quibus hoc vestræ excellentiæ obtulimus, ut quoniam domini vestri episcopi Patherburnensis et Monasteriensis majoribus forsitan causis impediti, ad causæ nostræ compositionem venire distulerunt, nos vobis absque eis loco et tempore, quo vestræ dignationi complaceret, occurreremus. In hac petitione perseveramus, et ut diem et locum, quo vobis opportune et tute possimus occurrere, nobis designetis instanter postulamus. Parati enim sumus, sicut a principio vestræ commonitionis loqui consuevimus, innocentiam nostram in facto nostro vobis ostendere, quam sicubi minus valeamus demonstrare, tam vobis quam Ecclesiæ vestræ ad omnem justitiam volumus satisfacere, diem et locum quo apte et secure possimus venire in vestra ordinatione ponimus. Nam necessitatem et quas patimur angustias et partem periculorum nostrorum legatus vester oculata fide satis intellexit.

EPISTOLA CL.
WIBALDI ABBATIS AD ABBATEM S. GODEHARDI.
Excusat se quod abbatum Saxoniæ conventui interesse non possit, hortaturque ut in eo causa abbatis Herseveldensis ventiletur.

(Anno 1149.)

Reverendo patri suo F. [Friderico] venerabili abbati Ecclesiæ beati Godehardi frater WIBALDUS Dei gratia id quod est in Ecclesia Catholica, exiguas orationes et devotum servitium.

Lætati sumus in his, quæ dicta sunt nobis, quod charissimi Patres et domini nostri abbates, videlicet Saxoniæ convenire pariter (120) disponunt, et de his rebus pressius et studiosius tractare et ordinare, quæ ad vitæ nostræ correctionem et monasteriorum nostrorum disciplinam pertinere noscuntur. Cui sancto conventui nos omnium extremi famuli gratanti animo interesse desideraremus, et eorum aspectu atque colloquio diu desiderato perfrui, nisi quod quibusdam curis interpellantibus versus partes Lotharingiæ nunc avocamur. Aderit vobis Spiritus sanctus, et nos vobiscum mente consistentes ad effectum perducere curabimus, quæcunque ad decorem domus Dei eodem mediatore et auctore ordinaveritis. Inter cætera illi malo fortius occurrendum erit, quod Herseveldenses monachi fratrem nostrum abbatem suum de claustro et de abbatia sua expulerint, et nullo in eum judiciariæ actionis ordine celebrato, prius exsulare et mendicare compel-

(120) Hic prima mentio congregationum seu capitulorum generalium abbatum ordinis S. Benedicti in Saxonia occurrit, qui eodem sæculo tempore Innocentii papæ II ea celebrare cœperant in Gallia, de quibus vide, si lubet, præfationem nostram ad tom. IV Anecd.

latur, quam delictum vel crimen suum cognoscere. Et quoniam vos misericordem esse non ignoramus, eo fiducialius benignitatem vestram rogamus, ut eum nostra et omnium confratrum nostrorum vice domino Bremensis archiepiscopo præsentetis, quatenus cum eo aut misericordiam agat, aut judicium juxta canonum tramitem exerceat. Orate pro nobis et commendate nos attente fratribus vestris.

EPISTOLA CLI.
WIBALDI ABBATIS AD B. ABBATEM S. MICHAELIS.
Gratulatur ei et ecclesiæ de sua electione.

(Anno 1149.)

Reverendo Patri B. [Borchardo] venerabili abbati Ecclesiæ (121) S. Michaelis, frater WIBALDUS Dei gratia id quod est in Ecclesia Catholica, exiguas orationes et devotum servitium.

Gratulamur plurimum et Ecclesiæ vestræ et personæ; Ecclesiæ cui Deus salutare provisionis adminiculum præstare dignatus est; personæ quod eam præordinatio congruis honorum provectibus sublimavit; quoniam et inhabilis persona loci sublimitate dehonestatur, et Ecclesia personæ humilitate non gravatur. Sed cum hæc persona illustrat Ecclesiam, et Ecclesia ornat personam, dulcis harmonia est et salutaris utique rei symphonia. Vestræ familiaritati arctius inhærere desideramus, et totum studiose perficere quidquid vestræ bonitati de nobis complacuerit.

EPISTOLA CL
WIBALDI ABBATIS AD H. BREMENSEM ELECTUM.
Scribit in gratiam abbatis Herseveldensis, quem sui monachi ejecerant.

(Anno 1149.)

Reverendissimo Patri suo et domino H. [Hartvico] sanctæ Bremensis Ecclesiæ venerabili archiepiscopo electo, frater WIBALDUS Dei gratia id quod est in Ecclesia Catholica unguento jungi quod de capite descendit in barbam, barbam Aaron.

Veniens ad nos venerabilis frater noster A. Herseveldensis abbas multis fratribus et coabbatibus nostris, qui Corbeiæ convenerant, lacrymabiliter conquestus est, quod a monachis suis multis sit injuriis affectus, et tandem de monasterio suo per ipsorum violentiam expulsus, quod monasterium nunc a laico et illitterato, qui abbati suo hanc invidiam conflavit, contra sacræ regulæ auctoritatem regatur. Quam querimoniam cum ad pedes vestræ celsitudinis jam frequenter retulerit, non solum non est in sua necessitate adjutus, sed etiam adversarii tanto sunt præsumptionis spiritu animati, ut de ipso ad vicinas ecclesias quædam convitia et probra conscribant contemptores regulæ,

(121) Hildesheimensis ordinis S. Benedicti a S. Godehardo episcopo circa annum 1026 fundatæ, præter quam exstat et alia apud Hildesheim abbatia ejusdem ordinis S. Godehardi nomine insignita, ut supra observavimus.

quæ præcepit honorari abbates a monachis, etiamsi ipsi, quod absit! aliter agant; nec absque ipsorum consensu et voluntate epistolas dare vel accipere, atque ignari canonum, qui hujusmodi scripturas sub magna districtione interdicunt, et auctoribus earum gravissimæ animadversionis pœnas imponunt. Vacant otio et ideo vociferantur, videntes festucam in oculo abbatis sui, et trabem in suo non considerantes. Reprehendunt abbatem quod insolentiam et temerariam loquacitatem monachi sui una alapa represserit, quod et nos laudandum non putamus, cum potuerit hæc præsumptio vehementius hora et disciplina regulari ad multorum correctionem vindicari. Sed abbatis intemperantiam tanto accusationis pondere exaggerant ipsi patientiæ et humilitatis atque obedientiæ immemores, et in quo ipsum reprehendunt, seipsos judicant, non reducentes ad memoriam, quod omnium monachorum pater et dux Benedictus inquietum monachum virga percusserit, nec sequentes Libertini monachi exemplum, de quo in primo Dialogorum B. Gregorii legitur, quod cum ab abbate suo per gravem iracundiam scabello suppedaneo esset percussus, tumentemque ac lividam faciem haberet, non solum patienter tulit, sed et quærentibus unde sibi accidisset, tanta verborum moderatione respondit, ut nec Patris proderet vitium, nec falsitatis incurreret peccatum. Proinde nos ac per nos omnes fere Saxoniæ abbates vestram clementiam humiliter imploramus, ut quia scandalum hoc in principio vestræ ad regimen ecclesiasticum promotionis pullulare et erumpere præsumpsit, tanto id discretionis zelo corrigatis, ut Ecclesia Dei gaudeat se de vestra scientia, nobilitate ac potentia invenisse solatium, et in diebus vestri sacerdotii omnis præsumptio conculcetur, et justitia et veritas accipiat incrementum. Scienti legem loquor. Expulsi aut exspoliati rebus suis vocari ad causam nec judicari possunt, quoniam non est privilegium, quo exspoliari possint jam nudati. Cuncta vero quæ eis ablata sunt potestati eorum legibus redintegrentur, et postmodum non sub angusti temporis spatio ad causam dicendam vocentur, sed tantum temporis spatium eis plenam omnium rerum suarum potestatem habentibus indulgeatur, quantum exspoliati vel expulsi esse videntur. Quod vero dicitur, quod propter bonum pacis sit amotus, ne forte vehementius in eum sævirent monachi : avertat Deus hanc pacem, et hoc bonum ab Ecclesia sua, ut prælati propter hoc fugiant, ne subditi insaniant. Quin potius illi projiciendi sunt, et longe extra fines relegandi, qui abjecta propriæ professionis regula et sacrorum canonum institutis contra Patres armantur, et dum de uno ipsius excessu conquerantur, scandalis mundum implere non verentur. Mittite Corbeiam illos fortissimos viros, qui adversus abbates suos prius agunt fustibus, quam rationibus; ante pugnis quam verbis; et tunc primum infamare per scripta incipiunt, cum de tota congregatione et abbatia expulerunt, ut sciant prophetam esse in Israel. Vestra igitur discretio, vestra pietas, quod per canones factura est, faciet per misericordiam, ac restituto abbate in rerum ac possessionis suæ integritate, ad pacem, si fieri potest, cuncta revocabit, vel certe judicum examine universa pensabit. Benedictus Deus qui dedit vobis in partibus illis omnia posse, quæcunque inspiraverit vobis velle, atque ideo bonum est ut subveniatis oppresso, ne forte desertus a misericordia et justitia supremi judicis clementiam cogatur implorare. De rebus vero Kaminatensi Ecclesiæ vestram benignitatem iterum atque iterum rogamus, ut quod vestro prædecessori Alberoni bonæ memoriæ archiepiscopo a domino papa tam verbis quam litteris injunctum est, vos in parochianos vestros, qui etiam vestri ministeriales et homines sunt, prosequi non dedignemini. Scripsimus pro causa vestra domino cancellario petente præposito vestro Hartwico, in quibus litteris nostræ circa vos devotionis affectus satis apparuit.

EPISTOLA CLIII.

CORBEIENSIUM MONACHORUM AD WIBALDUM ABBATEM

De quodam puero apud Kaminatam casu defuncto.

(Anno 1149.)

Charissimo domino suo et patri WIBALDO Corbeiensi abbati, fratres Corbeienses debitam obedientiam et devotam orationum perseverantiam.

Quod de aliquo tristis rei casu vestram paternitatem conturbare debemus, supra modum ipsi dolemus, sed quia congruum est, ut omnia vestræ scientiæ nuda et aperta sint, non absque magno cordis gemitu, quod pro peccatis nostris nuper apud Kaminatam accidit ex permissione Dei, vestræ prudentiæ notum faciamus. Duodecimo Kal. Maii quidam de pueris nostris scholaribus Herimannus, cognatus fratris nostri H. senioris, cum alio puerulo super tectum ecclesiæ Kaminatensis, quod noviter tegitur, ascenderat, fratribus nostris nescientibus, et accidente casu ex supremo fastigio tecti per laquear in pavimentum decidit, et statim ibidem exspiravit, et mortuus elatus est. Locus autem ruinæ in aquilonari abside fuit juxta altare sancti Dionysii, ubi, cum diligenter quæsitum esset, inveniri non potuit, quod ecclesia sanguine illius polluta sit. Corpus defuncti ad Novale apud Sanctam Mariam sepultum est. Fratres Kaminatenses postea divinum officium in ecclesia non celebraverunt. Super hac re mandatum vestrum exspectamus. Nec hoc lateat discretionem vestram, quod apud Kaminatam in turri (122) singularis ecclesiæ dedicatio est, ubi, si liceat divina celebrari, prudentia vestra discernat.

---

(122) Olim in turribus solebant patres nostri altare aliquod erigere, illudque S. Michaeli tanquam monasterii tutelari consecrare, ut multis exemplis demonstrari potest.

EPISTOLA CLIV.

[WIBALDI ABBATIS AD SUOS CORBEIENSES.]
Consolatur eos de obitu fratris apud Kaminatam defuncti.
(Anno 1149.)

WIBALDUS Dei gratia Corbeiensis abbas, dilectis in Christo fratribus et filiis Corbeiensibus benedictionem et vitam usque in sæculum.

Mœstos vos esse et afflictos animo super interitu pueri vestri et fratris H. litteræ vestræ ad nos transmissæ patefecerunt. Sed si recordemini, quod ipsum caput nostrum ipsum Creatorem et Redemptorem nostrum, ipsum mundi totius et omnium rerum dominum princeps invidiæ diabolus de pinnaculo templi præcipitare noxia persuasione voluit; si scriptum recolitis, quod omnes qui pie volunt vivere in Christo persecutionem patiuntur; si memoria tenetis quod, cum immundus spiritus a sua fuerit habitatione expulsus, revertitur assumptis secum septem nequioribus se, facile contemnere poteritis oblatrantis vulgi vana judicia ; et solidata in Deum spe certissima ad emundationem et restaurationem Kaminatensis Ecclesiæ studiosius intendere. Succurrere debuit dolori vestro et animi molestias detergere, quod de sacratissimo Patre nostro Benedicto legitur quod, cum in arce Casinensis castri idolum Apollinis contrivisset, et ara subversa, lucisque succisis, oratoria beatorum Joannis et Martini construxisset, dæmon ejusdem loci habitator, cœpit in virum sanctum horrendis vocibus infremere, et fratres ipsius tum saxi pondere, tum phantastico coquinæ incendio, multis fatigationibus illudere, tum etiam pueruli monachi contritione, nec non senioris cujusdam, in quem ingressus erat, vexatione, eos a loci purgatione, et a sancta ibidem conversatione detestabili artis suæ ludibrio deterrere. Non itaque vos deterreant aniles fabulæ, sed confidentes de misericordia Dei et ipsius protectione, firmate in Kaminatensi Ecclesia religionem, quæ ante nostrum ibi adventum prorsus deperierat, purgate et locum et animas a dæmonum contubernio, et observate diligenter ipsorum versutias. Sane sumptis litteris nostris, quas ad vos destinavimus, præsentiam domini et Patris nostri Mindensis episcopi adhibitis, et super reconciliatione ejusdem Ecclesiæ, quam pollutam fratris nostri casu et morte judicat, misericordiam ipsius implorate. Ad quam legationem peragendam nos præpositum A. et camerarium R. designamus. Quod si turris Kaminatensis ecclesiæ seorsum a cætero corpore templi alia Kalendarum die dedicata fuerit, fratres nostri secure poterunt in ea divina celebrare mysteria.

EPISTOLA CLV.

[WIBALDI ABBATIS AD EPISCOPUM MINDENSEM.]
Ut ecclesiam Kaminatensem reconciliare dignetur.
(Anno 1149.)

Reverendo Patri suo et domino H. venerabili Mindensis Ecclesiæ episcopo, WIBALDUS Dei gratia id quod est in Ecclesia Catholica, exiguas orationes et devotum servitium.

Fratres nostri dum juxta mandatum domini papæ, et domini regis ad restaurationem Kaminatensis ecclesiæ laborant, ab inimico totius salutis tentati et exacerbati fuerunt. Nam quidam puer monachus de culmine templi, cui tunc retegendo insistebant, lapsus in pavimento ecclesiæ collisus exspiravit, nullo tamen cruore effuso. Unde advoluti animo pedibus vestræ sinceritatis rogamus, ut pro reverentia domini papæ, et pro honore domini regis et regni, juxta discretionem vobis a Deo concessam provideatis, ne locus ille divinis pro hoc officiis privetur. Dolemus valde quod desiderato et toties expetito colloquio vestro frui non potuimus, cum vobis in veritate servire et vos honorare parati sumus.

EPISTOLA CLVI.

[WIBALDI ABBATIS AD SUOS MALMUNDARIENSES.]
De quodam fratre inordinato, qui abjecto monachali habitu exiverat.
(Anno 1149.)

Frater WIBALDUS Dei gratia Stabulensis Ecclesiæ servus, dilectis in Christo fratribus et filiis Malmundariensibus monachis, benedictionem et vitam usque in sæculum.

Venientem ad nos fratrem nostrum quondam Liebertum benigne, prout licuit, suscepimus. Quem cum coram fratribus et his quibus nos et Ecclesiam sæpius offenderat, paterne satis pro tempore et re increpavissemus, injunximus ei pro pœna, si tamen pœna dici possit, ut nobiscum apud Stabulaus more fraterno maneret, donec inspecta ejus humilitate, quid agendum esset, Deo auctore, videremus. Non solum non acquievit, sed in furiam, et in eam, qua arreptitii feruntur, vesaniam conversus, cultellos et arma, quibus se et nos interimeret, quærere, desperationis verba ore sacrilego promere, symbolo, id est, *Credo in Deum*, derogare, et quod nunquam amplius Deum invocaret, sæviens et seipsum dilanians dicere incœpit. Hujus igitur desperati hominis et ante altare beati Remacli propter ecclesiam violandam se occidere attentantis, incendiumque monasterio minitantis insaniam non ferentes fratres nostri, nos, qui, data sententia, conventum exieramus, adierunt, nostrum super tam detestabili homine consilium non sine dolore et lacrymis flagitantes. Nos capto cum prioribus nostris consilio, facto tabulæ sonitu, quippe jam missa major cantata erat, capitulum intravimus. Quæsivimus ab eo utrum, post rebellionis ejus acceptam injuriam, obediens nobis et sanctæ Regulæ vellet esse; cum persisteret dicendo se personam suam velle omnibus modis a nobis alienare, nos etiam optionem proposuimus, ut aut juxta monachorum instituta nobis obediret, aut deposito religionis habitu a nobis et a monasterio suo nunquam reversurus recederet. Et hoc quidem fecimus secundum duritiam cordis ejus, metuentes ne forte in profundum desperationis et in suæ necis appetitum mergeretur, malentes eum utcunque vivere, quam vitam impœnitenti animo finire. Ipse vero nihil cunctatus, sed quasi gaudens, quippe quem nequam spiritus jam mente invaserat, abjecto monachali habitu, hilaris et ridens exivit, cum nos in maximo timore pro ipsius animæ interitu dimitteret. Et nos quidem de nostris peccatis iram Dei plurimum metuentes, et nihil in hoc mundo temere judicantes, pio tamen et Catholico sensu nos intelligere credimus, quod ob blasphemiam, quam in Deum semper habuit, et ob invidiam et maledicta atque probra quibus serenissimum confessorem Christi atque pontificem Remaclum insectatus est, et propter fraternum odium et semina scandali, quæ inter duo loca, Stabulaus videlicet et Malmundarium singulari charitatis glutino conjuncta spargere non cessavit in hanc mentis cæcitatem et pertinaciæ laqueum prolapsus est; sicut de Juda traditore legimus, qui post venditum Dominum abiens laqueo se suspendit. De quo universitati vestræ mandamus, et in virtute sancti Spiritus per verbum sacræ obedientiæ præcipimus ut eum neque colloquio, neque consilio, neque auxilio intus sive foris foveatis, sed ipsum tanquam Christianæ communionis extorrem et totius obedientiæ ac religionis eversorem devitare ac persequi cum omni veritate et instantia studeatis.

EPISTOLA CLVII.

WIBALDI ABBATIS AD WALTERIUM MONACHUM.

Walterium monachum improbum de multis arguit criminibus.

(Anno 1149.)

Wibaldus Dei gratia Corbeiensis abbas, fratri Walterio concipere spiritum timoris Domini, parturire humilitatem, parere obedientiam.

Multa sæpe et gravia de tua conversatione ad nos referuntur, tam a fratribus, cum quibus habitas, quam a laicis honestis, qui dolent nomen Dei propter te blasphemari inter sæculares, nostramque personam lædi et Corbeiense monasterium infamari, et totum monachorum ordinem per te vilem fieri. Super quo frequenter a nobis affectione paterna commonitus, resipiscere nequaquam voluisti, sed retribuens mala pro bonis, sterilitatem animæ nostræ, maledicta et exsecrationes tuis correctoribus rependis. Audivimus enim de te rem insaniæ junctam, imo vero sacrilegio et detestatione plenam, quod videlicet quotidiano desperationis furore accensus missam de sancta Trinitate sine intermissione celebres, sub hoc cæcatæ mentis proposito, ut tam nostra persona quam tuus præpositus per hoc tam in temporali prosperitate, quam in corporum nostrorum valetudine acerbius lædamur. O hominem omni lacrymarum imbre deflendum, qui de fide perfidiam facit, de pietate sacrilegium, de religione idololatriam! Summa illa et gloriosa atque ineffabilis Trinitas, a quibus digne et laudabiliter invocatur, ad seipsam obtinendam et habendam invocatur, ut ejus visione perfruantur, qui invocant nomen ejus, et ab illa inter mundi hujus adversa et prospera gubernentur, a qua se recognoscunt conditos, et a morte sempiterna per Jesum Christum liberatos. Hoc nomen invocetur super nos quod non perdit innoxios, nec salvat nocentes; invocetur, inquam, non obdurati cordis et infidelis oris alloquio, sed innocentiæ et puritatis obsequio. Præterea non dissimilem impietatis errorem incurrisse argueris, in eo scilicet, quod mercatorem quemdam sæcularibus et tibi prohibitis commerciis socium et amicum anathematizaveris. Soles enim tractatis recenter vivificis sacramentis extra ecclesiam in cœmeterium fratrum exire, ut inde possis oppidum Horenhusen, quod in valle situm est, despicere, et contemplata domo tui sodalis, ipsum et uxorem et liberos excommunicare. Quis te constituit principem populi? cum ad presbyterii gradum ascendisti, potestatem accepisti consecrandi corpus et sanguinem Dei, non potestatem ligandi atque solvendi. Hanc potestatem accepit Ecclesia Catholica cum beato Petro, sed non est diffusa in omnes, qui sacerdotali officio funguntur, sed eis tantum collata, qui ad curæ spiritualis administrationem eliguntur. Nonne cum talia agis Balaam prophetæ recordaris, qui ad maledicendum populo Dei ascendit in montem, et cæcatus avaritiæ tenebris toties prohibitus, dum pertinaciter maledicere desiderat, copiosæ benedictionis munus cum gratia prophetiæ contulit? sic benedicitis cum maledicere putatis, et convertitur in vos maledictio, et transit ad proximum benedictio. Vidimus in quibusdam illud Psalmistæ adimpletum : *Priusquam humiliarer ego deliqui*, et quos lascivientis lubricum carnis evertebat, facti subjectiores et ad omnem obsequii et patientiæ cultum promptiores recompensabant modeste serviendo et mores aliorum sustinendo, quidquid dispendii lapsu carnis commiserant. Tu non audis David dicentem : *Nolite fieri sicut equus et mulus.* Sed peccatum tuum sicut Sodoma prædicas et non abscondis et, quod pessimum est, mentiendo, jurando et detestando fratrum animos offendis. Dicetis etiam quosdam caracteres habere, et illos ad quædam præstigia et diabolicas incantationes atque usus improbos conscribere, quibus ne gentilium quidem ullus doctus et honestus fidem accommodare voluit. Cum ad cognoscendum hæc et alia quædam, super quibus in te et nos tota clamat provincia, secundum priorem monasterii nostri fratrem videlicet Isiconem Ersborch misissemus, fratres omnes tam illitterati, quam litterati, sorores Deo dicatæ et reliqua cellæ familia concors contra te tulerunt testimonium; sed tu impudentia, qua omnes vincis, cunctis resistebas, non vera dicendo, sed cunctis conviciando. Et nunc quoniam clamor tuus quotidie ascendit, per verbum sanctæ obedientiæ tibi præcipimus ut ab altaris et missæ officio abstineas, et ut de quatuor parietibus claustri passum pedis non exeas, et cum laicis et sæcularibus personis colloquium per te vel per submissam personam non habeas, donec obedientia et humilitate tua cognita, quid agendum sit, Deo auctore, provideamus. Quod si nostri mandati quod ex communi fratrum sententia injungimus, contemptor et prævaricator exstiteris, scias pro certo omnem cellæ illius habitationem et reditum ad nos vel monasterii nostri domicilia penitus interdici.

EPISTOLA CLVIII.
WIBALDI ABBATIS AD SUOS CORBEIENSES.
De H. et A. ministerialibus Corbeiensis monasterii in ejus gratiam receptis.
(Anno 1149.)

Frater Wibaldus Dei gratia Corbeiensis abbas dilectis in Christo fratribus et filiis Corbeiensibus monachis benedictionem et vitam usque in sæculum.

Venientes ad nos Stabulaus ministeriales Corbeiensis Ecclesiæ H. et A. qui, ut nostis, equos nostros apud Corbeiam furati fuerunt, se more gentis suæ evaginatis gladiis in maximo populi conventu nostræ misericordiæ dediderunt. Qua humilitate et insolito ensium spectaculo, nec non labore longioris viæ super ipsos miserando permoti, Stabulenses nostri tam fratres, qui omnes in ecclesia præsentes aderant, quam ministeriales Ecclesiæ nostræ, quorum maxima pars alia de causa ad nos ea die convenerat, cum ingenti precum instantia apud nos licet invitos et renitentes effecerunt, ut eos in gratiam reciperemus, et tam de eorum peccato quam de pœna et satisfactione ex consilio et sententia vestra et ministerialium Corbeiensis Ecclesiæ diffiniremus. Eapropter scripsimus domino nostro Patherburnensi, ut eos ab excommunicationis vinculo, quo innodati erant, sub prædictæ conditionis firmitate absolvat, et usque ad reditum nostrum ad vos pacem in terra habere permittat.

EPISTOLA CLIX.
G. ABBATIS SOLEMNIACENSIS AD WIBALDUM ABBATEM.
Ut pro Solemniacensibus gratias agant S. Remaclo qui eos a tribulationibus eripuit.
(Anno 1149.)

Charissimo nostro et cum omni reverentia nominando Guibaldo (123) domino abbati S. Remacli de Arduenna G. (124) suus abbas Sancti Petri Solemniaci (125) ire de virtute in virtutem et videre Deum deorum in Sion.

Ante omnia charissimi petimus, quatenus communi Patri nostro sancto Remaclo gratias agere et preces pariter fundere ut filii domestici pro nobis

(123) Supra observarat Wibaldus Gallos nomen suum incipere a littera G; e contrario Germanos a littera V.
(124) Geraldus de Terrazo, qui anno 1137 interfuit funeri Eustorgii episcopi Lemovicensis, vixitque usque ad tempora Anastasii papæ IV, a quo privile-

fratribus vestris dignemini. Gratias, inquam, quia nos, opitulante Deo, de magnis tribulationibus pius Pater erutos in magna pace ad præsens constituit, preces etiam nihilominus fundere, quatenus sicut hactenus bene consuevit, patrocinari nobis usque in æternum non desinat. De vestris autem necessitatibus scire volumus, quomodo erga vos pius Pater et patronus operetur et opituletur. Valete, fratres et domini.

EPISTOLA CLX.
WIBALDI ABBATIS AD SOLEMNIACENSES.
Respondet ad præcedentem.

Reverendo Patri suo et domino G. sanctæ Solemniacensis Ecclesiæ venerabili abbati et fratribus ibidem Deo militantibus frater Guibaldus Dei gratia ecclesiæ Beati Remacli servus, quæ est in Stabulaus, salutem in eo qui mandat salutes Jacob.

Litteræ vestræ ad nos per pueros perlatæ vestræ prosperitatis et sospitatis indices fuerunt, quæ tanto propensiore gaudio repleverunt, quanto per ipsas fuimus certiores, quod fides vestra, quæ per dilectionem operatur, firmissime tenet et nullatenus dubitat, omne datum optimum et omne donum perfectum desursum esse et a Patre luminum descendere. Levastis si quidem oculos vestros in montes, unde venit auxilium vobis, quando religiose de communis Patris et patroni nostri sanctissimi videlicet confessoris Christi Remacli meritis cogitantes, ejus patrocinio estis assecuti quod communia peccata præpedire videbantur. Et licet eruditio vestra et devotio abunde intelligat eisdem studiis conservandam prosperitatem, quibus eam adepti estis, tamen vestra sollicitudo non arbitratur esse otiosum, si et vos filiali et intimo affectu commoneamus, et vos in idipsum supplicibus votis adjuvemus. Nam vestra prosperitas nostra est, et in tantum sunt nobis omnia vobiscum communia, ut nihil alienum, nihil segregatum judicemus, nisi quantum intervallis locorum, quibus valde invidemus, spatio longiore distamus. Et quoniam de rerum nostrarum habitudine pia vos animi anxietas permovet, sciat vestra sinceritas, quod in labore hominum sumus, et cum hominibus flagellamur, quia tantarum et tam remotarum rerum procuratores nunquam vel raro absque vexatione tempus præterire possumus. Cæterum res nostras Deo propitio per merita et intercessionem venerandi pastoris et patroni nostri Remacli moderante, summa rerum salva est, licet de partibus aliquantulum depereat. Nosque in persona sani et incolumes sumus, et vestri in veritate amatores. Remittetis nobis circa tempus autumnale cæcum vestrum latorem præsentium, cui etiam ductorem viæ præbebitis, et per ipsum nobis quatuor cugium obtinuit.

(125) Solemniacense monasterium olim insigne a S. Eligio fundatum duabus infra Lemovicas leucis situm, cujus primus abbas exstitit S. Remaclus, qui postea Stabulensis et Malmundariensis monasteriorum fundamenta jecit.

niculos, duos videlicet mares et duas feminas mittetis.

EPISTOLA CLXI.
WIBALDI ABBATIS AD H. TRAJECTENSEM EPISCOPUM.
De providendo pastori Ecclesiæ de Lienward.
(Anno 1149.)

Reverendo Patri suo et domino H. (126) venerabili sanctæ Trajectensis Ecclesiæ episcopo, frater Wibaldus Dei gratia id quod est in Ecclesia catholica, exiguas orationes et devotum servitium.

Sicut vestræ celsitudini jam ante suggessimus, clericis qui Ecclesiam de Lienward tenuerunt, et præbendam et beneficium abjudicari fecimus propter tria capitula, quorum singula poterant esse peremptoria. Primo quod donum altaris et curam animarum a vobis suscipere neglexerunt, unde eadem Ecclesia, quæ est Corbeiensis Ecclesiæ possessio, in jus vobis proprietarium adjudicata est, sed per gratiam et misericordiam vestram nobis et monasterio nostro omni cum integritate restituta est. Secundo quod censum ex antiquo jure debitum jam per biennium solvere neglexerunt. Tertio quod decurso jam nostræ prælationis apud Corbeiam trium fere annorum spatio neque ad nos venerunt, nec debitam reverentiam et honorem exhibuerunt. Quæ cum ita sint, misimus ad pedes vestræ sanctitatis Corbeiensis Ecclesiæ camerarium, sub tali discretæ moderationis mandato, ut, quoniam personam vobis exhibere, quæ curam ejusdem Ecclesiæ susciperet, præcepistis, si favor vester circa aliquam personam inclinatur, eam vobis ex nostra, salvo jure nostro et censu Ecclesiæ, præsentare debeat, quæ quidem persona, licet sola curam accipiat, tamen in quarta parte præbendæ a vobis ordinabitur. Quod si etiam de tribus reliquis præbendis vestræ discretioni placuerit, ut aliqua persona vobis grata investiatur, etiam in hoc vestræ voluntati libenter obtemperabimus. Si vero nulla de amicis vestris ordinandis vobis voluntas exstat, personam, quam ei ex nomine designavimus, vobis præsentabit. Ad cumulandum quoque beneficium, quod nobis liberaliter impendistis, et ad promerendum cumulatius nostræ servitutis augmentum, quod bono inchoastis principio, fine optimo terminetis et nos de amico vobis amicissimum faciatis.

EPISTOLA CLXII.
CONRADI IMPERATORIS AD WIBALDUM
Laudat ejus fidelitatem, significatque se in octava Pentecostes pervenisse Ratisbonam.
(Anno 1149.)

Conradus Dei gratia Romanorum rex augustus, W. dilecto suo venerabili Chorbegensis Ecclesiæ abbati, gratiam suam et omne bonum.

Quia inter universos regni nostri principes nullus est repertus, qui fidelius vel nobis vel filio nostro pro posse suo post discessum nostrum astiterit, specialiter fidelitati tuæ tam factis quam verbis gratus referre intendimus. Scire itaque te volumus, sanos et bene valentes in octava Pentecostes Ratisbonam pervenisse, quia id maxime te desiderare cognovimus.

EPISTOLA CLXIII.
WIBALDI AD CONRADUM IMPERATOREM.
Congratulatur ei de reditu e sacra expeditione, hortatur ut injuste oppressos adjuvet, et conqueritur de episcopo Mindensi.
(Anno 1149.)

Inclyto triumphatori a Deo coronato et exaltato serenissimo domino suo Conrado Romanorum imperatori augusto, F. Wibaldus Dei et vestra id quod est in Ecclesia Catholica, salutem in eo qui dat salutem regibus.

Sicut infidelium mentes de insperato adventu vestro nimium consternatæ sunt, ita fidelium vestrorum animi tanto cœlestis muneris beneficio plurimum sunt exhilarati. In quorum numero nostra parvitas non immerito aggregata tanto exsultat gaudio, ut cum propheta Jacob dicere possimus: *Sufficit mihi, vadam et videbo Dominum meum*. Et nos quidem qui semper animo et oratione atque fide vobiscum fuimus, jam in ipso imperii vestri ingressu corporali præsentia vobis occurrissemus, nisi rapinæ et incendia quotidianis pressuris Lotharingiam et præcipue miseram Arduennam afflictarent, in qua miseriarum dimicatione, tanquam in acie succinctos acerba necessitas nos stare compellit. Et, quoniam desideranti vos et jam fere labenti patriæ divina pietas sanum et incolumem restituit, porrigite salutarem dexteram oppressis, sublevate pupillos, defendite viduas, subvenite Catholicæ Ecclesiæ, quod tanto nunc potentius atque efficacius complere poteritis, quanto excellentiam vestram cœlestis majestas mirabilibus et inopinatis triumphis per incredibiles labores et extrema pericula sua clementi protectione provexit. Virtus vestra et industria per Dei potentiam alte terribilem vos inimicis effecerunt: unde et mora abjicienda est, et dum cuncta pavent, utendum est ratione temporis, et curvanda sunt quæ jam flecti cœperunt et ante corda rebellium percellenda, quam convalescere a metu incipiant. Conquerimur autem serenitati vestræ, quod Mindensis episcopus plurimum nos gravat, et hactenus impedivit de his rebus, quas Corbeiensi Ecclesiæ attribuistis, Kaminatam videlicet et Visbick, et in Kaminata quidem, ubi fratres nostros jussu vestro ordinavimus, divinum officium celebrari prohibuit, de cujus possessione mediam fere partem amisimus. In loco vero Visbick nunquam intravimus, nec passum pedis de tota possessione ibi pertinente adhuc obtinuimus, prohibente hoc Mindensi episcopo et comite Adulpho de Scowenborch, ubi etiam ipse Mindensis episcopus res monasterii per fratres Cappenbergenses ordinavit. Pro qua re Corbeienses, qui vobis de pecunia jura-

---

(126) Heriberto seu Ardeberto dicto de Beren ex loco originis in Frisia, qui Andreæ de Cuick episcopo Trajectensi ad Rhenum successit.

verant, solvere, tota Ecclesia reclamante, non potuerunt. Quantas vero adversitates et quantas expensas pro eisdem locis sustinuerimus, plenius suo tempore vestræ clementiæ genibus affusi referemus. Et nunc quantum vestra majestas dignabitur, et quantum nostra mediocritas sustinere valet, de statu vestro et regni nobis fidelibus vestris significare non abnuatis. Victorem vos et incolumem conservet omnipotens Deus.

EPISTOLA CLXIV.
EUGENII PAPÆ III AD CONRADUM IMPERATOREM.
Consolatur de infelici expeditionis Hierosolymitanæ exitu, mittitque ad eum nuntios, cupiens de ipsius statu informari.
(Anno 1149.)

EUGENIUS episcopus, servus servorum Dei charissimo in Christo filio CONRADO illustri Romanorum regi, salutem et apostolicam benedictionem.

Cum in hoc mundo cuncta mutabilitatis ordo corrumpat, etc. *Vide in Eugenio papa III, ad an.* 1153.

EPISTOLA CLXV.
G. CARDINALIS AD WIBALDUM ABBATEM.
Mandat ut ad se veniat ipsius consilio usurum.
(Anno 1149.)

G. (127) Dei gratia sanctæ Romanæ Ecclesiæ diaconus cardinalis et apostolicæ sedis legatus, venerabili fratri WIBALDO abbati Stabulensi, salutem et dilectionem.

Fraternitati vestræ præsentibus scriptis notificare decrevimus, quod peracta legatione domini papæ in Polonia ad partes Saxoniæ devenimus, ibique pro complenda legatione ejusdem domini nostri de constitutione episcoporum in Leutitia, seu etiam pro negotio ducis Lotharii quod vobis non exstat incognitum, moram necessario facimus. Quia vero in utroque negotio vestro auxilio seu consilio summopere indigemus; fraternitatem vestram attente rogamus, atque ex parte domini papæ et domini cancellarii vobis mandamus, quatenus, his susceptis litteris, omni occasione ac dilatione postposita, ad nos veniatis, ut in prædictis negotiis, sicut oportet, et dominus papa confidit, assistere valeatis.

EPISTOLA CLXVI.
WIBALDI ABBATIS AD G. CARDINALEM.
Respondet ad præcedentem.
(Anno 1149.)

Reverendo Patri suo et domino G. venerabili sanctæ Romanæ Ecclesiæ diacono cardinali apostolicæ sedis legato, F. WIBALDUS Dei gratia id quod est in Ecclesia Catholica, exiguas orationes et devotum servitium.

Postquam de transitu vestro in Poloniam vera relatione comperimus, longo tempore apud Corbeiam in ea exspectatione solliciti atque suspensi fuimus, ut in reditu vestro competenter vobis occurrere possemus, et tam devotum quam debitum tum in persona tum in rebus obsequium pro reverentia domini papæ et domini cancellarii, et pro vestræ personæ honorificentia, cum omni fide et sinceritate exhiberemus. Sed quoniam crebra mala, quæ Lotharingiam et præcipue Arduennam nostram assiduis prædis atque rapinis et incendiis affligunt, nos illac transire compulerint, et quotidianis pressuris tanquam in acie dimicantes implicitos tenent, multum ex animo dolemus, quod ad vestræ jussionis mandatum vestræ sublimitati occurrere tam longe positi non valemus, præcipue cum vestris sollicitudinibus desit cooperator episcopus Anselmus, in cujus prudentia et fideli consilio plurimum posset juniti vestra discretio. Præterea dominus noster rex Romanorum Conradus Ratisbonam in octava Pentecostes perveniens, misit nobis legatos cum litteris, præcipiens ut in martyrio apostolorum Petri et Pauli sibi absque ullo dilationis impedimento præsentiam nostram exhiberemus. Misimus vero ad vestræ excellentiæ pedes procuratores nostros, quibus confidenter imperabitis, ut juxta beneplacitum vestrum de rebus nostris vestris opportunitatibus subveniant. Vestra vero bonitas, sicut de vobis et de tota Romana Ecclesia confidimus, necessarium eis patrocinium non denegabit.

EPISTOLA CLXVII.
CONRADI IMPERATORIS AD H. MINDENSEM EPISCOPUM.
Arguit eum quod fratres Corbeienses vexat.
(Anno 1149.)

CONRADUS Dei gratia Romanorum rex, H. venerabili Mindensi episcopo, gratiam suam et omne bonum.

Perlata est ad nos querela fidelis nostri Corbeiensis abbatis, quod de duobus monasteriis in episcopatu tuo sitis, Kaminata videlicet et Visbich, quæ nos Corbeiensi monasterio tam consilio quam judicio principum contulimus, magnum impedimentum attuleris, et sæpe multumque rogatus Ecclesiam, quæ ruina cujusdam pueri monachi polluta dicitur, reconciliare neglexeris. In quo discretio tua diligenter debet perpendere, quid sacerdotalis officii sollicitudo in hujusmodi casu debuit exhibere. Debuit enim discretio tua intelligere, quod de regalibus nostris sicut tua Ecclesia sublimata et dotata est, ita et Corbeiensem Ecclesiam de regni proprietate potuimus honorare. Proinde discretioni tuæ per præsentia scripta mandamus ut de cætero a vexatione prædicti Corbeiensis abbatis et rerum monasterii ipsius omnino, sicut nos diligis, abstineas, et prædictam Ecclesiam reconciliare non differas. Nos enim divinæ religionis intuitu, et monitu ac petitione reverendi Patris nostri papæ Eugenii, prædicta loca divinis obsequiis mancipare studuimus; de quorum turpi et infamissima conversatione non solum eadem provincia, sed etiam regnum nostrum offendebatur : in qua sacra ordinis refor-

---

(127) Forte Gregorius diaconus cardinalis ab Eugenio III creatus, atque ab eo in Germaniam legatus missus.

matione tuam plurimum decet cooperari moderationem.

EPISTOLA CLXVIII.
WIBALDI ABBATIS AD H. MINDENSEM EPISCOPUM.
Causatur de eo quod Kaminatensem Ecclesiam non reconciliaverit.
(Anno 1149.)

Reverendo Patri suo et domino H. venerabili sanctæ Mindensis Ecclesiæ episcopo, frater WIBALDUS Dei gratia id quod est in Ecclesia Catholica, exiguas orationes et devotum servitium.

Frequenter excellentiam vestram per litteras et per nuntios rogavimus ut Ecclesiæ de Kaminata reconciliationis officium, quo indigere dicitur, impenderetis, sed peccatis nostris facientibus, non solum impetrare rogata non potuimus, sed etiam gravioribus responsis, ut accepimus, molestati fuimus. Nunc vero ad nostræ petitionis munimentum etiam domini nostri regis Conradi intercessionem adjunximus, cum tamen nostris meritis potius, quam majori patrocinio vellemus apud vestram celsitudinem niti. Volumus autem vestram sinceritatem non latere, quod Corbeiensis Ecclesia per privilegia Romanorum pontificum hanc dignitatis prærogativam obtinuit, ut si diœcesanus episcopus, quod sui officii est, implere negaverit, ab alio Catholico episcopo obtinere et libere uti possit. Nos vobis debitam reverentiam exhibuimus, et de cætero servire parati sumus.

EPISTOLA CLXIX.
CONRADI IMPERATORIS AD WIBALDUM ABBATEM.
Redux e sacra peregrinatione invitat eum ad curiam.
(Anno 1149.)

CONRADUS Dei gratia Romanorum rex, WIBALDO Corbeiensi et Stabulensi abbati, gratiam suam et omne bonum.

Certi sumus quod de numero fidelium nostrorum præcipuus inopinatum reditum nostrum summa cordis alacritate suscipias, et prosperitati nostræ tanquam specialis regni et noster amicus plurimum congaudeas. Quod autem in adventu nostro Ecclesia et regnum in reformatione proficiat, orationibus sanctæ Ecclesiæ, et tam consilio quam auxilio fidelium regni obtinere desideramus. Industriæ igitur tuæ mandando committimus, quatenus omni occasione postposita ad curiam; quam in Assumptione sanctæ Mariæ Frankenevort celebraturi sumus, venire non differas, ubi tam de privatis quam de publicis negotiis nostris familiari tecum consilio convenire intendimus. Quæ Corbeiensi Ecclesiæ pro tua dilectione in abbatiis Kaminata et Visebacho contulimus, ad usus ejus, Deo annuente, conservabimus, certi quod Corbeienses pecuniam, quam juramenti assertione promiserant, indubitanter nobis persolvant.

EPISTOLA CLXX.
H. WIBALDO ABBATI.
Quod rex ejus indigeat consilio.
(Anno 1149.)

Domino suo WIBALDO Corbeiensi et Stabulensi abbati H. (128) suus servitium servi.

Sicut dignatio vestra mihi præcepit, litteras vestras domino regi transmissas de verbo ad verbum ei fideliter interpretatus sum. Occasionem vero remanendi apud Stabulaus, etsi a domino rege impetrare potuissem, tentare nolui; propterea quod considerata negotiorum multiplicitate tam regi quam vobis hoc dam osum esse animadverti, secretum est quod dico. Dominus rex legationem tam ad Romanos quam ad dominum papam consilio fidelium suorum ordinare intendit. In hoc consilio discretio vestra domino regi necessaria erit. De expeditione quoque in Italiam promovenda, et sorore sua ducissa Poloniæ restituenda rex consilium vestrum habere debet. Pro pace restauranda et confirmanda studiose rex et efficaciter laborat. Omnis homo debitum suum ita persolvat, ut nihil omnino debiti sui existat.

EPISTOLA CLXXI.
WIBALDI ABBATIS AD PETRUM ABBATEM CLUNIACENSEM.
De lite quæ inter Ecclesiam de Nameka et Ecclesiam de Marcha vertebatur.
(Anno 1149.)

Reverendo Patri et domino PETRO venerabili sanctæ Cluniacensis Ecclesiæ abbati, frater WIBALDUS Dei gratia id quod est in Ecclesia Catholica, salutem in eo qui mandat salutes Jacob.

Recognoscentes in omnibus nos filios vestros esse et servos, tam personis monasterii vestri quam rebus in omni negotio assistere consuevimus, et tanquam una de Cluniacensibus personis cum veritate et justitia res Cluniacenses pro nostra facultate defensare. Sed de lite quæ fuit inter Ecclesiam de Nameka et Ecclesiam de Marcha aliter, quam se rei veritas habet, ad vos perlatum fuisse intelleximus: propter quod verum ordinem vobis per nos breviter esse intimandum credimus, ne vestræ religionis splendor ignotæ et minus constantis causæ defensione aliquod nubilum patiatur. Præpositus canonicorum ecclesiæ Beati Bartholomæi apostoli conquestus est in synodo Leodii, quemdam liberum hominem nomine Berengerum in possessionem sui juris irruisse, videlicet in partem quamdam decimationis Ecclesiæ de Marcha. Respondit ille, se per vim nihil fecisse, sed quoniam advocatus esset Ecclesiæ de Namecha, et eadem decimatio ad terminum ipsius Ecclesiæ pertineret, se jure defensionis decimationem tulisse. Econtra præpositus asseverabat, quod prædicta decimatio ad terminos Ecclesiæ de Marcha possideret, et eam quiete possedisset, donec a prædicto viro absque ullo juris ordine interruptio esset illata, unde et restitui sibi cuncta in

---

(128) H. hic designatus non alius nobis videtur quam Henricus imperatoris notarius.

integrum postulabat. Auditis utrinque allegationibus, sententiam judicii episcopus pro more Ecclesiæ suæ assessores interrogavit. Diu inter eos disputatum est utrum restitui oporteret; sed nos plurimum æquitatem cum jure considerantes, et veritatem cum judicio diligentes, hortabamur ut, omisso restitutionis titulo, a circummanentibus de terminis et possessoribus cum quiete expresse quæreretur. Probata est ab omnibus prolata sententia, quæ agendi cavillationem penitus excludebat. Venerunt itaque ab utraque parte circummanentes natu majores, et præstitis de veritate dicenda sacramentis, per certos limites de utraque possessione cœperunt discernere. Fundus curtis de Namecha extenditur usque prope villam Marcham, et ideo advocatus Ecclesiæ de Namecha asseverabat decimationem ejusdem, terræ præfatæ et Ecclesiæ jure antiquo pertinere, sed quemdam presbyterum de Namecha antiquis temporibus cuidam de Marcha tradidisse pro eo quod quorumdam parochianorum suorum, qui ei viciniores erant curam gereret. Econtrario illi de Marcha asserebant, quod eamdem decimationem inconcusse sine controversia bona fide possedissent, non jure mutui, neque commodati, sed proprietario et perseveranti longe ultra spatium triginta et unius annorum, quod idoneis testibus se probaturos promittebant. Relata est controversia ad synodum, et absque ullius personæ reclamatione concordi sententia judicatum est, quod si præpositus Sancti Bartholomæi, qui possessor ab utraque parte cognoscebatur, licet ab altera malæ fidei possessor diceretur, legitimis testibus, qui per ætatem et intelligentiam de præscriptione temporis certum ferrent judicium, probare posset, se quiete et canonice possedisse, magis ei probatio incumberet, quam ei qui recenter in eamdem possessionem irruisse non dubitabatur. Et sententia plus illis de Namecha, quam in illis de Marcha, complacuit. Hæc sunt, quæ super hac causa et vidimus et audivimus, et ideo non possumus ea non loqui.

EPISTOLA CLXXII.
CONRADI IMPERATORIS AD H. EPISCOPUM MINDENSEM.
Arguit ipsum quod Kaminatensem Ecclesiam non reconciliaverit, nec ipsius jussa adimplere curaverit.

(Anno 1149.)

CONRADUS Dei gratia rex Romanorum H. Mindensi episcopo gratiam suam et omne bonum.

Meminimus quod per alia scripta pontificalem sollicitudinem tuam admonuimus, ut Kaminatensem Ecclesiam, quam pollutam judicasti, pro casu et morte pueri monachi in resarciendo tecto laborantis, reconciliare ac purgare non differres. Et miramur te non solum mandata nostra, sed officium tuum non implere. Satis diu patrocinatus es enormitati mulierum, quæ ibidem habitaverant, et nimium contradixisti, ne divini cultus religio per nos ac nostros ibidem firmaretur. Tua etiam prudentia intelligat et judicet, utrum abbatiam Visbicke de- mutare et aliquibus personis absque nostro jussu attribuere debueris. Pro his igitur et aliis, in quibus nos offendere nequaquam dubitasti, per præsentia tibi scripta mandamus, et sub obtentu gratiæ nostræ præcipimus, ut in proxima Nativitate Domini præsentiam tuam apud Aquisgrani nobis exhibeas, responsurus nobis judicio principum de his, quæ circa nos et mandata nostra neglexisse visus fueris. Cæterum si reconciliationem Ecclesiæ, de qua supra diximus, amplius differre tentaveris, quoniam privilegium meretur amittere, qui concessa abutitur potestate, nos ejus purgationem ulterius dissimulare nequaquam valebimus.

EPISTOLAS CLXXIII.
G. CARDINALIS LEGATI AD HENRICUM MINDENSEM EPISCOPUM.
Mandat ut ecclesiam Kaminatensem reconciliet.

(Anno 1149.)

G. sanctæ Romanæ Ecclesiæ cardinalis diaconus apostolicæ sedis legatus HENRICO Mindensi episcopo salutem et dilectionem.

Venerabilis ac dilectus frater noster Corbeiensis abbas significavit nobis ecclesiam Kaminatensem pro eo quod quidam puer monachus de tecto in pavimentum corruens exspiravit pollutam esse, vosque ejus reconciliationem, licet sæpius interpellaverit, usque modo distulisse. Quia igitur eidem fratri nostro in petitionibus suis cogente nos probitate sua tanquam nobis assistere debemus, fraternitati vestræ attente rogando mandamus, quatenus purgationem seu reconciliationem prædictæ ecclesiæ ulterius nullatenus differatis.

EPISTOLA CLXXIV.
B. EPISCOPI PATHERBURNENSIS ET WIBALDI ABBATIS AD EUGENIUM III.
De lite quæ inter Z. præpositum et episcopum Spirensem vertebatur.

(Anno 1149.)

Reverendo Patri suo et domino EUGENIO sanctæ universalis Ecclesiæ summo et universali pontifici BERNARDUS Dei gratia Patherburnensis Ecclesiæ humilis minister, et frater WIBALDUS eadem gratia et vestra id quod est in Ecclesia Catholica, perseverantem cum omni devotione et obedientia famulatum.

Cum venissemus in oppidum Frankenevort in Assumptione beatæ Mariæ ad curiam inclyti triumphatoris filii vestri Conradi serenissimi Romanorum regis, Z. præpositus Spirensis filius vester querelam suam exposuit, præsente Moguntina et Wormatiensi ecclesia, nobis quoque audientibus, et habuit testimonium ab omnibus, quod cum a vestra sanctitate esset reversus, priusquam sudorem viæ detergeret, priusquam ad episcopum Wormatiensem et ad abbatem Eboracensem mandata vestra perferret, quibus controversiam, quæ in eum mota erat, audiendam determinandamque commiseratis, ab episcopo Spirensi et canonicis ejus in judicium actus est, et per verbum sanctæ obedientiæ jussus est fratribus reddere infra quindecim dierum spatium, quidquid de præbenda ipsorum eis defuerat interim, dum versus Romam peregrinaretur. In perficiendis itaque mandatis vestris cum prædictum tempus effluxisset, decimo quinto tandem die cœpit episcopus prædictum præpositum Z. de inobedientia incusare, et super hoc canonicam pene sententiam a clericis postulare. Cum vero præfatus præpositus sensisset se a canonicis iniquo odio prægravari, et omnia ecclesiastica beneficia sibi præter morem et ordinem abjudicari, metropolitanum Moguntinum archiepiscopum appellavit, et sic ante datam sententiam, quam adversarius ejus Cuvehardus prima voce proferebat, se suaque omnia in vestram tutelam commendans ab eis exivit. Vocatus Spirensis a metropolitano suo cum clericis suis Moguntiam venit ubi, cum jam sæpedictus Z. præpositus neque misericordiam neque judicium invenire potuisset, vestram præsentiam appellavit. Hæc sunt, Pater charissime, quæ veraciter audivimus, et quæ pro oppressione fratris nostri pietati vestræ intimare curavimus, scientes procul dubio quod in conspectu vestro misericordia superexaltat judicium, et quod in nullo violari sacrorum canonum decreta patiamini.

EPISTOLA CLXXV.
CONRADI IMPERATORIS AD EUGENIUM PAPAM III.
Ut præposituram Xantensem Thiebaldo capellano suo canonice electo conferre dignetur.
(Anno 1149.)

Litteris paternitatis vestræ plenis piissimi affectus, plenis lætitiæ et gratulationis, per aliam paginam et per alios nuntios plenius respondere decrevimus, etc. *Vide in Eugenio papa III ad annum 1155 inter variorum epistolas ad ipsum.*

EPISTOLA CLXXVI.
WIBALDI ABBATIS AD GUIDONEM CARDINALEM ET CANCELLARIUM.
Ut præpositura Xantensis Thiebaldo capellano conferatur.
(Anno 1149.)

Reverendo Patri et domino GUIDONI sanctæ Romanæ Ecclesiæ cardinali diacono apostolicæ sedis cancellario, frater WIBALDUS Dei gratia id quod est in Ecclesia Catholica, seipsum et sua.

Brevis nunc ad vos nobis sermo est, et hæc instantis propositi summa, ut petitio domini regis de præpositura Xantensi domino Thiebaldo concedenda exaudiatur. Sic et principi satisfiet, et peccatum inobedientis pœna principali punietur. David Philisthæum in fronte percussit. Idem in psalmo dicit : *Imple facies eorum ignominia, et quærent nomen tuum, Domine.* Nulla inde orietur commotio, sed timor et tremor venient super nos. Credimus quod faciem vestram ante purificationem sanctæ Mariæ videamus.

(129) Hujus epistolæ auctor ex prima duntaxat nominis sui littera innotescit, quem Arnoldum Coloniensis Ecclesiæ præpositum fuisse existimamus,

EPISTOLA CLXXVII.
EUGENII PAPÆ III AD CONRADUM REGEM.
Thiebaldo capellano suo confirmat præposituram Xantensem, modo aliam præposituram, quam antea possidebat, remittat.
(Anno 1149.)

EUGENIUS episcopus, servus servorum Dei charissimo in Christo filio CONRADO illustri Romanorum regi salutem et apostolicam benedictionem.

Litteras excellentiæ tuæ debita benignitate recepimus, in quibus devotionem et affectum, quem erga matrem tuam sanctam Romanam Ecclesiam et nos ipsos geris plene cognovimus, etc. *Vide in Eugenio III.*

Data Tusculani, III Non. Octobris.

EPISTOLA CLXXVIII.
A. AD WIBALDUM ABBATEM.
Gratias agit pro obtenta Thiebaldo præpositura Xantensi, petitque ipsius et imperatoris pro eo ad papam intercessionem adversus archiepiscopum Coloniensem.
(Anno 1149.)

Dilectissimo domino suo WIBALDO A. (129) suæ sinceritatis devotus famulus se per omnia.

Gratias Deo et domino meo et vestræ excellentiæ refert intimus et fidelis vester dominus Xantensis Thiebaldus, quem vestræ creavit industriæ perspicax effectus, et ego pro modulo meo pro ipso pedibus vestris cum multimoda gratiarum actione provolvor. Dabitis autem post irrigationem et incrementum, ne plantatio vestra eradicetur, si non fuerit fomentis necessariis adjuta. Dominus enim Coloniensis Romam in proximo proficiscens cum fratre Bonnensis F. eum gravare intendit, et si ipsæ gratiæ domini papæ sua pecunia conciliari possit, quia alia ipsi desunt patrocinia a præpositura Xantensi dominum Thiebaldum amovere disponit, et dominum F. eadem investire. Exoratam itaque dilectionem vestram, quæ nunquam nos destituit, esse volumus, quatenus a domino meo rege vestra et nostra obtineat petitio, ut denuo nequaquam ruiturus confirmetur. Et si archiepiscopus quod postulat consecutus fuerit, ipsius protectioni auctoritate domini papæ commendetur, ita ut si alterius electio Ecclesiæ eum vocaverit in præpositum, interventu domini mei a domino papa promotio talis ei non negetur. Has vero litteras, quia non est scriba doctior, ut vestra discretio dictare non dedignetur, humiliter deposco, et sigillum aureum per præsentium portitorem una cum litteris cum festinatione transmittatis. De cætero acephalas non audemus mittere, quod tamen non sine causa fecimus.

EPISTOLA CLXXIX.
THIEBALDI PRÆPOSITI XANTENSIS AD WIBALDUM ABBATEM.
Ejusdem argumenti.
(Anno 1149.)

Dilecto domino suo WIBALDO venerabili Corbeiensi

ad quem plures exstant Wibaldi abbatis epistolæ.

sis Ecclesiæ abbati, Thiebaldus Dei gratia id quod est, Xantensis Ecclesiæ præpositus et archidiaconus, cum oratione et servitio præcordialem et intimam dilectionem.

Primo loco absque omni ambiguitate scire vos volumus, quod usquequaque servitio vestro amice et fideliter expositi sumus et indesinenter erimus. Quid enim pro nobis feceritis, quem affectum erga nos habueritis, certis experimentis persensimus. Unde et semper nos esse debitores vobis omnino recognoscemus. De cætero vos latere nolumus, quod dominus noster archiepiscopus Romam ire disponit, et eorum, qui cum ipso vadunt, aliqui, quæcunque poterunt, æmuli nostri erunt. Unde humiliter et diligentissime rogamus, ut regiam majestatem facialis ita scribere pro nobis expedite. In hunc etiam tenoris finem si dominus papa, ex petitione domini nostri regis una in parte nos sublimavit, indulgeat etiam, si canonica electio et justa nos simul ad alia vocaverit. Valete.

EPISTOLA CLXXX.
P. ESCULANI EPISCOPI AD WIBALDUM ABBATEM.
Ut pro ipso apud imperatorem intercedere dignetur.
(Anno 1149.)

Wibaldo religiosissimo ac sapientissimo Stabulensis monasterii abbati, P. Dei gratia Esculanus, licet indignus episcopus, participium in idipsum.

Dei sapientia, quæ disponit omnia quando vult et quomodo vult, elegit te virum honestum, religiosum ac sapientem, ut sedeas cum principibus et solium gloriæ teneas, per quem ipsi omnium causas aut judiciali calculo dirimant, aut amicabili convenientia terminent, tanti principis gratiam abundantius tibi erogans, ut contristatos ab eo lætifices, desperatos ad spem vitæ quodam ingenio mirabili revoces. Te itaque, charissime domine, cui Deus hanc gratiam contulit, obnixe deprecor, quatenus amore Dei et servitii nostri apud regem et dominum meum pro me intercedere sinceritas vestra dignetur. Non enim compulsus, sed si audeo dicere, rogatus nono jam mense transacto ad eum veni, æstimans quod cognita tribulatione, quam pro ejus fidelitate ab Siculo patior, citius me absolvere debuisset.

EPISTOLA CLXXXI.
CONRADI IMPERATORIS AD EUGENIUM PAPAM III.
Scribit in gratiam Thiebaldi præpositi Xantensis et Ottonis clerici.
(Anno 1149.)

Dilectissimo in Christo Patri suo Eugenio sanctæ Romanæ Ecclesiæ summo pontifici, Conradus Dei gratia Romanorum rex et semper augustus, filialem per omnia dilectionem et debitam in Domino reverentiam.

Gratum nobis valde est, et in secreto cordis nostri memori benevolentia collatum quod dilectum capellanum nostrum Thiebaldum pro nostræ dilectionis et intercessionis respectu in Xantensi præpositura provexistis, etc. *Vide in Eugenio III papa ad an.* 1153. *inter epistolas variorum ad ipsum.*

EPISTOLA CLXXXII.
WIBALDI ABBATIS AD SUOS SUCCESSORES.
De quibusdam rebus in sua administratione gestis.
(Anno 1149.)

Wibaldus Dei gratia Corbeiensis abbas, successoribus suis in perpetuum.

Sicut officii nostri est cum omni sollicitudine et timore Dei res nobis creditas ordinare ac dispensare, ita nihilominus ad eamdem curam pertinet, quæcunque a nobis tempore administrationis nostræ geruntur, ad posterorum memoriam, ne per oblivionem aut per ignorantiam error aliquis oboriatur, scripto transmittere. Quocirca omnium fidelium Christi et Ecclesiæ nostræ prudentiæ notum esse volumus, quod dilectus filius noster Henricus præpositus monasterii nostri in Groninga inter gravamina, quæ sibi et Ecclesiæ suæ ex communi malitia mundi incumbunt, hoc nobis conquerendo suggessit, quod quidam ministerialis noster Hezo nomine partem agri, qui juxta fluvium Bodam situs est, et usque ad nostra tempora solebat esse compascuus absque ulla juris ratione occupavit, super qua re nos diligenter a sapientibus et senioribus nostris veritate requisita comperimus, quod idem ager ad præbendam fratrum et ditionem præpositi absque ullo dubietatis scrupulo pertineat. Similiter de Molendino, quod Wunnerus juxta villam Helmerikesdorp reædificavit, quod etiam dudum Boierus nomine, sine ullo juris suffragio, veraci relatione didicimus. Nihilominus de una curte, quæ fuit Henrici Rufi de Groninga indubitanter cognovimus. Quæ omnia sicuti veraciter ad præbendam congregationis et ad manum præpositi pertinere intelleximus, sic per præsentem paginam eis immobiliter confirmamus, obtestantes nostros successores, ne aliquando sub nomine beneficii alicui laico vel concedant vel recognoscant.

Data Corbeiæ anno Domini 1149, indictione XIII, regnante domino nostro Conrado Romanorum rege II, anno IV ordinationis nostræ in Corbeiam.

EPISTOLA CLXXXIII.
EUGENII PAPÆ III AD CONRADUM IMPERATOREM
Ejus intuitu iterum confirmat electionem præpositi Xantensis, et depositionem archiepiscopi Coloniensis differt.
(Anno 1149.)

Eugenius episcopus, servus servorum Dei, charissimo in Christo filio. Conrado illustri Romanorum regi salutem et apostolicam benedictionem.

Quantum affectum erga personam tuam et regnum tibi a Deo commissum habeamus plurimis experimentis tuam clementiam credimus agnovisse. In quo inflexibiliter permanentes, petitiones excellentiæ tuæ, quantum cum Deo possumus, admittimus, etc. *Vide in Eugenio III ad an.* 1155

EPISTOLA CLXXXIV.
WIBALDI ABBATIS AD PRÆPOSITUM COLONIENSEM.
De victoria junioris regis in Guelfonem, de futuro

apud *Fuldam* ad quod ipsum invitat colloquio, deque Romana legatione.

(Anno 1150.)

Dilecto domino suo et amico A. venerabili sanctæ Coloniensis Ecclesiæ præposito majori, regiæ curiæ cancellario, frater WIBALDUS Dei gratia id quod est in Ecclesia catholica, seipsum et sua universa.

Acephalas litteras a vobis accipere consuevimus, quas qui scribunt, similes sunt illis, qui prandent illotis manibus. Semel correptus de cætero emendabitis. Ad penultimas vestras inter prima nostra vobis respondemus, quod quando convenerimus, plura dilectioni vestræ referre habebimus, quæ ut litteris mandarentur, nec breve nec tutum fuit. Præterea multa nobis deposita sunt, ex eo videlicet, quod Deo de cœlis distillante misericordiam, Guelfo cum omnibus fere hominibus suis a juniore rege pugna superatus captus est. Et opinabile quidem est et veraci conjecturæ satis consentaneum, quod si hoc bonum divina clementia non fuisset largita, magnos in regno motus fuisse futuros, quos nunc ex facili posse comprimi et suffocari confidimus, quæ plenius a clerico vestro E. cognoscere poteritis. In quantum vero intelligere et dijudicare potest nostra capacitas, dominus noster rex omne studium et consilium suum convertit ad disponendas et regendas res publicas, nec modo tempus redimit, nec causas perfunctorio transitu eludit: inde est, quod ordinatis serio et rationabiliter rebus suis, quæ ex quadam necessaria serie quodammodo concatenatæ sunt, colloquium habere vult cum Saxonibus in Dominica qua cantatur *Judica me, Deus*, apud Fuldam, ubi vos interesse modis omnibus mandat et præcipit. Mittere enim Romam cum gravitate magna et regni et personæ suæ honestate intendit, in quibus rebus vestro plurimum consilio innititur, et nos tanquam captivatos usque ad adventum vestrum tenet. Defixum plane et ratum est apud ipsum, quod si sororem suam absque armis in Poloniam reducere potuerit, mox expeditionem Italicam magnifico apparatu ordinabit; super quo nos dubitare jam non audemus, et maxime cum ad consilium, quod captaverat hanc mirabilem et inopinatam opportunitatem propitia Divinitas ei adjecerit. Cætera, cum veneritis, Deo præstante, conferemus. Quæ pueri didicimus, jam senes experimur. Cœlum, non animam mutant, qui trans mare currunt. In aqua Jordanis peccata vestra abluere potuistis, sed mores vestros eluere non potuistis. Etenim non solum mores vestros, sed etiam morositatem inde retulistis.

EPISTOLA CLXXXV.

H. EPISCOPI CONSTANTIENSIS AD WIBALDUM ABBATEM.
Ut Henricum consanguineum a Welfone detentum imperatoris auctoritate libertate donari procuret.

(Anno 1150.)

WIBALDO Dei gratia venerabili Corbeiensi abbati, H. (150) eadem gratia Constantiensis Ecclesiæ humilis minister cum fideli obsequio, devotas orationes in Domino.

Pro eo quod domini regis curiæ ad præsens, sicut decens est, interestis, non mediocriter gavisi sumus. Discretionem etenim vestram, licet in multis experti simus, ut videlicet in præsenti prosperitate sic vestro consilio dilectissimus dominus noster utatur, ut fidelibus regni nobisque præ cæteris quamplurimis honorem regni diligentibus gaudium augeatur, filiis autem perditis et perditionis terror incutiatur. De cætero fraternitatem vestram, de qua nimirum confidimus, humiliter exposcimus, ut dilectissimo domino nostro suggeratis, ut a domino Welfone suisque ministerialibus quemdam consanguineum meum, et ipsius domini regis fidelem, Henricum nomine, sine causa captivatum, primo, et sicut de ipso confidimus, requirat, et tam pro nobis quam pro Deo dimitti jubeat.

EPISTOLA CLXXXVI.

WIBALDI ABBATIS AD HERMANNUM EPISCOPUM CONSTANTIENSEM.

Scribit suasisse ut, reportata victoria, imperator hostes urgere pergeret, sed contrariam prævaluisse sententiam.

(Anno 1150.)

Reverendo Patri suo et domino H. sanctæ Constantiensis Ecclesiæ venerabili episcopo, frater WIBALDUS Dei gratia id quod est in Ecclesia catholica, salutem in eo qui mandat salutes Jacob.

Pro moderatione, qua prædita est dulcis anima vestra, placuit benignitati vestræ gratulari regiæ curiæ, quod nostram ei nunc assidue exhibeamus præsentiam. Sed nos, venerande Pater, non scimus momenta rerum, nec publicis negotiis quidquam possumus emolumenti conferre, et ut nostra fert opinio, nos numero sumus et fruges consumere nati. Siquidem post insperatam et ab omni humano consilio et opere ferme alienam et de cœlis traditam victoriam, voluimus, et quantum in re militari oportuit, suasimus, ut dominus noster rex, quem propitia divinitas miris et clementibus beneficiis conservat et provehit, non cessaret successus urgere suos, et hostes suos incomparabili damno affectos, metuque et angore animi perculsos invaderet, ac sese aliquando ad faciendum judicium et justitiam, ad subveniendum matri suæ Ecclesiæ, accepta tam mirabili opportunitate expediret. Contradicebat inveteratus ille Achitophel, qui vix ingentem dissimulare tristitiam poterat, et assumpta sanctionis amicitiæ persona, de tempore et auris causabatur, et sanctissimi jejunii religionem prædicabat et astruebat, oportere hominem, quem justus Dominus qui justitias diligit, jam judicavit, legitimis judiciis et interpellationibus in jus vocari, pium esse et conveniens nullam captivis læsionem inferri, de quibus quidem nos officii nostri innocentiam atten-

(150) Hermannus de Arbona Constantiensis ad Rhenum episcopus circa 1140 ab Innocentio II confirmatus, præfuit ad 1156.

dentes nihil censueramus ; seo ut Patri et episcopo confiteamur, in mente nostra erat ut non solum unus homo, sed etiam multi morerentur pro populo, et non tota gens periret. Popularis erat senis oratio, et ad hominum negligentiam, pigritiam ac desidiam accommoda. Nos tamen contra nitebamur et asserebamus fama constare bella, et res magnas celeritate adjuvari, dilationem semper nocuisse paratis, judiciorum quæ tanto pondere opponerentur, vocem intra paucissimos pagos posse audiri, opus bellicum cum aliquo splendore gestum per majorem orbis partem diffundi. Inermem vicit oratio armati, cujus tamen arma effecerant, ne is, cui persuadebat, ad perfectum vicisset. Ita factum est ut nec bella geramus, nec judicia exerceamus, sed spe rerum inanium animos pascimus. De captivo vestro bene vobis ad integrum responsum est, nos instanter curabimus, ut verba effectus consequatur. Valete.

EPISTOLA CLXXXVII.
CONRADI IMPERATORIS AD E. IMPERATOREM CONSTANTINOPOLITANUM.
Excusat se quod detentus infirmitate stare vromissis nequiverit.

(Anno 1150.)

CONRADUS Dei gratia Romanorum imperator Augustus, charissimo fratri et unico amico suo E. eadem gratia Græcorum imperatori Augusto, sublimi, PORPHIROGENITO, felici, fraternam dilectionem et omne bonum.

Quanta nos charitatis et devotionis instantia, quanto fidei et humilitatis studio in sacris sedibus gloriosi imperii tui susceperis, quanta humanitatis et liberalitatis gratia in lecto infirmitatis nostræ non solum per tuos et tua, sed etiam in propria persona et propriis manibus ministraveris, tunc videlicet, quando manus omnipotentis Dei nos non solum in detrimento amissi exercitus, verum etiam in verbere corporalis ægrotationis percusserat, nulla potest rerum oblivio ab animæ nostræ tenaci memoria evellere. Pari quoque et simili recordationis constantia fixum animo tenemus, quæ fuerit inter nos mutuæ pactionis obligatio, quid tuæ celsitudini spoponderimus, quid perficere promiserimus. Sed cum a sublimitatis tuæ regno corporaliter discessissemus, in quo nos per fidem et benevolentiam habitare sentimus, imperium, quod nobis a superna majestate collatum est, invenimus in quibusdam partibus suis ex occasione longæ absentiæ nostræ turbatum : ad quos motus comprimendos, et pacem reformandam, dum tota cordis intentione accingimur, Pater ille misericors, quia flagellat omnem filium quem recipit, tendit manum in retribuendo, gravique tertiana febre maceratos nos prorsus imbecilles et fere inutiles per sex mensium spatium detinuit. Si itaque Deo impediente propositum nostrum ad tempus est retardatum, non tamen est omnino evacuatum, et promissionis nostræ effectus magis est dilatus quam frustratus. Ad excusandam itaque moræ nostræ necessitatem, ad salutandam tuæ sospitatis nobilitatem mittere curavimus cum litteris præsentibus nuntium celerem et expeditum, qui de nostra bona valetudine certum te et hilarem efficeret, et nos identidem de tua et filiæ nostræ tuæ conjugis charissimæ imperiique consortis sospitate, et de rerum vestrarum prosperitate lætificaret. Cæterum post celebratam, Deo auctore, curiam, quam Kal. Maii cum principibus Saxoniæ, Poloniæ, Bohemiæ, Leutitiæ, in civitate Merseburg, habere decrevimus, nuntios nostros viros utique principales et egregios ad tuam præsentiam cum tuo prudenti et honesto legato, videlicet Michael Bardalia dirigemus, qui tuam magnificentiam de nostris sponsionibus ac promissionibus dubitare non sinent. Salutat vestram magnitudinem dilectus filius noster Henricus junior Romanorum rex, et charissimam filiam nostram suam utique materteram, cui quantam gloriam Deus in primis militiæ conductus sui auspiciis contulerit, lator præsentium viva voce declarabit.

EPISTOLA CLXXXVIII.
CONRADI IMPERATORIS AD IMPERATRICEM GRÆCORUM.
Excusat se quod febre correptus promissa imperatoris C. P. implere nequiverit, notam facit de Welfone victoriam, petitque neptem mariti ipsius filio suo Henrico uxorem.

(Anno 1150.)

CONRADUS Dei gratia Romanorum imperator Augustus, præcordialiter dilectæ filiæ E. a Deo coronatæ et exaltatæ Græcorum imperatrici, paternam dilectionem, et certum ac fidele in omni opportunitate auxilium.

Prius quidem præclaram indolem tuam tam ex vinculo cognationis, quam ex affectu adoptionis plurimum diligebamus, sed tua fides, tua pietas, tua devotio, tua liberalitas, quam nobis officiose exhibuisti, tunc scilicet, quando manus Domini et infirmitate corporali et rerum incommodis nos multum afflixerat et humiliaverat, tantum ardorem sanctæ charitatis in nostra mente circa te auxerunt, ut eam nulla difficultas, nullum periculum, nulla rerum varietas possit exstinguere. Ita igitur in animum nostrum induximus, ita in corde nostro omni ambiguitate remota firmavimus, ut, etiamsi nulla fœderis, nulla arctioris amicitiæ religio inter nos et gloriosum et prædilectissimum fratrem nostrum tuum utique maritum magnificum et excelsum Græcorum imperatorem aliquando intercessisset, parati tamen et intenti essemus sua omnia tanquam nostra diligere, suis inimicis tanquam nostris resistere. Porro in conventione pacti, quæ inter nos et ipsum omni cum benevolentia firmata est, conditio necessaria imposita fuit, quod scilicet ea, quæ prænominata et præscripta fuerant, utique compleremus, nisi alter vel uterque nostrum morte seu gravi infirmitate vel amittendi imperii periculo id perficere prohiberetur, atque transacta illa et tam non negligenda necessitate ad absolvendi et implendi studium denuo accingeremur. Nunc ergo tibi tanquam charissimæ filiæ nostræ et imperii nostri cognatæ causas familiariter et breviter aperimus, pro quibus in Longobardia, post exitum nostrum a vobis, manere et promissa implere nequivimus, pro quibus ad partes Alemanniæ modis omnibus nos properare ordo quidam rerum et imperii nostri clamor ad nos usque perlatus non absque gravioris consilii ratione persuasit. Siquidem ut tua sapientia perfecte novit, dominus ille Welpho vir magnæ nobilitatis et potentiæ in nostro regno habetur, neque fide, qua eum in extrema necessitate adjuvimus, neque beneficiis quibus eum commode auximus, aliqua ratione commonitus, per Siciliæ tyrannum a Jerosolymis reditum habuit, et accepta non parva ipsius infami pecunia, per sacramenta et obsides ei firmavit, quod nos et nostros et nostrum imperium perturbare et infestare modis omnibus laboraret. Quod postquam ad propria rediit, adjunctis sibi quibusdam perfidis non parvi apud nos momenti et nominis, instanter facere cœpit, filios nostros, tuos utique nepotes amantissimos et bonæ spei plenos invadendo, et in terra ipsorum, quæ illis patrimonii jure competit, inimica quædam castella ædificando. Hoc igitur tam atrocis rei nuntio accepto, cum fama, ut in talibus fieri solet, omnia in deterius multiplicaret, prævenire cuncta et comprimere maturavimus, atque ad partes Alemanniæ subito et improviso adventu accessimus. Dum itaque in componendis et placandis omnibus diligentiam adhiberemus, tanta nos infirmitas corporalis in fine Augusti mensis invasit, ut usque ad Pascha Domini gravioribus negotiis vix utiles esse possemus. Intra quod temporis spatium cum essemus in civitate Spira ad justitias regni faciendas, et ad exercenda publica judicia, prænominatus Welpho cum dulcissimo nostro, tuo nepote bonæ indolis jam adolescentulo, ad Romani imperii fastigium, Deo auctore, per nos et principes nostros coronato, prope castellum nostrum Flocperch acie conserta dimicavit, ubi nos divina protegente misericordia, suorum multis tam cæde quam captione amissis, noctis beneficio adjutus vix evasit. Quo munere cœlestis misericordiæ accepto, dum contra communis hostis nostri Siculi videlicet tyranni temerariam insolentiam nos expedire et accingere studemus, nuntiatur nobis quod omnis populus Francorum cum ipso rege suo contra imperium præcellentissimi germani nostri, tui scilicet gloriosissimi sponsi conspiraret, et arma movere, auctore et incentore Siciliæ tyranno, cum omni virtutis suæ conatu disponeret. Quam rem non facile spernendam vel omittendam ratum duximus, sed finem rerum exspectare, et aut tumultum reprimere, aut nos et imperium nostrum pro fratre nostro et rebus ipsius opponere decrevimus. Excusatos nos sufficienter credimus, veritatis existente constantia, tam de incursatis regni nostri finibus, quam de invaletudine corporali, et plane de divino adjutorio confidimus, quod in brevi promissa nostra fideliter complebimus, non solum quia spopondimus, verum etiam quia nos de invasore imperii nostri vindicare summopere desideramus. Et ut præcelsus vir tuus majorem de nobis amicitiæ certitudinem et adimplendi conventiones habeat, firmiorem inter nos affinitatem, sicuti cum præsentes essemus, inter nos tractatum et firmatum fuit, ad præsens fieri disponimus, ita videlicet ut gloriosus filius noster, qui imperii nostri successor et hæres est designatus et coronatus, neptem unam mariti tui sublimis Græcorum imperatoris uxorem præsenti tempore ducat, de duabus, scilicet alteram, quæ electio in tui pectoris sapientia constabit, ut illa nobis transmittatur, quæ moribus et forma noscetur a te, quæ eas educasti, præcellere. Cætera vero quæ ad eumdem contractum rite peragendum pertinere videntur, posuimus in ore comitis Alexandri de Gravina, qui utrique imperio perpetua fidelitate servire manifeste consuevit, et verbi hujus mediator et tractator ex præcepto utrorumque, cum apud vos essemus. Quem in rebus imperii vestri fideliter, ut semper solet laborantem a Venetia fecimus ad nos vocari, quatenus per ejus industriam secretum hoc, sicut in cæteris consuevimus, ad egregium valeat finem perduci. De cujus celeri reversione benignam intelligentiam tuam studiose admonemus, quia, cum sublimis nepos tuus jam adultus sit, oportet ut tam personæ ipsius quam imperio nostro in contrahendo matrimonio sine mora provideamus. Scire possint inimici nostri, qui disseminando mendacia turbare nos et disjungere moliuntur, quod amicitiæ nostræ nexus indissolubilis permaneat.

EPISTOLA CLXXXIX.
HENRICI REGIS JUNIORIS AD EMMANUELEM IMPERATOREM C P.

Nuntiat ipsi quam de Welphone reportaverat victoriam.

(Anno 1150.)

Inclyto, triumphatori, magnifico ac sublimi avunculo suo E. Porphirogenito Græcorum imperatori, Henricus filius gloriosi ac serenissimi Conradi Romanorum imperatoris Augusti, et ipse Dei gratia Romanorum rex filialis dilectionis indissolubilem gratiam, et firmissimum perpetuæ amicitiæ vinculum.

Sicut propitia divinitas et paternæ charitatis affectus me imperii et rerum Patris mei successorem fecit et hæredem, sic mea intelligentia justum arbitratur, ut amicos confœderatos Patris honorem et diligam, inimicos suos et suorum persequar et opprimam. Quocirca paternæ dilectionis gratia vos et imperium vestrum participes, vosque tanquam avunculum nostrum charissimum et Patrem piissimum integra et filiali dilectione amplectens, æquum esse arbitratus sum, vestræ celsitudini notificare quæ circa nos, Dei præstante clementia, prospera geruntur. Siquidem octava die mensis Februarii superbus ille et perfidus Welpho tot beneficiorum Patris mei immemor, hostiliter invasit terram nostram, Patre meo in rebus publicis longe posito agente, me autem cum parte militiæ in quodam castro nostro relicto. Castrum ad quod ille accessit Flocperch dictum est; nos autem eramus in alio castro Horbruc, distante ab illo per spatium restæ (151) et dimidiæ. Accepto igitur tantæ contumeliæ nuntio, festinavi hostem persequi, et cum quinque magna milliaria post eum processissemus, præmissis equitibus expeditissimis, qui ejus tergo imminentes fugam ipsius retardarent, nos duabus consertis aciebus eum persequebamur. Cum itaque agminis extrema jam cæderemus, faciem convertere coactus est, sed vero Deo de cœlis pugnante pro nobis, tantam adepti fuimus victoriam, ut nisi per nocturnas tenebras delituissent, nullus omnino evadere potuisset. Capti sunt equites trecenti, et equorum numerus non parvus, extinctus est partim lanceis confossus, partim gladiis cæsus. Pater meus generalem nunc expeditionem super eumdem Welphonem indixit, et eum penitus exterminare aggreditur, ut de cætero ad communem imperii vestri hostem persequendum et delendum liber existat.

EPISTOLA CXC.
HENRICI JUNIORIS REGIS AD IMPERATRICEM.
Nuntiat ei victoriam a se de Welphone reportatam.
(Anno 1150.)

Charissimæ matri ac materteræ suæ E. per divinam providentiam placidissimæ Græcorum imperatrici, Henricus filius gloriosi ac serenissimi Conradi Romanorum imperatoris Augusti, et ipse Dei gratia Romanorum rex, filialis dilectionis indissolubilem gratiam.

Certum est, et nullus prudentium dubitavit quod illa, quæ a natura ortum et processum habent, perenni fortitudine firmiora sint, quam ea quæ humano comparata et connexa sunt artificio. Quia igitur secundum consanguinitatis et propinquitatis a matre mea carnali gradum naturaliter tenetis, nulla nos dissociare et alienare poterit necessitas, quin in perpetuum mansura charitate jungamur et benevolentia. Quocirca quia de meis provectibus vos plurimum exsultare et gloriari scio, æquum esse arbitratus sum vestræ celsitudini notificare, quæ circa nos, Dei præstante clementia, prospera geruntur. Siquidem octava die mensis Februarii superbus ille et perfidus Welpho, tot beneficiorum Patris mei immemor, hostiliter invasit terram nostram, Patre meo in rebus publicis longe agente, me autem cum parte militiæ in quodam castro nostro relicto. Castrum ad quod ille accessit Flocperch dictum est, nos autem eramus in alio castro Horbure, distante ab illo per spatium restæ et dimidiæ. Accepto igitur celeriter tantæ contumeliæ nuntio, festinavi hostem persequi, et cum quinque magna milliaria post eum processissemus, præ-

missis equitibus expeditissimis, qui tergo ejus imminentes, fugam ipsius retardarent, nos duabus consertis aciebus abeuntem persequebamur. Cum itaque agminis extrema jam cæderemus, faciem convertere coactus est; sed vero, Deo de cœlis pugnante, tantam adepti sumus victoriam, ut nisi per nocturnas tenebras delituissent, nullus omnino evadere potuisset. Capti sunt equites trecenti, et equorum non parvus numerus exstinctus est, partim lanceis confossus, partim gladiis cæsus. Pater meus generalem nunc expeditionem indixit, et eum penitus exterminare aggreditur, ut de cætero ad communem imperii vestri hostem persequendum et delendum expeditus et liber existat. Sicut autem a provisione paterna meam indolem recedere non decet, ita meæ intelligentiæ pergratum est, quod totius consilii summa vestræ sublimi prudentiæ collata est.

EPISTOLA CXCI.
WIBALDI ABBATIS AD ARNOLDUM PRÆPOSITUM MAJOREM COLONIENSIS ECCLESIÆ.
Ut Fuldam ad imperatoris curiam se conferat, non decere ut rex duas a papa præposituras pro Thiebaldo postulet.
(Anno 1150.)

Charissimo domino et amico suo Arnoldo venerabili sanctæ Coloniensis Ecclesiæ majori præposito, regiæ curiæ cancellario, frater Wibaldus, id quod est in Ecclesia Catholica, seipsum et sua universa.

Dominus noster rex non dubitat, nec vos dubitare debetis, quin ad curiam quæ Fuldis in Dominica (132), *Judica me, Deus,* futura est, veniatis, ne forte absentiæ vestræ imputetur, quidquid per difficultatem vel per negligentiam in gerendis rebus publicis omittetur. De causa communis amici nostri Thiebaldi Xantensis præpositi, in qua et pro qua vos effectum habuisse, et quasi palmam obtinuisse, non mediocriter gaudemus, non minus operæ dedimus, ut stabilis perseveret, quam si de nostra persona ageretur, quia enim personam vestram et honorem vestrum in veritate diligimus, omnia quæ vobis cordi sunt, ad nos pertinere nequaquam dubitamus. Sed de capitulo litterarum vestrarum in quo scripsistis, quod si alterius Ecclesiæ electio eumdem amicum nostrum vocaverit in præpositum, interventu domini nostri regis a domino papa promotio talis ei non negetur; non visum est nobis directam petitionem ex persona domini nostri regis scribere, pro eo quod principalem excellentiam non decet illa postulare, quæ sibi jure negari valeant. Siquidem sancta mater nostra Romana Ecclesia super petram fundata leges a se conditas nequaquam destruit, nec repugnantia aliquo modo sancit, licet decreta sua pro temporum varietate, pro locorum

---

(151) Resta seu restis, teste Joanne Mariana lib. De ponder. et mensuris, est mensura agraria *palmorum* xxxiii, *ita ut octoginta restes leucam* faciant. Sed hoc loco restis multo magis extensa videtur.

(132) Id est Dominica in Passione Domini, in qua missæ introitus ab illis verbis incipit: *Judica me, Deus.*

opportunitate, pro rerum et personarum qualitate dispensare ac moderari, et quasi detrimentum pati consueverit. Non ergo mandabit neque confirmabit, ut in duabus dignitatibus una persona sublimetur, sed cum sine querela factum fuerit, hoc ex paterna discretione dissimulabit. Credere super hoc nobis potestis, non pro notitia canonum, sed pro sensu et efficacia experimentorum. Rhetoricati sumus in litteris domini nostri regis, quia negando affirmavimus et non rogando rogavimus, quas ideo vobis nondum consignatas transmisimus, ut possitis, si placuerit, de artificio nostro quædam immutare, addere vel minuere. Vivite et valete. Adducite ad curiam vobiscum medicum fratrem Erlebaldum.

EPISTOLA CXCII.

WIBALDI ABBATIS AD EUGENIUM PAPAM III.

Scribit in gratiam canonicorum collegiatæ S. Bartholomæi civitatis Leodiensis.

(Anno 1150.)

Reverendo Patri suo et domino EUGENIO uni et universali papæ, frater WIBALDUS Dei et vestra gratia id quod est in Ecclesia catholica, devotionem filii et obedientiam servi.

Cum essemus in domo inclyti et victoriosissimi filii vestri Conradi Romanorum regis apud Nuremberch castrum ejus, petierunt a nostra parvitate canonici ecclesiæ Sancti Bartholomæi, quæ est in suburbio civitatis Leodiensis, ut sanctitati vestræ suggereremus causam quamdam Ecclesiæ suæ, quæ nobis præsentibus in synodo Leodiensi de Ecclesia in Marcha et Ecclesia in Nameka acta est, et usque ad debitum finem judicata. Quæ cum recenter tractata fuisset, misimus eam reverendo Patri nostro abbati Cluniacensi, ad quem eadem ratio spectare videbatur, eamque scriptam in schedulis nostris inventam vestræ discretioni nunc mittere transcriptam curavimus. In quibus discretionem vestram non ausu præsumptionis, sed spiritu devotionis submonere curavimus, ut animadvertat celsitudo vestra, quod in hac actione non sit judex ante litem contestatam recusatus, quod a sententia non sit appellatum, imo plus illis de Nameka quam præposito Sancti Bartholomæi complacuerit, et utrum a sententia non ab executione appellandum sit. Multa celsitudini vestræ et scriberemus et viva voce legatorum suggereremus, nisi quod quotidie exspectamus, ut legati majores filii vestri amantissimi nostri domini Romanorum regis invictissimi ad vestram præsentiam proficiscantur, ut tunc de omnibus, quæ scitu digna erunt, vobis suggereremus.

EPISTOLA CXCIII.

WIBALDI ABBATIS AD STEPHANUM PRIOREM S. JACOBI LEODIENSIS.

Hortatur ad subeundum onus curæ pastoralis, ad quod canonice electus fuerat, et quod præ humilitate recusabat.

(Anno 1150.)

Frater WIBALDUS Dei gratia Stabulensis Ecclesiæ servus, dilecto fratri et amico STEPHANO (133) ecclesiæ Sancti Jacobi Leodii priori electo, confortari in Domino.

Lætatus sum in his quæ dicta sunt mihi: In domum Domini ibimus. Audivimus, frater, et lætati sumus quod fratres tui spirituali Patre orbati, te in regimen et pastorem animarum suarum concordi et unanimi voto pariter elegerunt. Sed tu sanctæ humilitatis conscius, onus impositum ferre detrectas. Pia quidem et Christianæ religionis plena intentio, quod elegisti abjectus esse in domo Dei tui magis, quam habitare in tabernaculis peccatorum. Tibi quidem, frater, utile, sed propter alios non necessarium, et sicut æquitatis dictante justitia, ille repellendus qui desiderat, sic canonicæ rationis via ille cogendus est, qui recusat. Age igitur, frater, divinæ dispensationi gratias, quæ et tibi humilitatis et temperantiæ spirituum administravit, et te ad participium suæ potestatis et nominis clementer vocavit. Accepimus enim spiritum adoptionis filiorum, in quo clamamus: Abba, Pater Deus; abba, pater homo canonice et regulariter in prælationem monasterii electus. Sequere nunc, frater, ducem Regulam, juxta quam te victurum professus es, et licet de viribus tuis præ humilitate desperes, tamen de gratia Dei conscius, suscipias jubentis imperium, et humerum supponas ad ferendum. Domini sunt cardines terræ, hunc humiliat et hunc exaltat, ipse pauperem facit et ditat, et erigit de pulvere egenum, ut sedeat cum principibus et solium gloriæ teneat. Times sævitiam temporum, abhorres sævitiam tyrannorum, vereris duritiam subditorum, sed spera in Domino et fac bonum. Et utinam aperiat tibi Dominus spirituales oculos, ut videre possis quod multo plures sunt nobiscum quam cum illis, et recordare illius qui de Saulo fecit Paulum. Præbe igitur cor tuum sapientiæ, et tene vocantem gratiam, precibusque nostris et admonitioni atque consilio efficaciter acquiescens, ale matrem tuam, quæ te lactavit; genetricem rege, quæ te educavit, servi fer curam. Petro dicit Christus: Amas me? pasce oves meas. Si amas, pasce; si non pascis, non amas. Nemo te seducat inanibus verbis, veritas non mentitur, probatio dilectionis exhibitio est operis. Nostram exiguam orationem, nostrum devotum auxilium, nostrum fidele servitium ad solatium vocantis te Ecclesiæ sinceritati tuæ et promittimus et offerimus.

EPISTOLA CXCIV.

WIBALDI ABBATIS AD THEOBALDUM PRÆPOSITUM XANTENSEM.

Gaudet quod suus ipsi favor profecerit.

(Anno 1150.)

Dilecto in Christo fratri et amico suo THEOBALDO, terum anno 1150, cedente Elberto lumine destituto, ordinatum, ad quem scripta videtur hæc epistola, venerabili sanctæ Coloniensis Ecclesiæ archidiacono, Xantensi præposito, frater WIBALDUS Dei gratia id quod est in Ecclesia catholica, benedictionem et vitam usque in sæculum.

Si nostræ parvitatis studium, si diligentis operæ nostræ effectus ad vestri honoris incrementum aliquid profecit, oppido gaudemus, quippe qui personam vestram et gloriam jam a longis retro temporibus vera charitate diligimus, et a vobis invicem dilecti sumus. Sed hoc prudentiam vestram latere nequaquam volumus, quod soli amicitiæ vestræ in hac causa non deservimus, sed illius potius favori hilariter adnisi fuimus, quem pro amicis provehendis fideliter laborantem frangi, superari aut vinci nolumus, ex cujus benevolentia nos habere recognoscimus, quod in curia imperatoris Romani illa interdum loquimur et scribimus, quæ Ecclesiæ catholicæ serviant, quæ imperialis celsitudo non abnuat, quæ prosint probis et obsint improbis. Ille, ille, inquam, vester, qui in exhibitione operis vim probavit dilectionis, vestram promotionem plantavit, atque ut et alii et nos rigaremus, effecit, et benedictus per omnia Deus, qui incrementum dedit. Ipsi post divinam clementiam totum debetis quod estis vero et constanti amico, qui non consuevit suis amicis adulari, sed opitulari; non novit blandiri, sed largiri; nescit verborum delinimentis ornare, sed rerum efficacia honorare. Requirat Deus de manu vestra, et sint dies honoris vestri breves, si aliquando ab ipsius honore defeceritis, et eis, qui vos fraudare et tantæ dignitatis exsortem esse voluerunt, contra eum aliquatenus adhæseritis. Causam cur domino papæ ex persona domini regis in hunc modum scribere voluerimus, ipsi cancellario, de quo loquimur, plenius innotescere curavimus. Ex abundanti credimus suggerendum esse nobilitati vestræ, ut labores Mannonis clerici vestri liberaliter attendatis.

EPISTOLA CXCV.

CONRADI IMPERATORIS AD EUGENIUM PAPAM III.
Ut Arnoldum Coloniensem archiepiscopum benigne suscipiat, ac suæ sedis restitutum remittat.
(Anno 1150.)

Dilectissimo in Christo Patri EUGENIO sanctæ Romanæ Ecclesiæ summo pontifici, CONRADUS Dei gratia Romanorum rex et semper Augustus, filialem per omnia dilectionem et debitam in Domino reverentiam.

Quam gratus sit sacræ menti vestræ honoris nostri status, ac nostræ personæ sospitas, regnique nobis a superna majestate collati pax atque tranquillitas, vestræ magnitudinis affatus, quos post reditum nostrum a Hierosolymitana expeditione primos accepimus, evidenter patefecerunt, etc. *Vide in Eugenio III ad an. 1155, inter epistolas variorum ad ipsum.*

(154) Quindelinburgense celeberrimum virginum monasterium in diœcesi Halberstadensi a Mathilde re-

EPISTOLA CXCVI.

WIBALDI ABBATIS AD GUIDONEM CARDINALEM.
Injunctam esse sibi a rege ad papam legationem.
(Anno 1150.)

Reverendo Patri suo et domino GUIDONI sanctæ Romanæ Ecclesiæ cardinali diacono, apostolicæ sedis cancellario, frater WIBALDUS Dei gratia id quod est in Ecclesia catholica, seipsum.

Implevissemus manum vestram schedula majore, quæ de omni statu regni et de rebus quæ ad vos pertinent, plenius contineret, nisi quod a domino rege nobis injunctum est, ut legationem ejus ad dominum papam cum aliis quibusdam perferamus. Præsentes itaque ista tutius et jucundius tractabimus ante focum, si frigus erit; si messis, in umbra. Sed, ne prorsus nunc sileamus, alteratum recepimus principem nostrum et severitate gravem et justitiæ amatorem et in faciendo judicio impigrum. Lator præsentium non indignus est, quem pro nostra petitione honeste recipiatis et in suis propriis causis ac petitionibus benigne adjuvetis. Valete in Domino.

EPISTOLA CXCVII.

CONRADI IMPERATORIS AD QUINDELINBURGENSES MONIALES.
Nullam sibi videri rationem ob quam a divinis cessent.
(Anno 1150.)

CONRADUS Dei gratia Romanorum rex, venerabili Quindelinburgensis (154) ecclesiæ conventui, baronibus et ministris ejusdem ecclesiæ, gratiam suam et omne bonum.

Quod divina in ecclesia vestra cessant et vos a sepultura Christianorum prohibemini, inconveniens nobis videtur, præsertim cum sub disciplinæ regula ecclesiastice et canonice vivatis ac communi refectorio et dormitorio contentæ sitis. Nolumus igitur ut pœna injuste et irregulariter viventium deinceps affligamini. Unde mandamus, ut divina in ecclesia Quindelinburgensi cum omnibus, quæ vobis debentur, canonice devote et solemniter celebrentur.

EPISTOLA CXCVIII.

JOANNIS ABBATIS FRITHESELLENSIS AD WIBALDUM ABBATEM.
Scribit se ad regem iturum.
(Anno 1150.)

Domino WIBALDO sanctæ Corbeiensis ecclesiæ venerabili abbati, frater JOANNES cum universo Frithesel cœnobii collegio, si quid valet ex animo et corde devotius.

Sicut diutina absentia vestra tristitiam, sic in pace reditus vester omnibus nobis generavit lætitiam. Nunc vero ad regem me iturum vestra noverit excellentia, et si quod forte injungere mihi placuerit negotium, per aliquem fidelem vestrum

gina circa annum 936 fundatum, in quo ipsa cum Henrico Aucupe rege ipsius viro condita jacet.

EPISTOLA CXCIX.
WIBALDI ABBATIS AD JOANNEM FRITHESELENSEM.
Eunti ad regem commendat res monasterii sui Corbeiensis, præcipue circa unionem Wisbickensis parthenonis.

(Anno 1150.)

Frater WIBALDUS Dei gratia id quod est in Ecclesia catholica, dilecto fratri et amico suo JOANNI et universo Frithesel ecclesiæ conventui, exiguas orationes et devotum servitium.

Memor esse debet dilectio tua, qualiter nos multum renitentes et amarissime flentes ad suscipiendum regimen Corbeiensis ecclesiæ instantissima persuasione compulisti, et post susceptionem antequam panem cum Corbeiensibus gustaremus, studiosissimo consilio nos induxisti, ut pro obtinendis ecclesiis de Kaminata et de Visbick et de Hilduardenhusen laborem et impensam assumeremus. Præsentasti etiam nobis tunc litteras amici nostri comitis Hermanni, qui, ut hoc ipsum faceremus, intente admonebat. Te igitur omnium consiliorum tam in curia domini regis, quam etiam domi principe et auctore, simulque adnitentibus cum maximo fervore Corbeiensibus, sententiæ vestræ cessimus contra judicium animi nostri, quippe qui rem tam arduam tam difficilem tam præsumptuosam aggredi formidabamus; non ignari nec inexperti quanta impedimenta, quantæ mutationes talibus rebus possent accidere. Et credimus quod zelum Dei habueris, et in hoc opere promovendo pronus ac vehemens fueris, non solum pro delenda enormitate mulierum quæ ibi habitabant, sed etiam pro augmento Corbeiensis ecclesiæ. Verum in quantas miserias, in quantas vexationes animi et corporis, in quanta rerum nostrarum detrimenta per hoc consilium inciderimus, non solum tua intelligentia, quæ rebus propinqua est, sed etiam tota regni Teutonici universitas clamore super nos famosissimo cognovit. Et nunc quoniam ad curiam domini nostri regis transire, et nostra negotia agere intendis, fidei ac bonitati tuæ intenta devotione committimus, ut sic agas, quemadmodum decet virum religiosum et honestum; quatenus nobis noxia cuncta, Deo præstante, submoveas et ad omnia profutura diligentiam adhibeas. Nos de gratia et misericordia domini regis absque ullo dubitationis scrupulo confidimus, et ab ipso in curia sua Frankenevort cum magno honore habiti et cum magna hilaritate dimissi fuimus, jussi venire ad curiam, quæ futura est Aquisgrani in proxima Nativitate Domini, ut ibi de obtinenda ecclesia de Visbick mandatum ipsius accipiamus. Cæterum, charissime frater, nos laborem illum nequaquam assumere volumus, quia et thesauri ecclesiæ nostræ exhausti sunt, et tam Mindensis episcopus quam omnes clerici nobis in hoc amarissime contradicunt. Hoc quoque benignitati tuæ, sicut de te confidimus, intimatum atque injunctum esse volumus, ut rediens, Deo prosperante, ad nos nulli mortalium de causa nostra, nisi nobis, quidpiam patefacias. Quod propterea tuam prudentiam admonere putavimus, quod impudentissima illa de Giseka rumorem in populo sparsit, se id quod fecit auctoritate et jussu domini regis fecisse, quod nullus honestorum credere debet. Perduces vero tecum præsentium latorem, qui familiaribus nostris de curia scripta nostra perferat, et ad nos, quæcunque inveneris, fideliter referat.

EPISTOLA CC.
WIBALDI ABBATIS AD CONRADUM IMPERATOREM.
De rebellione abbatissæ Kaminatensis, adversus quam imperatoris protectionem implorat.

(Anno 1150.)

Inclyto triumphatori a Deo coronato et exaltato, serenissimo domino suo CONRADO Romanorum imperatori Augusto, frater WIBALDUS Dei gratia id quod est in Ecclesia catholica, salutem in eo qui dat salutem regibus.

Postquam a vestra celsitudine mandatum accepimus, quatenus ordinatis rebus nostris ita expediti et parati essemus, ut legationem vestram ad dominum papam ad urbem Romanam cum cancellario vestro in brevi tempore perferremus, versus Stabulensem ecclesiam, quæ assiduis prædis et rapinis nimium ab improbis vexatur, properavimus, ut qualicunque pace composita, ad Corbeiensem ecclesiam securius transire possemus. In quo temporis intervallo, videlicet in vigilia Nativitatis sanctæ Mariæ, abbatissa illa de Giseka in Kaminatensem ecclesiam armata manu intravit, et ejectis inde violenter fratribus Corbeiensibus, quos ad serviendum Deo ex vestro mandato ibidem ordinaveramus, præpositum monasterii in flumen jactari præcepit, ac turrim ecclesiæ impositis armatis ac victualibus incastellavit. Econtra Corbeienses tam liberi quam ministeriales, cum nostra præsentia carerent, neque nostro consilio uti possent, super eosdem malefactores irruerunt, et vim vi repellentes eos de ecclesia et loco cum ignominia expulerunt et quosdam captos secum adduxerunt. Quod cum adhuc in Stabulensi monasterio positi cognovissemus, plurimum ex animo doluimus, maxime cum prædicta femina et ejus fautores per totam terram prædicassent id quod factum erat vestra gestum fuisse voluntate, quod nos et omnes viri honesti nequaquam credere potuimus. Siquidem, clementissime Cæsar, jussu vestro ac judicio principum vestrorum magnorum utique et multorum virorum per privilegii vestri donationem, per auctoritatis vestræ litteras Kaminatam per proprium legatum vestrum transmissas, Kaminatensem ecclesiam introivimus; et juxta præcepti vestri tenorem divinam ibi religionem a multis impediti reformare inchoavimus. Illa vero quæ abbatissa dici nec potest nec debet, pro eo quod nec in sanctimonialem nec in abbatissam ab ullo episcopo velata vel consecrata fuit, et professionis suæ habitum in nigrum et candidum mutat et abjicit, anno fere integro antequam prædictum locum intraremus, per legatum domini papæ deposita, et ab advocato et ministerialibus Kaminatensibus de loco turpiter projecta, cum nollet obedire, fuit. Quapropter genibus vestræ majestatis animo advoluti, clementiam vestram humiliter imploramus, ut memores parvi obsequii nostri et non parvæ fidei nostræ, quam vobis et regno vestro indefesso studio exhibuimus, nos ab his injuriis defensare ac protegere dignemini. Veniemus namque ad vos Aquisgrani in Nativitate Domini, et si quid omissum est a Corbeiensibus, totum in gratia vestra remanebit:

EPISTOLA CCI.

WIBALDI ABBATIS AD H. REGIÆ CURIÆ NOTARIUM.

Commendat ei apud imperatorem Corbeiensium causam de Kaminata et Visbick.

(Anno 1150).

Frater WIBALDUS Dei gratia id quod est in Ecclesia catholica, dilecto fratri et amico suo H. regiæ curiæ notario, benedictionem et vitam usque in sæculum.

Eruditioni tuæ aliquoties injunximus, ut litteras nostras domino nostro regi transmissas ad verbum exponeres, quod quidem hactenus fecimus ad voluptatem, sed nunc rogare cogimur per necessitatem. Etenim quantas contumelias et in persona nostra et in rebus sustineamus, litteræ, quas domino regi scripsimus, tuæ dilectioni patenter indicabunt. Sane hoc plurimum cor nostrum urit, et cogitationes nostras in dolorem accendit, quod ab æmulis nostris jactatur, mala, quæ nobis acciderunt, nutu ac voluntate domini nostri regis evenisse, ac fideles nostri super hoc conjecturam sumunt, quod absente domino nostro rege, cum regnum claudicare quodammodo putabatur, nihil tale præsumptum fuit. Sed recordari decet experientiam tuam, et ad memoriam reducere domino nostro regi, qualiter ad primas litteras nostras, cum in eis ipsi revertenti devotio nostra occurreret, ac de impedimentis, quæ nobis apud Kaminatam et Visbick acciderant, supplicem ei querelam obtulissemus, respondere dignatus sit, quæ verba hujusmodi sunt : quæ Corbeiensi Ecclesiæ pro tua dilectione in abbatis videlicet Kaminata et Visbick contulimus, ad usus ejus Deo annuente conservabimus, certi quod Corbeienses pecuniam, quam juramenti assertione promiserunt, indubitanter nobis persolvant. In eisdem litteris nobis mandatum fuit, quatenus in Assumptione sanctæ Mariæ Frankenevort ad curiam veniremus, ubi tam de privatis quam de publicis regni negotiis regia celsitudo cum nostra parvitate familiari consilio convenire dignaretur. Intra quod temporis spatium curia celebrata est apud Wertzeborch, ubi principes Saxoniæ domino nostro regi occurrerunt. Ad eam curiam venit quidam presbyter ab abbatissa de Giseka mercede pro dimidia marca conductus, cui nihil de Kaminatensi re pertinebat, qui adversum nos, ut modo primum audivimus, multas querelas deposuit. Qui cum litteras domini nostri regis, nescimus quo interventu acceperit, quarum continentiam necdum cognoscere potuimus, disseminavit per totam Saxoniam se hoc in litteris accepisse, ut quæcunque per nos apud Kaminatam gesta erant, cassari et immutari a domino rege deberent. Tu vero cum familiari sermone apud nos Frankenevort uteris, dixisti nobis, ut recepta pecunia, quam dederamus, prædicta loca libera relinqueremus, quod verbum etiam in Saxonia sonuit, et nos et nostros in gravem suspicionem adduxit. Et ex parte sonuit in auribus nostris, quibus auctoribus, quibus pignoribus pecunia congregari posse promittitur. Cæterum tuam diligentiam per divinum judicium obtestamur, ut quoniam apud dominum nostrum regem et auctoritate et consilio vales, saluti ejus omnibus modis provideas, ne per consilium alicujus laici, qui nec Deum timet, nec hominem revereretur, in detrimenta et destructionem ecclesiarum assensum præbeat. Multum equidem confidimus de veritate, judicio ac perseverantia ipsius; sed opprobria exprobrantium nobis cadunt super nos dicentium invicem. Vidi quid contigit bene merito familiari ac domestico et in secretis consiliis semper admisso. Cæterum ut finem dicendi faciamus, nos in curia laici alicujus patrocinium nunquam quæsivimus, sed per clericos nostra omnia disponere consuevimus. Et quoniam in Ecclesia et in regno fides tua et discretio apprime innotuit, diligentiæ tuæ attenta prece committimus, quatenus negotium nostrum ita, Domino favente et domini nostri regis clementia præstante, tuearis, ut nos non solum Corbeiam deserere, verum etiam totum regnum domini nostri regis exire ac relinquere compellamur. Super quo tam ex tuis quam ex litteris domini nostri regis per præsentes nuntios certificari desideramus.

EPISTOLA CCII.

HENRICI REGIÆ CURIÆ NOTARII AD WIBALDUM ABBATEM.

Responsio ad præcedentem.

(Anno 1150).

Domino suo WIBALDO abbati Corbeiensi, HENRICUS suus.

Frater Joannes domino regi pericula, damna, incommoda vestra expresse detexit. Ego vero litteras vestras de verbo ad verbum ei exposui et ad commodum causæ vestræ quædam pro parvitate mea loqui præsumpsi. Intellexi vero et certus sum quod dominus rex de injuria vobis illata multum dolet, et ad commodum causæ vestræ prosequendum nuntium cum litteris suis ad vos destinavit. Quod enim Corbeiensi Ecclesiæ pro vestra dilectione contulit, ratum habet et omnimodis confirmare intendit.

EPISTOLA CCIII.
WIBALDI ABBATIS AD CONRADUM IMPERATOREM.
Dolet quod nullum ab eo responsum acceperit de negotio Kaminatensis ecclesiæ.
(Anno 1150).

Inclyto triumphatori a Deo coronato, serenissimo domino suo CONRADO, glorioso Romanorum imperatori Augusto, frater WIBALDUS Dei gratia id quod est in Ecclesia catholica, salutem in eo qui mandat salutes Jacob.

Juxta beneplaciti vestri mandatum exspectavimus nuntium vestrum et litteras vestras, quorum decurso tempore cum accepissemus neutrum, gravi mœstitia et ingenti confusione animi affecti fuimus. Sed rediens ad nos a vestra curia frater Joannes, dolorem nostrum plurimum abstersit et animam nostram valde exhilaravit, ex eo videlicet quod vos de infirmitate vestra recte convaluisse nuntiavit. Verumtamen de negotio nostro nihil certum, nihil salutare renuntiavit. Et nunc graviter improperat nobis Corbeiensis Ecclesia, quod cum boni spe a mansuetudine vestra inducta nostram parvitatem ad regimen suum pro beneplacito vestro elegerit, non solum gratiam et misericordiam consecuta non sit, sed etiam laborem suum et thesauros suos damnose amiserit. Et quoniam intelleximus vos quindecim diebus ante Natale Domini velle apud Bavemberch cum principibus Saxoniæ colloquium habere, incerti quid agere debeamus, ad vestram celsitudinem mittere curavimus, quatenus pro respectu divinæ pietatis et pro augmento perpetuæ nostræ servitutis, nos ab his malis, quibus premimur, expediatis. Nec enim minorem rationem cum Corbeiensibus de pecunia habere poteritis, priusquam nobis auxilii et protectionis dexteram porrexeritis, quam modo, cum omnia bona Kaminatensis ecclesiæ tanquam domino vacua ab advocatis sunt invasa. Nostri desiderii esset, ut ad res, quas circa partes Saxoniæ gerere disposuistis, nostrum laborem et expensas reservaretis; sed tamen quidquid vestræ majestati complacuerit, nostra parvitas etiam ultra facultatem suam adimplere studebit.

EPISTOLA CCIV.
WIBALDI ABBATIS AD HENRICUM CURIÆ REGIÆ NOTARIUM.
Commendat ei causas monasterii Corbeiensis.
(Anno 1150).

Frater WIBALDUS Dei gratia id quod est in Ecclesia catholica, dilecto fratri et amico suo H. regiæ curiæ notario, salutem et benedictionem.

Gratias referimus sollicitudini tuæ, quod pro incremento honoris nostri, et pro augendis utilitatibus nostris exacta diligentia invigilas, cum tamen nos hoc tempore, facientibus peccatis nostris, parum emolumenti super his capiamus. Siquidem mira fit rerum conversio; nam illi, de quorum fide a multis dubitatum fuit, imo, ut verius dictum sit, quorum perfidia omnibus fere innotuit, honoribus ac divitiis sublimantur, nos vero, quorum fides etiam totius regni approbata est præconio, jam quasi alieni facti sumus. Etenim, charissime frater, contra morem regni factum est, quod cum proxime et litteras et nuntium ad curiam transmisissemus, nulla responsa impetrare valuimus, quod illis præcipue solet accidere, de quorum jam pœna, juxta legem Juliam de reis majestatis decernitur. Dicere possumus illud poëticum :

Speravi melius, quia me meruisse putavi.

Rogamus itaque experientiam tuam, ut commoda ad causam nostram responsa nobis nunc, tua efficiente industria, remittantur, et hoc summopere tua prudentia cavere debebit, ne de negotio nostro dominus noster rex cum aliquo principum Saxoniæ communicet in eo colloquio, quod cum eis habiturus est apud Bavemberch; nam hi loco triumphi ducerent, quod nos in ea curia nunc adjuvent, in qua nos eorum causas sæpe sustentavimus, quod ipsorum adjutorium non absque mercede vel prædii alicujus vel pecuniæ conducere possemus. Imperat dominus noster rex, ut de pecunia solvenda ei Corbeienses nostri observent, cum nos ab ipso concessa non solum non accipiamus, sed etiam occupata perdamus. Quamobrem a tua discretione diligenter admonitus, ita nobis, obsecro, litteras nostris necessitatibus commodas ad ducem Saxoniæ, ad episcopum Mindensem, ad comitem Hermannum transmittat, quarum tu nobis transcripta dirigere curabis, sciturus quod omnem laborem tuum circa nos et ecclesiam Corbeiensem utiliter, Deo propitiante, collocabis. Hæc quoque per tuam suggestionem mitissimum augustum intelligere volumus, quod, nisi sua protectio Kaminatensem ecclesiam in manu nostra erexerit, nulla ibidem de cætero congregatio, nullus divinæ religionis cultus instaurari poterit. Valete.

EPISTOLA CCV.
R. AD WIBALDUM ABBATEM.
Petit ab eo aliquos libros, eique alios promittit.
(Anno 1150.)

Domino suo venerabili Corbeiensi abbati, R., bene valere et felicem esse.

Quamvis Tullii libros habere desideres, scio tamen te Christianum esse, non Ciceronianum. Transis enim et in aliena castra non tanquam transfuga, sed tanquam explorator. Libros igitur qui apud nos sunt, Tullii De re agraria et Philippica et Epistolas ejus vobis transmisissemus; sed non est consuetudinis apud nos, ut sine bonis monimentis aliqui alicui concedantur. Mittite igitur nobis A. Gellium Noctium Atticarum, et Origenem super Cantica canticorum. Nostros autem, quos nunc adduximus de Francia, si qui vobis placent, vobis mittemus.

EPISTOLA CCVI.
WIBALDI ABBATIS AD R. PRÆPOSITUM HILDENESHEIMENSEM.
De suo in litteras humaniores stadio.
(Anno 1150.)

Frater WIBALDUS Dei gratia id quod est in Ecelesia catholica, dilecto fratri et amico suo R. venerabili Hildenesheimensi præposito, benedictionem et vitam usque in sæculum.

Recte meministi, frater, quod quamvis libros Ciceronis habeamus, nos tamen Christianos esse recordemur, et, ut scripsisti, et tuus Seneca de se dicit, transimus interdum in aliena castra, non tanquam desertores et transfugæ, sed sicut exploratores et spoliorum cupidi, si forte Madianitem rapere possimus, quam pilis erasis et unguibus defectis legitimo nobis valeamus copulare matrimonio. Et licet non in regione longinqua peregrinari, quin potius exsulare debeamus, optamus tamen potius pane vivo, qui de cœlo descendit, saturari, quam ventrem nostrum implere de siliquis, quas porci manducant. Fercula Ciceronis nec inter præcipua, nec in prima mensa jam habemus, sed si quando meliori cibo satiatis aliquid libet, sic ea sumimus, sicut secundis mensis apponi solent bellaria. Est etiam nobis quædam voluptas non esse otiosos. Nec vero, ut cætera omittamus, pati possumus, quod illud nobile ingenium, illa splendida inventa, illa tanta rerum et verborum ornamenta oblivione et negligentia depereant, sed ipsius opera universa, quantacunque inveniri potuerint, in unum volumen confici volumus, nihil habentes cum illis commune, qui quanto ditiores sunt, tanto magis egent, et omissis liberalibus studiis circa transitoria solliciti sunt, et congregant ut dispergant, et dispergunt ut congregent. Ludum pilæ maxime imitantur, ubi ludentes et cum aviditate sumunt, et cum celeritate rejiciunt; ita neque in capiendo neque in remittendo modum habent. Quorum doctrinam, si nos diligis, licet ab improbis sæcularibus laudetur, tanquam venenum et mortem animæ devitabis. Misimus tibi pro monimentis librorum vestrorum Origenem in Cantica canticorum, et pro A. Gellio Noctium Atticarum, quem ad præsens habere nequaquam potuimus librum, quem Græce Stratagematon vocant, quod militare est.

EPISTOLA CCVII.
ANONYMI AD WIBALDUM ABBATEM.
Gratitudinem testatur pro acceptis ab eo beneficiis, doletque quod eum aliqui a se avertere curent.
(Anno 1150.)

Domino suo dilectissimo WIBALDO, ille suus, quidquid dici, credi et esse potest felicius.

Salutat vos ille servus vester ex intimo cordis affectu, quem egenum de pulvere erexistis, qui etiam sæpius tempore necessitatis benevolentiam vestram expertus, non immemor beneficiorum vestrorum esse cupit nec ingratus. Sunt enim quasi stylo ferreo super latitudinem cordis ejus exarata, ne unquam aboleantur aliqua vetustate aut rerum varie succedentium vel temporum mutabilitate. Scit enim, quem fallere nemo potest, quantum vos habeam in visceribus Jesu Christi, quam unice diligam, quam unice cupiam cuncta quæ ad honorem vestrum spectant, nec memoriam vestri de

A cætero obliterare poterit vel temporum prolixitas vel locorum longinquitas. Recolit, domine, mens mea; versatur crebro in antro cordis mei, quoniam filii Belial, filii iniquitatis, filii, quos detestatur anima, qui sæpius inebriati sunt sanguine meo et satiati carnibus meis, nisi obstitissent, nisi a me infelice vos magis invidiose quam juste avertissent, longiorem in conspectu vestræ gratiæ misericordiam invenissem. Sed hæc omnia in manu Dei viventis commendo, qui reddet unicuique juxta adinventionem viarum suarum. Obsecro autem profuse ne graviter accipiatis quæ dico, quoniam anima mea turbata est valde, sed pietas miserationis vestræ requiescere modo me fecit non modicum, unde vitulos labiorum meorum immolo Deo et immolare non cessabo pro prosperitate vestra, ut vivatis feliciter et valeatis, et cuncta quæ intenditis, a Deo prospere dirigantur in manibus vestris.

EPISTOLA CCVIII.
WIBALDI ABBATIS AD ANSELMUM EPISCOPUM.
De regis in se offensa.
(Anno 1150.)

Reverendo Patri suo et domino ANSELMO, pauperis civitatis episcopo, frater WIBALDUS Dei gratia id quod est in Ecclesia catholica, seipsum et sua omnia.

Succenset nobis etiam nunc prudentia vestra, quod nullas vobis vel raras mittamus litteras, in quo vitio vos quoque laborare et dolemus et reprehendimus. Salutantes itaque dilectam nobis in Domino paternitatem vestram hoc absque dubio, quantum de futuris possumus, profitemur, quod in ea charitatis gratia, quam Deus inter nos jampridem glutinavit, permanere disponimus, nisi forte ad perfectum aliquid augmenti possit accrescere. Legimus litteras, quas pro excusatione vestra de offensa domini nostri regis nostro communi amico miseratis; sed, referente quodam, quem euriæ secreta non prorsus latent, didicimus quiddam occultioris veneni de quorumdam detractione in causa fuisse. Nos nec diuturniorem nec majorem gratiam exspectamus. Vestra siquidem culpa, si tamen culpa est, nobis quoque vobiscum et quibusdam episcopis communis est, quam vobis per scriptum indicare tutum nequaquam judicavimus. Curia futura est Bavemberch, non tamen frequens, ad quam familiariter venire jussi sumus, cum tamen nos gravis necessitas ad eam traheret pro rebus videlicet Kaminatensis ecclesiæ, pro quibus multum laborem sustinentes, parum adhuc patrocinii, unde speravimus, accepimus.

EPISTOLA CCIX.
R. PRÆPOSITI AD WIBALDUM ABBATEM.
Rumorem spargi ipsum in proximo eligendum archiepiscopum Coloniensem.
(Anno 1150.)

Domino suo WIBALDO laudabili per omnia abbati in Corbeia, R., humilis præpositus, obsequium cum orationibus.

Reversus de Colonia nuper nuntius meus, constantissime asseruit dominum archiepiscopum (135) sine contradictione ab episcopali cura et dignitate cessaturum. Addit præterea a familiaribus meis auditum et compertum vos successorem adnotari, quod vobis aperire dignum duxi. Quidquid itaque super hac re vestra elegerit discretio, mihi fidelissimo vestro relitterando insinuet, et mea devotio vestræ voluntati et beneplacito accuratissime satisfacere studebit. In hac enim Nativitatis Domini solemnitate illuc transire disposui, et si quid vel scriptis vel verbis simplicibus cuiquam fidelium vestrorum mandare cogitatis, devotissime exsequar. Valeat paternitas vestra in Domino.

EPISTOLA CCX.
WIBALDI ABBATIS AD R. PRÆPOSITUM.
Respondet ad præcedentem.
(Anno 1150.)

Reverendo fratri et amico suo R. venerabili præposito, frater WIBALDUS Dei gratia id quod est in Ecclesia catholica, benedictionem et vitam usque in sæculum.

Visis sinceritatis tuæ litteris, plurimum gavisi sumus, eo quod provectus nostros tanta fidei constantia diligis, et nobis in re needum existente tam benevolo animo gratularis. Sed obnixe tuam sinceritatem exoramus, ne illud agas, quod etiamsi vires nostræ ferre possent, intempestivum est agi, et cum prodesse possit nihil obsit plurimum: siquidem invidiæ suspicionis, odii fomitem subministrare potest. Audieramus quidem dominum et patrem nostrum Coloniensem archiepiscopum a dominis et patribus nostris Coloniensis Ecclesiæ prioribus diligenter commoneri, ut quoniam dignitatem Ecclesiæ suæ et ordinis sui officium negligere videretur, et jam tam animo quam corpore deficiens labenti Ecclesiæ minus posset sufficere, saluti suæ provideat, et quod urgente necessitate facturus creditur, sponte cedendo facere incipiat. Quod consilium tam ipse quam sui non facile recipere putantur. De illo autem rumore altero, qui nostram personam respicit, sicut nec concupivimus, nec speramus, atque immaturum omnino est, nec quidquam audivimus, nec fuisse motum arbitramur, tuæ benevolentiæ ac discretionis erit, ut sicut in omni sermone memoriam nostri jucunde et favorabiliter habere consuevisti, sic in isto caveas ea loqui, quæ nostræ integritati et famæ aliquomodo possint detrahere. Valete, et nos, ut facis, dilige.

EPISTOLA CCXI.
SENATUS POPULUSQUE ROMANI AD CONRADUM IMPERATOREM.
Hortantur imperatorem ut Romam veniat, se suaque omnia ei offerentes adversus papam et Siculum.
(Anno 1150.)

Excellentissimo atque præclaro Urbis et orbis totius domino CONRADO, Dei gratia Romanorum regi semper Augusto, senatus populusque Romanus, salutem et Romani imperii felicem et inclytam gubernationem.

Regali excellentiæ per plurima jam scripta, nostra facta et negotia diligenter exposuimus, quomodo in vestra fidelitate permaneamus, ac pro vestra imperiali corona exaltanda et omnino augenda quotidie decertamus. Ad quæ quia regalis industria, ut postulavimus, rescribere dignata non fuit; plane tanquam filii et fideles de domino et Patre satis miramur. Nos enim quidquid agimus pro vestra fidelitate et honore facimus. Et quidem regnum et imperium Romanum vestro a Domino regimini concessum exaltare atque amplificare cupientes, in eum statum, quo fuit tempore Constantini et Justiniani, qui totum orbem vigore senatus et populi Romani suis tenuerunt manibus, reducere, senatu pro his omnibus Dei gratia restituto, et eis, qui vestro imperio semper rebelles erant, quique tantum honorem Romano imperio subripuerant, magna ex parte conculcatis, quatenus ea, quæ Cæsari et imperatori pertinent, per omnia et in omnibus obtineatis, vehementer atque unanimiter sataginus atque studemus, et ob hujus rei affectum bonum principium ac fundamentum fecimus. Nam pacem et justitiam omnibus eam volentibus observamus, fortitudines, id est turres et domos potentum urbis, qui vestro imperio una cum Siculo et papa resistere parabant, cepimus, et quasdam in vestra fidelitate tenemus, et quasdam evertentes solo coæquavimus. Sed pro his omnibus, quæ pro vestræ dilectionis fidelitate facimus, papa, Frajapanes, et filii Petri Leonis, homines et amici Siculi, excepto Jordano (136) in vestra fidelitate vexillifero et adjutore, Tolomæus quoque et alii plures undique nos impugnant, ne libere, ut decet, imperialem regio capiti valeamus imponere coronam. At nos, quoniam amanti nullus labor gravis est, licet inde plurima damna sustineamus, pro vestro amore et honore gratanter patimur. Scimus namque nos a vobis proinde præmium sicut a Patre accepturos, vosque in eos sicut et imperii hostes vindictam daturos. Cum tanta igitur nostra in vobis fidelitas sit, tantaque pro vobis sustineamus, precamur, ne spes ista nobis deficiat, neve regia dignitas nos vestros fideles et filios despiciat, neque si regalibus auribus aura sinistra de senatu et nobis flaverit, in eam intendat aut respiciat, quia qui de nobis vestræ altitudini mala suggerunt, de vestra et nostra, quod

---

(135) Supra vidimus Arnoldum archiepiscopum Coloniensem in concilio Remensi dignitate sua suspensum, Romam profectum fuisse ut eam recuperare tentaret, verum cum nihil a summo pontifice recti tenace obtinere potuisset, priores Ecclesiæ Coloniensis ei auctores fuerunt, sponte ut cederet.

(136) Hunc Jordanum, teste Ottone Frisigensi l. VII, c. 34. Eugenius excommunicavit.

absit! dissensione lætari volunt, et utrosque, ut soliti sunt, callide opprimere moliuntur. Sed circa hæc, ne fiant, regalis prudentia, ut decet, sollicita sit, et provida, reminiscaturque vestra solertia quæ et quanta mala papalis curia et dicti quondam cives nostri imperatoribus, qui fuerunt ante vos, fecerunt, et nunc deteriora cum Siculo facere tentaverunt. Sed nos Christi gratia in vestra fidelitate viriliter eis resistimus ac plures ex illis sicut pessimos hostes imperii, ut sunt, pepulimus. Appropinquet itaque nobis regiæ celsitudinis vigor, quoniam quidquid vultis in Urbe, obtinere poteritis, ac ut breviter ac succincte loquamur, potenter in Urbe, quæ caput est mundi, ut optamus, habitare, toti Italiæ ac regno Teutonico, omni clericorum remoto obstaculo, liberius et melius quam omnes fere antecessores vestri dominari valebitis. Sine mora ergo, precamur ut veniatis, et interim de statu vestro, quem semper desideramus salubrem et prosperum, et de his omnibus regalibus litteris aut nuntiis nos lætificare dignemini. Sumus enim per omnia vestræ voluntati obtemperare semper parati. Sciatis præterea, quod pontem Milvium extra Urbem parum longe per tempora multa pro imperatorum contrario destructum, nos, ut exercitus vester per eum transire queat, et ne Petri Leonis per castellum Sancti Angeli vobis nocere possint, ut statuerant cum papa et Siculo, magno conamine restauramus, et in parvi temporis spatio muro fortissimo et silicibus, juvante Deo, complebitur. Concordiam autem inter Siculum et papam hujusmodi esse accepimus. Papa concessit Siculo virgam et annulum, dalmaticam, mitram atque sandalia, et ne ullum mittat in terram suam legatum, nisi quem Siculus petierit, et Siculus dedit multam pecuniam pro detrimento vestro et Romani imperii, quod Dei gratia vestrum existit. Hæc omnia vestra animadvertat, optime rex, prudentia.

Rex valeat, quidquid cupit, obtineat super hostes,
Imperium teneat, Romæ sedeat, regat orbem.
Princeps terrarum, ceu fecit Justinianus;
Cæsaris accipiat Cæsar, quæ sunt sua præsul,
Ut Christus jussit, Petro solvente tributum.

Nos de cætero legatos nostros precamur, ut benigne suscipiatis, et quod vobis dixerint, credatis, quia scribere nequivimus. Sunt enim nobiles viri Guido senator, Jacobus filius Sixti procuratoris et Nicolaus eorum socius.

EPISTOLA CCXII.

SIXTI, NICOLAI ET GUIDONIS CONSILIATORUM CURIÆ ROMANÆ AD CONRADUM IMPERATOREM.

Ejusdem argumenti.

(Anno 1150.)

Excellentissimo et magnifico domino Urbis et orbis CONRADO, Dei gratia Romanorum regi semper Augusto, SIXTUS, NICOLAUS et GUIDO consiliatores curiæ, sacri senatus et communis salutis reipublicæ procuratores, pro posse in omnibus fidelia servitia et Romani imperii restaurationem.

Ut jam per plures litteras regiæ significatum est majestati, videntes imperium Romanum temeraria usurpatione clericorum a suo vigore plurimum decidisse, ex quo populus Romanus multum dedecoratus erat, ad orbem vestris pedibus subdendum Christi auxilio cum summo studio senatum relevavimus, qui pacem in Urbe conservans et justitiam faciens, bonos exaltando, malos autem delendo ad adipiscendam imperii coronam, omni clericorum obstaculo remoto, vestræ dignitati ad urbem venienti congrue viam præparet. Quod jam tam senatus quam nos Christi gratia viriliter fecimus. Nam Censium Franjapanum et filios Petri Leonis, quos cum papa et Siculo pro vestri minoratione imperii conspirasse cognovimus, ex Urbe ejecimus et eorum plurima bona depopulavimus, ita quod vobis resistere nullo modo quibunt. Nil ergo aliud restat, si placet vobis, nisi ut celeriter appropinquetis, et populo vestro succurratis, quoniam quidquid desiderat Urbis cor imperiale, in ea procul dubio obtinere poterit. De cætero commendamus vobis hos nostros nuntios vestros fideles. Nam pro vestri amoris fidelitate illos ad vos misimus, litteris quoque vestris precamur ut nos lætificare et honorare dignemini.

EPISTOLA CCXIII.

CUJUSDAM SENATORIS AD CONRADUM IMPERATOREM
Ejusdem argumenti.

(Anno 1150.)

Illustrissimo atque magnifico orbis, terrarum domino CONRADO, Dei gratia Romanorum regi semper triumphatori Augusto, quo melior nullus, cui nullus in orbe secundus, quidam fidelis senatus servorum regis fidelissimus, quidquid tanto domino tantillus servus.

Certum ac firmum sit regiæ majestati, me in senatu et quocunque potui ad vestri exaltationem imperii assiduam operam dedisse, et idcirco vobis, licet audacter, tamen confidenter scribo:

Utile consilium, domine, ne despice servi.

Si licet itaque servo domino suo consilium dare, regali prudentiæ consulo ut sine mora Romam veniatis, et medium vos inter populum et papam ponentes, senatum et populum in vestra defensione suscipiatis, quoniam castellum Sancti Angeli cum Romanis poteritis capere, et ita facere, ut sine vestra jussione ac dispositione nunquam de cætero apostolicus in Urbe ordinetur. Sic enim fuit tempore beati Gregorii, qui sine assensu imperatoris Mauritii papa esse nequivit, et sic usque ad tempus Gregorii septimi perduravit. Propter id utile esse affirmo, ne per sacerdotes bella fiant aut homicidia in mundo. Nam non eis licet ferre gladium et calicem, sed prædicare, prædicationem vero bonis operibus confirmare, nequaquam bella et lites in mundo committere.

EPISTOLA CCXIV.

GUIDONIS CARDINALIS AD WIBALDUM ABBATEM.

Ut Conradum imperatorem avertat ne, quid mali adversus Romanam Ecclesiam moliatur.

(Anno 1150.)

Charissimo et speciali amico suo Wibaldo Corbeiensi abbati, Guido sanctae Romanae Ecclesiae diaconus cardinalis et cancellarius, salutem et benedictionem.

Dubietatem, quae de statu tuo in nostro pectore versabatur, et nuntius tuus et transmissae nobis per eum litterae abstulerunt. Optamus enim in Domino, ut cuncta semper tibi salubria, cuncta sint prospera, et ut superna clementia te in actionibus tuis coelesti miserationis suae auxilio tueatur ad peragenda ea, pro quibus hac vice rogasti dominum papam circa te benevolum sentientes, secure operam dedimus, sicut ex ejus tibi litteris apparebit. Praeterea tibi tanquam cauto et prudenti viro et in dilectione probato eloquimur. Certum est quod post discessum domini Conradi Romanorum regis, nisi dominus papa specialius et districte prohibuisset, adversus filium ejus juniorem regem guerra mota fuisset, et non modica orta turbatio. Nunc autem sicut domino papae et nobis significatum est, et rumores etiam increverunt. Pater ipsius rex Conradus mala pro bonis, quod Deus avertat, reddere nititur, et cum Constantinopolitano imperatore sanctam Romanam Ecclesiam Catholicorum omnium matrem graviter, si potuerit, affligere et infestare disponit. Sicut ergo eadem mater nostra et nos ipsius alumni de tuo circa eam fideli obsequio et officiosa fidelitate confidimus, ita ex parte domini papae ac nostra dilectionem tuam monemus, monendo rogamus, et attentius exhortamur, ut modis omnibus quibus poteris tanquam verus Christi athleta et in apostolorum principis fide fundatus efficere studeas, ne adversus apostolicam Romanam Ecclesiam hujusmodi fluctus insurgant, vel si forte aliquorum pravitate insurgere coeperint, cum aliis Ecclesiae Dei fidelibus pro viribus et prudentia tibi a Deo collata compescas. Nec ista ideo scribimus, quod dominus papa vel nos de praefati regis constantia dubitare debeamus, sed quia nostri desiderii est, ut affectum, quem tempore colloquii, quod cum eo habuimus, erga sedem apostolicam verbis ostendit, ita etiam abundantius operis exhibitione demonstret.

EPISTOLA CCXV.

CONRADI IMPERATORIS AD EUGENIUM PAPAM III.

Ratisbonensem episcopum Jerosolymam tendentem ipsi commendat.

(Anno 1150.)

Dilectissimo in Christo Patri suo Eugenio, sanctae Romanae Ecclesiae summo pontifici, Conradus Dei gratia Romanorum rex et semper Augustus,

(137) Morbacense monasterium ordinis S. Benedicti insigne et antiquum in dioecesi Basileensi, medios

A filialem dilectionem et debitam in Christo reverentiam.

Fidelis noster vestrae sanctitatis filius Ratisbonensis episcopus, etc. *Vide in Eugenio papa III post ipsius Regesta.*

EPISTOLA CCXVI.

CONRADI AD EMMANUELEM IMPERATOREM CONSTANTINOPOLITANUM.

Commendat ei episcopum Ratisbonensem Hierosolymam proficiscentem.

(Anno 1150.)

Conradus Dei gratia Romanorum imperator et semper Augustus, dilectissimo in Christo fratri suo Emmanueli imperatori Graecorum praepotentissimo, indissolubilem fraternae dilectionis affectum.

Fidelis noster episcopus Ratisbonensis tuae nobilitati plurimum affinis, licet in rebus imperii nostri plurimum nobis opportunus esset et commodus; detineri tamen nequaquam potuit, quin ob fidei ardorem et exsolvendi voti desiderium sub signo Crucifixi Jerosolymam tenderet. Quem ad tuae celsitudinis praesentiam venientem pro nostrae dilectionis interventu solita pietate suscipies, et adjutum in his, quae sua necessitas poposcerit tam per manus tuae protectionem, quam per principum tuorum suffragia hilarem ad sui proposti effectum dimittes.

EPISTOLA CCXVII.

WIBALDI ABBATIS AD EUGENIUM PAPAM III.

De collapsa omnino in Morbacensi monasterio disciplina ope Eitulfi abbatis, cujus electionem confirmari petit, restauranda.

(Anno. 1150.)

Reverendo Patri suo et domino Eugenio uni et universali pontifici, frater Wibaldus Dei et vestra gratia id quod est in Ecclesia catholica, dilectionem filii et obedientiam servi.

Post obitum confratris nostri Bertholdi abbatis de Morbach (137) fratres et familia ejusdem monasterii ex quadam parte convenerunt in personam cellerarii sui, eumque adduxerunt ad curiam gloriosi filii vestri nostri domini Conradi Romanorum regis, quam in proxima transacta nativitate apud Bavemberch recuperata jam sanitate celebravit. Pars vero tam de monachis quam de laicis eisdem electoribus se opposuit, dicentes non esse electionem, sed potius subreptionem, personam etiam esse minus idoneam ad tale onus sustinendum, et ad sanandas contritiones ejusdem monasterii. Intererat etiam eidem curiae venerabilis filius vester Orthlevus Basileensis episcopus, qui inter disceptationes litigantium requisitus a domino rege de statu praedicti monasterii, quod in parochia ejus situm est, respondit eosdem fratres multum inordinabiliter et contra propositum et honestatem monachorum vivere, pro eo quod nec professionem facere voluissent, et singulares domos et seorsum proprietates inter montes Vosagos situm, ab Eberhardo comite fundatum et circa annum 727.

haberent, nec refectorium, neç dormitorium commune haberent. Asserebat etiam sub clerici sui et multorum tam abbatum quam monachorum religiosorum testimonio, quod præfatus abbas antequam vita decederet, sibi conquestus fuerat quod monachi sui inobedientes sibi et prorsus rebelles existerent neque disciplinam aut correctionem ullatenus recipere vellent. Hoc ipsum sub multorum audientia idem abbas domino nostro regi intimaverat. Nos quoque, charissime Pater, oculis nostris in eodem monasterio positi vidimus, quod proprias domos haberent et præbendas more sæcularium clericorum capiebant. Tunc quoque in conspectu regni in tanta controversia positi, neque tonsuram neque habitum monachi exhibeant, sed semilaici quodammodo deridendos se ostendebant. Allegabant præterea religiosi viri quod personam suis vitiis consentientem ex industria elegissent. Collectis itaque in unum harum objectionum summis adjudicatum est non potuisse non monachos abbatem eligere, eum præcipue, qui nunquam monachus exstitisset. Jussi sunt deinde tam monachi quam beneficiati et ministeriales Ecclesiæ, ad curiam quæ Spiræ in Purificatione B. M. celebrata est, convenire, ubi post multam monachorum pertinaciam tandem pari voto et unanimi consensu expetierunt sibi dari in Patrem et pastorem animarum suarum virum nominatæ religionis vestræ sanctitatis filium videlicet abbatem Erliacensem Eilulphum. Dominus vero noster rex communicato tam Basileensis episcopi quam aliorum religiosorum consilio, prædicto concessit Morbacense monasterium sub ea spe et sub tali mandato, ut præfatam Ecclesiam in divino cultu et monastica religione reformaret. Super quo pedibus vestræ celsitudinis humiliter advoluti devote clementiam vestram imploramus, ut quod tam bene et tam bonorum suffragio inchoatum est, ad honorem Dei, vos vestra benedictione et confirmatione perficiatis, neque pietatis aurem aliquibus pseudomonachis his tam recte gestis contradicere volentibus, inclinare dignemini.

EPISTOLA CCXVIII.

WIBALDI ABBATIS AD EUGENIUM PAPAM III.

Imperatorem adversus eum nihil moliri et de victoria a juniore rege reportata in Guelfonem et Godebaldum.

(Anno 1150.)

Reverendo Patri suo et domino Eugenio uni et universali pontifici, frater Wibaldus Dei et vestra gratia id quod est in Ecclesia catholica, seipsum et sua universa.

Apostolus Joannes dicit : *Non diligamus verbo neque lingua, sed opere et veritate.* Nos illorum igitur imitantes diligentiam, qui pauca loqui et multa facere consueverunt, raro vestræ celsitudini studium ac devotionem nostram circa vos et sacrosanctam matrem nostram Romanam Ecclesiam prædicamus, cum tamen quotidiana et assidua instantia sedulam ad beati Petri et vestram fidelitatem servitium exhibere non cessemus, quod, præstante Domino, vestræ beatitudini per alias excellentes personas notum fore non dubitamus. Si quid vero de rebus quæ ad vos pertinent apud inclytum filium vestrum dominum nostrum regem Romanorum finaliter esset deliberatum, nos absque moræ prolixioris interpositione seu per personam nostram seu per scripta nostra vobis intimare diligenter curavissemus, quod etiam, cum factum fuerit, perficere maturabimus. Certa etiam sit vestra beatitudo quod, in quantum valet nostra mediocritas et in quantum divina clementia nobis apud serenissimum principem gratiæ et facultatis indulsit, mentem ipsius, et verba et omne opus ad dilectionem et reverentiam vestræ personæ et honorem sanctæ matris suæ Romanæ Ecclesiæ, cui a Deo defensor ordinatus existit, mansuefacere et inclinare non desistimus. Cum hæc Spiræ in curia domini regis scriberemus, repente nuntiatum est nobis quod Guelfo captus et Godeboldus et multi de militibus ejus in prælio cecidissent, dimicante contra eum inclyto filio vestro juniore rege domini nostri regis filio, per quod confidimus complanatas esse omnes difficultates quæ videbantur obsistere ad introitum domini regis in Italiam.

EPISTOLA CCXIX.

CONRADI IMPERATORIS AD EUGENIUM PAPAM III.

Mittit ad eum legatos, rogatque Eilulfum abbatem monasterii Morbacensis ab eo confirmari, et Ottonem clericum absolvi.

(Anno 1150.)

Dilectissimo in Christo Patri suo Eugenio, sanctæ Romanæ Ecclesiæ summo pontifici, Conradus Dei gratia Romanorum rex et semper Augustus, filialem per omnia dilectionem et debitam in Domino reverentiam.

Postquam, Deo propitio nostram fragilitatem moderante, ab expeditione Jerosolymitana reversi fuimus, etc. *Vide in Eugenio papa III, ad an.* 1153, *inter variorum epistolas ad ipsum.*

EPISTOLA CCXX.

WIBALDI ABBATIS AD H. SOROREM SUAM.

Gratulatur ei de sua in abbatissam Gerigesheimensis parthenonis electione.

(Anno 1150.)

Frater Wibaldus Dei gratia dictus abbas, dilectæ sorori suæ H. abbatissæ de Gerigesheim (138), benedictionem et vitam usque in sæculum.

---

(138) F. Gerisheim nobilis parthenon ordinis S. Benedicti in diœcesi Coloniensi duobus circiter milliaribus a Dusseltorpio distans, cujus moniales ad canonicarum sæcularium statum deflexere. De hoc parthenone Wernerus Rolevinck Carthusianus lib. III *De antiquorum Saxonum situ et moribus* cap. 8, hæc tradit : *Gericus beatus vir et dux quiescit in Gerisheim cœnobio monialium, quod ipse construi fecerat.*

Divinæ bonitati immensas gratiarum actiones referimus quod te ad Ecclesiæ suæ regimen vocare dignatus est, et participium sui nominis, in quo clamamus : Abba, Pater, tibi conferre, ut lucerna sollicitudinis tuæ, quæ hactenus sub modio privatæ vitæ latebat, super candelabrum posita ad multorum salutem luceat. Hactenus eras nobis soror, deinceps eris nobis et soror et sponsa tanto familiarius, quanto per' denominationem nostro oneri accessisti vicinius. Misimus tibi annulum subarrhationis, ut nullum præter Christum amatorem admittas.

EPISTOLA CCXXI.
CONRADI IMPERATORIS AD EUGENIUM PAPAM III.
Petrum Capuanum archiepiscopum (139), *cujus opè sanitatem recuperaverat, ei commendat.*
(Anno 1150.)

Dilectissimo in Christo Patri suo EUGENIO sanctæ Romanæ Ecclesiæ summo pontifici, CONRADUS Dei gratia Romanorum rex et semper Augustus, filialem per omnia dilectionem, et debitam in Domino reverentiam.

Deo propitio res nostras moderante, etc. *Vide in Eugenio.*

EPISTOLA CCXXII.
EUGENII PAPÆ III AD PRÆLATOS POLONIÆ.
Arguit eos quod latam a G. nuntio interdicti sententiam non observent, atque ut resipiscant eamdem sententiam confirmat.
(Anno 1150.)

EUGENIUS episcopus, servus servorum Dei, venerabilibus fratribus archiepiscopis, episcopis et aliis Ecclesiarum prælatis per Poloniam constitutis, salutem et apostolicam benedictionem.

Quod vos benedictionis alloquio salutamus, etc. *Vide in Eugenio.*

EPISTOLA CCXXIII.
G. DIACONI CARDINALIS AD CONRADUM IMPERATOREM.
Cum multum in sua legatione pro duce Poloniæ laboraverit, orat ut ipsi auxilium præstet.
(Anno 1150.)

CONRADO Dei gratia glorioso Romanorum regi Augusto, G. sanctæ Romanæ Ecclesiæ diaconus cardinalis, devotum servitium suum et orationum perseverantiam.

Pro negotio nobilis et illustris viri ducis Poloniæ et conjugis suæ sororis vestræ, mandato Domini papæ nos satis laborasse vobis non erat incognitum. Verum persistentibus in sua duritia adversariis, sicut a Domino papa nobis injunctum fuerat, et exhortationis vestræ nobis monita suggesserunt, justitiam de eis facere non dubitavimus. Quia ergo negotium illud jam ad vos quodammodo spectare videtur, majestatis vestræ celsitudinem attente rogamus, ut ita manum auxilii vestri eidem duci et brachium fortitudinis vestræ porrigere studeatis, ut vigorem ecclesiastici officii in hac parte viriliter

(139) De hujus archiepiscopi pontificatu altum in *Italia sacra* silentium, ubi locum habere debet inter sublevetis et de indulta pace duci et sorori vestræ laudem a Deo et hominibus consequi valeatis. Sententiam autem, quam contra adversarios ducis W. et sororis vestræ promulgavimus, dominus papa et Romana Ecclesia firmaverunt, et usquequo resipiscant et ad pacem convertantur, eam sententiam nequaquam relaxabunt.

EPISTOLA CCXXIV.
WIBALDI ABBATIS AD E. IMPERATOREM CONSTANTINOPOLITANUM.
Optat ut Deus victorem eum reddat de tyranno Siciliæ, et ut initum cum Conrado imperatore olim fœdus renovet et firmet.
(Anno 1150.)

Glorioso, sublimi ac præcelso victori, magnifico, ac præpotentissimo E. PORPHIROGENITO Græcorum imperatori excellentissimo, WIBALDUS Dei gratia Corbeiensis et Stabulensis abbas, assiduas orationes et devotum servitium.

Quod ad gloriosam majestatem vestram, ad sanctum et terribile imperium vestrum scribere audeo ignotus vobis tam facie quam obsequio, persuasit mihi sacratissima fides vestra, charitas et benignitas, quam exhibuistis charissimo domino meo Conrado serenissimo Romanorum imperatori augusto in terra imperii vestri et magnæ potestatis vestræ quando in tali temporis et rerum articulo erat, ubi solet verus amicus probari. Et quoniam in veritate intellexi quod ipse dominus meus vos et imperium vestrum diligit, et omnia quæ vobiscum per pactum et conventiones firmavit, implere intendit, ego quoque pro mea parvitate vestram celsitudinem plurimum diligo et honoro, et ut de communi hoste imperii vestri illustrem victoriam et gravem vindictam sumatis, Deum humili ac devota prece deposco. Sane ille idem Siciliæ tyrannus meipsum de monasterio Sancti Benedicti in monte Casino expulit et perimere voluit, cum fuissem ibi communi omnium voto et acclamatione ordinatus abbas; imo nolens tractus in tempore felicis memoriæ Lotharii imperatoris, et gaudeo quod tales habeo adjutores, quin potius duces ac principes contra prædictum Dei inimicum. Siquidem malignus ille et alii quamplures homines contra magnificum et forte imperium vestrum multa mala moliuntur et quotidie machinantur; sed confido de omnipotentia Dei et de ipsius clementissima justitia, quod tantum ac tale imperium, in quo est divinæ religionis cultus, in quo est ordo legum et juris civilis ratio, in quo est fortitudo et disciplina militaris, in quo est infinita divitiarum copia, nullatenus ab improbis et perversis et absque pietate divina hominibus subrui possit et superari. De amplificando vero et in melius firmando fœdere inter sanctum imperium vestrum et præcelsam domini mei majestatem suadeo magnificentiæ vestræ, ut voluntatem suam, quam vestræ sapientiæ in præsenti manifestat, adimplere non Gaufridum, qui anno 1150 devixisse videtur, et Alphanum qui sedisse dicitur ab anno 1163 ad 1185.

differatis. Si dignatur vestra sublimitas meam parvitatem inter notos habere, et per gloriosos apices vestros salutare, de fideli fidelissimum me facietis.

EPISTOLA CCXXV.

WIBALDI ABBATIS AD G. CARDINALEM.

De fœdere Conradi imperatoris cum imperatore Constantinopolitano adversus regem Siciliæ, quod papam maxime tenebat anxium.

(Anno 1150.)

Reverendo Patri suo et domino G. sanctæ Romanæ Ecclesiæ diacono cardinali, frater WIBALDUS Dei gratia id quod est in Ecclesia catholica, exiguas orationes et devotum servitium.

Si assiduitas familiaritatem, si familiaritas obsequium nobis apud vestram excellentiam dilectionis gratiam peperisset, auderemus celsitudini vestræ quædam tutius scribere et a vobis fortasse quædam reciperemus, quæ non essent in hoc temporis statu inutilia, quam fiduciam apud beatæ recordationis Guidonem (140) cancellarium viginti annorum notitia et quotidie accrescens inter nos charitas effecit, ita ut ei loqui et scribere tute possemus, quidquid in buccam venisset. Sane cum idem vir beatus nobis proxime scripsit, familiariter parvitati nostræ intimare dignatus est, quod quidam rumor tam dominum papam quam curiam suam perturbasset, pro eo quod serenissimus dominus noster Conradus Romanorum rex fœdus cum imperatore Græcorum firmasse dicebatur; ita ut sanctam Romanam Ecclesiam catholicorum omnium matrem graviter, si posset, affligere et perturbare disponeret. Injunxit etiam parvitati nostræ ex parte domini papæ et sua, et attentius exhortatus est ut, modis omnibus quibus possemus, efficere studeremus, ne adversus apostolicam sedem hujusmodi fluctus insurgerent, vel si forte, aliquorum pravitate insurgere cœpissent, cum aliis Ecclesiæ Dei fidelibus pro viribus nostris compesceremus. Fecimus quod jussit, et homini non fœdere contracto, sed et fastu et inobedientia Græcorum aliquantulum corrupto, longa cohabitatione et assidua collocutione humilitatis et obedientiæ bonum instillavimus, et aliquorum verba familiaritatis ausu severius interdum repressimus. Porro in capite Quadragesimæ dominus abbas Claravallensis misit domino regi litteras (141) per episcopum Frisingensem, in quibus collaudabat dominum illum Siciliæ, eo quod in multis utilis et necessarius fuisset catholicæ Ecclesiæ, futurus utilior, si non prohiberetur virtute et potentia nostri principis, de quorum pace et concordia se libenter acturum promittebat, si sciret domino nostro non fore ingratum. Visus est hoc ipsum innuere dominus T. (142) Sanctæ Rufinæ episcopus in litteris suis, quas post reditum suum a Jerosolyma, cum per Siciliam transitum habuisset, domino nostro scripsit. Ad cujus verbi assensum, nos animum nostrum et consilium domini nostri, quantum in nobis fuit, inclinare nequaquam voluimus, nisi prius quid super hoc in beneplacito domini papæ esset, certius intelligeremus, nec tamen super hæc ei scribere præsumpsimus, ne videremur altiora nobis petere, et in secreta ipsius temeraria importunitate irruere; sed quod si insipientes apud vos facti sumus, fides quam ad sanctam Romanam Ecclesiam habemus, et vestra humilis et affabilis benignitas nos coegerunt. Quod si studium nostrum taciturnitas vestra et propitia responsio adjuverint, erimus de cætero in hujusmodi officiis promptiores. Scripserunt senatores vestri ad dominum nostrum graves et duras adversus dominum papam epistolas (143), quæ ad ipsum mense Januario allatæ sunt, quarum exempla vobis attulissemus, si ad urbem, uti condictum fuerat, venissemus. Industriam vestram, de qua plurimum confidimus, attente monendo rogamus ut petitiones, quas ipsi domino papæ scripsimus, ad effectum perducere curetis. Cum hæc scripsimus eramus in Fuldensi monasterio, et a curia apud Wirceburg recesseramus, sic ordinatis rebus, ut magister Henricus regiæ curiæ notarius ad dominum papam in præsenti transire debeat.

EPISTOLA CCXXVI.

CONRADI IMPERATORIS AD EUGENIUM PAPAM III.

Mittit ad eum oratorem magistrum Henricum curiæ suæ notarium.

(Anno 1150.)

Dilectissimo in Christo Patri EUGENIO, sanctæ Romanæ Ecclesiæ summo pontifici, CONRADUS Dei gratia Romanorum rex et semper Augustus, filialem per omnia dilectionem et debitam in Domino reverentiam.

Ex quo nos propitia divinitas, etc. *Vide in Eugenio III, post ipsius Regesta.*

EPISTOLA CCXXVII.

WIBALDI ABBATIS AD EUGENIUM PAPAM III.

Significat ei et petit ab eo confirmationem electionis Marcuardi abbatis Fuldensis.

(Anno 1150.)

Reverendo in Christo Patri suo et domino EUGE-

---

(140) Hic Guido ex comitibus Capronæ Pisanus diaconus cardinalis ab Innocentio II anno 1130, creatus, cum viginti annorum spatio familiaris fuerit Wibaldo, ad 1150 pervenisse et non ultra dicendus est, ut patet ex hac epistola, quæ eum beatæ recordationis cancellarium vocat, ac proinde emendari debet Ciaconius qui obitum ipsius anno 1153 consignat.

(141) Duas habemus sancti Bernardi ad Conradum epistolas, scilicet 185 et 244, quibus eum hortatur ad reverentiam sedi apostolicæ exhibendam; verum in eis ne minimum quidem verbum de rege Siciliæ, quem tamen in quibusdam aliis epistolis 207, 208 et 209, laudat, ipsius magnificentiam et eleemosynas mire prædicans. Verum in epistolis quas antea ad Innocentium II nomine Adalberonis archiepiscopi Trevirensis scripserat, vocat cum tyrannum Siculum epist. 176 et 177. Porro laudatam hic a Wibaldo epistolam excidisse constat.

(142) Theodevinus Germanus ab Innocentio II creatus cardinalis.

(143) Has epistolas superius habes num. 24, 212, 213.

xio uni et universali pontifici, frater WIBALDUS Dei gratia et vestra id quod est in Ecclesia catholica, honorem ut patri, timorem ut domino.

Postquam gloriosus filius vester noster serenissimus dominus Romanorum rex a Jerosolymitana expeditione reversus fuit, dilectus frater noster H. Herfeldensis abbas ab administratione Fuldensis abbatiae, quam susceperat, cessit. Itaque dominus noster rex tum pro innumeris vexationibus, quibus Fuldensis Ecclesia tam intus quam foris quotidie fatigabatur, tum pro partium studiis, quae de facili componi non poterant, ordinare ipsum monasterium distulit, et sicut in recolligendis possessionibus, quae inordinate fuerant dispersae, potens et efficax esse poterat, sic in curandis animabus, quae Ecclesiarum pretiosissima est substantia, invigilare et attendere non poterat. Super qua re nostra parvitate saepe commonitus et ab Ebracensi abbate et aliis religiosis viris, tandem suggestioni acquiescens, venit Fuldam III. Nonas Aprilis. Cui curiae interfuerunt venerabiles filii vestri, Bremensis archiepiscopus, Wirceburgensis et Halberstadiensis episcopi, et alii de laicorum ordine principes et nobiles multi, a quibus inter caetera regni negotia quaesivit, qualiter Fuldense monasterium sic Deo auctore ordinaret, quatenus ibidem, quae sunt Dei Deo, et quae Caesaris sunt Caesari redderentur. Dubitatum est diu, ut in talibus negotiis solet, maxime propter multas in brevi tempore abbatum mutationes et propter partium studia et dissensiones, quae in eodem monasterio adhuc fervere noscebantur. Suspensis ergo omnibus, dixit dominus rex quamdam sibi personam a viris religiosis esse ostensam boni testimonii et integrae famae, quae rem modicam religione possessionibus et aedificiis auxisset, de cujus pietate, fide et constantia nequaquam dubitarent, quin Fuldensi Ecclesiae et praeesse et prodesse possit: in cujus electione personae, si omnium vota concordarent, fore in brevi, ut cum suo clementiori et propensiori patrocinio Fuldensis Ecclesia pristinum suae dignitatis honorem reciperet. Placuit omnibus qui aderant tam pia regis devotio, tam religiosa sententia, et perlatum est ipsius ad electores a praenominatis episcopis et ab Ebracensi et Hatclesburnensi abbatibus, a nobis etiam et ab aliis principibus, quem sermonem tanquam divinitus missum pari consensu et unanimi voto omnes susceperunt, nomenque viri, qui tanto laudis et principis suffragio juvaretur, sibi exponi flagitabant. Ita celebri cunctorum conniventia elegerunt in abbatem et rectorem animarum suarum et dominum Fuldensis Ecclesiae dominum Marcwardum abbatem monasterii de Telekeinge, qui fuerat nutritus et educatus a puero in monasterio Sancti Michaelis in monte in civitate Bamberg, et sine querela conversatus. Praefato autem monasterio suo praefuerat annis octo, testimonium habens etiam ab his qui foris sunt, et provexerat tam in divinis quam in humanis rebus. Qui quoniam ab his, qui eum intime noverant, plurimum laudatur, et non solum absens sed etiam ignorans electus est, et valde invitus et plurimum renitens hoc onus subire compulsus est, adhortante satis domino nostro rege, et bona sibi promittente, et quodammodo cogente. Nostra quoque parvitas vestram celsitudinem intime rogare ausu sanctae charitatis praesumit, ut sanare dignemini contritos Fuldenses, et alligare contritiones eorum, et per vestrae benedictionis manum, quae sola potest medelam praestare languoribus, opus quod circa praedictam personam inchoatum est, confirmetis. Hoc quoque sublimitati vestrae indicare studuimus, quod ea die apud Fuldam eramus, quando omnes Fuldenses fratres regulariter et humiliter eidem electo suo subjectionem et obedientiam promiserunt. Salvum vos et incolumem ac regimen catholicae Ecclesiae Deus omnipotens custodiat.

EPISTOLA CCXXVIII.
WIBALDI ABBATIS AD EUGENIUM PAPAM III.
Injunctam sibi ad papam legationem explere prohibitus, aliquas ei mittit per subrogatum legatum petitiones pro Corbeiensi monasterio.

(Anno 1150.)

Dilectissimo Patri suo et domino EUGENIO uni et universali papae, frater WIBALDUS Dei et vestra gratia id quod est in Ecclesia catholica, seipsum et sua universa.

Venimus ad curiam gloriosi filii vestri Conradi Romanorum regis in vigilia Nativitatis Domini, et permansimus in ea continue usque ad feriam quintam hebdomadae paschalis, sub ea expectatione, ut nos et cancellarium suum ad vestrae sublimitatis praesentiam, sicut jamdudum condixerat et vestrae quoque magnitudini significaverat, transmitteret. In quo temporis spatio die et nocte id efficere studiose sategimus, ut animum ipsius ad dilectionem et reverentiam vestrae personae, ad defensionem sacrosanctae matris nostrae Romanae Ecclesiae et omnium Ecclesiarum fortiter accenderemus. In quo studii exercitio non solum conscientiae nostrae testimonium habemus, sed et fidelium vestrorum et aliorum quorumdam, qui tempora libenter accusantes bonis solent detrahere et discordias seminare. Sed intervenientibus quibusdam magnis regni negotiis, neque persona nostra neque cancellario suo carere voluit, cum tamen nos ad monasterium nostrum usque ad futuram autumni temperiem redire aegre permiserit. Interim misit magistrum Henricum curiae suae notarium, virum sapientem et probum, et vobis omnino fidelissimum, quem ut honeste suscipiatis et efficaciter ac celeriter dimittatis, ex abundanti credimus esse, vestram super hoc prudentiam et benignitatem submonere. Venissemus ad vos desideranter non solum pro honore et utilitate Dei et imperii Romani, verum etiam ut faciem vestram, quam sicut vultum angeli intuemur, cernere mereremur, et humili sermone quaedam excellentiae vestrae suggereremus, quae scriptis committere non præsumimus, tum propter varios et incertos eventus rerum, tum ne in arduas et arcanas res et in secreti vestri profundum nos temere et importune ingerere æstimaremur. Petitiones nostræ quæ in scriptis habentur, ut a clementia vestra humiliter exaudiantur, humiliter imploramus, quoniam nisi ad labores Corbeiensis Ecclesiæ tolerandos benedictam manum auxilii vestri nostræ pusillanimitati porrexeritis, avolare nos oportet et requiescere a pusillanimitate spiritus et tempestate. Sanctitatem vestram ad regimen Ecclesiæ catholicæ in longa tempora Dei misericordia conservare dignetur.

Wibaldus abbas Corbeiensis petit, ut dominus papa scribat H. Mindensi episcopo, quatenus sine mora Kaminatensem ecclesiam reconciliet, quam ideo pollutam esse judicavit, quod puer unus monachus, dum in resarciendo tecto ecclesiæ architectis subministrat, de culmine in pavimentum ecclesiæ collapsus est, et ita absque ulla sanguinis effusione exstinctus, quam per anni fere spatium reconciliare noluit. Et quod de parochianis suis Thiderico de Rekelinge ac Reinberto et Thiderico filiis ejus, qui prædia Kaminatensis ecclesiæ invaserunt, justitiam faciat, ut si infra triginta dies post acceptas litteras possessiones non dimiserint, et ablata in integrum non restituerint, excommunicationi eos subjiciat.

Item petit, ut domino A. Bremensi archiepiscopo scribatur, quatenus prædia Kaminatensis ecclesiæ, quæ in terra sua sunt, abbatem retinere adjuvet, et eas præcipue possessiones, quas Juditha abbatissa post depositionem suam alienavit, et invasores nisi infra triginta dies post acceptas litteras resipiscant, excommunicet. Item petit ut in eumdem modum scribatur H. Ferdensi episcopo. Item petit ut duci Saxoniæ in eamdem sententiam scribatur. Item petit ut tam Coloniensi archiepiscopo, quam Coloniensi ecclesiæ districte et dure scribatur, de Juditha abbatissa de Jesika, quæ abbatia est in fundo et parochia Coloniensi, quæ non solum clausa et correcta non est, sed etiam per totam terram cum suis corruptoribus volitat, et bona Kaminatensis ecclesiæ, a qua per bonæ memoriæ Thomam cardinalem apostolicæ sedis legatum deposita fuit, et sententia depositionis a domino papa in synodo Remensi confirmata, quæ nisi deposita aut excommunicata fuerit, nullo modo cessatura est.

EPISTOLA CCXXIX.
H. MORAVIENSIUM AD WIBALDUM ABBATEM.
Optatum ad papam iter ei deprecatur.
(Anno 1150.)

Wibaldo serenissimo domino et Patri suo venerabili sanctæ Corbeiensis ecclesiæ abbati, H. Dei per patientiam Moraviensium id quod dicitur, servitutis cum devotione orationis mutuæ participationem.

Vestræ litteras benignitatis veneratione debita suscepimus ex quibus desiderio quod desideravimus, vos videlicet, quia salvum esse percepimus, gratias divinæ pietati exsolvimus, non enim vestram minus quam nostram sospitatem et prosperitatem desideramus, et ab eo, hæc qui præstare potest precibus, licet indignis, augeri et conservari deposcimus. Quod autem facietenus vestra pietas videre nos tantum desiderat, grates quidem agimus, ipsam tamen proinde quod nos videre non valuit, minime dolere rogamus, cujus præsentiam nostri cordis a memoria nec locorum spatia nec tormenta infirmitatis continua amovere queunt. De cætero quoniam vestræ sublimitatis excellentia pro nobis usque adeo humiliari non dedignatur, quod nostræ verbula parvitatis domino nostro papæ sese velle deferre promittat, ei humiliter inclinamus, et ut vestrum iter angelus Dei comitetur, votis omnibus optamus. Et quoniam impræsentiarum ad prædictum dominum nostrum, quod deferamus, nihil aliud habemus, nostras ei continuas mandari orationculas, infirmitatem quoque vestræ relatione gratiæ insinuari rogamus.

EPISTOLA CCXXX.
D. EPISCOPI PRAGENSIS AD WIBALDUM ABBATEM.
Ad papam profecturo mittit munus, oratque ut sui apud pontificem recordari velit.
(Anno 1150.)

Wibaldo domino et Patri suo reverendissimo Corbeiensis et Stabulensis ecclesiæ abbati, D. licet indignus Dei tamen gratia Pragensium episcopus, cum sinceritate servitii exiguas orationes.

Regalibus vos occupatum negotiis et regali assidentem lateri gratulamur. Hoc enim gratia vestra ex antiquo apud parvitatem nostram multis beneficiis obtinuit, ut profectui vestro congaudeamus. Verum tamen quod litteras vestras omni suavitate et mellita dulcedine plenas mittere dignatus estis, quantas impræsentiarum valemus gratiarum actiones sinceræ paternitati vestræ referimus, et licet corpore disjunctos diversitas locorum separet, nunc tamen præsentia vestra spiritu nostro quotidie præ oculis habita per scripta vestra est renovata. De cætero quia tantam gratiam humilitati nostræ in oculis vestris Dominus contulit, ut in curia quoque Romana nostri memor esse velitis, et inde quidem vobis gratias agentes obnixe postulamus, quatenus immeritæ personæ nostræ memoriam quantulamcunque dignabimini apud dominum apostolicum facere non abnuatis. Præterea quamdam parvulam charitatem sinceritati vestræ transmisimus, rogantes et in Domino obsecrantes ut benevole eam suscipiatis, et ex ea saltem equum servientis vobis ferrare non abnuatis. Honestam ac Deo devotam ac dilectam familiam vestram ex obsequio parvitatis nostræ, dominum quoque cancellarium amicum nostrum salutare dignemini. Orantem pro nobis sinceritatem vestram, nobis multum necessariam, in pace et prosperitate Dominus Deus sanam et incolumem conducat et reducat, et longævo tempore custodiat.

EPISTOLA CCXXXI.
EMELERI MONACHI AD WIBALDUM ABBATEM.
Commendat ei A. præsentium litterarum portitorem.

(Anno 1150.)

Domino vere sancto et omni veneratione digno W. Corbeiensi abbati, frater EMELERI ille humilis et qualecunque vas in domo magni Patrisfamilias cum fraternæ dilectionis obsequio, quidquid potest nostræ mentis affectio.

Si vivis et vales ac .... excitant viscera..... libenter volo et bene..... sanctitatis tuæ personam amare, virorum optime, quia parvitatem meam, sicut ab ore tuo accipere potui, etiam absentem et corporali adhuc facie incognitam propter quædam quæ tibi ab amatoribus mei de me bona dicebantur dilectione tua dignum judicasti, et præsentem postea familiariusque cognitam in omni loco ubi nos duo convenire potuimus, supra vires et merita mea honorasti. Unde desideratissimæ fraternitati tuæ de mea fidelitate indubitanter constare volo quod, ubicunque possum, et boni nominis tui famam augere, et causam tueri libenter faciam et feci, et quotidie facio, quoniam similia a te exspecto. Dominum A. præsentium portitorem litterarum, hominem satis afflictum et bonorum solatiis indigum, pietati vestræ attentius commendo, ut sicut misericorditer cum eo facere cœpistis ita usque in finem juxta quod ejus se causa habet cum eo facere perseveretis. Omnis enim boni principii et recti operis finis expetendus est. De cætero sit vobiscum Dominus et vester Spiritus nobiscum imploro.

EPISTOLA CCXXXII.
H. HAMENBURGENSIS EPISCOPI AD WIBALDUM ABBATEM.
De abbate Resveldensi quem sui monachi expulerant.

(Anno 1150.)

H. sanctæ Hamenburgensis ecclesiæ divina solum misericordia si quid est, dilecto ac venerabili fratri WIBALDO Corbeiensium reverendo abbati, firmam in Christo dilectionem cum salute.

Litteras fraternitatis vestræ ornatu verborum et sententiarum pondere plenas in proximo diligentius perscrutantes, accepimus innotuisse vobis abbatem de Resvelde a sibi subjectis, præposito videlicet et cæteris loci illius fratribus sine ratione ac sine judicio loco et dignitate sua fuisse privatum et expulsum; unde provide quidem satis nobis suggessistis dignitate sua ac possessione eum reinvestiri debere. Sed legum capitula quæ induxistis vera quidem sunt, sed non hac in re locum habentia. Etenim vestræ legationi intererat venerabilis Havellbergensis Ecclesiæ episcopus Anselmus cum universo Ecclesiæ nostræ conventu, intererat abbas Mindensis et Sancinensis cum aliis pluribus abbatibus, et præpositis in quorum præsentia apertissime comprobatum est, multorum attestatione religiosorum, dictum jam abbatem nullam expulsionis passum violentiam. Non igitur loco suo inducta est lex quæ ait, expulsi aut exspoliati rebus suis advocari ad causam nec judicari possunt, quoniam non est privilegium quo exspoliari possint jam nudati, et cætera, quæ altera tantum parte audita intendistis. Sed ars elocutionum rhetorica vitiosum in causis asserit exordium; quod pars vindicare sibi potest adversa, ut cum dicunt, me qui justam causam habeo juvetis, idem pars dicit adversa. Denique vestro interventu eorum deliberationi nos commisimus, qui a vobis et a dominis et fratribus nostris ad nos hac de causa missi fuerant, et sic petitioni vestræ et illorum satisfacientes, diem ei statuimus, quo in præsentia fratrum loci illius res ista vel justitiæ rigore vel misericordiæ tranquillitate, hac tandem pacis in Domino terminetur.

EPISTOLA CCXXXIII.
CONRADI IMPERATORIS AD WIBALDUM ABBATEM.
De H. duce Saxoniæ, qui ad curiam non venerat, sed ducatum Bavariæ invadere conatus fuerat.

(Anno 1150.)

CONRADUS Dei gratia Romanorum rex, WIBALDO Corbeiensi abbati, gratiam suam et omne bonum.

Sanctitati tuæ notum sit, quod nos ex consilio et petitione principum duci H. Saxoniæ ad expostulandam beneficialem justitiam curiam Ulmæ in octava Epiphaniæ indiximus. Ipse vero ad eamdem curiam non solum venire neglexit, verum etiam armata manu ducatum Bavariæ occupare conatus est. Nos itaque debitum regalis censuræ magis quam ejus facta attendentes, aliam curiam ex judicio principum in festo Barnabæ apostoli Ratisbonæ ei præfiximus, querimoniæ ipsius Deo auctore satisfacturi. Cætera nuntius.

EPISTOLA CCXXXIV.
STABULENSIUM MONACHORUM AD WIBALDUM ABBATEM.
Orant ut J. monacho Corbeiensi præteritas noxas indulgeat.

(Anno 1151.)

Reverendo in Christo Patri suo et domino WIBALDO Stabulensis atque Corbeiensis ecclesiæ venerabili abbati, frater Robertus Stabulensis ecclesiæ decanus, et humilis ejusdem loci congregatio, filialem dilectionem et debitam subjectionem.

Cum de salutis vestræ valetudine incertos nos faciat nuntiorum vestrorum ad nos raritas, nihil est, charissime Pater, quod in nostris causis aut solatium aut jucunditatem nobis conferre valeat. Inde est quod aliquando nostri memores Deo pro nostris oppressionibus placationis hostiam et precum sacrificia, ibi semper vestri memoriam habeamus, ubi descendentes et angeli omnipotenti Deo Patri vota uniuscujusque repræsentant et munera. Per hoc enim et aspera plana fieri, et montes et colles credimus humiliari. Cæterum, Pater, de nostrarum rerum statu, Ecclesiæ vestræ habitudine aliqua vohis scribere supersedemus, cum in proximo, id est circa Purificationem beatæ Mariæ et adventus domini regis Lotharingiæ et vester ad nos reditus exspectetur. Interim autem benignitatis vestræ mansuetudini humiliter significamus, quod propter charitatis unitatem et gratiam, quam ad Corbeiensem habemus Ecclesiam, venientem ad nos fratrem vestrum J. Corbeiensis Ecclesiæ filium debita compassione collegimus, et aliquanto tempore nobiscum detinuimus, cui etsi minus impenderimus, quam ejus poposcerit necessitas, tamen fraterne ipsi contulimus, quod pati potuit rerum nostrarum exiguitas. Et quoniam orationis voto completo, ad locum professionis suæ, ad Ecclesiam quæ eum nutrivit et aluit, redire disposuit, sanctitatis vestræ pietatem attente exoramus, quatenus petitionis nostræ interventu et omnium nostrum pro eo humili satisfactione, ita omnem præteriti temporis noxam remittatis ut absque gravioris pœnæ sententia fratrum suorum collegio eum pie restituatis. Sufficit ei namque, Pater charissime, ad omnium excessum suorum veniam hiemis gravis asperitas, et viæ longioris non parva difficultas. Quare iterum atque iterum supplicamus, ut ad misericordiam et requiem ei valeat nostræ petitionis intercessio.

EPISTOLA CCXXXV.
ANSELMI EPISCOPI HAVELBERGENSIS AD WIBALDUM ABBATEM.
Declarat se deinceps residere velle in Ecclesia sua cum fratribus suis, quos laudat.
(Anno 1151.)

WIBALDO venerabili abbati, charissimo sibi, ANSELMUS pauper Christi, orationes quotidianas et obsequium quotidie paratum.

Charissime, scripsisti mihi familiariter et breviter, sed mihi multa de te et de me scire volenti pauca non sufficiunt. Utinam per triduum saltem simul sederemus et in medio nostrorum noster cancellarius sederet, ut mutua collocutione in omnium nostrum notitiam veniret, quod singuli intra se clausum tenerent! Ego quidem iterum jam in alveum cordis mei regressus sum, nec sponte mea de cætero adeo supereffluere disposui, ut ad instar torrentis lutum colligam quo involvar, et cœnulentam turbationem, quam sæpe passus, sum iterum patiar. Quid enim mihi inter molentes, licet alter interdum assumatur, ubi continuus et infinitus est circuitus? quid mihi in agro, ubi licet assumatur, tum vix, unquam deest sol urens et æstus percutiens, seu alia quævis tentationis intemperies. Quinimo in lectulo conquiescam, ubi licet alter interdum relinquatur, tamen alter nequaquam tot tentationibus expositus frequentius assumitur. In præsepio meo Havelberg pauper Christi cum fratribus meis pauperibus Christi maneo (144), ubi alii turrim fortitudinis ædificant a facie inimici, alii sunt in excubiis ad defendendum contra insultus paganorum, alii divinis obsequiis

(144) Ex his quæ narrat hic de fratribus suis seu canonicis Ecclesiæ Havelbergensis, non levis conjectu-

mancipati quotidie martyrium exspectant, alii animas suas Deo reddendas jejuniis et orationibus purificant, alii lectionibus vacantes et sanctis meditationibus insistentes, et sanctorum vitam et exempla imitantes seipsos exercitant, at omnes nudi ac pauperes nudum ac pauperem Christum quantum possumus, sequimur. Satis lusimus, de reliquo res seria agatur. Christus in præsepio, Christus in prætorio: aliter ibi, aliter ibi. Ibi, id est in præsepio jacenti, angeli laudantes concinuerunt; ibi, id est in prætorio ante principes stanti acclamaverunt Judæi: Crucifigatur, crucifigatur. O sigillum divinæ Scripturæ quis mihi aperiet? quis, inquam, nisi Agnus qui occisus est ab origine mundi? Crede mihi, frater charissime, melius et tutius est cum Christo jacere in præsepio et vagire miserias conditionis humanæ, stella nova desuper lucescente, angelis gloriam concinentibus, regibus diversa munerum xenia offerentibus, quam stare in prætorio irridentibus militibus, flagellantibus, conspuentibus, alapis verborum cædentibus, coronam spineam, vere spineam, vere aridam, vere succo æternæ vitæ carentem, vere spineam pungitivam, aculeos detractionis post laudes habentem plectentibus, sole contemplationis divinæ obscurato, terra corporis tremiscente, petra fidei scissa, velo templi diviso. Crede mihi, frater charissime, tutius est in præsepio quam in prætorio. Ibi consolationes, hic terrores. Sufficit; dum enim scribo et longiorem epistolam facere volo, nuntius Maguntini archiepiscopi supervenit, et, datis litteris factaque verborum legatione, eadem hora discessum paravit, et hanc epistolam succidere me coegit, quia nuntium meum statim cum illo mittere me oportuit. Dominum meum ac tuum augustum humillimum, dum circa ipsum es, diligenter custodi, et quia Deus fidelem te et sapientem fecit, fac quod potes et scis, quantum tibi permittitur. Saluta cancellarium nostrum ex Anselmo tuo et suo.

EPISTOLA CCXXXVI.
R. MONACHI AD WIBALDUM ABBATEM.
Reddit rationem de his quæ egerit ad monasterii utilitatem, petitque ab eo præbendam pro consanguineo suo novenni.
(Anno 1151).

Domino et Patri Stabulensi venerabili abbati WIBALDO, frater R., cum orationum devotione obedientiæ bonum.

Quoniam cognosco me servum vestræ sanctitatis, paternitatis filium, dilectionis amicum, memoriam vestri facio assidue in orationibus meis, ut vos Deus omnium, Deus miserationum omnipotens regat semper et protegat, et gratiæ suæ rore irradiet, et quia probatio dilectionis exhibitio est operis, vobis in operibus vestris voluntate condelector et opere. Unde in vacuando cœmeterio novo et aquæ ductu restruendo operam do; capella Beati Nicolai,

ra est eos fuisse regulares, et quidem ut conjicio, ordinis S. Augustini.

gradibus dormitorii superioribus, introitu necessariorum communium, muris pomerii novi non neglectis, mulieris quæ in modico totum jactavit in gazophylacium formam sectans. Verumtamen lecythus olei et hydria farinæ et charitatis et obedientiæ non imminuitur. Nunc quia non in modico restruxistis muros Stabulenses, curandum summopere est, ut ædificentur muri Jerusalem. De statu vestri loci, propter prolixitatem, fratri vestro et nostro præsentium latori secundum opportunitatem temporis digna relatu vobis indicanda reliqui. Cujus studium in filio fratris sui collaudans, ut voluntatem ejus super hoc impleatis, oro, quia in hoc ordinat charitatem in eo, cujus ordinatione perseverat dies : et cum tempus est, operandum est bonum ad omnes, maxime ad domesticos, ut domestici fiant tam fidei quam ordinis et sortis Jesu Christi. Unde ego gratias multiplices agens, vobis pro innumeris beneficiis vestris, quoniam non unam benedictionem . . . .
. . . . et propinquiori cognato meo novennii præbendam et locum apud nos concedatis. Nam etsi non possum, Dei erit retribuere, si ei via et janua fueritis veniendi ad hoc, ut passionibus Christi in monasterio sub habitu monachico per patientiam participet. Frater vester de causa hac fungetur pro me, vestrum est ut respiciatis sperantem in vobis, et manum clementiæ porrigatis cum fiducia supplicanti. Valete.

EPISTOLA CCXXXVII.
STABULENSIUM MONACHORUM AD WIBALDUM ABBATEM.
Orant ut, si fieri possit, ad eos redeat, ut apud regem promoveat querimoniam de Hengebach.
(Anno 1151.)

Reverendo in Christo Patri suo et domino Wibaldo Stabulensi venerabili abbati, humilis sub eo eodem in loco grex Christo militans, debitæ subjectionis et dilectionis reverentiam.

Licet Pater hoc tempore solito rarius vobis nostra scripserit universitas, tamen non ideo minori charitatis ardore circa vestri amorem accendimur, cum toties vos nobis esse præsentem æstimemus, quoties pietatis vestræ studia circa nos et locum nostrum consideramus. Inde est quod salutis vestræ prosperitatem semper optamus, optando desideramus, desiderando exoramus. Salutantes itaque paternitatem vestram, devotissime rogamus, ut si salva gratia domini nostri regis obtineri potest, ad nos redire non abnuatis, quia tam in interiorum cura et ordinatione, quam in exteriorum providentia Ecclesiæ vestræ ac filiis vestris necessaria et utilis præsentia vestra esset. Interim autem supplicamus, ut querimoniam nostram quam domino regi pro illis de Hengebach transmisimus promovere dignemini ; quia nisi districte super ea, quæ jam secundo adversum vos et Ecclesiam nostram perpetraverunt, coerceantur, adhuc graviora committere non timebunt. Cæterum ne animum vestrum majoribus forsitan negotiis intentum schedula longior aut prolixior epistola oneraret, fratri vestro custodi scilicet ecclesiæ, reliqua narranda commisimus, a quo de statu rerum nostrarum et iam de his quæ intus sunt, quam de his quæ foris aguntur, si opportunum fuerit, plenius audire poteritis. Paternitatem vestram ad honorem Ecclesiæ suæ omnipotens Deus incolumem custodiat. De Vilippes, si opportunitas acciderit, petimus, ut mentionem coram rege faciatis.

EPISTOLA CCXXXVIII.
STABULENSIUM MONACHORUM AD CONRADUM IMPERATOREM.
Conqueruntur de Goswino de Hengebach et Everardo ejus fratre
(Anno 1151.)

Gloriosissimo atque invictissimo domino suo Romanorum imperatori Augusto Conrado, humilis Stabulensis Ecclesiæ congregatio, quidquid regiæ majestati tantillus debet ac potest conventus.

Si excellentiæ vestræ, serenissime domine, aliquomodo gratiarum actiones reddere nostra posset exiguitas, id tanto exsequi curaremus attentius, quanto in colligendo Patre nostro Ecclesiæ vestræ, in qua positi sumus, misereri dignemini propensius. Inde est, quod continuis missarum celebrationibus ac vigiliis, assiduis precibus, et eleemosynis Deum pro statu regni vestri, pro utilitate vestra vestrorumque exoramus devotius postulantes, ut is, in cujus manu sunt omnium potestates et jura regnorum, eos qui in sua feritate confidunt, per vos potenter comprimat, quo liberius paci et utilitati Ecclesiarum Dei vestra clementia postmodum providere valeat. De cætero, mitissime domine, quoniam specialius quodammodo protegere eas Ecclesias vestra debet majestas, quæ ab inclytis prædecessoribus vestris imperatoribus sive regibus honestiori cultu et ampliori magnificentia sublimatæ existunt, speciali quadam confidentia ad vos accedere audemus, ubi clementiæ vestræ genibus provoluti, humiliter conquerimur de Goswino de Hengebach et fratre ejus Everardo, qui contra omnem justitiam in die pacis, in festo scilicet apostolorum Simonis et Judæ, sex carratas vini cum animalibus nobis violenter abstulerunt, et pauperes nostros, qui plaustra sequebantur, captos, gravissimis pœnis afflixerunt : super quo cum vestram parati essemus expetere justitiam, tandem causa domini cancellarii, qui damno nostro pie condescendebat, homines nostros pene nudos, et aliquam partem accepti vini atque animalium nobis reddiderunt, promittentes se in brevi tempore coram domino cancellario omnia reddituros. Hac itaque sponsione accepta, hucusque frustratoria spe seducti exspectavimus, nunc demum post longam moram et graves expensas, certi quod nihil ab eis reciperemus, nisi ad hoc per efficacem nuntium vestra regia compellat auctoritas, quod ut facere respectu Dei dignemini suppliciter Ecclesiæ vestræ deposcit universitas.

EPISTOLA CCXXXIX.

JOANNIS NOTARII AD R. PRINCIPEM ET COMITEM RIC.

De fœdere Guelphi cum rege Siculo.

(Anno 1151.)

Charissimis dominis suis R. princ. et comiti Ric., Joannes notarius eorum fidelissimus, salutem et servitutis obsequia.

Per omnia vobis fidelis existens, quæ scio vobis notifico, et in quibus possum servitium reddo. Sciatis itaque Guelphum domini regis Conradi proditorem cum Siculo concordem esse, magnamque pecuniam ab eo accepisse et clam ductu Cencii Frajapani et Gataguefi Romam transiit, homines tamen sui cum quatuor Saracenis et totidem dextrariis Romæ a senatoribus capti et dimissi fuere, qui litteras ex parte Siculi Friderico duci Suaviæ, Henrico duci Saxoniæ, Bertolfo filio ducis Conradi, Conrado duci de Cebering pro damno et guerra domini regis Conradi deferebant, quibus commonebantur et rogabantur a Siculo, ut quæ illis Guelphus de suo proficuo diceret, facerent. Studeatis ergo filio regis et etiam domino regi Conrado et fidelibus suis ista notificare, ut sint inde muniti, et illi capiantur, si fieri potest. Cæterum sciatis quod Cencius Frajapane, quantum potest, vobis nocere studet, et papa ejus consilio, et hoc ita verum est, quod cardinales laudaverunt se coram C. Frajapano, et dixerunt se vos conclusisse, et Græcos Venetiæ tanquam canes et mastinos, ita ut nihil possitis nocere Siculo ex hac parte. Ipse papa nuntios misit ad Siculum pro vestro damno, si cum eo poterit quod vult perficere, et treugas cum eo habet usque ad quadrennium adhuc. Propterea in eo non confidatis, nec de vestris vos aut Græci ei tribuatis, quoniam totum illud amitteretis, et melius foret si sandalia pauperibus aut hominibus vestris dedissetis. Cum senatu igitur et populo Romano conveniatis, quoniam per illos, juvante Deo, vincere poteritis. Græci autem large distribuant sua, quoniam, dicente Salomone : *Pecuniæ obediunt omnia.* Et Siculus in avaritia Græcorum confidit, idcirco tempore opportuno sua disperdit ; ita et ipsi faciant, si vincere volunt.

EPISTOLA CCXL.

WIBALDI ABBATIS AD CONRADUM IMPERATOREM.

Monet nihil ipsi esse timendum, et colloquium apud Cranaha non esse prætermittendum, hostem denique esse persequendum.

(Anno 1151.)

Inclyto triumphatori, et magnifico domino suo Conrado, Dei gratia Romanorum imperatori augusto, frater Wibaldus eadem gratia id quod est in Ecclesia catholica, salutem in eo qui dat salutem regibus.

Licet extra fines Saxonum longiuscule simus positi, et crebris eorum colloquiis interesse non possimus, tamen cum omni studio et instantia sollicite inquirimus, ne forte adversus vestram quietem aliquid quoquomodo agatur. De quibus omnibus, licet capellanus vester Herebertus, qui nuper totam terram peragravit et universa subtiliter perquisivit, vestram possit plenius informare prudentiam ; tamen vestræ celsitudini breviter suggerimus, quod nihil omnino sentire potuimus, quod vestram debeat magnanimitatem commovere. Non deerunt tamen aliqui qui, sub specie firmioris fidei, sub colore propensioris charitatis, quædam horribilia et grandia vestræ sapientiæ proponant, ut hoc tanquam piæ sollicitudinis et præmonitionis titulo emolumentum a vobis accipiant. Sed ingens illa prudentia, quæ ab omnium bonorum largitore vobis abundantius collata est, omnia probabit et quod bonum est tenebit. Nulli vero assensum præbeat vestra majestas dehortanti, quod ad colloquium apud Cranaha non veniatis, quoniam principum vestrorum animi fatigarentur et quamdam argutæ conjecturæ materiam sumerent, quod eos suspectos haberetis, quos toties vocatos videre non velletis. Veniatis autem sicut dominum et imperatorem decet, maxime cum colloquium breve futurum sit, et si cujus fides claudicare videtur, ita instaurabitis, ut si vobiscum in veritate non operatur, tamen ab inimicis vestris ei postmodum non facile credatur. Nullius autem suggestio, nullius blanditiæ, nullius etiam minæ vestram fortitudinem a proposito evertant, quin illum hostiliter invadatis et sub pedibus vestris conculcetis, qui totum imperium vestrum replet mendaciis, et in hoc non sapienter gloriatur, quod contra vos aliud velle vel posse agere existimatur. Per fratrem Joannem diligenter et fortiter admonebitis comitem Herimannum, ut nobiscum efficacius agat, ne cogamur contra voluntatem nostram alia patrocinia quærere.

EPISTOLA CCXLI.

WIBALDI ABBATIS AD H. ARCHIEPISCOPUM BREMENSEM.

Gratias agit quod suum visitaverit monasterium, hortatur ut longiorem apud fratres suos moram faciat, atque armarii codices perlustret, et de futuro apud Mindam episcoporum colloquio.

(Anno 1151.)

Reverendo Patri suo et domino H. sanctæ Bremensis Ecclesiæ venerabili archiepiscopo, frater Wibaldus Dei gratia id quod est in Ecclesia catholica, exiguas orationes et devota servitia.

Gratum nobis valde est et dulce quod monasterium nostrum intrare et fratres nostros visitare et consolari, nostrasque mansiones, quas pro hoc ipso chariores habemus, ingredi, ac nostrum studium laudare dignata est vestra sublimitas ; sed hoc nobis gratissimum et omnino cordi est, quod ad easdem ædes venire, et longiorem inibi habitationem facere, atque armarii (144) nostri non solum volumina, sed etiam schedulas evertere et perscrutari promisistis. Utinam vivamus, utinam videafratres qui lectioni in claustro vacare solebant, in promptu eos haberent.

---

(144) Armarium in monasteriis erat locus in quo servabantur libri in claustro, prope capitulum, ut

mus, utinam pace, quiete et otio frui valeamus, et in his studiis nos invicem exercere, exacuere et aut doceri vel docere possimus! quæ vita tanto esset beatior, quanto esset ad videndum et promerendum propinquior, et ab hujus mundi cœnulenta voragine remotior. Venite igitur et pascite animam vestram, honorate sacerdotium, instruite clerum, firmate ordinem, propagate sacramentum. Sed hæc hactenus. De colloquio episcoporum, quod apud Mindam habere decreveratis, cui etiam nos propter privata negotia interesse vestra benignitate freti disposueramus, utrum futurum sit necne incerti sumus, pro eo quod dominum Patherburnensem et Monasteriensem non venturos illuc fore pro certo cognovimus. Causas equidem et intentionem conveniendi ex-parte audivimus et plurimum in Christo lætamur quod ignis quem Jesus misit in terram, et voluit ut arderet in pectore vestro vehementer accensus est. Sed timemus et timendo dolemus, quod industriam vestram et animi fervorem præsentia tempora non ferant, pro eo quod Apostolus dicit: *Omnes quærunt quæ sua sunt, non quæ Jesu Christi.* Quod si ignis, qui in corde vestro ardet, emicare cœperit, et splendorem ac scintillas emittere veremur, ne verius quam Elias dicere possitis: *Relictus sum solus.* Proinde per præsentem nuntium et per litteras vestras de omni voluntate nostra super hac re certificari desideramus. De abbate Herseveldensi, qui apud nos est, vestrum beneplacitum intelligere optamus, quia non habere et tenere, sed nec etiam diligere aliquem volumus, qui vos et vestra ullo incommodi genere perturbet. Monete amicum vestrum comitem H.(145) diligenter et familiariter, ut ipse ad depellendas injurias nostras, sicut a domino rege in mandatis accepit, efficacius intendat, quoniam et captivi nostri adhuc in vinculis tenentur, et malefactores nostri in suo castro morantur.

EPISTOLA CCXLII.

WIBALDI ABBATIS AD HENRICUM EPISCOPUM MINDENSEM.

Conqueritur de eo quod pacem oblatam et petitam accipere et dare noluerit.

(Anno 1151.)

Henrico Mindensi episcopo, Wibaldus Corbeiensis abbas, spiritu scientiæ et pietatis abundare.

Postquam a colloquio vestro ad monasterium nostrum regressi sumus, et tam fratribus nostris quam aliis fidelibus Corbeiensis Ecclesiæ, quæ apud Hamele gesta sunt, intimavimus, valde mirati sunt et doluerunt, quod Corbeiensis Ecclesia, quæ vos aliquanto tempore et educavit et erudivit, in nostra persona tantum sit a vobis despecta et tam indiscrete tractata. Siquidem mandaveratis nobis primo per præpositum Ecclesiæ nostræ, deinde secundo per Henricum sacerdotem, quod ad pacificum colloquium nos vocaretis, et causam nostram, quæ inter vos et nos jam etiam anno ferre quarto non absque fatigatione magna tractatur, benigno fine terminaretis. Hoc ipsum cum ad vos venissemus in conspectu totius multitudinis, sicut dignitatem vestram decuit, confessus fuistis, sed finis ostendit, quod non ita in opere sicut in sermone exhibuistis. Nam cum tam veraciter quam humiliter innocentiam nostram probavissemus, et de offensa vestra sive jure sive injuria concitata esset, vobis satisfactionem præberemus, non solum non recepistis, sed totum consilium et verbum vestrum in ore laicorum, cum de causa canonica ageretur, posuistis; eorum scilicet, qui personam nostram gravibus contumeliis affecerunt et bona Ecclesiæ nostræ violenter et per sacrilegium diripuerunt; quorum vos communionem imo familiare contubernium et colloquium atque consilium, sicut ecclesiastica docet disciplina, non devitastis. Nos qui scripseramus vobis quod ad pacem veniremus, hoc habentes in corde quod habuimus in ore, pacem vobis obtulimus et opere et veritate; sed quia pax nostra non respondit vobis, poteramus jure nostro pro multis gravaminibus nostris appellasse, nihil verentes quod hoc nobis posset accidere, quod vestro abbati de insula in sua appellatione contigit. Solent enim laici vestri districtis gladiis de appellationibus, quæ ad dominum papam fiunt, judicare, qui nunc in colloquio vestro duces verbi tui fuerunt, ut in nobis compleretur quod per Moysen dictum est: *Et inimici nostri sunt judices.* Illi ipsi vestri homines, vestri parochiani nobis ad vos pacifice tendentibus, et de vestro secreto conductu nobis firmiter promisso confidentibus, nocere tam in persona quam in rebus voluerunt. Propterea non est consilium Ecclesiæ nostræ, ut ad consilium vestrum, sicut condictum fuerat, veniamus, præcipue ne excusationem apud dominum regem habeatis, quod pro causa nostra ad curiam ipsius, ad quam jam tertio ex coæqualium vestrorum judicio vocatus estis, venire supersedeatis. De injuriis vero et damnis quæ nobis ex vestro mandato a vestris inferuntur, videat Deus et judicet, et nos qui hactenus tacuimus et patientes fuimus, tum pro persona reverentiæ vestræ, tum pro honore Ecclesiæ vestræ, quasi parturientes loquemur, et ea quæ pertulimus, vidimus et audivimus in Ecclesia Romana annuntiare curabimus. Siquidem in verbo nostro nulla potuit inveniri tergiversatio, cum electorum judicum, a quibus appellare non licet, sententiam subire vellemus, domini videlicet et Patris nostri charissimi Patherburnensis episcopi, nec non reverendi Monasteriensis episcopi, atque dilectissimi nostri Osnabrugensis episcopi.

EPISTOLA CCXLIII.

WIBALDI ABBATIS AD H. ARCHIEPISCOPUM MOGUNTINUM.

Folcuinum de Sualemberch de ipso et episcopo Pa-

---

(145) Hermannum Corbeiæ advocatum.

therburnensi conquerentem ac tandem obedientem orat ut absolvat.

(Anno 1151.)

Reverendissimo in Christo Patri suo et domino H. (146) venerabili sanctæ Moguntinæ Ecclesiæ archiepiscopo, frater WIBALDUS Dei gratia id quod est in Ecclesia catholica, exiguas orationes et devotum servitium.

Multiplices gratiarum actiones vestræ dignationi referimus, quod nos et liberaliter hospitio recipere, et per vestros humanissime honorare non abnuistis. Nos quoque pro facultate nostra nec immemores nec ingrati fuimus, sed cum omni studio ac diligentia ad completionem vestræ voluntatis et amicorum vestrorum provectum assureximus et instituimus. Cujus laboris fructum vos in vestrorum emolumentis et promotione jam adeptum fuisse inter præcipua gratulamur. Excellentiæ vestræ suggerimus, quod Folcuinus de Sualemberch, multas et amplas possessiones habet a Corbeiensi Ecclesia, et tam ipse quam Pater quondam suus Widekindus fideliter ac familiariter prædecessoribus nostris ac nobis, tum propter vicinitatem, tum propter industriam suam servire consueverunt. Veniens igitur ad nos idem Folcuinus post reditum nostrum a curia, gravem querelam non solum nobis, sed universis episcopis Saxoniæ et aliis principibus deposuit de domino et Patre nostro venerabili B. Patherburnensi episcopo, quod cum dominus episcopus et pastor animæ ipsius existat, eum de grege suo et ovili suo sequestraverit, et alieno judicio contra canones, contra leges, contra morem exposuit, cum se asserat natum et renatum, et synodaliter subjectum Patherburnensis Ecclesiæ, et uxorem potius in sua jura per matrimonium transire, quam ipsum in feminæ leges migrare debuisse, etsi conjux non esset, tamen ad forum rei potius quam ad petitoris agi oportuisse. Porro de vestra sublimitate multa conquestus est quod, cum in causa ipsius judex fueritis, multa et in multis gravamina sit perpessus, et dum se ad justitiam exsequendam paratus esset exhibere, ab armatis fuerit invasus, et tam vitæ quam honoris sui periculum sustinuerit. Nos itaque, adhibito prudentium ac religiosorum virorum consilio, exasperati animi tumorem delinire et componere studuimus, ut Christianam humilitatem reciperet, et legibus divinis ac vestris et episcopi sui mandatis devotius obtemperaret. Quod usque adeo, Deo prosperante, promotum est, ut domino nostro Patherburnensi episcopo juxta consilium nostrum obedienter et humiliter de omni murmuratione et quadam quasi rebellione, quam adversus ipsum habuerat, satisfaceret, et ad promerendam absolutionem, atque ad recipiendam more Christiano legitimam uxorem festinaret. Proinde venerabilem nobis celsitudinem vestram attente rogando monemus, ut quia prædictus noster venerabilis Patherburnensis episcopus sanguini et carni suæ non pepercit, et vobis tanquam Patri suo reverenter, ut justitia in suo ordine procederet, cessit, preces benigne admittatis, et prædictum Folcuinum clementer suscipiatis, et cum ad partes nostras appropinquare cœperitis, uxore ipsius vobiscum adducta, et sibi restituta, eum sanctæ communioni paterne restituatis.

EPISTOLA CCXLIV.

HENRICI EPISCOPI MINDENSIS AD WIBALDUM ABBATEM.
Purgat se ab objectis sibi supra a Wibaldo.

(Anno 1151.)

HENRICUS Dei gratia Mindensis episcopus, WIBALDO Corbeiensi abbati, tam pietatis quam scientiæ repleri spiritu.

Rescribimus fraternitati vestræ, urgente charitate, quæ omnia suffert, non terrore minarum, quas austerius quam deceat intentasti. Confidimus enim in Ecclesia Romana vel in curia regis innocenti præjudicium non fieri, lædentem potius quam patientem sententia judiciaria multari. Nos a vobis læsi dicimur læsisse, cum Deus mihi testis sit, nunquam me, nunquam meorum aliquem mea voluntate seu consilio vel auxilio vobis nocuisse, sed tantum de injuriis nobis illatis fraternam satisfactionem expetivisse. Corbeiensem Ecclesiam, quæ me et educavit et erudivit, neque prorsus despexi, neque indiscrete tractavi, sed veneror et veneraber, injuriarum nostrarum solummodo satisfactionem, sicut expetivi, expeto. Quod vobis per præpositum Adalbertum, per sacerdotem Henricum in sermone mandavi, complessem et opere, si satisfactionem, quæ nostris fidelibus imo et quibusdam vestris plenaria videretur, obtulissetis. Consilium nostrum et verbum de causa canonica non in ore laicorum posuimus, sed pacis componendæ gratia clericorum ac laicorum fidelium, sicut et vos, usi sumus consilio. Violentis et sacrilegis res Ecclesiæ diripientibus nec communicavi, nec communio, quos etiam, si manifestos cognovero, ut inimicos Dei devito. Filii pacis sumus, pacem vobis obtulimus ore, servavimus in corde, pacem quæsivimus, pacem quærimus, nullo vos gravamine gravavimus : unde nec appellatione indiguistis, qua si indigeretis, non verentes appellare, poteratis tanto quidem armatorum cuneo stipatus, ut non facile cederetis etiam præpotenti. Verum nec armatura etiam pro defensione appellationis indiguistis, quia, licet vos hoc dicatis, non solent nostri districtis gladiis de appellationibus, quæ ad dominum papam fiunt, judicare. Laici duces verbi nostri nec sunt, nec fuerunt, nec inimici vestri judices exstiterunt, præsertim cum ibi nullum fuerit exhibitum judicium, sed tantum de pace componenda consilium habitum. Nostri homines, nostri parochiani vobis ad nos tendentibus, si personæ vestræ, si rebus vestris nocere voluerint, testor Deum, quia penitus ignoravi. Con-

---

(146) Henrico cognomento Fideli viro pio, ad quem exstat S. Bernardi epistola 323.

ductum nostrum sicut poposcitis transmisi, et quia sis episcopi. Diem vero colloquii, quæ interposita terminari ea die causa non potuit, omnibus ad sua erat, nullatenus observare possumus ; quia, cum remeare volentibus, quos tardior hora protraxerat, absque misericordia a vobis recesserimus, de præfixa die secundum beneplacitum utriusque par- causa nostra apud quasdam magnas personas tis, qua item ad pacem componendam convenire- agere tempore indicti colloquii disposuimus; quod mus, cum conducto nostro in pace vos dimisi. In- ideo a nostris mediatoribus scienter ordinatum est, jurias et damna nec voluimus nec mandavimus non ut observaremus, sed ne a vobis indecenter et vobis inferri, videat Deus et judicet. Patientiam tanquam hostiliter recederemus.
vestram, quam prætendistis, omnino non experti sumus, sed injurias imo veterибus novas addidistis, quas quilibet in textu scripti vestri poterit legere et audire. Pro eo quod quasi parturientem loqui vos minamini, parcat vobis Deus, et obstruat os loquentium iniqua. Certe noveritis nullius maje- statis audientiam, nullius dignitatis præsentiam me reformidare, quia testis est mihi me simpliciter ambulare.

EPISTOLA CCXLV.
WIBALDI ABBATIS AD HENRICUM MINDENSEM EPISCO- PUM.
Responsio ad præcedentem.
(Anno 1151.)

Domino H. venerabili Mindensi episcopo, WIBAL- DUS Dei gratia Corbeiensis abbas, magni consilii angelum.

Ex litterarum vestrarum tenore cognovimus, quod offensa sit vestra sublimitas ex litteris no- stris, quas proxime ad vos direxeramus, quæ du- riores et asperiores vestræ intelligentiæ visæ sunt, quam mediocritatem nostram scribere convenisset, et vestram celsitudinem accipere decuisset. Quod eruditio vestra sciat eo consilio factum esse, ut quoniam humiliter et pacifice multoties vobis super eodem negotio scripseramus, et nec sermonem pa- cificum, nec pacis effectum receperamus, certa tandem esset vestra prudentia, quod judicem nos adire necessitas cogeret extrema. Absit enim a no- stræ humilitatis proposito ut pontificalem excellen- tiam maxime in persona monasticæ religionis quo- quam temerario vel contumaci eloquio impetere præsumamus. Verum quoniam cædem litteræ ve- stræ nihil certi, nihil finitivi super causa nostra continebant ; nos quoque sicut nihil determinati, ita nihil novi vestræ magnitudini potuimus rescri- bere, cum vobis et Ecclesiæ vestræ viva voce tam per nos quam per honestos et magnos et plurimos intercessores frequenter et instanter obtulissemus, quidquid ad satisfactionem persuadere humilitas, quidquid ad correctionem poterat dictare justitia. De quibus omnibus, si aliquod capitulum eligere et nobis significare vobis complacuisset, sicut in offerendo fuimus devoti, ita in exhibendo essemus parati. Et hoc eruditio vestra indubitanter potuit advertere, quod in verbo et promisso nostro nulla- tenus erat tergiversatio, cum electorum judicium, a quibus appellare non licet, sententiam subire vellemus, domini videlicet et Patris nostri Pather- burnensis episcopi, nec non reverendi Monasterien- sis episcopi, atque dilectissimi nobis Osnabrugen-

EPISTOLA CCXLVI.
HENRICI EPISCOPI MINDENSIS AD BERNARDUM EPISCO- PUM PATHERBURNENSEM.
De causa quæ ipsum inter et abbatem Corbeiensem vertebatur.
(Anno 1151.)

Venerabili domino sanctæ Patherburnensis Ec- clesiæ episcopo BERNARDO, HENRICUS per misericor- diam Dei id quod est in Ecclesia Mindensi, fidelis obsequii devotionem et orationes in Christo assi- duas.

Non potest civitas abscondi supra montem posi- ta, sic et virtus et benignitas, fideique vestræ con- stantia circa nos habita, cum de causa domini ab- batis Corbeiensis et nostra tractaretur, non fuit abscondita et obumbrata, ideoque sublimitati ve- stræ debitas et condignas gratiarum actiones re- ferimus, et obsequii nostri devotionem ad hono- rem vestrum propensius impendere parati sumus. A principio hujus discordiæ vestrum secuti sumus consilium, et cum præfinitum tempus et a vobis constitutæ advenirent induciæ, consilium vestrum nobis erat recipiendum et tenendum, et nihil aliud in corde et opere de præfato negotio machinati su- mus, nisi quod honesto fine et laudabili conclusione omnis controversia per consilii vestri dispositionem deberet terminari. Dum vero meorum fidelium con- silio ad ea quæ erant pacis et charitatis me præpa- rarem, dominus abbas Corbeiensis vester amicus duris scriptis et aspera invectione nos est aggres- sus, per quod dignitas et reverentia vestri nominis, si nobiscum sentitis, nihilominus est læsa et sau- ciata, quia infra datum et a vobis constitutum ter- minum nulla molestia, nulla minarum asperitate nos debuit conturbasse. Super his igitur, sicut ipsi scitis, honorem vestrum providete, et ea quæ nobis fuerint saluberrima, et ad honorem magis spectantia, sicut de charitate vestra confidimus, per præsentem nuntium et per vestra scripta con- sulite.

EPISTOLA CCXLVII.
BERNARDI EPISCOPI PATHERBURNENSIS AD HENRICUM MINDENSEM.
Declarat se paratum esse tractatum pacis ipsum inter et abbatem Corbeiensem resumere.
(Anno 1151.)

Venerabili domino HENRICO sanctæ Mindensis Ec- clesiæ episcopo, B. Patherburnensis Ecclesiæ id quod est, fraterni obsequii et orationis suæ fidelem exhibitionem.

Quia quæ pacis sunt sectari jubemur, et pacificis

æterna beatitudo promittitur : idcirco pacis et bonæ compositionis studio ad sopiendum discordiæ malum, quod inter vos et abbatem Corbeiensem revera amicum nostrum est natum, et cum accessu temporum est augmentatum, cum fratribus nostris laborem nostrum impendimus. Cui licet speratus effectus minime accesserit, tamen quia hunc vestra nobis recognoscit dignatio, valde gaudemus, et ad ipsum, si expedierit, resumendum efficimur promptiores. Consilium autem sanius eo, quod Hamele vobis intimavimus, fratribus nostris Hildeneshemensibus præpositis in eo ipso nobis assentientibus, nunc invenire nequimus, in quo omnium nostrum honori sufficienter provisum esse existimavimus. Vestræ igitur discretionis sagacitati deliberandum relinquimus, vobisque familiaribus scriptis insinuandum, si vel tunc propositam vel aliam competentem reconciliationis viam sustinere dignemini. Quod si a vobis sine ambiguitate cognoverimus, ne videlicet labor noster fiat irritus, si iterato eum assumpserimus, ut dominus abbas ad locum, ad quem tutus ei sit accessus, vobis occurrat, et ut dissensio præsens honestum finem accipiat, quantum poterimus fideliter laborare non cessabimus.

EPISTOLA CCXLVIII.

WIBALDI ABBATIS AD SUOS STABULENSES.

Paternum eis demonstrat affectum, seseque excusat quod ad eos citius non sit reversus.

(Anno 1151.)

Frater WIBALDUS Dei gratia Stabulensis Ecclesiæ servus, ROBERTO venerabili decano et cæteris dilectis filiis Stabulensis Ecclesiæ, benedictionem et vitam usque in sæculum.

Meminit dilectio vestra, quanta vigilantia, quanta dilectione in sublevandis et promovendis rebus dilectæ matris nostræ Stabulensis Ecclesiæ semper intenti fuerimus ; quod etiam deinceps non segniori instantia, in quantum Deus laboribus nostris adesse dignabitur, faciemus. Nam quod ad sublevandas necessitates vestras, mox, ut a servitio domini regis et curia expediti fuimus, transire ad vos distulimus, impedierunt, nos multiplices curæ et gravissimi labores, quos in Corbeiensi Ecclesia suscepimus, ad quam vestro consilio et vestra licentia secundum divinam ordinationem pervenimus, in qua etiam a primo ingressu nostro in laboribus hominum fuimus, et cum hominibus flagellati sumus. Labores quos in eadem Ecclesia graviores sustinemus, sunt de Ecclesia Kaminatensi, de quibus ex parte fraternitas vestra audivit, in quos ex communi fratrum et fidelium Ecclesiæ sententia in innocentia nostra ingressi sumus, sed duras tribulationes pro eodem capitulo sustinuimus, dum ad perficienda quæ inchoavimus, et ad retinenda eadem bona Ecclesiæ devote ac fideliter assistimus, nec ab ea hoc tempore salvo honore nostro aliquatenus recedere possumus, nisi eam in maximis perturbationibus descrere velimus, quod nec vestram fraternitatem velle credimus, nec nostræ honestati congruum scimus. Proinde nobis dilectissimam fraternitatem vestram rogamus, ut moram nostram et absentiam æquanimiter, quemadmodum sæpius consuevistis, ut dilecti filii sufferatis, et defectus nostros in ea charitate, qua nos diligitis, patienter toleretis, et maxime his diebus festis, in quibus major concursus populi et major frequentia apud vos esse solet, ne alicui paupertas vestra appareat, diligentius caveatis. Cæterum præpositum vestrum et cellerarium et ante exitum nostrum a vobis viva voce et postmodum per litteras nostras studiose commonuimus, quatenus cum omni diligentia curarent, ne aliquam negligentiam in præbenda vestra patiamini, quam commonitionem nostram si bene servaverunt, non parvam gratiam sibi apud nos collocaverunt ; si autem neglexerint, non modicum nostram benevolentiam offenderunt. Mandavimus præterea decano, ut si illi neglexerint, ipse tamen non negligat, ac de communi consilio sive de rebus Ecclesiæ sive undecunque possit, si ita necesse fuerit, usque ad reditum nostrum defectus vestros suppleat. Ante omnia autem unanimitatem vestram intime monendo rogamus, ut benevolentia illa, qua nos sæpe portastis, etiam nunc defectus vestros et moram nostram ferre curetis ; quatenus in adventu nostro ad subveniendum necessitati vestræ tanto promptiores et alacriores nos inveniatis, quanto benigniores interim nobis in patientia vestra exhibueritis. Obsecramus etiam universitatem vestram, ut omnipotentis misericordiam super nos et vestram atque Corbeiensem Ecclesiam attentius invocare studeatis, ut ille Pater pius, qui visitat in virga iniquitates nostras, et in verberibus peccata nostra, misericordiam tamen suam a nobis et ab Ecclesiis suis non dispergat.

EPISTOLA CCXLIX.

CONRADI IMPERATORIS AD HENRICUM SAXONIÆ DUCEM.

Ut Corbeienses monachos Kaminatensi Ecclesia gaudere faciat.

(Anno 1151.)

CONRADUS Dei gratia Romanorum rex, H. duci Saxoniæ, gratiam suam et omne bonum.

Recordatur nobilitas tua, quod sæpe post reditum nostrum de Jerosolymatana expeditione diligentiam tuam monendo rogaremus, quatenus Corbeiensem Ecclesiam et fidelem nostrum ejusdem Ecclesiæ abbatem in defensandis et conservandis bonis Kaminatensis Ecclesiæ adjuvares. Volumus etiam industriam tuam meminisse, quoniam advocatiam Kaminatensem, quam nobis habueras, ex vestra petitione de manu Corbeiensis abbatis recepisti, unde ad protegenda eadem loca plus ei debitor esse cœpisti. Eapropter nobilitatem tuam iterum attente monendo rogamus, ut Thiedericum de Rekelinge et filios ipsius de injuria et contumelia, quam præfato abbati in cisdem Lonis irrogant, coerceas, et fratres monachos, quos illi jam secundo ejecerunt, clementer in eodem monasterio recolligas, ac Deo ibidem servire facias. Hoc quoque tuæ prudentiæ notum sit, quod domina illa de Jesika, quæ bona Kaminatensis Ecclesiæ dissipavit, et adhuc dissipare non cessat, ex nostra permissione nequaquam intravit: imo satis miramur tuam et aliorum principum prudentiam, cur talem feminam bona quæ ad servitium Dei Ecclesiæ collata sunt, cum vanis hominibus deperdere et disperdere permittitis. Contra cujus perversitatem et invasionem, qua Ecclesiam invasit, si homines abbatis aliquid egerint, nihil contra jus fecisse videntur, quia, quod nulla lege prohibetur, vim vi repulerunt, ideoque judicamus potius vindictam redundare in malefactores, quam in vindicatores. Omnimodis ergo diligentiam tuam rogamus, ut præfato abbati in conservandis ejusdem bonis strenue assistatis, hoc profecto sciturus, quod si benignus ei pro nostra petitione fueris, nos benignos in tui et amicorum tuorum causis et petitionibus experieris.

EPISTOLA CCL.
CONRADI IMPERATORIS AD WIBALDUM ABBATEM.
Ut Corbeiæ remaneat usque ad festum S. Jacobi.
(Anno 1151.)

CONRADUS Dei gratia Romanorum rex, WIBALDO abbati Corbeiensi, gratiam suam et omne bonum.

Quoniam tuæ discretionis consilium in quibusdam negotiis nostris tractandis necessarium habemus, rogamus te, ut circa Corbeiam usque ad festum S. Jacobi permaneas, et legatum tuum idus Julii Rothenburg ad præsentiam nostram dirigas, per quem voluntatis et propositi nostri certitudinem tuæ dilectioni demandabimus.

EPISTOLA CCLI.
EUGENII PAPÆ III AD WIBALDUM ABBATEM.
Ut Godeboldum canonicum Mindensem excommunicet, nisi ablatam Everardo Ecclesiam de Homeringen restituat.
(Anno 1151.)

EUGENIUS episcopus, servus servorum Dei, dilecto filio WIBALDO Corbeiensi abbati, salutem et apostolicam benedictionem.

Lator præsentium, Everardus, jam quinquies ad nostram accessit præsentiam, etc. *Vide in Eugenio III papa, ad ann.* 1153.

EPISTOLA CCLII.
WIBALDI ABBATIS AD GODEBALDUM CANONICUM MINDENSEM.
Ut ablatam Everardo ecclesiam de Hemeringen, ei restituat, alioquin excommunicatum a solo papa absolvendum denuntiat.
(Anno 1151.)

WIBALDUS Dei gratia Corbeiensis abbas, GODEBALDO Mindensi canonico, magni consilii angelum.

Reverendus Pater et dominus noster papa Eugenius, parvitati nostræ per scripta sua injunxit, ut te commoneamus, quatenus ecclesiam beati Petri de Hemeringen, et alia per te vel submissas personas latori præsentium Everhardo ablata infra viginti dies post acceptam admonitionem nostram cum integritate restituas, et cum de cætero in pace possidere permittas. Quod si facere contempseris, ex tunc te excommunicatum publice denuntiamus, nec a vinculo excommunicationis posse absolvi, donec pro tanta rebellione venias ad domini papæ præsentiam responsurus. Eam commonitionem, sicut jussi sumus, tibi per præsentiam facimus, et insuper exemplum litterarum domini papæ, quas pro hac causa nobis scripsit, tibi considerandum transmisimus: hortante in Domino fraternitatem tuam ut, famæ et quieti tuæ providens, et prædicto Everhardo satisfacere et reconciliari non negligas. Arripe occasionem, et fac de necessitate virtutem. Sciat dilectio tua, quod nos ista non quæsivimus, sed non obedire nequaquam possumus. Et sicut tibi, ita et nobis durum est contra stimulum calcitrare.

EPISTOLA CCLIII.
EUGENII PAPÆ III AD WIBALDUM ABBATEM.
Laudat ejus in Romanam Ecclesiam zelum, atque in ejus gratiam scribit Mindensi episcopo et Bremensi archiepiscopo.
(Anno 1151.)

EUGENIUS episcopus, servus servorum Dei, dilecto filio WIBALDO Corbeiensi abbati, salutem et apostolicam benedictionem.

Litteras dilectionis tuæ, etc. *Vide in Eugenio.*

EPISTOLA CCLIV.
EUGENII PAPÆ III AD HENRICUM MINDENSEM EPISCOPUM.
Kaminatensem Ecclesiam propter inopinatum casum et mortem cujusdam monachi reconciliatione non indigere, et ut ablata eidem ecclesiæ restitui faciat.
(Anno 1151.)

EUGENIUS episcopus, servus servorum Dei, H. venerabili fratri Mindensi episcopo, salutem et apostolicam benedictionem.

Pervenit ad aures nostras, etc. *Vide in Eugenio.*

EPISTOLA CCLV.
EUGENII PAPÆ III AD H. BREMENSEM ARCHIEPISCOPUM.
Commendat ei Wibaldum abbatem, et ut ablata Kaminatensis Ecclesiæ prædia restitui faciat.
Anno 1151.)

EUGENIUS episcopus, servus servorum Dei, H. venerabili fratri Bremensi archiepiscopo, salutem et apostolicam benedictionem.

Episcopalis officii est, etc. *Vide in Eugenio.*

EPISTOLA CCLVI.
CONRADI IMPERATORIS WIBALDO ABBATI.
Ut ad Romanam legationem se disponat.
(Anno 1151.)

CONRADUS Dei gratia Romanorum rex, WIBALDO Corbeiensi abbati, gratiam suam et omne bonum.

Postquam a nobis recessisti, fideles nostri de curia Romana sæpius nos tum per scripta, tum per privata colloquia sua commonuerunt, ut nuntios nostros ad dominum papam et in urbem pro regni negotiis ordinandis, dirigamus. Dominus quoque papa in litteris suis, quas novissime ad nos transmisit, asserit se nuntios principales, quemadmodum jam altera vice in litteris nostris promisimus, exspectare, qui inter nos et ipsum de provectibus Ecclesiæ et regni promovendis efficaci consilio proficiant. Quoniam vero virtus tua in negotiis Ecclesiæ et regni exercita enituit, et de tuo circa nos charitatis affectu certi sumus, regni utilitas poscit, et nostra voluntas ordinavit, ut nostræ dilectionis obtentu, una cum cancellario nostro legationis hujus laborem assumas. Rogamus igitur obnixe, ut in Nativitate beatæ Mariæ ita præparatus Nuremberch venias, ut in legatione illa peragenda procedas. De injuria vero de Mindense episcopo et Thederico tibi illata, quid fecerimus, Heribertus capellanus noster plenius tibi referet.

EPISTOLA CCLVII.
EUGENII PAPÆ III AD CONRADUM IMPERATOREM.
Gratam habet ejus legationem, in qua res Ecclesiæ et regni firmentur. Morbacensis monasterii negotium commisisse se episcopo Lausanensi, et de Ottone qui clerici nasum amputaverat.
(Anno 1151.)

EUGENIUS episcopus, servus servorum Dei, charissimo in Christo filio CONRADO, illustri et glorioso Romanorum regi, salutem et apostolicam benedictionem.

Quod per sublimes legatos, etc. *Vide in Eugenio.*

EPISTOLA CCLVIII.
H. NOTARII AD WIBALDUM ABBATEM.
Cur brevius ei scribere soleat
(Anno 1151.)

Domino suo WIBALDO Corbeiensi abbati, H. regiæ curiæ notarius, servitium servi.

Arguit me prudentia vestra quod breviter vobis scribere consueverimus. Unde paternitas vestra non miretur, sive enim præsenti sive absenti vobis loqui cœpero, impeditioris et tardioris linguæ, et pene mutus efficior. Quem enim indeficiens eloquentiæ vestræ torrens non deterreat? est et alia causa, quæ succincte me vobis loqui compellit : multa quidem intelligo, sed quia ad utrumlibet scilicet ad esse vel non esse se habent, et de nullo certum vos reddere possum, superficie verborum serenitatem animi vestri pulsare reformido. In gratia, quam super fratre meo mihi promisistis, confisus, eumdem ad respectum gratiæ et dominationis vestræ transmitto. Theodericus de Riclinge, in præsentia domini regis de injuria, quam vobis intulit, graviter pulsatus, et a rege multum increpatus promisit, ut pro respectu gratiæ vestræ recuperandæ de cætero vobis servire velit.

EPISTOLA CCLIX.
G. CARDINALIS AD WIBALDUM ABBATEM.
Laudat ejus in Romanam Ecclesiam zelum, etc.
(Anno 1151.)

G. Dei gratia sanctæ Romanæ Ecclesiæ diaconus cardinalis, dilecto ac venerabili fratri WIBALDO Stabulensi abbati, salutem et dilectionem.

Comparata nobis vestræ dilectionis in brevi collocutione notitia, et probitatis et industriæ vestræ multis argumentis nobis probata experientia, ita animum nostrum vestræ fraternitati reddidit affabilem et benignum, ut sim ego unus, quo cum omnia at vobiscum tutissime loqui possitis, vel si quid est, quod constitutæ inter nos amicitiæ vel brevitate temporis, vel non adhibita hucusque verborum sponsione, videatur deesse, id sine dubio suppleri credatis fervore dilectionis et indissolubili vinculo charitatis. Affectuosam vero sollicitudinem, quam erga matrem vestram sanctam Romanam Ecclesiam usque modo vos habuisse et assidue habere litterarum vestrarum series nobis manifeste declarat, debito benignitatis favore laudamus, et filialem devotionem vestram solito pietatis officio matri vestræ sanctæ Romanæ Ecclesiæ subsidiaria ferre obsequia vera in Domino charitate rogamus. Illud vero quod a domino Conrado serenissimo rege per quasdam religiosas personas præquisitum fuisse significastis, sciatis de domini papæ voluntate vel conscientia nullatenus processisse, præsertim cum sciamus hominem illum, de quo mentionem fecistis, nihil honorificentiæ regii culminis exhibiturum nisi adventum regium in Tuscia vel in Romania jam certo certius persentiret, nec Romanæ Ecclesiæ expediret, ut ea exclusa tales personæ super tanto negotio convenirent. Sed si ad partes Italiæ, regium culmen divina providentia traxerit, tunc sancta Romana Ecclesia commode et honeste se interponere poterit, et domino nostro regi Conrado preces et quasi violentiam inferendo, illum vero minis et terroribus conveniendo, quidquid pium, quidquid sanctum, quidquid regiæ magnificentiæ dignissimum fuerit, sine ulla dubitatione poterit terminari.

EPISTOLA CCLX.
WIBALDI ABBATIS AD CONRADUM IMPERATOREM.
Excusat se a suscipienda propriis sumptibus legatione Romana.
(Anno 1151.)

Inclyto triumphatori domino suo CONRADO, Dei gratia glorioso Romanorum imperatori augusto, frater WIBALDUS eadem gratia id quod est in Ecclesia catholica, salutem in eo qui dat salutem regibus.

Venit ad nos Corbeiam capellanus vester Heripertus cum vestræ dignationis litteris, quæ hoc continebant, quatenus in Nativitate sanctæ Mariæ Nuremberch, ad vestræ celsitudinis præsentiam veniremus ita expediti et parati, ut cum cancellario vestro legationem vestram ad dominum papam et ad urbem perferremus. Et licet nos multas injurias et gravia damna non solum toto præterito anno, sed etiam ad præsens in contumeliam regni et nostram sustineremus, tamen jussionibus vestris tam ex debito, quam ex devotione obtemperare studuimus, et in vigilia beati Laurentii de Corbeiensi monasterio egressi, magnis itineribus versus Ecclesiam Stabulensem tetendimus, quæ multis rapinis, incendiis et aliis vexationibus conquassata, et attrita erat propter dissensionem quæ fuit inter Leodiensem episcopum et advocatum ecclesiæ nostræ et comitem de Monte Acuto. Venientes itaque Coloniam ad venerabilem cancellarium vestrum, multa familiariter ac diligenter contulimus de opportunitate itineris nostri, de utilitate legationis nostræ, et non videbatur nobis pro parvitate ingenii nostri, quod juxta qualitatem hujus temporis et rerum vestrarum statu hoc tempore hanc legationem fieri oporteret, maxime cum incertum sit, quidnam rerum comes Alexander de Gravina ab imperatore Græcorum referat. In ea igitur seria collatione, cum quid melius inter omnia esset, eligere tentaremus, audivimus a vestro cancellario, quod vestræ voluntatis esset, ut nostris propriis sumptibus in hoc itinere serviremus. Verum, clementissime imperator, bene novit vestra serenissima majestas, quod a principio imperii vestri publicis laboribus vestris nunquam defuimus, sed tam in persona quam in substantia vobiscum semper et pro vobis, absque vobis frequenter non sine gravi impensa militavimus, quod etiam nunc facere desideraremus, si tenuitas rerum nostrarum ullo modo pateretur. Sed cum in partibus Saxoniæ per totum fere annum grandes expensas propter nostrorum dissensionem et rapinas Thiderici de Rikelinga fecerimus, nullo modo juxta nominis vestri excellentiam et legationis hujus pondus officium hoc arripere potuimus. Non itaque indignetur bonitas vestra humilibus famulis vestris semper et ubique ad servitium vestrum paratis, si hoc modo non implemus, quod implere nequaquam sufficimus, sed cum vel solus cancellarius vel cum eo Constantiensis vel Lausannensis vel Basiliensis hac legatione possint apte fungi, nos bona venia quiescere et suscepta damna resarcire permittatis. Nam apud Corbeiam de verbo sumptuum itineris a nobismetipsis in hac legatione exhibendorum nec per litteras vestras, nec per nuntium aliquid intelleximus. De Mindensi episcopo suppliciter exoramus, ut ei vestram gratiam conferatis.

EPISTOLA CCLXI.
WIBALDI ABBATIS AD ARNOLDUM PRÆPOSITUM COLONIENSEM.

Exponit quantas jam expensas pro imperatore et ejus imperio fecerit.

(Anno 1151.)

Charissimo domino et amico suo A. venerabili sanctæ Coloniensis Ecclesiæ venerabili præposito, regiæ curiæ cancellario, frater WIBALDUS Dei gratia id quod est in Ecclesia catholica, seipsum et sua universa.

Sicut apud vestram celsitudinem ex parte deploravimus, satis dolendo miramur, utrum ex animo serenissimi augusti sit, an eorum qui principem consilii locum apud ipsum tenent, suggestione fiat,

quod divitiæ nostræ tantæ et tam amplæ sibi videantur. Primo enim post reditum suum misit nobis Rogerium de Ariana, ut ei vestes et arma pro suæ dilectionis reverentia præberemus. Quod nos studiose facientes, non minorem quam viginti marcarum impensam fecimus. Deinde vocati venimus ad curiam Frankenevort nostra et vestra expensa non pauca. Postmodum jussi venimus. Bavemberch in comitatu magno, et fuimus in curia decem fere septimanis, et licet a clementissimo principe liberaliter et honestissime detenti fuerimus, tamen nobis credite, quod in toto illo tempore, quo a Corbeia abfuimus, quadraginta marcas argenti de nostro expendimus. Sed dicitur, quod trecentas marcas, quas ei debebamus, nobis remiserit. At secundum conventiones et pacta nostra nec ei illas trecentas debuimus, et plusquam ducentas persolvimus, ea necessitate, quod debitam et promissam justitiam, sicut in conditionibus nostris fuit, ab ipso non accepimus. Præterea, charissime mi amice, non est nobis incognitum, quod alii fratres et coabbates nostri in regno serviant, et non solum nobis pares, sed etiam superiores sunt, qui portavimus pondus diei et æstus, quorum animam sæpe pertransivit gladius. Sed missa isthæc faciamus : non esset honestum domino nostro et ipsius imperio et nostræ parvitati, ut in tanta legatione exiliter appareremus. Sed quia timemus ne in hoc mandato a nobis non impleto aliqua indignationis occasio quæratur, malumus in asino uteunque transire, quam in hujus mandati cessatione tantum tempus in devotissimis obsequiis expensum amittere. Et felices labores nostri, qui de impossibili offensam merentur, cum Ecclesia nostra ex eis grande non susceperit emolumentum.

EPISTOLA CCLXII.
CONRADI IMPERATORIS AD WIBALDUM ABBATEM.

Legationem ad papam per alium quam per ipsum et suum cancellarium obiri non posse.

(Anno 1151.)

CONRADUS, Dei gratia Romanorum rex, WIBALDO abbati Corbeiensi gratiam suam et omne bonum.

Negotia quæ nobis cum domino papa conveniunt, per alias personas, nisi per tuam et cancellarii nostri discretionem, tractari non possunt. Præterea in processu legationis hinc ex parte fratris nostri imperatoris Constantinopolitani, inde etiam ex parte ROGERII (447) negotia se offerunt, in quibus tractandis aliquas personas præter vos admittere nec volumus nec possumus. Multas injurias et gravia damna, quæ non solum toto anno præterito, sed etiam ad præsens in contumeliam regni et nostram sustines capellano tuo H. referente ad plenum intelleximus, et tempore opportuno in his complanandis pro debito nostro tibi assistemus. Rogamus igitur et certi esse volumus quod laborem legationis nostræ ad dominum papam cum cancellario assumas, et in festo Sancti Michaelis Ratisbonæ cum ipso

---

(447) Regi Siciliæ qui Conrado valde contrarius erat.

præsentiam nostram adeas. Expensas itineris, quas per te habere non potes, positis vadimoniis tuis accredas, quas nos, Deo annuente, quamprimum accepta opportunitate redimere parati sumus.

EPISTOLA CCLXIII.
WIBALDI ABBATIS AD ARNOLDUM COLONIENSEM PRÆPOSITUM.
Scribit necessario subeundam esse legationem Romanam, et ut diem, qua ipsum convenire queat, indicet.
(Anno 1151.)

Charissimo domino et amico suo A. sanctæ Coloniensis Ecclesiæ majori præposito, regiæ curiæ cancellario, frater WIBALDUS Dei gratia id quod est in Ecclesia catholica, se et sua universa.

Tenorem litterarum domini nostri regis tam ex nostro nuntio quam ex capellano ejusdem domini nostri, sicut accepimus, plane intellexistis. Porro nos licet in hac re et in Saxonica terra maximis et gravissimis curis coarctemur, licet fratres nostros in defectibus pene intolerabilibus relinquamus, tamen ne imputetur nobis quod honor et dignitas et provectus Romani imperii per nos impediatur aut retardetur, parati sumus voluntati domini nostri satisfacere, etsi non secundum regiæ dignitatis excellentiam, tamen pro possibilitatis nostræ prompta et abundanti benevolentia. Tutius enim hoc tempore et salubrius esse nobis judicamus, utilitatem fratrum nostrorum postponere, et Ecclesias nostras in periculoso discrimine relinquere, quam non obediendo domino charissimo, iram, quam non meruimus, incurramus, et tot devota servitia, quæ sæpe et pene assidue in regalibus aulis exhibuimus, tam repente amittamus. Ibimus, itaque, ibimus, non sicut decet regiam majestatem, sed sicut de domo nostra quodammodo expulsi et exsules, parvis sumptibus et paucis contenti comitibus. Significare itaque dignetur nobis vestra benignitas diem qua ad vos veniamus ita parati, ut ad curiam nobis condictam vobiscum transeamus. Volumus enim in hoc itinere, et in hac legatione sicut et semper devoti vobis in omnibus existere. Per præsentem itaque nuntium scriptis vestris super hoc nos certificare curetis. Credimus autem, cum dominus noster tam instanter et attente nos mittere decreverit, quod aliqua magna et regno utilia ex nostra legatione provenire debeant.

EPISTOLA CCLXIV.
CANCELLARII AD WIBALDUM ABBATEM.
Excusat se iterum a suscipienda legatione Romana.
(Anno 1151.)

Cancellarius domino abbati.

Voluntatem quidem domini mei tam ex nuntiis quam ex litteris ejus audivi, sed impossibilitatem meam ego solus cognovi. Ne igitur longam in scribendo moram faciam, et per singula, quæ mihi impedimento sunt, vagari incipiam, breviter finem rei vestræ dilectioni aperio. Si vobiscum Romam hoc tempore iturus essem, oporteret me omnibus quæ possideo renuntiare, et tunc solum et nudum proficisci. Nulla enim dies est qua a fratribus et claustro abesse possim vel audeam, cum nec curtes eorum, vel villici annonam vel servitia aliqua eis persolvant; verum de quæstu meo vivunt. Vinum, sicut ipsi scitis, in tota terra defecit, ipsi autem plagam et manum Dei non attendentes a me illud requirunt, commonitum itaque vos et exoratum esse volo, quatenus apud Dominum meum, cujus mandato nunquam non obtemperavi me fideliter excusatum habeatis, quia vos legationi huic solus sufficitis, nec ego vobiscum aliud agerem, nisi sicut nuntius apparerem, nihil agens, nihil in præsentia vestra loquens, et si loquerer imperitiam meam ostendendo, quasi sorex indicio meo perirem. Si vero quindecim dies post festum beatum Remigii me exspectare velletis, et ego me interim expedire et præparare valerem, dominum meum vobiscum adirem, et quidquid facturus essem, salva ejus gratia fieret. Valete.

EPISTOLA CCLXV.
WIBALDI ABBATIS AD A. CANCELLARIUM.
Hortatur ut superatis difficultatibus suscipiant legationem Romanam.
(Anno 1151.)

Charissimo domino et amico suo A. venerabili cancellario, frater WIBALDUS Dei gratia id quod est, seipsum et sua omnia.

Verba quæ scripsistis nobis de difficultate egressionis vestræ et præparationis ad iter Romanum, nostra procul dubio sunt, et quæ conditio nobis sit in ecclesiis nostris, aut quæ possibilitas hoc tempore relinquendi fratres nostros, vos in vestris fratribus consideratis, cum videamus jam præ oculis imminentem fratribus nostris, non dicam caritatem annonæ, sed duram inopiam maximæ sterilitatis. Licet igitur impium nobis esse videatur relinquere fratres nostros sub periculo famis et inopiæ, ex altera tamen parte durum nobis esse videmus iram principis incurrere, et una vice mandatum ejus prætereundo omne servitium, quo ei et regno unquam servivimus, subito perdere; angustiæ quidem sunt undique, sed melius nobis est hoc tempore, ut res nostras sub discrimine relinquamus, quam offensam domini nostri regis, non satisfaciendo voluntati ejus, incurramus, et gratiam ipsius, pro qua jam per multos annos laboravimus, per aliqua negligentia modo perdamus, et res imperio vel imperantis honori opportunas atque sanctæ Ecclesiæ proficuas, aliquatenus retardemus. Quod vero scripsistis nobis, quod nos soli ad hanc legationem sufficeremus, et vos loco comitis in eadem legatione constitutum reputastis, non ita erit, sed vos in hac legatione major et dignior estis, quia vel Coloniensis vel Moguntinus, quia claves regni vos habetis et summam consilii in regno vos regere debetis, unde etiam nos comites et fideles famulos in obsequio vestro habebitis. Quia igitur jussio regis urget, et si male possumus, tamen ibimus, ut voluntati ejus satisfaciamus, et personam nostram ad voluntatem illius laboribus et periculis exponimus. Quoniam vero pueros nostros, quos in hoc itinere habebimus, adhuc de Saxonia vocabimus, rogamus, ut diem certum designetis, quo ad vos usque Rintorp veniamus ita parati et expediti, ut una vobiscum ad dominum regem progrediamur. Quam videlicet diem designandam neminem nisi vestram schedulam scire volumus. Nam de quindecim diebus post festum Remigii, quibus nos exspectare rogatis, gratum habemus, quibus ad voluntatem vestram etiamsi paulo plus exspectaveritis, nos libenter exspectabimus, ita tamen ut hoc caveatis, ne tempus eundi usque in asperam hiemem protrahamus. Cæterum nunc vestræ operæ incumbit, ut quemadmodum per nuntium nostrum nos jam fecimus, ita et vos per nuntium vestrum tam nos quam vos, quod præfixa die ad curiam non veniamus, apud dominum nostrum regem diligenter excusare curetis.

EPISTOLA CCLXVI.
WIBALDI ABBATIS AD HENRICUM MINDENSEM EPISCOPUM.
De amborum reconciliatione mutua.
(Anno 1151.)

Reverendo in Christo Patri et domino H. sanctæ Mindensis Ecclesiæ venerabili episcopo, frater WIBALDUS Dei gratia Corbeiensis abbas, exiguas orationes et devotum servitium.

Venientes ad nos dilecti filii vestri venerabiles fratres nostri, D. Warnerus majoris ecclesiæ vestræ præpositus, et magister Conradus nuntiaverunt nobis a paternitate vestra verbum bonum, verbum consolationis, quod videlicet ira vestra adversum nos versa esset in misericordiam, et procellam maximæ commotionis Dominus, qui mari imperat et ventis, statuisset in auram. Lætati sumus itaque in his quæ dicta sunt nobis, quippe qui a longis retro temporibus desiderio desideravimus probari posse vestræ sublimitati nostram innocentiam, nostramque circa vos et circa sanctam Mindensem Ecclesiam devotionem et reverentiam. Siquidem prænominatus præpositus vester Warnerus firmavit nobis coram fratribus nostris et consacerdotibus a vestra persona et Ecclesiæ vestræ conserta manu sua in manum nostram, certitudinem et fidem in animam vestram et suam, quod fratres nostros, qui Kaminatæ modo sunt, vel postmodum futuri sunt, sicut subditos vestros et filios spirituales diligeretis, nec nobis aut ipsis, quod absque vestra permissione introierint, de cætero imputaretis, sed eos et bona Kaminatensis Ecclesiæ, quæ in vestro episcopatu posita sunt, debita et canonica justitia fovere et protegere ac manutenere velletis. De injuria vero et offensione, qua vos et Ecclesiam Mindensem læsisti insimulati sumus, querelam de cætero non faceretis, sed reconciliationem nostram in consilio dominorum nostrorum episcoporum videlicet Patherburnensis, Monasteriensis et Osnabrugensis poneretis. Et si unus quidem ex eis vel certe duo adesse non potuerint, totum verbum nostrum in

voluntate et ordinatione domini nostri Patherburnensis episcopi dimitteretis. Nos quoque de cætero paternitati vestræ et Ecclesiæ Mindensi devote servire parati erimus, et officiositate nostra omnem commotionem, quam adversum nos habuisse dicebamini, per misericordiam Dei delinire studebimus, ut ubi abundavit discordia, superabundet charitas et gratia. Nam quia jam domini nostri regis offensam vos incurrisse propter nos doletis, omnem indignationem ejus, quam propterea habet adversum vos, ad purum vobis mitigare et serenare diligenter laborabimus, et omnes causas vestras non inferiori studio quam nostras provehere et ad effectum perducere, si non dedignamini nobis eas insinuare, deinceps studebimus. Denique, si nuntium vestrum et litteras excusatorias ad dominum nostrum regem in Nativitate beatæ Mariæ ad curiam Nuremberg, ad quam vocaverat vos, transmiseritis, hoc apud eum elaborabimus quod clementer vobis rescribet, et iram simul et indignationem, quam pro nobis adversum vos habuit, tam per litteras suas quam per nuntium vestrum vobis benigne remittet. Quia etiam in legatione domini regis ad dominum papam impræsentiarum transibimus, hoc quoque vestræ excellentiæ firmamus, quod contra honorem vestrum et Ecclesiæ vestræ nihil cum domino papa tractabimus; sed si dominus papa scripserit vobis pro querela nostra, talia ad vos scribi faciemus, quæ cogent vos facere justitiam de invasoribus rerum nostrarum, et tamen quietem vestram et pacem Mindensis Ecclesiæ non perturbabunt. Hoc quoque in hac compositione comprehensum fuit, ut si Deus infra spatium hujus moræ nos de hoc sæculo vocaverit, Corbeiensis Ecclesia et successor noster, quem Deus in eadem post nos ordinaverit, in eadem pace et concordia, quæ præscripta est, vobiscum et cum sancta Mindensi Ecclesia fide inviolata consistat. Eadem quæ præpositus Warnerus Corbeiæ nobis coram fratribus nostris data fide in manum nostram spopondit et firmavit, magister Conradus apud Patherburnam domino episcopo Bernardo, coram Ecclesia sua data fide in manum ejus pro vobis in animam suam firmavit, et uterque eorum per osculum pacis suæ, quod nobis dederunt, præpositus quidem Wernerus Corbeiæ, magister vero Conradus apud Patherburnam, reconciliationem vestram et amicitiam nobis reddentes confirmaverunt.

EPISTOLA CCLXVII.
CONRADI IMPERATORIS AD HENRICUM EPISCOPUM MINDENSEM.
Gratum habet quod in pace cum abbate Corbeiensi redierit, eique remittit omnem quam incurrerat offensam.
(Anno 1151.)

CONRADUS Dei gratia Romanorum rex, H. venerabili Mindensi episcopo, gratiam suam et omne bonum.

Gratias mansuetudini nostræ egit fidelis noster Corbeiensis abbas tam per litteras, quam per nun tios suos, quod ob nostræ dilectionis et mandati reverentiam omnem commotionem, quam adversus eum et Ecclesiam ejus habueras remisisti, et monachos ipsius, quos in Kaminatensi Ecclesia ordinaverat, in gratiam et pacem tanquam pius Pater et bonus pastor recepisti, et de cætero te illos velle fovere et canonica justitia defensare firmiter promisisti. Quod licet morosius et serius effeceris, quam tuæ industriæ injunctum fuerit, tamen pergratum habemus, et experientiæ tuæ summopere injungimus ut eumdem abbatem honores et diligas, et in omni opportunitate sua tam de Kaminatensi Ecclesia, quam de aliis rebus consilium ei et opem feras, et præcipue contra Thidericum de Rikelinga, qui, postposito Dei timore et nostra ac regni reverentia, prædictum abbatem et Ecclesiam suam perturbat et infestare præsumit. Ob hoc siquidem omnem indignationem et offensam nostram, quam juste merueras tibi clementer remittimus, atque a vocationibus et judiciis in te super hoc promulgatis absolvimus.

EPISTOLA CCLXVIII.

HENRICI MINDENSIS EPISCOPI AD WIBALDUM ABBATEM.

Excusat Godeboldi innocentiam, quam Everardus presbyter de Hemerim, impetebat.

(Anno 1151.)

Domino sanctæ Corbeiensis Ecclesiæ reverendo abbati WIBALDO, HENRICUS per misericordiam Dei Mindensis Ecclesiæ episcopus, assiduas in Christo orationes et fidelis obsequii devotionem.

Magistri Godeboldi dilecti fratris nostri vitæ innocentiam, et totius habitus sui rectitudinem vestræ discretionis auribus ex veritatis experimento testificari possumus, et de importuna querimonia, quam adversus eum Everardus presbyter de Hemerin injuste suscepit, multo libentius et plenius vobiscum viva voce quam per scripta tractatum haberemus, si locus et tempus mutuis verbis accommodatum fuisset. Quoties enim prædictus Everardus presbyter a domino papa litteras nobis apportavit, nos parati fuimus ei justitiam facere, et magister Godeboldus coram nobis et tota Mindensi Ecclesia suam expurgationem canonice obtulit, quod nec per se vel submissas personas illius bona unquam diripuisset, et hoc ex nostro testimonio certum habeatis, quod eamdem expurgationem coram domino papa jamdudum obtulisset, si continuæ infirmitatis imbecillitas non obstitisset. Nuper vero auditis litteris domini papæ, quas idem Everardus attulit, et vestræ serenitatis commonitione superaddita, ut pax et finis laboris ad prænominatas perveniret personas, presbytero Everardo tria taliter pro amore et quiete fratris nostri Godeboldi persolvere voluimus, et de aliis personis, a quibus conqueritur sua bona distracta ecclesiasticam nos facturos justitiam promisimus, ex quibus nullam partem pro consilio nostro contingere voluit, sed repetita querimonia sedis apostolicæ justitiam se expetiturum affirmavit. Sed quia pacis estis amator, et super fraterna infirmitate misericors, vestræ prudentiæ supplicando committimus, ut totius controversiæ turbinem per vos et nostra parvitate mediante terminare studeatis, ut videlicet dictum Everardum verbis vestris districte commonitum ad nos redire jubeatis, ut deposito labore præfatæ conventionis fructum recipiat, et de cætero, si vir bonus fuerit, in pace sua possideat. Quod si fieri non potest, in hoc Mindensis Ecclesia vestræ charitatis sentiat affectum, ut apud dominum papam nostrum dilectum filium magistrum Godeboldum excusare satagatis, et de sæpius repetitis querimoniis sui adversarii ei pacem componere studeatis.

EPISTOLA CCLXIX.

H. DUCIS BAVARIÆ ET SAXONIÆ AD WIBALDUM ABBATEM.

Corbeiensis Ecclesiæ bona sub sua suscipit tuitione.

(Anno 1151.)

WIBALDO venerabili Corbeiensis Ecclesiæ abbati, H. Dei gratia dux Bavariæ et Saxoniæ, fidele servitium.

Juxta petitionem vestram bona Ecclesiæ vestræ sub tuitionis meæ munimen recipio, et tam in his quam in cæteris quæ ad honorem vel utilitatis vestræ profectum respiciunt, promptum me et fidelem exhibeo. Unde ego de vestra vicissim benevolentia securus confido, quod memoria mei in benedictione sit apud vos tam coram domino papa quam coram rege.

EPISTOLA CCLXX.

WIBALDI ABBATIS AD PRIOREM ET FRATRES HASTERIENSES.

Ut contenti antiqua consuetudine loci ad concordiam redeant cum fratribus suis Walciodorensibus.

(Anno 1151.)

Frater WIBALDUS Dei gratia id quod est in Ecclesia catholica, I. venerabili Hasteriensis Ecclesiæ priori, et cæteris in eodem loco Deo et paci militantibus, benedictionem et vitam usque in sæculum.

Non est opus eruditioni vestræ replicare quanto charitatis affectu Ecclesiam et vos dilexerimus : opera enim nostra testimonium hactenus nostræ erga vos dilectionis ferre potuerunt. Audivimus vero, quod nequaquam de vestra fraternitate audire potuimus, quod videlicet terminos, quos posuerunt vobis patres vestri transgredi attentantes, matrem vestram Walciodorensem (148) Ecclesiam et dominum

---

(148) Antiquum ordinis S. Benedicti monasterium ad Mosam situm, cujus historiam habes in Spicilegii Acheriani tom. VII in qua apposite ad hanc et sequentes epistolas hæc leguntur : *Dominus Wibaldus a magisterio hujus monasterii scholæ in Stabulensi ecclesia ad idem officium accitus, non solum illius, sed et Casinensis et Corbeiensis uno tempore abbas exstitit. Ipse antiquum Ottonis I imperatoris in curiis imperatorum Lotharii et Friderici simul et Conradi regis, novis et apertioribus impetratis privilegium renovavit, quorum confirmationem in Metensi B. Stephani ecclesia, quæ et istius mater est et do-*

abbatem T (149), qui per eam vestro etiam loco regulariter præest, contra ejusdem Ecclesiæ privilegia et vestræ religionis proposito novis et superfluis motibus fatigare incipiatis. Siquidem hoc certissime constat, quod Ecclesia Walciodorensis ab initio fundationis suæ Ecclesiæ Hasteriensi et villa et omnibus appendiciis ejus per privilegia imperatorum et regum et præcipue decreto Benedicti papæ septimi aucta est, et inibi ordo monasticus ab abbate Walciodorense constitutus; vestram vero Ecclesiam eidem Ecclesiæ subditam, et ejusdem loci abbate contentam esse debere, nullus est qui ambigat. Nos igitur qui de numero filiorum Walciodorensis Ecclesiæ sumus, vestros quoque fratres nos esse cognoscentes, hoc universitati vestræ consilium mittimus ut, quantocius potestis, ad pacem et concordiam cum abbate vestro et fratribus redire festinetis, contenti consuetudine et rebus vobis a patribus vestris constitutis; neque enim meliores estis quam patres vestri. Si autem primo discretionis nostræ consilium et litteras accepissetis, nequaquam, ut credimus, tantum processisset causa vestra, neque odor bonæ opinionis vestræ versus fuisset in fetorem. Quod si consiliis nostris acquiescentes ad pacis et concordiæ unitatem tetenderitis, nostram arctius benevolentiam consequemini, et bonorum filiorum et fratrum locum et nomen apud nos obtinebitis. Sin autem in vestra permanentes pertinacia nostris monitis salubribus non obaudieritis, extunc ad audientiam domini papæ vos appellamus, et diem vobis in Circumcisione Domini præfigimus ita paratis, ut de quibus vos interpellavimus, nobis respondeatis.

EPISTOLA CCLXXI.

WIBALDI ABBATIS AD STEPHANUM EPISCOPUM METENSEM.

Ut privilegia Walciodorensis monasterii tueri et Hasteriensium audaciam compescere dignetur.

(Anno 1151.)

Reverendo Patri suo et domino Stephano sanctæ Metensis Ecclesiæ venerabili episcopo, frater Wibaldus Dei gratia id quod est in Ecclesia catholica, exiguas orationes et devotum servitium.

Novit, reverende Pater, vestra prudentia quod ab initio dilectionis vestræ, quam nobis familiariter offerre dignatus estis, sinceræ charitatis affectu vos et vestra omnia dileximus, et ubicunque locorum fuimus, honori personæ et Ecclesiæ vestræ pro modulo nostro astitimus. Eadem confidentia paternitatem vestram precari audemus, et exoratam esse deposcimus, quatenus Ecclesiam Walciodorensem, quæ nobis naufragium mundi hujus fumina, conservari perpetuo constituit. Renovavit etiam privilegium Benedicti papæ VII uti adhuc videri policorum Adriani et Eugenii III, quibus manifeste ostenditur quod Hasteriensis locus Walciodorensi, tanquam cella vel propositura, vel quocunque nomine gientibus habitum monachicum induit, in sua justitia et honore, juxta quod in privilegiis imperatorum et regum videre poteritis, esse et permanere jubeatis. Neque enim sanctitatis vestræ aures pseudomonachis Hasteriensibus accommodare oportet, qui otio vacantes fabulis student, vana et superflua meditantur, et pacem Ecclesiæ conturbant. Siquidem Ecclesia Walciodorensis ab initio fundationis suæ Ecclesia Hasteriensi et villa et omnibus appendiciis ejus per privilegia regum et imperatorum, et præcipue decreto Benedicti papæ septimi aucta est, et inibi ordo monasticus ab abbate Walciodorense institutus. Quod cum ita sit, et in memoria apud plerosque habeatur, quod defuncti etiam fratres de Hasteria in cœmeterio Walciodorense antiquitus sepeliebantur, rogamus sanctitatem vestram ut temeritatem insanientium monachorum Hasteriensium auctoritatis vestræ virga compescatis, et, ut ad pacem et concordiam fratrum suorum redeant, compellatis, aut si contemnunt, tanquam rebelles et apostolicis decretis inobedientes de monasterio ejici faciatis. Responsum vestrum tempestive humiliter et obnixe flagitando exspectamus. Nam in proximo pro legatione domini nostri regis et regni Romam proficisci intendimus, ubi etiam Walciodorensis abbatis causam promovere omnimodis satagemus.

EPISTOLA CCLXXII.

STEPHANI EPISCOPI METENSIS AD WIBALDUM ABBATEM.

Ut Hasterienses monachos ad obediendum Walciodorensi Ecclesiæ compellat.

(Anno 1151.)

Stephanus Dei gratia, licet indignus, Metensis episcopus, Wibaldo venerabili Stabulensi abbati, salutem et dilectionem.

Quod de dilectione ac familiaritate mea vos confidere dicitis, sciatis pro certo, quod inde plurimum confidere potestis. De monachis vero Hasteriensibus quod scripsistis mihi, quia quasi quadam taurinæ cervicis feritate Ecclesiæ Walciodorensi subesse reluctantur, sagacitati vestræ committo, quatenus in eodem tenore et modo, quo eos antiquitus fuisse didicistis et scitis, etiam nunc præcepto et voluntate mea manere compellatis. Si enim in pace corporis capitis illius volunt manere, quod Christus est, oportet eos, sicut membra corporis capiti, ita propriæ ac matri suæ Walciodorensi Ecclesiæ, si ita est, ut asseritis, humiliter subjacere. Sciatis enim pro certo, quod ea quæ auctoritate pontificum, liberalitate principum, cæterorumque assensu catholicorum fidelium bene ac legitime antiquitus instituta sunt, nolo quasi quadam levitate meo tempore permutare.

test in nostri monasterii thesauris, temporibus apostodicatur, debet velut membrum capiti adhærere et in omnibus obedire.

(149) Theodericum II abbatem Walciodorensem XIII, qui Widrici successor exstitit.

EPISTOLA CCLXXIII.

WIBALDI ABBATIS AD THEODORICUM ABBATEM WALCIODORENSEM.

Promittit ei suam protectionem, mandatque ut Hasteriensium scrutetur intentionem, et mittat sibi regum et paparum privilegia.

(Anno 1151.)

Reverendo Patri suo T. Walciodorensi abbati, frater WIBALDUS Dei gratia id quod est in Ecclesia catholica.

Dominus in lege præcipit : *Honora patrem tuum et matrem tuam, ut sis longævus super terram.* Cujus præcepti nos quoque memores, si quid emolumenti personæ ac Ecclesiæ vestræ, nostræ utique matri, nostro studio ac labore proveniat, omnimodis gaudemus, et ut amplius et honoris incremento et utilitatis augmento multiplicetur pro facultate nobis a Deo concessa fideliter laborabimus. Verum quia in processu legationis nostræ jam sumus, mandamus ut perscrutata diligenter Hasteriensium intentione, sive dissensionis, quod absit! sive reconciliationis, quod Deus concedat, usque Lucæ evangelistæ de omnibus certi per vos efficiamur. Exemplaria etiam privilegiorum tam imperatorum quam pontificum Romanorum optime correpta nobis mittatis, ut si necesse fuerit, ad urbem ea portantes, per veritatis, quæ Christus est, liberationem, et ipsorum attestationem, justitiam et honorem Ecclesiæ vestræ manuteneamus.

EPISTOLA CCLXXIV.

STEPHANI EPISCOPI METENSIS AD THEODERICUM ABBATEM WALCIODORENSEM.

Accusatum de dilapidatione citat ad synodum Metensem.

(Anno 1151.)

STEPHANUS Dei gratia Metensis episcopus, T. (150) Hasteriensi abbati, salutem et dilectionem.

Hasteriensis cœnobii quidam fratrum se nobis præsentaverunt, et quod eorum Ecclesia multis modis per vos minoratur, et bona ipsius per negligentiam vestram contra licitum distrahuntur (151), multum conquesti sunt. Quoniam igitur illius Ecclesiæ providentia ad nostrum spectat honorem, et illius defensio nobis specialius incumbit, vobis præcipiendo mandamus, quatenus in proxima Metensi synodo, quæ sequenti septimana post missam omnium sanctorum celebratur, vos cum ipsis monachis ante præsentiam nostram, omni remota occasione veniatis, quatenus audita utriusque partis calumnia et defensione, utrinque servata æquitate, inter vos nostra judicet discretio. Præcipimus insuper quod inter eundum et redeundum monachis conquerentibus necessaria stipendia ministrare non recuset vestra provisio.

---

(150) Queritur in sequenti epistola Wibaldus de hac inscriptione, cum Hasteria cella sit non abbatia.

(151) Certe ejus tempore ecclesia Hasteriensis pre-

EPISTOLA CCLXXV.

WIBALDI ABBATIS AD STEPHANUM METENSEM EPISCOPUM.

De rebellione monachorum Hasteriensium et de contentis in præcedenti epistola conqueritur.

(Anno 1151.)

Reverendo Patri suo et domino STEPHANO sanctæ Metensis Ecclesiæ venerabili episcopo, frater WIBALDUS.

Recordatur discretio vestra quod ante paucos dies sinceritati vestræ scripsimus, pro negotio dilecti Patris nostri T. Walciodorensis abbatis, videlicet de rebellatione monachorum Hasteriensium, qui ordinis monastici et disciplinæ regularis immemores, non solum inobedientes, sed etiam aperte rebelles eidem abbati suo exstiterunt, donec clamor contumaciæ ad aures domini Leodiensis episcopi perlatus est, et judicio tam archidiaconorum quam abbatum ac totius cleri ab officiis divinis suspensi sunt, quousque a pertinacia sua resipiscerent, et tum ipsi episcopo, tum abbati suo, quem contempserant, condigne et regulariter satisfacerent. Siquidem in Hasteriensi monasterio erant duo circumcelliones Jul. videlicet et M. quos vagantes et peregrinos et egentes pane abbas pro summa misericordia susceperat, in tempore hospitalitatis ipsorum probaturus, si conversatione digni existerent, quos speciali fraternitatis vinculo fratrum collegio deberet aggregare. Verum ipsi non solum enormiter vivebant, sed etiam inter monachos Walciodorenses et Hasterienses atque ipsum abbatem scandala et discordias accurato studio serebant; ita ut projecto interdum sacro et regulari habitu, armis accincti, possessiones Walciodorenses invaderent, et terminos ipsorum absque ulla juris assertione convellerent, quod cum abbas corrigere diu dissimulasset, et orientia mala falce justitiæ resecare distulisset, tandem nostro et coabbatum suorum consilio admonitus, capitulum intravit Hasteriensium, et fretus auctoritate sacrosanctæ Regulæ beati Patris nostri Benedicti dixit honeste advenis et hospitibus litium seminatoribus ut recederent. Quod illis facere detrectantibus, et convitia in abbatem impudenter jacientibus, præcepit aliis ne eos in consortio suo retinerent, et quandiu duo illi inter monasterii ædes habitarent, ab officiis divinis omnes prorsus abstinerent. Cæterum ipsi conversi sunt in arcum pravum, et in utroque obedire contempserunt, tam illos, qui jussi fuerant egredi, detinendo, quam illis præsentibus et cum illis divina officia temere exercendo. Quæ, ut supra diximus, violenta non sine divini nominis contemptu præsumptio ad Leodiensem Ecclesiam perlata est, et canonico judicio debita animadversione est punita. Hanc cau-

tiosis gemmis et auro claris ornamentis spoliata est, teste chronographo Walciodorensi pag. 572 ; verum non Theoderici culpa, sed monachorum Hasteriensium, ut constat ex epistola sequenti.

sam cum excellentiæ vestræ per litteras et nuntium insinuavissemus, et supplices preces pro statu matris nostræ Walciodorensis Ecclesiæ vestræ magnitudini effudissemus, placuit celsitudini vestræ nostræ parvitati rescribere ut monachos Hasterienses voluntate ac vice vestra compelleremus, debitam reverentiam Walciodorensi cœnobio et abbati suo exhibere. Cæterum nos, qui parati et accincti sumus in legatione domini nostri regis proficisci, tam molestis negotiis implicari nequaquam potuimus. Sed iidem Hasterienses ad vos profecti, litteras ad abbatem suum retulerunt vestro nomine titulatas, et sigillo vestro signatas, quas ab eruditione vestra conscriptas et datas credere nequaquam potuimus, propter multarum rerum a ratione et auctoritate et usu dissonantiam. Nam paginæ ipsius limen contra auctoritatem et usum positum est, cum illæ litteræ abbati Hasteriensi dirigantur, quod vocabulum nec auctoritas roborat, nec usus confirmat. Siquidem Walciodorense cœnobium a principio fundationis suæ ab annis videlicet CLXXXI nomen et potestatem abbatiæ obtinuit, sic instituente loci ejusdem constructore nobilissimo comite (152) et sanctissimo Metensis Ecclesiæ episcopo Deoderico, sic etiam confirmante et per privilegii paginam asserente, imperatore Ottone hujus nominis primo, qui decreverunt Walciodorum esse abbatiam, et tradiderunt ibidem in augmentum præstationis Deo-servientium Hasteriam cum omnibus appendiciis suis, quam venerabilis Albero Metensis episcopus prædecessor utique prædicti Deoderici ex proprio hæreditatis jure Ecclesiæ Metensi et sancto Stephano protomartyri tradiderat, quod privilegia regum et imperatorum, nec non Romanorum pontificum Walciodorensi cœnobio collata, et liber vitæ sancti D. plenius loquuntur. Hoc etiam usus usque ad nos absque ullius interruptionis impedimento servavit, nec inventus est qui Hasteriensem nominaret abbatem, cum Hasteria cella sit, et præpositura Walciodorensis Ecclesiæ. Ratio etiam non admittit, ut tot vocabulis prælatio nostra tituletur, quot villas sub nobis esse contigerit. Incongruum enim esset, si quis vos non a civitate et sede vestra Metensem episcopum, sed potius a monasterio aliquo seu oppido aut vico vos Gorziensem episcopum aut Vicensem appellaret. Hoc etiam nec canones recipiunt, nec leges admittunt, ut rebus suis spoliatus ad judicium vocetur, quoniam non est privilegium, quo possit spoliari jam nudatus. Quod propterea dicimus, quia idem abbas in proxima synodo vestra ad præsentiam vestram jussus est venire Hasteriensibus monachis de controversia jam sopita iterum responsurus. Præterea cum hoc eodem anno tam abbatem quam monachos pro monachorum delatione in jus vocaveritis, et omnem controversiam hinc et inde diligenter cognoveritis, et tam judicio quam consilio Ecclesiæ vestræ abbatem a monachorum accusatione præsertim falsa absolveritis, non est credibile, quod contra juris canonici rationem litem decisam refricari velitis. Et sæculi leges dicunt, rebus jam judicatis standum esse. Et quoniam apostolicæ dignitatis culmen tam ordine quam professione tenetis, non estis juxta Apostolum levitate usus, ut sit apud vos *est et non*, ut videlicet causam bene a vobis cognitam et præjudicatam nobisque ad terminandum commissam, rursus ante tribunal vestrum in judicium revocetis. Nam quod sæpedicti monachi conqueruntur, quod bona Hasteriensis Ecclesiæ per abbatis negligentiam contra licitum distrahuntur, ut apud propitium judicem loquamur, vera fere dixerunt, cum de thesauris ejusdem Ecclesiæ, tum in eundo ad vos, tum in revertendo ad dominum Leodiensem, calicem sex marcarum et cruceam argenteam, ignorante abbate, expendisse asserantur, et multa præterea, quibus per inquietudinem suam et superflua litigia Ecclesiam minoraverunt, nequaquam adhuc cessaturi, nisi animositas eorum fortiori disciplinæ jugo reprimatur. Quamobrem sanctitatis vestræ genibus advoluti, obnixe precamur, ut misereamini jam deficientis inter has contentiones abbatis, parcite seni, parcite inopi, qui inter tyrannidem advocatorum et rerum omnium egestatem laborem vix tolerare sufficiet. Misimus ad vestram discretionem nostrum tam sanguine quam obedientia et charitate germanum, quem tanquam nos ipsos in omnibus et honorabitis et exaudietis.

EPISTOLA CCLXXVI.
PRÆCEPTUM CONRADI II IMPERATORIS PRO MONASTERIO WALCIODORENSI.

Interventu Wibaldi abbatis, confirmat privilegia Walciodorensis monasterii.

(Anno 1151.)

In nomine sanctæ et individuæ Trinitatis. CONRADUS (153), divina favente clementia, Romanorum rex secundus, ad implendam munificentiam pertinet bene de rep. merentibus præmia rependere, et cæteris ad famulatum imperii surgentibus eos in exemplum aut bonæ spei signum collocare.

Quocirca noverit fidelium nostrorum tam futuræ quam præsentis ætatis industria, quod interventu dilecti ac fidelis nostri Wibaldi abbatis, qui nunc, Deo auctore, Stabulensi et Corbeiensi monasterio præest, privilegia Walciodorensis monasterii in quo prædictus abbas sacrum religionis habitum suscepit, et juxta regulam beati Benedicti et sanctorum Patrum instituta professionem fecit, recitari et exponi jussimus, in quibus scriptum con-

---

(152) Eilberto filio Ebroini comitis et Bertæ natæ Wederici comitis, fratre Uddonis de Roix comitis, Heriberti comitis S. Quintini, Gerardi comitis de Odenarde, Bosonis et Witersi comitum; et Marcuardi episcopi, teste chronographo Walciodorensi.

(153) Exstat hoc Conradi imperatoris præceptum in archivis monasterii Walciodorensis, cujus exemplum nobis concesserat reverendissimus abbas ejusdem monasterii, antequam Stabuletum accederemus.

tinebatur, quod vir quondam illustris Elbertus comes in proprio hæreditatis suæ fundo monasterium secundum regulam et ordinem monachorum in pago Lumensi construxit, et de suo jure ac proprietate in jus et dominationem regiam cessit et transegit. Quod monasterium cum omnibus appendiciis imperator Otto primus, cui a præfato comite suo utique consanguineo donatum fuerat, contulit Metensi Ecclesiæ per manum Deoderici venerabilis Metensis episcopi, hac scilicet interposita rationis observantia, ut idem pontifex quemdam locum Hasteria nomine olim a sanctissimo prædecessore suo Adelberone antistite ex proprio hæreditatis jure sancto protomartyri Stephano in Metensi Ecclesia delegatum, supradicto cœnobio gratia solaminis copularet; et quoniam proxima vicinitate junguntur, et sub unius ditione ordinationeque abbatis eadem præfata loca, Walciodorum videlicet atque Hasteria indissolubili vinculo necterentur. Quæ constitutio tam a divæ recordationis prænominato Augusto per venerandæ sanctionis paginam roborata, quam apostolicis decretis per sanctissimum Benedictum papam confirmata, usque ad nostra tempora immobilis permansit et inconvulsa, licet alterius loci monachis, id est Hasteriensibus studium semper fuerit prærogativæ Walciodorensis cœnobii obsistere, et abbatum suorum ordinationibus temeraria præsumptione resistere. Quæ insolescentia usque adeo stultis conatibus excrescere ausa est, ut sese a connexione et subjectione Walciodorensis cœnobii et venerabilis Teoderici ejusdem loci abbatis abrumpere conati sunt, donec judicio curiæ nostræ legibus et ratione subnixo compressi suut, et ad unitatem et obedientiam revocati. Auctoritate igitur in perpetuum valitura decernimus, ut Hasteriensis locus Walciodorensi monasterio contraditus et connexus eidem semper cœnobio subdatur, sicut cella vel præpositura vel quocunque nomine dicatur aliquod inferius suo superiori debet adjacere. Et decedente eo, qui nunc ibi, Deo præstante, regulariter præest Teoderico abbate, suisque successoribus in perpetuum regulariter ordinandis, Hasterienses monachi conveniant Walciodorum tam ad exsequias defuncti abbatis devote peragendas, quam ad electionem futuri pastoris disciplinate et concorditer celebrandam, hoc videlicet discretionis tenore, ut primus assensus, prima vox, prima denominatio penes Walciodorensium constet arbitrium, et de ipsorum cœtu persona, si fuerit idonea inventa, absque contradictione Hasteriensium eligatur. Quod si ibi forte reperiri non potuerit, atque in Hasteriensi Ecclesia persona conveniens inventa fuerit, de ipsis potius quam de alio monasterio prælatus assumatur. Et ut hæc constitutio rata et immobilis per cuncta successura

(154) Henrico de Limburgo, de quo Albericus ad annum 1164 scribit quod, mortuo Victore antipapa, oblatum sibi ab imperatore papatum recu-

tempora permaneat, præsens præceptum conscribi mandavimus, nostræque signo imaginis impresso testes qui actioni et judicio interfuerunt, subternominari jussimus. Arnoldus Coloniensis Ecclesiæ electus nostræ curiæ cancellarius, Heinricus Leodiensis episcopus, Otto frater noster Frisingensis episcopus, Warnerus Monasteriensis episcopus, Philippus Osenbrugensis episcopus, Albertus Misinensis episcopus, Herimannus Trajectensis electus, Wibaldus Stabulensis et Corbeiensis abbas, Lambertus Werdenensis abbas, Adolfus comes de Montibus, Heinricus comes de Gelra, God. et Hermannus fratres de Kuic, Marquardus de Gruenbach, Albertus de Gruendinga. Signum domini Conradi secundi Romanorum regis invictissimi.

Actum in palatio Noviomagi, anno Dominicæ Incarnationis millesimo centesimo quinquagesimo primo, indictione XIII, XVI Kalendas Junii, regnante domino Conrado Romanorum rege secundo, anno regni sui XIV in Christo feliciter. Amen. Ego Arnoldus cancellarius vice Henrici Moguntini archiepiscopi et archicancellarii recognovi.

EPISTOLA CCLXXVII.

CONRADI IMPERATORIS AD H. LEODIENSEM EPISCOPUM.

Promittit vindictam de Ecclesiæ Leodiensis hostibus, mandatque ut et ipse a molestanda Ecclesia Stabulensi abstineat.

(Anno 1151.)

CONRADUS Dei gratia Romanorum rex, H. (154) venerabili Leodiensi episcopo, gratiam suam et omne bonum.

Pervenit ad nos clamor Stabulensis Ecclesiæ dolentis et conquerentis quod Ecclesia tua impie a quibusdam tyrannis, et persona tua novis et inauditis modis ab his, qui fidelitatem tibi juraverant, vexetur. Confidimus autem de protectione divina, quod nos sanos et incolumes et inimicorum nostrorum victores esse facit, quod consilio et judicio principum hanc contumeliam digna animadversione in brevi tempore vindicabimus. Præterea suggestum nobis est, quod propter odium Henrici de Rupe, qui est advocatus Stabulensis Ecclesiæ, tam tu quam tui incendia et rapinas in bonis ejusdem Ecclesiæ facere disposueris, cum eadem bona in tantum sint ab advocati servitio libera, ut nullam in eis portionem vel de justis pensionibus, vel de legum compositionibus accipiat. Et quoniam eamdem Ecclesiam lædere non solum contra regiam majestatem est, sed etiam contra tui ordinis sanctitatem, et contra omnem tam divini quam humani juris æquitatem, mandamus solertiæ tuæ et sub obtentu gratiæ nostræ præcipimus, ut te et tuos a læsione et gravamine prædictæ Ecclesiæ contineas, sciturus, quod si

saverit, et Paschalem Victoris successorem consecraverit.

EPISTOLA CCLXXVIII.
CONRADI IMPERATORIS AD WIBALDUM ABBATEM.
Excusat eum a legatione Romana.
(Anno 1151.)

Conradus, Dei gratia Romanorum rex, Wibaldo Corbeiensi abbati, suam gratiam et omne bonum.

Experimento cognovimus, et certi sumus, quod honori et provectibus nostris promovendis summa fidelitatis constantia indefessus assistas. Igitur, si rerum opportunitas postulasset, officium legationis nostrae ad dominum papam quemadmodum exspectavimus, assumpsisses. Quoniam autem magna rerum difficultate te praepeditum esse cognovimus, bonae voluntati tuae gratias habentes, ut ad caetera negotia nostra sinceritatis tuae obsequium nobis promptissimum esse non dubitantes, aliis principibus, Basiliensi scilicet episcopo et Constantiensi episcopo legationis nostrae laborem ad dominum papam commisimus.

EPISTOLA CCLXXIX.
HENRICI EPISCOPI LEODIENSIS AD WIBALDUM ABBATEM.
Conqueritur de Henrico comite de Rupe, et de comite Namurcensi.
(Anno 1151.)

Henricus, Dei gratia Leodiensis Ecclesiae humilis minister domino Wibaldo eadem gratia venerabili Sabulensi abbati, salutem et fraternam in Christo dilectionem.

Propter necessitates grandes ex improviso nobis occurrentes minoribus negotiis vacare nequaquam possumus. Non latet enim prudentiam vestram fomitem hujus mali hactenus specie invidae adulationis protecti, calcata sub pedibus regalis reverentia majestatis, omnes rupisse aditus simulationis. Comes enim de Rupe Henricus treugas illas, quas per manum comitis Namurcensis et aliorum suorum in manus principum nostrorum stabili pace firmaverat, nihil nobis contradicendo, incendiis et rapinis in nos et Ecclesiam nostram impudenter confregit, aestimans excommunicatis dictum esse, ut qui in sordibus sunt, sordescant adhuc. Comes Namurcensis, nescimus quo rumore regiae debilitatis, venenosa factione aliorum principum in nos et Ecclesiam nostram furit, praemissis dilectionis et fidelitatis nuntiis, et subsequenter eadem hora nuntio exfestucationem dominii nostri deferente, Cinei nostram dominicalem villam adhuc ista legatione infecta penitus succendit. Quia igitur vobiscum de meis secretis soleo loqui ut mecum, in gremio vestri consilii et consolationis hanc repono causam conturbationis, ut ego et vos, qui in eadem curia sumus fideles domestici, alter pro altero, cum opus fuerit, veritatis et fidei inveniamur socii. Bene valeat dilectio vestra, caetera lator praesentium expediet.

EPISTOLA CCLXXX.
WIBALDI ABBATIS AD EUGENIUM PAPAM III.
Scribit se suscipiendae legationi Romanae paratum fuisse commendatque ei latorem praesentium.
(Anno 1151.)

Reverendo in Christo patri suo et domino Eugenio uni et universali papae, frater Wibaldus Dei et vestra gratia id quod est in Ecclesia catholica, filialem dilectionem et debitam per omnia subjectionem.

Non latet, charissime Pater, celsitudinis vestrae prudentiam, quod ex quo gloriosus atque inclytus Romanorum rex Conradus, sanctitatis vestrae filius, a Jerosolymitana expeditione rediit, a latere suo legatos officiosos et industrios ad vestrae magnitudinis excellentiam destinare proposuerit. Ad quod strenue peragendum, cum etiam nostrae parvitatis persona et denominata et vocata fuisset, eousque perventum est, ut jam parati et expediti ad proficiscendum Lotharingiam exierimus. Quod si ingenioli nostri tenuitas intelligere ullo modo potuisset, quod hujus legationis labor ullatenus expediret catholicae Ecclesiae ac vestrae dignitati sive Romani imperii incremento, nullatenus rebus nostris aut personae nostrae pepercissemus. Praesentium lator Stabulensi Ecclesiae jure proprietario pertinere dignoscitur, qui, cum ad nos querimoniam detulisset, quod quidam God. decanus ecclesiae Beatae Mariae in oppido Trajectensi domum, quae ei patrio et avito jure haereditario competit, violenter auferret, nos pro eo sanctitatis vestrae filio Henrico venerabili Leodiensi episcopo scripsimus, postulantes ut decanum suum a tanta et insolita violentia potestate debita removeret. Sed, cum idem clericus ab injusto proposito nollet cessare, dicens illum, qui contra se agebat, esse excommunicatum, compulsus est idem laicus protectionis vestrae appellare et adire praesentiam. Solita itaque clementia, Pater piissime, eum exaudire dignemini, ne tot labores et pericula frustra et in vanum se assumpsisse doleat, et alii oppressi de vestra misericordia hujus exemplo sperare doceantur.

EPISTOLA CCLXXXI
WIBALDI ABBATIS AD CONRADUM IMPERATOREM.
Conqueritur de episcopo Leodiensi, de comitibus Namurcensi, de Rupe et de Monte-Acuto.
(Anno 1151.)

Inclyto triumphatori et magnifico domino suo Conrado Dei gratia Romanorum imperatori augusto, frater Wibaldus eadem gratia id quod est in Ecclesia catholica, salutem in eo qui dat salutem regibus.

Scripsit dudum majestati vestrae nostrae parvitatis humilitas, quod ad peragendam legationem vestram ad Urbem non sine gravi rerum nostrarum dispendio accincti fuimus, etsi dominus cancellarius proficisci potuisset, ad incrementum honoris vestri et regni pro posse laborassemus. Unde regressi terram nostram nimiis rapinis et incendiis concussam invenimus. Nam dominus Leodiensis episcopus, et comes Namurcensis, et comes de Rupe et comes G. de Monte-Acuto dissentientes, bonum pacis de finibus nostris exturbaverant. Cum autem neminem nostri neque nos læderemus, et in neutram partem inclinaremus, cum jam in Namurcensem et suos fautores dominus episcopus sententiam anathematis promulgasset, comes G. de Monte-Acuto sua et domini episcopi militia villam nostram Okeriis devastavit et succendit, quæ fere tribus mensibus monasterio necessaria ministrabat. Intendit etiam cætera eidem monasterio pertinentia devastare, succendere, nisi gravissimis redemptionibus et exactionibus ab hoc suo proposito revocetur. Et, cum violenter nostra devastentur, diripiantur, et hoc auxilio domini episcopi, sine quo idem comes G. hoc non præsumeret, decet regiam majestatem vestram, nos, qui vestri sumus, defensare, et innocenter afflictis manum misericordiæ porrigere. Proinde dignitatis vestræ magnitudinem, quam semper propitiam sensimus, humiliter deposcimus, ut si dominus episcopus ad vestræ majestatis præsentiam venerit, de nostra a suis et nostrorum injusta oppressione, sicut vos debet, eum conveniatis, et nostra, quæ adhuc a suis non tamen intacta supersunt, quæ idem G. ejus auxilio demoliri festinat, accepta ab eo dextra, sicut sunt, conservari faciatis. Si autem eum non venire contigerit, super hoc ei severius scribendo vestra præcipiat mansuetudo, et ut cumdem G. comitem a nostrorum depopulatione tam per vestra scripta, quam sua auctoritate coerceat, imperetis. Nos enim in eo discrimine positos addiderunt Corbeienses revocare, inter quos quas molestias, quas insidias sustineamus, quid vero contra nos eo tempore, quo in servitio regni et vestro accincti eramus, molitum sit, quidve factum, cum ad vos venerimus, majestati vestræ plenius referemus. Deliberavimus autem si quælibet modo his curis et laboribus nos subducere possimus, ut in Purificatione sanctæ Mariæ ad vos, ubicunque locorum vos esse rescierimus, perveniamus.

EPISTOLA CCLXXXII.
R. STABULENSIS AD WIBALDUM ABBATEM.

De actis Leodii adversus incendiarios prædiorum Stabulensium.

(Anno 1151.)

Domino suo et patri WIBALDO venerabili Stabulensi abbati, frater R. obedientiæ, subjectionis ac orationum devotissimum munus.

Sabbato post discessum vestrum Leodium profecti Dominica venimus, ibique abbatem Floreflensem (155) de bonorum suorum violenta rapina querimoniam facientem invenimus. Cui ab archidiaconis et abbatibus die eodem, nobis vero in crastino responsum est, proximo Sabbato episcopum venturum, reverti nos ea die debere in palam querelam nostram facturos, se vero nobis in omnibus justitiæ nostræ adfuturos. Itum est, reversum est, et die prædicto in conventu magno archidiaconorum, abbatum, cleri litteras vestras domino episcopo præsentavimus. Quibus a fratre Henrico palam distincte recitatis, respondit episcopus dubitare se utrum liberos homines parochianos suos excommunicare possitis, judicio tamen archidiaconorum consilioque omnia acturum. Causa tam nostra quam Floreflensis in crastinum protracta est, et præsente frequentiore conventu requisitus episcopus causam nostram in responsis archidiaconorum dixit consistere, archidiaconi nihilominus privilegia et jura Ecclesiæ nostræ neque consilio, neque judicio suo velle convellere. Tum episcopus : Cum, inquit, abbatem vestrum et privilegia et chartas ejus videro, consilio meorum, quæ justa sunt, agam. At nos de responso hoc præmuniti, diffugiis ejus sic obviavimus. Quoniam tempore prædecessoris vestri domini Alberonis excommunicationem Ecclesiæ nostræ ratam habere nolentis, archidiaconi, qui adhuc superstites sunt, et præsentes sunt, excommunicationem in Walterum de Warnanz et Balduinum de Hosden a nobis factam ratam esse censuerunt. Viderit prudentia vestra, si judicio et testimonio archidiaconorum et priorum Ecclesiæ vestræ possit refragari. Verumtamen, quoniam dominus abbas abest, in cujus custodia et potestate privilegia Ecclesiæ nostræ sunt, qui ea, cum necessitas poposcerit, tempore et loco personæ congruenti relegenda præsentabit : nos in articulo hoc Ecclesiæ nostræ prætermittentes, auctoritate domini papæ Eugenii roboramus sententiam ejus de incendiariis datam, sicut de vestris ita de nostris observari postulantes. Et prolata schedula lectoque capitulo de incendiariis (156), auctoritate domini papæ sententiam ejus de incendiariis nostris ratam eum habere et observare urgebamus. Tandem, adductus vel instantia nostra, vel ne domini papæ offensam incurreret, dixit se privilegiis nolle contraire, præceptis vero domini papæ velle libenter obedire : statim excommunicationem in incendiarios nostros datam archidiaconos ex auctoritate domini papæ præcepit observare. Illis vero nomina eorum de manu ejus requirentibus, cum ipse ea per se dare nollet, dies in noctem protracta est. Tandem ipse nominum schedulam per se recepit, nunquam nisi coactus sententiam de incendiariis nostris observaturus. Ita ab eo recessimus parum adhuc certi, quid super hoc egerit. Fama erat et constabat, quod dominus episcopus nuntios suos ad Urbem direxerit, et quod ad curiam præsentem domini regis Wormatiam iturus erat, mille marcis datis dominum regem in perniciem et depopulationem comitis Namurcensis adducnem suscepit.

---

(155) Floreffia est insignis et pinguis abbatia ordinis Præmonstratensis a Godefrido comite Namurcensi fundata, duabus a Namurco leucis dissita, in qua fundator ipse conversorum habitum et professio-

(156) Exstat Eugenii papæ decretum in incendiarios concilii Remensis anno 1148 celebrati, cap. 15.

cturus. Comes autem per abbatem Florellensem nos multum sollicitavit, ut ejus verbum apud dominum regem manuteneretis, et bono fine, si possibile esset, terminaretis. Episcopus et comes nullo modo a guerra desistere volunt, sed rursus post Natale Domini cuncta devastare intendunt. Comes God., ut dicitur, Harizeis intrat terram nostram, et in Condustrio et in Arduenna depopulaturus, nisi redemptione accepta cessaverit. Comes Henricus nondum convaluit. Comes de Loz Tournines nostram vastabit, et Bosonem et Gosvinum fratres captivos tenet. Wellin episcopus post Natale se dicit incendio vastaturum, quod ex auctoritate domini papæ ne faceret monuimus, quia ad eum transituri eramus, quod vos etiam tam ex domini papæ, quam ex domini regis auctoritate prohibere satagatis. Facies rerum vestrarum tam intus quam foris eadem est, quæ in exitu vestro erat, et ideo, si quid jubere, si quid ordinare disponitis, beneplacitum vestrum rescribite. Consilii enim et ordinationis vestræ providentia egemus. Valete in Domino, iterum dico, valete et gaudete.

EPISTOLA CCLXXXIII.
WIBALDI ABBATIS AD MINDENSEM EPISCOPUM.
De causa magistri Godeboldi et presbyteri Everardi.
(Anno 1151.)

Reverendo in Christo Patri suo et domino H., sanctæ Mindensis Ecclesiæ venerabili episcopo, Wibaldus, Dei gratia Corbeiensis Ecclesiæ abbas, exiguas orationes et devotum servitium.

Litteras vestras, quas scripsistis ad nos pro causa magistri Godeboldi et presbyteri Everardi de Hemeringe, xvii Kalendas Octobris in prædio quodam Stabulensis Ecclesiæ recepimus; sed, quia tunc longe a partibus vestris abfuimus, et dein procedente tempore plures causæ nobis inciderint, tam de publicis regni negotiis, quam de privatis occupationibus, prænominatum presbyterum Everardum secundum petitionem vestram convenire non potuimus. Ubi vero ad has partes regressi sumus, venientem eum ad nos interpellavimus, et, ut petitioni vestræ acquiesceret, et quæ offerrentur ei a vestra mansuetudine pro bono pacis et concordiæ gratanter reciperet, ipsi persuadere tentavimus. Ipse autem conqueritur, quod ab eisdem hominibus, qui ante ei injurias irrogaverant, et substantiam suam abstulerant, novas iterum rapinas pertulerit, et quod ex eo tempore quo ad nos mandatum domini papæ detulit, de porcis suis, quod valet, xv sol., ei abstulerint, et insuper omnem fructum, quem de glandatico suo præsenti anno habere debuerat, quem in summam magnam computavit, sibi usurpaverint. Cum ergo ei plurima hinc inde proponeremus, et ad terminandam tam longi temporis discordiam recipere, quæ oblata sunt, eum cohortaremur; tandem interveniente potioris consilii ratione, cessit nostræ commonitioni, et tria talenta, quæ pro quiete et amore Godeboldi offertis ei, se accepturum promisit, ita si de aliis personis, a quibus sua bona con-

queritur distracta, quemadmodum promisistis, ecclesiasticam ei justitiam faciatis. Sive igitur in hoc verbo sive alio quolibet modo controversia, quæ est inter eum et magistrum Godeboldum terminetur, et ut ei de ablatis bonis suis justitia fiat, et hæc omnia infra spatium quindecim dierum consummentur, discretionem vestram attente monendo rogamus, quia sententiam domini papæ, quam annuntiandam injunxit nobis, diutius, si hoc perfectum non fuerit, sub silentio tenere non præsumimus. Conqueritur præterea idem Everardus presbyter, quod clericus de Jacheim ubicunque potest, vel per se vel per submissas personas bona sua ei auferat, et eosdem laicos, qui rebus suis eum spoliare non cessant, ad damnum suum familiares habeat, quod quam absurdum sit et quam inconveniens ordini suo, discretio vestra perpendat.

EPISTOLA CCLXXXIV.
PRÆPOSITI DECANI ET CANONICORUM MINDENSIUM, AD WIBALDUM ABBATEM.
Frustra tentatam pacem inter Godeboldum et Everardum ei terminandam committunt.
(Anno 1151.)

Domino suo sanctæ Corbeiensis Ecclesiæ reverendo abbati Wibaldo, W. per misericordiam Dei Mindensis præpositus, R. decanus cum universis fratribus suis, assiduas in Christo orationes et subjectionis fidele obsequium.

Litteras sanctitatis vestræ, quas scripsistis pro causa magistri Godeboldi et fratris Everardi, dominus noster episcopus in quodam castro Ecclesiæ, quod dicitur Wilippa, recepit et audivit, et eas postea nobis transmisit; quas nos cum debita reverentia suscepimus, et fratri Everardo, ut omnem querimoniam et laborem deponeret, et in futurum vir bonus esset, et virum innocentem et optimum magistrum Godeboldum, quem multis injuriis molestavit, per subjectionis obsequium et pacis ingressum placare studeret, persuadere multis modis tentavimus, sed idem frater nostris consiliis se intractabilem exhibuit, et ideo cum eo compositionis introitum invenire non potuimus. Nos itaque per fideles fratres nostros sanctitati vestræ valde devotos omnem tractatum et consilium hujus negotii vestra discretione et ordinatione cum fratribus nostris terminandum, ad aures pietatis vestræ transmittimus, tum propterea ut fratris nostri innocentiam vobis ostendant, tum etiam propter hoc, ut super his, quæ coram vobis fuerint stabilita et firmata, nos in testimonium habeamus, et, si prædictus frater Everardus nostram quietem turbare et pacis compositionem violare præsumpserit, vos nobis in adjutorium sitis, quia veritatis filius et multorum præsidium ab hujusmodi impugnatione liberabit.

EPISTOLA CCLXXXV.
WIBALDI ABBATIS AD GODEBOLDUM.
Significat ei articulos pacis initæ cum Everardo presbytero.
(Anno 1151.)

Frater Wibaldus, Dei gratia id quod est in Ecclesia catholica, dilecto fratri et amico suo Godeboldo benedictionem et vitam usque in sæculum.

Meminit dilectio tua, quod scripta domini papæ ad nos accepimus, ut te studiose commoneremus, quatenus Everardo presbytero ecclesiam de Hemeringe et omnia ei ablata per te et alios in integrum infra viginti dies, postquam a nobis commonitus esses, omnino restitueres, et de cætero cum pacifice possidere permitteres. Fecimus itaque quod nobis imperatum fuerat, et tam jussionem domini papæ quam nostram admonitionem in tantum valuisse gaudemus, ut ex consilio religiosorum et sapientium virorum cum prædicto Everardo in concordiam rediеris. Modus autem concordiæ et reconciliationis in futurum valituræ hic est. Dedimus eidem Everardo a parte tua tria talenta denariorum, ea conditione, ut te ab omni querimonia sua tam de injuriis quam de damnis sibi ante illatis liberum et absolutum dimitteret, et ipse de cætero prædictam Ecclesiam suam in pace obtineret. Deposuit itaque in manu nostra sub idoneo monachorum, clericorum et laicorum testimonio omnem querelam, quam adversum te usque in præsentem diem habuerat, tecumque in gratiam et veram pacem rediit, nosque ab exsecutione mandati domini papæ liberos sponte dimisit, et domino papæ pro adepta justitia gratias egit, nobisque pro studio sollicitudinis devote benedixit. Tuæ itaque fraternitati tam præsentibus litteris quam aliis, quibus opportunum fuerit modis testimonium perhibemus, quod mandatis domini papæ et nostræ admonitioni devote obtemperans fueris, et sententiam, quæ in vindictam inobedientiæ intentata tibi fuerat religiose et prudenter devitaveris. De his vero, qui prædicto Everardo sua diripuerunt, justitiam a domino episcopo reposcet, juxta quod eidem domino nostro episcopo a domino papa injunctum est, et ipse nobis per litteras suas se fideliter facturum repromisit. Tu autem adversus eumdem Everardum de cætero nullius offensæ memoreris, sed cum eo veram pacem et concordiam de omni anteacta controversia in bona fide habebis.

EPISTOLA CCLXXXVI.

WIBALDI ABBATIS AD HENRICUM MINDENSEM EPISCOPUM.

Facta inter Godebaldum et Everardum pace, mandat ut eidem Everardo de ablatis ab aliis justitiam faciat.

(Anno 1151.)

Reverendo Patri suo et domino H. sanctæ Mindensis Ecclesiæ venerabili episcopo, frater WIBALDUS Dei gratia Corbeiensis Ecclesiæ servus, exiguas orationes et devotum servitium.

Meminit paternitas vestra, quod litteras domini papæ ad nos accepimus, ut canonicum vestrum magistrum Godeboldum studiose commonefaceremus, quatenus Ever. presbytero ecclesiam de Hemeringe et omnia ei ablata per se et per alios in integrum infra viginti dies post acceptam admonitionem nostram omnino restitueret, et de cætero cum pacifice possidere permitteret. Fecimus itaque quod a nobis imperatum fuerat. Sed vestra sublimitas nostræ parvitati sollicite injungere dignata fuit, ut reconciliationis et concordiæ mediatores esse sategeremus, hac videlicet ratione, ut idem Ever. tria talenta nummorum acciperet, et de aliis personis, a quibus sua bona conqueritur distracta, ecclesiasticam ei justitiam vos faceretis. Ad quam conditionem recipiendam licet idem Ever. satis cunctaretur, nostro tamen studio pro pace Mindensis Ecclesiæ devotius adnitente, sicut vobis placuerat, perfectum est. Nam, acceptis de manu nostra tribus talentis nummorum, omnem querelam et actionem, quam adversus magistrum Godebaldum hactenus habuerat, sponte deposuit, et cum eo in veram pacem et gratiam absque simulatione et dolo rediit. Rogamus itaque celsitudinem vestram, quam vera in Domino charitate plurimum diligimus, ut prædicto Everardo presbytero, qui jamdiu apostolicæ mansuetudinis aures crebris clamoribus fatigavit, canonicam justitiam de his qui bona sua violenter invaserunt, sine prolixioris moræ obstaculo, faciatis, tum pro domini papæ, qui hoc vestræ discretioni et viva voce et litteris injunxit, reverentia, tum pro nostræ petitionis interventu, qui vobis hoc vera et humili fide consulimus, et ex promisso vestro per litteras tanquam debitum reposcimus.

EPISTOLA CCLXXXVII.

WIBALDI ABBATIS AD H. MOGUNTINUM ARCHIEPISCOPUM.

De solvendo matrimonio Folcuini de Sualemberg, ob uxoris dissimulatam infirmitatem.

(Anno 1151.)

Reverendo Patri suo et domino H. sanctæ Moguntinæ Ecclesiæ venerabili archiepiscopo, WIBALDUS Dei gratia Corbeiensis Ecclesiæ servus, exiguas orationes et devotum servitium.

Referente domino Folcuino de Sualemberg didicimus, quod juxta sacerdotalis officii dignitatem erga ipsum et uxorem ejus districte justitiam custodiatis, et relicta carnis et sanguinis charitate, spiritum, qui libertatis est auctor et propagator, sequamini. Unde et nos gloriæ vestræ plurimum in Domino congaudemus, quippe qui in hac causa nihil aliud quam veritatem diligimus, etsi quos offendimus, propter veritatem offendimus. Testatur siquidem prædictus Folcuinus, quod antequam eamdem uxorem suam desponsaverit, a quibusdam pro certo compertum habuerit, quod morbo caduco laboraret, et multorum ac religiosorum virorum testimonio se probare posse asserit, quod sibi eam copulare nollet, si veraciter tali infirmitate detineretur, et hoc parentibus puellæ palam indicaverit. Novit autem eruditio vestra, quod cum in omni contractu fraus et dolus abesse debeat, præcipue in contrahendo, ubi fides et sacramentum spectatur, nullius doli debet esse supposita commistio. Quod si ita est, nulla regula constringi potest ad sequendum id, quod nec intendit, cum faceret, nec voluit, cum sentiret. Scienti legem loquimur, et non ignoranti, sub quo lapsus periculo et laicus et juvenis jam longo tempore versetur. Quod si ad partes nostras accesseritis, venire ad vestram celsitudinem pro eadem causa parati sumus.

EPISTOLA CCLXXXVIII.
WIBALDI ABBATIS AD HENRICUM MINDENSEM EPISCOPUM.
Scribit in gratiam Regenberni canonici, quem B. Mariæ in Monte abbatissa vexabat.
(Anno 1151.)

Reverendo in Christo Patri et domino H. sanctæ Mindensis Ecclesiæ venerabili episcopo et dilectis fratribus et dominis ejusdem Ecclesiæ canonicis, frater WIBALDUS, Dei gratia Corbeiensis Ecclesiæ servus, exiguas orationes et devotum servitium.

Veniens ad nos frater Regenbernus canonicus ecclesiæ beatæ Mariæ in Monte, retulit nobis ex ordine, qualiter occasione cujusdam verbi præfatæ ecclesiæ abbatissa eum inordinate, quemadmodum nobis videtur, gravaverit, et præbendam suam ei interdixerit. Quia igitur in Ecclesia vestra cœpimus esse pacis amatores et concordiæ cooperatores, paternitatem vestram per fraternam charitatem, de qua plurimum apud vos confidimus, intime rogamus, et quantum licet, in Domino cohortamur, ut nullam dissensionem in Ecclesia vestra nasci et crescere sinatis, quia sæpe fieri solet ut de minimis scintillis maxima oriantur incendia. Siquidem eruditioni vestræ brevi sermone satis suggestum est, quod quædam sæcularia jura confundi cum ecclesiasticis ac permisceri non possunt. Hoc ideo dicimus, quod prædictus clericus nec per hominagium canonicam suam potuit accipere, nec recusato hominagio amittere.

EPISTOLA CCLXXXIX.
WIBALDI ABBATIS AD W. MINDENSIS ECCLESIÆ PRÆPOSITUM MAJOREM.
Scribit in gratiam Regenberni canonici.
(Anno 1151.)

Frater WIBALDUS, Dei gratia id quod est in Ecclesia catholica, dilecto fratri et amico suo W. venerabili sanctæ Mindensis Ecclesiæ majori præposito, benedictionem et vitam usque in sæculum.

Dilectionem vestram, de qua plurimum confidimus, intime rogamus, ut sicut proximis litteris nos admonere et cohortari curastis, quatenus ad pacem et concordiam Mindensis Ecclesiæ in causa magistri Godeboldi laboraremus, ita nunc in causa Regenberni benigno adniti studio dignemini, ne quid in eum vel ipsius possessionem præter jus et æquum admittatur. Siquidem ecclesiasticæ possessiones sæculari jure non sunt omnimodo censendæ, et sicut canonica clerici jure laico regulariter non accipitur, ita etiam nonnisi ordine canonico amittitur. Sapienti sat dictum est, quia de parvis odiorum fomentis maximæ interdum inimicitiæ et infiniti labores succrescunt.

EPISTOLA CCXC.
H. DUCIS SAXONIÆ ET BAVARIÆ AD WIBALDUM ABBATEM.
Rogat ut in curia Ratisbonensi adsit sibi coram rege.
(Anno 1151.)

Domino WIBALDO venerabili Corbeiensis Ecclesiæ abbati, H. Dei gratia dux Bawariæ et Saxoniæ ascendere in montem Domini et stare in loco sancto ejus.

Quoniam virtutis vestræ multa experimenta cognovimus, multum in benevolentia vestra confidimus. Hac itaque magna præcedente confidentia, quia Dominus et vera loquendi audaciam, eamdemque discrete proferendi vobis præ multis aliis contulit scientiam, vestram adimus obnixe deprecantes benevolentiam, quatenus in curia, quam rex secundo Idus Junii Ratisbonæ celebrandam indixit, nobis assistatis, et quam, in nos det sententiam, audiatis. Pollicitus est enim, quod secundum justitiam vel principum consilia, qui ad curiam confluent, se nobis responsurum. Valete, et de integerrimæ dilectionis affectu ex nostri parte sitis indubii. Dominum Theodericum de Rikelingen, filiosque ejus dilectioni vestræ commendamus, et ut eis benignus existatis, intime rogamus.

EPISTOLA CCXCI.
WIBALDI ABBATIS AD EUGENIUM PAPAM III.
Scribit in gratiam Regenberni canonici
(Anno 1151.)

Reverendissimo Patri et domino EUGENIO, sanctæ catholicæ Ecclesiæ uni et universali papæ, frater WIBALDUS Dei et vestra gratia, id quod est in Ecclesia catholica dilectionem filii et obsequium servi.

Lator præsentium in Ecclesia quadam Mindensis episcopatus canonica sua per violentiam, ut ipse conqueritur, spoliatus est; cui ante appellationem suffragium reconciliationis conferre conati sumus, in quo cum nequaquam proficeret, tandem vestræ celsitudinis præsentiam appellavit, et suos adversarios determinata die ibidem auctoritate vestra invitavit. Unde sublimitatis vestræ pedibus devote animo advoluti, clementiam vestram, quantum nostræ parvitati conceditur, humiliter imploramus, ut causam ipsius pie audire dignemini, et ad sublevandas ipsius oppressiones, manum benignissimæ defensionis extendere. Paternitatem vestram diu custodiat omnipotens Deus.

EPISTOLA CCXCII.
WIBALDI ABBATIS AD A. COLONIENSEM PRÆPOSITUM, ETC.
Gratias agit pro collatis beneficiis.
(Anno 1151.)

Charissimo domino et amico suo A. venerabili sanctæ Coloniensis Ecclesiæ majori præposito, regiæ curiæ cancellario, frater WIBALDUS, Dei gratia id quod est in Ecclesia catholica, salutem et benedictionem.

Mittetis nobis per præsentem puerum nostrum

cindalia candida, ut mittere disposuistis : quæ, cum rogaremus, non dedistis ; cum non peteremus, obtulistis. Liberalitatem vestram et studium sensit status Stabulensis Ecclesiæ, sensit penu nostrum, sensit mensa nostra, sensit marsupium nostrum, sensit stabulum nostrum, sed, ut capella nostra pauper et modica sentiret largitatem, munificentiam et liberalitatem vestram, neque Gallia, neque Germania, neque tota Græcia, neque Oriens adjuvare potuerunt. Nos tamen grati et memores sumus, et ab omni ingratitudine rebus et animo alieni, plurima nos accepisse, et aut nulla vel pauca retribuisse cognoscimus. Si aliqua innovata sunt in consilio domini nostri post recessum nostrum, nobis significare non gravemini.

EPISTOLA CCXCIII.
WIBALDI ABBATIS AD SUOS STABULENSES.
Anceps an duas adeo ab sese dissitas abbatias regere debeat, consilium ab eis petit quid in tanto sibi periculo sit agendum.

(Anno 1151.)

Frater WIBALDUS Dei gratia id quod est in Ecclesia catholica, Roberto decano et cæteris Stabulensis Ecclesiæ fratribus, spiritu consilii et fortitudinis abundare.

Deliberare cogimur de verbo et ad effectum perducere, quod sæpe in conventu vestro tractasse nos vestra recolit fraternitas, videlicet, quod duobus monasteriis tam longe distantibus, tam amplæ possessionis et familiæ præesse nequaquam sufficimus, licet a magistris Ecclesiarum et a domino nostro rege serenissimo clementer permittamur. Quanta enim malitia temporibus istis increverit, quando nec per ecclesiasticam nec per sæcularem justitiam adjuvamur, miserabilis vexatio, quæ quotidianis rapinis et incursionibus monasterium vestrum dissipat et affligit, experientiam vestram crudelibus documentis intelligere fecerunt. Sed, sicut ad regimen Corbeiensis monasterii præcipiti ambitione non declinavimus, sed post divinam per electionis canonicæ titulum vocationem, vestra in omnibus auctoritate, consilio et ordinatione usi fuimus ; ita nunc rerum difficultates et pericula sollicite pensantes, et tanto ponderi penitus succumbentes, ad consuetum vestri consilii oraculum refugimus, nullo modo dubitantes, quin hoc, quod in re tam ancipiti et a nostræ optionis capacitate tam remota nobis a vestræ fraternitatis unanimitate fuerit injunctum, a divina sit misericordia et dispensatione procuratum. Absit autem a pietate cordium vestrorum ut credatis nos in has cogitationes, aut ira impellente vel motu cogente, aut alicujus laboris suffugio suadente, repente incidisse, cum divina judicia in his multa mentis contritione formidemus, et hominum sententias et clamores nonnihil metuamus ; et si nos duplicatæ dignitatis gradus delectatio titillaret, palam tamen sit omnibus recte considerantibus, quod et morum et possessionum irreparabilia detrimenta in procuratione tam remotarum et tam grandium re-

rum quotidie suscipiamus. Exitus autem noster a vobis, qui visus est quibusdam perturbatus et repentinus, longe ante fuerat prævisus, et propter quasdam vociferationes, quæ a Corbeiensi monasterio nos molestabant, necessarius, cum anima nostra turbata esset valde in rebus vestris, non propter verbi alicujus commotionem, sed propter totius terræ per cædes, per incendia, per rapinas, assiduam vastationem, et tacitam esse oportuit nostram egressionem propter afflicti populi reclamationes et retentiones importunas, et propter magnorum et multorum latronum omnia fere itinera obsidentium insidias. Valete, et in hac matris vestræ causa sancti Spiritus adsit vobis gratia.

EPISTOLA CCXCIV.
WIBALDI ABBATIS AD H. STABULENSEM MONACHUM.
Declarat rationes quæ ipsum a retinenda abbatia Stabulensi deterrebant.

(Anno 1151.)

Frater WIBALDUS dictus abbas, dilecto filio suo H. benedictionem

De statu imo de mutatione animi nostri certius ex litteris communibus valebis addiscere. Quæ autem nos a regimine Stabulensis monasterii deterreant, licet ignorare non possis, breviter tamen tuæ vigilantiæ adnotabimus. In primis magna est ruina ordinis nostri, quam in tam multiplici rerum necessariarum defectu nos sublevare posse non confidimus. Porro, tanta est apud vos rerum tenuitas, et præbendæ quotidianæ defectus, ut etiamsi totum regnum firmissima pace frueťur, vix tamen valeret se Stabulensis Ecclesia sustentare. Advocati vestri peccatis facientibus non sunt pauperum defensores, sed crudelissimi vastatores, et libertatis vestræ inimicissimi insidiatores. Ministeriales vestri, qui maxime deberent Ecclesiam sustentare, conversi sunt in arcum pravum, et neque mandatis obtemperant, neque agriculturam, ubi ipsi villici sunt, exercere adjuvant, sed, quod deterius est, impediunt et vastant. A quibus detrimentis nulla fere Ecclesiæ vestræ possessio aliena est, et maximæ illæ curtes vacuæ et neglectæ sunt, de quibus præcipua et præbendæ supplementa capi solebant. Inter hæc autem diurna flagella nullum nobis auxilium vel ab ecclesiastica vel a sæculari potestate. Non est itaque, si hæc omnia diligenter consiberata tabescere faciunt sicut araneam animam nostram, et de salute et nobis commissorum sollicitius cogitare. Qualiter vero nostra ordinatio in Corbeiensi ecclesia sit a domino papa Eugenio in civitate Meldensi confirmata, tu melius nosti, qui præsens eras, et nos absentes fuimus.

EPISTOLA CCXCV.
STABULENSIUM MONACHORUM AD WIBALDUM ABBATEM.
Dehortantur eum a dimittenda abbatia Stabulensi.

(Anno 1151.)

Domino et Patri suo venerabili Stabulensi abbati WIBALDO frater R. cum omnibus Stabulensibus viriliter agere et confortari in Domino.

Acceptis, amantissime Pater, sinceritatis vestræ litteris, quæ animi non commoti, sed futura præcaventis, non fluctuantis, sed tempora, mores et pondera rerum considerantis, intentionem aperiebant, ac per hoc deliberationis vestræ vias demonstrabant, appositus est nobis dolor super dolorem. Nam, cum simus in hoc constituti, ut cum non transierit apud nos unum væ, aliud et aliud superveniat: cum unus nuntiorum Job loquatur, et alius sine dilatione veniat: cum Deus noster opposuerit nubem sibi, ne oratio transeat, tum maxime viscerabiliter doluimus, cum nos, qui in oppressionibus nostris frequenter vestris consolationibus sublevari consuevimus, nunc demum in necessitate positos a vestræ paternitatis dulcedine pro quavis causa destitui debere intelleximus. Sed nunquam Liæ vel Rachel datus est libellus repudii, nunquam bonus pastor viso lupo officium pastoris deseruit, sed et de manu speculatoris negligentis sanguis pereuntis requiritur: non debet pietas patris suos filios abdicare. Cæterum, si de retentione Corbeiensis abbatiæ agitur, prima vocatio, prima sponsa respicienda potius est et tenenda. Nam et recolit prudentia vestra, quod quando tam litteris et petitione domini regis et principum, quam Corbeiensis Ecclesiæ ad regimen ejusdem Ecclesiæ vocabamini, præstitus estis potius a nobis quam datus ut emancipationem vel abrenuntiationem Stabulensis Ecclesiæ nemo intelligeret. Quod, quia viva voce et scriptis tunc sufficienter quibuscunque significavimus, vos conventus et capituli nostri super hoc recognita sinceritate et veritate rei juste librata, nunquam ab animo Stabulensem Ecclesiam matrem vestram, educatricem vestram, sponsam vestram avellatis; nunquam fratrum vestrorum, filiorum vestrorum, non tam adoptionis quam uteri curam deseratis. Nec enim bonum est, ut qui divitiis Ecclesiæ Corbeiensis secundum promissum adjuvari exspectabamus, ejus nunc occasione a vestræ paternitatis sollicitudine destitui debeamus. Spreta ergo omni tribulatione cordis, ad diligentes vos quantocius redite, et in necessitate multa constitutis cum Dei adjutorio exspectantibus vos consilii vestri manu præsentialiter subvenite.

EPISTOLA CCXCVI.

HENRICI MONACHI STABULENSIS AD WIBALDUM ABBATEM.

Ejusdem argumenti.

(Anno 1151.)

Reverendissimo in Christo Patri suo et domino WIBALDO, Stabulensis Ecclesiæ venerabili abbati, HENRICUS, quidquid Patri charissimo devotus filius.

Dignationis vestræ litteris diligenter perlectis, nihil, Pater charissime, in eis invenire ingenioli mei potuit tarditas, quod vel benignitatis vestræ prudentiam a nobis deterreret, vel mentis vestræ statum a Stabulensis Ecclesiæ regimine digne perturbare valeat. Nam et ordinis incrementum et præbendæ restaurationem, quandocunque ad hæc apponere animum vestra curabit diligentia, ea vobis administrabit charitas, quæ in ruinis Ecclesiæ nostræ resarciendis absque graviori discrimine omnem benevolentiæ vestræ semper administravit copiam. Ministerialium vero nostrorum negligentiam et advocatorum insolentiam, quam satis aluit vestra interdum a nobis absentatio, non parum reprimet, et quotidianus noster clamor et præsentiæ vestræ diuturnior assiduitas: nam gutta cavat lapidem, non vi, sed sæpe cadendo. Quid autem Meldis de ordinatione Corbeiensis Ecclesiæ me præsente actum sit nescio: nam, si sapio, id, quod scio, nescio. Levius autem sopiri solent illa, quæ sub specie pietatis ad paupertatem redeunt, quam ea quæ sub nomine felicitatis tenuitatem summis divitiis commutare intendunt. Cæterum, Pater amantissime, ut ad ea quæ fratribus in commune scripsistis, breviter respondeam, nullo modo paternitatis vestræ gubernatione, nulla ratione moderationis vestræ regimine carere volumus aut possumus, cum in hoc convenerimus, et fixum teneamus quod potius eo ipso modico thesauro, quod apud nos est, carere velimus, quam sub titulo alterius Ecclesiæ personæ vestræ regimen amittere. Quare, Pater, ea speciali confidentia, qua me semper filium vocare consuevistis, benignitatem vestram attente obsecro, ne nos super hoc verbo ultra perturbare intendatis, ne ruinam et desolationem loci, quem ædificastis, quod absit! oculis corporalibus in brevi videatis.

EPISTOLA CCXCVII.

WIBALDI ABBATIS AD SUOS STABULENSES.

Scribit eos in dando consilio nimis properasse, consulendos etiam fuisse Malmundarienses et alios vicinos, precesque ad Deum ante omnia adhiberi debuisse.

(Anno 1151.)

Reverendis in Christo fratribus et dominis Roberto venerabili decano et cæteris Stabulensis Ecclesiæ filiis, frater WIBALDUS, Dei gratia id quod est in Ecclesia catholica, magni consilii angelum.

Recognovimus in litteris, quas proxime ad nos vestra unanimitas direxit, vestrum illum circa nos incorruptum et inexpugnabilem affectum, quo nos a principio amplecti et confovere perseverastis, ut vere vos amicos dixerimus, qui permansistis mecum in tentationibus. Verum, fratres charissimi, dolemus vos nimium properasse in re tam difficili, tam ardua, tam necessaria, super qua universitatis vestræ consilium tanquam divinum responsum quæsivimus, ubi nec orationes præmissæ, nec fratres Malmundarienses vocati, nec laici fideles et filii Ecclesiæ sunt invitati, veremurque, ut pace omnium dictum sit, ne de cordibus vestris prophetetis, et nobis, quibus res est pro anima, parum provide consulatis. In retransitu enim nostro ad vos, ut de domino nostro rege taceamus, plurimum domini papæ offensam metuimus: quibus neglectis et adversum nos commotis, parum vobis vel alicui prodesse possemus. Fundendæ sunt igitur ad Deum preces cum omni humilitate et devotione, quærendum est non solum universæ Ecclesiæ vestræ, sed etiam vicinarum consilium et suffragium, ut divina pietas talem vobis præstare dignetur pastorem, qui ex ejus dono possit sanare contritos corde, et alligare contritiones vestras. In eo autem quod scripsistis, quia nunquam bonus pastor, viso lupo, officium pastoris deseruit, recolere debet vestra prudentia quam multos, quam magnos, quam atroces lupos in regimine Stabulensis Ecclesiæ his viginti annis, quibus ei servivimus, non absque periculo mortis et gravibus scandalis et opprobriis sustinuerimus, nec adhuc ferre detrectaremus, si eidem soli Ecclesiæ ascripti essemus. Sed, cum in Corbeiensi Ecclesia lupi non desint, et pastoris sit necessaria tam prudentiæ quam vigilantia, eligimus uni, vel, si sic expedit, neutri servire quam utrique incubando, neutri prodesse. Et, ut ad verba veteris historiæ respondeamus, nullo modo credatis, quod amorem posterioris primæ præposuerimus, quæ nec pro mandragoris Ruben nos ad priorem ingredi ad propagandam sobolem æquo animo patitur, sed in omnibus divinæ bonitatis propositum per orationis et consilii vestri suffragium inquirimus. Spiritus sancti gratia dignetur illuminare corda vestra. Amen. Quanto majores pressuras Ecclesia vestra patitur, tanto magis indiget communi consilio, quia nihil temere aut præcipitanter hoc in negotio agere volumus, sed cum tanta maturitate consilii, ut et factum nostrum Creatori nostro placeat, et hominum recta judicia non offendat.

EPISTOLA CCXCVIII.

WIBALDI ABBATIS AD HENRICUM MONACHUM STABULENSEM.
Perseverat in voluntate abdicandæ dignitatis abbatialis Stabulensis, optatque hac de re Dei beneplacitum agnoscere.

(Anno 1151.)

Frater WIBALDUS dictus abbas, dilecto filio, HENRICO salutem et benedictionem.

Dolor capitis et invalitudo oculorum suadent nos eruditioni tuæ brevius scribere quam vel tempus vel materia postulat, præcipue cum hæc, quæ scribimus, tam secreta sint, ut alienæ manus uti non præsumamus adminiculo. Tacebimus nunc de bona spe, qua nos ad res difficiles, imo fere impossibiles ferendas et corrigendas benigna charitate cohortaris, et nos promovere tentas pietatis studio, ne illa etiam corporalibus oculis prolabi videamus, quæ ad cultum divinæ religionis in Stabulensi monasterio labore multo et sumptu ædificavimus, quæ satius fuerat in animarum cultibus, quam in parietum nitore expensa fuisse. Ad illud respondebimus, quod scripsisti te nescire quid apud Meldas de ordinatione nostra in Corbeiensi Ecclesia sit actum. Ais enim, si sapio, id quod scio, nescio. Et subjungis, quid tibi levius et plausibilius videatur, non quid ordo postulet, quid regula doceat, quid obedientia poscat. Et illud quidem pro-

verbium non est sumptum de lege, de Evangelio, de Apostolo, de doctrina ecclesiastica, gentile est, sæculare est, comicum est, personæ est levis, et aut verbera vel aliquam incommoditatem fugere suadentis; non est de salute animarum, non est de dilectione Dei et proximi, non est de metu gehennæ, non est de desiderio cœlestis patriæ. Nos juvenes ista te docuimus puerum, quando in his studiis ludentes tuam capacitatem instruebamus, ut Latina plane intelligeres et recte proferres, non ut falsa loquereris, aut vera contra Deum taceres. Nunc nostra schola hoc profitetur, hoc docet : Si sapis, id quod scis, scis; et id quod nescis, inquiris et discis in his duntaxat, quæ ad religionem et cultum Dei et ad animarum salutem pertinent. Et ideo, fili charissime, sicut nobis, ita et tibi fugienda est inobedientia, ne in regimine alterius Ecclesiæ vel nos simus admissi non per ostium, aut grex audiat vocem alieni, et pastor sit fur et invasor, grex autem seductus et prævaricator. Nos in quantum sapimus, id, quod scimus, scimus, videlicet quod dominus papa tam viva voce quam litteris de eodem verbo nobiscum egerit, et discere desideramus, quid in tam arduo negotio Deo nostro sit beneplacitum et saluti nostræ conveniens, et utrisque Ecclesiis, quibus jam non sufficimus deservire, proficuum, nec ab hominum veris judiciis abhorrens. Sed videmur tibi concupiscere divitias et paupertatem abhorrere. Mihi crede, in Domino fili, non est verum, sed Deum per viam obedientiæ invenire satagimus, et ita relinquere alteram, ut alteri prodesse valeamus. Quod si non procedit, melius est utramque relinquere, quam in neutra proficere; magna res est, et a Deo petenda.

EPISTOLA CCXCIX.

STABULENSIUM MONACHORUM, AD WIBALDUM ABBATEM.
Malmundariensium vota suis concordare eo in retinendo.

(Anno 1151.)

Domino et Patri suo venerabili Stabulensi abbati WIBALDO, frater ROBERTUS et tota Stabulensis Ecclesiæ congregatio, debitam subjectionem.

Sollicitudinis vestræ verbo accepto, fratres nostri Malmundarienses in nullo a nobis discrepant : nam idem sapimus omnes, et non sunt in nobis schismata, quod sinceritate paternitatis vestræ co-significamus attentius, quod nunquam a paternitate vestra divelli, quod a regiminis vestri moderatione nunquam recedere volumus. Quod autem laicis negotium hoc per nos non innotuit, ratio temporis poposcit, ne temerarie solito confidentius in nostra manus injicerent, ne fidei et constantiæ nostræ in aliquo detrahere possent, ne itum vel reditum vestrum in se consistere jactitarent. Orationes autem ad Deum pro magnis et continuis pressuris nostris, et ut nobis pacem mentis et corporis cum spiritu consilii et fortitudinis tribuat, incessanter fundimus, in pace enim vestra nostra consistit. Unde iterum iterumque universitatis nostræ petit facies, ut fratrum, filiorum et amicorum vestrorum memores, Ecclesiæ Stabulensi jam labenti, et pauperum vobis commissorum multimodis tribulationibus subveniatis, et in ultimo necessitatis articulo jam pene constitutis, consilii et auxilii manum non subtrahatis.

EPISTOLA CCC.

HENRICI MONACHI STABULENSIS AD WIBALDUM ABBATEM.

Ne obedientes filios pater optimus deserat.

(Anno 1151.)

Reverendissimo in Christo Patri suo et domino WIBALDO venerabili Stabulensi abbati, HENRICUS quidquid Patri filius.

Licet, Pater amantissime, multiplices querelæ et quotidianæ vexationes pauperum nostrorum ita cor et animam meam amaritudinibus repleverint, ut vix alia verba, quam væ et væ in mente habeam, tamen pietatis vestræ sinceritati pauca scribere curavi, non quod eruditionem vestram, aut animum semper providum, semper alta sapientem instruere intendam, sed ut solita simplicitate filialem devotionem charissimo Patri semper exhibeam. Prætermittens itaque omnium quæstionum propositiones et argumentorum conclusiones, quæ de *scio* et *nescio* contactæ sunt, quantum capacitatis meæ intelligere potest tarditas, non ordo poscit, non regula docet, non obedientia præcipit, non jus aut lex demonstrat, ut pater filios obedientes abdicet, ut mater filiis tempore necessitatis ubera subtrahat, ut bonus pastor oves congregatas alienis male dissipandas relinquat. Neque enim est contra salutem animarum sive contra dilectionem Dei et proximi, seu alienum a desiderio cœlestis patriæ præesse et providere filiis, diligere et regere Ecclesiam, quam vobis commissam esse scitis, quæ, etsi modo peccatis exigentibus flagellatur, potens est liberare eam Deus, qui locum, in quo sita est, ad serviendum sibi elegit ante sæcula. Quare, Pater charissime, paupertate Ecclesiæ nostræ, quæ vos a prima fere ætate nutrivit, aluit et promovit, contentus, eam nequaquam deseratis, quia hoc secundum hominum justam æstimationem et vera judicia longe esset a paterna charitate, et secundum Deum, secundum Apostolum, secundum Christianam doctrinam alienum esset ab omni religionis pietate. Cæterum, quare ad consilium fratrum laici non sint admissi ex litteris conventus plenius intelligetis. Nequaquam arcana consilii nostri cum his participare volumus, qui semper contra nos sunt, qui semper nostra et vestra violenter diripiunt. Quod ergo ab Ecclesia vestra ex consilio actum est, sincere factum esse paternitatis vestræ intelligat prudentia.

EPISTOLA CCCI.

HENRICI MONACHI STABULENSIS AD WIBALDUM ABBATEM.

Iterum deprecatur ne dignitatem abbatialem Stabulensis monasterii abjiciat.

(Anno 1151.)

Charissimo domino suo WIBALDO venerabili Stabulensi abbati, humilis HENRICUS obedientiam, subjectionem ac devotionem.

Decreveram, Pater charissime, digitum ponere ori meo, ut qui nescio loqui, saltem ut tacere noverim, incipiam discere. Sed præ oculis habeo, quanta in auro, argento, et gemmis variisque ornatibus ecclesiæ nostræ contulistis, quam honestis et utilibus ædificiis eam promovistis, quamque integras possessiones ejus et fundos non solum ou stodistis, verum etiam ab antecessoribus vestris male distractas recollegistis et auxistis, dum etiam reminiscor, quantum honestatis, disciplinæ ac sollicitudinis, imitabilisque exempli circa vos perspexerim; ad ultimum vero, quod maxime cor meum tangit, quam pie ab infantia me collegistis, quam misericorditer habuistis, quam clementer educastis, assumo, cogente pietate, imo multa impellente necessitate, fiduciam, non erubesco jam humilis et indoctus excelsum (157) principem et disertissimum convenire oratorem. Quare nos, clementissime, vestra deserit mansuetudo? quare gregem multis ecce lupis expositum vestra solers derelinquit pastoralitas? quid in nobis paternitati vestræ displicuit, quia primo quidem per me nudis verbis, modo autem semel et iterum litteris et efficacibus nuntiis Ecclesiam vestram sollicitastis, imo turbastis, consilium de demissione alterius abbatiæ postulantes, et emissionem a nostra, quasi altera plus religionis et ordinis habeat, violenter, ut intelligimus exigentes? An ignorat vestra prudentia, quia de nobis a nobis electus, apud nos investitus, apud nos consecratus, inter nos et super nos sine perpetuo fructu sexdecim annis conversatus, quasi nuper vocationi Corbeiensium, petitioni regis et principum abbas noster et pastor præstitus estis potius quam datus? Quare de tam atroci negotio nostro non alterius ab alienis et extraneis nos quærere consilium decernitis, cum penes nos firmum non dimittendi vos consilium habeamus? Quis hoc magnanimitati vestræ imposuit, ut Ecclesiam, quæ vos ab adolescentia educavit, assumpsit et dilatavit, deserere cupientes, ei Ecclesiæ, cui præstitus estis, benedictionem nostram non sine supplantatione infundatis? Cesset, quæso, domine, cesset hujus vestræ sollicitudinis intentio; cesset pietas vestra suos filios tam crudeliter velle abjicere, qui, ut breviter dictum sit, vagi et exsules decreverunt mori potius, quam vos, dum vixeritis, Patrem et dominum non habere. Hæc me, pater, scripsisse fides coegit, charitas persuasit, sed, sicut forte modum excessi, verba ad tantum

---

(157) Ergo jam ævo Wibaldi abbates Stabulenses sacri Romani imperii principes erant.

principem impudenter et inculte proferendo, vestra mihi eruditio ignoscat, et ut in veritate dicta sunt, simpliciter ac fideliter accipiat. De cætero Deus omnipotens vos custodiat, consiliumque vestræ ad nos celeris reversionis vobis dirigat.

EPISTOLA CCCII.
CORBEIENSIUM MONACHORUM AD WIBALDUM ABBATEM.
Ne ad præsens abbatiam Stabulensium abdicet.
(Anno 1151.)

Charissimo domino suo et Patri WIBALDO venerabili Corbeiensis Ecclesiæ abbati, conventus ejusdem Ecclesiæ debitam obedientiam.

Transmisimus ad sinceritatem vestram priorem nostrum et camerarium, eisque imposuimus vestræ paternitati suggerenda quædam verba ex communi deliberatione capituli nostri, quæ vobis quidem adhuc nobiscum posito suggessisse debueramus, sed consueto humanæ naturæ errore neglexeramus. Non dedignetur ergo pietas vestra adhuc clementer ea attendere, et solita benignitate suscipere. Interpellavimus sanctitatem vestram, cum adhuc nobis præsens essetis, de relinquenda Stabulensi abbatia, hoc modis omnibus desiderantes, ut jugiter apud nos essetis, et de aliis occupationibus expeditus nostris necessitatibus quietius et tranquillius providere possetis. Considerata autem iniquitate præsentium temporum, audita etiam tribulatione et incommoditate fratrum nostrorum Stabulensium, liquido animadvertimus quod nostra petitio non esset congrua ad statum præsentis temporis, nec sine maximo detrimento suo illa Ecclesia posset a vobis hoc tempore relinqui. Ea propter nostram petitionem de relinquenda illa Ecclesia in vestro arbitrio reponimus, tempusque relinquendi eam et opportunitatem ad nos transmigrandi in vestra discretione et voluntate dimittimus. Si qua alia capitula vestræ mansuetudini inconvenienter proposuimus, sicut præsenti facere debuimus, pedibus vestris provoluti paternitati vestræ satisfacimus, et ut ea de corde clementer dimittatis, humiliter obsecramus. Proxima transacta Dominica, præpositus in capitulo denuntiavit quod ab eadem in quatuor septimanas panem et potum congregationi ministraret, postmodum vero nec haberet nec ministraret. Quia ergo alium procuratorem, præposito nobis necessaria non dante, præter vos non habemus, omnem curam nostram de hoc verbo in vos projicimus, et ut curam habeatis de nobis tanquam omni solatio destituti paternitatem vestram rogamus.

EPISTOLA CCCIII.
WIBALDI ABBATIS AD H. CORBEIENSEM MONACHUM.
Priorem eum monasterii Corbeiensis instituit.
(Anno 1151.)

Frater WIBALDUS Dei gratia, id quod est in Ecclesia catholica, dilecto filio H. salutem et benedictionem.

Iniquo tempore, frater, te priorem ordinavimus, et hoc prædecessorem tuum longo tempore amovere distulimus, quoniam in palam erat neminem alium posse ordinari, in quem nostræ charitatis assensus accederet. Remansisti nunc in medio solus, graviorem postmodum sarcinam laturus, cum nos decedere oportuerit. Siquidem aut cedendum erit multitudinis ambitioni cum magno justitiæ et Ecclesiæ detrimento, aut resistendum parvis suffragiis et maximo periculo. Quid de causa nostra in curia sit actum, tam ex litteris domini nostri regis ad conventum missis, quam ex viva legatorum nostrorum voce plenius poteritis addiscere. Dominus rex curiam in Pascha Spiræ celebrabit, et in octava ei occurrere apud Bopardam jussi sumus, descensuri cum eo usque in Ulterius-Trajectum, nec speramus nos ab eo posse recedere ante octavam Pentecostes, etiamsi impetrare poterimus, ne secum usque Ratisbonam transeamus. Nunc igitur diligentia tua nobis celerrime renuntiabit, utrum præpositus administrare fratribus suis intendat, aut officium præpositruæ abdicare. Non est enim nostri propositi detrimentum sustinere in eo, in quo ipse fructum susceperit, et quando cessabit administrare, cesset et villicare, cum plane videamus publicam substantiam privatis et immoderatis sumptibus exstirpari. Verumtamen, utcunque ipse se gerat, si defectum fecerit, tua industria sumptis de thesauro Ecclesiæ pignoribus, necessaria fratribus sollicite providebit. Rescribe nobis de cunctis sollicite, et quid comes Hermannus postea de Corbeiensi Ecclesia tractaverit, et quid ad litteras domini regis ad præsens respondeat.

EPISTOLA CCCIV.
H. PRIORIS ET CONVENTUS CORBEIENSIS MONASTERII AD WIBALDUM ABBATEM.
Conqueruntur de præposito monasterii, qui vitæ necessaria ipsis denegabat.
(Anno 1151.)

Reverendo in Christo Patri et domino WIBALDO Corbeiensi abbati, frater H. prior et conventus Corbeiensis Ecclesiæ devotas orationes et debitam obedientiam.

Sicut in litteris vestris universitati nostræ injunxeratis, ut cum præposito nostro conveniremus, ut absque defectu necessaria nobis administraret, facere studuimus; sed nihil promovere potuimus, ipso defectum suum prætendente, et nobis ut necessaria ministraret insistentibus. Denique, inter eum et nos usque eo res processit, post multas denuntiationes, quibus defuturum nobis panem et potum denuntiaverat, quod tandem in diebus Rogationum et in ipsa sancta die Ascensionis Domini nos absque potu et statim sequenti proximo Sabbato absque pane simul et potu, quod nunquam Corbeiæ factum credimus, nos dereliquit. Cum ergo ipsa die sedentes ad mensam secundum ordinem et consuetudinem nostram, consuetam alimoniam exspectaremus, nec ab eo quidquam acciperemus, impasti surreximus, et Deum secundum ordinem nostrum euntes ad ecclesiam cum psalmo benediximus. Statim igitur in unum congregati, quid facto opus esset in commune consuluimus, et ut vestræ paternitati hanc necessitatem celeriter insinuaremus, inter nos convenimus. Interim autem fratri A. camerario nostro, licet invito et multum renitenti, hanc curam injunximus, ut donec redeat nuntius noster a vobis, panem et potum undecunque possit, mutuo acceptum nobis provideat, et argentum, quod ad sarcophagum hoc anno deputaveramus, in pignore accepit. Quoniam igitur imminentem nobis necessitatem videtis, obsecramus nobis dilectam paternitatem vestram, ut quantocius reditum vestrum ad nos acceleretis, ut de instanti periculo nos et Ecclesiam eripiatis, quod sine præsentia vestra evadere non possumus.

EPISTOLA CCCV.
WIBALDI ABBATIS AD SUOS CORBEIENSES.
Laudat eorum in tolerando rerum necessariarum defectu patientiam, excusatque se quod tam cito ad eos redire nequeat.
(Anno 1151.

Frater WIBALDUS, Dei gratia Corbeiensis abbas, H. priori Corbeiensis Ecclesiæ fratribus et filiis benedictionem et vitam usque in sæculum.

Quod tanti et tam enormes defectus tempore noc in Ecclesia Corbeiensi contigerint, præcordialiter, Deo teste, dolemus; sed magno rerum turbine deprehensi, nullum effectum bonæ voluntatis nostræ operibus demonstrare possumus. Sed unum in tantis malis nostræ miseriæ solatium divina pietas providit, quod vos hæc incommoda, tam inordinata, tam inaudita, quæ nunquam ante hac Corbeiensi Ecclesiæ accidisse credimus, patienter et æquo animo supportatis, neque absentiam nostram, quæ vestris utilitatibus officere putatur, acerbo reprehensionis verbo fatigatis. In quo nostram sollicitudinem arctissima vobis charitate obnoxiam ita devincitis, ut nullus de cætero labor sit, nulla injuria, quam pro vestra dilectione et communi justitia subire et ferre pro viribus recusemus. Cæterum, fratres charissimi, reditum nostrum ad vos accelerare prohibet non solum Stabulensis Ecclesiæ, verum etiam totius Lotharingiæ concussio et eversio, quæ utique nostra patria est, quæ nos genuit, educavit et provexit, quam prohibente domino nostro rege ac multis principibus regni deserere, et ad vos tam animo quam corpore migrare non est nobis concessum, quamvis extremæ impietatis esset parentem in tantis cruciatibus positam abhorrere et fugere, ad cujus pacem reformandam, ultra facultatis nostræ captum sex fere septimanis, quibus cum domino nostro rege fuimus, ardenter institimus; sed peccatis facientibus et cuncta in pravum trahentibus, nihil proficere potuimus. Verumtamen, si in his proximis decem diebus nulla pax finitiva vel per inducias intercesserit, de totius terræ salute desperandum erit. Attamen modis quibuscunque poterimus, efficere conabimur, ut non longe post festum Barnabæ apostoli, aut ipsi ad vos transeamus, aut tales nuntios dirigamus, qui vestris opportunitatibus certo providere possint consilio, cum non ignoret vestra eruditio quam difficile sit hoc tempore et nostræ domui, quæ ultra claustralem modum sumptuosa est, et toti monasterio providere. Interim charitati vestræ injungimus ut studio prioris vestri et fratris A. camerarii vestri sic omnia pro tempore ordinentur, ut et fratribus non desint alimenta, nec divina inter vos cessent obsequia.

EPISTOLA CCCVI.
CONRADI IMPERATORIS AD EUGENIUM PAPAM.
Ut Herimanni Trajectensis episcopi electionem confirmet, et comitem de Ara ab excommunicatione absolvat.
(Anno 1151.

Dilectissimo Patri suo EUGENIO sanctæ Romanæ Ecclesiæ summo pontifici Conradus, Dei gratia Romanorum rex et semper augustus, filialem per omnia dilectionem et debitam in Domino reverentiam.

Vacante Trajectensi episcopatu post discessum piæ memoriæ Hariberti episcopi, etc. *Vide in Eugenio III ad an. 1153, post Regesta ipsius.*

EPISTOLA CCCVII.
WIBALDI ABBATIS AD B. LEODIENSEM ARCHIDIACONUM.
Excusat se a colloquio Hoiensi.
(Anno 1151.)

Dilecto fratri et amico suo B. sanctæ Leodiensis Ecclesiæ venerabili archidiacono, frater WIBALDUS Dei gratia id quod est in Ecclesia catholica, benedictionem et dilectionem.

Frater noster, quem ad vos miseramus ad explorandum propositum domini nostri episcopi, et ad intelligendam de pace universitatis vestræ voluntatem, tardius ad nos rediit, quam opportunitatis ordo et rerum ratio exposceret. Cum igitur propter longiorem moram ejus de colloquio apud Hoium futuro desperavissemus, conversi ad curam corporis, sanguinem minuimus paulo antequam idem frater noster reverteretur. Excusatam itaque habeat vestra discretio nostram valitudinem, nec ullo modo in corde suo recipiat, quod propter privatas odiorum inimicitias pacem terræ et publicum statum turbari velimus et evertere. Neque enim mores nostros ita instituit et formavit illa vestra doctrix et domina rerum divinarum et humanarum magistra et educatrix philosophia, ut ob causæ singularis titulum bona communia deseramus. Divina enim philosophia dicit : *Beati pacifici, quoniam filii Dei vocabuntur, et beati pedes pacem portantes.* Humana philosophia non contempsit etiam capitales inimicos in consortium magistratus ob reipublicæ salutem adsciscere. Et quoniam tyrannos jam in insaniam versos esse comperimus, vestra industria cum omni humilitate et placiditate animi efficere curabit, ne spes pacis abrumpatur, et efferate ad arma concurratur. Etenim, post hoc triduum, viribus recuperatis, nec personæ nec rebus parcendum fore in animum duximus : quatenus pax et tranquillitas populo Christiano per nos peccatores, si divinitati ita complacuit, procuretur. Alias autem quæ proprie ad nos et Ecclesiam nostram spectant, non minore studio repetemus.

EPISTOLA CCCVIII.
WIBALDI ABBATIS AD FRATRES GLADBACENSES.
Suum eis consilium et auxilium offert, et de illatis eis a ministerialibus injuriis.
(Anno 1151.)

Reverendis in Christo fratribus (158) Gladebacensis Ecclesiæ monachis, frater WIBALDUS, Dei gratia id quod est in Ecclesia catholica, benedictionem et vitam usque in sæculum.

Duplex nos ratio ad vestræ dilectionis et charitatis affectum provocat, videlicet quod unius ordinis habitus et religionis nomine fruimur, et unius ejusdemque patroni intercessione gloriamur, videlicet beati Viti martyris, cujus nos, quamvis indigni, Deo tamen sic ordinante, vicarii existimus, cujus ut patrocinio sublevemur, et fidem congrua devotione sectemur, confidentissime exspectamus. Quapropter, fratres charissimi, omnem nostri affectus charitatem vestræ fraternitati exponimus, et ut de nostri consilii et auxilii adjutorio omnimodis confidatis, prompta animi voluntate offerimus, scituri quod in cunctis, quibus secundum Deum poterimus, opportuni pro nostra facultate assistemus. De eo autem verbo, quo tam nos quam omnes catholicæ Ecclesiæ filios interpellastis, gementes et supplices respondemus, quod filii matris nostræ pugnant adversum nos, et mirum atque mirabile esse poterit toti mundo, cui vel quibus ministeriales vestri respondere habeant : si vobis, quibus ministrare, servire et obtemperare debent, non respondent, cùm totum quod sunt vel esse possunt, vestrum sit, et tam in eorum personas quam substantias potestas tam legibus quam canonibus vobis et monasterio vestro attributa sit. Si de causa capituli et peremptoria, vel de possessionis titulo ageretur, advocatis utique sæcularibus tanquam in causa sæculari opus haberetis. Verum, cum de injuria, de damno illato agitur, non solum hi qui jure proprietario vestro monasterio pertinent, sed etiam omne hominum genus; ut nostræ quidem parvitatis fert sententia, respondere et satisfacere vobis juxta legum tramitem non posset contradicere. In qua præsumptione vestrorum ministerialium dilecti confratris et coabbatis nostri culpanda est, ut pace ipsius dicamus, vigilantia, qui non ascendit ex adverso, nec opponit murum pro domo Israel, sed permittit, ut vulgo dicitur, scabella in scamna ascendere. Otio enim vacant, et ideo vociferantur, et volunt matrem et dominam suam pedibus in luto conculcare, et cum de rebus Ecclesiæ aluntur, impinguati, incrassati; dilatati recalcitrant. De cætero de

(158) Gladbacense insigne monasterium ordinis S. Benedicti, in principatu Clivensi, et diœcesi Co-

nostris orationibus et intimo servitio plurimum tam in hac quam in omni causa confidere debetis.

EPISTOLA CCCIX.
HENRICI EPISCOPI LEODIENSIS AD EUGENIUM PAPAM III.
Petit confirmari electionem Arnoldi Coloniensis archiepiscopi.
(Anno 1151.)

Reverendo Patri suo et domino EUGENIO, summo et universali sanctæ Romanæ Ecclesiæ pontifici, H., Dei gratia Leodiensis Ecclesiæ humilis minister, tam devotam quam debitam totius subjectionis obedientiam, et promptum ac fidele in omnibus obsequium.

Post decessum bonæ memoriæ A. Coloniensis archiepiscopi, *Vide in Eugenio inter epistolas variorum ad ipsum.*

EPISTOLA CCCX.
ECCLESIÆ COLONIENSIS AD EUGENIUM PAPAM III.
De electione Arnoldi majoris ecclesiæ S. Petri præpositi in archiepiscopum Coloniensem.
(Anno 1151.)

Reverendissimo Patri suo et domino EUGENIO, sanctæ Romanæ Ecclesiæ summo pontifici, W. decanus, archidiaconi, abbates, præpositi, clerus, honorati et universus populus Coloniensis Ecclesiæ, tam devotam quam debitam totius dilectionis ac subjectionis obedientiam.

Excellentiæ vestræ notitiam præterisse non credimus, quod mater nostra Coloniensis Ecclesia, etc. *Vide ubi supra.*

EPISTOLA CCCXI.
WIBALDI ABBATIS AD ARNOLDUM ELECTUM COLONIENSEM.
Fausta omnia illi optat.
(Anno 1151.)

Reverendissimo Patri suo et domino A., sanctæ Coloniensis Ecclesiæ venerabili electo antistiti, frater WIBALDUS, Dei gratia id quod est in Ecclesia, exiguas orationes et devotum servitium.

Non sumus de schola Pythagoræ, ut auditores nostros in verba nostra jurare cogamus. Licebit itaque vobis de scriptura nostra imminuere, demere et adjicere sine ingenii nostri acerba offensione. Unusquisque enim in suo sensu abundat. Deum, quem nec spatia locorum, nec intervalla temporum ab his, quos tuetur, abjungunt, nos et fratres nostri, vestri utique pro vestris beneficiis famuli, suppliciter exoramus, ut viam vestram gratia sua præcedente dirigat, et subsequente comitari dignetur, ut de actu et incolumitate vestra secundum misericordiæ suæ præsidia gaudeatis.

EPISTOLA CCCXII.
CONRADI IMPERATORIS AD HENRICUM ARCHIEPISCOPUM MOGUNTINUM.
Arguit eum quod electum Coloniensem electioni suæ necdum assentientem, præpositura de Lempurch privaverit.
(Anno 1151.)

CONRADUS, Dei gratia Romanorum rex, H., veneloniensi, cujus fundationis historia habetur Spicilegii tom. XII.

rabili Moguntiensi archiepiscopo gratiam suam et omne bonum.

Rogaveramus experientiam tuam per litteras nostras et mandata plusquam tertio, ut quod juris tui esse cognoscitur in præpositura de Lempurch, ad nostræ voluntatis ac petitionis nutum in spe fidelis retributionis ordinares, opportuno scilicet tempore, quando hoc fieri sacræ leges non prohiberent. Tu vero petitionem nostram non solum non exaudisti, verum etiam Ecclesiæ Coloniensis electum, necdum eidem vocationi consentientem, contra canonica instituta possessione sua nudasti. Siquidem cum adhuc detrectet onus ad ferendum suscipere, et rem omnem distulerit usque ad præsentiam et auctoritatem domini papæ, amoveri a gradu inferiori non debuit, qui altiorem conscendere formidavit. Et cum examinatio præcedat consecrationem, removeri quidam a summi sacerdotii officio possunt, qui tamen alias Ecclesiæ œconomias recte administrare possunt. Proinde, prudentiam tuam attente monendo rogamus, ut factum tuum, quod canonicæ doctrinæ regulam transgreditur, celeri ac discreta mutatione corrigas, et cum eadem præpositura rite vacaverit, petitionem nostram exaudire non abnuas: universa enim quæ a nobis habet, illibata ei usque ad consecrationem conservabimus.

EPISTOLA CCCXIII.

CONRADI IMPERATORIS AD EUGENIUM PAPAM III.

De electione Arnoldi archiepiscopi Coloniensis (159), *quam petit confirmari.*

(Anno 1151.)

Dilectissimo in Christo Patri suo EUGENIO, sanctæ Romanæ Ecclesiæ summo pontifici, CONRADUS, Dei gratia Romanorum rex et semper augustus, filialem per omnia dilectionem et debitam in Domino reverentiam.

Coloniensis Ecclesia, quæ sui magnitudine ac decore omnes fere Germaniæ et Galliæ præeminebat Ecclesias, ad tantam et pastorum suorum negligentia (160) calamitatem deciderat, etc. *Vide in Eugenio inter epist. variorum ad ipsum.*

EPISTOLA CCCXIV.

ARNOLDI AD WIBALDUM ABBATEM.

Clerum, honoratos et ministeriales ejus ad papam iter retardare, donec pax omnino firmetur.

(Anno 1151.)

Domino WIBALDO, Dei gratia venerabili Stabulensi abbati, ARNOLDUS, eadem gratia quidquid est, salutem et promptum ac fidele in omnibus obsequium.

Grates debitas celsitudini vestræ dicimus, pro eo quod vestræ prudentiæ experientiam modis omnibus nostro honori accommodam sentimus. Quid virtus Altissimi, sine qua nihil validum, nobis præsentibus in Westphalia et in conterminio Saxoniæ operata sit, ipse rerum eventus et rumor satis cognitus vobis intimabit. Præterea, clerus, honorati, et ministeriales pacem adhuc teneram ac novellam facile per nostram absentiam turbari timentes, iter nostrum ad dominum papam cum magna precum instantia ad præsens differri persuaserunt, donec ad plenum solidata pax etiam post nostrum discessum nulla turbetur tempestate malorum. Ubi et quando nos videre et de negotiis nostris nobiscum agere velitis, nobis significate.

EPISTOLA CCCXV.

WIBALDI ABBATIS AD ARNOLDUM ELECTUM COLONIENSEM.

Lætatur de rebus ejus prosperis. De pace cum episcopo Leodiensi facienda. Hortatur ut iter Romanum non differat, et legatos sedis apostolicæ Coloniam transeuntes suscipiat honorifice.

(Anno 1151.)

Reverendissimo Patri suo et domino ARNOLDO, sanctæ Coloniensis Ecclesiæ venerabili electo, frater WIBALDUS, Dei gratia id quod est in Ecclesia catholica, exiguas orationes et devotum servitium

Quod res vestræ prosperis successibus, Deo eas augente, provehuntur, et pax a nobis diu desiderata per vestram industriam, compressa latronum audacia, reformatur, duplex nobis lætitiæ exstat materia, tum quia nostris temporibus, qui jam fere a bonis desperavimus, hæc fiunt, tum quia ab experientia vestra, quam a longis retro temporibus diligere et laudibus ornare studuimus, hæc fiunt. Sed positis nobis in nostra veteri nemorum solitudine, rarius hæc gaudiorum vota ad notitiam perveniunt. Eadem die qua frater Hillinus ad nos a vobis rediens pervenit, venerunt ad nos plures de religiosis abbatibus Leodiensis episcopatus prope monasterium nostrum orantes enixius ut, omissa interim injuria, quam tum a domino Leodiensi episcopo, tum a comite Namurcensi et operibus et verbis gravem frequenter accepimus, de pace inter ipsos componenda tractaremus, et quia dominus episcopus in vicinio erat, pollicentes tam honestis viris operam nostram, pro eodem verbo pariter convenimus. Itaque ex ipsius beneplacito dies usque in proximum Sabbatum præfixa est, quando religiosi et sapientes viri de toto episcopatu conveniant, et ad pacem terræ, si ita summæ Divinitati complacuit, omne studium et diligentiam adhibeant. Quia igitur rebus publicis ad præsens impliciti sumus, de nostro ad vestram præsentiam adventu, sicut mandastis, certum vobis in instanti responsum reddere non possumus. Super hoc autem, quod nobis vestra celsitudo notificare dignata est, quod universalis Ecclesiæ vestræ consilio iter vestrum ad dominum papam

---

(159) Ex hac Conradi imperatoris ad Eugenium papam epistola aliisque præcedentibus et subsequentibus emendanda est Gallia Christiana, quæ Arnoldi II electionem anno 1155 consignat, cum Conradus anno 1151, mense Februario, fato functus fuerit, et in ejusdem instrumento anni 1151 pro Walciodoro superius relato Arnoldus dicatur electus Coloniensis.

(160) Præsertim Arnoldi, quem Eugenius III ob Simoniam ab officio suspendit.

hoc tempore distulistis, nihil contra niti vel obviare præsumimus, cum rerum eventus eorum commoda respiciat, qui sunt sententiæ auctores. Verumtamen, quia unusquisque in suo sensu abundat, nobis, qui frequenter horribilibus periculis jactati sumus, et præcipue periculis in falsis fratribus, cum de summa dignitatis obtinendæ agitur, nihil satis festinari posse videtur, quoniam cum ad ardua tenditur, non solum regressus, sed etiam mora non immerito formidatur. Paternæ siquidem regulæ et sanctissimis diffinita consiliis vetant sedem metropolitanam ultra trium mensium spatium viduatam manere, quod vestram eruditionem plenius recognoscere non ignoramus. Præterea, legati Romanæ Ecclesiæ ad has partes veniunt, causam Trajectensis electionis (161) terminaturi, et videat Ecclesia vestra, cujus vos consilium sequi condecet, qualiter in urbe vestra iidem legati in hoc rerum statu suscipiantur, et ad eamdem litem decidendam sicut decet Romanam et Coloniensem Ecclesiam et vestræ personæ dignitatem teneantur. Circa festum beati Bartholomæi apostoli versus Saxoniam nos transituros speramus, et ubi tunc vestræ discretioni placuerit, vobis colloqui et subservire parati erimus.

EPISTOLA CCCXVI.
ONRADI IMPERATORIS AD WIBALDUM ABBATEM

Mandat ut Herbipolim ad principum colloquium statuto termino conveniat.

(Anno 1151.)

Conradus, Dei gratia Romanorum rex, Wibaldo Corbeiensi abbati gratiam suam et omne bonum.

Discretioni tuæ volumus esse cognitum, quod octava die post Nativitatem sanctæ Mariæ nonnulli principum nostro se conspectui præsentabunt apud Herbipolim, de negotiis Ecclesiæ et regni et de nostra expeditione nobiscum tractaturi. In quibus et tua opus habemus præsentia, utpote cum quo familiarius et plenius singula intendimus pertractare. Per præsentia igitur scripta sollicitudini tuæ mandamus, quatenus omni dilatione et occasione postposita, in termino supra memorato, modico comitatu contentus, nostro te conspectui repræsentes.

EPISTOLA CCCXVII.
HERIBERTI CAPELLANI AD HENRICUM PRIOREM CORBEIENSEM.

Ut litteras regis sine mora Wibaldo transmittat.

(Anno 1151.)

Domino Henrico venerabili priori Corbeiensis Ecclesiæ, Heribertus capellanus servitium suum.

Sollicitudini vestræ arctius injungere præsumo, ut litteras domini regis domino abbati sine mora transmittatis, quia pro magnis et etiam privatis negotiis ad curiam vocatur.

(161) Pro qua contendebant Herimannus Coloniensis præpositus S. Gereonis, electus a præposito, decano, clero et nobilibus patriæ, et Fretheric us Coloniensis, item præpositus S. Georgii, infra ætatem et ordines a quibusdam de clero electus, ex epistola Conradi imperatoris ad Eugenium papam supra relata.

EPISTOLA CCCXVIII.
SUENONIS REGIS DANIÆ AD CONRADUM IMPERATOREM.

Gratias agit pro beneficiis, oratque ut se protegere pergat.

(Anno 1151.)

Conrado, Dei gratia Romano imperatori glorioso et semper augusto, Sueno, ejusdem nutu Danorum rex, filialem dilectionem et debitam subjectionem.

Impensi beneficii haud immemor, paternitatis vestræ clementiæ semper gratias agimus, omniumque remuneratorem Deum jugiter exoramus, ut ubi nostræ parvitatis vicissitudo defecerit, summa sua misericordia retribuere dignetur. Serenitatis autem vestræ experta dulcedo accipiat, quoniam in vestra majestate manutentionis nostræ anchoram a primævæ juventutis flore fiximus, et immutabiliter esse fixam post Deum semper exoptamus, eique vita comite decenter... *usque desideramus.* Convenit igitur paternitati vestræ filii honori providere, et, si qui ad nostri destructionem emerserint, eorum temeritatem compescere. Curiæ autem decorem et desiderabilem celsitudinis vestræ vultum videre cupientes, intime precamur, quatenus et locum ad eundi commodum, et tempus apparatus idoneum designetis, et securum ducatum nobis procuretis. His vero amicis nostris fidelibus, videlicet domino Bremensi archiepiscopo et O. marchioni legationem nostram commisimus, ut ducis insidias declinaremus. Valete et principes vestros ad Slavorum depressionem excitate, et super his quæ digna videntur rescribite.

EPISTOLA CCCXIX.
KANUTI REGIS DANIÆ AD CONRADUM IMPERATOREM.

Privatus regno ad ipsum confugit.

(Anno 1151.)

Conrado Dei gratia Romanorum imperatori augusto, Kanutus rex Danorum salutem.

Quoniam vos Rex regum ad hoc constituit, et unum ex multis elegit, nominisque sui gloria decoravit, ut Pater justitiæ filiusque pacis fieretis, merito debetis in omnibus justitiam corroborare, et injuste afflictis solatia adhibere. Privati igitur non solum regno, verum etiam patrimonio, Christo et vobis conquerimur ut, justitia dictante, nobis exsulibus condescendatis et compatiamini. Ad imperium enim Romanum expulsi confugimus, quia ibi consilium et auxilium invenire speravimus. Vestram itaque regiam potestatem suppliciter exoramus quod nobis subveniatis, et pro vestro honore nobiscum paterne agatis, et quæ injuste amisimus, gladii vestri severitate rehabeamus. Nos vero vestra præcepta in omnibus velut filii constanter sequemur.

EPISTOLA CCCXX.
WIBALDI ABBATIS AD MANUELEM IMPERATOREM CONSTANTINOPOLITANUM.

Conradum imperatorem parare expeditionem in Siculum

(Anno 1151.)

Inclyto triumphatori ac serenissimo dominatori glorioso ac sacratissimo imperatori Græcorum et Romaniæ MANUELI excelso, sublimi, Porphyrogenito, WIBALDUS, Dei gratia duorum nobilium monasteriorum abbas, Stabulensis scilicet et Corbeiæ, devotum et perpetuum in Domino famulatum, et assiduas ad Deum orationes.

Largitori omnium bonorum Deo infinitas gratiarum actiones referimus, qui vestræ mansuetudini dignatus est inspirare, ut nostræ parvitati scribere, et de vestræ voluntatis nutu significare dignaremini. Facimus itaque quod jussistis, et humilibus atque assiduis precibus Dei omnipotentis clementiam cum nobis commissis fratribus exorare studemus, ut tuam vestræ celsitudini quam domino meo fratri vestro Conrado Romanorum imperatori augusto sanitatem et incolumitatem et de inimicis victoriam conferre dignetur, et dilatet atque magnificet imperia vestra super omnia regna orbis terrarum, sicut priscis temporibus fuisse per historias veterum cognoscuntur. Hortamur etiam et continuis monitis suggerimus ut præcelsus et gloriosissimus imperator noster amicitiam et societatem vestram fideliter ac firmiter conservet, et omnia vetræ majestati promissa sine ulla diminutione compleat. In quo proposito ipse felicissimus princeps cum magna mentis constantia perseverans ordinat viriliter expeditionem suam ad partes Siciliæ et Apuliæ contra communem hostem utriusque imperii. Inde est quod, mediante præterito mense Septembre, apud civitatem Herbipolim quosdam principes imperii sui evocavit, ubi etiam convenerunt Coloniensis archiepiscopus, Bremensis archiepiscopus, Halverstadiensis episcopus, Licensis episcopus, Bavembergensis episcopus, Mersburgensis episcopus, Herbipolensis episcopus, Argentinensis episcopus, Wormatiensis episcopus, Pragensis episcopus et legati diversorum episcoporum ac principum, et de laicis principibus convenerunt marchio de Witin, marchio de Brandebourg, Palatinus comes de Bavaria, comes de Wincenburch in Saxonia, præfectus urbis Moguntiæ, præfectus urbis Herbipolis, præfectus urbis Bavemberch, et alii multi comites, honorati et nobiles, qui omnes cum magna voluntatis hilaritate, fide data et juramento præstito promiserunt, quod ad eamdem expeditionem cum omni virtute et potentia militiæ suæ venient et prosequentur. Nos quoque in eadem expeditione cum nostra militia Domino nostro famulantes, sanctissimam faciem vestram et permaximi imperii vestri decorem videre, Deo præstante, merebimur. Munificentiæ imperiali gratias referimus, A quod benedictionem vestram nobis adhuc ignotis transmisistis.

EPISTOLA CCCXXI.
IMPERATORIS CONSTANTINOPOLITANI AD WIBALDUM ABBATEM.

Offert Conrado imperatori vires suas adversus Siculum.

(Anno 1151.)

Imperiale ad pretiosissimum ABAN monasterii Stabulensis.

Pretiosissime abba monasterii Stabul., imperium meum cum didicisset a multis in te florentem virtutem, quomodoque in honorem certas prænobilissimi regis Romæ prædilectissimique fratris et cognati imperii mei, et in utilitatem Christianorum, magnam devotionem et affectionem erga tuam pretiositatem obtinet, et orationem ejus invocat perpetue. Vult igitur imperium meum, quod rursus etiam tua pretiositas laboret in honorem prænobilissimi regis. Nunquam enim inveniet meliorem adjutorem in servitium contra Siculum et in cætera servitia sua. Vult autem et imperium meum ut etiam per scripturas tuæ pretiositatis doceatur sospitatem ipsius. Magnam enim affectionem habet imperium meum in tuam pretiositatem, ex quo certe cognovit florentem in te virtutem. Missa est Abadon servata magna civitate mense Martio indictione xiv † missum est tibi exanitum megalo . . . gmon diplarion album †.

EPISTOLA CCCXXII.
CONRADI AD ROMANOS

Significat eis proximum suum in Italiam adventum, interimque legatos ab eo mittit.

(Anno 1151.)

CONRADUS, Dei gratia Romanorum rex et semper augustus præfecto Urbis, consulibus, capitaneis et omni populo Romano tam minoribus quam majoribus, gratiam suam et bonam voluntatem.

Post reditum nostrum a Jerosolymitana expeditione, litteras universitatis vestræ frequenter accepimus, in quibus continebatur, quanto fidei ac devotionis studio pro personæ nostræ dignitate provehenda et imperii Romani statu reformando indefessis animis decertetis. Et licet epistolarum... tantis rebus, quas perferebant impares viderentur, pergratum tamen habuimus, vestram benevolentiam ex cœpto tenore procedentem imperiali retributione honorare decrevimus. Proinde a vestra prudentia, sicut oportuit, decenter invitati, expeditionem Italicam et adventum nostrum ad Urbem magno cum principum nostrorum favore, et totius militiæ alacritate efficaciter ordinavimus, primo quidem in celebri curia Ratisbonæ, secundo in civitate Herbipoli, firmato deinceps proposito nostro, ut ad cæteras regni nostri partes celerius accedentes, pace per misericordiam Dei ubique firmata, ad res et urbes Italiæ pacandas et firmandas sic transeamus, ut tam fidelibus quam rebellibus pœnam, Deo adjutore, retribuere valeamus. Ea propter mittimus ad universitatis vestræ experientiam legatos nostros viros utique illustres ac moderatos, Arnoldum videlicet nostræ curiæ cancellarium Coloniensis, electum archiepiscopum, et Wibaldum Corbeiensem abbatem, et Henricum notarium imperio nostro fidelissimos ac familiarissimos, ut per eos voluntatis nostræ et consilii certitudinem addicatis. Quocirca industriæ vestræ attente mandando committimus, quatenus eosdem legatos nostros pro nostra reverentia et Urbis disciplina honeste suscipiatis, et ab ipsis tanquam ab ore nostro, quæ in hoc temporis statu agenda sunt, accipiatis, et eos honorifice et commode, quo itineris res postulat, perducatis.

EPISTOLA CCCXXIII.
CONRADI IMPERATORIS AD EUGENIUM PAPAM III.
Expeditionem Italicam pro Ecclesiæ utilitate se parare significat, commendatque Bremensem archiepiscopum et Wibaldum abbatem.

(Anno 1151.)

Charissimo in Christo Patri suo Eugenio sanctæ Romanæ Ecclesiæ summo pontifici, Conradus, Dei gratia Romanorum rex et semper augustus, filialem per omnia dilectionem et debitam in Domino reverentiam.

Sicut paternitatis vestræ benevolentiam in omnibus nostris nostrorumque negotiis sæpe et nunc experti sumus, etc. *Vide in Eugenio, inter epistolas diversorum.*

EPISTOLA CCCXXIV.
CONRADI IMPERATORIS AD PISANOS.
De sua in Italiam expeditione adversus Siculum.

(Anno 1151.)

Conradus, Dei gratia Romanorum rex et semper augustus, consulibus, capitaneis, et universo populo Pisano, tam minoribus quam majoribus, gratiam suam et bonam voluntatem.

Post reditum nostrum a Jerosolymitana expeditione, omnem animi nostri intentionem converteramus, ut absque moræ prolixioris interventu, ad res Italiæ ordinandas et pacandas ingrederemur. Inde fuit, quod legatos excellentissimi fratris nostri Græcorum imperatoris ad universitatem vestram direximus, de fide et constantia vestra plurimum confidentes, quatenus ipsorum industria, et vestra potenti virtute, hostis utriusque imperii usque ad adventum nostrum sine intermissione bellicis incursibus quassaretur. Decet itaque patriæ principem grates ac benevolentiam rependere his, qui ad tam egregium opus peragendum animo et opere imparati non fuerunt, quibus illis non immerito pœna acerbior, qui tantos reipublicæ provectus demoliri tentaverunt. Sed ardentissimæ nostræ voluntatis studium manus divina, quam nemo mortalium potuit evadere, immissa cœlitus infirmitate aliquandiu repressit, sed recuperata per eumdem misericordissimum Deum sospitate, transacto sacræ Pentecostes festo, generalem curiam apud Ratisbonam celebrantes, expeditionem nostram regio more versus Italiam cum magno principum favore et totius militiæ alacritate indiximus. Similiter et apud Herbipolim, mediante mense Septembre, factum est; ita deinceps, firmato mentis proposito, ut ad omnes regni nobis a Deo concessi partes celerius accedentes, et pace per Dei gratiam ubique firmata, sic ad Urbem, et ad vos pervenire valeamus, ut tam bene merentibus præmia, quam rebellibus pœnam rependere debeamus. Ad hujus rei evidentem notitiam atque certitudinem faciendam, direximus præsentes legatos nostros, viros utique illustres ac nobis inter principes nostros familiarissimos, Arnoldum videlicet Coloniensis Ecclesiæ venerabilem archiepiscopum, Wibaldum Stabulensem et Corbeiensem abbatem, Henricum curiæ nostræ notarium, ad reverendum Patrem nostrum papam Eugenium et ad urbem Romam, necnon ad cæteras urbes Italiæ. Quos venientes ad urbem vestram, quæ semper ab initio in pace et in bello terra marique imperii Romani consuevit esse domicilium, honorifice, ut vestra probitas consuevit, suscipiatis, et tam de militum, quam de navium numero, quas in expeditionem Siciliæ ob perpetuam felicis remunerationis mercedem exhibebitis, per illorum notitiam nos certos efficiatis. Porro de verbo, quod de inimicorum vestrorum sempiterna humiliatione nobis per legatos nostros, scilicet Constantiensem et Basiliensem episcopos, atque marchionem de Monteferrato suggessistis, preces vestras exauditas esse sciatis; et quidquid super hoc prædicti nuntii nostri vobis confirmaverint, nos esse observaturos non dubitetis, scientes quod inimicis vestris inimici sumus, et odientes vos affligemus.

EPISTOLA CCCXXV.
ARNOLDI COLONIENSIS ARCHIEPISCOPI AD WIBALDUM ABBATEM.
Orat ipsum ut exspectet, simul ad imperatorem reversuri.

(Anno 1151.)

Domino Wibaldo, Dei gratia venerabili Corbeiensi abbati, A. Dei patientia quidquid est, salutem et obsequium.

Non parum nos conturbavit quod sic inopinato nos deserere, et infecto quodammodo negotio domini regis, nec nobiscum redire, nec ad ipsum finem vestræ legationis vultis differre. Quod quia et nobis et vobis indecens, et domino nostro regi, qui vestrum exspectat reditum, omnino est inutile et indecorum, monemus et intime rogamus antiquam illam vestram dilectionem, quam nos nunquam scindi cupimus, quatenus sicut nos unquam dilexistis, tum ob nostri obsequii, tum vestræ honestatis, tum regiæ reverentiæ intuitum, per diem crastinum nostrum velitis præstolari adventum, et sine mora et sine digressionis dispendio ad locum unde movimus, et ad dominum nostrum regem cum gaudio et dilectione nobiscum remeare. Parati enim eramus et jam ocreas induere, et vos adire, quia Lucenses, sicut prædixeratis, solis verbis nos lactaverant, et ecce nuntius cum litteris vestris advenit, et statim cum equos ascendere paravimus, consules cum magna precum instantia nos detinuerunt. Rogamus itaque et iterum rogamus ut, domini nostri regis memor, cras nos per diem exspectetis.

EPISTOLA CCCXXVI.

EUGENII PAPÆ III AD COLONIENSES.

Arnoldum archiepiscopum propria manu consecratum ac pallio decoratum eis remittit, præcipiens ut ei obediant, etc.

(Anno 1151.)

Eugenius episcopus, servus servorum Dei, dilectis filiis Gu. præposito, F. decano, archidiaconibus, prioribus et universo clero ac populo Coloniensis Ecclesiæ, salutem et apostolicam benedictionem.

Venientem ad apostolicæ sedis clementiam, etc. *Vide in Eugenio.*

EPISTOLA CCCXXVII.

EUGENII PAPÆ AD CONRADUM IMPERATOREM.

Legatos ipsius honorifice suscepisse, ac ipsius votis in omnibus obsecundasse.

(Anno 1152).

Dominus papa Eugenius Romanorum regi Conrado.

Quanto sæpius de incolumitatis tuæ statu et bona voluntate, etc. *Vide in Eugenio.*

EPISTOLA CCCXXVIII.

EUGENII PAPÆ III AD LEODIENSEM EPISCOPUM.

Ut comites de Los et de Monte-Acuto ablata Stabulensi monasterio restituere compellat.

(Anno 1152.)

Dominus papa Eugenius Henrico Leodiensi episcopo.

Ad eorum subventum, etc. *Vide in Eugenio.*

EPISTOLA CCCXXIX.

GREGORII ET JACOBI CARDINALIUM AD HENRICUM LEODIENSEM EPISCOPUM.

Ut illatas Stabulensi monasterio injurias a comite Namurcensi resarciri curet.

(Anno 1152.)

Leodiensi episcopo Henrico Gregorius Sancti Angeli, et Jacobus Sanctæ Mariæ diaconi cardinales salutem.

Ubi mandatum et auctoritas præcedit apostolica, securius maxime apud amicum scribere et preces amicas possumus et debemus interserere. Inde est quod nos dilectioni vestræ scribentes, accurate mandamus, amicabiliter obsecrantes, ut cum dilectissimus noster Wibaldus abbas Stabulensis in illo eventu bellicæ altercationis inter vos et Namurcensem multa, imo infinita per militiam vestram perdiderit, et Ecclesia ejus in multis et magnis damnum irrecuperabile sustinuerit, prudentia et discretio vestra sic adversus eum per condignam recompensationem gerat et habeat, quatenus alter cum altero unum et idem, quod fuit et esse competit, inseparabiliter permaneat, et postmodum

(162). Hermanno, *qui magnæ famæ et fidelitatis habebatur ab imperatore Friderico I et a tota curia,* uti

PATROL. CLXXXIX.

ad nos verbum hujus rei sine sua emendatione non redeat.

EPISTOLA CCCXXX.

EUGENII PAPÆ AD N. ARCHIEPISCOPUM BREMENSEM.

Ut ablata a suis parochianis Kaminatensi cœnobio prædia restitui curet.

(Anno 1152.)

Dominus papa Eugenius H. Bremensi archiepiscopo.

Ex conquestione dilecti filii nostri Wibaldi Corbeiensis abbatis accepimus, etc. *Vide in Eugenio.*

EPISTOLA CCCXXXI.

EJUSDEM AD HENRICUM ARCHIEPISCOPUM MOGUNTINUM.

Ut ablata Corbeiensi monasterio a suis parochianis restitui procuret.

(Anno 1152.)

Idem Henrico Moguntino archiepiscopo.

Unumquemque propriis manere contentum, etc. *Vide ibid.*

EPISTOLA CCCXXXII.

EUGENII PAPÆ III AD BERNARDUM EPISCOPUM PATHERBURNENSEM.

Ut a Vitikindo ablata Corbeiensi monasterio restitui sub anathematis districtione compellat.

(Anno 1152.)

Dominus papa Eugenius Bernardo Patherburnensi episcopo.

Veniens ad nostram præsentiam, etc. *Vide ibid.*

EPISTOLA CCCXXXIII.

EJUSDEM HERMANNO TRAJECTENSI EPISCOPO.

Ut prædia Corbeiensis monasterii in sua diœcesi sita conservet.

(Anno 1152.)

Idem papa Hermanno Trajectensi episcopo.

Officii nos admonet et hortatur auctoritas, etc. *Vide ibid.*

EPISTOLA CCCXXXIV.

EUGENII PAPÆ III AD ULRICUM EPISCOPUM HALBERSTADIENSEM.

Ut parochianos suos Corbeiensibus fratribus molestos compescat.

(Anno 1152.)

Eugenius papa Ulrico Halberstadiensi episcopo.

Suscepti regiminis nos hortatur auctoritas, etc. *Vide ibid.*

EPISTOLA CCCXXXV.

EUGENII PAPÆ III AD HENRICUM DUCEM SAXONIÆ.

Commendat ipsi Wibaldum Corbeiensem abbatem.

(Anno 1152.)

Papa Eugenius Henrico illustri duci Saxorum.

Inter præcipua facta virorum potentium, etc. *vide ibid.*

EPISTOLA CCCXXXVI.

EUGENII PAPÆ III AD FERDENSEM EPISCOPUM.

Conqueritur quod frater ipsius et alii ejus parochiani bona Kaminatensis monasterii invadant.

(Anno 1152.)

Idem papa Ferdensi episcopo (162).

legitur in Chronico episcoporum Ferdensium tom. II scriptor Brunswic.

Si universalis Ecclesiæ curam, etc. *Vide ibid.*

EPISTOLA CCCXXXVII.
EUGENII PAPÆ III EPISCOPO MINDENSI.
Ut Corbeiensi monasterio benefacere pergat.
(Anno 1152.)

Idem papa Mindensi episcopo (163).
Gratum nobis est et acceptum, etc. *Vide in Eugenio.*

EPISTOLA CCCXXXVIII.
EUGENII PAPÆ III AD ABBATEM LUNENBURGENSEM.
Henricum Corbeiensem abbatem depositum officio suo non fuisse restitutum.
(Anno 1152.)

Idem papa abbati de Lunenburch.
Dilectioni tuæ notum fieri volumus, etc. *Vide ibid.*

EPISTOLA CCCXXXIX
EUGENII PAPÆ III AD PRÆLATOS ET COMITES AC BARONES.
Ut Conrado imperatori in expeditione Italica adsint.
(Anno 1152.)

EUGENIUS episcopus, servus servorum Dei, venerabilibus fratribus archiepiscopis, episcopis, dilectis filiis comitibus et baronibus per Alemanniam constitutis, salutem et apostolicam benedictionem.
Sicut a rectore Deo, etc. *Vide ibid.*

EPISTOLA CCCXL.
WIBALDI ABBATIS AD SUOS CORBEIENSES.
Suum ex legatione Romana reditum significat, ac mortem imperatoris, cui solemnes exsequias celebrari mandat.
(Anno 1152.)

Frater WIBALDUS Dei gratia id quod est in Ecclesia catholica, dilectis in Christo filiis et fratribus H. venerabili priori et cæteris Corbeiensis Ecclesiæ filiis, benedictionem et vitam usque in sæculum.

Dei omnipotentis gratia vias nostras comitante, et orationibus vestris iter nostrum prosequentibus, sani incolumes a domino papa et ab Urbe pro legatione regia, quam susceperamus, usque Coloniam reversi sumus, in omni negotio, quod nobis injunctum est, cum gratia et benignitate plenam efficaciam reportantes. Sicut enim rerum ipsarum consequentia manifestabit, in omni petitione nostra tam privatarum quam publicarum rerum clementer exauditi sumus, ita ut neque in privilegiis, neque in epistolis pro nostra opportunitate impetrandis ullam difficultatem sustinuerimus. Sed hæc omnia pro voto adepta gaudia amaricavit obitus serenissimi domini nostri Romanorum regis inclyti, cujus transitus, licet non immerito universitatis vestræ animos commoverit, non tamen graviori concussione perturbare debet, quia potens est Deus Corbeiensem Ecclesiam in suæ dignitatis statu conservare et nostræ personæ vilitatem usquequaque non deserere. Cujus clementissimi domini nostri exsequias ut solemni ac regio more celebretis devotissime, charitati omnium injungimus.

Sed cur dominum dicimus eum, in quo semper plusquam paternæ pietatis viscera persensimus? Filiis enim suis nos in omni excellentiæ gradu non postposuit, germanis suis licet in altissimo principatus culmine constitutis, sæpenumero anteposuit. Universa nobis sanctæ pietatis et officia et nomina ab ipsius sacratissimo pectore manabant. Nunc inter dolorem amissi tam excellentis, tam amici principis, inter sollicitudinem futuræ de regno suo ordinationis, ea nos præcipue cura tenet attentius, ut vestræ fraternitati sine querela ab officialibus vestris administretur. Declinavimus paululum ad Stabulensem Ecclesiam, ut cum eam fuerimus consolati, ad vos liberius et diutius mansuri brevi elapso tempore revertamur. Universitati autem vestræ notum esse volumus quod dominus Heinricus, qui monasterio vestro aliquando præfuit, ordinem sacerdotii, a quo depositus fuerat, a domino papa non recepit, super cujus rei assertione nos litteras ejusdem domini papæ accepimus.

EPISTOLA CCCXLI.
WIBALDI ABBATIS AD STEPHANUM EPISCOPUM METENSEM.
Ut negotium de electione abbatis Walciodorensis differat, donec novus eligatur rex Romanorum.
(Anno 1152.)

Reverendo in Christo Patri suo STEPHANO sanctæ Metensis Ecclesiæ venerabili episcopo, frater WIBALDUS, Dei gratia id quod est in Ecclesia catholica, exiguas orationes et devotum servitium.

Audisse credimus excellentiam vestram, quod felicis memoriæ dominus quondam noster inclytus Romanorum rex Conradus nos ad dominum papam et ad urbem Romam pro rebus regni agendis transmiserat, sed ante reditum nostrum, domino nostro Walciodorense abbate (164) viam universæ carnis ingresso, orta est dissensio inter monachos Walciodorenses et Hasterienses super electione futuri abbatis, pro qua controversia terminanda, vos eisdem monachis locum et diem præfixisse intelleximus. Et quoniam mandata domini papæ adhuc in manibus habemus, discretionis vestræ pedibus animo advoluti, benignitatem vestram intime rogamus, ut pro reverentia ejusdem domini papæ agere cum eis differatis, donec ordinato per omnipotentis Dei misericordiam novo rege, pro cujus electione principes regni crebra jam inter se habent colloquia, et nos pro recenti legatione Italiæ abesse non permittunt, eidem causæ interesse possimus. Nec enim matris nostræ Walciodorensis Ecclesiæ labores negligere debemus aut volumus, quin ei in omni necessitate sua, salva dignitatis vestræ reve-

---

(163) Henrico ex abbate S. Mauritii in Insula ordinis S. Benedicti.

(164) Theoderico Walciodorensi abbate XIII de quo vide chronographum.

rentia, et sanctæ Metensis ecclesiæ honore, subservire parati sumus.

EPISTOLA CCCXLII.
WIBALDI ABBATIS AD WALCIODORENSES.
Condolet eis ob mortem abbatis, mittitque privilegium quod eis ab Eugenio papa obtinuerat, cum exemplo litterarum suarum ad episcopum Metensem et ad Hasterienses.

(Anno 1152.)

Frater WIBALDUS, Dei gratia id quod est in Ecclesia catholica, dilectis in Christo fratribus suis universis Walciodorensis Ecclesiæ filiis, benedictionem et vitam usque in sæculum.

Audito per famam obitu reverendi Patris nostri, plurimum propter multiplices Ecclesiæ vestræ labores, quos in rerum novitate futuros formidamus, animo vobis condoluimus, et præcipue cum de verbo electionis vestræ intelleximus, quæ universitati vestræ nullam omnino utilitatem afferre poterit, et personæ nostræ (165) aliquantulum derogabit. Scire autem volumus dilectionem vestram, quod ad præsens in negotiis regni laborantes, usque Stabulaus pervenire non potuimus, sed ordinato nobis per omnipotentis Dei gratiam novo rege, et a publicis occupationibus paulo liberiores, necessitati vestræ assistere parati erimus, non quidem pro electionis verbo, sed pro fraternitatis debito. Interim vero ad consolationem vestram misimus vobis privilegium, quod a domino et Patre nostro papa Eugenio Ecclesiæ vestræ obtinuimus. Misimus etiam vobis litteras nostras, quas domino Metensi episcopo pro eadem causa transmittimus, monentes industriam vestram, ut eas sub omni celeritate ad ipsum perferri faciatis. Quarum exemplum cum exemplo illarum, quas Hasteriensibus transmisimus, vobis videndum destinare curavimus, quas amicis vestris et religiosis viris, et præcipue coabbatibus nostris ostendi volumus.

EPISTOLA CCCXLIII.
WIBALDI ABBATIS AD HASTERIENSES.
Ut de controversia quæ ipsos inter et Walciodorenses erat, agere differant, donec facta imperatoris electione ad ipsos veniat.

(Anno 1152.)

Frater WIBALDUS Dei gratia id quod est in Ecclesia catholica, dilectis in Christo Patribus J. venerabili priori, et cæteris Hasteriensis Ecclesiæ filiis, benedictionem et vitam usque in sæculum.

Audito per famam obitu reverendi Patris nostri, plurimum propter multiplices Ecclesiæ vestræ labores, quos in rerum novitate futuros formidamus, animo vobis condoluimus, et præcipue cum de verbo dissensionis vestræ intelleximus, quæ universitati vestræ plurimum nocebit, et personæ nostræ scandalum generabit. Et quoniam mandata domini papæ, ad quem missi fuimus adhuc in manibus habemus, et principes regni nostri nos ad colloquium suum, ubi de ordinatione futuri regis agetur, per litteras evocaverunt, pedibus universitatis vestræ animo advoluti, fraternitati vestræ intime supplicamus, ut pro domini papæ, in cujus legatione sumus, reverentia, et pro nostro perpetuo servitio obtinendo agere de ista controversia differatis, donec ad vos, Deo ducente, pervenientes, consilio abbatum videlicet Gemblacensis (166), Florinensis (167), Lobiensis (168), Floreffiensis (169), Maloniensis (170) ea quæ sunt ad pacem inter vos et fratres nostros Walciodorenses loqui et agere valeamus. Non enim credat discretio vestra, quod aliquid in eadem causa quæramus, quod meum sit, sed quæ Jesu Christi, et matrem nostram Walciodorensem Ecclesiam violari et imminui non debemus pati aut possumus, etiamsi omnem substantiam, quam possidere cernimur, pro eadem causa expendere haberemus.

EPISTOLA CCCXLIV.
WIBALDI ABBATIS AD EUGENIUM PAPAM III.
De morte Conradi imperatoris et electione Friderici, deque eam subsecutis circa expeditionem Italicam.

(Anno 1152.)

Reverendo Patri suo et domino EUGENIO divina gratia uni et universali papæ, frater ille vester Dei et vestra gratia, id quod est in Ecclesia catholica, seipsum in fide et veritate.

Ecce, venerande Pater, quod verebar accidit, et ob hoc quasi divino et præscio spiritu cum essem apud vos, non dissimulavi neque silui suggerens et contestans, ut pacem populi Romani, si honesta et tuta esse posset, sine dilatione reciperetis. Etsi casum hunc, de quo non immerito dolemus, minime præsentiebamus, quadam tamen præsensione futurorum angebamur, ne forte spes vestra, quam de

---

(165) Quippe Wibaldum ipsum in pastorem animarum suarum eligerat teste chronographo cujus hæc verba : *Prior vero hujus monasterii videns eorum (Hasteriensium) arrogantiam, et timens ne si differatur electio, tumultus fieret in dominum Stabulensem sæpe memoratum Wibaldum abbatem electionis suæ sententia, toto annuente conventu, confirmavit. Ipse vero post reditum suum a curia imperatoris, (nam ibi per aliquot mensis moratus fuerat) tunc hoc audito Walciodorum venit, et ab hoc onere sese humi prostratus excusavit humiliter,* etc.

(166) Gemblacense insigne olim monasterium a S. Guiberto comite fundatum, hactenus præstat sub Regula S. Benedicti, cujus abbas in comitis generalibus omnibus Brabantiæ nobilibus præest.

(167) Florinense S. Joannis monasterium ineunte sæculo x a Gerardo episcopo Cameracensi fundatum floret hactenus sub Regula S. Benedicti.

(168) Lobiense antiquissimum et nobilissimum ordinis S. Benedicti cœnobium in diœcesi Leodiensi, virorum sanctitate et doctrina illustrium seminarium, cujus conditor S. Ursmarus abbas exstitit.

(169) Floresia ordinis Præmonstratensis de quo superius.

(170) Malonia forte idem cum Mala monasterio, cujus meminit Ansegisus in suo testamento. Hodie est canonicorum regularium.

expeditione futura conceperatis aliquo rerum eventu vacillaret. Multa enim quæ legimus, et audivimus, et vidimus inter Urbis reverendos pontifices et imperatores facta et dicta non indebita nos sollicitudine terrebant, et licet discreta eruditio vestra de omni statu Teutonici regni plenius impræsentiarum doceatur, tum per litteras gloriosi filii vestri et domini nostri Frederici Romanorum regis invictissimi, tum etiam per scripta devotorum filiorum vestrorum quorumdam videlicet episcoporum, tamen devotio nostra circa vos et sacrosanctam matrem nostram Romanam Ecclesiam languere non debuit, quin celsitudinem vestram de rebus ad vos maxime pertinentibus aliqua ex parte præmoneremus. Etenim unusquisque in suo sensu abundat. Pervenientibus nobis Spiram in reditu a vobis occurrit nobis fama omni auditu horribilior, omni furia terribilior, quod videlicet tertia ante illam die de hac vita migrasset dulcissimus ac devotissimus filius vester serenissimus quondam Romanorum rex Conradus. Dubitare non oportet aut quærere sinceritatem vestram quantus dolor animos nostros pervaserit de amissione tam clementis, tam misericordis circa nos principis, de metu futuræ in imperio mutationis. Enavigavimus ita summa cum celeritate Coloniam, ut tanto esset Coloniensis ad providendum reipublicæ cautior ac liberior, quanto esset inter suos ab omni turbulentæ conventionis impetu securior. Cœperunt deinde summi principum sese per nuntios et litteras de habendo inter se colloquio pro regni ordinatione sollicitare, sicque factum est, ut cum pauci admodum crederentur venturi, maxima tamen optimatum multitudo 17 die post obitum prædicti magnifici principis in oppidum Frankenevort convenerit. Itaque concurrentibus omnium votis, imo ut verius dictum sit, præcurrere certantibus singulorum desideriis, electus est cum summo universorum assensu is, qui nunc rerum potitur Fridericus dux antea Sueviæ et pari et eadem alacritate et admiratione quinta postmodum die unctione sacra pontificium in solio regni more majorum Aquisgrani sublimatus est. Salva sane in omnibus divinæ omnipotentiæ reverentia, quæ operabatur in cordibus hominum ad inclinandum eorum voluntates quocunque vellet, in hac tam incredibili tam celeri concordia trahebat sua quemque voluntas. Multorum vox erat in ipsa impositione diadematis expeditionem Italicam, quam patruus ejus strenue ordinaverat, ipse firmaret ac perficeret. Sequenti vero die tam Coloniensis quam episcoporum, qui illic aderant, consilium et exhortatio erat, ut eamdem militiæ sacramentis acceptis expeditionem Italicam ad propulsandas apostolicæ sedis injurias promoveret; sed laici principes simplici fortasse animo studiose suggerebant, non oportere in hac rerum novitate tam gravi sponsione principem devinciri, ne improbitas rebellantium de ipsius celeri egressu certa, in extremam dementiæ audaciam prorumperet; decere etiam ut vocatus a vobis potius quam sponte sua veniret. Ita de facili labor in quietem permutatus est. Et quidem cor regis in manu Dei est, et pro subjectorum meritis, quo placet, convertit illud. Hoc ideo dicimus, quod princeps noster nondum, ut credimus, annorum triginta, fuit antehac ingenio acer, consilio promptus, bello felix, rerum arduarum et gloriæ appetens, injuriæ omnino impatiens, affabilis ac liberalis, et splendide disertus juxta idioma linguæ suæ. Augeat in eo Deus omnium virtutum nutrimenta, ut faciat judicium et justitiam in terra, et sit vobiscum magni consilii angelus, ut declaretis eum in regem ac defensorem Romanæ Ecclesiæ, et illa ipsi ac principibus suis facere injungatis, quæ ad honorem Ecclesiæ catholicæ, et salutem populi Christiani, proficiant.

EPISTOLA CCCXLV.

FREDERICI IMPERATORIS AD EUGENIUM PAPAM III.

Per suos legatos certum eum facit de sua electione, promittitque sinceram Ecclesiæ Romanæ protectionem.

(Anno 1152.)

Dilectissimo in Christo Patri suo EUGENIO, sanctæ Romanæ Ecclesiæ summo pontifici, FRIDERICUS Dei gratia Romanorum rex et semper Augustus, filialem per omnia dilectionem et debitam in Domino reverentiam.

Patrem patriæ decet veneranda priscorum instituta regum vigilanter observare, etc. *Vide in Eugenio ad an. 1153, inter variorum epistolas ad ipsum.*

EPISTOLA CCCXLVI.

WIBALDI ABBATIS AD E. BAVEMBERGENSEM EPISCOPUM.

Dat ei quædam monita in sua legatione observanda.

Anno 1152

Reverendissimo Patri suo et domino E. sanctæ Bavembergensis Ecclesiæ venerabili episcopo frater WIBALDUS, Dei gratia id quod est in Ecclesia catholica, exiguas orationes et devotum servitium.

Non sumus de schola Pythagoræ ut auditores nostros in verba nostra jurare cogamus. Licebit itaque vobis, absque ingenii nostri acerba reprehensione, de scriptura nostra immutare, demere vel adjicere. Unusquisque enim in suo sensu abundat. Verumtamen, quoniam ars nulla sine præceptore usque ad plenam rerum certitudinem capitur, licet benignum pectus vestrum scientia et eloquentia non deseratur; nostra tamen verborum lineamenta, quæ disertitudinis vestræ picturæ substravimus, nullo erunt facundiæ ornamento penitus obliteranda. Siquidem cum nos adhuc juvenes curiam intravissemus ante annos sursum versum plus minusve triginta, invenimus in quibusdam viris gravioribus imperatoriæ majestatis reliquias de contubernio et disciplina imperatoris Henrici senioris, qui verba quæ ad dominum papam et ad Urbem diriguntur, tanquam appensa et dimensa memoriter retinebant, neque nobis in legationibus immutari, vel a rudibus legatis alterari permittebant, ne videlicet majestas imperii et ordo disciplinæ obsolesceret. Et ad comparationem quidem aliorum regum, videlicet Constantinopolitani, Hungarorum, Danorum, Northwegorum, et aliorum tam barbarorum quam Latinorum, nostri principis verba humilia sunt, et subtili appendiculo cavendum, ne inter duas et interdum dissidentes potestates, quibus fidei vinculo alligati sumus, sinceritatis nostræ rectitudinem ullo dicendi vel agendi modo distorqueamus. Reddetis nobis, cum, Deo ducente, prosperum reditum habueritis, studii nostri vicem, de alacritate eventus vestri certificare nos non abnuentes, quia licet officio, et pietate præcatis, comitate tamen parem non dedignabimini. Si scribere placuerit populo Romano, quod nobis quidem faciendum in hoc articulo plurimum videtur, poterit eruditio vestra uti litteris vestris, quæ ad dominum papam scriptæ sunt, eisdem vel similibus verbis ac sententiis, paucis admodum pro personarum varietate mutatis.

EPISTOLA CCCXLVII.
HENRICI NOTARII AD WIBALDUM ABBATEM.
Ut sigillum et bullas aureas mittat Bavembergensi episcopo.
(Anno 1152.)

Domino suo dilecto WIBALDO Corbeiensi abbati, H. regiæ curiæ notarius servitium.

Sapientis est, propositum sibi negotium ex consilio et deliberatione promovendum assumere, assumptum compensata rerum et temporis opportunitate effectui mancipare. Bavembergensis episcopus, vir prudens et constans, ad peragendam legationem domini regis sibi injunctam, sigillum et bullas aureas, sicut promisistis, ex parte vestri jamdudum succinctus ad iter exspectat. Vos autem nudas litteras ad opus domini regis ad curiam transmisistis. Certè si nobis tanta esset copia bullarum aurearum, quanta verborum, legatio domini nostri ex omni parte promota et maturata jamdudum processisset. De statu et processu domini regis sciatis, quia bene sanus est, et omnibus in Trajecto rite peractis, per Daventriam versus partes Saxoniæ procedit.

EPISTOLA CCCXLVIII.
WIBALDI ABBATIS AD HENRICUM REGIÆ CURIÆ NOTARIUM.
Respondet ad præcedentem.
(Anno 1152.)

Frater WIBALDUS, Dei gratia id quod est in Ecclesia catholica, dilecto in Christo sodali et amico suo H. magistro regiæ curiæ notario, recte judicare inter filios hominum.

Placuit eruditioni tuæ temeritatis nos inconstantiæ, etiam proposita philosophica sententia, tanquam nota censoria redarguere, pro eo scilicet, quod tibi, ut asseris, nudas litteras transmisimus, et dominum Bavembergensem episcopum, virum prudentem et constantem, ad legationem domini nostri regis peragendam jam accinctum retardavimus. Vulgari proverbio apud nos dicitur, quod tibi, licet inconcinne, e verbo transferre curabimus: *Male audire, facit male intelligere; et male intelligere, facit errare.* Siquidem dominus noster rex, præsente et annuente domino Bavembergensi, ita instrumenta legationi necessaria ordinavit, ut postquam a nobis diligenter fuissent perfecta, Anselmo villico Aquensi transmitterentur, perferenda per ipsum usque ad Bavembergensem, quod nos eum maxima et instanti sollicitudine perficere studuimus. Nam die quinta post exitum vestrum a nobis, Aquisgrani dedimus puero nostro Godino perferendum sigillum argenteum perfectum, ne videlicet illo novitio et non permansuro res regni diutius consignarentur. De nudis vero litteris, quas cum eodem sigillo misimus, lectores et auditores judicabunt utrum splendore sententiarum et ornamentis verborum prorsus nudæ sint. Quas nos tamen ex regio mandato, et pro episcoporum precibus non ad doctrinam vestram, sed tanquam picturæ vestræ quædam liniamenta propter materiæ novitatem coacti substravimus, et vobis ad notitiam rerum conservandam, custodiendas transmisimus. Decima postmodum die, hoc est in cœna Domini, perfecta sunt ferramenta ad bullandum de auro, quæ vobis per præpositum de Marsna sub celeritate transmisimus. Eadem vero die misimus Aquensi Villico sigillum stanneum diligenter expressum ad formam argentei, et duas bullas aureas perfectas, cum omnibus litteris et salutationibus, quæ domino Bavembergensi opportunæ erant, additis insuper propriis admonitionis nostræ litteris, quas quarta feria paschalis hebdomadæ recipere, si per nuntios neglectum non est, absque dubitatione potuit. Non igitur opportuit prudentiam tuam aures principis inquietare, tanquam opus ipsius et mandatum fuisset a nobis omissum, cum a juventute nostra sub tribus inclytis augustis principali jussioni vigilanter obtemperare didicerimus. Sed ab ingressu quorumdam in regiam curiam, qui nec scientia nec experientia rerum majestatem et imperii dignitatem perceperant, nostra et quorumdam aliorum principum opera vel prorsus cessavit vel superflua visa est. Neque hoc dicimus, quod quietis nostræ impatientes evagari et aliena curare concupiscamus, et judicandi ab omnibus, ferre de cunctis sententiam desideremus. Cæterum super hoc plurimum gaudemus, quod de copia verborum in responsis regiis procurandis gloriatus est, quorum abundantia non a nobis solum, sed a multis regni fidelibus diu satisque desiderata est. Gratias autem referimus omnipotenti Deo de sospitate domini nostri regis. Sed nos a tua industria de statu ipsius requirentes, non ad incolumitatem corporis, quæ tamen curæ nobis, sed ad primordia novi regnatoris animum intendimus, utrum diligat justitiam qui judicat terram, utrum in eodem proposito fervens esset an lentus, efficax an vacuus. Remisimus autem tam ad ipsum dominum nostrum, quam ad tuam experientiam præsentem puerum nostrum, ut nobis absque retardatione remandes, utrum dominus noster per Corbeiam transitum sit habiturus.

EPISTOLA CCCXLIX.
WALCIODORENSIUM MONACHORUM AD WIBALDUM ABBATEM.
Orant ut regimen monasterii ad quod ipsum elegerant suscipiat.
(Anno 1152.)

Doctrina totius prudentiæ insigni domino WIBALDO abbatum egregio, consolationis suæ esuriens prudentiam Walciodorensium conventus, utriusque vitæ jucunditatem per moderationem sacræ dispensationis acquirere.

Venerande Pater et domine, destituto grege nostro pii pastoris solatio, ejus ovile morsibus plurimorum circumquaque unanimiter latrantium patuit, metuque istius impetus vehementer commoti, procul dubio cognoscimus talibus indiciis, quoniam ejus mortis occasus nostræ erit desolationis eventus, nisi periclitantibus nobis vestræ prudentiæ præsens adfuerit consolationis portus. Hac itaque perturbationis controversia pavefacti, post Deum ejusque genitricem, beatissimam videlicet Mariam spei nostræ anchora in sinu consolationis vestræ collocata, sub vestrarum alarum protectione confugimus, ac de vestra fisi magnifica pietate quatenus ab imminenti periculo et nos et nostra vestro moderamine liberentur, vos ad regimen animarum nostrarum, custodiamque imminentium adversitatum assensu omnium in abbatem elegimus. Votis igitur præcordialibus consilii vestræ adminiculationis nobis adesse deposcimus, quatenus vestra freti consolatione, sub vestræ dispensationis regimine corporis et animæ tranquillitatem, valeamus acquirere, ipsumque regimen, ne vestra faceta urbanitas alicujus excusationis pondere valeat postponere, illud vos vestris genibus provoluti suppliciter precamur suscipere. Omnium bonorum custos Spiritus sanctus ad communem utilitatem regni et Ecclesiæ et nostram dignetur vos regere et conservare.

EPISTOLA CCCL.
HENRICI LEODIENSIS EPISCOPI AD STEPHANUM METENSEM.
Adversus Hasterienses monachos, qui duos in Walciodoro abbates volebant.
(Anno 1152.)

Reverendo fratri suo et amico STEPHANO Metensis Ecclesiæ venerabili episcopo, HENRICUS Dei gratia sanctæ Leodiensis Ecclesiæ humilis minister, fraternas orationes, et debitam in Domino dilectionem.

Pastoralis officii sollicitudo nos admonet, ut commissarum nobis ovium vigilanti studio curam exerceamus, ut tam errantes instar summi pastoris ad ovile reportemus, quam obedientes et nulla discordiæ labe infectos, ad vitæ pascua adducamus, et nominatim vocemus. Eapropter discretioni vestræ suggerendo notificamus, quod monachi Hasterienses vagi et erronei, ac novitatibus intendentes, res ejusdem monasterii prorsus destruunt, et quosdam perversitatis suæ fautores, tam pretio quam promissionibus alliciunt, hoc suæ pertinaciæ emolumentum capere cupientes, ut in una, hoc est Walciodorensi abbatia, duo abbates contra sacrorum canonum instituta et apostolici privilegii auctoritatem ordinentur. Monemus itaque dilectam nobis in Christo prudentiam vestram, ne tam grave scandalum apud vos foveri et crescere sinatis, et ita de jure proprietario, quod in Walciodorensi abbatia Ecclesia Metensis habere dignoscitur, moderata discretione tractetis, ut Leodiensis Ecclesiæ, ad cujus officium pertinet electionem examinare, electum consecrare, terminos non attingatis. Nos enim divinam ultionem metuentes, diutius dissimulare non possumus, quin eos ad regularis electionis ordinem canonica severitate, pro nostri debito officii, compellamus, cum præcipue paterne admoniti, delegatis etiam quinque religiosis ad eorum visitationem abbatibus, obedire hactenus contempserint.

EPISTOLA CCCLI.
HENRICI LEODIENSIS EPISCOPI AD WALCIODORENSES ET HASTERIENSES.
Ut talem eligant abbatem, qui pene emortuam disciplinam suscitet.
(Anno 1152.)

HENRICUS Dei gratia Leodiensis episcopus, fratribus qui sunt Walciodoro et Hasteriæ, spiritu consilii et pietatis abundare.

Quoniam abbas vester viam universæ carnis ingressus est, et secundum curam nobis commissam, sollicitudo nobis Ecclesiarum quoque vestrarum imposita est, vota ad Deum fundimus, ut talem suo gregi ministrum substituat, cujus ope et studio beata monachorum religio vires accipiat et accrescat, quæ quia inter vos aliquandiu tepuit, et odorem bonæ opinionis suæ, supra quam necesse esset, turbavit, auctoritate a Deo nobis indulta vobis præcipimus ut, congregatis de circuitu religiosis abbatibus Floriensi, Broniensi (171), Gemblacensi et Floreffiensi, talem vobis eligatis pastorem, qui jam pene emortuam in vobis resuscitet religionem. Valete.

Nomina abbatum Walciodorensium et Hasteriensium.

Hæc sunt nomina abbatum, qui Walciodorensi cœnobio præfuerunt, et Hasteriensem Ecclesiam cum omnibus suis appendiciis sub unius abbatiæ nomine tenuerunt : Domnus Forannanus episcopus et abbas, domnus Kadroc, domnus Machalanus, domnus Immo, domnus Theodericus, domnus

(171) Bronium ordinis S. Benedicti abbatia, diœcesis Namurcensis, a S. Gerardo abbate fundata, cu-

jus hodie abbatialis mensa episcopatui Namurcensi unita est.

Frembertus, domnus Rodolfus, domnus Lambertus, domnus Godescalcus, domnus Wulricus, domnus Theodericus.

EPISTOLA CCCLII.
STEPHANI EPISCOPI METENSIS AD WIBALDUM ABBATEM.
Assignat ei diem qua ipsum convenire queat.
(Anno 1152.)

STEPHANUS Dei gratia Metensis episcopus, WIBALDO eadem gratia abbati Stabulensi dilecto suo, salutem et omne bonum.

Litteras dilectionis vestrae libenter suscepimus, ex quibus adventum vestrum apud nos pro controversia Walciodorensium et Hasteriensium intelleximus. Sed quoniam diem a vobis postulatam observare non possumus, statuimus vobis aliam, scilicet proximam secundam feriam post sextam a vobis nominatam, et hoc Metis. Valete.

EPISTOLA CCCLIII.
CONVENTIO INTER FRIDERICUM REGEM ET BERTOLFUM DUCEM.
(Anno 1152.)

Haec est conventio inter dominum regem Fridericum et ducem Bertolfum.

Dominus rex dabit eidem duci terram Burgundiae et Provinciae, et intrabit cum eodem duce in praedictas terras, et adjuvabit eum easdem terras subjugare per bonam fidem ex consilio principum, qui in eadem expeditione erunt. De terra quam modo habet comes Willelhmus Matisconensis ex parte neptis suae faciet duci justitiam, aut ex consilio principum, aut ex judicio ipsorum dominatum et ordinationem utriusque terrae dominus rex habebit, quandiu in ipsis terris fuerit. Post discessum regis dux utrasque terras in potestate et ordinatione sua retinebit, praeter archiepiscopatus et episcopatus, qui specialiter ad manum domini regis pertinent. Si quos autem episcopos comes Willelhmus vel alii principes ejusdem terrae investierint, eosdem dux investiat. Et quod haec conventio ex parte domini regis observabitur, fide data firmaverunt Henricus dux Saxoniae, dominus Welpho, Arnoldus cancellarius, comes Odelricus de Lencenburch, comes Egeno, Odelricus comes de Hornunge, Marcq. de Gronbach, Arnoldus de Biberbach, Otto Palatinus comes de Witelinesbach, Walterus dapifer, Hildebrandus pincerna, Conradus Colbo et frater suus Sigefridus. Dux Bertolfus habebit cum domino rege mille loricatos equites, quandiu dominus rex in illis terris fuerit. In Italicam expeditionem ducet cum domino rege, quandiu in ipsa expeditione fuerit, quingentos loricatos equites et quinquaginta arcobalistarios. Et quod dux haec omnia servabit sine dolo et sine fraude, dabit domino regi in pignore allodium suum, castrum scilicet Teche cum omnibus ministerialibus et praediis ibidem pertinentibus, Hetligen, Williggen et Erstem cum omnibus eorum pertinentis. Et quod dux ex omnia observabit, juraverunt homines sui Burchardus et Werhnerus. Dominus autem rex expeditionem in praedictas terras movebit a proximis Kalendis Junii, quae sunt indictione xv infra annum.

EPISTOLA CCCLIV.
OTTONIS EPISCOPI FRINSINGENSIS AD WIBALDUM ABBATEM.
Explicat quemdam psalmi versiculum.
(Anno 1152.)

Venerabili in Christo fratri et amico praecordiali WIBALDO Corbeiensi abbati, O. Frisengensis Ecclesiae minister, id quod est salutem cum devoto obsequio.

Quod negotium, pro quo ac curiam miseratis, debitum processum non habuerit, in nobis non remansit. De caetero super quaestione quam nobis movistis Aquis, quomodo videlicet ad Ascensionem Domini referri valeat quod in psalmo legitur: *Tollite portas, principes, vestras, et elevamini portae aeternales*: et : *Quis est iste rex gloriae*, breviter respondemus triplicem in eadem auctoritate sensum reperiri, quorum iste unus est. Legite glossas Psalterii et invenietis super *attollite portas*. Virtutes ministrae ad alias coelestes clamabant, ut viam aperiant, quae novo mysterio carne induti stupefactae quaerunt, *quis est iste?* sed et illum quem dixistis de principibus tenebrarum et portis mortis: unde ille cantus: *Sum rex gloriae*, factus est; ibi invenire poteritis, quae tamen ut portae aeternales non sint infernales, sed item coelestes. Unde est rursum illa Glossa: *Attollite*, id est auferte, portas mortis, quae a principe diabolo positae sunt, et *elevamini* contra portas mortis portae aeternales. Omnis gratia quae, veniente Christo, data est. Et alibi : Angeli praeeuntes ad infernum dicunt : Auferte potestatem vestram. Et in Ascensione dicunt, secundum vos, principibus tenebrarum in descensione ad inferos : *Attollite*, id est auferte *portas principes vestras;* dicunt secundum nos principibus suis in ascensione ad coelos ; *Tollite* pro aperite, ut idem sit *tollite portas*, quod et *elevamini portas aeternales*. Tertius ejusdem lectionis sensus mortalis est. Haec idcirco charitati vestrae scripsimus, non quod sapientiam vestram nostra insipientia doceri ambiamus, sed quod nostram imperitiam apud vestram solertiam excusatam esse desideramus, ut quia multifarius Scripturarum sensus noscitur, nobis non imputetis, quasi hanc auctoritatem in Ascensione Domini de ascensione ad populum loquentes, de nostro potius quam sanctorum Patrum corde induxerimus, cum secundum primum sensum illi in psalmo dicant : *Quis est iste rex gloriae?* qui in propheta aiunt : *Quis est iste qui venit de Edom?* stylo non succenseatis, quoniam festinanter scripsimus. Personam vestram vera in Deum charitate diligimus, et de omnibus quae vobis nocere possunt, praecipue de his quae a Saxonibus antiquis regni hostibus fraternitati vestrae illata sunt, plurimum dolemus.

EPISTOLA CCCLV.

WIBALDI ABBATIS AD JORDANUM CARDINALEM.

Gratias agit pro exhibitis suis beneficiis, oratque ut causam Xantensis præpositi committat archiepiscopo Coloniensi terminandam.

(Anno 1152.)

Reverendo Patri suo et domino JOR. (172) sanctæ Romanæ Ecclesiæ venerabili presbytero cardinali, apostolicæ sedis legato, frater WIBALDUS Dei gratia id quod est in Ecclesia catholica, exiguas orationes et devotum servitium.

Dignationi vestræ multiplices gratiarum actiones referimus, quod, quandiu in Lotharingia fuistis, memoriam nostræ parvitatis in magna benevolentia et benedictione habuistis, nostrosque ac nostra juxta temporis opportunitatem prompta defensione adjuvistis, sicut per litteras fidelium nostrorum longe remoti didicimus. Pro his tam paternæ misericordiæ officiis et personam vestram propensius de cætero diligere et Romanam curiam attentius venerari disposuimus, ita ut neque mors neque vita nos ab ipsius charitate possit divellere. Cum revertentes ab Urbe Coloniam cum domino archiepiscopo pervenissemus, invenimus dominum Theobaldum Xantensem præpositum gravi et longa infirmitate adeo debilitatum, ut cute ossibus adhærente, infirmum vix traheret spiritum. Audivimus autem priores Coloniensis Ecclesiæ in magno clericorum conventu confitentes, quod prædictus præpositus se ad omnem justitiam frequenter in Coloniensi Ecclesia exhibuisset super querela, quam canonici sui adversus eum habuerant, cum iidem canonici sæpe a majore præposito et prioribus pro hoc vocati venire supersedissent. Proinde nos filii vestri ausu veræ charitatis, qua vos in Domino diligimus, vestræ oculatæ discretioni suggerimus, ut eamdem causam domino Coloniensi archiepiscopo tractandam terminandamque remittatis, nec de gravamine prænominati præpositi vobis ab aliquo persuaderi permittatis.

EPISTOLA CCCLVI.

ARNOLDI COLONIENSIS ARCHIEPISCOPI AD WIBALDUM ABBATEM.

Quærit ab eo an possit velare sanctimoniales in Pentecoste.

(Anno 1152.)

ARNOLDUS Dei gratia si quid est sanctæ Coloniensis Ecclesiæ humilis minister, domino WIBALDO cadem gratia venerabili Corbeiensi abbati, salutem et obsequium.

In octava Pentecostes sanctimonialem velare disposuimus, sed quidam ad nos referebant, hoc non licere, nisi in Epiphania Domini et natalitiis apostolorum et in secunda feria Paschæ. Quocirca non plene memores quid super hoc a domino papa docti simus, prudentiam vestram, quæ sacri juris articulos plenius agnoscit, consultantes, rogamus, quatenus super hoc vestra eruditio scripto nos certificare dignetur, an in prædictis duntaxat solemnitatibus (173), an in diebus tantum Dominicis, quod a domino papa accepisse videmur, liceat velari sanctimonialem.

EPISTOLA CCCLVII.

WIBALDI ABBATIS AD ARNOLDUM ARCHIEPISCOPUM COLONIENSEM.

Respondet ad præcedentem et de quibusdam aliis agit.

(Anno 1152.)

Reverendo in Christo Patri suo et domino ARNOLDO, sanctæ Coloniensis Ecclesiæ venerabili archiepiscopo, frater WIBALDUS Dei gratia, id quod est in Ecclesia catholica, exiguas orationes et devotum servitium.

Humilitas excellentissimi præceptoris, qui imitatoribus suis præcepit: *Vos autem nolite vocari Rabbi:* et charitas, quæ non inflatur, vos docuerunt; ut sacrorum canonum instituta, quorum scientia eruditioni vestræ notissima est, a nostra parvitate investigare dignaremini. Siquidem quo tempore fieri debeat virginum consecratio, habemus ex decretis Gelasii papæ cap. 11 ita dicentis: *Devotis quoque virginibus, nisi aut in Epiphania, aut in Albis paschalibus, aut in natalitiis apostolorum sacrum minime velamen imponatur, et non ante viginti quinque annos, nisi forte, sicut de baptismate dictum est, gravi labore correptis, ne sine hoc munere de sæculo exeant, implorantibus non negetur.* Si igitur ab aliquo episcoporum contra hujus sacræ regulæ formam factum meministis, quod ab uno, vel a paucis, vel necessitate præsumptum vel ignorantia neglectum est, in observantiam universorum transire non potest. Verum quod non plane memor estis, quid a domino papa de sanctimonialium, relatione doctus sitis, in quantum memoria nostra recolligere possumus, non de sanctimonialium, sed de episcoporum consecratione fuit, super qua, quod in natalitiis apostolorum et in aliis solemnitatibus, sed et in Dominicis tantum diebus fieri debeat, auctoritatem canonum exstare asseruit, quæ hujusmodi est ex epistola Leonis ad Bioscorum. Quod die Dominico ordinationes sacerdotum celebrantur, non tantum ex consuetudine, sed et ex apostolica novimus venire doctrina, Scriptura manifestante, quod cum apostoli Paulum et Barnabam ex Spiritus sancti præcepto ad Evangelium mitterent gentibus prædicandum, jejunantes et orantes imposuerunt eis manus, ut intelligamus, quanta et dantium et accipientium devotione curandum sit, ne tantæ benedictionis sacramentum negligenter videatur impletum. Et imo pie et laudabiliter apostolicis morem gesseris institutis, si hanc ordinandorum sacerdotum formam per Ecclesias, quibus Dominus præesse te voluit, et ipse reservaveris, ut his, qui consecrandi

---

(172) Hunc cardinalem apostolicæ sedis legatum valde perstringit S. Bernardus epist. 290 ad cardinalem Ostiensem, ubi ipsius nequitias avaritiamque describit.

(173) De virginum consecratione egimus in lib. II De antiquis Ecclesiæ Ritibus cap. 6, ubi de die consecrationis disseruimus, num. 5.

sunt, nunquam benedictio nisi in die Resurrectionis Dominicæ tribuatur, cui a vespere Sabbati initium constat ascribi, quæ tantis divinarum dispensationum mysteriis est consecrata, ut quidquid a Domino insignius est constitutum, in hujus diei dignitate sit gestum. In hac mundus sumpsit exordium, in hac per resurrectionem Christi et mors initium et vita accepit incrementum. Princeps noster perbonam de se merentibus spei fiduciam præstat, qui magna cum benevolentia et jucunditate beneficii vestri recordatur, quod ei gratis et plusquam gratis in suis ad imperii culmen provectibus exhibuistis, et postmodum in suis primordiis singulari fide et constantia ad rempublicam, et sua emolumenta indeficienter astitistis : inde est quod Lotharingiæ regnum vestrum est, et per vestram provisionem et operationem cuncta disponere intendit. Fideles super hac re monitores sunt cancellarius et notarius, opportuni sane propter quorumdam laicorum oblatrationes. De castello quod nuper gloriose expugnastis, licet vobis absque mentis regiæ offensa, quidquid commodissimum est ordinare. Parcite Prumiensi (174) abbati, ne serenus augustus in Deum peccet cum suæ famæ vel modico detrimento. Veniemus ad vos in martyrio Petri et Pauli, sed licet a Mindensi episcopo pro causa ipsius obnixe rogati, apud vos tamen et vobiscum futuri. Monachi Sancti Remigii (175) qui sunt in Marsna multum vexantur calliditate Goswini, quos nisi pietas vestra protexerit, omnino illudentur.

EPISTOLA CCCLVIII.

ARNOLDI COLONIENSIS ARCHIEPISCOPI AD HENRICUM MINDENSEM EPISCOPUM.

Conqueritur quod ejus nutu a fidelibus suis truncatus membris fuerit Vortlevius, citatque ipsum Coloniam, et omnes sceleris hujus complices coram responsuros.

(Anno 1152.)

ARNOLDUS Dei gratia si quid est sanctæ Coloniensis Ecclesiæ humilis minister, HENRICO eadem gratia venerabili Mindensi episcopo, salutem et orationes in Domino.

Luctuosa quidem et omnino miserabilis querimonia de novo et infandissimo scelere, ad nos et sanctam matrem nostram Coloniensem perlata, omnium mentes acerbissimo dolore turbavit, horrore terruit, compassione commovit. Rediit siquidem a Mindensi civitate ad Coloniensem urbem, ubi natus est, frater Vortlevius vir utique, dum apud nos vixit, inculpatæ vitæ, qui in domo beati Petri, præsente tota Coloniensi Ecclesia et pluribus principibus, qui ad solemnitatem regiæ susceptionis convenerant, subito ad pedes nostros prostratus, horridas vulnerum cicatrices et cavernas oculorum ipsis orbatas oculis miserabiliter præmonstrans, gravem, et a vestra utinam serenitate alienam querimoniam in vestram personam intendit, affirmans quod instinctu et nutu facta de ipso ad fideles vestros querimonia, ab eisdem membris truncatus, et quod in vita miserrimum est, cæcus factus sit. Quia vero in cathedra beati Petri licet indigni auctoritate tamen apostolicæ præceptionis vim passi residemus, justitiæ lineis inhærentes, habito conventu abbatum et omnium priorum Coloniensium, et coram eis iterata quærimonia, quæ in vos prolata est, judicio Ecclesiæ ad quadraginta dies post acceptas has nostras litteras, sicut ratio temporis canonicas inducias diffinit, vestram nobis præsentiam Coloniæ exhiberi ex apostolica auctoritate et nostra fraternitati vestræ mandamus. Et quia crudelis est, qui famam suam negligit, quod Deus a vestra serenitate avertat, nihilominus mandamus, ut eos, quos præfatus Vortlevius hujus tanti sacrilegii auctores astruit, et quos post perpetratum facinus ad vos regressos et vobiscum in domo familiariter commoratos dicit, ad famam gloriæ vestræ pro se responsuros Coloniam eadem die venire districte commoneatis. Novit enim vestra eruditio, quid in hujusmodi malefactores apostolica decreta sanxerint. Præterea eos, quos idem Vortlevius testes invocat, quod eis præsentibus minæ vestræ in eum et querimonia ad eos, qui ipsum excæcaverunt, prolatæ sunt, et duos fratres, quos de traditione notavit, modis omnibus vobiscum petimus nobis exhiberi, et ut factorum et dictorum veritas pateat, et eo fine cuique justitia sua tribuatur, ut spiritus salvus fiat. Prædictorum nomina subternotavimus. Malefactores : Elgerus, Wluerus, Bernardus, Poppo, Fridericus, Wikerus, Arnoldus, Eiluardus, Robertus. Testes invocantur. Abbas de Insula, Wernerus præpositus, Anno præpositus, Robertus decanus, Godeboldus magister scholæ, Nithardus abbas de Bursvelde (176). Traditionis notati : Eppo, Reimarus.

EPISTOLA CCCLIX.

WIBALDI ABBATIS AD FRIDERICUM IMPERATOREM.

Vindictam petit de illata suis contumelia a Folcuino et Widikindo.

(Anno 1152.)

Inclyto triumphatori ac serenissimo domino suo, FREDERICO Dei gratia glorioso Romanorum imperatori Augusto, frater WIBALDUS Dei gratia id quod est

---

(174) Prumia imperiale est monasterium in diœcesi Trevirensi a Pippino Francorum rege et Bertha ejus uxore ad Prumiam flumen novo opere constructum, secessu Lotharii imperatoris, qui medio jacet in choro, celeberrimum.

(175) Cella erat ab archimonasterio Remensi S. Remigii dependens, primo a Trajecto ad Mosam lapide sita, olim in diœcesi Leodiensi, nunc in Ruremondensi, quam Gerberga regina consilio Gerardi Tullensis episcopi fundavit, de qua vid. Marlotum in lib. III hist. Rem.

(176) Bursvelda seu Bursfelda monasterium ordinis sancti Benedicti in Saxonia, diœcesis Moguntinensis, in honorem SS. Thomæ apostoli et Nicolai confessoris, ab Henrico comite de Northeim et Gertrude ejus uxore fundatum, quod celeberrimæ congregationi in Germania nomen dedit, hodie Lutheranorum evasit præda.

in Ecclesia catholica, salutem in eo, qui dat salutem regibus.

Injuriam, quæ Corbeiensi Ecclesiæ et nobis illata est, propriis verbis explanare non valentes, cum propheta ingemiscimus dicentes : *Exspectavimus pacem, et non venit, et tempus curationis, et ecce turbatio.* Sperabamus enim in tempore et maxime in primordiis regni vestri, quem Deus mirabili et celeri potentia sua, omnium principum summa et desiderabili conniventia in regni solium sublimavit, latronum manus esse compressas, furta vindicata, perfidiam eliminatam : quippe cum vestræ potentiæ nulla possit nequitia obsistere, in hac confidentia securos et nihil omnino metuentes invaserunt nos homines nostri, qui nobis fidelitatem juraverunt, et magna beneficia a nobis habent, et armata manu intraverunt oppidum nostrum Huxariam, et præmissa paulatim et per turmas militia, tandem armati et patentibus vexillis super incautos Folcuinus videlicet et Widekindus fratres, et in vastitate hostili totum locum occupaverunt. Triduo itaque ibidem commemorantes, et omnem circa regionem, quæ ad præbendam fratrum specialiter pertinet, penitus devastantes, nefandissima scelera in viros ac mulieres passim commiserunt, et post publicam atque communem rapinam, quæ æstimata est fuisse nongentarum librarum denariorum, a captivis melioribus, quos a pauperiore turba segregaverant, ducentas quinquaginta tres libras nummorum extorserunt. Insuper vallum et munitiones, quæ auctoritate regia, et præcipue privilegio beatæ recordationis patrui ac prædecessoris vestri constructæ fuerant, cum advocati essent ejusdem loci, destruxerunt. Nullæ inter nos et ipsos inimicitiæ erant, sed proxime cum ab eis in osculo pacis recesseramus, nullam unquam querimoniam vel nobis vel alicui super prædictos burgenses fecerant, nec alicujus mali suspicio inter ipsos et nostros habebatur. Pro hac tam atroci calumnia fratres nostri cum absentes essemus, corpora sanctorum Viti et Justini, quæ apud nos requiescunt, in terram deposuerunt, et humiliatis crucifixi Salvatoris nostri imaginibus, ab omni deinceps solemni officio divino et a pulsatione campanarum abstinuerunt. Provoluti ergo genibus vestræ majestatis, tam nos quam fratres nostri, et tota familia Corbeiensis, clementiam vestram suppliciter exoramus, ut sicut decet principalem excellentiam, vindicare non differatis hanc insignem contumeliam, quæ vestram dignitatem non modica ex parte obscurat. Alioquin non solum vobis et regno servire, sicut in præcipuo habemus, ultra non poterimus, sed etiam in terra Saxoniæ cum honore habitare non valebimus.

EPISTOLA CCCLX.
WIBALDI ABBATIS AD BERNARDUM PATHERBURNENSEM ANTISTITEM.
Ut de Folcuino et Widikindo qui Corbeiensium Ecclesiam invaserant et violaverant sumat vindictam.
(Anno 1152.)

Reverendo in Christo Patri suo et domino BERNARDO sanctæ Patherburnensis Ecclesiæ venerabili episcopo, frater WIBALDUS Dei gratia id quod est in Ecclesia catholica, exiguas orationes et devotum servitium.

Confidimus de misericordia Dei et vestra benignitate quod memoriæ vestræ tenacius inhæreat, quanta benevolentia paternitatem vestram ex longo tempore dileximus, et quod quietem vestram nunquam perturbare studuimus, sed et nos memoriter et jucunde recordamur, quod pari vicissitudine jugiter a vobis dilecti fuimus. Novit autem discretio vestra, quam violenter et inhoneste propinqui vestri et homines tam vestri quam nostri Folcuinus et Widekindus nos et ecclesiam Corbeiensem invaserint, et quanta turpitudine oppidum et oppidanos nostros affecerint, quantaque temeritate ecclesiam et loca consecrata violaverint, dum homines nostros ad ecclesiam tanquam ad singulare refugium confugientes, in manu armata a sacris ædibus abstraxerunt, et præter communem prædam suppellectilis, quæ difficile supputari potest, ad exsolvendas pro salute sua ducentas quinquaginta tres marcas miseros sub periculo captivitatis et mortis compulerunt. Quia vero has multiplices injurias et graves diutius dissimulare non possumus, conquerimur vobis inter alia id quod episcopalem respicit vindicationem, sacræ videlicet ecclesiæ violationem, et ut nobis tam de nominatis quam de aliis parochialis vestris ecclesiæ violatoribus, quorum nomina vobis transmisimus, justitiam tanquam de notorio crimine faciatis, tum pro charitate Dei, tum pro reverentia domini papæ, vos obnixe interpellamus, cujus etiam geminas epistolas pro eadem causa, quas apud nos habemus, opportuno tempore vobis offeremus. Sed et hoc nos volumus discretionem vestram scire, quod de reparandis munitionibus oppidi nostri in proxima curia, quæ apud Wirtsburch celebrata est, judicium regni coram domino rege et universis principibus accepimus, ad quod opus cum Mareskalcum domini regis præsentem habeamus, ut vestros ministeriales ab infestatione nostra prohibeatis, si forte illi domini iterum nos infestare voluerint, dilectionem vestram attente monendo rogamus. Quod itaque de nostra petitione estis facturus, ut nobis per litteras vestras et per præsentem nuntium significare curetis, obsecramus. Ideo autem celerem vindictam de crimine notorio expetimus, quia omnibus manifestum est, et negari non potest, quod ecclesiam et sacrum cœmeterium violaverint, et inde homines ad extorquendam supra taxatam pecuniam per violentiam extraxerint.

EPISTOLA CCCLXI.
ARNOLDI ARCHIEPISCOPI COLONIENSIS AD WIBALDUM ABBATEM.
Conuolet ejus aaversitatibus, notamque ei facit obsidionem castri Seyne.
(Anno 1152.)

WIBALDO dilecto fratri suo venerabili sanctæ Corbeiensis Ecclesiæ abbati, ARNOLDUS Dei gratia si quid est, Coloniensium humilis minister, salutem de domo sua egressi, et ad cam regressi, hoc scelus cum intima dilectione et obsequium.

Etsi familiaritatis nostræ bene inchoatæ, bene deinceps conservatæ series, verbis exprimi non possit, paucis tamen de ipsa loqui, et ejus recordatione frui adeo suave est, ut sensu quidem intelligi possit, sed in sermone experimentum non habeat. Cum igitur omnibus adversitatibus vestris ex debito compatiar, maxime tamen et justius doleo id, quod cum ad synodum nostram veneratis, invasionem iniquorum passus estis. Quidquid igitur super his honori vestro convenire videbitur, libenter prosequar, quousque satisfactio condigna afferatur. Nunc autem ne status noster vos lateat, sciatis quod in obsidione castri Seyne positi simus, exitum rei adhuc ignorantes, et mentem domini Trevirensis quasi in pendulo reputantes. Multa tamen tam timenda quam speranda auribus nostris allabuntur, sed charitas foras mittit timorem, spes autem non confundit. Noscat Deus, qui scrutator omnium est, quod non pro privato odio, sed pro justitia et curæ pastoralis debito violatores pacis prosequar. Necesse enim est, ut quia terra diu commota et conturbata est, sanentur ejus contritiones. Nunc autem quia omnes inimici pacis inimici mihi facti sunt, obsecro orationes ab Ecclesia vestra pro peccatis meis fieri, ut sine quo nihil est validum, ejus adjutorio possimus subsistere. Valete. Si quid aliud nobis occurrerit, vos non latebit.

EPISTOLA CCCLXII.
ARNOLDI ARCHIEPISCOPI COLONIENSIS AD EUGENIUM PAPAM III.

Causam Mindensis episcopi de excæcatione Wortlievi clerici ei remittit, lata interim excommunicationis sententia in criminis hujus auctores et fautores.

(Anno 1152.)

Reverendo Patri ac summo pontifici Eugenio, Arnoldus sanctæ Coloniensis Ecclesiæ humilis minister, W. majoris ecclesiæ præpositus, A. decanus, T. Xantensis præpositus, G. Bunnensis præpositus, et universus præfatæ ecclesiæ conventus, debitam cum omni subjectione obedientiam.

De controversia, quæ inter episcopum Mindensem, et pauperem clericum Vortlievum nomine coram nobis ventilata fuit, admoniti et rogati ab utraque parte testimonium dare super his quæ vidimus et audivimus, et coram nobis tractata sunt, testimonium perhibemus. Notum igitur excellentiæ majestatis vestræ facimus, quod jam dictus pauper ad præsentiam nostram veniens, querimoniam miserabilem et lacrymabilem coram nobis deposuit, quod consensu et jussu episcopi a ministerialibus suis excæcatus sit. Communicato itaque consilio super hac causa cum fratribus nostris, visum fuit nobis, ut episcopus ad audientiam nostram evocaretur, et super hoc verbo audiretur. Qui cum responsurus impositis præsentiæ nostræ se exhibuisset, et de hoc nefando facto pulsatus fuisset, confessus fuit, quod undecim ministeriales tam detestabile, se nesciente, perpetrassent. Adjecit quoque, quod cum in hos omnes tam consentientes quam facientes, sententiam vestræ excommunicationis pronuntiasset, quod tumultu populi quosdam eorum, qui in comitatu fuerant, quoniam manum se in clericum misisse negaverunt, absolvere coactus sit. Post hujusmodi confessionem, cum purgationem innocentiæ suæ nobis offerret, Ecclesia tota fere reclamante, non fuimus ausi eam audire, tum quia periculosum nobis visum fuit propter hujusmodi confessionem, tum quia talium excessuum vindictam vobis soli servastis. In malefactores autem omnes, tam consentientes quam facientes, sententiam vestram cum omnibus suffraganeis nostris, præter Trajectensem, qui tunc forte abfuit, ita promulgavimus, quatenus catenis nostris firmiter teneantur, quoadusque præsentiæ vestræ se exhibeant, et secundum mandatum vestrum condignæ satisfactioni se supponant. Vestræ igitur paternitatis interest, ut sub tali testimonio dictorum atque factorum) in beneplacito discretionis vestræ et prudentiæ super hoc negotio judicetur.

EPISTOLA CCCLXIII.
MONIALIUM DE OSTERMERE AD WIBALDUM ABBATEM.

Conqueruntur de ministerialibus ipsius, qui datam sibi ab eo decimam invadebant.

(Anno 1152.)

Patri eximio ac domino dignissimo Corbeiensi abbati, domino Wibaldo, speciales ejus filiæ in loco, qui dicitur Ostermere, a lippitudine Liæ ad speciositatem Rachelis proficiendo transire.

Quanta sublimitatis vestræ amplitudinem deceat laudum magnificentia, si litteris assignare conemur, pro sensus nostri parvitate deficimus. Vestri tamen memoriam nobis dulcissimam super altare incensi orationum nostrarum jugiter ignis adolebit, et ut paternæ dignationi vestræ, quam nobis, licet indignis hactenus in omnibus negotiis nostris pie exhibuistis, superabundans remunerator occurrat, et serenitatis vestræ audientiam pauperum suorum querelis Christus indulgeat. Proinde, Pater sanctissime, ad vos tanquam ad fontem misericordiæ, scienter exæstuans nostra tendit oratio, ut causam negotii nostri, prout Spiritus sanctus pectori vestro dictaverit, plenarie discutiendo terminetis. Notum ergo facimus nobilitati vestræ, imo lacrymabiliter conquerimur mellifluæ paternitati vestræ, quia ministeriales vestri vehementer nos infestant, pro decima, quam divina nobis annuente clementia, vestra concessit providentia, ac infringere ac annihilare, quæ vestra auctoritate et consilio stabilita sunt, volunt, et omnimodis auferre conantur, nisi a vestra dignitate commoneantur. Hanc igitur, reverendissime domine, tam ineffabilis doloris injuriam vestræque personæ, quia ipse in causa fuistis, contumeliam per nos effugere non valemus, nisi vestra compassione fretæ fuerimus. Quapropter, o pium solamen animarum nostrarum, o spes nostra post

Dominum, licet corpore absentes, spiritu tamen præsentes, toto cordis ac mentis affectu ad sinum paternæ miserationis vestræ humiliter provolutæ, suppliciter et contritione Spiritus sancti clementiam vestram obsecrantes, quatenus causa Dei et domini archiepiscopi, qui nos clementiæ vestræ perintime commendavit, litteras vestras ad episcopum Patherburnensem dirigatis, eumque rogetis ut sua auctoritate confirmet, ne nos ulterius infestent, et quæ jure possidemus, inconvulsa permaneant. Valete. Patrem nostrum charissimum sanctitati vestræ perintime commendamus, et ut ei in omnibus angustiis suis condescendatis, obnixe rogamus.

EPISTOLA CCCLXIV.

WIBALDI ABBATIS AD EUGENIUM PAPAM III.

In gratiam Sifridi abbatis Ullesheimensis, quem Ferdensis episcopus, nec accusatum, nec convictum expulerat e suo monasterio.

(Anno 1152.)

Reverendo in Christo Patri suo et domino Eugenio, sanctæ Romanæ Ecclesiæ summo pontifici, frater Wibaldus Dei gratia id quod est in Ecclesia catholica, exiguas orationes et devotum servitium.

Lator præsentium Corbeiensis Ecclesiæ filius, noster in domino collega et confrater Sifridus, assumptus fuit de monasterio Corbeiensi in prælationem abbatiæ de Ullesheim (177), quam etiam administravit jam annis plusquam duodecim cum disciplina et augmento sui ordinis, et rerum temporalium incremento, ita ut testimonium haberet ab his etiam qui foris sunt. Hunc D. H. Ferdensis episcopus, in cujus parochia idem monasterium consistit, sine vocatione, sine audientia, non convictum, non confessum de abbatia sua expulit, et omnibus monasterii rebus plusquam per anni spatium jam spoliavit. Pro qua re non solum a nobis, verum etiam a reverendis confratribus nostris totius fere Saxoniæ abbatibus frequenter et officiose commonitus, nec restituere, nec ordine canonico tractare ipsum confratrem nostrum voluit. Insuper ad intolerabilis contumeliæ cumulum, quosdam pseudomonachos, quos prædictus abbas propter enormitatem vitæ suæ de monasterio projecerat, in illam ecclesiam malignantium tanquam in sentinam recollegit, et quidquid improbi et irati et sese ulcisci cupientes, confingere in famam abbatis potuerunt, conscripsit et dispersit. Pedibus itaque vestræ celsitudinis animo advoluti cum universis fratribus nostris, supplices preces effundimus, ut venientem ad vestram clementiam prædictum abbatem, virum utique honestum et litteratum, in mansuetudine bonitatis vestræ suscipiatis, et exauditum in necessitate sua, in plenitudine dignitatis suæ litteris et mandatis auctoritatis vestræ, per aliquem fidelem legatum vestrum restituatis.

(177) Vulgo Ulsen fundata anno 990 pro puellis, Ditmarus episcopus Ferdensis anno circiter 1140.

EPISTOLA CCCLXV.

WIBALDI ABBATIS AD ARNOLDUM COLONIENSEM ARCHIEPISCOPUM.

Congratulatur ei de victoria, intercedit que apud eum pro episcopo Mindensi.

(Anno 1152.)

Reverendo in Christo Patri suo et domino Arnoldo, sanctæ Coloniensis Ecclesiæ venerabili archiepiscopo, frater Wibaldus Dei gratia id quod est in Ecclesia catholica, exiguas orationes et devotum servitium.

Lætati sumus in his quæ dicta sunt nobis, et in domum Domini lætantes et gratias agentes ivimus, pro eo quod gloriosum de tyrannis et latronibus triumphum reportastis : qui ubique locorum ita peccatis facientibus nunc excreverunt, ut nulla ecclesia, nullus omnino locus sacer aut laicus ab illorum possit infestatione defendi. Quam quidem victoriam vestræ beatitudini divina potentia in multos annos concedat. Vestræ autem celsitudini notum esse volumus quod in transacto proxime beati Jacobi apostoli festo Mindam rogatu episcopi, et petitione cleri descenderamus, ad compacandas et componendas dissensiones quasdam, quibus episcopi et cleri fuerat perturbata concordia. Et hæ quidem causæ non erant criminales aut peremptoriæ, sed potius de fundis, videlicet de molendinis, de paludibus, de compascuis, de hæreditatibus et patrimoniis, pro quibus adversum se litigabant villici episcopi et villici canonicorum, et quidam clerici contra quosdam laicos. Erat hæc commotio paulo inflatior adversus episcopum, pro eo quod in concilio Coloniensi accusationem cum gravi repulsa sustinuerat, nullo tamen, quantum perscrutari potuimus, in tantum progrediente, ut illius cæcati verbo et accusationi, vel etiam querelæ Walderi ullo patrocinii vel testimonii modo vellet assistere. Siquidem in eadem solemnitatis celebratione prædictus episcopus publice in pulpito ecclesiæ denuntiavit excommunicatos esse, et anathematis sententiam protulit in eos, qui clericum cæcaverant, vel operam consilii, vel auxilii in hoc maleficio adhibuerant. Omnibus itaque ex divino beneficio in concordiam revocatis, tentavimus etiam Waldero illi pertinaciam suam in episcopi vexatione dissuadere, sed et ipse multis audientibus asseruit quod fide data esset a vobis prohibitus, ne pacem cum ipso reformaret. Quod nos, qui nobilitatem vestram et mentis excellentiam jamdudum novimus, nequaquam credere potuimus, ut suffraganeo vestro, qui metropoli devotus semper militavit, et personam vestram præ omnibus dilexit et honoravit, hanc velletis inferre contumeliam, ut causam ipsius, quam ex judicio terminare propter importunam accusatorum insolentiam non potuistis, per concordiam finiri non pateremini. Novit enim eruditio vestra, quorum consilio, quave disciplina iidem adversarii episcopi quibus monachos e Corbeia assumptos substituit judicium vestrum, quod suffraganeorum et Ecclesiæ vestræ testimonio et assensu erat subnixum, recusare præsumpserunt, quo ordine quibusve induciis datis appellaverunt, sicut ex transcriptis eorum libellis considerare poterit vestra discretio, retentis apud nos eorum exemplaribus. Et licet, ut prædictum est, plane sciamus animi vestri magnitudinem in tam viles et abjectas meditationes nequaquam decidere potuisse, ut cum jam dicto Waldero tam enormes conditiones inire deberetis, pro familiari tamen et intima dilectione, qua sanctitatem vestram longo jam tempore diligimus, admonere coronam vestram non dubitavimus, ut apud dominum Mindensem, et Ecclesiam ipsius ab hac suspicione gloriam vestram liberare non dedignamini. Auxit enim metum episcopo litterarum vestrarum; quæ domino papæ scriptæ sunt, inspecta series, quæ pro ipsius innocentia nihil agere videntur, quas a vobis scriptas sive perlectas omnino negavimus, ob hoc scilicet, quod intelligentia vestra bene notavit, hoc esse inferioris judicis officium, ut cum ab ipso ad superiorem fuerit appellatum, ita studeat actionis ordinem enarrare, ut æquitate servata neutri parti videatur favorem inclinasse. Quod in litteris istis nequaquam factum esse cognoscetis.

« Ego Walderus, Dei gratia diaconus et sanctæ Mindensis Ecclesiæ qualiscunque canonicus papam appello, ipsius tutelæ me et mea committens, ad quem te Henricum Mindensem episcopum invito, pro violenta subreptione decaniæ meæ, et pro aliis, quæ habeo contra te, responsurum Nonis Septembris. Ego Vortlievus, subdiaconus appello te H. Mindensem episcopum, ad præsentiam domini papæ de sacrilegio, eo quod tuo consilio et jussu exoculatus sim et plagatus. Diem statuo Kal. Octobris. » Hujusmodi appellationes, imo vero confusiones, effractis foribus episcopi, non absque sanguinis effusione in pavimento sunt projectæ, et sicut episcopo non præsentatæ, ita nec ab ipso visæ, quas quidem nos a manu decani ecclesiæ beati Martini in Minda eadem die suscepimus.

EPISTOLA CCCLXVI.

FRIDERICI IMPERATORIS AD WIBALDUM ABBATEM.
Ipsius injurias se promittit ulturum.
(Anno 1152.)

FRIDERICUS Dei gratia Romanorum rex, WIBALDO Corbeiensi abbati, gratiam suam et omne bonum.

Præter communem charitatis legem, qua cunctos regni principes honorare compellimur, personam tuam speciali dilectione complectimur, et ea, quæ ad honorem tuum spectare noscuntur, libenter volumus per omnia promovere. Super injuriis igitur Ecclesiæ Corbeiensi illatis debita tibi affectione compatientes, discretioni tuæ commendando consulimus, ut adversa quæ existunt, impræsentiarum æquanimiter sufferas, nostramque vindictam miti-

(178) Folcuino et Widikindo.

gato animo præstolari non graveris. In brevi etenim, cum temporis opportunitas se nobis, Domino favente, præbuerit, talem tibi vindictam faciemus, quod alii similia committere trepidabunt. Præterea te ignorare nolumus, quod tertio idus Octobris curiam generalem, ex consilio principum, vita comite, Wirceburc celebraturi sumus. In qua præsentiam tuam nobis cupimus exhiberi.

EPISTOLA CCCLXVII.

FRIDERICI IMPERATORIS AD CORBEIENSES MONACHOS.
Ejusdem argumenti.
(Anno 1152.)

FRIDERICUS Dei gratia Romanorum rex, universo conventui Corbeiensis Ecclesiæ gratiam suam et omne bonum.

Universitatis vestræ doloribus debita affectione compatimur, et vestris angustiis admodum condolemus. Cum autem opportunitas se nobis, Domino favente, præbuerit, ita vestras intendimus ulcisci injurias, ut et dolor vester omnino mitigari debeat, et omnes, qui vindictam persenserint, similia committere non præsumant. Verum quia propter easdem injurias divina, sicut accepimus, in vestra Ecclesia siluerunt, cruces sternuntur, reliquiæ sanctorum moventur, discretioni vestræ propensius commonendo consulimus, et mandamus ut, crucibus sanctisque reliquiis in statum pristinum restitutis, ecclesiastica celebrantes officia, divino cultui more solito insistatis, firmiter sperantes, quod plenariam vobis vindictam, vita comite, faciemus.

EPISTOLA CCCLXVIII.

FRIDERICI IMPERATORIS AD CIVES HUXERIENSES.
Ejusdem argumenti.
(Anno 1152.)

FRIDERICUS Dei gratia Romanorum rex, universis burgensibus de Huxera, gratiam suam et omne bonum.

Injurias a F. et W. (178) vobis illatas satis audivimus, de quibus vita comite talem faciemus vindictam, quod alii similia committere non præsumant. Verum quia pecuniam eisdem malefactoribus, sicut accepimus, persolvere spopondistis, per præsentia vobis scripta firmiter præcipimus, ut nullam pecuniam eis persolvatis. Præcipimus etiam, ut vallum et alias vestras munitiones, quæ noviter destructæ esse noscuntur, sub nostra tuitione reædificare pro viribus studeatis.

EPISTOLA CCCLXIX.

WIBALDI ABBATIS AD A. ABBATEM DE MONTE.
Gratias agit quod Sifridum abbatem exspoliatum charitative susceperit.
(Anno 1152.)

Reverendo in Christo Patri et domino A. venerabili abbati de Monte, frater WIBALDUS, Dei gratia id quod est in Ecclesia catholica, salutem in Domino, et fraternæ charitatis indissolubile vinculum.

Multiplices gratiarum actiones vestræ in Christo

dilectæ fraternitati debemus, pro eo quod charum fratrem nostrum et in domino collegam Sifridum, venerabilem abbatem de Hullesheim venientem ad vos in tribulationibus et angustiis suis, benigne suscepistis, et pii consolatoris affectum, quantum in vobis fuit, ei exhibuistis, et contumeliam, quæ ordini nostro in persona ejus irrogata est, debita compassione doluistis. Et nos ergo contemptam in eo justitiam plurimum dolemus, tum pro totius monastici ordinis generali abjectione, tum pro Corbeiensis Ecclesiæ, cujus ipse filius est, speciali confusione. Hanc autem violentiam personæ ejus irrogatam in auribus vestræ sanctitatis et omnium fratrum venerabilium scilicet coabbatum nostrorum, nec non universorum, qui in sancta religione consistunt, cum lamentabili et affectuosa querimonia proclamamus, quod sine vocatione, sine judicio, sine audientia, sine proprii oris confessione, dignitate et rebus abbatiæ suæ privatus est, neque per nostram supplicationem, aut Corbeiensis Ecclesiæ seu alicujus ordinis aut dignitatis intercessionem post hoc factum obtinere potuit, ut in judicium vocaretur, et causa ejus canonico ordine tractaretur. Hujus igitur illatæ sibi injustitiæ testimonium ei apud dominum papam et sanctam Romanam Ecclesiam perhibemus, et quantum in nobis est, querimoniæ ejus, ubicunque indiguerit, ex debito officii nostri non deerimus, hoc a vestra paternitate obnixe efflagitantes, ut quemadmodum hactenus fecistis, solatium vestrum ipsi clementer impendatis, ita videlicet, ut causam ejus sanctis Patribus in regione, quæ circa vos est, notam faciatis, et eos ad compatiendum afflictioni ejus ipsius, et ad sublevandum animum tam per litteras testimonii ipsorum, quam per alia humanitatis subsidia monitis et exhortationibus vestris studiose provocetis. Specialiter autem charissimo seniori nostro et in Christo, fratri Etberto, venerabili abbati de Huisbruc, cujus religionis sanctitatem vera in Domino charitate amplectimur, hunc pauperem nostrum dejectum et humiliatum commendamus, et ut vicem Christi in causa ejus doleat, atque in quantum potest, dejectionem ejus consoletur, cum omni devotione supplicamus.

EPISTOLA CCCLXX.
HENRICI NOTARII AD WIBALDUM ABBATEM.
Imperatorem citasse Folcuinum et Widikindum super injuriis Corbeiensibus fratribus illatis, episcopum Bavembergensem donatum fuisse abbatia de Altaha, etc.

(Anno 1152.)

Domino suo WIBALDO venerabili Corbeiensi abbati, HENRICUS regiæ curiæ notarius servitium servi.

Sicut parvitati meæ injunxistis domino regi legationes et querimoniam vestram diligenter expo-

(179) Athlata monasterium duplex est, superius et inferius, utrumque celeberrimum ordinis S. Benedicti in Bajoaria inferiori juxta Danubium, ab Odilone duce sæculo VIII fundatum hactenus floret.

sui, qui de injuria et gravamine vestro non parum conturbatus, malefactores, videlicet Folcuinum et Widekindum, in festo Bartholomæi apostoli Wormatiæ ad præsentiam suam vocat, ut districto judicio injuriam vobis et Ecclesiæ Corbeiensi illatam expostulet. Ducem quoque Saxoniæ intime rogat, ut plenariam justitiam de prædictis malefactoribus faciat. Corbeiensi quoque Ecclesiæ et burgensibus de Huxera, sicut mihi insinuastis, scribit et mandat. De statu vero curiæ sciatis quod Bavembergensis a domino papa reversus prospera nuntiavit, sed laboris sui satis magnam mercedem quæsivit, abbatiam de Altha (179) Bavembergensi a domino rege contraditam. Althenses vero huic verbo cum magna indignatione contradicunt. Dominus rex nec contra Hungaros, nec versus Arelatum hoc anno expeditionem movebit. Cardinalem a latere domini papæ ad nos directum exspectamus. Transacta apud Ulmam curia, dominus rex Spiram procedet, ibi neptim suam a rege Hispanorum desponsatam et magnifice dotatam in magno comitatu deferendam tradet.

EPISTOLA CCCLXXI.
WIBALDI ABBATIS AD EUGENIUM PAPAM III.
De controversia quæ inter abbatem S. Laurentii Leodiensis et abbatem S. Ægidii in Monte publico agebatur.

(Anno 1152.)

Reverendissimo Patri suo domino EUGENIO, sanctæ Romanæ Ecclesiæ summo pontifici, frater WIBALDUS Dei gratia id quod est in Ecclesia catholica, tam devotam quam debitam totius dilectionis et obedientiæ plenitudinem.

De controversia, quæ est inter abbatem monasterii Sancti Laurentii, in suburbio civitatis Leodiensis, et abbatem de Monte publico, celsitudini vestræ ea in his litteris suggerere studebimus, quæ super his in veritate didicimus, ante annos ferme triginta septem, cum essemus pueri sub scholari disciplina in prædicta civitate constituti. Non quod ad consilium vel actionem talium rerum admissi, hujusmodi conventiones seu pactiones inspicere in testimonium rogarémur, sed quod fama inter clerum et scholares collationes, qualiter inter prædictos abbates fuerat contractum, nobis ex celebri relatione non poterat esse omnino ignotum. Ecclesiam Beati Ægidii, quæ est in Monte publico prænominatæ civitatis Berengerus (180), abbas de monasterio Sancti Laurentii, dedit cuidam Gerico regulari canonico cum quibusdam fratribus ejusdem professionis ad inhabitandum et amplificandum, secundum ordinem sancti Augustini, ea scilicet conditionis ratione, ut si prænominatus locus eousque per divinam largitatem cresceret proficeret, quod pastorem sibi fratres regulariter deberent eligere, idem electus corporalem investituram a prædicto abbate suscipe-

(180) Beringerus ex priore Andaginensis monasterii S. Huberti primum prior, deinde abbas S. Laurentii Leodiensis creatus est circa annum 1075, vir magni meriti, magna cum laude præfuit ad annum 1113.

ret, a quo etiam ad suscipiendam episcopalem benedictionem præsentaretur, hac constitutione per omnes successores valitura. Necdum in eis partibus terræ consuetudo processerat, ut canonici, qui regulares dicuntur, abbates crearent, nomine præpositorum in prælationis officio contenti (181). Quod vero abbates ab abbatibus ordinari possint et soleant, auctoritate sacræ Regulæ (182) beati Benedicti didicimus, ubi dicitur : Per ordinationem præpositi scandala sæpius oriri, maxime in illis locis, ubi ab eodem sacerdote vel ab eis abbatibus, qui abbatem ordinant, ab ipsis etiam præpositus ordinatur. Superest usque hodie unus de primis habitatoribus ejusdem loci, et ipse primus abbatis, vir religiosus ac timens Deum; qui jam provectus in senectute bona, et quasi in labro sepulcri positus, præscriptas conditiones coram tota Leodiensi Ecclesia confitetur. Verumtamen quidam ex prædicto loco regulares a felicis memoriæ papa Innocentio privilegium obtinuerunt, in quo prærogativa abbatis Sancti Laurentii reticetur, simili fortasse simplicitatis forma, qua in eodem privilegio circa Stabulensem Ecclesiam et nos usi sunt, quandoquidem possessionem nostram de Heran (183), quæ ex juris Stabulensis Ecclesiæ et sub certæ pensionis canone jure locationis obtinuerunt inter proprios Ecclesiæ fundos ascribi fecerunt. Siquidem ante annos sedecim nos miserati paupertatem prædictæ Ecclesiæ et fratrum quos in Domino diligebamus, prænominatam Ecclesiam de Heran, cum decimatione, quæ Stabulensibus fratribus pertinet, eidem abbati, qui nunc superest, concessimus, et eum dono nostro investivimus, ut Ecclesiæ Stabulensi inde per singulos annos tres marcas, et unum fertonem persolveret, quod etiam usque nunc diligenter observatum est. Sed quia in eodem privilegio, quod modo primum rescivimus, fraudem Ecclesiæ Stabulensi, sicut prædictum est, fecerunt, pactum quod contractum fuerat, propter dolum malum qui intervenit, a parte Stabulensis Ecclesiæ discissum est, et privilegium, quod acceperant, infirmandum est a vestra censura et abolendum. Porro de innocentia abbatis monasterii Sancti Laurentii nihil vestræ discretioni dubitandum fore credimus, cum in eodem monasterio, cui nunc, Deo auctore, præest, a parvulo sit non solum in regularibus, sed etiam in liberalibus disciplinis apprime eruditus, qui etiam et prædictis conventionibus interfuit, et nunc in lege Dei sui die ac nocte meditatur, et horam vocationis suæ lampade accensa exspectat. Quem ut diligere et honorare dignemini, devote supplicamus.

EPISTOLA CCCLXXII.

CUJUSDAM CANONICI REGULARIS AD WIBALDUM ABBATEM.
Proponit ei aliquas difficultates solvendas.
(Anno 1152.)

Domino Gwibaldo quidam suus (184), gratiam Dei, custodiam sui.

Apostolice sapientibus et insipientibus debitor estis. Mihi igitur insipienti, tanquam debitor respondere dignemini. Quidam dicunt ordinem nostrum non debere abbatem habere, quia hoc Augustinus non constituit, et conversos nos esse, et imo nec clericos, nec monachos dici debere. Qui hoc dicunt, non se satis discernunt, et quod beatus Benedictus, qui simplicem pœnitentiam instituit monachis, nec baculum pastoralem, nec gradus ecclesiasticos (185) scripsit eis. Quare si ab Ecclesia quædam accipiunt, ab eadem quædam nos accipere nolunt? Quod nos conversos appellant, in hoc, velint nolint, apostolicis consociant. qui conversi sunt ad Dominum, in hoc nihilominus monachis nos conjungunt, qui similiter convertuntur ad Dominum. Qui autem nostra pro sua (186) novitate infirmant, sua pro illorum vetustate affirmant, manifeste falluntur, quia tempus nihil in hoc conferre probatur, et tales Horatius irridet :

Qui non suscipiunt, nisi quod libitina sacravit
(Hor., *Epist*. II, 1, 49.)

Clerici autem, qui principaliter debent episcopis subesse, tantum dejiciunt dignitatem suam sub abbate, quantum inferior est abbas pontifice hominum omnium, quid certius tenendum sit, decernite nobis. Valete. Quid abbas Sancti Laurentii per pastoralem baculum debeat dare abbati Sancti Ægidii certificate nobis. Curam enim animarum, quæ est episcopi, dare non poterit. Fundos non dabit; quia baculus contradicit, qui spiritualia innotescit. Sed abusio est legis contradictio.

EPISTOLA CCCLXXIII.

WIBALDI ABBATIS AD ANONYMUM.
Respondet ad præcedentem.
(Anno 1152.)

Frater Wibaldus Dei gratia id quod est in Ecclesia catholica, cuidam suo et omnibus amicis, conscientiam sibi et famam proximo.

Acceptis litteris eruditionis tuæ, in quibus suppresso nomine tuo, multiplices nobis quæstiones proponis, recordati sumus evangelicæ parabolæ de grano sinapis quod inter omnia semina minimum, si in terram bonam cecidit, in tantum crescit, ut volucres cœli tanquam in arbore nidificare possint. Ita litteræ tuæ spatio breves, sed sensibus spatiosæ,

---

(181) Plerique adhuc in Belgio, omnes vero in congregatione Windesheimensi, quæ hactenus floret in Germania, præpositi nomine sunt contenti.
(182) Regul. S. Benedicti cap. 65.
(183) Hujus locationis instrumentum datum est anno 1156 sub Adalberone Leodiensi antistite.
(184) Hæc epistola scripta videtur occasione contentionis quæ versabatur inter abbatem S. Ægidii Leodiensis, et abbatem S. Laurentii, de qua supra ad summum pontificem scripserat Wibaldus.
(185) Imo exstat in Regula S. Benedicti, cap. 62 *De sacerdotibus monasterii*.
(186) Hic agnoscis clare auctor hujus epistolæ canonicorum regularium institutum esse novum.

si ab erudito responsore tractentur, et in altum crescere, et odorem reddere, non sine aliquo acredinis sapore poterunt. Verum nobis jam et in laboribus plurimis, et in anxiis ac frequentibus periculis longo tempore exercitatis, et deficiente capitis et oculorum valetudine, nunc ad sequendam imperatoris nostri curiam accinctis, etiamsi aliquando talium rerum peritia, quod quidem de nobis nec sentimus nec dicimus, suppeditasset; tamen in tanta studii et lectionis dissuetudine sufficere ad respondendum, praecipue cum tentantis animo interrogaveris, non possemus. Sed hoc tibi ad praesens responsum sit, quod et auctoritas et ratio docuit, et antiquitas longaeva observavit. Moyses, qui in eremo degens, cum fugeret regem Ægypti, virgam habuit, dux primus et praevius monachorum fuit. Ad ipsum Dominus dixit : *Quid tenes in manu?* At ille respondit : *Virgam.* Quam, juvante Domino, cum in terram projecisset, in serpentem mirabili et mystica conversione et in seipsam mutata est. Aaron pontificum princeps virgam habuit, qui in testimonium mandati a Deo sacerdotii sui floruit, et fructus edidit. Ex quibus sacrae Scripturae auctoritatibus Ecclesia sancta Spiritu Dei plena rationabiliter instituit, ut Aaron et Moyses successores, de quibus scriptum est : *Moyses et Aaron in sacerdotibus ejus*, episcopi videlicet et abbates monachorum mysticas virgas in regimen suorum acciperent et gestarent, et a temporibus apostolorum usque ad haec tempora, plusquam annis mille diligenter ac reverenter observavit. Si igitur, ut tu scribis, clerici principaliter debent episcopis subesse, consequens est, ut solus clericorum princeps inter clericos, tanquam pastor inter oves proprias, virgam debeat gestare. Nam oves minare pastorem non debent, sed oves pastor modo praecedit, modo sequitur, aliquando virga, quam manu gerit, retrahit, aliquando repellit, ut vocem ejus audiant. Caeterum haec tua quaestio, sive quaestiones in modum hydrae in damna sua fertiles, et uno capite amputato in multa recrescentes, a nobis, ut dictum est, hoc tempore per cuncta occurrentium objectionum latera pervideri et pertractari non possunt; sed, ne verbum tuum ad te vacuum reverteretur, haec tibi pauca de pluribus innuere curavimus. Hoc etiam breviter adjiciendum est, quod arca Noe, quae in diluvio, divina gubernante providentia, octo animas salvavit, a parte inferiori lata, superius in cubito consummata est, hoc significante Spiritu sancto, quod qui latam viam, quae ducit ad mortem, deserunt, et per angustam atque arctam viam sursum corda et opera tendunt, in Ecclesia Dei altiores, et si non officio, tamen merito sunt. Quaerit item a nobis solertia tua, quid abbas Sancti Laurentii per pastoralem baculum debeat dare abbati Sancti Ægidii? Quaerimus item et nos ab industria tua, si possessor fundi tui, qui tibi agriam tuam haereditario pacto debita pensione solvit, verbi gratia, qui mansum a te habuerit, et vita decedens legitimos haeredes, id est naturales filios reliquerit, quid, inquam, isti haeredes a te per corporalem investituram suscipiunt, qui se in bonis Patris jure successures non diffidunt? Et ut ad rem proprius accedamus, putasne, frater, quod omnis, qui virgam pastoralem accipit, continuo episcopus vel abbas fiat? Credisne quod omnis, cui virga pastoralis porrigitur, in eo ipso episcopus vel abbas consecretur? Quocirca, mi frater, si tamen falsus frater non es, si inter signa rerum et ipsas res moderatam discretionis differentiam habueris, et invidia, et errore procul posito, novitates, quae ad nihil aliud, nisi ad destructionem charitatis et humanae societatis valent, abjiciens, antiqua sanctorum Patrum instituta et mores cum humili et obedienti reverentia observaveris, tum liquido perspicies, quam puerilia et frivola sint haec, de quibus occupationes nostras quaestione pulsandas existimasti. Verumtamen si post reditum nostrum ab instanti curia propitia divinitas sospitatem et otium concesserit, interrogationi tuae diffusius respondere poterimus, cum tamen in his paucis, si diligenter consideres, objectioni tuae satisfactum esse oporteat.

EPISTOLA CCCLXXIV.

WALTARII ABBATIS SANCTI LAURENTII LEODIENSIS AD WIBALDUM ABBATEM.
Gratias agit quod in synodo Leodiensi ejus defensionem susceperit.

(Anno 1152.)

Reverendo Patri gratia Dei Corbeiensi et Stabulensi abbati WIBALDO frater WALTARIUS et ipse gratia Dei si quid est, ecclesiae Sancti Laurentii in Leodio, sincerae dilectionis affectum et devotum in Domino servitium.

Magnae benevolentiae vestrae, Pater in Christo amabilis, devote gratias ago, pro eo quod Leodii in generali synodo causam justitiae beati Laurentii, de jure quod habet in ecclesia Publici (187) montis, etiam me absente, vera et constanti assertione palam tueri et defendere non omisistis, ita ut auctoritate vestra prorsus obstructa sint ora loquentium vana. Inde nos et pusillus grex beati Laurentii, tam specialiter quam devote oramus pro vestra incolumitate et salute. Precor autem ut latorem praesentium fratrem nostrum, dulcedine solita et benignitate audiatis, et in causa, quam suggesserit, vestro eum consilio et patrocinio dirigatis. Optabilem mihi reverentiae vestrae praesentiam spero me in proximo visurum, ut de rebus necessariis vestrum digne expetam et obtineam consilium et auxilium. Superna pietas protectione sempiterna vos custodiat.

EPISTOLA CCCLXXV.

WIBALDI ABBATIS AD EUGENIUM PAPAM III.
De litteris quas ad eum scripsit post regis electionem.

(Anno 1152.)

Dilectissimo in Christo Patri suo et domino Eu-

---

(187) Scilicet S. Ægidii de qua in epist. 371.

genio uni et universali papæ, frater Wibaldus Dei gratia et vestra id quod est in Ecclesia catholica, seipsum et sua universa.

Litteræ nostræ, quas post ordinationem domini nostri novi regis ad vestram celsitudinem scripsimus, ordine præpostero perlatæ sunt. Siquidem illæ quæ priores scriptæ fuerunt, et fratri Franconi ad perferendum traditæ, cum crederemus eum mox ad vestram beatitudinem reversurum, posteriores præsentatæ sunt. Nam secundas, quas scripsimus vestræ magnitudini, prius apportaverat magister Baldricus Trevirensis. Et nunc quidem suspenso ac dubio aliquantulum animo scriptitamus, propter legatum vestrum, quem venire audivimus, sed pervenientem necdum accepimus, ut post auditum ex ipso beneplacitum vestrum, tanquam voluntarii servi vestri ad omnem nutum vestrum obedientes, et parati de mandatis vestris exsequendis certiora quædam excellentiæ vestræ intimaremus. Enim vero si regnum nostrum a suis instestinis ac perniciosissimis motibus cessare aliquando posset, nihil esset charitati vestræ dubitandum, quin sacrosancta mater nostra Romana Ecclesia pristinæ dignitatis decorem per virtutem principis nostri posset recipere. Atque utinam, bone Jesu, qui veraciter dixisti: *Ego pro te rogavi, Petre, ut non deficiat fides tua*, etiam cum Patre, quem, rogas largiri digneris, ut humana defensione non egeat, sed tuo tantum adjutorio et abstrahatur a noxiis et ad salutaria dirigatur! Durum est enim eos servire, quos tu in altissimo imperii culmine dignatus es collocare. Sed hæc hactenus. Nam sapientia vestra a Deo illuminata, et nos intelligere et plurima disponere prudenter consuevit. Scribemus apertius et prolixius, cum ex legato vestro quid opus sit facto audierimus. De causa latoris præsentium pedes sanctitatis vestræ deosculamur, ut eum contra præsumptionem laicorum solidare dignemini, ne glorientur se hæreditate sanctuarium Dei possidere, quod etiam per successionem, ordinando videlicet in Ecclesia filios prædecessorum, festinant profanare.

EPISTOLA CCCLXXVI.
WIBALDI ABBATIS AD HERMANNUM CANONICUM BUNNENSEM.

Villicationem de Castiniaco ei neptique suæ committit.

(Anno 1152.)

Wibaldus Dei gratia Corbeiensis abbas, dilecto fratri et amico suo Hermanno Bunnensis Ecclesiæ canonico, benedictionem et vitam usque in sæculum.

Villicationem nostram de Castiniaco cum omnibus appendiciis suis fidei tuæ committimus, sicut eam tenuit Ludovicus nepos, hoc est secundum pacta et conditiones, quæ a felicis memoriæ prædecessore nostro domno Erchemberto, de eodem prædio et villicatione sunt ordinatæ et constitutæ; ita videlicet, ut tu destructa reædifices, et dilapsa restaures, tam in domo indominicata, quam in cellario et torculari, et bovaria, et aliis tam ædificiis quam clausuris. Post obitum quoque tuum concedimus eamdem villicationem, modo quo supra dictum est, nepti tuæ præfati Ludovici filiæ, sub hujus videlicet conditionis tenore, quod eadem puella Ecclesiæ Corbeiensi in jure ministerialium a dominis suis, quibus modo pertinet, attribuatur, ei transactetur absque nostro labore et expensa, a præsenti festivitate sancti Michaelis archangeli, quæ est in anno Dominicæ Incarnationis 1152, indictione 1 infra anni spatium, et quod prædicta puella quando ad nubiles annos pervenerit, nonnisi nostra vel ejus qui nobis in abbatia Corbeiensi regulariter successerit, permissione nubat. Quod si de præscriptis conditionibus aliquid a te vel ab eadem puella prætermissum aut violatum fuerit, prædicta villicatione cum omni beneficio suo sine spe recuperationis de cætero carebitis. Si autem in solutione vini, vel annonæ, vel nummorum, seu vasorum, vel aliarum pensionum statutis diebus negligentes fueritis, pro tali excessu vel judicio familiæ in Castiniaco, vel judicio ministerialium nostrorum in caminata nostra Corbeiæ, utrumlibet horum nobis magis placuerit, respondebitis, et in compositione duodecim solidos nummorum persolvetis. Quæcunque autem nepos tuus Ludovicus, vel in pignore vel in beneficio de rebus jam nominatæ curtis Castiniacæ, tam in agris quam in vineis, vel etiam censu aut silva obligavit, vel alienavit, judicio curiæ nostræ in irritum ducta sunt, vel stare non posse post obitum villici adjudicata, quæ vobis ita recolligenda committimus, ut si infra hujus anni spatium non feceritis, a villicatione et toto pacto cadatis. Quod autem filiæ quondam Ludovici villicationem post discessum tuum concessimus, non ex eo est, quod hæreditariam ei successionem, vel in villicatione vel in beneficio Patris aliquid recognoscamus, cum hoc a nostris ministerialibus universaliter abjudicatum sit, sed propter tuum et amicorum tuorum servitium ad hoc faciendum inclinati sumus.

EPISTOLA CCCLXXVII.
WIBALDI ABBATIS AD HILLINUM ARCHIEPISCOPUM TREVIRENSEM.

Gratulatur ei de nova dignitate, sua ipsi offert obsequia, fratres suos in ipsius episcopatu degentes ei commendat.

(Anno 1152.)

Reverendo Patri suo et domino H. sanctæ Trevirensis Ecclesiæ venerabili archiepiscopo, frater Wibaldus Dei gratia id quod est in Ecclesia catholica, exiguas orationes et devotum servitium.

Confidimus de vestræ benignitatis eruditione, quod familiaris charitas, quæ hactenus inter nos vicissitudine obsequiorum succreverat, propter celsitudinis vestræ provectus imminui non debeat, quoniam si experientiæ regulam tenemus, quam in prælationis sarcina in labore hominum conversati et cum hominibus flagellati jam antea didicimus, tanto erunt solertiæ vestræ viri fidei ac constantiæ, qui vos non vestra diligunt, chariores, quanto possunt in tota generis humani multitudine inveniri rariores. In quorum paucitate nos qui nec fallere debemus, nec falli volumus, integro benevolentiæ studio annumerati plurimum in Domino, gratulamur de tam gloriosa personæ vestræ promotione (188), cui a propitia divinitate concessum est, ut antiquissimæ ac nobilissimæ civitati, quæ totius Galliæ Belgicæ caput ac metropolis esse dignoscitur, possitis tam prodesse quam præesse. Ad vestræ igitur dignitatis suffragium prompta devotione offerimus quidquid illud est, quod in Ecclesia sua Deus nos esse, vel dici, vel posse potuit, optantes ut absque prosperitatis vestræ detrimento vobis opportunum fiat, quo dilectionis nostræ ac fidei evidens experimentum capiatis. Cum vero a partibus Saxoniæ versus Lotharingiam proxime retransire poterimus, etiam corporali præsentia vestram beatitudinem visitare et salutare desideramus. Interim commendamus dulcedini vestræ fratres nostros Corbeienses, qui sunt apud Liciacum, et omnes res nostras, tam Corbeiensis monasterii quam Stabulensis, quæ in vestro episcopatu sunt sitæ, quatenus pro nostræ dilectionis intuitu in vestræ protectionis defensionem eas assumere dignemini.

EPISTOLA CCCLXXVIII.
EUGENII PAPÆ III AD FRIDERICUM IMPERATOREM.
Gratulatur ei de sua electione, sperans eum inchoata a Conrado pro ecclesiæ exaltatione completurum.

(Anno 1152.)

EUGENIUS episcopus, servus servorum Dei, charissimo in Christo filio FRIDERICO, illustri Romanorum regi, salutem et apostolicam benedictionem.

Nuntiis egregiæ tuæ nobilitatis, etc. *Vide in Eugenio III, ad an.* 1153.

EPISTOLA CCCLXXIX.
BERNARDI PATHERBURNENSIS EPISCOPI AD WIBALDUM ABBATEM.
Ut Henricum priorem suum in abbatem Mariani monasterii postulatum emancipare dignetur.

(Anno 1152.)

Amico suo dilecto in Christo domino WIBALDO, reverendo sanctæ Corbeiensis Ecclesiæ abbati, B. Patherburnensis humilis minister, orationis et servitutis suæ fidelem exhibitionem.

Fratres de monasterio (189) Sanctæ Mariæ orbati suo abbate, post multas admonitiones et preces nostras, scilicet ne gregem sibi commissum desereret, eremiticæ tamen vitæ labores aggresso, ut ipse tunc asserebat se habere in animo, venerabilem fratrem dominum Henricum, monasterii vestri priorem abbatem, sibi unanimiter elegerunt. Vestram itaque paternitatem intime oramus, et exoratam esse toto animi desiderio cupimus, quatenus ipsum eis clementer concedatis, novellæ plantationis nostræ notam vobis necessitatem benigna miseratione attendentes. Qui si vestra permissione, propriaque benignitate oblati oneris curæ se submittere voluerit, in omnibus eum consolari eique assistere et fideliter opitulari studebimus.

EPISTOLA CCCLXXX.
WIBALDI ABBATIS AD BERNARDUM EPISCOPUM PATHERBURNENSEM.
Excusat se ab emancipando priore suo.

(Anno 1152.)

Reverendo in Christo Patri et domino B. sanctæ Patherburnensis Ecclesiæ venerabili episcopo, frater WIBALDUS Dei gratia Corbeiensis Ecclesiæ abbas, orationum et obsequii intimam devotionem.

Fratres quidam de monasterio Sanctæ Mariæ, ad nos cum litteris vestræ sanctitatis venerunt, quæ hoc obnixe postulabant, ut charum fratrem nostrum Henricum Ecclesiæ nostræ priorem, quem iidem fratres elegerunt, eis in abbatem concederemus, ad quam petitionem ex consilio capituli nostri vestræ discretioni respondemus, primum quod idoneas causas non videmus cur dilectus frater noster Conradus, qui eidem monasterio præfuit, commissi sibi gregis curam deseruerit, qui propter eremiticam vitam fratres suos, quos custodiendos susceperat, deserere non debuit, inter quos aliqui erant, quibus prodesse potuit, quod manifeste beatus Gregorius papa in libris Dialogorum ostendit (lib. II, cap. 5) : *Ibi*, inquiens, *adunati æquanimiter portandi sunt mali, ubi inveniuntur aliqui, qui adjuventur boni*. Alia causa est quare prædictorum fratrum electioni assensum præbere non possumus. Ordo monasterii nostri habet, imo omnia monasteria nostri ordinis hanc observantiam tenent, ut si quando aliquis fratrum nostrorum abbas ad aliud monasterium eligendus est, prius a nobis et a fratribus nostris quam ab extraneis eligatur, nec aliqua nobis persona inter fratres nostros in abbatem ab alio monasterio vel a quolibet hominum ex homine designetur, sed assumptio fratris nostri cujuslibet in nostro arbitrio et fratrum suorum electioni relinquatur, præsertim cum vultus pecoris nostri melius a nobis et a semetipsis quam ab extraneis agnoscatur, et imo convenientius a nobis et a suis domesticis, qui dignus est, eligatur. Hic ordo et hæc observantia promotionis, quia semper in monasterio nostro cum magna diligentia et ratione observata fuit, nostro tempore immutari nequaquam poterit.

Bernardo episcopo Patherburnensi, qui illud vocat hac in epistola novellam plantationem suam, quia suo tempore, hoc est anno 1128 fundatum fuit, vulgo tamen Marienmonster appellatur, situm in diœcesi Patherburnensi, Patherburnam inter et Corbeiam, floretque hactenus sub congregatione Bursfeldensi.

---

(188) Ipsius promotionem ad annum 1152 consignat Albericus, quo Alberoni archiepiscopo defuncto successit.

(189) Quod in bulla Innocentii papæ Sualembergense monasterium dicitur, eo quod a Widikindo comite Sualembergensi et ipsius uxore, proprio in fundo, constructum fuerit, promovente in primis

EPISTOLA CCCLXXXI.
EUGENII PAPÆ III AD CAPITULUM MAGDEBURGENSE.
Ne faveant episcopo Cicensi Ecclesiæ Magdeburgensis invasori.

(Anno 1152.)

Eugenius episcopus, servus servorum Dei, universo capitulo Magdeburgensis Ecclesiæ, salutem et apostolicam benedictionem.
Pervenit ad aures nostras, etc. *Vide in Eugenio.*

EPISTOLA CCCLXXXII.
EUGENII PAPÆ AD E. SALISBURGENSEM ET ALIOS ANTISTITES.
Arguit eos quod favori principum plus æquo studeant, negatque translationem C. Cicensis episcopi in Magdeburgensem sedem.

(Anno 1152.)

Eugenius episcopus, servus servorum Dei, venerabilibus fratribus E. (190) Salsburgensi, A. (191) Bremensi, et H. (192) Trevirensi, archiepiscopis, E. (193) Bambergensi, H. (194) Constantiensi, H. (195) Ratisbonensi, O. (196) Frising, C. (197) Pataviensi, D. (198) Pragensi, A. (199) Havelbergensi et B. (200) Egistadiensi episcopis, salutem et apostolicam benedictionem.
Litteras, quas pro causa Magdeburgensis Ecclesiæ vestra nobis prudentia delegavit, etc. *Vide in Eugenio.*

EPISTOLA CCCLXXXIII.
EUGENII PAPÆ III AD WIBALDUM ABBATEM.
Commendat ei causam A. Curiensis episcopi, et ut ecclesiasticas immunitates adversus laicos tueatur.

(Anno 1152.)

Eugenius episcopus, servus servorum Dei, dilecto filio Corbeiensi abbati, salutem et apostolicam benedictionem.
De quorum pura devotione absque dubitatione confidimus, etc. *Vide in Eugenio.*

EPISTOLA CCCLXXXIV.
WETZEL AD FRIDERICUM IMPERATOREM.
Instat ut, excusso summi pontificis jugo, imperium a senatu populoque Romano recipiat.

(Anno 1152.)

Charissimo Dei gratia F. Wetzel, ad summa animæ et corporis læta undique proficere.
Immensa lætitia, quod gens vestra vos sibi in regem elegerit, moveor. Cæterum quod consilio clericorum et monachorum, quorum doctrina divina et humana confusa sunt, sacrosanctam Urbem, dominam mundi, creatricem et matrem omnium imperatorum, super hoc, sicut deberetis, non consuluistis, et ejus confirmationem, per quam omnes,

(190) Eberardo comiti Hiltpolstein, abbati Bibergensi, pauperum patri dicto.
(191) Adalberoni.
(192) Hillino.
(193) Eberhardo.
(194) Hermanno.
(195) Henrico.
(196) Ottoni ex abbate Morimundi ordinis Cister-

A et sine qua nulli unquam principum imperaverunt, non requisistis, nec ei sicut filius, si tamen filius et minister ejus esse proposuistis, non scripsistis, vehementer doleo. Quis enim stabili ordine proficere valeat, nisi quem Rebecca dilexit et promovit ? licet quippe pater Isaac vellet et niteretur Esau benedictionem præferre, Jacob, matre ipsum vocante et consilium quasi insulsum ipso Jacob timente, quia Esau moram in venando fecit, benedictionem et dominium, alio [altero] illo dolente, obtinuit. Et ut ad rem perveniam, ipsamque vobis plenius exponam, quod dico diligentius attendatis. Vocatio vestrorum olim prædecessorum, et vestra adhuc a cæcis, id est a Julianistis, hæreticis dico et apostatis clericis et falsis monachis, suum ordinem prævaricantibus, et contra evangelica, apostolica et canonica statuta dominantibus, et legibus tam divinis quam humanis reclamantibus, Ecclesiam Dei et sæcularia disturbantibus, facta est. Quod autem tales sint, ostendit beatus Petrus, cujus vicarios se esse mentiuntur, dicens : *Fugientes ejus, quæ in mundo est, concupiscentiæ corruptionem, ministrate in fide virtutem, in virtute scientiam, in scientia abstinentiam, in abstinentia patientiam, in patientia pietatem, in pietate amorem fraternitatis, in amore fraternitatis charitatem.* Hæc vobis super... Cui enim hæc præsta sunt, cæcus est et manu tentans. De quibus rursus idem apostolus dicit : *Erunt magistri mendaces, qui in avaritia de vobis negotiabuntur, deliciis affluentes, in conviviis suis luxuriantes vobiscum, oculos habentes plenos adulterio, per quos via veritatis blasphemabitur, hi sunt fontes sine aqua.* Tales quomodo cum Petro dicere possunt : *Ecce nos reliquimus omnia, et secuti sumus?* Et iterum : *Argentum et aurum non est mihi?* Quomodo a Domino audiunt : *Vos estis lux mundi, vos estis sal terræ?* Quibus quod sequitur nimirum convenit : *Quod si sal evanuerit, in quo salietur ? ad nihilum valet ultra, nisi quod conculcetur ab hominibus vel a porcis.* Unde Joannes : *Qui dicit se credere in Christum, debet, sicut ille ambulavit, et ipse ambulare.* Item : *Qui dicit se nosse Deum, et mandata ejus non custodit, mendax est et veritas in eo non est.* Petro et vicariis Petri a Domino dicitur : *Sicut misit me Pater, et ego mitto vos.* Sed qualiter ipse a Patre missus fuerit, exprimit dicens : *Si non fecero opera Patris, nolite credere mihi.* Si Christo, qui peccatum non fecit, sine operibus credendum non fuit, quomodo istis non solum male, sed etiam mala publice agentibus est credendum ? unde dicitur : *Quomodo potestis loqui bona, cum sitis mali?* Non solum vero loqui non possunt bona, sed nec credere, sicut ipse Dominus

ciensis episcopo Frisingensi, viro sancto et scriptori egregio.
(197) Conrado filio Lepoldi Pii, marchionis Austriæ, postea archiepiscopo Salisburgensi.
(198) Danieli.
(199) Anselmo.
(200) Burchardo.

ait : *Quomodo potestis credere, gloriam ab invicem quærentes? nam fides sine operibus mortua est.* Quomodo isti enim quibuslibet divitiis inhiantes (sed qui divitias, quæ toti mundo salutares exstiterunt, per quarum utique usum pax tanta et talis per universum orbem fuit, quod Filium Dei de sinu Patris in sinum matris deposuit, sua falsa doctrina luxuriose vivendo destruxerunt), possunt primum illud evangelicæ doctrinæ mandatorum audire : *Beati pauperes spiritu,* cum ipsi nec effectu, nec affectu sint pauperes? Hinc beatus Hieronymus : *Clericum negotiatorem, vel ex inope divitem, vel ex ignobili gloriosum, quasi pestem fuge.* Quomodo isti negotiis sæcularibus incumbentes, primum omnium decretorum Romanorum pontificum a beato Clemente in epistola sua prima inductum, sed a beato Petro apostolo promulgatum surdi auditores adimplent? inter cætera quidem, ubi Petrus Clementem ordinavit et injunxit, dicens : *Te quidem oportet irreprehensibilem vivere, et summo studio niti, ut omnes hujus vitæ occupationes abjicias, ne fidejussor existas, ne advocatus litium fias, neve in aliqua occupatione mundialis negotii prorsus inveniaris perplexus. Neque enim judicem, neque sæcularium cognitorem negotiorum hodie te jussit ordinari Christus, ne præfocatus hominum præsentibus curis non possis verbo Dei vacare. Hæc, quæ minus tibi congruere diximus, exhibeant sibi invicem laici, et te nemo occupet ab his studiis sollicitudines sæculares suscipere, ita unicuique laicorum peccatum esse, nisi invicem sibi etiam in his quæ ad communis usum vitæ pertinent, opera fideliter dederint; te vero securum facere ex his, quibus non debes instare, omnes communiter elaborent. Quod si forte a semetipsis hoc laici non intelligunt, per diacones edocendi sunt, et tibi solius Ecclesiæ sollicitudines relinquantur. Si enim mundialibus curis fueris occupatus et te ipsum decipis et eos qui te audiunt. Non enim poteris, quæ ad salutem pertinent plenius distinguere, et ex eo fit, ut tu deponaris, et discipuli per ignorantiam pereant, idcirco tu quoad hoc solum vocatus es, ut sine intermissione doceas verbum Dei.* Mendacium vero illud et fabula hæretica, in qua refertur Constantinum Silvestro imperialia Simoniace concessisse in Urbe, ita detecta est, ut etiam mercenarii et mulierculæ quoslibet etiam doctissimos super hoc concludant, et dictus apostolicus cum suis cardinalibus in civitate præ pudore apparere non audeant. Siquidem sanctus Melchiades, sancti Silvestri prædecessor, in decretis suis Constantinum esse baptizatum, dicens : *Cum inter turbines mundi succresceret Ecclesia, adeousque pervenit, ut Romani principes ad fidem Christi et baptismi sacramenta concurrerent, de quibus vir religiosissimus Constantinus primus fidem veritatis est adeptus.* Tripartita etiam Historia eum, antequam unquam ipse imperator Urbem intraverit, Christianum fuisse testatur. Quæ loquor attendite. Esau non domi vacans, elementa matris et consilia ignorans, Silvestria petens a cæco vocatus usque nunc caret promissis. Jacob vero matri obediens, colli et manus nuda domestico disciplinarum tegmine tegens, ea, quæ cæcus Silvester promisit, divino nutu subripuit. Imperatorem non silvestrem, sed legum peritum debere esse testatur Julianus imperator in primo omnium legum e dicto, dicens : *Imperatoriam majestatem non solum armis decoratam, sed etiam legibus decet esse armatam, ut utrumque tempus et bellorum et pacis recte possit gubernari.* Idem etiam, unde princeps Romanus imperare et leges condere habeat, paulo post ostendit : sed et quod principi placuit, legis habeat vigorem, et quare, subinfert, cum populus ei et in eum omne suum imperium et potestatem concessit. Sed cum imperium et omnis reipublicæ dignitas sit Romanorum, et dum imperator sit Romanorum, non Romani imperatoris, quod sequitur considerantibus, quæ lex, quæ ratio senatum populumque prohibet creare imperatorem : comitem Rodulfum de Ramesberch, et comitem Udalricum de Lencenburh, et alios idoneos, scilicet Eberhardum de Bodemen, qui assumptis peritis legum, qui de jure imperii sciant et audeant tractare, Romam quantocius poteritis mittere, non dubitetis, et ne aliquid novi ibi contra vos surgat, prævenire curate.

Ex uno patre et una matre geniti {
  Fridericus. — Genuit Fridericum de Buren. Fridericus de Buren genuit ducem Fridericum, qui Stophen condidit. Dux Fridericus de Stophe ex filia regis Henrici genuit ducem Fridericum. Dux Fridericus genuit Fridericum regem.

  Berta. — Genuit Bezelinum de Vilingen. Bezelinus de Vilingen genuit Bertolphum cum Barba. Bertolphus cum Barba genuit Lutgardim. Lutgardis genuit marchionem Theobaldum. Marchio Theobaldus genuit Adelam.
}

EPISTOLA CCCLXXXV.

CONCORDIA INTER EUGENIUM PAPAM ET FRIDERICUM IMPERATOREM.

(Anno 1152.)

In nomine Domini, amen. Hæc est forma concordiæ et conventionis inter dominum papam Eugenium, etc. *Vide in Eugenio papa III.*

EPISTOLA CCCLXXXVI.

EUGENII PAPÆ III AD WIBALDUM ABBATEM.

Suos ad Fredericum imperatorem legatos ei commendat.

(Anno 1153.)

EUGENIUS episcopus, servus servorum Dei, dilecto

filio suo WIBALDO Stabulensi abbati, salutem et apostolicam benedictionem.

De quorum devotione ac sincera charitate amplius confidimus, etc. *Vide in Eugenio papa III.*

EPISTOLA CCCLXXXVII.
FRIDERICI IMPERATORIS AD MANUELEM IMPERATOREM CP.

Uxorem ex ipsius sanguine habere desiderat, interimque expeditionem parat in Siciliam.

(Anno 1153.)

FRIDERICUS Dei gratia Romanorum imperator Augustus, magnus ac pacificus a Deo coronatus, dilectissimo fratri et amico suo MANUELI PORPHYROGENITO, sublimi et glorioso imperatori Constantinopolitano, fraternam dilectionem et de inimicis victoriam.

Magnitudinis tuæ litteras nuper ad nostram præsentiam per nuntium tuum directas cum benevolentia et alacritate suscepimus : quibus inspectis et diligenter intellectis, gaudio gavisi sumus tam de sospitate celsitudinis tuæ et imperii prosperitate, quam de tua erga germanitatis nostræ conjunctionem affectione. Siquidem beatæ ac sanctæ recolendæ memoriæ prædecessor ac patruus noster inclytus triumphator, serenissimus videlicet imperator Conradus moriens, cum nos declarasset imperii sui successores, inter præcipua piæ ac paternæ admonitionis documenta, instanter nos hortatus est, ut amicitiam tuam fideliter amplecteremur, et fraternitatis vinculum inter nos indissolubili vinculo necteremus, quatenus imperia nostra per dilectionem unum fierent, et utrique idem amicus idemque hostis existeret. Inde est, quod nos ejus admonitionem effectu prosequente complere maturantes, et etiam voluntati tuæ, quam ex litteris tuis persensimus, ad confirmandam inter nos amicitiam fraterna benignitate occurritantes, ad augmentum firmioris concordiæ, et incrementum utriusque imperii, thalamum nobis de aula imperii tui præparari et de sanguine tuo uxorem ducere, Deo annuente, desideramus. Eapropter sublimitati tuæ celeres et expeditos nuntios præmittere curavimus, per quos sub omni festinatione ad nos remissos, sapientiæ tuæ super hoc voluntatem in brevi cognoscamus. Quoniam omnibus per imperii nostri latitudinem provinciis, Dei præstante omnipotentia, quieta pace fruentibus, expeditionem versus Apuliam et Siciliam cum ingenti principum nostrorum ac totius militiæ favore juramentis omnium ex more firmatam ordinavimus, et insuper veniente æstate, tempore scilicet quo reges ad bella solent procedere, in fortitudine magna imperii nostri Alpes transire disposuimus. Eis, quæ negotio instanti præsentibus legatis viva voce dicenda mandavimus, fides indubitanter adhibeatur.

EPISTOLA CCCLXXXVIII.
WIBALDI ABBATIS AD MANUELEM IMPERATOREM CP.

Excitat eum ad sinceram cum Frederico imperatore concordiam, cui uxorem de ipsius sanguine habere persuasit.

(Anno 1153.)

Glorioso, sublimi ac præcelso victori magnifico, ac præpotentissimo MANUELI PORPHYROGENITO Constantinopolitano imperatori excellentissimo, WIBALDUS Dei gratia abbas de monasteriis duobus nobilibus, Corbeia videlicet et Stabulaus, assiduas orationes et devotum servitium.

Imperialem majestatem decet non solum liberalitate, verum etiam gratiosa memoria esse præditam, ut nullius officii vel fidelitatis sit immemor, quoniam benigna recordatione et gratitudine principis subjectorum affectio propensius excitatur. Hoc propterea sacratissimo imperio vestro insinuare non dubitavi, quod augustam vestram majestatem meminisse non diffido, quod per litteras parvitatis meæ vestram sublimitatem salutavi, et beatissimos affatus vestros recipere merui. Eapropter ex devoto famulo factus devotissimus servus, ad augmentum et gloriam sacratissimi imperii vestri insudare et decertare non cessavi, donec beatissimæ recordationis clementissimus imperator Conradus ad magnificentiam vestram nuntios direxerit, quatenus, ad augmentum majoris inter vos et ipsum concordiæ, uxorem de vestro sanguine duceret. Sed eo interim ab hac mortalitate in terram viventium sublato, dolor, qui ex ejus transitu mentem meam occupaverat, non parvam consolationem recepit, pro eo quod nepos ejus, qui nunc rerum potitur, magnificus scilicet imperator Fredericus, non solum imperii fastigium obtinuit, verum etiam exiguitatem meam pari et simili benevolentia et credulitate honoravit. Inde est quod instanter persuadere non cessavi, quatenus inclytus atque victor dominus meus Fredericus imperator cum constantissimo imperio vestro fœdus amicitiæ iniret, et de sanguine vestro uxorem duceret. Quod etiam vestra sapientia complere indubitanter maturabit. Immensas gratias ego et fratres mei referimus pro exsamito (201) albo nobis transmisso, et devotas preces pro salute imperii vestri ad Deum fundere non cessamus.

EPISTOLA CCCLXXXIX.
BERNARDI ET GREGORII CARDINALIUM AD O. HALBERSTADENSEM EPISCOPUM.

Ut Liudolfum et Fridericum Palatinum Corbeiense monasterium infestantes compescat.

(Anno 1153.)

BERNARDUS presbyter et GREGORIUS diaconus, Dei gratia sanctæ Romanæ Ecclesiæ cardinales et legati, venerabili fratri O. (202) Halberstadensi episcopo, salutem.

Venerabilis frater noster abbas Corbeiensis de

---

(201) Exsamitum est pannus holosericus.
(202) Odalrico seu Udalrico, qui Rodulfo episcopo anno 1149 defuncto successit.

quibusdam tuis parochianis suam nobis querelam exposuit de Liudolfo scilicet et Frederico Palatino, quod annonam, victualia et quasdam alias res sibi abstulerint, et homines suos inquietent. At tua prudentia, ne tantus vir et ita domino papæ et toti regno acceptus in tua parochia offenderetur, efficere satis deberet. Nos itaque suæ justitiæ, quia deesse non possumus nec debemus, per præsentia tibi scripta præcipimus, quatenus prænominatos viros districte commoneas, ut ablata restituant, et bona monasterii de cætero quieta et illæsa dimittant, alioquin infra triginta dies post acceptam commonitionem, nisi præfato abbati satisfecerint, ecclesiastica censura eos coerceas, et sententiam, quam in eos dederis, usque ad satisfactionem firmiter facias observari.

EPISTOLA CCCXC.
BERNARDI ET GREGORII CARDINALIUM AD EUGENIUM PAPAM.
Latorem præsentium ei commendant.
(Anno 1153.)

Reverendo Patri et domino EUGENIO Dei gratia summo pontifici, B. presbyter et G. diaconus sanctæ Romanæ Ecclesiæ cardinales, debitum per omnia famulatum.

Lator præsentium vir nobilis est, etc. *Vide in Eugenio, inter epistolas variorum ad ipsum.*

EPISTOLA CCCXCI.
GREGORII CARDINALIS AD WIBALDUM ABBATEM.
Post mortem papæ revocatus, convocat quosdam episcopos Wormatiam, optatque ejus frui præsentia coram imperatore.
(Anno 1153.)

GREGORIUS, Dei gratia sanctæ Romanæ Ecclesiæ cardinalis et legatus, reverendo fratri WIBALDO suo unanimi amico Corbeiensi abbati, salutem.

Licet fama mortis (203) domini papæ nos turbaverit, tamen audita persona substituti domini vicarii nos gaudio gavisi sumus, scientes illum antiquum magistrum Ecclesiæ, et nos tanquam seipsum diligere et modis omnibus honorare. Verum quia ab amicis nostris instanter revocamur, in festo Michaelis Bremensem, Ildenesheimensem, Mindensem Wormatiæ vocavimus, quædam illis præcipere volentes. Unde ad dominum regem iterum vos libenter præsentem vellemus habere, ut quæ cum eo agere debemus, et in licentia suscipienda tua nobis assisteret prudentia, et probitas nos domino regi commendaret.

EPISTOLA CCCXCII.
BERNARDI ET GREGORII CARDINALIUM AD WIBALDUM ABBATEM.
Habituri coram rege colloquium orant ut Herbipolim veniat.
(Anno 1153.)

BERNARDUS presbyter et GREGORIUS diaconus,

(203) Obiit Eugenius papa III 8 Julii 1153, non sine sanctitatis fama, successorem sortitus Conradum Dei gratia sanctæ Romanæ Ecclesiæ cardinales et legati, dilecto fratri WIBALDO Corbeiensi abbati, salutem.

Sicut per alia fraternitati tuæ scripta nos misisse meminimus, ita denuo præsenti scripto mandamus quatenus proxima quarta feria Erbipolim ad nos venias, ubi eodem termino cum rege sumus habituri colloquium. Quia vero Stabulensem Ecclesiam vera in Domino charitate diligimus, et ad ejus utilitatem libenter intendimus, nihilominus tibi mandamus ut ad nos ita paratus accedas, quod post colloquium nostrum honeste ire ad eamdem Ecclesiam valeas.

EPISTOLA CCCXCIII.
WIBALDI ABBATIS AD ANASTASIUM PAPAM.
Gratulatur ei de ipsius electione gratiamque ejus deprecatur.
(Anno 1153.)

Reverendo Patri suo et domino ANASTASIO, sanctæ catholicæ et apostolicæ Ecclesiæ uni et universali papæ, frater WIBALDUS Dei et vestra gratia id quod est in Ecclesia catholica, exiguas orationes et devotum servitium.

Ex quo divina providentia, sacrosanctam matrem nostram Romanam Ecclesiam regi disposuit per religiosissimam sollicitudinem vestram, in præcipuo desiderio habuimus vobis corporaliter nostram exhibere præsentiam, ut aliquo certiore indicio filialem, quam circa vos gerimus affectionem plenius intelligeretis, et nos confidentius familiari colloquio quædam apud vestram sublimitatem suggeremus, quæ longum est et fortassis inutile posset fidei chartæ et atramento committere. Sed quoniam jam proxima nobis expeditio Italica, ad quam nos animo et rebus instanter præparamus, ab hac facultate nos retinet, signis præsentibus, et levi nuntio nostram celsitudini vestræ devotionem offerimus, Dei omnipotentis clementiam humili prece exorantes, ut vos ab importunis et malis hominibus liberare dignetur, et beati Petri naviculam, cujus vos gubernaculum tenetis, in fluctibus, quibus assidue quassatur, ne mergatur, erigere non recuset. *Mirabiles* quidem *elationes maris*, sed *mirabilis in altis Dominus.* Paulus apostolus ad discipulum suum Timotheum scribens, dicit : *Nemo adolescentiam tuam contemnat.* Nos discipuli et servi magistro et domino ausu charitatis suggerimus, nemo senectutem vestram contemnat, quoniam anteacta innocenter vita talis fuit, ut vos neque vivere pudeat, neque mori ullatenus pigeat. Si quidem a retro annis quinque et viginti vestram beatitudinem satis intima et familiari notitia cognovimus, et gratia vestra atque miti patrocinio in omni causa seu privata seu publica, quam apud Romanam Ecclesiam egimus perfrui cum omni benignitate et efficacia meruimus. Inde est quod intolerabilis dolor, qui de transitu reverendi Patris nostri, vestri utiepiscopum Sabinensem cardinalem, qui mutato nomine Anastasius IV appellatus est.

que praedecessoris, animam nostram justo moerore sauciaverat, non parvo diliuimento mitigatus est, cum ordinator temporum Deus, vestram sanctitatem in ipsius cathedra beata successione sedere fecit, ut vita vestra inclyta cunctas illustrare posset Ecclesias, et nobis consuetae misericordiae benignum tribuatis effectum. Repetimus enim a vestra celsitudine quodam pietatis jure familiarem gratiam quam ab antecessoribus vestris longo tempore obtinuimus, ut liceat nobis, absque praesumptionis nota, de sollicitudine Ecclesiarum, de statu regni aliqua intimare. Quod tunc confidenter facere incipiemus, cum per sacratissimos apices vestros hoc facere admoniti fuerimus. Petitiones, quas pro necessitatibus nostris vestrae clementiae porrigimus, subtus annexae sunt, quas exaudiri pro nostrae perpetuae servitutis augmento deprecamur.

EPISTOLA CCCXCIV.
WIBALDI ABBATIS AD BERNARDUM CARDINALEM.
Gratulatur ei de felici in Urbem reditu, ipsiusque protectionem pro Corbeiensi, et Gregorii ejus sodalis pro Stabulensi coenobio petit.

(Anno 1153.)

Reverendo in Christo Patri suo et domino Bernardo, venerabili sanctae Romanae Ecclesiae cardinali presbytero, frater Wibaldus Dei gratia id quod est in Ecclesia catholica, exiguas orationes et devotum servitium.

Si cum integritate sospitatis vestrae et cum rerum vestrarum integra conservatione ad Urbem pervenire potuistis, plurimum in Domino exsultamus, quoniam desiderium nostrum circa salutem vestram completum est. Rogamus itaque clementiam vestram, quae magnum familiaritatis et patrocinii ausum conferre dignata est, ut nostram parvitatem domino papae et dominis cardinalibus commendare benigna insinuatione dignemini et, ut petitiones nostrae effectum obtineant, efficere non abnuatis ut nos ex devoto deinceps devotum famulum habeatis. Sic enim necessitates nostras sumus partiti, ut quoniam vos in Corbeiensi monasterio habitare aliquantisper non estis dedignatus, vos ejusdem Ecclesiae causas provehendas assumatis, et de benignitatis vestrae defensione filios vestros, qui in eodem monasterio Deo militant, laetificetis; vester autem collega, dominus videlicet noster Gregorius cardinalis, quia Stabulensis Ecclesiam visitare dignatus est, et ejus miserias oculata fide perspexit, negotia ipsius monasterii promovenda recipere non recuset, sicut de ejus bonitate plurimum confidimus.

EPISTOLA CCCXCV.
WIBALDI ABBATIS AD GREGORIUM CARDINALEM.
Ejusdem argumenti.

(Anno 1153.)

Charissimo Patri et domino suo Gregorio, venerabili sanctae Romanae Ecclesiae cardinali diacono, frater Wibaldus Dei gratia id quod est in Ecclesia catholica, exiguas orationes et devotum servitium.

Si vos cum salute et prosperitate vestra in Urbem et in vestra recepistis, nihil est quod in gaudio desiderii nostri possit accidere cumulatius. Licet enim illam animi vestri constantem industriam, licet mentis vestrae vivacitatem, quae ad declinanda perspicax est et subtilis, non parva cognitione percepimus, tamen quoniam humanae sortis fragilis exstat conditio, semper in gravi sollicitudine fuimus, ne aliquid vestrae excellentiae minus gratum accidisset. Proinde magnitudinem vestram attenta prece exoramus, ut nos et nostra domino papae, qui nos a longis retro temporibus et novit et diligere dignatus est, nec non dominis cardinalibus commendare non recusetis, et petitiones nostras desideratum effectum consequi adjuvetis, quoniam si velle vobis adjacet, perficere invenietis. Sic enim necessitates nostras sumus partiti, ut quoniam vos Stabulense monasterium visitare non estis dedignatus, vos ejusdem Ecclesiae causas provehendas assumatis, et de benignitatis vestrae defensione filios vestros, qui in eodem monasterio Deo militant, laetificetis, quod tanto fortius ad effectum perducere poteritis, quanto verius ejusdem loci miserias oculata fide perspexistis. Vester autem collega dominus videlicet noster Bernardus cardinalis, qui in Corbeiensi monasterio habitare aliquantisper voluit, negotia ejusdem coenobii promovenda recipere non recuset, hac tamen interposita ratione, ut sicut unum in legatione vestra peragenda indissolubiliter fuistis, ita unum in opportunitate nostra adjuvanda maneatis.

EPISTOLA CCCXCVI.
HU. DE BAUCIO AD WIBALDUM ABBATEM.
Ut imperatori notum faciat quanta pro ipsius servitio a comite Barcinonensi patiatur.

(Anno 1153.)

Wibaldo Dei gratia Stabulensi abbati excellentissimo domino suo, Hu. de Baucio et fratres ejus, salutem.

Quem erga imperium a longis retro temporibus Pater noster habuerit affectum, ipsius praesentia et litteris ejus ad vos saepe directis, vestra novit serenitas. Nos etiam non sumus immemores beneficii, quod fratri nostro G. et per ipsum nobis in curia imperatoris conferre studuistis. Pro quo verbo iterum et iterum supplicantes omne servitium, si locus et tempus se nobis offerat, indubitanter vobis promittimus. Propterea obnixe precamur, quatenus per praesentium latorem audire dignemini, quanta mala comes Barcinonensis nobis contulit et conferre moliatur, quia fideles huic regi esse volumus. Preces nostras ante imperatorem admittite, et nos vestris ante ipsum munite, et quid de ejus adventu sperare debeamus nos certiorate. Tam mens vestra quam regis voluntas scripto vestro nobis signetur.

EPISTOLA CCCXCVII.

A. AD WIBALDUM ABBATEM.

Ut concesso sibi ab imperatore munere perfrui faciat.

(Anno 1153.)

Charissimo suo domino Dei gratia Stabulensi Wibaldo, A. suus quod suus, salutem cum fideli servitio.

Quantas possum, magnitudini vestræ gratias refero, quod eam, quam a Patre luminum accepistis benignitatem, cum ad omnes more vestro porrigatis, speciali tamen et continuata gratia utiliter et officiose ad meam usque parvitatem extenditis. Eapropter beneficiis vestris admonitus, et cor pro corde, cum vobis placuerit, fideliter exhibiturus, rogo, ut illud domini regis munus, quod opera vestra mihi collatum est, sed necdum apprehensum vel numeratum, ab Emisch comite de Liniges districto etiam, si opus fuerit, mihi acquiratis. Indecorum etenim mihi est et obtrectatoribus meis risum generat, si quod exacto tempore habere debui, sæpius frustra repetam. Ad hæc si omnia recte apud vos et prospere aguntur, sic est, ut volo. Rescribite nobis de statu vestro, si placet; quia, sicut vobis mihi scribere non est onerosum, sic scripta vestra jucunda mihi recipere nec inutile est, nec inofficiosum. Salutat vos Ach. comes sacrarum largitionum et sollalicorum jucundorum. Salutat vos Hugo clericus et socius noster.

EPISTOLA CCCXCVIII.

STEPHANI EPISCOPI METENSIS AD WIBALDUM ABBATEM.

Aliquam ab eo consolationem optat, rogatque per imperatorem, illatum sibi et Ecclesiæ dedecus emendari.

(Anno 1153.)

Dilectissimo suo Wibaldo Dei gratia id quod est in regali curia, Stephanus eadem gratia Metensis episcopus, se totum in dilectione et servitio.

Nisi repentina corporis nostri infirmitas nos graviter occupasset, ad præsentiam domini regis et vestram desiderabiliter visitandam persona nostra venisset, non littera, ob hoc maxime, ut super adversitatis nostræ infortunium aliquam a vobis consolationem caperemus. Nam, ut verum fateamur, quod per dominum Clarævallensem pro bono pacis et salute videtur esse dispositum (204), non solum dolori nostro nullum remedium attulit, verum etiam mentem nostram graviori ulcere vulneravit. Quoniam tanti sceleris auctores de successu malitiæ suæ cornua assumentes, non solum impuniti evaserunt, verum etiam præmium inde receperunt. Rogamus propterea fraternitatem vestram, ut, quod modo nostrum tolerare est, illatum nobis, imo universæ Ecclesiæ dedecus per dominum regem emendari faciatis.

(204) Hoc ultimum fuit S. Bernardi opus, cum tempore factus est reconciliatio, et Metense bellum deploratissimum ex insperato composuit, pacemque proscriptam revocavit: nam e lectulo, ubi te-

EPISTOLA CCCXCIX.

FRIDERICI IMPERATORIS AD WIBALDUM ABBATEM.

Injurias se ipsi a comite Sumereburc emendari jussisse. Ejus præsentiam cupit apud Coloniam.

(Anno 1153.)

Fridericus Dei gratia Romanorum rex, Wibaldo Corbeiensi abbati, gratiam suam et omne bonum.

Si Palatinus comes de Sumereburc ad curiam venisset, correptiones et judicii sententiam pro injuria, quam dilectioni tuæ infert, non subterfugisset. Attamen sub obtentu gratiæ nostræ ei præcipiendo mandavimus, ut prædium Hienstede tibi resignando, et beneficium, unde homines tuos expulit, eis remittendo, prorsus a tui et tuorum infestatione, sicut gratiam nostram diligeret, cessaret. De processu vero nostro scias, quia in festo Omnium Sanctorum Coloniam veniemus, ubi nobis tuam præsentiam exhiberi desideramus. Postquam vero familiari relatione injurias et gravamina tua ibidem cognoverimus, dilectioni tuæ et hominibus terræ tuæ evidenter ostendemus, quod pro devoto et diuturno obsequio tuo, quod nobis et regno hactenus impendisti gratiosum, apud nos favorem in omnibus obtinuisti. Quicunque enim serenitatem tuam in aliquo conturbaverit, gratiæ nostræ offensam se incidisse procul dubio cognoscet.

EPISTOLA CCCC.

STABULENSIUM MONACHORUM AD WIBALDUM ABBATEM.

Multa passi ab adversariis, et formidantes ecclesiæ incendium, orant ut ad ipsos veniat, omnia pacifice compositurus.

(Anno 1153.)

Reverendissimo in Christo Patri suo et domino Wibaldo, Stabulensis Ecclesiæ venerabili abbati, tota ejusdem Ecclesiæ congregatio, quidquid pio Patri devoti debent filii.

Quantis necessitatibus astrictos, quantis perturbationibus anxios præsentium lator nuntius vester nos invenerit, suum est dicere. Filiorum autem vere vestrorum est, ubi propriæ vires deficiunt, pium Patrem invocare, et præsentiæ suæ benignam protectionem humiliter implorare. Hucusque siquidem, Pater charissime, in amissione et detrimento rerum nostrarum quodammodo semper meliora sperantes, tacueramus; sed cum jam ecclesiæ vestræ, ecclesiæ, inquam, quam tantis laboribus et sumptibus adornastis, sicut ex ore domini episcopi Leodiensis accepimus, inimici, quos nunquam offendistis, minentur incendium, lacrymabiliter ad vos clamamus, et ad tantum nefas prohibendum et declinandum tempore opportuno benigne occurrite. Speramus enim in Domino et certum tenemus quod in adventu ve-

nebatur ægrotans, aliquantulum relevatus, ad opus charitatis progredi coactus, eo fortior, quo infirmior apparuit, ut loquitur Gaufridus in lib. v. De Vit. S. Bern., cap. 1.

stro, quidquid contra nos humanæ moliuntur adversitates, ad nihilum dirigetur, [f. redigetur] et Deo gressus vestros dirigente, omnia, quæ in absentia vestra nobis ablata sunt, ad omnem voluntatem vestram vobis restituentur. Nam et hi, qui maxime nobis adversantur, scilicet Salmurenses, æque ut nos adventum vestrum desiderant, et quidquid utrinque commissum est, per vos componi et resarciri exoptant. Declinabitis igitur, Pater charissime, paululum ad filios vestros, et, composita pace inter eos qui nos undique atferunt, rursus ad eos qui præsentia vestra delectatione potius quam necessitate fruuntur, redire absque perturbatione poteritis. Omnipotens Deus sanum et incolumem vos ad nos perducat.

EPISTOLA CCCCI.
WIBALDI ABBATIS AD HENRICUM COMITEM DE SALMES. *Recenset damna omnia a suis [sic] Stabulensi monasterio illata, petitqae ea emendari.*
(Anno 1153.)

Præclaro et illustri comiti de Salmes, HENRICO, frater WIBALDUS Dei gratia Stabulensis abbas, spiritu scientiæ et pietatis abundare.

Ex mandato domini regis et jussu dominorum cardinalium Stabulaus reversi, multiplicibus prædis et rapinis, quas ministeriales et servi vestri fecerant, et castello vestro induxerant, eamdem Ecclesiam vexatam et perturbatam reperimus. Siquidem homines vestri præter alia mala maxima, quæ enarrare longum est, in villa nostra Paletenmet abstulerunt nobis animalia centum, oves centum viginti, porcos octo, capras tres; et in Beringerivalle animalia sedecim; et apud Erkenberti mansum boves viginti octo, et in alia villa proxima castello vestro boves optimos viginti quatuor, ea occasione, quod frater villici nostri de Lernau viginti tantum vitulos vestris abstulerat. Perpendat itaque prudentiæ vestræ discretio, quam alienum fuerit ab omni nobilitate et æquitatis jure tantis malis nobilem Ecclesiam afficere, pro eo tantum quod villicus noster de Lernau, quemdam hominum vestrum, qui furto uxorem cujusdam ex nostris cum aliis bonis suis abduxerat, deprehensum, justitia cogente, oculis privare attentavit, cum hoc ipsum ei vestri concesserint, ut auctorem perpetrati sceleris insequeretur, et, si posset, prout gesserat, ei retribueret. Nos quoque cum super eadem re vos frequenter amice et suppliciter convenissemus, quippe cum jam vestri propter hoc eidem villico nostro panem nuptiis suis præparatum, et boves sex panem ipsum subvehentes, violenter rapuissent, non solum nihil profecimus, verum, sicut sequentia demonstrant, vestros omnes, ut creditur, ad oppressionem nostram animastis, neque enim putatur eos tam grandia absque vestro jussu et inchoasse et perfecisse. Animadvertat ergo ingenuitatis vestræ honestas, si nos et fratres nostros personam vestram super omnes principes terræ nostræ amplectentes et diligentes, tantopere opprimere debuistis pro hominibus qui, etsi nostri sint, tamen, ut ipse vidistis et audistis, a nobis coerceri nequaquam possunt, cum alii vagi et profugi incertitudine mansionum suarum nostros impetus declinent, alii vero obsequiis suis ita principum animos sibi devinxerint, ut ad offensam nostram et Ecclesiæ nostræ oppressionem ab ipsis jugiter protegantur. Nos autem in his omnibus antiquarum amicitiarum memores, querelarum nostrarum summam nobilitatis vestræ benignitati litteris significare curavimus, ut amore Dei et beatorum apostolorum Petri et Pauli sanctique Patris nostri Remacli et respectu orationum nostrarum, damnorum nostrorum, per vos potius quam per aliam quamlibet potestatem, recipiamus emendationem. Sin autem, violentiam nobis illatam Deo, ac domino regi, et omnibus principibus regni atque hominibus nostris et fidelibus Stabulensis Ecclesiæ conqueri habemus.

EPISTOLA CCCCII.
HENRICI COMITIS DE SALMES, AD WIBALDUM ABBATEM *Ipsius arbitrio controversias suas omnes terminandas relinquit.*
(Anno 1153.)

WIBALDO Dei gratia Stabulensi abbati, H. comes de Salmes, quidquid amicus amico.

Dilectioni vestræ notum sit de adventu vestro summopere me gaudere, tum spe discreti consilii vestri, tum solitæ pacis inter meos homines et vestros reformatione. Quamvis enim vinculum dilectionis nostræ homines vestri, imo adversarii vestri rumpere moliantur, Deo gratias, incorruptum remansit. Enarrare vero longum est quæ et quanta ex utriusque latere partis injuriose facta appareant. Relinquo igitur vestræ diligenti ac discretæ dispensationi, dignitatis vestræ prærogativa et familiaritatis vestræ conversatione injurias utrinque factas terminare. Scitis enim quoniam castellum meum Salmis et omnia quæ possideo in pace et in guerra, vobis sicut mihi parata semper suberunt. Vestrum honorem et honorem meum tam in absentia mea quam in præsentia diligendo conservare, et conservando tueri velitis. Quod injuriarum vestrarum querelam scripto mihi significastis, de sinu dilectionis vestræ affirmo processisse, nostram prior vobis significassem, si reversio vestra mihi nota fuisset. Veniam ad vos quam citius potero, vobis locuturus, et utriusque honore conservato, discretis sermonibus vestris obtemperans.

EPISTOLA CCCCIII.
LITTERÆ WIBALDI ABBATIS AD SUCCESSORES SUOS. *De reformato quodam abusu introducto a Poppone II abbate.*
(Anno 1153.)

In nomine sanctæ et individuæ Trinitatis, WIBALDUS Dei misericordia Stabulensis abbas, successoribus suis et cunctis Christi fidelibus in perpetuum.

Prælationis sarcina et officii nostri institutum nos

constanti ratione hortatur ut non solum congregata servare, et ad recte vivendi disciplinam moderari debeamus, sed etiam dispersa congregare, et ad justitiæ normam revocare, et ea, quæ vel a nobis recte geruntur, vel ab antiquis prave acta corriguntur litterarum beneficio attentius memoriæ commendare. Quocirca noverit omnium filiorum sanctæ Ecclesiæ industria, quod abbas Poppo secundus, noster utique prædecessor, inter multa non solum inutilia, sed etiam omni posteritati nostræ nociva, quæ adversus Ecclesiam sibi commissam, et adversus animam suam perperam commisit, post dissipatam enormiter multam substantiam monasterii, etiam personas Ecclesiæ pertinentes in opprobrium sempiternum præcipitavit, quando cuidam Everardo de Richen dedit in beneficium, imo, ut verius dicatur, in maleficium, virorum ac mulierum ratiocinia et utilitatem, præter censum solum, quem Ecclesiæ solvebant, qui habitabant a proxima monasterio silva, quæ dicitur Sanias, usque ad fluvium qui dicitur Wisera. Opus vero malitiæ juris vocabulo palliavit, et taliter inbeneficiatos æditunos appellavit, quo nomine vocari solent monachi religiosi templi Dei et sacrorum custodes. Cum itaque malum hoc nostris temporibus pestifera propagine usque adeo esset dilatum, ut non solum inter Sanias et Wiseram, sed etiam quaquaversum circuire poterant tales custodes, quin potius iniquitatis procuratores, famulos Ecclesiæ vexarent diris exactionibus, videlicet hospitando, precando et substantias eorum, si quis uxorem de familia Ecclesiæ non habuisset, partiendo affligebant. Et clamaverunt ad Dominum cum tribularentur, et post multas et longas ad Ecclesiam et ad nos vociferationes de necessitatibus eorum eripuit eos tempore illo, cum inclytus dominus noster rex Fridericus Aquisgrani moraretur, et tam nostro quam hominum clamore, qui ad curiam ipsius circiter ducenti concurrerant, miseratus, quæsivit a quodam nobili viro Marcuardo de Grumbach, sententiam judicii, utrum aliquis abbas posset cuiquam laico in beneficium præstare censum sive alia ratiocinia hominum, qui ad altare jure proprietario pertinent, de quorum pensionibus luminaria templi et tecta procurantur. Consensu itaque domini Coloniensis archiepiscopi Arnoldi secundi, et domini Leodiensis episcopi Henrici secundi, et domini Anselmi Havelebergensis episcopi, et omnium qui præsentes aderant, judicatum est, ex juris ratione non posse fieri et in irritum debere revocari; quod et fecit piissimus rex nostra prece interpellatus, licet quartana febre tunc laboraret, et tales custodes in perpetuum aboleri decrevit. Inde cum ad domum nostram, quæ est in eodem oppido, fuissemus regressi, convenit omnis multitudo in capellam nostram, et omnes jussu nostro fidelitatem Ecclesiæ, et nobis, tactis sacrosanctis reliquiis juraverunt, per quam mox adjurati et admoniti dixerunt, hoc sui juris esse, ut nemini hospitationem vel precationem debeant vel exsolvant; sed unaquæque cognatio seu parentela proprium censuarium habeat, qui electione consanguineorum suorum per manum custodis ecclesiæ, videlicet unius ex fratribus nostris ordinatus, cognationi suæ præsit hoc modo, ut censum annuatim colligat et persolvat custodi, si quid in suos compares adversus legis decreta commissum fuerit, vel in sanguinis effusione, vel in hominum interfectione, seu in mulierum stupratione, ipse tam per se quam per advocatum reposcat, et de compositionibus duas partes custodi ecclesiæ, tertiam vero advocato repræsentet, Arnoldo scilicet, qui tunc erat advocatus, et successoribus ejus legaliter institutis. Nullus uxorem ducat de aliena familia, nisi per licentiam censuarii sui. Quod si licentiam non habuerit, et uxorem, quæ non sit de familia Ecclesiæ, duxerit, compositio hujus delicti et pœna erit in arbitrio censuarii. Is vero qui per licentiam, ut dictum est, duxerit alienam, cum obierit, dabit uxor ejus vel filii censuario supremum vestimentum, id est cappam seu chlamydem, ac per hoc substantia ejus, sicut prius factitatum erat, non dividetur. Hanc fuisse parentum et progenitorum suorum legem, et ad Ecclesiam respectum, juraverunt duodecim ex ipsis natu majores, quorum nomina subterscripta sunt, scilicet, Petrus, Werricus, Herimannus, Godefridus, Joannes, Willebertus, Heruardus, Ruzekinus, Gislebertus, Everlinus, Jordanus, Joannes, nec non nomina hæc sunt tredecim virorum, qui juramenta ipsorum vera esse testificati sunt, scilicet Eimundus, Walterus, Azelinus, Gislebertus, Theodericus, Godefridus, Wenricus, Everwinus, Hermannus, Balduinus, Godefridus, Waldo, Rumbertus. Nos vero et tunc in præsenti, et postea in monasterio Stabulaus sub celebri conventu, sumpta stola et pastorali baculo, assensu omnium fratrum nostrorum, excommunicationis sententia interdiximus, ne aliqua persona parva seu magna præfatos homines et eorum progeniem infestare præsumat, et legem, quæ scripta est, ullo modo audeat contra ipsorum voluntatem infringere. Et ut hæc per omnes temporum successiones rata et inconvulsa permaneant, paginam hanc sigillo nostro et Ecclesiæ insigniri ac muniri jussimus, et testes; qui adfuerunt, subternotari. Wibaldus Stabulensis abbas subscripsi.

EPISTOLA CCCCIV.

ANASTASII PAPÆ IV AD WIBALDUM ABBATEM.
Annuli usum ipsi ad vitam duntaxat concedit.

(Anno 1154.)

ANASTASIUS episcopus, servus servorum Dei, dilecto filio Corbeiensi abbati, salutem et apostolicam benedictionem.

Semper apostolica sedes, etc. *Vide in Anastasio papa IV ad an.* 1154.

EPISTOLA CCCCV.

GREGORII CARDINALIS AD WIBALDUM ABBATEM.
De annulo sibi a sede apostolica indulto, et per Gerhardum cardinalem deferendo.

(Anno 1154.)

GREGORIUS Dei gratia diaconus cardinalis, reverendo fratri et unanimi amico WIBALDO Stabulensi abbati, salutem, et, qua nihil est charius, charitatem

Quia inter cæteros regni abbates personam vestram quadam prærogativa dilectionis nobis univimus, ad honoris vestri gloriam et exaltationem, divina nos comitante gratia, efficaciter operam dedimus. Equidem secundum desiderium nostrum et preces, personam vestram mater vestra sancta Romana Ecclesia, oleo exsultationis exhilarat, episcopalia vobis insignia concedens, ut vere Stabulensis gemino dignitatis ornatu fulgeat, abbatis et episcopi, qui præ consortibus suis ampliorem matris meruit dilectionem. Isaac Pater noster senuit, Rebecca tamen ministrat ei. Agite igitur, ut mater recognoscat in filio, per quod filius recognoscetur a multis. Annulum vobis legatus apostolicæ sedis Gerh. diaconus cardinalis portabit, qui vos tanta gratia investiet, et apostolico munimine roborabit. Nos vero in vestris opportunitatibus tanto sollicitum esse perpendite, quanto amicitiæ virtus in causa amici non potest esse otiosa. De aliis petitionibus vestris legatus vobis justitiam faciet, cujus discretioni Teutonicorum commissæ sunt regiones

EPISTOLA CCCCVI.

O. AD HALBERSTADENSEM DECANUM, ARCHIDIACONOS, ETC.

Fredericum Palatinum comitem declarat excommunicatum.

(Anno 1154.)

O., Dei gratia modicum id quod est, dilecto filio E. decano cæterisque archidiaconis, et universali sanctæ Halberstadensi Ecclesiæ, salutem et benedictionem.

Liquet discretioni vestræ, quod domini decani cardinales sedis apostolicæ legati litteris suis mandando nobis præceperunt, quatenus F. (205) Palatinum comitem districte commoneremus, ut bona Corbeiensi Ecclesiæ ablata restitueret, et homines ejusdem Ecclesiæ inquietare desisteret ; et si post nostram admonitionem, infra triginta dies hoc non adimpleret, canonica eum justitia coerceremus. Litteris itaque nostris diligenter a nobis super hoc commonitus, sicut vestra novit fraternitas, non solum nos audire contempsit, verum etiam manu in sacerdotem missa sacrilegii facinus incidere non formidavit. Apostolica igitur auctoritate et nostra præfatum comitem Palatinum F. utpote sacrilegum et inobedientem excommunicamus, et excommunicatum vobis annuntiantes, in vera obedientia præcipimus quatenus ab ejus communione penitus vos subtrahatis, et ab omnibus subditis vestris clericis et laicis idipsum firmiter observari faciatis. Qui hoc mandatum sanctæ Romanæ Ecclesiæ et nostrum tenere et aliis annuntiare dissimulaverit, officii sui et beneficii jacturam procul dubio incurret, qui tan-

(205) Fredericum de quo supra.

quam inobedientem eum domino papæ annuntiabimus

EPISTOLA CCCCVII.

MANUELIS IMPERATORIS CP. AD WIBALDUM ABBATEM.
De matrimonio Frederici imperatoris.

(Anno 1154.)

MANUEL in Christo Deo fidelis rex Porphyrogenitus, sublimis, fortis, excelsus Augustus et imperator Romeon o Comninos, honorabilissimo et sanctissimo abbati monasterii Stabulensis, gratiam suam et bonam voluntatem.

Littera reverentiæ tuæ delata est imperio meo, quæ declarabat, quod semper pro meo oras imperio, et imperium meum ab omni lingua audiens, quod super est tuæ virtutis, tuas semper advocat orationes, vultque memorari ipsius tuam sanctitatem in orationibus suis ad Deum, et orare cum pro prosperitatibus nostri imperii. De negotio vero connubii, de quo prænobilissimus rex Romæ et dilectus frater imperii mei nostro declaravit imperio, remisit ei imperium meum intentionem suam diffusius cum præsentibus nuntiis imperii mei. Vult enim imperium meum magis ac magis utrorumque regnorum unitionem. Mense Novembri indict. II. Missa est a castro Pelagoniæ mense Novembri 22, indict. II.

Imperiale ad venerabilissimum abbatem monasterii Stabulensis.

EPISTOLA CCCCVIII.

WIBALDI ABBATIS AD MANUELEM IMPERATOREM.
Amicitiam inter utrumque imperium pro viribus se firmaturum.

(Anno 1154.)

Inclyto triumphatori et glorioso domino suo MANUELI, fideli in Christo regi Porphyrogenito, sublimi, forti, excelso, Augusto et imperatori Romeon o Comninos, WIBALDUS Dei gratia abbas venerabilium monasteriorum, scilicet Corbeiæ et Stabulaus, fideles orationes et devotum servitium.

Sacratissimi imperii vestri affatus, quos per prudentissimos apocrisiarios vestros vestra nobis celsitudo transmittere dignata est, quasi quoddam munus cœleste suscepimus; et tam pro incolumitate gloriosæ personæ vestræ, quam pro totius sacratissimi imperii vestri prospero statu et fortitudine humiles preces ad Dei clementiam cum aggregatis nobiscum in Christo fratribus effundere non cessamus. Porro de amicitia et fide inter dominum meum prænobilissimum Fridericum Romanorum imperatorem Augustum et sacrum imperium vestrum firmanda, pro facultate nostra diligentem operam impendimus, et ut secundum datam a Deo sapientiam, voluntati dilectissimi fratris vestri, quam per legatos suos majestati vestræ insinuat, assensum præbeatis, plurimum desideramus. Rex regum et Dominus dominantium ad honorem et gloriam suam vitam vestram et quietem ab hostibus conservare in longa tempora dignetur.

EPISTOLA CCCCIX.
WIBALDI ABBATIS AD ANASTASIUM PAPAM.
Gratias ei agit, et commendat ei Heribertum regis capellanum.
(Anno 1154.)

Reverendo in Christo Patri suo et domino Anastasio uni et universali papæ, frater Wibaldus Dei gratia id quod est in Ecclesia catholica, devotum servitium et debitam in Domino obedientiam.

Supplices et devotas gratiarum actiones celsitudini vestræ referimus, quod semper provectibus et necessitatibus nostris clementer intendistis, ex quo primum dignationi vestræ notificari meruimus, et præcipue nuper cum ad sanctitatem vestram pro necessitatibus nostris et angustiis petitiones nostras transmisimus, quas et misericorditer acceptis et benigne adimpleri fecistis Nunc ergo excellentiæ vestræ attente commendamus Heribertum capellanum domini regis, ut eum venientem ad beatitudinem vestram pie suscipiatis, et benigne teneatis, et eum in suis petitionibus clementer exaudiatis.

EPISTOLA CCCCX
C. ABBATIS PATHERBURNENSIS AD WIBALDUM ABBATEM.
Gratulatur ei de reditu, doletque quod transeuntem Patherburnam non exceperit
(Anno 1155.)

Abbati, C. (206) humilis abbas vocatus Patherburnensis, se ipsum integre cum omni devotione. In reditu vestro illud Virgilianum, tanquam de vobis specialiter fuerit prolatum, occurrit, et firmiter insedit animo meo:

O lux Dardaniæ, spes o fidissima Teucrum,
Quæ tantæ tenuere moræ? quibus Hector ab oris,
Exspectate, venis?
(Virg. Æn. l. ii, v. 282, 84.)

Gratias igitur omnipotenti Deo, qui vos incolumem reddidit, et in hoc supplicum suorum preces exaudivit. Sed doleo, et mihimet iratus ad dignam pœnam me offero, quod nuper, cum per nos transiretis, ego vobis non occurri, et diu desideratum vultum vestrum cernere non merui, quem et usque dum videam, anima mea renuit consolari. Bene tamen veneritis, et optime in Domino valeatis.

EPISTOLA CCCCXI.
W. EPISCOPI MINDENSIS AD WIBALDUM ABBATEM.
Hominem sibi ab eo commendatum a comite Ottone male habitum fuisse.
(Anno 1156.)

Reverendo domino sanctæ Corbeiensis Ecclesiæ abbati Wibaldo, per misericordiam Dei W. (207) id quod est in Ecclesia Mindensi, assiduas orationes in Domino cum fideli devotionis obsequio.

(206) Conradus post Hamukonem Patherburnense Sancti Petri monasterium, vulgo Abdinghoff dictum, rexisse dicitur ab anno 1154 ad 1180.

Sanctitati vestræ omnem reverentiam et devotionis obsequium exhibere cupientes, de reditu et sospitate vestra quamplurimum gaudemus, et ad omnia, quæ vestra paternitas nobis mandaverit, servire parati erimus. Dum hanc terram in obsequio regni exiretis, præsentium latorem cum rebus uis nostræ tutelæ committere voluistis, quem nos cum omnibus suis infra terminos nostros et extra illæsum et intactum pro amore et memoria vestra custodivimus, sed dum in quodam foro pro negotiis suis esset, comes Otto hunc pauperem quasi a sua advocatia profugum comprehendit, coarctavit, donec decem marcas ei persolvit, pro quibus domum suam exposuit, quam in civitate nostra habuit, quam usque ad hanc diem supercrescente fenore redimere non potuit. Vestri itaque viri dispendia et damna graviter ferentes, et in hac parte eum consolari non valentes, paternitatem vestram devote rogamus, ut consolatione vestra accepta, ad nos cum gaudio revertatur, quia pro reverentia vestra eum custodire et manutenere non desistemus.

EPISTOLA CCCCXII.
WIBALDI ABBATIS AD FRIDERICUM IMPERATOREM.
Conqueritur de episcopis Osnaburgensibus qui quasdam decimas abstulerant, de comite de Sualemberg qui comitem de Huxeria interfecerat, et de comite de Tekeneburk, qui bona quædam Corbeiensium fratrum occupaverat.
(Anno 1156.)

Inclyto triumphatori et glorioso domino suo Frederico Dei gratia Romanorum imperatori Augusto, a Deo coronato, magno et pacifico, frater Wibaldus Dei gratia id quod est in Ecclesia catholica, in eo imperare et regnare qui dat salutem regibus.

Licet rerum vestrarum statum et victoriarum vestrarum gloriam per sacratissimos affatus vestros cognoscere non imeruerimus, tamen quoniam fama referente, quæ interdum incerta pro veris spargere solet, de sospitate et prosperitate vestra, verbum bonum, verbum consolatorium accepimus, omnium bonorum largitori devotas et assiduas grates referimus, supplici prece cum fratrum nostrorum collegio, Dei misericordiam deprecantes, ut vobis longævos dies tribuat, et eosdem semper in sua pace feliciter disponat, et omnes inimicos vestros sub pedibus vestris celeriter conterat. Suggerimus autem serenitati vestræ quod Osnebruggenses episcopi quasdam decimationes non parvæ utilitatis in Northlandia Corbeiensi Ecclesiæ jam per longa tempora abstulerint, in cujus detrimenti reclamatione nos divina et vestra freti gratia, in tantum processimus, quod dominus papa vices suas in hac causa domino Magdeburgensi archiepiscopo commisit, qui etiam tam nos, quam dominum Osnebruggensem episcopum ad præsentiam suam in civitate Merseburch,

(207) Wernerus, qui ex præposito factus est episcopus circa annum 1156, obiitque anno 1160.

vigesima prima die mensis Januarii evocavit. Quapropter clementiam vestram, de qua non parum confidimus obnixe flagitamus, ut eidem domino archiepiscopo imperiales apices destinare dignemini, quatenus pro vestræ jussionis reverentia, causam nostram benigne suscipiat et sine dilationis impedimento definiat, nec Ecclesiæ Corbeiensi aliquatenus obsistat, quod dono et privilegiis antecessorum vestrorum easdem decimationes a fundatoribus suis accepit, et longis temporibus in quiete et pace possedit, et sine omni juris ordine per manifestam violentiam amisit. Præterea majestatis vestræ pedibus et animo et corpore advoluti, iteratam querimoniam ad vestræ celsitudinis aures referimus de occisione Thideri comitis de Huxaria, qui in expeditione vestra Italica vobis strenue ac fideliter servivit, quem dominus Widekindus de Sualemberch sedentem in jurisdictione sua, quam hæreditariam sibi a nobis jure obtinuerat, super consecratum ecclesiæ murum propriis manibus cum satellitibus suis interemit. Insuper tam nos, quam omnes fratres nostri potentiæ vestræ flebiliter conquerimur, quod comes de Tekeneburch bona nostra et fratrum nostrorum et pauperum, qui de hospitali vivunt, violenter occupavit, volens nos prædis et rapinis perurgere, ut prædium quoddam, quod Ecclesia Corbeiensis in tempore quatuor prædecessorum nostrorum abbatum quiete possedit, nos absque legum ratione dimittamus, cum nos parati simus et ei multoties obtulerimus in vestro judicio, sive ducis, sive comitis, nos pro eodem prædio velle stare, et, si per legem amiserimus, sine impedimento a possessione recedere.

EPISTOLA CCCCXIII.
ADRIANI PAPÆ IV AD WICMANNUM ARCHIEPISCOPUM.
Causam quæ episcopum Osnabrugensem inter et Wibaldum abbatem de decimis vertebatur terminandam ejus judicio committit.
(Anno 1156.)

ADRIANUS episcopus, servus servorum Dei venerabili fratri WICMANNO, Madenburgensi archiepiscopo, salutem et apostolicam benedictionem.

Dilecti filii nostri WIBALDI Corbeiensis abbatis relatione accepimus, etc. *Vide inter epistolas Adriani papæ IV, ad an. 1159.*

EPISTOLA CCCCXIV.
WICMANNI ARCHIEPISCOPI MAGDEBURGENSIS AD PHILIPPUM OSNABRUGENSEM EPISCOPUM.
Citat eum ad objecta Wibaldi abbatis responsurum.
(Anno 1156.)

WICMANNUS Dei gratia Magdeburgensis Ecclesiæ, utinam non indignus minister, PHILIPPO Osenbruck episcopo, salutem et fraternam dilectionem.

Dominus Wibaldus abbas Corbeiensis super quacumdam decimarum repetitionem, quas sibi injuste ablatas et a vobis detineri conqueritur, a domino papa me sibi judicem constitui postulavit et obtinuit. Igitur domini papæ mandato astricti, et sicut ex tenore litterarum suarum potestis cognoscere, vicem ejus ipsius auctoritate in hac causa gerentes, quoniam oportet et sanum est nos obedire, fraternitati vestræ mandando præcipimus, quatenus decimo Kalendas Februarii præsentiam vestram nobis in Merseburg exhibeatis. Ibi siquidem domini abbatis querimoniam prædictam et vestrum responsum audiemus, et subtiliter hinc et inde rationibus cognitis, æquitatem judicii diffiniemus.

EPISTOLA CCCCXV.
WICMANNI ARCHIEPISCOPI MAGDEBURGENSIS AD WIBALDUM ABBATEM.
Citasse Philippum episcopum Osnabrugensem coram se scribit.
(Anno 1156.)

WICMANNUS, Dei gratia Magdeburgensis archiepiscopus, dilecto in Christo fratri WIBALDO venerabili Corbeiensi abbati, fraternum cum orationibus obsequium.

Super negotio vestro, quid nobis a domino papa sit injunctum, domino episcopo Osenbruggensi scripsimus, eique ut suam nobis præsentiam in Merseburg exhibeat x. Kal. Februarii, auctoritate apostolica injunximus. Quod ideo fraternitatem vestram volumus scire, ne ante diem prænominatum festinetis venire,

EPISTOLA CCCCXVI.
WICMANNI ARCHIEPISCOPI MAGDEBURGENSIS AD WIBALDUM ABBATEM.
Osnabrugensis episcopi responsionem ei significat.
(Anno 1156.)

WICMANNUS, Dei gratia id quod est in Ecclesia Magdeburgensi, dilecto in Christo fratri WIBALDO venerabili Corbeiensi abbati, orationis atque servitii affectuosam exhibitionem.

Super negotio vestro, quid nobis a domino papa sit injunctum, domino Osenbruggensi significavimus. Locum ei in Mersburg, diem quoque decimo Kalendas Februarii denotavimus : nullum vero aliud responsum ab ipso adhuc accepimus, præter quod, nuntio nostro attestante, aiebat, se potius velle episcopatum dimittere quam decimas illas, quas Ecclesia sua sexaginta et amplius annis quiete possedit, sui episcopatus tempore perdere. Per eumdem tamen nuntium verbis et non scripto mandavit, se nobis omnem, quam deceat, reverentiam libenter exhibere, super hoc autem verbo totius Ecclesiæ suæ tam cleri quam populi consilium se velle habere, ipsumque consilium per honestas et majores ejusdem Ecclesiæ personas nobis usque ad Epiphaniam ostendere. Unde, omnibus aliis omissis, unum hoc fraternitati vestræ respondemus, quod vitæ nobis incolumitate servata x Kal. Februarii, ita enim ex consilio ordinavimus, in loco condicto erimus, et sive dominus Osenbruggensis veniat sive non, secundum consilium fratrum et coepiscoporum nostrorum debita justitia, in quantum nobis erit, desiderium vestrum non fraudabimus. Exemplum litterarum, quod petivistis, misimus, aliud non accepimus.

DE IMPERATORIBUS EX SANGUINE CAROLI MAGNI.

Imperator Carolus (208) parochiam Halberstadem certis undique circumscripsit terminis, suoque augustali imperio, et inprævaricabili privilegio firmavit DCCCIV Idus Maii, indictione X, sui autem regni trigesimo quarto, imperii vero tertio, ordinationis Hildegrini episcopi 22, in palatio Sarh [*al.* Saltz.] (209) nominato. Eodem etiam tempore habito conventu in palatio eodem, imperator omnes Saxones antiqua libertate donavit, eosque pro conservanda fide catholica ab omni solvit tributo excepto, quod eos omnes divites scilicet ac pauperes totius suæ agriculturæ ac nutrituræ decimas Christo ac sacerdotibus ejus fideliter reddere jussit. Carolo Magno successit Luthewicus Pius filius ejus. Post quem successit Luthewicus filius prædicti Luthewici. Quo defuncto successit ei filius suus tertius Luthewicus. Cui etiam successit filius suus Carolus rex. Qui octavo regni sui anno a regno deponitur, et Arnulfus in regem est coronatus, qui regni sui anno decimo tertio defunctus est, cui successit Luthewicus, qui cognominatus est Infans, et regnavit annis tredecim. Cui cum non esset filius, principes regni communi consilio Ottonem illustrem Saxoniæ ducem in regem eligere voluerunt, sed per consilium ejus Conradus Francorum dux, qui de cognatione quarti Luthewici erat, coronatus est, et vixit annis novem. Hucusque Caroli proles regni tenuit fastigia. Dehinc Saxonici imperatores successerunt. Primus eorum Henricus Saxonum dux, filius prædicti Ottonis ducis, pater Ottonis primi imperatoris, ordinatus est.

EPISTOLA CCCCXVII.
FREDERICI IMPERATORIS AD WICMANNUM ARCHIEPISCOPUM MAGDEBURGENSEM.
Commendat ei causam Corbeiensis monasterii adversus episcopum Osnaburgensem.
(Anno 1156.)

FREDERICUS Dei gratia Romanorum imperator Augustus, dilecto suo WICMANNO Magdeburgensi archiepiscopo, gratiam suam et omne bonum.

Serenissimi imperatores, nostri utique prædecessores, divino edocti Spiritu sanxerunt ea, quæ ad beatissimæ jura spectant Ecclesiæ, tanquam ipsam sacrosanctam et religiosam ecclesiam venerabiliter ab omnibus illibatam custodiri, et ea potissimum quæ ab imperiali domo ad quodcunque religiosum collegium collata sunt, nulla vi aut dolo aut aliquo temerarii contractus nomine alienari. Horum utique rationabilibus inhærere vestigiis pietatis nostræ est præpositum, et omnibus Ecclesiis Dei, maximeque his, quæ imperiali specialiter ditioni subesse noscuntur, jura et possessiones earum conservare humanitatis nostræ est intentio. Unde quo-

(208) Quæ hic de Carolo leguntur, exstant in Chronico Halberstadensi edito tom. II script. rer. Brunswic. p. III; ita tamen ut pauca interdum interponiam a pontifice almæ nostræ urbis Romæ judicem te ordinatum esse cognovimus super negotio, quod inter venerabiles principes nostros abbatem Corbeiensem et episcopum Osenbruggensem actitatur, super quibusdam decimis a divæ recordationis Ludovico imperatore Augusto Corbeiensi Ecclesiæ collatis, sed postea nescio quo alienationis titulo ad episcopatum Osenbruggensem translatis, prudentiam tuam exoratam esse volumus, ut tenore privilegiorum Corbeiensis Ecclesiæ diligenter considerato, debitum et optatum finem eidem causæ imponas.

EPISTOLA CCCCXVIII.
FREDERICI IMPERATORIS AD WIBALDUM ABBATEM.
Quam prospere cum ipso omnia agantur enarrat.
(Anno 1156.)

FREDERICUS Dei gratia Romanorum imperator Augustus, dilecto suo WIBALDO Corbeiensi abbati, gratiam et omne bonum.

De statu nostræ prosperitatis te tanquam specialem nostrum gaudere non dubitantes, eruditionem tuam scire volumus, quod nos compositis in Burgundia magnifice nostris negotiis, ipsius favente clementia, qui dat salutem regibus, prospero itinere ad partes Rheni sumus reversi, et Natale Domini apud Spiram gloriose celebravimus. Curiam quoque in Purificatione sanctæ Mariæ pro bono pacis firmando apud Ulmam habituri sumus; qua finita aptatisque illius terræ negotiis, ad inferiores Rheni partes accedere statuimus, ut cornua superbiæ eorum, qui manus suas in serenissimum imperium nostrum extendere ausi sunt, in brachio virtutis nostræ ita recidamus, ut filii et nepotes eorum exemplo patrum correcti discant imperio se non opponere, sed ejus mandatis debito honore et reverentia subjacere. Ad quod celeriter peragendum, te tanquam præcordialem nostrum invitamus. Quæ in litteris tuis a nostra serenitate expostulasti, pro commodo causæ tuæ fieri jussimus, ipsi, Deo auctore, injuriam tuam debita severitate suo loco et tempore ulcisci cupientes.

EPISTOLA CCCCXIX.
WERNERI EPISCOPI MINDENSIS AD ARCHIEPISCOPUM MAGDEBURGENSEM.
Episcopum Osnabrugensem ad ipsum accedentem, Hildesii remansisse ægrotum.
(Anno 1156.)

Reverendo domino sanctæ Magetheburgensis Ecclesiæ archiepiscopo, W. per misericordiam Dei id quod est in Ecclesia Mindensi, assiduas orationes in Domino, cum fideli devotionis obsequio.

Apostolicæ sedi omnem reverentiam et vestræ paternitati omne devotionis obsequium exhibere cupientes, divinæ miserationi gratias referimus, quod dominus papa adeo vestram probavit experientiam, ut alta et sublimia Ecclesiarum negotia ad vestræ discretionis transmitteret diligentiam. Volentur.

(209) Palatium hoc regium ignotum fuit erudito viro Mabillonio.

nerabilis siquidem, frater noster Philippus Osenbruggensis episcopus, vestram ex mandato domini papæ aditurus præsentiam, in Mindensi loco apud nos receptus est hospitio, sed in ipso processu itineris magna nimis eum ægritudo occupavit : prius quidem ob magnitudinem infirmitatis suæ multas passiones sustinuit, sed ex labore itineris eadem ipsius infirmitas, usque ad defectum corporis ejus excrevit. Eodem itaque venerabili fratre nostro ad Hildenesheimensem civitatem descendente, et nobis vias ejus comitantibus, et usque ad conspectum vestrum ipsum perducere volentibus, tanta nobis ipsius ægritudo innotuit, quod nullatenus procedere potuisset, quem tam immoderata infirmitas ante et in via apprehendisset. Vestram itaque nobis hactenus in omnibus bonis expertam benevolentiam cum omni diligentia deposcimus, quatenus ob hanc necessitatem prænominati domini Philippi episcopi absentiam, intuitu nostræ devotionis et servitii, misericorditer sufferatis, atque personas honorabiles præsentium præsentatores, legationem ipsius ad vestram prudentiam deferentes, misericorditer remittatis, et dilectum dominum Corbeiensem, ut ab hoc verbo desistat, paterne commoneatis.

EPISTOLA CCCCXX.
FRIDERICI MONASTERIENSIS EPISCOPI AD WICMANNUM ARCHIEPISCOPUM.
Commenaat ei episcopum Osnabrugensem.
(Anno 1156.)

Domino WICMANNO archiepiscopo reverendo, FRIDERICUS (210) Monasteriensium humilis minister, intimum servitii et orationis affectum.

Pertulit ad nos dominus Osenburgensis episcopus gravaminis sui causam et condoluimus, tum quia infirmus est et laborare non potest, tum quia Corbeiensis abbas injuriam ei videtur inferre. Eapropter excellentiam vestram commonitam esse cupimus et rogamus obnixius, quatenus cum, tanquam seniorem et coepiscopum manuteneatis, et nullam omnino ei injuriam fieri sinatis. Perspicuum est enim, ut, si forte, quod absit! unus opprimatur, ad plures tam episcopos quam archiepiscopos tantum inconveniens derivetur. Valete.

EPISTOLA CCCCXXI.
B. HILDESHEIMENSIS EPISCOPI AD WICMANNUM ARCHIEPISCOPUM MAGDEBURGENSEM.
Orat excusari episcopum Osnaburgensem, qui infirmitate detentus ad eum accedere nequit.
(Anno 1156.)

Reverendo domino WICMANNO, sanctæ Magetheburgensis Ecclesiæ archiepiscopo, B. (211) Dei gratia Hildenesheimensis humilis minister, devotas orationes in Domino et servitium.

Venerabilis frater noster Philippus Osenbrug-

(210) Hic Fridericus anno 1152 Aquisgrani ordinatus episcopus ab iisdem præsulibus, qui Imperatorem Fridericum unxerant; omissus est in catalogo episcoporum Monasteriensium apud Bucelinum in sua

gensis episcopus vestram ex mandato domini papæ ad negotium domini Corbeiensis abbatis aditurus præsentiam, in ipso processu itineris magna nimis occupatus est ægritudine : prius quidem ob magnitudinem infirmitatis suæ multas et graves passiones sustinuit. Verum ex labore inchoati itineris eadem ipsius infirmitas vehementer augmentata fuit. Eodem itaque præfato venerabili fratre nostro jam dicto itinere ad nos in civitatem nostram descendente, tanta nobis ipsius ægritudo innotuit, quod nullatenus processisse potuisset, nisi vitæ suæ conservationem omnimodis postponere vellet. Vestram itaque nobis hactenus exhibitam benevolentiam cum omni diligentia deposcimus, quatenus ob hanc necessitatem prænominati domini Philippi absentiam intuitu nostræ petitionis et servitii patienter sufferatis, atque personas honorabiles præsentium præsentatores, legationem ejus ad vestram prudentiam deferentes misericorditer et in dilectione remittatis. Ipse etenim divina gratia ab imminenti periculo ereptus, ubi sibi vestra sublimitas significaverit, pro prænotato negotio absque tergiversatione se vestro conspectui præsentabit. Gratias Dei vobiscum.

EPISTOLA CCCCXXII.
WICMANNI ARCHIEPISCOPI MAGDEBURGENSIS AD ADRIANUM PAPAM.
Reddit rationem de commissa sibi causa inter episcopum Osnabrugensem et abbatem Corbeiensem.
(Anno 1157.)

ADRIANO Dei gratia sanctæ Romanæ Ecclesiæ summo et digne reverendo pontifici, WICMANNUS Magdeburgensis provisor humilis, tam voluntariam quam debitam obedientiam, cum orationibus ac fideli servitio.

Super querimonia, quam dominus Wibaldus Corbeiensis venerabilis abbas, adversus dominum Philippum episcopum Osenbrugensis Ecclesiæ habet, pro quibusdam decimis Ecclesiæ Corbeiensi ab Osenbrungensibus injuste, sicut asserit dominus abbas, ablatis, injunxit nobis paternitas vestra, quatenus utramque partem in præsentiam nostram evocaremus et, utriusque partis auditis allegationibus, causis etiam hinc et inde diligenter discussis, finem debitum tantæ controversiæ imponeremus. Cujus rei gratia litteris ad utrosque directis locum et diem certum eis præfinivimus, nec non ad cooperandum nobis in discussione tanti negotii suffraganeos Ecclesiæ nostræ episcopos eodem ascivimus. Venit dies, venimus et nos cum fratribus et coepiscopis nostris ad locum præfinitum, dominus etiam abbas cum Ecclesia sua Corbeiensi præsentiam suam nobis obedienter exhibuit; solus ex omnibus, cui vocati fue-

Germania sacra.
(211) Bruno, qui Bernardo anno 1153 defuncto successit ad 1160.

rant, dominus Osenbrugensis non adfuit, duos tamen ex canonicis Ecclesiæ suæ Thid. et Theth. nuntios pro se misit. Ventum est ad causam, lecta est ibi seriatim Corbeiensium querimonia, non de novo, non de nihilo, sicuti dabatur intelligi, exorta, sed coram dominis ac Patribus nostris Romanis pontificibus ex antiquo ventilata. Cujus serié audita, assurrexerunt prædicti nuntii asserentes dominum episcopum suum pro reverentia et mandato vestro iter quidem post nos arripuisse, non modicum viæ spatium de domo sua processisse, sed in ipso, quo veniebat itinere tanta corporis invalitudine prægravatum, ut ne ultra posset procedere, eaque necessitate ipsum eo, unde venerat, non sine labore gravi fuisse reversum. Addideruntque eum reddita sibi sanitate libenter ad nos alio loco alio tempore venturum. Quorum assertionibus, ut pronior adhiberetur fides, litteras dominorum episcoporum Hildenesheimensis et Mindensis, qui eumdem episcopum in domo quisque sua collegerat, præ manibus habebant, quarum eadem fuerit continentia, quam nuntiorum sonuerant verba. Quibus cum necdum ad plenum crederetur, dixerunt se velle juramento monstrare dominum suum non venisse, non ideo quia venire non voluit, sed quia venire non potuit. Dominus abbas econtra, non leviter, inquit, hoc juramentum præstabit nobis fidem tantæ imbecillitatis in domino Osenbrugensi, quia qui potuit in sua redire, nisi voluntas defuisset, potuit et prodire. Addidit quoque dominos episcopos, quorum litteræ ibi lectæ fuerant, de re non satis certa minus caute testificatos esse. Cumque in hunc modum hinc et inde disceptarent, ante exspectatum appellavit in hæc verba.

Ego Wibaldus, Dei gratia Corbeiensis abbas, appello dominum papam Adrianum, et provoco ad præsentiam ejus dominum Philippum Osenbrugensem episcopum, responsurum domino papæ et nobis in octava Sancti Martini episcopi, de decimationibus baptismalium ecclesiarum in Nortl, Wrederen, Meppie, Aschentorp Loninge, Visbike, cum suis antiquis terminis, quas decimationes Corbeiensi Ecclesiæ injuste aufert. Etiam Thid. provoco præpositum et magistrum Theithdum, qui ad gravamen causæ nostræ de re incerta jurare volunt, præscripta die, in præsentia domini papæ, responsuros.

Audita appellatione, nihil ultra in causa procedere præsumpsimus; sed vestro, Pater venerande, judicio examinandum relinquimus.

EPISTOLA CCCCXXIII.

FRIDERICI IMPERATORIS AD WIBALDUM ABBATEM.

Laudatum de fidelitate convocat Noviomagum, et de expeditione in Mediolanenses.

(Anno. 1157.)

FRIDERICUS Dei gratia Romanorum imperator semper Augustus, WIBALDO dilecto suo Corbeiensi et Stabulensi abbati, gratiam suam et omne bonum.

Quod fama prædicat, operum censura declarat, quod persona tua plurimis ornata virtutibus admirabili constantia et fidei puritate præfulget, atque difficilius a fidelitate imperii, quam sol a sua claritate discedit. Quare de tua honestate omnimodis confidentes, graviora imperii negotia tuo dicimus tractanda consilio, et sicut es fide ac probitate præcipuus, sic te in nostris negotiis primum et assiduum esse desideramus. Quod autem jam longo tempore personam tuam ad nos venire non jussimus, causa fuit, quod de immensis Italicæ expeditionis et Græcæ legationis laboribus nuper reversum diurnæ pausationis licentia placandum esse putavimus. Causa etiam fuit, quod nusquam tuis partibus in tantum approximavimus, ut te ad nos sine difficultate tua vocare possemus. Nunc autem quia statim post Pascha versus inferiores partes iter dirigimus, omnia illius provinciæ negotia sapientiæ tuæ consilio tractare volentes, rogamus ut in tertia Dominica post Pascha apud Noviomagum nobis occurras. Præterea scire te volumus, quod expeditionem, quam apud Wirsburg, in Apuleiam indiximus, ex quo Græcorum gentem de Apuleia exterminatam esse comperimus, principibus duximus relaxandam, illis specialius necessitatibus intendentes, quibus honor imperii magis opprimitur, et quas amplius dissimulare cum honore nostro nec possumus nec debemus, Mediolanensis duntaxat populi superbiam ac temeritatem, qua ecclesiæ et civitates Lombardiæ, sicut optime nostri, multifarie destructæ sunt, et quotidie ad contumeliam imperii destruuntur. Quorum intentiones, nisi nostra potentia, celeri virtute præveniat, gravior inde imperio horror emerget. Inde est quod in die Palmarum, Fuldæ, ex consilio principum expeditionem indiximus Mediolanum a proxima vigilia Pentecosten futura usque annum et Ulmæ promovendam. Quam expeditionem prudentiæ tuæ sub obtentu gratiæ injungimus. Rogamus, ut sicut nostrum sigillum convenienti dispositione de tuo arbitrio ordinasti, ita etiam dominæ tuæ sigillum sine mora studeas informare, et ad nos Aquisgrani sculptum afferas et bene politum.

EPISTOLA CCCCXXIV.

FRIDERICI IMPERATORIS AD HENRICUM REGEM ANGLORUM.

Commendat ei Gerardum abbatem Solemniacensem.

(Anno 1157.)

FRIDERICUS Dei gratia Romanorum imperator Augustus, magnus et pacificus a Deo coronatus, dilectissimo fratri et intimo ac speciali amico suo HENRICO, illustri Anglorum regi, Northmannorum atque Aquitanorum duci, fraternæ charitatis et amicitiæ indissolubilis firmissimam connexionem.

Imperialem dignitatem decet sacrosanctis Ecclesiis et religiosis monasteriis in suis opportunitatibus manum clementiæ porrigere salutarem, ut divino cultui vacare liberius, et pro nostra et populi salute Dei misericordiam propensius valeant exorare. Quocirca venientem ad nos a partibus Aquitaniæ virum venerabilem Geraldum abbatem Solemniacensis monasterii, quem nobis attentissime commendavit nobis fidelissimus et charissimus Wibaldus, abbas sacrorum monasteriorum Imperii nostri Stabulaus et Corbeiæ, benigne suscepimus, et honorifice tractavimus, et in suis justis petitionibus clementer exaudivimus, inter quas illa præcipua fuit, ut quoniam idem Solemniacense cœnobium in tuo principatu situm esse cognoscitur, pro sui commendatione et monasterii sibi commissi protectione imperiales apices ad tuam magnificentiam ei præstaremus, de nostra mutua et firmissima amicitia, quam fama prædicante cognoverat, maxime confidens, quod rem æquam et honestam pro nostræ intercessionis gratia benigno et faciliori animo perficias. Eapropter nobilitatem tuam attente monemus, ut sicut regiam decet clementiam, prædicti abbatis personam præscriptum et monasterium sub tua protectione commendatum habeas, et a pravorum hominum infestationibus virtute tibi divinitus collata, defendas.

Data Aquisgrani palatio, secundo Nonas Maii indictionis quintæ.

EPISTOLA CDXXV.
HENRICI DUCIS BAVARIÆ ET SAXONIÆ AD IMPERATOREM FREDERICUM.
De gratia Widikindo de Sualemberg indulta et pœnitentia imposita.

(Anno 1157.)

Serenitati vestræ significo, quod Widikino de Suaemberg, forefacta sua remisimus sub hac pœnitentia, consilio et petitione domini Patherburnensis episcopi et fratris sui Folcuini, nec non aliorum amicorum suorum. In placito, quod Corbeiæ in rogationibus habui, omnem Teutonicam terram, quam nobis Rhenus dividit, forjuravit, ad festum sancti Jacobi transiturus, nec unquam, nisi mea vocatione reversurus. Prius autem domino abbati Corbeiensi, nec non viduæ et pupillis Theoderici comitis, quem occidit, secundum consilium et præceptum meum satisfaciet et placabit. Castrum meum Dasemberch remota omni conditione vel verbo gratiæ recepi, sicque is, qui prius beneficia sua beneficiali jure a me perdidit, hoc quoque dimisit.

EPISTOLA CDXXVI.
WIBALDI ABBATIS AD ADRIANUM PAPAM.
Scribit in gratiam Gerardi canonici de Aiuncurt.

(Anno 1157.)

Reverendo in Christo Patri suo et domino Adriano uni et universali papæ frater Wibaldus Dei gratia id quod est in Ecclesia catholica filialem in Christo dilectionem et promptum per omnia devotionis obsequium.

Cum essemus in synodo domini Leodiensis episcopi, Gerardus quidam scholaris conquestus est, quodquidam Gislebertus de Aiuncurt (212) præbendam sibi auferret, quam ei dederat sub multorum testimonio dominus Walterus abbas monasterii Sancti Laurentii, qui nunc eidem monasterio regulariter præest, præbendam videlicet vacantem, quæ fuit nuper defuncti quondam Rumberti clerici, et quod a prædicto abbate, per litteras et idoneos nuntios jussus fuisset prænominatæ præbendæ stipendia capere, sed prohibitus esset a prædicto Gisleberto per violentiam, intentatis etiam mortis minis. Ad hæc vero Gislebertus respondit, quod eadem præbenda sibi jure pertineret, pro eo quod antecessor præscripti abbatis Walteri dedisset ei præbendam, quæ prima in eadem ecclesia vacaret. Auditis itaque partis utriusque allegationibus, dominus episcopus secundum consuetudinem ejusdem Ecclesiæ, sententiam judicii archidiaconos suos et totum clerum interrogavit qui omnes una et consona voce protulerunt Gerardi ex jure esse præbendam, quam per decessum recentem Rumberti clerici recenter eam canonice acceperat, potius quam Gisleberti, qui pollicitationem in mortis alicujus captatione aucupaverat. Quæ sententia ab uno archidiaconorum promulgata, ab universis qui in synodo erant approbata est, et cum episcopus omnium auctoritate fretus supradictum Gerardum scholarem jussisset præbendæ suæ integraliter restitui, adversarius ejus Gislebertus non a sententia, sed ab exsecutione, vestræ celsitudinis nomen appellavit. Et quoniam vestræ auctoritatis est de qualitate appellationum judicare, vestram beatitudinem attenta devotione exoramus, ut appellationis remedium, quod non tantum a sanctissimis Patribus nostris venerabilibus sacrosanctæ matris nostræ Romanæ Ecclesiæ pontificibus, ad revelandas oppressorum causas inspiratione divina institutum est, sed etiam a prudentissimis regni sæcularis imperatoribus mirabili providentia est ordinatum, tanta discretione moderare dignemini, ut propter frivolas et superfluas appellantium licentias innocentibus non vertatur in perniciem, quod oppressis provisum est in salutem. Hoc etiam vestra sublimitas malum radicitus amputare non differat, ne in episcopatu Leodiensi, qui semper ab hoc vitio alienus fuit, aliquis ambitiosus mortem alicujus vel emat, vel captet, vel desideret seu machinetur, sed tunc dentur ecclesiastica beneficia, cum, decedente persona possidente, rite vacaverint.

---

(212) Hæc de Aiuncurte collegiata ecclesia, a Beringero S. Laurentii abbate fundata, ante trecentos annos, Lovanium translata est in ecclesiam S. Jacobi.

EPISTOLA CDXXVII.
ADRIANI PAPÆ IV AD WIBALDUM ABBATEM.
Camaldulenses Betardingorum et S. Petri de Rota ei commendat.
(Anno 1157.)

Adrianus episcopus, servus servorum Dei, dilecto filio Stabulensi abbati, salutem et apostolicam benedictionem.

Licet omnium Ecclesiarum nobis cura et sollicitudo immineat, etc. *Vide in Adriano IV ad an.* 1159.

EPISTOLA CDXXVIII.
ADRIANI PAPÆ IV AD COLONIENSEM ARCHIEPISCOPUM, CONSTANTIENSEM EPISCOPUM, ET ABBATEM STABULENSEM.
Commendat ei monasterium S. Antimi.
(Anno 1157.)

Adrianus episcopus, servus servorum Dei, venerabilibus fratribus Coloniensi archiepiscopo et Constantiensi episcopo, et dilecto filio abbati de Stabulaus, salutem et apostolicam benedictionem.

Tam rationis quam æquitatis ordo, etc. *Viae ubi supra.*

EPISTOLA CDXXIX.
ADRIANI PAPÆ IV AD ABBATEM CORBEIENSEM.
Commendat ei apud imperatorem res Ecclesiæ Romanæ et suos legatos cum ipso tractaturos.
(Anno 1157.)

Adrianus episcopus, servus servorum Dei, dilecto filio Corbeiensi abbati, salutem et apostolicam benedictionem.

Devotionem ac reverentiam, etc. *Vide in Adriano papa IV, ad an.* 1159.

EPISTOLA CDXXX.
ADRIANI PAPÆ IV AD WIBALDUM ABBATEM.
Suos ad imperatorem legatos ei commendat.
(Anno 1157.)

Adrianus episcopus, servus servorum Dei, dilecto filio Stabulensi abbati salutem et apostolicam benedictionem.

Experta jam in multis, etc. *Vide in Adriano*

EPISTOLA CDXXXI.
ADRIANI PAPÆ IV AD ARCHIEPISCOPUM... BAVEMBERGENSEM EPISCOPUM ET WIBALDUM ABBATEM.
Abbatem et conventum Farfensem apud imperatorem eis commendat.
(Anno 1157.)

Adrianus episcopus, servus servorum Dei, venerabilibus archiepiscopo... et Bavembergensi episcopo, et dilecto filio Wibaldo Corbeiensi abbati, salutem et apostolicam benedictionem.

Quia Farfense monasterium, etc. *Vide in Adriano.*

EPISTOLA CDXXXII.
FREDERICI IMPERATORIS AD WIBALDUM ABBATEM.
De legatis Polonorum.
(Anno 1157.)

Fredericus, Dei gratia Romanorum imperator et semper Augustus, dilecto suo Wibaldo Corbeiensi et Stabulensi abbati, gratiam suam et omne bonum.

Dignas grates agimus dilectioni tuæ quod post curiam Bavembergensem ita vicinus et paratus nobis adfuisti, ut forte a majestate nostra vocatus sine cunctatione vel dilatione ad omnes jussiones nostras explendas devotus occurreres. Scire itaque tuam prudentiam volumus quod magni legati Polonorum in Halla ad nos venerunt; sed nullum tale verbum, unde remanendi nobis daretur occasio, ad nos detulerunt, a quibusdam suis fautoribus in hanc spem inducti, quod nullo modo instantem expeditionem peragere possemus. Inde nos in misericordia Dei, in cujus manu cor regis, omnem fiduciam nostram ponentes, ii nonas Augusti movimus expeditionem, rogantes quam intime dilectionem tuam, ut apud divinam pietatem prosperos successus et felicem reditum indefessis precibus nobis obtineas. Si vero Græci interim venerint, ordinavimus eos in Wormatia reditum nostrum præstolari. Illuc quoque post reditum nostrum per litteras nostras evocatus indubitanter accedas, quia, te inconsulto, nihil cum Græcis tractare proposuimus.

EPISTOLA CDXXXIII.
R. MONACHI AD WIBALDUM ABBATEM.
Gratias agit quod ipsius obtentu ab episcopo Metensi honorifice sit susceptus.
(Anno 1157.)

Domino et patri suo reverendo Stabulensi et Corbeiensi abbati Wibaldo, frater R. Dei gratia modicus, exiguas orationem et devotum obsequium.

Gratia benignitatis vestræ me Mettim eunti comitata est, et mecum fuit et elaboravit, ut fierem acceptus coram domino meo episcopo hoc tempore. Honorifice enim et familiariter ab eo et a suis susceptus, habitus, et dimissus sum, ut patenter cognoscerem secundum vulgare verbum, mentum meum in natando manu vestra sustentari. Prudentiæ igitur vestræ in his et similibus plurimum innitens, gratias refero summo provisori, obnixius deprecans, ut vos nobis et nostris salvum et incolumem sine fine custodiat, et quod non possum, ipse retribuat.

EPISTOLA CDXXXIV
FREDERICI IMPERATORIS AD WIBALDUM ABBATEM.
De victoria reportata in Polonos.
(Anno 1157.)

Fredericus, Dei gratia Romanorum imperator et semper Augustus, dilecto suo Wibaldo Corbeiensi et Stabulensi abbati, gratiam suam et omne bonum.

Quantam in expeditione Polonica (213), quam nuper gloriose peregimus, divina pietas gratiam nobis contulerit, quantave gloria et honore Romanum imperium exaltaverit, Poloni sub jugo dominationis nostræ reducti protestantur, et, nos, quo plenius possumus, dilectioni tuæ duximus significandum. Polonia quamvis arte et natura admodum munita esset, ut antecessores nostri reges et imperatores

---

(213) Hanc in Polonos expeditionem ad annum 1157 consignat Radewicus cap. 1, quem vide si libet.

vix magna difficultate ad fluvium Oderam pervenissent, nos tamen in virtute Dei, qui visibiliter nos præcessit, clausas illorum, quas in angustis locis præcisa arborum densitate fecerant et magna ingenii mole obstruxerant, penetravimus et in octava Assumptionis sanctæ Mariæ fluvium Oderam, qui totam terram illam quasi muro vallat, et profunditate sua omnes excludit, contra spem Polonorum cum omni exercitu nostro transivimus. Tanta enim erat omnibus transeundi aviditas, ut alii profundis gurgitibus se immergerent, alii vero transnatarent. Quo viso Poloni, vehementer exterriti, et jam nihil præter exitium et destructionem terræ sperantes, munitissima castra Glogowa et Bitum et alia plura, quæ prius ab hoste capta non fuerant, timore nostro incenderunt, et ipsi, quamvis auxilio vicinarum gentium, Ruthenorum, Parthorum, Pruscorum, Pomeranorum maximum exercitum collegissent, a facie nostra fugerunt. Hos vero fugientes insecuti sumus, et per episcopatum Frodezlau et episcopatum Posnam transcurrentes totam fere terram igne et gladio vastavimus. Dux itaque Poloniæ cum terram totam et populum a facie manus nostræ periclitari videret, principes nostros tum per nuntios suos, tum in persona propria aggrediens, multis precibus, multis lacrymis vix tandem impetravit ut sub juga dominationis nostræ redire et gratiam nostram recuperare mereretur. In prædicto itaque episcopatu Posnan, in territorio Erisgowe, præfatus dux Bolislaus pedibus majestatis nostræ provolutus, interventu principum hoc ordine in gratiam nostram est receptus. Primo juravit pro se et pro omnibus Polonis, quod frater suus exsul ad ignominiam Romani imperii non fuerit expulsus. Deinde pollicitus est dare duo millia marcarum nobis et principibus mille et uxori viginti marcas auri et curiæ nostræ ducentas marcas argenti pro ea negligentia, quod ad curiam nostram non venerat, nec de terra debitam nobis fecerat fidelitatem. Juravit quoque expeditionem Italicam. Deinde juravit, quod ad curiam nostram Magdeburg in Natali Domini celebrandam venire debeat, super querimonia fratris sui expulsi plenarie responsurus. Sicque jurata nobis fidelitate, et de supradictis omnibus fideliter explendis acceptis obsidibus Casimiro, fratre ducis et aliis nobilibus, gloriose, Deo duce, revertimur. Cæterum quia in legatione Græcorum prudentiam tuam nobis adesse desideramus, mandando rogamus dilectionem tuam; quatenus in vigilia sancti Michaelis Wirzeburch nobis occurrere festines.

EPISTOLA CDXXXV.
HENRICI DUCIS BAVARIÆ ET SAXONIÆ AD WIBALDUM ABBATEM.
Lætatur de ejus prosperis, promittitque curam se habiturum de curte Papenheim, et Widikinum debita ei soluturum.
(Anno 1158.)

WIBALDO venerabili sanctæ Corbeiensis Ecclesiæ abbati, dilectissimo domino suo HENRICUS, Dei gratia Bavariæ et Saxoniæ dux, devotum obsequium cum omni sincera dilectione.

Quod omnia, quæ ad honoris vestri augmentationem spectant æquo ordine procedant, toto corde diligimus et optamus. De cætero de curte vestra Papenheim, sicut nobis insinuastis, libentissime providebimus, et hanc curam castellanis nostris Dasenberg diligenter injungemus. Quod autem dominus Widikinus coram nobis promisit et non persolvit post reditum nostrum ab expeditione, et si non gratis, tamen in beneplacito vestro et nostro persolvet.

EPISTOLA CDXXXVI.
FREDERICI IMPERATORIS AD H. DE LIMBURG
Wibaldum abbatem honoret, nec quidquam attentet adversus res Stabulensis monasterii.
(Anno 1158.)

FREDERICUS, Dei gratia Romanorum imperator et semper Augustus, H. de Limburg, gratiam suam et omne bonum.

Æquum est, et valde imperialem magnificentiam decet, ut personæ, quæ imperio nostri promptiori devotione obsequuntur, et a nobis arctius diligantur, et ab omnibus, qui imperii nostri honorem diligunt, cum debita reverentia conserventur. Proinde industriam tuam attente rogando monemus ut fidelem nostrum Wibaldum Stabulensem abbatem, qui multum et diu in servitio nostro et imperii utilitatibus jam laboravit, honorare et diligere studeas, et Ecclesiam Stabulensem, cui præest, tueri et conservare non cesses. Interdicimus etiam tibi, atque sub obtentu gratiæ nostræ præcipimus, ne possessionibus eidem Ecclesiæ collatis a tuis antecessoribus aliquam violentiam inferas, neque eam aliquo modo vexare attentes, sciens procul dubio, quod eadem Ecclesia cum suis omnibus sub tutela et defensione imperii nostri constituta est, unde et quicunque cam læserit, nos offendet.

EPISTOLA CDXXXVII.
ADRIANI PAPÆ IV, AD BERNARDUM PATHERBORNENSEM EPISCOPUM ET GI. LIESBORNENSEM ABBATEM.
Quamdam causam ei committit terminandam.
(Anno 1158.)

ADRIANUS episcopus, servus servorum Dei, venerabili fratri B. Patherburnensi episcopo et dilecto filio Gi. (214) Liesbornensi abbati, salutem et apostolicam benedictionem.

Latoris præsentium, etc. (*Vide in Adriano ad an.* 1159.)

---

(214) Lieshornense antiquum est ordinis S. Benedicti in diœcesi Monasteriensi cœnobium, a Carolo Magno in gratiam sororis suæ, ut aiunt, Roswindis fundatum, sæculo XII ad monachos transiit, floretque hactenus sub congregatione Bursfeldensi.

EPISTOLA CDXXXVIII.

A. MOGUNTINI ARCHIEPISCOPI AD WIBALDUM ABBATEM.

Conqueritur de comite Palatino Rheni, deprecaturque imperatoris adversus eum auxilium.

(Anno 1158.)

A. (215) Dei gratia Maguntinæ sedis humilis minister, Wibaldo reverendo Corbeiensis Ecclesiæ abbati, salutem et intimam dilectionem.

Nonnullas gratiarum actiones vestræ referimus benignitati, quod tam fraterne, tam affectuose litteris vestris nos visitare curastis, et de statu domini regis et vestro per gratiam Dei prospero nos certificando vulnus sollicitudinis de corde nostro amputare. Bonam igitur in vobis tanquam in fratre et amico fiduciam habentes, conquerendo notificamus, quod Palatinus comes de Rheno, teste Deo, nullam in nos causam habens, contra fidem et sacramentum, quo nobis erat astrictus, ex insperato, ex improviso Ecclesiæ Maguntinæ et nobis cum nonnullis iniquitatis suæ complicibus, violentia manus injecit, castra nostra destruxit, homines nostros captivavit, curtes nostras non solum rapinis devastavit, verum etiam suæ ditioni subjecit, sacra cœmeteria et ecclesias spoliavit, ipsa altaria et venerabiles reliquias ornamentis suis denudavit, in monachorum irruens cœnobia, eorum perfringens æraria, sacrilegam exercere rapinam non formidavit. Hujus quoque iniquitatis auctores asserunt, et ubique divulgant, se ex mandato domini regis Ecclesiis Dei et nobis hanc injuriam irrogare, quod utique eos tanquam filios mendacii scimus falso conjectasse. Fraternitatem igitur vestram semper in bonis nobis expertam, quam intime deposcimus, ut his pressuris nostris et tribulationibus condolendo, domino regi suggeratis, ut Ecclesiæ suæ et nobis debito auxilio dignetur subvenire, et litteris suis ad partes nostras directis, falsos illos delatores super imprudentia mendacii, quo majestatis suæ fidem sincerissimam insimulare et incrustare præsumebant, velit arguere et confutare.

EPISTOLA CDXXXIX.

ADRIANI PAPÆ IV AD WIBALDUM ABBATEM.

Ut imperatori suggerat, ut in veneratione sedis apostolicæ permaneat.

(Anno 1158.)

Adrianus episcopus, servus servorum Dei, dilecto filio Wibaldo Stabulensi abbati, salutem et apostolicam benedictionem.

Devotionem tuam, etc. *Vide in Adriano.*

EPISTOLA CDXL.

FREDERICI IMPERATORIS AD FREDERICUM EPISCOPUM MONASTERIENSEM.

Causam inter Morinum ministerialem Corbeiensem et Folkerum hominem ipsius ei terminandum committit.

(Anno 1158.)

Fredericus Dei gratia Romanorum imperator Augustus, F. Monasteriensi episcopo gratiam suam et omne bonum.

Accepimus querelam dilecti et fidelis nostri abbatis Corbeiensis ac ministerialium ipsius pro quodam viro nomine Maurino, quem captivum tenet homo quidam liber nomine Folkerus de terra tua, quem Corbeienses asserunt ministerialem esse Ecclesiæ suæ. Quia ergo imperii nostri dignitate in eo maxime exaltamus, si judicium et justitiam confugientibus ad nos faciamus, attente industriæ tuæ injungimus, quatenus acceptis his litteris nostris, diem utrique parti præfigas, et auditis utriusque partis allegationibus, et disquisita diligenter veritate, si Corbeienses per consanguineos illis probare potuerint, quia sit minister ministerialis Ecclesiæ Corbeiensis, liberum eum restituas, sin autem hoc probare non valuerint, prænominato viro eum remittas.

EPISTOLA CDXLI.

FREDERICI IMPERATORIS AD CAPITULUM OSNABURGENSE.

Ut de controversia quæ ipsos inter et Corbeienses versabatur de decimis, amice componant.

(Anno 1158.)

Fredericus, Dei gratia Romanorum imperator Augustus, præposito et decano et universo clero Osnabruggensis Ecclesiæ, gratiam suam et omne bonum.

Memor supplicationis vestræ, quæ unanimiter in conspectu nostro, cum essemus apud vos, profudistis, ut querelam dilecti et familiaris nostri Wibaldi Corbeiensis abbatis ac fratrum ipsius, quam habent pro decimis in episcopatu Osnabruggensi, sedare et componere tentaremus in curia quam apud Bavemberch in octava sancti Joannis Baptistæ celebravimus, cum eodem fideli nostro de hoc verbo tractavimus. Sed manifestius et plenius intellecta ab eo tota causa, quia videlicet Corbeiensis Ecclesia easdem decimas a primordio constructionis ipsius monasterii collatas sibi a fundatore suo imperatore suo Luthowico, et ab omnibus successoribus illius imperatoribus et regibus privilegiis confirmatas, legitime possedit, usque ad tempora abavi nostri Heinrici quarti imperatoris, qui in discordia illa, quæ fuit inter eum et papam Romanum, ipsas decimas pro quadam indignatione cuidam Osnabruggensi episcopo concessit. Audita, inquam, tota serie hujus causæ, memoratum fidelem nostrum abbatem a querela sua, licet justa, hoc tempore cessare, et ab appellatione, qua episcopum vestrum et præpositum Theodericum atque magistrum Thethardum in præsentiam apostolicæ sedis vocavit, pro nostra dilectione desistere monuimus, idque ab eo multum reluctante ægre tandem obtinuimus. Hanc ergo querelæ dilationem nolumus, ut in augmentum elationis vobis assumatis, sed hoc vobis ante monendo præcipimus ut, cum prædicto abbate et Corbeiensi Ecclesia iterum componere de eadem

---

(215) Arnoldus de Salenhofen, qui ex cancellario factus archiepiscopus, anno 1160 a civibus dicitur occisus.

querela studeatis. Nos enim, cum tempus acceperimus, si prius composita non fuerit, eamdem querimoniam per nos ipsos discutiemus, et tam pro Ecclesia Corbeiensi, quæ ad jus imperii nostri spectat, quam pro persona, quæ ibi præest, quæ diu et multum imperio servivit, sive judiciario ordine, sive alia convenienti compositione, eamdem causam terminabimus.

APPENDIX AD EPISTOLAS WIBALDI

Ne quid in nobis ad illustrandam eximii viri Wibaldi abbatis Stabulensis et Corbeiensis memoriam desiderent viri eruditi, ipsius epistolis visum est subjicere per modum Appendicis nonnulla monumenta sive diplomata quæ cum aut ipse obtinuerit, aut de ipso agunt, ad illius commendationem non parum conferre poterunt. Ea autem sive ex mss. insignis monasterii Corbeiensis, sive aliunde a nobis collecta sunt.

I.

Diploma Frederici archiepiscopi Coloniensis, de subjectione Malmundariensis monasterii et superioritate Stabulensis supra illud.

(Anno 1128.)

In nomine sanctæ et individuæ Trinitatis, FREDERICUS, Dei gratia sanctæ Coloniensis Ecclesiæ archiepiscopus, fratribus in Stabulensi cœnobio commanentibus æternam in Domino salutem.

Memores Scripturæ dicentis : *Beati pedes pacem portantes;* sicut nos in Ecclesiis nostris bonum pacis et concordiæ conservare studemus; ita in eis et ab eis scandalorum et dissidii occasionem præcidere curamus, et sicut nostra in suo statu permanere cupimus, sic aliorum juste habita convellere formidamus. Eapropter materiam dissensionis et discessionis, quæ hactenus Stabulensem et Malmundariensem Ecclesiam longa simultate vexavit, resecare volentes, subministrante nobis fratre Wibaldo (216) Stabulensis Ecclesiæ magistro atque portario, supradictorum locorum fundationem, et Stabulensis Ecclesiæ privilegia diligenter relegimus, in quibus inventum est beatum Remaclum utriusque loci ædificatorem, post constructum primo a se Malmundarium, suæ et successorum suorum habitationis et sepulturæ, principalem locum apud Stabulaus elegisse, et pro eo quod idem locus in Leodiensi parochia est, omnes per successionem utriusque loci abbates ab episcopo Leodiensi consecrari debere. Ad hoc etiam accedit quod omnia privilegia, tam banni leugæ quam electionis abbatum, et quæ de jure advocati agunt, quæ ab imperatoribus et regibus eisdem locis multa collata sunt, et eadem, ab apostolicis Gregorio V et Leone IX apostolica auctoritate roborata, quibus jus suum utraque Ecclesia tuetur, apud Stabulaus recondita sunt; in quibus illa Stabulensis Ecclesiæ præeminet dignitas, ut pace Malmundariensium, primam vicem in eligendo abbate Stabulenses obtineant; et de seipsis

(216) Non multo post factus abbas Stabulensis, deinde Casiensis, tum Corbeiensis; quatuor impe-

idoneam personam sine Malmundariensium calumnia assumant. His ita se habentibus, perspicuum est, quod Ecclesia Stabulensis principatum obtineat, Malmundarium vero subjectionem ei et obedientiam debeat. Quod Malmundarienses eo usque hactenus infirmare conati sunt, ut tempore divæ memoriæ Ottonis secundi dissidio facto, abbatem per se habere vellent, quod in Engelheim judicio viginti episcoporum, ut in privilegio supradicti imperatoris, quod super eadem re habetur, legi potest, cassatum est. Tempore quoque domni Henrici imperatoris hujus nominis quarti per domnum archiepiscopum Annonem rursus facto divortio, abbas quidem Malmundarii ordinatus est, sed per beatum Remaclum in curia regis miraculis inæstimabilibus coruscantem convictis omnibus qui adversæ partis aderant, receptum est a Stabulensibus Malmundarium. Nos vero ut jam dictum est, omnem materiam dissensionis et scandali secundum tenorem veritatis et rationis a præfatis locis auferre cupientes, constituimus, et præsenti privilegio in perpetuum firmamus, ut utrique loco unus semper præficiatur abbas electus secundum quod in supradictis privilegiis habetur, et ut Malmundarium eo subjectionis jure Stabulensi Ecclesiæ obediat, quo jure omnes cellæ vel præposituræ suis cœnobiis subesse videntur. Benedictionem monachicam et professionum suarum chirographa, non ut præsenti anno fecerunt, sed potius in Stabulensi Ecclesia, excepta mortis necessitate, faciant et reddant, nec eis ad exemplum opitulari debet hoc aut potest, quod jam moto præfato dissidio, abbas Theodoricus quosdam ex Malmundariensibus Malmundarii benedixit et profiteri fecit, ut scilicet pro hoc fideliores et subjectiores sibi faceret, quod eum non effecisse finis rerum indicavit. Neque vero ullus successorum nostrorum Coloniensium videlicet archiepiscorum abbatem Stabulensem de subjectione sibi facienda et cura Malmundariensis loci suscipienda, ut noratoribus, Henrico IV, Lothario II, Conrado II et Frederico I in deliciis fuit.

stris temporibus tentatum est, unquam fatiget, sed in consecratione sua curam utriusque Ecclesiæ suscipiat. Porro quia de ordinibus et consecrationibus Malmundariensis loci ad nostram parochiam pertinet, si abbati placuerit, ordinatos fratres Malmundarium mittere, hoc ei quia ubique inter ejusmodi loca apud monachos fit, non negamus, aut si sub titulo ejusdem loci voluerit nobis ordinandos præsentare, eis quoque manum imponemus. Atque ut omnem scandalorum pravitatem prædicamus, hoc quoque statuimus, ut si aliqua gravis causa vel culpa Malmundarii contigerit, nullo modo absque Stabulensium deliberatione, et consensu terminari liceat vel emendari, sitque abbati libera potestas commutandorum, nutriendorum, recipiendorum, prout sibi videbitur, fratrum suorum. Quæ omnia ut stabili et inconcussa firmitate permaneant, sub anathematis interpositione decernimus, et testes qui in donatione hujus privilegii affuerunt subternotari fecimus : Arnoldus præpositus Sancti Petri, Hugo decanus, Bruno præpositus Sancti Gereonis, Arnoldus præpositus Sanctæ Mariæ ad gradus, Rubertus abbas Tuitii, Gerardus abbas Sancti Pantaleonis, comes Adolphus de Saffenberch. Item Adolphus de Berge, Theodericus de Gladebach et alii multi utriusque ordinis probatissimi.

Actum est hoc Coloniæ anno ab Incarnatione Domini 1128, indictione VI, regnante domno rege Lothario III.

II.

De possessionibus Stabulensis monasterii sub S. Poppone abbate.

(Anno 1130.)

Abbas a prima institutione monasterii nunquam aliquas proprias curtes suo vel regni servitio deputatas, sed tenebat Ecclesias abbatiæ suis et regni necessitatibus servientes, exceptis quibusdam quæ ad usum fratrum pertinent. Et sicut abbas Poppo renovator cœnobii nostri, qui ab annis duobus et octoginta (217) vita excessit, ipse tenuit, et successoribus suis tenendas reliquit, ita ecclesias et possessiones ad abbatis et regni servitium pertinentes adnotabimus. Deinde qui abbas Poppo loci nostri depopulator dederit aut vendiderit subscribemus. Ecclesia de Oyseis solvebat ad manum abbatis VI libras, Ecclesia de Graisde IV libras, Olfait II libras, Osisines III libras, Finéval II libras, Spontin VII libras, Haletin V libras, Jupille II libras, Izers III libras, Longia II libras, Hoseumont X libras, Rochelevenges X libras, Awogne V libras, Lovigneis II libras, Verviers II libras, Keren V libras, Buiteback XL solidos, Bolenges XXX solidos, in curte Wellin XVI libras, in curte Novævillæ IX libras, in curte Walendor IX libras, in curte Bacinga X libras, in Leignon III libras, in Comblenz III libras, in Seignaces II libras, de censeriis in Oseis III libras, de censura in Aiflois II libras, in Okeriis II libras, in Bra

III libras : summa, CXXXIII libræ; in Lernau I carratam vini, in Baldau I, in Rahieres I, in Chevrons I, in Sanctovito II, in Tumbis IV, in Waimis I, in Amblavia II, in Lorenceis I, in Novavilla II, molendinum Malmundarii unam carratam vini. In Wellin XL arietes, in Lengun XX, in Olzieres XXXVIII, in Generez XXII, in Lovengeis XXX, in Lernau XXX. Mansus de Chenruus tenet bonuaria terræ XXV, mansus de Rahieres tenet bonuaria XXIV.

III.

Diploma Lotharii imperatoris II Wibaldo abbati concessum. — Confirmat monasterii possessiones et immunitates, abbatis electionem, advocatum unicum, etc.

(Anno 1131.)

In nomine sanctæ et individuæ Trinitatis, LOTHARIUS III, Dei gratia Romanorum rex, WIBALDO Stabulensi abbati suisque successoribus.

Cum universis Jesu Christi Ecclesiis regalis providentiæ cura deesse non debeat, tamen secundum apostolicam institutionem, qua domesticis fidei maxime debeatur bonum impendere, eis Ecclesiis auxilii nostri suffragium impensius exhibere debemus, quæ sub nostræ provisionis tuitione consistunt, et pro nostro et totius imperii statu speciali quodam studio orare non desistunt. Neque enim vero minoris gratiæ est destructa reformare quam nova ædificare. Unde noverit omnium fidelium nostrorum tam futuræ quam præsentis ætatis industria quod nos cum conjuge nostra Richiza, ob venerationem beati Remacli locum Stabulaus devote adivimus, ubi a fratribus loci ejusdem Ecclesiæ jura et privilegia diligenter audivimus et relegimus. Itaque petitione et reverentia abbatis Wibaldi privilegia quæ illi Ecclesiæ a regibus Sigiberto, Hidrico, Clodoveo, Dagoberto, qui constructores fuerunt præfati loci, data sunt, sive ab imperatoribus Carolo, Ludovico et tribus Ottonibus, Cunrado etiam et quinque Heinricis, et cæteris fidelibus qui eidem Ecclesiæ aliqua bona contulerunt, confirmamus et roboramus. Habeant itaque monachi ejusdem loci liberam potestatem eligendi abbatem secundum Regulam sancti Benedicti, et formam canonum, ita utraque monasteria, id est Stabulense et Malmundariense semper sub unius abbatis regimine consistant, et quia in eorum principali, id est Stabulaus, beatus Remaclus sepulturæ locum sibi elegit, semper apud Stabulaus electio fiat, ea præponderante ratione, ut de conventu Stabulensis Ecclesiæ idonea persona, si inventa fuerit, primo assumatur. Quod si minime, quod non credimus, ex eo loco promoveri aliquis potuerit, tunc primum ex Malmundario vel ex altero loco apta persona requiratur. Quidquid hactenus quiete et inconvulse possederunt, quidquid per concambia mutaverunt, inviolabiliter eos possidere deinceps decernimus. Statuimus etiam ut unum tantum advocatum habeant, qui si secundum a se constituere voluerit, bannum a nobis accipere debe-

---

(217) S. Poppo vita excessit anno 1048; ac proinde instrumentum istud anno circiter 1130 datum est.

bit, qui advocati in curtibus ejusdem Ecclesiæ neque mansiones, neque hospitia debent habere, et in omnibus placitis abbatis nec adesse, nec aliquod jus exigere debent, non precarias facere, non palefredos sumere, non freda, non paratitas, non redibitiones exposcere nullam prorsus exactionem facere. Sed si ab abbate ob necessariam causam fuerint invitati, in eis duntaxat causis, quas abbati correxerint, tertiam partem accipient, neque in his rebus quas eadem Ecclesia adhuc acquiret, aliud quam prædictum est jus unquam obtineant. Hoc quoque in eodem loco abjudicari fecimus, et præsenti privilegio inviolabiliter sancimus. ne jure hæreditario villici vel judices fiant, sed utrumque ministerium, id est villicaturæ et juvveria in potestate abbatis et gratia consistat, et eis jure et lege ministeriorum et non jure beneficiorum diem et legem abbatis constituat. Omnia vero beneficia quæ abbas Poppo secundus dedit, lege sempiterna damnamus, et irrita esse, juxta prædecessoris nostri imperatoris Henrici sententiam, decernimus. Villam Turnines quæ ad mensam fratrum pertinet, quam eis Godefridus comes Namurcensis injuste abstulit, quamque judicio curiæ in manu imperatoris Henrici refutavit, jure perpetuo fratribus confirmamus, et villam Vilippam, juxta privilegium ejusdem imperatoris, quam Warnerus de Kerpenne injuste invaserat, fratribus æterna firmitate restituimus. Terminos banni leugæ, juxta decreta omnium antecessorum nostrorum, regum videlicet et imperatorum, confirmamus et banni nostri interpositione munimus. Et ut omnia rata et inconvulsa permaneant, et præsenti privilegio firmavimus, et sigilli nostri impressione consigniri fecimus.

Signum domni Lotharii III Dei gratia Romanorum regis invictissimi.

Thyetmarus ad vicem Adelberti archicancellarii recognovi.

Data Stabulaus Idus Aprilis, anno ab Incarnatione Domini millesimo centesimo tricesimo primo, indictione Nona, anno sexto regni domni Lotharii III Romanorum regis serenissimi feliciter. Amen.

IV.

Charta Wibaldi abbatis Stabulensis, de rebus ab eo gestis et emendatis in curte Andernaci.

(Anno 1132.)

In nomine sanctæ et individuæ Trinitatis. WIBALDUS, Dei gratia Stabulensis abbas successoribus suis.

Quoniam oportet nos, sicut promisimus, dispersa congregare et congregata conservare, nos in rebus ecclesiæ nostræ nimium neglectis et dilapsis proposuimus Dei miseratione studium restaurandi cum omni sollicitudine impendere. Quapropter notum esse volumus, tam posteris quam præsentibus, quod in curte nostra Andernaci, possessiones nostræ per infideles ministros multum minoratæ fuerunt, partim ab ipsis oppignoratæ, partim pro vilioribus commutatæ. Nos igitur cum fidelibus Ecclesiæ illuc venientes, recensitis possessionibus, et hominum censu connumerato, invenimus quam plurima contra utilitatem Ecclesiæ nostræ, præter consensum nostrum et prædecessorum nostrorum confirmationem esse alienata. Quæ omnia injuste ordinata nos rationabiliter irrita esse decrevimus, promulgato tam hominum nostrorum quam scabinorum ejusdem curtis, juxta canonicam formam, judicio, ut nulla commutatio vel alienatio rerum ecclesiasticarum rata esset, nisi quam consensus fratrum et legitima abbatis donatio, cum advocati astipulatione dato testamento confirmaret, ita quibusdam receptis, habito cum fidelibus nostris consilio, commutationem de curte, quam vulgo mansionem vel censum dicunt, quæ ad indominicaturam nostram pertinebat, quæ facta est cum quodam Adelberto æque pro sua curte et vinea quæ quatuor amas vini solvere potest, concessimus et confirmavimus, ita ut retenta prorsus nobis vinea, curtem quæ in concambium accepta erat, quidam ex familia, Nicheiz nomine, quam in ea ædificaverat, quiete possideret et per singulos annos xx denarios census pro ea solveret. Quædam etiam curtis nostra quæ est in Lodenesdorp commutata erat cum quodam Heinrico pro curte sua, quæ est in Andernaco, et pro vinea quæ ferre potest tres amas vini, et retenta vinea concessimus eidem Nichoz ipsam curtem pro xx denariis census, quos itidem prius solvebat nostra curtis.

Actum est hoc in curte et domo nostra Andernaci, anno ab Incarnatione Domini 1132, indictione decima, regnante domno Lothario III Romanorum rege, domno Alberone Trevirensi archiepiscopo.

Hujus rei testes sunt, Hillinus præpositus, Ebroinus præpositus, Albricus, Warnerus, monachi; ex laicis, Widericus Albus, Hillinus de Alriniunt, Arnulfus de Osnes, Godefridus de Cittene ; de scabinis, Folbertus, Siboldus, Borchardus, Bezelinus et alii multi.

V.

Wibaldi abbatis constitutio, De ecclesiarum Longiæ et montis Rainheri investitura a laica manu non accipienda.

(Anno 1133.)

In nomine sanctæ et individuæ Trinitatis. WIBALDUS divina misericordia, Stabulensis abbas, HERIBRANDO de Longia et successoribus suis.

Utiliter satis ac provide rerum gestarum ordo ad notitiam futurorum scripto transmittitur, ne per ignorantiam legi . . . . . . permutetur. Unde noverit omnis nostra posteritas, quod tu tam tibi quam successoribus tuis ecclesiam quæ est in villa Longiæ, et eam quæ est in monte Sancti Rainheri ab antecessoribus nostris, domno videlicet Cuonone abbate, et domno Joanne abbate jure feodi obtinueras, pro supplemento beneficii, quod pro eo habes, et semper et jugiter in castello nostro Longia maneas, ita videlicet ut quotiescunque supradictæ ecclesiæ defunctis sacerdotibus vacarent, tu manu tua ipsas ecclesias dares, et personam ad investituram altaris per te conduceres. Verum nostro tempore, defuncto fratre Roberto presbytero, qui easdem ecclesias habuerat, nos nullis precibus, nullo consilio...... potuimus ut ecclesiarum possessionem a laico dari concederemus, sed quia te tanquam virum bonum ac fidelem multum diligimus, et tam hæredes tuos, quam te, in mansione castelli nostri conservare voluimus, ex consilio fratrum nostrorum et hominum ecclesiæ utilitati et honori tuo aliter providere curavimus. Concessimus enim tibi, et præsenti scripto jure perpetuo firmavimus, ut tuum sit vacantibus præfatis ecclesiis personam idoneam et canonicam nobis vel successoribus nostris ad investiendum præsentare, nec liceat aliquando nobis vel alicui abbatum personam, quæ a te vel hæredibus tuis exhibita fuerit, aliqua conditione vel exactione gravare, aut retardare; sed sine ulla pactione eidem personæ prænominatas ecclesias a sua manu dent, et sacramento fidelitatis accepto, ad donum altaris suis litteris ac testibus conducant. Quod si quis constitutionem nostram aliquando labefactare et violare tentaverit, et te invito aliquam personam in sæpedictis ecclesiis intruserit, offensam Dei et beatorum apostolorum Petri et Pauli et sancti Remacli in tremendo iudicii die incurrat.

Actum est Stabulaus anno Dominicæ Incarnationis 1133, regnante domno Lothario tertio Romanorum rege, Alexandro in Leodio præsule.

Testes de fratribus sunt, Warnerus decanus, Rodulfus custos, Heribrandus cellerarius, Hozelo cantor; de laicis vero, Nicolaus de Longia, Adelardus frater ejus, Widericus de Villa, Widericus Albus, Widericus Niger, Anselmus villicus et alii multi.

VI.

Charta Stabulensium monachorum. — Villam Bovianicum, in qua tempore persecutionis Danorum latuerat S. Remacli corpus, ad nihilum redactam, Wibaldo abbati restaurandam concedunt.

(Anno 1136.)

In nomine sanctæ et individuæ Trinitatis, Fratres Stabulensis cœnobii tam futuris quam præsentibus.

Sicut ad prælatorum discretionem pertinet subditorum necessitatibus studiose ac viriliter subservire, ita nihilominus condecet subditos prælatorum honestæ et utili voluntati assensum sine mora præbere. Tuæ igitur religiosæ petitioni, pater Wibalde abbas, de villa nostra Boviniaco, quæ ad vestiarium nostrorum pertinet, satisfacimus, ut quia tempore persecutionis Danorum sanctum et venerabile corpus sancti Patris et patroni nostri Remacli in eadem villa quiete latuit, quæ nunc in solitudinem redacta et absque habitatore facta est, tu sicut universa, quæ ad recolendam sancti Patris nostri memoriam pertinent, singulari desiderio et honore foves et amplecteris, sic eamdem villam ob honorem ejusdem sancti Patris nostri restaurare et reædificare disponis. Concedimus igitur tibi præfatam villam cum omnibus suis appendiciis, acquisitis vel acquirendis, ut omni tempore vitæ tuæ in omni statu vel ordine apud nos sive alias positus, pace vel adversitate tua, eam secundum tuam propriam utilitatem libere ordines et disponas, et fructu ipsius pro voluntate tua utaris, hac conditione interposita, ut eamdem villam tibi non liceat oppignorare, vel feodo, vel commutatione aliqua sine nostra communi astipulatione possis alienare. Post obitum vero tuum ipsa villa cum omni augmento et melioratione sua, cum omni fructu et præsenti et futuro ad nostrum vestiarium, sicut et antea fuit, sine ulla abbatum contradictione revertetur. Et ut firma et inconvulsa stabilisque hæc pactio queat permanere, in communi nostro capitulo omnium consensu per volumen Regulæ beati Benedicti manu domni Warneri decani, ipsam villam tibi dedimus, et præsenti scripto confirmamus, et harum conditionum violatores in tremendo Dei judicio terribili anathemate condemnamus.

Acta sunt hæc Stabulaus in capitulo, anno Domini millesimo centesimo trigesimo sexto, indictione XIV.

VII.

Diploma Wibaldi abbatis Stabulensis pro Azone abbate de Monte publico. — Ecclesiam de Heran ei sub annuo censu concedit.

(Anno 1136.)

In nomine sanctæ et individuæ Trinitatis, WIBALDUS, Dei misericordia Stabulensis ecclesiæ abbas, dilecto fratri et religioso coabbati suo AZONI (218) de Monte publico in Leodio, ejusque successoribus in perpetuum.

Si villicus ille evangelicus ore Domini de mammona iniquitatis laudatus est qui fraudem fecisse visus est, et multo magis nos quibus Deus Ecclesiæ suæ dispensationem credidit, et de fidelium oblationibus pietatis opera exercere possumus, ad veræ laudis nomen et retributionem tendere debemus. Idcirco his et similibus exemplis commonitus, si qua ex rebus ecclesiæ nostræ indigentibus ecclesiis sine damno, sine diminutione possessionum nostrarum impartiri possumus, prompta voluntate et hilari manu facere volumus. Quapropter, venerande frater, concedimus tibi, et per te tuis successoribus, in perpetuum ecclesiam de Heran pro LX et V solidis Leodiensium denariorum singulis annis in Ecclesia nostra solvendis, cujus summæ medietatem in Nativitate S. Joannis Baptistæ infra octavas, alteram vero in Natali S. Lamberti infra octavas persolves. Ea sane conditione, ut sicut tu præsentorem primarium habuit Beringerum abbatem S. Laurentii, ut constat ex Wibaldi abbatis epistolis infra edendis.

---

(218) Azo abbas fuit monasterii S. Urgidii Monte publico extra civitatem Leodium, ordinis canonicorum regularium S. Augustini, quod monasterium funda-

tialiter more cæterorum investiendorum in nostro, id est in Stabulensi capitulo, donum et investituram ejusdem Ecclesiæ de manu nostra accepisti, et nobis sive Ecclesiæ nostræ sacramentum fidelitatis jurasti, ita loci cui succedentes sibi provisores nobis sive nostris successoribus idem facientes, eamdem ecclesiam jure et consuetudine nostræ Ecclesiæ accipiant. Statutum est etiam communi totius capituli assensu, ut ab hodierna die et deinceps successores tui in suo introitu relecto præsentis chartæ in præsentia fratrum privilegio, præfatæ ecclesiæ donum sub præscripta conditione et pacto, nulla interposita exactione, vel pretio, sive munere suscipiant, ea cum ratione, ut exinde omnem consuetudinem cæterorum investitorum nobis sive nostris successoribus tam in judiciis super pares suos promovendis quam in provincialibus synodis nobiscum adeundis exsolvant. Concessimus quoque tibi ut ejusdem ecclesiæ fructum, prout utilius potes, usibus et commodo fratrum tuorum aptes, salvo tamen in omnibus episcopali jure. Tu etiam et successores tui quæcunque ad episcopalem sive synodalem justitiam, vel servitium, vel usus ecclesiæ pertinent, sine nostro supplemento exsolves. Cæterum si quid de præscriptis conditionibus per te vel per tuos turbatum, vel immutatum, vel irritum fuerit, vel si prænominatam pecuniam constitutis diebus solvere neglexeris, postquam a nobis per nostros clericos investitos usque tertio commonitus fueris, nisi ex jure et justitia neglectum corrigere et legibus componere volueris, ecclesia et omni ejus beneficio sine omni recuperatione carebis. Verum utcunque res sese futuris temporibus mutent, cum nos tibi hanc ecclesiam, ut prætaxatum est, concessimus, duæ portiones decimationis ad vestiarium fratrum nostrorum pertinebunt, tertia ad præbendam presbyteri ejus ecclesiæ.

Actum est hoc anno sub Incarnatione Domini 1136, indictione XIV, in præsentia domni Wibaldi abbatis anno ordinationis suæ sexto, regnante domno Lothario tertio Romanorum imperatore Augusto, Alberone electo in Leodio.

Testes sunt de fratribus Warnerus prior, Arnulfus præpositus, Elleboldus cellerarius, Ceno camerarius, et omnis ejusdem loci congregatio; de laicis vero Anselmus, villicus, et frater ejus Adelardus, Albricus et frater ejus Condricus, Ebroinus, Erchempertus, Franco de Francorchamp, et alii ecclesiæ multi filii.

VIII.

Diploma Lotharii imperatoris Wibaldo abbati concessum. — Monasterium sub sua suscipit protectione, omniaque illius privilegia confirmat.

(Anno 1136.)

In nomine sanctæ et individuæ Trinitatis, LOTHARIUS, Dei gratia Romanorum imperator Augustus, WIBALDO Stabulensi abbati, suisque successoribus.

Cum universis Jesu Christi Ecclesiis imperialis providentiæ cura deesse non debeat, tamen, secundum apostolicam institutionem, qua domesticis fidei maxime jubemur bonum impendere *(Gal.* VI), eis Ecclesiis auxilii nostri suffragium impensius exhibere debemus, quæ sub nostræ provisionis tuitione consistunt, et pro nostro et totius imperii statu speciali quodam studio orare non desistunt. Neque vero minoris gratiæ est constructa reformare quam nova ædificare. Unde noverit omnium fidelium nostrorum, tam futuræ quam præsentis ætatis, industria quod nos, venerande abba Wibalde, fidelitatis tuæ constantiam et labores, quos nobiscum in administratione imperii nostri perfers, pensantes Ecclesiam tuam in omnibus defensare et privilegiis imperialibus munire decrevimus. Quæcunque igitur ecclesiæ tuæ, id est Stabulensi a regibus Sigiberto, Hidrico, Clodoveo, Dagoberto, seu cæteris qui constructores fuerunt præfati loci, data sunt, sive ab imperatoribus Carolo, Ludovico, et tribus Ottonibus, Cuonrado etiam et quinque Heinricis, et cæteris fidelibus, qui eidem ecclesiæ aliqua bona contulerunt, confirmamus et corroboramus. Habeant itaque monachi ejusdem loci liberam potestatem eligendi abbatem, secundum Regulam S. Benedicti et formam canonum, ita ut utraque monasteria, id est Stabulaus et Malmundarium, semper sub unius abbatis regimine consistant. Et quia in eorum principali, id est Stabulaus, beatus Remaclus sepulturæ locum sibi elegit, semper apud Stabulaus electio fiat, ea præponderante ratione, ut de conventu Stabulensis Ecclesiæ, idonea persona, si inventa fuerit, primo assumatur. Quod si minime, quod non credimus, ex eo loco promoveri aliquis potuerit, tunc primum ex Malmundariensi, vel ex alieno loco apta persona requiratur. Quidquid hactenus quiete et inconvulse possederunt, quidquid per concambia mutaverunt, immobiliter eos possidere decernimus. Statuimus etiam ut unum tantum advocatum habeant, qui, si secundum a se instituere voluerit, bannum a nobis accipere debebit. Qui advocati in curtibus ejusdem Ecclesiæ neque mansiones, neque hospitia debent habere, et in omnibus placitis abbatis, nec adesse, nec aliquod jus exigere debent, nec precarias facere, nec paraveredos sumere, nec freda, nec paraturas, nec redibitiones exposcere, nullam prorsus exactionem facere. Sed si ab abbate ob necessariam causam fuerint invitati, in eis, duntaxat causis, quas abbati correxerint, tertiam partem accipient, neque in his rebus quas eadem Ecclesia adhuc acquiret, aliud quam prædictum est jus nunquam obtineant. Hoc etiam secundum antiquam constitutionem confirmamus, ut abbates nullam expeditionem, nullum exercitum, nulla arma, nullam pro eis redemptionem, vel commeatum unquam nobis vel missis nostris exhibeant. Sed advocatus, qui a nobis et ab ipso abbate beneficium propter hoc ipsum habet, sine supplemento abbatis, vel omnium suorum diligenter exsolvat, hoc quoque in eodem loco abjudicari fecimus, et præsenti privilegio inviolabiliter sancimus, ne jure hæreditario villici vel judices fiant, sed utrumque ministerium, id est villicaturæ et juweriæ, in potestate abbatis et gratia consistat, et eis jure et lege ministeriorum, et non jure beneficiorum diem et legem abbates constituant. Omnia vero beneficia quæ abbas Poppo secundus dedit lege sempiterna damnamus et irrita esse, juxta prædecessoris nostri imperatoris Heinrici sententiam, decernimus. Villam Turnines, quæ ad mensam fratrum pertinet, quam eis Godefridus comes Namurcensis injuste abstulit, quamque judicio curiæ in manu imperatoris Heinrici refutavit, jure proprio fratribus confirmamus, et villam Vilippam, juxta privilegium ejusdem imperatoris, quam Warnerus de Kerpene injuste invaserat, fratribus æterna firmitate restituimus. Terminos banni leugæ, juxta decreta omnium antecessorum nostrorum, regum videlicet ac imperatorum, confirmamus, et banni nostri interpositione munimus. Quidquid eadem Ecclesia acquisivit, vel juste acquiret, scilicet villas, castella, prædia, mansos, mancipia, telonea, pontatica, itus vel reditus et omnia prorsus publica et regia vectigalia, sicut hactenus tenuit, ita deinceps sine ulla refragatione vel inquietatione firmiter possidere imperiali auctoritate sancimus. Et ut omnia rata et inconvulsa permaneant, et privilegio præsenti firmavimus et sigilli nostri insigniri fecimus.

Signum domni Lotharii tertii Romanorum imperatoris invictissimi.

Ego Ebenurdus vice Uderipi Uruloensis recognovi.

Data anno Dominicæ Incarnationis 1136, XVI Kal. Septembris, indictione XIV, anno vero regni regis Lotharii secundo, imperii tertio.

Actum Werzeborch in Christi nomine feliciter. Amen.

IX.

Diploma Lotharii II, imperatoris aureis characteribus exaratum bullaque aurea insignitum. — In gratiam Wibaldi abbatis, cujus fidelitatem et servitia laudat, omnes Stabulensis monasterii immunitates et possessiones confirmat, electionemque abbatis ex monasterio Stabulensi præ Malmundario, si dignus reperiatur, assumendi, jura advocatorum et eorum officia aliaque determinat.

(Anno 1157.)

In nomine sanctæ et individuæ Trinitatis, LOTHARIUS Dei gratia Romanorum imperator Augustus, WIBALDO Stabulensi abbati suisque successoribus in perpetuum.

Cum omnium Dei Ecclesiarum paci ac quieti et utilitatibus nostra imperialis sollicitudo ac potentia consulere debeat, tum maxime benignitatis et curæ nostræ studium circa eas Ecclesias invigilare oportere credimus, quæ ad imperium nostrum pertinent, et, ut ita dictum sit, nostro imperio cohærent, quæ etiam jugi et assiduo orationum suffragio nos et imperium nostrum adjuvant, et in temporalibus imperii administrationibus nostros et labores et expensas fideliter supportant. Quocirca Stabulense monasterium a prædecessoribus nostris regibus et imperatoribus nobiliter constructum, et magnis possessionibus ampliatum, multisque privilegiis magnifice honoratum, et libertate singulari donatum, cum tanquam nostrum proprium arctius diligamus, et in omnibus juste opitulari velimus, præcipue tamen personam domni ac venerabilis abbatis Wibaldi, qui eidem cœnobio regulariter præest, præcipuo amore ac familiaritate nostra dignam judicamus, cujus fides et devotio circa stabilitatem et honorem imperii nostri in hac Italica expeditione manifeste satis enituit, qui post multos labores et pericula, quæ pro nobis et nobiscum in administratione nostri imperii in Apulia fideliter pertulit, nobis redeuntibus in monasterio Casinensi a fratribus ejusdem loci et universo populo violenta et admirabili prorsus electione in abbatem raptus, et ad honorem et firmitatem nostri imperii remanens, nostram celsitudinem petiit, ut Stabulense monasterium, cujus curam ipse non deposuerat, et res ad ipsum pertinentes nostro imperiali privilegio munire et confirmare dignaremur. Cujus petitioni piæ et rationabili facilem assensum præbentes, jam dictum Stabulense monasterium cum Malmundario et omnibus prorsus appendiciis, secundum instituta et præcepta regum Sigiberti, Dagoberti, Theoderici, Childerici et aliorum nec non imperatorum Caroli, Ludovici et trium Ottonum, Conradi quoque, et Heinricorum quinque, in nostram tutelam suscepimus, ita videlicet ut nunquam liceat alicui regum vel imperatorum eamdem abbatiam cum omni integritate et advocatia omnium possessionum ejus ullo alienationis modo scindere a regno, vel alium ei dominum imponere, vel alicui in beneficium aut in concambium dare, sed semper ad nostram nostrorumque successorum manum et servitium inconvulsa stabilitate permaneat, et libertate sibi collata pacifice potiatur, nullum teloneum, nullum pontaticum, nullum transitum vel exitum, nullum denique publicum terra aquave vectigal, aut pensionem monachi sive ipsorum homines in nullo regni nostri loco persolvant, terminos banni leugæ, secundum quod in antiquioribus privilegiis nominati et inscripti sunt, cum omni immunitate et comitatu suo, sicut hactenus eadem Ecclesia possedit, ita per succedentia tempora immobiliter obtineat.

Sancimus etiam prædecessorum nostrorum more, ut Malmundarium cum omnibus suis pertinentiis a Stabulensi nunquam divellatur aut separetur monasterio, secundum quod jam tertio tentatum est, sed judicio principum legitime cassatum, et imperatoriis privilegiis finaliter est decisum. Defuncto igitur per successionem abbate, monachi utriusque loci Stabulaus in capitolium concorditer veniant, habeantque liberrimam facultatem secundum sancti Benedicti Regulam eligendi sibi abbatem, ea tamen præponderante ratione, ut quia beatus Remaclus utriusque Ecclesiæ constructor et primus abbas, Stabulaus quiescere, et locum illum Malmundario sua sepultura et ordinatione abbatum præferre voluit, Stabulenses primam vocem in electione obtineant, et de Stabulensi conventu, si digna fuerit inventa persona, abbatem eligant. Quod si nulla ibidem idonea persona, quod fieri posse non credimus, inventa fuerit, potius a Malmundariensi conventu, quam ab extraneis abbas eligatur. Cæterum si inter se nullam ad hoc officium personam aptam invenerint, liceat eis libere de alio quocunque regulari loco sine contradictione alicujus abbatem eligere, et a nobis vel successore nostro regni more investitum, a Leodiensi episcopo, cui nullum servitii genus, vel hospitium, seu prandium debet, consecrationem et monachorum suorum ordinationem sine pretio aut ulla exactione accipere. Advocatum a nostra manu accipiat, qui nobis exercitum et expeditionem, et quæ ad ipsam pertinent pro summa et debito sui beneficii faciat, abbate, et suis omnibus super hoc quiescente, et nullam pro hoc nobis aut ipsi advocato redemptionem aut supplementum præstante. Qui advocatus, si secundum a se advocatum ordinare voluerit, ille secundus bannum a nostra manu accipere debebit. Plures autem advocatos in ejusdem abbatiæ curtibus fieri nostro imperiali banno perpetua censura interdicimus. Qui advocatus in curtibus et villis nullum hospitium, nullum placitum, nullam prorsus exactionem debet habere, non freda, non redhibitiones exigere, non precarias vel incisuras facere, non palefridos tollere, sed omnium rerum et culparum potestas et ordinatio, justitia et utilitas penes abbatem et monachos, et eos quos ipsi ordinaverint libere tota consistat. Ubi vero abbas cum suis ad justitiam faciendam non sufficerit, si advocatus petitione abbatis, quia aliter nunquam debet, venerit, tertiam portionem de his, quæ ex illa duntaxat justitia accrescent, habebit. Castellum Longiæ cum toto montis corpore et utrisque vallibus et comitatu, ad indominicatam abbatis manum et potestatem et ordinationem, cum omnibus beneficiis et casatis, qui ad custodiam ipsius castelli pertinent, semper spectare et pertinere decernimus, nec in ipso castello, aut in possessionibus ad ipsum pertinentibus, aliquam habitationem vel potestatem advocatum habere permittimus. Quidquid eadem Ecclesia munificentia regum aut imperatorum vel religiosorum Christianorum largitione obtinuit, tam in fundis quam ecclesiis, capellis, decimationibus et omnibus eorum appendiciis et commoditatibus, sicut hactenus possedit, sive illa quæ deinceps justis modis obtinere potuerit, parva vel magna, ubicunque locorum fuerint, sub nostræ tuitionis potestate immobiliter ei confirmamus, et maxime possessionem quam Aquisgrani eadem habet Ecclesia, id est domum indominicatam et capellam indominicatam et liberam et domos triginta in una parte viginti quinque per ordinem et sine interruptione positas, scilicet a domo illa quæ fuit Cameracensis episcopi usque ad fossatum in ea parte qua itur ad pontem Harduini, et in alia parte viæ ante præfatam capellam Sanctæ Aldegundis quinque domos, et sex bonuarios terræ ibidem circumquaque jacentes, et septem bonuarios in villa quæ dicitur Vals, et unum mansum in monte Hillini. Quæ omnia cum suis usibus et servitiis et censu libere ad Stabulensem Ecclesiam pertinere statuimus, nec liceat alicui nostrorum mariscalcorum vel principum in præscriptis domibus, nolente Stabulensi abbate, hospitium aut ullum servitium habere. Et quia inter nostros et Ecclesiæ Stabulensis ministeriales, de servitio quod Stabulensis annuatim debet Ecclesia, non conveniebat, dicentibus nostris per singulas fruges Ecclesiam qualecunque debere servitium; fidelibus vero Ecclesiæ econtra dicentibus septimo anno plenum et regale servitium debere, nos prædicti abbatis Wibaldi meritis, ejusque petitioni, cui contraire non possumus, in perpetuum concedimus et confirmamus, ut tam ipse quam sui successores viginti marcas aut viginti marcarum servitium singulis annis, si Aquisgrani venerimus, nobis aut nostris successoribus persolvat. Quod si vel Stabulaus vel in villas ad ipsum monasterium pertinentes nos aut successores nostros venire contigerit, aut triginta marcas aut triginta marcarum servitium exsolvet, nusquam vero nisi aut in domibus ipsius cœnobii aut Aquisgrani præfatum servitium aut servitii redemptionem nobis vel successoribus nostris præstabit. Et quotiescunque nobis serviet, de singulis clericis suis, qui matrices ecclesias tenent, quinque solidos, et a singulis villicis suis quinque solidos, et per singulos mansus Ecclesiæ duodecim denarios accipiet, nullis mansis pro alicujus beneficio vel pacto sive pignore, seu servitio ab hac pensione immunibus. Et ut hoc ratum inconvulsumque in omnia tempora maneat, hoc præceptum et propria manu signavimus, et aurea bulla insigniri fecimus.

Testes etiam qui adfuerunt subter annotari fecimus : Albero Treverensis archiepiscopus, Cuonradus Madeburgensis archiepiscopus, Meingoldus Merseburgensis episcopus, Albero Basiliensis episcopus, Albero Leodiensis episcopus, Andreas Trajectensis episcopus, Anselmus Halvelbergensis episcopus, Heinricus Tullensis episcopus; Cuonradus abbas Vuldensis, Henricus dux Bavariæ et marchio Tussiæ, Cuonradus, marchio de Witin, Meinfridus marchio, Fredericus marchio de Aniona et frater ejus Warnerus, comes Landulfus, Bucca Vitelli, comes Poppo, comes Adulphus, et alii multi barones Romani Imperii.

Signum domni Lotharii III (219) Romanorum imperatoris invictissimi.

---

(219) Et si secundus proprie hoc nomine imperator fuerit Lotharius, tertium nihilominus se nominat, quia tertius ex regibus Alemannis, Lotharii nomine insignitis, ipse ad imperium fuit assumptus, id quod in multis aliis chartis observatum deprehendimus; tametsi secundus Lotharius rex duntaxat, nunquam vero imperator exstitit.

Ego Ethardus vice Heinrici Ratisponensis episcopi et archicancellarii recognovi.

Ego Engelbertus monachus vice Bertulfi notarii scripsi.

Data anno Dominicæ Incarnationis millesimo centesimo trigesimo septimo, indictione prima, decimo Kalend. Octobris, anno vero regni regis Lotharii tredecimo, imperii quinto.

Actum Aquini in Campania, in Christi nomine feliciter. Amen.

X.

Charta Wibaldi abbatis Stabulensis. — Decimas de Femala Leodiensi Sancti Martini ecclesiæ concedit.

(Anno 1138.)

In nomine sanctæ et individuæ Trinitatis, WIBALDUS, Dei gratia Stabulensis abbas successoribus suis.

Notum sit omnibus tam futuris quam præsentibus quod, anno ordinationis nostræ VIII, quidam Waltherus nomine, portionem possessionis et decimationis, quam in ecclesia de Femala habebat, in manus nostras reddidit : quam nos communi fratrum consilio et laicorum nostrorum, jure hæreditario possidendam fratribus ecclesiæ Beati Martini in Leodio concessimus, eo pacto, ut singulis annis duos denarios pro respectu ejusdem possessionis persolvant.

Actum est hoc anno Dominicæ Incarnationis 1138, indictione prima, regnante domno Cuonrado II, Romanorum rege, Alberone II in Leodio præsule.

Testes de fratribus sunt, Warnerus decanus, Ebroinus, Robertus, Cuono, cum omni ejusdem Ecclesiæ conventu ; de laicis vero, Anselmus villicus Stabulensis, Ebroinus, Gundricus, Heinricus de Valle, Franco de Francorchamp, Godefridus de Beves, et alii multi Ecclesiæ filii.

XI.

Diploma Conradi imperatoris.— In gratiam Wibaldi abbatis omnia monasterii privilegia, sed præcipue Lotharii bullam auream confirmat.

(Anno 1138.)

In nomine sanctæ et individuæ Trinitatis, CONRADUS, divina favente clementia Romanorum rex.

Cum omnium Dei ecclesiarum paci ac quieti et utilitatibus nostra regia sollicitudo, ac potentia consulere debeat, tum maxime benignitatis et curæ nostræ studium circa eas Ecclesias invigilare oportere credimus, quæ ad regnum nostrum pertinent, et, ut ita dictum sit, nostro regno cohærent, quæ etiam jugi et assiduo orationum suffragio, nos et regnum nostrum adjuvant, et in temporalibus regni administrationibus nostros et labores et expensas fideliter supportant. Stabulense itaque monasterium a prædecessoribus nostris regibus et imperatoribus nobiliter constructum, et magnis possessionibus ampliatum, multisque privilegiis magnifice honoratum et libertate singulari donatum, cum tanquam nostrum proprium arctius diligamus, et in omnibus juste opitulari velimus, præcipue tamen personam domni ac venerabilis abbatis Wibaldi qui eidem cœnobio regulariter præest, præcipuo amore ac familiaritate nostra dignam judicamus ; cujus fides et devotio circa stabilitatem et honorem regni nostri, et in expeditione Italica sub prædecessore nostro imperatore Lothario, et in nostra ad regiam gloriam ordinatione, satis enituit. Ejusdem itaque abbatis petitione, cui nihil justum negare volumus, jam dictum Stabulense monasterium, cum omnibus suis appendiciis, secundum instituta regum Sigeberti, Dagoberti, Clodovei, et aliorum, nec non imperatorum Caroli, Ludovici, et trium Ottonum, ac divæ recordationis Conradi imperatoris abavi nostri, et trium Henricorum, in nostram tutelam suscipimus, ita videlicet ut nunquam liceat alicui regum vel imperatorum eamdem abbatiam cum omni integritate, et advocatiam omnium possessionum ejus, ullo alienationis modo scindere a regno, vel alium ei dominum imponere, vel alicui in beneficium aut in concambium dare ; sed semper ad nostram nostrorumque successorum manum et servitium inconvulsa stabilitate permaneat, et libertate sibi collata pacifice potiatur. Nullum teloneum, nullum pontaticum, nullum transitum et exitum, nullum denique publicum terra aquave vectigal, aut pensionem, monachi sive ipsorum homines in nullo regni nostri loco persolvant. Terminos banni leugæ, secundum quod in antiquioribus privilegiis nominati et inscripti sunt, cum omni immunitate et comitatu suo, sicut hactenus eadem Ecclesia possedit, ita per succedentia tempora immobiliter obtineat. Sancimus etiam, prædecessorum nostrorum more, ut Malmundarium cum omnibus suis pertinentiis, a Stabulensi monasterio nunquam divellatur, aut separetur, quod jam tertio tentatum est, sed judicio principum legitime cassatum, et imperatoriis privilegiis finaliter est decisum. Defuncto igitur per successionem abbate, monachi utriusque loci Stabulaus in capitolium concorditer conveniant, habeantque liberrimam facultatem, secundum sancti Benedicti Regulam, eligendi sibi abbatem, ea tamen præponderante ratione, ut quia beatus Remaclus utriusque ecclesiæ constructor et primus abbas, Stabulaus quiescere, et locum illum Malmundario pro sua sepultura præferre voluit, Stabulenses primam vocem in electione obtineant, et de Stabulensi conventu, si digna fuerit inventa persona, abbatem eligant. Quod si nulla ibidem persona (quod fieri posse non credimus) inventa fuerit, potius a Malmundariensi conventu, quam ab extraneis abbas eligatur. Cæterum, si inter se nullam ad hoc officium personam aptam invenerint, liceat eis libere de alio quocunque regulari loco, sine contradictione alicujus, abbatem eligere, et a nobis vel successore nostro regni more investitum, a Leodiensi episcopo, cui nullum servitii genus debet, consecrationem et monachorum suorum ordinationem accipere. Advocatum a nostra manu accipiat, qui nobis expeditionem, et quæ ad ipsam pertinet, pro summa et debito sui beneficii faciat; abbate et suis omnibus super hoc quiescente, et nullam pro hoc nobis aut advocato redemptionem aut supplementum præstante. Qui advocatus, si secundum a se advocatum ordinare voluerit, bannum a nostra manu accipere debebit. Plures autem advocatos in ejusdem abbatiæ curtibus fieri nostro regio banno perpetua censura interdicimus. Qui advocatus, in curtibus et villis nullum hospitium, nullum placitum, nullam prorsus exactionem debet habere, non freda, non redhibitiones exigere, non palafridos tollere, sed omnium rerum et culparum potestas et ordinatio, justitia et utilitas penes abbatem et monachos et eos quos ipsi ordinaverint, libere tota consistat. Ubi vero abbas cum suis ad justitiam faciendam non suffecerit, si advocatus petitione abbatis, quia aliter nunquam debet, venerit, tertiam portionem de his quæ ex illa duntaxat justitia accrescent, habebit. Castellum Longiæ cum toto montis corpore, et utrisque vallibus, ad indominicatam abbatis manum et potestatem et ordinationem cum omnibus beneficiis et casatis, qui ad custodiam ipsius castelli pertinent, semper spectare et pertinere decernimus; in cujus valle mercatum et publicas nundinas, datis ad vendendum chirotecis nostris, auctoritate regia instituimus. Quidquid eadem ecclesia munificentia regum aut imperatorum, vel religiosorum christianorum largitione obtinuit, tam in fundis quam ecclesiis et omnibus eorum appendiciis et commoditatibus, sicut hactenus possedit, sive illa quæ deinceps justis modis obtinere potuerit, parva vel magna, ubicunque locorum fuerint, sub nostræ tuitionis potestate immobiliter ei confirmamus, et præcipue villam *Tornines*, quam a divæ memoriæ imperatore Ottone præfatæ ecclesiæ redditam Godefridus Namurcensis comes invaserat, sed a supradicto abbate in curia nostra Coloniæ super hoc proclamatus, judicio principum nostrorum, et præcipue Salicorum, in manus nostras reddidit et refutavit, nosque in manu abbatis per præsentis privilegii paginam ad usus fratrum delegavimus. Villam quoque Vilippam tempore avunculi nostri piæ recordationis imperatoris Heinrici injuste ablatam supradicto monasterio reddimus. Villam *Sprimont* cum ecclesia et decimationibus et terris ad ipsam ecclesiam pertinentibus, sicut dux Fredericus pro anima sua ecclesiæ tradidit, in perpetuum confirmamus. Quidquid prædecessor noster imperator Lotharius prænominato fideli suo et nostro, abbati in monte Cassino ad honorem regni remanenti, per auream bullam concessit, nos quoque stabiliter ei concedimus et confirmamus. Et ut hoc ratum, inconvulsumque in omnia tempora permaneat, hoc præceptum sigilli nostri impressione et propriæ manus insignivimus; testes quoque qui adfuerunt subter annotari fecimus, quorum nomina: sunt hæc Thedeuvinus Sanctæ Rufinæ cardinalis episcopus et apostolicæ sedis legatus, Arnoldus Coloniensis archiepiscopus. Albero Trevirensis archiepiscopus, Albero Leodiensis episcopus, Andreas Trajectensis episcopus, Embrico Werceburgensis episcopus, Warnerus Monasteriensis episcopus, Udo Osenburgensis episcopus, Nicholaus Cameracensis episcopus, Waleramnus dux, Heinricus filius ejus, Wilhelmus comes Palatinus, Godefridus de Ascha qui judicium fecit de *Tornines* †. Godefridus de la Rotza, Heinricus frater ejus, Theodericus judex Aquensis.

Signum Conradi secundi Romanorum regis invictissimi.

Ego Arnoldus cancellarius vice summi cancellarii Maguntini scripsi et subscripsi.

Anno Dominicæ Incarnationis 1138 indictione prima.

Datum Coloniæ tertio idus Aprilis.

XII.

Charta Wibaldi abbatis.— De restauratione Castelli, et translatione villæ Longiæ.

(Anno 1138.)

In nomine sanctæ et individuæ Trinitatis, WIBALDUS Dei miseratione Stabulensis abbas indignus, suis successoribus, cunctisque Stabulensis cœnobii fidelibus tam futuris quam præsentibus.

Misericordiæ et miserationum Dei quæ a sæculo sunt reminiscentes, et pro gratia nobis collata Deum in omnibus suis beneficiis magnificantes, mirabilem eum laudamus et prædicamus, qui nos humiles et indignos ad Stabulensis cœnobii regimen promovit, et intra ipsius monasterii domum investitura regia per bonæ memoriæ domnum imperatorem Romanorum Lotharium tertium, et sacerdotali benedictione per domnum Alexandrum Leodiensem episcopum ad abbatiæ prælationem provexit. Horum igitur et omnium in eadem ecclesia collatorum nobis divinitus recolentes beneficiorum, honori loci et utilitati tam futuræ quam præsenti pro nostra capacitate et facultate diligenter invigilavimus, sed impediente malitia temporis et frequentibus regiis servitiis, laboribusque et expensis assidue occupati et fatigati, quantum desideravimus, ad operis efficaciam minime perducere valuimus. Castellum Longiæ, quod ad tuitionem totius terræ nostræ ab antecessoribus nostris, viris utique prudentibus et religionis ædificatum est, et necessariis custodibus ac vigiliis, datisque multis et magnis possessionibus diligenter ordinatum, quoniam fere totum collapsum erat, et raris inhabitatoribus incolebatur, et crescentibus super terram malis et infidelitate hominum, de proditione timebatur, communi fratrum et hominum nostrorum consilio, quamvis opibus impares, totum tamen montis corpus ædificare aggressi sumus, partim nova instaurando, partim vetera resarciendo. In ea itaque montis parte, quæ ad aquilonem respicit, nostris propriis expensis turrim novam ædificavimus, datis pro annuo beneficio c solidis, dedimus eam ad servandum Nicholao ministeriali nostro tanquam nostram propriam, nullo prorsus feodo obligatam, accepto ab ipso per sacramentum et obsides sufficienti securitate, quod ad nostram voluntatem et jussionem sine dolo et fraude nobis eamdem turrim redderet, nec contra nostram et successorum nostrorum regulariter ordinatorum voluntatem, eam aliquando retineret. Hoc quoque in eisdem conditionibus firmatum est, ut hæres ipsius aut prohæres qui in eodem beneficio et custodia illi succederet, de propria familia ecclesiæ esset, nec alterius conditionis vir aut mulier ad custodiendam domum illam jure aliquo hæreditatis accederet. Verum quoniam solitudo quædam erat circa castellum et ædificia, hæc ad necessarium ornatum et munitionem et comeatum victualium non sufficiebant, et quia villa, quæ Longia dicebatur, juxta rivi fluentum longe dispersa, et a castello remota omnium injuriis patebat, visum nobis est eamdem villam sub castello in valle orientem versus collocare. sicque nundinis et foro instituto, castellum decore, munitione, custodia, necessariis comeatibus adjuvare. Cæterum tota villa hominibus nostris aut hæreditate aut allodio competebat, comitatu tantum et banno ad nos pertinente, sed et partem montis, et totam vallem, quæ nunc ædificata est hæreditaria possessione suam esse dicebant; unde non modico labore et aliquibus expensis, omnibus expeditis obstaculis, vallem cum toto montis corpore ab omnium dominatione et reclamatione absolutam et liberam ad nostram et successorum nostrorum manum recepimus. Sicque dimensa fori platea, quæ trecentos fere pedes habet in longitudine, et plusquam sexaginta in latitudine, positisque quatuor limitibus, reliquum montis et vallis ad habitandum apte distribuimus, impetrata emissione habitatoribus, ut cum licentia dominorum suorum transmigrarent. Quæ omnia privilegio domni nostri inclyti et victoriosissimi Romanorum regis Cuonradi secundi confirmari Coloniæ in curia fecimus, acceptisque pro initiandis banno regio in foro nundinis ad vendendum suis chirotecis. Et ut majori frequentia locus idem semper incoleretur, dedimus habitatoribus omnem terram, quam vel domibus et aliis ædificiis, vel hortis, seu aliquo culturæ modo occuparent in æternam proprietatem, ut nullum inde censum, nullum servitium, nullam prorsus justitiam alicui hominum persolvant; sed libere possideant, utantur, fruantur, vendant et commutent, nullo contradicente, et quidquam pro hoc exigente. Quicunque de nostris hominibus qui ad altare principale, vel ad alia ecclesiarum nostrarum altaria, vel ad curtes nostras quæ nondum feodo obligatæ sunt, et ad nos quocunque modo pertinent, ibidem habitaverit, liber erit, id est neque ullum censum, aut redemptionem, nullam pro defuncta manu justitiam vel summam, si

uxorem ad aliam ecclesiam pertinentem habuerit, exsolvet; nullum glandaticum, nullum teloneum, aut transitum, aut precariam, vel paratam nobis aut alicui advocato aut vicecomiti seu misso regio dabit, sed omni libertate potiatur. Verumtamen, si servus alicujus in eodem loco habitare voluerit, omnes consuetudines et justitias suas ei dabit, et quascunque possessiones . . . . . . exceptis duntaxat præscriptis mansis, omnem ei . . . . . . sine contradictione exhibebit. Nobis autem et successoribus nostris . . . . . . et regulariter ordinatis, hæc tantummodo servitia facient, hospitia nobis et nostris præstabunt, domus in quibus hospites non erunt . . . . . . nobis præstabunt, qui vero carnes aut panem, seu cervisiam vendent, credent nobis XII denarios, et venditor vini v solidos, ultra quos nobis credere ex justitia non habebunt. Ad nullum prorsus . . . . . . nisi pro his quæ ad comitatum pertinent, et pro rixa publica . . . . . . pro dolo et fraude et falsitate in mensuris et ponderibus manifeste . . . . . . pro injustitia alicui proclamanti illata, pro pecunia alicui reposcenti negata. Quarum omnium culparum compositio LXX solidorum erit, exceptis duabus . . . . . . nulli successorum nostrorum liceat eamdem villam in feodum dare, aut oppignorare, aut commutare, aut ullo modo alienare, vel alias consuetudines, sine consensu fratrum et ministerialium nostrorum et ipsorum habitatorum imponere. Quod si quis facere præsumpserit, cujuscunque sit ordinis aut dignitatis, anathema sit.

Actum est publice in monasterio Stabulensi nonis Junii, die Dedicationis ecclesiæ, et interposito nostro et omnium fratrum nostrorum multorumque qui ad idem festum convenerant, sacerdotum anathemate, confirmatum anno Dominicæ Incarnationis 1158, qui est primus ordinationis domni Chonradi II Romanorum regis invictissimi, indictione prima. Walerano duce Lotharingiæ quæ est Mosellanorum, Godefrido de Rupe advocato Stabulensi, Friderico de Asca subadvocato, qui et ipsi confirmaverunt, anno nostræ ordinationis VIII. Et ut hoc verius credatur, et per succedentia tempora ratum inconvulsumque teneatur, hanc eamdem chartam nostro proprio et communi Ecclesiæ sigillo insigniri fecimus, et fratrum nostrorum nomina subter adnotavimus.

Signum domni Wibaldi abbatis, Signum Warneri decani. Sign. Ebroini. Sign. Roberti. Sign. Cuononis. Sign. Engonis. Sign. Emmonis, Sign. Anselmi. Sign. Warneri. Sign. Gisleberti.

Testes sunt de familia Ecclesiæ, Nicolaus de Longia et Adelardus frater ejus, Reinerus et Heribrandus de Longia castellani, Adelardus et Widericus de Ville, Widericus Albus et Widericus Niger de Rona, Balduinus de Loregeis, Arnulfus et Nicolaus de Holdrichamp, Anselmus villicus Stabulensis, Ebroinus, Gundricus, Erchenbertus, Erleboldus, et alii multi Ecclesiæ filii.

XIII.

Diploma Alberonis episcopi Leodiensis. — De possessione Turnines auctoritate pontificia et regia Stabulensi monasterio restituta.

(Anno 1139.)

In nomine sanctæ et individuæ Trinitatis. ALBERO divina præordinante clementia Leodiensis Ecclesiæ episcopus, licet indignus, dilecto fratri WIBALDO Stabulensis Ecclesiæ venerabili abbati, suisque successoribus in perpetuum. Officii nostri sollicitudo desiderat ut loquentes veritatem cum proximo nostro, non agamus dolum in lingua nostra, sed quæ vidimus et audivimus, hoc sine ullius acceptione personæ testemur. Quocirca calamitati et laboribus Stabulensis Ecclesiæ paterno affectu plurimum compatientes, quæ de possessione sua Turnines nobis præsentibus et pro facultate nostra collaborantibus egerit, præsenti scripto nostro ad posterorum nostrorum memoriam transmittere curavimus. Igitur cum Stabulensis Ecclesia, ex privilegio divæ memoriæ imperatoris Ottonis primi, haberet ne villa Turnines eidem monasterio jure antiquo pertinens, ullius prorsus auctoritate personæ in beneficium dari posset, sed victui et quotidianis expensis Stabulensium fratrum perpetuo deserviret, cumque reclamante fratrum conventu præfata villa contra sacrorum canonum instituta, concessione quorumdam abbatum de præbenda fratrum ablata esset, domnus Wibaldus, abbas Stabulensis avunculum nostrum Namucensem comitem Godefridum qui eamdem villam injuste habebat, in curia domni nostri Cuonradi secundi serenissimi Romanorum regis proclamavit, et prænominatam villam judicio curiæ recepit. Aliquanto vero plus tempore germanus noster Eustachius Leodii advocatus sæpefatam villam Turnines per vim occupavit, hoc scilicet rationis prætendens, quod Wigerus de Woronna, cujus filiam uxorem duxerat, a prædicto avunculo nostro Namucense comite, eamdem villam in beneficium acceperat. Verumtamen nos, evidentis justitiæ ratione commoti, tum ex admonitione reverentissimi Patris nostri papæ Innocentii et jussione piissimi regis nostri Cuonradi secundi, annitentibus sedulo pro Stabulensi Ecclesia domno metropolitano Arnoldo sanctæ Coloniensis Ecclesiæ archiepiscopo, nec non Alberone Trevirensi archiepiscopo apostolicæ sedis legato, non pepercimus carni et sanguini, sed eo usque fratrem nostrum ecclesiastica auctoritate coegimus, ut villam Turnines cum omnibus inde ablatis Stabulensi monasterio restitueret, facta insuper coram nobis promissione, quod de eodem bono nullam deinceps violentiam inferret. Quod nos episcopali banno nostro firmavimus, et petitione fratrum nostrorum majoris Ecclesiæ canonicorum per præsentem paginam memoriæ longiori commendavimus.

Huic rei interfuerunt prælati et canonici majoris ecclesiæ, Fredericus præpositus et archidiaconus, Elbertus archidiaconus et præpositus ecclesiæ Sancti Martini, Dodo archidiaconus et præpositus Sancti Bartholomæi, Reinerus archidiaconus et præpositus Sancti Pauli, Alexander archidiaconus et custos, Joannes archidiaconus et præpositus in Eche, Reinzo decanus et abbas civitatis, Elbertus abbas Sancti Jacobi, Wazelinus abbas Sancti Laurentii, Gislebertus abbas Sancti Hugberti, Theodericus abbas Walciodorensis, Waltherus Flonensis abbas: interfuit etiam confrater noster Albero Virdunensis episcopus, et Odo abbas Sancti Remigii Remensis: nobiles et liberi homines, comes Lambertus, Heinricus du Rupe, Ebaldus de Florines, Wilhelmus de Cimaco, Sthephanus de Meanz, Gozuinus de Falconismonte, et alii multi.

Actum est hoc publice Leodii in capitolio Sanctæ Mariæ Sanctique Lamberti, anno Dominicæ Incarnationis 1139, indictione III, regnante domno Cuonrado II, anno regni eius II ordinationis autem nostræ II (220).

XIV.

Diploma Conradi II imperatoris Wibaldo abbati concessum. — Varia Stabulensis monasterii privilegia confirmat.

(Anno 1140.)

In nomine sanctæ et individuæ Trinitatis., CUONRADUS II, divina favente clementia Romanorum rex.

Si fidelium nostrorum justas et honestas petitiones clementer exaudimus, et Dei omnipotentis gratiam, qui pauperem facit et ditat, humiliat et sublimat, nobis conciliamus, et fidelium nostrorum benevolentiam et devotionem circa nos vehementius excitamus. Proinde notum facimus omnibus fidelibus Christi et nostris, videlicet tam futuris quam præsentibus, qualiter fidelis et charissimus noster venerabilis abbas Stabulensis Ecclesiæ Wibaldus, cujus studium et labor jampridem in nostro et regni servitio fideliter enituit, nostram præsentiam lacrymabiliter adiit, conquerens inter alias molestias, quas in revelanda ecclesia sua, quæ diu multumque corruerat, patiebatur, hoc sibi plurimum nocere, quod ministeriales sui, curtium suarum ministeria, id est judiciarias et villicationes per feodum et hæreditario jure vellent obtinere. Unde fiebat ut ordinatio abbatis et præpositorum inefficax esset, et coloni ecclesiæ ad inopiam redigerentur. Communi itaque principum nostrorum et generalis curiæ nostræ, quæ Leodii celebrabatur, consilio, obtentu etiam ejusdem venerabilis abbatis Wibaldi, judicari fecimus, quod nullus judex, qui vulgo scultetus dicitur, nullus villicus qui vulgariter major vocatur,

---

(220) Similem chartam eadem continentem dederunt Fredericus, Leodiensis Ecclesiæ præpositus, Reinzo decanus, et totum capitulum: quam proinde edere supervacaneum ducimus.

ministerium suum diutius habere et retinere valeat, nisi quandiu cum gratia abbatis deservire queat, sed quotiescunque jussus fuerit reddere, sine contradictione reddat, nec filius post obitum patris per haereditatem repetat, sane ut a nobis, itemque a praedecessoribus nostris saepefatum est, hoc perpetua stabilitate Stabulensi Ecclesiae concedimus et confirmamus, ut nullo unquam tempore eadem abbatia in beneficium aut concambium alicui omnino personae donetur, sed in defensione et ordinatione et mundiburgio regum vel imperatorum semper consistens, propria et antiqua libertate potiatur, nulli mortalium servitium aut subjectionem, nisi nobis, nostrisque successoribus regibus videlicet vel imperatoribus unquam praestitura. Habeant autem monachi liberam facultatem eligendi quemcunque voluerint abbatem, secundum regulam Sancti Benedicti, ita videlicet ut monachis Malmundariensibus in capitolium Stabulaus convenientibus, Stabulenses primam in consilio et electione vocem et auctoritatem obtineant, et ex Stabulensi conventu, si digna fuerit inventa persona, principaliter et sine contradictione Malmundariensium, eligant. Hoc quoque immobiliter statuimus, ut Malmundarium nunquam a Stabulaus separetur, sed sicut a principio factum est, subjectum velut suo majori Malmundarium, ab uno abbate inseparabiliter regatur. Et quoniam advocatorum violenta rapacitas multis datis indiciis ac privilegiis, vix exerceri potest, Stabulensi Ecclesiae stabili firmitate concedimus et praecipimus ut advocatus in curtibus ejusdem ecclesiae, sive in ministerialibus, vel in tota familia, nullam justitiam, nullum placitum, nullum hospitium, nullam precariam, nullam prorsus exactionem vel servitium habeat, sed omnis justitia, omnes lites, omnis causarum et placitorum utilitas ad abbatem, et ubi ipse voluerit, pertineat. Si vero per se abbas, aut per suos aliquid corrigere non potuerit, ad invitationem abbatis advocatus sine mora vel contradictione veniat, et tertiam partem de his, quae ex illa duntaxat justitia accreverit, accipiat. Advocatus expeditionem et arma pro summa et debito sui beneficii nobis successoribusque nostris procuret, abbate et ministerialibus et tota familia, atque omnibus ejusdem ecclesiae possessionibus super hoc liberis, et nullum nobis vel advocato supplementum praestantibus. Hoc quoque quod praedecessor noster imperator Lotharius III de servitio Stabulensis Ecclesiae diffinivit, et per auream bullam confirmavit, nos immobiliter statuimus, ut nusquam locorum nisi Aquisgrani servitium solvat, ubi post singulas messes, si illuc venerimus, viginti marcas argenti, vel viginti marcarum servitium exhibere debebit. Porro in ipsis ministeriis vel in villis ad monasterium pertinentibus, xxx marcas aut xxx marcarum servitium praestabit. Cum autem serviet abbas, unaquaeque matrix ecclesia, quae sui juris et ordinationis est, solvet quinque solidos, et unusquisque mansus duodecim denarios ejus monetae, quae in comitatu illo datur, ubi possessiones sitae sunt, nullis ecclesiis, nullis mansis, pro aliquo pacto aut beneficio, aut vadimonio, ab hac pensione immunibus : non enim regni servitium aliquo alienationis modo obligari vel retardari potest aut debet. Castellum Longiae cum oppido, quod idem venerabilis abbas Wibaldus sub monte construxit, ad abbatis manum et potestatem in perpetuum pertinere decernimus, ita videlicet, ut advocatus nullam justitiam, vel potestatem, sive mansionem illic habeat, nec liceat ulli abbatum inde quidquam in beneficio, vel concambio, vel praestaria, vel pignore, alicui mortalium concedere. Terminos banni leugae, sicut in antiquis privilegiis continentur, rata possessione confirmamus, ut nullus dux aut marchio, nullus comes aut vicecomes, nulla saecularis vel ecclesiastica magna parvave persona, in eis aliquam potestatem vel justitiam sive judicium exerceat, nulla persona quae ibidem habitat, alium quam abbatem dominum habeat, nec pro imparibus nuptiis, aut pro sanguinis effusione, vel pro defuncta manu, alii nisi abbati respondeat. Possessiones, quas proximis decem annis quiete possedit, cum omni sua integritate et usu, praefatae Stabulensi Ecclesiae confirmamus. Et ut hoc ratum inconvulsumque per omnia tempora maneat, praeceptum hoc conscribi et sigillo nostro insigniri praecepimus, manuque propria, ut infra apparet, corroboravimus.

Huic etiam nostrae confirmationi testes idoneos adhibuimus, quorum nomina haec sunt : Adelbertus Maguntinus archiepiscopus, Albero Trevirensis archiepiscopus apostolicae sedis legatus, Albero Leodiensis episcopus, Stephanus Metensis episcopus, Sigefridus Spirensis episcopus, Bucco Wormacensis episcopus, Embrico Wirceburgensis episcopus, Udo Cicensis episcopus, Bernardus Pathelbrunnensis episcopus, Udo Osnabrugensis episcopus, Fridericus Suevorum dux et Alsatiae, Adelbertus dux Saxoniae, Godefridus dux Lovaniensis, Wilhelmus comes Palatinus, Hermannus marchio, Tibaldus marchio de Voborch, Gebehardus comes de Sulcebach, Heinricus comes Namucensis.

Signum domni Cuonradi secundi Romanorum regis invictissimi.

Ego Arnoldus cancellarius vice Adelberti Moguntini archiepiscopi et archicancellarii recognovi.

Anno Dominicae Incarnationis 1140 indictione tertia, regnante Cuonrado Romanorum rege secundo, anno vero regni ejus secundo.

Data Wormaciae v Idus Februarii, in Christo feliciter. Amen.

XV.

Diploma Arnoldi archiepiscopi Coloniensis Wibaldo abbati concessum. — *Decimas novalium in villa Bullinga ei et suis successoribus in generali synodo concedit.*

(Anno 1140.)

In nomine sanctae et individuae Trinitatis, ARNOLDUS, Dei miseratione sanctae Coloniensis Ecclesiae archiepiscopus, WIBALDI Stabulensi abbati, suisque successoribus regulariter substituendis in perpetuum.

Sicut in Ecclesia Dei ipsius vocatione ac misericordia superiorem locum obtinere cernimur, ita fratrum nostrorum et pauperum curam propensius gerere debemus, quatenus ea quæ juste ordinata sunt, in suo statu conserventur, quæ vero aliqua ex parte labefactata fuerint, in antiquæ dignitatis robur, Deo auctore, reformentur. Quocirca noverit omnium fidelium Dei tam futurorum quam præsentium industria, quod venerabilis filius noster Wibaldus Stabulensis abbas, in synodum generalem, quam Deo præstante Coloniæ celebravimus, veniens, conquestus est nobis, quod in villa, nomine Bullinga, cujus ecclesia ad ipsum pertinet, coloni omissis agris, silvam stirpare, et ex ea uberes fructus capere jamdudum cœpissent, et quamvis ejus utilitatis quæ ex pastu porcorum in eadem silva colligatur decimatio, ad ipsum abbatem sine ullius contradictione pertineat, annonæ tamen decimatio ad ecclesiam Bullingam et abbatem pertinebat, eorumdem novalium decimatio quantacunque esset, jure ad prædictam ecclesiam et abbatem pertineret. Quod ut per omnia tempora ab omnibus conservetur, dedimus tibi, reverende abba Wibalde, et per te tuis successoribus in perpetuum, justo judicio decimationem omnium quæ ex novalibus præscriptæ silvæ provenerint, ut eam tuis tuorumque monachorum usibus totam coaptes, ac legitime possideas, ita videlicet ut nullo alienationis modo, alicui unquam personæ per te vel per tuos successores obligetur, sed necessitatibus Deo famulantium jugiter deserviat. Decimas etiam, quæ Ecclesiæ tuæ a prædecessore nostro felicis memoriæ Heriberto archiepiscopo collatæ et confirmatæ sunt, præsentis auctoritate paginæ Ecclesiæ tuæ, tibi et successoribus tuis confirmamus. Si quis sane contra hanc nostram constitutionem sciens agere præsumpserit, si commonitus errorem suum cito non correxerit, terribilem sanctorum apostolorum Petri et Pauli indignationem et nostram atque successorum nostrorum cum maledictione excommunicationem incurrat.

Testes sunt qui affuerunt, Arnoldus majoris ecclesiæ præpositus, Waltherus decanus, Gerardus, Bonnensis præpositus et archidiaconus, Herimannus Sanctensis præpositus et archidiaconus, Bruno præpositus de Sancto Gereone, Thiebaldus præpositus Sancti Severini, Wilelmus præpositus de Sancta Maria ad Gradus, ejusdem decaniæ decanus, Berno præpositus de Sancto Cuniberto, Theodericus præpositus de Sanctis Apostolis, Beringerus præpositus de Sancto Andrea, Fredericus præpositus de Sancto Georgio, Gerardus abbas (221) de Sancto Pantaleone, Rodulfus abbas (222-23) Tuitiensis, Amelius abbas (224) Brunwillariensis, Theodericus abbas de (225) Campis, Fulcoldus decanus de Sancto Cuniberto, Robertus decanus de Sancto Gereone, Fulcuinus decanus de Sancta Maria ad Gradus, Obertus magister scholarum ecclesiæ Sancti Petri, Joannes secundus magister in eadem ecclesia, Godinus scholasticus de Sancto Gereone, Berengerus scolasticus de Sancta Maria ad Gradus.

Actum est Coloniæ publice in majori ecclesia, anno Dominicæ Incarnationis 1140, indictione tertia, regnante Cuonrado Romanorum rege secundo, regni sui tertio.

XVI.

Diploma Arnoldi archiepiscopi Coloniensis Wibaldo abbati concessum. — De auctoritate et potestate abbatis Stabulensis in Malmundarienses monachos.

(Anno 1140.)

In nomine sanctæ et individuæ Trinitatis. Arnoldus divina præordinante clementia sanctæ Coloniensis Ecclesiæ archiepiscopus, dilecto filio et fratri Wibaldo Stabulensis Ecclesiæ venerabili abbati, tuisque successoribus in perpetuum.

Sicut Ecclesia proprias res amittere non debet, ita eam rapacitatis ardore alienas invadere non oportet. Et quia scriptum est : *Beati pacifici, quoniam filii Dei vocabuntur* (*Matth.* v); nos ad pacem Ecclesiarum reformandam et conservandam pastoralis curæ sollicitudo admonet. Itaque, charissime nobis frater abba Wibalde, secundum scriptum felicis memoriæ antecessoris nostri Frederici archiepiscopi, quod prædecessori tuo Cuononi abbati collatum est, illam veterem dissensionis materiam, quæ diu multumque cœnobium tuum, Stabulense videlicet, cui, Deo auctore, regulariter præes, et Malmundariense monasterium, quod eidem a prima fundatione conjunctum est, vexavit, radicitus resecare volentes, constituimus et sacra pontificali auctoritate confirmamus, ut Malmundarium, quod in nostra quidem parochia situm est, nunquam a Stabulensi cœnobio separetur, sed ab uno semper abbate sine cujuslibet personæ contradictione regatur, et una semper abbatia et sit et nominetur. Defuncto vero per successionem abbate, et eo, ubi vivens ordinaverit, sepulto, utriusque loci monachi Stabulaus in capitolium conveniant, et cum libera eligendi facultate omnium prælibato assensu et conniventia, summa electionis auctoritas et prima vox penes Stabulenses habeatur, et de eadem Ecclesia persona idonea, si inventa fuerit, assumatur; hoc enim et apostolicæ sedis privilegia, et imperatorum ac regum plurima præcepta Ecclesiæ Stabulensi concessa declarant. Sic igitur electum abbatem Leodiensis episcopus, ad quem pertinet sine nostra vel successorum nostrorum contradictione, benedicat, et ei curam animarum ex more injungat, habeatque ordinatus plenam potestatem ordi-

---

(221) Ordinis S. Benedicti in ipsa civitate Coloniensi.

(222-23) Ordinis item S. Benedicti extra civitatem ad alteram Rheni ripam.

(224) Ordinis S. Benedicti, quod monasterium duabus a Colonia horis distat.

(225) Ordinis Cisterciensis et plurium in Germania monasteriorum Patris.

nandi, nutriendi, transferendi Malmundarienses monachos, nec ullus successorum nostrorum obedientiam vel subjectionem ab abbate exigat, sed tam Malmundarii quam in aliis parochiæ nostræ locis sibi pertinentibus missas licenter celebret, nec ad synodum nostram, nisi forte ab aliquo pulsatus fuerit, venire cogatur, et decimationes ecclesiarum Malmundarii, Amblavæ, *Aldendorp et Bullinge* et aliarum quas justis modis acquisierit, in suos et fratrum suorum usus libere possideat. Nullus archidiaconus, nullus decanus vel archipresbyter, seu nullus noster in ipso Malmundariensi monasterio vel in ædibus claustri ullam potestatem vel judicium exerceat, sed omnium fratrum et rerum potestas, correctio et ordinatio in libera abbatis potestate consistat. Quod si quis contra hanc scripturæ paginam sciens venire tentaverit, si admonitus cito non resipuerit, iram Dei et sanctorum apostolorum Petri et Pauli et omnium sanctorum incurrat, et anathematis maledictione perpetuo innodetur. Super conservantes autem benedictio Dei omnipotentis descendat.

Testes sunt qui affuerunt: Arnoldus majoris ecclesiæ præpositus, Walterus decanus, Gerardus Bonnensis præpositus et archidiaconus, Herimannus Sanctensis præpositus et archidiaconus, Bruno præpositus de Sancto Gereone, Thiebaldus præpositus ecclesiæ Sancti Severini, Wilhelmus de Sancta Maria ad Gradus præpositus, ejusdem decaniæ decanus, Berno præpositus de Sancto Cuniberto, Theodericus præpositus de Sanctis apostolis, Berengerus præpositus de Sancto Andrea, Fredericus præpositus de Sancto Georgio, Gerardus abbas de Sancto Pantaleone, Rodulphus abbas Tuitiensis, Amelius abbas Brunwillariensis, Theodericus abbas de Campis, [Fulcoldus decanus de Sancto Cuniberto, Robertus decanus de Sancto Gereone, Berengerus scholasticus de Sancta Maria ad Gradus.

Actum est Coloniæ publice in majori ecclesia anno Dominicæ incarnationis 1140, indictione III, regnante Cuonrado Romanorum rege II, regni sui tertio.

XVII.
Charta Wibaldi abbatis, de defectu bovariorum in curte Lernou.
(Anno 1140.)

In nomine sanctæ et individuæ Trinitatis. WIBALDUS divina favente clementia Stabulensis Ecclesiæ humilis minister, successoribus suis in perpetuum.

Notum facimus discretioni vestræ, quod nobis in curte nostra *Lernou* venientibus, et de fidelitate ejusdem curtis admonentibus, et præcipue de defectu bovariorum conquerentibus, quod videlicet ad curandas vaccas cum ipsarum fructu denuo de curte illa debito jure cogi posset, retulerunt scabini esse inibi quamdam progeniem, quæ jure hæreditario nobis et successoribus nostris deservire in hoc deberet. Quod audientes qui ejus progeniei proximi esse videbantur, Ruezelinus videlicet, et Joannes, et Adelardus fratres, et duæ sorores eorum Ansbera et Elenburgis in nostram præsentiam venerunt, obsecrantes ut quia injuste ad hoc faciendum etiam alio tempore nominati ac sollicitati erant, audita multorum veritate per sacramentum comprobata, quod nunquam patres eorum, non atavus, non avus, non pater per se vel per suos de bovaria curare debuerunt, eos comprobare nostra sineret auctoritas. Quòd nos per nos et nostros exquirentes, et veritati intendentes, evocatis eis juramento approbare concessimus. Juraverunt igitur prædicti viri quod præmisimus, videlicet quod nec parentes eorum, nec ipsi, nec ipsorum successio ejus legis essent, ut de bovaria nostra curare, nisi sponte vellent, deberent. Quod nos judicio hominum et scabinorum nostrorum, ejusdem curtis et Stabulaus confirmantes, præsenti paginæ mandari et sigillo nostro insigniri, testes quoque qui affuerunt subscribi fecimus, ne quis unquam per succedentia tempora eos ab hac sua lege temeraria præsumptione infringere audeat.

Actum est publice in domo nostra Stabulense anno Dominicæ Incarnationis 1140, indictione III, regnante domno Cuonrado II Romanorum rege invictissimo, Alberone II in Leodio præsule, ordinationis autem nostræ anno IX.

Nomina eorum qui affuerunt hæc sunt. Arnulfus cantor, Gislebertus custos, Erleboldus frater et capellanus noster; de laicis, Anselmus villicus, Adelardus frater ejus, Erchenbertus (226) frater noster, Adelardus villicus de *Lernou* : De scabinis, Gislenus, Hartuinus, Robertus et Lyetbertus, feliciter Amen.

XVIII.
Epistola Cœlestini papæ II ad archiepiscopum, clerum, et populum Leodiensem. — Confirmat latam ab eis excommunicationis sententiam contra infestatores monasterii Stabulensis, hortaturque ut distractiones bonorum a Poppone II factas restitui curent etc.
(Anno 1143.)

CŒLESTINUS episcopus, servus servorum Dei, venerabili fratri (227) AD. episcopo, et dilectis filiis clero et populo Leodiensi, salutem et apostolicam benedictionem.

Gratum nobis est, etc. *Vide in Cœlestino II, Patrologiæ tom.* CLXXIX, sub num. 20.

XIX.
Privilegium Cœlestini II papæ Wibaldo abbati concessum. — Monasterium Stabulense sub sedis apo-

---

(226) Hunc Wibaldi fratrem conjicio fuisse Conradi regis cancellarium, qui cum ipso ad Terræ sanctæ expeditionem profectus est, ut vidimus in Wibaldi epistolis.

(227) Adalberoni hujus nominis II, filio comitis Gueldriæ, qui ex primicerio Metensi anno 1136 electus est episcopus Leodiensis, præfuitque ad 1146.

stolicæ protectione suscipit, ac varia illius privilegia et immunitates confirmat.

(Anno 1143.)

CŒLESTINUS episcopus, servus servorum Dei, dilectis filiis WIBALDO Stabulensi abbati ejusque fratribus, tam præsentibus quam futuris regularem vitam professis in perpetuum.

Apostolici moderaminis clementiæ etc. Vide ubi supra sub num. 21.

XX.
Privilegium Lucii papæ III pro monasterio Stabulensi.

(Anno 1144.)

LUCIUS episcopus, etc.

Apostolici moderaminis, etc. Vide in Lucio Patrologiæ tom. CLXXIX, sub nunt. 67.

XXI.
Præceptum (228) Conradi Romanorum regis secundi a Wibaldo Stabulensi abbate impetratum pro monasterio Reinehusano.

(Anno 1144.)

In nomine.... CONRADUS divina clementia Romanorum rex secundus....

Notum esse volumus, reverende abbas Reinharde Reinehusensis cœnobii, quod nos ob interventum et petitionem charissimi ac fidelissimi nostri Wibaldi venerabilis abbatis Stabulensis, cujus tu eruditor et magister fuisti, regiæ majestatis privilegio confirmamus libertatem et immunitatem prædicto loco tuo.... et omnibus possessionibus, quæ tam a comite Conrado quam a fratre ipsius Udone Hildenesheimensi quondam episcopo, qui ejusdem venerabilis cœnobii primi constructores fuere, nec non ab inclytæ recordationis Herimanno, patriæ comite, vel etiam ab Eilika abbatissa, Beatrice quoque comitissa, seu ab aliis Christi fidelibus... collatæ sunt. Decernimus itaque ut prænominatus venerabilis locus Reinehuse cum omnibus sibi appendentibus ac omni functione publica et vectigalibus regni liber sit et absolutus.... Dedimus etiam tibi potestatem mercatum in eodem loco habendi, publicas nundinas instituendi, percussuram monetæ ordinandi, teloneum sumendi, hoc scilicet rationis tenore, ut, quidquid ex prædictis rebus utilitatis vel compositionis accreverit, in usus fratrum Deo servientium,

et pauperum et peregrinorum omnimodis cedat.

Et ut hæc rata omni tempore permaneant, præsentis præcepti paginam sigilli nostri impresssione communiri jussimus.

Testesque qui affuerunt, subter notari fecimus, quorum nomina hæc sunt : Henricus Moguntinus archiepiscopus. Buco Wormatiensis episcopus, Wigerus Brandeburgensis episcopus, Wibaldus Stabulensis abbas, Heinricus Hersfeldensis abbas, Conradus Helmwardishusensis abbas, Adelbertus marchio de Brandeburg, Comes Herimannus de Winzenburg et frater ejus Henricus, Ludovicus Laudgravius de Tyring.

Anno Dominicæ Incarnationis 1144, indict. VII regnante domno Conrado, Romanorum rege secundo, anno vero regni ejus septimo. Data apud Hersfeldam XVII Kal. Novembris in Christo feliciter. Amen.

Signum Domini Conradi secundi Romanorum regis invictissimi,

Ego Arnoldus cancellarius vice Henrici Moguntini archiepiscopi et archicancellarii recognovi.

Infra pendet sigillum. Conradi in solio regali se dentis cum hac inscriptione : CONRADUS ROMANORUM REX II.

XXII.
Privilegium Eugenii papæ III pro monasterio Stabulensi.

(Anno 1146.)

EUGENIUS, etc.

Apostolici moderaminis, etc. Vide in Eugenio III ad an. 1153.

XXIII.
Litteræ Monachorum Stabulensis monasterii ad Wibaldum abbatem. — Ipsi concedunt ad vitam Boviniacum et Germiniacum villas, etiamsi desineret eorum esse abbas.

(Anno 1146.)

In nomine sanctæ et individuæ Trinitatis. Reverendo Patri suo et domno WIBALDO, venerabili Stabulensis Ecclesiæ abbati, tota ejusdem cœnobii congregatio in perpetuum.

Sicut necessarium est ea quæ a potentioribus traduntur firmis privilegiorum monimentis roborari, ita nihilominus constat esse utillimum, si vel quod a subditis suis prælatis aut majoribus conceditur

---

(228) Hujus instrumenti mentionem fecit Reinhardus in opusculo de fundatione sui monasterii Reinehusensis a Libnitio edito tom. I Scriptorum rerum Brunswic p. 703. Dominus Conradus Romanorum rex secundus, inquit, monete percussuram, telonii usum, nundinarum institutionem, immunitatem monasterio meo contulit. Veruntamen in his plus detrimenti quam emolumenti accepi. Hæc ille, e quibus conjicimus opusculum illud scriptum fuisse post annum 1144. Si scriptum supponatur anno 1146 vel sequenti, creatus fuit abbas Reinehusensis anno 1126 vel 1127, scripsit quippe regiminis sui anno vigesimo, uti ipse ibidem insinuat his verbis : Hildenesheimenses etiam fratres mei amicissimi donationem, quam Elika abbatissa contulit, revocare volentes, mihi decrepito et pauperi, ut aiunt, parcunt.

Quod ego cum omni gratiarum actione libentissime suscipio, et obsequio meo id mereri studeo. Sed frustra nunc primum id nituntur, quia Reinehusensis Ecclesia hoc ante meum introitum viginti annis, et totidem ex tunc sine interruptione, justo titulo, et bona fide, quiete possedit. At vero cum esset decrepitus anno 1146, ætatis certe jam erat provectæ anno 1126, idque ipse confirmat eodem in opusculo : Quia vero a primo tempore meæ villicationis, inquit, senio et auxilio sum destitutus. Potuit itaque sub initium hujus sæculi e monasterio Helmwardisehusen, ubi religionem professus fuerat, si fides sit Hofanno, accersiri, ut scholas Stabulensium regeret, uti alibi diximus. Vide supra epistol. ipsius Reinhardi, col. 1155.

certis quibusdam signorum attestationibus, confirmetur, non quod viri religiosi sua unqnam concessa immutare velint vel debeant, sed ne posterorum oblivio aut ignorantia prædecessorum suorum instituta tempore aliquo immutare præsumat. Notum itaque volumus tam futuris quam præsentibus Ecclesiæ nostræ fratribus quod duo prædia nostra, scilicet Boviniacum atque Germiniacum, jam a longis retro temporibus non solum nobis inutilia, sed etiam gravissimis sumptibus damnosa, tibi, reverende Pater Wibalde, unanimi consensu et concordi benevolentia in perpetuum concessimus, ita videlicet, ut toto vitæ tuæ tempore in quocunque statu sis, id est, sive ad aliam sedem promovearis, sive a nostro (quod absit) regimine liber fueris, et, ut absolute dicamus, sive abbas dicaris vel non, iisdem prædiis cum omnibus pertinentiis suis et fructu libere deinceps utaris ac fruaris, nullum inde nobis debitum porsolvens, ac defectum supplens, quin potius omnia ad te tanquam ad proprium possessorem et dominum conferantur. Et licet de tua fide et pio erga nos et nostra desiderio nihil unquam dubitaverimus, tamen ad propositæ cautelæ ampliorem sollicitudinem ante omnia et super omnia observari a te volumus, et omnino interdicimus, ne unquam ipsas possessiones aut prædia distrahere, alienare, oppignorare, vel deteriorare tibi liceat, neque ibidem aliquando homines alterius professionis vel ordinis constituere, vel locum ad habitandum concedere, sed, te vita decedente, libere cum omni integritate sua omnibusque acquisitis et in jus atque ordinationem nostram, sive successorum nostrorum, fratrum videlicet hujus Ecclesiæ, revertentur, Boviniacum scilicet in manum Vestiarii, ad quam prius pertinebat, Germiniacum vero ad usus et dominationem fratrum omnium. Ut autem hujus nostræ traditionis confirmatio integra omni vita tua permaneat, præsentem paginam sigilli Ecclesiæ nostræ impressione insigniri fecimus, et omnium nostrum qui hoc et fecimus, subter annotari fecimus.

Actum publice in capitulo Stabulaus anno Dominicæ Incarnationis 1146, indictione IX, regnante domno Cuonrado, Romanorum rege secundo, anno regni ejus IX, ordinationis autem domini abbatis Wiboldi xv, in Christo feliciter. Amen.

Ego Robertus prior subscripsi.

Signum Warneri. Signum Roberti, Radulfi, Emmonis, Anselmi, Heinrici, Gisleberti, Hillini.

XXIV.

Litteræ Wibaldi abbatis de Ecclesiæ de Comblenz decimatione Radulfo de Comblenz ad vitam data.

(Anno 1146.)

In nomine sanctæ et individuæ Trinitatis, Wibaldus Dei gratia Stabulensis abbas successoribus suis in perpetuum.

Utiliter multum et provide conscribuntur ea quæ a nobis de possessionibus monasterii nostri geruntur, ut videlicet reditus et possessiones statuto tempore sine diminutione solvantur, et in singulis quibusque rebus, quid qua utilitate poscente, vel qua necessitate cogente actum sit a posteris nostris non ignoretur. Noverint igitur omnes Ecclesiæ nostræ nostrique fideles quod decimatio Ecclesiæ de Comblenz, quæ ad vestiarium fratrum nostrorum Malmundarii pertinet, data fuit a prædecessoribus nostris in pactum pro sex libris Leodiensis monetæ, exinde per singulos annos persolvendis, sicque Macharius de Semaces possedit eam post Warnerum patrem suum usque in finem vitæ suæ. Quo defuncto, voluimus ipsam decimationem quoniam damnose locata erat, ad commodum fratrum per manum nostram ordinare. Cæterum propter malitiam temporis quæ in diebus nostris nimium superabundavit, et propter constitutionem pacti nostris prædecessoribus confirmati, hoc ad effectum perducere non valentes, parati fuimus reddere præfatam decimationem sub prædicta pensione Nicolao prænominati Macharii filio. Verum ipse, accepta non parva pecunia a Radulfo de Comblentz, volens et sponte sua designavit in manu nostra, et abdicanda exfestucavit hoc quod hæreditarium ei a patre in ejusdem decimationis pacto fuerat. Nos igitur acceptis ab eodem Radulfo vi libris denariorum, qui sicut apud nos omnium pactorum justitia est, nobis pro cognitione proprietarii juris nostri, et pro investitura possessionis suæ sub pacto dati sunt, concessimus ac dedimus eidem Radulfo, et uxori ejus Idæ omnem decimationem de Ecclesia de Comblenz, sicut eam tenuit Warnerus et Macharius, sub annua pactione, ita videlicet ut in Dominica quæ diem sacram Pentecosten proxime præcedit vi libras denariorum Leodiensis monetæ persolvant, et quandiu ambo vixerint, censumque prædictum villico de Comblenz per singulos annos præfixa die solverint absque ullius inquietatione possideant. Defunctis vero utrisque, nullus eamdem possessionem obtinebit, nisi uxorem de ministerialibus Ecclesiæ habuerit, et sex libras de abbatis investitura persolverit. Quod si prænominata die totum censum solvere neglexerint, tunc a villico de Comblenz, quicunque pro tempore fuerit, per continuum triduum vocati ejusdem curtis indicati, possessionem et jus hæreditatis de cætero sine spe recuperationis amittant. Quod si villicus exigere et indicare supersederit, non possessor ab ipso abbate vocatus, per ministeriales judicabitur, datis ad singulas vocationes parvissimi temporis induciis, scilicet propter vestimenta fratrum emenda, et propter constitutionem hujus pacti. Obeunte vero omni possessore, investitura in capitolio Malmundarii dabitur, pro qua habebit abbas sex libras denariorum, et fratres amam vini.

Actum est publice in monasterio Malmundario v Idus Octobris in martyrio Nigasii, Quirini, et Scuviculi, anno ab incarnatione Domini millesimo centesimo quadragesimo sexto, indictione x, anno regni domni Conradi regis ix, praesente domno abbate Wibaldo.

Hujus rei testes sunt, Albertus decanus, Anselmus praepositus, Erleboldus custos Stabulensis, Bovo portarius, et caeteri fratres. De clericis, Poppo de Semaces. De laicis, Francho villicus Malmundariensis, Hillinus de Atrimunt, Philippus, Joannes, Alardus de Lernou, Warnerus de Cresonia, Lietbertus de Wallaria, et alii multi

XXV.

Diploma Conradi Romanorum regis pro monasterio Corbeiensi. — Monasteria Keminada et Wisbeka Corbeiae asserit.

(Anno 1147.)

In nomine sanctae et individuae Trinitatis Connadus divina favente clementia Romanorum rex secundus.

Principalis dignitatis munificentiam decet bene de republica merentibus praemia rependere, et per congruos honorum gradus provectos caeteris in exemplum, et tanquam bonae spei signum proponere. Ut tam hi sui laboris emolumenta sine fine mansura percipiant, quam illi a simili mercedis gratia sese non fraudandos intelligant. Quocirca noverit omnium fidelium nostrorum tam futuri quam praesentis temporis industria, quod nos propitia serenitate, fidem, labores et constantiam fidelissimi nostri nobisque charissimi Wibaldi Corbeiensis abbatis intuentes, tradidimus in perpetuum Corbeiensi monasterio, et eidem qui nunc divina vocatione et communi atque concordi fratrum electione praeest, abbati scilicet Wibaldo, nec non cunctis successoribus ipsius, auctoritate in aeternum valitura, duo feminarum monasteria Keminade videlicet, et Wisbeke, et de nostro atque regni jure, per manum Herimanni Palatini comitis de Rheno, quem ad hoc rite peragendum assumpseramus advocatum, transegimus et firmavimus super reliquias corporis. S. Viti martyris, per aureum donationis nostrae annulum, in potestatem ejus atque dominationem Corbeiensis monasterii in manum praedicti abbatis Wibaldi et Adelberti marchionis de Brandeburch, qui vice Herimanni comitis de Winzemburch, Corbeiensis monasterii advocati, eamdem donationem nostram seu transactionem suscipiebat, ita videlicet, ut Corbeiense monasterium duo praenominata monasteria Keminade scilicet et Wisbike cum omnibus praediis, silvis et aquis, tam foris quam intus, ad ipsa loca pertinentibus habeat, possideat, ordinet, utatur et servet, sicut tenet sub suo regimine, jure videlicet proprietario tres abbatiolas, quas fundator ejusdem novae Corbeiae Luthewicus Pius magni Caroli filius ad eamdem Corbeiam contulit, scilicet (229) Eresburch, nobile quondam Saxonum castrum, Meppiam et Wisbike, sane ad praefata duo loca neque ullum militia neque ullum servitium nobis aut regno debebatur. Et quoniam Corbeiensi monasterio tam in militia quam in servitio ad honorem regni et defensionem sanctae Ecclesiae dignitas collata est, nos judicio principum ad coronae nostrae augmentum, sicut praescriptum est, manere decernimus.

Primam judicii sententiam dedit Burchardus Argentinensis episcopus, quem secutus est Albero Trevirensis archiepiscopus, Anshelmus Havelbergensis episcopus, Heinricus Leodiensis episcopus, Sifridus Wirzebergensis electus, Frithericus dux Sueviae et Alsatiae, Herimannus Palatinus comes de Rheno, Conradus dux de Ceringa, Conradus marchio de Witin, Adalbertus marchio de Brandenburch, Ottho filius ipsius aeque marchio, Herimannus filius ejusdem Adelberti marchionis, Luthewicus comes patriae de Thuringia, Herimannus marchio de Bada, Wernerus comes de Bathen, Uthelricus comes de Lenzenburch, Uthelricus comes de Orninga, Heinricus comes de Cazzenelenboge, Marquardus, Sibodo, Theodericus comes de Montheliart, et alii plures, qui tunc adfuere.

Hoc quoque notum esse volumus quod venerabilis Pater noster Eugenius sanctae Romanae Ecclesiae summus pontifex frequenti nos admonitione tam per suos quam per nostros legatos hortatus est ut monasteria feminarum, quae nostrae ditioni, et ordinationi in regno nostro specialiter pertinent, in quibus divina religio penitus dilapsa est, regulare et reformare dignaremur. Et quoniam saepe nominata monasteria Keminada et Wisbike non tam monasteria, sed omnibus praetereuntibus viam in peccatis communia, corrigi post multos labores non potuerunt, et Corbeiensi monasterio vicina sunt, tam ad correctionem quam in proprietatem inibi contradidimus, nullo reclamante, nisi sanctae regulae inimicus, et pudicitiae hostis fuerit inventus. Auctoritate vero nostra regia, praefatis duabus cellis Keminade et Wisbike damus, ac decreto in perpetuum valituro confirmamus eamdem libertatem, quam habet Corbeiense monasterium, scilicet praefecturam urbis, quae vulgo dicitur Burgban, ea videlicet privilegii ratione, ut nullus dux, nullus marchio, nullus comes, nullus advocatus potestatem habeat exercendi judicium in atrio praedictarum ecclesiarum, sed quidquid praeter jus et aequum a mulis, qui tam abbati quam congregationi obsequio quotidiano deserviunt, commissum fuerit, ab abbate, vel ab eo, cui ipse mandaverit, corrigatur. Et ut haec omnia rata et inconvulsa in perpetuum habeantur, praeceptum hoc conscribi, et imaginis nostrae impressione insigniri jussimus.

Signum domni Conradi Romanorum regis secundi.

Ego Arnoldus cancellarius vice Heinrici Moguntini archiepiscopi et archicancellarii recognovi.

Actum anno Dominicae Incarnationis 1147, indict. x, anno vero domni Conradi secundi regis invictissimi ix.

Data Frankenevord in Christo feliciter. Amen.

---

(229) Eresburg dedit Corbeiae Ludovicus Pius anno 826. Meppiam vero anno 834 ex Annal. Paderborn. lib. ii.

XXVI.

Diploma Conradi II Romanorum regis pro monasterio Corbeiensi. — Ob insignem Wibaldi abbatis fidem et merita Corbeiensium et Herivordensium privilegia instaurat.

(Anno 1147.)

In nomine sanctæ et individuæ Trinitatis, CONRADUS, divina favente clementia, Romanorum rex secundus.

Ad regiæ dignitatis munificentiam pertinet, bene de republica merentibus virtutum præmia tribuere, ut et ipsi pro suæ fidei constantia laboris sui emolumenta percipiant, et cæteri ad exsequenda imperii munia bonæ spei pleni et alacres fiant. Quocirca noverit omnium fidelium nostrorum tam futurorum, quam præsentis ætatis industria, quod noster fidelis et charissimus monasterii, quod Nova Corbeia dicitur, venerabilis abbas Wibaldus, nostram clementiam adiit, petens, ut privilegia Corbeiensis Ecclesiæ, cui nunc idem venerabilis abbas præesse cognoscitur, innovare et confirmare dignaremur. Cujus religiosæ petitioni, ob insignem ipsius circa nos et regnum nobis a Deo concessum fidem, pietatis aurem inclinantes, per præsentis paginæ seriem sub regiæ majestatis tuitionem ipsum locum, Novam videlicet Corbeiam, cum omnibus sibi tam intus quam foris pertinentibus assumimus, eumque perpetua libertate donantes, nostra et omnium principum auctoritate, lege in perpetuum mansura firmamus, ne præfatum monasterium, Nova Corbeia, in potestatem, vel ditionem sive subjectionem alicujus personæ seu ecclesiasticæ, seu sæcularis dignitatis per aliquam donationem, seu commutationem cedat. Sed semper sub ordinatione et defensione regum vel imperatorum consistat, et libertate, quam hactenus obtinuit, in perpetuum potiatur. Et quoniam ab imperatore Luthewico duo monasteria constructa sunt, et a nostris prædecessoribus honore et divitiis aucta, unum videlicet monachorum, quod Nova Corbeia dicitur, ad normam scilicet Veteris Corbeiæ, Herevordense vero sanctimonialium, ad similitudinem Suessionis monasterii, decretumque est ab eis, ut Corbeiensis abbas, quicunque pro tempore fuerit, procurationem agat Herivordensis Ecclesiæ, ita videlicet ut juxta consuetudinem qua ancillarum Dei congregationi procurari solent, præpositi ex ordine ecclesiastico tam in disciplina quam in cunctis negotiis, quæ famulæ Christi pro sexu et professione sua exsequi non possent, ipsarum provisor et patronus existeret. Nos quoque prædecessorum nostrorum vestigia sequentes, confirmamus et decreto in æternum mansuro statuimus, ut omnes per successionem Corbeiensis cœnobii abbates præscripta procuratione et patrocinio absque ullius contradictione utantur, et servata dignitate abbatissæ, in quibus opportunum fuerit, Herevor-

densi congregationi assistant. Confirmamus etiam quæ prædecessor noster imperator Luthewicus supradictis monasteriis pro eleemosyna generis sui tradidit, cellam videlicet, quæ vocatur Meppia, cum decimis et possessionibus undique ad eam pertinentibus, et ecclesiam Eresburg, circumque per duas Saxonicas rastas (250) ad Novam Corbeiam. Ad Herevordense vero monasterium in episcopatu Osnebrugensi Ecclesiam Buinidi cum subjectis sibi ecclesiis, in parochia Mimiernevordensi ecclesiam Reni cum his quæ ad eam pertinent ecclesiis, ita sane, ut decimarum aliorumque redituum proventus omnes præfatis cederent monasteriis, et ab ipsis vicissim procurarentur subjectæ plebes in baptismate, in eucharistia, in sepulturis, in confessione peccatorum audienda. Et presbyteri, qui principales Ecclesias tenerent, archipresbyterorum officio fungerentur, ad agenda omnia, quæ solent fieri ab archipresbyteris episcoporum, et cum episcopi circationes suas ibi agere deberent, ad eorum mansionatica daretur, ut in capitularibus antecessorum nostrorum præscriptum habetur, videlicet quantum satis sit eis dari, et episcopi non plus quærant, nec cum pluribus veniant, quam ut eis sufficere possint. Ne autem in summa debiti episcoporum servitii plus exigeretur, quam opus sit, statuerunt prædictarum ecclesiarum episcopi cum consensu synodali cum antecessore nostro Ottone imperatore, ab archiepiscopo Rabano, cæterisque cum eo in synodo agentibus, ut dentur ad singulas ecclesias porci IV valentes singuli denarios XII, aut arietes VIII tantumdem valentes, porcelli IV, aucæ IV, pullæ VIII, situlæ XX, de medone, de mellita cervisa XX, de non mellita LX; panes CXX, de avena modios C, manipuli DC, essetque in potestate episcoporum, utrum hæc per singulas ecclesias ad unum mansionaticum, an ad duo vellent habere. Statuimus etiam atque concedimus, juxta decreta prædecessorum nostrorum, liberam utrique loco potestatem eligendæ de propria congregatione in regimen sui per futura semper tempora congruæ personæ. Et ut nullus judex publicus licentiam in homines ad præfatum monasterium pertinentes ullam judiciariam habeat exercere potestatem, sed omnis eorum res coram advocato ipsorum diffiniatur. Et ut justitiam quæ appellatur Burchban nemo sibi usurpare in eodem loco præsumat, nisi cui potestas ab ejusdem cœnobii abbate concessa fuerit. Et ut liberi homines licentiam habeant prædia sua eidem monasterio conferre, nec quivis judex, aut regia potestas solitum debitum, aut publicum vectigal ab eis deinceps extorqueat, sed seipsos in proprietatem ipsius Ecclesiæ ad jus ministerialium tradere liceat, et de infimo ordine, videlicet de litis, aut de censuariis facere ministeriales abbas potestatem habeat.

Signum domni Conradi Romanorum regis secundi.

---

(250) Rasta Saxonica designat certum viarum spatium. Duæ autem leucæ seu millaria tria rastam faciunt, ut habet Beda de numerorum divisione.

Ego Arnoldus cancellarius vice Henrici Moguntini archicancellarii recognovi. Anno Dominicæ Incarnationis 1147, indictione x, regnante Conrado Romanorum rege secundo, anno vero regni ejus decimo.

Datum apud Frankenevorde feliciter. Amen.

XXVII.
De Winando de Lemburgo excommunicato ob illatas Stabulensi cœnobio injurias.

(Anno 1148.)

Anno Dominicæ incarnationis 1548 Winandus de Lemburch qui dicebatur de Turri cum suis complicibus Stabulensem ecclesiam multis rapinis et prædis molestaverat, super quo a domno Wibaldo abbate post canonicam ad satisfaciendum evocationem anathematis vinculo innodatus erat. Ordinante interim divina clementia et multiplices casus Stabulensis ecclesiæ miserante; subito idem Winandus decessit, nec usquam in omni Leodiensi episcopatu, metu ejusdem domini abbatis et excommunicationis, christiano more sepeliri potuit, sed ad omnium infidelium superstitum terrorem, et ad domni abbatis cujus industria hoc effecerat, vel ecclesiæ perpetuum munimentum et honorem, Bailus, quæ juxta Lemburch est, extra muros cimiterii sepultus est. Cum tamen idem Winandus consanguineus domni Henrici tunc Leodiensis pontificis esset, vel quia magnus erat, sui sic eum decessisse non mediocriter dolentes, cum magna humilitatis instantia, assumptis secum duobus nobilibus dominis suis, Heinrico de Rupe, et Heinrico de Lemburch, quorum alter, id est de Rupe advocatus ecclesiæ nostræ erat, et alterius Heinrici amitæ filius, domnum abbatem et ecclesiam adeunt, et ut recepta compositione damnorum mortuum suum christiana sepultura non privarent, suppliciter exorabant. Post multimodas igitur supplicationes, summa ablatorum ad c marchas supputata est, quam summam duo prædicti nobiles domino abbati cum suis, quos postea notabimus, se daturos vel deservituros promiserunt. Juraverunt præterea duo dicti nobiles, quod nunquam deinceps per se vel per summissam personam in fundis, vel possessionibus, vel libertate sua Stabulensem ecclesiam molestarent vel inquietarent. Juraverunt idem quidam de familia utrorumque et præterea hommagium domno abbati W. baldo fecerunt, et fidelitatem domno abbati et ecclesiæ juraverunt, quod deinceps in fundis vel possessionibus ejusdem ecclesiæ et familiam ubicumque locorum liberam et intactam ab omni injusta et indebita vexatione conservarent. Quod si qui eorum hanc sponsionem temerarie violarent, juraverunt sæpedicti duo nobiles Heinricus de Lemburch et Heinricus de Rupe a castellis et possessionibus suis alienare et exturbare, donec ablata ex integro restituerent, et de injuria domno abbati et ecclesiæ congrue satisfacerent.

XXVIII.
Litteræ Wibaldi abbatis de his quæ in beneficium Reinero de Rupe apud Novam Villam concessit.

(Anno 1148.)

In nomine sanctæ et individuæ Trinitatis. WIBALDUS, divina favente clementia, Stabulensis abbas successoribus in perpetuum. Cum in rebus nobis a Deo commissis, sive secundum rationem utilitatis, sive secundum necessitatem dispensationis aliquid ordinamus aut statuimus, dignum est ut ad posterorum memoriam scripto diligenter transmittamus. Unde notum esse volumus omnibus, quod cum multiplicibus et pene inextricabilibus periculis et sumptibus id elaborávissemus, ut medietas eorum beneficiorum quæ abbas secundus Poppo dederat, quæ nova beneficia dicebantur, tam a liberis quam a ministerialibus nostris in manus nostras resignari deberet, fidelis noster Reinnerus de Rupe, qui juriam apud Novam Villam et sanctum Vitum a nobis tenebat, ad nos veniens de xxxix solidis, quos de novo beneficio apud Novam Villam habebat xx solidos in manus nostras ad usus fratrum Malmundariensis ecclesiæ refutavit, a quo cum adhuc de xxx solidis, quos in eadem villa singulis annis habebat, medietatem exigeremus, sufficienti testimonio tam laicorum, quam etiam fratrum nostrorum Malmundariensium probavit, patrem suum quondam E. pro his xxx solidis xl solidos quos de antiquissimo beneficio apud Wellines tenebat, ecclesiæ Malmundariensi in concambium resignasse. Rursus cum de terris scilicet duobus mansis, quos apud prædictam Novam Villam, et de vii rusticis quos de novo etiam beneficio infra bannum Malmundariensem tenere dicentur, mediam partem habere vellemus, interventu illustris ac præclari viri ducis Waleranni, cujus fide et opera tam nos quam prædecessores nostri in ecclesia nostra sæpenumero usi sumus, necnon nobilissimæ uxoris suæ Judithæ ac filii ejus Heinrici, qui etiam tam nos quam res ecclesiæ nostræ intimo affectu dilexerunt et honoraverunt, et præcipue obsecratione et instantia fratrum nostrorum Malmundariensium, præterea etiam respectu servitii ejusdem Reineri, qui in omnibus necessitatibus nostris tam in persona sua, quam in rebus suis fideliter nobis semper astiterat, animo inclinati, a proposito rigoris nostri destitimus, utilius esse judicantes paucarum rerum parva detrimenta sustinere, quam fratres nostros non audire, quam tot nobilium et fidelium nostrorum petitionibus non consentire. Opponebatur siquidem nobis ab omnibus debere nobis sufficere xx solidos a fideli nostro recepisse, quos cum omni integritate beneficii sui a quatuor prædecessoribus nostris, scilicet domno Poppone secundo, domno Warnero, domno Cuonone, et domno Joanne, ad nos usque obtinuerat, non debere hominem qui se totum nobis exhibebat, mala pro bonis recipere, dignum esse ut mansuetudine lenitatis nostræ et bonitate fruerentur, quatenus hujus pii studii ac laudandæ intentionis exemplo, alii circa nostri obsequium excitarentur, ac per hoc de studiosis studiosiores, ex devotis devotiores efficerentur. Nos itaque licet dicta tam nobilium quam fidelium nostrorum satis approbaremus, quamvis personam fidelis nostri Reineri, cujus causa agebatur, satis amplecteremur, tamen eo usque perseveravimus, donec fratres Malmundarienses ad nos accesserunt, instanter et attente suggerentes, ut petitionibus tot nobilium acquiesceremus, dicentes plus posse utilitatis ecclesiæ provenire benevolentia tantorum principum quam detrimenti in dimissione paucorum rusticorum, et unius mansi, qui si forte ad usus ecclesiæ rediret, ut in brevi absque cultore inutilis omnino efficeretur, aut si fructuosus esse inciperet, aliquorum violentia rursus ab ecclesia subtraheretur. Igitur cum multis hujusmodi persuasionibus in oculis hominum, qui præsentes aderant, nos constanter sollicitarent, tunc demum ne ingrati beneficiis ac servitiis fidelis nostri Reineri esse videremur, ex communi consensu et petitione fratrum nostrorum Malmundariensium et interventu supradictarum personarum, concessimus eidem Reinero, ac per eum hæredibus suis in beneficium perpetuum apud Novamvillam illos duos mansos, de quibus agebamus, et septem rusticos qui contra bannum Malmundarii, scilicet apud Duflum et Kefosse et Richolfivillam commorabantur, eo jure habendos, quo et illos possidebat, qui ex antiquissima successione beneficii jure sibi competebant, ita videlicet ut et duos illos mansos, atque septem rusticos, qui in prædictis locis manebant, ad omnem utilitatem suam sive hæredum suorum modis quibuscunque vellet, deinceps coaptaret. Et ut hæc omnia postmodum rata et inconvulsa permanerent, cuncta quæ idem Reinerus sive de novo, sive de antiquo beneficio de manu Stabulensis abbatis possidere debet, huic nostræ scriptionis testamento, quod eidem Reinero assensu omnium fratrum nostrorum in capitulo Malmundariensi ac petitione prædictæ ducissæ Judithæ, et filii ejus Heinrici (quippe jam defunctus erat gloriosæ memoriæ dux Walleranuus), ac testimonio et approbatione ministerialium nostrorum concesseramus, inserere volumus, ideo scilicet ne idem Reinerus sive hæredes sui supra id quod eis concesseramus aliquando quidquam usurparent, neque (quod absit!) post hæc aliquis successorum nostrorum ipsi Reinero aut suis hæredibus aliquid de eodem beneficio imminuere tentaret. Habet siquidem Reinerus a nobis et a successoribus nostris Stabulensibus abbatibus apud Novamvillam in festo sancti Lamberti de novo beneficio xiv solidos. Item, ibidem in festo sancti Martini illos xxx solidos, pro quibus pater suus olim xl solidos apud Wellines de antiquo beneficio fratribus Malmundariensis Ecclesiæ ante nostram ordinationem in concambium dederat. De his autem xxx solidos nobis et fratribus sex solidos resignavit: item in Epiphania Domini apud Novamvillam viii solidos de novo beneficio tenebat, quos ex integro nobis et fratribus reddidit. Rursus ibidem in medio Maio xvii solidos, ex quibus v solidos in manu nostra ad usus fratrum refutavit. Tenebat etiam idem Reinerus apud Novamvillam de antiquo beneficio juariæ mansum unum; item ibidem de antiquo beneficio dimidium mansum et dimidium molendinum in villa quæ Brunefa nuncupatur. Item apud Novamvillam de novo beneficio duos mansos et intra bannum Malmundariensis oppidi, scilicet apud Duflum et Chefosse et Richoltivillam vii rusticos, qui de novo sunt beneficio. De antiquo vero beneficio habebat apud Rupem dimidium mansum, apud Warcham dimidium molendinum et apud Lonfait terram super quam quidam Godescalchus manebat. Summa itaque novi beneficii ejusdem Reineri xxxix solidi, ex quibus xx solidi nobis et fratribus ab eo sunt restituti, apud Novamvillam duo mansi, et circa Malmundarium vii rustici, de quibus nos eam medietatem quæ nobis competebat, eidem Reinero atque hæredibus suis, sicut supradiximus, petitione fratrum nostrorum, et virorum illustrium in beneficium tradidimus. Cætera etenim omnia de antiquo beneficio fuisse certissime constat. Observabitur autem tam a Reinero quam ab hæredibus suis, ne unquam aliqua ex occasione de xxii solidis fratribus singulis annis persolvendis aliquid imminuatur. Sic namque a nobis constitutum est, et utrique concessum, ut omnis defectus de toto supradicto censu non ad fratres, sed ad Reinerum sive suos pertinere debeat, ita ut, sicut prædiximus, fratres singulis annis xx solidos absque defectu habeant. Et quia ista neque levitate, neque temeritate aliqua ducti conscripsimus, ad hoc ut in perpetuum inviolata conserventur, præsentem paginam tam nostri quam Ecclesiæ nostræ sigilli impressione insigniri jussimus, testesque qui adfuerunt adnotari subter fecimus, obtestantes successores nostros, per eam quæ in Christo est gratiam, ne ad ea infirmanda, quæ communi fratrum et fidelium nostrorum consilio, et provida quadam dispensatione acta sunt, aliquando studium aut manum apponant, sed ea quæ cum maximo labore, vel servata invenimus vel dispersa recollegimus ad usus fratrum et pauperum atque hospitum diligentiam adhibeant.

XXIX.

Conradi regis diploma pro Wibaldo abbate. — Fodinas argenti et metallorum in monte Eresburg permittit liberas.

(Anno 1150.)

Conradus, Dei gratia Romanorum rex secundus, Wibaldo Corbeiensi abbati suisque successoribus regulariter ordinatis in perpetuum.

Venas metalli, videlicet auri, argenti, cupri, plumbi et stanni, et omnem pecuniam, sive rudem, sive formatam, quæ intra montem Eresburg, qui Corbeiensi Ecclesiæ jure proprietario pertinere noscitur, latet, tibi, et per te Corbeiensi Ecclesiæ concedimus, damus, et præsenti scripto confirmamus, et liceat tibi et successoribus tuis, absque ullius personæ contradictione, in eodem monte fodere, omne metallum, quod inventum fuerit, eruere et conflare, tuisque et fratrum tuorum usibus licenter aptare, ut tanto melius possit Corbeiensis Ecclesia tam divinis quam regni rebus subservire.

Data est hæc monimenti chartula apud Wizzeburg anno Dominicæ Incarnationis 1150, indictione XIII, propter servitium fidele supra scripti abbatis.

XXX.
(Anno 1150.)

Diploma Conradi, regis Romanorum II, pro monasterio Corbeiensi. — Precibus motus dilecti et fidelis sui Wibaldi abbatis Corbeiense monasterium contra ministerialium insolentiam tuetur.

In nomine sanctæ et individuæ Trinitatis. CONRADUS divina favente clementia Romanorum rex secundus.

Si paci et tranquillitati Ecclesiarum Dei pia et benigna sollicitudine prospicimus, hanc vicissitudinem nos a pio Creatore nostro accepturos speramus, et ut regni nobis a Deo commissi gubernacula in hoc tempore cum pace et tranquillitate possidere valeamus, ac post regnum hujus temporis in regno æternæ beatitudinis requiem apud justum judicem Deum inveniamus. Notum igitur esse volumus universis regni nostri fidelibus, tam futuræ quam præsentis ætatis hominibus, qualiter dilectus et fidelis noster Wibaldus Corbeiensis monasterii abbas multimoda necessitate ipsius monasterii compulsus, exposuit in auribus clementiæ nostræ incommoditates et injurias, quas a dapiferis et pincernis suis quidam prædecessores ejus sustinuerunt, et ipsi a die prælationis suæ in eodem monasterio passus fuit. Siquidem dapiferi et pincernæ et reliqui, qui ministerii locum in domo Corbeiensis abbatis tenent, quam dignitatem vulgari nomine officia appellant, quasdam abusiones in eisdem officiis sibi usurpaverunt, ut videlicet omnia victualia, et universam substantiam domus domini sui sub custodia sua teneant, et cui placuerit, eis, inconsulto domino suo, eadem bona servanda et passim distribuenda conferant, tantamque potestatem in istis officiis sibi asserere conantur, ut dominis suis palam, et quasi de jure suo prohibeant, ne claves et custodiam rerum suarum alicui committant. Soent etenim de rebus dominorum suorum proprias familias alere, ac milites suos pascere, in tantum ut in propriis domibus plerumque aut tanta aut etiam plura, quam domini sui de facultatibus eorum, quas debuerant servare, expendant, et in dissipandis bonis eorum modum omnino nullum teneant. Hujusmodi ergo superfluas et damnosas rerum suarum dissipationes cum prænominatus fidelis et dilectus noster Wibaldus Corbeiensis abbas de eadem domo eliminare, ac domum suam secundum honorem Dei, ac propriam utilitatem ordinare tentasset, quidam de ministerialibus ejus Rabano, qui tunc officium dapiferi administrabat, cum fratre suo Liudolfo, et paucis consanguineis suis multum ordinationi ejus refragatus est, atque cum multa comminatione asserebat, quod potestatem officii sui, quam hactenus in domo illa exercuerat, nunquam, dum viveret, relicturus esset; ita ut sub imperio suo essent universa victualia domini sui, ac potestatem haberet de eis tribuendi, cui vellet, ne dati aut accepti aliquam rationem domino suo redderet, ne claves rerum servare alicui liceret, nisi quem ipse ordinasset.

Hæc itaque contradictio inter ministeriales Corbeiensis Ecclesiæ a præfato abbate domino suo ventilata est, et per judicium eorum, tam eidem Rabanoni, quam omnibus, qui hujusmodi dominationem sibi de bonis domini sui usurparent, omnis potestas de committendis clavibus, et de custodia rerum domini sui adjudicata est, hancque potestatem abbati Corbeiensi præscripti ab eo sententiam judicii unanimiter adjudicaverunt, ut claves, et custodiam rerum suarum liceret ei committere, absque consilio dapiferi et pincernæ, cuicunque voluisset. Dapifero autem et pincernæ tale judicium adinvenerunt, ut in victualibus domini, nullam potestatem dandi absque voluntate ipsius prorsus habeant, sed cum domino suo secundum debitum officii sui ad mensam servierint, hanc dignitatem de officio suo consequantur, ut refecto domino, ad mensam ejus cum cæteris ministris de bonis domini sui reficiantur, et præter hanc nullam aliam potestatem de rebus ipsius exerceant.

Huic comparium suorum judicio cum idem Rabano acquiescere noluisset, prædictus fidelis noster Corbeiensis abbas apud clementiam nostram impetravit, quod in plena curia nostra, quam Spiræ celebravimus, judicium super eodem verbo a ministerialibus regni sciscitati sumus, qui etiam in conspectu nostro et principum regni idem judicium, quod Corbeienses invenerunt, pari consensu asseruerunt.

Aliam præterea molestiam idem Rabano fratribus, qui Deo serviunt in Corbeiensi monasterio irrogare præsumpsit, quod videlicet muros, et intra ambitum cœmeterii ejusdem ecclesiæ hæreditariam mansionem sibi vindicavit, super qua mansione cum satis fuisset commonitus, tum a domino suo, tum a fratribus monachis, tum a comparibus suis, quatenus ab ea desisteret, noluit eorum salutaribus monitis obtemperare. Unde ministeriales Corbeiensis Ecclesiæ judicii sententiam interrogati, abjudicaverunt tam ei quam omnibus sæcularibus beneficium in atrio Ecclesiæ, et quod aliquis abbatum tale beneficium potuerit præstare. Cum vero adhuc reluctaretur, nos interrogati a fideli nostro prædicto Corbeiensi abbate, cum interrogassemus ministeriales nostros super eodem judicio, abjudicaverunt ei in conspectu nostro et principum infra atrium ecclesiæ omnem hæreditariam mansionem, et omnibus abbatibus et monachis talis beneficii concessionem.

Orta est nihilominus et alia temeritas ab eodem Rabanone, quod intra muros Corbeiensis monasterii quamdam similitudinem dignitatis sibi hæreditario jure vindicabat, quam præfecturam appellant, et se Burckgravium appellari faciebat, cum omnes abbates ejusdem monasterii hanc potestatem semper sub se habuerint, ut quidquid a suis infra muros delinqueretur, aut ipse corrigeret, aut camerario vel dapifero suo, seu alicui de familia sua corrigendum absque ulla potestate in perpetuum mansura committeret. Hac autem potestate præfatus Rabano in tantum abusus fuit, ut eam vulgari nomine Burgban, et secundum morem alicujus magnæ potestatis sæpe infra muros placitaret, et hujusmodi placita Burdinck appellabat. Ad hæc placita famuli fratrum monachorum de coquina, aut de pistrino, seu de quolibet eorum servitio cogebantur venire, qui etiamsi propter impedimenta servitii fratrum occurrere non poterant, violenter aut contumeliose a famulis illius pertrahebantur, et panem et escam fratrum imperfectam relinquere compellebantur. Hujusmodi ergo temeritatem de hac præfectura circa Corbeiense monasterium ex judicio principum regni prorsus interdicimus, et hanc potestatem in manu abbatis esse, sicut antiquitus fuit, decernimus. Nam in veteribus regum et imperatorum præceptis continetur, ut nullus dux, nullus comes, nulla sæcularis potestas aliquam potestatem infra muros ejusdem ecclesiæ exercendi judicium habeat, sed per abbatem et personas temporaliter a se ordinatas, quidquid a famulis monasterii contra juris et æqui rationem admissum fuerit, judicari oporteat. Et si principibus contra privilegium imperiale non licet, multo minus ministerialibus licere constat. Hanc ergo præfecturam, et supradictam infra muros laicorum habitationem, atque dapiferi et pincernæ de committendis clavibus potestatem ab aliquo usurpare, et hæreditario jure vendicari in supradicto monasterio nullatenus permittimus. Sed has tres prædictas usurpationes secundum judicia ministerialium nostrorum atque sententiam principum regni omnibus laicis decreto in perpetuum valituro interdicimus, et horum omnium potestatem abbati attribuimus.

Judicium de clavibus invenit Conradus ministerialis noster de Haga. Dei habitatione intra muros, et de præfectura judicium dedit. Item ministerialis noster Conradus de Wallehuson camerarius noster a thesauris.

Principes autem cum ministerialibus suis hi interfuerunt: Ortlewus Basileensis episcopus et sui ministeriales, Heremannus Constantiensis episcopus et sui ministeriales, Guntherus Spirensis episcopus et sui ministeriales, Eilulfus Murbacensis abbas et sui ministeriales, Waltherus Selensis abbas et sui ministeriales, Campidonensis abbas et sui ministeriales, Wizzenburgensis abbas et sui ministeriales, Clerus et populus Vurmacensis Ecclesiæ quæ tunc vacabat, Clerus et populus Fuldensis monasterii quod tunc vacabat, Clerus et populus Laureshamensis monasterii quod tunc vacabat, Frithericus dux Sueviæ et Alsatiæ et sui ministeriales, Otto Palatinus comes de Withelispach et sui ministeriales, Herimannus marchio de Bathen et sui ministeriales, Wernherus comes Havekelesperch, Othelricus comes de Lensemburch, Wilhelmus comes de Glizperch, Comes Wilhelmus de Juliaco, Comes Imikho de Liningen, Comes Vulframus de Wertheim, Marquardus de Grunbach, Arnoldus de Rotenburch dapifer, Heinricus marescalcus, Reingerus pincerna, Thiepertus de Winsperch camerarius.

Signum domini Conradi Romanorum regis secundi invictissimi.

Data anno Dominicæ Incarnationis 1150 indictione XIII, anno vero domni Conradi secundi regis invictissimi XII, anno autem Wiboldi Corbeiensis abbatis tertio.

Actum Spiræ, in Christo feliciter.

XXXI.

Wibaldi abbatis litteræ quibus montem S. Michaelis ad festum S. Remacli et ad anniversarium ordinationis suæ celebrandam deputat.

(Anno 1151. — *Ex archivis Corbeiæ Novæ.*)

In nomine sanctæ et individuæ Trinitatis. Wibaldus, Dei gratia Corbeiensis abbas, successoribus suis regulariter ordinatis in perpetuum.

Quia memoriam nostram in benedictione apud fratres nostros jugiter permanere summo desiderio optamus, idcirco bona ipsis providere non tantum in animabus, sed et in corporibus pia sollicitudine intendimus; proinde notum esse volumus universis Ecclesiæ nostræ fidelibus, tam præsentibus quam futuris, qualiter montem qui vocatur Sancti Michaelis, scilicet ecclesiam cum omnibus ad eam pertinentibus ad festum sancti Remacli et ad anniversarium nostrum ordinavimus. Eumdem namque montem, quia de præbenda fratrum fuerat piæ memoriæ prædecessor noster abbas Erckenbertus quondam iturus Hierosolymam, multis precibus evictus fratribus resignaverat. Verum postquam exierat, circumventus a quodam ministeriali suo Gerberto de Luttemarssen, eidem ipsum montem in beneficio concessit, quem post mortem patris, cum Henricus filius ejus occupasset, per dominum Volcmarum abbatem ab illo receptus est, data ei appromissione, ut cum primum inter ministeriales vacaret, talentum unum in beneficium ab abbate acciperet; illis vero præcedenti tempore servitium unius abbatis apud Luttemarssen cujus curtis ipse villicus est detinere cœpit, seque illud tandiu detenturum dicebat, donec præmissum beneficium consequeretur. Unde nos in diebus nostræ prælationis tantum defectum mensæ abbatis per injuriam fieri per singulos annos æquanimiter non ferentes, evocato eodem Henrico, licet multo labore; tamen eo usque per judicia et sententias comparium suarum justis rationibus convictum eum destruximus, quod ipsum servitium nobis et mensæ abbatis Corbeiensis resignavit, sub tali conditione ut cum primum nobis vel successoribus nostris vacaret taleutum unum in beneficio acciperet. Nos ergo cum prædictum montem liberum in manu nostra haberemus, licet eum diu fratres repetissent, nequaquam eumdem a prædecessoribus nostris receperant, vel fructum ex eo habuerant, simul considerantes quod idem mons æmulationi et petitioni laicorum semper subjaceret, pro memoria et veneratione beati Remacli domini ac patroni nostri, nec non pro remedio animæ nostræ eumdem montem cum omnibus pertinentiis suis, item ecclesia cum dotali manso et villicatione cum mansis et agris ad eam pertinentibus et novalibus quæ a fratre nostro Godamino in ipso monte exstirpata et culta sunt, ad refectionem fratrum Corbeiensium in festo prænominati patroni nostri et in anniversario ordinationis nostræ id est in vigilia undecim millium virginum designavimus, ea videlicet ratione ut a clerico nostro Hildewardo, qui nunc montem habet, vel si quis post eum habuerit in decollatione sancti Joannis Baptistæ cellario fratrum xv solidos qui ad festum pertinent, in festo sancti Dionysii, item xv solidos ad anniversarium diem electionis nostræ, quandiu vivimus, persolvantur. Postquam vero Deus ab hac vita nos evocaverit, in anniversario depositionis nostræ idem xv solidos pro memoria nostra a fratribus in perpetuum habeantur. Porro hoc omnibus notum esse volumus quod hunc montem clerico nostro Hildewardo cum ecclesia et villicatione et omnibus pertinentiis suis sicut supra scriptum est, sub eo pacto commisimus, ut quandiu xxx solidos temporibus superius denotatis fratribus persolverit, eodem beneficio non privetur. Mox vero ut hanc summam administrare noluerit, ipse a beneficio tam ecclesiæ quam curtis cessabit, nec ullo tempore ecclesia, et quæ ad ipsam pertinent a curte et suis pertinentiis separari poterit, sed ut simul juncta xxx solidos annuatim persolvere. Fratres autem festum B. Remacli spontanea voluntate et communi in cappis et quinque candelis solemniter celebrandum instituerunt, in cujus die festo priorem missam in majori ecclesia de S. Remaclo, majorem vero missam in capella, quæ domui nostræ adjuncta est et sub ejus titulo consecrata, de Dedicatione celebrabunt. Ne quis igitur successorum nostrorum hanc charitatem fratribus a nobis constitutam, ullo aliquando tempore auferre vel imminuere seu aliquo modo alienare præsumat, sine consensu Corbeiensis capituli, sub attestatione divini nominis, prædictum montem S. Michaelis fratribus Corbeiensibus ad festum beati Remacli et ad nostrum anniversarium, secundum præscriptam rationem decreto in perpetuum permansuro ordinamus atque constituimus. Et, ut ratum atque inconvulsum hoc constitutum per omnia tempora permaneat, hanc nostræ constitutionis paginam sigilli nostri impressione roboramus atque confirmamus.

Hæc vero sunt nomina fratrum, quibus præsentibus et testibus hæc constitutio facta est: Henricus prior, Engelgerus, Thiedericus, Walterus, Adelbertus præpositus, Thiedericus, Adulphus, Conradus cellerarius, Elumigus, Mechtfridus, Isiko, Heremannus, Tegenhardus, Bruno, Conradus, Reinardus præpositus Eresburg, Heis, Henricus præpositus Groningensis, Reinardus præpositus Keminad, Conradus portarius, Adelbertus camerarius, Bruningus, Abraham, Fiko, Lambertus, Othelricus, Heremannus, Tiedericus, Cono, Berenwigus, Ludolphus, Arnoldus, Reinmarus, Giselbertus, Mus, Fridericus. Pueri Rocholfus, Unargus, Wernerus, Robertus, Hartmannus, Reinerus, Dadfo, Burchardus, Markwardus, Wizzelmus, Antonius, Heitholfus, Heremannus.

Actum Corbeiæ in capitulo anno Domini 1151, indictione xv, in die festo S. confessoris Christi ac pontificis Remacli, anno autem prælationis domini Wibaldi abbatis Corbeiensis sexto.

XXXII.

Diploma Friderici Romanorum regis aureis conscriptum litteris, et in conventu percelebri Mersburgi concessum Wibaldo abbati: — Jura et privilegia Corbeiæ-Novæ instaurat.

(Anno 1152.)

In nomine sanctæ et individuæ Trinitatis. Fritheriçus, divina favente clementia, Romanorum rex.

Ad regiæ dignitatis munificentiam pertinet bene de republica merentibus virtutum præmia tribuere, et ut ipsi pro suæ fidei constantia laboris sui emolumenta percipiant, et cæteri ad exsequenda imperii munia bonæ spei pleni et alacres fiant. Noverit igitur omnium fidelium nostrorum, tam præsentium quam et futurorum, industria quod noster fidelis et charissimus monasterii, quod Nova Corbeia dicitur, abbas Wibaldus nostram clementiam interpellavit, ut privilegia Corbeiensis Ecclesiæ, cui nunc idem venerabilis abbas præesse cognoscitur, innovare et confirmare dignaremur. Cujus religiosæ petitioni, ob insignem ipsius fidem circa dominum et patruum nostrum, beatæ scilicet recordationis antecessorem nostrum inclytum, regem Conradum, nec non et circa promotionem nostram in regnum, cujus gubernacula, Deo auctore, post mortem ejus suscepimus, aurem pietatis inclinantes, per præsentis paginæ seriem, sub regiæ majestatis tuitionem locum ipsum, Novam videlicet Corbeiam, cum omnibus sibi tam intus quam foris pertinentibus assumimus, eumque perpetua libertate donantes, quemadmodum piæ memoriæ prædecessorem nostrum ejusque progenitores, reges et imperatores ante eum fecisse cognoscimus, nostra et omnium principum auctoritate, lege in perpetuum valitura firmamus. Ne præfatum monasterium Nova Corbeia in potestatem vel ditionem, sive subjectionem alicujus personæ, seu ecclesiasticæ, seu sæcularis dignitatis, per aliquam donationem seu commutationem cedat, sed semper sub ordinatione et defensione regum vel imperatorum consistat, et libertate, quam hactenus obtinuit, in perpetuum potiatur. Et quoniam ab imperatore Luthewico duo monasteria constructa sunt, et a nostris prædecessoribus honore et divitiis aucta, unum videlicet monachorum, quod Nova Corbeia dicitur, ad normam scilicet Veteris Corbeiæ, Herivordense vero sanctimonialium, ad similitudinem Suessionensis monasterii, decretum est ab eis ut Corbeiensis abbas, quicunque pro tempore fuerit, procurationem agat Heriverdensis Ecclesiæ, ita videlicet, ut, juxta consuetudinem, qua ancillarum Dei congregationibus procurari solent præpositi ex ordine ecclesiastico, tam in disciplina quam in cunctis negotiis, quæ famulæ Christi pro sexu et professione sua exsequi non possent, ipsarum provisor et patronus existeret. Nos ergo prædecessorum nostrorum vestigia sequentes, confirmamus, et decreto in æternum valituro statuimus ut omnes per successionem Corbeiensis cœnobii abbates præscripta procuratione et patrocinio absque ullius contradictione utantur, et servata dignitate abbatissæ, in quibus opportunum fuerit, Herivordensi congregationi assistant. Confirmamus etiam eidem, qui nunc divina vocatione et communi atque concordi fratrum electione Corbeiensi monasterio præest, abbati scilicet Wibaldo, nec non cunctis successoribus ipsius, auctoritate in æternum valitura, monasterium quoddam, quod vocatur Keminada, quod piissimus prædecessor et patruus noster beatæ memoriæ Conradus rex pro fidelitate et petitione prænominati fidelis et charissimi nostri Wibaldi abbatis tradidit super reliquias corporis sancti Viti martyris, per aureum donationis suæ annulum, in potestatem et jus atque dominationem Corbeiensis monasterii, ita videlicet ut Corbeiense monasterium prænominatum monasterium, scilicet Keminada, quemadmodum et a reverendo Patre nostro papa Eugenio per auctoritatis suæ privilegium eidem Corbeiensi monasterio confirmatum esse dignoscitur, cum omnibus prædiis suis, silvis et aquis, tam foris quam intus, ad ipsum locum pertinentibus, habeat, possideat, ordinet, utatur et servet sicut tenet sub suo regimine, jure videlicet proprietario, tres abbatiolas, quas fundator ejusdem Novæ Corbeiæ Luthewicus Pius, magni Caroli filius, ad eamdem Corbeiam contulit, scilicet Eresburch, nobile quondam Saxonum castrum, cum decimis circumquaque per duas Saxonicas rastas adjacentibus, nec non Meppiam atque Wisbike, cum decimis et possessionibus undique ad eas pertinentibus. Ad Herivordense vero monasterium in episcopatu Osnebrugensi, ecclesiam Buinidi cum subjectis sibi ecclesiis in parochia Mimiernivordensi, ecclesiam Rheni cum his quæ ad eam pertinent ecclesiis, præterea, quod ab exordio eorumdem monasteriorum, Corbeiæ scilicet, et Herivord a nostris antecessoribus constitutum est.

Nos quoque firmiter servari volumus, videlicet ut ubique vel ipsa monasteria, vel cellæ eorum, casas aut curtes habuerint ex rebus, quas ibidem laboribus suis acquirunt, decimas dent ad portam monasterii, nec alibi eas dare cogantur, quatenus inde in nostram ac totius generis perennem mercedem supervenientibus peregrinis, et hospitibus serviatur, sicut in regia capitulari, et in decreto synodali permissum est, xenodochia et reliqua fidelium pauperumque construi hospitalia, et mos fuit semper in sacris concedi cœnobiis. Statuimus quoque ne episcopi aut eorum archipresbyteri in ipsorum ecclesiis a suis presbyteris missarum celebrationes fieri interdicant, sed si quid sui juris sibi inde negari putant, ad nostram præsentiam et synodalis examinis judicium deferant. Sed et hoc decernimus, ut decimas vel decimales Ecclesias, imo universas possessiones suas in quibuslibet episcopiis, præcipue in Bremensi, Osnebrugensi, Patherneburnensi, ubi plurimas habent, et res et decimas ita integerrime teneant atque possideant, sicut ab antecessoribus nostris, regibus videlicet et imperatoribus hactenus tenuerunt atque possederunt. Concedimus etiam, juxta decreta prædecessorum nostrorum, liberam utrique loco potestatem eligendæ de propria congregatione in regimen sui congruæ personæ. Et statuimus ut nullus judex publicus in homines ad monasterium Corbeiense, vel ad prænominatas cellas ipsius pertinentes ullam judiciariam habeat exercere potestatem, sed omnis eorum res coram advocato ipsorum diffiniatur. Et ut justitiam, quæ appellatur Burchban, nemo sibi usurpare præsumat, nisi cui potestas ab eodem cœnobii abbate concessa fuerit, et ut liberi homines licentiam habeant tam seipsos quam prædia sua eidem monasterio conferre, nec quivis judex, aut regia potestas solitum debitum, aut publicum vectigal ab eis deinceps extorqueat. Sane quod piissimum prædecessorem nostrum, inclytum et gloriosum principem, felicis memoriæ dominum ac patruum regem Conradum, ex judicio principum ac ministerialium regni, in plena curia statuisse cognoscimus, nos quoque ejus vestigia sequentes, decreto in æternum valituro firmamus atque statuimus ut nullus laicorum habitationem infra muros prædicti Corbeiensis monasterii sibi aliquando usurpare audeat hæreditario jure, sed cœmeterium, quemadmodum congruum est, religiosorum habitationibus liberum et expeditum omni tempore pateat. Hoc quoque simili firmitate præcepto nostro roboramus, ut dapiferi atque pincernæ Corbeiensis abbatis nullam omnino potestatem de committendis clavibus rerum domini sui habeant, sed in dandis clavibus, et ordinandis rebus domus suæ liberam potestatem, quemadmodum a prædecessore nostro per judicii sententiam determinatum esse novimus, abbas in perpetuum obtineat. Ut autem hæc omnia rata et inconvulsa in perpetuum habeantur, chartam hanc conscribi et sigilli nostri impressione signari præcepimus.

Testes vero hi adfuerunt, Sueno rex Danorum, qui ibidem regnum suscepit de manu domini regis; Knut alter Danus, qui ibidem regnum in manum domini regis refutavit. Hartwigus Bremensis archiepiscopus, Othelricus Halberstadensis episcopus, Burchardus Argentinensis episcopus, Wicmannus

Citicensis episcopus, Daniel Pragensis episcopus, Bernardus Patherhornensis episcopus, Heinricus Mindensis episcopus, Heremannus Ferdensis, Anselmus Havelbergensis, Emehardus Mechelembergensis, Wikkerus Brandeneburgensis, Marquardus Guldensis abbas, Heinricus Heresfeldensis abbas, Arnoldus Niemburgensis abbas, Heinricus dux Saxoniæ, Domnus Welpho avunculus ejus, Conradus marchio de Misnia et filii ejus, Marchio Adelbertus et filii ejus.

Signum domni Fritherici Romanorum regis invictissimi.

Ego Arnoldus cancellarius vice Heinrici Moguntini archicancellarii recognovi.

Data in curia Mersburch anno Incarnationis Domini 1152, indictione xv, anno domini Fritherici Romanorum regis I. Actum in Christo feliciter. Amen.

XXXIII
Privilegium Adriani IV papæ pro monasterio Stabulensi.
(Anno 1154.)

ADRIANUS, etc.

Quoties illud, etc. *Vide in Adriano ad an. 1159.*

XXXIV
Privilegium Adriani papæ IV Wibaldo abbati concessum. — Usum sandaliorum et dalmaticæ, aliaque Corbeiensis monasterii privilegia confirmat.
(Anno 1155.)

ADRIANUS episcopus, servus servorum Dei, dilectis suis, GUICBALDO Corbeiensi abbati, ejusque fratribus tam præsentibus, quam futuris, regularem vitam professis in perpetuum.

Officii nostri nos admonet et invitat auctoritas, etc. *Vide in Adriano papa IV, ad an. 1159.*

XXXV
Diploma Adriani papæ IV Wibaldo abbati concessum. — Monasterium Werbense in temporalibus et spiritualibus valde attritum unit Corbeiensi.

ADRIANUS episcopus, servus servorum Dei, dilecto filio WIBALDO Corbeiensi abbati, salutem et apostolicam benedictionem.

Sacrosancta Romana Ecclesia, etc. *Vide in Adriano.*

XXXVI
Litteræ Adriani Papæ IV Moguntino antistiti. — Ut Bobbonem Werbensis abbatiæ advocatum, qui Wibaldo abbati multa comminatus fuerat, districte moneat, et in ordinem redigat.
(Circa 1155. — Ex ms. Hist. Corbeiæ.)

ADRIANUS, servus servorum Dei, dilecto in Christo filio Moguntino episcopo, salutem et apostolicam benedictionem.

Prædecessorum nostrorum vestigia imitati, etc. *Vide in Adriano.*

XXXVII
Litteræ Wibaldi abbatis ad suos successores. — Partem aliquam silvæ hospitali Groningensi tradit.
(Anno 1156. — Ex archivo Corbeiæ Novæ.)

In nomine sanctæ et individuæ Trinitatis, WIBALDUS Dei gratia Corbeiensis Ecclesiæ abbas omnibus successoribus suis in perpetuum.

Si indigentias pauperum de nostra abundantia supplere curamus, et fiduciam magnam nobis coram summo Deo per eleemosynam constituimus, et exemplum posteris nostris relinquimus. Proinde noverit omnium fidelium Corbeiensis Ecclesiæ præsentium et futurorum industria quod nos intuitu divinæ retributionis partem quamdam silvæ, quam juxta Groningen habuimus, cum a quibusdam laicis, ut eam a nobis in beneficio acciperent, multum rogaremur, pro remedio animæ nostræ et pro salute omnium successorum nostrorum abbatum, videlicet monasterii Corbeiensis, idem nemus, quod habuimus in silva, quæ vocatur Hachel, ad obedientiam hospitalis in Groninga, ex petitione fratrum nostrorum Corbeiensium tradidimus, maxime insistente nobis eo, qui hanc obedientiam tunc temporis servabat, fratre Ruchardo, ut hanc eleemosynam perficeremus. Ejusdem ergo terræ traditione facta ad hospitale in Groninga, omnes successores nostros per tremendam judicii Dei futuram discussionem obtestamur, ne eamdem eleemosynam de eodem hospitali ullo unquam tempore auferant vel imminuant, sed eam pro æternæ vitæ retributione ibidem jugiter conservare studeant. Ut autem hæc nostra traditio per omnia futura tempora hospitali de Groninga rata et inconvulsa permaneat, factam a nobis traditionem per has litteras posteris nostris significavimus. In testimonium et donationis nostræ firmamentum, sigillo nostro signari præcipimus.

Testes de ministerialibus adfuerunt, Conradus de Amelungessen, Reinerus de Porta, Godescalcus pincerna, Heis, Henricus, Lutherus, Alwinus filius ejus, Volckwinus, Wernerus frater ejus.

Dominicæ Incarnationis 1156, prælationis autem domini Wichaldi in Corbeiensi Ecclesia x, IV Idus Februarii inter capitulum et horam sextam, in Christo feliciter. Amen.

XXXVIII
Litteræ Theoderici abbatis Corbeiæ Novæ. — De conscribendis chronicis monasteriorum.
(Anno 1337. — Ex ms. Corbeiæ Novæ.)

THEODERICUS abbas, monasterii sanctorum martyrum Stephani atque Viti in Corbeia omnibus hasce lecturis gratiam et salutem in Domino sempiternam. Amantissimi confratres, multum sane refert, ut Ecclesiæ nostræ aliarumque eidem subjectarum antiquitates, fundationes, dotationes, jura, privilegia, et laudabiles usus ac consuetudines una cum aliis notabilibus, ad futurorum posterorum memoriam, nostramque informationem, et delectationem colligantur et describantur. Cum igitur pii prædecessores nostri Marquardus et Wigboldus, quorum memoria in benedictione sit, confratribus dilectisque filiis suis cum primis senioribus et experientia rerum conspicuis inque præpositura vel alia dignitate constitutis mandarint, ut quisque suæ Ecclesiæ seu monasterii, cui pro tempore præerat, Chronicon contexeret, seu ab aliis forsan cœptum continuaret : diversi etiam fratres monitis hisce obsecundantes, industriam suam egregie probarint; nos inclytis eorum vestigiis insistentes, idem mandatum ceu justum et salutare tenore præsentium innovamus, et redintegramus, volentes ut quod quilibet de suo monasterio seu Ecclesia Chronicon antea scriptum habet, diligenter custodiat, idque secundum seriem annorum ad sua usque tempora fideliter continuet. Si vero nullum adhuc exstet, vel ipse aliquod concinnet, seu per alium idoneum et fidelem virum conscribi curet. Nos libenter ex archivio et bibliotheca quæcunque necessaria fuerint suppeditabimus, non tantum sed etiam cujuslibet studium uti antecessores nostri specialiter cohonestabimus. Valete in Domino.

Datum in abbatia nostra imperiali anno gratiæ 1337, ipso die beatæ Veronicæ.

ANNO DOMINI MCLVI

ERNALDUS ABBAS BONÆVALLIS

IN DIOECESI CARNOTENSI.

NOTITIA HISTORICO-LITTERARIA.

Oodin, *Script. eccles.*, t. II, pag. 1288.

Arnaldus seu Ernaldus Bonævallis in valle Carnotensi abbas, vir quamvis obscuræ originis, non obscuræ tamen famæ fuit, sancto Bernardo Clarævallis abbati æqualis, atque ipsi maxime intimus et familiaris, uti et Petrus Cellensis. Institutum divi Benedicti professus apud Bonamvallem Carnotensis diœcesis, ut verisimile est, ubi totum se illis addixit studiis, quibus Christiana et religiosa pietas pasci ac foveri solet. Divinis ita humanisque litteris instructus, cœnobio huic abbas successu temporum et observantiæ merito præfectus est, maximo hujus monasterii honore et commodo, quod in agro Carnotensi vix sexto ab ipsa urbe milliari conditum est. In qua etiam urbe Petrus Celletis paulo post obitum Ernaldi, munus episcopale gessit. Hic Ernaldus est quem S. Bernardus Clarævallens's abbas plurimum adamavit, ut epistola ipsius 310, ad eum manu propria in extremis a Bernardo scripta, fidem facit. Hic Ernaldus est, ab Arnulpho quoque Lexoviensi episcopo laudatus, cui in hæc verba ægrotanti Arnulphus scripsit : *Cœperunt occurrere mihi quæ de vestra dilectione jocunda provenerant. Occurrebat mihi siquidem sanctum illud dulceque colloquium, quo prævaletis auditorum mentes rerum erudire sollertia, et aures jocundi sermonis suavitate mulcere. Recordabar quantam vobis scribendi gratiam bonitas divina contulerat, in qua nescio an magis sententiarum fructum, an dicendi peritiam debeam admirari. Hæc enim apud vos tanta sibi invicem paritate respondent, ut neque rerum majestas verborum videatur coarctari angustiis, nec sermonis dignitas, aliqua sententiarum excellentia prægravari.* Exstant et aliæ ejusdem ad eumdem epistolæ in quibus, sicut etiam ab Henrico Gandavensi, *Ernaldus* semper appellatur.

Tanta cum fuerit Ernaldi nostri doctrina et pietas, lucubrationes tamen ejus aliæ quidem hactenus latuerunt, aliæ aliis auctoribus adscriptæ sunt, exciderunt,ve, paucis auctori germano reservatis. *Ernaldus*, inquit Henricus Gandavensis, *abbas Bonævallis Vitam sancti Bernardi in quatuor libris, præter illum quem abbas S. Theodorici Guillelmus scripserat, explicavit ; multa hinc inde tangens, quæ ipsi pertinere videbantur ad materiam quam scribebat. Commentatus est etiam super quinque vel sex ultimis verbis Domini in cruce, multipliciter ac subtiliter inde disputans.* Verum in hoc lapsus est Henricus quod quatuor libros de Vita sancti Bernardi Ernaldo tribuerit, cui rectius Trithemius unicum assignat et quasdam epistolas. Ex libris tamen quinque de *Vita Bernardi* passim obviis, primus est Ernaldi fetus, alter Guillelmi abbatis Sancti Theodorici, ac postea in Signiaco monachi ordinis Cisterciensis. Tres reliqui spectant ad Gaufridum, olim Bernardi notarium seu amanuensem, ac postea quartum Clarævallis abbatem. Insuper in eo hallucinatur Henricus, quod in libro *De scriptoribus ecclesiasticis* Ernaldum ordinis Cisterciensis fuisse dicit, quem instituti Benedictinorum fuisse certum est. Præter hæc, alia etiam opuscula Ernaldum auctorem præferunt in diversis bibliothecis, alia hactenus latuerunt aut penitus interciderunt. Ex his omnibus Ernaldi opusculis in ultima editione Operum divi Cypriani, Oxonii in Anglia anno 1682, e theatro Seldoniano, procurata, atque ex anterioribus multis editionibus correcta, prodierunt *De septem verbis Domini in cruce. De operibus Christi cardinalibus,* opusculum hucusque perperam D. Cypriano Carthaginensi episcopo attributum. *De operibus sex dierum. De laudibus beatæ Mariæ Virginis. Meditationes variæ.* Itemque inter Opera divi Bernardi sæpius, *Liber primus de Vita S. Bernardi,* Bernardo alteri Bonævallensi apud Viennenses (ut aiunt) abbati, suppositus a plerisque ; de quibus singulis paulo amplius agendi occasionem hic aucupari, haud incongruum lectori erudiendo fuerit.

Opusculum *De septem verbis Domini in cruce,* a nullo Arnaldo Bonævallis abbati non ascribitur, quanquam nonnulli in eo fallunt fallunturque, quod Bonævallis apud Vesuntiones abbatem interpretantur. Verum quæstionem omnino dirimit inscriptio apographo Cisterciensi subjecta : *Arnaudus abbas de Bona-*

valle in Francia, ae verbis *Domini*; Franciæ enim nomine Bonænvallem agri Carnutensis ab aliis ejusdem nominis monasteriis satis distingui, quæ sive in diœcesi Viennensi, sive Pictaviensi, sive in Ruthenensi constituunt, omnes qui res Gallicanas intelligunt, facile norunt. Istud opusculum a Joanne Gagneio viro erudito primum, Francisco primo Galliarum regi a consiliis et eleemosynis, cum hoc titulo, *Ernaldus abbas Bonævallis in diœcesi Carnotensi de verbis Domini in cruce*, typis excusum est.

Liber *De cardinalibus Christi operibus*, inter sancti Cypriani Opera hactenus vulgatus, Arnaldo etiam nostro tum in Cisterciano et Clarævallensi, tum in Oxoniensi apographo collegii Omnium Animarun inscribitur, tametsi in ultimo isto mendose *Bonavillanensis* pro *Bonavallensis* abbatis nomen legatur. Ita enim inscriptio se habet in exemplari Clarævallensi: *Domini Ernaldi Bonavallensis abbatis liber de cardinalibus Christi operibus*: atque in alio additur, *quem scripsit ad Adrianum papam*, scilicet IV, qui anno 1154 ad Romanam sedem promotus est. Hunc librum Arnaldo isti jam bene multi adjudicaverant, nempe Robertus Locus in *Censura* sua, Philippus Labbeus in Dissertatione ad Librum Bellarmini *De scriptoribus ecclesiasticis*, tomo I, verbo *Cyprianus*, Franciscus Combefisius in *Apparatu* ad Bibliothecam cocionatoriam, verbo *Arnaldus*, et Joannes Mabillon in notis ad epistolam 210 S. Bernardi abbatis, editionis Parisiensis anni 1667. Quod tandiu nomen genuini auctoris ignotum fuerit, id ex scriptoris modestia factum, qui sub prologi finem, nomen suum premi his verbis postulat: *Libellus igitur quem de cardinalibus Christi nostri operibus scripsi, paternitati vestræ suppresso nomine misi*. En Arnaldi modestiam, pruriginis scribendi inimicam.

Mirum est opusculum hoc S. Cypriano suppositum fuisse, cum sola ejus lectio contrarium persuadeat. Illud unum afferre sufficiat, quod scriptor de baptismo Christi agens, ait, *Baptismum per quemcunque fiat, eumdem esse; nec hoc meritis esse datum, sed gratiæ, et proprie sibi omnipotentiam Dei retinere hujus effectum*. Quod non facile dixisset S. Cyprianus, quippe qui omnem baptismum ab hæreticis collatum respueret. 2. Quid quod Scripturæ citationes vulgatæ versioni respondent, quæ a Cypriani temporibus immensum abest. 3. Auctor de unctione chrismatis agens hæc scribit: *Hodie patent carceres, et damnati libertate donantur, severitate deposita hodie judices mansuescunt;* quod de regibus et judicibus Christianis intelligendum venit: et hoc quam alienum sit a Cypriani tempore, quo judices fere omnes gentiles erant, nemo non videt. 4. Denique adhuc in eodem sermone affirmat, *non solum in regibus et sacerdotibus unctionis honorem permansisse, sed et in omnem populum Catholicum effusam esse hujus gratiæ plenitudinem*, cum longe post Cypriani tempora unctio et regibus et sacerdotibus adhibita fuerit. Verum etsi varios codices membraneos qui istud opus Ernaldo vindicant seponeremus, id etiam ex styli similitudine, tum ex mutua ejus comparatione cum aliis ipsius operibus pateret. Exemplo sit quod auctor in libro *De cardinalibus Christi operibus*, ubi de Nativitate, hæc verba profert: *Genitrix est obstetrix, et dilectam devotio soboli exhibet clientelam*. Item eodem loco: *Nec præcedens delectatio aliquam expetat pœnarum usuram*. Qui uterque locus in Ernaldi libello *De laudibus beatæ Mariæ Virginis* in hunc modum legitur: *Ubi virgo et obstetrix et genitrix, sibi ipsi in illa celebritate exhibuit clientelam*. Et infra: *Nullam ibi usuram pœnarum pro voluptate ultro repetebat*.

Illud luculentum quoque hujusce rei argumentum est quod auctor libri istius Cypriano adscripti, ubi de Passione agit, eamdem sententiam habet, de Mariæ commendatione Joanni a Christo facta, atque Arnaldus in sermone 3 *De verbis Domini in cruce*. Illic enim ita Arnaldus loquitur: *Ecce Joannes piæ hæreditatis suscipis testamentum, eligeris et in hoc proponeris omnibus. Joseph, qui eatenus ministraverat, ie subrogato cedit, nec maritalia jura opponit: ut obstruatur os loquentium iniqua imposterum, quia matrimonium illud dispensationi divinæ, non copulæ carnali servierat. Ideoque nec Joseph, cum Joannes eam suscepit in parentem, queritur de disjuncto connubio, quod dispensatorium fecerat, sine ullo carnalis copulæ commercio*. Illic vero auctor iste in hunc modum: *Jam exigebat ratio ut conjugii removeretur opinio, nec ultra pater Christi æstimaretur, qui eatenus vicem patris et conjugis tenuerat. Habebat Joseph in hac Christi dispositione rationabilem contradictionem, cum alteri commendaretur Maria, si se cognovisset carnalem maritum*, etc. Utrobique auctor et Joseph in passione superstitem fuisse existimat, et Mariæ commendationem Joanni, prætermisso sponso, factam dicit, *ut carnalis copulæ removeretur opinio*. His si addamus mss. codicum testimonia, qui librum illum Ernaldo nostro tribuunt, extra omnem quæstionem erit, opus istud Ernaldi nostri genuinum esse fœtum. Illud vero maxime auctorem commendat, quod istis ejus elucubratio digna visa sit quæ facundissimo Latinorum fere omnium Patrum, Cypriano tribueretur.

Tractatus *De operibus sex dierum*, qui etiam in mss. codicibus bibliothecæ olim Fulcardi Montis, nunc Colbertinæ Parisiensis, *De paradiso* inscribitur, opera Dionysii Peronetti ecclesiastæ urbis Antissiodorensis, sub nomine Arnaldi seu Arnoldi primum editus, auctorem ipsum præfert in multis mss. codicibus, ex quibus illum exscripsit olim et ad dominum Lucam Dacherium transmisit dominus Bertrandus Tissier, prior Bonifontis in Thierascia, Cisterciensis ordinis, in archiepiscopatu Remensi. Atque etiam sub ejusdem nomine in Bibliotheca veterum Patrum sæpius impressus est; idemque de libello inscripto *De laudibus beatæ Mariæ Virginis* dicendum est. Liber autem *Meditationum* anno tantum 1682 ad calcem Operum Sancti Cypriani ab episcopo Exoniensi editus est.

Quod attinet ad librum secundum *De Vita S. Bernardi abbatis*, mirum est quonam æstu, quantoque ardore simul et errore hunc Arnaldum abbatem Bonævallis Carnotensis Benedictinum, accensuerit Cisterciensibus suis in *Bibliotheca scriptorum ordinis Cisterciensis*, pag. 25, Carolus de Visch, prior Beatæ Mariæ de Dunis in Flandria. Allegat ad assertionem suam illam stabiliendam magnam scriptorum cohortem idem affirmantium, quos auctores appellat gravissimos. Sixtum Senensem in *Bibliotheca sancta*; Joannem Tritheinium et Bellarminum in libro *De scriptoribus ecclesiasticis*; Possevinum in *Apparatu sacro*; Guillelmum Eisengrenium in *Scriptoribus orthodoxis;* Confadum Gesnerum in *Bibliotheca universali;* Philippum Seguinum in *Bibliotheca Cisterciensi* ms. Item Henricum Gandavensem *De viris illustribus* cap. 11; Aubertum Miræum in Scholiis ad Henricum Gandavensem supra; Hippolytum Maraccium in *Bibliotheca Mariana*, pag. 144 et 145; Jongelinum denique tam in *Notitia abbatiarum ordinis Cisterciensis* quam in *Originibus et progressibus ejusdem ordinis*. Sed hoc numero auctorum ita affirmantium, non obstante hunc Arnaldum auctorem secundi libri Vitæ sancti Bernardi, non fuisse abbatem Bonævallis Viennensis Cisterciensem, sed singularem abbatem Bonævallis Carnotensis, ordinis divi Benedicti, demonstrat eruditissimus Joannes Mabillon in ultima sua editione Operum divi Bernardi, procurata 2 Voluminibus in folio, Parisiis anno 1667, apud Fredericum Leonard, via Jacobæa sub Scuto Veneto. Ita ergo ille ad calcem primi voluminis Operum divi Bernardi in Notis ad epistolam 310, pag. 39: « Scriptores recentiores, nimirum Horstius, Carolus de Visch atque auctor Vitæ Gallicæ sancti Bernardi, contra Trithemii, Bellarmini aliorumque sententiis, Arnaldum hunc distinctum volunt ab auctore libri secundi Vitæ sancti Bernardi, quem auctorem Bernardum vocant, eumque abbatem Bonævallis, non Pictaviensis aut Ruthinensis, sed Viennensis ordinis Cisterciensis. Alterum vero *Arnaldum* appellant, Bonævallis Carnotensis abbatem, quæ est monachorum Benedictinorum, ad quem hæc epistola scripta fuerit. Sed tantorum virorum pace dixerim unum et eumdem esse. Nam quod pertinet ad nominis diversitatem, auctor libri secundi Vitæ sancti Bernardi in pervetusto codice ms. Corbeiensi scribitur *Ernaldus*, quo nomine noster Arnoldus abbas Carnotensis ab Arnulfo episcopo Lexoviensi, in iis quas ad eum scripsit, epistolis indigitatur. Sed missa nominis controversia, certum est librum II Vitæ sancti Bernardi scriptum esse *Godefrido adhuc Lingonensi episcopo*, ita enim legitur cap. 5, num. 29 : *Godefridus prior ejusdem loci, propinquus ejus in carne et spiritu, qui postea in Ecclesia Lingonensi factus episcopus, usque hodie ingrediens et egrediens laudabiliter perseverat*. Scriptus est igitur ante annum 1161, quo Godefridus, dimisso episcopatu, *Claramvallem reversus est ad amplexum suæ Rachelis*, ut scribit Claravallense Chronicon, ubi anno 1164, sexto Idus Novembris, mortuus legitur. Atqui a fundatione Bonævallis Viennensis, ordinis Cisterciensis, anno 1117, usque ad annum 1180, nullus abbas in ea *Arnoldi* vel *Bernardi* nomen sortitus est. Primus enim præfuit sanctus Joannes ab anno 1118 ad annum 1138, quo in episcopum Valentinum assumptus, Gozevino secundo abbati locum cessit, qui Raynaldo Cistercii abbati suffectus est anno 1151. Tertius Petrus in Bonavalle successit, qui anno 1171 sanctum Hugonem, antea Liuncelli abbatem, successorem habuit, qui Bonævalli Viennensi præfuit ad annum 1180, quo decessisse traditur in Menologio Cisterciensi. Ubi ergo *Arnoldus* vel *Bernardus* Bonævallis Viennensis abbas, qui ante annum 1164, quo denatus est Godefridus Lingonensis, librum secundum Vitæ sancti Bernardi scripserit? Hæc autem omnia ex Annalibus Manriquez inductione constant. Unus igitur atque idem est auctor præfati libri, et sancti Bernardi amicus ille, ad quem morti proximus hanc epistolam scripsit, nimirum noster Arnoldus sive Ernaldus Bonævallis Carnotensis abbas; de quo hæc monuit vir doctissimus R. P. Bertrandus Tissier, qui ea qua pollet sinceritate et judicio, cum nostri Arnoldi Opera penes se haberet, sciretque non posse ea Bibliothecæ Patrum Cisterciensium accenseri, ad nostrum Dacherium transmisit quam humanissime, aliquando Deo dante excudenda. Hæc, inquam, de nostro Arnoldo monuit. » Hinc patet ex his Mabillonii verbis perperam ab Joanne Merlone Horstio hunc *secundum librum Vitæ sancti Bernardi*, quem posuit in suis ad Opera Bernardi Prolegomenis, esse inscriptum, tanquam a *Bernardo abbate* compositum, certoque spectare ad Arnaldum abbatem Bonævallis Carnotensis Benedictinum, divique Bernardi dum viveret singularem amicum, qui manes amici sui scriptione propria honorare voluerit.

Commentarius in Psalmum CXXXII : *Ecce quam bonum et quam jucundum*, etc., habetur sub Arnaldi nomine cum aliis ejusdem operibus indubiis, in ms. codice optimæ notæ et scriptori synchrono, in bibliotheca Longipontis, ordinis Cisterciensis, diœcesis Suessionensis. Hunc anno 1676 cum varias Gallicani orbis bibliothecas veteres excuterem, detexi, quem postea mihi ab ejusdem loci monacho transcribendum curavi, qui et aliam hujus operis cop.am eodem anno ad Joannem Mabillonium monachum Benedictinum misit, tunc temporis de omnibus Ernaldi operibus in unum colligendis atque edendis, meditantem. Editus autem est in 8°, Lugduni Batavorum, anno 1692, apud Petrum Vander Meerche, cum aliis aliorum opusculis. Habet ingenium Arnaldi, nec imparem dictionis suavitatem, quam ubique spirat, ut nullus opinor futurus sit, qui lecto illo, in eamdem nobiscum sententiam non veniat. Quamvis in homilia 4 et 5, derelicto textu, hic auctor argumentum aliud a proposito aggressus videatur, Ernaldi autem pietatem, ubi etiam a textu et operis argumento aberrat, plurimam refert.

Opusculum de septem donis Spiritus sancti, sub ejusdem Ernaldi nomine in bibliotheca Cistercii archimonasterii ms. exstat, quod anno 1655 ad Lucam Dacherium a se accurate transcriptum, misit Jacobus de Launoy, hujus cœnobii monachus, homo juvandis litteratis natus. Codex optimæ notæ est, istudque opusculum ob eam doctrinam quam complectitur, Ernaldo abbate cujus et nomen præfert et pietatem redolet, dignissimum est. Negare tamen non possumus ad eam elegantiam atque ornatum, quem in aliis suis tractatibus Ernaldus præsefert, dictionem istius haud semper accedere. Addo citationes Scripturarum in illo quoque frequentiores esse quam in aliis Ernaldinis opusculis, quamvis opus in illo in genere magnæ industriæ sit, nec a soliditate abbatis nostri abhorreat. Doctrina quam habet singularem cap. 8, *De lotione pedum*, doctrinæ Ernaldi, *De operibus Christi cardinalibus* omnino conformis est, ut utrumque conferenti opusculum patebit. Non eodem semper ornatu in opusculis suis procedebant veteres, sed remissius aliquando vel intensius, pro re nata vel argumento. Illud cum opusculo superiore anno 1692 Lugduni Batavorum impressum est curis meis.

Franciscus tandem Titelmannus, qui opusculum Arnoldi *De septem verbis Domini in cruce* recensuit atque post Joannem Gagnejum edendum curavit, in prologo præmisso ad editionem suam huic quoque *librum de corpore et sanguine Domini* ascribit his verbis : *Feriur idem auctor, præter duos hos tractatus, nimirum De verbis Domini in cruce, et De laudibus beatæ Mariæ Virginis, alia quoque scripsisse opuscula, de operibus sex dierum, deque corpore et sanguine Domini, quæ hactenus nobis invisa*. Sed fortasse liber ille *De corpore et sanguine Domini*, ad Guillelmum Sancti Theodorici abbatem, ejusdem olim instituti ac ejusdem temporis spectat, qui librum de hoc argumento scripsit, quem in manuscriptis codicibus conjunctum sæpius et collectum cum opusculis Ernaldi abbatis vidimus : quam forsan ob causam, nonnulli ad Ernaldum spectare opinati sunt. Vel etiam liber ille *De corpore et sanguine Domini* opus aliud non est a tractatu *De cardinalibus Christi operibus*, in quo de eucharistia etiam eximie tractat.

Hæc latissime de scriptis Ernaldi, cujus amplam mentionem faciunt, Carolus de Visch, prior Beatæ Mariæ de Dunis in Flandria in *Bibliotheca scriptorum ordinis Cisterciensis*, pag. 25, multis etsi vanis contendens, spectare Ernaldum hunc ad ordinem Cisterciensem; Cæsar Egassius Bullæus sæculo IV, *Historiæ Universitatis Parisiensis*, in Catalogo illustrium Academicorum istius sæculi; Joannes Mabillonius præfatus in notis ad epistolam 510 divi Bernardi citatæ editionis pag. 39; ego ipse in Supplemento Bellarmini *De scriptoribus ecclesiasticis*, tum in *Cypriano* ad annum 250, tum in *Ernaldo* ad annum 1160, quos videas; Philippus Labbeus, ibidem ; Guillelmus Cavus in *Historia scriptorum Ecclesiæ*, sæculo IV, ad annum 1162, pag. 680, cum multis aliis.

ERNALDI ABBATIS

TRACTATUS

DE OPERIBUS SEX DIERUM

Per Dionysium Perronnettum melodunensem et ecclesiasten Antissiodorensem in lucem editus.

(Biblioth. Patr. Lugdun., t. XXII, p. 1284.)

EPISTOLA NUNCUPATORIA.

Reverendissimo et illustrissimo cardinali D. D. DU PERRON *Senonensi archiepiscopo, et Franciæ magno eleemosynario.*

Eruditorum, et bonorum virorum semper hic mos fuit, cardinalis illustrissime et omni scientiarum genere ornatissime, ut labores suos et vigilias non solum utilitati publicæ dicarent, verum etiam et alios, ut suo exemplo de omnibus bene mererentur, stimularent. Inter quos unus Joannes Gagneius, invictissimi Galliarum regis Francisci primi quondam a consiliis, et ab eleemosynis primus, vir non vulgaris doctrinæ, sed et monumentorum veterum diligens et sagax indagator, ut ea velut e tenebris eruens et in lucem proferens, Ecclesia Catholica inde præceptis optimis instructior fieret, quibus veri studiosi in semitam veritatis, velut face deducti, constantius in ea persisterent et orthodoxæ fidei firmius adhærescerent, multos edidit libros, in quorum uno, cui titulus est : Arnaldus abbas Bonævallis in diœcesi Carnotensi, De septem verbis Domini in cruce, sub finem monet hunc Arnaldum etiam alium scripsisse tractatum de Operibus sex dierum ; rogatque uosvis, in quorum manus hic liber incideret, illum prælo committere, tanquam melioris notæ librum, et qui in gloriam Dei et Ecclesiæ ædificationem cedat. Quibus viri tanti verbis ita fui suasus, ut cum primum illa perlegi, in animum induxerim meum illius vestigiis insistere, et nihil non tentare quo hujusmodi librum ubicunque gentium delitesceret invenirem. Et in cum finem quas potui percelebres et instructissimas bibliothecas, tum celebriorum conventuum, maxime ordinis Cistersiensis, cujus vir ille doctus alumnus erat, adivi. Quinetiam cum ante annos triginta et quinque, apud Lingones mitteret me illustrissimus Gondynus cardinalis, tunc temporis Lingonensis Ecclesiæ præsul, ejusdem Ecclesiæ canonici me benigne susceptum in suam bibliothecam introduxerunt : in qua cum multa evolvissem, tandem thesaurus quæsitus quasi ex abditissimis tenebris in lucem prodiit. Quem rogavi D. Comestorem Nigrepontis episcopum et Lingonensem ecclesiasten, domum suam e bibliotheca transferre, et illum tanquam pretiosum depositum custodire, quousque opportuna sese offerret occasio illum ad me Lutetiam mittendi. Quod lubentissime pollicitus est. Sed morte cum præventus fuerit, nec illi pollicitis stare, nec mihi spe frustrato votis potiri licuit. Et inde longum defluxit tempus antequam quid, ne verbulum quidem, de isto libello audiverim. Verum cum doctissimus Jacobus Amyotus Antissiodori episcopus, et qui te in munere summi eleemosynarii regis, antecessit, vir, cujus laudes et merita nunquam digne celebrabuntur, me in has partes deduxisset ; et ipse, aliquanto post diœcesim suam perlustrans, Vermentodunum divertisset et illic aliquam moralum fecisset, interim me confero in cœnobium Sanctæ Mariæ Regniacensis, ejusdem ordinis, cujus et hujusce libri auctor, quod non longe inde distat, ubi dum percontarer, forte incidit in casses meos præda tandiu petita. Quam cum agnovi, hujus loci cœnobitas, ut illius prototypi mihi copiam facerent, precatus sum, quod et ipsi dicto audientes fecerunt. Sed hanc præclaram gemmam invenisse non satis fuisset, nisi in conspectum omnium venisset, ut tanto bono omnes boni fruerentur. Verum cum de illa in lucem proferenda cogito, tam adversa conatibus meis intercedunt, ut in hunc usque diem optata adimplere fas non fuerit. At cum his temporibus summæ bonitati placuerit civiles tumultus pacare, pacem nobis largiri, et hoc armis et incendiis laniatum regnum in pristinum splendorem instaurare, mihi etiam, nunc otio liberiore fruenti, visum est opportunum tempus venisse, quo et doctorum et meo desiderio satisfacerem, et munus quod erat mihi privatum in publicum ederem. Unicum restabat, nempe cujus potissimum illustris viri tutelæ hoc præclarum opus commendarem. Multi quidem doctissimi viri in mentem venere, sed nemo te doctior, nemo te dignior. Adde quod archiepiscopali Ecclesiæ Senonensi præsis, intra cujus fines et natus et educatus sum : tum quod illustris domus tua vicina est loco, in quo pius et doctus ille Arnaldus abbas hunc librum exaravit. Quare a te obnixe contendo, vir clarissime, ut hoc munusculum, pro tua singulari humanitate, tam æquo suscipias animo, quam benevolo illud tibi offero. Vale in Nestoreos annos.

Antissiodori Idibus Maii, anno Domini 1609.

Tui observantissimus Dionysius PERRONNETUS Melodunensis
et ecclesiastes Antissiodorensis.

INCIPIT TRACTATUS
DE OPERIBUS SEX DIERUM.

Omnium quæ sunt, moventur et vivunt, unum principium Deus, in coæterna sibi sapientia dictavit et fundavit originem. Et quasi magni corporis membra, rerum naturas, distinguens propria loca, et nomina, congruas mensuras et officia assignavit. Nihil apud Deum confusum, nihil informe in illa antiquitate fuit, quia rerum materia, ubi facta est, statim in congruas sibi species est formata. Quidquid de mundi æternitate, quidquid de hyle, vel ideis, vel de illa mundi anima, quam noym dicunt, sensere philosophi, plura inducentes principia, primum Geneseos capitulum abolet et confundit, unum præfigens omnis creaturæ principium, scilicet Deum, in quo non est aliud providentia, vel sapientia, ratio, vel ordo, vita, forma, vel materia quam ipse, qui in Verbo suo, quod est æterni secreti manifestatio, quod dicit facit, et quod illuminat format. Neque solitudinem, vel paupertatem ante mundi constitutionem suspiceris in illo, neque arbitreris ex subjectione vel obsequio conditorum potentatui ejus vel gloriæ aliquid accrevisse. Nunquam est sola Trinitas, nunquam egens divinitas, non deesse præsens, non ignorare sapiens, non infirmari potest Omnipotens. Non senescit æternitas, non mutatur veritas, nunquam excidit charitas, non rumpitur solidum, non dividitur unum, nihil deest ad perfectum, non crescit totum, non minuitur universum. Sicut erat et erit, ita est, licet erat et erit in eo dicantur improprie, quoniam solum ei præsens est, cui nihil vel accedit, vel præterit. Omnium igitur quæ sunt sola causa est bonitas, non necessitas ; et participatio gloriæ rationali creaturæ ita collata est, ut, licet de plenitudine illa hauriat, non tamen sit ejus pars, cui conformata, secundum aliquem modum, patrissans participat. Inconveniens omnino et nimis absurdum est credere globum mundi informem et artificem simul ab æterno fuisse, et massam illam seorsum positam nullis usibus deservisse, quasi eam Deus vel non potuerit vel non voluerit distinguere et formare, cum omnino in Deo idem est et velle, et posse et facere. Sane voluntas et potentia, et effectus in illa rerum constructione sese indivisibiliter comitata sunt, *quoniam dixit et facta sunt, ipse mandavit et creata sunt* (*Psal.* CXLVIII). Æternum quidem de tam magnifico opere in sapientia ejus fuit consilium, sed initium temporale nequaquam confusione illa quæ chaos dicitur latuit involutum, nec omnipotentiam vel sapientiam, vel benignitatem Conditoris materiam factam languore [decuit] opprimere, vel dilationibus sæcularibus negligere tantæ excellentiæ fundamenta, cum dilatio corporis inchoati nihil sibi, nihil creaturæ conferret, quia in imperfectione operis sui nulla esset gloria Conditori ; neque ipsa creatura insensibilis et inanimata vel defectum in hoc vel profectum haberet, cui sine aliquo sui damno illa informitas vel inutilitas esset : unde constat aptata rerum primordia, *verbo Dei*, sicut ait Apostolus, *ut de invisibilibus visibilia fierent* (*Hebr.* XI), et placeret sub distinctionibus et formis universitatis implexio indissolubili connexione in illa mente divina, ab æterno astricta. Aperta est janua, et egressa est de illa antiqua arca testamenti multitudo innumerabilis visibilium et invisibilium, spiritualium et corporalium, et jam cœpit locus esse et tempus, quoniam secundum suum modum omnia circumscriptioni obnoxia sunt, præter illam solam naturam, quæ præcedit et excedit omnia, et intra se universa concludit. Circa illam ineffabilem et immensurabilem magnitudinem vane cogitat homo loca vel tempora, omnino minor est auctore universitas, et quidquid temporale est, ad instar puncti, intra se concludit æternitas. Complectitur omnia, intra solidans, extra protegens, supra fovens, infra sustinens, arte investigabili ligans diversa, temperatura mirabili astringens in pacem et in unum jungens contraria, premens levia, ne effluant, sustinens ponderosa ne ruant. In eodem corpore ignem et aquam videas convenire, terræ aerem circumfusum, illamque molem immobilem firmis radicibus levi et subtili fundamento inniti, aquas labiles et supra ferri, et ardoribus non consumi, ut in hoc sapientia et omnipotentia artificis propensiori admiratione considerata, nos in sui reverentiam trahat quo nihil ei impossibile videmus. Cujus moderamine diversa et contraria in unitatem pacis conveniunt et immobilia et errantia ad certum ordinem revocantur ; nec intumescunt maxima nec minima consumuntur : nec tota illa mundi fabrica sine ulla ruinæ formidine ex tam dissimilibus partibus uniformis, ex tam diversis una, ex tam contrariis quieta, et solida et concors in sua lege perseverat et ordine. Uni domino omnia subdita non habent quod divertant ; nec ullum patet effugium a principe, nisi in judicem et a judice in vindicem. *Ex ipso et per ipsum et in ipso sunt omnia* (*Coloss.* I), *in quo vivimus, movemur et sumus* (*Act.* XVII) ; quoquot sumus sub certo numero certam habentes mensuram et pondus. Ex ipso sumus natura et origine, per ipsum sumus doctrina et regimine, et in ipso sumus unitate dilectionis et consortio gloriæ. In libro ejus numerata sunt et conscripta cuncta quæ agimus, et quidquid ibi scribit transgressio, delet confessio. Imo de libro vitæ nihil deletur, quia liber ille æternitatis est, illius in qua nihil corrigitur aut mutatur. Appensa sunt talenta donorum, mensurata distributio gratiarum, ut nihil homo negligat, nihil subtrahat, nihil præsumat. Et quidem ante hunc visibilem mundum, id est ante cœli et terræ creationem, angelicæ claritatis obsequium Creatori non defuit, et præcessit illa spiritalis natura corporalem origine. Unde Ambrosius in Hexameron : « Angeli, dominationes, et potestates, et aliquando cœperunt : erant jam quando hic mundus factus est. » Et Basilius : « Post illa invisibilia et intellectibilia, initium generationis eorum quæ cernuntur sensuque comprehenduntur Scriptura enarrat. » Hieronymus supra Epistolam ad Titum : « Sex millia nostri temporis necdum complentur anni, et quantas prius ætates, quanta tempora, quantas sæculorum origines fuisse arbitrandum est, in quibus angeli, throni, et dominationes servierunt Deo; et absque temporum vicibus atque mensuris Deo volente substiterunt. »

Sunt qui ita intelligant : non solum Creatorem, sed ipsam etiam cœli et terræ creaturam ante tempora exstitisse, quia ad discretionem diei ac noctis, ab ortu et occasu majorum siderum et minorum secundum principia et fines et reditus concurrentium vicissitudinum, determinatis spatiis certarum horarum numero definita est dies et nox, et dierum certis collectionibus distinctum sit tempus; et illa quidem opera sex dierum instituta ex nihilo nullam habentia vel ex se, vel aliunde materiam, sed tantum voluntate artificis prolata dicunt, cujus verbo dictata est omnium quæ sunt; et causa, et ratio et origo. Spiritualis quoque naturæ, id est angelicæ, ea plenitudine sentiunt ordinem institutum, ut nullum ad reparandam vel augendam successionem semen invicem transfundi, in genere illo ulla necessitas postulet, quia si quid ad numerum eorum forte deest hoc suppletur ex homine, cujus multiplicatio quod petiit vel quod defuit, restituit, et consumat. Tantumque aiunt fuisse spatium inter opus et opus, quantum sex dierum continent intervalla, id est quantum dies et nox una mora metitur, et sic facta singula quibusdam præcedentibus, quibusdam subsequentibus, sicut prius est ordine in ædificio fundatum fundamentum, cui infigitur paries et tectum, quæ sicut mens, et opus artificis, gradatim aptat in domum, ita Deum fabricæ suæ molem et species orditum esse, et quasi texuisse pedetentim sentiunt mundum. Verum illius spatii intercapedinem qua ante temporum vicissitudinem invisibiliter Dei sapientia prima opera disponebat diffinire temerarium est, maxime cum canonicæ Scripturæ de hoc nihil certi tradiderint. Casus tamen diaboli, quia ab initio fuisse legitur, si ante creationem cœli et terræ fuit, non intelligo vel cui inviderit, vel cujus fuerit homicida, cum homo non esset. Unde illa Scriptura : *Qui vivit in æternum creavit omnia simul* (*Eccli.* 1), universam creaturam et angelicam et humanam, et reliquas singulas videtur asserere simul verbo Dei fuisse exortas, licet difficillima sit illa distinctio, et tamen est distinctio qua intellectualis corporalem præcessit. Prius in rebus investigatur ratio essentiæ; deinde ordo naturæ, ad ultimum usus et necessitas causæ. Cumque eadem sit causa, et unire et partiri, et recolligere negotium, industriæ est ut in eadem re aliquid primum, et aliquid intelligas ultimum. Hoc secundum nostri intellectus angustias in rerum consideratione ex crassitudine corporea patimur hebetes et lippi ad puræ lucis fulgorem. Verum *sapientia* Dei *attingens a fine usque ad finem* (*Sap.* III), subtilissima celeritate, et prædestinata et creata coessentia intuetur; et quæ ipse simul; nos per partes colligimus, et per aliquas moras collectas unimus. Creavit itaque Deus cœlum et terram, rationalis creaturæ domicilia, ut haberet utrobique colonum et laudatorem implens cœlum et terram divinitas. Et superiora quidem agmina Deo vicinius conjuncta, quasi intellectualia vel spiritualia, amplius naturæ creatrici participantia, hærent stabilitati suæ affixa. Homo vero et terrestris et cœlestis; et caro et spiritus, e cœlo terraque commistus aliquando apud se sobrius manet, nonnunquam mente Deo excedit, et secundum utramque naturam modo infra est, modo rapitur supra. De angelis sane quorum gradus et officia et dignitates in multis locis Patrum distinguit auctoritas; nihil Moyses est locutus. Sed cum alibi in hoc ipso libro Geneseos eorum personas et officia introducat, non est dubium quin eorum creationem in nomine cœli intelligat. Ideoque cœlum non est dictum inane et vacuum, etiam cum pars reproba cecidisset, quia non in quorumdam lapsu tota angelica collectio est infecta, nec peccatum quorumdam nisi in consentaneos prævaricatores redundat, quia non nascitur spiritus de spiritu, sicut caro de carne, nec omnino illa natura descendit ex traduce; et licet omnium sit una natura, nihil tamen habet alter ex altero, quia unicuique singulariter et proprie omnipotentia divina specialis est, ut ita dicam, nativitas et origo. Terra autem, cujus habitator homo est, inanis dicta est et vacua, quia, licet in innocentia sit conditus homo, carnis tamen vigor nondum erat ad integrum solidus, et omnino etiam ante peccatum minus erat purus et perspicax humanus quam angelicus intellectus. Nondum erat reformatum corpus humilitatis nostræ configuratum corpori claritatis divinæ (*Philipp.* III), nec erat in eo statu humana conditio, quem absque dubietate resurrectio pollicetur. Vacua adhuc illius plenitudine beatitudinis quam accepta erat, quantum sibi ad plenam compositionem deesset ad lucem accedens didicit, qua circumfusa, melius suum imperfectum considerans, ad eum qui potest implere et componere insufficientiam humanam conversa conformationem et reformationem suam nihil hæsitans præstolatur ; vacua erat terra, non habens possessorem; inanis, non habens decorem, quia informe est quod non illuminat Deus, et vacuum, et egenum quod non implet.

Et dixit Deus : Fiat lux! et facta est lux (Gen. 1). Scriptum est quia Deus lux est (*I Joan.* 1), et quia *lucem habitat inaccessibilem* (*I Tim.* vi). Ipsemet est lux, quæ facta est, sed lux primordialis illuminans omnia, id est causalium rationum quas apud se habebat reconditas, manifestans efficientiam, conspicabile faciens quod tamen sibi intelligibile erat. Et est illa prima lux repellens tenebras, et constituens dies, abigens ignorantiam, et purificans intellectum sapientia. Per hanc enim omnium rerum conditio disposita est, et ipsarum constitutionum cognitio dies vocatur. Est itaque prima dies ipsius sapientiæ intellectus ; secunda, corporalis dispositio creaturæ ; tertia, segregatis tenebris a luce, utilitatis rerum certa cognitio, qua in admirabili ordine et pulchritudine considerata in admirationem Creatoris trahuntur invisibilia ipsius, per ea quæ facta sunt contemplantes, ita ut per hoc innotescat nobis sempiterna ejus virtus et divinitas (*Rom.* 1) ; quarta vero dies, ecclesiastica doctrina et Scriptura sancta divinitus inspirata, in qua certas fidei regulas invenimus, ut non quisque suo sensu, sed veritatis æternæ auctoritate firmetur ; quinta vero dies, colluctatio rationis cum concupiscentiis, quasi cum reptilibus innumeris quibus resistit humana infirmitas, in quibusdam quidem membris suis actionibus hujus sæculi affixa, in quibusdam vero avolans conversationem sibi elegit in cœlestibus et quietem. Jam vero sexta dies est oppressis concupiscentiis et triumpho de hujus mundi victoria celebrato, mundo corde et pacifico spiritu cognitio et contemplatio Dei, per quam deponentes imaginem terreni, et veterem hominem exuentes reformamur, et in similitudinem Dei et imaginem transimus, imaginem quidem exprimentes signaculo charitatis, similitudinem vero stabilitatis et pacis. Ad hæc consideranda sive contemplanda, prima lux, id est cognitio veritatis, quasi inquisitorem suum humanum dirigit intellectum, manifestans ei singulas rerum species, hoc est distinguens dies ac noctes, illuminans egressum de ignorantia, ad cognoscendum ordinem rerum, ut in nomine cœli et terræ omnia cœlestia et terrena intelligat : quæ per quædam spatia, quasi per dies et noctes Scriptura distinguit et separat, et ne quid desit, ne quid causetur infirmitas, superfertur spiritus Dei, fovens et formans rationabiles appetitus, adjuvans infirmitatem, fecundans sterilitatem, excitans devotionem, operiens excessus, et distracta restaurans. Hic est spiritus multiplex, unicus, stabilis, mobilis, humanus, benignus, qui ubi vult spirat, et docet, et replet et suggerit omnia, de cujus inexhausta plenitudine et manatione sincera repleta corda fidelium, unius moris in domo coædificato in habitaculum Dei, eructaverunt in Ecclesia verbum bonum, invincibili eloquentia et insuperabili inconstantia subjectis contradictoribus, cum repente, facto cœlitus sono illitterati et idiotæ facti sunt fidei assertores, et piscatores disputatores (*Act.* n). Hic, absque emendicatis aliunde suffragiis, quos compungit inungit, quos invitat consummat, quod præcipit efficit. Ideoque in eo quod superferri dicitur, nota magisterii dignitatem, nutritoris affectum, vivificatoris præsidium, charitatis impressionem, affinitatem naturæ, benevolentiam gratiæ. Et primo quidem lux, deinde dies, postea firmamentum, quarto loco illa magna luminaria facta narrantur, quia prima illa angelica natura vigens bono naturæ et gratiæ, dum per humilitatem stetit in veritate, unica luci æternæ segregata est a nocte, et stabiliri meruit et confirmari, et jam absque ruinæ periculo, de gloria sua omnino secura nullum ultra habet ad malum accessum, quia ita est luci superiori conterminata, et adeo ex illo fulget splendore, ut lucem quæ ipsa est nullius caliginis vapor interpolet.

Est igitur lux illuminans, Deus ; lux illuminata, angelus ; firmamentum, radicatus in Deo rationabilis affectus. Est igitur prima dies, intellectualis vel spiritualis naturæ institutio ; secunda, corporalis et visibilis rerum creatio ; tertia, rerum ab invicem distinctio, et earumdem secundum genus suum fructificatio ; quarta, per verbum Dei ex testimonio Scripturarum mentis illuminatio ; quinta, inter appetitus carnis et spiritus rationis discretio ; sexta, in intellectu et actione, quasi quodam sexu maris et feminæ, imaginis et similitudinis divinæ expressio, ex qua copula spiritalis fetu repletur Ecclesia. Jam vero restat in septima sola vacatio, de quo Sabbato ad sabbatismum octavæ transilit quisquis renovatus spiritu mentis suæ potiora probaverit, et de tenebris hujus mundi emerserit, in omnibus inter lucem et tenebras dividens, et fructificans quasi arbor bona secundum gratiam quæ data est sibi. Oportet quippe hominem intelligere in primis, quia Deus est ; postea quid sit Deus, ad quod ex creaturæ consideratione paulatim accedit ; deinde luce veritatis accensa, inter carnalia et spiritualia, quasi inter aquas superiores et inferiores, firmamento rationis fixo, expulsa tentationum quasi flatuum salsugine, gramina et arbusta producere, id est virentium gratiarum propagare genimina. Sed et ipsas spirituales intelligentias quæ ex Scripturis nascuntur, diligenter attendere. Quomodo ipsa veritas quasi sol illuminet animam ; ipsa vero anima quasi luna irradiat noctem, id est corporales sensus, actiones quasi stellas multiplicans, quæ caligine tenebrarum hujus mundi non vincantur. Necesse est etiam ut inter reptilia et volatilia ea discretione utatur, ut, quia aliquos excellentioris vitæ conspicit, non contemnat infirmos, quia in omnibus est anima viva, et quæ inhonestiora sunt, iis honorem abundantiorem circumdamus. Iis exercitiis homo ad formam Dei proficit, cujus est quies cœlestis hæreditas, cujus gloria beata æternitas, et in agnitione Dei omnem exsuperans sensum pacis supernæ felicitas.

Justitia et judicium in primo statim patuere negotio, et sine ulla dilatione assentientium et dissentientium spirituum utraque pars suorum obtinuit stipendia meritorum, et sejunctis illico contuberniis separata sunt sancta et impia agmina, expulsis dejectisque irregressibiliter in inferiores mundi partes, sive in infernum (quicunque ille est), his qui sine Deo esse affectaverant. A Dei quippe visione beatifica sine spe misericordiæ in æternum avulsi, immortales quidem, sed tamen passibiles impassibilitati sanctorum angelorum superstitum invident, et licet eos infectare non possint, quoniam illi solidata natura intentabiles sunt, in livore malignitatis, in implacabili odio perseverant: et hoc ipsum invidiæ tormentum, continuæque rubigo malitiæ, jugis ira, infinita tristitia, spes venis interclusa, quasi flammæ ultrices cor eorum felleum undique allambunt, et est quasi quædam gehennæ fornax semper nocendi aviditate accensa. Mala voluntas est quasi perpetua cæcitas, id est a visione divina præcisa facultas. Sancti vero angeli adhærentes Deo semper vultui ejus assistunt, et faciem ejus sine ullo velamine contemplantur. Bibunt de ipso fonte vitæ, et panem suum supersubstantialem, in quo confirmati sunt, ad satietatem comedunt; regnant sine fastu, serviunt sine jugo, gaudent sine metu, obtemperant, sed non serviliter; omnis consummationis vident finem, sed non finaliter. Contemplantur altitudinem divitiarum sapientiæ et scientiæ Dei; quiescunt in pace illa, quæ omnem exsuperat humanum intellectum; et si est aliqua superior et secretior pax quam solus inhabitat Deus, id ipsum beatitudinis est, quod habent in suo bono sufficientiam, nec coæquari suo superiori præsumunt. Hoc enim illius maligni peccatum est quod non suffecit ei excellentiæ suæ illa admirabilis magnitudo, sed similis esse Altissimo voluit, vel quasi Deus omnino, vel saltem sine Dei dominio. Ideoque cum esset lux in Domino, factus est tenebræ in seipso, et justissimo judicio qui voluit esse summus factus est infimus; qui supra lucem, nocti addictus, qui supra regem, carceri mancipatus, de libero servus, de angelo diabolus, de conspicuo obscurus, de nobili et glorioso contemptibilis et horrendus: vere divisa est lux a tenebris, et in eodem consortio bonum et malum esse non possunt. Non est communicatio Christi et Belial, non est participatio justitiæ cum iniquitate (*II Cor.* VI). *Angustum est stratum*, inquit Isaias, *ita ut alter decidat, et pallium breve utrumque operire non potest* (*Isa.* XXVIII). Sed et chaos magnum inter bonos et malos angelos est firmatum, et irrefragabiliter sancitum est ut omnino non possit ultra bonus angelus in diabolum, vel Satanas transire in angelum bonum, quia utrinque rata et immobilis promulgata est sententia, ut

qui ceciderunt, ultra stare non possint; qui vero stant, periculum casus cujuslibet non formident, et sicut peccatum in electos ultra non cadit, ita in reprobos non redit justitia; quia sicut nullam sensit corruptio reorum medelam, ita nullam admittit sanctorum gloria corruptelam. Fallitur Origenes, qui dogma Platonicum in Ecclesiam introducens in libris *Peri archon* de quadam revolutione dæmonum in corpora, quasi per crassæ hujus corporeæ oppressionis conversationem indignam purgatione facta, rursum post multa sæcula, per hujusmodi revolutiones expiatum, in statum antiquum Satanam asserit reversurum. Addit etiam, nescio quam passivam divinitatem pro reorum redemptione iterum in aere invisibiliter pati; et dum laborat emungendo sanguinem ex quibusdam Scripturarum auctoritatibus, et prædicat Deum misericordem et pium, probat eum mendacem et injustum. Mendax est, si impius cum diabolo et angelis ejus non vadit in ignem æternum; injustus, si injusto et justo idem reddit stipendium. Sed hæc verborum monstra et rationum portenta, non christiana sunt dogmata. Supersedit litteræ Origenes, nec intellexit Isaiam, qui in honore Tyri quædam mystice loquebatur, quæ ille litterator ad proprietatem verbi retorquere conatus est. *Et erit*, inquit propheta, *in die illa, visitabit Deus super malitiam cœli in excelso, et super reges terræ qui sunt super terram, et congregabuntur in congregatione unius fascis in lacum et claudentur ibi in carcerem, et post multos dies visitabuntur* (*Isa.* XLII). Visitatio hæc non est indulgentiæ, sed severitatis et justitiæ, sicut sæpe visitantur a custoditus, qui in carceribus sunt non ut liberentur, sed ut custoditi diutius et acrius crucientur. Sunt et aliæ Scripturarum auctoritates quas ille quasi de convallibus rapuit, et statim ad eas cum clamore cucurrit. Animas quoque hominum angelos fuisse, et rursum in angelos reversuras, et in restitutione angelos et dæmones, et omnes homines sive Christianos, sive gentiles, sive catholicos, sive hæreticos æquales fore, et iterum animas ad nova corpora reversuras, et ex alio principio iterum alium mundum: et sic alternis vicibus usque in infinitum decessum et successum omnium et sensit et scripsit, et alia multa impia et nefaria quæ etiam replicare criminis est.

Ne igitur detrusis in has inferiores partes malignis spiritibus, si eadem passim conversatio dæmonum esset hominum, liber et frequentatus accessus; et conflictus assiduus homini esset in juge et pertinax scandalum, et nulla pacis forma esset, ubi indefessa infestatio urgeret, seorsum pars reproba impetus importunos quasi amarissimos fluctus præfixis terminis Deo præcipiente intra se colliderecoacta est, et dictum est ei: *Usque huc venies, et hic confringes tumentes fluctus tuos* (*Job* XXVIII). Qui dixerat: *Sedebo in monte testamenti, ero similis Altissimo* (*Isa.* XIV); jam neque in gregem porcorum audet intrare nisi permissus (*Marc.* V); sed capistrata cervice hac atque illac quantum catenæ longitudo attingit, spumans et fremens relambit quod evomuit, et nihil virium habet illa malitia, nihil effectus illa vesania, nisi quantum vel ad probandum, vel ad puniendum justos vel injustos justitia divina permittit. Habent et ipsi sub principe dæmoniorum leges officiorum et ministeria distributa, et quantum indulget potestas superior, dico sanctorum angelorum, sub suis potestatibus militant et egrediuntur, et circumeunt, et suscitant tempestates, abscondunt laqueos, tendunt muscipulas, et exquisitis artibus modo violentiam, modo simulationem intentant. Persuadent et suggerunt consiliatores dolosi quæcunque impia, quæcunque impudica: nihil agunt potestative in animas, in quarum potestate potius et voluntate est in forma crucis et sanguine agni resistere, et confusum et victum repellere in gehennam. Et ex propriis illusionibus quibus servos Dei irritat et appetit, ipse repercutitur et illiditur, fitque ipse occasio coronæ et gloriæ quibus esse voluit transgressionis laqueus et ruinæ. Sed et si aliquando prædestinatorum aliquis ad ejus flatum infectus contabuit, armis pœnitentiæ accinctus fortior securiorque surrexit, et expertus admissi turpitudinem, hostem suggestorem et se consentaneum mira indignatione exhorruit, et rursum cautior et munitior ad conflictus accessit. Profligati itaque et repulsi ad seipsos convertuntur, et in maris sui salsugine, hoc est propria cruciantur invidia, et inefficacis malitiæ dolore tabescunt, hoc est mare magnum et spatiosum in quo sunt reptilia quorum non est numerus, in quo draco ille antiquus quasi cete immensum perambulat, cui auctore Deo illuditur (*Psal.* CIII). Ex immissionibus vero quæ per angelos malos fiunt, homo opus divinum non destruitur, sed probatur, et recedentibus tentamentis omnique spirituali nequitia quasi intra suum pelagus recollecta, exsiccatis paludibus voluptatum, terra fecunda herbam virentem et ligna fructifera talibus germinat incrementis: qui a cordibus electorum abstersa peccati illuvie de virore fidei, ad fastigium spei, et ad ipsum culmen perveniunt charitatis, radicati sicut arbores bonæ in Christo, et fructificantes secundum mensuram donationis ejus, unusquisque in genere suo.

Nomine herbarum viridium simplices et humiles possunt intelligi; arborum vero proceritas sublimioris sapientiæ exprimit dignitatem, lignum sapientiæ, et lignum scientiæ, et lignum vitæ, quæ in hac Scriptura inveniuntur, nos hæc spiritaliter intelligere persuadent, licet fundamentum litteræ non avellant.

Constitutio corporalis vel spiritalis visibilis et invisibilis creaturæ, quæ est quasi prima hujus mundi dies, illuminata mentem Verbo Dei, intelligibili ratione cognita est. Sed oportebat ut camdem lucem intellectus lux copiosior ipsius veritatis vivacioribus documentis accenderet, et acutiora et subtiliora per se dictaret dogmata veritas, quam humani ingenii vel rationis per se posset experiri capacitas. Condidit itaque sapientia duo luminaria magna, et constituit in firmamento; et quod intimaverat ex parte per spiritum, loqui voluit per seipsam, ut esset posteritati divina auctoritas, nec errandi locum, aut ignorandi, aut pervertendi verum hæreticorum haberet impietas. Conveniunt sane in unum naturæ et legis decreta: sed majus pondus est, ubi doctor est Deus, quam ubi inquisitor est animus. Moysi in monte Sina datæ sunt tabulæ lapideæ scriptæ digito Dei (*Exod.* XX); apostolis sanctis Verbum quod erat in principio apud Deum, et Deus erat Verbum, et idem Verbum caro factum est, et habitavit in nobis (*Joan.* I); Filius Patris locutus est, et non in tabulis lapideis, sed voce viva prædicavit Evangelium scribens intus in cordibus, clamans extra in auribus: *Ego sum via, veritas et vita* (*Joan.* I). In his duobus testamentis, locutus est Deus multifariam patribus in prophetis, nobis per seipsum in Evangeliis (*Hebr.* I); et everso modio velaminum, accensam veritatis lucernam figens super candelabrum (*Matth.* VI; *Luc.* VI), quasi diem proposuit divinæ et humanæ naturæ in eadem persona unitum consortium. Ab Adam quippe usque ad Moysem naturalis lex a cæremoniarum libera servitute sub familiari mandato primitivum populum docebat et regebat; sed, sicut diximus, doctrina hæc, quia non muniebatur definitione auctoritatis, labi poterat per successiones vel corrumpi: ideoque accessit lex scripta quasi luminare minus in ænigmatibus et figuris, unius quidem Dei cultum et venerationem exigens, sed ad exercitationem rudium animorum sub multiplici verborum velamine, rerum veritatem occultans. Fecit Moyses tabernaculum et mensam propositionis, et arcam testamenti et velamentum ante Sancta sanctorum et cherubim gloriæ obumbrantia propitiatorium (*Exod.* XXV); multa de circumcisionis ritu, de mundatione lepræ, de lege zelotypiæ, de sacerdotum vel levitarum officiis, de unctione pontificis, de civitatibus refugiorum, de violatoribus Sabbatorum, de generibus holocaustorum, et aliis legis decretis præcepta conscripsit (*Levit.* XXIV). Sed, ut ait Apostolus, luminare illud legis neminem ad perfectum perduxit (*Hebr.* VII). Erudivit sub timore quasi pædagogus teneram Ecclesiæ nescientis infantiam, et lascivientem primæ ætatis insolentiam oppressit serviliter donec in præfinito tempore a Patre provectus in intelligentia spiritali populus Dei introiret usque in interiora velaminis (*Hebr.* VI), et ipsa Sancta sanctorum, intra quæ nullus ingredi nisi solus summus pontifex præsumebat (*Hebr.* IX). Ubi vero gratia, scilicet luminare majus, intolerabile legis alleviavit onus, expirante Jesu in patibulo, rupta sunt illa velamina. Jam non tantum Aaron et filiis ejus illud privilegium mansit, sed universitati fidelium liber ingressus datus est et ad lignum vitæ et ad Sancta sanctorum. Primus ingressus est non in alieno sanguine bonorum pontifex futurorum, et dato illo magno pretio sanguinis, viluit aurum legis, et veniens Sanctus sanctorum abolevit victimas Judæorum.

Luminare minus fulgebat pro modo suo, cum tantum *notus esset in Judæa Deus (Psal.* LXXV), cum illas umbras et ænigmata mandatorum vix etiam pauci electi illius temporis caperent. Ubi lux gratiæ Evangelii luminare effulsit, nullus fuit qui se a calore ejus posset abscondere. Dirupta sunt illa figurarum integumenta, illa verborum involucra, et facta sunt omnia munda mundis, accessibilia et intelligibilia universis, et repulsa multitudine exemplarium, unum pro omnibus omnia continens et excedens, et, cujus plenitudinem omnis illa inchoatio figurabat, sanctum et rationabile superfuit holocaustum, unus ordo, una distinctio, nuda veritas, pura charitas. Jam non tantum tribus Levitica ad sacra mysteria separatur, nec de sola tribu Juda regalis persona eligitur, una est tribus populi Christiani gens sancta, populus acquisitionis *(I Petr.* II), et Christus rex noster et pontifex regii sacerdotii pauperibus tribuit dignitatem. Jam vitæ puritas non significatur, sed ostenditur. Jam Agnus Dei digito demonstratur, Messias non exspectatur. Jam nobiscum Emmanuel conversatur, fulget in Ecclesia Sol justitiæ, Rex decore suo videtur. Propalata est sanctorum via æterna redemptione inventa *(Hebr.* IX). Nihil est ad hominis perfectionem quod non hæc duo doceant testamenta : omnia legis sacramenta simplicitas evangelica exponit, profunditatem propheticam explanat Apostolus. *Et manifeste ad lucem istam magnum pietatis arcanum innocuit, quod manifestum est in carne, justificatum est in spiritu, apparuit angelis, prædicatum est gentibus, creditum est mundo, assumptum est in gloria (I Tim.* III). Stellæ quoque in firmamento dispositæ dant lumen suum. Quod exponens Daniel, ait : *Qui docti fuerint fulgebunt sicut splendor firmamenti; et qui ad justitiam erudiunt multos, quasi stellæ in perpetuas æternitates (Dan.* XII). Docti et doctores stellæ vocantur. Quidam enim exemplo, quidam et verbo proficiunt et exemplo. Dividit hæc Scriptura inter diem et mortem, separans a sinceritate doctrinæ catholicæ hæreticorum inquinamenta et a moribus sanctorum eradicans quæcunque non competunt honestati. Lux ista veritatem separat a mendacio, a nugis seria, a pace discordiam, a Christo idola, a puritate religionis quæcunque impia et obscena. Lux ista cor mundum, et a peccati amore divisum, primum pudicum, deinde pacificum usque ad contemplationis divinæ perducit arcanum. Descriptio Jerusalem in latere, et per Ezechiel adversus civitatem ordinata obsidio, sartago ferrea pro muro erecta et reliqua signum sunt Domini Israel lumbare, juxta Euphratem absconditum et putrefactum; oculi animalium, et pennæ quarum aliæ volant, aliæ caput et pedes sedentis in throno abscondunt, in signum magnæ rei ab Isaia sunt positæ, et per Apostolum in Christo et in Ecclesia signatur sacramentum, cum de nuptiis et conjugii fœdere idem disputaret Apostolus,

Agar et Sara duo significant testamenta; Isaac et Ismael populos duos, et multa hujusmodi in signum alicujus rei sancta Scriptura ponere consuevit. Sed et temporum et annorum revolutio, et discursus de una ad alteram, volubilitatem mutabilium, et æternitatis stabilitatem distinguit; quia ferventi circuitu rationis desiderium ad principium suum recurrens festinat, ubi nec anni, nec tempora, nec aliquæ mutabiles vicissitudines, sed una sancta est dies consummatio et plenitudo sanctorum, lux non erratica, Deus omnia in omnibus, perpetua illuminatio omnium. Circumcisio in signum est exspoliationis carnis peccati, baptismus sepulturæ, opus altaris crucifixionem carnis, visibilis unctio sanctificatum habitaculum Spiritus sancti significat; templum mentis dies sunt, horum et similium congrui intellectus. Tempora sunt, collectio et concordia novorum et veterum, sicut matutina spatia ad certas metas finesque conveniunt. Licet proprie præsens et præteritum, et quod futurum est nomine temporis censeatur, nihilominus tempus dicitur æstas et hiems, et alia similia, quæ ad intellectuum volubilitatem aptata, rerum varietates et finem unitatemque diversorum, reductis ad suum principium causis, et conjunctis partibus exprimunt. Idem per annos, licet diffusius intelligitur, in quibus sicut et dies, et tempora concluduntur, et ipsi anni extenduntur in sæcula, ita Verbum Dei, lux æterna, omnia per Scripturam sanctam intimat et comprehendit. Loquitur Moyses revelante sibi Spiritu sancto de constitutione mundi, cui temporaliter et corporaliter non interfuit. Paulus prædicat Evangelium, quod ab homine non didicit, sed per revelationem Jesu Christi *(Gal.* I). Ascendit in paradisum, audit quædam arcana, quæ non licet homini loqui *(II Cor.* XII). Joannes apostolus ad æternitatem Verbi, et coessentialitatem et unitatem Patris et Filii ascendit et attingit. Isaias et Daniel multa de fine mundi et de judicio Dei eloquuntur, in quibus quasi per quosdam scalæ gradus ascendit et descendit quilibet studiosus, habens Scripturam et tempus, quasi annos in quædam infinita sæcula proficiscens, quippe his omnibus diffluentibus, sicut scriptum est : *Cœlum et terra transibunt, verba autem mea non transibunt (Matth.* XXIV).

Spiritum sanctum superferri aquis superius diximus, cujus inspiratio subjectæ sibi creaturæ vivificaret et fecundaret originem; non incumbens ei quasi ad tutelam secundum Manichæum contra nescio quam gentem tenebrarum, sed concludens sub se, quia nihil per se, nisi idem spiritus foveat, aut bene vivit, aut sane intelligit. Aquarum nomine generationes hominum intellige, quæ sicut de fonte in rivum, de rivo in fluvium labuntur, ita homines de conceptu in partum, et de infantili ætate in senium inquieto volumine properant et decurrunt, unus atque idem Spiritus, prout vult, ex eadem materia diversa in varia ministeria operatur : *Et alii datur sermo scientiæ, alii gratia sanitatum, alii discretio spirituum* (*I Cor.* XII). Seminat in agro suo mente hominis semen justitiæ, et quædam quidem ad horrea vitæ activæ, quædam ad cellaria æternitatis implenda prædestinat, ita tamen ut activæ fructus imputribiles, post necessarios vitæ præsentis usus, cœlestibus inferat apothecis. Nascitur ex eodem cespite frumentum et hordeum, et in eodem terræ gremio aurum foditur et argentum. Alia aliis excellentiora, singula in genere suo utilia et necessaria. Ex humano genere, quasi ex aquarum natura, et reptilia procedunt et volucres, quia quidam repunt per hæc terrena; alii vero his neglectis in cœlestibus conversantur. Repit et lento gressu incedit quem premit conjugii servitus potestatis, fastigium, ministerii sollicitudo. Ex occasione officii sæpe officio reddunt ultra quam debeant. Sed licet ligna, fenum, et stipulam congerant (*I Cor.* III), a fundamenti tamen stabilitate non recedunt. Utuntur hoc mundo quasi non utantur (*I Cor.* VII), plantant, ædificant, sed tamen iis animo non hærent, imo ad civitatem Dei, de qua gloriosa sunt dicta (*Psal.* LXXXVI), medullatis affectibus suspirant. Neque vero illius civitatis rex a domo sua simplicia hujus mundi excludit reptilia, qui etiam Rahab quasi reptile venenatum purgavit et fecit innocuum, et Tyrum et populum Æthiopum et alienigenas, quasi multa reptilia, congregavit et posuit illic : et ipse natus est in ea quam fundavit Altissimus, et filios adoptionis cohæredes constitutos secum lætari et cohabitare voluit in eadem civitate. At vero viri contemplativi, relicto humanæ conversationis nido, nituntur et tendunt in ardua, et per arctas vias non parcentes corpori, ubi sit dilectus, investigant, festinant per vepres et tribulos carnibus cruentatis, transiliunt sepes, et irruunt in reclinatorium aureum, ubi Rex in accubitu suo nardi odore delectatur (*Cant.* I). Suscipiuntur ad osculum, sugunt ubera potiora vino, trahuntur odore, post unguenta concurrunt. Gemit in fluctibus suis immensa actio et suspirat, gaudet contemplatio, et primitias pacis angelicæ jam delibat. Mordetur tentationibus, quasi serpentibus, homo in medio viperarum expositus, et concupiscentiarum lanceis latus nudum transfigitur, clamat oppressus : *Infelix ego! quis me liberabit de corpore mortis hujus?* (*Rom.* VII.) Nihil hujusmodi contemplatio sentit; sed rara omnino illa mens est, si aliqua est quæ in hoc mundo ita mente excedat, ut ad illusiones carnis, et pruritus titillationum, non aliquando sive abolita, sive oppressa respiciat. Etiam spirituales dicit Apostolus posse præoccupari in delicto (*Gal.* VI). Tu quisquis spiritualis es, considera teipsum, ne et tu tenteris (*ibid.*). Intus in medullarum crassitudine in vigore cordis juge incendium et flamma æstuat perseverans, nullis aquis exstinguitur, et quocunque fugeris, sequitur. Repit humana infirmitas, et ad longum cursum non sufficit : quod et si fugerit, non evadit. Una patientia totum hunc ignem redigit in cineres : qui resistit vincit, qui tolerat superat. Infirmitas sentit, ratio non consentit : nec sensus peccatum est, sed consensus. Hic laborat discretio, hic vigilat ratio, hic est limus, hic est lutum fæcis, hæc procellarum regio, in qua reptilia conversantur. Sed, sicut diximus, circumfuso Spiritu sancto, qui subjectus est ei, quantæcunque circumfluant tempestates, exercitio proficit, motu purgatur, tentatione probatur, probatione firmatur. Inter hæc duo vitæ genera, quorum alterum reptat, alterum volat, et pusillanimitas et incolumitas creaturæ in altero sentit quid per se, in altero vero quid possit per Deum, ut nemo in se glorietur quia *neque volentis, neque currentis, sed miserentis est Dei* (*Rom.* IX).

Enumeratis et distinctis quæ ex terra et quæ ex aquis gignuntur, sequitur quasi auriga omnium inferiorum homo, et ducens præ se pecora et jumenta, quasi bestiales motus sibi subjectos indicans, dominus mundi constituitur : in seipso quasi alterius machinam exprimens, habens omnium elementorum substantiam, et secundum aliquid omnium creaturarum naturam, dignitate spiritus et animæ rationalis intelligentia alter angelus in terris, societate carnis et vitæ, motus et essentiæ adeo participans hominibus, ut non solum secundum hoc quod moraliter vel allegorice definivimus, sed etiam secundum proprietatem naturæ ad universitatem rerum quædam sit ei cognatio et affinitas multiplex. Intueri possumus in homine velut quemdam alterum mundum, totum in exiguo, e cœlo terraque commistum, habentem sub se visibilem creaturam, supra se invisibilem, in unius mentis angustia, universitatis semina complectentem. Mens in eo quasi quoddam divinitatis insigne, subditos aptat et dispensat affectus. Habet de cœlesti natura sapientiam et intellectum, consilium et scientiam, constantiam et pietatem, et castum timorem : quo ductore in eo a quo est, humiliter glorietur. Quidquid spirituale in nobis est, inde est : ibi exemplar est ad cujus formam homo sensum acuit, mores componit, aptat sanctimoniam, ordinat charitatem. Secundum illam naturam, paulo minor quam angeli propter carnem passibilem, non ignorat, quia ex conjunctionis suæ diversitate aliquando liberabitur, et rursum magnificentius colligabitur, nec jam ultra dissolutioni obnoxius, sed æqualis angelis etiam in corpore constituetur, et illius gloriæ quam modo per patientiam exspectat, culmen attinget. Corpus quidem de terra est, in quo, si diligenter consideres, in minimis corporis partibus omnia hujus magni mundi membra reperies. Gravia hæc elementa, terra et aqua, igne et aere quæ levia sunt, circumfusa moventur, et ponderosa materia segregata ab invicem traductione subtiliorum confusione non premitur, sed distinctis singulis ordinatisque accessionibus omnia sibi serviunt, ut omnino stupenda sit illa rerum discordia in tantam pacem redacta, ut absque ulla dissensione ignis et aqua in eodem vase cohabitent, ita ut et terra aquis non diluatur, et tanta mole subtilitas aeris non excludatur. Imo vero complectuntur se pacifice, ut in hoc quoque mireris artificem, et in harmonia universorum et compage omnium, bonum pacis quam sit prædicabile, et commendabile videamus, et cum inter se contrariæ discordesque naturæ conveniant, quantum et quam indissociabile fœdus esse oportet in rationabilibus creaturis, quarum una est origo, una functio, una perventio. Considera in capite humano, in substantia cerebri quasdam cellulas sub quadam quasi camera cœli, testa superiori constitutas, et quasdam pelliculas, quas miningas vocant, cerebrum involventes, ut quasi nubes aquis vaporalibus calorem superiorem humectent, ne nimia siccitate vitalis ille motus arescat. Deinde quasi in firmamento oculi duo magna luminaria micant, interiori quidem igne semper accensa. In narium fistulis introitus et exitus aeris manifeste conspicabilis est. Discursus aquarum per venarum meatus quasi per alveos suos perenni lapsu circumferuntur, et in stomacho et in vesica sentinam et totius colluvionis pelagus vides. Cor igneum, nisi pulmonis ventilabro refrigeretur, succum corporis exhaurit. Caro, quæ quasi terra, in homine est, calore cordis vegetatur et fecundatur. Hepar et lien, lacerti et musculi, et renes et reliqua officialia membra, quasi metallice sunt in corporis officina, eorumque officiis et nutritur, et purgatur, et augetur, et minuitur, prout naturæ ratio exigit hæc corporea et materialis substantia. Viret homo in pueritia sicut herba, floret in adolescentia sicut arbor, et in senectute fructificat. Reptat in ætate decrepita, pascitur, cum docetur; ut pecus; ut jumentum servit cum obedit; volat cum ad suum principium redit. Ita mundum majorem in minore reperies, et nihil est in illa mole immensa quod huic exiguo congrue non aptetur. Quod autem non ad materiam, sed ad mores multa referimus, et interioris hominis affectiones enumerantes, in illa diutius parte quæ præstat moramur, nequaquam abolemus historiam, quæ Scripturæ fundamentum est; nec vim facimus litteræ, proprietatem ejus in sensum alium retorquentes. Ex eodem palmite racemus et vinum, et ex eadem spica et panis et granum. Nulla est injuria, nulla violentia, quam facimus litteræ, si reconditos in ea mysticos revolvimus intellectus, imo honoramus fundamentum, cum super illud, templum Domino ex subtili et invisibili materia, spiritali labore construimus. Sane absque ulla dubitatione credimus, in principio creata simul cœlum et terram, in quibus, sicut supra diximus, omnium, quæ postea facta sunt, vel fiunt, elementalis exstitit causa.

Quod autem dicitur lux postea facta, cum sol nondum esset, si tamen horarum hoc factum putatur intervallis, jam ad litteram lux illa vix potest intelligi, nisi forte ille elementalis ignis per se in suo puro fulgeret. Sed quomodo immistis in materia elementis, rursus eorum separatio fiat, vix humana ratio capit, cum eorum momentanea separatio, illius sit complexionis destructio. Quod commistus aquæ et terræ et aeri, ignis luxisse dicitur ante solem, hoc rerum experimento rationalis sensus non didicit, cum hodie sine illis duobus magnis luminaribus nihil nisi tenebrosum in rebus corporalibus possit intelligi, et absentia solis ipsa est nox, et rursum præsentia dies. Proinde si lux illa prima corporalis fuit, remoto sole et luna, in rebus visibilibus similem lucem mihi vellem ostendi, nisi forte per anticipationem effectus ante causam positus est, et prius lucem quam solem cujus lux est eadem Scriptura commemorat. Quod si lux illa per se fuit, et diem discrevit a nocte, minima fuit illa tenebrarum et lucis discretio, quia ipsa lux minima erat et omnino confusioni contermina. Hoc ideo dico, quia unam lucem materialem ad discretionem diei et noctis sufficientem fuisse rerum usus usitatusque naturæ cursus insinuat, et, ut ad spiritalem revertamur sensum, lux prima rationis et mentis fuisse, et voluntatis divinæ cognitio in rebus visibilibus apparuit, et intellexit homo mente de mundi constitutione divinum consilium : quod corporali lumine deinde sibi conspexit subjectum. Hoc est incongruum, si prius illuminatur spiritus, deinde corpus : imo sicut omnem actionem naturalem præcedit et prævidet ratio, ita multo efficacius in ordine rerum interiorem ante exteriorem hominem illuminari oportuit, ut de utraque consolatione Creatori obnoxius, cui causæ rerum patuerant de dispositionis æternæ non dubitaret effectu. Spiritualia et intellectualia et corporalia initium habuisse dubium non est, quantum ad hominis pertinet intellectum : et ipsa institutio primitiva sibi lux non erat, sed creaturæ cognitio intelligenti lux fuit, quæ nescienti tenebrosa abyssus erat. Neque enim contra rationem est, vel adversatur auctoritati, si rationalem creaturam prius factam, postea credimus illuminatam, et aliud ei fuerit illuminatio, aliud creatio. In reliquis vero eadem consideratio est, in die et nocte, in mane et vespere. Mane et vespere ita ponitur multis in locis, ac si dicatur, prius et posterius. Et fit vespere et mane dies unus, cum priorum et posteriorum plena fulget cognitio. Mane est inquisitionis opinio vel conjectura nondum perveniens ad veritatem, in ipsa inquisitione ex parte sentiens quod investigat. Si enim nihil sentiret, nihil inquireret. ubi vero ratio rei ad plenum colligitur, et ad liquidum ac perspicue a fine usque ad finem attingit, fit unus dies, et illius causæ assecutio, in cujus discutione multi meditationum conatus quasi horæ meridianæ expensæ sunt. In prima et secunda et tertia dies est, singularum rerum, quæ in usum interioris vel exterioris hominis creatæ sunt, diligens inspectio, certa cognitio. Quod enim de herbis vel arboribus, vel reptilibus et volatilibus, de jumentis et pecoribus Adam ille primus homo, qui omnibus nomina imposuit, revelante spiritu sensit, et causam et usum universorum agnovit, secundum ordinem et accessionem revelationum quod prius ei patuit, quasi prima dies fuit, et secunda quod posterius. Iterum in ipsa revelatione mane fuit inchoatio doctrinæ, vespere et mane plenitudo scientiæ. Nec nomina, nec causas, nec rerum effectus agnosceret, nisi eum divina sapientia doceret, quæ ei et se singulariter proposuit, et quidquid corporaliter creaverat, et distinxit, et tradidit, et subjecit. Illa quidem visibilis mundi essentia, licet simul facta sit, simul tamen dici non potuit : et non nisi per verba humana quæ temporalibus intervallis formantur, rerum universitas exprimi potuit, et quod apud Deum in quo tempus non est vel spatium, simplex erat et unum, a Moyse per partes est visum, et intellectum et dictum, et per loca et species et officia distributum. Nimirum idem Moyses qui primum et secundum et tertium diem, et reliquas tam subtili distinguit libramine, unam esse diem qua cœlum et terra et omne virgultum, et herba creata sunt, ut et in cæteris idem intelligas, statim post enumeratas dierum distinctiones subjungit : *Istæ sunt generationes cœli et terræ, in die quo fecit Deus cœlum et terram et omne virgultum agri, et omnem herbam. regionis* (Gen. II). Vide quam manifeste creationem omnium una die factam Moyses dicit, qui tamen sex dierum opera mirabili subtilitate describit. Nunquam angelicæ naturæ, quam sub cœli nomine accepimus, divinæ defuit veritatis intuitio, nec humanæ, quæ per terram exprimitur, quasi lux dividens inter diem et noctem rationabilis intellectus. Firmamentum dividens aquas ab aquis, perseverans est ab æterno inter sanctos et impios disciplina. Congregatio aquarum intra unum littus, et terræ et arborum fructificatio, obedientia est creaturæ in genere suo. Duo luminaria in cœlo, desursum esse indicant quidquid in utroque legitur testamento. Lux firmamenti intellectus est testamenti. Reptilia et volatilia ex aquis producta activos et contemplativos ex eadem massa oriri significant. Hæc simul dici omnino non possunt ; simul esse non est qui ambigat.

Faciamus, inquit Deus, *hominem ad imaginem et similitudinem nostram* (Gen. I). In omnibus quæ a Deo facta sunt, nihil hujusmodi legimus ; sed in omnibus sensibilibus et insensibilibus, et in omnibus quæ sunt et vivunt, dictum est ut essent, et fuerunt. Sol et luna, magni et incomparabilis splendoris luminaria, inter reliquas creaturas servilem obtinent locum. Solus homo ad imaginem Dei factus, hoc singulari privilegio honoratur. Et de angelis quidem, quod ad hanc similitudinem facti sint, nihil legimus. Quoniam sicut eorum creationem, eo quod intellectuales naturæ sint, Scriptura intellectui nostro reliquit, ita eorum dignitatem vel excellentiam prætermittit. Credendum tamen est illam imaginem in illis tanto expressius signatam, quanto illa natura purior est, et divinæ majestati vicinior. Reliqua vero omnia ad imaginem æternitatis non pertinent, quoniam vanitati subjecta, inquieto circuitu rerum vicissitudines obumbrant ; neque stabilitatem suæ essentiæ per hos discursus et motus conquirunt, et omnino desinent esse id quod modo sunt, nullo pacto, postquam dissoluta fuerint, ad corpora sua vel statum quemlibet denuo reversura. Ipse quoque sol in reformatione mundi ab hoc labore suo quiescet : nec opus erit divinis et nocturnis distinctionibus; quando una dies æterna, et sol unus immobilis Deus erit, et, quiescente omni creatura, una erit omnis naturæ stabilitas, una firmitas, una sanitas, una pax, una æqualitas. Elementa vero utrum tunc sint, cœlum scilicet ipsum et terra, vel aliquid præter spiritualia, puri pectoris est intueri.

Hoc tamen quod dictum est : *Cœlum et terra transibunt* (*Matth.* XXIV), nescio si ad hanc possit referri sententiam. Petrus apostolus in secunda Epistola, quæ Canonica dicitur, verbum evangelicum vel exponens, vel sequens ait (c. III) : *Adveniet dies Domini ut fur : in qua cœli magno impetu transient : elementa vero calore solventur, terra autem et quæ in ea sunt exurentur.* Et infra (*ibid.*) : *Cœli ardentes solventur, et elementa ignis ardore tabescent. Novos vero cœlos, et novam terram, et promissa ipsius exspectamus, in quibus justitia habitat.* De abolitione vero veteris mundi nulla quæstio superest, quæ tam manifeste a principe Ecclesiæ est prædicta. Sed cujusmodi illud novum cœlum et nova terra futura sint, vel si iterum novis creaturis cœlestia, vel terrestria implenda sint, omnino prætermissum est. Quia vero dictum est justitiam habitaturam novitatem illam, potest intelligi quod omne in illa reformatione alterius et multo purgatioris naturæ futurum est, et quidquid modo vel corruptibile est, vel corruptum, in illa regeneratione purgabitur, et tota erit mera de reliquo meræ habitatio sanctitatis. Quanto magis homo configuratus corpori claritatis Dei, nihil molis habebit, nihil necessitatis in corpore, quod quidem et spirituale erit, et tamen corpus. Ita et ipsa rationalis creaturæ conversatio quæ utique paradisus erit, et tamen habitatio ; quia sive in illo novo cœlo, sive in illa nova terra illa glorificata corpora erunt, quæ, licet natura et gloria angelica agantur, veritate tamen corporis non privabuntur, sed sicut scriptum est : *Sancti in terra sua duplicia possidebunt* (*Isa.* LXI). Paradisus autem, hoc est illa amœnitas, quies, pax, tranquillitas, et cætera omnia bona quæ adhuc *oculus non vidit, nec in cor hominis ascenderunt* (*Isa.* LXIV; *I Cor.* II), intelligentia et visio Dei erit, quia videbit homo et audiet et in cor hominis ascendet quidquid illud est quod Deus est, nec de locis corporalibus, vel odoribus, vel saporibus, ulla erit ultra vel cura, vel quæstio, quia, sicut diximus, etiam si localis aliqua tunc erit delectatio, spiritualis erit utique, non carnalis.

Homo ad imaginem Dei conditus, jam tunc nihil habens simile, nihil commune cum jumentis insipientibus, intelliget honorem suum, et in imagine ad quam conditus est intuebitur semetipsum, et mirabitur, et dilatabitur cor ejus, et adhærens illi beatitudini, et in divinis fixus aspectibus, ita in multitudine illius dulcedinis deliciabitur, et in satietate illa gloriabitur, ut irrigationes fontium, vel obumbrationes arborum, vel veritates fructuum, quas illa antiqua et corporalis habuit paradisus, nec velit, nec quærat, cum sit ei Deus fons perennis, umbra refrigerans, lignum vitæ, fructus perpetuus, satietas infinita. In præsenti quidem vita exteriores sensus per hæc visibilia evagantes minus ad unum se colligunt, et minus illius imaginis dignitas intelligitur, eo quod effusa extrinsecus per multa diverticula occupata ratio diversatur. Aliud est imago, aliud illud cujus est imago ; et aliud est similitudo. Similitudo potest referri ad aliquam partem, imago vero integritatem substantiæ repræsentat. Filius dicitur imago Patris, *splendor gloriæ, et figura substantiæ ejus (Hebr.* 1), et forma ejus, quia inter Patrem et Filium nulla diversitas est, nulla distantia, nisi quod Pater non est Filius, et Filius non est Pater.

In Verbo igitur, quod et sapientia Patris est, omnis plenitudo Divinitatis existit, et ipse Filius imago seu figura substantiæ dicitur, eo quod per Verbum vel sapientiam sempiterna nobis revelata sit Divinitas, sicut per imaginem, cum proprie effigiata fuerit, repræsentatur et intimatur nobis cujuscumque rei proprietas. Ego cum me in speculo vel in purissimo fonte intueor, non meipsum video, sed exprimit mihi imago mea omnem habitum meum vel gestum, et, quantum ex facie indicari potest, ipsum mentis affectum, ut ibi videas utrum decolor sim an coloratus, et manifeste intelligas utrum turbatus videar, an quietus. Ideo Filius imago dicitur, quia in ipso Patrem intelligimus, et per ipsum accessum habemus ad Deum, quia illuminans nos Verbum et sapientia æterna in intellectu sui Patris quoque aperit intellectum, quoniam qui videt Filium, videt et Patrem, quia unum sunt Pater et Filius. Ad imaginem igitur Dei, hoc est ad intellectum et notitiam Filii, per quam intelligitur et cognoscitur illa paternitas quæ in cœlo et in terra nominatur, factus est homo, expressa in mente hominis illius lucis plenitudine, illius sapientiæ conformitate, illius gloriæ communicatione communicat homo justitiæ Dei ; bonitatis particeps æternitatis hæres; rationis consors, in appetitu pacis, in intellectu veritatis, in amore charitatis illam imaginem repræsentans, non ad illam similitudinem tendens, ad quam anhelabat qui dixit : *Ero similis Altissimo (Isa.* xiv), sed ad illam de qua scriptum est : *Filii Dei sumus, sed nondum apparuit quid erimus : cum autem apparuerit, similes ei erimus (*I *Joan.* iii). Portamus imaginem cœlestis, cum formatur Christus in nobis, cum in moribus nostris et vita illius generis nobilitas innotescit. Sicut enim exterior facies paternæ generositatis prætendit indicium, et ibi vel pulchritudo, vel deformitas genitoris trajecta est, ut etiam ex vultu intelligas utrum naturalis an adulterinus sit filius, ita in moribus evidentissimum est, si veritatis et justitiæ lineamenta imitantia exemplar divinum, ad cujus inspectionem omnis pulchritudo et honestas depingitur, illam formam cœlestem expresserint, hunc esse Dei Filium et hæredem, quem a paterna bonitate non degenerem indices. Hæc imago in anima, non in carne est ; nec corporis est honor iste, sed spiritus. Exploditur anthropomorphitarum hæresis, quæ, Deum corpus habere mentiens, secundum corporalem effigiem metitur similitudinem divinam, et imaginem Dei membra dicit visibilia circumscriptioni subjecta. Non intellexerant hujus amentiæ assertores quia Deus spiritus est, et quia ad intelligendam divinam essentiam caro et sanguis non prodest quidquam. Secundum quod vir est, ad imaginem Dei factus est ; secundum quod virago, ad similitudinem : *Masculum et feminam*, inquit, *fecit eos (Gen.* 1). Secundum intensiorem plenitudinem spiritus, vir, secundum remissiorem contemplationis appetitum, femina : secundum consummationem, neque vir, neque femina, sed in novitate vitæ creatura integra et perfecta. Dominatio igitur omnium quæ in terra, et quæ in aquis sunt, homini data est ; et cœlestem in eo omne quod ei subjectum est, reveretur originem, et in proposito suo Creatori obedit, nihil ei venerationis impendens ex communitate naturæ, sed ex prærogativa gratiæ. Rebellia quidem animalia et domita et indomita sæpe adversus hominem videmus consurgere ; sed hanc audaciæ et dissidii insolentiam nihil aliud movet, nisi quod ipse in ordine suo non obtemperat Creatori, qui hoc non ex merito, sed ex gratia accepit, ut creatura irrationabilis ejus moveretur arbitrio et regeretur imperio. Justissimum sane est, ut dissentientem ad omnia undique incommoda urgeant, et in eum qui suam voluntati Cratoris præposuit, undecunque omnium affinium excrescat seditio, et extra in eum excandescat persecutio omnis creaturæ, ut caro adversus spiritum, et spiritus adversus carnem contendat, et qui noluit subesse superiori suo, nulla ei ab inferioribus reddatur subjectio. Magna hominis dignitas, cujus factor Deus, consors angelus, minister mundus, regio paradisus! Ibi inter arbores condensas et umbrosas et opacantia nemora, inter herbas odoriferas, et aromatica gramina, in pratis virentibus, et fontis illius cardinalis vivis emanationibus, inter fructus et visu et usu delectabiles constituitur, in ipsa sua nuditate ostendens quia sicut innocentiam et simplicitatem nulla involvit duplicitas, ita semper dictum animo confusio operit, et circumdat malignitas. Nulla ante transgressionem peccati contumelia quæsivit operculum, nihil ingessit caro pudendum, nihil erat quod esset occultandum, non erat in oculis Domini fœda nuditas, nec aliquid pudendum ubi nulla impuritas. Cæteris omnibus sibi expositis, ab una arbore continere præcipitur, et imposita lege obedientiæ, proprio relictus arbitrio majora statim, si staret in mandato, perccpturus, probatur in minimo. Sed quia de operibus sex dierum nos ea quæ sentimus scripturos disposuimus, et hoc ex aliqua parte Deo factum est auctore, alterius laboris erit scribere quid de paradiso, quid de fonte illo, quid de ligno scientiæ boni et mali vel de ligno vitæ, quid de serpente, quid de transgressione, quid de sententia in serpentem et virum et mulierem promulgata parvitati nostræ secundum mensuram donationis quam accepimus videatur.

Factus homo extra paradisum, ne aliqua deesse gratia videretur, in paradisum adducitur, ubi postea de ejus costa facta mulier memoratur. Decebat enim hominem ad imaginem Dei conditum etiam loci illius amœnitas, et licet nulla insontem ubicunque esset posset urgere calamitas, provisa est tamen secundum exteriores sensus in uno loco omnium delectationum stipata collectio, ne si quid ibi deesset in quærendo vel exspectando quod procul esset, fatigaretur appetitus, sed omnium et præsentia gauderet et usu. Haberet in Creatore, si staret, plenitudinem veritatis et pacis rationabilis intellectus, et totam mentem illius unius bonitatis impleret intuitus. Eodem modo etiam haberet homo exterior subjecta sensibus quæcunque suavia et jucunda humanam possunt oblectare naturam, ut esset omnium spiritualium gaudiorum homini summa Deus, et omnium temporalium consolationum sufficientia paradisus. Unde etiam Eden, id est voluptas, dictus est locus ille, et hortus deliciarum propter ubertatem soli, et nemora fructifera. Emanabat e medio fons vitreus irrigans et humectans omne gramen radicitus, nec tamen redundans enormiter, sed elapsu subterraneo totam horti illius aream imbuens. Frondes patulæ in proceris arboribus subjecta gramina obumbrabant, humorque inferior et superior temperies virorem perpetem in cespite nutriebant. Aderat aura meridianis horis, si quis forte erat vaporem abigens et propellens. Locus omnino nivium ignarus et grandinis, et perpetui veris æqualitate jucundus. Erat ex fructibus et ipsis virgultis aromatica conspersio, et ex ipsis truncis pinguedines pigmentariæ erumpebant. Stillabat storax, et liquor balsami ruptis corticibus ultra pavimenti crustas affatim imbuebat. Defluebant per prata nardina unguenta spirantia, et gummis stillantibus sine præli violentia, tota undique regio illa innumeris perfundebatur odoribus. Nihil erat ibi triste, nihil corruptum, quod cætera impediret quia omnia horti illius plantaria, plantatoris sui redolebant virtutem, et cœlestis gloriæ gratiam prædicabant. Sudabant ligna pinguedinem, emissura erat sanctorum charitas puritatem, et in illius suavitatis odore tam prædicationis honestas quam beatitudinis æternæ intimabatur ebrietas. Erat quasi quædam exstasis illa deliniens sensus carnis fragrantia, non tamen consopiens, vel a debitis officiis hominem revocans, sed ad quamcunque operam et studium subtilitatem mentis acuens et emundans. Stacte et myrrha, amomum et spica, et medicata semina ultro prolapsa glebas fertiles impin-

guabant, et licet non indigeret natura, copiosiore tamen gratia juvabatur. Non erat febris, et jam erat antidotum ; nulla adhuc naturæ defectio, et jam languorum remedia germinabant. Operabatur homo non aliquid novum exercitio laborioso ædificans, sed deliciosa cultura aut elucidans aliquid, aut obumbrans, aut aliqua claustra vel diversoria animalibus aptans, ne passim aberrantia ea maxime loca quibus reverentiam pigmentorum dignitas exigebat inconsideratis passibus conculcarent. Hæc atque alia hujusmodi sine tædio, sine molestia, poterat homo cultor diligens operari : quæ etiam exhilarationi ejus maximæ cooperantia delicatam operam delectabant. Custodiebat autem intrinsecus, non timens ne aliquid sibi raperetur, sed sibi a Deo commendata et subjecta, gaudens in obedientia universorum posteritati successuræ providus conservabat, sibi etiam ipsi conservabat, ne aliquid admitteret propter quod inde mereretur expelli. Atque utinam circa animæ suæ plantaria, et virtutum gramina, ea qua oportuit diligentia, vigilasset, operans utilia et conservans, discens ex inferiorum obedientia quantam Creatori subjectionem deberet! In cujus si perseverasset imperio et custodisset quod fuerat imperatum, solidaretur cito quod adhuc erat in pendulo, et ab hac corporalis paradisi amœnitate deliciarum veheretur in illam spiritualem tranquillitatem, cujus pax omnem superat intellectum (*Philipp.* iv).

De cujus paradisi beatitudine, nos aliqua secundum sensus nostri angustias et mensuram donationis, spiritualibus spiritualia comparantes in sequentibus perstringemus : nunc de corporali paradiso sensibilibus sensibilia conferentes, et secus doctorum limitem incedentes loqui proposuimus. Et de odoribus quidem horti illius aliqua dicta sunt ; alia vero quæ ad reliquos sensus pertinent, differenda supersunt.

Erant ibi ligna fructifera quæ gustui et aspectui deservirent, pulchra ad visum, ad olfactum grata, ad omne delectamentum suavia. Singula secundum genus suum propriis efficientiis mancipata, non tam ad satiandum carnis appetitum, quam etiam ad conservandum humanæ naturæ integrum statum. Nihil extra, nihil ultra ea quæ præ oculis et manibus erant, ambire poterat concupiscentia. Totum erat in promptu quod postulabat, non dico necessitas, sed voluptas. Nec erat ulla voluptas aliqua passione desiderii inflammata, nec erat ardor lascivientis petulantiæ : sed erat in exuberanti copia temperans sufficientia et satietas quietissima. Alia quidem erat arborum gloria, alia fructuum ; nec erat ibi quidquam inutile, nihil superfluum, ubi et stipes pinguedinem, et frondes umbram, et poma pabulum porrigebant. Gummi languoribus, umbra ardoribus, cibus defectibus occurrebat. Erant quidem extra, non ultra experientiam nostram illæ dulcedines; sed nos ex consuetis inexperta metimur. Vidi ego ligna quorum folia vel fructus bruma non urit, et in citro vel pinu quinti vel sexti anni poma immarcescibilia perseverant. Quare ergo ibi, ubi neque horror hiemis, neque ulla intemperies ingreditur, sed continua veris fixa est novitas cum ex ipsius temporis harmonia quæcunque ibi sunt, in augmento sint ; et quidquid vivit, ex natura et ratione materiæ prægnantis parturiat, non dicamus ligna imputribilia, poma incorruptibilia, et efficacissimos illorum saporum vel odorum effectus, adimplendos usque ad sufficientiam omnes vel gustuum vel olfactuum, vel aspectuum appetitus. Quid deerat illi mensæ, illi singulari convivio ubi et oculus pulchritudine, et gustus dulcedine, et olfactus condito spiramine implebatur? Aderat quoque ad deliciarum cumulum fons ille ex vicinis et intra senatis graminibus saporis grati refrigerandi et humectandi calorem intrinsecum habens effectum. Temperabat et mundabat corporis venas, per quas quasi per quosdam tumulos defluebat, irrigans quasi alterum paradisum, et fecundans in genere suo membra singula propriis officiis distributa. Cingebant labia fontis hyacinthini et smaragdini flores, et crustæ purpureæ sedes aptabant intumescentibus glebis, ne recumbentium cervicem vel humeros suspensio aggravaret. Fundebant se humi pro tapetibus strata anetho et croco odorata cubilia, nec mordax cynomyia nudis artubus assidebat : quod genus, si ibi erat, inerme erat, nec terebrantibus spiculis quietis illius delicias infestabat. Et quidem in illis minimis contemptilibusque volatilibus post peccatum miranda est adeo acris efficientiæ importunitas, quæ fere invisibili et omnino fragili stimulo etiam densissimas pelles armentorum penetrans, et, quasi admota spongia vulneri, quidquid intus est humorum vel sanguinis ebibit et exhaurit. Ante peccatum quidem, quia culpa non erat, nec pœna poterat aliqua esse molestia ab inferioribus, ubi superiori suo purum exhibebat famulatum rationis humanæ humilis obedientia, viderer excedere, si non describerem voluptatem ; sed quidquid dici potest, minus est ab illis deliciis : quippe deliri et fatui sensus, et labe peccati infecti integris illis et virginibus sensibus quibus pura utebatur natura, omnino conquadrari non possunt ; et omnem hujus corruptionis experientiam illius jucunditatis purissimæ ubertas exsuperat ; et ne auditui desit, quæ demulceat, melodia, superne in ramis cedrorum vel aliarum arborum phœnix vivax psallebat, et psittacus, et multiplici concinentium avium sono una erat consonantia : quorum hilaris universitas laudabat secundum modum suum auctorem suum, in voce exsultationis jubilans Creatori, blandiens homini, movens ad mulcendum eum naturalia organa, et originalis musicæ a Deo condita instrumenta. Gemitus turturis et columbæ hujus temporis suspiria præsignabant. Aliæ singulæ volucres de statu præsentis vel futuræ Ecclesiæ præcinebant quasi quædam oracula ; vel gaudium vel affectum quemlibet in suæ naturæ modo et ratione promentia. Nihil tamen triste, nihil lugubre ibi erat, ubi non varietas concinentium dissonantiam efficiebat ; sed sive per arctas sive per amplas faucium fistulas circumflexiones jubilorum impellerentur, ascensiones et descensiones vocum convenientibus in unum differentiis ad unius puncti revertebant harmoniam. Fistula et sambuca et cætera naturam imitantia organa, quæ satis oblectant hujus temporis auditores, tantum ab illius monochordi vivis et claris vocibus differunt, quantum quidquid aliunde scriptum est discrepat ab exemplari. Omnino minor est gratia in raucis follibus et compactis calamis, sive in testudinibus concavis quæ humanum instauravit ingenium, quam in illis vivis instrumentis quæ artifex natura dictavit. Hujusmodi ad mensam protoplasti excubabant tibicines, tales citharistas habet illa originalis antiquitas, et tamen corporalis hæc erat consolatio, non prædestinata felicitas. In paradiso nec mimus erat, nec histrio. Alludebant sibi cuncta simpliciter, nec deceptoriis illusionibus simulatio personarum scenas comicas exprimebat. Non emolliebat ad lasciviam dissolutas animas sensualitas sauciata, neque extraordinarius pruritus carnalis affectus legitimos terminos transiliebat, intra præceptum se continens ; et formam omnium a Creatore descriptam certis regulis, intra metas præfixas motus voluntarius cohibebat, et quiescebat et abundans in rationabili sufficientia non tabescebat æstuans in intemperantia infinita. Omnis quippe usus intemperans fœda est et turpis abusio, et miserum facit quæcunque non impletur, et certis non utitur ponderibus, et mensuris, et numeris quantumque rerum experientia. Ideoque effreni et dissoluto animo appetitus et usus voluptatum irruit in tormentum, quia vehementia et ingluvies intemperantiæ suppositis stipulis non sedatur, sed irritatur. Non sic ante prævaricationem homo corporalibus illis utebatur deliciis, ut se vagabundus mergeret usque in fæces profunditatis, sed honesto et modesto accessu deliberans universa, præpositurae rationabilis honorabat dignitatem, et dominabatur affectibus suis moderatione discreta, non oppressione tyrannica. In his quæ ex parte aliqua summatim tetigimus, visus, auditus, olfactus, gustus et tactus, in virginitatis suæ integritate perseverantia, habebant lampades accensas, sine aliqua curiositatis amurca, et puro obsequio, venienti Sponso cum luminibus omnium sensuum occurrebant agmina insopita. De lignis illis quæ in illo horto plantaverat Deus præter ea quæ diximus, multa jam spiritualiter restant intelligenda ; quia ex quadam vicinia sic sibi e proximo bona corporalia et spiritualia jungebantur, ut fere unirentur : et tamen separatim, et proprie visibilia corpori, invisibilia menti destinata suis distinctionibus necesse est adaptari.

Duo tamen de omnibus lignis paradisi Geneseos liber commemorat, lignum vitæ et lignum scientiæ boni et mali : cum multa alia in illa silva densissima non dubium sit fuisse, quia et lignum sapientiæ legimus, et aliis quoque arboribus nomina virtutum secundum suas efficientias minime defuisse nullo modo ambigimus. Nec nos materialem plantam illius paradisi corporalis eradicare præsumimus, sed spiritalem fructum in visibili colonia metimur, et de olivis fructum sumimus et liquorem. Et in gemmis quidem quæ inter glareas fontis illius cardinalis volvuntur, et ad nos fluminum allapsu delatæ perveniunt plurimam esse virtutem experti sumus, ita et in arboribus, quæ odore et sapore sensuum nostrorum consuetudinem excedunt, quis dubitet singularem inesse gratiam an diversarum causarum remedia, ut et lignum vitæ senectutis morbum cohibeat, et lignum temperantiæ ingluviei ardorem exstinguat, ita et lignum castitatis ibi procul dubio erat, cujus ejus ita poterat temperare naturam, ut non magis genitales corporis partes moverentur ad copulam, quam reliqua membra : quæ singula sine aliquo titillationis pruritu ordinatis accessionibus sua peragunt instituta. Hoc etiam in ejusmodi languore jam senescentibus et arescentibus causarum effectibus camphora satis efficaciter agitur, et sæpe olfacta vel hausta desiccat receptacula spermatum, et illius negotii instrumenta congelata corrugat. Hoc multa semina radicesque jam fere effetæ efficiunt. Quanto magis virente mundo, et in paradiso, cum omnia primitivi succi novitate et puritate ferverent occurreret non unum quodlibet gramen, sed semen vel fructus obsequio hominis propter quem facta erant et alia quidem secundum hanc, alia vero secundum aliam causam salutis incorruptibilitatis poculum suo propinarent Domino et cultori. Quod si Salomon ab hyssopo quæ nascitur in maceria, usque ad cedrum Libani disputavit, et tot physici inquisitores naturæ per conjecturas vel experientias assequi potuerunt tam profundæ rei doctrinam, nunquid Adam qui fuit Dei, hoc potuit ignorare, cui ex imagine Dei et similitudine hæc erat gratia, ut omnis creaturæ sibi subditæ intelligeret rationem ? Novit plane primogenitus ille omnium corporalium temporales vicissitudines, novit causas et motus, et essentias, et effectus omnium quæ sensibiliter et visibiliter elementalis origo produxit et materialis essentia enutrivit. Quia vero boni et mali scientia mentis affectio est nec corporis est scire bonum vel malum, sed singulare et proprium est animæ, res quidem videtur spectare ad naturæ et essentiæ suæ proprietatem ; nomen vero rei, id est scientia boni et mali, ad spiritualem sensum et mysticam intelligentiam. Absit a fide catholica ut alicujus mali creatrix sit illa sempiterna virtus et divinitas ! Procul explodatur illa Manichæorum dementia quæ gentem tenebrarum rebellem Deo, et nescio quæ diversa introducit principia. Procul Paterniani exeant, qui secretas et pudendas corporis partes a diabolo, et non a Deo asserunt factas. Excludatur a sensu Christiano Menandriana impietas et Patriciana hæresis, quorum Menander Simonis Magi discipulus, ab angelis, et non a Deo mundum asserit factum ; Patricius totam humanæ carnis substantiam diaboli esse creationem mentitur. Nec Mambres nec Jamnes creatores fuerunt illorum serpentium quos Moysis serpens coram Pharaone absorbuit ; sed diabolicis præstigiis, virgæ eorum, quæ utique Dei creaturæ erant, versæ sunt in dracones, sicut putris caro in vermes, vel combusta vertitur in cineres. Quis convertibiles neget corporales substantias, cum de carne tua propria lumbricos scaturire, et de veste tineas, et de sudoribus vel quibuscunque putredinibus, vel muscas vel pulices egredi videas ? Acceleratus Magorum effectus, et virgarum in serpentes conversio repentina admirationi quibusdam est et stupori, cum mirum non sit de omni re, quæ fieri potest, utrum tarde an cito fiat, cum etiam quorumdam hominum ingenia ea sub omni celeritate constituant, quæ multo tempore ab imperitioribus et lentioribus vix fiant. Quanto magis illa diabolica subtilitas, quæ rerum effectus et causas ab antiquo cognovit, secretam naturæ virtutem in publicum trahere prævalet, cum aliquid de re occulta efficiendum est in quo hebetes sensus hominum ludificare possit, et a veritate avertere, ut serviant creaturæ potius quam Creatori, qui est benedictus in sæcula ? Creatura quidem non nisi a solo Deo potest institui, qui nihil malum creavit, sed singula bona, et omnia valde bona (*Gen.* I). Et Moysis serpens, vere serpens fuit, quem cum placuit Creatori, et de virga aptavit in colubrum, et rursum reverti præcepit in virgam (*Exod.* IV). Moyses vero neque auctor, neque creator, sed tamen illius miraculi minister fuit. Ita et columba quæ baptizato Domino super eum apparuit, vere columba fuit, et peracta dispensatione propter quam ad negotii illius ministerium deducta est, iterum ad naturæ illius formam de qua assumpta est, subito est reversa (*Matth.* III ; *Luc.* III). Ita tres angeli, quorum Abraham pedes lavit, quos etiam de panibus quos Sara paravit, et de vitulo quem coxerat ipse Abraham, legimus comedisse (*Gen.* XVIII), non in phantasticis, sed in veris apparuere corporibus, quorum functio, ut acta est, non evanuit, sed est in se reversa assumptio. Hanc formam intelligentiæ custodiri oportet, quoties per verba, vel visibilia signa locutus est Deus vel ad Adam in paradiso vel ad prophetas, ut scias ubicunque est vox, ibi esse et corpus ; nec tamen quoties locutus Deus per corporalis ministerium creaturæ, verbum æstimes incarnatum ; sed sicut diximus, dispensatoria et perfunctoria erat illa corporalis et personalis assumptio, non essentialis naturarum unitio.

Longe digressi sumus occasione hæreticorum, qui Deum vel alicujus mali factorem, vel alium quemlibet mali astruunt creatorem, ut aliud principium, alium artificem vel conditorem ex sanctarum auctoritate Scripturarum emulgeant. Lignum scientiæ boni et mali malum non erat in sua natura, nec fructus vel ante prohibitionem, vel postea, noxius fuit ; sed ideo sic nuncupatum est quia in illa prohibitione experimentum obedientiæ positum est, cujus observatio bonum, praevaricatio malum esset. Scientiam quidem mali ante peccatum homo non habuit, id est nescivit quantum malum esset non obedire Deo, sed docuit eum propria confusio et poena peccati quid esset peccatum. Si enim poena transgressionem non sequeretur, et idem esset justitiae et injustitiae stipendium, nulla esset ratio qua timeretur vel amaretur Deus. Nulla omnino timoris causa esset, si non inobedientia puniretur; nulla dilectionis ratio, nisi amantibus copiosior gratia redderetur. Sciebat Adam non esse violandum mandatum Dei, sed facilem indulgentiam aestimabat, non expertus iram vel judicium, quia nondum severitatem vel supplicium. Oportebat omnino ut ibi statim in primis parentibus rigor inciperet disciplinae, ne facilis venia in contemptum Dei filios Adam genus humanum erigeret, et creatura praevaricans et inhonorans Deum, non esset in gloriam, sed in contumeliam Creatori. Poterat homo ex peccato diaboli, cujus dejectionem non ignorabat, considerare districtionem judicis, et ex illa irrevocabili sententia quae illum malignum a spe misericordiae excluserat, simile formidare judicium. Insani cerebri est et animi delirantis ibi te tibi polliceri veniam, ubi tu provoces iram; in eodem articulo temporis sperare de clementia, in quo contemnitur gratia et conculcatur justitia. Qualecunque sit vinculum vel foedus societatis humanae, rumpenda sunt omnia quae consuetudo alligat, vel natura, ne offendatur Deus. Non est ista Christiana pietas, quae nos, divinae obedientiae auctoritate contempta, in carnales inclinat affectus. Propter conjugii gratiam et complexus uxorios relinquit homo patrem et matrem, et sunt duo in carne una; non tamen deseri etiam debet Deus qui spirituali connubio universum Ecclesiae corpus in unitate fidei et charitatis compactum, ex conjugio et continentia et coelibatu unum instaurans corpus et spiritum, ut celebret sibi nuptias modo in spe, in regno vero suo in ipsa veritate disponit.

Scandalizavit Adam oculus suus, id est persuasio conjugis, quem utilius eruisset et projecisset a se, quam blandimentis femineis remisse obtemperans illa peremptoria consilia suscepisset. Nec erat immemor praecepti vel poenae, quam, si transgrederetur, ei Deus fuerat comminatus; sed nescio qua spe de Dei clementia praesumens, exiguitatem, non pondus pensabat praecepti. Nec usquequaque mortem verebatur, quam non attigerat; nec forsitan se aliis bonis privandum putabat, quia neque calamitatis secuturae ordinem illa prohibitionis et comminationis sententia continebat. Comedit de fructu interdicto et facta est arbor illa sciendi bonum et malum occasio unde et ipsum lignum nomen accepit antequam illud tangeret homo, non quia in ligni natura boni esset vel mali scientia, sed quia in transgressione mandati quod de ligno erat, futura erat utriusque rei experientia. Et illico sensit homo quod ante non senserat; sensit malum concupiscentiae, et pruritum membrorum rebellium obscenos, et non voluntarios carnis appetitus et motus; et scivit quantum interesset inter libertatem et pacem carnis spiritus, in qua fuerat, et controversiam eorumdem, et stimulos titillatorios, quibus pruigentibus et urgentibus moribundos et fermentatos artus, languens anima desudabat. A facie insipientiae suae longe factus est a sanitate; miser et incurvatus putres et corruptas cicatrices illusionum lumborum plorabat, et cucurrit ad folia ipse jam folio quod a vento rapitur similis et contextis succinctoriis. Abscondit carnes enormes, et operuerunt, tam ipse quam mulier, jam ardentibus intus libidinum carbonibus, horrendas visu sordium officinas. Et cum eadem prius membra essent, pudenda non erant, quia nihil inhonestum erat in corpore, sed habebant omnia membra in suo ordine congruam dignitatem, venerabilem speciem, usum rationabilem, modestiam competentem. Omnia intra modum nihil contra voluntatem, nulla lex dissentiens, omnia quieta et pacifica tam ipsum Creatorem quam ipsam creatam honorabant naturam. Vere, sicut serpens praedixerat, aperti sunt oculi eorum ad propriae confusionis cognoscendam miseriam, non ad illius praesumptionis qua dii esse affectaverunt gloriam consequendam. Viderunt se, et erubuerunt, et indignos se judicantes divinis aspectibus, non quasi latere possent vel effugere judicem, sed quasi rei et jam in pistrino propriae conscientiae deputati ad molam, sese in aliquibus recessibus timidi absconderunt. Hoc solum verum in omni illa persuasione diabolica fuit, quod aperti sunt oculi eorum, non ad id quod ille promittebat, sed ad id potius sentiendum quod suggestor mentiens intendebat, qui ei quasi successori, parricidali odio invidebat. Hic illius philosophi non incongrue aptatur sententia: « Insidiosissime, inquit, nocet, cui gratiae aguntur pro injuria. » Mendax in reliquis omnibusque pollicebatur, et detestatione dignissimus, ad illud verbum, quo eos nequaquam mori, sed sicut deos futuros asseruit, statim et agnosci et repelli rationis indignatione debebat; sed facilem accessum ad cor feminae illa habuit promissio, quae jam ambiebat propriam potestatem, excusso a cervice sua Creatoris dominio. Quod si superba praesumptio jam in mentem ejus intraverat, prius haec superbiae quam inobedientiae rea convincitur.

Hoc aliqui tractatorum senserunt; sed ego pro modo mea ita hunc locum accipio, ut superbiam et inobedientiam eodem puncto concludam, nec ante gustum pomi in elationis malo Evam contabuisse praejudicem. Vere qui in uno offendit, est omnium reus, et ubi mater virtutum charitas laeditur, universitas bonorum quasi praecisa radice siccatur. Septem spiritus nequam simul cohabitant, nec facile est alterum avelli ab altero, sed forsitan idem ipse est qui, secundum plures, malitiae effectus diversis nominibus nuncupatur. Spiritus quoque sanctus dicitur septiformis, cum non sit nisi unus, quia ubi timor castus, ibi est pietas, nec pietati potest deesse scientia; ubi vero est scientia, non deest consilium, et consilio constantia et fortitudo accedit. Sic intelligitur, sic amatur sapientia Dei quæ est Verbum Patris, ubi humilitas mansuetudinem, mansuetudo compunctionem, compunctio fervorem, fervor benignitatem, benignitas puritatem, puritas exprimit pacem. Vides apud Prophetam omnes impietates et injustitias simul in eodem articulo pœnitentibus condonari, et negligentibus et reversis ad vomitum, etiam condonata requiri. Omnis quippe superbus consequenter est invidus, quia propriæ excellentiæ appetitor semper est alienæ felicitatis detractor. Ita prudentia, quæ in bono est, sine temperantia nulla est; et quicunque intemperans est, nec de fortitudine gloriari potest, nec de justitia. Unum est corpus virtutum quod nec schisma scindat nec hæresis, et universitas gratiarum ex radice pullulat charitatis. Fundamentum et origo est omnis malitiæ superbia; et licet ipsa omne vitiorum vulgus parturiat, sic tamen habet in se unita et coessentia sua genimina, ut absque sua sobole nihil omnino efficiat, nec unquam possit solitaria inveniri. Superbivit, et in eodem momento inobediens mulier fuit, nec æstimanda est temporaliter hæc inobedientiæ successio, cum eadem sit et indivisa utriusque connexio et origo. Adulterini surculi lasciviente radice nonnunquam consertis simul manipulis exsurgunt, ita ut virgulas quidem discernas numero, sed incrementi non videas rationem. Unus sapor viti et palmiti, unus color carni et corpori, unus odor ligno et cortici, et omnibus membris humanis licet sint valde diversa et multiplex eorum sit actio, unum tamen principium et indivisa creatio. Unum venenum diversas efficit passiones, et eadem diffusio phrenesim quæ apoplexiam creat, et quosdam quidem eadem tabe subito intercipi et emori videas, quosdam vero diu languere. Duo promissa sunt mulieri, immortalitas et divinitas: neutrum provenit, sed jumentorum conditio, et hominum sub unius similitudinis comparatione et damnatione promulgata censetur. Ecce Adam, in cujus faciem insufflaverat Deus, quasi omnes sensus, quorum ibi sedes est, et domestica cathedra, puricans et fecundans, bestiali irrationabilitate oculos et aures et reliquos sensus ad inferiora repressit, et avertens a spiritualibus divinum intellectum, ventris animal inferioribus membris degeneri paruit famulam, et sensit caro nudata virtutibus caumata et algores; sensit vacuus spiritus putredines et fetores, sensit inanis gloria miserias et dolores. Sic ille idem serpens ausus est in altero paradiso non deliciarum, sed abstinentiæ aggredi Salvatorem, persuadens ut panem de lapidibus faceret; ut se de pinna templi deorsum mitteret, et vecordi dementia ut se dæmonem procidens adoraret (*Matth.* iv); Christus vero qui non rapinam arbitratus est esse se æqualem Deo (*Philipp.* ii), sed cum in forma esset servi usque ad præfinitum tempus a Patre, cum esset Deus omnium, serviles terminos non excedens, vitam animæ vitæ corporis præponendam, nec gloriam nec potestatem mundi hujus expetendam edocuit, et proprio exemplo quam facile, si patientia prætendatur, Satanas repelli possit, mansuetissimus magister ostendit. Ad primum sibilum ille primus homo contabuit, de quo post peccatum et damnationem justissimam quasi insultans et increpans Deus dicit: *Ecce factus est Adam quasi unus ex nobis sciens bonum et malum* (*Gen.* iii). Hoc schema in Scripturis sanctis ironia dicitur, cum figurata locutio personam vel exprobrantis vel indignantis assumit. Unde Apostolus, solidatis post resurrectionem corporibus, et carnis stimulis consopitis, quasi jam intuens quod futurum erat, exprobrans morti clamabat: *Ubi est victoria tua? Ubi est, mors, stimulus tuus?* (*I Cor.* xv.) Deridebat Apostolus mortem, quæ gloriabatur quasi victrix occiso Salvatore et posito in sepulcro. Et quia in generali resurrectione ipsa mors destructur, applaudebat illi victoriæ, et mortis defectui insultabat. Ita per hanc figuram, Jerusalem civitas sancta, cum jam in mortem Domini conspirasset, per Isaiam vallis visionis invective dicitur (*Isa.* xxii). Utitur in multis locis hoc genere locutionis sancta Scriptura. Unde de Adam dicit Dominus: *Ecce Adam factus est quasi unus ex nobis sciens bonum et malum.* Æternitatis honor et omnipotentiæ ad Patrem, sapientiæ et hæreditatis gloria transfertur ad Filium, ad Spiritum sanctum bonitatis insigne. Secundum quas differentias, Trinitatis similitudinem naturæ humanæ integritas exprimebat. Nunc autem sciens malum actione, quod vitare potuerat ratione, privata est æternitate et potentia, hæreditate et sapientia, bonitate et justitia, et a ligno vitæ longe projecta, donec satisfactione condigna expiaretur admissum, et inobedientiæ scelus, malumque superbiæ, veræ humilitatis pœnitentia expurgaret. Ac si diceret Deus: Voluit Adam esse sicut Deus, discat ex pœna et miseria quid tanta præsumptio mereatur; experiatur, excludatur a loci hujus amœnitate, et experiatur quantum distet inter bonum et malum. Non possum satis mirari ad illius tentationis fallaciam, et ad verba mendacii tam cito animum hominis inclinatum. Sciebat homo quia in animalibus vel reptilibus nullum erat secum particeps rationis. Noverat quippe naturas omnium, quibus et propria aptaverat nomina. Adduxerat quippe ad Adam Deus omne illud viventium genus; in hoc ipso ostendens subjectam sibi omnem irrationabilem creaturam quæ sibi quasi domesticum peculium præsentaretur, ut videret ipse superior et dignior et infra se plebem illius generis obtemperantem sibi, Deo jubente, concorditer: quæ etiam quasi propria mancipia, sciens usum omnium, vocaret ex nomine. Hoc est enim scire et vocare ex nomine, propria officia et mores intelligere singulorum. Mugiebant, vel rugiebant, vel hinniebant in genere suo, et, secundum naturæ suæ proprietates, dabant signa, vel sonos, vel motus, quibus posset eorum affectus intelligi; verbum solius hominis erat. Et si aliquando Deus voce humana loquebatur, non pertinebat ad eum curiose inquirere quomodo loqueretur, cum de loquente non dubitaret quia Deus esset, et posset loqui ut vellet. Qui enim homini dederat verbum, poterat quod suum erat, cum volebat, capere et formare in quolibet corpore. Nunc autem serpens qui contra naturam et blasphemans Deum, loquebatur, utique ex Deo non erat, sed contra Deum auctor et inventor idololatriæ jam plures Deos futuros docebat, et seminabat errorem quos per multitudinem falsorum numinum una et vera ignoraretur divinitas. Nunquid Satanæ præsentia illi notuit, feminæ; quem forsitan putavit verum dicere, quia hoc audiebat quod volebat. Solemus quippe cito credere, cum id nobis consulitur quod optatur. Quod si Adam vel Eva scientes diabolum esse qui personaliter in eorum auribus erat, contempto Deo perniciosissimis sese consentaneos tradidere consiliis, hic non tantum scelus inobedientiæ, sed et idololatriæ, fide abnegata, intelligo. Idololatria quippe est, cum quia vel seipsum Deum, vel alium quemlibet propter unum Deum constituit. De serpente enim dubium esse non poterat quin illa verba ex sua non proferret natura; nec erat inter omnes creatura Dei aliqua ratione prædita, persuadendi, vel consulendi, vel ratiocinandi habens scientiam vel potestatem præter solam angelicam et humanam. Constat itaque non ignorasse mulierem quia vere ei diabolus in serpente loquebatur; sed appetitu literæ potestatis oppressa, quia sine Dei dominio esse voluit, eum qui contra Deum et ad voluntatem suam loquebatur libenter audivit. Confuse aliquando viri et mulieris nomina posita sunt propter corporis unitatem et peccati similitudinem; Adam tamen non ex diabolo, sed ex muliere verba illa audivit, quibus nec restitit, nec contradixit; et licet forsitan non crederet quod diabolus vel mulier suadebant, ausu tamen nefario sese illi actioni commiscuit. Senserunt quidam serpentem illum non verbo, sed signo aliquo prævaricationem illam homini intimasse; sed hæc sententia diversum a re gesta exigit intellectum. Alii nec diabolum fuisse in paradiso affirmant, nisi eo modo, quo vagis et inconstantibus motibus tentationum immittit incendia, quas ideo incendere, vel exagitare dicitur, quia cum corpus ejus omnes reprobi sint, ipse vero caput, non potest diversa eorum esse actio quorum eadem est voluntas. Et hoc opus nihil aliud est quam malitiæ consensus et unitas, per quam communicationem quod nos male agimus ille agens dicitur, et quod ille facit, nos mediante assensu efficimus, sicut in morte Christi quod diabolus, quod Judas, quod Judæi, quod Pilatus fecerunt, vicissim et simul ab omnibus actum est; et antequam commemoraret Evangelium quod intraverit in cor Judæ diabolus, legitur quia fur erat, et loculos habebat (Joan. XII). Unde et de hac unitate maligni hominis et dæmonis scriptum est, cum maledicit impius diabolum, maledicit animæ suæ (Eccli. XXI). Nullum vero inconveniens est si paradisum permittente Deo diabolus intravit, cum apud Job, inter filios Dei legatur astitisse (Job 1), et in Regum libro circumstante sanctorum angelorum exercitu ad decipiendum Achab spiritus mendax sedenti in solio seductionis suæ obtulerit famulatum (III Reg. 11). Nec desunt qui allegoricis legibus per serpentem delectationem, per mulierem sensum, per virum mentem accipiant, ut cum delectatio sensum commoverit, mens vero carnali sensui acquiescens delectationis gustum acceperit, de gloria paradisi, id est ab omni bonæ conscientiæ quiete et pace homo foras pellatur; nec jam ad lignum vitæ ei reditus pateat, nisi per misericordiam Dei cherubim, qui est plenitudo scientiæ, infatuatum peccatorem reducat ad sapientiam, inflammans cor ejus ad pœnitentiam per quam solet versari et mutari ultionis sententia, et possunt morti destinati ad lignum vitæ reverti. Jam de sententia expulsionis et maledictionis aliqua essent dicenda, sed de fonte et fluviis qui ex eo procedunt prius pauca tangenda sunt, ne rem tanti sacramenti subterfugisse videamur, non quod singula quæ usque ad Abel et Cain circa Adam acta sunt susceperimus exponenda, sed quia capitulis quæ proposuimus ita circumstantes cohærent sententiæ, ut ea ipsa quæ loqui volumus, quasi multitudinem convivarum affines intellectus ad mensam nostræ dictationis invitent, et intrare compellant.

Non statim post prævaricationem ejectus est homo de loco voluptatis, sed conscio sceleris nihil deliciæ paradisi conferebant. Tota enim nostra non in loco, sed in mente est gloria, quia non felicem facit locus, sed vita. Quæcunque prius subditam Deo animam delectabant, in tormentum versa sunt transgressori, tum quia sciebat se cito amissurum, nec sibi posse stare quod stans ipse possederat, tum quia quidquid sine Deo potest de temporibus affluere, non implet possessorem, sed semper vacuum et inanem, quantuscunque sit nebularum globus, utrem dimittit. Et hic expertus est homo quam longe esset a deitate quam cupierat, quia jam in latebris nudus quasi miseriæ et turpitudinis suæ operimentum mendicabat. Sane nulla purpura, nullus regiæ dignitatis amictus illius dignitatis quæ ante peccatum erat imitari potuit gloriam. Honestas quippe non egebat diploide, sicut hodie non honestatur, sed celatur turpitudo, quantilibet pretii superducto velamine abscondatur. Absente Deo vere a corde suo misellus pavebat et conturbabatur, et non tam in amaritudine pœnitentiæ, quam in stupore mentis, et rationis exstasi tabescebat. Dilata est aliquantulum sententia; necdum conclamatum erat quia oportebat jam tunc legis formam divino exemplo conscribi, et ante judicium in causis humanis, accusationis et defensionis locum non præripi, sed, datis aliquibus induciis, suspensa interim sententia, ii quibus distrusio pragmatica incumbit in medio actionum suarum munimenta producant. Aut confessus, aut convictus necesse est, servato antiquo ordine, ille sit qui puniatur. Et in hoc quoque pietas divina humanis providit erroribus, ne festinatio, vel impetus, aut ira in rebus inexaminatis veritatem opprimerent, et innocentem aliquem a rationis intuitu caligantibus æstimationibus condemnarent. Arescebat Adam præ timore et exspectatione iræ, et revelatio judicii imminens miseram animam affligebat. Jam non loci temperies, nec prata vernantia, nec obumbrantia nemora, nec ligna fructifera, nec aromatica gramina, nor melodia vocum, non odorum fragrantia, nec fontis illius saluberrimi vivacitas demulcebat, sed totius dignitatis suæ immemor cæteris rebus vacuus, oneratus contumelia, etiam pecora formidabat. Et de animalibus, quod eis nomina imposuerit dubium non est; de cæteris vero nominibus rerum primordialium quæri potest utrum ab Adam an a Moyse inventa sint. Ego æstimo Adam illis fluminibus, quæ in quatuor partes ab illo fonte divisa emanant, aptasse vocabula, quorum primus est Phison, secundus Gehon, tertius Tygris, quartus Euphrates. Nec ratio nominum latuit inventorem ; et intelligebat, cum in honore esset, rei profundæ mysterium, verum *corpus corruptibile jam aggravabat animam, et terrena inhabitatio deprimebat sensum multa cogitantem (Sap.* ix), et vaga mens jam non vacabat Deo, sed per tumultuantium pelagus discurrebat. Neque jam Creatorem per se, neque ea quæ facta sunt excæcatus considerabat, sed inter passiones et stimulos quibus pungebatur anxius anhelabat. Ipsa nomina fluminum quorum auctor et interpres exstiterat, possent compungere miserum, et utinam spiritum contribulatum, et pœnitentiæ humilitatem pro sacrificio obtulisset, et erupisset de corde ejus fons lacrymarum irrigans universi corporis ariditatem in satisfactionum fluenta discurrens! Non declinasset superbus et vanus in verba malitiæ, nec excusationes in peccatis quæsisset, sed pronuntiasset adversum se injustitiam suam, et forsitan peccati remissionem impetrasset. Sed reprobam animam jam serpens tanquam cinerem manducabat; repebat quippe jam in pectore et ventre illius terreni et animalis, et quæ Dei sunt, non attendentis. Quod si ipse serpente absorpto, vel per remedium confessionis illuso, cucurrisset ad fontem misericordiæ, lotus redisset ad justitiam, recepisset fortitudinem, amplecteretur temperantiam, invenisset prudentiam. Hæc enim sunt intellectualia flumina, de charitate Christi qui est fons vivus, emanantia. Phison igitur primus fluminum prudentiam significat, et ipse circuit omnem terram Hevilath : ibi est aurum optimum, et lapis prasinus, et carbunculus. Phison intelligitur *oris commutatio,* Hevilath *parturiens vel dolens.* In primis quærere oportet quid intellectualis paradisus sit, deinde quid fons ille, postea vero quid flumina quatuor, ut intellectis rerum cardinibus, et quasi per quosdam alveos fluminum narrationis ordine profluente suis

limitibus singula coaptentur, ne forte deliciarum et voluptatis materia, si confuse tractetur, quod in propria natura est appetibile, imperitia fiat tractatoris odibile. Corporalem, et spiritualem et intellectualem paradisum esse quicunque sanctarum Scripturarum diligens inquisitor est ex ipsis intelligit, et corporalem quidem in loco, spiritualem vero in anima, intellectualem vero in Deo ratione et auctoritate discernit. In corporali quod Eden dicimus positus est homo, facta est mulier, et benedictio et maledictio in eodem loco pro ratione causarum in humanam promulgata est naturam. Ibi potuit diabolus et tentare et vincere hominem, et multo robustiorem postea expertus est Job, scatentem vermibus, sedentem in stercore (*Job* ii), quam illum Adam in loco voluptatis constitutum, manente integra et substantia, et persona. Nec deerat etiam Job linguæ femineæ stimulus, sed irrisit mens solida nugas uxorias, et increpatione modestissima præsumptionem muliebrem virili dignitate coercuit.

Erat utique in paradiso mentis imputribilis inter virtutum delicias, et bonæ conscientiæ gloria nulla ulcerum sanie poterat inquinari. Non erubescebat Job, nec ad occultandam plagam suam diversorium quærebat, qui in arce virtutum pro tribunali sedens, de cunctis labentibus indicabat, nec pavebat a facie Dei, coram quo de innocentia gloriabatur, et interrogatus securissime respondebat. Adam longe aliter se habuit in paradiso, et, ubi omnia cooperabantur profectui, ipse nec percussus, nec attritus defecit, ut disceret infirmata posteritas ex languore et ærumna, quia nulla sine Deo potest esse felicitas, nulla sanitas, nulla pax, nulla integritas. Bona quidem et jucunda erat loci illius voluptas, sed sine Creatore manere non poterat, sine quo nec angelo sursum, nec homini deorsum in tantæ excellentiæ gloria ulla potuit esse stabilitas. Quod si peccati radix non germinasset in homine, nec diffusa tabes agrum hujus propaginis occupasset, locus ille corporalis ita omnia commoda colono suo ultro largiretur, ut nihil omnino deesset extrinsecus, si Spiritus sanctus in corde, quod proprium est domicilium ejus, maneret intrinsecus. Sapor enim omnium illarum deliciarum et tota illius gratia incolatus ex superna constabant dulcedine, et ipse totius illius voluptatis temperies erat et condimentum. Tradunt nonnulli doctorum Eliam et Enoch ibi a Deo translatos illa miseriarum experte affluentia vivere et quiescere, donec in extremis diebus perdito homini, in quo omnis plenitudo diabolicæ virtutis habitabit, pro testimonio veritatis morituri occurrant.

Aliqua in superioribus de loci hujus amœnitate, quantum nos, quorum conversatio tota in amaritudine est, sentire possumus, descripta sunt, et, ut verum dicam, tacta sunt, non definita. Nunc de spirituali paradiso, ut aliquid etiam tangamus urget promissio. Hortus iste deliciarum intus in anima est, hæc pax, hæc fructificatio intus in spiritu, ubi lignum vitæ est charitas et lignum sapientiæ intellectus Dei ; et ubi est lignum scientiæ boni et mali veritatis et falsitatis discretio ; ubi est lignum justitiæ, sua cuique reddens rationabilis et ordinata distributio. Omne illud virgultum virtutes fructificat, et producit charismata, et, quasi surculæ palmitum bajulæ, sunt ibi quodam sustentacula, quibus vitis onusta incumbit, et famulantur sibi et ad invicem genimina illa gratiarum subserviunt. Abstinentia castitati obsequitur, innititur orationi devotio ; in timore humilitas, et in amore mentis puritas requiescit. Nihil vacat in vinea sanctitatis, ubi nec folium cadit, et omnis pampinus aliquis est gradus justitiæ ; ubi etiam vimen in vite, hoc est quod tota in lege. Lex per Moysem data est (Joan. 1). Evangelium per ipsum verbum Dei expositum ligna imputribilia, quod volumina emiserunt, tam longe et late palmites extenderunt. Scripturarum propagines mundi climata impleverunt, et de fructu doctrinæ sanctæ plena eructat Ecclesia. Ad has arbores præcidendas diu scrutantes scrutationes laboraverunt hæretici, sed plantatio cœlestis vexationibus non defecit, sed crevit ; decorticaverunt ramos, folia combusserunt, sed, elisis fructibus vel ipsis etiam ad solum arboribus dirutis, radix illæsa, et vivacior perseverans multiplicius pullulavit, nec est ex præcisione imminuta, sed aucta. In pace confessio, in tribulationibus claruerunt martyria, et sæpe scissus persecutionum vomere ager Dominicus copiosiorem reddidit segetem. In contemplatione Dei carnalis mens, corporis abstersa rubigine, elimata et defæcata profecit, et fructus uberes spiritualis cultura de exercitatione religiosa produxit. In paradiso animæ, in horto bonæ conscientiæ, in munditia cordis pax Dei gaudium parturit, et pura fides in veritate quiescit. Justitia disponit omnia suaviter, temperantia moderatur concorditer, sapientia docet, fortitudo corroborat, oratio mundat, abstinentia omnem labem desiccat, spes confortat, humilitas regnat, patientia imperat. Hæc in illis beatitudinibus quies vel gloria animæ, sinus est ille Abrahæ in quo dives ille Lazari animam vidit (Luc. xvi), vel illa felicitas quam latroni Dominus de cruce promisit (Luc. xxiii). Quidquid videt oculus, vel auris audit, vel in cor hominis ascendit, non est illa quies quam diligentibus se Deus in vita æterna pollicetur. Odoramur tamen pacem illam, quæ omnem superat intellectum, et infra est quidquid vel æstimari valet, vel comprehendi. Nec locus est, nec sonus, nec odor quidquid illud est, nec tangitur, nec videtur ; sensus carnis corporeis dimensionibus vallatur et clauditur, et tantum in crassitudine suæ naturæ volvitur et moratur. Ipsius quoque spiritualis acumien naturæ licet subtilissimum sit, reverberatur tamen superioris lucis splendore, et nihil omnino potest præter illam solam Dei sapientiam quæ a fine usque ad finem attingit. Ideoque in creatura nulla potest esse plenitudo beatitudinis effectum ; et cui aliquid deest, nullum efficit consummatum. Nullus corporeus locus, nullus incorporeus spiritus ex propria natura plenas habet delicias, quia plenitudo totius est, non partium, et necesse est ut omnis pars minus continens ad fundatorem suum recurrat, in eo finem figens, a quo habet initium.

Hic occurrit quod idem Apostolus dicit se *raptum usque in tertium cœlum, et audisse arcana verba, quæ non licet homini loqui. Nescio*, inquit, *Deus scit, sive in corpore, sive extra corpus* (II Cor. xii). Raptum se scit, sed de modo dubitat, de quo omnino non ambigeret, si alterum possibile, et alterum impossibile videretur. Nunc autem, quia et cum corpore potuit rapi, potest intelligi corporalis paradisus etiam in cœlo, licet quasi diversa et cœlum posuerit et paradisum, quod si eum raptum in corpore diceremus, necesse est ut cœlum illud corporeum intelligamus. Si vero in spiritu, jam non locum, sed aliquam intelligibilem tranquillitatem visionis divinæ accipimus. Deinde præter solam Christi personam quæ primitiæ dormientium surrexit (I Cor. xv), unus inter mortuos libet de nullo manifeste Scripturæ tradunt canonicæ quod jam duplicia in terra sua possideat (Isa. lxi) ; vel quod corruptibile hoc ante generalem resurrectionem, induat incorruptionem vel mortale immortalitatem (I Cor. xv), ut taceamus modo de ipsa theotoco, vel de his qui cum Christo resurrexerunt : quam et alia est, et nodosissima quæstio. De Paulo, quantum possumus, quod cœpimus persequamur. Certe cum hæc scriberet, in carne erat, et in ea carne de qua alibi scripserat : *Sentio aliam legem in membris meis, repugnantem legi mentis meæ* (Rom. vii). Et post cætera : *Infelix ego homo, quis me liberabit de corpore mortis hujus?* (ibid.) Et datum sibi stimulum carnis suæ, angelum Satanæ colaphizantem se ipse testatur (II Cor. xii). Quomodo in corpore rapi potuit sursum, nisi forsitan eo modo quo raptus est in Babylonem Abacuc a Judæa (Dan. xiv), vel Philippus de Azoto in eunuchi occursum (Act. viii) ? quod si aliquid hujusmodi a Deo contra naturam fit, res miraculi est et virtutis, nec debet in illa æterna ratione quæ voluntas Dei est, aliquid humanæ rationis ausus detrahere.

Potuit tamen illa Pauli temporalis, imo momentanea assumptio eo modo fieri quo transfiguratus est Christus præsente Petro et Joanne et Jacobo, quando Moyses et Elias etiam ipsi glorificati visi sunt cum eo (Matth. xvii). Passibilis quidem adhuc erat Christus, et ante resurrectionem resurrectionis gloriam ostendit discipulis non solum suam, sed eorum pariter qui assistebant. Ita potuit Paulus configuratus ad horam illi gloriæ quam prædicabat, et in similitudinem spiritualium corporum quæ resurrectio reformabit, sine sensu alicujus infirmitatis, sana et purgata tota natura ad tempus sursum transferri, ut videret et audiret aliquid amplius præ participibus suis, qui plus omnibus in periculis et diversis laboribus ædificans Ecclesiam desudabat. Et sicut Petro adhuc mortali mare fuit calcabile (Matth. xiv),

Ita potuit Paulo in corpore cœlum fieri penetrabile. Si vero Paulum raptum in spiritu dicimus, jam nulla est quæstio, quoniam vere omnem corpoream et spiritualem creaturam in contemplationem Dei transgrediens, fixus et in Creatore quiescens, nec infra manere vir plenus Spiritu Sancto nec transgredi majestatem præsumebat. Ascenderat quasi duas scalas, rationabiles creaturas, et per ea quæ facta sunt, ad Creatorem quasi ad tertium cœlum pervenerat. In ipso quippe intellectualem paradisum esse credimus, ad cujus gloriam in virum perfectum, in mensuram ætatis plenitudinis Christi (*Ephes.* iv) ad sonum novissimæ tubæ occurrentes resurgemus, et sic semper cum Domino erimus (*I Thess.* iv). Corpus humilitatis nostræ illi divinæ configurabitur claritati (*Philip.* iii), et regem in decore suo in splendoribus sanctorum fides Christiana videbit; imo neque fides, neque spes exspectationis dilatione ibi languebunt, cum regnum solius apparuerit charitatis. Ibi nihil per speculum, neque in ænigmate, sed facie ad faciem illud summum bonum videbitur, et cognoscemus sicut et cogniti sumus (*I Cor.* xiii). Videbitur Christus, intelligetur Deus, implebit corda omnium Spiritus Sanctus. Comprehendetur modo incomprehensibilis Trinitas, et arcana Divinitatis universæ patebunt Ecclesiæ. Cessabunt ministeria angelica, nec opus erit legationum discursu, cum civitate Dei perfecta et electionis universitate intus collecta, et omnia omnibus existente, tunc vere in cubito omnia fuerint consummata. Una erit omnium lingua, jubilatio indefessa, unus affectus, amor æternus. Unum erit gaudium, de stabilitate securitas, una erit pax, sufficientiæ æternalis tranquillitas. Patebit veritas, implebit charitas, et erit integra corporis et animæ sanitas. Fulgebit sicut sol glorificata humanitas, quieta erit et concors spiritus et carnis societas. Angelorum et hominum unum erit consortium, unus panis utriusque et unum convivium. Non languebit amor, non liquefiet dilectio, præsentibus omnibus bonis, nulla erit dilationis afflictio. Inebriabuntur ubertate gloriæ illius Patris benedicti, satiabuntur a multitudine dulcedinis omnes electi. Non erit eversio mentis illa ebrietas, sed oblivio ærumnarum et lætitiæ sanctæ perennitas. Nec erit gravis aspectus lucis illius immensitas; imo tota erit illius summa beatitudinis, quod intelligitur in suo puro esse sincera divinitas. Videbitur et cognoscetur, intelligetur et amabitur Deus: et hæc visio vel cognitio, intellectus et dilectio tota erit illius felicitatis perfectio, quoniam gloriosa dicta sunt de te, civitas Dei; sed in laudibus tuis humanæ linguæ succubuere præconia; nullus stylus, nullus te expressit affectus. Magnum est quidquid in te oculus corporaliter videt, majus quod sapit spiritus, amplius quod percipit et fruitur perspicax intellectus. Videt in te oculus carnis, omnem materiam, longe aliter videt spiritus materiæ rationem et causam, omnino dissimiliter, purgata mens ipsam intelligit veritatem. Spiritualis quippe visio utitur ænigmatibus et figuris, et per quasdam similitudines animum circumducit; mens vero ipsam rem sicuti est, absque aliquibus phantasiarum simulacris ad liquidam intuitu mundo intelligit. Vidit Balthasar articulum manus scribentis in pariete (*Dan.* v): et quod viderat spiritu retractans jam aliter in cogitatione conspexit. Sciebat et videbat intus per spiritum quia quod ostensum fuerat visibiliter, rei arcanæ signum esset, quam utique nesciebat. Adductus est in medium Daniel qui spiritu prophetico mente vidit, et quid sibi vellet visio, protinus intellexit. In illo regno licet totum quod ibi est sit honor et gloria, gloriosior tamen et dignior præ omnibus iste est intellectus, et hæc est visio Dei implens et satians cor hominis. Ipsa est tertium cœlum, tertius paradisus. Ibi est finis, ibi est unitas, atque idem finis, quia nulla diversitas. Non erit in illa pace linguarum varietas, sed morum et affectuum concors et amica societas. In torrente voluptatis illius nihil ultra appetet cumulata satietas, et omnium tristium immemor tantum mente excedit Deo lætabunda ebrietas. Et licet pro meritis sanctorum diversa sit et gloria, non tamen erit diversitas vel minoribus in invidiam vel majoribus in superbiam, quia in distributionibus coronarum tanta erit discretio charitatis, ut et ordinem teneat, et communem omnibus gloriæ dignitatem exhibeat. Beatifica divinæ majestatis præsentia omnibus erit omnia, et erit in commune omnium omnipotentia, omnium sapientia, omnium justitia, omnium pax, omnium intelligentia, et a regno illo omnis excludetur malitia. Quasi vellicans aliqua de ligno vitæ folia, ad illius fructus gustum suspirans vix aliquem succum de corticibus expressi. Neque enim in cor hominis adhuc ascendit id quod latet intrinsecus, et medullam illius dulcedinis nullus adhuc attigit intellectus. Sane fides loquitur, spes non confunditur, et nos interim charitas consolatur.

Fons in medio paradisi recte intelligitur charitas, quæ arescentibus aliquando prophetiis et linguis, pleno semper gurgite fluit, nec unquam siccatur. Nihil fecundius irrigat, nihil efficacius mentem impinguat, quam ipsa charitas, quæ per Spiritum sanctum diffunditur in cordibus nostris. Nec charitas fons sanctorum est proprius, nec ad hunc potum quisquam admittitur alienus. In linguis, in fide, in abstinentia et signis, in eleemosynis, in martyriis simul boni et ficti communicant, sola charitas ab impiorum se cœtibus absentat, et, si defuerit unius hujus pura affectio, sterilis est cujuscunque æstimationis videatur religio. Christus quippe est charitas, sincerissimus liquor, virtus mundissima, refrigerium animarum, purificatio mentium; nec vasis inquinatis mera spiritus bonitas illabitur, nec quisquam immundus unctione illa regali linitur. Charitas quippe est amor, et qui non amat, amari non potest. Qui diligit non negligit, nec otiosa unquam potest esse dilectio: sine dilectione confusa est et indiscreta omnis oblatio, et omnino peccas, si non dividis priusquam offeras. Non indiget Deus, nec sub nomine pietatis cruentum vult esse satellitem; nec oppressorem pauperum, nec conductitium judicem, quasi ipse ad illas recumbat delicias quas de suspiriis et sanguine miserorum exsecranda exstruxit crudelitas. Qui diligit non offendit, et si forte ceciderit, ruentem excipiens charitas mater manum supponit. Nec erumpit in flumina lacrymarum, et in pœnitentiæ gurgite lapsos baptizat et renovat et elisos illico restituit et reformat. Occurrit compunctis, suscipit pœnitentes, quos tamen ipsa et afficit et compungit. Solos illos qui in malitia perseverant abhorret et fugit; et licet prophetes vel ardeas, licet jejunes vel montes transferas, licet in pauperum viscera quidquid possides congeras, tu si peccati servus es, in vanum laboras : nec in visceribus charitatis ullum locum ficti cordis habet duplicitas. Hæc est origo illorum quatuor fluminum quorum nomina supra posuimus, quia de charitate emanat prudentia, fluit justitia, fortitudo erumpit et temperantia. Ex iis cardinalibus bonis sub alternis discursibus, rivuli et minoris famæ fontes, secretis meatibus omnem aridam imbuunt, et ex harum torrente virtutum totum nascitur, unde homo proficit et mundatur. Omnis intellectus rationis, et mentis discretio sub sapientia militant, omnisque actio ordinata, et mensura et pondus, et omnis æquitas ad justitiam se inclinant. Honestas morum ex temperantia, ex fortitudine vero patientia nascitur, et item ex iis subdivisionibus innumeris series gratiarum multiplicibus voluminibus per diversoria animæ illabitur, neque ista diffusio perpetuis exundationibus minuitur, augetur. Phison itaque qui est *oris commutatio* significat sapientiam vel prudentiam, ut diximus, quæ circuit omnem terram Hevilath, quia vere hoc prudentiæ opus est, mutare et convertere irrationabiles et animales homines in cognitionem Dei, et laudem. Animales enim nascimur, sed per doctrinam sapientiæ illuminati, spirituales efficimur. Unde Apostolus : *Non prius quod spirituale : sed quod animale, deinde quod spirituale* (I Cor. xv).

Mutamus igitur os, et purgatis illo prophetico carbone labiis, non erubescimus; sed prædicamus improperium crucis, nec irridemus sicut vani philosophi, quod. Verbum factum est caro, sed gloriamur in humilitate omnipotentis Dei, certi quia sicut ejus uniti sumus personæ, ita uniemur et gloriæ. Exuimus veterem hominem, et induimus novum, mutamus pellem peccati, et succincti munditiæ baltheo currimus expediti (*Ephes.* iv). Mutamus os, et ipsi quæ probavimus condemnamus, et in nos ipsos severissimi judices vanitatum et voluptatum consuetudines præscribimus et delemus. Irascimur et indignamur quod tales aliquando fuimus, quales nos sine horrore et tormento non possumus reminisci. Mutamus os, cum sepultis vitiorum monstris, quasi resurgentes ex mortuis abdicamus quod volumus et veritatis causam coram hominibus ratione, coram Deo zelo et constantia allegamus. Sic terram Hevilath quæ *lutum* vel *partum* significat, sapientia circuit, quia cum omnis creatura usque adhuc ingemiscat, et parturiat (*Rom.* viii); non est sapientis hilarescere in loco formidinis, nec ibi quærere cubiculum pacis, ubi est torcular doloris. Non invenitur prudentia in terra eorum qui vivunt suaviter, sicut Job ait; quippe in locis humentibus et secreto calami sub umbra dormiens (*Job* iv) Satanas commoratur. Panem arctum et aquam brevem prædicat Isaias (*Isa.* xxx), et David ex verbo Dei per Spiritum sanctum per vias duras ingreditur. In multa sapientia, multa indignatio, et qui apponit scientiam apponit dolorem (*Eccle.* i), quia vere adversus vanitatum amplexus semper indignans ratio colluctatur, et laborat sanctimonia, ne adulatione titillatoria mentis integritas corrumpatur. Nullus in hoc labor est effeminatis et mollibus, qui ultro se ad omnem divaricant corruptelam. In tentationum infirmitate, virtus servorum Dei perficitur et augetur, et ex luctu compunctionis, devotio sancta gaudium concipit. Circuit pœnitens, et per intimos animæ suæ recessus sparsa congerit, et fasces alligat admissorum. Circuitus contra circuitum, quia flexibile corpus gyrat draco volubilis, et perplexis innodationibus vagos et improvidos usque in labyrinthum impellit, et immersos tenebris in desperationis abyssum concludit. Omnia mens divino timore compuncta discutit et retractat, luget in peregrinationis exsilio tentationibus exposita et ærumnis; plorat, quia ignorat, et errat, quia concupiscit; et tabescit, quia non bonum quod vult, hoc agit, sed malum quod odit, hoc efficit. Flet quia mutabilis et instabilis per inania rapitur, quia fragilis et corruptibilis carnis sarcina aggravatur. Quocunque se verterit, luctus causa occurrit, et sicut sit cum libitinarii efferunt funera, cum prosequens agmen lugubri conclamatione commoritur, ita sapiens in omnibus novissima sua commemorans ante mortem, causæ suæ dictat judicium, et quasi jam præsente cadavere fodit sepulcrum. Plangentium multitudo et subsequitur et præcedit, quia et de præteritis, et de præsentibus multum est quod seipsum quisque examinans lugeat, ubi tota vita adversus peccatum clamat, et ut aliquid amplius inferam, nec ab illusionibus ipsa sunt somnia aliena. Inter hujusmodi meditationum circuitus, inter lacrymas quas contriti spiritus turbo effundit, quasi ex matutino rore pinguescit devotio, mundatur intentio, et fructificat contemplationi divinæ affixa fecunda oratio. Nulla est omnino comparatio inter luctus sanctorum et gaudia reproborum, quia hæc carnalis prosperitas semper auspicatur supplicia, et corrosus animus flagitiorum aculeis a flammarum ultricum exustione formidat. Nulla pacis veritas, nulla veri gaudii in transgressorum corde tranquillitas, in quorum conscientiis jam ante tempus incendia sua gehenna præparat, et ad lacerandam peccatricem carnem vermes horribiles, et terribilia dæmonum monstra jejunos exacuunt. Hos interim stimulos, has vepres voluptuosa modo patitur præsens felicitas, sed adulatur sibi, et spe incerta blanditur prolongans iniquitatem, et extendens malitiam, donec subito veniat finis et culpæ et vitæ, et sit infinita pœnarum exactio pro scelere.

At sancti quorum vitam in derisum et in similitudinem improperii æstimabat mundana dementia, quorum luctus et jejunia videbantur insania, linguis ardentibus et modo saginatis faucibus stillam refrigerantem infundent; sed manebit utrorumque pro meritis immobilis et fixa sententia. Ideoque luctus eorum, etiam in vita præsenti non est cœlestis expers lætitiæ, nec consolatione caret divina: quæ utique in conscientia pacem, et gloriam, et in proventu amplius gaudium protestatur, cujus ipsa, quæ adhuc in spe est, delibatio denuntiat quantæ excellentiæ futura sit illius gloriæ plenitudo. Invenitur quippe vel in ipso flumine, vel in terra Hevilath, quam præterfluit optimum aurum, et carbunculus et lapis prasinus. Sane in prudentia, quæ est ipsius contemplatio veritatis, quia quam nemo potest eloqui, ideo potius eam concipit quam parit, aurum est, id est purgatissima recte vivendi disciplina, quæ ab omnibus terrenis sordibus quasi excocta nitescit. Habet et carbunculum, cujus fulgor nocte non vincitur, quia veritas nulla falsitate fuscatur. Habet et lapidem prasinum, id est semper virentis æternitatis intuitum, et vitæ perpetuæ immarcessibilem statum. Est igitur Phison qui est *oris commutatio* propter causas quas diximus primo loco, quasi necessaria ad intelligendum, ad discernendum, ad standum, ad resurgendum, ad manendum prudentia, in qua est disciplina rectitudinis, veritas agnitionis, via perventionis. Secundo loco Gehon ab illo paradisi fonte egreditur. Hic est Nilus qui novissimo cursu Ægyptum cingens exundationibus annuis certis temporibus et mensuris visitator munificus universæ regioni illabitur, et dilectus maritus agriculturæ illius gremio commistione optata non tam solum, quam arbusta fecundat. Significat hoc nomen vel *pectus*, vel *hiatum*. Fortitudo secundum nominum interpretationem, fluvius iste accipitur, quia robur in pectore maxime constat. Juxta hunc fluvium filii Israel in Ægypto constituti, primum de esu agni accepere præceptum. Sed et de lumbis succingendis promulgata est cautio, quia expeditos esse oportebat divinis obsequiis mancipatos, nec holocaustorum solemnia ab impuris agi decebat. Opus quippe erat fortitudine ad renes stringendos, ut castitas, quasi quidam hiatus terræ, omnes absorberet corporis passiones, et intra se omnem carnis petulantiam sepeliret. Hæc castitatis virtus in qua summa fortitudine et totis opus viribus est, per Æthiopiam quæ vilitatem significat, fluit, quia vilissimæ carnis nostræ exstinguit incendium, et lavans sordes turpitudinum resumpta virtute ad integritatem revocat inquinatum. Quam nigra est passionum exusta ardoribus pellis peccantium! quam vilis caro quæ se fœditatis facit mancipium, et omnium immunditiarum sentinam! Quam vilis facta es iterans vias tuas, hoc ad personam peccatorum dictum per prophetam intelligimus, quos utique exsecrabiles constat esse et viles propter lenocinii obscenitatem, cui se impudenter prostituunt, et animam, quæ Dei templum erat, contumeliose Spiritu sancto repulso, fœtoris prostibulum, imo ipsius Satanæ lupanar constituunt. Hæc fortitudo eorum est, qui ad immolandum agnum de populis segregantur, qui antequam legem in Sina accipiant, de continentia instruuntur (*Exod.* XIX). Antequam propositionis panes edendos sacerdos David concedat, utrum continuerit, et mundus sit diligenter inquirit (*I Reg.* XXI). Aruerat torrens fortitudinis, jam desiccatis plebis Israeliticæ fæcibus, cum thurificantes Beelphegor et idolis initiantes Madianitarum amplexibus captivas animas submiserunt, prævaricationis apostasiam pro pretio turpitudinis prætendentes. Nec defuit zeli fortitudo in fremente per spiritum Dei Phinee sacerdote, qui illius impudentiæ ultor adulterum simul cum scorto in ipsis natibus, pugione immerso per illius fœdi commercii fabricam una impressione transfodit (*Num.* XXV). Et illico quievit quassatio, et iterum ad canales suos Gehon reversus non est indignatus, nec abjuravit beneficium, eo quod essent, imo fuissent prædicti viri Æthiopes, id est viles; sed iterum sparsum recollegit exercitum, et de infirmis sanitati restitutis rursum multifariam celebravit victoriam. Tertius fluvius est Tygris qui vadit contra Assyrios, et significat temperantiam quæ resistit libidini multum prudentiæ consiliis adversanti. Tygris quippe *velox* interpretatur, in quo ipsius temperantiæ alacritas intelligitur. Assyrii quippe *dirigentes* lingua Latina sonant. Vide quam velociter qui temperans est per dirigentium regna clabitur, quam directa sit temperantiæ via, cui nihil quod impediat occurrit. *Omnia licent,* ait Apostolus, *sed non omnia expediunt. Omnia licent; sed ego sub nullius redigar potestate* (*I Cor.* VI). Temperantia nec ad illicita, nec ad licita respicit; sed et per ipsa licita in neutram partem declinans regia via incedit. Hæc nec tangit spurcitias, nec ad aliquam inhonestatem accedit, indignatur ad voluptatis mentionem, nauseat ad olfactum. Non quærit tenebrosas crepidines ad impudica cubilia, nec theatrales fornices ad turpia perpetranda. Intra sese colligit, victrix sui ipsius et legitima dominatione, omnibus suis imperat affectionibus. Omnia infra se conspicit, nec ultra rationabiles metas etiam indulta transire permittit. Quarto loco Euphrates ponitur qui *fecundus* vel *fructificans* interpretatur. Ipse est quem Auxen, eo quod foveat et augeat, Assyriorum et Hebræorum volumina nuncuparunt. Hic congruæ justitiæ præfert insigne, eo quod ipsa plurimum in genere humano fructificet. Nulla quippe virtus abundantiores fructus facit, quam justitia et æquitas, quæ magis aliis quam sibi prodest, utilitates suas negligens, communia emolumenta praeponens. Nec dictum est de hoc fluvio, qui justitiae adaptatur, contra quid vadat, aut quam terram circumeat. Justitia enim ad omnes animae partes pertinet, quia ipse est ordo et aequitas animae, qua sibi tria ista concorditer copulantur. Reliqua quippe in suis cursibus elaborant, quia prudentiae stat ex adverso malitia, et fortitudini incontinentia ; et temperantiae crapula, et quidquid modum non habet, obsistit, justitia vero, quia est omnium virtutum convenientium in unum grata concordia, non ex reliquis virtutibus, sed ex se ipsa agnoscitur, quia ipsa est pax et totius unitatis sanctitas, habens in se et totum et singula, nec tamen in singulis tota.

Consummatis quae de paradiso, vel fonte, vel fluviis nos dicturos promisimus, ad Adam reverti nos cogit propositum, qui ut diximus, post peccatum ex propria nuditate confusus intra alicujus glebae, vel scopuli crepidinem, a conspectu Dei carnis prurientis contumeliam pavidus occultabat ; nec jam sola confusio mentem stupidam stimulabat, sed jam fames, et sitis, et frigus, et reliquarum calamitatum moles miserum affligebant, et hoc maxime quod ipse judice conscientia, intus in omni amaritudine anxius tabescebat. Quod ubi ad eum vox illa pervenit : *Adam, ubi es? (Gen.* III.) consternata est peccatrix anima ; et penitus dissoluta, quia deprehenso in scelere, nec subsidium erat, nec patebat effugium. Deambulabat autem Deus ad auram post meridiem cum vocaret Adam; in vocatione increpationem, in deambulatione migrationem significans, quia jam tepescente charitatis fervore, et veritatis luce ad vesperam ignorantiae propinquante, deserto homine de corde ejus migrabat, et lento incessu protrahens allocutionem forsitan ideo morabatur et pedetentim accedebat, ut si compunctus homo in illo quantocunque spatio cognosceret facinus, et seipsum judicans poeniteret, vel ex toto dimitteretur flagitium vel aliquid statueretur clementius in humiliatum. Non, ut ait Ambrosius, de paradiso voce corporea Dominus Adam appellat, sed virtute quadam et praestantiore quam vox corporis potest esse, oraculo eo scilicet modo quo prophetas alloquebatur, vel ipse Moyses clamasse legitur, cum nullus audiretur sonus vocis, sed mentis. Interrogatus latebrarum causam et confusionis nuditatem fatetur, cum amplius de ipso peccato quam de poena peccati verecundari debuerit. Erubescebat quidem de rebellione animi, de virtute peccati, de irrepente tinea voluptatis ; sed abundantiore pudore super hoc affici debuisset, quod veste nuptiali spoliatus de illius convivii gloria ligatis manibus et pedibus in tenebras exteriores praecipitari meruerat. Tulerant praecedentes virtutes operimenta dignitatum quibus ornabant Adam, dum obediret Deo, et relinquentes spoliatum in medio transgressorem contumelia affecerunt. Jam texebat miser folia mendacii, et excusationis ordiens te- lam, non confitebatur errorem, sed quasi subtegmen involvens arundine, et intra suspensos telae diffundens parietes, responsione cavillata, latenter in auctorem erroris causam refundebat et culpam. *Abscondi,* inquit, *me, eo quod nudus essem (ibid.).* Vere non consilium contra Dominum est, qui *comprehendit sapientes in astutia eorum (I Cor.* III), cui loquitur omnis conscientia, et aperta sunt mentis arcana, cujus intuitum nec inferni chaos impedit, nec abyssus obfundit. Videbat quippe ipse miserum, nec tamen ab illo videbatur, sed tantum audiebatur. Mundo corde videtur Deus *(Matth.* v), a quo beatifico aspectu tollitur impius *(Isa.* xxv). Audiendi et respondendi non negatur effectus, quia in examinatione causae, cum secundum districtionem justitiae negotium agitur, necesse est quibuscunque tergiversationibus lubrica industria abutatur, ut ex ore suo coram illo judice reus quilibet convincatur.

Mulier, inquit, *quam dedisti mihi, dedit mihi de fructu, et comedi (Gen.* III). Velit nolit, fatetur transgressionem, sed latenter imponit Creatori pondus peccati, qui deceptionis aptaverat instrumentum, et quasi muscipulam in quam collaberetur, solatium collaterale tetenderat. Abominanda suspicio et adversus bonitatem Dei scientia pervicax, sensus malignus, responsio impudens, et ex hoc ipso solo, etiam si aliud in causa non esset, homo morte dignissimus : quod aestimare potuit mulierem sibi in insidiis positam, et se artificiosa inductione circumventum, atque secundum justitiam se non meruisse damnationis judicum, qui non suo appetitu, sed suasu feminae quam dederat ei Deus, ad praevaricationis declinasset consensum. Imo illam nuditatem perperam sibi illatam, et praejudicatam sibi nimis propera animadversione conqueri videbatur, nec agit secum ordine aequitatis, cum ipse qui dederat legem, debuisset removisse et scandalum et reprehensionem non in eum qui ceciderat, sed in eum deberet refundi qui casus posuerat instrumentum. Hoc illa Adam excusatio continere videbatur redarguens Deum, et contendens ausu seditioso contra tranquillitatem et verissimam justitiam Dei, quae adhuc ad poenitentiam in multa patientia reum exspectabat, cum ipse secundum duritiam suam et cor impoenitens thesaurizaret sibi iram in die irae *(Rom.* II). Justissimo ordine post virum, feminam alloquitur Deus, quae pertinaci superbia, et ipsa admissum excusat, serpentem suasorem deducens in medium. Deceptam tamen se dicit, amplius dolens quod diaboli promissio effectu caruerit, quam quod ejus suggestioni assensum praebuerit. Quia igitur neque vir, neque mulier confessionis, vel poenitentiae excogitavere consilia, sed addentes praevaricationem inanium argumentorum complexionibus, ad Deum injustitiae convincendum laborabant, in superbas et exasperantes animas peccati cumulus est refusus, et oppressit subita ruina iniqui ponderis stipatores. Et ordinatissima rectitudine a serpente incoepit judicium, ut qui fuerat suggestor peccati, esset particeps et tormenti, et qui ad casum consentientium sibi fuerat gratulatus, haberet ex malitiæ merito quod doleret, et in pœna æmuli sui intelligeret homo, judicis charitatem, cum quasi invitus et coactus proscriptionis videretur dictasse sententiam, qui diu exspectaverat lapsi pœnitentiam, et tanta indignatione suggestoris puniebat malitiam. Nihil quæritur a serpente, nulla omnino interrogatio flagitii sciscitatur originem, quia illa in vanum volvitur quæstio quæ sine fructu est, et quam nulla comitatur correctio. Verum cum ille jam judicatus esset qui ab initio in veritate non stetit (*Joan.* viii), quid sibi vult quod novi constitutio edicti legi antiquæ conscribitur, et quasi minus continentia illius plebis scita plenam juris mensuram non habuerint, nova adduntur decreta? Ego existimo librum dispositionum cœlestium et divinæ paginam providentiæ totum omnino continere quod rerum status, quod processus insinuat, et totum esse oculo majestatis uno momento conspicabile et quod attrivit antiquitas, vel quod intentat æternitas. Nullum in lege æterna aboletur vel mutatur, vel additur capitulum, sed nos non causas rerum, sed effectus attendentes, addi putamus quæ ante nescivimus: deleri vel mutari, quæ quia non intelligimus, aliter provenire videmus quam noster habuerat intellectus. Sed mentis divinæ fixa et immutabilis est ratio, ita disponens corda, sicut movet et tempora.

Cum enim flante aquilone in hieme et effrenata in campo aeris gelidorum flatuum violentia necesse sit humentia quæque, ubi nimii impetus fervor non cohibet, astringi in glaciem, cum tamen necesse non sit ventorum intumescere rabiem, ita necesse cuique causæ suam attribui efficentiam, cum tamen necessitas non urgeat. Nihil punit, nisi quod vetat justitia, a cujus æquitate alienum est ut sit vindex actionis quam quasi necessitate extorqueat. Sed præcedit prohibitio, ne ignorans vel errans homo offendat, quam utique si contempserit ex ipsius justitiæ necessitate pœnæ succumbit. Sane quidquid evitari potest, constat necessarium nullatenus esse. Ideoque nec per providentiam premitur, aut violenter attrahitur quidquid rationis arbitrio evitandum exponitur, nec judicio divino necessitas, sed voluntas punitur, nisi forte illa necessitas fuerit, quam sibi mala consuetudo fecerit, et obstinati animi excæcata malignitas Spiritus S. in ipsis crepundiis adhuc vagientem mundum jam arguebat de judicio, quia damnato principi se tradiderat condemnandum, non quod ille judex sit eorum qui peccant, sed quod ipse, et qui ei, deserto Deo in malo communicant justissimo judice Deo ejecti de paradiso voluptatis, id est a gloria Dei in tenebris cohabitent, et in flammis coardeant. In dejectione illa quando miser simul ac intimuit ruit, nihil de tormento ejus, pauca vero de indignitate Scriptura prophetica commemorat, sed de ruina et ruinæ causa odibili Deo superbia tam Ezechiel quam Isaias pauca obscure perstringunt. Genesis aliquid amplius sub serpentis figura, vel nomine legentibus intimat, et a mundi principio maledictionis sententiam usque ad ultimum judicium in fine sæculi infinita connexione orditur. Ibi nec incentor erit, nec carnifex, quia tantum sibi vacabit, si tamen dici debet vacatio, ubi miser in gehennalis abyssi voragine clausus et vinctus in igne ardebit æterno. Tunc nec Dominus aeris, nec rector mundi, nec princeps erit, sed infinitæ et inenarrabilis miseriæ irrevocabilis inquilinus. Interim maledictus inter omnes bestias terræ et omnia animantia, super pectus suum gradi et terram comedere omnibus diebus vitæ suæ vel permittitur, vel mandatur. Unde Ambrosius in libro De paradiso, non dixit: Facio te supra pectus tuum vel ventrem ambulare, et terram comedere, sed *ambulabis*, inquit, *et manducabis* (*Gen.* iii), ut prædixisse magis cum futura sunt videretur, quam præscisse quid faceret. *Maledictus*, inquit, *inter omnes bestias* (*ibid.*), id est super omnes qui bestialiter et animaliter vivunt, qui possunt fieri aliquando de carnalibus spirituales, et de terrenis cœlestes, et qui aliquando tenebræ erant, si convertantur et revertantur mediante gratia Dei, lux possint effici. Ille autem a spe præcisus, et omnino avulsus a gratia, quia odit et semper persequitur charitatem, sicut in obstinatione odii perseverat, ita super maledictionem, inclementiæ privilegium sibi proprie vindicat, et iræ irremissibilis contra se decretum sancit, et in æternum confirmat. Quod autem super pectus et ventrem suum graditur, illud est, quia in pectore recessus quidam sapientiæ esse dicitur, cujus singulari excellentia cum ille frui possit in contemplatione divina, adversus ab intuitu pacis, totum se contulit ad terrena, et est quasi vita ejus studium indefessum in persuasione peccati. Et in iis quorum Deus venter est, quos Apostolus luget, et inimicos crucis Christi denuntiat (*Philipp.* iii), repit, inspirans eis superbiam, accendens in immunditiam, devorans quoscunque sibi sicut terram subjecerit. Qui terrena sapiunt, cibus sunt illius serpentis, hujus viperæ pabulum, et super quos repit, vel pectore premit, ventrem ventri conglutinat, de semine venenato imprægnans, et conformem sibi de corrupta anima sobolem generans. Totum studium ejus est innectere se affectionibus carnalibus, et coagulo turpitudinis menti humanæ injecto, omnes per quas se voluerit, semitas inquinare, ut intus et extra aliquid de illius contagionis conspersione adhæreat, quod postea in alicujus monstri personam erumpat.

Terram, inquit, *manducabis omnibus diebus vitæ tuæ*, quia usque in diem judicii in quo mors damnationis et clausuræ ejus æternæ adveniet, semper ablingit quos commoverit, et sordidas et terrenas animas intra sterquilinium viscerum suorum sepelit et abscondit. De hujusmodi quos per ventrem accepimus, iis videlicet qui gulæ et luxuriæ serviunt, vel de iis qui abusione sapientiæ superbiunt, et repulsus amaritudinis haustus sitim peccati, quod conversi ad terrena creaturæ potius quam Creatori fellei saporis est, intimavit a membris ejus facile obtemperant, helluo impudens voracitatis suæ senti- reprimendam : imo ejusdem sanguinis calice hau- nam ingurgitat, et inexplebili fame, intra pestilen- sto, penitus exstinguendam. *Quod infirmum Dei* tiæ suæ gurgustium saporatas offas de carnibus *est, fortius est (I Cor. 1),* non dico hominibus, sed damnatorum intrudit. Quod autem inimicitiæ sta- dæmonibus. Et hujus carnalis vitæ nostræ infirmi- tuuntur inter serpentem et mulierem, quasi vir ad tas, de malignis spiritus triumphat, expuens in hunc conflictum non pertineat, illam arbitror esse libidines, et abominans voluptates. Hæc, ut Chri- causam, quod tentationes diaboli ad eos qui viri- stum lucrifaciat, Apostolus ut stercora reputat liter agunt, non præsumuntur accedere, sed femi- *(Philipp.* III), et victrix sui ipsius sanctorum pa- neis mentibus tentator importunus se ingerit. Ne- tientia calcat. Ecce a mulieribus et parvulis caput que mens, quæ est quasi Adam, nisi sensu carnis conteritur tentatoris, quia omnis fœditatis accessus illecto, movetur ad vetitum; sed ad delectationem illico prohibetur, et totius spurcitiæ a sanctorum quam tentator accendit, desiderium carnale suspi- cordibus statim eliminatur audacia. Cognoscitur rat, et concupiscentiæ mole oppressum, reluctan- adulter, et ad lupanaria sua indigne repellitur, tem mentem et repugnantem rationem, assiduæ nulla sanctorum conventus fœditatis cujuslibet ad- colluctationis importunitate captivat. Ideoque inter mittunt vestigia. Excutit ab omni munere mundas carnem et mentem futuræ inimicitiæ prædicantur, manus pura justitia, nec se venalem exhibet judi- quia futurum erat per *Verbum Dei,* quod *caro fa-* cem, qui ut judex fieret, non pretio, sed gratis *ctum est et habitavit in nobis (Joan.* 1), ut fructifi- accepit. Pretium canis, et merces meretricis, ne caret aliquando crucifixa pœnitentium caro, et de inferantur in templum, divina lex prohibet, quia semine obedientiæ virtutum segetes crescerent, et oppressores pauperum, et innocentium oblatra- carnis continentia de adversatrice concupiscentia tores, et qui corrumpunt et polluunt veritatem, ex triumpharet. Unde illud est, quod *regnum cœlorum* illius quæstus sanguine recte non immolant, et *vim patitur, et violenti diripiunt illud (Matth.* xi): arbitrantes quæstum esse pietatem, legem osten- quia mulier, hoc est sensus carnis, mariti, id est dunt, et adversus eos in conspectu Dei veritas et rationis adjuta consiliis serpenti resistit et semini pietas ex eorum ministerio se clamant contume- ejus, id est odit ut inimicum, et abigit quidquid sa- liam pati. Caput avaritiæ primus pastor Ecclesiæ næ doctrinæ adversatur, et honestatem vitæ comma- contrivit viriliter, pecuniam Simonis cum ipso in culat. Violenter mala consuetudo carnis, cum ipsa perditionem excutiens. Caput gulæ præcidit Paulus ad virum conversa fuerit, dominante ratione præci- castigans corpus suum, et redigens in servitutem ditur, et quasi alterius crucis vexillum figatur, in *(I Cor.* ix). Nihilominus et omnium fere hæresum medio jugi conflictu seipsam caro superat, imo vi- idem capita amputavit, in Romanis superbiam et ctor spiritus armata sollicitudine petulantiam car- seditionem compescens. In prima ad Corinthios nis dictante Deo pia oppressione affligit et domat. Epistola, quod ad sectam legis Judaicæ induci tam Hanc vim regnum Dei non dedignatur pati, nec ab- cito potuerunt et converti, et quod erant in eis jicit latronem cum confitetur, nec apostolorum personarum acceptio et schismata arguit et objur- principem cum amare flens verbi Domini recordatur, gat. Sed et fornicationis caput in spiritu vehementi nec excludit peccatricis illius unctionem et fletum, ibidem conterit, tradens Satanæ in interitum car- cujus horrebat Simon ille leprosus aspectum vel nis eum qui uxorem patris sui publice detinebat. tactum. Semen diaboli est schisma, et hæresis, et De regula quoque conjugii et castitatis, de aucto- avaritia, servitus idolorum, omnisque incontinen- ritate apostolatus, de prostratis in deserto fornica- tia et impietas, omniumque vitiorum abominanda toribus, et murmuratoribus et idololatris multa ibi collectio. Semen mulieris, ut diximus, ad virum proponit et discutit, in quibus et elisum et eliden- conversæ, et potestati rationis jam subditæ est, dum caput maligni ostendit. In secunda quoque ad quidquid boni parturit castitas, quidquid jejunii eosdem Epistola, non esse consensum Christi cum labor, quidquid sudor martyrii, quidquid ex am- idolis, nec participationem justitiæ cum iniquitate, plexu diversarum passionum fecundissima concipit nec Christum et Belial posse convenire, malignum charitas. Veteres inimicitiæ ab antiquo inter has de medio removens apertissime distinguit. Galatas emersere familias, nec unquam defuit æmula virtu- insensatos et fascinatos a pseudoprophetis, et ad tis invidia: Semper persecuta est humilitatem su- cæremonias legis conversos increpat et revocat, e perbia, et sapientiæ vel justitiæ contraria opposue- illius seductionis caput confringit. Ephesios in or- runt signa nequitia et malitia. dine statuit, docens viris mulieres subjici, maritos

Verum caput serpentis nobis adhuc in carne uxores ut corpus suum in honestate complecti, filios constitutis victoria in cruce Domini nostri pro- parentibus obedire et honorare, patres ad filios sternitur, et sub pedibus nostris jam a pectore mansuetos esse, servos obsequi, dominos non inflari, et ventre excussus, ipso donante, ligatus conteri- et astringens eos in unitatem spiritus in vinculo pa- tur. Fel quod crucifixo oblatum est et neglectum, cis, inobedientiæ malum a radice exstirpat. Totum omnia diaboli tentamenta contemptibilia effecit, et corpus Epistolarum tonitruum est, et singulæ fere sententiæ sunt quasi fulmina carbones vastatores spargentia, a quorum luce vel flammis caput hostis illius veterani, fidei Christianæ virtute exuritur. Occurrit Joseph, occurrit Susanna, ille puer, hæc mulier delicata, uterque hujus monstri caput horrendum quanta virtute contriverit, sacræ non silent Historiæ. Impossibile est enumerare per singula, quantas de hoc capite nequam sancti celebrarunt victorias, quoties cerebro ejus victrices manus immerserint, quot virgines, quot viduæ in primo introitu exsufflaverint irrepentem, qui quia in congressu non proficit, et ubi manifeste agnoscitur, illico vincitur, tendit insidias, et, si aliquis torpor irrepserit sanctitati et aliquo modo rigor justitiæ fatigetur et langueat, sedulus præstolatur. Quod si sorte ex aliquo neglectu rubigo occupans armis virtutum adhæserit, si ex aliquo justitiæ pruritu scabies religionis pellem obduxerit; illico ad tinearum crustas in quibus aliquid suum agnoscit, paratus illabitur, et defluentem saniem ablingit et glutit. Vere appetitus laudis et humanæ gloriæ scabies est virtutis, tinea sanctitatis, quod ultimum malum sæpe expugnatus hostis in fine exspectat. Cum enim gloria nostra sit bonæ testimonium conscientiæ, sæpe fit ut victores vincamur, dum de ipsa victoria in nobis, non in Domino gloriamur. Et sicut est ex virtute securitas, ita sæpe ex securitate virtus dissolvitur, et infirmato calcaneo nec recte itur, nec languente pede de ultra inimica potestas conteritur. In primis audacter congreditur, deinde repulsus Satan insidiatur novissimis, quia tota humanæ militiæ gloria ex ultimis commendatur agonibus. Et cum multi currant in stadio, qui non lassatur in cursu, nec deficit, solus ille bravium accipit. Certantes legitime promerentur coronam, et perseverantes in finem a linguæ aculeo, et laqueo caudæ incolumes et illæsi evadunt. Ille tamen maledictus terram comedit omnibus diebus vitæ suæ ante judicium, quia amatores mundi a ruina voluptatum distensos et turgidos rictu patulo absorbet et devorat, et omnem domum in cujus postibus sanguis agni non emicat, intrepidus invadit, omneque primogenitum ejus interficit indefessus. Restat quippe maledictionis hujus evidentior in fine perfectio, cum pro hac nocendi aviditate et continuo studio dehiscentibus inferis, intra chaos illud gehennale miser ille claudetur, et in illa tormentorum abysso, in tenebrosis fetoribus, horrendis ardoribus, quorum immanitas omnem superat intellectum, sine fine mergetur.

Sequitur ex ordine justitiæ mulier quæ suggestioni acquievit, debitaque pœna redditur voluptati, et quæ libertatem suam excusso a se Creatoris dominio superbe ambierat, sub viri constituitur servitute. Nec absque nutu divino esse quisquam æstimet, quod usque hodie in genere humano servorum perseverat nomen et genus, cum hoc originalis meruerit transgressio, et a primis patribus hujus conditionis emanarit ratio. Videat homo nobilitatem divinam, genus cœleste, honorem regium, potentiæ gloriam, æternitatis vitam, sanctitatis imaginem, et recordetur quid fuerit, et ex jugo quod vicissim trahunt, invicem erubescant, quia hanc oppressionis ignominiam culpa meruit, non natura. Quod enim servi, quod degeneres sunt, et inglorii, et ignobiles: quod peccatores, quod mortales, illius effecit fermenti conspersio, et quidquid ex Adam est, illa una occupavit infectio. Multiplicantur ærumnæ, et in dolore mater misera parturit, et multiplicatio conceptuum cum angustia exiens, parturientis viscera fere dirumpit. Hæc in carne, hæc in spiritu fiunt, quia cum rationis vel Scripturarum semina doctrinæ studio vel intellectus, quasi viro infundente, anima subjecta susceperit, per multas tribulationes et dolores parturiens anxiatur, et vix obtinet, ut victa mala consuetudine in bonum opus assuescat. *Quicunque* enim *volunt in Christo pie vivere, persecutionem patiuntur* (II Tim. III), et torquentur interius lege membrorum, perurgentibus concupiscentiis, donec longo usu inanescat forma hujus mundi, et phantasmata vanitatum dispareant, et sic demum, remotis illecebrarum obstaculis, Christus formetur in nobis. Utrobique calamitas, utriusque puerperia naturæ comitantur suspiria, quia et caro et spiritus captivantibus delectationibus statim cum usura reddunt tributum, et instat concupiscentia avellens petulantiæ germina cum tormento. Multiplicantur conceptus urgente lascivia, et quia non agnoscitur peccatum in immunditiæ contumelia, sentitur in pœna, et concussis muliebribus uteri, cum ruptis intrinsecus naturalibus vinculis profluunt secundinæ, vagiente fetu vere miseriæ tractatur negotium, cum hærenti parvulo obstetricantium tremula manus occurrit.

Hora illius angustiæ satis indicat quæ sit illa causa quæ in tales erumpit effectus: et quia omnino dulcedo illa venenata est quæ tantæ amaritudinis torrentem effundit, allicitur caro ad libidinosos complexus quorumdam prurientium irritata vaporibus, et, cum ejus sensum quædam mendacia blandimenta demulceant, captivum sequitur appetitum; cumque se intra fæces concupitas immerserit, tunc demum quis sit illarum deliciarum sapor ex illius satietatis dulcedine intelligit. Hoc doloris privilegium prima mater reliquis matribus dereliquit, et nulla omnino in tota naturæ hujus successione excipitur, excepta illa quæ sola concepit de Spiritu sancto Virgo, et maritalis ignara consortii, penitus aliena fuit ab hujus conscriptionis chirographo. In cujus formam, si per humilitatis, et obedientiæ disciplinam Eva Spiritui sancto in templo cordis sui thalamum adornasset, non deesset gratia, et obumbrante virtute Altissimi, nullus concupiscentiæ æstus dedicatam Deo animam conflagraret. Conciperet quidem de viro suo eo modo quo terra imbribus irrigata fecundissimo proventu arbusta emittit et germina; et sine ulla passione desiderii tantum ad seminales rationes gremio conjugali uteretur maritus.

Adæ quoque dixit Deus: Quia audisti vocem uxoris tuæ, et comedisti de ligno, de quo præceperam tibi ne comederes, maledicta terra in opere tuo (Gen. III). Propter hominem maledicitur terra, et sterilitate damnatur, et quæ sine ullo labore præposito suo erat omnimodas expositura delicias, modo etiam culta spinas et tribulos prædicitur germinatura, ut etiam ex ipsis punitionibus ærumnarum posset miser compungi, et rastris pœnitentiæ fatigatus contribulato spiritu, benignissimo satisfaceret judici, cujus ipsa ultio, doctrina erat provocandæ clementiæ, et flagellum, argumentum. Quia, inquit, rupisti vinculum obedientiæ, tu quoque dissolveris, et in terram ibis, quia terra es. Intellige clementissimum Deum, etiam cum occidit; et vide quia temporales persecutiones ad correctionem proficiunt, et ipsa mors non tam est homini malum quam finis malorum. In dissolutione hujus corruptionis intersecatur peccatum, et quod æstimatur districtio, invenitur remedium. Proponitur inobedientiæ capitulum, et uxoria persuasio præceptioni divinæ præposita, et ex ordine justitiæ secundum meritum, stipendium debitum redditur causæ. Labor supervacuus, sterilitas agriculturæ, genimina degenerantia, et ad cumulum defunctio intimatur. Habet etiam exprobrationis pondus originalis materiæ commemoratio, quod eum de terra sumptum, et terram esse, et in terram reversurum, tanta distinctione diligentia judicis insinuat, ut confusa illius temeritatis audacia intelligeret ex infirmitate naturæ suæ quia secundum originis suæ rationem, nec gloria, nec stabilitas sibi inerat, et totius excellentiæ honor, nec ex merito, nec ex natura, sed ex sola gratia procedat. Ex his verbis imo ex ipsa animadversionis experientia didicit homo, non in se, sed in Domino gloriari, et humiliata est cervix erecta, cui impositum est pro regula libertatis, vinculum servitutis. Grave onus visum est mulieri ferre pondus præcepti, et quasi pressura ingens, auctoritas imminens; sed ubi peccati jugum subiit, et impiam tyrannicæ virtutis experta est dominationem, sentiens quid interesset inter jugum suave et grave, cum regredi non posset ad statum de quo corruerat, amarissimæ salivæ deglutivit rancorem, et corrosit intra se emergentis contumeliæ massam. Intumescebat fermentatæ naturæ conspersio, et primitivi azymi sinceritas ebulliente putredinis acredine rumpebatur, et quasi conviciabantur miseræ animæ titillationes illusoriæ, et exprobrabat ei propriæ virtutis confidentiam sensualitas importuna. Nulla supererat tergiversatio, ubi ingens verecundia omnes responsionis concluserat vias, et conclamabant etiam ipsa vitia adversus ægrum, non imponentia suum languorem naturæ, sed superbiæ, de cujus radice omnium cogitationum germina pullularunt. Ex illo uno utero egressa sunt collactentia omnia vitia, adversum quæ judicium Dei ita est justum et evidens ut ipse concupiscentiæ motus proprios detestentur, et flagitiorum consummatio propriæ voluptatis abominetur et horreat passionem. Denique ipsa confusio, et verecundia quæ semper turpitudinum castra sequuntur, quasi crudelissimi carnifices conscientiæ, lacessunt et improperant peccatori, et instant quasi quædam Eumenides, agitatrices furiæ, reprehensionis stimulos cordi saucio affigentes. Ipsa se malitia præjudicat et punit, et contrariis armis in sui defensione utitur veritas. Expellitur a deliciis transgressor, et miser laboribus deputatur, vestitusque pelliciis tunicis, et pro divinitatis amictu morticiniorum spoliis involutus, in illius plaudamenti gestamine intelligebat pellem suam pelli belluinæ consimilem, imo, ut ipsam rem exprimam, amplioris et abjectioris miseriæ, cujus infirmitas ardoris et algoris impatiens alieno beneficio foveretur. Imo pellibus nudo corpori superductis homo bestia videbatur, et omnino convenientissime aptatum est extra corporibus, quod intus erat in moribus.

Agebat homo irrationabilem personam comparatus jumentis insipientibus, et brutæ mentis imperitiam in illa cruda et hispida supellectile exprimebat. Homo de terra terrenus, jam pronus ad infima in limo de quo sumptus erat figebat intuitum, et sarcina corruptionis oppressus curvas scapulas sessori peccato præbebat, servus ventris, cliens libidinis, vanitatis mancipium, et vernula vitiorum. Exposuerat animam suam quasi incudem maleatorum ictibus, et in illa fabricarum artifex concupiscentia omnium transgressionum formabat simulacra. Iræ et invidiæ et omnium blasphemiarum idola illius officinæ eructabat incendium, et plebescebant monstra tentationum assidentia cogitationibus, quorum multitudine fatigata ratio gravabatur. Deseruerat quippe Deus animam, et ad seipsam conversa turbabatur: et hæc prima mors hominis fuit, cum Creatoris sui custodia caruit, et a contumacia prævaricatoris ingratitudinem ejus exsecrans indignans abscessit. Privavit eum statim gloria et honore, et vitam, id est cognitionis suæ lumen, in eo exstinxit et excæcata anima, cum veritatem amisit, simul cum illo beatifico visu, et reliquas beatitudinis species pariter exhalavit. Recedente Deo nihil boni superfuit, et nisi eo revertente data indulgentia et gratia, ad abjectam et contemptibilem animam illuminationis abolitæ claritas non redit. Nec tamen imago vel similitudo auctoris etiam moriente anima per peccatum omnino deletur, sed dum patientia Dei ad pœnitentiam delinquentes spectat, potest lavari per pœnitentiam quidquid in eadem imagine per negligentiam fuerit obscuratum. Reformatur igitur et restituitur qui resurgit a mortuis, et ad indulgentiæ manumissionem regrediuntur virtutes ad opera destinata: et tunc iterum vivit anima cum videt et odit, et agit quæcunque sibi fuerint divinitus imperata. Cum enim nihil horum agit, mortua est: quia cum vere ejus vita sit Deus, nullus omnino eo absente ad aliquod bonum aspirat affectus. Hæc prima animæ mors, qua deserente eam Deo, ipsa quasi criminum institutis connexa remanet, et sepulta, non omnino a gleba arida, hujus hiemis frigore, spei reliquias eradicat, quia dives in misericordia Deus magna voce quatriduano jam fetido clamat : *Lazare, veni foras (Joan.* xi). Infremuit, clamavit et flevit, intimans rationabilibus animis quam sit efficax fletuum pluvia, et pœnitentiæ tremor, et confessionis clamor : quæ supplicatio non repellitur, imo obtinet veniam scelerum, et statim qui resurgit, ubi solvitur, convescitur. Nullus superest fetor, nullum putredinis vestigium manet in eo quem de stercore erigit Deus, sed cum principibus populi sui, sanctis angelis dico, donat suscitato consessum, et in solio gloriæ collocatum *(Psal.* cxii), etiam ad proprium eum admittit convivium. Indignetur Novatus, irascatur Pharisæus, summa est commendatio charitatis, consummata omnipotentiæ gloria, bonitas, et clementia, et nihil amplius decet sanctum quam pietas; nec in aliquo honorabilius est præconium Redemptoris, quam cum, eo miserante, convalescit et solidatur humana infirmitas. Tremendus quidem est rigor divinæ justitiæ, et formidabilis districtio judicis, reverenda omnino severitas, et judicium punientis ; sed misericordia lenitate est amabilis, et ex gratia prædicabilis. Ubi enim contra merita bonum pro malo redditur, benignitatis superabundantia prædicatur, de cujus plenitudine, nostra ariditas irrigatur. Non est satis sancto Spiritui esse cum sanctis, etiam impios sanctificat, nec improperat, et spirat, et replet, et docet, et ungit, et urit, et publicanos et meretrices reformat et imbuit. Illa amplius admirabilis est potentia quæ elisa restituit, et fracta restaurat, quam quæ vasa integra in thesauris munitis aggregat et conservat. Et quidem mortuos in anima per culpam, pœnitentia reducit ad vitam : desperationis vero obstinatio pertrahit in gehennam. Illa desperationis mors imaginem omnino delet et radit, et illi injuriæ nullum occurrit remedium, nulla clementiæ stilla se infundit.

Sensit Adam mortem illam primam animæ, consolatione divina privatus, expertus est quoque discessum a corpore animæ rationalis : verum hæc ultima per quam dissoluta est corporalis et spiritualis substantia, labores et ærumnas, et servitutem quam meruerat, et vincula calamitatis totius præscriptæ dirupit ; et qui vivens et pœnitens acceperat gratiam soluto quod culpa meruerat pretio, judicium Domino cantavit et misericordiam, in laboribus et contumeliis vitæ temporalis humilitatem et patientiam thesaurizans in fine quantolibet difficili et arcto pro libatione sua suo Domino gratias agens. Pungitur concupiscentiis, laborat et sudat, ac torquetur; de loco voluptatis expellitur, demum emoritur : in iis omnibus, quasi vas figuli in fornace excoctus, et multis rimarum rasuris attrita peccati rubigine ad naturalem fulgorem revertitur. Sic circumductus est per desertum Hebraicus populus,

et cum intra paucorum dierum spatium, si recte irent, possent fines promissos attingere, quadraginta annorum sustinuere dispendia, in quibus peregrinationis illius angustias erudiretur illius insolentia multitudinis, ut cum ad diu desideratas et exspectatas promissiones accederet, nec ad Ægyptum, nec ad regna cultu Dei vacantia relapso animo facile suspiraret, a quorum nexibus tanto labore avulsus, vix tandem de male assuetis perfidæ gentis erroribus, quos longo convictu imbiberat, longa dissuetudine triumpharet. Ibi quippe viderant idola, et circa profanos cultus comessationes et impudica cubilia, quibus concupiscibiles animæ captivos affectus subjecerant, et inhæserant abominationibus, quas patrum suorum Abraham, Isaac, et Jacob abhorruerat disciplina. Ideo lex, ideoque plagæ, et verbera; ideo illa hæreditatis dilatione vilesceret facile consecutum ubertatis tantæ et gloriæ regnum : imo diligentissimo sub timore Dei servaretur prospectui tantis exercitationibus et districtionibus conquisita possessio. Quid, quod in cruce se Redemptor noster derelictum exclamat? quid, quod vita moritur, quod judex judicatur, quod rex irrisus, quod princeps suspensus est? Mysticæ sunt et sacramentales injuriæ Salvatoris illæ, et granum illud frumenti cadens in terram et moriens spicas silvescentes multiplici germine onustavit. Omnino sic oportuit pati Christum, et intrare in gloriam suam : et quod titulus crucis Hebraice, Græce et Latine conscriptus incorruptus habebat in omnium gentium salute compleri, quas obedientiæ et humilitati consertas, Christo jubente, latrone præmisso ad regnum crucifixi mater eveheret charitas. Vere prædestinatis omnia cooperantur in bonum, et robur et infirmitas proficiunt ad coronam, et status et lapsus coædificant laborantem, quia alterum ex altero et proficit, et temperatur, dum ex consideratione infirmitatis descendit, nec inflatur securitas sanctitatis, et ex puritatis respectu erubescens dissolutio convalescit. Unde in libro quarto decimo De civitate Dei, sanctus Augustinus sic infert : « Audeo dicere superbis esse utile cadere in aliquod apertum manifestumque peccatum, unde sibi displiceant, qui jam placendo ceciderunt. » Salubrius enim Petrus sibi displicuit, quando flevit, quam sibi placuit, quando præsumpsit. Utiliter sæpe deserimur, et dum corripimur, emendamur; dum flagellamur, amamur. *Ad tempus*, inquit Isaias, imo per Isaiam Deus, *derelinquam te, et in miserationibus magnis congregabo te (Isa.* LIV). Acturus pœnitentiam de loco voluptatis Adam educitur, quia voluptas et luctus, non bene cohabitant, nec deliciæ et religio ad invicem complectuntur. Et tamen ante paradisum satisfacturus statuitur, ut sæpe videns unde exierat, et intuens quis fuerat et quis esset, humiliato animo exsecraretur superbiam, et experiretur post contumelias afflictionum quantum esset subjectionis et obedientiæ bonum, per quam etiam lapsus et repulsus reditus et restitutionis suæ non desperaret proventum. Videbat, vel potius intelligebat quid illius gladii quem cherubim vibrant, motus ille versatilis intimaret, de quo quia pauca superius, et tamen prudenti lectori sufficientia exposuimus, idem repetere laboris esse inutilis arbitrati sumus.

ERNALDI ABBATIS
COMMENTARIUS

IN PSALMUM CXXXII: *Ecce quam bonum et quam jucundum habitare fratres in unum*, etc. (1)

(GALLAND., *Biblioth vet. Patr.*, t. XIV, pag. 487.)

HOMILIA I.

In versum 1 : *Ecce quam bonum et quam jucundum habitare fratres in unum.*

1. *Ecce quam bonum*, etc. Ecce, vox intuentis et demonstrantis; quam, admirantis et exclamantis. Quatuor sunt proposita, quæ ita congruo ordine colliguntur : intuitio, admiratio, demonstratio, exclamatio. Intuitio mundi cordis indicat puritatem ; admiratio, inspectæ rei magnitudinem; demonstratio, socialis animi charitatem; exclamatio, ipsius charitatis amplitudinem. Vide ergo qua laude extulit quod tam abrupto principio de repente protulit, admirando, exclamando, et amicos tanquam ipso digito ad spectaculum invitando.

II. *Bonum est*, inquit, *et jucundum* quod vobis offero, utile est et delectabile, quod ostendo. Nonne, ut verbis utar poetæ,

Omne tulit punctum qui miscuit utile dulci,

(HORAT. *De art. poet.*, vers. 343.)

multa sunt bona et non jucunda, ut jejunia, quæ carnem affligunt; multa jucunda, sed nequaquam bona, ut carnis vitia, quæ Deum offendunt? Iste miscuit nobis vinum ad mensam sapientiæ, et proposuit bonitatem simul et jucunditatem, utilitatem et dulcedinem in cratera divinæ clementiæ. Accedamus et bibemus, quia nec inhonestum est quod bonum dicitur, nec onerosum est quod jucundum describitur. Et quid est illud, quæso, quod ita animum afficit propter jucunditatem, et affectum allicit propter commoditatem ? *Habitare fratres in unum* : brevis descriptio, et quanto brevior, tanto obscurior. *Fratres*, in Scripturis invenio quadrupliciter nuncupari, secundum naturam, ut Jacob et Esau, secundum cognationem, ut Abraham et Lot; secundum gentem, ut totam domum Jacob; secundum fidem, ut omnes Christianos. Primi certant propter hæreditatem et ab invicem separantur (*Gen.* XXVIII); secundi, multo levius in Genesi alterutrum dividuntur (*Gen.* XIII); tertii, *divisi sunt ab ira vultus ejus* (*Psal.* LIV); et populus stultus et insipiens prædicantur (*Deut.* XXXII); in quarto quoque gradu multi falsi fratres, multi schismatici inveniuntur (*Gal.* II ; *I Cor.* 1). Qui sunt ergo isti tam beati fratres, germani tam laudabiles, quos nec invidia cujusquam, ut primos dividit; nec pecunia, ut secundos secernit; nec vecordia, ut tertios a Deo secludit ; nec multitudo in hæreses et sectas disjungit? *Multi sunt vocati, pauci vero electi* (*Matth.* XXII) Multi vocati faciunt hæreses, pauci electi manent ut fratres. Isti pauci, isti electi, hi sunt fratres Jesu, qui servant unitatem spiritus contra invidiam, voluntariam paupertatem contra pecuniam, dilectionem, quæ fortis est ut mors, contra vecordiam ; fraternam charitatem, contra schismaticorum malitiam. Igitur præter illos paucos quos elegit Deus conformes fieri imaginis Filii sui, ut sint isti unum, sicut et ipsi unum sunt, in toto orbe vix, imo nullatenus reperies, qui possit habitare in unum. Nota ergo ipsum verbum *habitare*, quod est immobiliter in unitatem consistere. Habitant autem et ipsi cum habitantibus Cedar, sed carne, non spiritu ; necessitate, non voluntate; sicut advenæ, non indigenæ ; ut peregrini, non domestici; denique ut compediti, non ut liberi. Unde et in morte, quando scilicet transeunt in libertatem gloriæ filiorum Dei, clamant et dicunt : *Laqueus contritus est, et nos liberati sumus* (*Psal.* CXXIII).

III. Impossibile cuiquam fortasse videbitur quod dixi sanctos immobiliter in unitatem, consistere cum illud unum, vel illam unitatem, non aliud quam ipsum Deum velim accipere (quem solum vere esse unum, vel potius ipsum esse ipsam unitatem, in sequentibus comprobabo), et dicet : Quisnam mortalium immobiliter in Deum consistat, cum vel ad punctum temporis in illum ire tam rarum tamque difficile videatur ? Adverte aliud esse quod dicitur, in Deum ; aliud, in Deo. In Deo motionem indicat ; in Deo stabilitatem significat. Cum ergo dicimus habitare in unum, vel consistere in Deum, Latina quidem locutio dissonat, sed congruentia sensus ædificat : neque enim magnum est aliquoties peccare

---

(1) Ex mss. codicibus abbatiarum Longipontis et Cistercii.

in Priscianum, si tali peccato ædificare poteris Christianum. Dicimus itaque habitare in unum, ut et *habitare* stabilitatem assignet, et *in unum* motionem significet. Stabilitatem ad intentionis propositum, mobilitatem ad affectionis profectum referimus. Habitant ergo in Deum sancti et stabiliter et mobiliter : mobiliter, quia a Deo mens sæpe relabitur, et iterum in illum dirigitur; stabiliter, quia intentio nunquam mutatur. Eo modo et sphæram cœli videbant philosophi mobilem et immobilem : mobilem, quia perpetuo motu circa Galatiam rotatur; immobilem, quia a loco suo in alium non transfertur. Ita sancti : et mobiles, quia semper festinant ad bravium ; et immobiles, quia incommutabile tenent propositum. Itaque in Deum habitant sancti, dum ad illum tendunt constanter; habitant in Deo angeli, dum manent in illo immutabiliter : icti in Deum, illi in Deo. Erit autem quando omnes et sancti et angeli erunt simul in ipso, et ex ipso, et per ipsum, et cum ipso. In ipso refertur ad justitiam ; ex ipso, ad substantiam ; per ipsum, ad gratiam ; cum ipso, ad permanentiam. In justitia, similitudo ; in substantia, creatio; in gratia, reconciliatio ; in permanentia incommutatio accipitur Nec te moveat quod reconciliatio ad homines similiter et angelos dicitur pertinere; nam sicut homines in Dei gratiam redierunt, ita et angeli in pacem hominum transierunt, ut sint unum ovile sicut et unus pastor. Et omnia quidem habemus ex parte ; sed cum venerit quod perfectum est, evacuabitur quod ex parte est, et erit Deus omnia in omnibus.

IV. Unum, multifarie multisque modis : Dicitur namque unum secundum collectionem, ut grex unus, cum sit ex multis pecudibus adunatus ; secundum similitudinem, ut multorum cantantium vox una, pro similitudine concordiæ, in unum redacta ; secundum compositionem, ut corpus unum ex partibus diversis compositum ; secundum parvitatem, ut atomus unus, qui eo magis ad unitatem accedit, quo sectionem non recipit ; secundum simplicitatem, ut anima una, quæ, licet in se diversas habeat potentias, una tamen et simplex est ejus substantia. Poterat et atomus dici unus secundum simplicitatem, sed magis proprie dicitur unus secundum parvitatem, sicut et punctum unum, instans unus, quia, licet in se non possint dividi, tamen partes eorum esse possunt quæ dividi possunt ut plures atomi unum dividuum corpus constituunt, plura puncta unam secabilem lineam faciunt, plures instantes unum interpolare tempus componunt. Hoc idem fortassis potest dici et de anima, quod pars sit constitutiva unius dividuæ rei, id est hominis, ideo non proprie unam appellari secundum simplicitatem : quod utique verum est. Nihil enim vere simplex est, præter Deum. Ipsum ergo solum et summum et principaliter unum fateri necesse est, qui neque ex partibus compositus, neque ex diversis substantiis collectus, neque ex similibus adunatus, vel dissimilibus, neque in indivisibilem parvitatem redactus, neque in plures est potentias dissipatus, ut anima, punctum, vox, grex, et corpus. Unus igitur cum sit solus Deus jam probabile est quod de solo Deo unitas prædicatur.

V. Et nota quod hæc ipsa unitas, de qua hic agitur, longe ab illa unitate quæ pars est numeri separatur ; non enim hæc unitas in numerum potest multiplicari ; nec ex ea binarius, sive ternarius, vel quilibet alius numerus potest constitui, ut solet dici de numero, quod sit unitatum collectio. Trahit autem etymologiam de Græco, et dicitur unitas quasi onitas, id est entitas sive essentialitas : unde et apud Græcos ὤν, id est substantialis, videlicet in se et per se solum immutabiliter semper subsistens, Deus vocatur. Est autem quædam similitudo inter unitatem numeralem et unitatem substantialem. Nam quemadmodum dicitur unitas fons et origo omnium numerorum, ita quodammodo Deus fons est et origo omnium rerum : fons, propter inexhaustæ potentiæ majestatem ; origo, propter creatricis substantiæ sine principio dignitatem.

VI. Libet nunc item per singulas unitates, ut a prima scilicet usque ad summam unitatem perveniat, explanare. Et primo quidem ipsas species unitatis in brevi volo colligere, ut quid ex singulis recolligi debeat compendiose possim describere. Dicitur itaque unitas collectionis, similitudinis, compositionis, parvitatis, simplicitatis. Collectio pertinet ad monasticam congregationem, ubi Pastor bonus collegit oves suas ab Oriente et Occidente, ut recumbant cum Abraham et Isaac et Jacob in regno cœlorum. Similitudo spectat ad morum conformitatem, ut quemadmodum laudamus Dominum una voce, sic et uno corde et concinna morum similitudine. Parvitas insinuat humilitatem, qua illi semper adversatur qui primus per superbiam deseruit unitatem. Simplicitas respondet ad intentionis puritatem, quæ mundat et præparat oculum ad Dei visionem, quia *beati sunt mundo corde, quoniam ipsi Deum videbunt (Matth. v)*. Qui summa et beata unitas, summa et beata charitas, una in se, tunc omnia erit in omnibus, in æternum et ultra, sive per omnia sæcula sæculorum. Amen.

HOMILIA II.

In versum 2 : *Sicut unguentum in capite, quod descendit in barbam, barbam Aaron.*

I. *Sicut unguentum in capite.* Singula verba hujus psalmi suo pondere librata sunt, idcirco non debet præteriri iota unum aut unus apex intactus. *Sicut* nota est similitudinis : quæ maxime theologiæ familiaris est tribus de causis, tum propter ornatum, tum propter commodum, aliquando et propter necessitatem. Ornatus pertinet ad leporem scientiæ, commodum ad facilitatem intelligentiæ, necessitas ad difficultatem materiæ. Ornat enim sæpe similitudo sententiam, ut in proverbiis ; dat aliquando faciliorem intelligentiam in obscuris et abditis, ut cum dicitur, verbi gratia ; quidquid enim ad hoc sequitur, similitudo præcedentium appellatur. Necessitas quoque aliquoties cogit dari similitudinem in his duntaxat quæ etiam viros acris ingenii solent exercere, et acutissimos sensus reddere impeditos, sicut cum loquuntur sancti de mysterio Incarnationis, de partu Virginis, de proprietatibus Trinitatis. Adhibent similitudines, quibus utcunque nobis possint persuadere quod sentiunt, quia videlicet aperta ratione nullatenus valent insinuare quod cupiunt. Et idcirco dixi hanc speciem similitudinis, maxime theologiæ famulari, quia nihil adeo humanæ rationi est perplexum, et, ut ita dicam, involutum, quam tractare de his, quæ etsi non contra rationem, tamen supra rationem esse probantur. Porro ornare sententias et obscura quæque per similitudines explicare, commune est nobis cum cæteris. Intuere igitur quæ et ad quid data sit similitudo, de qua tractamus, et occurrent tria simul, ornatus scilicet, commodum atque necessitas. Nam ut magis commendaret quod dixerat *bonum et jucundum*, urbane satis et eleganter singula statim propria similitudine decoravit, et ait, *bonum ut vos, jucundum sicut unguentum*. Et quoniam idiotis fortasse vel etiam capacioribus potuit esse obscurum, quod dictum est *habitare in unum*, subjungendum fuit aliquid simile, quod faciliorem faceret intellectum. Et quoniam magna est, imo quia indicibilis est multitudo dulcedinis tuæ, Domine, quam illi sentiunt quos abscondis in abscondito faciei tuæ, hæc maxime fuit causa, ut diceretur, *sicut unguentum in capite*, ut saltem a simili daretur intelligi quod mihi vel mei similibus necdum ullo modo datum est experiri. Illud abscondisti timentibus, sed sicut dicunt, qui experti sunt, revelasti amantibus. Incipiam igitur et ego jam nunc saltem amare, si forte amor iste in anima mea queat suos terminos dilatare; quoniam si creverit amicitia, crescet nimirum et illa scientia quæ ipsi notitia est. Jam ergo ad similitudinis sacramentum placet accedere, quia assimilationis causas me gratulor invenisse.

II. *Sicut unguentum in capite*. Unguentum in capite divinitatem intelligo in Christo homine, qui unctus est oleo lætitiæ, unguento majestatis et gratiæ, ita ut beata anima illa capax esset illius unctionis et gloriæ. Immensa quippe illa suavis ac dulcis unctio, sed sine mensura totam accepit cui tota plenitudo divinitatis corporaliter se infudit. Ut audivi *corporaliter*, respiravi, cum essem defunctus, incurvato et abbreviato Eliseo, ut puerum suscitaret. Cum essem enim carnalis, et non possem ea sapere quæ Dei sunt, adhæsit anima mea post Filium Virginis, et exorsus sum meditari, caro carnem, homo hominem, et inveni absconditum mel in favo, unguentum pretiosum in vitro mundissimo. Audivi quoniam quærentibus se illud mel aliquoties suam exhalat dulcedinem, illud unguentum suum exspirat odorem. Beatus cui datum est experiri. Unum scio quia oppido bonum est et jucundum habitare ibi in unum, ut sicut ille favus semper fruitur suo melle, sicut illa felix anima nunquam caret sua beatitudine, similiter si non æqualiter, interdum vel modicum a parvulis gustetur, *quoniam suavis est* (*Psal.* xxxiii). Hic est enim panis qui confortat cor hominis in loco horroris hujus et nostræ solitudinis usque dum paupercula vidua Sareptena congreget omnia vasa sua in unam domum, et impleantur omnia oleo Elisæi usque ad summum, et tunc stabit oleum. Nunc autem necesse est illud non stare, sed fluere et decurrere usque ad miserum hominem, qui vulneratus a latronibus jacet in via, et plurima indiget medicina. Fluit igitur hoc unguentum de vivo fonte angelicæ regionis, et irrigat omnem latitudinem terræ tuæ, o Emmanuel, *a summo cœlo egressio ejus, et occursus ejus usque* in vallem Jericho (*Psal.* xviii), ubi occurrit vulneratis et languidis, *curans omnem languorem et omnem infirmitatem* (*Matth.* ix). Jam ergo operæ pretium videtur inquirere quinam sint illi beati ad quos descendere dignetur unguentum illud tam potens, tam efficax, tam suave.

III. *Quod descendit in barbam, barbam Aaron.* Barba res est impassibilis, toti corpori præeminens, carni adhærens, de carne incrementum accipiens, sed sub capite constituta. Tales ergo sentio illos spiritus supercœlestes, natura impassibiles, corpori totius Ecclesiæ quodam dignitatis privilegio præcellentes, ipsi Verbo quod caro factum est, charitate perpetua adhærentes; ex eadem carne augmentum et reformationem suam, quantum ad numerum præstolantes, sed super se eumdem Deum hominem adorantes. Hic est enim solus, cui datum est *ut in nomine ejus omne genu flectatur* (*Philipp.* ii). Et hoc est quod per geminationem barbæ voluit confirmare, ut diceret barbam non cujuslibet esse, sed solius Aaron, qui *mons fortitudinis* appellatur, ille scilicet qui primo lapis parvulus crevit in montem magnum et altum : vere magnum, quia implevit orbem terrarum; vere altum, quia supra omnem virtutem ac principatum. Hujus ergo solius est barba, quia huic soli subjecta est omnis angelica creatura. Ab illo igitur, velut ab arce omnium rerum, in proximos angelos descendit effluentia gratiarum. Levavi oculos meos ad istos montes Israel, ad virtutes cœlorum, montes valde excelsos et præeminentes, si forte inde veniret auxilium mihi. Circuivi et plateas et vicos civitatis, attendens ut aliquis de sua plenitudine mihi aliquid largiretur. Et ecce unusquisque tenet quod habet, ne alius coronam ejus accipiat; et non est qui de manu eorum aliquid possit eruere. Ut dixi : Unde ergo veniet auxilium mihi ? consului Prophetam, et responsum est, mihi : *Quia non est qui faciat bonum, non est usque ad unum* (*Psal.* xiii). Igitur expectans exspectavi illum unum, et intendit mihi, quia misericors est, et fecit mihi magna qui potens est. Vere magna ; nam et totum misericordiæ suæ sinum aperuit, et dedit homini carnem suam in cibum, sanguinem in potum, animam in pretium, divinitatem sicut unguentum. Incommunicabile nihil reliquit, omnia sua nostra fecit. Quia ministravit nobis ipse etiam Dominus virtutum, facti sunt et illi nobis omnes ministri, a summis usque ad imos, tota curia angelorum. *Omnes enim sunt administratorii in ministerium missi propter eos qui hæreditatem capiunt salutis (Hebr.* 1).

XV. Nota quod dicitur, *omnes;* nullus excipitur, nec illi qui assistunt dominatori universæ terræ. Et quid mirum ? Nulla est creatura invisibilis, nulla virtus, nulla potestas, qui sibi officium quasi indignum aut velit aut debeat judicare ; cum ipse Dominus exercituum per se, et in sua persona dignatus sit ministrare, imo se totum, inquam, exponere adeo ut dicat quidam sanctorum quod pene de suo periclitaverit, ut nostra salvaret. Non ergo solam barbam unguentorum copia venustavit, sed etiam usque ad vestimentum nostri Pontificis, imo usque ad ipsa extrema vestimenta uberrima suavitas ejus descendit. Vestimenti ejus intexturam, formam, modum, qualitatemve describere alterius quidem est negotii, et, fateor, vires excedit. Solam igitur oram vestimenti ejus volo discutere, quæ et pars est ejus humilior et terræ contigua, et a capite præeminenti longe remota. Et profecto hæc quanto vilior, quanto inferior, tanto utique mihi vicinior, qui inter evangelicos publicanos et meretrices utinam vel extremum locum obtineam ! quia etsi longe videntur a capite esse, tamen in vestimento Domini computantur. Video alios esse circa pectus Domini, qui de intimo corde ipsius et hauriunt et propinant; alios circa brachia, qui filios unicæ matris et amplexantur et fovent ; alios circa renes, qui in virginitate perpetua perseverant ; alios circa tibias, qui totius Ecclesiæ membra sustentant. Sola ora vestimenti jacet inferius, tanquam vilis, tanquam indigna, et tamen nescio qua miseratione Domini, a vestimento Domini nunquam divisa. Hæc est vita pœnitentium, o egregie Psaltes Israel, Propheta Domini, fistula Spiritus sancti ! Quam pulchre, quam magnifice consolatus es pœnitentes ! Audivit et præ gaudio contremuit cor meum, commota sunt viscera mea ; nam facis mentionem de amicis Sponsi, de his qui recumbunt super pectus Jesu, qui ducuntur in montem excelsum seorsum. De solis peccatoribus poterat dubitari utrum et ipsi ad regale sacerdotium pertinerent. Ergo condescende miseris, fove lapsos, solare lugentes. *Quod descendit in oram vestimenti ejus,* unguentum quod totam uranicam regionem infundit, unguentum quod omnes empyricæ domus substantias fovet et regit, quod omnibus lignis paradisi vitalem succum infundit, hoc ipsum ad filios iræ, filios gehennæ. Mira res ! ad semen nequam, ad geminina viperarum descendit. Qui erant, sed non cum illo, et vivebant, sed non illi ; et sapiebant, sed non ipsum, ut insensati, ut ingrati, ut alieni. Reviviscat igitur animus peccatoris, et totum esse suum applicet Creatori, suum vivere Redemptori, suum sapere inspiratori, ita ut quod sapit, quod vivit, quod subsistit nulli hominum subtrahat ; sed totum omnibus, totum singulis attribuat, quia unum est unguentum, una dulcedo, una suavitas Deus, qui vivit et regnat per omnia sæcula sæculorum. Amen.

HOMILIA III.

In versum 3 : Quod descendit in oram vestimenti ejus, sicut ros Hermon, qui descendit in montem Sion.

1. *Quod descendit in oram vestimenti sui, sicut ros Hermon, qui descendit in montem Sion.* Faciendum existimo quod, juxta Timæum Platonis, in omni tractatu fieri decet, ut inter initia consideretur quid sit de quo agitur. Oritur sermo non de villis atque agris, neque de re, quæ sæcularibus et elatis animis soleat esse domestica. Agitur enim de illa invisibili unctione, quæ cum mansuetis ac simplicibus quoddam habet familiare contubernium, et mira quædam atque divina operatur in corde contrito et humili : *Insipiens non cognoscet, et stultus non intelliget hæc (Psal.* xci). Insipiens quidem est qui seipsum non cognoscit ; stultus, qui Dei bonitatem non intelligit. Et hoc duplex malum operatur sola superbia, quæ et furatur homini cognitionem sui, et rapit ab eo intelligentiam Dei : et ita insipientium ejus non est jam numerus. *Ignorans ignorabitur (I Cor.* xiv) *: ideo insipiens non cognoscet ;* et : *Spiritus sanctus auferet a se cognitiones, quæ sunt sine intellectu (Sap.* 1), idcirco *stultus non intelliget.* Quid non cognoscet, et quid non intelliget ? *Quam magnificata sunt opera tua, Domine (Psal.* ciii), quibus scilicet operaris salutem in medio terræ, in medio cordis contriti et humiliati, ut requiescat Spiritus tuus super humilem et quietum, et trementem sermones tuos. Abscondi eloquia tua in corde meo ; et timor et tremor venerunt super me, sensi unctionem tuam, et quievi a prava consuetudine. Intellexi quoniam sine te nihil possum facere, et humiliatus sum usquequaque. Hoc totum ignorat stultus, quia elatus, tumultuosus, præsumptuosus ; præsumptione Deum offendit, tumultuatione proximum lædit, elatione sese confundit. Non immerito dictum est, insipiens et stultus peribunt. O Domine, non veniat mihi pes superbiæ, pes lubricus, pes maledictus, in quo ceciderunt omnes et homines et angeli, male operantes iniquitatem ; superbis enim tu resistis : idcirco expulsi sunt, nec potuerunt stare. Humilibus autem das gratiam, quæ sola hominem a nexu et compede peccati potens est liberare, ad justitiæ viam revocare, in bono proposito confirmare, ad quietem repromissam inducere : Primum ; ne peritum eat ; secundum, ne erroneus fiat ; tertium, ne iterum corruat ; quartum, ne fructu careat. Hæc est quarta vigilia, in qua eripit laborantes. Nota genera gratiarum ; est enim gratia liberans, gratia justificans, gratia confirmans, gratia glorificans. Hæc est illa invisibilis, multiplex, subtilis, et efficax unctio paulo superius prælibata, quæ descendit ad lapides, ut faciat filios Abrahæ, suscitans de pulvere egenum, et de stercore erigens

pauperem. Et vide qualem inveniat, unde inducat, quo promoveat, ut aliquando restitutus in gradum pristinum sedeat cum principibus, et solium gloriæ dignus sit obtinere. Invenit languidum et tumidum, fetidum ; a planta pedis usque ad verticem non erat in eo sanitas. Languor ad incontinentiam, tumor ad superbiam, fetor ad blasphemiam pertinet : blasphemia, locutione, superbia, cogitatione, incontinentia, operatione perficitur. Mittit ergo potentissimus medicus unguentum efficax ad curandum, quod statim curat languorem, premit tumorem, pellit fetorem. Et quia contraria contrariis curantur, opponit incontinentiæ honestatem, superbiæ humilitatem, blasphemiæ silentii gravitatem. Omnia quæcunque voluit fecit, et in uno solo homine illos tres mortuos evangelicos suscitavit, in domo, in porta, in monumento ; corde, lingua, manu. Funiculus triplex difficile rumpitur ; sed omnipotens est unctio quæ hæc operatur.

II. Qui ergo tanta contulit peregrino, vide etiam quanta faciat in exitu Israel de Ægypto. Adest enim morienti ; adest exeunti, adest quiescenti. Quis enim angustias mortis patienter sustineat, nisi habeat Spiritum consolantem? quis ad occursus dæmonum non expavescat, nisi habeat adjuvantem? quis ad requiem transeat, si non habeat præcedentem? Adest ergo unctio ubique ægrotum suum fovens suaviter, ut sustineat non solum patienter, sed aliquoties etiam delectabiliter ; transeat constanter, quiescat feliciter. O quanta unguenti hujus potentia, gratia, gloria, quæ tantos lenit dolores, fugat horrores, spirat odores, in abitu angustiæ, in transitu miseriæ, in sinu Abrahæ, ibi sedet pauper cum principibus qui congregati sunt cum Deo Abraham, et habet locum in solio quod est excelsum et elevatum, excelsum Angelis qui nunquam corruunt, elevatum in hominibus qui surrexerunt! Ibi descendit unguentum etiam in oram vestimenti, non utcunque, non humiliter; sed sicut abundantissime descendit ros Hermon in montem Sion. Hermon dicitur *lumen exaltatum*, Christus est, qui *seipsum humiliavit usque ad mortem. Propter quod et Deus exaltavit illum* (Philipp. II), sed non solum. Solus humiliatus est, sed non solus est exaltatus : omnia enim trahit in se, ad se, per se, ut *via, veritas et vita* (Joan. XIV). Via, hic peregrinantibus propter multos errores, et vastum exsilium : Veritas, hinc exeuntibus, quando post se relinquunt vanitatem et mendacium. Vita, illuc pervenientibus ad terram viventium, ubi Hermon stillat super eos et in eos suum rorem, ubi verum lumen scintillat in eos suum splendorem, et descendit etiam in oram vestimenti, sicut in montem Sion. O mons Sion, civitas veri David, turris excelsa, in alto sita, et super muros tuos angelorum custodia ! O civitas sancta, quæ regem habes Christum, senatum multitudinem sanctorum, exercitum choros angelorum, legiones cœtus martyrum, qui usque ad sanguinem victoriosissima prælia peregerunt! O pulchra civitas, quam Sol justitiæ totam irradiat, quam totam ros Hermon influit et fecundat! Me miserum, qui extra castra tua expulsus sum tanquam leprosus ! utinam possem figere tabernaculum meum in atriis tuis, vel saltem in suburbanis tuis! In atriis tuis habitat qui est in excessu, in suburbanis tuis qui est in profectu. Ego miser nec excedo, nec proficio ; sed nescio per quæ phantasmata cogitationum in dies revertor ad vomitum sicut canis immundus. Non sicut catelli qui edunt de micis quæ cadunt illic de mensa illa cœlesti, de mensa filiorum Dei, qui discumbunt in cœna illa super pectus Jesu. Tria mihi sola supersunt, lugere, continere, timere : propter mala præterita, propter instantia, propter futura. Scio enim ubi hæc tria congregata fuerint in nomine Jesu, ibi est ipse in medio eorum ; etsi non ut Sponsus, tamen ut Dominus ; necdum tanquam Sponsus amorem imprimit, sed sicut Dominus terrorem incutit ; in utroque tamen Jesus, in utroque Salvator, quamvis in isto dulcior, in illo asperior videatur. Erubesco tamen, quia adhuc maneo sub timore ; prorsus erubesco, et tædium meum pene nequeo sustinere. Sed ne majori tristitia absorbeatur anima mea, non modice consolatur in eo quod scriptum est : *Beatus homo qui semper est pavidus (Prov.* XXVIII). Semper, notavi illud *semper,* et abscondi illud in corde meo. Paveo gratia adveniente, gratia recedente, gratia redeunte. Adveniens ingerit mihi pavorem ne illam offendam ; recedens incutit mihi tremorem ne statim corruam ; rediens inmittit timorem ne iterum illam amittam. Data lætificat, ablata cruciat, reddita ad majorem solertiam me statim provocat. Ita fiat, Domine ; timor tuus semper maneat in me, quia et ipse quanto diuturnior, tanto in dies fit castior, ut permaneat in sæculum sæculi. Cum autem ad purum fuerit defæcatus et in filialem reverentiam commutatus, tum plane legam in libro experientiæ quoniam timor tuus peccatorem et justificat et humiliat, ut sic coram vestimenti tui constituat, ut et vestimentum ad sanitatem et ora pertineat ad humilitatem. Novi enim quia sancti et humiles corde benedicunt nomen tuum, et accipiunt partem in hæreditate tua, in regno tuo cœlorum, ubi descendit in eas copia unctionis tuæ, per omnia sæcula sæculorum. Amen.

HOMILIA IV.

In versum IV : *Quoniam illic mandavit Dominus benedictionem, et vitam usque in sæculum.*

1. *Quoniam illic mandavit Dominus benedictionem, et vitam usque in sæculum.* Gratissima inchoatio hujus psalmi, qui in bonitate et jucunditate operis subsequentis posuit fundamenta ; sed non minus grata ejus conclusio, quæ sermonem terminat in benedictione et vita. Quam sapiens citharœda, nobilis puer iste, in cujus harmonia, tam consono tractu respondent ultima primis ! Intueri placet in hoc breve psalmo illam quadrigam Israel, illud novum plaustrum David, cui imposita arca testamenti ducebatur Jerusalem, in clangore et jubilo, et omni musico instrumento. Non est nova interpretatio

David figuraliter esse Christum, arcam testamenti Ecclesiam, quæ in clangore confessionis, et jubilo devotionis, cum omnium virtutum consonantia, tendit ad illam supernam Jerusalem, matrem nostram, impositam plaustro, cujus in præsenti psalmo habes quatuor rotas, geminas scilicet in ipsa fronte psalmi affixas, totidemque circa terminum divinitus ordinatas : duæ anteriores, bonitas et jucundatio, duæ sequentes, vita et benedictio. Jucunditas in dilectione Dei, bonitas in amore proximi suam sedem locavit : vita in corporis incorruptione, benedictio in animæ integritate consistit. Duo prima habemus in re, duo postrema tenemus in spe : et hac quadriga quasi igneo curru Eliæ tollimur de medio vanitatis. De hoc igneo curru æstimo dixisse Prophetam : *Rotæ ejus, ignis accensus (Dan.* VII). Nonne aperte ignis appellatur dilectio, ubi dicitur : *Aquæ multæ non poterunt exstinguere charitatem? (Cant.* VIII.) Quam utique ipse auctor charitatis, dum in duo præcepta dividit, velut geminas rotas in curru suo et nostro constituit. Duas vero rotas sequentes, scilicet incorruptionem et integritatem, quare igneas appellavimus, ex subjecta similitudine demonstrabo. Cœlum illud in quo creati sunt angeli empyrium appellari, id est igneum, asserit Dionysius Atheniensis, in libro *De sacro principatu.* Igneum autem non a calore, sed a splendore, sicut e contra gehenna dicitur ignea, non a splendore, sed ab ardore, quia et infernales spiritus ardent, nec illuminantur, et cœlestes splendent, et non tormentantur, dum et apud inferos ignitus est ardor sine splendore, et apud superos igneus est splendor sine ardore. Eo nimirum modo ignea creditur futura nostra etiam incorruptio corporalis, et integritas spiritualis, quando et ipsam animam splendor corporeus venustabit. Et ne forsitan cuilibet minus exercitato tanto videatur incongruum, quanto insolitum, quod scilicet igneam animam vel igneam carnem nomino, ac per hoc ignitam animæ integritatem, vel corporis incorruptionem appello, noverit etiam in diffinitionibus philosophorum animam ipsam ignem, licet invisibilem, nuncupari. Ad quod probandum duas virtuales proprietates ignis dixerunt, unam scilicet mulcebrem, alteram vero peremptoriam asserentes, qualis cui inhæret aut perimit aut consumit ; illam vero mulcebrem, qua substantiam sibi junctam fovet ac regit. Ac secundum hanc, non incongrue, ut reor, destinerunt animam esse ignem, quæ corpus suum quodam moderato calore mulcet et nutrit, et per fenestras oculorum lucem tanquam suum simile ad se trahit, et in ea gaudet, et eam diligit. Probato itaque tam ratione quam auctoritate quod rotæ illæ de quibus hic agitur merito igneæ appellantur, nunc ipsam formam et partes ac compositionem singularum libet assignare; deinde ipsum plaustrum totum conjungere, et ita de quatuor rotis sermonem propositum terminare.

(2) Ita Ernaldi temporibus.

II. Primo de forma. Forma rotæ ipso ejus circulo designatur, quod videl'cet a rotunditate sumitur, quæ, teste Hieronymo, omnium figurarum pulcherrima comprobatur. Verumtamen, nisi ego fallor, hæc figura non tam pulchra est ad intuendum quam profunda ad intelligendum ; magisque utilem animis quam delectabilem oculis demonstrabo. Dicit Apostolus : *Quoniam invisibilia Dei per ea quæ facta sunt intellecta conspiciuntur (Rom.* 1). In totalitate rerum visibilium oculum considerationis affigens, nullum invenio simulacrum quod expressius aut similius æternitatem Creatoris denuntiet quam in ea qua rotunditatis effigie decorantur, eo scilicet quod in eis principium nullo modo possit, aut terminus denotari. Quapropter visum est mihi quidquid in mundo pulchrius, quidquid sublimius, quidquid lucidius invenitur, ut, verbi gratia, solem, lunam, globos stellarum, et ipsam machinam, inf. a cujus ambitum omne, ut dicitur, corpus tenetur, idcirco in eam speciem esse formatum, ut in his immensitatem intelligeret Conditoris rationabilis creatura. Taceo illius Judaicæ institutionis coronas aureas, circulos, sphærulas, annulos, et cætera multa in hunc modum formata, sine quibus nec templum perfici, nec tabernaculum erigi, nec altare vel mensa, vel arca portari, nec vectes imponi, nec candelabrum consummari, nec rationale superhumerali potest connecti. Quæ omnia spirant sacramenta et perfectionem Ecclesiæ, nunc in parte, vel in toto; modo in membris, modo in capite ; aliquando de præsenti, aliquoties de futuro ; plerumque de carne, nonnunquam de anima ; sæpe de toto homine proponentia ænigmata et figuras, de quibus dicere per singula, proximum esse fastidio, et alterius fore negotii judicavi. Venio ad sacramenta Novi Testamenti, quæ tanto profundiora, quanto utique digniora intelligo, interque omnia, illud terribile, illud divinum ac singulare mysterium, corpus Christi. Non in alia forma consuetum est a Patribus consecrari nisi rotunda (2), ut non solam carnem absque peccato, sed ipsum quoque Verbum quod manet et in sua æternitate subsistit, semper intell'gas in sua carne Patri offerri. Et hunc ergo æstimo intellectum animæ sacerdotis, multum conferre ad profectum amoris illius qui solet beare animos pietatis capaces. Video et aliud in circulo sacramenti dignum memoria, ut, quoniam Galilæus interpretatur *volubilis,* ille idem intelligatur fore in mensa altaris, qui sedet super cherubim, quorum rotæ in Ezechiele, propter Galilæum qui præsidet, volubiles appellantur. Quia ergo sicut ex supradictis potest perpendi, rotunditas est perfectionis insigne : idcirco quatuor illas rotas congrue et juxta rationem nuncupo, quia videlicet in primis duobus, hoc est in dilectione Dei et proximi, perfectio religionis innuitur ; et in duobus aliis, id est in incorruptione corporis et in integritate animæ, consummatio humanæ beatitudinis possidetur. Nam et poeta, cum perfectum hominem describere conaretur, in summa subjecit :

...*Totus teres atque rotundus.*
(HORAT. *Sat.* l. II, sat. 7, vers. 85.)

Jam ergo post descriptionem formæ ad partes rotarum transeat oratio.

III. Partes rotarum integrales sunt canti, radii et modioli. Volo itaque singulis rotis suos cantos, suos radios, propriosque modiolos assignare. Prima rota, dilectio Dei. Hæc rota habet cognitionem Dei quasi interiorem modiolum, ex quo videlicet procedunt divisi ac multiplices radii meditationum, quibus per circuitum innexi sunt et infixi multiformes et innumeri canti devotionum, ubi perfectio maxime denotatur. Secunda rota dilectio proximi. Huic interior modiolus est virtus misericordiæ, unde procedunt radii compassionis et fraternæ clementiæ, quibus tot canti incumbentes exterius prominent, quot ad sustentationem proximi; quibus opera pietatis exercent. Tertia rota, integritas animæ : et hæc compacta est ex modiolo perfectæ justitiæ, et radiis plenæ scientiæ, et cantis consummatæ lætitiæ. Hujus rotæ partes, sicut altrinsecus positæ, aut parum valent, aut prorsus inutiles jacent, vel etiam noxiæ a recto dissident : sic e regione simul adjunctæ ac velut in unius rotæ compositionem redactæ, in quantum intelligentia mea potest rimari, ad plenam et consummatam felicitatem animam nostram restituunt. Sex quippe sunt offendicula, quæ omne bonum animæ aut deturpant aut puniunt. Nam et lætitia nostra vel immunda esse solet propter vicinum fomitem concupiscentiæ, vel suspecta propter infirmitatem alterius conscientiæ. Et justitia nostra sæpe fit onerosa propter corpus, quod corrumpitur et aggravat animam ; et indiscreta, propter innatam nobis invincibilem ignorantiam : et scientia nostra plerumque nos inflat propter cenodoxiæ vanitatem, aut contristat, dum nostram cognoscimus infirmitatem. Cum autem fuerit Deus omnia in omnibus, jam nec scientiæ nostræ adversabitur superbia aut tristitia, nec justitiam impediet gravitudo aut inscientiam, nec lætitiæ invidebit suspicio aut concupiscentia, quando conscientia erit humilis propter justitiam et hilaris propter lætitiam, et justitia facilis propter lætitiam, et discreta propter scientiam, et lætitia munda propter justitiam et sine querela propter scientiam. Sequitur quarta rota, quæ supra assignata est esse incorporalis. Et hæc itidem sicut et cæteræ, suum habet modiolum, qui est imperturbabilis et immortalis vivacitas. Inde consurgit velut quinquepartita radiorum dispositio, videlicet subtilis et per omnia spiritui consentiens, quinque sensuum perfecta integritas, ordinatis exterius cantis in habitudine formæ, in quantitate, in qualitate, in splendore. Ubi nihil deforme, nihil superfluum, nihil incongruum, nihil obscurum, sed per omnia reformabitur corpus humilitatis nostræ configuratum corpori claritatis divinæ, ita ut impleatur illa repromissio qua dictum est : *Fulgebunt justi sicut sol in regno Patris eorum* (*Matth.* XIII). Assignata ut proposita erat, compositione rotarum, nunc ipsa junctura plaustri colligenda est, quæ ad minus necessario tria habebit, duos videlicet axes qui quatuor rotas conjungant, et machinam cui altrinsecus duo axes inhæreant.

IV. Igitur in anteriori parte, quæ versus cœlum dirigitur, duas illas rotas, scilicet animæ integritatem et corporis incorruptionem, jungit illa pax Dei, quæ exsuperat omnem sensum. Et hanc ipsam pacem non aliam intelligo quam virtutem et sapientiam Dei, Christum Jesum. *Ipse est pax nostra, qui facit utraque unum* (*Ephes.* II), ita ut caro jam non concupiscat adversus spiritum, nec spiritus adversus carnem, quoniam non levabit gens contra gentem gladium, nec exercebuntur ultra ad prælium, sed erit Sabbatum et feriatio sempiterna in civitate, cui nomen Dominus ibidem. Et hæc universa, imo valde majora quam sensus humanus modo non potest capere, præstolamur habituri in re, quæ jam omnia possidemus in spe, quoniam propter spem quasi jam omnia tenemus, sicut dicit Apostolus : *Spe salvi facti sumus* (*Rom.* VIII). Nam et primitias hujus pacis jam accepimus, quando nullus in pœnis adversæ potestatis, nulla molestia ejus putredinis quam portamus potest nos perturbare ab ea quiete quæ est in Christo Jesu, dum spiritus adjuvat infirmitatem.

V. In posterioribus hujus plaustri bifariam partem rotarum, quæ sunt dilectio Dei et amor proximi, copulat axis rectæ intentionis, quoniam hæc et Deum diligi caste, id est propter se solum, et proximum pure facit amari, id est propter Deum. De medio hujus axis procedit spes, quæ ad Christum usque pertingit, et ita totum plaustrum continuat et conjungit. Super hanc sedet arca testamenti, id est anima cujuslibet justi; et habet in se urnam auream plenam manna, dum Christum, hominem plenum gratiæ et veritatis, tenet in sua memoria; et tabulas testamenti, in quibus accipitur præceptorum Dei scientia; et virga Aaron quæ est florida, est dulcis beatæ Mariæ recordatio cum reverentia. Et ne arca ista facile a plaustro isto possit corruere, quadro pariete necesse est illam fulciri; ut ante habeat desiderium præsentiæ Christi, retro contemptum mundi, in læva fortitudinem contra adversa, in dextera consuetudinem contra prospera. Boves qui hunc currum trahunt, angeli sunt omnes administratorii in ministerium missi propter arcam testamenti, ut capiat hæreditatem salutis. Hi boves sub jugo socialis concordiæ, quæ adjuncta est temoni virtutis divinæ, fortiter astricti vinculis charitatis humanæ, ducunt arcam Dei in cœlestem Sion, in supernam Jerusalem, matrem nostram. Quod autem legitur, quia calcitraverunt boves et inclinata est arca, et sacerdos volens eam relevare, præsumptione occubuit (*II Reg.* VI), ita intelligo quia oportet tentationibus animam exerceri, et, dum circuit per plateas et vicos civitatis; si forte inveniat dilectum, fiunt ad eam immissiones per angelos bonos, et percutiunt et vulnerant eam custodes murorum, et auferunt pallium ejus, ut sciant utrum decorem nudum virtutis apportet, utrum simulatorie, an in veritate quærat amicum. Unde et illa aliquoties in fervore spiritus transit etiam custodes, ne victa difficultatibus experiatur *Quoniam fortis est ut mors dilectio, dura sicut infernus æmulatio* (Cant. VIII). Aliquando autem velut arca testamenti inclinatur, humiliatur, et pondus gloriæ sustinere non valens dejicitur, sed non obruitur: incurvatur, sed non prosternitur, quoniam non in molli lecto puræ conscientiæ, tanquam infirmata recipitur. Si quis æstimat se pertinere ad genus electum, regale sacerdotium, non præsumat hujus animæ fulcimentum suæ falsæ virtuti supponere, non præsumat arguere meliorem se, non contristet ullatenus animam plenam Deo, ne forte indignatio oriatur, et præsumptio confundatur, quoniam qui tangit talem animam, quasi qui tangat pupillam oculi Dei, qui semper odit præsumptionem et superbiam, et mansuetis gratiam confert et gloriam, per omnia sæcula sæculorum. Amen.

HOMILIA V.

De definitione loci et multis locorum divisionibus, tum de loco pœnitentiæ et solitudinis. Ubi sicut in præcedenti, textu relicto, in plaustrum Davidis abreptus est, ita hic varia quoque, neglecto textu, tractans vagatur.

1. Super descriptione loci, audivi plurima inter se dissonantia et valde diversa, quæ omnia si vellem conferre atque in unum colligere, disputationem et contentionis occasionem magis viderer adducere quam inquirere veritatem. Unde quid mihi videatur, et cui magis consentiam, ex occasione hujus loci conabor disserere, si tamen utcunque valeam promulgare quod sentio. Locum esse arbitror, omne quidquid illud est in quo quomodocunque aliquid est; et cum aliquid dicitur esse in aliquo illud in quo est, locus est, quod in ipso est. Quod ut lucidius possit clarescere, dividendum est hoc genus in suas species, quia omnis res divisione melius innotescit. Locus alius corporeus, alius incorporeus; alius simplex, alius compositus: et compositus, alius solidus, alius mathematicus. Incorporeus dividitur in opinabilem, intelligibilem, affectualem, accidentalem, potentialem, naturalem, personalem, intellectibilem. Item intellectibilis, alius imperfectus, alius consummatus. Consummatus, alius superior, alius inferior; imperfectus, alius tenebrosus, alius caliginosus, alius lucidus, alius luminosus. Et in his omnibus taceo de loco, qui apud dialecticos sedes nuncupatur, de quo grandis sermo; multiplexque illius divisio hic penitus omittenda. Facta igitur loci divisione, per quasdam ejus species, nunc a prima usque ad extremam libet decurrere, ut quis sit iste locus de quo hic agitur valeam intimare.

II. Locus corporeus simplex est capacitas simplex cujusque corporis, ut sunt guttæ quæ per poros procedunt ex humano corpore, adeo parvæ: ut nihil minutius, secundum physicos, natura corporea possit habere. Corporea vero simplicia sunt, quæ in partes secari non possunt, ut unisonum, atomus, et his similia, quæ omnia individua proprie et naturaliter appellantur. Naturaliter ideo dico, quoniam tribus modis individuum cum dicatur, videlicet soliditate ut adamas, speciei subjectione ut hæc manus, parvitate ut osonum: hoc solum naturaliter et proprie videtur individuum nuncupari, quod nec ferro ut manus, nec arte ut adamas, nec alio quolibet modo recepit sectionem. Et dic ut quidam hujusmodi corpora non esse quantitatem, sicut nec divisionem, pro eo scilicet quod, secundum Aristotelem, videatur omnis quantitas composita esse. Ubi dividit quantitatem in continuam et discretam; et utramque describens, aliam asserit partes habere copulatas ad communem terminum, aliam itidem partes habere, sed non ad communem terminum copulatas. Quare inferunt simplex corpus non recipere quantitatem, alioquin jam posse in partes dividi, et ita simplicitate privari. Non assentior illud corpus esse sine quantitate, sed Aristotelem æstimo non de simplici quantitate descriptionem dedisse, sed de sola composita. Omne igitur corpus recipit quantitatem; quare et locus corporis, quoniam nonnisi secundum corpus, judicatur de loco.

III. Locus corporeus compositus et solidus est vacuitas illa quæ tale quodlibet corpus continet, cui altitudo et latitudo et longitudo secundum certam dimensionem possit aptari, ut arca et similia. Locus mathematicus est illa quæcunque capacitas, intra cujus ambitum tale corpus tenetur, quod secundum altitudinem et latitudinem, vel aliam quamlibet dimensionem, nullatenus potest describi, ut sonus, vox, strepitus, sibilus, et multa similia: quæ mathematica, id est scientialia, nuncupantur.

IV. Locus incorporeus est quorumlibet incorporalium habitudo in aliquo, sive opinabiliter, ut chimæra in cogitatione, sive intelligibiliter, ut genus in specie; aut affectualiter, ut amor in mente; aut accidentaliter, ut justitia in homine; aut potentialiter, ut angelus in visibili specie; aut naturaliter, ut superficies in colore; aut personaliter, ut anima in sua carne; aut intelligibiliter, ut spiritus creatus in Spiritu creatore. Opinabile est, ut dicit Timæus, quod non sine aliquo phantasmate percipit humana cogitatio; intelligibile, quod pura et sine imagine intuetur ratio; affectuale, quidquid spectat ad desiderium, et est studium, cujus descriptio est: vehemens applicatio ad aliquid agendum cum magna voluntate; accidentale est, quod et adventitium potest vocari, quod scilicet teste Augustino aliquam infert mutationem illi rei cui accidit, et potest adesse et abesse præter subjecti corruptionem; potentiale est, quod solitum cursum naturæ, quadam sibi ingenita potentia, potens est mutare; naturale, quod soliti et antiqui cursus limitem non excedens, prout institutum est, ab initio perseverat; personale est, quod per seipsum rationalis substantiæ individuum repræsentat; intellectibile est illud solum quod omni et soli bono intellectui præsto est ad fruendum. Huic soli intellectibilitas assignatur; nam cæteræ incorporales substantiæ intelligibiles nuncupantur.

V. Itaque locus intellectibilis est cujuslibet rationalis substantiæ habitudo in Deum: et hæc habitudo vel locus, aliter in cognitione, et aliter in amore, et nunquam sine perfecto amore perfecta potest esse boni illius cognitio. Idcirco locus intelligibilis, alius imperfectus invenitur, ut in hominibus; alius consummatus, ut in superbis spiritibus. Et nota quod, sicut de loco corporali judicatur secundum corpus, ita et de loco intelligibili, secundum quantitatem cognitionis vel amoris, quod scilicet dicitur aliam habere in Deo habitudinem vel locum Michael archangelus, atque aliam quilibet inferior aut superior in illis ordinibus. Et licet omnes perfecti sint sine ulla cognitione, alius tamen alio beatior, alius alio in eadem cognitione inferior: non dico, imperfectior, sicut circulus alio alius minor, non tamen imperfectior. Perfecti igitur cum sint in cognitione, sequitur ut sint perfecti et in amore, quia etsi sine amore potest aliqua esse illius boni cognitio, nulla tamen esse potest sine aliqua cognitione ejus dilectio, et in omni pio intellectu æquipollenter hæc duo copulantur, ubi, teste Gregorio, amor ipse notitia est. Sed quoniam de abysso illo amoris et cognitionis, tunc solum erit facile disputare, cum fuerit, ut repromissum est, humana substantia ad æqualitatem angelorum translata, perfectionem illorum magis optare ac sperare libet quam definire. Et idcirco ad eum locum intelligibilem, qui imperfectus dicitur, placet accedere, quoniam is facilior est ad disserendum, et forsitan utilior est ad rimandum.

VI. Imperfectus, ut supra assignatum est, dividitur in tenebrosum, caliginosum, lucidum, luminosum: tenebrosus nihil habet amoris, caliginosus multum habet timoris; lucidus aliquantum permistus est amore et timore; luminosus, excluso omni timore, solo illustratur amore. Primus pertinet ad superbos incorrigibiles, secundus, ad conversos et incipientes; tertius, ad profectos et proficientes, qui solus unus recipit excedentes. Superbus in tenebris est, et in tenebris ambulat, et nescit quo eat, quoniam tenebræ obcæcaverunt oculos ejus. Attamen quantulamcunque habens cognitionem Dei, locum habet intellectibilem, sed plenum tenebris; quia lux quidem lucet in tenebris, idcirco locus est intellectibilis; sed tenebræ eam non comprehenderunt; ideo tenebratus est locus atque terribilis. Superbus quippe omnis, qui tanquam Pharao induravit cor suum, impietatis arguitur, et in Deum nefas committit. Quoniam infelici similitudine membrum illius efficitur, qui primo quidem æqualitatem Dei ut impius affectavit, nunc autem adversatur et extollitur supra omne quod dicitur Deus, aut quod colitur. Et quoniam ad hujus imitationem cunctis diebus vitæ suæ superbit impius, et superbia ejus ascendit semper, Deus autem superbis resistit, et omnem arrogantem humiliat, nimirum inter tenebras et lucem chaos magnum firmatum est, nec ullo modo fas est hinc inde quemquam transire, aut inde huc aliquem transmeare. Lux etenim cum sit Deus, et tenebræ in eo non sint ullæ, istis ita posuit tenebras latibulum suum, et lucem habitat inaccessibilem, ut merito jam terribiliter inclametur: *Tollatur impius ne videat gloriam Dei; non enim videbit lumen in æternum* (Isa. XXVI).

VII. Heu cæcitas cordis humani, per quam factum est ut jam nulla aut prope sit nulla differentia inter dæmones et homines filios tenebrarum! Et (quod deterius est), nescierunt neque intellexerunt quod in tenebris ambulant; imo et avertunt faciem suam ne videant in finem, obturantes aures velut aspides, ne forte audiant et intelligant, et recogitent pariter illud divinum: *Redite, prævaricatores, ad cor* (Isa. XLVI). Sed nunquid semper non audient, aut semper non intelligent? Exaudient sane et intelligent, sed infructuose, quando, juxta prophetam, *sola vexatio intellectum dabit auditui* (Isa. XXVIII). Non enim semper istas interiores tenebras tanquam phrenetici irridebunt, sed ejicientur in tenebras exteriores, ubi duplici contritione conteret eos Dominus, quoniam dupliciter irritaverunt te, Domine, in vanitatibus suis. Lætantur quippe cum malefecerint, et exsultant in rebus pessimis, mali actu, sed pessimi cogitatu. Nam etsi in multis propriæ concupiscentiæ satisfaciunt, nunquam tamen adimplere valent quod cupiunt: propterea corrupti carne, corrupti et anima, induantur necesse est, sicut diploide, confusione sua. Tibi soli gratias ago, bone Jesu, qui me reum tuum in manu forti et brachio extento, eduxisti de tenebris illius superbiæ ac tumidæ obstinationis per aquas validæ tentationis, in desertum laboriosæ pœnitudinis, locum afflictionis, locum timoris. Iste est locus, qui paulo ante caliginosus et multum habens timoris est appellatus: quem nequaquam ita celeritate volo transilire, et orationem nimis stricto compendio coarctare, quoniam de isto in libro experientiæ multa legi, eique multo tempore vehementi studio totus adhæsi. In hoc loco, tribulatio et angustia invenerunt me, et circumdederunt me dolores mortis æternæ, et sicut inundantis aquæ sic rugitus meus, quoniam Dominus ebibens spiritum meum, sicut abyssus vallavit me, et tanquam pelagus operuit caput meum. Heu! abyssus timoris procedens ex aliis tribus abyssis, scilicet de abysso peccatorum, de abysso judiciorum, de abysso infernalium tormentorum. In abysso peccati vermis latet, conscientiam semper depascens insatiabilis. In abysso judiciorum Dei, sententia manet irrevocabilis. Væ misero, quem tertia præstolatur abyssus, ubi ignis inexstinguibilis! Itaque abyssus peccati mei invocavit abyssum judiciorum Dei, utraque abysso demergente peccatorem in abyssum interitus sempiterni.

VIII. In hac tam horrenda consideratione expavi, et turbata sunt omnia ossa mea, et dixi : Non videbo prorsus, non videbo Dominum Deum in terra viventium. Sed descendam ad portas inferi, *et in profundissimum infernum descendent omnia mea (Job* XVII). Ita per singulos dies habitabat in inferno anima mea, et sicut impius per singula momenta projiciebar a facie oculorum Dei, ut plerumque cogeretur infelix anima in illam erumpere vocem. Desperavi, nequaquam ultra jam vivam. Hoc totum faciebat, bone Jesu, vox cataractarum tuarum, vox occultarum, multiplicium, terribilium inspirationum tuarum. In hac voce, Domine, commovisti terram, et conturbasti eam. Haec vox, sicut vox aquarum multarum, sicut vox sublimis Dei, tanquam spiritus vehemens conterens naves Tharsis, sicut spiritus grandis et fortis : et vere grandis et fortis, quia subvertens montes superbiae et conterens petras obstinationis ante Dominum. *Non in spiritu Dominus, et post spiritum commotio (III Reg.* XIX); quia commota est et contremuit terra ; quoniam respexit Dominus terram, et fecit eam tremere et moveri ad poenitentiam. *Non in commotione Dominus, et post commotionem ignis (ibid.),* ignis videlicet igne zeli Domini devorans omnem terram; ignis successus in furore Domini et ardens usque ad novissima inferni, ubi jacebit impius in medio tenebrarum male sopitus. *Non in igne Dominus.* Ubi ergo Dominus? Nunquid in strepitu hujus tantae contritionis, commotionis, conturbationis? Non : sed *factus est in pace locus ejus (Psal.* LXXV). Nam post spiritum grandem et fortem, post commotionem, post ignem, ecce *sibilus aurae tenuis (ibid.),* subtilis scilicet et paucis cognita inspiratio deitatis. Quae sicut aura tenuis, suavis, utilis, perflat et fecundat hortum conscientiae spiritalis, ut fluant, non defluant aromata purissimae meditationis. Iste sibilus penitus incognitus est initialiter poenitentibus, nec multum consuetus aut familiaris est mediocriter proficientibus, quoniam valde affinis est sublimiter excedentibus.

IX. Locum igitur initialis poenitentiae merito appellaverim nebulosum et caliginosum aut turbidum, ubi non videtur Dominus, non apparet lumen et gloria plebis Israel. Sed quid? Ignis, sulphur et spiritus procellarum pars calicis eorum qui digni sunt morte, ignis inferni, sulphur peccati, spiritus procellarum divini judicii. Agitur quippe in illa infelici conscientia jam quasi praesentialiter dies illa Domini, dies judicii. Jam apparet judex immoderate offensus, jam ardet mundus, datur sententia, tartarus aperitur. Non excidit a cogitatione, non potest avelli a memoria dies illa, dies irae, dies tribulationis et angustiae, dies calamitatis et miseriae, dies nebulae et turbinis, dies tubae et clangoris. Ira praedicat et indicat offensum judicem Deum, quem nemo praevalet sustinere etiam placatum ; tribulatio refertur ad tormentum accusantis conscientiae; angustia ad formidolosam praestolationem terribilis illius sententiae; calamitas ad damnationem, quae praeparata est malignis spiritibus ; miseria ad conjunctionem hominum cum ipsis daemonibus. Tenebras autem faciet luminarium subtractio, caliginem, concitati aeris turbulenta illa commotio; nebulam excitabit totius orbis conflagratio, turbinem vero omnium electorum confusio. Tuba pertinet ad ministerium angelorum, clangor ad impetum et subversionem omnium impiorum : qui cum sublati fuerint, timebunt angeli, et territi purgabuntur. Si ergo timebunt angeli, si justus vix salvabitur, ego impius in Deum, iniquus in proximum, homicida in meipsum, ubi apparebo ? Quo ibo a spiritu judicis ejus? et a facie ejus quo fugiam? Nemo eum potest declinare, nemo ei resistere, nemo eum fallere, nemo potest corrumpere, quoniam et ubique ipse est, omnipotens est, et optimus est. Idcirco meditatus sum nocte cum corde meo, consului rationem, allocutus sum conscientiam quid facto opus sit. Et dum anxiaretur spiritus meus et cogitationes meae conturbarent me, adfuit Spiritus consilii, et susurravit in auribus meis, quoniam Deus noster ipse est Deus salvos faciendi, et fons patens in ablutionem peccatorum et menstruatae, et petra refugium herinaciis ; vulneratus propter iniquitates nostras, attritus est propter scelera nostra, et livore ejus sanati sumus. Ideo omnis qui credit in illum, non confundetur, sed fides ipsa reputabitur ei ad justitiam, quoniam is in quem credimus peccata nostra pertulit in corpore suo super lignum. Intellexi consilium hoc non esse consilium Achitophel inimici David, sed consilium Chusi, qui sonat *silentium,* id est Spiritus sancti, qui sine strepitu verborum docet hominem scientiam.

X. Audita voce nuntii hujus, statim revixit spiritus meus, et quasi de gravi somno evigilans, exire coepi de loco illius nebulae et caliginis. Tunc dixit Dominus : *Fiat lux. Et facta est lux (Gen.* 1), quoniam dum habitarem in regione umbrae mortis, lux orta est mihi : *Et factus est vespere et mane dies primus (ibid.).* Non *mane et vespere,* sed *vespere et mane,* quia non prius quod spirituale est, sed quod animale; deinde quod spiritale. Ante istam diem, diem benignitatis, diem consolationis, nullatenus intelligere potui quoniam ad hoc ipsum : *In principio mihi creavit Deus coelum et terram (ibid.);* animam et carnem meam, ut in his duobus operaretur opera bona valde, et probaret mihi non argumentis, sed rebus, quoniam ipse est *qui facit mirabilia magna solus (Psal.* CXXXV). Nam et ante haec mirabilia ejus, *terra mea erat inanis et vacua (Gen.* 1). Inanis, quia tota dedita vanitati per gloriam temporalem, cum nequaquam exsultaret in Deum vivum, sed in vanis et ampullatis sermonibus, in argumentis et sophismatibus, et hujusmodi erat pars mea in diebus vanitatis meæ. Vacua quoque erat terra mea, quoniam totum exinanitum erat usque ad fundamentum in ea; nihil boni, nihil gratiæ in ea remanserat, præter id solum quod creatura Dei non esse non poterat. *Et tenebræ erant super faciem abyssi* illius interioris, super faciem conscientiæ peccatricis, tanquam velamen super faciem Moysi, quia obscuratum erat insipiens cor meum, et maculata mens et conscientia, et non potui ut viderem. Attamen *Spiritus Dei ferebatur super aquas* (Gen. 1), sicut pius, sicut misericors regens aquas fluctuationis et instabilitatis meæ, ne totus pereffluerem, ne peritum irem.

XI. *Et vidit Deus lucem quod esset bona (ibid.)*, lucem visitationis suæ, lucem illuminationis meæ, et divisit eam a tenebris, ut jam nulla sit participatio Christi ad Belial, nulla societas lucis ad tenebras. Et hanc lucem appellavit diem, in ea qui ambulat, non offendit; et illas tenebras vocavit noctem, quoniam in ea nemo potest operari. Et sic factus est *dies unus*, dies primus : unus, quia binarius ille, qui primus recessit ab unitate, non pertinet ad hanc diem; primus, quia in ordine profectus pœnitentialis, cum sex dies sint divinæ operationis, per quas quis transit ad Sabbatum contemplationis; earum prima dies ista, quæ habet vespere timoris et mane consolationis; et hac prima die, incipit homo ingredi locum illum intellectibilem, quem lucidum appellavi. Jam ne forte simplicitatem meam exponam risui eorum qui videntur sibi aliquid esse, et cum aliquid novum audierint, pro qualitate dicentis aut subsannant et detorquent, aut rumore secundo ferunt ad astra, non quia bene aut male sit dictum, sed quia a tali et tali sit editum. Noverit qui ejusmodi est quoniam loca ista quæ gratia Divinitatis, ad quam et in quam per ista tenditur, vocavi intellectibilia. Idcirco non debent videri absurda aut insolenter posita, quoniam Christum Dominum invenio apud doctores ecclesiasticos quamdam beatam regionem vocari, in qua pro diversitate animorum diversa utique possit intelligi qualitas mansionum. Inde est illud Augustini : *Sine omni controversia quædam regio est beatitudinis animi, ipse Deus.* Jam igitur miserante Christo locum hunc ingressus itinere unius diei, festinare cupio et velle mihi adjacet ordinate incedere per reliquas dies, usque ad Sabbatum, ubi solum et maxime datur vacare, sabbatizare, et videre quoniam suavis est Dominus, qui vivit et regnat per omnia sæcula sæculorum. Amen.

ERNALDI ABBATIS

LIBELLUS

DE DONIS SPIRITUS SANCTI.

(Galland., *Bibliqth. V. PP.*, t. XIV, p. 496.)

PROLOGUS.

Nemo cum hæc capitula viderit, exspectet ut legat tranctantem de sapientia Dei, secundum quod scriptum est : *Omnia in sapientia fecisti* (*Psal.* ciii), et iterum : *Attingit a fine usque ad finem fortiter, et disponit omnia suaviter* (*Sap.* viii); aut de intellectu, secundum quod scriptum est : *Intellexisti cogitationes meas de longe* (*Psal.* cxxxviii); sive de consilio, secundum illud : *Consilium Domini in æternum manet* (*Psal.* xxxii); et : *Quis cognovit sensum Domini, aut consiliarius ejus fuit?* (*Isa.* xl) seu etiam de scientia, qualis et illa : *Ecce, Domine, tu cognovisti omnia*, etc. *Mirabilis facta est scientia tua ex me; confortata est, et non potero ad eam* (*Psal.* cxxxviii). Ego enim mensuram meam cognoscens, propheticæ et apostolicæ gratiæ viris istiusmodi cedo tractatum, contentus de illa mensura donorum spiritualium, tenui licet sermone, tractare, quam Apostolus commendabat, quando dicebat : *Alii datur per Spiritum sermo sapientiæ, alii sermo scientiæ* (*Cor.* xii). Si quis sane offenditur, cum legerit scientiam ad humilitatem referri, meminerit me de illo Spiritu scientiæ agere qui requievit in Christo. Nam ante adventum Christi, scientia litterarum, scientia artium liberalium cæterarumque in mundo erat; sola perfectæ humilitatis scientia deerat. Homo per scientiam boni et mali seductus a diabolo, et hac ipsa scientia inflatus, nesciebat se humiliare homini; nesciebat et Deo. Deus igitur factus homo humiliavit se homini usque ad lavandos pedes ejus, humiliavit se Deo Patri usque ad obedientiam mortis; docuitque hominem humiliare se Deo, humiliare se et homini et Deo, homo Deus. Homo autem, quia se non humiliavit Deo, factus est miser et mortalis; si se humiliaverit autem, flet beatus et immortalis. Magna proinde scientia est, cum docetur homo humiliare se Deo : docetur enim miseriam et mortem evadere; quæ si non evaserit, nulla ei scientia proderit. Non est igitur absurdum scientiam Christi ad humilitatem referri. In quo *cum omnes thesauri sapientiæ et scientiæ* sint *absconditi (Coloss.* II), hanc tamen a se specialiter voluit disci. Si cui videtur nihil tanta materia dignum me dixisse, nec ego nego. Occasionem igitur melius dicendi dederim, cui isdem Spiritus dederit. Si cui vero placuerint quæ dicta sunt, oret, rogo, pro eo qui dixerit. Jucundum mihi est, piissime et amabilis frater, pio desiderio tuo obsequi, et de sanctis tecum Scripturis, licet indoctus, proferre. Unde et quæ vires meas excedunt, præsumpsi tibi promittere, dum delector ob amorem tui, tecum sermocinari. De Spiritus sancti quippe donis tractare, spiritualis viri est; et de divinis divinorum conscius debet eloqui. Verum quia spes nostra in Deo est, ipse qui facit magnorum fluviorum gurgites redundare, potest et in nostrum fonticulum aliquid distillare : quod sancta sitis tua non pro magno hauriat, non tamen penitus effundendum æstimet.

CAPUT PRIMUM.
De sapientia et intellectu.

1. Sunt igitur quatuor dona Spiritus sancti, sapientia scilicet et intellectus, consilium atque scientia, tantæ inter se vicinitatis, ut pene unum quid esse videantur. De his ergo voluisti ita tractari, ut claresceret quodlibet horum, in quo ab alio differret; placuitque in communi, ut etiam reliqua tria dona non penitus omitterentur, sed prout res posceret, loco et ordine suo etiam ipsa insererentur.

II. Fuerunt igitur viri quos sapientia Dei in tantum dignata est ut per eos immortalitas suis mortalibus, cum et ipsi mortales essent, innotesceret, præcepta ederet, præmia polliciraretur, minas intentaret, dispositiones pronuntiaret. Talis erat Moyses, talis Job, talis deinde Salomon, Joannes Baptista, Paulus apostolus, et horum similes quilibet. Isti itaque qui a sapientia Dei tanti æstimati sunt, ut absque homine mediatore in interius penetrale suum introduceret, familiaresque suos efficeret, spiritu sapientiæ irradiati atque glorificati sunt. Fuerunt itidem minoris quidem, sed tamen magnæ gratiæ viri, qui Spiritu sancto adjuti, illos sapientiæ familiares sublimiter et divine intelligere meruerunt, ipsisque quasi ducibus ac mediatoribus usi, cubiculum sapientiæ et ipsi intraverunt, familiaritatem ejus tametsi supparem consecuti sunt. Isti ergo qui illos primos sapientiæ familiares, claro præ cæteris intellectus oculo penetrare meruerunt, spiritu intellectus ditati sunt. Verum quia nunc talis sapientiæ viri aut omnino non sunt, aut certe valde rarescunt; cum tamen spiritum sapientiæ Ecclesiam deseruisse nullus sapiens dicat, præsertim Scriptura dicente : *Multitudo sapientium sanitas est orbis terrarum* (*Sap.* VI), videtur de sapientia, humaniore quodam, ut sic dicam, modo disserendum. Cum igitur Scriptura dicat: (5) *Ecce theosebia,* id est Dei cultus, *ipsa est sapientia,* quisquis Deum recta intentione, ac devota sedulitate colit, hunc vere sapere, hunc spiritu intelligentiæ agi credo. Quoti vero sint qui Deum pie et sancte colant, et tamen invisibilia Dei per ea quæ facta sunt intellecta non conspiciant, sempiternam quoque virtutem ejus ac divinitatem puto non facile æstimari posse. Probat hoc servorum Dei simplicium tanta numerositas, attestatur Liæ illius, quæ activam nobis vitam post formavit, numerosa fecunditas. Sicut ergo istos in spiritu sapientiæ excellere manifestum est eo ipso quo terrena non sapiunt, et ad fontem sapientiæ in siti currunt, ita in spiritu intellectus eos non eminere apparet, vel quia Scripturarum opaca non penetrant, vel quia ex creaturis Creatorem non intelligunt. Cum vero alicui ex his revelaverit Dominus condensa Scripturarum; nam et Rachel, licet paucissimos, pepererit, spiritui sapientiæ spiritu intellectus addito, augentur atque ditescunt. Verum notandum in ista divisione quod sapientia, quamvis vilior videatur, tamen utilior inveniatur; et intellectus, licet dignior æstimatur, impar tamen comprobetur. Nam et hæreticos quædam profunda Scripturarum mire intellexisse atque exposuisse in Patrum litteris invenimus; et philosophos per ea quæ facta sunt invisibilia Dei intellecta conspexisse Deumque cognovisse Apostolus attestatur. Quos tamen postea deformiter errasse, et usque ad colendam creaturam lapsos esse, idem ipse redarguit. Nam et Psalmista non absolute ait : *Beatus qui intelligit* (*Psal.* XL); sed addidit, *super egenum et pauperem* (*ibid.*), ut tunc solum intellectum prodesse declaret, si se ad humilitatem inclinaret, si paupertatem suam intimam non dissimularet, si Christi pauperibus compati atque servire amaret. Cumque sibi ipsi intellectum a Deo petiisset, dicens : *Da mihi intellectum* (*Psal.* CXVIII), statim subjunxit, *ut discam mandata tua* (*ibid.*). Sed et in alio loco de intellectu agens, non eum absolute bonum (*Psal.* CX), sed *omnibus facientibus eum* (*ibid.*), bonum esse pronuntiavit. Sapientia vero de qua agimus, in tantum bona est, ut omnes sectatores suos faciat bonos, nullusque nisi per eam efficiatur bonus. Et ipsa quidem sine intellectu isto sufficit ad salutem, cum ipse intellectus nisi a sapientia dirigatur, magis elonget a salute. Quæ cum ita sint, videtur forte contrarium, quod paulo ante dixi, quia cum spiritu sapientiæ pollentibus, spiritus intellectus additur, augentur atque ditescunt. Et tamen contrarium non est; nam si alicui aurum habenti summa argenti conferatur, opes ejus utique augentur et crescunt; neque etiam quia sapientiam pluris facimus, ideo intellectum, magnum esse bonum negamus. Utinam omnis homo intelligeret, ut bene ageret!

CAPUT II.
De consilio secundum quod a Scriptura dividitur in præceptum et consilium.

Hactenus de sapientia et intellectu, exinde de consilio agamus. Est autem res pretiosa consilium utile accipienti, salutare danti, in prælatione

---

(5) Alludit, ut videtur, verbis Eccl., cap. I, 26 : *Initium sapientiæ timor Domini.*

positis congruum, in tribulatione constitutis necessarium. Constat autem in Scripturis alia secundum præceptum, alia secundum consilium Dei : secundum consilium, ut facultatibus terrenis abrenuntiemus; secundum præceptum, ut conjugio contenti, adulterium non faciamus; secundum consilium, ut mulierem non tangentes, virgines permaneamus; secundum præceptum, ut crapula non gravemur, vino non ebriemur; secundum consilium, ut carnem non manducemus, et vinum non bibamus. Sunt autem multi in plebeiis constituti, qui Deum quidem præcepta ejus faciendo fideliter colant, ad consilium tamen non assurgant. Isti ergo spiritu sapientiæ pollent, sed spiritum consilii non accipiunt. Videmus alios in spiritu intellectus eo usque profecisse, ut profunda Scripturarum non modo ipsi intelligant, sed et aliis intelligenda tradant; unde et divini, quia divina docent, jam vulgo appellantur. Consilium autem dispergendi divitias et dandi pauperibus, adeo refugere ut ipsum spirituale donum intellectus quod meruerunt, ad carnales divitias contrahendas violenter, heu miseri! intorqueant. Legunt et exponunt : *Divitiæ si affluant, nolite cor apponere (Psal.* LXI). Et eo ipso, quo hoc legunt et exponunt, ut divitiæ sibi affluant, cor apponunt. Istis ergo cum spiritus intellectus adsit, spiritus consilii deest. Sunt vero qui spiritu sapientiæ et intellectus afflati, ad spiritum quoque consilii se erigentes in tantum, sed quadam timiditate atque ignavia, seu infirmitate animi deprimuntur. Unde bene post spiritum consilii spiritus fortitudinis introducitur, quia revera magna fortitudine opus est, ut quis non solum usque ad convexa præceptorum, sed etiam usque ad cacumen consilii ascendat in montem Domini.

CAPUT III.

Item de consilio, scilicet secundum quod opus est spiritu consilii his qui aliis consulere debent.

1. Hactenus de spiritu consilii, secundum quod consilium accipitur, egimus : de spiritu quoque fortitudinis, paucissima, velut pro loci sui necessitate, subteximus. Nunc de consilio, secundum quod datur, videamus. Sciendum est igitur, non solum ut quæ scientia sit sciamus, verum etiam ut ex his quæ scimus necessaria tempore opportuno nobis occurrant, consilio Spiritus sancti esse opus. Postquam ergo spiritum scientiæ, ut Deum sinceriter colamus, acceperimus; postquam spiritum intellectus ad penetranda Scripturarum mysteria meruerimus, restat ut cum consilium a nobis quæritur, prius ipsam quærentis personam qualitatem, professionem, prudenter æstimare noverimus. Ac si demum spiritu consilii adjuti de latitudine Scripturarum tale consilium depromamus, quod et audienti proficiat, et nulli alii officiat. Deinde vel exemplis Scripturarum, vel rationis firmitate, vel similitudinum adaptatione quam præsumpserimus sententiam munire oportet, donec quærenti satisfactum sit. Oportet etiam ut affectus nostros ad affectum illius immutemus, et sive lætus tristes, sive tristis lætos invenerit : dum nos vel læto congaudere, vel tristi compati viderit, fidele fore nostrum consilium credat, ac per hoc libentius cedat et acquiescat. Et ad hoc nisi spiritu consilii adjuvetur quis idoneus, videas aliquando virum spiritu sapientiæ et intellectus præditum, dum consilium ab eo quæritur, obmutescere, et quadam mentis gravedine deprimi, et nihil gratum, nihil acceptabile, audienti posse proferre. Videas eumdem ipsum alio tempore sanum consilium proferre, exemplis Scripturarum elucidare, rationis copia comprobare, similitudinum coaptationibus confirmare. Unde in uno eodemque homine ista diversitas? Nisi quia spiritus consilii secundum sibi nota dicentis et audientis merita, secundum sibi soli nota altitudinis suæ consilia, efficaciam suam nunc retrahit, nunc emittit. Hoc etiam spiritu consilii opus esse credo, ut ipsum consilium tam modeste, tam convenienter proferamus, ut ipse modus proferendi, consilio prolato loco sit boni condimenti. Porro si talis sit causa de qua consilium quæritur, ut consilium ejus in Scriptura divina non habeatur, tale oportet per spiritum consilii consilium inveniri, cui divina Scriptura contraria non inveniatur. Neque enim incredibile est, sapientiam Dei voluisse in Scripturis sanctis, tot et tantis humanarum miseriarum eventibus consilio obviare, ob hoc ut spiritui consilii locum suum reservaret. Nam dum homo homini consulit, pax et concordia hominum, ac per hoc salus et utilitas crescit. Denique cum scriptum sit : *Magnus Dominus noster, et magna virtus ejus, et sapientiæ ejus non est numerus* (Psal. CXLVI), consequens videtur ut omnis sapientia Dei in Scripturis quantislibet comprehensa sit. Quin potius credibile est semper restare quid de ea possit scribi, quoniam ipsa nullo scripto potest comprehendi. Quæ si ita sint, scivit ipsa sapientia Dei et multipliciter in Scripturis sacris consiliis abundare, et tamen locum suum spiritui consilii reservare. Hinc est quod videmus et aliquos litteras ignorare, et bonum ac sanum consilium dare. Certe Salomon legem legerat, spiritu sapientiæ et intellectus præ filiis hominum pollebat : et tamen, ut legitur, quorumdam seniorum consilio cuncta faciebat, explorans nimirum vir sapiens quid sibi responsi de abdito suo, id est de pectore senum, spiritus consilii depromeret. Hæc ergo ad hoc nobis proficiant, ne quis, etiam si religiose vivendo Deum colat, quod est sapientis, si Scripturarum obscura penetret, quod est intellectus, consilium, utpote sibi non necessarium, fastidire præsumat. Sane his qui de divinis Scripturis consilium dant, sciendum est in eisdem Scripturis non omnibus omnia dici, sed multas sententias earum, pro personarum seu temporum varietate opportune intelligi. Verbi gratia : *Cum vos persecuti fuerint, ait Dominus, in civitate ista, fugite in aliam* (Matth. x), qui hoc generale præceptum et quod nulli prætermittere

dicere esse voluerit primum et præcipuum inter omnes martyres, martyrem Stephanum prævaricationis arguet, quia non fugerit, sed magnanimiter stando magnifice coronatus sit. Arguet et ipsos egregios gregis Dominici arietes apostolos, qui in eadem persecutione, cæteris per regiones Judææ et Samariæ dispersis, in tanto turbine nequaquam cessisse fugiendo, sed manendo stetisse referuntur. Sed hoc quantæ temeritatis sit quis non viderit? Intelligendum est; ergo hoc præceptum fugiendi infirmis et ad martyrii certamen imparibus datum esse, aut certe illis illius temporis prædicatoribus qui, Judæis verbum Domini repellentibus et indignos se æternæ vitæ judicantibus, conversi sunt ad gentes. Si ergo in tempore persecutionis aliquis, levitatis aut temeritatis spiritu actus, consilium quæsierit, fugiat subeatve certamen: tu vero ad proprium provocaveris, et ille non sufficiens Christum negaverit, vide ne consilio tuo illum perdideris quo pro Christus mortuus est. Si verus quilibet Christi athleta consilium quæsierit, tu autem eum dehortatus, fugam magis persuaseris, consilium tuum coronam ei de capite detrahit. Similiter si quem temere ad abrenuntiationem sæculi provocaveris, et illud retro respiciens, aut ex toto ad vomitum suum redierit, aut certe vita ejus et conversatio, bonorum fratrum dolor et persecutio facta fuerit, necesse est ut consilii tui te pœniteat, quod spiritus consilii non regebat. Necessarius ergo est spiritus consilii, etiam eis qui per spiritum intellectus Scripturas sanctas meruerunt penetrare, ut noverint ex eis prudenter conservis suis, unicuique secundum propriam virtutem, cibaria dispensare. Puto Noemi illam de libro Ruth non sine spiritu consilii nuribus suis, cum se sequi vellent, reditum ad suos persuasisse, ne, dum eam pudore, non judicio sequerentur, secutas se esse citius pœniterent. Noluit illis solatium perpetuum polliceri, sed reditum ad suos magis persuadere, cum tamen infida et inconstans nurus se perdidit. Sic, sic illo spiritu consilii adjuta, et in fide consilii nurus omnis liberata et solatio suorum gratulata est. Si hanc discretionem plerique nostri temporis prælati in admittendis fratribus et scirent tenere, et vellent, cum paucioribus quidem, sed cum pace Deo servirent. Melior est, inquit Sapientia, unus timens Deum, quam mille filii impii (Eccli. XVI).

II. Optime sane post spiritum sapientiæ et intellectus, spiritus consilii ponitur, quia qui utrolibet horum caruerit, ad consilium dicendum impar erit. Nam et qui Deum colendo vere sapit, si Scripturarum dispensationes non intelligat, secundum religionis suæ fervorem de cunctis judicans, in consulendo falli potest. Nihilominus et qui Scripturas intelligit, nisi Deum amando et colendo sapiat, difficile est ut hoc alii consulendo persuadeat quod ipse non amat. Restat ergo ut qui spiritu sapientiæ et intellectus caret, spiritum consilii sibi non arroget. Spiritu autem consilii pollens, spiritu quoque fortitudinis fulciatur necesse est ut, si alicui bonum consilium dederit, et aliqua inde adversitas oborta fuerit, non frangatur; sed in Domino confidens viriliter agat, donec bonum consilium ad effectum perducatur. Porro si in consilio suo auditus non fuerit, nihilominus spiritu fortitudinis oportet regatur, ne, velut Achitophel, pusillanimis effectus, qui aliis consulebat erga seipsum inconsulte agens, perdatur.

CAPUT IV.
Quod spiritus consilii prælatos specialiter deceat.

Sane quod spiritus consilii magis prælatos deceat, Scriptura docet dicens: *Interroga patrem tuum, et annuntiabit tibi* (Deut. XXXII). Quia enim per ipsa bonorum suorum insignia plurimis innotescunt, plures ab eis consilium petunt. Et in Veteri quidem Testamento multifariam multisque modis Deus et consulebatur et respondebat; et nunc potius, populi Dei tam numerosi consilium penes prælatos ipsius est. Quocirca necesse est ut in prælatis maxime spiritus consilii vigeat. Quorum ad consulendum alii non sufficit, vel in hoc spiritum consilii habeat, ut consilium a sapiente perquirat et perquisito credat. Si autem hoc facere despexerit, illud evangelicum restat: *Cæcus si cæco ducatum præbeat, ambo in foveam cadunt* (Matth. XVI); et illud: *Si autem lumen quod in te est tenebræ sint, ipsæ tenebræ quantæ erunt?* (Matth. VI.) Verumtamen quia Dominus illuminat cæcos, adeat Dominum, et dicat ex totis præcordiis suis: *Deus meus, illumina tenebras meas!* (Psal. XVII.)

CAPUT V.
Quod in tribulatione positis pernecessarium sit opus consilii.

In tribulatione autem positis pernecessarium est consilium, ne scilicet ipsarum tribulationum molestiis victi, inconsultum aliquid agant, unde Deum offendant, ac per hoc majores sibi non in præsenti tantum, sed et in futuro tribulationes gignant. Est autem unicum in tribulatione positis consilium. *Invoca me in die tribulationis, et eruam te, et honorificabis me* (Psal. XLIX). Verum quia inaniter Deum voce invocat qui eum male vivendo irritat, tunc præcipue et vitæ corrigendæ opera danda est, juxta illud: *Tribulatio et angustia invenerunt me, mandata tua meditatio mea est* (Psal. CXVIII). Difficile autem, imo impossibile est ut quis in tribulatione positus, si Deum fideliter invocaverit, faciemque ejus sacrificio justitiæ placaverit, consolationem non mereatur divinam. Tantum non perdat sustinentiam. *In die*, inquit, *tribulationis meæ Deum exquisivi, manibus meis nocte contra eum, et non sum deceptus* (Psal. LXXVI). Sed quidam nisi cito liberati fuerint, deficiunt, ut illi de quibus scriptum est: *Cito fecerunt, obliti sunt operum ejus, non sustinerunt consilium ejus* (Psal. CV), nequaquam attendentes, quia et beatus Jacob diu in gravi luctu fuerit, et sanctus David crebris sibi invicem succedentibus tribulationibus probatus sit. Tobias etiam adeo justus et pius, ac secundum nominis sui interpretationem *bonus Domini*, juxta quædam exemplaria, quatuordecim annis cæcitatem sustinuerit. Est autem et hoc in tribulatione positis utile, ut meminerint servis Dei in hoc duntaxat sæculo constitutis, ubicunque fuerint, tribulationem non deesse. Unde et beatus Petrus: *Scientes*, inquit, *eamdem passionem, ei quæ in mundo est vestræ fraternitati fieri (I Petr.* v). Nonnulli namque positi in tribulationibus, mederi sibi putant loci mutatione, sed infidum est hujusmodi remedium, et aliquando vertitur in contrarium. Novimus enim loca, in quibus quondam pax et religio floruerant, scandalis postea et doloribus oppleta fuisse, ita ut in eis illud beati Job impleretur : *Terra de qua oriebatur panis in loco suo, igne subversa est (Job* xxviii), illud quoque Isaiæ : *Omnia desiderabilia nostra versa sunt in ruinas (Isa.* LXIV). Novimus et alia scandala prius, et infamia scandalis loca, post, respectu Dei et pacis enituisse gratia, et virtutum redoluisse fragrantia. Quibus illud Isaiæ aptari potest : *In cubilibus in quibus prius habitabant dracones, orietur viror calami et junci (Isa.* xxxv). Ita adhuc quotidie et Libanus vertitur in Charmel, et Charmel in saltum reputatur. Non est igitur certum consilium in tribulatione positis mutatio locorum, quia et ad quæ fugiunt loca gratia Dei destitui, et quæ fugiunt Dei possunt respectu restitui. Certissimum autem his consilium est in Deum sperare, Deum invocare, Deum obsequendo placare, Dei bonitatem longanimitate exspectare. Si quid vero humanum ingenium adinvenire potuerit, quod iniquum non sit et sibi in tribulatione prosit faciat. Nam David per Chusi consilium Achitophel dissipavit, et Apostolus a fratribus in sportam missus evasit, et dissensione inter persecutores suos missa tribulationem suam allevavit. Quia vero quoque audivimus ita nunquam una tribulatio succiditur, ut alia non succrescat, spiritus fortitudinis semper est necessarius, ne deficiamus in tribulationibus.

CAPUT VI.
Item subtilius et altius de spiritu consilii.

Hactenus de spiritu consilii quadrimoda distinctione tractatum est. Verum quia hæc consilia et bonis et malis communia sunt, cum ad consilium pauci, et hi sapientia et fide præstantes soleant admitti, est præter hæc unum et secretum, et cujus boni et electi tantum conscii sint, Spiritus sancti consilium, illa videlicet interna inspiratio ejus, qua suis consulit diaboli insidias et peccati laqueos vitare, mala præsentis exsilii æquanimiter tolerare, bona cœlestis patriæ geminibus inenarrabilibus suspirare, indefesse ad hæc piorum operum præmia festinare, pro salute concivium suorum anxiari, in recordationem vultus Domini sui, dulci amaritudine lacrymari. Hinc quidam Sapiens, cum beneficia Dei erga justum commemoraret: *In absconditis*, inquit, *illius consiliabitur (Eccli.* xxxix). Hinc Dominus per Prophetam : *Nunc quare mœrore consumeris? Nunquid rex non est tibi, aut consiliarius tuus periit? (Matth.* IV.) Ac si dicat : Nequaquam te desperabili mœrore conficere debes, cui et Christus rex est, et quæ interno sancti Spiritus consilio destituta non es. Magna enim spes est animæ, quæ hoc consilium audire meruerit, sicut et ingens metus ei quæ ab illius auditione obsurduerit. Hinc Psalmista : *Deus*, inquit, *meus, ne sileas a me (Psal.* xxvii). Et ut ostenderet quid periculi immineret ei, a quo Deus sileret: *Nequando*, ait, *taceas a me; et assimilabor descendentibus in lacum (ibid.).* Homo quippe superbia exigente, interno illi Dei consilio destitutus, suo autem consilio dimissus, descendentibus in lacum assimilatur, quia in peccati voraginem lapsis, et ipse paulatim tepescendo et labendo coæquatur. Qui ideo non cadentibus, sed descendentibus in lacum assimilari dicitur, quia ut ipse casum suum ignoret, sensim ac minutatim, donec in peccati profunda perveniat, labitur. Verum nec tunc desperare, sed de profundis ad Dominum debet clamare, et exspectans exspectare, donec educat eum de lacu miseriæ : ubi et spiritus fortitudinis permaxime necessarius est, cujus ope et virtute, de lacu miseriæ, de peccati scilicet amore et consuetudine, anima emergat. Nam et ad Dominum clamare, et omni nisu debet ipsa conari, quia neutrum horum sine altero potest eam juvare. Multo autem et facilius et felicius est quid, ne cadat, cavere, quam post casum eluctari : *Si populus*, inquit, *meus audisset me, Israel si in viis meis ambulasset; pro nihilo forsitan inimicos eorum humiliassem (Psal.* LXXXVIII).

CAPUT VII.
De scientia, ubi ostenditur spiritus scientiæ, quæ in Christo requievit, ad humilitatem maxime pertinere.

1. Nunc de spiritu scientiæ videamus. Nomen scientiæ commune est, quia et in magnis et in minimis rebus ponitur. Sed hic de illa scientia sermo est, quæ Spiritus Dei præcipuum donum est, quæ in Scripturis scientia Dei vocatur, quæ apponit dolorem, de qua dicitur : *Recedere a malo, scientia (Job* xxviii). Tanta est igitur scientiarum diversitas, ut scientia inflet, scientia dolorem apponat; cum inflatio superbia, dolor vero non modo humilitas, sed et profunda humilitas sit. Quantumcunque itaque sciat, et quantumcunque infletur, sciat quod a Dei scientia adhuc longe est qui aut pro peccatis suis, aut pro hujus exsilii prolongatione non dolet, quia qui apponit scientiam, apponit dolorem. Nescit enim qualis sit pulchritudo justitiæ, qualia bona Domini in terra viventium, qui horum adhuc exsors manet, et non dolet. Sed et si quis pro peccatis doleat, et tamen ab his non recedat, nec iste perfectam scientiam obtinet, quia recedere a malo, scientia est. Quocirca ille probatur scientiam Dei scire qui et pro peccatis scit dolere, et a peccatis noverit recedere. Porro hæc scientia, et ab humilitate incipit, et in humilitate perseverat. Et ideo ubi de scientia Spiritus Dei agitur, libenter scientiam humilitatis accipio, quia ille scientiarum dominus, ille magister unus, a se specialiter disci

mandavit, dicens : *Discite a me quia mitis sum et humilis corde (Matth. XI).* Non solum autem verbo, sed et facto pariter et verbo, quanti scientiam humilitatis faceret ostendere curavit. Humilians quippe se Deus ad pedes hominum, cum venisset ab beatum Petrum ; ille vero alta quidem humilitate, licet necdum omne mysterium humilitatis edoctus, a tali ministro tale recusaret ministerium, ait : *Quod ego facio, tu nescis modo ; scies autem postea (Joan. XIII).* Nescientem dicit, quem necdum humilitatis scientiam ad plenum didicisse scivit, et de humilitate disserturus, scientiam praemittit. Quae ne parva videatur, non eam mox effundit ; sed in futurum differens, auditorum mentes ad ejus exspectationem suspendit. Postquam autem lavit pedes eorum, illis jam ad nihil aliud intendentibus, sed ad solum sermonem ejus intentis, auctoritatem suam primo commendat, se magistrum, se Dominum et vocari et esse contestans. Novit enim cordis humani cognitor quanti superbus homo talem doctrinam faceret, si alius quam talis magister eam proferret. Nec inconsulte prius virtutibus ac prodigiis Deum se credi fecit, et sic humilitatis scientiam docuit, quia revera nullus scientiam promittenti et aliud non docenti crederet, nisi ipse prius Deus creditus fuisset. Summa autem doctrinae haec fuit, ut sicut Dominus servis, sic servi conservis pedes lavarent, Deinde intulit : Si haec scitis, beati eritis, si feceritis ea. Quae rogo haec ? pedes lavare, quasi vero facile inveniri possit qui hoc non noverit. O scientia abscondita a sapientibus et prudentibus, et revelata parvulis ! O scientia, quam omnes videntur scire, et perpauci merentur attingere ! *Stultum enim Dei sapientius est hominibus (I Cor. I).* Et quid Stultum Dei, nisi quia *Humiliavit semetipsum factus obediens usque ad mortem, mortem autem crucis ? (Philipp. II.)* Unde idem Apostolus : *Nos, inquit, praedicamus Christum crucifixum, Judaeis quidem scandalum, gentibus autem stultitiam (I Cor. I).* Nam si quis se magistrum profiteretur, cum vero tempus pollicitationis adesset, pedes lavare doceret, quis eum non irrideret, quis non eum stultum crederet ? *Si quis ergo, ut Apostolus ait, voluerit sapiens esse, stultus fiat, ut sit sapiens (I Cor. III),* humilis fiat, ut beatus sit. Si haec, inquit, scitis, beati eritis, si feceritis ea.

II. Scientia saeculi in verbis est eloquentiae, scientia Christi in factis humilitatis : scientia saeculi, ut alius alium verbis concludat ; scientia Christi, ut frater fratri per humilitatem serviat. Hanc igitur, Domine, *scientiam doce me, quia mandatis tuis credidi (Psal CXXIII) ;* quam tanti facere dignatus es, ut propter ejus commendationem, Deus homini pedes lavares. Videre nunc et stupere erat eum qui respicit terram et facit eam tremere ; sub quo curvantur qui portant orbem ; in cujus nomine omne genu flectitur coelestium, terrestrium et infernorum, et genua sua flectere et totum corpus incurvare ad lavandos pedes hominum, ad cujus pedes lavandos vix unus in mundo dignus inveniri posset homo. Alioquin hic quo inter natos mulierum non surrexit major, indignum fatetur se calceamenta ejus portare, necdum pedes lavare. Mirentur alii eum ventis imperantem, super mare ambulantem, mortuos vivificantem ; aequissimum enim est et omnium in dicto decens ac congruum ut Creator creaturae suae dominetur et imperet. Ut vero aeternus ille Deus, ille magnus Dominus, ille cujus nutibus cuncta serviunt, ad serviendum mortali homini et fragili sese incurvet, hoc ab omni creatura cum ingenti admiratione, cum admirabili devotione suscipiendum est, hoc a nulla creatura sine quodam pio pavore audiendum est ; sed et in lacrymas debent resolvi pii servi, recogitantes tantam humilitatem Domini sui. Et hoc totum ob id solum factum est, ut homo scientiam humilitatis doceatur. His igitur considerationibus adductus sum, spiritum scientiae qui in Christo est, ad humilitatem referre : quod uberius ostendi potuisset, si diutius in his immorari visum fuisset. Hoc autem adhuc notandum videtur nequaquam sine causa in pedum ablutione humilitatem expressam fuisse, quam constat actionum nostrarum gressus emundare. Videat quisque utrum velit accipere scientiam Christi ad humilitatem praecipue pertinere. Hoc certe nullus qui Christo credit, potest negare, humiles majorem caeteris Dei scientiam habere, attestante ipso : *Quia abscondisti haec a sapientibus et prudentibus, et revelasti ea parvulis (Matth. XI).* Item cum Dominus dicat : *Super quem requiescet spiritus meus, nisi super humilem ? (Isa. LXVI,)* Constat nimirum requiem, quae est in Spiritu sancto, superbis ignorantibus, humiles et experiri et scire. De qua his quos scientia inflat, recte dicitur : *Ipsi vero non cognoverunt vias meas, quibus juravi in ira mea : Si introibunt in requiem meam (Psal. XCIV).* Caeterum si quibus adhuc durum videtur scientiam Christi humilitati deputare, legant qualiter antiqui et sancti Patres illam Domini sententiam exponant, qua dixit Judaeis : *Tulistis clavem scientiae (Luc. XI),* et sic fortasse acquiescent.

CAPUT VIII.
De spiritu pietatis.

Attestantur et duo extrema dona quae restant, pietas et Dei timor, quae nonnisi umbra humilitatis sunt ; sed alterum ad homines, ad Deum alterum. Nemo enim proprie ad seipsum dicitur pius, sed ad eum erga quem pio movetur affectu, cuique indigenti ea quae charitatis sunt pie impendit. Ponitur et pietas in Scripturis pro omni religione ; sed talis pietas non tam unum speciale est donum quam ex omnibus septem constat donis. Secundum hoc pietatis genus, et Deus erga hominem pius appellatur, quia ad erigendum eum de stercore miseriae suae, mira pietate inclinatus est, cujus rei mysterium, in arcu qui positus est in signum foederis inter Deum et terram, ne ultra diluvio dissipetur, praecessisse credo ; siquidem de Christo Pater per prophetam dicit : *Dedi te in foedus populi (Isa. XLII).* Cum igitur

Christus in fœdus populi detur, arcus vero in signum fœderis ponatur, nimirum constat quia arcus Christum significat. Arcus in signum fœderis ponitur, ne diluvium ultra terram dissipet; Christus in ipsum fœdus datur, ne Ecclesiam credentium in eum ira Dei cum reprobis perdat. Nam salvo eo quod baptismus per diluvium significari traditur, et iram Dei per ipsum figurari Ecclesiasticus liber testatur dicens : *Quomodo cataclysmus aridam inebriavit; sic ira ipsius gentes quæ eum non exquisierunt hæreditabit (Eccli.* xxxix). Porro de arcu ita dicitur : *Vide arcum, et benedic qui fecit illum; valde enim speciosus est in splendore suo (Eccli.* xliii). Spéciositatem commendat in arcu, et utique Sapientia Dei speciosior est sole. Christus speciosus forma, præ filiis hominum. Hinc et sponsa : *Totus,* inquit, *desiderabilis (Cant.* v). Et Petrus inquit : *In quem desiderant angeli prospicere (I Petr.* 1). Ipse autem Pater : *Hic est Filius meus dilectus, in quo mihi bene complacui (Matth.* xvii); et propheta de splendore ejus : *Splendor,* inquit, *ejus ut lux erit (Habac.* iii). De hoc arcu in eodem cantico : *Suscitans,* inquit, *suscitabis arcum tuum (ibid.).* Et exponens quis ille sit arcus . *Juramenta,* ait, *tribubus, quæ locutus es (ibid.).* Per semetipsum namque juravit Dominus Abrahæ, quia in semine tuo, scilicet Christo, benedicerentur omnes gentes terræ. Et in psalmo : *Benedicentur in ipso omnes tribus terræ (Psal.* lxxi). Quod si quis putaverit prolatum testimonium neque ad Christum pertinere, neque ad gentes, quia dicitur *juramenta tribubus quæ locutus es* (tribus enim revera de Judæis magis quam de gentibus dici solent) meminerit illius Davidici : *Illuc enim ascenderunt tribus, tribus Domini (Psal.* cxxi) : has enim tribus nemo sapiens ad carnalem magis quam ad spiritualem Israel pertinere dicturus est. Et hoc nihilominus , in Apocalypsi quod legitur : *Iris erat in circuitu sedis (Apoc.* iv), ipsum esse credo quod in psalmo legitur : *Dominus in circuitu populi sui (Psal.* cxxiv). Sedet enim in sede sua, ut doceat; circumdat sedem suam, ut protegat. Ut autem quod ad spiritum pietatis proprie pertinet, præferamus, arcus ille speciosus a cœlo usque ad terram se curvat; et Filius Dei a summo cœlo egrediens, pietate mirabili usque ad susceptionem mortalitatis et mortis nostræ sese humiliat, et non solum usque ad terras, sed etiam usque ad inferna pro nobis descendit.

CAPUT IX.
De spiritu timoris Domini.

Jam vero timor Dei, nihil est aliud nisi humilitas. Verum hic non illa accipitur, qua nos foris proximis propter Deum, sed qua intus in conscientia ipsi nos humiliamus Deo. Qui recte septimo loco, eodemque summo ponitur, quia illa humilitas alta est, cum quis et quantum ad hominum et quantum etiam ad proprium judicium perfectus est, et tamen ad judicium Dei adhuc timet, adhuc securus non est. Talis erat apostolus Paulus; nam quia neque alius neque ipse quid in ipso reprehenderet invenire potuit, fiducialiter dicebat : *Mihi pro minimo est ut a vobis judicer, aut ab humano die; sed neque me ipsum judico. Nihil enim mihi conscius sum (I Cor.* iv). Quia vero sub Dei judicio, adhuc timens, securitatem sibi minime arrogabat. *Sed non,* inquit, *in hoc justificatus sum : qui enim judicat me, Dominus est (ibid.).* Est quippe et alius timor qui non est in charitate, quia perfecta charitas foras mittit timorem. Sed aliud est, dum is qui graviter offendit, timet ne pereat; aliud dum is qui placet, timet ne vel in minimo offendens , minus placeat. Iste igitur timor veræ Dei scientiæ documentum est, quia ille vere Deum scire probatur, qui usque ad perfectum ejus timorem humiliatur. Qui enim adeo amat, ut vel in parvo offendere magnopere timeat, de hoc tempore bene potest accipi quod scriptum est : *Beatus homo qui semper est pavidus (Prov.* xxviii). Ideo namque ponitur, semper, ne unquam, quoad vivit, de justitia præsumens, dum non timet neque cavet, cadat. De hoc tempore in Ecclesiastico Scriptura est : *Magnus qui invenit sapientiam et scientiam; sed non est super timentem Deum (Eccli.* xxv). Timorem Dei super omnia superposuit. Beatus cui donatum est habere timorem Dei !

CAPUT X.
De scientia cæterisque donis.

Igitur scientiam litterarum, scientiam artium diversarum non negamus esse scientiam. Verum sicut is qui necessaria corporis sibi suisque scit providere, dominorumque, vicinorumque suorum gratiam habere, honeste secundum hoc sæculum gerere apud homines sapiens vocatur : et cum omnis sapientia a Domino Deo sit, ille tamen si in æternis sibi suisque prospiciendis, non sapuerit, spiritum sapientiæ accepisse dicendus non est, ita ille qui litteras, qui artes, qui ipsas etiam divinas litteras scit, quandiu se humiliare, ad faciendum bonum quod scit, nescit, si spiritum scientiæ sese accepisse confidit, seipsum decepit. Neque enim talis scientiæ spiritus super Christum requievit, de quo legitur quia *cœpit facere et docere (Act.* 1). *Qui enim dicit se nosse Deum, et mandata ejus non custodit, mendax est (I Joan.* ii). Quid habet, inquit Salomon, *sapiens amplius a stulto, et quid pauper, nisi ut pergat illuc ubi est vita ? (Eccli.* vi.) Hoc solo discernens sapientem a stulto, quod humiliter benefaciendo, unde et pauperem eum vocat, ad vitam pergit : quo ille pergere, aut nescit aut contemnit. Hæc utinam adverterent qui , dum de conversione monentur, ad discendum malunt ire; vel post conversionem, occasione discendi, ad vomitum volunt redire : discerentque magis faciendo discere quam discendo non facere. Hæc de septem donis, secundum quod in membris Christi requiescunt, dicta sunt. Quomodo vero in ipso capite nostro requieverint, ipsi et si quibus ab ipso revelatum fuerit videamus. Sapientia tamen et scientia quæ frequentius in Scripturis ponuntur, secundum quod in eo requieverunt, facile discerni possunt. Sapientiam quippe habuit, quia Patris voluntati per omnia obediendum esse sapuit. Habuit et scientiam, quia nihil præsens, nihil præteritum, nihil futurum, sive in humanis, sive in diabolicis, sive in angelicis, sive in divinis rebus, eum latuit. Habeat igitur quisque spiritum sapientiæ, ut Deum colat; spiritum intellectus, ut Scripturas investiget; spiritum consilii, ut de iis alii consulat; spiritum fortitudinis, ut seipsum ad fortia virtutum opera accingat; spiritum scientiæ, ut quidquid fecerit, sine humilitate nihil esse sciat; spiritum pietatis, quo ipsa humilitatis opera fratribus præimpendat; spiritum timoris Dei, quo in his omnibus, non in suis operibus, sed in ipsius misericordia confidat.

CAPUT XI.

Comparatio septem primorum dierum cum septem Spiritus sancti donis, imprimis de primo die, comparato cum spiritu sapientiæ.

Videamus nunc an forte his septem intimis quotidianisque Spiritus sancti operibus septem primorum dierum opera aliqua similitudine congruant. Primo die facta est lux, et de sapientia quidam Sapiens dixit: *Proposui pro luce habere illam, quoniam inexstinguibile est lumen illius* (Sap. vii). Cum ergo quis ad Deum colendum illuminatur, in eo lux nova creatur. Unde talibus Apostolus: *Fuistis*, inquit, *aliquando tenebræ, nunc autem lux in Domino* (Ephes. v). Hoc generaliter in adventu Christi per totum mundum factum est, quando Deus Dominus venit et illuxit nobis. Hoc sigillatim quotidie fit in unoquoque, qui reminiscens et convertens se ad Dominum, abjicit opera tenebrarum, et ambulat ut filius lucis, in omni bonitate et justitia et veritate. Siquidem in Genesi prius tenebræ, et postea lux a Domino facta esse describitur (Gen. i).

CAPUT XII.

Comparatio secundæ diei cum spiritu intellectus.

Secundo die factum est firmamentum quod divideret aquas ab aquis, et vocatum est cœlum: quod dono intellectus satis congruit. Et psalmus ait: *Qui fecit cœlos in intellectu* (Psal. cxxxv). Per aquas namque Scripturæ sanctæ scientia designatur: unde propheta prævidens in adventu Christi Scripturarum mysteria reseranda, ad earum intelligentiam provocabat, dicens: *Omnes sitientes, venite ad aquas* (Isa. lv). Sed aquæ istæ divisionem habent, quia pars earum spiritualibus, pars carnalibus congruit. Cum enim Scriptura de munditia cordis, de virginitate carnis, de compunctione amoris, de meditatione spirituali, de æternitatis contemplatione disserit, et de spiritualibus imitanda proponit, aquas superiores super firmamentum constituit. Aut cum uxorem diligere, parentibus obedire, malum proximo non facere, pecuniam ad usuram non dare, necessitatibus sanctorum communicare : infirmis aquas sub firmamento ponit. Istiusmodi namque præcepta a spiritualibus transcendi debent. Ipsi siquidem spirituales, quia conversatio eorum in cœlis est, cœlum recte vocantur; et super firmam petram fundati, tentationis tempore non recedunt. Quia ergo ad spiritum intellectus pertinet hoc modo aquas ab aquis dividere, inter spiritualia scilicet et carnalia præcepta discernere, secundi diei opera, secundi doni operibus inveniuntur congruere. Nonnunquam una sententia ita inter utrasque aquas dividitur, ut secundum intellectualem divisionem et ad aquas superiores ascendant, et ad interiores descendant. Unde Paulus de Genesi proponens testimonium: *Propter hoc relinquet homo patrem suum et matrem suam, et adhærebit uxori suæ, et erunt duo in carne una* (Ephes. v); primo secundum mysticum sensum inter aquas superiores sententiam suspendit: *Sacramentum*, inquiens, *hoc magnum est; ego autem dico in Christo et in Ecclesia* (ibid.). Ostendit enim quia fide amoris Ecclesia seu quælibet Christiana anima sponso illi æterno debeat adhærere, cui susceptione infirmæ ac mortalis carnis ejus sese dignatus est unire. Ostendit etiam hoc jam tunc ab initio sæculi per hanc sententiam propheta, Christi scilicet incarnationem, et Ecclesiæ desponsationem, hoc inquam ostendit, sed intelligentibus. Descendit ergo aqua, usque ad firmamentum, per intellectualem divisionem, ut et infirmi possint bibere. Nam ille superior intellectus, velut supra firmamentum collocatus, spirituale potat. Sequitur itaque: *Verumtamen et nos singuli, unusquisque uxorem suam, sicut seipsum diligat* (ibid.). Sunt itaque in Scripturis, quæ solis carnalibus; sunt et quæ solis spiritualibus; sunt quæ et carnalibus et spiritualibus, si spiritualiter dividantur, congruant. Porro spiritus intellectus quem efficaciter tangit hujus divisionis peritum facit, ut sciat in plateis aquas suas dividere.

CAPUT XIII.

Comparatio tertiæ diei cum spiritu consilii.

Tertio die virentes herbas lignaque fructifera, utrumque semen afferentia, germinavit; quod ad spiritum consilii satis apte referri potest. Bonum quippe consilium bonum nimirum semen est. Et herba virens et lignum pomiferum cum fructu semen afferunt, cum hi qui bona faciunt semine boni consilii et alios ad benefaciendum trahunt. Sed et hoc quod, congregatis in unum locum aquis, arida apparuisse memoratur, non inaniter factum fuisse existimatur. Primum quippe est ut aliorum, qui jam Deo uniti sunt, irrigatio sua, ipsius vero cuique ariditas appareat: sic pro pluvia, quam segregavit Deus hæreditati suæ, cum certa spe ad eum suspiciat, cujus demum aspersione irrigatus, et ipse in bonis operibus fructificet et aliis boni consilii semen subministret. Licet nunc videre David, ariditatem suam cognoscentem et deplorantem: *Anima mea sicut terra sine aqua tibi* (Psal. cxlii); et alibi: *Ego sicut fenum arui* (Psal. ci). Licet videre eumdem de superna irrigatione præsumentem: *Spiritus tuus bonus deducet me in terram* (Psal. cxlii); et alibi *Dominus prospexit de excelso* sancto suo (Psal. cι), Dominus de cœlo in terram aspexit (ibid.). Sed et boni consilii semen pollicens: Docebo, inquit, iniquos vias tuas; et impii ad te convertentur (Psal. l.). Et quanquam hæc testimonia generaliter in lapsu et restauratione generis humani jam olim completa sunt, quotidie tamen in singulis electorum compleri non cessant.

CAPUT XIV.
Comparatio quartæ diei, cum spiritu fortitudinis.

Quarto die sidera in firmamento cœli ad illuminandam terram collocantur : et hoc ad spiritum fortitudinis pertinet, quia ad exemplum lucis peccatoribus præbendum, non incipientes tantum et teneri, sed fortes et robusti constituendi sunt. Unde Dominus : *Accipietis virtutem Spiritus sancti in vobis, et eritis mihi testes* (Act. I); et iterum : *Sedete in civitate, quoadusque induamini virtute ex alto* (Luc. xxiv). Et certe jam spiritu sapientiæ ad colendum cum illuminati fuerant, jam sensum illis ut Scripturas intelligerent aperuerat, jam semina prædicationis, imo et miraculorum, sed sub ejus magisterio sparserant ; et tamen ad regimen Ecclesiæ ipsi Christo succedere non permittuntur, antequam virtute Spiritus ex alto induantur. Nam et quod in firmamento cœli sunt positi, quodam modo firmitatem virtutis ab eis exigit. Congruit et huic sensui Psalmista, *Lunam et stellas*, inquiens, *quæ tu fundasti* (Psal. viii). Nam prout mihi videtur, inter omnes virtutes, per universas Scripturas fortitudo specialiter homini adimittur, et Deo ascribitur : unde David : *Diligam te, Domine, fortitudo mea* (Psal. xvii) ; et iterum : *Præcinxisti me virtute ad bellum* (ibid.); et iterum : *In potentatibus salus dexteræ ejus* (Psal. xix); iterumque : *Dominus fortitudo plebis suæ* (Psal. xxvii). Multa sunt hujus testimonia : copia mensuram excedit. Cum ergo homo et originaliter et materialiter infirmus sit, et hoc ipsum permaxima pars sit fortitudinis ejus, ut infirmitatem propriam noverit, attestante Paulo : *Quando enim infirmor, tunc potens sum* (II Cor. xii); si quid aliquando vel in propriis vincendis, vel in alienis tolerandis potuerit, sibi illud nequaquam attribuat, sed fortitudinem suam ad Deum custodiat, quia sine ipso nihil possumus facere. Siquidem et de luminaribus non est dictum, sicut de herbis, ut ea terra germinaret, ut suprà; neque sicut de reptilibus, ut aqua ea produceret, ut infra sed Deum solummodo ea fecisse scriptum est, ne in fortitudine anima humana vel sibi vel ingenio suo aliquid auderet ascribere, et ita eam mereretur amittere. Nam et Samson, cujus vocabulum *solem* sonat, et qui diu in fortitudine ultra humanum modum clarebat, eum per quem erat fortis offendens, captus est. Et beatus Petrus, dum de viribus suis gloriatur, infirmitatem suam experiri coactus est. Sed et illud quod in Evangelio, et civitas supra montem (Matth. v) et lucerna super candelabrum posita (Luc. xi), leguntur, ita convenientissime intelligi potest, ut et omnis Ecclesia generaliter a monte montium Christo portetur, et lucerna, quilibet videlicet prædicator ejus, ab eodem Christo, velut a candelabro sustentetur, Mons siquidem immobilis manere, candelabrum vero solet moveri. Et Ecclesiam Dominus quidem velut mons immobilis, nunquam desinit sustentare ; prædicator vero si offenderit, statim per Apocalypsim a Christo audit : *Age pœnitentiam, et prima opera fac ; sin autem, movebo candelabrum tuum de loco suo* (Apoc. ii). Ac si dicat : Solebam te in te movens sustentare, ne caderes ; at nunc eamdem sustentationis gratiam, a te, quia offendisti, subtraham, nisi me pœnitendo et corrigendo placaveris. Sicut autem quod montes pluraliter intelliguntur prædicatores, non obsistit ne unus singulariter mons intelligatur Christus; ita quod in Apocalypsi per septem candelabra septem Ecclesiæ significantur, non impedit ne per unum candelabrum Christus significetur, qui, unum et verum sustentamentum suarum lucernarum, unica et sola suorum est fortitudo doctorum. Videtur etiam mihi, per solem et lunam, quorum alter ut diei, altera facta est ut præesset nocti, sacerdotium et regnum optime præfigurari potuisse, scilicet propter illuminandos doctrina spirituales, quasi dies ; et propter coercendos a malitia carnales, quasi noctem. Quod si ita est, quanta huic operi fortitudine opus fuerit sacerdotes sancti probaverunt qui, in regimine sanctæ Ecclesiæ laborantes, ad mortem usque pro justitia certaverunt. Multa adhuc dici possent quibus magis magisque luceret qualiter fortitudo quarti diei operibus responderet.

CAPUT XV.
Comparatio diei quintæ cum spiritu scientiæ, ubi scientia, sicut et supra, ad humilitatem refertur.

Quinto die reptilia et volatilia ex aquis producta sunt, et hoc ad donum scientiæ specialiter respicit. Per aquas enim scientiam significari notum est, ut supra docuimus. Aquæ igitur reptilia et volatilia producunt, quia et ex scientia quidam inflati nimis ut reptilia remanent; quidam vero humiliati ad cœlestia velut aves evolantes exaltantur. Veræ autem exaltationis causa, humilitas est, Domino attestante : *Omnis qui se humiliat, exaltabitur* (Luc. xiv), et e converso. Nam ex scientia nonnullos humilitatem concipere, et quotidiana experientia, et jam prolata illa Salomonis docet sententia : *Qui apponit scientiam apponit dolorem* (Eccle. i). Videas nunc cete grandia in aquis maris mugitu abundantia nunquam sese in libero aere suspendentia, nullam cantilinæ suavitatem aliquando edentia. Videas itidem volatilia ipsa, sui parvitate facile per alta cœlorum volitantia, puritate ætheris, solis luce et calore sese oblectantia, laudem Creatoris sui dulci modulatione garrientia. Illis compara magnos illos magistros, fama ipsa doctrinæ suæ metuendos, in illa frigida doctrina sua jugiter commorantes, amorem cœlestium, spiritualem jucunditatem ignorantes, a Conditoris sui laude obmutescentes ; istis vero humiles Christi merito humilitatis ipsius et beneficio Domini sui, intenta mentis pace sæpe fruentes, a vero sole Jesu nunc spiritualis scientiæ lumen, nunc dulcis amoris ardorem concupiscentes, Creatori suo laudes medullitus jubilantes.

CAPUT XVI.

Comparatio diei sextæ cum spiritu pietatis.

Sexto die creatæ sunt bestiæ, jumenta, et reptilia, vel secundum aliam translationem, serpentia : creatus est et homo ad imaginem et similitudinem Dei. Hæc ad spiritum pietatis convenienter referri possunt. Nam secundum interiorem hominem, hæc creatio ad affectus referenda est. Bestiæ itaque, secundum divinas Scripturas, animalia sunt silvestria, a jugo hominis libera, voluptatibus suis passim ad libitum abutentia. Unde et de Domino in deserto jejunante, scriptum est : *Quia erat cum bestiis* (Marc. 1). In Psalmis quoque : *Posuisti tenebras et facta est nox; in ipsa pertransibunt omnes bestiæ silvæ* (Psal. ciii). Porro serpentia nocendi avida sunt; jumenta vero hominum infirmitatem, et ipsos et ipsorum onera portando, juvant : unde et jumenta dicta sunt. Per bestias ergo illa hominis infirmitas, quæ ad voluptatum carnis abusionem concupiscibiliter rapitur, per serpentia illa quæ aliis malitiose nocere stimulant, figurate exprimitur. Proinde quia homo infirmus est, oportet portetur ; necesse est juvetur. Quare per jumenta, domita scilicet animalia et onerifica, ille humanus, ille pius affectus designatur quia homo homini succurrit, servit, opitulatur: *Debemus*, inquit Apostolus, *nos firmiores imbecillitates infirmorum sustinere* (Rom. xv). Est quidem naturale homini benigne erga hominem, maxime erga cognatos, affici ; sed ad impendenda cuilibet proximo charitatis debita, nisi spiritu pietatis afflatus, nisi spe æternorum animatus, nullus homo sufficit. Spiritu ergo pietatis opus est ut nos nobis alterutrum exhibeamus jumenta, fraternæ infirmitatis portando onera. Hinc est quod Samaritanus ille, super quem spiritus pietatis principaliter requievit, semivivum vulneratum in jumentum suum posuisse legitur. Nam et hoc quod homo ad similitudinem Dei factus dicitur, ab hoc sensu non abhorret : *Deus enim charitas est* (I Joan. iv). Qui cum similitudinem de Samaritano et vulnerato proposuisset : *Valde*, ait, *fac similiter* (Luc x). Item cum discipulis pedes lavisset : *Exemplum*, inquit, *dedi vobis, ut quemadmodum ego feci vobis, ita et vos faciatis* (Joan. xiii). Paulus quoque Apostolus instituere nos volens, qualiter de nobis, ipsis fratribus nostris jumenta faciamus : *Alter*, inquit, *alterius onera portate* (Gal. vi). Et de Domino propheta : *Languores nostros, ipse tulit, et dolores ipse portavit* (Isa. liii); et Joannes : *Debemus*, inquit, *pro invicem animas ponere* (I Joan. iii). Sed præmiserat : *Sicut Christus pro nobis animam suam posuit* (ibid.). In eo igitur ad imaginem Dei formamur, quod fraternam infirmitatem per spiritum pietatis portamus.

CAPUT XVII.

Comparatio diei septimæ cum spiritu timoris Domini.

Septimo die requievit Deus ab operibus suis. Hujus diei mysterium ipse per prophetam exponit dicens : *Super quem requiescet spiritus meus, nisi super humilem, et quietum, et trementem verba mea?* (Isa. lxvi.) Perfectis ergo in sex diebus operibus suis, in septimo die Deus requievit, quia qui in bonis operibus perfectus, in timore Dei humiliter persistit, in eo Spiritus sanctus requiescit, eumque vicissim in se requiescere facit. Non quod aliquod opus bonum, sine ejus opere perfici possit; sed aliud est cum pugnanti adjutorium impendit, aliud cum victorem epulo reficit. *Introibo*, inquit, *ad illum, et cœnabo cum illo, et ipse mecum* (Apoc. iii). Sed et quod sanctificasse et benedixisse diem septimum legitur, a septimo dono alienum esse non invenitur : *Dominus*, ait Psalmista, *memor fuit nostri, et benedixit nobis* (Psal. cxiii) ; et post pauca : *Benedixit*, inquit, *omnibus qui timent Dominum, pusillis cum majoribus* (ibid.).

CLAUSULA LIBELLI.

En habes, dilectissime, de septem magnis Spiritus sancti donis unum parvum libellum de eo quem super omnia diligis, conscriptum ab eo quem inter omnia pie diligis. Si non placet, quia non meretur, id quod offertur, placeat vel devotio offerentis. Si quid in dubium venit eorum quæ dixi, non quid temere affirmem, sed quid mihi visum sit, simpliciter posuisse me crede. Nam et in sanctorum Patrum expositionibus, et reor et arbitror et puto, non semel invenitur; et si hoc illi qui tanti lucrunt, quanto magis ego fumus? Nonnulla tamen magis claruissent, si non longitudinem onerosam cavissem. Nam et cum de scientia agerem, venit in animum quærere quid sit quod Apostolus dicit : *Scientia destruetur* (I Cor. xiii) : cum constet, ipso affirmante, quod in futuro perfectum veniat, consummata scilicet scientia perveniat. Sed propter memoratam causam supersedi. Rescribat, quæso, dilectio tua, utrumne gratus sit tibi labor meus; verumtamen satis præsumo grata tibi fore quæ ad teipsum scripsi, quandoquidem et ea libenter respicis quæ aliis elaboravi. Mihi autem recolenti satis placuit quod ab uno eodemque præcipuo septem donorum, pietatis scilicet spiritu, opusculum ipsum tunc quidem inde non cogitans inchoavi. Rogo itaque te, rogo, prædulcis et pie amice, quatenus ipsum de quo scripsimus Spiritum pio affectu digneris exorare pro me, quo ipsis bonis donis suis internam meam ariditatem irrigare dignetur ac fecundare, non tantum ad scribendum de se quantum ad fruendum se. Et multiplicata sunt enim, et quotidie multiplicantur mala in terra : ac per hoc ejus solatio destitui summa infelicitas est. Ipse igitur regat, ipse consoletur, ipse sustineat, ipse perducat. Sed finiatur tandem, finiatur illa dulcis cum dilecto collocutio, nunquam autem finiatur ipsius dilectionis dulcedo. Amen.

ERNALDI ABBATIS
LIBER
DE CARDINALIBUS OPERIBUS CHRISTI
USQUE AD ASCENSUM EJUS AD PATREM
AD ADRIANUM IV PONTIFICEM MAXIMUM.

(*Opp. S. Cypriani* ex edit. Nicolai Rigaltii, p. 393. — Paris., 1648, fol.)

PROLOGUS

Solent matres infantulis nuper editis in ipso vitæ introitu aptare vocabula, et ex aliquibus præcedentibus vel circumstantibus causis, vel ex genere, vel ex eventibus imponere nomina; ut in ipsis primordialibus initiis quædam præfigerentur commonitoria ingredientibus vitam, ne nomen eis esset ad ignominiam, si originalis naturæ traductio a consueto limite deviaret, et a virtute patrum degenerans indigna successio monstri, non hominis, faciem exhiberet; respicerent potius ad nomina vel officia sua, quorum inspectio honestæ conversationis formam eis infunderet et doctrinam, ut honorificarent naturales causas et rationales disciplinas, nec in aliquo elementarias amaricarent dulcedines, vel primarias offenderent dignitates. Nam olim tumultuarie vel inconsiderate nomina rebus imponebantur; sed ex quo ad Adam adducta sunt singula, ut vocaret ea et propria imponeret nomina (*Gen.* II), provisum est in populo antiquo et institutum ut aliqua esset in vocabulis ratio, et interpretarentur nomina vitam, et exprimerent aliquam personæ proprietatem secundum quam vel differret a cæteris, vel etiam communicaret. Sic in nominibus patriarcharum Abraham, Isaac et Jacob magnarum rerum exstitere indicia, et præloquebantur ventura, nec deerat impositorum nominum secundum sensum suorum effectuum certitudo. Apud gentiles etiam non in nominibus, sed in agnominibus postea a viris illustribus observatum, ut nobilitas generis vel virtutis gloria posteros illustraret, Augusti vel Cæsaris titulo succedentem honorare progeniem, et imperatoriæ dignitatis hæredes primæ originis irradiare fulgoribus. Sic et philosophi et doctores antiqui tractatibus suis nomina prætexere, brevi titulo grandis materiæ latitudinem prælibantes et propriæ gloriæ præposito nomine suo providentes, ut integritatem operis et laborem auctoris tam styli quam personæ in posterum auctoritatis conservaret et facile scripturæ subtilitas indicaret si aliqua manus invida elegantiæ

A tractatuum elimatorum pannum rudem insueret, vel nugis suis, quasi sua essent quæ alius laudabiliter dictasset, furtiva translatione insereret. Sic in capite libri sui quisque auctorem se posuit, ut et stylus auctori, et stylo auctor famularetur, et auctoritate altrinseca communis gloria muniretur. Hoc virorum illustrium præclara meruerunt ingenia, et per hæc vivax eorum fama et gloria indelebilis perseverat. Nos vero qui vix intelligimus quæ ab eis dicta sunt, sensu et eloquentia omnino eis impares, si quid aliquando scribimus, indignum titulo judicamus, ne forte nobilis materia, cujus explanationi studium adhibemus, decoloratam se potius quam ornatam nostra præsumptione quæratur. Verum quia solent aliquando patres nugis infantilibus arridere et linguis balbutientibus delectari, indulgentiam meretur humilitas, quæ quo potest accessu sublimitatis vestræ manibus se porrigit attrectandam, non gloriam mendicans, sed gratiam. Ego quidem nec a meipso, neque ab alio quæro nomen; neque enim aliquid me existimo esse, cum nihil sim, qui hoc a vobis maxima supplicatione quæsivi ut non essem quod sum, et humiliter supplicavi ut ab hac flamma in qua crucior me vestra clementia liberaret. Tentavi si possem, manu vestra me sustinente, honeste descendere: quod quia non potui urgentibus flammis, non attendi quo prosilirem, dum me vorax incendium non cremaret. Sublimes materiæ subtilium ingeniorum exigunt tractatores; nec facile de artibus recte judicat qui artes ignorat. Exercitati in liberalibus disciplinis, simul ingenio conveniente et studio, philosophari possunt et secure aggredi res abditas; eorumque conatibus se pervia penetrata exhibet difficultas, et ænigmatibus enodatis rerum secretarum facies patet, cujus serenitatem velabat nubes opposita, et veritati superfusa caligo. Ideoque tam in divinis quam in philosophorum doctrinis, nec tutum est, nec honestum ineruditos et ignaros sensuum ad litteras illas pertinentium prosilire ad discussionem eorum quæ nesciunt, et de his sibi usurpare magisterium quæ ignorant

Hujus rei forma seraphim faciem Dei, et pedes velat (*Isa.* vi); et petentibus quæ in medio sunt, principium finemque majestatis divinæ alarum extensio, infra supraque operiens, aditum ad se temerariis tractatoribus vel scriptoribus interdicit; nec patitur ad liquidum se videri Divinitas, quam utique investigatio fidelis aliquo modo odorat vel sentit, sed puram ejus essentiam nec conspicit nec comprehendit. Affirmatio quippe de Dei essentia in promptu haberi non potest; neque enim diffinibilis est Divinitas, sed verius sinceriusque remotio indicat negando quid non sit quam asserendo quid sit, quoniam quidquid sensui subjacet, illud esse non potest quod omnem superat intellectum. Quidquid audiri vel videri vel sciri potest, non convenit majestati : hebes est in hac consideratione omnis acies sensuum, et caligat aspectus. Hanc invisibilem lucem, et inaccessibilem naturam sex aliis hinc et inde seraphim statu et volatu circumeunt et abscondunt (*ibid.*); statu æternitatis immobilitatem monstrantes, volatu vero altitudinem ejus, sic in superioribus elevatam; ut quantumlibet ad cor altum homo ascendat [accedat], exaltetur Deus (*Psal.* LXIII), et comprehensionis importunitatem evadat. Nec tamen alæ illæ quæ Dei velant substantiam nostros conspectus diffugiunt, sed illæ puris mentibus se visibiles exhibent, et operum Dei ratio, sive eorum quæ ex nihilo sunt, sive eorum quæ ex materia vel factæ sunt vel fiunt, se intelligibilem exponit; et quæ circa Deum et quæ sub Deo sunt mundi potest cordis quoquomodo sinceritas contemplari. Prima rerum conditio sex instituta diebus fatetur artificem, et profitetur opus auctorem. Neque enim sui ipsius artifex esse, aut potuit quis novam creare materiam, nec potuerunt multa et diversa rerum esse principia, quia, nisi ad unum cuncta respicerent, discordia et infinitate cuncta turbata volverentur in chaos; et repugnarent et colliderentur in se discordes materiæ, nisi omnibus factoris auctoritas imperaret, et unius monarchia potestatis universitatis causas et efficientias ordinaret.

Homo itaque, præposituram in inferiora accepit, sscien quis hunc honorem contulerit; nec tamen ea scientiæ perfectione illustratus est, ut eo modo cognosceret Conditorem, quo ejus cognitioni reliquæ creaturæ subjectæ sunt; sed distantiam maximam experiretur inter summa et infima; et ex hoc ipso esset Deo acclivis et humilis, quo auctori suo se in nullo posset conferre, cujus effugere dominium nec penetrare consilium, nec poterat vitare judicium. Itaque qui circa ipsum sunt angelici spiritus, licet invisibilis naturæ sint, in legationibus tamen suis se auditu manifestant et visu, et salutis nostræ ministeriales sæpissime experimur, quorum officia et nomina in Scripturis sanctis habentur. Illa quidem superiora agmina nobis prædicant, non indicant Deum; et nuntiant quæ jubentur, spiritalitatem injuncti negotii peragentes, non universitatis explicantes scientiam, quia ad nos numerus et mensura et pondus refertur. Deus vero his omnibus non arctatur; sed excedens omnia et æternaliter antecedens potestas et virtus nil habet coævum, nec immensitatis ejus profundum ulla creatura vel cœlestis vel terrena metitur. Quæ vero sub ipso sunt implent templum et præsens Ecclesia cognitionem earum rerum assequitur, quæ ad cultum justitiæ; quæ ad ordinem vitæ, quæ ad gradus ascensionum, quæ ad convenientiam morum, quæ ad honestatem hujus conversationis et gratiam pertinent contemplationis : hæc aguntur et exercentur in templo præsenti et per hæc Deus quæritur, nec tamen quæsitus illico invenitur. Gustamus, delibamus, odoramus, et prope est; cumque accesseris, longius abit. Et quomodo fulgur nubes disrumpit, et repentina coruscatio non tam illuminat quam hebetat oculum, ita aliquando nescio quomodo tu tangeris, et tangi te sentis; cum tamen qui te tangit non intueris. Dicuntur tibi quædam verba arcana intrinsecus quæ efferri non sufficis, ut dubitare non possis, quia juxta te est, imo intra te qui te sollicitat, nec tamen sicuti est se tibi videndum concedat. Rachel ad odorem, non ad esum, Liæ mandragoras concupiscit; tu sponso fide, non complexu conjungeris; tu spe concipis, donec Christus in te formetur, et, deposito pondere hujus cadaveris, ejusdem sint puritatis caro et spiritus, et renovata natura sobolem immaculatam parturiat. Rachel quippe *visum principium* sonat. Quod Verbum in principio apud Deum in suo proprio esse (*Joan.* 1) mihi non patet, sed quibusdam nominibus Deum invoco et dico, Justitia, Veritas, Sanctificatio, Charitas; et quæro aliquas species vel formas, et per quas quid sentio quoquomodo intimem. Nam quod Verbum caro factum est (*ibid.*), facilius video, si hoc sensui meo quasi esu incorporo; principium autem illud vix remotissimo odoratu quasi pertransiens sentio. Illa quidem intellectualia per visibiles creaturas, quantum fas est animæ videre vel prævidere, divina mente a longe prospicimus; in multis per opinionum et conjecturarum pelagus circumducti, in multis veritati hærentes, in multis magnitudine rerum oppressi, exclamamus cum Apostolo : *O altitudo divitiarum sapientiæ et scientiæ Dei!* (*Rom.* XI.) Cordi igitur nostro se offert Deus, et aliquid sui luminis infundit invitans et provocans. Nisi enim aliquo modo sentiretur, nec appetendi, nec inquirendi spes esset aliqua vel facultas. Sed quia ex parte sentitur, admirationi est odor ille et sapor, nullam habens cum carnalibus dulcedinibus similitudinem, et per omnia suavitate differens; eoque desideratur copiosius, quo cætera delectamenta excedit. Desiderium autem inquirentes purificat, et purificatio, exclusis enormitatibus, ad formam Dei provehit ascendentes, atque ita in opere suo imago et similitudo Dei multis laboriosisque provectibus propriam sibi demum indicat dignitatem.

Ad hanc rerum adeo profundarum indaginem, nisi incarnati Verbi magisterium accessisset, humana defecissent ingenia : et nescio si et aliqui auderent ad hæc tentanda conatus assurgere; sed associata carni divinitas assumptam naturam ex parte suæ voluit esse claritatis consortem, et apertis cœlis super doctorem et Dominum nostrum ad superiora nostrum introduxere aspectum, et vidimus gloriam ejus quasi Unigeniti a Patre *(Joan.* 1), et de plenitudine gratiæ et veritatis quæ in ipso est, instillata est nobis aliqua portio *(ibid.).* Et cum Philippo audivimus: *Qui videt me, videt et Patrem (Joan.* xiv). Nec tamen in hac visione plena potest esse sufficientia, donec in splendoribus sanctorum in die virtutis suæ *(Psal.* cix) agnoscatur ratio gignentis et geniti et procedentis, quam oculus non vidit, nec auris audivit, nec in cor hominis ad liquidum hucusque ascendit *(I Cor.* ii). In his omnibus quæ dicta sunt omnino sensum nostrum materiæ excedit sublimitas, et stylum repellit moles nimii ponderis, et ascensionis arduæ difficultas; sed præcepti vestri, Pater excellentissime, me coegit necessitas, ut tentarem, si forte importunitate studii aliqua possem de sanctuarii supellectile vellicare, et reducto in partem velamine arcto subtilique aditu propitiatorium intueri. Præsumpsit meditatio aspicere a longe, et annos æternos inquirere, et quid ante tempora sæcularia esset indagare, si tamen sæculum vel tempus dici potest ante lucem et diem et solem, et quomodo ante causas elementarias et materiales origines illa æternitatis infinitas se haberet, si illa omnipotentia apud se solitaria esset, et ministeriales ei deessent spiritus, et maneret apud se illocaliter sempiterna Divinitas, et in quo esset sapientiæ regnum, cum non esset quod regeretur, et usu specieque careret illa inanis antiquitas. Ab his omnibus repulsus, ad sæcularia visibilia compulsus sum redire. Et utinam me ipsum cognoscam et sciam! Quod si animæ meæ, quæ corporis mei obtinet principatum, nec originem scio, nec metior quantitatem, nec qualis sit intueri sufficio, si ignota est mihi ratio quare ipsa delectetur in corpore persecutore suo; si nescio quis hanc legem membris insculpserit, ut tam violenta dominatione spiritum opprimat, et melior digniorque natura deteriori succumbat, patienter me ferre oportet si operatorem universitatis non intelligo, qui in minimis operationum suarum particulis meam profiteor cæcitatem. Insolubilis videtur hæc quæstio, quare homo rationabilis in negata nitatur et vetita, et semper illicitis delectetur. Omnino rarum est et difficile fieri bonum, facile et pronum est esse malum ; et hac sine magistro, sine exemplo doctrina statim a pubescentibus annis imbuimur et docemur. Vide in ipsis qui sanctimoniam profitentur, quæ religio manum claudat porrectis muneribus, quæ solitudo aures obserat oblatis favoribus, quæ gula communibus est contenta saporibus. Quis non se habeat vilem, si videat humilem? Quis non putet opprobrium, si se sentit inglorium? Quis enumeret voluptatum potius monstra quam species, quæ per concupiscentias carnis invitam animam trahunt clam palamque de conclavi ad forum, de lupanari ad theatrum? In primis abrasa verecundia pudoreque convulso non absconditur scelus, nec nutat ratio, nec discretio reluctatur carnis affectibus; captivus spiritus consentaneam exhibet clientelam.

Hoc ipsum quod dico, carnis affectus improprie dico, quia hæc vitia propriæ animæ sunt, quæ sentit et movet et vivit: cui imputatur peccatum, quia ipsi datum est arbitrium, et judicium, et scientia, et potentia, per quæ possit improbare malum et eligere bonum. Corpore autem sic utitur anima, sicut faber malleo vel incude, in qua format omnium turpitudinum idola, et fabricantur quælibet, quarumcunque voluptatum simulacra. Non est caro dictatrix peccati, nec inventrix malitiæ, nec cogitatus format, nec disponit agenda, sed officina est spiritus, qui in ea et per eam quæcunque affectaverit peragit et consummat. Quod autem ipsa insensibilis sit, spiritu recedente dignoscitur: post cujus discessum nulli apta usui superest putredinis massa et paludis acervus. Quidquid enim sentit a natura corporis alienum probatur. Quod vero caro adversus spiritum et spiritus adversus carnem contendere dicitur et repugnare *(Gal.* v), improprie arbitror dictum, quia solius animæ lis ista est quæ secum rixatur et cum proprio arbitrio litigat, certior in hujusmodi quæstionibus quid bonum sit, quid malum, quam in aliarum rerum inquisitionibus quid verum sit, quid falsum. Nam in abditarum causarum inspectionibus et secretis naturæ potest homo errare vel decipi, quia non per omnia a fine usque ad finem intellectus humanus attingit; sed in his quæ oculis et manibus subjacent, nulla subtilitas judicium impedit, quia fetentia a non fetentibus, decora a turpibus, amara a dulcibus, dura a suavibus, et a dissonis consonantia facile discernuntur. Sed desiderii sui veneno mens ebria corpus contumeliis applicat, et junctis complexibus ambo in mortiferas suavitates elapsi obdormiunt. Cumque evigilaverint, sero pœnitentiam adducit confusio, et inquinamentorum horror fœdatæ menti occurrit. Et in cæteris omnibus quæ maligne patrata sunt, hujusmodi ultio peccatorem persequitur, et ipse libidinum labe crapulatus se convomit. Sed avaritiæ solius et quæstus ardor nec satiat cupidum, nec pœnitet eum cumulasse quod crescere optat, non minui; et discola obstinatus semper quid idolo suo immolet, sedulus coacervat. Unde hæc sitis divitiarum miseris pectoribus assidet, et ambitionis salsugo bibulam animam occupat, ut per fas et nefas ad loca superiora etiam de latebris eremi nonnulli se ingerant, et de omni gradu ubi aliquis aditus patet anheli prodeant, discurrant ad judices, blandiantur mediatoribus, conducant auxiliarios, et modis omnibus elaborent, ut sedeant cum principibus eo quæstu, ut maledicat Deus quod ipsi benedixerint, et benedicat quod maledixerint. Hæc lex peccati quare, in his et similibus, legem justitiæ opprimat, et quare enervata ratio cum stare possit, tam miserabiliter ruat difficile est assequi, maxime cum defectus iste a damnationis sententia pendeat, et hanc inevitabilem pœnam antiqua transgressio sit sortita. Ergo si meipsum nescio, si animæ meæ substantiam et naturam ignoro, si eorum quæ intra me sunt rationem non intelligo, qua audacia supra me erigam oculos, ut videam principium sine principio, et finem sine fine attingam? A talibus ausibus desistendum excellentia majestatis imperat, et ipsa impossibilitas omnes ingenii nostri conatus repellit. Ea igitur quæ licita sunt et concessa tangamus, et circa cunabula Salvatoris prima infantiæ ejus fercula degustemus, et circumcisi et loti, victo diabolo, sanctitatis affectibus in cœna cum Domino recumbamus, ubi pane angelorum refecti post illius cibi delicias surgamus ad transitum, ut de hoc mundo vehiculo crucis evehamur ad cœlum, Spiritu sancto nos replente, ut qui deinceps nos devehat, et patefaciat quidquid in exsilii hujus peregrinatione moles corporis et imperfectionis lippitudo fecit obscurum. Librum igitur quem de cardinalibus Christi Domini nostri operibus scripsi, paternitati vestræ, suppresso nomine nostro, misi, in quo fons sacramentorum et disciplinæ hujus in qua stamus origo, formam et exemplar recte vivendi nobis proponens, ab humili adventu usque ad gloriosum ejus reditum ad Patrem gradatim conscendit: quem potius in mente nostra quam in pagina scribi desidero; et utinam in sanctitatis vestræ conspectu memoriam et recordationem nostri supplex mercatur affectus!

I.

DE NATIVITATE CHRISTI.

Adest Christi multum desiderata et diu exspectata Nativitas, adest solemnitas inclyta; et in præsentia Salvatoris grates et laudes visitatori suo per orbem terrarum sancta reddit Ecclesia. Gaudia nobis cœlitus nuntiantur, lætitia imperatur. Nox ista sacri partus conscia, novis fulgoribus illustratur. Gloriantur in cœlestibus superi, pax in terra bonæ voluntatis hominibus confirmatur. Adsunt angeli, loquuntur pastoribus; non dedignantur loqui personis humilibus, et cum ipsi sublimes sint, infimos non aspernantur. Nec luce insolita, nec angelorum terrentur pastores præsentia; sanæ et puræ fidei homines delectantur in eo quod audiunt consonas laudantium voces cœlestes, gloriæ et gratiæ divinæ præconia modulantes. Nec satis fuit superius arcana reserare cœlestia; etiam hominibus pax reddita nuntiatur, et bonæ voluntatis novi muneris largitate consecratur affectus. Oportuit bonum Dominum certificare et lætificare in adventu suo bonas exspectantium voluntates, et multiplicatis testibus certa præsentiæ suæ dare indicia, ut jam non exspectaretur quasi venturus, sed qui venerat, videretur; et essent angeli quem sibi nova Christi infantia consecrarat, sancti ortus et loci indices. Unus Gabriel Virgini obumbrationem virtutis Altissimi nuntiat; multitudo cœlestis exercitus gratulabunda Salvatorem mundi prædicat advenisse, et reconciliata terrestria superis canit; et consilium antiquum prodiit palam, nec jam secretum est, sed innotuit publice in conspectu gentium revelata Christi benignitas, et oblata mundo in nullo a nobis differens, excepto quod peccati expers fuit Salvatoris humanitas. A supernis legationibus incipit Evangelium, cujus primi dictatores angeli exstiterunt. Nec jam in manibus prophetarum similitudines et ænigmata involvuntur, sed angelorum jubilo, et hominum stylo et evidenti rerum indicio constant et consonant simul promissa et data, umbrisque remotis, lex et Evangelia sunt unita. Multiplicantur testes, militia cœlestis conclamat, credit pastorum cuneus et exsultat. A sapientibus et prudentibus non quærit testimonium qui parvulis se revelat. In hujus doctrinæ initio statim fastus et ambitio condemnatur. Non colores rhetorum, non inductiones persuasoriæ adducuntur: ratio et miracula harum rerum ordinem complectuntur. In primis signa se fidei miscuerunt; et maxima in hoc efficacia dogmatum fuit, cum simul verbis et rebus actum est ut nullum infidelium repugnantia inveniret diffugium. Nox illa omni luce clarior; sermones angelici pacem hominibus nuntiantes, designato loco Bethlehem, ad quærendum puerum cohortantur. Pastores illi, amplius mente quam oculis carnalibus illuminati, ad conspiciendum Emmanuel festinant; et edocti intus invisibili magisterio Spiritus sancti, quem parvulum vident, confitentur immensum, et piæ ei devotionis affectum præsentant. Electa adest humilium personarum simplicitas, ut poneretur regula et indissolubilis daretur forma, quod non nisi pauperibus spiritu Christi pateret humilitas, nec superbos ad intuitum sui posset admittere Veritas. Veniunt in Bethlehem; quem prædixit Gabriel, invenitur Emmanuel; civitas parva, domus paupercula, supellex exigua. Nulla domus ambitio, nisi reclinatorium in stabulo, mater in feno, filius in præsepio.

Tale elegit fabricator mundi hospitium, hujusmodi habuit delicias sacræ Virginis puerperium. Panniculi pro purpura, pro bysso in ornatu regio laciniæ congeruntur, genitrix est et obstetrix, et devotam dilectæ soboli exhibet clientelam, attrectat, amplectitur, jungit oscula, porrigit mammam, totum negotium plenum gaudio; nullus dolor, nulla naturæ contumelia in puerperio. Pedissequas substantia familiaris non patitur, mancipiorum obsequia sumptus tenuis et inops mensa excludit: Nullum domus arcta diversorium occultabat, nec secreti recessus erant illius casulæ; incrustaturam tectum et soli parietes per circuitum vestiebant. Nec locus ibi erat lavacris quæ solent puerperis præparari, quippe nec aliqua naturæ injuria matrem Domini læserat, quoniam sine tormento peperit, quæ in conceptione caruit voluptate; et tamen consuetudinem sequens ut legi satisfaceret, quasi cum aliis mulieribus esset ei in hoc opere ratio similis, diebus designatis recubuit, et depositi oneris lassitudinem professa oblatæ quieti paruit, et in diebus separationis non se a toro Joseph, qui eam nunquam tetigit, sed ab ingressu templi et cæteris quæ lex prohibebat, continuit. Ultro maturus ab arbore bajula fructus elapsus est : nec oportuit vellicari quod sponte prodibat. Nihil in hac re petiit ultio, nec præcedens delectatio aliquam expetiit pœnarum usuram. Spiritu sancto obumbrante incendium originale exstinctum est ; ideoque innoxiam affligi non decuit, nec sustinebat justitia, ut illud vas electionis communibus lassaretur injuriis, quoniam plurimum a cæteris differens, natura communicabat, non culpa. Eratque ei proprium privilegium, quod nulla mulierum nec ante, nec deinceps meruit obtinere, quod erat simul mater et virgo, singulis titulis insignita. Unde et matri plenitudo gratiæ debebatur, et virgini abundantior gloria ; quæ carnis et mentis integritate insignis, spiritali et corporali intus et extra Christi præsentia fruebatur. Ornamenta quæ deerant, etiamsi adessent, non haberent oculos inspectores, quia præsentia parvuli, sic eorum qui aderant, Joseph, et si quis forte alius ibi erat, oculos occuparat, sic illuminaverat animos, sic corda illexerat, ut in hoc summo bono omnium bonorum unita collectio videretur, nec opus esset evagari et mendicari per partes, quod simul in se uno fidelibus omnipotens infantia præsentabat. Angelica sane non est credendum ministeria defuisse, nec recesserat a venerabili pectore matris Spiritus sanctus ad verbum Gabrielis elapsus. Possidebat domum suam, et templum quod sibi consecraverat adornabat. Servabat sacrarium suum et sanctimoniæ thalamum honorabat ; lætificabant consolationes hujusmodi animam benedictam, et tanti habitatoris reverentia concupiscentiarum ludibria abigebat ; legem mentis lex carnis non infestabat, rebellio nulla quem spiritus affligebat. Parvulus sugens ubera pura alimonia utebatur, et fons sacri pectoris defæcatum edulium ori mundissimo infundebat. Sed et cor matris quædam dulcedines, quæ humanum superant intellectum, imbuebant : eratque utrinque mira jucunditas, cum pia sanctæ matris et devota humilitas, et Sancti sanctorum immensa benignitas confœderatis affectibus mergerentur.

Extrinsecus nuda erant et egena quæ videbantur, nihil in illa paupertate videbatur divinum, nisi his quibus revelatum est desuper ; quorum primi fuere supra memorati pastores, quorum innocentia et simplicitas electa est, ut laus Christi perficeretur, quin piscatores et pastores sequentibus temporibus confunderent oratores, et à pauperibus et humilibus prædicatio paupertatis haberet initium. Exsecrari solent Ægyptii hoc hominum genus et abominabiles eis sunt oves et pecora. Sed hujusmodi officium ab initio auctoritatem obtinuit : et Abel pastor munera de gregibus ovium obtulit, quæ in eo quod cœlitus inflammari visa sunt, quod grata essent Deo cunctis innotuit. Pastores Abraham, Isaac et Jacob viri Deo familiares ; pastores patriarchæ duodecim ; pastor ipse Moyses, qui in eremi recessu, dum sequitur pecudes, in rubo conspicit Deum, et potestate signorum collata, populi recipit principatum. Eliseus de aratro propheta constituitur ; David de post fetantes accipitur, et in regni solio collocatur. Agnum quem abominatur Ægyptius, sacrificari sibi præcipit Deus, ejusque sanguinis Israelitarum postibus illitus exterminatorem angelum repellit et abigit ; nec timetur mortis periculum, ubi tantæ reverentiæ conspicitur signum. Ad umbram Petri languentes consurgunt ; apostolis subjiciuntur dæmonia ; cedit idiotis reproborum eloquentia ; prædicante Paulo, captivas complicant manus gentes et regna. Pauperes electi, superbi neglecti : nec fastus, nec altus circa Christi discipulatum aliquem obtinent locum : Christus pauper discipulos divites aspernatur. Pauper mater, pauper filius, inops hospitium, his qui in forma hujus scholæ in Ecclesia militant, præbent efficax documentum. Hunc in cunabulis adoravere pastores ; et parvulum confitentes, Deum simpliciter argumentosi in spiritu et veritate, quem adoraverunt, noverunt. Fuerat quidem miraculum, quod apertis cœlis, lux fulgoris insoliti nocte super eos fulserat, quod auditi angeli et conspecti, quod ab ipsis fuerant edocti et instructi pastores. Sed licet hæc præcessissent, tamen circa infantiam pueri divinitatis intimatæ nulla humana ratio præbebat experimentum, nec circa illius præsepii angustias, vagiente inter alligaturas infantulo, aliquod majestatis erat indicium, sed auditui fides obtemperans, nullum apud Deum impossibile verbum credidit ; et per Spiritum sanctum ad sacramentum hoc intelligendum subtilissimis est intelligentiarum accessibus introducta. Idemque Spiritus qui longe ante prophetas docuerat, etiam nunc humilium mentibus se infundens, dilatabat humani intellectus angustias et aperiebat interiores oculos, ut viderentur invisibilia, intelligerentur ea ad quæ humanus non attingit sensus, nec rationis penetrat intellectus. Hinc est quod prædixerat Isaia : *Parvulus natus est nobis, et filius datus est nobis (Isa. ix)*. Hoc potuit videri, huc nullum fides meritum quærit. Quod autem sequitur : *Vocabitur nomen ejus Emmanuel (Isa. vii), admirabilis, consiliarius, Deus fortis, pater futuri sæculi, princeps pacis (Isa. ix)*, si clausi sint oculi mentis, exterioribus oculis nescio quid mereris. Qui necdum loquitur, quomodo consiliarius erit? parvulus quomodo creditur omnipotens Deus? omnino infirmus, in quo videbitur fortis? nihil omnino possidens, ad apicem regni et principatus fastigium quibus ascensionibus attinget? Sed si fidei mysterium prosequaris, in his omnibus subtilissimas et purissimas rationes invenies, et quod omnino necesse fuit immensum fieri parvulum et Filium Dei hominis filium evidenter agnosces.

Mirabitur etiam et dilatabitur cor tuum, quando intelliges profundissimum sacramentum in eo quod contemptibilis factus est admirabilis, et qui litteras non didicit, nec legibus instructus est, sufficiens sit divinarum humanarumque rerum consiliarius; quomodo divinitas et humanitas in unam personam convenerunt, et ubi æstimata est infirmitas, fortitudo inventa est; et corpus humilitatis nostræ divinæ claritati configuratum (*Philipp.* III), non in hoc mundo, sed in cœlesti gloria perpetuum habeat principatum. Ad parvulos venit Christus, et cum parvulis conservatur, pauperes instruit et creat et facit. Ipse in Synagoga Judæorum in Isaiæ volumine cum legisset in Sabbato, complicato libro prophetiam hanc in se completam edocuit, quod a Spiritu sancto unctus sit, et ad evangelizandum pauperibus Pater eum miserit (*Luc.* IV). Item in Evangelio gloriatur, confitetur Domino cœli et terræ, gratias agens, quod revelata sunt divina mysteria parvulis (*Luc.* X), a quorum intellectu sublimitas hujus mundi repulsa est; quæ Deo subjici non potest, dum secundum carnem et sanguinem invisibile ipsius suis regulis investigat.

Hic est primus religionis introitus, sicut in mundum primus Christi ingressus; ut quicunque pie vult vivere, humiliter de se sentiat, neque supra se in mirabilibus ambulare præsumat. Fundamentum sanctitatis semper fuit humilitas, nec in cœlo stare potuit superba sublimitas. Hanc primam gratiam ingrediens mundum noster parvulus attulit; et a cunabulis nos sibi conformes fieri volens, teneri voluit in vita, quod exhibuit in persona. Quia vero filii Dei sumus, humanitatis participatione frater noster fieri voluit, ut essemus secum beatitudinis cohæredes, et haberet tota compositio hominis perfectam plenamque lætitiam, cum spiritus divinam repræsentaret imaginem, et caro nostra Christi corporis similitudinem; consummatæ societatis beneficium obtineremus, cum nominis Christi et hæreditatis consortes, et divinæ naturæ communicamus per spiritum, et humanæ per corpus. Juravit Dominus et non pœnitebit eum (*Psal.* CIX); et promissionum suarum non immemor, sicut se daturum nobis juraverat, sic complevit. Filius datus est nobis (*Isa.* IX), qui, cum in forma Dei esset (*Philipp.* II), splendor gloriæ et figura substantiæ ejus (*Hebr.* I), non est confusus se ad formam servi exinanire (*Philipp.* II), ut qui de fraternitate ejus glorientur et volunt ascendere, non erubescant descendere; sed eidem scalæ cum Jacob innitantur (*Gen.* XXVIII), et cantantes Canticum graduum ab imis ad superiora conscendant. O Domine, quam admirabile est nomen tuum (*Psal.* VIII), vere tu es Deus qui facis mirabilia (*Psal.* LXXVI). Non modo mundi hujus staturam admiror, non stabilitatem terræ, cum eam complectatur volubile firmamentum, non singulos dies, non lunæ defectum et incrementum, non solem semper integrum et laborem ejus perpetuum, non temporum vicissitudines, in quibus quædam arent, quædam virent, et quæ mortua modo videntur, deinceps reviviscunt; miror Deum in utero Virginis, miror Omnipotentem in cunabulis, miror quomodo Verbo Dei caro adhæserit, quomodo incorporeus Deus corporis nostri tegumentum induerit; miror in hac dispensatione tanti dispendia temporis, et tam lentos processus ad obedientiam Salvatoris. In brevi poterat patrari negotium et poterat tantus labor abbreviari ad solum Christi verbum, sicut factus mundus et disposita cuncta ad ejus imperium. Sed elementario mundo dignior est rationabilis homo, quod ex eo quod in ejus servitium facta sunt omnia facile creditur. In cæteris quocunque modo aliquæ satisfaciunt rationes, hic solus me complectitur stupor. Et cum Habacuc cano: *Consideravi opera tua, et expavi* (*Habac.* III). Miror jejunium, miror tentationes, miror Omnipotentem in sepulcro jacentem, miror occisum et resurgentem. Hæc sunt nova mira quæ prædixerat Jeremias: *Novum faciet Dominus super terram. Mulier circumdabit virum* (*Jer.* XXXI). Opus suum faciet, et peregrinum opus ejus ab eo. Jesus Christus heri et hodie (*Hebr.* XIII) ante luciferum genitus (*Psal.* CIX), initium carnis sumpsit ex Virgine; quem cœli cœlorum non capiunt (*III Reg.* VIII); qui implens omnia cum sit in omnibus, ab his tamen non capitur nec tenetur. Novum est et inauditum quod in materni angustia uteri circumdedit intra se fragilis caro virtutem Altissimi, et ordinem rerum cursumque naturæ mutavit sapientia Dei; et ubique divinitas dilatata, plenitudinem sui vasi infundens exiguo, sic est circumdata muliebri utero, cum universa ambiret implens omnia, excedens cuncta, intra se omnia continens, extra universa complectens. Quem nos parvulum, propheta nuncupat virum, insinuans ei nunquam defuisse virtutem, sed semper virilis ætatis affuisse fortitudinem, quem infantilis infirmitas occultabat. Opus suum igitur fecit quod creaverat, salvans quod perierat, ad vitam revocans quod mortuum erat. Sed peregrinum opus fuit in Deo, quod Verbum factum est caro (*Joan.* I), quod factus est visibilis et comprehensibilis, passibilis et mortalis; et peregrinum a majestate, puer sugens ubera, panniculis involutus et sustinens convitia, Filius Dei in patibulo constitutus.

Consiliarius quoque dictus est parvulus iste, qui et alibi dictus magni consilii Angelus, eo quod secreta Dei quæ ab hominibus erant abscondita, publice revelavit, et cum nemo nosset Patrem, nisi Filius ipse arcana Dei reserans, indaginem Trinitatis explicuit; loquens Patri, et a Patre responsum accipiens, et Spiritum sanctum infundens discipulis, generationis et processionis intimans rationes, subtiliter astruens personarum proprietates, et indissolubilis essentiæ unitatem. Alia quoque inferiora, sed tamen necessaria consilia edocens, ut beneficia collata homo intelligat, ut in eo quod stat, gratias agat, et quod possibile est ex Dei gratia, cum ceciderit resurgat. De *virginibus*, ait Apostolus, *praeceptum Domini non habeo, consilium autem do, tanquam misericordiam consecutus* (*I Cor.* vii). Vult et laudat ex imperio Domini, ut quae nupserint, sic permaneant; quae vero virgines sunt Dei, cumulatione castitatis integritatem exhibeant Christo, et in hunc modum quaecunque auctoritate divina immobilia constant, sic maneant; quae vero in alterutrum potest libertas arbitrii flectere, locum eligant priorem, quia etsi bona sunt, et a Deo instituta conjugia, melior tamen est continentia, et virginitas excellentior, quam non cogit necessitas aut mandatum, sed perfectionis suadet consilium. Quod si divinis consiliis obviaverint tentamenta et liberas mentes ad carnales revocaverint appetitus; adest Deus fortis, nec spem ponat homo in homine, nec in brachio carnis suae confidat (*Jer.* xvii), quia qui mundum vicit (*Joan.* xvi), victoriam suis promittit militibus; et qui victores sunt sui, coelo vim inferunt, quoniam sicut scriptum est : *Regnum coelorum vim patitur, et violenti rapiunt illud* (*Matth.* xi). In parvuli hujus nomine cum hoste antiquo congredimur, et fortis armatus superveniente fortiore de atrio antiquitus possesso potenter expellitur (*Luc.* xi), et praesumptae infestationis audaciae silentium imperatur. Defectui carnis nostrae quae a primitivis faecibus originalis mali infecta languerat, ex Christi carne redditur fortitudo; et sacramentorum communicatio, per quam illius corporis sinceritati unimur, nos in tantum corroborat, ut de mundo et de diabolo, et de nobis ipsis victoria potiamur, et sacramentali gustu vivificis mysteriis inhaerentes, una caro, et unus spiritus simus, dicente Apostolo : *Qui adhaeret Domino, unus spiritus est* (*I Cor.* vi). Sic hi ad quos sermo fit, dicuntur dii, et filii Excelsi, nominis, et haereditatis, et aeternitatis participes, fortitudine societatis Christi subigentes tentamina, et cum homines sint ex indigniori materia, in captivitatem redigunt, et conspuunt ligantque daemonia. Et quidem in hoc tempore in stadio vitae hujus se exercet militia Christiana, et praeeunte Christi vexillo, quem et parvulum vidimus et cognovimus Deum; et quos spiritus consilii et fortitudinis munit, nec vinci; nec decipi possumus, quas eruditio, divina scientia et potestate fecit insignes. Videtur autem in praesenti disciplina hujuscemodi non esse gaudii, sed moeroris (*Hebr.* xii), eo quod non sine periculo certamina peraguntur. Bonum vero certamen certantibus (*II Tim.* iv) pacatissimum fructum in futuro exercitatis in justitia dabit princeps pacis aeternae (*Hebr.* xii), consignans sibi in beatitudine quorum communicavit naturae. Ipsi gloria et imperium amodo et usque in sempiternum. Amen.

II.
DE RATIONE CIRCUMCISIONIS.

Inter omnia Testamenti Veteris sacramenta nihil circumcisione solemnius antiqua celebravit religio, nec tantum in Hebraeos, sed etiam in Phoenices et Arabes haec traditio inolevit. Reliquae gentes tam mandatum quam factum irrident; et Deo minime asserunt convenire, ut Salvatoris benignitas plagis infantium delectetur, et immeritos in ipso vitae initio periculo mortis addicat. Hoc de bono Domino sentire, qui neminem vult perire, absurdum et irrationabile judicant. Nec tamen eis omnia reliqua sacrificia sunt horrori, sed in multis naturalem legem sequentes, expiationum retinent instrumenta, et immolant victimas, et incendunt adipes, et cum odoramentis et libanibus fundunt coram Deo vota et preces. Legimus Job Dei testimonio approbatum, jugibus sacrificiis occupatum (*Job.* 1); nec legimus circumcisum. Et poterant esse eo temporum diversio in locis multi viri insignes, qui justitiae Dei subjecti, hoc signo carebant; licet filios Esau et Ismael putandum sit hujus traditionis non fuisse expertes. Verum cum opus istud et antiquitas commendet et jubentis auctoritas, inquirenda est tanti mysterii ratio, quae Abrahae specialiter et semini ejus tanto pondere mandata est, ut quisquis in illa gente hujus signi careret differentia, ethnicus, non Judaeus reputaretur, et a titulo filiorum Israel abraderetur proscriptus. Hoc cum octava die jussum sit celebrari, et nomen circumciso aptari (*Gen.* xvii); intimatum est his qui digni sanctorum consortio censebantur quod eorum nomina scriberentur in coelis, et aeternae beatitudinis quam post vitae hujus septimanam octava consequitur, haeredes fierent et consortes, quicunque vitae innocentia et caelibatus sanctimonia sese Domino consecrassent. Tenera itaque infantia hujusmodi erat imbuenda doctrina; et ante concupiscibiles motus, quos peccatum meruerat, miserabili poenae et inevitabili vindictae etiam in parvulis adhibenda erat severitas; et antequam ebulliret sartago libidinum, provisum est ventilabrum quo refrigerari posset et exstingui depopulatricis flammae vagus ardor et universa perlustrans incendium. Ideoque dolor voluptati, et sanguini delectationis sanguis tormenti opponebatur, ut in primis elementis discerent parvuli semper propriae memores sectionis contraria curare contrariis, et ad cohibendos refrenandosque turpitudinum appetitus necessarium esse sale corrosorio carnis perfricare pruritus, et semper recrudescentes desiccare putredines. Ad hoc corpus suum mortificabat Apostolus, non tantum circumcidens illud seminarium membrum, sed totum se crucifigens, et omnibus extraordinariis motibus opponens cauterium, usque adeo corpus suum redigens in servitutem (*I Cor.* ix), ut diceret : *Vivo autem jam non ego, vivit vero in me Christus* (*Gal.* ii). Cujus facti aemulatores erubescimus in pudendis; et detecto sectoque confusionis operculo, quamvis conscientia testis semper nobis exponat scaturientes intus peccati insidias, nec internum vitare possimus judicium, viriliter tamen standum est, et rationis auctoritate increpandi sunt titillatorii sensus, et summopere vigilandum est ne sequatur assensus. Intra nos pudor iste aboleri omnino non potest, quia nec totum hoc membrum, sed anterior ejus portio jussa est circumcidi. Res sane maxima est, si non egrediatur foras hujus contagio corruptelæ; et insaniens bestia corrupti anhelitus catenis ferreis in ultimis animæ recessibus alligetur, intusque fractis dentibus seipsam concupiscentia captiva mastiget et corrodat.

Manet itaque erubescentia propter sensum, ut qui in agone contendit, sciens circumcisionis mysterium, ab omnibus se abstineat (*I Cor.* IX) quæ possunt huic flammæ ministrare fomentum. Nec tamen peremptoria est contendentibus, sed probatoria hujus sensualitatis colluctatio tam veterna; sed institutum est certamen inter spiritum et carnem, ut victor homo peccati et pœnæ, post triumphos solemnes coronetur in gloria, sine infestationibus deinceps, liber a peccato et pœna. Hanc verecundiam post prævaricationem, vanitati subjecta, non volens anima pertulit, et vim sustinet inquietudine perurgente, et involuntariis motibus fatigata infelicitatis suæ deplorat miseriam, liberari de corpore mortis hujus desiderans (*Rom.* VII), et pacifici tranquilliquæ status a Deo postulat libertatem. Quotidiano sane conflictus spiritus et caro luctantur; et causatur ratio adversus domesticum malum quod ita intra se exercet regnum quasi natura sit vitium, et secum traxerit creatio prima peccatum. Hoc utique prima non sentit conditio, sed secutum et transgressorem supplicium, et adhæsit individua pœna peccato; de quo erubescent quicunque mundo corde (*Matth.* V) regem in decore suo videre desiderant (*Isa.* XXXIII). Quis in tam assiduis illusionibus non confundatur? Quis non in tantis contumeliis erubescat? Fomes quippe hujus mali intus in tenebrosis recessibus latitans, ut viderit animam alias occupatam et minus ad sui circumspectionem sollicitam, irruptionibus vehementibus erumpit, blanditiis venena supponens pudicitiæ puritatem inopinatis invadit assultibus. Ideoque pudibundus homo nuditatem suam operit, et fœditatem confusus occultat. His redivivis vulneribus semper hac sanie illitis necessaria est per omnem hujus vitæ septimanam jugis resecatio putredinum, et continua circumcisio cicatricum. Et in cæteris quidem membra omnia imperio rationis obediunt, et arbitrii retinent libertatem. Hic vero, ubi Babyloniæ fornax exarserit, et quasi pice et naphtha conspersi (*Dan.* III), libidinum ebullierint appetitus, inflammata caro libertatis privatur honore; intantum ut rebellia membra, velit nolit, in motus nefarios audacter exsurgant.

Præcedebant olim integumenta rerum significantia abolitionem peccati, et ad perfectionem inchoata tendebant. Nec hoc sacramentum consuetudini antiquæ subtrahere voluit Christus, et licet non esset in hoc tempore necessarium, tamen ne antiqua religio prorsus reproba videretur, in se voluit circumcisionis aptari signaculum. Sane originale peccatum quod a primis patribus in totam generis hujus successionem defluxit, omni tempore aliquibus remediis oportuit expiari, licet vim plenam significantia non habuerint, donec ad rem ipsam ventum est, quæ figurarum operiebatur velamine. Et licet sacramentorum arcana omnibus non paterent, virtus tamen et effectus eorum ignorari non poterat; quia ab Adam usque ad Noe sacrificia Deo constat fuisse accepta, quæ usque ad illud tempus sine legis distinctione divinitus inspirata institutione primi hominis celebrarent. Illa vero sacrificia aut in animalium sanguine, aut aliarum oblationum incensionibus agebantur, non quod fumo aut mortibus pecudum delectaretur Deus, sed ut intelligeretur immutabile judicium et prolata ab initio sententia in peccatum. Immutabile decretum ab æterna lege exierat, concupiscentia affligi, et morte peccatorem puniri, nec poterat plagis exterioribus remedium aliquod subvenire, quin stimulus carnis sine ulla exceptione colaphizaret infirmum, et usque ad dissolutionem mors importuna persequeretur captivum. Et mors quidem carnis concupiscentiarum intersecabat ludibria, nec poterat ultra peccare illud quod erat putredini ac dissolutioni prædestinatum et datum; sed supererat post mortem carnis animæ labor et afflictio spiritus, nec poterat ulla ratione illa absolvi damnatio, nisi morti omnium Vita omnium subveniret, et pro generali morbo gratia Dei singulare propinaret antidotum. Hoc antiquum redemptionis nostræ consilium sanctis patribus revelavit Deus, voluitque ut paulatim assuescerent homines pasioni et morti necessariæ, voluntariæ mortis opponerent libamentum, et pœnam in medelam, et supplicium in remedium commutarent. Hujus oblationis doctrinam sacrificia continebant antiqua; et incensiones et mortes hujus consummationis gratiam præsignabant. Propter hoc cum jam fidei tempora propinquarent, imperata est circumcisio, et pars illa corporis in qua est voluptatem seminarium et libidinis officina, jussa in parvulis amputari, ut proprii primitias sanguinis ei qui totum sanguinem suum oblaturus erat offerrent, et communia singulorum sacrificia singulare præcederent holocaustum. Ubi vero Christus Dominus venit, de quo in capite libri scriptum erat ut in morte sua Patris voluntatem impleret (*Hebr.* X), cessarunt sacrificia; nec jam truncationem præputii Evangelium imperavit, sed circumcisionem cordis (*Coloss.* II), et omnem tam membrorum quam affectionum petulantiam gladio spiritus (*Ephes.* VI) resecari immutabili decreto mandavit. Et tantæ dignitatis illa una Redemptoris nostri fuit oblatio, ut una ad tollenda mundi peccata sufficeret; qui tanta auctoritate in sancta introivit in sanguine proprio (*Hebr.* IX), ut deinceps nulla supplicantium postulatio sanguine indigeret alieno (*Hebr.* VII). A diebus igitur visitationis nostræ regnum cœlorum vim patitur (*Matth.* XI). nec jam in exspoliatione carnis circumcisio agitur, sed Spiritus sancti virtute vetustatis antiquæ sanies expurgatur.

III
DE STELLA ET MAGIS, ET INNOCENTIUM MORTE.

Nato in Bethlehem Salvatore, audita est in Ephrata ejus in terris præsentia, et usque ad silvas camposque gentium novæ hujus nativitatis est fama porrecta. In Judæa a pastoribus et angelis primo sunt hæc gaudia celebrata, nec multo post Arabum fines hujus rei notitia penetravit, et incolis Saba præclari stella luminis cœleste numen novis splendoribus indicavit. Erant in illis regionibus viri siderum inspectionibus assueti, qui arte mathematica vim discursumque noverant planetarum, quia ex elementorum natura rationem temporum metientes, astrorum ministeria certis experimentis propriis didicerant effectibus assignata. Hi ex vaticiniis Balaam olim audierant stellam oriri in Jacob, et hominem in Israel (*Num.* xxiv), cujus fortitudo quasi rhinocerotis, ad quem in trieribus de Italia venirent, qui superarent Assyrios et vastarent Hebræos (*ibid.*), quo temporum nec in Jacob idolum, nec in Israel simulacrum esset (*Num.* xxiii). Diu homines illi hujus prophetiæ proventum exspectaverant, et ubi venit plenitudo temporis (*Gal.* iv), orto repente novo sidere, ad antiqua recurrentes volumina, tam testimonio muniti quam signo dromadis invecti in Judæam stella duce perveniunt. Nec potuere Palæstinæ incolas latere tanti nominis personæ; sed ubi auditum est quod stellam indicem nati in Bethlehem parvuli sequerentur, Herodi novi regis inquisitio nuntiatur (*Matth.* ii). Evocatis itaque Magis, rei hujus ordinem cum omni diligentia sciscitatur ; audit natum in Bethlehem esse parvulum, quem profitentes regem et Deum, qui de Sabba venerant, adorare et venerari festinant : intimatum est ei quod ab antiquis temporibus Moabites propheta, licet gentilis, prædixerat, et contulit cum litteris gentium, sanctorum vaticinia prophetarum quorum scripta per omne Sabbatum legebantur; de quibus nulla in populo Judæorum ambiguitas erat quin rata essent quæ illi vel asseruissent præterita, vel prædixissent futura; a fortitudine ejus qui quasi unicornis obvios penetraret, in cujus obsequium ultrices de Italia trieres in Judææ terminos advenerant, et usque ad finem mundi dilatarent imperium, anxius expavit et timuit. Conturbabat quoque aliud quod in Michæa scriptum est testimonium : Quoniam de Bethlehem, quæ est Ephrata, egrederetur parvulus, qui dominator esset in Israel, cujus egressus esset ab initio a diebus æternitatis (*Mich.* v). Cumque ea quæ domestici codices continebant, cum his quæ ab alienigenis dicebantur, intelligeret convenire, divinis tentans reluctari consiliis, simulat perfidus religionis assensum, promittens Magis sese ad adorandum parvulum cum omni devotione illico affuturum, cum per revertentes certitudinem de puero accepisset. Turbatur cum rege maligno Hierosolyma, non lætatur; expavescit et tabescit, et negare erubescit quod Scriptura testatur. Nec minus horrendum Scribarum sacrilegium quam Herodis impietas, quia proprio Judæi abutentes privilegio, cum visitationi divinæ invenirentur ingrati, causam sibi cum Herode fecere communem; cum hinc et inde impietas et infidelitas adversus Dominum et Christum ejus fremerent, et pariter in ejus odio consentirent. Ecce alienigenæ a fluminibus Æthiopiæ ad parvulum Christum supplices veniunt, et filii dispersorum deferunt munera; accedunt qui longe erant, et qui prope, recedunt; in loco humili et supellectile vili Rex regum et Dominus dominantium invenitur, cognoscitur et ab aliis adoratur.

Quia vero neminem in conspectu Dei apparere vacuum antiqua lex edocet (*Exod.* xxiii), prævaricatoribus legis abeuntibus vacuis, primitiæ gentium sacramentalia munera proferunt de thesauris, et Domino aurum et odoramenta præsentant; profitentes ex ratione munerum de eo quem adorabant quid crederent, quid sentirent. In auro regem, in thure sacerdotem, in myrrha incorruptibilem, quamvis passibilem profitentur. Oblatio ista incarnati Verbi et exponit mysteria, et brevi subtilique indicio utriusque naturæ humanæ divinæque exprimit unitatem, quod et proprium est unicuique singulatim distinguens. Nam Deo Patri, cujus regnum et imperium suis mundum replet splendoribus, in odorem suavitatis summus sacerdos et pontifex Christus se obtulit, cujus caro passionis cremata carbonibus incensionis suæ fragrantiam transmisit ad cœlos, et usque hodie odor ille suavissimus in terrestri cœlestique Ecclesia indeficiens perseverat. Quod autem passibilitas quam obediens Deo voluntarie suscepit, incorruptione firmata sit, virtus myrrhæ obvians corruptelæ suo probat effectu, et visibilium ratione munerum immortalitatis solidæ constat evidens argumentum. Adorato Domino, Magi hilares alio tramite in suam patriam revertuntur, quia necesse est ut qui credunt ad justitiam, ore etiam confessi sunt ad salutem (*Rom.* x), deinde vias eligant arctiores, et se districtioribus mandatis obligent, quoniam per vias latas descensusque præcipites itur ad inferos, per arctas vero et difficiles reditur ad superos. Propter verba labiorum Dei religiosus quisque vias duras ingreditur (*Psal.* xvi), et jugulator voluptatum stantem ex diverso hostem securus aggreditur. Arcta via est castitas, trames strictus humilitas ; jejunio affligi, et carnem in servitutem redigere, scopulosæ sunt semitæ, sed ad patriam superiorem non nisi per meatus difficiles armati milites revertuntur. Non est tutus ad Herodem regressus, nec expedit cum his qui oderunt Deum fœdera jungere : nec de religione cum malignantibus inire consilia, quorum familiaritas infantiam Christi studiose persequitur ; et antequam formetur Christus in nobis, in ipso piæ conversationis initio, ut exstinguatur spiritus et suffocetur vita justitiæ, penitus elaborat. Delusum se Herodes conqueritur, cum Magos alias comperit divertisse, quia molestissimum est principi tenebrarum cum excogitatis laqueis tentatos quoslibet noverit evasisse; et acriori inflammatus rabie in neces Innocentium debacchatur. Sic sanctorum persecutionibus tyrannus crudelis illuditur, qui dum putat perdere quos occidit, melioris vitae statum eis procurat; et quod ille in perditionem molitur, hi utuntur pro beneficio, quibus lucra vitae perpetuae per haec momentanea damna celeri compendio acquiruntur. Ecce parvuli isti, quos hostis naturae, pietatis inimicus, bestialis saevitiae, inauditae crudelitatis monstrum Herodes occidit, subito fiunt martyres; et dum vice Christi, et pro Christo avulsi, a matrum uberibus detruncantur, testimonium quod nondum poterant sermone, pernibent passione; et sufficit causa testimonio, licet nondum eloquio distinguatur. Illico spiritus infantilis vasculi receptaculum descrens, jam non tenelli corporis aetatisque novitiae tempore tenetur; sed ab illis infantilibus coagulis anima expedita, adepta rationis et intellectus plenitudinem in occursum Christi festinat, a quo militiae suae quaerens stipendium, ad lucis et pacis aeternae praemittitur gaudia; et Epiphaniae solemnia in coelestibus celebrat, nec in stellae alicujus lumine, sed in ipsa claritate divinae praesentiae gloriatur. Acta est nativitatis solemnitas sursum jubilantibus angelis, deorsum ex ore infantium et lactantium laus est perfecta, resonantibus usque ad coelos victoriae tubis; et versus est parvulorum vagitus in gaudium, et luctus in jubilum, sequente non stellam, sed Agnum exercitu Innocentium, et bajulante gloriosissimi triumphi solemne vexillum. Nec potuit mundus inficere nuper agonem ingressum infantilem exercitum; et pedes qui nondum lutum calcaverant, urgens citatusque transitus non est passus ullis sordibus inquinari; sed in ipso vitae initio tota illa innocua phalanx, sine ullo integritatis detrimento, ad solidioris vitae translata est gloriam. Et quae exspectari poterat annorum elapsu rationis discretio, repente nullis jam aetate illa temporibus subjecta, omnis consummationis reperit finem, et casuum accidentium mutabilitates evasit. Evigilaverunt sensus quos sopor infantiae opprimebat, displosisque palpebris intuiti lucem, in momento assecuti sunt, quae pacificis et mundo corde debetur, beatitudinem; et ascendentes per omnium virtutum gradus sine doctrinae humanae exercitio cumulatam invenire mensuram, ita ut in ordine sanctorum protomartyres primum habeant locum, et secretorum conscii divinorum, propinquitate familiarissima clementiam Dei pro nostris exorent laboribus; quos usque hodie funestus Herodes persequitur, quorum sanguine et morte diabolus delectatur.

Hi itaque a cunabulis in coelum translati, facti sunt superni capitolii senatores et judices, nonnullis veniam obtinentes immeritis; assistuntque miserationibus et ultionibus divinis, sed saepius Agni, quem quocunque ierit, prosequuntur (*Apoc.* xiv), mansuetudine, quam ira vel furore utuntur. Hi nuper cruore lacteo loti primitias baptismi martyrio consecrarunt, tradentes posteris formam, ubi necessitatis articulus excluserit moram, non minus ad lavacrum animae sanguinem efficacem, quam sanctificatas verbis solemnibus aquas, maxime cum nec sanguis hoc elemento careat, sed aquarum motu per totum corporis alveum fluat. Spiritus vero sanctus et aquis et sanguini superfertur, qui subjectos sibi fovet et abluit; quo baptizante, idem occisio quod mersio operatur, qua exstinctam peccati vitam virtutemque emortuam utriusque rei continet sacramentum. Ipse enim est qui vel hoc vel alio modo, quicunque est ille modus, baptizat, et ad idem refertur quod pura fide agitur per Christum Dominum nostrum.

IV.

DE BAPTISMO CHRISTI ET MANIFESTATIONE TRINITATIS.

Non satis est quod angeli locuti sunt pastoribus, quod apparuit stella regibus, quod nativitati, et personae et loco consona prophetarum oracula, perfidae gentis indicio, Christo perhibentia testimonium, in unam convenere sententiam; sublimius et perfectius testimonium profertur divinitus, et ipse Pater invisibilis auditur, et aures humanas omnipotentis Dei praeclara vox penetrat, et inaudita a saeculo fidei species declaratur. Veniebat Christus ad baptismum, non egens lavacro, in quo peccatum non erat, sed ut sacramento perennis daretur auctoritas, et tanti virtutem operis nulla personarum acceptio commendaret, quoniam remissio peccatorum sive per baptismum, sive per alia sacramenta donetur, proprie Spiritus sancti est, et ipsi soli hujus efficientiae privilegium manet. Verborum solemnitas, et sacri invocatio nominis, et signa institutionibus apostolicis sacerdotum ministeriis attributa visibile celebrant sacramentum; rem vero ipsam Spiritus sanctus format et efficit, et consecrationibus visibilibus invisibiliter manum totius bonitatis auctor apponit, et plenitudinem gratiae unctionis divinae pinguedo, sanctificationibus officialibus infundit, et rem sacramenti consummat et perficit. Si in Petri vel Pauli nomine baptismi gratia donaretur, posset alius alio videri sublimior; et secundum ministrorum merita haec singularis gratia aestimari, ut melior esset baptismus ejus qui sanctior videretur, et indignior esset qui ab eo acciperetur quem non amplior aestimatio commendaret. Haec et in alia sacramenta transferretur injuria, ut non in eis unitas, sed diversitas haberetur, si censerentur a melioribus fieri meliora, et minus haberent utilitatis et ponderis quae fierent ab indignis. Sic eucharistia una alia melior, et baptismus pro ministerio vel melior, vel deterior credetur. Absit hoc a fide catholica! absit a religione Christiana tantae corruptionis fermentum! Una nobis fides, unus Dominus, unum baptisma (*Ephes.* iv); quod si ab indigno forte fuerit consecratum, non audet justus iterare vel corrigere quod semel est factum; quia per quemcunque fiat, idem est; nec hoc privilegium meritis est datum, sed gratiæ, et proprie sibi omnipotentia Dei retinet hunc effectum. Neque enim Paulus pro nobis crucifixus est, aut nos gloriamur in Paulo, sed in cruce Domini gloriamur, cujus virtus omnia peragit sacramenta, sine quo signo nihil est sanctum, neque aliqua consecratio meretur effectum. Hinc omnium sanctificationum exsurgit sublimitas et profundum, et longe lateque plenitudo diffunditur gratiarum. Quod ne ulla præsumptio sibi doni hujus in posterum gloriam vindicaret, in hoc sicut et aliis, Domini nostri Ecclesiæ suæ providit benignitas, ut ipse baptizetur a servo, ne conservi conservorum ministerium detractarent, vel aliquis cuiquam in hoc opere præferretur, quoniam sive Judas sive Paulus baptizet, Christus peccatum lavat, absolvit et delet. Sic Rachel et Lia, Balam et Zelpham maritis accommodant, et liberos accipiunt ex uteris ancillarum. Scribæ et Pharisæi in cathedra Moysi sedentes, dum agunt quæ ad cathedram pertinent, per omnia plenitudine potestatis utuntur, et officium, non vita tantis effectibus honoratur. Obediunt dæmones exorcistis : Christum, inquiunt, scimus, et Paulum novimus, et in nomine Christi, quem Paulus prædicat, adjurati egredimur, vos autem penitus ignoramus (*Act.* xix). Ecce in nomine suo nihil quæstuarii peragunt exorcistæ, nec se eis deferre ipsi dæmones profitentur, sed nomen Christi etiam per lucrorum sectatores suæ gloriæ retinet potestatem et fiunt in talibus causis ministri mercenarii, sicut naves onerariæ, quæ per pelagus evehunt institores, quarum rectores potius eorum quos ducunt, pecuniis inhiant quam saluti. Et tamen mare sæculi hujus necessarios habet hujusmodi transvectores, alioqui cessabunt commercia, nec ex transmarinorum copia aliorum inopia habebit subsidium, nec occurrent sibi solatia regionum, si vehicula tollantur de invio, et pelagus immeabile relinquatur. Bonis quippe sæpe malorum ministeria suffragantur.

Supponit itaque cervicem sanctam manibus hominis humilitas Redemptoris, et licet plenam non habeat virtutem, suscipit tamen Christus baptisma Joannis. Præparabat viam Domino Joannes lavando exterius corpora, ut præcederet exterius lavacrum secuturum baptisma, in quo conferretur animarum ablutio, et peccatorum remissio. Præcessit quod erat ex parte, ut consummatio sequeretur. Horret tamen Joannes, et acclive sibi esse sacrum Christi caput non patitur, quia majorem a minore benedici antiquis regulis refragatur, et criminalis ei visa est usurpatio potestatis. De plenitudine Christi omnes accepisse, et seipsum cum cæteris prædicarat Baptista ; ideoque Deo et hominem manus imponere judicabat temerarium, lavare eum in quo non erat peccatum æstimabat superfluum. Se ad solvendam calceamenti hujus corrigiam confessus indignum, formidabat exhibere prælatum, si ipse in magistro sine causa tentaret hoc agere quod ab ipso suscipere necessarium dignoscebat. Ideoque tremebundus, humili satisfactione postulanti ministerium negat assensum ; non quod obedientiam detrahat imperanti, sed quod judicio suo servo subdi non competat majestati. *Tu*, inquit, *venis ad me, et a te debeo baptizari? (Matth.* III.) Cui Dominus : *Sine modo : sic enim decet nos omnem complere justitiam (ibid.)* Joannis humilitas non arguitur, nec vituperabile visum est Christo simplicitatis diffugium, quod reverentia, non importunitas suggerebat. In hoc igitur omnem impleri justitiam asseverat, si doctrinam præcedat exemplum, et honore se invicem præveniant qui majorem et qui minorem obtinent locum ; et qui major est, fiat minor, et præcessor sicut ministrator (*Luc.* xxii) ; si in unitate sacramentorum omnes simul conveniunt, si pacis ecclesiasticæ fœdera non disrumpant. Baptizatur Christus, nec ultra Jordanis retrorsus convertitur ; aruerunt unctiones Judaicæ, cæremoniæ putruerunt ; perpetuo lapsu baptismi gratia emanat ad posteros, nec ulla vetustate siccatur. Adesse se tantis mysteriis et præsentiam suam dignosci dignata est sempiterna Divinitas ; cœlisque apertis, in specie columbæ Spiritus sanctus ibi seipsum ostendens, et intelligi voluit et videri, et quietissimo elapsu adveniens, super Christum quievit et mansit. Acceperat quippe familiare super hoc ab eodem spiritu Joannes responsum, quia super quem Spiritum sanctum sub hac specie videret, ipse esset apud quem baptismi maneret auctoritas, qui mundi peccata tolleret (*Joan.* 1), qui, solus a nullo sanctificatus et cuncta sanctificans, non tam interesset sanctificationibus et sacramentis omnibus, quam patraret.

Sed et vox Patris audita est cœlitus : *Hic est Filius meus dilectus, in quo mihi bene complacui* (*Matth.* III), *ipsum audite* (*Matth.* xvii). Hucusque, Domine, sancte Pater, non audivimus te loquentem, qui multifarie olim patribus locutus es in prophetis, et per angelos sanctos quibus ad diversa sæpe mysteria a te legatio est injuncta. Te ipsum non ita ante hoc tempus locutum audivimus, ut personaliter tibi assignetur locutio quam proferres. Hanc vocem a Paternitate tua delatam nemo est qui ambigat ; non est qui sibi hoc verbum audeat arrogare ; non est in cœlestibus agminibus qui Dominum Jesum suum audeat filium nominare. Certe tibi soli nota est Trinitas ; et solus Pater scit Filium, Patremque novit Filius, nec a quoquam, nisi eo revelante, est cognitus. In hac divini magisterii schola Pater est qui docet et instruit, Filius qui arcana Dei nobis revelat et aperit, Spiritus sanctus qui nos replet et imbuit. A Patre potentiam, a Filio sapientiam, a Spiritu sancto accipimus innocentiam. Pater eligit, Filius diligit, Spiritus sanctus conjugit et unit. A Patre nobis datur æternitas, a Filio imaginis ejus conformitas, et a Spiritu sancto integritas et libertas. In Patre sumus, in Filio vivimus, in Spiritu sancto movemur et proficimus. Convenerunt simul sempiterna divinitas, et temporalis humanitas, et eo tenore utriusque naturæ facta est unitas, ut impossibile sit quod junctum est ab invicem separari; sed Verbum et caro sic sunt una essentia, ut perfectam et integram sincera conjunctio faciat unitatem. Nec injuria est, sed gratia Dei, si quod minus videtur digniori jungatur, cum inferior natura contumeliam probrumque peccati non contrahat, nec est minoratio majestatis, profectio paupertatis; nec altitudinem Dei in aliquo humilitas dispensatoria dehonestat. Hoc testimonium auditum est, quia Filius Dei est quem Joannes tenet in manibus, verus homo, verus Deus, unicus Patris, in sua natura invisibilis, in nostra visibilis, ut fide et experimento fulciatur doctrina, dum et visu et intellectu incarnati Verbi notitiam assequatur. Dilectus a Patre immerites nos dilexit, ultro visitationis suæ nobis beneficium largitus est, ultro sanavit, ultro curavit, ultro libertate donavit. Etiam ingratos prosequitur hic amor et revocat; neque tunc odit, cum corripit et flagellat, usque ad mortem Christum duxit dilectio, et resurgens a mortuis charos habet, quibus tantæ charitatis affectum ostendit. Duo grata vocabula, filius et dilectus, ipso Deo dictante nostris sensibus imprimuntur; ut communio nominum nos associet collegio munerum, et tantæ dulcedinis nomina nostrum emolliant animum accendantque devotionis affectum. Per omnia sibi Pater in Filio complacuit, nec ulla in eo serpentis sunt reperta vestigia; nec sacerdotii ejus pœnituit Deum, quoniam sacrificium quod in cruce obtulit, sic in beneplacito Dei constat acceptabile, et perpetua virtute consistit, ut non minus hodie in conspectu Patris oblatio illa sit efficax, quam ea die qua de saucio latere sanguis et aqua exivit (*Joan.* xix), et semper reservatæ in corpore plagis salutis humanæ exigant pretium, et obedientiæ donativum requirant.

Huic dilecto Filio tuo, tu Domine, nos præcipis obedire. Loquere igitur, Domine, quia audit servus tuus (*I Reg.* iii). Auditui meo dabis gaudium et lætitiam (*Psal.* l), doctrinam tuam amplector; suave est mihi eloquium tuum, vivus et efficax sermo tuus, ancipiti gladio penetrabilior usque ad divisionem spiritus et animæ meæ attingens, carnales et spiritales intra me separat et sequestrat affectus (*Hebr.* iv); et a vilibus pretiosa distinguens, quasi flagello de funiculis contexto, de meo interiori templo quod tu inhabitas, omnem nundinationem expellit, nec patitur in atriis tuis mercimonia columbarum, sed a sanctuario gratiæ tuæ omnem venalitatem excludit (*Matth.* xxi). Audio te cum irasceris, audio cum misereris; sive parcis, sive flagellas, justum et bonum te prædico. In ira te supplico, in clementia gratias ago, nec sanctis sermonibus contradico. Loquere, magister bone, libenter te audio, et cum adversariis mihi, etiam in plagis et doloribus intelligo disciplinam; nec latet me, te docente, ad siccandas corruptionum mearum putredines prodesse cauterium, et mundare cicatrices veteres sal disciplinæ tuæ, Evangelio tuo medente, infusum. Præcipis ut infun'am corrupto pulmoni hyssopum, et spiritus tui suavitate epota, totius malignitatis inflatio detumescat. A te, Deus bone, humilitatem discentes, quasi mansueta animalia quieto gressu te bajulamus sessorem, nequaquam sub hoc onere lassitudinem, sed quietem inventuri, quia jugum tuum non est grave, sed leve (*Matth.* xi), et lex tua, et testimonia justitiæ et præcepta, timor et judicia delectabilium in se rerum continent sacramenta. Lex tua docet vitare peccatum, et corripit trangressores, et ut lotis mundisque pedibus in via immaculata incedant omnia præmonstrat offendicula, et insinuat diverticula quibus periculosi transitus evitentur; nihil impossibile, nihil jubet austerum. In quibusdam per legem tuam promissa præmia nos invitant; in multis pœnæ propositæ, et supplicia vel damna territos animos a scelerum retrahunt appetitu; neque lex tua scripta a lege naturali in aliquo dissonat, sed reprobatio mali et electio boni sic animæ rationali infixa sunt divinitus, ut de hoc nemo recte causetur, quia nulli ad harum rerum persecutionem deest scientia sive potentia, quia et quod agendum est scimus et quod scimus facere possumus. Quod si impossibilia essent præcepta tua, vel tantis difficultatibus onerata, vel voluntas tua sic abdita ut non posset intelligi quid a nobis tua expeteret altitudo, licet invitus nemo peccet, posset tamen ex multis excusare delictum, nisi nobis et moderatio mandati, et veritatis cognitio, et agendorum distinctio auctoritate cognoscibili providissent, et simul se complecterentur possibilitas et facilitas, scientia et potestas. Præcipis mihi, Domine Deus, ut diligam te: hoc et possum et debeo; et totum me et interius tibi esse jubes obnoxium; et de proximo jubes ut ad meam eum mensuram complectar. Gratias ago tibi, clementissime Deus, quia quod quæris a me prius ipse donasti; et quomodo tu me dilexeris, si linguis hominum et angelorum loquar, nec digne possum eloqui, nec universa complecti quæ mihi gratiæ tuæ contulit amplitudo. Justum est, Domine, ut diligamus te, quia et ipse nos diligis: et iniquum omnino est ut te in aliquo dilecti tui offendant. Vere hoc mandatum legem complectitur et prophetas, et in hoc verbo omnium Scripturarum volumina coarctantur. Hoc natura, hoc ratio, hoc, Domine, verbi tui clamat auctoritas; hoc ex ore tuo audivimus; hic invenit consummationem omnis religio; primum est hoc mandatum et ultimum, hoc in libro vitæ conscriptum indeficientem et hominibus et angelis exhibet lectionem. Legat hic unum verbum, et in hoc mandato meditetur Christiana religio, et inveniet ex hac scriptura omnium doctrinarum regulas emanasse; et hinc nasci, et huc reverti quidquid ecclesiastica continet disciplina, et in omnibus irritum esse et frivolum quidquid dilectio non confirmat. Non pertinet, Domine, ad te, nec de tuis est qui te non diligit, nec diligit te qui scienter offendit. Dilectioni tuæ detrahit qui terminos a te positos transit, et Evangelii tui decreta transgreditur et contemnit

Non amat te qui pecuniam diligit : tibi et mammonæ nemo simul deservit. Non pertinent ad te speciem pietatis habentes et negantes virtutem, nec militant tibi negotiorum hujus sæculi trajectores; non audiunt te, sed sicut aspis aures suas obturant (*Psal.* LVII), ne eorum corda verbum tuum penetret, quotquot peccato serviunt et voluptati carnalium amatores. Lex tua, Deus, apostolorum et martyrum testimonio confirmata; parvulis tuis pauperibus spiritu, quibus tibi regnum tuum dare complacuit, sapientiam præstitit, et lætificaverunt animas eorum justitiæ tuæ, in quibus per eamdem legem edocti vixerunt; et hoc dilectionis præceptum ita fidelium mentes illuminavit, ut in pace et sanctimonia viventes pacificis et mundis cordibus te viderent, et simul amor sanctus et timor castus perseverantibus tibi studiis obedirent; usque adeo tibi ascensionibus hujusmodi propinquantes, ut fierent judiciorum tuorum conscii, et per ipsos tua et nunc postmodum judicia exerceres. Præcipisti, Domine, ut audiamus dilectum Filium tuum; gratias tibi agimus, quia nos ejus magisterio commendasti. Nos vero ex præcepto tuo ejus doctrinæ nos tradimus informandos; et inhærentes ei, libenter eum, duce Spiritu sancto, omni tempore audiemus.

V.

DE JEJUNIO ET TENTATIONIBUS CHRISTI.

Anno tricesimo carnis assumptæ, baptizato Domino in Jordane, postquam revelante Patre quod Filius Dei esset innotuit, non jam conveniebat eum putari filium Joseph, vel esse subditum illi. Nec tamen repente ad signa et miracula et doctrinam usus est potestate, sed interim auctoritatem continuit, et antequam notum se faceret mundo, exposuit se tentandum diabolo; non ut divinitatis integritas probaretur, sed ut tentatoris confunderetur præsumptio; dum fame et lassitudine post jejunium veritas humanitatis pateret, quæ divinitati associata omnino peccati sensu et consensu careret. Hac ætate tempus doctrinæ insinuatum est rationabile, et ante has metas perperam invadi magisterium data est forma, quia non competit annis impubibus sedere in cathedra, et in primogenitis boum lege aratio est interdicta. Jam vero cum ætatis et temporis ratio conveniret, et ad obediendum verbo Christi mandatum cœlitus advenisset, voluit tamen Sapientia Dei primo erudiendos informare exemplo, et contra tentamenta proponere documenta ut audiret et videret et sentiret humana rationabilitas quam insuperabilis sit victrixque peccati, si libertas arbitrii libero moderamine dirigatur. Igitur desertum Christus ingreditur : ibi suo, id est Spiritu sancto, duce et comite conversatur. Locus secretus eligitur; quia solius Dei judicio jejunia sunt agenda, et singulariter inspectorem adjutoremque Deum volunt, hæc habere certamina, neque in agonibus aliquibus periculosius militatur. Nulli religionis exercitio fraudulentius inanis gloria adulatur, nulli virtuti favor ita blanditur. Jejuniorum sudoribus laus importuna se in-

gerit, et subtilissimis aculeis penetrans animam, dum extollit, emollit; et pungit, cum ungit. Virtutem in hypocrisim vertit et simpliciter inchoata pervertit. Quasi tinea quod integrum erat rodit et occupat, et sanctitatis fundamenta evellit et dissipat. Subtilissimum malum proprio laqueo hypocritam jugulat, et propriis armis sanctitatem impugnat. Castigatio carnis spiritum inflat, et macies corporis extenuatum arrogantem impinguat. Contemptus venerationem venatur, fames et calamitas laudibus saturantur. Mens hoc veneno imbuta in miseriis deliciatur et occupata hac scabie in ulceribus gloriatur. Religio fit superstitio, et succedit ei ambitio subornata. Exstincto spiritu, quatriduano cadaveri solæ supersunt exuviæ, virtutis species exanimis et simulacrum sanctitatis. Tanta est hypocritarum dementia, ut fetoribus pro odoribus abutantur, et pretiosa vilia, et aspera suavia arbitrentur, et favorum sapor omnium dulcedinum superet condimenta, omnisque delira sensualitas contrariis delectetur. Propter hoc solitudo carens arbitris, et eremus assentatorum satellitio vacua a jejunante Christo eligitur, ut non cum carne et sanguine, sed cum spiritualibus nequitiis dimicetur, et, amotis minarum occasionibus, homo cum diabolo colluctetur, et soli sint in palæstra Christus et Antichristus, Spiritus et antispiritus.

Neque putet homo se evasisse pericula, cum in eremum venerit, quia quanto subtilius, tanto difficilius a tentatore invaditur, qui cogitationum foribus assidens, omnia virtutum germina in ipso ortu strangulare molitur. Imaginem Christi delere cupiens, adulterinos colores naturali pulchritudini superducit, claritatem spiritus interpolat et obnubit. Verum liberius anima expedita obviat impugnanti, ubi compedes impedimentorum defuerint et aspectus irritamenta non noverint, securiorque est congressus, ubi singula non vellicant dimicantem, nec inebriant animum lenociniis voluptatum. Honestius cum spiritu quam cum carne luctamur, quia carnis complexus fœdus exhalans nebulas, eum qui sibi adhæserit aliqua ex parte contaminat; nec libidinum morsus quisquam evasit illæsus. Flatus ille pestilens etiam longe positos inficit, et hoc certaminis genus fugam potius quam assultum requirit. Et quia solent oratione et jejunio dæmones edomari, munitio eremi cum hujusmodi armatura, exemplo Magistri, recipit Christianos; quos, etsi omnes diversorium non excipiat loci, animi tamen omnino necessaria est solitudo, ubi erecta specula, mens sibi insopita provideat, detersa rubigine, coruscantibus armis importunum hostem terreat et repellat. Jejuniis vitiorum sentina siccatur, petulantia marcet, concupiscentiæ languent, fugitivæ abeunt voluptates. Exstinguitur ardentis Ætnæ incendium, et flammivomi fornax Vulcani, exstincta intrinsecus, montes conterminos non adurit. Jejunium si discretione regatur, omnem carnis rebellionem edomat, et tyrannidem gulæ spoliat et exarmat. Jejunium extraordinarios motus in cippo claudit et arctat, et appetitus vagos distringit et ligat. Jejunium, si humilitate ornetur, servos Dei, mundi efficit contemptores. Jejunium carnes azymas mundat e solidat; et putredines quæ ex adipe prodeunt, cons. n... et siccat. Jejunium Scripturarum deliciis pascitur, contemplatione reficitur, gratia stabilitur, cœlesti pane nutritur. Danieli interpretatio somniorum revelatur jejunio, et tres pueri de Babylonio illæsi egrediuntur incendio. Moyses in monte quadraginta diebus cum Domino perseverans, et Dei familiare colloquium et legis ministerium jejunio promeretur. Elias quoque eodem dierum numero abstinens in eremo conversatur. Utilitas jejuniorum temporibus Christianis clarius patuit, et a multis frequentata in plurimos se effudit. Quotquot viros virtutum vidimus, sine jejunio non legimus ascendisse; nec aliquid magnum moliti sunt, nisi prius abstinentia præcessisset. Quoties aliquid a Deo obtinere conati sunt, jejuniis incubuere et lacrymis, et pernoctantes in orationibus, ciliciis carni hærentibus supplices beneficia postularunt. Nec defuit proventus, ubi ad pedes Dei sacrificium contriti cordis offerens se prostravit humilitas; sed prope fuit invocantibus se Deus, et porrexit manum naufragis et subvenit afflictis. Si Moysen et Aaron et Samuelem hodie haberet Ecclesia, cum invocarent, exaudirentur, et, orantibus Job et Noe et Daniele, populo parceretur. Rarus hodie Phinees, qui perfodiat impudicos; rarus Moyses, qui occidat sacrilegos; rarus Samuel, qui inobedientes lugeat, rarus Job, qui pro filiorum negligentia sacrificium offerat; rarus Aaron, qui coram Pharaone comminationes divinas edicat; rarus Noe, qui his quibus submersio imminet, arcam bitumine litam provideat. Flens cum Apostolo dico inimicos crucis, qui terrena sapiunt magistratus, quorum Deus venter est (*Philipp.* III); qui in his quæ dicere nefas est, impudentes lætantur et gloriantur. Venerunt periculosa tempora quæ prædixit Apostolus, in quibus voluptatum amatores magis quam Dei, speciem pietatis habentes, virtutem vero abnegantes (*II Tim.* III). Inveniuntur præpositi innumerabiles, qui jejunia et orationes nec digito movent, in quorum manibus iniquitates sunt et muneribus eorum dextra onerata (*Psal.* XXV); frustra ab his quærantur miracula, frustra auxilia implorentur: non sunt idonei intercessores, Domini contemptores; nec convenienter ad placandum eum accedunt, nec conciliant quem offendunt. Efficax est oratio præcedente jejunio, et, sacris studiis antecedentibus, non patitur postulatio devota repulsam. Eligitur solitudo, ut soli Deo vacans animam, cum in se per continentiam mactaverit voluptates, purgatis affectibus ad cœlestia evolet; et videns Deum oret et adoret et dulcedinis supernæ suavitatem prægustet. Forma igitur jejuniorum proposita fixoque exemplo, postquam quadraginta dierum abstinentiam Dominus consummavit, Satan cum esurientem videret, accessit. Retroactum tempus obtinuerat quies, et secum silentii sera opus illud eximium Salvator exegerat; modo oblata famis occasione tumultuator de latebris prodiens foras egreditur, et subdola professione quasi compatiens ei, subvenire periclitanti naturæ hortatur: *Si Filius Dei es, dic ut lapides isti panes fiant* (*Matth.* IV). Nec vult fateri, nec præsumit diabolus diffiteri Christum Filium Dei; sed dubie dispenseque consulens tendiculas blandis innectit sermonibus, ut obaudientem sibi reddat obnoxium, et se de compassionis specie reddat acceptum. Caro et lassitudo et cætera hujusmodi, hominem testabantur; virtutis integritas et vita carens omni peccato perfectius ei privilegium ascribebant, et divinitas potentissima ex ipsis effectibus negari non poterat. Fuerant et ante Christum viri insignes, prophetæ et sacerdotes, sed in peccatis concepti et nati, nec originali nec personali caruere delicto, et inventa est in omnibus vel ignorantia, vel insufficientia, in quibus erronei peccaverunt et eguerunt misericordia Dei (*Rom.* III), per quam edocti et restituti gratias egerunt Deo, et ad plenitudinem justitiæ multum sibi deesse confessi sunt, et sperantes in Deo nullam sibi soliditatem attribuere præsumpserunt. Non ita Christus, in quo Verbi carnisque sic convenit natura ut nulla alteri ex altero injuria deveniret, quia in carne socia nullam divinitas maculam reperit, nec secuta est, nec præcessit. Hæc naturarum conjunctio diabolum excæcabat, quia impossibile ei videbatur vel quod esurire posset Divinitas, vel quod tantæ tolerantiæ posset esse, tantæque potestatis corporalis humilitas.

Duplicem itaque inquisitionem sinuosa calliditate orditur, ut de Christo utrum naturalis Filius Dei sit, ipso respondente, certitudinem habeat, ut cum Deum confessus se fuerit, absurdum videatur quod Deus esuriat, et in quamcunque partem se responsio verterit, necessitas conclusionis occurrat: Si Filius Dei es, tibi non competit esurire: quod si esuris, manifestum est Filium Dei non esse, quem violentia necessitatis communibus indigentiis intercludit. Succurre, inquit, necessitati, si potes, alioqui deficies; et præsentes lapides in panis muta substantiam; sic enim fiet ut evadas periculum, et, si hoc potueris, probes te Deum. Non erat digna responsione quæstio malignantis; neque enim technas diaboli Dominus ignorabat, sed divino cavillatori satisfecit eloquio, subtilissimo dogmate edocens corporis et animæ vitæ propriis alimoniis deberi subsidia, et cibum animæ, id est verbum Dei eduliis corporalibus præponendum, et citius attentiusque menti providendum quam ventri. Nec opus erat ut hoc facto insidiatori innotesceret, quia nullo signo ejus poterat invidia commutari, cujus incorrigibilem iniquitatem desperatio sugillavit. Superfluum igitur erat ad suggestionem ejus ibi nulla profutura miracula operari, cum satis esset diligenter consideranti quod esurientem cibi non superabat appetitus, et desiderii motus defectio non esset, sed virtus. In nullo Christum aliqua coegit aut dominata est ei necessitas, qui propriæ moderamine voluntatis disposuit, et persolvit quod exegit humanitas. Sicut in ipsius voluntate fuit consecrare jejunium, ita et in potestate fuit tempore opportuno sumere cibum : quod utique nec ministerio, nec consilio diaboli fuerat ordinandum, quia et abstinentiæ et refectionis penes ipsum erat et arbitrium et facultas. Itaque nihil certitudinis seductor extorsit, sed dubius incertusque dimissus est; nec obtinuit ut se proderet Christus miraculo, vel intemperanter ad cibum properans obediret seductoris consilio, quasi tunc primum quid fieri oporteret, data doctrina, acceptaque sententia. Repulsus igitur auctoritate Scripturæ et propositi firmitate, defecit scrutinio ; nec tamen alia aggredi via destitit; et falsatis argumentis prioribus alia subjiciens, quibus ab eo consentaneas sibi responsiones aliquas extorqueret; adjecit. Eo igitur supra templi pinnaculum constituto, quem gula non potuit, vana gloria subvertere nititur. A multis ambigitur utrum fuerit hic translatio corporalis ; et si de loco ad locum se Christus transferri permiserit, eo modo quo Habacuc de Judæa in Chaldæam delatus est; et Philippus de Azoto in occursum eunuchi, qui revertens de Hierusalem non intelligens Isaiam, codicem revolvebat. Sed quod corporaliter eum diabolus tulerit, videtur inconveniens; quod humeris ejus Salvator insederit, et pro vehiculo usus sit, quem præcipitatorem sciebat; vel ei ferendum se commiserit, cujus insidias agnoscebat. Suo itaque spiritu eum credendum est ductum, et in desertum, et super templum, et utrobique eum diabolus assumeret ad tentandum. Et localiter quidem in deserto prima fuit tentatio; sed cæteras eo modo circumduxit tentatoris astutia, vel circumduci passa est patientia Salvatoris, quo modo Ezechiel, cum super fluvium Chobar sederet, Hierosolymam raptus in spiritu civitatem ædificat et metitur, et muros et templum instaurat. Hoc modo super culmen templi Christus erat in spiritu ; sciens quid antispiritus affectaret, et hosti se de vana gloria pulsaturo opportunitatem parabat. Hac igitur occasione loci hortatur et consulit, ut in urbe sancta et frequentia populorum quasi novus funambulus in excelso pendulus, se deorsum ad spectaculum vulgi jactet intrepidus, addens ex testimonio Scripturæ angelorum affutura suffragia, quæ ruentem exciperent et conservarent illæsum. O exsecrabilis diaboli malitia ! o stulta nequitia ! o insensata versutia ! o præsumptio excæcata ! Putabat malignus quem gula non vicerat, vana gloria superari. Experientia quippe rerum didicerat, et in multis probaverat, vitiorum victores sæpe nugis laudationum corruptos, et cognatum propinquumque esse virtutibus malum adulationem, nec facile quemquam posse evadere, quin libenter assentatorum canticis porrigat aures, et laudatorum modulationibus delectetur. Et sicut rarus est, aut nullus qui de se mala dici æquanimiter ferat, ita rarus est qui non bene de se velit sentiri, et se, si recte vivit, stantem in vitæ rectitudine non diligat æstimari. Quod si opera virtutum foras exierint, rarus est qui hominum judicia conspuat et laudes humanas contemnat. Hoc generale malum in humano genere Satan putabat ex præcedentis occasione victoriæ suggerere Salvatori, ut popularibus laudibus vellet attolli, et facere sibi nomen juxta nomen magnorum qui sunt in terra, si geminato miraculo jejuniorum constantia innotesceret populo, et vectoribus angelis sine offendiculo sustentatus, se Filium Dei tam potenti abstinentia quam angelorum obedientia, comprobaret.

Hujusmodi consiliis filios hominum Satan corrumpere consueverat, et robustis virilibusque animis etiam hujusmodi cogitatus immittit ; et si ab ingressu mentis arceatur renitente consensu, ut aliquid tamen de spurcitia sua ibi evomens, abominationum horrore nauseare compellit. Sic, ut aliquid poeticum inseram, temulentus Cyclops illiciti conjugii appetitor, licet a Pallade repellatur, in gremio tamen ejus Erichthonium fundit ; et incorrupta Minerva, superest tamen deforme monstrum, nec omnino affectata scelera in memoria moriuntur. *Non tentabis*, inquit, *Dominum Deum tuum* (*Matth.* iv). Hoc in Deuteronomio scriptum est (*Deut.* vi) : Ecce lex legi objicitur, et Satan auctoritate Scripturæ abutens, malus legis interpres præcipitium quasi ex ratione mandati hortatur ; sed intellectus fallax et falsus veritate sincera confunditur; et generali edicto interdictum ostenditur, ne, dum patet in quibuslibet angustiis quilibet exitus, Deus ulla præsumptione tentetur. Alia explorator malignus argumenta conatur adducere; et ad summam cumulumque nequitiæ suæ, continentem et humilem oblata aggreditur potestate, et ostensa mundi hujus sublimitate et gloria (quasi indignum sit tantæ auctoritatis doctorem, et insignium operum patratorem ignobili et contemptibili schemate obumbrari) et dominatione universorum usuque animum dignum honore sollicitat ; et daturum se omnia pollicetur, si ei pro tanto munere gratias agat, et procidens adoret tanti culminis largitorem. Solent viris virtutum hujusmodi præstigia se offerre, et testimonium religionis conscientia perhibente, cum ab aliis digni honoribus judicentur, facile acquiescunt ; et tam proprio quam alieno fascinati judicio a rectitudine corruunt, eversaque cathedra mentis, humo fractis cervicibus colliduntur ; repenteque et subito quod multis erat partum sudoribus, ambitione irruente obliteratum est ; et turbinis hujus impetu avulsum est quidquid antiquæ religionis labor meruerat. Malum hoc Adam in paradiso pulsavit et stravit, cum subjectionem quam Deo debebat fastidiens, appetiit dominatum ; et cum vellet esse sicut Deus, sine Deo se vidit et novit ; et conspectam carnis Evæ abhorruit fœditatem, quam licet operiret, manens tamen perpes ibi contumelia stetit et adhæsit. Ad suasionem diaboli animam vanitati subjectam dejecit ambitio, poteratque exterminio ejus posteritas didicisse quam misera mutatio fuit de deliciis ad spinas et tribulos emigrasse, et rastris ligonibusque avaritiam condemnatam. Hoc malo restitit et resistere nos Salvator edocuit, ut soli Deo subjectus sit homo, quantumcunque profecerit, ut in ipso, imo ipse sit substantia nostra, et pateat nobis quod sicut peremptoria est altitudo quæsita, ita et periculosissima est oblata, non quod potestas quæ ex Deo est sit damnabilis, aut ordinatio divina peccatorum sit obstetrix, sed quod excellentiam, cujus Spiritus sanctus auctor est, ita debet complecti humilitas, ut qui vocatus est superius, nesciat se sublimem et per omnia agnoscat conditio conditorem et gratia largitorem. Gloriabantur aliquando discipuli et complacebant sibi in miraculis, gratulabundi quod eis etiam dæmonia obedirent, sed repressa est, increpante Domino, simplicitatis eorum præsumptio : *Videbam*, inquit, *Satanam tanquam fulgur descendentem de cœlo* (*Luc.* x). His verbis eorum animis intimans, quia ante hoc temporale initium ipse in principio, imo ipse principium existens apud Deum, ante hominis conditionem superbientis diaboli ruinam vidit, et affectatæ dominationis ambitionem dejectionis ejus fuisse causam, nec in hoc gaudendum esse, si quis prærogativa celsitudinis donaretur, sed hanc esse certam stabilemque veri gaudii metam, si vocatio nostra justificatione muniretur : et tunc demum ratum constare beatificationis proventum, si hujus ordinis scriptura in conspectu Dei indelebilis servaretur. Hoc igitur attendentes, quod non in nobis quasi ex nobis sufficientes sumus, sed ex Domino sufficientia nostra est (*II Cor.* iii), et contentos solo Deo necesse est ei esse omnes acclives, cui totum debemus quod vivimus, quod movemur, quod sumus (*Act.* xvii); qui de plenitudine sua nobis in terim, prout cuique opus est, donationes partitur, donec ad cumulum perveniat copia consummata ; usque adeo conferta coagitataque mensura, ut nihil vel accedat amplius, vel recedat, sed in cognitione Dei certum finem stabilemque metam omnes et animæ et corporis obtineant appetitus.

Frustra itaque regna hujus mundi transitoria et mutabilia immutabili et æterno regi ostendit vel promittit diabolus, cum ipse dicat regnum suum de hoc mundo non esse (*Joan.* xviii); non quod creationem suam removens, dæmonum subjecerit potestati ; sed quia in his qui amorem mundi Dei amori præponunt, non dignetur Divinitas sibi facere mansionem, et impossibile sit eos a Deo regi, qui se diabolo tradidere, quia Christi et Belial nulla est participatio, nec aliqua justitiæ cum iniquitate potest esse communio (*II Cor.* vi). Regnum hoc non est naturæ, sed malitiæ ; persecutio est, non defensio : et tota hujus potestatis virtus in mortem damnationemque eorum qui sub hoc principe militant, elaborat. Regnum hoc munitur vitiis, ambitur flagitiis, turres ejus sunt crimina, arma quarumcunque turpitudinum molimina. Hujus regis telonarii sunt pauperum oppressores, tribuni seductores, præfecti judiciorum perversores. Cubicularii ejus sunt quæstuum aduncatores, mercimonii trajectores, ærarii sacerdotes, nummularii doctores, conductitii defensores, linguæ subdolæ vel consilii locatores, venales auxiliarii, bilingues causidici, concinatores mendacii, fabricatores peccati, vestiti mollibus, amicti discoloribus. In domo hujus regis sunt qui paludamentis talaribus pavimenta verrentes, capillis mulieribus se in feminas transfigurant, et dignitatem virilem non sine naturæ injuria dehonestant. In hoc regno sunt quicunque veritatem Dei commutant in mendacium, quicunque quasi in taberna vitiorum præcones, venales animas impurissimis dæmonibus corrumpendas exponunt. Hic avaras manus cupidi muneribus complicant ; hic genu flexo concupiscentiæ suæ quisque idolum colit, et propriæ libidinis adorat simulacrum. Non hæc te, Domine Jesu, gloria movet ; non hujus mundi tu tenes imperium ; non horum cupidine tu cadis aut prosterneris ; non adoras malitiam, non peccato subjiceris qui servis tuis dæmonia subdis, et omnem hujus mundi gloriationem destruis et confundis. Insanissime Satan, qua fronte, qua lingua ausus es dicere Salvatori ut ante te, qui stat inflexibilis et immobilis, caderet? ut te damnatum, ipse qui te damnaverat, adoraret ? Quis ausus, quam impudens hæc fuit præsumptio ? Quid, desperate, sperasti ? An Filium Dei putabas posse tecum apostatam fieri ? Si de mundo visibili, id est, cœlo et terra, et de his quæ in eo aguntur, te jactas habere dominium; nec cœli, nec terræ tu conditor; nec solem moves, nec cursum das sideribus, nec per te volvitur firmamentum; nec vides aut intelligis Deum, nec ullum tibi est cum cœlesti militia consortium, vel aliquam habes ad superioris mundi claritatem accessum. Hujus inferioris mundi tua est scabies, languentis sunt ulcera, hæc scalpis, hæc impurus ablingis. Si quid vitii est, si quid corruptelæ, tu cadaveribus assides, tu contrectas putredines, tu distemperas fæces, tu versas fetores, tu spiritus nequam, tu in pristino sæculi hujus fermentator immundus, tu sanctitatis corruptor et simplicium perturbator, tu incendiator libidinum et omnium turpitudinum adinventor : in his regnas quos inquinas, et in his quos polluis dominaris. Fornicatores et adulteri te habent suggestorem, te habebunt tortorem ; te quoque cum illis ultricia incendia concremabunt.

Stultis vanisque promissionibus nullus a corde Christiano dari debet accessus, sed primis titillationibus obviare debet abigens manu : nec foveri debet coluber, donec in draconem formetur. Mendax est diabolus, et his qui sibi obtemperant, multa se daturum promittit. Malum hoc in universa Ecclesia vagatur, et communis pestilentia innumerabiles occupat, ut pro gloria hujus mundi qui liberi erant, se vendant in servos, et per vitia ad servitia deputentur, et obligati pacto chirographum subjectionis conscribant diabolo. Per omne nefas voluptates emuntur, et per omne scelus copiosæ libidines exquiruntur. Judas ille proditor venditurus magistrum, prætaxatum pretium a principibus exegit sacerdotum. *Quid mihi*, inquit, *vultis dare, et ego eum vobis tradam? (Matth.* xxvi.) Usque ad mortem Domini amor lucri se ingerit ; nec vitæ Salvatoris quæstus desiderium parcit. Etiam in sinu sacerdotum ambitio dormit, ibi sub umbra recubat, in secreto thalami se fraudulenter occultat. Simon apostolorum temporibus venalem putans Spiritum sanctum Petrum donio aggreditur, et tentat emere potestatem per quam plura lucretur. Hæc sacrilegii forma per omnia officia gradusque discurrit, et nihil intentatum ambitio prætermittit. Nec dubitet quisquam diaboli hæc esse negotia, et nundinatores ejus quicunque hæc exercent commercia ; nec quidquam hujusmodi ab eo, nisi præmissa apostasia, donari. Inverecunde tentator ambitiosos aggreditur, et conditione perniciosa præmissa præmia talia pollicetur, ultra quæ extendi non possit cupiditas ; regnorum scilicet omnium monarchiam et universitatis dominatum, ut in omnibus mundanis unus homo quasi Deus habeat potestatem, et uni omnia subjecta sint, et generale vectigal excellentiæ principali cuncta persolvant. Quid ultra cupide quæris? quid amplius avare desideras? nunquid et sic potest impleri ambitio tua, aut satiari potest fames tua, offa hujus mundi injecta dentibus tuis, et faucibus tuis universa rerum massa intrusa? Mundum habes, Deum non habes ; mundus transibit ; tu cum eo qui non stat, cades, transibis et rues. Peremptoria sunt hæc consilia, quæ tibi alia pollicentur, in quibus te necesse est aut vomitu aut ruptis interire visceribus. Sed et pretium quod petitur, ut diabolum adores prostratus : et eum tibi Deum constituas quem non dubitas seductorem, si consenseris ut concedas, casus tui te non potes excusare improvidum ; cum ipse tibi casum et ruinam prænominet, et præcipitium exigat, qui tanti se facit nundinatorem culminis, et tantæ tibi promittit fastigia potestatis. Regnum Christi non est de hoc mundo ; regnum cœlorum tibi Deus promittit, ipsum solum adora, ipsi soli memento ut servias, qui, repulso tentatore, te quoque gloria et honore post victoriam coronabit, si in justitiæ rectitudine steteris, nec falsis promissionibus obtemperans, ad venerationem diaboli damnationis ejus factus particeps incurreris.

VI.

DE CŒNA DOMINI, ET PRIMA INSTITUTIONE CONSUMMANTIS OMNIA SACRAMENTA.

Suscitati Lazari Hierosolymis increbruerat rumor, et tam solemne miraculum ad venerationem Christi excitaverat populum : unde et ei civitatem ingredienti, cum ramis palmarum obviam processerunt ; sedentemque super asinum resonantibus laudibus gratulabundi introduxerunt in urbem, regem Israel confitentes, et acclamantes filium David in nomine Domini advenisse, cujus æternum imperium prophetarum vaticinia antiquitus conclamarant. Nec latebat Dominum, qui sciebat omnia, quod in viæ illius confinio de torrente passionis erat bibiturus, et ex ea veneratione quæ impendebatur ei a plebe, inflammandam amplius invidiam magistratuum, et animos exacerbatos vehementiori insania perturbandos, et conspirationis malignæ non ultra posse occultari consilia, nec differri amplius quæ de ejus interitu cogitarant. Sed volebat pius magister cum jam damnationis suæ dictaretur sententia, et prope esset ut figeretur in cruce, suæ dare indicia potestatis, ut qui animam Lazari revocaverat ab inferis, et quatriduano mortuo reddiderat vitam, dignosceretur virtute divina, non humana, tantum opus patrasse ; et impossibile esse suam animam ab inferno teneri, qui alienam potestative extraxerat ; nec se necessitate, sed obedientia urgeri ad mortem ; et vitam quam aliis reddebat, ad se quoque, ubi juberet, illico redituram. Finem igitur legalibus cæremoniis impositurus, parari sibi voluit Pascha, et ex consuetudine legis ea quæri quæ solemnitas exigebat, agnum assum, panes azymos, et lactucas agrestes. Non oportet esse fermentarios Novi Testamenti ministros, puras sincerasque mentes sanctum quærit convivium, in veru crucis boni odoris assatio omnem excoquat carnalium sensuum cruditatem, et induret solidetque mentis affectus ; nec in Ecclesiæ sanctæ sacrificio ulla sit macula, sed pura simplicitas et innocentia vitæ, in una Ecclesiæ Catholicæ domo a fidelibus de Ægypto egredientibus, transito mari Rubro, lotis Christi sanguine affectibus offeratur.

Cœna itaque disposita inter sacramentales epulas obviarunt sibi instituta antiqua et nova, et consumpto agno, quem antiqua traditio proponebat, inconsumptibilem cibum magister apponit discipulis ; nec jam ad elaborata impensis et arte convivia populi invitantur sed immortalitatis alimonia datur, a communibus cibis differens, corporalis substantiæ retinens speciem, sed virtutis divinæ invisibili efficientia probans adesse præsentiam. Significata olim a tempore Melchisedech prodeunt sacramenta, et filiis Abrahæ facientibus opera ejus summus Sacerdos panem profert et vinum : *Hoc est*, inquit, *corpus meum* (*Luc.* xxii). Manducaverant et biberant de eodem pane secundum formam visibilem, sed ante verba illa cibus ille communis tantum nutriendo corpori commodus erat, et vitæ corporali subsidium ministrabat. Sed ex quo a Domino dictum est : *Hoc facite in meam commemorationem* (*ibid.*), hæc est caro mea, et hic est sanguis meus quotiescunque his verbis et hac fide actum est, panis iste supersubstantialis et calix benedictione solemni sacratus, ad totius hominis vitam salutemque proficit, simul medicamentum et holocaustum ad sanandas infirmitates et purgandas iniquitates existens. Manifestata est etiam spiritalis et corporalis cibi distantia aliud fuisse quod prius est appositum et consumptum, aliud quod a magistro datum est et distributum. Quandiu cibi illi qui ad diem festum erant parati, a convescentibus apostolis sumebantur, veteris Paschæ agebatur memoria, necdum Judas ad veterem vitam pertinens, diabolo invadente et occupante animum ejus egredi cogebatur; sed ubi sacrum cibum mens perfida tetigit, et sceleratum os panis sanctificatus intravit, parricidialis animus vim tanti sacramenti non sustinens, quasi palea de area exsufflatus est, et præceps cucurrit ad proditionem et pretium, ad desperationem et laqueum. Orta fuerat aliquando, sicut in Evangelio Joannis legitur, de novitate verbi hujus quæstio, et ad doctrinam mysterii hujus' obstupuerant auditores, cum diceret Dominus: *Nisi manducaveritis carnem Filii hominis, et biberitis ejus sanguinem, non habebitis vitam in vobis* (Joan. vi). Quod quidam quia non credebant, nec poterant intelligere, abierunt retro, quia horrendum eis et nefarium videbatur vesci carne humana, existimantes hoc eo modo dici, ut carnem ejus vel elixam, vel assam, sectamque membratim edere docerentur, cum illius personæ caro, si in frusta partiretur, non omni humano generi posset sufficere, qua semel consumpta, videretur interisse religio, cui nequaquam ulterius victima superesset. Sed in cogitationibus hujusmodi caro et sanguis non prodest quidquam, quia sicut ipse magister exposuit, verba hæc spiritus et vita sunt, nec carnalis sensus ad intellectum tantæ profunditatis penetrat, nisi fides accedat (*ibid.*). Panis est esca, sanguis vita, caro substantia, corpus Ecclesia: corpus, propter membrorum in unum convenientiam; panis, propter nutrimenti congruentiam; sanguis, propter vivificationis efficientiam; caro, propter assumptæ humanitatis proprietatem. Hoc sacramentum aliquando corpus suum, aliquando carnem et sanguinem, aliquando panem Christus appellat, portionem vitæ æternæ, cujus secundum hæc visibilia corporali communicavit naturæ. Panis iste communis in carnem et sanguinem mutatus, procurat vitam et incrementum corporibus: ideoque ex consueto rerum effectu fidei nostræ adjuta infirmitas sensibili argumento edocta est visibilibus sacramentis inesse vitæ æternæ effectum, et non tam corporali quam spiritali transitione Christo nos uniri. Ipse enim et panis, et caro, et sanguis, idem cibus et substantia, et vita factus est Ecclesiæ suæ quam corpus suum appellat, dans ei participationem spiritus. Et nos quidem cum caro essemus et sanguis, corrupta et infirma corporis animæque natura, reformari non poteramus, neque ad similitudinem Dei reverti, nisi morbo inveterato imponeretur malagma conveniens, et in curatione desperatæ infirmitatis contraria removerentur contrariis, et similia similibus convenirent. Panis iste quem Dominus discipulis porrigebat, non effigie, sed natura mutatus, omnipotentia Verbi factus est caro; et sicut in persona Christi humanitas videbatur, et latebat divinitas, ita sacramento visibili ineffabiliter divina se infudit essentia, ut esset religioni circa sacramenta devotio, et ad veritatem, cujus corpus et sanguis sacramenta sunt, sincerior pateret accessus, usque ad participationem spiritus, non quod usque ad consubstantialitatem Christi, sed usque ad societatem germanissimam ejus hæc unitas pervenisset. Solus quippe Filius Patri consubstantialis est, nec divisibilis est, nec partiabilis substantia Trinitatis; nostra vero et ipsius conjunctio nec miscet personas, nec unit substantias, sed affectus consociat et confœderat voluntates. Ita Ecclesia corpus Christi effecta obsequitur capiti suo, et superius lumen in inferiora diffusum claritatis suæ plenitudine a fine usque ad finem attingens (*Sap.* viii), totum apud se manens, totum se omnibus commodat, et caloris illius identitas ita corpori assidet, ut a capite non recedat.

Panis itaque hic azymus, cibus verus et sincerus, per speciem et sacramentum nos tactu sanctificat, fide illuminat, veritate Christo conformat. Et sicut panis communis quem quotidie edimus vita est corporis, ita panis iste supersubstantialis vita est animæ et sanitas mentis. Panem angelorum sub sacramento manducamus in terris, eumdem sine sacramento manifestius edemus in cœlis, non ministerio corporali, sæpe repetitis actionibus ad eumdem revertentes, sed consummato sacerdotio nostro, erit et permanebit perpetua et stabilis, implens et reficiens nos sufficientia, qua proferet se palam absque ullis integumentis omnibus conspicabilis summi præsentia sacerdotis. Sacramenta quidem, quantum in se est, sine propria esse virtute non possunt; nec ullo modo divina se absentat majestas mysteriis, sed, quamvis ab indignis se sumi vel contingi sacramenta permittant, non possunt tamen spiritus esse participes, quorum infidelitas vel indignitas tantæ sanctitudini contradicit. Ideoque aliis sunt hæc munera odor vitæ in vitam, aliis odor mortis in mortem, quia omnino justum est ut tanto priventur beneficio gratiæ contemptores, nec in indignis tantæ gratiæ puritas sibi faciat mansionem. Nova est hujus sacramenti doctrina, et scholæ evangelicæ hoc primum magisterium protulerunt, et doctore Christo primum hæc mundo innotuit disciplina, ut biberent sanguinem Christiani, cujus esum legis antiquæ auctoritas districtissime interdicit. Lex quippe esum sanguinis prohibet, Evangelium præcipit ut bibatur: in quibus mandatis hoc maxime discernere debet Christiana religio, quod sanguis animalium a sanguine Christi per omnia differens, temporalis tantum habeat vivificationis effectum, et vita eorum finem habeat, et sine ulla revocatione terminum constitutum. Ideoque ad obtinendam æternitatem non potest proficere, quod semel obrutum non surgit ulterius, nec aliqua ei superest virtus, quod sine ulla spe praecisis radicibus mors penitus exsiccavit. Vita vero hominis, licet aliquam habeat affinitatem cum sanguine, non tamen solo sanguine regitur, sed anima sanguini dat caloris et nutrimenti effectum, sicut et caeteris quae in corpore sunt propria distribuit officia, et dividit motus, et quasi talenta partitur. Nec oportuit ut sanguini humano sanguis pecudum misceretur, quia vita rationalis hominis vitae bestiali consociari non habet ; sed omnino a fidelium animis quasi sanguis impurus detergenda est haec carnalis opinio, ne putetur vita hominis eo modo transitoria, quo vita pecudum inanescit, vel quod sanguis consubstantialis sit animae, et necesse sit utrumque superveniente suffocatione dissolvi. Carne quidem animalibus similes sumus, sed vita dissimiles : ideoque quod commune cum eis habemus, nobis incorporare licenter possumus; quod vero dignitati nostrae non convenit, et ab aeternitate alienum videtur, a nobis subtilissimo legis indicio separamus. Bibimus autem de sanguine Christi, ipso jubente, vitae aeternae cum ipso et per ipsum participes; animalis vitae peccata, quasi sanguinem impurum horrentes, et fatentes nos per peccati gustum a beatitudine privatos et damnatos, nisi nos Christi clementia ad societatem vitae aeternae suo sanguine reduxisset.

Nobis itaque pro quibus sanguis Christi oblatus est in cruce, et quos reconciliavit Deo, omnes excedens victimas hoc sacrificium singulare, ipse Christus pincerna porrexit hoc poculum et docuit; ut non tantum exterius hoc sanguine liniremur, sed et interius aspersione omnipotenti anima muniremur, et penetrans omnia tanti medicamenti virtus, quidquid esset intus ibi durum effugaret, et renovaret sanaretque quidquid morbi carni vel spiritui veteris vitae allinierat corruptela. Dixerat sane hujus traditionis magister quod nisi manducaremus ejus carnem, et biberemus ejus sanguinem, non haberemus vitam in nobis; spiritali nos instruens documento, et aperiens ad rem adeo abditam intelletum, ut sciremus quod mansio nostra in ipso sit manducatio, et potus quasi quaedam incorporatio, subjectis obsequiis, voluntatibus junctis, affectibus unitis. Esus igitur carnis hujus quaedam aviditas est, et quoddam desiderium manendi in ipso, per quod sic imprimimus et eliquamus in nobis dulcedinem charitatis, ut haereat palato nostro et visceribus sapor dilectionis infusus, penetrans et influens omnes animae corporisque recessus. Potus et ejus ad eamdem pertinent rationem, quibus sicut corporea nutritur substantia et vivit, et incolumis perseverat, ita vita spiritus hoc proprio alimento nutritur; et quod est esca carni, hoc animae est fides; quod cibus corpori, hoc verbum spiritui; excellentiori virtute peragens aeternaliter, quod agunt alimenta carnalia temporaliter et finaliter. Celebrantes sacramenta commonemur, quasi ungulam findens et ruminans pecus revocare ad fauces, et minutati commolere dominicae institu-

tionis exemplum, ut semper passio sit in memoria, nec terreant crucifixi haeredes mortis supplicia, sed pascant et reficiant maturatae resurrectionis laetabunda solemnia. Quam praeclarus est calix iste, quam religiosa est hujus potus ebrietas, per quam excedimus Deo, et quae retro sunt obliti ad anteriora extendimur, non habentes sensum hujus mundi, sed divitis purpurati delicias contemnentes, cruci haeremus, sanguinem sugimus, et intra ipsa Redemptoris nostri vulnera figimus linguam ; quo interius exteriusque rubricati, à sapientibus hujus saeculi judicamur amentes, qui religionis hujus abhorrentes mandatum, usque hodie retro abeunt, et a secretis divinis omnium intra se mysteriorum continentibus summam diffugiunt, et recedunt. Qui manducat ex hoc pane, ultra non esurit ; qui bibit, ultra non sitit; quoniam mysterii hujus sic sufficit gratia, sic reficit intelligentia ; ut cuicunque tantae rei innotuerit plenitudo, omnis consummationis fine invento Christi bajulus ipsum ferat in pectore, ipsum gerat in mente, et omni tempore habitatori suo dicta et facta jubilatione consona laudes resonent, et gratiarum actiones decantent. Haec ebrietas non accendit, sed exstinguit peccatum ; in hoc vino non est luxuria, nec movetur ad ludum post hunc potum lascivia. Cum sopivit oblivio cuncta carnis ludibria, mira sunt quae sentit, magna quae videt, inaudita quae loquitur; quem Agnus iste paschalis inhabitat, cujus animam meri hujus fortitudo hilaritate inexplicabili laetificat et delectat. Inter Dominicae mensae convivas animalis homo non admittitur; quidquid caro et sanguis dictat, ab hoc coetu excluditur ; nihil sapit, nihil prodest quidquid humani sensus molitur subtilitas; omne quidquid a suis rationibus devium videtur, sapientes hujus saeculi ad dementiam referunt, et a veritate reputant alienum. Sed veritas ab erronei hominibus comprehendi non potuit; et cum in sole vellet figere oculos, vim luminis non ferens, caecata est non illuminata humana praesumptio, et aspectui ejus lippitudo inhaesit. Vident haec sacramenta pauperes spiritu, et hoc uno contenti ferculo, omnes mundi hujus delicias aspernantur; et possidentes Christum, aliquam hujus mundi possidere supellectilem dedignantur. Esurientes et sitientes justitiam cum saturati fuerint, vide quid agant, intellige quae loquantur, quam sancti odoris sit quidquid illa eructat plenitudo, verbum bonum, mores compositos, affectus pudicos, sensus pacificos, illa interior sinceritas ubique diffundit, ita ut post odoramenta ista gratiae hujus compartícipes discurrant, et mutuis ad invicem affectibus complectantur, et quibus unus est panis, unum est corpus, et omnium unum cor, et anima una, uni Christo adhaerens, caetera omnia quasi fermentata respuens, in unius azymi sinceritate laetatur.

Perpes est hoc sacrificium et semper permanens holocaustum ; nulla panem hunc multitudo consumit, nulla antiquitate veterascit. Una est domus Ecclesiæ, in qua Agnus editur, nullus ei communicat, quem Israelitici nominis generositas non commendat. Hujus panis figura fuit manna quod in deserto pluit; sic ubi ad verum panem in terra promissionis ventum est, cibus ille defecit. Per singula Sabbata panes propositionis jam frigidi et duri mutari consueverant, et calidi panes ejusdem numeri in mensa proponi. Jam nulla fit panis mutatio, unus est panis caloris continui, status integri, qui semel oblatus Deo in sapore dulcissimo et candore purissimo perseverat. Nec solos sacerdotes ad panes hujus dignitatis Leviticæ prærogativa admittit; universa Ecclesia ad has epulas invitatur, æqua omnibus portio datur, integer erogatur, distributus non demembratur; incorporatur, non injuriatur; recipitur, non includitur; cum infirmis habitans non infirmatur, nec pauperum ministerio indignatur; fides pura, mens sincera hunc habitatorem delectat, neque immensi et omnipotentis Dei magnitudinem pauperculæ domus nostræ angustia offendit vel arctat. Panis iste angelorum omne delectamentum habens virtute mirifica (*Sap.* xvi), omnibus qui digne et devote sumunt, secundum suum desiderium sapit; et amplius quam manna illud eremi implet et satiat edentium appetitus, et omnia carnalium saporum irritamenta, et omnium exsuperat dulcedinum voluptates. Vide quomodo his qui Christi commemorant passionem intra sacra officia, quasi per quosdam canales de interioribus fontibus egrediantur torrentes, et super omnes delicias lacrymis nectareis anima delectetur; quantam suavitatem animæ inquirenti ubi sit Deus suus, suspiria contemplationis eliciant. Non illos imbres procellosæ tempestatis deponunt, ros matutinus est de cœlestibus stillans, et quasi unctio spiritus mentem deliniens. Gemitus illos pietas excitat, et inter diem et noctem retro et ante se affectio intuens, inter data condonando se dividens, gratias agit tam uberis beneficii largitori; et se sanatam et sanctificatam agnoscens, fletibus se abluit, et lacrymis se baptizat. Verum hi qui verbo tenus corde sicci et mente aridi sacris intersunt, vel etiam participant donis; lambunt quidem petram, sed inde nec mel sugunt, nec oleum: qui nec aliqua charitatis dulcedine, nec Spiritus sancti pinguedine vegetantur, nec se judicant, nec sacramenta dijudicant, sed sicut cibis communibus irreverentes sacris utuntur muneribus, et Dominicæ mensæ in veste lutulenta se ingerunt impudenter, quibus melius erat mola asinaria collo alligata mergi in pelagus (*Matth.* xviii), quam illota conscientia de manu Domini buccellam accipere, qui usque hodie hoc veracissimum et sanctissimum corpus suum creat, et sanctificat, et benedicit, et pie sumentibus dividit. In hujus præsentia non supervacuæ mendicant lacrymæ veniam, nec unquam patitur contriti cordis holocaustum repulsam. Quoties te in conspectu Domini video suspirantem, Spiritum sanctum non dubito aspirantem; cum intueor flentem, sentio ignoscentem. Tu si templum Spiritus sancti violas, si intra te sacrarium Dei deturbas et fœdas, si cum calice Christi de calice dæmoniorum communicas, contumelia est, non religio; injuria, non devotio. Idolorum servitus et horrenda abominatio, velle simul Baal famulari et Christo. Abi retro cum sacellis tuis, qui lucris inhias et mercedes sectaris, qui opulentus in Sion quotidie crapularis, qui in lectis eburneis recubas, et in stratis segmentatis lasciviis, qui vestiris mollibus, et in terra suaviter viventium conversaris, cujus manus plenæ sunt sanguine; cujus lumbi distincti sunt, et sine baltei discurris ligamine. *Non est tibi pars in sermone isto* (*Act.* viii), quia quod Dei est, aufers Deo, et imaginem Dei consecras idolo. Pauperes quidem spiritu ad hoc mysterium eligit et diligit Spiritus sanctus, et eorum qui pompatice et gloriose sacris se altaribus ingerunt obsequia detestatur. Ozias, licet Rex, ob præsumptionem lepra percussus, a sanctuarii ingressu repellitur et ejus oblatio quasi sordida refutatur. Incensi odor de immundorum manibus reputatus est pro fetore, et iram non gratiam præsumptio meruit, quia contra fas rem usurpans illicitam, temerarie in sancta conscendit. Sed et propter malignantium insolentiam altare suum Deus repellit, et sanctificationibus maledicit, odit Sabbata, abominatur solemnia, odoramenta fetent, displicent holocausta. In his omnibus laborare se dicit Deus, nec esse voluntatem suam in ministris impuris, indignatione districta testatur.

Sed hierarcha pius quem Spiritus sanctus compungit, excitat, inhabitat, et sanctificat, elevatione manuum crucis mysterium repræsentans, confidenter orat pro sua et populi ignorantia, recolens pudibundi et contriti animi confessione, quod aliquando prævalente adversum se peccato fuerit derelictus, juxta illud quod David plorans ait: *Avertisti faciem tuam a me, et factus sum conturbatus* (*Psal.* xxviii). Et Dominus per Isaiam: *Ad tempus in modico derelinquam te* (*Isa.* liv). Verecundatur fateri, et tamen fatetur juventutis delicta. Sed accusatrici conscientiæ necesse est coram judice respondere, nec potest ibi esse ullum diffugium, ubi ipsa testis est quæ accusat, et nihil ei potest esse occultum qui judicat. Sed ubi cum judice agit qui judicatur, et ipse in partem accusatoris transiens, etiam in sua proscriptione sententiam approbat condemnantis, experitur clementiam Salvatoris, et lætabundus canit: *Domine, in voluntate tua præstitisti decori meo virtutem* (*Psal.* xxix). Et iterum per Isaiam audit: *In miserationibus magnis congregabo te* (*Isa.* liv). Sed et in eodem articulo temporis cum jam anima festinet ad exitum, et egrediens ad labia expirantis emerserit, pœnitentiam clementissimi Dei benignitas non aspernatur, nec serum est quod verum, nec irremissibile quod voluntarium; et quæcunque necessitas cogat ad pœnitudinem, nec quantitas criminis, nec brevitas temporis, nec horæ extremitas, nec vitæ enormitas (si vera contritio, si pura fuerit voluptatum mutatio) excludit a veniam sed in amplitudine sinus sui mater charitas prodigos suscipit revertentes, et, velit nolit Novatus hæreticus, omni tempore Dei gratia recipit pœnitentes. Ipse Dominus noster derelictorum personam gerens in cruce, se queritur derelictum (*Matth.* xxvii), et ne desperarent etiam in ultimis constituti, festinans in adjutorium illico adest, et re in arcto posita non differt beneficium, sed repente indulgentiæ celeris documentum ejusdem statuit et exemplum, latroni inquiens : *Hodie mecum eris in paradiso* (*Luc.* xxiii). Latrocinium damnationem meruerat et supplicium, sed cor contritum pœnam mutavit in martyrium, et sanguinem in baptismum. In momento impietas religionem, crudelitas induit pietatem ; et statim consummatus civis sanctorum et domesticus Dei præmissus est in regnum, reconciliationis humanæ privilegium secum ferens ad superos ; quod Deo Patri tantæ legationis fungens honore, in seipso Scripturæ hujus experimentum continens, libero et securo aditu penetrans, præsentavit. Quid tu, Domine, amplius Stephano contulisti? quid amplius ille obtinuit dilectus tuus, qui supra pectus tuum in cœna recubuit? quid amplius Pauli meruere sudores ? quid labores sanctorum? quid tot annorum tormenta? quid martyrum plagæ? Una hora huic collatum est præmium, ad quod illi per tot discrimina pervenerunt. Sic, tu Domine, armentarios statim facis prophetas, opiliones reges, teloniarios apostolos, piscatores doctores. Neque ab his quos sanas, lente languor abscedit, sed illico quem restituis ex integro, convalescit, quia consummatum est quod facis, et perfectum quod largiris. Hanc Dei gratiam recolens, qui de sacro calice bibit, amplius sitit ; et ad Deum vivum erigens desiderium, ita singulari fame illo uno appetitu tenetur, ut deinceps fellea peccatorum horreat pocula, et omnis sapor delectamentorum carnalium sit ei quasi rancidum, radensque palatum acutæ mordacitatis acetum. Ad hæc inter sacra mysteria ad gratiarum actiones convertitur, et inclinato capite, munditia cordis adepta, se intelligens consummatum, restitutus peccator sanctificatam Deo animam quasi depositum custoditum fideliter reddit, et deinceps cum Paulo glorietur et lætatur dicens : *Vivo jam non ego, vivit vero in me Christus* (*Gal.* ii). Hæc in Christi commemoratione retractantur a fidelibus, et defæcatis animis carnis ejus edulium non est horrori sed honori, potuque sancti et sanctificantis sanguinis spiritus delectatur. Hæc quoties agimus, non dentes ad mordendum acuimus, sed fide sincera panem sanctum frangimus et partimur, dum quod divinum et quod humanum distinguimus et separamus, itemque simul separata jungentes unum Deum et hominem fatemur. Sed et nos ipsi, corpus ejus effecti, sacramento et re sacramenti capiti nostro connectimur et unimur, singuli alter alterius membra, ministerium dilectionis pro invicem exhibentes ; communicamus charitate, participamus sollicitudine, eumdem cibum manducantes, et eumdem potum bibentes qui de petra spiri-tali profluit et emanat, qui cibus et potus est Dominus noster Jesus Christus.

VII.

DE ABLUTIONE PEDUM.

Jam sacramenta corporis sui apostolis Dominus distribuerat, jam exierat Judas cum repente de mensa surgens, linteo se præcinxit, et ad genua Petri, lavaturus pedes ejus, ipse genibus flexis Dominus servo consummatæ humilitatis obtulit famulatum. Et ne quid consummationi doctrinæ deesset, inter fixa et immobilia præcepta, et ea quæ moveri possunt et repeti, distinctionem posuit, ut, cæteris immutabiliter semel statutis, ultima lavacri species quotidianis expiationibus commodata commendaretur fidelibus : et sicut lex per singulas offensiones propria sacrificia requirebat, unum figuretur fidei Christianæ remedium, ad quod curreret, quoties se cognosceret offendisse. Quod quidem Petro nondum fuerat revelatum, quippe qui hujus traditionis nondum audierat disciplinam. Docetur ergo quæ sit baptismi et aliorum sacramentorum stabilitas, et quantum ad expiationem proficiat humilis pietas et pia humilitas, et quomodo omni tempore prosequenda et repetenda sit ablutio pedum, per quam recte cognitam et intellectam adhærentes animæ sordes quotidiana satisfactione lavantur. Nam baptismum repeti ecclesiasticæ prohibent regulæ ; et semel sanctificatis nulla deinceps manus iterum consecrans præsumit accedere. Nemo sacros ordines semel datos iterum renovat, nemo sacro oleo lita iterum linit aut consecrat, nemo impositioni manuum vel ministerio derogat sacerdotum, quia contumelia esset Spiritus sancti, si evacuari posset quod ille sanctificatio emendaret, quod ille semel statuit et confirmat. Ipse summus sacerdos suis est sacramenti institutor et auctor, in cæteris homines Spiritum sanctum habuere doctorem ; et sicut par est Spiritui sancto et Christo divinitas, ita in suis institutis æqua est auctoritas et potestas : nec minus ratum est quod dictante Spiritu sancto apostoli tradiderunt, quam quod ipse traditi, et in sui commemorationem fieri præcepit. Manet singulis propria dignitas, et uniformis in suo genere stat actio omnium, nihil addi, nihil subtrahi, nihil potest corrigi vel mutari. Ornata et honorata est Ecclesia quasi paradisus, in amplitudinis suæ umbilico fontem continens gratiæ singularis, flumina creans in vitam æternam salientia, vivam habens originem et decursum perennem. Hinc egredientia quatuor Evangelii flumina per universum mundum secum regenerationis evehunt lavacrum, et de abdito et secretissimo Spiritus sancti munere hujus gratiæ liquor emanat, sic lavans quos parentalis labes infecerat, ut nec actualis, nec originalis macula aliqua sui post ablutionem illam vestigia derelinquat. Præteritis lotis, vita deinceps arbitrio est proprio deducenda, ita tamen ut actualibus aliquando recrudescentibus jam non imputentur originalia, nec propter illa damnationi obnoxius sit cui semel illa sunt in baptismo indulta. In originalibus enim corruptio naturæ abjici et exterminari meruerat, sed quia non erat voluntas in culpa, providit Deus generali damnationi remedium, et suæ sententiam justitiæ temperavit, hæreditarium onus a sobole removens, et misericorditer ablutione et unctione medicinali corruptionis primitivæ fermentum expurgans. Sed in eos qui post indulgentiæ hujus gratiam voluntarii per peccata evagati sunt, qui proprio abutuntur arbitrio, et voluntate non necessitate ducuntur, indignatio et ira non immerito redit : nec in morte Christi aliquis eis superest quæstus, sed justissime eos beneficia contempta condemnant. Nunc contemptum suum non statim ulciscitur Deus, nec per singulas offensas judicantis ira discurrit, nec obstruxit fonti misericordiæ suæ ostia meatusque multiplices sed obviat fugientibus, et cogit regredi desperatos, ostendens eis pœnitentiæ viam, qua nulla latior invenitur : et reversis dat ut iterum eis possint sacramenta injuriata prodesse, quorum si pœnitentia non subesset, nullo modo deinceps experiri possent effectum.

Propter hoc, benignissime Domine, pedes lavas discipulis, quia post baptismum quem sui reverentia non patitur iterari, aliud lavacrum procurasti, quod nunquam debeat intermitti : tamen ipse quod doces facis, ut quanti quæstus hoc opus sit ex tua bonitate discamus, et inclinata ad pedes nostros altitudine tua, stans adversus proximos, et erigens se contra Deum confundatur superbia hominum, et ad humilitatem Dei noverit de se humilia sapere lutum. Pavent discipuli, nec audent obloqui, et quasi exstasis teneat eos, vel mens alias rapta peregrinetur, nec magister resistere, neque quid hoc sit, vel cur fiat inquirunt. Solus Petrus sciens quia perhibuerat ei testimonium quod Filius Dei vivi esset (*Matth.* xvi), et quia verba vitæ æternæ haberet (*Joan.* vi), judicans apud se indignum et inconveniens, Sanctum sanctorum flectere genua ad pedes peccatorum, neutiquam, inquit, tu mihi pedes ablues (*Joan.* xiii), et hujus humilitatis sustinere obsequium, non est nostrum, qui adorare debemus in loco ubi stant pedes tui (*Psal.* cxxxi), et satis est nobis quod sicut catuli de mensæ tuæ reliquiis manducamus (*Matth.* xv). Hoc in muliere peccatrice aliquando passus es, nec dedignatus es in mensa solemni multis convescentibus infamis personæ suscipere famulatum ; cujus devotio usa est ibi capillis pro linteo, oculis pro catino, lacrymis pro baptismo, tetigit, lavit, et unxit unguento (*Luc.* 7). Mactata intrinsecus anima proprium in sancta sanguinem intulit; singula suum præbuere ministerium, cor contritum erupit in lacrymas, fides lavit, charitas unxit. Hæc multa in conspectu tuo congerens holocausta, de fonte cordis fletus hausit quos protulit, de pœnitentiæ pixide unguenta

quæ obtulit, caputque pro suppedaneo stravit, crinibus circumfusis pedes sacros involvit et tersit. Nihil sibi de se retinens, totam se tibi devovit : et tu affectum potius quam factum attendens, ungebas ungentem, abluebas lavantem, tergebas intrinsecus pœnitentem. Superbo oculo Simon leprosus hanc clementiæ tuæ diligentiam non poterat intueri, sed moleste ferebat quod tangi se ab hujusmodi persona Dominus sustinebat. Qui si lepræ suæ te attenderet mundatorem, non dedignaretur, si de plenitudine gratiæ tuæ alii accipiunt, si lavas immundos, si justificas impios, si revocas exsules et abjectos. Honor tuus, Deus, judicium diligit, et æquum est ut omnis terra adoret te, et in nomine tuo omne genu flectatur : verum quod tu ante figmentum tuum curvaris, quod servis pedes abluis ; non competit majestati. Habebat in excusatione sua zelum Dei Petrus, sed non secundum scientiam (*Rom.* x), et tolerabile aliquo modo videretur quod humilitas suggerebat, si non obstinatio resistere præceptori niteretur. *Non lavabis*, inquit, *mihi pedes in æternum* (*Joan.* xiii). *Ego, si oportuerit me mori tecum, paratus sum* (*Luc.* xxiii). Hoc enim debeo, hoc amplector. Pro te libenter cervicem porrigo percussori, sed Deum meum et Dominum meum ad pedes meos prostratum non patior, non audeo sustinere. Simili modo et Joannes venienti Domino ad baptismum tentavit resistere, sed mansuetius increpatus, illico obedivit (*Matth.* iii), et quia super hoc etiam responsum acceperat (*Joan.* i), licet territus, acquievit. Sed differentiam causæ hujus Petrus intelligens, lavare magistrum et obsequi ei tolerabile judicabat. Lavari autem ab eo, et tantam humilitatis ejus pati dejectionem, ita videbatur indignum, ut omnino cogi non posset, nisi interminatio periculosissima coarctaret.

Ait ei Dominus : *Nisi lavero te, non habebis partem mecum* (*Joan.* xiii). Paulatim mysterii hujus declaratur necessitas quam conditio proposita inevitabilem reddit, et si cum Christo aliter partem habere non possumus, nisi ipse pedes nostros abluat, quandoquidem sic arctatur consensus, lavet et tergat, et sacramenti hujus nobis virtutem exponat. Supra diximus semel lotos baptismate eodem lavacro ulterius non egere ; sed hoc lavacrum quotidianis est excessibus institutum, et jugis retractatio usque ad novissima veniens, omnia debet opera et cogitatus singulos perscrutari, et affectus per vitia discurrentes, vagam instabilemque animam per inania evehentes corrigere et lavare ; nec quidquam in vita prætermittere indiscussum, quod gemitibus et suspiriis non fuerit expiatum. Hoc cum Dominus suos usque in finem discipulos dilexisset, in fine statuit et dixit neminem posse habere perfectam ablutionem, nisi hac sollicitudine muniatur. Mandatum igitur simul et exemplum complexus est, ut hoc exemplo instructi, non dedignarentur in alterutrum agere quod actum est a magistro, et mandato posteris religionis auctoritas firmaretur. Unde et subjungit: *Si ego Dominus et magister lavi vestros pedes, et vos debetis alter alterius lavare pedes (Joan.* xiii). Non erubescat servus, si facere jubetur quod prius fecit Dominus ; nec difficile nobis esse debet, si sicut ille nobis donavit, et nos invicem condonamus, quia alter alterius onera comportantes sic legem Christi implemus (*Gal.* vi). Quoties igitur cohortamur pusillanimes, et his qui Pharaoni in luto et latere famulati sunt persuademus, ut exeant de Ægypto, quoties cum infirmis infirmamur, et cum his qui scandalum ferunt urimur ; quoties cum afflictis gemimus, toties inhærens lutum peccatorum qua possimus sollicitudine lavamus, non quod nostra ablutio ex nobis sufficiat ; nisi ad lavandum omni tempore nos pius magister accedat. In hoc se periculo fluctuantem laborans anima in Canticis canticorum conqueritur : *Lavi,* inquit, *pedes meos, quomodo inquinabo illos ? (Cant.* v.) Quod ablutum est, timet iterum inquinare ; sed in via lutulenta vix aliquid solidum ubi pedem figat invenit ; et in quibus sæpe provoluta est, paludum inquinamenta formidat. Clementissime Magister, quoties ego doctrinæ tuæ transgressus sum regulas, quoties edicta tua, Domine sancte, contempsi, et cum diceres mihi : Revertere, non sum reversus ; cum minareris, non timui ; cum bonus esses et lenis, exasperans fui ; ultra septuagies septies (*Matth.* xviii) in cœlum et coram te peccavi (*Luc.* xv), quis tot sordes abluet ? quis abradet stercora conglobata ? Quidquid dicat Petrus, necesse est ut ipse nos abluas: neque enim lavare nos possumus, sed in omnibus quæ agimus indulgentiæ tuæ lavacro indigemus. Ad mensæ tuæ participationem Judas proditor est admissus ; sed ab hoc lavacro salutari exclusus, lavari in fine non potuit, quia Apostolatus sui honorem detestabili cupiditate fœdavit. Quia vero apud te fons vitæ est, et miserationum quæ a sæculo sunt (*Psal.* xxiv) profunditas infinita, quos abluisti baptismo, quos lavisti sanguine tuo, quos semper lavas quotidiana peccata donando, transfer a paludibus sæculi hujus, et luto vitæ præsentis ad purgatissimum gloriæ tuæ regnum, ubi nec scabies ulla, nec lippitudo, ubi nemo fluxum sanguinis patiens, nemo immundus, ubi nullo amplius opus est lavacro, configurato corpori claritatis tuæ corpore nostro (*Philipp.* iii), secundum promissa tua, necesse est ut impleas, et qui incepisti in nobis opus bonum, perficias solidesque per te Christum Dominum nostrum (*Philipp.* i).

VIII.

DE UNCTIONE CHRISMATIS ET ALIIS SACRAMENTIS.

Dies ista multiplicibus mysteriis honoratur. Hac die primum commendata est nobis fractio panis, et mensa Ecclesiæ panem angelorum hominibus proposuit ad manducandum. Hodie Christus pedes lavit apostolis, et hoc solemni devotione omni tempore agendum instituit. Hodie in Ecclesia cum cæteris unctionibus ad populum acquisitionis (*I Petr.*

ii) sanctificandum, in participationem dignitatis et nominis, sacrum chrisma conficitur, in quo mistum oleo balsamum, regiæ et sacerdotalis gloriæ exprimit unitatem, quibus dignitatibus initiandis divinitus est unctio instituta. Hodie reconciliantur Ecclesiæ peccatores, et ejecti foris ad matris ubera reducuntur, et exclusi a cœtu sanctorum, ad communionem qua caruerant revertuntur : hodie patent carceres, et damnati libertate donantur. Severitate deposita hodie judices mansuescunt, et undique conjugata pietatis negotia, quasi abortivas traditiones antiquas sepeliunt, et Christianæ religionis parturiunt novitatem. Mortuus quippe est Moyses, et veteris litteræ putruerunt ænigmata ; a facie novi olei desiccatæ sunt unctiones antiquæ, tota Veteris Instrumenti incompacta est strues, tabernaculum demolitum, arca ab Allophylis capta, totus templi decor ad Assyrios est translatus. Neque enim decebat ut Christiana religio ornamentis visibilibus occupata, in manufactis delectaretur, sed ipsa tabernaculi consumptio et templi ruina, et sancta in rapinam exposita, excellentioris gloriæ intimarent stabilitatem, et manentia in perpetuum sacramenta cultores suos ad intuitum invisibilium informarent, et abstractum a corporalibus desiderium nostrum, cœlestis templi concupisceret et ambiret decorem ; cujus nec antiquatur, nec senescit religio, in quo lucerna inexstinguibilis sine fine coruscat. Ubi sanguis animalium non infertur in sancta, nec sunt hæreditariæ successiones pontificum, vel uni Leviticæ tribui ministeria assignata, sed de omni tribu, et gente et lingua, quos dignos et idoneos divina probat electio, secundum vitæ, non generis meritum statuit sacerdotes, quibus calicem sanguinis sui inexhaustæ plenitudinis abundantia semper refertum, conservandum tradidit et erogandum ; cujus aspersione et communione intus et extra corda et corpora mundarentur. Hodie, ut diximus, unguentum ad sanctificationem paratur, cujus fragrantia adolescentulæ et novellæ animæ accedentes ad fidem illectæ delectantur, et exinanitionis ejus suavitate delibutæ, diligunt et sequuntur aromatum largitorem, et usque ad regis accubitum spiramine illo trahuntur, et post odorem illum ubique desiderio sancto perurgente sitibundæ discurrunt. Nihil hoc oleum commune habet cum liquoribus qui ex quorumdam fructuum pinguedine exprimuntur, nec vis ejus est ex crassitudine penetrativa, quæ, secundum quasdam naturales rationes emollit et temperat spissamenta humorum, quos solet intrinsecus astringere siccitas aliqua, vel corruptio conglobare. Non hæc medendis corporibus est unctio instituta, quia sanctificatis elementis jam non propria natura præbet effectum, sed virtus divina potentius operatur, sed adest veritas signo, et spiritus sacramento ; ut et ipsis rerum efficientiis gratiæ dignitas pateat, et interiori homini quanta ex his detur auctoritas deiformi conversatione et cœlestibus moribus innotescat. Hoc oleo antiquitus sacerdotes sacrabantur et reges, et ipsi altarium lapides delibuti, spiritalem intelligi volebant sacris mysteriis inesse pinguedinem. Et sicut oleum fluitat et humidis quibuslibet superfertur, ita excellentia sacerdotalis et regiæ dignitatis secundum formam Dei et Christi sub se omnia continens, regimen et munimen tam activæ quam contemplativæ vitæ obtinet, et ex hoc humore constat descendere omnes gratiarum divisiones, quas Spiritus sanctus, prout vult, singulis distribuit et largitur.

Ex hujus unctionis beneficio et sapientia nobis et intellectus divinitus datur, consilium et fortitudo cœlitus illabitur, scientia et pietas, et timor inspirationibus supernis infunditur. Hoc oleo uncti cum spiritalibus nequitiis colluctamur, nec fetoribus spuriis imbui possumus, qui balsami spiritalis odore fragramus. Hoc oleum a creditorum usuris sub Elisæo propheta mulierem pauperculam liberavit. Hoc Eliæ tempore Sareptanam pavit, nec lecythus trina effusione defecit. Hoc oleo Jacob lapidem quem supposuerat capiti unxit, et familiari mandato eruditus inter sacramenta ascensionum et descensionum, et discursus angelicos innixum scalæ sublimi videns Deum, quid virtutis hæc haberet unctio, intellexit. Moyses hoc oleo tabernaculum et sacra vasa perunxit, et super caput Aaron tanta abundantia fudit; ut usque in barbam ejus descenderet, et super oram vestimenti manaret (*Psal.* cxxxii). Samuel quoque ad reges initiandos sine oleo non accedit, et usque ad defectum et reprobationem carnalium cæremoniarum in populo illo hujusmodi perseveravit traditio, sed vasis Judaicis deficientibus defecit gratia, et stetit oleum. Impletis vasis propheticis, et sanctis regibus ad patres appositis, in apostasiam et discolatum versum instabile vulgus, in se non retinuit locum quem posset Spiritus sanctus inhabitare, et vasa amurca plena non suscepere liquorem, steteruntque in summo fæces, quæ longo situ induruere, et ubi domicilium religionis fuerat sterquilinium peccati computruit. Nec tamen cessantibus his quæ ritu antiquo inoleverant; cum jam in populo Christiano circumcisio videretur damnabilis, et sacrificia idololatriæ imputarentur, unctionis mysterium religio Christiana contempsit, sed cæteris generali sanctorum consensu damnatis, non solum in regibus et sacerdotibus unctionis honor permansit, sed in omnem populum Catholicum effusa est hujus gratiæ plenitudo. Ut sicut Christus a chrismate dictus est, eo quod singularis excellentiæ oleo unxerit eum Deus, ita et participes ejus quotquot sunt, consortes sint tam unctionis quam nominis, et dicantur a Christo Christiani, ut sint sui Christo duce rectores et duces, et offerant Deo quotidianum sacrificium, ordinati a Deo sanctimoniæ sacerdotes. Nec immerito huic diei assignata est tanti operis causa; et ex hoc sacramenta hæc obtinuere initium; quo hodie in sacramento calicis Christi Ecclesiæ unitas, in lavacro pedum concors societas, et donans invicem charitas et subjecta humilitas; in unctione Christiani nominis dignitas excellentiæ spiritualis proprie data est et confirmata filiis adoptionis perpes auctoritas et dignitas perseverans. Dedit itaque Dominus noster in mensa, in qua ultimum cum apostolis participavit convivium, propriis manibus panem et vinum; in cruce vero manibus militum corpus tradidit vulnerandum; ut in apostolis secretius impressa sincera veritas, et vera sinceritas, exponeret gentibus quo modo vinum et panis caro esset et sanguis et quibus rationibus causæ effectibus convenirent, et diversa nomina vel species ad unam reducerentur essentiam, et significantia et significata eisdem vocabulis censerentur. Illis gratiæ supernæ privilegiis esu sanctificati panis refecti, loti, et uncti, non eam quam amiserant, sed ampliorem et digniorem recuperant libertatem; et ejecti de paradiso nudi, ad lignum vitæ hodie revertuntur vestiti, reddita stola et annulo prolato in medium, et reconciliantur matri Ecclesiæ, quos inobedientiæ malum foras expulerat; et Cherubim flammeum gladium ab introitu tranquilli status et innocuæ conversationis amovit. Hodie in terra maledicta relictis rastris et gravi vomerum pondere, et stimulis fatigatorum boum cruore perfusis, deterso sudore vultus exusti caloribus, ad paternam domum exsules reducuntur, et egressus obviam revertenti filio lætabundus pater clementiam improperio non corrumpit, nec indulgentiam fœdat conviciis, sed bonitatis suæ honorat magnificentiam, et hilaritate magnificat largitatem. Resonant in susceptione hujus solemnis musica instrumenta, et communis jubilatio pari consonantia Patri misericordiarum gratias agit, cujus imperio antiquam prædam evomunt inferi, ligantur dæmones, et diruptis ferreis nexibus diu quassati liberi revertuntur. Hæc dies nocti illi contigua est, qua absolutionis nostræ negotium Dominus inchoavit, qua a principibus sacerdotum ad Romanum præsidem ductus judex omnium sustinuit judicari, passus est rex illudi, et vita occidi; descendensque ad inferos captivam ab antiquo captivitatem reduxit (*Ephes.* iv), hoc Ecclesiæ suæ hodierna traditione exemplum relinquens, ut fieret in Ecclesia absolutio peccatorum, et hæreditati redderentur ejecti, et præcedentibus beneficiis quæ supra enumeravimus, libertate donarentur pœnitentes, qui secundum merita, nisi gratia subveniret, fuerant condemnati. Et omnino convenit ut eo tempore quo Christus captivos eduxit ab inferis, conciliati peccatores ad Ecclesiam reducantur, et quo confracta sunt infernalia repagula carceris judiciaria severitas mansuescat; et quo ab infernalibus tormentis cessatum est, humana supplicia crudelitatis horrorem deponant.

IX.

DE PASSIONE CHRISTI.

Domine, audivi auditum tuum et timui (*Habac.* iii). Terruit me cum appropinquaret traditor Judas, et immineret passionis hora, quod dixisti ad patrem. *Pater, si fieri potest, transeat a me calix iste* (*Matth.*

xxvi) : et tristem te usque ad mortem præ nimia anxietate sanguineo sudore perfusus coram apostolis es professus. Audiens hæc ego expavi. Quis enim non timeat, si timet ille quem omnia timent, si pavet ille cui omne genu curvatur (*Philipp.* ii), si ille qui mors est mortis et morsus inferni (*Osee.* xiii), morte propinquante pertimescit ? Nonne ad hoc veneras, et ita futurum ipse prædixeras ? Nonne hoc et signa, et oracula et vaticinia prophetarum a mundi initio conclamarunt? Si voluntarie obedisti Patri, et non te ut patereris coegit necessitas, quid quereris quid causaris ? Nonne tu docueras et instruxeras fideles tuos, ut non timerent eos qui corpus occidunt, quia usque ad animam tyrannica violentia non attingit ? (*Matth.* x.) Sed metus ille infirmitatis humanæ communem exprimebat affectum, et generalitatem omnium in carne viventium hoc dolore urgeri, et dissolutionem corporeæ spiritalisque naturæ hac molestia non posse carere, et hanc pœnam universæ successioni Adam sine exceptione impositam, ut difficultas extremi transitus timeretur. Et hæc quidem molestia in eos, qui Dei judicio rationem redditnri occurrunt, non immerito cadit : qui de eo quod beneficio vitæ et rationis, et reliquorum largitate munerum abusi sunt, accusante conscientia redarguti, examen illud in quo nullum est subterfugium timent, et ipsa avulsio spiritus carnis teneritudinem dirumpit et lædit : hanc nemo anxietatem evasit, et nemo egrediente anima sine amaritudine expiavit. Sed, tu Domine, qui judex es omnium, qui potestative ponis animam tuam, et potestative resumis, nec pœna te ex necessitate persequitur, nec formidabilis Patris tibi potest esse conspectus, quid anxiaris ? quid tremebundus ad orationem discurris ? Dormitantibus apostolis pervigil proditorem exspectas, nec tamen te abscondis ; sed obvius in adventum eorum procedis, qui te ligare veniunt, et trahere ad Pilati tribunal, quos Judas signifer instructa malignitate præcedit. *Audivi, Domine, auditum tuum et expavi,* dum quæris a quærentibus quid quærant, cum noveris quod te quærant, et dixisti eis te esse Jesum Nazarenum. Invasit illico timor tuus eos quos tu timueras, et prostrati solo jacuere exanimes, et armatam cohortem vox unius hominis terruit; et latens in humanitate omnipotentia te discipulis pavidum, coram persecutoribus terribilem exhibebat (*Joan.* xix). Sed ut fieret voluntas Patris, et sacrificium carnis a timore et tristitia inchoaret, suberant victimæ desolatorii carbones (*Psal.* cxix), quos obedientiæ liquefactus adeps exstinxit, et cum traheretur vinctus ad præsidem, non supplicavit apparitoribus, sed Petri compescuit zelum ; nec gladiorum passus est adhiberi suffragia, imo et Herodis et Pilati contempsit fastigia ; nec potuit altitudo potestatum extorquere ad interrogata responsum. Jam postposito timore, quasi utens potentiori auctoritate, inter sputamenta, et colaphos, et reliqua ludibria, patientia et mansuetudine vesanas persecutorum mentes conturbat, et in eo quod inter injurias et convicia se malitia Judaica sentit contemptam, vehementius exacerbatur ; et de impietate et malitia suavitas pietasque Christi triumphat.

Frustra funestas, judex, manus in prætorio abluis, a sanguine Domini te profitens innocentem. Tu ipse causam mortis cum diligenter inquisieris, te non invenisse in eo fateris ; ipsa conjux tua nihil tibi et justo huic esse mandaverat, quod utique per os ejus dæmonia imminere sibi judicium sententia testabantur ; non excusas sed accusas, causam tibi facis cum Judæis communem. Illi se proditione, tu parricidio te condemnas. Illi lingua, tu ferro occidis : tam te quam illos inauditæ crudelitatis scelus involuit. Veniet anima tua in manus judicis quem condemnas, fractisque tribunalibus tuis judicaberis, et demergeris in profundum inferni ; eruntque tibi et Judæ scelerato in tenebris et gehennalibus flammis pœnæ irremediales, inconsumptibiles ignes, dolores perpetui, et tormenta æterna.

Et quidem Filius hominis, sicut scriptum est de illo, vadit (*Matth.* xxvi) qui damnatus est, ut liberaret damnatos ; doluit, ut sanaret infirmos, timuit, ut faceret securos ; opprobria pertulit, ut improperia detrahentium non moverent electos. Deputatus inter impios, quorum alter assumptus, alter reprobatus est, ut daretur exemplum et forma indissolubilis manens in posteros , quia nec in ultimis Dei clementia pœnitens excludit , nec ulla hora sera est, cui compunctio districta occurrit ; nec eos qui vitæ suæ quocunque articulo temporis veri sunt judices iterum judicari, quia, cum judicis et tortoris vices non parcens peccator assumit, semetipsum persequens, dum confessionem confusione honorat holocausti hujus incensio in conspectu Dei veniam impetrat. *Neque enim bis in idipsum judicat Deus* (*Nahum.* i, 9, juxta LXX), sed impœnitentes ipse judicat et damnat ; pœnitentes vero quia a seipsis suscipit judicatos, absolvit, neque judicio quod pœnitentiæ humanæ severitas protulit, aliquid justitia cœlestis apponit. Judicati sunt Ægyptii, cum in redeuntibus super se maris fluctibus involverentur judicati Sodomitæ , cum subversis eorum urbibus flammis sulphureis cremarentur, sed in eisdem subversionibus gererent pœnitentes, temporali pœnæ æternalis non succederet pœna, sed esset eis pro remedio supplicium, et pro absolutione tormentum ; nec contritos corde æternum contereret et aggravaret judicium. Sic in cruce latro confitens non tantum indulgentiam meruit, sed Christi familiaris effectus, præmissus est in paradisum, et factus est particeps regni, per confessionem factus collega martyrii. Illi vero blasphemo, quia de Domini desperavit potentia, nulla potuit subvenire clementia, nec potuit illi crucis prodesse consortium, cujus malitiam non expiabat pœnitentiæ lavacrum. Ascendisti, Domine, palmam, quia illud crucis tuæ lignum portendebat triumphum de diabolo, vel de principatibus, et potestatibus, et noquitiis spiritualibus victoriam ; erantque in manibus tuis duo cornua, in quibus erant fortitudo tua absccondita, et imperium tuum super humerum tuum : tu ipse patibuli tui bajulus, hærebas ligno quod tuleras, evectionis et passionis anxietates sustinens et labores. Consideravi opera tua et expavi. Clavis sacros pedes terebrantibus fossisque manibus, de vulnerum anxietate non loqueris ; de spinis sacrum caput pungentibus non quereris, sed satagis ut innotescat posteris quare derelictus a Deo videaris, expositus contumeliis et Judæorum ludibriis. Causam mortis in te non esse Pilatus ipse prædixerat, et Caiphas mortem tuam pro inimico populo satis facturam, cum esset anni illius pontifex, prophetaverat. Tu de morte non agis, de opprobriis non contendis ; sed hoc vis intelligi quæ sit causa mortis, quis quæstus ; ut utraque re cognita peccatum appareat et gratia ; et quanti ponderis sit, utrumque rerum probet effectus, cum originali morti nullum nisi in Christi morte potuerit esse remedium, nec reconciliare Deo potuerit exsules et damnatos quælibet oblatio, nisi sanguinis hujus singulare sacrificium. Et sine hoc holocausto poterat Deus tantum condonasse peccatum ; sed facilius veniæ laxaret habenas peccatis effrenibus, quæ etiam Christi vix cohibent passiones, quæ vix sceleratos animos a voluptatum fæce avellunt. Vulneri sane tam putrido et antiquarum cicatricum fetori non inveniebatur medicamentum conveniens, nisi unguento sanguinis hujus plaga vetus liniretur, et malagmate carnis in cruce extensæ siccarentur venena, quæ calcaneo primi hominis et omni posteritati ejus serpens ille seductor antiquus infuderat. Hæc una medela corrosit illas quæ in immensum excreverant cicatrices, et vim suam concupiscentiarum perdidit corruptela, et deleta damnationis conscriptione novis litteris assignata est et restituta libertas ; privilegio dato, charta indulgentiæ sigillo plagæ lateralis firmata. Considero opera tua, et admiror te cruci inter damnatos affixum, jam nec tristem nec pavidum, sed suppliciorum victorem elevatis manibus triumphantem de Amalec ; et quasi sanctificantem de excelso plebem, et elevatum in sublimi, et quasi cœlo proximum superioribus inferentem consummati agonis vexillum, et inferioribus erexisse scalam in Patris occursum. Ibi dolorum et conviciorum immemor, subtiliter investigas et ipse exponis quare derelictus fueris, indicans anxietates illius querimoniæ verba esse delictorum tuorum, quorum personam et causam assumpseras, in tantum ut per Moysen et per Apostolum sustineres vocari peccatum et maledictum pro similitudine pœnæ (*Deut.* xxi ; *Gal.* iii), non culpæ, quod pro eis voluisti intelligi, qui deserti a Deo propter peccata meruerant, quorum reconciliationis agebas causam. In qua allegator subtilis pro servis servilem non dedignaris accipere personam, et in tantum infirmis compateris, ut nec crucifigi, ne mori dum illi vivant, et te patrocinante non pereant, nec erubescas, nec formides, altitudinem tuam derelinquens, ad tempus gloriæ tuæ majestatem evacuans, ut redeant dispersi, et respirent derelicti.

Hæc est causa quare derelictus sis, ut colligeret et revocaret inanitio tua eos qui fuerant derelicti ; et qui sine Deo fuerant dum dominaretur eis peccatum, reducti ad justitiam, conformes Christi, et Christi efficerentur et dii. Unde scriptum est : *Ego dixi : Dii estis* (*Psal.* lxxxi). Considero, Domine, te in illo patibulo ubi videbaris sine adjutorio, quomodo imperatoria potestate latronem præmittis ad regnum ; et in cujus assumptione jam manifeste constat quantum apud derelictos profeceris, quorum primus iste gloria et honore coronatus, ipsa die paradisi civis, et domesticus curiæ cœlestis efficitur. Impossibile quippe erat illam sanctam animam tuam teneri ab inferis, de qua ipse ad Patrem dicis : *Quia non relinques animam meam in inferno* (*Psal.* xv), nec corrumpi carnem meam in sepulcro (*ibid.*), quia ubi in præsentia illius effractis inferis est captivata captivitas, præsentata victrice anima in conspectu Patris, ad corpus suum sine dilatione reversa est ; et appropinquaverunt saluti, qui longe erant a salute, et inter mortuos liber (*Psal.* lxxxvii) morti obnoxios perpetua libertate donavit. Considero te in cruce de matre sollicitum (*Joan.* xix), cui volenti loqui tecum, cum evangelizares, negaveras retroactis diebus colloquium, et prætuleras matri auditores verbi, pauperes spiritu, dicens eos tibi esse pro matre et fratribus, qui voluntati Patris obtemperant (*Luc.* viii).

Nunc materno moveris affectu, et thalamum humanitatis tuæ cubiculario dilecto commendas, et provides sedulo benedictæ inter mulieres apostolicam clientelam, et obsequium Virginis virgini discipulo tradis, ut jam non Joseph tanti mysterii oneretur præpositura, sed Joannes, quia jam exigebat ratio ut conjugii removeretur opinio, nec ultra pater Christi æstimaretur, qui eatenus vicem patris et conjugis tenuerat. Habebat Joseph in hac Christi dispositione rationabilem contradictionem, cum alteri commendaretur Maria, si se cognovisset carnalem maritum ; sed quia in spiritu actum erat conjunctionis illius mysterium, passus est Joseph æquanimiter sibi eum in hoc servitio præponi, quem digniorem se judicabat ; et ideo maxime quia magistri electio sic negotium ordinabat. Ad hæc sacerdotalis auctoritatis privilegium in medio proferens, mediator inter nos et Patrem oras, pro his qui ad dolorem vulnerum tuorum opprobria addiderunt, et pro inimicis impetras veniam, supplicas et obsecras, ut hæc eis iniquitas dimittatur, et a morte tua habeantur innoxii ipsi, qui sanguinem tuum super se et super filios suos manere precantur (*Matth.* xxvii), usque adeo excæcati, ut scelus suum non intelligant, nec odium Christi ipsa mors crucifixi exstinguat. Sed charitas tua interim suspendit judici·m, et reis ingratisque patientia tua pœnitentiæ providet locum, tempusque reservat, et differt punire dignos exitio, hæc orans ut aperiantur oculi eorum, et agnoscant quæ sit virtus crucis, quæ efficientia sanguinis, quæ magnitudo delicti et doni, gratiæ et peccati. Tanta erat spissitudo velaminis, et crassitudo doctrinæ, qua erant Moyseos scriptura imbuti : ita erant eorum sensus hebetes, et ingenia tenebrosa, ut in verbis legis nihil divinum saperent; nihil aliud quam exterioris umbraculi integumenta viderent, neque ad sacramentorum secreta aliqua intellectus indagine penetrarent, imo si quis eos vellet in sancta inducere, et introducere in arcana profundaque mysteria; impium judicabant et stultum mel e petra sugere, et de saxo durissimo oleum eliquare.

Dimissum est ergo Christo orante peccatum, et ex parte maxima cæcitas illuminata est, et malignantium perfidia demum credidit et intellexit; et de torculari crucis mustum expressit, accepit et bibit; et in calice quod propinarat Moyses vinum merum a fæcibus segregavit. Ecce plus potuit donum quam delictum, et gratia quam peccatum, quoniam ex debito damnationis obnoxios, gratis sine ullo merito gratiæ beneficio pietatis absolvit, et judicium imperante Christo misericordiæ dedit locum, et districtionis suæ temperamentum justitia Domino disponente modeste sustinuit. Jam videt Hebræus, et quicunque de servitute Ægyptia ad repromissæ patriæ libertatem anhelat, quod sanguis Christi efficacius quam sanguis agni illius, quem in Ægypto Israel immolavit, contrarias abigat potestates, cujus hodie tanta est auctoritas et potestas, ut non solum Israelitica limina muniat, sed etiam ab his qui Israelitice non vivunt, solum sacramenti signum repellat dæmonia, et ubicunque conspecta fuerit, terribilis sit eis sacri nominis virtus et sanguinis nota. Denique quicunque sint sacramentorum ministri; qualescunque sint manus quæ vel mergunt accedentes ad baptismum, vel ungunt; qualecunque pectus; de quo sacra exeunt verba, operationis auctoritas in figura crucis omnibus sacramentis largitur effectum, et cuncta peragit nomen quod omnibus nominibus eminet (*Philipp.* II), a sacramentorum vicariis invocatum. Et licet indigni sint qui accipiunt, sacramentorum tamen reverentia et propinquiorem ad Deum parat accessum, et ubi redierint ad cor (*Isa.* XLVI), constat ablutionis donum, et redit affectus munerum ; nec alias quæri aut repeti necesse est salutiferum sacramentum. Jam sanguis tuus, Domine, non quærit ultionem, sanguis tuus lavat crimina, peccata condonat. Clamat sanguis Abel, clamant Sodomorum peccata, et parricidium et libido digna sunt ultione. Tu olim ultionum Deus (*Psal.* XCIII), modo misereris et parcis his qui offenderunt; sanas contritos corde et alligas vulneratos, filio prodigo revertenti non improperas luxum ; mulieri adulteræ non opponis prostibulum ; peccatricis publicæ non recusas servitium, debenti pecuniam dimittis depositum. Judæis perfidis et dedisti gratiam, et demisisti scelus scelerum et peccatorum peccatum. De latere tuo fons egreditur in vitam æternam prosiliens (*Joan.* IV); et de eadem consubstantialique origine divisis limitibus aqua et sanguis emanant (*Joan.* XIX), ad complementum perfectionemque totius justitiæ, sacramenta in perpetuum duratura; et fontis illius ubertas perenni lapsu universam Ecclesiam irrigat et fecundat. Ex hoc fonte non tantum ablutionis primæ, qua initiantur accedentes ad Christum, undas haurimus; sed et compunctionum et lacrymarum perennes effluunt rivi, misericordiarum suavitas, et totius pietatis effectus emanat. Tu, Domine, sacerdos sancte, qui in tempore iracundiæ factus es reconciliatio (*Eccli.* XLIV), sancti hujus sanguinis permanentem plenitudinem reliquisti, et beneficium hujus sancti liquoris in perpetuum tradidisti, et constituisti nobis inconsumptibiliter potum vivificum, crucis signum, et mortificationis exemplum. Tu consummatis omnibus vade ad Patrem, et trahe nos post te; da nobis in vita præsenti, ut simus sine angaria bajuli crucis tuæ, et comprehendamus cum omnibus sanctis quid latitudo, quid longitudo, quid sublimitas, quid profundum hujus ligni significet (*Ephes.* III), quo conspecto non noceat nobis, neque mordeat coluber solitudinis (*Eccle.* X), sed incolumes per omnia sequamur te; tecum parvuli simus, tecum circumcidamur, tecum baptizemur, tecum jejunemus, tecum lotis pedibus panem angelorum edamus, tecum crucifixi mundo vivamus, tecum Spiritu sancto repleti, et corpore et spiritu in æternum maneamus. Qui vivis, et ultra non moreris in sæcula sæculorum.

X.

DE RESURRECTIONE CHRISTI.

Quæsitis aromatibus ad ungendum Dominum Jesum in monumento positum, sacræ mulieres communicato consilio convenerunt, et repertis ibi sine corpore sudariis, quem non invenere putavere sublatum. Nam et lapis revolutus et vacuum monumentum simplicibus animis conjecturas hujusmodi opponebant, quod corpus strictum linteis, nisi translatum esset, moveri loco non posset, nec lapis magni ponderis, nisi vi humana, nullatenus revolvi potuisset : unde et mane venientes quomodo posset ab ostio monumenti lapis gyrari anxie causabantur. Sed Dominus qui inspiraverat ut venirent, prævenerat venientes; et egressus de sepulcro vacuum locum reliquerat, apertoque ostio ingredi volentibus liberum dederat aditum, et quasi monebat se alias quæri, qui illi angustiis non poterat occultari. Flebant igitur sacræ feminæ, quæ eum cui obsequi volebant se perdidisse putabant; et obriguerant mœstitudine, eo quod devotio sua desiderato frustraretur effectu. Habuerant siquidem eum sicut prophetam, non inferiores fide illis discipulis qui dicebant quod Jesus Nazarenus vir propheta fuerat, potens in opere et sermone (*Luc.* XXIV). Et licet de resurrectione sua ipse tam apostolos quam reliquos discipulos, in quorum societate istæ esse meruerant, magister providus instruxisset; incusserat tamen omnibus dubietatem et terrorem supplicii crucis et mortis atrocitas; nec tamen ab eorum cordibus avelli poterat dilectio qua adhæserant, et recordatio signorum quæ viderant, et admiratio doctrinæ quam audierant, et conversationis piæ admirabilis sanctitudo qua fuerant informati. Necdum firmo gressu ibant, sed tababat pes dubitantium, sed quærebant quem amabant, nec maligne desperabant: unde factum est ut quæstum inventionis dilectionis perseverantia mereretur. Illæ itaque primæ viderunt et cognoverunt quæ ardentius dilexerunt, quæ devotius quæsierunt: illæ sermocinatæ cum Christo, certificatæ quod ipse esset qui a mortuis resurrexisset, nuntiant Petro et cæteris (*Marc.* xvi), quod Christus resurgens a mortuis jam non moritur (*Rom.* vi). Evangelizarunt viventem, qui mortuus putabatur; nec jam sepulturæ ejus odoramentis corporalibus deserviunt; sed aromatibus firmæ fidei et certæ spei, et charitatis sinceræ regnanti Domino famulantur, et virtutum fragrantiam non judicato præsentant, sed judici. Lætantur apostoli, quos mundus quasi dehiscens terruerat, et quasi dissolutione elementorum quassaretur, omnia præcipiti ruina sterneret, minas horribiles intentarat; solidatisque et compactis cœlestibus et terrenis, æterna redemptione inventa, gratulabundi adorant quem reliquerant; credunt, nec in aliquo hæsitant; assistunt, quantum possunt, ei a quo diffugerant. Quem non fragor ille mundi terreret; quando terra tremuit, sol expalluit, et radios lucis suæ sol contenebratus abscondit? Ipsa monumenta lapides sibi superpositos projecerunt, et indignata superior et inferior plaga tenebris et motibus et scissuris, compassionis suæ et vehementis angustiæ indicaverunt affectum; nec sustinuit intueri mundus perfidiæ Judaicæ scelus; et visa sunt insensata elementa sensu uti abundantiore quam homines, quibus secundum naturam ratio inerat, et crudeliores exstitere feris abutentes intellectu; in tantum Christi sanguinem sitientes, ut se ipsos maledictione æterna damnarent, et in parvulos suos anathematis illius reliquias immobili stabilimento firmarent.

Sed ne in eorum scelere diutius immoremur, qui repulsi sunt et destructi in finem; quorum parricidalia vota servitium et exterminium meruerunt, quos cum Dathan et Abiron (quos ob dissensionis flagitium terra dehiscens vivos absorbuit (constat in tenebris inferi sigillatos, ne tantarum abominationum recordatio paschalem serenitatem interpolet, circa solemnitatis inclytæ gaudia devotis et alacribus animis insistamus. Neque enim fas est ut a nobis aliqua his diebus tristia recitentur; sed sicut filiis Core datum est ut semper læta canerent et prophetarent, et omnes psalmi eorum attitulati nominibus gaudia prædicant, nec aliqua minantur adversa, ita nos ad Christum pertinentes, cujus sanguine conspersa creditur Adam calvaria, qui sub loco quo crux Domini fixa est humatus traditur ab antiquis; ejusdem sanguinis sanctificati elapsu, lætemur et delectemur in Domino; nec jam amatoribus crucis mors magistri sit horrori, neque pœna sit dolori, nec passio sit pudori, cum hæc omnia vitæ nostræ sint instrumenta, quia mors ejus pro peccatis nostris sacrificium fuit, et pœna crucis excessibus pœna dignis occurrit; labor ejus onera nostra deposuit, dolor ejus nos sanavit, et damnatio indebita nos a damnatione æterna absolvit. Et si quid confusionis visa est in tempore illo pati sancta ejus humilitas, rerum hodie manifestatur effectu quod Apostolus ait: stultum hujuscemodi sapientius esse hominibus, et infirmum fortius omni fortitudine, per quod reprobata sapientia hujus mundi (*I Cor.* i), et de sapientibus et potentibus in nomine crucifixi pauperes spiritu potentissime triumpharunt. Cantemus igitur Domino; gloriose enim honorificatus est (*Exod.* xv). Liber populus egreditur de Ægypto, Moyse duce; mare fit pervium; columna flammea nocte coruscans Isracliticum antecedit exercitum; stat a dextera et læva mare suspensum, desiccato luto profundi, inoffensum abyssus dat transitum; et egresso populo Dei, Pharaonem cum populo suo repentina mole illapsum pelagus intercludit. Jam præcesserat agnus quem Israel in Ægypto immolarat, cujus sanguine limina rubricata percussor angelus non est ausus attingere; nec exterminatoris gladium populus formidabat, cui et de spiritibus nequitiis parabat victoriam, illud sine macula sacrificium, et mare divisum, et totum Ægypti robur exstinctum. Primum illud antiquum Pascha his miraculis coruscavit, et excluso fermento, præceptum est ut horum dierum celebritas ageretur in azymis; nec solemnitatis hujus gaudia servilibus operibus fuscarentur, nec omnino aliqua tantæ sinceritatis gloriam malignitas inquinaret. Certa data est ex lege distinctio, quæ esset paschalis oblatio, et tempus et locus, et modus; quando, vel ubi, vel quomodo sacra quomodo sacra deberet hostia immolari. Victima, agnus, locus, una per singulas familias domus; caro non elixa, sed assa, hora vespertina. Hæc cum eo tempore fierent in figura, quod nos in veritate agimus typice loquebantur: et dirupto in Christi morte templi velamine, verus Agnus solus inter filios hominum sine macula Christus ætate ultima, in qua mundi vesperascit conditio, ab una populi Christiani familia in unitate Ecclesiæ assus in cruce, projectis foras hæreticorum fermentis, sinceræ fidei solidata compagine, inconsumptibiliter editur, creditur, et tenetur. Nova et vetera sub hoc nomine convenerunt; egreditur Israel de servitute Ægypti, exit populus Dei de regno diaboli, baptizantur in nube et mari Hebræi, et jam Spiritu sancto et sanguine Christi mundatur a peccatis populus Dei, ex diversis familiis una fit domus, una fit tribus, unus est cibus significantia et significata, res et signa virtus invisibilis, et visibilia sacramenta sic faciunt unum corpus, sicut caro et spiritus, et quod videtur, et nomine et virtute Christi corpus censetur. In hac rerum convenientia honorificatus est Christus, et gloriosæ laudis triumphos lætabunda hodie canit Ecclesia, in lapide angulari consocians disjunctos olim parietes, quos in unum mirabilis artifex suso sanguine glutinavit, et reprobato diu a malignis fidei fundamento, charitatis suæ nexibus divisas copulavit macerias, et redegit partes in totum, et multa in unum, et facti sunt una domus confœderati parietes, et stabile fundamentum. Honorificatus est Christus resurgens a mortuis, victor mortis, spolians inferos, et captivos præmittens ad superos.

Hucusque per humilitatis gradum accendens, modo gloria et honore coronatus, nil mortale, nil passibile retinens, impassibilitatis et immortalitatis donavit nos gloria, et resurgentes in beatitudine constituit sempiterna. Resurrexerunt quidem ante Christum, sed in nomine et fide ejus, sub Elia vivente in corpore, unus; et Eliseo vivo et mortuo, duo qui obierant; sed ad mortem quam gustaverant, iterum redierunt. Resurrexit et Lazarus, et alii nonnulli ad imperium Christi, et aliquo tempore beneficio vitæ usi, iterum ad funera rediere. Res quidem honorabilis et dominatio potestativa fuit ad corpus exanime spiritum revocare; sed resurrectionis hujus cujus sunt in Christo primitiæ, incomparabilis est dignitas; quam nec sequitur corruptela, nec dissolvit antiquitas, nec aliqua mutabilitas labefactat. Mirati sumus in transfiguratione quæ facta est in monte præsentibus apostolis Petro, et Jacobo et Joanne, quando sicut sol resplenduit facies Salvatoris, et vestimenta ejus candorem omnem exsuperantia apostolorum hebetavere conspectum; sed momentaneus ille decor imaginem, non speciem similitudinem, non substantiam, partem, non plenitudinem transformationis mirifice explicavit. Sed neque eamdem gloriam quam ante ostendit: sed quod videre consueverant, hoc viderunt; et dilata est claritatis illius quam nobis pollicitus est plenitudo, quæ in se erat perfecta, et a nobis exspectatur perficienda, lucidior et sincerior, quam æstimari possit ab aliquo, vel quam illa etiam claritas intimaverit, cujus primitias in Christo transformato accepimus. Agunt in cœlestibus hæc paschalia gaudia ipsi angelici spiritus, et resurgentis Domini gloriam admirantur, lætantur et delectantur in eo, quod forma servi reversa sit in formam Dei, et exinanitio humilitatis ad depositæ altitudinis redierit majestatem. Sed et in hoc multiplicata sunt gaudia, quod ab his pro quibus se humiliaverat, tantæ excellentiæ beneficium dignatur esse commune, et partiri nobis suæ abundantiam voluit claritatis: ut post resurrectionem corpus non aggravet animam, sed sit caro sine mole et pondere, agilis et mobilis, nullis clausa obstaculis, visu et auditu penetrans omnia et attingens, quocunque voluerit sine impedimento discurrens.

Inerit resuscitatis corporibus nulli vanitati subjecta libertas; et quæ cogi non possit ad aliquid, in nullo laborans, jam a spe educta, reipsa perfruens, nulla exspectatione suspensa, et in pace quietissima confirmata, omnisque expers formidinis, in spiritualibus deliciis jugis illa permansio reflorebit. Quam mirabilis est scientia tua Deus, confirmata est super nos, nec possumus ad eam attingere (*Psal.* cxxxviii). Hæc sapientiæ tuæ altitudo, qua mundum non ex præcedente materia, sed solo verbi tui condidisti imperio, creaturis vero corporalibus ex mundi essentia dedisti initium suis incolis singula elementa adornans; hominem quem de mundo fecisti, cunctis in terra et aquis et aere viventibus præficiens, ita ut suo præposito singula in suo genere ministrarent. Tu aliis vitam temporalem, aliis procurasti perpetuam; admirabili ordine quædam mutans et renovans; et præfinito tempore metam irrationabilibus omnibus præfixisti, et terminum quem transire non possit dissolutioni conditio destinata. Homo quia ex cœlesti et terrena materia compactus est, vestitus extrinsecus pelle et carnibus, tempus accepit, quo te jubente redderet terræ quod de terra assumpserat, et ad immaterialem originem reverteretur spiritus, cujus natura dissolutionis non admittit injuriam. Corpus putredine, et caro vermibus consumenda, secundum naturæ suæ rationem, æternitatis non poterat privilegio perfrui, et quod sibi jure non competebat; a Conditore nequibat exigere; neque ulla eorum interrogatio super hoc merebatur responsum. Sed tu, optime Domine, ultro gratiam volens dare spiritui, decrevisti clementius, ut ex societate et clientela quam reddiderat animæ caro, aliquid ei commodi proveniret: et quæ ei vehiculum fuerat et particeps studiorum, in recompensatione ministerii, iterum dilecto accolæ consociata pudica et pacifica rediret, nullas secum revehens contumelias, quibus deinceps quietis internæ concuteret puritatem. Sed et hoc, Domine, ad cumulum beneficii addidisti, ut inter legem carnis et Spiritus nulla postmodum esset diversitas, nec post initam fœdus ulla iterum inter eos recrudescat rebellio; sed per manum tuam reconciliatio ordinata stabilis in perpetuum perseveret.

Te igitur jubente, terra fit caro, et expulsa de domo iterum conjugatur viro, non jam ancilla, sed libera: et habitant unius moris in domo murmurationibus consopitis, quas olim compugnantes inter se concupiscentiæ concitabant. Quis, Domine Deus, considerare hæc opera tua sufficit? et quis lutum coagulare potest in carnem, quis formare potest in hominem, quis infundere animam, quis reddere vitam, quis dare æternitatem, quis addere felicitatem? Ad hunc proventum humana laborabat creatio, hæc semper fidelium exspectatio fuit. Hoc optabat rex ille humilis qui se noverat imperfectum, ut adderes conditioni tuæ quod deerat, et perficeres et solidares opus tuum, quod corruptibilitas et mortalitas assidue conviciis multis solebant affligere, et variis opprobriis consueverant infestare. Tu morti imperas, et absorpta eliditur; inanescit corruptio, ubi æger de medente sanatur. Gustasti mortem pro filiis hominum; ut qui tecum mortui erant, tecum viverent, et participes tribulationum, etiam consolatione gauderent. Resurrectio quidem communis est, et ante tribunal Christi necesse est in corpore justos stare et impios, Dei hoc dictante justitia, ut pietas et impietas in operatoribus debitis stipendiis donarentur; et qui finem habere contempserunt in malis, infinita clauderentur ultione in pœnis, et qui gloriati sunt in cruce, cum crucifixo regnantes beatæ fierent perennitatis participes. Non sunt participes hujus gaudii, quos damnat ambitio; non potest furtivos habens loculos paschalibus solemniis interesse. Nihil proditor et venditor magistri, fermentator profanus commune habet cum azymis; omnis immundus in anima ad esum hujus agni prohibetur accedere. Nulla ad hanc lætitiam perfidia recipitur; omnis malignitas excluditur; calceatus pedibus ad evangelizandum paratus, accinctus renibus et sanctimoniæ destinatus, habens baculum in manibus, et festinans ut Ægypti deserat idola, sequens Moysen, nec formidans vitæ discrimina, quisque purus et sincerus sine fraude homo verus accedat et edat; et securus quod resurgat, mortem optet, ut attingat ad æterna gaudia, in quibus est vita nostra sursum manens, et nos trahens ad bona cœlestia. Qui vivit, etc.

XI.
DE ASCENSIONE CHRISTI.

Celebrata in cruce solemni victoria, cum jam templum corporis sui, quod persecutio Judæorum effoderat Dominus reparasset, noluit statim ad Patrem ascendere, et glorificati corporis præsentiam inferre cœlestibus; sed necessaria dispensatione discipulorum infirmitati consulens, utiliter distulit; et quadraginta diebus in terra conversatus, et visus est sæpe et locutus cum apostolis, et manducavit et bibit; et vulnera quæ ad dubietatem eorum tollendam in corpore reservarat, et videnda et palpanda exposuit, et impleta in se quæ in Scripturis erant prædicta evidentia rerum edocuit. Ad hoc necessaria fuit hujus temporis mora, ut recollectis quos in fugam timor impegerat, quos supplicium crucis terruerat, in multis argumentis apparens, mentes quæ diffidentia titubaverant, solidaret; nec esse phantasticum, sed verum corpus quod surrexerat, tam commessationibus quam contrectationibus probaret. Ad hoc dilata est ascensionis gloria, ut sub hoc dierum interstitio præcedens doctrina affectibus firmaretur, imo ut discipulorum desideria recessionem ejus corporalem ambirent, quia spiritalis præsentiæ plenitudo, quandiu conspectu carnis præsens aderat, adventare non poterat; et paulatim in hoc conducti sunt, ut libenter consuetudine convictus assueti carerent, cum inhabitator

Spiritus sanctus earum animas possidens, invisibili accessu sinceriores eis affectus infunderet, et aperiret interiores oculos ad intuendum intellectu puro Patrem luminum (*Isai.* I), et substantia rerum sperandarum (*Hebr.* XI) proposita apparentia sepeliret, nec incertitudinis scrupulus superesset, cum Dominus et magister, quem verum hominem probaverant, eis videntibus cœlum ascenderet; sed jam securi se crederent secuturos, nec esse impossibile quin et ipsi in carne et spiritu ad superos transferrentur. Omnibus itaque ad tam delectabile spectaculum aggregatis: *Ascendo*, inquit, *ad Patrem meum et Patrem vestrum, Deum meum, et Deum vestrum* (*Joan.* XX). Horum verborum auctoritas, cum jam eorum virtutem Spiritus sanctus intimasset, omnem poterat excludere diffidentiam, et hilarescebant animi eorum paternitatis divinæ illustrati honore, et fraternitatis Christi honorati consortio, cum audirent et crederent se filios Dei et fratres Christi, in quo omnis excellentiæ plenitudo et sufficientia inerat. Nec jam quasi idiotæ et hebetes huic verbo applaudebant carnaliter; sed subtilissime generationem et dignitatem creaturæ a voluntate et nutu Creatoris habuisse initium, et imaginem et similitudinem Dei in interiori homine videbant; et dignoscebant, intellectu potius quam visu, quam affinitatem habeant inter se pater et filius, et quia substantivo et naturali Filio filii adoptivi conformes, a prima origine multa habeant ex natura, et multa ex gratia. Sane hujus generositatis consortium, secundum quam simul cum Christo filii Dei sumus, nobilitatem existentiæ nostræ exponit et intimat: in quo honore si manserimus non degeneres, constat omnino non posse Patrem dissidere a filiis, sed deiformibus tutum esse ad paternitatem accessum, nec posse pati, ad hæreditatem possidendam dispositos in petitionibus divinis repulsam; sed in quibuscunque filius filialiter genitorem appellaverit, necesse est bonitatem largitoris juste supplicantis prosequi voluntatem, maxime cum ipse Pater qui largitur ista suggerat peti quæ non differt benigne largiri. Et quidem paterna charitas bonis filiis et hæredibus maxime delectatur; et hoc gloriæ Christi unigeniti dilecti accumulat, quod beatitudinis suæ non patitur esse solitariam magnitudinem, sed addit fratres; non qui minuant quasi divisam in plures excellentiam, sed qui altitudinem divitiarum ejus exornent participes et consortes. Quod cum ipsum qui Pater est, constet esse Deum, et eum Deum nostrum sicut et suum Filius attestetur, in eo quod filii sumus, ipse nos possidet: in eo quod noster est Deus, quod nostrum est, ipsum cujus proprii sumus, proprie possidemus.

Dico igitur Domino meo: Deus meus es tu, et dicit mihi Dominus meus: Ego dominus Deus tuus. Homo cujus Deus est, quid amplius quærit? Si sufficis tu Deo, sufficiat tibi Deus. Bonorum tuorum Deus non indiget, nec conferre potes ei quidpiam, nec auferre. Si esurierit, non dicet tibi. Ejus est orbis et plenitudo ejus, et magnitudinem ejus cœli cœlorum non capiunt. Non infirmatur, non eget indumento vel cibo; omnia scit, omnia potest, omnia continet : in ipso omnes vivimus, movemur et sumus (Act. xvii). Quid tu ei quasi indigno conferes? te solum bonitate non necessitate desiderat. Scriptum est, et ipso jubente tabulis insculpum lapideis, ut diligas eum ex toto corde tuo, et ex tota anima tua, et ex tota mente tua (Matth. xxii). Dilige, et diligeris; prope est merces tua, in manibus porrigitur præmium : esto tu Dei, et erit tuus Deus tuus. Impar sane commercium pretium inæquale; sed qui pro nobis triginta argenteis appretiatus (Matth. xxvii); intelligi voluit quanta fuerit in pretio quod pro eo datum est, et in eo quod ipse dedit pro mundo, dissimilitudo, cum ipse exiguo argento emptus et venditus, tanto pretio damnatos redimeret; ut dubium esse non possit quin pretii magnitudo superaret-negotium; nec æquari posset damnum, quod omnino damnatio justa meruerat, obedientiæ Christi, quæ gravis usque ad mortem progressa est, et ultro solvit quod non debebat. His intellectis apostoli sicut filii prophetarum olim verum Eliam ascensurum sciebant, et horam illam præstolabantur gaudentes, nec jam anxiabantur parturientes, sed exorta lætitia parati erant prosequi recedentem, minime dubitantes quin et ipsi post modicum conversationis hujus, postquam de torrente passionis in via hac bibissent (Psal. cix), exaltato capite et erecto, se ad cœlestia Dominum secuturos. Elevatis igitur manibus hæreditariam eis benedictionem relinquens (Luc. xxiv), non manufacto vehiculo, nec auxiliaribus carpentis evectus est Christus; sed naturæ divinæ propria usus virtute, carnem cœlo intulit, et corpus glorificatum Patris conspectibus præsentavit. Non indiguit vectoribus angelis, qui offendicula tollentes e medio, ferrent eum in manibus; sed præcedentes et subsequentes applaudebant victori, et concinentes in jubilatione modulabantur canticum novum, et implebat cœlos consonantiæ illius harmonia, thronis et dominationibus parentibus filio juxta Patrem consessum, cherubin et seraphin pedes pacificos ambiantibus, radiantibus undique divinis claritatibus et splendoribus supercœlestibus; quos nec ardor perseverans consumit, nec turbinis alicujus afflatus exstinguit, nec interpolatio caliginis ullius abscondit. Celebrat tanti triumphi magnificentiam lætabundus cœlestis exercitus; et qui descendenti coram pastoribus Bethlehemitis decantaverunt in sublimi præconia, modo expressioribus conatibus, et intensioribus jubilis reverteni ad Patrem solemniora obsequia impendebant, et festivis affectibus venerabantur hominem supra se sublimatum, quem gloria et honore coronaverat Pater (Psal. viii), ad dexteram suam collocatum, hoc dato ei privilegio singulari, ut in nomine ejus omne genu flecteretur, et super omne nomen, ejus nomen excellentius coleretur (Philipp. ii). Quanta in ejus susceptione in cœlis jucunditas fuerit, nemo sufficit enarrare; rei hujus magnificentia omnem superat intellectum. Si linguis hominum vel angelorum quis eloquatur (I Cor. xiii), vel ad hoc cujuslibet elaboret acumen ingenii, ut definire velit quæ Patris in reditu Filii hilaritas fuerit; aut si forte illud sempiternum gaudium aliquod tunc admiserit incrementum, si stabilitatis æternæ se aliquo modo mutare possit immobilis magnitudo; scrutator ille majestatis opprimetur a gloria (Prov. xxv); et verendum est ne, dum vehementius exprimit verba quam oportet, sanguinem pro lacte emungat.

Attamen invisibilem Deum visibilem Filium recepisse ad dexteram suam manifestum est, et humilitatem carnis nostræ throno judiciario honoratam, paternæ complacuisse altitudini duo genera gentium civitati supernæ, de qua gloriosa dicta sunt (Psal. lxxxvi), deinceps assignari, et esse supra mansionarios homines et angelos, et beatitudinis illius gloriam his duobus ordinibus in perpetuum frequentari. Hæc merces obedientiæ Christi, hæc crucis et mortis stipendia, hic passionis labor promeruit, ut corpus humilitatis nostræ fieret corpori claritatis Christi conforme (Philipp. iii), et mortale hoc indueret immortalitatem, et corruptibile incorruptionem (I Cor. xv); et fierent homines cum Christo in cœlestibus judices, qui cum eo judicia pertulerant malignorum, et exstiterant usque ad mortem tribulationum consortes. Hac die primum invecta est in cœlis hæc novitas inaudita; et gavisus est pater hæreditate amplificata, sobole multiplicata, promissionibus quas locutus fuerat in prophetis redditis et completis. Solum ad hæc quæ prædicta sunt, restat judicium, et examinationi ultimæ adhuc reservant antiqua oracula locum. De judicio quippe et angustia, Christo sublato, superest post misericordiæ tempora quæ ad finem festinant, ut justitiam comitetur judicium, et habeant singuli quod merentur, et honoretur honore dignus, et contemptor confundatur inglorius. Hoc et duo angeli Christo ascendente testati sunt, quia qui judicatis abibat, judex esset terribilis rediturus, et videret collecta in unum generalitas hominum quas foderat manus, quod terebraverat latus, faciem quam conspuerat, et prolata in medium inflexibili sententia, occurrentibus Salvatori electis, remaneant impii infinitis deputati tormentis. Quanta illud edictum sequentur lamenta, illius ultimæ tubæ clangor quam horribilis erit; continuus erit et superfluus illarum lacrymarum decursus, stridorem illum dentium flammæ inexstinguibiles agitabunt. Immortales miseri vivent, incendia, et inconsumptibiles flammæ nudum corpus allambent. Ardebit purpuratus dives, nec erit qui æstuanti linguæ stillam aquæ infundat. In proprio adipe frixæ libidines bullient, et inter sartagines flammeas miserabilia corpora cremabuntur, et omni tormento atrocius desperatio condemnatos affliget. Non miserebitur ultra Deus, neque tunc audiet pœnitentes, sera erit illa confessio; et cum clausa fuerit janua, frustra carentes oleo, acclamabunt exclusi.

Nullum ibi refrigerium, nullum remedium; semel Christus descendit ad inferos, ulterius non descendet. Non ultra videbunt Deum in tenebris sigillati, irregressibilis erit illa sententia, et immutabile judicium, et stabit damnationis hujus immobile constitutum. Exsultabunt sane sancti in gloria (*Psal.* CXLIX), videbunt Deum et gaudebunt, lætabuntur et delectabuntur et fruentur gloria, et in felicitate jucundabuntur æterna. Ibi non gustabunt quam suavis sit Deus, sed implebuntur et satiabuntur dulcedine mirifica; nihil eis deerit, nihil oberit, omne desiderium eorum Christus præsens implebit. Non senescent, non tabescent, non putrescent amplius : perpetua sanitas, felix æternitas beatitudinis illis sufficientiam confirmabunt. Non erit concupiscentia in membris, non ultra ulla exsurget rebellio carnis, sed totus hominis status pudicus et pacificus, sana ex integro natura, sine omni macula et ruga deinceps permanebit. Erit denique Deus omnia in omnibus (*I Cor.* xv), et illius præsentia omnes animæ et corporis implebit appetitus, cessabuntque de cætero consummatis omnibus ministratorii angelicarum virtutum discursus; et impleta ordinataque omnino civitate Dei, nec innovabitur, nec mutabitur ultra fixæ et consummatæ beatitudinis status. Ei igitur, ante cujus tribunal stabimus (*Rom.* xiv), qui nunc vultui Dei apparet pro nobis (*Hebr.* ix), cui de nobis tanta cura fuit, ut pro nobis vellet nasci et mori, in præsenti quæsumus, ut cura sit curandi nos, et nobis auctoritatem et potestatem judicandi nosmetipsos et corrigendi concedat, ut in illo terribili judicio suo inter electos asciti et congregati, liberi a servitute et captivitate, cœlestibus civibus conjungamur, et fruamur bonis, quæ ipse diligentibus se repromisit, quæ nec oculus vidit, nec auris audivit (*I Cor.* ii).

XII.
DE SANCTO SPIRITU.

Adesto, sancte Spiritus, et paraclesim tuam exspectantibus illabere cœlitus, sanctifica templum corporis nostri, et consecra inhabitaculum tuum, desiderantes te animas tua præsentia lætifica, dignam te habitatore domum compone, adorna thalamum tuum et quietis tuæ reclinatorium circumda varietatibus virtutum, sterne pavimenta pigmentis; niteat mansio tua carbunculis flammeis et gemmarum splendoribus; et omnium charismatum intrinsecus spirent odoramenta; affatim balsami liquor fragrantia sua cubiculum tuum imbuat, et abigens inde quidquid tabidum est, quidquid corruptelæ seminarium, stabile et perpetuum hoc facias gaudium nostrum, et creationis tuæ renovationem in decore immarcessibili solides in æternum. Interfuimus sacræ Verbi infantiæ, et puerperio Virginis obsecuti sumus, cum cœlesti militia gloriam decantavimus parvulo, confessi sumus omnipotentem quem in cunabulis vidimus vagientem. Circumcisionis celebravimus sacramenta, et truncato præputio voluptatum sanctimoniæ didicimus mancipari.

Interfuimus baptismati Salvatoris, et audita Patris voce de cœlis, ad obediendum Christo traditi sumus, et instructi cœlitus quomodo Patrem et Filium dilectio jungat et uniat, ita ut in ipsis nominibus intimetur distinctio personarum, et naturæ unitas evidentissime innotescat. Sed et Spiritum sanctum in specie columbæ inter illa mysteria vidimus et intelleximus ex illa specie, gemitus pœnitentiæ et desideria contemplationis divinæ, ex simplicitate cordis et innocentia vitæ immaculatæ incessanter prodire, et neminem nisi suspiriis hujusmodi præcedentibus, et inspiratione divina monente, posse ad cœlestia aspirare, ut suspiratio, et inspiratio et aspiratio a sancto Spiritu et causam habeant, et effectum, et materiam et proventum. Secuti quoque sumus in eremum Dominum jejunantem, et repulsa potenter diaboli vidimus tentamenta. Interfuimus cœnæ, et de calice Domini bibimus; pedes lavimus; mortui sumus cum Christo, et ecce vivimus; prosequimur ascendentem, et præstolamur promissum nobis Spiritum sanctum, cujus unctio nos de omnibus doceat (*Joan.* ii), qui invisibili magisterio nos doceat, et cœlestibus instruat disciplinis, qui carnales hebetet sensus, et conterat appetitus. Hic Spiritus sanctus ab ipso mundi initio aquis legitur superfusus (*Gen.* i), non materialibus aquis quasi vehiculo egens, quas potius ipse ferebat; et complectentibus firmamentum dabat congruum motum, et limitem præfinitum. Hujus sempiterna virtus et divinitas, cum in propria natura ab inquisitoribus mundi antiquis philosophis proprie investigari non posset, subtilissimis tamen intuiti sunt conjecturis compositionem mundi, compositis et distinctis elementorum affectibus præsentem omnibus animam affuisse, quæ secundum genus et ordinem singulorum vitam præberet et motum, et intransgressibiles figere metas, et stabilitatem assignaret et usum. Hanc vitam, hunc motum, hanc rerum essentiam animam mundi philosophi vocaverunt, putantes cœlestia corpora, solem dico et lunam et stellas, ipsumque firmamentum, hujus animæ virtute moveri et regi, et aquas, et terram, et aerem hujus semine imprægnari. Qui si spiritum et dominum, et creatorem, et vivificatorem et nutritorem crederent omnium quæ sub ipso sunt, convenientem haberent ad fidem accessum. Sed abscondita est à sapientibus et prudentibus tantæ rei majestas; nec potuit humani fastus ingenii secretis interesse cœlestibus, et penetrare ad superessentialis naturæ altitudinem; et licet intelligerent quod vere esset creatrix et gubernatrix rerum divinitas, distinguere tamen nullo modo potuerunt quæ esset deitatis trinitas, vel quæ unitas, vel quæ personarum proprietas. Superferebatur quidem elemento purificatorio Spiritus sanctificator, jam tunc baptismi virtutem enuntians. Jam tunc illa præfigurabantur tempora quibus arca Noe aquis invecta diluvii viri justi familiam conservavit illæsam, abolita generatione adultera, qui in filiabus hominum bestiali petulantia effrenes, imprudenter se illis commiscuerant, nec divinos, nec humanos in flagitiis publicis verebantur aspectus. Arcam illam quæ typum gerebat Ecclesiæ Spiritus sanctus et tunc regebat et adhuc regit, extra quam quisquis perfidus evagatur, involutus fluctibus mergitur in profundum; et impossibile est eum vivere, cui non superfertur Spiritus vitæ, cujus vivificus calor animat omnia, et fovet et provehit et fecundat.

Hic Spiritus sanctus omnium viventium anima, ita largitate sua se omnibus abundanter infundit, ut habeant omnia rationabilia et irrationabilia secundum genus suum ex eo quod sunt, et quod in suo ordine suæ naturæ competentia agunt; non quod ipso sit substantialis anima singulis, sed in se singulariter manens, de plenitudine sua distributor magnificus, proprias efficientias singulis dividit et largitur; et quasi sol omnia calefaciens subjecta, omnia nutrit, et absque ulla sui diminutione integritatem suam de inexhausta abundantia, quod satis est et sufficit omnibus, commodat et impartit. Hic Spiritus Rubri maris aquas siccavit, et suspensis hinc inde vehementibus fluctibus, ab ollis carnium et Ægypti pulmentariis populum ad spiritalem eremi libertatem eduxit incolumem; et alimoniis cœlestibus pavit, manna quasi rorem matutinum infundens graminibus, quod colligi jussum est ad mensuram. Aderat plena mensura per totam hebdomadam vacante Sabbati die; cui sexta præcedens dies consueti victus duplicans quantitatem, octavæ præfigurabat quietem, in qua absque labore et sollicitudine in deliciis epulabuntur electi et saturabuntur in terra sua duplicia possidentes, corporis et animæ felici perennitate, et perenni felicitate ditati. Ilic est Spiritus sanctus, quem magi in Ægypto tertii signi ostensione convicti, cum sua defecisse præstigia faterentur, Dei digitum appellarunt, et antiquis philosophis ejus intimarunt præsentiam defuisse. Et licet de Patre et Filio aliqua sensissent Platonici, spiritus tamen tumidus et humani appetitor favoris sanctificationem intellectus divini mereri non potuit; et ubi ad profunditatem sacramentorum ventum est, omnis eorum caligavit subtilitas, nec potuit infidelitas sanctitudini propinquare. Hic digitus Dei, mundanæ judex et vindex perfidiæ, novi tempore testamenti potenter expellit dæmonia, nec laborat agendo, sed solo nutu perficit omnia : quod dicit, facit; quòd jubet implet; secreta indicat, pandit occulta, revelat ignota, hebetat acutos, et perspicaces confutat. Hoc digito in lapideis tabulis lex primum conscripta, quinquagesimo die post egressum Israel de Ægypto in monte Sina Moysi est commendata; sed populus nequam et gens duræ cervicis, a quorum animis terror ille recesserat, quem mors ardens et flammea juga, et clangor buccinæ, et lampades coruscæ, et horrenda tonitrua nuper incusserant, in apostasiam conversi, et de Moysi reditu desperantes, lege divinitus missa indigni judicati sunt, quia in oculis eorum Moyses frangens tabulas, tam verba quam instrumenta comminuit et delevit. Quin etiam sceleris ultione patrata, reversus in montem ad Dominum, quadraginta diebus jejunans et colloquens, tandem obtinuit ut ipse alias ex saxo ad instar priorum excideret tabulas, in quibus eamdem in primis fuerat scripturam insculperet et formaret. Factumque est mirabili dispensatione superni judicii, ut lex quam sanctus scripserat Spiritus deleretur, et quam manus humana restituit in posterum teneretur. Quod ea ratione credi potest sic actum, ut populus prior secundum carnem ambulans et vivens, divinis colloquiis et spiritalibus mandatis ostenderetur indignus, nec posse mentes perfidas sancta percipere, nec intelligere sacramenta, quæ exemplarium tegmine velabantur. Porro Testamenti Novi quæ Christo evangelizante patuit veritas, verbo Christi prolata, indissolubilis permansit, et solida deinde stabilitatis perpetuæ auctoritate fulcita est, eo quod oblatam gratiam humiles susceperunt, et quod Filius inter pauperes spiritu invenit sibi domum in qua caput reclinaret; et merito reprobatos visibiles tabulæ invisibilis Dei indicant contemptores, et ampliori dignos honore incarnati Verbi credulos auditores, et devotos veneratores. Lex igitur a paschalis agni immolatione die quinquagesimo datur, et Pentecostes nomen tantæ rei solemnitas ex lege accepit, in ipso dierum numero sacramenti magni complicans rationem. Septenarius quippe numerus septies revolutus, quinquagesimum efficit, addito monade; qui præsentis sæculi meta, et futuri initium, perpetuitatem sub octavæ nomine continens, sic præsentia terminat, ut nos ad perpetua introducat. Sacratus hic septenarius numerus a conditione mundi auctoritatem obtinuit, quoniam in sex diebus prima Dei opera patrata sunt, et septima consecrata quieti, quasi sancta et sanctificans solemnitate vacationis honorata, et Spiritui sanctificatori attitulata. Unde et cessanti a servilibus operibus populo jubetur ut diem Sabbati sanctificet, et spiritui rectitudinis, et sanctitudinis et fortitudinis ascribat, quod directe, quod honeste, quod viriliter incedit, quia totum ex ejus constat ducatu quod devii diriguntur, quod impii convertuntur, quod debiles confirmantur. Spiritus rectus, Spiritus sanctus, Spiritus principalis regit, componit, consummat et perficit quas inhabitat mentes, et corda quæ possidet; nec errare patitur, nec corrumpi, nec vinci quos docuerit, quos possederit, quos gladio potentissimæ virtutis accinxerit. Septenarius iste ex quaternario et ternario constans, cum in se propter prædictas causas honorabilis habeatur, habet ex partibus suis excellentiam maximam, quia artificis et materiæ videtur exprimere et distinguere primarias substantias, ut ternarius Creatorem propter trinitatem enuntiet, et quaternarius creaturam propter quatuor elementa, quæ rerum omnium causæ sunt et semina, sub hujus numeri brevitate concludat. Spiritus sanctus a Patre procedens, a Patre et

Filio, quaternario superfertur et conditor benignus opus suum amplectitur, et diligit quod plasmavit, et creaturam suam sanctus ipse sanctificat et consociat sibi, et charitatis nexu statuit et conquadrat. His aliisque secretioribus rationibus quas illustrium virorum subtiliora ingenia indagarunt, septenarius numerus in Scripturis sanctis sæpe sacramentales causas complectitur, et simplex et multiplicatus, necessarios ad intelligentiam divinorum operum parturit intellectus. In hebdomadibus apud Hebræos, dies septimus Sabbatum, id est *requies*, appellatur : qui numerus non tam in septimanis, sed etiam observatur in annis, et annorum hebdomada consummata, septimus annus requietionis est, et ipsi terræ Sabbatum imperatur, nec fas est cuiquam eo anno serere vel metere quidpiam, sed quæ sponte sive in terra, sive in vineis, vel in arboribus nascuntur, alimoniæ pauperum deputantur. Annorum quoque septimanæ apud Hebræos quinquagesimum annum faciunt, quem jubilæum appellant, in quo decreto legis, ut supra dictum est, sit terræ remissio, et servorum libertas, et restitutio possessionum, quas eatenus distractio alienaverat et cætera hujusmodi gratis ad hæreditatis ordinem revertuntur. De numero septenario cum multa dicta sint, plura supersunt quæ in lege et Evangelio præcipue commendantur. Quinquagesimus itaque annus perficit jubilæum, quinquagesimus dies a Pascha Pentecosten, facit in quo vere Spiritu sancto infuso apostolis, ad hæreditatem cœlestem, a quo venundati sub peccato exsulabant, quos diabolo domino mendicitas et egestas subjecerat, revertuntur. Septem sacerdotalibus clangentibus tubis, Jericho corruit ; septem petitionibus orandum Patrem Filius docuit. Remissio peccatorum duplicato septies septenario, Petro mandatur. Leprosus septimi diei inspectione a sacerdote judicatur, summi sacerdotis in septem diebus consecratio consummatur. Dominus Jesus Christus de septem panibus quinque millia hominum reficit ; et justus quisque Deo laudes per diem septies dicit. Ipse Dominus Jesus ab Adam secundum generationes, quas Lucas commemorat (*Luc.* III), septuagesimus septimus invenitur, ut ultionem in Lamech septuagesies septies promulgatam (*Gen.* IV), veniens terminaret. Septem diebus in Pascha editur azyma ; septem diebus mense septimo tabernaculorum solemnitas celebratur. In septem annis templum a Salomone construitur ; septem brachiis et totidem luminibus candelabrum adornatur. Celebramus tam nos quam Judæi quinquagesimum diem, sed illi in typo ; nos autem in veritate, non tam significamus quam agimus.

Pentecosten igitur celebrantes, commemoramus quæ olim sub Moyse in veteri testamento sunt acta, et quæ sub Christo facta sunt. Post cujus Ascensionem in cœlos Spiritus sanctus visibiliter super apostolos in linguis igneis apparuit (*Act.* II), et ad instar prioris sæculi universitatem fidelium unius labii esse voluit (*Gen.* XI), ut quorum erat cor unum et anima una, una esset et lingua, nec posset impedire intellectum credentium aliqua diversitas verborum ; sed evangelica doctrina propria lingua prolata ad omnium auditum eamdem efficientiam obtineret, ut Græcis et barbaris omnibusque gentibus verbum Evangelii sic esset intelligibile, ac si in eorum auribus linguæ in qua nati erant idiomata resonarent. Aderant Medi et Elamitæ, Mesopotameni et Arabes. Hi omnes, dum Hebræa lingua apostoli prædicarent, locutio Judaica enuntiationis suæ articulos cursu consueto evolvens, nullo exponebatur interprete, sed verbo eorum per Spiritum sanctum inerat virtus et gratia, ut habitantes Pontum et Asiam suam esse dicerent linguam, quam audiebant, quasi primitivæ linguæ libertas, ad antiquitatis reversa originem, confusionis contumeliam evasisset. Nec tantum apostolis collata est hæc gratia, sed multitudini credentium idem Spiritus superfusus est, intus ardentibus, extra loquentibus ; et complectebantur se dilectio et verbum, et de calore Spiritus sermo fervebat ignitus. Jam omni timore excluso obedire se Deo magis quam hominibus publice profitebantur (*Act.* V) et videbatur eis gloria, si pro Christo injuriam paterentur. Ad hunc modum olim Moysi jussum est ut in viros septuaginta, quos ipse presbyteros judicaret, de spiritu suo partiretur, u: in negotiis partem gererent sollicitudinis ; quibus cum imposuisset Moyses manus, requievit in eis Spiritus sanctus ; qui non Moysi ablatus est, quasi ipse sine spiritu remaneret, vel idem spiritus secaretur in partes ; sed secundum mensuram donationis divinæ quæ erat in Moyse gratia singularis facta est multiplex et communis, et data est multis in eo potestas, quod prius solius Moysi disponebat auctoritas. Sic Eliæ spiritum duplicem recepit Eliseus, non quod in duas substantias idem spiritus sit divisus, et duos prophetæ sanctus habuerit Spiritus, sed quod populo Christiano, cujus typum Eliseus gerebat, accepto Spiritu sancto, data sit potestas in opere et sermone ; et ascendentem Eliam, id est Christum, pio desiderio prosecutus, fide claruerit et intellectu, et vita, et signis et miraculis fulserit et exemplis. Hic sacrorum ordinum distributor, reges creat et principes, sacrat pontifices, eligit sacerdotes. Hic sapientia Salomonem, intellectu Danielem, Joseph consilio, Samsonem fortitudine, Moysen scientia, David pietate, Job timore prosequitur, et sanctorum animas omnimodis fecundat virtutibus, in tantum affectus pacificos provehens, ut jam in cœlis nostra sit conversatio (*Philipp.* III), diffusa in nobis charitate per Spiritum sanctum, qui datus est nobis (*Rom.* V). Hic in pudicis mentibus sibi statuit mansionem. Hic humiles cælibes habet domesticos, abominatur ærarios, falsarios detestatur. Hic Giezi mercenarium lepra condemnat, et Jeroboam vendentem sacerdotia cum apostatis locat. Hic Simonem gratiæ Dei nundinatorem a sanctorum consortio exhæredat, cujus detestabiles ausus ultrix ruina confundit et quassat.

Hic Balaam ad maledicendum conducto silentium imponit, et per asinam redargutum, colliso ad parietem pede (*Num.* xx), vacuum pecunia, contumelia oneratum, claudicantem ad propria remisit confusum. Hic omnibus Ecclesiæ sacramentis interest, quæ ipse efficit et consummat. Hic peccata diluit, hic justificat impios et ad vitam revocat mortuos. Hic discordes pacificat, et vinculo dilectionis astringit et ligat. Hic nos cœlo invehit, et a mundi hujus vanitatibus avulsos superni regni constituit hæredes, cujus summa est felicitas, quod corpus istud spirituali effectu cum angelis conversabitur, nec ultra erit carnis et sanguinis aliquis appetitus, sed erit omnium plena sufficientia cognoscibilis Deus et inhabitator Spiritus sanctus.

ERNALDI ABBATIS

TRACTATUS

DE SEPTEM VERBIS DOMINI IN CRUCE.

Cum scholiis et emendatione Francisci Titelmanni Hassellensis.

(*Biblioth. vet. Patr.*, edit. Lugdun. t. XXII, p. 1260.)

Primum verbum. *Deus meus, Deus meus, quare me dereliquisti?*
Secundum. *Amen dico tibi, hodie mecum eris in paradiso.*
Tertium. *Mulier, ecce filius tuus*, ad matrem; et ad discipulum : *Ecce mater tu*
Quartum. *Sitio.*
Quintum. *Pater ignosce illis, quia nesciunt quid faciunt.*
Sextum. *Consummatum est.*
Septimum. *Pater, in manus tuas commendo spiritum meum.*

Juxta communiorem tamen sententiam, non hoc ordine Christus verba ista dicitur protulisse. Quod enim primo loco jam positum fuit, quartum constituunt. In secundo et tertio convenientia est. Quarto, solet dari locus quintus; quinto, locus primus. In sexto et septimo, nulla est dissonantia. Exacte quoque perspicientibus Scripturas, et singula adinvicem diligenter conferentibus, apparebit posterior iste ordo verisimilior, et evangelistarum narrationi consonantior. Et forsitan non ideo auctor istum verborum ordinem est secutus, quod ita putaret ea esse prolata, sed quia suæ devotionis affectui ita voluit deservire. Verum de ipso dictorum ordine aut ordinis ratione, non est quod inpræsentiarum anxie disputemus. Ipsa magis quæ sunt dicenda, arrectis auribus et toto pectore intenti audiamus.

ERNALDI PRÆFATIO.

Ultima Christi verba, quæ cruci affixus novi testamenti hæredibus tractanda proposuit, licet sparsim a nonnullis in commentariis Evangeliorum videantur exposita, movit me tamen verborum sanctorum reverentia amplius eorum penetralia scrutari, et quod illa hora qua consummata videbantur (*4*) quæ de eo fuerant prophetata, prolata sint, cum jam non doctrinæ, sed passionis agebatur negotium, et quod in eis sua omnia Christus recapitulat dogmata, et tam diffuse prius prædicata, brevibus coarctat capitulis : ita ut

(*4*) Geminam hic auctor innuit rationem, quare novissima illa Christi verba in cruce prolata profundiori sint consideratione digna. Prior est, quod illa hora sint à Christo prolata, quando minime loquendi atque docendi tempus esse videbatur, nempe quando totus premebatur passionum tormentis. Ex hoc enim quod nec tantis tormentorum afflictionibus ab horum verborum potuit impediri silentio, intelligimus admodum seria esse debere verba illa, et plurimam in se utilitatem atque necessitatem continere. Veluti cum nos virum gravem loqui videmus eo tempore quod minime aptum videtur locutioni, intelligimus magnæ necessitatis vel utilitatis esse verbum ejusmodi. Solent item maxime seria esse et familiæ tegimen, bonum proxime concernentia, quæ patresfamilias, cum a domo peregre abscedunt, in ipso abscessus novissimo articulo loquuntur iis quos domi relinquunt. Tunc enim ipsa rerum circumstantia postulat tractari maxime seria. Ita quia Dominus noster a nobis peregre abscessurus, in ipso sui abscessus articulo verba ista proloculus est novissima, nihil dubium quin verba sint in sese multi ponderis, nobis quoque utilitatis permagnæ. Posterior ratio hæc est, quod mira brevitate plurimam in illo verborum compendio, Christianæ fidei ratio splendeat, et de semine exiguo seges immensa universitati credentium profutura consurgat. Quanto etenim brevius dicta sunt, et in illo articulo quo seria et necessaria agi rerum circumstantia postulabat, tanto diligentius inquirenda sunt; et tanto penitius intuenda, quanto fecundior et causalis et seminalis ratio in eis delitescit.

Evolutis igitur causis, quasi ex quibusdam latebris et ex quodam reclinatorio aureo honorabilem internorum intellectuum majestatem producesin medium, et egredietur palam in decore suo cognoscibilis veritas, quam antea oppositis velaminibus ignorabas; et cum propius accesseris, et infuderit se tibi, illuminans sensum tuum divinæ radiis veritatis, intelliges et videbis in scintilla incendium, et in stilla reperies pelagus, et in lecytho olei, unde creditori reddas debitum, et tibi affatim supersit in inconsumptibilem cibum (4*). Ante tamen exordium attendamus, quisnam ille sit, qui se clamat derelictum. Nonne ipse qui latroni promittit et donat paradisum? Utrobique Verbi virtutem intellige. Audi quid hæc ultima schola subtilitatis edoceat. Hic idem qui se derelictum causatur, non pro latrone Patrem rogat, sed potestative immerito donatis reatibus, repente flagitiosum sanctificat, et cœlestibus invehit sedibus, et secum in gloria locat. Hoc fundamentum fidei esse, hoc argumentum probabile et necessarium, omni evidentia constat, quod regni Christi etiam in cruce perfecta sit efficientia. Nec minuatur humilitate carnis imperii dignitas, imo hoc ad gloriam Crucifixi pertineat, quod in illa contumelia crucis, sapientiam et fortitudinem mundi hujus vincat et superet quod stultum et infirmum æstimabatur incarnati Verbi venerabile sacramentum (I Cor. 1). Quod enim Filius in persona derelictorum conqueritur, non est impossibilitatis indicium; sed hoc potius intimat, quod diminutio illa excellentiæ superioris humilitati corporis tribuat incrementum : et vicissim humilitas et sublimitas quibusdam revolutionibus inter se partiantur negotium, forma Dei se exinaniens, et forma servi nomen quod est su peomne nomen accipiens (I Philipp. II). Non derelinquitur usquequaque, sed dispensatorie singularum exprimitur ratio naturarum, quia et relinqui et pati et mori quidam arcti et difficiles fiunt transitus (5), per quos ad solidum et immobilem statum, quasi pelle peccati deposita, et omni scabie vitiorum detersa, renovatus homo perveniat. Unde etiam quod sitit in cruce fons vitæ, quod supplicante Christo, etiam crucifigentibus locus est veniæ, quod inter convicia et supplicia pietate matris afficitur, quod, omnibus consummatis, victor migrat ad Patrem, indiscussum relinquere ingratitudinis esset et torporis, cum hæc singula capitula proprium syntagma requirant (5*), et meditatores legis Dei totius hic religionis reperiant semina, de quibus exercitatus animus divinorum intellectuum fructus uberes metat. Ad quarum rerum indaginem licet insufficientem me judicem, nec oculis impuris puram lucem intueri sustineam, interim tamen sub umbra divinorum secretorum secedens, a prohibitis et inaccessibilibus abstinens, ad reliquas paradisi arbores præsumpsi manus extendere (6), et experiri gustu quid saporis intra se dulcedinum multitudo proposita contineat.

sanctæ eruditionis utilitatem in se contineant, eo quod, penitius considerata, paucula hæc verba universam Christi doctrinam prius diffuse ac late prædicatam, miro compendio in sese videantur concludere. Propter hæc, et semen exiguum appellat istud verborum pauculorum compendium, ex ipso dicens segetem amplam consurgere, aptissima nimirum comparatione, quoniam sicut semen quantitate quidem et mole perpusillum est, claudit tamen et abscondit intra se virtutem admirandam, qua de se possit arborem magnæ molis progignere, cum in terra bona absconditum atque mortificatum fuerit : ita et hæc verba syllabarum numero modica, maximam in se sacræ eruditionis vim concludunt: quæ tum demum se proferet, cum intra terram bonam, id est cor mansuetum et humile, abscondita et bene mortua fuerint. Illic enim seges magna de semine exiguo cernetur exsurgere. Atque hoc pacto etiam illud intelligendum est quod ait, in verbis istis multum fecundam delitescere causalem et seminalem rationem.

(4*) Alludit ad miraculum illud Elisei prophetæ, de quo quarti libri Regum, quarto capite legimus, quo videlicet ad precem muliereculæ debitis oppressæ, paululum olei, quod solum in domo sua habebat, mirabiliter multiplicavit, ita ut ex eo repleretur vasa non pauca; quo facto, dixit Eliseus : Vade, et vende oleum, et redde creditori tuo; tu autem et filii tui, vivite de reliquo.

(5) De serpente fertur, ubi se senserit senio gravari, et velut scabie sive corruptione quadam pellem antiquam perfundi, tum ipsum ad sibi medendum eligere arctum aliquem transitum et angustum foramen, per quod magna violentia corpus totum traducens, pellem deponit veterem cum sua scabie, sicque veteri pelle liber, toto corpore velut renovatur; quomodo et de aquila ferunt; per attritionem incurvati rostri ad petram rejuvenescentis. Hocque esse putant et interpretantur nonnulli veteres auctores, quod monet in Evangelio Dominus, prudentes fieri suos discipulos sicut serpentes (Matth. x). Huc respicit quod hic dicitur relinqui, pati et mori esse arctos quosdam transitus, per quos ad statutum novitatis et immortalitatis debeat homo transire, prius deposita peccati pelle et omni scabie abrasa.

(5*) Proprium syntagma, id est proprium ordinem vel dispositionem. Græcis enim συντάσσω significat dispono, vel compono, vel ordino. Unde σύνταγμα significat ordinationem, vel dispositionem.

(6) In paradiso protoparenti Adæ fuit permissum de quibusdam lignis sumere, gustare et edere, sed prohibitum ei fuit lignum scientiæ boni et mali (Gen. II). Ipse tamen non solum ad concessa, verum etiam ad prohibita ligna præsumpsit manus extendere. Sic in divinis rebus investigatio quædam est prohibita, ea videlicet quæ per curiositatem majora quærit, quam quæ humanus captus possit comprehendere, de quali investigatione per sapientem dicitur : Perscrutator majestatis opprimetur a gloria (Prov. xxv). Quædam vero investigare permissum est, ea scilicet quæ humanum captum non excedunt et animum in vera pietate ædificant. Qui ergo prohibita in rebus divinis scrutari præsumit, recte dicitur, ad prohibitam arborem manum extendere. Qui autem concessa humiliter considerat, ad alias arbores non prohibitas dicitur manus extendere.

TRACTATUS PRIMUS.

Super verbo illo : *Deus, Deus-meus, quare me dereliquisti?* (*Marc.* xv.)

Post regulas fidei evangelico dogmate promulgatas, post signa et miracula et documenta justitiæ, quia iter longum fuit per præcepta (SENECA, epist. 6), ventum est et ad compendiosum et efficax per exempla. Et ne aliquid doctrinæ deesset, secuta est forma : quæ ideo ad ultimum dilata est, ut quasi piæ hæreditatis testamentum filii superstites eo devotius amplecterentur, quo Christi sanguine conscripta privilegia sua viderent, et impressam obedientiæ ejus imaginem bulla imputribilis exhiberet. Ideoque ex illa cathedra crucis quoddam Deuteronomium dictatum est (6*), in recapitulatis breviter quæ multa prolixitate diffusa erant, satagit simul Magister bonus facere et docere (*Act.* 1) et exemplo consummare doctrinam; nec tam veritatis præceptor esse, quam testis. Modo ultro eloquitur, qui paulo ante ad Herodis et Pilati inquisitiones conticuit (*Luc.* xxiii), curiositatem et fastum timentium [fort. curiositatem fastu tumentium] hominum aspernatus, pauperes spiritu de patibulo edocet, ibique scholam religionis iterum instituens, pauca proponit capitula, in quibus et affectum charitatis intimat, et zeli sancti imitationem commendat. Non possunt impedire tormenta doctrinam; sed quasi hebes contemnitur ferrum, et providet sollicita pietas, ut ad regulam fidei discipulorum mores æquentur, et conquadrato fundamento ædificatio firma stabiliter innitatur. Se igitur ipsum modo A hominem exhibet, modo Deum, modo omnipotentem et modo infirmum, ut inter se sublimitas et humilitas vices negotio congruas partiantur. Modo supplicat, modo imperat, modo se dicit derelictum, modo latroni promittit paradisum. Agit, secundum utramque naturam, quod exigit causa. In hac contemnitur, in illa gloriam regnumque largitur. Perstrepebant ante crucem clamores irrisorii, et ad dolorem vulnerum cruenta plebs addebat convicia (7), ringebat et torvis aspectibus in faciem quam conspuerat intendebat, et unanimi classico acclamabat : *Vah ! qui destruis templum Dei, et in triduo illud reædificas* (*Matth.* xxvii, *Marc.* xv). Vide quantum mali error et perfidia principum alliniverat plebi, quantum rubiginis suæ affricuerat B populo imprudenti auctoritas sacerdotum, quantum convaluerat conjuratio facta in Christum cum occiderent eum et nomen ejus delerent e medio. Non verebantur omnes homicidii titulo in perpetuum esse notabiles (8), uno in se et in parvulos suos tanti sceleris reliquias congerebant, et ultro damnationis suæ chirographo suscribebant. Nondum expiraverat Christus, sed fossis manibus pedibusque, et, scisso vepribus capite, vivebat in cruce, et, parricidalium mentium intuens vota, non tam clavorum acumine quam illorum crimine pungebatur. Pro his igitur ad Patrem convertitur (9), et charitatis argumento prolato in medium, inauditum dicendi genus

(6*) Multum apposite istud septem verborum novissimorum compendium appellat quoddam Deuteronomium : quod Græcis dicitur quasi δεύτερος νόμος, id est secunda lex vel, iterata lex. Atque ita appellamus quintum librum Moysi, eo quod in ipso Moyses breviter recapitulet pene omnia quæ in aliis libris prioribus, vel quantum ad res gestas, vel quantum ad traditam doctrinam, latius fusiusque descripserat. Ita et hoc septem verborum compendium, quia breviter complectitur omnem Christi doctrinam ante per eum diffuse prædicatam; non immerito Deuteronomium potest appellari, quasi lex secunda vel lex iterata.

(7) Videtur alludere ad illud psalmi : *Et super dolorem vulnerum meorum addiderunt* (*Psal.* LXVIII), ubi supplendum videtur, *convicia*, aut aliquid hujusmodi. In eo autem quod statim subditur, *ringebat*, etc., canum exprimit proprietatem, quorum est nasi contractione in iracundia ringere. Canes enim Scriptura nominat Christi persecutores, veluti cum psalmo xxi, ex Christi persona dicitur : *Circumdederunt me canes multi* (*Psal.* xxi).

(8) Id factum e t, Judæis adversus Christum clamantibus : *Sanguis ejus super nos, et super filios nostros* (*Matth.* xxvii). Tunc enim homicidarum titulum in se susceperunt, confitentes se esse auctores mortis illius. Tunc reliquias tanti sceleris, id est ultionem pro tanto scelere debitam in se et in suos parvulos congesserunt. Peccati namque reliquiæ, vindicta est et pœna quæ debetur pro scelere. Tunc et damnationis suæ suscribebant chirographo, quo- C niam voce propria homicidas sese esse confessi sunt.

(9) Videntur prima facie quæ hic dicuntur, non pertinere ad verbum propositum : *Deus meus, Deus meus, quare me dereliquisti?* sed magis ad illud : *Pater, ignosce illis, quia nesciunt quid faciunt* (*Luc.* xxiii). Verumtamen cum diligentius attendimus, comperimus recte omnia de verbo illo priore intelligi. Juxta auctoris namque sententiam, hoc verbo Christus honesta quadam et blanda humilique querimonia suæ passionis a Patre exigebat mercedem, quæ erat hominum salus et peccatorum conversio. Agitque quasi per justitiam cum Patre, velut indicans fieri sibi injuriam, si cum ipse secundum divinitatem Patri æqualis in assumpta humana natura ad tantam derelictionis miseriam ultro se submiserit, non ei concedatur postulata hominum salus, pro quibus ita se exinanivit. Atque hoc est quod post paululum auctor ait : *Utrum plus possit peccatum quam justitia, Deo Patri quæstionem proponit.* Ju- D stitiæ namque obtentu exigere poterat Christus hominum salutem, postquam pro eis tanta subiisset certamina. Injustum enim fuisset tantos filii labores apud Patrem vanos et irritos fieri, id quod clarius exprimit post paululum, cum ita dicit : *Alioqui subtracta sibi agonum suorum stipendia Christus queritur*, etc. Et iterum clarius, cum post multa interposita sic dicit : *Quod autem derelictum se Filius commemorat, mercedem obedientiæ postulare videtur.*

novus orator assumit, et inimicorum causam allegans, ipsis invitis atque negligentibus, parti contrariæ suffragatur et utrum plus possit peccatum quam justitia, Deo Patri quæstionem proponit. Et disserit esse inconveniens ut amplioris sit virtutis delictum quam donum, et prævaleat malitia bonitati, et perditio saluti. Cum enim ipse ad hoc nitatur ut salventur, et Judæi ad hoc ut damnentur, plus debet apud Deum posse Filii charitas, quam populi cæcitas, quia et hoc non minimum habet pondus, quod causæ huic non patrocinatur alienus, sed Filius, neque reipublicæ commodum ex hac indulgentia minuitur, sed augetur : ideoque nec legibus nec judici derogat, si temperatur sententia, quia cum communibus utilitatibus tribunalia deserviant, non est sibi contraria institutio, quæ quocunque tramite ad propositum redit, quæ quod a statu integritatis suæ elapsum erat restituit. Alioqui subtracta sibi agonum suorum stipendia Christus queritur, protestans non esse quæstuosos tanti discriminis sudores, si hi quibus tanti laboris opera impensa est sic relinquantur, et ad salutem eorum inefficax sit hæc humilitas, et ita sanguis Filii in conspectu Patris vilescat, ut non omnia postulata obtineat. Clamat igitur : *Heloi, Heloi, quare me dereliquisti?* (*Matth.* xxvii.) Non improperat Patri, nec derelictum se dicit quasi contumelia crucis contra propositum videatur opposita; ultro enim et ulnas patibulo, et palmas ferro exposuit (10) ; sed quantum sit obedientiæ fundamentum et culmen, interrogans innuit, cum se et minorem et æqualem ostendit. Deseritur humilitas, adest majestas, fortius est et sapientius omni virtute et sensu hominum, quod in Christo Judæus et Græcus stultum æstimat et infirmum (*I Cor.* i). Secundum formam servi, legationis suæ ministerium non erubescit, non diffitetur carnis naturam passibilem et mortalem. In hac forma Patri blanditur Mediator attentus, nec abnegat quod videtur, nec rapinam arbitratur, si aliquid pro potestate loquitur, et Patrem aliquando ex æquali affatur.

Deum igitur suum vocat, ne quis quod proprium est alterius ad alterum, existimet alienum ; et quod commune videtur, secare præsumat, quasi divisum. Naturæ divinæ communio inter Patrem et Filium non admittit scissuram ; et licet sit ibi discretio personalis, una tamen est divinitas et essentia naturalis. Suum dicit, ut manifestum fiat quod ille qui suus est in nullo ei contradicere possit. Deum suum dicit, ut nobis minime formidandum judicem intimet, quem sicut suum flectere possit, et ad eum tutum esse accessum, quem non ut alienum appellat, sed suum. Nec parvam confidentiam hujus familiaritatis germanitas exigit, quæ in conspectu Patris tantam derelictorum sollicitudinem gerit, ut se quoque in eo, quod constat voluntarium esse et spontaneum, dicere non dubitet derelictum. Impossibile sane est ut in Patrem bonum, bonæ voluntatis cadat ingratitudo, et non magis in tam benigno dilecti sibi Filii affectu complaceat. Quod autem derelictum se Filius commemorat, mercedem obedientiæ postulare videtur; nec diu beneficium differri tolerat, quod deberi sibi obedientia morti obviam procedens, confidenter proclamat : *Quare, inquit, me dereliquisti?* Hujus mysterii rationem nondum intellexerat mundus, necdum tanti sacramenti effectus palam advenerat, et necesse erat ut tam opus quam virtus hujus holocausti innotesceret, et auditoribus Evangelii imprimeretur hæc forma, ut discerent ex præsenti regula unumquemque oportere deinceps introire in sancta in sanguine proprio (11), et finem advenisse earum expiationum, quæ factæ erant eatenus in sanguine alieno. Periret enim et prorsus dilueretur religionis auctoritas, si iterum circa imagines et umbras veritatis occuparetur, et non magis ipsam veritatem apprehendens, mores in se taurinos vel hircinos mactaret, et in altari intrinseco puræ devotionis non adoleret fragrantiam, pro turture et columba pietatis et sanctimoniæ intendens affectui. Deseritur Christus ad modum Jonæ prophetæ, projectum in mare venter belluæ suscipit (*Jonæ* ii) ; sed prope erat susceptio matutina, de qua Pater prædixerat dicens ad Filium : *Exsurge, gloria mea* (*Psal.* lvi) ; et Filius ad Patrem : *Exsurgam diluculo* (ibid.). Exarmata erat navis, fractumque remigium (12) ; sed recollectis reliquiis, iterum navigii supellectilem gubernator magnus aptat ad cursum ; et cujus res deploratæ esse videbantur, dum clauderetur intra sepulcrum, devicta morte victor egrediens, imperavit ventis et mari (*Matth.* viii). Et infernus obstupuit judicem, quem quasi prædam peculiarem unmando. Cui bene respondet, quod paulo post adjungit de moribus hircinis vel taurinis mactandis. Uterque autem intellectus, bene proposito convenit. In hoc enim quod Christus ita in cruce derelictus pendet, clamans : *Deus meus*, etc., primum hoc nobis ostensum est, quod ipse vera sit hostia, per quam esset accipienda peccati remissio et cœlestis regni hæreditas, quoniam ipse qui ita pro nobis loquebatur mediator erat et hostia. Deinde et hoc docuit suo exemplo, debere nos ita nos ipsos immolare in hostiam viventem Deo (*Rom.* xii), quomodo ipse se ibi immolabat, ut socii facti passionum et similitudini mortis ejus configurati (*II Cor.* i), consolationum quoque socii et gloriæ consortes efficiamur.

(12) Loquitur per comparationem sumptam ex

---

(10) *Oblatus est quia ipse voluit* (*Isai.* liii).
(11) Potest id dupliciter intelligi. Primo de sanguine proprio ipsius Christi, in quo et per quem nobis est ingressus in sancta, id est in cœleste regnum introitus. Quemadmodum Paulus apostolus de ipso ait, quod *non per sanguinem hircorum aut vitulorum, sed per proprium sanguinem introierit semel in sancta, æterna redemptione inventa* (*Hebr.* ix). Secundo possumus de uniuscujusque sanguine proprio verbi hujus intellectum accipere, ut indicetur unumquemque cum Christo volentem introire in cœlos, debere per proprium sanguinem, non per alienum illuc intrare, id est seipsum mactando et immolando, carnem videlicet crucifigendo, juxta Apostoli consilium, cum vitiis et concupiscentiis (*Gal.* v), sicque nos ipsos passioni Christi confor-

guibus carni infixis pro consuetudine indifferenti attraxerat. Sane ille psalmus cui titulus est : *In finem, pro-susceptione matutina* (13), ex persona Christi sic incipit : *Deus, Deus meus, respice in me, quare me dereliquisti?* (*Psal.* xxi.) Sed *hæc erant verba delictorum* (*ibid.*), id est in persona eorum quibus ipse se unierat, quibus per omnia absque peccato similis erat (*Hebr.* ii). Suos dicit peccatores, propter quos venerat, quorum caput erat; neque membra sua a se abscindi conveniens judicabat. Alioquin absque nota et labe peccati si corpus inquiras, caput sine corpore constituas, nec erit cui proficiat bonitas, si non sit infra quæ regatur infirmitas.

Agit igitur caput causam corporis sui, et pro infirmis suis sollicitus medicus, in tantum compatitur, ut etiam ex parte se infirmari non dedignetur, et, ut amplius dicam, sit peccatum qui abradebat peccatum. In qua parte patitur, derelinquitur, quia naturæ impassibili in nullo congruit injuriari vel pati. Absentat se passioni divinitas : hoc solius carnis est, in hoc solo se deseri Filius innuit, ut undique sanæ fidei veritas elucescat, et palam sit, quia secundum quod Deus est omnino non moritur; et secundum quod homo, dispensatoria ratione ad tempus moriturus deseritur. Deseritur itaque cum derelictis et pro natura quam assumpserat, tributum solvit, et evecturus secum genus suum ultra hujus sæculi pelagus, piratis rapacibus naulum carnis protulit, inviscatisque dentibus eorum, illusit voracibus (14), et tam se quam prædam suam abstraxit et evexit. Pro debitoribus debitorem se objecit, et quod ex se non debebat, ultro debere non abnuit : ideoque totius debiti summam, ab eo qui pro omnibus se tradebat, exactor exegit. Relictum vidit ad tempus, et penitus posse exstingui arbitratus est; sed abjectio voluntaria non expers erat omnipotentiæ, et calix ille amaritudinis, concupiscentiæ venena infusa antiquitus, ab imo avul-

naufragantium periculo, quibus hoc interdum videtur contingere, ut armis omnibus atque instrumentis quibus navis gubernabatur perditis, fractoque remigio, et omnibus rebus desperatis, tandem alicujus industria navis ad recti itineris cursum et portum quietis dirigatur. Ita videbatur res esse desperata, quantum ad nostram salutem operandam, Christo mortuo et in sepulcro posito, quemadmodum ipsi quoque dicebant in via colloquentes discipuli : *Nos*, inquiunt, *sperabamus quod ipse esset redempturus Israel* (*Luc.* xxiv), quasi res jam videretur desperata. Sed post paululum, gubernator magnus reparavit omnia, et fine bono consummavit.

(13) Psalmus ille in ordine est vicesimus primus, quia miseria passionis initium sumens, finit in resurrectionis gloria et magna lætitia. Propter quod, potius *a fine* inscribitur, *pro susceptione matutina*, quæ in resurrectione facta est, quam *a principio*, *pro derelictione vespertina*, quæ erat passionis tempore. In eo autem quod sequitur : *Sed hæc erant verba delictorum*, quidam codices habebant *derelictorum*, alii *delictorum*. Magis ad propositum videtur, *delictorum*. Videtur enim ad illud psalmi respicere : *Longe a salute mea verba delictorum meorum* (*Psal.* xxi). Unde et in declaratione prosequens ostendit, quare dicat Dominus *verba delictorum meo-*

sit, et vomitu repentino tota veteris fermenti conspersio ejecta est. Extensis igitur brachiis Christus in cruce totum corpus suum infra se positum complexus est; et sub alis crucis aggregato genere nostro, ibi et protexit et fovit, ubi nihil posse putabatur, et in quo victus æstimatus est, maximæ victoriæ vexilla erexit, quia neque mors in eum usquequaque prævaluit, neque Pater ullo modo negare Filio indulgentiæ privilegium potuit, quod ad pedes ejus prostrata charitas postulavit. Obtinuit itaque dejectio capitis veniam corpori, et percusso vertice, solidata sunt membra, ut non segnis sit recompensatio, et semper quid debeat homo Christo pro quo ille mortuus est, in hac forma meditetur et relegat. Fixumque præ oculis sit hoc charitatis argumentum, maneatque hoc vivum documentum, et continuæ persuasionis exemplum. Sed et nobis, qui toties derelinquimur quoties nos tentamina colaphizant, non negligenda quæstio est, inquirere cur derelinquimur, et intellectis causis indagare remedia. Quia non poterit in illa mente diu labes obrepere, quæ se provida studuerit circumspectione munire. Deserimur nonnunquam, cum hanc curam negligimus, et commonent nos contumeliæ propulsantes, ut solliciti simus, et medetur quandoque negligentiæ confusio; compelluntque ad remedia confessionum nonnullos (cum se erubuerint aberrasse) ipsa tentationum ludibria. Castigatur sæpe ex casu superbia, et præsumptio ex ruina. Pulsatur sanctitas, ne extollatur et ut exerceatur, vexatur; ad tempus in modico derelinquitur, et in magnis miserationibus denuo congregatur. Labitur et erigitur; deficit, nec sufficit ex se ut ad medicum recurrat. Ad hanc inquisitionis formam proposita a Christo in cruce quæstio nos invitat, quoties non pungit stimulus carnis, vel rapit in mirabilibus supra nos elatio mentis. Nec tamen peremptorius æstimandus est recrudescentis peccati pruritus (15), cui obviam pergit ratio, et serpenti

rum, declarans quomodo peccatores dicat *suos*, ac proinde et peccata eorum *sua*.

(14) Piratas appellat diabolos, qui ante Christum omnes per hujus sæculi pelagus navigantes, id est de mundo transeuntes, rapiebant ad inferna. Illis quoque Christus carnem suam protulit pro naulo, dum secundum eam dispensatorie mori voluit. Cum autem dicit : *Inviscatisque dentibus eorum*, etc.; videtur loqui auctor ex consuetudine navigantium in mari, qui occurrentibus sibi piscibus magnis, a quibus navi timent subversionis nocumentum, extra navem aliqua projiciunt, in quibus, dum illa animalia voracia occupantur, vel dilacerandis vel devorandis, navis transit illæsa ; nonnunquam etiam visco aut hujusmodi materia liniunt quæ foras projiciunt, ut ori ac faucibus illa adhærentia, a navis et navigantium persecutione voraces impediant. Ita legimus Danielem cum dracone, qui apud Babylonios colebatur, egisse (*Dan.* xiv). Massas enim composuit, ex pice et adipe et pilis; quas in os draconis mittens, eum interemit; quæ etiam figura huic loco non male convenit.

(15) Peccatum in homine recrudescit et pruritum excitat, quando concupiscentia ad peccatum semel commissum iterum nos invitat et sollicitat. Hic autem recrudescentis peccati pruritus non est ad mor-

scabiei opponit cauterium. Licet enim suffumigent afflata incendia, et flamma vorax jam tectorum elambat fastigia, una gratiæ stilla subitusque respectus clementiæ uno flatu ea in cineres rediget, sedataque procella divinitus, quod putabatur detrimentum, invenitur solatium, et quod relictum et oblitum, assumptum et restitutum.

TRACTATUS SECUNDUS.

Super verbo illo : *Amen dico tibi, hodie mecum eris in paradiso* (*Luc.* XXIII).

Domine Dominus noster, quam admirabile est nomen tuum in universa terra (*Psal.* VIII), qui et ex impiorum ore perficis laudem (16). Ecce unus de derelictis assumitur. Latro ille collateralis tuus, damnatus ob scelera, illum victoriæ tuæ præcursorem constituis, et vivificatum ex gratia in paradisum præmittis : in quo confusus est inimicus, et ultor hæreticus, et proditor perversus discipulus, et detractor Judæus. Opponebatur a Pharisæis Christo pro crimine quod cum peccatoribus, quos lex abdicabat, ad legis injuriam, non tantum verbo, sed etiam communicaret convivio. Cum enim leprosos et immundos ex ritu et decreto extra castra depelleret, abrasisque parietibus earum domorum, in quibus fuerant conversati, ipsis quoque in quibus consedissent subselliis, propria mandaretur purgatio (*Num.* V; *Lev.* XIV), hoc arguebant in Christo, quod hujusmodi personarum nec mensam vitaret nec domum, sed susciperet et sanaret. Inoleverat superstitio, et occasione legis intellectæ carnaliter, persequebantur quidem ministri legis peccatum, cum tamen nec ipsi essent a peccato immunes, subscribebantque damnationibus propriis, nullum locum misericordiæ reservantes (16*). Nefas putabant quod Christus curabat in Sabbato (*Luc.* XIII; *Joan.* VII), quod misericordiam præponendam docebat judicio. Ita et quidam hæretici, in quibus sunt Novatiani, qui volunt videri defensores Ecclesiæ (17), eos qui in quocunque crimine post baptismum lapsi sunt, pœnitentia censent indignos, et omnino non posse restitui dogmatizat illa impietas, quem in aliquod crimen humana impegit infirmitas. Verum Christus et falsos defensores fidei hæreticos, et inimicos gratiæ Judæos, præsenti judicio destruit et convincit, mutans legem in gratiam, terrorem in mansuetudinem, asperitatem in lenitatem, umbram in veritatem, judicium in misericordiam. *Novus rex, nova lex* : *Novus dux, nova lux*, fractis prioribus tabulis, et silice ad silicem comminuto (18), novis subscriptionibus figit titulum, et dictat pietas, et discernit omnia charitas. Scribitur tribus linguis insignibus, Hebraica, Latina et Græca regnum Christi : et dominatio ejus emanatura in gentes, cruci insculpitur, nec corrumpere Pilatus quod scripserat voluit, et, licet tam insignem titulum deleri perfidia Judæorum clamose expeteret, obtinere

tem illi qui patitur, non est peremptoria vel mortalis illa ad malum tentatio, modo ratio obsistat contra luctando, nec permittendo scabiem malitiæ latius serpere, sed cauterium adhibeat et medelam. Quantumvis enim magna et vehemens videatur esse tentatio, si desit consensus, et sic contra se opponat ratio, nihil potest mali contingere ; sed Dei gratia fiet ut, juxta Apostolum, *diligenti Deum omnia cooperentur in bonum* (*Rom.* VIII), et nihil sit damnationis : quod pulchra comparatione consequenter indicat auctor, sumpta ab incendio grandi, quod una gratiæ stilla exstinguitur.

(16) Canit Domino Psalmista quod ex ore infantium atque lactentium sibi perfecerit laudem (*Psal.* VIII). Auget rem noster auctor, dicens etiam ex impiorum ore Deum sibi perfecisse laudem, id quod in latrone misericordiam consecuto dilucide monstrat. Dicit autem in hoc opere miserationis divinæ confusos esse, inimicum hæreticum, perversum proditorem discipulum, et detractorem Judæum, sic pulchre singulis singula tribuens. Et de duobus quidem ore novissimis bene id demonstrat; inverso ordine, prius de Judæo detractore, posterius de ultore sive defensore hæretico. De proditore autem discipulo omittit prosequi, quoniam id ex aliis manifestum relinquitur. Confusus enim est ille qui desperavit posse veniam consequi de peccato suo, dum huic latroni tam facile, tam multa, tam magna donantur scelera.

(16*) Nimirum quia juxta beati Jacobi sententiam, *judicium sine misericordia fiet illis, qui non fecerint misericordiam* (*Jac.* II), et ut Paulus ait, in quo quis alterum judicat, seipsum condemnat (*Rom.* II).

(17) Videtur auctor illud psalmi, *ut destruas inimicum et ultorem* sive defensorem (*Psal.* VIII), velle particulatim applicare alterum ad Judæos, alterum ad hæreticos. Judæum vocat inimicum, quasi invidum detractorem et persecutorem, Hæreticum autem appellat ultorem sive defensorem, quoniam ita se solent jactare hæretici, tanquam propugnatores sint veritatis et defensores Ecclesiæ. De his autem Novatianis, deque ipsorum principe Novato, et eorum errore ex libris orthodoxorum Patrum qui adversus illos scriptis depugnarunt, licet cognoscere.

(18) *Silice ad silicem comminuto*. Alludit ad historiam libri *Exodi*, ubi legimus Moysen iratum tabulas lapideas, digito Dei præcepta inscripta continentes, ad radicem montis projecisse de manibus, atque in partes comminuisse, ut iterum necesse fuerit novas tabulas excidi, et iterum scribi (*Exod.* XXXII) : Quod signum erat commutationis vel potius renovationis et perfectionis veteris legis, per legem novam evangelicam. *Silice*, inquit, *comminuto ad silicem*, quia et tabulæ erant lapideæ, et ad montem, qui erat lapideus, comminutæ sunt illæ tabulæ.

nullo modo prævaluit (*Joan.* xix). Jam ad hanc Scripturam latro crucifixus pertinebat, et eum intra se illæ litteræ colligebant; jam spes subintrabat converso, quia crucifixo sibi mundo inhiabat cœlestibus, dilatatusque charitate, quasi consputis repudiatisque quæ infra sunt, cum Christo tractabat de regno, affectabat superiora, et cum jam anima egressum accelerans in primis labris esset (19), et hora ultima adventaret, æquo animo ibat, nec urgebat formido pœnarum conscientiam, quæ se sanguine Christi præterfluente sentiebat ablutam. Exacuebant linguas venenatas blasphemantes Christum Judæi, et conclamabant et emovebant convicia, et quasi victores insultabant pendenti. Fugerant apostoli, sola plebs maledicta firmatis nequam sermonibus, celebrabat ludibrium : Romanis militibus seditionibus tumultuosis cedentibus, pro potestate ministerium potius exhibentibus quam consensum (20). Sed et alter latro oblatranti plebi assentiens, quod nec se nec alios salvos posset facere, testabatur, irridebatque comparticipem suum, qui in eum quem in eadem secum damnatione videret, spem poneret, et nugatorium omnino videbatur illum credere regem vel Deum, quem secum oppresserat idem opprobrium et simile tormentum.

Erat itaque unus irrisor, alter confessor; unus exprobrator, alter venerator; hic sperans, ille desperans; hic diligens, ille negligens. Aderatque illi controversiæ judex, qui data sententia blasphemum ad tartara, confitentem præmisit ad regna. Sane hic de quo agimus latro, mansueti animi, et sicut testem Christi debebat, in auditorio publico fidei protulerat argumenta, et novo philosophandi genere supplicii tanti inmemor, cum blasphemo illo de timore Dei, et justitia disputabat. *Neque*, inquit, *tu times Deum, qui in eadem damnatione es; et nos quidem juste, nam digna factis recipimus; hic vero nihil mali gessit* (*Luc.* xxiii). Credit et confitetur, testis est innocentiæ Christi; increpat maledicum, nec sibi parcit; sed tantum accusator sui, seipsum adversum se sententiæ veritate prolata, persequitur. *Damnatio*, inquit, *similis quidem est*, sed causa differens, cum hic ad hoc destinatus sit ex obedientia, nos ob flagitia. Causam accusat, non arguit pœnam; exsecratur scelus suum, non detrectat judicium. *Neque*, inquit, *tu times Deum*. Deum fateri non erubescit, quem ex invidia, non ex merito noverat crucifigi. Intelligere enim, revelante non carne et sanguine, sed ipso cui attestabatur, jam poterat, quia quod fiebat, voluntarium erat, non necessarium (21), quia ut sic fieret, voluntarie fuerat definitum. Ibi igitur philosophatur, et prædicat, et fatetur, ubi non tantum diffugiunt et tremunt apostoli, sed et ipsi maligni spiritus jamjam impositi sibi freni salivaria masticantes (22), per antiquum organum possit non impleri, quod definitum est, consequi videtur ut, supposita illa definitione, necessarium fuerit Christum pati. Quam necessitatem non simpliciter necessitatem, sed necessitatem conditionalem, vel necessitatem consequentiæ appellant theologi, priorem appellantes necessitatem simpliciter, aut necessitatem absolutam. Unde neutra lectio falsitatem habet, sed prior videtur loco magis congrua, quam nos quoque secuti sumus.

(19) Proverbialiter dicitur *anima* illi esse *in primis labris* qui est morti proximus, quando est in proximo ut emigret e suo hospitio anima.

(20) Hoc dicit, ad indicandum quanto crudeliores et petulantiores in Christum fuerint Judæi, quorum tamen non erat, justitiæ sententiam exsequi, quam gentiles præsidis ministri, ad quos spectabat sententiæ præsidis, domini sui, executio. Non enim verisimile est Romanis et ingenuis militibus hanc placuisse petulantiam, quoniam non erat consuetudinis, ita procaciter insultare sic in extrema miseria reis pendentibus. Neque dubium quin mirabantur gentiles præsidis ministri improbam Judæorum rabiem et insatiabilem maledicentiam, quam in hominem ita misere damnatum exercere non desinebant.

(21) Christi passio simpliciter voluntaria fuit, et non simpliciter necessaria. Videri tamen posset fuisse non omnino voluntaria, eo quod ita definitum erat in consilio Divinitatis ut Christus pateretur. Quod consilium quia non potest non impleri, videri posset, non fuisse omnino voluntariam, sed partim necessariam Christi passionem. Sed hanc dubitationem auctor evacuat, dum e vestigio adjungit : *Quia ut sic fieret voluntarie fuerat definitum*. Simpliciter enim voluntaria fuit Christi passio, quia voluntarie Pater et Filius definierunt, ut Filius in assumpta natura humana pateretur. Unde licet supposita definitione illa, necessarium fuerit consequi ejus adimpletionem, quia non potest Dei consilium quod voluntate definitum fuit, irritum fieri, voluntarie tamen impleta est illa definitio, sicut voluntarie ita fuerat definitum, Quidam autem codices hunc locum velut contrario sensu legunt, cum assertione, hoc modo : *Quod fiebat voluntarium erat et necessarium*. Et ut declaretur, quomodo erat id necessarium subjungitur, *quia ut sic fieret erat voluntarie definitum*. Unde cum non

(22) Aptissimam ab equis ferocibus ad spiritus malignos trahit comparationem. Videmus enim equos feroces, cum ipsis fuerint injecta per aures frena, salivaria quoque in os immissa vel intrusa (quæ sunt ferramenta illa per os transeuntia, in quibus et noduli sunt vel globuli ferrei volubiles) magnam ostentare impatientiam, dum quasi frena gestientes rumpere, morsu continuo et linguæ assidua volutatione salivaria illa mordent, volvunt, et quasi masticant, ita ut effluat ab illorum ore saliva copiosa. Et ita quidem feroces equi impatientiam monstrant, prius etiam quam se in dorsum sessor gravis injiciat, aut priusquam calcaribus urgeat. Hanc rem accommodans malignis spiritibus, innuit, etiam ante Christi per mortem consummationem in passione ipso adhuc constituto, cœpisse sentire dæmones virtutem Christi : propter quod, obluctantes cœperunt injectum sibi frenum mordere, et masticare salivaria, id est impedire passionem Christi conabantur : idque per linguam mulieris, uxorem scilicet Pilati, quam in somnis ad hoc vexaverant dæmones, ut mortem Christi per eam impedirent, juxta quod sanctorum quidam locum illum sunt interpretati. Linguam autem femineam vocat antiquum organum diaboli, quoniam per eam a principio Adam seduxerat serpens, totumque genus humanum perdidit. Unde per idem nostram tunc reparationem voluit impedire, per quod prius nos ad perditionem deduxerat.

ganum suum, linguam femineam nitebantur colligationes illas impietatis dissolvere : scientes, quia fortis armatus hic, ancipiti gladio erat eos de diu possesso hujus mundi atrio ejecturus. Itaque concionator illustris, oblato confessionis et fidei odoramento, impositoque latroni blasphemanti silentio, victoriæ suæ palmam et auctoramentum a judice exigens ad Christum convertitur, et dicit : *Memento mei, Domine, dum veneris in regnum tuum* (*Luc.* xxiii). Considerare necesse est quem locum, quem modum, quod tempus hæc causa habuerit, et quam celerem auditum confessio meruerit, quid possit pœnitentia, quomodo bonus Dominus tribulato corde clamantem ad se servum suum etiam in ultimo peccati puncto non negligat. Hora mortis erat jamque confitentis anima faucibus hærebat, jamque linguam ejus alligabat angustia; illoque articulo temporis fere ab ipsis apostolis salus desperabatur. Modus passionis, crux, inter omnia supplicia turpissimum et atrocissimum.

Quibus postpositis, quasi plagarum et sanguinis immemor, dictator Evangelii latro efficitur: et (quod persuaderi illa hora difficile erat) Christum Deum in cruce fatetur : ibi orat, ibi adorat, multa simul pietatis officia complectitur. Credit, timet, compungitur et pœnitet; confitetur et prædicat, amat, confidit et orat. Fide illuminatur, timore subditur, compunctione molitur, pœnitentia concutitur, confessione purgatur, prædicatione zelatur, dilectione dilatatur, confidentia sperat, oratione impetrat. Ne irascaris, Princeps apostolorum : tibi dico, Petre, cui claves regni cœlorum commissæ sunt (*Matth.* xvi). Et te amare flentem Christus respexerat, et donaverat negationis reatum, qui non ex sententia, sed ex infirmitate desciveras (*Matth.* xxvi). Te tamen juxta crucem non video; territus lates, nec saltem matrem Christi feminasque sanctas prosequeris, quæ spectaculo lugubri astabant immobiles. Nec ibi apostolica auctoritate uteris, ubi ad invicem, fixis juxta crucibus, privata miscent colloquia Salvator et peccator. Absens eras, et ministerii tui claves (quod pace tua dixerim) modo non profers. Supplet vicem tuam summus sacerdos, apertisque seris antiquis, latro primitiæ derelictorum introducitur, aperiente Christo, in regnum cœlorum. Amovetur ab introitu paradisi custodia ab initio pervigil, et versatilis gladius ille minax, quem cherubim ab antiquo non vibraverat (*Gen.* iii). Ibi latro locatur, unde lucifer corruit; et cui tu forsitan ultra septies ignoscere nolles, ultra septuagies septies *gvs*, sed absolutus a bono Jesu, modo cum angelis conversatur. Resurge, et disce ignoscere, neque annumeres peccata, vel multiplices tempora. Non arctatur numero, non clauditur fine, nullas omnino habet metas divina clementia; sit qui invocet, erit qui exaudiet; sit qui pœniteat, non deerit qui indulgeat. Non huic pœnitenti multorum annorum jejunia imponuntur, non nudipedalibus vel sacco afflicitur; simul et confitetur, et justificatur, et glorificatur. Vide horam, nota personam. Ultima hora, peccatrix persona, multa antiquaque peccata illico abolet gratia, nec processu moraque temporis indulgentia limat corroditque culpæ rubiginem; sed ubi repente facto cœlitus sono Spiritus sanctus illabitur, quidquid immaduerat peccati tabe, siccatur; nec superest ullum fœditatis vestigium vulneri, quod misericordiæ abluit lavacrum. Fetebat etiam quatriduanus in monumento Lazarus (*Joan.* xi); suscitatus non tabescit languore, erigitur, solvitur et statim convescitur. Nulla lepræ crepido, nullus sinus in facie Simonis superest (25). Hospes incolumis, curatori suo hilarem exhibet famulatum, nullum signum horroris comitantibus magistrum, idem conviva et minister prætendit (*Luc.* vii). Maria Magdalene ad pedes Christi plorat et orat, tergit et ungit : nec improperat Christus vitam infamem et inverecundiam, nec opponit quod diluit, nec exprobrat quod ignoscit; quidquid agit in hujusmodi, celeri nutu Spiritus sanctus consummat; nec emendicat aliunde suffragia, qui quod dicit facit, et quod illuminat format, qui statim piscatores facit doctores, et idiotas prædicatores. In hac gratia non affligitur exspectatio, dilatatione, nec intervallum est inter optatum et datum. David dicit : *Peccavi* (*II Reg.* xii). Et propheta : *Translatum est peccatum tuum* (*ibid.*). Ad Cain dicitur : *Peccasti, quiesce* (*Gen.* iv). Ad mulierem in adulterio deprehensam : *Non te condemnabo, noli ultra peccare* (*Joan.* viii). Quid commemorem Ninivitas, quorum pœnitentia subito judicem amovet a sententia? (*Joan.* iii.) Quid Achab et Manassen, reges impios, quorum contritionem in angustiis non est aspernata divina clementia? (*III Reg.* xxi; *II Par.* xxxii.) Inter cætera pietatis exempla, latro noster nobis occurrit, pœnitentiæ regula, confessionis forma, indulgentiæ præco, spei exemplum : qui dum ingemit, subito quod quærit invenit, quod petit accipit, et illico audit : *Hodie mecum eris in paradiso* (*Luc.* xxiii). Non ad loca purgatoria flammasque peccatorum ultrices confitens destinatur, non ad loca tenebrosa et tormenta deducitur, nullam pars adversa gratiæ Dei præsumit inferre calumniam, una crucis pœna omnia abolet

---

(25) Crepido a *crepo* venit, secundum eam significationem qua frangi significat. Unde crepido dicitur præruti alicujus saxi prominens fractura sive fracturæ altitudo. Sinus vero dicitur curvatura sive inflexio, quemadmodum sinuosa dicuntur littora, quæ multas habent inflexiones sive incurvaturas, aquas ipsas in modum sinus complectentia. Ita in leprosum carnibus, per similitudinem, velut crepidines quasdam et quosdam sinus videmus, ex carnis corrosione, quæ facit velut crepidinum et sinuum quorumdam apparentiam. Hinc ad perfectam sanationem designandam, auctor ait : *Nulla lepræ crepido, nullus sinus in facie Simonis superest, hospes incolumis curatori suo hilarem exhibet famulatum*, etc.

crimina, imo non pœna sed gratia. Præmittitur igitur in paradisum hic nostræ nuntius absolutionis, et primitias libertatis nostræ testis libertate dona-A tus, paradisi civibus id exspectantibus et desiderantibus, primus invexit.

TRACTATUS TERTIUS.

De verbo illo Domini : *Mulier, ecce filius tuus* (*Joan.* xix.)

—

Ubi sunt misericordiæ tuæ antiquæ, Domine? (*Psal.* lxxxviii.) Quid differs? Jam venit hora : mater tua coram te est, et Joannes quem diligis. Latroni loqueris, et matri non loqueris? Intuetur te illa in mulieribus benedicta, et confixis in te oculis, vulnera tua materna pietate considerat. Et, licet non ignoret quid boni conferat mundo passio tua, tamen parentis affectu commoritur, et pectus maternum immanitate doloris arctatur. Suspirat intrinsecus, et erumpentes revocat lacrymas, et eo amplius anxietas intumescit, quo prohibetur egredi, et per luctus lamentaque dissolvi. Emergebant quidem aliquando gemitus, sed increpati reprimebantur, revertebanturque in sinum mentis, de quo prodibant, et collidebant se ad invicem introrsus : eratque in anima illa tempestas valida (24), occurrentibus sibi procellis, et quasi in sartagine frixis medullis ebulliebant amaritudines, quas excoquebat et coagulabat exacerbatio perseverans. Imperabat quippe dolori silentium formido (25), et ringentium Judæorum torvi in eam oculi illos turbines suffocabant. Verum illa tantarum procellarum salsuginem ebibebat. Et (quod difficillimum erat) moriebatur, et mori non poterat; et clauso tanti doloris tormento intrinsecus, alium vultum palam exhibebat; nec poterat ex facie colligi crux illa animæ et patibulum spiritus, in quo erat hostia viva, beneplacens Deo et medullatum holocaustum : quod cum ipsa incenderet, tantum conscientiæ ministerio utebatur ipsaque sine strepitu seipsam mactans, in altario interiori, et ligna et flammas et latices congerebat (26). Nimirum in tabernaculo illo duo videres altaria (27), aliud in pectore Mariæ, aliud in corpore Christi. Christus carnem, Maria immolabat animam. Optabat quidem ipsa, ad sanguinem animæ et carnis suæ addere sanguinem, et elevatis in cruce manibus celebrare cum filio sacrificium vespertinum, et cum Domino Jesu corporali morte redemptionis nostræ consummare mysterium; sed hoc solius summi sacerdotis privilegium erat, ut de sanguine munus intra sancta inferret; nec poterat ei consors hæc esse cum aliquo dignitas, et in reparatione hominis nulli angelo, nulli homini cum eo fuit, aut esse potuit communis auctoritas. Cooperabatur tamen plurimum secundum modum suum ad propitiandum Deum ille matris affectus (28),

(24) Comparationem facit quasi poeticam, fluctuum maris intumescentium seque collidentium et adinvicem confringentium, ad internos illos dolorum affectus qui erant in anima Mariæ, cum juxta crucem suo astaret unigenito filio.

(25) Non ita hoc accipiendum est, quasi carnali vanoque timore mater Domini Judæos timuerit, ne videlicet aliquid ab ipsis pateretur nocumenti, si internum dolorem foris ostenderet, sed quia honestas et constantia vetabat gestus externos coram illis improbis ostendere, ne illi amplius gloriarentur et sævirent adversus filium, si matrem vidissent ita in illius affligi tormentis; item, ne spectatoribus occasionem daret suspicandi quod coactionis et non voluntatis esset filii passio.

(26) Describit oblationem holocausti interni et spiritualis, secundum comparationem ad oblationem holocausti corporalis, quod in exteriori altario offertur, ubi opus est lignis et flamma et laticibus, id est aquis, quæ a latendo vocantur latices. Aquas autem adjungit, vel quia prius lavari debebant hostiæ corporales, quam offerrentur aut incenderentur, vel quia ad Eliæ sacrificium illud in monte Carmeli oblatum respexit, ubi aqua copiosa perfusum fuit holocaustum, antequam cremaretur incendio (*III Reg.* xviii).

(27) In veteri tabernaculo duo altaria erant : alterum quod hostiis immolandis deputabatur, quod erat ære opertum, et omnia vasa ministerii habebat ærea, de quo legimus, *Exodi* xxvii; alterum erat altare thymiamatis sive incensi, vestitum auro purissimo, situm coram propitiatorio, super quo

summus sacerdos Aaron incensum suave fragrans mane et vespere ex Domini præcepto adolere debuit. Super cujus etiam cornua, semel in anno sacerdos summus debuit in sanguine oblato pro peccato deprecari et placare Dominum, quemadmodum legimus *Exodi* xxx. In his duobus altaribus auctor figuram accipit matris et filii. Matrem comparat priori illi altari, in quo offerebantur quidem hostiæ, sed non sacrificium vespertinum neque expiationis illius generalis hostia, quoniam, licet mater in corde seipsam immolaverit, non tamen sacrificium consummationis et expiationis peccatorum mundi ipsa offerre potuit. Filium vero *altare* facit esse *thymiamatis sive incensi*, quoniam in ipso immolatum est sacrificium vespertinum, in temporis plenitudine, quod erat consummatio sacrificiorum omnium præcedentium; et in ipso facta est expiatio generalis peccatorum mundi, in sanguine oblato pro peccato. Hanc comparationem indicat auctor, dum subsequenter ait : *Optabat quidem et ipsa* (nempe mater) *ad sanguinem animæ addere sanguinem carnis, id est, sicut spiritu, ita et corpore immolari, et cum filio celebrare sacrificium vespertinum*, etc. Quæ verba profundius considerata, magnam habent devotionis dulcedinem.

(28) Videtur hic causam reddere quare matrem Mariam comparaverit altario priori hostiarum, non posteriori thymiamatis. Quemadmodum enim in illo priori per quotidianas hostias, quæ in eo offerebantur, Deus colebatur, et licet non offerretur in eo præcipuum et potissimum sacrificium thymiamatis. Matutinum et vespertinum, aut etiam sanguis ille

cum tam propria quam matris vota charitas Christi perferret ad Patrem, cum quod mater peteret, Filius approbaret, Pater donaret. Diligebat Pater Filium, et Filius Patrem ; mater vero post utrumque ardebat, unumque erat quod diversa exhibeant officia, quod Pater bonus, quod Filius pius, quod mater sancta intendebat, quod in commune elaborabat dilectio, simulque se complectebantur pietas, et charitas et bonitas, matre supplicante, Filio interpellante, Patre propitiante. Filius ad pectus matris et ubera, Pater ad Filii crucem et vulnera respiciebat. Et quid inter hæc tanta pignora non moverent? quid illa sanctitatis schola nisi pietatem doceret? quid nisi misericordiam informaret? Dilectio et sanctitas et bonitas nihil sibi contrarium sapere poterant, nec reluctari sibi fuerat sermo, concordiæ congruebat, et omnino decebat ut supplicatio et sanctificatio et exauditio in negotio rectitudinis convenirent. Jesus ergo ut per omnia pietatis fœdera commendaret, antiquum decretum quod de honorandis parentibus dictaverat, observavit; et matrem adhuc volens sic esse, ad consolationem apostolorum reservavit superstitem, ut ex his quæ ipsa ab initio audierat et viderat, et contulerat in corde suo, senatus apostolicus doceretur, et evangelica firmaretur doctrina. Honoratur etiam affatu familiarissimo, et licet brevis fuerit sermo, intimatus tamen est debitus affectus, et expressa singularis dilectio. *Mulier*, inquit, *ecce filius tuus*. Præsens erat Joannes, cui et dicitur : *Ecce mater tua* (*Joan*. XIX). Non est passus Christus, ut Judaica rabies in sanctuarium suum profanam mitteret manum, vel aliqua infestatione violaretur illud templum Spiritus sancti. Positus est fidelis ædituus ad tanti thesauri custodiam. Discipulus qui in cœna Dominica cervical sibi in pectore magistri aptaverat (*Joan*. XIII), ecce iterum alio privilegio honoratur ; et post illud reclinatorium in quo viderat : *In principio erat Verbum, et Verbum erat apud Deum* (*Joan*. 1), officina illa in qua *Verbum caro factum est* (*ibid*.), diligenter a filio ei commendatur, probato dilectoque discipulo pudor virgineus, matris thalamus, et sanctimoniæ integritas assignatur, ut testis esset idoneus, virgo Virgini, fidei cubicularius matri Domini sui, minister devotus pro reverentia Magistri. Vices filii naturalis, filius accipit adoptivus, et transfunditur in ministrum filialis affectus, formaturque et firmatur in ambobus pietatis unicæ gratus concorsque complexus, non ex traduce naturæ, sed ex munere gratiæ.

Unum igitur contubernium Joannis et Mariæ virginitas accipit; et unius moris in domo, unum integritatis propositum, unam habitationem meretur communemque convictum. Ecce, Joannes, piæ hæreditatis suscipis testamentum, eligeris, et in hoc præponeris omnibus. Joseph qui eatenus ministraverat, te subrogato, cedit; nec maritalia jura opponit (29), ut obstruatur os loquentium iniqua in posterum, quia matrimonium illud dispensationi divinæ, non copulæ carnali servierat. Ideoque nec Joseph, cum Joannes eam suscipit in parentem, queritur de disjuncto connubio, quod dispensatorium fuerat sine ullo carnalis copulæ commercio. Hoc testimonium integritatis matris Christus in fine perhibuit, ut haberet Ecclesia sancta ex Evangelio lapidem, quem Bonosi Helvidiique hæreticorum impudenti fronti infigeret (30), qui in matris illibatæ virginitatem ausi sunt impia blasphemaque garrire. Tu igitur, Joannes sancte, ad hoc eligeris, ut ministres et obsequaris, ea dilectione qua Filius, ea obedientia qua discipulus, ea subjectione qua minister et famulus. Petro commendatur Ecclesia (*Matth*. XVI), tibi Maria (*Joan*. XIX); illi tumultuosa negotia, tibi pacifica et quieta ; illi atria et vestibulum et altaria sanguinum, tibi commendatur altare incensi, et Sancta sanctorum (31). Ad culmen ministerii tui nullus tecum admittitur ; solus illi assistis propitiatorio, solus illud vas aureum

expiationis generalis, secundum modum tamen aliquem illæ hostiæ operabantur ad placandum Deum, quasi in respectu et virtute sacrificii illius acceptissimi et expiationis generalis, quæ perficiebantur in altari altero thymiamatis : sic dicit, matris affectum secundum suum modum fuisse plurimum cooperatum ad propitiandum Deum ; charitate Christi, quæ in ipsius corde quasi thymiama suavissimum flagrabat, matris vota simul cum suis perferente ad Patrem, quemadmodum incensi thymiamatis, quæ erat præcipuum sacrificium, cæterarum quoque hostiarum oblationem ante Deum quodammodo faciebat acceptam.

(29) Plerique arbitrantur Joseph ante tempus passionis Christi e vita excessisse. Auctor vero in præsenti loco se indicat alterius fuisse sententiæ, quam etiam plenius in Encomio Virginis exprimit his verbis : *Supererat Joseph, ad quem usque ad illud tempus præcipua obsequii spectaverat ratio, et cui ad hoc ipsum fuit desponsata; et modo quasi hoc ministerio censeatur indignus, Joannes assumitur*.

Et aliis compluribus verbis eamdem hanc sententiam inibi prosequitur. De hac tamen re ex Scripturarum auctoritate nihil potest definiri, cum superationis Joseph aut obitus tempore nihil ulla tradat Scriptura canonica.

(30) Alludit ad historiam David, qui blasphemum Goliath impia garrientem adversus castra Dei, lapide limpidissimo ex torrente, ut Scriptura refert, desumpto, in fronte illum percutiens interfecit (*I Reg*. XVII). Omnis enim hæreticus in Ecclesia quasi Goliath est, quasi gigas superbiens in fortitudine sapientiæ aut scientiæ suæ, et exprobrans Israelitis veris, castris Domini, id est orthodoxis in unitate Ecclesiæ, quæ est domus et castra Dei, permanentibus. David vero quilibet est fortis rectæ fidei propugnator, qui lapidibus de torrente limpidissimo, id est auctoritatibus ex Evangelio lucidissimo atque mundissimo assumptis, Goliath prosternit, id est hæreticum revincit et confundit.

(31) Vetus illud tabernaculum Israelitarum divisum erat in duas partes. Prior pars simpliciter Sancta dicebatur, et minora continebat : ad quam quotidie erat ingressus sacerdotibus, etiam non summis, sacrificiorum officia, ut ait Paulus, consummantibus (*Hebr*. IX). Posterior secundum excellentiam dicebatur Sancta sanctorum, in qua erant aureum thuribulum, arca testamenti, urna aurea habens manna et tabulæ testamenti. Volens ergo signifi-

continens manna, illud divinæ legis scrinium pontifex destinatum observas. Loco Filii positus es, et ut vicem in matre suppleas, ordinaris; nec abnuit te mater sancta vicarium, licet longe imparem et inferioris tituli, tamen quia sic visum est Filio, amplectitur successorem. Certe piscator fueras, et in hac arte a parentibus institutus, nullum te stratagema inclytum facit (32); sed qui infirma mundi elegit ut fortia confundat (*I Cor.* 1), in assumptione tua, paupertatis et humilitatis et castitatis gloriam commendavit, fundatamque charitatem et illustris animæ puritatem, hoc singulari titulo honoravit. Intueor igitur quadrigam qua currendum est ad Patrem (33), sic debere distingui, ut per te ad matrem, per matrem ad Filium, per Filium vero attingere possit pœnitentis affectus ad Patrem. Et in hoc ferculo quod nos ab hoc sæculo evehit, tu sis columna argentea, mater ascensus purpureus, Filius media charitas, reclinatorium aureum visio Patris in decore suo, et æternæ pacis jocunda tranquillitas. Hanc interim gloriam proprie virginitas promeretur. Per hanc in hunc gradum discipulus sublimatur, per hanc ipsa mater et Virgo placuerat Deo, *et obumbrante virtute Altissimi* (*Luc.* 1), in illo beatifico utero, *Verbum caro factum est* (*Joan.* 1), per hanc fuerat Gabriel archangelus Mariæ domesticus, imo tota militiæ cœlestis multitudo et naturæ angelicæ gloria (admirans quod sic integram in terris reperisset) circumfuso undique cognato cælibatui exhibebat reverentiam (34), et divino incolatui clientelam; proprie tamen Gabriel et Joannes huic assignati officio communibus studiis ministrabant, simulque ab ambobus tam in cœlo quam in terra divina et humana consolatio procurabatur, Joanne, juxta quod res postulabat, providente subsidium, archangelo, pia vota perferente ad Filium. Factum est igitur ut Dominus imperaverat, et cohabitabant simul in bono jocundoque conventu virginitas et humilitas, dilectio et puritas, subjectio et charitas : et erat unanimitatis participatio in idipsum, inter dominam et ministrum, sicut Magistri ordinarat auctoritas. Bonus itaque Dominus, bono fine consummans pietatis mysterium, in cruce justificat impium, et debitum matri reddit affectum. Addit quoque et tradit exemplum quod ad conservanda quæ sancta sunt, debeat eligi sanctitudo; nec sacramentorum arcana impuris sint exponenda conspectibus, nec possit digne sacris ministrare mysteriis, nisi qui in schola studuerit continentiæ conversari. Decet enim ut qui mundandis vel mundis officium exhibeat, omnimoda splendeat sanctitate, quia omnino huic formæ contrarium est ut contrectet incorrupta corruptus, et purificatoriis muneribus manum apponat impurus. Quod non ideo dicimus, quod in his qui jam abluti sunt et sanctificati de quantiscumque naufragiis evaserint, aliqua post indulgentiam nota permaneat (35), quia nisi ad antiqua revertatur contagia, nulli prior præjudicat vita.

TRACTATUS QUARTUS.

De verbo illo Christi in cruce : *Sitio* (*Joan.* xix).

Ecce iterum mysteria, et ad invicem sibi sacramenta divina occurrunt. Responsum erat de cruce care quod Joanni sit commissum id quod est in Ecclesiæ tabernaculo post Deum dignissimum, dicit ipsi esse commissum altare incensi quod erat coram propitiatorio, eratque altare præcipuum, ut supra dictum est, et sancta sanctorum : Joannem faciens pontificem, cui soli erat commissa cura sancti sanctorum, Mariam vero comparans cum iis quæ in sanctis continebantur, appellans ipsam urnam auream continentem manna, propitiatorium sive arcam sanctam, et divinæ legis scrinium, sive testamenti tabulas. Quorum omnium rationes quilibet per se facile agnoscit.

(32) Græcum vocabulum est στρατήγημα, per duo e longa, quod Latine per unum ascribunt, *stratagema*, significans gestum militare, egregiamque et insignem in re bellica actionem, vel simile consilium. Ostendit autem hoc in loco nihil nobilitatis fuisse Joanni, quoniam quidem nec a parentibus illam traxisset per originem, nec ab industria aut fortitudine nobilitatem sibi ullo nobili opere comparasset, ut solent nonnulli in infima sorte nati, præclaris in re bellica actionibus eam quam ex nativitate non habent, per virtutem sibi comparare nobilitatem.

latroni, et matri ; et ad confirmationem spei pietatisque exemplum, latro in regnum præmittitur, ma-

(33) Quadrigam appellat connexionem quatuor, a quorum alio semper ad aliud recto ordine pergitur. Hæc sunt : Joannes discipulus, Maria mater, Jesus filius, Pater Deus. Ad quam quadrigam etiam illud auctor accommodat, quod in Canticis Salomonis legimus : *Ferculum fecit sibi rex Salomon de lignis Libani; columnas ejus fecit argenteas, reclinatorium aureum, ascensum purpureum media charitate constravit propter filias Jerusalem* (*Cant.* iii). Ferculum hoc appellat quadrigam istam, qua sursum fertur affectus fidelium. In hoc ferculo Joannes facit columnam argenteam, matrem ascensum purpureum, filium charitatem mediam, aureum denique reclinatorium, visionem paternam. Quorum rationes devotus animus seipsum facile poterit advertere.

(34) Est angelis, ut super Lucam ait beatus Ambrosius, semper cognata virginitas, quoniam qui cœlibes vivunt, hac in parte similes sunt angelis, et in terris vitam ducunt angelicam, qui generationem et generationis actum penitus ignorant.

(35) Cave ne intelligas post peccata dimissa nullum posse reatum in homine permanere, quasi

ter interim ob rerum mysterium reservatur. His pie provideque dispositis, Christus inter supplicia sitit. Exhaustum erat sacrum pectus sudore sanguineo, et lignum illud, cui affixus erat, sanctis bajulaverat humeris, et ut solet ex mœstitia somnus nonnullis obrepere, sic poterat sitis illa accendi. Forsitan sic erat. Ego vero sacramentalem hanc sitim intelligo, in qua non tam desideratur potus, quam hominum salus. Neque enim ab irrisoribus et interfectoribus poterat beneficium exspectari, qui omnes ad impietatem proni, paratiores erant augere injurias quam misereri vel compati. Perseverabant adhuc, nec flagellis, nec sputis, nec colaphis poterant saturari. Unde nec consequens videtur ut audita sitis eorum cor immoliret, quibus parum erat quod in cruce pendebat, nec satis actum esse ipsa morte malignantibus videbatur. Christus tamen, sicut per Da-

vid prædixerat, irruentibus in se universis (36), *tanquam parieti inclinato et maceriæ depulsæ* (Psal. LXI), currit et sitit. Sitit conversionem, currit ad remissionem, exsolvit quod non rapuit. Et licet illi pretium illud magnum cogitarent repellere, jam absorpto serpente festinat ad lavacrum inimicorum (37), et moritur pro impiis, et rebelles adoptat, et tanti effectus beneficii largitur ingratis. Hoc etiam in titulo psalmi XXXIII continetur, ubi affectare David in persona Christi prædicitur (58), cum coram Abimelech (39) vultum suum mutasse perhibetur. Affectabat David, et tympanizabat ad ostia civitatis, et ferebatur manibus suis, et in barbam ejus defluebant salivæ (*I Reg.* XXI). Affectante quippe Christo, et hoc sitiente, ut mansuesceret domus exasperans, et duræ cervicis populus molliretur, exhaustoque pœnitentiæ antidoto, felleas viscosasque peccati fæ-

culpa dimissa consequatur statim et pœnam omnem esse ablatam. Id enim catholico dogmati et orthodoxorum Patrum determinationi est contrarium. Sed hoc tantum vult auctor, propter peccata prius commissa et per pœnitentiam jam deleta, neminem debere immundum reputari, aut a sacris arceri. Id enim sibi vult quod in fine dicitur : *Nisi ad antiqua revertatur contagia, nulli prior præjudicat vita.*

(36) Respicit auctor ad psal. LXI, ubi sic legimus : *Quousque irruitis in hominem, interficitis universi vos, tanquam parieti inclinato et maceriæ depulsæ? Verumtamen pretium meum cogitaverunt repellere, cucurri in siti.* Quem passum in persona Christi exponens sanctus pater Augustinus, ita ait : « Retribuebant mala pro bonis (*Psal.* XXXIV). Illi interficiebant, illi repellebant, et ego illos sitiebam. Illi honorem meum cogitaverunt repellere, ego eos in corpus meum sitiebam trajicere. Bibendo enim quid facimus, nisi humorem foris positum in membra nostra mittimus, in corpus ducimus nostrum? » Et quibusdam interpositis, subjungit : « Hoc usque in finem sitit Christus, currit et sitit. Multos enim bibit, sed nunquam erit sine siti. Inde est enim : « Sitio, mulier, da mihi bibere (*Joan.* IV). » Samaritana illa ad puteum sitientem Dominum sensit, et a sitiente satiata est. Sensit prior illa sitientem, ut biberet ille credentem. Et in cruce positus *Sitio* dixit (*Joan.* XIX), quamvis illi non hoc dederint quod sitiebat. Ipsos enim ille sitiebat; at illi acetum dederunt, non vinum novum quo implentur utres novi; sed vinum vetus et male vetus. » Hactenus Augustini verba : quæ ideo sic prolixe recitavimus, quoniam proposito plurimum videbantur convenientia.

(57) Beatus Augustinus tractans illud psalmi quadragesimi primi : *Quemadmodum desiderat cervus ad fontes aquarum,* cervorum conditiones aliquot enarrans, inter cæteras hanc notat, quod cum serpentibus pugnent, serpentesque perimant, ac post serpentium interemptionem majori siti inardescant, propter quod, peremptis serpentibus, acrius celeriusque ad fontes recurrunt. Hanc cervorum proprietatem auctor respiciens, Christum comparat cervo, qui quoniam in cruce cum serpente diabolo pugnavit eumque jam absorpsit et devicit, proximus consummationi victoriæ, ad lavacrum festinat, dum clamat : *Sitio.* Ad lavacrum autem inimicorum Christus sitit, quoniam increduli et peccatores, inimici Christi, ipsi erant lavacrum Christi, in quo refrigerari post labores quærebat : ipsi erant fons et aqua unde quærebat ille bibere serpente devicto.

(58) Locus iste multam videtur obscuritatem

continere, maxime si nostri textus verba consideremus. Nam in titulo psalmi trigesimi tertii, de affectatione ista et tympanizatione David nihil legimus, neque quod ferebatur in manibus suis. Hic enim est titulus : *Psalmus David, quando mutavit vultum suum coram Abimelech, et dimisit eum, et abiit.* In ipsa quoque lib. *Regum* historia, qui prolixius hujus rei gestæ ponitur narratio, secundum tenorem textus nostri Latini, quem ex Hebræo vertit Hieronymus, nihil de affectatione dicitur, neque quod ferebatur in manibus suis. Sic enim primi Regum XXI legimus : *Immutavit David os suum coram Achis, et collabebatur inter manus eorum, et impingebat ad ostia portæ, defluebantque salivæ ejus in barbam.* Sciendum est ergo omnia quæ hic dicuntur, secundum antiquam editionem tractari et applicari, quæ, immutatis quibusdam, jam citatum ex *Regum* libro locum ita legit : *Timuit David, et mutavit vultum suum, et affectabat, et tympanizabat ad ostia civitatis, et ferebatur in manibus suis, et procidebat ad ostia portæ, et salivæ decurrebant super barbam ejus.* Atque in hæc verba narrat expresse beatus Augustinus prædictam historiam, in tractatu super psalmum trigesimum tertium, in expositione tituli, ubi prolixe singula quæ hic dicuntur, prosequitur, et declarat plenissime. Ad quem locum te, bone lector, remitto, ut ipse dulcissime super his rebus concionantem audias mellifluum Augustinum, a cujus melleo ore hæc omnia noster auctor desumpsisse videtur, et tu, si volueris, plenam eorum accipere poteris intelligentiam. Quod si prolixam tituli expositionem vel pigebit, vel non vacabit perlegere, saltem epilogum, quem statim ante psalmi enarrationem velut recapitulando præmittit, diligenter lege : in quo paucis, quidquid ad hanc comparationem attinet, invenies. Nonnulla quoque apud beatum Eucherium Lugdunensem diligens lector ad idem propositum invenire poterit, in commentariis super primo libro *Regum* cap. XXIV, et item apud Rupertum abbatem Tuitiensem, libro secundo Commentariorum in libros *Regum,* cap. VIII.

(39) Abimelech valet *patris mei rex* vel *patris mei regnum,* quod apte Judæis applicatur, qui fuerunt regnum Dei Patris, et ad regnum specialiter fuerant electi ex promissionibus factis patribus. Achis vero Augustinus interpretatur *quomodo est.* Quoniam vero qui ita interrogat in re fidei, ignorans et errans est ; dubitantis enim, errantis et ignorantis est sic quærere. Ob hoc subsequenter dicitur : *Hic Achis, id est ignorans, hic est ex parte populus ille, qui non credit nec intelligit.* Utrumque enim nomen Judæis applicat auctor, appellans eos Abimelech et Achis.

ces evomerent, visa sunt eis hujus doctrinæ verba omni ratione carentia, et dementiæ ascribebant quod eos ad carnis suæ edulium invitabat. Horrebant potum sanguinis, et carnem humanam ut cibum insolitum, mensis suis inferre, impium et nefarium judicabant (*Joan.* vi). Durus erat sermo hujusmodi, quia sensu carnis oppressi, spiritum et vitam in verbis veracibus contemnebant. Hoc intimabant illæ per barbam David fluentes salivæ, quod infantilia hæc verba et frivola æstimarent Judæi, et contemnenda essent a profanis sacramenta Dominica, et quasi arreptitii et furibundi reputandi essent horum dogmatum discipuli, et intellectualium mysteriorum ministri. Sed Christus diffinitiones patientiæ edocens, nec irascitur, nec ulciscitur, sed sustinet et præstolatur, et affectat, ut illuminetur populi cæcitas, ut convalescat et insurgat infidelitatis mole suffocata illa tyrannica et effrenis obstinatio, tandemque pateat veritas et redeat ab errore conversa impietas.

Tympanizat ergo ad ostia clausa, ad aures oppilatas, et incredulis cordibus intonat; et extensa in cruce pelle corporis sui, in psalterio decachordo, Veteris et Novi Instrumenti concutit consonantiam, et quasi incantatis serpentibus ad insolitam harmoniam reddit edomitos, et detractores facit cantores, et impios moduladores. Mutatur omnino facies Christi in specie sacramentorum, coram Abimelech, id est coram Judæis, qui ad regnum Dei Christi ex promissionibus factis ad patres, pertinere videbantur. Hic Achis, id est *ignorans*, hic est ex parte populus ille, qui non credit nec intelligit. Porrigit quidem discipulis suis, imo toti Ecclesiæ propriis manibus eucharistiam, quasi seipsum ferens, quam qui digne accipit, vivit; nec immerito proscribitur qui contemnit; et aliis quidem tantæ rei mysterium odor est vitæ in vitam, aliis odor mortis in mortem (*II Cor.* ii). Unde et Achis David dimittit, quia quibusdam ex Judæis repellentibus verbum hoc et indignos se vitæ æternæ judicantibus doctrinam hujusmodi Christus ad gentes convertit (*Act.* xiii). Abimelech et Achis non sunt unius personæ nomina (40), sed quia unius mysterii continent rationem, non incongrue diversis respectibus uni personæ aptantur. Ex parte, Achis, id est ignorantia et error, adhuc in eodem populo perseverat; et qui filii regni videbantur, contempto affectu charitatis Christi, et tympano crucis, quasi David a se dimittunt, ut eat, cum dicunt Christo: *Recede a nobis, scientiam viarum tuarum nolumus* (*Job* xxi). Maledicunt adhuc Judæi Christo, et veri Elisei derident calvariam (41) (*IV Reg.* i); necdum tamen ursis, id est dæmonibus, derisores exponit; sed in multa patientia exspectat pœnitentiam, et differt, nec infert pro meritis iram. Sed perversa et aversa mens carnalium, sitis hujus non intelligens sacramentum, sancto ori amaritudinem applicat in calamo, et fonti misericordiæ venena propinat. Non tangit, Judæe, Christus poculum tuum, non gustat acetum, de suburbanis Gomorrhæ et vinea Sodomorum (*Deut.* xxxii). Fons ille, de quo aquæ vivæ emanant, cujus rivi in æternitatem prosiliunt (*Joan.* iv), non exaruit, neque ut a te impleatur affectat. Hoc potius ille fons sitit irriguus, ut ex eo affatim haurias, illaque repleatis dulcedine, ut puri te refrigerent latices, et ardentium in te libidinum exstinguant carbones. Hoc sitit, ut virens in te charitas perseveret, ut sicut palma in sublime cresam spei attollas, et sicut cedrus Libani imputribilis vivas (42) (*Psal.* xci). Pincernas veneficos sitis ista discernit, et propinatores amaritudinis horret et abjicit. Nullis passionum ardoribus fons iste siccatur, nullis pressuris charitas exhauritur. Etiam ubi percutis et irrides, ubi fel porrigis, non commutat se dulcedo in amaritudinem, nec exigit charitas ultionem. Sanguis et aqua de latere exeunt vulnerato (*Joan.* xix); aqua in lavacrum, et sanguis in mortis exemplum.

Charitati igitur Christi quæ esurit et sitit justitiam nostram (*Matth.* v), testimonium perhibet in cœlo Trinitas (*I Joan.* v): ipse Filius qui justificat, Spiritus qui sanctificat, Pater qui glorificat, quia et justitia, et sanctitas, et claritas nostra desursum est, et testimonium Dei (quod majus est hominis) hæc in nobis dona sua commendat, et informat, et confirmat. Nihilominus in terra, per visibilia et corporalia sacramenta, quod intus invisibiliter agitur, commendatur extrinsecus, et attestantur fidei Christianæ spiritus, aqua et sanguis (*ibid.*); quæ tria unum sunt, et individua manent, nihilque eorum a sui connexione sejungitur, quia catholica Ecclesia hac fide vivit et proficit, ut jam nec sine

---

(40) In commentariis libri *Psalmorum*, super hac re nonnihil diximus in annotationibus ex Hebræo super titulo psalmi xxxiii, quod scilicet Achis nomen erat proprium personæ regis. Abimelech vero, nomen commune regibus Palæstinæ, quemadmodum reges Ægypti communi nomine Pharaones vocabantur. Et secundum hoc intelligi debet quod hic dicitur Abimelech et Achis non esse unius personæ nomina, quia non utrumque uni personæ est peculiare, sed alterum quasi commune est, alterum peculiare et personale.

(41) Historia manifesta est *IV* lib. *Reg.* cap. ii, ubi legimus pueros illusisse Eliseo transeunti, dicentes: *Ascende, calve, ascende, calve*: atque ob hoc, ab ursis de silva exeuntibus fuisse devoratos. In qua figura, Eliseus Christi typum gerit, quem erant irrisuri Judæi, erantque ejus calvariam vel calvitium irrisuri, quoniam in monte Calvariæ ipsum erant afflicturi et interfecturi. Tunc enim dixerunt pueri Eliseo: *Ascende, calve, ascende, calve*, quando dixerunt Judæi Christo in monte Calvariæ in ligno pendenti: *Si Filius Dei es, descende de cruce*, et cætera hujusmodi. Ursis autem tradentur, licet ad præsens differatur ultio, quoniam tandem esca erunt dæmonum.

(42) Alludit ad illud psalmi: *Justus ut palma florebit, sicut cedrus Libani multiplicabitur* (*Psal.* lxi). Ac si dicat: Sitit Christus, suo humore et virore talem te facere qualis a Psalmista describitur, dicente: *Justus*, etc.

vera divinitate humanitas, nec sine vera humanitate credatur divinitas. Nec sufficere nobis posset ad intellectum veritatis, testimonium quod de cœlo est, quod sibi ipsi perhibet Trinitas, nisi et nobis innotesceret aliquibus signis et aliquibus argumentis, fidei veritas. Sunt itaque hæc tria, spiritus sanctificationis, sanguis redemptionis, aqua purificationis. Non redimit sanguis, nisi quos gratia vocat et levat; nec nisi ablutos et mortuos peccato spiritus sanctificat. In commune participant redemptio, et ablutio et sanctificatio. Alterum sine altero esse non potest : quodque agitur, unum est, non multiplex. Spiritus namque sanctus superfertur mysteriis, interest sacramentis, quorum rationem aqua mundans significat, quæ illius rei continet signum, cui et sanguis Christi et spiritus Dei præbet effectum (43). In aqua mundamur, in sanguine informamur. Mirum dictu! tremendum relatu! Profluentibus de sacro latere aquis viventibus et emanantibus de fonte uberi largis liquoribus, Christus sitire se perhibet; et ipse mundum irrigans et fecundans, de ariditate causatur. Omnino sane sitis illa exprimit raros tunc extitisse qui crederent, cum ipsi et laterent et dubitarent illa hora apostoli, et adhuc non illabebatur sanguis et aqua in corda discipulorum radicitus, nec immaduerant ebrietate spiritus, quorum animas timor et dubietas siccaverant.

Te sitit Christus, o Petre, revertere, et dic libere : *Obedire oportet Deo magis quam hominibus* (*Act.* v). Revertere et confide, et cum frater tuus in aliquo delicto præoccupatus fuerit, tu, *qui spiritualis es, judica in spiritu lenitatis* (*Gal.* vi). Et tu tentatus es aliquando, et ad unius vocem ancillæ a proposito excidisti (*Matth.* xxvi). Verum sanguis Magistri hunc reatum aspersit, manet tibi eadem gratia, non privaris apostolatu, manent tibi claves tuæ, et eadem excellentiæ tuæ dignitas perseverat. Exsurge, et bibe de fonte misericordiæ; et tu aliquando conversus, confirma fratres tuos (*Luc.* xxii); et in eadem mensura, qua propinatum est tibi, remetire eis (*Matth.* vii); et ad formam tuam, *qui stat, videat ne cadat* (*I Cor.* x), *et qui ceciderit, adjiciat ut resurgat* (*Psal.* xl). Etiam te, Judæa parricida, Christi charitas sitit. Muta intentionem, replica orationem. Dixisti : *Sanguis ejus super nos et super filios nostros* (*Matth.* xxvii). Bonum est quod dicis, si recte intenderis. Sit super te sanguis ejus, et consepelire ei per baptismum in mortem (*Rom.* vi). Opta salvari, non damnari; bibe et tu nobiscum, de calice passionis illius. Non est hoc horroris, sed poculum pietatis. Liminare frontis tuæ lini hoc sanguine; et præter te angelus percuties, nec tanget primogenita tua, sed attrita Ægypto, evades illæsus (*Exod.* xii).

TRACTATUS QUINTUS.

De verbo illo Domini in cruce : *Pater, ignosce illis, quia nesciunt quid faciunt* (*Luc.* xxiii).

Oculum pro oculo, dentem pro dente evelli lex præcipit (*Exod.* xxi; *Matth.* v). Nemini parcit Moyses, omnes injurias suas persequitur et ulciscitur, et absque ulla miseratione, decretorum ejus contemptor occiditur. Tempore gratiæ temperantur edicta, et evangelica mansuetudo a populo acquisitionis iram et convicium et contemptum excludit (44), nec raca (*Matth.* v) fratri dici aut fatue (*ibid.*), vel etiam irasci magistri nostri disciplina permittit.

Ipse quoque qui judex est omnium, cujus est vindicta (*Rom.* xii; *Deut.* xxxii), nequaquam per singulos dies irascitur (*Psal.* vii), et gladium in vaginam revocari præcipiens, percutientes in gladio, gladio perituros denuntiat (*Matth.* xxvi). Ipse scisso dorso verberibus, vellicatis genis, facie sputis illita, puncto capite vepribus, latere saucio, terebratis palmis, pedibus confossis, tanquam agnus jugulatori suo alludens, carnem suam non reluctans

(43) Aqua significat purificationem et emundationem ab omni macula. Hanc tamen aqua ex sua virtute non efficit, sed conditionis suæ proprietate tantum significat. Spiritus vero Dei et sanguis Christi illam purificationem effective operantur. Quod autem subsequenter auctor adjungit, dicens : *In aqua mundamur, in sanguine informamur*, quantum ad partem posteriorem hoc sibi vult, quod oporteat nos Christo commori et concrucifigi, et quasi sanguinem nostrum effundere, sicut ille pro nobis sanguinem fudit et mori voluit, quomodo in passione et in morte Christi dicimur informari, videlicet ad commoriendum et compatiendum; in sepultura, ad consepeliendum, et in resurrectione, ad conresurgendum, ut ait Apostolus (*Rom.* vi). Idem etiam in sequenti tractatu clarius dicitur his verbis : *Sanguis ille nos purgavit Christo aspergente populum semel in sancta illatus, et nos similis introitus formam in proprio sanguine, crucifixis membris nostris, et abdicatis voluptatibus retinemus*.

(44) Populus Christianus a Petro apostolo populus acquisitionis nominatur, dicente : *Vos autem genus electum, regale sacerdotium, gens sancta, populus acquisitionis*, etc. (*I Petr.* ii.) Idcirco autem populus acquisitionis dicitur populus Christianus, quoniam Christus illum sibi acquisivit et emit pretio magno, nempe sanguine suo. In eo autem quod auctor adjungit : *Iram et convicium et contemptum excludit*, tribus verbis illis Domini sententiam exponit, qua prohibet non irasci, nec dici fratri raca nec fatue. In primo enim simplicem iram dicit prohiberi, in secundo convicium, in tertio contemptum.

explicuit, et nudum corpus, quasi incudem, malleatorum ictibus patienter supposuit. Poterat utique accitis multis millibus angelorum agere pro se (*Matth.* xxvi) et de tantis ludibriis erui, sed qui præceperat percussori sinistræ maxillæ porrigi dexteram, et auferenti pallium præberi et tunicam (*Matth.* v), seipsum intra regulas suas concludens, voluit, ut a capite patientiæ forma prodiret in membra, et in hoc æmulatio filiorum probaretur, si non se degeneres exhiberent. Igitur quid prius sitierit manifestat; et iterum conversus ad patrem orat ut hæc ignorantia populo dimittatur. *Pater*, inquit, *dimitte illis, quia nesciunt quid faciunt* (*Luc.* xxiii). Quid est, Domine, quod dicis? Non accusas, non quæris vindictam, potius excusas, et conjurationis illius spissamentum (45) attenuas, et hæreditarium onus ab impiis transferens, crimen malitiæ non opponis, qui ideo dimittendum censes, quia admissum ignoranter ipse testaris. Ubi est illud quod dixeras prius: *Si non venissem et locutus fuissem eis, peccatum non haberent? Nunc autem, et viderunt et oderunt, et me et Patrem meum* (*Joan.* xv). Viderunt quidem et oderunt; et quod de te scripserat Moyses, et antiqua conclamabant volumina, omni Sabbato decantabant. Intrasti synagogam et, sicut palam erat nequaquam ex commentario litteratus, librum Isaiæ explicas, et in auribus omnium legis: *Spiritus Domini super me, eo quod unxerit me, ad evangelizandum pauperibus misit me* (*Luc.* iv, *Isa.* lxi), et in adjutorio publico, in te impletum hujus Scripturæ vaticinium, protestaris. Quis ignorantiæ locus erat, cum, ipsis inquirentibus, quomodo litteras nosses quas non didiceras, hoc ipsum divinæ sapientiæ documentum esset, quod te, quem in scholis sicut nunquam elementarium viderant, eruditum in lege probarent? Certe latere non poterat, sed in hoc te universitas mirabatur. Ex te sapis, ex te intelligis, disputas publice de lege cum scribis, et ex lege brutos hebetesque doctores convincis. Quis dubietatis locus, quæ ignorantiæ ratio esse potest, ubi cæci vident,

claudi ambulant, leprosi mundantur, resurgunt mortui, pauperes evangelizantur? (*Matth.* xi; *Luc.* vii.) Sed, obstinatis animis et nolentibus intelligere ut bene agerent (*Psal.* xxxv), nec signa ipsa persuasoria erant, nec virtutes operariæ. In tantum in eorum pectore Christi induruerat odium, ut et bona quæ negare non poterant, non virtute Dei, sed præstigiis dæmonum fieri dicerent. Opera Christi Beelzebub ascribebant (*Matth.* ix, xii), et Spiritus sancti unctionem dæmoniis (46). Et tamen Christus *nescire eos quid agant* affirmat, ideoque pro errore eorum et cæcitate obnixe supplicat Patri. Sed habebat hæc ipsa postulatio ordinem, et necesse erat, in terra sterili et palustri et purgamenta creante pro frugibus (47) usque ad imum fidei fundamenta infigi, et ex profundis adytis primum submoveri sensus erroneos, ut firmam stabilemque domum sibi veritas aptaret et illustraret, fideique fundatum templum spes gloriæ pingeret. Nec tamen, licet tanti criminis molem mediatoris auctoritas elimaret, obstinatio illius infidelitatis ex se excusabilis erat; nec habebat quid opponeret destituta ratione mens, et animus ad vera prospicienda caligans, cui rectissima species veritatis, ad instar remi, qui in aqua demissus curvi præfractique similitudinem reddit (48), aliter intelligebatur quam erat; et cum esset præ oculis res ipsa, nullaque interjectio impediret, ex se in transversum intuens, strabus ludificabatur aspectus. Ideoque nec ratio, nec doctrina in culpa erant, quæ utique non deerant.

Sed dum multo impendio temporis supervacua quæruntur, malum inolitum in ipsis visceribus sedens, medicantem non admittebat manum. Ideoque quia se ægrotare nesciebant, sanitatis contemnebant subsidia. Neque aliquid ipsa luce oculis malignis erat infestius, demissisque palpebris et complosis in arctum, violenter sibi cæcitatem imprimebant (49), usque adeo in hoc malum voluntarii ut voluntas consuetudinem, et consuetudo faceret necessitatem; necessitas vero usque ad illam vecordiam erumperet, ut nescirent quid facerent. Hæc erat

---

(45) Pro *densitate spissum*.

(46) Ideo dicit Judæus ascripsisse dæmoniis unctionem Spiritus sancti, quia quæ operabatur Christus ex Spiritu sancto, quo unctus erat, hæc a dæmonio dicebant fieri.

(47) Purgamenta, id est spinas et tribulos et alia zizania multa, a quibus debet cum labore terra purgari ut fructum bonum proferat. Dicuntur enim purgamenta sordes aut alia supervacua, quæ purgando colliguntur et abjiciuntur. Quod autem sequitur: *Et de profundis adytis primum submoveri sensus erroneos*, per *y* legendum est, adytis. Est enim adytus secretior locus templi, ad quem solis sacerdotibus dabatur accessus; quemadmodum apud Virgilium dicitur:

...... Isque adytis hæc tristia dicta reportat.
(VIRGIL. *Æneid.* lib. ii, vers 115.)

Græci ἄδυτον neutro genere dicunt. Vult ergo auctor, ex secretioribus Judaici cordis primum debuisse submoveri erroneum judicium. Quidam autem codices habebant *abditis* pro *adytis*.

(48) Comparationem facit sensus errantis cum intellectu errante. Decipitur sensus visus, in remo demisso in aquam; qui cum rectus sit et integer, aspicienti tamen oculo curvus et præfractus videtur, sic intellectus subinde aliter de re et veritate judicat quam ipsa se habeat. Et cum non sit defectus ex parte objecti, nostris oculis nostroque intellectui culpa ascribitur. Oculi enim strabi, non recte aspicientes, sed in transversum, sibi sunt deceptionis causa: sic mens sinistre ex se aspiciens et judicans seipsam fallit in suo judicio, non fallitur a veritate. Quod subsequenter de Judæis pulchre auctor declarat, dicens: *Ideoque nec ratio nec doctrina in culpa erant*, etc.

(49) Ita nonnunquam oblata re aliqua nostro conspectui, quam omnino videre nolumus, palpebras solemus demittere, easque violenter comprimere, ad claudendum oculos, et impediendum ne videatur quod est præsens. Sic faciebant Judæi, dum noluerunt intelligere ut bene agerent (*Psal.* xxxv), nec quidquam ipsis deesset nisi voluntas. Aderat enim signorum evidentia, et doctrinæ efficacia. In eo autem quod sequitur: *Ut voluntas consuetudinem face-*

illa animi crassitudo, quam Isaias populo Judaeorum improperat, per quam in hanc hebetudinem venerant, ut videntes non viderent, et audientes non audirent (*Isa.* vi): quia exasperantes animos dignum erat in propriis sensibus confundi; et qui abutebantur justitiae documentis, et veritatis radios abhorrebant, abdicati a naturae et gratiae luce, in caecitate sua tabescerent et haberent intra se fumosas exhalationes, quae totum candorem intellectuum et sensuum demigrarent. Legis quippe saliva quam ab antiquo imbiberant, ita eorum faucibus inviscata haerebat, et caeremoniarum veterum sapor palatum mentis perfidiae ita infecerat, ut esset eis in Satan, quisquis a Moyse doceret discessum, et de occidente littera vivificantem spiritum hauriret. Unde et Moysen Christo praeponentes, quasi in blasphemum linguas zelantes armabant: praeferebant servum Domino, et discipulum magistro (*Joan.* vii, viii). Nec negare poterant miracula; sed tanti ponderis odium erat, tantae immanitatis invidia, ut Christi bene gesta vel dicta eis non saperent. Ad vesanas mentes nullus omnino veritati patebat accessus; et quae palam erant, et nulla tergiversatione abscondi poterant, perverse, prout poterant, interpretabantur, et in defensione legis jam non tam rationibus quam conviciis utebantur. Ex ipsa quippe lege convincebantur, et propriis concludebantur dogmatibus: nec supererat aliquod praevaricatoribus effugium, nisi quod detraherent et persequebantur violentia veritatem, unaque communis intentio omnium ad hoc conspiraverat, ut contumelia gloriam suffocarent, et mortis opprobrio pariter et nomen ejus delerent et famam. In hoc, omne consilium eorum volvebatur; et ad hanc definitionem omnia perfidiae argumenta convenerant, ut sanctum et justum quia contrarius erat eorum operibus de medio tollerent (*Sap.* ii); ac per hoc probarent nullum ei esse cum divina natura consortium, cum sicut caeteri homines mortalis et passibilis videretur. Haec erat caecitas, haec ignorantia plebis erroneae, quam dimitti Christi charitas postulat, beneficium praestans ingratis: quod utique et ibi ex parte completum est, et in fine perfecte complendum, quando intra hujus indulgentiae sinum tota Israelitici populi massa concurret, cum gentium intraverit plenitudo (*Rom.* xi). Hoc sciens Jesus quod omnia dederat ei Pater in manus (*Joan.* xiii): cum dare posset quod petebat, et potestative hoc propria contineret auctoritas, supplicantis tamen pro tempore personam exhibuit, ut ex affectu charitas, et ex subjectione humilitas, et ex effectu innotesceret veritas, quod in tanti absolutione criminis nulla esset inter advocatum et judicem compugnantia voluntatum, sed una et concors esset in hoc negotio allegatio utriusque; quia nullus omnino severitati locus ibi esse poterat, ubi vulneratus Christus proprii mercedem sanguinis exigebat. Exauditur ergo pro sua reverentia (*Hebr.* ii), nec tamen gratis accipit, sed ingens erogat pretium; ut commendetur his pro quibus res tanti ponderis agitur, quam desperata esset humani generis causa, quae aliter componi non poterat nisi exsolveretur pro pace ejus tanti pretii quantitas, quod singulariter habebat apud se humilitas Christi et assumpta humanitas.

Convenerunt itaque justitia et pax, et osculum datum est (*Psal.* lxxxiv); et pro captivo suo vadem fidelem liberator se posuit; tantaque auctoritate firmatum est hujus indulgentiae privilegium, ut in ipsius Christi crucifixi membrana proprio sanguine conscriptae sint illius absolutionis litterae, maneatque infixum usque hodie sigillum, plaga lateris, quam semper oculis Patris exhibet praesentia Salvatoris. Perennem igitur hujus gratiae haereditatem testator noster transmisit ad posteros, et originalis mali praecisa radice, licet recrudescat peccatum in multis, generalitas tamen in illa ita abrasa est, ut ad expiationem eorum quae quotidie admittuntur, non iterum Christum crucifigi oporteat; sed unum confessionis ad omnia crimina sufficit lavacrum, et ad omnia flagitia una poenitentiae sufficit hostia. Unde illud crucis sacrificium factum est nobis et sanitas et exemplum, quia et proprie sanguis ille nos purgavit, Christo aspergente populum, semel in sancta illatus (*Hebr.* ix): et nos similis introitus formam in proprio sanguine (50), crucifixis membris nostris, et abdicatis voluptatibus, retinemus. Nec nos latitudinis crucis et altitudinis et longitudinis et profunditatis (*Ephes.* iii) usquequaque mysteria intacta praeterire convenit. Nam sua profunditate usque ad intima nostra penetrat hoc vexillum et cuspide praeacuto rimatur interiora; et pertingens usque ad divisionem animae et spiritus (*Hebr.* iv), ipsis infigitur affectibus, secretosque et abditos comprimit motus, et totius petulantiae perforat appetitus. Hoc in profundo cordis crux agit abscondita. Intus compungit animam, subterque leviathan vermo venenato hoc vecte transfixo, intrinseca nostra pacificat et conscientiam munit, et meditationes sanctificat. Et sicut lignum Moysi a Domino ostensum aquis Marath immersum omnem illarum amaritudinem in dulcedinem vertit (*Exod.* xv), ita sanctae crucis virtus animo recondita, omnem tentationum salsuginem sua immersione contactuque indulcat. Jam vero longitudo, quae a pedibus usque ad ligni trans-

---

ret, *et consuetudo necessitatem*, non simpliciter necessitatem accipe, sed quamdam necessitatem: quae non est nisi magna obfirmatio vel obstinatio in re aliqua, quomodo dicere solemus de homine vitio alicui assuefacto, quod impossibile sit illi hoc agere, aut illud non agere, utpote de homine indurato in odio, quod non possit diligere, sed necessario debeat odire. Est enim consuetudo quasi altera natura, ut dici solet, atque ita et quamdam necessitatem videtur afferre, ita ut aliter non possit fieri, nisi cum multa difficultate.

(50) Hujus loci intellectum supra dedimus in scholiis primi capitis.

versi incrustaturam se erigit (51) continuæ mortificationis Christianæ indicium est, et oportere crucifigi simul cogitationes et opera, efficax documentum. Necesse quippe est, quantumcunque longa sint hujus sæculi spatia, ut omni vita infatigabilis ad ea quæ ante sunt semper tendat, semper se evehat patientia constans, et longanimitas perseverans. Latitudo autem charitatis zeli amplitudine universa complectitur, cum ægris infirmatur, et cum his quibus est scandalum uritur (*II Cor.* xi). Extendit se et superfertur afflictis, affectu nutritio; expansisque alis pullos implumes aggregat, et fovet, et protegit, et seipsam in tutelam parvulorum exponens, negligit; neque alios ut defendat, propria damna formidat. Cum his etiam qui oderunt pacem, in tantum est pacifica (*Psal.* cxix), ut nec læsa exigit ultionem, nec exacerbata referat contumeliam; et si corrigat, omnino sollicite agit, ut plus agat benevolentia quam severitas, cohortatio quam commotio, humilitas quam potestas. Justum et impium simul complectitur: alterum, ut stet, alterum, ut resurgat. Non est ei advena bonitas, nec emendicat aliunde clementia; non stimulis, non legibus, non loris ad portanda aliena onera urgetur, ultro demisso poplite curvat scapulas, nec grave judicat eos pati qui seipsos ferre non possunt, sed de alterius miseria beneficium ordinat, et liberalitatem exornat. Si qua sunt apud infirmos inhonesta, his abundantius honorem circumdat (*II Cor.* xii), non improperat, non diffamat; sanat, non vulnerat; curat non lacerat; exonerat, non gravat. Operit peccata, non divulgat. Hujus latitudinis mysteria Christus etiam inter supplicia commendans, in quod expansis manibus elevataque læva et dextera inter latrones se medium exhibebat, volebat intelligi commune esse illud beneficium, et non solum bonis, sed et impiis quod agebatur proficere, et se potius medicamina illa ægris proposuisse quam sanis, et gratia illa pari libertate donasse eos qui de libera, et eos qui nati fuerant de ancilla (*Gal.* iv). Restat altitudo, quam usque ad summum intimat pars porrecta. Hæc est bonæ spei confidentia, quæ crucifixos mundo cœlestibus invehit, et ex bonæ conscientiæ testimonio securos certosque illi gloriæ consociat, jam jamque bonis illis manum intentat, jam gustat, jam os aperit, jam delibat, jam conversatur cum angelis, jam illa prosequitur agmina, jam agnoscit, jam liquescit, jam amat, jam jubilat, jam lætatur et delectatur, hilarescit et quiescit, intelligit et diligit; et tamen quantalibet perfectione quisque quæ sursum sunt sapiat, interest tamen plurimum inter fidem et speciem (52), nec sine cruce est electis id latio plenitudinis, quos jam probatos consummatosque nulla quidem tentatio concutit, sed ut diximus, hoc solum deest ad cumulum pacis quod nondum ex toto se integram exhibet contemplatio veritatis.

(51) *Crusta* feminino genere, significat fragmentum lapidis aut ligni aut alterius hujusmodi. A *crusta* autem, sit *crusto*, verbum, a quo *incrusto*, quod est, crustam duco sive crustam applico. Unde crustatio sive incrustatio deducitur, cum crusta alicui applicatur. Idem significat incrustatura. *Usque ad ligni ergo incrustaturam*, id est usque ad locum illum sursum, ubi lignum transversum applicatur et conjungitur recto ligno. Nam longitudinem crucis ab altitudine sic distinguit (*a*), ut longitudinem sumat ab imo pedum, usque ad conjunctionem ligni transversi: altitudinem vero sumit, secundum id quod ab incrustatura residuum est desuper. Sic enim videtur auctor crucis imaginari formam, quomodo fere a pictoribus solet depingi, licet nonnulli putent super incrustaturam non fuisse partem aliam sursum porrectam.

(52) Habebant quædam exemplaria, *inter fidem et spem*. Verum id nihil ad propositum facit. Unde manifestum est, *speciem* non *spem* esse legendum. Modo enim, ut ait Apostolus, *per fidem ambulamus, non per speciem* (*II Cor.* v). In patria autem superna per *speciem* vident Deum, sine ænigmate, sicuti est (*I Joan.* iii).

(*a*) Vide I Lipsium De cruce.

TRACTATUS SEXTUS ET SEPTIMUS.

De sexto et septimo ultimis verbis Domini in cruce : *Consummatum est;* et : *Pater, in manus tuas commendo spiritum meum* (*Luc.* xxiii).

Post myrrhatum calicem et reliqua crucis ludibria (53), quod a Matthæo, et Marco et Luca fuerat prætermissum, Joannes non tacuit, hoc videlicet quod, bene dispositis omnibus, et assignato in novissimis testamento gratiæ et certæ spei regulis commendatis, ad intimandum quod nihil omnino deesset ad doctrinam formamque justitiæ Christus intulerit : *Consummatum est ;* ac deinde : In multis quomodo per Christum sint consummatæ legales umbræ et cæremoniæ : ad quod propositum illa omnia spectant quæ de agno paschali et ritu esus illius exponit, item de indumentis et ornamentis sacerdotalibus.

(53) Duo verba novissima, sextum : *Consummatum est:* septimum : *Pater, in manus tuas commendo spiritum meum*, uno tractatu auctor absolvit. Et de hoc quidem pauca admodum loquitur, in ipso principio; de illo autem prolixius loquitur, ostendens

nus Patris spiritu commendato, inclinans caput, quasi gratias agens, potestative emiserit animam (54), consummans omnem legalium rationem hostiarum, et ultimam ænigmatibus antiquis manum imponens. Sese itaque totum obtulit Patri, et consummata est illius holocausti plenitudo; expensis in illud ministerium carne simul et spiritu, quia et pro carne et pro spiritu hominis agebatur, et totus homo totum Christum habuit sanatorem, dum et caro in medelam carnis oblata est in ligno, et ad sanctificationem animæ obtinendam, spiritus ille descendit ad inferos et ascendit ad superos, ibi confringens ferreos vectes (*Psal.* cvi), hic portas aperiens æternales (*Psal.* xxiii). Et a corpore quidem anima illi Christi per illud triduum se absentans non ita divinitatem quemadmodum carnem deseruit ; sed erat Deus in ea indivisibiliter, mundum reconcilians sibi (*II Cor.* v), tollens a nobis mortis formidinem per maturam resurrectionem, purgans illa amaritudine quidquid voluptatum venena infecerant, victoriæ suæ gloriam cœlo exhibens et inferno. Abstractisque his qui in illa exspectatione diu languerant, etiam angelorum desideria complevit, quibus hæc hominum restitutio grata fuit. Nec fuit mora inter oblatum et impetratum, sed sub omni celeritate se complexæ sunt passio et absolutio. Itaque alterum ex altero constitit, ut eadem hora et repleret superos, et inferos captivaret. Acta sunt tamen in cœlestibus gaudia illa prolixiori spatio, neque statim reversa est ad corpus suum anima Christi, sed interim his quos de tam antiquis tenebris liberaverat, splendoris divini gratulabundam exhibebat præsentiam ; et his qui in mundo erant consolationem dispensatoriæ aliquantulum differebat, ut et dilatio augeret desiderium et resurrectionis repentinæ lætitia impleret affectum. Quia igitur hoc in capite libri scriptum erat, ut hanc Patris voluntatem Filius faceret (*Psal.* xxxix), et res diu exspectata et multis præfigurata modis, occultam a sæculo faciem in lucem protulerat, exoneratum peccatis populum, non ultra passus est Christus supervacuis gravari culturis, quia deinceps non esset religio, sed superstitio, si cæremoniarum veterum fæces cum vino mero in evangelico calice miscerentur. Nec tantum passionum suarum finem, sed illarum etiam observantiarum intelligi voluit, ut postquam advenerat veritas, figuræ cessarent, nec ultra superflue vexarentur fideles spinosis circuitionibus (55), per devia aberrando, cum indicaret eis ipsa veritas viam, *et loqueretur publice, qui loquebatur, ecce adsum* (*Isa.* lii). Unctus erat Christus oleo lætitiæ pro cunctis humanæ naturæ participibus (*Psal.* xliv), qui etiam præ angelis nomen hæreditabat differentius (*Hebr.* i), et exsiccata jam erat a facie hujus olei Judaica unctio (56), et necesse erat, ut complicaretur ephod, et theraphim non appareret (57) et quidquid Beseleel vel contexuerat vel celaverat, locum daret vivis et rationalibus documentis, et abessent umbræ et imagines et typica integumenta, ubi ipsa veritas nudam formam et puram speciem intuentibus exhiberet (*Exod.* xxxviii).

Itaque finem legis advenisse in fine passionum Christi monstratum est, et quidquid ab antiquo in sanguine hircorum et vitulorum, sive in aliis quibuscunque vel odoramentis vel libamentis, lex multipliciter ad expiationem peccatorum agendum decreverat, gratia reduxit ad compendium ; et ab-

---

(54) Videlicet quia ut ipse Christus dixerat nemo tollere potuit a se animam suam, sed ipse eam a seipso posuit, potestatem enim habebat ponendi animam suam, et potestatem iterum sumendi eam (*Joan.* x). Sic autem animam emittens dicitur consummasse rationem, id est significationem omnium legalium hostiarum. Siquidem non aliud fuerunt omnes legales hostiæ quam figuræ unius acceptissimæ Hostiæ. Ultima quoque manus est imposita antiquis ænigmatibus, id est perfectionem suam ultimam sunt adeptæ umbræ legis. Sic enim proverbialiter dicitur illi manus extrema vel manus ultima apponi, quod suam accipit perfectionem ultimam. Omnes autem umbras illas et figuras veteres manifestum est perfectas, consummatas et impletas esse per ipsius adventum veritatis. Unde et ipse dixit in Evangelio : *Non veni solvere legem, sed adimplere* (*Matth.* v). Et Paulus apostolus ait : *Legem non destruimus, sed legem perficimus* (*Rom.* iii).

(55) Quædam exemplaria habebant *sinosis*, alia *spinosis*. Utraque lectio bonum sensum habet. Erant enim illæ umbræ legis circuitionis spinosæ, id est aridæ, afflictivæ atque punctivæ, in modum spinarum. Erant et sinosæ, id est curæ, per inflexus et ambages homines circumducentes, nec ad ipsam veritatem recta aut compendiosa via perducentes. In eo autem quod sequitur : *Et loqueretur publice qui loquebar : Ecce adsum*, oraculum tangit Isaiæ prophetæ, qui de Christi adventu verba faciens, in ejus persona sic loquitur : *Propter hoc sciet populus meus nomen meum in die illa, quoniam qui loquebar,* ecce adsum (*Isa.* lii). Ipse, inquit, qui loquebar *multifarie multisque modis olim in prophetis* (*Hebr.* i), nunc adsum in assumpta carne, ut perficiam omnia.

(56) Involvit in verbo uno prophetiam duplicem, alteram Isaiæ, alteram Danielis. Apud Isaiam sic legimus : *Erit in die illa, auferetur onus ejus* (nempe Madian) *de humero tuo, et jugum ejus de collo tuo, et computrescet jugum a facie olei* (*Isa.* x). Hoc autem oleum, illud est quo Christus inunctus (*Psal.* xliv), a facie cujus olei computruit jugum Madian, id est ablata est potestas diaboli, et captivitas qua sub se nos detinebat. Apud Danielem vero de unctione judaica dicitur : *Cum venerit Sanctus sanctorum, cessabit unctio vestra* (*Dan.* ix). Quid autem hoc est, nisi cum venerit unctio hujus olei, quo unctus erit Sanctus sanctorum, tunc cessabit vestra corporalis unctio ? A facie igitur olei Christi, et jugum diabolicum computrescere, et unctio Judaica cessare debuit ; quorum utrumque jam magno omnium fidelium gaudio perfecte est adimpletum.

(57) *Ephod* erat vestis sacerdotalis in lege veteri. De theraphim autem beatus Hieronymus in Commentariis Osei, super verbo illo : *Sedebunt filii Israel sine rege, et sine principe, et sine sacrificio, et altari, et sine ephod, et sine theraphim* (*Ose.* iii), sic : Theraphim proprie appellantur μορφώματα, id est figuræ et simulacra, quæ nos possumus in præsenti loco duntaxat cherubim, et seraphim, sive alia quæ in templi ornamento fieri jussa sunt dicere.

breviato tantæ fatigationis itinere, unum sanguinem, unam incensionem proposuit, et unum holocaustum omnia continens, ea moderatione aptavit, ut ad id comparandum, quantæcunque mendicitatis esset homo, haberet sufficiens pretium, nec quemquam persona vel locus impediret a tantæ dignationis accessu. Unum igitur agnum habet Ecclesia, neque quoties Pascha revolvitur, quæri alterum necesse est, et cum una sit tribus et familia populi Christiani, uni populo una sufficit hostia, et in una domo una ponitur mensa. Unum habet panem et calicem universitas fidei ; et multitudini credentium unus cibus apponitur, idemque sumitur, nec consumitur ; et cum omnes impleverit, superest et abundat. Mutabantur panes propositionis per singula Sabbata (58), appositisque calidis, frigidi tollebantur, quia veteres oblationes, quasi frigidas et calorem spiritus non habentes, repudiandas tempore gratiæ, ipsa panum mutatio intimabat. Agnus noster idem est, nec diversi per diversas familias immolantur, quia sicut unitas Ecclesiæ nec scindi potest nec dividi, ita necesse est ut unum agatur ab omnibus, et uniforme obsequium devotio communis exhibeat, totiusque universitatis consensum sacrificii singularitas ipsa commendet. Quod vero ad esum agni (59), si forte quid superesset, vicinus conjunctus domui ejus cui superérat, vocari præcipitur (*Exod.* xii), introductionem gentium ad communionem sacramentorum Ecclesiæ exprimit : quas utique per Evangelium vocatas convivii hujus sapor illexit, et eatenus jejunos ad ea quæ Judaicus populus edere non potuit, grata mater admisit. Mirum omnino est dictu, et res ipsa spiritualem exigit intellectum, quod, cum agnus non nisi ab una familia posset immolari, quæ esse posset tantæ paucitatis familia, ita carens filiis vel nepotibus aliisque propinquis, ut unum non posset per se agniculum edere, maxime cum tam numerosa illius gentis esset fecunditas, multaque conjugia multiplicem sobolem cumularent. Sed, ut diximus, intimata est prophetice vocatio gentium, et admissæ sunt per fidem ad participationem sacramentorum, Judæis secundum carnalem sensum litteraturæ hærentibus, nec pervenire valentibus ad spiritualis plenitudinem intellectus. Assatus est ergo agnus noster in veru crucis, subter incensis tormentorum carbonibus, nihil crudum aut carnale in eo jam sapimus, nihil elixum aut molle ; sed ita illa boni odoris assatio in patibuli flamma induruit, ita solidata est, ut nihil in eo ultra supersit vel passibile vel mortale, sed omnino mortis pyra ab antiquo accensa sanguinis illius conspersione exstincta est. Ideoque et sibi et nobis constat inconsumptibilis illius integritas, quia nec corrumpi potest quod omnino est solidum, nec minui quod æternum. Caput ejus cum pedibus edimus, nec abhorremus intrinseca, quia fides nostra in hoc vivit et proficit, hoc fatetur, hoc credit quod Verbum quod erat *in principio apud Deum factum sit caro* (*Joan.* i) in fine sæculorum, et majestas divina usque ad infirmitatis nostræ descenderit intestina, nec nostræ fragilitatis abhorruit officinam ; et qui erat nostrum principium, ad finem quoque nostrum accessit, constituens in se nobis metam et terminum, per finem temporalem revocans ad finem infinitum, et consocians corporis et capitis gloriam, individua connexione astrinxit in unum. Sic caput, sic pedes, sic intestina comedimus, cum ita altitudinem Christi prædicamus, ut non erubescamus humilitatem ; ita infirmum, ut fortitudinem quoque non negemus; ita stultum, ut sapientiam admiremur, quia hoc amplius stupendum est in illo nostræ redemptionis negotio, quod exinaniri sic se passa est divinitatis sublimitas, quam quod in se incommutabilis virtus et incomprehensibilis magnitudo stat in beatitudine sempiterna immobiliter perseverans. Atque ita et apud Ezechielem faciem et pedes Dei quasi prima et novissima cherubim contegunt, media tantum videnda exponunt (*Ezech.* i), quia quæ ante mundi constitutionem apud ipsum erant, vel quis status rerum futurus sit post judicium ultimum, cibus est fidei et spei. Interim dum intelligere satagit quæ secundum carnem gesta sunt, et humanitatis indagare affectus quasi ex charitatis ejus visceribus, religionis mansuetudo pascitur.

Carnem igitur hoc modo comedimus, ossa vero igne comburimus (60), quia sacramenta quidem (quæ quasi divinæ virtutis caro sunt, et veritatis

---

(58) Paulus apostolus, apud Hebræos de veteribus oblationibus, ad hostiam Christi præferendam disputans, ex illarum per singulos annos iteratione, arguit earum imperfectionem. Sic enim ait : *Umbram habens lex futurorum bonorum, non ipsam imaginem rerum, per singulos annos, eisdem ipsis hostiis quas offerunt indesinenter, nunquam potest accedentes perfectos facere; alioquin cessassent offerri, ideo quod nullam haberent ultra conscientiam peccati, cultores semel mundati : sed in ipsis commemoratio peccatorum per singulos annos fit* (*Hebr.* x). Ita in proposito auctor noster ex panum mutatione per singula Sabbata arguit quod non essent perfectæ et consummatæ illæ oblationes, alioqui non sic mutarentur. Ac præterea speciale notat mysterium, in hoc quod panes frigidi tollebantur, et apponebantur calidi.

(59) Exponuntur hic atque in consequentibus mystice per allegoriam quæ ex Domini præcepto Moyses circa esum agni paschalis præcepit observari, de quibus omnibus habes, Exod. xii. Primum autem exponit quid sibi velit quod præcipitur, si familia una non sit sufficiens ad manducandum agnum, ut vicinum suum debeat sibi adjungere. Deinde quod præcipitur illis, ut agnum assum igni, et nihil ex eo crudum aut elixum sive aqua, coctum comedant, quod facit, dum nonnullis interpositis dicit : *Assatus est ergo agnus noster*, etc., ac deinde quid sibi velit quod agni caput, pedes et intestina vorari debeant.

(60) Non invenio in textu libri Exodi expresse id de ossibus agni dictum, quod igne essent comburenda. Attamen secundum consequentiam dicitur, cum præcipitur os non confringi, et, si quid de agno residuum fuerit, igne comburi. Sic enim præceptum fuit : *Os non confringetis ex eo* (*Exod.* i, 11.) Et iterum : *Si quid residuum fuerit, igne comburetur* (*Num.* ix).

integumenta) visibiliter secundum suam speciem percipimus et sumimus ; ipsam vero substantiam secundum inintelligibilem et invisibilem statum firmam omnino et solidam, nec frangimus nec minuimus, sed flammis injicimus, id est spiritualibus intelligentiis commendamus, quod spiritus et vita sint in divinis mysteriis, nec fas sit intellectu humano tantæ rei confringi notitiam, quam interim intra se Spiritus sanctus colligit, donec *evacuato quod ex parte est (I Cor.* xiii), perfectum prodeat palam, et cognoscentes sicut et cogniti sumus, jam non hoc sacramento agamus, sed specie (*ibid.*). Ideo nocte agnum mactare præcipimur, quia nondum ad liquidum elucet hujus operis ratio, cujus fides ministra est, quam in splendoribus sanctorum deteget veritas, cum novum vinum in regno Dei propinabitur (*Matth.* xxvi), accensisque lampadibus virgines animæ ad æternas nuptias admittentur (*Matth.* xxv) positaque inexstinguibili lucerna super candelabrum, omnibus qui in domo erunt lucebit tam sacramentorum veritas quam ipsius ratio Trinitatis. Interim sane immensi quæstus res agitur (61), et virtutem invisibilem manifestus effectus eloquitur, fideique certitudinem beneficia indulta corroborant, et ex collatione præsentium firma fixaque est exspectatio futurorum. Datur nobis Agnus iste ad epulum, datur sanguis ejus ad poculum. Mandatur extrinsecus liminaribus et postibus domorum nostrarum sanguis ipse apponi in signum (*Exod.* xii), ut munitum sit quod patet et quod latet, habeantque caro et spiritus secura præsidia, cum cibus potusque divinus animam introrsus alat et vegetet, abigatque extra virtutes contrarias signum crucis et sanguinis nota. Nec dubium quin omnino formident dæmones passionis formam, terroremque eis characteris hujus inspectio ipsa incutiat. Etiam ipsos sacramenta sancta et fidei muniunt signa, quos constat non quantum expedit Christiano dogmati et castis moribus conformari, sed solius fundamenti obtuitu, cui quoquomodo inhærent, nec statim propter ligna et fenum quæ superponi a negligentibus vident (*I Cor.* iii), irruunt dæmones in quoscunque carnales ; sed reverentur fundamentum, et disparent ad vivificum signum, nec temere accedunt ad consecratam sanguinis balsamo domum. Alioquin, si ad singulos excessus vim suam penitus sacramentorum subtraheret virtus, et inaniter frontibus errantium crucis titulus pingeretur, et nulla spes superesset ruentibus. A quibus licet lapsus articulo Spiritus sanctus abscedat, manent tamen etiam in reis, nec sunt inania sacramenta, ad quæ, ut compungitur qui deliquit, idem spiritus redit. Tantaque est sacramentorum dignitas, ut ipso spiritu absente, non audeat vis inimica ingredi (62), nisi desperatione et consuetudine, deliberatoque consensu signum sanctum victa captivaque mens apostasiæ scalpello eraserit. Hinc est quod exterminator angelus, primogenita quæque Ægyptiorum percutiens, viso hoc signo, a liminibus sanguine illitis, quasi increpatus se cohibet : enecatisque Ægyptiis, illæsi incolumesque manent quorum latera frontemque cruoris hujus conspersio rubricaverat (*Exod.* xii). Sic Raab cum esset meretrix, appensa ad fenestram reste coccinea (63), salvatur, et sola ex Jericho libera evadit, nec patuit domus ejus vastationi et prædæ, quam tam celebris signi reverentia muniebat (*Josue.* vi). Jubetur etiam, ut festinanter et avide hoc agatur convivium, vestesque itinerarios habentes in manibus lumbis præcinctis, panes azymos edant cum lactucis agrestibus (*Exod.* xii), quia tanti operis ministros, nec desides decet esse nec molles, neque viaticum accipientibus exiturisque de Ægypto, quærenda sunt diversoria voluptatum : sed in exitu de populo barbaro (*Psal.* xiii), simul se debent componere amaritudo pœnitentiæ et sinceritas vitæ.

Hæc carnaliter aliquando, sicut et cætera legis ænigmata, profuerunt, dum fides et pietas ad id quod promiserat veritas concurrebant, sed ubi ve-

---

(61) Quia videlicet nunc per fidem ambulantes, non per speciem, cœlestis regni et vitæ æternæ hæreditatem nobis comparamus, quod est lucrum omnium maximum.

(62) Et hoc sane intelligendum de introitu ad plenam et quietam inhabitationem. Aliquo enim modo diabolus in hominem ingreditur, quandocunque peccato tali inquinatur quo fugatur spiritus, et id peccato mortali. Cum enim sic peccans efficiatur illius et servus diaboli, habet aliquo modo diabolus in ipsum introitum. Verum non sic plenum et liberum, quin possit ille eum facile expellere, quoties pœnitere voluerit. Adjungit autem signanter : *Nisi desperatione et consuetudine deliberatoque consensu, signum sanctum victa captivaque mens apostasiæ scalpello abraserit*. Ubi notandum multos peccare mortaliter, et spiritu Dei ad tempus privari, qui tamen non penitus ex deliberato consensu a Deo se alienant, neque ut tales derelinquuntur a Deo, quemadmodum cum David in peccatum incidit, qui ex infirmitate vel tentatione devictus magis quam ex malitia aut consuetudine, peccavit : propter quod non est a Deo derelictus. Qui vero ex desperatione aut consuetudine aut consensu deliberato, ex malitia et proposito, peccatis se subdunt, hi quasi scalpello eradunt signum sanctificationis suæ, et quasi seipsos ut ita loquamur degradant, ne de familia et domo Dei habeantur : propter quod, liberam in illos dæmones sibi usurpant potestatem, tanquam si nunquam tali fuissent signo consignati. Sed hæc prolixiorem forte tractatum requirerent.

(63) In utroque signum est et figura illius salutis, quæ per Christi sanguinem erat mundo conferenda. Quemadmodum enim sanguis ille agni quo erant superliti postes Judæorum Christi sanguinem signabat, et de percussione angeli eorum liberationem signabat credentium per sanguinem Christi, ita restis illa coccinea quæ erat rubri coloris sanguinem Christi rubicundum præfigurabat, in quo salus est data, sicut illidata fuit salus per coccineam restem. Possetque horum prius ad liberationem Judæorum, posterius ad liberationem gentium referri, ut sic in duabus figuris istis idem signantibus, utriusque populi liberatio significetur.

nit plenitudo temporis (*Gal.* IV), finisque legis Christus (*Rom.* x), quidquid de agno, vel hædo, vel juvenca rufa mandatum est, omnia factus secundum congruos status, et in se omnia referens juxta proprios intellectus, cessatum est a multis, ubi unum sufficientiam posuit ; nec oportuit adhiberi signantia, ubi significatum advenit. Sacrificia de craticula vel sartagine (*Levit.* II), zelum fervoremque sanctorum prælocuta sunt : suffumigationes aromatum, incensiones orationum, et pia vota, affectusque sanctorum, incensi adipes, emortuas voluptates. Indumenta sacerdotum, multiplicium gratiarum ornatum continebant. Feminalia (64), quæ ad operienda pudenda primo loco posita sunt (*Exod.* XXVIII), tantam edocent oportere esse continentiæ verecundiam, ut ne suspicioni quidem locum relinquat ; et ita abscondi quidquid, id est inhonestatis notabile, ut nullo casu ad ea intuenda, zelotes admittatur aspectus. Sed talem se exhibeat conversatio sacerdotum, quasi sine sexu sit ; et omnino abominetur hujusmodi labem : quin etiam confundatur et erubescat ad membra communia, ipsamque operiat naturam consciam sui, detesteturque quod potest, non quod agit, et quasi emortuas et fetidas partes illas sepeliat et abscondat. Secunda vestis, quæ poderis, id est talaris dicitur, linea est ; quæ munditiæ perseverantiam intimabat, et vitæ immaculatæ candorem : quæ stricta erat et adhærens corpori, quia singularitatem hoc propositum diligit, et expeditos esse oportet, qui sanctis ministrant altaribus, carnemque et vestem et totam conversationem solitariam exhibere. Tertio loco aderat balteus, lineam tunicam inter umbilicum et pectus astringens, ut in eamdem legem sub ejusdem propositionis vinculo, mens et actio convenirent ; et utrumque quadam necessitudine agerentur, carnalisque et spiritualis affectus, hanc regulam sibi pari voto conscriberent, et in idipsum communi studio perenniter consentirent. Quartus ornatus erat tiara vel cidaris : qui capitis cultus (eo quod domestica est ibi camera sensuum, et propria sapientiæ domus) indicat, quo philosophica contemplatio tendat, et quantæ sit sapientiæ, eligere cœlibatum (65). Hæc omnia fieri jussa sunt de lino, unde et byssus aptatur, ut non lateat hujus studii et propositi animos, quia multis ablutionibus opus est, ut ad hunc candorem exercitatus quisque perveniat (66) ; diu torqueri et longa consuetudine carnales solidari affectus, ne tentationum mole facile dirumpantur. Et quidem ad caput nostrum (quod est Christus) hac cydari signante, tota puritatis nostræ referenda est gloria ; et tunc demum tuta poterit esse perseverantia, si in eo fixa sit spes, et fiducia radicata.

Hæc quatuor indumenta minoribus et summis sacerdotibus ex lege et decreto erant communia. Quatuor reliqua sunt proprie summi sacerdotis. In primis, post indumenta prædicta, tunica hyacinthina summus pontifex induebatur ; dependebantque in inferiori ejus parte per circuitum LXXII tintinnabula, et inter duo tintinnabula unum malum punicum (*Exod.* XXVIII, *Eccli.* XLV). Omnia erant ex auro purissimo, ut totus vocalis ingrederetur in sancta ; si aliter ageret, continuo moriturus. Vestis sane illa hyacinthina animam in sanctimonia enutritam ad illum profectum indicat pervenire, ut spiritu vivat, spiritu ambulet, a nemine judicetur, et omnia judicet (*I Cor.* II). Hoc enim est summum sacerdotium, ad hunc apicem sanctitatis attingere, ut totum se vir justus cœlestem exhibeat, moresque supernos et divinam exprimat formam, solique Creatori mente infixa individua conversatione inhæreat, hoc totum complectens, tunica hyacinthini coloris insinuat. Tintinnabula vero aurea erant ; mala autem ex hyacintho et purpura, cocco et bysso, in modum sphærulæ facta : hoc signante Spiritu sancto, quod viri contemplativi quorum conversatio in cœlis est (*Phil.* III), et qui quæ sursum sunt sapiunt, non quæ super terram (*Colos.* III), fidei Christianæ doctrinam et maxime novissimum debent populis denuntiare terribile judicium, totusque eorum incessus et sermo resonare debent divina mysteria, nec gratiam divinam, quæ data est illis, premere vel suffocare debent silentio. Quia non satis est acceptum in sudario reposuisse talentum, nisi a negotiatione servus revertatur cum lucro (*Matth.* XXV ; *Luc.* XIX) ; nec prodest hyacinthina tunica, nec castitatis continentiæque insignia doctori sufficiunt, nec pacificus est ad altaria sancta ingressus, si negligit annuntiare impio viam suam, peccatique stipendium, cum et ille non habens

---

(64) Omnia quæ ab hoc loco ad finem usque sequuntur, de indumentis et ornamentis loquuntur sacerdotum, eaque secundum moralem sensum apte et dilucide explicantur. Quæ quia ad propositum negotium de septem verbis Domini non directe pertinent, et quia satis clare ab auctore dicuntur, non multis neque prolixis scholiis duxi vel illustranda vel oneranda. Cæterum de ipsis indumentis et ornamentis, ad litteram si requiras, plenissime omnia habes Exod. XXVIII, per totum cap., et item ejusdem libri capite XXXIX, et Ecclesiastici XLV.

(65) Quidam codices habebant pro *philosophica*, *prophetica* ; alii, *physica* : et est in omnibus his lectionibus æqualis veritas, quoniam ad idem tendunt contemplatio prophetica et philosophica et physica sive naturalis, nempe sursum ad Deum : quod signatur in tiara vel cidari, quæ est mitra sursum tendens. Indicat eadem mitra, quantæ sit sapientiæ eligere cœlibatum, in eo quod caput sacerdotis ipsum eligentis, tali sit candido ornamento adornatum.

(66) Antequam ex lino possit perveniri ad byssum, sive pannum lineum candidum, opus est multi laboris impendio, opus est multis ablutionibus : fila diligenter singula torqueri debent digitis ; ut soliditatem et firmitatem accipiant. Nam antequam torta fuerint fila, statim rumpuntur. Sic oportet omnem eum qui velit assequi candorem puritatis et in ea stabilitatem obtinere, multo labore et continua exercitatione illam obtinere.

correctorem in peccato suo pereat, nec prosit doctori sua justitia, cum sanguinem errantis judex de manu speculatoris requirat (*Ezech.* III); nec magnum est sibi vivere, nisi satagat et alios secum vivere, quia, ut ait Seneca, qui res et homines fugit, qui alios videre non potest, sed velut timidum atque iners animal metu deoblituit, nequaquam dicendus etiam vivere sibi, sed somno et ventri. Ideo ingrediens in sancta sanctorum totum vocalem se debet summus pontifex exhibere, et virtute verbi quasi floribus odoriferis allicere auditores, ut prædicatio quasi tintinnabulum ex auro purissimo puritatem perfectionemque singularis intelligentiæ indicet, et ex omni parte per circuitum sermo ejus lucis divinæ intonet claritatem; et ipsi florum colores in hyacintho, ut dictum est, cœleste desiderium, in purpura magnanimitatem regiam adversus peccatum, in cocco bis tincto inflammatum in dilectione Dei et proximi piæ mentis ostendat affectum. Oportet sane ut sacerdotalis actio semper sit et auro sapientiæ fulgida, et hyacintho spei in sublime erecta, et purpura regni ut debellatrix peccati et in captivitatem redigens dæmonum monstra circumdata, et cocco bis tincto, dilectione gemina, flammea, et bysso retorta semper in oppressione et castigatione carnis sollicita. In malis punicis, quæ intra corticem unum contegunt multa grana, virtutum multifaria operatio exprimitur : quæ undique uno charitatis integumento ambitur. Et recte tintinnabulis mala miscentur; cum simul prædicatio et actio coherent, et doctor ipse quæ dicit hæc facit. Sextum deinde additur indumentum, quod superhumerale dicitur : hoc apud Hebræos etiam Ephod appellatur. Hoc Samuel, cum puer esset, habuisse legitur (*I Reg.* II); et David ante arcam hoc tulit (*II Reg.* VI). Sed Ephod, id est superhumerale quod summorum erat pontificum, erat ex hyacintho, et purpura, et cocco byssoque contextum. Aliud vero ephod quod et pro tunica linea accipitur, simplex erat et lineum. In hoc superhumerali duo lapides onychini, auro inclusi inserti erant : unus in ora una, et unus in altera; et sculpta erant nomina filiorum Israel, sex in lapide uno, et sex in altero. Itaque in superhumerali pontificis, hoc debet intelligi, quomodo in portandis fratrum oneribus officium illud se habere debeat, quantaque eis ex debito regiminis sollicitudo incumbat, ut propriis humeris ovem perditam ad ovile reportent. In hoc bonorum operum patientia, in laboribus perseverantia indicatur.

In coloribus vero superhumeralis, quæ sit ratio, dictum est supra. Quod autem nomina patriarcharum gestat in humeris, ob recordationem eorum utique sit, ut videns populus Patrum nomina conscripta in veste pontificis, eorum imitetur justitiam, veniatque in memoriam fides Abrahæ, mansuetudo Isaac, patientia Israel, castitas Joseph, disciplina Moysi, zelus Phinees, victoria Josue, Samuelis sinceritas, David humilitas, eorumque qui de illis XII patriarchis egressi sunt principibus vel sacerdotibus, recte facta vel dicta : *qui per fidem vicerunt regna, operati sunt justitiam, adepti sunt repromissiones* (*Heb.* XI). Duplex autem ratio est, quare hæc in humeris pontifex nomina portet, ut et ipse auditoribus sequenda Patrum exempla proponat, et ipse eos quos verbo instruit et exemplo, si præoccupati fuerint in aliquo delicto, in spiritu lenitatis ferat (*Gal.* VI), et amplius exonerare quam gravare infirmos intendat. Eorum enim onera ipsum lege officii sui ferre necesse est, et per singulos, sicut diversi morbi exigunt, cum his qui ignorant vel errant (*Hebr.* V), et infirmari et uri (*II Cor.* XI). Quod autem sex nomina in sinistra parte erant et sex in dextera, in lapidibus onychinis sculpta, illud est quod ad conscriptionem hæreditatis supernæ pertinent, non tantum qui probati perfectique videntur, sed etiam qui minoris æstimationis habentur, quia imperfectum nostrum non abjicit divina perfectio, et calamum quassatum non conterit, et linum fumigans non exstinguit (*Isa.* XLII). Amplexatur quidem dextera ejus, eos qui digni sunt promoveri ad oscula : sed et læva ejus supponitur eorum capitibus (*Cant.* II), quos imbecillitatis vertigo inclinat : nec patitur lapsos omnino collidi, quos corruentes excipit et piam manum inclinatis supponit.

(67) Onyx vero lapis est habens unguis similitudinem, albisque cingentibus zonis igniculos emittit : unde per hunc lapidem, in quo dextrorsum et sinistrorsum nomina XII filiorum Israel sculpti jubentur, recte intelligimus hanc Scripturam pertinere ad Christum : qui in carne assumpta quasi unguem se nobis exhibuit, et operuit multitudinem peccatorum zonis candidis, id est continentiæ doctrinis cingens electos, et miraculorum igniculis accendens ad fidem, ardebat intus, et lucebat exterius. Ipse est autem lapis ille, in quo et lex est conscripta divinitus, et in quo scribuntur nomina eorum omnium qui nomen ipsius non assumunt in vanum : quas nulla tribulatio vel adversitas, cum semel insculpti fuerint, eradere poterit vel delere. Ideo a dextris et a sinistris locantur, quia fundatos vel scriptos in petra, nec altum concutit nec profundum, quia per arma justitiæ (*II Cor.* VI), in prosperis et in adversis gradiuntur invicti.

Sequitur indumentum septimum, quod Hebraice *nosen,* Græce λογικόν, Latine vero rationale vocatur. Hoc ex eisdem speciebus et coloribus quibus est

---

(67) Græce ὄνυξ *unguem* significat et propter similitudinem unguis humani, lapis ille onyx dicitur aut lapis onychinus. Christus vero dicitur unguem se nobis exhibuisse, quoniam sicut unguis carnis teneritudinem operit et defendit, sic Christus nostræ carnis infirmitatem operit, id est peccata delet; et carnem mollem sua duritie vestit ac munit, id est nostræ carnis imbecillitatem sua soliditate confirmat et servat a nocumento.

superhumerale, et propter easdem rationes aptari jubetur.

Duplex vero sit propter lapidum pondus, ne forte rumpatur. Quadrangulum quoque erat, et palmi mensuram tam in latitudine quam in longitudine continens. In quaternario, doctrinæ evangelicæ jugem memoriam accipe; in palmi mensura, plenam juris mensuram, quantum possibile est operationi humanæ attingere. Qui enim palmo aliquid metitur, expansis digitis manum extendit ut possit attingere in locum quo tendit. Eadem igitur mensura erit piæ intentioni in longitudine boni operis, et in latitudine charitatis. Intexti quoque erant in eo XII lapides per quatuor ordines terni et terni in latere uno, et terni et terni in latere altero. Et sculpta erant nomina filiorum Israel in singulis singula, per tribuum differentias et ætatum. Per quatuor vero rationalis angulos, quatuor annuli aurei erant, habentes contra se in superhumerali alios quatuor annulos, ut annulus contra annulum veniens, catenulis aureis utrinque ad hoc insertis, superhumerale et rationale invicem jungeret, et mutuo copularet. Sed et uncini erant in superhumerali infixi, in quibus catenæ inserebantur: quæ annulos utrinque sibi occurrentes nectebant. Erant etiam et in lateribus et in superiori parte rationalis et humeralis annuli, duo in summitate et duo in lateribus, et per singulos discurrentes catenæ sub et supra; ut in quatuor angulis et in ambobus lateribus juncturæ adessent, et ad scapulas et ad extremitates et ad media utrumque indumentum firme stringerent ligaturæ.

Hoc autem indumentum non tantum rationale, sed etiam rationale judicii a Domino dictum est. In quo doctrina et veritas poni jubentur, et hoc summi pontificis pectus, cum ingreditur in sancta sanctorum, ornatur. In primis diligenter attendendum est quod qui hac veste induitur in qua litteris doctrina et veritas impressa est, consecratum doctrinæ et veritati pectus suum intelligat, neque debere sæcularibus negotiis et actionibus et lucris occupari, sed doctrinam fidei exemplo et moribus indicare, quia omnino infame est abuti ratione, et corrumpere doctrinam et circumventionibus vel technis opprimere veritatem. Oportet quippe ut omnia quæ agit moderatrix ratio sic disponat, et sic suis locis aptet misericordiam et judicium, ut, cum judicat, severitas non excludat clementiam, et, cum miseretur, justitiam pietas non relinquat; et, sive percutiat sive parcat, a veritatis tramite non recedat. Considerans igitur loca, et tempora, et modos actionum, et ætates et gradus in numero, et pondere et mensura singula suis aptet rationibus discretio sacerdotis, in cujus pectore horum debet esse scientia, cujus etiam necesse est vitam esse doctrinam; nec ullum

A locum in anima illa habeat falsitas, quæ ad judicii divini regulam quadrare debet quæcunque vel docet, vel agit, vel statuit, vel corrigit. Superhumerale etiam et rationale, sibi junctis annulis, catenarum complexu ad invicem copulantur; ut puri cogitatus in mente sancta, et rationabiles conveniant actiones, et omnia vinculo pacis cohæreant, universamque pontificis dispositionem charitatis complexus astringat. Aderat præter has ligaturas, quæ cœlestibus desideriis piisque affectionibus aptantur, præter ephod, quod posterius et anterius logion conjungebat, balteus tam tunicam hyacinthinam quam ipsum superhumerale et rationale superne constringens, tanta firmitate ut trium indumentorum una species esse videretur, et omnia sibi strictim cohærerent: ut daretur intelligi quanta sit diligentia sanctitas observanda, cui etiam post tantæ excellentiæ gloriam, post dona virtutum, post agones et collectationes et victorias innumerabiles, restant plerumque circa novissima etiam carnis pericula: et necesse est ut semper hujusmodi sollicitudo et intus et extra invigilet, ut actionum et meditationum in finem illibata gloria perseveret. Etiam summos fulgura feriunt montes (68). Et nisi hoc balteo, etiam cum omnia eatenus bene disposita fuerint, et ratio et opera jugi nexu stringantur, per motus et impulsus diversarum tentationum disjungi potest et dissilire quod nullo turbine propellente firmum videbatur et competenter dispositum. Balteus iste ex purpura erat et bysso retorta, et hyacintho et cocco bis tincto, et similitudinem pellis colubri in rotundo contextus. Gestat autem sic ornatus pontifex nomina filiorum Israel, pro diversis rationibus, in pectore et in humeris. In humeris quidem, a dextera et læva, propter causas prædictas. Vel ideo in duobus tantum ordinibus, quia noster summus Pontifex, cujus imperium super humerum ejus (*Isa.* IX), et gentibus scripturam crucis reliquit, et eorum nomina redemptioni intimavit inscripta, quorum linguas crucis titulus continebat. In rationali vero, quatuor lapidum ordines distincte sunt positi, ut dictum est, in quatuor ejus extremitatibus, supra terni, et infra terni. In nominibus patriarcharum, quæ hærent pectori summi pontificis, hoc intimatur, quod qui in regimine sunt semper affici debeant pro his qui ad eorum sollicitudinem pertinent, et, quantum possibile est, recordari eorum debent, ex nomine, et orationis exhibere suffragia: neque aliud illud pectus occupare debet, quam animarum zelus, quia officii illius est revocare devios, reconciliare erroneos, confirmare eos qui proficiunt in justitia, et qui deficiunt cohortari, ne desperent de venia. Sed et se ipsum etiam ad præcedentium Patrum, quorum gestat nomina, conformare debet exempla, ut quo-

---

(68) Ex poeta Horatio, lib. II, oda 10, ad propositum auctor verbum illud assumit, volens per hoc significare eos etiam qui videntur consummatissimi et perfecti in omnibus non esse absque tentationum

periculo, dum in hoc mundo vivant, quomodo montes, quantumvis alti, propter suam altitudinem non sunt ab ictu fulminis liberi.

rum recolit gloriam, imitetur et vitam, neque ab eorum fide et operibus se alienum exhibeat, quorum actus et titulos circumfert et probat. Quod autem duodenarius numerus in quatuor ordines divisus, per singulas partes, ternarium reddit, accipi non incongrue potest quod Evangelii quadratura præ omnibus Scripturis insinuat Trinitatem. Et hæc est apostolica doctrina, quæ decem legis præcepta in duobus consummat (*Matth.* XXII; *Marc.* XII), et totum illud antiquarum traditionum dispendium (*Levit.* XIX), in dilectione Dei et proximi abbreviat et coarctat.

Sequitur octavus ornatus pontificis, tiara videlicet, quam etiam nonnulli vocant galerum, vel cidarim. Hac etiam minores sacerdotes utebantur, eratque byssina, circumdata coronula aurea, opere textili facta, sicut hodie phrygium mitris nostrorum pontificum plerumque consuitur (69); eratque in modum cassidis porrecta aliquantulum, verticis cacumen in sublime excedens, astringebaturque capiti vitta hyacinthina, ne casu aliquo immolante pontifice laberetur. At vero summi tiara pontificis excellentior erat, et, præter hæc laminam auream, quam petalum vocant, fronti habebat insertam; in qua nomen Dei, quod apud Hebræos ineffabile dicitur, scriptum erat. Hæc tiara, quæ caput tegit et ornat pontificis, totamque ejus pulchritudinem coronat et protegit, ut dictum est supra, omnes sensus capitis Deo indicat consecratos, et totam corporis gloriam debere ad caput referri. Totus enim bonæ mentis candor, et sapientiæ splendor, prædicationis gratia mundiæque gloria, benignitas charitatis, et quæcunque sanctitatis insignia, ab illo universali capite veniunt, ex quo totum corpus per connexiones et subministrationes crescit ac proficit (*Coloss.* II), solidatur ac perficitur. Ideoque ad totius candoris indicium, et complanatæ mentis compositum statum, omniumque sensuum concordiam intimandam, cidaris byssina in capite pontificis ponitur. In vitta vero hyacinthina quæ cidarim capiti astringit, hoc intelligitur, quod amor et regni cœlestis desiderium, hujus perfectionis apicem cumulat, et ille respectus totas gratiarum connexiones unit et sociat. Auri vero lamina, cui nomen illud Dei, quod diffiniri non potest ab homine, erat inscriptum, subjectam et suppositam divinæ essentiæ omnem indicat creaturam. In superioribus quidem hoc nomen ponitur, ut quidquid undique est, quantumcunque sit, se cognoscat inferius, se fateatur indignius; et si quid habet candidum, si quid conspicuum, ad illud nomen referat unde accepit, illique excellentiæ devotus ascribat. Hoc nomen tetragrammaton, id est quatuor littera-

(69) Phrygium aut Phrygianicum opus mira varietate diversorum colorum et magno artificio erat elaboratum. Unde in psalmo XLIV, pro eo quod nostra communis lectio habet *circumamicta varietatibus*, alii ex Hebræo vertunt, *inducta phrygianicis vestibus* aut indumentis diversarum figurarum. Tale autem Phrygium sive Phryginicum opus, vide-

rum erat, scilicet *ioth, eh, vau, heth*, cujus interpretatio lingua Hebraica ineffabile sonat, non quia dici non possit, sed quia ut dictum est supra, sicut est, nec capi humano sensu possit, nec diffiniri. In fronte vero hoc nomen pontifex gerit, quod utique est super omne nomen, cui omne genu flectitur (*Philipp.* II). De quo et in Apocalypsi legitur Joannis, quod cum Agno stabant supra montem Sion centum quadraginta quatuor millia, habentes nomen ejus et nomen Patris ejus, scriptum in frontibus suis (*Apoc.* XIV). Ibi enim verecundiæ sedes est, et significat professionis nostræ fiduciam; per quam non tantum in nomine gloriæ vel omnipotentiæ Dei, sed etiam in cruce Christi gloriamur. Unde et ipsæ quatuor litteræ quatuor crucis intimant cornua de quibus Habacuc ait: *Cornua in manibus ejus, ibi abscondita est fortitudo ejus* (*Habac.* III). Sic ornatus pontifex, creaturarum omnium typum portabat in vestibus sanctis: in quarum coloribus totius mundi similitudinem præferebat. Byssus enim terræ deputatur, de qua gignitur; purpura mari, quia ex ejus cocleis tingitur, hyacinthus aeri, cujus speciem habet; coccus, propter ruborem, igni vel ætheri. Justum enim erat ut pontifex Creatorem non solum pro Israel, sed etiam pro universo mundo (qui ex his quatuor constat) rogaret et indicaret cuncta indigere misericordia Dei; et cum sacrificaret universalis conditio expiaretur; nec tantum pro liberis et parentibus, sed pro omni creatura et voce et habitu precaretur.

Hæc quæ dicta sunt in visibili pontifice (70), ad invisibilia justitiæ ornamenta nos mittunt, de quibus dicitur: *Sacerdotes tui induantur justitiam* (*Psal.* XIII). Et alibi: *Erit justitia cingulum lumborum ejus et fides cinctorium renum ejus* (*Isa.* XI). Hæc omnia noster Pontifex, indutus decore et fortitudine (*Psal.* XCII), in spiritu et veritate consummavit: et ingressus sacratiore cultu quam Aaron, virtutum significatarum ipsam rem amplius nos voluit moribus implere quam vestibus, et lumbos spirituali zona succingi præcipiens (*Luc.* XII), ad lucem sui intellectus et cognitionem divinam, sine carnis mentisque munditia neminem posse pervenire in illa præcinctione nos docuit. Denique ipse tunica inconsutili quasi podere pontificali indutus, integritatem charitatis, et unitatem spiritus in vinculo pacis, in eo nos observare docuit, crucem autem quasi superhumerale, sacrificium oblaturus pro populo, humeris imposuit, et plaga et sanguis loco rationalis, non solum intra se duodecim filiorum Israel nomina concluserunt, sed et totius generis humani opus illud complexum est naturam, sicut et infixus capiti titulus continebat, scriptus Græce, Hebraice et Latine (*Joan.* XIX). Nihil ad sanguinem Christi, mus consui solitum mitris nostrorum pontificum.

(70) Hic jam prædicta pontificis legalis ornamenta Christo accommodat, et hactenus dicta ad propositum adducit verbum, *Consummatum est*, ut ostendat quomodo in Christo sint feliciter omnia consummata, qui cum Patre et Spiritu sancto vivit et regnat gloriosus in omnia sæcula. Amen.

coccus legis bis tinctus apparet, ultra septuagies septies nostra tinctura præcedit : totum pallidum est, quidquid lex typice coloravit; et ad comparationem veritatis totum marcidum est quidquid contextum fuerat in figuris. Nulla hyacinthi comparatio ad carnem Christi, quia, cum *Verbum caro factum sit (Joan.* 1), totum cœleste erat, quod nulla peccati infecerat macula; nec quidquam ei de suo princeps hujus mundi allinìverat. Nec byssus nec purpura ejus munditiæ vel gloriæ aliqua ratione aptantur, omnia superat ejus potestas et sanctitas, sanctitudo naturæ, et principatus justitiæ, et amplioris gloriæ sunt quam fila quælibet torquentibus digitis elaborata, vel conchyliorum sanguine delibuta. Imposita est capiti Christo corona pro cidari, et intextæ illi serto erant pro bracteis spinæ; et pro lamina aurea, in qua nomen Dei sculptum erat, lignum cervici supereminens : in quo Pilatus pro Beseleel conscripserat nomen quo nihil in cœlo vel in terra sanctius, nihil potentius, nihil mirabilius, Jesus Nazarenus rex Judæorum. Hæc scripsit gentilis homo, nesciens quia ipse esset Rex etiam gentium. Ideo autem scripsit, utique non intelligens quia ad hunc titulum perventurus erat et jungendus aliquando populus gentium. Unxit etiam manus sacerdotis nostri, imo et caput et pedes et latus, sanguis balsamo pretiosior : quem utique puncturæ veprium et clavorum et lanceæ exprimebant, et fundebant extrinsecus; eratque omni oleo liquor ille celebrior, sanctificationem et emundationem nostram non significans, sed consummans. Hæc et alia multa, quæ lex velamine posito super faciem Moysi absconderat Christo transfigurato in monte, paucis patuere discipulis, et consummato in cruce, facta sunt evidentia universis. Ruptum quippe est illud velum integumentorum carnalium, et patuit candelabrum, et propositionis panes, et altare incensi, et cherubin et propitiatorium, et sancta sanctorum. Petræ quoque scissæ sunt, et sepulcra reserata, quia hæc consummatio et lapideis cordibus aperit spiritualem intellectum, et ad eos qui mortui erant in peccato vitalem revocat, spiritum ita ut qui desperati erant et malæ consuetudinis iustitiis illigati, in civitate Dei nostri (quæ est sancta Ecclesia) deinceps viventes apparent; et qui diu fuerant cineres, fiunt doctores; et qui sepulti, magistri.

ERNALDI ABBATIS
LIBELLUS
DE LAUDIBUS B. MARIÆ VIRGINIS.

(*Biblioth. vet. Patr. Lugdun.*, t. XXII, p. 1281.)

Si linguis hominum loquar et angelorum, nihil digne, nihil proprie de sanctæ ac perpetuæ Virginis matris Christi Mariæ gloria eloqui potero, quia vere in laudibus ejus modulandis non invenitur conveniens organum et hebes est cujuscunque subtilitatis ingenium. Cum enim debitæ venerationis summa ad Christum respiciat, ex cujus plenitudine roratum est desuper quod Maria prædicatur gratia plena (*Luc.* 1), manifestum est individuam esse matris et filii gloriam, et commune esse utriusque præconium, cujus definitio omnem superat intellectum. Quia et si illud antiquum consilium de incarnato in sancta Virgine Verbo, quod Deus apud Deum erat (*Joan.* 1), palam factum sit mundo, tamen hujus tam insolitæ actionis modum (quia res miraculi est et ordinem non sequitur naturæ) sensus humanus timet attingere, et hæret ancipiti affectu, quia et stupori est majestas operis, et ingratitudinis foret præterire silentio laudes auctoris. Res mira et inaudita! Mater virgo, Verbum caro, Deus homo : quis in tam celebri miraculo sileat? item quis hæc prædicare sufficiat? Scimus quidem supra nos esse hoc aggredi; sed illa in cujus sacratissimo utero Verbum caro factum est, locuturis de Verbo conciliat verbum. Nec fas est muta esse gaudia Ecclesiæ, ubi, implente nos Verbo, hoc habemus in mente quod mater in utero. Et ipsum quidem Unigenitum Patris ipsa prius mente concepit quam carne. Salutata ab angelo credidit sibi manere virginitatis propositum, et nasci ex se Sanctum sanctorum, quia et hoc acceperat cœlitus intimatum, quod non esset apud Deum impossibile omne verbum (*Luc.* 1). In hujus beatitudinis commercio unita sunt divinis humana, terrenis cœlestia. Securum accessum jam habet homo ad Deum, ubi mediatorem causæ suæ Filium habet ante Patrem, et ante Filium matrem. Christus, nudato latere, Patri ostendit latus et vulnera; Maria Christo pectus et ubera; nec potest ullo modo esse repulsa, ubi concurrunt et orant omni lingua disertius hæc clementiæ monumenta et charitatis insignia. Dividunt coram Patre inter se mater et filius pietatis officia, et miris allegationibus muniunt redemptionis humanæ negotium, et condunt inter se reconciliationis nostræ inviolabile testamentum. Maria Christo se spiritu immolat et pro mundi salute obsecrat, Filius impetrat Pater condonat. Magnum quidem est quod latroni conceditur venia; sed et hoc stupendum quod consummata dispensatione incarnationis, exspiraturus Jesus matrem tanto affectu honorat, victor suppliciorum, et quasi sui immemor, ad matrem de cruce convertitur, et colloquitur, intimans quanti apud eum meriti esset et gratiæ, quam solam in illo puncto respiceret, cum jam capite vulnerato, fossis manibus et pedibus, in ultimis esset. Movebat enim eum matris affectio, et omnino tunc erat una Christi et Mariæ voluntas, unumque holocaustum ambo pariter offerebant Deo : hæc in sanguine cordis, hic in sanguine carnis (71).

Verum altius repetenda sunt operis hujus capitula, et brevi est sermone colligendum quo initio, quo progressu ad hunc beatitudinis cumulum Virgo sancta devenerit, ut cum Christo communem in salute mundi effectum obtineat, et a dextris ejus regnans in cœlestibus, circumamicta varietatibus, in deaurato vestitu assistat (*Psal.* XLI), inventa est Virgo ab angelo in Nazareth solitaria, seorsum a turbis, vacans procul dubio meditationibus sanctis, credo secum pertractans, quomodo sine offensione legis maneret in proposito castitatis; quia hanc elegerat, hanc devoverat, et integritatem carnis et spiritus apud se Domino consecrarat. Stabat in adverso lex, urgebat ad conjugium Moyses, qui maledictum intentans sterilibus, semen et sobolem a filiis Israel exigebat. Nullum de virginibus a Domino datum erat præceptum, sed nec erat Apostolus qui daret consilium (*I Cor.* VII). Acceperat tamen hoc ipsum a Deo per Spiritum sanctum familiare mandatum, non ex responso angelico, sed ex inspiratione secreta, quæ ei et affectum virginitatis intimaverat, et usque ad necessitatem voti purum desiderium alligaverat. Quis tamen rei exitus futurus esset, nondum erat intimatum divinitus, sed hujusmodi accessionibus gradatim sibi officinam purgatissimam aptabat Spiritus sanctus. Ob hoc eam æstimo elegisse solitudinem segregatam, ut diebus et noctibus in hujus controversiæ angustiis congruis se rationibus muniret, quibus et stare sibi posset optata virginitas, nec tamen quasi in contemptum sui legis indignaretur auctoritas. Hoc enim, ut diximus, id est conjugium, ad propagandum populum Dei, ita lex ab omnibus indifferenter exigebat, ut nec summos sacerdotes pateretur immunes, quia necesse erat filium patri defuncto statim substitui, nec alium quemquam in ordinem pontificalem assumi. Ideoque propter successoris necessitatem oportebat eos misceri conjugibus, ut essent parati filii statim, cum pater obiisset, consecratione patrata, ad continuationis incensum accedere, et intra sanctam mane et vespere secundum ritum legis omni die inferre. Itaque erat hujus rei necessitas, ut cum immundis et contaminatis concubitu ex aliarum tribuum cujuscunque officii personis nullus ad sanctam pateret accessus, solam summi pontificis personam, propter hanc impossibilitatem, lex a ministerio non excluderet : licet et a quibusdam ita accipiantur, ut noctibus propter incensum matutinum uxores non tangerent, et ab illa hora, si hoc egissent, usque ad vesperam permanerent immundi : qua hora purificati, lege non temerata, ex ordine ministrarent.

His difficultatibus vallata, quia humani consilii ratio non occurrebat, qua et decretum et votum pariter convenirent, causam suam Maria Domino commendabat, et meditationibus et sanctis orationibus vacans, de cœlo exspectabat consilium, ubi spiritu et mente conversationem sibi parabat, ubi cœlebs animus medullitus inhærebat. Nec defuit consolatio. Gabriel archangelus desursum illabitur, solus solam affatur : *Ave, inquit, Maria, gratia plena, Dominus tecum* (*Luc.* I). Raro in Veteri Testamento salutatione angelica quemquam honoratum reperies. Non salutatur Abraham cum extollitur titulo fidei, cum credit nil hæsitans, nasciturum de anu sterili filium sibi jam seni (*Gen.* XV); neque cum eumdem filium de quo et cui promissiones factæ erant mactare jubetur, nec cunctatur (*Gen.* XXII). Non salutatur cum jugulatis quinque regibus, erepto Lot, victor revertit; et licet a Melchisedech ablatis decimis dignus sit benedici, non tamen meretur cœlitus salutari (*Gen.* XIV). Sub arbore Mambre et Deo loquitur, et euntem in ultionem Sodomæ supplicationibus devotis prosequitur; et licet convivio et hospitio dignus inventus sit, et si in illis quinque flagitiosis urbibus decem invenirentur immunes reliquis veniam impetrasset, non tamen ad salutationis familiaritatem pervenit (*Gen.* XVIII). Non salutatur Moyses, cum de rubo cum Deus alloquitur (*Exod.* III), neque cum in monte Sina testamenti tabulis honoratur (*Exod.* XIX). Annuntiato Christo salutationes incipiunt, et jam proximo Jesu qui est Salvator, mundi salute non longe posita, verbum sanctæ spei, verbum incolumitatis et restitutionis nostræ de cœlis ad terras defertur : jam hoc verbum prius rarum omnino incipit frequentari. Salutat angelus Mariam, nec multo post Elisabeth occurrit; et ipsa salutans

(71) Hoc dicit, quia pendenti in cruce Domino assistens Maria, spiritu parata erat, et desiderabat simul immolari et commori filio : pertransibatque ejus animam doloris gladius, juxta Simeonis vaticinium (*Luc.* I), sed ad carnem gladius ille non pervenit, quoniam propter Ecclesiæ utilitatem, bonum erat illam ad tempus in carne permanere. Eamdem hanc sententiam clarius et plenius in Tractatu priori De VII verbis Domini exprimit, cum super verbo illo : *Mulier, ecce filius tuus* (*Joan.* XIX), ita ait : *Christus carnem, Maria immolabat animam. Optabat quidem ipsa ad sanguinem animæ et carnis suæ addere sanguinem, et elevatis in cruce manibus celebrare cum filio sacrificium vespertinum, et cum Domino Jesu corporali morte redemptionis nostræ consummare mysterium.* Nos quoque in scholiis ejus loci nonnihil super hac re diximus.

et prophetans (*Luc.* 1). Salutant angeli post resurrectionem sanctas mulieres, salutat ipse Christus discipulos (*Joan.* xx). Denique et hunc salutandi morem salvata per Christum semper gaudia sua commemorans, exsultans servat Ecclesia. Inventa est in Christo perpes lætitia, et salutis æternæ medicamina per ipsum sunt nobis in pœnitentiæ balsamis designata. Maria lingua-Syriaca *domina* dicitur; Christus Dominus, Maria domina; et licet ipsa se Christi profiteatur ancillam, hoc servitutis genus omni regno sublimius esse intelligit. Constituta quippe est super omnem creaturam : et quicunque Jesu curvat genu, mairi quoque pronus supplicat et acclivis. In superbis et inferis admirationi est Virgo puerpera; stupent dæmones, gaudent homines, in cœlo gloriam Deo concinunt principatus et potestates (*Luc.* 11). Non cadit in angelos zelus, nec invidiæ livore canditatus ille tabescit exercitus, nec de præposito sibi carnis ordine offenduntur, quia etsi Christus aliquando paulominus ab angelis, propter passibilitatem sit imminutus, modo *gloria et honore coronatus* sub pedibus suis continet omnia subjecta. (*Psal.* VIII. *Hebr.* 11). Nec a dominatione vel potentia filii mater potest esse sejuncta. Una est Mariæ et Christi caro, unus spiritus, una charitas, et ex quo dictum est ei : *Dominus tecum*, inseparabiliter perseveravit promissum et donum. Unitas divisionem non recipit, nec secatur in partes, et si ex duobus factum sit unum, illud tamen ultra scindi non potest, et filii gloriam cum matre non tam communem judico quam eamdem. Ecce tabernaculum Dei, habens intra se Sanctum sanctorum (72), virgam signorum, tabulas testamenti, altare incensi, ambo cherubin respicientia in alterutrum, manna, et sine umbra propitiatorium palam expositum. Hæc non in figuris, sed in ipsa veritate sacrarium Virginis in se continebat reposita,

(72) Cum paulo post dicitur : *Hæc non in figuris, sed in ipsa veritate sacrarium virginis in se continebat reposita, exhibens mundo legem et disciplinam*, etc., diligenter attende, quomodo singula horum singulis præcedentium, aptantur, et singula eorum exprimant. Mariam enim tabernaculo comparat, quantum ad præcipua quæ in tabernaculo continebantur, dicens singulorum significata in Maria inveniri. In tabernaculo est Sanctum sanctorum et virga signorum : et in Maria est Christus, qui est Sanctum sanctorum et virga signorum, virga scilicet virtutis paternæ, sicut in psalmo dicitur : *Virgam virtutis suæ emittet Dominus ex Sion* (*Psal.* CIX). Tabernaculum insuper habet in se tabulas testamenti : Maria in se exhibet mundo legem et disciplinam; habet tabernaculum altare thymiamatis, in quo crematur incensum boni odoris ; habet Maria zeli ardorem et castitatis odorem. Habet tabernaculum duo cherubin, in alterutrum respicientia : habet Maria in se duo Testamenta, eorumque concordiam. Nam duo cherubin duo Testamenta significant : et ille ad alterutrum respectus duorum Testamentorum concordiam signat. Habet insuper tabernaculum, corporale manna : Habet Maria panem vitæ inconsumptibilem cibum. Habet tabernaculum altare holocausti et holocaustorum oblationes : habet Maria virtutum holocausta, nempe sanctitatem, humilitatem, obedientiam, atque hujusmodi, quæ in altario cordis sui Deo jugiter immolat. Denique tabernaculum vetus propitiatorium habuit, sed obumbratum per duo cherubin ipsum operientia, et per velamentum intermedium abscondilum. Maria quoque propitiatorium in se continet, sed absque umbra et absque tegmine omnibus expositum. Propitiationem enim et remissionem omnibus pœnitentibus præstat, suscipit universos, et nemini negat pœnitentiæ propitiationem.

exhibens mundo legem et disciplinam, incensionem zeli, castitatis odorem, concordiam testamentorum, panem vitæ inconsumptibilem cibum, sanctitatem, humilitatem, et obedientiæ holocaustum, pœnitentiæ omnibus tutum naufragis portum. Nulla facta est angelicæ dignitati injuria, si illius excellentiæ cacumen obumbrat Virgo exaltata sicut cedrus in Libano. Cedrus arbor est procera et imputribilis. Virginitas quoque Mariæ, quia nulla concupiscentiæ carnalis viscatur putredine, in hoc procerior et altior virginitate videntur angelica, quod hæc virtutis, illa naturæ ; hæc voluntatis, illa necessitatis : et in carne quod non est carnis agere, res incomparabilis meriti est et gloriæ singularis.

Prosequi prophetarum oracula quæ de Maria scripta sunt, non est nostri propositi; neque enim rem tanti culminis sibi noster arrogat stylus. Quomodo enim illuc divinum puerperium eloquar, quod ab angelis in Bethlehem celebratum est, ubi in angusto tugurio hospitata Virgo, non habens diversorium, infantem Jesum laciniis reposuit fasciatum (*Luc.* 11); ubi virgo, et obstetrix et genitrix, sibi ipsi in illa celebritate exhibuit clientelam. Nihil quippe doloris, nihil clamoris ibi erat, nullam ibi usuram pœnarum pro voluptate ultio repetebat (73). Neque enim erat Christus in peccato conceptus, cujus solius est domare peccatum. Unde ipsi egredienti, nullum exigens tormenti vectigal, ultro natura januas reserabat. Aderant illi cherubin et seraphin, et gratulabundus *Gloria in excelsis Deo* decantabat cœlestis exercitus (*ibid.*), et usque ad pastorum excubantium aures harmoniæ angelicæ consonantia perstrepebat, reges Arabum et Sabba ab Oriente egressi, secuti stellam insoliti luminis, genibus curvatis et humi purpura defluente, Jesum nostrum pannosum adorantes, donis sacramentalibus venerati sunt (*Matth.* 11) (74). Ab ortu Salvatoris

(75) Proprie dicit, *usuram pœnarum*. In iis enim mulieribus quæ communi lege concipiunt et pariunt pro voluptate brevi et modica quæ habetur in concubitu et actu maritali, subsequitur in partu dolor maximus et diuturnus : propter quod recte dicitur *ultionem pro voluptate repetere*, non simpliciter pœnas, sed *pœnarum usuram* quiam subsequentium pœnarum mensura, voluptatum præcedentium quantitatem longe superexcedit.

(74) *Pannosum* dicit Christum, non quasi sordidis sed quasi vilibus et exigui pretii pannis, mundis tamen, involutum. Ut enim propter paupertatem et inopiam non illum potuit paupercula et peregrina mater pannis involvere magni pretii, sic propter eam quam erga filium habebat reverentiam, omnino est verisimile quam mundissimis ab ea pannis fuisse revolutum. Dona vero Magorum vocat sacramentalia, eo quod ad signandum divina mysteria fuerint aptata.

usque ad baptismum anni triginta defluxerant (*Luc.* III), nec toto hoc tempore sejuncta est mater a filio, semper individua astitit, et divini conscia sacrati, humili affectu venerabatur ut Deum, amplectebatur ut filium. Ventum est ad miracula, et illico Judaica perfidia movit calumnias, et corde felleo doctrinam evangelicam persecuta, ringens in Christum despumabat convicia, dicens eum in Beelzebub ejicere dæmonia (*Matth.* IX), et non esse a Deo Sabbati contemptorem (*Joan.* IX). Multa prætcrit succinctus et ad finem properans stylus. Qui singula prosequar? Nec mortuo Christo quievit invidia, nec saturata est cruentæ plebis malitia, cum pedibus et manibus clavi, cum lancea lateri, fel ori, spinæ capiti, et totum corpus hæreret cruci. Observabant milites crucifixum, irridebant Judæi, nec extorquebant responsum. Fugientibus apostolis, in faciem filii se opposuerat mater et gladio doloris animæ ejus infixo, vulnerabatur spiritu, et concrucifigebatur affectu : et quod in carne Christi agebant clavi et lancea, hoc in ejus mente compassio naturalis et affectionis maternæ angustia. Stabat ante crucem (*Joan.* XIX), nom minor quam [*forte non miror, quia*] matrem Christi decebat. Fortasse autem quia in morte filii intelligebat redemptionem mundi (75), et jam sua ipsa morte se aliquid æstimabat publico muneri addituram. Sed Jesus alieno adjutorio non indigebat, qui dixit : *Factus sum sicut homo sine adjutorio, inter mortuos liber* (*Psal.* LXXXVII). Suscepit quidem parentis affectum, non tamen quæsivit auxilium : imo ipsam inter reliquos pro quibus sui sanguinis Patri sacrificium offerebat, illo generali beneficio complexus est. Ecce, bone Jesu, coram te est mater tua. Cur modo non dicis : *Quæ est mater mea, et qui sunt fratres mei ?* (*Matth.* XII.) Modo matrem non abjicis, nec ignoras, sed commendas discipulo, et vicariam imponis sollicitudinem illi quem præcipue diligis, qui supra pectus tuum in Cœna recubuit (*Joan.* XIII). *Mulier,* inquit, *ecce filius tuus.* (*Joan* XIX) ; et ad discipulum : *Ecce mater tua* (*ibid.*). Supererat Joseph (76) ad quem usque ad illud tempus præcipua obsequii spectaverat ratio, et cui ad hoc ipsum fuerat desponsata ; et modo quasi hoc ministerio censeatur indignus, Joannes assumitur. Hunc intellectum circumstantia sermonis videtur exigere. Verum secretiori ratione virginitas virginitati commendatur, ut hoc testimonio juguletur Bonosus hæreticus et profanus Helvidius, qui ore fetido ausi sunt garrire quod de utero virginali alius præter Christum partus effusus est, et post Salvatorem natum Joseph eam licentia maritali contigerit. Ipse Christus de cruce maternæ virginitatis est arbiter idem et assertor. *Obstructum est os loquentium iniqua* (*Ps.* LXII) ; *suscepit eam Joannes in suam* (*Joan.* XIX), non abnuente Joseph, nec aliquam calumniam referente, suscepit eam in suam, non quasi maritus, sed loco filii, assecla et custos, et testis et conscius. Erant quidem ambo in ministerio Mariæ, Joseph cedente pro tempore et causa, Joanne præposito. Christus quidem in eum expensis contumeliis et tormentis, jam hora propinquante, in matre amplius quam in se pati videbatur ; nec dissimulans quod humano pungeretur affectu, circa novissima expressit quantam matri vellet reverentiam a mundo exhiberi, cui in ultimis tam officiosum reliquit dilectionis indicium, in ipso mortis articulo exponens quod matris esset intemerata virginitas, et quod ei gratiæ singularis æterna maneret hæreditas. Suscepit itaque discipulus quod ei commendatum est, et Christus dixit : *Consummatum est* (*ibid.*). Hoc dixit, et bono pietatis fine mysterium omne complevit. Postulabat ordo ut et de cæteris capitulis quæ Christus in cruce tetigit aliqua (77) scriberemus, sed supra nos esse scimus ad tantæ profunditatis mysteria mittere manum. Quis enim disserere sufficiat, quod se derelictum clamat in cruce, quasi infirmus (*Matth.* XXVII) : et latronem in paradisum præmittit, quasi Deus (*Luc.* XXIII) : quod orat pro eis qui se maledicunt, et crucifigentibus obtinet veniam (*Joan.* XIX) : et quod in eodem puncto in quo apud patrem totius mundi causam allegat, quam proprie et singulariter matrem revereri indicat ; quod de siti et non de corpore vulnerato eloquitur : quod tunc demum protestatur omnia consummata (*ibid.*), et sic in manus Patris spiritu commendato, capite inclinato, emoritur. Magis hæc nostro videntur honoranda silentio, quam indigni sermonis ausu temerario contingenda (78). Verum de Maria, quod cœpimus, ut breviter prosequamur, hoc ex actionibus apostolorum traditum nobis accepimus, quod post passionem Christi cum apostolis usque ad Pentecostem in orationibus et jejuniis unanimiter conversata est (*Act.* I). Postea vero Joanne in ejus obsequiis perseverante, non diu vo-

---

(75) Pie istud est accipiendum, non quasi Maria tam parum tribuerit filio, ut putaverit ipsius mortem non sufficere sine sua ad mundi redemptionem perficiendam, nec quasi tanti fecerit, ut existimaverit se posse in tanto opere filio suo quasi ex se insufficienti cooperari : sed hoc tantum est intelligendum, quod desiderabat Maria se quoque in idem opus impendere in quod filius se impendebat. Videns enim filium mori pro peccatis mundi, libenter et ipsa pro mundi salute cum filio fuisset mortua : non quod illum insufficientem judicaret, sed quia filio similis et conformis esse cupiebat.

(76) De hoc admonuimus in scholiis præcedentis operis, in Tractatu verbi illius : *Ecce mater tua,* ubi eadem ponitur sententia.

(77) Et commentarium post dedit Arnoldus. De verbis Domini in cruce.

(78) Ex hoc loco satis apparet istud Mariæ encomium ante opus præcedens de VII verbis Domini ab auctore fuisse conscriptum, cum hic ad opus illud contremiscat, ut contingere non audeat, quod tamen postmodum arrepta sancta fiducia est aggressus. Unde et hoc colligitur multo ante opus illud fuisse in animo et conceptu auctoris, quam ipsum compleverit, ut solent boni artifices, quoties opus aliquod insigne concipiunt, diu illud in animo gestare, et in mente multo ante fabricare quam ad operationem externam procedant.

cátione dilata, migravit ad filium, et angelis occurrentibus et deportantibus illam inclytam animam, assumpta est in cœlum. Utrum in corpore, an sine corpore nullius canonicæ Scripturæ definivit auctoritas, sed quocunque modo sit, eam cum Christo esse dubium non est. Nec fas est homini loqui, quid illud gloriæ sit, quæ beatitudinis plenitudo qua illa perfruitur, quia sicut scriptum est : *Pax illa omnem superat intellectum* [*sensum*] (*Philipp.* IV), nec eam *oculus vidit, nec auris audivit, nec in cor hominis ascendit* '(*I Cor.* II ; *Isa.* LXIV). Hoc certum est, quod ibi est, ubi tam ipsa quam Filius vultui Dei assistunt pro nobis misericordiam postulantes non A judicium (*Hebr.* IX), et obtinentes omni pœnitenti remissionem peccatorum. Imo datum Filio a Patre omne judicium (*Joan.* v), et ejus est temperare et dispensare severitatis districtæ decretum, qui non facile eos, quorum advocatus existit condemnat : cumque idem sit advocatus et judex, nequaquam crudeliter judicat, qui semper misericorditer interpellat. Merces quippe mortis ejus salus est homimum. Nec illud sibi perire facile patitur, pro quo et sanguinis pretium magnum datum est : et tantum reconciliationis humanæ studium fuit, ut sua dispendia non attenderet, dum erroneum lucraretur.

ERNALDI ABBATIS

MEDITATIONES.

[Opp. S. Cypriani ed. Joannis Felli Oxoniensis episcopi; Oxon. et Paris. 1700, fol.]

(79) Noli timere, filia Sion : ecce Rex tuus venit tibi mansuetus, et sedens super pullum filium subjugalis. Veni Domine Jesu : veni, desiderate cunctis gentibus, quia dormivit anima mea præ tædio moræ tuæ, et oculi mei languerunt præ inopia luminis tui. Orire, sol amabilis, ut exeat homo ad opus suum et ad operationem suam usque ad vesperam : et operetur non cibum qui perit, sed qui permanet in æternum. Noli timere, filia Sion ; timere pusillorum est. Ideo adhuc, filia, quia times ; nondum Jerusalem sed filia Sion, hoc est specula ; ergo disce speculari. Noli timere, quia timor oculum turbat, hilaris pupilla lucide speculatur ; fides est pupilla oculi tui. Quomodo pupilla oculi subtilissima est, et nisi impigre et sollicite custodiatur a palpebris, levissimo tenuissimi pulveris tactu confunditur : sic acies fidei, nisi pervigilem semper habeat custodiam, nihil citius conturbatur. Sed noli timere, filia Sion : ecce rex tuus venit tibi, oritur tibi sol, qui et te custodiat et illuminet, et perducat te ubi pulvis non est : venit tibi mansuetus ; qualis ipse est, talem te esse vult. Mansuesce jugum ejus portare, ut et ipse sedeat super te asinam suam et pullum filium subjugalis. Et quæ est hæc asina ? Ipsa quæ caro vocatur, et mulier et virago, quia de viro sumpta est. Et quis est pullus ejus ? Masculus vir. Et quomodo pullus ejus est ? B Quia non prius quod spirituale est, sed quod animale ; deinde quod est spirituale. Prius caro domatur, ut sub jugo habilis sit, deinde nascitur pullus et roboratur, ut sessorem suum portare possit. Et quare filius subjugalis ? quia sub viro est mulier, et mulieris caput vir : et tamen filius est subjugalis, quia per mulierem vir, sed in dolore pariet. Sedeat super utrumque rex mansuetus faciens pacem, ne hæc sibi invicem adversentur. Sedeat, inquam, ut spiritus imperet carni, et caro obtemperet spiritui : spiritus autem et caro obediant suo Creatori.

Venit mansuetus, venit tibi ; et tu non vadis ei ? Egredere de terra carnis tuæ, de cognatione mentis tuæ, et de domo patris tui : de memoria patris tui. Pater tuus Amorrhæus et mater tua Hethæa : hujus patris obliviscere, et tunc concupiscet rex decorem tuum. Decor magnus est, si audis et vides et inclinas aurem tuam. Audis per obedientiam, vides per intelligentiam, inclinas aurem tuam per humilitatem : hic decor, hæc gloria omnis ab intus est in fimbriis aureis ; hunc decorem tuum rex mansuetus concupiscet. Egredere de civitate, quia vidi, inquit, iniquitatem et contradictionem in civitate. Egredere cum pueris Hebræis qui transeunt simpliciter in occursum Domini. Sterne in via ramos olivarum, ut opera misericordiæ pedibus ejus

---

(79) *Noli timere, filia.* Opus hoc in vetusto codice Laudensi, qui auctori ipse videtur coævus, repertum, reliquis ejus scriptis addendum duximus, licet tractatus istiusmodi in vulgatis catalogis nulla mentio habeatur.

accommodes. Accipe frondes palmarum, ut triumphes de principibus tenebrarum. Nihil in te resideat quod in occursum Jesu non prodeat : quia nec una ungula in Ægypto Pharaoni relinquenda est : manus et cor linguæ concinant hosanna in excelsis.

Videns vidisti, Domine Deus, afflictionem populi tui, qui est in Ægypto, et inclinasti cœlos tuos, et descendisti liberare nos. Indulta est et mihi, Domine, modica quies ab operibus tenebrarum durissimis ; quibus mentem meam vehementer afflixit importunus exactor Pharaonis, et sabbati tui præparatio jam lætificavit animam meam. Verumtamen nondum usque ad speculum perveni, ubi plenius intelligam pustulas et nævos qui maculant faciem meam, qui valde displicent in oculis tuis ; cum et si lavero me nitro, et multiplicavero mihi herbam Borith, maculata sum iniquitate mea.

Et tunc, Domine, passionis tuæ dies urgere nos deberent magis quam præpositi Pharaonis : cum in operibus tuis justitia est, et pax et gaudium in Spiritu sancto. Nos autem dormitamus, te, Domine, pro nobis orante : quia oculi nostri tempore nostro gravati sunt. Suscita nos ut vigilemus et oremus, ne incidamus in tentationem : quoniam tribulatio valde proxima est nobis, quam cito clauditur oculus ne te videat : collabitur pes noster in hoc mari magno et spatioso manibus, ubi sunt reptilia quorum non est numerus, quæ somniorum suorum phantasiis intentam ludificant animam, et trahunt in cor maris, unde non facilis ad superiora reductus est : nisi tu emittas manum tuam de alto, et liberes nos de aquis multis. Suscita nos, Domine, ut tecum vel una hora vigilemus et oremus. Quis autem est qui tecum una hora vigilet ? Avulsus enim es a nobis quantum jactus est lapidis, et agonizas prolixius, ita ut gutta sanguinis tui decurrat in terram ; longe, longe avulsus es a nobis, quia lapis abscisus est a monte sine manibus, et jactus est lapis et percussit Goliam in fronte, et statuam in pedibus. Iste est jactatus tuus longe a nobis, quia etiam et usque ad interiora velaminis præcursor introisti pro nobis, ubi semper interpellas Patrem. Sed utinam gutta sanguinis qui de agone tuo sudat, usque ad terram nostram decurrat, et aperiat terra os suum, et bibat illam, et clamet ad te, et tecum ad Patrem, melius quam sanguis Abel.

Quis autem est, Domine, qui tecum una hora vigilet ? etiam non est factum silentium, nisi quasi media hora. Quanto minus una hora vigilabimus tecum ; quotiens et quotiens, Domine, venis ad nos, et invenis nos dormientes, et tamen benigne suscitas nos, et iterum abis secundo et tertio eumdem sermonem dicens. Statim autem ut recesseris, iterum somnus occupat nos, nec vigilare possumus, nisi quandiu nobiscum es, et suscitas nos. Venis in secunda et tertia vigilia, sed beatus ille servus, quem tunc inveneris vigilantem. Jam primæ et quartæ vigiliæ nulla mentio fit, quia nec primæva

ætas sensum recipit vigilandi, nec ultima spem prolixius orandi. Et quid est, Domine, quod tertio rediens copiam dormiendi paras : Dormite jam et requiescite? Nunquid aliud concedis somnium ubi requiescitur, et aliud prohibes in quo oculi gravantur? Ita est ; qui enim vigilat in te, suaviter dormit et silet, et somno suo requiescit. Qui autem dormit a te, sicut ebrius nocte, nesciens graviter agitatur.

Tristis est, inquit, anima mea usque ad mortem. Quis enim sciat utrum ad dextram, an ad sinistram erit : quis sciat quomodo respondeat ad arguentem se, cum judex sicut parturiens loquetur : Ideo tristis anima mea similis fiat pellicano solitudinis, quæ odit civitatem et conventicula eorum de sanguinibus, et macie solitudinis pallet. Ut sicut nycticorax in parietinis Scripturæ quærat sibi escam tota nocte ; et evolet in passerem super tectum, vigilantem et caventem quin veniat fur. Vel Judam non videtis, quomodo non dormit, quam pervigiles habet oculos avaritiæ, quomodo circuit orbem terræ. Non cessat manus ejus, non cessat pes ; et coacervat sibi iram in die iræ. Et tamen dormit Simon, dormit Jacobus et Joannes. Quare? quia non attendunt quid post paululum futurum sit. Periculi magnitudo somnum fugat. Nunquid dormivit Petrus in atrio ? Nunquid dormierunt qui relicto eo fugerunt ? Nunquid dormivit adolescens quando tenuerunt eum, et ille relicta syndone nudus profugit ? et tum frigus erat, quia stabat Petrus et calefaciebat se ; magnitudo periculi et somnum et frigus et famem facit oblivisci. Evigila, miserabilis anima, si non amore, saltem timore. Cogita saltem cruciatum quem jam passura es in morte. Certe nulla crux durior est quam mors ; mors, inquam, ipsa durissima est crux quæ tibi paratur : ad quam tu quotidie festinas, et non attendis. Vide quomodo te mors crucifigit : corpus rigescit, crura distenduntur, manus et brachia decidunt, pectus anhelat, cervix languescit, labia spumant, oculi stupescunt, facies exsudat, vultus tabescit et horrescit, et velut testa pallescit. Ita crux manet te. Nescio utrum in lecto molli, an in cruce rigida suavius moriatur, nisi quod crux citius dolorem abscidit. Quæ videmus et sentimus levia sunt ad ea quæ animus jam prægustat, nam sensus cito a corpore recedit, animam suam mors semper comitatur.

Cum ambularent animalia, ambulabant pariter et rotæ juxta ea ; si vita nostra proficeret, rota sanctæ Scripturæ nobiscum pariter ambularet. Sed quia per paludes et saxa pedibus euntes offendimur, vix rotæ nos sequuntur ; passio Domini celebratur, et nos voluptati operam damus, clamat nobis de cruce : O vos omnes qui transitis per viam, attendite et videte, si est dolor similis sicut dolor meus ! et nemo est qui audiat, nemo qui consoletur, nemo qui respondeat. Sitio, inquit, Domine, quid sitis ? ergone te plus cruciat sitis quam crux ? de cruce siles, et de siti clamas ? Sitio, quid ? vestram fidem, vestram salutem, vestrum gaudium ; plus animarum vestrarum quam corporis mei cruciatus me tenet.

O vos omnes, qui transitis per viam, attendite et videte, si est dolor sicut dolor meus. Attendite dolorem meum, ut in dolore meo videatis dolorem vestrum ; dolor meus imago vestri doloris est. Quid attenditis in corpore meo? Attendite et videte, si similis dolor non est in corde vestro. Transitis a vobis ad me, retransite a me in vos; et videte si non est similis dolor in vobis, sicut dolor meus. Nolite flere super me, sed super vos ipsas flete, filiæ Jerusalem. Vester ille dolor, quem transitis et non attenditis, magis est flendus quam dolor meus; propter scelus enim vestrum percussus sum. Hæc nobis de cruce clamas. o benigne Jesu! et si non verbis, tamen ipsa re. Quid tibi respondeam? quid loquar? quid retribuam? fecisti ergo mihi de corpore tuo speculum animæ meæ. Nesciebam contumelias et terrores et colaphizantem me incessanter Satanam, nisi viderem artem medicinæ tuæ similia similibus curantem, et apprehenderem in statera hinc calamitatem tuam, illinc iniquitatem meam. Dedisti corpus tuum percutientibus, et genas tuas vellentibus : faciem tuam non avertisti a conspuentibus in te, ut alapæ tuæ meas alapas removerent, et flagella flagellis expientur, et opprobria exprobrantium tibi, quæ ceciderunt super te, auferant a me opprobrium sempiternum.

Hæc sunt linteamina mundissima carnis tuæ, quibus vulnera mea alligasti, o Samaritane misericors, ut poneres super jumentum tuum hominem a latronibus spoliatum, et flagellis cæsum, et perduceres in stabulum; cum ipse vere nostros languores tulisti, et dolorem nostrum ipse portasti, cujus livore sanati sumus.

In domo ergo principis sacerdotum velata facie colaphizatur Christus : quia in domo conscientiæ cæcata mente colaphizatur Christianus. Quod enim Christus in publico, ego patior in occulto : et quæ ille foris a ministris Caiphæ, ego intus a nequitiis Satanæ : quia supra dorsum meum fabricaverunt peccatores, faciem mihi velaverunt, faciem meam in terram defixerunt, et dorsum meum incudem suam fecerunt. Et supra dorsum meum fabricaverunt peccatores, sed adhuc intra domum contineor, ubi puella et moritur et suscitatur : nam et ibidem Petrus negavit. O homo non sum, hominem attendo, non Deum; hominem timeo, non Deum, cujus veritatem nego. Nonne, Petre, in his verbis velatam faciem habuisse videris? unde et tertio colaphizatus est, quia tertio negavit. Et Paulus tertio rogavit Dominum, ut auferret a se angelum Satanæ, qui eum colaphizabat. Uterque ergo apostolus colaphizatus est : uterque ter naufragium passus est, ille intus, iste foris. Voluisset quidem Satanas ; at, si tam licuisset ei tandiu Petrum colaphizando cribrare sicut triticum ; donec ab eo omnem fidei medullam excussisset. Sed ego (inquit), Petre, rogavi pro te, ut non deficeret fides tua : unde respexit eum Christus, et egressus foras, flevit amare.

Tandiu velatam faciem habuit Petrus, donec respexit eum Christus. Sed nunquid non etiam prius negantem non aspiciebat? etiam. Sed Petrus respicientem se Christum non respiciebat, quia velatam faciem habebat, unde bene alius evangelista : Et recordatus est, inquit, Petrus. Recordatio Petri respectus fuit Christi ; ergo, cum peccatum flendo recordaris, a Christo videris, imo sublato velamine Christum vides. Et egressus foras propterea negabat, quia intus esse volebat, et tamen, quando negavit, foras egressus est. Unde foras? de domo Christi, de domo fidelium? At ubi de domo Caiphæ foras egressus est, in domum Christi intromissus est.

Quanti sunt hodie qui dicunt : Nos sumus de domo Christi, nos sumus de domo Ecclesiæ ; et sunt de domo Caiphæ, hoc est hypocrisis? Quod Petrus negando, hoc ipsi faciunt affirmando. Sed nisi confitendo foras exeant, et amare fleant, non intrant in Ecclesiam Christi. Amaritudo fletuum velamen diluit oculorum. In domo ergo Caiphæ colaphizatus est Christus, quia in domo Caiphæ colaphizatus est Petrus : et quod Petrus a Satana intus passus est, hoc Christus a ministris Satanæ foris pertulit. Attende ergo et vide, si est dolor tuus similis sicut dolor meus. Vides quis graviora pertulit opprobria, Christus foris in corpore, an Petrus intus in corde?

Sed jam ad Pilatum eatur : mane autem facto, vinctus adducitur ad Pilatum. Quandiu culpa latet, nox est : at ubi cœpit innotescere, mane fit. Tunc jam ligatur a principibus sacerdotum, et traditur Pilato, hoc est principi tenebrarum. Sicut et Apostolus dicit hujusmodi tradere Satanæ in interitum carnis. Effertur adolescens de domo ad portam civitatis, ubi sedet Pilatus pro tribunali : in porta enim judicium fieri solebat. Pilatus autem apprehensum flagellavit. Sæpe, dum culpa retegitur, per impudentiam peccator effrænatur. Augentur flagitia, plagæ multiplicantur ; multa enim flagella ; multa peccata.

His flagellis Pharao cædebat filios Israelis. Post hæc traditur militibus ad illudendum : ipsa est militia spiritalis nequitiæ. Vide originem miseriæ a principibus sacerdotum : traditur principibus tenebrarum ; qui flagellis suis sibi mancipatum militibus suis exponunt altius illudendum, et postea novissime crucifigendum. Post crucem non restat supplicium, quia peccatum cum morte terminatur ; sed vicina jam morte, majori dæmonum ludibrio peccator agitatur. Exuentes quippe eum veste totius decoris Christiani : quasi pro regio splendore chlamydem ei coccineam, hoc est, vestimentum mixtum sanguine circumdant, cum propter crudelem vitæ suæ sanguinolentiam a plerisque et honoratur et circumdatur. Unde et plectentes coronam de spinis ponunt super caput ejus, cum de rapina pauperum spineas ei divitias coacervantes, caput ejus ad regnum efferunt. Vindicant enim pecunia, quod sapientia dicere solet : Per me reges regnant, et conditores legum justa discernunt. Ubi pecunia, ibi lex, ibi clientium copia. Unde et arundinem ponunt in dextera ejus; potestas enim et regnum impiorum arundo est quae vento agitatur. Regnum autem Christi virga ferrea. Et bene in dextera arundo ponitur; quia dextera eorum dextera iniquitatis. Jam quod subsequitur luce clarius est : quia flexo genu talibus illuditur potius quam servitur.

Ave, rex Judaeorum, exspuentes in eum laudibus supervacuis. Laudatur enim peccator in desideriis animae suae, et iniquus benedicitur. Acceperunt arundinem et percutiebant caput ejus. A talibus enim rectoribus milites eorum potestatem accipiunt nocendi et devorandi pauperes, quod totum tamen abundat in caput ejus; cujus auctoritate se tuentur. Hic tertia mors est, quando sedet foetens in cathedra pestilentiae. His mortibus infelix anima ante extremam crucem mortis affligitur : et quod miserabilius est talibus opprobriis quasi pro magnis honoribus delectatur; et talis quotidie ducitur ad crucem, bajulans ipsa sibi suae damnationis supplicium.

Sed quid est quod post illusionem chlamyde exuitur, et suis vestimentis reinduitur? nisi quod saepe superbus Adam, cum per dolorem carnis confinia mortis ingreditur, deposita elatione ad putredinis suae considerationem revertitur : ubi videlicet vel miseratione divina poenitentiae fructus invenit, vel per tremendum judicium duplici contritione conteritur. Sic Herodes cum veste regia perfulgidus, plus quam decuit, a populo acclamaretur : mox percussus ab angelo, exutus chlamyde vestem suam reinduit, et consumptus a vermibus exspiravit.

Rectene illusus est? Ave, rex Judaeorum. Quid superbis, terra et cinis ? quid veste nitida gloriaris ? subter te sternetur tinea, et operimentum tuum vermis, haec tua vestis est. Illuserunt tibi, qui tibi circumdederunt chlamydem coccineam. Sic Antiochus et dominici natalis hostis Herodes, alienis vestibus depositis, in suis vermibus exspiraverunt. Redi ad cor tuum tandem aliquando, redi vetus Adam : vide ubi et quomodo te requisivit et invenit novus Adam : ostendit tibi in corpore suo ignominias animae tuae. Non satis fuit quod per colaphos et flagella, et nova irrisionum genera, post te fugientem clamitans et miserans percucurrit, et usque ad novissimum crucis supplicium jamjam efflantem consecutus invenit et apprehendit.

Quis enim latro ille fuit nisi Adam; qui, ex quo primum in paradiso sui ipsius homicidium perpetravit, tandiu a Christo fugit reus et abscondit se, donec in crucis articulo novissime consumptus et comprehensus, fugere et latere ultra non potuit. Ibi comprehensus tandem a te, bone Jesu, conversus est, culpam suam confessus est, poenam libenter amplexus est. Tu enim admonebas ne pati abhorreret : quod te quoque secum pati videret. Ille ergo tibi de toto mundo solus et unus adhaesit : et ideo solus de toto hoc mundo tecum in paradisum intravit, ubi et tam firmiter non jam custos paradisi, sed civis et domesticus Dei colligatus est ut amplius inde cadere non possit. O beatissimum latronem, imo non latronem, sed martyrem et confessorem ! Necessitatem enim convertit in voluntatem, et poenam commutavit in gloriam, et crucem in triumphum. In te, beatissime confessor et martyr, de totius mundi sterilitate fidei reliquias collegit Christus. Tu, fugientibus discipulis et Petro negante, socius et comes passionis ejus fieri gavisus es : tu Petrus in cruce fuisti, et Petrus in domo Caiphae, latro. Tandiu enim Petrus latro fuit, quandiu intus latitans Christum foris negavit : ideo et Petrum praecessisti in paradisum; quia qui te in cruce complexus est, dux et rector tuus eadem die qua ipse ingressus est, fidelem et gloriosum militem secum te pariter introduxit.

Egenus et pauper ego sum, Domine, et claudus ex utero matris meae; et ecce sedeo ad portam templi tui quae dicitur speciosa, non valens nec volens introire. Quin potius egestate bonorum tuorum, mendicans foris alimoniam carnis meae; aereas et falsas imagines hominum : ubi coacervem mihi talentum iniquitatis, fasciculos deprimentes. Et ecce hora orationis nona est. Ascendunt Petrus et Joannes apostoli tui ut orent ad templum sanctum tuum. Ego autem haereo terrae et luto, terrena et vana sapiens; et aliis introeuntibus, ego foris remaneo : non quaerens cum eis quae Patris tui sunt; sed quae primi parentes mei, qui me huc foras ponunt, quotidie male concupiverunt. Et ecce jam hora orationis nona est ; inclinata jam est dies, prope est nox : cum surrexero mane diluculo, de his quae nunc mendico, nihil in manibus meis reperiam. Hora inquam, orationis nona est; orasti enim hac hora pendens in cruce; orasti inclinato capite, clamans magna voce, et exspirasti. Orasti inclinato capite in Spiritu humilitatis, clamans voce magna, altissimo et secretissimo affectu paternae et nostrae charitatis. In illo, Domine, clamore valido exspirasti, et eumdem, quem de nobis habebas compassionis animum, tecum portasti ; et credo, Domine, quia tecum adhuc reservas : quia charitas tua refrigescere nescit. Erat autem hora orationis nona : et quare nona orationis haec hora? quia circa horam nonam tenebrae factae sunt. Repellendus erat horror tenebrarum, qui universam operuerat terram. Repellenda caligo populorum, quae ex tunc coeperat abundare, ex quo tu coepisti ad auram post meridiem deambulare. Ex tunc non cessasti, clamans ubi es, Adam; sequens post tergum fugientis et abscondentis se quantum in ipso fuit : et dimissus est de paradiso voluptatis, et pervenit usque ad condignum cruciatum suae iniquitatis. Sed nos, inquit, digna factis recipimus; hic autem quid fecit ?

Adam, quam sero in haec verba perrupisti ! modo

primum te invenit. Amen dico tibi, hodie eris mecum in paradiso. Ideo hora est orationis nona : nona oravit ; nam decima paradisum intravit. Præterea et non introibat claudus in templum : quia nondum usque ad decimam generationem pervenerat ; sed Petrus ad eum : In nomine, inquit, Jesu Christi surge et ambula. Vere vos estis montes ad quos levavi animam meam, unde veniet auxilium mihi. Sed auxilium meum a Domino, quia in nomine Jesu Christi, dicis, surge et ambula. In verbo Christi laxas rete, in verbo Christi claudum levas, in verbo Christi solidantur bases ejus et plantæ. Quæ sunt bases ejus ? fides et timor ; et quæ plantæ ? spes et charitas.

Ideo bene Petrus et Joannes simul ascendebant quorum alter fidei, alter charitatis insigne ferebat. Ascendebant ad templum tuum, Domine, tecum simul oraturi ; ut et ipsi tecum introeant in paradisum sanctuarii tui, quia scissum est in morte tua velamentum quod erat super faciem Moysis. Sed nolite timere soli ; quia nec tu, Domine, solus in paradisum introisti. Tu latronem, isti claudum introducunt. Sed neque jam latro in paradiso, neque claudus in templo. Quomodo claudus enim, qui stat et ambulat, exsilit et Deum laudat ? aut quomodo latro, si cum Christo in paradiso ? non enim habitabit juxta te malignus. Latro fuerat, quando latebat ante confessionem : justus autem, post orationem. Quid enim oravit ? Memento mei, Domine, dum veneris in regnum tuum. O magna fides ! O magna spes ! O magna charitas ! Orat pro futuris, non pro præsentibus ; non vult de cruce deponi, sed in Christi regno reponi. Quid enim aliud est dicere, quam cupio dissolvi, et cum Christo esse ? Nescit quid Paulus magis isto latrone cupierit. Memento mei, o cor contritum et humiliatum ! Quid minus, vel humilius potuit orare, quam ut vel sui memor esset ? Memento mei ; cujus mei ? mei, inquam, tam indigni, tam peccatoris. Iniquitatem meam ego agnosco, et peccatum meum contra me est semper : confundor oculos meos ad te levare ; tibi soli peccavi. Tu solus potes a peccato meo me mundare. Malum coram te feci, cum me tibi volui celare. Latro sum animæ meæ ; homicidium quod feci, volui occultare : sed malum coram te feci. Memento mei, miserere mei : merito in hanc miseriam deveni, qui tuam beatitudinem deserui. Dives eram, et ecce quam miser factus sum. De omni ligno Paradisi poteram comedere et delectari ; et ecce crucior in hoc ligno, et morior. Memento mei, tui oblitus eram ; sed tu, cum iratus fueris, misericordiam recordaberis. Miserere mei, Deus, secundum magnam misericordiam tuam ; video in te magnam et tuam, hoc est, competentem tibi misericordiam : quæ te mihi ad mei consimilem condescendere fecit miseriam. Et ego, inquam, digna factis, tu autem quid fecisti ? Video te mihi in pœna similem, quem in actu video tam dissimilem.

Non potuisti me longius sequi. Unde venisti ? a summo cœlo egressus es : de utero Virginis speciosus forma processisti ; et mecum pendes in ligno ? Quis huc adduxit te ? sola misericordia. Secundum hanc magnam misericordiam tuam, miserere mei, Deus. Deus es, non homo tantum ; Deus es, ego homo plasma tuum, ego quem fecisti ad imaginem et similitudinem tuam : imaginis tuæ, Deus, miserere. Sed in quo te agnoscam misereri ? In eo quia imaginem meam in te video similem et eamdem mecum miseriam pati. Quid ergo restat, nisi ut sperem ? De tanta misericordia quis unquam potuit desperare ? Ergo memento mei, dum veneris in regnum tuum. Vadis ad regnum tuum, implesti negotium tuum. Ad hoc venisti, ut me reducas tecum : tecum ire concupisco, et pro hoc amarissimam mortem pati non contremisco, non erubesco.

Quomodo enim contremiscerem, ubi te mecum esse viderem ? Etiamsi ambulavero in medio umbræ mortis, non timebo mala, quoniam tu mecum es. Aut quomodo erubescerem, quod te Dominum cœli portare viderem ? Qui enim te erubuerit et tuos sermones, hunc tu erubesces, cum veneris in majestate tua, et Patris, et sanctorum angelorum. Qui non bajulat crucem suam et sequitur me, non est me dignus. Hic est sermo tuus : qui hunc sermonem erubuerit, hunc tu erubesces. Qui enim erubescit crucem tuam, erubescit gloriam tuam : mihi enim absit gloriari, nisi in cruce Domini mei Jesu Christi. Crux gloria tua est ; crux imperium tuum est. Ecce imperium tuum super humerum tuum. Portas crucem tuam, portas portantem te. Qui portat crucem tuam, portat gloriam tuam ; qui portat gloriam tuam, portat te. Portantem autem te tu portas super humerum tuum ; quia imperium tuum super humerum tuum. Ergo qui te portant, imperium tuum sunt : in ipsis enim tu regnas, o maxime imperator. Sed quomodo aut quo portas imperium tuum super humerum tuum ? Humerus tuus altus est, humerus tuus fortis est, humerus tuus pertingit usque ad Patris consessum super omnem principatum et potestatem et virtutem. Illuc reducis ovem centesimam : illuc reducis ovem Joseph : ad dexteram Patris deducitur ovis Joseph. Vade jam secura ovis Joseph : Christus te portat super humerum suum. Fortis est humerus ejus, noli timere : altus est, noli ad ima respicere, quia nemo mittens manum suam ad aratrum et respiciens retro, aptus est regno Dei.

Grave jugum super filios Adam a die nativitatis eorum, usque in diem reversionis in matrem omnium. Quandiu sum filius veteris Adam, grave jugum porto : si essem filius novi Adam, leve jugum portarem. Quod est onus grave ? Talentum plumbi : et quod est onus leve ? Crux Christi. Illud, sicut scriptum est, submergitur in aquis vehementibus : istud enatat super aquas. Mira res, nihil formidolosius homini quam crucem pati. Sed quare timent homines crucem ? quia latrones sunt : si latrones non essent, crucem non timerent ; ergo qui timet, latro est. Quomodo, inquis, latro est? Audi Christum : Vos inquit, fecistis eam, hoc est domum meam, speluncam latronum. Templum Dei sanctum est, quod estis vos : faciunt ergo homines seipsos-speluncam latronum, jugulant homines, et trahunt in speluncam suam. Quod enim majus homicidium quam ut seipsum interficiat homo? vel quod gravius homicidium, corpus occidere aut spiritum?

O quoties homo se interficit! Quot homicidia in semetipso perficit! Quoties voluntarie et ex studio peccatum perpetrat, quid aliud quam seipsum jugulat? Omnis enim qui accepit gladium, gladio peribit. Gladius animæ peccatum est, peccatum animæ mors est : qui hunc gladium manu propriæ deliberationis accipit, hoc est acceptum habet et gratum, primus in seipsum manum mittit, semetipsum primus interficit. Gladius, inquit, eorum intret in corda ipsorum. Nec satis est semel occidere et quiescere, sed millies et millies crudeles in se manus convertunt; et veloces sunt pedes eorum ad effundendum sanguinem suum.

Viri sanguinum et dolosi : quomodo dolosi? quia congerunt cadavera mortuorum in speluncam suam, et operiunt aggere terræ, ne vel ipsi videant vel ab aliis videantur. Nolunt ipsi videre, ne horrorem vel putorem ingerant eis in faciem morticina fœtentia : nolunt videri, ne forte deprehensi tanquam latrones et homicidæ ad horrenda supplicia pertrahantur. Quid autem in omnibus suppliciis tam horrendum quam crux? ideo timent latrones crucem, quia crux scelerum vindex est, crux impiorum pœna est. Crux æqua lance judicat et remunerat, hinc innocentes, illinc nocentes : ideo crux impiis formidolosa, piis autem super omnia ligna paradisi gratiosa est. Nunquid enim Christus crucem timuit? nunquid Petrus? nunquid Andreas? imo optavit. Exsultavit ut gigas ad currendam viam; et desiderio, inquit, desideravi hoc pascha vobiscum manducare, antequam patiar. Manducavit hoc pascha cum discipulis, manducavit pascha, et compassus est, quando transivit ex hoc mundo ad Patrem. Ego, inquit, habeo cibum manducare, quem vos nescitis; meus cibus est, ut faciam voluntatem Patris mei : voluntas Patris est ut calicem ejus bibam.

Ergo in cruce manducavit et bibit, et inebriatus est et dormivit. Et risit verenda ejus maledictus Cham; filii autem reverentes altissimi soporis mysterium pallio contexerunt. Immisit quippe Dominus soporem in Adam, et tulit unam de costis ejus formans eam in mulierem, et adduxit eam ad Adam. Manifesta res est, quia dormivit et soporatus est Christus, et de latere ejus quotidie ædificatur et pascitur et nutritur Ecclesia; et adducitur a finibus terræ, ut assistat regina ejus in vestitu deaurato circumdata varietate. In cruce ergo manducavit pascha, quia ascendit in palmam et collegit fructus ejus; cum exaltatus, inquit, fuero a terra, omnia traham ad me. Quæ omnia? Cœlum et ter-

ram et inferos : traxit ad se Patrem, quia clamor ejus introivit in aures ejus, et contremuit terra, et petræ scissæ sunt, et monumenta aperta sunt, quia vocem Filii Dei audierunt. Sic mediator Dei et hominum medius inter cœlum et terram pascha manducavit, et fructus arboris undique collegit; quos in corpus suum trajecit, quia confluebant omnia ad arborem vitæ, quæ erat in medio paradisi : restincta enim erat framea quæ viam intercluserat. Quis ergo amplius crucem timeat? Vere qui crucem timet, ipse sibi testis est, quod adhuc latro est. In cruce enim pendet omnis fructus vitæ : quia ipsa est arbor vitæ quæ est in medio paradisi; ipsa est altitudo et latitudo, sublimitas et profundum; ipsa bonos colligit et remunerat, malos disperdit et condemnat; ipsa est mœstorum consolatio, esurientium refectio, perfectorum gloriatio.

Circuire possum, Domine, cœlum et terram, mare et aridam, et nusquam te inveniam nisi tantum in cruce : ibi dormis, ibi pascis, ibi cubas in meridie. Crux enim tua fides est; cujus latitudo charitas; longitudo, longanimitas; altitudo spes; profundum timor. In hac cruce te invenit, quicunque te invenit : in hac cruce anima suspenditur a terra, et dulcia poma de ligno vitæ decerpit : in hac cruce Domino suo adhærens dulciter decantat : Susceptor meus es tu, gloria mea, et exaltans caput meum. Nullus ergo te quærit, nullus te invenit, nisi crucifixus. O gloriosa Crux, radicare in me ut ascendam in te.

Sed ubi crucifixerunt eum? In Calvariæ loco. Beatus vero locus in quo figitur crux : bona calvities quæ tali fronde vestitur. Ad hanc calvitiem Eliseus ascendebat; vide si non calvus esset noster Eliseus; Filius, inquit, hominis non habet ubi caput reclinet. Ecce, quam calvus est, qui non habet ubi caput reclinet. Calvus est, quia regnum ejus non est de hoc mundo; calvus est noster Eliseus, quia discipuli ejus, relicto eo, omnes fugerunt. Quid enim discipuli ejus nisi capilli capitis, qui omnes numerati sunt? Ergo in Calvariæ loco vexillum crucis erigitur. Pro eo, inquit, quod ambulaverunt filiæ Sion extento collo et nutibus oculorum, decalvabit Dominus verticem filiarum Sion : decalvet Dominus verticem capilli perambulantium in deliciis suis : decalvet, inquit, filias Sion; et faciat ibi Calvariæ locum, ut ibi figatur gloria Christi crux, ubi sibi sedem superbia locaverat. Dilata, inquit, calvitium tuum sicut aquila. Aquila decalvata perspicuo sole fruitur : sic animæ calvities quanto dilatatur, tanto se purius in eam lux vera infundit. Qui autem comam sibi nutriunt, cæcitatis et gravitatis sibi damnationem acquirunt.

Propterea lucis hujus beatæ visionem perdidit Absalon : quia gravabat eum cæsaries; et non nisi semel in anno tondebatur; et crines ejus ponderabant ducentis siclis pondere publico; unde et eodem crine suspensus ad arborem, interiit.

Absalon patris pax, ipse est et Judas, et quicunque in pace Christo est amaritudo amarissima. Ave, Rabbi. Voce et osculo patri pacem ferebant; ore suo benedicebant, et corde suo maledicebant. Homo, inquit, pacis meæ, in quo sperabam, qui edebat panes meos; magnificabat super me supplantationem. Unus est et multi sunt : Ecce Absalon! Ecce Judas! Ecce corpus Satanæ! Sed quomodo comam nutriebat? Fur erat et loculos habebat. Ista enim cæsaries gravabat, et semel in anno tonsus est : quando semel retulit triginta argenteos et projecit eos in templo, quos ponderavit ducentis siclis; qui numerus immundorum est, et hoc pondere publico, non pondere sanctuarii. Pœnitentia enim ductus, peccatum suum valde ponderavit.

Peccavi, inquit, tradens sanguinem justum. Singula verba plena sunt ponderibus; sed pondere publico, non pondere sanctuarii : quia plus erubuit infamiam quam conscientiam : plus suam nequitiam, quam Dei misericordiam ponderavit. Audi pondus sanctuarii : Peccavi, malum coram te feci, dele iniquitatem meam : hinc iniquitatem meam ego agnosco, illinc misericordiam tuam magnam attendo : miserere mei, Deus. Audi et pondus publicum : Major est, inquit Cain, iniquitas mea, quam ut veniam merear; retulit ergo triginta argenteos, et projecit eos in templo. Vide quantum magni pendebat eos. Non projecit eos in sterquilinio, sed in templo : nimirum talibus semper diis templum suum devoverat. Avaritia enim simulacrorum est servitus, et avaritia excæcat oculos sapientium. Ecce infelicem, qualiter excæcatus est. Maluit se ipsum perdere, quam denarios perire : denarios templo, seipsum laqueo addixit : amabat hæredes suos, qui eosdem denarios exinde colligerent, qui etiam nunc reservant eos in suo corbana. Projecit eos in templo, et abiens laqueo se suspendit : jam diu quidem a Christo abierat, et avaritiæ laqueo se suspenderat; sed quod fecerat in occulto, palam omnibus innotuit. Exterioris pœnæ qualitas modum supplicii aperuit; quia per quæ peccaverit homo, per hæc et punietur.

Suspensus crepuit medius, plenus erat venter, et ruptus est venter : crepuit medius, ubi sedes erat Satanæ. Crepuit ergo vas contumeliæ, quia non erat de vasis figuli, quæ probantur in fornace. Propter quod in agro figuli in sepultura peregrinorum sortem non habuit; sed velut testa crepitans per inane dissiluit, et diffusa sunt omnia viscera ejus. Pecunia sunt viscera avari; illa diffunduntur et perduntur; sed viscera misericordiæ colliguntur. Pendet adhuc Judas, ut Absalon per comam capitis sui, et mulus, cui insederat, pertransit. Nolite fieri sicut equus et mulus; quia mundus transit et concupiscentia ejus. Crinis Absalon quo suspenditur, radix omnium malorum est cupiditas vel avaritia. Ubi hæc radicaverit, omnium malorum cæsaries abundabit. Mulus vero ex equo et asino mistus; duplex est animus qui foris ostentat, quod intus non servat. Talis erat Judas, talis Absalon. Foris pietas, intus malitia : duplex est iniquitas; equus manifeste tumet, asinus simpliciter ambulat : mulus nequam et subdolus incautum præcipitat.

Aperi nobis, Domine, aperi nobis ostium lateris tui, quod est in arca tua; ut introducas nos cùm mundis animalibus septena et septena. Tu es enim verus Noe; quem solum invenit Deus Pater tuus justum coram se. Hic est, inquit, filius meus dilectus, in quo mihi bene complacui. Tu cognoscis oves tuas, et illæ agnoscunt te; quia sunt animalia munda septena et septena : qui septiformi gratia et operibus lucis Sabbatum ex Sabbato adepti; jam digni sunt octavæ conscribi : qui numerus tantum in arca salvatus est. Introduc et nos ad te per ostium lateris tui, quod est fides Ecclesiæ : et claude ostium a foris donec pertranseat iniquitas : et cessante diluculo iterum nobis aperias non jam fidei, sed spei ostium contra ostium, quod in montis ædificio Ezechieli prophetæ monstratum est. Interim tamen et fenestram habes in arca, per quam dilectus mittit manum suam, et columbam suam excitat : Surge, inquiens, amica mea, speciosa mea, columba mea; et veni. Et cum evolat post te ut apprehendat te, tu effugis, et ascendis super cherubim, et volas super pennas ventorum : ut non inveniat pes columbæ tuæ solidum quid de te ubi requiescat; nisi iterum ad arcam tuam revertatur, et tu manu apprehensam iterum in sua mansiuncula reponas. Tutius est enim in portu fidei interim præstolari et quiescere, quam te nimis et frustra insequendo, in aquas diluvii intransmeabiles decidere et immergi.

Aquæ enim quæ a dextro templi latere effluunt mille passus mensuratæ, usque ad talos veniunt, et post alios mille passus usque ad genua, iterum post alios mille passus, usque ad renes ascendunt; post autem alios mille passus in tantum crescit et intumescit fluvius ut transvadari non possit, sed oporteat potius redire ad solidum ripæ. Ideo immunda animalia ibant et non revertebantur : columba vero, cum non inveniret ubi pes ejus requiesceret, ad arcam reversa est : at vero corvus semel emissus nescit reverti, quia non simplici oculo persequens vanitatis diluvio interceptus est. Et merito; quid enim columbæ et corvo? quid candidæ et nigro? quid Judæ et Joanni? quid Christo et Belial? Et tamen Christus inter Judam et Joannem medius sedet : inter electum et reprobum latronem medius pendet : et Noe inter corvum et columbam, sed corvus semel emissus non est reversus; quia Judas egressus in aera submersus est.

Sed quid est, o Domine, quod unus ex militibus latus tuum lancea aperuit. Quis est ille unus ex militibus, nisi forte ille qui tunicam tuam inconsutilem accepit? Ipsa est nimirum unitas fidelium quæ tibi soli militat; cujus lancea prædicationis cunctis credentibus latus aperuit. Vivus est enim sermo Dei, et efficax, et penetrabilior omni gladio ancipiti. Hæc est illa lancea quam Habacuc propheta fulgurantem hastam nominat. Hanc hastam cum urceo aquæ tulit David a capite Saulis inimici sui dormientis : quia superbis et invidis ac negligentibus sermo sapientiæ cum gratia simul subtrahitur. Sed dormientem filius Sarviæ confodere voluit semel, ut secundo opus non esset, nisi David hunc benigne prohibuisset : quia peccatorem pigrum et contemnentem, nisi misericors et longanimis patientia Dei sustineret, gladius Satanæ hunc in æternum interficeret. Vult enim improbus Satanas quatenus qui dormit non adjiciat ut resurgat; at vero misericors David de longinquo vertice montis sæpius inclamat; nonne respondebis Abner? Retribuis enim peccatoribus bona pro malis, mitissime David, et admones et exspectas diutius, ut respondeat tibi unum pro mille. Illis autem vox tua improba videtur : quia inquietum eorum somnium inquietas.

Quis es tu, inquit, qui clamas, et inquietas regem? ab increpatione tua fugient qui ascenderunt equos, nec evigilare eos vult auriga ipsorum, donec principes ruant in profundum. Rex enim impiorum superbia, in umbra dormit, in secreto thalami, in locis humentibus ; et protegunt umbræ umbram ejus. Ipse est Abner qui protegebat Saul : Cur, inquit, inquietas regem? Compungitur tamen aliquando et superbum cor ad vocem David ; sed non usque ad correctionem. Flectitur humilibus sermonibus superbus Saul, dicente David : Quem persequeris, rex Israel, quem persequeris? canem mortuum et pulicem unum; sicut perdix in montibus. Non sine causa vel cani mortuo vel pulici uno se comparat David. Melior est canis vivus leone mortuo : melior est canis, vivens Deo et mortuus mundo, quam leo superbus et reprobus, Deo mortuus et vivens sæculo. Pulex parvulus mordet et salit; sic humilis justus carnalium vitia mordet confidenter, et salit in montibus ubi virtutum habet refugium tutissimum ; ut non timeat perdicem adulteram, quæ persecuta est Heliam et Joannem Baptistam interfecit.

Da mihi portionem, Domine, in terra viventium, in sepultura peregrinorum ; in agro Haceldama : qui pretio magno sanguinis tui emptus est. Ibi enim sepulti sunt omnes patres nostri, qui super terram hanc fuerunt advenæ et peregrini : ibi Abraham pulcherrimam uxorem suam in spelunca duplici sepelivit, Saram scilicet. Sed quid est quod agrum ipsum gratis accipere noluit; nec in electis eorum sepulcris mortuum suum sepelire? Quia nec sine pretio sanguinis Christi gratis se per ipsum salvandum credidit; nec bonum sibi existimavit esse, si in fœtentibus mundi sepulcris habitaret. In electis, ait, sepulcris nostris sepeli mortuum tuum. Habet mundus electa sepulcra ; illos utique tumulos quos elationis fastigium vel superstitionis operositas perspicuos reddit.

Tota Ægyptus sepulcris plena est, neque enim erat domus in qua non jaceret mortuus. Illa sepulcra in deserto desiderabant filii Israelis : Deerant nobis, inquiunt, in Ægypto sepulcra ; ut cadavera nostra jaceant in deserto nuda et inhumata. In talibus sepulcris noluit mortuum sepelire sanctissimus patriarcha. Sed ubi? In spelunca duplici, ubi spes bonorum operum et amor contemplative requiescit. Ibi enim et alia condita jacent : ergo Sara et Lia in spelunca duplici simul absconditæ sunt. Illa prius sterilis, post modo jam senex filium gaudii unum tantummodo peperit : hæc post sex filios parere cessavit ; nisi quod novissime filiam sacri generis ignominiam peperit.

Mira res! hæc quæ filios sex habuit, parere cessare dicitur ; illa quæ unum tantummodo parere cessare non memoratur : sed activa finem habet, contemplativa semper parit. Illa in dolore, ista in gaudio parturit : et tamen utraque in eodem agro sepulta est. Nam Rachel juxta Bethlehem subter ilicem crucis posita est. Nimirum sedet ad pedes Jesu : ut de domo panis semper fecunda pariat. Ergo Sara et Rachel nunquam parere cessabunt. Lia vero post sex filios aut omnino parere cessat, aut filiam parit: Ipsa est carnalis voluptas; quæ sub specie discretionis nonnunquam subrepit active ; sed tamen si vere vidua fuerit salvabitur ; non per filiæ, sed per filiorum generationem.

In spelunca duplici patriarchæ nobiles una cum conjugibus suis sepulti sunt. Habitarunt enim in tabernaculis sicut advenæ et peregrini super terram ; ideo sepulturam peregrinorum tam ipsi quam tota eorum successio hæreditate possident. Sed quid est quod Jacob grandævus, majore quam cæteri ambitione, suavitate et gloria, ibidem a filio suo Joseph sepelitur? Per Jacobum grandævum perfecta charitas exprimitur, in qua Pater a Filio, imo cum Filio consepelitur : dicente Christo. Quia si quis diligit me, sermonem meum servabit ; et Pater meus diliget eum ; et ad eum veniemus, et mansionem apud eum faciemus. Hæc est illa gloriosa et suavis sepultura Patris antiqui dierum : qui diligentes se sibi consepelit, et abscondit eos in abscondito faciei suæ a conturbatione hominum. Illuc etiam ossa Joseph, salvatoris nostri ex Ægypto memoria, quotidie referuntur a filiis Israelis : non enim in Ægypto ossa Joseph; quia sepulcra fœtentia et dealbata detestatur. Et Moysen Deus sepelivit; sed sepulcrum ejus usque in hodiernum diem ab homine non invenitur.

Denique, quis poterit illuc, ubi ille ascendit per medium nebulæ in altissimum montem ; et fuit ibi quadraginta diebus et quadraginta noctibus, et vidit et perscrutatus est exemplar tabernaculi admirabilis, quod fixit Deus et non homo. Propterea usque hodie dum legitur Moyses velatam habet faciem ; quia ab homine mortali sepulcrum ejus non invenitur. In eodem agro sanguinis, et gloriosa regum linea sortem recepit : qui sepulti sunt in sepultura Patrum suorum in Jerusalem. Illic et prophetarum visio et Machabæorum bellicosa virtus gloriose decorata est.

Comparetur jam si placet huic sepulturæ peregrinorum, illa quondam gloriosa in regnis, inclyta in superbia Chaldæorum turris Babel. Quid simile huic sepulturæ nostræ reperitur? Ibi una in plures lingua disciditur : hic quinque civitates Ægypti non jam lingua Ægyptia, sed Cananitide loquuntur, sed civitas solis vocatur una. De illa siquidem turre Babel projecta est meretrix Jezabel, fornicationum mater, idolorum cultrix, avaritiæ artifex; et cum eam sepelire vellent, quia erat filia regis, non invenerunt nisi calvariam tantum et manuum summitates et sanguine respersum parietem. Hæc sane est impiorum sepultura, hæc digna retributio. Quid ex eis nisi manuum summitates, hoc est operum vix extrema vestigia remanent : et calvities, quæ est locus superbiæ spoliatus capillorum gratia? Quia vidi impium superexaltatum , et elevatum sicut cedros Libani, et transivi et ecce non erat. Hæc est calvaria Jezabel quæ vestita erat decore meretricio, et pinxerat oculos suos stibio. Decalvatus est superbiæ vertex. Non est qui eum dignetur aspicere, nisi qui voluerit nefas ejus abhorrere; ut lavet manus suas in sanguine peccatoris, et velut equus fortis et velox meretricem projectam ungula sua confodiat, et conculcet, et prætereat. Propter hoc et paries adhuc sanguineus relictus est, ut terreat viros sanguinum et dolosos, qui propter avaritiam suam lapidant humilem Naboth. Sed canes, impudentissimi amatores cadaverum, carnes sibi fornicarias incorporant : unde et sanguinem ejus consequenter lambunt; quia sicut libidinis, ita et ultionis participes erunt. Alii vero sunt canes qui rubri fiunt ex inimicis ab ipso; qui famem justitiæ patiuntur, et circuiverunt civitatem non Babyloniæ sed Ecclesiæ; et quod mortuum a vitiis ibidem reperiunt, comedunt et sibi consepeliunt. Væ autem his quos extra civitatem mortuos, volucres, hoc est dæmones, per inane volitantes comedunt; quales fuerunt Achitophel et Absalon, et Jezabel et Judas : qui accipientes in vano animam suam, in vano etiam efflaverunt eam.

Sed redeamus ad agrum Haceldama ; ut admiremur et æmulemur potius beatarum animarum mansionem et gloriam : quoniam memoria impiorum peribit cum sonitu, memoria vero justorum vivet in sæcula. Quales fuerunt Joseph qui erat decurio vir justus et bonus : et Nicodemus qui quondam noctis sed jam diei minister : ad perungendum corpus dominicum ferebat misturam myrrhæ et aloes quasi libras centum. Tales sepulturæ suæ ministros amat Jesus, qui corpus suum audacter eripiant de potestate tenebrarum, et sibi vindicent, ut sciat unusquisque vas suum possidere in honorem et sanctificationem : ligantes illud castitatis legibus, et disciplinæ linteis, et a vermium putredine conservantes per misturam myrrhæ et aloes. Sunt enim hæ species amaræ quidem, sed corruptelam removentes : quoniam laboriosa quidem est castigatio carnis, sed neque mens neque ipsa caro sine ipsa servatur imputribilis. Quasi libras centum. O mensuram bonam atque confertam! Librandum sane est inter corpus et animam deliberatione subtilissima : ut unumquodque plenum deliberatione subum habere se gaudeat, et fiat pax et æqualitas inter carnem et spiritum, quatenus et mensura teneatur, et non deseratur perfectio. Hæc sunt quasi libræ centum, quæ corpus Jesu in sepulcro fidelium integrum semper et suave custodiunt.

En lectulum Solomonis quadraginta fortes ambiunt, omnes tenentes gladios et ad bella doctissimi. Lectulus tuus, Jesu Christe, plusquam Salomonis sepultura tua est, in qua Sabbato requievisti ab omni opere quod patrasti. Est autem monumentum tuum in horto novum, et in petra excisum : quia amica tua, fidelis anima, hortus conclusus est, et renovatur quotidie in agnitione tua, et consolidatur in petra amoris tui, conspeliens se ipsam tibi in interiore homine, in secreto cubiculi tui. Ibi te ambiunt quadraginta fortes ex fortissimis Israelis, in quibus opera sex dierum, opera bona valde sunt et perfecta : ut in senario et denario legis imaginem et similitudinem tuam conservent. Isti melius te custodiunt quam fallax impiorum custodia : quia sunt ad bella doctissimi, non solum carnis illecebras, sed etiam potestates aerias nocturnosque timores abigere.

Illi autem qui nocte sicut ebrii sepulcrum tuum obsident, illic trepidaverunt timore ubi non est timor : quoniam potestas tenebrarum lucem non sustinens, ad nuntium vitæ facti sunt velut mortui. Non ergo te custodiunt filii noctis, sed filii diei : illis enim horrorem incutit splendor tuus, ut fugiant a te; ipsis autem gaudium, ut approximent ad te.

Nobis autem dormientibus, venerunt discipuli ejus, et furati sunt eum. O mendaces! verum dixistis, sed mentita est iniquitas sibi. Dormientes enim Christum custodire non possunt, sed qui mane, inquit, vigilaverint ad me, invenient me. Vobis quippe dormientibus quid nisi somnia apparent? Ecce habetis copiosam in manibus pecuniam illam, si potestis, custodite, ne fures effodiant vel furentur. Jam discipuli Christi suum thesaurum diligenter custodiunt.

Unusquisque quod amat, hoc servare studet. Certe Michol amabat David magis quam patrem suum Saul : ideo per fenestram dimisit eum et servavit. Quid est hoc? Michol filia Saul, filia quondam superbiæ, postquam nupserit specioso David, incipit odisse patrem suum, cui dicitur in Psalmo : Audi filia, et vide, et inclina aurem tuam, et obliviscere populum tuum et domum patris tui. Unde per fenestram dimittit David; illam intelligite fenestram, per quam dilectus mittit manum suam. Per hanc fenestram dimittitur ab amica sua, ad amicam suam, hoc est ad seipsum, et absconditur in interiore homine, ubi et securus vivat, et iniquos lateat.

Abscondit enim se et exit de templo perfidiæ; quoniam, dum cytharizat coram Saul, ut spiritum Domini malum faciat ab eo recedere, ille impius hasta eum cum pariete tentat configere : sed declinante David, quid est quod parieti hastâ infigitur, nisi quod recedente Christi gratia, mens indurata suæ malitiæ telo confoditur.

Quid autem hodie ita perosum habet rex tenebrarum Saul, quam David generum suum? Propter quod absente David filiam suam tollit, et dat alteri marito ignobili; sed manu fortis cum redierit et acceperit regnum, rursus suam sibi vindicat, quoniam desponderat eam sibi ducentis præputiis Philisthinorum : a qua non solum carnis, sed mentis immunditias abscidat. Væ peccatoribus, Domine, sepulcrum tuum obsidentibus; quoniam vere declinas ab eis, et non inveniunt te in lecto suo suavi et florido; sed potius offendunt in statuam, cordis sui tenebris involutam, habentes ad caput suum pellem caprinam, peccatorum suorum memoriam fœtentes.

Beatus autem qui vigilat ad monumentum tuum et custodit te; et luctatur mane cum angelo resurrectionis, nec dimittit eum donec audiat aliquid de nomine ejus, quod est mirabile, ut et nomen Jacob commutetur in Israelem, et transmisso amne doloris, statim oriatur ei sol justitiæ.

Quis revolvet nobis lapidem ab ostio monumenti? Clausum est, Domine, ostium mentis meæ, et premit intellectum meum lapis mortalitatis, prægravatus pondere iniquitatis meæ, nec humanæ prorsus vires valent illum amovere, nisi omnipotens sermo tuus a regalibus sedibus veniat; Angelus concilii qui diruit maceriam nostrarum inimicitiarum, et aperiat nobis sensum, ut intelligamus Scripturas et videamus linteamina posita ante nos humanitatis et resurrectionis tuæ verissima testimonia. In quibus qui te scrutari, te adjuvante, potuerit, prægustabit aliquid de gloria resurrectionis quam præparasti diligentibus te : cujus primitias jam in sinu tuo collegisti, offerens eas semper in conspectu tuo et Patris tui tostas igni Spiritus sancti.

Et ille quidem angelus tanti gaudii prænuntius qui revolvit lapidem, et impias mentes perterruit, pias autem blande leniens timere prohibuit : ille, inquam, Angelus non tantum verbo, sed et vultu, habitu vel actu beatæ resurrectionis testimonium perhibuit. Revolvit enim lapidem, et super eum sedit : lapidem, inquam, qui etiam nunc advolutus est super nos, et faciem nostram deprimit. Quod in prima quoque resurrectione, quæ est animæ, fieri dubium non est : ut prementem se corruptionis sarcinam versa vice spiritus subjiciat, et velut judex ac Dominus inferioris sui regimen accipiat.

Quid autem per candorem nivis superantem vestimentorum speciem denotatur, nisi corporis nostri frigida et mundissima castitas; quæ præsidenti in se angelicæ claritati simul testimonium præbet et obsequium? Porro aspectus ejus interior, ubi signatum est lumen vultus tui, Domine, sicut fulgur et terribilis et lucidus; terribilis, ut inimicos animæ scindat medios, et perterreat : lucidus autem, ut tibi vero lumini cum justitia semper appareat. Talis erat facies Moysi ex consortio sermonis tui; hoc est, luminosa et terribilis, quia cornuta erat ad ventilandum inimicos, et velata propter splendorem, quem carnales oculi ferre non poterant.

Et nunc, Domine, scimus et gaudemus, quia resurrexisti vere a mortuis, et longe divisus es a nobis adhuc mortalibus, quia ascendisti super equos tuos igneos, et currum igneum, qui decem millibus multiplex est. Verumtamen cecidit nobis a te, et apud nos usque hodie remansit pallium tuum; quæ sunt linteamina corporis tui : quibus potentiæ tuæ opem experiamur in tempore opportuno; ut Spiritus tuus duplex fiat in visceribus nostris : quatenus in te et Deum et proximum diligamus. Circumdederunt nos dolores mortis, et torrentes iniquitatis conturbaverunt nos. Circumdedit nos nostræ mortalitatis indumentum scaturiens; vermes, qui nos assidue comedunt, et non dormiunt; qui sunt dolores prænuntii doloris illius maximi, qui venit super nos velut arena, et improvisos molitur obruere. Quamvis et quis tam providus ut terrorem illius possit sustinere? attamen velimus, nolimus, certe sustinendus est, certe transmeandus est.

Sed noli oblivisci pallium Heliæ; alioquin torrens tibi sine illo non dividetur : sunt et alii torrentes iniquitatis, pelagus peccatorum meorum, qui conturbant me; atque utinam sic turbarent, ut cum dolore clamarem, Pater mi, Pater mi; currus Israelis et auriga ejus : conturbant enim me torrentes iniquitatis, auferentes mihi lumen oculorum meorum, ut non possum videre piissimum Heliam quando tollitur a me : si enim viderem, profecto spiritus ejus duplex fieret in me; et clamarem Pater mi, Pater mi. Misit Deus Spiritum Filii sui in corda nostra, clamantem Abba Pater : duplex Spiritus duplo clamat, Pater mi, Pater mi, Pater mi creator, Pater mi reformator : Pater mi, Pater mi!

O vox affectuosa : currus Israelis et auriga ejus, portas et regis, sustines et gubernas; quem? Israel videntem te, credentem in te, sperantem in te, suspirantem ad te. Ecce sublatus es, amplius te non videbit tuus Eliseus : remansit tamen ei pallium tuum in memoriam tui : ut præsentia absentiæ tuæ dolorem ejus semper et augendo leniat, et leniendo augeat. Hoc sumite, ait, in meam commemorationem : hoc est sacramentum corporis tui quod sumimus in tui commemorationem; donec venias. Pallium tuum est caro tua qua vestitus ad nos processisti, et latuisti perfidos quidem, sed fidelibus tuis teipsum ostendisti, sicut et usque hodie. Sub pallio tuo isto abscondita est maxima fortitudo tua.

O fortissime Samson : quam etiam a dilecta non diligente te ad ultimum secretum tuum non celasti, ut inimicam verteres in amicam : in tantum amasti mulierem non amantem te, sed persequentem te, ut propter amorem stultesceret sapientia ejus, et fortitudo tua infirmaretur. Sed quod stultum est Dei, sapientius factum est hominibus; et quod infirmum est Dei, fortius est hominum : quoniam voluntarie teipsum pati sacrificans, et ex potestate tua moriens concussisti principes tenebrarum, et regnum eorum attrivisti, et facta est crux tua Judæis quidem scandalum, gentibus autem stultitia : his autem qui credunt, Dei virtus et sapientia Dei.

Quandiu sumus in hoc corpore, peregrinamur a te, Domine. Ambulas quidem cum his qui diligunt te et loquuntur et tristantur super te ; sed tamen peregrina est facies tua ; et cum cognoscas eos, non cognosceris ab eis. Vere tu es ille Joseph, qui ad fratres tuos quasi ad alienos durius loquebaris, non indignatione sed miseratione : dum illos duos in via ambulantes et tristes appropinquans et docebas et arguebas. O stulti et tardi corde ad credendum !

Veniunt ergo ad te quasi alieni fratres tui, sed tu benignus appropinquas eis : veniunt ergo ad te cum asinis stultitiæ et tarditatis suæ, et cum saccis vacuis præ inopia; sed tu non solum frumento reples eos, quinetiam pecuniam reddis ligatam in ore sacculi. Aperiens, inquit, unus saccum ut daret jumento pabulum, invenit pecuniam in ore sacculi. Reddita est mihi, ait, pecunia : en habetur in sacco. Quidnam est quod fecit nobis Deus ? Vacui et stulti veniunt ad te, sed tu remittis eos onustos et abundantes frumento sapientiæ tuæ ; insuper et eloquentiæ pecuniam reddis ligatam auctoritate Scripturæ : quia linguas infantium facis disertas; ut dent jumentis nondum intelligentibus te pabulum et mensuram tritici in tempore suo.

Gradere nunc et nobiscum, Domine, ne desolemur et tristemur in via hac qua ambulamus : quoniam tu ipse quondam filios Israel in columna nubis per diem, et in columna ignis per noctem deduxisti : et ad nutum tuum deponebant tentoria, et rursus erigebant. Quid est autem nubes quæ præcedit veros Israelitas, nisi verissimum et sanctissimum corpus tuum quod in altari sumimus ; in quo velatur nobis altitudo diei, immensitas majestatis tuæ, cujus et calorem et splendorem mortalis infirmitas sustinere non possit : nisi mediatrix nubes interposita et ardorem temperaret desuper, et tutam subtus se viam præmonstraret.

Hanc nubem totus exercitus tuus sequitur, Domine, rex Sabaoth. Qui autem non sequitur eam, in tenebris est, et in tenebris ambulat, et nescit quo eat. Relucet enim de hac nube semita quæ ducit ad vitam, semita humilitatis et patientiæ, semita mansuetudinis et misericordiæ, et quidquid humano generi per incarnationis tuæ mysterium revelare dignatus es. Relucet nobis ex hac luce legis et prophetiæ gloria, quando Moyses et Elias apparuerunt tecum in monte, sed nubes lucida obumbravit eos ;

nec enim ipsi sicut et nos sine tua protectione salvari potuissent. Verumtamen illis sicut amicis et domesticis, imo domesticorum et amicorum tuorum præcipuis sacramenti tui nubes erat perlucida, quæ nobis jacentibus et projectis a facie oculorum tuorum valde subobscura est; sed imperfectum meum viderunt oculi tui, et in libro tuo omnes scribentur : quoniam sub nube tua nutris et perficis et deducis velut ovem Joseph. Hæc est columna nubis quæ per diem præcedebat filios Israel : columna vero ignis Spiritus sanctus est : qui super apostolos in igneis linguis apparuit; qui cæcitatis nostræ caliginem illuminat; et sursum erigit, ut sapiamus ea quæ sursum sunt, non quæ super terram. Nubes ergo per diem, et columna ignis per noctem : quia et caro tua divinitatis æstum nobis temperat : et Spiritus sancti lux tenebras nostræ mentis illustrat. Ergo dum loqueris in via duobus discipulis tecum pariter euntibus, et nubes peregrina faciem tuam tegeret; Nonne, inquiunt, cor nostrum ardens erat in nobis de Jesu, dum loqueretur in via, et aperiret nobis Scripturas? Ardebat nimirum intus columna ignis, quia foris in columna nubis loquebatur ad eos.

Sed ubi tandem cognoverunt eum? In fractione panis : panis caro tua est : fregisti manibus tuis corpus tuum ; quia potestatem habes ponendi animam tuam, et iterum sumendi eam. Fregisti corpus quod foris apparebat, et ostendisti medullam quæ intus latebat; nisi enim patereris, non cognosceretis. Ibi, inquit, abscondita est fortitudo ejus; quid est autem fortitudo tua; nisi misericordia, nisi mansuetudo, nisi humilitas, nisi patientia ? Has virtutes fortissimas et suavissimas in fractione panis, hoc est in passione tua nobis ostendisti : his virtutibus caro tua, quod nos sumus, nutritur paulatim et proficit et proficiscitur. Et primum quidem inter duas molas spei et timoris molitur sicut frumentum; ut fiat nova conspersio, deinde cum in formam panis transierit, coquitur in clibano passionis : postea cum benedixeris ei omni benedictione spirituali, et dixeris consummatum est; frangis et ipsum corpus nostrum quod in manibus tuis est, et in manus tuas committimus ; et ibi agnosceris non specie peregrina, sed in facie propria : ut jam non lancea nobis latus tuum aperiat, sed digito palpare et videre possimus, quia tu es, Domine Deus noster.

Pater orphanorum et judex viduarum, nunquid non vides viduam hanc pauperculam et desolatam animam meam, non habentem aliquos neque fratres, neque amicos, aut vicinos, a quibus mutuum accipiam : vasa vacua non pauca, quæ mihi filii mei suggerant, et ego infundam de modico olei, quod mihi de te residuum est, ut tu benedictionis tuæ plenitudinem omnibus exhibeas. Intelligo enim, Domine, vasa non vacua esse litterales quosdam et historicos sensus Scripturarum tuarum, quæ non pauca sunt; ut totus mundus ea capere non possit. Quæ quidem vasa sanctissimi templi tui Babylonis rex, hoc est, principatus superbiæ captiva sibi ducit ; suisque conviviis non ad gloriam sed ad ignominiam suam servire cogit, usurpans sibi scientiam legis tuæ, et bibens in vasis sanctuarii vinum prostitutionis suæ, unguentisque meretricis donaria tua commaculans. Propter quod etiam ex adverso parietis crudelis, sed juxta contra eos sententia conscribitur : quia omne regnum in seipsum divium desolabitur et tradetur Medis et Persis, qui argentum non quærant, nec aurum velint ; sed venenatis et ardentibus sagittis parvulos et stultos eorum sensus interficiant.

Tu autem, Domine, aperis et desolatæ viduæ misereberis : ne pessimus et importunus fenerator, qui ad usuram perditionis meæ multa mihi iniquitatis suæ talenta credidit, duos filios meos interiores animæ meæ sensus ad serviendum sibi tollat : bonum et salutare consilium tuum, ut petam mutuo vasa non pauca, et benedictione superabundantis olei redimam peccata mea, de reliquo vivam cum filiis meis : sed quia nec vicinos habeo, nec liberos a quibus commodem exercitium mentis meæ, statim ut remisero manus, invadit me creditor ille improbus, et duos filios meos, hoc est intellectum et affectum, inertiæ vanisque illusionibus suis deservire cogit. Tu ergo misericors viduarum defensor, quoniam dives es nimis, et das omnibus affluenter, tu, inquam, ipse mihi commoda et vasa quæ nosti ad hoc esse utilia, et oleum : ut tua sunt omnia, et omnia serviant tibi : quia nolo in Ægyptum oleum meum deferre, ut sic peccem tibi. Sed tantummodo ne panem otiosum comedam, quin potius tota die exercear in justificationibus tuis et vivam. Et ecce quod filius memoriæ meæ mihi obtulit, sicut primum inter manus meas incidet, arripiam.

Stabat Elias in vertice montis, et mittitur ad eum quinquagenarius primus, qui igni consumptus est, et secundus similiter, tertius tamen humilitatis et devotionis merito reservatus est. Ecce vas, sed vacuum, quia potius sic acceptum crudelitatem resosonat. Impleatur oleo, et gravis ex eo sonus cessabit. Quis enim Elias stans in vertice montis, nisi tu, Domine Jesu, qui sursum Patri assistis? Venit ad te quinquagenarius primus, quam tibi aridus præ nimia siccitate mundus transmittit ; et clamat ad te : Homo Dei, descende de monte ; mundus enim cognoscit quia sine te salvari non possit : homo Dei, et Deus homo, moveat te, quem quæris, homo, ut homini condescendas. Descende de monte ; nullus tibi potest appropinquare, nisi tu appropinqueris ei : nullus ad te potest ascendere, nisi tu descendas ad eum, homo Dei, descende de monte. Tu es mons elevatus super verticem montium. Descende et compatere nobis in convalle lacrymarum. Si homo, inquit, Dei sum, descendat ignis de cœlo et consumat te : ignem enim veni mittere in terram, et quam volo ut accendatur et devoret te et quinquaginta tuos ! Obsecro, Domine, et super me descendat ille ignis, et devoret in me veterem hominem cum actibus suis. Hic est quinquagenarius primus ; quem tuus ignis devorat, ut ab omni opere servili requiescere faciat.

Quinquagenarius autem secundus ipsa est activa ; quæ similiter finem habet sabbatum ex sabbato. Hanc quoque in holocaustum ignis tuus absumit. Et in primo quidem quinquagenarius cremabatur hircus, in secundo aries incenditur : tertius autem qui est resurrectionis vel contemplationis, finem non habet, sed cum Elia semper vivit. Unde bene lectum est in Evangelio de magnis piscibus centum quinquaginta tribus, qui omnes in unum piscem redacti sunt, quem super prunas positum septem discipuli viderunt : et una cum Jesu, qui octavus erat, pransi sunt. Ipse numerus, hoc est centum quinquaginta qui sunt tres quinquagenarii et septem discipuli, requiem concorditer sonat : et sicut singuli quinquagenarii ad unitatem, ita septem discipuli ad octavum, hoc est ad Christum tendunt, et in uno omnes consummantur.

Sicut autem unum corpus, unus panis, unus homo vel unus piscis Christus et omnes electi ; ita diabolus cum omnibus reprobis unum corpus, et unus hostis ; est enim aquila grandis magnarum alarum. Aquila, propter nimiam naturæ spiritualis perspicaciam ; grandis, propter superbiæ altitudinem ; magnæ alæ adhærentes sibi et extollentes eum, malignorum spirituum potestates : longo membrorum ductu, pessimi homines quorum ministerio fungitur ad pugnam contra bonos ; et bene longo, quia adhuc quotidie veniunt, et durant usque in finem sæculi, ducatum superbiæ sequentes : plena plumis, fallax dolis et varietate ; quia easdem artes variis modis ad decipiendum transfigurat.

Venit ad Libanum, animam scilicet fidei et vitæ merito candidatam. Tulit medullam cedri. Cedrus imputribilis, altitudo spei ; cujus medulla charitas, quam singulariter nititur expugnare diabolus, summitatem frondium ejus avellit : scilicet sermonem sapientiæ qui excellentissimus est avellit ab amore Dei, et transportavit in terra Sennaar, hoc est fetoris eorum, quod significat inanem gloriam.

In illa die sibilabit Dominus muscæ quæ est in extremo fluminum terræ Ægypti, et api quæ est in terra Assur. Sibila, Domine, et huic muscæ immundæ peccatrici animæ meæ : ut Spiritus tuus bonus deducat me in viam rectam, ut vadam ad excelsam et montosam promissionis terram ; quæ de superioribus suis irrigatur, et de excelso exspectat pluviam ; non sicut terra Ægypti quam fluvius de terra ebulliens totam cooperit. Non est enim mons oppositus, non est aliquod obstaculum concupiscentiis Ægypti ; sed sicut de terrena mente ebulliunt, super dejectam animæ superficiem sine mora decurrunt. Habet autem septem ostia fluvius Ægyptius, quæ de uno capite, id est, superbia derivantur. Horum extremum intelligitur luxuria carnis, de qua muscæ nascuntur, immunditiæ semper amatrices. Nec istam despicit superabundantia gratiæ, sed sibilat ad eam et evocat de extremo fluminum, et jungit api quæ erat in terra Assur : ut veniant et requiescant simul in torrentibus vallium, et in cavernis petrarum, et in omnibus fruticetis, et in universis foraminibus.

Apis virgo est : sed quandiu est in terra Assur, hoc est, elationis, mel non potest operari : Sola repromissionis terra lacte et melle fluit. Sibilante vero gratia, musca et apis conveniunt, et simul requiescunt in torrentibus vallium : in illis torrentibus, et apis de superbiæ, et musca de luxuriæ sordibus emundantur. Torrentes vallium, disciplinæ sunt humilitatis. Torrentes quare? Quia si quis est mœror, si qua gravitas, in corrigendis vitiis cito prætereunt; unde mulier cum parit, tristitiam habet. Nam labor vertitur in amorem, et tædium in desiderium, et amaritudo in dulcedinem ; sicque de torrentibus vallium, proficiunt ad cavernas petrarum. Petræ firmissimi atque fortissimi in fide Patres sunt ; in quorum passionibus veluti suis exemplaribus musca et apis quasi columbæ nidificantes requiescunt. Unde non cessat manus eorum, nec cessat pes; sed in omnibus fruticetis bonorum operum jugiter exercentur, sic demum ad contemplationis foramina perveniunt. Hæc sunt operativa, Domine Jesu, quia sunt bona valde.

Sic Mariæ Magdalenæ sibilasti, de qua non unum, sed septem dæmonia, quasi Ægypti flumina, ejecisti. Vide quomodo requievit in torrentibus vallium. Intravit inter epulas discumbentium, cucurrit ad pedes Jesu, effundebat super eos torrentes lacrymarum : ad lavandum ejus vestigia non aliam quam oculorum suorum undam attulit ; capillis suis pro linteis usa est. Tu vero, ubi vehementior incanduit, et velut carbo lacrymarum imbre respersus fortius exarsit, videns ab illa sacratissimis vestigiis creberrima et insatiabilia oscula infigi ; videns effusæ unctionis suavitate totam domum compleri : quid ergo illa nisi in torrentibus vallium requiescebat, de qua tot et tanti gratiæ torrentes effundebantur? Unde etiam dimissa ei peccata multa, quia multum dilexerat.

Jam sicut columba quæ in luctu est, tota residebat ad pedes Jesu, juxta fluenta plenissima, cum quidem soror ejus Martha satageret circa frequens ministerium. Quid memorem de sepulturæ officio, quod prævenit : de pedibus ascendens ad unctionem capitis, cum in eam fremeret illud avaritiæ sepulcrum fetens, odorem pietatis ferre non sustinens : non potuit amor tantus Christo etiam moriente mori. Fugientibus et latentibus viris, hoc est, apostolis, mulier imperterrita stabat ad monumentum plorans. Non habebat vivum, et tota super mortuum ardebat. Corpus erat sublatum, a monumento recedere non valebat. Quo plus de manibus et oculis auferebatur, eo ardentius amans insequebatur. Si fieri posset, pro redimendo corpore sepulcrum lacrymis implevisset. Stabat, inquit, plorans : id solum ei de se residebat. Corpus erat sublatum, sed quis auferat ei ploratum ?

Indulge, domina, indulge totis habenis, et infundere procures indefatigabiles lacrymas, donec sublatum, imo surgentem Dominum tuum consequaris. Iterum et iterum inclinare, vel locum vacuum ubi positus fuerat sæpius intuere. Amplius et amplius ipse te ad plorandum locus irritat, dum ejus quem quæris absentiam, repræsentat. Vidit, inquit, duos angelos in albis sedentes, unum ad caput et unum ad pedes, ubi fuerat positum corpus Jesu. Mulier, inquiunt, quid ploras? Quem quæris? Et quidem bene noveratis, O piissimi angeli, quid ploraret, et quem quæreret? Quare illam commemorando iterum in fletus excitastis? Sed prope erat insperatæ consolationis gaudium ; jam tota vis doloris et plorationis excurrat : conversa retrorsum, vidit Jesum stantem, et nesciebat quia Jesus erat.

O pium ! o delectabile pietatis spectaculum ! Ipse qui quæritur et desideratur, et occultat se et manifestatur. Occultat se, ut ardentius requiratur, et requisitus cum gaudio inveniatur, inventus cum sollicitudine teneatur, et tentus non dimittatur ; donec in amoris sui cubiculum mansionem facturus introducatur. Hac arte sapientia ludit in orbe terrarum ; et deliciæ ejus esse cum filiis hominum. Mulier, quid ploras? Quem quæris? Habes quem quæris et ignoras. Habes verum et æternum gaudium, et ploras? Habes intus, quem foris requiris. Vere stas ad monumentum foris plorans, mens tua monumentum tuum est, illic non mortuus, sed in æternum vivens requiesco. Mens tua hortus meus est, bene existimasti quia hortulanus sum ; secundus Adam ego sum, operor et custodio paradisum meum. Fletus tuus, pietas tua, desiderium tuum, opus meum est. Habes me intra te et nescis, ideo foris quæris. Ecce et foris appareo, ut te intus reducam, et invenias intus, quem foras requiris. Maria, novi te ex nomine, disce me cognoscere ex fide.

Rabboni, id est Magister, quid est discere? Doce me quærere te, doce me tangere et ungere te. Noli, ait, me tangere sicut hominem, nec sicut prius tetigisti, et unxisti mortalem. Nondum ascendi ad Patrem meum, nec dum credidisti me Patri coæqualem, coæternum et consubstantialem. Hoc igitur crede, et tetigisti me ; hominem vides, ideo non credis ; quod enim videtur, non creditur : Deum non vides; crede, et videbis. Credendo me tanges, sicut et illa mulier quæ vestimenti mei fimbriam tetigit, et confestim sanata est. Quare? quia fide sua tetigit me. Hac manu tange me : his oculis quære me, his pedibus festinans curre ad me. Nec longe a te sum : Deus enim appropinquans ego sum, verbum in ore tuo et in corde sum. Quid propinquius homini quam cor suum? Illic intus invenior, a quibuscunque invenior. Nam quæ foris videntur, opera quidem mea sunt ; sed transitoria sunt, sed caduca sunt : ego autem horum artifex, in secretissimis et mundissimis cordibus inhabito.

Data est tibi, Domine Jesu, omnis potestas in cœlo et in terra, rex magne, rex virtutum, qui factus es obediens Patri usque ad mortem, mortem autem crucis. Ecce elevata est magnificentia tua super cœlos, et omnia subjecta sunt sub pedibus tuis. Regnavit David prius in Ebron septem annis super Judam; postea vero unctus est super Israel, et regnavit in Israele triginta tribus annis. Cum autem super Judam tantum ungereris, verissime David, in Ebron; jam mortuus erat in eis Saul rex superbiæ.: alioquin vivente illo et dominante eis peccato, non dicerent tibi, os nostrum et caro nostra es. Quis enim membrum Christi simul esse potest et meretricis? Aut quæ conventio Christi ad Belial? Ecce nos, inquiunt, os tuum et caro tua sumus. Sed heri et nudiustertius cum esset Saul rex super nos, tu eras educens et reducens Israel. Et vere sic est, regnante adhuc principe tenebrarum super nos, tu sustines in multa patientia vasa iræ apta in interitum : et exis ante nos provocans ad bellum contra vitia, et liberas et educis indignos de manu peccatorum. Idcirco prius Juda, id est, confessio ungit te super se regem in Ebron. Mortuo quippe Saule, beneficiorum tuorum reminiscitur, et errorem suum confitendo, transitum facit de peccatis ad te, rex justitiæ.

Regnas autem super Judam septem annis in Ebron ; quia reddis eis septuplum in sinu eorum, et septem vitiis expiatos, quibus præerat superbus Saul, tua virtute septemplici reformas. Postea transitus regni tui fit in Jerusalem super universum Israel ; quia per negotium confessionis illuminatis jam sensibus pervenitur ad visionem pacis in qua factus est locus tuus. Et ipse est mons quem constitueras discipulis ut irent in Galilæam ; et viderent et adorarent te ibi post resurrectionem tuam : quia jam unxerat te Deus, Deus tuus, oleo lætitiæ præ consortibus tuis ; ut esset primogenitus mortuorum et princeps regum terræ.

Porro in Jerusalem triginta tribus annis regnas , triginta tres habet decades. In decade lex quæ decem præceptis consistit, in ternario triplex animæ profectus accipitur ; quæ videndo, meditando, vel amando legem Dei custodit. De primo dicitur, laudabo Dominum in vita mea ; de secundo, lex tua meditatio mea est ; de tertio, quomodo dilexi legem tuam, Domine? Tres vero qui supra triginta sunt, quosdam contemplativorum excellentissimos indicant, qui pietate conscientiæ, plenitudine sapientiæ, perfectione charitatis, summæ Trinitati approximant. Hic est etiam numerus fortissimorum, qui sunt in exercitu tuo, potentissime : quorum tamen eminentissimi usque ad sapientiam tuam et fortitudinem tuam non perveniunt : quoniam quis in nubibus æquabitur Domino, aut similis erit Deo in filiis Dei?

Tu es quasi tenerrimus ligni vermiculus , qui virginaliter editus, humilitate et charitate tua omnem perforas duritiam : uno impetu Spiritus tui octingentos interficiens principes militiæ.

Quis ita fortis ut tu, quis ita misericors ; qui flevisti super Jerusalem, et planctum fecisti super interitum inimicorum tuorum? Et nunc, Domine, doles tu super Saul et super Jonathan filium ejus, qui occumbunt quotidie super montes Gilboe. Nisi enim doleres, non clamares de cœlo : Saule, Saule, quid me persequeris? Quos enim Saul? nisi superbos in Ecclesia tua prælatos significat, qui ab humero et sursum eminere sibi videntur super universum populum? Quid vero Jonathan nisi docilis et elegantis ingenii adolescentes, qui moribus et colloquiis majorum depravati, amicitiam suam non possunt excolere cum David nisi furtim, et quasi caventes ab insidiis detrahentium et illudentium sibi ?

Merito ergo ploras, o benigne David, super Saul et super Jonathan filium ejus : plorandi enim non essent, si bene occubuissent ; sed ceciderunt super montes Gilboe, qui decurrunt in profundum. Nec in vos gratiæ ros, nec pluvia doctrinæ veniet amplius ; quia ibi abjectus est clypeus fortium ; clypeus Saul. Clypeus fortium, spes et divinæ protectionis, quo ignita diaboli tela repelluntur, quibus graviter vulneratus est Saul a sagittariis, in tantum ut seipsum desperatione interficeret. Clypeus autem Saul, propriæ virtutis confidentia est, quæ non valet resistere sagittis incircumcisorum.

Væ autem his qui amiserunt sustinentiam, hoc est, clypeum fortium ; et maledictus qui confidit in homine, quod est clypeus Saul. Erit enim sicut myricæ in deserto, quia nec ros, nec pluvia venient super vos, montes Gilboe. Quomodo ceciderunt fortes? Si enim fortes, quomodo ceciderunt? Et si ceciderunt, quomodo fortes? Sed non glorietur sapiens in sapientia sua, neque fortis in fortitudine sua : sed qui gloriatur, in Domino glorietur ; et qui stat, videat ne cadat.

Nam etsi sint aquilis velociores, ut contemplativos velocitate intellectus supervolent : et si leonibus fortiores, ut in fortitudine operis veros prædicatores superent : tamen si de se præsumentes clypeum salutis abjiciant, erunt corruentes coram inimicis suis. Qui autem confidit in Domino sicut mons Sion, non commovebitur in æternum. Sed maluit Saul incumbere super hastam suam quam inniti super Dominum : idcirco baculus Ægypti arundineus perforavit manum ejus. Sua eum hasta, et suus auriga, qui currum insolentiæ ejus agitabat, interfecit. Sciebam, inquit, quod vivere non posset. Nescit enim humiliari arrogantis obstinatio, ut vivere possit. Jube, rex justissime David, puero tuo, hoc est spiritui puræ discretionis, ut interficiat in me Amalecitam hunc armigerum Saulis, qui ausus est etiam nunc quotidie manum mittere in me.

DE VITA S. BERNARDI

(Vide Patrologiæ tom. CLXXXV, col. 267.)

ORDO RERUM
QUÆ IN HOC TOMO CONTINENTUR.

PETRUS VENERABILIS CLUNIACENSIS ABBAS NONUS.

Notitia historica. 9
Notitia litteraria. 11
Vita Petri Venerabilis auctore Rodulpho. 15
Vita altera. 27
Testimonia veterum de Petro Venerabili. 41
Panegyricus Petri Pictaviensis monachi de Petro Venerabili. 47

EPISTOLARUM PETRI VENERABILIS LIBRI SEX.

LIBER PRIMUS.

Epist. I. — Ad Innocentium papam. 61
Epist. II. — Ad Matthæum Albanensem episcopum. 62
Epist. III. — Ad Aimericum sedis apostolicæ cardinalem et cancellarium. 69
Epist. IV. — Ad Hugonem Rothomagensium archiepiscopum. 70
Epist. V. — Ad Atonem Trecensem episcopum. 72
Epist. VI. — Ad eumdem Atonem Trecensium pontificem. 74
Epist. VII. — Ad eumdem Atonem Trecensem episcopum. 75
Epist. VIII. — Ad Stephanum presbyterum jurisperitum. 76
Epist. IX. — Ad Petrum magistrum. 77
Epist. X. — Ad eumdem magistrum Petrum. 78
Epist. XI. — Ad Innocentium papam. 79
Epist. XII. — Ad Guillelmum Ebredunensem episcopum. 80
Epist. XIII. — Ad Odonem. 81
Epist. XIV. — Ad Theotardum. 83
Epist. XV. — Ad domnam Adelam. 84
Epist. XVI. — Ad Pontium germanum suum. 85
Epist. XVII. — Ad Innocentium papam. 87
Epist. XVIII. — Ad Atonem Trecensem episcopum. 87
Epist. XIX. — Ad Dulcianum amicum suum. 88
Epist. XX. — Ad Gislebertum eremitam. 89
Epist. XXI. — Ad Innocentium papam. 101
Epist. XXII. — Ad Atonem-Trecensium pontificem. 101
Epist. XXIII. — Ad summum pontificem Innocentium. 102
Epist. XXIV. — Ad Guigonem Carthusiensium priorem, et alios fratres. 103
Epist. XXV. — Guigonis ad Petrum Venerabilem. 106
Epist. XXVI. — Ad Petrum quemdam amicum. 106
Epist. XXVII. — Ad Innocentium papam. 108
Epist. XXVIII. — Ad Bernardum abbatem Claravallensem. 112
Epist. XXIX. — Ad eumdem Bernardum Claravallensem abbatem. 159
Epist. XXX. — Ad Theotardum. 161
Epist. XXXI. — Ad Bethlehemiticum episcopum 162
Epist. XXXII. — Ad Innocentium papam. 163
Epist. XXXIII. — Ad eumdem. 164

Epist. XXXIV. — Ad Aimericum sedis apostolicæ cardinalem et cancellarium. 166
Epist. XXXV. — Ad abbatem Cisterciensem, Claravallensem, Pontiniensem et alios simul congregatos. 170
Epist. XXXVI. — Ad eosdem apud Cistercium congregatos. 174

LIBER SECUNDUS.

Epist. I. — Ad quemdam hæreticum non nominandum. 175
Epist. II. — Ad Petrum Lugdunensis Ecclesiæ archipræsulem. 182
Epist. III. — Ad Innocentium papam. 189
Epist. IV. — Ad Gilonem olim Tusculanum præsulem. 191
Epist. V. — Theotardi ad Petrum Venerabilem. 193
Epist. VI. — Ad Theotardum priorem de Charitate. 194
Epist. VII. — Ad eumdem. 194
Epist. VIII. — Ad Sigivardum Norvegiæ regem. 196
Epist. IX. — Ad Fratres de Noranthoia. 197
Epist. X. — Ad Innocentium papam. 198
Epist. XI. — Ad Matthæum Albanensem episcopum. 199
Epist. XII. — Ad Guigonem priorem et fratres Carthusienses. 201
Epist. XIII. — Ad Henricum Wintoniensium episcopum. 204
Epist. XIV. — Ad Stephanum amicum suum. 206
Epist. XV. — Ad Hugonem. 206
Epist. XVI. — Ad priores obedientiarios, et ad alios per diversas terrarum partes diffusos. 207
Epist. XVII. — Ad Jordanum, Pontium, Armannum fratres. 208
Epist. XVIII. — Ad Petrum Lugdunensis Ecclesiæ patriarcham. 229
Epist. XIX. — Ad Henricum Wintoniensem episcopum. 250
Epist. XX. — Ad Henricum episcopum. 251
Epist. XXI. — Ad Henricum Wintoniensem episcopum. 253
Epist. XXII. — Ad Petrum. 253
Epist. XXIII. — Ad Henricum Wintoniensem episcopum. 242
Epist. XXIV. — Ad eumdem Henricum. 242
Epist. XXV. — Ad eumdem. 244
Epist. XXVI. — Innocentii papæ ad Petrum Venerabilem. 245
Epist. XXVII. — Ad Innocentium papam. 245
Epist. XXVIII. — Ad eumdem Innocentium. 245
Epist. XXIX. — Ad Bernardum Claravallis abbatem. 247
Epist. XXX. — Ad Gilonem. 247
Epist. XXXI. — Ad Guillelmum Aurasicensem episcopum. 249
Epist. XXXII. — Ad Amedeum comitem et marchionem. 250
Epist. XXXIII — Ad Atonem Trecensium episcopum. 251
Epist. XXXIV. — Ad eumdem Atonem. 255

ORDO RERUM

EPIST. XXXV. — Ad Petrum Cluniacensium abbatem. 256
EPIST. XXXVI. — Ad Innocentium papam. 259
EPIST. XXXVII. — Ad Bernardum Clarævallis abbatem. 259
EPIST. XXXVIII. — Ad Petrum Cluniacensium abbatem. 259
EPIST. XXXIX. — Ad Joannem Calum Constantinopolitanæ urbis imperatorem. 260
EPIST. XL. — Ad patriarcham Constantinopolitanum. 262
EPIST. XLI. — Ad Robertum. 263
EPIST. XLII. — Gaufridi Cathalaunensis episcopi ad Petrum Venerabilem. 264
EPIST. XLIII. — Ad Gaufridum Cathalaunensem episcopum. 264
EPIST. XLIV. — Ad fratres apud montem Thabor Deo servientes. 266
EPIST. XLV. — Ad Atonem Trecensium episcopum. 268
EPIST. XLVI. — Ad regem sanctæ civitatis Jerusalem. 269
EPIST. XLVII. — Ad patriarcham Jerosolymitanum. 270
EPIST. XLVIII. — Ad Albericum Hostiensem episcopum. 271
EPIST. XLIX. — Atonis Trecensis episcopi ad Petrum Venerabilem. 271
EPIST. L. — Ad Atonem Trecensem episcopum. 272
EPIST. LI. — Ad Nicolaum. 277

LIBER TERTIUS.

EPIST. I. — Ad Henricum Wintoniensem episcopum. 277
EPIST. II. — Ad Alberonem Leodiensis ecclesiæ episcopum. 277
EPIST. III. — Ad Rotgerium Siciliæ regem. 280
EPIST. IV. — Ad Pontium Vizeliacensem episcopum. 282
EPIST. V. — Ad Innocentium papam. 282
EPIST. VI. — Ad Pontium. 283
EPIST. VII. — Ad Gregorium fratrem. 283

LIBER QUARTUS.

EPIST. I. — Ad episcopum Trecensem. 303
EPIST. II. — Episcopi Trecensis ad Petrum Venerabilem. 303
EPIST. III. — Ad Innocentium papam. 304
EPIST. IV. — Ad eumdem Innocentium. 305
EPIST. V. — Ad eumdem. 306
EPIST. VI. — Ad Lionem abbatem, Stephanum archidiaconum et Lugdunensis ecclesiæ capitulum. 307
EPIST. VII. — Ad Innocentium papam. 309
EPIST. VIII. — Ad Milonem Morinorum episcopum. 310
EPIST. IX. — Ad Innocentium papam. 313
EPIST. X. — Ad eumdem Innocentium. 315
EPIST. XI. — Ad A. Narbonensem episcopum. 316
EPIST. XII. — Ad Gaufridum Burdegalensem archiepiscopum. 317
EPIST. XIII. — Ad Wintoniensem episcopum. 318
EPIST. XIV. — Ad Guarinum Ambianensem episcopum. 319
EPIST. XV. — Ad Sugerium sancti Dionysii abbatem. 320
EPIST. XVI. — Bernardi Clarævallis abbatis ad Petrum Venerabilem. 321
EPIST. XVII. — Ad Bernardum Clarævallis abbatem. 321
EPIST. XVIII. — Ad Cœlestinum II papam. 344
EPIST. XIX. — Ad Lucium papam. 345
EPIST. XX. — Lucii papæ ad Petrum Cluniacensem abbatem. 346
EPIST. XXI. — Ad Heloisam abbatissam. 347
EPIST. XXII. — Ad Lucium papam. 353
EPIST. XXIII — Ad Raimundum monachum Tolosanum 354
EPIST. XXIV. — Ad Lucium papam. 355
EPIST. XXV. — Ad Eugenium papam. 356
EPIST. XXVI. — Ad Rainardum Cisterciensem abbatem. 356
EPIST. XXVII. — Ad Atonem Trecensem episcopum. 357
EPIST. XXVIII. — Ad Eugenium papam. 358
EPIST. XXIX. — Ad quemdam eremitam. 359
EPIST. XXX. — Ad Petrum quemdam. 360
EPIST. XXXI. — Arnulphi eremitæ ad Petrum Pictaviensem. 360
EPIST. XXXII. — Roberti fratris ad fratrem Petrum. 361
EPIST. XXXIII. — Gisleberti ad Petrum sancti Joannis. 332
EPIST. XXXIV. — Ad quemdam eremitam. 361
EPIST. XXXV. — Ad quemdam fratrem Petrum. 363

EPIST. XXXVI. — Ad Ludovicum Francorum regem. 366
EPIST. XXXVII. — Ad Rotgerium Siciliæ regem. 369
EPIST. XXXVIII. — Ad priorem Carthusiæ et alios fratres. 371
EPIST. XXXIX. — Ad fratres Cluniacenses. 372
EPIST. XL. — Ad Theobaldum Parisiensem episcopum. 376
EPIST. XLI. — Ad Odonem priorem et cæteros apud S. Martinum de Campis fratres. 377
EPIST. XLII. — Ad Dominum de Rupibus. 378
EPIST. XLIII. — Ad Gaufredum Carnotensem episcopum. 380

LIBER QUINTUS.

EPIST. I. — Ad Petrum abbatem S. Augustini Lemovicensis. 381
EPIST. II. — Ad Stephanum amicum suum. 384
EPIST. III. — Ad Stephanum de Castello. 385
EPIST. IV. — Ad Eugenium papam. 386
EPIST. V. — Ad eumdem papam Eugenium. 388
EPIST. VI. — Ad Humbertum Æduensem archidiaconum. 390
EPIST. VII. — Ad Theobaldum sanctæ Columbæ abbatem. 391
EPIST. VIII. — Ad Bernardum Clarævallis abbatem. 398
EPIST. IX. — Henrici Belvacensis episcopi nuper electi ad Petrum Cluniacensem abbatem. 399

LIBER SEXTUS.

EPIST. I. — Ad Ademarum abbatem Figiacensem. 399
EPIST. II. — Bernardi Clarævallis abbatis ad Petrum Cluniacensem abbatem. 401
EPIST. III. — Ad Bernardum Clarævallis abbatem. 401
EPIST. IV. — Ad eumdem Bernardum abbatem. 404
EPIST. V. — Ad fratrem Nicolaum. 408
EPIST. VI. — Bernardi Clarævallis abbatis ad Petrum abbatem. 409
EPIST. VII. — Nicolai fratris ad Petrum Venerabilem. 409
EPIST. VIII. — Eugenii papæ ad Hugonem Viennensem archiepiscopum. 409
EPIST. IX. — Hugonis Viennensis archiepiscopi ad Petrum abbatem. 409
EPIST. X. — Ad Eugenium papam. 410
EPIST. XI. — Ad eumdem Eugenium. 411
EPIST. XII. — Ad eumdem papam Eugenium. 411
EPIST. XIII. — Ad fratres apud Lemovicas Deo servientes. 414
EPIST. XIV. — Ad Eustachium, dilectum germanum. 416
EPIST. XV. — Ad priores et custodes ordinis ubicunque constitutos. 418
EPIST. XVI. — Ad Rotgerum Siciliæ regem. 424
EPIST. XVII. — Bernardi Clarævallis abbatis ad Petrum Cluniacensem. 425
EPIST. XVIII. — Ad Bernardum Clarævallis abbatem. 425
EPIST. XIX. — Sugerii S. Dionysii abbatis ad Petrum Cluniacensem. 426
EPIST. XX. — Ad Sugerium S. Dionysii abbatem. 426
EPIST. XXI. — Heloisæ ad Petrum Cluniacensem abbatem. 427
EPIST. XXII. — Ad Heloisam. 428
EPIST. XXIII. — Prioris Majorevi ad Petrum Venerabilem. 429
EPIST. XXIV. — Ad fratres apud Majorevum in eremum habitantes. 429
EPIST. XXV. — Ad Eugenium papam. 431
EPIST. XXVI. — Ad Ebrardum Templi Dei magistrum. 431
EPITT. XXVII. — Ad Eugenium papam. 436
EPIST. XXVIII. — Ad eumdem papam Eugenium. 439
EPIST. XXIX. — Ad Bernardum Clarævallis abbatem. 443
EPIST. XXX. — Ad Nicolaum suum amicum. 444
EPIST. XXXI. — Bernardi Clarævallis abbatis ad Petrum Venerabilem. 444
EPIST. XXXII. — Ad Hugonem Rothomagensem archiepiscopum. 444
EPIST. XXXIII. — Nicolai fratris ad Petrum Venerabilem. 446
EPIST. XXXIV. — Ad Nicolaum fratrem. 447
EPIST. XXXV. — Ad Bernardum Clarævallis abbatem. 448
EPIST. XXXVI. — Ad Nicolaum fratrem. 449
EPIST. XXXVII. — Ad Philippum Clarævallis priorem. 451
EPIST. XXXVIII. — Ad Galcherium fratrem 454

QUÆ IN HOC TOMO CONTINENTUR.

Epist. XXXIX. — Ad Margaritam et Pontiam neptes suas. 451
Epist. XL. — Ad Basilium Chartusiæ priorem. 457
Epist. XLI. — Basilii Chartusiæ prioris ad Petrum Cluniacensem 458
Epist. XLII. — Ad Eugenium papam. 459
Epist. XLIII. — Ad eumdem Eugenium. 460
Epist. XLIV. — Ad eumdem. 462
Epist. XLV. — Ad eumdem. 464
Epist. XLVI. — Ad Bernardum Clarævallis abbatem. 465
Epist. XLVII. — Ad Nicolaum fratrem. 469

SUPPLEMENTUM AD EPISTOLAS PETRI VENERABILIS.

I. — Epistola R. abbatis Vizeliacensis ad Petrum abbatem Cluniacensem. — Misericordiam ab eo flagitat pro Philippo quodam monacho irreligioso. 471
II. — Petrus Venerabilis abbas Cluniacensis pro Rodulpho de Perrona benefactore. — Ordinat missas et preces tum Cluniaci, tum in toto ordine celebrandas. 473
III. — Epistola Petri abbatis Cluniacensis ad Diethelmum presbyterum. — Monasterium de Thierbach diœcesis Basileensis ordini Cluniacensi aggregat. 474
IV. — Epistola Petri Venerabilis ad Odonem Belvacensem episcopum. — Petrus monachus Cluniacensis fit abbas S. Luciani. 474
V, VI, VII. — Epistolæ tres Petri Venerabilis ad Sugerium abbatem. 474
VIII. — Epistola Sugerii abbatis S. Dionysii ad Petrum Venerabilem. 474
IX, X, XI. — Epistolæ tres S. Bernardi ad Petrum Venerabilem. 474
XII. — Epistola Petri Cellensis ad Petrum Venerabilem. 474
XIII. — Epistola Petri Venerabilis ad Hugonem abbatem de Tribus Fontibus. — Ad petitionem S. Bernardi donationem facit monasterio Trium Fontium. 475
XIV. — Epistola Petri Venerabilis ad R. priorem S. Benedicti. — Permittit electionem abbatis. 476
XV. — Epistola Petri abbatis Cluniacensis ad R. abbatem Moisiaci. Mandat ut fratres beatæ Mariæ Deauratæ justitiam faciant canonicis S. Stephani Tolosani. 476
XVI. — Litteræ Petri abbatis Cluniacensis, de societate inita inter Cluniacenses et Resbacenses monachos. 477
XVII. — Epistola Petri abbatis Cluniacensis ad Venetos senatores. — Ad ineundam suffragiorum societatem. 477
XVIII. — Epistola ejusdem Petri ad Carthusienses. — Ejusdem argumenti. 478
XIX. — Epistola Carthusiensium ad Cluniacenses. 478
XX. — Petri Venerabilis præceptio seu constitutio de Balmensi monasterio. 479
XXI. — Indulgentia data Ecclesiis Cluniacensibus Italiæ a Petro abbate Cluniacensi. 483
XXII. — Epistola prioris Argonensis ad Petrum Venerabilem. 484

DIPLOMATA PETRI VENERABILIS.

I. — Charta Ambroniacensis. 485
II. — Charta super Ecclesia Sancti Dionysii de Carcere. 485
III. — Charta super ecclesia de Morsalimis. 486
IV. — Charta alia super eadem ecclesia: 488

EPISTOLA PETRI VENERABILIS AD PETRUM DE JOANNE. — Contra eos qui dicunt Christum nunquam se in Evangeliis aperte Deum dixisse. 488

TRACTATUS ADVERSUS JUDÆOS.

Prologus. 507
Cap. I. — Quod Christus Filius Dei sit. 509
Cap. II. — Quod Christus specialiter Deus sit. 519
Cap. III. — Quod Christus, non sicut Judæi putant, temporalis rex, sed æternus sit et cœlestis. 558
Cap. IV. — Quod Christus, non sicut Judæi desipiunt, adhuc venturus sit; sed jam certo et præordinato tempore, ad mundi salutem venerit. 558
Cap. V. — De ridiculis atque stultissimis fabulis Judæorum. 602
Epistola de translatione Alcorani. 649
Summula brevis contra sectam Saracenorum. 651
Præfatio Roberti Retensis in libro legis Saracenorum. 657

TRACTATUS ADVERSUS SECTAM SARACENORUM.

Observatio prævia. 659
Capitula Petri Pictaviensis. 661
Prologus in libro contra sectam Saracenorum. 663
Liber primus. 673
Liber secundus. 697

TRACTATUS ADVERSUS PETROBRUSIANOS HÆRETICOS.

Præfatio. 719
Incipit tractatus. 723
Prima propositio novorum hæreticorum. 728
Responsio contra id quod dicunt hæretici parvulos non posse baptizari. 729
Contra id quod dicunt basilicas vel altaria fieri non debere. 763
Contra id quod dicunt crucem Domini nec adorandam, nec venerandam, sed magis confringendam et conculcandam esse. 771
Contra id quod dicunt, missam nihil esse, nec celebrari debere. 787
Contra id quod dicunt, vivorum beneficia nihil prodesse defunctis 819

DE MIRACULIS LIBRI DUO.

LIBER PRIMUS.

Prologus 851
Cap. I. — De miraculo quod in Arvernico territorio contigit. 851
Cap. II. — De quodam presbytero divina mysteria indigne tractante. 853
Cap. III. — De illo qui Dominicum corpus retinere non potuit, nisi prius facta confessione. 855
Cap. IV. — De obitu cujusdam, et ad ultimum facta confessione. 856
Cap. V. — De alterius cujusdam ficta confessione. 857
Cap. VI. — De illo qui per veram confessionem liberatus est a diabolo. 858
Cap. VII. — Quomodo dæmones aqua benedicta fugati sint. 861
Cap. VIII. — De Gerardo puræ et simplicis vitæ monacho. 862
Cap. IX. — De his quæ in Cluniaco et circa contigerint. 871
Cap. X. — De Stephani, qui Blancus dicebatur, apparitione mirabili. 873
Cap. XI. — De simili apparitione Bernardi, qui Grossus dicebatur. 874
Cap. XII. — Quanta semper invidia diabolus adversus Cluniacum fremuerit. 876
Cap. XIII. — De fratre quem sub abbatis specie decipere voluit. 876
Cap. XIV. — De illo qui dæmones audivit flagitia sua jactantes. 877
Cap. XV. — Quid beatus Hugo narraverit in capitulo, vigilia Natalis Domini. 880
Cap. XVI. — De fratre qui dæmones vidit quasi religiose incedentes. 881
Cap. XVII. — De Algero sene religioso. 882
Cap. XVIII. — De Armanno novitio, quem diabolus in specie ursi perterruit. 883
Cap. XIX. — Quod Angelus Domini locum, ubi fratres defunguntur, cruce Christi signaverit. 884
Cap. XX. — De fratre, nomine Benedicto, qui moriens multitudinem albatorum vidit. 885
Cap. XXI. — De Turquillo, priore Marciniacensium sororum. 888
Cap. XXII. — Miraculum quod in eodem Marciniacensi monasterio contigit. 889
Cap. XXIII. — De defuncto milite, qui ter apparuit cuidam presbytero. 891
Cap. XXIV. — De Guidone Gebennensi episcopo. 894
Cap. XXV. — De quodam presbytero terribiliter mortuo. 895
Cap. XXVI. — De Gaufredo Sinemurensi domino. 898
Cap. XXVII. — De milite mortuo qui apparuit Humberto Beliocensi. 900
Cap. XXVIII — Item de alterius apparitione in Hispania. 905

LIBER SECUNDUS.

Prologus. 907
Cap. I. — De oppressore ecclesiarum, qui visibiliter raptus a diabolo et per aera subvectus est, stupentibus qui aderant universis. 909
Cap. II. — De illo qui terra obrutus, per sacrificia et orationes Ecclesiæ ab angelo pascebatur. 911
Cap. III. — Excusatio quare scriptor horum in narratione rerum gestarum non potuerit tempus et ordinem observare. 912

CAP. IV. — De ortu et adolescentia bona domni Matthæi episcopi Albanensis. 913
CAP. V.— Qualiter venerabili Radulpho, Remorum postea archiepiscopo, adhæserit. 913
CAP. VI. — Quomodo ad monasticam vitam aspirans, ecclesiasticos honores dimiserit. 914
CAP. VII. — Quod propter celebrem religionis famam Cluniacum eligens, apud S. Martinum de Campis monachi habitum suscepit. 915
CAP. VIII. — Qualem se in prioratu erga Dominum exhibuit. 917
CAP. IX. — Qualis erga subditos fuit. 918
CAP. X. — Qualis erga omnes proximos vel remotos exstiterit. 920
CAP. XI. — Qualiter a domno Petro abbate Cluniacum evocatus, ordinem rigidissime retinuit. 921
CAP. XII. — De schismate Cluniacensi per Pontium, qui abbas fuerat, concitato. 922
CAP. XIII. — De fine scandali Cluniacensis, et sapientia domni Matthæi. 924
CAP. XIV. — Quomodo in episcopum Albanensem assumptus sit, et quam sancte in eo sese habuerit. 926
CAP. XV. — Quod cum adhuc prior esset, pecunias a Judæis mutuari prohibuit. 927
CAP. XVI. — De schismate Romanæ Ecclesiæ, et quam viriliter catholicam partem defenderit. 928
CAP. XVII. — De fine ipsius miris insignibus glorioso. 928
CAP. XVIII. — De visione quam vidit de ipso prior Sancti Zenonis. 930
CAP. XIX. — De visione alterius fratris. 930
CAP. XX. — Quomodo dæmones signo crucis a se fugaverit, et de infatigabili ejus ad Deum intentione. 930
CAP. XXI. — De revelationibus ante mortem illi ostensis, et de gloria quam sibi præparatam vidit. 931
CAP. XXII.— Quomodo sancte et gloriose, Natalis Domini die, prima lucescente aurora, de hoc mundo transierit. 933
CAP. XXIII. — De exsequiis ejus celebrrimis, et tumulatione honorabili in basilica S. Frigdiani. 934
CAP. XXIV. — De quodam malo monacho pessime mortuo. 936
CAP. XXV. — De visione quam ego Romæ positus vidi. 937
CAP. XXVI. — De visione fratris Enguizonis. 940
CAP. XXVII. — De cujusdam pueri vigilantis visione mirabili. 941
CAP. XXVIII. — De institutis Carthusiensium monachorum. 943
CAP. XXIX. — De quodam fratre Carthusiensi, qui mira vigilans vidit. 946
CAP. XXX. — De miraculo cereorum Romanorum in ecclesia Matris Domini. 949
CAP. XXXI. — In Sylviniaco per sanctum Maiolum puer mortuus restituitur vitali alimento. 950
CAP. XXXII. — De confessione cujusdam fratris Cluniacensis tandem facta Domino abbati veraci et devoto. 951

SERMONES PETRI VENERABILIS.

Sermo I. — De Transfiguratione Domini. 953
Sermo II. — In laudem sepulcri Domini. 975
Sermo III. — De sancto Marcello papa et martyre. 993
Sermo IV. — In veneratione quarumlibet reliquiarum. 998

CARMINA PETRI VENERABILIS.

I. — Defensio carminum sui Petri Pictaviensis adversus calumniatores. 1005
II. — Rhythmus in laudem Salvatoris 1012
III. — Rhythmus de Resurrectione Domini. 1017
IV. — Prosa in honore matris Domini. 1017
V. — Alia prosa in eadem. 1018
VI — Hymnus in honore sanctæ Mariæ Magdalenæ. 1019
VII. — Hymnus de sancto Patre Benedicto. 1019
VIII. — Hymnus in translatione ejusdem. 1020
IX. — Rhythmus de sancto Hugone, Cluniacensi abbate. 1020
X. — Carmina in epitaphio Eustachii comitis. 1022
XI. — Versus in epitaphio Bernardi prioris. 1022
XII. — In epitaphio Rainaldi archiepiscopi Lugdunensis. 1022
XIII. — In epitaphio Petri Abælardi. 1022

STATUTA CONGREGATIONIS CLUNIACENSIS.

Observatio critica. 1023
Apologetica de quibusdam consuetudinibus mutatis. 1025

DISPOSITIO REI FAMILIARIS CLUNIACENSIS. 1047

PRIVILEGIA QUÆDAM SUMMORUM PONTIFICUM.

I. — Quod nullius, absque consensu domni abbatis, Cluniacensis in abbatiis eidem subjectis electo fiat. Item quod non fiat abbatia de prioratu. 1053
II. — Monasterium Cluniacense qui die dedicationis altaris majoris adierint, iis pœnitentiæ susceptæ dies XL remittit Innocentius II. 1054
III. — Ejusdem Innocentii II aliud diploma. 1055
IV. — De possessionibus non alienandis, et censibus non minuendis. 1055
V. — Contra rebelles, et de institutionibus observandis per abbates. 1055
VI. — Confirmatio Lucii papæ de terminis circa Cluniacenses ut ecclesiæ, cœmeteria, monachi, clerici et laici universi infra terminos in protectione papæ sint. 1056
VII. — Eugenii papæ III confirmatio, quod nullus homo cujuscunque conditionis ac potestatis invasionem, prædam, aut rapinam facere, sive homicidium perpetrare infra terminos inferius scriptos non præsumat. 1056

DIPLOMATA ET CHARTÆ SUMMORUM PONTIFICUM, REGUM ET ALIORUM.

I. — Charta D. Adalberonis Leodiensis episcopi de Bertrées. 1055
II. — Charta Rainaldi Remorum archiepiscopi, de quitatione altaris de Turre super Materna. 1058
III — De presbyterio de Turre super Materna. 1059
IV. — Charta Ludovici regis, de S. Petro de Pitueris. 1060
V. — Charta Ludovici regis, de pedagio quod est apud Monsteriolum, et super exactionibus quas dedit Ecclesiæ Cluniacensi. 1061
VI. — De centum marcis in Anglia. 1061
VII. — Charta Ambroniacensis. 1062
VIII. — Innocentii II papæ diploma, super obedientia de Limanz. 1062
IX. — Confirmatio SS. Facundi et Primitiani in Hispania. 1063
X. — Charta de Labdecomba in Anglia, et de centum marcis argenti. 1063
XI. — Confirmatio de Labdecomba 1063
XII. — Innocentii II papæ diploma, super Manerio de Labdecomba in Anglia. 1064
XIII. — Confirmatio de Rochabovecurt. 1065
XIV. — Confirmatio Montis Desiderii cum pertinentiis suis. 1065
XV. — De concessione duorum altarium in episcopatu Ambianensi. 1065
XVI. — Confirmatio domus Montispessulani, et S. Gervasii, et S. Renoberti. 1066
XVII. — Compositio inter Cluniacum, et S. Benedictum super Padum. 1066
XVIII. — Donatio ecclesiarum de Barbona, et de Lintis et Lintellis, uniusque præbendæ in ecclesia S. Petri Trecensis, per domnum Hatonem episcopum. 1066
XIX. — Confirmatio S. Remigii de Plaore, de Barbona, de Lintis, de Lintellis, et de S. Silvestro in Trecensi diœcesi. 1067
XX. — Confirmatio de Prins, cum suis pertinentiis. 1067
XXI. — Lucii papæ diploma de S. Saba cum pertinentiis suis. 1067
XXII. — Eugenii III papæ diploma, de Calderia de Ledone. 1067
XXIII. — Charta Willelmi comitis, de concordia inter ipsum et domnum Petrum abbatem Cluniacensem super Manziacensi et Celsiniacensi monasteriis. 1067
XXIV. — Charta Adefonsi imperatoris Hispaniæ, de S. Vincentio de Salamanca. 1069
XXV. — Confirmatio Sancti Vincentii de Salamanca in Hispania. 1069
XXVI. — Charta domni Frederici imperatoris super Balmensi monasterio. 1070
XXVII. — Adriani IV papæ diploma de abbatia Balmensi in archiepiscopatu Bisuntinensi cum pertinentiis suis. 1071
XXVIII. — Charta Richardi Constantiensis episcopi super Ecclesia de Morsalinis. 1071
XXIX. — Alia charta super eadem Ecclesia. 1072

ROBERTUS RETENENSIS.

Notitia. 1075
Notitia altera. 1075
Præfatio Roberti Retenensis ad Petrum Venerabilem.

in librum legis Saracenorum, quam Alcoran vocant, a se translatum. 1075

WIBALDUS ABBAS STABULENSIS ET CORBEIENSIS.

Notitia historica. 1075
Notitia litteraria. 1077
Observationes præviæ ad epistolas Wibaldi. 1087

EPISTOLÆ WIBALDI.

EPIST. I. — Wibaldi abbatis Casinensis ad Lotharium imperatorem. Exponit ei Casinensis monasterii calamitates, auxiliumque ac protectionem ejus implorat. 1121

EPIST. II. — Ad Lotharium imperatorem et Richizam ejus conjugem. — Recenset deprædationes factas Casinensi monasterio a Saracenis, Northmannis et Langobardis. 1125

EPIST. III. — Ad monachos Casinenses. — Liberam eis alterius abbatis eligendi facultatem tribuit, cujus electio si canonica fuerit, promittit eos se ab obedientia sibi promissa absoluturum. 1129

EPIST. IV. — Ad R. Casinensis monasterii abbatem. — Gratulatur ei de sua electione, absolvit eum a promissa sibi obedientia, annulum et sigillum suum in signum resignationis abbatiæ ei remittit. 1130

EPIST. V. — Ad Odonem decanum Casinensem. — Absolvit eum aliosque Casinenses fratres a promissa obedientia, rationemque reddit de nonnullis a monasterio detractis. 1130

EPIST. VI. — Ad Theodericum abbatem Walciodorensem. — Miracula sancti Forannani a Roberto monacho scriptis consignata approbat. 1131

EPIST. VII. — Conradi regis ad Wibaldum abbatem. — Mandat ut Francofurtum accedat regalia abbatiæ Corbeiensi de manu sua recepturus. 1132

EPIST. VIII. — Wibaldi abbatis ad Conradum regem. — Respondet ad præcedentem, examinandam esse Corbeiensium de se electionem, excusatque se quod ad ipsius curiam non venerit. 1133

EPIST. IX. — Conradi regis ad fratres Stabulenses. — Illos hortatur, ut absentiam abbatis sui æquanimiter ferant, et de gratia sua plurimum confidant. 1133

EPIST. X. — Corbeiensium ad Stabulenses. — Gratias agunt quod Wibaldum sibi non inviderint abbatem, hortanturque ut ejus absentiam æquanimiter ferant. 1154

EPIST. XI. — Stabulensium ad Corbeienses. — Gratulantur eis de Wibaldi electione, quem illis commendant. 1154

EPIST. XII. — Reinardi abbatis magistri ad eumdem Wibaldum. — Gratulatur ei de sua electione, gaudium timore miscens pro exaltatione. 1135

EPIST. XIII. — Conradi imperatoris ad Eugenium papam III. — Wibaldi absentis et renitentis electionem in abbatem Corbeiensem, atque unionem Kæminadæ et Visbikæ ad Corbeiense monasterium petit confirmari. 1136

EPIST. XIV. — Wibaldi abbatis ad Corbeienses. — Ut de sua in Corbeiensem abbatem electione summo pontifici testimonium perhibeant. 1137

EPIST. XV. — W. prioris et fratrum Corbeiensis monasterii ad Eugenium papam III. — Petunt confirmari electionem Wibaldi abbatis et duorum puellarum monasteriorum ad Corbeiense unionem. 1138

EPIST. XVI. — Corbeiensium monachorum ad Guidonem cardinalem. — De electione Wibaldi abbatis et unione duorum puellarum monasteriorum ad Corbeiense. 1139

EPIST. XVII. — Herimanni comitis ad Eugenium papam III. — Testimonium perhibet de electione Wibaldi in abbatem Corbeiensem. 1141

EPIST. XVIII. — Conradi imperatoris ad H. ducem Saxoniæ. Commendat ei Wibaldum abbatem Corbeiensem. 1141

EPIST. XIX. — Bremensis Ecclesiæ et Buccensis congregationis ad Wibaldum abbatem Corbeiensem. — Eum causæ suæ arbitrum cum episcopo Verdensi eligunt. 1142

EPIST. XX. — Conradi imperatoris ad Eugenium papam III. — Significat ei Heinricum filium suum communi principum acclamatione in regem Romanorum electum, seque assumpta cruce accingere ad expeditionem Hierosolymitanam. 1142

EPIST. XXI. — Annonis ad Wibaldum abbatem. — De quodam Ebroino, cui hortante Wibaldo benefecerat. 1143

EPIST. XXII. — Wibaldi abbatis ad Annonem abbatem Indensem. — Ut Ebroino ex Indensi et Stabulensi monasterio ejecto nihil detur. 1144

EPIST. XXIII. — Conradi imperatoris ad H. ducem Saxoniæ. — De jure advocationis in Kaminadam et Visbikam, quas Corbeiensi monasterio univerat. 1144

EPIST. XXIV. — Conradi ad J. abbatissam de Herevord.

— Wibaldo abbati injunxisse se ut facta inquisitione monasterii Herevordensis defectus emendet. 1145

EPIST. XXV. — Henrici monachi ad Wibaldum abbatem. — Rationem reddit de his quæ cum papa egerat ad suæ electionis in abbatem Corbeiensem confirmationem. 1145

EPIST. XXVI. — Guidonis cardinalis ad Wibaldum abbatem. — Quod possit transire a Stabulensi ad Corbeiensem abbatiam. 1147

EPIST. XXVII. — Wibaldi abbatis ad Guidonem cardinalem. — De suo ad cardinalem adventu, et de captivis Romanæ Ecclesiæ quos redemerat. 1147

EPIST. XXVIII. — Eugenii papæ III ad episcopum Havelbergensem. — Ut usurpata a suis prædia Corbeiensium restitui curet. 1148

EPIST. XXIX. — Eugenii papæ III ad Reinherium canonicum Havelbergensem. — Ut viginti mansos, quos Corbeiensi monasterio abstulerat, restituat. 1148

EPIST. XXX. — Henrici Romanorum regis ad Wibaldum abbatem. — Ipsius in regni administratione et pace firmanda consilium laudat et desiderat. 1149

EPIST. XXXI. — Conradi imperatoris ad Wibaldum abbatem. — Ipsius se commendat precibus, oratque ut filium suum gubernare non desinat. 1149

EPIST. XXXII. — A. abbatis Fuldensis ad Wibaldum. — Ipsius apud summum pontificem intercessionem deprecatur. 1149

EPIST. XXXIII. — Wibaldi abbatis ad Guidonem cardinalem. — Commendat ipsi causam Fuldensis abbatis et Reinardi olim sui præceptoris. 1150

EPIST. XXXIV. — Amici ad Wibaldum. — Gratulatur ei quod suos superaverit adversarios, laudatque Robertum Stabulensem decanum. 1150

EPIST. XXXV. — Wibaldi abbatis ad Reinardum Reinehusensem abbatem. Respondet ad præcedentem. 1152

EPIST. XXXVI. — Rainardi ad Wibaldum abbatem. — De mutua inter eos dilectione. 1153

EPIST. XXXVII. — Stabulensium monachorum ad Wibaldum abbatem. — Congratulantur ei de suo reditu, conqueruntur de Godefrido comite, qui pactas ab eo insidias fregerat, et de invasione villæ de Tornines. 1154

EPIST. XXXVIII. — Roberti decani Stabulensis ad Wibaldum abbatem. — Congratulatur ei de ipsius reditu. 1155

EPIST. XXXIX. — Bovonis præpositi ad Wibaldum abbatem. — De damnis præpositurae illatis a comite Namurcensi et aliis. 1155

EPIST. XL. — Wibaldi abbatis ad Henricum Leodiensem episcopum. — Ut Eustachium parochianum suum, qui villam de Tornines invaserat, compescat. 1155

EPIST. XLI. — Wibaldi abbatis ad suos Stabulenses. — Condolet eorum calamitatibus, quas, eo absente, pertulerunt. 1156

EPIST. XLII. — Henrici episcopi Leodiensis ad Wibaldum abbatem. — Optat ejus frui præsentia ad corrigendos morum defectus. 1158

EPIST. XLIII. — Wibaldi ad Leodiensem episcopum. — Ejus optat frui præsentia. 1158

EPIST. XLIV. — Wibaldi abbatis ad Eugenium papam III. — Quod legatos hominum de Erveta a quodam ministeriali Stabulensi captos liberos abire permiserit. 1159

EPIST. XLV. — Corbeiensium monachorum ad Stabulenses. — Gratias agunt quod sibi Wibaldum abbatem concesserint, quam egregie apud eos in spiritualibus et temporalibus se gesserit enarrant, et de mutua societate. 1159

EPIST. XLVI. — Corbeiensium monachorum ad Stabulenses. — Quomodo se gesserint cum papæ legato, quando ab eis quæsivit quid de thesauris Ecclesiæ fecissent. 1160

EPIST. XLVII. — Guidonis cardinalis ad Wibaldum abbatem. — Quod ipsius scriptum papæ ostenderit, et ut pontifici præsentiam suam exhibeat. 1162

EPIST. XLVIII. — Wibaldi ad Guidonem cardinalem. — Suos ei commendat Stabulenses. 1162

EPIST. XLIX. — Wibaldi abbatis ad Jordanum cardinalem. — Quid pro procurando papæ Leodii egerit. 1162

EPIST. L. — Wibaldi abbatis ad Joannem cardinalem. — Petit ipsius protectionem. 1163

EPIST. LI. — Joannis cardinalis ad Wibaldum abbatem. — Promittit causarum ipsius curam maximam se habiturum. 1163

EPIST. LII. — Eugenii papæ III ad Corbeienses monachos. — Hortatur ut Wibaldo abbati humilem reverentiam exhibeant. 1164

EPIST. LIII. — Eugenii papæ III ad Henricum Leodiensem episcopum. — Ut compescat raptores bonorum Stabulensis monasterii. 1164

EPIST. LIV. — Henrici regis Romanorum ad Eugenium papam III. — Papæ patrocinium deprecatur. 1165
EPIST. LV. — Eugenii papæ III ad Henricum Juniorem Romanorum regem. — Laudat ejus pro Ecclesia zelum, prosperaque ei omnia exoptat. 1165
EPIST. LVI. — Henrici Romanorum regis ad Eugenium papam III. — Ut Henricum Moguntinum archipræsulem et alios ad papam transeuntes benigne suscipiat; ducissam Poloniæ ab excommunicatione solvat, et Wibaldum abbatem habeat sibi commendatum. 1165
EPIST. LVII. — B. episcopi Hildesheimensis ad Eugenium papam III. — Wibaldi abbatis merita prædicat, oratque ut pontifex ratam habeat Kaminadæ unionem ad Corbeiense monasterium. 1165
EPIST. LVIII. — Henrici ducis Saxoniæ ad Eugenium papam III. — Ejusdem argumenti. 1166
EPIST. LIX. — Herimanni comitis Wincenburgensis ad Eugenium papam III. — Ejusdem argumenti. 1166
EPIST. LX. — H. abbatis B. Mariæ in Flechtorp ad Eugenium papam III. — Ejusdem argumenti. 1167
EPIST. LXI. — W. abbatis S. Blasii ad Eugenium papam III. — Ejusdem argumenti. 1167
EPIST. LXII. — C. abbatis B. M. in Grevenkerken ad Eugenium papam III. — Ejusdem argumenti. 1168
EPIST. LXIII. — Abbatis B. Mariæ in Hamulungesburnen ad Eugenium papam III. — Ejusdem argumenti. 1169
EPIST. LXIV. — Eugenii papæ III ad Henricum Juniorem regem. — Amitæ ipsius provisurum se promittit. 1169
EPIST. LXV. — Eugenii papæ III ad Teutonicos prælatos. — Ut juniori regi Henrico assistant, suisque consiliis et operibus eum adjuvent. 1169
EPIST. LXVI. — Eugenii papæ III ad A. Bræmensem, H. Mendensem, et T. Ferdensem antistites. — Ut prædia Kaminatæ monasterii a variis usurpata curent restitui. 1170
EPIST. LXVII. — Eugenii papæ III ad Corbeienses monachos. — Confirmat depositionem Henrici abbatis. 1170
EPIST. LXVIII. — Eugenii papæ III ad Fuldenses. — Contra suum mandatum factam ab eis electionem declarat irritam, mandatque ut præsentibus quibusdam quos nominat abbatibus ex altero claustro eligant sibi abbatem. 1170
EPIST. LXIX — Eugenii papæ III ad Ebracensem, Everbacensem, Hersfeldensem et Corbeiensem abbates. — Ut Fuldam accedentes abbatem ex altero claustro eligi curent. 1170
EPIST. LXX. — A. præpositi Corbeiensis ad Wibaldum abbatem. — Camerarium Fuldensem ejus desiderare præsentiam in abbatis electione, uti et Corbeienses pro rerum suarum restauratione. 1170
EPIST. LXXI. — Wibaldi abbatis ad Fuldenses. — Excusat se quod ad eos nequeat accedere, eosque consolari conatur, hortaturque ut cito ad electionem procedant. 1171
EPIST. LXXII. — Henrici comitis Namurcensis ad Eugenium papam III. — Se paratum esse ea observare, quæ Treveris in curia papæ ordinata fuerant, de causa quæ ipsum inter et archidiaconum Virdunensem vertebatur. 1172
EPIST. LXXIII. — Wibaldi abbatis ad Henricum Romanorum regem. — De electo Fuldensi, de parendo decretis papæ, etc. 1172
EPIST. LXXIV. — Prioris Corbeiensis ad S. abbatem.— Mediante Wibaldo abbate indulget ipsi quidquid in Corbeienses commiserat. 1175
EPIST. LXXV. — Wibaldi abbatis ad magistrum Baldricum. — Ut suum exerceat ingenium 1173
EPIST. LXXVI. — Monachorum Corbeiensium ad Wibaldum abbatem. — Ut absens pro sua Ecclesia laborare non desinat et ut suo privilegio confirmet duorum monasteriorum unionem. 1174
EPIST. LXXVII. — Corbeiensium monachorum ad Wibaldum abbatem. — Exponunt quanta de ejus absentia patiantur, hortanturque ut cito redeat. 1175
EPIST. LXXVIII. — Wibaldi abbatis ad suos Cerbeienses. — Suam præsentiam Stabulensibus maxime necessariam fuisse, seque negotiis expeditis, cito citius Corbeiam convolaturum. 1176
EPIST. LXXIX. — Wibaldi abbatis ad Hadwidem sororem suam. — Excusat se quod eam jamdiu non visitaverit, narrat quanta pro regno, pro suis, et pro amicis fecerit. 1177
EPIST. LXXX. — Conradi imperatoris ad Wibaldum abbatem. — Narrat ea quæ sibi sacra in expeditione contigerunt. 1178
EPIST. LXXXI. — Corbeiensium monachorum ad Wibaldum abbatem. — Congratulantur ei de prospere gestis, et promptum ejus ad se optant reditum. 1179
EPIST. LXXXII. — A. præpositi Corbeiensis ad Wibaldum abbatem. — Promptum ipsius ad Corbeienses optat reditum. 1180
EPIST. LXXXIII. — Walterii camerarii Corbeiensis ad Wibaldum abbatem. — Rationem reddit de ædificiis construendis, optatque ut quam cito redeat Corbeiam. 1181
EPIST. LXXXIV. — Wibaldi abbatis ad suos Corbeienses. — Jam proxime ad eos reversurus, narrat quam multa bona apud Stabulenses egerit. 1181
EPIST. LXXXV. — Corbeiensium monachorum ad Wibaldum abbatem. — Urgent ipsius Corbeiam reditum. 1182
EPIST. LXXXVI. — Wibaldi abbatis ad suos Corbeienses. — Increpat eos quod ejus reditum tot iteratis vicibus urgeant. 1183
EPIST. LXXXVII. — Wibaldi abbatis ad Henricum Romanorum regem. — De causa Everardi et Cuononis. 1184
EPIST. LXXXVIII. — Henrici regis Romanorum ad Wibaldum abbatem Stabulensem. — Confirmat Franconis sententiam in gratiam Everardi prolatam. 1186
EPIST. LXXXIX. — Henrici regis Romanorum ad Wibaldum abbatem. — Gratias agit Wibaldo propter servitium sibi et patri suo exhibitum, optans illius præsentiam in aliis agendis. 1186
EPIST. XC. — Capituli Leodiensis ad Wibaldum abbatem. — In rebus arduis ipsius petit consilium. 1187
EPIST. XCI. — Wibaldi abbatis ad capitulum Leodiense. — Excusat se quod eorum interesse capitulo non possit, scriptoque significat, quæ præsens, si licuisset, consuluisset. 1188
EPIST. XCII. — Wibaldi abbatis ad Henricum Leodiensem episcopum. — De vi illata in homines Stabulensis monasterii a Theodorico de Salceviio. 1189
EPIST. XCIII. — Henrici regis Romanorum ad Wibaldum abbatem. — Ut sibi Winisberch occurrat. 1189
EPIST. XCIV. — Fuldensium monachorum ad Wibaldum abbatem. — Designato tempore ipsi occurrere promittunt. 1190
EPIST. XCV. — Bernardi episcopi Patherburnensis ad Wibaldum abbatem. — Orat ut Corbeiam revertendo apud ipsum declinet colloquium secum habiturus. 1190
EPIST. XCVI. — Wibaldi abbatis ad Guidonem cardinalem. — Commendat ei abbatem Brunvillarensem. 1190
EPIST. XCVII. — Capituli S. Liborji ad Wibaldum abbatem. — Conqueruntur de Folquini vexationibus, orantque ut episcopum conveniens hortetur ipsum ut sibi subveniat. 1191
EPIST. XCVIII. — Wibaldi abbatis ad canonicos Patherburnenses. — Respondet ad præcedentem. 1191
EPIST. XCIX. — Henrici Romanorum regis ad Eugenium papam III. Archiepiscopum Moguntinum excusat, quod concilio Remensi non interfuerit, eumque ad pontificem proficiscentem commendat. 1192
EPIST. C. — Wibaldi abbatis ad G. aurificem. — Ut quæ illi facienda commisit, operibus instanter incumbat. 1193
EPIST. CI. — G. aurificis ad Wibaldum abbatem. — Respondet ad præcedentem. 1193
EPIST. CII. — Wibaldi abbatis ad Fuldenses monachos. — Excusat se quominus Fuldam proficiscatur, interim salutaria eis dat monita pro futura abbatis electione. 1194
EPIST. CIII. — Stabulensium monachorum ad Wibaldum abbatem. — Consilium petunt super quibusdam negotiis temporalibus 1194
EPIST. CIV. — Wibaldi abbatis ad suos Stabulenses. Respondet ad præcedentem. 1195
EPIST. CV. — Wibaldi abbatis ad suos Stabulenses. — Enarrat quosdam tumultus, qui in Corbeiensi monasterio contigerant, vetatque ne rebelles apud se recipiant. 1197
EPIST. CVI. — Wibaldi abbatis ad H. monachum — Ejus prædicat virtutes, oratque ut ad illum redeat. 1200
EPIST. CVII. — Fuldensium monachorum ad Wibaldum abbatem. — Orant ut futuræ Fuldensis abbatis electioni velit interesse. 1201
EPIST. CVIII. — Fuldensium monachorum ad Corbeienses. — Ut Wibaldus abbas electioni Fuldensis abbatis velit interesse. 1201
EPIST. CIX. — Stephani monachi ad Wibaldum abbatem. — Optat maxime reverti ad Stabulense monasterium, scribitque villicationem Godino imponere nequivisse. 1201
EPIST. CX. — O. abbatis S. Remigii ad Wibaldum abbatem. — Significat ei obitum Stephani monachi Stabulensis. 1202
EPIST. CXI. — Henrici monachi ad Wibaldum abbatem.

— Gratias agit pro benevolentia, spondetque ei de sua semper serviturum 1203
Epist. CXII. — Wibaldi abbatis ad Eugenium papam III. — De electione abbatis Fuldensis. 1203
Epist. CXIII. — Wibaldi abbatis ad Guidonem cardinalem. — Commendat ei Bremensem electum, et præpositum Hartwicum. 1204
Epist. CXIV. — Wibaldi abbatis ad Eugenium papam III. — De actis in electione abbatis Fuldensis. 1204
Epist. CXV. — H. monachi, ut videtur, Fuldensis Wibaldo abbati. — Scribit ei electum assensum præbuisse electioni suæ. 1210
Epist. CXVI. — Wibaldi abbatis seu diploma. — De locatione cujusdam possessionis. 1210
Epist. CXVII. — F. abbatis S. Godehardi ad Wibaldum abbatem. — Hortatur ut Henrico abbati deposito reconciliari velit. 1210
Epist. CXVIII. — Wibaldi abbatis ad Fredericum F. S. Godehardi abbatem. — Rejectis oblatis sibi laudibus, respondet se Henrico Corbeiensi abbati deposito omnes injurias ex animo remittere, inflictas vero in eum censuras a sede apostolica; solum papam remittere posse. 1211
Epist. CXIX. — R. abbatis ad Wibaldum abbatem. — Orat ut Henrici quondam Corbeiensis abbatis misereatur. 1213
Epist. CXX. — Eugenii papæ III ad Wibaldum abbatem et fratres Corbeienses. — Ut nullum apud eos locum Henricus depositus inveniat. 1214
Epist. CXXI. — Henrici archiepiscopi Moguntini ad Wibaldum. — Rationem eorum reddit quæ egerat in concilio Erfordensi. 1214
Epist. CXXII. — Wibaldi abbatis ad Eugenium papam III. — Scribit in gratiam abbatis S. Medardi adversus Balduinum canonicum Leodiensem. 1215
Epist. CXXIII. — Wibaldi abbatis ad omnes fideles parochiæ Lienwart. — De negligentia quatuor presbyterorum. 1216
Epist. CXXIV. — Thieboldi ad Wibaldum. — De abbatissa Gesekensi. 1217
Epist. CXXV. — Wibaldi abbatis ad Thieboldum præpositum. — De abbatissa Gesekensi. 1217
Epist. CXXVI. — Wibaldi abbatis ad Arnoldum Coloniensem archiepiscopum. — De quibusdam ministerialibus qui conspiraverant in eum. 1218
Epist. CXXVII. — Conradi imperatoris ad Wibaldum abbatem. — Quæ ipsi Damascum obsidenti contigerint. 1219
Epist. CXXVIII. — Henrici episcopi Mendensis ad Wibaldum abbatem. — Optat uti consilio Patherburnensis et Monasteriensis episcoporum super lite quæ eos inter versabatur. 1219
Epist. CXXIX. — Bernardi episcopi Hildenesheimensis ad Wibaldum abbatem. — Intercedit pro Henrico quondam Corbeiensi abbate, ut in professionis suæ claustro recipiatur. 1220
Epist. CXXX. — Bernardi ejusdem ad Corbeienses. — Ejusdem argumenti. 1220
Epist. CXXXI. — Wibaldi ad Bernardum Hildenesheimensem episcopum. — Fuse enarrat totam seriem suæ in abbatem Corbeiensem electionis, et quæ eam secuta sunt. 1221
Epist. CXXXII. — Corbeiensium monachorum ad Bernardum episcopum Hildenesheimensem. — Exponunt tres rationes, quæ ipsos deterrent a recipiendo Henrico quondam abbate deposito. 1235
Epist. CXXXIII. — Wibaldi abbatis litteræ. — De concordia inter Reinherum præpositum et Elvirum comitem. 1239
Epist. CXXXIV. — Wibaldi abbatis ad B. præpositum. — Discrimen inter mentiri et mendacium dicere. 1240
Epist. CXXXV. — Theotuini et Guidonis cardinalium ad Henricum Mindensem episcopum. — Arguunt eum quod in Kaminatensi ecclesia divina officia celebrare prohibuerit. 1240
Epist. CXXXVI. — Wibaldi abbatis ad suos Stabulenses. — Luget fratrum suorum mortem, de quorum felici obitu gratulatur; sed maxime dolet de transitu E., apud quem plura tenacitatis vitia reperta sunt quam expediret. 1240
Epist. CXXXVII. — Wibaldi abbatis ad Bernardum episc. Patherburnensem. — Quamdam causam suam ejus judicio diffiniendam relinquit. 1242
Epist. CXXXVIII. — Bernardi episcopi Patherburnensis ad Wibaldum. — Respondet ad præcedentem. 1242
Epist. CXXXIX. — Guidonis cardinalis ad Anselmum episc. Havelbergensem. — Scribit ei suam voluntatem per legatum Poloniæ. 1243
Epist. CXL. — Ejusdem ad eumdem. — Cupit informari de ipsius statu. 1243
Epist. CXLI. — Anselmi episcopi Havelbergensis ad Wibaldum abbatem. — Causatur quod sibi amico non scribat, significatque proximum suum ad papam iter. 1245
Epist. CXLII. — Wibaldi abbatis ad Anselmum episc. Havelbergensem. — Romam eunti quædam commendat negotia, præsertim in gratiam abbatis Herseldensis. 1244
Epist. CXLIII. — Wibaldi abbatis ad Eugenium papam III. — De statu Fuldensis monasterii eum informat. 1246
Epist. CXLIV. — Wibaldi abbatis ad Henricum abbatem Fuldensem et Hereveldensem. — Ut dispersos filios benigne recipere velit. 1246
Epist. CXLV. — Notitia de duello in juramentum commutato. 1247
Epist. CXLVI. — Manegoldi ad Wibaldum abbatem. — Laudat Wibaldum de scientia liberalium artium. 1248
Epist. CXLVII. — Wibaldi abbatis ad Manegoldum scholæ magistrum. — Respondet ad præcedentem. 1249
Epist. CXLVIII. — Wibaldi abbatis ad Hartwicum Bremensem archiepiscopum. — Hartwicum archiepiscopum sibi iratum, eo quod in electione Bremensis antistitis electorum vota in Wibaldum conspirare visa sunt, sibi reconciliare conatur. 1257
Epist. CXLIX. — Wibaldi abbatis ad H. episcopum Mindensem. — Petit ut designet sibi tempus et locum quibus invicem convenire possint, res suas amice composituri. 1258
Epist. CL. — Wibaldi abbatis ad abbatem S. Godehardi. — Excusat se quod abbatum Saxoniæ conventui interesse non possit, hortaturque ut in eo causa abbatis Herseveldensis ventiletur. 1259
Epist. CLI. — Wibaldi abbatis ad B. abbatem S. Michaelis. — Gratulatur ei et ecclesiæ de sua electione. 1260
Epist. CLII. — Wibaldi abbatis ad H. Bremensem electum. — Scribit in gratiam abbatis Herseveldensis, quem sui monachi ejecerant. 1260
Epist. CLIII. — Corbeiensium monachorum ad Wibaldum abbatem. — De quodam puero apud Kaminatam casu defuncto. 1262
Epist. CLIV. — Wibaldi abbatis ad suos Corbeienses. — Consolatur eos de obitu fratris defuncti apud Kaminatam. 1263
Epist. CLV. — Wibaldi abbatis ad episcopum Mindensem. — Ut ecclesiam Kaminatensem reconciliare dignetur. 1263
Epist. CLVI. — Wibaldi abbatis ad suos Malmundarienses. — De quodam fratre inordinato, qui abjecto monachali habitu exiverat. 1264
Epist. CLVII. — Wibaldi abbatis ad Walterium monachum. — Walterium monachum improbum de multis arguit criminibus. 1265
Epist. CLVIII. — Wibaldi abbatis ad suos Corbeienses. — De H. et A. ministerialibus Corbeiensis monasterii in ejus gratiam receptis. 1267
Epist. CLIX. — G. abbatis Solemniacensis ad Wibaldum abbatem. — Ut pro Solemniacensibus gratias agant S. Remaclo qui eos a tribulationibus eripuit. 1267
Epist. CLX. — Wibaldi abbatis ad Solemniacenses. — Respondet ad præcedentem. 1268
Epist. CLXI. — Wibaldi abbatis ad H. Trajectensem episcopum. — De providendo pastore Ecclesiæ de Lienward. 1269
Epist. CLXII. — Conradi imperatoris ad Wibaldum. — Laudat ejus fidelitatem, significatque se in octava Pentecostes pervenisse ad Ratisbonam. 1269
Epist. CLXIII. — Wibaldi ad Conradum imperatorem. — Congratulatur ei de reditu e sacra expeditione, hortatur ut injuste oppressos adjuvet, et conqueritur de episcopo Mindensi. 1270
Epist. CLXIV. — Eugenii papæ III ad Conradum imperatorem. — Consolatur de infelici expeditionis Hierosolymitanæ exitu, mittitque ad eum nuntios, cupiens de ipsius statu informari. 1271
Epist. CLXV. — G. cardinalis ad Wibaldum abbatem. — Mandat ut ad se veniat ipsius consilio usurum. 1271
Epist. CLXVI. — Wibaldi abbatis ad G. cardinalem. — Respondet ad præcedentem. 1271
Epist. CLXVII. — Conradi imperatoris ad H. Mindensem episcopum. — Arguit eum quod fratres Corbeienses vexet. 1272
Epist. CLXVIII. — Wibaldi abbatis ad H. Mindensem episcopum. — Causatur de eo quod Kaminatensem ecclesiam non reconciliaverit. 1275
Epist. CLXIX. — Conradi imperatoris ad Wibaldum abbatem. — Redux e sacra peregrinatione invitat eum ad curiam 1275

EPIST. CLXX — H. Wibaldo abbati. — Quod rex ejus indigeat consilio. 1274
EPIST. CLXXI. — Wibaldi abbatis ad Petrum abbatem Cluniacensem. — De lite quæ inter Ecclesias de Nameka et de Marcha vertebatur. 1274
EPIST. CLXXII. — Conradi imperatoris ad H. episcopum Mindensem. — Arguit ipsum quod Kaminatensem Ecclesiam non reconciliaverit, nec ipsius jussa adimplere curaverit. 1275
EPIST. CLXXIII. — G. cardinalis legati ad Henricum Mindensem episcopum. — Mandat ut Ecclesiam Kaminatensem reconciliet. 1276
EPIST. CLXXIV. — B. episcopi Patherburnensis et Wibaldi abbatis ad Eugenium papam III. — De lite quæ inter Z. præpositum et episcopum Spirensem vertebatur. 1276
EPIST. CLXXV. — Conradi imperatoris ad Eugenium papam III. — Ut præposituram Xantensem Thiebaldo capellano suo canonice electo conferre dignetur. 1277
EPIST. CLXXVI. — Wibaldi abbatis ad Guidonem cardinalem et cancellarium. — Ut præpositura Xantensis Thiebaldo capellano conferatur. 1277
EPIST. CLXXVII. — Eugenii papæ III ad Conradum regem. — Thiebaldo capellano suo confirmat præposituram Xantensem, modo aliam præposituram quam antea possidebat, remittat. 1278
EPIST. CLXXVIII. — A. ad Wibaldum abbatem. — Gratias agit pro obtenta Thiebaldo præpositura Xantensi, petitque ipsius et imperatoris pro eo ad papam intercessionem adversus archiepiscopum Coloniensem. 1278
EPIST. CLXXIX. — Thiebaldi præpositi Xantensis ad Wibaldum abbatem. — Ejusdem argumenti. 1278
EPIST. CLXXX. — P. Esculani episcopi ad Wibaldum abbatem. — Ut pro ipso apud imperatorem intercedere dignetur. 1279
EPIST. CLXXXI. — Conradi imperatoris ad Eugenium papam III. — Scribit in gratiam Thiebaldi præpositi Xantensis et Ottonis clerici. 1279
EPIST. CLXXXII. — Wibaldi abbatis ad suos successores. — De quibusdam rebus in sua administratione gestis. 1280
EPIST. CLXXXIII. — Eugenii papæ III ad Conradum imperatorem. — Ejus intuitu iterum confirmat electionem præpositi Xantensis, et depositionem archiepiscopi Coloniensis differt. 1280
EPIST. CLXXXIV. — Wibaldi abbatis ad præpositum Coloniensem. — De victoria junioris regis in Guelfonem, de futuro apud Fuldam ad quod ipsum invitat colloquio, deque Romana legatione. 1281
EPIST. CLXXXV. — H. episcopi Constantiensis ad Wibaldum abbatem. — Ut Henricum consanguineum a Welfone detentum imperatoris auctoritate libertate donari procuret. 1281
EPIST. CLXXXVI. — Wibaldi abbatis ad Hermannum episcopum Constantiensem. — Scribit suasisse ut, reportata victoria, imperator hostes urgere pergeret, sed contrariam prævaluisse sententiam. 1282
EPIST. CLXXXVII. — Conradi imperatoris ad E. imperatorem Constantinopolitanum. — Excusat se quod detentus infirmitate stare promissis nequiverit. 1283
EPIST. CLXXXVIII. — Conradi imperatoris ad imperatricem Græcorum. — Excusat se quod febre correptus promissa imperatori CP. implere nequiverit, notam facit de Welphone victoriam, petitque neptem mariti ipsius filio suo Henrico uxorem. 1284
EPIST. CLXXXIX. — Henrici regis junioris ad Emmanuelem imperatorem C. P. — Nuntiat ipsi quam de Welphone reportaverat victoriam. 1286
EPIST. CXC. — Henrici junioris regis ad imperatricem. — Nuntiat ei victoriam a se de Welphone reportatam. 1287
EPIST. CXCI. — Wibaldi abbatis ad Arnoldum præpositum majorem Coloniensis Ecclesiæ. — Ut Fuldam ad imperatoris curiam se conferat, non decere ut rex duas a papa præposituras pro Thiebaldo postulet. 1288
EPIST. CXCII. — Wibaldi abbatis ad Eugenium papam III. — Scribit in gratiam canonicorum collegiatæ S. Bartholomæi civitatis Leodiensis. 1289
EPIST. CXCIII. — Wibaldi abbatis ad Stephanum priorem S. Jacobi Leodiensis. — Hortatur ad subeundum onus curæ pastoralis, ad quod canonice electus fuerat, et quod præ humilitate recusabat. 1290
EPIST. CXCIV. — Wibaldi abbatis ad Theobaldum præpositum Xantensem. — Gaudet quod suus ipsi favor profecerit. 1290
EPIST. CXCV. — Conradi imperatoris ad Eugenium papam III. — Ut Arnaldum Coloniensem archiepiscopum benigne suscipiat, ac suæ sedis restitutum remittat. 1291

EPIST. CXCVI. — Wibaldi abbatis ad Guidonem cardinalem. — Injunctam esse sibi a rege ad papam legationem. 1292
EPIST. CXCVII. — Conradi imperatoris ad Quindelinburgenses moniales. — Nullam sibi videri rationem ob quam a divinis cessent. 1292
EPIST. CXCVIII. — Joannis abbatis Frithesellensis ad Wibaldum abbatem. — Scribit se ad regem iturum 1292
EPIST. CXCIX. — Wibaldi abbatis ad Joannem Frithesellensem. — Eunti ad regem commendat res monasterii sui Corbeiensis, præcipue circa unionem Wisbickensis parthenonis. 1293
EPIST. CC. — Wibaldi abbatis ad Conradum imperatorem. — De rebellione abbatissæ Kaminatensis, adversus quam imperatoris protectionem implorat. 1294
EPIST. CCI. — Wibaldi abbatis ad H. regiæ curiæ notarium. — Commendat ei apud imperatorem Corbeiensium causam de Kaminata et Visbick. 1295
EPIST. CCII. — Henrici curiæ regiæ notarii ad Wibaldum abbatem. — Responsio ad præcedentem. 1296
EPIST. CCIII. — Wibaldi abbatis ad Conradum imperatorem. — Dolet quod nullum ab eo responsum acceperit de negotio Kaminatensis ecclesiæ. 1297
EPIST. CCIV. — Wibaldi abbatis ad Henricum curiæ regiæ notarium. — Commendat ei causas monasterii Corbeiensis. 1297
EPIST. CCV. — R. ad Wibaldum abbatem. — Petit ab eo aliquos libros eique promittit alios. 1298
EPIST. CCVI. — Wibaldi abbatis ad R. præpositum Hildensheimensem. — De suo in litteras humaniores studio. 1298
EPIST. CCVII. — Anonymi ad Wibaldum abbatem. — Gratitudinem testatur pro acceptis ab eo beneficiis, doletque quod eum aliqui a se avertere curent. 1299
EPIST. CCVIII. — Wibaldi abbatis ad Anselmum episcopum. — De regis in se offensa. 1300
EPIST. CCIX. — R. præpositi ad Wibaldum abbatem. — Rumorem spargi ipsum in proximo eligendum archiepiscopum Coloniensem. 1300
EPIST. CCX. — Wibaldi abbatis ad R. præpositum. — Respondet ad præcedentem. 1501
EPIST. CCXI. — Senatus populique Romani ad Conradum imperatorem. — Hortantur imperatorem ut Romam veniat, se suaque omnia ei offerentes adversus papam et Siculum. 1501
EPIST. CCXII. — Sixti, Nicolai et Guidonis consiliatorum curiæ Romanæ ad Conradum imperatorem. — Ejusdem argumenti 1505
EPIST. CCXIII. — Cujusdam senatoris ad Conradum imperatorem. — Ejusdem argumenti. 1504
EPIST. CCXIV. — Guidonis cardinalis ad Wibaldum abbatem. — Ut Conradum imperatorem avertat ne quid mali adversus Romanam Ecclesiam moliatur. 1505
EPIST. CCXV. — Conradi imperatoris ad Eugenium papam III. — Ratisbonensem episcopum Jerosolymam tendentem ipsi commendat. 1505
EPIST. CCXVI. — Conradi ad Emmanuelem imperatorem Constantinopolitanum. — Commendat ei episcopum Ratisbonensem Hierosolymam proficiscentem. 1506
EPIST. CCXVII. — Wibaldi abbatis ad Eugenium papam III. — De collapsa omnino in Morbacensi monasterio disciplina ope Eilulphi abbatis, cujus electionem confirmari petit, restauranda. 1506
EPIST. CCXVIII. — Wibaldi abbatis ad Eugenium papam III. — Imperatorem adversus eum nihil moliri et de victoria a juniore rege reportata in Guelfonem et Godebaldum. 1507
EPIST. CCXIX. — Conradi imperatoris ad Eugenium papam III. — Mittit ad eum legatos, rogatque Eilulphum abbatem monasterii Morbacensis ab eo confirmari, et Ottonem clericum absolvi. 1508
EPIST. CCXX. — Wibaldi abbatis ad H. sororem suam. — Gratulatur ei de sua in abbatissam Gerigesheimensis parthenonis electione. 1508
EPIST. CCXXI. — Conradi imperatoris ad Eugenium papam III. — Petrum Capuanum archiepiscopum, cujus ope sanitatem recuperaverat, ei commendat. 1509
EPIST. CCXXII. — Eugenii papæ III ad prælatos Poloniæ. — Arguit eos quod latam sententiam non observent, atque ut resipiscant eamdem sententiam confirmat. 1509
EPIST. CCXXIII. — G. diaconi cardinalis ad Conradum imperatorem. — Cum multum in sua legatione pro duce Poloniæ laboraverit, orat ut ipsi auxilium præstet. 1509
EPIST. CCXXIV. — Wibaldi abbatis ad E. imperatorem Constantinopolitanum. — Optat ut Deus victorem eum reddat de tyranno Siciliæ, et ut initum cum Conrado imperatore olim fœdus renovet et firmet. 1510

EPIST. CCXXV. — Wibaldi abbatis ad G. cardinalem. — De fœdere Conradi imperatoris cum imperatore Constantinopolitano adversus regem Siciliæ, quod papam maxime tenebat anxium. 1311
EPIST. CCXXVI. — Conradi imperatoris ad Eugenium papam III. — Mittit ad eum oratorem magistrum Henricum curiæ suæ notarium. 1312
EPIST. CCXXVII. — Wibaldi abbatis ad Eugenium papam III. — Significat ei et petit ab eo confirmationem electionis Marcuardi, abbatis Fuldensis. 1312
EPIST. CCXXVIII. — Wibaldi abbatis ad Eugenium papam III. — Injunctam sibi ad papam legationem explere prohibitus, aliquas ei mittit per subrogatum legatum petitiones pro Corbeiensi monasterio. 1314
EPIST. CCXXIX. — H. Moraviensium ad Wibaldum abbatem. — Optatum ad papam iter ei deprecatur. 1315
EPIST. CCXXX. — D. episcopi Pragensis ad Wibaldum abbatem. — Ad papam profecturo mittit munus, oratque ut sui apud pontificem recordetur. 1316
EPIST. CCXXXI. — Emeleri monachi ad Wibaldum abbatem. — Commendat ei A. præsentium litterarum portitorem. 1317
EPIST. CCXXXII. — H. Hamenburgensis episcopi ad Wibaldum abbatem. — De abbate Resveldensi, quem sui monachi expulerant. 1317
EPIST. CCXXXIII. — Conradi imperatoris ad Wibaldum abbatem. — De H. duce Saxoniæ, qui ad curiam non venerat, sed ducatum Bavariæ invadere conatus fuerat. 1318
EPIST. CCXXXIV. — Stabulensium monachorum ad Wibaldum abbatem. Orant ut J. monacho Corbeiensi præteritas noxas indulgeat. 1318
EPIST. CCXXXV. — Anselmi episcopi Havelbergensis ad Wibaldum abbatem. — Declarat se deinceps residere velle in Ecclesia sua cum suis fratribus, quos laudat. 1319
EPIST. CCXXXVI. — R. monachi ad Wibaldum abbatem. — Reddit rationem de his quæ egerit ad monasterii utilitatem, petitque ab eo præbendam pro consanguineo suo novenni. 1320
EPIST. CCXXXVII. — Stabulensium monachorum ad Wibaldum abbatem. — Orant ut, si fieri possit, ad eos redeat, ut apud regem promoveat querimoniam de Hengebach. 1321
EPIST. CCXXXVIII. — Stabulensium monachorum ad Conradum imperatorem. — Conqueruntur de Goswino de Hengebach et Everardo ejus fratre. 1322
EPIST. CCXXXIX. — Joannis notarii ad R. principem et comitem Ric. — De fœdere Guelphi cum rege Siculo. 1323
EPIST. CCXL. — Wibaldi abbatis ad Conradum imperatorem. — Monet nihil ipsi esse timendum, et colloquium apud Cranaha non esse prætermittendum, hostem denique esse persequendum. 1323
EPIST. CCXLI. — Wibaldi abbatis ad H. archiepiscopum Bremensem. — Gratias agit quod suum visitaverit monasterium, hortatur ut longiorem apud fratres suos moram faciat, atque armarii codices perlustret, et de futuro apud Mindam episcoporum colloquio. 1324
EPIST. CCXLII. — Wibaldi abbatis ad Henricum episcopum Mindensem. — Conqueritur de eo quod pacem oblatam et petitam accipere et dare noluerit. 1325
EPIST. CCXLIII. — Wibaldi abbatis ad H. archiepiscopum Moguntinum. — Folcuinum de Sualemberch de ipso et episcopo Patherburnensi conquerentem ac tandem obedientem orat ut absolvat. 1327
EPIST. CCXLIV. — Henrici episcopi Mindensis ad Wibaldum abbatem. — Purgat se ab objectis sibi supra a Wibaldo. 1328
EPIST. CCXLV. — Wibaldi abbatis ad Henricum Mindensem episcopum. — Responsio ad præcedentem. 1329
EPIST. CCXLVI. — Henrici episcopi Mindensis ad Bernardum episcopum Patherburnensem. — De causa quæ ipsum inter et abbatem Corbeiensem vertebatur. 1330
EPIST. CCXLVII. — Bernardi episcopi Patherburnensis ad Henricum Mindensem. — Declarat se paratum esse tractatum pacis ipsum inter et abbatem Corbeiensem resumere. 1330
EPIST. CCXLVIII. — Wibaldi abbatis ad suos Stabulenses. — Paternum eis demonstrat affectum, seseque excusat quod ad eos citius non sit reversus. 1331
• EPIST. CCXLIX. — Conradi imperatoris ad Henricum Saxoniæ ducem. — Ut Corbeienses monachos Kaminatensi ecclesia gaudere faciat. 1332
EPIST. CCL. — Conradi imperatoris ad Wibaldum abbatem. — Ut Corbeiæ remaneat usque ad festum S. Jacobi. 1333
EPIST. CCLI. — Eugenii papæ III ad Wibaldum abbatem. — Ut Godebaldum canonicum Mindensem excommunicet, nisi ablatam Everardo Ecclesiam de Hemeringen restituat. 1333
EPIST. CCLII. — Wibaldi abbatis ad Godebaldum canonicum Mindensem. — Ut ablatam Everardo ecclesiam de Hemeringen, ei restituat, alioquin excommunicatum a solo papa absolvendum denuntiat. 1335
EPIST. CCLIII. — Eugenii papæ III ad Wibaldum abbatem. — Laudat ejus in Romanam Ecclesiam zelum, atque in ejus gratiam scribit Mindensi episcopo et Bremensi archiepiscopo. 1334
EPIST. CCLIV. — Eugenii papæ III ad Henricum Mindensem episcopum. Kaminatensem ecclesiam propter inopinatum casum et mortem cujusdam monachi reconciliatione non indigere, et ut ablata eidem ecclesiæ restitui faciat. 1354
EPIST. CCLV. — Eugenii papæ III ad H. Bremensem archiepiscopum. — Commendat ei Wibaldum abbatem, et ut ablata Kaminatensis ecclesiæ prædia restitui faciat. 1355
EPIST. CCLVI. — Conradi imperatoris Wibaldo abbati. — Ut ad Romanam legationem se disponat. 1354
EPIST. CCLVII. — Eugenii papæ III ad Conradum imperatorem. — Gratam habet ejus legationem, in qua res Ecclesiæ et regni firmentur. Morbacensis monasterii negotium commisisse se episcopo Lausanensi, et de Ottone qui clerici nasum amputaverat. 1555
EPIST. CCLVIII. — H. notarii ad Wibaldum abbatem. — Cur brevius ei scribere soleat. 1355
EPIST. CCLIX. — G. cardinalis ad Wibaldum abbatem. — Laudat ejus in Romanam Ecclesiam zelum. 1355
EPIST. CCLX. — Wibaldi abbatis ad Conradum imperatorem. — Excusat se a suscipienda propriis sumptibus legatione Romana. 1356
EPIST. CCLXI. — Wibaldi abbatis ad Arnoldum præpositum Coloniensem. — Exponit quantas jam expensas pro imperatore et ejus imperio fecerat. 1557
EPIST. CCLXII. — Conradi imperatoris ad Wibaldum abbatem. — Legationem ad papam per alium quam per ipsum et suum cancellarium obiri non posse. 1558
EPIST. CCLXIII. — Wibaldi abbatis ad Arnoldum Coloniensem præpositum. — Scribit necessario subeundam esse legationem Romanam, et ut diem, quæ ipsum convenire queat, indicet. 1559
EPIST. CCLXIV. — Cancellarii ad Wibaldum abbatem. — Excusat se a suscipienda legatione Romana. 1559
EPIST. CCLXV. — Wibaldi abbatis ad A. cancellarium. — Hortatur ut superatis difficultatibus suscipiant legationem Romanam. 1540
EPIST. CCLXVI. — Wibaldi abbatis ad Henricum Mindensem episcopum. — De amborum reconciliatione mutua. 1341
EPIST. CCLXVII. — Conradi imperatoris ad Henricum episcopum Mindensem. — Gratum habet quod in pace cum abbate Corbeiensi redierit, eique remittit omnem quam incurrerat offensam 1342
EPIST. CCLXVIII. — Henrici Mindensis episcopi ad Wibaldum abbatem. — Excusat Godeboldi innocentiam, quam Everardus presbyter de Hemerim impetivat. 1343
EPIST. CCLXIX. — H. ducis Bavariæ et Saxoniæ ad Wibaldum abbatem. — Corbeiensis ecclesiæ bona sub sua suscipit tuitione. 1544
EPIST. CCLXX. — Wibaldi abbatis ad priorem et fratres Hasterienses. — Ut contenti antiqua consuetudine loci ad concordiam redeant cum fratribus suis Walciodorensibus. 1344
EPIST. CCLXXI. — Wibaldi abbatis ad Stephanum episcopum Metensem. — Ut privilegia Walciodorensis monasterii tueri et Hasteriensium audaciam compescere dignetur. 1345
EPIST. CCLXXII. — Stephani episcopi Metensis ad Wibaldum abbatem. — Ut Hasterienses monachos ad obediendum Walciodorensi ecclesiæ compellat. 1346
EPIST. CCLXXIII. — Wibaldi abbatis ad Theodericum abbatem Walciodorensem. — Promittit ei suam protectionem, mandatque ut Hasteriensium scrutetur intentionem, et mittat sibi regum et paparum privilegia. 1347
EPIST. CCLXXIV. — Stephani episcopi Metensis ad Theodericum abbatem Walciodorensem. — Accusatum de dilapidatione citat ad synodum Metensem. 1547
EPIST. CCLXXV. — Wibaldi abbatis ad Stephanum Metensem episcopum. — De rebellione monachorum Hasteriensium et de contentis in præcedenti epistola conqueritur. 1348
EPIST. CCLXXVI. — Præceptum Conradi II imperatoris pro monasterio Walciodorensi. — Interventu Wibaldi abbatis, confirmat privilegia Walciodorensis monasterii. 1550.
EPIST. CCLXXVII. — Conradi imperatoris ad H. Leo-

ORDO RERUM

diensem episcopum. — Promittit vindictam de ecclesiæ Leodiensis hostibus, mandatque ut et ipse a molestanda ecclesia Stabulensi abstineat. 1552

Epist. CCLXXVIII — Conradi imperatoris ad Wibaldum abbatem. — Excusat eum a legatione Romana. 1553

Epist. CCLXXIX. — Henrici episcopi Leodiensis ad Wibaldum abbatem. — Conqueritur de Henrico comite de Rupe, et de comite Namurcensi. 1555

Epist. CCLXXX. — Wibaldi abbatis ad Eugenium papam III. — Scribit se suscipiendæ legationi Romanæ paratum fuisse, commendatque ei latorem præsentium. 1554

Epist. CCLXXXI. — Wibaldi abbatis ad Conradum imperatorem. — Conqueritur de episcopo Leodiensi, de comitibus Namurcensi, de Rupe et de Monte Acuto. 1554

Epist. CCLXXXII. — R. Stabulensis ad Wibaldum abbatem. — De actis Leodii adversus incendiarios prædiorum Stabulensium. 1555

Epist. CCLXXXIII. — Wibaldi abbatis ad Mindensem episcopum. — De causa magistri Godeboldi et presbyteri Everardi. 1557

Epist. CCLXXXIV. — Præpositi, decani et canonicorum Mindensium, ad Wibaldum abbatem — Frustra tentatam pacem inter Godeboldum, et Everardum ei terminandam committunt. 1558

Epist. CCLXXXV. — Wibaldi abbatis ad Godeboldum. — Significat ei articulos pacis initæ cum Everardo presbytero. 1558

Epist. CCLXXXVI. — Wibaldi abbatis ad Henricum Mindensem episcopum. — Facta inter Godebaldum et Everardum pace, mandat ut eidem Everardo de ablatis ab aliis justitiam faciat. 1559

Epist. CCLXXXVII. — Wibaldi abbatis ad H. Moguntinum archiepiscopum — De solvendo matrimonio Folcuini de Sualemberg, ob uxoris dissimulatam infirmitatem. 1560

Epist. CCLXXXVIII. — Wibaldi abbatis ad Henricum Mindensem episcopum. — Scribit in gratiam Regenberni canonici, quem Beatæ Mariæ in Monte abbatissa vexabat. 1561

Epist. CCLXXXIX. — Wibaldi abbatis ad W. Mindensis ecclesiæ præpositum majorem. — Scribit in gratiam Regenberni canonici. 1561

Epist. CCXC. — H. ducis Saxoniæ et Bavariæ ad Wibaldum abbatem. — Rogat ut in curia Ratisbonensi adsit sibi coram rege. 1562

Epist. CCXCI. — Wibaldi abbatis ad Eugenium papam III. — Scribit in gratiam Regenberni canonici. 1562

Epist. CCXCII. — Wibaldi abbatis ad A. Coloniensem præpositum. — Gratias agit pro collatis beneficiis. 1562

Epist. CCXCIII. — Wibaldi abbatis ad suos Stabulenses. — Anceps an duas ab sese dissitas abbatias regere debeat, consilium ab eis petit quid in tanto sibi periculo sit agendum. 1563

Epist. CCXCIV. — Wibaldi abbatis ad H. Stabulensem monachum. — Declarat rationes quæ ipsum a retinenda Stabulensi abbatia deterreant. 1564

Epist. CCXCV. — Stabulensium monachorum ad Wibaldum abbatem. — Dehortantur eum a dimittenda abbatia Stabulensi. 1564

Epist. CCXCVI. — Henrici monachi Stabulensis ad Wibaldum abbatem. — Ejusdem argumenti. 1565

Epist. CCXCVII. — Wibaldi abbatis ad suos Stabulenses. — Scribit eos in dando consilio nimis properasse, consulendos etiam fuisse Malmundarienses et alios vicinos, precesque ad Deum ante omnia adhiberi debuisse. 1566

Epist. CCXCVIII. — Wibaldi abbatis ad Henricum monachum Stabulensem. — Perseverat in voluntate abdicandæ dignitatis abbatialis Stabulensis, optatque hac de re Dei agnoscere beneplacitum. 1567

Epist. CCXCIX. — Stabulensium monachorum ad Wibaldum abbatem. — Malmundariensium vota suis concordare eo in retinendo. 1568

Epist. CCC. — Henrici monachi Stabulensis ad Wibaldum abbatem. — Ne obedientes filios pater optimus deserat. 1569

Epist. CCCI. — Henrici monachi Stabulensis ad Wibaldum abbatem. — Iterum deprecatur ne dignitatem abbatialem Stabulensis monasterii abjiciat. 1570

Epist. CCCII. — Corbeiensium monachorum ad Wibaldum abbatem. — Ne ad præsens abbatiam Stabulensium abdicet. 1571

Epist. CCCIII. — Wibaldi abbatis ad H. Corbeiensium monachum. — Priorem eum monasterii Corbeiensis instituit. 1571

Epist. CCCIV. — H. prioris et conventus Corbeiensis monasterii ad Wibaldum abbatem. — Conqueruntur de præposito monasterii, qui vitæ necessaria ipsis denegabat. 1572

Epist. CCCV. — Wibaldi abbatis ad suos Corbeienses. — Laudat eorum in tolerando rerum necessariarum defectu patientiam, excusatque se quod tam cito ad eos redire nequeat. 1573

Epist. CCCVI. — Conradi imperatoris ad Eugenium papam. — Ut Herimanni Trajectensis episcopi electionem confirmet, et comitem de Ara ab excommunicatione absolvat. 1574

Epist. CCCVII. — Wibaldi abbatis ad B. Leodiensem archidiaconum. — Excusat se a colloquio Hoiensi. 1574

Epist. CCCVIII. — Wibaldi abbatis ad fratres Gladbacenses. — Suum eis consilium et auxilium offert, et de illatis eis a ministerialibus injuriis. 1575

Epist. CCCIX. — Henrici episcopi Leodiensi ad Eugenium papam III. — Petit confirmari electionem Arnoldi Coloniensis archiepiscopi. 1576

Epist. CCCX. — Ecclesiæ Coloniensis ad Eugenium papam III. — De electione Arnoldi majoris ecclesiæ S. Petri præpositi in archiepiscopum Coloniensem. 1576

Epist. CCCXI. — Wibaldi abbatis ad Arnoldum electum Coloniensem. — Fausta omnia illi optat. 1576

Epist. CCCXII. — Conradi imperatoris ad Henricum archiepiscopum Moguntinum. — Arguit eum quod electum Coloniensem electioni suæ necdum assentientem, præpositura de Lempurch privaverit. 1576

Epist. CCCXIII. — Conradi imperatoris ad Eugenium papam III. — De electione Arnoldi archiepiscopi Coloniensis, quam petit confirmari. 1577

Epist. CCCXIV. — Arnoldi ad Wibaldum abbatem. — Clerum, honoratos et ministeriales ejus ad papam iter retardare, donec pax omnino firmetur. 1577

Epist. CCCXV. — Wibaldi abbatis ad Arnoldum Coloniensem. — Lætatur de ejus rebus prosperis. De pace cum episcopo Leodiensi facienda. Hortatur ut iter Romanum non differat, et legatos apostolicæ sedis Coloniam transeuntes suscipiat honorifice. 1578

Epist. CCCXVI. — Conradi imperatoris ad Wibaldum abbatem. — Mandat ut Herbipolim ad principum colloquium statuto termino conveniat. 1579

Epist. CCCXVII. — Heriberti capellani ad Henricum priorem Corbeiensem. — Ut litteras regis sine mora Wibaldo transmittat. 1579

Epist. CCCXVIII. — Suenonis regis Daniæ ad Conradum imperatorem. — Gratias agit pro beneficiis, oratque ut se protegere pergat. 1580

Epist. CCCXIX. — Kanuti regis Daniæ ad Conradum imperatorem. — Privatus regno ad eum confugit. 1580

Epist. CCCXX — Wibaldi abbatis ad Manuelem imperatorem Constantinopolitanum. — Conradum imperatorem parare expeditionem in Siculum. 1581

Epist. CCCXXI. — Imperatoris Constantinopolitani ad Wibaldum abbatem. — Offert Conrado imperatori vires suas adversus Siculum. 1582

Epist. CCCXXII. — Conradi ad Romanos. — Significat eis proximum adventum suum in Italiam, interimque legatos ad eos mittit. 1585

Epist. CCCXXIII. — Conradi imperatoris ad Eugenium papam III. — Expeditionem Italicam pro Ecclesiæ utilitate se parare significat, commendatque Bremensem archiepiscopum et Wibaldum abbatem. 1583

Epist. CCCXXIV. — Conradi imperatoris ad Pisanos. — De sua in Italiam expeditione adversus Siculum. 1583

Epist. CCCXXV. — Arnoldi Coloniensis archiepiscopi ad Wibaldum abbatem. — Orat ipsum ut exspectet, simul ad imperatorem reversuri. 1584

Epist. CCCXXVI. — Eugenii papæ ad Colonienses. — Arnoldum archiepiscopum propria manu consecratum ac pallio decoratum eis remittit, præcipiens ut ei obediant. 1585

Epist. CCCXXVII. — Eugenii papæ ad Conradum imperatorem. — Legatos ipsius honorifice suscepisse, ac ipsius votis in omnibus obsecundasse. 1585

Epist. CCCXXVIII. — Eugenii papæ III ad Leodiensem episcopum. — Ut comites de Los et de Monte Acuto ablata Stabulensi monasterio restituere compellat. 1585

Epist. CCCXXIX. — Gregorii et Jacobi cardinalium ad Henricum Leodiensem episcopum. — Ut illatas Stabulensi monasterio injurias a comite Namurcensi resarciri curet. 1585

Epist. CCCXXX. — Eugenii papæ ad H. archiepiscopum Bremensem. — Ut ablata a suis parochianis Kaminatensi cœnobio prædia restitui curet. 1586

Epist. CCCXXXI. — Ejusdem ad Henricum archiepiscopum Moguntinum. — Ut ablata Corbeiensi monasterio a suis parochianis restitui curet. 1586

Epist. CCCXXXII. — Ejusdem ad Bernardum episcopum Patherburnensem. — Ut a Vitikindo ablata Cor

QUÆ IN HOC TOMO CONTINENTUR.

Epist. CCCXXXIII. — Ejusdem Hermanno Trajectensi episcopo. — Ut prædia Corbeiensis monasterii in sua diœcesi sita conservet 1386

Epist. CCCXXXIV. — Ejusdem ad Ulricum episcopum Halberstadiensem — Ut parochianos suos Corbeiensibus fratribus molestos compescat. 1586

Epist. CCCXXXV — Ejusdem ad Henricum ducem Saxoniæ. — Commendat ipsi Wibaldum Corbeiensem abbatem. 1586

Epist. CCCXXXVI. — Ejusdem ad Ferdensem episcopum. — Conqueritur quod frater ipsius et alii ejus parochiani bona Kaminatensis monasterii invadant. 1586

Epist. CCCXXXVII. — Ejusdem episcopo Mindensi. — Ut Corbeiensi monasterio benefacere pergat. 1587

Epist. CCCXXXVIII. — Ejusdem ad abbatem Lunenburgensem. — Henricum Corbeiensem abbatem depositum officio suo non fuisse restitutum. 1587

Epist. CCCXXXIX. — Ejusdem ad prælatos et comites ac barones — Ut Conrado imperatori in expeditione Italica adsint 1587

Epist. CCCXL. — Wibaldi abbatis ad suos Corbeienses. — Suum ex legatione Romana reditum significat, ac mortem imperatoris, cui solemnes exsequias celebrari mandat. 1587

Epist. CCCXLI. — Wibaldi abbatis ad Stephanum episcopum Metensem. — Ut negotium de electione abbatis Walciodorensis differat, donec novus eligatur rex Romanorum. 1588

Epist. CCCXLII. — Wibaldi abbatis ad Walciodorenses. —Condolet eis ob mortem abbatis, mittitque privilegium quod eis ab Eugenio papa obtinuerat, cum exemplo litterarum suarum ad episcopum Metensem et ad Hasterienses. 1589

Epist. CCCXLIII. — Wibaldi abbatis ad Hasterienses. — Ut de controversia quæ ipsos inter et Walciodorenses erat, agere differant, donec facta imperatoris electione ad ipsos veniat 1589

Epist. CCCXLIV. — Wibaldi abbatis ad Eugenium papam III. — De morte Conradi imperatoris et electione Friderici, deque eam subsecutis circa expeditionem Italicam. 1590

Epist. CCCXLV. — Friderici imperatoris ad Eugenium papam III.—Per suos legatos certum eum facit de sua electione, promittitque sinceram Ecclesiæ Romanæ protectionem. 1592

Epist. CCCXLVI. — Wibaldi abbatis ad E. Bavembergensem episcopum. — Dat ei quædam monita in sua legatione observanda. 1592

Epist. CCCXLVII. — Henrici notarii ad Wibaldum abbatem. — Ut sigillum et bullas aureas mittat Bavembergensi episcopo. 1593

Epist. CCCXLVIII. — Wibaldi abbatis ad Henricum regiæ curiæ notarium. — Respondet ad præcedentem. 1595

Epist. CCCXLIX. — Walciodorensium monachorum ad Wibaldum abbatem. — Orant ut regimen monasterii ad quod ipsum elegerant suscipiat. 1595

Epist. CCCL. — Henrici Leodiensis episcopi ad Stephanum Metensem. — Adversus Hasterienses monachos, qui duos in Walciodoro abbates volebant. 1595

Epist. CCCLI. — Henrici Leodiensis episcopi ad Walciodorenses et Hasterienses. — Ut talem eligant abbatem, qui pene emortuam disciplinam suscitet. 1596

Epist. CCCLII. — Stephani episcopi Metensis ad Wibaldum abbatem. — Assignat ei diem qua ipsum convenire queat. 1597

Epist. CCCLIII. — Conventio inter Fridericum regem et Bertolfum ducem. 1597

Epist. CCCLIV. — Ottonis episcopi Frinsingensis ad Wibaldum abbatem. — Explicat quemdam psalmi versiculum. 1598

Epist. CCCLV. — Wibaldi abbatis ad Jordanum cardinalem. — Gratias agit pro exhibitis suis beneficiis, oratque ut causam Xantensis præpositi committat archiepiscopo Coloniensi terminandam. 1599

Epist. CCCLVI. — Arnoldi Coloniensis archiepiscopi ad Wibaldum abbatem. — Quærit ab eo an possit velare sanctimoniales in Pentecoste. 1599

Epist. CCCLVII. — Wibaldi abbatis ad Arnoldum archiepiscopum Coloniensem. — Respondet ad præcedentem et de quibusdam aliis agit. 1400

Epist. CCCLVIII. — Arnoldi Coloniensis archiepiscopi ad Henricum Mindensem episcopum. — Conqueritur quod ejus nutu a fidelibus suis truncatus membris fuerit Vortlevius, citatque ipsum Coloniam, et omnes sceleris hujus complices coram responsuros. 1401

Epist. CCCLIX. — Wibaldi abbatis ad Fridericum imperatorem. — Vindictam petit de illata suis contumelia a Folcuino et Widikindo. 1402

Epist. CCCLX. — Wibaldi abbatis ad Bernardum Patherburnensem antistitem. — Ut de Folcuino et Widikindo qui Corbeiensium Ecclesiam invaserant et violaverant sumat vindictam. 1403

Epist. CCCLXI. — Arnoldi archiepiscopi Coloniensis ad Wibaldum abbatem. — Condolet ejus adversitatibus, notamque ei facit obsidionem Castri Seyne. 1404

Epist. CCCLXII. — Arnoldi archiepiscopi Coloniensis ad Eugenium papam III. — Causam Mindensis episcopi de excæcatione Wortlievi clerici ei remittit, lata interim excommunicationis sententia in criminis hujus auctores et fautores. 1405

Epist. CCCLXIII. — Monialium de Ostermere ad Wibaldum abbatem. — Conqueruntur de ministerialibus ipsius, qui datam sibi ab eo decimam invadebant. 1406

Epist. CCCLXIV. — Wibaldi abbatis ad Eugenium papam III. — In gratiam Sifridi abbatis Ullesheimensis, quem Ferdensis episcopus nec accusatum, nec convictum expulerat e suo monasterio. 1407

Epist. CCCLXV. — Wibaldi abbatis ad Arnoldum Coloniensem archiepiscopum. — Congratuletur ei de victoria, intercedítque apud eum pro episcopo Mindensi. 1408

Epist. CCCLXVI. — Friderici imperatoris ad Wibaldum abbatem. — Ipsius injurias se promittit ulturum. 1409

Epist. CCCLXVII. — Friderici imperatoris ad Corbeienses monachos. — Ejusdem argumenti. 1410

Epist. CCCLXVIII. — Friderici imperatoris ad cives Huxerienses. — Ejusdem argumenti. 1410

Epist. CCCLXIX. — Wibaldi abbatis ad A. abbatem de Monte. — Gratias agit quod Sifridum abbatem exspolia tum charitative susceperit. 1410

Epist. CCCLXX. — Henrici notarii ad Wibaldum abbatem. — Ad imperatorem citasse Corbeiensibus et Widikindum super injuriis Corbeiensibus fratribus illatis, episcopum Bavembergensem donatum fuisse abbatia de Altaha, etc. 1411

Epist. CCCLXXI. — Wibaldi abbatis ad Eugenium papam III. — De controversia quæ inter abbatem S. Laurentii Leodiensis et abbatem S. Ægidii in Monte publice agebatur. 1413

Epist. CCCLXXII. — Cujusdam canonici regularis ad Wibaldum abbatem. — Proponit ei aliquas difficultates solvendas. 1413

Epist. CCCLXXIII. — Wibaldi abbatis ad anonymum. — Respondet ad præcedentem. 1414

Epist. CCCLXXIV. — Waltarii abbatis S. Laurentii Leodiensis ad Wibaldum abbatem. — Gratias agit quod in synodo Leodiensi ejus defensionem susceperit. 1416

Epist. CCCLXXV. — Wibaldi abbatis ad Eugenium papam III. — De litteris quas ad eum scripsit post regis electionem. 1416

Epist. CCCLXXVI. — Wibaldi abbatis ad Hermannum canonicum Bunnensem. — Villicationem de Castiniaco ei neptique suæ committit. 1417

Epist. CCCLXXVII. — Wibaldi abbatis ad Hillinum archiepiscopum Treviensem. — Gratulatur ei de nova dignitate, sua ipsi offert obsequia, fratres suos in ipsius episcopatu degentes ei commendat. 1418

Epist. CCCLXXVIII. — Eugenii papæ III ad Fridericum imperatorem. — Gratulatur ei de sua electione, sperans eum inchoata a Conrado, pro Ecclesiæ exaltatione completurum 1419

Epist. CCCLXXIX. — Bernardi Patherburnensis episcopi ad Wibaldum abbatem. — Ut Henricum priorem suum in abbatem Mariani monasterii postulatum emancipare dignetur. 1419

Epist. CCCLXXX. — Wibaldi abbatis ad Bernardum episcopum Patherburnensem. — Excusat se ab emancipando priore suo. 1420

Epist. CCCLXXXI. — Eugenii papæ ad capitulum Magdeburgense. — Ne faveant episcopo Cicensi ecclesiæ Magdeburgensis invasori. 1421

Epist. CCCLXXXII. — Ejusdem ad E. Salisburgensem et alios antistites. — Arguit eos quod favori principum plus æquo studeant, negatque translationem C. Cicensis episcopi in Magdeburgensem sedem. 1421

Epist. CCCLXXXIII. — Ejusdem ad Wibaldum abbatem. — Commendat ei causam A. Curiensis episcopi et ut ecclesiasticas immunitates adversus laicos tueatur. 1421

Epist. CCCLXXXIV. — Welzel ad Fridericum imperatorem. — Instat ut, excusso summi pontificis jugo, imperium a senatu populoque Romano recipiat. 1421

Epist. CCCLXXXV. — Concordia inter Eugenium papam et Fridericum imperatorem. 1424

Epist. CCCLXXXVI. — Eugenii papæ III ad Wibaldum abbatem. — Suos ad Fridericum imperatorem legatos ei

commendat. 1424
EPIST. CCCLXXXVII. — Friderici imperatoris ad Manuelem imperatorem CP. — Uxorem ex ipsius sanguine habere desiderat, interimque expeditionem parat in Siciliam. 1425
EPIST. CCCLXXXVIII. — Wibaldi abbatis ad Manuelem imperatorem CP. — Excitat eum ad sinceram cum Friderico imperatore concordiam, cui uxorem de ipsius sanguine habere persuasit. 1426
EPIST. CCCLXXXIX. — Bernardi et Gregorii cardinalium ad O. Halberstadensem episcopum. — Ut Liudelfum et Fridericum Palatinum Corbeiense monasterium infestantes compescat. 1426
EPIST. CCCXC. — Bernardi et Gregorii cardinalium ad Eugenium papam. — Latorem præsentium ei commendant. 1427
EPIST. CCCXCI. — Gregorii cardinalis ad Wibaldum abbatem. — Post mortem papæ revocatus, convocat quosdam episcopos Wormatiam, optatque ejus frui præsentia coram imperatore. 1427
EPIST. CCCXCII. — Bernardi et Gregorii cardinalium ad Wibaldum abbatem. — Habituri coram rege colloquium orant ut Herbipolim veniat. 1427
EPIST. CCCXCIII. — Wibaldi abbatis ad Anastasium papam. — Gratulatur ei de ipsius electione gratiamque ejus deprecatur. 1428
EPIST. CCCXCIV. — Wibaldi abbatis ad Bernardum cardinalem. — Gratulatur ei de felici in urbem reditu, ipsiusque protectionem pro Corbeiensi, et Gregorii ejus sodalis pro Stabulensi cœnobio petit. 1429
EPIST. CCCXCV. — Wibaldi abbatis ad Gregorium cardin lem. — Ejusdem argumenti. 1429
EPIST. CCCXCVI. — Hu. de Baucio ad Wibaldum abbatem. — Ut imperatori notum faciat quanta pro ipsius servitio a comite Barcinonensi patiatur. 1430
EPIST. CCCXCVII. — A. ad Wibaldum abbatem. — Ut concesso sibi ab imperatore munere perfrui faciat. 1431
EPIST. CCCXCVIII. — Stephani episcopi Metensis ad Wibaldum abbatem. — Aliquam ab eo consolationem optat, rogatque per imperatorem, illatum sibi et Ecclesiæ dedecus emendari. 1431
EPIST. CCCXCIX. — Friderici imperatoris ad Wibaldum abbatem. — Injurias se ipsi a comite Sumereburc emendari jussisse; ejus præsentium cupit apud Coloniam. 1432
EPIST. CD. — Stabulensium monachorum ad Wibaldum abbatem. — Multa passi ab adversariis, et formidantes ecclesiæ incendium, orant ut ad ipsos veniat, omnia pacifice compositurus. 1432
EPIST. CDI. — Wibaldi abbatis ad Henricum comitem de Salmes. — Recenset damna omnia a suis Stabulensi monasterio illata, petitque ea emendari. 1433
EPIST. CDII. — Henrici comitis de Salmes ad Wibaldum abbatem. — Ipsius arbitrio controversias suas omnes terminandas relinquit. 1434
EPIST. CDIII. — Litteræ Wibaldi abbatis ad successores suos. — De reformato quodam abusu, introducto a Poppone II abbate. 1434
EPIST. CDIV. — Gregorii cardinalis ad Wibaldum abbatem. — De annulo sibi a sede apostolica indulto, et per Gerhardum cardinalem deferendo. 1436
EPIST. CDV. — Anastasii papæ IV ad Wibaldum abbatem. — Annuli usum ipsi ad vitam duntaxat concedit. 1436
EPIST. CDVI. — O. ad Halberstadensem decanum, archidiaconos, etc. — Fredericum Palatinum comitem declarat excommunicatum. 1437
EPIST. CDVII. — Manuelis imperatoris CP. ad Wibaldum abbatem. — De matrimonio Friderici imperatoris. 1438
EPIST. CDVIII. — Wibaldi abbatis ad Manuelem imperatorem. — Amicitiam inter utrumque imperium pro viribus se firmaturum. 1438
EPIST. CDIX. — Wibaldi abbatis ad Anastasium papam. — Gratias ei agit, et commendat ei Heribertum regis capellanum. 1439
EPIST. CDX. — C. abbatis Patherburnensis ad Wibaldum abbatem. — Gratulatur ei de reditu, doletque quod transeuntem Patherburnam non exceperit. 1439
EPIST. CDXI. — W. episcopi Mindensis ad Wibaldum abbatem. — Hominem sibi ab eo commendatum a comite Ottone male habitum fuisse. 1439
EPIST. CDXII. — Wibaldi abbatis ad Fredericum imperatorem. — Conqueritur de episcopis Osnabrugensibus qui quasdam decimas abstulerant, et de quibusdam aliis. 1440
EPIST. CDXIII. — Adriani papæ IV ad Wicmannum episcopum. — Causam quæ episcopum Osnabrugensem inter et Wibaldum abbatem de decimis vertebatur terminandam ejus judicio committit. 1441
EPIST. CDXIV. — Wicmanni archiepiscopi Magdeburgensis ad Philippum Osnabrugensem episcopum. — Citat eum ad objecta Wibaldi abbatis responsurum. 1441
EPIST. CDXV. — Wicmanni ejusdem ad Wibaldum abbatem. — Citasse Philippum episcopum Osnabrugensem coram se scribit. 1442
EPIST. CDXVI. — Ejusdem ad eumdem. — Osnabrugensis episcopi responsionem ei significat. 1442
EPIST. CDXVII. — Friderici imperatoris ad Wicmannum archiepiscopum Magdeburgensem. — Commendat ei causam Corbeiensis monasterii adversus episcopum Osnabrugensem. 1443
EPIST. CDXVIII. — Friderici imperatoris ad Wibaldum abbatem. — Quam prospere cum ipso omnia agantur enarrat. 1444
EPIST. CDXIX. — Werneri episcopi Mindensis ad archiepiscopum Magdeburgensem. — Episcopum Osnabrugensem ad ipsum accedentem, Hildesii remansisse ægrotum. 1444
EPIST. CDXX. — Friderici Monasteriensis episcopi ad Wicmannum archiepiscopum. — Commendat ei episcopum Osnabrugensem. 1445
EPIST. CDXXI. — B Hildesheimensis episcopi ad Wicmannum archiepiscopum Magdeburgensem. — Orat excusari episcopum Osnabrugensem, qui infirmitate detentus ad eum accedere nequit. 1445
EPIST. CDXXII. — Wicmanni archiepiscopi Magdeburgensis ad Adrianum papam. — Reddit rationem de commissa sibi causa inter episcopum Osnabrugensem et abbatem Corbeiensem. 1446
EPIST. CDXXIII. — Friderici imperatoris ad Wibaldum abbatem. — Laudatum de fidelitate convocat Noviomagum, et de expeditione in Mediolanenses. 1447
EPIST. CDXXIV. — Friderici imperatoris ad Henricum regem Anglorum. — Commendat ei Gerardum abbatem Solemniacensem. 1448
EPIST. CDXXV. — Henrici ducis Bavariæ et Saxoniæ ad imperatorem Fridericum. — De gratia Witikindo de Sualemberg indulta et pœnitentia imposita. 1449
EPIST. CDXXVI. — Wibaldi abbatis ad Adrianum papam. — Scribit in gratiam Gerardi canonici de Atuncurt. 1449
EPIST. CDXXVII. — Adriani papæ IV ad Wibaldum abbatem. — Camaldulenses Betardingorum et S. Petri de Rota ei commendat. 1451
EPIST. CDXXVIII. — Ejusdem ad Coloniensem archiepiscopum, Constantiensem episcopum et abbatem Stabulensem. — Commendat eis monasterium S. Antimi. 1451
EPIST. CDXXIX. — Ejusdem ad abbatem Corbeiensem. — Commendat ei apud imperatorem res Ecclesiæ Romanæ et suos legatos cum ipso tractaturos. 1451
EPIST. CDXXX. — Ejusdem ad Wibaldum abbatem. — Suos ad imperatorem legatos ei commendat. 1451
EPIST. CDXXXI. — Ejusdem ad archiepiscopum, Bavembergensem episcopum et Wibaldum abbatem. — Abbatem et conventum Farfensem apud imperatorem eis commendat. 1451
EPIST. CDXXXII. — Friderici imperatoris ad Wibaldum abbatem. — De legatis Polonorum. 1451
EPIST. CDXXXIII. — R. monachi ad Wibaldum abbatem. — Gratias agit quod ipsius obtentu ab episcopo Metensi honorifice sit susceptus. 1452
EPIST. CDXXXIV. — Friderici imperatoris ad Wibaldum abbatem. — De victoria reportata in Polonos. 1452
EPIST. CDXXXV. — Henrici ducis Bavariæ et Saxoniæ ad Wibaldum abbatem. — Lætatur de ejus prosperis, promittitque curam se habiturum de curte Papenheim, et Widikinum debita ei soluturum. 1453
EPIST. CDXXXVI. — Friderici imperatoris ad H. de Limburg. — Wibaldum abbatem honoret; nec quidquam attentet adversus res Stabulensis monasterii. 1454
EPIST. CDXXXVII. — Adriani papæ IV ad Bernardum Patherburnensem episcopum, et G. Liesbornensem abbatem. — Quamdam causam ei committit terminandam. 1454
EPIST. CDXXXVIII. — A. Moguntini archiepiscopi ad Wibaldum abbatem. — Conqueritur de comite Palatino Rheni, deprecaturque imperatoris adversus eum auxilium. 1455
EPIST. CDXXXIX. — Adriani papæ IV ad Wibaldum abbatem. — Ut imperatori suggerat, ut in veneratione sedis apostolicæ permaneat. 1455
EPIST. CDXL. — Friderici imperatoris ad Fridericum episcopum Monasteriensem. — Causam inter Morinum ministerialem Corbeiensem et Folkerum hominem ipsius ei terminandam committit. 1455
EPIST. CDXLI. — Friderici imperatoris ad capitulum

Osnabrugense. — Ut de controversia quæ ipsos inter et Corbeienses versabatur de decimis, amice componant. 1456

APPENDIX AD EPISTOLAS WIBALDI.

I. — Diploma Frederici archiepiscopi Coloniensis, de subjectione Malmundariensis monasterii et superioritate Stabulensis super illud. 1457
II. — De possessionibus Stabulensis monasterii sub S. Poppone abbate. 1459
III. — Diploma Lotharii imperatoris II Wibaldo abbati concessum. — Confirmat monasterii possessiones et immunitates, abbatis electionem, advocatum unicum, etc. 1460
IV. — Charta Wibaldi abbatis Stabulensis, de rebus ab eo gestis et emendatis in curte Andernaci. 1461
V. — Wibaldi abbatis constitutio, De ecclesiarum Longiæ et montis Rainheri investitura a laica manu non accipienda. 1462
VI. — Charta Stabulensium monachorum. — Villam Boviniacum, in qua tempore persecutionis Danorum latuerat S. Remacli corpus, ad nihilum redactam, Wibaldo abbati restaurandam concedunt. 1463
VII. — Diploma Wibaldi abbatis Stabulensis pro Azone abbate de Monte publico. — Ecclesiam de Heran ei sub annuo censu concedit. 1464
VIII. — Diploma Lotharii imperatoris Wibaldo abbati concessum. — Monasterium sub sua suscipit protectione, omniaque illius privilegia confirmat. 1465
IX. — Diploma Lotharii II imperatoris aureis characteribus exaratum bullaque aurea insignitum. — In gratiam Wibaldi abbatis, cujus fidelitatem et servitia laudat, omnes Stabulensis monasterii immunitates et possessiones confirmat, electionemque abbatis ex monasterio Stabulensi præ Malmundario, si dignus reperiatur, assumendi, jura advocatorum et eorum officia aliaque determinat. 1467
X. — Charta Wibaldi abbatis Stabulensis. — Decimas de Femala Leodiensi S. Martini ecclesiæ concedit. 1471
XI. — Diploma Conradi imperatoris. — In gratiam Wibaldi abbatis omnia monasterii privilegia, sed præcipue Lotharii bullam auream confirmat. 1471
XII. — Charta Wibaldi abbatis. — De restauratione Castelli, et translatione villæ Longtæ. 1474
XIII. — Diploma Alberonis episcopi Leodiensis. — De possessione Turnines auctoritate pontificia et regia Stabulensi monasterio restituta. 1477
XIV. — Diploma Conradi II imperatoris Wibaldo abbati concessum. — Varia Stabulensis monasterii privilegia confirmat. 1478
XV. — Diploma Arnoldi archiepiscopi Coloniensis Wibaldo abbati concessum. — Decimas novalium in villa Bullinga ei et suis successoribus in generali synodo concedit. 1480
XVI. — Diploma Arnoldi archiepiscopi Coloniensis Wibaldo abbati concessum. — De auctoritate et potestate abbatis Stabulensis in Malmundarienses monachos. 1482
XVII. — Charta Wibaldi abbatis, de defectu bovariorum in curte Lernon. 1483
XVIII. — Epistola Cœlestini papæ II ad archiepiscopum, clerum et populum Leodiensem. 1484
XIX. — Privilegium Cœlestini II papæ Wibaldo abbati concessum. — Monasterium Stabulense sub sedis apostolicæ protectione suscipit, ac varia illius privilegia et immunitates confirmat. 1485
XX. — Privilegium Lucii papæ III pro monasterio Stabulensi. 1485
XXI. — Præceptum Conradi II Romanorum regis a Wibaldo abbate Stabulensi impetratum pro monasterio Reinehusano. 1485
XXII. — Privilegium Eugenii papæ III pro monasterio Stabulensi. 1486
XXIII. — Litteræ monachorum Stabulensis monasterii ad Wibaldum abbatem. — Ipsi concedunt ad vitam Boviniacum et Germiniacum villas, etiamsi desineret eorum esse abbas. 1486
XXIV. — Litteræ Wibaldi abbatis de Ecclesiæ de Comblentz decimatione Radulpho de Comblentz ad vitam data. 1487
XXV. — Diploma Conradi Romanorum regis pro monasterio Corbeiensi. — Monasteria Keminada et Wisbeka Corbeiæ asserit. 1489
XXVI. — Diploma Conradi II, Romanorum regis, pro monasterio Corbeiensi. — Ob insignem Wibaldi abbatis fidem et merita Corbeiensium et Herivordensium privilegia instaurat. 1491
XXVII. — De Winando de Lemburgo excommunicato ob illatas Stabulensi cœnobio injurias. 1494

XXVIII. — Litteræ Wibaldi abbatis de his quæ in beneficium Reinero de Rupe apud Novam Villam concessit. 1494
XXIX. — Conradi regis diploma pro Wibaldo abbate. — Fodinas argenti et metallorum in monte Eresburg permittit liberas. 1496
XXX. — Diploma Conradi, regis Romanorum II, pro monasterio Corbeiensi. — Precibus motus dilecti et fidelis sui Wibaldi abbatis Corbeiense monasterium contra ministerialium insolentiam tuetur. 1497
XXXI. — Wibaldi abbatis litteræ quibus montem S. Michaelis ad festum S. Remacli et ad anniversarium ordinationis suæ celebrandam deputat. 1500
XXXII. — Diploma Friderici Romanorum regis aureis conscriptum litteris et in conventu percelebri Mersburgi concessum Wibaldo abbati. — Jura et privilegia Corbeiæ Novæ instaurat. 1502
XXXIII. — Privilegium Adriani IV papæ pro monasterio Stabulensi. 1503
XXXIV. — Privilegium ejusdem Wibaldo abbati concessum. — Usum sandaliorum et dalmaticæ, aliaque Corbeiensis monasterii privilegia confirmat. 1503
XXXV. — Diploma ejusdem Wibaldo abbati concessum. — Monasterium Werbense in temporalibus et spiritualibus valde attritum unit Corbeiensi. 1503
XXXVI. — Litteræ Adriani papæ IV Moguntino episcopo. — Ut Bobbonem Werbensis abbatiæ advocatum, qui Wibaldo abbati multa comminatus fuerat, districte moneat, et in ordinem redigat. 1505
XXXVII. — Litteræ Wibaldi abbatis ad suos successores. — Partem aliquam silvæ hospitali Groningensi tradit. 1505
XXXVIII. — Litteræ Theoderici abbatis Corbeiæ Novæ. — De conscribendis chronicis monasteriorum. 1506

ERNALDUS ABBAS BONÆVALLIS.

Notitia historicolitteraria. 1507
DE OPERIBUS SEX DIERUM.
Epistola nuncupatoria. 1513
Incipit tractus de operibus sex dierum. 1513
COMMENTARIUS IN PSALMUM CXXXII.
Homilia I, in versum 1. 1569
Homilia II, in versum 2. 1572
Homilia III, in versum 3. 1576
Homilia IV, in versum 4. 1578
Homilia V. — De definitione loci et multis locorum divisionibus, tum de loco pœnitentiæ et solitudinis. 1583

DE DONIS SPIRITUS SANCTI.

Prologus. 1589
Cap. I. — De sapientia et intellectu. 1591
Cap. II. — De consilio secundum quod a Scriptura dividitur in præceptum et consilium. 1592
Cap. III. — Item de consilio, scilicet secundum quod opus et spiritu consilii his qui aliis consulere debent. 1593
Cap. IV. — Quod spiritus consilii prælatos specialiter deceat. 1596
Cap. V. — Quod in tribulatione positis pernecessarium sit opus consilii. 1596
Cap. VI. — Item subtilius et altius de Spiritu consilii 1597
Cap. VII. — De scientia, ubi ostenditur Spiritus scientiæ, quæ in Christo requievit, ad humilitatem maxime pertinere. 1598
Cap. VIII. — De spiritu pietatis. 1600
Cap. IX. — De spiritu timoris Domini. 1601
Cap. X. — De scientia cæterisque donis. 1602
Cap. XI. — Comparatio septem primorum dierum cum septem Spiritus sancti donis, imprimis de primo die comparato cum spiritu sapientiæ. 1603
Cap. XII. — Comparatio secundæ diei cum spiritu intellectus. 1603
Cap. XIII. — Comparatio tertiæ diei cum spiritu consilii. 1604
Cap. XIV. — Comparatio quartæ diei cum spiritu fortitudinis. 1605
Cap. XV. — Comparatio diei quintæ cum spiritu scientiæ, ubi scientia, sicut et supra, ad humilitatem refertur. 1606
Cap. XVI. — Comparatio diei sextæ cum spiritu pietatis. 1607
Cap. XVII. — Comparatio diei septimæ cum spiritu timoris Domini. 1608
Clausula libelli. 1608

DE CARDINALIBUS OPERIBUS CHRISTI.

Prologus.	1609
I. — De Nativitate Christi.	1615
II. — De ratione circumcisionis.	1621
III. — De stella et magis, et innocentium morte.	1625
IV. — De baptismo Christi et manifestatione Trinitatis.	1628
V. — De jejunio et tentationibus Christi.	1633
VI. — De cœna Domini, et prima institutione consummantis omnia sacramenta.	1641
VII. — De ablutione pedum.	1650
VIII. — De unctione chrismatis et aliis sacramentis.	1655
IX. — De passione Christi.	1656
X. — De Resurrectione Christi	1662
XI. — De Ascensione Christi.	1667
XII. — De sancto Spiritu.	1671

DE SEPTEM VERBIS DOMINI IN CRUCE.
- Præfatio Ernaldi. 1677
Tractus I. — Super verbo illo : *Deus, Deus meus, quare me dereliquisti.* 1681
Tractus II. — Super verbo illo : *Amen dico tibi, hodie mecum eris in Paradiso.* 1687
Tractatus III. — De verbo illo Domini : *Mulier, ecce filius tuus.* 1693
Tractus IV. — De verbo illo Christi in cruce: *Sitio.* 1697
Tractus V. — De verbo illo Domini in cruce : *Pater, ignosce illis, quia nesciunt quid faciunt.* 1703
Tractatus VI, VII. — De his verbis : *Consummatum est,* et : *Pater, in manus tuas commendo spiritum meum.* 1709
DE LAUDIBUS B. MARIÆ VIRGINIS.
MEDITATIONES.
DE VITA S. BERNARDI.

FINIS TOMI CENTESIMI OCTOGESIMI NONI.

Ex typis MIGNE, au Petit-Montrouge.

www.ingramcontent.com/pod-product-compliance
Lightning Source LLC
Chambersburg PA
CBHW070854300426
44113CB00008B/836